매튜 헨리 주석 로마서·데살로니가후서

저자 **매튜 헨리** Matthew Henry 1662-1714

성경 주석가. 영국국교회의 복음주의 목사의 아들인 그는 통일령으로 아버지가 성직에서 쫓겨난 직후에 태어났다. 학문을 좋아하는 소년이었으며 1672년에 회심하였다. 옥스퍼드와 케임브리지의 학문성이 차츰 떨어지므로 1680년 런던 이슬링턴 대학에서 신학 교육을 받았다. 그 대학은 신앙을 저버린 시대에 높은 학문을 유지해왔다. 그 대학의 학장은 케임브리지에서 온 토머스 두리틀이었고, 부학장은 옥스퍼드에서 온 토머스 빈센트였다. 그 후에는 그레이 법학원에서 법률을 공부하였다. 그는 국교회 목사가 되려고 생각하였지만, 비국교도가 되기로 결심하였고, 개인적으로 장로교 목사 안수를 받았다. 첫 목회지는 체스터(1687-1712)였으며 그 뒤에 런던의 해크니(1712-1714)로 옮겼다. 청교도들에게서 크게 영향을 받은 그는 성경 해설을 목회의 중심으로 삼았다. 날마다 4시 또는 5시에 일을 시작하였던 그는 시간을 최대한 사용하는 것을 목적으로 삼았다. 1704년에 「성경 주석」을 집필하기 시작하였는데, 그는 사도행전까지 탈고하였으며, 그의 사후 목회 동역자들이 그의 노트와 저서들을 참고하여 신약성경 주석을 완성하였다. 그 주석은 성경에 대한 자세하고 종종 대단히 영적인 해설 양식을 취하였는데, 그 양식은 그 이후의 복음주의적 목회의 형태를 결정하였다. 스펄전은 자신이 매튜 헨리에게 큰 도움을 받았다는 사실을 인정하였다.

역자 **김귀탁**

총신대학 신학과와 동 신학대학원을 졸업하고, 아세아 연합신학대학원에서 조직신학을 전공하였다. 역서로 「기도의 의미」(해리 에머슨 포스딕), 「현대 기독교 사상사」(리빙스턴), 「조직신학 Ⅰ」(찰스 하지) 및 「스펄전 묵상록」(찰스 H. 스펄전) 등이 있다. 현재 경북 구미의 중부교회 담임 목사이다.

매튜
헨리
주석
전집
20

매튜 헨리 주석

김귀탁 옮김

로마서~데살로니가후서

Matthew Henry

크리스찬
다이제스트

로마서

서론

우리가 성경을 서로 비교해보고, 신실하고 경건한 신앙 선배들의 의견을 종합해 본다면, 구약성경에서는 다윗의 시편이, 신약성경에서는 사도 바울의 서신서가 그 첫 번째 자리를 차지하고 있음을 알 수 있다. 그것들은 그 광채에 있어서 다른 별들과 차이가 있다. 사실은 성경 전체가 하늘에서 땅으로 배달된 편지이다. 하지만 그 중에서도 우리는 다수의 특별한 서신을 갖고 있는데, 바울 서신들이 바로 그것이다. 왜냐하면 그는 사도 중의 사도로서, 누구보다 더 많은 수고를 했기 때문이다. 나는 그의 타고난 재능을 의심하지 않는다. 그의 이해력은 빠르고 예리하다. 그의 표현력은 유창하고 풍성하다. 그의 감정은 어디서나 지극히 따스하고 열렬하다. 또 그의 결단력은 단호하고 거침이 없다. 이로 인해 회심하기 전, 그는 참으로 극악하고 신랄한 박해자가 되었다. 그러나 더 강한 사람이 와서 그의 노략물을 흩뜨려버리고 그의 능력을 성화시켜 버림으로써 그의 무장이 해제되었을 때, 그는 가장 유능하고 열렬한 복음 전도자가 되었다. 그 누구도 그만큼 영혼을 구원하는 일에 합당하고, 또 그만큼 성공한 자는 없었다.

14편의 그의 서신이 성경으로 우리에게 남아 있다. 아마 그는 사역하는 동안 교훈과 책망에 충분히 유익을 주는 더 많은 편지들을 썼을 것이다. 그러나 하나님의 영감에 의해 쓰인 것이 아니었기에 그것들은 정경의 한 부분으로 받아들여지지 않았을 뿐만 아니라 오늘날 우리에게까지 전해지지도 않았다. 바울은 세네카에게 6편의 편지를, 세네카는 바울에게 8편의 편지를 쓴 것으로 전해지지만, 극히 일부 고대인들의 주장에 불과하고, 지금은 그 자취조차 없다. 얼핏 듣기에도 허구적이고, 허울 좋은 얘기로 들린다.

바울의 서신서 가운데 로마서가 가장 먼저 나오는 것은 그 기록 연대가 가장 앞서기 때문이 아니라 내용이 가장 탁월하기 때문이다. 로마서는 그의 서신들 가운데 가장 긴 편에 속하고, 가장 풍성한 내용을 담고 있다. 또 그 이유를 하나 더 든다면, 그것은 아마 그 편지의 수신지인 로마라는 도시의 위상 때문일 것이다. 크리소스톰은 이 서신을 한 주에 두 번씩 읽었다. 이 서신의 내용 몇 구절을 종합해 보면, 그것은 주후 56년에 드로아로 가는 도중(행 20:5,6) 잠시 머물렀던 고린도에서 기록되었다. 그는 로마 교회 성도들에게 겐그레아 교회의 일꾼인 뵈뵈를 추천했는데(16장), 겐그레아는 바로 고린도 지역에 속한 곳이었다. 바울은 가이오를 자기가 유숙하고 있는 집의 주인으로 부르는데(16:23), 그는 고린도 출신으로서, 사도행전 20장에 나오는 더베 사람 가이오와는 다른 인물이었다. 15:26에 언급되어 있는 것처럼, 바울은 당시 예루살렘 교회의 가난한 성도들을 도울 돈을 가지고 그 곳으로 가고 있는 중이었다. 이 서신에서 다루어지고 있는 위대한 신비적 진리들은, 바울의 다른 서신들에서처럼, 이해하기가 모호하고 어려운(벧후 3:14) 많은 사실들을 포함하고 있다. 하지만 그것들을 다루고 있는 구조는(다른 서신들의 경우처럼) 명백하고 확실하다. 1장에서 11장까지의 전반부는 교리적 부분이고, 후반부인 16장까지 나머지 5장은 실천적 부분이다. 즉 후반부는 심판에 관해 알려주고, 삶의 변화에 대해 다루고 있다. 그리고 전반부에서 설명하고 있는 진리를 이해하는 최상의 방법은 후반부에 규정된 의무들을 충분히 실천하고, 명하는 그대로 사는 것이다. 왜냐하면 누구든지 하나님의 뜻을 행하려 하면 그분의 교훈을 알고 있어야 하기 때문이다(요 7:17).

I. 교리적 부분의 가르침.

1. 구원의 길에 관해. (1) 구원의 기초는 칭의 속에 두어져 있고, 구원은, 유대인과 이방인 모두 저주 아래 놓여 있기 때문에, 이방인의 본성의 행위로도(1장), 유대인의 율법의 행위로도(2,3장) 얻지 못하고, 오직 예수 그리스도를 믿는 믿음으로 말미암아(3:21이하), 그것도 온전히(4장) 얻는다. (2) 이 구원의 단계는 [1] 하나님과의 평화(5장), [2] 성화(6,7장), [3] 영화(8장)로 이루어진다.

2. 구원받은 사람들에 관해. 은혜의 택하심(9장)과, 이방인과 유대인의 택하심(10,11장)에 관한 교리가 나온다. 이 부분을 보면, 베드로 사도가 벧후 1:12에서 말하는 것처럼, 바울이 여기서 다루고 있는 주제들이 당시 이미 잘 알려져 있었던 것들로 판단된다. 당시 유대인들에게는 두 가지 사실, 곧 구원을 율법의 행위 없이 믿음으로 얻는 것과, 이방인들을 교회로 받아들이는 것이 걸림돌로 작용하고 있었다. 그래서 바울은 이 두 가지 문제를 좀 더 분명히 제시하고, 그 정당성을 입증하려고 했던 것이다.

Ⅱ. 실천적 부분의 가르침.

우리는 이 부분에서 1. 모든 그리스도인에게 주는 다양한 일반적 권면(12장), 2. 시민사회의 구성원으로서 우리가 감당해야 할 행동지침(13장), 3. 교회 공동체의 구성원으로서 우리가 서로 간에 지켜야 할 행위규칙(14장—15:14)을 발견한다.

Ⅲ. 마지막 결론.

사도는 먼저 수신자들에게 편지를 쓰는 이유를 설명하고(15:14-16), 그들에게 자신과 자신의 사역에 관해 소개하며(17-21절), 자신의 방문을 약속하고(22-29절), 기도를 요청하고(30-33절), 특별히 그 곳의 많은 동역자들에 대해 문안을 부탁하며(16:1-16), 분쟁을 일으키는 사람들에게 경고하고(17-20절), 자신과 함께 있는 동역자들의 문안을 덧붙인 다음(21-23절), 그들에 대한 축도와 하나님에 대한 송영으로 이 서신을 끝맺는다(24-27절).

제
— 1 —
장

개요

　　이 장에서 우리는 다음과 같은 내용을 살펴볼 수 있다. I. 서신 전체에 대한 서언과 도입(16절까지), II. 이방인들의 비참한 상태에 관한 묘사. 17절부터 이신칭의(以信稱義) 교리에 대한 증명이 시작되고 있다. 이 시작 부분은 통상적인 편지 형식을 따르고 있지만, 아주 탁월하고 향기로운 표현들로 채색되어 있다.

[1]예수 그리스도의 종 바울은 사도로 부르심을 받아 하나님의 복음을 위하여 택정함을 입었으니 [2]이 복음은 하나님이 선지자들을 통하여 그의 아들에 관하여 성경에 미리 약속하신 것이라 [3]그의 아들에 관하여 말하면 육신으로는 다윗의 혈통에서 나셨고 [4]성결의 영으로는 죽은 자들 가운데서 부활하사 능력으로 하나님의 아들로 선포되셨으니 곧 우리 주 예수 그리스도시니라 [5]그로 말미암아 우리가 은혜와 사도의 직분을 받아 그의 이름을 위하여 모든 이방인 중에서 믿어 순종하게 하나니 [6]너희도 그들 중에서 예수 그리스도의 것으로 부르심을 받은 자니라 [7]로마에서 하나님의 사랑하심을 받고 성도로 부르심을 받은 모든 자에게 하나님 우리 아버지와 주 예수 그리스도로부터 은혜와 평강이 있기를 원하노라

　　이 단락에서 우리는 다음과 같은 내용을 확인한다.

　I. 이 편지의 발신자가 기록되어 있다(1절).　예수 그리스도의 종, 바울은. 그는 유대교 선생인 랍비로서가 아니라 종 곧 직접 수발드는 종 또는 한 집안의 사환으로서, 이 호칭을 영광스럽게 생각한다. 사도로 부르심을 받아. 어떤 이들은 여기서 그가 부름을 받은 자 또는 찾음을 받은 자라는 뜻을 가진 사울이라는 그의 과거 이름을 암시한다고 생각한다. 그리스도께서 사도로 삼으려고 그를 찾으셨기 때문이다(행 9:15). 여기서 그는 자신의 권위를 이 부르심에 두고 있다. 그는 거짓 사도들처럼 보냄을 받지 않고 활동하는 자가 아니었다. 사도로 부르심을 받아(클레토스 아포스톨로스). 비록 그 자신은 그렇게 불릴 자격이 없다고

생각했지만(고전 15:9), 바울은 그것이 바로 자기 이름인 것처럼 그렇게 지칭했다. 하나님의 복음을 위하여 택정함을 입었으니(separated). 바리새인들은 자기들의 이름을 분리의 뜻으로 사용했는데, 그 이유는 그들이 율법 연구를 위해 자신들을 분리시켰기 때문이다. 즉 그들은 율법을 위해 분리된 자들(아포리스메노이 에이스 톤 노몬)이었는데, 바울도 이전에 그들 중 한 사람이었던 것이다. 그러나 지금 그는 그 연구과목을 바꿨다. 그는 하나님의 은혜로 말미암아 그의 어머니의 태로부터 택정함을 받아(갈 1:15), 성령의 직접적 지시를 통해 안수를 받고(행 13:2,3), 이 일을 위해 자신을 분리시킴으로써, 복음의 바리새인, 즉 복음을 위해 분리된 자(아포리스메노스 에이스 토 유앙겔리온)였다. 그는 하나님의 복음, 곧 하나님이 그 저자로서, 그 기원과 내력이 신적이고, 천래적인 복음에 철저히 헌신했다.

II. 하나님의 복음을 소개하면서, 사도는 그것에 대한 찬사를 곁들이고 있다.

1. 복음의 고대성. 복음은 미리 약속하신 것이었다(2절). 그것은 갑자기 새롭게 출현해서 시작된 것이 아니라 오래 전부터 구약성경의 약속과 예언들 속에 담겨져 있었던 것이다. 그것들은 의의 태양의 전조가 되는 새벽별처럼 일사분란하게 복음을 가리키고 있다. 이것은 단순히 구전(口傳)이 아니라 성경의 기록으로 전해진 것이다.

2. 복음의 주제. 그것은 당연히 그리스도다(3,4절). 선지자와 사도들이 모두 그분을 증언하고 있다. 그분은 성경의 밭 속에 숨겨져 있는 참된 보물이다. 바울이 그리스도를 언급할 때, 그분의 이름과 명칭을 다 동원해서 얼마나 기쁘게 우리 주 예수 그리스도라는 호칭을 사용하는지를 주목해 보라. 그리고 그는 그분을 언급할 때 반드시 그분에게 합당한 사랑과 존경을 표현하면서 언급하고 있다. 여기서도 그는 그분의 한 인격 속에 두 구별된 본성이 있음을 우리에게 보여주고 있다. (1) 그리스도의 인성: 다윗의 혈통에서 나셨고(3절), 즉 그분은 다윗 가문에 속한 요셉(눅 2:4)과 정혼한 동정녀 마리아에게서(눅 1:27) 태어났기 때문에 요셉이 그분의 의부(義父)가 되었다. 여기서 다윗이 언급되는 이유는 메시야, 그 중에서도 그것의 왕직과 관련하여 그에게 주어진 특별한 약속이 있었기 때문이다(삼하 7:12, 시 132:11을 눅 1:32, 33과 비교해 보라). (2) 그리스도의 신성: 하나님의 아들로 선포되셨으니(4절). 그분은 영원부터 하나님의 아들이셨다. 여기에 표현된 것처럼, 그분은 성결의 영으로는 하나님의 아들이시다. 육신으

로 즉 그분의 인성에 따르면, 다윗의 자손이셨다. 그러나 성결의 영으로, 즉 그분의 신성에 따르면(벧전 3:18에서 '영으로는 살리심을 받으셨으니' 라고 기록된 것처럼. 고후 13:4과 비교해 보라) 그분은 하나님의 아들이시다. 이에 대한 절대적 증거는 그분이 죽은 자 가운데서 부활하신 것으로, 이것이야말로 그것을 가장 유력하고 확실하게 입증한다. 주님이 선지자 요나의 표적을 들어 그리스도의 부활을 설명하신 것은(마 12:39,40) 그것이 궁극적 확신의 주제임을 보여주기 위해서였다. 말하자면 그분의 부활을 믿지 못한다면, 아무것도 믿지 못할 것이라는 것이다. 이처럼 우리는 여기서 그리스도의 한 인격 속에 두 본성이 존재한다는 복음 교리의 요점을 발견하게 된다.

　3. 복음의 열매(5절). 그로 말미암아, 즉 복음 속에 제시되고, 알려져 있는 그리스도로 말미암아, 우리가 은혜와 사도의 직분을 받아, 즉 은혜로 사도가 되었다는 것이다(엡 3:8). 여기서 우리는 바울과 나머지 다른 사도들을 가리킨다. 사도들은 세상 사람들의 구경거리로서, 그 삶은 수고와 고생으로 점철되었고, 종일 죽임을 당하게 되는 위험 속에서 살았다. 그럼에도 불구하고 바울은 사도의 직분을 은혜로 간주한다. 따라서 우리도 어떤 어려움이나 위험에 봉착하더라도 하나님을 위해 수고하거나 봉사하도록 쓰임받는 것에 대해 큰 은혜로 생각하는 것이 마땅할 것이다. 이 사도의 직분이 주어진 것은 사람들로 하여금 믿어 순종하게 하려고 곧 복음에 순종하도록 이끌기 위해서였다. 그리스도처럼 그분의 사역자들도 주기 위해 받았다. 바울의 사도직은 모든 이방인 중에서 이 순종을 받아들이도록 하기 위해서였다. 그는 이방인의 사도로 선택받은 자였기 때문이다(11:13). 여기서 기독교의 신앙고백의 한 표현으로 주어진 묘사를 주목해 보자: 그것은 믿어 순종한다는 말이다. 그 고백은 관념적 지식이나 무조건적 동의 속에 있는 것이 아니다. 하물며 완고한 논쟁 속에 있는 것은 더더욱 아니다. 오직 그것은 순종 속에 있다. 이 믿어 순종하는 것은 3:27에 언급된 믿음의 법과 일치한다. 믿음의 행위는 계시하시는 하나님에 대한 이성의 순종이요, 그 결과는 명령하시는 하나님에 대한 의지의 순종이다. 다른 서신들에서 다루고 있는 이신칭의 곧 율법의 행위가 아니라 믿음으로 의롭게 된다는 교리가 악용될 것을 예상하고, 그는 여기서 기독교를 순종의 종교로 못 박고 있다. "너희도 그들 중에서(6절). 즉 너희 로마에 사는 교인들도 이 점에서는 부와 명성이 너희보다 못한 다른 이방인들과 똑같은 입장에 있다. 너희는 그리스도 안에서 모두 하나

다." 복음의 구원은 누구나 받도록 열려있는 구원이다(유 1:3). 하나님에게는 특별한 사람이 따로 없다. 예수 그리스도의 것으로 부르심을 받은 자 곧 예수 그리스도의 것으로 유효하게 부르심을 받은 자들은 모두, 아니 오직 그들만이, 믿어 순종하도록 인도를 받는다.

Ⅲ. 이 편지의 수신자가 기록되어 있다(7절). 로마에서 하나님의 사랑하심을 받고 성도로 부르심을 받은 모든 자에게. 원래 유대인이나 이방인이나, 지체가 높은 자나 낮은 자나, 매여 있는 자나 자유한 자나, 배운 자나 못 배운 자나 막론하고, 로마에서 신앙을 고백하는 모든 그리스도인들에게 썼다. 부자나 가난한 자나 모두 그리스도 예수 안에서 함께 만난다. 여기서 우리는 다음과 같은 사실을 발견한다.

1. 그리스도인의 특권: 그들은 하나님의 사랑하심을 받는 자들이다. 그들은 하나님의 기쁨인 그분의 헵시바로서, 사랑받는 몸의 지체들이다. 우리는 하나님의 사랑을 말할 때, 그분의 너그러우심과 은혜 베푸심을 언급하고, 따라서 그분은 온 인류에 대한 보편적 사랑과 참 신자들에 대한 특별한 사랑을 갖고 계신다고 말할 수 있다. 그리고 이 둘 사이에 유형적 그리스도인들의 공동체인 교회에 대한 사랑이 놓여 있다.

2. 그리스도인의 의무: 그것은 거룩하게 되는 것이다. 왜냐하면 이것 때문에 그들이 부르심을 곧 성도로 부르심을 받았기 때문이다. 다시 말해서, 성화를 통한 구원으로 부르심을 받았다는 것이다. 성도들, 오직 성도들만이, 특별하고 각별한 사랑을 통해 하나님의 사랑하심을 받는다. 성도로 부르심을 받은(클레토이스 하기오이스). 여기서 성도는 신앙고백이 있는 신자를 가리킨다. 성도로 부르심을 받은 모든 자들이 참된 성도가 된다면 정말 좋을 것이다. 성도로 부르심을 받은 자들은 그 이름에 합당한 자가 되도록 노력해야 한다. 그러나 그것이 아무리 영예와 특권이 있는 이름이라고 해도, 우리가 진실로 그렇게 살지 않는다면, 성도로 불리는 것이 마지막 날에는 아무 소용이 없을 것이다.

Ⅳ. 사도의 축도가 이어진다(7절). 은혜와 평강이 있기를 원하노라. 이 표현은 그의 서신 전체에 걸쳐 나타나는 전문 용어 가운데 하나로서, 선한 뜻을 내포한 애정과 축복에 대한 권위를 포함하고 있다. 율법 아래에서 제사장들이 백성들을 축복하였던 것처럼, 복음의 사역자들도 주의 이름으로 똑같은 일을 행하도록 되어 있었다. 이 통상적인 축도 속에서 다음과 같은 사실을 확인하게 된

다.

  1. 바라는 축복: 은혜와 평강. 구약성경에 나타나는 인사법은 평안하라는 것이었으나 여기서는 은혜가 선행된다. 은혜는 우리에게 베푸시는 하나님의 호의와 우리 안에서 행하시는 하나님의 역사를 말한다. 이 두 은혜의 요소는 참된 평강을 위해 필수적으로 있어야 한다. 그리고 복음의 모든 복은 반드시 이 두 가지 곧 은혜와 평강 속에 포함되어 있다. 평강은 절대로 선한 것이다. 하나님과의 평화, 우리의 양심의 평안, 우리 주변의 모든 것과의 화평 등 모든 평강은 하나님의 은혜 안에서 발견된다.

  2. 이 축복의 원천: 하나님 우리 아버지와 주 예수 그리스도로부터. 모든 좋은 것은 다음 두 원천으로부터 온다: (1) 아버지 하나님. 그분은 우리의 소원과 기대를 유발하고, 자극하기 위해 우리를 자신과의 부자관계 속에 두신다. 우리는 은혜와 평강을 위해 나아갈 때 그분을 우리 아버지로 부르도록 가르침을 받는다. (2) 주 예수 그리스도. 그분은 중보자 곧 이 복들을 전달하고 보장하는데 충분히 믿을 만한 위대한 관리인이시다. 우리는 이것을 그분의 충만(fulness)으로부터 얻고 있는데, 그분의 공로의 충만으로부터 평강을, 그분의 영의 충만으로부터 은혜를 얻는다.

[8]먼저 내가 예수 그리스도로 말미암아 너희 모든 사람에 관하여 내 하나님께 감사함은 너희 믿음이 온 세상에 전파됨이로다 [9]내가 그의 아들의 복음 안에서 내 심령으로 섬기는 하나님이 나의 증인이 되시거니와 항상 내 기도에 쉬지 않고 너희를 말하며 [10]어떻게 하든지 이제 하나님의 뜻 안에서 너희에게로 나아갈 좋은 길 얻기를 구하노라 [11]내가 너희 보기를 간절히 원하는 것은 어떤 신령한 은사를 너희에게 나누어 주어 너희를 견고하게 하려 함이니 [12]이는 곧 내가 너희 가운데서 너희와 나의 믿음으로 말미암아 피차 안위함을 얻으려 함이라 [13]형제들아 내가 여러 번 너희에게 가고자 한 것을 너희가 모르기를 원하지 아니하노니 이는 너희 중에서도 다른 이방인 중에서와 같이 열매를 맺게 하려 함이로되 지금까지 길이 막혔도다 [14]헬라인이나 야만인이나 지혜 있는 자나 어리석은 자에게 다 내가 빚진 자라 [15]그러므로 나는 할 수 있는 대로 로마에 있는 너희에게도 복음 전하기를 원하노라

    우리는 이 부분에서 다음과 같은 내용을 확인할 수 있다.

I. 그들로 말미암은 사도의 감사(8절). 먼저 내가 내 하나님께 감사함은. 모든 일을 시작할 때 하나님께 찬양을 돌리는 것 곧 하나님을 모든 노래의 알파와 오메가로 삼고, 모든 일 속에서 그분께 감사하는 것이 바람직하다. 내 하나님. 사도는 기쁨과 환희에 젖어 이 말을 사용한다. 우리는 모든 감사 속에서 하나님을 나의 하나님으로 바라보는 것이 좋다. 우리가 하나님에 관해 "그분은 언약에 따라 나의 것이다"라고 말할 수 있을 때, 이것은 우리로 하여금 모든 은혜를 향유하도록 만들어줄 것이다. 예수 그리스도로 말미암아. 우리의 모든 의무와 실천들은 오직 예수 그리스도를 통해서만 하나님을 기쁘시게 한다. 찬양과 기도 역시 마찬가지다. 너희 모든 사람에 관하여. 우리는 친구들에게 우리의 사랑을 표현할 때, 그들을 위해 기도할 뿐만 아니라 그들 때문에 하나님께 찬양할 줄도 알아야 한다. 하나님은 우리가 친구들 속에서 찾는 모든 위로에 대해서도 영광을 받으셔야 한다. 왜냐하면 모든 피조물이 우리에게 주는 위로는 하나님께서 그렇게 되도록 정하신 것이기 때문이다. 그래서 바울은 로마 교회의 많은 성도들과 개인적으로 친분이 있는 것은 아니었지만, 그들의 은사와 은혜에 대해 충심으로 기뻐할 수 있었던 것이다. 몇몇 로마의 그리스도인들이 마중나왔을 때(행 28:15), 그는 그들에 대해 하나님께 감사했고, 용기를 얻었다. 그러나 여기서 그의 참된 사랑은 그 이상으로 확대되어 그들 모든 사람에 관하여 하나님께 감사하고 있다. 그리스도 안에서 자기를 도운 사람들이나 자기를 위해 수고를 아끼지 않은 사람들(16:3,6에서 말하고 있는)뿐만 아니라 그들 모두에 대해 그는 감사했다. 너희 믿음이 전파됨이로다. 바울은 여기저기 여행을 많이 한 사람이었는데, 가는 곳마다 로마 지역의 그리스도인들에 대한 극찬의 소리를 들었다. 그가 여기서 그 사실을 언급하는 것은 그들을 교만하게 만들려는 것이 아니라 그들로 하여금 다른 사람들이 그들에게 갖고 있는 기대를 실망시키지 않고 충족시키는 삶을 살라고 자극을 주기 위해서였다. 사람은 믿음이 좋다는 평판을 들으면 들을수록 그것을 보존하는데 그만큼 더 세심한 주의를 기울여야 한다. 왜냐하면 적은 우매가 그 명성을 난처한 것으로 만들어버리기(전 10:1) 때문이다. 온 세상에. 여기서 온 세상은 로마제국을 가리킨다. 모든 유대인들을 로마로부터 추방하라는 클라우디우스 황제의 칙령으로 인해 제국 사방으로 흩어졌던 로마 출신 그리스도인들(그들은 대부분 유대인 개종자들이었다)이 다시 로마로 돌아왔는데, 그들이 어디로 갔든 머물렀던 교회로부터 그들에 대한 칭찬이 자자

했었다는 것이다. 그들의 고난에 이처럼 선한 결과가 있었다. 만일 그들이 핍박을 당하지 아니했더라면, 그런 명성을 얻지 못했을 것이다. 이것은 정말 좋은 이름 곧 하나님과 그의 백성들에게 미친 선한 결과에 대한 이름이었다. 구약시대 신앙의 선진들처럼 로마의 성도들도 믿음으로 좋은 증거를 얻었던(히 11:2) 것이다. 믿음으로 유명한 사람이 되는 것은 참으로 훌륭한 일이다. 로마 그리스도인들의 믿음이 이처럼 회자된 이유는 그 자체로 특출해서가 아니라 환경에 비추어 두드러지고 현저했기 때문이다. 로마는 언덕 위에 위치한 도시로서, 거기서 일어난 일은 누구나 다 볼 수 있었다. 이처럼 많은 사람들의 이목을 집중시키는 사람들은 신중하게 행동할 필요가 있다. 그들이 하는 행동은 선하든 악하든 사람들의 입에 오르내리기 때문이다. 당시 로마 교회는 부흥하고 있었다. 그러나 그 이후로 얼마나 그 황금이 빛을 잃고 말았던가! 가장 순수한 황금이 얼마나 크게 변질되고 말았던가! 현재의 로마는 그 때의 로마가 아니다. 당시 로마는 그리스도에게 순결한 처녀로 시집을 간 아름다운 신부였다. 그러나 배반하고 타락하면서 이방인의 품에 안기고 말았다. 그 결과(경건의 실제라는 고전 양서에서 무려 26번이나 지적하고 있는 것처럼) 로마의 교인들에게 보내는 편지까지도 이제는 그들을 반박하는 편지가 되고 말았다. 그러므로 지금은 과거의 공적을 자랑할 이유가 거의 없다.

Ⅱ. 그들을 위한 사도의 기도(9절).   당시 로마 교회는 부흥하는 교회로 유명했지만, 성도들은 기도를 필요로 했다. 그들은 아직 얻은 상태가 아니었기 때문이다. 바울은 이 기도를 그들에 대한 자신의 사랑의 한 본보기로 언급하고 있다. 우리가 친구들에게 보여줄 수 있는 가장 큰 사랑 그리고 때때로 우리 손의 힘으로 나타낼 수 있는 유일한 사랑은 기도를 통해 하나님을 향한 그들의 사랑을 칭찬하는 것이다. 바울의 본보기를 통해 우리는 다음 두 가지 사실을 배울 수 있다: 1. 지속적인 기도: 항상 … 쉬지 않고. 그는 다른 사람들에게 이 법칙을 권면한 그대로 몸소 실천했다(엡 6:18; 살전 5:17). 이것은 바울이 하는 일 없이 기도만 했다는 것이 아니라 그 의무를 다하기 위해 자주 기도하는 시간을 정해놓고 실수 없이 그대로 지켰다는 것이다. 2. 사랑의 기도. 내 기도에 … 너희를 말하며. 그는 그들과 특별한 친분이나 이해관계가 있었던 것이 아님에도 불구하고, 그들을 위해 기도했다. 그것도 성도 모두라는 막연한 언급이 아니라 구체적으로 그들을 너희라고 부르면서 기도했다. 우리가 기도할 때 구체적인 교회와 지

역을 밝히면서 기도하는 것은 때때로 유익이 큰데, 그것은 그것을 하나님께 알려드린다는 의미에서가 아니라 우리 자신의 사랑을 환기시킨다는 점에서 그렇다. 우리는 우리가 위해서 기도하는 친구들에게서 가장 큰 위로를 얻기 마련이다. 이 기도에서 사도는 마음을 감찰하시는 분에게 직접 엄숙히 호소하고 있다: 하나님이 나의 증인이 되시거니와. 그것은 중대한 문제로서, 그가 이런 단언을 사용하는 것은 그것이 하나님과 자신의 마음에 공히 알려져 있는 일이기 때문이다. 우리가 성실하고 일관성 있게 의무를 수행하고 있음을 증언하기 위해 하나님을 증인으로 부를 수 있다는 것은 커다란 위로가 아닐 수 없다. 하나님은 특히 우리의 은밀한 기도 곧 기도의 내용과 태도 등에 있어서 우리의 증인이 되신다. 아버지께서 은밀한 중에 보고 계시기 때문이다(마 6:6). 내 심령으로 섬기는 하나님이. 하나님을 심령으로 섬기는 자들은 겸손한 신뢰를 갖고 그분께 호소할 수 있지만, 육체의 연습에 의존하는 위선자들은 그렇게 할 수 없다. 다른 무수한 간구들 가운데 특별히 사도가 그들을 위해 했던 기도의 내용은 그들을 방문할 기회를 얻고자 하는데 있었다(10절).

어떻게 하든지 이제 하나님의 뜻 안에서 너희에게로 나아갈 좋은 길 얻기를 구하노라. 우리는 무슨 일이든 거기서 위로를 얻고자 한다면 그것을 위해 하나님께 기도할 필요가 있다. 왜냐하면 우리의 때가 그분의 손 안에 있고, 우리의 모든 길이 그분의 처분에 달려 있기 때문이다. 여기서 어떻게 하든지라는 표현은 그가 그 기회를 얻기를 얼마나 간절히 바라고 있었는지를 보여준다. 또 이제라는 말은 그가 오랫동안 그 소원을 이루지 못해서 실망했었다는 것을 암시한다. 그러나 그는 하나님의 섭리에 자신의 소원을 복종시켰다: 하나님의 뜻 안에서 좋은 길 얻기를. 우리도 우리의 목표나 소원을 아뢰는데 있어서 주의 뜻이면(약 4:15)이라는 단서를 잊지 말고 붙여야 한다. 우리의 여정은 하나님의 뜻에 따라 순조로울 수도 있고 그렇지 않을 수도 있고, 그분이 기뻐하시는 뜻에 따라 편안할 수도 있고 그렇지 못할 수도 있기 때문이다.

Ⅲ. 그들을 만나보고 싶은 사도의 소원과 그 이유(11-15절).   사도는 그들에 관해 아주 많은 얘기를 들었기 때문에 그들과 더 친숙해지기를 바라는 간절한 마음이 있었다. 열매 없는 신앙고백자들은 신실한 사역자들의 근심이 되지만, 열매 있는 그리스도인들은 그들의 큰 기쁨이 되는 법이다. 그런데 그는 여러 번 가고자 하였으나 지금까지 길이 막혔다(13절). 그 까닭은 사람이 계획을 세울지라

도 이루시는 이는 하나님이기 때문이다. 그는 다른 일로 방해를 받았는데, 그것은 다른 교회의 일로서, 그 일이 그에게는 급선무였던 것이다. 말하자면 바울은 자기가 좋아하는 일을 먼저 하지 않고(그랬더라면 로마를 당장에 방문했을 것이다) 정말 필요한 일을 먼저 처리할 줄 아는 사람이었다는 것이다. 이것은 자신의 욕심보다는 하나님의 백성들의 영혼의 필요를 먼저 생각하지 않으면 안 되는 사역자들에게 좋은 본보기가 될 것이다. 바울이 로마의 성도들을 방문하고 싶어한 이유로는 다음 세 가지가 있었다.

1. 그들을 견고하게 하려고(11절): 너희에게 나누어 주어. 그는 받은 것을 전해 주고자 했다. 엄마가 아기에게 젖을 물리려는 열망으로 가슴을 풀어헤치는 것처럼, 바울의 머리와 가슴도 신령한 은사를 나누어 주려는 열망으로, 곧 그들에게 말씀을 선포하려는 욕구로 가득 찼다. 좋은 설교는 좋은 은사로서, 그것이 신령한 은사라면 더욱 그렇다. 너희를 견고하게 하려 함이니. 사도가 여기서 그들의 성장을 칭찬하면서도 그들의 견고함에 대한 소망을 피력하는 것은 그들의 믿음의 뿌리가 아래로 더 깊이 자라도록 함으로써 위로 그 가지가 더 높이 자라게 하기 위함이었다. 아무리 훌륭한 성도라도 이처럼 요동하는 세상에서 사는 동안 더욱 견고하게 설 필요가 있고, 신령한 은사는 우리가 견고하게 서는데 특별한 효력이 있다.

2. 피차 안위함을 얻도록 하려고(12절): 그들이 은혜 안에서 잘 자라고 있다는 소식을 들은 것은 그들을 만나보고 싶은 마음을 갖게 할 정도로 사도에게는 커다란 기쁨이었다. 바울은 다른 사역자들의 수고의 열매에 대해 안위를 느낄 수 있었던 사람이었다. 너희와 나의 믿음으로 말미암아. 이 말씀은 "우리 서로의 신실함과 충실함으로 말미암아"라는 뜻이다. 목사와 성도 간의 상호 신뢰가 있을 때, 곧 성도들은 목사를 신실한 사역자로, 목사는 성도들을 신실한 사람들로 믿을 때 피차 안위가 있다. 또 서로 믿는 믿음은 사랑으로 역사한다. 그들은 서로 간에 사랑을 표현하거나 서로 간에 믿음을 전해 줌으로써 즐거워했다. 그리스도인들이 자기들의 영적 관심사를 서로 비교해보는 것은 피차 힘이 된다. 그렇게 함으로써 그들은 철이 철을 날카롭게 하는 것처럼, 스스로 갈고 닦게 된다. 열매를 맺게 하려 함이로되(13절). 그들의 견고함은 사도에게 유익이었다. 그것은 그의 사역을 풍성하게 하는 열매가 되었기 때문이다. 바울은 자신의 사역에 대해 선한 일이 많으면 많을수록 그 상급 역시 그만큼 크다고 생각했다.

3. 이방인의 사도로서 자신의 임무를 다하기 위해(14절): 내가 빚진 자라. (1) 자신이 받은 것으로 말미암아 그는 빚진 자가 되었다. 왜냐하면 그것은 주님의 영광을 위해 사용하도록 맡겨진 능력이었기 때문이다. 우리가 큰 것을 사모할 때 명심해야 할 것은 이것을 받음으로 빚진 자가 된다는 것이다. 우리는 주님의 상품을 지키는 청지기에 불과하다. (2) 자신의 직분으로 말미암아 그는 빚진 자가 되었다. 그는 사도였기 때문에 빚진 자였다. 그는 일하도록 부르심을 받아 보냄을 받았고, 그래서 그 일에만 몰두했다. 바울은 자신의 능력을 최대한 발휘하여 사역을 감당하고, 어느 누구보다 더 많은 일을 했지만, 그것을 회상하면서 자신을 여전히 빚진 자로 기록하고 있다. 왜냐하면 우리는 무익한 종이라 우리의 할 일을 한 것뿐이기 때문이다. 헬라인이나 야만인이나 지혜 있는 자나 어리석은 자에게 다 내가 빚진 자라. 헬라인들은 자기들이 지혜를 독점하고 있는 것으로 생각하고 다른 세상 사람들을 야만인으로 취급했는데, 그들이 학문과 예술에 있어서 헬라인만 못하다는 점에서 보면 상대적으로 틀린 말은 아니다. 그런데 바울은 자신을 양자 모두에게 빚진 자로 여겼다. 곧 그는 자신이 헬라인과 야만인 모두에게 최대한 선을 행해야 할 의무가 있다고 생각했다. 따라서 우리는 그가 설교와 서신을 통해 헬라인이나 야만인 모두에게 선을 행함으로써 빚을 갚는 것을 본다. 이때 그는 각자가 알아들을 수 있는 말로 복음을 전한다. 그가 루스드라에서 평범한 루가오니아인들에게 한 설교(행 14:15이하)와 아덴에서 고상한 철학자들을 상대로 한 설교(행 17:22이하)를 비교해 보면, 그 차이를 발견할 수 있다. 그는 양자 모두에게 빚진 자로서 복음을 전했고, 그리하여 그들 각자의 몫을 채워주었다. 평범한 설교자였으나 지혜 있는 자에게 빚진 자였기에 그는 온전한 자들에게 지혜를 선포한다(고전 2:6). 이런 이유로 그는 어떻게 하든지 로마에 있는 자들에게도 복음 전하기를 원했다(15절). 기독교가 엄청난 박해를 받고 있는 위험 지역이었지만, 바울은 로마에서 공개적 변론자로서 위험을 무릅쓸 마음을 갖고 있었다: 원하노라(프로뒤몬). 이 말은 마음의 단단한 준비를 가리키는 것으로, 그는 이것을 기대하고 있었다는 것이다. 그가 한 일은 더러운 이득을 탐하는 일이 아니라 준비된 마음에서 나온 일이었다. 매순간 선을 행하거나 얻을 기회를 포착하기 원하는 것이야말로 진정 지혜로운 모습이다.

[16]내가 복음을 부끄러워하지 아니하노니 이 복음은 모든 믿는 자에게 구원을 주시

는 하나님의 능력이 됨이라 먼저는 유대인에게요 그리고 헬라인에게로다 ¹⁷복음에는 하나님의 의가 나타나서 믿음으로 믿음에 이르게 하나니 기록된 바 오직 의인은 믿음으로 말미암아 살리라 함과 같으니라 ¹⁸하나님의 진노가 불의로 진리를 막는 사람들의 모든 경건하지 않음과 불의에 대하여 하늘로부터 나타나나니

이 장의 후반부인 여기서부터 바울은 자신의 논증의 핵심주제인 칭의에 관해 광범하게 다루기 시작한다. 그것을 입증하기 위해 그는 이방세계의 비참한 상태에 관해 묘사하고 있다. 이에 관한 그의 묘사의 변화는 아주 적절하고, 마치 웅변가와 같다. 그는 자기들 스스로를 현인으로 부르는 사람들에 의해 복음이 배척당하던 로마에서 그 복음을 전하기로 마음먹었다. 그것은 그가 내가 복음을 부끄러워하지 아니하노니(16절)라고 말하고 있는 것으로 보아 알 수 있다. 바울과 같은 사람이라면 복음을 부끄러워할 만한 요소가 그 속에 충분히 들어있다. 특히 그 복음이 나무에 매달려 죽은 자에 관한 것이라는 점, 그 교리는 너무 평범해서 그 안에 학자들의 이목을 끌 만한 것이 거의 없다는 점, 그리고 그 고백자들은 비천하고 멸시받는 자들로서, 가는 곳마다 배척을 당한 사람들이었다는 점에서 그렇다. 그러나 바울은 그것을 자기 것으로 삼는데 조금도 부끄러워하지 않았다. 나는 그가 복음을 전혀 부끄러워하지 않았다는 점과 또 그가 복음에 대해 조금도 부끄러운 존재가 아니었다는 점에서 참 그리스도인이라고 생각한다. 복음의 본질과 탁월성으로부터 나오는 이 담대한 고백의 이유가 본 주제의 서론을 장식하고 있다.

I. 명제(16,17절).   복음의 탁월성은 그것이 우리에게 계시하는 다음과 같은 사실 속에 담겨져 있다.

1. 복음의 목적은 믿는 자들의 구원이다: 구원을 주시는 하나님의 능력이 됨이라(16절). 바울은 육신의 눈으로 보기에 아무리 비천하고 하찮아 보여도, 복음을 부끄러워하지 아니하였다. 그 이유는 그것이 모든 믿는 자에게 구원을 주시는 하나님의 능력이 되기 때문이었다. 복음은 우리에게 구원의 길(행 16:17)을 보여주고, 구원을 우리에게 양도하여 우리의 것이 되게 만드는 위대한 증서와 같다. (1) 그러나 그것은 하나님의 능력으로만 가능하다. 그 능력이 없으면 복음은 사문(死文)에 불과하다. 복음의 계시는, 그리스도의 말씀에 동반된 능력이 병자들을 고쳤던 것처럼, 여호와의 팔(사 53:1)의 계시다. (2) 그것은 오직 믿는

자들만의 것이다. 오직 믿는 것만이 우리를 복음의 구원에 연결시키고, 다른 사람들에게 그것은 감추어져 있다. 어떤 약이라도 환자가 먹지 않으면 효력이 없는 법이다. 먼저는 유대인에게요. 이스라엘 집의 잃어버린 양이 먼저 대접을 받은 것은 그리스도에게 있어서나 사도들에게 있어서나 마찬가지였다. 유대인들에게 먼저(행 3:26)였으나 그들의 거절로 사도들은 이방인들에게 발길을 돌렸다(행 13:46). 유대인과 이방인 모두 지금은 동일한 입장에 서 있다. 그들은 똑같이 구주 없이는 비참한 상태 속에 있고, 똑같이 구주께 나아와야 하는 처지 속에 있다(골 3:11). 이러한 교훈은 지금까지 선민(選民)을 자처하면서 이방 세계를 무시해온 유대인들에게는 충격이었다. 그러나 그토록 대망하던 메시야는 주의 백성 이스라엘의 영광일 뿐만 아니라 이방을 비추는 빛으로 동시에 나타난다(눅 2:32).

2. 복음의 길은 믿는 자들의 의다(17절): 복음에는. 즉 바울이 그토록 자랑스럽게 여기는 이 복음 안에는 하나님의 의가 나타나 있다. 우리의 비참과 멸망은 우리 죄악의 열매이자 결과이므로 우리에게 구원의 길을 보여주려면 무엇보다 먼저 의의 길을 보여주어야 하고, 바로 이 일을 복음이 하고 있다. 복음은 의를 알려준다. 하나님은 의롭고 거룩하신 분이고 우리는 허물 많은 죄인들이므로, 우리가 그분 앞에 나타나기 위해서는 의를 옷 입는 것이 필수적인데, 이 의가 왕이신 메시야에 의해 전달되고(단 9:24), 복음에 나타나 있다. 이 의는 곧 우리 죄의 죄책에도 불구하고 우리에게 화해와 용납을 제공하는 은혜의 방편이다. 이 복음의 의는 다음과 같이 불린다.

(1) 하나님의 의로 불린다. 그것은 하나님께서 정하신 것이요, 하나님께서 인정하고 허락하신 것이다. 그것이 하나님의 의로 불리는 결정적인 이유는 우리 자신의 행위의 공로에서 연유하는 의에 기대는 온갖 핑계를 차단하기 위해서다. 또 그것은 하나님이신 그리스도의 의로서, 무한한 가치를 지니는 대속으로부터 온다.

(2) 믿음으로 믿음에 이르게 하는 것으로 말해진다. 이 말에 대한 해석은 다양하다. 어떤 이들은 그것이 계시하시는 하나님의 신실하심으로부터 받아들이는 인간의 믿음에 이르게 하는 것이라고 말한다. 다른 이들은 타락하기 전의 아담처럼 하나님을 의존하고 그분과 직접 교통하는 믿음으로 중보자를 의지하고, 그리하여 하나님과 교통하게 하는 믿음에 이르게 하는 것이라고 설명한다. 또

어떤 이들은 우리를 의의 상태 속에 두는 최초의 믿음으로 우리가 그 상태 속에서 살고, 계속 거하게 하는 이후의 믿음에 이르게 하는 것이라고 주장한다. 여기서 우리를 의롭게 하는 최초의 믿음은 세례문답 강령에 따라 그리스도를 우리 구주로 받아들이고, 참 그리스도인이 되는 것을 말한다. 또 다른 이들은 우리를 그리스도께 접붙이는 믿음으로 우리의 뿌리가 되시는 그분으로부터 공로를 끌어내는 믿음에 이르게 하는 것이라고 말한다. 의인은 믿음으로 말미암아 살리라는 말씀 속에는 다음 두 가지 의미가 들어있다: 믿음으로 말미암아 의롭게 된다. 즉 우리를 의롭게 하는 믿음이 있다는 뜻이다. 믿음으로 말미암아 살아간다. 즉 우리를 지탱시켜주는 믿음이 있다는 뜻이다. 그래서 믿음으로 믿음에 이르게 하는 의가 존재하는 것이다. 그리스도인은 삶을 시작할 때나 삶을 지탱할 때나 믿음이 전부다. 그것은 마치 믿음이 우리를 의의 상태 속에 두면, 그 다음에는 행위가 우리로 하여금 그 상태를 계속 유지하도록 하는 것처럼, 믿음으로 행위에 이르게 되는 것이 아니다. 영광에서 영광에 이르는 것처럼(고후 3:18), 오로지 믿음으로 믿음에 이르는 것이다(고후 3:18). 그것은 증가하고, 지속적이고, 견인하는 믿음으로서, 전진하여 나아가는 가운데 불신앙의 뿌리를 근절해버리는 믿음이다. 이것이 새롭게 출현한 교리가 아니라는 것을 보여주기 위해 사도는 신약성경에 자주 인용되고 있는 구약성경의 유명한 구절을 제시한다: 의인은 믿음으로 말미암아 살리라(합 2:4). 믿음으로 말미암아 의롭다 함을 얻은 자는 이 믿음으로 말미암아 은혜의 삶과 영광의 삶을 함께 살게 될 것이다. 하박국 선지자는 파수하는 곳에 올라가 특별한 묵시를 기다리고 있었는데(1절), 이 묵시는 외관적으로는 지연되는 것처럼 보였지만, 때가 차면 약속된 메시야가 확실히 출현하게 되리라는 내용을 갖고 있었다. 이것이 거기서는 그 특징상 묵시로 불리지만, 다른 곳에서는 약속으로 불린다. 과거와 마찬가지로 다가올 시대에도 의인은 믿음으로 말미암아 살게 될 것이다. 따라서 믿음으로 믿음에 이르는 복음의 의는 오실 그리스도를 믿는 구약의 믿음으로 이미 오신 그리스도를 믿는 신약의 믿음에 이르는 의다.

II.명제의 증명. 여기서 명제는 유대인이나 이방인이나 하나님 앞에 나타나기 위해서는 의를 필요로 하고, 양자 어느 쪽도 떳떳이 내세울 그들 스스로의 의는 갖고 있지 못하다는 것이었다. 칭의는 믿음이나 행위 둘 중 하나로 주어져야 한다. 하지만 행위로는 불가능하다. 바울은 이것을 유대인과 이방인의 행위를 묘사함으로써 상세히 증명하고, 그러므로 그것은 믿음으로만 가능하다고 결론짓는다(3:20,28). 그는 유능한 외과 의사가 고약을 바르기 전 상처를 샅샅이 파헤치는 것처럼, 먼저 죄책과 진노에 관한 문제를 납득시킨 다음에 구원의 길을 보여주고 있다. 그렇게 함으로써 그는 복음을 더욱 소중한 것으로 깨닫게 한다. 우리는 먼저 정죄하시는 하나님의 의를 보아야 의롭게 하시는 하나님의 의가 모든 사람이 받을 만하다는 것을 보게 될 것이다. 모든 사람들에게 하나님의 진노가 나타나나니(18절). 본성의 빛과 율법의 빛 모두 죄에서 죄에 이르는 하나님의 진노를 드러낸다. 반면에 복음은 믿음으로 믿음에 이르는 하나님의 의롭게 하시는 의를 계시한다. 이 대조법은 주목할 만하다. 여기에는 다음과 같은 사실이 담겨 있다:

1. 인간의 죄악성에 대한 묘사. 사도는 그것을 경건하지 않음과 불의라는 두 마디 말로 요약하고 있다. 경건하지 않음(ungodliness)은 첫째 돌판의 계명을 어기는 것이고, 불의(unrighteousness)는 둘째 돌판의 계명을 어기는 것이다.

2. 그 죄악성의 원인. 그것은 불의로 진리를 막는데 있다. 그들은 하나님의 존재와 선악의 차이 등에 대해 어느 정도 알고 있었지만, 불의로 그것들을 차단했다. 즉 그들은 알고 있으면서도 뻔뻔스럽게 악한 길을 갔다는 것이다. 그들은 진리를 포로나 죄수처럼 감금시키고, 그것이 자기들에게 영향력을 행사하지 못하도록 했다. 불의한 악인의 마음은 많은 선한 진리가 묻혀 있고 매몰되어 있는 토굴과 같다. 믿음과 사랑으로써 바른 말을 본받아 지키는 것(딤후 1:13)이 모든 신앙의 뿌리라면, 그것을 불의로 막는 것은 모든 죄의 뿌리다.

3. 그에 대한 하나님의 불쾌. 하나님의 진노가 불의로 진리를 막는 사람들의 모든 경건하지 않음과 불의에 대하여 하늘로부터 나타나나니(18절). 하나님의 영감에 의해 주어지는 기록된 말씀(이방인들에게는 주어지지 않은)에서 뿐만 아니라 하나님의 섭리 속에서도 그분의 심판은 죄인들에게 행사되었다. 이것은 갑자기 땅에서 솟아난 것도 아니요, 우연히 생긴 것도 아니며, 어떤 제2원인에 귀속되는 것도 아니라 하늘로부터 직접 주어진 계시다. 말하자면 하나님의 진노는 하늘로부터 나타난 것이다. 그것은 우리들 같은 인간의 진노가 아니라 하늘로부터 온 진노이기에 더 끔찍하고 더 불가피하다.

[19]이는 하나님을 알 만한 것이 그들 속에 보임이라 하나님께서 이를 그들에게 보이

셨느니라 ²⁰창세로부터 그의 보이지 아니하는 것들 곧 그의 영원하신 능력과 신성이 그가 만드신 만물에 분명히 보여 알려졌나니 그러므로 그들이 핑계하지 못할지니라 ²¹하나님을 알되 하나님을 영화롭게도 아니하며 감사하지도 아니하고 오히려 그 생각이 허망하여지며 미련한 마음이 어두워졌나니 ²²스스로 지혜 있다 하나 어리석게 되어 ²³썩어지지 아니하는 하나님의 영광을 썩어질 사람과 새와 짐승과 기어다니는 동물 모양의 우상으로 바꾸었느니라 ²⁴그러므로 하나님께서 그들을 마음의 정욕대로 더러움에 내버려 두사 그들의 몸을 서로 욕되게 하게 하셨으니 ²⁵이는 그들이 하나님의 진리를 거짓 것으로 바꾸어 피조물을 조물주보다 더 경배하고 섬김이라 주는 곧 영원히 찬송할 이시로다 아멘 ²⁶이 때문에 하나님께서 그들을 부끄러운 욕심에 내버려 두셨으니 곧 그들의 여자들도 순리대로 쓸 것을 바꾸어 역리로 쓰며 ²⁷그와 같이 남자들도 순리대로 여자 쓰기를 버리고 서로 향하여 음욕이 불일듯 하매 남자가 남자와 더불어 부끄러운 일을 행하여 그들의 그릇됨에 상당한 보응을 그들 자신이 받았느니라 ²⁸또한 그들이 마음에 하나님 두기를 싫어하매 하나님께서 그들을 그 상실한 마음대로 내버려 두사 합당하지 못한 일을 하게 하셨으니 ²⁹곧 모든 불의, 추악, 탐욕, 악의가 가득한 자요 시기, 살인, 분쟁, 사기, 악독이 가득한 자요 수군수군하는 자요 ³⁰비방하는 자요 하나님께서 미워하시는 자요 능욕하는 자요 교만한 자요 자랑하는 자요 악을 도모하는 자요 부모를 거역하는 자요 ³¹우매한 자요 배약하는 자요 무정한 자요 무자비한 자라 ³²그들이 이같은 일을 행하는 자는 사형에 해당한다고 하나님께서 정하심을 알고도 자기들만 행할 뿐 아니라 또한 그런 일을 행하는 자들을 옳다 하느니라

이 장의 마지막 부분인 여기서 사도는 이방 세계에 관해 자신이 들은 것을 서술하고 있다. 여기서 우리는 다음과 같은 사실을 확인할 수 있다.

I. 이방인이 하나님에 관한 지식을 갖게 된 수단과 방법. 이방인들은 야곱과 이스라엘처럼 하나님의 율법을 알고 있지는 못했지만(시 147:20), 그들 속에 그 분은 자기를 증언하지 아니하신 것이 아니었다(행 14:17). 하나님을 알 만한 것이 그들 속에 보임이라(19,20절).

1. 이방인은 어떤 지식을 갖고 있었는가: 하나님을 알 만한 것이 그들 속에(엔 아우토이스) 보임이라. 즉 그들 가운데에는 절대자 누멘(Numen)의 존재를 인식하고 있는 것으로서 하나님에 관한 지식을 갖고 있었던 사람들이 있었다. 그 증

거들이 충분히 나타나고 있는 것처럼, 피타고라스, 플라톤, 스토아학파의 철학은 하나님에 관한 지식을 이미 충분히 갖고 있었다. 알 만한 것이라는 말은 알려질 수 없는 것이 많다는 뜻을 함축하고 있다. 하나님의 존재는 사고되기는 해도 이해될 수는 없는 개념이다. 우리가 그분을 찾는다고 해서 찾을 수 있는 것이 아니다(욥 11:7-9). 유한한 이성은 무한한 존재를 완전히 알 수 없다. 그러나 감사하게도, 그분을 영화롭게 하고 즐거워하는 우리 인생의 목적을 감당하기에는 충분할 정도로 그분은 우리에게 알려져 있다는 것이다. 감추어진 일은 여호와께 속한 것으로 우리가 엿볼 수 없지만, 나타난 일은 우리와 우리 자녀들에게 속하도록 계시되었다(신 29:29).

2. 이방인은 이 지식을 어디서 얻었는가: 하나님께서 이를 그들에게 보이셨느니라(19절). 그들이 하나님에 관해 갖게 된 이 본성적 통념은 빛들의 아버지이신, 하나님 자신에 의해 그들의 마음속에 심겨진 것이다. 이 신의식(神意識)과 신에 관한 태도는 인간 본성에 내재된 것으로, 어떤 사람들은 이성보다는 이것으로 인간과 짐승 사이를 구별해야 한다고 생각한다.

3. 이방인이 갖게 된 신지식과 관념들은 어떤 방법과 수단을 통해 확증되고 촉진되었는가: 그것은 피조물의 활동을 통해서다(20절). 창세로부터 그의 보이지 아니하는 것들 곧 그의 영원하신 능력과 신성이 그가 만드신 만물에 분명히 보여 알려졌나니.

(1) 그들이 무엇을 알았는지 주목해보라: 그의 보이지 아니하는 것들 곧 그의 영원하신 능력과 신성이. 하나님은 감각의 대상이 아니지만, 감각할 수 있는 만물을 통해 자신을 발견하고 깨닫도록 하셨다. 하나님의 능력과 신성은 눈으로 보이지 않지만, 그 피조물 속에서 분명히 보이도록 되어 있다. 그분은 은밀하게 활동하시지만(욥 23:8,9; 시 139:15; 전 11:5), 그가 만드신 것은 그분의 활동을 분명히 드러내고, 거기서 우리는 그분의 능력과 신성을 알게 되며, 본성의 빛이 이해하는 다른 속성들도 하나님에 관한 관념 속에서 알게 된다. 그들은 본성의 빛을 통해 삼위일체 하나님을 알 수는 없지만(어떤 이들은 플라톤의 작품 속에서 이 지식의 초보를 발견할 수 있다고 생각한다), 최소한 그것을 우상 숭배와는 충분히 구별할 정도의 신지식은 갖고 있었다. 그런데 그들은 불의로 그 진리를 차단시켰다.

(2) 이방인은 그것을 어떻게 알았는가: 그가 만드신 만물에 (의해). 곧 여기서

말하는 만물은 그것 스스로 만들어지거나 어떤 우연한 성공에 의해 이런 정확한 질서와 조화를 이루거나 할 수 없는 것이기에 어떤 제1원인 즉 어떤 지성적 동인(動因)에 의해 만들어진 것이 아니면 안 되는데, 여기서 말하는 제1원인은 바로 영원하신 전능자 하나님을 말하는 것이다. 시 19:1; 사 40:26; 행 17:24을 보라. 기술자는 그 솜씨로 알려지는 법이다. 만물의 다양성, 다수성, 질서, 아름다움, 조화, 차별성, 탁월한 기능, 그리고 그것들의 합목적성과 전체적으로 그 모든 부분들이 선과 미에 일치하는 것 등은 창조주와 그분의 영원하신 능력과 신성을 충분히 입증한다. 이렇게 어둠 속에 빛이 비추게 되었다. 그리고 이것은 창세로부터(from the creation of the world) 있었다. 이 말은 다음 두 가지 가운데 어느 하나로 이해된다: [1] 그것들에 관한 지식이 제공된 대상으로 이해된다. 이 진리를 증명하기 위해 우리는 피조물의 위대한 활동을 보면 된다. 어떤 이들은 창세 곧 이 세상의 피조물(크티시스 코스무)은 인간 곧 막 16:15에서 피조물(크티시스)로 불린, 아래 세계의 가장 뛰어난 피조물(크티시스 카트 엑소켄)을 가리키는 말로 이해되어야 한다고 생각한다. 인간의 몸의 구조와 조직, 특히 인간 영혼의 가장 탁월한 능력과 기능과 재능은 창조주가 존재한다는 것을 충분히 증명하고, 그 창조주는 바로 하나님이시다. [2] 또는 그 지식이 주어진 시기로 이해된다. 그것은 세상의 피조물만큼 오래되었다. 이런 의미에서 창세로부터(아포 크티세오스 코스무)라는 말이 성경에서 자주 사용된다. 하나님에 관한 이러한 관념들은 최근에 깨닫게 된 현대적 지식이 아니라 태초부터 있었던 태고의 진리다. 하나님을 인정하는 길은 아주 오래된 길로서, 태초부터 있었다. 진리가 오류보다 앞서 존재했다.

Ⅱ. 하나님이 자신을 알려주신 이러한 지식에도 불구하고, 이방인이 범한 끔찍한 우상 숭배. 이 내용은 21-23, 25절에 묘사되어 있다. 성경의 빛이 인도했음에도 불구하고 유대인들이 얼마나 깊게 우상 숭배에 빠져들었는지를 우리가 기억한다면, 이방인들의 우상 숭배를 전혀 막지 못한 이 본성적 지식의 무력함에 대해 놀랄 일은 전혀 없을 것이다. 타락한 인간의 자녀들이 의식의 오염 속에 떨어진 것은 정말 비참한 일이다.

1. 이방인의 우상 숭배의 내적 원인(21,22절). 그들이 하나님을 알고 있었고, 또 그 지식으로부터 그분을, 오직 그분만을 예배하는 것이 그들의 의무라는 사실이 쉽게 추론된다는 점에서, 그들은 변명의 여지가 없다. 어떤 이들은 다른

이들보다 더 큰 빛과 지식의 수단을 갖고 있지만, 핑계할 수 없다는 점에서는 모두가 똑같다. 그러나 그것에 대한 주요 잘못은 다음과 같다: (1) 그들은 하나님을 알되, 그분을 영화롭게 하지 않았다(21절). 하나님을 향한 그들의 사랑과 그분에 대한 그들의 경배는 그들의 신지식과 일치하지 않았다. 그분을 하나님으로서 영화롭게 하는 것은 오직 그분만을 영화롭게 한다는 것이다. 무한자는 오직 한 분 외에는 있을 수 없기 때문이다. 그러나 그들은 그분을 영화롭게 하지 않았다. 무수한 다른 신들을 섬겼기 때문이다. 그분을 하나님으로서 영화롭게 한다는 것은 영적 예배로 그분을 경배한다는 것이다. 그러나 그들은 그분의 온갖 형상들을 만들어냈다. 하나님을 하나님으로서 영화롭게 하지 못한다면 결국 그분을 전혀 영화롭게 하지 못하는 것이다. 그분을 하나의 피조물로서 높이는 것은 그분을 영화롭게 하는 것이 아니라 모독하는 것이다. (2) 그들은 감사하지도 아니했다(21절). 일반적으로 그들은 하나님으로부터 받은 모든 은혜에 대해 감사하지 아니했다(하나님의 자비에 대한 무감각이 그분으로부터 멀어진 우리의 죄악된 본성 속에 자리잡고 있다). 개인적으로 그들은 하나님께서 기꺼이 자신을 그들에게 알려주신 신지식에 대해 감사하지 아니했다. 신지식과 은혜의 수단을 증진시키지 않는 사람들은 그것에 대해 결코 감사하지 않는 것으로 간주할 수 있다. (3) 그들은 오히려 그 생각이 허망하여졌다(21절). 그 생각이(엔 토이스 디아로기스모이스)란 '그 이론이,' '그 실제적 추론이' 라는 뜻이다. 그들은 진리 일반에 관한 지식은 풍부했지만(19절), 그것을 실제 상황에 적용시키는 데는 실패했다. 또 그들은 하나님에 관한 관념과 세상의 창조, 인류의 기원과 최고선 등에 관해 명백한 진리를 무시하고, 허탄하고 어리석은 무수한 공상에 사로잡혀 갑론을박했다. 이 진리들에 관한 다양한 부류의 철학자들의 허다한 의견과 가설들은 대부분 헛된 상념에 불과하였다. 진리가 포기되면 오류가 무한히(in infinitum) 증가하는 법이다. (4) 또 그들은 미련한 마음이 어두워졌다(21절). 마음의 미련함과 실제적 사악함은 지성의 능력과 기능을 흐리게 하고 어둡게 한다. 의지와 감정의 타락과 부패만큼 이성의 맹목과 왜곡을 가져오기 쉬운 것은 없다. (5) 그들은 스스로 지혜 있다 하나 어리석게 되었다(22절). 이것은 철학자들이나 현자를 자처하는 사람들에게는 기분 나쁜 얘기로 들릴 것이다. 하나님에 관한 관념을 자기들에게 맞게 짜 맞추는 데 있어서, 아주 상상력이 풍부한 사람들은 아주 엉뚱하고 부조리한 공상에 빠졌고, 그것은 그들의 교만과 자만에 대한 정당한 형벌이었다. 가장 큰 지혜를 보여준 가장 수준 높은 민족이 종교에 있어서는 가장 어리석은 바보였다는 것을 관찰할 수 있다. 야만인들은 태양과 달을 숭배했는데, 그것은 우상 숭배 중 가장 순진한 부류에 속했다. 반면에 문명화된 이집트인들은 황소와 양파를 숭배했다. 지혜에 있어서 아주 탁월한 민족인 희랍인들은 질병과 인간의 고난을 숭배했다. 최고의 문명을 자랑하는 로마인들은 복수의 신들을 숭배했다. 그리고 오늘날에도 미개한 아메리카 인디언들은 천둥을 숭배하지만, 머리가 좋은 중국인들은 귀신을 섬긴다. 이처럼 이 세상은 자기 지혜로 하나님을 알지 못한다(고전 1:21). 지혜가 있다고 자랑하는 것이 우매를 더 확대시키는 것처럼, 지혜를 자랑하는 교만한 마음은 심각한 어리석음의 원인이 된다. 따라서 우리는 철학자들 가운데 기독교로 개종한 사람이 거의 없다는 것을 알고 있다. 바울의 전도는 유식한 아덴 사람들에게서만큼 비웃음과 조롱을 받은 적이 없다(행 17:18-32). 스스로 지혜 있다 하나 곧 지혜가 있다고 스스로 단언하나(파스콘테스 에이나이, 22절). 하나님의 존재에 관한 단순한 진리는 그들을 만족시키지 못했다. 그들은 스스로 그 위에 있다고 생각했고, 그래서 가장 큰 오류 속에 빠지고 말았다.

2. 이방인의 우상 숭배의 외적 행위(23-25절). (1) 하나님의 형상을 만들었다(23절). 그렇게 함으로써 그들은 썩어지지 아니하는 하나님의 영광을 변질시켰다(시 106:20; 렘 2:11과 비교해 보라). 그들은 가장 저급한 피조물에 신성(神性)을 부여하고, 그것들로 하나님을 삼았다. 하나님께서 자기 형상으로 인간을 지으신 것은 하나님이 인간에게 베푸신 최고의 영예였다. 그러나 인간이 하나님을 자기 형상으로 만들어버린 것은 최고의 불명예를 그분께 돌린 것이었다. 이것은 하나님께서 유대인들에게 엄히 경계하신 것이었다(신 4:15이하). 이것은 사도가 자신의 설교에서 아덴 사람들의 어리석음으로 제시하는 것이다(행 17:29). 사 40:18 이하와 44:10 이하를 보라. 이것은 하나님의 진리를 거짓 것으로 바꾸어버리는 것으로 설명된다(25절). 그것은 하나님의 영광에 먹칠을 할 뿐만 아니라 그분의 존재를 왜곡하도록 만들었다. 우상은 거짓 것으로 불린다. 그 이유는 하나님은 영이신데, 마치 육체가 있는 것처럼 가장함으로써, 속이기 때문이다(렘 13:14; 호 7:1). 우상은 거짓 스승이다(합 2:18). (2) 피조물에게 신적 자격을 주었다. 피조물을 조물주보다 더 경배하고 섬김이라. 그들은 신앙고백의 대상으로서 지존자(Numen)를 갖고 있지만, 실제적으로는 피조물을 경배의 대상

으로 삼음으로써, 그 신을 모독하고 있다. 하나님은 전부(全部)가 아니면 전무(全無)가 되어야 할 존재이기 때문이다. 또는 조물주보다(above the Creator) 자기들의 저급한 신들, 별들, 영웅들, 귀신들에게 더 큰 헌신을 바치고, 지존자 하나님을 가까이 할 수 없거나 자기들의 예배를 받을 수 없는 존재로 생각한다. 죄 자체는 그들이 피조물을 경배했다는데 있지만, 본문은 조물주보다 피조물을 더 높이 경배했다는데 그 죄가 더 크다고 언급하는 것이다. 이것은 이방세계의 일반적 죄악으로, 그들의 법과 정부에 의해 더 왜곡되고 말았다. 그리하여 그들 가운데 지존자 하나님을 알고, 그분을 의존했던 현자들마저, 어리석은 다른 사람들이 그런 것처럼, 다신론과 우상 숭배의 허망함과 부조리에 빠져들고 말았다. 아우구스티누스가 「하나님의 도성」, 제6권 제10장에 인용하고 있는 내용에 따르면(그 책 자체는 멸실되고 없기 때문에), 세네카는 「미신」이라는 그의 책에서, 이방종교의 심각한 우매와 불경건을 강조한 후에 그 다양한 사례들을 언급하면서 이렇게 결론을 맺는다: "지혜자는 이 모든 것이 당연히 법으로 제정된 것으로 알고, 신들에게 감사하지 않을 것이다. 고대의 미신이 오랜 세월에 걸쳐 모아놓은 이 저급한 부류의 신들을 우리가 숭배하는 것은 그 숭배가 본질에 합당해서가 아니라 관습에 적당하기 때문이다." 이에 대해 아우구스티누스는 이렇게 말한다: "그는 자신이 비난한 것을 숭배했다. 그는 자신이 잘못된 것이라고 증명한 것을 신봉했고, 스스로 오류라고 지적한 것을 경배했다." 이 말을 자세히 인용하는 것은 그것이 사도가 여기서 말하는 불의로 진리를 막는 사람들(18절)에 대해 충분히 설명하고 있다고 생각하기 때문이다. 이방인들의 우상 숭배로 말미암아 하나님이 모독을 당하고 있는 점에 대해 설명하는 가운데, 사도는 하나님에 대한 단호한 경외심을 표현하고 있음을 볼 수 있다: 주는 곧 영원히 찬송할 이시로다 아멘(25절). 하나님과 그분의 이름에 어떤 모독이 주어지는 것을 보거나 들을 때, 우리는 바로 거기서 그분을 더 크게 영화롭게 할 기회로 생각하고 그분을 찬송해야 한다. 어떤 경우든, 그들이 더 심하게 그분을 욕한다면, 우리는 그만큼 더 강하게 그분을 찬미해야 할 것이다. 아무리 큰 모독이 그분의 이름에 주어진다고 할지라도, 그분은 영원히 찬송할 이시다. 비록 그분을 영화롭게 하지 않는 사람들이 있다고 해도, 그분은 영광을 받되, 영원토록 영광을 받으실 분이다.

Ⅲ. 이 우상 숭배에 대한 하나님의 심판. 이 심판은 주로 현세적 심판이 아

니라 영적 심판으로서(우상 숭배에 빠진 민족들이 오히려 세계를 정복한 경우가 많았다), 하나님은 그들이 야만적이고 무분별한 정욕에 사로잡혀 살도록 내버려 두셨다. 내버려 두셨으니(파레도켄 아우투스). 이 말이 여기서 세 번에 걸쳐 반복되고 있다(24,26,28절). 모든 심판 가운데 영적 심판이야말로 가장 쓰라리고, 가장 두려운 심판이다. 여기서 다음과 같은 사실을 확인할 수 있다:

1. 누가 그들을 내버려 두었는가?

하나님께서 의의 심판의 방법으로서, 곧 그들의 우상 숭배에 대한 공정한 형벌로서 그들을 내버려 두셨다. 다시 말해서, 은혜를 조절하는 고삐를 제거해버리고, 그들 마음대로 하도록 내버려 두신 것이다. 왜냐하면 그분의 은혜는 그분 자신의 것으로, 사람에게 빚진 것이 없는 그분은 은혜를 자신의 뜻에 따라 주시거나 거두시거나 할 수 있기 때문이다. 하나님의 이 포기가 적극적 행위인지 아니면 단지 소극적 행위인지에 대해서는 학자들에게 맡겨놓을 일이다. 그러나 하나님께서 사람들을 그들의 마음의 정욕대로 행하도록 내버려 두시면서 강력한 유혹거리를 보내고, 사탄이 마음껏 그들에게 역사하도록 놔두고, 아니 아예 그들 앞에 걸림돌을 설치하시는데, 이것이 결코 새로운 일이 아니라는 것이다. 그러나 하나님은 죄의 창시자가 아니고, 이 일에 대해 무한히 의롭고 거룩하신 분이다. 왜냐하면 이 포기에 의해 더 큰 죄악이 일어나겠지만, 그 잘못은 죄인의 악한 마음에 있기 때문이다. 만일 환자가 완고해서 처방전을 따르지 않고, 고의로 자기에게 해로운 약을 먹거나 행동을 한다면, 그를 절망적인 상태 속에 내버려 둔다고 할지라도 의사는 비난받지 않을 것이다. 그리고 그 결과 임하는 치명적 증상들에 대해서도 의사는 책임이 없고, 병 자체 및 환자의 우매함과 옹고집에 그 책임이 돌려져야 한다.

2. 그들은 어떤 상태 속에 내버려졌는가?

(1) 더러움과 부끄러운 욕심(24,26,27절). 하나님의 영광을 보존하도록 돕는 본성의 빛의 관념들을 더 순수하게 하고, 더 날카롭게 가다듬지 않는 사람들은 인간 본성의 영예를 보존하고 있는 소중하고 투명한 감정들마저 곧 상실하게 될 것이다. 존귀한 존재지만, 하나님이 자기를 지으셨음을 깨닫지 못하는 사람은 멸망하는 짐승보다 더 못하다(시 49:20). 이러한 사람은 하나님의 허용에 의해 다른 사람의 형벌을 자초하게 된다. 그러나 (여기서 언급되는 것처럼) 모든 잘못의 책임은 그들이 마음의 정욕대로 사는 것에 두어져야 한다. 하나님을 욕되

게 하는 자들은 자기들 스스로를 욕되게 하도록 내버려 두는 것이다. 자기 자신의 정욕에 사로잡히는 것보다 더 큰 노예상태 속에 들어가 있는 사람은 없다. 이런 사람들은 마치 애굽인처럼 잔혹한 군주의 손에 붙잡혀 있는 것이다(사 19:4). 그들의 더러움과 부끄러운 욕심에 관한 특별한 실례들은 본성의 빛의 아주 분명하고 명백한 지시에 반하는 것으로, 무수한 이교도들, 심지어는 솔론이나 제논과 같은 현자의 반열에 오른 사람들까지도 범하는 죄악이었다. 하나님께서 그들에게 하늘로부터 유황불을 쏟아부어야 했을 정도로 극심했던 소돔과 고모라의 죄악이 이방 민족들 사이에서 통상적으로 저질러졌을 뿐만 아니라 아예 당연한 것으로 받아들여졌다. 아마 사도는 여기서 특별히 그들이 자기들의 신을 숭배하면서 저지른 가증한 짓들이야말로 가장 더러운 죄악이라는 것을 지적하고자 했을 것이다. 더러운 신들에 대한 더러운 경배라는 얘기다. 더러운 영들은 그러한 숭배를 좋아하는 법이다. 그런데 지금 이방 민족의 우상들이 부활되고, 신상 앞에 절하며, 성인을 귀신들의 방으로 대치하는 로마 가톨릭 교회에서 이와 똑같이 가증한 일들이 교황의 재가를 받아 전면에 드러나고 있는데(존 폭스의 「순교자 열전」, 제1권, 808면), 일부 추기경들에 의해 일상적으로 저질러지고, 정당화되고, 옹호되고 있다는 소식을 듣는다. 똑같은 영적 죄악에 대한 똑같은 영적 재앙이 아닐 수 없다. 인간의 본성 속에 어떤 죄성(罪性)이 자리잡고 있는지를 보라. 얼마나 가증하고 더러운 인간인가! 여호와여, 사람이 무엇이기에라고 다윗은 외친다(시 144:3). 마음대로 하도록 내버려 둘 때 인간이란 얼마나 더러운 피조물일까! 인간 본성의 영예와 품위를 어떻게든 조금이라도 보존하기 위해서는 죄악을 억제하시는 하나님의 은혜를 얼마나 크게 필요로 할까! 만약 이 은혜가 없다면, 천사보다 조금 못한 존재로 지음받은 인간은 마귀들보다 훨씬 더 저급한 존재로 스스로 떨어지고 말 것이다. 이것이 그들의 그릇됨에 상당한 보응을 받은 것이라고 말해지는 것이다(27절). 온 땅의 심판자는 항상 옳고, 죄와 그 형벌 사이의 보응을 주목하고 계신다.

 (2) 이 가증한 일들로 마음을 상실함(28절).

 [1] 그들은 마음에 하나님 두기를 싫어했다. 그들의 이성의 맹목성은 그들의 의지와 감정을 고의로 왜곡시킴으로써 야기된 것이었다. 그들은 마음에 하나님에 대한 지식을 갖고 있지 못했다. 그것을 싫어했기 때문이다. 그들은 자기들을 즐겁게 하는 것 외에는 어떤 것도 알거나 행하려고 하지 않았다. 그것이 바로

육체의 마음의 기질이다. 그들에게는 그들이 가장 즐거워하는 것이 최고의 목적이 된다. 하나님에 관한 지식을 갖고 있지만, 그 빛이 자신의 얼굴을 비추고 있음에도 불구하고, 그분을 그 곳에 두지 않는 사람들이 많다. 그들은 전능자여, 우리를 떠나소서(욥 21:14)라고 말하고, 그리하여 그들은 신지식이 자신들의 정욕을 좌절시키고 훼방하기 때문에 마음에 하나님 두기를 싫어한다. 그들은 그것을 좋아하지 않는다. 여기서 마음에란 말은 지식 속에(엔 에피그노세이)란 뜻이다. 그런데 그노시스와 에피그노시스 사이에는 차이가 있다. 전자는 하나님에 관한 단순한 지식을 의미하지만, 후자는 그 지식에 대한 인정을 의미한다. 이방인들은 하나님에 관해 알고 있지만, 그분을 인정하지 않았고, 또 인정하지 않을 것이다.

[2] 고의적으로 진리를 거역하는 그들의 이러한 자의성에 대해 하나님은 더 큰 죄에 빠지도록 그것을 제한하지 않고 내버려 두셨다. 그것은 여기서 상실한 마음(에이스 아도키몬 누운)으로 불린다. 이 마음은 사물의 차이를 분별하는 모든 감각과 판단력을 상실한 마음으로서, 그들은 영적으로 어느 쪽이 자기들의 오른손과 왼손인지조차 구별할 수 없었다. 죄의 길이 이끄는 곳이 어딘지, 그리고 그것이 결국 죄인을 어떤 심연에 빠뜨리는지 주시해 보라. 육체의 욕심이 죄인을 그 곳으로 이끄는 직접적 성향이다. 음심이 가득한 눈을 가지고 범죄하기를 그치지 아니하고(벧후 2:14). 이 상실한 마음은 감각 없는 마비된 양심이요, 구습을 따르는 감정이다(엡 4:19). 판단이 일단 죄와 영합하게 되면, 그 사람은 지옥 근방에 있는 자가 된다. 처음에는 바로가 스스로 마음을 강퍅하게 했지만, 나중에는 하나님께서 그의 마음을 강퍅하게 하셨다. 이처럼 고의적인 강퍅함에 대해서는 그에 상응하는 정당한 처벌이 따르도록 되어 있다. 합당하지 못한 일을 하게 하셨으니. 이 말은 사소한 죄악을 가리키는 것 같지만, 실제로는 엄청난 죄악을 표현하는 것이다. 여기서 합당치 못한 일은 인간들 사이에서도 일치하지 않을 뿐만 아니라 본성의 참된 빛과 법칙에도 반하는 것이다. 그래서 여기서 사도는 그 상실한 마음대로 내버려 두어진 이방인들이 죄책을 짊어져야 할 끔찍한 죄목들을 열거한다. 본성의 빛과 나라의 법, 그리고 인류의 모든 이해(利害)에도 반할 정도로 극히 가증하고 유해한 죄악들이지만, 상실한 마음은 그 죄를 기꺼이 저지르고 만다. 특히 그 당시 로마인들의 성향과 풍속을 설명하는 역사적 기록을 보면, 그 국민들의 전통적 가치가 극히 타락한 상태 속에

있었음을 확인할 수 있다. 여기 언급되어 있는 죄목들은 지배민족으로서 그들이 저지른 죄악을 그대로 보여준다. 무려 23가지 항목의 죄와 죄인들이 열거되어 있다(29-31절). 바로 여기에 마귀의 자리가 있다. 그의 이름은 군대이니, 그 수가 많기 때문이다. 온 세상이 개혁을 필요로 하는 바로 그 때야말로 복음이 선포되어야 할 때였다.

첫째, 첫째 돌판에 새겨진 계명에 대한 죄: 하나님께서 미워하시는 자(30절). 여기에 마귀의 본색이 드러나 있으니, 죄가 죄를 드러낸다. 이성적인 피조물이 최고선을 미워하고, 의존적인 피조물이 그 존재의 근원을 무시하는 것을 감히 상상할 수 있겠는가? 그러나 그것이 현실이다. 모든 죄는 그 안에 하나님에 대한 미움을 지니고 있고, 어떤 죄인들은 아예 공개적으로 다른 사람들보다 하나님을 더 큰 자신의 원수로 알고 그분을 대적한다(슥 11:8). 교만한 자요 자랑하는 자(30절)는 하나님과 맞서고, 그분의 보좌 앞에 드려져야 할 면류관을 자기들의 머리에 둔다.

둘째, 둘째 돌판에 새겨진 계명에 대한 죄. 이 죄목들은 특별히 자세히 언급되어 있는데, 그 이유는 그들이 이에 대한 분명한 빛을 이미 갖고 있기 때문이다. 일반적으로 여기에는 불의에 대한 항목들이 적혀 있다. 이것이 먼저 언급되는 이유는 모든 죄는 그 자체로 불의에 해당되기 때문이다. 마땅히 해야 할 일을 하지 않고 미루는 것은 의로운 일을 왜곡시키는 것이다. 특히 해서는 안 되는 일을 저지르는 것은 둘째 돌판의 죄를 범하는 것이다. 십계명의 제5계명을 예로 들어보자. 부모를 거역하는 자(30절), 무정한 자(31절). 여기서 무정한 자(아스토르구스)는 부모로서 자녀에 대해서도 몰인정하고 잔인한 자들이다. 따라서 어느 한편의 의무에 실패하면 다른 쪽 의무에도 똑같이 실패하기 마련이다. 거역하는 자녀들은 무정한 부모와 똑같이 처벌을 받고, 그 반대 역시 마찬가지다. 제6계명에 대해서 말해보자: 탐욕(악을 위해 악을 저지름), 악의, 시기, 살인, 분쟁(에리도스:다툼), 사기, 악독, 수군수군, 비방 등(29,30절). 이와 같이 형제를 미워하는 것에 대한 모든 표현들은 마음으로 살인하는 것이다. 제7계명에 대해 말해보자: 추악(29절). 이에 대해서는 앞에서 더러움에 관해 설명하면서 다루었기 때문에 언급을 생략한다. 제8계명에 대해 말해보자: 불의, 탐욕(29절). 제9계명에 대해 말해보자: 사기, 수군수군, 비방, 배약(29,30,31절). 이것들은 거짓말하고 남을 중상하는 것이다. 여기에는 앞에서 언급되지 아니한 두 가지 일반 죄악이

들어있다. 그것은 악을 도모하는 자(30절)와 우매한 자(31절)다. 이들은 악에 대해서는 지혜롭고, 선을 행하는 것에 대해서는 무지하다. 죄인이 악을 도모하는 데 고의적이고 교활할수록 그 죄는 더 크기 마련이다. 그들은 죄를 범하는데 빠르지만, 하나님을 생각하는 데는 우매하다(완고한 바보). 원래 상태로부터의 타락을 생각할 때 우리는 누구나 겸손해지지 않을 수 없다. 왜냐하면 본성상 인간은 누구나 이 모든 죄악들의 씨와 알이 그 안에 박혀 있기 때문이다. 마지막으로 사도는 그 죄들의 악랄한 결과에 대해 언급하고 있다(32절)

1. 그들은 하나님의 정하심(심판)을 알고 있었다. (1) 그들은 율법을 알고 있었다. 하나님의 심판은 그분의 공의가 요청하는 것으로, 그분이 의로우시기 때문에 당연히 이루어져야 되는 것이다. (2) 그들은 그 형벌도 알고 있었다. 여기서 그것은 이렇게 설명된다: 그들은 이같은 일을 행하는 자는 사형에 해당한다는 것 곧 영원한 죽음이 있다는 것을 알고 있었다. 그들의 양심은 이것을 그들에게 확실하게 제시해주고 있었건만, 그들은 그것을 무시하고 행동했다. 알면서 고의로 범한 죄(약 4:17), 특히 하나님의 심판을 알면서 범하는 죄는 그 결과가 훨씬 더 끔찍하다. 칼날을 향해 달려가는 것은 만용에 불과하다. 그것은 마음이 크게 강팍하다는 것과 그 발이 죄 위에 굳게 서 있다는 것을 보여준다.

2. 그들은 자기들만 행할 뿐 아니라 또한 그런 일을 행하는 자들을 옳다 하는 자들이다. 본인이 죄에 대한 욕망을 품고 있기 때문에 현재 어떤 유혹을 받아 스스로 즐겁게 죄를 범할 수 있다. 그러나 다른 사람들이 범하는 죄를 좋아하는 것은 죄를 더욱 사랑하는 것이다. 이것은 마귀의 나라와 이득을 위해 연합전선을 펴는 것이다. 옳다 하느니라(쉬뉴도쿠신): 그들은 스스로 죄를 범할 뿐 아니라 그것을 옹호하고 합리화시키며, 그렇게 하는 다른 사람들을 부추긴다. 다른 사람들의 죄를 찬성하고 좋아한다면, 우리 자신의 죄가 그만큼 더 확대되는 것이다.

이제 이 모든 점을 종합해 보고, 그토록 큰 죄책과 타락 아래 있는 이방세계가 그들 자신의 어떤 행위로 말미암아 하나님 앞에서 과연 의롭다 함을 얻을 수 있는지 확인해 보자.

제
— 2 —
장

개요

이 서신의 처음 두 장의 목적은 3:9의 "유대인이나 헬라인이나 다 죄 아래에 있다고 우리가 이미 선언하였느니라"는 말씀으로 요약될 수 있다. 이제 이번 장에서는 17절의 "유대인이라 불리는 네가"라는 말씀 속에 나타나 있는 것처럼, 그것을 유대인에게 적용시켜 입증할 것이다. I. 사도는 일반적으로 유대인과 이방인이 하나님의 공의 앞에서 동일한 입장에 놓여 있다는 것을 보여준다(1-16절). II. 사도는 특정적으로 유대인들이, 그들의 호언장담에도 불구하고, 죄책을 짊어지지 않으면 안 되는 죄에 대해 보여준다(17-29절).

[1]그러므로 남을 판단하는 사람아, 누구를 막론하고 네가 핑계하지 못할 것은 남을 판단하는 것으로 네가 너를 정죄함이니 판단하는 네가 같은 일을 행함이니라 [2]이런 일을 행하는 자에게 하나님의 심판이 진리대로 되는 줄 우리가 아노라 [3]이런 일을 행하는 자를 판단하고도 같은 일을 행하는 사람아, 네가 하나님의 심판을 피할 줄로 생각하느냐 [4]혹 네가 하나님의 인자하심이 너를 인도하여 회개하게 하심을 알지 못하여 그의 인자하심과 용납하심과 길이 참으심이 풍성함을 멸시하느냐 [5]다만 네 고집과 회개하지 아니한 마음을 따라 진노의 날 곧 하나님의 의로우신 심판이 나타나는 그 날에 임할 진노를 네게 쌓는도다 [6]하나님께서 각 사람에게 그 행한 대로 보응하시되 [7]참고 선을 행하여 영광과 존귀와 썩지 아니함을 구하는 자에게는 영생으로 하시고 [8]오직 당을 지어 진리를 따르지 아니하고 불의를 따르는 자에게는 진노와 분노로 하시리라 [9]악을 행하는 각 사람의 영에는 환난과 곤고가 있으리니 먼저는 유대인에게요 그리고 헬라인에게며 [10]선을 행하는 각 사람에게는 영광과 존귀와 평강이 있으리니 먼저는 유대인에게요 그리고 헬라인에게라 [11]이는 하나님께서 외모로 사람을 취하지 아니하심이라 [12]무릇 율법 없이 범죄한 자는 또한 율법 없이 망하고 무릇 율법이 있고 범죄한 자는 율법으로 말미암아 심판을 받으리라 [13]하나님 앞에서는 율법을 듣는 자가 의인이 아니요 오직 율법을 행하는 자라야 의롭다 하심을 얻으리니 [14](율법 없는 이방인이 본성으로 율법의 일을 행할 때에는 이 사람

은 율법이 없어도 자기가 자기에게 율법이 되나니 [15]이런 이들은 그 양심이 증거가 되어 그 생각들이 서로 혹은 고발하며 혹은 변명하여 그 마음에 새긴 율법의 행위를 나타내느니라) [16]곧 나의 복음에 이른 바와 같이 하나님이 예수 그리스도로 말미암아 사람들의 은밀한 것을 심판하시는 그 날이라

앞 장에서 사도는 이방세계가 무척 위험하고 패역한 상태 속에 있음을 보여주었다. 그리고 여기서 그는 유대인들은 더 악한 상태 속에 있고, 여러 가지 면에서 그들의 죄는 더 악하다는 것을 보여주려는 의도를 갖고, 유대인들이 쉽게 생각하고 있는 것처럼 하나님께서 그들 편에서 자신의 손을 사용하시는 것이 아니라 유대인과 이방인을 동일한 공의의 조건에 따라 다루신다는 것을 입증하는 것으로 이 장을 시작한다.

Ⅰ. 사도는 유대인의 판단과 자만심을 꼬집고 있다(1절): 그러므로 남을 판단하는 사람아, 누구를 막론하고 네가 핑계하지 못할 것은. 일반적인 용어로 그가 표현하는 것처럼, 이 훈계는 그가 누구든 곧 어떤 민족이나 어떤 직업을 막론하고, 다른 사람들을 책망하고 조종하고 정죄할 권리를 갖고 있는 많은 선생들(약 3:1)에게 적용시킬 수 있다. 그러나 그는 특별히 그것을 유대인에게 관련시키고, 이에 대한 일반적 책임을 그들에게 묻고 있다: 다른 사람을 가르치는 네가 네 자신은 가르치지 아니하느냐(21절). 유대인은 일반적으로 교만한 민족으로서, 불쌍한 이방인을 크게 경멸하고 무시했다. 심지어는 자신들이 키우는 개보다 못한 존재로 여겼다. 그러나 그 순간 그들 역시 악하고 부도덕하기는 마찬가지였다. 비록 우상 숭배자는 아니었으나 신성모독적인 것은 이방인과 다름없었다(22절). 그러므로 네가 핑계하지 못할 것은(1절). 단지 본성의 빛만 갖고 있던 이방인이 핑계할 수 없다면(1:20), 하나님의 계시하신 뜻인 율법의 빛까지 갖고 있고, 이방인보다 훨씬 더 큰 도움을 받은 유대인은 얼마나 더 핑계할 수 없겠는가?

Ⅱ. 사도는 하나님의 공정한 다스림의 불변성을 천명한다(2,3절). 정곡을 찌르기 위해 여기서 그는 우리가 관계해야 하는 하나님이 얼마나 의롭고, 또 그 행사가 얼마나 공정하신지를 보여준다. 바울은 그의 서신들에서 어떤 요점을 강조하기 위해 부차적인 요점을 다양하게 언급하는 용법을 보통 사용한다. 하나님의 공의라는 요점을 다루고 있는(2절) 여기서도 마찬가지다. 하나님의 심판

이 진리대로 되는 줄(2절). 여기서 진리대로는 '정의와 공평의 영원한 법에 따라'라는 뜻으로, 외모가 아니라 중심 곧 마음에 따라(삼상 16:7) 또는 사람이 아니라 행위에 따라 판단한다는 것으로 우리 모두가 확신하고 있는 교훈이다. 만일 의롭지 않다면 그분은 하나님이 아니시기 때문이다. 그러나 그것은 그들 스스로 죄책을 짊어져야 되는 일들을 가지고 다른 사람들을 판단하는 사람들에게 특별히 주어지고 있다. 따라서 그들이 죄를 범하고 그 행동을 지속하면서, 마치 죄에 대해 설교하는 것이 자신의 죄책을 면하게 하는 것처럼, 다른 사람들의 죄를 반박하고, 그들의 죄책에 대해 목소리를 크게 높이는 것은 하나님의 공의를 매도하는 것이다. 하지만 그가 그것을 어떻게 죄인의 양심에 두고 있는지를 주목해 보라(3절). … 사람아, 네가 피할 줄로 생각하느냐. 여기서 사람은 하나님에 의해 지음받고, 그 아래 복종하며, 그분께 책임을 다해야 할 이성적 피조물이요, 의존적인 피조물을 가리킨다. 이 경우를 우리는 다음과 같이 분명하게 죄인 자신의 생각 속에 비추어볼 수 있다: '네가 하나님의 심판을 피할 줄로 생각할 수 있느냐? 마음을 감찰하시는 하나님을 형식적 행동으로 속일 수 있으며, 의로우신 만유의 심판장에게 그런 뇌물이 통할 수 있겠는가?' 사람들 앞에서 크게 신임을 받아 무죄한 것처럼 보이는, 아무리 교묘한 죄인들이라도 하나님의 심판을 피할 수 없다. 곧 판단받고 정죄받는 것을 면할 길이 없다.

III. 사도는 두 가지 면에서 그들의 책임을 추궁하고 있다(4,5절).

1. 하나님의 인자하심, 곧 그의 인자하심의 풍성함을 멸시함(4절). 이것은 특별히 하나님의 특별한 혜택을 받은 유대인들에게 적용된다. 그 수단은 자비이기에 우리가 빛에 대해 죄를 범하면 범할수록 그만큼 더 그 사랑에 대해 죄를 범하는 것이다. 대부분의 죄의 배후에는 하나님의 인자하심에 대한 저급하고 천박한 생각이 깔려 있다. 모든 고의적 죄 속에는 하나님의 인자하심을 멸시하는 사상이 담겨 있다. 그것은 그분의 사랑에 대한 모독, 특히 그분의 인자하심과 용납하심과 오래 참으심에 대한 멸시로서, 그들은 그것을 빌미로 삼아 담대하게 더 큰 죄를 저지른다(전 8:11). 그들은 알지 못하여, 즉 하나님의 인자하심이 너를 인도하여 회개하게 하심을(4절) 숙고하지 못하여 곧 실천적으로 적용할 수 있을 만큼 깨닫지 못하여 그렇게 되는 것이다. 우리는 하나님의 인자하심이 우리를 회개로 이끈다는 사실을 아는 것으로 충분하지 않다. 그것이 우리를 ― 개인적으로 나를 ― 이끈다고 알아야 한다. 여기서 하나님께서 죄인들을 회개로 이

끌기 위해 취하시는 방법이 무엇인지를 보라. 그분은 그들을 이끄실 때, 짐승처럼 유인하는 것이 아니라 그들을 타이르시며(호 2:14) 이성적인 피조물처럼 인도하신다. 사랑의 줄로 인도하시는 것이 그분의 인자하심이다(호 11:4). 렘 31:3과 비교해 보라. 하나님의 인자하심 곧 그분의 만인에 대한 공통선(그분의 섭리와 그분의 오래 참으심과 그분의 베푸심)을 숙고할 때, 우리 모두 회개에 이르지 않을 수 없을 것이다. 그리고 그토록 많은 사람들이 완고하게 회개하지 않는 이유는 그들이 이것을 알지 못하고, 그것을 숙고하지 않기 때문이다.

2. 하나님의 진노를 일으킴(5절). 이 진노를 일으키는 이유는 고집과 회개하지 아니한 마음이다. 죄인들의 파멸은 그들이 이런 마음에 이끌려 인생을 살기 때문에 오는 것이다. 죄를 범하는 것은 마음의 길을 따라 걷는 것이다. 그것이 고집과 회개하지 아니한 마음(본성적인 것에 더하여 오랜 습관에 의해 고질이 된 강퍅함)일 때, 그 과정은 얼마나 절망적인 것이 되어버릴까! 그 일으킴은 진노(곧 진노의 보물)를 쌓는 것(treasuring up wrath)으로 표현된다. 죄의 길을 계속 걸어가는 사람들은 스스로 진노의 보물을 쌓아가는 것이다. 여기서 보물은 충만을 내포하는 말이다. 그것은 영원히 낭비되지만, 결코 소멸되지 않는 보물이다. 그러나 죄인들은 그것에 진노의 보물을 더 쌓는 것이다. 고의로 범하는 모든 죄는 진노를 갑절로 쌓고, 진노의 보응을 더욱 가속화시킨다. 그것은 그들의 진노에 가지를 치는 것으로, 겔 8:17에서 그들이 나뭇가지를 그 코에 두었다고 말하는 것과 같다. 또 여기서 보물은 비밀을 의미하기도 한다. 진노의 보물 또는 탄약고는 하나님 자신의 마음으로, 그것은 보물을 어떤 은밀한 장소에 감추어 놓는 것처럼, 깊이 봉인되어 숨겨져 있다. 신 32:34; 욥 14:17을 보라. 그러나 그것은 또한 어느 때를 위해 예비해 두는 보관을 내포한다. 탄약고의 탄창은 전투와 전쟁의 날을 위해 보관되어 있는 것이다(욥 38:22,23). 이 보물들은 큰 깊음의 샘들이 터지는 것처럼(창 7:11) 쏟아질 것이다. 그것들은 진노의 날을 대비해서 보물처럼 쌓아지고 있는데, 그 날이 되면 그것들은 가득 찬 병으로부터 대규모로 쏟아져 나올 것이다. 지금은 죄인들에 대해 인내하고 용납하시는 시기지만, 반드시 진노의 날 ― 오직 진노만 쏟아지는 ― 이 도래할 것이다. 실제로는 모든 날이 죄인들에게는 진노의 날이다. 왜냐하면 하나님은 악인에 대해 매일 분노하시는 분이기 때문이다(시 7:11). 그러나 진노의 큰 날이 따로 임할 것이다(계 6:17). 진노의 큰 날은 하나님의 의로우신 심판이 나타나는 날이 될 것이다.

하나님의 진노는 열을 받아 감정에 치우친 우리의 진노와는 다르다. 그분에게는 노함이 없기 때문이다(사 27:4). 그러나 그것은 의로운 심판으로서, 그분의 뜻은 죄를 처벌하는 것이다. 왜냐하면 죄는 그분의 본성에 반하는 것으로, 그분은 그것을 미워하시기 때문이다. 이 하나님의 의로우신 심판은 지금은 다양하게 죄인들의 번영과 성공 속에 은폐되어 있지만, 조만간에 온 천하에 드러날 것이고, 그 때 이 피상적 무질서는 물러가고, 하늘은 그분의 의를 선언할 것이다(시 1:6). 그러므로 때가 이르기 전 곧 주께서 오시기까지 아무것도 판단하지 말라(고전 4:5).

IV. **사도는 하나님께서 심판을 진행하시는 기준에 대해 묘사한다.** 5절에서 하나님의 의로우신 심판에 관해 언급한 다음에, 그는 여기서 그 심판과 그 심판의 정당성에 대해 예증한다. 그리고 우리가 하나님으로부터 기대할 수 있는 것이 무엇이며, 어떤 법칙에 따라 그분이 세상을 심판하시는지를 보여준다. 배분적 공의의 형평성은 사람의 외모가 아니라 그의 행위에 따라 거부와 호의가 주어진다는 데 있다. 바로 이것이 하나님의 의로우신 심판이다.

1. 하나님은 각 사람에게 그 행한 대로 보응하실 것이다(6절). 이것은 성경에서 자주 언급되는 진리로서, 만유의 재판장이 의롭다는 것을 증명하기 위해서다.

(1) 하나님이 호의를 베푸시는 일에 대해. 이것이 여기서는 7절과 10절 두 번에 걸쳐 언급되고 있다. 그분은 자비를 베푸시기를 기뻐하기 때문이다.

[1] 하나님의 호의의 대상: 참고 선을 행하여 영광과 존귀와 썩지 아니함을 구하는 자에게는 영생으로 하시고(7절). 이것을 통해 우리는 하나님의 호의에 대한 우리의 권리를 시험할 수 있고, 나아가 그것을 얻기 위해 어떤 과정을 거쳐야 하는지 지시받을 수 있다. 의로우신 하나님이 상급을 주실 사람들은 다음과 같다: 첫째, 자신의 궁극적 목적을 영광과 존귀와 썩지 아니함을 구하는데, 곧 영원히 썩지 아니하는 영광과 존귀를 구하는데 고정시키는 사람들. 이들은 여기서 그리고 영원토록 하나님의 호평을 받는 사람들이다. 모든 참 신앙의 기저에는 거룩한 야망이 자리잡고 있다. 이것은 하늘처럼 높은 소원과 목표를 가지고, 그것보다 못한 것은 절대로 취하지 않기로 결심함으로써, 하나님의 나라를 구하는 것이다. 이 구함 속에는 상실, 그것에 대한 상실감, 그것을 되찾겠다는 욕망, 그리고 결단코 그 욕망을 이루고야 말겠다는 추구와 노력 등이 포함되어 있다. 둘째, 올바른 목적에 시선을 고정시키고, 그 길을 고수하는 사람들. 이들은 참고

선을 행하는 자들이다 .1. 선행 곧 선을 행하는 행실이 있어야 한다(10절). 선에 대해 잘 알고, 잘 말하고, 잘 고백하고, 잘 약속하는 것으로는 부족하다. 우리는 선을 실천해야 한다. 선을 행하되, 선 자체만이 아니라 그것을 행하는 방법도 선해야 한다. 그래야 우리는 참된 선을 행하는 자가 된다. 2. 지속적으로 선을 행해야 한다. 아침구름과 새벽이슬처럼 잠시 일어났다 사라지는 용두사미가 아니라 끝까지 존속되어야 한다. 면류관은 끝까지 견디는 자가 얻는 법이다. 3. 그 지속성은 참음으로 이루어져야 한다. 이 참음은 그 기간뿐만 아니라 그 과정의 난관과 그것 때문에 겪어야 하는 반대와 고생을 포함한다. 선을 지속적으로 행하려면 잘 참는 사람이 되어야 한다.

[2] 하나님의 호의의 결과. 그분은 이런 자들에게 영생을 주실 것이다. 천국은 생명 곧 영생으로서, 참고 선을 행하는 자들에게 주어지는 상급이다. 따라서 그것은 영광과 존귀와 평강으로 불린다(10절). 영광과 존귀를 구하는 자들(7절)이 그것들을 차지할 것이다. 이 세상에 속한 헛된 영광과 존귀를 구하는 자들은 그것들을 놓치고 실망에 빠질 것이나 영원한 영광과 존귀를 구하는 자들은 그것들을 얻되, 영광과 존귀뿐만 아니라 평강까지도 얻게 될 것이다. 세상의 영광과 존귀는 보통 환난을 수반하지만, 하늘의 영광과 존귀는 그것들과 더불어 평강을 누리되, 환난 없는 영원한 평강을 누리게 될 것이다.

(2) 하나님이 화를 내시는 일에 대해(8,9절).

[1] 하나님이 화를 내시는 대상: 일반적으로 악을 행하는 자들이다. 좀 더 구체적으로 묘사하면, 오직 당을 지어 진리를 따르지 아니하는 자들이다. 즉 하나님께 반대하여 당을 짓는 자들이다. 모든 고의의 죄는 하나님과 다투는 것과 같다. 그것은 자기를 지으신 이와 더불어 다투는 것(사 45:9)으로, 가장 치명적인 다툼이다. 하나님의 영은 죄인들과 싸우는데(창 6:3), 완악한 죄인들은 그 영과 싸운다. 그들은 광명을 배반하는 사람들로서(욥 24:13) 속이는데 발이 빠르고, 성령이 그들과 분리시키기 위해 맞서 싸우는 죄를 고집스럽게 붙잡고 있다. 그들은 오직 당을 지어 진리를 따르지 아니하는 자들이다. 종교의 진리들은 아는 것으로 끝나는 것이 아니라 순종하는 데까지 이르러야 한다. 그것들은 지도적·지배적·명령적 진리들로서, 실천을 요한다. 그 진리에 대한 불순종은 그것과 다투는 것으로 해석된다. 불의를 따르는 자에게는. 곧 '불의가 명하는 대로 행하는 자에게는.' 진리의 종이 되기를 거절하는 자들은 곧 불의의 노예가 되고 말

것이다.

[2] 이 화내심의 결과 또는 실례: 진노와 분노, 환난과 곤고(8절). 이것들은 죄의 삯이다. 진노와 분노는 원인이고, 환난과 곤고는 그 필연적 ·필수적 결과다. 그리고 이것은 사람의 영에게 임한다. 영혼이 그 진노의 그릇이요, 그 환난과 곤고의 주체다. 영혼이 이 분노에 이르는 것은 죄 때문이다. 그 영혼이 이 분노와 거기서 나오는 곤고의 감정과 결과들을 인간 속에 또는 인간에게 일으키는 유일한 직접적 원인이다. 지옥은 영원한 환난과 곤고로서, 진노와 분노의 결과다. 이것은 하나님과 다투는 데서 오는 결과로서, 찔레와 가시를 소멸하는 불 앞에 던지는 것이다(사 27:4). 그분의 황금 홀 앞에 무릎을 꿇지 않는 사람들은 그분의 철 지팡이에 의해 완전히 박살이 날 것이다. 이처럼 하나님은 각 사람을 그 행위를 따라 다루실 것이다.

2. 하나님은 외모로 사람을 취하지 아니하신다(11절). 영적 상태에 관해서는 사람마다 차별이 있으나 외적 관계나 조건에 관해서는 차별이 없다. 유대인이나 이방인이나 하나님 앞에서 동일한 입장에 서 있다. 하나님께서 사람의 외모를 보지 아니하신다는 이 말은 베드로가 유대인과 이방인의 벽을 허무는 일에 관해 처음 언급하면서 했던 말이다(행 10:34). 그것은 각 나라 중 하나님을 경외하며 의를 행하는 사람은 다 받으시는 줄 깨달았도다(행 10:35)라는 이어지는 말씀으로 설명된다. 하나님은 사람들의 외적 자격이나 진리에 대한 실천 없는 지식과 단순한 고백에 따라 구원하시지 않고, 그들의 참된 상태와 기질에 따라 구원하신다. 그분은 화와 호의를 나타내시는데 있어서 유대인과 이방인에게 차별이 없으시다. 만일 이것들이 먼저는 더 큰 자격과 더 많은 고백을 소유한 유대인에게 주어진다면, 유대인과 같은 자격이 주어지지 않은 이방인 역시 그들의 악행에 대한 형벌로부터 면제되지 아니하고, 그들의 선행에 대한 상급으로부터 제외되지 아니할 것이다(골 3:11을 보라). 만유의 심판장께서 올바로 판단하시지 않겠는가?

Ⅴ. 사도는 하나님께서 이 원리 — 인간의 순종의 법이 하나님의 심판의 규칙이라는 원리— **에 따라 모든 사람들을 실제로 심판하실 때**(12-16절), **그분의 다루심이 공평함을 증언한다.** 세 가지 빛의 상태가 사람의 아들들에게 다음과 같이 계시된다.

1. 본성의 빛. 이방인들은 이것을 소유하고 있고, 이것에 의해 심판받을 것이

다. 무릇 율법 없이 범죄한 자는 또한 율법 없이 망하고(12절). 즉 본성의 양심 외에 다른 인도자가 없고, 일반은총 외에 다른 동기가 없으며, 모세 율법이나 어떤 초자연적 계시를 전혀 갖고 있지 못한 믿지 않는 이방인들은 가져보지 못한 율법을 어긴 죄에 대해서는 심판을 받지 않는다. 곧 그들은 유대인의 죄에 대한 진노와 기록된 율법에 의한 심판과 같은 상황 속에 처해지지 않는다. 그 대신 그들은 본성의 법을 위반하는 죄로 심판받게 될 것이다. 그 본성의 빛은 타락하고 부패하고 불의에 갇혀 있는 마음속에도 있고, 타락하지 않은 원래의 마음속에도 심판자로서 하나님에 의해 주어진 것이다. 나아가 사도는 이것을 분명히 하기 위해 삽입구(괄호 안에 있는 14,15절) 안에서 본성의 빛은 이방인에게 기록된 율법 대신 주어진 것이라고 명시한다. 그는 12절에서 그들이 율법 없이 범죄했다고 말하는데, 이 말은 일견 모순처럼 보인다. 왜냐하면 율법이 없는 곳에서는 죄를 범하는 것도 없기 때문이다. 그러나 비록 그들이 기록된 율법은 없었지만(시 147:20), 의식법이 아닌 도덕법에 있어서는 그것에 상응하는 법이 있었다고 사도는 말한다. 그들은 율법의 행위를 갖고 있었다. 그는 여기서 그들이 율법이 명하는 대로 완전한 순종의 행위를 할 수 있음을 지적하는 것이 아니라 율법이 행하는 행위를 가리키는 것이다. 율법의 행위는 우리가 무엇을 해야 하는지를 우리에게 지시하고, 우리로 하여금 이미 행한 행위를 검토하도록 하는 것이다.

따라서 (1) 그들은 본성의 빛에 따라 그들이 무엇을 해야 하는지 지시받는 것이 있었다. 그들은 본성적 관념과 지시들의 힘과 성향에 의해 선과 악 사이의 분명하고도 명백한 차이를 이미 알고 있었다는 것이다. 그들은 본성으로 율법의 일을 행했다. 그들은 정의와 공평, 존귀와 순결, 사랑과 자비에 대한 의식을 갖고 있었다. 본성의 빛은 부모에 대한 순종, 불행한 자들에 대한 동정, 공공 평화와 질서에 대한 보호, 그리고 살인, 도둑질, 거짓말, 거짓 증거 등에 대한 금지를 가르쳐 주었다. 따라서 그들은 자기가 자기에게 율법이 되었다(14절).

(2) 그들은 자기들이 이미 행한 일에 대해 자기를 검토해보는 것이 있었다. 그 양심이 증거가 되어(15절). 그들은 그들 안에 잘한 일에 대해서는 증언하고 권면하며, 잘못한 일에 대해서는 질책하는 것이 있었다. 양심은 일종의 증인으로서, 일시적으로 매수되거나 위협받는 경우가 있어도 시종일관 증인의 입장을 견지한다. 양심은 무수한 증인들을 대신하여 가장 은밀한 것에 대해 증언한

다. 법을 사실에 적용시킬 때, 양심이 증거가 되어 그 생각들이 서로 혹은 고발하며 혹은 변명한다(15절). 양심은 이방인에게 있어서 절대로 꺼지지 않는 하나님의 촛불이다. 이방인들은 선한 양심의 위로에 대해 이렇게 증언한다:

> 양심을 그대의 철통 같은 방어의 보루로 삼아
> 그대의 양심의 순결을 보존하라. — 호메로스

그리고 악한 양심의 두려움에 대해서는 이렇게 증언한다:

> 어떤 채찍 소리도 들리지 않으나
> 스스로 가한 아픔에 시달리는
> 그대 죄를 범한 마음이여. — 유베날리스, 풍자시

그 생각들이 서로(메탁쉬 알렐론). 어떤 이들이 그렇게 번역하는 것처럼, 이 말의 뜻은 그 생각들 안에서이다. 즉 그 생각들 안에서 똑같은 본성의 빛과 법이 죄에 반대하여 증거하고, 또 다른 생각들 안에서도 죄에 반대하여 증거함으로써, 서로 고발하고 변명하도록 한다. 또 다른 이들이 그렇게 번역하는 것처럼, 이 말은 그 생각들이 교대로(Vicissim)라는 뜻이 있다. 그 생각들이 이 본성의 법과 지시에 복종하거나 거역하는 것에 따라서, 그 양심은 그것들을 면죄하거나 정죄하거나 했다. 이 모든 것은 이방인들이 율법 대신 그들을 지배했던 것이 있었음을 명시하고, 그들이 그것에 의해 인도받거나 지배를 받지 못했을 때 그것이 그들을 정죄하리라는 점을 분명히 보여주었다. 따라서 죄를 범하는 이방인에게는 변명의 여지가 남겨져 있지 않았다. 하나님은 그들을 정죄하실 때 정당하시다. 그들은 무지를 핑계할 수 없고, 따라서 다른 핑곗거리가 없는 한, 당연히 멸망당할 것이다.

2. 율법의 빛. 이것은 유대인들이 소유하고 있던 것으로, 그들은 이것에 의해 심판을 받는다(12절). 무릇 율법이 있고 범죄한 자는 율법으로 말미암아 심판을 받으리라. 그들은 율법을 갖고 죄를 범했을 뿐만 아니라 율법 안에서(엔 노모) 즉 무수한 규정을 가진 율법 가운데서, 다시 말해서 그 순전하고 명백한 율법, 곧 그 명령이 극히 충분하고 구체적이며, 그 제재가 극히 적절하고 강제성이 있는

율법의 앞과 그 빛 속에서, 죄를 범했다. 그들의 형벌은 율법을 소유하고 있었다는 이유로 말미암아 그 죄보다 훨씬 더 큰 엄벌이 될 것이다. 먼저는 유대인에게요(9절). 그 형벌보다 두로와 시돈이 받은 형벌이 더 견디기 쉬운 것이었을 것이다. 따라서 모세는 그들을 고발했고(요 5:45), 그들은 주인의 뜻을 알고도 행하지 아니한 자들로서, 더 많이 매를 맞을 것이다(눅 12:47). 유대인들은 율법을 가진 것을 크게 자랑했지만, 바울은 자기가 한 말을 입증하기 위해, 그들을 정당화시켜 주는 것은 그들이 그것을 갖고 있고 그것을 들으며 그것을 알고 있다는 것이 아니라 그것을 실천하는 것에 있음을 역설한다. 유대교 율법학자들은 아무리 악하게 살지라도 유대인이라면 누구나 다가올 세상에서 한 자리를 차지할 자격을 갖고 있다고 추종자들을 추켜세웠다. 사도는 여기서 이것을 반박하는 것이다. 그들이 율법을 갖고 있는 것은 큰 특권이었다. 그러나 율법에 따라 살지 아니하는 한, 그것은 구원을 제공하는 특권이 되지 못한다. 그리고 확실히 그들은 그렇게 살지 못했다. 그러므로 그들은 하나님 앞에 나타날 때 다른 의를 필요로 했다. 우리는 그것을 복음에 적용시킬 수 있다. 복음이 우리를 구원하는 것은 그것을 듣는데 있지 않고 행하는데 있다(요 13:17; 약 1:22).

3. 복음의 빛. 복음을 받은 자들은 이것에 의해 심판받게 될 것이다(16절). 나의 복음에 이른 바와 같이. 이것은 어떤 자들이 생각하는 것처럼, 바울에 의해 기록된 5번째 복음서를 가리키거나 바울의 대필자인 누가에 의해 기록된 복음서를 의미하는 것도 아니다. 그것은 일반적으로 우리가 알고 있는 복음을 말하는 것으로, 특별히 여기서 바울이 나의 복음이라고 말하는 것은 그가 그 전파자였기 때문이다. 복음의 지배 아래 있는 사람들은 그 복음의 지배 여하에 따라 심판받게 될 것이다(막 16:16). 어떤 이들은 나의 복음에 이른 바와 같이 라는 말은 그가 심판의 날을 두고 한 말이라고 본다. 즉 그들은 이렇게 해석한다: "내가 자주 너희에게 전한 말에 이른 바와 같이 심판의 날이 임할 것인데, 그 날은 유대인과 이방인 모두에게 최후의 심판의 날이 될 것이다." 이것은 그 날에 관해 무엇이 계시되는지를 알려주기 때문에 다음과 같은 면에서 우리에게 유익하다. (1) 전체 심판을 위해 정해진 날이 있다. 그 날은 위대한 날로서, 오실 주님의 날이다(시 37:13). (2) 그 날의 심판은 예수 그리스도의 손에 놓여 있을 것이다. 하나님은 예수 그리스도를 통해 심판하실 것이다(행 17:31). 그것은 그분의 낮아지심에 대한 보상의 한 부분이 될 것이다. 그리스도께서 심판장이 되

신다는 사실만큼 죄인들에게는 두려움을, 성도들에게는 위로를 주는 말은 없을 것이다. (3) 사람들의 은밀한 것이 심판을 받을 것이다. 그 때 은밀한 섬김은 보상을 받고, 은밀한 죄는 처벌을 받으며, 숨겨진 일들이 빛에 드러나게 될 것이다. 그 날은 위대한 폭로의 날로서, 지금 한쪽 구석에서 벌어지는 일들이 만천하에 드러나는 날이 될 것이다.

[17]유대인이라 불리는 네가 율법을 의지하며 하나님을 자랑하며 [18]율법의 교훈을 받아 하나님의 뜻을 알고 지극히 선한 것을 분간하며 [19]맹인의 길을 인도하는 자요 어둠에 있는 자의 빛이요 [20]율법에 있는 지식과 진리의 모본을 가진 자로서 어리석은 자의 교사요 어린 아이의 선생이라고 스스로 믿으니 [21]그러면 다른 사람을 가르치는 네가 네 자신은 가르치지 아니하느냐 도둑질하지 말라 선포하는 네가 도둑질하느냐 [22]간음하지 말라 말하는 네가 간음하느냐 우상을 가증히 여기는 네가 신전 물건을 도둑질하느냐 [23]율법을 자랑하는 네가 율법을 범함으로 하나님을 욕되게 하느냐 [24]기록된 바와 같이 하나님의 이름이 너희 때문에 이방인 중에서 모독을 받는도다 [25]네가 율법을 행하면 할례가 유익하나 만일 율법을 범하면 네 할례는 무할례가 되느니라 [26]그런즉 무할례자가 율법의 규례를 지키면 그 무할례를 할례와 같이 여길 것이 아니냐 [27]또한 본래 무할례자가 율법을 온전히 지키면 율법 조문과 할례를 가지고 율법을 범하는 너를 정죄하지 아니하겠느냐 [28]무릇 표면적 유대인이 유대인이 아니요 표면적 육신의 할례가 할례가 아니니라 [29]오직 이면적 유대인이 유대인이며 할례는 마음에 할지니 영에 있고 율법 조문에 있지 아니한 것이라 그 칭찬이 사람에게서가 아니요 다만 하나님에게서니라

이 장 후반부에서 사도는 좀 더 긴밀하게 유대인들에 관한 주제를 언급하고, 그들의 고백과 허세에도 불구하고, 그들이 감당해야 할 죄가 무엇인지를 보여준다. 그는 율법을 듣는 자가 아니라 그것을 행하는 자가 의롭다 함을 얻게 된다고 말했다(13절). 그런데 그는 여기서 그 위대한 진리를 유대인들에게 적용시키고 있다.

I. 사도는 일단 그들의 주장을 인정하고(17-20절), 그들의 특별한 허세와 그들이 자랑해온 특권들을 조목조목 따진다. 그것은 사도가 그들이 한 말이 무슨 뜻인지도 모르고 그들을 정죄하는 것이 아님을 보여주려고 하기 때문이다. 아

니, 그는 그들의 주장에 대해 누구보다 잘 알고 있었다.

1. 그들은 기록된 율법을 소유하고 있고, 그들 가운데 하나님이 특별히 임재하고 계셨다는 점에서 다른 모든 민족들과 구별되고 분리된 특별한 민족이었다. (1) 유대인이라 불리는 네가(17절). 이 말은 혈통이 아니라 오히려 신앙고백에 의거한 말임을 보여준다. 그것은 아주 영예로운 칭호였다. 구원은 유대인에게서 나왔고, 이것이 그들을 백성으로 만들었으니, 그들은 이것을 자랑할 만했다. 그러나 그렇게 불리는 사람 가운데 많은 이들이 가장 악랄한 사람들이었다. 가장 악한 행동이 그 최고의 이름 아래 감춰져 있었던 것은 결코 새로운 사실이 아니었다. 왜냐하면 사탄의 회당에 속한 많은 이들이 자칭 유대인이라고 말했고(계 2:9), 독사의 자식들이 아브라함이 우리 조상이라고 자랑했기(마 3:7-9) 때문이다. (2) 율법을 의지하며(17절). 즉 그들은 자기들 가운데 율법이 있다는 것, 그것이 그들의 책 속에 들어있다는 것, 그들의 회당에서 그것을 읽는 것 등에 대해 자부심을 갖고 있었다. 그들은 이 특권에 잔뜩 고무되어 율법에 따라 살지 않으면서 그것이 그들을 천국으로 인도해줄 것으로 착각했다. 안심하고 묵묵히 순종하는 마음으로 율법을 의지하는 것은 좋은 일이다. 그러나 교만과 태만과 세속적 방심에 가득 찬 마음을 갖고 그것을 의지하는 것은 영혼의 멸망을 가져온다. 여호와의 성전이라(렘 7:4). 벧엘을 의지하므로(렘 48:13). 성산에서 다시는 교만하지 않게(습 3:11). 외적 특권을 더 개선시키지 못하고, 그것에 의지하는 것은 위험한 일이다. (3) 하나님을 자랑하며(17절). 여기서 최고의 진리가 어떻게 왜곡되고 오용될 수 있는지를 주목해 보라. 믿음으로 겸손한 마음을 갖고 감사하면서 하나님께 영광을 돌리는 것이 모든 종교의 뿌리요 핵심이다(시 34:2; 사 45:25; 고전 1:31). 그러나 교만한 마음으로 하나님을 헛되이 자랑하고, 그분의 이름을 외적으로만 고백하는 것은 모든 위선의 뿌리요 핵심이다. 영적 교만은 온갖 종류의 교만 가운데 가장 위험하다.

2. 그들은 지식 있는 민족이었다(18절). 하나님의 뜻을 알고. 여기서 뜻은 그 뜻(토 텔레마)이다. 하나님의 뜻은 그 뜻으로, 주권적 · 절대적 · 불가항력적 뜻이다. 하나님의 뜻이 유일한 뜻이 되고, 다른 모든 뜻들이 그 뜻에 녹아들 때, 바로 그 때에만 세상은 정의가 세워질 것이다. 그들은 하나님에 관한 진리를 알았을 뿐만 아니라 그분이 그들에게 행하기를 원하는 그 뜻도 알고 있었다. 위선자에게 하나님의 뜻에 관한 지식이 넘치는 것은 얼마든지 가능하다. 지극히

선한 것을 분간하며, 바울은 그의 동역자들이 바로 이 수준에 이르도록 간절히 기도한다 (빌 1:10). 이제 그 말이 무슨 뜻인지 생각해 보자: (1) 하나님의 일에 대해 잘 이해하고 있다. 이 점에서 그 말은 다른 점들을 구별해내다는 의미로 이해된다. 즉 선과 악을 구별하고, 귀한 것과 헛된 것(렘 15:19)을 구별하고, 정한 것과 부정한 것(레 11:47)을 분별하는 법을 알고 있다는 것이다. 때때로 선과 악은 너무 밀착되어 있기 때문에 그 사이를 분간하기가 쉽지 않다. 그러나 율법이라는 시금석을 손에 들고 있었던 유대인들은 의심스러운 경우 머리카락을 쪼개어볼 수 있을 정도로 날카로운 분별력을 갖고 있었다. 최소한 그들 스스로는 그렇게 생각했다. 어떤 사람이 훌륭한 이론가지만, 악한 그리스도인일 가능성은 얼마든지 존재한다. 곧 관념상으로는 정확하지만, 실천적으로는 나태하고 무감각할 수 있다. 아니 우리는 분간(타 디아페론타)을 논쟁으로 이해할 수 있다. 어떤 사람이 종교 논쟁에 있어서 유능한 전문가이면서 경건의 능력에 있어서는 문외한일 수 있다. (2) 하나님의 일에 대해 열렬한 감정을 갖고 있다. 이 점에서 그 말은, 본문에서 읽는 그대로, 선한 것을 분간하다(approvest the things that are excellent)는 의미로 이해된다. 신앙적으로 위선자가 인정할 수 있는 선한 일이 있다. 그는 율법에 대해 그것이 선하다는 실제적 판단에 동의할 수 있다. 그러나 그 동의는 육체의 정욕과 지성의 정욕에 의해 무효화되고 만다.

> 더 나은 것을 보지만, 더 나쁜 것을 따라가노라.
> (Video meliora probque Deteriora sequor.)

그리고 죄인들이 그 동의를 죄에 대한 핑곗거리로 삼는 경우가 허다한데, 이것은 실제로 죄를 더 크게 악화시키는 것이다. 그들은 율법의 교훈을 받아(18절) 지극히 선한 것에 대해 정통했고, 또 애착심을 갖고 있었다. 교훈을 받아(카테쿠메노스). 이 말은 어린 시절에 받은 교육을 암시한다. 일찍부터 교육을 받는다는 것은 커다란 특권이요 장점이다. 유대인들이 자녀들에 대해 어렸을 때부터 심혈을 기울여 가르치는 것은 관습이었고, 그 때 그들의 모든 교훈은 율법으로부터 나왔다. 그리스도인들이 그들의 자녀들에게 복음으로부터 나온 교훈을 가르친다면, 정말 좋을 것이다. 이어서 이것은 율법에 있는 지식과 진리의 모본(form)으로 지칭된다(20절). 즉 그것의 모양과 형식에 불과하다는 것이다. 그 지식을 공허한 관념 속에 두고, 마음속에 새기지 않는 사람들은 단지 그것의 모본 곧 모양(form)만을 갖고 있는 것이다. 그것은 마치 묘사나 색상은 무척 뛰어나지만 생명력이 없는 그림과 같다. 지식의 모본은 경건의 모양을 낳을 뿐이다(딤후 3:5). 지식의 모본은 사람들을 속일 수는 있으나 마음을 감찰하시는 하나님의 날카로운 눈을 속일 수는 없다. 모본은 능력의 매개체가 될 수는 있으나 그것을 붙들고 있는 자는 소리 나는 구리와 울리는 꽹과리와 같다.

3. 그들은 가르치는 민족이었다. 아니 적어도 그들 스스로는 그렇게 생각했다(19,20절). 맹인의 길을 인도하는 자요 … 어린 아이의 선생이라고 스스로 믿으니. 그것을 구체적으로 적용시켜 보자: (1) 유대인 전체에게. 그들은 스스로 흑암 속에 있는 불쌍하고 눈먼 이방인들의 인도자를 자처하고, 이것을 크게 자랑했다. 따라서 그들은 하나님에 관한 지식을 갖고자 하는 자는 누구나 자기들에게 나아와야 한다고 생각했다. 그들은 하나님으로부터 직접 신탁을 받았기 때문에 다른 모든 민족들은 그들에게 나아가 선한 것과 여호와께서 원하시는 것을 배워야 한다는 것이다. (2) 특별히 남을 판단하던 위치에 있었던(1절) 그들의 랍비, 율법학자 그리고 백성의 지도자들에게. 이들은 자기들이 모세의 자리를 차지하고, 일반 백성들이 자기들의 명령에 굴복하는 것에 대해 크게 자랑스러워했다. 사도는 이것을 다양한 말로 표현한다: 맹인의 길을 인도하는 자, 어둠에 있는 자의 빛, 어리석은 자의 교사, 어린아이의 선생. 그러나 이것은 자기 스스로의 교만한 자만심과 남에 대한 경멸을 선언하는 허세에 불과했다. 이것은 그들이 그들 자신 위에 영예의 칭호를 쌓아놓기 위해, 즐겨 타기를 원했던 하프의 현의 소리에 불과했다. 아무리 최고의 활동이라도 교만을 따라 행해지면, 하나님께 받아들여질 수 없다. 어리석은 자를 가르치고 어린아이를 교육하는 것은 훌륭한 일이다. 그러나 하나님 없이는 이런 가르침을 성공적으로 수행할 수 없는 우리 자신의 무지와 어리석음과 무능력을 생각한다면, 거기서 우리가 자랑할 것은 아무것도 없다.

II. 사도는 두 가지 면에서 그들의 심기를 자극하고 있다(21-24절).

1. 그들은 자기들의 지식과 고백에 반해 죄를 범했다. 곧 그들은 남에게 하지 말라고 가르친 것을 범했다. 다른 사람을 가르치는 네가 네 자신은 가르치지 아니하느냐(21절). 가르침은 사랑의 한 부분으로서 가정에서 시작하는 것이다. 물론 그것으로 끝나서는 안 되지만 말이다. 바리새인들이 말만 하고 행하지 아니한 것

은(마 23:3) 그들의 위선이었다. 그들은 자기들의 가르침으로 세워놓은 것을 삶으로 허물어버렸다. 그렇다면 누가 그들 스스로도 믿지 못하는 자들을 믿겠는가? 본보기가 법보다 더 큰 지배력을 갖고 있다. 말씀의 성공을 가로막는 최대의 방해자들은 자기들의 선한 가르침에 모순되는 잘못된 삶을 사는 사람들이다. 강단에서 그럴듯하게 설교하지만 거기서 내려와서는 그릇된 삶을 사는 것은 유감스러운 일이고, 또 그가 다시 강단에 올라가는 것 역시 유감스럽다. 사도는 여기서 유대인들에게 만연되어 있는 세 가지 특별한 죄를 열거한다: (1) 도둑질(21절). 이 죄는 하나님의 율례를 전하는 어떤 자들에게 내려진 죄목이다(시 50:16,18). 도둑을 본즉 그와 연합하고. 바리새인들은 과부의 가산을 삼키는 자들로 책망받고 있는데(마 23:14), 그것은 가장 악랄한 도둑질이다. (2) 간음(22절). 이 죄는 도둑질하는 죄인에게 동일하게 붙여진 죄목이다. 간음하는 자들과 동료가 되며(시 50:18). 유대교의 무수한 랍비들이 이 죄로 악명을 떨친 것으로 말해진다. (3) 성물도둑질. 이 죄는 특별한 율법에 의해 하나님께 드려지고 봉헌된 거룩한 것을 훔치는 죄다. 이것은 우상을 싫어한다고 고백하는 사람들에게 주어진 죄목이다. 이것은 바벨론 포로기 이후의 유대인들에게서 현저하게 나타나는 현상이다. 풀무는 그들을 우상 숭배의 불순물로부터 영원히 분리시켰으나 그들은 하나님을 예배할 때 극히 반역적인 자세를 취했다. 구약시대 말기에 그들은 하나님에게 바쳐진 십일조와 헌물을 도둑질한 것으로 책망을 받았다(말 3:8,9). 그들은 그것을 일신의 사욕을 위해 그리고 육체의 정욕을 따라 특별히 하나님과 아무 상관 없이 사용했다. 그리고 이것은 그들이 아무리 우상을 싫어한다고 할지라도, 거의 우상 숭배와 다르지 않다. 그들은 언젠가 남은 정죄하면서 자기들 역시 똑같은 죄를, 아니 그보다 더 악한, 더 악질적인 죄를 범하는 사람들로 엄격히 심판을 받을 것이다.

  2. 그들은 그들의 죄로 말미암아 하나님을 모독했다(23,24절). 하나님과 그분의 율법이 그들에게 그토록 자랑하고 으스대도록 만드는 영예가 되었지만, 그것이 다른 사람들에게 그들의 종교를 아무 생각 없이 받아들이도록 함으로써, 마치 그것이 이런 일들을 묵인하고 허용하는 것처럼 추론하도록 인식시킨다면, 그 죄는 다른 사람들이 아니라 그들의 몫이다. 왜냐하면 그 경우 다른 사람들의 잘못은 그들 자신의 고백에 따른 것이 아니기 때문이다. 따라서 그것은 그러한 추론을 내리도록 빌미를 제공한 사람들의 죄로서, 그들이 잘못 전달한

죄는 크게 가중될 것이다. 이 죄로 인해 다윗도 정죄를 받았다. 이 일로 말미암아 여호와의 원수가 크게 비방할 거리를 얻게 하였으니(삼하 12:14). 그리고 사도는 여기서 똑같은 죄목을 그들의 조상에게 돌리고 있다. 기록된 바와 같이(24절). 그는 여기서 그 말씀의 출처를 언급하지 않고 있는데, 그것은 율법에 정통한 사람들에게 이것을 전하고 있기 때문이다(논박은 지식이 있고 성경을 잘 알고 있는 사람들과 할 때 오히려 이점이 있다). 하지만 그는 사 52:5; 겔 36:22,23 그리고 삼하 12:14을 지적하는 듯하다. 하나님의 이름을 높이고 찬송을 돌려야 할 사람들이 오히려 그분께 수치와 불명예가 된다는 것은 슬픈 일이다. 단순한 신앙고백자들의 대죄악은 그 고백으로 말미암아 하나님과 그 종교를 모독하는 것이다. "하나님의 이름이 너희 때문에 모독을 받는도다(24절). 즉 너희가 그 빌미를 제공하고 있구나. 너희의 어리석음과 부주의를 통해 모독을 받는구나. 너희가 자초하는 비방이 너희 하나님께 미치고, 너희들 때문에 종교가 상처를 받는구나." 가르치는 자들에게 조심스럽게 행동하라는 것은 좋은 충고다. 딤전 6:1을 보라.

Ⅲ. 사도는 그들이 이러한 죄책으로부터 벗어나기 위해서는 그들의 고백이 전적으로 불충분하다는 것을 지적한다(25-29절).   네가 율법을 행하면 할례가 유익하나(25절). 즉 순종하는 유대인들은 그 순종의 상급을 잃지 않고, 그들이 이방인들이 갖고 있는 것보다 훨씬 더 분명한 순종의 계명을 갖고 있는 한, 유대인 됨으로 말미암아 그것을 얻게 될 것이다. 하나님은 헛되이 율법을 주고 할례를 정하신 것이 아니다. 이것은 그 의식법이 폐기되기 전 유대인들의 상태에 대한 언급이다. 왜냐하면 할례는 그리스도를 믿는 믿음을 고백하는 자에게는 금지되었기 때문이다(갈 5:2). 그러나 사도는 여기서 유대교의 특권을 고집하는 자들에게 말하고 있는데, 만일 그들이 그 계명과 법대로 살기만 한다면 그렇게 되겠지만, 반대로 그렇지 못하다면, "네 할례는 무할례가 되느니라(25절). 즉 너희 고백이 너희에게 아무 유익이 없으리라. 너희는 무할례자인 이방인들보다 더 의롭게 되지 못하고, 오히려 더 큰 빛에 대해 죄를 범한 까닭에 더 무거운 정죄를 받으리라." 성경에서 할례받지 아니한 자는 부정한 자(사 52:1)요, 약속의 언약들에 대하여 외인(엡 2:11,12)으로 분류되는데, 악한 유대인 역시 그와 동류로 다루어질 것이다. 렘 9:25,26을 보라. 이제 이것을 예증해 보자.

1. 사도는 할례받지 않은 이방인이 자기들이 갖고 있는 빛에 따라 산다면, 유

대인과 동일한 반열에 선다는 사실을 보여준다. 무할례자가 율법의 규례를 지키면(26절), 율법을 온전히 지키면(27절). 곧 이 말은 '본성의 빛의 행실에 신실하게 복종하면,' '율법의 본질을 실천하면'이라는 뜻이다. 어떤 이들은 이것을 율법에 대한 완전한 순종에 해당되는 것으로 이해한다: "율법을 온전히 지킬 수 있다면, 이방인도 유대인처럼 그것에 의해 의롭다 함을 얻게 될 것이다." 그러나 그것은 일부 이방인들이 이미 도달한 순종을 의미한다고 보는 것이 낫다. 고넬료의 경우가 그것을 분명히 예증할 것이다. 그는 비록 이방인으로서 무할례자였으나 경건하여 온 집안과 더불어 하나님을 경외하였기(행 10:2) 때문에 하나님께 인정을 받았다(행 10:4). 당연히 이런 실례는 무수히 많다. 그런즉 무할례자가 율법의 규례를 지키면(26절). 이에 관해 바울은 다음과 같이 말한다. (1) 그들은 할례받은 것과 똑같이 하나님께 받아들여졌다. 그 무할례를 할례와 같이 여길 것이 아니냐(26절). 할례는 사실상 유대인에게 특권적 의무로 주어진 것이다. 그러나 온 세상에 대해서는 칭의와 구원의 필수조건이 아니었다. (2) 그들의 순종은 율법 조문을 갖고 있던 유대인들의 불순종을 더욱 큰 죄로 만든다(27절). 너를 정죄하지 아니하겠느냐(27절). 이 말은 '율법 조문과 할례를 가지고 율법을 범하는 너희를 정죄하는데 합세하지 않겠느냐'는 뜻이다. 단순한 고백자들에게 율법은 그저 조문에 불과하다. 그들은 그것을 단순한 문자로 이해하고, 법으로서 그 지배를 받아야 하는 것으로 보지 않는다. 유대인들은 율법 조문과 할례가 있었음에도 불구하고 그것을 범했을 뿐만 아니라 또한 그것에 의해 더 큰 죄를 범할 정도로 강퍅해졌다. 만일 외적 특권을 우리가 선용하지 못한다면, 그것은 도리어 우리에게 해가 된다. 오히려 특권을 덜 누리고 자랑을 덜 하는 사람들의 순종이, 특권을 더 누리고 자랑을 더 하면서 그것에 따라 살지 못하는 사람들을 정죄하게 될 것이다.

2. 사도는 여기서 참된 할례에 대해 묘사한다(28,29절). (1) 그것은 표면적 육신의 할례가 아니고, 율법 조문에 있는 것도 아니다(28절). 이것은 외적 규정을 준수할 필요가 없다는 것이 아니다. 그것은 그 자체로 선하다. 다만 그것을 진심으로 지키며 살지 않고, 명목적으로만 취하면서 그것이 우리를 천국으로 이끌기에 충분하다고 믿고 의지하는 것을 경계하는 것이다. 표면적 유대인이 유대인이 아니요. 즉 하나님께 아브라함의 믿음의 후사로 받아들여지지 않을 것이요, 율법의 의도에 합당한 자로 인정받지도 못할 것이다. 아브라함의 자손이면 아브

라함이 행한 일들을 해야 하리라(요 8:39,40). (2) 그것은 이면적인 것으로, 마음에 할지니 영에 있는 것이다(29절). 하나님께서 보시는 것은 마음이요, 우리를 그분께 받아들여지도록 하는 것은 마음의 할례다. 신 30:6을 보라. 이것은 손으로 하지 아니한 할례다(골 2:11,12). 곧 육의 몸을 벗는 것이다. 따라서 그것은 주체인 우리 영혼 속에서 이루어져야 하고, 그 창조자인 하나님의 영에 의해 진행되어야 한다. (3) 이에 대한 칭찬은 외관만 보고 판단하는 사람에게서가 아니요, 다만 하나님에게서이다(29절). 즉 하나님 자신이 이 진정성을 인정하고 받아들이며 보답하실 것이다. 왜냐하면 여호와의 보는 것은 사람과 같지 않기 때문이다. 화려한 허세와 그럴듯한 고백으로 사람을 속일 수는 있다. 그러나 하나님은 절대로 속임을 받지 아니하신다. 그분은 외관을 꿰뚫고 실상을 보신다. 이것은 기독교에도 그대로 해당된다. "표면적 그리스도인이 그리스도인이 아니라 표면적 육신의 세례가 세례가 아니라 오직 이면적 그리스도인이 그리스도인이며, 세례는 마음에 할지니 영에 있고 율법 조문에 있지 아니한 것이라 그 칭찬이 사람에게서가 아니요 다만 하나님에게서니라."

제
— 3 —
장

개요

사도는 이 장에서 칭의에 관한 주제를 강론한다. 그는 이미 이방인과 유대인의 죄책에 대해 증명했다. 이제 이 장에서 다음과 같은 내용을 전개한다. I. 그는 자신이 유대인에 관해 말한 것으로부터 야기될 수 있는 몇 가지 반론에 대해 대답한다(1-8절). II. 그는 유대인과 이방인을 막론하고 인류 전체의 죄책과 타락에 대해 언급한다(9-18절). III. 그는 여기서부터 칭의는 율법이 아니라 믿음으로 말미암은 것임을 주장하고, 그에 대한 다양한 이유를 제시한다(19-31절). 자주 본론을 벗어난 글들이 때때로 그의 강론을 조금 어렵게 만들지만, 그의 의도는 분명하다.

[1]그런즉 유대인의 나음이 무엇이며 할례의 유익이 무엇이냐 [2]범사에 많으니 우선은 그들이 하나님의 말씀을 맡았음이니라 [3]어떤 자들이 믿지 아니하였으면 어찌하리요 그 믿지 아니함이 하나님의 미쁘심을 폐하겠느냐 [4]그럴 수 없느니라 사람은 다 거짓되되 오직 하나님은 참되시다 할지어다 기록된 바 주께서 주의 말씀에 의롭다 함을 얻으시고 판단 받으실 때에 이기려 하심이라 함과 같으니라 [5]그러나 우리 불의가 하나님의 의를 드러나게 하면 무슨 말 하리요 [내가 사람의 말하는 대로 말하노니] 진노를 내리시는 하나님이 불의하시냐 [6]결코 그렇지 아니하니라 만일 그러하면 하나님께서 어찌 세상을 심판하시리요 [7]그러나 나의 거짓말로 하나님의 참되심이 더 풍성하여 그의 영광이 되었다면 어찌 내가 죄인처럼 심판을 받으리요 [8]또는 그러면 선을 이루기 위하여 악을 행하자 하지 않겠느냐 어떤 이들이 이렇게 비방하여 우리가 이런 말을 한다고 하니 그들은 정죄 받는 것이 마땅하니라 [9]그러면 어떠하냐 우리는 나으냐 결코 아니라 유대인이나 헬라인이나 다 죄 아래에 있다고 우리가 이미 선언하였느니라 [10]기록된 바 의인은 없나니 하나도 없으며 [11]깨닫는 자도 없고 하나님을 찾는 자도 없고 [12]다 치우쳐 함께 무익하게 되고 선을 행하는 자는 없나니 하나도 없도다 [13]그들의 목구멍은 열린 무덤이요 그 혀로는 속임을 일삼으며 그 입술에는 독사의 독이 있고 [14]그 입에는 저주와 악독이 가득하고 [15]그 발은

피 흘리는데 빠른지라 ¹⁶파멸과 고생이 그 길에 있어 ¹⁷평강의 길을 알지 못하였고 ¹⁸ 그들의 눈 앞에 하나님을 두려워함이 없느니라 함과 같으니라

I. 여기서 사도는 주어질 수 있는 여러 가지 반론들에 대해 명쾌하게 답변을 제시한다. 진리는 매우 단순하고 분명하지만, 사악한 지식과 타락한 육신의 마음은 언제든 진리에 대해 반기를 들 것이다. 그러나 신적 진리가 생트집의 대상이 될 수는 없다.

반론 1. 만일 유대인과 이방인이 하나님 앞에서 동일한 자격을 갖고 있다면, 유대인의 나음이 무엇인가(1절)? 하나님은 지극히 큰 관심을 갖고 자주 유대인을 둘도 없는 최고의 백성(신 33:29), 거룩한 백성(출 19:6), 특별한 소유(시 135:4), 나의 벗 아브라함의 자손(사 41:8)이라고 말씀하시지 않았는가? 그분은 할례를 그들의 교회구성원의 표지이자 하나님과의 언약관계의 보증으로서 정하시지 않았는가? 그런데 이 평등 교리는 이 모든 특권을 부정하고, 할례 규정을 무익하고 무의미한 제도라고 무시하지 않는가?

답변. 그럼에도 불구하고 유대인들은 크게 혜택 받고 선대 받은 민족으로서, 비록 구원 능력은 없지만, 위대한 수단과 방편들을 소유하고 있다(2절). 범사에 많으니. 문은 유대인이나 이방인 모두에게 열려 있지만, 유대인은 그들의 교회적 특권들로 말미암아 이 문에 이르는데 훨씬 더 수월한 수단을 갖고 있다. 그 특권들은 결코 과소평가되어서는 안 되지만 그 중 많은 것들이 제대로 준수되지 않아 그들을 영원히 멸망으로 이끌고 말았다. 사도는 롬 9:4,5에서 유대인의 다양한 특권에 대해 언급하지만, 여기서는 단 한 가지만(사실상 전체를 지적하는 것이나 다름없는) 언급한다. 그들이 하나님의 말씀을 맡았음이니라. 여기서 하나님의 말씀은 구약성경, 특히 살아있는 말씀(행 7:38)으로 불리는 모세 율법과 그리스도 및 복음과 관계된 그 모형들, 약속들 그리고 예언들을 가리킨다. 성경 전체가 하나님의 말씀이다. 그것은 신적 계시다. 그것은 하늘에서 온 것으로, 무오한 진리요 말씀으로서 영원한 가치를 지닌다. 70인경은 우림과 둠밈을 로기아 곧 말씀으로 부른다. 성경은 우리에게 판단 기준이다. 우리는 하나님의 말씀에 관한 사실을 율법과 그 증거에 의존하지 않으면 안 된다. 복음은 하나님의 말씀으로 불린다(히 5:12; 벧전 4:11). 그런데 이 말씀이 유대인에게 맡겨졌다. 구약성경은 그들의 언어로 기록되었다. 모세와 선지자들은 그들과 함께 살

았고, 주로 그들에게 말씀을 전하고 그들을 위해 말씀을 기록한 동족이었다. 그들은 후세의 사람들과 교회를 위해 수탁자로서의 사명을 부여받았다. 구약성경은 그들의 손에 맡겨져 조심스럽게 보관됨으로써, 후대의 사람들에게 순전하고 안전하게 전달되었다. 유대인은 그리스도인들의 창고 관리자로서, 일차적으로는 그들 자신의 용도와 유익을 위해, 이차적으로는 세상의 이득을 위해 그 성스러운 보물을 맡았다. 성경의 문서를 보존하는데 있어서 그들은 매우 충실했고, 일점일획도 훼손하지 않았다. 이에 대해 우리는 하나님의 은혜로우신 보호와 섭리를 감사해야 한다. 유대인은 구원의 수단들을 갖고 있었지만, 구원에 대한 독점권은 없었다. 그런데 이것을 사도는 우선은(프로톤 멘 가르)이라는 말과 함께 언급한다. 이것은 그들의 제일차적, 핵심적 특권이었다. 하나님의 말씀과 계명을 지키는 것이 백성의 첫 번째 행복인데, 그들에게 그 축복이 **최초로**(imprimis) 주어졌다(신 4:8; 33:3; 시 147:20).

반론 2. 유대인이 살아있는 말씀으로 누린 혜택에 관해 사도가 말한 것과는 다르게 그들 가운데 많은 사람들이 불신앙에 떨어진 사실을 혹자는 지적할 것이다. 이 말씀에도 불구하고, 그들 가운데 그토록 많은 사람들이 그리스도와는 무관하고 그분의 복음에 대해서 원수로 남아 있는데, 어떤 목적으로 하나님의 말씀이 그들에게 맡겨졌을까? **어떤 자들이 믿지 아니하였으면 어찌하리요?(3절)**

답변. 지금도 일부 아니 대다수 유대인들은 그리스도를 믿지 않고 있는 것이 엄연한 사실이다. **그 믿지 아니함이 하나님의 미쁘심을 폐하겠느냐(3절).** 사도는 이에 대해 그럴 수 없느니라고 단호하게 말한다. 유대인의 불신앙과 완고함이 그들에게 맡겨진 말씀 속에 포함되어 있는 메시야에 관한 예언들을 무효화하고 전복시킬 수 없었다. 그리스도는 이스라엘이 모이지 않더라도(사 49:5), 영광을 받으실 것이다. 비록 그들의 불신앙으로 말미암아 하나님을 거짓말쟁이로 만드는 세대가 있을지라도, 하나님의 말씀은 성취되고 그분의 목적은 달성되며 그분의 모든 목적은 이루어질 것이다. **사람은 다 거짓되되 오직 하나님은 참되시다 할지어다(4절).** 그러므로 우리가 하나님은 자신이 하신 모든 말씀에 대해 참되시며, 자신의 말씀 한 마디라도 땅에 떨어뜨리지 않으리란 사실을 절대로 잊지 말자. 그것 때문에 우리가 사람을 거짓말쟁이로 만들더라도 말이다. 하나님의 신실하심을 의심하는 것보다 세상 모든 사람들에 대한 신뢰를 의심하고 무너뜨리는 것이 더 낫다. 다윗이 놀라서 모든 사람이 거짓말쟁이라고 말한 것

(시 116:11)을 바울은 여기서 의도적으로 인용한다. 거짓말은 사람이라면 누구나 태어날 때부터 덧입게 된 옛 사람의 앞잡이다. 모든 인간은 변덕스럽고 가변적이며 변질되기 쉬운 존재로서, 속임수(시 62:9)에 모두가 허사(시 39:5)뿐이다. 모든 인간은 하나님과 비교하면 다 거짓말쟁이다. 우리는 모든 인간은 거짓말쟁이고(인간 속에서 믿음을 찾을 수 없다), 하나님은 신실하시다는 것을 깨달을 때 마음이 편하다. 그들이 이웃에게 각기 거짓을 말할 때(시 12:2), 여호와의 말씀은 순결하다(시 12:6)는 것을 생각하면 큰 힘이 된다. 이것을 더 깊이 증명하기 위해 사도는 주께서 말씀하실 때에 의로우시다(시 51:4)는 말씀을 인용하는데, 그 목적은 다음 두 가지로 나뉜다: 1. 하나님께서는 인간들의 죄에도 불구하고 자신의 영광을 세상에 보여주고 유지하실 것이다. 2. 우리 자신과 다른 사람들에 관한 우리의 결론은 하나님을 의롭게 하고, 어떻게든 그분의 공의, 진리, 선하심을 선포하고 보존하는 것이 우리의 의무라는 것이다. 다윗은, 그의 고백을 볼 때, 하나님을 의롭게 하고, 그분께 어떤 불의도 돌아가지 않도록 하는 것을 자신의 의무로 삼았다. 마찬가지로 여기서 우리도 인간에 관한 신뢰와 평판은 접어두자. 그것이 물 속으로 가라앉든 아니면 헤엄쳐 달아나든 중요치 않다. 따라서 우리가 이 결론 곧 주께서 말씀하실 때에 의로우시고 주께서 심판하실 때에 순전하시다는 것을, 그 전제들이 아무리 의심스럽다고 할지라도 견고하게 지키도록 하자. 이처럼 하나님은 말씀하실 때에 의로우시고, 심판하실 때에 또는 본문에서처럼 판단 받으실 때에 순전하시다(시 51:4처럼). 사람들이 주제넘게 하나님과 그분의 행동에 대해 다툴 때, 우리는 그 결과가 하나님께 유리하리라는 것을 확신할 수 있다.

반론 3. 육에 속한 심령은 죄에 스스로 빠지는 경향을 갖고 있다. 사도는 인류의 보편적 죄책과 타락이 예수 그리스도 안에 있는 하나님의 의를 드러내는 기회가 된다고 말한 적이 있다. 따라서 만약에 우리의 모든 죄를 다 합친다고 해도 하나님의 영광을 전혀 훼손하지 못하고 아무런 해를 받지 않고 그분의 목적이 유지된다면, 그분이 우리의 죄와 불신앙을 그토록 엄격하게 처벌하는 것은 옳지 않지 않느냐는 질문이 제기될 수 있다. 만일 유대인의 불의가 이방인을 부르고, 따라서 하나님의 영광이 더 크게 드러나게 되는 기회가 되었다면, 왜 유대인이 그토록 혹독하게 비난을 받아야 할까? 우리 불의가 하나님의 의를 드러나게 하면 무슨 말 하리요?(5절). 이것으로부터 어떤 추론이 나올 수 있는가? 하나님이 불의하시냐(메 아디코스 호 데오스)? 진노를 내리시는 하나님이 불의하지 않으신가? (반론에 합당한 형식으로 읽는다면)(5절) 믿음이 없는 마음은 어떻게든 하나님의 행동의 공평성을 문제 삼아 가장 의로우신 그분을 정죄하려고 한다 (욥 34:17). 내가 사람의 말하는 대로 말하노니(5절). 즉 나는 이것을 육에 속한 심령의 말로 알고 거부한다는 뜻이다. 그것은 허탄하고 어리석고 교만한 피조물인 사람에게나 어울리는 말이다.

답변. 결코 그렇지 아니하니라(6절). 우리는 이런 일을 상상할 수도 없다. 하나님과 그분의 공의 및 거룩함에 훼손을 가하는 주장들은 타협의 대상이 아니라 경계의 대상이다. 사탄아 내 뒤로 물러가라. 이런 사상과는 결코 함께 할 수 없노라. 만일 그러하면 하나님께서 어찌 세상을 심판하시리요(6절). 이 주장은 아브라함이 한 주장과 똑같은 주장이다: 세상을 심판하시는 이가 정의를 행하실 것이 아니니이까(창 18:25). 당연히 그분은 그렇게 하실 것이다. 만일 무한히 정당하고 의로우시지 않다면, 그분이 온 땅의 심판자가 되는 것은 부당한 일이다. 정의를 미워하시는 이시라면 어찌 그대를 다스리시겠느냐(욥 34:17). 18,19절도 비교해 보라. 비록 하나님께서 죄로 말미암아 더 큰 영광을 받으신다고 해도, 그 죄 악성과 죄과는 결코 감소되지 않는다. 죄가 하나님의 영광을 돋보이게 하는 것은 단지 우연일 뿐이다. 하나님께 영광을 돌릴 의도가 없는 죄인에게 그것 때문에 감사할 이유는 없다. 하나님께서 세상을 심판하기로 고려하신다면, 우리는 영원히 그분의 공의와 공평에 대해서는 의심과 판단을 거두어야 한다. 우리는 이러한 절대 주권자의 행동에 대해 왈가왈부할 자격이 없다. 더 이상 상소할 수 없는 최고법정의 선고는 의심에 부쳐질 수 없다.

반론 4. 이전의 반론이 계속 반복되고 있다(7,8절). 왜냐하면 교만한 마음이 거하는 거짓의 도피처는 좀처럼 부서지지 않고 그 속임수를 끝까지 고수하기 때문이다. 그러나 반론의 정체를 정확하게 드러낸 바울의 솜씨는 그 자체로 충분한 답변을 담고 있다: 나의 거짓말로 하나님의 참되심이 더 풍성하여 그의 영광이 되었다면(7절). 그는 궤변론자들이 자기들의 반론을 다음과 같이 전개할 것은 전제한다: "만일 나의 거짓말이 곧 나의 죄가(모든 죄 속에는 어느 정도 거짓말이 포함되어 있다. 특히 신앙고백자들의 죄는 더 그렇다) 하나님의 진리와 신실하심을 영광스럽게 하는 기회가 된다면, 왜 내가 죄인으로서 심판받고 정죄를 당해야 하는가? 아니 오히려 그렇기 때문에 은혜를 넘치게 하기 위해 죄를 더 범할 마음을 가져야 하지 않겠는가?" 이 추론은 얼핏 보아도 너무 뻔뻔한 주장 처럼 보이고, 질색하며 내팽개쳐야 할 논리다. 대담한 죄인들은 하나님의 인자 하심이 항상 있다(시 52:1)는 이유로 스스로 죄악을 자랑한다. 선을 이루기 위하여 악을 행하자(8절)는 말은 죄인들의 입술보다 그 마음속에서 더 자주 나타나고, 그들은 스스로의 악한 행위를 합리화하는데 그 말을 써먹는다. 사도는 이 악한 사상을 언급하면서, 괄호 안의 말씀으로, 이 같은 교리로 자신과 자신의 동역자 들을 비난한 사람들이 있었음을 암시한다. 어떤 이들은 우리가 그렇게 말한다 고 주장한다. 하나님의 최고의 백성과 사역자들이 그토록 싫어하고 혐오하는 일들을 오히려 고수하고 가르친다고 비판받는 것은 전혀 새로운 일이 아니다. 그리고 우리 주님도 바알세불을 힘입어 귀신을 쫓아낸다고 비판받았는데, 그 것은 결코 이상하게 생각될 일이 아니다. 많은 사람들이 자기들이 주장하는 것 과 반대 입장을 말하는 것처럼 비판받는다. 그리스도의 사역자들을 매도하는 것은 사탄의 상투적인 수법이다. 비방을 두껍게 깔아놓으라, 그러면 들러붙을 자가 더러 있으니까(Fortiter calumniari, aliquid adhaerebit). 아무리 선한 인간일지라도, 또 아무리 완전한 진리일지라도, 비방의 대상이 되기 마련이다. 샌더슨 대주교 는 비방하여(블라습헤무메타, 8절)란 말을 이렇게 풀어 설명한다: 성경에서 일반 적으로 말하는 비방은 말로 하나님을 욕하는 중상의 최고단계를 의미한다. 사 역자와 그의 정규적 설교를 비판하는 것은 일반적 중상이 아닌 일종의 신성모 독으로서, 그 이유는 그 개인에 대한 중상이 아니라 그의 소명과 사역에 대한 중상이기 때문이다(살전 5:13).

답변. 사도는 더 이상 논박의 형식을 취하지 않고, 그들이 뭐라고 주장하든, 그들에 대한 정죄가 정당하다고 말한다. 어떤 이들은 그것이 중상자들에게 해 당되는 것으로 이해한다. 하나님은 부당하게 자신의 진리를 정죄하는 사람들 을 정당하게 정죄하실 것이다. 아니 오히려 그것은 하나님께 영광이 된다는 구 실로 대담하게 죄를 범하는 사람들에게 적용되어야 한다. 거기서 선이 나온다 는 것을 구실로 고의로 악을 행하는 사람들은 그 구실의 피난처 속에 절대로 들어가지 못하고, 도리어 정죄에 이르며, 절대로 핑계할 수 없는 상황에 직면할 것이다. 왜냐하면 그런 추측과 확신을 갖고 죄를 범하는 것은 죄 속에 거하겠 다는 궤계와 의지를 크게 드러내는 것이기 때문이다. 악인은 악과 그것으로부 터 선이 나온다는 것을 구실로 악한 궤계를 고의로 선택한다. 그러므로 그들에 대한 정죄는 정당하다. 그들이 지금 스스로를 만족시키기 위해 내놓는 핑계가 무엇이든 간에, 위대한 그 날이 오면, 그들 가운데 누구도 선인의 자리에 서지 못하고, 하나님만이 그 행사로 말미암아 의롭게 되실 것이다. 그리고 모든 육체 곧 지금 그분을 대적하여 고개를 뻣뻣이 들고 있는 교만한 육체는 그분 앞에서 잠잠히 엎어져 있게 될 것이다. 어떤 이들은 여기서 바울은 완고함과 자기의로 불신앙을 자초한 유대교와 유대 민족에게 다가올 멸망을 가리키고 있다고 생각한다.

Ⅱ. 바울은 이 반론들을 중단시키고, 이어서 유대인과 이방인을 망라한 인류 일반의 죄책과 타락에 관한 자신의 견해를 재천명한다(9-18절). "그러면 어떠하냐 우리는 나으냐(9절). 즉 하나님의 말씀을 맡은 우리 유대인이 그들보다 나으냐? 이것이 우리로 하여금 하나님을 기쁘시게 하는가? 아니면 이것이 우리를 의롭게 하는가? 아니다. 절대로 아니다." 또는 이렇게 말할 수도 있다: "우리 그리스도인들(믿음이 있는 유대인과 이방인)은 하나님의 은혜에 관해 믿지 않는 사람들보다 훨씬 더 앞서 있는가? 슬프게도 아니다. 값없이 주어진 은혜가 차이를 가져오기 전, 유대인이었던 우리와 이방인이었던 그들 역시 똑같이 타락한 상태 속에 있었다." 다 죄 아래 있다(9절). 다 죄책 아래 있다. 그로 인해 다 심판 아래 있다. 그로 인해 다 영원한 멸망과 정죄에 이르고야 말 속박 아래 있다. 그로 인해 그들을 지옥 밑바닥으로 떨어뜨릴 무거운 짐(시 38:4) 아래 있다. 따라서 우리는 하나님의 심판 아래 있다(19절). 죄의 통치와 지배 아래, 그로 인해 압제적이고 잔혹한 주인 아래 노예로서 붙잡혀 있다. 즉 그로 인해 멍에 아래 그리고 그것의 권세 아래 악한 일을 하도록 팔렸다. 사도는 그것을 우리가 이미 선언하였느니라(프로아이티아사메타, 9절)라는 말로 확증하였다. 이 말은 법률용어다: 우리가 그것을 가지고 그들을 고소했고, 우리의 고소는 옳았다. 우리는 그 고소를 입증했고, 잘 알려진 사실증거를 통해 그들을 판결했다. 사도는 여기서 이 고소와 판결에 대해 구약성경의 여러 구절들을 인용하며 더 깊이 예증한다. 그 구절들은 은혜가 그들을 규제하거나 변화시키기 전까지 타락이 모든 인간들을 부패하게 만든 결과에 대해 묘사한다. 따라서 우리는 여기서 마치 거울을 들여다보는 것처럼 우리 모두의 부패한 자연적 상태를 들여다 볼 수 있다. 10,11,12절은 시편 14:1-3에서 취한 말씀으로, 시편 53:1-3에서 아주 중요한 진리를 담은 것으로 반복되고 있다. 이어지는 구절들은 시편 14편의 70인역을 인

용하고 있다. 그래서 어떤 이들은 사도가 그렇게 한 것은 그것이 더 많이 알려져 있었기 때문이라고 생각한다. 그러나 나는 바울이 이 구절들을 시편의 다른 부분에서 취했고, 훗날 70인역이 오히려 그것을 인용해 번역했다고 생각한다. 즉 70인역의 시편 14편 말씀은 바울의 이 부분 말씀에 따라 덧붙여진 것이다. 어쨌든 본성의 보편적 타락을 입증하기 위해 사도가 도엑(시 149:3)이나 유대인들(사 59:7,8)과 같은 특수한 사람들의 특별한 타락에 관해 말하는 몇몇 성경 구절들을 인용하는 것을 관찰할 수 있다. 즉 그는 그것들을 통해 한 사람에 의해 저질러지는 동일한 죄는 모든 인류의 본성 속에 들어있다는 것을 보여준다. 다윗과 이사야 시대는 그래도 좀 나았지만, 바울은 그 시대를 예로 드는 것이다. 시편 14편에서 말해지는 것은 명백히 모든 인간 후손들에게 말해지는 것이고, 그것도 하나님 자신의 특별한 안목과 감찰에 의한 것이다. 창 6:5에서 옛날 세상에 대해 그런 것처럼, 여호와께서 (내려다) 보셨다. 그리고 이 하나님의 심판은 진리에 입각한 것이었다. 만물을 창조하셨을 때, 지으신 만물을 좋게 바라보신 하나님은 인간이 그 모든 것을 망쳐놓은 이후로는 지극히 악한 것으로 보셨다. 이제 그 구체적인 특징들을 살펴보자.

1. 선천적인 면. 그것은 이중적이다.

(1) 선한 모든 것의 선천적 결함. [1] 의인은 없나니(10절). 순수한 선의 원리를 따라 살거나 이 원리의 지배를 받고 사는 자는 아무도 없다. 하나님의 형상을 따라 지음받았을 때 갖고 있던 의를 조금이라도 간직하고 있는 자는 아무도 없다. 절대로 하나도 없다. 이 말은 곧 만일 한 사람이라도 있었다면 하나님께서 반드시 그를 찾아내셨을 것이라는 뜻이다. 세상 모든 사람이 타락했을 때, 하나님의 눈은 한 사람의 의인 노아를 발견하셨다. 심지어 은혜로 말미암아 의인이 되고 성화된 사람들도 본성상 의로운 자는 아무도 없다. 의는 우리에게서 태어나지 않는다. 하나님의 마음에 합한 사람도 죄 가운데 태어난다. [2] 깨닫는 자도 없고(11절). 결함은 지성이 타락한 데서 온다. 그것은 맹목적이고 부패하고 왜곡되었다. 만일 사람들이 조금이라도 더 나은 이성을 갖고 있었다면, 신앙과 의는 긍정적인 면을 주장하기가 훨씬 더 수월했을 것이다. 그러나 그들은 깨닫지 못한다. 죄인들은 바보들이다. [3] 하나님을 찾는 자도 없고(11절). 이 말은 하나님에 대한 관심, 하나님에 대한 욕구가 도무지 없다는 것이다. 하나님을 찾지 않는 자들은 이성이 없다고 간주하는 것이 옳을 것이다. 육에 속한 심령은 하나

님을 찾기는 고사하고, 실제로는 그분에 대해 적대적이다. [4] 다 치우쳐 함께 무익하게 되고(12절). 하나님을 저버린 자들은 곧 무용지물로서, 땅에서 백해무익한 짐이 될 뿐이다. 죄의 상태 속에 빠져 있는 사람들은 해 아래 가장 무익한 피조물이다. [5] 선을 행하는 자는 없나니(12절). 절대로, 아니 땅 위에서 아무리 의로운 사람이라도 죄를 범하지 않고 선을 행하는 자는 하나도 없다(전 7:23). 심지어 그 속에 약간은 선이 포함되어 있는 죄인들의 행동 속에도 원리와 목적 면에서 보면 근본적 오류가 들어있다. 따라서 선을 행하는 자는 하나도 없다고 말해질 수밖에 없다. 모든 결함은 악의 원천이다(Malum oritur ex quolibet defectu).

(2) 악한 모든 것의 선천적 결함. 다 치우쳐(12절). 인간의 최고목적인 하나님을 찾지 않는 사람이 잘못된 인생을 사는 것은 이상한 일이 아니다. 하나님은 인간을 올바른 길을 가는 존재로 지으셨지만, 인간은 그것을 포기했다. 인간의 타락은 하나님에 대한 배반이다.

2. 실제적인 면. 이렇게 타락한 인간으로부터 어떤 선을 기대할 수 있겠는가? 사도는 다음과 같이 그 실례를 들고 있다:

(1) 그들의 말(13,14절). 특히 세 가지 면에서 그렇다: [1] 가혹성: 그들의 목구멍은 열린 무덤이요(13절). 그것은 그 이름이 아바돈 곧 아볼루온으로서 파괴자인 옛 뱀이 입을 벌리고 있는 것처럼, 연약하고 순진한 자들이 실수할 기회를 기다리면서, 집어삼킬 준비를 하고 있다. 그리고 이 가혹성을 공개적으로 드러내거나 폭발시키지 않더라도, 그들은 은밀하게 악행을 도모하고 있다. 혀는 죽이는 독이 가득한 것이라(약 3:8). 이 독은 그들이 비난을 통해 그들의 이웃의 선한 평판을 단숨에 날려버리고, 거짓 증거를 통해 그의 삶을 박살내버릴 정도로 극히 악랄하고 치명적인 독이다. 이 구절들은 시편 5:9과 140:3에서 인용한 것이다. [2] 속임. 그 혀로는 속임을 일삼으며(13절). 여기서 그들은 스스로 마귀의 자식들임을 보여준다. 왜냐하면 마귀는 거짓말쟁이요, 거짓의 아비이기 때문이다. 그들은 거짓말을 일삼았다(13절). 그것은 그들이 거짓말을 직업으로 삼고 있음을 암시한다. 특별히 하나님의 길과 백성들을 속이는 것이 그들의 일관된 소행이다. [3] 저주. 이것은 하나님을 헐뜯고 그분의 거룩한 이름을 비방하는 것이요, 그 형제들에게 악이 일어나기를 바라는 것이다. 그 입에는 저주와 악독이 가득하고(14절). 이것은 혀가 범하는 가장 악한 죄 가운데 하나로 언급된다(약

3:9). 그러나 이처럼 저주를 좋아하는 사람들은 그에 합당한 보응을 받을 것이다(시 109:17-19). 그리스도인으로 불리는 사람들 가운데 이 죄 때문에, 태어났을 때 죄인으로 태어난 상태를 여전히 보여주면서, 죄의 지배와 통치를 받고 있는 이들이 얼마나 많을까!

(2) 그들의 행동(15-17절). 그 발은 피 흘리는데 빠른지라(15절). 즉 그들은 어떤 사악한 음모를 꾸미는데 너무 부지런해서 기회만 있으면 그것을 잡을 준비를 하고 있다. 그들이 어디를 가든, 파멸과 고생이 그 길에 있어(16절) 항상 함께 다닌다. 이것들은 그들의 동무로서, 하나님의 백성과 그들이 살고 있는 땅과 이웃들, 나라와 민족 그리고 결국에는 그들 자신을 파멸과 비참으로 이끈다. 그들의 인생의 마지막에 임하는 파멸과 비참(이 일들의 마지막은 사망이다) 외에 그의 죄는 그 자체로 형벌이다. 누구든 자신의 죄의 종이 되는 것보다 비참을 자초하는 길은 없다. 평강의 길을 알지 못하였고(17절). 즉 그들은 다른 사람들과 평화를 유지하는 법이나 자기들 스스로를 위해 평강을 얻는 법에 대해 무지하다. 그들은 평화에 대해 말하기는 하나 그것은 마귀의 궁전에나 있는 것으로, 비록 그것을 얻는다고 해도 참된 평화에 대해서는 철저하게 이방인이다. 그들은 그 평화에 속하는 일들에 대해서는 전혀 모른다. 이 구절들은 잠언 1:16; 이사야 59:7,8에서 인용된 것이다.

(3) 우리가 갖고 있는 이 모든 것의 뿌리. 그들의 눈 앞에 하나님을 두려워함이 없느니라(18절). 여기서 하나님을 두려워하는 것은 모든 참된 신앙의 본질로서, 하나님의 말씀과 뜻을 우리의 삶의 법칙으로서, 하나님의 존귀와 영광을 우리의 삶의 목적으로서, 두려워하고 진지하게 대한다는 것이다. 악인들은 자기들의 눈 앞에 이것들을 두지 않는다. 곧 그들은 그것에 따라 움직이지 않는다. 그들은 다른 법칙에 의해 지배를 받고, 다른 목적에 따라 살아간다. 이 구절은 시편 36:1의 인용이다. 하나님을 두려워하지 않는 곳에서는 어떤 선도 기대할 수 없다. 하나님을 두려워하는 것은 우리 영혼에 재갈을 물려 제 길을 가도록 하는 것이다(느 5:15). 반면에 이 두려움이 사라지면 기도가 그치고(욥 15:4), 그 결과 만사는 순식간에 파국으로 치닫게 된다. 우리는 여기서 간단하지만 인간의 보편적 부패와 타락에 관해 살펴보았고, 그 결론은 "오 아담이여! 그대가 무슨 일을 저질렀는가? 하나님은 사람을 정직하게 지으셨으나 사람이 많은 꾀들을 낸 것이니라"라고 말할 수 있다.

[19]우리가 알거니와 무릇 율법이 말하는 바는 율법 아래에 있는 자들에게 말하는 것이니 이는 모든 입을 막고 온 세상으로 하나님의 심판 아래에 있게 하려 함이라 [20]그러므로 율법의 행위로 그의 앞에 의롭다 하심을 얻을 육체가 없나니 율법으로는 죄를 깨달음이니라 [21]이제는 율법 외에 하나님의 한 의가 나타났으니 율법과 선지자들에게 증거를 받은 것이라 [22]곧 예수 그리스도를 믿음으로 말미암아 모든 믿는 자에게 미치는 하나님의 의니 차별이 없느니라 [23]모든 사람이 죄를 범하였으매 하나님의 영광에 이르지 못하더니 [24]그리스도 예수 안에 있는 속량으로 말미암아 하나님의 은혜로 값없이 의롭다 하심을 얻은 자 되었느니라 [25]이 예수를 하나님이 그의 피로써 믿음으로 말미암는 화목제물로 세우셨으니 이는 하나님께서 길이 참으시는 중에 전에 지은 죄를 간과하심으로 자기의 의로우심을 나타내려 하심이니 [26]곧 이 때에 자기의 의로우심을 나타내사 자기도 의로우시며 또한 예수 믿는 자를 의롭다 하려 하심이라 [27]그런즉 자랑할 데가 어디냐 있을 수가 없느니라 무슨 법으로냐 행위로냐 아니라 오직 믿음의 법으로니라 [28]그러므로 사람이 의롭다 하심을 얻는 것은 율법의 행위에 있지 않고 믿음으로 되는 줄 우리가 인정하노라 [29]하나님은 다만 유대인의 하나님이시냐 또한 이방인의 하나님은 아니시냐 진실로 이방인의 하나님도 되시느니라 [30]할례자도 믿음으로 말미암아 또한 무할례자도 믿음으로 말미암아 의롭다 하실 하나님은 한 분이시니라 [31]그런즉 우리가 믿음으로 말미암아 율법을 파기하느냐 그럴 수 없느니라 도리어 율법을 굳게 세우느니라

이 부분의 말씀을 통해 바울은 율법의 행위로 말미암아 의롭게 되기를 바라는 것은 무익하다는 것과 그것은 오직 믿음으로만 가능하다는 결론을 이끌어낸다. 이것은 그가 1:17에서부터 줄곧 주장해온 요점인데, 그는 3:28에서, 그것을 이미 입증된 것(quod erat demonstrandum)으로 보고, 그의 강론의 결론으로 진술하고 있다. 사람이 의롭다 하심을 얻는 것은 율법의 행위에 있지 않고 믿음으로 되는 줄 우리가 인정하노라(28절). 회개가 필요 없던 최초의 율법의 순전 무결한 행위에 의해서도, 최고로 계발된 본성의 법칙의 행위에 의해서도, 의식법의 행위에 의해서도(소와 염소의 피로 죄를 제거할 수는 없기 때문에), 확실히 준수된 도덕법의 행위에 의해서도 의롭다 하심을 얻기는 불가능하다. 왜냐하면 사도는 그 법들은 죄에 관한 지식에 의거하고, 그 행위들은 교만을 담고 있다고 말하기 때문이다. 타락한 상태 곧 타락의 권세 아래 있는 인간은 그

자신의 어떤 행위에 의해서도 하나님의 인정을 받을 수 없고, 그것은 오직 하나님의 전적인 은혜로서, 그것은 예수 그리스도로 말미암아 값없이 주시는 선물로 받아들이는 참된 모든 신자들에게만 주어지는 것이다. 만일 우리가 죄 지은 적이 없다면, 율법에 대한 우리의 순종은 우리의 의가 되었을 것이다: "이것을 행하라. 그러면 살리라." 그러나 죄를 범하고 타락했기 때문에, 우리는 그 어떤 것으로도 우리의 과거 죄책을 속죄할 수 없다. 바리새인은 자기들의 도덕법에 순종함으로써 의롭게 되기를 원했다(눅 18:11). 그런데 사도는 여기서 두 가지 사실을 논증한다: 하나는 우리가 율법의 행위로는 절대로 의롭게 될 수 없다는 사실을 증명하기 위해 언급하는 인간의 죄책이고, 다른 하나는 우리는 믿음으로 의롭게 된다는 사실을 증명하기 위해 언급하는 하나님의 영광이다.

I. 사도는 율법의 행위로 칭의를 기대하는 것이 얼마나 어리석은지를 보여주기 위해 인간의 죄책으로부터 논증을 시작한다. 그 논증은 아주 간단하다: 우리는 우리가 깨뜨린 율법에 의해 의롭게 되고 구원받을 수 없다. 이미 유죄를 선고받은 배반자는 에드워드 3세의 법령 25조를 내세운다고 해도 사면받을 길이 없다. 왜냐하면 그 법이 그의 죄를 발견하고, 그를 정죄하기 때문이다. 참으로 법을 어기지만 않았다면, 그는 그것에 의해 의롭다고 선언받았을 것이다. 그러나 그는 이미 그것을 어겼고, 아무리 겸손하고 뉘우치는 마음으로 혜택을 주장하고 선처를 부탁하면서 사면을 간청한다고 해도 풀려날 길이 없다.

1. 사도는 그것을 특별히 유대인에게 적용시킨다. 왜냐하면 그들은 율법을 자랑하며 그것에 의해 의롭게 되리라고 생각하는 사람들이기 때문이다. 그는 이 타락을 보여주기 위해 구약성경으로부터 다양한 구절을 인용했다. 그런데 그는 19절에서 무릇 율법이 말하는 바는 율법 아래에 있는 자들에게 말하는 것이라고 말한다. 이 판단은 유대인에게 적용된다. 그 이유는 그것이 그들의 율법에 기록되어 있기 때문이다. 유대인들은 자기들이 율법 아래 있음을 자랑했고, 그에 대한 자부심이 대단했다. 이에 대해 바울은 "그러나 율법은 너희를 유죄판결하고 정죄한다. 너희가 율법이 하는 일을 보고 있다"라고 말한다. 이는 모든 입을 막기 위해서다(19절). 즉 모든 자랑을 침묵시킬 것이다. 하나님께서 어떻게 의롭게 하고, 또 정죄하시는지 그 방법을 보라. 그분은 모든 입을 막아버리신다. 의롭게 되는 사람들은 겸손하게 자신의 죄를 자각함으로써 그 입술을 닫게 될 것이며, 정죄를 받게 되는 사람들은 마지막 날 유죄판결을 받고(유 1:15) 찍

소리 못하고 지옥에 떨어질 것이니(마 22:12), 역시 입을 닫게 될 것이다. 모든 사악한 자는 자기 입을 봉하리로다(시 107:42).

2. 사도는 그것을 일반적으로 세상에 확대 적용시킨다. 온 세상으로 하나님의 심판 아래에 있게 하려 함이라(19절). 만일 세상이 악한 자 안에 처해 있다면(요일 5:19), 그러면 확실히 죄책이 있는 것이다. 곧 심판을 받게 될 것이다. 다시 말해서, 누구든 본질상 진노의 자녀로서(엡 2:3), 죄가 증명되어 형벌을 받게 될 것이다. 그들은 모두 죄책에 대한 변론을 내세우지 않으면 안 된다. 스스로 의롭다고 생각하는 입장에 서 있는 사람들은 확실하게 버려둠을 당할 것이다. 하나님 앞에서의 죄책은 참으로 두려운 말이다. 왜냐하면 그분은 만사를 통찰하시는 하나님으로서, 심판하실 때 속지도 않고 속을 수도 없기 때문이다. 공평하고 의로우신 심판자이기에 절대로 죄책을 그냥 넘어가지 않을 것이라는 말이다. 모든 사람이 죄책이 있고, 따라서 누구나 하나님 앞에 나타날 때에는 의를 필요로 한다. 모든 사람이 죄를 범하였으매(23절). 사람은 누구나 본질상 그리고 실제상 죄인으로서, 하나님의 영광에 이르지 못했다(23절). 즉 인간의 최고 목적에 이르지 못했다. 이르지 못하더니. 이 말은 사수(射手)가 표적을 맞추지 못하거나 경주자가 상을 얻지 못하는 것처럼, 승리자가 되지 못할 뿐만 아니라 커다란 손실을 당해야 한다는 말이다. 하나님의 영광에 이르지 못하더니. (1) 이 말은 하나님을 영화롭게 하지 못했다는 것이다. 1:21을 보라: 하나님을 영화롭게도 아니하며. 인간은 보이는 피조물의 머리의 위치를 차지하고 있으므로, 하급 피조물이 단지 수동적으로만 영화롭게 할 수 있는 위대하신 창조주를 능동적으로 영화롭게 해야 한다. 그러나 인간은 죄로 말미암아 이 수준에 이르지 못했고, 하나님을 영화롭게 하기는커녕 오히려 그분의 영예를 실추시켰다. 하나님을 영화롭게 하도록 지음받은 사람의 후손들 가운데 그렇게 하는 자들이 거의 없음을 생각하는 것은 정말 서글픈 일이다. (2) 이 말은 하나님 앞에서 영화롭지 않다는 것이다. 순전함을 자랑할 것이 없다. 만일 우리가 하나님 앞에서 영화롭게 되려고, 즉 우리가 존재하거나 소유하거나 행하는 어떤 것을 자랑하려고 한다면, 우리 모두가 죄를 범했다는 것이 영원한 금반언(禁反言: 앞서의 말에 반대되는 주장을 하는 것을 금지하기)이 될 것이고, 따라서 이것은 우리의 입을 닫게 할 것이다. 우리는 근시안적이고 마음을 들여다보지 못하는 사람들 앞에서는 영화롭게 될 수 있다. 그들 역시 우리와 똑같이 타락했고, 기꺼이 죄를 저지르는

자들이기 때문이다. 그러나 죄악에 대해 오래 참으실 수 없는 하나님 앞에서는 절대로 영화롭게 될 수 없다. (3) 이 말은 하나님으로 말미암아 영화롭게 되지 못했다는 것이다. 영광의 시작인 의롭다 함이나 하나님의 용납하심을 얻지 못했다. 즉 하나님의 영광스러운 형상이 인간에게 덧입혀진 거룩함 곧 성화에 이르지 못하고, 오히려 그들 스스로의 의(自己義)로 말미암아 천국에서 하나님과 함께 영화롭게 되는 모든 소망과 기대를 저버렸다. 따라서 흠 없는 순전함을 갖고 천국에 가기는 불가능하다. 그 통로는 가로막혀 있다. 생명나무의 길을 지키도록 그룹들과 화염검이 두어져 있다.

3. 사도는 율법을 통해 칭의를 기대하는 길에서 우리를 철저히 차단시키기 위해 죄를 깨닫게 하는 율법의 기능에 대해 기술한다(20절): 율법으로는 죄를 깨달음이니라. 우리를 가책으로 이끌고 정죄하는 율법으로 우리는 절대로 의롭게 될 수 없다. 율법은 옳은 것과 그른 것을 재는(index sui et oblique) 자(rectum)와 같다. 우리의 상처를 드러내는 것이 율법의 적절한 용도이자 목적이다. 따라서 그것은 치유책이 될 수 없다. 들추어내는 것으로는 치료가 되지 않는다. 죄를 깨닫고자 하는 사람들은 율법의 엄격성, 그 범위, 그리고 그 영적 본질 등에 관한 지식을 갖고 있어야 한다. 우리 자신의 마음과 삶을 율법의 규정에 비추어 본다면, 우리는 우리가 얼마나 뒤틀린 존재인지를 발견하게 될 것이다. 바울은 율법을 이용하여 이것을 깨닫는다(7:9). 그러므로 율법의 행위로 그의 앞에 의롭다 하심을 얻을 육체가 없나니(20절). 이 구절을 살펴보자: (1) 어떤 인간도, 곧 타락한 인간은 그 누구도 의롭다 하심을 얻을 육체가 없다. 그 이유는 그 역시 육체로서(창 6:3) 죄인이요, 타락한 자이기 때문이다. 그러므로 우리는 육체인 한, 의롭게 되지 못한다. 우리의 본성 속에 자리잡고 있는 타락은 영원히 우리 자신의 행위로 말미암아 의롭게 되는 것을 철저하게 방해할 것이다. 그것은 육체에서 나오는 것으로, 깨끗한 것을 더러운 것 속에서 낼 수 없기 때문이다(욥 14:4). (2) 누구도 하나님의 눈에 의롭게 보이는 자는 없다. 사도는 여기서 교회의 눈에 율법의 행위로 말미암아 이루어진 의를 부정하는 것이 아니다. 교회의 위치 속에서 그들은 하나의 공동체에 속해 거룩한 백성, 제사장 족속이지만, 하나님과의 관계 속에 서 있는 양심의 입장에서는 그의 앞에 율법의 행위로 절대로 의롭게 될 수 없다. 여기서 사도는 시편 148:2을 언급한다.

II. 사도는 칭의는 오로지 그리스도의 의를 믿는 믿음으로만 가능하다는 것

을 증명하기 위해 하나님의 영광으로부터 논증을 시작한다. 율법의 행위로는 의롭게 되는 것이 불가능하다. 그렇다면 죄를 범한 인간은 영원히 진노 아래 있어야 하는가? 소망은 없는가? 죄악으로 인해 상처는 불치의 병이 되고 마는가? 아니다. 그렇게 하지 않으신 하나님께 감사하라(21,22절). 다른 길이 우리에게 열려 있다. 이제는 복음 안에서 율법 외에 하나님의 한 의가 나타났다. 모세의 율법을 지키지 않고도 의롭다 함을 얻을 수 있게 된 것이다. 이것이 바로 하나님 의로서, 그분이 예정하고 제공하고 인정하시는 의이다. 그 의를 그분이 우리에게 주신다. 이것은 모든 그리스도인이 입는 옷으로, 하나님의 전신갑주로 불린다(엡 6:11).

1. 이제 이 하나님의 의에 관해 살펴보자. (1) 그것은 드러났다. 복음을 통한 칭의의 길은 고속도로로서 평탄한 길이다. 그 길이 우리에게 활짝 열려 있다. 놋뱀이 높이 장대 위에 달려 있다. 우리는 그것을 어둠 속에서 더듬어 찾도록 방치되지 않고, 우리에게 분명히 보이도록 드러났다. (2) 그것은 율법 외에 있다(21절). 여기서 사도는 그리스도와 모세를 결합시킬 필요가 있다고 주장하는 그리스도인의 유대주의화(化)를 미연에 방지하고 있다. 그들은 이방인 회심자들에게 그리스도가 메시야로 인정받으려면 그 의식들을 지킴으로써 율법을 충분히 보존해야 한다고 강조했다. 그러나 사도는 아니라고 말한다. 그 길은 율법 외의 길이다. 그리스도께서 일으키신 의는 온전한 의다. (3) 그러나 그것은 율법과 선지자들에게 증거를 받은 것이다(21절). 즉 구약성경에 이것을 가리키는 모형과 예언과 약속들이 있었다. 율법은 우리를 의롭게 하는 것이 아니라 우리에게 다른 칭의의 길이 있음을 가리키는 것이다. 곧 그것은 그리스도를 우리의 의로 가리키고, 그 점을 모든 선지자들이 증거하고 있는 것이다. 행 10:43을 보라. 이것은 율법과 선지자를 그토록 선호하는 유대인들에게 이점이 될 수 있을 것이다. (4) 그것은 예수 그리스도를 믿음으로 말미암아 곧 예수 그리스도를 그 대상 곧 기름 부음 받은 구주로 믿는 믿음에 의해 일어난 것이다(22절). 의롭게 하는 믿음은 그분의 세 가지 기름 부음 받은 직분 곧 선지자와 제사장과 왕의 직분에 있어서 그리스도를 구주로 받아들이는 것이다. 이 세 가지 모든 직분에 있어서 그분을 의지하고 그분을 받아들이며 그분을 붙잡는 것이다. 오직 이것에 의해서만 우리는 하나님께서 정하시고, 그리스도께서 가져오신 그 의와 연관을 맺게 된다. (5) 그것은 모든 믿는 자에게 미치는 것이다(22절). 이 표현을 통해

사도는 그가 지금까지 반복적으로 주장해온 진리를 고취시키고 있다. 그것은 곧 유대인이든 이방인이든 믿기만 하면 동등한 입장에서 그리스도를 통해 하나님께 받아들여질 것이라는 진리다. 차별이 없느니라(22절). 다시 말해서 그것은 모든 자에게, 곧 일반적으로 누구에게나 제공되었다. 복음은 스스로를 제외시키는 자가 아니면 누구도 제외시키지 않는다. 그러나 그것은 모든 믿는 자에게 주어지되, 면류관처럼, 의복처럼 주어진다. 그들은 믿음으로 복음과 관계를 맺고, 그 모든 유익과 특권들을 누리게 된다.

2. 그런데 이것이 어떻게 하나님의 영광을 위하는가?

(1) 그것은 하나님의 은혜의 영광을 위한다(24절). 하나님의 은혜로 값없이 의롭다 하심을 얻은(도레안 테 아우투 카리티). 그것은 하나님의 은혜로 인한 것이다. 말하자면 칭의와 성화를 혼동하는 교황주의자들이 말하는 것처럼 우리 안에서 일어난 은혜에 의해서가 아니라 우리 안에 어떤 공로도 보이지 않음에도 불구하고 하나님께서 우리에게 무조건 주시는 은혜로 말미암아 일어난 것이다. 그리고 그것을 더 강조하기 위해 사도는 하나님의 은혜로 값없이라고 말하고, 그리하여 그것이 가장 적절하고 진정한 의미에서 이해될 수 있는 은혜임을 우리에게 보여준다. 그의 주인에게 요셉이 은혜를 입었다고 말해진다(창 39:4). 하지만 거기엔 이유가 있었다. 주인은 요셉의 형통한 모습을 보았다. 그러므로 요셉이 주인의 은혜를 입은 것은 그럴만한 까닭이 있었던 것이다. 그러나 값없이, 값없이 우리에게 전달되었다. 그것은 값없는 은혜요 단순한 자비다. 그런 호의를 받을 만한 것이 우리 안에는 전혀 없다. 아니, 그것은 전적으로 그리스도 예수 안에 있는 속량으로 말미암아 주어진 것이다(24절). 그것은 우리에게 거저 주어지지만, 그리스도는 그것을 사셨고, 그에 상당하는 값을 지불하셨다. 그렇다고 그것이 값없는 은혜의 영예를 절대로 상실하는 것은 아니다. 그리스도의 사심은 하나님의 거저 주시는 은혜를 가로막지 않는다. 왜냐하면 은혜는 이 대속의 희생을 제공하고 인정하기 때문이다.

(2) 그것은 하나님의 공평과 의의 영광을 위한다(25,26절). 하나님이 화목제물로 세우셨으니. 여기서 다음과 같은 사실을 주목하자. [1] 예수 그리스도는 위대한 화목제물 곧 속죄의 제물로서, 율법 아래에서는 속죄소(힐라스테리온: 은혜의 보좌)로 예표되었다. 그분은 우리의 은혜의 보좌이시다. 그분 안에서 그리고 그분을 통해 죄에 대한 속죄가 이루어진다. 우리의 인격과 행위는 하나님께 받

아들여진다(요일 2:2). 그분은 우리의 화해의 전부가 되신다. 화해자일 뿐 아니라 화해 자체이시다. 우리의 제사장이요 희생제물이요 제단이요 그 전부이시다. 하나님은 속죄소 안에 계셨던 것처럼 그리스도 안에 계심으로써 세상을 자신과 화해시키신다. [2] 그렇게 되도록 하나님이 세우셨다. 피해 당사자이신 하나님께서 먼저 화해를 제안하고, 그 중재자를 지정하신다. 이를 위해 그분을 세우셨다(프로에테토: 미리 정하셨다). 즉 영원 전 사랑의 의논을 거쳐 그것을 위해 그분을 정하시고 기름 부으셨으며 그것을 위해 그분에게 자격을 주셨으며 죄로 얼룩진 세상을 위해 그 화목제물로 그분을 제시하셨다. 마 3:17과 17:5을 보라. [3] 그의 피로써 믿음으로 말미암아 우리는 이 화목제물과 관련을 맺게 된다. 그리스도는 화목제물이다. 치료하도록 제공된 고약이 있다. 믿음은 이 고약을 상처난 영혼에 바르는 것이다. 그리고 칭의를 일으키는 이 믿음은 그리스도의 피와 특별한 관계가 있다. 그 피가 속죄를 가져왔다. 왜냐하면 피 흘림이 없이는 죄 사함이 없고, 오직 그분의 피 외에는 그것을 효력 있게 할 피가 없다는 것이 하나님께서 정하신 약속이었기 때문이다. 출 24:8에서 보는 것처럼 율법 하에서 희생제물의 피를 뿌리는 것과 이것 사이에 유비관계가 있다. 믿음은 우슬초 다발이요, 그리스도의 피는 뿌려진 피다. [4] 믿음으로 이 화목제물과 관계를 맺는 모든 사람들에게는 전에 지은 죄를 간과하게 된다. 그리스도께서 화목제물로 세워진 것은 이것 때문이고, 이 간과를 위해 하나님은 길이 참으시는 집행유예를 보여주신 것이었다. 하나님께서 길이 참으시는 중에. 하나님의 길이 참으심은 우리로 하여금 회개할 기회를 갖도록 함으로서 지옥으로부터 벗어나 천국을 얻도록 하였다. 어떤 이들은 전에 지은 죄를 구약 성도들의 죄로 보고, 이 죄를 때가 되어 그리스도께서 이루신 속죄로 말미암아 사함 받았다고 말한다. 그분의 속죄가 앞과 뒤 모두를 내다본 것이라는 것이다. 하나님께서 길이 참으시는 중에 전에 지은. 우리가 죄의 현장에서 붙잡히지 않은 것은 하나님의 길이 참으심 덕택이다. 하나님께서 길이 참으시는 중에(엔 테 아노케 투 데우)라는 구절을 26절 첫 부분에 넣고 있는 헬라어 사본들이 많은데, 그것들은 그렇게 해서 그리스도의 공로와 하나님의 은혜로부터 나오는 두 가지 보배로운 열매를 표시한다: 간과: 간과하심으로(디아 텐 파레신). 유예: 하나님께서 길이 참으시는 중에. 열매를 맺지 못하는 포도나무가 포도원에 남겨진 이유는 주인의 인자하심과 정원사의 중보 때문이다. 중보자와 화목제물 없이는 용서할 수도 없고 오래 참으실 수도 없다는 점에서, 이 양자 속에서 밝히 드러나는 것은 하나님의 의다. 이 세상 지옥에 항상 죄인이 존재하는 이유는 그리스도 때문이다. [5] 하나님께서는 이 모든 일 속에서 자기의 의로우심을 나타내신다. 사도는 이것을 크게 강조하여 거듭 주장한다: 곧 이 때에 자기의 의로우심을 나타내사. 그 안에 참으로 놀라운 사실이 포함되어 있기 때문에 반복되고 있다. 그는 하나님의 의를 선언하는데, **첫째**는, 화목제물 자체에서 그것을 선언하고 있다. 그리스도의 죽음만큼 하나님의 공의와 거룩함을 보여주는 것은 없다. 오직 그리스도의 피가 그것을 만족시켰을 때, 그것은 하나님께서 죄를 미워하신다는 것을 나타낸다. 전가된 것이지만, 자신의 아들에게서 죄를 발견하신 하나님은 그를 아끼지 아니하셨다. 그것은 그가 자신을 죄로 삼았기 때문이다(고후 5:21). 우리 모두의 죄가 그 아들에게 두어졌기에 비록 사랑하는 아들이었지만, 하나님은 기꺼이 그를 상하게 하셨다(사 53:10). **둘째**는, 화목제물로 인한 죄 사함 속에서 그것을 선언하고 있다. 사도는 그것을 자세히 설명한다: 자기도 의로우시며 또한 예수 믿는 자를 의롭다 하려 하심이. 자비와 진리가 함께 만나고, 의와 평화가 서로 입맞춤했다. 이제는 회개하는 죄인들이 사함받도록 그리스도께서 죽으심으로써 그들에 대한 공의를 만족시킨 것을 하나님이 받아들이셨기 때문에, 그것은 하나님 안에서 은혜와 자비의 행위가 될 뿐 아니라 의의 행위가 되는 것이다. 저당물이 제공되고 그 지불이 충분히 만족되었음을 받아들여놓고 원금에 대한 빚을 요구하는 것은 그분의 공의에 부합하지 않는다. 요일 1:9을 보라. 하나님은 의로우시다. 즉 자신이 하신 말씀에 신실하시다.

(3) 그것은 하나님의 영광을 위한다. 그렇게 되면 인간의 자랑은 설 데가 없기 때문이다(27절). 하나님은 아무 육체도 자기 앞에서 자랑하지 못하도록(고전 1:29-31) 하기 위해서 처음부터 끝까지 그 자랑을 배제시키는 방법으로 죄인들의 칭의와 구원에 관한 위대한 사역을 행하실 것이다. 그런데 만일 의롭게 되는 것이 율법의 행위로 말미암는다면, 인간의 자랑은 배제되지 못할 것이다. 그렇지 않겠는가? 만일 우리가 우리 자신의 행위로 구원받는다면, 우리 자신의 머리에 면류관을 두게 될 것이다. 그러나 **믿음의 법** 곧 이신칭의의 방법은 영원히 자랑을 배제시킨다. 왜냐하면 믿음은 의존적 은혜, 곧 자기를 비우고 자기를 부인하는 은혜로서, 보좌 앞에 모든 면류관을 벗어던지는 것이기 때문이다. 그러므로 이와 같은 방법으로 우리가 의롭게 되는 것은 하나님께 가장 큰 영광이

되는 것이다. 사도가 믿음의 법에 관해 말하는 내용을 확인해 보라. 신자들은 법 없는 존재로 남겨진 존재가 아니다. 믿음도 일종의 법이다. 진리 안에 있는 한, 그것은 역사하는 은혜다. 그러나 그것은 예수 그리스도와의 엄밀하고 긴밀한 의존관계 속에서 주어지기 때문에 자랑할 것이 못된다.

이 모든 사실로부터 사도는 이런 결론을 이끌어낸다(28절): 사람이 의롭다 하심을 얻는 것은 율법의 행위에 있지 않고 믿음으로 되는 줄 우리가 인정하노라.

Ⅲ. 이 장의 마지막 부분에서, 사도는 이신칭의가 주는 특권의 범위에 대해 증명한다. 즉 그것은 유대인만의 특권이 아니라 이방인에게도 속한다는 것이다. 왜냐하면 그는 양자 사이에 차별이 없다고 이미 말했기(22절) 때문이다. 이에 관해 1. 사도는 그것을 주장하고, 증명한다(29,30절): 하나님은 다만 유대인의 하나님이시냐? 그는 이 전제가 불합리하다고 주장한다. 사랑과 자비가 무한하신 하나님께서 소수 사악한 유대인들에게만 자신의 호의를 제한하거나 한정시키고, 나머지 모든 다른 사람의 자손들은 영원히 소망이 없는 상태 속에 버려 두신다는 것이 상상이 될 수 있는가? 이것은 우리가 하나님의 인자하심에 대해 갖고 있는 관념과 전혀 일치하지 않는다. 왜냐하면 긍휼히 여기심이 그분의 모든 일에 작용하기 때문이다. 그러므로 할례자도 믿음으로 말미암아 또한 무할례자도 믿음으로 말미암아 의롭다 하실 하나님은 오직 한 분 하나님이시다. 즉 양자 모두 오직 한 길이 있을 뿐이다. 유대인들이 스스로를 위해 아무리 차별을 둔다고 해도, 실제로 by라는 단어와 through라는 단어 사이에 차이가 없는 것만큼이나 차이가 없다. 즉 전혀 차별이 없다. 2. 사도는 그들이 하나님으로부터 온 것으로 알고 있는 율법을 이 교리가 무효화하는 것이 아니냐는 반론을 미연에 방지한다. 그는 이렇게 말한다: "그럴 수 없다. 율법이 우리를 의롭게 한다고 말할 수는 없지만, 그것이 헛되이 주어졌다거나 우리에게 아무 소용이 없는 것이라고 말할 수 없다. 절대로 아니다. 도리어 율법을 굳게 세우느니라. 즉 그것을 올바른 기초 위에 둠으로써, 그 위치를 바로 세우는 것이다. 율법은 여전히 우리로 하여금 우리의 과거를 자각하도록 하고, 미래에 대해 지시한다. 비록 언약처럼 그것에 의해 구원받을 수는 없지만, 우리는 그것이 은혜의 법에 복종하신 중보자의 손에 들려져 있는 법으로 알고 그것을 의존하고, 그것에 순종한다. 따라서 우리는 율법을 폐기하지 않고 오히려 굳게 세워야 한다." 도덕법에 대한 의무를 부인하는 신자들은 이 결론을 곰곰이 생각해 보아야 할 것이다.

제
— 4 —
장

개요

율법의 행위가 아니라 믿음에 의한 칭의를 가르치는 위대한 복음 교리는 유대인이 모세의 자리에 앉아있던 자들로부터 배운 관념과는 정반대였다. 따라서 두 입장은 절대로 공존할 수 없었다. 따라서 사도는 그것을 강력하게 주장하면서, 그것을 확증하고 예증하는데 심혈을 기울이고 있다. 그는 앞에서 이성과 논증을 통해 그것을 증명했고, 이제 이 장에서는 실례를 통해 그것을 증명하고 있는데, 어떤 곳에서는 확증과 예증을 동시에 보여주고 있다. 그가 채택한 실례는 아브라함이다. 그는 유대인이 아브라함과의 관계를 크게 자랑하고, 아브라함의 후손으로서 실제로 아브라함이 자기들의 조상임을 가장 큰 외적 특권으로 생각하기 때문에 일부러 아브라함을 선택하여 언급한다. 따라서 이 실례는 다른 누구보다 유대인에게 좀 더 유효하고 확신을 주기에 좋은 것이었다. 그의 논증은 이렇게 전개된다: "구원받는 모든 자는 아브라함과 똑같은 방법으로 의롭게 된다. 그러나 아브라함은 행위가 아니라 믿음으로 의롭다 함을 받았다. 그러므로 모든 구원받는 자는 믿음으로 의롭게 된다." 왜냐하면 아브라함이 믿는 자들의 조상인 것은 쉽게 인정되기 때문이다. 그런데 이것은 그들이 말하는 것처럼, 동일한 경우로부터 끌어낸 논증일 뿐만 아니라 한층 더 강력한 경우로부터 끌어낸 논증이다. 만일 그토록 행위로 유명한 사람 곧 거룩함과 순종에 있어서 크게 진실했던 사람인 아브라함이 그럼에도 불구하고 행위가 아니라 오직 믿음으로 의롭게 되었다면, 다른 사람들, 특히 아브라함의 직접적 후손들과 행위에 있어서 아브라함보다 훨씬 더 결격사유가 많은 사람들은 얼마나 더 그들 자신의 행위에 의해서 의롭게 되는 것이 아니라고 선포할 수 있겠는가? 그리고 그것은 또한 어떤 이들이 보여주는 것처럼, 우리의 의의 본질인 믿음의 결과인 선행에 의해서도 우리가 의롭게 되는 것이 아님을 더 충분하게 증명한다. 이 경우는 아브라함의 행위인데, 우리가 과연 그보다 더 나은가? 이 장 전체는 이 실례에 대한 설명으로 대부분 채워져 있고, 이것은 앞 장의 끝 부분과 특별한 관계가 있다. 거기서 사도는 칭의 문제에 있어서는 유대인과 이방인이 동일한 입장에 서 있음을 주장했었다. 이제 이 장에서 그는 더 강력한 논증의 힘으로 다음과 같은 내용을 전개하고 있다: I. 그는 아브라함이 행위가 아니라 믿음으로 의롭게 되었음을 증명한다(1-8절). II. 그는 아브라함이 언제 그리고 왜 의롭게 되었는지를 보여준다(9-17절). III. 그는 아브라함의 믿음에 대해 묘사하고 칭찬한다(17-22절). IV. 그는 이 모든 것을 우리에게 적용시킨다(22-25절). 만일 사도가 지금 두란노서원에서 강론한다고 해도, 이보다 강력한 논증을 펼칠 수 있었을까?

¹그런즉 육신으로 우리 조상인 아브라함이 무엇을 얻었다 하리요 ²만일 아브라함이 행위로써 의롭다 하심을 받았으면 자랑할 것이 있으려니와 하나님 앞에서는 없느니라 ³성경이 무엇을 말하느냐 아브라함이 하나님을 믿으매 그것이 그에게 의로 여겨진 바 되었느니라 ⁴일하는 자에게는 그 삯이 은혜로 여겨지지 아니하고 보수로 여겨지거니와 ⁵일을 아니할지라도 경건하지 아니한 자를 의롭다 하시는 이를 믿는 자에게는 그의 믿음을 의로 여기시나니 ⁶일한 것이 없이 하나님께 의로 여기심을 받는 사람의 복에 대하여 다윗이 말한 바 ⁷불법이 사함을 받고 죄가 가리어짐을 받는 사람들은 복이 있고 ⁸주께서 그 죄를 인정하지 아니하실 사람은 복이 있도다 함과 같으니라

　　　　여기서 사도는 아브라함이 행위가 아니라 믿음으로 의롭게 된 것을 증명한다. 모든 족속들 가운데 자기들이 누리고 있는 특권과 자기들이 실천한 행위에 의해 차지할 의의 분깃이 있다고 그토록 강하게 주장한 민족이 바로 유대인이었다. 그래서 사도는 그들의 조상 아브라함의 경우에 호소하고, 그 관계 속에 히브리인 중의 히브리인인 자신의 이름을 올려놓고 있다: 우리 조상인 아브라함이(1절). 확실히 사도의 특권도 육신으로 그의 후손이라고 주장하는 다른 유대인들 못지않았다. 그런데 무엇을 얻었다 하리요(1절). 온 세상 사람들이 찾고 있지만, 대부분 헛된 것을 찾아 스스로 지쳐있는 상태 속에 있고, 따라서 하나님 앞에서 의롭다 함을 얻은 자들 외에는 진실로 무엇을 얻었다고 말할 수 있는 사람이 있겠는가? 아브라함도 지혜로운 상인처럼 값진 진주를 찾자 그것을 큰 대가를 지불하고 샀다. 그가 찾은 것이 무엇이었는가? 육신으로(카타 사르카, 1절) 즉 할례와 그의 외적 특권 및 실천들에 의해 얻은 것이었는가? 사도는 이것들을 육체라고 부른다(빌 3:3). 그러면 그는 이것들을 통해 무엇을 얻었는가? 그것들로 말미암아 의롭다 함을 얻었는가? 그로 하여금 하나님의 인정을 받게 한 것이 그의 행위의 공로였는가? 절대로 아니다. 사도는 이것을 다양한

논증을 통해 증명한다:

Ⅰ. 만일 아브라함이 행위로 의롭다 함을 얻었다면, 자랑할 이유가 남겨져 있었을 것인데, 그것은 완전히 배제되고 있다. 그렇게 되었다면, 자랑할 것이 있었겠지만(2절), 그런데 그것이 허용되지 않고 있다. 유대인들은 "하지만 그의 이름이 창대하게 되었는데(창 12:2), 그러면 자랑할 것이 있지 않느냐?"고 말한다. 그렇다고 해도 하나님 앞에서는 아니다. 그는 사람들의 칭찬은 받을 수 있으나 하나님 앞에서는 칭찬이 있을 수 없었다. 바울 자신도 사람들 앞에서는 자랑할 것이 있었고, 그래서 우리는 그가 때때로 그것을 자랑하는 것을 본다. 하지만 그는 겸손하게 자랑했지, 하나님 앞에서는 아무것도 자랑하지 않았다(고전 4:4; 빌 3:8,9). 아브라함도 마찬가지였다. 확인해 보라. 사도는 사람이란 하나님 앞에서는 어떤 일에서나 자랑을 해서는 안 된다는 것을 당연히 여긴다. 그럴 수 없다. 그토록 위대하고 선한 아브라함까지도 그럴 수 없었다. 그러므로 사도는 거기서 다음과 같은 하나의 논증을 이끌어낸다: 하나님 외에 어떤 다른 것으로 자랑을 삼는 것은 불합리하다는 것.

Ⅱ. 아브라함은 믿음으로 말미암아 의로 여김을 받았다는 말씀이 분명히 언급된다. 성경이 무엇을 말하느냐(3절). 종교의 모든 문제들 속에서, 이것이 항상 우리의 질문이 되어야 한다. 성경이 무엇을 말하느냐? 이 위대한 사람이 또는 어떤 다른 선한 사람이 말하는 것이 아니라 성경이 무엇을 말하는가가 문제다. 아벨에게 가서 묻고 그 일을 끝내라(삼하 20:18). 율법과 증거의 말씀(사 8:20), 그 곳이 최후의 호소처다. 그런데 성경은 아브람이 여호와를 믿으니 여호와께서 이를 그의 공의로 여기시고(창 15:6)라고 말한다. 그러므로 그는 하나님 앞에서는 자랑할 것이 없었다. 그것은 순전히 값없는 은혜로 주어진 것이지 그 자체 속에 어떤 형식적 의의 성격이 내포되어 있었기 때문이 아니다. 도리어 하나님 자신이 은혜로 기꺼이 그것이 그에게 의로 여겨지도록 하신 것이다. 창세기를 보면 약속의 자녀에 관한 유일하고도 탁월한 믿음의 행위가 그 사례로 언급되어 있다. 그것도 불신앙과의 치열한 갈등을 거쳐 나온 행위라는 점에서 더욱 주목할 만하다. 그의 믿음은 지금 승리한 믿음으로서, 새롭게 전쟁터에서 돌아온 믿음이다. 칭의를 만족시키는 것은 완전한 믿음이 아니고(불신앙의 잔재들이 남아있다고 해도, 그것은 믿음으로 받아들여질 수 있다), 싸워 이기는 믿음, 곧 불신앙을 내리누르고 있는 믿음이다.

III. 만일 아브라함이 믿음으로 의롭다 함을 얻었다면, 그 삯은 보수가 아니고 은혜인데, 이것은 당연히 그렇게 생각된다. 다음이 사도의 논증이다(4,5절): 아브라함의 상급은 하나님 자신이고, 그래서 하나님은 그에게 나는 너의 지극히 큰 상급이니라(창 15:1)고 말씀해주셨다. 그런데 만일 아브라함이 완전한 순종으로 이것을 얻었다면, 그것은 하나님의 은혜의 행위가 아니게 되고, 아브라함도 포도원의 품꾼이 자기가 번 돈을 내놓으라고 요구한 것처럼, 당당하게 자기의 몫을 요구했을 것이다. 그러나 이것은 그럴 수 없다. 하나님을 자기에게 빚진 자로 만드는 것은 사람에게는, 하물며 죄책을 짊어지고 있는 사람에게는 절대로 불가능하다(롬 11:35). 아니, 하나님께서 모든 자랑을 받으실 값없는 은혜, 곧 은혜 위에 은혜(요 1:16)를 갖고 계신다. 그러므로 일하지 않은 자 즉 이런 공로를 내세울 수 없고, 자신의 행위로 어떤 가치나 자격을 보여줄 수 없으며, 설사 이런 상급을 받을 만해도 그것을 거절하고, 살아있고 적극적이고 순종하는 믿음으로 자신을 그리스도 안에서 하나님의 값없는 은혜에 온전히 맡기는 자, 바로 이런 자의 믿음이 의로 여겨지고, 이들이야말로 용서받고 구원받는데 요구되는 자격을 갖춘 자로서 하나님의 인정을 받는다. 경건하지 아니한 자를 의롭다 하시는 이(5절). 즉 그분은 과거에 경건하지 못했던 자를 의롭다고 하시는 분이다. 믿기만 하면, 그의 과거의 불경건함은 그를 의롭게 하는데 아무런 장애가 되지 않는다. 경건하지 아니한 자(톤 아세베) 곧 아브라함도 회심하기 전에는 갈대아인의 우상 숭배 사상에 빠져있었다(수 24:2). 그러므로 우리가 절망할 필요가 없다. 하나님은 회개하지 않는 자의 죄책은 제거하시지 않지만, 그리스도를 통해 경건하지 아니한 자를 의롭게 하신다.

IV. 사도는 나아가 다윗이 칭의의 근간이 되는 죄 사함을 인간의 행복과 지복으로 선언하는 시편 구절을 인용하여 이것을 예증한다. 여기서 말하는 복 있는 사람은 죄가 전혀 없는 사람이나 죽음에 처해지지 않는 사람을 가리키는 것이 아니라(그렇게 되면, 인간은 그토록 죄로 얼룩져 있고, 하나님은 그토록 의로우신데, 누가 복 있는 사람이 되겠는가?) 무죄를 탄원할 자격은 없지만, 주께서 그 죄를 인정하지 아니하실 사람(8절)을 가리킨다. 비록 무죄를 주장할 수 없어도, 사면을 청구하면 그 청구가 허락된다. 이것은 시 32:1,2을 인용한 것인데, 여기서 그것을 자세히 살펴보자.

1. 용서의 본질. 그것은 빚이나 범죄를 면제하는 것이다. 그것은 죄를 더러운

것이나 영혼의 벌거벗음과 수치로 보고 덮어버리는 것이다. 하나님은 죄를 자신의 얼굴 앞에서 감추시기 위해 그의 등 뒤에 던져버렸다고 말해진다. 이것과 이와 유사한 표현들은 우리의 복의 근거가 우리의 무죄성 즉 우리가 죄를 전혀 범하지 않았다는 사실에 있는 것이 아니라(덮는다고 해도 그것은 여전히 남아 있고, 더럽다. 칭의는 죄를 없는 것으로 또는 죄를 전혀 범하지 않은 것처럼 만드는 것이 아니다) 하나님께서 그것을 우리의 책임으로 돌리시지 않는다는데 있다는 것을 함축하고 있다. 즉 그것은 하나님께서 그 죄를 인정하지 않으시는 것이다(8절). 그것은 전적으로 하나님의 은혜의 행위로서, 마땅히 받았어야 할 엄격한 공의에 따라 우리를 다루시지 않는 것이요, 심판의 자리에 들어가지 않는 것이요, 죄를 기억하지 않는 것이다. 이 모든 것은 순전히 은혜의 행위로서, 그 용납하심과 그 상급을 삯으로 기대해서는 안 된다. 그러므로 바울은 일한 것이 의로 여기심을 받는 것이라고 추론한다(6절).

　2. 용서의 복: 복이 있도다(8절). 행위가 온전하여 여호와의 율법을 따라 행하는 자들은 복이 있음이여(시 119:1), 복 있는 사람은 악인의 꾀를 따르지 아니하며(시 1:1) 등의 말씀이 선포될 때, 그 의도는 복이 되는 것들의 특징을 보여주는데 있으나 불법이 사함을 받는 사람들은 복이 있다고 말해질 때, 그 의도는 복의 본질이 무엇인지 그리고 그 근거와 원천이 무엇인지를 보여주려는데 있다. 죄 사함을 받은 사람들이 오직 복 있는 사람들이다. 세상 사람들의 판단으로는 재산을 많이 소유하고 빚 없이 사는 것이 복이지만, 말씀의 판단으로는 하나님께 진 빚을 탕감받은 사람이 복이 있다. 그러므로 오 우리의 죄가 용서받았는지를 확실하게 해두는 것에 우리가 얼마나 큰 관심을 두어야 할까! 왜냐하면 이것이야말로 다른 모든 복의 원천이기 때문이다. 내가 그들의 불의를 긍휼히 여기고 그들의 죄를 다시 기억하지 아니하리라(히 8:12).

⁹그런즉 이 복이 할례자에게냐 혹은 무할례자에게도냐 무릇 우리가 말하기를 아브라함에게는 그 믿음이 의로 여겨졌다 하노라 ¹⁰그런즉 그것이 어떻게 여겨졌느냐 할례시냐 무할례시냐 할례시가 아니요 무할례시니라 ¹¹그가 할례의 표를 받은 것은 무할례시에 믿음으로 된 의를 인친 것이니 이는 무할례자로서 믿는 모든 자의 조상이 되어 그들도 의로 여기심을 얻게 하려 하심이라 ¹²또한 할례자의 조상이 되었나니 곧 할례받을 자에게뿐 아니라 우리 조상 아브라함이 무할례시에 가졌던 믿음

의 자취를 따르는 자들에게도 그러하니라 ¹³아브라함이나 그 후손에게 세상의 상속자가 되리라고 하신 언약은 율법으로 말미암은 것이 아니요 오직 믿음의 의로 말미암은 것이니라 ¹⁴만일 율법에 속한 자들이 상속자이면 믿음은 헛것이 되고 약속은 파기되었느니라 ¹⁵율법은 진노를 이루게 하나니 율법이 없는 곳에는 범법도 없느니라 ¹⁶그러므로 상속자가 되는 그것이 은혜에 속하기 위하여 믿음으로 되나니 이는 그 약속을 그 모든 후손에게 굳게 하려 하심이라 율법에 속한 자에게뿐만 아니라 아브라함의 믿음에 속한 자에게도 그러하니 아브라함은 우리 모든 사람의 조상이라 ¹⁷기록된 바 내가 너를 많은 민족의 조상으로 세웠다 하심과 같으니 그가 믿은 바 하나님은 죽은 자를 살리시며 없는 것을 있는 것으로 부르시는 이시니라

이 단락에서 바울은 아브라함이 이처럼 의롭다 함을 얻게 된 때와 이유를 언급한다. 그는 이 점에 관해 언급할 사실들이 많았다. 아브라함이 의롭게 된 것은 그가 할례를 받기 전이요, 율법이 주어지기 이전이었다. 여기에는 각각 이유가 있었다.

I. 그것은 할례를 받기 전이었다(10절). 아브라함의 믿음은 할례를 받기 전의로 여겨졌다. 그렇게 여겨진 것은 창 15:6에서이고, 그는 17장에 가서야 할례 받은 것으로 나온다. 아브라함은 분명히 할례받기 14년 전 또는 어떤 이들이 말하는 대로 25년 전에 믿음으로 의롭다 함을 받은 것으로 말해진다. 그런데 사도는 이것을 9절의 그런즉 이 복이 할례자에게나 혹은 무할례자에게도냐라는 질문에 대한 답변으로 지적하고 있다. 아브라함이 무할례 시에 용서받고, 용납받은 상황은 무할례 상태에 있는 연약한 이방인들에게는 두려움을 감소시키고, 마치 자기들이 모든 행복을 독점하고 있는 것처럼 할례를 자랑해온 유대인들에게는 교만과 자만심을 낮추는 요인이 될 수 있다. 아브라함이 할례 시에 믿음으로 의롭다 함을 얻은 두 가지 이유가 여기 있다.

1. 할례가 믿음으로 된 의를 인치는 것일 수 있기 때문이다(11절). 그 언약의 취지는 인침이 주어지기 전 미리 정해져 있어야 한다. 인침은 이전에 진행된 계약을 전제로 하고, 그 계약을 확증하고 비준하는 것이다. 아브라함의 이신칭의를 오랜 세월 동안 서약으로 남겨두신 하나님께서 이제 그의 믿음의 확증을 위해 기꺼이 인치는 규정을 정하셨으며, 아브라함은 그것을 받아들인 것이다. 그것은 피의 규정 곧 할례의 표였는데, 그는 그것에 복종했고, 그것도 아주 특별한

호의를 갖고 받아들였다. 그런데 여기서 우리는 다음과 같은 사실을 확인할 수 있다: (1) 일반적 성례의 본질: 성례는 표(標)이자 인(印)이다. 표는 대표하고 지시하는 것이고, 인은 비준하고 확증하는 것이다. 그것들은 절대적 은혜와 호의에 대한 표이다. 그것들은 조건적 약속에 대한 인이다. 아니, 그것들은 상호 간에 인치는 것이다. 즉 하나님은 성례를 통해 우리에게 우리의 하나님이 되시겠다는 인을 치고, 우리는 거기서 그분에게 그분의 백성이 되겠다는 인을 치는 것이다. (2) 특수한 할례의 특징: 할례는 구약성경 최초의 성례였다. 그리고 여기서 그것은 다음과 같은 것으로 말해진다: [1] 표― 우리 모두가 태어날 때 물려받은 원래의 타락에 대한 그리고 영적 할례에 의해 그것이 끊긴 것에 대한 표, 하나님과 아브라함 사이에 맺어진 기념비적인 언약의 표, 유대인과 이방인을 구별하는 표, 가시적 교회의 구성원이 되는 표, 복음 하에서 모든 피의 규정들이 폐지된(그리스도께서 피를 흘리셨기 때문에) 현재 할례 대신 세례를 예시하는 표. 그것은 그것으로부터 예시된 내적 및 영적 은혜에 대한 외적 및 감각적 표였다. [2] 믿음의 의에 대한 인 ― 그것은 일반적으로는 은혜언약의 인이요, 특수적으로는 이신칭의에 대한 인이었다. 여기서 은혜언약은 믿음으로 말미암는 의(10:6)로 불리고, 또 그것은 구약성경의 약속을 가리킨다(신 30:12). 따라서 그 때 유아들이 은혜언약의 인을 받아들일 수 있었다면, 아무리 지금 그들이 그 언약으로부터 배제되고, 그 인이 불가능하며, 어떤 엄격한 판단에 의해 그들이 거부되고 무력하게 된 상태 속에 있다고 할지라도, 그것은 그들이 그 언약의 효력 안에 있다는 것을 입증하기 때문에, 믿는 자들의 씨에 대한 세례를 거부하고, 그것을 무효화하거나 비난하는 것은 유감이다.

　2. 그가 모든 믿는 자의 조상이 되기 때문이다(11절). 이것은 아브라함 이전에는 믿음으로 의롭게 된 자가 없었다는 것이 아니고, 특별히 아브라함에게서 그것이 처음으로 발견되고, 아브라함에게서 과거에 살았던 그 어떤 인물보다 더 분명하고, 더 충분하게 은혜언약의 힘이 나타나기 시작했다는 것이다. 그래서 그는 모든 믿는 자의 조상으로 불린다. 왜냐하면 그는 야발이 목축업자들의 조상이 되고, 유발이 음악가들의 조상이 된 것처럼, 아주 특별하게 믿는 자였고, 아주 유명하게 믿음으로 의롭게 된 자였기 때문이다. 모든 믿는 자의 조상. 이 말은 부모가 자녀들에게 본보기가 되는 것처럼, 대표적인 믿음의 모범이라는 뜻이다. 또 조상의 자유, 특권, 영예, 그리고 재산이 그 후손들에게 상속되듯이, 이신칭

의의 대표적인 선례라는 뜻이다. 아브라함이 믿음의 조상이 된 것은 그에게서 특별히 마그나 카르타(대헌장)가 갱신되었기 때문이다. (1) 그는 무할례자인 믿는 이방인들의 조상이 되었다. 세리 삭개오는 믿음으로 아브라함의 후손으로 여겨진다(눅 19:9). 믿음으로 의롭다고 여겨졌을 때 할례를 받지 않은 상태 속에 있던 아브라함도 무할례가 아무 방해가 될 수 없었다. 이것으로 의가 자기들에게도 전가될 수 있다는 사실에 대한 불쌍한 이방인들의 예견된 의심과 두려움은 사라지고, 의심의 여지가 조금도 없게 되었다(골 3:11; 갈 5:6). (2) 그는 또 믿는 유대인의 조상이 되었다. 이들은 할례자요, 육신으로 아브라함의 후손일 뿐만 아니라 또한 믿는 자들이기 때문이다. 곧 이들은 할례받을 자에게 뿐 아니라(즉 할례만 받은 것이 아니라) 믿음의 자취를 따르는 자들이기 때문이다(12절). 즉 표를 갖고 있을 뿐만 아니라 그것이 상징하는 대상까지 소유하고 있는 자들이기 때문이다. 다시 말해서 아브라함의 혈통일 뿐만 아니라 아브라함의 믿음을 본받은 자들이기 때문이다. 여기서 누가 교회의 조상들 가운데 참 자녀요, 적법한 후계자들인지를 보자: 그 조상들의 자리를 차지하고, 이름만 갖고 있는 자들이 아니라 그들의 발자취를 따르는 자들이다. 이것이 참된 후계구도다. 그렇다면 그의 후손의 영예와 자격에 부합하는 이름을 가질 수 없는 자들은 바로 아브라함을 자기 조상이라고 크게 외치며 자랑하는 자들이 될 것이다. 따라서 그리스도를 자기 조상으로 부르기에 가장 합당한 자들은 그리스도인이라는 이름만 갖고 있는 단순 고백자들이 아니라 그분의 자취를 따르는 자들이다.

Ⅱ. 그것은 율법이 주어지기 전이었다(13-16절). 앞에서 살펴본 것은 칭의를 할례로 한정시키는 자들에 대한 비판을 다루었고, 여기서는 그것을 율법으로 제한시키는 자들에 대한 비판을 다룬다. 약속은 율법이 주어지기 훨씬 전에 아브라함에게 주어졌다. 갈 3:17,18과 비교해 보라. 이제 그것을 살펴보자.

1. 그 약속의 내용: 아브라함이 세상의 상속자가 되리라(13절). 즉 세상에서 가장 좋은 땅인 가나안 땅의 상속자 또는 이스라엘을 포함하여 그로부터 태어나는 세상의 많은 민족들의 조상 또는 현세에서의 삶의 위로의 상속자가 되리라는 것이다. 온유한 자는 땅을 기업으로 받으리라고 말해지고, 세상이 그들의 것이다. 아브라함은 세상을 거의 차지하지 못했지만, 그는 그 모든 것의 상속자다. 아니, 오히려 여기서 언급되고 있는 후손은 그리스도를 가리킨다. 네 자손이

라 하셨으니 곧 그리스도라는 갈 3:16과 비교해 보라. 따라서 그리스도는 세상의 상속자요, 땅의 끝이 그분의 소유요, 아브라함이 그렇게 된 것도 그분 안에서이다. 그리고 그것은 땅의 모든 족속이 너로 말미암아 복을 얻을 것이라(창 12:3)는 약속을 가리킨다.

2. 그 약속이 주어진 방법: 율법으로 말미암은 것이 아니요 오직 믿음의 의로 말미암은 것이니라(13절). 왜냐하면 그 때 율법은 아직 주어지지 않았기 때문이다. 하지만 그것은 그가 하나님을 신뢰하고, 하나님의 지시를 받았을 때 갈 바를 알지 못하고 고향을 떠났던 (히 11:8) 믿음을 보고 주어진 것으로, 그 믿음이 그를 의롭게 여기도록 만들었다. 따라서 그것은 율법이 아니라 믿음으로 말미암은 것이기에 사도는 그 둘 사이에 양립할 수 없는 대립이 존재한다고 역설한다(14,15절). 만일 율법에 속한 자들이 상속자이면(14절). 이 말은 그들, 그들만이, 곧 율법을 의지하는 그들만이 상속자라면(유대인은 자기들에게 율법이 주어졌기 때문에 자기들이 세상의 정당한 상속자라고 자랑해왔고, 지금도 여전히 자랑하고 있다), 믿음은 헛것이 되고 만다는 것이다. 만일 전체 율법을 완전하게 실천해야 한다는 항목이 그 약속 안에 필수조건으로 포함되어 있다면, 그 약속은 효력을 발휘할 수 없고 우리가 거기에 의존할 이유도 없다. 왜냐하면 율법에 대한 완전한 순종과 흠 없고 순전한 무죄성에 의해 생명에 이르는 길은 완전히 막혀 있고, 율법은 본질상 다른 길을 열어 놓지도 못하기 때문이다. 사도는 이것을 15절에서 증명한다. 율법은 진노를 이루게 하나니. 이 진노는 하나님을 향한 우리의 진노를 말한다. 즉 그것은 흐르는 강물을 막으면 그 물이 넘치듯이 하나님에 대해 적대적인 육체의 마음을 자극하고 일으킨다. 이 진노는 우리를 향한 하나님의 진노를 말한다. 율법은 이것을 일으킨다. 즉 그것은 진노를 찾아내고, 또는 우리가 율법을 어길 때 진노를 일으킨다. 따라서 우리가 진노를 일으키는 율법으로 상속을 기대할 수 없는 것이 확실하다. 사도는 율법이 어떻게 진노를 일으키는지를 그 구절 하반부에서 극히 간략하게 보여준다: 율법이 없는 곳에는 범법도 없느니라. 이것은 공리와 같은 말씀으로, 율법이 있는 곳에는 범법이 있고, 그 범법이 자극을 받으며, 그래서 율법이 진노를 일으킨다는 뜻이다.

3. 그 약속이 믿음으로 아브라함에게 주어진 이유. 세 가지 이유가 있다(16절).

(1) 그것이 은혜에 속하기 위하여. 이것은 은혜가 그 약속의 영예를 보장한다는 것이다. 율법이 아니라 은혜로 말미암아, 삯이나 공로에 의해서가 아니라 은혜로란 말이다. 이 건물의 모든 돌, 특히 머릿돌에게 첫째도 은혜요, 둘째도 은혜라고 외친다는 것이다. 믿음은 특히 주시는 은혜와 관련되고, 은혜는 받아들이는 믿음과 관련된다. 그래서 은혜에 의하여 믿음으로 말미암아라고 말해진다(엡 2:8). 하나님은 은혜, 값없는 은혜의 발 앞에 모든 면류관을 던져주심으로써, 천국에서 우리가 아니라, 오 주여, 우리가 아니라 오직 당신의 이름이 찬송을 받으소서라는 찬송이 울려 퍼지게 될 것이다.

(2) 그 약속을 굳게 하려 하심이라. 행위언약으로 주어진 최초의 언약은 견고하지 않았다. 인간의 실패로 말미암아 그것에 의해 주어지기로 되어 있었던 복은 끊어지고 말았다. 그러므로 새 언약의 전달을 좀 더 효과적으로 이루고 굳게 하기 위해 발견된 다른 길이 있다. 그 길은 행위로 말미암지 않고(그렇게 되었더라면 육신의 끝없는 연약함과 결함 때문에 그 약속은 굳게 서지 못했을 것이다), 믿음으로 말미암는다. 믿음으로 말미암는 길은 오직 그리스도로부터 모든 것을 받고, 우리 구원의 위대한 수탁자로서 그분을 지속적으로 의존하며, 또 그분이 그렇게 하셔야만 안전하다. 그러므로 그 언약은 모든 면에서 구비되고 견고하게 되었기 때문에(삼하 23:5) 굳건하다.

(3) 그 약속을 그 모든 후손에게 굳게 하려 하심이라. 만일 그것이 율법으로 말미암았다면, 유대인 곧 영광과 언약들과 율법을 세우신 것이 주어진(9:4) 그들에게만 한정되었을 것이다. 그러나 그 약속은 유대인뿐만 아니라 이방인, 곧 신실한 아브라함의 혈통적 후손뿐만 아니라 영적 후손까지도 그것을 누리도록 하기 위해 믿음으로 말미암았다. 하나님은 그 약속을 크게 확대시켜 모든 참 신자들 곧 할례자와 무할례자가 서로 부딪히지 않고 참여할 수 있도록 만드셨다. 이 설명을 위해 사도는 창 17:5을 우리에게 언급하고 있는데, 그 곳에는 이름을 아브람(큰 아버지)에서 아브라함(많은 무리의 아버지)으로 바꾼 이유가 기록되어 있다. 사도는 이렇게 언급한다: 내가 너를 많은 민족의 조상으로 세웠다 하심과 같으니(17절). 즉 그리스도께서 육체를 입고 오시기 이전이나 이후나 모든 신자들은 아브라함을 자기들의 본보기로 삼고, 그를 조상으로 부르게 될 것이라는 것이다. 유대인은 아브라함을 유대교에 귀의한 모든 개종자들의 조상이라고 말한다. 보라. 그는 온 세상의 조상이요, 온 세상은 하나님의 엄위의 날개 아래 모이는

도다 – 마이모니데스.

[17]그가 믿은 바 하나님은 죽은 자를 살리시며 없는 것을 있는 것으로 부르시는 이시니라 [18]아브라함이 바랄 수 없는 중에 바라고 믿었으니 이는 네 후손이 이같으리라 하신 말씀대로 많은 민족의 조상이 되게 하려 하심이라 [19]그가 백 세나 되어 자기 몸이 죽은 것 같고 사라의 태가 죽은 것 같음을 알고도 믿음이 약하여지지 아니하고 [20]믿음이 없어 하나님의 약속을 의심하지 않고 믿음으로 견고하여져서 하나님께 영광을 돌리며 [21]약속하신 그것을 또한 능히 이루실 줄을 확신하였으니 [22]그러므로 그것이 그에게 의로 여겨졌느니라

아브라함이 믿음으로 의롭게 된 시기와 아브라함의 영예와 그를 조상이라고 부르는 우리에게 그가 모범이 되는 이유를 살펴본 후에 사도는 이제 아브라함의 믿음을 묘사하고 칭찬한다. 그것을 고찰해 보자.

I. 그의 믿음의 대상. 하나님은 살리시며(17절). 믿음이 붙드는 대상은 하나님 자신이다: 다른 터를 닦아 둘 자가 없으니(고전 3:11). 그러면 하나님 안에서 아브라함의 믿음이 바라본 것이 무엇인지 주목해 보자. 확실히 그것은 그의 믿음으로 하나님으로부터 약속된 것들을 확실하다고 승인한 것이었다.

1. 죽은 자를 살리시는 하나님(17절). 그와 그의 아내가 나이가 많아 죽은 자와 같이 되었을 때(히 11:11,12), 아브라함은 많은 민족의 조상이 되리라는 약속을 받았다. 그러므로 그는 하나님을 마른 뼈에 생기를 불어넣으실 수 있는 하나님으로 바라본 것이다. 죽은 자를 살리시는 분은 무슨 일이든 하실 수 있고, 비록 나이가 많을지라도 아브라함에게 아들을 주실 수 있으며, 죄와 허물로 죽은 이방인들에게 신적·영적 생명을 주실 수 있다. 엡 2:1, 1:19,20과 비교해 보라.

2. 없는 것을 있는 것으로 부르시는 이(17절). 곧 태초에 그런 것처럼 그분은 권능의 말씀으로 만물을 창조하신 하나님이다(창 1:3; 고후 4:6). 죄인의 칭의와 구원, 백성이 아닌 이방인의 선택은 없는 것을 있는 것으로 만드시는 분의 은혜의 부르심이었다. 이것은 하나님의 주권과 그의 절대적 권능 및 지배권을 표현하는 것으로, 다른 모든 지주(支柱)들은 붕괴되고 흔들릴 때에도 믿음을 견고하게 지탱시켜준다. 하나님 안에서 그것 때문에 야기되는 난점들 때문에 씨름할 때, 특별히 이 사상을 견고하게 붙드는 것이 거룩한 지혜요 믿음의 방책

으로서, 반론들에 대해 가장 효과적인 해답을 얻게 될 것이다. 진실로 전능하신 하나님이 아니면 불가능한 어떤 일에 대한 성취를 그분의 전충족성 위에 세우는 것이 바로 믿음이다. 따라서 아브라함은 그가 믿은 바 많은 민족의 조상이 되었다(17절). 여기서 그가 믿은 바라는 말은 그가 믿은 하나님 앞에서라는 뜻으로, 하나님의 눈과 판단에 따라 그렇게 되었다는 것이다. 다시 말해서 그가 믿은 그분처럼 되었다는 것이다. 하나님은 공통의 아버지로서, 아브라함에게도 역시 그러했다. 우리가 하나님께 받아들여지고, 그분에게 합당한 존재가 되는 것은 그분을 믿는 믿음으로 말미암아서다.

Ⅱ. 그가 믿은 방법. 여기서 사도는 다양한 표현을 통해 아브라함의 믿음의 능력을 크게 강조한다.

1. 아브라함은 바랄 수 없는 중에 바라고 믿었다(18절). 그는 바랄 수 없는 소망 곧 자연적 소망을 갖고 있었다. 이 경우에 감각과 이성과 경험의 모든 증거는 소망을 가질 수 없도록 부정하는데도 불구하고 그는 소망을 가졌다. 간접적 원인도 그에게 미소짓지 않았고, 그 어느 것도 그의 소망에 우호적이지 않았다. 그러나 이 모든 악조건에도 불구하고 그는 믿었다. 그것은 그가 자기에게 유익한 소망을 갖고 있었기 때문이다: 바라고(소망 중에) 믿었으니(He believed in hope, 18절). 여기서 말하는 소망은, 그가 믿음을 따라 한 것처럼, 하나님의 전충족성을 성찰한데서 나온 것이다. 많은 민족의 조상이 되게 하려 하심이라(18절). 그러므로 하나님은 자신의 전능하신 은혜에 의해 아브라함이 이처럼 바랄 수 없는 중에 믿도록 하실 수 있었고, 그를 대대로 크고 강한 믿음의 본보기가 되도록 하신 것이다. 신실한 자들의 조상이 되어야 했던 자가 일반적 믿음보다 훨씬 더 뛰어난 믿음을 가진 것은 당연했다. 즉 그의 믿음은 최고 수준의 믿음으로서, 후세의 모든 신자들이 그것을 바라보고 믿음을 지시 받고 자극 받고 북돋움 받아야 하는 모범이었다. 또한 이것은 그가 믿은 약속의 내용으로서 언급된다. 사도는 여기서 창 15:5을 인용한다: 네 후손이 이같으리라(18절). 하늘의 별처럼 셀 수도 없고, 크게 빛나리라는 것이다. 이것이 하나님께 의로 여기심을 받았을 때(6절), 그가 믿은 바이다. 그리고 이 특별한 그의 믿음의 실례는 바랄 수 없는 중에(against hope) 곧 그의 불신앙의 추측과 주장들이 반기를 들고 나타날 때에 일어난 것으로 볼 수 있다. 그는 그 직전에 자기는 자식이 없고, 자기 집에서 양육을 받은 자가 상속자가 될 것이라고 말했다(창 15:2,3). 이 불신앙

은 그의 신앙의 밑에 깔린 박 (箔 : foil)으로서, 그것이 바랄 수 없는 중에 갖게 된 믿음임을 보여준다.

2. 아브라함은 자기 몸이 죽은 것 같음을 알고도 믿음이 약하여지지 아니했다(19절). 그의 몸이 지금 죽은 것 같은 상태에 있음을 주목하라. 비록 하나님께서 그에게 주신 생산능력이 사라가 죽은 후에도 계속되어 그두라를 통해 자녀를 낳기도 했지만, 당시 그의 몸은 완전히 아이를 낳을 수 없는 상태 속에 있었다. 하나님께서 자기 백성에게 약속의 자녀를 주시는 것과 같은 어떤 특별한 복을 주시고자 할 때에는 보통 그 복 자체를 완전한 죽음의 상태 속에 두고, 그것에 이르는 모든 길을 차단하신다. 요셉은 성공하기 전 종이 되어 감옥에 갇히는 처지가 되어야 했다. 그러나 아브라함은 이것을 알고도(우 카테노에세) 곧 염두에 두지 않고(did not consider), 다시 말해 그는 그것을 생각 속에 담아 두지 아니했다. 사실 그는 백 세 된 사람이 어찌 자식을 낳을까 사라는 구십 세니 어찌 출산하리요(창 17:17)라고 말했다. 그러나 그것은 좀 더 큰 만족을 바라는 욕구에서 나온 탄원의 말이지 의심과 불신의 말이 아니었다. 그의 믿음은 그 염려를 넘어섰고, 그는 약속의 신실성 외에는 아무 생각을 하지 않았다. 아브라함은 그 생각으로 염려를 삼켜버렸고, 이것으로 그의 믿음을 지켰던 것이다. 알고도 믿음이 약하여지지 아니하고. 사람은 누구나 단순히 믿음이 약하기 때문에 약속의 길에 놓여 있는 어려움과 외관적 불가능성에 대해 고민하게 된다. 그러나 그것은 세속적 관점에서는 지혜요 방책일지 모르지만, 믿음이 약한 증거다. 그것은 약속의 길을 방해하는 모든 난관들의 바닥을 들여다보는 일에 불과하다.

3. 아브라함은 믿음이 없어 하나님의 약속을 의심하지 않았다(20절). 그러므로 그는 간접적 원인들의 반대와 훼방을 염두에 두지 않았기 때문에 의심하지 않았다. 의심하지 않고(우 디아크리테) 곧 문제 삼지 않고. 그는 그것에 관해 스스로 어떤 의논도 하지 않았고, 그것과 타협을 해야 할지 여부를 헤아려보는 시간을 전혀 갖지 않았으며, 그것 때문에 머뭇거리거나 주저하지 않았다. 그는 오히려 거룩한 용기를 갖고 자신의 영혼의 행위에 결연하고 단호한 자세를 취함으로써, 그 약속에 모든 것을 걸었다. 그는 그것을 논쟁이나 토론의 여지가 있는 것으로 보지 않고, 이미 결정된 사안으로 보고 일말의 의심도 품지 않았다. 그는 믿음이 없이 의심하지 않았다. 불신앙은 하나님의 약속에 대해 의심하는 모든 것들을 그 저변에 두고 있다. 우리가 의심할 때 실패하는 것은 약속이 아니

라 우리의 믿음이다.

4. 아브라함은 믿음으로 견고하여져서 하나님께 영광을 돌렸다. 견고하여져서(에네듀나모테), 즉 그는 믿음으로 강해졌다. 그의 믿음은 연습을 통해 기초가 다져졌다. 약한 믿음은 거부되지 않고, 상한 갈대는 꺾이지 않으며, 꺼져가는 등불은 꺼지지 않으나 강한 믿음은 칭찬을 받고, 영예를 얻는다. 그의 믿음의 힘은 두려움을 극복한 승리 속에서 나타났다. 그렇게 해서 그는 하나님께 영광을 돌렸다. 왜냐하면 불신앙이 하나님을 거짓말쟁이로 만들어(요일 5:10) 그분의 명예를 실추시키는 것처럼, 신앙은 그분이 참되신 분임을 인침으로써(요 3:33), 그분을 영화롭게 하기 때문이다. 아브라함의 믿음은 하나님이 하신 말씀을 신뢰함으로써, 그분께 그분의 지혜와 권능과 거룩함과 선하심에 대해, 그리고 특별히 그분의 신실하심에 대해 영광을 돌린다. 우리는 사람들 세계 속에서 "다른 사람을 신뢰하는 자는 그의 말을 그대로 받아들임으로써 그에 대한 신용과 경의를 보여준다"고 말한다. 마찬가지로 아브라함도 하나님을 신뢰함으로써 그분께 영광을 돌렸다. 우리는 복음서에서 우리 주 예수님이 이만한 믿음을 보지 못했다고 칭찬하시는 것을 듣는다(마 8:10; 15:28). 그러므로 하나님은 믿음 곧 큰 믿음에 영예를 베푸시는데, 그 이유는 믿음 곧 큰 믿음이 하나님께 영예를 돌리기 때문이다.

5. 아브라함은 약속하신 그것을 또한 능히 이루실 줄을 확신하였다(21절). 확신하였으니(플레로포레테이스), 즉 더없이 큰 확신과 신뢰에 이끌렸으니. 이것은 전속력을 다해 항구로 진입해 들어오는 배로부터 취한 은유다. 아브라함은 그 약속에 반대하여 불어오는 의심과 두려움과 유혹의 폭풍을 보았는데, 많은 사람들이 그로 인해 뒤로 후퇴하면서 맑은 날씨를 고대하고, 지각(sense)과 이성의 포근한 미풍을 기다려야 했었다. 그러나 아브라함은 하나님을 자신의 안내자로, 그분의 약속을 자신의 나침반과 해도(海圖)로 삼아, 대담한 모험가처럼 그의 돛을 높이 달고 거친 바람과 짙은 구름을 아랑곳하지 않고 모든 난관을 헤치며 나아간다. 그렇게 그는 자신의 안내자의 지혜와 신실하심과 능력을 믿고 용감하게 항구로 들어와 이루 형언할 수 없는 승자의 모습을 보여준다. 이것이 그의 확고한 신념이었다. 그것은 하나님의 전능성 위에 세워져 있었다. 그분은 능히 이루실 것이었다(21절). 우리의 흔들림은 주로 하나님의 능력에 대한 불신에서 나오고, 따라서 우리의 견고함을 위해 우리는 그분이 신실하시다는 것과 그

분이 자신이 하신 약속을 능히 이루실 것이라는 것을 믿는 것이 필수적이다. 그러므로 그것이 그에게 의로 여겨졌느니라(22절). 이런 확신을 가지고 아브라함은 자신의 전부를 하나님의 약속에 걸었기 때문에, 그분은 은혜로 그를 용납하시고, 그의 기대를 충족시켜 주셨을 뿐만 아니라 그 이상의 것을 허락하셨다. 액면 그대로 그분의 약속을 견고하게 신뢰함으로써 하나님을 영화롭게 하는 이 방법은 그분의 뜻에 크게 부합하고, 그분의 영광에 크게 이바지하기 때문에 비록 아브라함 속에 그런 인정을 받을 만한 공로가 있었던 것은 아니었지만, 그분은 은혜로 그것을 의로 받아들이시고, 그를 의롭게 여기셨다. 이것은 믿음이 왜 칭의의 첫 번째 조건인지를 보여주는데, 그것은 바로 믿음이 그 무엇보다 하나님께 영광을 돌리는 최고의 은총이기 때문이다.

[23]그에게 의로 여겨졌다 기록된 것은 아브라함만 위한 것이 아니요 [24]의로 여기심을 받을 우리도 위함이니 곧 예수 우리 주를 죽은 자 가운데서 살리신 이를 믿는 자니라 [25]예수는 우리가 범죄한 것 때문에 내줌이 되고 또한 우리를 의롭다 하시기 위하여 살아나셨느니라

이 장의 마지막 부분에서 사도는 그것을 우리 모두에게 적용시키고 있다. 즉 그는 아브라함이 믿음으로 의롭다 함을 얻게 된 것을 충분히 증명한 다음에 여기서 그의 칭의가 우리 모두의 본보기 또는 귀감이 되어야 한다고 결론짓는다. 그에게 의로 여겨졌다 기록된 것은 아브라함만 위한 것이 아니요(23절). 그것은 역사적으로 아브라함을 칭찬하기 위함이나 그에게만 특별히 관련된 어떤 사실을 지적하기 위해 의도된 것이 아니었다(일부 유아세례반대론자들이 할례는, 다른 사람들은 빼고 오직 아브라함에게만, 믿음으로 된 의를 인친 것(11절)으로 이해해야 한다고 주장하는 것처럼). 아니다. 성경은 아브라함에게만 특권이 주어진 것처럼 칭의의 길을 묘사하고 있지 않다. 구약 성도들에 관한 설명은 역사를 위해서만 기록되어 그저 우리에게 정보를 제공하거나 기분을 풀어주기 위한 것이 아니다. 그것은 우리를 깨우치고 우리에게 본보기가 되도록 주어진 것으로(고전 10:11), 우리의 교훈을 위해 기록된 것이다(15:4). 따라서 아브라함에 관한 이 특별한 언급은 우리도 위함이니(24절), 하나님이 우리에게 구원을 위해 요청하고, 받아들이실 만한 의가 어떤 것인지를 확신시키기 위해 기

록된 것이었다. 즉 너무나 미천하고 연약해서 그 특권과 실천에 있어서 아브라함과 비견하기에는 심히 부족한 우리 이방인과 유대인들을 위함이니, 아브라함의 복은 그리스도로 말미암아 이방인에게까지 미치기 때문이다. 다시 말해 믿음의 조상들뿐만 아니라 말세에 살고 있는 우리들을 위함이니, 하나님의 은혜는 어제나 오늘이나 그리고 영원토록 동일하기 때문이다. 사도의 그것에 대한 적용은 극히 간단하다. 여기서 우리는 다음과 같은 사실을 관찰할 수 있다.

I. 우리 공통의 특권. 그것은 우리에게 전가될 것이다. 즉 의가 우리에게 전가된다. 복음의 의롭게 하는 방법은 의로 여겨지는 곧 전가된 의에 의한 방법이다. 의로 여기심을 받을(멜레이 로기제스타이— it shall imputed). 사도는 여기서 교회 안에 이 은총이 계속된다는 것을 암시하기 위해 미래 동사형을 사용한다. 곧 하나님께서 이 세상에 교회를 두시는 한, 그리고 의롭다 함을 얻을 사람이 한 명이라도 있는 한, 그것은 현재나 미래나 동일할 것이다. 왜냐하면 결코 마르지 않는 그 샘이 활짝 열렸기 때문이다.

II. 우리 공통의 의무와 이 특권의 조건. 그것은 믿는 것이다. 이 믿음의 적절한 대상은 신적 계시다. 아브라함에게 주어진 계시는 오실 그리스도에 관한 것이었다. 우리에게 주어지는 계시는 이미 오신 그리스도에 관한 것이다. 이 둘 사이에 본질상 차이는 없다. 아브라함은 사라의 죽은 태로부터 이삭을 일으키시는데 있어서 하나님의 능력을 믿었다. 우리는 동일한 능력이 이보다 더 차원이 높은 단계에서 행사된 결과 곧 그리스도께서 죽은 자 가운데서 부활하신 것을 믿어야 한다. 이삭의 부활은 비유요(히 11:19), 그리스도의 부활은 실체다. 따라서 우리는 그리스도를 일으키신 분을 믿어야 한다. 그분이 그렇게 하실 수 있는 그분의 능력을 믿을 뿐 아니라 우리의 보증으로서 그리스도를 일으키신 그분의 은혜를 또한 믿어야 한다. 사도는 그것을 25절에서 설명한다. 거기서 우리는 그리스도의 죽음과 부활의 의미에 관한 간단한 설명을 발견하는데, 이 두 요체가 구원의 문을 여는 열쇠가 된다.

1. 그분은 우리가 범죄한 것 때문에 내줌이 되었다. 아버지 하나님께서 그분을 내놓으셨고, 그분은 자신을 죄의 희생제물로 바치셨다. 참으로 그분은 죄를 위해 죽으셨기 때문에 죄인으로 죽으셨다. 그러나 그것은 그분 자신의 죄가 아니라 사람들의 죄 때문이었다. 그분은 우리 죄를 속하고, 우리의 죄책을 제거하고, 신적 공의를 만족시키기 위해 죽으셨다.

2. 그분은 우리를 의롭다 하시기 위하여 살아나셨다. 그분은 우리의 칭의를 완전하고 온전하게 하기 위해 살아나셨다. 그분은 자신의 죽음의 공로를 통해서는 우리의 죗값을 다 지불하고, 자신의 부활을 통해서는 그 영수증을 가져오셨다. 그분은 장사되셨을 때, 우리의 빚 때문에 사형을 당한 죄수가 된 것이며, 그때 그분은 그 지불을 위한 보증이 되셨다. 제삼일에 천사가 내려와 돌을 굴려내고 죄수를 해방시켰으니, 그것은 하나님의 공의가 충족된 가능한 최대의 확증으로서, 빚은 청산되었다. 만약 그렇지 않다면 하나님께서 죄수를 풀어주실 리 없었기 때문이다. 그러므로 사도는 그리스도의 부활을 특별히 강조하는 것이다. 죽으실 뿐만 아니라 다시 살아나신 이는 그리스도이시다(8:34). 따라서 이 모든 점에 비춰 볼 때, 우리가 의롭게 되는 것은 우리 자신의 행위의 공로가 아니라 예수 그리스도와 그분의 의에 대한 철저한 순종과 의존에 의한 결과임이 분명하다. 우리는 그분의 의를 우리의 무죄와 구원에 대한 권리로서 주장할 수 있게 되었다. 그래서 바울은 이 장과 이어지는 장에서 그 진리를 우리의 모든 위로의 샘과 원천으로서 확고히 세우고 있는 것이다.

제
— 5 —
장

개요

사도는 핵심적 요점인 이신칭의를 충분히 설명하고, 증명했기 때문에 이 장에서는 그 진리에 대한 상설과 예증 그리고 적용에 대해 다룬다. I. 그는 칭의의 열매를 보여준다 (1-5절). II. 그는 이 장 나머지 부분에서 예수 그리스도의 죽음을 칭의의 원천과 기초로 주장한다(6-21절).

[1]그러므로 우리가 믿음으로 의롭다 하심을 받았으니 우리 주 예수 그리스도로 말미암아 하나님과 화평을 누리자 [2]또한 그로 말미암아 우리가 믿음으로 서 있는 이 은혜에 들어감을 얻었으며 하나님의 영광을 바라고 즐거워하느니라 [3]다만 이뿐 아니라 우리가 환난 중에도 즐거워하나니 이는 환난은 인내를, [4]인내는 연단을, 연단은 소망을 이루는 줄 앎이로다 [5]소망이 우리를 부끄럽게 하지 아니함은 우리에게 주신 성령으로 말미암아 하나님의 사랑이 우리 마음에 부은바 됨이니

칭의로부터 나오는 보배로운 유익과 특권을 통해 우리는 우리가 의롭게 된 것을 우리 자신에게 더 확실하게 하고, 그것이 우리에게 주는 위로를 취하고, 그것이 우리에게 요청하는 의무를 다하도록 열심을 내야 한다. 이 생명나무의 열매는 독보적으로 보배로운 것이다.

I. 우리는 하나님과 화평을 누린다(1절).   우리와 하나님 사이의 다툼을 조장하고, 소외감과 적대감을 일으키는 것은 죄다. 거룩하고 의로우신 하나님은 죄인이 계속 죄책 아래 있는 한 영광 속에서 그와 화평을 누릴 수 없다. 칭의는 죄책을 제거하고, 따라서 화평의 길을 터놓는다. 인간에 대한 하나님의 인자하심과 선하심이 너무 크기에 즉각 그 장애물이 제거되고 평화가 성립된다. 우리는 믿음으로 하나님의 팔과 그분의 힘을 붙잡고, 그로 인해 화평이 주어진다 (사 27:4,5). 이 화평 속에는 단순히 적대감을 멈추는 것 이상의 것이 들어 있다. 그 안에는 우정과 애정이 담겨 있다. 왜냐하면 하나님은 철저한 원수든가 아니

면 가장 절친한 친구든가 둘 중 하나이기 때문이다. 아브라함은 믿음으로 의롭게 된 후에 하나님의 벗이라고 칭함을 받았다(약 2:23). 이것은 그에게만 허락된 영예가 아니다. 그리스도도 자신의 제자들을 친구라고 부르셨다(요 15:13-15). 정말 인간이 하나님을 자신의 친구로 삼는 일보다 행복한 일이 세상에 없으리라! 그러나 이것은 우리 주 예수 그리스도로 말미암아 일어나는 일이다. 곧 하나님과 사람 사이의 중보로서, 위대한 화평의 창조자인 그분을 통해서다. 그 복된 중보자께서 두 손을 우리 위에 두셨다. 죄를 범하기 전 아담은 하나님과 직접 화평을 이루었다. 그에게는 중보자가 필요 없었다. 그러나 죄책이 있는 죄인은 그리스도 없이 하나님을 생각하는 것이 참으로 두려운 일이다. 그는 우리의 화평이시기 때문이다(엡 2:14). 그분은 우리의 화평의 창조자일 뿐만 아니라 그 본질이요 지탱자이시다(골 1:20).

Ⅱ. 우리는 믿음으로 서 있는 이 은혜에 들어감을 얻었다(2절). 이것은 더 큰 특권으로서, 이 호의 속에는 화평과 은혜가 함께 들어 있다. 그 내용을 살펴보자.

1. 성도들의 행복한 상태. 그것은 은혜의 상태로서, 하나님의 인자하심이 우리에게 미치고, 우리는 하나님에 대해 순응하는 상태를 말한다. 하나님의 사랑과 하나님의 호의를 소유하고 있는 자는 은혜의 상태 속에 있는 자다. 이제 우리는 이 은혜에 들어감(프로사고겐)을 얻었는데, 그것은 우리가 원래 이 상태 속에서 태어난 것이 아님을 암시한다. 우리는 본질상 진노의 자녀요, 육신의 생각은 하나님과 원수였다. 그런데 그 속에 들어감을 얻었다. 우리는 우리 힘으로 그것에 들어갈 수 없었고, 그 길에 놓인 장애물들을 제거할 수도 없었으며, 다른 손에 이끌림을 받은 것이었다. 소경이나 절름발이나 장애인이 인도를 받는 것처럼 그 속으로 인도를 받았다. 용서받은 죄인들 속에 들어갔다. 외국인이 궁정에서 특별한 호의를 받아 임금의 손에 입맞춤할 수 있도록 인도를 받은 것처럼 그렇게 인도를 받았다. 우리가 … 들어감을 얻었으며(프로사고겐 에스케카멘, 2절). 사도는 여기서 자연적 상태 속에서 은혜의 상태 속으로 이미 들어간 사람들에 관해 말하고 있다. 바울은 회심할 때 이 상태 속에 들어갔다. 그때 그는 그것에 접근하게 되었다. 바나바는 그를 사도들에게 소개시켜 주었고(행 9:27), 그는 사람의 손에 끌려 다메섹으로 들어갔다(행 9:8). 그러나 손으로 그를 소개하고, 이 은혜 속에 들어가도록 이끄신 이는 그리스도였다. 그로 말미암아 우리가

들어감을 얻었으며. 그리스도가 창조자요 제일행위자이고, 믿음은 이 들어감의 수단이다. 여기서 그리스도로 말미암음은 우리의 어떤 공로나 공헌을 감안해서가 아니라 우리가 믿음으로 그분을 의존하고 우리 자신을 그분에게 맡기는 것을 감안해서다.

2. 성도들의 계속적인 행복한 상태. 우리가 믿음으로 서 있는(2절). 우리가 죄책으로부터 벗어나 있음을 표시하는 자세로 있는데, 그것은 서 있는 자세다. 유죄를 선고받은 죄수처럼 내던져지지 않고, 우리의 존엄성과 영예가 회복된 이상, 혐오의 대상처럼 땅에 내팽개쳐지지 않고 우리는 심판에 대해 서 있다(시 1:5). 그 구절은 또한 우리의 전진을 의미한다. 우리는 서 있는 동안 앞으로 나아간다. 우리는 이미 다 얻은 것처럼 드러누워서는 안 되고, 우리의 주인이신 그리스도를 수종드는 종으로서 앞으로 전진해야 한다. 나아가 그 구절은 우리의 끈기를 암시한다. 우리는 하나님의 능력의 지원을 받음으로써 견고하고 안전하게 서있다. 따라서 원수의 세력에 의해 엎어지지 않고 땅에 굳건히 서 있는 병사들처럼 서 있다. 그것은 우리가 하나님의 호의 속에 들어갈 뿐만 아니라 그것을 우리가 확증하며 산다는 것을 암시한다. 하늘의 궁정은 아주 높이 올라가면 미끄러지는 지상의 궁정과 다르다. 우리는 바로 이 일을 착한 일을 시작하신 이가 이루실 줄을(빌 1:6) 겸손하게 확신하고 서 있는 것이다.

III. **우리는 하나님의 영광을 바라고 즐거워한다**(2절). 현재의 행복 이외에 바라고 기다리는 행복이 있으니, 그것은 하나님의 영광이다. 그것은 하나님께서 천국의 성도들에게 두실 영광이요, 하나님을 뵙고 즐거워하는 데서 나오는 영광이다.

1. 지금 믿음으로 하나님의 은혜 속에 들어간 자들, 오직 그들만이 이후의 하나님의 영광을 바랄 수 있다. 은혜에 기초를 둔 것 외에 영광에 대한 다른 좋은 소망은 없다. 은혜는 영광의 시작이요, 그 담보이자 보증이다. 여호와께서 은혜와 영화를 주시며(시 84:11).

2. 이후의 하나님의 영광을 바라는 자들은 현재 그것을 충분히 즐거워할 것이다. 소망 중에 즐거워하는 것은 천국을 바라는 자들의 의무다.

IV. **우리는 환난 중에도 즐거워한다**(3절). 우리는 환난에도 불구하고(이것이 하나님의 영광을 바라고 즐거워하는 것을 방해하지 못한다), 아니 환난 속에서도 즐거워하는데, 이는 그것이 영광의 중한 것을 우리에게 이루게 하기 때문이다(고후 4:17). 성도들의 행복이 얼마나 더 큰 행복을 가져오는지 살펴보자. 다만 이뿐 아니라. 어떤 사람은 하나님의 영광을 바라는데서 오는 이런 화평, 이런 은혜, 이런 영광 그리고 이런 기쁨이 우리와 같이 연약하고 미천한 피조물이 취하기에는 너무 큰 것이라고 생각할 것이다. 그러나 그것은 다만 이뿐 아니라이다. 우리의 행복에 관한 이 이상의 사례들이 있다. 우리가 환난 중에도 즐거워하나니. 특히 성도의 행복을 가장 크게 반대하는 것처럼 보이는, 의를 위해 받는 환난의 경우는 더 그렇다. 성도들의 행복은 이 환난과 정확하게 일치할 뿐만 아니라 오히려 거기서 행복이 솟아난다. 사도들은 그 이름을 위하여 능욕 받는 일에 합당한 자로 여기심을 기뻐하면서 공회 앞을 떠나니라(행 5:41). 가장 강력한 어조로 그것을 주장하면서 사도는 그 근거와 이유를 스스로 보여준다. 우리가 어떻게 환난 중에도 즐거워하게 될까? 환난은 연쇄적 반응을 일으켜 결국에는 소망을 이루기 때문이다. 여기서 사도는 그 영향의 단계를 언급한다.

1. 환난은 인내를 이루고(4절). 본질상 또는 저절로 그렇게 되는 것이 아니라 환난 중에 그리고 환난과 함께 역사하시는 하나님의 강력한 은혜로 말미암아서이다. 몸의 기능과 재능이 연습에 의해 증진되듯이, 환난은 인내를 증진시키고, 그것을 입증한다. 철이 불에 의해 단련되듯이, 그것이 인내의 제일원인은 아니지만, 인내를 일으킨다. 하나님께서 어떻게 폭식가의 입에서 고기를 덜어내고, 강한 자에게서 부드러움을 일으키는지를 보라. 인내를 이루는 것은 기쁨의 요소가 된다. 왜냐하면 인내는 환난이 우리를 상하게 하는 것 이상으로 우리에게 유익을 일으키기 때문이다. 환난 자체는 안달을 일으키는 것이다. 그러나 성도들에게 옷 입혀지면 그것은 인내를 이룬다.

2. 인내는 연단을 이루고(4절). 인내는 하나님에 관한 경험을 일으키고, 그분이 밤에 주시는 노래를 듣게 한다. 인내하며 참는 자들은 고통이 클수록 하나님의 위로도 그만큼 더 크게 경험한다. 그리고 그것은 우리 자신에 관한 경험을 일으킨다. 우리가 우리 자신의 온전함을 경험할 때는 환난 속에 있을 때이다. 그러므로 이런 환난은 시험(trials)이라고 불린다. 또 인내는 시험에 통과한 자가 인정을 받듯이, 시인(도키렌)을 낳는다. 이처럼 욥의 환난은 인내를 이루고, 그 인내는 시인을 낳았으며, 여전히 자신의 온전함을 굳게 지켰다(욥 2:3).

3. 연단은 소망을 이루는 줄(4절). 이처럼 시험을 당한 자는 정금처럼 나오고, 거기서 소망을 갖도록 자극을 받는다. 이 시험 또는 시인은 우리의 소망의 기

초라기보다는 그 증거로서, 그것의 특별한 친구라고 볼 수 있다. 하나님에 관한 경험은 우리의 소망의 지주다. 구원받은 자는 그렇게 행하고, 또 그렇게 될 것이다. 우리 자신에 관한 경험은 우리의 온전함을 입증하는데 도움을 준다.

4. 소망이 우리를 부끄럽게 하지 아니함은(5절). 즉 그것은 우리를 속이지 않을 소망이라는 뜻이다. 낙심보다 더 큰 혼돈은 없다. 악인들의 멸망에 대한 예상은 영원한 수치와 혼란을 가져올 것이다. 그러나 의인의 소망은 끊어지지 아니할 것이다(잠 10:28). 시 22:5; 71:1을 보라. 또한 그것은 우리의 환난이 부끄럽지 않다는 것이다. 만물의 찌꺼기처럼 취급을 당하고, 길의 진흙처럼 짓밟힌다고 해도, 영광의 소망을 갖고 있는 우리는 이 환난이 부끄럽지 않을 것이다. 그것은 좋은 주인 때문에 좋은 원인을 이루고, 즐거운 소망 속에 있고, 따라서 우리는 부끄러워할 것이 없다. 우리는 그토록 끝이 좋을 환난 때문에 힘이 빠진다고 생각할 이유는 없다. 하나님의 사랑이 우리 마음에 부은 바 됨이니(5절). 이 소망은 사랑의 영이신 성령께서 인치신 것이기 때문에 우리를 실망시키지 않을 것이다. 모든 성도들의 마음속에 하나님의 사랑을 부으시는 일은 복되신 성령의 은혜의 사역이다. 하나님의 사랑, 곧 우리를 향하신 하나님의 사랑에 대한 의식은 다시 우리 안에 그분에 대한 우리의 사랑을 일으킨다. 그리고 그분의 사랑의 위대한 결과는 다음과 같다: (1) 특별은혜. (2) 그 은혜에 대한 즐거운 감정이나 의식. 그것은 달콤한 연고처럼 영혼에 향기를 발하고, 물을 뿌리는 비처럼 열매를 맺도록 부은 바 되었다. 우리의 모든 위로와 거룩함, 그리고 이 두 가지 속에 주어지는 인내의 근거는 하나님의 사랑이 우리 마음에 부은 바 된 데 있다. 이 사랑이 우리를 강권한다(고후 5:14). 이처럼 사랑의 끈에 의해 우리는 묶이고 결속되어 있다. 우리를 향하신 하나님의 사랑을 의식할 때 우리는 그분에 대한 우리의 소망에 있어서나 그분을 위해 받는 우리의 환난에 있어서나 결코 부끄럽지 않을 것이다.

[6]우리가 아직 연약할 때에 기약대로 그리스도께서 경건하지 않은 자를 위하여 죽으셨도다 [7]의인을 위하여 죽는 자가 쉽지 않고 선인을 위하여 용감히 죽는 자가 혹 있거니와 [8]우리가 아직 죄인 되었을 때에 그리스도께서 우리를 위하여 죽으심으로 하나님께서 우리에 대한 자기의 사랑을 확증하셨느니라 [9]그러면 이제 우리가 그의 피로 말미암아 의롭다 하심을 받았으니 더욱 그로 말미암아 진노하심에서 구원을 받

을 것이니 [10]곧 우리가 원수 되었을 때에 그의 아들의 죽으심으로 말미암아 하나님과 화목하게 되었은즉 화목하게 된 자로서는 더욱 그의 살아나심으로 말미암아 구원을 받을 것이니라 [11]그뿐 아니라 이제 우리로 화목하게 하신 우리 주 예수 그리스도로 말미암아 하나님 안에서 또한 즐거워하느니라 [12]그러므로 한 사람으로 말미암아 죄가 세상에 들어오고 죄로 말미암아 사망이 들어왔나니 이와 같이 모든 사람이 죄를 지었으므로 사망이 모든 사람에게 이르렀느니라 [13]죄가 율법 있기 전에도 세상에 있었으나 율법이 없었을 때에는 죄를 죄로 여기지 아니하였느니라 [14]그러나 아담으로부터 모세까지 아담의 범죄와 같은 죄를 짓지 아니한 자들까지도 사망이 왕 노릇 하였나니 아담은 오실 자의 모형이라 [15]그러나 이 은사는 그 범죄와 같지 아니하니 곧 한 사람의 범죄를 인하여 많은 사람이 죽었은즉 더욱 하나님의 은혜와 또한 한 사람 예수 그리스도의 은혜로 말미암은 선물은 많은 사람에게 넘쳤느니라 [16]또 이 선물은 범죄한 한 사람으로 말미암은 것과 같지 아니하니 심판은 한 사람으로 말미암아 정죄에 이르렀으나 은사는 많은 범죄로 말미암아 의롭다 하심에 이름이니라 [17]한 사람의 범죄로 말미암아 사망이 그 한 사람을 통하여 왕 노릇 하였은즉 더욱 은혜와 의의 선물을 넘치게 받는 자들은 한 분 예수 그리스도를 통하여 생명 안에서 왕 노릇 하리로다 [18]그런즉 한 범죄로 많은 사람이 정죄에 이른 것 같이 한 의로운 행위로 말미암아 많은 사람이 의롭다 하심을 받아 생명에 이르렀느니라 [19]한 사람이 순종하지 아니함으로 많은 사람이 죄인 된 것 같이 한 사람이 순종하심으로 많은 사람이 의인이 되리라 [20]율법이 들어온 것은 범죄를 더하게 하려 함이라 그러나 죄가 더한 곳에 은혜가 더욱 넘쳤나니 [21]이는 죄가 사망 안에서 왕 노릇 한 것 같이 은혜도 또한 의로 말미암아 왕 노릇 하여 우리 주 예수 그리스도로 말미암아 영생에 이르게 하려 함이라

사도는 여기서 주 예수의 죽음에 달려있는 칭의의 원천과 기초에 관해 묘사한다. 그 물줄기는 아주 부드럽지만, 그 줄기를 따라 원천에까지 올라가 보면, 우리를 위해 그리스도께서 죽으신 사실을 발견하게 될 것이다. 이 모든 특권이 우리에게까지 흘러오게 된 것은 그리스도의 보혈의 물줄기 안에서다. 그러므로 사도는 이것을 부은 바 된 하나님의 사랑의 실례로 확대시키고 있다. 그는 이 교리를 상설하고 예증하기 위해 세 가지 사실을 지적한다.

1. 그분이 위해 죽으신 사람들(6-8절). 2. 그분의 죽음의 보배로운 열매들(9-11

절). 3. 첫째 아담으로 말미암은 죄 및 죽음과, 둘째 아담으로 말미암은 의 및 생명 사이에 흐르고 있는 평행성(12-21절).

I. 그리스도께서 우리를 위해 죽으셨을 때 우리가 처해 있던 상태.

1. 우리가 아직 연약할 때에(6절). 이것은 정말 슬픈 상태다. 설상가상으로 우리 스스로는 그 상태로부터 벗어날 가능성이 전혀 없었다. 완전히 상실된 상태요, 회복에 대한 가망성은 조금도 없었다. 우리의 상태는 통탄스럽고, 절망적인 상태 속에 있었다. 그러므로 우리의 구원은 여기서 기약대로 임한 것으로 말해진다. 도우시고 구원하실 하나님의 때는 구원받아야 될 자들이 아무 힘이 없을 때이고, 그래야 그분의 힘과 은혜가 더 크게 돋보일 것이기 때문이다(신 32:36). 도우시는 하나님의 방법은 최후의 보루다.

2. 그리스도께서 경건하지 않은 자를 위하여 죽으셨도다(6절). 여기서 경건하지 않은 자는 의지할 데 없는 피조물이기에 망하기 쉽고, 죄책을 짊어진 피조물이기에 파멸할 수밖에 없는 피조물이다. 곧 천하고 무가치할 뿐만 아니라 비열하고 역겨운 존재로서, 거룩하신 하나님의 이러한 호의를 받을 자격이 추호도 없는 피조물이다. 경건하지 않은 그들은 그들의 죄책을 만족시키고, 의를 제공해 주도록 그들을 위해 죽을 존재를 필요로 한다. 사도는 이것을 전무후무한 사랑의 실례로 예증하고 있다(7,8절). 여기서 하나님의 생각과 방법은 우리의 것보다 훨씬 컸다. 요 15:13,14과 비교해 보라. 이보다 더 큰 사랑이 없나니. (1) 의인을 위하여 죽는 자가 쉽지 않고(7절). 여기서 의인은 무고한 자 곧 부당하게 정죄받은 자를 가리킨다. 누구나 이런 사람을 동정은 하겠지만, 위험을 무릅쓰거나 목숨을 저당잡히고 그를 위해 죽을 사람은 거의 없다. (2) 선인을 위하여 용감히 죽는 자가 혹 있거니와(7절). 여기서 선인은 의인보다 조금 나은 훌륭한 사람을 가리킨다. 대부분의 사람들이 자신을 위해서는 선을 행하지만, 남을 위해서는 선을 쉽게 행하지 못한다. 그러나 훌륭한 사람들은 통상적으로 사랑을 많이 받는 사람들로서, 필요한 경우에는 그를 위해 자기들의 생명을 내놓기도 하는 사람들이 있다. 즉 생명을 위해 생명을 사용하거나 기꺼이 육체를 위해 육체를 내놓는 사람들이 있었다. 바울은 이런 의미에서 상당히 선인 곧 훌륭한 사람이었고, 그는 자신의 목숨을 위해 자기들의 목을 내놓겠다는 사람들을 만났다(16:4). 그러나 그가 이것을 어떻게 규정하고 있는지 살펴보라: 그렇게 하는 사람들은 적은데, 그렇게 한다면 그것은 정말 대단한 일로서, 그렇게 대단한 영혼을 가진 자

들은 그리 많지 않다는 것이다. 결국 그것은 우연에 불과하다는 것이다. (3) (그러나) 우리가 아직 죄인되었을 때에 그리스도께서 우리를 위하여 죽으심으로(8절). 여기서 죄인은 의롭지도 않고 선하지도 않다. 이런 자는 무익할 뿐만 아니라 멸망한다고 해도 더 잃을 것이 없는 사람들이다. 오히려 그들의 파멸이 하나님의 공의의 영광을 크게 부각시킬 것이다. 마땅히 죽어야 할 죄인이요 악인들이다. 어떤 이들은 바울이 여기서 유대인들이 자기들에게 적용시킨 의(짜디킴), 자비(하세딤)(사 57:1과 비교해 보라) 그리고 악(라솨임)에 대한 통상적 구분을 암시하고 있다고 주장한다. 그런데 여기서 하나님은 자기의 사랑을 확증하셨다(8절). 즉 자기의 사랑을 입증하고 증거하셨다. 그분은 더 값싼 대가로 그렇게 하실 수도 있었으나 오히려 그것을 확대시키고, 그것을 뛰어나게 하셨다. 이 상황은 그분의 사랑을 크게 확대시키고 증진시켰다. 그것에 대한 논란을 잠재웠을 뿐만 아니라 그것을 최대의 경이와 찬탄의 대상으로 만들었다: "이제 내 피조물들이 내가 얼마나 그들을 사랑하는지 보게 될 것이다. 나는 그들에게 비교할 수 없는 그 사랑의 실례를 제시할 것이다." 자기의 사랑을 확증하셨느니라. 여기서 확증한다는 말은 마치 상인이 사람들이 망설일 때 자신의 상품을 추천하는 것과 같은 의미다. 자기의 사랑에 대한 이 확증은 성령을 통해 우리 마음속에 그분의 사랑을 부어주셨기 때문이다. 그분은 자기의 사랑을 상상할 수 있는 한, 가장 극적이고 가장 각별하고 가장 열렬하게 표현한 것이다. 우리가 아직 죄인되었을 때에. 이 말은 우리가 언제나 죄인으로 있어야 한다는 것을 함축하고 있지 않다. 변화가 일어날 것이 함축되어 있다. 왜냐하면 그분은 우리를 우리의 죄 가운데서가 아니라 우리의 죄로부터 구원하기 위해 죽으셨기 때문이다. 그러나 그분이 우리를 위해 죽으셨을 때 우리는 아직 죄인이었다. (4) 아니, 그 이상이었다. 우리가 원수 되었을 때에(10절). 이 말은 행악자였을 뿐만 아니라 반역자요 배신자로서, 국가에 대항하는 군사였다는 말이다. 가장 악질적인 행악자로서, 모든 행악자 중에서도 가장 흉악한 자였다는 말이다. 육신의 마음은 하나님과 원수로서, 적대감 그 자체다(8:7; 골 1:21). 이 적대감은 상호 간 적대감으로서, 하나님은 죄인을 싫어하고, 죄인은 하나님을 미워한다(슥 11:8). 상황이 이런 데도 불구하고 그리스도께서 죽으셨다는 것은 그야말로 희한한 신비요 역설이요 전무후무한 사랑의 실례가 아닐 수 없다. 따라서 영원토록 우리가 그것에 대해 경탄하고 놀라는 것은 당연한 의무다. 이것이야말로 사랑의 추천장이다. 정말이지 이처럼 우리를 사랑하신 분이 우리가 원수를 사랑해야 한다는 항목을 자신의 나라의 법으로 삼으신 것은 당연한 일이다.

II. 그분의 죽음의 보배로운 열매들.

1. 칭의와 화해가 그리스도의 죽음의 첫 번째 핵심적 열매다. 우리가 그의 피로 말미암아 의롭다 하심을 받았으니(9절). 그의 아들의 죽으심으로 말미암아 하나님과 화목하게 되었은즉(10절). 죄는 용서받고, 죄인은 의인으로 받아들여졌다. 싸움은 끝나고, 적대감은 말살되었다. 죄악도 도말되었고, 영원한 의가 세워졌다. 그리스도께서 필요한 모든 것을 친히 자기 몫인 것처럼 성취하셨기에 우리는 믿는 즉시 칭의와 화해의 상태 속에 실제로 들어가게 된다. 그의 피로 말미암아 의롭다 하심을 받았으니. 우리의 칭의가 그리스도의 피에 기인하는 이유는 피 흘림이 없은즉 사함이 없기 때문이다(히 9:22). 피는 생명이고, 따라서 속죄에는 반드시 피가 수반되어야 한다. 모든 속죄 제사에 있어서 피를 뿌리는 것이 그것의 본질이었다. 영혼의 속죄를 이룬 것은 피였다(레 17:11).

2. 따라서 진노로부터 구원을 받는다: 진노하심에서 구원을 받을 것이니(9절). 그의 살아나심으로 말미암아 구원을 받을 것이니라(10절). 우리의 구원을 방해하는 것이 제거되면, 구원은 자동적으로 따라온다. 아니, 그 논증은 더욱 강력하게 펼쳐진다. 우리가 원수였을 때, 하나님께서 우리를 의롭게 하고 화목케 하셨다면, 우리가 의롭게 되고 화목케 된 지금 우리를 구원하시는 것은 더욱더 확실한 일이 될 것이다. 그분이 원수 된 우리를 친구로 삼으신 것이 더 큰 일이라면, 그분이 친구인 우리에게 친절을 베풀고 사랑으로 대하시는 것은 확실히 더 작은 일이다. 그러므로 사도는 다시 한 번 더욱이라는 말로 그것을 강조한다. 기초를 만들기 위해 그토록 깊숙이 파신 분이 그 기초 위에 건물을 세우리라는 것은 의심할 여지가 없다. 진노하심에서 구원을 받을 것이니. 곧 지옥과 정죄로부터 구원받을 것이다. 지옥불이 곧 하나님의 진노요, 장래의 노하심(살전 1:10) 역시 그렇게 불린다. 그 큰 날 신자들의 최종적 칭의와 사면은 그것을 위해 그들을 적합하게 준비시키는 것과 더불어, 여기서 말하는 진노로부터의 구원을 가리킨다. 그것은 은혜의 사역의 완성이다. 그의 아들의 죽으심으로 말미암아 하나님과 화목하게 되었은즉 … 그의 살아나심으로 말미암아 구원을 받을 것이니라(10절). 여기서 말하는 그의 살아나심(생명)은 육체로 있을 때의 생명이 아니라 죽음 후에 부활한 생명으로, 하늘에서의 생명으로 이해되어야 한다. 14:9과 비교

해 보라. 곧 살아 있는 자라 내가 전에 죽었었노라(계 1:18). 우리는 낮아지신 그리스도로 말미암아 화목을 얻고, 높아지신 그리스도로 말미암아 구원을 얻는다. 죽으신 예수님은 죄를 만족시키고 적대감을 진멸시키며 그렇게 우리에게 구원의 길을 열어놓으심으로써 기초를 놓으셨다. 그리하여 단절의 벽이 무너지고, 속죄가 이루어졌으며, 권리가 역전되었다. 하지만 그 사역을 완전케 하시는 이는 살아나신 예수님이시다. 그가 항상 살아 계셔서 그들을 위하여 간구하심이라(히 7:25). 그리스도는 높아지심으로써 자신의 말씀과 영으로 우리를 유효하게 부르고, 변화시키며, 우리를 하나님과 화목케 하신다. 이 때 그분은 아버지에 대해 우리의 중보자가 되시고, 그렇게 하심으로써 우리의 구원을 온전케 하고 완성하신다. 4:25과 8:34을 비교해 보라. 죽으신 그리스도는 우리에게 유산을 남겨주신 유언자라면, 살아나신 그리스도는 그것을 지불하는 유언 집행자이시다. 따라서 그 논증은 아주 강력하다. 우리의 구원을 사기 위해 자신을 그 값으로 지불하신 분이 그것을 적용하는데 따르는 문제를 결단코 마다하지 않을 것이다.

3. 이 모든 것은 그 이상의 특권으로서, 하나님 안에서의 즐거움을 우리에게 제공한다(11절). 이제 하나님은 우리에게 두려움의 대상이 아니라 재앙의 날에 우리의 즐거움이요, 우리의 소망이다(렘 17:17). 우리가 의롭다 하심을 받았으니 더욱 그로 말미암아 진노하심에서 구원을 받을 것이니(9절). 죄악이 더 이상 우리를 파멸할 수 없게 하신 하나님을 송축하리로다. 그뿐 아니라(11절) 그 안에는 지속적인 은혜의 물결이 있다. 우리는 천국에 들어가되, 승리자로 들어간다. 항구에 입성하되, 강한 순풍을 받으며 입성한다. 우리의 모든 위로와 소망의 기초석이자 머릿돌이요, 알파와 오메가이신 예수 그리스도 곧 우리의 구원이자 우리의 힘이요, 우리의 노래이신 그분으로 말미암아 우리가 하나님의 진노에서 구원받았을 뿐만 아니라 그의 사랑 안에서 우리가 안위를 얻으니, 이것이야말로 우리가 하나님 안에서 즐거워할 일이다. 그리고 이 모든 것은 화목의 결과다. 왜냐하면 그분으로 말미암아 우리 그리스도인들은, 우리 신자들은, 지금, 지금 복음 시대에, 지금 이 세상에서 화목하게 되었기 때문이다. 이 화목은 율법 하에서는 희생 제사들로 모형화 되었고, 천국에서는 우리의 행복의 담보가 된다. 참 신자들은 예수 그리스도로 말미암아 화목하게 된다. 화목하게 되었다는 것은 그리스도의 희생에 기초된 칭의 안에서 우리가 하나님과 실제로 화해하게 되었다는 것이

다. 여기서 화목하게 되었다는 것은 다음과 같은 의미가 있다: (1) 우리가 화목에 동조했다는 것이다. 곧 우리가 무한하신 지혜가 십자가에 달리신 예수님의 피를 통해 죄악된 세상을 구원하기 위해 취한 방법에 찬성하고 동의함으로써, 복음의 방법과 복음의 말씀에 따라 기꺼이 구원받은 것을 의미한다. (2) 우리가 화목이 주는 위로를 취했다는 것이다. 이것이 하나님 안에서 누리는 우리의 즐거움의 기초요, 원천이다. 이제 우리로 화목하게 하신 우리 주 예수 그리스도로 말미암아 하나님 안에서 또한 즐거워하느니라. 여기서 즐거워하느니라(카우코메노이)는 그것을 자랑으로 여긴다는 것이다. 하나님께서 그 화목을 받으셨다(마 3:17; 17:5; 28:2). 따라서 우리가 그것을 받아들이기만 하면, 그것은 이루어진다.

Ⅲ. 첫째 아담으로 말미암은 죄 및 죽음과, 둘째 아담으로 말미암은 의 및 생명 사이에 흐르고 있는 평행성(12-21절).　　이것은 사도가 진술하고 있는 진리를 예증하는데 유효하고, 또한 하나님의 사랑을 찬미하고 참 신자들의 마음을 위로하는데 있어서도 커다란 효과가 있다. 왜냐하면 이 대조 속에서 우리는 우리의 타락과 회복 사이의 연계성을 볼 수 있을 뿐만 아니라 나아가 첫째 아담이 우리를 불행하게 만든 것보다 둘째 아담이 우리를 행복하게 만든 능력이 훨씬 더 크다는 사실을 발견하기 때문이다. 이제 이 부분을 시작하면서 다음과 같은 사실을 살펴보자.

1. 사도의 강론의 기초로 두어져 있는 일반 진리. 그것은 아담은 그리스도의 모형이라는 것이다(14절). 아담은 오실 자의 모형이라. 그러므로 그리스도는 마지막 아담으로 불린다(고전 15:45). 22절과 비교해 보라. 언약 곧 하나님과 아담 사이의 계약과 그 계약의 후속적 사건들 속에서 아담이 대표자였다는 점에서 그는 그리스도의 모형이었다. 하나님은 아담과 계약을 맺었고, 아담은 그의 모든 후손들의 공통의 아버지이자 대리인, 조상이자 대표로서 활동하였다. 따라서 그가 그 지위 속에서 우리의 대행자로서 행한 것은 그대로 그 안에서 우리가 행한 것이 되며, 우리에게 행해진 것은 그대로 그 안에서 우리에게 행해진 것이라고 말해질 수 있다. 이처럼 중보자이신 예수 그리스도도 대표자 곧 모든 택하신 자들의 머리로서 활동하셨고, 그들을 위해 그들의 아버지이자 대리인, 조상이자 대표로서 하나님과 계약을 맺으셨다. 그분은 그들을 위해 죽고, 그들을 위해 다시 살고, 그들을 위해 휘장 안으로 들어가고, 그들을 위해 모든 일을 감당하셨다. 아담이 실패했을 때, 우리도 그와 함께 실패했다. 그리스도께서 성

공하셨을 때, 그분은 우리를 위해 성공하신 것이었다. 따라서 아담은 오실 자의 모형(튀포스 투 멜론토스)이었다. 곧 아담이 저지른 위반을 고치기 위해 오실 자의 모형이었다.

2. 그 평행성을 보다 구체적으로 설명하면 다음과 같다:

(1) 아담이 어떻게 대표자로서 그의 모든 후손에게 죄와 죽음을 유전시키게 되었는가(12절). 한 사람으로 말미암아 죄가 세상에 들어오고. 우리는 지금 세상이 죄와 죽음의 대홍수 아래 죄악과 재앙으로 충만해 있는 것을 본다. 그런데 우리는 그것을 낳는 원천이 무엇인지 살펴볼 가치가 있다. 그것은 본성의 보편적 타락에서 발견된다. 그것이 세상에 들어온 시기를 알아보면, 아담이 최초로 범죄했을 때임을 알게 된다. 그것은 한 사람으로 말미암아 들어왔고, 그는 우리 모두의 뿌리가 되는 자로서, 첫째 사람이었다(설사 그 이전에 누군가가 존재했다고 하더라도 그들은 무죄했을 것이다). [1] 그로 말미암아 죄가 들어왔다. 하나님께서 보시기에 심히 좋았다고 선언하셨을 때(창 1:31), 세상에는 죄가 존재하지 않았다. 아담이 금지된 열매를 따먹었을 때 비로소 죄가 세상에 들어왔다. 태초에 많은 천사들이 충성심을 버리고 처음 지위를 떠나 하나님께 반역했을 때 천상에는 죄가 있었으나 세상에는 아담이 죄를 범하기 전까지는 죄가 없었다. 그랬는데 죄가 들어와 원수처럼 죽이고 파괴하고, 도둑처럼 훔치고 약탈해가는 일이 벌어지기 시작했고, 그것은 참으로 무서운 일이 아닐 수 없었다. 그런데 아담의 죄의 죄책이 후손에게 전가되었고, 본성의 일반적 타락과 부패가 그들에게도 임했다. 그로 말미암아(for that)보다는 그 안에서(in him) 모든 사람이 죄를 지었다. 죄는 아담으로 말미암아 세상에 들어왔다. 왜냐하면 그 안에서 우리 모두가 죄를 저질렀기 때문이다. 고전 15:22에서 아담 안에서 모든 사람이 죽은 것 같이라고 말하는 것처럼, 여기서도 (그 안에서) 모든 사람이 죄를 지었다고 말해진다. 그 이유는 대표자의 행위는 그가 대표하는 사람들의 행위로 간주되는 것이 온 세상의 공통된 법이고, 몸이 하는 일은 그 몸의 모든 지체들이 하는 일과 같다고 말해질 수 있기 때문이다. 아담은 바로 이같이 하나님의 주권적 명령과 임명에 따라 대표자로서 행동했다. 그러나 그것은 본성적 필연성 위에 서 있었다. 왜냐하면 하나님은 본성의 창조자로서, 사람이 자신의 형상 속에서 그리고 다른 피조물 속에서 그렇게 살도록 본성의 법칙을 정하셨기 때문이다. 그러므로 공동 저장소처럼, 아담 안에 인간의 전본성이 저장되어 있었고, 그리하여 한

수로를 통해 그에게서 그의 후손에게 그 저장된 것이 흘러나온다. 그것은 인류의 모든 족속을 한 혈통으로 만드셨기 때문이다(행 17:26). 따라서 이 본성으로 그의 서거나 넘어짐을 증명할 수 있는데, 결국 그것은 그에게서 유전된 것이다. 그러므로 아담이 죄를 범하고 타락했을 때, 본성도 죄책을 짊어지고 부패하게 되었으며, 그렇게 그것은 유전된다. 이처럼 그 안에서 모든 사람이 죄를 지었다. [2] 죄로 말미암아 사망이 들어왔다. 왜냐하면 사망은 죄의 삯이기 때문이다. 죄는 일단 저질러지면 사망을 일으킨다. 죄가 오면 반드시 사망도 함께 온다. 여기서 사망은 죄의 응당한 결과인 모든 비참을 망라한 개념이다. 즉 그것은 육체적·영적·영원한 죽음을 포괄한다. 만일 아담이 죄를 짓지 아니했더라면, 죽지 아니했을 것이다. 네가 먹는 날에는 반드시 죽으리라는 경고가 있었다(창 2:17). [3] 사망이 이르렀다. 즉 죄수에게처럼, 사망선고가 내려졌다. 이르렀나니(디엘텐). 이 말은 마치 전염병이 온 시가지를 통과해 누구도 피할 수 없는 것처럼, 모든 사람을 통과했다는 의미다. 그것은 예외 없이 보편적 운명이다. 사망이 모든 사람에게 임했다. 인간의 삶 속에서 이것을 입증하는 공통적 재앙들은 무수히 많다. 사망이 왕노릇하였나니(14절). 사도는 여기서 사망을 막강한 왕으로 표현하고, 그 권세가 극히 절대적이고, 우주적이고, 지속적이라는 것을 말하고 있다. 아무도 사망의 홀에서 벗어날 자가 없다. 그것은 지상의 다른 어떤 통치, 권위 그리고 권력보다 오래 존속될 왕권이다. 왜냐하면 그것은 마지막 원수이기 때문이다(고전 15:26). 다른 어떤 지배에 예속된 적이 없는 벨리알의 후손들도 이것에 예속되는 것은 피할 수 없다. 그런데 이 모든 것을 우리는 아담에게서 받았다. 그로부터 죄와 사망이 내려왔다. 그 질병의 발작이 그의 얼굴에 일으킨 변화를 보면서, 우리는 하나님처럼 "오 아담이여! 그대는 무슨 일을 저질렀는가?"라고 당연히 물어볼 수 있을 것이다.

나아가 이것을 더 분명히 하기 위해 사도는 죄가 모세 율법과 함께 시작된 것이 아니라 그 율법이 있기 전에도 세상에 있었음을 언급한다. 그러므로 모세 율법은 유일한 삶의 법칙이 아니라 율법이 주어지기 전에도 법이 있었고, 그 법은 이미 범해진 상태였다. 이것은 우리가 모세 율법에 불순종한다고 해서 정죄를 받는 것이 아닌 것처럼, 그것에 순종한다고 해서 의롭게 될 수 없다는 것을 그대로 암시한다. 죄는 율법 있기 전에도 세상에 있었다. 가인의 살인, 고대 세계의 배도, 소돔의 타락 등이 이것을 입증한다. 따라서 여기서 사도의 추론은 그러므로 그 이전에도 율법이 있었다는 것이다. 왜냐하면 율법이 없는 곳에서는 죄가 죄로 여겨지지 않기 때문이다. 원죄는 하나님의 율법에 대한 복종의 결여를 말하고, 자범죄는 그것에 대한 위반을 말한다. 따라서 모든 사람이 율법 아래 있었다. 여기서 그것에 관한 사도의 증명은 사망이 아담으로부터 모세까지 왕 노릇 했다는 것이다(14절). 만일 죄가 사망을 위해 보좌를 만들어놓지 않았더라면, 사망이 그렇게 왕 노릇 할 수는 없었을 것이 분명하다. 이것은 죄가 율법이 있기 전 세상에 있었는데, 그것이 바로 원죄라는 것을 입증한다. 왜냐하면 사망은 자범죄를 전혀 범하지 아니한 사람들 곧 아담의 죄와 유사한 죄를 짓지 아니한, 곧 태초의 아담처럼 그들 스스로 죄를 저질러보지 않은 사람들에게도 왕 노릇 했기 때문이다. 예를 들어, 태어나자마자 죽게 되어 자범죄를 전혀 범하지 않고 죽은 유아들도 원죄가 전가되었기 때문에 사망의 권세 아래 있었다고 이해되어야 한다. 이 사망의 왕 노릇은 특별히 유아들까지 그 목숨을 앗아간 대홍수나 소돔의 멸망과 같이 모세 시대보다 훨씬 이전에 일어난 최악의 특별한 심판을 언급하는 것처럼 보인다. 자범죄를 전혀 범하지 않은 유아들이 아주 끔찍한 질병과 재앙과 죽음에 의해 희생을 당했다는 것은 그들이 그에 대한 죄책을 짊어지고 있지 않다면 하나님의 공의와 정의에 절대로 부합하지 않기 때문에, 그것이 원죄라는 것을 보여주는 아주 강력한 증거가 된다.

(2) 이것과 대응하여, 그리스도는 어떻게 대표자로서 자신의 영적 후손인 모든 참 신자들에게 의와 생명을 전달하게 되었는가? 여기서 사도는 둘 사이의 유사성을 보여줄 뿐만 아니라 그리스도로 말미암아 전가된 은혜와 사랑은 아담으로 말미암아 전가된 죄책과 진노를 훨씬 능가한다는 것을 충분히 보여준다. 그것을 살펴보자.

[1] 둘 사이에는 유사성이 있다. 이것은 18,19절에 충분히 진술되어 있다.

첫째, 한 사람의 범죄와 불순종으로 말미암아 많은 사람이 죄인이 되었고, 심판은 모든 사람을 정죄에 이르게 했다. 여기서 다음과 같은 내용을 확인하게 된다: 1. 아담의 죄는 불순종의 죄다. 그것은 분명하고 명백한 명령에 대한 불순종으로, 그 명령은 시험명령이었다. 그러므로 아담이 행한 일이 악했던 것은 그것이 금지된 일이었기 때문이고, 다른 죄는 없었다. 그러나 이것은 그 자체로서는 아주 사소한 것처럼 보였지만, 다른 죄의 문을 열어놓았다. 2. 죄의 해악성과 폐해성은 아주 강력하고 포괄적이다. 그렇지 않다면 아담의 죄의 가책성은 그리 멀리 미치지도 않았을 것이고, 그토록 깊고 긴 물줄기가 되지도 않았을 것이다. 죄 안에 그토록 엄청난 악이 존재한다는 것을 누가 상상했겠는가? 3. 아담의 죄로 말미암아 많은 사람이 죄인이 되었다. 많은 사람이. 즉 그의 모든 후손이. 여기서 많은 사람은 죄를 지은 한 사람과 대조해서 말해진다. 죄인된 것(카테스타테산). 이 말은 사법적 행위에 의해 우리가 그런 사람이 되었다는 것을 가리킨다. 우리는 합법적인 법절차에 따라 죄인으로 낙인찍혔다. 4. 심판은 아담의 불순종으로 말미암아 죄인 된 사람들을 모두 정죄할 것이다. 유죄판결을 받았으니 우리가 정죄를 받는 것이다. 가족 전체의 권리가 박탈된 것처럼, 모든 인간이 선고 아래 있다. 천국 법정에는 우리에게 불리하게 선언되고 등록된 심판이 있다. 만일 그 심판이 역전되지 않는 한, 우리는 영원히 그 아래에서 침몰할 수밖에 없다.

둘째, 똑같은 방법으로, 한 사람(둘째 아담, 예수 그리스도)의 의와 순종으로 말미암아 많은 사람이 의인이 되고, 그렇게 값없이 주시는 선물이 모든 사람에게 임한다. 사도가 어떻게 이 진리를 가르치고, 그것이 얼마나 중요한지를 어떻게 반복해서 언급하고 있는지를 주목해 보라. 여기서 다음과 같은 사실을 살펴볼 수 있다: 1. 그리스도의 의의 본질과 그것이 주어지는 방법. 그것은 그분의 순종으로 말미암아서다. 첫째 아담의 불순종은 우리를 파멸시켰으나 둘째 아담의 순종은 우리를 구원한다. 다시 말해 그분의 순종은 중보의 법에 대한 순종으로서, 그것은 그분이 모든 의를 이루기 위해 자신의 영혼을 죄를 위해 제공하시는 것을 말한다. 이 법에 대한 순종으로 말미암아 그분은 우리를 위해 의를 이루고, 하나님의 공의를 만족시켰으며, 우리가 자신의 은혜의 길에 들어서도록 하였다. 2. 그 의의 열매. (1) 모든 사람에게 임하는 값없이 주시는 선물이 있다(16절). 즉 누구에게나 차별 없이 주어진다. 제공된 구원은 공통적 구원이다. 초청은 일반적이고, 제공도 무료다. 누구나 나아와 이 생수를 가져갈 수 있다. 이 값없는 선물은 모든 신자들에게 주어지는데, 그들은 믿을 때 의롭다 하심을 받아 생명에 이르게 된다. 칭의는 사망으로부터 해방시킬 뿐만 아니라 생명에 이르는 자격을 부여한다. (2) 많은 사람이 의인이 될 것이다(19절). 한 사람과 대조되어 있는 많은 사람은 여기서 세상에 여기저기 흩어져 있을 때에는 적지만, 함께 모으면 무수히 많은 사람들로서, 그들에게는 은혜의 선택이 주어져 있다. 의인이 되리라(카타스타테손타이). 즉 그들은 특허증에 의해 허가를 받은 것처럼 의인이 될 것이다. 이처럼 이 둘 사이 곧 아담으로 말미암은 우리의 멸망과 그리스도로 말미암은 우리의 회복 사이의 대조는 명약관화하다.

[2] 그리스도로 말미암아 전가된 은혜와 사랑은 아담으로 말미암아 전가된 죄책과 진노를 능가한다. 사도는 이것을 15-17절에서 보여준다. 여기에는 그리스도의 사랑의 풍성함을 찬미하고, 아담의 죄가 만들어 놓은 상처의 치유불가능성에 절망할 수밖에 없는 신자들에게 위로와 자극을 주려는 의도가 담겨 있다. 사도의 표현은 약간 복잡하지만, 이것은 의도적인 것처럼 보인다. 첫째, 만일 죄책과 진노가 전가된다면, 은혜와 사랑은 더욱 그럴 것이다. 왜냐하면 하나님은 전가된 죄책을 정죄하시기보다는 전가된 의에 따라 구원하실 준비가 더 잘되어 있다고 전제하는 것이 인자하신 하나님에 관한 관념에 더 부합하기 때문이다: 은혜가 더욱 넘쳤나니(20절). 은혜의 선물을 넘치게 받는(17절). 하나님의 인자하심은 그분의 전체 속성 중에서도 특별히 그분의 영광이 되고, 그 뿌리가 되는 것이 바로 그 은혜(그리스도 안에서 우리를 향하신 그분의 호의)요, 그 선물은 은혜로 말미암는다. 우리는 하나님은 자비를 보여주기 원하시고, 처벌은 그분에게 생소한 사역이라는 것을 알고 있다. 둘째, 만일 땅에 속한 사람의 죄 속에 그만한 힘과 효력이 있어서 우리를 정죄한다면, 하늘에서 내려온 주님이신 그리스도의 의와 은혜 속에 우리를 의롭게 하고 구원할 만한 그 이상의 힘과 효력이 있다는 것은 당연하다. 우리를 구원하는 그 한 **사람**이 바로 예수 그리스도다. 확실히 아담이 뿌려놓은 독이 아무리 강할지라도 예수 그리스도께서 뿌려놓은 해독제만큼 강하지 않다. 그분의 해독제가 훨씬 더 강하다. 셋째, 우리가 정죄 아래 놓여 있는 것은 아담의 한 가지 죄의 죄책 때문이다. 심판은 한 사람으로 말미암아 정죄에 이르렀으나(16절). 여기서 한 **사람**으로는 하나의 범죄로란 뜻이다(16,17절). 그러나 예수 그리스도로부터는 우리가 은혜와 의의 선물을 넘치게 받는다. 은혜와 의의 물결은 죄책의 물결보다 훨씬 더 깊고 넓다. 왜냐하면 이 의는 한 범죄의 죄책뿐만 아니라 다른 많은 범죄, 아니 모든 범죄의 죄책을 다 제거해버리기 때문이다. 그리스도 안에서 하나님은 모든 죄를 사하신다(골 2:13). 넷째, 아담의 죄로 말미암아 **사망이 왕 노릇 했다**(21절). 그러나 그리스도의 의로 말미암아 사망의 왕 노릇에 종지부가 찍혔고, 아울러 신자들은 생명 안에서 왕 노릇(17절)할 것이다. 그리스도의 의 안에서 그리고 그 의로 말미암아, 우리는 사면장을 갖고 있을 뿐만 아니라 영예의 특권을 갖고 있으며,

또 쇠사슬에서 해방되었을 뿐만 아니라 요셉처럼 2인자의 수레를 타고 우리 하나님을 위해 왕과 제사장이 된다. 용서를 받을 뿐만 아니라 사랑까지 받는다. 이것을 계 1:5,6; 5:9,10에서 확인해 보라. 우리는 그리스도와 그분의 의로 말미암아 아담의 범죄로 말미암아 상실했던 것보다 훨씬 더 큰 특권을 부여받고 그 안에 자리를 잡는다. 고약이 상처보다 훨씬 더 크고, 상처가 죽이는 것보다 그것을 고치는 치유가 훨씬 더 강하다.

Ⅳ. 마지막 두 구절에서 사도는 갈 3:19에서 그런즉 율법은 무엇이냐고 표현되어 있는 반론을 예견하고 있는 것처럼 보인다. 그 대답은 다음과 같다: 1. 율법이 들어온 것은 범죄를 더하게 하려 함이라(20절). 죄 자체를 더 넘치게 한다거나 또는 죄가 율법에 의해 기회를 갖도록 한다는 것이 아니라 죄의 죄악성을 충분히 발견하도록 한다는 것이다. 돋보기가 얼룩들을 발견하지만, 그것들의 원인이 아닌 것과 같다. 마치 어두운 방에 밝은 빛이 들어오면서 전에는 보이지 않던 먼지와 찌꺼기가 밝히 드러나듯이, 율법이 세상에 들어오자 죄가 다시 드러났다는 것이다. 그것은 치료를 필요로 하는 상처를 탐색하는 것과 같다. 여기서 범죄(토 파랖토마)는 곧 그 범죄로서, 아담의 죄를 말하고, 우리에게까지 미친 그 죄의 죄책과 우리 안에 미친 그 타락의 결과를 가리킨다. 그런데 이 범죄가 율법이 들어오자 충분히 드러났다는 것이다. 2. 은혜가 더욱 넘쳤나니(20절). 이 말은 율법에 대한 두려움이 복음의 위로를 더욱 크게 만든다는 뜻이다. 죄가 유대인들 중에 충만했을 때, 그리스도를 믿는 신앙으로 회심한 자들이 있었는데, 그들은 얼마나 큰 죄책을 면제받은 것이며, 얼마나 큰 타락으로부터 벗어나게 된 것일까? 원수의 힘이 강할수록 그 정복자의 영예도 그만큼 더 높아지는 법이다. 이 넘치는 은혜를 사도는 21절에서 예증한다. 폭군과 압제자의 지배가 정의롭고 후덕한 후임 군주의 통치를 더 돋보이게 만드는 것처럼, 죄의 지배도 은혜의 통치를 위한 장치이다. 죄가 사망 안에서 왕 노릇 한 것 같이(21절). 그것은 잔혹한 피의 지배였다. 그러나 은혜도 생명 곧 영생 안에서 왕 노릇 하고, 또한 의로 말미암아, 칭의를 위해 우리에게 의가 전가되고, 성화를 위해 우리 안에 의가 전가된다. 그리고 이 칭의와 성화는 우리 주 예수 그리스도로 말미암아, 곧 그의 교회의 위대한 선지자요 제사장이요 왕이신 그리스도의 능력과 효력을 통해 주어진다.

제
— 6 —
장

개요

사도는 중대한 이신칭의 교리를 상세히 설명하고 전개하고 증명한 다음에, 누구든 그 감미로운 꽃으로부터 독을 뽑아내 하나님의 은혜를 방종과 방탕으로 바꿔버리지 않도록 하기 위해서 똑같은 열심, 똑같이 다양한 표현, 그리고 똑같은 논증의 힘으로 칭의의 불가결한 열매이자 동반자인 성화와 거룩한 삶의 절대적 필연성을 강조하고 있다. 왜냐하면 예수 그리스도께서 어느 영혼에게든 하나님으로부터 나온 의가 되시면, 그분은 또한 그 영혼에게 하나님으로부터 나온 거룩함이 되시기 때문이다(고전 1:30). 죽어가던 예수님의 찔린 옆구리에서는 물과 피가 동시에 흘러나왔다. 하나님께서 이렇게 합해 놓으신 것을 감히 따로 떼놓아서는 안 된다.

¹그런즉 우리가 무슨 말을 하리요 은혜를 더하게 하려고 죄에 거하겠느냐 ²그럴 수 없느니라 죄에 대하여 죽은 우리가 어찌 그 가운데 더 살리요 ³무릇 그리스도 예수와 합하여 세례를 받은 우리는 그의 죽으심과 합하여 세례를 받은 줄을 알지 못하느냐 ⁴그러므로 우리가 그의 죽으심과 합하여 세례를 받음으로 그와 함께 장사되었나니 이는 아버지의 영광으로 말미암아 그리스도를 죽은 자 가운데서 살리심과 같이 우리로 또한 새 생명 가운데서 행하게 하려 함이라 ⁵만일 우리가 그의 죽으심과 같은 모양으로 연합한 자가 되었으면 또한 그의 부활과 같은 모양으로 연합한 자도 되리라 ⁶우리가 알거니와 우리의 옛 사람이 예수와 함께 십자가에 못 박힌 것은 죄의 몸이 죽어 다시는 우리가 죄에게 종 노릇 하지 아니하려 함이니 ⁷이는 죽은 자가 죄에서 벗어나 의롭다 하심을 얻었음이라 ⁸만일 우리가 그리스도와 함께 죽었으면 또한 그와 함께 살 줄을 믿노니 ⁹이는 그리스도께서 죽은 자 가운데서 살아나셨으매 다시 죽지 아니하시고 사망이 다시 그를 주장하지 못할 줄을 앎이로라 ¹⁰그가 죽으심은 죄에 대하여 단번에 죽으심이요 그가 살아 계심은 하나님께 대하여 살아 계심이니 ¹¹이와 같이 너희도 너희 자신을 죄에 대하여는 죽은 자요 그리스도 예수 안에서 하나님께 대하여는 살아 있는 자로 여길지어다 ¹²그러므로 너희는 죄가 너

희 죽을 몸을 지배하지 못하게 하여 몸의 사욕에 순종하지 말고 ¹³또한 너희 지체를 불의의 무기로 죄에게 내주지 말고 오직 너희 자신을 죽은 자 가운데서 다시 살아난 자 같이 하나님께 드리며 너희 지체를 의의 무기로 하나님께 드리라 ¹⁴죄가 너희를 주장하지 못하리니 이는 너희가 법 아래에 있지 아니하고 은혜 아래에 있음이라 ¹⁵그런즉 어찌하리요 우리가 법 아래에 있지 아니하고 은혜 아래에 있으니 죄를 지으리요 그럴 수 없느니라 ¹⁶너희 자신을 종으로 내주어 누구에게 순종하든지 그 순종함을 받는 자의 종이 되는 줄을 너희가 알지 못하느냐 혹은 죄의 종으로 사망에 이르고 혹은 순종의 종으로 의에 이르느니라 ¹⁷하나님께 감사하리로다 너희가 본래 죄의 종이더니 너희에게 전하여 준 바 교훈의 본을 마음으로 순종하여 ¹⁸죄로부터 해방되어 의에게 종이 되었느니라 ¹⁹너희 육신이 연약하므로 내가 사람의 예대로 말하노니 전에 너희가 너희 지체를 부정과 불법에 내주어 불법에 이른 것 같이 이제는 너희 지체를 의에게 종으로 내주어 거룩함에 이르라 ²⁰너희가 죄의 종이 되었을 때에는 의에 대하여 자유로웠느니라 ²¹너희가 그 때에 무슨 열매를 얻었느냐 이제는 너희가 그 일을 부끄러워하나니 이는 그 마지막이 사망임이라 ²²그러나 이제는 너희가 죄로부터 해방되고 하나님께 종이 되어 거룩함에 이르는 열매를 맺었으니 그 마지막은 영생이라 ²³죄의 삯은 사망이요 하나님의 은사는 그리스도 예수 우리 주 안에 있는 영생이니라

이 부분의 사도의 강론이 이전 부분과 달라지는 것을 그런즉 우리가 무슨 말을 하리요(1절)라는 말씀으로 확인할 수 있다. 이 감미롭고 위로가 되는 교리를 우리는 어떻게 적용할 것인가? 어떤 이들이 우리가 그런다고 비방하는 것처럼, 선을 이루기 위하여 악을 행할 것인가(3:8)? 우리가 은혜를 더하게 하려고 죄에 거하겠느냐? 우리가 여기서 죄를 많이 범할수록 용서받을 때 하나님의 은혜를 더 돋보이게 한다는 이유로 더욱 대담하게 죄를 범하도록 도전을 받게 되는가? 우리가 이것을 그렇게 사용해야 하는가? 아니다. 그것은 오용이다. 그래서 사도는 그런 생각에 깜짝 놀라 "그럴 수 없느니라(2절). 우리에게서 이런 생각이 나오는 것은 절대로 불가하다"고 역설한다. 그는 그리스도께서 마귀로부터 최대의 시험을 받으실 때 사탄아 물러가라(마 4:10)고 선포하신 것처럼, 강하게 반박한다. 죄를 조장하거나 실제적 부도덕에로의 문을 열어놓는 견해는, 그것이 아무리 설득력이 있고, 그럴듯해 값없이 주어지는 은혜를 돋보이게 한다

할지라도, 최대한 혐오감을 드러내고 거부해야 한다. 왜냐하면 예수 안에서 진리는 경건함에 속한 진리이기 때문이다(딛 1:1). 사도는 이 장에서 성화의 필연성을 강조하는데 최대의 심혈을 기울이고 있다. 그는 그 내용을 다음 두 제목 아래 펼치고 있다: 첫째, 거룩함에 대한 권면. 여기서 그는 거룩함의 본질을 보여준다. 둘째, 권면을 뒷받침하는 동기 또는 논거. 여기서 그는 거룩함의 필연성을 강조한다.

I. 첫째로, 우리는 여기서 성화의 본질 곧 그것이 무엇이며, 그것이 어디에 존재하는지를 확인할 수 있다. 일반적으로 그것은 그 안에 두 가지 요소를 담고 있다. 그것은 죽는 것과 사는 것이다. 즉 죄에 대해서는 죽고, 의에 대해서는 사는 것이다. 이것을 성경의 다른 부분에서는 옛 사람을 벗어버리고 새 사람을 옷 입거나, 악행을 그치고 선행을 배우라는 식으로 표현되고 있다.

1. 죽는 것, 곧 옛 사람을 벗어버리는 일. 이것은 다양한 방법으로 표현되고 있다. (1) 우리는 더 이상 죄 가운데 살아서는 안 된다(2절). 우리는 과거의 존재 또는 과거의 행실을 지속해서는 안 된다. 우리 인생의 과거는 지나간 것으로 족하다(벧전 4:3). 죄를 짓지 않고 사는 사람은 아무도 없겠지만, 죄 가운데 살지 않는 사람들, 죄의 요소가 되어 그 안에서 살지 않는 사람들, 죄와 거래하지 않고 사는 사람들이 있다는 것은 하나님께 감사할 일이다. 이 사람은 거룩함을 입어야 한다. (2) 죄의 몸이 죽어야 한다(6절). 우리 속에 거하는 타락은 몸처럼 많은 지체와 구성원을 두고 있는 죄의 몸이다. 이것이 도끼가 놓여야 할 뿌리다. 우리는 죄의 행동을 그만두어야 할 뿐만 아니라(이것은 외적 제어의 영향이나 다른 수단들을 통해 가능할 수 있다) 악한 습관과 성향들도 약화시키거나 소멸시켜야 한다. 성소로부터 우상을 쫓아낼 뿐만 아니라 마음으로부터 죄악의 우상들도 쫓아내야 한다. 다시는 우리가 죄에게 종 노릇 하지 아니하려 함이니(6절). 확실히 원래의 타락을 십자가에 못 박거나 죽이면, 실제 범죄는 상당히 줄일 수 있다. 죄의 몸을 죽이라. 그러면 그 땅 안에 가나안 족속들이 남아있다고 할지라도, 이스라엘 백성들이 종 노릇 하지는 않을 것이다. 홀을 휘두르고 철 방망이를 사용하는 장본인은 죄의 몸이다. 이것을 파괴하라. 그러면 멍에는 박살이 날 것이다. 압제자 에글론의 죽음은 피압제자 이스라엘의 모압으로부터의 구원이다. (3) 우리는 죄에 대하여는 죽은 자가 되어야 한다(11절). 압제자의 죽음이 구원인 것처럼, 압제 아래 있는 자의 죽음은 더욱 그러하다(욥 3:7,8).

피곤한 자에게 죽음은 휴식 증명서를 갖다 준다. 따라서 우리는 죄에 대해 죽은 자가 되어야 한다. 죽은 자가 그의 엄한 주인에게 그러한 것처럼, 우리는 죄에 복종하거나 그것을 존중하거나 그 법을 지키거나 그 뜻에 맞출 필요가 없다. 죽어가는 사람이 자신이 즐기던 것들로부터 손을 떼는 것처럼 죄의 쾌락과 즐거움에 무관심해야 한다. 죽은 자는 그의 과거 동료, 대화, 업무, 오락, 활동으로부터 구별되고, 더 이상 과거의 그가 아니며, 과거의 행동과 소유에 대해서도 분리되게 된다. 죽음은 엄청난 변화를 가져온다. 이 변화는 영혼 속에 거룩함을 일으키고, 죄와의 모든 교제를 차단한다. (4) 죄가 우리 죽을 몸을 지배하지 못하게 하여 몸의 사욕에 순종하지 말아야 한다(12절). 죄가 계속 무법자로 남아있을 수 있고, 압제자로서 압박을 가할 수 있지만, 그것이 절대로 왕이 되도록 해서는 안 된다. 그것이 법을 만들고 의회를 주재하며 군대를 통솔하도록 해서는 안 된다. 우리가 때로는 죽음에 의해 정복되고 압도당할 수 있지만, 그 산하에 있는 사욕에 이끌려 그것에 순종해서는 안 된다. 몸의 사욕(타이스 에피튀미아이스 아우투). 여기서 사욕은 죄에 속한 것이 아니라 몸(육체)에 속한 것이다. 죄는 육체를 만족시키고, 그 비위를 맞추는데 결정적인 작용을 한다. 그리고 너희 죽을 몸이라는 말 속에 그 이유가 함축되어 있다. 그것은 죽을 몸으로서, 어차피 먼지를 향해 달려가는 것이므로 죄가 그것을 지배하지 않도록 해야 한다. 우리의 몸을 죽을 것으로 만든 원흉은 죄였다. 그러므로 이런 원수에게 절대로 순종해서는 안 될 것이다. (5) 우리는 우리의 지체를 불의의 무기로 죄에게 내어주어서는 안 된다(13절). 몸의 지체는 타락한 본성에 의해 죄의 도구로 이용당하고, 이로 말미암아 육체의 소욕이 이루어진다. 그러나 우리는 그 악용에 동조할 수 없다. 몸의 지체는 하나님을 경외하도록 지음받은 경이로운 피조물이다. 그런데 그것들을 불의의 무기로 죄에게 내주어 마귀의 도구가 되는 것은 통탄할 일이다. 여기서 마귀의 도구가 된다는 것은 죄악의 성향에 따라 죄악된 행동의 도구가 된다는 것이다. 불의는 죄를 위하고, 죄악된 행동은 죄악된 습관을 확증하고 강화시킨다. 한 죄가 다른 죄를 낳는다. 그것은 물을 방류하는 것과 같다. 그러므로 그것에 휩쓸리기 전에 차단해야 한다. 몸의 지체는 간혹 무수한 시험 속에서 어쩔 수 없이 죄의 도구가 될 수는 있다. 그러나 그것에 순종하고, 그것에 동조하도록 해서는 안 된다. 이것이 성화의 한 단계로서, 죄에 대해 죽는 것이다.

2. 사는 것, 곧 의에 대해 사는 일. 그것이 무엇인가? (1) 그것은 새 생명 가운데 행하는 것이다(4절). 새 생명은 새 마음을 전제로 한다. 왜냐하면 생명의 근원이 마음으로부터 나오고, 그 근원을 맑게 하지 않는 한 그 물줄기를 맑게 할 방법이 전혀 없기 때문이다. 성경에서 행한다(Walking)는 말은 생활의 진로와 방향에 대해 쓰이는데, 그것이 새로워져야 한다는 것이다. 새 법에 따라, 새 목표를 향해, 새 원리에 입각하여 살라. 새 방향을 선택하라. 새 길을 따라 걷되, 새 지도자를 따르며, 새 친구와 함께 가라. 옛 것은 사라져야 하고, 그래야 모든 것이 새롭게 된다. 그는 더 이상 과거의 그가 아니고 과거에 행하지 않던 일을 행한다. (2) 그것은 그리스도 예수 안에서 하나님께 대하여 사는 것이다(11절). 하나님과 동행하는 것, 그분을 존중하는 것, 그분 안에서 즐거워하는 것, 그분께 관심을 두는 것, 그리고 영혼이 모든 경우에 그분을 향해 그분이 기뻐하는 목표를 따라 행하는 것, 이것이 바로 하나님께 대하여 사는 것이다. 영혼은 그것이 사는 곳이 아니라 사랑하는 곳에 존재한다(Anima est ubi amat, non ubi animat). 그것은 하나님에 대한 애정과 욕망을 살아있게 하는 것이다. 또는 하나님께 대하여 사는 것(곧 육체 안의 우리의 생명)은 그분의 영예와 영광을 우리의 목적으로 삼고, 그분의 말씀과 뜻을 우리의 법으로 삼는 것, 곧 우리의 모든 삶 속에서 그분을 인정하고, 항상 우리의 눈을 그분께 고정시키는 것, 이것이 하나님께 대하여 사는 것이다. 그리스도 예수 안에서. 그리스도는 우리의 영적 생명으로, 그분으로 말미암지 않고는 하나님께 대하여 사는 일도 없다. 그분은 중보자시다. 예수 그리스도 안에서 그리고 그분을 통하지 않으면, 하나님으로부터 안심하고 받을 수 있는 것이 없고, 그분이 받으실 만한 존경을 드릴 수도 없다. 죄악된 영혼과 거룩하신 하나님 간의 교통은 오직 주 예수의 중보를 통해서만 이루어진다. 이 생명의 창조자이자 유지자이신 그리스도로 말미암아, 우리에게 생명력을 주시는 머리 되신 그리스도로 말미암아, 우리로 하여금 수액을 내고 자라고, 그래서 사는 원천이 되는 뿌리로서의 그리스도로 말미암아 우리는 하나님께 대해 산다. 하나님께 대하여 사는 것에 있어서 그리스도는 전부가 되신다. (3) 그것은 우리 자신을 죽은 자 가운데서 다시 살아난 자 같이 하나님께 드리는 것이다(13절). 참 생명 곧 거룩함에 속한 생명은 우리 자신을 하나님께 바치는 헌신 곧 우리 자신을 주께 드리는 것(고후 8:5) 속에 있다. "오직 너희는 너희 자신을 그분께 복종시켜라. 피정복자가 정복자에게 어쩔 수 없이 복종하는 것처럼, 아내가 남

편에게 마음을 다해 복종하는 것처럼, 학생이 선생에게 가르침을 받고 따르듯이 그분께 복종하라. 너희 재산만 바치지 말고 너희 자신을 바치라. 너희 전(全)자아를 그분께 복종시켜라." 너희 자신을 하나님께 맞추라. "그분께 복종할 뿐만 아니라 그분을 따르라. 그분께 너희 자신을 단번에 드릴 뿐만 아니라 항상 그분을 섬길 자세를 갖춰라. 밀랍이 어떤 모양이든 찍는 대로 문장(紋章)을 나타내듯이, 너희도 그분이 기뻐하시는 대로 존재와 소유와 행동 모두를 통해 그분께 복종하라." 바울은 주여, 내가 무엇을 하기를 원하나이까(행 9:6)라고 말하고, 즉시 하나님께 자신을 복종시켰다. 죽은 자 가운데서 다시 살아난 자 같이. 죽은 시체가 살아계신 하나님께 복종하는 것은 그분을 기쁘시게 하는 것이 아니라 조롱하는 것이다. "너희 몸을 하나님이 기뻐하시는 거룩한 산 제물로 드리라"(12:1). 우리가 영적으로 살아있음을 보여주는 가장 확실한 증거는 우리 자신을 하나님께 드리는 것이다. 죽은 자(율법 안에서 죽은 자로 이해할 수 있다) 가운데서 다시 살아난 자 곧 의롭다 함을 받고 죽음으로부터 구원 받은 자가 되는 것은 자기들을 구속하신 분에게 자신을 드리는 자가 된다는 것이다. (4) 그것은 우리 지체를 의의 무기로 하나님께 드리는 것이다(13절). 우리 몸의 지체는 죄를 섬기는데서 벗어났을 때 게으름 속에 있을 것이 아니라 하나님을 섬기는 일에 사용되어야 한다. 강한 자의 무장이 해제되면, 그 권리를 가진 자가 전리품을 나눠 갖는 법이다. 영혼의 능력과 기능은 거룩함과 의의 직접적 주체가 되고, 몸의 지체는 그 도구다. 하나님을 섬기는데 있어서 몸은 항상 영혼을 섬길 준비가 되어 있어야 한다. 그래서 사도는 말한다: "이제는 너희 지체를 의에게 종으로 내주어 거룩함에 이르라(19절). 즉 너희는 성화의 주체인 성령께서 영혼 속에 심으시는 내적 의의 원리에 따라 하나님의 공의로운 율법의 행위와 명령을 지키도록 하라." 의에게 종으로 주어 거룩함에 이른다는 말은 성장과 발전과 진보가 있다는 것이다. 모든 죄악된 행위는 죄악된 습관을 강화시키고, 본성이 죄를 더 가까이 하도록 이끄는 것처럼(따라서 자연인의 지체는 여기서 불법에 내주어 불법에 이르는 종이 된다고 말해진다. 한 가지 죄는 다른 죄를 저지르도록 마음을 더욱 부추긴다), 모든 은혜의 행위도 은혜로운 습관을 강화시킨다. 의에게 종으로 내주는 것은 거룩함으로 이어진다. 우리가 한 가지 영적 의무를 다하면, 다른 의무를 감당하는 자격을 갖추게 되고, 갈수록 하나님을 위한 일을 더 잘 감당하게 된다. 즉 의에게 종으로 내주는 것은 거룩함에 이르는 것(에이스

하기아스몬) 곧 성화의 증거다.

II. 여기서 성화의 필연성을 보여주기 위해 사용된 동기 또는 논증. 우리 마음속에는 본성상 거룩함에 대한 반감이 자리잡고 있어서 그것에 복종하도록 마음을 이끌기가 쉽지 않다. 영혼의 유익을 이끄는 다양한 동기를 가지고 마음을 설복하는 일은 성령의 사역이다.

1. 사도는 성례를 통해 우리가 예수 그리스도께 연합되어야 한다고 주장한다. 우리가 받는 세례는 그 목적과 의도를 따를 때, 그 안에 우리가 죄에 대해 죽고, 의에 대해 살아야 하는 이유를 분명히 가르쳐준다. 따라서 우리는 세례가 우리를 죄로부터 지켜주는 제어 장치로서, 또 의무를 다하도록 우리를 자극시키는 압박 장치로서 증명해야 한다. 이 추론을 주목해 보자.

(1) 일반적으로 우리는 신앙고백과 의무에 있어서 죄에 대하여 죽은 자다(11절). 우리의 세례는 죄의 왕국으로부터 우리가 차단되었다는 것을 상징한다. 우리는 더 이상 죄와는 상관이 없다고 고백한다. 우리는 죄를 죽이는 권능과 힘에 참여함으로써, 그리고 그리스도와 연합함으로써 죄를 죽이시는 그분으로 말미암아 죄에 대하여 죽은 자다. 그러나 이 모든 것은 우리가 계속 죄 가운데 머물러 있다면 허사가 되고 말 것이다. 그렇게 되면 우리는 신앙고백에 모순되고 의무를 위반하며, 다시 돌아온 귀신들처럼 우리가 죽었던 상태로 다시 돌아가게 될 것인데, 세상에 이보다 더 불합리하고 부조리한 일은 없을 것이다. 왜냐하면 죽은 자가 죄에서 벗어났기(7절) 때문이다. 즉 죄에 대하여 죽은 자는 종이 상전에게서 놓이는 것처럼(욥 3:19) 죄의 지배와 권세로부터 자유롭다. 그런데 우리가 이미 해방된 노예상태로 다시 돌아갈 바보가 될 것인가? 애굽으로부터 탈출할 때 우리가 다시 그 곳으로 돌아가겠다고 말하겠는가?

(2) 특수적으로 그리스도 예수와 합하여 세례를 받은 우리는 그의 죽으심과 합하여 세례를 받은 것이다(3절). 우리는 모세에게 속하여(에이스 모센) 세례를 받은 것처럼(고전 10:2), 그리스도와 합하여(에이스 크리스톤) 세례를 받았다. 세례는 우리를 그리스도와 함께 묶는다. 그것은 제자로서의 우리를 선생인 그리스도와 하나로 묶는다. 그것은 우리의 충성을 우리의 주권자이신 그리스도께 속하도록 한다. 세례는 그리스도께서 사람들을 붙잡고, 사람들은 그리스도께 자신을 제공하는 것으로, 그리스도의 외관적 손잡이(externa ansa Christi)이다. 특히 우리는 그의 죽으심과 합하여 세례를 받음으로써, 그분의 죽으심이 가져다 준 특권

에 참여하고, 또 우리를 모든 죄에서 대속하신 그분의 죽으심의 목적에 따라 인생을 살도록 그리고 그리스도께서 죄를 위해 죽으신 것처럼 우리도 죄에 대하여 죽도록 의무를 부여받게 되었다. 이것이 우리의 세례의 고백이요 약속이다. 그러므로 만일 우리가 이 고백대로 살지 못하고 이 약속을 제대로 지키지 못한다면 결코 잘하는 것이 아니다.

[1] 그리스도의 죽음에 일치된 삶을 살기 위해서 우리는 죄에 대하여 당연히 죽어야 한다. 그것으로써 우리가 그분의 고난에 참여함을 알게 된다(빌 3:10). 따라서 여기서 그의 죽으심과 같은 모양으로 연합한 자가 되었다(5절)고 말해진다. 여기서 같은 모양으로(토 후모이오마티)는 마치 둥치 속에 심겨진 덧붙인 가지가 그 둥치의 속성에 참여하는 것처럼, 유사성과 일치성이 다 포함된 것을 뜻한다. 무엇을 심는 것은 생명과 열매를 위해서다. 우리는 그리스도와 같은 모양이 되도록 포도원에 심겨진다. 그와 같은 모양을 우리는 거룩함으로 증명해야 한다. 다른 신조들도 많지만, 예수 그리스도에 관한 우리의 최고의 신조는 그분이 십자가에 못 박히고 죽으시고 장사되었다는 것이다. 따라서 세례는 여기서 사도가 지적하고 있는 것처럼, 이 세 가지 사실에 각각 우리를 일치시키는 거룩한 의식이라는 것이다. 첫째, 우리의 옛 사람이 예수와 함께 십자가에 못 박혔다(6절). 십자가의 죽음은 느리게 진행된 죽음이었다. 십자가에 못 박힌 후 몸은 무수한 고통과 투쟁을 거쳤다. 그러나 그것은 아주 확실한 죽음으로서, 오랫동안 죽어가며, 결국에는 숨을 거두었다. 그것은 신자들 속에서 죄가 죽어가는 과정이다. 그것은 또 저주받은 죽음이었다(갈 3:13). 죄는 파괴를 일삼은 범인으로서 죽는다. 그것은 저주받은 대상이다. 비록 느리게 죽기는 해도 여기에 못 박힌 상대는 그 힘이 절정기가 아니라 쇠퇴기에 들어선 옛 사람이기 때문에 그 죽음이 신속하게 진행될 것이다. 낡아지고 쇠하는 것은 없어져 가는 것이다(히 8:13). 예수와 함께 십자가에 못 박혔다(쉬네스타우로테)는 것은 시간상으로만이 아니라 인과적으로도 적용되어야 한다. 우리를 위해 그리스도께서 십자가에 못 박히신 것은 우리 안의 죄를 못 박는데 영향을 미친다. 둘째, 우리는 그리스도와 함께 죽었다(8절). 그리스도는 죽음에 순종하셨다. 그분이 죽으셨을 때 우리는 그분과 함께 죽은 것으로 말해질 수 있다. 왜냐하면 우리가 죄에 대하여 죽는 것은 그리스도께서 죄를 위해 죽으신 목적과 실례, 두 가지 모두에 대해 일치하는 행위이기 때문이다. 세례는 우리가 그리스도와 연합한 것, 곧 우리가 그

리스도께 접붙여진 것을 상징하고 보증한다. 우리는 그분과 함께 죽었기 때문에 그분이 죄와 무관하신 것만큼 우리도 그것과 무관하게 되었다. 셋째, 우리는 세례를 받음으로 그와 함께 장사되었다(4절). 우리의 연합은 완전하다. 우리는 고백에 있어서 죄와의 모든 교제와 교통이 끊어져 있다. 왜냐하면 장사된 자들은 세상 전체로부터 확실히 차단되어 있기 때문이다. 더 이상 산 자들에게 속하지 않거나 산 자들 가운데 있지 않는 자들은 그들과 아무 관계가 없기 마련이다. 따라서 우리는 그리스도처럼 죄 및 죄인들과 분리되어야 하고, 또 실제로 분리되었다. 우리는 말하자면 고백적으로나 의무적으로나 장사되었다. 즉 우리는 그렇다고 고백해야 하고, 또 그렇게 되도록 의무를 감당해야 한다. 그것이 세례받을 때 우리의 언약이요 계약이었다. 그러므로 우리는 주님의 것으로 인침을 받았다. 그러므로 죄로부터 단절되어야 마땅하다. 세례받을 때 장사되는 것의 의미가 이러한데, 우리는 그저 물 속에 들어가는 형식에만 집착하고 치우칠까? 세례받을 때 십자가에 못 박힘과 죽음에 그 참된 의미가 있음을 발견할 수 없는 것은 정말 유감이다. 사도가 여기서 그리스도와 함께 장사됨이라고 부르는 것은 세례에 있어서 표지가 아니라 표지가 상징하는 사실을 가리키는 것이 분명하다. 그리고 장사되었다는 표현은 그리스도의 장사됨을 암시한다. 새롭고 더 나은 천국의 생명을 위해 다시 살기 위해 그리스도께서 장사되신 것처럼, 우리도 세례를 통해 장사됨으로써, 믿음과 사랑의 새 생명으로 다시 살기 위해 죄의 삶으로부터 단절되어야 한다.

[2] 우리가 그리스도의 부활에 일치되는 것은 새로운 생명으로 다시 살기 위해서 필수적이다. 이것이 바울이 그토록 알기 원했던 그 부활의 권능(빌 3:10)이다. 그리스도는 아버지의 영광으로 말미암아 즉 아버지의 권능으로 말미암아 죽은 자 가운데서(4절) 살리심을 받았다. 하나님의 권능은 그분의 영광이다. 그것은 영광의 힘이다(골 1:11). 그런데 세례를 통해 우리는 그 모양에 일치되었는데, 그의 부활과 같은 모양으로 연합한 자가 되고(5절), 그와 함께 살게 되었다(8절). 회심이란 죄의 죽음으로부터 의의 생명으로 다시 사는 첫째 부활이다. 이 부활은 그리스도의 부활에 연합된다. 성도들의 그리스도의 부활에 대한 이 연합은 비록 예언으로 언급된 것이기는 하지만, 그리스도의 부활의 결과로 일어나도록 되어있는 무수한 성도들의 몸의 부활과 밀접한 것으로 보인다(마 27:52). 우리 모두는 그리스도와 함께 부활했다. 두 가지 면에서 우리는 그리스도의 부활

에 연합해야 한다. 첫째, 그분은 다시 죽기 위해 살아나신 것이 아니었다(9절). 우리는 죽음에서 다시 살아난 사람들의 애기를 많이 알고 있다. 하지만 그들은 모두 다시 죽기 위해 살아난 사람들이다. 그러나 그리스도는 살아나셨을 때, 다시 죽기 위해 부활하신 것이 아니었다. 그러므로 다시 살아난 나사로는 다시 사용할 필요가 있었기 때문에 죽을 때 걸쳤던 옷을 그대로 입고 무덤에서 나왔지만, 그분은 그 옷을 벗어두고 무덤에서 나오셨다. 그리스도에게는 사망이 다시 주장하지 못했다(9절). 그분은 진정 죽으셨으나 살아 있는 자로서, 세세토록 살아있는 분이다(계 1:18). 따라서 우리는 죄의 무덤에서 부활했다면 다시는 그리 돌아가서는 안 된다. 어둠의 일을 벗어버리고, 그 무덤 곧 어둠 자체인 어둠의 땅과의 교제는 끊어야 한다. 둘째, 그분은 하나님께 대하여 사신 것이다(10절). 즉 그분은 천국의 삶을 살기 위해, 자기 앞에 놓인 영광을 받으려고 부활하셨다. 죽은 자로부터 살아난 다른 사람들은 모든 면에서 자기들이 살았던 과거와 똑같은 삶으로 돌아갔다. 그러나 그리스도는 그렇지 아니하셨다. 그분은 부활하셔서 세상을 떠났다. 나는 세상에 더 있지 아니하오나(요 13:1; 17:11). 그분이 부활하신 것은 하나님께 대하여 살기 위해서였다. 즉 모든 사람이 하나님의 영광을 위해 살도록 중보하고 다스리기 위해서였다. 따라서 우리는 하나님께 대하여 살아야 한다. 이것이 사도가 새 생명(4절)이라고 부르는 것으로서, 우리가 이전에 견지해왔던 것과는 다른 원리, 다른 규범, 다른 목표에 따라 사는 것을 말한다. 하나님께 바쳐진 생명이 새 생명이다. 과거에는 자아를 중심과 최고의 목적으로 삼았지만, 이제는 하나님이다. 진실로 산다는 것은 우리 모두의 눈을 하나님께 향하고, 그분을 우리 행동의 중심을 삼아 그분께 대하여 사는 것이다.

2. 사도는 새 언약의 보배로운 약속과 특권으로부터 주장을 이끌어낸다(14절). 우리는 죄를 정복하거나 억제할 수 없기 때문에 우리에게는 너무 벅차다는 반론이 제기될 수 있다. 이에 대해 사도는 이렇게 설명한다: "그렇지 않다. 너희가 만일 견고하게 서고 철저히 무장한다면, 싸우는 원수는 얼마든지 대적하고 저지시킬 수 있다. 그는 이미 격퇴를 당하고 패배한 원수다. 너희가 사용하기만 한다면, 너희를 돕기 위해 주어진 은혜언약 속에는 얼마든지 힘이 있다. 죄가 너희를 주장하지 못하리라(14절)." 우리에게 주신 하나님의 약속은 우리가 하나님께 하는 약속과는 달리 죄를 죽이는데 아주 강력하고 효과적이다. 죄가 신자 속에서 다툼을, 그것도 큰 다툼을 일으킬지는 몰라도, 그를 주장하지는 못

할 것이다. 우리가 법 아래에 있지 아니하고 은혜 아래 있기 때문이다. 즉 죄와 사망의 법이 아니라 그리스도 예수 안에 있는 생명의 성령의 법 아래 있기 때문이다. 우리는 우리가 과거에 지켜왔던 것과는 다른 원리 곧 새 주인, 새 법에 따라 행동하게 되었다. 다시 말해 우리는, 벽돌을 요구하면서 짚은 주지 않고, 최소한의 실패도 용납하지 않으며, "행하면 살고 행하지 않으면 죽으리라"고 위협하는 행위언약이 아니라, 진심을 복음에 대한 우리의 완전성으로 받아주고, 행할 힘을 주겠다는 약속 외에는 아무 요구를 하지 않는 은혜언약 아래 있다. 은혜언약은 그 언약 안에서는 아무리 큰 악행을 범한다고 해도 우리가 언약 밖으로 퇴출되지 않고, 특별히 우리의 구원을 우리의 수중에 두지 않고 중보자의 손에 두고 있다. 중보자는 죄가 우리를 주장하지 못하도록 우리를 도우시는 분으로 죄를 정죄하고 완전히 박살내실 분이다. 따라서 우리가 승리를 얻고자 한다면, 얼마든지 승리자가 될 수 있다. 그리스도는 은혜의 황금 홀을 가지고 다스리시고, 따라서 그분은 자신의 지배에 복종하는 사람들에게는 절대로 죄가 그들을 주장하지 못하게 하실 것이다. 이것은 모든 참 신자들에게 크게 위로가 되는 말이다. 만일 우리가 계속 율법 아래 있었다면 망했을 것이다. 왜냐하면 율법은 하나라도 그 계명을 지키지 아니하는 자는 누구나 저주하기 때문이다. 그러나 우리는 은혜 아래 있다. 그 은혜는 자원하는 마음을 받아주고, 우리가 실수하는 것을 크게 꾸짖지 않으며, 회개의 여지를 남겨두고, 그 회개에 용서를 약속한다. 순수한 마음에 죄를 가까이 하지 않도록 이끄는 동기들 가운데 이것만큼 더 강한 것이 있을 수 있겠는가? 그렇다면 우리가 그토록 크신 인자하심에 반하여 죄에 빠지고, 이런 사랑을 악용해서야 되겠는가? 아마 어떤 이들은 이 꽃으로부터 독을 뽑아내 이것을 불미스럽게도 죄를 범하는 촉매제로 사용할 것이다. 사도가 이런 사상을 얼마나 크게 경계하는지를 보라: 그런즉 어찌하리요 우리가 법 아래에 있지 아니하고 은혜 아래에 있으니 죄를 지으리요 그럴 수 없느니라(15절). 친구의 특별한 호의와 선의의 표현을 오히려 그를 모욕하고 불쾌하게 만드는 기회로 삼는 것만큼 악하고 괘씸한 것이 있을 수 있겠는가? 그러한 인정을 발로 차고, 그러한 사랑의 얼굴에 침을 뱉는 것은 인간적으로 봐도 온 세상의 수치가 아닐 수 없다.

3. 사도는 이것이 우리에게 유리하거나 아니면 불리하도록 준비된 것으로 우리의 지위에 속해 있음을 보여주는 증거로부터 주장을 이끌어내고 있다(16절).

너희 자신을 종으로 내주어 누구에게 순종하든지 그 순종함을 받는 자의 종이 되는 줄을. 모든 사람은 하나님의 종이거나 아니면 죄의 종이거나 둘 중 하나다. 이 것이 세상에 존재하는 두 족보의 사람들이다. 그런데 만일 우리가 이 두 족보 중 어디에 속해 있는지를 알아보려면, 우리가 그 족보의 주인들 가운데 어디에 순종하고 있는지를 보아야 한다. 우리가 죄의 법에 순종한다면, 그것은 우리가 사망이 속해 있는 족보에 속해 있다는 것을 입증하는 증거가 될 것이다. 반면 에 우리가 그리스도의 법에 순종한다면, 그것은 우리가 그리스도의 족보에 속 해 있다는 것을 보여주는 증거가 될 것이다.

4. 사도는 그들의 과거 죄악된 상태로부터 주장을 이끌어내고 있다(17-21절). 여기서 우리는 다음과 같은 사실을 확인할 수 있다.

(1) 그들의 이전 상태와 그 행위. 우리는 우리의 과거 상태를 상기시켜 주는 애기를 자주 들을 필요가 있다. 바울은 자주 자기 자신과 자신의 편지를 받는 독자들에게 그것을 상기시킨다. [1] 너희가 본래 죄의 종이더니(17절). 지금 하나 님의 종이 되어있는 사람들은 자기들이 과거에 죄의 종이었던 때를 상기함으 로써, 겸손하고 회개하고 하나님을 섬기는 일에 깨어있고 경성케 되도록 해야 한다. 참으로 얼마나 많은 사람들이 죄의 멍에를 벗어버린 후에 과거를 진지하 게 상기하지 않음으로써, 하나님을 섬기는 일을 포기하고 과거의 패역한 삶으 로 다시 돌아가버렸는지 모른다. "하나님께 감사하리로다 너희가 본래 죄의 종이 더니(17절). 즉 너희가 본래는 죄의 종이었는데, 이제는 하나님께 순종하고 있 다. 너희가 본래는 그랬는데, 지금은 그 과거의 일에 대해 말할 수 있는 것이 하 나님께 감사하다. 너희가 본래는 그랬는데, 지금은 그렇지 않다. 아니, 너희가 과거에 그렇게 한 것이 행복한 변화 속에 하나님의 자비와 은혜가 얼마나 크게 들어있는지 오히려 그것을 더 돋보이게 하는 경향이 있다. 과거의 죄악이 현재 의 너희 거룩함을 돋보이게 하고 촉진제가 되는 것을 하나님께 감사하리로다." [2] 전에 너희가 너희 지체를 부정과 불법에 내주어 불법에 이른 것 같이(19절). 몸이 죄를 위해 수고하는 죄악된 상태의 비참만큼 비천하고 고된 종살이는 없을 것 이다. 이것은 마치 탕자가 들로 보내어져 돼지나 먹는 쥐엄나무 열매를 먹고 사는 비참과 같다. 너희가 내주었다. 죄인들은 자발적으로 죄를 섬긴다. 만일 그 들이 죄를 자발적으로 섬기지 않았더라면, 마귀는 결코 그들이 그렇게 하도록 힘을 쓰지 못했을 것이다. 바로 이런 이유로 하나님께서 죄인들을 멸망시키는

것이 정당하다. 그들은 악행을 저지르기 위해 스스로 내주었기 때문이다. 그것은 그들 자신의 소행이었다. 불법에 내주어 불법에 이른 것같이. 모든 죄악된 행위는 죄악된 습관을 강화시키고 확증한다. 수고로서의 불법이 삯으로서의 불법에 이르는 것이다. 바람을 심고 광풍을 거둔다. 갈수록 악화되고 갈수록 강퍅해진다. 사도는 이것을 사람의 예대로 말한다. 즉 그는 사람들 사이에서 흔히 벌어지는 섬김과 복종에 관한 실례에서 그 예를 찾는다. [3] 너희가 의에 대하여 자유로웠느니라(20절). 여기서 자유는 어떤 주어진 자유가 아니라 스스로 취한 자유로서, 사실은 방종을 가리킨다. "너희는 선한 일에 대해서는 철저히 무익했다. 곧 어떤 선한 원리, 동기 또는 성향이 전혀 없었다. 하나님의 법과 뜻에 대한 복종, 그분의 형상에 대한 일치가 전혀 없었다. 너희는 이것을 자유와 해방으로 알고 크게 즐거워했다. 그러나 의로부터 벗어나는 자유는 가장 악한 속박의 종류에 속하는 것이다."

(2) 복된 변화를 일으킨 방법과 그 안에 존재하는 요소.

[1] 너희에게 전하여 준 바 교훈의 본을 마음으로 순종하여(17절). 이것은 회심이 무엇인지를 보여준다. 그것은 그리스도와 그의 사역자들을 통해 우리에게 전달된 복음에 순응하고 순종하는 것을 말한다. 너희에게 전하여준 바(에이스 혼 파레도쎄테)는 너희에게 배달된 것이라는 뜻이다. 따라서 우리는 여기서 다음과 같은 사실을 확인할 수 있다: 첫째, 은혜의 법 곧 교훈의 본(튀폰 디다케스). 복음은 진리와 거룩함, 이 양자를 내포한 위대한 법이다. 복음은 인(印)이고, 은혜는 그 인(印)의 날인이다. 그것은 바르게 하는 말씀의 본이다(딤후 1:13). 둘째, 은혜의 본질 곧 그 법에 우리가 일치해야 한다는 것.1. 그것은 마음으로 순종하는 것이다. 복음은 믿어져야 할 뿐만 아니라 순종되어야 한다. 마음으로란 말에는 그 순종의 신실성과 진실성이 함축되어 있다. 말의 고백으로 뿐만 아니라 권능으로도, 즉 우리 안에서 가장 깊은 부분으로, 사령부가 되는 마음으로부터 우러나오는 순종이어야 한다는 것이다. 2. 그것은 전하여진 바라는 것이다. 이 말은 틀에 넣어져 만들어지는 것처럼, 밀랍이 봉인의 날인 속에 부어지는 것처럼, 선과 선, 획과 획을 따라 순응함으로써 그 모양과 형상을 그대로 찍어내는 것을 의미한다. 진실로 그리스도인이 된다는 것은 복음의 모양과 형상으로 변한다는 것이요, 우리 영혼이 그것에 순응하고 그것에 일치하고 그것에 부합한다는 것이다. 곧 우리의 이성, 의지, 감정, 목표, 원리, 행동 등이 그 교훈의 본에 따라 형

성된다는 것이다.

[2] 죄로부터 해방되어 의에게 종이 되었느니라(18절). 하나님께 종이 되어(22절). 첫째, 회심은 죄의 종으로부터 해방되는 것이다. 그것은 죄의 멍에를 벗어버리고, 다시는 그것을 메지 않겠다고 결심하는 것이다. 둘째, 회심은 하나님과 의의 종이 되어 하나님을 우리의 주인으로, 의를 우리의 일로 삼기 위해 우리 자신을 포기하는 것이다. 우리는 죄로부터 해방되었을 때, 우리 멋대로 살거나 우리가 우리 자신의 주인이 되어 살아도 되는 것이 아니다. 절대로 안 된다. 우리는 애굽으로부터 구원을 받았을 때, 이스라엘처럼 거룩한 산으로 인도를 받아 율법을 받고 거기서 언약의 유대 속으로 들어가게 된 것이다. 우리가 죄의 권세와 지배로부터 벗어나지 않는 한 하나님의 종이 될 수 없음을 유념해야 한다. 우리는 하나님과 죄와 같이 완전히 상반되는 두 주인을 함께 섬길 수 없다. 우리 아버지의 집에 돌아올 수 있으려면, 탕자처럼, 먼 나라 시민으로 방탕하게 사는 것을 그만두어야 한다.

(3) 자기들의 과거의 삶과 행위에 대해 지금 그들이 갖고 있는 생각. 사도는 여기서 그들이 죄의 종으로 살았던 과거의 삶이 어떠했는지를 그들 스스로에게 호소한다(21절). [1] 그것은 열매가 없는 섬김이다. "그 때에 무슨 열매를 얻었느냐? 그것으로 너희가 얻은 것이 무엇이냐? 앉아서 계산해보자. 너희가 얻은 것을 확인해 보라. 그 때에 무슨 열매를 맺었느냐?" 미래에 입을 손실도 무한히 크지만, 죄로 말미암아 현재 얻는 유익은 언급할 가치조차 없다. 무슨 열매? 열매라고 할 만한 것이 아무것도 없다. 죄가 주는 현재의 쾌락과 유익은 열매라고 부를 만한 가치가 없다. 그것들은 쭉정이에 불과하고, 죄악의 밭을 갈아 허영의 씨를 뿌리고, 허영을 거두는 것에 불과하다. [2] 그것은 부적절한 섬김이다. 그것은 우리가 지금 부끄러워하는 것이다. 그 어리석음을 부끄러워하고, 그 더러움을 부끄러워한다. 부끄러움은 죄와 함께 세상에 들어온 것으로, 아직도 그것을 생산하고 있다. 회개할 때 갖게 되는 수치와 회개하지 못해 갖게 되는 영원한 수치와 창피 등이 그것이다. 조만간에 그가 확실히 부끄러움을 당하게 되기를 누가 기꺼이 바라겠는가?

5. 사도는 이 모든 일들의 결말로부터 주장을 이끌어낸다. 합리적 피조물에게 예견력이 주어져서 종말의 일들을 살펴보고 앞날을 내다볼 수 있는 것은 그들의 특권이다. 여기서 우리로 하여금 죄를 떠나 거룩함을 실천하도록 설복시

키는 것은 우리 앞에 축복과 저주, 선과 악, 생명과 죽음이 놓여 있기 때문이다. 우리는 다음과 같은 사실에 의해 선택이 이루어져야 한다.

(1) 죄의 마지막은 사망이다(21절). 이는 그 마지막이 사망임이라. 그 길이 즐겁고 매혹적으로 보이지만, 그 마지막은 비참하다. 마지막에 그것은 물어뜯는다. 그것은 결국 할퀴는 것이 될 것이다. 죄의 삯은 사망이요(23절). 사망은 종이 일을 하고 그 삯을 받는 것처럼, 죄인이 죄를 범하고 받는 당연한 삯이다. 이것은 모든 죄에 해당된다. 그 본질상 용서받을 수 있는 죄는 결단코 없다. 사망은 아무리 작은 죄라도 받아야 될 삯이다. 여기서 죄는 삯이 주어지는 일로서 또는 삯을 지불하는 주인으로서 표현된다. 죄의 일을 하는 모든 사람이 죄의 종이고, 그들은 예외 없이 사망을 그 삯으로 받아야 한다.

(2) 만일 그 열매가 거룩함이라면, 그리고 거기에 참되고 성장하는 은혜의 적극적 원리가 들어있다면, 그 마지막은 영생이 될 것이다. 얼마나 행복한 결말인가! 비록 그 길이 좁고 유혹이 많고 가파른 가시밭길일지라도, 그 마지막은 확실히 영생이다. 하나님의 은사는 영생이니라(23절). 천국은 하나님에 관한 환상과 열매로 이루어진 생명이다. 그것은 영생으로서, 질병도 없고 죽음도 없다. 이것은 하나님의 은사다. 사망은 죄의 삯으로, 유기에 의해 오지만, 영생은 은사로서, 은혜로 말미암아 온다. 죄인들은 지옥을 차지할 공적을 갖고 있으나 성도들은 천국을 차지할 공로를 갖고 있지 않다. 천국의 영광과 우리의 순종 사이에는 비례관계가 없다. 지금 우리가 천국을 얻었다면, 우리는 우리 자신이 아니라 하나님께 감사해야 한다. 그리고 이 은사는 우리 주 예수 그리스도로 말미암아 온 것이다. 그것을 구하고, 그것을 예비하고, 그것을 우리를 위해 준비하고, 그것을 우리를 위해 보존하고 계신 이는 그리스도다. 그분은 우리 구원의 알파와 오메가 곧 모든 것이 되신다.

제 7 장

개요

우리는 이 장에서 다음과 같은 사실을 확인할 수 있다: I. 사도는 우리로 하여금 율법의 자유에 머물러 있지 않고 성화로 나아가도록 주장한다(1-6절). II. 율법의 탁월성과 유용성을 사도 자신의 경험에 비추어 주장하고 증명한다(7-14절). III. 마음속에서 일어나는 은혜와 타락 사이의 갈등에 관해 묘사한다(14-25절).

[1]형제들아 내가 법 아는 자들에게 말하노니 너희는 그 법이 사람이 살 동안만 그를 주관하는 줄 알지 못하느냐 [2]남편 있는 여인이 그 남편 생전에는 법으로 그에게 매인 바 되나 만일 그 남편이 죽으면 남편의 법에서 벗어나느니라 [3]그러므로 만일 그 남편 생전에 다른 남자에게 가면 음녀라 그러나 만일 남편이 죽으면 그 법에서 자유롭게 되나니 다른 남자에게 갈지라도 음녀가 되지 아니하느니라 [4]그러므로 내 형제들아 너희도 그리스도의 몸으로 말미암아 율법에 대하여 죽임을 당하였으니 이는 다른 이 곧 죽은 자 가운데서 살아나신 이에게 가서 우리가 하나님을 위하여 열매를 맺게 하려 함이라 [5]우리가 육신에 있을 때에는 율법으로 말미암는 죄의 정욕이 우리 지체 중에 역사하여 우리로 사망을 위하여 열매를 맺게 하였더니 [6]이제는 우리가 얽매였던 것에 대하여 죽었으므로 율법에서 벗어났으니 이러므로 우리가 영의 새로운 것으로 섬길 것이요 율법 조문의 묵은 것으로 아니할지니라

우리로 하여금 죄를 거부하고 거룩함에 이르도록 설복시키기 위해 앞 장에서 사용된 다양한 논증 가운데 하나가 우리가 법 아래 있지 않다(14절)는 것이었다. 이 논증은 여기서 더 강력하게 주장되고 설명된다(6절): 우리가 율법에서 벗어났으니. 이것은 무엇을 의미할까? 그리고 죄가 우리에게 왕 노릇 해서는 안 되는 이유와 우리가 새 생명 가운데서 행해야 하는 이유에 대한 논증은 어떻게 전개되는가? 1. 우리는 우리가 지은 죄로 말미암아 우리를 저주하고 정죄하는 율법의 권세로부터 벗어났다. 우리에 대한 율법의 선고는 모든 참 신자들

에게는 그리스도의 죽으심으로 말미암아 무효화되고 파기되었다. 율법은 죄를 짓는 자마다 죽으리라고 말하지만, 우리는 율법으로부터 벗어났다. 여호와께서 네 죄를 사하셨으니, 네가 죽지 아니하리라. 우리는 율법의 저주에서 속량받았다(갈 3:13). 2. 우리는 우리 안에 거하는 죄를 자극하고 유발시키는 율법의 권세로부터 벗어났다. 사도는 이것을 여기서 특별히 언급하는 것처럼 보인다: 율법으로 말미암는 죄의 정욕이(5절). 부패하고 타락한 인간을 명령하고 금지시키고 위협하지만 치유하고 힘을 주는 은혜를 제공하지 못하는 율법은 오직 타락을 부추기며, 태양이 똥더미 속을 비추는 것처럼 더러운 기운이 일어나 올라오는 것을 비춰줄 뿐이다. 우리가 타락으로 말미암아 불구가 되자 율법이 와서 우리를 치료하지만, 치유는 고사하고 오히려 상태를 악화시키고, 그리하여 더 넘어지고 비틀거리게 만들었다. 이러한 율법을 법이 아니라 행위언약으로 이해해 보자. 그런데 이것들은 각기 왜 우리가 거룩해야 하는지를 주장하는 논증이다. 왜냐하면 여기에는 우리가 여러 가지 면에서 부족할지라도 노력하라는 자극이 들어있기 때문이다. 우리는 은혜 아래 있고, 그 약속들은 그것이 명령하는 바를 행하도록 힘을 주고, 잘못을 범했을 때 회개하면 용서를 제공한다. 고백적인 면이나 권리적인 면에서 우리는 행위언약이 아니라 은혜언약 아래 있다는 것 곧 모세의 율법이 아니라 그리스도의 복음 아래 있다는 것이 이 구절들이 일반적으로 보여주는 의미다. 앞에서 사도는 율법의 지위와 복음의 지위 사이의 차이를 새 생명을 얻고, 새 주인을 섬기는 비유로 예증했었다. 그런데 여기서 그는 새 남편과 결혼하는 비유로 그것을 설명하고 있다.

I. 우리의 첫 번째 결혼은 율법과의 결혼이었다. 결혼법에 따르면 이 결혼은 오직 율법의 생전에만 지속되었다. 결혼법은 부부 가운데 하나가 죽을 때까지 효력이 있다. 그러나 하나라도 죽으면 더 이상 효력이 없다. 누구든 죽으면 그 법에서 해방된다. 이런 이유로 사도는 율법을 알고 있는 자들에게 호소한다(1절): 내가 법 아는 자들에게 말하노니. 이미 지식을 갖고 있는 사람들과 대화를 나누는 것은 큰 이점이 있다. 왜냐하면 그들은 진리를 더 쉽게 이해하고 깨달을 수 있는 능력이 있는 자들이기 때문이다. 로마에 사는 그리스도인들은 대부분 유대인들이었고, 그래서 그들은 율법을 잘 알고 있었다. 그 법이 사람이 살 동안만 그를 주관하는 줄 알지 못하느냐. 구체적으로는 결혼법을 두고 하는 말이다. 그러나 일반적으로는 모든 법 즉 국가법, 관계법, 가정법 등 모든 법이 그렇게

적용된다.

1. 율법의 의무는 그 이상으로는 적용되지 않는다. 생전에 주인의 멍에 아래 있었던 종이 죽으면 주인에게서 놓인다(욥 3:19).

2. 율법의 정죄도 그 이상으로 확대되지 않는다. 죽음은 법을 종결시킨다. 행동은 사람과 함께 죽는다(Actio moritur cum persona). 아무리 엄격한 법이라도 죽이는 것은 몸뿐이다. 그것이 그 이상 할 수 있는 것은 없다. 따라서 율법에 대해 살아있는 동안 — 복음이 세상에 오기 전, 곧 복음이 우리 마음속에 들어와 권능을 갖기 전인 구약의 상태 속에 있었던 동안 — 에는 우리가 그 권세 아래 있었다. 바로 이것이 결혼법이다(2절). 남편 있는 여인은 남편이 살아있는 동안에는 법에 매여 다른 남자와 결혼할 수 없다. 만일 그녀가 결혼한다면, 음녀로 취급을 받을 것이다(3절). 그녀는 다른 남자와 결혼하게 되면 음녀가 되어 그 남자에 의해서도 더럽혀질 뿐만 아니라 결혼 자체도 더럽히게 될 것이다. 왜냐하면 이 설명에 따르면, 그것은 그것이 불결을 옹호하도록 함으로써, 하나님의 계명을 악용하는 것이 되기 때문이다. 이처럼 우리도 율법과 결혼했었다(5절). 우리가 육신에 있을 때에는. 여기서 육신에 있다는 말은 정욕의 상태 속에 있다는 뜻이요, 죄와 타락의 지배적 권세 아래 있다는 뜻이다. 육신이 우리의 요소였을 때, 곧 율법으로 말미암는 죄의 정욕이 우리 지체 중에 역사했을 때, 우리는 죄의 물결에 휩쓸려가고 있었고, 율법은 불완전한 둑으로 그 물살을 바로잡지 못하고 오히려 더 거센 노도(怒濤)로 만들었다. 아내의 소원이 남편을 향하듯 우리의 소원은 죄를 향했고, 죄가 우리를 지배했다. 우리는 죄를 포용하고 그것을 사랑하고 그것에 모든 것을 바치고 그것과 매일 대화를 나누며 그것을 기쁘게 하는 것이 우리의 관심사였다. 우리는 아내가 결혼법 아래 있는 것처럼 죄와 사망의 법 아래 있었다. 이 결혼의 결과는 사망에 이르는 열매였다. 즉 실제적 범죄는 사망을 가져온 원죄로 말미암아 결과된 것이었다. 율법(율법은 죄의 권능이다: 고전 15:56)에 의해 잉태된 욕심(정욕)이 죄를 낳고 죄가 장성한즉 사망을 낳는다(약 1:15). 이것은 죄 및 율법과의 결혼에서 생산된 후손이다. 이것은 정욕이 우리 지체 중에 역사할 때 일어나는 것이다. 이것은 율법이 우리에 대하여 살고, 우리가 율법에 대하여 사는 한, 한평생 계속된다.

Ⅱ. 우리의 두 번째 결혼은 그리스도와의 결혼이다. 이것은 어떻게 이루어지게 되는가?

1. 죽음으로 말미암아, 아내가 남편에 대한 의무에서 벗어나듯, 우리도 언약으로서의 율법에 대한 의무에서 벗어나게 된다(3절). 양자 사이의 이 비유는 극히 정밀하지 않고, 또 그럴 필요도 없다. 너희도 율법에 대하여 죽임을 당하였으니(4절). 사도는 "율법이 죽었다"고 말하지 않고, 너희도 율법에 대하여 죽었다고 말한다(어떤 이들은 사도가 율법에 아주 열심인 사람들을 자극하지 않기 위해서 그렇게 말한다고 생각한다). 세상이 우리에 대하여 십자가에 못 박혔다는 것과 우리가 세상에 대하여 십자가에 못 박혔다는 것이 동일한 말인 것처럼, 율법이 죽었다는 말과 우리가 율법에 대해 죽었다는 말은 같은 의미다. 우리가 율법에서 벗어났으니(6절). 여기서 우리가 벗어났으니(카테르게테멘)란 말은 율법에 관해 무효화되었다는 뜻이다. 남편인 율법에 대한 우리의 의무는 파기되고 공허하게 되었다. 그래서 사도는 율법은 이제 우리에게 속박의 계명으로서는 죽었다고 말한다: 우리가 얽매였던 것에 대하여 죽었으므로(6절). 율법 자체가 아니라 처벌과 죄의 자극에 대한 그 의무로부터 죽었다는 말이다. 율법은 죽었고, 그 권능을 상실했다. 그리스도의 몸으로 말미암아(4절) 즉 몸으로 당하신 그리스도의 고난으로 말미암아, 십자가에 못 박히신 그분의 몸으로 말미암아, 율법은 폐기되고 그 요구는 충족되고 그것을 위반한 우리의 죄에 대해서도 만족이 이루어졌으며, 우리를 위해 은혜언약을 세우심으로써 율법에 의해서는 이루어질 수도 없었고, 또 이루어지지도 않았던 의와 능력이 우리 위에 두어지게 되었다. 우리는 그리스도의 몸과의 신비적인 연합으로 말미암아 율법에 대하여 죽었다. 우리는 고백적으로는 세례를 통해, 능력적으로 및 유효적으로 우리의 믿음을 통해 그리스도와 하나가 됨으로써 율법에 대하여 죽었기 때문에, 죽은 종이 그 주인으로부터 벗어나 주인의 멍에와는 아무 상관이 없게 된 것 이상으로 율법과 무관한 자가 되었다.

2. 우리는 그리스도와 결혼했다. 우리가 믿는 날은 주 예수의 신부가 되는 결혼식 날이다. 그 날 우리는 그분에 대한 의존과 의무 관계 속에 들어간다. 다른 이 곧 죽은 자 가운데서 살아나신 이에게 가서(4절). 이것은 그리스도의 사역에 대한 아주 적절한 완곡어법이다. 왜냐하면 죄와 율법에 대한 우리의 죽음이 그리스도의 죽음 곧 그분의 몸의 십자가 못 박힘에 참여하는 것인 것처럼, 새 생명 가운데서 행하는 그리스도에 대한 우리의 헌신은 그리스도의 부활에 참여하는 것이기 때문이다. 우리는 부활하여 높아지신 예수와 결혼했고, 그것은 극히 영

예로운 결혼이다. 고후 11:2; 엡 5:29과 비교해 보라. 그런데 우리가 이같이 그리스도와 결혼하게 된 것은 다음과 같은 두 가지 이유 때문이다.

(1) 우리가 하나님을 위하여 열매를 맺게 하려고(4절). 결혼의 한 가지 목적은 열매 맺음 곧 생산이다. 하나님은 경건한 자손(말 2:15)을 얻고자 그 제도를 정하셨다. 아내는 열매 맺는 포도나무로, 자녀는 그 태의 열매로 불린다. 우리가 그리스도와 한 결혼의 최대의 목적은 사랑과 은혜와 모든 선한 일에 있어서 우리가 열매를 맺도록 하는데 있다. 이것은 하나님을 기쁘시게 하고, 그분의 뜻에 따라 그분의 영광을 목표로 삼아 그분을 위해 맺는 열매다. 우리와 죄의 첫 번째 결혼이 사망에 이르는 열매를 맺은 것처럼, 우리와 그리스도의 두 번째 결혼은 하나님을 위한 열매 곧 의의 열매를 맺는다. 선한 일은 새 본성의 자녀로서, 포도나무의 열매가 그 뿌리와 연합한 결과의 산물인 것처럼, 우리가 그리스도와 연합한 결과의 산물이다. 우리의 고백과 주장이 무엇이든 간에 우리가 그리스도와 결혼하기 전에는 하나님을 위해 낳는 열매란 없다. 우리가 선한 일을 위해 지으심을 받은 것은 그리스도 예수 안에서다(엡 2:10). 좋은 평가를 받는 유일한 열매는 오직 그리스도 안에서 맺어진 열매다. 신자들의 선행과, 위선자 및 자칭 의인들의 선행 사이에는 차이가 있는데, 전자의 선행은 주 예수의 이름으로 그리스도와의 연합에 의하여 이루어진 결혼의 산물인데 반해 후자의 선행은 그렇지 못하다는 것이다(골 3:17). 이것이 경건의 위대한 신비라는 것은 두말할 여지가 없다.

(2) 우리가 영의 새로운 것으로 섬길 것이요 율법 조문의 묵은 것으로 아니할지니라(6절). 새 남편과 결혼한 우리는 행실을 바꿔야 한다. 우리가 섬김의 일을 하는 것은 여전하지만, 그것은 완전한 자유에 입각한 섬김이다. 과거 죄에 대한 섬김은 완전히 고된 일이었다. 그러나 이제 우리는 새 영으로, 새 영적 법칙에 따라, 새 영적 원리에 따라, 영과 진리로(요 4:24) 섬겨야 한다. 하나님의 영으로 말미암아 우리에게 영의 혁신이 일어나 그 안에서 섬겨야 한다. 율법 조문의 묵은 것으로 아니할지니라. 즉 우리는 율법 조문에 대한 집착을 자랑하고 영적 예배에 대해서는 관심이 없었던 혈통적 유대인들이 그랬던 것처럼, 단순한 외적 섬김에만 머물러서는 안 된다. 율법 조문은 그 속박과 두려움을 가지고 죽이라고 말해지지만, 우리는 그 멍에로부터 벗어나 성결과 의로 두려움이 없이 하나님을 섬길 수 있게 되었다(눅 1:74,75). 우리는 성령 시대에 살고 있고, 따라서

영적 존재가 되고 영으로 섬겨야 한다. 이것을 고후 3:3,6 등과 비교해 보라. 이제는 우리가 더 이상 바깥뜰이 아니라 휘장 안에서 예배드리는 것이 합당하다.

7그런즉 우리가 무슨 말을 하리요 율법이 죄냐 그럴 수 없느니라 율법으로 말미암지 않고는 내가 죄를 알지 못하였으니 곧 율법이 탐내지 말라 하지 아니하였더라면 내가 탐심을 알지 못하였으리라 8그러나 죄가 기회를 타서 계명으로 말미암아 내 속에서 온갖 탐심을 이루었나니 이는 율법이 없으면 죄가 죽은 것임이라 9전에 율법을 깨닫지 못했을 때에는 내가 살았더니 계명이 이르매 죄는 살아나고 나는 죽었도다 10생명에 이르게 할 그 계명이 내게 대하여 도리어 사망에 이르게 하는 것이 되었도다 11죄가 기회를 타서 계명으로 말미암아 나를 속이고 그것으로 나를 죽였는지라 12이로 보건대 율법은 거룩하고 계명도 거룩하고 의로우며 선하도다 13그런즉 선한 것이 내게 사망이 되었느냐 그럴 수 없느니라 오직 죄가 죄로 드러나기 위하여 선한 그것으로 말미암아 나를 죽게 만들었으니 이는 계명으로 말미암아 죄로 심히 죄 되게 하려 함이라 14우리가 율법은 신령한 줄 알거니와―

앞 부분에서 말한 것에 대해 사도는 여기서 반론을 제기하며 그 대답을 아주 상세히 다룬다: 그런즉 우리가 무슨 말을 하리요 율법이 죄냐(7절). 죄의 권능에 관해 말할 때, 그는 언약으로서의 율법이 그 권능에 끼친 영향을 너무 크게 부각시켜 율법을 비난하도록 잘못된 해석을 하게 함으로써, 자신의 경험을 통해 보여주려는 안내자로서의 율법의 탁월성과 효능성을 보여주는데 방해를 받았다. 나아가 죄가 어떻게 계명으로 말미암아 기회를 타는지를 발견하는데도 어려움을 갖게 했다. 구체적으로 살펴보자.

 I. 율법 자체의 탁월성. 바울이 율법을 비난한다는 것은 결코 사실이 아니다. 아니, 오히려 그는 그것을 영예로운 것으로 말한다.

 1. 율법은 거룩하고 의롭고 선하다(12절). 율법 전체가 그렇고, 모든 세부적 계명들이 그렇다. 율법은 율법수여자와 같다. 율법수여자이신 하나님은 거룩하고 의롭고 선하시다. 따라서 그분의 율법도 당연히 그렇다. 그 본질이 거룩하다. 그것은 거룩함을 명령하고, 거룩함을 자극한다. 그것은 거룩하다. 왜냐하면 그것이 거룩함의 원천인 하나님의 거룩하신 뜻에 일치되기 때문이다. 그것은 의롭다. 왜냐하면 그것이 공평의 법칙과 온전한 이성에 부합하기 때문이다. 하나

님의 법도는 올바르다. 율법은 그 목적에 있어서 선하다. 그것은 인류의 선을 위해, 세계의 평화와 질서의 보존을 위해 주어졌다. 그것은 그것을 지키는 자들을 선하게 만든다. 그것의 의도는 인류를 개선하고 개혁시키기 위한 것이었다. 참된 은혜가 있는 곳에서는 어디서나 율법이 거룩하고 의롭고 선하다는 것에 대한 동의가 있다.

2. 율법은 신령하다(14절). 그것은 우리를 신령하게 만드는 수단이기 때문에 그 효과나 그 범위에 있어서 신령하다. 그것은 우리의 영에 미치고, 속사람의 동기를 억제하기도 하고, 지시하기도 한다. 그것은 마음의 생각과 뜻을 판단한다(히 4:12). 그것은 영적 악행, 마음의 살인과 마음의 간음을 금한다. 그것은 신령한 예배를 명하고 마음을 요구하며 영으로 하나님을 예배하도록 우리를 강제한다. 그것은 신령한 법이다. 왜냐하면 영이시며 영들의 아버지인 하나님에 의해 주어지기 때문이다. 그것은 그 주요 부분이 영으로 구성된 사람에게 주어진 것이다. 영혼은 인간의 최상급 및 주도적 영역이므로 사람에게 주어진 율법은 당연히 영혼에게도 그 법이 된다. 하나님의 법은 그것이 신령한 법이라는 점에서 다른 모든 법들을 능가한다. 다른 법들은 마음속에서 일어나는 죄악인 음모와 억측 등을 금할 수 있지만, 거기서 연원하는 어떤 공개적 행위가 있지 않는 한, 그 죄를 인식할 수 없다. 그러나 하나님의 율법은 그에 따른 행위가 없더라도 마음속의 죄악을 직시한다. 네 마음의 악을 씻어 버리라(렘 4:14). 우리가 아느니라(요일 5:2). 참된 은혜가 있는 곳은 어디든 하나님의 율법의 신령함을 경험하는 지식이 있다.

Ⅱ. 사도가 율법으로 말미암아 발견한 커다란 혜택.

1. 율법은 찾아내는 것이었다. 율법으로 말미암지 않고는 내가 죄를 알지 못하였으니(7절). 곧은 자가 굽은 것을 찾아내고 거울이 우리의 자연적 얼굴의 흠과 결함을 보여주는 것처럼, 회개에 필수적이고, 그 결과로서 평안과 용서에 필연적인 죄에 관한 지식도 우리의 마음과 삶을 율법에 비추어보지 않으면 얻을 길이 없다. 특히 사도는 십계명의 율법에 의해 탐심이 죄라는 지식을 갖게 되었다. 탐심이라는 말은 그에게 우리 안에 거하는 죄, 그 최초의 동기와 작용에 따른 죄, 곧 타락 원리를 뜻한다. 그는 이것을 율법이 탐내지 말라고 말했을 때, 알게 되었다. 율법은 서기관과 바리새인들이 그것에 대해 말한 것과는 다른 언어로 말했다. 그것은 그것의 영적 의미와 관념에 따라 말했다. 율법을 통해 그는

탐심이 죄요, 행동으로는 그 죄악성이 충분히 드러나지 않는 죄에 대한 마음의 동기와 소원이 아주 심각한 죄라는 것을 알게 되었다. 바울은 판단이 아주 빠르고 예리하며, 충분한 교육의 혜택과 실력을 갖춘 사람이었지만, 성령께서 율법으로 말미암아 그것을 알려주시기 전에는 죄의 내재에 관한 올바른 지식을 얻을 수 없었다. 이성이 완전히 어둠 속에 있는 자연인은 성령께서 율법으로 말미암아 그것을 드러내고, 그것을 알려주시기 전에는 눈이 먼 것 이상으로 원래의 타락에 관해 아무것도 모르고 있다. 이같이 율법은 우리를 그리스도께로 인도하는 초등교사가 되어, 상처를 찾아 그것을 치료할 준비를 하게 해준다. 따라서 죄는 계명으로 말미암아 죄로 나타난다(13절). 즉 계명으로 말미암아 죄는 그 고유의 색깔을 갖고 나타나며, 그 본연의 모습을 드러낸다. 따라서 우리는 죄를 그 고유의 이름보다 더 악한 다른 이름으로 부를 수 없다. 따라서 계명으로 말미암아 죄는 심히 죄 되게 된다(13절). 우리는 죄를 율법, 곧 율법의 영적 본질과 비교해 볼 때에만 죄 속에 있는 치명적인 악의와 해악성을 보게 된다. 그때에야 우리는 죄가 얼마나 악하고 쓰라린 대상이 되는지를 알게 된다.

2. 율법은 겸손하게 하는 것이었다(9절): 내가 살았더니. 사도는 스스로를 좋게 생각했다. 그는 자신의 의견과 깨달음에 대해 살아 있었고, 자신의 상태에 대해 극히 안심하고 확신 있는 입장을 취했다. 그는 전에 즉 바리새인이었을 때 그랬었다. 왜냐하면 그것이 자기들에 관해 대단한 자부심을 갖고 있었던 당시 사람들의 공통적 기질이었기 때문이다. 그 당시 바울도 그들 가운데 한 사람이었고, 그렇게 된 이유는 그가 율법을 깨닫지 못해서였다. 비록 가말리엘 문하에서 수학한 율법박사요, 스스로 그것을 철저히 지킨 준수자로서 지나치게 열심이었지만, 율법을 깨닫지 못했다. 사도는 율법 조문을 갖고 있었으나 그 영적 의미는 갖고 있지 못했다. 알맹이 없는 껍질만 갖고 있었다. 그는 손과 머리 속에는 율법을 갖고 있었으나 마음속에는 갖고 있지 못했다. 그 관념을 갖고 있었으나 그 능력은 갖고 있지 못했다. 영적으로는 죄 가운데 죽어 있으면서 자신에 관한 견해에 있어서는 살아 있는 사람들이 많다. 그 실수의 원인인 율법에 대해서 그들은 무지하다. 계명이 이르매 죄는 살아나고(9절). 이 말은 계명이 그 능력에 따라 임하자(그의 눈뿐 아니라 마음속에 이르자) 마치 햇빛이 방 안의 먼지를 비추자 그것이 일어나는(즉 드러나는) 것처럼, 죄가 살아났다는 것이다. 그 때 바울은 이전에 보지 못했던 죄를 보았다. 그는 그 원인, 그 쓰라린 뿌리,

타락한 성향, 부패한 기질에 입각하여 죄를 보았다. 여기서 죄는 그 본연의 죄 곧 추하고 더럽고, 의로운 율법을 파괴하고, 두려운 절대자에 대해 반항하며, 그 주권적 면류관을 땅에 내던짐으로써 모독하는 죄를 말한다. 또 그 결과로서의 죄 곧 그 밭 밑에 도사리고 있는 사망을 간직한 죄, 그 위에 수반되어 있는 저주와 죄를 말한다. "이처럼 죄는 살아나고, 나는 죽었다. 나는 나 자신에 관해 갖고 있던 좋은 평가를 상실하고 다른 평가를 하게 되었다. 죄는 살아나고 나는 죽었도다. 즉 성령께서 계명으로 말미암아 내가 죄 가운데 있고, 죄로 말미암아 사망 가운데 있다는 것을 깨닫게 하셨다." 율법은 이처럼 탁월한 용도를 갖고 있다. 그것은 등불이요 빛이다. 그것은 영혼을 변화시키고 눈을 열어주고 광야 속에서 주의 길을 예비시키고 반석을 가르고 산을 고르며 주를 향하도록 백성들을 준비시킨다.

III. 그럼에도 불구하고 그의 타락한 본성이 율법에 대해 갖게 된 그릇된 용도. 1. 죄가 기회를 타서 계명으로 말미암아 내 속에서 온갖 탐심을 이루었나니(8절). 이것을 살펴보자. 회심하기 전 그토록 탁월했던 사람 가운데 하나였지만, 바울은 온갖 탐심을 소유하고 있었다. 율법의 의로는 흠이 없는 사람이었으나 온갖 탐심에 민감했던 것이다. 그리고 그것을 낳은 원흉은 죄 곧 내재하는 죄, 다시 말해 타락한 본성(그는 죄의 원인이 되는 죄를 그렇게 부른다)이었다. 그것이 계명으로 말미암아 기회를 탄 것이다. 만일 율법의 제어가 없었더라면, 타락한 본성은 그토록 크게 증대되거나 사납게 날뛰지는 못했을 것이다. 그것은 마치 몸 속의 병적 기질이 그것을 충분히 제거하지 못할 치료제에 의해 오히려 더 악화되어 기승을 부리는 것과 같다. 타락한 본성은 금지되는 것으로 기우는 (in vetitum niti) 경향이 있다. 아담이 금단의 열매를 따먹은 이후로 우리 모두는 금지된 길을 더 좋아하게 되었다. 병적인 식욕은 해롭고 먹어서는 안 되는 음식에 더 강하게 끌리도록 되어있다. 율법이 없으면 죄가 죽은 것임이라(8절). 마치 동면하는 뱀처럼 율법의 햇살이 와 닿아야 소생하여 활동을 하는 것이다.

2. 나를 속이고(11절). 죄는 죄인을 속이는데, 그 속임수는 치명적이다(11절). 계명으로 말미암아 나를 죽였는지라(11절). 율법 안에는 죄악된 욕심에 대한 처벌을 표현하는 조항이 없기 때문에 죄 곧 그의 타락한 본성이 기회를 타 그에게 무죄를 약속한다. 곧 뱀이 우리의 첫 조상에게 너희가 결코 죽지 아니하리라고 말하는 것처럼 말한다. 그렇게 그것은 사도를 속이고 죽였다.

3. 선한 그것으로 말미암아 나를 죽게 만들었으니(13절). 탐심을 일으키는 죄는 사망을 일으킨다. 왜냐하면 죄의 삯은 사망이기 때문이다. 타락하고 사악한 본성이 율법을 방해하고, 그것을 죄를 짓는 기회로 만들도록 하지, 다른 선한 것이 그럴 리는 없다. 율법으로부터 독을 빨아들이는 꽃은 죄 외에는 없다. 따라서 이 죄 안에서 죄가 드러난다. 죄가 범하는 가장 악한 일은, 물론 그 자체에게 가장 잘 어울리는 일이지만, 율법을 방해하고, 그것으로부터 기회를 타 더 끔찍한 악이 나타나도록 하는 것이다. 따라서 생명을 위해 제정되고, 안위와 행복의 길을 안내하도록 의도된 계명이 도리어 타락한 본성으로 말미암아 사망에 이르게 하는 것으로 입증되고 말았다(10절). 보배로운 무수한 영혼들이 구원의 반석 위에 부딪혀 박살이 났다. 그런데 어떤 사람들에게는 생명에서 생명으로 이르는 기회가 되었던 그 똑같은 말이 사망에서 사망에 이르는 말이 되고 말았다. 정원의 꽃을 더 향기롭게 만드는 똑같은 해가 똥더미의 악취를 더 지독하게 만드는 역할을 한다. 밀랍을 녹이는 똑같은 열이 흙을 더 굳게 한다. 똑같은 아들이 많은 이스라엘 백성들을 넘어지게 했다가 다시 일어서도록 했다. 이 과오를 다시 저지르지 않으려면 우리 영혼이 하나님의 말씀과 율법의 절대적 권위에 무릎을 꿇어야 한다. 거역하려고 몸부림치지 말고, 그것에 순응하면 된다.

[14] 나는 육신에 속하여 죄 아래에 팔렸도다 [15]내가 행하는 것을 내가 알지 못하노니 곧 내가 원하는 것은 행하지 아니하고 도리어 미워하는 것을 행함이라 [16]만일 내가 원하지 아니하는 그것을 행하면 내가 이로써 율법이 선한 것을 시인하노니 [17]이제는 그것을 행하는 자가 내가 아니요 내 속에 거하는 죄니라 [18]내 속 곧 내 육신에 선한 것이 거하지 아니하는 줄을 아노니 원함은 내게 있으나 선을 행하는 것은 없노라 [19]내가 원하는 바 선은 행하지 아니하고 도리어 원하지 아니하는 바 악을 행하는도다 [20]만일 내가 원하지 아니하는 그것을 하면 이를 행하는 자는 내가 아니요 내 속에 거하는 죄니라 [21]그러므로 내가 한 법을 깨달았노니 곧 선을 행하기 원하는 나에게 악이 함께 있는 것이로다 [22]내 속사람으로는 하나님의 법을 즐거워하되 [23]내 지체 속에서 한 다른 법이 내 마음의 법과 싸워 내 지체 속에 있는 죄의 법으로 나를 사로잡는 것을 보는도다 [24]오호라 나는 곤고한 사람이로다 이 사망의 몸에서 누가 나를 건져내랴 [25]우리 주 예수 그리스도로 말미암아 하나님께 감사하리로다 그런즉 내 자신이 마음으로는 하나님의 법을 육신으로는 죄의 법을 섬기노라

여기서 사도는 마음속에서 일어나는 은혜와 타락, 하나님의 법과 죄의 법 사이의 갈등에 대해 묘사한다. 그리고 이것은 두 가지 면으로 적용할 수 있다: 1. 거듭나지 못했지만 죄에 대한 가책을 느끼고 있는 영혼의 갈등. 어떤 이들은 바울이 지금 말하고 있는 대상이 바로 이들이라고 주장한다. 2. 다른 사람들이 주장하는 것처럼, 거듭난 의인이지만 아직 불완전한 상태 속에 있는 영혼의 갈등. 여기서 사도가 어느 쪽 사람을 가리키고 있는지에 대해서는 논란이 분분하다. 그가 죄 아래 팔려 죄만 행하고 선은 전혀 행하지 않는 영혼을 두고 말할 때는 악의 지배가 유력하게 나타나기 때문에 그것을 거듭난 자 곧 육신이 아니라 성령을 따른다고 묘사되고 있는 사람들에게 적용시키기에는 무리가 있는 것처럼 보인다. 반면에 죄를 미워하고 하나님의 율법을 존중하며 그것을 즐거워하고 마음으로 그것을 섬기는 영혼을 두고 말할 때는 선의 지배가 유력하게 나타나기 때문에 그것을 거듭나지 아니한 자 곧 죄와 허물로 죽어있는 사람들에게 적용하는 것 역시 무척 난감하다.

I. 그것을 아직 죄 가운데 있으면서 그 가책을 느끼고 있는 영혼의 갈등에 적용시켜 보자. 그는 하나님의 뜻을 알면서도 그것을 행하지 않고, 율법의 나은 점이 무엇인지 인정하고 그 교훈을 받으면서도 그것을 계속 어기며 사는 사람이다(2:17-23). 그는 자기 안에 자신이 범하는 죄에 대해 그것을 범해서는 안 된다고 주장하는 증인을 갖고 있다. 그는 죄에 대항하여 투쟁할 고도의 능력, 죄를 저지르기 전 그러지 말도록, 그리고 저지른 후에 다가올 가책에 대해 경고하는 본성의 양심을 갖고 있지만, 계속 자기를 지배하고 있는 정욕의 노예가 되어 있다. 따라서 이런 사람들은 거듭나지 못한 모든 사람들이 아니라 복음에 의해 변화를 받지 못하고 단지 율법에 의해 죄의 가책을 느끼는 자들이다. 사도는 죄가 너희를 주장하지 못하리니 이는 너희가 법 아래에 있지 아니하고 은혜 아래에 있음이라(6:14)고 말했다. 여기서 사도는 율법 아래 있고 은혜 아래 있지 못한 사람이 죄의 지배를 받을 수 있고, 또 받게 된다는 것을 보여주는 증거로 삼고 있다. 율법은 죄를 드러내고 죄를 확신시킬 수 있으나 죄를 정복하고 제거할 수는 없다. 많은 사람들이 율법을 강하게 의식하면서도 죄의 지배를 받고 있는 것이 이것을 입증한다. 율법은 죄의 더러움을 드러내지만 그것을 씻어낼 수는 없다. 그것은 수고하고 무거운 짐 진 자(마 11:28)를 만들며, 죄의 짐이 그를 무겁게 내리누르지만, 아무리 그것을 의지해도, 그 짐을 벗어버리는 데는 아

무 효력이 없다. 이것은 오직 그리스도 안에서만 가능하다. 율법은 사람으로 하여금 오호라 나는 곤고한 사람이로다 이 사망의 몸에서 누가 나를 건져내랴(24절)라고 부르짖게 만든다. 이렇게 그것은 그를 속박하고 억압하는 반면에 그를 건져내는 데는 너무나 무력하고(8:3), 무서워하는 종의 영으로 그를 두렵게 한다(8:15). 그런데 율법으로 말미암아 이처럼 높은 단계에 도달한 영혼은 그리스도로 말미암아 주어지는 자유의 복된 길이 멀지 않다. 하지만 많은 사람들이 여기에 안주하고, 더 이상 나아가지 못한다. 벨릭스는 두려워 떨었지만, 그리스도께 나아오지는 못했다. 사람이 눈을 뜬 상태로(민 24:3,4) 지옥에 가는 것이 가능하다. 통상적 신념의 조명을 받고 자기 저주의 양심을 갖고 있으면서도 마귀를 섬긴다. 그는 율법이 선한 것을 시인하고 하나님의 길 알기를 즐거워할 수 있고(사 58:2에 나오는 그들처럼), 또 자기 속에 죄를 반대하고 거룩함을 지지하는 증인을 갖고 있지만, 이 모든 것은 죄에 대한 지배적인 사랑으로 말미암아 압도되고 만다. 술주정뱅이와 부정한 사람들은 그 죄로부터 떠나야 한다는 욕구가 약간은 있으나 그럼에도 불구하고 그들 속에는 그것에 저항하는 다른 욕심이 있고, 그 결과 그들의 신념은 무력화되고 무용지물이 되고 만다. 이 모든 것을 당연하게 이해하고 그것을 진지하게 주장하는 사람들은 많다.

그러나 만일 사도가 이것을 의도했다면, 왜 굳이 자신을 지칭하는 일인칭을 사용하고, 또 그것도 현재 시제를 사용하여 설명하는지 상상하기가 매우 어렵다. 그는 정죄 아래 있었던 자신의 과거 상태를 상세히 설명했다(7절 이하): 나는 죽었도다. 그 계명이 내게 대하여 사망에 이르게 하는 것이 되었도다. 만일 여기서 그가 그것을 자신의 현재 상태와 똑같은 것으로 말한다면, 확실히 그의 의도는 지금까지 설명한 것으로 이해되지는 않을 것이다. 그러므로 그것은 다음과 같이 이해되어야 한다.

Ⅱ. 그것은 의롭게 된 영혼 속에서 은혜와 타락 간에 야기되는 갈등으로 이해되는 것이 더 낫다고 생각된다. 살아있는 은혜의 원리가 있는 곳에도 타락을 간직한 잔재들이 있다는 것은 논란의 여지가 없다. 이 타락이 날마다 연약함으로 말미암아 범죄의 원인이 되는 것은 명약관화하다. 만일 우리가 죄가 없다고 말한다면, 자신을 속이는 것이다(요일 1:8,10). 참된 은혜는 이러한 죄와 타락들을 반대하여 싸우고 그것들을 허용하지 않고 그것들을 미워하고, 그것들에 대해 슬퍼하며 그것들 아래서 짐처럼 신음하고 있다는 것 역시 똑같이 확실하다

(갈 5:17). 육체의 소욕은 성령을 거스르고 성령은 육체를 거스르나니 이 둘이 서로 대적함으로 너희가 원하는 것을 하지 못하게 하려 함이니라. 내 생각으로는 이것이 사도가 여기서 설명하고 있는 진리의 내용이다. 따라서 그의 의도는 이 세상에서는 완전한 무죄 상태에 도달하기가 불가능한 성화의 본질을 개관하는데 있었던 것이다. 따라서 사도는 우리로 하여금 타락의 잔재들과의 투쟁을 자극하고 격려하기 위해서 설명하고 있는 것이다. 우리가 진지하게 맞서 싸워야 하는 대상은 결코 단순하지 않지만, 우리의 몫이 아니라 은혜를 통해 결국 승리가 확실하게 주어질 것이다. 여기서 말하는 싸움은 태중에서의 야곱과 에서, 가나안 땅에서의 가나안 족속과 이스라엘, 다윗 가문과 사울 가문 사이의 싸움과 같다. 그러나 진리는 위대하고, 반드시 승리할 것이다. 그것을 이같이 이해할 때 우리는 여기서 다음과 같은 사실을 확인할 수 있다.

1. 사도가 탄식하는 것 – 내적 타락의 잔재. 여기서 그는 율법이 심지어는 거듭난 사람에 대해서도 의롭게 하는 능력이 없다는 것을 보여주기 위해 말한다. 즉 이 세상에서 아무리 선한 사람이라도 하나님께서 율법에 따라 판단한다면, 그를 정죄할 만한 죄가 그 안에 충분히 남아있는데, 그것은 율법의 잘못이 아니라 율법을 지킬 수 없는 우리 자신의 타락한 본성 때문이다. 여기서 바울이 똑같은 사실을 계속 반복해서 말하는 것은 그만큼 그 사실이 그의 마음속에 뼈저리게 느껴지고, 그의 감정을 사무치게 했다는 것을 보여준다. 이 탄식에 대한 구체적인 내용들을 확인해 보자. (1) 나는 육신에 속하여 죄 아래에 팔렸도다(14절). 사도는 고린도 교회 성도들을 육신에 속한 자로 간주한다(고전 3:1). 영적 생명을 가진 자 안에도 정욕의 잔재들이 남아있다. 따라서 사람은 죄 아래에 팔릴 수 있다. 그는 아합처럼 악을 행함으로써 악에 팔리는 것이 아니라(왕상 21:25) 죄를 범해 타락한 아담에 의해 팔린 것이다. 이것은 불쌍한 노예가 팔려서 자신의 뜻이 아니라 주인의 뜻을 행하는 것과 같다. 즉 그는 죄 가운데 잉태되고, 죄 가운데 태어났기 때문에 죄 아래에 팔린 것이다. (2) 내가 원하는 것은 행하지 아니하고 도리어 미워하는 것을 행함이라(15절). 19,21절에서도 똑같은 내용이 반복된다: 선을 행하기 원하는 나에게 악이 함께 있는 것이로다. 타락의 힘이 이 정도이기에 그는 그토록 바라고 사모했던 완전한 성화에 도달할 수가 없었던 것이다. 따라서 완전을 향해 심혈을 기울였으나 그는 이미 얻었다 함도 아니요 온전히 이루었다 함도 아니라고 고백한다(빌 3:12). 그는 온갖 죄로부터

벗어나 하나님의 뜻을 온전히 행하려고 했고, 그것은 그의 결연한 생각이었다. 하지만 타락한 본성 때문에 그는 전혀 다른 길로 이끌렸다. 그것은 하늘 높이 치솟고 싶은 그를 방해하여 밑으로 끌어당기는 차꼬와 같았고, 똑바로 던지나 옆으로 빗나가는 럭비공과 같았다. (3) 내 속 곧 내 육신에 선한 것이 거하지 아니하는 줄을 아노니(18절). 여기서 사도는 타락한 본성 곧 그가 육신이라고 부르는 것에 대해 설명한다. 그것이 있는 한 선을 기대할 수 없는 것은 바닷가의 바위나 모래 위에서 옥수수를 기대할 수 없는 것과 같다. 새 본성이 있는 한 죄를 범할 수 없다(요일 3:9). 마찬가지로 육신 곧 옛 본성이 있는 한 절대로 선한 일을 행할 수 없다. 왜 그런가? 육신은 죄의 법을 섬기기 때문이다(25절), 그것은 그 법의 행사와 지배 아래 있다. 그 아래 있는 한 그것은 어떤 선도 행할 수 없다. 타락한 본성은 다른 곳에서는 육신으로 불리는데(창 6:3; 요 3:6), 이 육신을 갖고 있는 사람들 속에는 절대로 선한 것이 있을 수 없고, 육신이 있는 한 선도 없고, 육신은 선을 전혀 행할 수 없는 주체다. (4) 내 지체 속에서 한 다른 법이 내 마음의 법과 싸워 내 지체 속에 있는 죄의 법으로 나를 사로잡는 것을 보는도다(23절). 타락하고 죄악된 성향이 여기서 율법에 비유되고 있다. 그 이유는 그것이 선한 동기들을 억제하고 저지하기 때문이다. 그것은 지체 속에 자리잡고 있는 것으로 말해진다. 왜냐하면 그의 마음속 보좌에는 그리스도께서 앉아 계시기 때문이다. 따라서 죄의 도구가 되는 것은 반역적인 몸의 지체들 즉 육욕들이었다. 그렇지 않으면 우리는 일반적으로 그것을 육욕 또는 더 교활한 정욕이 속해 있는 자리인 타락한 본성 전체를 가리킨다고 볼 수 있다. 이것은 새 본성인 마음의 법과 서로 원수가 된다. 그것은 마음의 법과는 정반대의 길로 이끌고, 그 반대의 이익을 도모하며, 그 타락한 기질과 성향은 최대한 마음의 법을 괴롭히고 속박하여 영혼에 커다란 짐과 근심을 가져온다. 죄의 법으로 나를 사로잡는 것을 보는도다. 똑같은 내용이 25절에도 나온다: 육신으로는 죄의 법을 섬기노라. 즉 새롭게 되지 못한 부분인 타락한 본성이 계속 죄를 범하도록 획책한다는 것이다. (5) 그의 일반적인 탄식. 오호라 나는 곤고한 사람이로다 이 사망의 몸에서 누가 나를 건져내랴(25절). 탄식의 대상은 사망의 몸이다. 이것은 필연적으로 죽을 몸인 육신의 몸(우리가 이 몸과 함께 하는 동안은 타락으로 고통을 받게 될 것이다. 죽으면 죄로부터 해방되겠지만, 그 이전은 아니다)을 가리키든지 아니면 죽음 곧 영혼의 파멸을 가져오는 옛 사람, 타락한 본성 곧 죄의 몸을 가리키든지 할 것이다. 또는 그것은 죽은 몸으로 비유되는데, 의식법에 따르면 죽은 몸을 만지면 부정하다. 만일 실제 범죄가 죽은 행실이라면(히 9:14), 원래의 타락은 죽은 몸이다. 그것은 바울에게 처치 곤란한 것이었는데, 그 이유는 그에게 죽은 몸이 항상 붙어있어 어디를 가든 그와 함께 가기 때문이었다. 그래서 사도는 이것 때문에 오호라 나는 곤고한 사람이로다 하고 외칠 수밖에 없었다. 모든 상황 속에서 자족을 배웠다던 그가 자신의 타락한 본성에 대해서는 이처럼 탄식하고 있는 것이다. 바울에 관해 말하도록 요구를 받는다면, 나는 "오 축복받은 사람이여, 그대는 그리스도의 대사요 천국의 총아요 수많은 영혼들의 영적 아버지로다" 라고 말했을 것이다. 그러나 본성의 타락 때문에 즉 이미 얻지도 못하고 온전히 이루지도 못해 자신이 원하는 대로 선을 행하지 못했기 때문에, 자신에 관해 그는 비참한 사람이라고 선언한다. 이처럼 그는 자신에 대해 비참하게 불평한다. 누가 나를 건져내랴? 사도는 그것에 진절머리가 나, 그것을 떼놓기 위해서는 무슨 일이든 할 사람처럼 말한다. 그는 자신과 자신의 타락 사이를 떼놓을 친구를 찾기 위해 열심히 좌우를 살피고 있다. 내재하는 죄의 잔재들은 은혜 속에 있는 영혼에게는 아주 무거운 짐이다.

2. 그가 위로로 삼는 것. 상황은 슬프나 몇 가지 위로가 있다. 세 가지 사실이 그를 위로했다.

(1) 그럼에도 불구하고 그의 양심은 그 안에서 선한 원리의 지배와 통제를 받고 있음을 증언했다. 영혼 속에서 벌어지는 모든 일이 한 길로만 가지 않는 것은 다행이다. 그가 견지했던 이 선한 원리의 규칙은 하나님의 법이었다. 그는 여기서 이 법에 대해 세 가지 요점을 말한다. 이 요점은 구원 받은 모든 의인 속에서 발견되는 것으로, 거듭나지 아니한 사람들 속에서는 발견되지 않는다. [1] 내가 이로써 율법이 선한 것을 시인하노니(16절). 시인하노니(쉼프헤미). 이 말은 율법의 판단을 인정한다는 뜻이다. 은혜가 있는 곳에는 율법의 가혹성에 대한 두려움과 함께 율법의 선함에 대한 동의도 있는 법이다. "그것은 그 자체로도 좋지만, 나를 위해서도 좋은 것이다." 이것은 율법이 마음속에 기록되었다는 표시로, 영혼은 그것이 짜놓은 대로 형성된다는 뜻이다. 율법에 동의하는 것은 그것이 구성되어 있는 그대로 인정한다는 것이다. 거듭난 영혼의 판단은 율법의 공평성뿐만 아니라 그 탁월성에 대해서도 동조하는데, 그것은 율법에 순응하는 것이 인간 본성의 가장 완전한 상태요, 우리가 누릴 수 있는 최고의 영예

와 행복이 된다고 확신하기 때문이다. [2] 내 속사람으로는 하나님의 법을 즐거워하되(22절). 그의 양심은 그가 율법 안에서 만족함을 증언했다. 그는 말씀의 약속들뿐만 아니라 말씀의 경고 및 금지들에 대해서도 즐거워했다. 즐거워하되(쉬네도마이)는 점진적인 즐거움을 표상한다. 그는 이 점에 있어서 모든 성도들과 같은 상태에 있었다. 거듭나 구원을 받은 모든 성도들은 하나님의 법을 진실로 즐거워한다. 즉 즐겁게 그것을 알거나 행한다. 기꺼이 그 권위에 복종하고, 그 복종에 대해 자족한다. 마음과 삶이 하나님의 법과 뜻에 가장 엄밀하게 복종했을 때보다 더 큰 즐거움이 없다. 내 속사람으로는. 여기서 속사람은 다음 사실을 뜻한다. 첫째, 육신의 육욕적인 성향과 의지에 반대되는 정신이나 이성적 기능. 영혼은 속사람으로, 은혜에 대한 즐거움이 있는 자리다. 따라서 이 즐거움은 진실하고 진지하면서도 은밀하다. 그것은 속사람을 날로 새롭게 한다(고후 4:16). 둘째, 새 본성. 새 사람은 속사람(엡 3:16), 마음에 숨은 사람(벧전 3:4)으로 불린다. 바울은 거듭난 존재로서 하나님의 법을 즐거워했다. [3] 내 자신이 마음으로는 하나님의 법을 섬기노라(25절). 율법에 동의하고 그 법을 즐거워하는 것으로는 충분치 않고, 우리는 그 법을 섬겨야 한다. 우리 영혼은 그것에 순종하도록 온전히 인도를 받아야 한다. 바울의 마음은 그렇게 했다. 그것은 거듭난 모든 성도들에게도 마찬가지다. 이것은 통상적인 과정이요 길이다. 그 길이 영혼이 당연히 갈 길이다. 내 자신이(아우토스 에고). 이 말은 사도가 제삼자의 입장이 아니라 바로 자신의 경우로서 말하고 있음을 암시한다.

(2) 잘못은 그의 본성의 타락에 있는데, 그는 그것을 진실로 슬퍼하고, 그것에 대항하여 분투한다. 이를 행하는 자는 내가 아니요 내 속에 거하는 죄니라(20절). 사도는 이 말을 두 번에 걸쳐 언급하는데(17,20절), 이것은 자신의 죄책에 대한 핑곗거리로서 그러는 것이 아니다(만일 우리가 율법 아래 있다면, 악을 행하는 죄가 우리 안에 거하고 있기 때문에 우리를 정죄하는 것이 충분하다). 그는 절망 가운데 침몰하지 않고, 자원하는 영을 받아주고 연약한 육신을 용납하는 은혜언약으로부터 위로를 받을 수 있다는 그의 증거에 대한 단서로서 말하는 것이다. 아울러 그는 여기서 이 내재하는 죄가 일으키는 모든 결과에 대한 대항을 선언한다. 하나님의 법에 대한 동의를 고백한 다음, 사도는 여기서 죄의 법에 대한 반대를 표명한다. "그것은 내가 아니다. 나는 그 사실과 무관하다. 그것이 행하는 것은 내 마음과는 반대된다." 그것은 의회에서 악한 다수당이 모든

의안을 잘못된 방법으로 결정할 때, 그것이 진정 의회의 행위라 할지라도, 정직한 소수당은 그것에 반대하여 투쟁하고, 그 결정을 슬퍼하며, 그것에 반대하는 저항을 시작하는 것과 같다. 그렇게 하는 것 이상으로 그들이 할 수 있는 일은 없다. 내 속에 거하는. 이것은 마치 조공을 바치지만, 이스라엘 사람들 속에 가나안 족속이 거하는 것과 같다. 내 속에 거하고 거기서 거주하는 것이 가능하지만, 그래도 나는 살 것이다.

(3) 그의 가장 큰 위로는 예수 그리스도 안에 있다는 것이다(25절). 우리 주 예수 그리스도로 말미암아 하나님께 감사하리로다. 탄식하는 와중에서도 사도는 찬양을 터뜨린다. 두려움과 슬픔에 대한 특별한 처방은 찬양이 가장 좋다. 침체에 빠진 연약한 많은 영혼들이 그것이 그러함을 경험했다. 그리고 우리의 모든 찬양 속에서 "우리 주 예수 그리스도로 말미암아 하나님께 감사하리로다"는 찬양은 항상 울려 퍼져야 한다. 누가 나를 건져내랴(24절)고 말할 때 그는 도움을 어디서 구해야 할지 몰라 당황한 것처럼 보인다. 그러나 결국 그는 모든 것을 만족케 하시는 능력을 가진 친구를 발견하니, 그는 곧 예수 그리스도다. 우리는 잔존하는 죄의 힘을 느낄 때에도 그리스도로 말미암아 하나님께 감사할 이유가 있음을 알아야 할 것이다. 왜냐하면 그리스도 그분은 우리 모든 기도의 중보자인 것처럼, 동시에 우리 모든 찬양의 중보자가 되시기 때문이다. 즉 그리스도 때문에 하나님께 감사하는 것이다. 그분은 우리와 우리의 죄로 말미암은 진노 사이에 서 계신다. 만일 그리스도께서 없었더라면, 우리 안에 거하는 이 죄악은 필경 우리를 멸망으로 이끌었을 것이다. 그분은 아버지께 우리의 옹호자로서, 그분으로 말미암아 하나님은 우리를 불쌍히 여기고 용납하고 용서하시며, 우리의 죄를 우리의 책임으로 돌리시지 않는다. 그리스도는 때가 되자 우리를 위해 구원을 사신 분이다. 그리스도로 말미암아 이 모든 탄식들은 종지부를 찍고, 죄나 탄식 없이 살 영원 속으로 우리는 날아갈 것이다. 우리 주 예수 그리스도로 말미암아 우리에게 승리를 주시는 하나님께 감사하노라(고전 15:57).

제 8 장

개요

칭의에 관한 교리를 충분히 설명하고 성화의 필연성을 강조한 사도는 이 장에서 주의 백성들을 위로하는데 전념한다. 사역자들은 성도들의 기쁨을 돕는 자들이다. "너희는 위로하라 내 백성을 위로하라"(사 40:1). 하나님의 백성들이 위로받는 것은 그분의 뜻이다. 여기서 우리는 복음 헌장의 초안을 갖게 되는데, 이것은 참 신자들에게 기쁨과 평강을 충분히 제공하는 최상의 특권을 보여주고 있다. 따라서 우리는 거짓말하실 수 없는 하나님께서 말씀하신 변할 수 없는 이 사실들로 말미암아 큰 위로를 받을 것이다. 따라서 참으로 많은 하나님의 백성들이 이 장을 통해 살든지 죽든지 영혼을 위로하는 샘을 발견하고, 이 위로의 물줄기로부터 물을 만족스럽게 빨아들이고, 또 구원의 우물로부터 그 물을 즐겁게 퍼마시곤 하였다. 이 장에는 세 가지 사실이 기록되어 있다: I. 그리스도인의 특권의 구체적 실례(1-28절). II. 예정 속에 두어져 있는 그 특권의 근거(29-30절). III. 사도가 모든 성도들의 이름으로 외치는 승전가(31-39절).

[1]그러므로 이제 그리스도 예수 안에 있는 자에게는 결코 정죄함이 없나니 [2]이는 그리스도 예수 안에 있는 생명의 성령의 법이 죄와 사망의 법에서 너를 해방하였음이라 [3]율법이 육신으로 말미암아 연약하여 할 수 없는 그것을 하나님은 하시나니 곧 죄로 말미암아 자기 아들을 죄 있는 육신의 모양으로 보내어 육신에 죄를 정하사 [4]육신을 따르지 않고 그 영을 따라 행하는 우리에게 율법의 요구가 이루어지게 하려 하심이니라 [5]육신을 따르는 자는 육신의 일을, 영을 따르는 자는 영의 일을 생각하나니 [6]육신의 생각은 사망이요 영의 생각은 생명과 평안이니라 [7]육신의 생각은 하나님과 원수가 되나니 이는 하나님의 법에 굴복하지 아니할 뿐 아니라 할 수도 없음이라 [8]육신에 있는 자들은 하나님을 기쁘시게 할 수 없느니라 [9]만일 너희 속에 하나님의 영이 거하시면 너희가 육신에 있지 아니하고 영에 있나니 누구든지 그리스도의 영이 없으면 그리스도의 사람이 아니라

Ⅰ. 사도는 여기서 참 그리스도인들이 누리는 한 가지 특권과 함께 시작하면서 그것을 소유하고 있는 사람들의 특징에 관해 묘사한다. 그러므로 이제 그리스도 예수 안에 있는 자에게는 결코 정죄함이 없나니(1절). 이것은 앞 장의 우울한 탄식과 갈등 ─ 죄의 잔재 속에서 고통당하고 심란하지만 멸망하지 않고 하나님께 감사했던 ─ 후에 나오는 그의 승전가다. 그는 탄식은 자신에게 돌렸지만, 겸손하게도 위로는 자신에게서 그것에 관심이 있는 모든 신자들에게 이전시킨다.

1. 그러므로 이제 결코 정죄함이 없다는 사실은 그리스도 예수 안에 있는 모든 자의 말할 수 없는 특권이자 위로다. 그는 "더 이상 그들에게 고소는 없다"고 말하지 않는다. 왜냐하면 고소는 있기 때문이다. 그러나 그것은 내던져지고 파기된다. 그는 "그들에게 정죄받을 것이 아무것도 없다"고 말하지 않는다. 왜냐하면 정죄받을 것이 있기 때문이다. 그들은 그것을 보고 그것을 갖고 있고 그것 때문에 슬퍼하며 그것에 대해 스스로 정죄한다. 그러나 그것은 더 이상 그들을 파멸시키지 못할 것이다. 그는 "그들에게는 더 이상 십자가나 고통이나 고통에 대한 불쾌감이 없다"고 말하지 않는다. 왜냐하면 그것이 있을 수 있기 때문이다. 그러나 더 이상 정죄함이 없다(1절). 그들은 주님의 징계를 받을 수 있으나 결코 세상과 함께 정죄받는 일은 없다. 그런데 이것은 예수 그리스도 안에 있을 때 온다. 그들은 믿음으로 그분과 연합함으로써, 이것을 얻게 된다. 그들은 도피성 안에 있어 피의 복수자로부터 보호를 받는 것처럼 그리스도 예수 안에 있다. 그분은 그들의 대변자로서, 원수들을 처치하신다. 그러므로 그리스도께서 죽으심으로 말미암아 율법에 대해 이루신 만족에 관련되어 있기 때문에 그들은 정죄함이 없다. 그리스도 안에서 하나님은 그들을 정죄하지 않으실 뿐만 아니라 그들을 기뻐하신다(마 17:5).

2. 이처럼 정죄함으로부터 벗어난, 그리스도 예수 안에 있는 모든 사람들이 육신이 아니라 성령을 따라 사는 것(흠정역 성경에는 이 말이 삽입되어 있다)은 의심할 여지 없는 그들의 특징이다. 그 특징은 그들의 하나의 어떤 특별한 행동이 아니라 그들의 과정과 삶 자체로부터 주어진 것을 주목하자. 그리고 여기서 나오는 중요한 질문은 바로 이것이다: 그 삶의 원리는 무엇인가? 곧 육신인가 영인가, 옛 본성인가 새 본성인가, 타락인가 은혜인가? 이 중 어느 것을 우리는 염두에 두고, 이 중 어느 것을 우리의 것으로 삼으며, 이 중 어느 것이 우리를 지배하며, 이 중 어느 것이 우리가 취해야 할 것인가?

Ⅱ. 이 위대한 진리를 이렇게 설명하고 난 후 사도는 다음 구절에서 그것을 예증한다. 이 위대한 특권이 어떻게 우리에게 주어졌는지 그리고 이 특징에 우리가 어떻게 반응할 수 있는지를 보여준다.

1. 우리는 이 특권을 어떻게 받았는가 – 칭의 곧 우리에게 정죄함이 없는 특권과 성화 곧 육신이 아니라 성령을 따라 사는 특권은 우리의 의무라기보다는 최고의 권리다. 그것이 어떻게 오게 되었는가?

(1) 율법은 그것을 할 수 없었다(3절). 그것은 우리를 의롭게 하거나 성화시킬 수 없었다. 즉 우리를 죄책이나 죄의 권세로부터 벗어나게 하거나 용서나 은혜에 관한 약속들을 이루거나 할 수 없었다. 율법이 완전하게 하는 것은 아무것도 없었다. 율법이 연약하여. 어떤 이들은 율법이 이 복된 목적을 이루었다고 주장하지만, 슬프도다! 그것은 연약했다. 그것은 그 목적을 전혀 달성할 수 없었다. 그러나 그 연약함은 율법 속에 어떤 결함이 있어서가 아니라 육신으로 말미암아, 곧 인간 본성의 타락으로 말미암아서다. 이것 때문에 우리는 율법으로는 의롭게 되거나 거룩하게 되거나 할 수 없었다. 우리는 율법을 지킬 수 없게 되었고, 그것을 지키는데 실패할 경우 행위언약으로서의 율법은 무용지물로서 원래 그 상태로 우리를 내버려둘 뿐이다. 의식법에 관한 율법을 살펴보라. 그것은 상처를 싸매기에는 너무나 불충분한 고약으로, 죄를 능히 제거할 수 없었다(히 10:4).

(2) 그리스도 예수 안에 있는 생명의 성령의 법이 그것을 이룬다(2절). 그리스도 안에서 우리와 맺어진 은혜 언약은 공로와 은혜의 보고(寶庫)로서, 그 안에서 우리는 죄 사함과 새 본성을 받고, 죄와 사망의 법에서 해방된다. 즉 죄책과 죄의 권세로부터, 율법의 계명과 육신의 지배로부터 벗어난다. 우리는 다른 언약, 다른 주인, 다른 남편인 성령의 법 아래 놓여 있는데, 그 법은 성령을 통해 우리를 영원히 살게 하는 영생을 제공한다. 이 자유의 기초는 그리스도께서 우리를 위해 베푸신 공로 속에 두어져 있다. 이에 대해 사도는 하나님이 자기 아들을 보내셨다(3절)고 말한다. 율법이 실패하자 하나님께서 다른 방법을 제공하셨음을 주목하자. 율법이 할 수 없었던 일을 하시기 위해 그리스도께서 오신 것이다. 모세는 이스라엘 후손들을 가나안 경계까지 이끌고는 곧 죽어 그들을 떠났다. 그러나 여호수아는 모세가 할 수 없었던 일을 행하고, 그들이 가나안 땅을 소유하도록 이끌었다. 이처럼 율법이 할 수 없었던 것을 그리스도께서 하셨다. 이 구절에 대한 최고의 해석이 히 10:1-10에 담겨있다. 본문의 의미를 더 명확히

하기 위해 약간 난해한 본문을 다음과 같이 의역해 보자: 하나님이 자기 아들을 죄 있는 육신의 모양으로 보내어 죄에 대한 희생제물로 삼으심으로써, 육신 안의 죄를 정죄하셨는데, 그것은 육신으로 말미암아 연약해진 율법이 할 수 없었던 일이었다(3-4절). 여기서 다음과 같은 사실을 주목하자: [1] 그리스도께서 나타나신 방법. 죄 있는 육신의 모양으로(3절). 그분은 죄가 없으셨다. 그분은 거룩하고 흠도 없고, 오염도 없었으나 죄 있는 육신의 모양으로 세상에 오셨다. 그분은 타락과는 전혀 상관없었지만, 타락된 본성을 취하셨다. 그분이 할례를 받고 속죄를 이루고 요한의 세례를 받으신 것은 죄악된 육신의 모양을 암시한다. 불뱀에게 물린 상처가, 그 독액은 없으나 그들을 문 뱀의 모양을 가진 놋뱀으로 인해 치유받았다. 하나님이신 분이 육신의 모양을 취하신 것은 엄청난 낮아지심이었다. 그러나 거룩하신 그분이 죄악된 육신의 모양을 취하신 것은 더욱 큰 낮아지심이었다. 죄 있는,— 여기서 유력한 헬라 사본들은 콤마를 찍는다. 하나님은 하시나니 곧 죄로 말미암아 자기 아들을 죄 있는, 육신의 모양으로 보내어 육신에 죄를 정하사(3절). 여기서 육신의 모양으로 … 육신에 죄를은 '죄 있는 육신의 모양으로 그리고 죄를 위한 제물로서'라는 뜻이다. 70인역은 죄를 위한 제물을 단순히 죄를 이라고 표현한다. 결론적으로 그리스도는 희생제물이었으며, 희생제물로 보냄을 받으셨다(히 9:26). [2] 이 나타나심으로 이루어진 일. 죄를 정하사. 즉 하나님께서 그것에 죄에 대한 자신의 진노를 표출하셨다. 그뿐 아니라 그리스도께 속한 모든 자들을 위해 죄의 저주와 권세를 깨뜨리고 박살내신 것이다. 정죄 받은 자는 더 이상 고소를 당하거나 죄가 지배할 수 없다. 죄의 증언은 무효요 그 권위도 무효다. 이처럼 그리스도로 말미암아 죄는 정죄를 받았다. 죄는 비록 살아있고 잔존하지만, 성도들 안에서 그 생명은 정죄받은 죄수의 생명과 다를 바가 없다. 죄가 정죄를 받음으로써 사망은 무장 해제되고, 사망 권세를 가진 자인 마귀는 무력화되었다. 죄의 정죄로 말미암아 죄인은 정죄로부터 구원을 받는다. 그리스도께서 우리를 위하여 죄가 되셨다(고후 5:21). 이렇게 죄가 되셨기 때문에, 그분이 정죄받으셨을 때 죄도 그리스도의 육신 안에서 곧 그 인성 속에서 정죄를 받았다. 이렇게 하여 하나님의 공의는 만족되었고, 죄인의 구원의 길이 예비되었다. [3] 우리에게 주어진 이것의 복된 결과(4절). 우리에게 율법의 요구가 이루어지게 하려 하심이니라. 우리의 칭의와 성화 모두에 있어서 율법의 요구는 만족되었다. 율법을 어긴 것을 만족시키는 성화의 의는 그리스도의 온전하고 완전한 의의 전가에 의해 이루어진다. 그분의 의는 마치 속죄소가 방주만큼 넓고 큰 것처럼, 율법의 궁극적 요구를 충분히 만족시킨다. 율법의 계명에 대한 순종의 의는 성령으로 말미암아 사랑의 법이 마음에 새겨질 때, 우리 안에서 성취되고, 그 사랑이야말로 율법의 완성이다(13:10). 율법의 요구를 우리가 성취할 수 없음에도 불구하고, 그것을 우리 안에서 이루시는 하나님께 감사하자. 율법의 요구를 만족시키는 것이 모든 참 신자들 속에서 발견될 것이다. 육신이 아니라 성령을 따라 사는 자. 이 말은 이 특권에 관련된 모든 자들의 특징을 묘사한다. 즉 그들은 육신의 원리가 아니라 성령의 원리에 따라 행한다. 다른 사람들에 관해 말하면, 율법의 요구는 그들을 파멸시키는 것으로 성취될 것이다.

2. 이 특징에 우리가 어떻게 응할 수 있는지 살펴보자(5절 이하).

(1) 우리의 마음을 살피는 것으로. 우리가 육신을 좇는지 아니면 성령을 좇는지를 어떻게 알 수 있는가? 그것은 우리의 마음을 살피면 안다. 곧 우리가 육신의 일을 생각하고 있는가 아니면 영의 일을 생각하고 있는가를 보면 된다. 육체의 쾌락, 세속적 이득과 영예, 육욕과 현세에 관한 일 등은 육신의 일이다. 이것들은 거듭나지 아니한 영혼들이 생각하는 일이다. 하나님의 은혜, 영혼의 행복, 영원에 대한 관심 등은 성령의 일이다. 이것들은 성령을 따르는 자들이 염두에 두고 있는 일이다. 사람은 마음이 행하는 대로 존재한다. 마음은 생각의 대장간이다. 대저 그 마음의 생각이 어떠하면 그 위인도 그러한즉(잠 23:7). 생각이 즐겁게 따라 움직이는 길이 어느 쪽인가? 생각이 가장 만족스럽게 여기는 길이 어느 쪽인가? 마음은 지혜의 자리다. 그 계획과 모사가 어느 쪽으로 가는가? 세상과 영혼 가운데 어느 쪽에 더 지혜로운가? 그들은 육신의 일을 생각하는 자들이다. 이것은 마 16:23에도 나온다. 우리의 생각이 어떠한지는 큰 문제다. 어떤 진리, 어떤 소식, 어떤 위로를 우리가 가장 좋아하는지, 그리고 우리에게 가장 즐거운 것인지는 작은 문제가 아니다. 그래서 이 육신의 생각에 대해 경고하기 위해 사도는 그것의 비참성과 해악성을 보여주고, 그것을 영의 생각의 말할 수 없는 탁월성 및 위로와 비교한다. [1] 육신의 생각은 사망이다(6절). 그것은 영적 사망으로, 영원한 죽음에 이르는 확실한 길이다. 그것은 영혼의 사망이다. 왜냐하면 영혼의 생명을 좌우하는 하나님과의 연합과 교제에서 벗어나도록 그분과 분리시키기 때문이다. 육신의 영은 죽은 영으로, 살아있는 것 같아도 죽어 있다. 향락을 좋아하는 자는 살았으나 죽었느니라(딤전 5:6). 이 말은 율법 안에서 죄

책으로 말미암아 죽었다는 것이요, 또 그 상태가 육신적이라서 죽었다는 것이다. 사망은 온갖 비참을 포함하고 있다. 육신의 영혼은 비참한 영혼이다. 그러나 영의 생각(프흐로네마 투 프뉴마토스, 위로부터 온 지혜, 은혜의 원리)은 생명과 평안이다(6절). 그것은 영혼의 지복이요 행복이다. 영혼의 생명은 마음을 통해 영의 일과 연합하는데 있다. 구원받은 영혼은 살아있는 영혼으로서, 그 삶은 평안이다. 그것은 아주 평안한 삶이다. 영적 지혜의 모든 길은 평강의 길이다. 그것은 이 세상과 다가올 세상 모두 생명과 평안이다. 영의 생각은 영원한 생명과 평안의 시작으로서, 그 완성에 대한 확실한 담보물이다. [2] 육신의 생각은 하나님과 원수가 된다(7절). 이것은 사망보다 더 나쁘다. 사망은 육신에 속한 죄인을 죽은 죄인으로 말하지만, 이것은 사람을 인간 마귀라고 부른다. 그것은 원수일 뿐 아니라 원수 자체다. 그것은 영혼을 하나님으로부터 분리시킬 뿐 아니라 하나님을 대적하도록 한다. 그것은 하나님의 권위를 거역하고 그분의 계획을 좌절시키고 그분의 관심사를 반대하고 그분의 얼굴에 침을 뱉으며, 그분의 사랑을 무시한다. 이보다 더 큰 원수가 어디 있겠는가? 적과는 화해할 수 있으나 원수와는 할 수 없다. 이것은 우리로 하여금 육의 생각에 대해 얼마나 겸손하게 하고, 경고가 되는가! 우리가 우리의 창조주요 소유주요 지배자요 시혜자이신 하나님에 대해 계속 원수가 될 것인가? 이것을 증명하기 위해 사도는 이는 하나님의 법에 굴복하지 아니할 뿐 아니라 할 수도 없음이라(7절)고 주장한다. 하나님의 법의 거룩함과 육신의 생각의 불결함은 빛과 어둠처럼 양립될 수 없다. 육신에 속한 사람은 하나님의 은혜의 힘으로 하나님의 법에 복종할 수는 있으나 육신의 생각은 복종시킬 수 없다. 이것은 파기되고 제거되어야 한다. 인간의 타락한 의지가 얼마나 비참하게 죄에 매여 종노릇하는지를 보라. 육신의 생각이 득세하는 한, 하나님의 법을 지키는 성향도 없다. 그러므로 어디서든 변화가 있다면, 그것은 하나님의 은혜의 능력에 의한 것이지 인간의 의지의 자유에 의한 것은 아니다. 따라서 사도는 육신에 있는 자들은 하나님을 기쁘시게 할 수 없느니라(8절)고 추론한다. 육신에 속해 거듭나지 아니한 상태에 있고, 죄의 지배력 아래 있는 사람들은 하나님을 기쁘시게 하는 일을 할 수 없다. 그들은 은혜, 기쁘시게 하는 원리, 기쁘시게 하는 중보자이신 그리스도에 대한 관심이 결여되어 있기 때문이다. 악인의 제사는 여호와께서 미워하셔도(잠 15:8). 하나님을 기쁘시게 하는 것이 우리의 최고 목적인데, 육신에 있는 자들은 절대로 성취할 수 없는 목적이다. 그들은 그분을 기쁘시게 할 수 없다. 아니 그들은 그분을 불쾌하게 할 수밖에 없다. 우리는 우리의 상태와 특징을 살필 필요가 있다.

(2) 우리가 하나님의 영과 그리스도를 소유하고 있는지의 여부를 탐구하는 것으로(9절). 너희가 육신에 있지 아니하고 영에 있나니. 이것은 영혼의 상태와 조건이 크게 차이가 있음을 나타낸다. 모든 성도들은 그들 속에 육신과 영혼을 함께 갖고 있다. 그러나 육신에 속하는 것과 성령에 속하는 것은 완전히 별개다. 그것은 이 원리들 가운데 어느 쪽에 의해 지배되고 예속되느냐의 문제다. 이것은 우리가 술에 빠진 사람과 **사랑에 빠진** 사람은 어느 것에 의해 지배되느냐에 따라 결정된다고 말하는 것과 같다. 그런데 우리가 육신에 속하느냐 아니면 성령에 속하느냐 하는 문제는 엄청나게 큰 문제다. 우리가 그것을 어떻게 알 수 있는가? 그것은 우리 안에 하나님의 영이 거하고 있는지의 여부를 알아보는 것으로 알 수 있다. 우리 안에 거하는 성령은 우리가 성령에 속했음을 보여주는 최고의 증거다. 왜냐하면 거하는 일은 상호관계의 문제이기 때문이다(요일 4:16): 하나님 안에 거하고 하나님도 그의 안에 거하시느니라. 성령은 자신의 뜻에 따라 거듭나지 아니한 자들을 찾아가지만, 그들은 그분의 뜻을 거부하고 소멸시킨다. 반면에 거듭난 자들 속에서는 항상 거하신다. 거기 거하면서 그분은 다스리신다. 그분은 사람을 자신의 집으로 삼고, 거기서 끝까지 지배권을 갖고 활동하신다. 우리는 우리 자신의 마음에 대해 거기 누가 거하고, 누가 지배하며, 누가 집을 지키고 있는지를 물어야 한다. 어느 쪽 관심이 더 우세한가? 이를 위해서는 일반적인 시금석이 여기 있다: 누구든지 그리스도의 영이 없으면 그리스도의 사람이 아니라. 그리스도의 사람이 되는 것(곧 참된 그리스도인이 되는 것, 그분과 연합하여 그분의 자녀, 그분의 종, 그분의 친구 가운데 하나가 되는 것)은 놀라운 특권이요 영예인데, 그것에 대한 몫이나 분깃이 없는데도 그것을 가졌다고 자랑하는 사람들이 참으로 많다. 그분의 영을 소유하고 있는 사람 외에 그분의 사람은 없다. 즉 [1] 그분처럼 영적인 자들은 영적이다 — 그분처럼 온유하고, 겸손하고, 자비로웠다. 우리는 그분의 영을 갖고 있지 않는 한 그분의 발자취를 따라갈 수 없다. 우리 영혼의 구조와 성향이 그리스도의 모습에 일치되어야 한다. [2] 거룩하게 하는 자, 교사 그리고 위로자이신 하나님의 영에 의해 행동하고 인도를 받는다. 그리스도의 영을 소유한다는 것은 우리 안에 성령을 소유한다는 것과 같다. 그러나 이 두 가지 사실은 하나의 사실이다.

왜냐하면 하나님의 영에 의한 행동을 자기들의 규범으로 사는 모든 사람들은 자기들의 본보기로서 그리스도의 영에 일치시키기 때문이다. 따라서 정죄로부터의 자유라는 이 첫 번째 특권을 소유하고 있는 사람들의 특징에 관한 이 묘사는 그대로 이어지는 다른 모든 특권들에게도 적용되어야 한다.

[10]또 그리스도께서 너희 안에 계시면 몸은 죄로 말미암아 죽은 것이나 영은 의로 말미암아 살아 있는 것이니라 [11]예수를 죽은 자 가운데서 살리신 이의 영이 너희 안에 거하시면 그리스도 예수를 죽은 자 가운데서 살리신 이가 너희 안에 거하시는 그의 영으로 말미암아 너희 죽을 몸도 살리시리라 [12]그러므로 형제들아 우리가 빚진 자로되 육신에게 져서 육신대로 살 것이 아니니라 [13]너희가 육신대로 살면 반드시 죽을 것이로되 영으로써 몸의 행실을 죽이면 살리니 [14]무릇 하나님의 영으로 인도함을 받는 사람은 곧 하나님의 아들이라 [15]너희는 다시 무서워하는 종의 영을 받지 아니하고 양자의 영을 받았으므로 우리가 아빠 아버지라고 부르짖느니라 [16]성령이 친히 우리의 영과 더불어 우리가 하나님의 자녀인 것을 증언하시나니

이 구절들을 통해 사도는 참 신자들에게 속해 있는 두 가지 특별한 유익에 대해 설명한다.

I. 생명. 여기서 행복은 소극적 행복 곧 정죄받지 않는 것이 아니라 적극적 행복 곧 생명으로 나아가는 것으로서, 인간 최고의 행복일 것이다(10,11절). 그리스도께서 너희 안에 계시면(10절). 성령이 우리 안에 계시면, 그리스도께서 우리 안에 계시는 것을 유념해야 한다. 그분은 믿음으로 말미암아 마음속에 거하신다(엡 3:17). 따라서 여기서 그리스도가 마음속에 거하는 사람들의 육체와 영혼이 어떻게 되는지를 우리에게 말해준다.

1. 우리는 몸은 죽었다는 말 외에 다른 말을 할 수 없다. 그것은 약하고, 죽도록 되어 있으며, 죽어가고 있는 몸이다. 그것은 조만간 죽을 것이다. 그것은 흙 집이요, 그 기초는 먼지에 불과하다. 값 주고 산 그리고 약속된 생명도 현재 상태 속에서는 몸을 불멸의 것으로 만들지 못한다. 그것은 죽었다. 즉 죽도록 예정되어 있고 죽음의 선고 아래 있다. 우리가 사형선고 받은 사람은 죽은 사람이라고 말하는 것과 같다. 살아있는 동안에도 우리는 죽음 속에 있다. 우리의 몸을 아무리 튼튼하고 건강하고 단단하게 해보라. 그것은 죽은 자와 같다(히

11:12). 이것은 죄로 말미암아서다. 몸을 죽이는 것은 죄다. 이것이 첫 번째 경고의 결과다: 너는 흙이니(창 3:19). 우리가 몸을 사랑한다면 당연히 죄를 미워하는 것 외에 다른 논증은 없다고 나는 생각한다. 왜냐하면 죄는 우리 몸의 원수가 되기 때문이다. 성도들의 몸도 죽는다는 것은 죄를 미워하시는 하나님의 불쾌하심이 아직 남아있다는 증거다.

2. 그러나 영 곧 보배로운 영혼은 생명이다. 그것은 지금 영적으로 살아있다. 아니, 그것은 그 자체로 생명이다. 영혼 속에서 은혜는 그것의 새 본성이다. 죄인의 생명은 몸을 벗어나지 못하지만, 성도의 생명은 영혼 속에 존재한다. 몸은 죽으면, 흙으로 돌아가고, 영은 생명이다. 살아있을 뿐만 아니라 불멸하며, 생명에게 삼켜진다. 성도들에게 죽음은 영생에 참여하는데 합당하도록 이 몸의 사슬과 짐으로부터 천국 소속 영을 해방시키는 것에 불과하다. 아브라함은 죽었어도 하나님은 아브라함의 하나님이셨다. 왜냐하면 그 때에도 그의 영은 생명이었기 때문이다(마 22:31,32). 시 49:15을 보라. 그리고 이것은 의로 말미암아서다. 그들에게 전가된 그리스도의 의가 더 나은 부분인 영혼을 사망으로부터 구하는 것이다. 그들 속에 내재하는 그리스도의 의 곧 영혼에 대한 하나님의 새로운 형상이 그것을 보존하고, 하나님의 섭리로 말미암아 죽을 때 그것을 하늘로 올리고, 그것을 발전시키며, 빛 가운데서 성도들의 유업에 참여하도록 그것을 이끈다. 영혼의 영원한 생명은 하나님을 뵙고, 그분을 기쁘시게 하는데 있고, 영혼은 성화의 의를 통해 그렇게 한다. 나는 의로운 중에 주의 얼굴을 뵈오리니(시 17:15)라는 말씀을 보라.

3. 마지막에 불쌍한 몸을 위해 예비된 생명도 있다. 너희 죽을 몸도 살리시리라(11절). 하나님은 몸도 위하신다. 비록 죽을 때는 깨진 그릇처럼 산산조각이 나 흩어지고, 아무 낙이 없지만, 하나님은 자기 손으로 지으신 것을 기다리고(욥 14:15), 흙과의 언약을 기억하고, 그 한 조각이라도 소실하지 않으실 것이다. 결국 몸은 영혼과 재결합되고, 그에 합당한 영광으로 옷 입게 될 것이다. 더러운 몸이 새롭게 변화될 것이다(빌 3:21; 고전 15:42). 몸의 부활에 관한 두 가지 위대한 확신이 언급되어 있다.

(1) 그리스도의 부활. 그리스도 예수를 죽은 자 가운데서 살리신 이가 … 너희 죽을 몸도 살리시리라(11절). 그리스도는 머리로서, 첫 열매로서, 곧 모든 성도들의 선구자로서 부활하셨다(고전 15:20). 그리스도의 몸은 모든 택하심 받은 자들

의 죄가 전가되어 무덤 속에 두어졌지만, 그것을 깨뜨리셨다. 오 무덤이여, 그렇다면 너의 승리가 어디에 있겠는가? 우리가 부활하게 될 것은 그리스도의 부활의 공로 때문이다.

(2) 성령의 내주. 지금 영혼을 살리는 동일하신 성령이 곧 몸도 살릴 것이다. 너희 안에 거하시는 그의 영으로 말미암아. 성도들의 몸은 성령의 전이다(고전 3:16; 6:19). 따라서 비록 이 성전이 잠시 동안 흙 속에 두어져 고통을 당하겠지만, 재건될 것이다. 무너진 다윗의 장막은 아무리 높은 산이 그 길을 가로막고 있을지라도 재건될 것이다. 죽어있는 마른 뼈에 생기를 불어넣어 살아나게 하시는 성령께서 성도들도 살려내 그 육체 안에서 하나님을 보게 하실 것이다. 그러기에 사도는 우리가 육신대로가 아니라 영으로 인도함을 받아 사는 것이 마땅하다고 추론하는 것이다(12,13절). 따라서 우리는 우리의 생명이 육신의 뜻과 동기에 따라 살지 않도록 해야 한다.

사도는 여기서 두 가지 이유를 언급한다: [1] 우리는 육신에게 빚진 자들이 아니다. 우리는 육신과 아무 관계도 없고, 은혜 받은 것도 없고, 다른 속박이나 의무를 취할 것도 없다. 우리는 육체의 소욕에 복종하거나 그것을 섬겨야 할 아무런 의무가 없다. 우리는 진실로 영혼이 하나님을 섬기는 종이 되었기 때문에 더 이상 육신의 옷을 입거나 양육을 받거나 보호를 받을 필요가 없다. 우리는 그것에 빚진 자가 아니다. 육신은 그것에 섬길 의무를 지울 만큼 우리에게 잘해준 것이 없다. 그것은 우리가 그리스도와 성령에게 빚진 자들임을 암시한다. 우리는 우리의 모든 것 곧 우리가 갖고 있는 모든 것과 우리가 할 수 있는 모든 것을 무수한 속박과 의무들을 통해 그분께 예속되어 있다. 그토록 큰 사망으로부터 그토록 큰 대속을 받았으니, 우리는 그 구원자에게 엄청나게 빚진 자들인 것이다. 고전 6:19,20을 보라. [2] 그 길의 끝이 어떻게 되는지, 그 결과들을 보라. 여기서 생명과 죽음, 복과 저주가 우리 앞에 놓여 있다. 너희가 육신대로 살면 반드시 죽을 것이로되. 반드시 죽을 것이로되(13절). 이 말은 영원히 죽을 것이라는 뜻이다. 영혼의 파멸 곧 둘째 사망이 임하는 것은 육신을 기쁘게 하고, 그것을 섬기며, 그것을 만족시켜준 때문이다. 정녕 죽는 것은 영혼이 죽는 것이다. 성도들이 죽는 것은 잠자는 것에 불과하다. 그러나 다른 한편으로는 너희가 살 것이다. 곧 영원히 행복하게 살 것이다. 그것이 진정한 삶이다. 너희가 영으로써 몸의 행실을 죽이면(13절). 곧 육신의 모든 소욕과 정욕을 제어하고 억눌러서 그것을 기쁘게 하거나 만족시키는 삶을 살지 않으면. 이것은 성령으로 말미암아 가능하다. 우리는 성령께서 우리 안에서 그렇게 역사하시지 않는다면, 절대로 그렇게 할 수 없다. 하지만 성령께서는 우리의 행위나 노력이 없으면 역사하지 않으실 것이다. 따라서 한 마디로 말해 우리는 이 딜레마 곧 육신을 불쾌하게 할 것인가, 영혼을 파멸시킬 것인가 양자택일의 기로에 서 있다.

Ⅱ. 양자의 영은 그리스도 예수 안에 있는 자들에게 속해 있는 또 하나의 특권이다(14-16절).

1. 그리스도께 속한 자들은 모두 하나님의 아들로 인정을 받는다(14절). 이것을 살펴보자. (1) 그들의 특성: 그들은 하나님의 영으로 인도함을 받는다. 이것은 학생이 그 선생의 인도를 받아 배우고, 여행자가 안내인의 안내를 받아 여행을 하며, 병사가 상관의 지시를 따라 복무를 하는 것과 같다. 그들은 짐승처럼 끌려 다니지 않고 이성적인 피조물로서, 인간의 끈과 사랑의 줄을 따라 인도를 받는다. 하나님의 영으로 인도함을 받는 것이 모든 참 신자들의 공통된 특징이다. 성령의 인도에 믿음으로 복종하는 그들은 순종하는 가운데 그 안내를 받되, 모든 진리와 모든 의무 속에 기꺼이 뛰어든다. (2) 그들의 특권: 하나님의 아들이라. 그들은 수양에 의해 하나님의 아들의 신분을 얻게 되고, 그분에 의해 그분의 자녀로 소유와 사랑의 대상이 된다.

2. 하나님의 아들은 그분의 영을 소유하고 있다.

(1) 그들 속에 아들의 성향을 일으키기 위해.

[1] 너희는 다시 무서워하는 종의 영을 받지 아니하고(15절). 이 말의 뜻을 이해해 보자: 첫째, 구약시대 교회는 그 시대의 흑암과 두려움으로 말미암아 무서워하는 종의 영 아래 있었다. 모세가 썼던 수건은 종 곧 속박을 의미했다(고후 3:15). 17절과 비교해 보라. 그 때는 양자의 영이 지금처럼 충분히 부어진 상태 속에 있지 아니했다. 왜냐하면 율법은 상처를 열어놓으나 그 치료약은 제공하지 못했기 때문이다. 그런데 너희는 그 시대 아래 있지 않고, 그 영을 받지도 않았다. 둘째, 종의 영은 많은 성도들로 하여금 회심할 때 성령으로 말미암아 마음이 찔려 죄와 진노에 대한 자책감 아래 있게 한다. 이들은 행 2:37에 나오는 사람들, 행 16:30의 간수, 행 9:6의 바울과 같다. 그 때 성령은 성도들에게 종의 영이 되셨다. 그러나 사도는 "너희에게는 이것이 지나간 얘기다"라고 말한다. 맨턴 박사는 "심판주로서 하나님은 종의 영을 통해서 우리를 중보자 그리스도께 보내고, 중

보자 그리스도는 양자의 영을 통해 우리를 성부 하나님께 다시 돌아가도록 보내신다"라고 말한다. 하나님의 자녀는 속박의 두려움 아래 다시 들어가지 않을까 두려움에 사로잡히고 자신의 양자 됨을 의심할 수 있지만, 은혜의 성령은 다시는 종의 영이 아니다. 만약 그렇게 되면 그분은 비진리를 증언한 것이 될 것이다.

[2] 그러나 너희는 양자의 영을 받았다. 사람들은 양자증서를 제시할 수 있으나 양자의 영을 주시는 것 — 자녀됨의 본질 — 은 하나님의 권리다. 양자의 영은 하나님 아들들 안에 아버지로서의 하나님에 대한 효성스러운 사랑을 일으키고, 그분을 아버지로서 의지하도록 만드신다. 거듭난 영혼은 자녀가 아버지의 모습을 지니고 있는 것처럼 하나님의 형상을 지니고 있다. 우리가 아빠 아버지라고 부르짖느니라(15절). 여기서 부르짖는다는 말은 기도한다는 것으로서, 진지하면서도 자연적인 마음의 소원을 가리킨다. 말을 할 수 없는 자녀들은 부르짖음으로써 자신의 소원을 표현한다. 따라서 성령은 우리가 기도할 때 하나님께 아버지로 알고 나아오도록 가르친다. 즉 거룩한 겸손과 확신을 갖고 기도하라는 말이다. 아빠 아버지. 여기서 아빠(Abba)는 헬라어 파테르 곧 아버지 또는 내 아버지를 의미하는 아람어다. 왜 아빠 아버지라고 두 가지를 다 쓰는가? 그리스도께서 기도하실 때 그렇게 아빠 아버지라고 부르셨기 때문이다(막 14:36). 그렇게 우리는 양자의 영을 받았다. 그것은 애정어린 재촉과 관계 속에 두어진 믿음을 강조하는 표현이다. 어린 자녀들은 부모를 조를 때, 그저 아빠, 아빠 하고 외치면 그만이다. 그보다 더 좋은 웅변은 없다. 그것은 또한 양자됨이 유대인과 이방인 모두에게 공통적이라는 사실을 함축한다. 유대인은 하나님을 아빠라고 부르고, 이방인은 파테르 곧 아버지라고 부를 것이다. 그리스도 예수 안에서는 헬라인이나 유대인이 따로 없기 때문이다.

(2) 자녀관계를 증언하기 위해(16절). 앞 부분은 거듭나게 하시는 자로서의 성령의 사역이고, 이번 부분은 위로자로서의 그분의 사역이다. 우리의 영과 더불어 증언하시나니. 많은 사람들이 자신의 선함에 대해 자신의 영의 증언은 받으나 성령의 일치된 증언은 갖고 있지 못하다. 많은 사람들이 스스로 평화를 말하지만 하늘의 하나님은 그것에 대해 말씀하시지 않는다. 그러나 거듭난 자들은 그들의 영과 함께 하나님의 영의 증언을 갖고 있다. 물론 이것은 어떤 특별한 계시를 통해 주시는 것이 아니라 성령의 일반 사역을 통해, 위로의 수단으로서, 영혼에 평화를 말씀하신다. 이 증언은 항상 기록된 말씀에 일치되고, 따

라서 언제나 성화 위에 그 근거를 두고 있다. 마음속에서 역사하시는 성령은 말씀 속에 계시는 성령과 모순될 수 없기 때문이다. 성령은 아들의 본성과 성향을 갖고 있지 못한 자녀들에게는 어떤 특권도 증언하지 않는다.

[17]자녀이면 또한 상속자 곧 하나님의 상속자요 그리스도와 함께 한 상속자니 우리가 그와 함께 영광을 받기 위하여 고난도 함께 받아야 할 것이니라 [18]생각하건대 현재의 고난은 장차 우리에게 나타날 영광과 비교할 수 없도다 [19]피조물이 고대하는 바는 하나님의 아들들이 나타나는 것이니 [20]피조물이 허무한 데 굴복하는 것은 자기 뜻이 아니요 오직 굴복하게 하시는 이로 말미암음이라 [21]그 바라는 것은 피조물도 썩어짐의 종 노릇 한 데서 해방되어 하나님의 자녀들의 영광의 자유에 이르는 것이니라 [22]피조물이 다 이제까지 함께 탄식하며 함께 고통을 겪고 있는 것을 우리가 아느니라 [23]그뿐 아니라 또한 우리 곧 성령의 처음 익은 열매를 받은 우리까지도 속으로 탄식하여 양자 될 것 곧 우리 몸의 속량을 기다리느니라 [24]우리가 소망으로 구원을 얻었으매 보이는 소망이 소망이 아니니 보는 것을 누가 바라리요 [25]만일 우리가 보지 못하는 것을 바라면 참음으로 기다릴지니라

이 부분에서 사도는 신자들의 행복의 네 번째 결과에 대해 묘사하고 있다. 곧 그것은 미래의 영광에 대한 자격이다. 이것은 우리의 양자 됨과 밀접하게 연관되어 있다. 왜냐하면 양자 됨이 그 영광을 우리에게 부여하고, 아들의 성향이 그것을 위해 살도록 우리를 준비시키기 때문이다. 자녀이면 또한 상속자 곧 하나님의 상속자요(17절). 세상의 상속에 있어서는 이 법칙이 적용되지 않는다. 거기서는 오직 장자만이 상속자다. 그러나 교회는 장자의 교회로서, 그들 모두가 상속자다. 천국은 모든 성도들이 상속자로서 누리는 유산이다. 그들은 그들 자신의 어떤 공로나 취득에 의해서 그것을 받게 된 것이 아니다. 순전히 상속자로서 하나님의 행위에 의해 받게 된 것이다. 왜냐하면 하나님께서 그들을 상속자들로 삼으셨기 때문이다. 성도들은 이 세상에서는 비록 미성년 상속자지만, 그래도 엄연히 상속자다(갈 4:1,2을 보라). 그들의 현재 상태는 상속을 위해 준비하고 교육을 받는 상태다. 비록 이 세상에서는 소유한 것이 보잘것 없을지라도 그 상속분이 엄청난 것을 생각하면, 이것은 하나님의 모든 자녀들에게 얼마나 위로가 될까! 그러나 상속자의 영예와 행복은 그가 상속받는 유산의 가치와 값에

있다. 우리는 성경에서 바람(風)을 상속받는 사람들에 관한 기록을 읽는다. 그러므로 우리는 여기서 그 전제들로부터 다음과 같은 결론을 끌어내게 된다.

1. 하나님의 상속자(17절). 하나님 자신이 성도들의 상속의 분깃이요(시 16:5), 아름다운 기업이다(6절). 성도들은 영적 제사장들로서, 여호와를 그들의 기업으로 갖고 있다(민 18:20). 하나님을 뵙고, 하나님을 누리는 것이 성도들이 상속받을 기업을 이룰 것이다. 하나님 자신이 그들과 함께 계시며, 그들의 하나님이 되실 것이다(계 21:7).

2. 그리스도와 함께 한 상속자(17절). 중보자로서 그리스도는 만유의 상속자(히 1:2)로 말해지고, 참 신자들은 그분과 연합함으로써 만유를 상속받게 될 것이다(계 21:7). 지금 그분의 형제로서 하나님의 영에 참여하는 자들은 그분의 형제로서 그분의 영광에 참여하고(요 17:24), 그분과 함께 그분의 보좌에 앉을 것이다(계 3:21). 주여, 사람이 무엇이기에 이처럼 높여주시나이까! 이어서 이 미래의 영광이 현재의 고난에 대한 보상과 현재의 소망에 대한 성취로서 말해진다.

I. 성도들의 현재의 고난에 대한 보상. 그것은 풍성한 보상이다. 우리가 그와 함께 영광을 받기 위하여 고난도 함께 받아야 할 것이니라(17절). 이 세상에서의 교회의 상태는 항상 고난받는 상태 속에 있고, 특히 그 때는 더욱 그랬다. 그리스도인이 된다는 것은 확실히 고난받는 자가 된다는 것이었다. 그런데 그들의 고난을 위로하기 위해 사도는 그들이 그리스도와 함께 고난을 받아야 한다고 말한다. 그분을 위해, 그분의 영예를 위해, 그리고 선한 양심에 대한 증거를 위해 고난을 받으면 그분과 함께 영광을 받게 될 것이다. 다윗이 핍박받을 때 그와 함께 고난을 받았던 자들은 그가 왕위에 올랐을 때 그에 의해 그리고 그와 함께 영광을 누렸다. 딤후 2:12을 보라. 그리스도와 함께 고난받는 것의 유익을 기억하자. 우리가 그분 때문에 손해 보는 자가 될 수 있다. 그러나 결국에는 그분에 의해 절대로 상실한 자가 되지 않고, 될 수도 없다. 복음서는 이에 대한 보증으로 가득 차 있다. 따라서 고난받는 성도들이 하늘에 대한 소망으로부터 얼마나 강한 도움과 위로를 받을 수 있는지를 사도는 저울에 달아보며 곧 양자 사이의 비교를 통해 역설한다(18절).

1. 한쪽 저울에 그는 현재의 고난을 올려놓는다. 성도들의 고난은 현세에서 받는 것에 불과하다. 시간의 일들보다 더 깊은 것이 아니다. 잠시 받는 경한 환난으로 영원히 지속되는 것이 아니다(고후 4:17). 그래서 사도는 고난에 대해 데

겔 곧 저울에 달려 부족함이 보였다고 쓰는 것이다.

2. 다른 쪽 저울에 그는 영광을 올려놓는다. 거기서 그는 너무 무겁고 영원한 무게를 확인한다: 장차 우리에게 나타날 영광. 현재 우리는 그 영광을 누리고, 그것을 아는데 있어서도 부족하다(고전 2:9; 요일 3:2). 그것은 장차 나타날 것이다. 그것은 우리가 지금까지 보고 알아온 모든 것을 훨씬 능가한다. 현재 허락된 것도 은혜롭고 보배롭다. 정말 소중하고 감미롭다. 그러나 다가올 것이 있는데, 장막 뒤에 숨어 있는 것으로, 그것은 모든 것을 압도할 것이다. 우리에게 나타날. 즉 우리에게 나타나 보일 뿐만 아니라 그것을 누리도록 우리 안에 나타날 것이다. 하나님의 나라는 너희 가운데 있고, 영원히 그럴 것이다.

3. 그는 고난이 영광과 족히 비교할 수 없다(우크 악시아 프로스 텐 독산)고 결론 짓는다. 현재의 고난이 영광을 가져오는 공로가 될 수 없다. 만일 그리스도를 위한 고난이 공로가 아니라면, 영광은 더 말할 것도 없다. 그 고난이 우리로 하여금 그 영광을 부지런히 그리고 진지하게 추구하는 것을 절대로 방해하거나 두렵게 해서는 안 된다. 고난은 작고 짧으며, 단지 육체만 괴롭힐 뿐이다. 그러나 영광은 많고 크며, 영혼에 관련되고 영원하다. 그는 이것을 계산하고 있다. 생각하건대(로기조마이). 그것은 성급하고 갑작스런 결정이 아니고 아주 신중하고 깊이 숙고한 사고의 결과다. 사도는 마음 깊숙이 생각하며 양편의 주장을 저울에 달아본 후 마침내 결론을 내린 것이다. 오 이 현재의 고난에 관해 세상 사람들과 그의 감정 사이에는 얼마나 큰 차이가 있을까! 생각하건대. 이것은 수입 지출을 계산하는 사람처럼 생각한다는 뜻이다. 그는 먼저 현재의 고난 속에서 그리스도를 위해 지급하게 되는 것을 계산하고, 그것이 아주 작다는 것을 깨닫는다. 이어서 그는 장차 나타날 영광 속에서 그리스도로 말미암아 우리가 얻게 될 것을 계산하고, 그것이 실로 계산할 수 없을 정도로 모든 개념을 초월하는 무한한 양임을 깨닫는다. 나아가 지출은 충분히 보상되고, 손실은 무한히 상쇄되었음을 확인한다. 그렇다면 누가 그리스도를 위해 고난받는 것을 두려워할까? 미리 우리와 함께 고난을 받으신 것처럼, 그분은 보상받을 때에도 우리와 함께 앞장서실 것이다. 이처럼 바울은 어떤 단순한 사람들과는 다르게 이 점에 관해 아주 날카로운 판단력을 가진 전문가였다. 그는 단순히 계산으로만이 아니라 경험으로도 그것을 알고 있었다. 그는 양쪽을 다 알고 있었다. 그는 현재의 고난이 어떤 것인지 알고 있었다. 고후 11:23-28을 보라. 그는 하늘의 영

광이 무엇인지도 알고 있었다. 고후 12:3,4을 보라. 그래서 그는 이 양자의 견해를 종합하여 이런 판단을 내리는 것이다. 현재의 온갖 고난 속에서 영혼을 돕고 지켜주는 것은 나타날 영광을 믿음의 눈으로 바라보는 것만큼 좋은 것은 없다. 상급의 보상을 바라보는 사람들에게는 그리스도를 위해 받는 수모가 재산으로 보인다(히 11:26).

Ⅱ. 성도들의 현재의 소망과 기대의 성취(19절 이하).   성도들은 그것을 위해 고난을 받을 때 그것을 또한 바라보고 있다. 그러므로 천국은 확실하다. 왜냐하면 하나님은 성령을 통해 그들이 이 소망을 갖도록 자극시켜놓고, 그들을 패배시키거나 실망시키는 분이 아니기 때문이다. 그분은 자신이 소망을 갖도록 역사한 자신의 종들에게 말씀을 지키실 것이다(시 119:49). 그러므로 천국은 정말 좋은 곳이다. 소망이 더디 이루어지면 그것이 마음을 상하게 하거니와 소원이 이루어지는 것은 곧 생명나무이기 때문이다(잠 13:12). 이제 사도는 이 영광에 대한 기대를 살피게 된다.

1. 피조물들의 기대(19-22절). 그것은 크고 초월적인 영광으로서, 모든 피조물이 간절히 고대하는 것이다. 이 구절들에 대한 해석은 그 안에 몇 가지 난점을 포함하고 있기 때문에 해석자들을 약간 혼란스럽게 한다. 무엇보다 다른 성경 속에는 이와 비교해 볼 만한 구절이 전혀 없기 때문이다. 여기서 어떤 사람들은 피조물이라는 말을 이방세계를 가리키는 것으로 보고 그들이 그리스도와 복음을 고대한다는 의미로 해석하는데, 이것은 아주 생소하고 억지스러운 해석이다. 우리는 그 말을 전체 자연계, 특히 이 땅의 세계 전체를 가리키는 것으로 본다. 즉 그 조화와 상호의존 관계로 말미암아 그리고 그것들이 모여 하나의 세계를 구성하고 형성하고 있기 때문에 피조물이라는 단수명사로 표현할 수 있는 생물과 무생물의 복합구조를 말한다. 이 네 구절들 속에서 사도가 말하는 의미를 우리는 다음과 같이 확인할 수 있다.

(1) 인간의 죄로 말미암아 피조물이 굴복하는 허무한 것이 있다(20절). 사람이 죄를 범했을 때, 땅은 사람으로 말미암아 저주를 받았다. 그와 함께 모든 피조물(특히 우리가 익히 아는 것들이 자리잡고 있는 이 땅의 세계)이 그 저주 아래 굴복하고, 가변적이고 죽을 운명의 존재들이 되어버렸다. 썩어짐의 종 노릇한 데서(21절). 인간의 타락으로 말미암아 피조물은 불결, 결핍 그리고 질병 등에 예속되었다. 피조물은 허무해지고 오염되어 세계의 아름다움은 크게 훼손

되고 말았다. 피조물 간에는 적대감이 존재한다. 그것들은 모두 개체들의 지속적 변화와 쇠퇴에 굴복하고, 인간에 대한 하나님의 심판의 여파를 면할 수 없게 되었다. 세계는 질식 상태에 빠졌고, 그 안에 있는 모든 피조물이 진실로 허무한데 굴복하게 되었다. 온갖 종류의 피조물들이 불로 인한 완전한 파멸을 향해 신속하게 나아가고 있고, 또 그렇게 작정되어 있다. 그리고 그것들이 인간에 의해 죄의 도구로 이용되거나 악용되고 있는 것이 그들의 허무성이요, 속박성이다. 피조물은 자주 그들의 창조주를 욕되게 하고, 그분의 자녀들을 해치고, 그분의 원수들을 돕는데 악용된다. 피조물이 우리의 정욕의 먹이와 연료가 될 때, 허무한데 굴복하고 죄의 법의 포로가 된다. 그리고 이것은 자기 뜻이 아니다(20절). 즉 그것들 자신의 선택이 아니다. 모든 피조물은 그 스스로의 완전과 완성을 바란다. 그것들이 죄의 도구가 되는 것은 자기 뜻이 아니다. 즉 그것들이 이처럼 종 노릇 하는 것은 그것들이 범한 어떤 죄 때문이 아니라 인간의 죄 때문이다. 오직 굴복하게 하시는 이로 말미암음이라(20절). 아담은 그것을 대표적으로 행했다. 그는 죄를 저질렀을 때, 자기에게 온 피조물도 똑같이 타락의 종으로 끌어들인 것이었다. 하나님은 그것을 사법적으로(judicially) 처리하셨다. 그분은 인간의 죄로 말미암아 피조물에게 선고를 내리셨는데, 그 결과 피조물은 종이 되었다. 그리고 이 멍에(불쌍한 피조물)를 그것들은 항상 지속되지는 않을 것을 고대하였다. 그 바라는 것은 피조물도(에피 엘피디 호티 카이, 21절). 다수의 헬라어 사본들이 그 바라는 것과 피조물을 하나의 문장으로 연결시키고 있다. 우리는 우리의 죄로 말미암아 허무한 데 굴복함으로써 불쌍한 피조물이 되어버린 것에 대해 연민을 가질 이유가 있다.

(2) 피조물은 이 허무한 것과 썩어짐 하에서 함께 탄식하며 고통을 겪고 있다(22절). 그것은 비유적 표현이다. 죄는 모든 피조물에게 짐이다. 그리스도를 십자가에 못 박아 죽인 유대인들의 죄는 그 아래 온 세상이 벌벌 떨도록 만들었다. 우상들은 피곤한 짐승의 무거운 짐이었다(사 46:1). 인간의 죄에 대해 전피조물이 함께 부르짖고 있다: 담에서 돌이 부르짖고(합 2:11), 밭이 소리를 친다(욥 31:38).

(3) 지금 이같이 무거운 짐을 지고 있는 피조물은 만물이 회복될 때가 되면 썩어짐의 종 노릇 한 데서 해방되어 하나님의 자녀들의 영광의 자유에 이르게 될 것이다(21절). 그것들은 더 이상 허무한 것과 썩어짐에 굴복하지 않고, 저주의 다

른 열매들을 맺지 않을 것이다. 오히려 반대로 이 땅의 세계는 새롭게 될 것이다. 새 하늘이 서면 새 땅도 서게 될 것이다(벧후 3:13; 계 21:1). 그리고 모든 피조물에게 영광이 임할 것이니(각기 그 본질에 따라서), 그것은 하나님의 아들들이 받는 영광만큼이나 크고 고상할 것이다. 마지막 날 불도 새롭게 되어 더 이상 파괴하고 소멸시키는 불이 되지 않을 것이다. 땅으로 내려가도록 되어 있는 짐승들의 혼도 어떻게 될 것인지 아무도 말할 수 없다. 그러나 성경을 보면 그것들에게도 어떤 식으로든 회복이 있을 것으로 보인다. 만일 그렇게 되지 못한다면, 영화된 성도들에게 그것들이 무슨 소용이 있겠는가? 죄를 범하기 전 아담에게 그랬던 것처럼, 우리들에게도 짐승들이 크게 도움이 되는 존재가 될 것이다. 오직 피조물이 창조주의 지혜, 권능 그리고 선하심을 예증한다면, 그것으로 족하다. 시 96:10-13; 98:7-9와 비교해 보라. 하늘이여 여호와 앞에서 기뻐하라. 저가 임하시느니라.

(4) 그러므로 피조물은 하나님의 아들들이 나타나는 것을 학수고대하고 있다(19절). 보라. 그리스도께서 재림하실 때 하나님의 아들들이 나타나게 될 것이다. 따라서 성도들은 하나님의 숨겨진 자녀들로서, 마치 쭉정이 속에 감추어져 있는 알곡과 같으나 때가 되면 그들은 나타나게 될 것이다. 우리가 지금은 장래에 어떻게 될지 아직 나타나지 아니하였으나(요일 3:1) 때가 되면 영광이 나타나게 될 것이다. 하나님의 아들들은 각각 자기 자신의 모습으로 나타날 것이다. 그리고 이 피조물의 구속도 그 때까지는 유보되어 있다. 왜냐하면 그것들이 저주 아래 놓이게 된 것이 인간으로 말미암아 그리고 인간과 함께였던 것처럼, 구원받는 것도 인간으로 말미암아 그리고 인간과 함께 이루어질 것이기 때문이다. 지금 피조물에게 수반되어 있는 모든 저주와 오염은 땅에서 그리스도와 함께 고난받은 자들이 그분과 함께 땅을 다스리게 될 때, 깨끗이 제거될 것이다. 모든 피조물은 이것을 학수고대하고 있다. 그리고 이것은 지금 사람이 짐승에게 호의를 베풀어야 되는 충분한 이유가 될 것이다.

2. 새로운 피조물인 성도들의 기대(23-25절). 그 내용을 살펴보자.

(1) 성도들의 이 기대에 대한 근거. 그것은 우리가 성령의 처음 익은 열매를 받았기 때문이다(23절). 성령의 처음 익은 열매는 우리의 소원을 북돋우고, 우리의 소망을 자극하며, 따라서 이 두 가지는 우리의 기대를 불러일으킨다. 처음 익은 열매는 나머지 모든 열매를 신성하게 하고, 보장한다. 은혜는 영광의 처음 익은 열매로서, 영광의 시작이다. 광야에서 한 송이를 받은 우리는 천국의 가나

안 땅에서는 풍성한 수확을 기대하지 않을 수 없다. 그뿐 아니라(23절). 곧 성령의 처음 익은 열매와 같은 행복을 누릴 수 없는 피조물뿐만 아니라 현재 이런 부요한 복을 받은 우리까지도, 더 크고 놀라운 어떤 것을 기대하지 않을 수 없다는 것이다. 성령의 처음 익은 열매를 받은 우리는 아주 보배로운 것을 소유하고 있으나 그것이 우리가 받을 것은 다 받은 것은 아니다. 우리까지도 속으로(within ourselves) 탄식하여(23절). 이것은 이 기대의 힘과 은밀성을 암시한다. 위선자들이 침대에 누워 음식을 달라고 소리치는 것처럼 큰 목소리로 말하지 않고, 조용히 신음하듯 말하는 것이니, 이 소리는 그 어떤 소리보다 더 빠르게 하늘을 관통한다. 또는 이 말은 우리가 우리 자신 가운데서(among ourselves) 탄식한다는 의미다. 아멘 주 예수여 오시옵소서라는 목소리는 전체 교회의 만장일치 결의요, 연합된 소원이다. 탄식은 아주 진지하고 끈질긴 염원을 가리키는 말로서, 그 지체로 영혼이 고통을 겪는다는 뜻이다. 현재 받은 복과 위로들로 인해 그 탄식은 더 커진다. 죽어가는 사람의 고통이 아니라 해산하는 여인의 고통과 같은 것으로 죽음이 아니라 생명의 징후를 보여주는 탄식이다.

(2) 이 기대의 대상. 우리가 이처럼 학수고대하는 것은 무엇인가? 양자 될 것 곧 우리 몸의 속량이다(23절). 영혼이 인간의 중심 부분이지만, 하나님은 몸에 대해서도 선언하시고, 몸의 영예와 행복을 크게 예비하셨다. 여기서 부활은 몸의 속량으로 불린다. 그 때 그것은 사망과 무덤의 권세, 썩어짐의 속박으로부터 구원 받게 될 것이다. 수치스러운 몸이지만, 그것은 깨끗해지고 아름다워지며, 그리스도의 영광의 몸의 형체와 같이 될 것이다(빌 3:21; 고전 15:42). 이것은 양자될 것으로 불린다. [1] 그것은 온 세계 곧 천사와 사람들 앞에 나타나게 되는 양자 됨이다. 지금 우리는 하나님의 아들이지만, 아직 나타나지 아니했고, 그 영예가 지금은 구름 속에 가리어져 있다. 그러나 그 때 하나님은 그의 모든 아들들을 공개적으로 선포하게 될 것이다. 지금 기록되고 날인되어 봉인된 양자 됨의 행위들이 그 때 공인되고 선포되고 공개될 것이다. 그리스도께서 그랬던 것처럼, 성도들도 하나님의 권능으로 죽은 자 가운데서 부활하여 아들로 공포될 것이다(1:4). 그 때 모든 논란이 종식될 것이다. [2] 그것은 완성되고 완결된 양자 됨이다. 하나님의 자녀들은 영혼과 몸을 함께 가지고 있다. 따라서 몸이 하나님의 자녀들의 영광의 자유에 이르기 전에는 양자 됨은 완전한 것이 아니다. 그러나 그 때 우리 구원의 대장께서 많은 아들들을 영광에 들어가게 하실 때(히 2:10)

그것은 완전해질 것이다. 이것이 우리가 고대하는 것이고, 우리 몸이 바라는 소망이다(시 16:9,10). 우리가 기다리는 이 약속된 날, 몸은 변화되고, 주님이 우리를 부르시면 우리는 대답하고, 그분은 자신의 손으로 지으신 것을 기다릴 것이다(욥 14:14,15).

(3) 이것이 우리의 현재 상태에 주는 소망(24,25절). 우리의 행복은 현재의 소유에 달려 있지 않다. 우리가 소망으로 구원을 얻었으매(24절). 다른 일들에서와 같이 이 일에서도 하나님은 우리의 현재 상태를 시련과 연단의 기회로 삼으셨다. 그래서 우리의 상급은 눈에 보이지 않는 곳에 있다. 하나님과 거래를 하는 사람들은 신용거래를 해야 한다. 그리스도인의 핵심 은혜 가운데 하나는 소망으로(고전 13:13), 이것은 그 소망의 대상이 무척 좋은 것이라는 것을 뜻한다. 믿음은 약속을 바라보고, 소망은 약속된 것을 바라본다. 믿음은 보이지 않는 것의 증거요, 소망은 그것에 대한 기대다. 믿음은 소망의 어머니다. 참음으로 기다릴지니라(25절). 이 영광을 소망하는데 있어서 우리는 그것에 이르는 길에서 만나는 고난들과 그것을 지연시키는 일들을 참으며 기다릴 필요가 있다. 우리의 길은 험하고 멀지만, 오실 그분은 지체하지 않으실 것이며, 따라서 그분이 지체하는 것처럼 보여도, 우리는 그분을 기다리는 것이 마땅하다.

[26]이와 같이 성령도 우리의 연약함을 도우시나니 우리는 마땅히 기도할 바를 알지 못하나 오직 성령이 말할 수 없는 탄식으로 우리를 위하여 친히 간구하시느니라 [27]마음을 살피시는 이가 성령의 생각을 아시나니 이는 성령이 하나님의 뜻대로 성도를 위하여 간구하심이니라 [28]우리가 알거니와 하나님을 사랑하는 자 곧 그의 뜻대로 부르심을 입은 자들에게는 모든 것이 합력하여 선을 이루느니라

여기서 사도는 참 그리스도인들에게 주어지는 특별한 두 가지 권리를 제시한다.

I. 기도할 때 성령의 도우심. 이 세상에서 사는 동안 우리는 우리가 보지 못하는 것을 바라고 기다리면서 기도해야 한다. 소망은 간절한 소원을 전제로 하고, 하나님께 드려지는 그 소원이 바로 기도다. 기도할 때 우리는 탄식한다. 이제 이것을 살펴보자.

1. 기도할 때 우리의 연약함. 우리는 마땅히 기도할 바를 알지 못하나(26절).

(1) 우리는 간구할 문제에 있어서, 무엇을 구해야 할지 모르고 있다. 우리는 우리 자신의 상태를 판단하는데 무능하다. 일평생에 사람에게 무엇이 낙인지를 누가 알며(전 6:12). 우리는 근시안적이고, 육신의 일에 대해 크게 집착하고, 인생의 길에서 목적을 분리시키기 쉬운 존재다. 너희는 너희가 구하는 것을 알지 못하는도다(마 20:22). 우리는 열매가 익기도 전에 먹지도 못할 열매를 달라고 졸라대는 어리석은 아이들과 같다(눅 9:54,55).

(2) 우리는 기도 방법에 있어서, 어떻게 기도해야 할지 모르고 있다. 무슨 일이든 좋은 일은 하는 것으로 충분하지 않고, 그것을 적절한 순서에 따라 잘하는 것이 중요하다. 여기서 우리는 자주 당황한다. 은혜는 약하고 감정은 냉랭하고 생각은 어지러운데, 간구할 마음이 생기기란 결코 쉽지 않다(삼하 7:27). 사도는 일인칭으로 이것에 관해 말한다: 우리는 알지 못하나(26절). 그는 그 부류 속에 자신도 포함시킨다. 기도할 때의 어리석음, 연약함 그리고 산만함은 모든 성도들이 불만을 갖고 있는 점들이다. 만일 바울처럼 위대한 사도도 어떻게 기도해야 할지 모르고 있었다면, 우리가 우리 스스로의 힘으로 그 의무를 수행하려고 하는 것은 얼마나 부조리할 것일까!

2. 그 의무를 수행하는데 있어서 성령이 우리에게 제공하는 도움. 성령은 우리의 연약함을 도우신다(26절). 여기서는 특별히 우리 기도의 연약함을 도우신다는 것을 뜻한다. 기도의 의무를 쉽게 수행하도록 성령께서 도우신다는 것이다. 성령은 말씀 속에서 도우신다. 말씀 속에는 우리를 돕기 위한 무수한 법칙과 약속들이 들어 있다. 또 성령은 마음속에서 도우신다. 우리 안에 내주하시고, 우리 안에서 역사하실 때, 은혜와 간구의 영으로서 성령은 특별히 우리가 고통받는 상태 속에 있을 때, 우리의 믿음이 실패하기 쉬운 약한 상태 속에 있을 때, 우리가 갖고 있는 연약함을 도우신다. 이 목적을 위해 성령이 우리에게 부어진 것이다. 도우시나니(쉬난티람바네타이). 이 말은 마치 우리가 맞은편에서 합세함으로써 무거운 짐을 들어올리는 자를 도와주듯이 우리와 함께 또는 우리에게 합세하여 들어올린다는 뜻이다. 우리와 함께 돕는다. 즉 우리와 함께 수고하고, 우리가 갖고 있는 힘을 제대로 발휘하도록 한다는 것이다. 우리는 가만히 앉아있고, 성령이 다 알아서 해주리라는 기대를 가져서는 안 된다. 성령이 우리 앞에 가시면 우리는 더욱 분발해야 한다. 우리는 하나님 없이 기도할 수 없고, 하나님은 우리 없이는 도우시지 못할 것이다. 어떻게 돕는가? 우리를 위하여 친

히 간구하시느니라(26절). 이 말은 우리의 간구를 듣고, 우리의 간청을 기록하고, 우리의 탄원을 우리 대신 올려주신다는 것이다. 그리스도는 천국에서 우리를 위해 중보자가 되시고, 성령은 우리의 마음속에서 우리를 위해 중보자가 되신다. 기도하는 남은 자를 위해 하나님께서는 참으로 은혜로운 대책을 준비하셨다. 성령은, 조명의 영으로서 우리에게 무엇을 위해 기도해야 할지 가르쳐 주시고, 성결의 영으로서 기도를 은혜롭게 하도록 역사하시며, 위로의 영으로서 우리의 두려움을 잠잠케 하고 우리의 모든 낙심을 극복하도록 도우신다. 성령은 하나님을 향한 우리의 모든 소원과 호흡의 원천이다. 따라서 성령이 행하시는 이 중보의 내용은 다음과 같다: (1) 말할 수 없는 탄식으로(26절). 성령이 행하시는 그 간구의 강도와 열정이 이 말로 충분히 짐작이 된다. 말 한 마디 하지 않으면서도 성령 안에서 기도하는 경우가 있을 수 있다. 모세가 그렇게 기도했고(출 14:15), 한나도 그렇게 기도했다(삼하 1;13). 성령이 중보자로서 우리 안에서 역사하실 때, 그것은 우리 기도의 미사여구나 웅변이 아니라 우리 기도의 믿음과 열정에 대한 것이다. 말할 수 없는. 영혼은 시험과 환난의 와중에서 갈피를 못잡고 너무 혼란스럽기 때문에, 우리는 무엇을 기도하고, 어떻게 기도해야 할지 모르고 있다. 여기서 말할 수 없는 탄식으로 성령께서 중보하시는 것이다. 우리는 그저 **아빠 아버지**라고 부르짖을 수밖에 없고, 거룩하고 겸손한 담대함을 갖고 우리 자신을 그분께 의탁하면, 그것이 바로 성령의 역사다. (2) 하나님의 뜻대로(27절). 마음속의 성령은 말씀 속의 성령과 절대로 모순되지 않는다. 하나님의 뜻과 반대되는 소원은 성령으로부터 나올 수 없다. 우리 안에서 간구하시는 성령은 언제나 우리의 뜻을 하나님의 뜻에 융합시킨다. 나의 원대로 마시옵고 아버지의 원대로 하옵소서.

3, 이 간구의 확실한 성공. 마음을 살피시는 이가 성령의 생각을 아시나니(27절). 그 모든 신앙을 입술에 달아놓은 위선자들에게 하나님께서 마음을 살피시고, 그의 모든 기만을 통찰하고 계신다는 것만큼 두려운 일은 없다. 자신의 의무를 마음을 다해 감당하는 진실한 그리스도인에게 하나님께서 마음을 살피신다는 것만큼 위안이 되는 일은 없다. 왜냐하면 그 때 그분은 우리가 말로 표현하지 못하는 소원들을 듣고 응답하실 것이기 때문이다. 그분은 우리가 구하기 전에 있어야 할 것을 다 아신다(마 6:8). 그분은 우리 안에 거하는 그분의 영의 생각도 다 아신다. 그리고 성자께서 우리를 위해 대언하는 기도를 항상 들어주듯이,

성령이 우리 안에서 간구하는 것도 항상 응답하신다. 성령의 중보가 하나님의 뜻에 일치하기 때문이다. 하나님께 말을 전하는데 있어서 주의 백성들에게 이보다 위로가 되는 일이 어디 있겠는가? "너희가 그의 뜻대로 아버지께 구하는 것은 무엇이든 그가 너희에게 주실 것이다." 그러나 우리가 어떻게 그의 뜻대로 구하는 법을 배우느냐가 문제다. 하지만 성령께서 그것을 우리에게 가르쳐주실 것이다. 그러므로 야곱의 후손이 구한 것이 결코 허사로 끝나는 일이 없다.

II. 그리스도 안에 있는 자들의 유익을 위해 모든 섭리들이 합력함(28절). 이 모든 특권에도 불구하고, 다양한 고난에 휩싸여 있는 신자들을 우리가 보게 되지 않느냐는 반론이 제기될 수 있다. 성령이 그들을 위해 간구한다고 해도, 그들의 환난은 계속된다. 그것은 진정 사실이다. 그러나 이 와중에서도 성령의 간구는 항상 유효하다. 그들에게 아무리 환난이 계속된다고 하더라도, 이 모든 것은 그들의 선을 위해 합력한다. 여기서 그것을 확인해보자.

1. 이 특권에 포함되어 있는 성도들의 특징. 여기서 그것은 진실로 거듭난 모든 자들의 공통된 특징으로 묘사되고 있다. (1) 그들은 하나님을 사랑한다. 이것은 최고선이자 최고목적으로서 영혼이 하나님을 향한 사랑을 보여주는 모든 표현을 망라한다. 모든 섭리를 감미로운 것으로 만들고, 따라서 그것을 유익한 것으로 만드는 것은 하나님에 대한 우리의 사랑이다. 하나님을 사랑하는 자들은 자신의 모든 행동을 가장 잘 선용하고, 그 모든 부분을 선으로 만든다. (2) 그들은 그의 뜻대로 부르심을 입은 자들이다. 즉 그들은 영원한 목적에 따라 효과적으로 부르심을 입은 자들이다. 그 부르심은 우리의 어떤 공로나 공적에 따르지 않고 하나님 자신의 은혜의 목적에 따라 이루어지는 것이기에 효과적이다.

2. 성도들의 특권. 모든 것이 합력하여 선을 이룬다. 그들에 관한 하나님의 모든 섭리가 그렇다. 하나님이 행하시는 모든 일은 그분이 그들을 위해 행하시는 것이다(시 57:2). 그들의 죄는 그분이 행하시는 일이 아니고, 따라서 여기서 말하는 범주에는 포함되지 않는다. 다만 그분이 죄를 허용하시는 것은 그들의 선을 위해 작용하도록 되어 있다(대하 32:31). 그러나 하나님의 모든 섭리는 그것이 자비의 섭리거나 고난의 섭리거나, 또는 개인적 섭리거나 공적 섭리거나 다 그들을 위한 것이다. 그것들은 모두 선을 이룬다. 그것은 요셉의 고난처럼, 현세적 선을 이루기도 하지만, 결국에는 영적·영원한 선을 이룰 것이다. 그것은 그들의 영혼을 유익하게 만드는 선이다. 직접적으로든 간접적으로든, 모든 섭리

는 하나님을 사랑하는 자들의 영적 선을 위하는 경향이 있다. 즉 그들이 죄를 멀리하고 하나님을 가까이 하도록 이끌고, 세상을 포기하고 천국을 지향하도록 이끈다. 합력하여. 그것들은 마치 의술이 의사의 의도에 따라 다양하게 몸에 작용하여 환자의 유익을 이루는 것처럼 그렇게 작용한다. 모든 것이 합력하여. 이것은 약(藥) 속에 있는 다양한 성분들이 결합해서 치료에 사용되는 것과 같다. 하나님은 서로 반대되는 두 가지 일을 병행하게 하셨다(전 7:14). 합력하여(쉬넬게이). 단수동사와 복수명사가 결합된 말로서, 섭리와 그것의 통일적 목적의 조화를 암시한다. 이것은 모든 바퀴들이 한 바퀴와 같은 것과 같다(겔 10:13). 어떤 사람들은 이 구절을 하나님은 모든 것이 합력하여 선을 이루도록 역사하신다고 이해한다. 그것은 섭리 자체의 어떤 구체적인 특징에서 나오는 것이 아니라 이 섭리들 속에서, 그것들과 함께, 그것들을 통해 일하시는 하나님의 권능과 은혜로부터 나온다. 이 모든 것을 우리는 알고 있다. 우리는 그것을 하나님의 말씀을 통해, 우리 자신의 체험을 통해 그리고 모든 성도들의 경험을 통해 확실히 알고 있다.

[29]하나님이 미리 아신 자들을 또한 그 아들의 형상을 본받게 하기 위하여 미리 정하셨으니 이는 그로 많은 형제 중에서 맏아들이 되게 하려 하심이니라 [30]또 미리 정하신 그들을 또한 부르시고 부르신 그들을 또한 의롭다 하시고 의롭다 하신 그들을 또한 영화롭게 하셨느니라

참 신자들의 다양한 행복의 요소들을 살펴본 다음, 사도는 여기서 그것들의 근거를 다루는데, 그는 그것을 예정 속에 두고 있다. 이 보배 같은 특권들은 언약의 규정에 의해 우리에게 주어지지만, 사건을 무오하게 이끄는 하나님의 경륜 속에서 발견된다. 구원의 주인이신 예수 그리스도께서 헛수고하지 않게 하시려고, 그분의 능력과 생명이 무익하거나 헛되게 하지 않게 하시려고, 그분이 앞으로 보게 될 남은 자들이 그분에게 주어져 있다. 그리하여 하나님의 선하신 기쁨은 그분의 손 안에서 더 커질 것이다. 이것을 설명하기 위해 사도는 여기서 우리 구원의 원인들에 대한 순서, 곧 절대로 끊어질 수 없는 황금 사슬을 제시한다. 그것은 4개의 연결고리를 갖고 있다.

I. 하나님이 미리 아신 자들을 또한 그 아들의 형상을 본받게 하기 위하여 미리 정하셨으니(29절). 하나님은 영광과 행복을 목적으로 삼고 살도록 정하신

자들 모두가 은혜와 거룩함을 그 길로 삼고 살도록 정하셨다. 아니, 그분은 미리 아신 자들을 거룩하게 하실 때, 그들이 그렇게 되도록 미리 정하셨다. 하나님의 경륜과 작정은 사람들의 허약하고 변덕스러운 의지에 좌우되는 것이 아니다. 절대로 아니다. 성도들에 대한 하나님의 예지(미리 아심)는 그분이 그들을 사랑했다고 말해지는 그 영원한 사랑과 마찬가지다(렘 31:3). 하나님께서 그의 백성들을 아시는 것은 그분이 그들을 소유하는 것과 같다(시 1:6; 요 10:14; 딤후 2:19). 롬 11:2을 보라. 종종 성경에서는 지식에 관한 말씀이 사랑에 관한 말씀을 함축하고 있다. 그 예가 여기 있다: 하나님 아버지의 미리 아심을 따라 … 택하심을 받은 자들에게(벧전 1:2). 그리고 똑같은 말이 미리 정하신(fore-ordained, 한글성경은 '미리 알리신'으로 번역되어 있다) 것으로 표현된다(벧전 1:20). 미리 아신 자들. 이 말은 그의 친구들과 사랑하는 자들로 계획된 자들이라는 뜻이다. 하나님은 모세에게 나는 이름으로도 너를 안다고 말씀하셨다(출 33:12). 따라서 하나님께서는 이렇게 미리 아신 자들이 그리스도의 형상을 본받도록 예정하셨다.

1. 거룩함은 우리가 그리스도의 형상을 본받는데 있다. 이것이 성화의 본질로서, 그리스도가 위대한 귀감이요 본보기다. 그리스도의 마음을 품는다는 것은 그리스도처럼 살고 행동하며, 그리스도처럼 고난을 참고 견딘다는 것이다. 그리스도는 그의 아버지의 판박이 형상이요, 성도들은 그리스도의 형상을 본받는 자들이다. 따라서 우리가 하나님의 사랑을 되찾고, 하나님의 형상을 새롭게 한 것은 그리스도의 중보와 간섭 때문이다. 인간의 행복은 이 두 가지 사실에 있다.

2. 하나님은 은혜로써 영원부터 미리 아신 자들 모두가 그리스도의 형상을 본받도록 미리 정하셨다. 우리는 스스로 그리스도의 형상을 닮을 수 없다. 우리 자신을 그리스도께 드리는 것은 하나님께서 우리를 그분께 주실 때 가능해진다. 우리를 그분께 주시는데 있어서 하나님은 우리가 그리스도의 형상을 본받도록 예정하셨다. 그러므로 선택 교리를 방종 교리라고 부르고, 마치 목적이 수단으로부터 분리되고, 행복이 거룩함과는 무관한 것처럼, 그것이 죄를 조장한다고 주장하는 것은 단순한 트집에 불과하다. 누구도 그리스도의 형상을 본받는 것 외에는 자신의 택하심에 대해 알 수 없다. 택함받은 자들은 모두 거룩함을 위해 택함받았기 때문이다(살후 2:13). 그리고 확실히 자신이 그리스도의 형상을 본받도록 예정되어 있다는 사실을 믿기 위해서는 세상과 타협해야 한다

는 유혹에 빠질 수 없다.

3. 여기서 주로 의도하는 것은 예수 그리스도의 영광으로서, 그것은 그분이 많은 형제 중에서 맏아들이 되게 하려는 것이다(29절). 즉 그리스도는 위대한 왕이자 위대한 본보기가 될 영예를 가지신 분이라는 것이다. 다른 일에서처럼 이 일에 있어서도 탁월함을 갖고 계신다는 것이다. 율법 하에서는 맏아들을 바치는 것으로 모든 자녀들이 하나님께 바쳐졌다. 맏아들은 가족의 머리로서, 나머지 가족들이 그에게 좌우되었다. 지금 성도들의 가족에 있어서는 그리스도께서 맏아들이 되는 영예를 차지해야 한다. 여기서 하나님께 감사할 것은 형제들이 많다는 것이다. 그들은 어느 시점, 어느 한 곳을 보면 거의 없는 것처럼 보이지만, 그들이 함께 모이면 엄청나게 많을 것이다. 그러므로 그리스도의 사역의 목적이 차질 없이 성취되도록 일정한 수의 사람들이 예정되었다는 것이다. 만일 그 사건이 인간의 덧없는 의지에 맡겨져 신적 경륜이 불확실하게 되었더라면, 그리스도는 극소수 아니 전혀 형제가 없는 맏아들이 되고 말았을 것이다. 이것은 군사가 없는 대장, 신하가 없는 임금과 같다. 이것을 방지하고 많은 형제를 확보하기 위해서는 작정이 필수적이고, 그분이 그의 후손을 볼 수 있도록 그 일이 비준되었기 때문에 그분의 형상을 본받도록 되어 있는 남은 자들이 있게 된 것이다. 그 작정은 확실히 택함받은 사람들의 거룩함과 행복 속에서 그 성취를 보게 될 것이다. 따라서 흑암의 세력들의 온갖 방해에도 불구하고, 그리스도는 많은, 아주 많은 형제들 중에서 맏아들이 되실 것이다.

Ⅱ. 또 미리 정하신 그들을 또한 부르시고(30절). 이것은 외적 소명(택함받지 않은 사람들이 부르심을 받는 경우로 많은 사람들이 여기에 해당된다. 마 20:16; 22:14)이 아니라 내적 및 유효적 소명이다. 전자는 귀까지만 오지만, 후자는 마음에까지 온다. 하나님은 영원 전부터 은혜와 영광을 위해 예정하신 자들을 때가 되면 효과적으로 부르신다. 그 부르심은 우리가 그것에 응할 때 효력을 발휘한다. 그 때 성령께서 우리를 이끌어 죄책과 진노에 대해 양심을 자각시키고, 이성을 계몽하고 의지를 굴복시켜 우리로 하여금 약속을 따라 그리스도를 영접하도록 설복시키며, 그분의 권능의 날에 기꺼이 참여하도록 우리에게 역사하실 때, 우리는 비로소 부르심에 응하게 된다. 그것은 자아와 땅으로부터 돌이켜 하나님과 그리스도와 천국을 우리의 목적으로, 죄와 허무한 것으로부터 돌이켜 은혜와 거룩함과 성실을 우리의 수단으로 받아들이도록 부르시

는 유효적 소명이다. 이것이 복음의 소명이다. 또한 부르시고(30절). 택하심에 따라, 하나님의 목적이 설 수 있도록 부르시는 것이다. 우리는 택함받았기에 부르심을 받는 것이다. 따라서 우리의 선택을 확실하게 하는 유일한 방법은 우리의 부르심을 굳게 하는 것이다(벧후 1:10).

III. 부르신 그들을 또한 의롭다 하시고(30절).　효과적으로 부르심을 받은 자들은 모두 예수 그리스도로 말미암아 죄책으로부터 벗어나 의롭다 함을 받고, 의인으로 인정받는다. 그들은 법정에서 옳다(recti in curia)는 판정을 받는다. 과거에 저지른 어떤 죄의 죄책도 그들을 불리하게 만들거나 정죄하지 못한다. 형은 말소되고 사슬은 풀리고 재판은 무효화되고 권리는 역전된다. 그리고 그들은 더 이상 죄인 취급을 받지 않고, 친구이자 총애하는 자들로 공인되고, 사랑을 받는다. 이처럼 허물을 사함받는 자는 복이 있다. 효과적으로 부르심을 받은 사람들 외에 이처럼 의롭게 되는 자는 아무도 없다. 복음의 소명을 완고하게 거부하는 자들은 계속 죄책과 진노 아래 있게 될 것이다.

IV. 의롭다 하신 그들을 또한 영화롭게 하셨느니라(30절).　썩어짐의 권세가 유효적 소명에서 박살나고, 죄의 죄책이 칭의에서 제거되면, 방해가 되는 것은 깨끗이 사라지고 영혼과 영광 사이에 끼어들 수 있는 것은 아무것도 없다. 그것이 이미 과거지사로 말해지고 있음을 주목하자: 영화롭게 하셨느니라. 이렇게 말해지는 것은 그것이 아주 확실한 일이기 때문이다. 그분은 우리를 구원하셨고, 거룩한 소명으로 우리를 부르셨다. 모든 택하신 자를 영원히 영화롭게 하는데 있어서, 하나님의 사랑의 계획은 충분히 성취된다. 그들을 천국으로 이끄는 것, 이것이야말로 그분의 한결같은 목적이었다. 영광이 되지 못하는 것은 어느 것도 그분이 하나님으로서 그들과 가지는 언약 관계를 충분히 성취하지 못할 것이다. 그러므로 그분이 그들을 위해 행하시는 모든 일들 속에서 그리고 그들 속에서, 이것을 항상 염두에 두고 계신다. 그들이 택함받았는가? 그러면 그것이 그들을 구원으로 이끌 것이다. 부르심받았는가? 그러면 그것이 그들을 그분의 나라와 영광으로 이끌 것이다. 거듭났는가? 그러면 그것은 그들을 썩지 않는 기업으로 이끌 것이다. 고난받는가? 그러면 그것은 이 무한하고 영원한 영광의 복을 그들에게 일으킬 것이다. 이 모든 역사의 창시자가 한 분이심을 주목하자. 미리 정하시고, 부르시고, 의롭게 하시고, 영화롭게 하시는 분은 하나님 자신이다. 여호와께서 홀로 그를 인도하셨고 그와 함께 한 다른 신이 없었도다(신

32:12). 피조물의 의지는 극히 변덕스럽고 그 능력은 극히 허약하므로 이것들이 피조물에 의존한다면, 그 전체가 뿌리째 흔들릴 것이다. 그러나 하나님 자신이 처음부터 끝까지 손수 그 일을 처리하심으로써, 우리가 계속 그분을 의지하고, 그분께 복종하며, 모든 찬양을 그분께 돌리도록 하셨다. 모든 면류관이 그분의 보좌 앞에 던져지도록 하셨다. 이것은 우리의 믿음과 소망에 강력한 자극제가 된다. 왜냐하면 하나님으로 말하면, 그분의 길, 그분의 활동은 완전하기 때문이다. 기초를 세우신 분이 그 위에 건물도 세우시고, 마침내 천장이 큰 소리를 내며 놓이게 될 것이다. 그 때 그것에 대해 "은혜, 은혜로다!"라고 외치는 것이 우리의 영원한 임무가 될 것이다.

[31]그런즉 이 일에 대하여 우리가 무슨 말 하리요 만일 하나님이 우리를 위하시면 누가 우리를 대적하리요 [32]자기 아들을 아끼지 아니하시고 우리 모든 사람을 위하여 내주신 이가 어찌 그 아들과 함께 모든 것을 우리에게 주시지 아니하겠느냐 [33]누가 능히 하나님께서 택하신 자들을 고발하리요 의롭다 하신 이는 하나님이시니 [34]누가 정죄하리요 죽으실 뿐 아니라 다시 살아나신 이는 그리스도 예수시니 그는 하나님 우편에 계신 자요 우리를 위하여 간구하시는 자시니라 [35]누가 우리를 그리스도의 사랑에서 끊으리요 환난이나 곤고나 박해나 기근이나 적신이나 위험이나 칼이랴 [36]기록된 바 우리가 종일 주를 위하여 죽임을 당하게 되며 도살 당할 양 같이 여김을 받았나이다 함과 같으니라 [37]그러나 이 모든 일에 우리를 사랑하시는 이로 말미암아 우리가 넉넉히 이기느니라 [38]내가 확신하노니 사망이나 생명이나 천사들이나 권세자들이나 현재 일이나 장래 일이나 능력이나 [39]높음이나 깊음이나 다른 어떤 피조물이라도 우리를 우리 주 그리스도 예수 안에 있는 하나님의 사랑에서 끊을 수 없으리라

사도는 신자들의 특권에 관한 이 탁월한 강론을 모든 성도들의 이름으로 부르는 거룩한 승전가로 끝맺는다. 그리스도 안에서 우리에게 주어지는 하나님의 사랑의 신비와 그분으로 말미암아 우리가 누리는 지극히 위대하고 보배로운 특권들을 우렁차게 선포한 그는 웅변가처럼 다음과 같이 질문하면서 결론을 내린다: 그런즉 이 일에 대하여 우리가 무슨 말 하리요(31절)? 지금까지 말한 모든 것을 우리가 어떻게 사용할 것인가? 사도는 지식을 능가하는 그리스도의 사랑의 높이와 깊이와 길이와 넓이에 감탄하고, 그것을 깊이 묵상하고 찬미

하면서 크게 놀라고 완전히 압도당한 사람처럼 말한다. 다른 사실들에 관해 말한다면 우리가 그것들에 대한 지식이 클수록 그것들에 대한 경이는 그만큼 덜하게 된다. 그러나 복음의 신비에 관해서는 그 지식이 클수록 그에 대한 감탄도 그만큼 더 커진다. 바울이 이 사실들에 관해 크게 놀라 말했다면, 우리로서는 더 말할 것도 없다. 그가 뭐라고 말하는가? 그러나 바울은 승리의 병거를 타고 천국의 한편 위로 올라가서도, 이 거룩한 용기와 용감한 정신을 가지고, 이 유창하고 풍부한 표현력으로, 이 특권들에 관한 생각을 여기서처럼 묘사했을 것이다. 일반적으로 그는 여기서 도전하는 자세를 취하고 있다. 말하자면 그는 성도들의 원수에 대해 너희가 마음껏 덤벼보라고 담대하게 말한다: 만일 하나님이 우리를 위하시면 누가 우리를 대적하리요(31절) 그 도전의 근거는 하나님이 우리를 위하신다는 것에 있다. 이 안에서 그는 우리의 모든 특권을 종합한다. 이것 곧 하나님이 우리를 위하신다는 것 속에 모든 것이 망라되어 있다. 즉 우리와 화해하고 우리를 대적하지 아니하실 뿐만 아니라 우리와 언약을 맺고 우리를 위하시는데, 그분의 모든 속성이 우리를 위하고, 그분의 모든 약속이 우리를 위한다. 그분의 모든 존재, 모든 소유 그리고 모든 행동은 그의 백성들을 위한 것이다. 그분은 그들을 위해 모든 일을 수행하신다. 그분은 심지어 그들을 대적하는 것처럼 보이실 때에도 그들을 위하신다. 만일 그렇다면, 누가 우리를 대적하리요? 누가 우리를 이길 수 있고, 누가 우리의 행복을 막을 수 있겠는가? 그것들이 아무리 크고 강하다고 할지라도, 아무리 그 수가 많다고 할지라도, 아무리 강력하고 악독하다고 해도, 과연 무엇을 할 수 있겠는가? 하나님이 우리를 위하고, 우리가 그분의 사랑 안에 거하는 한, 우리는 흑암의 모든 권세들을 거룩한 용기를 갖고 물리칠 수 있다. 사탄이 최악으로 활동하도록 놔두라. 그는 사슬에 매여 있다. 세상이 가장 악하게 활동하도록 놔두라. 그것은 결국 정복될 것이다. 권세와 능력들은 그리스도의 십자가로 말미암아 약탈당하고 무장해제되고 승리를 넘겨주었다. 그렇다면 하나님께서 우리를 위해 친히 싸우시는데, 누가 감히 우리를 대적하여 싸울 수 있겠는가? 이제 이 사실들에 관해 말해보자. 이 전제들로부터 나오는 결론을 좀 더 구체적으로 설명해 보자.

I. 우리는 부족할 때 그것을 채울 수 있는 공급을 충분히 갖고 있다(32절). 아끼지 아니하시고. 누가 우리의 위로로부터 우리를 떼놓고, 그것을 제거하기 위해 대적할 수 있겠는가? 누가 우리가 찾아갈 샘으로부터 우리의 물줄기를 끊

어놓을 수 있겠는가?

1. 하나님께서 우리를 위해 행하신 일을 주목하라. 우리의 소망은 그 위에 세워져 있다: 자기 아들을 아끼지 아니하시고. 하나님 아버지는 주님이 우리의 구원을 위해 일하도록 그 아들과 기꺼이 이별하셨고, 그 때 그분은 불쌍한 영혼들의 구원을 위해 그토록 보배로운 선물을 아끼실 수 없었던 것이다. 지금 우리는 그분이 아브라함에게 하신 말씀처럼(창 22:12), 자신의 아들, 친아들, 그것도 독자를 아끼지 아니하셨다는 점에서, 그분이 우리를 지극히 사랑하신다는 것을 알고 있다. 만일 그보다 못한 다른 방법으로 인간을 구원한다면, 차라리 멸망당하도록 놔두는 것이 더 낫다는 생각이 그분에게 있었던 것이다. 따라서 그분은 우리 모든 사람을 위하여 내주신 것이다. 즉 모든 택하신 자들을 위하여 아들을 내주신 것이다. 우리 모든 사람을 위하여. 이 말은 죄의 화해를 위한 속죄제물로서, 우리의 유익을 위할 뿐만 아니라 우리를 대신하셨다는 말이다. 그분이 희생제물이 되셨을 때, 하나님은 그분을 아끼지 아니하셨다. 그분은 하나님의 아들이셨지만, 우리를 위해 죄가 되었고, 하나님은 그분을 지체 없이 상하게 하셨다. 그 큰 빚을 한 푼도 감하지 아니하시고(우크 에페이사토), 오히려 그 책임을 철저하게 물으셨다. 칼아 깨어서(슥 13:7). 비록 우리는 그분을 학대했을지라도, 하나님이 자기 아들을 아끼지 아니하신 것은 우리를 아끼시기 위해서였다.

2. 그러므로 우리는 하나님이 우리를 위해 무엇을 해주실 것인지를 다음과 같이 기대할 수 있다: 그분은 그 아들과 함께 모든 것을 우리에게 주실 것이다. (1) 그것은 하나님이 우리에게 그리스도를 주실 것을 함축한다. 왜냐하면 다른 것들은 그분과 함께 주어지기 때문이다. 모든 것들은 그분과 함께 우리를 위해 주어졌을 뿐만 아니라 그분과 함께 우리에게 주어진다. 우리를 얻기 위해 자신을 내주는 그토록 큰 값을 치르신 분이기에 그것을 우리에게 적용시키시는 데 확실히 주저함이 없을 것이다. (2) 하나님은 주님과 함께 모든 것 곧 그분이 우리를 위해 필요하고 필수적이라고 생각되는 모든 것, 다시 말해 모든 좋은 것(시 34:10)과 우리가 바라는 이상의 것을 값없이 우리에게 주실 것이다. 무한한 지혜이신 그분은 우리에게 그것이 유익한지, 또는 필요한 것인지 아니면 아무 소용이 없는 것인지를 능히 판단하실 것이다. (값없이) 주시지(freely give) 아니하겠느냐? 여기서 값없이는 '기꺼이,' '주저 없이' 란 뜻이다. 하나님은 자신의 호의로써 우리를 충족시키려고 주실 준비가 되어 있다는 말이다. 값없이 곧 아무

보상 없이, 아무 돈 없이, 아무 대가 없이 말이다. 아니하겠느냐. 하나님이 더 크신 일을 행하시면서 그보다 더 작은 일은 하실 수 없다는 것을 상상할 수 있겠는가? 우리가 원수였을 때 그토록 크신 은사를 주신 분이 그 주신 분으로 말미암아 지금 우리가 친구요 자녀들인 마당에 어떤 좋은 일을 우리를 위해 행하기를 거부하시겠는가? 이처럼 우리는 믿음으로 부족한 것에 대한 우리의 두려움을 극복할 논증을 갖고 있다. 우리를 위해 면류관과 천국을 예비하신 분은 확실히 그 길로 나아가는데 져야 할 우리의 부담을 충분히 감당해주실 것이다. 때가 되면 우리에게 아들의 유업을 얻도록 계획하신 분이 그동안 우리의 필요를 부족한 상태로 놔두지는 아니할 것이다.

Ⅱ. 우리는 모든 고발에 대처할 대답과 모든 정죄에 대응할 안전장치를 갖고 있다(33,34절). 누가 고발하리요? 율법이 그들을 고발하는가? 그들 자신의 양심이 그들을 고발하는가? 형제들의 고발자인 마귀가 우리 하나님 앞에서 밤낮으로 고발하는가? 이 모든 고발에 대해서는 다음과 같은 대답으로 충분하다: 의롭다 하신 이는 하나님이시니(33절). 사람들은 바리새인들처럼 스스로 의롭다고 말할 수 있으나 그 고발은 그들에게 충분한 효력을 갖고 있다. 하지만 하나님이 의롭다 하신다면, 그것으로 모든 고발은 중지된다. 그분은 심판자요 왕이요 피해당사자이시기에 그분의 판단은 진실에 따르고, 조만간 온 세상이 그분의 뜻 아래 복종하게 될 것이다. 따라서 우리는 우리의 모든 고발자에게 대응할 수 있고, 그들의 정죄에 맞설 수 있다. 이것은 그것들 모두를 박살낸다. 의롭다하신 이는 하나님, 곧 의롭고 신실하신 하나님이시기 때문이다. 누가 정죄하리요? 그들은 고발에 효력이 없으면서도 정죄할 준비가 되어 있다. 그러나 우리는 그 체포령에 대처할 항변서를 갖고 있다. 그것도 절대로 파기될 수 없는 항변서다. 죽으실 뿐만 아니라 다시 살아나신 이는 그리스도 예수시니(34절). 우리가 이처럼 안전하게 된 것은 우리와 그리스도의 관계, 곧 우리와 그분의 연합 덕택이다.

1. 그분의 죽으심: 죽으실 뿐만 아니라. 자신의 죽음의 공로로써 그분은 우리의 빚을 청산하셨다. 보증인의 지불은 빚의 청산에 대한 유력한 항변이다. 그 지불이 바로 그리스도 곧 유능하고 전충족적인 구주이시다.

2. 그분의 부활: 뿐만 아니라 다시 살아나신 이는. 이것은 더 큰 힘을 준다. 왜냐하면 그것은 신적 공의가 그분의 죽음의 공로로 말미암아 만족된 것을 확신시켜주는 증거가 되기 때문이다. 그분의 부활은 그분의 사면으로서, 그것은 법적

면제였다. 그러므로 사도는 그것을 뿐만 아니라라는 말과 함께 언급한다. 만일 그분이 죽고 다시 살지 아니했다면, 우리도 여전히 과거와 같은 상태 속에 있게 되었을 것이다.

3. 그분이 하나님 보좌 우편에 앉아계심: 그는 하나님 우편에 계신 자요(34절). 이것은 그분이 자신의 사역을 다 이루셨다는 좀 더 명확한 증거로서, 모든 고발에 대응하는데 있어서 우리에게 강력한 용기를 준다. 그것은 법정에 친구, 그와 같은 친구가 있다는 것을 의미하기 때문이다. 하나님 우편은 그분이 거기서 ― 항상 가까이 ― 대기하고 계시되, 지배자 ― 모든 권능이 그분에게 주어진 ― 로 계신다는 것을 암시한다. 우리의 친구는 심판자 자신이다.

4. 그분이 거기서 행하시는 중보. 그분은 우리에게 무관심한 상태로 거기 계시는 것이 아니라 우리를 잊지 않고 간구하시는 자로 거기 계신다. 그분은 거기서 우리의 대행자 곧 우리의 변호사가 되셔서, 모든 고발에 대응하고, 우리를 위해 항변하시며, 그리하여 그것을 효과적으로 봉쇄하고, 우리의 청원이 받아들여지도록 우리를 위해 호소하신다. 이것이야말로 충분한 위로의 근거가 아닌가? 이 일들에 대해 우리가 무엇이라고 말하겠는가? 오 주 하나님이여, 이것이 사람들의 의심거리입니까? 의심하고 불안해할 어떤 여지가 남겨져 있나요? 오 내 영혼아, 그대는 왜 낙심하고 있는가? 어떤 이들은 여기에 언급된 고발과 정죄를 성도들이 사람들로부터 받는 고난으로 이해한다. 초대교회 성도들은 사람들의 비난에 따라 참으로 많은 혹독한 죄악에 처해졌다. 이단, 폭동, 반역 등 다양한 죄목에 처해지지 않았던가? 이런저런 이유로 당시의 지배 세력들은 그들을 정죄했다. 사도는 이렇게 말한다: "그러나 그것은 문제가 아니다. 우리가 하나님의 법정에 서 있기만 한다면, 인간들의 법정에 어떻게 서 있느냐 하는 것은 중요하지 않다. 혹독한 비난, 악의적인 중상, 사람들의 불의하고 불공정한 판단 등 이 모든 것들에 대해 우리는 그리스도 예수로 말미암아 하나님 앞에서 이 모든 것들을 충분히 무효화시키는 우리의 의로 안심하고 대적할 수 있다(고전 4:3,4)."

III. 우리는 이 복된 상태를 끝까지 보존하고 지속할 것에 대한 확실한 보증을 갖고 있다(35절). 그리스도를 놓쳐버릴 것에 대한 성도들의 두려움은 자주 큰 실망과 낙심의 요소가 되고, 그들에게 큰 혼란을 일으키는 요인이 된다. 그러나 그 두려움을 잠잠케 하고 이런 폭풍을 진정시킬 수 있는 면이 여기에 있고, 그래서 그 어떤 것도 그것들을 떼놓을 수 없다. 우리는 여기서 사도를 통해

다음과 같은 사실을 확인하게 된다:

1. 할 수 있는 한, 그들을 그리스도의 사랑에서 떼놓으려는 모든 원수들에 대한 성도들의 과감한 도전. 누가 하리요? 아무것도 하지 못하리라(35-37절). 자기 아들을 아끼지 않고 우리를 위해 내주실 정도로 그 사랑을 보여주신 하나님께서 그보다 못한 다른 어떤 일에 대해서 그 사랑을 제외시키거나 해지시킨다는 것을 우리가 상상할 수 있겠는가? 여기서 다음 사실을 주목하자.

(1) 그리스도의 사랑하는 자들에게 예상되는 현재의 고난. 그들은 사방에서 환난을 만나고, 곤고 속에 있으며, 이 세상에서 어떤 구원과 도움을 구해야 할지 그 방도를 모르며, 그리스도께서 사랑하는 자들을 항상 미워하는 성난 세상으로부터 박해가 따르며, 기근으로 곤궁해지며, 적신으로 굶주리며, 모든 피조물로부터의 위로가 끊어졌을 때, 커다란 위험에 노출되며, 관원의 칼이 호시탐탐 그들의 배를 가르고 피를 쏟아낼 준비를 하고 있다. 이보다 더 암담하고 음울한 경우를 상상할 수 있겠는가? 그것은 시 44:22로부터 인용된 구절로 예증되고 있다(36절). 우리가 종일 주를 위하여 죽임을 당케 되며. 이 말은 우리가 불같이 혹독한 시험을 이상히 여기지 말라는 것을 암시한다. 우리는 구약 시대의 성도들도 동일한 운명에 처해 있었음을 본다. 그들은 우리 이전의 선지자들도 그렇게 핍박했다. 종일 죽임을 당하게 되며. 즉 계속적으로 치명적 공격에 노출되어 있고 예상된다는 뜻이다. 아직도 매일, 온종일, 하나님의 백성들은 박해하는 원수들의 격노 속에서 피를 흘리고 죽임을 당하고 있다. 도살 당할 양 같이 여김을 받았나이다. 그들은 양을 도살하는 것처럼 그리스도인을 죽인다. 양은 살았을 때 해롭기 때문이 아니라 죽었을 때 이롭기 때문에 죽임을 당한다. 그들이 그리스도인을 죽이는 것은 그들 자신을 기쁘게 하고 자기들의 악덕의 밥으로 삼기 위해서다. 그들이 떡 먹듯이 내 백성을 먹으면서(시 14:4).

(2) 우리를 그리스도의 사랑으로부터 떼놓는 일에 대한 이 모든 일들의 불가능성. 그들이 그렇게 할까? 또 그렇게 할 수 있을까? 아니, 절대로 못한다. 이 모든 것은 그리스도와 참 신자들 사이의 사랑과 친교의 유대를 끊어놓지 못할 것이다. [1] 그리스도는 이 모든 것 때문에 우리를 덜 사랑하지도 않고, 또 그러지도 아니할 것이다. 이 모든 환난들은 주 예수님의 강하고 일관된 사랑과 크게 일치된다. 그것들은 그분의 사랑의 감소의 원인도 아니고 증거도 아니다. 바울이 매질을 당하고 몰매를 맞고 감옥에 갇히고 돌로 맞았을 때, 그리스도께서

그를 덜 사랑한 것이었는가? 그분의 호의가 중단되었는가? 그분의 미소가 조금이라도 지체되었는가? 그분의 방문이 더욱 위축되었는가? 절대로 아니다. 오히려 그 반대였다. 이런 일들은 불신 친구들에 대한 사랑으로부터 우리를 떼놓는다. 바울이 네로 황제 앞에 끌려나왔을 때, 모든 사람들이 그를 포기했으나 주님은 그 옆에 서 계셨다(딤후 4:16,17). 박해하는 원수들이 우리에게서 무엇을 빼앗아가든 간에, 그들은 우리에게서 그리스도의 사랑을 빼앗아갈 수는 없다. 그들은 그분의 사랑의 증거를 차단할 수 없다. 그들은 그분의 방문을 방해하거나 배제시킬 수 없다. 그러므로 그들이 가장 악하게 활동하도록 놔두라. 그런다고 해도 그들은 참 신자들을 도저히 비참하게 만들 수 없다. [2] 우리는 이것 때문에 그분을 덜 사랑하거나 또는 앞으로 덜 사랑하게 되지 않을 것이다. 이것 때문에 우리는 그분이 우리를 덜 사랑한다고 생각하지 않을 것이다. 자비는 결코 악한 것을 생각지 아니하고, 불안한 생각을 좋아하지 아니하고, 해로운 결론을 내리지 않으며, 사랑으로부터 나오는 좋은 면만을 취한다. 참 그리스도인은 그분 때문에 고난당한다 해도 그리스도를 결코 덜 사랑하지 않고, 그분 때문에 모든 것을 다 잃는다고 해도 그리스도에 관해 악한 생각을 하지 않는다.

(3) 이것들 속에서 신자들이 얻는 승리(37절). 그러나 이 모든 일에 우리를 사랑하시는 이로 말미암아 우리가 넉넉히 이기느니라.

[1] 우리는 정복자다. 종일 죽임을 당할지라도 우리는 정복자다. 이상한 정복의 방법이지만, 그것이 그리스도의 방법이었다. 그분은 그렇게 십자가로써 권세와 능력들을 이기셨다. 불과 칼로 이기는 것보다 인내와 믿음으로 이기는 것이 훨씬 더 안전하고 고상한 정복의 방법이다. 원수들도 때때로 순교자들의 불굴의 용기와 지조 때문에 스스로 혼란에 빠지고 압도되었다고 고백했다. 순교자들은 이처럼 자기들의 생명을 아끼지 않고 죽음에 내놓음으로써 막강한 군주들을 이겼던 것이다(계 12:11).

[2] 우리는 정복자 이상이다. 이 시련들을 참고 견딜 때, 우리는 정복자일 뿐만 아니라 정복자 이상이 된다. 곧 승리자가 된다. 승리자는 정복자 이상의 존재다. 첫째, 손실이 별로 없기 때문이다. 많은 정복자들이 값비싼 대가를 치른다. 그러나 고난당하는 성도가 잃는 것은 무엇인가? 아니, 그들이 잃는 것은 용광로 속에서 금을 잃는 것과 같다. 곧 거기서 잃는 것은 불순물뿐이다. 있지도 않은 것을 잃는 것은 전혀 잃는 것이 아니다. 곧 흙에 속해 흙으로 돌아가는 몸

을 잃을 뿐이다. 둘째, 커다란 이득이 있기 때문이다. 전리품이 말할 수 없이 풍성하다. 영광, 영예 그리고 평화, 결코 사라지지 않는 의의 면류관 등. 여기서 고난당하는 성도들이 승리자가 된다. 그들은 그리스도의 사랑으로부터 끊어지지 않을 뿐 아니라 그것을 가장 민감하게 느끼고 품을 수 있게 된다. 고난이 넘칠수록 위로도 그만큼 더 넘치게 된다(고후 1:5). 상상을 넘어선 핍박이 있을 때에도 정복자 이상의 승리자가 된다. 그 형틀 앞에서 그는 "그리스도의 십자가여, 어서 오라. 영생이여, 어서 오라"고 말했다. 사자가 지키는 감옥에서 그는 "깃털 침대에 누워있는 것 못지않게 이 감옥에서 나는 아무 고통을 느끼지 못하고 있다"고 즐겁게 편지를 썼다. 순교하기 직전 어떠냐고 질문을 받자 한 소녀는 "무척 즐겁습니다. 천국으로 가니까요."라고 외쳤다. 이들은 형틀 앞에서 미소를 잃지 않았고, 옥중에서도 찬송을 불렀다. 이들은 정복자 이상이었다.

[3] 그것은 우리를 사랑하시는 이로 말미암아 주어졌다(37절). 그분의 죽음의 공로가 이 모든 환난의 고통으로부터 우리를 구해주고, 그분의 은혜의 영이 이 모든 고통을 거룩한 용기와 인내로 견딜 수 있도록 특별한 위로와 지원을 펼치심으로써, 우리를 강하게 한다. 이처럼 우리는 우리 자신의 힘으로가 아니라 그리스도 예수 안에 있는 은혜로 말미암아 정복자가 된다. 우리는 그리스도의 승리에 관련되어 있기 때문에 정복자다. 좋은 일에 있어서나 악한 일에 있어서나 그분이 우리를 위해 세상을 이기셨다(요 16:33). 따라서 우리는 승리를 취하고, 그 전리품을 나누는 것 외에 할 일이 없고, 그러기에 우리는 정복자 이상이다.

2. 이 문제 전반에 대한 직접적·적극적 결론: 내가 확신하노니(38,39절). 이것은 하나님의 사랑의 힘과 달콤함에 대한 체험에서 나오는 충분하고 강하고 열렬한 확신을 암시한다. 여기서 사도는 그리스도와 신자들 사이를 끊어놓을 가능성이 있는 항목들을 모두 열거하고, 그것들이 아무 효력이 없을 것이라고 결론짓는다.

(1) 사망이나 생명이나. 한편으로는 죽음의 공포가 다른 한편으로는 생명의 위로와 즐거움이 있거나, 곧 죽음에 대한 두려움이나 생명에 대한 소망이나 우리를 그리스도의 사랑에서 끊을 수 없다. 아니 우리는 죽었을 때나 살았을 때나 그 사랑으로부터 절대로 끊어지지 아니할 것이다.

(2) 천사들이나 권세자들이나 능력이나. 선한 천사들과 악한 천사들 모두 권세자와 능력으로 불린다. 선한 천사에 대해서는 엡 1:21; 골 1:16, 악한 천사들에

대해서는 엡 6:12; 골 2:15이 그 예다. 그런데 그 어느 것도 우리를 그리스도의 사랑에서 끊을 수 없다. 선한 천사들도 하지 못하고, 악한 천사들도 하지 못한다. 절대로 할 수 없다. 선한 천사는 수종드는 친구들이고, 악한 천사는 제압당한 원수들이다.

(3) 현재 일이나 장래 일이나. 현재의 고통에 대한 의식이나 다가올 고통에 대한 두려움이나. 시간도 우리를 그리스도의 사랑에서 끊을 수 없고 영원도 그럴 수 없다. 현재 일이 장래 일로부터 우리를 끊어놓을 수 있고, 장래 일이 현재 일로부터 끊어질 수 있으나 현재 일과 장래 일 어느 것도 우리를 그리스도의 사랑에서 끊어놓지는 못한다.

(4) 높음이나 깊음이나. 번영과 승진의 높음이나 역경과 치욕의 깊음이나. 하늘 위에서 오는 폭풍 또는 태풍이나 땅 아래로부터 오는 바위, 바다, 토굴이나 그 어느 것도 우리를 그리스도의 사랑에서 끊을 수 없다.

(5) 다른 어떤 피조물이라도. 이름을 댈 수 있고 생각될 수 있는 그 어떤 것이라도. 그 어떤 것도 우리 주 그리스도 예수 안에 있는 하나님의 사랑에서 우리를 끊지 못할 것이고, 또 끊을 수도 없을 것이다. 그것은 하나님에 대한 우리의 사랑 또는 우리에 대한 하나님의 사랑을 차단하거나 손상시킬 수 없다. 오직 죄 말고는 아무것도 그렇게 하지 못하고, 또 그렇게 할 수 없다. 하나님과 참 신자들 사이에 존재하는 사랑이 그리스도로 말미암는다는 사실을 주목하자. 그분은 우리 사랑의 중보자이시다. 하나님께서 우리를 사랑하실 수 있고, 우리가 감히 하나님을 사랑할 수 있는 것은 그리스도 안에서 그리고 그리스도로 말미암아서다. 이것이 그 견고한 사랑의 근거다. 그러므로 우리를 사랑하시고, 어제나 오늘이나 영원토록 동일하신 예수 그리스도로 말미암아 하나님은 그 사랑을 항상 견지하신다(습 3:17).

스코틀랜드 에어 지역의 저명한 그리스도인인 휴 케네디는 임종 직전에 성경을 달라고 요청했으나 눈이 보이지 않음을 알고 "로마서 8장을 펴서 내 손가락이 내가 확신하노니 사망이나 생명이나가 나오는 부분에 올려 달라"고 말했다. 이어서 그는 "지금 내 손가락이 그 위에 있느냐?"고 확인했다. 그렇다는 대답을 듣자 그는 지체 없이 "자, 내 아들들아, 하나님께서 너희와 함께 하실 것이다. 나는 오늘 아침식사를 너희와 함께 했다. 그러나 오늘 저녁식사는 나의 주 예수 그리스도와 함께 하게 될 것이다"라고 말했다. 그렇게 그는 떠나갔다.

제 — 9 — 장

개요

　　칭의와 구원은 율법의 행위가 아니라 오직 믿음으로, 모세가 아니라 오직 그리스도로 말미암아 얻게 된다는 것을 분명히 주장하고, 상세히 입증한 사도는 이번 장과 다음 장에서 이것을 반대하는 반론을 예상하고 글을 쓴다. 만일 이것이 그렇다면, 유대인 곧 민족 전체로서 모든 유대인은 어떻게 되는가? 특히 그리스도를 받아들이지 않고 복음을 믿지 않는 유대인들은 어떻게 되는가? 이 법에 따르면 그들은 틀림없이 행복을 누리지 못하게 되는데, 그렇다면 구원이 유대인에게서 난다고 그 조상들과 한 약속은 어떻게 되는가? 그 약속은 폐기되고 무효화되는가? 그것은 하나님의 말씀에 따를 때 절대로 상상할 수 없는 일이다. 그러므로 이런 결과를 일으키는 그 교리는 채택되어서는 안 된다는 반론이 제기될 수 있다. 바울은 자신이 전개하는 교리로부터 믿지 않는 유대인들은 거부당한다는 결과를 인정하고, 그것을 최대한 완화시키고 진정시키려고 노력한다(1-5절). 그러나 이것으로부터 하나님의 말씀이 무효화된다는 점은 부인하고(6절), 이 장 나머지 부분에서 그 부인에 대해 증명한다. 여기서 그는 앞에서 말한 위대한 예정 교리(8:28)를 끌어다 예증함으로써, 그것을 구원 역사에 있어서 다른 모든 바퀴들을 굴러가게 하는 첫 번째 바퀴로서 채용하고 있다.

¹내가 그리스도 안에서 참말을 하고 거짓말을 아니하노라 나에게 큰 근심이 있는 것과 마음에 ²그치지 않는 고통이 있는 것을 내 양심이 성령 안에서 나와 더불어 증언하노니 ³나의 형제 곧 골육의 친척을 위하여 내 자신이 저주를 받아 그리스도에게서 끊어질지라도 원하는 바로라 ⁴그들은 이스라엘 사람이라 그들에게는 양자 됨과 영광과 언약들과 율법을 세우신 것과 예배와 약속들이 있고 ⁵조상들도 그들의 것이요 육신으로 하면 그리스도가 그들에게서 나셨으니 그는 만물 위에 계셔서 세세에 찬양을 받으실 하나님이시니라 아멘.

　　우리는 여기서 유대민족과 유대인들에 관한 바울의 지극한 관심을 보여주는 진지한 고백을 발견한다. 그는 많은 유대인들이 복음에 대해 원수로 행하고, 구원의 길에서 벗어난 것에 대해 진심으로 괴로워했다. 이것 때문에 그에게는 큰 근심과 마음에 그치지 않는 고통이 있었다. 이와 같은 고백은 그들의 거부를 주장하고 증명함으로써 받게 될 또 다른 비난을 제거하기 위해서 필수적인 것이었다. 너무 가혹하게 들리고 불쾌하게 생각되는 진리는 그 강도를 완화시켜 말하는 것이 지혜다. 못을 박을 때 기름을 치면 더 잘 박힐 것이다. 사도행전에 나타나 있는 것처럼, 유대인들은 사도들 가운데 특별히 바울에 대해 더 큰 악감정을 갖고 있었다. 그러므로 그들이 그에 관해 오해할 가능성이 훨씬 더 컸기 때문에 이것을 방지하기 위해 사도는 이처럼 부드럽고 온화한 감정을 고백하는 것으로 자신의 강론을 시작한다. 그리하여 그들은 그가 거부당한 유대인에 대해 승리하고 모욕을 주었다거나 그들에게 임한 재앙을 보고 그가 기뻐했다는 인상을 갖지 않았던 것이다. 예레미야 선지자는 재앙이 신속하게 임했던 당시 유대인들에 관해, 재앙의 날도 내가 원하지 아니하였음을 주께서 아시는 바라(렘 17:16)고 하나님께 호소한다. 마찬가지로 바울도 그것을 바라지 않았기에 가장 애절한 감정으로 그것을 표현하고 있는 것이다. 그들에 대해 희희낙락하는 것이 자신의 표정의 진실인 것으로 생각되지 않도록 그는 조심했다.

I. 사도는 엄숙한 자세로 그것을 천명한다(1절). 내가 그리스도 안에서 참말을 하고. 이것은 "나는 그것을 그리스도인으로서, 곧 거짓말하지 않고 감언이설에 대해서는 익숙하지 않는 자녀들인 하나님의 백성의 한 사람으로서 말한다." 또는 "나는 그것에 관해 마음을 살피시는 그리스도께 호소한다"라는 뜻이다. 뿐만 아니라 그는 일천 명의 증인들 대신 자신의 양심에 대고 호소한다. 그가 천명하려는 것은 참으로 중요하고 심각한 일이었을 뿐만 아니라(이 엄숙한 천명이 사소한 일로 치부되어서는 안 된다) 은밀한 일이기도 했다. 그의 마음속의 슬픔은 하나님과 그의 양심 말고는 아무도 유능하게 증언할 수 없었다. 나에게 큰 근심이 있는 것과(2절). 사도는 그것이 무엇에 대한 근심인지에 대해서는 말하지 않는다. 그것을 직접 언급하는 것은 불쾌함을 주고 비난을 초래하는 일이었다. 그러나 그것이 유대인의 거부에 대한 일이라는 것은 분명하다.

II. 사도는 그것에 아주 진지한 의미를 함축시킨다. 그 의미는 유대인에 대한 사랑으로부터 준비된 것이었다. 원하는 바로라(3절). 그는 단순히 원한다(I do wish)고 말하지 않는다. 왜냐하면 그것은 이 목적에 대한 적절한 수단이 아니기 때문이다. 그는 할 수만 있다면, 나의 형제 곧 골육의 친척을 위하여 내 자신이 저주를 받아 그리스도에게서 끊어질지라도 원하는 바로라(I could wish)라고 말한다(3절). 이것은 동족에 대한 열정과 애정에서 나오는 그의 절실한 고통을 가리킨다. 그는 그들에게 좋다면 어떤 불행이라도 감수할 용의가 있다는 것이다. 사랑은 이처럼 담대하고, 용감하며, 쉽게 자기를 부인한다. 많은 사람들을 구원하는데 있어서 하나님의 은혜의 영광이 한 사람의 복리와 행복보다 우선해야 하기 때문에, 바울은 그것이 가능하다면, 자신의 행복을 포기하고 그들의 행복을 사기를 바랐던 것이다.

1. 그는 살아있는 자들의 땅에서 가장 수치스럽고 굴욕적인 방법으로 추방을 당해도 괜찮다고 생각했다. 그들은 그의 피를 목말라했고, 당대의 저주이자 재앙인 것처럼, 세상에서 가장 역겨운 사람으로 그를 핍박했다(고전 4:13; 행 22:22). 바울은 "자, 나는 너희의 유익을 위해서라면 이 모든 것, 아니 이보다 훨씬 더한 것이라도 기꺼이 감수하겠다. 날 실컷 욕해라. 너희가 원하는 대로 다루고 꾸짖어 보라. 너희의 불신앙과 거부야말로 내가 당하는 모든 고통보다 내 마음속에서 더 큰 고통이 일어날 수 없다. 할 수만 있다면, 너희들의 거부보다 그 고통들을 참는 것이 나로서는 더 바라는 일이다"라고 말한다.

2. 그는 그들에게 유익이 된다면, 신실한 자들의 사회에서 파문을 당해 이방인과 세리처럼 교회로부터 제외되고, 성도들과의 친교로부터 배제되어도 괜찮다고 생각했다. 그는 더 이상 성도들 사이에서 기억되지 않아도, 자신의 이름이 교회명부에서 삭제되어도 좋다고 생각했다. 그는 그토록 많은 교회를 세웠고, 수많은 사람들로부터 영적 아버지로 인정을 받았지만, 유대인의 유익을 위해서라면 교회에 의해 의절을 당하고, 그 모든 교제로부터 배척을 당하며, 자신의 이름이 망각과 비난 속에 파묻힌다고 해도 만족하려고 했다. 바울 때문에 어떤 유대인들은 기독교에 대해 편견을 가질 수도 있었다. 그에 대한 반감이 너무 컸기 때문에 그들은 그가 속해 있던 종교마저 싫어했다. 그래서 바울은 "그것이 너희에게 걸림돌이 된다면, 내가 쫓겨나 그리스도인이 못 된다 할지라도, 너희가 들어온다면 원이 없겠다"라고 말한다. 모세도 이와 같이 거룩한 관심과 열정을 갖고 말한 적이 있다: 원하건대 주께서 기록하신 책에서 내 이름을 지워 버려 주옵소서(출 32:32).

3. 아니, 어떤 이들은 그 표현이 그 이상이라고 생각한다. 즉 사도는 만일 그

것이 그들의 구원을 이루는 수단이 되기만 한다면, 그리스도 안에서 누리는 자신의 모든 행복을 기꺼이 포기할 것이라는 것이다. 일반적으로 자비는 가정에서 시작되는 법이다. 그런데 동족애는 그보다 더 높은 것으로, 정말 고상하고 고결한 사랑이다.

Ⅲ. 사도는 자신이 이런 애정과 관심을 갖게 된 이유를 우리에게 제시한다.

1. 그들과 친척관계이기 때문이다: 나의 형제 곧 골육의 친척을 위하여(3절). 그들은 기회가 있을 때마다 그를 말할 수 없이 학대했고, 가장 부당하고 악랄한 수법으로 그를 괴롭혔지만, 그는 이처럼 자애롭게 그들에 관해 말한다. 그것은 그가 용서하는 영을 소유한 사람임을 보여준다. 내 민족을 고발하려는 것이 아니니라(행 28:19). 나의 친척. 바울은 히브리인 중의 히브리인이었다. 우리도 우리 친척, 곧 우리의 형제와 친족의 영적 유익을 위해 특별한 관심을 기울여야 한다. 그들에 대해 우리는 특별한 의무를 갖고 있고, 그들의 유익을 위해 특별히 일할 기회를 가져야 한다. 그들에 관해, 그들을 위해 쓰임받도록 우리는 각별히 신경을 써야 한다.

2. 특별히 그들과 하나님의 관계 때문이다(4,5절): 그들은 이스라엘 사람이라(4절). 그들은 아브라함의 씨요 하나님의 친구요 그의 선택 받은 자 야곱의 후손으로서, 하나님과 특별한 언약 관계 속에 들어가 있고, 가시적 교회의 특권으로 말미암아 명예가 있고, 구별된 자들이다. 그 특권들 가운데 몇 가지가 여기 언급되고 있다: (1) 양자 됨(4절). 이것은 영적 구원을 제공하고 영복의 자격을 주는 것이 아니라 외적·예표적 구원을 제공하고, 가나안 땅에 대한 자격을 주는 것을 의미한다. 이스라엘은 내 아들 내 장자라(출 4:22). (2) 영광(4절). 이것은 속죄소를 갖고 있는 법궤 위 그룹들 사이에 하나님께서 거하시는 것을 말한다. 이것은 이스라엘의 영광이었다(삼상 4:21). 신적 임재와 인도에 관한 많은 상징과 징표들, 구름과 쉐키나, 그들에게 주어진 특별한 호의들, 이것들은 영광이었다. (3) 언약들(4절). 이것은 아브라함과 맺어지고, 때를 따라 그의 후손들과 자주 갱신되었던 언약을 말한다. 이런 언약들로는 시내 산에서의 언약(출 24장), 모압 평지에서의 언약(신 29장), 세겜에서의 언약(수 24장)이 있고, 이후에도 자주 맺어졌다. 아직도 이 언약들은 이스라엘에게 속해 있다. 또는 특별언약이 있었는데, 이것은 은혜언약의 모형이었다. (4) 율법을 세우신 것(4절). 의식적·사법적 율법은 그들에게 주어졌고, 기록된 도덕적 율법도 그들에게 속한 것이

었다. 오늘날 우리가 하나님의 율법을 갖고 있는 것은 엄청난 특권이다. 그러나 그것은 원래 이스라엘의 특권이었다(시 147:19,20). 이것은 이스라엘의 위용이었다(신 4:7,8). (5) 예배(4절). 그들은 하나님을 예배하는 규례를 갖고 있었다. 성전, 제단, 제사장, 희생제사, 절기 그리고 그것들과 관련된 제도들이 있었다. 다른 민족들이 바위, 돌, 귀신 그리고 그것이 무엇인지도 알지 못하면서 그들 자신이 고안해낸 다른 우상들을 섬길 때, 이스라엘 백성들은 그분이 친히 정해주신 방법에 따라 참 하나님을 섬겼는데, 그것은 그들의 큰 영예였다. (6) 약속들(4절). 일반 언약에 더하여 특별 언약들이 주어졌다. 그것들은 메시야와 복음에 관련된 약속들이었다. 여기서 약속들이 율법을 세우신 것과 하나님을 예배하는 것에 수반되었다는 점을 주목하자. 왜냐하면 그 약속들이 주는 위로는 율법에 대한 순종과 예배에의 참여에 달려 있었기 때문이다. (7) 조상들도 그들의 것(5절). 하나님의 총애를 받았던 아브라함, 이삭, 야곱 그리고 위대한 신앙의 인물들이 그들에게 속해 있었다. 유대인은 그들의 친척이요, 그들의 후손으로서, 그들은 그것을 큰 자랑거리로 여겼다: 우리 조상 아브라함. 그들이 언약 속에 들어가게 된 것은 조상들 덕분이다(11:28). (8) 그러나 이 모든 것들 가운데 가장 큰 영예는 육신으로 하면 그리스도가 그들에게서 나신 것이다(여기서 육신으로 하면은 그분의 인성에 대해 적용되는 말이다, 5절). 왜냐하면 그분은 아브라함의 자손으로 오셨기 때문이다(히 2:16). 신성으로 말하면 그분은 하늘에 속한 주님이시지만, 인성으로 말하면 그분은 아브라함의 자손에 속해 있다. 그리스도께서 그들의 혈통이라는 것이 유대인의 최고의 특권이다. 그리스도를 언급하면서 사도는 최대의 찬사를 아끼지 않고, 그는 만물 위에 계셔서 세세에 찬양을 받으실 하나님이시니라고 증언한다(5절). 그분이 자기들의 친족이라고 해서 유대인이 그분을 무시하지 않도록 사도는 여기서 그분에 관해 이처럼 영예로운 표현을 하는 것이다. 그분은 중보자로서 만물 위에 계실 뿐만 아니라 세세에 찬양을 받으실 하나님이기도 하다. 그러므로 그분을 거절한 그들에 대해 얼마나 혹독한 형벌이 주어져야 하겠는가! 그것은 세세에 찬양을 받으실 분이 사람이 되셨는데, 그분이 다름 아닌 유대인이라는 것은 당연히 그들의 영예이고, 바울이 그들에 대해 애정을 표현하는 한 가지 이유다. 그 당시 그 백성들의 태도와 성격을 생각하면, 사도가 그처럼 겸손한 자세를 취하는 것은 이해할 만하다.

⁶그러나 하나님의 말씀이 폐하여진 것 같지 않도다 이스라엘에게서 난 그들이 다 이스라엘이 아니요 ⁷또한 아브라함의 씨가 다 그의 자녀가 아니라 오직 이삭으로부터 난 자라야 네 씨라 불리리라 하셨으니 ⁸곧 육신의 자녀가 하나님의 자녀가 아니요 오직 약속의 자녀가 씨로 여기심을 받느니라 ⁹약속의 말씀은 이것이니 명년 이때에 내가 이르리니 사라에게 아들이 있으리라 하심이라 ¹⁰그뿐 아니라 또한 리브가가 우리 조상 이삭 한 사람으로 말미암아 임신하였는데 ¹¹그 자식들이 아직 나지도 아니하고 무슨 선이나 악을 행하지 아니한 때에 택하심을 따라 되는 하나님의 뜻이 행위로 말미암지 않고 오직 부르시는 이로 말미암아 서게 하려 하사 ¹²리브가에게 이르시되 큰 자가 어린 자를 섬기리라 하셨나니 ¹³기록된 바 내가 야곱은 사랑하고 에서는 미워하였다 하심과 같으니라

앞 부분에서 자신의 동족 전체의 거부에 관해 말하면서, 그들에 대한 자신의 간절한 애정을 전하고, 그들의 확고부동한 특권을 인정한 사도는 이어지는 부분에서 복음시대의 도래로 말미암아 야기된 유대인의 거부가 그 조상들과 맺은 하나님의 약속의 말씀들을 전혀 무효화하지 않는다는 사실을 증명한다. 하나님의 말씀이 폐하여진 것 같지 않도다(6절). 이것은 바울에게 그토록 큰 근심과 그치지 않는 고통(2절)을 안겨준 유대인의 현재 상태를 고려하면, 의심될 만도 하다. 우리는 하나님의 어떤 말씀도 무효화되는 것으로 간주해서는 안 된다. 그분이 말씀하신 것은 절대로 무효화되지 않고, 또 그렇게 될 수도 없다. 사 55:10,11을 보라. 약속과 경고들은 그대로 성취될 것이고, 어떠한 방법으로든 하나님은 율법을 존중하고, 그것을 존귀하게 할 것이다. 이것은 하나님의 약속들에 대해서는 특별히 적용되어야 한다. 왜냐하면 그 후속적 섭리로 말미암아 이 약속들은 크게 의심을 일으켜 흔들리는 믿음이 될 수 있기 때문이다. 그러나 그것은 절대로 무효화되지 않는다. 아니 절대로 그렇게 될 수 없다. 결국 그것은 거짓이 아니라 진실로 드러날 것이다.

그런데 어려움은 믿지 않는 유대인들의 거부와 하나님의 약속의 말씀, 그리고 그들에게 주어진 하나님의 호의의 외적 징표들을 어떻게 조화시키느냐는 것이다. 사도는 이것을 4가지 방식으로 설명한다: 1. 약속의 참 의미와 목적을 설명함으로써(6-13절). 2. 사람의 아들들을 다루시는데 있어서 하나님의 절대 주권을 천명하고 증명함으로써(14-24절). 3. 유대인의 거부와 이방인의 선택이

구약성경에 어떻게 예언되어있는지를 보여줌으로써(25-29절). 4. 유대인의 거부의 참된 이유를 제시함으로써(30-33절).

이 단락에서 사도는 약속의 참된 의미와 목적을 설명한다. 우리가 말씀을 잘못 알고 약속을 오해할 때, 그 성취 여부를 놓고 하나님과 다투는 것은 전혀 이상한 일이 아니다. 그러므로 먼저 약속의 의미가 적절하게 진술되어야 한다. 따라서 여기서 사도는 그것을 분명히 하는데, 그것은 하나님께서 아브라함과 그의 후손에게 하나님이 되신다(이것은 조상들에게 하신 유명한 약속이었다)고 말씀하셨을 때, 그것은 아브라함의 혈통에 속하면 무조건 해당되는 것처럼 그의 모든 혈통적 후손에게 적용되는 것이 아니라 오직 제한된 일부 후손들을 두고 하신 말씀이라는 것이다. 처음부터 그것은 이삭에게는 적용이 되었지만 이스마엘에게는 아니고, 야곱에게는 적용이 되었지만 에서에게는 아니었다. 그러나 이 모든 것에도 불구하고 하나님의 말씀은 무효화되지 않았다. 마찬가지로 지금도 똑같은 약속이 그리스도와 기독교를 받아들이는 믿는 유대인에게만 적용된다. 그러나 그들 대다수는 그리스도를 거부하고 있고, 그렇다고 해서 그 약속이 폐해지고 무효화되는 것은 아니다. 그들의 거부는 이스마엘과 에서의 예표적 거부에 해당되는 결과다.

Ⅰ. 사도는, 이스라엘에게서 난 그들이 다 이스라엘이 아니요 또한 아브라함의 씨가 다 그의 자녀가 아니라는 전제를 갖고 있다(6,7절). 아브라함과 야곱의 자손으로 태어나 이스라엘의 이름으로 불린 사람들이 많았지만, 참 이스라엘로서 새 언약의 구원 혜택 속에 들어간 사람들은 많지 않았다. 이름과 고백만으로 그들이 참 이스라엘이 되는 것은 절대로 아니다. 아브라함의 후손이라는 이유로 자연적으로 하나님의 자녀가 되는 것은 아닌데도 불구하고, 그들은 스스로 그런 환상에 사로잡혀 아브라함과의 관계를 크게 자랑하고, 그 위에 서 있다고 생각했다(마 3:9; 요 8:38,39). 그러나 그것은 사실이 아니다. 은혜는 피에 섞여 흐르는 것이 아니다. 구원의 혜택은 외적 교회의 특권에 불가분리적으로 연계되어 있는 것도 아니다. 그러나 사람들은 흔히 이같이 하나님의 약속의 의미를 확대시키고, 헛된 소망에 사로잡혀 자기도취에 빠지고 만다.

Ⅱ. 사도는 이것을 실례를 통해 증명한다. 거기서 그는 아브라함의 자손 가운데 어떤 이들은 선택받지만 다른 이들은 선택받지 못한다는 것과 그 때 하나님은 현재의 믿지 않는 유대인들이 그토록 강하게 집착하는 율법의 계명에 따

라서가 아니라 자신의 선하신 뜻에 따라 그렇게 하신다는 것을 보여준다.

1. 사도는 둘 다 아브라함의 씨인 이삭과 이스마엘의 경우를 구체적으로 제시한다. 그러나 이삭은 하나님과의 언약 속에 들어가 있으나 이스마엘은 거부되고 쫓겨났다. 그는 이것을 창 21:12에서 인용한다: 이삭에게서 나는 자라야 네 씨라 부를 것임이니라(7절). 이 말은 아브라함이 왜 하녀와 그의 아들을 쫓아내야 했는지를 보여준다. 언약은 이삭과 맺어졌기 때문이다(창 17:19). 그러므로 하나님이 아브라함과 그 후손에게 하나님이 되실 것이라고 하신 말씀은 절대로 무효화되지 않았다. 왜냐하면 그 위대한 말씀 속에 담겨져 있는 복은 시혜자이신 하나님으로 말미암아 주어지는 것으로서, 누구에게 주어지든 그것은 그분이 자유롭게 결정하는 것인데, 결과적으로 이삭은 그 복에 포함되었고, 이스마엘은 거부되었다. 사도는 이것을 더 자세히 설명하면서(8,9절), 이 섭리를 통해 하나님께서 무엇을 우리에게 가르치고자 하셨는지를 보여준다.

(1) 혈통적으로 아브라함과 관계가 있는 육신의 자녀들이라고 해서 자동적으로 하나님의 자녀가 되는 것이 아니다. 만약 그렇게 되면 이스마엘도 그 권리를 주장하게 되었을 것이다. 이 언급은 혈통적으로 아브라함과 관계가 있다고 자랑하고, 그리스도께서 폐하신 율법 규정들을 가지고 육체의 방법으로 의롭게 되기를 바라는 믿지 않는 유대인들에게 따끔한 충고가 될 것이다. 그들은 육체를 신뢰하였다(빌 3:3). 이스마엘은 하갈에 의해 잉태된 육신의 자녀였다. 하갈은 젊고 튼튼해서 자녀들을 쉽게 낳을 수 있었다. 거기엔 이삭처럼 특별하거나 초자연적인 요소가 아무것도 없었다. 이스마엘은 육체를 따라 난 자로서(갈 4:29), 자신의 힘과 의를 통해 칭의와 구원을 바라는 사람들의 대표자다.

(2) 약속의 자녀가 씨로 여기심을 받는다(8절). 그 씨로 여기심을 받는 영예와 행복을 누리는 사람들은 그들 자신의 어떤 공로나 업적에 의해서가 아니라 순전히 하나님께서 자신의 기쁘신 뜻을 따라 그 약속된 복을 베풀기로 정하신 약속에 의해서 누리는 것이다. 이삭은 약속의 자녀였다. 사도는 이것을 창 18:10을 인용하여 증명한다(9절). 이삭은 약속된 자녀로서(다른 많은 사람들도 마찬가지다) 약속의 능력과 효력에 의해 잉태되고 태어났고, 따라서 그는 지금 씨로 여기심을 받는 사람들 곧 육신의 뜻이나 사람의 뜻이 아니라 하나님의 뜻에 따라 난 참 신자들의 정확한 모형이자 비유다. 여기서 씨는 썩어지지 아니할 씨,

약속의 말씀 곧 새 마음의 특별한 약속에 의해 주어진 것이다. 갈 4:28을 보라. 이삭이 잉태된 것은 믿음으로 말미암은 것이다(히 11:11). 이처럼 구약성경에서 가르쳐진 구원의 신비는 직접적 말씀의 표현이 아니라 상징적 모형과 섭리의 통치에 의한 것이었다. 따라서 그것은 수건이 벗겨지고, 모형이 원형에 의해 정확히 해설되는 지금처럼 우리에게 선명하지 못했다.

2. 야곱과 에서의 경우(10-13절)는 아브라함의 육체의 씨는 약속과 무관하고, 하나님이 주권적으로 정하신 자들만이 관련되어 있음을 더 강력하게 보여준다. 이스마엘이 쫓겨나기 전, 그와 이삭 사이에는 이미 차이가 있었다. 이스마엘은 이삭이 태어나기 전부터 여종의 자식이었고, 성격이 거칠고 포악해서 이삭을 조롱하고 핍박했다. 하나님이 아브라함에게 그를 쫓아내도록 명하셨을 때에는 이 모든 것을 감안하셔서 그리하셨을 것이다. 그러나 야곱과 에서의 경우는 둘 다 한 어머니에게서 태어난 이삭의 아들들이라는 점에서 이삭과 이스마엘의 경우와는 달랐다. 그들은 한 사람으로 말미암아(엑스 헤노스) 태어났다(10절). 어떤 사본에는 한 사람으로 말미암아 잉태하였다(엑스 헤노스 코이텐)로 되어 있다. 그들 사이의 차이는 그들이 태어나기 전, 또는 그들이 선악 간 어떤 행위를 하기 전, 하나님의 섭리에 의해 정해져 있었다. 둘은 큰 자가 어린 자를 섬기리라(12절)고 말씀되었을 때, 모태에서 똑같이 다투고 있었다. 그것은 택하심을 따라 되는 하나님의 뜻이 선하거나 악한 행위와는 상관없이 서게 하려는 뜻이 있었다(11절). 다시 말해 하나님께서 자신의 절대적이고 주권적인 뜻으로 말미암아 자유행위자로서 어떤 이들은 선택하고 어떤 이들은 버리기도 하심으로써, 자신의 기쁘신 뜻대로 은혜를 베풀기도 하시고 거두기도 하신다는 이 위대한 진리를 세우기 위해서였다. 야곱과 에서 사이의 이 차이를 사도는 말 1:2,3을 인용하여 자세히 예증하는데, 거기서 말해지는 것은 개인 야곱과 에서가 아니라 그 후손들인 에돔 족속과 이스라엘 족속이다: 내가 야곱을 사랑하였고 에서는 미워하였으며. 이스라엘 민족은 특별 언약 속에 들어갔고, 가나안 땅이 주어졌으며, 특별한 보호와 도우심과 구원을 받는데 있어서 하나님의 독보적인 임재하심을 체험하는 복을 받았다. 반면에 에돔 족속은 버림을 받았고, 성전, 제단, 제사장, 선지자도 없었다. 그들에게는 특별한 관심이나 사랑이 베풀어지지 않았다. 하나님께서는 이런 차이를 처음에 두 민족의 머리인 야곱과 에서 사이에 두셨던 것처럼, 아브라함과 이삭의 자손으로 태어난 두 민족 간에도 두셨다. 따

라서 이 선택과 거부는 예표로서, 다른 선택과 거부를 보여주는 그림자로 의도된 것이다.

(1) 어떤 이들은 그것을 조건이나 자격의 선택 또는 거부로 이해한다. 하나님은 이삭과 야곱을 선택하고 이스마엘과 에서는 거부한 것처럼, 구원의 조건으로서 믿음을 선택하고 율법의 행위는 거부한 것이다. 그래서 알미니우스는 이렇게 이해한다: 거부당한 자와 선택받은 자는 적절한 자격에 의해 구별된다. 존 굿윈도 마찬가지다. 그러나 이런 견해는 성경을 크게 왜곡시킨다. 왜냐 하면 사도는 시종일관 사람에 관해 말하고 있기 때문이다. 만약 그렇다면 그는 자비를 받을 만하기에 자비를 받는 것이 되고 만다(사도는 이런 부류의 사람에 관해 말하는 것이 아니다). 두 개의 반론(하나님께 불의가 있느냐— 14절, 하나님이 어찌하여 허물하시느냐 — 19절)은 절대로 이런 의미에서 제기되는 것이 아니다. 사람들에 대한 하나님의 절대적 주권에 관하여 그가 그들에게 준 대답은 그분이 구원의 조건을 정해주신다는 것을 의미한다면 전혀 의미가 통하지 않게 된다.

(2) 또 어떤 이들은 그것을 특별한 개인의 선택과 거부로 이해한다. 즉 영원부터 어떤 이는 사랑하고 또 어떤 이는 미워했다는 것이다. 그러나 사도는 야곱과 에서에 관해 말할 때, 그들을 개인으로 두고 말하는 것이 아니라 조상으로서 곧 민족으로서의 야곱과 민족으로서의 에서에 관해 말한 것이다. 하나님이 어떤 민족을 정죄하거나 그렇게 하도록 정하신다면, 그것은 그들 자신의 공로에 기인된 어떤 조건이 없이 그렇게 하실 것이기 때문이다.

(3) 그러므로 다른 이들은 그것을 집단을 이루는 사람들의 선택과 거부로 이해한다. 사도의 의도는 하나님께서 이방인에 대해서는 그들을 불러 교회로 이끌고 자신과의 언약 속에 들어가도록 하시고, 유대인에 대해서는 완고한 자들로 하여금 불신 속에 머물도록 이끌고, 교회에 속하지 못하도록 하며, 그리하여 그들에게 평화를 주는 일들을 그들의 눈으로부터 숨기시는데 있어서, 하나님 및 그분의 자비와 진리를 정당화하는 것이다. 그러나 이에 대한 사도의 설명과 증명의 전개는 아주 적절하고, 의심할 여지 없이 그것은 특수한 개인들을 향하신 하나님의 은혜의 방법을 제거하기 위한 의도였다. 왜냐하면 구원의 복의 전달은 교회 특권의 전달과 어느 정도 유사하기 때문이다. 동생 야곱을 선택하여 형 에서보다 우대하는 것은 비록 유대인이 아브라함의 자연적 후손이요, 교회의 장자일지라도 제외되고, 그 동생에 해당되는 이방인이 그 자리를 차지하여

그들의 장자권과 축복을 대신 차지한다는 것을 암시하는 것이었다. 집단 곧 민족과 백성으로서 의식적 율법, 성전, 제사장직 등으로 그들의 연합의 중심을 삼고 견고한 유대를 형성하고 있던 유대인은 오랜 세월 동안 그들 사이에 그리고 그들을 위해 펼쳐진 하나님의 이적적인 임재로 말미암아 존귀하게 되고 구별되어 천국의 총아, 제사장 나라, 거룩한 백성으로 우대를 받았다. 그러나 지금은 복음이 선포되고 기독교 교회가 세워졌기 때문에 이 민족적 집단은 그로 인해 포기되고, 그 교회집단은 해체되었다. 동일한 방법으로 성립된 기독교교회(그리고 역사상으로 기독교 국가) 가 하나님의 은혜로 그 계승자가 되고, 그 은혜의 산물인 그 특권과 보호를 차지하게 되었다. 이 위대한 은혜에 대한 하나님의 공의를 분명히 하는 것이 여기서 사도의 목적이다.

[14]그런즉 우리가 무슨 말을 하리요 하나님께 불의가 있느냐 그럴 수 없느니라 [15]모세에게 이르시되 내가 긍휼히 여길 자를 긍휼히 여기고 불쌍히 여길 자를 불쌍히 여기리라 하셨으니 [16]그런즉 원하는 자로 말미암음도 아니요 달음박질하는 자로 말미암음도 아니요 오직 긍휼히 여기시는 하나님으로 말미암음이니라 [17]성경이 바로에게 이르시되 내가 이 일을 위하여 너를 세웠으니 곧 너로 말미암아 내 능력을 보이고 내 이름이 온 땅에 전파되게 하려 함이라 하셨으니 [18]그런즉 하나님께서 하고자 하시는 자를 긍휼히 여기시고 하고자 하시는 자를 완악하게 하시느니라 [19]혹 네가 내게 말하기를 그러면 하나님이 어찌하여 허물하시느냐 누가 그 뜻을 대적하느냐 하리니 [20]이 사람아 네가 누구이기에 감히 하나님께 반문하느냐 지음을 받은 물건이 지은 자에게 어찌 나를 이같이 만들었느냐 말하겠느냐 [21]토기장이가 진흙 한 덩이로 하나는 귀히 쓸 그릇을, 하나는 천히 쓸 그릇을 만들 권한이 없느냐 [22]만일 하나님이 그의 진노를 보이시고 그의 능력을 알게 하고자 하사 멸하기로 준비된 진노의 그릇을 오래 참으심으로 관용하시고 [23]또한 영광 받기로 예비하신 바 긍휼의 그릇에 대하여 그 영광의 풍성함을 알게 하고자 하셨을지라도 무슨 말을 하리요 [24]이 그릇은 우리니 곧 유대인 중에서 뿐 아니라 이방인 중에서도 부르신 자니라

　　　약속의 참된 의미를 천명한 사도는 여기서 사람들의 영원한 상태와 관련하여 하나님께서 그들을 다루실 때 절대주권을 갖고 계신다는 것을 주장하고 증명하고자 한다. 그리고 여기서 하나님은 계시된 율법과 언약에 따라 상

과 벌을 주시는 감독자 또는 지배자로서가 아니라 은밀하고 영원한 자신의 뜻과 지혜에 따라 원하시는 대로 사람들에게 은혜와 호의를 베푸시는 주권자 또는 시혜자로서 간주될 것이다. 가시적 교회의 성원이 되고 권리를 누리는 호의가 어떤 이들에게는 허락되고, 또 어떤 이들에게는 거부된다. 또 효과적인 은혜의 호의가 어떤 특별한 사람들에게는 허락되고 다른 사람들에게는 거부된다.

이 부분에서 사도의 강론은 두 가지 반론에 대한 대답으로 진행된다.

I. 그것은, 하나님께 불의가 있느냐는 반론을 야기할 수 있다(14절). 만일 하나님이 사람들을 다루시는데 있어서 이같이 독단적으로 어떤 사람들은 선택하고, 어떤 사람들은 거부하신다면, 그분에게 불의가 있다고 의심받을 수 있지 않느냐? 사도는 이것을 크게 놀란 듯이 완강하게 부인한다: 그럴 수 없느니라(14절). 이런 일은 감히 생각조차 할 수 없다는 뜻이다. 세상을 심판하시는 이가 정의를 행하실 것이 아니니이까(창 18:25; 롬 3:5,6). 그는 그런 결과를 부정하고, 그 부정을 다음과 같이 증명한다.

1. 하나님이 자비를 보여주는 자들에 관해(15,16절). 사도는 하나님께서 호의를 베푸시는데 있어서 절대 주권을 갖고 계심을 보여주는 성경구절을 인용한다(출 33:19): 나는 은혜 베풀 자에게 은혜를 베풀고 긍휼히 여길 자에게 긍휼을 베푸느니라. 하나님이 자비를 베푸시는 모든 이유는 그분 자신 속에 있다. 모든 사람은 똑같이 죄와 비참의 상태 속에 떨어져 있고, 똑같이 죄책과 진노 아래 있기 때문에 하나님은 주권적으로 어떤 사람은 이 타락하고 패역한 상태로부터 건져내 은혜와 영광의 그릇으로 삼으시는 것이다. 하나님은 아무런 이유가 없음에도 불구하고 자기가 원하는 자에게 은사를 주신다. 자신의 기쁘신 뜻을 따라 그분은 어떤 이들을 선택하여 자비와 은혜의 선물을 주신다. 그 은혜는 선행적 은혜요, 유효적 은혜인데, 다른 사람들에게는 그렇게 하시지 않는다. 그 표현은 아주 강조적이고, 반복법을 사용하고 있다: 내가 긍휼히 여길 자를 긍휼히 여기고 불쌍히 여길 자를 불쌍히 여기리라(15절). 그것은 하나님의 뜻의 완전한 절대성을 함축한다. 그분은 자신이 원하는 대로 행하시고, 자신의 문제들에 대해 설명을 하지 않고, 또 그럴 필요도 없다. 나는 스스로 있는 자니라(출 3:14)는 위대한 말씀 속에 그분의 존재의 절대적 독립성이 충분히 표현되어 있는 것처럼, 내가 긍휼히 여길 자를 긍휼히 여긴다는 말씀 속에는 그분의 뜻의 절대적 우선권과 주권성이 충분히 표현되어 있다. 그분이 원하시는 자에게 긍휼을 베푸

실 때 나타나는 하나님의 의를 입증하기 위해 사도는 하나님께서 이 주권적 권능과 자유를 선언하시는 그분 자신의 말씀에 호소하고 있다. 하나님은 자신의 일에 대해서도 충분히 유능한 판단자이시다. 하나님이 무슨 일을 행하시든 또는 하기로 결심하시든, 그 모든 것은 항상 의로운 것으로 입증된다. 내가 긍휼히 여길 자를 긍휼히 여기고(엘레소 온 안 엘레에오). 이 말은 곧 나는 시작하면 끝을 낼 것이라는 뜻이다. 그러므로 하나님의 긍휼은 영원토록 지속된다. 그 이유가 그분 자신에게 있기 때문이다. 그러기에 그분의 은사와 부르심에는 후회하심이 없다. 따라서 사도는 원하는 자로 말미암음도 아니요(16절)라고 추론한다. 어떤 선이 하나님으로부터 나와 인간에게 오더라도, 그 영광은 그것을 바라는 자의 간절한 바람에 있는 것도 아니고 열렬한 노력 속에 있는 것도 아니다. 그것은 오직 그리고 순전히 하나님의 자유로운 은총과 긍휼의 결과다. 야곱의 경우를 보면, 그것은 원하는 자로 말미암음도 아니요 달음박질하는 자로 말미암음도 아니었다(16절). 그것은 야곱이 복을 받도록 기도한 리브가의 간절한 뜻과 소원의 결과도 아니었다. 그것은 복을 받기 위해 황급히 달려간 야곱의 부지런함에 그 이유가 있었던 것이 아니라 오로지 하나님의 긍휼과 자비에 있었다. 그 점에서 거룩한 하나님의 복된 백성들과 다른 사람들은 차이가 있다. 그들이 서로 차이가 있게 만든 것은 하나님과 그분의 은혜다. 바울은 이 일반법칙을 자기 앞에서 일어난 특별한 사건에 적용시켰다. 곧 무가치하고 무익하고 무자격자인 이방인들이 부르심을 받고 교회에 접붙임을 받는데 반해 대다수 유대인들은 불신앙 가운데 망하도록 내버려 두어지는지에 대한 이유는, 이방인들이 그런 호의를 받을 만큼 더 가치가 있거나 더 잘했기 때문이 아니라 그 차이를 두신 하나님의 자유로운 은혜 때문이다. 이방인들은 그것을 바라지도 않았고, 또 그것을 위해 달려가지도 않았다. 왜냐하면 그들은 흑암에 앉은 백성(마 4:16)이었기 때문이다. 그러므로 흑암 속에서 그들은 자기들이 알지 못했던 것을 갈망했다. 흑암 속에 앉아 도전적 자세를 취했으나 그것을 얻으려고 달려가지는 못했다. 다만 이 무한한 선의 축복을 바랄 뿐이었다. 그들이 그 축복에 참여하게 된 것은 전적으로 하나님의 은혜의 방법에 따른 것이었다. 그것은 하나님께서 자기를 찾지 아니하는 자들을 찾으시기(사 55:1) 때문이다. 이 선행적·유효적·특수적 은혜를 따라 하나님은 시혜자로서 행하시고, 그 은혜는 전적으로 그분의 은혜다. 따라서 우리의 눈은 그분이 선하다는 이유로 악해져서는 안 된다. 아니 우리나 다른 사람들이 갖고 있는 모든 은혜로 말미암아 그분은 영광을 받으셔야 한다. 우리에게 돌리지 마옵소서(시 115:1).

2. 멸망할 자들에 관해(17절). 죄인들의 멸망 속에 나타나 있는 하나님의 주권을 사도는 여기서 바로의 실례를 통해 보여주고 있다. 그것은 출 9:16로부터 인용된다. 그것을 살펴보자.

(1) 하나님이 바로에게 행하신 일. 하나님은 바로를 세워 그를 세상에 보내 그를 유명하게 만들고, 그에게 왕국과 권세를 주셨다. 즉 그를 산 위의 횃불처럼 세우고, 자신의 모든 재앙의 표적으로 삼으셨다(출 9:14과 비교해 보라). 친히 말씀하신 것처럼 그의 마음을 강퍅하게 하셨다: 내가 그의 마음을 완악하게 한즉(출 4:21). 이 말은 마음을 부드럽게 하는 은혜를 취소하고, 홀로 내버려 두심으로써 사탄을 그에게 풀어 그 앞에 강퍅하게 하는 섭리를 두셨다는 것이다. 또는 그를 세우셨다는 것은 바로에게 유예를 준 재앙의 중단 곧 바로에 대한 집행유예를 의미할 수도 있다. 히브리말을 보면, 내가 너를 서게 하였다는 말이 있는데, 그 뜻은 산 자의 땅에 계속 머물게 하겠다는 것이다. 이처럼 하나님은 죄인들을 세워 악한 날에도 그들 마음대로 하게 하고(잠 16:4), 자비를 할애해서 외적 번영과 외적 특권 가운데 세우신다(마 11:23).

(2) 그분이 그 안에 계획하신 일. 너로 말미암아 내 능력을 보이고. 하나님은 이 모든 일을 통해, 천국에 도전장을 내고 의롭고 거룩한 모든 것을 짓밟는 위대하고 용감한 폭군들의 교만과 오만을 꺾으실 때 자신의 이름의 영예를 높이고, 자신의 권능을 드러내셨다. 만일 바로가 그토록 기고만장하고 오만불손하지 않았더라면, 하나님의 권능은 그를 멸망시킨다고 해서 그렇게 크게 드러나지는 않았을 것이다. 그러나 그토록 악랄하게 허세를 부리던 왕의 기세를 꺾는다면 그것은 그만큼 거룩함으로 영광스러우며 찬송할 만한 위엄이 있으며 기이한 일을 행하는 하나님을 선포하게 된다(출 15:11). 이것이 바로와 그의 모든 무리들이 하는 일이다.

(3) 이 두 가지에 관한 사도의 결론(18절). 하나님께서 하고자 하시는 자를 긍휼히 여기시고 하고자 하시는 자를 완악하게 하시느니라. 어떤 이들을 다른 사람들과 차이가 있게 하시는 하나님의 다양한 다루심은 그분의 절대적 주권으로서만 설명되어야 한다. 그분은 사람에게는 아무런 빚이 없으며, 그분의 은혜는 그분의 것이다. 그리고 그분은 자신이 원하는 자에게 그것을 주시거나 물리치거나

하실 수 있다. 우리 가운데 그것을 받을 자격이 있는 자는 아무도 없다. 아니, 우리는 수천 번이라도 그것을 몰수당하는 것이 당연하다. 따라서 여기에 우리 구원의 역사에 대해 참된 견해가 있으니, 그것은 구원받은 자들은 오직 하나님께 감사해야 하고, 망하는 자들은 그들 스스로에게 감사해야 한다는 것이다(호 13:9). 우리는 하나님께서 우리를 매어놓으셨으니, 최선을 다해 우리와 관련된 모든 자들의 구원을 위해 힘쓰지 않으면 안 된다. 그러나 하나님은 아무것에도 매이지 않고, 매이는 것이 있다면 오직 자신의 계시된 뜻인 언약과 약속에 의해 기쁘게 매이신다. 그 뜻은 그분은 그리스도께 나아오는 자들을 받으시고, 절대로 내쫓지 않는다는 것이다. 그러나 나아오도록 영혼들을 이끄는 것은 그분이 원하는 자에게 기쁘게 베푸시는 선행적·특수적 은혜다. 그분이 이방인에게 긍휼을 베푸셨는가? 그것은 그분이 그들에게 긍휼을 베풀기 원하셨기 때문이다. 유대인이 강퍅해졌는가? 그것은 그들에게 부드럽게 하는 은혜를 주시지 않고, 그들이 선택한 불신앙의 상태 속에 놔두기로 하셨기 때문이다. 옳소이다 이렇게 된 것이 아버지의 뜻이니이다(눅 10:21). 이 본문은 이것을 훌륭하게 설명하고 있다. 이것은 은혜의 수단과 그 수단에 따른 유효적 축복을 주거나 철회하거나 하는데 있어서 하나님의 주권을 보여준다.

Ⅱ. 그것은, 하나님이 어찌하여 허물하시느냐, 누가 그 뜻을 대적하느냐는 반론을 야기할 수 있다(19절).　만일 사도가 용납과 구원의 규정과 조건을 정하고 명하시는데 있어서 오로지 하나님의 주권을 주장한다면, 이 반론에 대해서는 추호도 기가 죽을 필요가 없을 것이다. 왜냐하면 만일 사람들이 이 구원을 제공하는 조건 앞에 나오기를 거절한다면, 그분은 충분히 그들에게 허물을 물을 수 있기 때문이다. 구원이 그토록 위대한 것이라면 아무리 어려운 조건이라도 그리 어려운 것이 될 수 없는 법이다. 그러나 특수적이고 선행적인 은혜를 주시거나 철회하는데 있어서 하나님의 주권을 주장하는 사도의 입장에 대해 반론이 제기될 수 있다. 그 반론은 제한적 은혜 교리에 대해 흔히 그리고 쉽게 주어진다. 만일 하나님이 어떤 이들에게는 유효적 은혜를 주시고, 또 어떤 이들에게는 그것을 거부하신다면, 그분이 그것을 주지 않기로 한 사람들에게 무슨 허물이 있겠는가? 만일 그분이 유대인을 거부하고, 그들의 눈에서 그들에게 평안을 주는 모든 것들을 숨기신다면, 왜 그분은 그들의 맹목성에 대해 허물하시는가? 만일 그분이 기꺼이 그들을 백성으로 대우하기를 거절하고, 긍휼을 베푸

시지 않는다면, 그들의 거부는 그분의 뜻에 대한 저항이 아닌 것이다. 사도는 이 반론에 대해 상세하게 답변한다.

1. 반론자를 책망함(20절). 이 사람아. 이것은 피조물이 자신의 창조주에게, 사람이 하나님께 할 만한 반론이 아니다. 진리는, 예수님께서 그러신 것처럼, 사람을 무익한 존재, 아니 그 이하의 존재로 끌어내리고, 하나님을 만유의 주권자로 높인다. 사람이 그의 조물주인 하나님과 다투려고 할 때, 사도가 그를 얼마나 경멸하는지를 보라: "네가 누구이기에, 너는 하나님의 경륜에 대해 너무 어리석고 연약하고 근시안적이고 무력한 판단자가 아니냐? 네가 그 깊이를 따라 재고 그 진상을 따라 논박하며 바다 속에서 펼쳐지는 하나님의 길을, 그 엄청난 물 속에서 그분의 길을 과연 추적할 수 있느냐?" 그것은 하나님께 반문하는 것이다. 하나님께 반문이 아니라 복종하는 것, 그분의 얼굴에 삿대질하거나 그분을 어리석다고 욕하지 않고 그분의 손 아래 엎드리는 것이 우리가 할 일이다. 반문하느냐(호 안타포크리메노스). 하나님은 우리 주인이고, 우리는 그 종이다. 종이 주인에게 거슬러 말하는 것은 합당치 않다(딛 2:9).

2. 모든 것을 하나님의 주권으로 귀결시킴. 우리는 지음을 받은 물건이요, 그분은 지으신 자다. 따라서 우리를 이런저런 모양으로 만들어달라고 명령하거나 만들었다고 따지는 것으로 그분의 지혜에 도전하거나 힐문하는 것은 온당치 못하다. 미가공되고, 미형성된 물질 덩어리는 이런저런 모양에 대해 아무 권리가 없으며, 그것을 만든 자의 기쁜 뜻에 따라 만들어진다. 하나님의 우리에 대한 주권은 토기장이가 진흙을 다루는 능력으로 적절하게 예증되고 있다. 렘 18:6과 비교해 보라. 거기 보면 똑같은 비유가 나오는데, 하나님은 느부갓네살을 통해 유대민족을 멸하심으로써 자신의 공의를 드러내실 때, 그들에 대한 자신의 지배권을 천명하신다.

(1) 사도는 우리에게 비교를 제시한다(21절). 토기장이는 똑같은 진흙으로부터 귀한 토기 곧 훌륭하고 영예로운 그릇을 만들 수도 있고, 천한 토기를 만들 수도 있다. 그는 그것을 가지고 그릇을 만들지, 아니면 파낸 구덩이 속에 다시 버릴지 선택할 때 자기 맘대로 행동한다.

(2) 그 비교의 적용(22-24절). 하나님은 타락한 인간이라는 큰 진흙덩이로부터 두 종류의 그릇을 만드신다.

[1] 진노의 그릇 – 포도주 잔이 포도주로 가득 차 있는 것처럼 진노로 가득

차 있는 그릇이다. 여호와의 분노가 가득하도다(사 51:20). 여기서 하나님은 자신의 진노 곧 처벌을 통한 자신의 공의와 죄에 대한 적대감을 보여주시고자 한다. 이것은 온 세상에 드러나야 한다. 그리하여 하나님은 자신이 죄를 미워하신다는 것을 보여주실 것이다. 그분은 또한 그렇게 해서 그의 능력을(토 뒤나톤 아우투) 알게 하실 것이다. 멸망하는 자들의 파멸을 일으키고 유효하게 만드는 것은 힘과 에너지의 권능, 즉 타격을 주는 권능이다. 그것은 그의 힘의 영광으로부터 나오는 파멸이다(살후 1:9). 죄인들의 영원한 정죄는 하나님의 힘을 충분히 보여주는 예증이 될 것이다. 왜냐하면 그분은 즉각 스스로 행동에 나서, 그분의 진노는 죄책 있는 그들의 양심을 괴롭히고, 그분의 팔은 그들의 행복을 철저하게 파멸시키기 위해 펼쳐지기 때문이다. 그러나 그와 동시에 그분은 피조물의 존재를 놀랍게 보호하신다. 이를 위해 하나님은 오래 참으심으로 관용하셨다(22절). 그들에 대해 엄청난 인내력을 발휘하심으로써 그들이 스스로 죄의 잔을 채우도록 놔두셨다는 것이다. 그리하여 그들은 멸망이 무르익을 때까지 자라감으로써, 멸하기로 준비된, 곧 그들 자신의 죄와 자아의 강퍅함으로 말미암아 준비된 존재가 되었다. 영혼을 지배하는 타락과 사악성은 그것이 지옥행을 준비하고 선호하도록 만든다. 이 결과 영혼은 무엇이든 태워버리는 재료가 되어, 지옥 불을 위해 준비된다. 그리스도께서 유대인에게 땅 위에서 흘린 의로운 피가 다 너희에게 돌아가도록(마 23:35) 너희가 너희 조상의 분량을 채우라(마 23:32)고 말씀하셨을 때, 그분은 말하자면 그들 자신의 완악함과 죄에 대한 집착으로 말미암아 그들 스스로 멸하기로 준비될 수 있도록 그들에 대해 오래 참으셨다.

[2] 긍휼의 그릇 – 긍휼로 가득 차 있는 그릇이다. 구원 받은 남은 자들에게 주어진 행복은 그들 자신의 공로의 열매가 아니라 하나님의 긍휼의 열매다. 천국의 모든 기쁨과 영광의 원천은 영원토록 지속되는 하나님의 긍휼이다. 영광의 그릇은 자신이 긍휼의 그릇임을 영원토록 감사해야 한다. 이에 대해 다음과 같은 사실을 유념하자. 첫째, 하나님이 그들에 대해 계획하고 있는 것: 그 영광의 풍성함을 알게 하고자 하신다(23절). 여기서 그 영광은 그분의 선하심을 의미한다. 왜냐하면 하나님의 선하심이야말로 그분의 최고의 영광으로서, 특히 그것이 그분의 최고 주권을 전달하는 경우일 때에는 더욱 그렇기 때문이다. 원하건대 주의 영광을 내게 보이소서라고 모세는 간구한다(출 33:18). 이에 하나님은 내가 내 모든 선한 것을 네 앞으로 지나가게 하고 여호와의 이름을 네 앞에 선포하리라

고 말씀하시고(19절), 그것을 값없이 제공하셨다: 나는 은혜 베풀 자에게 은혜를 베풀고 긍휼히 여길 자에게 긍휼을 베푸느니라. 하나님은 자신의 영광을 알리실 때, 모든 피조물에게 자신의 영광을 나타내는 이 선하심을 보존하셨다가 제공한다. 땅은 그분의 영광으로 충만하고, 시간도 그것으로 면류관을 삼고 있다. 그러나 하나님께서 자신의 풍성한 선하심, 곧 그 측량할 수 없는 부요함을 입증하고자 하실 때, 그분은 성도들의 구원 속에서 그렇게 하시고, 따라서 그것은 영원토록 하나님의 은혜의 영광스러운 기념비다. 둘째, 그들을 위해 하나님이 하시는 일. 하나님은 미리 그들을 영광받기로 예비하신다(23절). 성화는 영광을 위해 영혼을 준비시키고, 빛 가운데서 그 유업에 참여하기에 적합하도록 성도들을 만든다. 이것은 하나님의 사역이다. 우리는 아주 신속하게 우리 자신을 파괴할 수 있으나 절대로 스스로는 구원할 수 없다. 죄인들은 스스로 지옥에 떨어지도록 준비되지만, 성도들에게 천국을 예비하는 분은 하나님이시다. 하나님께서 장차 천국에 가도록 계획하신 모든 자들을 그분은 지금 천국에 합당한 존재가 되도록 만드신다. 바로 그분이 이것을 우리에게 이루게 하신다(고후 5:5). 그러면 당신은 이 긍휼의 그릇이 누구인지 아는가? 그분이 부르신 자들이(24절) 바로 그들이다. 유효적 소명과 함께 부르신 자들을 그분은 미리 정하셨기 때문이다. 그리고 그들은 유대인 중에도 있고, 이방인 중에도 있다. 이미 그 장벽은 무너졌고, 세상은 하나가 되었으며, (이미 언급한 것처럼) 하나님의 호의도 유대인에게만 적용되는 것이 아니며, 유대인이라고 다른 세상 사람들보다 그분에게 더 인정받는 것도 아니기 때문이다. 지금 그들은 이방인과 동일한 입장에 놓여 있다. 지금 문제는 아브라함의 혈통적 후손이냐 아니냐가 아니라 하나님의 목적에 따라 부르심을 받았느냐 받지 못했느냐의 여부다.

[25]호세아의 글에도 이르기를 내가 내 백성 아닌 자를 내 백성이라, 사랑하지 아니한 자를 사랑한 자라 부르리라 [26]너희는 내 백성이 아니라 한 그 곳에서 그들이 살아 계신 하나님의 아들이라 일컬음을 받으리라 함과 같으니라 [27]또 이사야가 이스라엘에 관하여 외치되 이스라엘 자손들의 수가 비록 바다의 모래 같을지라도 남은 자만 구원을 받으리니 [28]주께서 땅 위에서 그 말씀을 이루고 속히 시행하시리라 하셨느니라 [29]또한 이사야가 미리 말한 바 만일 만군의 주께서 우리에게 씨를 남겨 두지 아니하셨더라면 우리가 소돔과 같이 되고 고모라와 같았으리로다 함과 같으니라

약속을 설명하고, 하나님의 주권을 증명한 다음 사도는 여기서 유대인의 거부와 이방인의 선택이 구약성경에 어떻게 예언되어 있는지를 보여주고, 그리하여 구약성경의 조상들에게 하신 약속은 당연히 신실하게 지켜지게 될 것이라고 강조한다. 성경이 약속 안에서 어떻게 성취되고 있는지를 보면, 진리를 분명히 이해하는데 크게 도움이 된다. 의심할 것 없이 유대인도 기꺼이 그것을 자기들에게 맡겨진 성경인 구약성경과 연관시킨다. 그런데 사도는 그들을 불편하게 만드는 내용들을 거기서 뽑아내 보여준다.

Ⅰ. 호세아 선지자의 예언. 호세아 선지자는 무수한 이방인들이 선택받을 것이라고 말한다(호 2:23; 1:10). 이방인은 하나님의 백성이 아니었고, 그 관계상 그분은 그들을, 그들은 그분을 소유하지 아니했다. 하나님은 "그러나 내가 그들을 내 백성으로 부르고, 그들의 온갖 무가치함에도 불구하고 그들을 그렇게 만들고, 그렇게 소유하겠다"고 말씀하신다. 얼마나 복된 변화인가! 과거의 죄악이 하나님의 현재의 은혜와 자비를 가로막지 못한다. 사랑하지 아니한 자를 사랑한 자라 부르리라(25절). 하나님이 자기 백성으로 부르신 자들을 그분은 사랑한 자라 부르신다. 그분은 자신의 소유가 되는 사람들을 사랑하신다. 그리고 오직 유대교로 개종해 그 민족의 일원이 되어야만 하나님의 백성이 될 것이라는 생각을 하지 못하도록 사도는 호 1:10에서 인용한 너희는 내 백성이 아니라 한 그 곳에서 그들이 살아 계신 하나님의 아들이라 일컬음을 받으리라(26절)는 말씀을 덧붙인다. 그들은 유대인과 일체가 되거나 예배를 위해 예루살렘으로 올라갈 필요가 없다. 그들은 땅 어느 곳에 흩어져 살든 거기서 하나님께서 그들을 자기 것으로 삼으실 것이다. 살아계신 하나님의 자녀로 불리는 것이 얼마나 큰 영광이요 영예인지를 주목하라. 그분이 그들을 부르시는 그것이 그들을 그렇게 만드는 것이다. 보라. 얼마나 놀라운 사랑의 방법인가! 이 영예를 모든 성도들이 누릴 것이다.

Ⅱ. 이사야 선지자의 예언. 이사야 선지자는 수많은 유대인들이 버림받을 것을 두 군데서 말한다.

1. 하나는 남은 자의 구원에 관해 말하는, 사 10:22,23이다. 여기서 남은 자는 얼핏 보면 산헤립과 그의 군대로 말미암아 임하게 된 파괴와 약탈로부터 보존 받는 남은 자들을 가리키는 것처럼 보인다. 하지만 그 이상의 의미로 이해되어야 한다. 그것은 하나님이 대다수 아브라함의 혈통적 자손을 멸망하도록 내버

려 두시면서도 아브라함에게 하신 약속의 말씀을 강력하게 지탱하고 계신다는 것을 충분히 증명한다. 이것은 이스라엘의 자손의 수가 바닷가의 모래와 같게 되리라고 아브라함에게 하신 약속의 한 부분(창 22:17)의 전제로 간주된다. 그러나 오직 남은 자만 구원을 받게 될 것이다. 청함을 받은 자는 많지만 택함을 받은 자는 적기 때문이다. 이 남은 자의 구원에 관한 예언의 말씀 속에서 우리는 다음과 같은 사실을 듣는다: (1) 하나님이 그 일을 이루실 것이다. 그 말씀을 이루고(28절). 하나님은 시작하시면 끝을 맺으신다. 심판하시는 일에서나 긍휼을 베푸시는 일에서나 마찬가지다. 믿지 않는 유대인들의 거부에 대해 하나님은 로마인들을 시켜 그들의 철저한 파멸을 시행하셨다. 로마제국은 즉시 그들의 나라와 민족을 철저하게 유린하고 파괴시켰다. 기독교 교회가 하나님의 호의 속에 들어가고, 다른 민족에게 복음이 전파된 것은 마찬가지로 하나님께서 시행하신 일로서, 여호와라는 이름으로 알려질 일이었다. 하나님으로 말하면, 그분의 일은 언제나 완전하다. 난외주에는 셈을 끝내고라고 되어 있다. 자신의 영원한 경륜을 따라 하나님은 사람들에 대한 셈을 해보고, 이런저런 상황으로 이끄시고, 이런저런 권리의 몫을 그들에게 할당하신다. 그들이 태어나면서부터 그들에 대한 그분의 다루심은 이 경륜에 준하여 이루어질 것이다. 그분은 셈을 끝내게 될 것인데, 신비의 몸을 완성하시며 은혜의 선택에 속한 자들을 부르시면 그것이 끝나게 될 것이다. (2) 하나님은 그것을 단축시키실 것이다. 하나님은 그것을 끝내시되, 신속하게 끝내실 것이다. 구약성경에서 보면 하나님은 지체하시고, 그 일을 하시는데 힘들고 지치신 것 같아 보였다. 수레바퀴는 굴러갔으나 느리게 교회의 영역을 향해 움직였다. 그러나 지금 그분은 속히 시행하시고, 땅 위에서의 일을 곧 끝내실 것이다. 이방인 회심자는 지금 구름처럼 모여들고 있다. 그러나 그분은 지혜와 공의로 그 말씀을 속히 시행하실 것이다. 사람들은 속히 시행할 때 실수한다. 그들은 진정 서두르다 잘못된다. 그러나 하나님은 속히 시행하실 때 항상 의롭다. 그래서 교부들은 그것을 일반적으로 적용한다. 어떤 이들은 그것을 그리스도께서 세상에 소개하고 세우신 복음의 법과 언약에 관한 것으로 이해한다. 그분은 그 안에서 그 말씀을 이루고, 구약성경의 모형과 의식들을 끝내셨다. 그리스도께서는 다 이루었다고 말씀하셨고, 그 때 휘장이 찢겨졌으니, 말하자면 그리스도께서 십자가상에서 하신 말씀으로 울려 퍼졌다. 그렇게 그분은 속히 시행하신 것이다. 그 말씀(곧 '로고스'로 법을 의미한다)은 구약성경 아래 오랫동안 있었다. 그것은 구약 당시에는 오래 된 일련의 제도, 의식, 조건 등이었지만, 지금은 속히 시행될 것이다. 지금 우리의 의무는 복음 아래 있고, 율법 아래 있을 때보다 훨씬 간단하게 되었다. 언약이 단축되고 요약되었다. 신앙은 좀 더 작은 범주로 옮겨졌다. 그것은 우리를 위한 것으로, 그분 자신의 목적과 경륜에 대해 의와 공의 안에 있다. 우리에게는 단축이 오히려 사건을 더 암담하게 만들기 쉽다. 간단하게 하려고 애쓰지만, 더 모호하게 되고 만다(Brevis esse laboro, Obscurus fio). 그러나 주님의 경우에 이것은 사실이 아니다. 속히 시행되지만, 그것은 더 분명하고 명확해진다. 간단해지기 때문에 더욱 쉬워지는 것이다.

2. 또 하나는 선지자가 일반적인 재앙과 파멸의 시대에 하나님께서 어떻게 그 자손을 보호하시는지를 보여주고 있는, 사 1:9의 인용이다. 이것은 앞의 것과 동일한 목적을 갖고 있다. 그 목적은 하나님께서 대다수 유대인을 멸망 가운데 내버려 두고, 극히 소수의 남은 자를 자신에게 남겨두시는 것이 전혀 이상한 일이 아님을 보여주는 것이다. 그분이 옛날에 그 선지자들에게 나타나실 때 행하셨던 것처럼, 오늘날 그렇게 하신 것에 대해서도 놀라서는 안 된다. 여기서 다음과 같은 사실을 살펴보자. (1) 하나님은 어떤 분인가? 그분은 안식일의 주인 곧 만군의 주이시다. 약 5:4에서처럼 히브리어가 헬라어 속에 끼여있다. 하늘과 땅의 모든 권세가 그분의 손 안에 있고, 그분의 처분에 달려 있다. 하나님께서 타락하고 패역한 세상으로부터 불러내 자신에게 씨로 남겨두실 때 안식일의 주인으로서 행동하신다. 그것은 전능한 권능과 무한한 주권의 행위다. (2) 그의 백성들은 어떤 존재인가? 그들은 씨로서, 소수다. 다음 해 파종을 위해 남겨두는 알곡은 먹어 소비하는 곡식과 비교할 때 아주 소량이다. 그러나 그것들은 유용한 양으로, 다음 세대의 씨앗 곧 본질이다(사 6:13). 그토록 많은 수가 멸망과 파멸을 당하는 것에 대해 하나님의 공의와 정의를 나무랄 수 없고, 모두가 멸망당하지 않고 일부가 구원받는 것은 하나님의 능력과 자비에 대한 놀라운 증거다. 왜냐하면 씨로 남겨지는 사람들까지도, 만일 하나님께서 그들의 죄를 따라 다루신다면, 다른 사람들과 마찬가지로 멸망당했을 것이다. 이것이 이 본문이 우리에게 가르치는 위대한 진리다.

[30]그런즉 우리가 무슨 말을 하리요 의를 따르지 아니한 이방인들이 의를 얻었으니

곧 믿음에서 난 의요 [31]의의 법을 따라간 이스라엘은 율법에 이르지 못하였으니 [32]어찌 그러하냐 이는 그들이 믿음을 의지하지 않고 행위를 의지함이라 부딪칠 돌에 부딪쳤느니라 [33]기록된 바 보라 내가 걸림돌과 거치는 바위를 시온에 두노니 그를 믿는 자는 부끄러움을 당하지 아니하리라 함과 같으니라

사도는 여기서 마침내 이방인의 선택과 유대인의 거부에 대한 참된 이유를 확정한다. 그들 간에는 추구의 방법에 있어서 차이가 있었고, 따라서 그 성공에도 차이가 있었지만, 그들 간에 차이가 있게 만든 결정적 요인은 어디까지나 하나님의 값없는 은혜였다. 사도는 웅변가처럼 그런즉 우리가 무슨 말을 하리요라고 결론을 맺는다. 전체 논쟁의 결론은 무엇인가?

I. 이방인들에 관해 살펴보면 다음과 같은 결론이 나온다.

1. 그들이 의로부터 차단된 이유: 그들은 의를 좇지 아니했다. 그들은 그들의 죄책과 비참에 대해 몰랐고, 그러므로 치료책을 전혀 갈망하지도 않았다. 그들이 회심할 때 선행적 은혜가 크게 주어졌다: 나를 찾지 아니하던 자에게 찾아냄이 되었으며(사 65:1). 그들 속에는 다만 하나님의 값없는 은혜가 일으킨 것 외에는 이런 호의를 받을 만한 요소가 전혀 없었다. 이처럼 하나님은 주권과 절대적 지배권에 따라 즐겁게 은혜를 나누어주신다.

2. 그럼에도 불구하고 그들이 의를 얻는 방법: 믿음으로. 곧 유대교로 개종하고, 의식법을 준수하는 것으로서가 아니라 그리스도를 영접하고 그리스도를 믿으며 복음에 복종하는 것으로서. 그들은 오랜 세월 동안 유대인들이 헛되이 그 주변만 밟았던 그리스도를 실실하게 믿는 지름길을 통해 의를 얻게 되었다.

II. 유대인들에 관해 살펴보면 다음과 같은 결론이 나온다.

1. 그들이 자기들의 목표를 잃어버린 이유: 의의 법을 따라간 이스라엘은(31절). 그들은 칭의와 성화를 크게 강조하고, 하나님의 백성과 천국의 총아가 된 것을 크게 자랑했지만, 그것에 이르지는 못했다. 그들 대다수가 그랬다. 그들은 유대교의 전통적인 원리와 의식들에 집착하고, 그것들을 준수하는데서 행복을 찾았으나 이미 임한 실체의 그림자를 밟는데 그쳤으니, 결국 하나님의 인정을 받지 못하고 그의 소유된 백성도 되지 못했으며 의로운 자로 그들의 집에 들어가지도 못했다.

2. 그들이 길을 잘못 가도록 이끈 원인(32,33절): 그들은 구했으나 올바른 방

법으로, 겸손하게 그리고 지정된 방법으로 구하지 못했다. 믿음을 의지하지 않고 (32절). 이 말은 율법의 진정한 생명이자 목적인 기독교를 받아들이지 않고, 그리스도의 공로에 의지하지 않고, 복음의 규정에 복종하지 않았다는 뜻이다. 그들은 율법의 행위를 의지했다(32절). 그들은 모세의 율법의 교훈들과 의식들을 준수하면 의인이 될 것으로 기대했다. 이것은 부딪칠 돌에 부딪친 것이었다(32절). 그들은 그토록 절실하게 의지했지만, 율법이 그들에게 주어진 것은 아무 목적이 없었던 것이 아니고, 단순히 그것을 지키고 복종하기만 하면 하나님 앞에서 의롭게 될 수 있다는 이 왜곡된 원리를 넘어설 수 없었다. 그래서 그들은 다른 사람의 공로와 만족으로 말미암아 의롭게 된다고 주장하는 그리스도에 관한 교리와 절대로 화해할 수 없었다. 어떤 이들에게는 그리스도 자신이 걸림돌이었다. 여기서 사도는 사 8:14; 28:16을 인용한다. 그리스도는 어떤 사람들을 패하게 하기 위해 세움을 받으셨다고 말해지는데(눅 2:34), 그것은 과연 그렇다. 그것은 길르앗 향료로부터 독이 채취되는 것과 같다. 또 모퉁잇돌이 어떤 경우에는 걸림돌이 되고, 구원의 반석이 실족케 하는 반석이 될 수 있다. 무수한 사람들에게 그분은 그러하다. 그분은 그분을 거부한 믿지 않는 유대인들에게 그러하다. 그분이 그들이 그토록 집착하는 의식법에 마침이 되기 때문이다. 그러나 그분을 믿는 남은 자들이 있다. 그들은 부끄러움을 당하지 아니할 것이다 (33절). 즉 그분으로 말미암아 의를 얻게 되리라는 그들의 소망과 기대는 율법으로 말미암아 그것을 얻게 되리라고 기대하는 사람들처럼 좌절되지 아니할 것이다. 따라서 전체적으로 믿지 않는 유대인들은 자기들을 거부하시는 것에 대해 하나님과 다툴 만한 이유가 전혀 없다. 그들은 의와 생명과 구원에 대해 충분한 제시를 받았고 그들에게는 복음에 대한 선포도 있었으나 그것을 좋아하지 않고, 그것을 따르지 아니했다. 그러므로 그들이 멸망한다고 해도, 그것은 그들 자신 덕분이다. 그들의 피가 그들의 머리 위에 있을 것이다.

제
— 10 —
장

개요

교회로서의 유대인의 특권적 지위의 박탈, 그들의 의식법의 폐기에 따른 제도의 배척, 그와 관련된 모든 기관의 기능 정지, 제사장직의 철폐, 성전의 소멸(燒滅), 그들의 나라와 민족의 해체, 그리고 그 자리를 대신하여 이방족속들 사이에 자리잡은 보편적 교회의 등장, 이 모든 것이 우리에게는 오래 전에 일어났기 때문에 큰 일처럼 보이지 않겠지만, 이 일들이 진행되던 당시에 살았던 사람들 곧 오랜 세월 동안 유대인들은 하나님의 총애를 받으며 특별한 지위를 누리고 이방세계 사람들의 상태는 참으로 비참했다는 사실을 잘 알고 있었던 사람들에게는 이것이 얼마나 이해하기 힘든 신비로 보였는지 모른다. 사도는 앞 장에 이어 이 장과 다음 장에서 그것을 설명하고 증명한다. 그러나 본제에서 벗어난 중요한 내용들이 덧붙여 있어서 그의 강론의 맥락을 파악하기가 약간은 힘들다. 나는 이 장의 내용을 두 가지 중대한 진리로 대별할 것이다: I. 믿지 않는 유대인들과 연결되어 있는 율법의 의와 복음 속에 제시되어 있는 믿음의 의 사이에는 커다란 차이가 있다는 것(1-11절). II. 유대인과 이방인 사이에는 아무런 차이가 없고, 칭의와 하나님의 용납에 있어서, 복음은 이 두 가지를 동일한 입장에 놓는다는 것(12-21절).

¹형제들아 내 마음에 원하는 바와 하나님께 구하는 바는 이스라엘을 위함이니 곧 그들로 구원을 받게 함이라 ²내가 증언하노니 그들이 하나님께 열심이 있으나 올바른 지식을 따른 것이 아니니라 ³하나님의 의를 모르고 자기 의를 세우려고 힘써 하나님의 의에 복종하지 아니하였느니라 ⁴그리스도는 모든 믿는 자에게 의를 이루기 위하여 율법의 마침이 되시니라 ⁵모세가 기록하되 율법으로 말미암는 의를 행하는 사람은 그 의로 살리라 하였거니와 ⁶믿음으로 말미암는 의는 이같이 말하되 네 마음에 누가 하늘에 올라가겠느냐 하지 말라 하니 올라가겠느냐 함은 그리스도를 모셔 내리려는 것이요 ⁷혹은 누가 무저갱에 내려가겠느냐 하지 말라 하니 내려가겠느냐 함은 그리스도를 죽은 자 가운데서 모셔 올리려는 것이라 ⁸그러면 무엇을 말하느냐 말씀이 네게 가까워 네 입에 있으며 네 마음에 있다 하였으니 곧 우리가 전파

하는 믿음의 말씀이라 ⁹네가 만일 네 입으로 예수를 주로 시인하며 또 하나님께서 그를 죽은 자 가운데서 살리신 것을 네 마음에 믿으면 구원을 받으리라 ¹⁰사람이 마음으로 믿어 의에 이르고 입으로 시인하여 구원에 이르느니라 ¹¹성경에 이르되 누구든지 그를 믿는 자는 부끄러움을 당하지 아니하리라 하니

이 부분에서 사도가 전하려는 목적은 율법의 의와 믿음의 의 사이의 커다란 차이 및 율법의 의에 대한 믿음의 의의 확고한 우월성을 보여줌으로써 유대인들로 하여금 그리스도를 믿도록 유도하고 설득하며, 또 그것을 거절한 자들의 어리석음과 죄를 부각시켜 그런 자들을 거부하시는 하나님은 정당하다는 것을 증명하는데 있다.

I. 여기서 바울은 유대인을 향한 자신의 애절한 감정을 그 이유와 함께 고백한다(1,2절). 이 곳에는 그가 그들에 대해 갖고 있는 선한 소원과 선한 증언이 잘 나타나 있다.

1. 선한 소원(1절). 이 소원은 유대인이 구원받기를 바라는 마음이다. 곧 그들에게 임박해 있는 현재의 파멸과 멸망으로부터의 구원, 그들의 머리 위에 걸려 있는 다가올 영원한 진노로부터의 구원을 말한다. 이 마음속에는 그들이 회개하고 돌아서기를 바라는 간절한 소원이 함축되어 있다. 그는 그들이 불신앙에서 벗어나 구원받도록 믿음으로 기도하지 않을 수 없었던 것이다. 바울은 그들에게 반대하는 말씀을 전했지만, 그들을 위하여 기도했다. 이때 그는 아무도 멸망하지 아니하고 다 회개하기에 이르기를 원하시는(벧후 3:9) 하나님처럼, 그들에 대해 긍휼을 갖고 있었다. 우리 자신의 구원을 이룬 다음에는 다른 사람들의 영혼의 구원을 진실로 그리고 간절히 바라는 것이 우리의 당연한 의무다. 이것을 사도는 내 마음에 원하는 바와 하나님께 구하는 바라고 말한다. 여기서 이것은 다음과 같은 사실을 암시한다: (1) 그의 소원의 힘과 진실성. 그것은 그의 마음에 원하는 바였다. 그것은 입술로만 많은 말로 선한 소원이 있다고 쏟아놓는 의례적 고백이 아니라 진실로 간절한 소원이었다. 이것은 기도하기 전 그의 마음속에 이미 있었던 것이었다. 기도의 정수(精髓)는 마음의 소원에 있다. 냉랭한 소원이었다면 아마 그들의 거부를 위해 기도했을 것이다. 우리는 기도할 때마다 우리 영혼이 말하도록 해야 한다. (2) 하나님께 이 소원을 제시함. 그것은 그의 마음의 소원이었을 뿐만 아니라 그의 기도였다. 마음속에 소원이 있을 수

있으나 만약 그 소원이 하나님께 제시되지 아니한다면, 기도는 아닐 것이다. 원하고 바라는 것, 만약 그것이 전부라면, 기도는 아닌 것이다.

2. 선한 증언. 이것은 그의 선한 소원의 결과다(2절): 내가 증언하노니 그들이 하나님께 열심이 있으나. 믿지 않는 유대인들은 바울에게 세상에서 가장 악랄한 원수들이었다. 그러나 바울은 진리가 그런 것처럼 그들을 선대했다. 우리도 최악의 원수들에 대해서까지 가장 좋은 말을 해줄 수 있어야 한다. 이것은 우리를 저주하는 자들을 축복하는 것이다. 사랑은 다른 사람들의 의견을 최대한 존중하고, 그들이 견지하는 말과 행동을 최대한 선의(善意)로 해석하라고 가르친다. 우리는 악인들에게도 칭찬할 만한 점이 있으면 칭찬해주어야 한다. 그들이 하나님께 열심이 있으나. 그들이 복음에 반대하는 이유는 자기들이 하나님으로부터 온 것으로 알고 있는 율법을 중시하기 때문이다. 맹목적으로 잘못 인도받고 있는 열심과 같은 일이 있다. 이런 일이 유대인들에게 있었다. 그들은 그리스도의 사람과 사역자들을 미워하고 박해할 때, 여호와께서 영광을 나타내사(사 66:5)라고 말했다. 아니, 그들을 죽이고 이것이 하나님을 섬기는 일이라(요 16:2)고 말할 정도였다.

Ⅱ. 사도는 여기서 믿지 않는 유대인들이 죄책을 짊어져야 할 치명적 죄악을 보여준다. 그것이 그들의 파멸의 원인이었다. 그들의 열심은 올바른 지식을 따른 것이 아니었다. 그들이 그토록 열심을 낸 율법을 주신 이는 참 하나님이다. 그러나 그들은 약속된 메시야의 출현으로 말미암아 그것이 끝났다는 것을 알았어야 했다. 그분이 새 종교와 새 예배방법을 도입하셨으니, 이전 것은 폐기되는 것이 마땅하다. 그분은 자신을 하나님의 아들로 증언하셨고, 그로써 자신이 메시야라는 사실에 대해 가장 큰 증거를 보여주셨다. 그러나 그들은 그분을 알거나 의지하려고 하지 않고, 그 밝은 빛에 대해 눈을 감아버렸다. 따라서 그들의 율법에 대한 열심은 맹목적인 것이 되고 말았다. 사도는 이것을 3절에서 계속 보여준다. 우리는 그것을 다음과 같이 확인할 수 있다.

1. 그들의 불신앙의 성격. 그들은 하나님의 의에 복종하지 아니하였다. 즉 그들은 복음의 조건에 순종하지도 않았고, 복음에 계시된 그리스도를 믿는 믿음으로 의롭게 되리라는 제안을 받아들이지도 않았다. 불신앙은 하나님의 의에 대한 불복종으로, 복음의 사면선언에 반대하여 서 있다. 복종하지 아니하였느니라. 참된 믿음 속에는 복종에 대한 절실한 요청이 내포되어 있다. 그러므로 그리스

도께서 가르치는 첫 번째 교훈은 자기를 부인하라는 것이다. 교만한 심령이 값 없는 은혜를 보고 만족한다면, 그것은 정말 큰 겸손이 아닐 수 없다. 하지만 우리는 불쌍한 자의 모양으로(sub forma pauperis) 간청하는 것을 무척 싫어한다.

2. 그들의 불신앙의 원인. 이것은 두 가지다: (1) 하나님의 의에 대한 무지. 그들은 죄를 싫어하고 처벌하시며, 그 배상을 요구하시는 하나님의 엄격한 공의를 이해하거나 믿거나 고려하거나 하지 못했다. 그들은 그분 앞에 나아가기 위해 어떤 의가 요구되는지에 대해 생각하지 못했다. 만일 알았더라면, 그들은 결코 복음이 제공하는 것을 거역하지 않았을 것이고, 또 행위로 말미암은 의가 하나님의 공의를 만족시킬 수 있는 것으로 착각하고 그것에 기대지도 아니했을 것이다. 그러나 그들은 하나님께서 지금 예수 그리스도로 말미암아 정하고 계시하신 의의 방법을 전혀 몰랐다. 아예 알려고 조차 하지 않아 그것을 알지 못했다. 그들은 그것을 찾는 일에 대해서는 눈을 감았고, 오히려 흑암을 더 사랑했다. (2) 그들 자신의 의에 대한 교만한 자만심. 자기 의를 세우려고. 여기서 말하는 의는 그들 자신의 행위의 공로로 말미암아 그리고 의식법을 준수함으로써 그들 스스로 만들어내고 창출해낸 의를 말한다. 그들은 자기들은 그리스도의 공로를 바라볼 필요가 없다고 생각했다. 그것은 자기들 자신의 실천으로 하나님 앞에 내놓을 의를 충분히 만들 수 있다고 보았기 때문이다. 그들은 바울처럼 이것을 내가 가진 의가 아니라(빌 3:9)고 부인할 수 없었다. 바리새인들에게 나타나 있는 이 교만의 실례를 보라(눅 18:10,11). 눅 18:14과 비교해 보라.

III. 여기서 사도는 그 죄악의 어리석음을 보여준다. 그들이 율법의 행위로 의를 얻고자 하는 것은 참으로 불합리한 일이 아닐 수 없다. 왜냐하면 그리스도께서 오셔서 영원한 의를 이루셨기 때문이다. 그것은 확인해 보자.

1. 복음에 대한 율법의 보조역할(4절). 그리스도는 의를 이루기 위하여 율법의 마침이 되시니라. 율법의 목적은 사람들을 그리스도께 이끄는 것이었다. 도덕법은 단지 상처를 찾아내는 역할을, 의식법은 그 치료의 그림자로서의 역할을 할 뿐이지만, 그리스도는 양자의 마침이 되신다. 고후 3:7을 보라. 갈 3:23,24과 비교해 보라. 율법의 용도는 사람들에게 의가 그리스도라는 사실을 지시하는데 있었다. (1) 그리스도는 의식법의 마침이시다. 그분은 그것의 완성이기에 그것의 마침표가 되신다. 실체가 오면 그림자는 사라진다. 구약성경 하에서 정해진 희생제사와 제물 그리고 결례는 그리스도의 모형으로서, 그분을 지시하였다.

그것들로서는 죄를 제거할 수 없다는 무능력은 단번에 죄를 제거할 수 있는 희생제물의 필요성을 깨닫도록 이끄는 역할을 했다. (2) 그리스도는 율법이 할 수 없는 일을 하시고(8:3), 그 목적을 이루셨다는 점에서 도덕법의 마침이 되신다. 율법의 목적은 사람들을 완전한 순종으로 이끌어 의를 얻도록 하는데 있었다. 이것은 지금 죄의 권세와 타락한 본성으로 말미암아 불가능하게 되었지만, 그리스도께서는 율법의 마침이 되신다. 율법은 무효화되지 않았고, 율법수여자의 의도도 꺾이지 않았지만, 우리가 율법을 어긴 것에 대해 그리스도께서 죽으심으로 말미암아 충분한 만족을 이루셨기 때문에 그 목적은 성취되고, 그 결과 우리는 다른 의의 길에 들어서게 되었다. 이처럼 그리스도는 의를 이루기 위하여, 곧 칭의를 위해 율법의 마침이 되신다. 그러나 그것은 오직 모든 믿는 자에게만 해당된다. 우리가 믿을 때 곧 복음의 조건에 우리가 겸손히 동의할 때, 우리는 그리스도의 속죄에 관련되고, 그리하여 예수 안에 있는 대속으로 말미암아 의롭게 된다.

2. 율법을 능가하는 복음의 우월성. 사도는 양자의 구조적 차이를 보여줌으로써 이것을 입증한다.

(1) 율법으로 말미암는 의는 무엇인가? 사도는 이것을 5절에서 보여준다. 그 강령은 행하라 그러면 살리라는 것이다. 율법은 그리스도 안에 있는 더 낮고 효력 있는 의를 우리에게 지시하지만, 그것을 그리스도 및 복음과 연관시키지 않고 그 자체로만 본다면, 그것은 어디까지나 법으로 간주되었다(믿지 않는 유대인들은 그렇게 했다). 하지만 완전한 순종을 보여주는 자가 아니면 누구도 충분히 의롭게 만들 수 있는 힘이 그 안에는 없다. 이것 때문에 사도는 구약성경에서 너희는 내 규례와 법도를 지키라 사람이 이를 행하면 그로 말미암아 살리라(레 28:5)는 말씀을 인용한다. 또 이에 대해 그는 갈 3:12에서 율법을 행하는 자는 그 가운데서 살리라고 언급한다. 살리라. 이 말은 가나안 땅에서 뿐만 아니라 그 가나안이 예표하고 비유하는 실체인 천국에서도 행복하게 되리라는 뜻이다. 율법에 전제된 행동은 완전하고 무죄해야 한다. 일점일획이라도 위반이나 불이행이 있어서는 안 된다. 시내 산에서 주어진 율법은 비록 그것이 순수한 행위언약은 아니었지만(만약 그렇다면, 누가 그 언약 아래에서 구원받을 수 있었겠는가?), 사람들을 그리스도께 더욱 효과적으로 이끌고, 은혜언약을 더 잘 받아들일 수 있도록 하기 위해서 행위언약의 엄격함과 두려움이 그 속에 크게 내재

되어 있었다. 그런데 이처럼 새롭고 산 길이 열려 있는데, 유대인들이 율법 그 자체로서도 어렵고, 본성의 타락으로 지금은 도저히 불가능하게 된 방식으로 칭의와 구원을 얻으려고 그토록 집착하는 것은 참으로 어리석은 일이 아닌가?

(2) 믿음으로 말미암는 의는 무엇인가?(6절 이하) 사도는 모세의 말, 정확히는 신명기 곧 두 번째 율법(이것이 신명기라는 말의 뜻이다)을 가지고 이것을 묘사한다. 그것은 첫 번째 주어진 율법에 나온 것보다 그리스도와 복음에 관한 계시를 훨씬 더 분명하게 담고 있다. 그래서 바울은 그것을 신 30:11-14에서 인용하는데, 그 내용은 다음과 같다:

[1] 그것은 전혀 어렵거나 불가능한 것이 아니다. 칭의와 구원의 길은 그 속에 어떤 깊이나 매듭이 너무 많아 우리를 낙심케 하거나 또는 도저히 극복할 수 없는 어려움이 그것에 수반되어 있거나 하는 것이 아니라 앞에서 말한 것처럼 그것은 대로(大路)다(사 35:8). 우리는 그것을 찾아 높이 하늘로 올라갈 필요가 없다. 그것은 하늘에 있는 것이 아니다. 또 우리는 그것을 위해 무저갱으로 뛰어내릴 필요도 없다. 그것은 무저갱에 있는 것이 아니다. 첫째, 우리는 그 곳에서 기록을 살펴보거나 신적 경륜의 비밀을 탐구하기 위해 천국에 올라갈 필요가 없다. 물론 그리스도께서 천국에 계시는 것은 사실이다. 그러나 우리는 그분을 모셔오거나 그분에게 특별한 사자를 보내달라고 하기 위해 그 곳에 가지 않아도 의롭게 되고 구원받을 수 있다. 둘째, 우리는 무덤으로부터 또는 죽은 자의 상태로부터 그리스도를 모셔오기 위해 무저갱에 내려갈 필요도 없다. 그리스도를 죽은 자 가운데서 모셔 올리려는 것이라(7절). 이것은 그리스도께서 무저갱 또는 음부(하데스)에 내려가신 것이 요나의 사건과 비교하여 그분이 단지 죽은 자의 상태 속에 들어가신 것을 가리킨다는 것을 분명히 보여준다. 그리스도께서 무덤 속에 들어가신 것은 사실이다. 그리고 그분이 지금 천국에 계신다는 것도 사실이다. 그러나 우리는 상상으로 만들어낸 난제로 곤혹스러워하거나 혼란스러워할 필요가 없다. 또한 우리는 구원의 방법이 비현실적이고 계시의 목적이 단지 우리를 흥미 있게 만드는 것에 불과한 것처럼, 이 사실들에 대해 엉뚱하고 육신적인 개념들을 만들어내서는 안 된다. 아니, 구원은 절대로 우리에게서 멀리 떨어져 있지 않다.

[2] 하지만 그것은 아주 단순하고 쉽다: 말씀이 네게 가까워(8절). 우리가 흔히 "그리스도를 바라보자, 그리스도를 영접하자, 그리고 그리스도를 먹자"고 말할

때, 그것은 천국이나 무저갱에 계시는 그리스도가 아니라 약속 안의 그리스도, 우리에게 나타나신 그리스도, 말씀 속에 계시된 그리스도를 말한다. 그리스도는 당신 가까이 계신다. 왜냐하면 말씀이 당신 가까이 있기 때문이다. 그렇다. 그분은 참으로 가까이 있다: 그것은 네 입에 있으며 네 마음에 있다(8절). 그것을 이해하고 믿고 소유하는데 아무 어려움이 없다. 당신이 해야 할 일은 당신 속에 있다: 하나님의 나라는 너희 안에 있느니라(눅 17:21). 그러므로 당신은 거기서 증거를 찾아야지, 하늘의 기록을 뒤질 필요가 없다. 즉 그것이 네 입에(사 59:21) 그리고 네 마음에(렘 31:33) 두어질 것이라고 약속된다. 우리를 위해 행해져야 할 모든 일은 이미 우리 손에 쥐어져 있다. 그리스도는 하늘에서 내려오셨다. 우리는 그분을 모시러 갈 필요가 없다. 그분은 무저갱에서 올라오셨다. 우리는 그분을 어떻게 모시고 올지 고민할 필요가 없다. 우리 안에서 이루어질 일 외에 지금 이루어져야 할 일은 아무것도 없다. 그러므로 우리의 마음과 입을 살피는 것이 우리의 관심사가 되어야 한다. 율법 아래 있었던 자들은 이것을 하라 그러면 살리라고 말하며 모든 것을 스스로 해야 했다. 그러나 복음은 대부분의 일을 이미 마쳤음을 알고 있다. 남아있는 일은 의를 속히 시행하는 것이고, 너무나 단순하고 쉬운 조건 속에서 제공된 구원은 이미 문 밖에 이르렀다. 말하자면 우리 가까이 있는 말씀 속에 있다. 그것은 우리 입에 있다. 곧 우리는 그것을 날마다 쉽게 읽는다. 또 그것은 우리 마음에 있다. 곧 우리는 그것을 날마다 생각하고 또 생각해야 한다. 곧 믿음의 말씀이라(8절). 복음과 그것에 관한 약속은 믿음의 말씀으로 불린다. 그 이유는 그것이 믿음의 대상과 관련되어 있고, 그래서 우리가 믿는 말씀이기 때문이다. 그것은 믿음의 교훈으로서, 믿음을 명령하고 믿음을 칭의의 위대한 조건으로 삼기 때문이다. 또 그것은 믿음을 일으키고 전달하는 일반 수단이기 때문이다. 그러면 이 믿음의 말씀은 무엇인가? 우리는 그 강령을 9,10절에서 발견한다. 그 곳에는 간단명료하게 복음이 요약되어 있다. 그것을 살펴보자.

첫째, 우리에게 약속된 것: 구원을 받으리라(9절). 복음이 제시하고 제공하는 것은 구원이다. 곧 영혼의 구원과 함께 죄책과 진노로부터 구원받는 영원한 구원이다. 그것은 그리스도께서 그 창시자가 되시고, 끝까지 구주가 되신다.

둘째, 그 조건.

a. 두 가지가 구원의 조건으로 요구된다. (a) 예수를 주로 시인하며(9절). 이것

은 우리의 왕과 구주로서 그분과의 관계와 그분에 대한 의존을 공개적으로 고백하고, 이 세상의 온갖 유혹과 핍박에도 불구하고 기독교를 자기 종교로 삼으며, 항상 그분 곁에 서 있는 것을 말한다. 우리 주 예수님은 사람들 앞에서 자기를 시인하는 것을 중요하게 여기신다. 마 10:32,33을 보라. 그것은 수많은 은혜의 산물로서, 자기부인, 그리스도에 대한 사랑, 세상에 대한 경멸, 강한 용기와 결심 등을 일으킨다. 특히 그리스도와 기독교에 대한 고백이 재산, 영예, 취미, 자유, 생명, 그리고 이 세상에서 소중하게 여기는 모든 것을 위험에 빠뜨렸던 초대교회 당시에는 더욱 큰일이었다. (b) 하나님께서 그를 죽은 자 가운데서 살리신 것을 네 마음에 믿으면(9절). 입술로 하는 신앙고백은, 마음속에서 그 힘을 갖고 있지 못하다면, 단지 조롱거리에 불과하다. 그것의 뿌리는 그리스도에 관한, 특별히 기독교 신앙의 근본진리인 그분의 부활에 관한 복음의 계시를 진술하게 받아들이는 동의(同意) 속에 두어져야 한다. 왜냐하면 부활에 의해 그분은 능력으로 하나님의 아들로 선언되고, 하나님이 그분의 속죄를 받아주셨다는 충분한 증거가 되기 때문이다.

b. 이것은 한 번 더 예증된다(10절). 앞 부분과 단지 순서가 바뀌었는데, 그 이유는 먼저 마음으로 믿는 믿음이 있어야 입으로 하는 고백이 받아들여질 수 있기 때문이다. (a) 믿음에 관해: 그것은 사람이 마음으로 믿는 것이다. 그것은 이성의 동의 이상의 것으로, 의지의 동의가 수반되는 내적이고 성실하고 진실하고 강력한 동의를 함축한다. 만일 그것이 마음과 함께 하는 것이 아니라면 믿음이 아니다(그렇게 간주되어서는 안 된다). 믿음은 의에 이르는 것이다. 의에는 칭의 곧 의롭게 하는 의와 성화 곧 거룩하게 하는 의가 있다. 믿음은 양자를 다 포함한다. 그것은 우리 칭의의 조건이자 동시에 우리 성화의 뿌리 및 원천이다. 그 안에서 시작되었고, 그것에 의해 진행된다(행 15:9). (b) 고백에 관해: 그것은 입으로 시인하는 것이다. 즉 기도와 찬양으로 하나님께 고백하는 것(15:6), 특히 핍박당할 때 다른 사람들 앞에서 하나님의 길을 내 길로 사람들에게 고백하는 것을 말한다. 하나님께서 사람의 입을 지으셨기 때문에(출 4:11), 입으로 그분께 영광을 돌리는 것은 당연하다. 또 특별히 어려울 때 자신의 신실한 백성들에게 구변과 지혜를 주신다고 약속하셨기 때문이다(눅 21:15). 모든 입이 그리스도를 주라고 시인하는 것은 그분께 돌려야 할 영광의 한 부분이다(빌 2:11). 그리고 이것은 구원에 이르는 것으로 말해진다. 왜냐하면 그것은 그 약속의 조건을 수

행하는 것이기 때문이다(마 10:32). 믿음으로 말미암는 의는 우리가 구원에 이르는 자격의 기초가 되지만, 우리는 고백을 통해 그 기초 위에 서고, 결국에는 우리에게 주어진 자격을 충분히 소유하게 된다. 따라서 여기서 우리는 구원의 조건에 대한 요약을 보게 되는데, 그것은 극히 합리적이다. 이것은 다음과 같이 요약된다: 우리는 하나님께 우리의 영혼과 몸을 다해 하나님께 헌신하고 봉사하고 드려야 한다. 이때 우리의 영혼은 마음으로 믿고, 우리의 몸은 입으로 시인한다. 이것을 행하라 그러면 살리라. 그래서 사도는 사 28:16을 인용한다: 누구든지 그를 믿는 자는 부끄러움을 당하지 아니하리라(11절). 여기서 부끄러움을 당하지 아니하리라(우 카타이스퀸테세타이)는 다음과 같은 뜻이다: (a) 그는 자기가 믿는 그리스도를 소유하는 것을 부끄러워하지 아니할 것이다. 마음으로 믿는 자가 입으로 시인하는 것을 부끄러워할 리가 없다. 사람들로 하여금 그리스도를 부인하도록 만드는 것은 죄를 범하는 수치다(막 8:38). 믿는 자는 결코 서두르지 않을 것이다(선지자가 그런 것처럼). 즉 그는 자신의 의무를 수행할 때 직면하는 고난으로부터 서둘러 피하지 않을 것이다. 다시 말해 종교 때문에 멸시받는 것을 부끄러워하지 않을 것이다. (b) 그는 그리스도 안에서 자신의 소망을 부끄러워하지 않을 것이다. 그는 자신의 목표에 대해 실망하지 않을 것이다. 우리가 그리스도를 믿는 믿음에 대해 절대로 부끄러워해서는 안 된다는 것은 우리의 의무이고, 또 그것을 부끄러워하지 않게 될 것이라는 것은 우리의 특권이다. 그는 주 예수를 믿고 의지하는 자신의 신뢰에 대해 결코 후회함이 없을 것이다.

[12]유대인이나 헬라인이나 차별이 없음이라 한 분이신 주께서 모든 사람의 주가 되사 그를 부르는 모든 사람에게 부요하시도다 [13]누구든지 주의 이름을 부르는 자는 구원을 받으리라 [14]그런즉 그들이 믿지 아니하는 이를 어찌 부르리요 듣지도 못한 이를 어찌 믿으리요 전파하는 자가 없이 어찌 들으리요 [15]보내심을 받지 아니하였으면 어찌 전파하리요 기록된 바 아름답도다 좋은 소식을 전하는 자들의 발이여 함과 같으니라 [16]그러나 그들이 다 복음을 순종하지 아니하였도다 이사야가 이르되 주여 우리가 전한 것을 누가 믿었나이까 하였으니 [17]그러므로 믿음은 들음에서 나며 들음은 그리스도의 말씀으로 말미암았느니라 [18]그러나 내가 말하노니 그들이 듣지 아니하였느냐 그렇지 아니하니 그 소리가 온 땅에 퍼졌고 그 말씀이 땅 끝까지

이르렀도다 하였느니라 [19]그러나 내가 말하노니 이스라엘이 알지 못하였느냐 먼저 모세가 이르되 내가 백성 아닌 자로써 너희를 시기하게 하며 미련한 백성으로써 너희를 노엽게 하리라 하였고 [20]이사야는 매우 담대하여 내가 나를 찾지 아니한 자들에게 찾은 바 되고 내게 묻지 아니한 자들에게 나타났노라 말하였고 [21]이스라엘에 대하여 이르되 순종하지 아니하고 거슬러 말하는 백성에게 내가 종일 내 손을 벌렸노라 하였느니라

이 부분의 말씀을 통해 사도가 유대인과 이방인 사이에 아무 차별이 없고, 동일하게 하나님께 받아들여진다는 점을 보여주려는 의도가 있음을 처음 몇 마디 말씀으로 알 수 있다. 예수 그리스도 안에서는 헬라인도 없고 유대인도 없다(골 3:11). 하나님은 그들이 유대인이라고 해서 또는 헬라인이라고 해서 특별히 구원하거나 또는 거부하거나 하시지 않는다. 그들 모두 복음의 조건에 따라 똑같이 구원을 받는다: 차별이 없음이라(12절). 이것을 증명하기 위해 사도는 두 가지 논증을 제시한다:

I. 하나님은 모든 사람에게 동일하시다. 한 분이신 주께서 모든 사람의 주가 되사 그를 부르는 모든 사람에게 부요하시도다(12절). 유대인에게 더 자비로우신 하나님이 따로 존재하고, 이방인에게 덜 자비로우신 하나님이 따로 존재하는 것이 아니다. 그분은 모든 사람에게 동일하고, 모든 인류에게 한 아버지시다. 그분이 자신의 이름을 은혜롭고 자비로우신 여호와 곧 여호와 하나님이라고 선언하실 때, 그 이름의 의미는 유대인들에게만이 아니라 그분을 찾는 그분의 모든 피조물들에게 적용되고, 또 적용될 것이다. 그분은 인자하심이 풍성하시니, 선하실 뿐만 아니라 부요하기도 하시다. 그분은 그것을 그들 모두에게 제공하시고, 그들에게 그것도 값없이 주실 준비를 하고 계신다. 그분에게는 그럴 능력과 의사가 충분하다. 그 자체로 부요하신데, 특히 우리에게 부요하시니, 그를 부르는 모든 사람에게 자신의 호의를 아낌없이 그리고 풍부하게 제공하실 정도로 부요하시다. 우리가 이 은총을 수확하려면 그에 합당한 일을 해야 하는데, 그것은 단지 그분의 이름을 부르기만 하면 된다. 그분은 이 일을 이루도록 요청을 받게 될 것이다(겔 36:37). 확실히 구할 가치가 없는 것은 소유할 가치도 없는 법이다. 따라서 우리는 기회가 있는 대로 기도를 통해 그것을 받아내기만 하면 된다.

Ⅱ. 약속은 모든 사람에게 동일하게 적용된다. 누구든지 부르는 자는 (13절), 예외 없이 누구나 부르기만 하면 된다는 것이다. 유대인과 이방인 모두에게 적용된다는 약속의 이 범주, 이 차별 없는 범주는 이미 선지자에 의해 예언된 것이기 때문에(욜 2:32) 사도는 전혀 놀랄 필요가 없다고 생각한다. 여기서 주의 이름을 부르는 것이 참 종교의 전부로 이해된다. 기도의 삶을 뺀다면 그리스도인의 삶에서 무엇이 남겠는가? 그것은 우리가 그분을 그만큼 의지한다는 것과 우리가 그분께 그만큼 헌신한다는 것, 그리고 그분께 우리의 모든 것을 믿음으로 기대한다는 것을 의미한다. 이같이 그분을 부르는 자는 구원을 받을 것이다. 그것은 그저 구하고 받는 것이다. 우리가 무엇을 더 갖겠는가? 이에 대한 더 깊은 예증을 사도는 다음과 같이 진행시킨다.

　1. 복음이 이방인에게 선포되는 것은 얼마나 필수적인가(14,15절). 유대인들이 바울에 대해 그토록 못마땅해 했던 것은 그가 이방인의 사도가 되어 그들에게 복음을 전파했기 때문이다. 그래서 사도는 이미 예언된 약속의 범주 안으로 그들을 끌어들이는 것이 얼마나 필요한지를 보여준다. 그것은 그들이 결코 질투할 일이 아니라는 것이다. (1) 그런즉 그들이 믿지 아니하는 이를 어찌 부르리요(14절). 그들이 그분이 하나님이심을 믿지 않는다면 기도로 그분을 부르지 못할 것이다. 그들이 무슨 목적으로 그렇게 하겠는가? 믿음의 은혜는 기도의 임무를 수행하는데 절대 필수적이다. 우리는 그것이 없으면 바르게 기도할 수 없고, 또는 응답받는 기도를 드릴 수도 없다. 기도로 하나님께 나아오는 자는 믿는 자라야 한다(히 11:6). 그들이 참 하나님을 믿기 전에는 오 바알이여, 우리를 들으소서 하고 우상을 부르게 될 것이다. (2) 듣지도 못한 이를 어찌 믿으리요(14절). 우리가 신적 계시를 받아들이거나 그것에 동의하거나 하려면, 그 전에 이런저런 방법으로 그것이 우리에게 알려져야 한다. 우리는 그것을 갖고 태어나지 않는다. 여기서 말하는 듣는 것에는 읽는 것도 포함되고, 읽는 것은 많은 사람들을 믿음으로 이끄는 방법이 되기 때문에 믿는 것과 진배없다(요 20:31): 오직 이것을 기록함은 너희로 믿게 하려 함이요. 그러나 여기서 듣는 것은 정보를 받아들이는 좀 더 일반적이고 자연적인 방법으로서 언급되고 있다. (3) 전파하는 자가 없이 어찌 들으리요(14절). 어떻게 그럴 수 있겠는가? 그들이 무엇을 믿어야 하는지 누군가는 말해 주어야 한다. 설교자와 청중은 상관관계 속에 있다. 그들은 서로에 대해 즐거울 때 복이 있다. 청중은 설교자의 능력과 신실한 모습 속에

서, 설교자는 청중의 자발성과 순종하는 모습 속에서 기쁨을 느낀다. (4) 보내심을 받지 아니하였으면 어찌 전파하리요(15절). 즉 위임을 받고, 어느 정도 전도사역에 대해 자격을 갖추지 않았다면 전파할 수 없다는 것이다. 대사가 신임장과 그를 파견한 본국 대통령으로부터의 훈령이 없다면, 어떻게 그 직책을 수행할 수 있겠는가? 이것은 정규적 사역을 감당하기 위해서는 정규적 사명과 명령이 있어야 한다는 것을 의미한다. 사자들을 보내는 것은 하나님의 권리다. 그분은 추수하는 주님이시다. 그러므로 우리는 추수할 일꾼들을 보내 주소서 하고 기도해야 한다(마 9:38). 오직 그분만이 사람들에게 전도사역에 대한 자격을 줄 수 있고, 그에 대한 성향을 주실 수 있다. 그러나 그 자격의 유능성과 그 성향의 신실성은 개인 각자의 판단에 맡겨져서는 안 된다. 그 사명의 본질이 이것을 전혀 허용하지 않을 것이다. 교회의 적절한 질서의 본존을 위해, 이것은 그 직분에 종사하면서 그 직분에 대한 지혜와 경험을 인정받은 유능한 사람들의 판단에 따르고 맡겨져야 한다. 그들은 다른 모든 부르심에 있어서처럼, 아주 유능한 판단자로 인정되고, 이 섬김의 사역에 자격이 있고 적성이 맞는 사람들을 따로 세울 능력을 갖고 있어야 한다. 따라서 이 세움의 사역을 계속 보존시킴으로써 그리스도의 이름을 영원히 지속시키고, 그분의 보좌를 천국의 날처럼 만들어야 한다. 그리고 이처럼 따로 세움받은 사람들은 보냄을 받은 사람들로서 선포할 수 있고, 또 그렇게 선포해야 한다.

2. 그것이 구원의 길을 보여주기 때문에 그것을 들은 사람들은 복음이 얼마나 반갑겠는가(15절). 사도는 이것을 사 52:7에서 인용한다. 유사한 구절을 우리는 나 1:15에서도 발견한다. 이 구절은 이스라엘이 바벨론으로부터 구원받는다는 즐거운 소식을 가리키지만, 더 나아가 예표적으로 예수 그리스도로 말미암아 우리가 받는 구원의 기쁜 소식 곧 복음을 암시한다. 이것을 살펴보자. (1) 복음은 무엇인가: 그것은 평화의 소식(the gospel of peace, 한글성경에는 이 말이 나타나지 않는다)이다. 그것은 하나님과 인간을 화목케 하는 화해의 말씀이다. 땅에서는 평화로다(눅 2:14). 여기서 평화는 일반적으로 모든 좋은 것을 지칭하는 것이다. 그래서 여기서 설명되고 있는 것처럼, 그것은 좋은 소식(glad tidings of good things 즉 좋은 것에 대한 반가운 소식)이다. 복음의 일들은 정말 좋은 일들이다. 아니 최고의 일들이다. 그것들에 관한 소식은 가장 즐거운 소식으로, 지금까지 하늘에서 땅으로 내려온 것 중 최고의 소식이다. (2) 사역자들

의 임무는 무엇인가: 이 복음을 전파하는 것이다. 곧 이 좋은 소식을 전해주는 것 또는 평안을 전하는(evangelize peace, 원문은 이렇게 되어있다) 것이다. 전하는 자는 누구나 이런 의미에서 복음 전도자(evangelist)다. 그는 소식을 전달하는 사자일 뿐만 아니라 교섭을 위해 파견된 대사다. 최초의 복음 전도자는 천사들이었다(눅 2:13이하). (3) 따라서 그들은 사람들에게 그 사역으로 말미암아 얼마나 반가운 존재들이었겠는가: 아름답도다. 즉 얼마나 반가운가! 막달라 마리아는 그리스도의 발에 입 맞추는 것으로 자신의 사랑을 표현했고, 후에는 그 발을 붙잡음으로써 그분을 경배했다(마 28:9). 그리고 제자들을 파송하실 때, 그리스도는 그들의 발을 씻겨주셨다. 평화의 복음을 전하는 자들은 그들의 발 (즉 그들의 삶과 말)이 아름답다는 것을 보여주어야 한다. 사역자들의 거룩한 삶은 바로 그들의 아름다움이다. 아름답도다. 이것은 그들의 말을 들은 사람들의 눈에 그렇다는 것이다. 사역자들의 전하는 말을 받아들이는 사람들은 그들을 사랑하지 않을 수 없다. 살전 5:12,13을 보라.

3. 사도는 여러 지역에서 복음이 성공을 거두지 못한 것으로부터 야기될 반론에 대해 대답한다(16절): 그러나 그들이 다 복음을 순종하지 아니하였도다. 유대인 모두가 순종하는 것도 아니고, 이방인 모두가 순종하는 것도 아니다. 아니 대부분의 사람들이 불신앙과 불순종에 남겨져 있다. 복음이 우리에게 주어지는 것은 알고 믿을 뿐만 아니라 순종에까지 이르도록 하기 위해서다. 그것은 관념체계가 아니라 실천법칙이다. 말씀이 잘 받아들여지지 않으리라는 것은 이미 선지자에 의해 예언되었다(사 53:1): 우리가 전한 것을 누가 믿었나이까. 그것이 얼마나 성실하게 전파되고, 누구든 받아들이면 얼마나 좋은 것인지를 감안하면, 그것을 믿겠다고 받아들이는 사람은 극히 적다. 불신앙 속에서 계속 버티고 있는 사람들이 그토록 많은 것과 비교하면 정말 적다. 그것은 이상한 일이 아니다. 그러나 그것은 정말 슬프고 불쾌한 일이다. 왜냐하면 그리스도의 사자들이 복음을 전했음에도 불구하고 그것을 믿지 않았기 때문이다. 이런 우울한 상태 속에서 우리가 하나님께 나아가 주여 우리가 전한 것을 누가 믿었나이까 하고 불평하는 것은 당연하다. 이에 대한 답변은 다음과 같다.

(1) 사도는 전파된 말씀이 믿음을 일으키는 일반 수단이라는 것을 보여준다(17절). 그러므로(아라). 이 말은 그렇지만(however)으로 보는 것이 낫다. 듣는 자들 가운데 많은 사람들이 믿지 않지만, 믿게 된 사람들은 무엇보다 먼저 들었

기 때문이다. 믿음은 들음에서 나며. 이것은 사도가 앞에서 말한 것(14절)의 요약이다. 믿음의 시작, 진행, 그리고 힘은 들음에 있다. 그러므로 하나님의 말씀은 믿음의 말씀으로 불린다. 그것은 믿음을 낳고 자라게 한다. 하나님은 믿음을 주시지만, 믿음은 말씀을 그 도구로 삼는다. 들음(믿음을 일으키는 들음)은 하나님의 말씀 곧 그리스도의 말씀으로 말미암는 것이다. 그것은 사탕발림과 같은 인간의 지혜의 말을 들음이 아니라 믿음으로 이끌 하나님의 말씀을 들음이니, 그것을 하나님의 말씀으로 듣는 것이다. 살전 2:13을 보라.

(2) 그것을 들음에도 불구하고 복음의 전파를 믿지 않은 사람들은 그로 말미암아 핑계할 수 없고, 자신의 멸망에 대해 스스로 감사해야 할 것이다(18-21절).

[1] 이방인은 그것을 들었다(18절). 그들이 듣지 아니하였느냐. 그렇다. 크든 작든 그들은 복음을 들었다. 아니 최소한 그것을 들었다. 그 소리가 온 땅에 퍼졌고. 혼란시키는 소리가 아니라 그 말씀(이 일들에 대한 훨씬 명확하고 이치에 합당한 관념들)이 땅 끝까지 이르렀다. 사도들이 받은 사명은 이것이다: 너희는 가서– 모든 사람들에게 전하여– 모든 민족을 제자로 삼으라. 사도들은 지칠 줄 모르는 부지런함으로 수고하여 그 사명을 감당하는데 놀라운 성공을 거두었다. 바울의 전도 영역을 확인해 보라(15:19). 이 세상의 가장 끝부분에 속해 있는 나라들 가운데 하나인 외딴 섬나라 영국에도 그리스도가 승천하신지 불과 몇 년 지나지 않아 복음의 소리와 말씀이 전해졌다. 이런 이유로 방언의 은사가 초기의 사도들에게 그토록 풍성하게 주어진 것이다(행 2장). 사도는 여기에 인용된 표현이 시 19:4임을 분명히 암시하고 있다. 이 구절은 피조물 속에 드러나 있는 하나님의 가시적 활동들은 창조주의 권능과 신성이 온 세상에 미치고 있음을 보여주는 증거라고 말한다. 구약성경 하에서 하나님이 해, 달, 별을 통해 창조 사역을 드러내신 것처럼, 지금은 복음 전도자들의 전파를 통해 온 세상에 대속 사역을 드러내시고, 그런 의미에서 그들은 별로 불린다.

[2] 유대인도 역시 그것을 들었다(19-21절). 이것을 위해 사도는 구약성경에 나오는 두 구절을 인용함으로써, 그들 또한 핑계할 수 없음을 보여준다. 이방인이 부르심 받도록 되어있었던 것을 이스라엘이 알지 못하였느냐? 그들은 모세와 이사야를 통해 그것을 알고 있었다.

첫째로, 하나는 신 32:21에서 인용되었다. 그들이 내 질투를 일으키며(신

32:21). 유대인은 자기들에게 먼저 제공된 것이 이방인이 제공되어 그들이 그것을 받아들이고, 그로 말미암아 복을 받는 것을 보고 배가 아팠다. 그들은 거절했다. 너희에게 먼저(행 3:26). 사도들은 가는 곳곳마다 유대인에게 먼저 주었고, 이방인은 단지 유대인이 남긴 나머지를 주었다. 한쪽이 받지 않았다면, 다른 한쪽은 받았다. 그런데 이것이 유대인으로 하여금 질투하게 만들었다. 그들은 탕자의 비유에 나오는 형처럼(눅 15장), 탕자인 이방인이 돌아와 영접과 대접을 받자 질투했다. 이방인은 여기서 백성 아닌 자와 미련한 백성 곧 하나님을 자기 하나님으로 고백하지 않는 백성으로 불린다. 세상의 지식과 지혜가 어떠하든 하나님의 백성이 아닌 자는 미련한 백성이요, 결국 그렇게 판명될 것이다. 이것이 이방 세계의 상태였다. 그런데 그런 그들이 하나님의 백성이 되었고, 그리스도께서 그들에게 하나님의 지혜가 되셨다. 이방인이 이런 호의 속에 들어간 것을 보는 것이 얼마나 유대인을 질투하게 만들었는지를 우리는 행 13:45; 17:5, 13 그리고 특별히 행 22:22에서 확인할 수 있다. 유대인이 이처럼 화를 냈다는 것은 그들의 심각한 사악함의 한 실례다. 신명기에서 이것은 경고의 문제로 나타난다. 하나님은 종종 백성들의 죄를 형벌로 삼으신다. 사람이 자신의 정욕에 충동적으로 날뛰는 것만큼 큰 재앙은 없다.

둘째로, 또 하나는 사 65:1,2에서 인용되었다. 그 구절은 선지자가 매우 담대하여 자신의 동족의 거부를 노골적으로 비판하는 내용으로서, 거기서 이사야는 정말 담대하다. 신실한 자로 인정받으려면 매우 담대할 필요가 있다. 하나님을 즐거워하기로 굳게 결심한 자들은 절대로 사람을 책망하는 것을 두려워해서는 안 된다. 이사야는 담대하게 그리고 분명하게 선포한다.

a. 이방인을 받아들이고 환대하는 것 속에 나타난 하나님의 선행적 은총과 호의(20절): 내가 나를 찾지 아니한 자들에게 찾은 바 되고. 규정된 방법은 찾으라 그러면 찾으리라이다. 이것은 우리를 위한 법이지 하나님을 위한 법이 아니다. 하나님은 종종 찾지 아니한 자들에게 찾으시는 분이기 때문이다. 그분의 은혜는 그분 자신의 것으로, 구별하는 은혜 역시 그분에게 속해 있다. 그리고 그분은 그것을 주권적으로 베푸시고, 자기의 기쁘신 뜻대로 주시거나 주시지 않거나 하신다. 그러므로 이 은혜로 말미암아 우리는 그분의 인자하심의 복 곧 가장 부요한 최고의 복을 기대할 수 있다. 이처럼 그분은 허망한 삶을 살고, 말 못하는 우상을 섬기며, 자신을 찾지도 않고 구하지도 않는 이방인에게 복음의 빛

을 보내심으로써 자신을 계시하셨다. 이것은 바로 우리들의 경우가 아니었던 가? 우리가 그분을 찾지 않았을 때 하나님은 사랑으로 시작하고, 우리에게 자신을 계시하시지 않았던가? 그리고 진실로 이 사랑의 시간이야말로 우리가 그토록 자주 크게 감사하며 기억해야 할 일이 아니던가?

b. 그들에게 정당한 제공과 사랑의 초청이 있었음에도 불구하고, 갖게 된 이스라엘의 완고함과 강퍅함(21절). 이것을 확인해보자.

(a) 이스라엘에 대한 하나님의 크신 인자하심: 내가 종일 내 손을 벌렸노라 하였느니라. [a] 그분이 제공하신 것: 내 손을 벌렸노라. 즉 하나님은 그들에게 최대한 성실하고 진지한 자세로, 가능한 모든 열정과 끈질김을 가지고, 생명과 구원을 제공하고, 무엇과도 바꿀 수 없는 소중한 행복을 보여주셨으며, 그들 앞에 각양 증거를 내놓고 그들과 변론하셨다. 손을 벌린다는 것은 경청해 달라는 요구나 (행 26:1) 받아달라는 뜻이 담긴(잠 1:24) 몸짓이다. 그리스도는 손을 벌리고 십자가에 못 박히셨다. 내 손을 벌렸노라는 화해의 표시였다. 악수하고 사이좋게 지내자는 뜻이다. 그러므로 여기서 우리의 의무는 그분에게 손을 내미는 것이다(대하 30:8). [b] 이것들을 제공하실 때 가지신 그분의 인내: 종일. 화를 돋우는 죄인들을 향하신 하나님의 인내는 감탄할 만하다. 그분은 은혜를 베풀기 위해 기다리신다. 하나님의 인내의 시간은 여기서 종일(a day)로 불린다. 종일 밝은 낮은 일하고 수고하기에 적합하다. 그러나 일은 낮으로 제한되고, 밤이 되면 끝낸다. 그분은 오래 참으시지만, 영원히 참으시는 것은 아니다.

(b) 하나님에 대한 그들의 죄악. 그들은 순종하지 아니하고 거슬러 말하는 백성이었다(21절). 이사야서에는 한 단어의 히브리어로 되어있는 것이 여기서는 두 단어로 나누어져 설명된다. 부르심에 대해 불순종하는 것과 그것에 대해 반박하고 다투는 것이 그것인데, 여기서 후자가 더 악하다. 순수한 제안을 받아들이지 않는 경우 대부분의 사람들은 그것에 대해 악한 말을 하지는 않는다. 그러나 믿지 않는 유대인들은 거기에 머물지 않고, 그것을 반박하며 모독했다. 그들에 대한 하나님의 인내는 그들의 불순종을 크게 자극하여 더욱 큰 죄를 범하도록 만들었지만, 그들의 불순종은 오히려 하나님의 인내에 영예를 더 높이고, 그것을 더욱 은혜롭게 만들었다. 하나님의 인자하심이 인간의 악함에 의해 소멸되지 않는다는 것은 그분의 자비의 경이다. 그리고 인간의 죄악이 하나님의 선하심에 의해 소멸되지 않는다는 것은 그들의 사악함의 경이다.

제
— 11 —
장

개요

유대인의 거부에 관한 중대한 진리와 그들의 조상에게 하신 약속을 조화시켜 설명한 사도는 이 장에서 그 거부의 가혹성을 누그러뜨리고, 그것을 하나님의 일반적인 선하심과 조화시키기 위해 노력한다. 그것은 "하나님이 자기 백성을 버리셨느냐?"는 한 마디로 말해질 수 있다. 그러므로 사도는 이 장에서 이 반문에 대한 대답을 두 가지로 나누어 제시한다. I. 그는 이 진노에 융합되어 있는 자비가 무엇인지를 상세하게 보여준다(1-32절). II. 그는 여기서 하나님의 무한한 지혜와 주권을 추론하고, 그것을 찬송하는 것으로 이 장과 이 주제를 끝맺는다(33-36절).

¹그러므로 내가 말하노니 하나님이 자기 백성을 버리셨느냐 그럴 수 없느니라 나도 이스라엘인이요 아브라함의 씨에서 난 자요 베냐민 지파라 ²하나님이 그 미리 아신 자기 백성을 버리지 아니하셨나니 너희가 성경이 엘리야를 가리켜 말한 것을 알지 못하느냐 그가 이스라엘을 하나님께 고발하되 ³주여 그들이 주의 선지자들을 죽였으며 주의 제단들을 헐어 버렸고 나만 남았는데 내 목숨도 찾나이다 하니 ⁴그에게 하신 대답이 무엇이냐 내가 나를 위하여 바알에게 무릎을 꿇지 아니한 사람 칠천 명을 남겨 두었다 하셨으니 ⁵그런즉 이와 같이 지금도 은혜로 택하심을 따라 남은 자가 있느니라 ⁶만일 은혜로 된 것이면 행위로 말미암지 않음이니 그렇지 않으면 은혜가 은혜 되지 못하느니라 ⁷그런즉 어떠하냐 이스라엘이 구하는 그것을 얻지 못하고 오직 택하심을 입은 자가 얻었고 그 남은 자들은 우둔하여졌느니라 ⁸기록된 바 하나님이 오늘까지 그들에게 혼미한 심령과 보지 못할 눈과 듣지 못할 귀를 주셨다 함과 같으니라 ⁹또 다윗이 이르되 그들의 밥상이 올무와 덫과 거치는 것과 보응이 되게 하시옵고 ¹⁰그들의 눈은 흐려 보지 못하고 그들의 등은 항상 굽게 하옵소서 하였느니라 ¹¹그러므로 내가 말하노니 그들이 넘어지기까지 실족하였느냐 그럴 수 없느니라 그들이 넘어짐으로 구원이 이방인에게 이르러 이스라엘로 시기나게 함이니라 ¹²그들의 넘어짐이 세상의 풍성함이 되며 그들의 실패가 이방인의 풍성함

이 되거든 하물며 그들의 충만함이리요 ¹³내가 이방인인 너희에게 말하노라 내가 이방인의 사도인 만큼 내 직분을 영광스럽게 여기노니 ¹⁴이는 혹 내 골육을 아무쪼록 시기하게 하여 그들 중에서 얼마를 구원하려 함이라 ¹⁵그들을 버리는 것이 세상의 화목이 되거든 그 받아들이는 것이 죽은 자 가운데서 살아나는 것이 아니면 무엇이리요 ¹⁶제사하는 처음 익은 곡식 가루가 거룩한즉 떡덩이도 그러하고 뿌리가 거룩한즉 가지도 그러하니라 ¹⁷또한 가지 얼마가 꺾이었는데 돌감람나무인 네가 그들 중에 접붙임이 되어 참감람나무 뿌리의 진액을 함께 받는 자가 되었은즉 ¹⁸그 가지들을 향하여 자랑하지 말라 자랑할지라도 네가 뿌리를 보전하는 것이 아니요 뿌리가 너를 보전하는 것이니라 ¹⁹그러면 네 말이 가지들이 꺾인 것은 나로 접붙임을 받게 하려 함이라 하리니 ²⁰옳도다 그들은 믿지 아니하므로 꺾이고 너는 믿으므로 섰느니라 높은 마음을 품지 말고 도리어 두려워하라 ²¹하나님이 원 가지들도 아끼지 아니하셨은즉 너도 아끼지 아니하시리라 ²²그러므로 하나님의 인자하심과 준엄하심을 보라 넘어지는 자들에게는 준엄하심이 있으니 너희가 만일 하나님의 인자하심에 머물러 있으면 그 인자가 너희에게 있으리라 그렇지 않으면 너도 찍히는 바 되리라 ²³그들도 믿지 아니하는 데 머무르지 아니하면 접붙임을 받으리니 이는 그들을 접붙이실 능력이 하나님께 있음이라 ²⁴네가 원 돌감람나무에서 찍힘을 받고 본성을 거슬러 좋은 감람나무에 접붙임을 받았으니 원 가지인 이 사람들이야 얼마나 더 자기 감람나무에 접붙이심을 받으랴 ²⁵형제들아 너희가 스스로 지혜 있다 하면서 이 신비를 너희가 모르기를 내가 원하지 아니하노니 이 신비는 이방인의 충만한 수가 들어오기까지 이스라엘의 더러는 우둔하게 된 것이라 ²⁶그리하여 온 이스라엘이 구원을 받으리라 기록된 바 구원자가 시온에서 오사 야곱에게서 경건하지 않은 것을 돌이키시겠고 ²⁷내가 그들의 죄를 없이 할 때에 그들에게 이루어질 내 언약이 이것이라 함과 같으니라 ²⁸복음으로 하면 그들이 너희로 말미암아 원수 된 자요 택하심으로 하면 조상들로 말미암아 사랑을 입은 자라 ²⁹하나님의 은사와 부르심에는 후회하심이 없느니라 ³⁰너희가 전에는 하나님께 순종하지 아니하더니 이스라엘이 순종하지 아니함으로 이제 긍휼을 입었는지라 ³¹이와 같이 이 사람들이 순종하지 아니하니 이는 너희에게 베푸시는 긍휼로 이제 그들도 긍휼을 얻게 하려 하심이라 ³²하나님이 모든 사람을 순종하지 아니하는 가운데 가두어 두심은 모든 사람에게 긍휼을 베풀려 하심이로다 사도는 여기서 유대 민족을 버리는 하나님의 행위에 대해 주어질 수 있는 반대자들의 가상적인 반론을 스스로 제시한다(1절): "하나님이 자기 백성을 버리셨느냐? 그 버리심은 전체적으로 최종적인가? 그들은 모두 진노와 멸망에 처해지는가? 그것도 영원히 그렇게 되는가? 그 선고의 한도는 너무 커서 제한이 없고, 그 선고의 기간은 너무 길어서 번복은 없는가? 그분은 이제 더 이상 자신에게 특별한 백성을 두시지 않을 것인가?" 이와 반대로 사도는 이 외관적 가혹성에 엄청난 선하심과 자비가 융합되어 있음을 보여준다. 특별히 그는 세 가지를 주장한다: 1. 유대인 가운데 일부는 버림을 받겠지만, 그들이 전부 그렇게 되지는 않는다. 2. 유대인의 본체는 버림을 받지만 그 대신 이방인이 들어왔다. 그리고 3. 유대인이 현재는 버림을 받았지만, 하나님의 적절한 때가 되면 그들이 다시 교회로 들어올 것이다.

I. 유대인 가운데 많은 이들이 버림받지만 전부는 아니라는 것은 사실이다.

1. 믿는 유대인 가운데 택함받은 남은 자가 있는데, 그들은 예수 그리스도를 믿는 믿음으로 말미암아 의와 생명을 얻었다(1-7절). 이들은 미리 아신 자들로 말해진다(2절). 즉 창세 전부터 사랑의 대상으로 생각되었던 자들이다. 왜냐하면 그분은 미리 아신 자들을 미리 정하셨기 때문이다. 여기에 그 차이의 근거가 있다. 그들은 택하심을 입은 자(7절) 곧 하나님의 선택을 받은 자로 불린다. 그것은 그들이 먼저 구별되어 다른 사람들보다 더 고귀하게 된 것은 하나님의 사랑의 선택을 받았기 때문에 택하심을 입은 자인 것이다. 신자들은 택하심을 입은 자들로서, 그들은 모두 하나님이 선택하신 자들이다.

(1) 사도는 자기 자신이 유대인 가운데 하나였음을 보여준다: 나도 이스라엘인이요(1절). 그는 마치 "모든 유대인이 거부당한다면 나의 주장은 무효화되고, 나 역시 배척받아야 한다고 말해야 하지 않느냐?"고 말하는 것처럼 보인다. 바울은 택함받은 그릇이었으나(행 9:15) 아브라함의 씨에서 난 자로, 특히 이스라엘 12지파 중 가장 약하고 젊은 베냐민 지파에 속한 자였다.

(2) 사도는 엘리야 시대처럼 지금도 이 택함받은 남은 자가 생각하는 것보다 실제로 더 많다는 것을 제시한다. 이것은 또한 하나님의 은혜와 호의가 그 백성들 가운데 남은 자들에게 제한되고 한정되는 것이 전혀 이상한 일이 아님을 암시한다. 그것은 엘리야 시대에도 그랬기 때문이다. 성경은 구약성경의 위대한 개혁자인 엘리야를 가리켜(엔 헬리아) 그렇게 말한다. 그것을 확인해 보자.

[1] 이스라엘에 관한 엘리야의 착각. 아합 왕 당시 그들의 반역이 너무 강렬해서 엘리야 자신은 세상에 신실한 하나님의 종이 오직 한 사람밖에 없다고 생각했다. 사도는 왕상 19:14을 인용할 때 그가 이스라엘을 하나님께 고발하되(he maketh intercession to God against Israel)라고 언급한다. 참 이상한 중보다. 그가 이스라엘을 하나님께 고발하되(엔튕카네이 토 데오 카타 투 이스라엘). 이 말은 그가 이스라엘에 대하여 하나님께 교섭하되라고도 해석될 수 있다. 행 25:24에 나오는 말(엔튕카노)이 그렇게 사용되고 있다: 유대인들이(유대의 모든 무리가) 내게 청원하였으나(에네튀콘 모이). 여기서 청원은 교섭이란 뜻이다. 기도할 때 우리는 하나님과 교섭하고 그분과 교제하며 그분과 대화한다. 엘리야는 간절히 기도했다(prayed in praying)고 말하는 성경구절이 있다(약 5:17). 따라서 우리도 기도할 때 그 의무 때문에 하나님과 교섭하는 사람들처럼 해서 그 의무를 잘 감당하도록 간절히 기도해야 할 것이다. 그런데 이 기도에서 엘리야는 이스라엘에 신실한 자가 자기 말고는 아무도 없는 것처럼 말했다. 때때로 믿음의 고백이 얼마나 크게 쇠퇴하고, 그 면모가 얼마나 심각하게 침체에 빠질 수 있는지를 보라. 그토록 지혜롭고 주의 깊은 사람이 이처럼 모든 것이 끝났다고 포기할 때도 있다. 엘리야의 시대가 바로 그랬다. 한 민족의 힘을 보여주는 것은 권력과 다수(무리)다. 당시 이스라엘의 권력은 박해를 위한 권력이었다. 그들이 주의 선지자들을 죽였으며 주의 제단들을 헐어 버렸고 나만 남았는데 내 목숨도 찾나이다(3절). 당시 이스라엘 백성들은 우상 숭배에 빠져 있었다. 나만 남았는데. 이처럼 하나님께 신실했던 극소수의 사람들은 우상 숭배자의 무리 속에서 힘을 잃고 있었을 뿐만 아니라 박해자의 무리에 의해 압도되어 운신조차 제대로 할 수 없었다. 악인이 일어나면 사람이 숨느니라(잠 28:12). 주의 제단들을 헐어 버렸고. 이 말은 제단들을 방치하고 그 수리를 방관했다는 것이 아니라 적극적으로 나서 그것들을 헐어버렸다는 것이다. 바알을 위한 제단들이 세워지는 판국에 하나님의 제단이 헐리는 것은 이상한 일이 아니다. 그들은 자기들의 우상 숭배에 방해가 되는 증거물이 서 있는 것을 참을 수 없었다. 이것이 그가 이스라엘을 하나님께 고발한 이유였다. 그는 마치 "주여 이제 버림받아야 할 백성들의 멸망의 때가 무르익지 아니했나이까? 주님의 크신 이름을 위해 이 외에 할 수 있는 일이 무엇이 있겠습니까?"라고 말하는 것처럼 말했다. 어떤 사람이나 사람들이 하나님의 백성, 특히 하나님의 선지자들의 기도가 그들을 고발하는 기도가 된

다면 정말 슬픈 일이다. 왜냐하면 하나님은 조만간에 그의 기도하는 백성들의 주장을 들어주시기 위해 분명히 활동을 개시하실 것이기 때문이다.

[2] 하나님의 대답을 통해 이 착각이 수정됨(4절): 남겨두었다. 이것을 살펴보자. 첫째, 하나님의 교회는 지혜롭고 선한 사람들이 그럴 것이라고 생각하는 것보다 훨씬 더 자주 좋은 일이 벌어진다. 사실은 그렇지 않으므로 그들이 모든 것이 끝났다고 성급하게 결론을 내리고 포기하는 것은 좋지 않다. 둘째, 일반적으로 배교가 팽배한 시기에도 신실함을 지키는 남은 자가 흔히 있는 법이다. 비록 그 수가 많지는 않지만, 모두가 한 길로만 가는 것은 아니다. 셋째, 일반적으로 배교가 팽배한 시기에 신실함을 지키는 남은 자가 있을 때 그들을 자기에게 남겨두시는 이는 하나님이다. 만일 그분이 그들 스스로 그냥 놔두셨다면, 그들은 나머지 다른 사람들의 무리에 휩쓸려 버렸을 것이다. 그들과 다른 사람들 간에 차이를 만드는 것은 하나님의 값없이 주시는 전능하신 은혜다. 칠천. 이 숫자는 이스라엘의 우상 숭배를 증언하기에 충분한 숫자지만, 이스라엘 전체 백성들의 수와 비교하면 아주 적은 숫자다. 그것은 추수를 마친 포도원의 남은 포도송이처럼, 한 성읍에 한 명, 한 지파에 두 명 정도에 해당되는 숫자다. 그리스도의 양 무리도 단지 작은 무리에 불과하다. 그러나 그들이 마지막 날 함께 모인다면, 그 수는 능히 셀 수 없는 큰 무리가 될 것이다(계 7:9). 그런데 이 남은 자에 관한 묘사는 그들이 당시 이스라엘의 죄악을 주도했던 바알에게 무릎을 꿇지 아니한 사람이라는 것이다. 궁정, 성읍, 그리고 시골에서 바알은 떠오르는 해였고, 일반 백성들은 크든 작든 바알을 섬겼다. 신실함에 대한 최고의 증거는 우리가 살고 있는 시대와 장소들 속에 만연되어 있는 타락의 강력한 흐름에 거슬러 나아가면서, 그것으로부터 자유하는데 있다. 그 신실함을 하나님께 의존하는 사람들은 이미 알고 있는 진리를 증언하는 자리에 담대하게 서 있을 것이다(벧후 1:12). 누구나 바알에게 무릎을 꿇을 때, 그렇게 하지 않는 것은 감사의 조건이다. 냉정한 일관성은 흔히 참된 신실함의 징표가 된다.

[3] 이 실례를 현재 상황에 적용시킴: 이와 같이 지금도(5-7절). 하나님께서 그의 교회에 은혜를 베푸시는 방법은 예나 지금이나 차이가 없다. 과거에 그랬다면 지금도 그렇다. 엘리야 시대에 남은 자가 있었다면 지금도 있다. 은혜의 표시가 덜 분명하고 성령의 부어주심이 덜 충분했던 구약 하에서 남은 자가 있었다면, 구원을 일으키는 하나님의 은혜가 훨씬 더 분명하게 나타나는 지금 복

음 하에서는 얼마나 더 많겠는가? 남은 자. 즉 이들은 대다수 사람들 가운데 극히 적은 수다. 이들은 대부분의 사람들이 불신앙에 빠져 완악한 상태 속에 있을 때 믿는 유대인들로 남겨진 자들이다. 이들은 은혜로 택하심을 따라 남은 자로 불린다(5절). 그들은 은혜와 영광의 그릇이 되도록 하나님의 사랑의 경륜에 따라 영원히 택함받은 자들이다. 미리 정하신 자들을 그분이 부르신 것이다. 만일 그들과 다른 사람들 간에 차이가 있다면, 그것은 순전히 하나님의 은혜로 말미암은 것이다. 그것은 확실히 그렇다(내가 나를 위하여 ⋯ 남겨 두었다고 하나님은 말씀하신다). 따라서 그것은 당연히 선택에 따라 이루어진다. 왜냐하면 우리는 하나님이 행하시는 일은 무엇이든 그분 자신의 뜻에 따라 그렇게 하신다고 알고 있기 때문이다. 그러므로 우리는 여기서 이 남은 자에 관해 다음과 같은 사실을 확인할 수 있다. **첫째**, 그들을 세우는 원천은 하나님의 값없는 은혜로서, 행위로 말미암은 것이 아니다(6절). 어떤 사람들과 다른 사람들 간의 차이가 최초로 발견되는 영원한 택하심은 순전히 은혜, 곧 값없는 은혜에 속한 것으로, 이미 행해지거나 행해질 것으로 예견되는 행위로 말미암은 것이 아니다. 그렇게 되면 그것은 은혜가 아니게 될 것이다. 만일 그것이 완전히 값없이 주어진 것이 아니라면 은혜가 은혜로 불리는 것은 적절하지 않다. 택하심은 순전히 그분의 기쁘신 뜻대로 이루어진다(엡 1:5). 이 강론 속에서, 말하자면, 만일 은혜로 된 것이면 행위로 말미암지 않음이니라고 말하는 이 언급 속에서, 바울의 마음은 오로지 값없이 주어진 하나님의 은혜에 대한 생각으로 가득 차 있었다. 어떤 이들은 믿음 자체는 칭의의 측면에서 보면 행위와 반대되는 것이지만, 여기서는 믿음이 그 행위 속에 포함되어 있다고 본다. 왜냐하면 우리의 칭의를 위해서는 하나님의 값없는 은혜를 받는데 믿음이 필요하지만, 우리의 택하심을 위해서는 그 은혜를 받는데 믿음이 필요가 없기 때문이다. **둘째**, 그것이 얻게 하는 것은 무엇인가? 이스라엘 곧 그 백성 전체가 헛되이 구한 것을 얻게 된다(7절): 이스라엘이 구하는 그것을 얻지 못하고. 그것은 곧 칭의 곧 하나님의 용납하심이었다(9:31을 보라). 그러나 그것은 오직 택하심을 입은 자가 얻었다. 그들 속에서 하나님의 약속이 성취되고, 그 백성들을 향하신 하나님의 오래된 인자하심이 기억되었다. 그분은 신자들의 그 남은 자를 택하신 자(the elect)라고 부르지 않고 택하심(election)이라고 부른다. 그 이유는 그들의 모든 소망과 행복의 유일한 기초가 택하심 속에 놓여 있음을 보여주기 위해서다. 그들은 하나님께서 자신의 사랑의 경륜에 따라 점찍어 둔 사람들이었다. 그들은 택하심이 다. 그들은 하나님의 선택이다. 이것이 택함받은 남은 자들에게 베푸신 하나님의 호의였다. 그러나 다음과 같은 일이 벌어졌다.

2. 그 남은 자들은 우둔하여졌느니라(7절). 어떤 사람들은 택하심을 받아 부르심을 받는다. 그리고 그 부르심은 유효적이다. 그러나 다른 사람들은 불신앙에 빠져 멸망하도록 버려둠을 당한다. 아니, 그들은 그들을 더 낫게 해줄 그것으로 말미암아 더 악화된다. 복음은 믿는 자들에게는 생명에서 생명에 이르게 하는 향기가 되지만, 믿지 않는 자들에게는 사망에서 사망에 이르게 하는 독기가 되었다. 하나의 태양이 밀랍을 녹이기도 하고 진흙을 더 굳게 하는 것과 같다. 경건한 노인 시므온은 아기 예수가 이스라엘 많은 사람들에게 패하거나 흥하게 하는 역할을 할 것임을 예견했다(눅 2:34). 우둔하여졌느니라(were blinded ― 눈멀었느니라). 이 말(에포로테산)은 완악해졌다는 뜻이다. 그들은 마비되고 악화되고 무감각해졌다. 그들은 복음의 은혜의 빛을 볼 수도, 그 촉감을 느낄 수도 없었다. 눈이 먼 것과 완악한 것은 영의 무감각과 어리석음을 나타내는 동일한 표현이다. 그들은 눈이 닫혀서 볼 수 없었다. 이것은 그들의 형벌이었다. 이것은 너무 가혹한 교리처럼 보인다. 그러므로 사도는 그것을 완화시키기 위해 이 사실에 관해 말하는 구약성경으로부터 두 증인의 보증을 다룬다.

(1) 자신의 시대에 이 심판에 관해 말한 이사야(29:10; 6:9). 혼미한 심령(8절). 이 말은 그들의 의무나 관심사를 지킬 마음이 없다는 것이다. 그들은 졸거나 잠을 자는 사람들처럼, 무감각이 지배하는 상태 속에 있다. 해야 할 일이나 명령받은 일에 대해 아무 감정이 없다. 그들은 아무 자극 없이 으레 해왔던 대로 계속할 마음밖에 없었다. 혼미한 심령이 무엇을 의미하는지에 대해서는 그 다음 말씀이 설명해준다: 보지 못할 눈과 듣지 못할 귀를 주셨다(8절). 그들은 능력이 있었으나 자기들의 평화를 위해 요구되는 일들에 이 능력을 사용하지 못했다.

그들은 정말 얼이 빠져 있었다. 그들은 그리스도를 보기는 보았으나 믿지 못했다. 그분의 말씀을 듣기는 들었으나 그것을 받아들이지 못했다. 따라서 그들의 들음과 봄은 무익했다. 그들은 모두 한결같이 보지 못하거나 듣지 못하는 것처럼 행동했다. 모든 심판 가운데 영적 심판이, 소리는 가장 작지만 가장 엄격하고, 따라서 가장 두렵다. 오늘까지(8절). 이사야가 예언한 이후에도 이 우둔한 활동은 진행형이다. 그들 가운데 어떤 이들은 눈멀고 무감각하다. 아니, 오히려 복음이 처음 전파된 후에는 더 그렇다. 복음 진리에 대한 확고한 증거, 가장 강력한 전파, 가장 유리한 조건, 그리스도 자신과 사도들로부터의 가장 분명한 부르심 등, 이 모든 것에도 불구하고 그들은 아직도 눈먼 상태 속에 있다. 우리가 살고 있는 이 시대에도 그들 대다수는 마찬가지다. 그들은 완악하고 눈멀었다. 저주를 일으키는 그들 자신의 두려운 방자함 때문에 그 완고함과 불신앙은 지금도 대대로 계승되고 있다: 그 피를 우리와 우리 자손에게 돌릴지어다(마 27:25).

　(2) 시 69:22,23으로부터 인용된 다윗(9,10절). 여기서 다윗은 성령의 인도를 받아 자신의 백성 유대인으로 말미암은 그리스도의 고난을 예언하고 있다. 특히 그들이 초를 마시게 했다고 되어있는데, 이것은 문자 그대로 성취되었다(마 27:48). 또 그 다음 말씀을 보면 다윗은 가장 악랄한 경멸과 악의의 표현인 저주의 형식으로 그들에게 임할 하나님의 두려운 심판을 예언하고 있다: 그들의 밥상이 올무가 되게 하시며(9절). 사도는 여기서 이 말씀을 현재 유대인들의 우둔함과 그들이 복음에 대해 저지른 죄악에 적용시킨다. 그들이 복음에 대해 저지른 죄악은 그들의 우둔함을 더 크게 했다. 이것은 우리에게 다윗이 그의 원수들에 대해 한 다른 기도들을 어떻게 이해해야 할지 가르친다. 그것들은 그리스도와 그의 나라를 공개적으로 대적하는 완고한 원수들에 대한 하나님의 심판을 예언하는 것들이다. 그렇게 되기를 바란다는 그의 기도는 그렇게 될 것이라는 예언이지, 자신의 성난 악감정의 사사로운 표출이 아니다. 사도는 여기서 다음과 같은 사실을 말한다. [1] 그들의 위로의 파멸에 관해: 그들의 밥상이 올무가 되게 하시옵고(9절). 즉 시편 기자가 그렇게 설명하는 것처럼, 그들의 복지가 그들에게 함정이 되게 해달라는 것이다. 하나님의 저주는 고기를 독으로 변형시킬 것이다. 그것은 말 2:2에서 너희의 복을 저주하리라라고 위협하는 말씀과 똑같은 경고다. 그들의 밥상은 올무다. 다시 말해 그것이 죄의 기회가 되고 비참의 기회가 된다는 것이다. 그들을 살찌게 할 그들의 맛있는 음식이 그들을 질식시킬 것이다. [2] 그들의 능력과 기능의 파멸(10절)에 관해: 그들의 눈은 흐려지고, 그들의 등은 굽게 되어 그들은 절대로 올바른 길을 찾을 수 없고, 또 설사 찾는다고 할지라도 그 길을 따라 살 수가 없다. 유대인은 민족적으로 그리스도와 그의 복음을 거부한 이후로, 그 정치가 분별력을 잃어 그들의

참된 지혜가 그들을 오히려 망하게 하고, 결국에는 로마제국에 의해 그 멸망이 촉진되었다. 그들은 노예와 경멸을 위해 준비된 민족처럼 보였다. 그들의 등은 굽어서 주변 민족들이 올라타고 짓밟기에 안성맞춤이었다. 또한 그것은 영적으로 이해될 수도 있다. 그들의 등은 육욕과 세속성으로 굽어져 있었다. 그들은 땅의 일을 생각한다. 이것은 현재 그 백성의 나머지 사람들의 상태와 기질에 관한 정확한 묘사다. 만일 그들에 관한 이 설명이 사실이라면, 세상에서 그들보다 더 세속적이고 강퍅하고 맹목적이고 이기적이며 왜곡된 민족은 없을 것이다. 그들은 분명히 오늘날까지 이 저주의 권세 아래 놓여 있다. 하나님의 저주는 오래 지속될 것이다. 만일 우리가 세속화를 향해 허리가 굽었다면 우리의 눈이 흐려졌다는 표시다.

II. 이 유대인의 거부에 관한 교리를 완화시킨 또 하나의 사실은 그들은 버려지고 교회에서 제외되었지만, 그 대신 이방인이 들어오게 되었다는 것이다 (11-14절).　　사도는 이것을 이방인에 대한 경고의 수단으로 사용한다(17-22절).

1. 유대인의 거부는 이방인을 받아들이게 하는 자리를 제공했다. 유대인이 떠난 자리가 불쌍한 이방인을 위한 잔치가 되었다(11절): 그들이 넘어지기까지 실족하였느냐. 하나님이 그들을 배척하고 거부하신 것은 그들을 파멸시키는 것 외에 다른 목적이 없었는가? 하나님의 지혜나 공의나 선하심에 관해 생각할 때 흔히 그러는 것처럼, 사도는 여기서도 깜짝 놀라 그러한 결론을 생각하는 것조차 거부한다: 그럴 수 없느니라 그들이 넘어짐으로 구원이 이방인에게 이르러. 만약 그들이 넘어지지 않고 서 있었다면, 이방인에게 구원이 이르게 될 수 없었다. 그러나 하나님의 정하심에 의해 복음은 유대인이 그것을 거부한 뒤에 이방인에게 전파되도록 되어 있었다. 그래서 비유 가운데 이런 내용이 있다: 청한 사람들은 합당하지 아니하니(마 22:8,9) 빨리 시내의 거리와 골목으로 나가서(눅 14:21). 이것은 역사적으로도 마찬가지였다(행 13:46): 하나님의 말씀을 마땅히 먼저 너희에게 전할 것이로되 너희가 그것을 버리고 영생을 얻기에 합당하지 않은 자로 자처하기로 우리가 이방인에게로 향하노라. 행 18:6에서도 똑같다. 하나님은 세상에 교회를 두시고, 혼인식은 손님으로 채우실 것이다. 만일 한 사람이 오지 않는다면, 다른 사람이 올 것이다. 그렇지 않다면 왜 청하였겠는가? 유대인은 거절했고, 그래서 그 제안이 이방인에게 이르렀다. 무한하신 지혜가 어떻게

어둠으로부터 빛을, 악으로부터 선을, 먹는 자의 입에서 고기를, 그리고 강한 자로부터 부드러움을 일으키는지를 보라. 동일한 취지로 사도는 그들의 넘어짐이 세상의 풍성함이 되며라고 말한다(12절). 즉 그것이 이방세계에 복음이 더 빨리 들어가도록 재촉했다는 것이다. 복음은 그것이 있는 곳에서 가장 큰 재산이다. 그것은 수천의 금은보다 더 낫다. 또는 이방인의 풍성함이란 그들 가운데 회심자가 무수히 많음을 가리킨다. 참 신자들은 하나님의 보석들이다. 그들을 버리는 것이 세상의 화목이 되거든(15절)이라는 말씀도 똑같은 의미다. 하나님의 유대인에 대한 불쾌함이 이방인에 대한 호의의 길을 만들었다. 하나님은 그리스도 안에서 세상을 자기와 화목하게 하셨다(고후 5:19). 그러므로 하나님께서는 유대인이 자신의 특별한 총애를 받았지만, 그들의 불신앙을 그들을 공개적으로 거부하고 거절하는 기회로 삼아, 이제는 그분이 더 이상 이같이 특수하고 제한적인 방법으로 활동하시지 않고, 하나님을 경외하고 의를 행하는 모든 민족이 자신을 받아들이도록 호의를 베푸신다는 것을 보여주고자 하셨다(행 10:34,25).

2. 사도는 유대인의 자리를 이방인이 대신한다는 이 교리를 다음과 같이 사용한다.

(1) 유대인의 동족으로서. 여기에는 그들이 복음이 제안하는 것을 받아들이고 신봉하도록 각성시키기 위해 그들에 대한 자극과 권면이 담겨 있다. 유대인을 시기나게 하는 것, 바로 이것이 하나님께서 이방인에게 호의를 베푸신 의도였다(11절). 그래서 바울은 그것을 역설하는데 심혈을 기울인다(14절): 이는 혹 내 골육을 아무쪼록 시기하게 하여. "우리가 멸시받는 이방인들에게 복음의 모든 위로와 특권을 빼앗길 것인가? 복음을 거부한 것을 회개하고 이 마지막 때 주어지는 분깃에 참여하지 않겠는가? 믿고 순종해서 이방인과 함께 용서받고 구원받지 않겠는가?" 이러한 경쟁심 유발의 실례를 에서에게서 보라(창 28:6-9). 우리 영혼의 일 속에는 칭찬할 만한 경쟁이 있다. 왜 우리가 어떤 다른 이웃만큼 거룩하고 행복해서는 안 되는가? 이 경쟁 속에는 당연히 한 가닥 중상이나 모략이 없다. 왜냐하면 교회는 그 자리에 충분한 여유가 있고, 새 언약의 은혜와 위로는 우리 모두를 충족시키고도 남기 때문이다. 복은 그것을 받아 누리는 자들이 많다고 해서 감소되지 않는다. 그들 중에서 얼마를 구원하려 함이라. 바울의 임무가 무엇이었는가를 보라. 그것은 영혼을 구원하는 것이었다. 그러

나 그가 약속할 수 있는 최선의 숫자는 단지 얼마를 구원하는 것이었다. 그는 참으로 유능한 설교자로서, 성령의 증거와 증언에 따라 말하고 썼지만, 그가 대했던 그 많은 사람들 가운데 구원받은 자는 얼마에 불과했다. 사역자들은 자기들이 단지 얼마를 구원하는 도구로 사용될 수 있다면, 그 수고가 충분히 보상받았다고 생각해야 한다.

(2) 이방인의 사도로서. 여기에는 이방인에 대한 경고의 말이 담겨 있다: "내가 이방인인 너희에게 말하노라(13절). 너희 로마의 교인들아, 유대인의 타락으로 말미암아 너희에게 주어지는 그 풍성한 구원에 관해 들어보라. 그러나 그것을 상실하지 않도록 조심하라." 다른 경우처럼, 바울이 자신의 강론을 이방인에게 적용시켜 말하는 것은 그가 그들의 믿음을 돕고, 이방 족속들 사이에 교회를 심고 물을 주도록 세움받은, 이방인의 사도였기 때문이다. 그의 특별한 사명의 목적은 곧 내가 너를 멀리 이방인에게로 보내리라(행 22:21)는 말씀에 따르는 것이었다. 행 9:15과 비교해 보라. 그것은 또한 그의 사도직 수임의 의도였다(갈 2:9). 행 13:2과 비교해 보라. 우리의 책임 하에 있는 사람들에게 선한 일을 하는 것은 크고 특별한 우리의 관심사다. 우리는 우리 자신의 할 일에 특별히 심혈을 기울여야 한다. 하나님께서 은사와 은혜에 있어서 다른 사도들을 능가하는 바울을 이방인의 사도로 정하신 것은 불쌍한 이방인들에 대한 하나님의 크신 사랑을 보여주는 한 실례였다. 이방 세계는 아주 광범한 영역을 포함하고 있었다. 그 곳에서 이루어지는 활동은 극히 유능하고 탁월하고 열렬하고 용감한 사역자를 필요로 했다. 이런 자가 바로 바울이었다. 하나님은 그 특별한 일에 적합하다고 보는 사람들을 부르셔서 감당하게 하신다. 내 직분을 영광스럽게 여기노니(13절). 당시 그 직분을 헐뜯는 사람들이 있었는데, 그것 때문에 바울 역시 비방의 대상이 되었다. 유대인들이 그에 대해 그토록 분노했던 것은 그가 이방인의 사도였기 때문이다(행 22:21,22). 그러나 그것 때문에 모든 유대인의 분노와 적의의 표적이 되었어도 그는 그것을 결코 나쁘다고 생각하지 않았다. 세상이 천하게 보고 멸시하는 예수 그리스도를 위한 섬김과 사역을 진실로 영예롭게 여기는 것은 그분에 대한 참된 사랑의 표지였다. 그 사역의 직분은 영광스럽게 여길 직분이다. 사역자들은 그리스도의 대사요, 하나님의 비밀을 맡은 청지기로서, 그들의 일은 그 자체만으로도 사랑 안에서 높이 평가되어야 한다. 내 직분(텐 디아코니안 무)은 내 주권 또는 내 지배권이라는 뜻

이 아니라 내 사명 또는 내 봉사란 뜻이다. 바울이 그토록 애정을 쏟았던 것은 사도로서의 존귀와 권능이 아니라 사도로서의 의무와 사역이었다. 그런데 그는 거부당한 유대인들과 관련하여 이방인들에게 두 가지를 권면한다.

[1] 그럼에도 불구하고 유대인을 존중하고 그들의 회심을 바라라. 이것은 그들의 회심으로 말미암아 교회에 주어질 이득을 기대하라는 암시가 들어있다 (12,15절). 그것은 죽은 자 가운데서 살아나는 것과 같은 것이다. 그러므로 그들은 불쌍한 유대인을 모욕하거나 의기양양해할 것이 아니라 오히려 그들을 동정하고 그들의 유익을 바라며 그들이 다시 용납받도록 기도해야 한다.

[2] 유대인들이 걸려 넘어진 것처럼 넘어지지 않도록 스스로 조심하라(17-22절). 여기서 다음과 같은 사실을 확인하게 된다.

첫째로, 이방인이 교회에 들어옴으로써 갖게 된 특권. 그들은 돌 감람나무 가지가 참 감람나무에 접붙여진 것처럼 접붙여졌다(17절). 이것은 참 감람나무 가지를 돌 감람나무에 접붙이는, 농부들의 방법 및 풍습과는 정반대다. 그러나 하나님은 자신이 교회에 접붙인 자들이 메말라 아무 열매를 맺지 못하고 무익하게 된 것을 발견한다. 사람들은 나무를 개량하려고 접붙이지만, 하나님은 가지를 개량하기 위해 접붙이신다.

1. 하나님의 교회는 감람나무로서, 푸른 감람나무처럼 잘 자라 열매를 맺는데(시 52:8; 호 14:6), 그 열매는 하나님과 사람 모두를 영화롭게 하기에 유익하다(삿 9:9). 2. 교회에서 벗어나 있는 자들은 돌 감람나무처럼 무익할 뿐만 아니라 그것들이 생산하는 것은 시고 맛이 없는 것이다. 원 돌 감람나무에서(24절). 이것이 불쌍한 이방인들의 상태로서, 그들은 교회의 특권을 결여하고 있고, 참된 성화를 필요로 한다. 원 돌 감람나무 상태가 우리 모두의 원래 상태이다. 3. 회심은 돌 감람나무 가지를 참 감람나무에 접붙이는 것이다. 우리는 옛 줄기로부터 잘라져 새 뿌리에 접붙여져야 한다. 4. 참 감람나무에 접붙임된 사람들은 그 나무의 뿌리와 진액에 참여한다. 그것은 그대로 그리스도와의 구원을 위한 연합에 적용시킬 수 있다. 살아있는 믿음으로 그리스도에게 접붙여진 사람들은 누구나 그 뿌리의 가지들로서 그분에게 참여한다. 즉 그분의 충만함을 받게 된다. 그러나 여기서는 가지인 유대인이 잘라져 나가 그 자리에 이방인이 대신 접붙여진, 가시적 교회의 구성원에 관해 말하고 있다. 그들 중에(아우토이스). 이 말은 '잘라져 나간 자들을 이어' 또는 '그들의 자리에' 라는 뜻이

다. 교회에 접붙여진 이방인들은 유대인들이 가졌던 뿌리와 진액이라는 특권을 똑같이 향유한다. 감람나무는 가시적 교회를 상징한다(렘 11:16에서 불리는 것처럼). 이 나무의 뿌리는 아브라함으로서, 그는 전달을 위한 뿌리가 아니었다. 마찬가지로 그리스도도 역시 뿌리인데, 그것은 집행의 뿌리로서, 그분이야말로 언약을 그토록 엄숙하게 집행하신 첫 번째 인물이 되신다. 그런데 믿는 이방인들은 이 뿌리에 참여한다: 아브라함의 복이 이방인에게 미치게 하고(갈 3:14). 감람나무의 똑같은 진액, 똑같은 본질, 특별한 보호, 살아있는 예언의 말씀, 구원의 수단, 지속적 사명, 제도적 장치, 그리고 그 중에서도 그 어린 씨앗인 가시적 교회에의 참여 등, 이 모든 것은 유대인이 누렸던 감람나무의 진액들로서, 이방인에게 거부된다는 것은 상상할 수 없다.

둘째로, 이 특권을 남용하지 말라는 경고.

1. "교만하지 말라(18절): 그 가지들을 향하여 자랑하지 말라. 그러므로 유대인을 버림받은 백성으로 짓밟지 말고, 잘라져 나간 가지라고 모욕하지 말며, 더욱이 아직 남아있는 가지들에 대해서는 정말 조심하라." 은혜는 주어지는 것으로, 우리를 교만하게 만드는 것이 아니라 감사하게 만드는 것이다. 믿음의 법은 우리 자신이나 타인들에 대해 행하는 모든 자랑을 배제한다. "말하지 말라(19절): 가지들이 꺾인 것은 나로 접붙임을 받게 하려 함이라. 즉 네가 그들보다 하나님의 손에 더 큰 공로를 드리고, 그분의 호의를 더 많이 받는 자리에 서 있다고 생각하지 말라." "그러나 네가 뿌리를 보전하는 것이 아니요 뿌리가 너를 보전하는 것이라는 점을 기억하라. 네가 접붙임을 받았지만, 아직 뿌리에 의해 지탱되는 가지에 불과하다. 아니, 접붙여진 가지, 곧 본성을 거슬러(24절) 좋은 감람나무에 접붙임을 받은 가지로서, 스스로 국적을 얻은 것이 아니라 은혜의 행위로 말미암아 이민을 가 귀화한 자에 불과하다. 유대인 교회의 뿌리인 아브라함이 너에게 신세를 지고 있는 것이 아니라 네가 언약의 수탁자이자 열국의 아비인 그에게 크게 힘입고 있는 것이다. 그러므로 자랑할지라도 네가 뿌리를 보전하는 것이 아니요 뿌리가 너를 보전하는 것이라는 사실을 알라(이 말은 그 의미를 더 분명하게 하는데 사용되어야 한다)."

2. "안심하지 말라(20절): 높은 마음을 품지 말고 도리어 두려워하라. 네 자신의 힘과 지위를 신뢰하지 말라." 거룩한 두려움은 높은 마음을 저지시키는 최고의 보장책이다. 이처럼 항상 두려워하는 자가 복이 있다. 우리는 하나님께서

자신의 말씀에 진실하시다는 것 외에 다른 것을 두려워할 필요가 없다. 모든 위험은 우리가 우리 자신에 대해 거짓될 때 온다. 그러므로 우리는 두려워할지니 (히 4:1). 지금 로마에 있는 교회는 자기들이 영원히 보존될 것을 자랑하지만, 여기 아직 어리고 순전한 상태 속에 있는 교회에 보내는 서신에서 사도는 그러한 자랑과 그와 유사한 모든 주장들에 대해 엄중한 경고를 발하고 있다. 두려워하라. 무엇을? "유대인이 그랬던 것처럼 권리를 빼앗기지 않도록, 또 그들이 자기들의 특권을 잃어버린 것처럼, 네가 지금 누리고 있는 특권을 상실하지 않도록 두려워하라." 다른 사람들에게 떨어진 악이 우리에게 경고가 되어야 한다. 가서(하나님은 예루살렘에게 이렇게 말씀하신다, 렘 7:12), 실로에 내가 어떻게 행하였는지를 보라. 지금도 하나님의 모든 교회는 가서 하나님이 예루살렘에 대해 어떻게 행하셨는지 그리고 그들이 재앙의 날에 어떻게 되는지를 보고, 예루살렘의 죄에 대해 듣고 두려워하고 조심하도록 해야 한다. 교회가 그 특권에 대해 갖고 있는 특허증은 그 유효기간이 일정 기간 정해져 있거나 그들과 그들 후손에게 자동적으로 상속되는 것이 아니라 잘 간수하지 아니하면 더 이상 효력이 없게 되는 것이다. 그러므로 다음과 같은 사실을 유념해야 한다. (1) "그들이 어떻게 꺾였는가? 그것은 절대 주권 및 대권의 행위로 부당하게 일어난 것이 아니라 믿지 아니하므로 일어났다." 그렇다면 믿음으로 오랫동안 서 있었던 교회도 그들이 멸망당한 것처럼 불신앙의 상태에 빠지면 얼마든지 꺾일 가능성이 있는 것으로 보인다. 그들은 불신앙 때문에 그들을 꺾도록 하나님을 자극했을 뿐만 아니라 그로 인해 그들 스스로를 찍어냈다. 그것은 그들이 자초한 일로, 그들의 거부의 공식적 원인이었다. "따라서 너도 그들을 넘어뜨린 것과 똑같은 연약함과 타락에 떨어질 수 있다." 깊이 살펴보자. 그들은 원 가지들로서(21절), 아브라함의 언약에 관련되어 있었을 뿐만 아니라 아브라함의 후손이었다. 그래서 그들은 약속에 따라 태어났고, 그렇기 때문에 일종의 기득권을 갖고 있었다. 그러나 그들이 불신앙에 떨어졌을 때, 하나님은 그들을 아끼지 아니하셨다. 그들의 조상들의 전통적 권리, 오랜 관습, 그 신실함도 그들을 안전하게 지켜주지 못했다. 그들은 아브라함의 후손인 것을 크게 의존하고 주장했지만 아무 소용이 없었다(마 3:9; 요 8:33). 그들이 그들에게 먼저 주어진 포도원의 농부였던 것은 사실이었다. 그러나 그들이 그 권리를 상실했을 때, 당연히 거기서 쫓겨났다(마 21:41,43). 여기서는 이것을 준엄하심이라고 표현한다(22절). 하나님은 의를 재보기 위해 줄과 심판 위에 올려놓고, 그 죄에 따라 그들을 다루셨다. '준엄하심' 이라는 말은 가혹하게 들린다. 그 말이 성경의 어디에서도 하나님께 적용되어 사용된 것을 본 적이 없다. 여기서는 유대인들이 교회에서 벗어나게 된 일에 적용되고 있다. 하나님은 자기에게 가장 가깝다고 공언하는 사람들이 자신을 거역할 때 그들에게 극히 준엄하시다(암 3:2). 인내와 특권은 잘못 사용할 때 가장 큰 진노로 바뀐다. 모든 심판 가운데 영적심판이 가장 엄격하다. 사도는 여기서 그것을 말하고 있기 때문이다(8절). (2) "너는 어떻게 서게 되었고, 어떻게 접붙임을 받게 되었는가?" 물론 유대인의 거부를 두고 교만과 자만을 뽐내는 특정한 개인을 염두에 두고 하는 말일 수도 있으나 사도는 여기서 이방인 교회 전체에 대해 말하고 있다. "그러므로 살펴보자." [1] "네가 어떤 수단으로 서 있느냐(20절): 믿으므로. 이것은 의존케 하는 은혜로서, 하늘로부터 힘을 가져오는 것이다. 너는 자랑할 만한 네 자신의 어떤 힘으로 서 있는 것이 아니다. 너는 하나님의 값없는 은혜가 만든 존재 말고 다른 존재가 아니다. 그분의 은혜는 그분의 것이요, 그분은 그것을 기쁘신 뜻대로 주거나 주지 않거나 하신다. 그들을 망하게 한 것은 불신앙이었고, 너는 믿으므로 서 있다. 그러므로 너 역시 그들보다 더 확고한 것을 붙잡을 수 없고, 그들이 서 있던 것보다 더 확고한 기초 위에 서 있는 것이 아니다." [2] "네가 어떤 조건 속에 있느냐(22절): 너희가 만일 하나님의 인자하심에 머물러 있으면. 즉 지속적으로 하나님의 값없는 은혜에 의존하고 그것에 순응하면. 유대인이 망한 것은 바로 이것을 결여했기 때문이다. 그러므로 네가 하나님을 지속적으로 기쁘시게 하고 그분을 거역하는 것을 두려워함으로써, 너의 관심을 하나님의 은혜에 두고 살아가도록 유의하라." 따라서 우리 의무의 종합, 우리 행복의 조건은 우리가 하나님의 사랑 안에 거하는 것이다(호 3:5).

Ⅲ. 유대인의 거부에 관한 이 교리를 완화시키는 또 하나의 사실은 지금은 그들이 쫓겨나 있지만, 그 거부가 최종적인 것이 아니라는 것이다. 그러나 때가 되면 그들은 다시 들어오게 될 것이다. 그들은 영원히 배척당하는 것이 아니고, 진노 가운데 자비가 기억된다. 그것을 살펴보자.

1. 유대인의 회심이 여기서 어떻게 묘사되고 있는가? (1) 그것은 그들의 충만함이라고 말해진다(12절). 즉 그들이 교회에 들어오는 것은 자기들의 거부로 말미암아 비게 된 자리를 다시 채우는 것이다. 이것은 세상(즉 세상 속의

교회)을 커다란 빛과 힘과 아름다움으로 풍성하게 만들 것이다. (2) 그것은 그들을 받아들이는 것으로 말해진다. 한 영혼의 회심은 그 영혼을 받아들이는 것이고, 한 민족의 회심도 마찬가지다. 그들은 하나님의 은혜 속으로, 교회 속으로, 그리스도의 사랑 속으로 받아들여질 것이다. 그리스도의 팔은 자기에게 나아오는 모든 자들을 충분히 안을 정도로 넓게 펼쳐질 것이다. 그리고 이것은 죽은 자 가운데서 살아나는 것과 같을 것이다. 그만큼 희한하고 놀라운 일이 될 것이다. 그러나 그만큼 더 반갑고 흡족한 일이 될 것이다. 유대인의 회심은 교회에 큰 기쁨을 줄 것이다. 눅 15:32을 보라: 이 네 동생은 죽었다가 살아났으며 내가 잃었다가 얻었기로 우리가 즐거워하고 기뻐하는 것이 마땅하다 하니라. (3) 그것은 그들을 접붙이시는 것으로 말해진다(23절). 그들은 그들이 쫓겨나왔던 교회로 다시 접붙임을 받는다. 접붙여진 것은 뿌리로부터 진액과 힘을 받아들인다. 마찬가지로 교회에 진실로 접붙여진 영혼도 생명과 힘, 그리고 소생시키는 뿌리이신 그리스도로부터 나오는 은혜를 받는다. 그들은 자기 감람나무에 접붙이심을 받을 것이다(24절). 즉 그들은 이전에 자기들이 가장 저명하고 두드러진 구성원이었던 교회 속으로 접붙여질 것이다. 그리하여 오랫동안 향유했으나 불신앙의 죄로 말미암아 죄인이 되어 지금까지 상실하고만 가시적 교회의 특권들을 되찾게 될 것이다. (4) 그것은 온 이스라엘이 구원을 받는 것으로 말해진다(26절). 참된 회심은 당연히 구원이라는 말로 불릴 수 있다. 그것은 구원의 시작이기 때문이다. 행 2:47을 보라: 주께서 구원 받는 사람을 날마다 더하게 하시니라. 그들을 교회에 더하는 것은 그들을 구원하는 것이다. 구원 받는(투스 소조메누스). 이 말은 현재시제다. 회심사역이 진행되는 곳에서는 구원사역도 진행된다.

　2. 그것은 근거를 어디에 두고 있고, 우리가 그것을 기대해야 할 이유는 무엇인가?

　(1) 처음 익은 열매와 뿌리의 거룩함 때문이다(16절). 어떤 이들은 처음 익은 열매라는 말이 그리스도를 믿는 믿음으로 이미 개종하여 교회 속에 받아들여진 유대인들을 가리키는 것으로 이해한다. 그들을 하나님께 바쳐진 첫 열매로서, 더 풍성하고 더 성결한 추수의 보증으로 보기 때문이다. 시작이 좋은 약속이 끝도 좋은 법이다. 우리가 이미 들어와 있는 사람들 말고 다른 사람들이 구원을 받을 수 없다고 상상할 이유가 무엇인가? 또 어떤 이들은 처음 익은 열

매라는 말을 뿌리와 동일한 것으로 이해한다. 곧 유대인의 선조가 되고, 언약을 맡은 최초의 수탁자들인 아브라함, 이삭, 야곱과 같은 족장들로 이해한다. 따라서 그들은 민족적으로나 교회적으로 유대인의 뿌리가 되는 사람들이다. 그런데 만일 그들이 거룩했다면, 교회 안과 언약 안에 있었다면, 우리는 하나님께서 떡덩이(그 민족 전체)와 가지(그 전체에 속한 특수한 지체들)에 대해 사랑을 갖고 있다고 결론지을 이유가 있다. 유대인은 어떤 의미에서 거룩한 백성으로(출 19:6), 거룩한 조상들의 후손이다. 따라서 이런 거룩한 민족이 전적으로 그리고 최종적으로 버림을 받으리라고 상상할 수 없다. 이것은 신자들의 씨는, 그 자체로, 불신앙에 빠져 스스로 버림받지 않는 한, 가시적 교회의 범주 안에 있고, 언약의 경계 안에 있음을 증명한다. 왜냐하면 뿌리가 거룩한즉 가지도 그러하기 때문이다. 참된 자격은 유전되지 않지만, 상대적 특권은 유전된다. 현인은 현인을 낳을 수 없어도, 자유인은 자유인을 낳는 법이다. 은혜는 피를 통해 전해지지 못하지만, 외적 특권은 수천 대에 이르기까지(그들이 소멸될 때까지) 이어진다. 그들은 언젠가 신실한 자의 씨를 교회로부터 돌려받고, 그리하여 아브라함의 복을 이방인으로부터 되찾게 될 날이 있을 것이다. 유대인 가지들은 거룩한 자로 간주되는데, 그 이유는 뿌리가 그러하기 때문이다. 이것은 더 분명하게 표현된다(28절): 조상들로 말미암아 사랑을 입은 자라. 조상들에 대한 이 사랑으로 그들의 교회국가는 첫 기초가 놓여졌다(신 4:37): 네 조상들을 사랑하신 고로 그 후손인 너를 택하시고. 그리고 똑같은 사랑이 그들의 특권을 복원시킨다. 그 이유는 아직도 옛 사랑이 기억되고 있기 때문이다. 그들은 조상들로 말미암아 사랑을 입은 자들이다. 그것이 은혜에 대한 하나님의 통상적 방법이다. 그러므로 조상들로 말미암아 그 자녀들에게 주어지는 은총은 하나님의 은총으로 불린다(삼하 9:3,7). 복음으로 하면(즉 복음이 지배하는 현 시대에는) 그들은 너희로 말미암아 즉 그들이 그토록 반감을 갖고 있는 이방인들로 말미암아 원수가 된 자들이다. 그러나 하나님의 시간이 이르면 이것은 사라지고, 하나님께서 그들 조상에 대한 사랑을 기억하실 것이다. 이것을 지적하고 있는 언약을 보라(레 26:42). 조상들의 죄악은 삼, 사대에 그치지만, 자비는 수천 대에 이른다. 많은 사람들이 그들의 경건한 조상으로 말미암아 잘 될 것이다. 이런 이유로 교회는 그들의 감람나무로 불린다. 오랫동안 이것이 그들의 소유였다면, 옛 정을 생각해서 그 안에서 그들에게 다시 한 번 기회가 주어지기를 바라는 것이 우리의 당연한 소망이 될 것이다. 지금까지 그랬던 것은 다시 그렇게 될 수 있다. 특수한 개인과 세대들은 불신앙으로 말미암아 거부되었으나 민족적 교회의 구성원으로서는, 지금은 비록 연기되고 있다 해도, 다시 회복될 수 있으리라는 기대를 가질 수 있다.

(2) 하나님의 능력 때문이다(23절): 그들을 접붙이실 능력이 하나님께 있음이라. 영혼의 회심은 전능자의 권능의 사역의 결과다. 그들이 극히 강퍅하고 눈멀고 완고한 것처럼 보일 때에도 하나님은 변화시킬 수 있고, 또 오랫동안 버림을 받고 시들어져 있던 그들을 접붙이실 수 있다는 것은 우리에게 큰 위로가 된다. 강한 사람이 무장을 하고 온 힘을 다해 집을 지킨다고 할지라도, 하나님은 그보다 더 강하시니, 그를 무장해제시킬 수 있다. 그들의 회복의 조건은 믿음이다: 그들도 믿지 아니하는 데 머무르지 아니하면. 따라서 여기서 남은 일은 가장 큰 장애물인 불신앙을 제거하는 일 외에 없다. 그리고 오직 하나님만이 그 일을 하실 수 있으니, 그리스도를 죽은 자 가운데서 다시 살리신(엡 1:19,20) 전능하신 능력으로 충분히 그렇게 하실 수 있다. 그렇지 않으면, 이 마른 뼈들을 어떻게 살려낼 수 있겠는가?

(3) 이방인에게 나타난 하나님의 능력 때문이다. 선행적(先行的) 은혜와 특수적 은혜 등 하나님의 은혜를 몸소 체험한 사람들은 거기서 용기를 얻어 다른 사람들도 그렇게 되기를 소원해야 할 것이다. 사도의 주장은 이렇다(24절): "만일 네가 좋은 감람나무에 접붙임을 받았다면, 그것은 본성을 거슬러 받은 것이다. 그렇다면 원 가지인 이 사람들은 얼마나 더 그렇게 하시겠으며, 따라서 그들은 하나님의 용납하심에 더 가까이 있다고 단정할 수 있다." 이것은 거부당한 유대인들의 상태에 대해 경멸감과 승리감을 갖고 바라보며 그들을 짓밟던 이방인 그리스도인들의 오만함을 저지하기에 아주 적절한 설명이다. 그는 마치 "그들의 상태는 아무리 나쁘다 해도 회심하기 전 너희의 상태보다 나쁘지 않고, 그러므로 그들의 상태가 지금 너희들만큼 좋아질 수 없는 이유가 어디 있겠느냐?"라고 말하는 것처럼 보인다. 또 사도의 주장은 이렇게 펼쳐진다(30,31절): 너희가 전에는 하나님께 순종하지 아니하더니 이스라엘이 순종하지 아니함으로 이제 긍휼을 입었는지라 이와 같이 이 사람들이 순종하지 아니하니 이는 너희에게 베푸시는 긍휼로 이제 그들도 긍휼을 얻게 하려 하심이라. 하나님께 자비를 얻은 자들이 자신이 과거에 어떤 상태에 있었고, 어떻게 그 자비를 얻게 되

었는지를 자주 생각해보는 것은 좋은 일이다. 이것은 아직도 계속 불신앙 속에 있는 사람들을 우리가 비난하지 않고 그들의 회복을 위해 기도하게 하는데 도움이 된다. 사도는 더 나아가 이방인이 부르심받는 기회가 유대인의 불신앙에서 비롯되었음을 천명한다. 그래서 그것은 이렇게 전개되었다: "너희가 이스라엘이 순종하지 아니함으로 이제 긍휼을 입었는지라(30절). 그렇다면 너희에게 베푸시는 긍휼로 그들이 긍휼을 얻는 것은 얼마나 더 쉽겠느냐? 만일 악에서 선을 일으키시는 하나님의 능력으로 말미암아, 그들의 꺼진 촛불이 너희의 빛이 되었다면, 하나님의 때가 이를 때, 너희의 촛불이 계속 켜져 있는 것이 그들의 촛불을 다시 켜는데 얼마나 더 좋은 수단이 되겠는가?" "너희에게 베푸시는 긍휼로 이제 그들도 긍휼을 얻게 하려 하심이라(31절). 즉 너희가 그들에게 그랬던 것처럼, 그들이 너희에게 신세를 지도록 하기 위함이다." 사도는 믿는 이방인들이 유대인을 위해 최선의 노력을 다해야 한다는 것을 당연하게 여긴다. 그것은 하나님께서 야벳을 설복시키셨을 때, 야벳이 셈을 설득하려고 애를 쓴 것과 같다. 참된 은혜는 독점을 싫어한다. 긍휼을 얻은 사람들은 자기들의 긍휼을 통해 다른 사람들 역시 긍휼을 얻도록 노력해야 한다.

　(4) 이것을 지적하고 있는 구약의 약속과 예언들 때문이다. 사도는 아주 유명한 말씀인 사 59:20,21을 인용한다(26절). 여기서 우리는 다음과 같은 사실을 확인할 수 있다: [1] 그리스도의 오심에 대한 약속: 구원자가 시온에서 오사(26절). 예수 그리스도께서 위대한 구원자라는 것은 인류가 그만큼 비참과 위험의 상태 속에 있다는 것을 전제한다. 이사야서를 보면 구속자가 시온에 임한다고 되어 있다. 거기서 그분은 구속자로 불린다. 그분은 대속의 방법 곧 값을 지불하는 방법으로 구원하신다. 거기서 그분은 시온에 임하는 것으로 말해지는데, 그 이유는 선지자가 예언했을 당시 그분이 아직 세상에 오시지 않은 상태였고, 시온이 그분의 최초의 총본부가 되기 때문이다. 그 곳에 그분이 오셨고, 그분은 그 곳에 거처를 정하셨다. 그러나 사도가 이 서신을 쓸 당시, 그분은 이미 오셨고 시온에 거하고 계셨다. 그래서 사도는 시온에서 올 그분의 오심의 열매들에 관해 말하는 것이다. 바로 거기서, 샘으로부터 물이 나오는 것처럼, 영원한 복음을 통해 민족들 속에 흐르게 되는 생수의 물줄기가 발원했다. 율법이 시온에서부터 나올 것이요(사 2:3). 눅 24:47과 비교해 보라. [2] 이 오심의 목적과 의도: 야곱에게서 경건하지 않은 것을 돌이키시겠고(26절). 그리스도

께서 세상에 오실 때 맡으신 사명은 경건하지 않은 것을 돌이키는 것, 곧 사죄의 은총을 얻게 함으로써 죄책으로부터 벗어나게 하고 거듭나게 하는 은총을 부어주심으로써 죄의 세력을 물리치도록 하심으로써, 그의 백성들을 죄에서 구원하고(마 1:21), 죄가 우리를 파멸시키지 못하고 우리에게 왕 노릇 할 수 없도록 우리를 죄로부터 분리시키는 것이었다. 특별히 야곱에게서 그것을 돌이키시는 것이었는데, 바로 그것 때문에 사도는 이사야 본문을 인용하고 있는 것이다. 즉 그는 하나님의 크신 사랑이 바로 야곱의 후손을 위해 주어진 것이라고 증명하고 있다. 그들로부터 경건하지 않은 것을 돌이키는 것, 그들과 모든 행복 사이를 갈라놓는 것 곧 죄를 제거하고 그리하여 그들에게 모든 선한 길을 예비시키는 것만큼 하나님이 그들에게 베푸시는 더 큰 사랑이 있겠는가? 이것이 그리스도께서 세상에 오셔서 베푸시는 복인데, 그것이 유대인에게 먼저 주어져(행 3:26), 그들이 죄과에서 돌이키도록 하신 것이다. 그것이 이사야서에, 구속자가 시온에 임하며 야곱의 자손 가운데에서 죄과를 떠나는 자에게 임하리라고 기록되어 있다. 이것은 시온에 있는 자들이 약속된 구원에 참여하고, 그 유익을 취하도록 되어 있었음을 보여준다. 그들, 오직 그들만이 죄에서 떠나 하나님께 돌이키는 것이다. 그리스도는 구속자로서 그들에게 오시지만, 회개하지 않고 완악함 속에 계속 머물러 있는 자들에게는 복수자로 오신다. 신 30:2,3을 보라. 죄로부터 돌이키는 자들은 시온의 참된 시민으로(엡 2:9), 정당한 야곱 족속으로(시 24:4,6) 대접을 받을 것이다. 이 구절들을 함께 읽어보면, 죄에서 돌이키는 자들이 아니면 누구도 그리스도와 관련될 수 없고, 또 그리스도의 은혜의 힘이 아니면 누구도 죄에서 돌이킬 수 없다는 사실을 배우게 된다. 그들에게 이루어질 내 언약이 이것이라(26절). 여기서 이것은 그들에게 구원자가 오실 것이라는 것, 그리고 나의 영이 그들에게서 떠나지 아니할 것(사 59:21)을 가리킨다. 이스라엘에 관한 하나님의 은혜로우신 목적이 언약의 본질을 이루고, 그러기에 거짓말하실 수 없는 하나님은 그들에 대해 진실하고 신실하실 수밖에 없었다. 그들은 언약의 자손이었다(행 3:25). 사도는 내가 그들의 죄를 없이 할 때에(26절)라는 말을 덧붙이는데, 그것을 어떤 이들은 사 27:9에 나오는 내용을 가리키든지 아니면 직전에 언급한 경건하지 않은 것을 돌이키시겠고라는 말을 가리킨다고 생각한다. 죄 사함은 새 언약의 모든 축복의 기초로 제시된다(히 8:12): 내가 긍휼히 여기고. 따라서 이 모든 것으로부터 사도는 하나님께서 확실히 그 백성들을 위해 이 풍성한 약속들의 범주를 충분히 지킬 만한, 크신 자비를 저장하고 계신다고 추론한다. 그리고 그 추론을 하나님의 은사와 부르심에는 후회하심이 없느니라(29절)는 진리로 증명한다. 후회는 때때로 마음의 변화를 가져오고, 그러기에 하나님은 결코 후회하시지 않는다. 그분은 오직 한 마음을 갖고 계시는데, 누가 그분을 변하게 할 수 있겠는가? 때로는 후회가 방법의 변화를 가져오는데 여기서는 그렇게 이해되고, 따라서 하나님에게 후회하심이 없다는 것은 택하심에 기초되어 있는 하나님의 사랑의 일관성 또는 불변성을 암시한다. 그분의 은사와 부르심은 절대로 변경이 없다. 그분은 사랑하는 자를 끝까지 사랑하신다. 우리는 성경에서 하나님께서 사람을 지으신 것을 후회하신다는 기록을 발견한다(창 6:6, 땅 위에 사람 지으셨음을 한탄하사). 또 사람에게 영예와 권세를 주신 것을 후회하신다는 기록도 나온다(삼상 15:11, 내가 사울을 왕으로 세운 것을 후회하노니). 그러나 하나님께서 사람에게 은혜를 주시거나 그를 효과적으로 부르신 것을 후회하셨다는 기록은 발견하지 못한다. 이 은사와 부르심에는 후회하심이 없다.

3. 이 회심의 시기와 범주. 언제 그리고 어디서 그 일이 일어날까? 그것은 신비로 불리는데(25절), 그 이유는 그리스도와 기독교에 대해 전체적으로 그토록 완고하게 반대하고 있는 그 백성들의 현재 상태를 보면, 누구도 그들의 집단적 회심에 관해 말하는 것은 수수께끼만큼 불분명하고 기대되는 일이 아니기 때문이다. 이방인의 회심도 신비로 불린다(엡 3:3,6,9). 거부당한 유대인들의 현재 상태는 이방인이 과거에 그랬던 것만큼이나 악화되어 있다는 것이다. 회심의 사역은 신비 속에서 진행된다. 그래서 사도는 이방인을 향해 이 신비를 충분히 깨닫고, 겸손하라고 권면하고 있다. 너희가 스스로 지혜 있다 하면서(25절). 이 말은 너희가 교회에 속해 있다고 뽐내고 유대인을 짓밟지 않도록 하라는 말이다. 무지는 자만의 원인이다. 너희가 스스로 지혜 있다 하면서 이 신비를 너희가 모르기를 내가 원하지 아니하노니(25절). 이것을 살펴보자.

(1) 그들의 현재 상태: 이스라엘의 더러는 우둔하게 된 것이라(25절). 여기에는 그것을 제한시키는 내용 곧 그것이 일부에 그칠 것이라는 내용이 들어있다. 자기들의 행복에 속하는 일들을 보게 될 남은 자들이 있으나 그들은 일부이고, 대다수의 사람들은 여전히 우둔한 상태 속에 있을 것이라는 것이다(7,8절). 똑같은 취지의 말씀이 또 나온다(32절): 하나님이 모든 사람을 순종하지 아니하는

가운데 가두어 두심은. 여기서 가두어 두신다는 말은 옥에 가둔 것처럼 가두어놓고 그들의 마음의 정욕대로 하도록 내버려 두신다는 것이다. 가두어 두는 것은 때때로 갈 3:22에서처럼, 죄의 가책 아래 놓여 있는 상태를 말한다. 그들은 모두 하나님 앞에서 순종치 아니하는 가운데 곧 불신앙 가운데 서 있다. 그들은 믿지 아니할 것이다. 하나님께서 "그러나 너희가 믿지 아니하리라"고 말씀하신다. 그들은 완강하게 그리스도와 그분의 다스림에 복종하기를 거절했다. 그 거절은 그들의 책임으로, 그 죄상이 말하자면 천국 법정에 기록되어 있고, 따라서 그것은 그들에게 불리하게 적용될 것이다.

(2) 이 복된 변화가 일어나는 시기: 이방인의 충만한 수가 들어오기까지(25절). 곧 복음이 그 의도한 성공을 거두어 이방세계까지 그 전파가 이루어질 때. 12절과 비교해 보라. 유대인은 하나님께서 이방인에 대한 전체 사역을 마치실 때까지 계속 우둔함 속에 있을 것이고, 그 후에야 그들에게 차례가 와 기억될 것이다. 이것이 지혜롭고 거룩한 목적을 위한 하나님의 계획이자 작정이다. 교회가 이방인으로 가득 찰 때까지 유대인의 회심은 이루어지지 아니할 것이다. 그래야 하나님께서 그들을 다시 부르시는 것이 그들의 요구 때문이 아니라 그분 자신의 값없는 은혜 때문이라는 것을 보여줄 수 있기 때문이다.

(3) 그것의 범주: 온 이스라엘이 구원을 받으리라(26절). 하나님은 모든 사람에게 긍휼을 베푸실 것이다(32절). 개개인이 아니라 민족 전체가 구원을 받을 것이다. 그들은 과거에 그들이 누렸던 특별한 언약, 제사장직, 성전, 그리고 의식들과의 관계 속에 다시 들어가는 것이 아니다.(이 모든 것들과의 관계는 이미 끝났다) 그 대신 그들은 참 메시아인 그리스도를 믿도록 인도를 받을 것이다. 그들은 그들을 위해 십자가에 달려 죽으시고, 그들을 기독교 교회에 연합시키신 그리스도를 믿고, 선한 목자인 그리스도 아래 이방인과 함께 하는 한 양 무리가 될 것이다. 그러나 문제는 이 모든 것이 언제 성취되느냐 하는 것이다. [1] 어떤 이들은 그것이 이미 이루어졌다고 생각한다. 로마제국에 의해 예루살렘이 파괴되기 직전, 당시 그리고 직후에 다수의 유대인들이 불신앙을 회개하고 참 그리스도인이 되었다는 것이다. 그 당시 수백만의 유대인이 그 파괴 속에서 죽임을 당한 것을 고려하면, 살아남은 사람들 가운데 대다수가 그리스도인으로서, 기독교 교회에 포함되었고, 극히 소수의 사람들만이 계속 완고하게 불신앙 가운데 있었을 것이라고 추정할 수 있다. 오랜 세월 동안 유대 지역은 다른

기독교 지역과 마찬가지로 기독교 사역자들과 교회들이 있어서 그 명맥을 유지하고 있었다. 따라서 그들은 이 사역의 대부분이 이방인들이 일반적으로 교회에 들어오기 시작한 사도들의 사역 말미에 일어났다고 가정한다. [2] 또 어떤 이들은 그것이 세상 종말의 때에 일어날 일이라고 생각한다. 여전히 지중해 연안 지역에 흩어져 살면서 그들의 이름, 관습, 종교에 있어서 다른 민족들과 특별히 구별된 모습을 보여주는 유대인들이 말씀과 함께 역사하는 성령의 사역을 통해 자기들의 죄를 회개하고, 대대적으로 기독교 신앙을 받아들이고, 기독교 교회에 참여하게 되리라는 것이다. 이렇게 된다면 그것은 정말 그들의 힘과 아름다움을 크게 드러낼 것이다. 그러나 슬프도다! 하나님이 이 일을 행하실 때 과연 누가 살아있을까?

[33]깊도다 하나님의 지혜와 지식의 풍성함이여, 그의 판단은 헤아리지 못할 것이며 그의 길은 찾지 못할 것이로다 [34]누가 주의 마음을 알았느냐 누가 그의 모사가 되었느냐 [35]누가 주께 먼저 드려서 갚으심을 받겠느냐 [36]이는 만물이 주에게서 나오고 주로 말미암고 주에게로 돌아감이라 그에게 영광이 세세에 있을지어다 아멘

이 장 대부분을 할애하여 유대인의 거부와 하나님의 선하심 사이의 조화를 크게 강조한 사도는 마지막 이 부분에서 이 모든 일 속에 드러나 있는 하나님의 지혜와 주권을 인정하고 찬미하는 것으로 끝맺는다. 여기서 사도는 깊은 애정과 경외심을 갖고 시작한다.

I. 하나님의 경륜의 비밀. 깊도다(33절). 유대인과 이방인을 향해 지금까지 진행된 과정이 또는 일반적으로 우리가 충분히 깨달을 수 없는 복음의 전반적 신비가 정말 깊다는 것이다. 하나님의 지혜와 지식의 풍성함이여(33절). 그리스도로 말미암은 우리의 구속 사역을 제시하고 진행시키는데 있어서 드러나 있는 하나님의 지혜와 지식의 실례들이 참으로 풍성하여 천사들도 그 깊이를 살피기 원할 정도다(벧전 1:12). 더욱이 그 구속의 방법과 이유 그리고 목적 등을 설명하는 것은 인간 이성을 크게 당혹스럽게 만들 것이다. 바울은 그 누구보다 하나님의 나라의 신비에 대해 잘 알고 있었던 사람이었다. 그러나 그는 그 성찰에 자신이 없다고 고백하고 있고, 그 깊이를 볼 수 없어 절망하면서, 겸손히 그 가장자리에 앉아 그 깊이를 찬양한다. 이 불완전한 상태를 익히 알고

있는 자들은 자신의 연약함과 근시안적 안목을 예민하게 느낄 수밖에 없고, 그 탐구에 아무리 많은 업적을 낳았더라도, 여전히 흑암의 상태에 머물러 있기에 그들의 말을 자신 있게 피력할 수 없다. 찬송이 주를 기다리오며(시 65:1). 풍성함이여. 인간들의 온갖 풍성함은 너무 얕고, 그래서 곧 그 끝에 다다르고 말 것이다. 그러나 하나님의 풍성함은 참으로 깊다(시 36:6): 주의 심판은 큰 바다와 같으니이다. 하나님의 경륜은 깊이가 있을 뿐만 아니라 풍성하기까지 하다. 그것은 그 풍성함이 참으로 보배롭고 가치 있다는 것을 암시하고, 또 신적 경륜의 범주가 완전무결하다는 것을 가리킨다. 그것들은 깊이와 높이가 있을 뿐만 아니라 지식에 넘치는(엡 3:18) 너비와 길이도 갖고 있다(엡 3:19). 하나님의 지혜와 지식의 풍성함이여. 그분께서 만물을 하나씩 분명하고 확실하고 무오한 눈으로 보고 계신다. 여기서 만물은 현재 존재하고 있고, 과거에 존재했고, 또 앞으로 계속 존재할 모든 것을 가리키고, 모든 것은 그분 앞에 벌거벗은 것같이 드러날 것이다. 이것이 그분의 지식이다. 또 그분은 만물을 지배하고 조정하시는데, 자신의 영광을 위해 지시하고 배열하시며, 모든 일 속에서 자신의 목적과 경륜을 이루신다. 이것이 그분의 지혜다. 그리고 이 양자의 광범한 범주는 우리의 측량을 넘어서는 깊이이기 때문에 우리가 이것을 생각하려면 당황하지 않을 수 없다. 이 지식이 내게 너무 기이하니(시 139:6). 17,18절과 비교해 보라. 그의 판단은 헤아리지 못할 것이며(33절). 여기서 그의 판단은 그분의 경륜과 목적을 말한다. 또는 그분의 길을 말하는데, 그것은 이 경륜과 목적의 집행을 의미한다. 우리는 그분의 계획을 모른다. 그 수레바퀴가 굴러가고 있고, 섭리가 펼쳐지고 있으나 우리는 그분이 어떤 생각을 갖고 계신지 알지 못한다. 그것은 헤아리지 못할 것이다. 이것은 하나님의 경륜에 대한 우리의 적극적 결론을 완전히 무력화시킬 뿐만 아니라 호기심어린 우리의 모든 탐구도 철저히 거부한다. 감추어진 일은 우리에게 속한 것이 아니다(신 29:29). 하나님의 길은 바다에 있다(시 77:9). 욥 23:8, 9; 시 97:2과 비교해 보라. 그분이 하는 것을 우리가 지금은 알지 못한다(요 13:7). 우리는 하나님의 과정을 이해할 수 없고, 하나님을 헤아리지도 못한다. 욥 5:9; 9:10을 보라. 그분의 입의 판단과 우리의 의무의 길은 감사하게도 단순하고 쉽다. 그것은 대로(大路)다. 그러나 그분의 손의 심판과 그분의 섭리의 길은 어둠과 비밀에 싸여 있다. 그러므로 우리는 그것을 알아보려고 파고 들 것이 아니라 조용히 그것을 존중하고 묵묵히 순종해야 한다. 사도는 특별히 그 희한한 역전 곧 유대인은 거부하고 이방인은 받아들이는 교리와 연관시켜, 그리고 때가 되면 유대인을 다시 선택한다는 교리에 대해 이것을 말하고 있다. 이 일들 곧 어떤 사람은 선택하고 어떤 사람은 거부하는 것은 희한한 과정으로 사람의 추측이 전혀 불가능한 영역에 속해 있다. 아니 사실은 아버지, 그것은 당신의 눈에 보시기에 좋아서 하시는 일입니다! 이 방법들은 우리가 깊도다라고 말할 수밖에 없는 일들로서 도저히 설명할 수 없는 것이다. 헤아리지 못할 것이며(아넥세라우네타). 이 말은 '추적하지 못할 것이며'라는 뜻이다. 하나님은 자기 뒤에 흔적이나 발사국을 남겨두시지 않고, 자기 앞에 비추는 길을 만드시지 않는다. 그러나 그분의 섭리의 길은 아침마다 새롭다. 그분은 똑같은 길을 가시지 않기 때문에 그 추적이 불가능하다. 우리가 그에게서 들은 것도 속삭이는 소리일 뿐이니(욥 26:14). 그러기에 이어서 누가 주의 마음을 알았느냐(34절)는 말씀이 나온다. 어떤 피조물이 그분의 내각회의에 참석하고, 그리스도처럼 그분의 품속에 거했던 적이 있는가? 어떤 피조물이 그분의 경륜에 참여한 적이 있으며, 또는 그분의 섭리를 보고 그분이 취하시는 길을 알 수 있는가? 하나님과 인간 사이, 창조주와 피조물 사이에는 너무나 큰 거리와 불균등이 존재하기 때문에, 여기서 이런 긴밀성과 친밀성에 관한 생각은 영원히 배제된다. 사도는 다른 곳에서도 동일한 말을 하고 있다(고전 2:16): 누가 주의 마음을 알아서 주를 가르치겠느냐. 그러나 그는 이렇게 덧붙인다: 그러나 우리가 그리스도의 마음을 가졌느니라. 이 말은 그리스도로 말미암은 참 신자는 그분의 영을 소유하고 있고, 그래서 자기들의 행복에 필요할 만큼은 충분히 하나님의 마음을 알게 된다는 것을 암시한다. 주의 마음을 아시는 주님이 하나님을 보여주셨다(요 1:18). 따라서 우리가 주의 마음을 알지 못해도, 그리스도의 마음을 갖고 있다면, 그것으로 충분하다. 여호와의 친밀하심이 그를 경외하는 자들에게 있음이여(시 25:14). 내가 하려는 것을 아브라함에게 숨기겠느냐(창 18:17). 요 15:15을 보라. 누가 그의 모사가 되었느냐(34절). 그분은 모사가 필요 없다. 왜냐하면 그분 자신이 무한히 지혜롭기 때문이다. 따라서 어떤 피조물도 그분의 모사가 될 수 없다. 이것은 마치 태양 앞에서 촛불을 비추는 것과 같다. 이 말은 사 40:13,14을 언급하는 것처럼 보인다: 누가 여호와의 영을 지도하였으며 그의 모사가 되어 그를 가르쳤으랴 그가 누구와 더불어 의논하셨으며 누가 그를 교훈하였으며 그에게 정의의 길로 가르쳤으며 지식을 가르쳤으며 통달의 도를 보여 주었느냐. 창조사역에 관해 하나님께서 욥에게 던지신 도전(욥 38장)의 본질도 마찬가지로서, 그것은 그분의 섭리의 모든 방법에 적용될 수 있다. 누구라도 세상을 운영하는 법에 관해 하나님께 지시하거나 그분을 가르치려 하는 것은 무익한 일이다.

II. 하나님의 경륜의 주권성. 이 모든 일들 속에서 하나님은 자유 행위자로서, 자기 마음대로 활동하신다. 그분은 원하시는 대로 하시는 분이기 때문에 그 일에 대해 설명할 필요가 없으시다(욥 23:13; 33:13). 그럼에도 불구하고 그분에게는 불의가 전혀 없으시다. 이것을 분명히 살펴보자.

1. 사도는 누구든 자기에게 하나님이 채무자라는 것을 증명해 보라고 도전한다(35절): 누가 주께 먼저 드려서. 피조물 가운데 누가 하나님이 자기에게 빚졌다는 것을 증명할 수 있겠는가? 우리가 그분을 위해 무슨 일을 했든 또는 무엇을 바쳤든, 그것이 진정 인정할 만한 것이라도, 그것은 영원히 그러한 요구를 가로막는 것이 될 뿐이다(대상 29:14): 우리가 주의 손에서 받은 것으로 주께 드렸을 뿐이니이다. 우리가 수행할 수 있는 모든 의무는 보답이 아니라 오히려 반환이다. 사도는 여기서 만일 누가 하나님이 자신에게 빚진 자라는 것을 입증할 수 있다면, 자기가 그 지불을 강요하고, 하나님의 이름으로 지불이 즉시 이루어질 것을 선언한다: 누가 갚으심을 받겠느냐. 확실한 것은 하나님께서는 아무에게도 자기 때문에 절대로 손해 보지 않게 하실 것이라는 것이고, 따라서 누가 됐든 이런 식의 요구를 하도록 만드시거나 그것을 증명해 보려는 시도를 못하게 하실 것이라는 것이다. 여기서 이것은 다음과 같은 이유로 제시되고 있다: (1) 유대인의 불평을 잠재우기 위해. 하나님께서 유대인으로부터 그들의 가시적 교회의 특권을 빼앗으셨을 때, 그것은 자신의 것을 가져가신 것뿐이다. 그분이 자신의 것을 가지고 마음대로 하실 수 없겠는가? 즉 자신의 은혜를 기쁘신 뜻대로 주거나 거두시거나 하실 수 없겠는가? (2) 이방인의 모독을 침묵시키기 위해. 하나님께서 이방인에게 복음을 보내고, 그것을 받아들일 수 있는 은혜와 지혜를 주셨을 때, 그것은 그분이 그들에게 그렇게 하시지 않으면 안 될 빚을 지셨기 때문이 아니라 그분 자신의 선한 기쁨을 따라 그렇게 하신 것이다.

2. 사도는 모든 것을 하나님의 주권으로 연결시켜 해결한다(36절): 이는 만물이 주에게서 나오고 주로 말미암고 주에게로 돌아감이라. 이 말은 하나님께서 전

부가 되신다는 것이다. 하늘과 땅의 모든 것(특히 우리의 구원과 관련되어 있는 일들, 우리의 평화에 속해 있는 일들)이 창조를 통해 그분에게서 나오고, 섭리의 능력을 통해 그분으로 말미암고, 그 최종적 성향과 결과를 통해 그분께 돌아간다. 만물은 그 샘이자 원천이신 하나님으로부터 나와서 그 전달자이신 신인(神人) 그리스도로 말미암아 궁극적 대상인 하나님께 돌아간다. 이 세 가지 사실은 일반적으로 하나님과 그의 피조물 사이의 모든 인과관계에 포함되어 있다: 주에게서 나온다는 것은 그분이 최초의 효과적 원인이라는 것을 말하고, 주로 말미암는다는 것은 그분이 최고의 지시적 원인이라는 뜻이며, 주에게로 돌아간다는 것은 그분이 궁극적 최종 원인이라는 의미다. 이것은 주께서 만물을 지으셨기 때문이다(계 4:11). 만일 만물이 그분에게서 나오고, 그분으로 말미암는다면, 그것이 그분에게 돌아가고 그분을 위해 존재해야 하는 것이 당연한 이치다. 그것은 필연적 과정이다. 강물이 바다로부터 그 물을 받아들인다면, 그 물은 다시 바다로 돌아가게 될 것이다(전 1:7). 만물이 하나님의 영광을 위해 활동하는 것은 부득이 해야 할 일이다. 왜냐하면 만물은 결국, 싫든 좋든, 그분께 돌아갈 것이기 때문이다. 그래서 사도는 짤막한 송영으로 이 장을 끝맺는다: 그에게 영광이 세세에 있을지어다 아멘 (36절). 제일원인, 주권적 지배자 그리고 최종적 목적으로서의 하나님의 보편적 행위는 우리의 찬양의 대상이 되어야 마땅하다. 따라서 그분의 하신 일들에 대해 만물이 보편적으로 그분을 찬양하지만, 그의 성도들은 특별히 그분을 송축해야 한다. 그들은 모든 피조물을 지으신 그분을 송축해야 한다(시 145:10). 지금까지 바울은 인간에 관한 하나님의 경륜에 대해 자세히 그리고 정곡을 찔러 가며 강론해왔다. 그러나 결국 그는 하나님의 주권을 인정하는 것으로 끝맺으며, 이 모든 것은 궁극적으로 이 주권에 따라 설명되어야 하고, 오직 여기서만 마음은 안전하게 그리고 편안하게 안식을 얻을 수 있음을 보여준다. 이것은 학문적 논쟁이 아니라 기독교적 변증을 위한 길이다. 그 전제가 무엇이든, 결론은 하나님의 영광이 되어야 한다. 특별히 하나님의 경륜과 활동에 관해 말할 때, 우리의 주장이 두렵고 진지한 경외심을 일으키도록 하는 것이 가장 좋다. 이 신비를 가장 잘 보는 영화된 성도들은 논쟁은 하지 않고 오직 영원토록 찬양만 하게 될 것이다.

제
— 12 —
장

개요

　　기독교의 근간이 되는 핵심교리를 분명히 해명하고 확인한 사도는 이 장에서 그 주요 의무를 강조한다. 만일 우리가 우리의 종교를 단지 하나의 관념체계와 사변의 안내자로만 간주한다면 큰 잘못이다. 아니 우리의 종교는 실천적 종교다. 그것은 올바른 생활 방식으로 우리를 이끄는 것이다. 그것은 우리에게 심판에 관해 알려줄 뿐만 아니라 마음과 삶을 개혁하도록 주어진 것이다. 그의 몇몇 다른 서신들에서처럼, 이 서신에서도 사도의 글 쓰는 방법을 보면(그리스도의 나라에서 활동하는 주요 사역자들의 지도력에 관해 말하는 말씀처럼), 하나님의 비밀을 맡은 청지기들이 진리의 말씀을 어떻게 구분해야 하는지 그 방법을 배울 수 있다. 그것은 곧 권리에서 의무를 제거해도 안 되고, 의무로부터 권리를 제거해서도 안 되며, 양자는 함께 가야 한다는 것이다. 그 때에만 그것들은 서로를 촉진시키고, 상호 간에 크게 도움이 될 것이다. 추론에 따르면, 의무는 권리로부터 파생된다. 그리스도인의 실천의 기초는 기독교적 지식과 믿음에 두어져야 한다. 우리는 먼저 우리가 그리스도 예수를 어떻게 주로 받아들이는지를 이해해야 하고, 그런 다음에 그분과 함께 어떻게 걸어가야 하는지를 알아야 한다. 이 장에는 중요한 의무가 규정되어 있다. 그 권면은 짧고 간단하다. 무엇이 선인지 그리고 주 우리 하나님께서 우리에게 무엇을 요구하시는지를 간결하게 요약하고 있다. 그것은 기독교 규칙서의 축소판으로서, 탁월한 복음에 입각한 올바른 생활지침 모음집이다. '그러므로' 라는 말로 시작되는 것을 보면, 이번 장은 이전 장의 강론의 연속이다. 복음전도의 생명은 교리적 진리를 실천하고 적용하는데 있다. 사도는 지금까지 이신칭의와 값없는 은혜의 풍성함, 그리고 장차 드러날 영광에 대해 우리가 갖고 있는 담보와 보증에 대해 상세히 다루었다. 여기서 육적으로 방탕한 자는 "그러므로 우리는 멋대로 살 수 있고, 우리 마음에 내키는 대로 그리고 우리 눈에 보이는 대로 살아보자"고 추론하기 쉽다. 그러나 이것은 절대로 아니다. 의롭게 하는 믿음은 "사랑으로 역사하는" 믿음이다. 그리고 거룩함과 순종의 길 외에 천국에 이르는 다른 길은 없다. 그러므로 하나님께서 합하신 것을 아무도 떼놓아서는 안 된다. 이 장의 특별한 권면은 그리스도인이 지켜야 할 세 가지 주요 의무로 세분할 수 있

다: 하나님에 대한 의무, 우리 자신에 대한 의무, 형제들에 대한 의무. 하나님의 은혜는 일반적으로 우리에게 "경건하게, 순전하게 그리고 의롭게" 살고, 그것에 반하는 모든 것은 물리치라고 가르친다. 따라서 이 장을 통해 우리는 경건함과 순전함과 의로움, 이 세 가지가 ─ 비록 그것들이 서로 융합되어 있기는 해도 ─ 무엇인지 이해하게 될 것이다.

[1]그러므로 형제들아 내가 하나님의 모든 자비하심으로 너희를 권하노니 너희 몸을 하나님이 기뻐하시는 거룩한 산 제물로 드리라 이는 너희가 드릴 영적 예배니라 [2]너희는 이 세대를 본받지 말고 오직 마음을 새롭게 함으로 변화를 받아 하나님의 선하시고 기뻐하시고 온전하신 뜻이 무엇인지 분별하도록 하라 [3]내게 주신 은혜로 말미암아 너희 각 사람에게 말하노니 마땅히 생각할 그 이상의 생각을 품지 말고 오직 하나님께서 각 사람에게 나누어 주신 믿음의 분량대로 지혜롭게 생각하라 [4]우리가 한 몸에 많은 지체를 가졌으나 모든 지체가 같은 기능을 가진 것이 아니니 [5]이와 같이 우리 많은 사람이 그리스도 안에서 한 몸이 되어 서로 지체가 되었느니라 [6]우리에게 주신 은혜대로 받은 은사가 각각 다르니 혹 예언이면 믿음의 분수대로, [7]혹 섬기는 일이면 섬기는 일로, 혹 가르치는 자면 가르치는 일로, [8]혹 위로하는 자면 위로하는 일로, 구제하는 자는 성실함으로, 다스리는 자는 부지런함으로, 긍휼을 베푸는 자는 즐거움으로 할 것이니라 [9]사랑에는 거짓이 없나니 악을 미워하고 선에 속하라 [10]형제를 사랑하여 서로 우애하고 존경하기를 서로 먼저 하며 [11]부지런하여 게으르지 말고 열심을 품고 주를 섬기라 [12]소망 중에 즐거워하며 환난 중에 참으며 기도에 항상 힘쓰며 [13]성도들의 쓸 것을 공급하며 손 대접하기를 힘쓰라 [14]너희를 박해하는 자를 축복하라 축복하고 저주하지 말라 [15]즐거워하는 자들과 함께 즐거워하고 우는 자들과 함께 울라 [16]서로 마음을 같이하며 높은 데 마음을 두지 말고 도리어 낮은 데 처하며 스스로 지혜 있는 체 하지 말라 [17]아무에게도 악을 악으로 갚지 말고 모든 사람 앞에서 선한 일을 도모하라 [18]할 수 있거든 너희로서는 모든 사람과 더불어 화목하라 [19]내 사랑하는 자들아 너희가 친히 원수를 갚지 말고 하나님의 진노하심에 맡기라 기록되었으되 원수 갚는 것이 내게 있으니 내가 갚으리라고 주께서 말씀하시니라 [20]네 원수가 주리거든 먹이고 목마르거든 마시게 하라 그리함으로 네가 숯불을 그 머리에 쌓아 놓으리라 [21]악에게 지지 말고 선으로 악을 이기라

우리는 여기서 개요에 언급된 구조를 따라 사도의 권면을 확인할 수 있다.

I. 하나님에 대한 우리의 의무. 우리는 여기서 경건이 무엇인지를 깨닫는다.

1. 경건은 우리 자신을 하나님께 복종시키는 것으로, 기초를 튼튼히 놓는 것이다. 우리는 먼저 우리 자신을 주께 드려야 한다(고후 8:5). 여기서 이것은 우리의 모든 의무와 순종의 원천으로서 강조된다(1,2절). 사람은 몸과 영혼으로 구성되어 있다(창 2:7; 전 12:7).

(1) 몸이 그분께 드려져야 한다(1절). 몸은 주를 위하여 있으며 주는 몸을 위하여 계시느니라(고전 6:13,14). 여기서 이 권면은 아주 열정적으로 시작되고 있다: 형제들아 내가 하나님의 모든 자비하심으로 너희를 권하노니(1절). 그는 위대한 사도였으나 평범한 그리스도인들을 애정과 관심이 가득 담긴 말인 형제로 부른다. 그는 간절한 말로 부탁하는데, 이것이 복음의 방법이다: 하나님이 우리를 통하여 너희를 권면하시는 것 같이(고후 5:20). 그는 권위를 가지고 명령할 수도 있지만, 오히려 사랑으로 간청하고 있다(몬 8,9절). 가난한 자는 간절한 말로 구하여도(잠 18:23). 이것은 완곡하게 권면하는 것으로 기분 좋게 들을 수 있도록 하기 위해서다. 많은 사람들이 친절하게 다가가 말할 때 강하게 끌어당기는 것보다 더 쉽게 이끌 수 있을 것이다. 이제 그것을 확인해 보자.

[1] 강조된 의무 — 너희 몸을 산 제물로 드리라(1절). 여기서 제물은 율법 하에서 드려졌던 희생제물을 암시한다. 당시 이것은 하나님께 제공되도록 준비되어, 제단에서 하나님 앞에 봉헌되거나 바쳐졌다. 너희 몸을. 곧 너희 자신 전체를. 여기서 그렇게 표현된 것은 율법 아래 희생제사에서 짐승의 몸 전체가 바쳐졌기 때문이다(고전 6:20). 이것은 우리의 몸과 영혼이 다 포함된 개념이다. 제물은 제사장에 의해 죽임을 당했으나 제물의 임자에 의해 바쳐졌다. 그는 그 제물의 머리 위에 손을 얹음으로써, 그것을 통해 자기의 모든 권리, 자격 그리고 권익을 하나님께 이전시켰다. 여기서 제물은 하나님께서 지정하신 방법에 따라 그분께 바쳐지는 모든 것을 지칭한다. 벧전 2:5을 보라. 우리는 그리스도께서 친히 특별한 제사를 드릴 때처럼, 성전이자 제사장이자 제물이다. 제물에는 속죄제물과 화목제물이 있었다. 단번에 많은 사람들의 죄를 담당하기 위해 제물로 바쳐진 그리스도는 유일한 속죄제물이었다. 그러나 대제사장

그리스도를 통해 하나님께 바쳐진 우리의 인격과 행함은 하나님의 영광을 위해 드려지는 화목제물과 같다. 그것들을 바치는 것은 자발적 행위로서, 절대적 힘으로 그 의지를 몸과 그 모든 지체들에게 철저히 적용시켜 이루어진 행위를 암시한다. 그것은 자유의사에 따라 바치는 것이어야 한다. 너희 몸이지, 너희 짐승이 아니다. 그 법적 봉헌은 그리스도로부터 그 힘을 얻은 것처럼, 그리스도 안에 그 마침을 두고 있었다. 하나님께 몸을 바치는 것은 몸으로 또는 몸을 거슬러 저질러지는 죄를 피하는 것일 뿐만 아니라 몸을 하나님을 섬기는 영혼의 종으로 사용하는 것을 의미한다. 그것은 우리 몸으로 하나님께 영광을 돌리는 것이요(고전 6:20), 우리 몸을 기꺼이 하나님을 예배하고, 우리의 특별한 부르심에 부지런히 참여하는데 사용하는 것이요, 그렇게 부르심을 받으면 하나님을 위해 우리 몸으로 기꺼이 고난을 받는 것이다. 그것은 또 우리 몸의 지체를 의의 무기로 하나님께 드리는 것이다(6:13). 육체의 연단은 약간의 유익이 있는 것에 불과하나 그 자리에서 그것은 우리 영혼이 하나님께 드려지는 증거요 결과가 된다. 첫째, 우리의 몸은 산 제물로 드려져야 한다. 그것은 율법 하에서 제물처럼 죽임을 당하는 것이 아니다. 그리스도인은 자신의 몸을 비록 불에 태워 드리는 것은 아니지만, 하나님께 드리는 제물로 만든다. 하나님께 진실로 드려지는 몸이 바로 산 제물이다. 스스로 죽은 모든 것은 먹지 못하지만 제물은 그렇지 않다(신 14:21). 그러므로 비유적으로, 산 제물도 마찬가지다. 또 반대로, "제물은 죽임을 당하지만, 너희는 제물이 될지라도 살아있다." 즉 피를 흘리지 않은 제물이라는 것이다. 야만적인 이방인은 우상 앞에 자기 자녀들을 바쳤으나 그것은 산 제물이 아니라 죽은 제물이었다. 그러나 하나님은 비록 자신에게 목숨을 바치는 것일지라도 그런 제물이 아니라도 자비를 베푸신다. 산 제물은 곧 영혼에 영적 생명을 품고 있는 제물이다. 몸을 산 제물로 만드는 분은 믿음으로 말미암아 영혼 속에 거하시는 그리스도다(갈 2:20). 거룩한 사랑은 제물을 뜨겁게 하여 의무를 감당하는 삶을 살도록 한다. 6:13을 보라. 하나님을 위해 살라(11절). 둘째, 그것들은 거룩해야 한다. 하나님께 바쳐진 것이기에 모든 제물은 관계적 거룩함 속에 있다. 그러나 여기에 마음과 삶을 온전한 상태 속에 두는 실제적 거룩함이 동반되어야 한다. 우리의 마음과 삶은 하나님의 본질과 뜻에 합당해야 한다. 우리의 몸도 죄와 불결의 무기가 되어서는 안 되고, 하나님을 예배하는데 바쳐짐으로써 성물이 된 성전의 기물들처럼, 하나님을 위해 구별되고, 거룩함의 도구로 사용되어야 한다. 거룩함의 적절한 주체는 영혼이다. 그러나 거룩하게 된 영혼은 몸에 거룩함의 능력을 전달해줌으로써, 그것이 거룩함을 따라 활동하고 살아가도록 한다. 하나님의 뜻에 따르는 것이 거룩함이다. 몸의 활동이 거룩할 때 몸은 거룩하다. 몸은 성령의 전이다(고전 6:19). 몸을 성결케 하라(살전 4:4,5).

[2] 이것을 뒷받침하는 주장은 세 가지다: 첫째, 하나님의 긍휼을 생각해 보라: 내가 하나님의 모든 자비하심으로 너희를 권하노니(1절). 하나님의 모든 자비하심으로(디아 톤 오이크틸몬 투 데우). 얼마나 애정어린 간청인가! 이 말을 듣고 우리는 그것을 받아들이지 않을 수 없다. 이것은 참으로 감화력이 넘치는 주장이다. 하나님 안에 존재하는 긍휼이 있고, 하나님으로부터 나오는 긍휼이 있다. 즉 샘 속에 있는 긍휼과 거기서 흘러나오는 물줄기 속에 있는 긍휼이 있다는 것이다. 여기에는 이 두 가지가 다 포함되어 있다. 그러나 그것은 특별히 복음의 긍휼(11장에 언급된)인데, 유대인이 불신앙으로 말미암아 박탈당하고 상실한 것을 이방인에게 이전시킨 것(엡 3:4-6)으로서, 다윗에게 허락한 확실한 은혜다(사 55:3). 하나님은 자비의 하나님이시다. 그러므로 우리는 우리의 몸을 그분께 드려야 한다. 그러면 그분은 그것을 기꺼이 사용하실 것이다. 또 그분은 그 체질이 어떠한지 잘 아신다. 그것은 그분이 무한한 이해력을 갖고 계시기 때문이다. 우리는 그분으로부터 날마다 그분의 긍휼, 특히 우리 몸에 베푸시는 긍휼의 열매를 받는다. 그분이 그것을 만드셨고, 그분이 그것을 지탱하시며, 그분이 그것을 사셨고, 그분이 그 위에 큰 존귀를 두셨다. 우리가 소멸되지 않는 것, 우리 영혼이 생명을 유지하고 있는 것은 하나님의 긍휼 때문이다. 그 중에서도 가장 큰 긍휼은 그리스도께서 자신의 몸과 영혼을 죄의 제물로 주셨다는 것이다. 즉 그분은 우리를 위해 그리고 우리에게 자신을 주셨다는 것이다. 따라서 우리는 이 모든 것에 대해 우리가 주님께 보답하는 길이 무엇인가를 연구하지 않으면 안 될 것이다. 우리가 어떻게 보답할 것인가? 우리는 이 모든 호의에 대해 우리 자신을 감사의 제물로 드려야 한다. 곧 우리의 존재, 우리의 소유, 우리의 능력 등 모든 것을 다 드려야 한다. 그러나 그럴지라도 우리가 받은 풍성한 혜택에 비하면 너무나 빈약한 보답이다. 그러나 그것이 우리가 갖고 있는 전부다. 둘째, 그것은 하나님이 기뻐하시는 것이다(1절). 우리가 온갖 수고를 다하여 감당해야 할 최고의 목표는 하나님을 기쁘시게 하는 것이

다(고후 5:9). 우리의 인격과 실천을 통해 그분에게 기쁨이 되는 것이다. 따라서 이 산 제물은 하나님이 기뻐하시는 것이다. 아무리 살지고 값비싸더라도 악인들의 제물은 하나님께 가증한 것이다. 하나님께서 우리 안에 있는 것을 받아주신다는 것은 그분의 놀라우신 겸손이다. 그러므로 우리는 이것 이상으로 우리를 행복하게 만드는 것을 바랄 수 없다. 만일 우리 자신을 드리는 것이 그분을 기쁘시게 한다면, 그것만큼 우리 자신을 잘 사용하는 것은 없다고 쉽게 결론 지을 수 있다. **셋째, 그것은 우리의 드릴 영적 예배**(reasonable service)다(1절). 그 안에는 이성의 활동이 있다. 몸을 드리는 주체가 영혼이기 때문이다. 그것을 길러준 어머니와 유모를 몰라보는 맹목적 헌신은 눈은 있으나 보지 못하는 허무한 우상들에게나 주어져야 마땅할 것이다. 우리 하나님은 영으로 그리고 이성을 가지고 섬김을 받으셔야 한다. 그것에 찬성해야 할 변론은 세상에 충만하지만, 그것에 반대할 합당한 변론은 만들어내는 것이 불가능하다. 오라 우리가 서로 변론하자(사 1:18). 하나님은 우리에게 감당할 수 없거나 불합리한 어떤 일을 부과하시지 않고, 올바른 이성의 원리에 완전히 부합하는 일을 허락하신다. 너희의 드릴 영적 예배(텐 로기텐 라트레이안 휘몬). 이 말은 말씀에 입각하여 너희가 드릴 예배라고 해석될 수 있다. 하나님의 말씀은 거룩한 예배를 드리는 일에서 몸을 제외시키지 않는다. 예배는 오직 기록된 말씀에 따를 때 하나님이 기뻐하시는 것이 된다. 그것이 바로 복음적 예배 곧 영적 예배다. 그것이 우리가 그 이유를 제시할 수 있고, 제시할 준비가 되어 있는 합당한 예배다. 하나님은 우리를 이성적 피조물로 대하시므로 우리도 그분을 대하기 위해서는 그런 존재가 되어야 한다. 이같이 우리 몸은 하나님께 드려져야 한다.

(2) 마음이 그분을 위해 새롭게 되어야 한다. 이것은 다음과 같이 강조되고 있다: "오직 마음을 새롭게 함으로 변화를 받으라(2절). 곧 너희 안에 이미 일어난 구원의 변화가 계속 진행되도록 하라." 회심과 성화는 마음을 새롭게 하는 것이다. 그것은 마음의 외관의 변화가 아니라 영혼의 질적 변화를 말한다. 그것은 새 마음과 새 영을 만드는 것과 같다. 즉 영혼의 새 기질과 성향, 새 공감과 반향을 일으키는 것이다. 이성은 계발되고, 양심은 부드러워지고, 생각은 교정되고, 의지는 하나님의 뜻에 굴복하며, 감정은 영적·천상적 속성으로 바뀐다. 그리하여 사람이 과거의 그가 아니게 된다. 옛 것은 지나가고 모든 것이 새롭게 된다. 그는 새 목적을 갖고 새 원리, 새 법칙에 따라 행동한다. 마음은

우리를 지배하는 핵심 요소다. 따라서 마음을 새롭게 하는 것이야말로 전인격을 새롭게 하는 것이다. 생명의 근원이 거기서 나기 때문이다(잠 4:23). 갈수록 죄에 대해서는 죽고, 갈수록 의에 대해서는 사는 성화 과정은 영광 속에서 완전하게 될 때까지는 이 새롭게 되는 활동이 계속되어야 한다. 이럴 때 우리가 변화를 받았다는 말을 쓴다. 그것은 새 모양과 형상을 입는 것과 같다. 변화를 받아(메타몰푸스테). 그리스도께서 변형되신 사건이 이 단어가 사용되어 표현되고 있다(마 17:2). 그분은 하늘의 영광을 덧입어 그 얼굴이 해와 같이 빛나는 형상으로 바뀌게 되었다. 또 똑같은 단어가 고후 3:18에서도 사용된다. 거기서 우리는 그와 같은 형상으로 변화하여 영광에서 영광에 이르니라는 말씀을 읽게 된다. 여기서 이 변화는 하나의 의무로 강조되고 있다. 그러나 우리는 스스로 이 변화를 일으킬 수 없다. 우리 자신의 어떤 힘으로 새 마음을 만드는 것보다는 새 세상을 만드는 것이 훨씬 더 쉬울 것이다. 그것은 하나님의 일이다(겔 11:19; 36:26,27). 그러나 너희는 변화를 받으라. 즉 "하나님께서 그것을 위해 정하고 준비하신 수단을 사용하라." 우리를 돌이키는 분은 하나님이고, 그 때에만 우리는 돌이키게 된다. 그러나 우리는 우리의 행위가 돌아가도록 해야 한다(호 5:4). "너희 영혼을 복된 성령의 변화시키는 능력 아래 두라. 은혜의 모든 수단들을 사용할 때 하나님께 은혜를 구하라." 새 사람은 하나님에 의해 창조되지만, 우리는 그것을 입고(엡 4:24), 완전을 향해 전진해 나가야 한다. 그런데 이 구절에서 우리는 몇 가지 더 살펴볼 것이 있다.

[1] 이 새롭게 함의 역사에서 가장 큰 원수는 무엇인가? 그것은 우리가 피해야 하는데, 곧 이 세상과 타협하는 것이다: 너희는 이 세대를 본받지 말고(2절). 주 예수님의 제자들과 그분을 따르는 자들은 이 세상과 타협하지 않는 자들이 되어야 한다. 너희는 본받지 말고(메 쉬스케마티제스테). 이 말은 세상에 따라 변하지 말라는 뜻이다. 우리는 세상의 일들에 타협해서는 안 된다. 그것들은 가변적이고, 그 유행은 사라지는 것이다. 육신의 정욕이나 안목의 정욕에 따르지 말라. 우리는 죄악에 빠져 있는 세상 사람들의 삶을 따르거나 이 세상 풍조를 따라 살아서는 안 된다(엡 2:2). 다시 말해 우리는 다수를 따라 악을 행하지 말아야 한다(출 23:2). 만일 죄인들이 우리를 유혹한다면, 그들에게 동조하지 말고 그 자리에서 그들을 반대해야 한다. 아니, 그 자체로서는 죄와 무관하고 죄가 아닌 일들에 대해서도, 우리는 세상의 풍습과 길을 따라가서는 안 된다. 즉

세상의 지시를 우리의 주요 법칙으로 삼고 행동하거나 세상의 즐거움을 우리의 최고 목적으로 삼거나 해서는 안 된다. 참 기독교는 순진한 옹고집에 크게 좌우된다. 그러나 우리는 어떤 사람들이 간혹 그러는 것처럼, 극단적으로 무례하거나 방자해서는 안 된다. 세상사 속에서 본성의 빛과 민족의 관습은 우리의 지침이 되어야 한다. 그리고 이런 일들의 경우 복음의 규칙은 반대를 위한 법칙이 아니라 지시를 위한 법칙이다.

[2] 우리가 힘써야 할 이 새롭게 함의 효과는 무엇인가? 하나님의 선하시고 기뻐하시고 온전하신 뜻이 무엇인지 분별하도록 하라(2절). 여기서 말하는 하나님의 뜻은 우리의 의무에 관해 계시된 그분의 뜻 곧 주 우리 하나님이 우리에게 요구하시는 것으로 이해되어야 한다. 이것은 전반적인 하나님의 뜻인데, 천사들에 의해 이루어진 것처럼 우리에 의해서도 이루어지게 해달라고 기도하는 뜻으로 거룩함도 여기에 포함된다. 특히 하나님의 뜻은 신약성경에 계시되어 있고, 거기서 그분은 이 마지막 날에 그의 아들을 통해 우리에게 말씀하셨다. 첫째, 하나님의 뜻은 선하시고 기뻐하시고 온전하신 뜻이다. 이 세 가지는 율법의 탁월한 속성에 해당된다. 그것은 선하다(미 6:8). 그것은 선과 악의 영원한 식별에 정확히 일치한다. 그것은 본질상 선하다. 그것은 우리를 위해 선하다. 어떤 이들은 여기서는 의식법과 구분하여 복음의 규칙이 선하다고 말해진다고 생각한다. 왜냐하면 의식법은 선하지 못한 율례에 속한 것이기 때문이다(겔 20:25). 그것은 기뻐하는 것이다. 그것은 하나님을 기쁘시게 한다. 그것, 오직 그것만이 그분에 의해 정해지는 뜻이다. 그분의 호의를 목적으로 달성할 수 있는 유일한 길은 그분의 뜻을 법으로 준수하는 것이다. 그것은 또 온전하다. 따라서 아무것도 덧붙여질 필요가 없다. 계시된 하나님의 뜻은 믿음과 실천을 위해 충분한 규범으로서, 그 안에는 하나님의 사람을 온전하게 하고, 모든 선한 일을 행할 능력을 갖추게 하는데 충분한 모든 것을 담고 있다(딤후 3:16,17). 둘째, 그것은 그리스도인들로 하여금 선하시고 기뻐하시고 온전하신 하나님의 뜻이 무엇인지 증명하는데 관심을 두도록 이끈다. 즉 판단력과 찬동하는 마음을 갖고 그것을 아는 것이요, 경험적으로 그것을 아는 것이요, 그것에 대한 순종의 경험을 통해 하나님의 뜻의 탁월함을 아는 것이다. 그것은 지극히 선한 것을 분별하는 것이다(빌 1:10). 여기서 쓰이고 있는 도키마제인(분별하다)은 의심스러운 경우 하나님의 뜻이 무엇인지 파악하기 위해 다른 것들을 시험한다는

뜻이다. 그것은 여호와를 경외함으로 즐거움을 삼는 것이다(사 11:3). 셋째, 마음을 새롭게 함으로 변화를 받은 자들만이 하나님의 선하시고 기뻐하시고 온전하신 뜻이 무엇인지 가장 잘 증명할 수 있다. 살아있는 은혜의 원리는 그것이 하나님의 일들에 관해 편견 없이 정확한 판단이 이루어진다면, 영혼 속에 살아 있다. 그것은 영혼으로 하여금 하나님의 뜻의 계시를 받아들이고 즐거워하도록 이끈다. 사람이 하나님의 뜻을 행하려 하면 이 교훈이 하나님께로부터 왔는지 내가 스스로 말함인지 알리라는 약속이 있다(요 7:17). 탁월한 이해력을 가진 자는 하나님의 뜻을 논하고 구별할 수 있다. 그러나 숙련된 영적 감각을 갖고 있는 정직하고 겸손한 심령만이 말씀의 구조 속에 들어와 그것을 사랑하고, 그것을 실천하고, 그 맛과 향기를 느끼는 법이다. 이처럼 경건하다는 것은 하나님께 자신을 복종시키는 것이다.

2. 이것을 행할 때, 우리는 복음의 모든 순종 양식에 따라 그분을 섬겨야 한다. 우리는 여기 주를 섬기라는 말씀이 포함된 구절들에서(11,12절) 이에 관한 몇 가지 암시를 발견한다. 무엇 때문에 우리는 우리 자신을 그분께 드려야만 그분을 섬길 수 있게 되는가? 행 27:23에 보면, 내가 속한 바라는 말이 나오고, 바로 이어서 곧 내가 섬기는이라는 말이 나온다. 종교적이라는 것은 하나님을 섬기는 것이라는 뜻이다. 어떻게?

(1) 우리는 그 일에 부지런하고, 게을러서는 안 된다. 게으르지 말고(11절). 우리가 게으르지 말아야 될 일에는 세상일도 있고, 우리를 부르신 특별한 소명에 따른 일도 있다(살전 4:11). 그러나 여기서 부지런하라는 것은 주님을 섬기는 일, 곧 우리 아버지의 일(눅 2:49)에 부지런하라는 것을 가리킨다. 자신을 그리스도인으로 자인하는 사람들은 진실로 종교를 자신의 본분으로 삼아야 한다. 곧 그것을 선택하고 그것을 배우고 그것에 전념해야 한다. 그들은 본분으로 그것을 사랑하고 그것에 종사하고 그것에 거해야 한다. 그리고 그것을 우리의 본분으로 삼았다면, 그 일에 게을러서는 안 된다. 우리의 안일을 구해서도 안 되고, 다른 일과 겹칠 때 그것을 우선해야 한다. 우리는 종교에 천천히 달려가서는 안 된다. 게으른 종은 악한 종으로 간주될 것이다.

(2) 우리는 열심을 품고(fervent in spirit) 주를 섬겨야 한다(11절). 하나님은 성령의 감동을 받아 영으로 섬겨야 한다(1:9; 요 4:24). 우리가 종교적으로 무슨 일을 하든, 우리 영으로 하나님의 영이 일으키신 것을 따라 행하는 것만큼 하

나님을 기쁘시게 하는 것은 없다. 그리고 영으로 하되, 열심히 해야 한다. 우리가 하는 모든 일 속에서 거룩한 열심과 뜨거움과 열정을 갖고 해야 한다. 다시 말해 하나님을 사랑하되, 마음과 영혼을 다해, 아니 온 마음과 온 영혼을 다해 사랑해야 한다. 이것은 제물을 불태우는 거룩한 불로, 그 제사의 향연을 하늘로 올라가게 한다. 주를 섬기라(토 퀴리오 듈류온테스). 이 말은 시간을 섬기라는 뜻으로(어떤 사본에서는 이 말을 그렇게 이해한다), 너희에게 주어진 기회를 최대한 선용하여 지금 은혜의 때를 만족시키라는 의미다.

(3) 소망 중에 즐거워하며(12절). 하나님은 우리가 하나님에 대한 소망과 신뢰를 갖고 있을 때 경배를 받으시고 영광을 받으신다. 특별히 우리가 그 소망 중에 즐거워하고, 그 신뢰 안에서 만족할 때 더욱 그러하다. 그것은 실상에 대한 큰 확신과 바라는 것에 대한 높은 평가를 입증하기 때문이다.

(4) 환난 중에 참으며(12절). 하나님께서 우리를 일하라고 부르실 때 우리는 그분을 위해 일함으로써 그리고 고난받으라고 부르실 때 조용히 앉아있음으로써 그분을 섬겨야 한다. 하나님을 위해 참으며 그분의 뜻과 영광을 바라보는 것이야말로 진정한 경건이다. 소망 중에 즐거워하는 자들은 환난 중에 참는 자들이 될 것이다. 온갖 외적 압박 하에서 영혼을 견디게 하는 것은 우리 앞에 주어질 기쁨을 믿음으로 바라보는 것이다.

(5) 기도에 항상 힘쓰며(12절). 기도는 소망과 참음의 친구로, 우리는 기도할 때 주님을 섬기게 된다. 항상 힘쓰며(프로스칼테룬테스). 이 말은 기도할 때의 열정과 인내를 의미한다. 우리는 기도할 때 냉담해지거나 쉽게 싫증을 내거나 해서는 안 된다(눅 18:1; 살전 5:17; 엡 6:18; 골 4:2). 이것은 직접적으로 하나님에 대한 존경을 보여주는 우리의 의무다.

II. 우리 자신에 대한 우리의 의무.   이것은 바로 절제다.

1. 우리 자신에 관한 절제된 생각(3절). 그것은 엄숙한 서언으로 시작된다: 내게 주신 은혜로 말미암아 말하노니. 사도가 이 의무의 필수성과 탁월성을 이해하게 된 것은 지혜의 은혜가 있었기 때문이다. 또 권위를 갖고 그것을 강조하고 명령할 수 있는 것은 사도직의 은혜 때문이다. "나는 그것을 말하도록 사명을 받은 자로서, 하나님의 이름을 걸고 말한다. 그러므로 내가 말하는 것에 대해 너희는 부정해서는 안 된다." 그 말은 우리 각자 누구에게나 말해지고 있다. 교만은 우리 모두의 뼈 속에서 자라난 죄다. 그러므로 우리 각자는 그것에

대해 경계하고 대비할 필요가 있다. 마땅히 생각할 그 이상의 생각을 품지 말고(3 절). 우리는 우리 자신에 대해 과대평가하거나 우리 자신의 판단과 능력과 인격과 실천에 대해 지나치게 높은 평가를 하지 않도록 조심해야 한다. 우리는 자만에 빠지거나 우리 자신의 지혜와 다른 재능을 지나치게 과신하거나 함으로써, 우리 자신이 뭔가 된 줄로 착각해서는 안 된다(갈 6:3). 물론 우리 자신을 죄의 종과 세상의 하수인으로 살 수 없는 존재로서, 그보다는 훨씬 고상한 존재로 생각할 수 있고, 또 그렇게 생각해야 한다. 그러나 한편으로 우리는 겸손하게 즉 우리 자신과 우리 자신의 능력, 재능, 은혜 등에 대해서는 다른 곳이 아니라 하나님으로부터 받았다는 사실을 유념하고 겸허하고 절제된 생각을 가져야 한다. 우리는 의심스러운 논쟁에 대해 지나치게 확신을 갖거나 격정을 가져서는 안 된다. 우리 자신의 분수를 벗어나서는 안 된다. 우리와 다르다고 해서 그들을 판단하거나 비판해서는 안 된다. 육신을 자랑하려는 마음을 가져서도 안 된다. 이것들은 우리 자신에 대해 절제된 생각을 할 때 나오는 열매들이다. 하나님의 말씀은 다른 의미로 얼마든지 해석될 수도 있다.

자신에 관해(of ourselves) 마땅히 생각할 그 이상의 생각을 품지 말고(3절). 여기서 자신에 관해라는 말은 원문에는 없다(한글성경에도 없다). 그러므로 이 구절은 어느 누구도 마땅히 지혜롭게 되어야 할 것 이상으로 지혜롭지 말고, 절제하며 지혜로워라고 해석될 수 있다. 우리는 감당하지 못할 놀라운 일을 하려고 해서는 안 된다(시 131:1,2). 또 우리가 보지 못한 것에 의지해서도 안 된다(골 2:18). 우리에게 속하지 않은 감추어진 일들에 대해 말해서도 안 된다(신 29:29). 우리는 절대로 기록된 것 이상으로 지혜로워지려고 욕심을 부려서는 안 된다. 지식 가운데에는 금단의 열매를 따먹게 만드는 과시적 지식이 있다. 우리는 이것을 조심하고, 그 지식이 절제를 좇도록 함으로써 마음을 새롭게 하고 삶을 개혁하도록 해야 한다. 어떤 이들은 그것을 우리 자신의 위치와 자리를 지킴으로써 다른 사람들의 은사와 직분을 방해하지 않도록 하는 절제를 가리키는 것으로 이해한다. 지극히 귀한 영적 은사를 사용하는데 있어서 겸손하게 절제하도록 권면하는 실례를 보라(고후 10:13-15). 스스로 지혜 있는 체 하지 말라(16절)는 권면도 같은 의미로 해석될 수 있다. 지혜로운 것은 좋지만, 스스로 그렇다고 생각하는 것은 좋지 않다. 왜냐하면 자신의 눈에 지혜로운 자가 되는 것만큼 바보가 되기를 바라는 자는 없기 때문이다. 모세가 자신의 얼굴이 빛나고 있었으나 그것을 몰랐던 것이야말로 귀감이 되는 모습이다. 이제 왜 우리가 우리 자신과 우리 자신의 능력 및 재능에 대해 절제된 생각을 해야 하는지 그 이유를 살펴보자.

(1) 우리에게 있는 좋은 것은 무엇이든 하나님께서 나누어주신 것이기 때문이다. 온갖 좋은 은사와 온전한 선물이 다 위로부터 내려오나니(약 1:17). 우리가 갖고 있는 것 중에 받지 아니한 것이 무엇인가? 만일 우리가 그것을 받았다면, 어떻게 그것을 자랑하겠는가(고전 4:7)? 세상에서 아무리 유능한 사람이라도 하나님의 값없는 은혜가 날마다 그를 그렇게 만들어놓은 것에 불과하다. 우리 자신에 관해 생각할 때, 우리는 마치 우리의 힘과 우리 손의 능력으로 이런 은사를 갖게 된 것처럼, 우리가 어떻게 얻었는데 하는 식으로 생각할 것이 아니라 우리에게 주신 하나님이 얼마나 은혜로우신지를 생각하기를 잊지 말아야 한다. 왜냐하면 어떤 선한 것이든 그것을 행할 능력을 주시는 이는 하나님이시고, 그분 안에서 모든 것은 우리의 충만이기 때문이다.

(2) 하나님께서 은사를 일정하게 나누어주시기 때문이다: 믿음의 분량대로(3절). 사도가 여기서 영적 은사의 분량을 믿음의 분량으로 부르고 있음을 주목하라. 그것은 믿음이 근본 은혜이기 때문이다. 우리가 갖고 있거나 행하는 선은 무엇이든 믿음 안에서 발견되고, 믿음으로부터 나오는 한, 옳고 기뻐하시는 것이다. 따라서 믿음과 그것에 수반되는 다른 영적 은사들은 분량에 따라 곧 무한한 지혜자가 우리에게 주시는 양에 따라 주어진다. 그리스도는 성령을 받으실 때 한량없이 받으셨다(요 3:34). 그러나 성도들은 분량대로 그것을 받는다. 엡 4:7을 보라. 한량없이 은사를 받은 그리스도는 온유하고 겸손하셨다. 그렇다면 모자라서 아까워하는 우리가 어떻게 교만하고 자만에 빠지겠는가?

(3) 하나님께서 은사를 우리에게만이 아니라 다른 사람들에게도 나누어 주셨기 때문이다: 각 사람에게 나누어 주신(3절). 우리가 성령에 대한 독점권이 있다면 또는 영적 은사에 대해 유일한 소유자가 되는 특허권이 있다면, 어느 정도 스스로 교만한 것에 대해 핑곗거리가 될 수 있다. 그러나 다른 사람들도 우리만큼 자기들의 몫을 갖고 있다. 하나님은 모든 성도들에게 공통의 하나님이고, 그리스도는 공통의 뿌리다. 성도들의 덕은 모두 그분으로부터 나온 것이다. 그러므로 마치 우리만 천국의 특혜를 누리고, 지혜가 우리에게서 끝나야 하는 백성들인 것처럼, 우리 자신을 높이고 다른 사람들을 멸시하는 것은 어울

리지 않는 일이다. 사도는 이 결론을 자연적 몸의 지체로부터 취한 비유를 통해 예증하고 있다(고전 12:12; 엡 4:16도 그 한 예다): 우리가 한 몸에 많은 지체를 가졌으나 모든 지체가 같은 기능을 가진 것이 아니니 이와 같이 우리 많은 사람이 그리스도 안에서 한 몸이 되어 서로 지체가 되었느니라(4,5절). 이것을 확인해보자: [1] 모든 성도들은 그리스도 안에서 한 몸을 이루고 있다. 이때 그리스도는 그 몸의 머리로서, 그 연합체의 공통적 중심이다. 신자들은 세상에서 무질서하게 아무렇게나 나뒹구는 덩어리가 아니라 유기적으로 서로 연결되어 있다. 그들은 하나의 공통된 머리에 연합되어 있고, 하나의 공통된 성령에 의해 활동하고 살아 움직이는 존재들이다. [2] 성도들 개인은 이 몸의 지체들로서, 그 구성원을 이룬다. 그들은 전체보다는 작지만, 전체와 연관되어 있고 머리로부터 생명과 영을 공급받는다. 그 몸의 어떤 지체는 다른 지체보다 더 크고 더 유용하다. 각 지체는 분량대로 머리로부터 영을 받는다. 만일 새끼손가락이 다리만큼 양분을 공급받는다면, 얼마나 불편하고 부당한 일이 되겠는가! 우리는 우리가 전체가 아니라는 것을 기억해야 한다. 만일 우리가 그렇게 생각한다면 마땅히 해야 할 생각을 벗어나는 것이다. 우리는 다만 부분이요 지체들이다. [3] 모든 지체가 같은 기능을 가진 것이 아니니(4절). 그러나 각 지체는 정해진 자기만의 위치와 기능이 있다. 눈의 본분은 보는 것이고, 손의 본분은 일하는 것이다. 마찬가지로 신비적인 몸에서도, 어떤 지체는 어떤 종류의 사역을 감당하도록 자격이 주어지거나 부르심을 받는다. 또 다른 지체도 마찬가지로 다른 종류의 사역을 감당하도록 능력을 받거나 부르심을 받는다. 그리스도의 나라의 관원들, 사역자들, 백성들은 그들 나름의 직분을 갖고 있고 그 직분을 수행할 때에 다른 사람들을 방해하거나 그들과 충돌해서는 안 된다. [4] 각 지체는 전체 및 다른 모든 지체의 선과 유익을 위해 각각의 위치와 본분을 갖고 있다. 우리는 그리스도의 지체일 뿐만 아니라 서로 지체가 되었다(5절). 우리는 서로 관계 속에 있다. 따라서 서로를 위해 할 수 있는 모든 선을 행해야 하고, 공통의 유익을 위해 협력하여야 한다. 이것은 고전 12:4 이하에 상세히 예증되어 있다. 그러므로 우리는 우리 자신의 능력에 대해 자만에 빠져서는 안 된다. 왜냐하면 우리가 갖고 있는 것은 무엇이나 받은 것인데, 그것도 우리 자신을 위해서가 아니라 다른 사람들의 유익을 위해 받은 것이기 때문이다.

2. 하나님이 우리에게 주신 은사의 절제된 사용. 우리는 한편으로는 우리의

재능을 자랑해서는 안 되고, 다른 한편으로는 그것을 사용하지 않고 사장시켜서는 안 된다. 겸손과 자기부인을 핑계로 다른 사람들의 유익을 위해 우리 자신을 사용하는데 게으르지 않도록 조심해야 한다. 우리는 "나는 아무것도 아닙니다. 그래서 아무 일도 하지 않고 계속 가만히 앉아 있겠습니다"라고 말하지 말고, "나는 스스로는 아무것도 아닙니다. 그러므로 그리스도의 은혜의 힘을 입어 최선을 다하겠습니다"라고 말해야 한다. 사도는 여기서 교회의 제도적 직분을 구체화시키고 있는데, 각 지체는 이것을 이행하는데 있어서 자신의 임무를 잘 연구해야 한다. 왜냐하면 자신의 위치를 자각하고 그것을 잘 수행할 때 교회의 질서를 유지하고 교회 안에 덕을 세우기 때문이다. 받은 은사가(6절). 다음에 이어지는 세부적인 내용은 이 전체에 대한 의미를 보충해준다. 받은 은사가 있으면, 그것을 사용하도록 하자. 목회사역의 권위와 능력도 하나님의 은사다. 은사가 각각 다르니(6절). 직접적 목적은 달라도 그 궁극적 목적은 같다. 은혜대로(카리스마타 카타 텐 카린). 하나님의 값없는 은혜는 사람들에게 주어지는 모든 은사의 샘이자 원천이다. 직분을 정하고 사람에게 자격을 주고 그에 합당한 성향을 주며, 그리하여 의지와 행동을 일으키는 것은 은혜다. 초대 교회 당시에는 방언이나 예언 그리고 신유와 같은 특별한 은사들이 있었지만, 여기서는 보통의 은사들에 관해 말한다. 고전 12:4; 딤전 4:14; 벧전 4:10과 비교해 보라. 사도는 7가지 구체적인 은사를 열거한다(6-8절). 이것은 초대 교회 당시 대다수 교회들의 협력조직으로 활용된, 특별한 직분을 의미하는 것처럼 보인다. 여기서 예언과 섬기는 일로 표현된 2가지 일반적인 은사가 있다. 전자는 감독의 사역이고, 후자는 집사의 사역이다. 이 두 직분은 당시 유일한 상설 사역이었다(빌 1:1). 그러나 이것들 각각에 속해 있는 특별한 임무는 그것이 좀 더 효과적으로 시행되기 위해서는 전체의 동의와 찬성을 통해 나누어지고 할당된 것처럼 보인다. 왜냐하면 공동책임은 무책임이 되고, 일인일무(一人一務, vir unius negotii)라야 신속하게 일 처리가 되기 때문이다. 그래서 다윗은 레위인들을 따로 세웠는데(대상 23:4,5), 지혜로운 명령이 아닐 수 없다. 그러므로 나머지 5가지 은사는 앞의 2가지 은사로 압축될 것이다.

(1) 예언. 혹 예언이면 믿음의 분수대로(6절). 그것은 일어날 일들을 미리 말하는 특별한 은사가 아니라 말씀을 전파하는 일반적 직분을 의미한다. 예언이 이런 의미로 취해진 곳으로는 고전 14:1-3 및 이하; 11:4; 살전 5:20 등이 있다.

구약의 선지자들의 사역은 미래 사실을 예언하는 일뿐만 아니라 백성들에게 죄와 의무에 관해 경고하는 일, 그리고 그들이 이미 알고 있었던 것을 상기시켜 주는 일을 하는데 있었다. 이처럼 복음전도자들도 말씀 계시가 허용하는 한도 안에서 당연히 선지자였고, 그리하여 미래를 예언하기도 했다. 설교는 인간의 영원한 상태에 관해 말하는 것이기 때문에 미래 상태에 대해서도 직접 언급하게 된다. 따라서 말씀을 전하는 자들은 믿음의 분수대로(카타 텐 아나로기안 테스 피스테오스) 그 일을 해야 한다. 믿음의 분수대로란 다음과 같이 한다는 의미다: [1] 예언하는 태도에 있어서, 그것은 믿음의 은혜의 분량에 따라야 한다는 것이다. 사도는 각 사람에게 나누어 주신 믿음의 분량에 관해 이미 말했다(3절). 설교자는 자신이 갖고 있는 믿음을 충분히 발휘하고, 그리하여 무엇보다 먼저 자신이 전하는 진리가 자신의 마음에 감동을 받도록 해야 한다. 사람들이 믿음이 없으면 잘 들을 수 없듯이, 전하는 자도 믿음이 없으면 잘 전할 수 없다. 먼저 믿고, 그 다음에 말하라(시 116:10; 고후 4:13). 그러므로 우리는 믿음의 분량을 기억해야 한다. 모든 사람이 믿음을 갖고 있는 것은 아니지만, 나 말고도 많은 사람들이 믿음을 갖고 있다. 그러므로 우리는 우리 말고 다른 사람들도 남을 가르칠 지식과 능력을 공유하도록 해야 한다. 혹 우리보다 분량이 못한 사람들일지라도 그렇게 해주어야 한다. "네게 있는 믿음을 스스로 가지고 있으라(14:22). 그리고 그것을 다른 사람들을 지배하는 법으로 삼지 말고, 너는 단지 네 분량만 갖고 있음을 기억하라." [2] 예언하는 문제에 있어서, 그것은 믿음의 교훈의 분량에 따라야 한다. 즉 그것은 구약성경과 신약성경에 계시된 진리에 따라야 한다. 이 믿음의 법으로 베뢰아 사람들은 바울의 설교를 시험했다(행 17:11). 행 26:22; 갈 1:9과 비교해 보라. 성경에는 분명히 그리고 일률적으로 가르치는 핵심진리 곧 내가 제일원리(prima axiomata)라고 부르는 진리들이 몇 가지 있는데, 그것들은 복음전도의 시금석이다. 따라서 우리는 그것들을 통해(예언을 멸시해서도 안 되겠지만) 범사에 헤아려 좋은 것을 취해야 한다(살전 5:20,21). 애매모호한 진리들은 더 분명한 진리들을 통해 검증을 받아야 한다. 그것들이 믿음의 유비에 일치되고 부합되는 것으로 발견될 때 비로소 인정되어야 한다. 왜냐하면 한 진리가 다른 진리와 결코 모순될 수는 없기 때문이다. 여기서 설교자들이 크게 조심하지 않으면 안 될 것이 무엇인지를 보라. 건전한 교리를 선포하려면 바른 말씀의 형식을 따라야 한다(딛 2:8; 딤후

1:13). 예언이 기교에 비례하거나 또는 논리와 수사학의 법칙에 따르는 것은 필수적인 일은 아니다. 그것은 믿음의 분량에 따르는 것이 필수적이다. 왜냐하면 우리가 전파하는 것은 믿음의 말씀이기 때문이다. 따라서 예언하는 사람이 염두에 두어야 할 두 가지 특별한 일이 있다. 그것은 가르치는 일과 권면하는 일이다. 그런데 이 일들은 한 사람이 동시에 하나씩 감당해야 그 효과가 충분히 나타날 수 있는 일들이다. 그가 전자의 일을 하면 그것만 염두에 두어야 하고, 후자의 일을 하면 할 수 있는 한 그것만 염두에 두어야 한다. 만일 교회 사역자들 사이의 동의를 통해 이 사역이 나누어져 지속적으로 또는 교체적으로 한 사람은 가르치고, 다른 한 사람은 권면하도록 한다면, 각자 믿음의 분량대로 각자의 사역을 감당해야 한다. **첫째, 가르치는 자는 가르치는 일에 전념하라.** 가르치는 일은 복음 진리를 성경을 해설하는 일처럼 실제 적용 없이, 있는 그대로 설명하고 증명하는 것이다. 목사와 교사는 같은 직분이다(엡 4:11). 그러나 구체적 활동은 약간 다르다. 따라서 가르치는 재능을 갖고 그 영역에 종사하는 사람은 그 일에 집중해야 한다. 그것은 좋은 은사이므로, 그것을 사용하고 그것을 염두에 두도록 하라. 가르치는 자면 가르치는 일로(호 디다스콘 엔 테 디다스칼리아). 이 말은 빈번하게, 일관되게 그리고 부지런히 가르치라는 뜻이다. 자신의 적절한 사역으로 알고 그 일에 거하라. 자신의 고유영역인 것처럼 그 안에 있으라. 딤전 4:15,16을 보라. 그 곳을 보면 두 마디 말씀 곧 이 모든 일에 전심전력하여(엔 투토이스 이스티)와 이 일을 계속하라(에피메네 아우토이스)로 구분되어 설명되고 있다. **둘째, 위로하는 자는 위로하는 일에 전념하라.** 그 일에 집중하라. 가르치는 일이 교사의 사역이라면, 위로하는 일은 목사의 사역이다. 이것은 복음 진리와 규칙을 사람들의 경우와 상황에 보다 세밀하게 적용시켜 실천에 힘쓰도록 강조하는 것이다. 가르치는 일에 아주 정확한 사람들이 위로하는 일에는 아주 냉소적이고 재능이 없는 경우가 많다. 그 반대도 마찬가지다. 교사는 더 날카로운 머리를 필요로 하고, 목사는 더 따스한 가슴을 필요로 한다. 따라서 이 은사들이 분명히 분리되어 있는 곳에서는(곧 한 사람이 그 점에서는 다른 사람을 능가하나 다른 점에서는 다른 사람이 그 사람을 능가할 때) 그 사역을 그 재능에 따라 분리시켜 주는 것이 덕을 세우는 일이다. 그리고 책임을 지는 사역이 무엇이든 간에, 우리는 그것에 최선을 다해야 한다. 우리의 사역에 전념하는 것은 우리의 시간과 생각을 그것에 최대한 투자하는 것

이고, 그것을 위해 모든 기회를 활용하는 것이며, 그것을 하기 위해, 아니 그것을 잘 하기 위해 힘을 다하는 것이다.

(2) 섬기는 일. 만일 어떤 사람이 집사의 직분을 받거나(디아코니안), 목사와 교사를 돕는 자로 선택받았다면, 그 직분을 잘 감당해야 한다. 이 직분에는 교구위원(있다면), 장로, 구제담당자 등이 있는데, 아마 이 외에도 더 많은 직분이 있었을 것이다. 그들에게는 아주 막중한 사명이 있었는데, 초대교회에서는 오늘날 우리가 알고 있는 것보다 그들의 사랑과 임무를 더 크게 강조했다. 그것은 교회의 외적 업무(타 엑소)와 관련된 모든 직무 곧 하나님의 전의 바깥일을 망라했다. 느 11:16을 보라. 접대를 일삼는 것도 그 직무에 속한다(행 6:2). 따라서 이 섬김의 일이 맡겨진 자는 성실과 부지런함으로 그 일을 감당해야 한다. 그는 특별히 다음과 같이 해야 한다.

[1] 구제하는 자는 성실함으로(8절). 교회의 구제 사역의 청지기인 직분자들은 돈을 거두어 그것을 가난한 자들의 필요에 맞추어 나누어 주었다. 그들은 그 일을 성실함으로(엔 하플로테티) 곧 후하고 신실하게 감당해야 한다. 자기들이 받은 것을 자기들 자신을 위한 용도로 쓰거나 어떤 악한 의도를 가지고 또는 인위적으로 그것을 분배하거나 해서는 안 된다. 가난한 자들에게 역정을 내거나 투정을 부려서도 안 되고, 그들을 무시하는 태도를 취해서도 안 된다. 오직 진실함과 성실함으로 행하되, 하나님을 영화롭게 하고 선을 행하는 목적 외에 다른 목적으로 그것을 사용해서는 안 된다. 어떤 이들은 그것을 자선행위 전체에 적용시킨다. 돈이 많은 사람은 주되, 넉넉하고 후하게 주어야 한다. 고후 8:2; 9:13도 그렇게 번역된다. 하나님은 즐겨 내는 자를 사랑하신다(고후 9:7). [2] 다스리는 자는 부지런함으로(8절). 여기서 사도는 성도를 훈련시키는데 있어서 목사들을 돕고, 또 교회를 운영하는데 있어서 목사들의 손, 눈, 입이 되었던 사람들 또는 성도들 가운데 다스리는 역할을 주로 감당했던 사역자들을 염두에 두고 말하는 것으로 보인다. 왜냐하면 우리는 말씀과 교리를 가지고 다스리며 수고한 사람들을 성경에서 발견하기 때문이다(딤전 5:17). 따라서 이런 사람들은 그 일을 하는데 부지런함으로 해야 한다. 그 말씀은 잘못하는 점을 찾아내 잘못하는 자들을 바로잡고, 또 잘못한 자들을 책망하고 훈계함으로써 교회의 순결을 유지하도록 보살피고 힘써야 한다는 것을 함축한다. 그들은 이 위임된 사명을 감당하는데 있어서 신실한 자로 인정을 받으려면 힘든 수고를 감수

해야 하고, 그 사역을 촉진시키고 진전시키려면 어떤 기회라도 그냥 흘려보내서는 안 될 것이다. [3] 긍휼을 베푸는 자는 즐거움으로 할 것이니라(8절). 어떤 이들은 그것을 어떤 일을 하든 긍휼을 베풀어야 한다는 일반적 의미로 생각한다: 기꺼이 긍휼을 베푸는 자가 되고, 그것을 즐겁게 취하라. 하나님은 즐겨 내는 자를 사랑하신다. 그러나 여기서 긍휼을 베푸는 자는 그 일에만 종사하는 일부 특수 교회사역자들을 가리킨다고 생각한다. 그 사역은 병든 자와 새 신자를 보살피는 일이었다. 이 일은 일반적으로 이런 일로 교회에서 일꾼이 되었던 과부들의 몫이었다. 곧 여집사들이 담당했다(딤전 5:9,10). 물론 다른 사람들도 있었지만, 주로 그녀들이 담당했다. 그런데 이 일은 즐거움으로 행해져야 한다. 긍휼을 베풀 때 즐거운 얼굴을 하는 것은 긍휼을 받는 사람들에게 큰 안도감과 위안을 준다. 그들이 보아야 하는 모습은 마지못해 억지로 하는 모습이 아니라 즐거운 표정과 친절한 말, 그리고 최대한 신속하고 민첩한 행동으로 해야 한다. 병든 자와 상처받은 자들, 특히 까다롭고 괴팍한 사람들을 다루어야 하는 이들은 인내에 익숙해야 할 뿐만 아니라 즐거워함으로써 그들에게 그 일을 쉽고 긍정적으로 받아들이게 하고, 하나님께는 더 인정받을 수 있는 자들이 되어야 한다.

Ⅲ. 형제들에 대한 우리의 의무. 이에 대한 권면은 간단하지만 다양한 사례가 언급된다. 따라서 형제 상호 간에 지켜야 할 우리의 공통적 의무는 한 마디로 요약되는데, 사랑이라는 달콤한 말이다. 이 말에 우리 모두가 서로 간에 지켜야 할 의무의 기초가 놓여 있다. 그러므로 사도는 그 말을 먼저 언급하는데, 그것은 그리스도의 제자들의 제복이요, 우리 신앙의 대강령이다: 사랑에는 거짓이 없나니(9절). 아첨이나 겉치레가 아니라 실제로 사랑하는 말이다. 말과 혀로만 사랑하지 말고(요일 3:18). 진정한 사랑은 가식이 없는 사랑이다. 속이기 위해 원수에게 입맞춤하는 것이 아니다. 우리는 우리의 사랑의 진실함을 증명할(고후 8:8) 기회가 오면 감사해야 한다. 보다 구체적으로 말하면, 친구에게 빚진 사랑이 있고, 원수에게 빚진 사랑이 있다. 사도는 두 가지를 다 설명한다.

1. **친구에 대한 사랑.** 친구가 있는 자는 자신의 우정을 보여주어야 한다. 그리스도인들은 서로 사랑의 빚을 지고 있으므로 갚아야 한다.

(1) 우애하는 사랑(10절): 형제를 사랑하여 서로 우애하고(필로스톨로이). 이 말은 사랑 자체를 가리킬 뿐만 아니라 사랑에 대한 준비와 성향을 가리키는 것

으로, 가장 진실하고 아낌 없는 애정, 샘에서 물이 흘러나오듯 자연스럽게 흐르는 친절을 의미한다. 그것은 부모가 자녀에 대해 갖는 사랑과 같은 것으로, 지극히 부드럽고, 따라서 어떤 강제나 강요가 없는 극히 자연스러운 사랑이다. 우리는 이런 사랑을 서로 구사해야 하고, 이런 사랑은 새 본성이 자리잡고 있는 곳에서 가능하고, 그 사랑의 법은 마음속에 기록되어 있다. 이 친절한 애정은 우리로 하여금 말과 행동을 통해 최대한 공손하고 정중한 자세를 취하도록 만들 것이다. 서로. 이것은 우리에게 사랑의 은혜를 권장하고, 그리하여 우리가 남을 사랑하는 것을 의무로 삼을 때, 남도 똑같이 우리를 사랑하는 것을 그들의 의무로 삼을 것이다. 그리고 이 세상에서 사랑하고 사랑받는 것보다 더 좋은 것이 있을 수 있겠는가? 이처럼 물을 뿌리는 자는 자신도 물 뿌림을 받게 될 것이다.

(2) 존경하는 사랑(10절): 존경하기를 서로 먼저 하며 높은 자리를 차지하려고 싸우는 대신에 우리는 다른 사람들에게 높은 자리를 내주어야 한다. 이것은 빌 2:3에 설명되어 있다: 각각 자기보다 남을 낫게 여기고. 이것이 충분한 이유가 있는 것은 만일 우리가 우리 자신의 마음을 헤아린다면 세상 그 누구보다 자신이 더 악하다는 것을 인정할 것이기 때문이다. 우리는 형제들의 은사와 은혜와 업적들을 찾아내 그들의 가치를 인정하고, 그들을 칭찬하며, 또 그들이 우리 자신보다 칭찬받는 것을 더 즐거워해야 한다. 존경하기를 서로 먼저 하며(테 티메 알렐루스 프로에구메노이). 이 말은 서로 존경하기를 경쟁하며 또는 앞에서 이끌며라는 뜻이다. 어떤 이들은 그것을 존경을 취하는 것이 아니라 존경을 주는 것으로 이해한다. "너희 가운데 누가 가장 남을 존경하며, 기회가 있을 때마다 너희 형제를 사랑하는데 요구되는 모든 기독교적 직무(존경이라는 말 속에 이 모든 것이 다 포함되어 있다)를 수행하는지 서로 경쟁하라. 너희의 모든 경쟁은 어떻게 하면 겸손하고 유익을 주고 낮아질 수 있는지에 집중되어 있어야 한다." 딛 3:14에 나오는 좋은 일에 힘쓰기를(프로이스타스타이) 배우게 하라는 말씀도 이와 똑같은 의미를 갖고 있다. 우리가 다른 사람들을 먼저 존경하고(번역된 대로), 그들을 우리 자신보다 더 유능하고 더 가치 있다고 보아야 하지만, 그것을 우리의 거짓말과 무익한 행동에 대한 핑곗거리로 삼거나 그들의 섬김과 행함을 구실로 우리 자신의 안일과 게으름을 합리화시켜서는 안 된다. 그래서 사도는 즉시 부지런하여 게으르지 말고(11절)라는 말을 덧붙인다.

(3) 베푸는 사랑(13절): 성도들의 쓸 것을 공급하며. 우리 형제들의 필요는 말보다는 실제적인 공급이 요구되고, 그것을 공급할 능력이 우리 손에 달려있기 때문에, 우리는 말로만 그들을 감싸주고 존경하는 사랑으로 그치면 안 된다. [1] 이 세상에서 성도들이 자연적 생계를 꾸리는데 쓸 것이 부족한 것은 이상한 일이 아니다. 박해가 극심했던 초대교회 당시에는 극도의 고난 속에 있는 성도들이 특히 더 많았지만, 오늘날 우리에게도 가난한 자들, 아니 가난한 성도들은 항상 옆에 있다. 확실히 이 세상의 일들은 최상의 일들은 아니다. 만일 그 일들이 과연 그렇다면, 천국의 사랑받는 자인 성도들에게 그것들을 안 주실리 만무하기 때문이다. [2] 가진 자들이 가지지 못한 자들의 필요를 공급하는 또는 전달하는(이 말이 더 좋은 해석이다) 것은 의무다. 영혼을 구원하는 것만으로는 충분하지 않다. 우리는 지갑을 꺼내 배고픈 자들에게 주어야 한다. 약 2:15,16과 요일 3:17을 보라. 공급하며(코이노눈테스) 곧 전달하며. 이 말은 우리의 가난한 형제들도 하나님께서 우리에게 주신 것에 대해 차지할 몫이 있다는 것을 암시한다. 또 우리가 그들을 구제하는 것은, 마치 우리가 그들과 함께 고난받은 것처럼, 그들의 쓸 것에 대한 책임감과 동료의식으로부터 나와야 한다는 것도 암시한다. 빌립보 교인들이 바울에게 베푼 사랑의 자선은 그의 괴로움에 함께 참여한 것으로 말해진다(빌 4:14). 우리는 능력과 기회를 갖는 대로 누구든 궁핍한 자들을 구제할 준비를 하고 있어야 한다. 그러나 성도들에 대해서는 특별히 더 나누어줄 의무를 짊어져야 한다. 불신자들에게 베풀 통상적 사랑도 사랑이지만, 동료 그리스도인들에게는 더 특별한 사랑을 베풀어야 한다(갈 6:10): 모든 이에게 착한 일을 하되 더욱 믿음의 가정들에게 할지니라. 옛날 어떤 이들은 성도들의 쓸 것(타이스 크레이아이스)을 공급하며에서 쓸 것을 성도들의 기억(타이스 메네이아이스)으로 읽었다. 우리는 믿음과 인내를 통해 약속을 상속받는 사람들의 기억에 대해 빚을 ― 그것을 가치 있게 하고 그것을 입증하며 그것을 오래 기억해 둘 ― 지고 있다. 어떤 이는 잠 10:7을 읽을 때 의인의 기억은 복되다고 이해했다. 사도는 이어서 이 베푸는 사랑의 또 다른 측면을 언급한다: 손 대접하기를 힘쓰라(13절). 자기 소유의 집을 갖고 있는 사람들은 선을 행하기 위해 돌아다니는 사람들이나 박해에 대한 두려움 때문에 피난처를 찾아 헤매는 사람들을 대접할 준비를 하고 있어야 한다. 당시에는 오늘날처럼 쉽게 몸을 의탁할 수 있는 여관이 많지 않았다. 아니, 설사 있더라도 당시 방황

하는 그리스도인들은 그 곳을 자주 찾지 못했다. 또 그럴 만한 돈도 없었다. 그러므로 그들을 대가 없이 맞아들이겠다고 초대하는 것은 특별한 사랑이었다. 그러나 그것은 절대로 이미 폐지된 의무가 아니다. 오늘날 우리도 기회가 있는 대로 나그네들을 대접해야 한다. 왜냐하면 우리는 나그네의 마음을 모르기 때문이다. 나그네 되었을 때에 영접하였고(마 25:35)라는 말씀이 긍휼을 얻는 자들의 긍휼에 대한 한 사례로서 언급되어 있다: 손 대접하기를 힘쓰라(텐 필록세니안 디오콘테스). 곧 손 대접하기를 따르라 또는 추구하라는 뜻이다. 이 말은 긍휼을 보여주기 위해 우리가 기회를 얻거나 또는 기회를 찾아야 한다는 것을 암시한다. 장막 문에 앉아 있던 아브라함처럼(창 18:1), 성문에 앉아 있던 롯처럼(창 19:1), 집으로 초대해 친절을 베풀기 위해 손님을 기다리던 자 가운데 부지중에 천사를 대접한 이들이 있었다(히 13:2).

(4) 동정하는 사랑(15절): 즐거워하는 자들과 함께 즐거워하고 우는 자들과 함께 울라. 신비적인 몸의 지체들 간의 상호 사랑이 있는 곳에는 동료의식이 생기기 마련이다. 고전 12:26을 보라. 참 사랑은 서로의 슬픔과 기쁨을 우리의 관심사로 만들고, 그것을 우리 자신의 것으로 삼도록 가르친다. 이 세상 속에서 섞여 사는 사람들을 보라. 어떤 자들은 즐거워하고, 또 어떤 자들은 울고 있다(에스라 3:12,13에 나오는 사람들처럼). 따라서 다른 은혜들에서처럼, 시련 가운데 있는 자들에 대해서도 형제애와 그리스도인으로서의 동정이 필요하다. 하지만 우리는 어떤 사람의 죄악된 환희나 근심 속에 참여해서는 안 되고, 오로지 의롭고 정당한 기쁨과 슬픔 속에 참여해야 한다. 성공한 사람들의 성공을 시기하지 말고, 함께 즐거워하라는 것이다. 다른 사람들이 우리가 얻지 못한 성공과 위로를 갖고 있는 것을 진심으로 기뻐해주라는 것이다. 환난 속에 있는 자들을 멸시하지 말고, 우리 자신의 몸처럼 그들에게 관심을 가지며, 그들을 기꺼이 도우라는 것이다. 이것은 그의 종의 평안함을 기뻐하시고(시 35:27), 그들의 모든 환난에 동참하시는(사 63:9), 하나님처럼 하는 것이다.

(5) 연합하는 사랑(16절): 서로 마음을 같이하며. 이 말은 가능한 한 최선을 다해 생각을 일치시키고, 그렇지 못할 때는 감정을 함께 하도록 힘쓰라는 뜻이다. 서로 치고 받고 반대하고 방해할 것이 아니라 모두 하나가 되어 평화의 끈으로 성령의 하나 되게 하심을 지키도록 노력하라는 말이다(빌 2:2; 3:15,16; 고전 1:10). 서로 마음을 같이하며, 어떤 이들은 이 말을 네가 네 자신에게 선하

기를 원하는 것만큼 다른 사람들에 대해서도 똑같이 원하라고 이해한다. 이것은 형제들을 우리 자신만큼 사랑하고, 그들의 행복을 우리 자신의 것만큼 바란다는 것이다.

(6) 겸손한 사랑(16절): 높은 데 마음을 두지 말고 도리어 낮은 데 처하며. 참 사랑은 낮아짐이 없이는 불가능하다(엡 4:1,2; 빌 2:3). 우리 주 예수님은 우리에게 형제 사랑을 가르쳐 주시려고 제자들의 발을 씻기셨다(요 13:5; 14:34). 이것은 서로 올바르게 사랑하려면 상대방의 유익을 위해 가장 미천한 일도 고개를 숙이고 기꺼이 할 줄 알아야 한다는 것을 특별히 암시하려는 것이다. 사랑은 겸손케 하는 은혜다. 위엄과 사랑 − 서로 잘 어울리지 않는다(Non bene conveniunt — majestas et amor). 그것이 여기서 어떻게 강조되고 있는지를 확인해보자.

[1] 높은 데 마음을 두지 말라. 우리는 영예와 승진에 지나치게 야심을 품어서는 안 되고, 이 세상의 자랑과 영광을 과대평가하거나 너무 욕심을 부려서는 안 되고, 거룩한 낮아짐의 자세를 취해야 한다. 다윗이 승승장구할 때, 그의 영은 겸손했다(시 131:1): 내가 큰일과 감당하지 못할 놀라운 일을 하려고 힘쓰지 아니하나이다. 땅의 왕들을 다스리고(계 17:18), 당시 그 광휘가 최절정에 달했던 제국의 수도에 살던 로마인들은 그 곳에 살고 있는 것으로 말미암아 자기들을 우월하게 생각하는 경향이 있었다. 마찬가지로 거룩한 씨도 이러한 발효제로 오염되었다. 로마의 그리스도인들은, 도시민들이 시골을 업신여기는 것처럼, 다른 지역의 그리스도인들을 멸시할 준비가 되어 있었다. 그러므로 사도는 그들이 높은데 마음을 두는 것에 대해 자주 경고하는 것이다. 11:20과 비교해 보라. 그들은 궁정 가까이 살았고, 날마다 그 곳의 환락과 위용을 접했다: 그래서 사도는 "그렇지만 그것을 마음에 두지 말라. 그것을 절대로 사랑하지 말라"고 말한다.

[2] 도리어 낮은 데 처하며. 첫째, 그것은 우리가 낮아지지 않으면 안 되는, 천한 일을 의미할 수 있다. 만일 세상에서의 우리의 상태가 가난하고 천하다면, 우리의 즐거움은 조악하고 빈약할 것이며, 우리의 하는 일은 멸시받고 경멸당하는 일이 되겠지만, 그래도 우리는 그것에 마음을 두고, 그것을 묵묵히 따라야 한다. 그래서 난외주는 이렇게 되어있다: 천한 일에 만족하라. 그 곳이 어떤 자리든, 하나님께서 그의 섭리를 따라 우리를 두신 자리로 일치시키라. 우리는

죄 말고 우리가 들어가지 못할 만큼 낮은 자리는 없다고 생각해야 한다: 그것들이 우리의 몫일 때, 천한 관습, 천한 운명, 천한 옷, 천한 환경에 순응하고 불평하지 말자. 아니, 우리는 하나님께서 낮은 일을 우리에게 정하신다면, 새 본성의 힘에 의해, 타락한 옛 본성이 높은 일을 향해 움직이는 것처럼, 그 일을 향해 일종의 관성에 따르는 것처럼 움직여야 한다(쉬나파고마이라는 말은 바로 이런 의미를 갖고 있고, 딱 그런 의미다). 우리는 높은 상태보다는 낮은 상태와 천한 환경을 우리 욕구의 중심에 두어야 한다. 둘째, 그것은 천한 사람을 의미할 수 있다. 따라서 우리는 본문을 도리어 낮은 사람들에게 처하며라는 뜻으로 이해할 수 있다(나는 두 가지 의미가 다 포함되어 있다고 생각한다). 우리는 세상에서 가난하고 미천한 사람들이 하나님을 경외하는 사람들이라면, 그들과 교제하고 화목한 관계를 이루어야 한다. 다윗은 보좌에 오른 왕이었지만, 이런 모든 자들의 친구였다(시 119:63). 크신 하나님께서 낮은 자들을 찾아 하늘과 땅을 감찰하시는데, 우리가 이런 자들과 대화하는 것을 부끄러워할 이유가 없다. 참 사랑은 누더기나 비단옷을 가리지 않는데서 그 은혜의 가치가 나타난다. 보석은 흙 속에 묻혀 있어도 여전히 보석이다. 이 낮아짐에 반하는 것은 책망을 받는다(약 2:1-4). 처하며. 이 말은 그들에게 자신을 맞추라, 또는 그들의 유익을 위해 그들에게 고개를 숙이라는 뜻이다. 바울처럼 하라는 말이다(고전 9:19 이하). 어떤 이들은 원래 이 단어가 여행자들로부터 이끌어낸 비유어라고 생각한다. 즉 튼튼하고 발이 빠른 여행자는 약하고 발이 느린 여행자를 위해 발을 멈추고 그들과 보조를 맞춘다. 이처럼 그리스도인들도 동료 순례자들을 위해 약한 모습이 되어야 한다. 이것을 더욱 자극하기 위한 수단으로서, 사도는 스스로 지혜 있는 체 하지 말라(16절)는 말을 덧붙인다. 3절에도 동일한 취지가 나타나 있다. 우리는 우리 자신 속에서 자만심을 발견할 수 있는 한, 다른 사람들에게 진심으로 낮아지는 모습을 보여줄 수 없다. 그러므로 이것은 당연히 극복되어야 한다. 스스로 지혜 있는 체 하지 말라. "혼자 힘으로 지혜롭게 되지 말라. 곧 네 자신의 지혜가 충분하다고 믿지 말라. 그리하여 다른 사람들을 무시하거나 나에게는 그들이 필요 없다고 생각하지 않도록 하라(잠 3:7). 또 네가 가진 것을 남에게 나누어주는 것을 부끄럽게 여기지 말라. 우리는 각자에게 지체가 되어 서로 의존하고 있고, 서로에게 힘입고 있다. 그러므로 혼자 힘으로 지혜롭게 되지 말라. 네가 공언하는 지혜라는 상품은 서로 주고받고 하는 거래에 의미가 있다는 것을 잊지 말라."

(7) 모든 사람과 화목하는 사랑(18절). 이 사랑은 우리 안에 있는 것만큼 그 대로 다른 사람들에게 사용해야 한다. 모든 사람과 더불어 화목하라. 지위나 직 업상 거리가 있어서 우리가 가까이 다가가거나 친밀하게 지낼 수 없는 사람들 과도 우리는 화목하게 살아야 한다. 즉 우리는 다른 사람들에게 다툴 빌미를 주지 말고 서로 해를 끼치지 않고 헐뜯지 않는 관계를 가져야 한다. 또 다른 사 람들과 다툴 빌미를 찾지 말고 원한과 복수 없이 지내야 한다. 이처럼 우리는 평화를 지키기 위해 힘써야 한다. 그것이 깨지지 않도록, 또 깨졌다면 다시 결 합시킬 수 있도록 노력해야 한다. 위로부터 오는 지혜는 성결하고 화평하다. 이 권면이 어떻게 한정되고 있는지 확인해보라. 그것은 우리에게 불가능한 일 을 하라는 식으로 표현되어 있지 않다: 할 수 있거든 너희로서는. 그래서 히 12:14에서는 화평함을 따르라고, 엡 4:3에서는 힘써 지키라고 말한다. 화목을 지 키는 일들에 대해 연구해보라. 할 수 있거든. 이 말은 하나님께 해를 끼치고 양 심에 상처를 주어야만 화목을 지킬 수 있을 때에는 그렇게 하는 것이 가능하지 않다는 것이다: 비난을 초래하지 않고 가능한 것이 가능한 것이다(Id possumus quod jure possumus). 위로부터 오는 지혜는 첫째 성결하고 다음에 화평하다 (약 3:17). 성결 없는 화평은 마귀의 궁전의 화평이다. 너희로서는. 화목이 성 립하기 위해서는 쌍방의 말이 일치되어야 한다. 우리는 우리 자신의 입장에서 말할 수밖에 없다. 우리는 다투는 자였던 예레미야처럼(렘 15:10) 불가피하게 다툼에 휘말릴 수 있다. 우리는 이것을 어쩔 수 없다. 그러므로 화목을 지키기 위해 우리 입장에 하자가 없도록 조심해야 한다. 나는 화평을 원할지라도 내가 말 할 때에 그들은 싸우려 하는도다(시 120:7).

2. **원수에 대한 사랑**. 하나님의 원수가 된 이후로 사람들은 서로 간에 아주 쉽게 원수가 되는 것을 발견한다. 사랑의 총사령부가 일단 파괴되면 그 전선들 은 좌충우돌하거나 불안한 사정거리에 들기 마련이다. 모든 인간들 가운데 신 앙을 가진 사람들은 그리스도의 것과는 거의 일치하지 않는 미소를 가진 세상 속의 원수들과 맞닥뜨리지 않을 수 없는 이유를 갖고 있다. 따라서 기독교는 우리에게 어떻게 원수들을 다루어야 하는지 가르쳐 준다. 이 가르침은 다른 모 든 가르침의 법칙 및 방법들과는 확실히 다르다. 그것들은 일반적으로 승리와 지배에 목표를 두고 있다. 그러나 이것은 내적 평화와 만족을 목표로 한다. 우

리가 잘못되기를 바라고 악을 행하도록 우리를 이끄는 원수가 누구든 간에, 우리의 목표는 그들에게 악을 행하지 않고, 할 수 있는 한 누구에게나 선을 행하는 것이다.

(1) 그들에게 해를 끼치지 말라(17절): 아무에게도 악을 악으로 갚지 말고. 왜냐하면 그렇게 하는 것은 야만적인 보복으로서, 그들 위나 그들 앞에서 벌어진 어떤 상태에 대해서 아무 감각이 없는 짐승들에게나 합당한 일이기 때문이다. 또는 만일 인간이 투쟁상태 속에서 지음받았다면(어떤 이들이 상상하는 것처럼), 이런 보복이 충분히 용납될 수 있을 것이다. 그러나 우리는 하나님을 그렇게 배우지 않았으니, 그분은 그의 원수들에게 악을 행하지 아니하시는 분이시다(마 5:45). 또한 우리는 그리스도에 대해서도 그렇게 배우지 아니했으니, 그분은 우리가 아직 원수였을 때 우리를 위해 죽으셨고(5:8,10), 아무 이유도 없이 자기를 미워하는 세상을 사랑하신 분이시다. 아무에게도. 유대인에게나 헬라인에게나. 네 친구였던 자에게나 네 원수였던 자에게나. 왜냐하면 전자에게 악을 악으로 갚는다면 확실히 그를 잃어버리게 될 것이고, 후자에게 악을 악으로 갚지 않는다면 어쩌면 그를 얻을 수도 있기 때문이다. 19절의 내 사랑하는 자들아 너희가 친히 원수를 갚지 말고라는 말씀도 똑같은 취지다. 그리고 이 장의 다른 권면 부분들과 다르게, 왜 여기서 훨씬 더 애정이 담긴 태도로 내 사랑하는 자들아 하고 시작하는가? 그것은 바로 성급히 분개하는 태도를 보이는 화난 심령들을 가라앉히려는 의도가 있었기 때문이다. 사도는 이 애정이 담긴 말을 통해 그들을 누그러뜨리고 진정시키려고 한다. 사랑을 풍겨내는 것은 어떤 것이든 혈기를 가라앉히고, 폭풍을 잠잠케 하며, 난폭한 열기를 식혀버린다. 마음이 상한 형제와 화해할 마음이 있는가? 그렇다면 그를 내 사랑하는 자여하고 부르라. 적절할 때 주어진 이 부드러운 말 한 마디가 분노를 떠나게 하는 효력을 발휘할 것이다. 너희가 친히 원수를 갚지 말고(19절). 즉 누가 너희에게 해를 끼칠 때 그에게 똑같은 해나 악을 가하기를 바라거나 힘쓰지 말라는 것이다. 판사가 행악자들을 처벌함으로서 악을 저지른 자들에게 공의를 행하거나 범법자에게 정당하고 공정한 법을 적용시키는 것은 금지된 것이 아니지만, 분노와 악의로부터 나오는 사적 복수는 금지된다. 이것이 정당한 이유는 우리는 우리 자신의 경우에 적절히 판단할 능력을 갖고 있지 못하다고 생각되기 때문이다. 만일 정당방위를 하다 죄를 범한 사람들에게 판사가 공공 평화와 질서를 유지

하고, 올바로 구현하려는 목적이 아니라 어떤 특수한 개인적 감정이나 불평에 따라 처단해 버린다면, 외관상으로는 합법적이지만, 실제로는 이 금지된 자기 복수의 나락으로 떨어지게 될 것이다. 이 문제에 대해 그리스도의 법이 얼마나 엄격한지 확인해 보라(마 5:38-40). 우리 자신의 손으로 복수하는 것을 금하고 있을 뿐만 아니라 법이 허용한다고 할지라도 우리 스스로 심판하기를 바라거나 갈망하는 것은 금지된다. 왜냐하면 그것은 복수 감정을 만족시키는 것이기 때문이다. 이것은 타락한 본성으로서는 이행하기 힘든 가르침이다. 그래서 사도는 다음과 같은 내용을 추가한다.

[1] 그것에 대한 치유책: 하나님의 진노하심에 맡기라(19절). 우리 자신의 진노에 맡기라는 것이 아니다. 우리 자신에게 맡기는 것은 마귀에게 맡기는 것이다 (엡 4:26,27). 우리는 이것을 거부하고 억누르고 묵살하고 저지해야 한다. 그러나 이것은 다음과 같이 해석될 수 있다: 첫째, 그것을 우리 원수의 진노에 맡기는 것으로 본다. "원수의 진노에 맡기라. 곧 굴복하는 정신을 기르라. 진노를 진노로 갚지 말고 오히려 사랑으로 대하라. 공손함이 큰 허물을 용서 받게 하느니라(전 10:4). 던져진 돌멩이가 양털뭉치 속으로 받아들여져 그것에 맡겨지고 다시 튀어나오지 않는 것처럼, 모욕과 상처를 받아들이라." 우리 구주도 이와 똑같이 설명하신다: 누구든지 네 오른편 뺨을 치거든 왼편도 돌려대며(마 5:39). 한 번 당한 것을 어떻게 복수할까 생각하지 말고, 또 한 번 당하게 되면 어떻게 받아들일지를 생각하라는 것이다. 사람들의 감정이 격발되어 있고 그 파고가 너무 셀 때, 그것을 잘못 건드려 더 광포하고 격해지도록 하지 말고, 그대로 놔두라. 다른 사람들이 화를 낼 때, 우리는 잠잠해야 한다. 이것은 복수를 극복하는 치료제로서 참으로 효과가 크다. 둘째, 그러나 많은 이들이 그것을 하나님의 진노에 맡기는 것으로 본다 "하나님의 진노에 맡기라. 그리하여 그분이 심판의 보좌에 앉아 너희 원수를 다룰 수 있는 기회를 오직 그분만이 갖게 하라."

[2] 그것에 대한 이유: 기록되었으되 원수 갚는 것이 내게 있으니(19절). 우리는 신 32:35에서 그 기록을 본다. 하나님은 주권적 왕이요 의로운 심판자이고, 그러기에 공의의 처분은 그분께 속해 있다. 따라서 무한한 지식의 하나님이기에 그분에 의해 행동들은 한 치의 오류도 없는 저울에 달려질 것이다. 무한한 성결의 하나님이기에 그분은 죄를 미워하고, 죄악을 지나치는 것을 참으실 수 없

다. 이 권능 가운데 일부를 그분은 인간 권세자들의 손에 위탁하셨다(창 9:6; 롬 13:4). 그러므로 그들의 합법적 처벌은 하나님의 형벌의 한 부분으로 간주되어야 한다. 이것이 왜 우리가 스스로 원수를 갚아서는 안 되는지에 대한 충분한 이유가 될 것이다. 진정 원수 갚는 일이 하나님의 일이라면, **첫째**, 우리가 그것을 해서는 안 되기 때문이다. 만일 우리가 하나님의 손에서 그분의 일을 빼앗아 해버린다면, 그것은 우리가 하나님의 보좌를 차지하는 것과 같다. **둘째**, 우리는 그렇게 할 필요가 없기 때문이다. 왜냐하면 만일 우리가 겸손하게 하나님께 문제를 맡긴다면, 그분이 처리하실 것이기 때문이다. 그분은 그에 대한 합당한 이유나 정당성이 존재한다면 우리의 원수를 갚아주실 것이고, 그러기에 우리는 더 이상 그것을 바랄 이유가 없게 될 것이다. 시 38:14,15을 보라. 나는 듣지 못하는 자 같아서 내 입에는 반박할 말이 없나이다. 만일 하나님께서 필요한 대로 들으신다면, 내가 들을 필요가 있겠는가?

(2) 우리는 원수들에게 악을 행해서는 안 될 뿐만 아니라 믿음의 수준을 높여 할 수 있는 한 그들에게 선을 행하도록 우리 자신을 가르쳐야 한다. 너희 원수를 사랑하라(마 5:44), 이것은 기독교 고유의 계명으로서, 그 실천이 크게 강조되고 있다. 여기서 우리는 말과 행함으로 그들에 대한 사랑을 보이라고 가르침을 받고 있다.

[1] 말로: 너희를 박해하는 자를 축복하라(14절). 하나님의 백성들이 권력자의 손이나 악한 자의 혀에 의해 핍박을 받는 것은 흔한 운명이었다. 따라서 우리는 여기서 우리를 그렇게 박해하는 자들을 축복하라는 가르침을 받는다. 그들을 축복하라. 즉 이렇게 하라는 것이다: **첫째**, "그들에 관해 좋은 말을 하라. 그들 속에 칭찬할 만한 것이나 찬양받을 만한 어떤 점이 있다면, 그것을 들춰내 말함으로써 그들에게 영예가 돌아가도록 하라." **둘째**, "그들의 위치에 따라 그들을 존대하는 말을 사용하고, 욕설에 욕설로, 독설에 독설로 반응하지 말라." **셋째**, 우리는 절대로 어떤 복수든 구하지 말고, 그들을 선대하고 그들의 선을 원해야 한다. 나아가 **넷째**, 우리는 그들을 위해 기도함으로써, 하나님께 그 소원을 바쳐야 한다. 우리가 그들을 위해 무엇이든 해줄 수 있는 힘이 없다고 할지라도 그들을 위해 기도할 때 우리의 선의를 입증할 것이다. 왜냐하면 그것은 주님께서 우리에게 하나의 법으로 그리고 그 법에 대한 모범으로 주신 것이기 때문이다(눅 23:34). 축복하고 저주하지 말라(14절). 이 말은 그것을 예증하고

표현하는 모든 경우에 있어서 철저한 선의를 보이라는 뜻이다. "기도할 때는 축복하고, 다른 때는 저주하라"는 것이 아니고, "항상 축복하고 절대로 저주는 하지 말라"는 것이다. 그 사역이 하나님을 송축하는 일에 있고, 그 행복이 그분의 축복을 받는데 있는 사람들의 입에서 저주의 악이 나오는 것은 어울리지 않는다.

[2] 행실로(20절): "네 원수가 주리거든, 네게 주어진 능력과 기회를 따라 그에게 즉각 친절을 베풀고, 그의 유익을 위해 어떤 사랑이라도 행하라. 네 원수였다고 해서 그만큼 소극적으로 대하지 말고, 오히려 더욱 분발해서 네가 그를 진실로 용서했음을 보여줄 수 있도록 하라." 크랜머 대주교는 어떤 사람을 자신의 친구로 만드는 길은 그 사람이 자기에게 악한 짓을 저지르는 것이라고 말했다고 한다. 그 교훈은 잠 25:21,22로부터 인용된 것이다. 이것을 보면 구약성경도 이런 사상에 동떨어져 있는 것이 아님을 느끼게 된다. 여기서 다음 사실을 확인해보자. 첫째, 우리는 무엇을 해야 할까? 우리 원수들에게 선을 행해야 한다. "네 원수가 주리거든, 그를 모욕하며 '이제 하나님께서 내 소원을 들으시고 그에게 복수하시는구나' 라고 말하지 말라." 그의 궁핍에 대해 이런 식의 해석을 해서는 안 된다. 그를 먹이라. 그리고 그가 네 도움을 필요로 하고, 네가 그를 굶겨 죽이고 짓밟을 기회가 있을 때, 오히려 그를 먹이라(프소미제 아우톤). 이 말은 의미심장한 말로서, "그를 실컷 먹이라, 아니 더 나아가 그를 조심스럽게 그리고 관대하게 먹이라" 즉 잘게 쪼개서 그를 먹이라(frustulatim pasce)는 뜻이다. "우리가 자녀와 병자들에게 하는 것처럼 아주 조심스럽게 그를 먹이라. 네 사랑을 표현하기 위해 그렇게 하라. 그가 목마르거든 마시게 하라. 여기서 마시게 하라(포티제 아우톤)는 것은 화해와 우정의 표시다. 그렇게 네 사랑을 그에게 확인시켜 주어라." 둘째, 우리는 왜 그렇게 해야 하는가? 그렇게 할 때 숯불을 그 머리에 쌓아 놓기 때문이다. 여기에는 두 가지 의미가 주어지는데, 나는 그것이 개별적으로 둘 다 취해질 수 있다고 생각한다. 네가 숯불을 그 머리에 쌓아 놓으리라(20절). 즉 "네가 다음과 같이 하게 될 것이다." 1. "그를 녹여 그로 하여금 회개와 우정을 갖게 하고, 너에게 그의 영이 누그러진 감정을 갖게 될 것이다."(이것은 쇠를 녹이는 사람들이 쇠를 숯불 아래 두기도 하고, 숯불 위에 쌓아놓기도 하는 데서 나온 비유다. 이처럼 사울도 다윗의 친절에 의해 녹아지고 정복을 당했다. 삼상 24:16; 26:21). "그것을 통해 너는 친구를 얻을

것이다. 만일 너의 친절이 그런 효과를 가져오지 못한다면, 다음 두 번째 효과가 있게 될 것이다." 2. "그것은 그의 정죄를 재촉하고, 너에 대한 그의 악덕을 더욱 핑계할 수 없는 것으로 만들 것이다. 이로써 너는 그에게 하나님의 진노와 복수의 징조들을 앞당기게 될 것이다." 이것이 우리가 그에게 친절을 베푸는 목적은 아니지만, 우리에게 힘을 주기 위해 이런 결과가 주어질 것이다. 마지막 구절의 권면은 바로 이런 의미를 담고 있다. 그 안에는 세상에서는 쉽게 이해되지 않는 역설이 내포되어 있는데, 그것은 바로 모든 다툼과 경쟁 속에서 복수하는 자는 지는 자요, 용서하는 자는 이기는 자라는 진리다. (1) "악에게 지지 말라(21절). 어떤 악이 너를 자극한다고 해도 그 능력이 너를 지배하지 않도록 하라. 아니면 그 감정이 너를 흔들어 너의 평안을 깨뜨리고 너의 사랑을 파괴하고 너의 영을 불안하게 하고 어떤 추한 일이 벌어지게 하거나 또는 어떤 앙갚음을 구상하거나 시도하지 않도록 조심하라." 묵묵히 상처를 감내하지 못하는 자는 완전히 그것에 의해 정복당한 것이다. (2) "선으로 악을 이기라(21절). 너에게 악을 행하는 자들을 참음과 인내로, 아니, 한 술 더 떠 친절과 관대함으로 대하라. 너에 대한 그들의 악한 음모를 물리치는 법을 배우라. 그리하여 그들을 변화시키든지 아니면 최소한 네 자신의 평안을 지키도록 하라." 자신의 영을 다스리는 법을 배운 자는 힘센 자보다 강하다.

3. 결론적으로, 아직 언급하지 않은 **두 가지 권면**이 남아있다. 그것은 일반적인 것들로, 그 자체로 좋기 때문에 권하는 것과 좋은 평판을 가져오기에 권하는 것이 있다.

(1) 그 자체로 좋은 경우(9절): 악을 미워하고 선에 속하라. 하나님은 우리에게 무엇이 선한 것인지 보여주셨다. 이 기독교적 의무들은 조건 없이 명령되고 있다. 그것들에 반대되는 것은 다 악한 것이다. 따라서 그것을 확인해보자. [1] 우리는 악을 행해서는 안 될 뿐만 아니라 악을 미워해야 한다. 우리는 절대로 타협할 수 없는 태도를 갖고 죄를 싫어하고, 그것을 가장 악한 것으로, 우리의 새 본성과 참된 관심에 반하는 것으로 알고 반대해야 한다. 즉 죄는 모양이라도, 아니 육신으로 얼룩진 옷까지도 싫어해야 한다. [2] 우리는 선을 행해야 할 뿐만 아니라 그것을 굳게 붙잡아야 한다. 그것은 선에 대한 악착같은 선택, 진지한 애정, 그리고 지속적인 견지를 암시한다. "그것으로부터 벗어나도록 유혹을 받거나 무서워 달아나지 않도록 그것을 굳게 붙잡으라. 신뢰와 복종으로 선

하신 분 곧 주님을 굳게 붙잡으라(행 11:23)." 그것이 형제 사랑의 교훈으로 첨가된 것은 그 지표가 되기 때문이다. 우리는 형제를 사랑해야 하지만, 그들이 어떤 죄를 범하거나 어떤 의무를 게을리하더라도 상관없이 사랑하라는 뜻이 아니고, 또 죄를 범하는 사람을 보고 그 죄를 가볍게 여기라는 뜻도 아니며, 하나님과 의무를 굳게 붙잡기 위해 세상의 모든 친구들을 사랑하라는 뜻이다.

(2) 선한 평판을 낳는 경우(17절): "모든 사람 앞에서 선한 일을 도모하라. 즉 친절하고 칭찬할 만한 일을 행할 뿐만 아니라 그런 일을 연구하고 계획하고 주의하며, 또 네가 교제하는 모든 사람들에게 믿음을 추천하도록 하라." 빌 4:8을 보라. 이런 자선과 선행의 행위들은 사람들 사이에서 특별히 좋은 평판을 이끌어내고, 따라서 하나님의 영광과 그들의 신앙고백의 신뢰성에 큰 힘을 실어준다.

제 13 장

개요

이 장에서 우리에게 가르치는 유익한 교훈은 세 가지다. 여기서 사도는 앞 장에서 다루었던 교훈을 더 크게 확대시키고, 그 필요성을 깨닫도록 하기 위해 최대한 강조한다. I. 합법적 권위에 대한 복종을 가르치는 교훈(1-6절). II. 우리 형제들에 대한 공의와 사랑을 가르치는 교훈(7-10절). III. 우리 자신에 대한 거룩함과 경건을 가르치는 교훈(11-14절).

[1]각 사람은 위에 있는 권세들에게 복종하라 권세는 하나님으로부터 나지 않음이 없나니 모든 권세는 다 하나님께서 정하신 바라 [2]그러므로 권세를 거스르는 자는 하나님의 명을 거스름이니 거스르는 자들은 심판을 자취하리라 [3]다스리는 자들은 선한 일에 대하여 두려움이 되지 않고 악한 일에 대하여 되나니 네가 권세를 두려워하지 아니하려느냐 선을 행하라 그리하면 그에게 칭찬을 받으리라 [4]그는 하나님의 사역자가 되어 네게 선을 베푸는 자니라 그러나 네가 악을 행하거든 두려워하라 그가 공연히 칼을 가지지 아니하였으니 곧 하나님의 사역자가 되어 악을 행하는 자에게 진노하심을 따라 보응하는 자니라 [5]그러므로 복종하지 아니할 수 없으니 진노 때문에 할 것이 아니라 양심을 따라 할 것이라 [6]너희가 조세를 바치는 것도 이로 말미암음이라 그들이 하나님의 일꾼이 되어 바로 이 일에 항상 힘쓰느니라

여기서 우리는 권세자들에 대해 어떻게 행동해야 하는지를 배운다. 우리를 다스리는 권위를 갖고 있는 사람들을 본문은 위에 있는 권세들(1절)이라고 부르는데, 그것은 그들의 권위(그들은 권세들이다)와 그들의 위엄(그들은 위에 있는 권세들이다)을 암시하고, 최고주권자인 임금뿐만 아니라 그 밑에 있는 모든 하급 권세자들을 망라한다. 그러나 그것은 그 권세를 갖고 있는 사람들을 가리키지 않고, 그들 안에 있는 권세 자체의 지위를 가리키는 것으로 표현되고 있다. 아무리 사람들 자신이 악하고, 그들이 시온 백성의 멸시를 받

는 몹쓸 사람들이라고 해도(시 15:4), 그들이 갖고 있는 권세는 정당하므로, 순종하고 복종하여야 한다. 사도는 앞 장에서 우리 스스로 복수하거나 악을 악으로 갚지 말라고 가르쳤다. 그러나 이것이 그리스도인들 사이에서 시민 통치권에 대한 규정을 무너뜨리는 것처럼 보이지 않도록, 그는 이 기회에 그 필요성을 직시하고, 악을 악으로 갚지 않는 것이 아무리 당연할지라도, 행악자들에게 주어지는 당연한 형벌의 고통에 대해 언급한다. 그것을 확인해 보자.

I. 부과된 의무.　각 사람은 위에 있는 권세들에게 복종하라(1절). 여기서 각 사람은 모든 사람을 가리킨다. 예를 들어 로마 가톨릭교회는 시민 권력에 복종할 의무로부터 벗어나 있을 뿐만 아니라 오히려 그 위에서 다스릴 권세를 갖고 있기 때문에 아무리 위대한 군주라도 하나님께 부르심 받은 모든 사람들보다 훨씬 높은 자리에 있는 교황에게 복종해야 한다고 주장하는데, 아무리 그렇게 주장한다고 할지라도, 스스로 특별한 영적 존재로 생각하는 사제들도 이 의무로부터 제외되지 않는다.　각 사람(Every soul). 이것은 우리의 양심을 어떤 사람의 의지에 굴복시켜야 한다는 의미가 아니다. 법을 만들어 양심이 직접 그것에 매이도록 한 것은 하나님의 전권이다. 따라서 우리는 하나님의 것을 하나님께 돌려야 한다. 그러나 그것은 우리의 복종이 자유롭고 자발적이고, 진실하고 성실해야 한다는 것을 암시한다. 심중에라도 왕을 저주하지 말며(전 10:20). 궁리하고 상상하는 것은 반역의 시작이다. 여기서 요구되는 영혼의 복종은 내적 공경(벧전 2:17)과 외적 존대 및 존경을 다 포함된다. 즉 그들에게 말하는 것과 그들에 관해 말하는 것에 있어서 똑같이 그리해야 한다는 것이다. 이것은 합법적이고 정직한 일에 대한 그들의 명령에 순종한다는 것과 다른 일들로 말미암아 불이익을 받아야 할 경우에는 저항 없이 복종함으로써 그 처벌을 달게 받는다는 것을 망라한다. 다시 말해 모든 일을 피지배자의 위치와 의무에 따라 수용함으로써, 우리의 마음을 피지배자의 관계와 조건 속에, 그것에 대한 예속과 복종 속에 둔다는 것이다. "그들은 위에 있는 권세들이다. 그들이 하는 것에 만족하고, 따라서 그들이 하라는 대로 기꺼이 복종하라." 이처럼 국가 통치자들에게 복종해야 할 의무를 강조하는 데는 그만한 이유가 있었다.

　1. 기독교에 대한 세상의 비난이 있었기 때문이다. 당시 기독교는 공공 평화와 질서와 정부를 방해하는 원수로서 그리고 세상을 발칵 뒤집어 놓은 한 분파로 취급되어 그 추종자들은 가이사의 원수들로 치부되었고, 더욱이 그 지도자

들이 갈릴리 출신이었다는 점에서 비판을 받았다. 그것은 오래 전부터 있었던 비방이었다. 예루살렘은 패역한 성읍으로, 항상 반역하는 일을 행하여 왕들과 각 도에 손해가 되었던 도시로 표현되었다(스 4:15,16). 우리 주 예수님도 자신의 나라는 이 세상에 속한 나라가 아니라고 말씀하셨으나 똑같이 비난을 받으셨다. 그분을 따르는 자들이 모든 시대에 걸쳐 동일한 재난을 만난 것은 절대로 이상한 일이 아니다. 그들은 어디서나 분파적이고 선동적이고 불온한 자들로 낙인이 찍혔고, 땅을 소란케 하는 자들로 취급을 당해, 그들의 원수들은 그것을 빌미로 그들에게 야만적인 만행을 저지르는 것을 정당화시켰다. 그러므로 사도는 기독교에 대한 이런 비난과 비방을 제거하기 위해 국가 통치자들에 대한 복종이 그리스도의 법의 하나라는 것을 보여주는 것이다. 곧 기독교는 사람들이 선량한 국민이 되도록 도움을 주기 때문에 그 원리와 법에 직접 반대되는 그런 파벌과 반역을 기독교에 돌리는 것은 부당하다는 것이다.

2. 그리스도인들이 국가 통치자들에 대해 품게 될 다른 유혹 때문이다. 원래 유대인인 그들 가운데 어떤 이들은 아브라함의 후손이 다른 민족의 지배를 받는다는 것은 부당한 일이라는 데까지 생각이 미쳤다. 그들은 자기들의 왕은 자기 형제들 중에서 나와야 한다고 보았다(신 17:15). 게다가 바울은 그들이 율법 아래 있지 않고, 그리스도로 말미암아 자유하게 되었다고 가르쳤다. 이 자유가 방종으로 흘러 파벌과 반역을 일으키지 않도록 하기 위해, 사도는 국가정부에 대한 복종을 명한다. 이것이 더욱 필수적으로 강조되어야 했던 것은 통치자들이 대부분 이교도와 불신자들이었고, 당시 이교도와 불신자들은 국가권력과 권위를 파괴하지 아니했기 때문이다. 거기다 국가권력은 기독교에 대한 박해 세력이었고, 법 자체가 그들을 반대했다.

Ⅱ. 이 의무를 실천해야 할 이유. 왜 우리는 복종해야 하는가?

1. 진노 때문에. 우리가 저항으로 말미암아 위험을 자초할 수 있기 때문이다. 통치자들은 칼을 갖고 있기에 그들을 거스르는 것은 이 세상에서 우리가 소중히 여기는 모든 것들을 궁지에 빠뜨린다. 칼을 갖고 있는 자와 겨루는 것은 무모하기 때문이다. 그렇지 않아도 박해받던 시대에 그리스도인들은 그들의 종교로 말미암아 통치자의 칼을 받아야 할 상황에 있었는데, 그들을 반역함으로써 그 미움을 가중시킬 필요는 없었다. 그리스도인에게 있어서 저항이나 반역의 기미가 조금이라도 보이면, 그것은 곧 과장되고 확대되어 전체 사회에 큰

해를 끼치는 것처럼 간주되었다. 그러므로 그들은 다른 사람들보다 더 명확하게 복종할 필요가 있었다. 하나님 문제로 불이익을 받는 사람들은 다른 기회마저 가질 수 없었다. 2절에 언급되고 있는 거스르는 자들은 심판을 자취하리라는 주장은 이에 대한 취지로 보아야 한다. 심판을 자취하리라(크리마 렘손타이). 이 말은 그들이 그에 대한 책임을 져야 하는 것으로 이해된다. 하나님은 그것 때문에 그들에게 책임을 물으실 것이다. 왜냐하면 그 거스름은 곧 그분 자신에 대한 거스름이기 때문이다. 통치자들은 그것에 대한 책임을 그들에게 물을 것이다. 그들은 법의 채찍을 받고, 위에 있는 권세들을 짓밟기에는 그들이 너무 높은 자리에 있다는 것을 깨닫게 될 것이다. 모든 국가정부들은 반역과 배반에 대해서 참으로 엄격하고 가혹하게 처리할 것이다. 따라서 다스리는 자들은 두려움이라는 말씀이 바로 이어서 나오는 것이다(3절). 물론 이것은 유익한 논증이지만, 그리스도인에게는 차원이 낮은 주장이다.

2. 우리는 진노 때문이 아니라 양심 때문에 복종해야 한다. 곧 형벌에 대한 두려움 때문이 아니라 덕에 대한 사랑 때문에 복종해야 한다. 공공의 국가 직무가 하나님께 받아들여지는 이유는 그것이 하나님의 눈에 양심에 따라 행해지기 때문이다. 우리는 그분의 섭리로 말미암아 이런 관계 속에 들어가고, 그분의 교훈으로 말미암아 이 관계의 의무에 복종하는 것이다. 이처럼 똑같은 일이라도 전혀 다른 원리에 의해 행해질 수 있다. 이제 사도는 이 복종이 양심에 따라 이루어져야 함을 다음과 주장한다(1-4,6절).

(1) 통치제도로부터: 권세는 하나님으로부터 나지 않음이 없나니(1절). 세상의 지배자이자 통치자이신 하나님은 통치제도를 정하셨고, 그리하여 모든 국가권력은 원래 그분으로부터 나오고, 그분은 자신의 섭리를 통해 그것을 가진 자들이 누구건 그들의 손에 그 관리를 맡기셨다. 나로 말미암아 왕들이 치리하며(잠 8:15). 권력찬탈과 권력남용은 하나님께 속한 일이 아니다. 왜냐하면 그분은 죄의 창조자는 아니고 권력 자체의 창조자이시기 때문이다. 우리 본성의 능력들은 자주 악용되고 죄의 도구가 되지만, 하나님의 창조능력으로부터 나온 것인 것처럼, 국가권력도 하나님의 다스리시는 능력으로부터 나온 것이다. 세상의 극히 불의하고 압제적인 왕들도 위에서 주어진 것 외에 다른 권력을 갖고 있는 것이 아니다(요 19:11). 따라서 하나님의 섭리는 국가와 민족 그리고 다수 국민과 소수 집단에게 결정적인 영향을 미치는 이러한 정부의 변혁과 개혁

에 특별히 연관되어 있다. 또는 그것은 통치 일반을 가리키는 것으로 볼 수도 있다. 하나님께서 인간을 다루시는데 있어서 지배자와 피지배자를 구별하여 다루시고, 약육강식하는 바다의 물고기처럼 놔두시지 않은 것은 그분의 지혜, 권능 그리고 선하심의 한 실례다. 이 점에서 그분은 피조물의 유익을 배려하셨다. 모든 권세는. 어떤 특수한 통치의 형태와 방식을 취하든 모두 다. 즉 전제정치든, 귀족정치든 또는 민주정치든 막론하고. 통치 권력이 어느 곳에 있든, 그것은 하나님의 작정이고, 그 작정에 따라 받아들여지고 순응된 결과다. 직접적으로는 인간이 정하는 것이지만(벧전 2:13), 본질적으로는 하나님이 정하신 것이다. 하나님께서 정하신 바라. 여기서 정하신 바라(테타그메노이)는 군사용어로서, 군대에서처럼, 그들을 임명하는 것뿐만 아니라 하급자가 상급자에게 복종하는 것까지도 정해져 있다는 것을 의미한다. 왜냐하면 권세자들 사이에는 은사와 신뢰와 임무가 각각 다르게 주어져 있기 때문이다. 따라서 여기서 권세를 거스르는 자는 하나님의 명을 거스름이라(2절)는 결론이 나온다. 엄청난 재앙과 같이 하나님으로부터 나오는 다른 일들도 있다. 그러나 권세는 하나님이 정하신 것으로 그분으로부터 나온다. 즉 그것은 중대한 법이자 커다란 복이다. 따라서 정부의 지배를 견디지 못하는 벨리알의 자식들은 법을 파괴하고, 복을 무시하는 자들로 나타날 것이다. 그러므로 권세자들은 신들로 불린다(시 82:6). 왜냐하면 그들은 하나님의 권위의 형상을 간직하고 있기 때문이다. 그리고 그 권력을 멸시하는 자들은 하나님 자신을 멸시하는 것이다. 이것은 왕과 국가 그리고 그 부속기관들의 특수한 권리들에 대해서는 절대로 적용될 수 없고, 또 이것으로부터 지배자와 피지배자 간의 기본계약을 변경시키는 어떤 법이 나올 수도 없다. 다만 그것은 각 개인이 자기의 능력에 따라 하나님이 정해 놓은 영역 안에서, 하나님께서 자신의 섭리에 따라 그들에게 두신 국가권력에 대해 적절한 관심을 갖고, 조용히 그리고 평화롭게 처신하라는 의도가 담겨 있다(딤전 2:1,2). 여기서 권세자들은 하나님의 사역자로 반복해서 불리고 있다 (4,6절). 권세자들은 좀 더 특별한 의미에서 하나님의 종이다. 그들이 갖고 있는 위엄은 의무를 요청한다. 그들은 우리에게 주인이지만 하나님에게는 종이다. 따라서 그들은 하나님을 위해 일해야 하고, 하나님의 처분에 따라야 한다. 모든 국민이 하나님 보시기에 옳은 일을 할 수 있도록, 공적 정의 집행, 분쟁해결, 정직한 자들의 보호, 행악자들의 교도, 범법자들의 처벌, 그리고 국가 평화와 질서의 유지 등, 이 모든 일들을 통해 권세자들은 하나님의 사역자로 활동한다. 하급 권세자가 자신의 임무를 수행하는 동안 실제로는 왕에 대적하는 반역죄를 저질렀을 때, 그를 죽이는 것처럼, 자신의 위치에서 감당해야 할 의무를 제대로 이행하지 못하는 권세자들의 거역은 그대로 하나님이 정하신 것을 거역하는 것이다.

　(2) 권세의 목적으로부터: 다스리는 자들은 선한 일에 대하여 두려움이 되지 않고 악한 일에 대하여 되나니(3절). 권세는 다음과 같은 목적을 위해 정해졌다.

　[1] 악한 일과 행악자들을 두렵게 하기 위해. 다스리는 자들은 칼을 갖고 있다. 그것은 전쟁의 칼과 정의의 칼을 망라한다. 그들은 속박의 후손으로서, 범법자들을 부끄럽게 한다. 라이스에는 이런 자가 없었다(삿 18:7). 죄와 타락의 힘은 너무 강해서 많은 사람들이 극악한 죄악으로부터 벗어나지 못하고, 또 인간 사회에 치명적인 해악을 끼치기 때문에 하나님과 본성 또는 다가올 진노에 대한 법을 적용시키는 것으로는 그 힘을 억제시킬 수 없고, 현재의 처벌에 대한 두려움으로만 그것을 억제시킬 수 있을 것이다. 타락한 인류의 자의성과 사악성이 이것을 필수적인 것으로 만들었다. 따라서 불법한 자와 복종하지 아니하는 자를(딤전 1:9) 처벌할 법이 기독교가 존재하는 국가에서도 제정되어야 마땅하고, 그것은 복음에 모순되는 것이 아니라 일치하는 것이다. 사람들이 서로를 향해 이처럼 짐승이 될 때, 이처럼 포악한 짐승이 될 때, 그들은 그것에 맞게 다루어져야 하고, 다른 사람들을 억제시키기 위해서 그들을 두려움 속에(in terrorem) 두어서 망하도록 해야 한다. 말과 노새도 그래서 재갈과 고삐로 제한시키는 것이다. 이 일에 있어서 권세자는 하나님의 사역자다(4절). 그는 복수를 주관하시는 하나님의 대행자로서 활동한다. 그러므로 그는 그의 심판 속에 자신의 개인적인 악감정을 개입시키지 않도록 조심해야 한다. 악을 행하는 자에게 진노하심을 따라(4절). 가장 사려 깊은 신실한 권세자의 법 집행 과정은, 마지막 날 심판의 희미한 전조와 전주곡이지만, 하나님의 심판과 비교해 보면 역부족이다. 그들의 심판은 오직 악한 행동에만 미치고, 악을 행하는 자에게만 진노를 행사할 수 있다. 그러나 하나님의 심판은 악한 생각에도 미치고, 마음의 의도를 헤아리신다. 그가 공연히 칼을 가지지 아니하였으니(4절). 하나님께서 권세자의 손에 권력을 두신 것은 공연한 일이 아니다. 그것은 무질서를 제어하고 억제하기 위한 의도에서다. 그러므로 "네가, 국가 권세자의 관할과 검열에 발

각될 만한, 악을 행하거든 두려워하라. 왜냐하면 국가권력은 빠른 눈과 긴 팔을 갖고 있기 때문이다." 행악자들의 처벌은 하나님에 의해 마련되고 정해진, 그분의 작정에 따라 진행되는 것이 좋다. 첫째, 그분은 죄를 미워하고, 죄가 나타날 때 그 머리 위에 진노를 두시는 거룩하신 하나님이기에, 이를 통해 그분에 대한 공적 증거가 주어진다. 둘째, 그분은 열방의 왕이요, 평화와 질서의 하나님이기에, 이를 통해 평화와 질서가 보존된다. 셋째, 그분은 선의 보호자이신 하나님이기에, 선한 사람들, 가족, 재산 그리고 이름들이 이를 통해 보호를 받는다. 넷째, 그분은 죄인들의 영원한 파멸을 원하지 않고 그 일부만 처벌하심으로써, 그들을 두렵게 하여 동일한 죄악을 예방하고, 또 다른 사람들도 그것을 듣고 두려워하여 주제넘게 더 큰 죄악에 빠지지 않도록 경고하신다. 아니, 그것은 처벌받을 사람들을 배려하기 위해 의도되었다. 곧 육신은 망해도 영혼은 주 예수의 날에 구원받을 수 있도록 하기 위해서다.

[2] 선을 행하는 사람들을 칭찬하기 위해. 자기들의 의무를 잘 이행하는 자들은 국가권력의 도움과 보호를 받아 칭찬과 위로를 얻게 될 것이다. "선을 행하라(3절). 그러면 네가 권세를 두려워하지 않아도 될 것이다. 그것은 두려운 것이지만, 스스로의 죄로 말미암아 그 두려움을 자초하지 않는 사람들에게는 결코 미치지 않는다. 불은 단지 탈 수 있는 것만 태우는 법이다. 오히려 그것 때문에 칭찬을 받을 것이다." 이것이 권세의 목적이다. 그러므로 우리는 양심에 따라 그것에 복종해야 하고, 그것은 공공의 선을 위해 준비된 기관으로서, 사적인 모든 이익은 포기해야 한다. 그러나 이 은혜로운 목적이 항상 왜곡되어 칼을 쥔 자들이 죄를 좋아하고 묵인함으로써, 선을 행하는 사람들에게 두려움이 되는 것은 유감스러운 일이다. 극히 비열한 자들이 높임을 받을 때에 악인들이 날뛰는 것은 사실이지만(시 12:1,8), 그 때에도 일반적 보호라는 복과 유익 그리고 통치와 질서는 유지되고 있으므로 어떤 비정상적이고 무리한 방식을 통해 폐단을 고쳐보려고 시도하기보다는 묵묵히 인내하면서 선행에 대한 핍박에 복종하는 것이 더 합당한 우리의 의무다. 네로만큼 통치의 목적을 악용한 절대군주가 없었지만, 바울은 그에게 호소해서, 법과 그의 수하 권세자들의 보호를 받은 적이 한두 번이 아니었다. 악한 정부라도 아예 없는 것보다는 낫다.

(3) 거기서 얻는 우리의 유익으로부터: "그는 하나님의 사역자가 되어 선을 베

푸는 자니라(4절). 너는 정부의 혜택과 유익을 받고 있고, 그러므로 그 보존을 위해 네가 할 수 있는 일을 해야지, 그것에 역행하는 일을 해서는 안 된다." 보호는 충성을 일으킨다. 만일 우리가 정부로부터 보호를 받는다면, 그것에 복종해야 한다. 정부를 지지할 때 우리는 그만큼 우리 자신의 보호도 높아진다. 이 복종은 우리가 조세를 바치는 방식으로도 이루어진다(6절): "너희가 조세를 바치는 것도 이로 말미암음이라(6절). 이것은 너희의 복종의 증거다. 그리고 양심에 따라 그것이 합당하다고 생각한다는 보증이다. 너희는 조세를 바침으로써 권력에 대한 지지를 보여주는 것이다. 그러므로 만일 너희가 복종하지 않는다면, 한 손으로 바치고 있는 것을 다른 손으로 끌어내리는 것이다. 그것이 과연 양심인가?" "조세를 바침으로써 너희는 권세자의 권위를 소유할 뿐만 아니라 그 권위가 주는 복을 너희 자신의 것으로 만든다. 네가 조세를 바치는 것은 권세자가 통치할 때 아끼지 않은 큰 수고에 대한 보상으로 내는 것이다. 왜냐하면 영예는 곧 책임이기 때문이다. 만일 그가 마땅히 해야 할 의무를 따라 행한다면, 그는 바로 이 일에 항상 힘쓰는 자가 되는 것이다. 왜냐하면 그 수고를 생각하면 우리가 조세를 바치고, 복종해야 하는 것은 누구나 지지할 정도로 너무나 당연하기 때문이다." 너희가 조세를 바치라(프로루스 텔레이테). 사도는 "너희가 그것을 자선금으로 내라"고 말하는 것이 아니라 "너희가 그것을 당연한 빚으로 알고 청산하라 또는 공공정부의 모든 복과 유익을 되받도록 그것을 바치라"고 말하는 것이다. 이것이 여기서 사도가 가르치는 교훈이다. 모든 그리스도인들은 그것을 배우고 실천하는 자가 될 때(다른 사람들은 어떻게 살든) 땅에 사는 경건한 자들은 그 곳에서 안전하고 평화롭게 살게 될 것이다.

[7]모든 자에게 줄 것을 주되 조세를 받을 자에게 조세를 바치고 관세를 받을 자에게 관세를 바치고 두려워할 자를 두려워하며 존경할 자를 존경하라 [8]피차 사랑의 빚 외에는 아무에게든지 아무 빚도 지지 말라 남을 사랑하는 자는 율법을 다 이루었느니라 [9]간음하지 말라, 살인하지 말라, 도둑질하지 말라, 탐내지 말라 한 것과 그 외에 다른 계명이 있을지라도 네 이웃을 네 자신과 같이 사랑하라 하신 그 말씀 가운데 다 들었느니라 [10]사랑은 이웃에게 악을 행하지 아니하나니 그러므로 사랑은 율법의 완성이니라

우리는 여기서 공의와 사랑에 관한 교훈을 배우게 된다.

I. 공의. 모든 자에게 줄 것을 주되(7절). 특별히 권세자들에게 주어야 한다. 왜냐하면 이것은 앞에서 다룬 내용을 언급하고 있기 때문이다. 물론 여기서 모든 자는 우리와 관계가 있는 모든 사람들을 두고 하는 말이다. 공의롭다는 것은 모든 자에게 그들이 당연히 받아야 할 것을 준다는 것이다. 우리는 우리가 갖고 있는 것을 청지기로서 갖고 있다. 다른 사람들이 그것에 관련되어 있고, 그들은 그것을 당연히 받아야 할 권리를 갖고 있다. "가장 먼저 하나님께 그분의 몫을 드려라. 그 다음에 네 자신, 네 가족, 네 친척, 네 국가, 네 교회, 가난한 자, 네가 사고팔고 교환하는데 있어서 연루되어 있는 사람들에게 주라. 모든 자에게 그들의 몫을 돌려주되, 법이 그것을 강제할 때까지 기다리지 말고 기꺼이 그리고 즐겁게 주라." 사도는 그것을 다음과 같이 세분화한다.

1. 당연히 바쳐야 할 세금: 조세를 받을 자에게 조세를 바치고 관세를 받을 자에게 관세를 바치고(7절). 복음이 최초로 전파된 나라들 대부분은 당시 로마제국의 압제 하에 황제의 식민지가 되어 있었다. 사도는 이 편지를 로마인에게 썼고, 당시 그들은 부자로서 세금과 부과금으로 말미암아 골치를 앓고 있었다. 이런 그들에게 사도는 정당하고 정직하게 세금을 납부하라는 권면을 하는 것이다. 어떤 이들은 조세와 관세를 구분하는데, 전자를 상시적으로 내는 고정세로, 후자를 필요한 경우에 간헐적으로 내는 임시세로 이해하고, 두 가지 모두 법적으로 당연히 내야 할 것이므로, 충실하게 그리고 양심적으로 납부해야 한다고 이해한다. 우리 주님은 그의 어머니가 세금을 납부하러 가던 길에 태어나셨다. 그분 또한 가이사에게 조세를 바치라고 말씀하셨다. 다른 일들 속에서 의롭게 보이는 많은 사람들이 이 일에 있어서는 양심을 속이고, 왕을 속이는 것은 전혀 죄가 아니라고 그럴듯한 구실을 붙여 속이는데, 이것은 조세를 받을 자에게 조세를 바치라는 바울의 주장과는 완전히 반대된다.

2. 당연히 바쳐야 할 존경: 두려워할 자를 두려워하며 존경할 자를 존경하라(7절). 이것은 우리가 권세자들 뿐만 아니라 모든 연장자, 부모, 선생, 그리고 주 안에서 우리를 지도하는 모든 자들에게 십계명의 네 부모를 공경하라는 제5계명에 따라 가져야 할 의무를 종합한 것이다. 레 19:3의 너희 각 사람은 부모를 경외하라(곧 두려워하라)는 말씀과 비교해 보라. 여기서 두려움은 깜짝 놀라서 갖는 두려움이 아니라 사랑과 공손과 존경과 순종에서 오는 두려움을 말한다. 어

른들에 대한 이 존경이 마음속에 없는 사람들은 다른 의무도 제대로 감당하지 못할 것이다.

3. 당연히 바쳐야 할 빚의 지불(8절): "아무에게든지 아무 빚도 지지 말라(8절). 즉 갚을 수 있는 능력이 있더라도, 아니면 최소한 네가 빚을 지게 될 사람들의 묵시적 동의가 있다고 할지라도, 누구에게든 계속 빚을 지지 말라. 모든 자에게 그의 몫을 돌려주라. 네가 다른 사람들에게 빚진 것을 네 자신을 위해 사용하지 말라. 하물며 네 자신을 위해 쌓아놓는 것은 말할 나위도 없다." 악인은 꾸고 갚지 아니하나(시 37:21). 많은 사람들이 고통에는 굉장히 민감하면서 빚을 지는 것에 대해서는 아주 둔감하다.

II. 사랑. 아무에게든지 아무 빚도 지지 말라(8절). 여기서 아무 빚도 지지 말라(읍헤일레테)는 말은 누구에게든 어떤 신세도 지지 말라는 뜻을 내포한다. 그래서 어떤 이는 이 구절을 이렇게 이해한다: "네가 어느 지인에게 의지하는 것이 무엇이든, 또는 네가 그에게 해야 할 의무가 무엇이든, 그것은 이 사랑의 빚으로 분명히 요약되고, 또 그 안에 다 포함되어 있다. 그러기에 남을 사랑하는 것, 이것은 갚고 갚아도 항상 갚아야 할 빚이다." 사랑은 빚이다. 하나님의 법과 인류의 이익이 그것을 그렇게 만든다. 그것은 우리가 자유롭게 피해도 되는 일이 아니라 남에게 빚진 것을 갚아야 하는 우리의 모든 의무의 원리요 요약으로서 우리에게 부과된 것이다. 왜냐하면 사랑은 율법의 완성이기 때문이다. 비록 완전하게는 아니지만, 그것은 율법의 완성을 향한 최고의 발걸음이다. 그것은 십계명의 두 번째 돌판의 모든 의무를 총괄하는데, 사도는 그것을 9절에서 열거하고 있고, 이것들은 하나님에 대한 사랑을 전제로 한다. 요일 4:20을 보라. 만일 사랑이 진실하다면, 그것은 율법의 완성으로 인정된다. 확실히 우리는 한 훌륭한 선생을 섬기면 되는데, 그 선생은 바로 우리의 모든 의무를 한 마디로 요약하는, 짧으나 아주 감미로운 말 곧 사랑이다. 사랑은 우주의 미와 조화를 상징한다. 사랑하고 사랑받는 것은 지성적 존재의 최고의 즐거움이요 행복이다. 하나님은 사랑이시고(요일 4:16), 사랑은 영혼에 박혀 있는 그분의 형상이다. 사랑이 있는 곳에서 영혼은 온전한 모양을 갖추게 되고, 마음은 모든 선한 일을 하기에 합당한 상태가 된다. 따라서 사랑이 율법의 완성이라는 것을 증명하기 위해 사도는 우리에게 다음과 같은 사실을 제시한다.

1. 구체적 교훈들의 소개(9절). 사도는 십계명의 두 번째 부분의 5개의 계명

들을 열거하는데, 그는 이 계명들을 네 이웃을 네 자신과 같이 사랑하라는 왕법(王法)으로 요약하고 있다. 여기서 같이는 양이나 양적인 동등성을 말하는 것이 아니라 질적인 동일성을 말한다. "네가 네 자신을 사랑하는 것과 단순히 같은 분량이나 높이가 아니라 같은 성실함으로 사랑하라." 자기 이웃을 자기 자신과 같이 사랑하는 사람은 그 이웃의 몸, 재산, 명성도 자기 것처럼 잘되기를 바랄 것이다. 이 위에 대접을 받고자 하는 대로 남을 대접하라는 황금률이 서 있다. 이런 면들에 있어서 인간의 법의 금지가 없었다면, 처벌(사악한 인간 본성 때문에 필요하게 된)도 없었을 것이고, 사랑의 법 자체만으로 효과적으로 모든 범죄와 죄악들을 예방하고, 우리들 사이의 평화와 선한 질서를 유지시킬 수 있었을 것이다. 이 계명들을 열거할 때 사도는 간음하지 말라는 제7계명을 살인하지 말라는 제6계명보다 앞에 놓고, 그것을 가장 먼저 언급하고 있다. 그 이유는 이 계명이 통상적으로 사랑이라는 미명 아래 이루어지지만(사랑이라는 말이 그렇게 오용되는 것은 정말 유감이다), 그것은 실로 살인하고 도둑질하는 것만큼 커다란 죄악이기 때문이다. 그것은 참된 형제 사랑은 우리 형제들의 영혼에 대한 사랑으로부터 먼저 시작되어야 한다는 것을 보여준다. 다른 사람들을 죄로 유혹하고, 그들의 마음과 양심을 더럽히는 자는, 아무리 그것을 열렬한 사랑으로 포장한다고 해도(잠 7:15,18), 실제로는 영혼을 대적하여 분란을 일으키는 마귀가 그러는 것처럼, 그들을 미워하는 것이다.

2. 형제사랑의 본질에 관한 일반법칙: 사랑은 악을 행하지 아니하나니(10절). 사랑 안에 거하는 자는 사랑의 원리에 의해 지배를 받고 움직이는 자로서, 절대로 악을 행하지 않는다. 그는 이웃에게 곧 자기와 관련되어 있는 누구에게나 어떤 악도 실행하거나 획책하지 않는다: 행하지 아니하나니(우크 에르가제타이). 악을 모의하는 것은 그것을 행하는 것이다. 따라서 악을 꾸미는 것이 침상에서 죄를 꾀하는 것으로 불린다(미 2:1). 사랑은 아무에게도 악을 품거나 꾸미지 않는다. 그것은 어떤 종류의 편견, 가해 또는 슬픔을 일으키는 모든 행동에 철저히 반대한다. 그것은 악을 행하지 않는다. 즉 그것은 어떤 악이라도 행하는 것을 금한다. 여기에 표현된 것 이상의 의미가 있다. 그것은 악을 행하지 아니할 뿐만 아니라 가능한 한 선한 일을 구상하여, 모든 선을 행한다. 왜냐하면 이웃에게 악을 꾸미는 것뿐만 아니라 선의 혜택을 보아야 할 자들에게 그것을 베풀지 못하는 것도 죄이기 때문이다. 그래서 두 가지가 함께 금지되고 있다(잠 3:27-

29). 이것은 사랑이 율법의 완성이요, 그것의 모든 목적의 해답이라는 것을 증명한다. 왜냐하면 그것 외에 우리로부터 악행을 저지시키고, 선행을 격려하는 것이 없기 때문이다. 사랑은 전체 율법에 대한 순종의 살아있고 적극적인 원리이다. 전체 율법은, 사랑의 법이 그 곳에 있다면, 마음속에 기록되어 있는 것이다.

11또한 너희가 이 시기를 알거니와 자다가 깰 때가 벌써 되었으니 이는 이제 우리의 구원이 처음 믿을 때보다 가까웠음이라 12밤이 깊고 낮이 가까웠으니 그러므로 우리가 어둠의 일을 벗고 빛의 갑옷을 입자 13낮에와 같이 단정히 행하고 방탕하거나 술 취하지 말며 음란하거나 호색하지 말며 다투거나 시기하지 말고 14오직 주 예수 그리스도로 옷 입고 정욕을 위하여 육신의 일을 도모하지 말라

여기서 우리는 우리 자신의 거룩함과 경건에 관한 교훈을 배운다. 우리의 주관심사는 우리 자신을 돌보는 것이 되어야 한다. 우리는 여기서 그리스도인의 일과에서 유의해야 할 네 가지 지침에 대해 배우게 된다. 그것은 언제 깨어나고, 우리 자신을 어떻게 단장하고, 어떻게 살며, 해서는 안 되는 일은 무엇인가이다.

I. 언제 깰 것인가. 깰 때가 벌써 되었으니(11절). 죄의 잠에서(죄악의 상태는 곧 자고 있는 상태이기 때문에), 육신의 안일과 게으름과 나태의 잠에서, 영적 사망의 잠에서, 그리고 영적 무감각의 잠에서 깰 것을 말한다. 지혜로운 처녀와 어리석은 처녀 모두 잠에 떨어져 있었다(마 25:5). 우리가 잠에서 깨기 위해서는 종종 자극을 받거나 충격을 받을 필요가 있다. 그리스도의 모든 제자들에게 주어진 명령은 깨어있으라는 한 마디였다. "깨어라 — 너의 영혼과 영원한 일에 관심을 가지라. 죄를 조심하고 선한 일을 준비하고, 힘쓰라. 우리 주님의 오심을 지속적으로 바라보면서 살라. 다음 사실을 숙고하라."

1. "우리에게 주어진 시간: 이 시기를 알거니와(11절). 지금 우리와 함께 하는 시간이 어떤 시간인지 생각해 보라. 아마 자다가 깰 때라는 것을 확실히 알 것이다. 지금은 복음시대다. 인정받을 때요 일할 때다. 지금은, 사람들이 어둠 속에 있어서 하나님이 가르쳐주신 것에 대해 무지했던 과거보다 훨씬 더 많은 것을 기대하시는 때다. 지금은 진정 깰 때다. 왜냐하면 해가 중천에 떠올라 우

리 얼굴을 비치고 있기 때문이다. 이런 때에 우리가 잠에 자고 있겠는가? 살전 5:5,6을 보라. 지금은 깰 때다. 왜냐하면 다른 사람들이 일어나 활동하고 있기 때문이다. 지금은 바쁘게 일할 때임을 알라. 우리에게는 할 일이 많다. 우리 주님은 그 일을 하도록 계속해서 우리를 부르고 있다. 또 지금은 위기의 때임을 알라. 우리는 원수들과 덫들이 난무하는 와중에 있다. 블레셋 사람들이 우리 위에 있으니, 지금이야말로 진정 깰 때다. 우리 이웃의 집은 불타고 있고, 우리 자신은 위험 속에 있다. 지금은 정말 깰 때다. 왜냐하면 우리는 이미 충분히 잠을 잤기 때문이다(벧전 4:3). **보라 신랑이로다, 그러므로 진실로 우리가 일어나자.**"

2. "우리에게 임박한 구원: **이제 우리의 구원이 처음 믿을 때보다 가까웠음이라**(11절). 우리의 구원이 처음 믿어 기독교에 대한 신앙고백을 했을 때보다 가까워졌다. 우리의 몫으로 선택했던 영원한 행복이 우리가 처음 그리스도인이 되었을 때보다 지금 훨씬 더 가까이 이르렀다. 지금 우리는 우리가 첫 사랑을 가졌을 때보다 우리 여행의 목적지에 훨씬 더 가까이 와 있으므로 우리가 우리의 길을 생각하고 발걸음을 더 빠르게 하자. 우리의 본부에 더 가까울수록 우리의 움직임도 더 신속해야 한다. 우리와 천국 사이의 거리는 단지 한 걸음 사이에 불과한데, 기독교 순례의 길이 그토록 느리고 둔해서 되겠는가? 그토록 발걸음이 무거워서야 되겠는가? 시간이 더 짧아질수록 은혜는 더 풍성해지고, 우리의 구원이 가까울수록 우리의 영적 움직임 역시 더 빨라지고 활력적이어야 하리라."

II. 어떻게 옷 입을 것인가. 이것이 깨어 일어나서 해야 할 다음 관심사다: "**밤이 깊고 낮이 가까웠으니**(12절). 그러므로 지금은 옷을 입을 때다. 해가 땅을 비출 때처럼, 지금은 이전보다 복음의 은혜에 대해 더 분명한 발견들이 있게 될 것이다. 유대인들의 분노와 잔인함의 밤은 이제 지나갔다. 그들의 박해의 힘도 거의 끝이 왔다. 그들로부터 우리가 해방되는 구원의 낮 곧 그리스도께서 약속하신 구속의 날이 가까이 왔다(눅 21:28). 그리고 천국의 영광 속에서 우리에게 임한 온전한 구원의 날도 가까이 왔다. 그것을 관찰해 보자."

1. "우리가 무엇을 벗어버려야 할까? 우리의 어둠의 옷을 벗어버려야 한다. 대낮에 그것을 입고 있는 것은 부끄러운 일이다: **어둠의 일을 벗어버리자.**" 죄악의 일이 어둠의 일이다. 그것들은 무지와 실수라는 어둠으로부터 온다. 그것들

은 은밀한 것과 남의 눈을 피하는 것을 좋아하며, 지옥과 파멸로 끝난다. 그러므로 낮에 속한 우리는 그것들을 벗어버리자. 잠시 그 습관들을 멈추는 정도가 아니라 철저하게 그것들을 혐오하고 싫어함으로써, 그것들과 절대로 함께 하지 않도록 해야 한다. 영원이 바로 문 앞에 이르렀기 때문에 우리는 우리가 버려야 할 것들을 행하는 자가 되지 않도록 조심해야 한다(벧전 3:11,14).

2. "그리고 우리는 무엇을 입어야 할까?" 우리의 관심사는 우리가 무엇을 입어야 하느냐 곧 우리 영혼을 어떻게 단장할 것이냐 하는 것이다.

(1) 빛의 갑옷을 입으라(12절). 그리스도인들은 원수들에게 둘러싸여 있는 군사들이고, 그들의 삶은 전쟁이다. 그러므로 그들의 복장은 어떤 공격도 견고하게 막아낼 수 있는 갑옷이 되어야 한다. 즉 우리가 입도록 지시받는 것은 하나님의 전신갑주다(엡 6:13이하). 그리스도인은 무장하지 않으면 옷을 입고 있지 않은 것으로 간주된다. 성령의 은혜는 사탄의 유혹과 이 악한 세상의 공격으로부터 영혼을 안전하게 지켜주기 위해 이 갑옷이 되어준다. 이것은 빛의 갑옷으로 불리는데, 어떤 이들은 이것이 로마 병사들이 입었던 밝게 빛나는 갑옷을 암시한다고 생각하는 사람들도 있고, 또는 이 복장이 낮에 입기에 어울리는 복장이라서 그렇다고 보는 이들도 있다. 성령의 은혜는 딱 어울리는 찬란한 복장이요, 하나님이 보시기에 큰 가치를 지닌 옷이다.

(2) 주 예수 그리스도로 옷 입으라(14절). 이것은 13절에 언급되어 있는 여러 가지 천박한 정욕들과 반대되는 것이다. 방탕하거나 술 취하는 것은 벗어버려야 한다. 얼핏 보면 방탕과 술 취함에 대한 말씀 뒤에 "근신, 절제, 순결을 옷 입으라"는 반대 덕목이 열거되어야 할 것 같은데, 사실은 아니다. 그 대신 "그리스도로 옷입고라는 말씀이 나오는데, 이 말씀 속에 모든 덕목이 다 들어 있다. 거룩함을 위해 그리스도의 의를 옷 입으라. 그분 안에서 그분의 옷을 입은 자로서 발견되어야 하기 때문이다(빌 3:9). 맏형의 제사장 옷을 입으라. 그러면 그 안에서 주어지는 복을 받게 될 것이다. 거룩함을 위해 그리스도의 영과 은혜를 옷 입으라. 새 사람을 입으라(엡 4:24). 은혜의 습관을 확증하고, 그 행위를 소생시켜라." 예수 그리스도는 그리스도인들이 자기를 단장하는데 입는 최고의 의복이다. 그것은 고상하고 아름답고 존귀하고 튼튼한 옷이다. 그리스도로 옷 입지 못한다면 우리는 벌거숭이요 기형아다. 다른 모든 옷들은 누더기요 무화과 잎사귀요 너무 허술한 엄호물에 불과하다. 하나님은 우리에게 크고 강하고

따스하고 튼튼한 가죽 옷을 준비하셨다. 세례를 통해 우리는 그리스도로 옷 입게 된 것을 고백한다(갈 3:27). 그러므로 우리는 진실함과 성실함으로 세례를 받아야 한다. 주 예수 그리스도로. "그분을 너를 다스리는 주님으로, 너를 구원하는 예수로, 그리고 이 양자에 있어서 곧 다스리고 구원하는 일을 위해 아버지로 말미암아 기름 부음을 받고 임명을 받은 그리스도로서, 옷 입으라."

III. 어떻게 행할 것인가.　우리는 깨어 옷 입고 나면, 수도사나 은둔자처럼 폐쇄된 공간이나 은밀한 곳에 아무 하는 일 없이 앉아 있으면 안 된다. 우리가 좋은 옷을 입는 이유는 그 안에 있는 좋은 점들을 보여주기 위함이다. 행하고(13절). 기독교는 하나님이 우리를 바라보실 때 그분을 기쁘게 하기 위해 우리가 어떻게 행해야 하는지를 가르친다(살전 4:1). 낮에와 같이 단정히 행하라(13절). 엡 5:8의 빛의 자녀들처럼 행하라는 말씀과 비교해 보라. 우리의 생활은 복음에 어울리는 것이 되어야 한다. 단정히 행하라. 여기서 단정히(유스케모노스)라는 말은 '점잖게' 그리고 '적당하게' 라는 뜻이다. 그리하여 네 고백을 신뢰 있게 하고, 우리 구주 하나님에 관한 교훈을 존중하고, 다른 사람들에게 기독교를 믿을 만한 종교로 추천하도록 하라는 말이다. 그리스도인들은 사람들이 주목하는 일들을 하는데 있어서 단정히 행함으로써 훌륭하고 선하다는 평판을 얻도록 특별히 유의해야 한다. 특히 여기에는 우리가 범하지 않도록 정말 조심해야 하는 세 가지 죄가 있다.

1. 방탕하거나 술 취하지 말며(13절). 우리는 먹고 마시는 일에 있어서 지나치지 않도록 절제해야 한다. 우리는 감각적 쾌락을 과도하게 탐닉하지 않음으로써, 흥청망청한 사람이라는 인상을 추호도 주어서는 안 된다. 그리스도인들은 방탕함과 술 취함으로 마음을 무겁게 해서는 안 된다(눅 21:34). 이것은 낮에와 같이 행하는 것이 아니다. 왜냐하면 술 취함과 같은 일은 밤에 취하는 일들이기 때문이다(살전 5:7).

2. 음란하거나 호색하지 말며(13절). 십계명의 제7계명에 금지되어 있는 어둠의 일들 곧 육신의 정욕들은 어느 것일지라도 행하지 말라. 노골적인 간음과 간통은 금지된 음란이다. 불결함으로 이끌고 불결에 속하는 음란한 생각과 감정, 음란한 표정, 말, 책, 노래, 몸짓, 춤, 장난 등은 여기서 금하고 있는 호색이다. 정숙과 예의에 속한 순결하고 거룩한 법을 범하는 것은 무엇이나 호색이다.

3. 다투거나 시기하지 말고(13절). 이것들 역시 어둠의 일이다. 왜냐하면 다툼과 시기의 행동을 자주 반복하면서도, 그 원리를 자신에게 적용시키거나 다툼이나 시기를 좋아하는 사람으로 자신을 인정하는 사람은 아무도 없기 때문이다. 시기를 받고 다툼의 대상이 되는 것은 최고 성도들의 운명일 수 있으나 스스로 시기와 분쟁을 일으키는 것은 평화를 사랑하고 겸손한 예수님을 따르는 제자들로는 어울리지 않는다. 방탕과 술 취함이 있는 곳에는 통상적으로 음란과 호색, 다툼과 시기도 함께 있다. 솔로몬은 이 모두를 한 곳에 모아 언급하고 있다(잠 23:29 이하). 술에 잠긴 자는(30절) 까닭 없는 분쟁과 상처를 갖고 있고(29절), 그들의 눈에는 이상한 여인들만 보인다(33절).

Ⅳ. 어떤 대비를 해야 할까(14절). "육신의 일을 도모하지 말라. 몸에 대해서는 크게 신경 쓰지 말라." 우리의 가장 큰 관심사는 영혼에 대해서 이루어져야 한다. 그러나 몸에 관해서는 전혀 관심을 둘 필요가 없는가? 그럴 필요가 있을 때에도 그래서는 안 되는가? 그렇다. 하지만 여기서는 두 가지가 금지된다.

1. 부적절한 염려로 자신을 괴롭게 하지 말라. 이것은 일을 도모하지 말라(프로노이안 메 포이에이스테)에 포함되어 있는 일이다. "몸을 위해 무엇을 예비해야 할지 걱정하지 말라. 이 예비를 위해 조바심하는데 지혜를 사용하거나 생각을 도모하지 말라. 그것 때문에 근심하거나 고민하지 말라. 염려하지 말라(마 6:31)." 그것은 쓸데없는 걱정을 금한다.

2. 부질없는 욕망에 빠지지 말라. 우리는 몸을 위한 대비를 완전히 금지받는 것이 아니라(그것은 기름을 공급받아야 하는 등불과 같다) 거기서 나오는 정욕으로 채우는 것을 금지받는다. 몸의 필요는 공급되어야 하지만 그 정욕은 제거되어야 한다. 자연적 욕구는 채워져야 하지만 호색적 욕망은 억제되고 부정되어야 한다. 우리 몸의 건강을 위해 음식을 구하는 것은 당연한 일이다. 우리는 일용할 양식을 위해 기도하도록 가르침을 받는다. 하지만 정욕을 만족시키기 위해 음식을 구하는 것은 탐욕이다(시 78:18). 성령을 따라 산다고 고백하는 사람들은 육체의 욕심을 이루어서는 안 된다(갈 5:16).

제
— 14 —
장

개요

　　앞 장에서 세상사 속에서 다른 사람들에 대해 우리가 보여주어야 할 행위를 지시하고, 국가사회의 일원으로서 우리가 지켜야 할 정의, 평화, 질서 등의 거룩한 법칙에 대해 선포한 사도는 이 장과 다음 장에서 양심과 종교에 직접 관련되고, 교회 구성원으로서 우리가 준수하고 있는 경건한 일들 속에서 다른 형제들에 대해 보여주어야 할 행위를 마찬가지 방법으로 가르친다. 특히 그는 수신자인 당시 로마의 교인들 사이에 있었던 것으로 보이는 문제들을 교정해주는 내용을 편지에 담음으로써, 사소한 문제들에 있어서 나타나는 의견 차이를 우리가 어떻게 다루어야 할지 원칙을 제시하고 있다. 그러나 그 원칙은 일반법칙으로서, 앞 장에서 율법의 완성으로 그가 그토록 강하게 역설했던 기독교적 의무를 교회 안에서 실천하도록 만든다. 확실히 교회 안에서 그 구성원들의 다툼과 분열보다 더 치명적인 것은 없다. 이로 인한 상처 때문에 종교의 생명과 정신이 사라진다. 그런데 이 장에 길르앗 최상급 향료가 있으니, 명의처럼 훌륭한 처방을 제시하는 사도가 참으로 복이 있다. "그런데도 왜 내 백성의 딸이 낫지 않는가?" 그것은 단지 그 처방을 따르지 않기 때문이 아닌가? 제대로 이해되고, 제대로 사용되며, 제대로 따라 산다면, 이 장은 만사를 온전케 하고, 우리 모두를 치료할 것이다.

¹믿음이 연약한 자를 너희가 받되 그의 의견을 비판하지 말라 ²어떤 사람은 모든 것을 먹을 만한 믿음이 있고 믿음이 연약한 자는 채소만 먹느니라 ³먹는 자는 먹지 않는 자를 업신여기지 말고 먹지 않는 자는 먹는 자를 비판하지 말라 이는 하나님이 그를 받으셨음이라 ⁴남의 하인을 비판하는 너는 누구냐 그가 서 있는 것이나 넘어지는 것이 자기 주인에게 있으매 그가 세움을 받으리니 이는 그를 세우시는 권능이 주께 있음이라 ⁵어떤 사람은 이 날을 저 날보다 낫게 여기고 어떤 사람은 모든 날을 같게 여기나니 각각 자기 마음으로 확정할지니라 ⁶날을 중히 여기는 자도 주를 위하여 중히 여기고 먹는 자도 주를 위하여 먹으니 이는 하나님께 감사함이요 먹지 않는 자도 주를 위하여 먹지 아니하며 하나님께 감사하느니라 ⁷우리 중에 누

구든지 자기를 위하여 사는 자가 없고 자기를 위하여 죽는 자도 없도다 [8]우리가 살아도 주를 위하여 살고 죽어도 주를 위하여 죽나니 그러므로 사나 죽으나 우리가 주의 것이로다 [9]이를 위하여 그리스도께서 죽었다가 다시 살아나셨으니 곧 죽은 자와 산 자의 주가 되려 하심이라 [10]네가 어찌하여 네 형제를 비판하느냐 어찌하여 네 형제를 업신여기느냐 우리가 다 하나님의 심판대 앞에 서리라 [11]기록되었으되 주께서 이르시되 내가 살았노니 모든 무릎이 내게 꿇을 것이요 모든 혀가 하나님께 자백하리라 하였느니라 [12]이러므로 우리 각 사람이 자기 일을 하나님께 직고하리라 [13]그런즉 우리가 다시는 서로 비판하지 말고 도리어 부딪칠 것이나 거칠 것을 형제 앞에 두지 아니하도록 주의하라 [14]내가 주 예수 안에서 알고 확신하노니 무엇이든지 스스로 속된 것이 없으되 다만 속되게 여기는 그 사람에게는 속되니라 [15]만일 음식으로 말미암아 네 형제가 근심하게 되면 이는 네가 사랑으로 행하지 아니함이라 그리스도께서 대신하여 죽으신 형제를 네 음식으로 망하게 하지 말라 [16]그러므로 너희의 선한 것이 비방을 받지 않게 하라 [17]하나님의 나라는 먹는 것과 마시는 것이 아니요 오직 성령 안에 있는 의와 평강과 희락이라 [18]이로써 그리스도를 섬기는 자는 하나님을 기쁘시게 하며 사람에게도 칭찬을 받느니라 [19]그러므로 우리가 화평의 일과 서로 덕을 세우는 일을 힘쓰나니 [20]음식으로 말미암아 하나님의 사업을 무너지게 하지 말라 만물이 다 깨끗하되 거리낌으로 먹는 사람에게는 악한 것이라 [21]고기도 먹지 아니하고 포도주도 마시지 아니하고 무엇이든지 네 형제로 거리끼게 하는 일을 아니함이 아름다우니라 [22]네게 있는 믿음을 하나님 앞에서 스스로 가지고 있으라 자기가 옳다 하는 바로 자기를 정죄하지 아니하는 자는 복이 있도다 [23]의심하고 먹는 자는 정죄되었나니 이는 믿음을 따라 하지 아니하였기 때문이라 믿음을 따라 하지 아니하는 것은 다 죄니라

우리는 이 장에서 다음과 같은 사실을 확인한다.

I. 당시 교회 안에서 일어났던 불행한 다툼에 관한 기사. 우리 주님이 그런 불법들이 일어날 것을 예언하셨지만, 그들에게 이런 일이 일어난 것은 그들 사이의 불화를 막고 연합을 촉진시키는 지혜와 사랑이 결여된 것이 그 원인으로 생각된다.

1. 그들 사이에 음식과 날에 대한 의견 차이가 있었다. 특히 두 가지 문제가 대두되었으나 이와 유사한 다른 문제들도 얼마든지 나타날 수 있었다. 하지만

이 두 문제가 가장 시끄러웠고, 특별히 주목의 대상이 되었다. 그 경우는 이렇다: 로마에 거주하는 교인들은 원래 이방인들과 유대인들이 혼합되어 있었다. 로마에 거하는 유대인들이 믿었다는 기록이 있다(행 28:24). 그런데 이 유대인들은 음식과 날에 관한 유대교 의식법을 준수하도록 훈련을 받고 자랐다. 어렸을 때부터 지켜온 이 습관은 철저히 몸에 배어 그리스도인이 되고 난 후에도 근절하지 못했다. 특히 그들 중 어떤 이들은 그것을 근절하기는커녕 오히려 오랜 세월 견지해온 그 습관에 더 강하게 집착했다. 그들은 그 의식법이 그리스도의 죽음으로 말미암아 사문화되었다는 것을 잘 깨닫지 못했다. 그리하여 다른 그리스도인들은 그것을 잘 이해하고 그리스도 안에서 자유를 누리며 어떤 의견 차이도 드러내지 않았지만, 그들은 의식법을 고수하면서, 다양한 의견 차이를 드러냈다.

(1) 음식에 관한 문제(2절): 어떤 사람은 모든 것을 먹을 만한 믿음이 있고. 그는 깨끗한 음식과 더러운 음식을 구별하는 의식법이 더 이상 효력이 없고, 하나님의 모든 피조물은 선하고 스스로 속된 것이 아무것도 없다는 사실을 익히 알고 있었다(14절). 그는 복음의 일반적 취지와 의도로부터, 그리고 특별히 할례의 사도인(그러므로 보다 직접적으로 그것에 관련되어 있는) 베드로가 이 목적에 따라 받은 계시로부터(행 10:15,28) 이것을 확신했다. 믿음이 강한 그리스도인은 이것을 분명히 알고 있고, 따라서 그 지식에 따라 자기 앞에 놓인 음식은 양심에 물어볼 필요도 없이 먹을 수 있다(고전 10:27). 반면에 믿음이 연약한 자는 이 점에 불만을 갖고 있고, 그리스도인의 자유를 제대로 알지 못하고, 오히려 율법에 의해 금지된 음식은 여전히 불결하다는 생각에 집착하고 있었다. 그러므로 그는 그런 음식들을 멀리 하기 위해 고기는 전혀 먹지 않고 채소만 먹으며, 땅의 열매만으로 자신을 만족시킨다. 유약한 양심이 어느 정도 금욕과 자기부인에 자신을 복종시키는지 확인해보라. 양심의 억제하고 속박하는 힘이 얼마나 큰지 그것을 경험해본 자 외에는 아무도 모른다.

(2) 날에 관한 문제(5절). 여전히 스스로 의식법을 준수할 의무 아래 있다고 생각한 사람들은 이 날을 저 날보다 더 낫게 여겼다. 곧 그들은 유월절, 오순절, 그리고 장막절과 같은 날을 다른 날보다 중히 여겼다. 그들은 이 날들이 다른 날보다 우월하다고 생각했고, 그리하여 자신을 어떤 종교적 안식과 규례에 매어둠으로써, 특별히 날을 지키는 것을 소중히 여겼다. 그리스도의 오심으로 말

미암아 이 모든 것들은 폐해지고 소멸되었다고 알고 있던 사람들은 모든 날을 똑같이 여겼다. 우리는 주일을 제외하고는 그렇게 이해해야 한다. 주일은 모든 그리스도인들이 예외 없이 지켜야 할 날이기 때문이다. 그러나 그들은 유대인들의 구시대적 절기들은 중시하거나 주목하지 않는다. 여기서 사도는 음식과 날에 관한 문제는 일부 특별한 사람들 곧 한평생 그것을 준수하도록 훈련받고 자란 탓으로 그것을 지키지 아니하면 곤란한 상황에 직면하는 유대인들의 의견과 관습에 불과하기 때문에 사소한 의견 차이로 보고 말하는 것이다. 그러나 원래 이방인이었으나 유대화주의자 교사들의 영향을 받아 이 구별을 믿고, 그것에 따라 행동할 뿐만 아니라 그것을 구원에 필수적인 것으로 알고 강조하며, 유대교의 절기를 공개적으로 그리고 집단적으로 견지하려는 사람들에게 보내는 편지인 갈라디아서에서 사도는 입장을 변경시켰다. 그것은 그들은 복음의 목적을 무산시켜 은혜로부터 떨어지도록 만드는 죄책을 짊어져야 한다는 것이었다(갈 4:9-11). 로마의 교인들은 연약함 때문에 그것을 지켰지만, 갈라디아 교인들은 고의적이고 사악한 상태에서 그렇게 했기 때문이다. 그러므로 사도는 이처럼 다르게 그들을 다룬다. 이 서신은 갈라디아서보다 먼저 기록된 것으로 추정된다. 사도는 의식법이 점차 사라짐으로써, 영예로운 매장이 이루어지기를 바랐던 것으로 보인다. 그런데 연약한 로마 교인들은 울면서 그 무덤까지 따라갔고, 갈라디아 교인들은 그 무덤에서 시체를 다시 파내는 일을 자행하는 것과 같았다.

2. 다툼의 핵심은 의견 차이 자체가 아니라 그 차이를 잘못 다루는 실수에 있었다.

(1) 그리스도 안에서의 자유를 알고, 그것을 사용하고 있던 믿음이 강한 사람들은 그렇지 못한 연약한 자들을 멸시했다. 그들은 연약한 자들을 불쌍히 여기고 그들을 도우며 온유와 친절로 그들을 가르쳐야 했지만, 오히려 자기들이 합당하다고 생각하는 일들을 두려워하는 그들을 어리석고 까다롭고 미신적인 자들로 무시하고 짓밟았다. 이처럼 자랑할 만한 지식을 갖고 있는 사람들은 그렇지 못한 다른 형제들을 경멸하고 조롱하기 십상이다.

(2) 그리스도 안에서 주어진 자유를 사용하지 못하는 연약한 자들은 강한 자들을 판단하고 정죄했다. 그들은 강한 자들을 생각할 때, 그들은 육적인 고백자들로서, 자기들이 한 일에 대해서는 조심성도 없고 극히 위험한 일을 행하며

극히 무익한 삶을 사는 방탕한 그리스도인들인 것처럼 비난했다. 그들은 강한 자들을 율법의 파괴자, 하나님의 법도를 멸시하는 자 등으로 단죄했다. 크게 경솔하고 무자비한 이런 단죄는 의심할 여지 없이 사랑에 크게 금이 가도록 할 것이다. 아니, 이것은 일종의 질병으로서, 오늘날 교회 안에도 그 잔재가 여전히 남아있다. 잘못 대하는 태도와 마찬가지로, 똑같은 의견차이 역시 교회의 화평을 깨뜨리는 훼방자다. 그러나 우리는 다음과 같이 해야 한다.

Ⅱ. 그러나 우리에게는 이 다툼을 진정시키고, 거기서 나오는 모든 악한 결과를 예방할 수 있는 적절한 지시와 제안이 있다. 사도는 명의처럼, 그 질병에 대해 적절한 처방을 내려준다. 그 처방은 원칙과 이유들로 이루어져 있다. 그는 쌍방이 공통적으로 이 신사적인 방법을 취하도록 이끈다. 그는 어느 한쪽도 파문시키거나 자격을 정지시키거나 잠잠하도록 강요하지 않고, 서로 관용하도록 양쪽 모두 설득시킨다. 믿을 만한 중재인으로서 그는 자신의 손을 양쪽 모두에게 내밀고, 강한 자에게는 너무 무시하지 않도록, 또 연약한 자에게는 너무 단죄하지 않도록 합당한 이유를 제시하고 있다. 만일 다투는 당사자들이 이 명쾌한 중재에 복종하고 각각 단호한 마음을 누그러뜨리고 그 차이를 은혜로 상쇄시킨다면, 모든 것은 순식간에 좋아질 것이다. 그가 제시하는 원칙을 살펴보자. 어떤 원칙은 강한 자에게, 어떤 원칙은 약한 자에게 적용되고, 또 어떤 원칙은 양자 모두에게 적용되는데, 그 이유는 그들이 서로 얽혀 있기 때문이다. 그 적절한 원칙들에 대한 이유를 살펴보자.

1. 연약한 자는 받되 그의 의견을 비판하지 말아야 된다(1절). 이것을 일반원칙으로 취하라. 너의 열심은 너와 하나님의 모든 백성들이 인정하는 일에 바쳐져야지, 의심스러운 문제에 두어지지 않아야 한다. 너희가 받되(프로스람바네스테). 이 말은 그를 너희가 데리고 가라, 그를 환대하라, 가장 큰 애정과 친절을 가지고 그를 받아들이라는 뜻이다. 또 그를 도와주기 위해, 그를 붙잡아 주기 위해, 그에게 힘을 주기 위해, 너희 손을 그에게 빌려주라(수리아 역본에 나오는 것처럼)는 뜻이다. 그를 너의 동료, 너의 친교, 너의 교제 안으로 받아들이라. 자진하여 그리고 겸손한 자세로 그를 대하라. 가능한 모든 노력을 다해 그를 대접하라. 그를 받되, 그와 다투거나 논란이 되고 있는 어떤 불확실한 요점을 가지고 논쟁함으로써 그를 혼란시키고, 그의 머리를 공허한 관념으로 채우고, 그를 격동시켜 그의 믿음을 흔들리게 해서는 안 된다. 너의 그리스도인으로서의

친교와 교제가 너의 잡담과 허망한 말장난으로 혼란케 되어서는 안 된다. -그의 의견을 비판하지 말라(그의 의심스러운 생각을 판단하지 말라: 난외주). 그의 약점을 건드려 비판하거나 정죄하지 말라는 것이다. 그를 받되, 그를 까발리기 위해서가 아니라 그를 이끌고, 그에게 힘을 주기 위해서 그리 하라. 고전 1:10; 빌 3:15; 16을 보라.

2. 강한 자는 절대로 연약한 자를 업신여겨서는 안 되고, 연약한 자는 강한 자를 비판해서는 안 된다(3절). 이것은 양 당사자 모두를 직접 겨냥한 말이다. 이런 종류의 다툼은 어떤 것이라도 양편 모두에게 잘못이 있고, 그래서 양편 모두 교정을 받아야 할 경우가 대부분이다. 사도는 양자를 함께 묶어 반박한다. 우리는 형제를 업신여기거나 비판하거나 해서는 안 된다. 그러면 왜 그래야 하는가?

(1) 하나님께서 그들을 받으셨고, 따라서 우리가 그분이 받으신 자들을 거절한다면, 그분을 거절하는 것이 되기 때문이다. 하나님은 참된 은혜를 소유한 자들은 아무리 연약한 자라 할지라도 절대로 내쫓지 아니하신다. 상한 갈대라도 꺾지 아니하신다. 강한 신자와 연약한 신자 모두 곧 먹는 자나 못 먹는 자나 그들이 참 신자라면, 하나님께서 받아주신 자들이다. 우리가 업신여기거나 비판하기 위해 우리 형제들을 무시하는 태도를 취하도록 유혹을 받을 때, 다음과 같은 질문을 우리 자신에게 해보는 것이 유익하다: "하나님께서 그들을 인정하고 있지 아니한가? 만약 인정하고 있다면 내가 감히 그들을 무시하겠는가?" "아니, 하나님께서 그를 받으셨을 뿐만 아니라 그를 세우시는(4절) 것이 아닌가? 너희는 먹는 자는 그의 방자함으로 넘어지고, 먹지 못하는 자는 그의 두려움과 거리낌의 무게 때문에 가라앉을 것으로 생각하지만, 만일 그들이 참 믿음을 가진 자라면, 하나님의 눈에 전자는 그리스도 안에서의 자유를 규모 있게 사용하는 것으로, 또 후자는 양심적으로 그것을 잘 참는 것으로 보여 그분은 오히려 그들을 세우실 것이다. 전자는 그 성실함으로, 후자는 그 위로로 힘을 얻게 될 것이다. 이 소망은 하나님의 능력 위에 세워져 있다. 왜냐하면 그를 세우시는 권능이 주께 있기 때문이다. 그리고 확실히 그분은 자기 백성들을 보존하기 위해 그 능력을 기꺼이 사용하실 것이다." 영적 어려움과 위험들(우리 혹은 남의)과 관련하여, 우리의 소망과 위로의 대부분은 하나님의 권능 위에 그 기초를 두고 있다(벧전 1:5; 유 1:24).

(2) 그들은 자기 주인의 종들이기 때문이다(4절): 남의 하인을 비판하는 너는 누구냐. 우리는 남의 하인들을 붙잡고 그들의 잘못을 지적하고 비판하는 것을 잘못된 태도로 간주한다. 연약한 그리스도인과 강한 그리스도인 모두 우리 형제다. 하지만 그들은 우리의 하인은 아니다. 이 교만한 판단은 선생이 많이 되지 말라는 관념으로 거부되고 있다(약 3:1). 우리가 이처럼 그들을 판단할 때 특히 우리의 눈에 보이지 않는 그들의 생각과 의도를 비판하고, 또 불과 몇 가지 사례로는 결론 내리기가 어려운 그들의 인격과 사람됨을 비판함으로써, 우리 자신을 형제들의 선생으로 만드는 것은 결과적으로 하나님의 자리를 찬탈하는 것이다. 하나님은 사람이 보는 것처럼 보시지 아니한다. 그들의 주인은 그분이지 우리가 아니다. 형제들을 비판하고 단죄하는데 있어서 우리는 우리에게 속하지 않은 일에 쓸데없이 간섭하는 것이다. 우리는 그것 말고 할 일이 많다. 만일 우리가 비판해야 한다면, 우리 자신의 마음과 삶에 대해 하도록 하자. 그가 서 있는 것이나 넘어지는 것이 자기 주인에게 있으매(4절). 즉 그의 운명은 자기 주인의 선고에 따를 일이지, 우리가 아니다. 우리가 서로 간의 판단에 의해서가 아니라 진리에 따라 항상 의롭고 무오하신 하나님의 판단에 의해서 서거나 넘어지도록 되어 있다는 것이 얼마나 다행스러운 일일까! "네 형제의 주장이 네 판단 앞에 있다면, 그것은 재판관이 아닌 자 앞에(coram non judice) 있는 것이다. 천국의 법정이 적절한 최고법정이다. 그 곳, 오직 그 곳에서의 선고만이 결정적이고, 결론적이다. 만일 그의 정신이 올바르다면, 너의 교만한 비판에서 벗어나 그 법정에 호소할 때 큰 위로를 받을 것이다."

(3) 강한 자와 연약한 자 모두, 만일 그들이 참 신자로서 대체로 올바르다면, 하나님에 대한 눈을 갖고 있고, 또 무엇을 하든 그 일을 통해 하나님을 인정하게 될 것이기 때문이다(6절). 날을 중히 여기는 자 즉 유대교 금식과 절기를 양심으로 지키면서 그것을 다른 사람들에게 강요하거나 강조하거나 하지 않고, 그런 날에는 세상일을 쉬고 하나님을 예배하는 것이 나쁠 것이 없다고 생각하고 기꺼이 그렇게 하는 자는 잘하는 것이다. 우리는 다른 일들에 있어서 그가 선한 그리스도인처럼 행동하기 때문에 그 일을 보는데 있어서도 그의 눈은 똑같고, 그래서 그를 주를 위하여 중히 여기는 자로 간주할 수 있다. 비록 날을 지키는데 있어서 실수가 있지만, 하나님은 그의 정직한 의도를 받아주실 것이다. 왜냐하면 마음의 진실함과 솔직함이 있다면, 머리의 연약함과 부족함은 거부

사유가 아니기 때문이다. 이처럼 우리는 훌륭한 주인을 모시고 있다. 반면에 날을 중히 여기지 않는 자 곧 이 날과 저 날 사이에 차별을 두지 않고, 이 날은 거룩하고 다른 날은 거룩하지 않다거나 이 날은 복이 있는데 다른 날은 그렇지 않다고 말하지 않고, 모든 날을 똑같이 여기는 자는 앞의 형제를 반대하거나 경멸하는 반대 기질을 갖고 있기 때문에 그러는 것이 아니다. 만일 그가 선한 그리스도인이라면, 이런 원칙에 따라 행동하지 않을 것이다. 아니 감히 그렇게 하지는 못할 것이다. 그러므로 우리는 그가 주를 위하여 그것을 중히 여기지 않는다고 선의로 해석한다. 그는 하나님께서 어떤 차별을 두시는 분이 아니라는 것을 알기 때문에 날에 차별을 두지 않는다. 따라서 그는 모든 날을 그분께 바치려고 노력함으로써 그분께 영광을 돌리고자 한다. 다른 실례 역시 똑같다: 그 앞에 어떤 음식이 있든 간에, 그것이 피든 돼지고기든, 먹을 수 있는 것이라면, 먹는 자, 그도 주를 위하여 먹는 것이다. 그는 하나님께서 그에게 허락하신 자유가 무엇인지 알고 있고, 그 자유를 하나님의 영광을 위해 사용하는 자로서, 지금 복음 아래 우리에게 허락되는 것을 확대하고 율법의 멍에를 벗어버리는데 있어서 자신의 지혜와 선한 의도를 갖고 사는 자다. 그래서 그는 자기가 갖고 있는 다양한 음식에 대해, 그것을 먹을 수 있는 자유에 대해 그리고 그것들에 대해 자신의 양심에 가책이 없게 된 것에 대해 하나님께 감사한다. 반면에 의식법에 따라 금지된 고기를 먹지 않는 자도 주를 위하여 먹지 아니하는 것이다. 그는 하나님을 위해 그렇게 하는 것이다. 왜냐하면 이전에 먹지 말도록 금지된 음식을 먹음으로써, 하나님을 거역하게 될까 두려워하는 마음을 갖고 있기 때문이다. 또 그는 그 외에 먹을 음식이 충분한 것에 대해서도 똑같이 하나님께 감사한다. 만일 그가 양심적으로 금지된 과일을 먹기를 거부한다면, 자유롭게 먹을 수 있는 다른 열매를 정원에 두신 것에 대해 하나님께 감사한다는 것이다. 따라서 그들은 모두 무슨 일을 하든 하나님께 시선을 두고 있고, 또 그분에게 인정받으려고 정직하게 그 일들을 행하고 있는데, 어찌하여 그들이 비판받거나 업신여김을 받아야 하는가? 우리가 고기를 먹든 채소를 먹든, 그것은 모든 은혜의 창시자요, 시혜자인 하나님께서 그것을 성결케 하고 맛있게 하신 것에 대해 감사하는 것이다. 샌더슨 주교는 딤전 4:4을 본문으로 하는 34번째 설교에서 이 사실을 올바르게 지적하고 있다: 이것에 의해, 식사 전후에 은혜를 고백하는 감사기도(고전 10:30에 따라, 흔히 그렇게 부르게 된 것처럼)가 연약한 자나 강한 자를 막론하고, 모든 그리스도인들 사이에서 교회의 일반 풍습으로 정착되게 되었다. 곧 식사기도는 그리스도를 본받아 교회 전체 역사에 걸쳐 이어져 내려온 전통적·사도적 기독교의 미풍양속이었다(마 14:19; 15:36; 눅 9:16; 요 6:11; 마 26:27; 행 27:35). 여기에는 우리가 다른 피조물들을 먹기 전 하나님의 이름으로 그것들에 대해 축복을 구하는 것과 그것들을 먹은 후 그것들 때문에 하나님의 이름에 감사하는 것이 다 포함되어 있다. 축사(율로게인)와 감사(유카리세인)는 상호교체적으로 사용된다. 교만한 비판과 업신여김에 관한 이 주장을 분명히 하기 위해 사도는 우리 자신이 아니라 하나님을 중히 여기는 것이 참 기독교에 얼마나 본질적인 것인지를 보여준다. 그러므로 그 반대가 역력히 드러나지 않는 한, 우리는 사소한 면에서 우리와 차이가 있는 사람들을 용납해야 한다. 사도가 참 그리스도인에 관한 묘사를 그 목표와 목적에 따라(7,8절) 그리고 그 동기에 따라(9절) 설명하고 있는 것을 살펴보자.

[1] 우리의 목적과 목표: 우리 자신이 아니고 주님이다. 특수한 목표가 특별한 행동을 하게 만드는 것처럼, 일반적 범주와 경향도 그 상태를 한정한다. 만일 우리가 어떤 길을 가야 할지 알려면, 향해 나아갈 목적이 무엇인지를 물어보아야 한다. 첫째, 자기를 위해서가 아니다. 우리는 우리 자신을 부인하도록 배웠다. 이것이 우리가 받은 첫 번째 교훈이다: 우리 중에 누구든지 자기를 위하여 사는 자가 없고(7절). 아무리 다른 차이가 있을지라도, 이것이야말로 하나님의 모든 백성들을 하나로 만드는 목적이다. 어떤 이들은 연약하고 또 어떤 이들은 강하지만, 그들은 모두 자기를 위해 살지 않는다는 점에서 하나로 일치된다. 그리스도를 위해 자신의 이름을 포기하지 못하는 자는 누가 봐도 이기주의자다. 그는 참 기독교의 기초에 위배되는 사람이다. 우리 중에는 자기를 위하여 사는 자가 없고 자기를 위하여 죽는 자도 없다(7절). 우리는 우리 자신의 주인이 아니다. 우리 자신의 소유권자도 아니다. 따라서 우리는 임의로 우리 자신을 처분하지 못한다. 우리 인생의 본분은 우리 자신을 기쁘게 하는데 있는 것이 아니라 하나님을 기쁘시게 하는데 있다. 우리가 날마다 직면하면서 구출받는 우리 죽음의 일도 우리 자신을 소문내기 위함이 아니다. 우리가 날마다 죽어가는 마당에 헛된 영광을 얻고자 위험을 무릅쓸 처지가 아니다. 우리가 실제로 죽는 것도 우리 자신을 위해서가 아니다. 그것은 우리가 단순히 몸의 옷을 벗고 육신의 짐을 내려놓는 것이 아니라 주님을 위한 것이니, 곧 우리가 세상을

떠나 그리스도와 함께 있고, 주님 앞에 나타나기 위해서다. 둘째, 주를 위하여다 (8절). 모든 권능과 심판을 위임받고, 그리스도인으로서 우리가 무엇을 하든지 그 이름으로 하도록 가르침을 받은 바(골 3:17) 주 그리스도를 위하여다. 곧 그리스도의 뜻을 우리의 법으로 삼고, 그리스도의 영광을 우리의 목적으로 삼는 것이다(빌 1:21). 그리스도는 우리가 살든지 죽든지 목표로 삼고 있는 분깃이다. 우리는 모든 행동과 인생사 속에서 그분을 영화롭게 하기 위해 산다. 또 우리는 자연사 하든지 아니면 돌연사 하든지, 그분을 영화롭게 하고 그분과 함께 영광을 받기 위해 죽는다. 그리스도는 생명과 죽음의 모든 선이 만나는 중심점이다. 그리스도가 전부가 되는 것, 이것이 바로 참 기독교다. 그러므로 사나 죽으나 우리가 주의 것이로다(8절). 그분께 드려지고, 그분을 의존하고, 그분을 위해 계획되고 계획하는 존재라는 점에서 우리는 그분의 것이다. 연약한 그리스도인도 있고 강한 그리스도인도 있지만, 즉 사소한 일들에 있어서는 각기 다른 크기, 분량, 이해력, 그리고 실천력 등을 갖고 있지만, 그들은 모두 그리스도의 것이다. 그들은 모두 그리스도를 생각하고 그분을 섬기며 그분을 위해 수고함으로써, 그분께 속해 있고 그분께 받아들여진 자들이다. 따라서 우리가 마치 그들의 주인인 것처럼, 우리를 기쁘게 하는 것이 그들의 본분인 것처럼, 그리고 우리의 판단에 의해 그들이 서거나 넘어지는 것처럼, 그들을 비판하거나 업신여기겠는가?

[2] 이에 대한 근거(9절). 그것은 그리스도의 절대 주권과 지배권에 기초되어 있다. 이것은 그분의 죽음과 부활의 열매이자 목적이다. 이를 위하여 그리스도께서 죽었다가 다시 살아나셨으니(그분은 부활하셔서 천국생명과 과거에 그분이 갖고 계셨던 영광에 들어가셨다) 곧 죽은 자와 산 자의 주가 되려 하심이라. 그분은 우주의 통치자, 곧 산 피조물과 죽은 피조물을 모두 포괄한 만유의 주(행 10:36)가 되신다. 왜냐하면 그분은 교회를 위해 만물을 다스리시는 머리가 되시기 때문이다. 그분은 산 자들을 지배하심으로써 그들의 주님이 되시고, 죽은 자들을 받아들이고 다시 살리심으로써 그들의 주님이 되신다. 이것은 하나님께서 그분의 낮아지심의 보상으로 그분에게 주신, 모든 이름 위에 뛰어난 이름이다(빌 2:8,9). 그분이 하늘과 땅의 모든 권세를 내게 주셨다(마 28:18)고 말씀하신 때는 그분이 죽으시고 부활하신 다음이었고, 지금 그분은 그 권세를 사용하여 사명을 감당하라고 말씀하신다(19,20절). 그런데 만일 그리스도께서 영혼

과 양심을 다스리는 지배권을 위해 그토록 비싼 대가를 치르시고, 그 지배권을 행사하는데 필요한 정당하고 확실한 권세를 갖고 계신다면, 우리가 우리 형제들의 양심을 판단하고 그들을 비판함으로써, 그것을 침범하거나 그 위에 군림해서는 안 될 것이다. 우리가 이미 죽어 사라진 자들의 이름과 추억에 욕을 돌리고 손상시키거나 그들을 비판하고자 할 때(죽은 자들에 대한 이런 비판에는 전혀 통제가 없고, 반대가 있을 수 없기 때문에 그 강도가 더 심할 것이다), 우리는 그리스도께서 산 자들만이 아니라 죽은 자들의 주님도 되신다는 것을 유념해야 할 것이다. 만일 그들이 죽었다면, 그들의 회계는 이미 끝난 것이요, 그것으로 충분하다. 그리고 여기서 우리는 비판하거나 업신여기는 것에 대해 반대하는 또 다른 이유를 찾게 된다.

(4) 강한 자와 연약한 자 모두 조만간 심판을 받아야 하기 때문이다(10-12절). 마지막 날 심판을 중히 여기는 신자는 이 교만한 비판을 삼갈 것이다: 연약한 네가 어찌하여 강한 네 형제를 비판하느냐? 그리고 강한 네가 어찌하여 연약한 네 형제를 업신여기느냐? 왜 그리스도인들 간에 이 모든 일로 충돌을 일으켜 다투고 비판하느냐? 우리는 다 그리스도의 심판대 앞에 나타날 것이다(고후 5:10). 그리스도는 심판자로서, 권위와 권능을 갖고 그들의 행위를 따라 사람들의 영원한 상태를 결정하실 것이다. 그분 앞에서 우리는 심판받는 자로 서게 되고, 그 때 그분은 우리의 최종적 운명에 대해 설명해 주실 것인데, 그 설명은 영원히 결정적인 것이 될 것이다. 이것을 예증하기 위해(11절), 사도는 그리스도의 우주적 주권과 지배권을 언급하는 구약성경 구절을 인용한다: (주께서 이르시되) 내가 살았노니 모든 무릎이 내게 꿇을 것이요. 그것은 사 45:23로부터 인용된 것이다. 그 곳에는 내가 나를 두고 맹세하기를로 되어 있는 말씀이 여기서는 내가 살았노니로 바뀌었다. 따라서 하나님께서 내가 살았노니라고 말씀하실 때마다 그것은 하나님이 자신에 대해 맹세하는 것으로 해석되어야 한다. 왜냐하면 본질상 생명을 갖는 것은 하나님의 특권이기 때문이다. 따라서 그 곳에는 내 입에서 공의로운 말이 나갔은즉 이라는 말씀이 그것을 강조하는 의미에서 덧붙여지고 있다. 그것은 일반적으로 그리스도의 지배권에 대한 예언으로, 여기서는 그것이 마지막 날 심판에 대해 십분 적용되고 있다. 마지막 날 심판이야말로 그 지배권이 최고로 그리고 최상으로 행사되는 산 증거가 될 것이다. 여기에 그리스도의 신성에 대한 증거가 담겨 있다: 그분은 주님이시자 성부와

동등하신 하나님이다. 신적 영예가 그분에게 귀속되고, 당연히 드려져야 한다. 그것은 중보자이신 그분을 통해 하나님께 드려진다. 하나님은 그분을 통해 세상을 심판하실 것이다(행 17:31). 그분 앞에 무릎을 꿇고, 혀로 자백하는 것은 내면의 경배와 찬양에 대한 외적 표현에 불과하다. 모든 무릎과 모든 혀가 자유로든 아니면 강제로든 그분께 드려질 것이다.

[1] 그분의 모든 친구들은 자유롭게 그렇게 하고, 그분의 권능의 날에 기꺼이 그렇게 할 것이다. 은혜로 말미암아 영혼은 예수 그리스도께 자발적, 전체적, 그리고 공개적 복종을 한다. 첫째, 그분께 무릎을 꿇는다. 이성은 그분의 진리에 대해, 의지는 그분의 법에 대해, 전인격은 그분의 권위에 대해 무릎을 꿇는다. 이것이 무릎을 꿇는다는 표현의 의미로서, 경배와 기도의 자세를 취하는 것이다. 그것은 우리의 요셉 앞에 엎드리라고 선포되는 것이다(창 41:43). 육체의 연습은 약간의 유익이 있지만, 그것이 내적 경외와 존경으로 인도를 받으면, 크게 인정받는다. 둘째, 그분께 자백한다. 곧 그분의 영광, 은혜, 그리고 위대하심을 인정한다. 우리 자신의 비천함과 무가치함을 인정하고, 그분께 우리의 죄를 자백하는 것이다.

[2] 그분의 모든 원수들도 좋든 싫든 그렇게 하게 될 것이다. 그분이 구름을 타고 오시고 모든 눈이 그분을 보게 될 때, 아니 그 이전이라도, 원수들에 대한 그분의 승리와 그분에 대한 그들의 굴복에 대한 모든 예언들은 충분하고도 완전하게 성취될 것이다. 그 때 그분의 대적들은 그분의 발등상이 되고, 그분의 모든 원수들은 땅의 흙을 핥게 될 것이다. 따라서 사도는 우리 각 사람이 자기 일을 하나님께 직고하리라(12절)고 결론짓는다. 우리는 다른 사람들에 대해, 다른 사람들은 우리에 대해 고하는 것이 아니다. 각 사람이 자기 일에 대해 고해야 한다. 우리는 우리가 시간을 어떻게 보냈는지, 어떤 일을 행했는지, 그리고 어떻게 그것을 행하게 되었는지 직접 설명해야 한다. 그러므로 첫째로, 다른 사람들에 대해 판단할 이유가 거의 없다. 왜냐하면 그들은 우리와 상관이 없고, 우리 역시 그들에 대해 상관이 없기 때문이다(갈 2:6): 본래 어떤 이들이든지 내게 상관이 없으며 하나님은 사람을 외모로 취하지 아니하시나니. 그들이 누구든, 어떤 일을 하든 막론하고, 그들은 우리가 아니라 그들 자신의 주인에게 고해야 한다. 만일 우리가 어떤 일로 그들에게 기쁨을 주는 자가 될 수 있다면, 그것은 좋은 일이다. 그러나 그렇다고 해도 우리가 그들의 믿음에 대해 지배권을 갖고

있지는 못하다. 그리고 **둘째로,** 우리는 우리 자신의 일에 대해 설명해야 하고, 그것만으로도 벅차다. 각각 자기의 일을 살피라(갈 6:4). 곧 자신의 이유를 설명하라, 자신의 마음과 삶을 살펴보라는 뜻이다. 이것이 자신의 생각이 되게 하라. 자신을 판단하는데 엄격한 사람은 쉽게 그의 형제를 비판하거나 업신여기지 못할 것이다. 이 모든 차이점은 마지막 날 그리스도의 처분에 맡기도록 하자.

(5) 기독교의 강조점은 이런 사소한 일들 위에 두어져 있는 것도 아니고, 또 이런 일들은 이편에서나 저편에서나 믿음에 본질적인 것도 전혀 아니기 때문이다. 이것이 사도의 권면의 이유다(17,18절). 너희는 왜 종교에 있어서 그토록 사소하고, 중요하지 않은 일들의 찬반 문제에 너의 열정과 시간을 다 허비하려고 하느냐? 어떤 이들은 이 비판이 그리스도 안에서 자유를 사용하는데 절제해야 할 입장에 있는 사람들을 겨냥한 것이라고 본다. 그러나 그것은 일반적으로 이 일에 연루된 양편 모두를 겨냥하여 주어진 권면으로 보인다. 하나님의 나라는 먹는 것과 마시는 것이 아니요(17절). 여기서 다음 사실을 확인할 수 있다.

[1] 참 기독교의 본질은 무엇인가: 그것은 여기서 하나님의 나라로 불린다. 그것은 우리를 다스리도록 준비된 종교로서, 하나의 나라다. 그것은 하나님의 권능과 지배권에 대해 진실하게 그리고 충심으로 복종할 때 세워진다. 복음 세대는 특별히, 구약의 율법 세대와 구별하여, 하나님의 나라로 불린다(마 3:2; 4:17). 첫째, 그것은 먹는 것과 마시는 것이 아니다. 그것은 어떤 음식과 음료를 먹고 마시든지 아니면 절제하든지 하는 문제 속에 있는 것이 아니다. 기독교는 그런 경우 이렇게 하라거나 아니면 저렇게 하라거나 하는 법은 제공하지 않는다. 유대교는 먹고 마시는 것을 크게 강조한다(히 9:10). 어떤 짐승은 종교적으로 먹는 것이 금지되어 있는데, 또 어떤 짐승은 먹도록 되어 있었고(레 11:2), 희생제물 가운데에서도 어느 부위만 여호와 앞에서 먹는 것이 허용되기도 했다. 그러나 지금 이런 규정들은 모두 폐지되었고, 더 이상 효력이 없다(골 2:21,22). 그 문제는 완전 자유화된 상태에 있다. 하나님께서 지으신 모든 것이 선하매(딤전 4:4). 다른 일들에 관해서도 상황은 마찬가지다. 그것은 할례도 아니고, 무할례도 아니다(갈 5:6; 6:15; 고전 7:19). 우리를 하나님께 천거하는 것은 사소한 문제에 있어서 이 편을 드느냐 아니면 저 편을 드느냐 하는데 있는 것이 아니다. 마지막 날에는 "누가 고기를 먹고 채소를 먹었느냐?" "누가

거룩한 날을 지키고 지키지 않았느냐?"라는 질문이 주어지지 않을 것이다. 또 "누가 국교도이고, 비국교도냐?"라는 질문도 주어지지 않을 것이다. 주어지는 질문은 "누가 하나님을 경외하고 의를 행했고, 또 누가 그렇게 하지 못했느냐?"가 될 것이다. 본질을 외면하고 형식과 모양 그리고 지엽적 상황에 집착하는 것만큼 참 기독교에 파괴적인 것은 없다. 둘째, 하나님의 나라는 의와 평강과 오직 성령 안에 있는 희락이다. 이 요소들이 기독교의 본질에 속하는 것으로서, 하나님의 모든 백성들은 무조건 동조하고, 모든 시간을 다 쏟아 그리고 마음의 열과 성을 다해서 추구해야 할 것이다. 의와 평강과 희락은 매우 포괄적 의미를 담은 단어들이다. 그것들은 각각 종교의 하부구조와 상부구조를 모두 이루고 있다. 감히 내가 이 말들의 의미를 규명해 본다면, 다음과 같다: -하나님과 관련하여, 우리의 최대관심사는 의다. 곧 그분 앞에 그리스도의 죽음의 공로로 말미암아 의롭게 되고, 그분의 은혜의 영으로 말미암아 거룩하게 된 모습으로 나타나는 것이다. 왜냐하면 의로우신 하나님은 의를 사랑하시기 때문이다. -우리 형제들과 관련하여, 우리의 최대 관심사는 평강이다. 즉 그들과 평화를 유지하고 서로 사랑하며, 그리고 관용하며 살아감으로써 모든 사람들이 평강을 따르도록 하는 것이다. 그리스도는 위대하신 평화의 건설자로 세상에 오셨다. -우리 자신과 관련하여, 우리의 최대 관심사는 성령 안에 있는 희락이다. 이것은 신자들의 마음속에 거하시는 은혜의 성령에 의해 일어난 영적 기쁨인데, 이것은 신자가 하나님을 화해하신 자신의 아버지로, 천국을 자신의 궁극의 본향으로 바라보는데서 연유한다. 우리가 하나님께 순응하고 난 다음 종교의 생명은 그분 안에서 만족하며, 항상 그분을 즐거워하는데 있다. 확실히 우리는 종교의 본질인 평강과 희락을 우리에게 제공해 주시는 선한 주인을 섬기고 있다. 그러므로 우리는 오직 의라는 기초가 놓인 다음에 평강과 성령 안에서의 희락을 기대할 수 있게 되는 것이다(사 32:17). 셋째, 하나님의 나라는 이 모든 일들 안에서 그리스도를 섬기는 것이다(18절). 즉 그리스도 자신을 우리의 주인으로, 그분의 뜻을 우리의 법으로, 그분의 영광을 우리의 목적으로 삼고 이 모든 일을 행하는 것이다. 우리의 모든 선한 의무가 받아들여지는 것은 그것들 모두를 행하는데 있어서 그리스도와 관련되기 때문이다. 우리는 세상에서 그분의 관심사와 계획에 따라 섬겨야 한다. 그것은 첫 번째로는 우리가 하나님과 화목하는 것이고, 두 번째로는 우리가 서로 화목하는 것이다. 그리스도를 섬기는 것 외에 기독교가 무엇이겠는가? 그러므로 우리가 우리를 위해 그리고 우리의 구원을 위해 종의 형상을 취하신 그분을 섬기는 것은 너무 당연하다.

[2] 하나님의 나라의 유익. 이 일들을 온전히 준수하는 자는 첫째, 하나님의 인정하심을 받는다. 비록 그가 하는 모든 일이 우리의 맘에는 쏙 들지 못해도, 하나님은 이런 사람을 크게 기뻐하신다. 그는 하나님의 사랑과 총애를 받는다. 그의 인격, 그의 행함은 하나님의 인정을 받고, 우리는 이 이상 행복해지려고 애쓸 필요가 없다. 만일 하나님이 지금 너의 행위를 받아주신다면, 너는 즐겁게 음식을 먹을 수 있게 될 것이다. 그에게 최고의 기쁨은 하나님을 가장 기쁘시게 하는 것이다. 그들은 성령 안에 있는 평강과 희락이 충만한 자들이다. 그 다음 둘째, 그는 사람들에게도 인정을 받는다. 곧 이때의 인정은 지혜롭고 선한 사람들의 인정이기 때문에 다른 사람들의 판단은 중요하지 않다. 하나님께 받아들여지는 사람들과 일들은 우리에게도 인정을 받아야 한다. 하나님이 기뻐하시는 일로 우리가 기뻐해서는 안 되는가? 성화되는 것이 하나님의 마음에 드는 일이 아니고 무엇이겠는가? 사람들의 인정을 가볍게 여겨서는 안 된다는 것을 잊지 말자. 왜냐하면 우리의 하는 모든 일이 모든 사람들의 눈에 정직해야 하고, 좋은 평판을 받는 일들이 되어야 하기 때문이다. 그러나 하나님의 인정이 첫 번째 자리를 차지하기를 바라고, 또 그것이 목표가 되어야 한다. 조만간 하나님께서 모든 세상이 자신의 마음에 들도록 하실 것이기 때문이다.

3. 여기서 주어지는 또 다른 법칙은 이것이다: 이 의심스러운 일들에 있어서 각자는 하나님께서 자기에게 주신 빛에 따라 행할 수 있고, 또 그렇게 해야 한다는 것이다. 이것은 5절의 각각 자기 마음으로 확정할지니라는 말씀 속에 내포되어 있다. 즉 "이 일들을 행하는데 있어서 네 자신의 판단에 따라 행하고, 다른 사람들도 그렇게 하도록 하라. 다른 사람들의 행위는 비판하지 말라. 그들은 그들 자신의 판단에 따라 행하도록 놔두라. 그들이 그렇게 해야겠다고 마음을 먹었는데, 그것이 솔직히 너의 마음에 들지 않는다고 해도, 그들의 행동을 네 자신에게 맞추도록 강요하지 말고 오히려 네 마음을 그들의 법에 맞추도록 하라. 양심의 지시에 반대하는 행동을 하지 않도록 조심하라. 어떤 행동을 하기 전에 그것이 적법한지를 먼저 확정하도록 하라." 의심스러운 일에 있어서는 확실한 쪽을 견지하는 것이 좋다. 만일 연약한 그리스도인이 고기를 먹는 것이 적법한지 의심을 갖고 있다면, 그는 그 문제에 대해 확신을 가질 때까지

먹지 않는 게 좋을 것이다. 우리는 우리의 믿음을 다른 사람의 의견에 맡겨서도 안 되고, 다른 사람들의 행위를 우리의 법으로 삼아서도 안 된다. 오직 우리 자신의 이성의 지시에 따라야 한다. 사도는 14절과 23절, 두 절에서 이 취지를 설명하고, 그 지시에 반하여 행하지 않도록 하나의 법칙을 제시한다.

(1) 잘못된 양심에 관해(14절). 어떤 일이 별로 중요치 않은 일이라서, 그렇게 하는 것이 그 자체로 죄가 아닌데, 만일 우리가 그것을 죄로 생각하고 행한다면, 비록 다른 사람들에게는 그것이 죄가 아닐지라도, 우리에게는 죄가 된다. 왜냐하면 비록 착각하고 잘못 알고 있는 것이지만, 그것은 우리가 양심에 반하여 행하는 것이기 때문이다. 사도는 익숙한 음식 문제의 차이를 구체적인 한 예로 다룬다.

[1] 이 문제에 대한 자신의 결백을 증거한다. "내가 알고 확신하노니. 곧 나는 내가 그리스도 안에서 갖고 있는 자유에 관해 잘 알고 있고, 또 그 안에서 무엇이든지 스스로 속된 것이 없다는 것 곧 어떤 음식이든 그것이 사람의 몸에 좋은 음식이라면, 어떤 정결예식에 의해 불결한 것으로 규정되거나 먹지 않도록 금지되거나 할 것은 없다는 것을 익히 누리고 있다고 충분히 확신한다." 유대인들은 그들이 특별하고 구별된 민족이라는 점 때문에 다른 면들에서처럼, 음식 규정에 있어서 먹지 못하도록 금지된 음식들이 많이 있었다(레 11:44; 신 14:2,3). 죄는 피조물 전체에 저주를 가져왔다. 땅은 너로 말미암아 저주를 받고(창 3:17). 피조물의 사용과 그것들에 대한 지배권은 박탈되었고, 그 결과 사람에게는 아무것도 깨끗한 것이 없게 되었다(딛 1:15). 그 증거로서 하나님께서는 모든 피조물에 관해 그분이 무엇을 행하셨는지 보여주기 위해 의식법을 통해 어떤 피조물은 사용을 금하셨다. 그러나 지금은 그리스도께서 그 저주를 제거하셨기 때문에 그 문제는 다시 자유롭게 되었고, 그 금지는 취소되었다. 그러므로 바울은 그 확신의 창시자이실 뿐만 아니라 그 근거가 되시는 주 예수 그리스도로 말미암아 자기가 확신케 되었다고 말한다. 그것은 그리스도의 죽음의 효력 위에 세워져 있다. 그것은 그분의 죽음이 피조물 전체에 대한 저주를 제거하고 박탈을 면제시키며 우리의 권리를 회복시킴으로써, 그 특별한 금지규정에 종지부를 찍게 만들었기 때문이다. 따라서 지금은 무엇이든지 스스로 속된 것이 없다. 하나님의 모든 피조물이 선하다. 아무것도 속된(common) 것이 없다. 난외주에서처럼, 무엇이든지 속된 것이 없으되(우덴 코이논)는 신앙

고백자들에게 사용이 금지되어 있는 다른 것들과 똑같은 것이 먹는 것에 대해서는 없다는 뜻이다. 아무것도 부정하지 않다. 유대인들은 부정하다는 의미에서 이 속되다는 말을 사용한다. 그것은 행 10:14의 깨끗지 아니한(아카달톤)이라는 단어에 의해서도 설명된다. 무엇이든지 속되거나 깨끗지 아니한 것은 없다. 바울이 무엇이든지 속되거나 깨끗지 아니한 것은 없다는 진리를 배운 것은 이 문제에 대해 베드로에게 주신 계시뿐만 아니라 복음 전체의 경향과 취지 그리고 그리스도의 죽음의 명백한 목적에 의해서였다. 이것이 바울 자신의 결백함이었고, 그래서 그는 거기에 따라서 행동했다.

[2] 그러나 여기에 이 문제에 대해 자기처럼 확신을 갖지 못한 사람들에게 주는 경고가 있다: 다만 속되게 여기는 그 사람에게는(곧 그것이 그의 잘못이지만) 속되니라. 이 특별한 경우는, 그렇게 결정되면, 일반법칙이 된다. 스스로 그것을 하면 옳지 않다고 진실로 믿고 있는 일을 그만 해버리는 사람은, 그 일이 어떤 일이든 간에, 죄를 범하는 것이다. 이것은 불변의 창조질서부터 나온다. 즉 존재하는 일들에 대한 우리의 의지 곧 우리의 모든 선택, 동기 그리고 방향은 우리 이성의 지시에 따라야 한다는 것이다. 이것은 본성의 법칙으로서, 만약 이성이(잘못 인도를 받아) 그런 일은 죄라고 말하는데 우리가 그 일을 해버렸다면, 그 법은 깨지는 것이다. 이것이 악을 행하려는 의지다. 왜냐하면 그것이 우리에게 죄로 보인다면, 실제로 그것이 죄인 경우에 행할 때와 똑같은 의지의 부패와 타락이 작용하기 때문이다. 그러므로 우리는 그렇게 해서는 안 된다. 행동 자체의 본질을 변경시키는 것은 사람의 양심의 능력에 있는 것이 아니다. 양심은 단지 자기 자신에 관해서만 영향을 미칠 뿐이다. 이 단서와 더불어, 사람들의 판단과 의견은 본질상 선한 것을 자기들에게 악한 것으로 만들 수 있지만, 본질상 악한 것을 그 자체로 또는 자기들에게 선한 것으로 만들 수 없다는 사실도 마찬가지로 이해되어야 한다. 만일 어떤 사람이 자기 아버지의 복을 구하는 것이 악하다고 진심으로 확신하고 있다면(그것은 14:23에 관한 샌더슨 박사의 설교의 경우다), 그 잘못된 확신은 그것을 그에게 악한 것으로 만들 것이다. 그러나 만일 그가 자기 아버지를 저주하는 것이 옳다고 진심으로 확신하고 있다면, 이것은 그것을 선한 것으로 만들지 못할 것이다. 바리새인들이 고르반을 자기 부모에 대한 부양책임을 거부하는 구실로 삼았을 때(마 15:5,6), 그들은 사람들로 하여금 양심을 피해가도록 가르쳤다. 그러나 이것은 바울의 잘

못된 양심이 그의 기독교에 대한 분노나(행 26:9) 그들의 분노를(요 16:2) 정당화시키지 못하는 것만큼 더 이상 통하지 않는 얘기다.

(2) 우리는 의심에 빠져 있는 양심의 지시에 반하여 행동해서는 안 된다. 중립적인 일들에 있어서 우리가 확신하는 대로 행하는 것은 죄가 아니다. 그러나 그렇게 하는 것이 적법한지 확신이 서지 않을 때에는 의심이 계속되는 한 그 일을 행해서는 안 된다. 왜냐하면 의심하고 먹는 자는 정죄되기(23절) 때문이다. 즉 그에게 그것은 죄로 바뀐다. 그는 정죄된다(카타케크리타이). 그는 자신의 양심에 대해 정죄된다. 왜냐하면 믿음을 따라 하지 아니하였기 때문이다. 즉 그는 합법적으로 해도 된다는 충분한 확신이 없이 행하는 것이기 때문이다. 그는 자기가 돼지고기를 먹는 것(가령)이 합법적이라는데 대해 확신이 없는데, 다른 사람들이 그것을 먹는 것을 보았기 때문에, 그것에 대한 자신의 식욕을 만족시키려고 또는 자신의 소행에 대한 비난이 없기 때문에, 의심이 있음에도 불구하고, 그것을 먹었다고 치자. 여기서 그의 마음은 자신을 범법자로 정죄할 수밖에 없다. 우리의 법칙은 우리가 어디까지 이르렀든지 그대로 행하는 것이다(빌 3:15,16).

믿음을 따라 하지 아니하는 것은 다 죄니라. 일반적 의미로 보면, 이 말은 믿음이 없이는 하나님을 기쁘시게 하지 못하나니(히 11:6)라는 사도의 말과 동일한 뜻이다. 우리가 믿음 안에서 행하는 것은 무엇이든, 그것을 믿음의 원리에 따라 즉 그리스도의 뜻을 우리의 법으로, 그리스도의 영광을 우리의 목적으로, 그리고 그리스도의 의를 우리의 모토로 믿는 마음으로 하지 않는 한, 어떤 선한 평가도 받지 못할 것이다. 그러나 여기서 그 의미는 좀 더 엄격하게 해석되어야 할 것 같다. 믿음을 따라 하지 아니하는 것은 다(곧 그것을 행하는 것이 합당하다는 분명한 확신이 없이 행하는 것은 모두) 양심에 반하는 죄다. 그것이 본질상으로는 불법적인 것이 아닌데, 자신의 양심이 그것을 불법적이라고 제시하는 일을 감히 행하는 자는, 똑같은 유혹에 의해, 실제로 불법적일 때, 양심이 그것은 불법적이라고 말해도 그것을 행할 수 있는 자다. 사람의 영은 하나님의 등불이므로, 양심을 타락시키고, 강요하는 것은 그것이 실수에 의한 것일지라도 위험한 일이다. 이것이 그 경구의 의미로서, 자기가 옳다 하는 바로 자기를 정죄하지 아니하는 자는 복이 있도다(22절)라는 말씀과 희미하게나마 그 의미가 일맥상통한다. 많은 사람들이 자신의 판단과 양심에 있어서 스스로를 정죄하는 일을 행하고 만다. 즉 쾌락과 이익을 위해 또는 그것을 신뢰하기 때문에 그것을 허용한다. 말하자면 습관에 따라 그렇게 하는 것이다. 그러나 그가 그것을 행하고 그것을 옹호하는 한, 그의 마음은 자신을 거짓말쟁이로 만들고, 그의 양심은 그것 때문에 그를 정죄하게 된다. 따라서 자신의 양심의 도전과 비난에 저촉받지 않는 행동을 함으로써 생활을 규모 있게 하는 사람은 복이 있다. 다시 말해 자신이 적법하게 행하는 것인지 확신하지 못하는 일을 행하지 않음으로써 자신의 마음을 자신의 원수로 만들지 않는 자는 행복하다는 것이다. 혼란스러울 때 양심의 증거가 특별한 강심제가 되기 때문에 내면의 평강과 안정을 가진 자가 행복하다. 사람들은 우리를 정죄하겠지만, 우리 자신의 마음이 우리를 정죄하지 않는다면, 그것으로 충분하다(요일 3:21).

4. 여기에 언급된 또 다른 법칙은 이런 문제들에 대해 결백하고 그리스도 안에서의 자유를 알고 있는 사람들에게 주는 것으로 그것을 사용할 때 연약한 형제들이 넘어지지 않도록 조심하라는 것이다. 이것은 13절에 묘사되어 있다: 우리가 다시는 서로 비판하지 말고. "너희가 사랑의 덕을 실천하지 못한 것은 지금까지로 족하다. 이제부터는 더 이상 그러지 말라." 이 권면의 의미를 강조하기 위해 사도는 이 속에 자신도 포함시킨다. 우리가 서로 비판하지 말자. 그는 마치 이렇게 말하는 것처럼 보인다: "그것은 나도 그렇게 하지 않기로 굳게 결심했던 바다. 그러므로 너희도 그렇게 하지 말라. 그러나 도리어 즉 다른 사람들의 행동을 비판하는 대신에 우리 자신을 비판하고, 그리하여 부딪칠 것이나 거칠 것을 형제 앞에 두지 아니하도록 주의하라. 우리는 우리 형제로 하여금 부딪치거나 거치게 만들 일은 절대로 말하거나 행동하지 않도록 조심해야 한다. 그렇게 말하는 것은 그 잘못과 악행의 정도가 덜하지만, 그렇게 행동하는 것은 더 크기 때문이다.

(1) 우리 형제에게 주는 슬픔에 관해. "연약하기에 특정고기를 먹는 것이 불법이라고 생각하는 사람은 그것을 먹는 자를 볼 때 크게 혼란스럽게 될 것이다. 그는 율법의 영예를 크게 중시하는 사람으로서, 율법이 그것을 금하고 있다고 생각하기 때문이다. 그는 너희 영혼이 그것 때문에 잘못되고 있다고 생각할 것이다. 특별히 너희가 고의적으로 그리고 짐짓 교만한 태도로 그것을 먹음으로써, 연약한 형제를 자극하지 않기 위해 연민과 관심을 보여주지 못할 때는 더욱 그렇다." 그리스도인들은 서로 슬픔을 주지 않도록 조심해야 한다. 특히

그리스도의 연약한 자들의 마음을 슬프게 하는 것은 정말 조심해야 한다. 마 18:6,10을 보라.

(2) 우리 형제에게 주는 죄책에 관해. 앞의 것은 부딪칠 것(stumbling block)으로, 형제를 크게 흔들리게 하고 그를 훼방하며 낙심시킨다. 그러나 이것은 거칠 것(occasion to fall)이다. "만일 너희 연약한 형제가, 순전히 너희의 본보기와 영향력을 통해, 그리스도 안에서의 자유에 만족하지 못하고 자신의 양심에 반하는 행동으로 이끌리고 자신이 갖고 있는 빛에 반하여 행동하고, 그리하여 자신의 영혼에 대해 죄책을 느낀다면, 너희에게는 적법하지만 그에게는 그렇지 못하기 때문에(그는 아직 이르지 못했다), 너희는 그에게 넘어질 기회를 제공한 책임을 짊어져야 한다." 이 경우를 설명하고 있는 고전 8:9-11을 보라. 동일한 의미에서 사도는 적법한 일을 행하는 것이 다른 형제들에게 누가 되지 않도록 조심하라고 권면한다(21절): 고기도 먹지 아니하고 포도주도 마시지 아니하고 무엇이든지 네 형제로 거리끼게 하는 일을 아니함이 아름다우니라. 이런 일들은 실제로는 적법하고 안전한 일이지만, 인간생활의 유익을 위해서는 반드시 필수적인 일은 아니다. 그러므로 우리는 그런 일로 남에게 손해를 끼치기보다는 그들을 위해 자신을 부인할 수 있어야 하고, 또 당연히 그리해야 한다. 아름다우니라. 곧 그것은 하나님을 기쁘시게 하는 것이요, 우리 형제를 유익하게 하는 것이며, 우리 자신에게 아무 해가 되지 않는 것이다. 다니엘과 그의 친구들은 채소와 물만 먹고 살았지만 왕의 식탁에서 음식을 먹은 사람들보다 더 혈색이 좋았다. 그것은 자기를 부인하는 고결한 행위로서, 바울에게서도 그 실례를 발견할 수 있다(고전 8:13): 만일 음식이 내 형제를 실족하게 한다면. 여기서 그는 자기를 파괴하기 위하여 고기를 먹지 않겠다고 말하는 것이 아니고, 자기를 부인하기 위하여 영원히 고기를 먹지 않겠다고 말하는 것이다. 이것은 형제를 부딪치게 하거나 거치게 하는 사소한 일들에 이르기까지 모든 일들에게 확대되어야 한다. 죄든 환난이든 다 포함된다. 또는 거리끼게 하는 일(21절) 곧 그의 은혜를 약화시키고, 그의 위로를 약화시키며, 그의 결심을 약화시키는 것도 포함된다. 거리끼게 한다는 것은 그의 비판과 망설임으로 말미암아 자신의 약점을 보여주게 될 기회를 갖는다는 것이다. 그것은 꺼져가는 등불을 끄고, 상한 갈대를 꺾어버리는 것이다. 이 경고를 강화시키는 동기들을 살펴보자.

[1] 이 문제로 말미암아 깨져버리는, 그리스도인의 최고의 법칙인 사랑과 관

용을 생각해 보라(15절): 만일 음식으로 말미암아 네 형제가 근심하게 되면. 너는 적법하게 행하고 있으나 모세의 율법이 금해온 음식을 네가 먹는 장면을 보고 형제가 괴로워한다면. 아마 당신은 이렇게 말할 것이다: "저 친구, 참 어리석고 바보 같은 소리를 하는군. 그것은 그리 대단한 문제가 아닌데 말이야." 이런 경우 우리는 대부분 연약한 자를 비판할 것이다. 그러나 그 비판은 여기서 더 강하고 더 지식이 있는 그리스도인에게 오히려 주어져야 한다: 네가 사랑으로 행하지 아니함이라. 따라서 사도는 연약한 자들 편에 서서, 지식을 결여하고 있는 자보다 사랑을 결여하고 있는 자를 책망한다. 이 원리는 다른 곳에서도 강조되는데, 사랑의 길이야말로 가장 좋은 길이기 때문이다(고전 12:31). 지식은 교만하게 하지만 사랑을 덕을 세운다(고전 8:1-3). 네가 사랑으로 행하지 아니함이라. 형제들의 영혼에 대한 사랑이 최고의 사랑이다. 참 사랑은 형제들의 평강과 순결에 민감하도록 우리를 이끌고, 그들의 양심을 우리 자신의 것만큼 존중하게 만든다. 그리스도는 참된 은혜를 소유하고 있는 사람들을, 비록 연약할지라도 무시하지 않고, 온순하게 대하신다.

[2] 그리스도의 죽음의 목적을 생각해 보라: 그리스도께서 대신하여 죽으신 형제를 네 음식으로 망하게 하지 말라(15절). 첫째, 한 영혼을 죄로 이끄는 것은 그 영혼을 망하게 하는 것이다. 그의 믿음을 흔들리게 하고 그의 정욕을 불러일으키며 그가 자신의 양심의 빛에 반하여 행동하도록 유혹함으로써, 너는 네 자신에게 거짓을 행할 뿐만 아니라 그가 유대교로 돌아가도록 기회를 제공함으로써, 그를 망하게 한다. 망하게 하지 말라(메 아폴뤼에). 이 말은 철저한 파멸을 함축하고 있다. 죄의 시작은 물을 터놓는 것과 같다. 그것은 영원한 파멸이 있을 때까지 멈추지 아니할 것이다. 둘째, 영혼들을 위해 죽으실 때 보여주신 그리스도의 사랑을 생각하면, 우리는 다른 영혼들의 행복과 구원에 대해 지극히 민감한 마음을 가져야 하고, 그들을 가로막고 훼방하는 일은 추호도 범하지 않도록 조심해야 할 것이다. 그리스도께서 영혼들을 위해 생명을 내주셨는데, 그 생명을 받은 우리가 그들을 위해 음식 먹는 것 하나 삼가지 못하겠는가? 그리스도께서 그렇게 높이 평가한 그들을 우리가 경멸하겠는가? 그분이 그들을 위해 자기를 부인하고, 그들 때문에 죽으실 정도로 가치 있게 생각하셨는데, 우리가 그들을 위해 고기 먹는 것을 삼감으로써 자기를 부인하는 것이 별로 가치 없는 일이라고 생각하겠는가? 네 음식으로. 너는 그것을 네 음식으로 주장하

고, 그것을 원하는 대로 먹을 수 있다. 그러나 비록 그것이 네 것이라 해도, 그 것으로 말미암아 실족한 형제는 그리스도의 것이요, 그분이 값주고 샀다는 것을 유념하라. 네가 형제를 망하게 하는 한, 너는 마귀의 계획을 앞장서 돕는 자가 되고 만다. 왜냐하면 마귀는 가장 악한 파괴자이기 때문이다. 그리고 그렇게 하는 한, 너는 그리스도의 목적에 대해서는 반대자가 되고 말 것이다. 그 이유는 그분은 위대하신 구원자이시기 때문이다. 따라서 그렇게 할 때 너는 네 형제를 실족시킬 뿐만 아니라 그리스도의 마음도 상하게 하는 것이다. 왜냐하면 구원 사역이야말로 그분의 마음의 최대 관심사이기 때문이다. 그러나 그런다고 그리스도께서 위해 죽은 자들이 하나라도 망하겠는가? 만일 우리가 그것을 누구나 복음으로 말미암아 구원을 받도록 되어 있다는, 그리스도의 죽음의 충분성과 일반적 의미에 관한 것으로 이해한다면, 의심할 여지 없이 아무렇게나 하더라도 구원받는 자들은 많다. 또 그분의 죽음의 효력이 특별히 선택받은 자에게만 미친다고 해도, 그리하여 그리스도께 나아오는 자들만 멸망을 면한다고 해도(요 6:39), 너는 그렇게 함으로써 그들이 망하도록 최대한 이끌고 있는 것이다. 비록 그들이 망하지 않는다고 해도, 그것이 너에게 감사할 일은 아니다. 왜냐하면 그들을 멸망으로 이끄는 일을 함으로써 너는 그리스도께 큰 반기를 들었음을 보여주는 것이기 때문이다. 아니, 너는 그리스도께서 위해 죽으시고, 네가 사랑의 판단에 따라 믿음의 길로 이끌었다고 자랑스럽게 고백하는 자들을 철저히 파멸시킬 수 있다. 이것을 고전 8:10,11과 비교해보라.

[3] 하나님의 사업을 생각하라(20절): "음식으로 말미암아 하나님의 사업을 무너지게 하지 말라. 즉 은혜의 사역 특히 네 형제의 영혼의 믿음의 사역을 무너지게 하지 말라." 평강과 위로의 사역은 이같이 망하게 하는 일로 파괴된다. 그러므로 하나님께서 하신 일을 가로막지 않도록 조심하라. 너희는 하나님과 합력해야지, 그분의 일을 방해해서는 안 된다. 첫째, 은혜와 평강의 사역은 하나님의 사역이다. 그것은 그분으로 말미암아 행해지고, 그분을 위해 행해진다. 그것은 그분이 시작하신 착한 일이다(빌 1:6). 그리스도께서 대신하여 죽으신 형제에 대해서도 똑같이 하나님의 사역으로 말해진다(15절). 우리를 위해 행해지는 사역 외에, 우리의 구원을 위해 우리 안에서 행해지는 사역도 있다. 모든 성도는 하나님의 작품이요 그분의 경작물이며 그분의 건물이다(엡 2:10; 고전 3:9). 둘째, 우리는 우리 자신이나 다른 사람들 안에서 행해지고 있는 이

사역을 훼방하는 것은 조금이라도 행하지 않도록 조심해야 한다. 우리는 우리 자신이나 다른 사람들의 은혜와 평강을 훼방하고 손상시키지 않도록 우리의 욕망과 성향 등에 있어서, 그리고 그리스도 안에서의 자유를 사용하는데 있어서 자기를 부인해야 한다. 많은 사람들이 먹고 마시는 일에 있어서, 의도적으로 그것을 어김으로써, 그들 자신이나 또는 다른 사람들에게 있어서 하나님의 사업을 망하게 한다(육체를 즐겁게 하고. 그 정욕을 만족시키는 것만큼 영혼을 망하는 하는 것은 없다). 네가 망하게 하는 것 — 하나님의 사업 — 을 생각해보라. 그 사업은 영예롭고 영광스럽다. 네가 무엇으로 — 음식으로 말미암아 — 그것을 망하게 하는지 생각해보라. 그것은 다만 배를 위하고, 배는 그것을 위해 있는 것이다.

[4] 무너지게 하는 악과 그것이 그리스도 안에서의 우리의 자유를 얼마나 남용케 하는지를 생각하라. 사도는 만물이 다 깨끗하다는 사실을 인정한다. 아무리 의식법에 의해 금지된 고기라 하더라도, 우리는 합법적으로 그것을 먹을 수 있다. 그러나 만일 우리가 이 자유를 남용한다면 그것은 우리에게 죄를 일으킨다: 거리낌으로 먹는 사람에게는 악한 것이라. 합법적인 일이 불법적으로 행해질 수 있다. 거리낌으로 먹는. 과실이든 고의든 형제들에게 거리낌이 되는 일은 다 포함된다. 여기서 주목할 만한 것은 사도가 거리낌을 제공하는 사람들을 책망의 대상으로 삼고 있다는 것이다. 물론 부주의하고 연약한 사람들이 그리스도 안에서의 자유에 대해 무지하기 때문에, 그리고 오래 참고 악을 생각하지 않는 사랑이 결여된 탓으로 거리낌을 자초한 사람들에게 책임이 없는 것은 아니지만(사실 사도는 여러 곳에서 그들을 책망한다), 사도는 여기서 강한 자들에게 책망의 화살을 돌리고 있는 것이다. 왜냐하면 그들은 책망을 더 잘 감당하고, 변화를 일으킬 가능성이 그만큼 더 크기 때문이다. 이 법칙을 더 강조하기 위해 우리는 여기서 그것과 관련된 두 가지 지시를 확인할 수 있다.

첫째, 그러므로 너희의 선한 것이 비방을 받지 않게 하라(16절). 일반적으로 기독교 신앙에 관해, 또는 특수적으로 그리스도 안에서의 자유에 관해 다른 사람들에게 악평을 할 빌미를 주지 않도록 조심하라는 것이다. 복음은 너희에게 선한 것이다. 그것에 의해 주어진, 자유와 권리, 특권과 면제 등도 선하다. 논란이 되는 일들에 있어서 주어지는 자유를 분별하고 사용할 수 있게 하는 은혜의 지식과 힘은 너희에게 선한 것으로, 연약한 형제들은 갖고 있지 못한 너희의 장점이다. 따라서 이것이 비방을 받지 않도록 하라. 사실 재갈 물리지 않는 혀가 우리를 비방하는 것은 막을 수 없지만, 우리에게 최선의 길은 그들이 그런 말 할 수 있는 빌미를 그들에게 주지 말라는 말이다(할 수 있는 한). 우리의 어떤 잘못 때문에 비방이 일어나도록 하지 말라. 딤전 4:12에서처럼 누구든지 너를 업신여기지 못하게 하라는 것이다. 즉 너희 자신을 비열한 자로 만들지 말라는 것이다. 마찬가지로 여기서도 너희 지식과 힘을 사용할 때, 그것은 하나님의 법에 대한 오만이요 방탕이요 불순종이라는 욕을 먹을 기회를 주도록 해서는 안 된다는 것이다. 우리는 많은 경우에 우리의 행동이 우리의 선한 이름에 먹칠을 할 수도 있을 때에는, 곧 의심을 받고 악에 노출되거나 선한 사람들 사이에서 추문이 되거나 또는 그것에 관해 오명을 뒤집어쓸 때에는, 그것이 아무리 합법적인 일로 옳다고 알고 있다고 해도, 행함을 삼가며 자기를 부인함으로써 우리의 신뢰와 명성을 보존할 수 있도록 해야 한다. 이런 경우 우리는 수치를 당하는 것보다 십자가를 짊어지는 쪽을 택해야 한다. 그것은 비록 적은 우매에 불과하지만, 죽은 파리들이 향기름을 악취가 나도록 하는 것처럼, 지혜와 존귀를 난처하게 만든다(전 10:1). 우리는 그것을 좀 더 일반적으로 적용해야 하겠다. 그들이 아예 악한 말을 하지 못하도록 선한 의무를 감당하는데 총력을 기울이자는 것이다. 그 문제 자체는 선하고 법에 어긋나지 않은 일일지라도, 때때로 잘못 인도를 받으면, 엄청난 비판과 비방을 자초할 수도 있다. 선한 기도, 설교, 그리고 강론이 종종 시간, 표현 그리고 덕을 세우는데 필요한 다른 상황들을 제대로 처리하지 못해 오히려 비방을 받을 수 있다. 물론 그런 지엽적인 잘못들로 말미암아 선한 것을 비방하는 자는 죄를 범하는 것이지만, 그들이 그렇게 하도록 빌미를 주었다는 점에서는 우리의 잘못이다. 우리가 고백하고 실천하는 그 좋은 것에 대한 평판에 민감함으로써, 우리가 욕을 먹지 않도록 하자.

둘째, 네게 있는 믿음을 하나님 앞에서 스스로 가지고 있으라(22절). 여기서 말하는 믿음은 의롭게 하는 믿음(이것은 우리 행위를 통해 드러나야지 숨겨서는 안 된다)이 아니라 의심스러운 일들에 있어서 그리스도 안에서의 자유에 대한 우리의 지식과 확신을 가리킨다. "너희가 이 특수한 일에 확신을 갖고 있는가? 모든 음식을 먹을 수 있고, 모든 날을 똑같이 지키는 것에 대해 만족하는가? 스스로 가지고 있으라. 즉 너 혼자 그 위로를 누리라. 그것을 무분별하게 사용해서 다른 사람들을 혼란시키지 말라. 그것은 다른 사람들을 실족시키고, 연약한 형제를 부딪치거나 거치게 할 것이다." 이 사소한 일들에 있어서 우리는 우리의 확신과 모순되게 행동할 필요는 없지만, 때때로 그것을 드러내는 것이 선보다 악을 일으킬 경우에는 감추어야 한다. 스스로 가지고 있으라. 그 법을 네 자신에게만 적용하거나(다른 사람들에게 강요하거나 그들에게 법이 되도록 해서는 안 되고), 네 자신을 즐겁게 하는데 사용하라. 의심스러운 문제들에 대한 분명한 지식은 편안한 삶을 사는데 크게 도움이 된다. 이에 대해 분명한 지식을 갖고 있지 않은 사람들이 끝없이 봉착하는 거리낌, 질투, 그리고 의심과 같은 일에서 자유롭기 때문이다. 각각 자기의 일을 살피라는 갈 6:4 말씀과 비교해 보라. 이 말은 자기가 행하는 일에 만족할 만큼 진실로 정확한지 그것을 말씀의 표준에 올려놓고 시험해 보라는 뜻이다. 그리하면 자랑할 것이 자기에게는 있어도 남에게는 있지 아니할 것이다. 바울은 이런 문제들에 있어서 확신을 갖고 있었다: 내가 확신하노니 무엇이든지 스스로 속된 것이 없으되. 그러나 그는 스스로 그것을 가지고 있었고, 자신의 자유를 다른 사람들을 실족시키는데 사용하지 아니하였다. 이런 의심스러운 문제들에 있어서 분명한 지식을 갖고 있는 사람들이 하나님 앞에서 스스로 가지고 있는 것으로 만족하고 그것을 다른 사람들에게 강요하지 않는다면, 교회는 그것 때문에 정말 행복하리라. 그것을 스스로 지키지 못하고 남에게 강요하는 것만큼 그리스도 안에서의 자유에 반하는 것도 없고, 교회의 평화와 양심의 평안을 파괴하는 것도 없다. 필수적인 일은 연합이 있게 하고, 필수적이지 않은 일은 자유가 있도록 하되, 이 둘 모두에 사랑이 있도록 한다면, 그 치유 방법은 어디서나 가장 탁월한 방법으로서, 신속히 만사가 잘 되도록 할 것이다. 하나님 앞에서 스스로 가지고 있으라. 이 지식의 목적은 우리의 자유를 누림으로써, 하나님에 대해 실족하지 않는 양심을 가지라는 것이다. 우리는 그것으로 만족해야 한다. 그것이 하나님 앞에서 우리가 갖고 있는 참된 위로다. 하나님의 눈에 올바른 것이 참으로 올바른 것이다.

5. 여기에 한 가지 법칙이 더 기록되어 있다. 그것은 일반법칙이다: 그러므로 우리가 화평의 일과 서로 덕을 세우는 일을 힘쓰나니(19절). 여기에 형제에 대한 우리의 의무가 요약되어 있다.

(1) 우리는 서로 화평을 도모해야 한다. 많은 사람들이 화평을 원하고, 큰 소리로 그것을 부르짖지만, 화평을 도모하는 일을 따르지 않음으로써, 실제로는

그 반대로 행하고 있다. 사소한 일들에 있어서 갖고 있는 자유, 연약하고 유약한 사람들에 대한 겸손, 우리 모두가 이구동성으로 동의하는 하나님의 큰 일에 대한 열심 등, 모든 일은 화평을 이루는 일들이다. 온유함, 겸손, 자기부인 그리고 사랑은 화평의 원천으로, 우리에게 화평을 제공한다. 우리가 화평을 얻기를 다 바라는 것은 아니다. 다툼을 기뻐하는 사람들도 많다. 그러나 화평의 하나님은 우리가 화평을 이루는 일을 따를 때, 그것을 위해 노력할 때, 우리를 받아주실 것이다.

(2) 우리는 서로 덕을 세우는 데 힘써야 한다. 앞에서 말한 화평은 바로 이것을 위한 길이다. 우리가 다투고 경쟁하는 한, 서로 덕을 세울 수는 없다. 우리가 그 일을 진지하게 생각한다면 서로 덕을 세울 수 있는 길이 많이 있다. 극히 거룩한 믿음 안에서, 좋은 충고, 책망, 가르침, 본보기를 통해, 우리는 우리 자신만이 아니라 서로 간에 덕을 세울 수 있다. 우리는 하나님의 건물 곧 하나님의 성전으로 세워져야 할 필요가 있다. 그러므로 우리는 서로의 영적 성장을 위해 힘써야 한다. 덕을 세우지 않아도 될 정도로 강한 자도 없고, 덕을 세울 수 없을 정도로 연약한 자도 없다. 우리가 다른 사람들을 세워주는 것은 우리 자신에게 유익이다.

제
— 15 —
장

개요

　　이 장에서 사도는 앞 장에서 다루었던 내용을 계속하면서, 사소한 문제에 대한 상호간의 관용에 대해 설명하고, 이 서신의 결론을 향해 나아간다. 그리스도인들 사이에 이해의 차이와 그로 인한 감정의 거리가 생겼을 때에는 그 열기를 진정시키고, 기분전환을 이루도록 훈계에 훈계, 강조에 강조가 필요하다. 여기서 사도는 못을 박기를 바라는데, 아주 확실한 곳에 박기 위해 망치질을 계속하는 것처럼, 어느 정도 만족할 때까지 그 주제를 떠나지 아니하고 계속 강조한다. 그는 그들 앞에 어떤 목적으로 자신이 그렇게 하는지를 증명하기 위해 자신의 입술을 가장 강력한 논증으로 채우고 있다. 우리는 이 장에서 다음과 같은 내용을 확인할 수 있다. I. 그들에 대한 그의 훈계. II. 그들을 위한 그의 기도. III. 그들에게 편지를 쓰게 된 그의 동기. IV. 자신과 자신의 사역에 대한 그의 해명. V. 그들을 만나보려는 계획에 대한 그의 설명. VI. 그들의 기도를 바라는 그의 부탁.

¹믿음이 강한 우리는 마땅히 믿음이 약한 자의 약점을 담당하고 자기를 기쁘게 하지 아니할 것이라 ²우리 각 사람이 이웃을 기쁘게 하되 선을 이루고 덕을 세우도록 할지니라 ³그리스도께서도 자기를 기쁘게 하지 아니하셨나니 기록된 바 주를 비방하는 자들의 비방이 내게 미쳤나이다 함과 같으니라 ⁴무엇이든지 전에 기록된 바는 우리의 교훈을 위하여 기록된 것이니 우리로 하여금 인내로 또는 성경의 위로로 소망을 가지게 함이니라

　　여기서 사도는 두 가지 훈계를 그것들을 강조하는 이유와 함께 제시하고, 강한 그리스도인은 연약한 그리스도인을 배려하고 겸손하게 대하는 것이 의무임을 보여준다.

　I. 우리는 믿음이 약한 자의 약점을 담당해야 한다(1절).　우리 모두는 약점을 가진 존재들이다. 그러나 약한 자는 다른 자들보다 더 약하다. 그들은 지식이나 은혜에 있어서 약한 자로서, 상한 갈대요 꺼져가는 심지다. 우리는

이들을 배려해야 한다. 그들을 짓밟을 것이 아니라 용기를 주고, 그들의 약점을 담당해야 한다. 만일 약하기 때문에 그들이 우리를 판단하고 비판하며 우리를 비방한다면, 우리는 그들을 담당하고 동정하며 그들에 대한 우리의 사랑을 소멸시켜서는 안 된다. 그러나 슬프도다! 그것은 어쩔 수 없는 그들의 약점이로다. 그래서 그리스도는 자신의 연약한 제자들과 함께 하셨고, 그들을 옹호하셨다. 그러나 그 말씀 안에는 그 이상의 것이 들어있다. 우리는 또한 기회가 있을 때마다 그들을 동정하고 그들을 보살펴주고 그들에게 힘을 줌으로써, 그들의 약점을 담당해야 한다. 이것이 서로 짐을 짊어지는 것이다.

Ⅱ. 우리는 우리 자신이 아니라 우리의 이웃을 기쁘게 해야 한다(1,2절). 우리는 우리 자신의 기분을 죽이고, 우리 형제들의 약점과 결점을 헤아려 주어야 한다.

1. 그리스도인들은 자기를 기쁘게 해서는 안 된다. 우리는 우리 마음의 사소한 욕망과 욕구를 채우는 것을 우리의 임무로 삼아서는 안 된다. 우리는 때때로 우리 자신을 부인하고, 그리하여 우리를 거부하는 다른 사람들을 기쁘게 용납하는 사람이 되는 것이 좋다. 우리가 항상 우리의 기분만 신경을 쓴다면, 결국 손해를 보게 될 것이다(아도니야처럼). 우리가 배워야 할 첫 번째 교훈은 자기를 부인하는 것이다(마 16:24).

2. 그리스도인들은 형제들을 기쁘게 해야 한다. 기독교의 목적은 영혼을 부드럽고 온유하게 하여 순종과 참된 사랑의 비결을 가르치는데 있다. 그것은 우리의 정욕에 대해 종이 아니라 우리 형제들의 필요와 약함에 대해 종이 되는 것이다. 즉 할 수 있는 한 선한 양심을 가지고 우리가 대하는 모든 사람들과 화합하는 것이다. 그리스도인들은 기쁨을 주기 위해 힘써야 한다. 우리는 그리스도인으로서의 자유를 사용할 때 우리 자신을 기쁘게 하는데 사용해서는 안 되고(그것은 우리 자신의 기쁨이 아니라 하나님의 영광과 다른 사람들의 유익과 덕을 세우는데 사용하도록 주어진 것이다), 우리의 이웃을 기쁘게 하는데 사용해야 한다. 만일 그리스도인들이 서로 훼방하고 헐뜯고 반대하는데 사용하는 열심을 서로 기쁘게 하는데 사용한다면, 그리스도의 교회는 얼마나 아름답고 평안하게 될까! 이웃을 기쁘게 하되(2절). 모든 일 속에서 그렇게 하라는 것이 아니다. 그것은 무제한적 법칙이 아니다. 선을 이루도록, 특별히 그의 영혼의 선을 이루도록 그렇게 하라는 것이다. 이웃의 악한 뜻을 도와주거나 죄악된 방

법으로 그의 기분을 맞춰주거나 그의 유혹에 동조하거나 그가 죄에 빠지도록 함으로써 기쁘게 하라는 것이 아니다. 이것은 우리 이웃의 영혼의 파멸을 재촉하기 위해 그를 기쁘게 하는 아주 비열한 방법이다. 만일 우리가 이러한 방법으로 사람들을 기쁘게 한다면, 우리는 그리스도의 종이 아니다. 우리 자신의 세속적 선을 위해서가 아니라 그의 선을 위해 그를 기쁘게 하고, 또는 그를 제물로 삼기 위해서가 아니라 그의 영적 선을 위해 기쁘게 하라는 것이다. 덕을 세우도록(2절). 즉 자신의 유익뿐만 아니라 다른 사람들의 유익을 위해서, 서로 간에 은혜를 베푸는데 최선을 다함으로써 그리스도의 몸을 세우라는 것이다. 돌들이 서로 밀착되어 있으면 있을수록, 그리고 서로 더 잘 연결되어 있을수록, 건물은 그만큼 더 견고하다. 이제 그리스도인들이 왜 서로 기쁘게 해야 하는지 그 이유를 확인해 보자: 그리스도께서도 자기를 기쁘게 하지 아니하셨나니(3절). 우리 주 예수님의 자기부인이야말로 그리스도인이 이기심을 버려야 하는 이유에 대한 최고의 논증이다. 그것을 살펴보자.

(1) 그리스도는 자기를 기쁘게 하지 아니하셨다. 그분은 자신의 세속적 명예, 안일, 안전 또는 즐거움을 전혀 고려하지 아니하셨다. 그분은 머리 둘 데도 없었고, 남의 도움에 의지해 살았으며, 왕이 되지도 아니하셨고, "선생이여, 몸을 보존하소서"라는 말을 어떤 말보다 더 싫어하셨고, 자신의 뜻대로 하지 아니하셨으며(요 5:30), 제자들의 발을 씻기시고, 자신을 반대하는 죄인들의 박해를 견디시고, 그들을 불쌍히 여기셨으며(요 11:33), 또 자신의 영예는 조금도 돌아보지 아니하셨으니, 한 마디로 자기를 비우고, 자신의 명예는 무시했다. 이 모든 것은 우리를 위하신 일로, 우리에게 의를 가져오고, 우리에게 모범을 세우시려는 것이었다. 그분의 전 생애는 자기를 부인하고, 자기를 전혀 기쁘게 하지 않는 삶이었다. 그분은 우리의 연약함을 친히 담당하셨다(히 4:15).

(2) 여기에 성경의 성취가 있다: 기록된 바 주를 비방하는 자들의 비방이 내게 미쳤나이다 함과 같으니라(3절). 이 말은 시 69:9에서 인용한 것인데, 이 구절의 앞 부분인 주의 집을 위하는 열성이 나를 삼키고라는 말은 요 2:17에 인용되어 그리스도에게 적용되고, 뒷 부분은 바로 여기서 인용되고 있다. 그 이유는 다윗은 그리스도의 예표로서, 그의 고난은 그리스도의 고난을 상징하기 때문이다. 그 구절이 여기에 인용되고 있는 것은 그리스도께서 자신을 기쁘게 하기는커녕 오히려 가장 기쁘게 하지 않는 삶을 사셨다는 것을 보여주기 위함이다. 자

신에게 주어진 임무 전체를 그분은 단순한 의무감과 불만에 의해 억지로 행한 것이 아니라 기꺼이 그리고 즐겁게 감당하셨다. 그러나 그 낮아지심 속에서 그분의 본능적 성향의 만족과 즐거움은 철저하게 거부되고 부정되었다. 그분은 자신의 안일과 즐거움보다는 우리의 유익을 위해 행하기를 더 좋아하셨다. 사도는 이것을 보여주는 성경 구절을 선택해서 인용한 것이다. 하나님의 영의 일을 설명하는데 그 영 자신의 말씀보다 더 좋은 것이 어디 있겠는가? 주를 비방하는 자들의 비방이 내게 미쳤나이다라는 말씀은 다음과 같은 사실을 암시한다.

[1] 그리스도를 비방하는 자들의 수치가 그분께 미쳤다. 하나님께 돌아가는 불명예는 그것이 무엇이든 주 예수에게는 고통이었다. 그분은 백성들의 강퍅한 마음 때문에 슬퍼했고, 죄로 관영한 성읍을 슬픔과 눈물로 바라보셨다. 성도들이 핍박받을 때 그리스도는 자기 자신이 당한 것처럼 그것을 받아들이고 괴로워하셨다: 사울아 사울아 네가 어찌하여 나를 핍박하느냐? 또한 그리스도는 몸소 극도의 분노를 참으셨으며, 고난받으실 때에도 엄청난 비방을 받으셨다.

[2] 그리스도를 비방하는 자들의 죄를 그분은 만족시키셨다. 많은 이들이 그렇게 이해한다. 모든 죄는 일종의 하나님에 대한 비방죄를 구성한다. 특히 주제넘은 죄는 더욱 그렇다. 지금 이들의 죄책은 그리스도께 미치고, 그분은 죄가 되셨다. 즉 그분은 희생제물, 다시 말해 우리를 위한 속죄제물이 되셨다. 주님이 우리 모두의 죄악을 자신 위에 두고 나무에 친히 달리심으로써 자신의 몸으로 우리 죄를 담당하셨을 때, 그것들은 우리의 보증으로 그분 위에 떨어졌다. 저주를 내게 돌리라. 이것은 있을 수 있는 최대의 자기비하다. 그분의 무한한 순결과 거룩함, 아버지에 대한 그분의 무한한 사랑, 그리고 아버지의 영광에 대한 그분의 영원한 관심을 생각하면, 죄가 되고 우리를 위한 저주가 되고 하나님에 대한 모든 비방을 친히 짊어지며, 특히 이같이 자신을 불쾌하게 한 사람들을 위해, 이방인, 원수, 그리고 배반자들을 위해, 곧 의인으로서 불의한 자를 대신하신(벧전 3:18) 것만큼, 그분에게 불리하게 작용하는 것은 없을 것이다. 이것은 당연히 우리가 연약한 자들의 약점을 담당해야 하는 하나의 이유로 취해져야 한다. 우리는 그리스도께서 자신을 기쁘게 하지 아니하셨기 때문에 우리 자신을 기쁘게 해서는 안 된다. 우리는 그리스도께서 하나님을 비방하는 자들의 비방을 담당하셨기 때문에 약한 자들의 약점을 담당해야 한다. 그분이 죄의 죄책과 그 저주를 담당하셨다. 따라서 우리는 그 고통의 아주 작은 몫을

감당하도록 부르심을 받을 뿐이다. 그분이 악한 자들의 고의적 죄악을 담당하셨다. 따라서 우리는 약한 자들의 약점을 감당하도록 부르심을 받는다. 그리스도께서도(카이 가르 호 크리스토스, 3절). 스스로 무한히 행복하신 분이기에 우리의 섬김이 전혀 필요 없으신 분인데도, 즉 하나님과 동등하게 되는 것이 전혀 찬탈이 아니고, 자신을 기쁘게 할 충분한 이유를 갖고 계시며, 우리에게 관심을 두실 이유가 전혀 없고, 그러기에 우리를 위해 십자가 달리셔야 할 이유는 더더욱 없으신 분인데도, 그분은 자신을 기쁘게 아니하고 우리 죄를 담당하셨다는 것이다. 그렇다면 우리가 서로 지체가 되는 사람들을 위해 겸손하고 자기를 부인하고 배려하는 것이 당연하지 아니한가?

(3) 그러므로 우리도 그분과 똑같이 나아가고 행해야 한다: 무엇이든지 전에 기록된 바는 우리의 교훈을 위하여 기록된 것이니(4절). [1] 그리스도에 관한 곧 그분의 자기부인과 고난에 관한 기록은 우리의 교훈을 위하여 기록된 것이다. 그분은 우리에게 본보기를 남기셨다. 만일 그리스도께서 자기를 부인하셨다면, 우리도 정직과 감사의 원리에 따라 그리고 특히 그분의 형상을 본받기 위해 확실히 우리 자신을 부인해야 한다. 그리스도의 행적과 말씀 속에 나타나 있는 그분의 모범은 우리에게 본받으라고 기록된 것이다. [2] 구약성경의 기록은 일반적으로 우리의 교훈을 위해 기록된 것이다. 다윗이 일인칭으로 말한 것을 지금 바울은 그리스도께 적용시켰다. 그래서 이것이 성경을 억지로 해석하는 것처럼 보이지 않도록 하기 위해 그는 모든 구약성경은(신약성경은 말할 것도 없이) 우리의 교훈을 위해 기록되었다는 일반 원리를 제시함으로써, 개인적 해석으로 비추어지지 않도록 하고 있다. 구약 성도들에게 일어난 일은 그들에게 본보기로서 일어난 일이고, 구약성경은 다양한 성취를 기록하고 있다. 성경은 우리에게 평생법칙으로 주어진 것이다. 그것들은 우리가 써먹고 활용하도록 기록된 것이다. 첫째, 우리의 교훈을 위해서다. 우리가 성경으로부터 배우는 것들은 참으로 많다. 그리고 이 원천을 통해 배우는 것이야말로 최상의 교훈이다. 따라서 성경에 정통한 자가 가장 유식한 사람이다. 그러므로 우리는 성경의 문자적 의미가 무엇인지 이해하기를 심혈을 다해 배워야 하고, 그 배운 것이 우리에게 유익이 되도록 해야 한다. 그러므로 우리는 돌을 굴려내는 작업뿐만 아니라 물을 긷는데 있어서도 도움을 받을 필요가 있다. 왜냐하면 많은 경우에 그 우물이 무척 깊기 때문이다. 둘째, 우리로 하여금 인내로 또는 성경의 위로로

소망을 가지게 함이니라(4절). 영생을 그 목적으로 하는 소망이 여기서 성경을 배우는 목적으로 소개되고 있다. 성경은 우리가 하나님으로부터 어떤 소망을, 또 어떤 근거와 어떤 방법으로 그것을 가져야 하는지를 가르치려고 기록되었다. 이것은 우리에게 성경이 그리스도인의 소망에 대해 각별한 친구가 된다는 것을 보여준다. 따라서 이 소망을 얻는 방법은 인내와 성경의 위로를 통해서다. 인내와 위로는 고통과 슬픔을 전제로 한다. 이것은 이 세상에 사는 성도들의 운명이다. 만일 그렇지 않다면, 우리는 인내와 위로에 대한 기회를 갖지 못할 것이다. 그러나 이 두 가지는 우리 영혼의 생명이 되는 소망의 친구가 된다. 인내는 연단을 낳고, 연단은 부끄럽지 않은 소망을 낳는다(5:3-5). 환난 속에서 연단 받는 인내가 클수록 환난을 통해 바라볼 수 있는 소망도 그만큼 커진다. 인내하지 못하는 것보다 소망에 치명적인 것은 없다. 그리고 성경의 위로 즉 하나님의 말씀으로부터 나오는 위로(그것은 가장 확실하고 가장 달콤한 위로다)는 소망하는 것을 보증하는 저당물처럼, 소망의 버팀목으로서의 역할을 한다. 보혜사로서 성령은 우리의 기업의 보증이 되신다.

⁵이제 인내와 위로의 하나님이 너희로 그리스도 예수를 본받아 서로 뜻이 같게 하여 주사 ⁶한마음과 한 입으로 하나님 곧 우리 주 예수 그리스도의 아버지께 영광을 돌리게 하려 하노라

이같이 두 가지 권면을 제시한 사도는 더 나아가기 전 자신이 말한 내용이 그대로 이루어지기를 바라는 기도를 여기에 삽입하고 있다. 신실한 사역자들은 자신의 설교에 기도의 물을 뿌린다. 왜냐하면 씨를 뿌리는 자가 누구든, 그것을 자라게 하시는 이는 하나님이기 때문이다. 우리는 귀에 대고 말할 뿐이다. 마음에 말씀하시는 것은 하나님의 대권이다. 그것을 살펴보자.

I. 사도가 하나님에 대해 붙이는 호칭.   인내와 위로의 하나님(5절). 여기서 하나님은 성도들의 모든 인내와 위로의 창시자이자 원천으로서, 그것을 주시고 그것을 세우시는 분이다. 그분은 인내의 은혜를 주신다. 그분은 위로의 하나님으로서, 인내를 확증하고 유지시키신다. 왜냐하면 성령의 위로가 신자들을 돕고, 어떤 고난이 닥치든 용기를 갖고 기꺼이 그것을 감당하도록 하시기 때문이다. 사도는 사랑과 연합의 영을 허락해 달라고 기도하면서, 하나님을 인

내와 위로의 하나님으로 부르고 있다. 즉 이것은 다음 두 가지 사실을 담고 있다.

1. 그분은 우리를 참고 위로하시는 하나님으로서, 우리가 실수하는 것만 감찰하시지 않고, 낙심하는 자들을 위로할 준비를 하고 계신다는 것이다. 이것은 우리도 연합을 이루고 유지하는 수단들을 통해, 그리고 서로에 대해 인내하고 서로 간에 위로함으로써, 형제들에게 사랑을 보여주어야 함을 가르쳐준다.

2. 또는 그분은 우리에게 인내와 위로를 제공하시는 하나님으로서 활동하신다는 것이다. 사도는 앞에서 인내와 성경의 위로에 관해 말했는데(4절), 여기서는 하나님을 인내와 위로의 하나님으로 바라보고 있다. 그것은 수도관처럼 성경을 통해 오지만, 그 수원(水源)이 되시는 하나님으로부터 온다. 그러므로 우리가 하나님으로부터 받는 인내와 위로가 클수록 서로 사랑해야 하는 책임도 그만큼 더 커진다. 성급하고 안달하며 짜증이 심한 우울한 기질만큼 화평을 깨는 것도 없다.

Ⅱ. 사도가 하나님께 구하는 자비. 너희로 그리스도 예수를 본받아 서로 뜻이 같게 하여 주사(5절).

1. 그리스도인의 사랑과 화평의 원천은 똑같은 마음, 곧 할 수 있는 한 같은 판단, 아니면 최소한 같은 감정을 갖는데 있다. 뜻이 같게 하여(토 아우토 프흐로네인). 이 말은 같은 일을 생각한다는 뜻으로, 그렇게 되면 모든 차이가 제거되고 모든 다툼이 사라지게 된다.

2. 이 뜻이 같음(like-mindedness)은 그리스도 예수를 본받아 이루어져야 한다. 즉 그들로 하여금 본받도록 선포된 그리스도의 교훈, 최고법인 사랑, 그리고 그리스도의 형상과 모범에 입각하여 진행되어야 한다(3절). 다시 말해 "그리스도 예수를 너희 연합의 중심이 되게 하라. 오류가 아니라 진리에 있어서 하나가 되라"는 것이다. 한 뜻을 가지고 자기들의 능력과 권세를 짐승에게 준 사람들(계 17:13)의 연합과 일치는 저주받은 것이다. 이것은 그리스도를 본받아서가 아니라 그리스도를 대적하기 위해서 한 뜻이 되는 것이다. 그들은 바벨탑을 건축한 사람들처럼(창 11:6), 반역을 위해 하나가 된 사람들이었다. 우리 기도의 방법은 먼저 진리에 합당해야 하고, 그 다음에 화평을 이루는 것이어야 한다. 이것이 위로부터 오는 지혜의 방법이기 때문이다: 그것은 첫째 성결하고 다음에 화평하다(약 3:17). 이것이 그리스도 예수를 본받아 서로 뜻이 같게 한다는

말씀의 의미다.

3. 그리스도 예수를 본받아 그리스도인 간에 뜻이 같게 되는 것은 하나님의 은사다. 그것도 보배로운 은사다. 왜냐하면 그것을 받기 위해서는 우리가 열렬히 구해야 하기 때문이다. 그분은 영들의 아버지로서 사람들의 마음을 똑같이 지으셨고(시 33:15), 구하는 자들에게 이성을 열고, 마음을 부드럽게 하고, 감정을 달콤하게 하고, 사랑의 은혜를 베푸시며, 사랑의 영이신 성령을 허락하신다. 우리는 하나님의 뜻이 하늘에서처럼 땅에서도 이루어지기를 기도하도록 가르침을 받았다. 지금 하늘에서는 천사들을 통해 찬양과 봉사가 만장일치로 이루어지고 있으니, 이 땅에서도 성도들이 그렇게 할 수 있도록 하는 것이 우리의 소원이 되어야 한다.

III. 사도의 소원의 목적. 하나님께서 영광을 받으시는 것(6절). 이것은 기도로 하나님께 드리는 그의 염원이자 그것을 추구하도록 성도들에게 역설하는 그의 논증이다. 우리는 기도할 때마다 우리 눈에 하나님의 영광을 보아야 한다. 그러므로 우리의 첫 번째 간구는 다른 모든 간구의 근간으로서, 이름이 거룩히 여김을 받으시오며가 되어야 한다. 그리스도인 간에 뜻이 같아야 하는 것은 하나님을 영화롭게 하기 위해서다.

1. 한마음과 한 입으로(6절). 그리스도인들이 모든 일에서 일치하는 것은 바람직한데, 그렇게 할 때 그들은 함께 하나님을 찬양하게 되기 때문이다. 그렇게 될 때 한 분이시고, 그 이름도 하나이신 하나님께 큰 영광이 돌아가도록 되어 있다. 한 입이 있는 것으로는 족하지 않고 한마음이 있어야 한다. 하나님은 중심을 보시는 분이기 때문이다. 아니, 한마음이 없는 곳에는 한 입도 거의 없게 될 것이다. 이 둘이 조화롭게 등장하지 않는 곳에서 하나님도 거의 영광을 받지 못하실 것이다. 하나님에 관한 진리를 고백하고, 하나님의 이름을 찬양하는데 있어서 한 입이 되어야지, 서로 충돌하고 다투고 물어뜯는 일에 한 입이 되어서는 안 된다. 거룩한 공동체 안에서 한 입 곧 한 목소리, 한 음성이 나와야 한다.

2. 우리 주 예수 그리스도의 아버지께(6절). 이것은 사도의 서신의 전형적 표현방식이다. 하나님은 복음의 법칙에 따라 예수 그리스도 안에 자신을 계시하신 대로 영광을 받으셔야 한다. 그분은 그리스도 안에서 우리 아버지가 되시기 때문이다. 그리스도인들의 통일성은 하나님을 우리 주 예수 그리스도의 아버

지로서 영화롭게 하는데 있다. 왜냐하면 그것은 아버지와 아들 사이의 통일에 대한 대응 또는 표상이기 때문이다. 우리는 요 17:21의 아버지여, 아버지께서 내 안에, 내가 아버지 안에 있는 것 같이 그들도 다 하나가 되어 우리 안에 있게 하사 라는 주님의 말씀으로부터, 그것에 관해 말하고, 그것을 바라고 그것을 위해 기도하도록 보장받았다. 이 말씀은 성도들의 통일성에 대한 가장 영예롭고, 가장 아름다운 표현이다. 이어서 세상으로 아버지께서 나를 보내신 것을 믿게 하옵소서 라는 말씀이 나온다. 그래야 하나님은 우리 주 예수 그리스도의 아버지로서 영광을 받으실 수 있기 때문이다.

7그러므로 그리스도께서 우리를 받아 하나님께 영광을 돌리심과 같이 너희도 서로 받으라 8내가 말하노니 그리스도께서 하나님의 진실하심을 위하여 할례의 추종자가 되셨으니 이는 조상들에게 주신 약속들을 견고하게 하시고 9이방인들도 그 긍휼하심으로 말미암아 하나님께 영광을 돌리게 하려 하심이라 기록된 바 그러므로 내가 열방 중에서 주께 감사하고 주의 이름을 찬송하리로다 함과 같으니라 10또 이르되 열방들아 주의 백성과 함께 즐거워하라 하였으며 11또 모든 열방들아 주를 찬양하며 모든 백성들아 그를 찬송하라 하였으며 12또 이사야가 이르되 이새의 뿌리 곧 열방을 다스리기 위하여 일어나시는 이가 있으리니 열방이 그에게 소망을 두리라 하였느니라

사도는 여기서 다시 그리스도인들에 대한 권면으로 돌아간다. 그가 여기서 말하는 것(7절)은 앞 부분과 동일한 내용을 담고 있다. 그러나 이 반복은 그의 마음이 얼마나 그것을 강조하고 있는지를 보여준다. "기회가 있을 때마다 서로 너희 마음속에, 너희 친교 속에, 너희 생활 속에 깊이 받아들이라." 그는 앞에서 강한 자에게 약한 자를 받아주도록 권면했는데(14:1), 여기서는 서로 받으라(7절)고 권면한다. 그 이유는 때때로 약한 그리스도인의 편견이 강한 자를 부끄럽게 할 때가 있기 때문이다. 이것은 강한 그리스도인의 교만이 약한 자를 부끄럽게 할 때가 있는 것과 마찬가지다. 하지만 이 둘은 있어서는 안 되는 일이다. 그리스도인 간에는 서로 감싸주는 모습이 있어야 한다. 믿음으로 그리스도를 받아들인 사람들은 형제 사랑을 통해 모든 그리스도인들을 받아들여야 한다. 세상에서는 가난한 자들이지만, 박해를 받고 멸시를 받는 자

들이지만, 그들을 받아들이는 것이 비난과 위험을 자초하는 일이 되지만, 율법의 사소한 문제에 있어서 다른 견해를 가진 사람들이지만, 때때로 사사로운 불화를 일으킬 때가 있지만, 이 모든 것을 물리치고, 동일한 아량을 갖고 서로 받으라. 그리스도인들이 서로 받아들여야 되는 이유는, 앞에서처럼, 그리스도께서 겸손하게 우리를 사랑하셨다는 데서 찾아진다: 그리스도께서 우리를 받아 하나님께 영광을 돌리심과 같이(7절). 이보다 설득력 있는 논증이 있을 수 있겠는가? 그리스도께서 우리에게 그토록 큰 사랑을 베푸셨는데, 우리가 그분에게 속한 자들에게 사랑을 베풀지 아니하겠는가? 그분이 우리를 환영하는데 그토록 적극적이셨는데, 우리가 형제들을 환영하는데 그토록 소극적이겠는가? 그리스도께서는 우리를 자신의 가장 가깝고, 가장 사랑하는 친척으로 받아주셨다. 그분은 자신의 양 떼로, 자신의 가족으로, 입양된 아들들로, 은혜 언약의 당사자로, 아니 자신과의 결혼언약 속으로 우리를 받아주셨다. 그분은 자신과의 친교와 교제 속으로 우리를 받아주셨다(비록 우리가 이방인이요, 원수요, 탕자 역할을 한 자들이었음에도 불구하고). 하나님께 영광을(7절). 이 말 속에는 우리의 귀감이 되는 사실로서, 그리스도께서 우리를 받아주셨다는 것과 그 귀감을 따라 실천해야 할 사실로서, 우리가 서로 받아들여야 한다는 것이 동시에 함축되어 있다.

Ⅰ. **그리스도는 하나님의 영광을 위해 우리를 받아주셨다.** 우리가 그리스도에게 받아들여진 목적은 우리로 하여금 이 세상에서 하나님을 영화롭게 하고, 다가올 세상에서 그분과 함께 영광을 누리게 하기 위해서다. 그리스도께서 낮아지셔서 우리를 받아주셨을 때 염두에 두신 것은 하나님의 영광과, 우리가 하나님의 영광을 누리는 것이었다. 우리는 그리스도 예수로 말미암아 주어지는 영원한 영광으로 부르심을 받았다(요 17:24). 그분이 우리를 받아주신 목적이 무엇인지 보라. 그것은 모든 지식을 초월하는 행복이었다. 그분이 우리를 무엇 때문에 받아주셨는지를 보라. 자기 아버지의 영광을 위해서였다. 그분은 우리를 향해 사랑을 베푸신 모든 사건들 속에서 바로 이것을 염두에 두고 계셨다.

Ⅱ. **우리는 하나님의 영광을 위해 서로 받아들여야 한다.** 하나님이 영광을 받으시는 것, 이것이 우리의 모든 행동의 궁극적 목적이 되어야 한다. 믿음을 고백하는 사람들이 서로 사랑하고 감싸주어야 하는 이유는 이것 외에 다른 것이 있을 수 없다. 한마음과 한 입으로 하나님 곧 우리 주 예수 그리스도의 아버지께

영광을 돌리게 하려 하노라라고 말하는 6절과 비교해 보라. 이전에 그들 간에 분쟁의 씨앗이 되었던 것은 먹는 것과 마시는 것에 대한 의견 차이였다. 이것이 이방인과 유대인 사이를 갈라놓았다. 그런데 이 차이를 방지하고 조정하기 위해 사도는 예수 그리스도께서 유대인과 이방인을 어떻게 받으셨는지를 보여준다. 예수 안에서 그들은 하나였다. 한 새 사람이었다(엡 2:14-16). 알파와 오메가가 되고, 처음이자 마지막이 되며, 연합의 위대한 중심이 되시는 그리스도 안에서 일치하는 자들은 그들 간에 당연히 일치가 있어야 한다. 그리스도와 기독교 안에서의 유대인과 이방인의 이 연합이야말로 그의 마음을 그토록 가득 채우고 압도한 일이었기 때문에 바울은 확대 부연 설명을 하지 않고서는 그것을 다룰 수가 없었던 것이다.

1. 그분은 유대인들을 받으셨다(8절). 그러므로 어느 누구든 원래 유대인이었던 사람들이 아직 연약해서 옛 유대교 전통을 벗어버리지 못했을 때 그들을 절대로 욕하거나 업신여겨서는 안 된다. 그 이유는 다음과 같다.

(1) 예수 그리스도께서 할례의 추종자가 되셨기 때문이다(8절). 그분이 추종자(디아코노스) 곧 종이 되셨다는 것은 그분의 위대하고 특별하신 겸손을 보여주는 것으로, 그 사역의 영예를 입증한다. 그러나 그분이 할례의 추종자였다는 것은 그분자신이 할례를 받으셨고, 율법 아래 계셨으며, 일인칭으로 복음을 할례에 속한 유대인에게 선포하셨다는 것이다. 이것은 그 어떤 것보다 유대민족을 무시하지 못하게 만든다. 그리스도는 유대인들과 함께 생활하셨고, 그들을 축복하셨으며, 자신이 아브라함의 자손을 붙들어 주려고 이스라엘의 잃어버린 양에게로 먼저 보냄을 받았다고 생각하셨다(히 2:16, 난외주). 그리고 그들로 말미암아, 말하자면 인류 전체가 붙들리게 되었다. 그리스도의 개인적 사역은 나중에 사도들에 의해 이방인에게까지 확대되기 전에는 그들에게 한정되었다.

(2) 그분은 하나님의 진리를 위해 그렇게 하셨다. 그분이 그들에게 선포하신 것은 진리였다. 왜냐하면 그분은 진리에 대하여 증언하기 위해 세상에 오셨기 때문이다(요 18:37). 사실은 그분 자신이 진리였다(요 14:6). 하나님의 진리를 위한다는 말은 곧 하나님께서 그들의 후손을 위해 예비해두신 특별한 자비에 관해 조상들에게 주신 약속을 효력 있게 하기 위해서라는 뜻이다. 유대인들이 이처럼 구별된 것은 그들의 공로 때문이 아니라 하나님의 진리 때문이었다. 그것은 하나님께서 자신이 하신 말씀에 신실하신 분임을 입증해 보여주기 위해

서였다. 조상들에게 주신 약속들을 견고하게 하시고(8절). 약속들에 대한 최고의 확증은 그것들을 이행하는 것이다. 아브라함의 후손을 통해 온 땅의 민족들이 축복을 받고, 실로가 유다의 발 사이에서 나오며, 이스라엘로부터 주권자가 배출되게 하며, 시온에서 율법이 나오도록 하신 것 등 많은 사실들이 그들에게 약속되었다. 그동안 이 약속들을 무효화시키는 것처럼 보이는 섭리들과 그 백성들의 치명적 몰락을 경고하는 섭리들이 많이 존재해왔다. 그러나 때가 이르러 왕이신 메시야가 할례의 추종자로 오셨을 때, 이 모든 약속들은 확증되었고, 그들에 관한 진리는 눈에 드러나게 되었다. 왜냐하면 그리스도 안에서 신구약에 주어진 하나님의 모든 약속은 예가 되고 아멘이 되기 때문이다. 조상들에게 주신 약속들은 구약시대에는 희미하게 집행되었으나 이제 복음 아래 밝히 드러나게 된 은혜언약에 따라 전체적으로 이해하면, 그 언약을 확증하는 것이 그리스도의 위대한 사명이었다(단 9:27). 그분은 언약의 피를 흘리심으로써, 그것을 확증하셨다.

2. 그분은 이방인도 똑같이 받으셨다. 사도는 이것을 9-12절에서 보여준다.

(1) 이방인들을 받아들여 하나님을 찬양하게 하신 그리스도의 긍휼하심을 주목하자. 이것이 바로 교회의 사역이요, 천국에서 받을 상급이다. 그리스도의 한 가지 목적은 이방인들도 똑같이 회개하고 돌아와 그리스도의 신비로운 몸으로 유대인과 하나가 되도록 하는 것이었다. 이것은 어떤 그리스도인이 과거에 이방인이었다는 이유로 배척을 받아서는 안 된다는 데 대한 중요한 이유가 될 것이다. 왜냐하면 그리스도께서 그를 받으셨기 때문이다. 그분은 이방인들을 초청하고 그들을 환영했다. 따라서 그들의 회심이 여기서 어떻게 표현되고 있는지 살펴보자: 이방인들도 그 긍휼하심으로 말미암아 하나님께 영광을 돌리게 하려 하심이라(9절). 여기에 함축된 의미를 살펴보자. [1] 그들은 하나님의 긍휼하심으로 말미암아 찬양할 이유를 갖고 있다. 이방 세계가 과거에 갖고 있던 비참하고 통탄할 만한 상태를 고려하면, 그들을 받아주신 것은 유대인을 받아주신 것보다 훨씬 더 큰 자비의 행위라고 말하지 않을 수 없다. 그들은 로암미 곧 백성이 아닌 자들이었고, 로루하마 곧 긍휼히 여김을 받지 못한 자들이었다(호 1:6,9; 2:23). 어떤 백성에게든 하나님께서 보여주시는 가장 큰 긍휼은 자신과의 언약관계 속에 그들을 받아주신 것이다. 그러므로 우리를 받아주신 일에서 하나님의 긍휼을 찾아내는 것이 좋다. [2] 그들은 찬양할 마음을 갖게 될 것이

다. 그들은 그분의 긍휼하심에 대해 하나님을 영화롭게 할 것이다. 회개하지 않은 죄인들은 절대로 하나님을 영화롭게 하지 못한다. 그러나 회개케 하는 은혜는 하나님께 영광을 돌리도록 모든 것을 말하고 행하는 성향을 영혼 속에 일으킨다. 하나님은 오랜 세월 자신의 영광을 수치로 변질시켰던 이방인들로부터 영광의 추수를 할 계획을 갖고 있다.

(2) 이 안에 성경의 성취가 들어 있다. 이방인에 대한 하나님의 호의는 긍휼일 뿐만 아니라 진리다. 그들의 부르심, 그들의 교회에의 참여와 관련하여 그들에게 직접 주어진 약속들은 없었지만, 유대인이 믿기를 거부한 것 때문에 주어진 약속들은 몇 가지 있었다. 따라서 사도는 구약성경으로부터 그것들을 인용하면서 이방인에 대한 유대인들의 혐오를 누그러뜨리고, 불화 속에 있는 양 당사자를 화해시키려고 애쓴다. [1] 이방인에게 복음이 전파될 것이 예언되어 있다: "내가 열방 중에서 주께 감사하리라(9절). 즉 하나님의 이름이 이방세계에서 알려지고 일컬어질 것이다. 그 곳에서 복음의 은혜와 사랑이 송축받을 것이다." 이것은 시 18:49의 여호와여 이러므로 내가 이방 나라들 중에서 주께 감사하며 라는 말씀을 인용한 것이다. 하나님의 이름을 감사하며 부르고 송축하는 것이야말로 다른 사람들을 하나님을 알고 찬양하도록 이끄는 최고의 수단이다. 그리스도는 모든 민족에게 친히 사자로 파송한 자신의 사도들과 사역자들 안에서 그리고 그들을 통해 이방인 중에서 하나님에 대한 찬양의 원천이 되셨다. 죄인들의 회심과 함께 그리스도의 높아지심도 하나님을 찬양하는 수단으로 나타난다. 그리스도께서 그의 형제들에게 하나님의 이름을 선포하는 것이 회중 가운데에서 주를 찬송하는 것으로(시 22:22) 불린다. 이 말을 다윗의 말로 취한다면, 그가 말년에 죽어가면서 말한 것으로, 이방인에게 그 말을 선포하는 것으로 보이지는 않는다. 그러나 다윗의 시편들을 이방인 중에서 읽혀지고 낭송될 때에는 하나님에 대한 찬양과 영광이 되고, 그것은 다윗이 내가 열방 중에서 주께 감사하고 주의 이름을 찬송하리로다라고 한 것으로 말해질 수 있다. 이스라엘 중에서 최고의 시인이었던 자가 지금은 이방인 중에서 가장 감동적인 시인이 되었다. 회개케 하는 은혜를 통해 사람들은 다윗의 시편을 크게 사랑하는 자로 바뀐다. 그 시편들을 다윗의 자손인 그리스도에 의해 선포된 것으로 본다면, 믿음으로 말미암아 찬양하는 모든 성도들의 가슴속에 그분이 영적으로 내주하시는 것으로 이해될 수 있다. 만일 이방인 중에서 하나님에 대한 어떤 고

백이 있고, 그분의 이름이 찬송을 받는다면, 그것은 그들이 하는 것이 아니라 그들 속에 거하는 그리스도와 그분의 은혜가 하는 것이다. 그런즉 이제는 내가 사는 것이 아니요 오직 내 안에 그리스도께서 사시는 것이라(갈 2:20). 이와 마찬가지로 그런즉 이제는 내가 찬양하는 것이 아니요 오직 내 안에 그리스도께서 찬양하는 것이다. [2] 이방인이 주의 백성과 함께 즐거워할 것이다(10절). 이것은 모세의 노래로부터 인용한 것이다(신 32:43). 그의 백성으로 편입된 사람들은 그의 백성들과 함께 즐거워한다고 말해진다. 어느 백성이든 그들 가운데 복음이 권능으로 임하는 것보다 더 큰 즐거움은 없을 것이다. 이방인에 대해 편견을 갖고 있었던 유대인들은 자기들의 즐거운 잔치에 이방인의 참여를 절대로 허용하지 않을 것이다. 왜냐하면 (그들은 말하기를) 타인은 그 즐거움에 참여할 자격이 없기 때문이다(잠 14:10). 그러나 칸막이벽이 허물어졌기 때문에 이방인은 그의 백성들과 함께 즐거워하도록 허락된다. 교회에 들어온 그들은 그 고난에 참여하고, 인내와 환난의 동반자가 되며, 따라서 즐거움에 동참하는 보상도 함께 받게 된다. [3] 그들은 하나님을 찬양하게 될 것이다(11절): 모든 열방들아 주를 찬양하며. 이것은 시 117:1을 인용한 것이다. 회개케 하는 은혜는 사람들이 하나님을 찬양하도록 이끌되, 최대한 찬양하도록 그런 마음을 제공한다. 이방인은 오랜 세월 나무와 돌과 같은 우상들을 찬양해왔다. 그러나 이제는 하나님을 찬양하도록 인도를 받고 있다. 다윗은 이것을 영으로 말하고 있는 것이다. 주를 찬양하도록 열방들을 부르신다는 사실 속에는 그들이 그분에 관한 지식을 갖게 될 것임을 함축하고 있다. [4] 그들은 그리스도를 믿게 될 것이다(12절). 이것은 사 11:10을 인용한 것인데, 거기서 다음과 같은 사실이 확인된다: 첫째, 이방인의 왕으로서 그리스도에 관한 계시. 여기서 그분은 이새의 뿌리로 불린다. 즉 다윗 족속의 생명과 힘이 되는 지점이라는 뜻이다. 사 11:1과 비교해 보라. 그리스도는 다윗의 주였으나 또한 다윗의 자손이셨다(마 22:45). 왜냐하면 그분은 다윗의 뿌리이자 자손이기 때문이다(계 22:16). 하나님으로서, 그리스도는 다윗의 뿌리였다. 사람으로서, 그리스도는 다윗의 자손이었다. 열방을 다스리기 위하여 일어나시는 이(12절). 이것은 그분이 만민의 기치로 설 것이라고 표현한 선지자의 비유적 표현을 설명하는 말씀이다. 그리스도께서 죽은 자로부터 살아나셨을 때, 그리고 승천하셨을 때, 그것은 열방을 다스리시기 위함이었다. 둘째, 이방인이 그분을 의지함: 열방이 그에게 소망을 두리라(12절). 믿음은 영혼이 그리스도를 확신하고, 의지하는 것이다. 이사야 선지자는 열방이 그에게로 돌아오리니 라고 덧붙인다. 믿음의 방법은 먼저 구주로 우리에게 오신 그리스도께 돌아오는 것이고, 그 다음에 그분이 우리를 능력으로 그리고 기꺼이 구원하신다는 것을 알고 그분을 의지하는 것이다. 그분을 알고 있는 사람들은 그분을 의지할 것이다. 또는 그에게로 돌아오는 것은 그분을 의지한 결과다. 기도를 통해 그분 앞에 나아와 열심히 구하는 것이다. 우리는 그리스도를 신뢰(의지)하지 않으면 그리스도께 돌아오지 못할 것이다. 신뢰(믿음)는 어머니이고, 수단들을 사용하는 노력은 딸이다. 유대인과 이방인은 이처럼 그리스도의 사랑 안에서 하나가 되었다. 그런데 그들이 서로 사랑하는 가운데 하나가 되지 못할 것이 무엇인가?

[13]소망의 하나님이 모든 기쁨과 평강을 믿음 안에서 너희에게 충만하게 하사 성령의 능력으로 소망이 넘치게 하시기를 원하노라

여기에 하나님을 향한 또 하나의 기도가 나오는데, 하나님을 소망의 하나님으로 부르고 있다. 이것은 앞에서와 마찬가지로(5,6절), 영적 복을 간구한다. 이것들은 최고의 복으로 첫 번째 기도 제목이 되어야 할 것이다.

I. 사도가 어떻게 하나님을 소망의 하나님으로 부르고 있는지 확인해 보자.

기도할 때 우리에게 주어진 사명에 가장 부합하고, 또 그것과 관련하여 우리의 믿음을 최대한 자극하는 하나님의 호칭, 이름 그리고 속성 등을 사용하는 것은 참 좋은 일이다. 기도의 모든 말은 탄원이 되어야 한다. 주장은 효과적으로 전해져야 하고, 입은 변론으로 가득 차 있어야 한다. 하나님은 소망의 하나님이시다. 그분은 우리 소망이라는 건물의 기초가 되고, 그것을 세우는 건축자가 되신다. 그분은 우리 소망의 대상이자 그 창시자이시다. 그 소망이 하나님 위에 두어지지 않고, 그분이 우리 안에 일으키지 아니하신다면(선과 진리가 그런 것처럼), 단순한 환상에 불과하고 우리를 속이는 것이 되고 말 것이다. 우리는 양자를 다 갖고 있다(시 119:49). 주의 종에게 하신 말씀을 기억하소서 — 여기서는 하나님이 그 대상이 되신다. 주께서 내게 소망을 가지게 하셨나이다 — 여기서는 하나님이 우리 소망의 창시자가 되신다(벧전 1:3).

II. 사도가 하나님께 구하는 것은 자신을 위해서가 아니라 그들을 위해서다.

1. 모든 기쁨과 평강을 믿음 안에서 너희에게 충만하게 하사. 기쁨과 평강은 하나님의 나라를 구성하는 두 가지 핵심 요소다(14:17). 하나님 안에서의 기쁨과 양심의 평강은 우리가 얻은 칭의에 대한 의식으로부터 나온다. 5:1,2을 보라. 우리 마음속의 기쁨과 평강은 우리 형제들과의 즐거운 연합과 합동을 촉진시킨다. 그것을 확인해 보자.

(1) 이 기쁨과 평강은 얼마나 만족스러운가? 그것들은 충만하다. 육신의 기쁨은 영혼을 들뜨게는 하지만 그것을 채울 수는 없다. 그러므로 겉으로는 웃지만 마음은 슬프다. 참되고 천상적인 영적 기쁨은 영혼을 충만하게 한다. 그것은 그 안에 만족을 갖고 있고, 영혼의 방대하고 온전한 욕구를 충분히 채워준다. 이처럼 하나님은 지친 영혼을 충분히 만족시키고, 가득히 채워준다. 이 기쁨보다 더 큰 기쁨은 없다. 오직 그 기쁨을 더 크게 누리는 것, 영광 속에서도 그것을 완전히 누리는 것이 그것을 갖고 있는 영혼의 소원이다(시 4:6,7; 36:8; 63:5; 65:4).

(2) 그것은 어떻게 얻는가? [1] 기도를 통해. 우리가 그것을 얻기 위해서는 하나님께 나아가야 한다. 그분은 구하는 자에게 그것을 주실 것이다. 기도는 영적 기쁨과 평강을 가져다준다. [2] 믿음으로. 믿음이 그것을 얻는 수단이다. 환상의 결과는 헛되고 환각적이고 일시적인 기쁨이지만, 믿음의 열매는 참되고 본질적인 기쁨이다. 믿고 말할 수 없는 영광스러운 즐거움으로 기뻐하니(벧전 1:8). 우리에게 기쁨과 평강이 그토록 부족한 것은 우리 믿음이 약하기 때문이다. 그러므로 오직 믿자. 그리스도의 선하심, 그리스도의 사랑, 언약의 약속들 그리고 천국의 기쁨과 영광을 믿자. 믿음만이 이 사실들의 기초와 증거가 되게 하자. 그러면 그 결과는 당연히 기쁨과 평강이 될 것이다. 모든 기쁨과 평강이라는 점을 주목하자. 즉 모든 종류의 참된 기쁨과 평강을 망라한다는 것이다. 기도로 하나님께 나아올 때 우리는 우리의 욕구를 더 크게 가져야 한다. 하나님 안에서 우리가 제한을 받지 않는다면, 왜 우리 스스로 제한시켜야 하겠는가? 모든 기쁨을 구하자. 네 입을 크게 열라. 그러면 그분이 채우시리라.

2. 성령의 능력으로 소망이 넘치게 하시기를 원하노라. 신자들의 기쁨과 평강은 주로 그들의 소망으로부터 나온다. 그들 위에 두어지는 것은 그들을 위해 준비되어 있는 것과 비교하면, 극히 적다. 그러므로 그들의 소망이 크면 클수록 그들의 소유도 그만큼 더 커진다. 우리가 하나님으로부터 큰 일을 소망하고 또

이 소망을 크게 바라보고 확신할 때, 소망이 넘치게 될 것이다. 그리스도인들은 소망이 넘치기를 바라고 힘써야 한다. 이 소망은 결코 부끄럽게 되지 아니할 것이기 때문이다. 이것은 성령의 능력으로 말미암는다. 은혜를 일으키는 능력과 똑같은 전능하신 능력이 이 소망을 낳고 강하게 하신다. 우리 자신의 능력으로는 결코 그렇게 할 수 없다. 그러므로 이 소망이 있고, 넘치는 곳에서는 은혜의 성령께서 모든 영광을 차지해야 할 것이다.

[14]내 형제들아 너희가 스스로 선함이 가득하고 모든 지식이 차서 능히 서로 권하는 자임을 나도 확신하노라 [15]그러나 내가 너희로 다시 생각나게 하려고 하나님께서 내게 주신 은혜로 말미암아 더욱 담대히 대략 너희에게 썼노니 [16]이 은혜는 곧 나로 이방인을 위하여 그리스도 예수의 일꾼이 되어 하나님의 복음의 제사장 직분을 하게 하사 이방인을 제물로 드리는 것이 성령 안에서 거룩하게 되어 받으실 만하게 하려 하심이라

I. 사도는 최상의 찬사로 로마의 그리스도인들을 칭찬한다. 그는 너희 믿음이 온 세상에 전파됨이로다(1:8)는 칭찬으로 이 서신 서두를 시작했다. 그는 이것을 이 편지를 쓰게 된 동기로 삼았다. 때때로 그는 날카롭게 그들을 책망하기도 했었다. 하지만 지금 그는 그들을 안심시키고, 사이좋게 작별을 고하기 위해 동일한 칭찬으로 마치고 있다. 그는 이것을 마치 웅변가처럼 말한다. 그것은 무익한 아첨이나 사탕발림이 아니라 그들의 가치와 그들 속에 있는 하나님의 은혜에 대한 인정을 담은 적절한 찬사였다. 우리도 다른 사람들 속에 있는 장점과 칭찬거리를 관찰해서 칭찬하는데 인색해서는 안 된다. 그것은 그들의 미덕과 유용성에 대한 현재의 보상의 한 부분이고, 다른 사람들로 하여금 거룩한 경쟁을 하도록 박차를 가하게 하는 효력이 있다. 로마의 교인들이, 결코 쉽게 속아 넘어가거나 쉽게 아첨에 빠지지 않을 정도로, 극히 탁월한 판단력과 성실성을 갖고 있던 바울에게 칭찬을 들었다는 것은 그들이 그만한 신뢰를 보여주었음을 뜻한다. 바울은 로마의 그리스도인들과 개인적인 친분이 전혀 없었지만, 그들에 관한 소문만으로 그들의 탁월함을 확신했다고 말한다. 한편으로 우리는 남의 모든 말을 무조건 단순하게 믿어버려서는 안 된다. 그렇다고 또 한편으로 아무것도 믿을 것이 없다고 무조건 의심해서도 안 된다. 그러

나 우리는 특별히 다른 사람들의 선에 관해서는 적극적으로 믿어주어야 한다. 이런 경우 사랑은 모든 것을 바라고, 모든 것을 믿으며, 또 확신하게 되는 것이다(여기서처럼 어쨌든 그 개연성이 있다면). 이 점에 있어서는 오히려 오류를 범하는 것이 더 안전하다. 이제 그들의 칭찬거리가 무엇인지 살펴보자.

1. 너희가 스스로 선함이 가득하고(14절). 그러므로 그들은 사도가 쓴 편지를 더 좋게 받아들였고, 그것을 친절로 여기고 그것에 동의하고, 그것을 실천하였으며, 특별히 그것을 자기들 사이에 있었던 의견 차이를 극복하고 서로 연합하는 계기로 삼았다. 서로를 잘 이해하고, 서로에 대해 좋은 감정을 가지면 다툼은 곧 끝나는 법이다.

2. 모든 지식이 차서(14절). 선함과 지식을 함께 갖추다니! 정말로 드물고 희한한 결합이다. 이것이 새 사람의 머리와 가슴이다. 그들은 모든 지식, 모든 필요한 지식 곧 영원한 평강에 속해 있는 진리들에 대한 모든 지식을 갖고 있었다.

3. 능히 서로 권하는 자임을(14절). 이를 위해서는 더 깊은 은사가 필요한데, 그것은 권하는 은사다. 선함과 지식을 갖춘 사람들은 다른 사람들의 유익과 이득을 위해 자기들이 갖고 있는 것을 전달해주어야 한다. "그토록 뛰어나게 좋은 은사를 갖고 있는 너희는 나에게 어떤 가르침도 받을 필요가 없다." 신실한 사역자들에게는 자기 교인들의 은사와 은혜가 자신들을 능가하는 것을 보는 것이 큰 위로다. 만일 교인들이 서로 권할 수 있고, 기쁘게 권하는 사이가 된다면, 가르치는 사명을 감당하고 있는 사역자들로서는 얼마나 감사한 일이겠는가! 모든 주의 백성들이 선지자가 된다면 하나님께 감사할 일이 아닌가! 그러나 누구나 하는 일은 누구의 일도 아니다. 그래서 사도는 다음과 같이 말한다.

Ⅱ. 사도는 자기에게 속하지 않은 일에 쓸데없이 간섭하고 있다는 의심을 받지 않기 위해 조심한다(15절). 그가 그들에게 얼마나 다정하게 말하는지 살펴보라: 내 형제들아(14절). 그리고 15절에서도 형제들아라는 말을 사용한다(한글성경에는 생략되어 나타나지 않는다). 그는 감사의 기술을 소유하고 그것을 다른 사람들에게 가르쳤다. 그는 형제 사랑을 서로 나누는 법을 가르치기 위해 그들 모두를 자신의 형제로 부른다. 아마 그는 그들이 궁정 옆에 사는 로마 시민으로서, 다른 지역의 시민들보다 더 신사적이고, 예의바른 사람들이었기 때문에 그들에게 더 정중한 태도를 취했는지 모른다. 그러므로 여러 사람들

에게 여러 모양이 된 바울은 기꺼이 자신의 태도를 공손하게 함으로써, 그들 편에서 그들을 기쁘게 해주고자 하였다. 그는 자신이 더욱 담대히 대략(톨메로 테론 아포 메루스, 15절) 썼음을 인정한다. 이 말은 뻔뻔하고 주제넘은 것처럼 보여서 어떤 사람들은 그에게 너무 지나치다는 시비를 걸 수도 있을 정도로 썼다는 말이다. 그러나 사실은 그것이 아니었다.

1. 사도가 그렇게 한 것은 그들의 기억을 되살리도록 하기 위해서였다: 너희로 다시 생각나게 하려고(15절). 바울은 지식이 탁월한 사람이었으나 자신에 관해 이처럼 공손한 생각을 갖고 있었다. 그는 으스대며 전혀 알고 있지 못한 지식을 그들에게 말하는 것이 아니라 다른 사람들의 가르침을 통해 그들이 이미 알고 있던 지식을 상기시키려고 했던 것이다. 베드로도 그랬다(벤후 1:12; 3:1). 흔히 사람들은 사역자들이 자기들이 전혀 알고 있지 못한 새로운 사실을 말해주지 않으면, 그런 말은 기억할 가치가 없다고 구실을 붙인다. 만일 그렇다면, 그들은 그것을 더 깊이 알고, 그것을 명심해야 할 필요도 없지 않을까?

2. 사도가 그렇게 한 것은 그가 이방인의 사도였기 때문이다. 그것은 그가 자신의 직분에 충실한 결과였다: 하나님께서 내게 주신 은혜(즉 사도직, 1:5)로 말미암아(15절). 그것은 곧 이방인을 위하여 그리스도 예수의 일꾼이 된 것이었다(16절). 바울은 하나님께서 그 직분을 자기에게 주신 것(1:13)을 큰 은총과 영예로 생각했다. 따라서 자기에게 주어진 이 은혜로 말미암아 그는 이처럼 이방인들에게 나타나 하나님의 은혜를 헛되이 받지 않았음을 보여주고 있는 것이다. 그리스도는 주기 위해 받으셨다. 바울도 마찬가지였다. 우리도 주지 않고 사장시켜서는 안 되는 달란트를 갖고 있다. 지위와 직분은 의무로 채워져야 한다. 사역자들이 자기에게 주어진 하나님의 은혜를 자주 상기하는 것은 좋은 일이다. 너는 말씀의 일꾼이다. 그 일에만 전념하라(Minister verbi es, hoc age)는 것은 퍼킨스 목사의 평생 표어였다. 바울도 그런 일꾼이었다. 여기서 다음과 같은 사실을 주목하자.

(1) 사도는 누구의 일꾼이었는가? 그리스도 예수의 일꾼(고전 4:1). 그분이 우리의 주인이시다. 우리는 그분의 것이고, 그분을 섬겨야 한다.

(2) 사도는 누구를 위해 일했는가? 이방인을 위하여(16절). 하나님이 그렇게 정하셨다(행 22:21). 베드로와 그도 그것을 인정했다(갈 2:7-9). 로마의 교인들은 이방인들이었다. 그러기에 사도는 이렇게 말한다: "나는 너희에게 주제

넘게 나서거나 너희를 주장하려는 마음이 없다. 하지만 나는 그것을 지명받았다. 만일 너희가 내가 무례하거나 불손하다고 생각한다면, 내 사명이 나를 보증하고, 나를 지지해줄 것이다."

(3) 사도가 맡은 임무는 무엇인가? 하나님의 복음(16절). 복음의 제사장 직분을(히에룰군타 토 유앙겔리온). 이 말은 문자 그대로는 거룩한 일에 종사한다는 뜻으로, 그리스도의 제사장직을 수행한다는 것이다. 이 직분은 레위 제사장직보다 더 영적이고, 따라서 더 탁월하다.

(4) 어떤 이유로 그 일을 했는가? 이방인을 제물로 드리는 것이 성령 안에서 거룩하게 되어 받으실 만하게 하려 하심이라(16절). 곧 이방인의 회심으로 말미암아 그분의 이름이 다시 일어나 하나님이 영광을 받도록 하는데 있었다. 바울은 이처럼 하나님께서 받으실 만한 일을 위해 최선을 다했다. 이방인의 회심이 어떻게 표현되고 있는지 살펴보라: 이방인을 제물로 드리는 것(프로습호라 토온 에트노온). 이 말은 이방인이 다음 둘 중 어느 하나로 간주된다는 뜻이다: [1] 이방인은 기도와 찬양과 기타 종교행위를 하나님께 바치는 제사장이 될 것이다. 유대인은 오랜 세월에 걸쳐 거룩한 족속이요, 제사장 나라였으나 이방인은 이제 하나님 앞에서 제사장이 되었다(계 5:10). 다시 말해 이방인은 기독교 신앙으로 돌이킴으로써 하나님을 섬기는 자들로 성별되었는데, 이것은 각처에서 내이름을 위하여 분향하며 깨끗한 제물을 드리리니(말 1:11)라는 예언의 성취였다. 회심한 이방인들은 가까워졌다(엡 2:13)고 말해지는데, 이 말은 제사장이 된 것에 대한 완곡한 표현이다. [2] 이방인은 바울에 의해, 그리스도의 이름으로 하나님께 드려지는 희생제물, 곧 하나님이 기뻐하시는 거룩한 산 제물이 될 것이다(12:1). 거룩하게 된 영혼은 그리스도라는 제단 위에서 타오르는 사랑의 불꽃으로 하나님께 올라가 바쳐진다. 바울은 전도를 통해 영혼들을 모았는데, 그것은 자신을 지키도록 하기 위해서가 아니라 그들을 하나님께 바치기 위해서였다: 볼지어다 나와 및 하나님께서 내게 주신 자녀라(히 2:13). 그리고 그것은 성령 안에서 거룩하게 되어 받으실 만한 제물이다. 바울은 그들에게 전하고, 그들을 가르쳤다. 그러나 그들이 하나님께 제물이 된 것은 그들의 거룩함으로서, 이것은 그의 사역이 아니라 성령의 사역이었다. 거룩하게 되지 않으면 그 누구도 하나님께 기쁘게 드려질 자가 없다. 부정한 것은 거룩하신 하나님을 결코 기쁘게 하실 수 없기 때문이다.

[17]그러므로 내가 그리스도 예수 안에서 하나님의 일에 대하여 자랑하는 것이 있거니와 [18]그리스도께서 이방인들을 순종하게 하기 위하여 나를 통하여 역사하신 것 외에는 내가 감히 말하지 아니하노라 그 일은 말과 행위로 [19]표적과 기사의 능력으로 성령의 능력으로 이루어졌으며 그리하여 내가 예루살렘으로부터 두루 행하여 일루리곤까지 그리스도의 복음을 편만하게 전하였노라 [20]또 내가 그리스도의 이름을 부르는 곳에는 복음을 전하지 않기를 힘썼노니 이는 남의 터 위에 건축하지 아니하려 함이라 [21]기록된 바 주의 소식을 받지 못한 자들이 볼 것이요 듣지 못한 자들이 깨달으리라 함과 같으니라

사도는 여기서 자신과 자신의 일에 관해 약간의 지면을 할애하고 있다. 자신의 사명과 사도직에 대해 언급한 사도는 더 나아가 자신의 직분의 결과에 대해 강조하고, 자신의 사역의 대성공과 하나님께서 자기를 통해 이루신 놀라운 일들로 그분께 영광을 돌리고 있다. 그가 이 사실을 언급하는 것은 로마에 있는 교회의 그리스도인들에게 용기를 주기 위해서였다. 말하자면 기독교를 자신의 종교로 고백하는 사람들이 그들만이 아니고, 우상 숭배에 빠져 있는 주변의 무수한 민족들과 비교해 보면, 비록 그들의 숫자가 무척 적기는 하지만, 여기저기 다 찾아보면, 예수 그리스도의 나라와 인내에 동참하고 있는 그들의 친구가 많이 있다는 것을 알려주기 위해서였다. 또한 그것이 이처럼 놀라운 성공을 거두고, 이처럼 빈약하고 희한한 수단을 통해 복음이 그토록 널리 전파된 것은, 다시 말해 전도라는 미련한 방법으로 그토록 많은 사람들이 그리스도께 순종하는 믿음에 사로잡힌 것은 기독교 진리에 대한 위대한 확증이었다. 그러므로 바울이 그들에게 자기 자랑처럼 이렇게 말하는 것은 결코 헛된 자랑이 아니라 거룩한 은혜에서 나오는 자랑으로서, 그리스도 예수 안에서라는 경계 안에서 하는 것이다(17절). 이처럼 그는 모든 자랑의 중심을 그리스도 안에 두고 있다. 그는 우리에게도 똑같이 하라고 가르친다(고전 1:31). 우리에게 돌리지 마옵소서(시 115:1). 그것은 하나님의 일에 대하여 자랑하는 것이다. 영혼의 회심은 하나님의 일 가운데 하나이고, 그러기에 그것은 바울의 자랑거리다. 그것은 결코 육신의 일이 아니다. 그러므로 내가 그리스도 예수 안에서 하나님의 일에 대하여 자랑하는 것이 있거니와(에코 운 카우케신 엔 크리스토 이에수 타 프로스 데온, 17절). 이 말은 다음과 같이 번역하는 것이 오히려 낫다: 그러므로 내

가 그리스도 예수 안에서 하나님의 일에 대하여 즐거워하는 것이 있거니와. 즐거워하는 것(카우코메노이)과 똑같은 단어가 고후 1:12과 빌 3:3에도 사용되고 있다. 후자의 구절을 보면 그리스도 예수 안에서 즐거워하는 것이 할례파의 특징이라고 되어 있다(한글성경은 두 곳 다 자랑으로 번역되어 있다). 여기서 하나님의 일은 하나님께 드려지는 일로서, 이방인이 산 제물로 드려지는 것을 말한다(16절). 바울은 자신의 사역의 범위와 효과에 대해 그들이 자기와 함께 즐거워하기를 바랐다. 그러면서도 그는 그리스도의 능력을 최대한 옹호하고, 성령의 효과적인 사역에 모든 것을 돌릴 뿐만 아니라 거기서 자신이 말한 것의 진리를 찾고 있다(18절): 그리스도께서 나를 통하여 역사하신 것 외에는 내가 감히 말하지 아니하노라. 사도는 혹시 자기를 반대할지도 모르는, 멀리 있는 생면부지의 사람들에게 편지를 썼기 때문에, 무턱대고 자기를 자랑하는 것도 아니고, 남의 일을 자기 자랑으로 취한 것도 아니다. 오히려 그는 내가 감히 말하지 아니한다고 말한다. 신실한 사람은 아무리 유혹을 받는다고 해도 절대로 거짓말을 하지 않고, 또 아무리 두렵더라도 반드시 진실을 말한다. 따라서 바울의 자신에 관한 진술 속에서 우리는 다음과 같은 사실을 확인할 수 있다.

I. 자신의 사역에 대한 그의 지칠 줄 모르는 열심과 근면. 사도는 모든 사도보다 더 많이 수고한(고전 15:10) 사람이었다.

1. 사도는 여러 곳에서 복음을 전했다: 예루살렘으로부터(19절). 이곳에서 율법이 빛을 비추는 등불처럼 나왔다. 두루 행하여 일루리곤까지(19절). 이곳은 예루살렘으로부터 수백 마일 정도 떨어진 곳이다. 우리는 사도행전에서 바울의 전도여행에 관한 기사를 읽게 된다. 거기 보면 그는 이방인에게 복음을 전하도록 보내심을 받은 후에(행 13장), 그 복된 사역을 실루기아, 구브로, 밤빌리아, 비시디아, 그리고 루가오니아 등지에서 행하였고(행 13,14장), 그 후에는 수리아, 길리기아, 버가, 갈라디아, 무시아, 드로아 등지를 두루 여행하면서 복음을 전했고, 그 때부터 그는 마게도냐를 거쳐 유럽 전역으로 불려 다녔다(행 15,16장). 또 우리는 그가 데살로니가, 베뢰아, 아덴, 고린도, 에베소 및 인근 지역에서 부지런히 복음을 전하는 것을 보게 된다. 이 지역들의 영역과 거리를 알고 있는 사람들은 바울이 참으로 활동적인 사람으로서, 강한 경주자처럼 경주하기를 얼마나 즐거워했는지를 깨닫게 될 것이다. 일루리곤은 지금 스클라보니아로 불리는 곳으로 헝가리 국경 지역에 위치해 있다. 어떤 이들은 그 곳

을 불가리아로 보기도 하고, 또 어떤 이들은 판노니아 남쪽으로 보기도 한다. 어쨌든 그 곳은 예루살렘에서 멀리 떨어진 곳이었다. 따라서 만일 바울이 그토록 많은 곳을 다니면서 일을 했다면 틀림없이 제대로 일하지 못했을 것이라고 의심받을 수도 있다. 이에 대해 그는 이렇게 말한다: "아니다. 나는 그리스도의 복음을 편만하게 전하였다(19절). 나는 그들에게 복음의 진리와 말씀을 충분히 설명해 주었고, 하나님의 전체 경륜을 선포하는데 조금도 꺼리지 않았다(행 20:27). 나는 그들이 알 필요가 있는 것은 조금도 남겨두지 아니했다." 복음을 편만하게 전하였노라(페플레로케나이 토 유앙겔리온). 이 말은 복음을 채웠다(filled the gospel)는 뜻으로, 한 번에 끌어당긴 그물에 고기가 가득 차 있는 것과 같이 그 지역을 복음으로 채웠다는 것이다. 또는 그들을 복음으로 채웠다는 뜻이다. 이런 변화는 복음이 만드는 것으로, 어느 곳이든 복음이 능력으로 임할 때 그것은 그 곳을 채우는 것이다. 다른 지식은 헛되고 영혼을 공허하게 만들지만, 복음의 지식은 영혼을 가득 채운다.

2. 사도는 이전에 복음을 들어본 적이 없는 지역에서 전도했다(20,21절). 그는 여러 곳에서 휴경지를 갈아엎고, 그 땅에 머릿돌을 놓았다. 오랜 세월 동안 오로지 우상 숭배와 미신 그리고 온갖 형태의 악마주의가 지배해왔던 지역에 기독교를 처음으로 소개했다. 바울은 개척자였고, 따라서 자신의 사역을 감당할 때 누구보다 더 큰 어려움과 시련에 봉착했다. 유대 지역에서 전도했던 사람들은 이방인의 사도로 수고한 바울보다 그 사역이 훨씬 수월했다. 왜냐하면 그들은 남들이 노력한 것에 참여한 것이기 때문이다(요 4:38). 원래 강인한 사람인 바울은 보다 혹독한 일을 하도록 부르심을 받았다. 가르치는 자들이 많았으나 그 중에서 바울은 대부(大父)였다. 물 주는 자들은 많았지만, 바울은 위대한 심는 자였다. 그러나 그는 이방 세계에서 무장하고 있는 강한 자의 궁전에 최초로 공격을 가한 용감한 사람이었다. 즉 그는 처음으로 거기서 사탄의 이익에 타격을 입혔다. 바울은 이러한 최초의 공격을 도처에서 감행했고, 그것 때문에 크게 고생을 자초했다. 그는 이것을 자신의 사도직의 한 증거로서 언급한다. 왜냐하면 사도직은 특별히 성 밖에 있는 자들을 끌어들여 새 예루살렘의 기초를 놓는 직분이기 때문이다. 계 21:14을 보라. 바울은 다른 사람들이 자기에 앞서 사역을 했던 곳에서는 전도하지 않았다. 그는 주로 그리고 무엇보다 흑암 속에 앉아있던 사람들을 위해 활동했다. 그는 남의 터 위에 건축하지 아니

하려고 애를 썼다(20절). 그것은 그것 때문에 자신의 사도직이 거부를 당하고, 사람들이 자기를 조롱할 기회를 주지 않기 위해서였다. 그는 이것을 위해 구약 성경 사 52:15로부터 말씀을 인용한다: 주의 소식을 받지 못한 자들이 볼 것이요, 듣지 못한 자들이 깨달으리라. 선지자가 갖고 있었던 의도처럼, 사도도 똑같은 의도를 강조하고 있다. 이것이 바울의 전도의 성공에 있어서 가장 주목할 만한 점이다. 어둠이 빛으로 바뀌는 것은 빛이 강화되거나 증가하는 것보다 훨씬 더 느끼기 쉽다. 그리고 통상적으로 복음의 가장 큰 성공은 어느 지역에 처음으로 복음이 임할 때 나타난다.

Ⅱ. 자신의 사역을 통해 사도가 이룬 크고 경이적인 성공. 그것은 이방인들을 순종하게 하는데 효과적이었다. 복음의 목적은 사람들을 순종하게 이끄는 것이다. 복음은 믿음의 진리일 뿐만 아니라 순종의 법도이기도 하다. 바울은 이것을 자신의 전도여행의 목적으로 삼았다. 그는 자신의 부와 영예를 목적으로 삼지 않고(만약 그랬다면 슬프게도 그는 목적을 잘못 잡은 것이다), 영혼의 회심과 구원을 목적으로 삼았다. 그의 마음은 오직 이것에 있었다. 그는 이것을 위해 해산의 수고를 마다하지 않았다. 그러면 어떻게 이 위대한 사역을 이루었을까?

1. 그리스도께서 주행위자이셨기 때문이다. 사도는 "내가 한 일"이라고 말하지 않고 "나를 통하여 그리스도께서 역사하신 일"이라고 말한다(18절). 우리가 어떤 선을 행하든, 그것을 행하는 것은 우리가 아니라 우리를 통하여 그리스도께서 하시는 것이다. 일도 그분의 것이요, 힘도 그분의 것이다. 그분이 전부요, 우리의 일을 그분이 전부 하신다(빌 2:13; 사 26:12). 그래서 바울은 기회가 있을 때마다 모든 찬양이 그리스도께 주어지도록 심혈을 기울인다.

2. 바울은 굉장히 활동적인 도구였다: 말과 행위로(18절). 즉 자신의 설교와 자신의 설교를 확증하기 위해 일으킨 이적으로. 또는 자신의 선포와 삶으로. 사역자들이 말과 행위를 겸비한 곧 자신이 선포한 진리의 힘을 생활을 통해 보여준다면, 영혼을 얻기가 무척 쉽다. 이것은 행함과 가르침을 시작하신(행 1:1) 그리스도의 본보기를 따르는 것이다. 표적과 기사의 능력으로(엔 뒤나메이 세메이온, 19절). 즉 표적과 기사의 힘 또는 능력으로 말미암아. 이것들은 정해진 확신의 수단으로서, 말씀의 선포를 효과적으로 만들고, 복음 헌장에 날인된 신적 봉인이다(막 16:17,18).

3. 성령의 능력이 이것을 효과적으로 만들고, 원하는 성공을 모두 이루도록 하였다(19절).

(1) 다른 사도들의 경우와 마찬가지로 바울에게 있어서도 성령의 능력이 그의 이적을 일으킨 장본인이었다. 이적은 성령의 능력으로 말미암아 일어난 것이므로(행 1:8), 이적을 비난하는 것은 성령을 모독하는 것으로 불린다.

(2) 말씀을 듣고 이적을 본 사람들 속에서 성령의 능력은 이 수단들을 어떤 사람에게는 효과가 없게, 또 어떤 사람들에게는 효과가 있게 만든다. 그 차이를 만드는 것은 성령의 작용에 있다. 그 누구보다 강력한 표적과 기사를 동반한 위대한 설교자인 바울 자신은 그의 수고에 성령의 능력이 수반되지 않았다면 한 영혼도 순종하게 만들 수 없었을 것이다. 이 위대한 스룹바벨(곧 바울) 앞에 그 큰 산들을 평지로 만든 것은 만군의 주 여호와의 영이었다. 이것은 연약함 속에서 힘들게 사역하는 신실한 사역자들에게 위로가 된다. 많은 사람들에게 또는 힘이 있는 사람들에게 역사하신 성령은 곧 모든 사람의 성령이기 때문이다. 바울과 함께 역사하신 동일한 성령은 자주 약한 힘을 온전하게 하고, 어린아이와 젖먹이들의 입에서 찬송이 나오도록 하신다. 바울은 자신이 복음 전파에서 이룬 성공을 여기서 즐거워하고 있다. 왜냐하면 회심한 사람들은 그의 기쁨과 즐거움의 면류관이기 때문이다. 그리고 그가 그것에 관해 그들에게 말하는 것은 그들이 그것을 자기와 함께 즐거워할 뿐만 아니라 그들이 자기가 그들에게 쓴 진리들을 더 잘 받아들이고, 그리스도께서 이처럼 특별하게 받아 주신 자기를 그들이 받아주기를 바라는 마음에서였다.

²²그러므로 또한 내가 너희에게 가려 하던 것이 여러 번 막혔더니 ²³이제는 이 지방에 일할 곳이 없고 또 여러 해 전부터 언제든지 서바나로 갈 때에 너희에게 가기를 바라고 있었으니 ²⁴이는 지나가는 길에 너희를 보고 먼저 너희와 사귐으로 얼마간 기쁨을 가진 후에 너희가 그리로 보내주기를 바람이라 ²⁵그러나 이제는 내가 성도를 섬기는 일로 예루살렘에 가노니 ²⁶이는 마게도냐와 아가야 사람들이 예루살렘 성도 중 가난한 자들을 위하여 기쁘게 얼마를 연보하였음이라 ²⁷저희가 기뻐서 하였거니와 또한 저희는 그들에게 빚진 자니 만일 이방인들이 그들의 영적인 것을 나눠 가졌으면 육적인 것으로 그들을 섬기는 것이 마땅하니라 ²⁸그러므로 내가 이 일을 마치고 이 열매를 그들에게 확증한 후에 너희에게 들렀다가 서바나로 가리라

[20]내가 너희에게 나아갈 때에 그리스도의 충만한 복을 가지고 갈 줄을 아노라

바울은 여기서 로마의 그리스도인들을 방문하려는 자신의 의도를 피력한다. 이 주제에 관해 그의 기록 내용은 단지 친구들을 방문하겠다는 평범하고 일상적인 것이지만, 그의 표현의 태도는 무척 은혜롭고 다정하다. 또 크게 교훈적이어서 우리가 본받을 만하다. 우리는 우리의 일상사에 대해 말할 때, 가나안 언어에 나타난 태도를 따라 말하는 법을 배워야 한다. 심지어는 일상적 대화도 은혜의 태도를 유지해야 한다. 이렇게 함으로써, 우리가 어느 나라에 속한 사람인지를 보여주게 될 것이다. 바울과의 교제는 로마의 교인들에게 더 간절했던 것으로 보인다. 그는 지금까지 그 누구보다 친구도 많고, 원수도 많았던 사람이었다. 그는 악한 평판과 좋은 평판을 두루 거쳤다. 의심할 것 없이 그들은 로마에서 그에 관해 많은 소문을 들었고, 그래서 그를 보기를 간절히 소원했다. 이방인의 사도가 이방 세계의 수도인 로마에서 이방인 곧 국외자가 되어야 하겠는가? 이 점에 대해 그는 자신이 아직 가지 못한 것을 사과하고, 조만간 방문할 것을 약속하며, 당장에 갈 수 없었던 이유를 밝히 말하고 있다.

I. 사도는 그들에게 아직 가보지 못한 점에 대해 사과한다. 바울은 그의 친구들과의 교제를 간절히 원했으나 그를 가로막는 예기치 못한 일들로 그것이 막혔다는 것을 주목하라. 그것은 로마의 교인들에게 위세를 부리기 위한 것이 아니었다.

1. 그는 그들에게 자신이 그들을 만나고 싶은 욕구가 간절했다는 점을 확실히 하고 있다. 그것은 휘황찬란한 로마나 황제의 궁정을 구경하기 위함도 아니요, 당시 로마에 거주하는 철학자와 현자들을 만나 대화를 나누고 싶어서도 아니며(바울 같은 위대한 학자로서는 당연히 그런 대화를 절실히 원할 만도 했지만), 너희에게 가려 하던 것 때문이었다(3절). 여기서 너희는 세상에서는 미움을 받았으나 하나님을 사랑하고, 사도의 사랑을 받았던 로마의 가난하고 멸시받던 성도들을 말한다. 이들이야말로 바울이 로마에 가서 친교하기를 그토록 원했던 사람들이었다. 그들은 사도가 그토록 즐거워했던 존귀한 자들이었다(시 16:3). 그는 그들을 특별히 만나보기를 원했는데, 그것은 그들이 모든 교회 가운데 믿음과 거룩함에 있어서 아주 탁월한 사람들이었기 때문이다. 그들은 미덕이 특출했고, 그리하여 바울은 그들에게 나아가기를 그토록 원했다. 바

울은 이 소원을 다년간 갖고 있었으나 그것을 이룰 수가 없었다. 하나님의 섭리는 사람들의 의도와 욕구를 지혜롭게 다스린다. 하나님의 총애하는 종들이라고 해서 만사가 그들이 마음먹은 그대로 반드시 진행되는 것은 아니다. 그러나 하나님 안에서 기뻐하는 자들은 누구나 자기들의 마음속에 있는 모든 욕구가 원하는 대로 이루어지지는 않겠지만, 그들의 마음의 소원이 성취될 것이다(시 37:4).

2. 그는 자기가 그들에게 갈 수 없었던 이유는 다른 곳에서 해야 할 일이 너무 많았기 때문이라고 말한다. 그러므로. 즉 다른 지역에서의 일들 때문에, 그는 여러 번에 걸쳐 그들에게 가는 길이 막혔다(22절). 하나님께서 다른 지역에 문을 활짝 열어 놓으셨기 때문에 사도는 그것을 피하지 못했다. 여기서 다음의 사실을 주목하자.

(1) 하나님의 은혜의 섭리는 아무리 그의 사역자들에게 특별하게 적용된다고 할지라도 그들의 뜻이 아니라 그분 자신의 뜻에 따라 진행된다. 바울은 여러 번에 걸쳐 자신의 뜻을 이루지 못했다. 때로는 사탄에 의해 방해를 받아서(살전 2:18), 또 때로는 성령에 의해 금지를 받아(행 16:7), 그리고 여기서는 다른 일 때문에 뜻을 바꿔야 했다. 사람이 계획할지라도 이루시는 이는 하나님이시다(잠 16:9; 19:21; 렘 10:23). 사역자들은 계획하고, 그들의 친구는 그들에 관해 뜻을 세우지만, 하나님은 양자를 다 다스리고, 자신의 기쁘신 뜻을 따라 신실한 사역자들의 여행, 이동 그리고 정착 등을 주관하신다. 별들은 그리스도의 오른손 안에 있어서 그분이 정하신 곳을 비춘다. 복음이 어느 지역에 임하는 것은 우연에 의해서가 아니라 하나님의 뜻과 경륜에 의해서다.

(2) 바울은 은혜롭게도 가장 필요한 곳에 시간과 수고를 투자할 줄 아는 분별력이 있었다. 만약 바울이 자신의 안일, 부 그리고 영예를 추구했더라면, 아무리 큰 일이라도 로마로 가려는 그의 발걸음을 멈추게 못했을 것이다. 아니 오히려 그 발걸음을 재촉해서 더 좋은 대접을 받고 고생을 덜었을 것이다. 그러나 바울은 자신의 일보다 그리스도의 일을 더 추구했고, 그러기에 교회를 세우는 일을 멈추고, 잠시라도 로마에 다녀올 생각을 하지 않았다. 로마의 교인들은 건강했고, 병들어 죽어가는 다른 지역의 불쌍한 영혼들만큼 의사를 필요로 하지 않았다. 사람들이 영원한 멸망 속으로 날마다 떨어져갔고, 그 보배로운 영혼들은 소망 없이 죽어가고 있었기 때문에 바울은 사소한 일에 신경 쓸

겨를이 없었다. 추수할 때가 되어 들판이 온통 하얗기에 지금이야말로 추수할 적기였던 것이다. 이런 기회는 한 번 놓치면 다시는 돌아오지 아니할 것이다. 불쌍한 영혼들의 필요가 절박하고, 그 부르짖는 소리가 너무 컸기에 바울은 바쁘지 않을 수 없었다. 그것은 우리로 하여금 가장 절실한 일을 먼저 처리하는 것이 옳다는 깨달음을 갖게 한다. 불필요한 것보다 필요한 것을 먼저 행하라는 것이 참된 은혜의 가르침이다(눅 10:41,42). 그리고 덜 필요한 것에 앞서서 더 필요한 것을 행하는 것이 기독교적 분별력의 가르침이다. 바울은 이것을 충분히 근거가 있는 이유로 제시한다. 우리는 만일 친구들이 하나님이 기뻐하시는 정말 필요한 일을 하고 있다면, 그들이 그다지 필요하지 않은 우리의 방문에 대해 찬사를 보내지 않는다고 해서 비난해서는 안 될 것이다. 다른 일들의 경우처럼 여기서도 우리는 자기를 부인해야 한다.

Ⅱ. 사도는 조만간에 그들을 만나러 가겠다고 약속했다(23,24,29절). 이제는 이 지방에 일할 곳이 없고(23절). 여기서 이 지방은 그가 당시 머물고 있었던 그리스를 말한다. 당시 그리스는 대부분의 지역에서 어느 정도 복음의 향내가 풍기고 있었고, 대도시들에는 대부분 교회가 세워져 있었으며, 바울이 시작한 일을 사역자들이 이어받아 수고하고 있었기 때문에 그가 할 일이 그리 많지 않았다. 그는 복음의 병거를 해안으로 몰아 그리스를 정복했고, 그 때 정복할 또 다른 그리스가 등장하기를 바라며 준비하고 있었다. 바울은 자신의 일을 다 마쳤지만, 쉬어야겠다고 생각하지 않고 은혜의 사역을 위해 또 다른 일을 구상하고 모색했다. 부끄러움이 없는 훌륭한 일꾼이 여기 있었다. 그것을 살펴보자.

1. 사도의 방문 계획에 대한 예견. 그의 계획은 서바나 곧 스페인으로 가는 도중에 그들을 만나보는 것이었다. 이것으로 보아 바울은 스페인에 복음을 심기 위해 여행할 마음을 갖고 있었음을 알 수 있다. 그 사역의 난관과 위험, 장소의 거리, 여행의 위험, 그리고 다른 지역에서 감당해야 한다고 생각한 다른 선한 사역(덜 필요한 일로 생각하지만) 등이 복음전파에 대한 그의 거룩한 열정을 소멸시키지 못했다. 오히려 그것들은 그를 그 일에 더 열중하고 열심을 내도록 이끌었다. 그러나 그가 스페인으로 건너가 그 의도한 목적을 달성했는지는 확실치 않다. 대부분의 주석가들은 그가 그 목적을 달성하지는 못했다고 생각한다. 그 이유는 그가 다른 목적들 때문에 방해를 받았기 때문이라는 것이다. 그가 로마에 온 것은 사실이지만, 죄수로 그 곳에 왔고, 2년 동안 옥에 갇혀

있었다. 그 이후 그의 행적은 불확실하다. 여러 편의 그의 옥중 서신을 보면 스페인이 아니라 동쪽으로 가려는 계획이 있었음을 알 수 있다. 그러나 바울이여, 그대의 마음속에 스페인에 복음의 빛을 비추려는 계획이 있었다는 것만으로도 참 훌륭하도다! 하나님도 다윗에게 그렇게 말했다(대하 6:8). 하나님의 은혜는 종종 진실한 의도는 받아들이되, 하나님의 지혜의 섭리에 따라 그 실천을 금지시키곤 한다. 우리는 참으로 선한 주인을 섬기고 있지 아니한가(고후 8:12)! 따라서 스페인으로 가는 도중에 사도는 그들을 만나보려고 생각했다. 그의 분별력을 헤아려 보라. 시간을 허비하지 않고 최선의 수고를 하기 위해 우리의 일을 잘 조정하는 것은 우리 자신의 지혜다. 그의 말은 다분히 회의적이다: 너희에게 가기를 바라고 있었으니(23절). "가기로 결심했다"가 아니라 "가기를 희망한다"는 것이다. 우리는 우리의 모든 계획과 약속을 하나님의 섭리에 복종시켜야 한다. 하루 동안에 무슨 일이 일어날는지 알 수 없기 때문에 내일 일을 자랑해서는 안 된다(잠 27:1; 약 4:13-15).

 2. 사도의 방문계획의 목적.

 (1) 그가 그들로부터 기대한 것. 그는 그들이 스페인으로 가는 길을 안내해 주기를 원했다. 그가 기대한 것은 왕을 보좌하는 것과 같은 준엄한 수종이 아니라 친구와 동행하는 것과 같은 사랑의 동반이었다. 당시 스페인은 로마제국의 속국으로서, 로마인들에게는 잘 알려져 있었다. 그러므로 그들은 바울이 그곳으로 가는데 도움을 줄 수 있었다. 그 도움은 그들이 가는 길을 단순히 바래다주는 정도가 아니라 그의 여행 목적을 더 잘 감당하도록 함께 동역하는 것이었다. 그것은 그들의 바울에 대한 존경과 바울이 복음을 전하고자 하는 불쌍한 스페인 사람들의 영혼에 대한 관심으로부터 나오는 것이었다. 모든 그리스도인은 온갖 선한 일, 그 중에서도 영혼 구원을 위한 복된 사역에 대해서는 어떻게든 그 촉진과 증진을 위해 최선을 다해야 한다. 그 일을 감당하는 사역자들에 대해서는 그 일을 쉽게 할 수 있도록 도와주고, 불쌍한 영혼들에 대해서는 성공적으로 복음을 받도록 힘써야 한다.

 (2) 그가 그들에게 기대한 것: 너희와 사귐으로 얼마간 기쁨을 가진 후에(24절). 바울이 원했던 것은 그들과의 교제와 친교였다. 성도들 간의 유익한 교제는 아주 바람직하고 즐거운 일이다. 바울은 지식과 은혜가 누구보다 탁월한 사람이었다. 그는 그 사역에 있어서 다른 그리스도인들보다 머리나 어깨가 훨씬

더 큰 사람이었다. 그러나 그가 얼마나 진정한 교제를 생각하고 즐거워하는지를 보라. 그것은 철이 철을 날카롭게 하는 것처럼, 사람과 그의 친구의 관계도 마찬가지이기 때문이다. 그는 그들과의 친교를 충분히 누리기 위해 얼마간 그들과 함께 머물 계획이 있었음을 암시한다. 결코 얼굴만 보고 떠날 생각이 아니었다. 그러나 그는 그들과의 교제가 너무 즐겁다고 해서 그것만 충분히 누리겠다고 생각하지 않는다. 그것이 어느 정도만 채워지면 더 큰 교제에 대한 소망을 품고 그들을 떠나겠다고 생각했다. 기독교 사회는, 제대로 전개되고 발전된다면, 지상천국이요, 마지막 날 우리가 그리스도를 위해 함께 모일 것에 대한 확실한 보증이다. 그러나 그것은 단지 얼마간 채워져야 될 것임을 잊지 말자. 얼마간(아포 메루스)은 부분적으로(in part)라는 뜻이다. 우리가 이 세상에서 성도들과 교제함으로써 누리는 만족은 부분적인 것이다. 우리는 단지 어느 정도만 갖는다. 그것은 우리가 그리스도와 갖는 교제와 비교해 볼 때 부분적이다. 그것 곧 그분과의 교제만이 완전히 만족스럽고, 우리 영혼을 만족시킬 것이다. 또 그것은 천국에서 성도들과 함께 누리기를 바라는 친교와 비교해 볼 때 부분적이다. 우리가 아브라함, 이삭, 야곱과 함께 앉아 있을 때, 아니 모든 성도들과 함께 앉아 있을 때, 그 때 성도들은 완전하게 되고, 우리는 그 친교를 충분히 누리게 될 것이며, 그 교제로 충분히 만족하게 될 것이다.

(3) 그가 그들에 대해 하나님으로부터 기대한 것(29절). 사도는 그리스도의 충만한 복을 가지고 갈 것을 기대했다. 그가 그들로부터 바랐던 것이 회의적이었던 것과 비교해 보라: 지나가는 길에 너희를 보고 먼저 너희와 사귐으로 얼마간 기쁨을 가진 후에 너희가 그리로 보내주기를 바람이라(24절). 바울은 아무리 좋은 사람들이라도 너무 믿어서는 안 된다는 것을 알고 있었다. 이 사람들은 후에 그를 도울 기회가 있었을 때 그를 버렸다(딤후 4:16): 내가 처음 변명할 때에 나와 함께 한 자가 하나도 없고. 로마의 교인들 가운데 하나도 그 곁에 없었다. 주님은 우리에게 사람을 떠나라고 가르치신다. 그러나 바울은 자신이 하나님으로부터 기대한 것에 대해서는 확신을 가지고 말한다. 내가 갈지, 못 갈지는 불확실하지만, 내가 너희에게 나아갈 때에는 그리스도의 충만한 복을 가지고 갈 줄을 아노라. 우리는 사람에게는 거의 기대할 것이 없지만, 하나님으로부터는 크게 기대할 수 있다. 따라서 바울은 하나님께서 그들에게 복을 가지고 가도록 자기를 이끌어주심으로써, 그들에게 큰 선을 행하는 도구가 되고, 그들에게 복음의

복을 충만히 채워주기를 기대했다. 1:11의 어떤 신령한 은사를 너희에게 나누어 주겠다는 말씀과 비교해 보라. 그리스도의 복음의 복이야말로 최고의 그리고 가장 바람직한 복이다. 자신의 방문에서 어떤 크고 유익한 것이 그들에게 임하기를 바랐을 때, 바울은 그들에게 복음의 복 곧 신령한 복, 지식과 은혜, 그리고 위로를 기대하도록 소망을 고취시킨다. 교인과 사역자들 사이에 행복한 만남이 있을 때 그들 모두에게 충만한 복이 임하는 법이다. 복음의 복은 우리가 질그릇에 담아두고 있는 보화다. 사역자들이 이 복을 줄 준비가 되어있고, 교인들은 그것을 받아들일 준비가 충분히 되어 있다면, 이 복은 양자 모두에게 행복을 가져다 줄 것이다. 많은 사람들이 복음의 복이 없는 복음을 갖고 있다. 그래서 그들은 그것을 헛되이 갖고 있다. 하나님께서 우리에게 복음의 복을 주시지 않는다면, 그것은 아무 유익이 없을 것이다. 그리고 이 복을 바라고 그 충만함을 기다리는 것은 우리의 의무다.

Ⅲ. 사도는 당장 그들을 만나볼 수 없었던 이유가 무엇인지 언급한다. 그것은 그의 손에 다른 용무가 있었기 때문이다. 그것은 그가 해야 할 일로서, 무엇보다 먼저 예루살렘을 방문해야 하는 일이었다(25-28절). 그는 그 변명이 사실이라는 것을 보여주기 위해 그것을 구체적으로 설명한다. 그는 가난한 성도들을 돕는 교회의 사자로서 예루살렘에 갈 예정이었다. 그가 말하는 내용을 살펴보자.

1. 연보 자체에 관해. 사도는 로마의 교인들이 능력껏 동일한 일을 하도록 자극하기 위해 이에 관해 말하고 있다. 본보기는 마음을 움직이고, 바울은 자신을 위해서가 아니라 다른 사람들을 위해 동정을 구하는데 특출한 능력이 있었다. 이것을 확인해 보자.

(1) 연보의 대상: 예루살렘 성도 중 가난한 자들을 위하여(26절). 성도들이 가난하다는 것은 결코 이상한 일이 아니다. 하나님이 호의를 베푸는 자들을 세상은 종종 불쾌하게 대한다. 그러므로 부(富)가 최고의 복도 아니고, 가난이 저주도 아니다. 예루살렘 교회의 성도들은 다른 교회 성도들보다 더 가난했던 것으로 보인다. 그 이유로는 하나는 당시 그 지역 백성들의 일반적 생활수준이 임박한 그들의 완전한 멸망과 함께 내리막길에 있었기 때문이고, 또 하나는 글라우디오 황제 당시 전세계적으로 흉년이 임했는데, 특별히 건조지역인 유대 지방에 그 피해가 더 심했기 때문이다. 하나님께서 이 세상의 가난한 자들을

부르셨기에 그리스도인들 중에도 그 피해를 본 자들이 많았다. 이것은 행 11:28-30에 언급된 예언의 성취였다. 아니면 예루살렘 교회의 성도들이 가장 혹독한 박해를 받았기 때문일 수도 있다. 왜냐하면 그 백성들 가운데 믿지 않는 유대인들은 그리스도인들을 향한 분노와 악의가 고질적이었고, 당시 그들의 분노는 극도에 달했기 때문이다(살전 2:16). 그래서 이 연보가 그들을 위해 이루어진 것을 언급하면서, 히브리 그리스도인들은 그 소유를 빼앗겼다고 특별히 기록되어 있다(히 10:34). 예루살렘 교회의 성도들은 그들과 아주 먼 거리에 있었지만, 그들이 이처럼 후하게 온정을 베푼 것이 기록된 것은 우리도 거리 여하를 막론하고 능력과 기회가 주어지는 대로 믿음의 가족들에게 우리의 사랑의 손길을 뻗쳐야 한다는 것을 가르치기 위한 것이다. 개인적으로 가난한 가정이 주위에 있을 때, 각 교회는 자기에게 속한 가난한 자들을 돌보아야 하지만(이런 자들은 우리 주위에 항상 존재한다), 때로는 가난이 공공문제가 되어 우리의 사랑을 요청할 때, 비록 거리가 극히 멀다고 할지라도, 우리는 해가 그 햇살을 비추고, 곤고한 자에게 손을 펴며 궁핍한 자를 위하여 손을 내미는(잠 31:20) 현숙한 여인처럼, 우리의 사랑을 확대시켜야 한다.

(2) 연보에 참여한 사람들: **마게도냐**(주로 빌립보 지역의 교인들)와 **아가야 사람들**(주로 고린도 지역의 교인들)(26절). 이 두 교회는, 아직 초창기였지만, 새롭게 기독교로 개종한 교회로 급성장하고 있었다. 나는 여기서 복음을 처음 받아들인 사람들이 그 후 사람들보다 일반적으로 사랑이 더 풍성했다고 주장하는 것이 아니다. 또 첫 사랑에 관한 다른 실례들과 불타오르던 연인들의 사랑이 그런 것처럼, 성도들의 사랑도 시간이 지나면 식어버리고 냉랭해지기 쉽다고 말하는 것도 아니다. 마게도냐와 아가야에 사는 성도들은 부유하고 넉넉했던 반면에 예루살렘 교회의 성도들은 가난하고 곤궁했던 것으로 보인다. 그래서 무한하신 지혜의 주님께서 이 사람들에게 없는 것을 저 사람들은 갖도록 해서 그리스도인들 간에 서로 의지하면서 삶을 유지하도록 질서를 세우셨다는 것이다. 얼마를 연보하였음이라(코이노니안 티나, 26절). 이것은 성도들의 교제와 동료애의 표시로서, 인간의 몸에서 한 지체가 기회가 있을 때마다 다른 지체의 구제와 원조와 보존을 위해 연락하는 것과 같다. 그리스도인들 간에 주고받는 모든 것은 그들이 예수 그리스도 안에서 서로 간에 갖고 있는 공통적 연합의 한 증거와 실례가 되어야 한다. 한때는 예루살렘 교회의 성도들이 구제의

손을 펴서 가난한 자들을 돕기 위해 사도들의 발 앞에 조금도 인색함이 없이 재산을 갖다 바친 일도 있었다. 또 헬라파 과부들이 매일 구제에 빠지지 않도록 히브리파 교인들에게 특별히 관심을 구한 일도 있었다(행 6:1 이하). 그러나 이제는 하나님의 섭리가 저울을 바꿔놓아 그들이 궁핍해졌기 때문에 헬라인들로 하여금 그들에게 사랑을 베풀도록 하신 것이다. 왜냐하면 긍휼히 여기는 자는 긍휼히 여김을 받을 것이기 때문이다. 악이 만연된 이 세상에서 우리가 다른 사람들에게 언제 어떻게 신세를 질지 알 수 없기 때문에 우리는 일곱이든 여덟이든 가리지 않고 베푸는 삶을 실천할 줄 알아야 한다.

(3) 연보의 이유: 또한 저희는 그들에게 빚진 자니(27절). 구제는 의로 불린다(시 112:9). 우리는 우리가 소유하고 있는 것에 대해 청지기에 불과하기 때문에 우리의 위대하신 주인(말씀의 교훈에 일치하도록 요구하는 섭리의 부르심에 따라)이 그것을 처분하도록 명령하시는 곳에 그것을 빚지고 있다. 그러나 여기서는 이방인이 유대인에게 크게 빚을 져 신세를 졌기 때문에 그들에게 사랑을 베풂으로써 특별히 그 빚을 갚아야 했다. 육신으로는 이스라엘의 혈통으로부터 이방을 비추는 빛이신 그리스도가 나셨고, 또 같은 줄기로부터 복음의 선지자와 사도들과 첫 전파자들이 나왔다. 생명의 신탁이 그들에게 주어졌다는 점에서 유대인은 기독교 도서관의 관리자였다 — 이는 율법이 시온에서부터 나올 것이요 여호와의 말씀이 예루살렘에서부터 나올 것임이니라(사 2:3). 그들의 국가교회 상태가 해체되고, 그들이 제외된 것은 이방인들이 들어올 수 있도록 하기 위해서였다. 그렇게 해서 이방인은 유대인의 영적 복에 참여하게 되었으며, 유대인으로부터 전달받아 구원의 복음을 받게 되었다. 그러므로 육적인 것으로 그들을 섬기는 것이 마땅하다(27절). 그것은 그들이 할 수 있는 최소한의 것이다. 여기서 섬기는 것(레이툴게사이)은 거룩한 일에 있어서 하나님께 하듯이 봉사한다는 뜻이다. 이것이 그 말의 의미다. 사랑과 구제의 일을 하는데 있어서 하나님께 양심을 지킨다면 그것은 하나님이 기뻐하시는 예배요 제사로서, 선한 판단을 받기에 충분한 열매다. 아마 바울은 이것을 그들을 설득하려는 논증으로 언급하고 있는 것 같고, 그 논증은 그대로 다른 이방인 교회들에 대해서도 동일한 설득력을 갖는다.

2. 이 일에 대한 바울의 역할에 관해. 바울 자신은 아무것도 줄 것이 없었다. 은과 금이 그에게는 없었고, 친구들의 도움에 의지하여 살았기 때문이다. 그러

나 그는 다른 사람들을 자극하고, 그들이 모은 것을 받아 예루살렘 교회에 전달하는 것으로 성도를 섬기는 일을 했다. 많은 종류의 선행이 그 일을 주도하고 추진하는 적극적인 사람이 없어서 정체상태에 머무른다. 이 일에 대한 바울의 수고를 복음전파 사역을 소홀히 한 결과로 해석해서는 안 된다. 또 바울이 식탁의 일을 거들기 위해 하나님의 말씀을 떠난 것으로 보아서도 안 된다. 왜냐하면 이 여행에서 그는 연보금을 전달하는 목적 외에 다른 목적 곧 그 곳의 교회를 방문하여 그들의 믿음을 견고하게 하려는 마음도 있었기 때문이다. 말하자면 이 일은 그에게 주어진 임무 중 한 부분이었다. 하지만 그는 이 일에 대해서도 신실하다는 인정을 받기 위해 최선을 다했다(갈 2:10): 우리에게 가난한 자들을 기억하도록 부탁하였으니. 바울은 마치 주님처럼, 사람들의 몸과 영혼 모두에 대해 철저히 선을 행하려고 힘쓴 사람이었다. 성도들을 섬기는 것은 선행으로서, 아무리 위대한 사도들이라도 무시할 일이 아니다. 바울은 이 일을 실천했고, 그것도 다른 일을 하기 전에 이 일을 마치려고 추진한 것이다(28절): 이 열매를 그들에게 확증한 후에. 그는 구제가 의의 열매들 가운데 하나이기 때문에 그것을 열매로 부른다. 그것은 베푸는 자들 속에 있는 은혜의 뿌리로부터 나와 받는 자들의 유익과 위로로 되돌아온다. 여기서 그의 확증은 바로 그가 그 일에 관해 특별한 관심이 있었음을 보여주고, 그리하여 주어진 것은 조금도 헛되이 쓰이지 않고, 베푸는 자들의 뜻에 따라 정확하게 처리되었다. 바울은 이 문제를 처리하는데 있어서 자신의 신실함을 보여주기 위해 심혈을 기울였다. 이 일은 사역자들이 기록하여 후세에 전달하기에 충분한 본보기로서, 조금도 비난받을 요소가 없다.

[30]형제들아 내가 우리 주 예수 그리스도와 성령의 사랑으로 말미암아 너희를 권하노니 너희 기도에 나와 힘을 같이하여 나를 위하여 하나님께 빌어 [31]나로 유대에서 순종하지 아니하는 자들로부터 건짐을 받게 하고 또 예루살렘에 대하여 내가 섬기는 일을 성도들이 받을 만하게 하고 [32]나로 하나님의 뜻을 따라 기쁨으로 너희에게 나아가 너희와 함께 편히 쉬게 하라 [33]평강의 하나님께서 너희 모든 사람과 함께 계실지어다 아멘

여기서 우리는 다음과 같은 사실을 확인한다.

I. 로마의 교인들에게 자신을 위해 기도해 달라고 부탁하는 사도 바울의 부탁이 아주 간절하게 표현되고 있다(30-32절). 바울은 위대한 사도였지만, 평범한 그리스도인들에게 기도를 부탁했다. 이것은 여기서만 아니라 다른 서신들에서도 다양하게 나타난다. 그는 그들을 위해 많이 기도했고, 여기서는 그의 사랑의 보답으로 자기를 위한 기도를 바라고 있다. 서로 주고받는 기도야말로 상호 사랑에 대한 최고의 증거가 아닐 수 없다. 바울은 자기를 이미 알고 있던 자들에게 말하는 것처럼 말한다. 이것을 통해 그는 우리에게 의인들의 간절한 기도가 얼마나 효력이 있는지를 가르친다. 우리는 어떤 일을 하든지 하나님의 기도하는 백성들의 사랑과 기도를 잊지 않도록 유념해야 하리라!

1. 그들이 사도를 위해 왜 기도해야 하는지 그 이유를 살펴보자. 사도는 최대한 끈덕지게 기도를 요청하고 있다. 아마 그것은 그들이 자신을 개인적으로 잘 알고 있지 못하기 때문에 기도할 때 자기를 잊어버릴까봐 의문이 있었기 때문이 아닌가 싶다. 그러므로 그는 아주 절실하게 그리고 매우 애틋한 마음으로, 성스럽고 소중한 최대한의 표현을 동원해 기도를 부탁한다: 내가 … 너희를 권하노니(30절). 여기에 다음과 같은 표현이 덧붙여져 있다: (1) "우리 주 예수 그리스도로 말미암아. 그분은 나의 주인으로, 나는 그분의 일을 하기 위해 갈 것이다. 그 일의 성공에 따라 그분의 영광이 달려 있다. 만일 너희가 예수 그리스도와 그분의 주장 및 나라에 대해 조금이라도 관심이 있다면, 나를 위해 기도해 달라. 너희는 그리스도를 사랑하고, 그리스도께 힘입고 있다. 그렇다면 그분을 위해 나에게 사랑을 베풀어 달라." (2) "성령의 사랑으로 말미암아. 성령이 서로 사랑하도록 신자들의 마음속에 역사하는 그 사랑의 증거와 실례로서, 나를 위해 기도해 달라. 우리가 서로 본 적은 없지만, 성령으로 말미암아 서로 갖고 있는 친교의 열매로서, 나를 위해 기도해 달라. 만일 지금까지 너희가 성령의 사랑을 경험한 적이 있고, 너희의 사랑이 성령의 사랑에 대한 반응임을 알고 있다면, 나를 위해 기도하는 이 사랑의 임무를 빠뜨리지 말라."

2. 그들이 사도를 위해 어떻게 기도해야 하는지 그 방법을 살펴보자: 너희 기도에 나와 힘을 같이하여(30절). (1) 너희 기도에 힘을 같이하여. 우리는 이 의무를 위해 우리 안에 있는 힘을 다 쏟아야 한다. 결단과 믿음과 열정을 갖고 기도하라. 야곱이 그랬던 것처럼, 하나님과 씨름하라. 엘리야가 그랬던 것처럼 간절히 기도하라(약 5:17). 그리고 스스로 분발하여 주를 붙잡으라(사 64:7). 이

것은 우리가 우리 자신을 위해서 기도할 때뿐만 아니라 우리 형제들을 위해서 기도할 때도 마찬가지다. 우리 형제들에 대한 참 사랑은 우리가 우리 자신의 필요에 대한 느낌을 스스로 갖는 것처럼 그들의 필요에 대해서도 똑같은 느낌을 갖도록 만들 것이다. (2) 너희는 나와 힘을 같이하라. 사도가 자신을 위한 기도를 그들에게 부탁했을 때 그것은 자신의 기도를 보충하려는 구실로 삼기 위해서가 아니었다. 절대로 아니다. "나와 힘을 같이하자. 나는 날마다 나와 내 친구들의 일로 하나님과 씨름하고 있으니, 나와 함께 기도하자." 그는 그들에게 동일한 노를 함께 젓자고 말하는 것이다. 바울과 이 로마의 교인들은 거리상으로는 멀리 떨어져 있었으나 기도로는 함께 할 수 있었다. 하나님의 섭리의 역사로 말미암아 멀리 떨어져 있었지만 그분의 은혜의 보좌 앞에서는 함께 만날 수 있었다. 다른 사람들에게 기도를 요청하는 자는 스스로 기도를 게을리 해서는 안 된다.

3. 그들이 사도를 위해 하나님께 구할 기도제목이 무엇인지 살펴보자. 사도는 그것을 구체적으로 언급한다. 왜냐하면 우리 자신을 위해서든 남을 위해서든 기도는 구체적으로 하는 것이 좋기 때문이다. 그리스도는 황금 홀을 내밀며 내가 네게 어떻게 하랴고 말씀하신다. 그분은 우리의 상태와 필요를 완전하게 알고 계시지만, 우리에게 그것을 듣고 알기를 바라신다. 사도는 여기서 세 가지 기도제목을 제시한다.

(1) 자신이 처해 있는 위험에 대해: 나로 유대에서 순종하지 아니하는 자들로부터 건짐을 받게 하고(31절). 당시 믿지 않는 유대인들은 바울의 최대의 원수들로서, 치를 떨며 그를 핍박했다. 그는 이번 여행에서 그들로부터 혹독한 환난이 주어질 것을 어느 정도 예측하고 있었다. 그러므로 그들은 하나님께서 그를 건져주시기를 위해 기도해야 했다. 우리는 박해에 대해 기도할 수 있고, 또 기도하지 않으면 안 된다. 이 기도는 사도행전 21,22,23,24장에 기록된 것처럼, 다양하게 정말 극적으로 바울을 구원했다.

(2) 그가 섬겨야 할 일에 대해: 또 예루살렘에 대하여 내가 섬기는 일을 성도들이 받을 만하게 하고(31절). 그것이 받아들여지지 않았을 경우에 어떤 위험이 있게 되었을까? 가난한 자들에게 돈 말고 기쁘게 할 것이 있겠는가? 있었다. 이 경우 특별히 우려할 만한 이유가 있었다. 그것은 바울이 이방인의 사도였다는 것, 그리고 믿지 않는 유대인들에게 그가 크게 미움을 샀기 때문에(물론 그것

은 그들의 악함 때문이었지만), 믿는 유대인들도 그 점에 있어서 바울을 수치스럽게 여겼기 때문이다(물론 그것은 그들의 연약함 때문이었지만). 사도는 "그들이 그것을 받을지 안 받을지 그 여부를 선택하도록 해서 받지 않겠다면 그만 두도록 하자"고 말하지 않고, "그것을 반드시 받아들이도록 기도하자"고 말한다. 하나님께서 우리 원수들의 악한 의지를 억제해 주시기를 기도하는 것처럼, 우리 형제들의 선한 의지를 보존하고 촉발시켜 달라고 기도하자는 것이다. 왜냐하면 하나님께서 양편 모두의 마음을 한 손에 쥐고 계시기 때문이다.

(3) 그가 그들에게 가야 할 여행에 대해. 자기를 위해 기도하도록 하기 위해 사도는 자신의 관심사 속에 그들을 끌어들인다(32절): **나로 기쁨으로 너희에게 나아가**(32절). 만일 예루살렘으로 가는 그의 여행이 성공하지 못한다면, 로마에 가보려는 그의 여행 계획도 불안하게 될 것이다. 만일 첫 방문에서 선을 행하지 못하고 성공하지 못한다면, 그 다음 계획에서 얻는 기쁨도 그만큼 작을 것으로 그는 생각했다. 그래서 그는 하나님의 뜻을 따라 기쁨으로 나아가기를 바라는 것이다. 우리의 모든 기쁨은 하나님의 뜻에 달려있다. 피조물의 위로는 모든 일 속에서 창조주의 처분에 따라 좌우된다.

Ⅱ. 여기에 그들을 위한 사도의 기도가 덧붙여져 있다(33절).   평강의 하나님께서 너희 모든 사람과 함께 계실지어다. 아멘. 만군의 주이신 전쟁의 하나님은 평강의 하나님으로서, 평강의 창조자이자 그 주창자이시다. 사도는 여기서 이 호칭으로 하나님을 부르는데, 그것은 그들 사이에 분열이 있어서 평강을 권면하고자 하는 뜻이 있었기 때문이다. 만일 하나님이 평강의 하나님이시라면, 우리도 평강의 사람이 되어야 한다. 구약시대의 복은 너희에게 평강이 있을지어다 였지만, 지금은 평강의 하나님께서 너희에게 함께 계실지어다이다. 샘을 소유하고 있는 사람들은 굳이 물줄기를 원할 것이 없다. 너희 모든 사람과 함께. 강한 자나 약한 자나 모두. 그들을 더 밀접하게 연합시키기 위해 사도는 그들 모두에게 이 기도를 부탁하는 것이다. 하나님의 복으로 하나가 된 사람들은 서로 사랑하는 것으로 하나가 되어야 한다.

제
— 16 —
장

개요

바울은 이제 이 길고 탁월한 서신의 결론 부분에 이르렀다. 그는 각별한 애정을 갖고 결론을 맺는다. 서신의 본론 부분에서 지식이 풍부한 사람으로 나타나는 것처럼, 그는 결론 부분에서는 사랑이 풍성한 사람으로 나타난다. 이것은 참으로 절묘하고 완벽한 조화다. 왜냐하면 천국이란 지식과 사랑이 완전히 이루어진 곳 외에 다른 곳이 아니기 때문이다. 그는 여러 번에 걸쳐 마지막 결론을 내리는 것처럼 말하면서, 다시금 새로운 말을 이어가곤 한다. 어떤 이는 앞 장의 마지막 부분인 엄숙한 축도에서 편지가 끝났다고 생각했을 것이다. 그러나 여기서 그는 다시 시작하고 있고, 이 장에서 우리 주 예수의 은혜가 너희에게 있을지어다라고 축도를 반복하고 있다(20절). 그러나 그는 또 계속 말을 이어간다. 아니, 그 축도를 또 다시 반복한다(24절). 그러나 거기서도 편지는 끝나지 않는다. 이것은 그의 극진한 사랑의 표현이 어느 정도인지를 잘 보여준다. 마지막 인사말인 이 축도가 거듭되는 것은 바울이 편지지만 그들과 헤어지는 것을 무척 싫어하고 있음을 보여준다. 이제 이 마지막 장에서 우리는 다음과 같은 내용을 확인할 수 있다: I. 로마의 그리스도인들에게 한 친구를 추천하고, 그들 가운데 있는 여러 지인들의 안부를 묻는다(1-16절). II. 분열을 일으킨 자들을 조심하라고 권면한다(17-20절). III. 바울과 함께 있는 자들의 안부를 전한다(21-25절). IV. 하나님의 영광에 대한 엄숙한 찬양으로 끝마친다(26-27절).

[1]내가 겐그레아 교회의 일꾼으로 있는 우리 자매 뵈뵈를 너희에게 추천하노니 [2]너희는 주 안에서 성도들의 합당한 예절로 그를 영접하고 무엇이든지 그에게 소용되는 바를 도와 줄지니 이는 그가 여러 사람과 나의 보호자가 되었음이라 [3]너희는 그리스도 예수 안에서 나의 동역자들인 브리스가와 아굴라에게 문안하라 [4]그들은 내 목숨을 위하여 자기들의 목까지도 내놓았나니 나뿐 아니라 이방인의 모든 교회도 그들에게 감사하느니라 [5]또 저의 집에 있는 교회에도 문안하라 내가 사랑하는 에배네도에게 문안하라 그는 아시아에서 그리스도께 처음 맺은 열매니라 [6]너희를 위하

여 많이 수고한 마리아에게 문안하라 [7]내 친척이요 나와 함께 갇혔던 안드로니고와 유니아에게 문안하라 그들은 사도들에게 존중히 여겨지고 또한 나보다 먼저 그리스도 안에 있는 자라 [8]또 주 안에서 내 사랑하는 암블리아에게 문안하라 [9]그리스도 안에서 우리의 동역자인 우르바노와 나의 사랑하는 스다구에게 문안하라 [10]그리스도 안에서 인정함을 받은 아벨레에게 문안하라 아리스도불로의 권속에게 문안하라 [11]내 친척 헤로디온에게 문안하라 나깃수의 가족 중 주 안에 있는 자들에게 문안하라 [12]주 안에서 수고한 드루배나와 드루보사에게 문안하라 주 안에서 많이 수고하고 사랑하는 버시에게 문안하라 [13]주 안에서 택하심을 입은 루포와 그의 어머니에게 문안하라 그의 어머니는 곧 내 어머니니라 [14]아순그리도와 블레곤과 허메와 바드로바와 허마와 및 그들과 함께 있는 형제들에게 문안하라 [15]빌롤로고와 율리아와 또 네레오와 그의 자매와 올름바와 그들과 함께 있는 모든 성도에게 문안하라 [16]너희가 거룩하게 입맞춤으로 서로 문안하라 그리스도의 모든 교회가 다 너희에게 문안하느니라

이러한 안부의 전언(傳言)은 친구들 사이의 편지에서는 보통이다. 그러나 바울은 특유의 친근한 표현을 통해 이 의례적 인사를 신선하게 만들고 있다.

I. 여기에 한 친구에 대한 추천이 있다. 그 친구는 뵈뵈로서, 이 편지를 갖고 간 사람이다(어떤 이들이 생각하는 것처럼). 뵈뵈(1,2절). 그녀는 높은 신분과 재산이 많은 여인으로서, 당시 로마에 간 것은 볼 일이 있었기 때문으로 보인다. 그녀는 로마가 초행길이었고, 그래서 바울은 그녀를 그 곳의 그리스도인 친구들에게 부탁하는 것이다. 이 표현은 그녀에 대한 사도의 진실한 애정이 가득 담겨 있다. 바울은 대다수 사람들에게 공손한 자세를 취하는데 아주 능숙한 사람이었다. 참된 종교는, 제대로 받아들인다면, 결코 사람을 무례하게 만들지 않는다. 공손함과 기독교는 함께 간다. 그것은 절대로 그녀에 대한 아첨이 아니라 진실로 다음과 같은 태도를 보여주는 것이다.

1. 사도는 그녀를 아주 좋은 사람으로 소개한다.

(1) 자신의 자매로: 우리 자매 뵈뵈(1절). 이것은 혈연이 아니라 은혜로 맺어진 관계다. 인척이나 동족이 아니라 순전히 기독교라는 종교 안에서 맺어진 것이다. 그리스도를 믿는 믿음 안에서 그의 자매인 뵈뵈는 순수하고 고결한 그리

고 영적인 사랑으로 바울을 사랑했고, 또 자매로서 바울의 사랑을 받았다. 왜냐하면 그리스도 예수 안에서는 남자나 여자가 차별 없이 하나이기 때문이다(갈 3:28). 그리스도와 그의 사도들도 경건한(그래서 존경할 만한) 여인들을 최고의 친구 가운데 하나로 두고 있었다.

(2) 겐그레아 교회의 일꾼으로: 여기서 일꾼(디아코논)은 직책상으로 종 곧 말씀을 전파하는 직책(여성들에게는 이것이 금지되어 있었다)이 아니라 자선과 접대 활동을 위해 봉사하도록 지정된 종이었다. 어떤 이들은 그녀가 병자들을 돌보도록 사명을 받고 교회 명부에 등재된 과부 가운데 하나였다고 생각한다(딤전 5:9). 그러나 그 명부에 이름이 올라있는 자들은 나이가 많고 가난했지만, 뵈뵈는 꽤 지체가 높은 여인이었던 것으로 보인다. 그러나 교회의 종이 된 것을 그녀는 얕보지 않았다. 아마 그들은 그녀의 집에서 만남을 가졌을 것이다. 그녀는 사역자들, 특히 외부에서 온 손님들을 대접했을 것이다. 우리 각자는 자기 자리에서 교회를 섬기는데 최선을 다해야 한다. 그렇게 함으로써 그리스도를 섬기는 것이 되고, 다른 날 그것은 우리를 크게 높여줄 것이다. 겐그레아는 고린도 인근의 작은 항구도시로서, 그 곳에서 약 12펄롱(약 2.4km) 정도 떨어져 있는 곳이다. 어떤 이들은 고린도에서 아주 가깝지만 약간 떨어진 그 곳에 교회가 있었다고 생각한다. 그래서 고린도 교회가 겐그레아 교회로 불렸을 가능성이 아주 크다. 왜냐하면 고린도에서 큰 박해가 일어나 그 곳을 그들의 모임 장소로 삼았기 때문이다(행 18:12). 빌립보 교회의 성도들도 문 밖 강가에 나가 모인 적이 있었다(행 16:13). 마찬가지로 파리 개혁교회도 도시 외곽에서 모임을 가진 탓에 그 곳 이름을 따 샤랑통 교회로 불린 적이 있다.

(3) 여러 사람, 특히 바울의 보호자로(2절). 그녀는 궁핍과 불행에 빠져 있는 여러 사람을 구제했다 — 이것은 능력이 있는 여성들에게 좋은 귀감이 될 것이다. 그녀는 온정을 필요로 하는 사람들에게 온정을 베풀어 그들의 보호자로 인정받았다. 그녀의 자선은 그 영역이 무척 넓어서 여러 사람들의 보호자가 되어주었다. 바울에게도 특별한 온정을 베풀어 그가 그녀에 대해 감사하고 있음을 주목해 보라: 나의 보호자가 되었음이라(2절). 후의에 감사하는 것은 우리가 할 수 있는 최소한의 보답이다. 바울이 그녀에 관한 내용을 편지에 쓴 것은 그녀로서는 큰 영예였다. 왜냐하면 이 편지가 읽혀지는 곳마다 사람들은 그녀의 바울에 대한 사랑을 기념비처럼 말할 것이기 때문이다.

2. 사도는 그녀의 보살핌과 사랑을 칭찬하면서, 그것을 특별히 존대할 가치가 있는 것으로 말하고 있다.

(1) "주 안에서 … 그를 영접하라(2절). 그녀를 환대하라. 그녀를 환영해 주라." 바울의 이 한 마디면 어느 교회든 그녀를 영접하지 않을 수 없었을 것이다. 주 안에서 … 그를 영접하라. 즉 주님을 위해 그녀를 그리스도의 종이요 친구로 받아들이라. 성도들의 합당한 예절로(2절) 그녀를 영접하라. 즉 그리스도를 사랑하고, 따라서 그분에게 속한 모든 것을 사랑함으로써 성도들의 합당한 예절로 그녀를 영접하라. 또는 사랑과 존귀와 각별한 감정을 갖고 대하는 성도들의 합당한 예절로 그녀를 영접하라. 때때로 우리는 우리 자신을 위해서 뿐 아니라 남들을 위해서도 친구들에 대한 관심을 증진시킬 필요가 있다. 관심으로부터 선행이 시작되기 때문이다.

(2) 무엇이든지 그에게 소용되는 바를 도와줄지니(2절). 그녀가 볼 일이 사업상 용무인지 아니면 궁정에서 처리해야 할 법적 용무인지는 중요한 것이 아니다. 그러나 그녀는 여자요, 초행자요, 그리스도인이었기에 도움을 필요로 했다. 그래서 바울은 그녀를 도와주도록 그들에게 부탁했다. 그리스도인들은 각자의 일에 있어서 서로 간에 돕는 것이 마땅하다. 특히 외부에서 온 사람에 대해서는 더욱 그러하다. 왜냐하면 우리는 서로 지체들이고, 또 언제 우리가 도움을 필요로 할지 모르기 때문이다. 바울이 남을 많이 도와준 그 사람을 도와주라고 말하고 있음을 주목하자. 물을 뿌리는 자는 또한 물 뿌림을 받게 될 것이다.

Ⅱ. 다른 서신에서 보는 것보다 훨씬 더 많은 친구들에 대해 구체적으로 문안하는 내용이 여기 들어있다.   교회의 모든 걱정거리가 날마다 그를 짓누르고, 따라서 그것만으로도 머리가 아플 정도였겠지만, 사도는 이처럼 많은 사람들을 일일이 기억하고 있었다. 그의 마음은 사랑과 연민으로 충만해서 그들의 이름을 일일이 거론하며 문안하고, 그들에 대한 사랑과 관심을 구체적으로 표현하고 있다. 그들에게 문안하라(아스파사스테). "그들에게 내가 그들을 기억하고 있고, 사랑하고 있으며, 잘되기를 바란다고 알려 달라." 여러 번에 걸친 이 문안 속에 어떤 인물들이 등장하는지 살펴보자.

1. 브리스가와 아굴라. 이들은 유명한 부부로서 바울이 특별히 사랑했던 사람들이었다. 그들은 원래 로마 출신이었으나 글라우디오 황제의 칙령에 의해 로마를 떠난 사람들이었다(행 18:2). 고린도에서 바울은 그들과 친숙하게 되

었고, 천막 치는 일을 함께 했다. 얼마 후 그 칙령의 효력이 소멸되자 그들은 로마로 돌아갔는데, 사도는 지금 그 곳에 있는 그들에게 안부를 전하는 것이다. 사도는 그들을 그리스도 예수 안에서 나의 동역자라고 부른다(3절). 그들은 바울이 공적으로 선포한 말씀을 개인적으로 가르치고 풀어 설명해줌으로써 그의 전도사역이 성공하도록 돕는 역할을 했다. 그 한 예로 아볼로가 그들의 가르침을 받은 적이 있었다(행 18:26). 그들은 온 가족이 하나가 되어 신실한 사역자들을 돕고, 이웃들 사이에서 영혼을 구원하는 일에 최선을 다한 자들이었다. 아니, 그뿐만 아니라 그들은 바울을 위해서라면 무슨 일이라도 했던 사람들이었다. 그들은 내 목숨을 위하여 자기들의 목까지도 내놓았나니(4절). 그들은 바울을 지키기 위해 자기들을 내놓았다. 즉 그의 목숨을 보호하기 위해 자기들의 생명을 내놓았다. 그들이 바울을 얼마나 아꼈는지 생각해보자. 바울은 그들과 함께 머무르던 고린도에서 큰 위험에 직면한 적이 있었다. 그 때 그들은 분노한 무리들의 미움을 무릅쓰고 그를 피신시켜 주었다(행 18:12,17). 그들이 바울에게 이런 온정을 베푼 것은 참으로 오래된 일이었으나 바울은 그것이 마치 어제 일어난 일인 것처럼 생생하게 말하고 있다. 나뿐 아니라 이방인의 모든 교회도 그들에게 감사하느니라(4절). 즉 그들은 이방인의 사도인 바울의 목숨을 구해주었기 때문에 그를 통해 구원받은 모든 사람들도 그에게 신세를 지고 있다는 것이다. 바울이 이것을 언급하는 이유는 로마 교인들로 하여금 브리스가와 아굴라에게 더 큰 친절을 베풀도록 이끌기 위해서다. 그는 저의 집에 있는 교회에도 똑같은 문안을 보낸다(5절). 이것으로 보면 당시에는 집에 있는 교회가 어떤 이들이 그렇게 생각하는 것처럼 그렇게 불합리하지 않았던 것으로 보인다. 아마 그들의 집에서 정기적으로 모이곤 했던 교인들이 있었을 것이다. 그리고 그 집은 분명히 법궤로 말미암아 복을 받은 오벳에돔의 집처럼 되었을 것이다. 또 어떤 이들은 그 교회가 하나님을 잘 경배하는 종교적이고 경건하고, 순종을 잘하는 가정을 가리키는 것이라고 생각한다. 그 능력에 있어서 가정을 다스리는 종교는 집을 교회로 바꾸어놓을 것이다. 그리고 의심할 것 없이 이 점에 있어서 그 가정의 현숙한 아내였던 브리스가가 훨씬 더 뛰어나고 탁월한 영향력을 발휘했을 것이다. 이것은 그녀의 이름이 먼저 언급된 것으로 볼 때 분명하다. 가정을 잘 다스리는 후덕한 여인은 가족의 신앙생활에 있어서도 큰 몫을 차지한다. 브리스가와 아굴라는 에베소에 잠시 머물러 있을 때에도 자기

집을 교회로 삼았었다(고전 16:19). 진실로 경건한 성도는 어디를 가든 믿음을 따라 살기를 힘쓰는 법이다. 아브라함은 장막을 옮길 때마다 제단을 새로 쌓았다(창 13:18).

2. 에배네도(5절). 사도는 그를 내가 사랑하는 에배네도라고 부른다. 사랑의 법이 마음속에 있다면, 친절의 법은 그 혀에 있을 것이다. 그리스도인들은 사랑을 표현하고, 사랑을 보여주기 위해서는 말을 잘 사용해야 한다. 그래서 사도는 암블리아를 부를 때에도 그리스도로 말미암은 참 사랑을 갖고 주 안에서 내 사랑하는 암블리아라고 부른다. 또 스다구에 대해서도 나의 사랑하는 스다구라고 부른다. 이것은 바울이 셋째 하늘에 갔다 왔음을 보여주는 표지로서, 사랑으로 충만하다는 뜻이다. 사도는 에배네도에 관해 아시아(아가야)에서 그리스도께 처음 맺은 열매라는 말을 덧붙이고 있다. 그는 그 지역에서 가장 뛰어난 신자들 가운데 하나였을 뿐만 아니라 그리스도를 믿는 믿음으로 처음 회심한 사람 가운데 하나였던 것이다. 에배네도는 바울에 의해 하나님께 바쳐진 자로서, 그 곳에서 그의 사역의 첫 열매였으니, 풍성한 추수의 보증이었다. 왜냐하면 아가야 지역의 중심도시인 고린도에 하나님은 많은 백성을 두고 있었기 때문이다(행 18:10). 일찍 나와 첫 시간, 첫 부르심에 포도원에서 일하게 된 사람들은 특별한 존경을 받을 자격이 있다. 스데바나의 집도 똑같이 아가야의 첫 열매로 말해진다(고전 16:15). 아마 에배네도는 그 가족 가운데 하나였을 것이다. 아니면 최소한 처음 세 사람 가운데 하나였을 것이다. 즉 아가야 지역에서 배출된 그리스도인 가운데 맨 처음은 아니어도 처음으로 털을 깎인 양들 가운데 하나였을 것이다.

3. 마리아와 선하고 부지런한 그리스도인으로 수고했던 그 밖의 사람들: 너희를 위하여 많이 수고한 마리아에게 문안하라(6절). 참 사랑은 수고를 마다하지 않고 오히려 그 안에서 즐거움을 느낀다. 사랑이 많은 곳에 수고도 그만큼 더 많다. 어떤 이들은 이 마리아가 지금은 로마에 있지만, 이전에는 바울이 머물렀던 지역에 함께 있으면서 개인적으로 그를 위해 수고했던 사람으로 생각한다. 또 어떤 이들은 바울이 그녀의 수고를 자기에게 바쳐진 것으로 말하는 것은 그것이 그의 친구들과 동료들에게 주어진 것으로, 그는 그들에게 행해진 것을 자신에게 행해진 것으로 보기 때문이라고 생각한다. 사도는 또 자기 자리를 지키며 주 안에서 수고한 드루배나와 드루보사라는 두 중요한 여인과 다른 누

구보다 주 안에서 많이 수고하고 사랑하는 버시에 관해 문안하라고 말한다(12절).

4. 안드로니고와 유니아(7절). 어떤 이들은 그들을 부부로 보는데, 원문은 그것을 충분히 암시하고 있다. 또 어떤 이들은 후자의 이름을 볼 때, 그들이 둘 다 남자 아니면 형제라고 보는데, 남자들보다는 형제일 가능성이 더 많다. 그들이 어떤 사람들인지 살펴보자.

(1) 그들은 바울과 아주 가까운 그의 친척이었다. 헤로디온도 마찬가지였다(11절). 기독교는 친척들과의 관계를 멀리하게 만드는 것이 아니라 우리로 하여금 그들의 선을 위해 수고하도록 함으로써, 그들과의 관계를 바로잡고, 거룩하게 하고, 더 친밀한 관계로 증진시킨다. 특히 믿음으로 말미암아 그들이 그리스도와 관계되어 있음을 알게 될 때 우리는 그들을 더욱 즐거워하게 될 것이다.

(2) 그들은 바울과 함께 옥에 갇혔던 그의 동료들이었다. 함께 고난을 받는 것은 때때로 영혼을 연합시키고 감정을 하나로 묶는데 큰 역할을 한다. 사도행전 기사를 보면 이 서신을 쓰기 전 그가 옥에 갇혔다는 기록은 빌립보에서의 사건 말고는 없다(행 16:23). 그러나 바울은 옥에 갇히기도 더 많이 했다(고후 11:23). 사도는 거기서 안드로니고와 유니아를 감방동기로 만난 것으로 보인다. 다른 일들에서처럼 그리스도를 위해 고난당할 때에도 인연은 맺어지는 법이다.

(3) 그들은 사도들에게 존중히 여겨졌다(7절). 아마 그것은 그들이 세상에서 재산이 많고 지위가 높은 사람이어서가 아니라 지식과 은사와 은혜에 있어서 탁월한 사람이었기 때문일 것이다. 그것이 사도들에게 그들이 존중히 여김을 받는 이유였다. 사도들은 이런 것들에 대한 유능한 판단자로서, 그리스도인의 신실함과 독실함을 분별해내는 영을 부여받은 자들이었다.

(4) 또한 나보다 먼저 그리스도 안에 있는 자라(7절). 즉 그들은 바울보다 먼저 기독교 신앙으로 개종한 자들이었다. 바울은 그리스도가 승천하신 그 다음 해에 회심했지만, 그들은 시간적으로 그보다 먼저 회심했다. 무엇이 앞서든 간에 다른 사람들을 인정하는 바울은 얼마나 멋진 사람인가!

5. 아벨레. 여기서 그는 그리스도 안에서 인정함을 받은 자로 말해진다(10절). 얼마나 고상한 인물일까! 그는 믿음에 있어서 성실함과 신실함을 인정받은 자

가운데 하나로서, 그의 친구들과 원수들에 의해 정금 같이 연단을 받은 자였다. 그는 지식과 판단력, 용기와 불굴성을 인정받은 자로서, 믿고 신뢰할 만한 사람이었다.

6. 아리스도불로와 나깃수. 그들의 가족에 대한 언급을 주목하라(10,11절). 나깃수의 가족들 가운데에는 그리스도인으로서 주 안에 있는 자들이 있었다(전부가 아니다. 11절). 조금이라도 알고 있는 사람들에게 일일이 안부를 묻고 있는 바울의 마음이 얼마나 신중한가! 어떤 이들은 아리스도불로와 나깃수는 그곳에 없거나 아니면 최근에 죽은 것으로 생각한다. 또 어떤 이들은 그들이 믿지 않는 자 아니면 기독교를 신봉하지 않는 자들이라고 생각한다. 다른 이들은 여기서 나깃수는 글라우디오 황제 당시 대가족을 거느린 큰 부자로서 아주 악하고 백해무익한 사람으로 자주 언급되는 인물과 동일인이라고 생각한다. 따라서 악인의 가정에도 흔히 선한 종이나 다른 부류의 사람이 있었던 것으로 보인다(딤전 6:1). 2절과 비교해보라. 부유한 주인은 버림받고 불신앙 속에서 멸망하는데, 가난한 종은 부름받고 택함받고 신실한 성도인 것이다. 옳소이다. 아버지, 이렇게 된 것이 아버지의 뜻이니이다(눅 10:21)!

7. 루포(13절). 그는 주 안에서 택하심을 입은 자였다. 그는 최고 그리스도인으로서, 그의 은사와 은혜는 그가 그리스도 예수 안에서 영원히 선택받은 자라는 것을 입증했다. 그는 성실과 거룩함이 천 명 가운데 하나인 사람이었다. ― 그의 어머니는 곧 내 어머니니라(13절). 곧 육신으로는 그의 어머니이나 그리스도 안에서 사랑과 영적 애정으로는 내 어머니라는 것이다. 사도는 뵈뵈를 자신의 자매라고 부르고, 디모데에게 가르치기를 늙은 여자에게는 어머니에게 하듯 하라고 한다(딤전 5:2). 이 선한 여인은 이런저런 기회에 그에게 어머니인 것처럼 그를 보살피고 위로했기 때문에 바울은 여기서 그것을 크게 감사하고, 그녀를 자신의 어머니로 부르는 것이다.

8. 나머지 사람들. 우리는 여기서 사도가 가족관계와 기독교적 친교의 유대 속에 있는 자들을 그들과 함께 있는 형제들(14절), 그들과 함께 있는 모든 성도(15절)라고 부르면서 문안하는 것을 확인할 수 있다. 함께 있는 것을 즐거워하는 것은 성도들의 유익한 재산이다. 그러기에 바울은 서로 소중히 여기도록 함께 있는 형제들에게 문안하라고 권면한다. 마치 바울이 그들을 잊고 있었던 것처럼, 서로 간에 서운하지 않도록 하기 위해서 그는 이름은 모르지만 형제와 성

도로서, 나머지 모든 사람들을 기억하라는 말로 끝맺는다. 기독교 교회 안에는 사랑과 대화로 하나가 되는 작은 모임들이 있어서 함께 모일 기회를 자주 가져야 한다. 바울이 안부를 구하는 모든 사람들 가운데 베드로에 관한 언급은 여기에 없다. 이것은 로마 가톨릭의 교황주의자들이 주장하는 것처럼 베드로가 로마 교회의 감독이 아니었음을 확신하게 만드는 증거가 된다. 만일 그가 감독이었다면, 그가 거기 있었을 것이고, 그렇다면 최소한 이렇게 긴 편지를 그 곳의 그리스도인들에게 쓰면서 바울이 어떻게 그에 대해 아무런 지적을 하지 않을 수 있었겠는가?

마지막으로, 사도는 그들에게 서로 사랑하고 환영하라고 권면하는 것으로 결론을 맺는다: 너희가 거룩하게 입맞춤으로 서로 문안하라(16절). 서로 문안하는 것은 사랑을 표현하는 행위로서 그들의 사랑을 촉진시키고 강화시키며, 그리스도인들로 하여금 서로를 소중히 여기도록 만든다. 그러므로 바울은 순결한 입맞춤, 진실한 입맞춤을 사용하도록 자극하고, 그렇게 할 때에만 거룩하게 될 수 있음을 암시한다. 여기서 순결한 입맞춤은 음탕하고 호색적인 입맞춤과 반대되고, 진실한 입맞춤은 유다가 그리스도께 입 맞출 때 그랬던 것처럼, 배반과 위선의 입맞춤과 반대되는 것이다. 사도는 끝에 그리스도의 교회의 이름으로 그들 전체를 향해 문안을 하고 있다(16절): "그리스도의 모든 교회가 다 너희에게 문안하느니라. 즉 내가 함께 하고 있고, 또 내가 개인적으로 자주 방문하는 교회들이 기독교 전체의 끈으로 함께 묶여서 너희들을 향한 자기들의 사랑과 너희들에 대한 선한 마음을 증언해 달라고 내게 바라는 바이다." 이것이 성도들의 친교를 유지하는 한 가지 방법이다.

[17]형제들아 내가 너희를 권하노니 너희가 배운 교훈을 거슬러 분쟁을 일으키거나 거치게 하는 자들을 살피고 그들에게서 떠나라 [18]이같은 자들은 우리 주 그리스도를 섬기지 아니하고 다만 자기들의 배만 섬기나니 교활한 말과 아첨하는 말로 순진한 자들의 마음을 미혹하느니라 [19]너희의 순종함이 모든 사람에게 들리는지라 그러므로 내가 너희로 말미암아 기뻐하노니 너희가 선한 데 지혜롭고 악한 데 미련하기를 원하노라 [20]평강의 하나님께서 속히 사탄을 너희 발 아래에서 상하게 하시리라 우리 주 예수의 은혜가 너희에게 있을지어다

그들을 하나로 연합시키기 위해 그들에게 문안하는데 힘을 다한 사도는 이제 그 삶의 원리와 실천이 그리스도 안에서의 사랑에 파괴적인 영향을 미치는 사람들을 조심하라는 경고를 덧붙이는데, 이것은 결코 부적절한 일이 아니었다. 여기서 우리는 다음과 같은 사실을 확인할 수 있다.

 Ⅰ. 경고 자체.　이것은 최대한 공손한 말로 표현되고 있다: 형제들아 내가 너희를 권하노니(17절). 사도는 하나님의 기업 위에 군림하는 자로서 말하거나 명령하는 것이 아니라 사랑으로 간청하고 있다. 바울의 권면이 얼마나 진지하고, 얼마나 애절한가! 그는 그들을 이렇게 가르친다.

 1. 그들의 위험을 보도록: 너희가 배운 교훈을 거슬러 분쟁을 일으키거나 거치게 하는 자들을 살피고(17절). 우리 주님도 분쟁과 핍박이 올 것을 예언하셨고, 그것을 일으키는 자들에게 화가 있음을 말씀하셨다(마 18:7). 우리는 여기서 다음과 같은 사람들을 조심하도록 경고를 받는다: 교회를 속임수로 분열시키고 거치게 하는 사람들, 그 속임수를 지지하고 확대시키는 사람들, 분열시키고 거치게 하는 잘못된 또는 완전히 의심스러운 관념들을 소개하고 퍼뜨리는 사람들, 교만과 야심과 새로운 것에 집착하거나 또는 그와 같은 것들로 무분별하게 형제들을 이간시키고, 왜곡된 논쟁과 비판과 부정적인 억측 등으로 그리스도인 상호 간의 감정을 찢어놓는 사람들. 이런 사람들은 우리가 배운 교훈을 거슬러(파라 텐 디다켄) 또는 그 교훈과 다른(이런 뜻도 있다) 분쟁과 거치는 것을 일으킨다. 우리가 성경 속에 갖고 있는 건전한 교훈의 형식과 다른 것은 그것이 무엇이든 분쟁과 거치는 것에 문을 열어 놓고 있다. 일단 진리가 버림을 받게 되면, 연합과 평화는 오래가지 못할 것이다. 따라서 이처럼 분쟁을 일으키는 자들을 살피라(스코페인). 그들을 관찰하라. 그들이 취하는 방법, 그들이 노리는 목적을 주의하라. 우리는 이런 사람들로부터 오는 위험을 감지해낼 정확하고 예리한 눈을 필요로 한다. 왜냐하면 보통 그 궤계는 극히 치명적인데도 그 구실은 너무 그럴듯하기 때문이다. 분쟁과 거치게 하는 것만 보지 말고, 그 줄기를 거슬러 올라가 원천을 보고, 그 원인들을 살펴보라. 특히 이 분쟁과 거치게 하는 것들을 일으키는 것들 속에는 이 다툼과 싸움의 원천으로서 정욕이 도사리고 있을 것이다. 위험은 발견되는 것만으로도 절반은 예방된 셈이다.

 2. 그것을 피하도록: "그들에게서 떠나라(17절). 그들로부터 영향을 받고 오염되지 않도록, 그들과의 불필요한 모든 교제와 소통을 피하라. 분쟁을 일으키

는 일은 어떤 일이든 조장하지 말고, 그리스도 안의 사랑과 자비 또는 경건에 합당한 진리를 파괴하는 그들의 원리나 실천들은 조금도 수용하지 말라. 그들의 말은 악성종양처럼 침식할 것이다." 어떤 이들은 여기서 사도가 특별히 유대화주의자들을 조심하도록 경고하는 것으로 본다. 유대화주의자들은 그리스도인의 이름으로 위장하여 모세 율법의 의식들을 견지하면서 그 필수성을 선포하고, 어디에서든 신자들을 자기들을 따르는 제자로 만들고자 획책한 사람들로서, 바울은 이들을 자신의 대부분의 서신에서 교회가 가장 조심해야 할 사람들로 언급한다.

Ⅱ. 이 경고를 강조하는 이유.

1. 이 미혹하는 자들의 악랄한 궤계로 말미암아(18절). 그들이 악하면 악할수록 우리는 그만큼 경계를 더욱 필요로 한다. 그들에 관한 사도의 묘사를 두 가지로 나누어 살펴보자.

(1) 그들이 섬기는 주인: 우리 주 그리스도를 섬기지 아니하고. 그들은 그리스도인을 자처하지만, 그리스도를 섬기는 자들이 아니다. 그들은 무엇을 하든 그분의 영광을 목표로 삼지 않고, 그분의 유익을 위해 일하지 않으며, 그분의 뜻에 따라 행하지도 않는다. 그리스도를 주인 또는 주님으로 부르면서 그분을 전혀 섬기지 않는 자들이 얼마나 많을까! 그러나 그들은 자기들의 배만 섬긴다. 즉 자기들의 육욕적·감각적·세속적 이득만을 추구한다. 그들이 기뻐하는 것은 이런저런 천한 정욕이다. 교만, 야욕, 탐욕, 향락, 음탕 등 이런 것들을 따라 행하는 것이 그들의 실제적인 목적이다. 그들의 신은 배다(빌 3:19). 그들이 섬기는 주인은 얼마나 천박한가! 그리고 그들 자신의 배를 섬기는 것과, 다른 목적들과 목표들을 무익하고 천박한 것으로 만드는 육욕을 그들의 경건으로 취하며, 그들의 삶의 범주와 임무로 삼는 것을 그리스도를 섬기는 것과 비교하면 얼마나 무가치한가!

(2) 자신들의 목적을 성취하기 위해 그들이 취하는 방법: 교활한 말과 아첨하는 말로 순진한 자들의 마음을 미혹하느니라(18절). 사람들에게 자기들의 부패한 교훈을 침투시켜 치명적인 해악을 끼칠 때, 그들의 말과 언사는 하나님에 대한 거룩함과 열심을 보여주고(입술을 통해 외적 경건을 나타내는 것은 쉬운 일이다), 친절과 사랑을 보여주면서 무척 정중한 태도를 취한다. 이같이 그럴듯한 말과 유창한 언변으로 뱀도 하와를 속였다. 그들은 그들의 가슴을 속여서 그들

의 머리를 타락시키고, 그들의 감정을 교활하게 현혹시켜 그들의 판단을 왜곡시키는 것을 잊지 말자. 그러므로 우리는 특히 미혹의 영이 광범하게 역사하는 이 시대에 온 힘을 다해 우리 마음을 최대한 지킬 필요가 있다.

2. 그들의 유혹과 함정에 걸려들기 쉬운 우리의 성향으로 인해 우리가 처하게 될 위험 때문에: "너희의 순종함이 모든 사람에게 들리는지라(19절). 즉 너희는 자발적이고, 겸손하고, 순종적인 성도들이라고 온 교회에 명성이 자자하다."

(1) 그러므로 바로 그렇기 때문에, 이 미혹하는 교사들은 그들을 공격하기가 훨씬 더 쉬웠을 것이다. 마귀와 그 수종자들은 부흥하는 교회와 부흥하는 심령들에게 특별히 더 악의를 품고 있다. 물건을 가득 실은 것으로 알려져 있는 배는 해적들에게 더 집중적 표적이 되는 법이다. 원수와 대적들은 이런 먹잇감을 갈망하고 있다. 그러므로 너희는 스스로 삼가라(요이 1:8). "너희가 순종적이라는 것을 거짓 교사들도 듣고 있다. 그래서 그들은 너희에게 다가와 자기들에게도 순종을 잘하는지 보려고 할 것이다." 회개를 통해 마음이 온유하게 된 사람들에게 접근하여 그들의 해야 할 바에 대해 질문하기 시작하는 것은 미혹하는 자들의 통상적인 수법이다. 왜냐하면 그 수법은 강한 인상을 주어 자기들의 견해를 아주 쉽게 받아들이도록 그들에게 영향력을 발휘하기 때문이다. 시온을 향해 얼굴을 돌리고 그 길을 묻기 시작하는 사람들 가운데 이 거치는 돌에 걸려 치명적으로 넘어진 자가 얼마나 많은지는 슬프게도 우리의 경험이 입증한다. 따라서 갑절의 관심을 갖고 이 양 떼들이 견고한 기초 위에 서도록 잘 먹이고, 어린 양들을 친절하게 이끄는 것이야말로 사역자들의 아주 중요한 임무다.

(2) 아무리 순종적이라고 해도, 그들은 이 미혹하는 자들로부터 위험에 처해 있었다. 바울은 이것을 아주 조심스럽고 부드럽게 제시한다. 그는 그들을 의심하는 마음이 아니라 그들에 대한 간절한 마음으로 말한다: "너희의 순종함이 모든 사람에게 들리는지라. 우리는 그 점을 인정하고, 또 그래서 즐겁다. 그러므로 내가 너희로 말미암아 기뻐하노니(19절)." 이처럼 사도는 그 경고를 효과적으로 하기 위해 그들에 대한 칭찬을 넌지시 비추고 있다. 우리 형제들에 대한 거룩한 경고는 그들에 대한 기쁨과 아주 잘 어울릴 수 있다. "너희는 스스로 아주 행복하다고 생각하고 있고, 또 나 역시 그렇게 생각한다. 그러나 그 모든 것

에도 불구하고 너희는 안심해서는 안 된다: 너희가 선한 데 지혜롭고 악한 데 미련하기를 원하노라(19절). 너희는 정말 선한 성격을 가진 사람들이다. 그러나 이 미혹하는 자들에게 속지 않도록 정말 조심해야 할 것이다." 순종 잘하는 기질은 선한 통치 아래 있을 때는 좋으나 그 반대가 되면 오히려 유혹에 떨어지기 쉽다. 그러므로 사도는 여기서 두 가지 일반원칙을 제시한다: [1] 선한 데 지혜롭고. 즉 진리와 하나님의 방법에 대해 유능하고 지식이 있어야 한다는 것이다. "지혜롭게 영들을 시험하고, 만사를 검토해보라. 그러면 선한 것을 절대로 놓치지 않을 것이다." 선한 진리, 선한 의무, 그리고 선한 사람들을 붙드는데 있어서 상당한 지혜를 필요로 한다. 만약 그렇지 않으면 우리는 이런 사람들에게 기만당하고 속게 될 것이다. 그러므로 너희는 뱀 같이 지혜롭고(마 10:16). 이 말은 진정 선한 것과 속이는 것 사이, 곧 다른 것들 사이를 분별할 만큼 지혜로워 기회를 선용할 줄 알아야 한다는 것이다. 우리 주위에 속이는 자들이 너무 많기 때문에 우리는 슬기로운 자의 길을 알 만한 지혜가 크게 필요하다(잠 14:8). [2] 악한 데 미련하기를. 속지 않도록 지혜로워라. 그러나 속이는 자가 되지 않도록 단순해져라. 그것은 거룩한 단순함으로서, 어떤 악이든 고안하거나 변명하거나 범하지 않는 것이다. 미련하기를(아케라이우스). 이 말은 악이 없다 곧 순수하고 무해하다는 뜻이다. 악에는 어린 아이가 되라(고전 14:20). 뱀의 지혜는 그리스도인들에게 어울리지만, 옛뱀의 교활함은 어울리지 않는다. 우리는 비둘기같이 순결해야 한다. 진리에 반하는 일을 할 때에는 어떻게 해야 하는지 알지 못하는 사람이 지혜롭고 단순한 사람이다. 따라서 바울이 로마의 교인들에게 순결함을 유지하도록 간절히 바라는 것은 그것이 익히 알려져 있었기 때문이다. 로마는 산 위에 위치한 도시로서, 많은 눈들이 그 곳에 있는 그리스도인들을 주시했기 때문에 그들이 오류에 빠져 잘못된 선례를 남긴다면 다른 교회에 악영향을 미치도록 되어 있었다. 사실은 훗날 그 도시에서 큰 배교가 일어남으로써, 그것은 사실로 입증되었다. 주도적 위치에 있는 교회의 오류는 주도적 오류가 되고 만다. 로마 지역의 감독이 큰 별로서 하늘에서 떨어졌을 때(계 8:10), 그 꼬리가 하늘의 별 삼분의 일을 끌어다가 땅에 던졌다(계 12:4).

3. 우리가 최후의 승리를 얻을 것이라는 하나님의 약속으로 말미암아. 그것은 우리로 하여금 의기소침케 하기 위해서가 아니라 방심하지 않고 승리를 위해 힘쓰도록 자극하고 격려하기 위해 주어진다. 그것은 참으로 은혜로운 약속

이다(20절): 평강의 하나님께서 속히 사탄을 너희 발 아래에서 상하게 하시리라.

(1) 사도가 하나님께 붙이는 호칭: 평강의 하나님. 이것은 그분이 모든 선의 창시자요 수여자라는 뜻이다. 우리가 영적 승리를 위해 하나님께 나아올 때 그분을 단지 전능하신 만군의 여호와로서만 바라보아서는 안 되고, 평강의 하나님 곧 우리와 화목하시는 하나님, 우리에게 평강을 말씀하시고 우리 안에 평강을 역사하시며 우리를 위해 평강을 창조하시는 하나님으로도 또한 바라보아야 한다. 승리는 전쟁의 하나님보다는 평강의 하나님이신 하나님으로부터 온다. 왜냐하면 우리의 모든 싸움 속에서 평강이야말로 우리가 얻고자 하는 바로 그것이기 때문이다. 평강의 하나님으로서의 하나님은 분쟁과 거치게 하는 것을 일으키고, 그리하여 교회의 평화를 파괴하고 혼란시키는 모든 사람들을 제어하고 물리치실 것이다.

(2) 사도가 하나님으로부터 기대하는 복. 그것은 사탄을 이기는 승리다. 만일 그가 여기서 사탄이 그 창시자인 거짓 교훈들과 미혹하는 영들을 주로 가리킨다면, 그것은 의심할 여지 없이 영혼을 거스르는 사탄의 모든 계획과 궤계를 망라하는 것으로, 그가 바로 영혼을 더럽히고 혼란시키고 파괴하는 장본인이고, 그의 모든 시도는 우리를 천국의 순결과 현재적 천국의 평강, 그리고 미래적 천국의 소유를 훼방하기 위한 것이다. 유혹자이자 불화자인 사탄은 속이는 자와 파괴자로 활동하지만, 평강의 하나님께서 발 아래에서 상하게 하실 것이다. 사도는 앞에서 그들의 단순함에 대해 경고했었다. 이제 그들은 자신의 연약함과 어리석음을 잘 알고 있기 때문에 "우리 앞에 놓여 있는 이 덫들을 어떻게 피하고 모면할 것인가? 우리 영혼의 원수들이 우리보다 훨씬 더 끈질기지 않을까?"라고 생각할 것이다. 그러나 사도는 이렇게 말한다: "아니다. 두려워 말라. 너희가 자신의 힘과 지혜로는 이길 수 없겠지만, 평강의 하나님께서 너희를 위해 그 일을 행하실 것이다. 우리를 사랑하신 그분으로 말미암아 우리는 넉넉히 승리하게 될 것이다."

[1] 그 승리는 완전할 것이다: 사탄을 너희 발 아래에서 상하게 하시리라. 이것은 분명히 에덴동산에서 메시야에 관해 하신 첫 번째 약속(창 3:15)을 암시한다. 여자의 후손이 뱀의 머리를 상하게 할 것이라는 이 약속은 성도들이 사탄의 유혹을 저지하고 물리치는 것으로 날마다 삶 속에서 성취되고 있고, 흑암의 모든 세력들에도 불구하고 은혜의 택하심에 속한 모든 자들이 승리의 찬가를

부르며 영광에 이르게 될 때 완전하게 성취될 것이다. 여호수아는 가나안 족속의 왕들을 정복했을 때, 이스라엘 군장들에게 그들의 목을 발로 밟도록 명령했다(수 10:24). 마찬가지로 우리의 여호수아인 그리스도께서 자신의 모든 신실한 종들과 군사들에게 사탄의 목을 발로 밟을 수 있도록 하심으로써, 그들의 영적 원수들에게 승리하게 하실 것이다. 그리스도는 우리를 위해 승리하시고, 강한 자의 무장을 해제하셨으며, 그의 권세를 깨뜨리셨으니, 우리가 할 일은 승리를 구가하고 전리품을 나누어 갖는 일 뿐이다. 그러므로 우리가 영적 싸움에 힘을 내어 믿음의 선한 싸움을 싸우자. 우리는 패배당한 원수와 싸우는 것이고, 그 승리는 곧 완전하게 될 것이다.

[2] 그 승리는 속히 임할 것이다: 그분은 그것을 속히 행하실 것이다. 그러나 잠깐 후면 오실 분이 오실 것이다. 보라 내가 속히 오리라고 그분은 말씀하셨다. 사탄이 승리하고 우리는 완전히 패배한 자처럼 보일지라도, 평강의 하나님께서 공의 안에서 그 일을 절단낼 것이다. 군사들은 승리 속에서 전쟁의 끝이 속히 임하리라는 것을 알면 크게 용기를 얻는 법이다. 어떤 이들은 그 승리가 그 전쟁이 참 사랑과 연합 안에서 끝나게 되는 행복한 시기를 가리킨다고 본다. 또 다른 이들은 로마제국의 권력이 기독교로 개종할 때 곧 콘스탄티누스와 교회에 의해 교회의 잔인한 원수들이 하나님의 통치 아래 복종하고 짓밟히던 때, 곧 교회의 박해 시기가 끝날 때를 가리킨다고 본다. 아니 오히려 그것은 은혜로 말미암아 미래의 승리의 보증으로 얻고 있는 현재의 승리와 함께, 모든 성도들이 천국에 가 영원토록 사탄의 세력권에서 벗어나게 될 때 그들이 사탄에 대해 거두는 승리를 가리키는 것이다. 그러므로 잠깐만 믿음과 인내를 지키라. 우리가 일단 홍해를 건너고 나면 해안에서 우리의 영적 원수들이 수장되는 장면을 보게 될 것이고, 모세의 노래와 어린 양의 노래를 승전가로 부르게 될 것이다. 그러므로 사도는 여기에 우리 주 예수의 은혜가 너희에게 있을지어다라는 축도를 덧붙이고 있다. 그리스도의 선하신 뜻이 너희에게 머물고, 그리스도의 선한 일이 너희 안에 있기를 바란다는 뜻이다. 이것은 이단과 분파주의자와 거짓 교사들의 덫을 피하는 최고의 안전책이다. 만일 그리스도의 은혜가 우리와 함께 한다면 누가 감히 우리를 대적할 수 있겠는가? 그러므로 너는 그리스도 예수 안에 있는 은혜 가운데서 강하라(딤후 2:1). 친구로서, 그리고 사역자와 사도로서, 은혜 위에 은혜를 덧입은 바울은 이처럼 권위를 갖고 이 축도로 그들의

복을 구하고, 그것은 24절에서 다시 반복된다.

²¹나의 동역자 디모데와 나의 친척 누기오와 야손과 소시바더가 너희에게 문안하느니라 ²²이 편지를 기록하는 나 더디오도 주 안에서 너희에게 문안하노라 ²³나와 온 교회를 돌보아 주는 가이오도 너희에게 문안하고 이 성의 재무관 에라스도와 형제 구아도도 너희에게 문안하느니라 ²⁴우리 주 예수 그리스도의 은혜가 너희 모든 이에게 있을지어다 아멘(한글성경은 24절을 생략하고 있다.)

사도는 앞에서는 이 교회와 자기 주변 교회들의 여러 사람들에게 문안을 보낸 다음, 여기서는 그와 함께 있는 몇몇 특별한 사람들이 그들에게 전하는 안부를 덧붙이고 있다. 그것은 멀리 떨어져 있는 성도들 간의 우의와 친교를 촉진시키기 위해서다. 그리고 그들에게 알려져 있는 이 유명한 성도들의 기명(記名)은 이 서신에 대한 호감도를 더 높여 주었을 것이다. 그는 다음과 같이 언급한다.

1. 사도의 각별한 친구로서 로마 교인들에게 알려져 있는 몇몇 성도들: 나의 동역자 디모데. 바울은 때때로 디모데를 손아랫사람처럼 자기 아들로 부르지만, 여기서는 그를 자기와 대등한 위치에 두고 그를 존경하는 의미에서 자신의 동역자로 말하고 있다. 누기오. 이 사람은 아마 안디옥 교회에서 유명한 구레네 사람 루기오를 말하는 것일 것이다(행 13:1). 야손. 이 사람은 데살로니가에서 바울을 고생하며 지켜주었던 사람이었다(행 17:5,6). 소시바더. 이 사람은 행 20:4에 나오는 베뢰아 사람 소바더와 동일인물로 추정된다. 바울은 이들을 모두 자기 친척으로 부르는데, 그것은 그들이 유대인이기 때문만이 아니라 혈연적으로나 관계적으로 그와 아주 가까운 사람들이었기 때문이다. 아마 바울은 가문이 좋아서 도처에서 그의 친족들을 많이 만난 것으로 보인다. 우리의 친족이 거룩하고, 하나님께 쓰임받는 것을 보는 것은 정말 큰 위로가 아닐 수 없다.

2. 바울의 대필자(22절): 이 편지를 기록하는 나 더디오도. 바울이 대필자를 쓴 것은 지위를 과시하거나 게을러서가 아니라 읽을 수 없을 정도로 필체가 나빴기 때문이다. 그는 친필로 쓴 갈라디아서에서 이 점에 대해 변명한다(갈 6:11): 이렇게 큰 글자로(펠리코이스 그람마신). 이 더디오는 바로 실라였을 것이다. 왜냐하면 실라는 히브리어로 셋째라는 뜻인데, 더디오는 라틴어로 바로

그 뜻이기 때문이다. 더디오는 바울이 구술한 대로 썼든지 아니면 바울이 나쁜 필체로 써놓은 것을 정교하게 다시 옮겨 적었든지 했을 것이다. 교회와 교회의 사역자들에게 행해진 일은 아무리 하찮은 일일지라도 기억이나 보답이 없이 그냥 넘어가서는 안 된다. 더디오는 이 서신을 기록하는데 있어서 비록 대필자에 불과했지만, 그것이 그의 손으로 이루어졌다는 점에서 그에게는 큰 영예가 되었을 것이다.

3. 그리스도인들 사이에 유명했던 기타 성도들(23절): 나를 돌보아 주는 가이오. 이 사람이 더베의 가이오인지(행 20:4) 마게도냐의 가이오인지(행 19:29) 아니면 고린도의 가이오인지(고전 1:14)는 확실치 않다. 또 이들 가운데 누구에게 사도 요한이 그의 세 번째 편지를 보냈는지도 불확실하다. 그러나 바울은 그의 호의를 크게 칭찬하고 있다. 가이오는 사도를 돌보아주었을 뿐만 아니라 온 교회를 돌보아주었다. 그는 기회가 있을 때마다 그들 모두를 접대했고, 문을 열어 집을 그들의 모임장소로 사용했으며, 교회를 찾아온 모든 손님들을 집으로 초청해 편히 쉬도록 편의를 제공했다. 이 성의 재무관 에라스도. 이 성은 이 서신을 쓰고 있는 장소인 고린도의 성을 가리킨다. 에라스도는 공직자로서 이 성의 관리나 재정을 맡아본 유지였던 것으로 보인다. 부르심 받은 사람들은 힘이 없고 지체가 높지 않은 사람들이 대부분이었지만, 그 중에는 그렇지 않은 사람들도 간혹 있었다. 그는 지위와 영예 그리고 직업 때문에 바울을 돌보는 일을 방해받지 않았고, 교회의 유익을 위해 자신을 바치는 일에도 소극적이지 아니했다. 그는 그 일을 사명처럼 감당한 것으로 보인다. 왜냐하면 그는 디모데와 동역한 자였고(행 19:22), 딤후 4:20에도 그가 언급되고 있기 때문이다. 성의 재무관이 그리스도의 복음의 전파자가 되는 것은 절대로 불명예가 아니었다. 구아도. 에라스도와 함께 언급되고 있는 이 사람은 형제로 불린다. 그 이유는 우리 아버지가 하나이듯이, 아니 그리스도에 대해서까지 하나이듯이 우리 모두는 한 형제들이기 때문이다.

²⁵나의 복음과 예수 그리스도를 전파함은 영세 전부터 감추어졌다가 ²⁶이제는 나타내신 바 되었으며 영원하신 하나님의 명을 따라 선지자들의 글로 말미암아 모든 민족이 믿어 순종하게 하시려고 알게 하신 바 그 신비의 계시를 따라 된 것이니 이 복음으로 너희를 능히 견고하게 하실 ²⁷지혜로우신 하나님께 예수 그리스도로 말미

암아 영광이 세세무궁하도록 있을지어다 아멘

　　　　이제 사도는 복 주시는 하나님께 무궁한 영광을 돌리며 엄숙하게 이 서신의 글을 끝낸다. 만물이 그분에게 속하고 그분에게 돌아가는 것을 알기에 사도가 모든 영광과 찬양을 하나님에게서 끝내고, 모든 것을 그분께 돌리는 것은 당연하다. 말하자면 그는 로마 교인들에게 하나님을 찬양하는 일에 혼신을 다하고 있는 것이다. 즉 그는 자신의 인생의 목적을 이 편지의 목적으로 삼고 있다. 여기서 이것을 살펴보자.

I. 하나님의 복음에 관한 묘사.　　사도는 이것을 삽입구처럼 설명한다. 기회가 있을 때마다 그는 복음을 하나님의 능력이 영혼들을 견고하게 세우는 수단으로 설명하는데, 이 복음으로 너희를 능히 견고하게 하실 것(26절)이라는 것이 이 세움의 법칙이다. 바울은 복음을 나의 복음이라고 말하는데, 그것은 자신이 그 전파자요, 또 그로 말미암아 자신이 크게 영광을 얻었기 때문이다. 어떤 이들은 그것이 그가 지금 이 서신에서 말하고 있는 복음의 교리에 관한 선언과 해명과 적용을 특별히 가리킨다고 생각한다. 그러나 그것은 오히려 사도의 모든 선포와 기록을 포괄하는 개념이다. 바울은 오직 그 선포자로 모든 수고를 다 바친 사람이었다. 사도들의 말(요 17:20)을 통해, 말씀이 사람들에게 전달되었다. 사역자들은 대사요, 복음은 그들의 사명이다. 바울은 그의 머리와 가슴속에 오로지 복음을 채우고, 기회만 있으면 그것의 본질과 우월성을 선포하지 않고는 아무 일도 할 수 없었던 사람이었다.

　1. 그것은 예수 그리스도를 전파하는 것이다. 그리스도께서 스스로 그것을 전파하셨고, 그것은 처음에 주님으로부터 시작된 말씀이었다(히 2:3). 그리스도는 우리의 구원을 위해 자신이 이루신 사역이 너무나 기뻐 그것을 친히 선포하신 공포자였다. 아니, 그리스도는 그 주제가 되신다. 전체 복음의 총체이자 본질은 예수 그리스도요, 십자가에 달리신 그분이시다. 바울은 말하기를 우리는 우리 자신을 전하는 자가 아니라 그리스도 예수를 주로 전하는 자들이라고 한다. 영혼을 견고하게 하려면 예수 그리스도를 분명히 전해주어야 한다.

　2. 그것은 영세 전부터 감추어졌다가 이제는 나타내신 바 되었으며 영원하신 하나님의 명을 따라 선지자들의 글로 말미암아 모든 민족이 믿어 순종하게 하시려고 알게 하신 바 그 신비의 계시를 따라 된 것이다(25,26절). 복음의 주제는 한 마디로 신

비다. 예수 그리스도로 말미암은 우리의 구속과 구원은 그 기초, 그 방법, 그 열매에 있어서 참으로 커다란 경건의 비밀이다(딤전 3:16). 이것은 복음의 존귀함을 의미한다. 그것은 사람의 지혜로 조작된 저속한 통념이 아니라 하나님의 영원하신 지혜와 경륜을 따라 이루어진 찬탄할 만한 결과로서, 그 안에는 지식을 능가하는 헤아릴 수 없는 높이와 측량할 수 없는 깊이가 들어있다. 그것은 천사들이 들여다보기 원하지만 결코 그 깊이를 다 들여다볼 수 없는 신비다. 그러나 하나님께 감사하는 것은 우리가 고의적으로 이 큰 구원을 소홀히 하지만 않는다면, 이 신비의 많은 부분이 우리를 천국으로 이끌기에 충분할 만큼 분명히 계시되었다는 것이다. 그것을 확인해 보자.

(1) 이 신비는 창세 이후로 비밀에 부쳐져 있었다: 영세 전부터 감추어졌다가 (크로노이스 아이오니오이스 세시게메누). 이것은 영원 전부터 침묵으로 싸여 있었다는 것이다. 그것은 결코 새롭고 갑자기 나타난 관념도 아니고, 최근에 새로 창출된 개념도 아니다. 영원부터 하나님의 영원한 사랑의 목적에 따라 주어진 것이다. 그 신비는 창세 전에 이미 있었고, 하나님 속에 감추어져 있었다(엡 3:9). 아니, 우리는 그것을 창세 이후로부터로 번역한다. 구약 시대 전체를 거쳐 이 신비는 의식법의 모형과 그림자, 선지자들의 암시적인 예언을 통해 비교적 그 비밀이 잘 유지되었다. 그러나 그러기에 그들은 그 일들의 목적을 충분히 들여다볼 수는 없었다(고후 3:13). 이처럼 그것은 대대로 감추어졌으니, 흑암 속에 앉아 있어 그것을 전혀 알아보지 못한 이방인들보다 훨씬 유리한 위치에 있던 유대인들에게도 이것은 마찬가지였다. 심지어는 그리스도의 제자들 자신도 그분이 부활하여 승천하시기 전에는 구속의 신비에 대해 큰 어둠 속에 있었다. 그 때 그들의 그것에 대한 관념은 잔뜩 흐렸고, 혼란 속에 있었다. 이 신비는 오랜 세월에 걸쳐 유지되었다.

(2) 그러나 이제 그것은 분명히 나타났다. 휘장은 찢어지고, 황혼의 그림자는 지나갔으니, 복음으로 말미암아 생명과 불멸성에 빛이 비취게 되었다. 의의 태양이 세상 위에 떠올랐다. 바울은 마치 그것을 혼자만 알고 있는 것처럼 이 나타남에 대해 독점권을 주장하지 않았다. 아니다. 그것은 지금 많은 다른 사람들에게 나타난 것이다. 그러나 그것이 어떻게 선지자들의 글로 말미암아 나타나게 되었다는 것인가? 확실히 지금 일어난 사건들은 구약의 예언들에 대한 최고의 주석이 되기 때문이다. 성취됨으로써, 그것들은 설명된다. 선지자들의

선포는, 이 신비에 관한 한, 그들이 살았던 당시에는 크게 흐리고 불명료했다. 그러나 선지자들의 글 곧 그들이 기록으로 남긴 것들은 이제 명확히 그 뜻이 드러났을 뿐만 아니라 그것들로 말미암아 이 신비가 모든 족속들에게 알려지게 되었다. 구약성경은 신약성경 계시로부터 빛을 빌릴 뿐만 아니라 또한 그 곳에 다시 빛을 비춰준다. 만일 신약성경이 구약성경을 설명한다면, 구약성경은 그 보답으로 신약성경을 크게 확증해 준다. 이처럼 구약의 선지자들은 계속해서 예언하고, 그 예언들은 지금 많은 백성과 나라와 방언에게 성취되고 있다. 나는 이것이 계 10:11을 설명하는 것이라고 본다. 이제 그리스도는 구약성경의 밭에 감추어진 보물인 것으로 나타났다. 모든 선지자들의 증거는 바로 그분에 대한 것이다. 눅 24:27을 보라.

(3) 그것은 영원하신 하나님의 명을 따라 나타난 것이다. 이것은 영원부터 하나님의 목적과 경륜과 작정으로서, 때가 이르자 처음에 그리스도께 주어지고, 이어서 사도들에게 주어진 사명이자 약속이다. 사도들은 아버지로부터 명을 받아 복음을 전파하는데 있어서 자기들이 할 일을 행하였다. 누구든 "왜 이 신비가 그토록 오랫동안 비밀에 부쳐지고, 이제야 나타나게 되었는가?"라는 이의를 제기하지 못하도록, 사도는 그것을 절대주권자로서, 자신의 하시는 일에 대해 어떤 설명도 할 필요가 없으신 하나님의 뜻에 돌리고 있다. 영원하신 하나님의 명은 사도들과 사역자들의 복음전파에 대한 증거로 충분하다. 영원하신 하나님. 여기서 하나님의 영원성이라는 속성이 크게 강조되고 있다. [1] 하나님은 영원부터 계시는 분이다. 이 말은 그분이 이 신비를 창세 이후로 비밀에 부치셨다 이제야 그것을 계시하셨으나 세상이 있기 전 영원부터 그것을 계획하고 구상하셨다는 것을 암시한다. 기록된 말씀 속에 들어있는 맹세와 언약들은 오직 영원부터 아버지와 아들 사이에 이루어졌던 맹세와 언약의 복사판이다. 전자는 발췌본이고, 후자는 원본이다. [2] 하나님은 영원까지 계시는 분이다. 이 말은 이 계시와 우리에게 미치는 그 지속적 효력이 영원토록 계속될 것임을 암시한다. 우리는 새로운 계시를 찾아 헤매서는 안 되고 이 계시를 계속 지켜야 한다. 왜냐하면 이것은 영원하신 하나님의 명을 따라 나타난 것이기 때문이다. 복음 속에 나타난 그리스도 역시 어제나 오늘이나 영원토록 동일하시다.

(4) 그것은 모든 민족이 믿어 순종하게 하시려고 알게 하신 바이다. 사도는 자주 이 계시의 범위에 관해 언급한다. 지금까지 유대인에게만 하나님이 알려졌지

만, 이제는 그리스도께서 땅 끝 모든 민족에 이르기까지 구원이 되신다. 그리고 그 목적이 매우 주목할 만하다. 그것은 믿어 순종하게 하시려는 것이다. 즉 그들이 그것을 믿고 순종할 수 있도록, 그들이 그것을 받아들여 그 지배를 받도록 하기 위해서다. 복음이 계시된 것은 왈가왈부하고 논쟁거리로 삼도록 하기 위해서가 아니라 복종하도록 하기 위해서다. 믿어 순종하는 것(믿음의 순종)은 믿음의 말씀에 대해 주어지는 순종으로(행 6:7을 보라), 그것은 믿음의 은혜로 말미암아 나오는 것이다. 여기서 올바른 믿음이란 무엇인지 살펴보라. 그것은 순종을 일으키는 믿음이다. 또 올바른 순종이란 무엇인지를 살펴보라. 그것은 믿음으로부터 나오는 순종이다. 그리고 복음의 목적은 무엇인지도 살펴보라. 그것은 우리를 믿음과 순종, 이 양자로 이끄는 것이다.

II. 복음의 주인이신 하나님께 바치는 송영. 사도는 하나님께 영광을 영원토록 돌리고(27절), 그분이 영광의 하나님이심을 인정하고, 따라서 최대의 경외하는 감정을 갖고 그분을 앙망하며, 거룩한 천사들과 함께 이 일을 하기를 바라면서 장차 천국에서 영원토록 그것을 하기를 간구한다. 그것을 살펴보자.

1. 이 송영의 본질. 하나님께 감사할 때 우리는 우리를 향하신 그분의 은총을 더 견고하게 붙들게 된다. 하나님을 찬양하고 찬미할 때 우리는 그분의 온전하심에 더 견고하게 서게 된다. 여기서 하나님의 두 가지 핵심 속성이 언급되고 있다.

(1) 그분의 권능(26절). 너희를 능히 견고하게 하실. 성도들을 견고하게 하는 것은 오직 하나님의 권능 외에 다른 것은 없다. 기질을 보면 그들 속에는 타락이 들어있고, 그들을 실족시키려고 획책하는 영적 원수들의 공작과 그들의 몫이 상실된 흔들리는 시대 등으로 볼 때, 그들을 견고하게 하는 것은 오직 전능자의 능력밖에는 없다. 성도들을 견고하게 하기 위해 베풀어지는 하나님의 권능은 유 1:24에서 능히 너희를 보호하사 거침이 없게 하실 이라고 말씀하는 그분께 우리의 찬양을 올려드리고, 또 당연히 그렇게 해야 한다. 이 권능으로 말미암아 하나님께 영광을 드릴 때 우리는 그 위로를 얻게 될 것이다. 우리의 의심, 어려움 그리고 두려움이 무엇이든, 우리가 섬기는 하나님이야말로 우리를 견고하게 하시는 능력의 하나님이 되실 것이다.

(2) 그분의 지혜(27절): 지혜로우신 하나님께. 지혜가 없는 능력은 능력이 없는 지혜와 똑같이 헛되고 무익하다. 그러나 양자가 함께 한다면, 양자 모두 무

한하고, 완전한 상태가 될 것이다. 하나님은 유일하게 지혜로우시다. 아들을 뺀 아버지만 유일하게 지혜로우신 것이 아니다. 성부, 성자, 성령, 삼위일체 하나님이 피조물과 비교하여 유일하게 지혜로우시다. 인간은 이 땅의 피조물 가운데 가장 지혜롭지만, 거친 나귀 새끼처럼 태어난다. 아니, 천사들도 하나님과 비교할 때 바보 같다고 비판받는다. 오직 그분만이 완전하게 그리고 무오하게 지혜로우시다. 오직 그분만이 원래 스스로 그리고 본질적으로 지혜로우시다. 왜냐하면 그분은 피조물의 모든 지혜의 원천이자 근원이며, 피조물이 가질 수 있는 모든 지혜의 빛은 모두 아버지로부터 오기 때문이다(약 1:17). 그분에게만 능력과 지혜가 있으니, 속는 자와 속이는 자도 다 그분에게 달려 있다.

2. 이 송영의 중보자: 예수 그리스도로 말미암아. 이 부분을 하나님께 예수 그리스도로 말미암아 지혜가 있을지어다라고 읽는 사람도 있다. 하나님께서 세상에 오직 유일하게 지혜로우신 하나님으로 나타나신 것은 그리스도 안에서 그리고 그리스도로 말미암아서다. 왜냐하면 그분은 하나님의 지혜이자 하나님의 능력이기 때문이다. 아니 오히려 성경에 나오는 대로, 예수 그리스도로 말미암아 영광이 있을지어다라고 이해하는 것이 더 낫다. 타락한 인간으로부터 하나님께 향하는 모든 영광은 그분이 받으실 만한 것이 되려면, 주 예수의 손을 통과해야 한다. 오직 그분 안에서만 우리의 인격과 행위는 하나님을 기쁘시게 하고, 또 기쁘시게 할 수 있다. 그러므로 우리는 그분의 의를, 오직 그분의 의만을 내세워야 한다. 왜냐하면 우리 모든 기도의 중보자이신 그분은 동시에 영원토록 우리 모든 찬양의 중보자라는 것을 나는 믿기 때문이다.

고린도전서

서론

고린도는 그리스의 중심도시로서, 그 곳의 특정 지역이 아가야로 불렸다. 그 곳은 펠로폰네소스 반도와 그리스 남부를 있는 지협에 위치한 곳으로, 두 개의 인접 항구를 두고 있었다. 하나는 고린도만 최남단에 위치한 레기움 항구로, 고린도에서 그리 멀지 않기 때문에 주민들은 그 곳을 통해 이탈리아와 서방지역으로 무역 거래를 했다. 또 하나는 시누스 사로니쿠스 하단에 위치한 겐그레아 항구로, 고린도에서 조금 멀리 떨어져 있는 항구였는데, 주민들이 이곳을 통해서는 아시아와 무역 거래를 하였다. 이런 상황으로 볼 때 고린도가 무역과 부(富)의 중심지가 된 것은 전혀 이상하지 않다. 부는 온갖 종류의 사치를 조장하는 경향이 있기 때문에 부와 예술로 유명한 장소가 온갖 악으로 악명을 떨치게 된 것 역시 조금도 이상하지 않다. 고린도는 특별히 음란한 지역으로 유명해서, 고린도 여자는 매춘부를 말하는 별칭이 되었고, '고린도 사람과 놀다'(코린디아제인, 코린디아세스타이)는 말은 '매춘부와 즐기다' 또는 '음욕을 채우다'는 의미였다. 그러나 이 음란한 도시에 바울은 하나님의 은혜으로 고린도 교회를 세우고 성장시켰다. 이 서신의 일부 구절들, 특히 사도가 너희도 알거니와 너희가 이방인으로 있을 때에 말 못하는 우상에게로 끄는 그대로 끌려 갔느니라고 말하고 있는 12:2과 대비를 이루고 있는 행 18:1-18의 기록을 통해 그 교회의 역사를 살펴보면, 이 교회가 이방인을 중심으로 세워진 교회임을 알 수 있다. 물론 또 회당장 그리스보가 온 집안과 더불어 주를 믿으며 수많은 고린도 사람도 듣고 믿어 세례를 받더라(행 18:8)는 말씀으로 보아 그들 가운데 유대인 개종자들도 많이 있었음을 짐작할 수 있다. 행 18:11,18에 분명히 나타나 있는 것처럼, 사도는 거의 2년 동안 이 도시에 계속 머물렀다. 그동안 하나님께서 환상을 통해 이 성중에 내 백성이 많다(행 18:9,10)는 확신을 주셨기 때문에, 그는 크게 고무되어 복음 전파에 있어서 대성공을 거두었다. 그는 자신의 사역이 성공적으로 받아들여지지 않는 곳에서는 오래 머무르지 않는 경향이 있었다.

사도는 그들을 떠난지 얼마 지나지 않아 이 편지를 썼다. 그 목적은 자신이 심은 것에 물을 주고, 또 자신이 그 곳에 없는 동안 부분적으로는 거짓 교사들이 일으킨 악한 영향으로 말미암아, 또 부분적으로는 그들이 지켜온 바람직한 기독교 원리들에 의해 온전히 순화되지 못하고 여전히 답습하고 있던 그들의 구습과 악습이라는 누룩으로 말미암아 야기된 심각한 혼란을 바로잡기 위해서였다. 그리고 사도가 그들을 책망하는 몇 가지 잘못들을 보면, 부(富)가 그들의 삶의 태도를 얼마나 크게 타락시켰는지를 쉽게 확인할 수 있다. 교만, 탐욕, 사치, 음욕 등(이것들은 타락한 육체의 본성의 자연적 결과다)은 모두 외적 풍요에 의해 길러지고 촉진되었다. 이 모든 것들과 함께 그들 전체 또는 그들 일부가 여기서 사도로부터 책망을 받는다. 그들이 일으킨 분파나 파벌에서는 교만이 발견되고, 영적 은사들을 사용하는데 있어서 그들 사이에 심각한 분란이 일어났다. 그리고 이 악덕이 야기된 것은 그들의 풍요에 의한 결과만이 아니고 헬라 학문과 이방 철학에 의해 형성된 그들의 잘못된 세계관에 따른 결과이기도 했다. 고대의 일부 학자들은 그 도시에는 수사학자와 철학자들이 엄청나게 많았다고 주장한다. 이들은 본성적으로 허탄하고, 자기오만으로 가득 차 있으며, 복음의 단순한 교훈을 멸시하는 경향을 갖고 있던 사람들이었다. 왜냐하면 복음은 질문과 논쟁을 좋아하는 사람들의 호기심을 충족시켜 주지 못했고, 또 교묘한 말과 유창한 언변으로 귀를 즐겁게 해주지도 않았기 때문이다.

내 것(meum)과 네 것(tuum)을 가리기 위해 제기한 소송과 재판에서 그들이 이교도 재판장 앞에서 보여주는 모습을 보면, 그들의 탐욕이 적나라하게 드러난다. 고린도 교인들의 사치는 그들의 의복과 주의 만찬 자리에서의 방탕한 모습 등에서 자주 나타났다. 이때 부자들은 특별히 죄가 더 컸는데, 그들은 매우 교만해서 가난한 형제들을 경멸하는 죄악을 범했다. 그들의 음욕은 이방인들 사이에서도 찾아볼 수 없을 정도로 극악하고 심각했는데, 혐오감 없이는 말할 수 없을 정도였다. 아버지의 아내를 자신의 아내로 만들거나 음욕을 채우기 위해 계모와 간음을 저지르기도 했다. 이것은 물론 특별한 한 사람이 저지른 비행으로 보인다. 그러나 교회 전체가 그의 죄를 혐오하지 않고, 또 그들 사이에 그토록 패역한 도덕적 타락과 그토록 파렴치한 행위를 묵인했기 때문에 비난을 받았다. 그러나 당시 일부 학자들이 말하는 것처럼, 그들이 이 근친상간의 죄를 범한 사람의 학문과 웅변을 편들고 옹호했다면, 그 죄와 관련하여 그들이 범한 죄는 더 컸다. 그리고 고린도 교인들이 엄중한 경고와 음란에 대한 책망을 듣지 않아도 될 만큼 과거의 음탕한 성향을 완전히 벗어버리지 못했다는 것을 이 서신의 다른 구절들로 보아 분명히 알 수 있다. 6:9-20을 보라. 그들 중 많은 이들이 학문에 대한 교만으로 말미암아 부활에 관한 교리를 불신하고 논박했다. 그들이 이 교리를 불확실한 진리로 간주하고, 철학의 많은 문제들에 대해 그렇게 한 것처럼, 그것을 찬반양론에 부쳐 논쟁하도록 함으로써 자기들의 실력을 과시하려고 한 것도 충분히 짐작이 된다.

이런 상태로 미루어 보아 고린도 교회는 책망을 많이 받아야 하고, 또 개선이 크게 필요한 교회였음이 분명하다. 그리고 사도는 그 교회에서 핵심적이고 중요한 지위에 있었던 사람으로서 성령의 지시와 인도를 따라, 모든 지혜와 성실을 다해, 그리고 부드러움과 권위를 적절히 섞어 편지를 쓰기 시작한다. 서신 서두에 간단한 소개를 한 후에, 그는 먼저 그들의 불화와 파벌을 책망하고, 그 기원과 원인을 제시하며, 그들이 거짓 교사들에게 농락당해 그리고 추악한 파벌 싸움에 휘말려 얼마나 엄청난 교만과 허영에 빠져 있고, 또 지식과 학문과 웅변의 오만에 차 있는지를 보여준다. 그리고 이어서 그는 그들 가운데 만연된 악의 치유책으로서 겸손을 지시하고, 또 외적 계시 및 내적 조명을 통해 오는 신적 교훈 곧 성령으로 말미암은 하나님의 가르침에 순종하도록 명령한다. 그는 여러 가지 이유를 들어 뽐내는 학문과 웅변의 허무함을 강조한다. 그는 이것을 1장에서부터 4장까지 다룬다.

5장에서 그는 음행한 사람의 사건을 다루고, 그를 교회에서 추방하도록 지시한다. 당시 학자들의 말로 미루어볼 때, 음행을 저지른 이 사람은 그들 사이에서 크게 존경받던 인물로, 최소한 한 파벌의 우두머리였던 것으로 보인다. 사도는 그 사건으로 말미암아 오히려 그들이 교만해졌다고 책망한다(5:2). 6장에서 그는 이방인 재판관 앞에 소송을 제기한 사건에 관해 질책한다. 그들 사이의 재산에 관한 분규는 그들 스스로 사이좋게 해결하는 것이 마땅한 일이었기 때문이다. 이 장 마지막 부분에서 그는 음행 죄에 대해 그들을 경고하고, 다양한 논증을 통해 그 경고를 강조한다. 7장에서 사도는 양심의 문제를 다룬다. 이것은 그 교회의 일부 교인들이 편지로 그에게 결혼에 관해 문의했던 것과 관련되어 있다. 그는 결혼은 하나님께서 음행을 피하도록 하기 위해 정하신 것으로, 남편이나 아내가 그리스도인이 되었을 때, 다른 한편이 계속 이방인으로 있다고 할지라도, 그 결합은 끊어지는 것이 아니라고 주장한다. 요약하면, 기독교는 사람들의 시민법상 지위와 관계를 변화시키는 종교가 아니라는 것이다. 그는 여기서 처녀들에 관해 몇 가지 지시를 덧붙인다. 이것 역시 고린도 교인들의 질문에 대한 답변으로 주어진 것이었을 것이다. 8장에서 사도는 그들에게 우상에게 제공된 제물에 관해 지시하고, 그리스도인으로서 자유를 남용하는 것에 대해 경고한다. 이 사실로부터 그는 9장에서 이 자유와 관련하여 사도로서 자신이 취한 행동을 약간의 부연설명과 함께 언급한다. 왜냐하면 그는 자신이 사역했던 교회로부터 부양받을 권리가 있었지만, 그리스도의 복음에 아무 장애가 없게 하려고 이 권리를 포기했을 뿐만 아니라 다른 일들에 있어서도 자신과 함께 일해 온 사람들의 유익을 위해, 그들의 성품과 상황에 자신을 적응시키고, 조화를 이루는 모습을 보여주었기 때문이다. 10장에서 사도는 고린도 교인들이 주의 식탁과 귀신의 식탁에 동시에 참여할 수 없기 때문에, 우상 제물을 먹음으로써 우상 숭배자들과 교제하게 된 유대인들의 사례를 들어 그들을 경고한다. 하지만 그들은 시장에서 팔던 고기나 불신자들이 베푼 잔치에 차려진 음식이 우상에게 바쳐진 제물이었는지 물어보아야 할 의무는 없고, 의심하지 않고 먹을 자유가 있었다. 11장에서 사도는 공적 예배에 대한 예의에 대해 지시한다. 주의 만찬을 받을 때 그들이 규모 없이 행동하고, 부끄러운 무질서를 자초한 것에 대해 책망하고, 그토록 경건한 제도를 더럽힌 것에 대해 준엄하게 꾸짖는다. 12장에서 사도는 신령한 은사들에 대해 언급한다. 고린도 교인들은 이 은사들을 크게 받았으나 그것들을 자랑거리로만 삼았다. 이에 대해 그는 모든 은사는 동일한 원천으로부터 나오고, 동일한 목적을 갖고 있다고 강조한다. 그것들은 한 성령으로부터 나왔고, 교회의 유익을 위해 주어진 것이며, 이 목적을 위해 쓰이지 않으면 악용될 수밖에 없다. 이 장의 끝 부분에서 그는 그 은사들은 모두 참으로 가치가 있지만, 그보다 더 가치 있는 것을 사모하라고 권면하는데, 그것은 바로 사랑의 은사다. 이 은사의 장점과 특징은 13장에 나온다. 이어서 14장에서 그는 이 신령한 은사들을 사용하는데 있어서 어떻게 품위와 질서를 지켜야 하는지에 대해 지시한다. 아마 당시 그들은 은사들을 자랑하는 교만과 그것들을 남에게 보여주려는 허영으로 가득 차 무질서한 모습을 보여주었던 것으로 생각된다. 15장에서는 부활에 관한 위대한 교리를 확증하고 설명하는 내용이 다루어진다. 그리고 마지막 16장은 특별한 몇 가지 충고와 문안인사로 구성되어 있고, 이로써 이 서신은 끝을 맺는다.

제
— 1 —
장

개요

이 장에서 우리는 다음과 같은 내용을 확인하게 될 것이다. I. 서신 전체에 대한 서언 또는 소개(1-9절). II. 편지를 쓰게 된 가장 중요한 동기 즉 고린도 교인들의 분쟁과 그 원인에 대한 내용(10-13절). III. 주로 복음전파로 이루어진 그들 속에서의 바울의 사역에 대한 설명(14-17절). IV. 바울이 복음을 전한 방법과 그 다양한 성공, 그리고 그것이 하나님의 영광을 일으키고, 인간의 교만과 허영을 깨뜨리는데 얼마나 놀랍도록 적합한지에 대한 설명(17-31절).

[1]하나님의 뜻을 따라 그리스도 예수의 사도로 부르심을 받은 바울과 형제 소스데네는 [2]고린도에 있는 하나님의 교회 곧 그리스도 예수 안에서 거룩하여지고 성도라 부르심을 받은 자들과 또 각처에서 우리의 주 곧 그들과 우리의 주 되신 예수 그리스도의 이름을 부르는 모든 자들에게 [3]하나님 우리 아버지와 주 예수 그리스도로부터 은혜와 평강이 있기를 원하노라 [4]그리스도 예수 안에서 너희에게 주신 하나님의 은혜로 말미암아 내가 너희를 위하여 항상 하나님께 감사하노니 [5]이는 너희가 그 안에서 모든 일 곧 모든 언변과 모든 지식에 풍족하므로 [6]그리스도의 증거가 너희 중에 견고하게 되어 [7]너희가 모든 은사에 부족함이 없이 우리 주 예수 그리스도의 나타나심을 기다림이라 [8]주께서 너희를 우리 주 예수 그리스도의 날에 책망할 것이 없는 자로 끝까지 견고하게 하시리라 [9]너희를 불러 그의 아들 예수 그리스도 우리 주와 더불어 교제하게 하시는 하나님은 미쁘시도다

우리는 여기서 서신 전체에 대한 사도의 서언을 보게 되는데, 그 내용을 다음과 같이 지적할 수 있다.

I. 편지의 기명(記名). 당시 편지 쓰는 관습에 따르면 편지를 쓴 사람과 받는 사람의 이름이 기록되었다.

1. 이 서신은 이방인의 사도인 바울이 자신이 손수 세운 고린도 교회에 보낸

편지다. 하지만 그들 중에는 그의 사도직에 대해 문제를 제기한 자도 있었고 (9:1,2), 그의 인격과 사역을 헐뜯는 자도 있었다(고후 10:10). 아무리 신실하고 유능한 사역자라도 이런 비판으로부터 결코 제외되지 않음을 명심하자. 그는 자신의 사도의 자격을 주장하는 것으로 편지를 시작한다: 하나님의 뜻을 따라 그리스도 예수의 사도로 부르심을 받은 바울과(1절). 그는 이 영예를 스스로 취한 것이 아니고, 하나님으로부터 받은 위임장을 갖고 있었다. 그것은 어느 때나 합당한 자격이었지만, 거짓 교사들이 그를 비방할 빌미를 갖고 있고, 그들에게 미혹된 추종자들이 그들을 자신과 동등한 위치에 두기 쉬웠던 당시로서는 그가 자신의 자격을 주장하고, 자신의 직분을 강조하는 것이 더욱 절실하게 요청되었다. 바울이 사도로서의 자신의 자격과 권위를 주장한 것은 교만이 아니라 사명에 대한 신실함 때문이었다. 그리고 이것을 좀 더 충분히 드러내기 위해, 그는 자기보다 낮은 직분의 사역자인 소스데네와 함께 편지를 쓰고 있음을 언급한다. 바울과 그의 형제 소스데네는 사도로서 동료가 아니라 사역자로서 동료였다. 소스데네는 한때 유대교 회당의 지도자였으나 후에 기독교로 개종한 사람으로서, 아마 그들에게 호감을 주는 고린도 출신 사역자였을 것이다. 그래서 바울은 그들의 비위를 맞추기 위해 첫 인사를 할 때 그와 함께 편지를 쓰고 있음을 언급한 것이다. 그렇다고 해도 소스데네가 사도 수준의 영감을 갖고 있는 사람이라고 인정할 만한 이유는 없다. 왜냐하면 바울은 이 서신 나머지 부분에서 무엇을 말하든 자신의 이름으로 그리고 단수형으로 말하고 있기 때문이다. 바울은 어떤 경우든 사도로서의 자신의 권위를 조금도 약화시키지 않았다. 그러나 자신이 양육했던 사람들의 유익을 위해 언제든 친절하고 겸손한 마음으로 일을 할 준비가 되어있었다.

이 서신의 수신자는 고린도에 있는 하나님의 교회 곧 그리스도 예수 안에서 거룩하여지고 성도라 부르심을 받은 자들이었다(2절). 모든 그리스도인은 그리스도 예수 안에서 이처럼 거룩하게 되었으므로, 세례를 통해 그분께 바쳐지고 헌신해야 하고, 거룩함에 대한 의무를 엄격히 감당해야 하며, 참된 성결을 고백해야 한다. 만일 그들이 진실로 거룩하지 않다면, 그것은 그들 자신의 책임이요 잘못이다. 기독교의 목적은 그리스도 안에서 우리를 거룩하게 하는 것이다. 그가 우리를 대신하여 자신을 주심은 모든 불법에서 우리를 속량하시고 우리를 깨끗하게 하사 선한 일을 열심히 하는 자기 백성이 되게 하려 하심이라(딛 2:14). 사도는 이 서신을 고린도 교회와 더불어 각처에서 우리의 주 곧 그들과 우리의 주 되신 예수 그리스도의 이름을 부르는 모든 자들에게도 보낸다. 이에 따라 그리스도인들은 기도 없이 살 수 없다는 점에서 세속인 및 무신론자들과 구별되고, 그리스도의 이름을 부른다는 점에서 유대인 및 이교도들과 구별된다. 그분은 그들의 공통의 머리요 주님이시다. 기독교가 들어간 모든 곳에는 그리스도의 이름을 부르는 사람들이 반드시 존재한다. 하나님은 세계 모든 곳에 남은 자를 두고 계신다. 우리는 그리스도의 이름을 부르는 자들과 친교하는 일에 공통적인 관심을 갖고, 힘써야 한다.

Ⅱ. 사도의 축도. 하나님 우리 아버지와 주 예수 그리스도로부터 은혜와 평강이 있기를 원하노라(3절). 평강의 왕이신 분의 사도는 평강의 사자 및 사역자가 되어야 한다. 복음은 이 복을 제공하고, 모든 복음 선포자는 이 복을 충심으로 원하고, 자신이 사역하는 사람들에게 그 복이 충만히 임하도록 기도할 것이다. 은혜와 평강, 이것은 하나님의 은총이요 그분과의 화목의 산물이다. 그것은 진실로 모든 복의 핵심이다. 여호와는 그 얼굴을 네게로 향하여 드사 평강 주시기를 원하노라(민 6:26)는 기도는 구약시대의 축도형식이었다. 그러나 지금 우리가 복음으로 말미암아 갖고 있는 유익은 다음과 같다.

1. 우리는 하나님으로부터 평강을 어떻게 얻는지 그 방법을 알고 있다. 죄인들은 그리스도로 말미암지 않고는 하나님과의 평화를 가질 수도 없고, 그분으로부터 어떤 은혜를 받을 수도 없다.

2. 우리는 이 평강이 어떻게 임하는지 알고 있다. 즉 그것은 은혜로 주어진다. 먼저 은혜요 그 다음에 평강이다. 하나님은 그의 평강을 죄인들에게 주시기 전에, 먼저 그들과 화해하신다.

Ⅲ. 그들로 말미암아 사도가 하나님께 드리는 감사. 바울은 자신의 대부분의 서신에서 수신자들에 대해 하나님께 감사하고, 그들을 위해 기도하는 것으로 시작한다. 우리가 친구들에 대해 우정을 표현하는 최상의 방법은 그들을 위해 기도하고, 그들에 대해 감사하는 것임을 잊지 말자. 우리의 은사와 은혜와 위로에 대해 서로 간에 하나님께 감사하는 것이야말로 성도의 교제의 중요한 부분이다. 사도는 다음과 같은 이유로 감사한다.

1. 그들이 회심하여 그리스도를 믿는 것 때문에: 그리스도 예수 안에서 너희에게 주신 하나님의 은혜로 말미암아(4절). 그리스도는 하나님의 은혜의 위대한 전

달자요 분배자이시다. 믿음으로 그분과 하나가 되고, 그분의 영과 공로에 참여하는 사람들이 하나님의 은혜의 수혜자가 된다. 하나님은 그들을 사랑하고, 충심으로 그들을 선대하며, 그들에게 아버지로서의 호의와 복을 베푸신다.

2. 그들이 받은 풍성한 영적 은사 때문에. 고린도 교회는 은사가 풍성한 교회로 유명했다. 그들은 어느 교회와 비교해도 뒤지지 않았다(7절). 사도는 언변과 지식에 대해 구체적으로 언급한다(5절). 하나님께서 이 두 가지 은사를 주셨기에 사도는 크게 쓰임받았다. 많은 사람들이 지식의 뿌리가 없는 언변의 꽃을 갖고 있다. 그러나 그들의 대화는 열매가 없다. 또 많은 사람들이 지식의 보화를 소유하고 있으나 다른 사람들을 위해 그것을 사용하는 언변의 능력을 결여하고 있다. 그것은 벽장 속에 처박아 두는 것과 같다. 그러나 하나님이 이 두 가지를 다 주시는 사람은 지극히 쓸모 있는 일꾼으로 인정받는다. 고린도 교회가 모든 언변과 모든 지식으로 풍성했을 때, 특히 이 은사들을 통해 기독교 교리의 진리성을 증언했을 때 곧 그리스도의 증거가 그들 중에 견고하게 되었을 때(6절), 그것들은 당연히 하나님께 찬양의 예물로 드려졌다. 그것들은 성령의 표적들과 기사들과 은사들로서, 하나님은 그것들을 통해 사도들에게 증언하셨다(히 2:4). 그리하여 그것들이 어느 교회에 더 풍성하게 주어지면 주어질수록, 사도들에 의해 전해진 교훈에 대해서도 더 큰 증거가 주어지고, 그들의 신적 사명에 대한 증거도 더 견고하게 확증된다. 그리고 그들이 자기들의 믿음의 기초로서 이런 은사를 갖고 있었을 때, 주 예수 그리스도의 나타나심에 대한 기대를 갖고 산 것은 이상한 일이 아니다(7절). 그리스도인들이 그리스도의 재림을 기다리는 것은 당연한 특징이다. 우리의 모든 믿음은 이 사상과 연관되어 있어야 한다. 우리가 진실로 그리스도인이라면, 그것을 믿고 그것을 바라야 하고, 또 그것에 대비하는 것이야말로 우리의 삶의 중요한 임무다. 우리가 기독교 신앙에 견고하게 설수록, 우리 주님의 재림에 대한 믿음도 그만큼 더 견고해져야 하고, 그것에 대한 우리의 기대도 그만큼 더 진지해져야 한다.

IV. 다가올 미래와 관련하여 사도가 그들에 대해 갖고 있던 소망. 이 소망은 그리스도의 능력과 사랑 그리고 하나님의 신실하심에 기초를 두고 있었다(8,9절). 그들 속에 선한 일을 시작하고, 지금까지 그 일을 계속해 오신 분이 절대로 그것을 미완성으로 남겨두시지는 아니할 것이다. 우리 주 예수 그리스도의 나타나심을 기다리는 자들은 그분으로 말미암아 끝까지 기다리고, 끝까지 견고하게 서 있을 것이다. 그들은 그리스도의 날에 책망할 것이 없는 자로 우뚝 서게 될 것이다. 엄격한 공의의 법에 의해서가 아니라 은혜의 사면법에 의해서, 냉혹한 율법에 따라서가 아니라 풍성하고 값없이 주시는 은혜에 따라서, 그렇게 될 것이다. 이 목적을 위해, 그리스도에 의해 견고하게 되고 끝까지 서게 된다는 얼마나 다행한 일일까! 우리가 누구든 상관없이 이 특권에 대한 소망이 있다는 것은 얼마나 은혜로운 일일까! 마지막 날에 우리가 책망할 것이 없는 자로 나타나도록 그리스도의 능력으로 말미암아 우리들 자신의 타락과 사탄의 유혹으로부터 보호를 받다니! 특별히 하나님의 신실하심이 우리의 소망을 지원하다니, 얼마나 영광스러운 기대인가! 너희를 부르시는 이는 미쁘시니 그가 또한 이루시리라(살전 5:24). 우리를 그리스도께 가까이 이끌고, 그분과 사랑의 관계를 갖게 하시는 분, 우리를 그리스도와의 감미롭고 친밀한 교제 속으로 이끄시는 분은 참으로 신실하시다. 그분은 우리가 가장 큰 신뢰를 갖고 의지할 수 있는 분이다. 그분의 부르심에 따라 나아오는 자들은 그분에게 둔 소망 때문에 절대로 실망하는 일은 없을 것이다. 만일 우리가 성실하게 하나님을 신뢰한다면, 그분은 끝까지 자신의 성실함을 우리에게 보여주실 것이다. 나의 성실함도 폐하지 아니하며(시 89:33).

¹⁰형제들아 내가 우리 주 예수 그리스도의 이름으로 너희를 권하노니 모두가 같은 말을 하고 너희 가운데 분쟁이 없이 같은 마음과 같은 뜻으로 온전히 합하라 ¹¹내 형제들아 글로에의 집 편으로 너희에 대한 말이 내게 들리니 곧 너희 가운데 분쟁이 있다는 것이라 ¹²내가 이것을 말하거니와 너희가 각각 이르되 나는 바울에게, 나는 아볼로에게, 나는 게바에게, 나는 그리스도에게 속한 자라 한다는 것이니 ¹³그리스도께서 어찌 나뉘었느냐 바울이 너희를 위하여 십자가에 못 박혔으며 바울의 이름으로 너희가 세례를 받았느냐

여기서 사도는 자신이 전하고자 하는 주제로 들어간다.

I. 사도는 고린도 교인들에게 연합과 형제 사랑을 권면하고, 그들의 분쟁에 대해 책망한다. 사도는 그들 사이에 벌어진 어떤 불행한 분쟁이 잘 해결되기를 바라는 마음을 가진 한 사람으로부터 그 소식을 들었다. 그가 이 소식을 전한 것은 교회나 그들의 사역자들에 대해 악의가 있어서가 아니라 바울의 중재

를 통해 과열된 분쟁을 수습하려는 신중하고 애정어린 관심에서였다. 사도는 그들에게 아주 다정한 어조로 말을 꺼낸다: "형제들아 내가 우리 주 예수 그리스도의 이름으로 너희를 권하노니(10절). 만일 너희가 부르심을 입은 그 소중하고 가치 있는 이름을 조금이라도 염두에 두고 있다면 하나가 되라. 모두가 같은 말을 하라(10절) 즉 분쟁 곧 분열(원어의 의미는 이 뜻이다)을 피하라. 다시 말해 서로 간에 감정이 소원해지지 않도록 하라. 할 수 있는 한 같은 마음과 같은 뜻으로 온전히 합하라(10절). 믿음의 큰 일들에 있어서 한마음이 되라. 그러나 생각으로 하나가 되지 못할 때에는 사랑으로 하나가 되도록 하라. 큰 일들에 대해 일치가 이루어지면 사소한 일들에 관한 불화와 분열은 곧 소멸될 것이다."

II. 사도는 이 분쟁의 원인을 제시한다. 교만이 그 근저에 자리잡고 있고, 이것이 그들을 갈라놓는 원인이었다. 교만에서는 다툼만 일어날 뿐이라(잠 13:10). 고린도 교인들은 그들의 사역자들을 두고 서로 다투었다. 바울과 아볼로는 예수 그리스도의 신실한 두 사역자로서, 그들의 믿음과 기쁨을 돕는 자들이었다. 그러나 분쟁에 빠져 당파를 일으킨 자들은 그들의 사역자들을 각기 자기들 당파의 우두머리로 만들었다. 어떤 이들은 가장 훌륭한 영적 선생이라는 이유로 바울을 추종했고, 다른 이들은 가장 유능한 설교자라는 이유로 아볼로를 자기들의 머리로 받들었다. 또 다른 이들은 당대의 최고 권위자로서 또는 할례의 사도였다는 이유로 게바 곧 베드로를 최고의 위치에 두었다. 그리고 또 어떤 이들은 그들 가운데 누구도 인정하지 않고 오직 그리스도만 따랐다. 세상에서 아무리 좋은 것이라고 해도 이처럼 타락하기 쉽고, 그들 상호 간에 완전한 일치를 이루고 있던 복음과 그 제도가 불화, 불일치, 그리고 다툼의 도구가 되고 말았다. 이것은 우리의 종교가 잘못되었음을 보여주는 증거가 아니라 인간 본성이 타락하고 부패했음을 보여주는 우울한 증거다. 교만이 그리스도인들을 얼마나 크게 서로 반목하도록 만드는지를 주목해보라. 심지어 그것은 그리스도와 그의 직계 제자들 사이도 갈라놓고, 그들을 경쟁자와 대적자로 만든다.

III. 사도는 그들의 분열과 다툼에 대해 훈계한다. "그리스도께서 나뉘었느냐(13절). 아니다. 한 분 그리스도가 계실 뿐이다. 그러므로 그리스도인들은 한마음을 가져야 한다. 바울이 너희를 위하여 십자가에 못 박혔느냐(13절). 그가 너희의 회생제물과 속죄제물이 되었느냐? 내가 너희의 구주처럼 행세한 적이 있느냐? 아니면 그리스도의 사역자 말고 다른 일을 한 적이 있느냐? 또는 바울의 이름으로 너희가 세례를 받았느냐(13절). 너희가 그 성례로 말미암아 나를 섬기거나 나의 제자가 된 적이 있느냐? 내가 너희 하나님과 대속주의 권리에 속하는 것을 너희에게 요구하거나 의지하라고 한 적이 있느냐?" 절대로 없다. 아무리 사역자들이 우리에게 선한 모습을 보여준다고 할지라도, 그들은 그리스도를 대신하는 자리에 설 수는 없다. 그들은 그리스도의 권위를 찬탈해서도 안 되고, 마치 그분의 권위가 자기들에게 이전된 것처럼 사람들에게 어떤 일을 행해서도 안 된다. 그리스도만이 우리의 구주요, 희생제물이시다. 그분만이 우리 주님이자 인도자시다. 그리스도가 나누어지지 않는 것처럼 그들 사이를 갈라 놓는 어떤 이름도 없다면, 교회가 얼마나 좋을까!

¹⁴나는 그리스보와 가이오 외에는 너희 중 아무에게도 내가 세례를 베풀지 아니한 것을 감사하노니 ¹⁵이는 아무도 나의 이름으로 세례를 받았다 말하지 못하게 하려 함이라 ¹⁶내가 또한 스데바나 집 사람에게 세례를 베풀었고 그 외에는 다른 누구에게 세례를 베풀었는지 알지 못하노라

여기서 사도는 그들에게 행한 자신의 사역에 대해 설명한다. 그는 그들 가운데 단지 몇 사람 곧 고린도지역 회당의 지도자였던(행 18:8) 그리스보와 가이오, 그리고 스데바나의 집 사람에게만 세례를 준 것을 하나님께 감사한다(14절). 그는 이들 외에 다른 사람들에게는 자신이 세례를 베푼 기억이 없다고 말한다. 그러나 이것이 어떻게 적절한 감사의 조건이 되겠는가? 모든 족속에게 세례를 주는 것이 사도들의 사명의 한 부분이 아니었던가? 바울은 자신의 의무 태만에 대해 하나님께 감사하고 있다는 말인가? 이런 의미에서 그가 마치 세례를 전혀 주지 아니한 것에 대해 감사하는 것처럼 이해되어서는 안 된다. 그는 그것이 오해되지 않도록 즉 자신의 이름으로 세례를 주고 자신의 제자를 만들고 자신이 그들의 머리가 되는 그런 의미로 오해받지 않기 위해서 세례를 주지 않았다는 것이다. 그는 세례 주는 일은 다른 사람에게 맡기고 대신 자신은 더 유용한 사역에 힘썼다. 그는 복음을 전하는데 대부분의 시간을 보냈다. 그는 이 두 가지 일 가운데 후자가 중요한 일이라고 생각했기 때문에 그 일에 더 집중했다. 세례를 주는 일에 있어서는 감당할 수 있는 조력자가 있었지만, 복음

을 전하는 일에 있어서는 자기 말고 그 일을 대신해 줄 수 있는 사람이 없었기 때문이다. 이런 의미에서 사도는 그리스도께서 나를 보내심은 세례를 베풀게 하려 하심이 아니요 오직 복음을 전하게 하려 하심이라고 말한다(17절). 곧 세례를 주는 일이 아니라 복음을 전파하는 일을 위해서 보냄을 받았다는 말이다. 사역자들이 보내심을 받아 특별히 따로 세움을 입었다고 스스로 생각한다면, 그것은 다른 일이 아니라 그리스도께 최고의 영광을 돌리도록 그리고 영혼 구원의 사역을 돕도록 행해진 일임을 명심해야 하고, 최대한 그 의무를 게을리하지 않고 잘 감당해야 할 것이다. 바울이 그들에게 행한 첫 번째 업무는 복음(17절), 십자가(18절), 십자가에 못 박힌 그리스도(23절)를 전하는 것이었다. 사역자들은 그리스도의 군사로서, 십자가의 깃발을 세우고 보여주는 사람이다. 사도는 자신의 환상이 아니라 복음 — 십자가에 달리신 대속주의 중보를 통한 하나님과의 평화와 화해의 기쁜 소식— 을 전했다. 이것이 복음의 정수(精髓)요 본질이다. 십자가에 달리신 그리스도가 우리 모든 소망의 원천이요 모든 기쁨의 근원이다. 그분의 죽으심으로 말미암아 우리가 산다. 이것이 바울이 전파한 것으로, 모든 사역자들이 전파해야 할 것이자 모든 성도들이 따라 살아야 할 것이다.

[17]그리스도께서 나를 보내심은 세례를 베풀게 하려 하심이 아니요 오직 복음을 전하게 하려 하심이로되 말의 지혜로 하지 아니함은 그리스도의 십자가가 헛되지 않게 하려 함이라 [18]십자가의 도가 멸망하는 자들에게는 미련한 것이요 구원을 받는 우리에게는 하나님의 능력이라 [19]기록된 바 내가 지혜 있는 자들의 지혜를 멸하고 총명한 자들의 총명을 폐하리라 하였으니 [20]지혜 있는 자가 어디 있느냐 선비가 어디 있느냐 이 세대에 변론가가 어디 있느냐 하나님께서 이 세상의 지혜를 미련하게 하신 것이 아니냐 [21]하나님의 지혜에 있어서는 이 세상이 자기 지혜로 하나님을 알지 못하므로 하나님께서 전도의 미련한 것으로 믿는 자들을 구원하시기를 기뻐하셨도다 [22]유대인은 표적을 구하고 헬라인은 지혜를 찾으나 [23]우리는 십자가에 못 박힌 그리스도를 전하니 유대인에게는 거리끼는 것이요 이방인에게는 미련한 것이로되 [24]오직 부르심을 받은 자들에게는 유대인이나 헬라인이나 그리스도는 하나님의 능력이요 하나님의 지혜니라 [25]하나님의 어리석음이 사람보다 지혜롭고 하나님의 약하심이 사람보다 강하니라 [26]형제들아 너희를 부르심을 보라 육체를 따라

지혜로운 자가 많지 아니하며 능한 자가 많지 아니하며 문벌 좋은 자가 많지 아니하도다 [27]그러나 하나님께서 세상의 미련한 것들을 택하사 지혜 있는 자들을 부끄럽게 하려 하시고 세상의 약한 것들을 택하사 강한 것들을 부끄럽게 하려 하시며 [28]하나님께서 세상의 천한 것들과 멸시 받는 것들과 없는 것들을 택하사 있는 것들을 폐하려 하시나니 [29]이는 아무 육체도 하나님 앞에서 자랑하지 못하게 하려 하심이라 [30]너희는 하나님으로부터 나서 그리스도 예수 안에 있고 예수는 하나님으로부터 나와서 우리에게 지혜와 의로움과 거룩함과 구원함이 되셨으니 [31]기록된 바 자랑하는 자는 주 안에서 자랑하라 함과 같게 하려 함이라

우리는 여기서 다음과 같은 내용을 확인할 수 있다.

I. 바울이 복음과 그리스도의 십자가를 전한 방법.　말의 지혜로 하지 아니함은(17절), 설득력 있는 지혜의 말로 하지 아니하고(2:4). 그는 헬라인들이 크게 자랑하고, 사도를 크게 훼방한 사람들이 적극 추천하는 방법인 유창한 연설이나 정확한 철학적 논리로 전하지 아니했다. 그는 그리스도의 십자가가 헛되지 않게 하려고, 즉 그 성공이 사람의 기교의 힘이 아니라 진리의 힘에 귀속되도록, 그것을 전하는 자의 강력한 웅변의 힘이 아니라 십자가에 못 박힌 그리스도의 단순한 교리에 귀속되도록, 그리하여 십자가의 영예가 조금도 감소되거나 가려지지 않도록 그러한 방식으로 복음을 전하지 않았다. 바울은 가말리엘 문하에서 유대교 학문을 배우며 자랐다. 그러나 그리스도의 십자가를 전하는데 그 학문을 써먹지 않았다. 그는 단순한 말로 십자가에 못 박힌 예수를 전하고, 예루살렘에서 십자가에 못 박힌 예수가 하나님의 아들이자 사람들의 구주라는 것과 구원받는 사람들은 누구나 그들의 죄를 회개하고 예수를 믿고 그분의 다스림과 법에 복종해야 한다고 말했다. 이 진리는 기교의 옷을 필요로 하지 않았다. 그것은 스스로 빛을 내 가장 큰 엄위를 보여주었고, 그 신적 권위로 말미암아 인간의 도움 없이 성령의 증언만으로 세상에 퍼져나갔다. 십자가에 못 박힌 예수에 관한 단순한 전도는 이방 세계의 모든 웅변과 철학의 힘보다 훨씬 더 강력했다.

II. 이 전도 방법의 다양한 효력.　멸망하는 자들에게는 미련한 것이요 구원을 받는 우리에게는 하나님의 능력이라(18절). 유대인에게는 거리끼는 것이요 이방인에게는 미련한 것이로되 오직 부르심을 받은 자들에게는 유대인이나 헬라인이나

그리스도는 하나님의 능력이요 하나님의 지혜니라(23,24절).

1. 십자가에 못 박힌 그리스도가 유대인에게는 거리끼는 것이다. 그들은 대망하는 메시야가 현세를 지배할 위대한 왕으로 오실 것이라는 사상을 갖고 있었다. 그러므로 그들 생각 속에는 그토록 비천한 자로 와서 그토록 저주스런 죽음을 당한 자가 그들의 구원자와 왕이 된다는 사상은 있을 수 없었다. 그들은 그분을 멸시하고 저주할 존재로 간주했는데, 그것은 다양한 이적들을 통해 그분이 신적 능력을 보여주었음에도 불구하고, 결국엔 나무에 달려 죽으심으로써 그들이 구하는 표적에 일치하지 못했기 때문이다. 유대인은 표적을 구한다(22절). 마 12:28을 보라.

2. 그분은 이방인에게는 미련한 사람이었다. 그들은 십자가에 못 박힌 구세주 이야기를 비웃고, 사도들이 그것에 관해 말할 때 그 말을 조롱했다. 그들은 지혜를 구했다. 그들은 지식과 학식을 추구하는 사람들로서, 세련된 기교와 학문을 갖고 있었고, 한때는 지식과 학문의 참된 근원을 제공하기도 했다. 십자가의 단순한 교훈 속에는 그들의 구미를 충족시켜주거나 그들의 허영에 보조를 맞춰주거나 비판적이고 논쟁적인 기질을 만족시켜줄 만한 것이 아무것도 없었다. 그러므로 그들은 조롱과 경멸로 십자가를 대하였다. 자기도 구원할 수 없는 자에게 구원의 소망을 두라니! 악인으로 정죄받고 십자가 처형을 당한 사람, 미천한 출생에 빈곤한 인생을 산 사람, 그리고 그토록 혐오스럽고 수치스러운 죽음으로 끝장난 사람을 믿으라니, 어이없도다! 이것은 인간의 이성과 학문의 교만이 결코 좋아할 수 없는 것이었다. 이방인은 이런 교훈을 받아들이고, 이런 사람에게 높은 존경을 바치는 것은 미련한 것 외에 다른 것이 아니라고 생각했다. 따라서 그들은 그 교만과 완고함 때문에 망하는 것이 당연했다. 신적 지혜와 은혜에 이처럼 교만한 멸시를 쏟아놓는 사람들을 내버려 두는 것은 하나님의 공의임을 유의하자.

3. 부르심 받아 구원을 얻은 사람들에게 그리스도는 하나님의 능력이요 하나님의 지혜다. 부르심 받아 의롭게 된 사람들, 곧 복음을 받아들이고 하나님의 영으로 말미암아 깨달은 사람들은 그리스도의 다른 어떤 사역에서보다 십자가에 못 박힌 그리스도 교리 안에서 영광스러운 하나님의 지혜와 능력을 발견해낸다. 구원받은 사람들은 십자가 교리와 화목을 이룬 사람들로서, 십자가에 못 박힌 그리스도의 신비를 경험적으로 알도록 인도를 받은 사람들이다.

Ⅲ. 구약의 예언에 따라(사 19:14) **사람의 지혜를 이긴 십자가의 승리.** 　내가 지혜 있는 자들의 지혜를 멸하고 총명한 자들의 총명을 폐하리라. 지혜 있는 자가 어디 있느냐 선비가 어디 있느냐 이 세대에 변론가가 어디 있느냐 하나님께서 이 세상의 지혜를 미련하게 하신 것이 아니냐(19,20절). 이 세상의 가치 있는 모든 학문은 십자가에 대한 기독교의 계시와 그 영광스러운 승리로 말미암아 혼란스럽게 되고 좌절되고 무색하게 되었다. 이방인 통치자와 철학자들, 유대교 랍비와 박사들, 자연의 비밀을 파헤치는 전문 탐구자들은 모두 궁지에 빠져 어찌할 바를 모르게 되었다. 이 진리는 지극히 훌륭한 통치자와 철학자들, 유대인과 이방인 가운데 최고의 학문을 자랑하는 현자들의 이해를 초월했다. 하나님께서는 세상을 구원하시려고 할 때, 자신만의 독특한 방법을 취하셨다. 이 세상이 자기 지혜로 하나님을 알지 못하므로(21절), 그것은 충분히 그럴 만했다. 이방세계의 뽐내는 학문으로는 도저히 세상을 하나님께 가까이 나아가도록 효과적으로 이끌지 못했고, 또 이끌 수도 없었다. 그 모든 지혜에도 불구하고 여전히 무지가 팽배하고 불의가 충만했다. 사람들은 자기들의 허황된 지식을 뽐냈고, 그로 인해 오히려 하나님으로부터 더 멀어지게 되었다. 그러므로 하나님께서 전도의 미련한 것으로 믿는 자들을 구원하시기를 기뻐하셨다(21절). 전도의 미련한 것 — 이것은 진리에 입각한 판단이 아니라 세상의 속된 판단이다.

1. 전파한 내용이 세상 현자들의 눈에 미련한 것이었다. 죽은 한 사람으로 말미암아 우리가 살고, 저주를 받은 한 사람으로 말미암아 우리가 복을 받으며, 정죄받은 한 사람으로 말미암아 우리가 의롭게 된다는 것은, 자만으로 눈이 멀고, 그들 자신의 편견으로 왜곡되고, 그들 자신의 이성과 철학의 발견들을 뽐내는 사람들에게는 완전히 미련하고 모순된 것이었다.

2. 복음을 전파한 방법도 그들에게는 미련한 것이었다. 지혜나 웅변으로 유명한 사람들 가운데 아무도 교회를 세우거나 복음을 선전하는 도구로 쓰임받지 않았다. 몇 사람의 어부가 부르심을 받았고, 이 사명에 따라 보내심을 받았다. 이들은 만민을 제자로 삼도록 사명을 받았다. 이들은 구원에 관한 지식의 보화를 세상에 전달하도록 선택받은 그릇들이었다. 그들 속에는 아무리 보아도 그들이 하나님으로부터 온 위대하고 존엄한 인물들이라는 인상을 줄 만한 것이 조금도 없었다. 학문과 지혜를 자랑하는 교만한 사람들은 그 진리를 전하는 사람들의 초라함을 보고 그것을 무시했다. 그러나 하나님의 어리석음이 사람

보다 지혜롭다(25절). 허탄한 사람들이 어리석고 부실하다고 비판하기 쉬운 그 신적 행위에 관한 방법은 사람들 사이에 퍼져 있는 모든 학문과 지혜보다 훨씬 더 진실하고 견고하고 성공적인 지혜를 담고 있었다: "형제들아 너희를 부르심을 보라 육체를 따라 지혜로운 자가 많지 아니하며 능한 자가 많지 아니하며 문벌 좋은 자가 많지 아니하도다(26절). 기독교의 상황을 보라. 학문과 권세 또는 영예로운 가문을 가진 자들 중에는 부르심 받은 자가 많지 않다." 기독교는 외적 모양만 보면 극히 비천하고 연약하다. 그 이유는 다음과 같다.

(1) 세상에서 유명한 인물들 가운데 이 사역을 위해 선택받은 자는 별로 없었기 때문이다. 하나님은 세상에서 철학자, 웅변가, 통치자 또는 부와 권세와 이권을 갖고 있는 사람들을 은혜와 평강의 복음을 선포하는 자로 택하지 아니하셨다. 지혜와 학문으로 명성이 자자한 사람이 복음을 전하는데 크게 기여할 것 같지만, 사실 육체를 따라 지혜로운 자들은 선택받지 못했다. 또 사람들은 세속적 과시와 능력이 세상에 복음을 전파하는데 유익하다고 상상하기 쉽지만, 능한 자와 문벌 좋은 자도 그 일을 위해 택함받지 못했다. 반면에 하나님은 사람이 보는 것과 다르게 보신다. 그분은 세상의 미련한 것들, 세상의 약한 것들, 세상의 천한 것들과 멸시받는 것들, 세상의 없는 것들 곧 비천한 신분과 낮은 지위와 평범한 지식을 가진 사람들을 택하사 복음 전파자들과 교회를 세우는 자들로 삼으셨다. 내 생각이 너희의 생각과 다르며 내 길은 너희의 길과 다름이니라(사 55:8). 그분은 그분의 영광의 목적을 달성하는데 가장 좋은 도구와 수단이 무엇인지를 결정하는데 있어서 우리보다 훨씬 더 탁월한 판단자가 되신다.

(2) 저명한 신분이나 인격을 소유한 자들 가운데 그리스도인으로 부르심을 받은 자는 아주 적었다. 복음 전도자들 가운데 가난하고 비천한 자들이 많았던 것처럼 일반적으로 개종자들도 역시 그러했다. 지혜롭고 능하고 문벌 좋은 자들은 십자가의 진리를 잘 수용하지 못했다. 초대 그리스도인들은 유대인과 이방인을 막론하고 약하고 미련하고 천한 자들이었다. 그들은 지적 수준으로 보면 무척 낮은 수준이었고, 외적 상태로 보면 아주 저급한 신분과 조건을 가진 사람들이었다. 그러나 복음의 전체 진리 속에 신령한 지혜가 들어있고, 이 특수한 상황 속에 그 성공이 있다는 것은 얼마나 영광스러운 발견일까!

IV. 이 모든 것이 얼마나 놀랍게 적용되는지에 대한 설명.

1. 그것은 사람들의 교만과 허영을 타파하는데 적용되었다. 하나님은 세상의 미련한 것들을 택하사 지혜 있는 자들을 부끄럽게 하려 하셨다(27절). 즉 학문이 없는 사람들을 택해 학문이 높은 사람들을 부끄럽게 하셨다. 세상의 약한 것들을 택하사 강한 것들을 부끄럽게 하려 하셨다(27절). 즉 천한 신분과 환경을 가진 사람들을 택해 세상 임금들의 모든 권력과 권위를 부끄럽게 하고 이기도록 하셨다. 그리고 세상의 천한 것들과 멸시 받는 것들과 없는 것들을 택하사 있는 것들을 폐하려 하셨다(28절). 즉 이방인들(유대인들이 가장 멸시하고 그 사상을 무시하는)을 개종시켜 유대인들이 그토록 선호하는 제도를 폐하고, 또 그들이 그토록 멸시하는 세상에 대해 그 가치를 크게 평가할 수 있는 길을 열어 놓으셨다. 유대인들은 흔히 이방인들을 없는 것들이라는 호칭으로 부른다. 그래서 에스더의 외경을 보면, 에스더가 하나님께 그분의 홀을 없는 것들에게는 주시지 말라고 기도하는 장면이 나온다(에스더서 14:11). 또 외경 가운데 하나인 에스드라서에도, 에스드라가 하나님께 아무것도 받을 자격이 없는 이교도들이라고 말하는 내용이 나온다(제2에스드라서 6:56,57). 그리고 사도 바울도 유대인들이 흔히 쓰는 이 말을 사용하는데, 그는 하나님께서 아브라함을 부르실 때에 대해 말하면서, 내가 너를 많은 민족의 조상으로 세웠다 하심과 같으니 그가 믿은 바 하나님은 죽은 자를 살리시며 없는 것을 있는 것으로 부르시는 이시니라(4:17)고 언급한다. 복음은 유대인과 이방인의 교만을 꺾는데 적용된다. 이방인이 뽐내는 지혜와 학문을 부끄럽게 하고, 유대인이 스스로 높이고 세상의 나머지 족속들은 크게 멸시하며 그 위에 서 있는 제도를 타파하셨는데, 이는 아무 육체도 하나님 앞에서 자랑하지 못하게 하려 하심이다(29절). 즉 그들로 하여금 자랑의 구실을 가질 수 없도록 하기 위해서였다. 오직 신적 지혜만이 구속의 방법을 고안해냈다. 오직 신적 은혜만이 그것을 계시하고 알려지도록 했다. 그것은 모든 면에서 인간의 영역을 벗어나 있다. 그리고 인간의 계교나 권위로부터 나오는 그 모든 억압에도 불구하고 그 진리와 발견은 세상으로 퍼져나갔다. 하나님께서는 이렇게 효과적으로 인간의 모든 영광을 덮어버리고, 그 교만을 땅으로 떨어뜨렸다. 복음의 경륜은 인간을 겸손하게 만들 의도를 갖고 있다.

2. 그것은 하나님을 영화롭게 하는데 적용되었다. 기독교의 본질과 삶 속에는 놀라운 능력과 영광이 포함되어 있다. 사역자들은 가난하고 배우지 못했고, 일반 개종자들은 천한 신분에 속해 있었지만, 주님의 손이 복음 사역자들과 함

께 하고, 또 복음을 듣는 자들의 마음을 강하게 붙들어 주셨다. 예수 그리스도는 사역자 및 그리스도인들 모두에게 진실로 위대하고 영예로운 분이셨다. 우리가 갖고 있는 것은 모두 하나님께 그 원천을 두고 있고, 그 전달 통로인 그리스도 안에서 그리고 그리스도로 말미암아 우리에게 주어진 것이다. 그분은 하나님으로부터 나와서 우리에게 지혜와 의로움과 거룩함과 구원함이 되셨다(30절). 이것이 우리가 필요로 하는, 아니 우리가 바랄 수 있는 모든 것이다. 우리는 어리석어서 우리의 자랑하는 모든 지식을 동원한다 해도, 하나님의 일에 대해 무지하고 맹목적이다. 그래서 그분이 우리의 지혜가 되셨다. 우리는 정의에 대해 떳떳하지 못하고, 그것을 싫어한다. 그래서 그분이 우리의 위대하신 속죄제물과 희생제물이 되심으로써, 우리의 의로움이 되셨다. 우리는 부패하고 타락했다. 그래서 우리의 영적 생명의 원천이신 그분이 거룩함이 되셨다. 그것은 머리이신 그분으로부터 그분의 영으로 말미암아 그분의 신비의 몸의 각 지체들에게 전달되는 것이다. 우리는 속박 속에 있었고, 그래서 그분이 우리의 구주이자 구원자로서 우리에게 구속이 되신다. 그리스도께서 어떤 영혼에게 의로움이 되신다면, 그분은 또한 거기서 거룩함도 되신다는 것을 명심하자. 그분은 죄의 권세로부터 구원하지 않고는 그 죄책으로부터 벗어나도록 하시지 않는다. 또 그분은 끝까지 완전한 구속함이 되기 위해 의로움과 거룩함이 되시고, 따라서 그분은 영혼을 죄의 권능으로부터 해방시키고, 육체를 무덤의 속박으로부터 벗어나게 하실 수 있다. 이 모든 것의 목적은 자랑하는 자는 주 안에서 자랑하도록(31절) 하기 위함이다. 우리 모두가 주 안에서 영화롭게 되는 것이 하나님의 뜻임을 명심하자. 우리의 구원은 오직 그리스도로 말미암아 주어질 때에만 유효하다. 이 온전한 진리로 말미암아 인간은 겸손하게 되고, 하나님은 영광을 받고 높임을 받아야 하리라.

제
— 2 —
장

개요

사도는 이 장에서 자신의 주장을 계속 전개한다. 그 내용은 다음과 같다. I. 그가 고린도 교인들에게 전했던 복음 전도의 단순한 방법을 그들에게 상기시킨다(1-5절). II. 그가 그들에게 전한 복음은 세상에서 아무리 공부를 많이 한 자라도 그 성취에 도달할 수 없고, 그것이 계시되지 않는 한 절대로 사람의 마음속에 들어갈 수 없으며, 그것을 계시하시는 성령의 빛과 인도를 받지 않으면 결코 구원을 받거나 이를 수 없는 가장 참되고 가장 고상한 지혜의 보화임을 그들에게 제시한다(6-16절).

¹형제들아 내가 너희에게 나아가 하나님의 증거를 전할 때에 말과 지혜의 아름다운 것으로 아니하였나니 ²내가 너희 중에서 예수 그리스도와 그가 십자가에 못 박히신 것 외에는 아무것도 알지 아니하기로 작정하였음이라 ³내가 너희 가운데 거할 때에 약하고 두려워하고 심히 떨었노라 ⁴내 말과 내 전도함이 설득력 있는 지혜의 말로 하지 아니하고 다만 성령의 나타나심과 능력으로 하여 ⁵너희 믿음이 사람의 지혜에 있지 아니하고 다만 하나님의 능력에 있게 하려 하였노라

이 부분에서 사도는 자신의 목적을 언급하고, 그가 처음에 고린도 교인들에게 복음을 전했을 때 자신이 어떻게 했었는지를 상기시킨다.

I. 사도가 우리에게 말하는 주제.   내가 너희 중에서 예수 그리스도와 그가 십자가에 못 박히신 것 외에는 아무것도 알지 아니하기로 작정하였음이라(2절). 즉 나는 예수 그리스도와 그가 십자가에 못 박히신 것 외에 다른 지식은 아무것도 보여주지 않겠다. 다시 말해 그것 말고 다른 것은 절대로 전파하거나 밝히거나 하지 않겠다. 그 인격과 직분에 있어서 그리스도는 복음의 정수요 본질로서, 복음 전도자의 전파의 중심 주제가 되어야 한다. 그의 임무는 십자가의 깃발을 보여주고, 사람들을 그 아래로 초청하는 것이다. 바울이 전하는 것을 들은 사람들은 누구든 그가 시종일관 그리스도와 그가 십자가에 못 박히신 것 외에는

아무것도 모른다고 말하는 것을 발견하게 될 것이다. 그가 갖고 있는 다른 지식이 무엇이든, 이것이 그가 전파한 유일한 지식이었고, 듣는 사람들에게 선전하는 유일한 관심사였다.

Ⅱ. 여기서도 그의 전도의 방법을 확인할 수 있다.

1. 소극적 방법. 내가 너희에게 나아가 말과 지혜의 아름다운 것으로 아니하였나니(1절). 내 말과 내 전도함이 설득력 있는 지혜의 말로 하지 아니하고(4절). 사도는 세련된 웅변가나 심오한 철학자 행세를 하지 아니했다. 또 그들의 환심을 사려고 유창한 말을 사용하거나 심오한 이성과 특별한 학문 및 지식을 뽐내듯 보여주지 아니했다. 그는 멋진 어조나 웅변적 표현으로 듣는 자들의 귀를 사로잡으려고 하지도 않았고, 숭고한 관념을 기발한 재치로 말함으로써 그들의 상상을 즐겁게 하거나 만족시키려 하지도 않았다. 그의 말과 그가 가르친 지혜는 인간의 능숙한 맛이 없었다. 그는 이 두 가지를 완전히 다른 학교에서 배웠다. 신적 지혜는 이러한 인간의 장치를 설치할 필요가 없었다.

2. 적극적 방법. 사도는 하나님의 증거를 전하려고 그들에게 나아갔다(1절). 그는 신적 계시를 전했고, 그 권위를 위해 과거의 예언과 현재의 이적적인 역사들을 통해 충분한 증거를 제시했다. 말의 장치와 철학적 기교와 논증은 이 권위를 높이는데 있어서 아무런 보탬이 되지 않았다. 내가 너희 가운데 거할 때에 약하고 두려워하고 심히 떨었다. 그러나 내 말과 내 전도함이 다만 성령의 나타나심과 능력으로 하였다(3,4절). 고린도 교회 안에 있는 그의 대적들은 그를 반대하여 크게 경멸하는 태도로 말했다: 그들의 말이 그의 편지들은 무게가 있고 힘이 있으나 그가 몸으로 대할 때는 약하고 그 말도 시원하지 않다 하니(고후 10:10). 아마 사도는 작은 체구에 힘없는 목소리를 갖고 있었던 것으로 보인다. 그러나 그는 어떤 사람들처럼 훌륭한 웅변술은 없었지만, 보잘것없는 연사는 아니었던 것이 분명하다. 루스드라 사람들은 그를 이교도의 신인 허메(헤르메스: 머큐리)가 사람의 모양을 하고 자기들에게 내려온 것으로 간주했는데, 그것은 바울이 말하는 자였기 때문이다(행 14:12). 그는 자신의 사역을 완수하는데 용기나 결단력이 부족한 사람도 아니었다. 그는 결코 대적하는 자들 때문에 두려워하지 아니하였다(빌 1:28). 그러나 사도는 자랑하는 자가 아니었다. 그는 그의 대적들처럼 교만하게 자신을 뽐내지 않았다. 아주 공손하고 진지하고 조심스럽게 자신의 직분을 수행했다. 그는 그들 사이에서 극히 겸손한 자세로 처신했

다. 자기에게 위임된 영예와 권위로 헛되이 치장한 사람처럼 행동하지 않고, 자신의 신뢰에 금이 가지 않도록 최대한 신실하게 그리고 스스로 두려워하며 행동하였다. 경건한 질투를 가지고 영혼에 열정을 다하는 신실한 사역자들의 두려움과 떨림은 아무도 모른다. 자신의 연약함에 대한 깊은 자각으로 말미암아 이 두려움과 떨림은 찾아온다. 그들은 자기들이 얼마나 부족한 존재인지를 알고 있고, 그러기에 스스로 두려움을 느끼는 것이다. 바울은 이 겸손과 두려움을 갖고 사역했으나 권위를 갖고 복음을 전했다: 다만 성령의 나타나심과 능력으로 하여(4절). 그는 그리스도에 관한 진리를 그 곳 거민들의 옷을 입혀 단순한 말로 전했다. 그는 성령이 전달해 주는 대로 진리를 전했고, 진리를 입증하고 그것을 받아들이도록 하기 위해 외적으로는 표적과 이적을 일으키고, 내적으로는 사람들의 마음에 감동을 주시도록 성령께 일임하였다.

III. 사도가 이 방법으로 십자가에 못 박힌 그리스도를 전한 목적. 너희 믿음이 사람의 지혜에 있지 아니하고 다만 하나님의 능력에 있게 하려 하였노라(5절). 그들이 인간적 동기에 좌우되거나 단순한 사람의 변론에 의해 설득당하지 않도록, 즉 수사학이나 논리학이 그들을 그리스도인으로 만드는 것이 아님을 말하기 위해서라는 것이다. 그러나 십자가에 못 박히신 그리스도만이 단순히 전해질 때, 그 성공은 그 말에 수반된 신적 능력에 전적으로 돌려질 수밖에 없었다. 그들의 믿음은 사람의 지혜 위에 서 있는 것이 아니라 신적 증거와 역사 위에 서 있어야 한다. 복음은 하나님을 드러내고, 오직 그분만 영광을 받으시도록 전파되었다.

⁶그러나 우리가 온전한 자들 중에서는 지혜를 말하노니 이는 이 세상의 지혜가 아니요 또 이 세상에서 없어질 통치자들의 지혜도 아니요 ⁷오직 은밀한 가운데 있는 하나님의 지혜를 말하는 것으로서 곧 감추어졌던 것인데 하나님이 우리의 영광을 위하여 만세 전에 미리 정하신 것이라 ⁸이 지혜는 이 세대의 통치자들이 한 사람도 알지 못하였나니 만일 알았더라면 영광의 주를 십자가에 못 박지 아니하였으리라 ⁹기록된 바 하나님이 자기를 사랑하는 자들을 위하여 예비하신 모든 것은 눈으로 보지 못하고 귀로 듣지 못하고 사람의 마음으로 생각하지도 못하였다 함과 같으니라 ¹⁰오직 하나님이 성령으로 이것을 우리에게 보이셨으니 성령은 모든 것 곧 하나님의 깊은 것까지도 통달하시느니라 ¹¹사람의 일을 사람의 속에 있는 영 외에 누가

알리요 이와 같이 하나님의 일도 하나님의 영 외에는 아무도 알지 못하느니라 [12]우리가 세상의 영을 받지 아니하고 오직 하나님으로부터 온 영을 받았으니 이는 우리로 하여금 하나님께서 우리에게 은혜로 주신 것들을 알게 하려 하심이라 [13]우리가 이것을 말하거니와 사람의 지혜가 가르친 말로 아니하고 오직 성령께서 가르치신 것으로 하니 영적인 일은 영적인 것으로 분별하느니라 [14]육에 속한 사람은 하나님의 성령의 일들을 받지 아니하나니 이는 그것들이 그에게는 어리석게 보임이요, 또 그는 그것들을 알 수도 없나니 그러한 일은 영적으로 분별되기 때문이라 [15]신령한 자는 모든 것을 판단하나 자기는 아무에게도 판단을 받지 아니하느니라 [16]누가 주의 마음을 알아서 주를 가르치겠느냐 그러나 우리가 그리스도의 마음을 가졌느니라

이 부분에서 사도는 비록 자신이 사람의 탁월한 지혜를 갖고, 또 유대인이나 이방인의 자랑할 만한 지식과 학문을 가지고 그들에게 나아간 것은 아니지만, 가장 믿을 만하고 가장 차원 높은 지혜의 보화를 그들에게 전해주고자 했음을 보여준다: 우리가 온전한 자들 중에서는 지혜를 말하노니(6절). 여기서 온전한 자들은 기독교의 가르침을 잘 받고, 하나님의 일에 어느 정도 성숙한 모습을 보여주는 사람을 말한다. 그 교리를 신적 진리로 받아들이고 성령의 조명을 받아 그것을 잘 깨달은 자들은 거기서 참된 지혜를 발견한다. 그들은 그리스도와 십자가에 못 박히신 분의 역사를 분명히 이해할 뿐만 아니라 그 안에서 신적 지혜의 깊이와 놀라운 목적을 분별해낸다. 우리가 전하는 것이 세상 사람들에게는 미련한 것이지만, 그들에게는 지혜다. 그들은 그것으로 말미암아 지혜롭게 되고, 그 안에서 지혜를 분별할 수 있다. 지혜로운 사람들은 지혜가 무엇인지 적절하게 판단할 수 있음을 유의하자. 참으로 그것은 이 세상의 지혜가 아니요 또 이 세상에서 없어질 통치자들의 지혜도 아니요 오직 은밀한 가운데 있는 하나님의 지혜를 말하는 것이다(6,7절). 세상 지혜가 아니라 신적 지혜라는 말이다. 이 세상 사람들에 의해 발견될 수 있는 지혜도 아니고, 교만과 편견과 기호와 세속적 이해의 지시를 받아 움직이고, 하나님의 영을 결여하고 있는 세상 사람들이 받을 수 있는 지혜도 아니라는 것이다. 하나님의 판단과 세상의 판단이 얼마나 다른지 보라! 그분이 보는 것은 사람과 같지 아니하다(삼상 16:7). 그분이 가르치는 지혜는 세상에서 통용되는 지혜와는 확실히 다른 종류에 속하

는 것이다. 그것은 통치자나 철학자나 랍비의 지혜가 아니다(6절을 보라). 그것은 그들이 가르치는 것과 같은 것도 아니고, 그들이 좋아할 만한 것도 아니며, 오직 은밀한 가운데 있는 하나님의 지혜다(7절). 그분이 오랫동안 간직하고, 세상으로부터 감추시고, 이제야 그 비밀을 드러내신 지혜는 오직 그분 외에는 아무도 측량할 수 없는 것이다. 이 비밀은 만세와 만대로부터 감추어졌던 것인데 이제는 그의 성도들에게 나타났다(골 1:26). 곧 이방세계로부터 완전히 감추어져 있었고, 유대인에게도 희미한 모형과 꿈꾸는 것과 같은 예언으로 가려 있어서 비밀이었던 것이 이제 하나님의 영으로 말미암아 계시되고 알려지게 되었다. 복음 계시를 누리고 있는 사람들의 특권을 한번 보라. 그들에게는 모형은 벗겨지고 비밀은 드러나고 예언은 해석되었으며 하나님의 은밀한 경륜은 선포되고 공개되었다. 은밀한 가운데 있는 하나님의 지혜가 성도들에게 밝히 드러나게 되었다. 그러면 이 지혜에 관해 살펴보자.

I. 이 지혜의 발생과 기원. 하나님이 우리의 영광을 위하여 만세 전에 미리 정하신 것이라(7절). 그것은 하나님이 정하신 것이었다. 하나님은 그것이 계시되고 알려지기 오래 전에 그것을 미리 정하셨다. 그것은 알려지기 오래 전부터, 태초부터, 아니 영원부터 정해진 것이었다. 그것은 우리가 사도든 아니면 일반 그리스도인이든 간에, 우리의 영광 곧 우리에게 속한 영광이었다. 이 지혜의 계시를 받은 것은 사도들에게는 큰 영예였다. 그리스도인이 이 영광스러운 지혜를 발견하게 된 것 역시 크고 영예로운 특권이었다. 그리고 복음 안에서 발견되는 하나님의 지혜, 곧 복음에 의해 가르쳐지는 신적 지혜는 다가올 세상에서 우리가 누릴 영원한 영광과 행복을 위해 준비된 것이다. 우리의 구속에 관한 하나님의 경륜은 영원부터 계획된 것으로 성도들의 영광과 행복을 위해 마련되었다. 이 경륜 속에 얼마나 깊은 지혜가 들어있을까! 하나님의 지혜는 성도들의 영광을 위해 사용되고, 또 드러난다. 여기 이 땅과 저기 저 하늘에서, 지금부터 영원까지, 그들을 영광스럽게 하기 위해 영원부터 사용되었고, 시간 속에서 드러났다. 그분이 그의 성도들에게 허락하신 영광은 얼마나 클까!

II. 이 지혜에 관한 세상 위인들의 무지. 이 지혜는 이 세대의 통치자들이 한 사람도 알지 못하였나니(8절). 여기서 통치자는 권위와 권력을 가진 또는 지혜와 학문을 구비한 저명한 인물을 말한다. 여기서는 로마제국의 통치자들과 유대교와 유대민족의 지도자와 지배자들을 주로 의미하는 것처럼 보인다. 이들은 이 세상 또는 이 세대의 임금들로서, 만약 그들이 이 참되고 신적인 지혜를 알고 있었더라면, 영광의 주님을 십자가에 못 박지는 않았을 것이다. 빌라도와 유대 지도자들은 우리 대속주가 대중들의 강력한 요구에 따라 사형선고를 받고 십자가에 달리셨을 때, 이것을 액면 그대로 받아들였다. 예수 그리스도는 영광의 주로서, 다른 어떤 피조물도 그처럼 위대한 칭호를 얻을 자격이 없다는 것을 명심하자. 그리고 그분이 미움을 받으신 이유는 세상에 알려져 있지 않았기 때문이다. 그분을 십자가에 못 박은 사람들이 그분을 알았더라면, 그분이 누구고 어떤 분이신지 알았더라면, 그 불의한 손을 멈추고, 그분을 잡아 죽이지는 아니했을 것이다. 주님은 이런 그들을 용서해 달라고 아버지께 간청하셨다: 아버지 저들을 사하여 주옵소서 자기들이 하는 것을 알지 못함이니이다(눅 23:34). 사람들이 위대한 대속 사역 속에 나타나 있는 하나님의 지혜를 안다면, 그들이 해서는 안 되는 일들이 참으로 많을 것이다. 그들은 눈이 멀거나 분별력이 없어서 그 같은 일들을 행한다. 그들은 진리를 알지 못하고 있기에 그것을 주목하지도 않는다.

Ⅲ. 계시 없이는 발견될 수 없는 이 지혜의 특징.　이에 대해 이사야 선지자는 이렇게 말한다: 주 외에는 자기를 앙망하는 자를 위하여 이런 일을 행한 신을 옛부터 들은 자도 없고 귀로 들은 자도 없고 눈으로 본 자도 없었나이다(사 64:4). 여기서 자기를 앙망하는 자는 '자기를 기다리는 자' 라는 뜻으로, 70인역은 이것을 자기의 긍휼을 기다리는 자로 번역하고 있다. 복음의 약속이 성취될 것을 대망하며 사는 것은 유대인 신자들에 대한 하나님의 사랑의 증거였다. 하나님을 기다리는 것은 그분에 대한 사랑의 증거다. 이는 우리의 하나님이시라 우리가 그를 기다렸으니(사 25:9). 하나님께서 자기를 사랑하고 기다리는 자들을 위해 준비하신 일들이 있다는 것을 잊지 말자. 그들을 위해 다가올 미래에 예비해 놓은 일들이 있는데, 그것들은 감각으로 발견할 수 없고 현재의 지식으로는 우리 귀에 전달할 수도 없고 우리 마음속에 새길 수도 없다. 복음으로써 생명과 썩지 아니할 것을 드러내신지라(딤후 1:10). 그러나 사도는 여기서 복음 아래 주어진 신적 계시의 문제를 다루고 있다. 이 일들은 눈으로 보지 못하고 귀로 듣지 못했던 일들이다. 복음의 위대한 진리는 인간의 능력으로 발견해낼 수 있는 일이 아니다: 눈으로 보지 못하고 귀로 듣지 못하고 사람의 마음으로 생각하지도 못하였다(9절). 그것들이 감각의 대상이라면, 통상적인 인간 지식이 그러는 것처럼,

이성의 눈으로 발견할 수 있고 귀를 통해 마음에 전달할 수 있었을 것이고, 따라서 계시는 전혀 필요가 없었을 것이다. 그러나 자연의 영역 너머에 있기 때문에 우리는 계시의 빛이 아니면 그것들을 발견할 수 없다. 그러므로 우리는 그것들이 성경에 기록되어 있는 대로 그리고 하나님이 그 기쁘신 뜻대로 계시하시는 대로 그것들을 받아야 한다.

Ⅳ. 우리로 하여금 이 지혜를 발견하도록 만드는 원천.　오직 하나님이 성령으로 이것을 우리에게 보이셨으니(10절). 성경은 하나님의 영감으로 말미암아 우리에게 주어진 것이다. 오직 성령의 감동하심을 받은 사람들이 하나님께 받아 말한 것임이라(벧후 1:21). 그리고 사도가 그들을 가르치고, 그들에게 전할 때에도 같은 성령의 영감으로 그렇게 한 것이다. 여기에 성경의 신적 권위에 대한 증거가 있다. 바울은 자기가 가르친 것을 기록했고, 그가 가르친 것은 하나님의 영으로 말미암아 그분이 계시하신 것이다. 사람의 일을 사람의 속에 있는 영 외에 누가 알리요 이와 같이 하나님의 일도 하나님의 영 외에는 아무도 알지 못하느니라(11절). 이 말씀 속에서 우리는 성령의 신성에 대한 두 가지 증거를 이끌어낼 수 있다.

1. 전지성이 그분에게 돌려진다: 성령은 모든 것 곧 하나님의 깊은 것까지도 통달하시느니라(10절). 성령은 만물에 관해 정확한 지식을 갖고 있고, 하나님의 가장 깊은 곳까지 들어가셔서 그분의 가장 깊은 경륜까지 통찰하신다. 하나님 외에 누가 하나님에 관한 완전한 지식을 가질 수 있겠는가?

2. 이 비유는 사람의 마음이 사람 속에 존재하는 것처럼, 성령은 하나님 속에 거한다는 것을 암시한다. 사람의 마음은 사람에게 진실로 본질적인 것이다. 그는 마음 없이는 존재할 수 없다. 마찬가지로 하나님도 그의 영 없이는 존재하실 수 없다. 사람의 마음이 그 인간과 하나인 것처럼, 성령도 하나님과 똑같이 그리고 본질상 하나다. 사람은 그의 마음과 하나이기 때문에 그것을 안다. 하나님의 영도 하나님과 하나이기 때문에 그분의 일을 안다. 그리고 어떤 사람도 그 사람이 그것을 전달하고 드러내기 전에는 다른 사람의 마음에 대해 지식을 가질 수 없는 것처럼, 우리도 성령으로 말미암아 그것들이 우리에게 알려지기 전에는 하나님의 은밀한 경륜과 계획들을 알 수 없다. 우리는 성령이 그것들을 외적 계시를 통해 객관적으로(흔히 그렇게 불리는 것처럼) 제시하기 전에는 절대로 그것들을 알 수 없다. 성령이 그 능력을 계발하고 그 마음의 눈을 열며

그것들에 관한 지식과 믿음을 주시지 아니하면, 우리는 그것들을 알 수도 없고 구원에 이를 수도 없다. 사도들은 은밀한 가운데 있는 하나님의 지혜를 이 영을 통해 받아 선포한 것이다. "우리가 세상의 영을 받지 아니하고 오직 하나님으로부터 온 영을 받았으니 이는 우리로 하여금 하나님께서 우리에게 은혜로 주신 것들을 알게 하려 하심이라(12절). 이것은 이 세상의 지혜도 아니고(6절), 이 세대의 통치자들의 지혜도 아니며(8절), 하나님으로부터 온 영 즉 하나님으로부터 발출된 영의 지혜다. 우리는 성령의 영감으로 말미암아 하나님의 이름으로 전하는 것을 소유하고 있다. 구원을 얻도록 우리가 하나님께서 우리에게 은혜로 주신 것들을 알고 있는 것은 그분의 은혜로우신 조명과 인도를 통해서다." 즉 "복음의 위대한 특권들은 하나님께서 은혜로 주시는 선물로서, 순전하고 풍성한 은혜의 분배물이다." 이것들이 우리에게 주어지고 이 은사에 관한 계시가 우리에게 주어진다고 해도, 성령을 소유하기 전에는 어떤 구원의 목적도 우리가 알 수 없다. 사도들은 하나님의 영으로부터 이것들에 관한 계시를 받았고, 또 동일한 영으로부터 자기들의 구원에 관한 확신을 얻었다.

V. 이 지혜가 우리에게 가르쳐지거나 전달되는 방법. 우리가 이것을 말하거니와 사람의 지혜가 가르친 말로 아니하고 오직 성령께서 가르치신 것으로 하니 영적인 일은 영적인 것으로 분별하느니라(13절). 사도들은 받은 지혜를 가르쳤는데, 그것은 세상 현자에게서 받거나 그들 자신의 탐구나 창안을 통해 받은 것이 아니라 하나님의 영으로부터 받은 것이다. 그들은 그것에 인간의 옷을 입히지 않고, 성령으로 말미암아 가르침 받은 말로 단순히 그리스도에 관한 진리를 선포했다. 성령께서 그들에게 이 일들에 관한 지식을 주셨고, 그들은 다만 받은 지식을 전달했다. 하나님에 관한 진리는 인간의 기교나 웅변으로 포장할 필요가 없고, 성령이 가르치시는 말 그대로 전하는 것이 최고임을 명심하자. 하나님의 영은 세상 최고의 비판가, 웅변가 또는 어떤 철학자보다 하나님의 일을 말하는 방법에 대해 훨씬 잘 알고 있다. 영적인 일은 영적인 것으로 분별하느니라. 즉 어떤 부분의 계시는 다른 부분의 계시로, 복음에 관한 계시는 유대인에 관한 계시로, 신약성경의 진리는 구약성경의 모형과 예언으로 분별한다는 것이다. 계시의 문제를 과학의 문제로, 초자연적인 일을 자연적이고 상식적인 일로 분별하는 것은 잘못된 방법으로 분별하는 것이다. 영적인 일들은 함께 주어질 때, 서로를 조명해주는 역할을 한다. 그러나 만일 인간의 기교와 학문의 원리들로

계시를 검증하려고 한다면, 우리는 그것에 관해 그리고 그 안에 포함된 내용에 관해 확실히 잘못된 판단을 하게 될 것이다. 또는 이 말은 영적인 일은 영적인 것에 적합해야 된다는 뜻이다. 영적인 문제, 계시의 문제 그리고 영적 생활에 관한 말은 서로 부합하고 명백한 말로 해야 한다. 하나님의 영이 가르쳐준 말이 그분의 의도를 적절하게 전달하는데 가장 좋을 것이다.

VI. 이 지혜를 받는 길.

1. 육에 속한 사람은 하나님의 성령의 일들을 받지 아니하나니 이는 그것들이 그에게는 어리석게 보임이요, 또 그는 그것들을 알 수도 없나니 그러한 일은 영적으로 분별되기 때문이라(14절). 여기서 육에 속한 사람은 자연적인 사람(자연인) 또는 동물적인 사람이라는 뜻으로 다음과 같은 의미로 사용된다.

(1) 타락의 권세 아래 있으면서, 하나님의 영의 인도를 받지 못하는 사람. 유다는 이런 사람을 육에 속한(sensual) 자며 성령이 없는 자라고 부른다(유 1:19). 의롭게 되지 못한 사람들은 하나님의 일들을 받지 못한다. 타락으로 인해 본성의 부패가 작용하고 또 체질적 죄로 인해 이 부패가 표출되기 때문에 이성은 신적 빛의 광선들을 받아들이기에 전적으로 부적합하다. 이성은 그것들을 거부한다. 하나님의 진리는 이런 마음에는 어리석어 보인다. 그 사람은 그의 마음에 그것들을 가치 있는 것으로 보지 못하고 시시하고 부적절한 것으로 본다. 빛이 어둠에 비치되 어둠이 깨닫지 못하더라(요 1:5). 본성의 분별력은 상실된 것이 아니고, 악한 성향과 부정한 원리가 사람으로 하여금 하나님 나라의 영적인 일들에 있어서 하나님의 생각을 따르지 못하도록 방해하고, 오히려 자기들의 힘과 세력에 복종하도록 역사한다. 진리의 탁월성을 분별하도록 마음에 도움을 주는 것은 진리와 성결의 영으로부터 나오는 생명의 빛이다. 이 빛이 그 진리에 대해 온전한 확신을 갖게 할 때 사람은 진심으로 그것을 받아들이고 수용하게 된다. 이처럼 육에 속한 사람은 하나님의 영이 없는 사람으로서, 그것들이 영적으로라야만 분별되기 때문에 하나님의 일들을 알 수 없다.

(2) 육에 속한 사람은 이 세상의 지혜로운 자(1:19,20), 또는 육체를 따라 지혜로운 자(1:26), 세상의 지혜 곧 사람의 지혜를 소유한 자(2:4-6)를 말하는 것으로, 고대의 어떤 현자들처럼, 자신의 추론을 통해 모든 진리를 터득하고, 믿음으로는 아무것도 받아들이지 않으며, 초자연적 도움을 전혀 필요로 하지 않는 사람이다. 이것은 그 당시 철학과 헬라 학문 및 지혜에 크게 의존하는 사

람의 특징이었다. 이런 사람은 하나님의 영의 일들을 받아들이지 않는다. 그에게 계시는 학문의 원리가 못된다. 그는 그것을 망상과 망령 곧 미혹된 몽상가의 과대망상으로 간주한다. 그것은 세상의 유명한 통치자들 사이에서는 지혜의 방법이 아니다. 그런 이유로 그는 계시된 일들에 관한 지식을 가질 수 없다. 그것들은 단지 영적으로만 분별할 수 있고, 성령의 계시에 의해서만 알려질 수 있기 때문이다. 계시는 그가 결코 인정하지 못하는 학문이나 지식에 관한 원리이다.

2. 신령한 자는 모든 것을 판단하나 자기는 아무에게도 판단을 받지 아니하느니라(15절). 여기서 신령한 자는 다음과 같은 자를 의미한다.

(1) 거듭나 영의 생각을 가진 자(롬 8:6)는 모든 것을 판단하거나 모든 것을 분별한다. 그는 사람의 지혜의 문제들을 판단할 능력이 있을 뿐만 아니라 신적 진리의 향기와 맛을 분별할 수 있다. 그는 복음 계시와 비밀들 속에서 신령한 지혜를 보고 신령한 능력을 경험한다. 그러나 육에 속해 있고 성별되지 못한 생각을 가진 자들은 이것들이 아무 힘도 없고 아무 관심도 가질 만한 가치가 없다고 보기 때문에, 허약하고 어리석은 것으로 간주한다. 거룩함의 참된 장점을 분별해내는 것은 성별된 마음을 가진 자들이다. 그러나 그 식별력으로 그들은 일상적이고 자연적인 일들에 대해서도 분별력과 판단력을 잃지 않는다. 신령한 자는 자연적인 것이든 초자연적인 것이든, 인간적인 것이든 신적인 것이든, 이성의 추론이든 계시의 발견이든, 모든 것을 판단할 수 있다. 그러나 그 자신은 아무에게도 판단받거나 식별당하지 않는다. 하나님의 성도들은 그분이 숨기신 자들로서(시 83:3), 그 생명이 그리스도와 함께 하나님 안에 감추어져 있다(골 3:3). 육에 속한 사람은 그가 신령한 일들에 관해 모르는 것만큼 신령한 사람에 관해서도 모른다. 그는 영적 생활의 원리, 즐거움 그리고 활동들에 대해 전혀 무지하다. 신령한 사람은 그의 관찰에서 벗어나 있다.

(2) 신령한 자(그에게 신적 계시가 주어지자 그것을 그대로 받아들이고, 그 위에 그의 믿음과 종교를 세우는 자)는 일상적인 일과 신적인 일 모두 판단할 수 있다. 그는 복음 진리와 구원 진리에 관해 무엇이 옳고 그른지 분별할 수 있고, 어떤 사람이 하나님의 진리에 관해 전하는 것을 올바르게 구별한다. 계시에 의존하여 믿음과 종교를 찾는다고 해서 자신의 추리 능력을 상실하거나 그것의 원리를 포기하거나 하지 않는다. 그러나 자기는 아무에게도 판단을 받지 아

니한다. 어느 누구에 의해서도 아무 말 못할 정도로 판단받는 경우가 있을 수 없다. 신적 영감 아래 자신을 두지 않은, 곧 신령하지 못한 사람(14:37) 또는 신적 계시 위에 자신의 믿음을 두고 있지 않은 사람은 누구든 막론하고 자기가 참되거나 신령한 것에 대해 말하고 있는지의 여부를 분별하거나 판단할 능력이 없다. 요약하면, 일반 학문의 원리와 단순한 이성의 빛에 따라 자신의 모든 지식을 취하는 사람은 결단코 계시를 통해 받아들이는 것의 진위 여부를 판단할 수 없다. 누가 주의 마음을 알아서 주를 가르치겠느냐(16절) 곧 누가 신령한 자인가? 누가 하나님의 영을 갖고, 그의 영감 아래 있는 자를 가르칠 정도로 하나님의 마음속에 들어가겠느냐? 그만이 오직 하나님께서 자신의 뜻에 관한 지식을 직접 전달하는 사람이다. 그리고 하나님께서 직접 자신의 영의 지배를 받도록 역사하는 그분의 마음속에 있는 자를 누가 가르치거나 지시할 수 있겠는가? 자연적 능력으로 하나님의 마음속에 있는 일을 알 수 있는 자는 거의 없다. 그러나 우리가 그리스도의 마음을 가졌느니라고 사도는 덧붙인다(16절). 그리스도의 마음은 하나님의 마음이다. 그리스도는 하나님이고, 하나님의 최고 사자요 선지자다. 사도들은 그리스도의 영으로 말미암아 권능을 받아 우리에게 그분의 마음을 알려주었다. 그리고 그리스도의 마음은 성경 속에서, 하나님의 마음은 그리스도 안에서 우리에게 충분히 계시된다. 그리스도인들이 그분의 영으로 말미암아 계시된 그리스도의 마음을 갖고 있다는 것이 얼마나 큰 특권인지를 잊지 말자.

제
— 3 —
장

개요

이 장에서 사도는 다음과 같은 내용을 전개한다. I. 사도는 고린도 교인들의 육욕과 분쟁에 대해 책망한다(1-4절). II. 사도는 그들 사이에 벌어진 잘못을 어떻게 고쳐야 하는지를 가르친다. 그것은 다음 세 가지를 기억해야 한다는 것이다: 1. 그들의 사역자들은 사역자 이상의 존재가 아니다(5절). 2. 사역자들은 모두 동일한 목적을 수행한다(6-10절). 3. 사역자들은 모두 동일한 터 위에 서 있다(11-15절). III. 사도는 몸을 순결하게 지킴으로써, 그것을 더럽히지 말라고 권면하고(16,17절), 겸손과 자기부인을 강조한다(18-21절). IV. 그리고 그는 사역자들은 모두 똑같은 목적을 가진 자들이므로 특별히 그들에게 영광을 돌리지 말 것을 간언한다(22,23절).

¹형제들아 내가 신령한 자들을 대함과 같이 너희에게 말할 수 없어서 육신에 속한 자 곧 그리스도 안에서 어린 아이들을 대함과 같이 하노라 ²내가 너희를 젖으로 먹이고 밥으로 아니하였노니 이는 너희가 감당하지 못하였음이거니와 지금도 못하리라 ³너희는 아직도 육신에 속한 자로다 너희 가운데 시기와 분쟁이 있으니 어찌 육신에 속하여 사람을 따라 행함이 아니리요 ⁴어떤 이는 말하되 나는 바울에게라 하고 다른 이는 나는 아볼로에게라 하니 너희가 육의 사람이 아니리요

여기서 바울은 다음과 같은 내용을 제시한다.

I. 사도는 고린도 교인들의 연약함과 미성숙을 책망한다. 거듭난 사람들은 부분적으로만 거룩하다. 그들은 아직도 은혜와 지식에 있어서 더 성장하고 발전할 여지를 갖고 있다(벧후 3:18). 신적 은혜를 통해 영적 생명을 얻고 거듭난 사람들은 여러 가지 면에서 부족한 부분이 있을 수 있다. 사도는 그들에게 내가 신령한 자들을 대함과 같이 너희에게 말할 수 없어서 육신에 속한 자 곧 그리스도 안에서 어린 아이들을 대함과 같이 하노라(1절)고 말한다. 그들은 신적 계시의 근거 위에 그들의 기준과 척도를 두고 복음의 정신 속에 들어가지 않았는데,

그것은 그들이 세속적이고 타락한 감정의 명령에 따라 움직였다는 것을 분명히 증명한다. 그들은 여전히 그리스도 안에서 미숙한 어린 아이들이었다. 그들은 기독교의 기본 원리들을 받아들였지만, 그것들을 충분히 이해하지 못했고, 그것들을 믿음과 성결의 원리로 삼지도 아니했다. 그러나 이 서신의 여러 구절들을 볼 때 고린도 교인들이 자기들의 지혜와 지식에 대해 무척 교만했음이 명백하다. 지식과 이해가 무척 풍부한 사람들이 심각한 자만에 빠지는 것은 무척 흔한 일이다. 사도는 그들이 기독교 지식에 있어서 너무 성숙하지 못하기 때문에 그들에게 그 깊은 지식을 전해주지 못했다고 주장한다. 그들은 그런 음식은 먹을 수가 없었다. 그들은 밥 대신 젖을 먹어야 할 사람들이었다(2절). 청중들의 능력을 감안해서 그들의 수준에 맞게 가르치는 것은 신실한 기독교 사역자들의 의무다. 그러나 어린 아이가 어른으로 자라가는 것은 자연스러운 과정이다. 그리스도 안에서 어린 아이는 키가 자라도록 노력해서 그리스도 안에서 어른이 되어야 한다. 그들의 지식의 성장은 그들의 능력과 기회와 비례해서 이루어지는 것이 당연하다. 신앙의 연륜이 쌓이면, 단순한 일에 안주하지 않고, 믿음의 비밀을 더 깊이 깨달을 수 있어야 한다. 고린도 교인들은 그렇게 오랫동안 바울의 지도 아래 있었음에도 불구하고 기독교 지식이 전혀 자라지 못했기 때문에 책망을 받았다. 그리스도인들은 은혜와 지식에 있어서 성장하려고 노력하지 않을 때 크게 책망받게 된다는 것을 유념해야 한다.

II. 사도는 그들이 육신에 속해 있음을 책망한다. 그 증거로서 그들의 사역자들에 대한 분쟁과 불화를 언급한다. 너희는 아직도 육신에 속한 자로다 너희 가운데 시기와 분쟁이 있으니 어찌 육신에 속하여 사람을 따라 행함이 아니리요(3절). 그들은 사역자들에 대해 어떤 이는 말하되 나는 바울에게라 하고 다른 이는 나는 아볼로에게라 하면서(4절), 그들 속에 경쟁과 다툼과 분파를 형성했다. 이것은 그들이 아직 육신에 속해 있음을 보여주는 증거로서, 육신의 이익과 관심이 그들을 크게 지배하고 있었음을 보여주었다. 신앙에 관한 분쟁과 다툼은 아직 육신에 속해 있음을 보여주는 부끄러운 증거임을 잊지 말자. 참 신앙은 사람들을 평화의 길로 이끌지 분쟁의 길로 이끌지 않는다. 파당을 일으키는 마음은 인본적 원리에 따른 것이지 참 신앙의 원리에 따른 것이 아니다. 그들은 기독교의 법이 아니라 그들 자신의 교만과 정욕에 이끌렸다: 사람을 따라 행함이 아니리요? 그리스도인을 따라 행해야 할 사람 곧 사람의 통상적 평가를 뛰어넘어 행해야 할 사람이 사람을 따라 행하는 것 곧 다른 사람들과 똑같이 살고 행동하는 것은 참으로 통탄할 일이다.

[5]그런즉 아볼로는 무엇이며 바울은 무엇이냐 그들은 주께서 각각 주신 대로 너희로 하여금 믿게 한 사역자들이니라 [6]나는 심었고 아볼로는 물을 주었으되 오직 하나님께서 자라나게 하셨나니 [7]그런즉 심는 이나 물 주는 이는 아무것도 아니로되 오직 자라게 하시는 이는 하나님뿐이니라 [8]심는 이와 물 주는 이는 한가지이나 각각 자기가 일한 대로 자기의 상을 받으리라 [9]우리는 하나님의 동역자들이요 너희는 하나님의 밭이요 하나님의 집이니라 [10]내게 주신 하나님의 은혜를 따라 내가 지혜로운 건축자와 같이 터를 닦아 두매 다른 이가 그 위에 세우나 그러나 각각 어떻게 그 위에 세울까를 조심할지니라

여기서 사도는 이 잘못된 태도를 어떻게 고칠지 가르치고, 다음과 같은 주제에 따라 그들 사이에 벌어진 잘못을 수정하도록 훈계한다.

I. 그들이 서로 좋다고 다투는 사역자들은 단지 사역자에 불과하다는 것을 상기시킴으로써. 그런즉 아볼로는 무엇이며 바울은 무엇이냐 그들은 주께서 각각 주신 대로 너희로 하여금 믿게 한 사역자들이니라(5절). 그들은 모든 은혜의 하나님에 의해 쓰임받는 단순한 도구들로서, 단지 사역자일 뿐이다. 고린도 교회의 어떤 분파는 사역자들을 마치 그들 믿음의 대상인 주님, 또는 자기들 종교의 창시자인 것처럼 과대평가하기도 했다. 우리는 사역자들을 우상화하거나 그들을 하나님의 자리에 두지 않도록 조심해야 한다. 사도들은 비록 복음을 드러내고 선전하는 권위와 자격을 갖추고 있었다고 할지라도, 우리의 신앙과 종교의 창시자들이 결코 아니다. 그들은 하나님께서 누구에게나 주시는 직분을 받아 활동했다. 아무리 사도들이라도 그들이 그 사역 속에서 발견하여 사용하는 모든 은사와 능력들은 하나님으로부터 받은 것임을 명심하자. 그들은 자기들의 사명과 교훈을 자기 것이 아니라 하나님의 것이 되도록 해야 했다. 그들이 행한 일은 신적 권위로 말미암은 것이고, 그래서 그 권위를 주신 하나님께 돌려야 할 것을 사도들이 자기 것처럼 취한다면 그것은 완전한 잘못이다. 나는 심었고 아볼로는 물을 주었으되(6절). 두 사람 모두 전자는 전자대로, 후자는 후자대로 자기 고유의 목적을 위해 쓰임받았다. 하나님은 다양한 도구들을 사용하고,

그들을 다양한 용도와 목적에 따라 합당하게 사용하신다. 바울은 심는 일에 적절히 쓰임받았고, 아볼로는 물 주는 일에 적절히 쓰임받았다. 그러나 자라게 하신 분은 하나님이셨다. 사역의 성공은 신적 은혜에 기인한다는 사실을 잊지 말자: 그런즉 심는 이나 물 주는 이는 아무것도 아니로되 오직 자라게 하시는 이는 하나님뿐이니라(7절). 사도들이라도 그들 스스로는 아무것도 아니고, 하나님께서 자라게 하지 아니하시면 무엇을 해도 효과가 없고 성공도 있을 수 없다. 아무리 자격 있고, 신실한 사역자들이라도 자신의 부족함을 충분히 의식하고, 하나님께서 그들의 성공에 대한 모든 영광을 받으시기를 간절히 원해야 한다. 바울과 아볼로는 그들 자신만으로는 아무것도 아니고, 오직 하나님만이 그들의 전부가 되신다.

Ⅱ. 그리스도의 사역자들의 하나됨을 그들에게 제시함으로써.   심는 이와 물 주는 이는 한가지이나 각각 자기가 일한 대로 자기의 상을 받으리라(8절). 여기서 한가지라는 말은 동일한 주인에게 쓰임받고, 동일한 계시로 사명을 받고, 동일한 일에 종사하고, 동일한 목적에 사용된다는 뜻이다. 아무리 그들이 파당을 조성하는 사람들에 의해 대립된 위치에 서 있다고 해도, 그들은 서로 조화 속에 있다는 것이다. 그들은 동일한 성령으로부터 각기 다른 은사를 받아서 동일한 목적을 위해 사용하고 있다. 그들은 진실로 하나의 목적을 수행하고 있는 것이다. 심는 자와 물 주는 자는 같은 일을 하는 일꾼이다. 모든 신실한 그리스도의 사역자들은 그들의 사역의 임무와 목적이 하나라는 것을 명심해야 한다. 그들은 사소한 일에 있어서는 다른 생각을 가질 수 있다. 그들은 논쟁과 경쟁 관계에 들어갈 수도 있다. 그러나 그들은 세상에 참 기독교를 전파함으로써, 하나님을 영화롭게 하고 영혼을 구원하는 위대한 목적에 있어서는 충심으로 일치한다. 이러한 사역자들은 모두 각자 수고한 대로 그 충성에 대한 영광스러운 보상을 기대할 수 있다: 각각 자기가 일한 대로 자기의 상을 받으리라. 그들의 임무는 하나지만, 어떤 사람은 다른 사람보다 그것을 더 잘 감당할 것이다. 그들의 목표 또는 목적은 똑같다. 하지만 어떤 이는 다른 이보다 그것을 더 잘 성취할 것이다. 그들의 주인도 역시 하나다. 그러나 이 선하고 은혜로우신 주인이 주시는 상급은 그들이 각각 수고한 것에 따라 서로 다를 수 있다: 각각 자기의 상을 받으리라. 아주 열심히 일하는 사람들은 최고의 보상을 얻을 것이다. 지극히 신실한 사람들은 최대의 상급을 받을 것이다. 모든 신실한 사역자들이 종

사하는 일은 은혜의 사역이다.

우리는 하나님의 동역자들이요. 여기서 동역자(쉬넬고이)는 함께 일하는 사람, 동료라는 뜻으로, 하나님의 동역자들이란 그분과 동일한 서열과 등급에서가 아니라 그분의 손에 들려진 도구로서 그분께 복종하는 관계 속에서 함께 일하는 자들이라는 의미다. 그들은 자신의 임무에 따라 쓰임받는다. 그들은 하나님의 영광이라는 목적과 보배 같은 영혼들의 구원이라는 목적을 촉진시키는 일에 하나님과 함께 일하는 자들이다. 따라서 그들의 일을 알고 계신 그분은 그들의 수고가 헛되지 않도록 돌보실 것이다. 사람들은 어떤 사역자는 무시하고 헐뜯고, 또 어떤 사역자는 칭찬하는데, 그들이 그렇게 하는 데는 뚜렷한 기준이 없다. 그들은 칭찬해야 할 때 비난하고, 비판하고 무시해야 할 것에 대해서는 박수를 친다. 그러나 하나님의 판단은 항상 진실에 입각한다. 그분은 정당한 이유 없이 상을 베풀지 않고, 자신의 종들의 부지런함과 충실함에 따라 보상하신다. 신실한 사역자들은 사람들에게 악평을 들을 때 하나님 안에서 스스로 위로를 받아야 한다. 그리고 하나님의 동역자들이 사람들에게 힘써 증명해야 할 대상은 위대한 복음 사역의 주행위자이자 지도자인 하나님이시다. 그들은 항상 그분의 눈 아래 있고, 그분의 밭과 집에서 일한다. 그러므로 그분이 그들을 세심하게 돌보신다는 것은 확실하다: "너희는 하나님의 밭이요 하나님의 집이니라(9절). 따라서 바울의 것도 아니요, 아볼로의 것도 아니다. 이 사람이나 저 사람에게 속하는 것이 아니라 오직 하나님께 속한 것이다. 그들은 다만 너희에게 심고 물을 준 것뿐이다. 그분의 밭에서 그것이 열매를 맺도록 할 수 있는 것은 그분이 베푸신 신령한 축복이다. 너희는 우리의 밭이 아니라 하나님의 밭이다. 우리는 그분 아래, 그분과 함께, 그리고 그분을 위해 일하는 자들이다. 우리가 너희에게 행한 것은 오로지 하나님을 위해서다. 너희는 하나님의 밭이요 하나님의 집이다."

사도는 앞에서 밭을 은유로 사용해 설명했고, 이제는 집을 은유로 계속 사용하면서 설명한다: 내게 주신 하나님의 은혜를 따라 내가 지혜로운 건축자와 같이 터를 닦아 두매 다른 이가 그 위에 세우나 그러나 각각 어떻게 그 위에 세울까를 조심할지니라(10절). 여기서 바울은 자신을 지혜로운 건축자로 부른다. 이것은 그에게 이중의 영예를 가져다주는 호칭이다. 하나님의 집에서 건축자가 된 것이 영예로운 일이었다. 그리고 거기에 지혜로운 자라는 자격이 덧붙여졌다. 사람들은 자격이 없거나 또는, 바울이 이 표현에서 암시하는 것처럼, 온전한 자격이 없는 직분을 갖고 있을 수 있다. 그러나 사도는 자신에게 이런 자격을 부여하지만, 결코 자신의 교만을 만족시키기 위해서가 아니라 신적 은혜를 나타내기 위해서였다. 그는 지혜로운 건축자였지만, 그를 그렇게 만든 것은 하나님의 은혜였다. 하나님의 은혜를 찬양하기 위해 자기 속에 있는 선을 지적하는 것은 그리스도 안에서 죄가 아니라 크게 칭찬받을 만한 일이다. 영적 교만은 가증스러운 것이다. 그것은 하나님의 최고의 은혜를 우리 자신의 허영을 드러내기 위해 사용하는 것으로, 우리 자신을 우상으로 만든다. 그러나 그분에 대한 감사를 드러내고, 사람들에게 그분의 영광을 나타내기 위해 하나님의 은혜를 지적하는 것(그것들이 어떤 종류의 것일지라도)은 우리가 그분에게 돌려야 할 의무와 관심의 적절한 표현이다. 사역자들은 자기의 은사나 은혜를 자랑해서는 안 된다. 그러나 그들이 자기의 사역을 더 잘 감당하고, 그 일에서 크게 성공하면 할수록, 그만큼 더 자신의 특별한 선에 대해 하나님께 감사해야 한다: 내가 터를 닦아 두매 다른 이가 그 위에 세우나. 앞에서 사도는 나는 심었고 아볼로는 물을 주었다고 말했다(6절). 그들 가운데 교회의 터를 세운 사람은 바울이었다. 그는 복음으로써 그들을 낳았다(4:15). 그들에게는 무척 많은 스승이 있었지만, 아버지는 많지 않았다. 그는 그들 사이에서 열심히 수고한 사람들의 명예를 실추시키거나 그것을 자신의 영예와 공로로 가로채려는 마음이 없었다. 신실한 사역자들은 자신의 명예에 대해 관심을 둘 수 있고, 또 당연히 관심을 두어야 한다. 그들의 유능함은 그것에 크게 좌우된다.

그러나 각각 어떻게 그 위에 세울까를 조심할지니라. 이것은 아주 적절한 경고다. 좋은 터 위에 아무 쓸모 없는 집이 세워질 수 있기 때문이다. 여기서 실수하기가 쉽다. 확실하고 올바른 터를 세우는 것 못지않게 그 위에 합당한 집을 세우는 것 역시 세심한 주의를 필요로 한다. 터가 감당할 수 있고, 그 한 부분으로 합당한 것이 아닌 다른 것이 세워져서는 안 된다. 금과 흙이 함께 섞여서는 안 될 것이다. 그리스도의 사역자들은 신적 계시의 터 위에 자신의 환상이나 거짓된 추론을 그 집으로 세우지 않도록 크게 조심해야 한다. 그들이 전하는 것은 주님의 단순한 교훈 또는 그것에 완전히 일치되는 것으로 한정되어야 할 것이다.

[11]이 닦아 둔 것 외에 능히 다른 터를 닦아 둘 자가 없으니 이 터는 곧 예수 그리스도라 [12]만일 누구든지 금이나 은이나 보석이나 나무나 풀이나 짚으로 이 터 위에 세우면 [13]각 사람의 공적이 나타날 터인데 그 날이 공적을 밝히리니 이는 불로 나타내고 그 불이 각 사람의 공적이 어떠한 것을 시험할 것임이라 [14]만일 누구든지 그 위에 세운 공적이 그대로 있으면 상을 받고 [15]누구든지 그 공적이 불타면 해를 받으리니 그러나 자신은 구원을 받되 불 가운데서 받은 것 같으리라

여기서 사도는 자기가 그들 가운데 자신의 모든 수고의 바닥에 세운 터가 무엇인지를 언급한다 — 그리스도 예수께서 친히 모퉁잇돌이 되셨느니라(엡 2:20). 모든 그리스도의 신실한 사역자들은 이 터 위에 모든 것을 세운다. 이 반석 위에 모든 그리스도인들은 자기들의 소망을 세운다. 다른 터 위에 그들의 천국에 대한 소망을 세우는 사람들은 모래 위에 성을 쌓는 것이다. 이 닦아 둔 것 외에 능히 다른 터를 닦아 둘 자가 없으니 이 터는 곧 예수 그리스도라(11절). 우리 구주와 그분의 중보에 관한 교훈은 기독교의 기본교리다. 그것은 바닥에 놓여 있고, 다른 모든 교훈의 터가 된다. 이것을 떠나면 모든 위로가 허사가 되고, 죄인으로서 우리의 모든 소망의 터가 사라진다. 하나님께서 세상을 자기와 화목하게 하시는 것은 그리스도 안에서다(고후 5:19). 그러나 그 터 위에 서서 그리스도께서 하나님과 사람 사이의 중보자가 되신다는 일반 교훈을 수용하는 사람들 중에는 다음과 같이 두 부류가 있다.

I. 어떤 이들은 이 터 위에 금이나 은이나 보석을 세운다(12절). 이들은 복음의 순수한 진리를 받아들이고 전파하는 사람들, 곧 예수 안에 있는 진리 외에는 결코 붙들지 않고 다른 것은 전하지 않는 사람들이다. 이것은 좋은 터 위에 잘 세운 집으로, 이때 이 사역자들은 교회의 대선지자로서 그리스도만 의지하고, 그분을 자기들의 인도자와 온전한 스승으로 의존할 뿐만 아니라 그분이 가르친 교훈만을 순수하게, 다른 것으로 혼합시키지 않고 그리고 가감 없이 받아들이고 전파한다.

II. 또 어떤 이들은 나무나 풀이나 짚으로 이 터 위에 세운다(12절). 그들은 터 위에 세우기는 하지만, 다양하게 그리스도의 마음에서 떠나 그분의 교훈과 가르침의 방 속에 자기들 자신의 환상과 생각을 대신 채우고, 심판 날에 시험을 견디지 못할 것을 그 좋은 터 위에 세우나 불이 그것을 나무나 풀이나 짚

처럼 나타낼 때 그 불 시험을 감당치 못하고 곧 타버릴 것이다. 사람들이 이 터 위에 세운 것이 밝히 나타날 때가 온다: 각 사람의 공적이 나타날 터인데(13절). 즉 그 자신과 다른 사람들의 눈에 다 보이게 될 것이라는 뜻이다. 어떤 사람들은 자신의 마음의 어리석음 때문에 그 좋은 터 위에 나무와 짚을 세워놓고, 그 동안 자기들이 무엇을 했는지조차 모를 수 있다. 그러나 주의 날이 되면 그들의 공적(work)은 그 적절한 빛에 따라 밝게 드러날 것이다. 각 사람의 공적은 그 자신과 다른 사람들 곧 그에게 잘못 인도를 받은 사람들과 그 잘못에서 벗어난 사람들 모두에게 분명히 나타날 것이다. 지금 우리는 우리 자신과 다른 사람들에게 잘못을 범할 수 있는데, 우리의 모든 잘못이 드러날 때가 있고, 그 때 우리는 우리 자신과 우리의 행위가 위장이나 가식이 없이 참 빛 속에서 적나라하게 드러나는 것을 볼 것이다: 이는 불로 나타내고 그 불이 각 사람의 공적이 어떠한 것을 시험할 것임이라(13절). 마지막 날, 위대한 심판의 날, 바로 그 날에 그것(각 사람의 공적)을 시험하고 나타낼 것이다. 4:5을 보라. 그러나 어떤 이들은 그 날을 유대민족이 멸망을 당해 그 국가가 무너졌을 때로 보고, 유대화주의자 교사들이 기독교의 터 위에 세운 상부구조가 바로 풀이나 짚으로 나타나, 시험에 견디지 못한 것으로 이해한다. 이 표현은 그 안에 불로 광석으로부터 금과 은을 가려내는 야금술(冶金術)에 대한 암시를 분명히 담고 있다. 은과 금과 보석은 불에 견디지만, 나무와 풀과 짚은 그것에 타버리고 마는 것도 이와 같다. 불이 광석으로부터 금을 가려내듯이 또는 불에 견디지 못하는 다른 물질로부터 불에 견디는 금속을 구별해내는 것처럼, 이 사람과 저 사람, 이 사람의 공적과 저 사람의 공적을 분명히 구별시키는 날이 온다는 것이다. 그 날에 다음과 같은 일이 벌어질 것이다.

1. 어떤 사람들의 공적은 시험에 견딜 것이다. 그들은 표준에 맞을 것이다. 그들은 터 위에 서 있을 뿐만 아니라 그 위에 바르고 좋은 것을 세운 것으로 곧 적절한 재료와 올바른 순서와 규칙에 따라 세운 것으로 나타날 것이다. 터와 상부구조는 튼튼했다. 기본진리와 그것에 분명하게 연관되어 있는 진리들이 함께 가르쳐졌다. 지금은 이 연관성을 분별하기가 쉽지 않고, 어떤 공적이 시험에 견딜 수 있는지 잘 모를 것이다. 그러나 그 날에는 명확히 나타날 것이다. 그리고 이런 건축자는 상급을 받지 못할 이유가 없다. 반드시 받게 될 것이다. 그는 그 날에 칭찬과 영예를 누리고, 그것에 따라 영원한 보상을 받을 것이다.

그리스도의 사역자들의 충실성은 내세에서 충분하고도 넉넉하게 보상받는다. 그 모든 부분에서 참되고 순전한 믿음을 전파하며, 그 공적이 마지막 날 그대로 있는 사람들은 반드시 보상을 받게 된다. 주여, 그들의 공적은 얼마나 크고 얼마나 월등할까요!

2. 다른 사람들은 그 공적이 불타버릴 것이다(15절). 하나님을 경배하는데 있어서 그들이 보여준 타락한 견해와 교훈 또는 허탄한 생각과 행실은 그 날에 밝혀지고 거부되고 인정받지 못할 것이다. 먼저 그 부패함이 나타나고, 그 다음에 하나님의 부인과 거절이 있을 것이다. 마지막 날 모든 위선이 벗겨지고, 그 실상이 적나라하게 드러날 것이다: 누구든지 그 공적이 불타면 해를 받으리니(15절). 비록 그가 좋은 터 위에 나무와 풀과 짚으로 세웠다고 해도, 해를 받을 것이다. 비록 그가 대체로 정직하고 올바른 그리스도인이었다고 해도, 그의 약함과 타락은 그가 받을 영광을 감소시킬 것이다. 비록 그 자신이 구원을 받기는 해도, 이 세상에서의 그의 공적은 사라져서 그에게 아무 유익이 돌아가지 않게 될 것이다. 기독교의 기초 위에 서 있기만 하면, 그 위에 풀과 나무와 짚으로 집을 세운다고 해도 구원은 얻게 될 것이다. 이것은 우리의 사랑을 확대시키는데 도움이 될 수 있다. 우리는 사람들이 약하다고 비판해서는 안 된다. 왜냐하면 사람들이 약하다고 지옥에 떨어지는 것은 아니기 때문이다. 비록 불 가운데서 받은 것 같아도 그는 구원을 받을 것이다. 즉 그는 불로부터 구원받을 것이다. 그 자신은 그의 공적을 태워버리는 불꽃으로부터 구출될 것이다. 이것은 기독교를 부패와 타락으로 이끄는 자들이 구원받기가 어렵다는 것을 암시한다. 하나님은 그들을 불타는 것에서 꺼내주실 수는 있으나 그들의 행위에 대해서는 긍휼을 베푸시지 아니할 것이다. 이 구절에 대해 교황주의자들은 연옥 교리를 이끌어낸다. 그들은 그것이 풀과 짚을 가리키는 것이 확실하다고 본다. 그러나 이것은 원래 성경으로부터 이끌어낸 교리가 아니라 암흑시대에 사제들의 탐욕과 야망을 충족시키기 위해 날조한 교리다. 그것은 영혼 구원을 위해 자기들의 탐욕 대신 돈을 내놓기를 좋아하는 사람들을 희생시키는 교리다.

하지만 그것은 다음 세 가지 이유로 이 본문으로부터 지지를 받을 수 없다: (1) 이것은 비유적 의미에서의 불이지 실제 불을 말하는 것이 아니기 때문이다. 실제 불이 어떻게 종교적 의식이나 교리들을 태울 수 있겠는가? (2) 이 불은 각 사람의 공적이 어떠한 것을 시험할 것이기 때문이다. 그러나 연옥의 불은 시험을 위한 것이 아니다. 그것은 사람들의 행위를 테스트하기 위한 것이 아니라 처벌하기 위한 것이다. 그것들은 용서받을 수 있는 죄로 가정되는데, 이 세상에서는 그 용서를 만족시키지 못하고, 연옥 불의 고통을 받아야 비로소 만족시키게 된다. (3) 이 불은 각 사람의 공적을 시험하는, 말하자면 다른 사람들뿐만 아니라 바울과 아볼로 같은 사람들의 공적도 시험하기 때문이다. 아마 사도들이 연옥 불을 통과해야 한다고 뻔뻔스럽게 말하는 교황주의자들은 없을 것이다.

16너희는 너희가 하나님의 성전인 것과 하나님의 성령이 너희 안에 계시는 것을 알지 못하느냐 17누구든지 하나님의 성전을 더럽히면 하나님이 그 사람을 멸하시리라 하나님의 성전은 거룩하니 너희도 그러하니라

여기서 사도는 자신의 주장과 권면을 계속하는데, 그가 앞에서 너희는 하나님의 집이니라(9절)고 말한 언급을 다시 시작한다. 너희는 너희가 하나님의 성전인 것과 하나님의 성령이 너희 안에 계시는 것을 알지 못하느냐 누구든지 하나님의 성전을 더럽히면(타락시키고 멸하면) 하나님이 그 사람을 멸하시리라(원어를 보면 이 똑같은 말이 두 번 나온다. '더럽히면'과 '멸하시리라'는 같은 단어다). 하나님의 성전은 거룩하니 너희도 그러하니라(16,17절). 이 서신의 다른 부분에서도 사도는 이와 똑같은 취지를 설명한다(6:13-20을 보라). 고린도 교인들 사이에서 거짓 교사들이 방탕한 생활을 했을 뿐만 아니라 방종한 교리들과 특별히 이 음란한 도시의 삶에 편승한 간음과 같은 죄악을 합리화하도록 가르쳤기 때문이다. 이런 교훈은 풀과 짚으로 상징되는 죄악이 아니었다. 간음에 빠진 사람은 불에 태우는 것에서조차 제외되었다. 왜냐하면 그것은 하나님을 위해 세워진 집으로 그분께 바쳐지고, 그러므로 순전하고 거룩하고 보존되어야 할 교회를 타락시키고 오염시키고 파괴하는 경향이 있었기 때문이다. 이런 종류의 원리를 퍼뜨리는 사람들은 하나님으로 하여금 자기들을 파멸시키도록 자극하는 것이다. 방탕한 원리를 퍼뜨리는 사람들은 하나님의 교회를 직접 오염시키고, 또 교회를 부정과 불결로 이끄는 경향이 있기 때문에 스스로 파멸의 무덤을 파는 사람들이다. 그것은 또한 그들의 불화와 분쟁이 파멸의 길로 나아가는 분열이라는 것을 강조하는 논증으로 이해될 수도 있다. 그러나 내가 지금

까지 언급한 것이 이 구절의 적절한 의미가 아닌가 싶다: 너희는 너희가 하나님의 성전인 것과 하나님의 성령이 너희 안에 계시는 것을 알지 못하느냐? 그것은 고린도 교회 전체를 의미할 수도 있고 또는 그들 가운데 신자 한 사람을 의미할 수도 있다. 기독교 교회는 하나님의 성전이다. 하나님은 성령을 통해 신자들 사이에 거하신다. 너희도 성령 안에서 하나님이 거하실 처소가 되기 위하여 함께 지어져 가느니라(엡 2:22). 모든 그리스도인은 살아계신 하나님의 살아있는 성전이다. 하나님은 유대교 성전에 거하셨다. 그것을 소유하고 그 안에 좌정하셨는데, 그 위에 임한 영광의 구름이 그 백성들과 함께 하시는 그분의 임재의 표지였다. 마찬가지로 그리스도께서도 그의 영을 통해 참된 모든 신자들 안에 거하신다. 성전은 하나님께 바쳐지고 거룩하게 되었다. 거룩한 용도를 위해, 즉 하나님을 직접 섬기기 위해 모든 일반적인 것으로부터 분리되었다. 마찬가지로 모든 그리스도인도 일상적 용도로부터 분리되어 하나님과 그분의 섬김을 위해 구별되었다. 그들은 하나님을 위해 성별된 자들이다 ─ 이것은 그들이 육신의 모든 정욕을 반대할 이유가 있음을 증언하는데 매우 유익한 논증으로 당연히 받아들여야 할 교훈이다. 만일 우리가 하나님의 성전이라면, 우리 자신을 그분으로부터 멀어지게 하거나 우리 자신을 타락시키고 오염시키며, 그리하여 우리 자신을 그분이 쓰시기에 부적합한 존재로 만드는 일을 절대로 해서는 안 된다. 우리는 이런 악습으로 우리를 유혹하는 교훈이나 가르침을 귀담아 들어서는 안 된다. 그리스도인들은 고백하는 입술로도 거룩해야 하지만, 그 마음과 생활도 순결하고 깨끗해야 한다. 우리는 하나님의 성전을 더럽힐 일은 진심으로 혐오하고, 조심스럽게 피해야 하며, 그분께 구별해서 바쳐야 할 것을 팔아 먹지 않도록 유의해야 한다.

[18]아무도 자신을 속이지 말라 너희 중에 누구든지 이 세상에서 지혜 있는 줄로 생각하거든 어리석은 자가 되라 그리하여야 지혜로운 자가 되리라 [19]이 세상 지혜는 하나님께 어리석은 것이니 기록된 바 하나님은 지혜 있는 자들로 하여금 자기 꾀에 빠지게 하시는 이라 하였고 [20]또 주께서 지혜 있는 자들의 생각을 헛것으로 아신다 하셨느니라

사도는 여기서 고린도 교회의 무질서와 그들 사이에 일어난 분열 및

다툼에 대한 치유책으로 겸손과 자기부인의 태도를 강조한다: 아무도 자신을 속이지 말라(18절). 학문과 웅변을 내세우는 자들에게, 깊은 학문과 말의 유창함을 과시하는 자들에게, 그리고 랍비들, 웅변가 또는 철학자들에게 현혹되어 복음의 진리와 순전함으로부터 떠나지 않도록 조심하라. 우리는 인간적 지혜와 기법을 지나치게 높이 평가할 때, 스스로 속을 커다란 위험 속에 있음을 주의해야 한다. 단순하고 순전한 기독교는 청중들의 부패한 구미에 맞도록 자기들의 교훈을 변질시키고, 또 그것들을 세련된 말이나 깊고 강력한 추론으로 포장시켜 전달하는 자들로 말미암아 무시될 가능성이 많다.

그러나 너희 중에 누구든지 이 세상에서 지혜 있는 줄로 생각하거든 어리석은 자가 되라 그리하여야 지혜로운 자가 되리라(18절). 지혜로운 자는 자신의 무지를 인식하고 그것을 통탄해야 한다. 그리고 자신의 이성을 불신하고, 그것에 기대지 않도록 해야 한다. 자신의 지혜에 대해 과대평가를 하는 것은 자화자찬에 지나지 않고, 자화자찬은 자기기만의 바로 다음 단계다. 참 지혜의 길은 우리 자신에 대한 평가를 적당히 낮추는 것이며, 하나님의 가르침에 기꺼이 의존하는 것이다. 진실로 그리고 온전히 지혜롭게 되기를 바라는 자는 바보가 되어야 한다. 자신의 이성을 신뢰하지 않고 하나님의 가르침을 따르는 사람이 참되고 영원한 지혜의 길을 가는 자다. 온유한 자를 정의로 지도하심이여 온유한 자에게 그의 도를 가르치시리로다(시 25:9). 자신의 지식과 능력을 낮게 평가하는 사람은 더 높은 지식을 얻게 될 것이다. 이런 사람은 계시를 통해 지식을 얻고 성장하게 될 것이다. 그러나 스스로의 지혜와 이성에 대해 과대평가를 하는 교만한 사람은 심지어는 신적 지혜 자체까지 마음대로 수정하고, 무오한 진리와 지혜를 전달하는 계시보다 자신의 얄팍한 추론을 더 선호하게 될 것이다. 참으로 지혜롭거나 선한 자가 되려고 한다면, 우리는 하나님 앞에서 우리 자신을 낮추지 않으면 안 된다는 것을 명심하자: 이 세상 지혜는 하나님께 어리석은 것이니(19절). 세상에 속한 사람들이 높이 평가하는 지혜(통치, 철학, 웅변)는 하나님께 어리석은 것이다. 그분의 지혜와 비교해보면 과연 그렇다. 하나님은 그의 천사라도 미련하다 하시는데(욥 4:18), 사람의 아들들의 지혜에 대해서는 얼마나 더 그러하시겠는가? 우리 주는 지혜가 무궁하시도다(시 147:5). 하나님의 능력과 존재를 우리의 그것들과 비교할 수 없듯이 그분의 지혜와 우리의 지혜도 비교가 불가능하다. 유한과 무한을 비교할 만한 통상적 기준은 없다. 그렇다면 사람의 지혜를 하나님의 지혜와 비교한다는 것은 얼마나 어리석은 일이겠는가! 그분이 사람의 지혜를 무시하는 것은 얼마나 정당하고, 그것을 좌절시키고 혼란시키기는 얼마나 쉽겠는가! 지혜로운 자가 자기의 계략에 빠지게 하시며(욥 5:13). 그분은 그들이 스스로 그들 자신의 덫에 걸리게 하시고, 그들 자신의 함정에 빠지게 하신다. 그분은 그들의 최고의 기술과 학문과 발명을 그들을 파멸시키는 도구로 만드실 수도 있다.

아니, 그분은 지혜 있는 자들의 생각을 헛것으로 아신다(20절). 그 생각은 허망한 것이다(시 44:11). 하나님은 사람들의 생각에 대해 완전한 지식을 갖고 계신다. 지혜로운 자의 가장 깊은 생각들, 그들의 가장 은밀한 계획과 의도들도 다 아신다. 그분으로부터 감출 것은 아무것도 없다. 그 앞에 만물이 벌거벗은 것 같이 드러날 것이다(히 4:13). 하나님은 그들의 헛됨도 아신다. 세상에서 가장 지혜로운 자의 생각은 허영과 약함과 어리석음의 종합이다. 그들의 가장 지혜롭고 가장 세련된 생각은 하나님 앞에서 만물에 대한 하나님의 생각과 비교해 보면 지극히 허망하다. 그렇다면 이 모든 것은 우리에게 겸손과 겸양 그리고 하나님의 지혜에 대한 존중을 가르치고, 또 우리로 하여금 그분의 계시에 대해 감사하고 그분의 가르치심을 기꺼이 받아들이도록 권고하지 않는가? 그리고 허울 좋은 사람의 지혜와 솜씨를 버리고 그리스도의 단순함을 향하도록 그리고 그분의 천국 진리를 존중하도록 이끌지 않는가? 그렇다. 참으로 지혜로운 자는 하나님으로부터 배우고, 감히 자신의 지혜를 하나님의 지혜와 경쟁시키는 자리에 두지는 아니할 것이다.

[21]그런즉 누구든지 사람을 자랑하지 말라 만물이 다 너희 것임이라 [22]바울이나 아볼로나 게바나 세계나 생명이나 사망이나 지금 것이나 장래 것이나 다 너희의 것이요 [23]너희는 그리스도의 것이요 그리스도는 하나님의 것이니라

여기서 사도는 자기가 방금 그들의 사역자들을 과대평가하지 않도록 권면한 것을 기억하고, 사역자들을 동등하게 대할 것을 촉구하고 있다: 그런즉 누구든지 사람을 자랑하지 말라(21절). 사역자들도 사람이라는 것을 잊지 말라는 것이다. 또는 하나님께 오직 드려져야 할 복종을 그들에게 돌리지 말라는 것이다. 다시 말해 그들을 당파의 머리로 세워 그들에게 부적절한 존경과 찬양

을 베풀거나 맹목적이고 무조건적으로 그들의 지도를 따르고 그들의 지시를 추종함으로써 특히 하나님과 성령에 의해 가르쳐진 진리에 모순되게 행동하지 말라는 것이다. 인간은 하나님의 자비를 자신의 의도에 반하는 것으로 만드는 성향이 강하다. 복음전도사역은 참으로 유익하고 참으로 은혜로운 제도로서, 신실한 사역자들은 누구에게든 큰 축복이다. 그러나 사람들의 어리석음과 연약함은 그 축복을 커다란 불행으로 만들 수도 있다. 그들은 특별한 사역자 편을 들어 당파 싸움에 떨어질 수 있고, 그 지도자들을 머리로 세워 그들에게 영광을 바치면서, 자신은 정작 어디로 가는지도 모르고 그들에게 휘말릴 수 있다. 이런 불행을 피하는 유일한 길은 우리 자신에 대한 겸손한 자세, 사람의 이성의 연약함에 대한 적절한 깨달음, 그리고 말씀을 통해 말씀하시는 하나님의 지혜에 대한 철저한 순종을 생활화하는 것이다. 사역자들이 서로 경쟁하는 자가 되도록 해서는 안 된다. 신실한 사역자들은 모두 한 주님을 섬기고, 같은 목적을 추구하고 있다. 그들은 교회의 유익을 위해 그리스도로부터 임명을 받은 자들이다: "바울이나 아볼로나 게바나 다 너희의 것이요(22절). 이들은 각각 다른 사람과 대립하도록 세워진 자가 아니고, 너희의 영적 유익을 위해 가치가 있고, 쓰임받는 자들로 세워진 자들이다." 여기서 사도는 동시에 교회의 재산목록에서 참 신자의 영적 부요함을 제시한다: "다 너희의 것이요—모든 사역자들 곧 일반 사역자든 특수 사역자든 모든 사역자들이 다 너희를 위해 있다. 아니, 세계 자체가 너희 것이다." 성도들이 세계의 소유자라는 뜻이 아니고, 세계가 그들을 위해 존재한다는 뜻이다. 그들은 무한한 지혜이신 하나님이 그들에게 적합하도록 하시는 것만큼 세계는 그들에게 적합한 존재가 될 것이다. 그들은 신령한 복과 함께 주어지는 것은 모두 소유하게 될 것이다.

"생명도 너희의 것이다. 즉 그것은 너희로 하여금 천국생명을 예비할 기회와 시간을 갖게 할 것이다. 사망도 너희의 것이다. 즉 그것은 너희로 하여금 천국생명을 소유하도록 나아가게 할 것이다. 그것은 너희로 하여금 너희 아버지의 집에 도달하도록 이끄는 친절한 사자가 될 것이다. 지금 것도 너희 것이요. 이것은 너희의 순례길에 도움이 될 것이기 때문이다. 장래 것도 너희 것이요. 이것은 너희의 순례가 끝날 때 영원토록 너희를 부요하게 하고 만족하게 할 것이기 때문이다." 만일 우리가 그리스도께 속해 있고, 그분께 진실하다면, 모든 좋은 것이 다 우리의 것이고, 확실하게 우리의 것이 된다는 것을 유념하자. 시간과 영원,

땅과 하늘, 생명과 사망 등 모든 것이 우리의 것이다. 여호와를 찾는 자는 모든 좋은 것에 부족함이 없으리로다(시 34:10).

그러나 동시에 우리는 그리스도의 것임을 잊어서는 안 된다. 곧 우리는 그분의 나라의 신하요 그분의 소유이다. 그분은 우리를 지배하는 주님이시고, 우리는 그분의 지배에 복종하고 그분의 명령에 즐겁게 순종해야 한다. 우리가 우리의 유익을 위해 봉사하는 만물을 소유하려면, 만물이 그분의 기쁘신 뜻대로 복종하도록 해야 한다. 모든 것이 우리의 것이 되는 것은 오직 우리가 그리스도의 것이 될 때로 한정된다. 우리가 그분으로부터 벗어난다면, 모든 좋은 것을 받을 자격이나 권리는 없다. 현재 안전하고 영원 속에서 행복하기를 바라는 사람들은 그리스도의 것이 되어야 함을 잊지 말자.

그리스도는 하나님의 것이니라(23절). 그분은 하나님의 그리스도이시다. 즉 그분은 중보자의 직분을 감당하고, 하나님의 영광의 목적을 수행하도록 하나님으로부터 기름부음을 받았고, 하나님께 사명을 받으셨다. 모든 것은 신자의 것이므로, 신자는 모든 것을 통해 그리스도께서 모든 영예를 누리고, 하나님께서 모든 영광을 받으시도록 최선을 다하고 심혈을 기울여야 한다. 그리스도 안에서 죄악된 세상과 화해하고, 화해한 세상에 자신의 은혜의 부요함을 충만하게 쏟아부어주신 하나님이 복음의 정수이자 본질이다.

제
― 4 ―
장

개요

　　이 장에서 사도는 다음의 내용을 전개한다. I. 사도는 자신과 자신의 동역자들을 그들이 어떻게 생각해야 하는지를 지시하고, 또 그 점에 있어서 그들이 자신에 대해 부당한 태도를 취한 것에 대해 최소한 은밀하게 책망한다(1-6절). II. 사도는 그들의 교만과 자기높임을 경고하고, 그들을 그토록 교만하게 만든 다양한 유혹들을 제시하며, 또 그들이 그들의 상황과 조건 속에서 자신과 다른 사도들을 다채롭게 멸시한 것을 언급한다(7-13절). III. 사도는 그리스도 안에서 자신을 그들의 아버지로서 대할 것을 그들에게 촉구한다(14-16절). IV. 사도는 디모데를 그들에게 보내는 것에 대해 말하고, 이어서 그들 가운데 어떤 이들이 스스로 교만해져서 자신이 방문하지 않을 것을 바라지만, 곧 방문해서 그들에게 어떻게 할 것인지 그 의도에 대해 간단히 언급한다(17-21절).

[1]사람이 마땅히 우리를 그리스도의 일꾼이요 하나님의 비밀을 맡은 자로 여길지어다 [2]그리고 맡은 자들에게 구할 것은 충성이니라 [3]너희에게나 다른 사람에게나 판단 받는 것이 내게는 매우 작은 일이라 나도 나를 판단하지 아니하노니 [4]내가 자책할 아무것도 깨닫지 못하나 이로 말미암아 의롭다 함을 얻지 못하노라 다만 나를 심판하실 이는 주시니라 [5]그러므로 때가 이르기 전 곧 주께서 오시기까지 아무것도 판단하지 말라 그가 어둠에 감추인 것들을 드러내고 마음의 뜻을 나타내시리니 그 때에 각 사람에게 하나님으로부터 칭찬이 있으리라 [6]형제들아 내가 너희를 위하여 이 일에 나와 아볼로를 들어서 본을 보였으니 이는 너희로 하여금 기록된 말씀 밖으로 넘어가지 말라 한 것을 우리에게서 배워 서로 대적하여 교만한 마음을 가지지 말게 하려 함이라

　　이 부분에서 사도는 다음과 같은 내용을 다룬다.

I. 사도는 자신의 자격과 직분을 설명하고 그들에게 자신에 대해 합당한 예의를 갖추도록 촉구한다.　그들 가운데 많은 이들이 그 점에 있어서 크게 잘

못하고 있었다: 사람이 마땅히 우리를 그리스도의 일꾼이요 하나님의 비밀을 맡은 자로 여길지어다(1절). 물론 그들 가운데 또 다른 이들은 사도를 그들 당파의 우두머리로 삼고 그 제자를 자처함으로써 지나치게 높이 평가하는 어리석음을 저질렀다. 다른 모든 일들의 경우처럼 사역자들에 대한 우리의 입장은 극단을 피해야 한다. 사도들 자신은 다음과 같은 사람들이다.

1. 그들은 과대평가되어서는 안 된다. 왜냐하면 그들은 주님이 아니라 사역자들이요, 주인이 아니라 청지기(맡은 자)이기 때문이다. 그들은 청지기들 가운데 가장 높은 자리를 차지하고, 그분의 집에서 존대를 받으며, 다른 종들에게 양식을 제공하고, 그들에게 일을 직접 지정하고 지시하는 위치에 있지만, 단순히 그리스도의 종일 따름이다. 그들이 다른 일꾼들을 지배하고, 그들의 믿음과 행위를 다스리는 권위를 주장한다면, 그것은 과도한 권리 남용이요 끔찍한 죄악이다. 아무리 사도들이라도 그리스도의 청지기에 불과하다. 즉 그분의 일에 종사하고, 그분의 심부름을 하며, 하나님의 비밀들 또는 과거로부터 대대로 세상에서 감추어졌던 진리를 다만 전달하도록 위임받은 종인 것이다. 그러므로 그들은 자신의 생각을 선전할 권리가 없고, 오직 기독교 신앙을 전파할 뿐이다.

2. 사도들은 과소평가되어서도 안 된다. 왜냐하면 그들은 청지기라도 그리스도의 청지기이기 때문이다. 그들의 주님의 인격과 존엄성은 그들에게 위임되어 있다. 그들은 단지 종에 불과하지만, 그들은 세상 일반사에 대한 종이 아니라 신적 비밀을 맡은 종이다. 그들은 영예로운 직분을 갖고 있다는 이유만으로도 큰 신뢰를 갖고 있는 사람들이다. 그들은 하나님의 집의 청지기로서, 그분의 은혜의 나라에서 위대한 청지기들이다. 그들은 주인으로 세움 받지는 않았어도 이 영예로운 사역을 감당할 때 존경과 높임을 받을 자격이 있다.

Ⅱ. 그 의무를 감당했을 때, 그들은 충성된 청지기로 인정받았다. 맡은 자들에게 구할 것은 충성이니라(2절). 여기서 충성은 신뢰를 의미한다. 그리스도의 집 안에서 청지기는 그분이 정하신 일을 수행해야 한다. 그들은 동료 사역자들에게 자기들을 위해 일하도록 강요해서는 안 된다. 그들은 주인의 허락이 없는 한, 어떤 일이라도 동료들에게 요구해서는 안 된다. 그들은 동료들에게 기독교 교리와 진리라는 온전한 음식 대신, 자기들 스스로의 생각이라는 여물을 먹여서는 안 된다. 그들은 그들 주님의 유익을 위해 성실하고, 그분의 영예를 염두

에 두어야 한다. 그리스도의 사역자들은 스스로를 믿을 만한 자로 입증하기 위해 충심으로 그리고 지속적으로 노력하지 않으면 안 된다. 선한 양심의 증거를 갖고 있고 주님의 허락을 받았다면, 그들은 동료 사역자들의 의견과 비판을 무시해도 될 것이다: 너희에게나 다른 사람에게나 판단 받는 것이 내게는 매우 작은 일이라(3절). 참으로 사람들의 좋은 평판과 판단은 사역에 도움이 많이 된다. 이 부분에서 바울의 전반적인 주장도 그가 자신의 평판에 대해 관심을 크게 갖고 있음을 보여준다. 그러나 사람들을 즐겁게 하는 것을 자신의 주업으로 삼는 사람은 그리스도의 충성스러운 종으로 인정받기는 거의 힘들 것이다(갈 1:10). 그리스도께 충성하는 사람은 그분을 위해 사람의 판단을 무시할 줄 알아야 한다. 그는 사람들이 자신에 관해 하는 판단을 아주 사소한 것으로(만일 그의 주님이 그를 인정한다면) 간주해야 한다. 자신의 의무를 감당하는 동안 사람들은 그에 관해 아주 나쁘거나 악한 판단을 할 수 있다. 그러나 그들의 판단이 그가 서거나 넘어지는 결정적 요소가 되어서는 안 된다. 충성스러운 사역자가 다른 일꾼들보다 더 의롭고 순전하다는 평가를 사람들로부터 받는 것은 행복한 일이다. 그러나 여호와의 손에 빠지고 사람의 손에 빠지지 않는 것이 더 낫다(삼하 24:14). 아무리 훌륭한 사람들일지라도 경솔하게 그리고 가혹하게 그리고 부당하게 판단하기 십상이다. 그러나 그분의 판단은 항상 진리와 일치한다. 사람들이 우리의 최종적 판단자가 아니라는 것은 위로가 된다. 아니, 우리는 우리 자신에 대해서도 이렇게 판단해서는 안 된다: "나도 나를 판단하지 아니하노니(3절). 내가 자책할 아무것도 깨닫지 못하나(4절). 이 말은 자신을 믿을 수 없는 존재로 판단할 수 없다는 뜻이다. 이로 말미암아 의롭다 함을 얻지 못하노라(4절). 이 말은 그 판단으로 내가 깨끗해지지 않는다는 뜻이다. 다만 나를 심판하실 이는 주시니라(4절). 나에게 결정적인 것은 그분의 판단이다. 그분의 선고에 나는 따라야 한다. 나는 그분이 찾고 판단하는 대로 결정될 존재다." 우리가 안전하고 행복하다고 증명할 것은 우리 자신에 관한 사람들의 좋은 판단에 있는 것도 아니고 우리 자신을 스스로 판단하는데 있는 것도 아니다. 우리의 주권자인 심판주의 용납과 인정 외에 다른 길은 없다. 옳다 인정함을 받는 자는 자기를 칭찬하는 자가 아니요 오직 주께서 칭찬하시는 자니라(고후 10:18).

III. 사도는 여기서 고린도 교인들의 비판 곧 남들에 관해 주제넘게 냉혹하게 판단하는 것에 대해 경고한다.   그러므로 때가 이르기 전 곧 주께서 오시기까지 아무것도 판단하지 말라(5절). 그것은 무모한 판단이요 위험한 판단이다. 사도가 여기서 말하는 판단은 그들의 직분의 범주 안에서 권위를 가진 사람으로서 하는 판단이나 이미 잘 알려져 있는 사실들에 관해 하는 판단이 아니라 사람들의 장래 상태나 그들의 행동의 은밀한 원천이나 원리 또는 그들 속에 있는 확실치 못한 사실들에 대해 하는 판단을 의미한다. 이런 식으로 판단하고, 결정적 선고를 내리는 것은 하나님의 자리를 차지하고 그분의 권위에 도전하는 것이다. 죄인이 주제넘게 가혹하게 판단하는 자가 되다니, 얼마나 뻔뻔한가! 그의 판단은 얼마나 부적절하고, 분수를 모르는 것일까! 그러나 판단하는 자와 그에게 판단 받는 자들을 편견 없이, 감정 없이, 치우침 없이 판단하실 분이 계신다. 그리고 사람들은 자신과 다른 사람들에 관해 올바른 판단을 하지 못하고, 오직 그분의 판단이 임할 때가 있다. 주께서 어둠에 감추인 것들을 드러내고 마음의 뜻을 나타내실 때가 올 것이다. 즉 지금은 은밀하게 행해지는 어둠의 행위들, 마음속에 감추어져 있던 모든 은밀한 성향, 계획, 그리고 의도들이 드러날 때가 있다. 어둠을 몰아내고, 깊은 곳을 드러내는 날이 임하여 사람들의 은밀한 죄와 마음의 비밀들을 만천하에 폭로할 것이다: 그 날이 공적을 밝히리니(3:13). 심판자는 이 일들을 밝게 드러내실 것이다. 주 예수 그리스도께서 마음, 곧 모든 사람들의 마음의 뜻을 나타내실 것이다. 주 예수 그리스도께서 마음의 뜻에 대해 지식을 갖고 계심을 잊지 말자. 만약 그렇지 못하다면 그렇게 하실 수 없을 것이다. 이것은 하나님의 특권이다(렘 17:10). 그러나 이것은 우리 구주께서 특별하게 자신의 특권으로 사용하시는 것이다(계 2:23): 내가 사망으로 그의 자녀를 죽이리니 모든 교회가 나는 사람의 뜻과 마음을 살피는 자인 줄 알지라 내가 너희 각 사람의 행위대로 갚아 주리라.

우리는 우리 자신을 도저히 감출 수 없는 심판자와 관련되어 있음으로, 남을 판단하는 일에 있어서 참으로 조심해야 한다. 다른 사람들은 우리의 눈에 다 드러나지 않지만, 우리는 그분의 눈에 완전히 드러날 것이다. 그리고 그분이 심판하기 위해 오실 그 때, 각 사람에게 하나님으로부터 칭찬이 있을 것이다(5절). 여기서 각 사람은 그만한 자격이 있는 모든 사람, 행위를 잘한 사람 모두를 말한다. 하나님의 종들은 그분으로부터 무엇을 받을 만한 자격이 전혀 없지만, 아무리 잘 섬길지라도 비난받을 일이 더 많지만, 그들의 충성은 칭찬을 받고 그분에 의해 면류관이 주어지게 될 것이다. 그들은 동료들로부터 정죄받고 비난받고 무시당할지라도, 하나님은 이처럼 부당한 비판과 비난을 일축하고, 그들이 잘한 모습만 보실 것이다. 그러므로 그리스도인들은 이런 날이 올 줄을 알고, 특히 양심이 그들의 성실함을 증언하는 한, 부당한 비판과 비난을 기꺼이 감수할 줄 알아야 한다. 그러나 이후에 그들의 유일한 심판자께서 칭찬하실 자들을 지금 비난하는 것은 얼마나 두려운 일일까!

Ⅳ. 사도는 이 부분에서 왜 자신의 이름과 아볼로의 이름을 언급하는지 그 이유를 제시한다. 그는 내가 너희를 위하여 이 일에 나와 아볼로를 들어서 본을 보였다고 말한다(6절). 그는 그들을 자극하지 않고 오히려 권면이 더 잘 받아들여지도록 하기 위해 그들이 추종하는 어떤 당파의 지도자의 이름을 들지 않고 오히려 자신의 이름과 신실한 동료 일꾼 한 사람의 이름을 선택해 언급한다. 사역자들은 충고나 권면을 할 때, 특별히 책망을 할 때에는, 그 대상자들이 그로 인해 힘을 잃지 않도록 신중해야 한다는 것을 명심하라. 사도가 이 수단을 통해 가르치고자 한 교훈은 기록된 말씀 밖으로 넘어가지 말라 한 것을 배워 서로 대적하여 교만한 마음을 가지지 않도록 하려는(6절) 데 있었다. 사도들은 하나님의 밭에 심거나 물 주는 이요, 그분의 집의 건축자요, 그분의 비밀을 맡은 자요, 그리스도의 종이 아닌 다른 존재로 평가받아서는 안 된다. 그리고 일반 사역자들은 사도들과 동등한 의미에서 자격을 가질 수는 없다. 우리는 주인의 영예와 권위를 그 종들에게 돌리지 않도록 각별히 조심해야 한다. 너희는 땅에 있는 자를 지도자라 하지 말라 너희 지도자는 한 분이시니 곧 그리스도시니라(마 23:8,10).

우리는 기록된 말씀 밖으로 넘어가 생각해서는 안 된다. 하나님의 말씀은 사람들에 관해 판단하는 최고의 표준임을 기억하자. 다시 말해 사람들에 관해 올바로 판단하고, 지나치게 높게 평가하지 않는 것이 교회 안에서의 다툼과 분열을 막는 하나의 길이다. 이 다툼의 밑바닥에는 보통 교만이 깔려 있다. 자만은 우리 자신과 우리 선생들에 대해 잘못된 판단을 하는데 크게 작용한다. 우리 자신의 기호나 판단에 따른 칭찬은 흔히 불합리한 찬사로 치우치고, 똑같이 충성하고 동등한 자격을 갖춘 다른 사역자들과 반대하여 유독 한 지도자를 부당하게 옹호하는 입장을 취하게 된다. 그러나 우리 자신에 관해 적절하게 생각하고, 지도자들에 관해 기록된 말씀 밖으로 넘어가지 않는 것이 교회 안에서 다툼과 갈등, 편들기와 분쟁을 예방하는 가장 효과적인 수단 가운데 하나다. 우리가 만일 지도자들이 하나님의 밭과 집에서 그분에 의해 쓰임받고, 그분에 의해 다양한 능력과 자격을 갖게 된 도구들이라고 생각한다면, 다른 사람을 제쳐두고 한 사람을 자랑해서는 안 될 것이다.

[7]누가 너를 남달리 구별하였느냐 네게 있는 것 중에 받지 아니한 것이 무엇이냐 네가 받았은즉 어찌하여 받지 아니한 것 같이 자랑하느냐 [8]너희가 이미 배부르며 이미 풍성하며 우리 없이도 왕이 되었도다 우리가 너희와 함께 왕 노릇 하기 위하여 참으로 너희가 왕이 되기를 원하노라 [9]내가 생각하건대 하나님이 사도인 우리를 죽이기로 작정된 자 같이 끄트머리에 두셨으매 우리는 세계 곧 천사와 사람에게 구경거리가 되었노라 [10]우리는 그리스도 때문에 어리석으나 너희는 그리스도 안에서 지혜롭고 우리는 약하나 너희는 강하고 너희는 존귀하나 우리는 비천하여 [11]바로 이 시각까지 우리가 주리고 목마르며 헐벗고 매맞으며 정처가 없고 [12]또 수고하여 친히 손으로 일을 하며 모욕을 당한즉 축복하고 박해를 받은즉 참고 [13]비방을 받은즉 권면하니 우리가 지금까지 세상의 더러운 것과 만물의 찌꺼기 같이 되었도다

여기서 사도는 앞에서 언급했던 고린도 교인들의 교만과 자만에 대한 경고를 계속 다루고, 그들의 상황의 차이로부터 그들이 자신을 멸시하게 된 시험거리들을 찾아낸다.

I. 사도는 이 부분에서 그들 사이에 존재하는 모든 차이를 하나님으로부터 온 것으로 착각하는 그들의 교만과 자만에 대해 경고한다. 누가 너를 남달리 구별하였느냐 네게 있는 것 중에 받지 아니한 것이 무엇이냐(7절). 여기서 사도는 이 당파의 우두머리가 되어있는 사역자들에게 화살을 돌린다. 그들은 사람들을 자극하고 선동해서 분란을 일으킨 장본인들이었다. 그들의 모든 은사는 하나님으로부터 받은 것인데, 어떻게 그들이 영광을 받는단 말인가? 그들은 단지 받은 자이기 때문에 하나님을 모독하지 않고는 그것들이 마치 자기 자신의 것인 것처럼 영광을 취할 수는 없었다. 그들은 자신의 허영을 채우기 위해 은사들을 사용한 것을 생각한다면, 하나님의 호의와 은혜에 대해 커다란 빚과 의무를 지게 된 것으로 생각했어야 옳았다. 그러나 그것은 다음과 같이 일반원칙처럼 말해질 수 있다: 우리는 우리의 업적, 행복 또는 성취에 대해 자랑할 명분이 없다. 우리의 소유, 존재 그리고 선행은 모두 하나님께서 풍성하게 주시는 값

없는 은혜로 말미암은 것이다. 자랑은 영원히 배제되어야 한다. 우리가 가진 것 중 당연히 우리 자신의 것으로 주장할 수 있는 것은 아무것도 없다. 모든 것이 하나님으로부터 받은 것이다. 그러므로 그것에 대해 자랑하는 것은 우리에게는 어리석은 일이고, 하나님께는 해를 끼치는 것이다. 모든 것을 받은 자는 아무것도 자랑해서는 안 된다(시 115:1). 거지와 식객은 자기를 도운 후원자에게 영광을 돌려야 한다. 만약 그러지 않고 자신이 그 영광을 취한다면, 그것은 곧 자신의 비천함과 무력함과 부족함을 자랑하는 것이 된다. 하나님의 은혜에 대한 적절한 의무감이 우리의 오만과 자만을 치료하는데 도움이 된다는 것을 잊지 말자.

II. 사도는 날카로운 풍자로서 그들에게 겸손의 의무가 있음을 강조한다.
또는 최소한 그들의 교만과 자만에 대해 책망한다: "너희가 이미 배부르며 이미 풍성하며 우리 없이도 왕이 되었도다(8절). 너희는 영적 은사가 충분할 뿐만 아니라 여유가 있다. 아니, 너희는 우리 없이도 즉 내가 그 곳에 없을 때 그리고 나를 별로 필요로 하지 않고서도, 그것들을 너희의 영광으로 삼을 수 있게 되었다." 고린도 교인들이 그 풍성한 지혜와 영적 은사로 말미암아 얼마나 높아져 있었는지를 암시하기 위해, 배부름에서 풍성함으로, 또 풍성함에서 왕이 된 것으로 점차 강도를 높이는 점층법을 사용하고 있다. 이런 분위기는 사도가 그들을 떠나 있을 동안에 그들 사이에 만연된 분위기로서, 그로 말미암아 그들은 사도가 그들에게 어떤 유익을 끼쳤는지를 잊어버렸다. 교만이 얼마나 쉽게 은혜는 기억하게 하면서 그 은혜를 베푸신 자를 간과하도록 하는지, 또 그 소유는 잊지 않도록 하면서 그것들을 주신 자는 잊어버리도록 하는지 살펴보라. 아니, 그것은 그것들을 쉽게 확대경으로 바라보도록 한다: "너희가 왕이 되었도다. 즉 너희가 스스로 높아졌구나. 나는 너희와 함께 왕 노릇 하기 위하여 참으로 너희가 왕이 되기를 원하노라(8절). 나는 너희가 스스로 높아진 만큼 기독교 교회에 그만큼 참된 영광이 되기를 바란다. 그 때 나도 그 영예를 함께 누려보아야겠다: 너희와 함께 왕 노릇 해보자. 그 때는 내가 너희에게 지금 무시당하는 것처럼 무시당해서는 안 되고, 그리스도의 사역자로서 가치를 부여받고 존중을 받으며, 너희들 중에서 아주 유용한 도구가 되어야 할 것이다." 자기를 최고라고 생각하는 사람, 자기에 대해 최상의 평가를 하는 사람은 정말 자기가 누군지 모르는 사람임을 명심하자. 고린도 교인들이 망상에 빠져 허망한 왕이 되지 않았더라면, 그들은 진정 바울과 함께 왕 노릇을 했을 것이다. 교만이 우리의 발전에 얼마나 큰 부작용을 일으키는지 잊지 말자. 가장 높은 자리에 자신을 두는 자 곧 충분히 배부르고 풍성한 자, 아니 왕은 더 지혜롭게 되거나 더 높아질 수 없다.

Ⅲ. 사도는 자기 자신 및 다른 사도들의 처지를 부각시키기 위해 고린도 교인들과 비교한다.

1. 사도는 사도들의 처지를 부각시킨다: 내가 생각하건대 하나님이 사도인 우리를 죽이기로 작정된 자 같이 끄트머리에 두셨으매 우리는 세계 곧 천사와 사람에게 구경거리가 되었노라(9절). 바울과 그의 동역자들은 큰 시련을 겪었다. 이 세상의 어떤 사람도 그들만큼 쫓기고 곤경에 처한 적이 없었다. 그들은 자기들의 목숨을 손에 들고 다녔다. 하나님이 사도인 우리를 죽이기로 작정된 자 같이 끄트머리에 두셨으매. 이것은 로마의 원형극장에서 피 흘리는 장면을 연상시킨다. 거기서 사람들은 맹수와 싸워야 했고, 제대로 싸우지 못한다면 갈기갈기 찢겨져 죽도록 되어 있었다. 또한 서로 창을 겨누며 싸우도록 되어 있었는데, 상대방을 죽이지 않으면 목숨을 부지할 수 없었다. 그러나 그렇게 목숨을 부지한들 또 다른 전투를 준비해야 했고, 결국에는 잡아먹히거나 갈기갈기 찢겨져 죽어야 했다. 따라서 이같이 비참한 죄수들(이같이 죽음에 노출되어 있는 사람들은 보통 사형수였다)은 딱 맞게 죽이기로 작정된 자(에피타나티오이)로 불렸는데, 죽음에 바치기로 하거나 죽이기로 예정된 자라는 의미로 볼 때, 참으로 적절한 호칭이다. 그들은 끄트머리에 두어졌다고 말해진다. 왜냐하면 한낮의 검투사들 곧 대낮 오후에 전투를 벌이는 자들은 벌거벗고 싸우도록 되어 있어서 가장 비참한 상태에 처해 있었기 때문이다. 따라서 (세네카가 말하는 것처럼) 이것은 완전히 도살장이었다. 아침에 맹수들과 싸워야 했던 자들은 이들과 비교하면 그래도 은혜로운 대접을 받은 것이었다. 이것이 일반적으로 의미하는 것은 사도들은 항상 죽음의 위험에 노출되어 있었고, 그것도 그들이 자기 직분을 충실하게 감당하고 있을 때 가장 악한 상태에 처하게 되었다는 것이다. 물론 똑같은 목적으로 그런 것은 아니지만, 로마 황제가 검투사들을 누구나 볼 수 있도록 투기장 안으로 들여보냈듯이 하나님도 사도들을 끄트머리에 세워 다 볼 수 있도록 했다. 로마 황제는 대중들을 즐겁게 하기 위해, 그리고 자신의 허영을 만족시키기 위해 그렇게 했고, 때로는 더 악한 목적으로 그렇게 했다. 그

러나 사도들은 하나님의 은혜의 능력을 나타내고, 그들의 사명과 가르침이 진리임을 확증하기 위해, 그리고 세상에 기독교를 전파하기 위해 그렇게 세워졌던 것이다. 이것들은 하나님께 가치 있는 목적 곧 그들이 힘내어 전투에 임하도록 만들기에 적합한 고상한 목적들이었다. 그러나 그들은 로마의 죄수들과 똑같은 어려움에 직면했고, 그들처럼 비참한 상황에 노출되었다. 사도 직분은 영예로운 것만큼 힘들고 위험한 직분이었다: "우리는 세계 곧 천사와 사람에게 구경거리가 되었노라(9절). 구경거리. 우리는 극장으로 인도를 받아 세상에 공개적으로 노출되었다. 천사와 사람에게 박해와 고난과 인내와 너그러움에 대해 구경거리가 될 것이다. 그들 모두 우리가 그리스도를 믿는 신앙 때문에 고난받는 것을 본다. 어떻게 고난받는지, 즉 우리의 위험이 얼마나 크고 절박한지, 그리고 우리가 그들에게 얼마나 용감하게 맞서는지, 또 우리의 고난이 얼마나 치열한지, 그리고 하나님의 은혜의 능력과 기독교 원리에 따라 우리가 그것을 어떻게 인내하며 견디는지 다 볼 것이다. 우리의 사역은 힘들지만 영예롭다. 위험하지만 영광스럽다. 하나님은 우리로 말미암아 영광을 얻고, 기독교는 우리로 말미암아 자랑거리가 될 것이다. 세상은 우리의 결연한 결심, 우리의 막강한 인내와 지조에 놀랄 수밖에 없을 것이다." 그들은 그들의 주님을 위해 얼마나 기꺼이 자신들을 고난과 조롱에 노출시켰던가! 그리스도의 충성스러운 사역자들과 제자들은 그분과 그분의 영예를 위해 기꺼이 어떤 일이라도 감수해야 하리라.

2. 사도는 자신의 처지를 고린도 교인들의 처지와 비교한다: "우리는 그리스도 때문에 어리석으나 너희는 그리스도 안에서 지혜롭고 우리는 약하나 너희는 강하고 너희는 존귀하나 우리는 비천하여(10절). 우리는 그리스도 때문에 어리석으나. 이것은 흔히 그렇고, 따라서 우리는 그렇게 대접받는 것으로 만족해야 한다. 하나님의 지혜와 복음의 영예가 이 수단들을 통해 확보되고 드러나도록 하기 위해 우리는 세상에서 바보로 간주될 수 있고, 또 그렇게 멸시를 받을 수 있어야 한다." 충성스러운 사역자들은 하나님의 지혜와 그분의 은혜의 능력이 드러나도록 멸시를 견뎌낼 수 있어야 한다는 것을 명심하자. "그러나 너희는 그리스도 안에서 지혜롭다. 너희는 지혜롭고 유식한 그리스도인으로 유명하다. 너희는 그 점에 관해 스스로 큰 가치를 부여하고 있다. 반면에 우리는 복음의 단순한 진리를 전하는데, 그것이 단순한 것만큼 불명예 아래 있다. 너희는 웅변과

사람의 지혜로 말미암아 평판이 좋다. 그로 인해 많은 사람들 사이에서 너희는 그리스도 안에서 지혜로운 자가 되었다. 우리는 약하나 너희는 강하다(여기서 약하다는 것은 분명히 고후 12:10을 암시한다). 너희가 편하고 형통한 환경 속에 있을 때 우리는 그리스도를 위해 고난을 받았다." 모든 그리스도인들이 똑같이 취급받는 것은 아니다. 함께 동일한 싸움에 참여하지만 어떤 이들은 다른 이들보다 더 큰 곤란을 겪는다. 한 군대에서 맨 앞에 서는 기수는 가장 심한 공격을 받는다. 마찬가지로 박해 시대 당시 복음전도자들도 최고로 그리고 최대로 고난당한 자들이 되었다. 또는 이렇게 말할 수도 있다: "우리는 기독교 안에서 가진 것도 없고, 헐벗고 비천한 사람으로 통하나 너희는 너희 스스로나 다른 사람들에 의해 크게 진보된 성장과 검증된 힘을 갖고 있는 사람들로 간주된다." 이처럼 스스로 그렇다고 생각하고, 또 다른 사람들에게 이런 평가를 받는 사람들이 기독교 안에서 반드시 가장 유능한 사람들인 것은 아님을 잊지 말자. 자기사랑이 이런 착각을 불러오는 것은 참으로 쉽고 흔하다. 고린도 교인들은 그리스도 안에서 사도들 자신보다 자기들이 더 지혜롭고 강하다고 생각했을 뿐만 아니라 다른 사람들에 의해서도 그런 평가를 받았다. 그러나 오! 얼마나 엄청난 착각일까!

Ⅳ. 사도는 사도들의 고난에 대한 몇 가지 구체적인 정황을 열거한다. 바로 이 시각까지 즉 너희와 다른 교회에서 우리가 사역을 다 행한 후에도, 우리가 주리고 목마르며 헐벗고 매 맞으며 정처가 없고 또 수고하여 친히 손으로 일을 하며 모욕을 당한즉 축복하고 박해를 받은즉 참고(11,12절). 아니, 그들은 세상의 더러운 것과 만물의 찌꺼기 같이 되었다(13절). 그들은 생계를 위해 손수 일을 해야 했고, 더 많은 일, 더 큰 일을 감당해야 했기 때문에 결코 안락한 삶을 위한 일은 할 수 없었고, 굶주림과 목마름과 헐벗음에 처하게 되었다. 허다한 경우에 먹을 것과 마실 것과 입을 것이 부족했다. 그들은 일정한 거처도 없이 여기저기 세상을 돌아다녀야 했다. 우리 구주의 나라의 수석사역자들에게 집과 거처가 없고, 먹을 것과 입을 것이 없는 가난한 환경이라니 어이할꼬! 그러나 그들은 머리 둘 곳이 없으셨던(눅 9:58) 주님보다는 덜 가난했다. 하지만 이 모든 고난을 극복해낸 헌신과 충성, 참으로 영광스럽도다! 그들의 하나님에 대한 사랑은 얼마나 열렬하고, 영혼 구원에 대한 열망은 얼마나 절실했던가! 그들의 고난은 자발적이었고, 그것은 즐거운 가난이었다. 그들은 그리스도를 섬기고 영혼을

구원할 수만 있다면, 자기들이 갖고 있지 못한 모든 외적 조건들을 충분히 보상받는 것이라고 생각했다. 아니, 그들은 세상의 더러운 것과 만물의 찌꺼기 같이 되어도 괜찮았다. 그들은 살기에 적합하지 않은 사람 곧 더러운 것(페리카달마타)으로 취급받았다. 비평가들은 이 비유가 다수 이방국가에서 역병이나 엄청난 재난과 같은 일이 벌어졌을 때 신에게 사람들을 제물로 바치는 관습을 가리키는 것으로 생각했다. 이때 제물로 바쳐지는 사람들은 일반적으로 가장 비천한 사람들 곧 가장 낮은 신분에 속하고 최악의 조건을 가진 사람들이었다. 이처럼 초기의 그리스도인들은 모든 공적 재앙의 원흉으로 간주되어 사람들의 분노의 희생양이 되었다. 사도들은 그 이상의 대접을 받을 수 없었다. 그들은 그 인격과 자격에 있어서 가장 저급하고, 가장 비천한 존재로, 그래서 제물로 바치기에 가장 합당한 존재로 고난을 받았다. 아니 그들은 청소되어야 할 세상의 가장 더러운 것으로, 또한 만물의 찌꺼기 곧 만물의 불순물로서, 버려져야 할 것으로 간주되었다. 그들은 세상의 모든 비난이 쏟아지는 공동하수구였다. 어떤 것의 찌꺼기가 되는 것도 나쁜데, 만물의 찌꺼기가 되는 것은 얼마나 더 나쁠까! 그리스도의 남은 고난을 그의 몸 된 교회를 위하여 그 육체에 채운(골 1:24) 사도들은 그들의 주님을 얼마나 크게 닮았을까! 그들은 그분을 위해 고난을 받았고, 그분의 모범을 따라 고난을 받았다. 주님은 생애 동안 그리고 사명을 감당하는 동안 가난하고 멸시를 받았다. 마찬가지로 그리스도 예수 안에서 신실한 모든 자는 동일한 가난과 멸시를 준비해야 한다. 사람들에게 삶에 무가치한 존재로 여겨지고, 세상의 오물과 찌꺼기처럼 천대받고 거절당하는 자가 하나님께 진정 사랑을 받고, 영광스럽다고 평가를 받을 수 있는 자일 것이다. 내가 보는 것은 사람과 같지 아니하니(삼상 16:7).

V. 여기서 우리는 당시 사도들의 행동이 총망라되어 있음을 본다. 그들은 그 악한 대접에 다음과 같이 반응했다: 또 수고하여 친히 손으로 일을 하며 모욕을 당한즉 축복하고 박해를 받은즉 참고 비방을 받은즉 권면하니(12,13절). 그들은 모욕에 축복으로, 거친 비방과 중상에는 권면과 친절로 반응했고, 그 악랄한 박해에도 끝까지 견뎠다. 그리스도의 제자들, 특히 그의 사역자들은 세상으로부터 어떤 반대나 박해가 임하더라도, 그 신실함을 견고히 지키고 선한 양심을 유지해야 한다. 사람들로부터 어떤 고난을 받더라도, 그들은 주님의 모범을 따르고, 또 그분의 뜻과 교훈을 성취해야 한다. 그들은 멸시를 받고 학대를 당하

더라도 그분과 함께 하는 것으로 그리고 그분을 위하는 것으로 만족해야 한다.

[14]내가 너희를 부끄럽게 하려고 이것을 쓰는 것이 아니라 오직 너희를 내 사랑하는 자녀 같이 권하려 하는 것이라 [15]그리스도 안에서 일만 스승이 있으되 아버지는 많지 아니하니 그리스도 예수 안에서 내가 복음으로써 너희를 낳았음이라 [16]그러므로 내가 너희에게 권하노니 너희는 나를 본받는 자가 되라

여기서 바울은 고린도 교인들에게 자신을 아버지로 생각하라고 요구한다. 그는 그들에게 이렇게 말한다.

1. 그가 지금까지 쓴 것은 그들을 비난하기 위해서가 아니라 권면하기 위해서였다. 원수의 증오가 아니라 아버지의 애정이었다는 말이다(14절): 내가 너희를 부끄럽게 하려고 이것을 쓰는 것이 아니라 오직 너희를 내 사랑하는 자녀 같이 권하려 하는 것이라. 죄를 책망할 때 우리는 죄인의 회개만 생각할 것이 아니라 동시에 그의 명예도 생각해주는 아량이 있어야 한다. 우리는 죄인과 그들의 죄를 구별해야 하고, 그들에 대해 어떤 원한도 품어서는 안 되며, 그들이 세상에서 경멸을 받거나 비난을 받도록 해서는 안 된다. 친절하게 그리고 애정을 갖고 책망하는 사람은 사람을 변화시키기 쉬우나 죄를 폭로하는 책망은 오히려 격노를 유발할 뿐이다. 사역자의 권면에 아버지의 애정이 내포된다면, 죄인들은 즉시 마음이 녹아 변화될 가망성이 농후하지만, 원수나 사형집행인처럼 채찍질을 한다면, 분노를 일으켜 더 완고하게 될 것이다. 수치를 공개적으로 폭로하는 것은 몰염치를 촉발시키는 길이 되고 말 것이다.

2. 사도는 어떤 근거에 의해 자신이 그들과의 부자관계를 주장하고, 그들을 자녀로 부르는지를 설명한다. 그들에게 다른 교사나 스승이 있을 수 있으나 바울은 그들의 아버지였다. 그리스도 예수 안에서 내가 복음으로써 너희를 낳았음이라(15절). 그들은 그의 사역으로 말미암아 그리스도인이 된 사람들이었다. 그는 그들 사이에 교회의 기초를 놓았다. 다른 사역자들은 단지 그 위에 집을 세웠을 뿐이다. 그들에게 다른 스승들이 있다손 치더라도, 그는 그들의 영적 아버지였다. 그는 먼저 그들을 이교적 우상 숭배로부터 끌어내 복음 신앙과 참되고 살아계신 하나님에 대한 예배로 이끌었다. 그는 그들을 거듭나게 한 도구로서, 그들에 대해 부자관계를 주장하고, 그들을 향해 아버지의 감정을 느꼈다.

충성스러운 사역자들과 그들이 그리스도 예수 안에서 복음으로써 낳은 사람들 사이에는 친밀한 감정이 있고, 또 항상 있어야 한다. 그들은 부모와 자식처럼 각별하게 사랑해야 한다.

3. 사도는 여기서 그들에게 특별히 권면한다: 그러므로 내가 너희에게 권하노니 너희는 나를 본받는 자가 되라(16절). 사도는 또 이것을 다른 곳에서 설명하고 제한한다(11:1): "내가 그리스도를 본받는 자가 된 것 같이 너희는 나를 본받는 자가 되라. 내가 그리스도를 따르는 것처럼 너희는 나를 따르라. 내가 그리스도의 모범을 본받으려고 노력하는 것처럼 너희도 할 수 있는 한 나의 모범을 본받도록 힘쓰라. 내가 그리스도의 충성스러운 사역자와 제자 외에 다른 어떤 존재가 아님을 분명히 하는 것처럼, 너희도 내 제자가 되라. 그러나 나는 너희가 내 제자가 아니라 그분의 제자가 되기를 원한다. 내가 그리스도의 비밀을 맡은 충성스러운 청지기요, 나의 주인 그리스도의 충실한 종으로 인정받기를 바라는 것 같이 너희도 나를 따르고, 나의 발자취를 따라 살라." 사역자들은 양 떼들이 자기를 본받아 그 본을 따라 살도록 모범적인 생활을 해야 한다. 그들은 삶과 입술을 통해 그들을 인도하되, 단지 천국에 이르는 길을 지적해주는 것으로 만족하지 말고 앞장서서 그 길을 가야 한다. 사역자들이 본을 보이면, 다른 사람들은 그것을 자신에게 적용시킬 것이다. 사역자들이 믿음과 행실을 통해 그리스도를 충실히 따른다면, 그들은 사역자들을 따르게 될 것이다.

[17]이로 말미암아 내가 주 안에서 내 사랑하고 신실한 아들 디모데를 너희에게 보내었으니 그가 너희로 하여금 그리스도 예수 안에서 나의 행사 곧 내가 각처 각 교회에서 가르치는 것을 생각나게 하리라 [18]어떤 이들은 내가 너희에게 나아가지 아니할 것 같이 스스로 교만하여졌으나 [19]주께서 허락하시면 내가 너희에게 속히 나아가서 교만한 자들의 말이 아니라 오직 그 능력을 알아보겠으니 [20]하나님의 나라는 말에 있지 아니하고 오직 능력에 있음이라 [21]너희가 무엇을 원하느냐 내가 매를 가지고 너희에게 나아가랴 사랑과 온유한 마음으로 나아가랴

여기서는 다음과 같은 내용이 언급된다.

I. 사도는 디모데를 그들에게 보낸 것에 대해 말한다. 그가 너희로 하여금 그리스도 예수 안에서 나의 행사 곧 내가 각처 각 교회에서 가르치는 것을 생각나게 하

리라(17절). 그는 그들로 하여금 그리스도 안에서 그의 길을 기억하도록 하기 위해서, 그의 설교와 실천 곧 그들 사이에서 그가 가르친 것과 그가 어떻게 살았는지에 대해 기억을 새롭게 하도록 디모데를 보냈다는 것이다. 아무리 훌륭한 가르침을 받은 사람들이라도 잊어버리기가 쉽고, 기억을 되살릴 필요가 있다는 점을 유의하자. 반복해서 가르쳐진 똑같은 진리라도, 그것에 새로운 빛이 주어지지 않는다고 해도, 새롭고 신속한 감동을 줄 수 있다. 사도는 또 그들에게 자기가 각처 각 교회에서 가르치는 것을 알려주고자 한다. 그는 어떤 지역과 사람들에게는 어떤 교훈을 가르치고, 다른 지역과 사람들에게는 다른 교훈을 가르치지 않았다. 그는 자신의 가르침을 일관적으로 유지했다. 그가 전한 것은 주께 받은 것이었다(11:23). 이것이 모든 사람들에게 공통의 관심이 된 복음 계시로서, 그 자체로 결코 여러 가지가 아니었다. 그러므로 사도는 모든 교회에서 동일한 사실을 가르쳤고, 항상 어디서나 똑같은 교훈을 따라 살았다. 그리스도의 진리는 하나로서 변하지 않는다. 한 사도가 가르친 것을 모든 사람들에게 가르쳤다. 어떤 시간, 어떤 장소에서 한 사도가 가르친 것을 그는 항상 그리고 모든 곳에서 가르쳤다. 그리스도인들은 각기 실수하고 견해 차이를 가질 수 있으나 그리스도와 기독교 진리는 어제나 오늘이나 영원토록 동일하다(히 13:8). 디모데에게 더 큰 관심을 갖도록 하기 위해, 사도는 그들에게 디모데의 자격을 제시한다. 디모데는 그들과 똑같이 사도의 영적 자녀로서, 그의 **사랑하는 아들**이었다. 영적 형제애는 본능적이고 혈연적인 애정과 똑같이 표현되어야 함을 잊지 말자. 한 아버지의 아들들은 한마음을 갖고 있어야 한다.

그러나 그는 디모데에 대해 이렇게 덧붙인다: "그는 주 안에서 신실한 아들이다. 즉 주를 경외하는 자로서 믿을 만하다. 그는 지금 주님으로부터 받은 특별한 직분 즉 그가 받은 특별한 사명에 충실할 것이다. 그는 나에게서 뿐만 아니라 그리스도로부터도 사명을 받았다. 그는 도처에서 내가 가르친 것과 내 삶이 보여준 것이 무엇인지 잘 알고 있다. 그러므로 너희가 그것을 믿을 수 있도록 그가 충실하게 설명을 잘 할 것이다." 어느 사역자가 그는 주 안에서 신실하고, 자신의 영혼, 자신의 빛, 그리고 하나님에 대한 자신의 신뢰에 대해 충실하다는 추천을 받는 것은 정말 좋은 일이다. 이것은 하나님을 경외하는 사람들에게 그의 메시지가 큰 힘을 발휘하도록 이끄는 길이 될 것이다.

Ⅱ. 사도는 자신이 그들에게 오지 못할 것이라고 예상한 사람들의 교만함을

책망한다. 그는 비록 디모데를 그들에게 보냈지만, 이것이 자신의 목적임을 알려주고자 했다: "어떤 이들은 내가 너희에게 나아가지 아니할 것같이 스스로 교만하여졌으나(18절), 내가 너희에게 속히 나아갈 것이다(19절)." 그러나 그는 주께서 허락하시면(19절)이라는 단서를 붙인다. 일상생활의 일들에 관해서는 사도들 역시 다른 사람들보다 더 잘 알고 있었던 것으로 보이지 않는다. 그들도 이 일들에 있어서는 영감을 받지 못했을 것이다. 왜냐하면 사도가 만약 이 일에 대한 하나님의 마음을 확실히 알고 있었더라면, 이 같은 단서를 붙이지 아니했을 것이기 때문이다. 그러나 그는 여기서 우리에게 소중한 본보기를 보여준다. 우리의 모든 계획들은 섭리에 의존하여 세워져야 하고, 하나님의 계획에 맞추어 준비되어야 한다는 것이다. 주의 뜻이면 우리가 살기도 하고 이것이나 저것을 하리라(약 4:15).

Ⅲ. 사도는 자신이 그들을 방문하게 되면 어떤 일이 벌어질지에 대해 설명한다. 내가 너희에게 속히 나아가서 교만한 자들의 말이 아니라 오직 그 능력을 알아보겠으니(19절). 그는 그들 중 교만한 자들을 시험할 것이다. 그들이 어떤 자들인지 그들의 언변이나 철학이 아니라 그들이 가르친 것의 권위와 효력을 알아보겠다는 것이다. 그들이 가르친 것이 이적적인 역사로 확증할 수 있는지 그리고 그것이 사람들 마음속에 신적 영향력과 구원 효과를 일으키는지 보겠다는 것이다. 왜냐하면 그는 하나님의 나라는 말에 있지 아니하고 오직 능력에 있음이라고 덧붙이고 있기 때문이다(20절). 하나님의 나라는 그럴듯한 추론이나 유창한 말솜씨가 아니라 성령의 외적 권능에 의해, 처음에는 이적적인 역사 속에서, 그 다음에는 사람들의 마음과 태도 등에 미치는 신적 진리의 강력한 감화력 속에서 세워지고 전파되고 확장된다. 설교자의 가르침이 사람들 마음속에 참된 신적 효력을 일으키는지를 보는 것이 그 능력을 판단하는 일반적인 방법이다. 하나님으로부터 나오는 것은 그 본질상 그리고 사건 속에서 하나님을 가장 닮은 것을 만들어낸다. 즉 경건과 아름다운 덕을 파급시켜 사람들의 마음을 변화시키고, 그들의 태도를 바꾼다.

Ⅳ. 사도는 그들에게 나아가 자신이 어떻게 하기를 원하는지 선택하라고 촉구한다. 내가 매를 가지고 너희에게 나아가랴 사랑과 온유한 마음으로 나아가랴(21절). 즉 그들의 행동에 따라 자신의 태도를 정하겠다는 것이다. 만일 그들이 계속 잘못된 모습을 보여준다면, 그는 당연히 매를 가지고 나아갈 것이다.

즉 그들의 잘못을 응징하기 위해 사도의 권세를 사용하여 몇 사람을 본보기로 징계하거나 죄를 범한 당사자들을 개별적으로 처벌하거나 할 것이다. 완고한 범죄자들은 엄격하게 다루어야 한다. 가정에서, 기독교 공동체 안에서, 부모의 연민과 사랑, 기독교적 사랑과 동정은 때때로 매를 사용하여 보여주어야 할 때가 있다. 그러나 이것은 되도록 피할 수 있으면 피하는 것이 상책이다. 그러므로 사도는 매를 가지고 나아갈지, 아니면 그와는 완전히 다른 방법 곧 사랑과 온유한 마음으로 나아갈지 스스로 선택하라고 덧붙인다. 그는 마치 이렇게 말하는 것처럼 보인다: "경고하는데, 그리스도인답지 않은 분쟁을 그만두고, 너희 가운데 있는 잘못을 고치며, 의무를 이행하라. 그러면 너희가 원하는 원만하고 온유한 모습을 보여줄 것이다. 너희에게 엄한 마음을 가지고 나아가는 것이 내가 원하는 뜻은 아니다. 나는 오히려 너희에게 사도의 권위를 사용하기보다는 아버지의 사랑을 보여주기를 바란다. 그러므로 오직 너희가 마땅히 할 일을 하라. 그러면 너희가 나를 굳이 피할 이유가 없을 것이다." 사랑과 온유한 마음을 너그럽게 보여주면서 자신의 정당한 권위를 유지하는 것이야말로 사역자에게 가장 바람직한 마음이다.

제
— 5 —
장

개요

이 장에서 사도는 다음과 같은 내용을 전개한다. I. 음행에 대해 책망하고, 그 죄를 저지른 사람을 출교하고 사탄에게 내주라고 명한다(1-6). II. 묵은 누룩을 제거함으로써 기독교의 순결을 지키도록 권면한다(7-8절). III. 각종 죄악을 범하는 자들과 일상적인 교제마저 끊도록 지시한다(9-13절).

[1]너희 중에 심지어 음행이 있다 함을 들으니 그런 음행은 이방인 중에서도 없는 것이라 누가 그 아버지의 아내를 취하였다 하는도다 [2]그리하고도 너희가 오히려 교만하여져서 어찌하여 통한히 여기지 아니하고 그 일 행한 자를 너희 중에서 쫓아내지 아니하였느냐 [3]내가 실로 몸으로는 떠나 있으나 영으로는 함께 있어서 거기 있는 것 같이 이런 일 행한 자를 이미 판단하였노라 [4]주 예수의 이름으로 너희가 내 영과 함께 모여서 우리 주 예수의 능력으로 [5]이런 자를 사탄에게 내주었으니 이는 육신은 멸하고 영은 주 예수의 날에 구원을 받게 하려 함이라 [6]너희가 자랑하는 것이 옳지 아니하도다 적은 누룩이 온 덩어리에 퍼지는 것을 알지 못하느냐

여기서 사도는 구체적 사건들에 관해 진술한다.

I. 사도는 고린도 교회에 관한 광범한 소문 가운데 그들 중 한 사람이 음행의 죄를 범한 소식이 들린다는 것을 그들에게 언급한다(1절). 그 소문은 도처에 들리는 것으로, 그들의 불명예였을 뿐만 아니라 다른 그리스도인들에게도 치욕이었다. 그것은 부정할 수 없는 죄악이었기에 더욱 치욕스러웠다. 신앙을 고백하는 그리스도인의 가증스런 죄는 빠르게 번지고, 또 광범하게 소문이 난다는 것을 주목하라. 우리는 조심스럽게 행동해야 한다. 왜냐하면 우리가 약간이라도 추악한 죄에 빠진다면, 우리를 비난하기 위해 많은 눈들이 주목하고 있고, 많은 입들이 입을 열게 될 것이기 때문이다. 이것은 보통 음행 사건이 아니었다.

그런 음행은 이방인 중에서도 없는 것이라 누가 그 아버지의 아내를 취하였다 하는 도다(1절). 아버지가 살아있는데 아버지의 아내와 혼인하거나 아버지가 죽었거나 또는 살아 있을 때 그녀를 첩으로 맞아들였을 것이다. 어느 경우든 그가 법적으로 허용되지 않는 성관계를 그녀와 가졌다면 음행으로 불릴 수 있을 것이다. 그러나 그의 아버지가 죽었다면, 즉 아버지가 죽은 후에 그녀와 혼인했다면, 그것은 엄밀한 의미에서 음행이나 간음은 아니지만 근친상간에 해당된다. 하지만 그의 아버지가 살아있을 때, 아버지가 그녀를 버리거나 그녀가 아버지를 떠났을지라도, 그래서 그녀가 법적으로 어머니가 아닌 신분이 되었다고 할지라도, 그녀와 혼인하거나 그녀를 첩으로 맞아들였다면, 그것은 분명 근친과의 음행이었다. 한 여자가 자기의 딸을 버리게 하고 사위와 혼인을 할 때, 당시 웅변가가 이렇게 말했다는 기록이 있다: 믿을 수 없는 죄악이로다!(키케로가 그렇게 부른 것처럼) 이런 일은 내 평생에 한 번도 들어본 적이 없도다. 이방인들 사이에 이런 근친결혼의 실례가 없었던 것은 아니었다. 그러나 그런 일이 벌어질 때마다 그들은 덕과 순결을 지닌 모든 사람들 앞에서 당사자들을 엄히 다스렸다. 그래서 그들은 두려움 없이는 그런 일을 생각조차 할 수 없었고, 혐오감 없이는 그것을 입에 담을 수 없었다. 그러나 이같이 끔찍한 죄악이 고린도 교회 한 성도에 의해 일어났다. 짐작하기로는 그 장본인이 그들 가운데 한 당파의 지도자인 핵심인물이었을 것이다. 아무리 좋은 교회라도 이처럼 불완전한 상태 속에 있고, 엄청난 타락에 떨어질 수 있음을 기억하자. 사도가 세운 교회, 그것도 위대한 이방인 사도에 의해 세워진 교회에서 이토록 끔찍한 사건을 묵인했다는 것은 얼마나 두려운 일일까?

II. 사도는 이 사건에 대한 그들의 태도를 크게 책망한다. 그리하고도 너희가 오히려 교만하여져서(2절). 여기서 교만하여졌다는 것은 자랑으로 여겼다는 뜻이다.

1. 아마 이 추문을 일으킨 당사자 때문이었을 것이다. 그는 언변이 좋고, 깊은 학식을 갖추고 있으며, 그러기에 그 곳의 많은 사람들의 존경을 받고 추종을 받고 칭찬을 들었을지도 모른다. 그들은 자기들에게 이런 지도자가 있음을 자랑했을 것이다. 그의 타락을 슬퍼하고, 그의 잘못을 책망하고, 그를 거부하여 교회로부터 쫓아내기는커녕, 오히려 그를 계속해서 칭송하고 그를 자랑했던 것이다. 교만이나 자기존중은 종종 우리로 하여금 다른 사람들을 적절하게

평가하지 못하도록 그리고 우리 자신만큼이나 그들의 잘못도 바로 보지 못하도록 이끄는 원천이 된다는 것을 유념하자. 자신의 잘못을 바로 보고 인정하도록 이끄는 것은 참된 겸손이다. 교만한 사람은 자신의 잘못을 전혀 인식하지 못하거나 아니면 고의적으로 숨기거나 한다. 또 자신의 잘못을 미덕으로 만들려고 애를 쓴다. 음행을 저지른 사람의 은사를 칭송했던 고린도 교인들은 그의 끔찍한 죄악을 간과하거나 경감시켰다.

2. 그 반대편에 있는 사람들이 자랑에 빠져 있었음을 우리에게 암시하는 것일 수 있다. 그들은 실족한 자를 짓밟고 자기들의 서 있음을 자랑했다. 다른 사람들의 비행과 죄를 기뻐하는 것은 아주 악한 일이다. 우리는 그들에 대해 자랑해서는 안 되고, 오히려 그들을 염려하고 슬퍼해야 한다. 아마 이것이 그들 사이의 분열의 한 원인이었을 것이다. 반대편 파당은 이 추악한 죄악을 자기들에게 이롭도록 이용하고, 그런 기회가 온 것을 기뻐했을 것이다. 그리스도인들 사이에서 다른 사람의 죄를 기뻐하는 것은 분열의 서글픈 결과다. 다른 사람들의 죄는 우리의 슬픔이 되어야 한다. 아니, 교회는 특별한 성도들의 죄악에 대해 슬퍼해야 한다. 만일 그들이 뉘우치지 않고 완고하다면, 쫓아내야 한다. 이 악한 죄를 범한 자는 그들 사이에서 마땅히 추방되어야 했다.

Ⅲ. 사도는 그들이 이 추악한 죄인을 어떻게 처리해야 하는지에 대해 지시한다. 그는 출교되어 사탄에게 내주어야 했다(3-5절): 내가 실로 몸으로는 떠나 있으나 영으로는 함께 있어서 거기 있는 것 같이 이런 일 행한 자를 이미 판단하였노라(3절). 말하자면 사도는 성령께서 그에게 주신 계시와 분별력이라는 이적적인 은사를 통해 그 사건에 대한 완전한 지식을 갖고 있었고, 따라서 자신이 성령으로부터 주어진 특별한 권위를 갖고 결정했음을 강조했다. 그는 비록 멀리 있지만, 마치 현장에 있었던 것처럼 하자 없이 결정했음을, 또는 그 사건에 대해 충분히 파악하고 판단했음을 알아달라고 이렇게 말하는 것이다. 세상에서 의로운 판단자가 되려면 충분한 근거나 증거 없이 판단한 것이 아님을 사람들에게 인식시켜야 한다. 그래서 사도는 이런 일 행한 자라고 말한다. 그 사건은 그 자체로도 가증할 뿐만 아니라 이방인에게도 두려운 죄악이었으며, 그 죄가 더 크게 부각될 수밖에 없었던 몇 가지 구체적인 정황들이 있었다. 그는 그 죄를 저지른 방법에 있어서도 죄책을 져야 하는 그런 악을 범했다. 아마 그는 그들 속에서 사역자, 교사 또는 중심 지도자였을 것이다. 이것은 교회와 그들의

신앙이 더 크게 욕을 먹게 되었다는 것을 뜻한다. 추문을 일으킨 죄인들을 다룰 때 그들은 사건 자체뿐만 아니라 그 사건을 악화시키는 상황에 대해서도 다루어야 한다. 바울은 이런 자를 사탄에게 내주어야 한다고 판단했다(5절). 이 일은 주 예수의 이름으로 곧 그리스도의 능력으로 그리고 사도가 영으로 또는 멀리서도 진상을 분별할 수 있는 영적 은사를 가지고 참여하고 있는 전체 회중 앞에서 이루어져야 했다.

어떤 이들은 이것은 단순한 출교로 이해되어야 하고, 육신을 멸하도록 그를 사탄에게 내주는 것은 그와 관계를 끊는 것을 의미하고, 그를 교회로부터 쫓아내는 것은 이것을 통해 그가 회개하고 돌아와 그의 육신이 정화되도록 하기 위한 것이라고 생각한다. 그리스도와 사탄은 세상을 분리시킨다. 죄 가운데 사는 사람들은 그리스도와의 관계를 고백하더라도, 다른 주인에게 속해 있는 것이다. 그러므로 출교를 통해 그는 그의 주인인 사탄에게 넘겨져야 한다. 그리고 이 일은 그리스도의 이름으로 이루어져야 한다. 교회의 권징은 그리스도의 명령이고, 그분의 이름으로 행해져야 함을 잊지 말자. 그리고 그것은 또한 그들이 함께 모였을 때 곧 전체 회중 앞에서 행해져야 한다. 공개적일수록 엄중하고, 엄중할수록 죄인에게 주는 효과는 더 큰 법이다. 악랄하고 완고한 죄인에 대한 교회의 권징은 최대한 엄중하게 행해져야 한다. 이런 식으로 죄를 범한 자들은 모든 사람 앞에서 꾸짖어 나머지 사람들로 두려워하게 해야 한다(딤전 5:20).

또 다른 이들은 이것이 단순한 출교를 의미하는 것이 아니라 사도가 이적적인 권능 또는 권위로써 그 추악한 죄인을 육신적 질고에 처하고, 그 고통을 느끼도록 그를 사탄의 세력에 내어준다는 것을 의미한다고 생각한다. 따라서 육신은 멸하고라는 말은 바로 그런 뜻이라는 것이다. 이 의미에 따르면 육신의 멸함이 영혼을 구원하는 좋은 기회가 된다. 그러나 이 사건은 이 두 가지가 다 혼합되어 있는 것 같다. 그 사건은 특별한 경우였다. 교회는 정당한 권징을 통해 그를 엄벌해야 했다. 그들이 그렇게 했을 때 사도는 그의 멸망을 위해서가 아니라 그의 구원을 위해서 특별한 능력으로 그를 사탄에게 넘겨주고자 했다. 육신의 멸함은 최소한 영혼이 구원받도록 하기 위한 것이다. 교회 권징의 최대의 목적은 권징의 대상이 되는 사람들의 유익 곧 그들의 영적 및 영원한 유익을 위하는데 있음을 명심하자. 그들의 영은 주 예수의 날에 구원을 받을 것이다(5절). 그러나 그들을 처벌하는 것은 단순히 그들의 유익만을 위한 것은 아니다.

왜냐하면 다른 유익도 있기 때문이다.

IV. 사도는 이 사건으로부터 영향을 받아 그들이 오염될 위험성이 있음을 지적한다. 너희가 자랑하는 것이 옳지 아니하도다 적은 누룩이 온 덩어리에 퍼지는 것을 알지 못하느냐(6절). 지위가 높고, 높은 명성을 갖고 있는 사람이 나쁜 본보기를 보여주는 것은 참으로 유해하다. 그 해악이 너무 크기 때문이다. 아마 고린도 교회에서 벌어진 이 사건이 바로 그러했을 것이다. 고후 12:21을 보라. 그들이 이것을 몰랐을 리가 없다. 세상의 모든 사람들의 경험이 이것을 입증했다. 옴에 걸린 한 마리 양이 전체 양을 오염시킨다. 적은 누룩이 온 덩어리에 빠르게 퍼진다. 따라서 교회는 성도들의 순결과 보존을 위해 악하고 추한 죄인들을 제거하는데 관심을 기울여야 한다.

⁷너희는 누룩 없는 자인데 새 덩어리가 되기 위하여 묵은 누룩을 내버리라 우리의 유월절 양 곧 그리스도께서 희생되셨느니라 ⁸이러므로 우리가 명절을 지키되 묵은 누룩으로도 말고 악하고 악의에 찬 누룩으로도 말고 누룩이 없이 오직 순전함과 진실함의 떡으로 하자

여기서 사도는 순결을 위해 묵은 누룩을 내버리라고 권면한다. 이것을 살펴보자.

I. 권면 자체는 다음 두 가지 중 하나다.

1. 교회 전체에 대한 권면. 새 덩어리가 되기 위하여 묵은 누룩을 내버린다는 것은 악한 사람을 그들 중에서 내쫓아내는 것을 말한다(13절). 교회는 순결하고 거룩해야 하며, 이처럼 타락하고 추악한 자들을 용납해서는 안 된다. 교회는 누룩이 없어야 하고, 이런 이질적인 혼합으로 썩거나 부패해서는 안 된다.

2. 교회 각 지체에 대한 권면. 그것은 마음과 생활의 모든 더러움으로부터, 특별히 고린도 사람들이 속담의 주인공이 될 정도로 빠져 있었던 이 악한 종류의 죄로부터 깨끗하게 되어야 한다는 것을 의미한다. 첫 부분의 주장을 살펴보라. 그들은 이 묵은 누룩을 새 덩어리가 되기 위해서 특별히 내버려야 했다. 그리스도인들은 스스로 깨끗하도록 조심해야 할 뿐만 아니라 공동체로부터 더럽혀진 자들을 제거하는 것도 잘해야 한다. 고린도 교인들은 그들 스스로 과거에 탐닉했던 죄와 그들이 살았던 지역과 거민들을 지배하고 있던 악덕으로부터

특별히 피하지 않으면 안 되었다. 그들은 또한 악의와 사악함 곧 모든 악한 의지와 교활한 궤계로부터 벗어나야 했다. 이것이 마음을 크게 부패하게 만드는 누룩이다. 이것은 죄인의 추악한 행동을 자랑하는 사람들을 교만과 분노로부터 차단시키기 위해 주어진 말씀으로 보인다. 그리스도인들은 악의와 악행으로부터 벗어나도록 조심해야 한다. 사랑은 기독교의 본질이자 생명이다. 하나님은 사랑이시므로(요일 4:16), 그것은 하나님의 최고의 형상이다. 그러므로 사랑이 최고의 미요 장식이라고 해도 이상한 말이 아니다. 그러나 악의는 원칙적으로 살인과 같다. 자기 형제를 미워하는 자는 살인하는 자다(요일 3:15). 그는 처음부터 살인한 자인 마귀의 형상을 갖고 있고, 그 후손으로 선포하는 것이다(요 8:44). 그리스도인이 악의와 악행에 따라 모든 일을 행하는 것은 얼마나 가증스러울까!

Ⅱ. 이 권면이 효력 있게 되는 이유. 우리의 유월절 양 곧 그리스도께서 희생되셨느니라(7절). 이것은 복음의 대교리이다. 유대인은 유월절 어린 양을 죽인 후에 누룩 없는 떡을 먹는 잔치를 벌였다. 우리도 똑같이 해야 한다. 단지 7일간만 할 것이 아니라 한평생 해야 한다. 우리는 우리 구주와 함께 죄에 대해 죽어야 한다. 죄를 죽임으로써 그분의 죽음의 형상에 참여하고, 또 내적·외적으로 새 생명으로 거듭나 그분의 부활의 형상에 참여해야 한다. 우리는 새 마음을 갖고 새 삶을 살아야 한다. 그리스도인의 전체 삶은 누룩 없는 떡의 잔치가 되어야 한다. 그의 일상생활과 종교적 실천은 거룩해야 한다.

이러므로 우리가 명절을 지키되 묵은 누룩으로도 말고 악하고 악의에 찬 누룩으로도 말고 누룩이 없이 오직 순전함과 진실함의 떡으로 하자(8절). 그리스도인은 하나님과 사람 앞에서 행위에 흠이 없어야 한다. 우리가 우리 자신의 믿음에 진실할수록 다른 사람들의 비판도 그만큼 줄어들게 될 것이다. 일반적으로 우리 대속주의 희생이야말로 은혜로운 마음의 순전함과 진실함에 대한 가장 강력한 논증이다. 그분이 우리를 위해 죽으셨을 때 우리의 행복을 위해 보여주신 사랑은 얼마나 간절할까! 그리고 그분의 죽음 속에 죄의 혐오스러운 본질과 죄에 대한 하나님의 불쾌가 얼마나 처절하게 나타나 있을까! 하나님의 아들의 피가 아니고는 절대로 제거될 수 없는 가증스런 악이 있도다! 그런데 그리스도인이 그의 주님을 죽인 원흉을 어떻게 사랑하겠는가? 절대로 안 될 것이다.

⁹내가 너희에게 쓴 편지에 음행하는 자들을 사귀지 말라 하였거니와 ¹⁰이 말은 이 세상의 음행하는 자들이나 탐하는 자들이나 속여 빼앗는 자들이나 우상 숭배하는 자들을 도무지 사귀지 말라 하는 것이 아니니 만일 그리하려면 너희가 세상 밖으로 나가야 할 것이라 ¹¹이제 내가 너희에게 쓴 것은 만일 어떤 형제라 일컫는 자가 음행하거나 탐욕을 부리거나 우상 숭배를 하거나 모욕하거나 술 취하거나 속여 빼앗거든 사귀지도 말고 그런 자와는 함께 먹지도 말라 함이라 ¹²밖에 있는 사람들을 판단하는 것이야 내게 무슨 상관이 있으리요마는 교회 안에 있는 사람들이야 너희가 판단하지 아니하랴 ¹³밖에 있는 사람들은 하나님이 심판하시려니와 이 악한 사람은 너희 중에서 내쫓으라

여기서 사도는 음행을 저지른 자들과 사귐과 교제를 갖지 말라고 권면한다. 그 내용을 살펴보자.

I. 권면 자체. 내가 너희에게 쓴 편지에 음행하는 자들을 사귀지 말라 하였거니와(9절). 어떤 이들은 이 편지가 전에 그들에게 썼던 편지를 가리키는데, 그것이 소실되었다고 생각한다. 그러나 우리는 성경을 결코 잃어버린 적이 없다. 기독교 계시는 우리에게 주어진 성경의 책들 속에 완전히 포함되어 있고, 그것들은 모두 그리스도인들이 통상적으로 사용하도록 하나님에 의해 주어진 계시다. 그렇지 않다면 그분은 자신의 섭리 속에 영감받은 사람들의 기록이 더 많이 보존되도록 하셨을 것이다. 또 어떤 이들은 그것이 바로 이 서신을 가리키는 것으로 이해하고, 사도가 그들의 사건의 전모를 다 알기 전에 이 권면을 하려다 이제 더 구체적으로 언급할 필요가 생겨서 편지를 쓴 것으로 생각한다. 그러므로 이 경우에 그는 만일 어떤 형제라 일컫는 자가 곧 기독교를 자기 종교로 고백하고 기독교 교회의 한 구성원인 어떤 사람이 음행하거나 탐욕을 부리거나 우상 숭배를 하거나 모욕하거나 술 취하거나 속여 빼앗거든 사귀지도 말고 그런 자와는 함께 먹지도 말라고 그들에게 말하는 것이다. 그들은 그를 가까이 하는 것을 피해야 했다. 그들은 그와 교제하지 말아야 했다. 그러나 그것은 그를 부끄럽게 만들고, 회개로 이끌기 위해서였다. 그리스도인들은 악행을 일삼는 동료 그리스도인들을 가까이 하는 생활을 피하고, 그들의 파렴치한 행실을 정당하게 비판해야 한다. 이런 자들은 그리스도인의 이름을 실추시킨다. 그들 스스로는 그리스도 안에서 형제라고 부르겠지만, 결코 그리스도인 형제가 아니다.

그들은 단지 죄에 빠진 동료들에게나 적합한 형제일 뿐이다. 그들이 자기들의 길과 행위를 바르게 할 때까지 그런 동료들 속에 놔두어야 한다.

Ⅱ. 이 권면에 대한 사도의 제한. 그는 사악한 죄를 범하는 이방인과 아예 사귐 자체를 갖지 말라고 금하는 것이 아니다. 그는 이 세상의 음행하는 자들 등과 전혀 먹지도 말고 교제도 말라고 말하는 것이 아니다. 그들은 더 좋은 것을 모르는 사람들이다. 그들은 더 좋은 것에 대해 고백하지 않는다. 그들이 섬기는 신과 그들이 많은 사람들에게 전하는 예배는 이런 사악함을 조장한다. "만일 너희가 이런 사람들과 사귐을 갖지 않으려면, 세상 밖으로 나가야 할 것이다. 이방인 이웃들은 일반적으로 악하고 불경하다. 너희가 세상에 사는 한 그리고 그 안에서 해야 할 세상사가 있는 한, 너희가 그들과의 교제를 끊기는 불가능하다. 이것은 절대로 피할 수 없다." 그리스도인들은 부정한 이방인을 부정한 동료 그리스도인보다 더 존중한다는 것을 보여줄 수 있고, 또 보여줄 수 있어야 한다. 이것은 역설처럼 생각된다. 그렇다면 우리는 왜 불경한 또는 부정한 이방인보다 불경한 또는 부정한 그리스도인과의 사귐을 피해야 할까?

Ⅲ. 이 제한이 주어지는 이유. 그것은 그런 이방인을 피하는 것이 불가능하기 때문이다. 그리스도인들은 부정한 이방인과의 교제를 피하려면 세상 밖으로 나가야 한다. 그러나 이것은 그들이 세상 속에서 할 일이 있는 한 불가능하다. 그들이 의무를 감당할 때, 그리고 당연히 해야 할 일을 행할 때 하나님은 그들을 오염으로부터 보호해주실 것이다. 또한 그리스도인들은 그들의 악한 실례를 본받지 않을 대책을 갖고 있고, 자연적으로 경계를 하도록 되어 있다. 그리스도인들은 그들의 악행에 대해 두려움을 갖기 쉽다. 그러나 죄에 대한 두려움은 악한 그리스도인들과의 교제를 끊으면 제거될 것이다. 이 구별의 이유는 우리 자신의 안전과 보존에 있다. 하지만 이방인은 그리스도인이 판단하고 견책하고, 또 견책을 피하고 할 만큼 상관이 있는 사람들이 아니다. 왜냐하면 그들은 밖에 있는 사람들이고(12절), 또 하나님이 심판하실 자들이기(13절) 때문이다. 그러나 교회의 구성원들은 안에 있는 사람들이고, 기독교의 법과 규례에 공개적으로 연루되어 있고, 하나님의 심판에만 좌우되는 사람들이 아니라 그 법을 어겼을 때 그들을 다스리도록 되어 있는 사람들과 한 몸을 이루는 동료 지체들의 판단에도 좌우되는 사람들이다. 모든 그리스도인은 교제와 사귐에 부적절한 자들을 판단해야 한다. 그들은 가능한 한 그것으로 말미암아 수치

심을 느끼고 교정을 받을 수 있도록 자기들에게 두어진 이 불명예의 낙인을 통해 처벌을 받아야 한다. 공개적으로 악하고 불경한 이방인들의 죄보다 이런 부정한 그리스도인들의 죄로 말미암아 하나님을 욕되게 하는 것이 훨씬 더 크다. 그러므로 교회는 그런 자들과 함께 하는 것을 철저히 끊어야 하고 또는 그들에게 동조해서도 안 되며, 그들의 악행을 강하게 비판해야 한다. 교회는 밖에 있는 자들과는 아무 상관이 없지만, 안에 있는 자들의 죄책과 오류는 근절하기 위해 힘써야 한다.

Ⅳ. **사도는 당면한 사건에 그 주장을 어떻게 적용하는가** .   "이 악한 사람은 너희 중에서 내쫓으라(13절). 그를 너희 공동체로부터 내쫓고, 그와의 교제를 피하라."

제
— 6 —
장

개요

이 장에서 사도는 다음과 같은 내용을 다룬다. I. 사소한 일로 소송을 제기해 세상 재판장 앞에 서게 된 것에 대해 그들을 책망한다(1-8절). II. 그들이 지금까지 저질러온 많고 큰 죄악들에 대해 경고한다(9-11절). III. 자유의 남용에 대해 주의를 준 다음, 다양한 논증을 통해 음행을 피할 것을 애절하게 간언한다(12-20절).

¹너희 중에 누가 다른 이와 더불어 다툼이 있는데 구태여 불의한 자들 앞에서 고발하고 성도 앞에서 하지 아니하느냐 ²성도가 세상을 판단할 것을 너희가 알지 못하느냐 세상도 너희에게 판단을 받겠거든 지극히 작은 일 판단하기를 감당하지 못하겠느냐 ³우리가 천사를 판단할 것을 너희가 알지 못하느냐 그러하거든 하물며 세상 일이랴 ⁴그런즉 너희가 세상 사건이 있을 때에 교회에서 경히 여김을 받는 자들을 세우느냐 ⁵내가 너희를 부끄럽게 하려 하여 이 말을 하노니 너희 가운데 그 형제간의 일을 판단할 만한 지혜 있는 자가 이같이 하나도 없느냐 ⁶형제가 형제와 더불어 고발할 뿐더러 믿지 아니하는 자들 앞에서 하느냐 ⁷너희가 피차 고발함으로 너희 가운데 이미 뚜렷한 허물이 있나니 차라리 불의를 당하는 것이 낫지 아니하며 차라리 속는 것이 낫지 아니하냐 ⁸너희는 불의를 행하고 속이는구나 그는 너희 형제로다

여기서 사도는 사소한 문제로 그들이 이방인 재판장에게 고발을 한 것에 대해 책망한다. 여기에는 소송 남용을 비판하는 뜻이 들어있다. 앞 장에서 사도는 교회 징계를 통해 교인들 속에서 벌어진 가증스런 죄들을 처벌하도록 지시했다. 여기서 그는 교회 권면과 설복을 통해 서로 간의 다툼의 시비를 가리도록 지시한다.

I. 사도가 그들을 책망하는 잘못의 내용. 그것은 법은 선한데, 그것을 합법적으로 이용하지 못했다는데 있지 않았다. 그것은 다음과 같은 것 때문이었다: 1.

형제가 형제와 더불어 고발했다(6절). 즉 교회의 한 구성원이 다른 구성원을 법정에 고발했다는 것이다. 가까운 형제와 평강과 선한 마음을 가질 수 없었다. 형제애의 유대가 완전히 끊어졌다. 솔로몬이 노엽게 한 형제와 화목하기가 견고한 성을 취하기보다 어렵다(잠 18:19)고 말하는 것처럼, 형제간의 다툼은 산성 문빗장과 같다. 그리스도인들은 형제이기 때문에 서로 다투는 자들이 되지 않도록 조심해야 한다. 적당히 주의하면 이것은 송사를 막고, 다툼과 분란을 끝낼 수 있다. 2. 그들은 이방인 재판관에게 문제를 가지고 갔다: 너희 중에 누가 다른 이와 더불어 다툼이 있는데 구태여 불의한 자들 앞에서 고발하고 성도 앞에서 하지 아니하느냐(1절). 문제를 믿지 아니하는 자들 앞에 내놓고(6절), 그리스도인과 성도를 자처하면서도 그들 스스로는 그것을 수습하지 아니했다. 이것은 기독교를 크게 욕먹게 하는 소행이었다. 그것은 즉시 그들의 어리석음과 불화를 만천하에 공표하는 것이었다. 그러면서도 그들은 지혜의 아들인척, 그리고 어린 양 예수 곧 겸손하고 온유하신 평화의 왕을 따르는 자들인 양 행세했다. 그러므로 사도는 이렇게 말한다: "너희 중에 누가 다른 이와 더불어 다툼이 있는데 구태여 불의한 자들 앞에 고발하고 성도 앞에서 하지 아니하느냐?" 그리스도인은 그리스도인의 이름과 신앙을 먹칠하는 일은 무슨 일이든 막론하고 행해서는 안 된다. 3. 또 여기에는 사소한 일 즉 아무 가치 없는 문제로 법정까지 갔다는 암시가 내포되어 있다. 왜냐하면 사도는 그들이 고발보다는 불의를 당하는 것이 낫다고 그들을 책망하기 때문이다(7절). 이것은 그 문제가 그리 중대하지 않다는 것으로 이해되어야 한다. 우리 자신이나 가족들에게 엄청난 손해가 오는 문제들에 있어서는 스스로 의롭게 되기보다는 법을 이용하는 것이 좋다. 그 경우 우리는 우리 자신의 구원을 위해 아무 활동 없이 가만히 앉아 있거나 무감각하게 손해만 보아서는 안 된다. 그러나 사소한 문제들에 있어서는 손해를 보는 것이 더 낫다. 그리스도인은 용서하는 사람이 되어야 한다. 서로 다툼으로써 자신의 안일과 영예를 지키는 것보다는 적은 손해와 불편함을 감수하는 것이 더 좋다.

II. 사도는 그들의 잘못이 왜 악한지를 그들 앞에 제시한다. 성도가 세상을 판단할 것을 너희가 알지 못하느냐(2절), 우리가 천사를 판단할 것을 너희가 알지 못하느냐(3절). 너희가 지극히 작은 일 판단하기를 감당하지 못하겠느냐? 그들이 이 세상의 작은 일을 이방인 재판장 앞에 가지고 가는 것은 기독교의 수치요,

성도로서의 참된 존엄성을 망각하는 것이었다. 그들이 세상, 아니 천사까지도 판단하도록 되어있는데, 서로 간에 벌어진 작은 분쟁을 해결할 수 없다는 것은 어불성설이었다. 세상과 천사를 판단하는 것에 대해 어떤 이들은 마지막 날 심판대에서 그리스도의 배석 심판자가 되는 것을 의미한다고 생각한다. 그 날에 열두 보좌에 앉아 이스라엘 열두 지파를 심판하게 될 것(마 19:28)은 우리 구주의 직계 제자들에게 하신 말씀이다. 다른 곳에서 우리는 다음과 같은 기사를 읽게 된다: 주께서 그 수만의 거룩한 자와 함께 임하셨나니 이는 뭇 사람을 심판하사(유 1:14,15). 우리 주 예수께서 그의 모든 성도와 함께 강림하실 때에(살전 3:13). 사실 그들 자신도 심판을 받도록 되어 있다(마 25:31~41을 보라). 그러나 그들은 먼저 용서받고, 보좌에 나아가 사람과 천사에 대한 그리스도의 의로우신 판단에 동참하고 그분을 성원하게 된다. 이것 말고 다른 의미로 그들이 심판한다는 것이 아니다. 그들은 주님의 심판 위원회의 동료는 아니지만, 그분 옆에 앉는 영예를 누리고, 악한 세상에 대한 그분의 심판을 지켜보면서 그것에 동참하는 자들이 된다. 또 어떤 이들은 세상에 대한 이 심판을 로마제국이 기독교국가가 될 때를 의미하는 것으로 이해한다. 그러나 고린도 교인들은 제국이 기독교국가가 되는 것에 대한 지식을 갖고 있지 못한 것으로 보인다. 비록 그들이 알고 있었다고 해도, 그리스도인 황제들이 천사를 판단한다고 어떻게 말해질 수 있겠는가? 또 다른 이들은 그것을 그들이 믿음과 실천을 통해 세상을 정죄하고, 이적의 능력을 통해 악한 천사들을 퇴치하는 것을 의미한다고 생각한다. 그러나 그것은 초대 교회의 성도들이나 사도들에게만 부여된 것이 아니다. 그러므로 첫 번째 해석이 가장 자연스럽다. 동시에 그것은 바울의 주장을 가장 잘 대변한다. "주권적 심판자이신 그리스도께서 죄인들과 악한 천사들을 심판하시는 마지막 날 그리스도인들은 그분과 함께 앉아 영예를 누리게 될 것인데, 너희가 이방인 재판장 앞에 사소하게 다투는 문제를 내놓고 판단을 받는 것이 과연 가치 있는 일이냐? 그들이 너희 상호 간의 분쟁에 대해 결정할 수는 없지 않느냐? 왜 너희가 이방인 재판관 앞에 그것을 가지고 가느냐? 너희가 그들을 판단해야 하는데, 너희가 그들의 재판정에 호소하는 것이 과연 합당하냐? 그런즉 너희가 세상 사건이 있을 때에 교회에서 경히 여김을 받는 자들을 세우느냐(4절)?" 여기서 경히 여김을 받는 자들(엑수데네메누스)은 1:28에 나오는 없는 것들과 같은 뜻으로 이방인 재판관을 가리킨다. "너희가 그토록 낮은 존재로 생각하는 자들에게 너희의 분쟁을 판단하도록 부르는 것이 당연하냐? 그것은 부끄러운 일이 아니냐?" 내가 너희를 부끄럽게 하려 하여 이 말을 하노니 너희 가운데 그 형제 간의 일을 판단할 만한 지혜 있는 자가 이같이 하나도 없느냐(5절). 지금 우리의 번역대로 그것을 읽는 어떤 이들은 그것을 반어법으로 이해한다: "만일 너희가 너희의 분쟁을 이방인 재판관에게 의존하려고 한다면, 차라리 너희 가운데 가장 경히 여김을 받는 자들을 재판관으로 세우라. 너희 교인들 가운데 가장 낮은 자라도 이 분쟁을 확실히 해결할 수 있을 것이다. 그 문제들을 이방인 재판관 앞에 가져가는 것보다는 차라리 너희 중에 아무에게든지 가지고 가라. 만약 너희가 먼저 너희 자신의 기질을 버리고 기독교적 정신으로 바꾼다면, 그것들은 결코 다툴 만한 일들이 아닌 사소한 일이 될 것이다. 참고 견뎌라. 그러면 너희 중 가장 천한 자라도 이 다툼을 끝내게 할 수 있을 것이다. 내가 너희를 부끄럽게 하려 하여 이 말을 하노라(5절)." 사소한 분쟁이 그리스도인들 사이에 큰 문제가 되어 형제들의 중재를 통해 해결될 수 없게 되는 것은 수치다.

Ⅲ. 사도는 이 잘못을 고치기 위한 방법을 제안한다.　이것은 두 가지다: 1. 그것을 해결할 사람에 대해 언급한다: "너희 가운데 그 형제간의 일을 판단할 만한 지혜 있는 자가 이같이 하나도 없느냐(5절). 지혜와 지식을 그토록 자랑하고, 특별한 은사와 능력을 그토록 뽐내던 너희 가운데 이 일을 행하는데 적합하고, 이 문제를 판단하기에 충분한 지혜를 구비한 사람이 하나도 없더란 말이냐? 지식과 지혜로 그토록 유명한 교회에서 형제들끼리 다투고, 또 그 일을 이방인 재판관에게 판단하도록 해서야 되겠느냐? 싸우는 너희를 책망하고, 그러지 말도록 중재할 지혜로운 자가 너희 가운데 그렇게 하나도 없었더냐?" 그리스도인은 모든 대책이 다 소용없어지기 전까지는 절대로 송사에 의존해서는 안 된다는 것을 명심하자. 사려 깊은 그리스도인은 가능한 한, 서로 간의 다툼을 예방하고, 특히 사소한 문제들에 있어서 세상 법정이 그들을 판단하도록 해서는 안 될 것이다. 2. 자신의 의로움을 보여주기 위해 이 방법을 취하기보다는 오히려 불의를 당하는 편이 낫다고 언급한다: 너희가 피차 고발함으로 너희 가운데 이미 뚜렷한 허물이 있나니(7절). 사안이 참으로 애매한 소송 사건이나 법에 밝은 자들의 판단에 그 결정을 맡기자는 양 당사자 간의 우호적 합의가 없는 사건에 있어서는 법에 호소하는 것이 항상 어느 한 편의 잘못이 된다. 그리고 사도가 여기서 주로 정죄하는 것은 바로 그런 일로 다투는 것에 대해서다: 차라리 불의

를 당하는 것이 낫지 아니하며 차라리 속는 것이 낫지 아니하냐(7절). 그리스도인은 송사를 통해 스스로 괴롭게 되거나 남을 자극하는 것보다는 차라리 손해를 보는 것이 낫다는 것을 기억하자. 자신의 마음의 평강과 이웃의 평안이 이 송사에서 이기는 것보다 더 가치 있다. 특히 다툼이 기독교를 훼방하는 사람들로 말미암아 판결 내려질 때에는 자신의 권리를 포기하는 것이 훨씬 더 낫다. 그러나 사도는 그들이 손해를 감수하지 않고, 형제들에게 불의를 행하고 속이는 일을 한다(8절)고 책망한다. 불의를 행하고 속이는 것은 완전히 잘못이지만, 이 잘못이 그리스도인 형제들을 속이는 것은 더 큰 잘못이다. 형제간 사랑의 유대는 남들과의 사랑보다 훨씬 더 강해야 한다. 사랑은 이웃에게 악을 행하지 아니하나니(롬 13:10). 형제를 사랑하는 자들이 이 원리 아래 있다면 절대로 그들을 해치거나 상하게 할 수는 없을 것이다.

[9]불의한 자가 하나님의 나라를 유업으로 받지 못할 줄을 알지 못하느냐 미혹을 받지 말라 음행하는 자나 우상 숭배하는 자나 간음하는 자나 탐색하는 자나 남색하는 자나 [10]도적이나 탐욕을 부리는 자나 술 취하는 자나 모욕하는 자나 속여 빼앗는 자들은 하나님의 나라를 유업으로 받지 못하리라 [11]너희 중에 이와 같은 자들이 있더니 주 예수 그리스도의 이름과 우리 하나님의 성령 안에서 씻음과 거룩함과 의롭다 하심을 받았느니라

여기서 사도는 그들이 빠졌던 죄로 말미암아 야기된 다양한 죄악에 대해 경고하고 있다.

I. 사도는 그것을 그들에게 이미 알고 있는 진리로 선포한다. 즉 그들은 그런 죄인들은 하나님의 나라를 유업으로 받을 수 없다는 것을 절대로 모를 리가 없다는 것이다. 그들 가운데 아무리 미숙한 자라도 불의한 자는 하나님의 나라를 유업으로 받지 못하리라(9절)는 것을 틀림없이 알고 있을 것이다. 즉 그들은 지상의 하나님의 교회의 참 구성원으로 인정될 수 없고, 천국 교회의 영광스러운 일원으로 받아들여질 수도 없다. 모든 불의는 죄다. 모든 실제적 죄를 고의로 범하고, 회개하지 않으면, 천국으로부터 차단당한다. 사도는 이런 종류의 죄를 다양하게 열거한다. 십계명의 제1계명과 제2계명을 어기는 자는 우상 숭배하는 자로, 제7계명을 어기는 자는 음행하는 자, 간음하는 자, 탐색하는 자 그리고 남색

하는 자로, 제8계명을 어기는 자는 폭력과 사기로 자기 이웃에게 악을 행하는 도적과 속여 빼앗는 자로, 제9계명을 어기는 자는 모욕하는 자로, 그리고 마지막 제10계명을 어기는 자는 탐욕을 부리는 자와 술 취하는 자로 언급하고 있다. 그런데 여기서 마지막으로 언급된 자들은 나머지 다른 계명도 함께 어기는 자들로 볼 수 있다. 기독교에 관해 조금이라도 알고 있는 사람이라면 천국은 그런 자들을 위해 준비된 것이 아님을 명심해야 한다. 땅의 쓰레기는 천국의 저택을 채우는데 전혀 적합하지 않다. 마귀의 일을 행하는 자들은 하나님의 삯을 받을 수 없다. 아니 최소한 그들에게는 죄의 삯인 사망 외에 다른 것이 주어질 수 없다(롬 6:23).

Ⅱ. 그러나 사도는 스스로 속지 말라고 그들에게 경고한다.　미혹을 받지 말라(9절). 앞에서 언급된 진리를 이미 알고 있는 자들도 그것을 실천하기가 쉽지 않다. 사람들은 하나님이 자기와 같은 존재인 것처럼 생각하고 죄 가운데 살다 그리스도 안에서 죽을 수 있다고, 마귀의 자식의 생활을 하다가 하나님의 자녀들과 함께 천국에 갈 수 있다고 스스로 우쭐해하는 경향이 있다. 그러나 이것은 정말 엄청난 착각이다. 자기의 영혼과 관련된 문제들에 있어서 스스로 속지 않는 것이야말로 인간의 최대 관심사가 되어야 할 것이다. 우리는 육체에 심으면서 영생을 거둘 수 있으리라는 소망을 가져서는 안 된다.

Ⅲ. 사도는 복음과 하나님의 은혜가 그들에게 어떤 변화를 일으켰는지를 주목하라고 권면한다.　너희 중에 이와 같은 자들이 있더니(11절). 그가 언급한 자들은 참으로 악명 높은 죄인들이었다. 여기서 이와 같은에 해당되는 헬라어 단어는 투우타 이다. 즉 이와 같은 일들을 너희 가운데 어떤 이들이 저질렀는데, 그들은 정말 극악무도한 사람들이라는 것이다. 지금은 아주 놀랍게 선한 사람인데, 과거에는 극히 악랄했던 사람들이 더러 있다. 은혜는 얼마나 놀라운 변화를 일으킬까! 그것은 가장 악한 사람을 성도와 하나님의 자녀로 변화시킨다. 이와 같은 자들이 너희 중에 있었으나 그들은 과거의 그들이 아니다. 주 예수 그리스도의 이름과 우리 하나님의 성령 안에서 씻음과 거룩함과 의롭다 하심을 받았느니라(11절). 회심하기 전 사람들의 사악함은 그들이 거듭나고 하나님과 화해하는데 아무런 장애가 되지 않는다. 그리스도의 피와 거듭날 때의 씻음은 모든 죄책과 더러움을 완전히 씻겨낼 수 있다. 여기에 자연적 순서와는 반대되는 변화가 있다: 거룩함과 의롭다함을 받았느니라. 거룩함이 의롭다함보다 먼저 언급

되어 있다. 그러나 우리를 의롭게 하시는 그리스도의 이름이 우리를 거룩하게 하시는 하나님의 성령보다 먼저 나온다. 우리의 칭의는 그리스도의 공로로 말미암고, 우리의 성화는 성령의 역사에 의존한다. 그러나 양자는 항상 함께 간다. 그리스도로 말미암지 않고는 아무도 죄책을 벗어버리고 하나님과 화목할 수 없고, 성령으로 말미암지 않고는 아무도 성화에 이를 수 없다. 하나님 보시기에 의로운 사람들은 누구나 하나님의 은혜로 말미암아 거룩하다.

[12]모든 것이 내게 가하나 다 유익한 것이 아니요 모든 것이 내게 가하나 내가 무엇에든지 얽매이지 아니하리라 [13]음식은 배를 위하여 있고 배는 음식을 위하여 있으나 하나님은 이것 저것을 다 폐하시리라 몸은 음란을 위하여 있지 않고 오직 주를 위하여 있으며 주는 몸을 위하여 계시느니라 [14]하나님이 주를 다시 살리셨고 또한 그의 권능으로 우리를 다시 살리시리라 [15]너희 몸이 그리스도의 지체인 줄을 알지 못하느냐 내가 그리스도의 지체를 가지고 창녀의 지체를 만들겠느냐 결코 그럴 수 없느니라 [16]창녀와 합하는 자는 그와 한 몸인 줄을 알지 못하느냐 일렀으되 둘이 한 육체가 된다 하셨나니 [17]주와 합하는 자는 한 영이니라 [18]음행을 피하라 사람이 범하는 죄마다 몸 밖에 있거니와 음행하는 자는 자기 몸에 죄를 범하느니라 [19]너희 몸은 너희가 하나님께로부터 받은 바 너희 가운데 계신 성령의 전인 줄을 알지 못하느냐 너희는 너희 자신의 것이 아니라 [20]값으로 산 것이 되었으니 그런즉 너희 몸으로 하나님께 영광을 돌리라

12절과 13절 전반부는 일찍이 그리스도인들 사이에 논란이 되었던 음식에 관한 논쟁과 연관된 말씀으로 보인다. 그러나 이것은 음행에 반대하여 나오는 경고의 서언에 해당된다. 어떤 음식을 금하는 것이 음행에 대한 금지와 연관되어 설명되고 있는 사도행전 15장에서, 사도들이 내린 유명한 결정을 우리가 알고 있다면, 그 연관성은 충분히 이해될 것이다. 그런데 고린도 교인들 가운데 일부는 자기들이 음식에 대해 자유로운 것만큼 음행에 대해서도 그러하다고 생각했던 것 같다. 그것은 특히 음행을 죄로 여기지 않는 것이 그들 나라의 법이었기 때문이다. 그들은 음행의 경우에도 얼마든지 모든 것이 내게 가하다(12절)고 말할 준비가 되어 있었다. 이 악랄한 자만에 대해 바울은 여기서 반대 입장을 분명히 한다. 그는 많은 일들이 법적으로는 가하지만 어떤 시간이

나 어떤 특별한 상황에서는 그들에게 유익하지 않다고 말한다. 따라서 그리스도인은 본질상 무엇이 행하는데 적법한 것인지 살펴보아야 할 뿐만 아니라 또한 그것들이 자기들의 신앙고백, 인격, 인간관계 및 소망 등과 관련해서도 행하는데 적합한지 함께 살펴볼 줄 알아야 한다. 그들은 이 준칙을 따를 때 속박 속에 들어가지 않도록 또는 교활하게 속이는 자나 육체의 본성에 미혹되지 않도록 조심해야 할 것이다.

　모든 것이 내게 가하나 다 유익한 것이 아니요 모든 것이 내게 가하나 내가 무엇에든지 얽매이지 아니하리라(12절). 그리스도께서 우리를 자유롭게 한 자유가 있고, 우리는 그 자유 안에 견고하게 서 있어야 한다. 그러나 확실히 사도는 육체의 소욕을 만족시키기 위한 용도로는 이 자유를 사용하지 않았다. 모든 음식은 먹는 것이 가하지만, 그는 폭식가나 술주정뱅이가 되지 아니했다. 그런데 하물며 그가 음행의 죄를 묵인하는 것이 적법한 자유에 속한다고 해서 그 준칙을 남용하겠는가? 고린도 지역의 법률로는 허용되었으나 그것은 본성의 법칙에 어긋나고, 그리스도인에게는 철저히 어울리지 않는 행위였다. 사도는 이 먹고 마시는 것에 관한 자유를 남용해서 어떤 무절제에 빠지고, 육체의 욕구를 만족시키려고 하지 않았던 것이다: "음식은 배를 위하여 있고 배는 음식을 위하여 있으나(13절). 즉 배는 음식을 받아들이도록 되어 있고, 음식은 본래 배를 채우도록 정해진 것이나, 만일 그것이 나에게 적절하지 않다면, 아니 오히려 부적절하고 나를 속박한다면, 내가 나의 배와 식욕에 예속될 위험이 있다면, 나는 먹지 않을 것이다. 그러나 최소한 그것들 상호 관계와 관련해서는 하나님께서 이것저것을 다 폐하실 것이다(13절). 인간의 몸이 음식의 보충을 전혀 필요로 하지 않을 때가 올 것이다." 고대의 어떤 이들은 이것이 음식뿐만 아니라 배도 폐하는 것으로 이해되어야 한다고 간주한다. 똑같은 몸이 마지막 날 부활할 것이지만, 똑같은 지체들이 전부 그렇게 되는 것은 아니다. 어떤 지체는 미래에는 완전히 필요 없게 될 것이기 때문이다. 예를 들어 배가 그렇다. 그 때에 사람은 굶주리거나 목마르거나 또는 먹거나 마시거나 할 필요가 전혀 없을 것이다. 하지만 이것이 사실이든 아니든, 음식의 필요와 사용이 폐해질 때가 올 것이다. 우리가 미래 생활 속에서 육체의 식욕을 갖지 않아도 될 것이라는 기대는 현재의 삶 속에서 식욕의 지배를 벗어나는데 아주 유익한 역할을 한다. 이것이 사도의 주장의 참된 의미로 내게는 생각된다. 물론 어떤 이들은 이 구절이 특별히 기독교의 원수인 이방인 재판관에게 소송을 제기한 것에 대한 앞 부분의 언급의 연장이라고 주장하지만, 음행에 대한 그의 경고와 맞물려 있음이 분명하다. 이것은 그리스도인은 이런 문제들에 관해 믿지 않는 재판관, 법률가 그리고 변호사의 힘을 빌리는 것이 반드시 옳지 못하거나 항상 부적절한 것이 아니라 우리의 권리를 주장하는 합당한 방법이 될 수 있음을 사도가 주장하고 있다는 것을 암시한다. 그러나 이런 관련성은 그리 자연스럽지 않다. 사도는 음행에 반대하기 위해 그런 주장을 하고 있다고 보는 것이 오히려 자연스럽게 보인다: 몸은 음란을 위하여 있지 않고 오직 주를 위하여 있으며 주는 몸을 위하여 계시느니라(13절). 음식과 배는 서로를 위하나 음행과 몸은 그렇지 않다.

I. 몸은 음행이 아니라 주를 위하여 있는 것이다. 이것은 사도가 이 죄에 반대하여 언급하고 있는 첫 번째 논증이다. 왜냐하면 이 죄에 대해 고린도의 이방인들은 아주 파렴치했고, 기독교로 개종한 자들은 그 죄에 대해 극히 우호적인 입장을 견지했기 때문이다. 그것은 그것들의 목적과 기능에 거역하도록 만드는 죄악이다. 몸은 음란을 위하여 있지 않다. 그것은 이런 목적을 위해 지음받은 것이 아니라 주를 위하여 곧 하나님을 섬기고 그분의 영예를 위하도록 지음받은 것이다. 그것은 거룩함에 이르는 의의 도구이므로(롬 6:19), 불결의 도구가 되어서는 안 된다. 그것은 그리스도의 지체이므로 창녀의 지체를 만들어서는 안 된다(15절). 그리고 주는 몸을 위하여 계시느니라(13절). 즉 어떤 이들이 생각하는 것처럼, 그리스도는 몸의 주인으로서, 그 소유권을 갖고 있고, 그것을 다스리신다. 그분은 몸을 입고 우리의 본성을 가진 자가 되심으로써, 교회의 머리와 만물의 머리가 되셨다(히 2:5,18). 그러므로 우리는 그리스도께 속한 것을 마치 우리 자신의 것인 양 사용하지 않도록, 그리고 무엇보다 그분에게 불명예를 돌리지 않도록 조심해야 할 것이다.

II. 어떤 이들은 이 구절의 마지막 부분인, 주는 몸을 위하여 계시느니라는 말씀을 다음과 같이 이해한다. 14절에 이어지는 말씀에 따르면, 그분은 몸의 부활과 영화를 위하여 계신다. 이것이 이 죄에 반대하는 사도의 두 번째 논증으로, 우리의 몸에 영예가 두어지도록 되어있음을 의미한다: 하나님이 주를 다시 살리셨고 또한 그의 권능으로 우리를 다시 살리시리라(14절). 즉 그분께서 만물을 자기에게 복종하게 하실 수 있는 자의 역사로 우리의 낮은 몸을 자기 영광의 몸의 형체와 같이 변하게 하실 것이다(빌 3:21). 예수 그리스도께서 죽은 자로부터 부활하신 것은 몸에게는 큰 영예였다. 또 몸이 부활하게 된다는 것 역시 그것에게 영예가 될 것이다. 그러므로 우리는 죄를 범해 몸을 더럽혀서도 안 되고, 그것을 천한 것으로 만들어서도 안 된다. 만일 몸이 순전함을 보존한다면, 현재 그 천한 모습에도 불구하고, 그리스도의 영광스러운 몸과 같이 될 것이다. 영광의 부활에 대한 소망이 그리스도인들을 육체의 정욕으로 말미암아 주어질 그들의 몸의 수치로부터 보존해주리라는 것을 잊지 말자.

Ⅲ. 이미 몸 위에 영예가 두어져 있다는 것이 이 죄에 반대하는 세 번째 논증이다. 너희 몸이 그리스도의 지체인 줄을 알지 못하느냐(15절). 만일 영혼이 믿음으로 그리스도께 연합된다면, 그 사람 전체가 그분의 신비적인 몸의 지체가 된다. 몸은 영혼과 마찬가지로 그리스도께 연합된다. 그리스도인에게는 이것이 얼마나 영예로울까! 그의 육체가 그리스도의 신비적 몸의 한 부분이다. 우리가 얼마나 영예로운 관계 속에 들어가 있는지를 아는 것은 유익하다. 왜냐하면 그것을 알면 우리가 그것에 어울리는 자가 되기 위해 노력할 수 있기 때문이다. 그러나 사도는 내가 그리스도의 지체를 가지고 창녀의 지체를 만들겠느냐 결코 그럴 수 없느니라고 말한다(15절). 또는 그리스도의 지체를 떼내겠느냐? 이것은 엄청난 학대요, 가장 치명적인 상처가 아닌가? 그것은 그리스도와 우리 자신을 최하의 수준으로 치욕스럽게 만드는 것이 아닌가? 그리스도의 지체를 가지고 창녀의 지체를 만들어 그것을 그토록 천한 목적에 악용하다니! 그런 생각은 혐오해야 한다. 결코 그럴 수 없느니라(15절). 창녀와 합하는 자는 그와 한 몸인 줄을 알지 못하느냐 일렀으되 둘이 한 육체가 된다 하셨나니 주와 합하는 자는 한 영이니라(16,17절). 그리스도인의 영예로운 관계와 연합에 이 죄보다 더 큰 방해물은 없다. 그는 그리스도와 연합함으로써 주와 합하는 자가 되고, 믿음으로 그분의 영과 하나가 된다. 한 영이 머리와 지체 속에서 살고, 숨쉬고, 움직인다. 그리스도와 그의 신실한 제자들은 하나다(요 17:21,22). 창녀와 합하는 자는 그와 한 몸인 줄을 알지 못하느냐 일렀으되 둘이 한 육체가 된다 하셨나니. 한 육체가 된다는 말은 하나님께서 오직 결혼 관계 속에서만 이루어지도록 정하신 육체의 결합을 통해 하나가 된다는 것이다. 그런데 그리스도와 한 영이 될 정도로 그분과 긴밀하게 연합되어 있는 자가 창녀와 연합하여 그녀와 한 육체가 될 수 있겠는가? 이것은 그리스도와 창녀를 연합시키려고 시도하는 일로 참으로 악한 일이 아닌가? 그리고 그분이나 우리 자신에게 이보다 더 큰 무례가 있을

수 있겠는가? 우리의 고백이나 관계에 어떤 일이 이보다 더 모순될 수 있을까? 음행의 죄는 그리스도인 안에서 그의 머리와 주되신 분께 큰 상처를 입히고, 그의 고백에 큰 치욕과 오점을 남긴다는 것을 유념하자. 그러므로 사도가 "음행을 피하라(18절). 곧 그것으로부터 도망치고, 그 유혹의 영역으로부터 벗어나며, 그것을 자극하는 대상으로부터 멀리 떠나라. 눈과 마음을 다른 사물과 생각으로 돌려라"고 말하는 것은 이상한 일이 아니다. 다른 악덕은 싸우면 극복될 수 있으나, 이 악은 오직 피함으로써만 극복될 수 있다. 많은 교부들이 그렇게 말한다.

IV. 음행은 우리 자신의 몸에 범하는 죄라는 것이 이 죄에 반대하는 사도의 네 번째 논증이다. 죄마다 몸 밖에 있거니와 음행하는 자는 자기 몸에 죄를 범하느니라(18절). 죄마다 곧 모든 다른 죄, 모든 외적 죄의 행위는 몸 밖에 있다. 그것은 몸의 남용이라기보다, 술이 술주정뱅이에게, 음식이 폭식가에게 그러는 것처럼, 다른 어떤 것의 남용이다. 음행만큼 몸의 능력을 다른 사람에게 미치게 하는 것은 없다. 그것만큼 몸을 더럽게 하고 타락하게 만드는 것은 없다. 이 죄는 특별히 불결, 오염의 형태를 띤다. 왜냐하면 그것만큼 외적 배덕(비열함)을 일으키는 죄가 없기 때문이다. 특별히 그리스도인에게는 더욱 그렇다. 그는 자신의 몸에 죄를 범한다. 그는 몸을 더럽히고, 그것을 타락시키며, 그것을 그가 죄를 범하는 천한 피조물의 몸과 하나로 만든다. 그는 그의 구속주가 그것을 자신과 연합시킴으로써 가장 존귀하게 만든 것을 가장 비열한 치욕 속에 던져버린다. 우리는 현재의 천한 몸에 죄를 더함으로써 더 천하게 만들지 않도록 조심해야 한다.

V. 이 죄에 반대하는 사도의 다섯 번째 논증은, 그리스도인의 몸은 하나님께로부터 받은 바 그 가운데 계신 성령의 전이라는 것이다(19절). 그리스도께 연합된 자는 한 영이 된다. 그는 그분께 바쳐졌고, 그래서 성별되었으며, 그분이 쓰실 수 있도록 구별되었다. 또 그것으로 말미암아 성령께서 점령하고 거주하게 되었다. 이것이 성전의 바른 관념이다. 그 곳은 하나님이 거하시는 처소로서, 그분 자신의 주장과 그의 피조물의 복종을 통해 그분이 쓰시려고 구별한 장소이다. 참된 그리스도인이 바로 이 성전으로서, 성령의 전이다. 그렇다면 그는 하나님의 것이 아닌가? 그러나 그 추론은 여기서 우리가 우리 자신의 것이 아니라는 점을 분명히 한다. 우리는 하나님께 바쳐지고, 하나님으로

말미암아 그리고 하나님을 위해 소유되었다. 아니, 이것은 값 주고 우리를 사신 것이다: 값으로 산 것이 되었으니(20절). 요약하면 우리의 몸은 하나님을 위해 만들어졌고, 그분을 위해 값으로 산 것이 되었다. 만일 우리가 진실로 그리스도인이라면 몸은 그분께 바쳐지고, 그분은 그의 영을 통해 그 안에 거하고, 그것을 차지한다. 따라서 우리의 몸은 우리의 것이 아니라 그분의 것이다. 그렇다면 우리가 그분의 성전을 더럽히고 오염시키고 팔아먹고, 또 그것을 창녀의 용도와 활동에 넘겨주겠는가? 끔찍한 신성모독이로다! 이것은 가장 악한 의미에서 하나님을 유린하는 것이다. 성령의 전은 거룩함이 지켜져야 한다는 것을 기억하라. 우리의 몸은 그분이 지으신 그대로 유지되고, 그분이 사용하고 거하시는데 합당해야 한다.

VI. 사도는 우리가 지켜야 할 의무로부터 이 죄에 반대하는 여섯 번째 논증을 이끌어낸다. 값으로 산 것이 되었으니 그런즉 너희 몸으로 하나님께 영광을 돌리라(20절). 여기서 몸은 육체와 영혼을 다 포함하는 말이다. 하나님은 우리의 육체와 영혼을 다 지으셨고, 또 그것 모두 값을 지불하고 사셨다. 그러므로 우리의 육체와 영혼은 모두 그분께 속해 있고, 그분을 위해 쓰임받고 사용되어야 한다. 동시에 그것들은 우리 때문에 더럽혀지거나 악용되거나 하나님으로부터 멀어지거나 해서는 안 된다. 아니, 그것들은 우리 주인이 쓰시기에 합당한 그릇들로 준비되어야 한다. 우리는 우리의 전체 자아를 주를 위해 거룩한 그릇으로, 우리의 몸을 그분께 속해 있고 그분이 쓰시고 사용하기에 적합하도록 성별된 재산으로 간주해야 한다. 우리는 값으로 산 것이 되었으니 그런즉 몸으로 곧 육체와 영혼으로 하나님께 영광을 돌려야 한다(20절). 그러므로 우리는 결단코 음행을 피해야 한다. 외적 행위뿐만 아니라 주님이 마 5:28에서 그렇게 부르시는 것처럼 마음의 간음도 피해야 한다. 육체와 영혼은 깨끗함이 유지되어 하나님께 영광이 되어야 한다. 그러나 하나님은 불결한 죄로 말미암아 더럽혀지거나 할 때 모욕을 당한다. 따라서 음행, 아니 모든 죄를 피하라. 너희 몸을 그 주인이자 조물주인 하나님의 영광과 섬김을 위해 사용하라. 우리는 우리 자신의 소유도 아니고, 또 우리가 우리 자신을 지배하는 권리를 갖고 있는 것도 아니다. 그러므로 우리 자신은 우리 자신의 뜻에 따라 사용해서는 안 된다. 내가 속한 바 곧 내가 섬기는(행 27:23) 하나님의 뜻에 따라, 그리고 그분의 영광을 위해 사용해야 한다.

제 — 7 — 장

개요

이 장에서 사도는 고린도 교인들이 결혼에 관해 제기한 질문에 몇 가지 사례를 통해 답변한다. I. 그는 결혼은 음행에 대한 치유책으로 정해졌고, 따라서 정욕으로 불타는 것보다는 결혼하는 것이 더 낫다고 주장한다(1-9절). II. 불신자와 결혼한 사람은 그 불신자가 헤어지기를 원하지 않는 한, 그 결혼 관계를 계속 유지하라고 지시한다. 그러나 헤어졌을 때에는 그에 대한 의무가 없다고 가르친다(10-16절). III. 그리스도인이 되는 것은 외적 신분까지 변화시키는 것은 아니다. 그러므로 누구든지 부르심 받은 때의 신분을 따라 그대로 행하도록 권면한다(17-24절). IV. 현재의 고난을 이유로 아직 결혼하지 않은 사람은 결혼하지 않는 것이 좋다고 교훈하고, 때의 단축과 세상의 지나감을 언급하면서 세상의 위로에 대해 죽고 무관심할 것을 강조한다. 그리고 세상 염려가 얼마나 주의 일을 훼방하고, 하나님을 섬기는 일에 그들을 미혹시키는지를 보여준다(25-35절). V. 그들의 처녀 딸을 어떻게 다룰지에 대해 지시한다(36-38절). VI. 과부 신분에 있는 자들에게 그 경우 그녀들이 어떻게 해야 하는지를 권면하는 것으로 이 장을 끝낸다(39-40절).

[1]너희가 쓴 문제에 대하여 말하면 남자가 여자를 가까이 아니함이 좋으나 [2]음행을 피하기 위하여 남자마다 자기 아내를 두고 여자마다 자기 남편을 두라 [3]남편은 그 아내에 대한 의무를 다하고 아내도 그 남편에게 그렇게 할지라 [4]아내는 자기 몸을 주장하지 못하고 오직 그 남편이 하며 남편도 그와 같이 자기 몸을 주장하지 못하고 오직 그 아내가 하나니 [5]서로 분방하지 말라 다만 기도할 틈을 얻기 위하여 합의상 얼마 동안은 하되 다시 합하라 이는 너희가 절제 못함으로 말미암아 사탄이 너희를 시험하지 못하게 하려 함이라 [6]그러나 내가 이 말을 함은 허락이요 명령은 아니니라 [7]나는 모든 사람이 나와 같기를 원하노라 그러나 각각 하나님께 받은 자기의 은사가 있으니 이 사람은 이러하고 저 사람은 저러하니라 [8]내가 결혼하지 아니한 자들과 과부들에게 이르노니 나와 같이 그냥 지내는 것이 좋으니라 [9]만일 절제

할 수 없거든 결혼하라 정욕이 불 같이 타는 것보다 결혼하는 것이 나으니라

사도는 이제 충실하고 유능한 달변가로서, 고린도 교인들이 그에게 제안한 몇 가지 사안에 대해 대답한다. 그 사안들은 그들이 그에게 쓴 문제였다 (1절). 사역자들의 입술이 지식으로 차 있는 것처럼, 평신도들은 그들의 입술로 그 법을 질문해야 한다. 사도는 그들이 의심을 제기할 때를 대비해 대답할 말을 준비하고 있었다. 앞 장에서 그는 음행을 피하라고 그들에게 경고했었다. 여기 서는 음행에 대한 대책으로 하나님이 정하신 제도인 결혼에 관해 몇 가지 지침 을 제시한다. 그는 일반적으로 다음과 같이 말한다.

I. 최소한 이 위기의 시대에는 결혼을 하지 않는 것이 좋다. 남자가 여자를 가까이 아니함이 좋으나(아내를 취하지 않음이 좋으나). 마치 다르게 행동하면 죄인 것처럼, 당시 많은 사람들이 극단적으로 독신과 순결을 지켰는데, 그들은 그렇게 하는 것이 하나님의 마음과 뜻에 합당한 것으로 이해했다. 그러나 사도 는 그런 의미로 말하는 것이 아니다. 만약 사도가 이런 의미로 이해했다면 그 는 그의 나머지 강론에 크게 모순되었을 것이다. 그러나 당시 상황을 고려하지 않는다고 해도 독신 상태가 결혼 상태보다 이점이 더 많은 것은 사실이었다. 말하자면 이 위기의 때 곧 기독교 교회에 가해진 혹독한 고난의 시대에, 절제의 은사를 갖고 있고, 또 동시에 정절을 지킬 수 있다면, 독신생활을 하는 것이 훨 씬 더 수월했다. 그 표현은 또한 그리스도인들은 이 죄를 범할 가능성이 있는 모든 경우를 피하고, 그 죄로 이끄는 육신의 모든 정욕과 유혹으로부터 도망쳐 야 한다는 것을 암시한다. 그리고 음욕을 자극하지 않도록 여성을 바라보거나 만지는 것을 금해야 한다는 의미도 들어있다.

II. 그러나 사도는 그들에게 결혼 곧 결혼한 상태의 위로와 만족이 신적 지혜 에 의해 음행을 피하도록 정해진 제도임을 알려준다(2절). 음행(폴네이아스) 은 온갖 종류의 불법적인 정욕을 의미한다. 이것들을 피하기 위하여 남자마다 자기 아내를 두고 여자마다 자기 남편을 두라고 사도는 말한다(2절). 즉 결혼해서 자신의 반려자로 한정시키라는 것이다. 결혼하면, 그들은 서로 상대방에 대한 의무를 다하여야 한다(3절). 즉 서로 간에 상대방의 기질과 사정을 고려하여 부 부의 의무를 완수해야 한다. 왜냐하면 사도가 주장하는 것처럼(4절), 결혼한 상태에서는 누구도 자신의 몸을 자기가 주장할 능력이 없고, 상대방에게 그 능

력을 넘겨주어야 하기 때문이다. 따라서 아내는 그 능력을 남편에게 넘겨주어야 하고, 남편은 그 능력을 아내에게 넘겨주어야 한다. 일부다처제 즉 한 사람이 한 사람 이상의 사람들과 결혼하는 것은 간음과 똑같이 결혼언약을 파괴하는 것이며, 반려자의 권리를 침범하는 것임을 유념하자. 그러므로 부부는 각각 자기의 몸을 사용하는데 있어서 서로 속여서는 절대로 안 된다. 즉 합의상(5절) 그리고 얼마동안은 곧 특수한 신앙적 의무를 이행하기 위하여, 예컨대 기도할 틈을 얻기 위하여 시간이 필요한 경우를 제외하고는, 거룩함과 존귀함으로(살전 4:4) 서로를 대하도록 그리고 더러운 정욕을 피하도록 함으로써 하나님께서 정하신 결혼 제도의 유익을 조금이라도 훼방해서는 안 된다. 특별히 경건을 위해 필요하다면 합법적인 즐거움을 금지하는 것도 요구된다. 그러나 남편과 아내의 이 분방은 자제하지 못하거나 절제하지 못함으로 말미암아 사탄이 틈을 타 시험하지 않도록 하기 위해서 오랫동안 지속되어서는 안 된다. 사람들은 자신의 힘이 미치지 못하는 일을 무모하게 행함으로써 큰 위험을 자초하고, 아울러 하나님의 법에 대해서도 지키지 못하게 되는 경우가 있다. 만일 그들이 합법적인 즐거움을 금한다면 불법적인 쾌락의 덫에 걸려들기 십상이다. 하나님께서 죄악된 성향을 이기도록 마련하신 대책이 진정 최고의 방책이다.

Ⅲ. 사도는 남자마다 자기 아내를 두고 여자마다 자기 남편을 두라(2절)고 자신이 한 말에 대해 제한을 둔다. 그러나 내가 이 말을 함은 허락이요 명령은 아니니라(6절). 그는 그 말을 사람이라면 누구나 예외 없이 결혼해야 한다는 명령으로 말하지 않았다. 어떤 사람이든 결혼할 수 있다. 그것을 금하는 하나님의 법은 어디에도 없다. 그러나 반면에, 결혼하지 않으면 죄가 되기 때문에 누구나 반드시 결혼해야 한다는 법도 없다. 나는 이 말이 음욕을 피하기 위해 그의 상황이 결혼을 필요로 하지 않는다면 결혼하지 않을 수 있다는 말로 이해한다. 하나님의 법에 따르면 그것은 사람의 자유에 크게 맡겨져 있는 제도였다. 그러므로 바울은 누구나 결혼할 수 있는 자유가 있으나 누구나 반드시 결혼해야 한다고 못 박지는 않았다. 아니, 그는 모든 사람이 나와 같기를 원하노라(7절)고 말했다. 즉 독신 곧 결혼하지 않고 혼자 계속 살 수 있으면 그렇게 살기를 원했다. 그렇게 할 수만 있다면, 독신생활은 다른 생활에서는 찾을 수 없는 편리한 점이 여러 가지로 많았다. 모든 사람이 우리와 같이 행복하기를 바라는 것은 참된 선의의 표지다. 그러나 모든 사람이 이 성적 욕구에 대해 바

울과 똑같은 명령을 받았다고 보는 것은 하나님의 섭리의 뜻에 부합하는 것이 아니다. 그것은 무한히 지혜로우신 하나님이 적합하다고 생각하는 사람들에게 주시는 특별한 은사다: 각각 하나님께 받은 자기의 은사가 있으니 이 사람은 이러하고 저 사람은 저러하니라(7절). 사람의 본성적 구조는 다양하다. 그런데 그 구조가 크게 차이가 없는 데도 불구하고 주어지는 은혜의 수준은 크게 다를 수 있다. 어떤 사람은 다른 사람들보다 더 큰 자연적 능력을 받아 유혹을 이길 수 있다. 본성과 은혜에 있어서 하나님의 은사는 각각 다르게 주어진다. 어떤 사람은 이런 은사를 받고 어떤 사람은 저런 은사를 받는다. 바울은 모든 사람이 자신과 같기를 원했다. 그러나 사람마다 이 말을 받지 못하고 오직 타고난 자라야 할 것이다(마 19:11).

Ⅳ. 사도는 이 주제에 대한 자신의 생각을 종합해서 정리한다(8,9절). 내가 결혼하지 아니한 자들과 과부들에게 이르노니 나와 같이 그냥 지내는 것이 좋으니라(8절). 특별히 이 경우 곧 독신 상태 속에 있는 사람들에게는 결혼 상태 속에 있는 사람들보다 편리한 점들이 많이 있었다. 따라서 나와 같이 그냥 지내는 것이 편리하다는 뜻인데, 여기서 바울은 자신이 결혼하지 않은 상태 속에 있음을 분명히 암시하고 있다. 그러나 만일 절제할 수 없거든 결혼하라 정욕이 불 같이 타는 것보다 결혼하는 것이 나으니라(9절). 이것이 정욕에 대한 하나님의 대책이다. 그 불은 하나님이 정하신 수단에 의해 꺼질 수 있다. 그러므로 그 많은 불편함에도 불구하고 결혼은 불순하고 음탕한 욕망으로 불타는 것보다 훨씬 낫다. 모든 사람은 결혼을 귀히 여기라(히 13:4). 그러나 그것은 그 정욕을 자제하거나 극복할 수 없는 사람들에게 주어지는 의무다.

[10]결혼한 자들에게 내가 명하노니 (명하는 자는 내가 아니요 주시라) 여자는 남편에게서 갈라서지 말고 [11](만일 갈라섰으면 그대로 지내든지 다시 그 남편과 화합하든지 하라) 남편도 아내를 버리지 말라 [12]그 나머지 사람들에게 내가 말하노니 (이는 주의 명령이 아니라) 만일 어떤 형제에게 믿지 아니하는 아내가 있어 남편과 함께 살기를 좋아하거든 그를 버리지 말며 [13]어떤 여자에게 믿지 아니하는 남편이 있어 아내와 함께 살기를 좋아하거든 그 남편을 버리지 말라 [14]믿지 아니하는 남편이 아내로 말미암아 거룩하게 되고 믿지 아니하는 아내가 남편으로 말미암아 거룩하게 되나니 그렇지 아니하면 너희 자녀도 깨끗하지 못하니라 그러나 이제 거룩하니라

[15]혹 믿지 아니하는 자가 갈리거든 갈리게 하라 형제나 자매나 이런 일에 구애될 것이 없느니라 그러나 하나님은 화평 중에서 너희를 부르셨느니라 [16]아내 된 자여 네가 남편을 구원할는지 어찌 알 수 있으며 남편 된 자여 네가 네 아내를 구원할는지 어찌 알 수 있으리요

이 단락에서 사도는 특히 유대인 개종자들 사이에서 자주 일어났던 사례에 대해 지침을 제공한다. 이것은 그들이 이미 결혼한 자들로서 믿지 아니하는 이방인 배우자와 함께 살아야 하는지의 여부를 의미한다고 나는 생각한다. 모세 율법은 이혼을 허용했다. 유대인이 결혼한 상태에 있을 때 이 경우 어떻게 했는지에 대해서는 유명한 실례가 나와 있다. 당시 유대인들은 우상 숭배하는 아내를 집에서 내보냈다(스 10:3). 이것은 기독교로 개종한 사람들에게 그들이 계속 불신 속에 있는 배우자들을 쫓아내거나 버려야 하는지에 대해 많은 영향을 미쳤다. 이 문제에 관해 사도는 다음과 같은 지침을 제시한다.

I. 일반적으로, 결혼은 그리스도의 명령으로서, 생명을 위해 제정된 것으로, 결혼한 사람들은 이혼을 생각해서는 안 된다고 사도는 말한다. 아내는 남편에게서 갈라서지 말고(10절), 남편도 아내를 버리지 말라(11절). 사도는 이것에 대해 내가 명하노니라고 말하면서, 명하는 자는 내가 아니요 주시라고 덧붙인다(10절). 자신의 지식이나 자신의 권위로 명하는 것이 아니라는 말이다. 그가 명한 것은 무엇이든 주님의 명령이요, 그분의 영을 통해 지시되고, 그분의 권위로 말미암아 명령된 것이었다. 그러나 사도의 말의 참된 의미는 주님 자신이 친히 입술로 이 이혼을 금하고 있다는 것이다(마 5:32; 19:9; 막 10:11; 눅 16:18). 남편과 아내는 마음대로 이혼하거나 그들이 원한다고 해서 그들 사이의 결혼의 유대와 관계를 깨뜨릴 수 없음을 기억하자. 그들은 그리스도께서 허용하시는 것이 아닌 다른 이유로 갈라져서는 안 된다. 그러므로 사도는 만일 어떤 아내가 그녀 자신의 자발적 행위나 남편의 행위로 말미암아 갈라섰다면, 결혼하지 말고 그대로 지내든지 다시 남편과 화합하든지 하라고 권한다. 남편과 아내는 절대로 다투지 말고, 혹 다투었다면 속히 화해해야 한다는 것을 유념하자. 그들은 생명을 위해 서로 결합된 존재들이다. 하나님의 법은 이혼을 허용하지 않고 있다. 그들은 그 짐을 벗어버릴 수 없다. 그러므로 그것을 그들의 어깨에 메고, 할 수 있는 한 그것이 가벼워질 수 있도록 서로 노력해야 한

다.

Ⅱ. 사도는 믿지 아니하는 배우자를 두고 있는 사람들의 경우에 대해 일반적인 권면을 한다(12절).　그 나머지 사람들에게 내가 말하노니 (이는 주의 명령이 아니라). 즉 주님은 방금 언급한 이혼의 경우처럼 이 경우에는 그렇게 명시적으로 말씀하시지 않았다는 것이다. 그것은 사도가 주님으로부터 받은 권위가 없이 말하거나 성령의 영감이 없이 자신의 지혜로 이런 결론을 내렸다는 뜻이 아니다. 그는 그 반대의 경우에 대해 나도 또한 하나님의 영을 받은 줄로 생각하노라 (40절)고 말하는 것으로 이 주제를 마치고 있기 때문이다. 그러나 이러한 그의 권면의 서두에 이어 다음과 같이 이어지는 권면의 내용을 볼 수 있다.

1. 권면의 내용. 그것은 만일 믿지 아니하는 남편이나 아내가 그리스도인인 배우자와 함께 살기를 원한다면 절대로 갈라서지 말라는 것이다. 남편은 믿지 아니하는 아내를, 아내는 믿지 아니하는 남편을 버려서는 안 된다(12,13절). 그리스도인의 소명은 결혼 언약을 해체시키지 않고, 그 본래의 제도로 돌아가 그것을 두 사람에게 제한시키고, 생명을 위해 함께 연합함으로써 그것을 더욱 견고하게 하는 것이다. 신자는 그리스도를 믿는 믿음으로 말미암아 믿지 아니하는 자와의 부부간 유대로부터 멀어지는 것이 아니라 더 좋은 배우자가 되도록 즉시 자극받고 인도를 받는다. 하지만 믿는 아내나 남편은 믿지 아니하는 배우자와 갈라서서는 안 된다고 해도, 믿지 아니하는 자가 믿는 배우자를 버리고, 따라서 함께 살기를 좋아하지 않는다면, 이런 경우에는 형제나 자매나 구애될 것이 없다(15절). 즉 부정한 사람에게 매이거나 악랄하게 버린 자에게 비굴하게 복종하거나 집착할 필요가 없다. 적어도 버린 자가 다른 사람과 결혼을 하거나 간음죄를 범하거나 했을 때 함께 살려는 모든 화해 수단을 강구했음에도 불구하고 버림받았다면, 굳이 함께 살 필요는 없다. 이런 경우는 당시 고린도에 사는 이방인 주민들 사이에서는 아주 흔히 벌어지는 일이었기 때문에 상상하기가 아주 쉽다. 이 경우 버림받는 자는 자유롭게 재혼할 수 있고, 누구에게나 허용된다. 그런데 어떤 이들은 이런 악랄한 버림은 죽음만큼이나 결혼 언약을 파기시킨다고 생각한다. 한 사람이 그토록 악의적으로 배우자를 떠나거나 버린다면 어떻게 둘이 한 몸을 이루는(창 2:24) 것이 가능하겠는가? 이 때 버린 자는 여전히 결혼 관계에 매여 있는 것처럼 보인다. 그러므로 사도는 만일 아내가 남편의 불신앙 때문에 갈라섰으면 그대로 지내라(11절)고 말한다. 그러

나 버림받은 당사자는 다른 사람과 결혼하는 것이 좀 더 자유롭게 된 것으로 생각된다(내가 여기서 하는 말은 그녀가 버린 자를 개심시키기 위해 적절한 모든 수단을 다 취하고, 그럼에도 불구하고 그것이 불가피할 수밖에 없었다는 것을 전제로 한다). 배우자의 순전한 잘못으로 말미암아 결혼의 의무를 다하거나 결혼의 축복을 누릴 가능성이 전혀 없는데도 불구하고, 계속 결혼 생활을 유지하는 것은 불합리하다고 생각된다. 이런 경우 결혼은 정말 고역이 되고 말 것이다. 그러나 이 경우 그리스도인에게 어떤 자유가 주어진다고 해도, 단순히 남편이나 아내가 믿지 않는다는 이유로 그 자유가 허용되어서는 안 된다. 믿지 아니하는 배우자가 그 관계를 계속 유지하고 함께 살기를 원한다면, 그의 뜻대로 해야 한다. 이것이 사도의 일반적 지침이다.

2. 이 권면의 이유.

(1) 결혼 관계나 상태는 어느 한 편 배우자의 거룩함에 의해 좋아질 수 있기 때문이다: 믿지 아니하는 남편이 아내로 말미암아 거룩하게 되고 믿지 아니하는 아내가 남편으로 말미암아 거룩하게 되나니(14절). 믿는 자에게는 결혼 관계 자체와 부부간 서로의 행동이 거룩하게 된 것이다. 깨끗한 자들에게는 모든 것이 깨끗하나(딛 1:15). 결혼은 하나님이 정하신 제도다. 그것은 하나님의 약속으로 말미암아 맺어진 생명의 계약이다. 결혼 관계 속에서 불신자와의 대화와 생활이 신자를 부패시키거나 하나님을 반역하도록 만든다면, 결혼의 목적은 파기되고, 그 안락은 파괴되고 말 것이다. 그러나 사도는 그들이 믿지 아니하는 자들과 멍에를 함께 했을지라도, 그들 자신이 거룩하다면, 결혼은 그들을 거룩하게 만들고, 비록 믿지 아니하는 자와의 결혼관계라고 해도, 결혼의 안락은 성별된 즐거움이 될 것이라고 말한다. 믿지 아니하는 또는 이방인 배우자와의 결혼 관계 속에서 이전에 그랬던 것처럼 계속 거룩하게 생활함으로써, 그들이 함께 개종자가 된다면, 그것만큼 하나님을 기쁘시게 하는 일은 없을 것이다. 만일 부부 가운데 하나가 거룩하다면, 비록 다른 배우자는 이방인이라고 해도, 결혼 관계의 의무나 합법적 안락 가운데 그 어느 것도 그들을 부패시키거나 하나님을 불쾌하게 만들지 않는다. 남편은 아내로 말미암아 거룩하게 되고, 아내는 남편으로 말미암아 거룩하게 된다. 둘이 한 몸이다. 남편은 거룩한 아내와 한 몸으로 깨끗한 것으로 간주된다. 그 반대도 마찬가지다: 그렇지 아니하면 너희 자녀도 깨끗하지 못하니라 그러나 이제 거룩하니라(14절). 여기서 너희 자녀도

깨끗하지 못하니라는 말의 뜻은 그들이 교회와 하나님의 언약의 담 밖에 있는 이방인이 될 것이라는 것이다. 그들은 거룩한 씨(유대인들이 그렇게 부르는 것처럼, 사 6:13)에 속하지 못하게 될 것이다. 그러나 이방인 전체가, 사도가 환상 속에서 그렇게 지시받은 것처럼, 속되거나 불결하거나 하지 않게 되었다(행 10:28). 이런 식의 표현은 유대인의 언어 습관에 따른 것으로, 그들은 이방인 부모로부터 태어난 자녀는 거룩 밖에서 태어났다고 말하고, 유대교로 개종한 부모로부터 태어난 자녀는 거룩한 담 안에서(intra sanctitatem) 태어났다고 말했다. 이처럼 그리스도인들도 공통적으로 성도로 불린다. 그들은 신앙고백을 통해 하나님의 특별한 백성으로 구별되고, 또 그래서 세상으로부터 분리된 자들이다. 그러므로 불신자와 결혼했을지라도, 그리스도인으로 태어난 자녀들은 세상이 아니라 교회에 속한 자들로 간주되고, 따라서 속되거나 깨끗하지 못한 씨가 아니라 거룩한 씨로 여겨진다. "그러므로 믿지 아니하는 배우자와의 결혼 관계일지라도 계속 유지하도록 하라. 왜냐하면 만일 너희가 거룩하다면, 그 관계도 거룩하고, 그 상태도 거룩하며, 너희는 믿지 아니하는 배우자와의 부부의 의무를 다하는데 있어서, 거룩하게 쓰임받을 수 있기 때문이다. 그렇게 되면 너의 자녀도 똑같이 거룩할 것이다." 부부가 모두 신자인 경우는 얼마나 행복할까!

(2) 두 번째 이유는 하나님은 화평 중에서 그리스도인들을 부르셨기(15절) 때문이다. 기독교는 자연적 관계든 시민적 관계든 모든 관계 속에서 평화를 도모하도록 그 신자들에게 요구한다. 우리는 할 수 있거든 너희로서는 모든 사람과 더불어 화목하라(롬 12:18)는 의무를 부과받고 있다. 그러므로 우리는 한 몸을 이루고 있는 사람들과 그들이 비록 불신자라 할지라도 최대한 결혼관계의 평화와 안락을 촉진시키는 삶을 살아야 한다. 가능한 한 서로 편안하고 행복한 삶을 만들기 위해 결혼한 배우자에 대한 노력과 배려가 있어야 한다는 것을 명심하자.

(3) 세 번째 이유는 믿는 남편이나 아내는 불신 배우자의 구원의 도구가 될 수 있다는 것이다(16절): 아내 된 자여 네가 남편을 구원할는지 어찌 알 수 있으며 남편 된 자여 네가 네 아내를 구원할는지 어찌 알 수 있으리요. 가장 가까운 관계에 있는 사람이 그 관계 속에 있는 믿지 않는 다른 사람을 구원의 길로 이끄는 것은 당연한 의무다. "갈라서지 말라. 지금 요청받고 있는 다른 의무가 있다. 결

혼관계는 아주 친밀하고 애틋한 감정을 필요로 한다. 그것은 생명을 위한 계약이다. 그런데 가장 영광스러운 사랑의 증거를 보여줄 기회에 그리스도인이 배우자를 버려서야 되겠는가? 기다리라. 그리고 배우자의 회심을 위해 충심으로 노력하라. 영혼을 구원하는데 심혈을 기울이라. 이것이 대사건이 될지 누가 알겠는가? 그것은 불가능하지 않다. 비록 큰 가능성은 없어도 영혼을 구원하는 것은 너무 유익하고 영광스러운 사역이기 때문에 가능성이 적다고 해서 포기할 일이 아니다." 약간이라도 성공 가능성이 있다면, 그것은 우리로 하여금 배우자의 영혼을 구원하기 위해 부지런히 힘쓸 만한 충분한 동기가 된다는 것을 유념하자. "내가 그의 영혼을 구원하는 자가 될지 누가 알랴는 생각이 그렇게 하도록 나를 자극해야 하리라."

[17]오직 주께서 각 사람에게 나눠 주신 대로 하나님이 각 사람을 부르신 그대로 행하라 내가 모든 교회에서 이와 같이 명하노라 [18]할례자로서 부르심을 받은 자가 있느냐 무할례자가 되지 말며 무할례자로 부르심을 받은 자가 있느냐 할례를 받지 말라 [19]할례받는 것도 아무것도 아니요 할례받지 아니하는 것도 아무것도 아니로되 오직 하나님의 계명을 지킬 따름이니라 [20]각 사람은 부르심을 받은 그 부르심 그대로 지내라 [21]네가 종으로 있을 때에 부르심을 받았느냐 염려하지 말라 그러나 네가 자유롭게 될 수 있거든 그것을 이용하라 [22]주 안에서 부르심을 받은 자는 종이라도 주께 속한 자유인이요 또 그와 같이 자유인으로 있을 때에 부르심을 받은 자는 그리스도의 종이니라 [23]너희는 값으로 사신 것이니 사람들의 종이 되지 말라 [24]형제들아 너희는 각각 부르심을 받은 그대로 하나님과 함께 거하라

여기서 사도는 그들이 기독교를 받아들이고 개종자가 되었을 당시의 신분과 조건을 그대로 유지하라고 권면한다. 여기서는 다음과 같은 내용을 확인할 수 있다.

I. 사도는 다음을 일반법칙으로 제시한다. 오직 주께서 각 사람에게 나눠 주신 대로(17절). 이 세상에서의 우리의 신분과 환경은 하나님의 섭리의 처분에 따른 것이다. 이것이 사람들의 거주의 경계를 한정하고(행 17:26), 그 발걸음을 정한다. 하나님은 올리기도 하시고 내리기도 하신다. 그런즉 하나님이 각 사람을 부르신 그대로 행하라(17절). 기독교로 개종했을 때 그의 환경이나 조건이 어

떠했든 간에 그대로 지내고, 거기에 맞춰 생활하도록 하라. 기독교의 법칙들은 모든 조건에 미친다. 어떤 신분에 속하든 사람은 그것에 합당하게 살아야 한다. 자신의 행동을 자신의 조건과 종교의 법칙들에 일치시키고, 자신의 운명으로 만족하며, 그리스도인이 되었을 때의 지위와 위치에 맞추어 행하는 것은 모든 그리스도인의 의무임을 잊지 말자. 사도는 이것을 항상 그리고 어디서나 지켜야 할 일반법칙으로 내세우고 있다: 내가 모든 교회에서 이와 같이 명하노라 (17절).

Ⅱ. 사도는 여기서 특수한 경우들에 관해 제시한다.

1. 할례의 경우. 할례자로서 부르심을 받은 자가 있느냐 무할례자가 되지 말며 무할례자로 부르심을 받은 자가 있느냐 할례를 받지 말라(18절). 사람이 유대인이냐 아니면 이방인이냐, 또는 아브라함과 맺어진 특별 언약(할례) 안에 있느냐 아니면 밖에 있느냐 하는 것은 문제가 아니다. 유대인으로서 기독교로 개종한 사람은 그 문제로 염려하고, 무할례자가 되기를 바랄 필요가 없다. 또 이방인으로서 기독교로 개종한 사람은 할례를 받아야 할 의무 아래 있지 않다. 말하자면 지금까지 하나님의 백성에 속해 있었다는 어떤 구별된 표시를 원해서 그렇게 할 필요가 없다는 말이다. 그 이유는 사도가 이어서 이렇게 말하기 때문이다: 할례받는 것도 아무것도 아니요 할례받지 아니하는 것도 아무것도 아니로되 오직 하나님의 계명을 지킬 따름이니라(19절). 하나님의 인정을 받기 위해서라면, 어떤 사람이든 할례를 받거나 받지 않는 것은 아무 상관이 없다. 참 종교는 복음이 강조하는 하나님의 계명을 진실하게 순종하는 것에 있음을 명심하라. 내적 경건 없는 외적 준수는 무익하다. 그러므로 각 사람은 부르심을 받은 그 부르심(그 상태) 그대로 지내라(20절).

2. 속박과 자유의 경우. 많은 사람들이 노예 신분에 속해 있었던 것이 당시 세상의 현실이었다. 그들은 돈으로 사고 팔렸으며, 그들을 산 사람들의 재산에 불과했다. 사도는 이에 대해 이렇게 말한다: "네가 종으로 있을 때에 부르심을 받았느냐 염려하지 말라(21절). 그것 때문에 지나치게 걱정하지 말라. 그것은 그리스도인으로서 너희의 의무, 고백 또는 소망과 어울리지 않는다. 그러나 네가 자유롭게 될 수 있거든 그것을 이용하라(21절)." 노예 상태보다는 자유의 상태에 있을 때 편리한 점들이 훨씬 많다. 어떤 사람은 자신을 지배할 권세와 자신의 시간에 대한 명령권을 크게 갖고 있고, 다른 주인의 지배 아래 있지 않기 때문

에 자유를 행사하기에 적합한 신분을 갖고 있다. 그러나 사람들의 외적 신분이 하나님을 받아들이는 그들의 믿음을 방해하거나 촉진시키거나 하는 것이 아니다. 왜냐하면 종으로 있을 때에 부르심을 받은 자는 주께 속한 자유인(아펠류테로스)이요, 자유인으로 있을 때에 부르심을 받은 자는 그리스도의 종이기 때문이다(22절). 비록 그가 자기 주인을 섬기는 일에서는 해방되지 못했으나 죄의 지배와 속박으로부터는 자유롭게 되었다. 비록 그가 그리스도의 노예는 아닐지라도 그분의 기쁨과 섬김을 위해 전적으로 헌신할 의무를 갖고 있다. 그러나 그 섬김은 완전한 자유다. 우리의 안락과 행복은 세상에서의 우리의 처지가 아니라 그리스도에 대한 관계에 달려 있다. 우리의 외적 조건이 아무리 좋을지라도 그것이 기독교 의무로부터 우리를 벗어나게 하지 못하고, 또 아무리 나쁠지라도 그것이 기독교 특권을 누리지 못하도록 우리를 방해하지 못한다는 것을 기억하자. 자유가 있는 자도 그리스도의 종이 될 수 있다. 그는 값 주고 샀고, 그러므로 사람의 종이 될 수 없다. 물론 그렇다고 그가 자기 주인을 섬기는 일을 멈추는 것이 아니고, 또는 그를 기쁘게 하는 모든 활동을 그만두는 것도 아니다(이것은 사도의 강론의 뜻과 정면으로 배치된다). 그는 자기 주인의 뜻보다 그리스도의 뜻을 순종하고, 존중한다는 점에서 사람의 종이 아니라는 것이다. 그리스도께서 그를 사기 위해 더 값비싼 대가를 치르셨고, 그래서 그에 대한 더 큰 소유권을 갖고 계신다. 그리스도의 종들은 그분이 아닌 다른 주인이 주는 절대적 명령은 갖고 있지 않고, 그분에 대한 의무를 이행하는 것 이상으로 사람을 섬겨서는 안 된다. 집 하인이 두 주인을 섬길 수 없다(눅 16:13). 어떤 이들은 이 구절(23절)을 노예로 있던 사람들을 동료 그리스도인들의 자선과 자비를 통해 값 주고 사서 해방시킨 것을 의미한다고 해석하고, 다음과 같이 이해한다: 너희가 값 주고 노예 신분으로부터 해방받지 않았느냐? 그러므로 다시는 노예가 되지 말라. 그러나 만일 노예 신분에서 그들이 해방되었다는 관점을 갖고 있었다면, 사도는 그 앞에서 했던 권면과는 다른 권면을 했을 것이다. 말씀 자체로는 그런 의미가 없는 것은 아니지만, 다른 해석이 더 자연스럽다. 6:20을 보라: 값으로 산 것이 되었으니 그런즉 너희 몸으로 하나님께 영광을 돌리라.

Ⅲ. 사도는 자신의 권면을 이렇게 종합한다. 형제들아 너희는 각각 부르심을 받은 그대로 하나님과 함께 거하라(24절). 이것은 기독교로 개종할 당시의 처지로 이해되어야 한다. 어떤 사람도 자신의 신앙이나 종교를 자연적 또는 시민적

의무를 무시하는 핑곗거리로 삼아서는 안 된다. 그는 그가 처한 조건에 묵묵히 그리고 안심하고 순응해야 한다. 그 상황 속에서 하나님과 함께 거할 때 이것은 잘하는 것이 될 것이다. 하나님의 특별하신 임재와 호의가 우리의 외적 조건이나 실천으로 말미암아 제한되어서는 안 된다. 하나님은 할례자와 무할례자를 가리지 않고 그것을 누릴 수 있도록 하신다. 종의 신분에 있는 자도 자유한 자와 똑같이 그것을 누릴 수 있다. 이 점에 있어서는 헬라인이나 유대인이나 할례파나 무할례파나 야만인이나 스구디아인이나 종이나 자유인이 차별이 있을 수 없다(골 3:11). 하나님의 호의는 속박받지 않는다.

[25]처녀에 대하여는 내가 주께 받은 계명이 없으되 주의 자비하심을 받아서 충성스러운 자가 된 내가 의견을 말하노니 [26]내 생각에는 이것이 좋으니 곧 임박한 환난으로 말미암아 사람이 그냥 지내는 것이 좋으니라 [27]네가 아내에게 매었느냐 놓이기를 구하지 말며 아내에게서 놓였느냐 아내를 구하지 말라 [28]그러나 장가 가도 죄 짓는 것이 아니요 처녀가 시집 가도 죄 짓는 것이 아니로되 이런 이들은 육신에 고난이 있으리니 나는 너희를 아끼노라 [29]형제들아 내가 이 말을 하노니 그 때가 단축하여진 고로 이후부터 아내 있는 자들은 없는 자 같이 하며 [30]우는 자들은 울지 않는 자 같이 하며 기쁜 자들은 기쁘지 않은 자 같이 하며 매매하는 자들은 없는 자 같이 하며 [31]세상 물건을 쓰는 자들은 다 쓰지 못하는 자 같이 하라 이 세상의 외형은 지나감이니라 [32]너희가 염려 없기를 원하노라 장가 가지 않은 자는 주의 일을 염려하여 어찌하여야 주를 기쁘시게 할까 하되 [33]장가 간 자는 세상 일을 염려하여 어찌하여야 아내를 기쁘게 할까 하여 [34]마음이 갈라지며 시집 가지 않은 자와 처녀는 주의 일을 염려하여 몸과 영을 다 거룩하게 하려 하되 시집 간 자는 세상 일을 염려하여 어찌하여야 남편을 기쁘게 할까 하느니라 [35]내가 이것을 말함은 너희의 유익을 위함이요 너희에게 올무를 놓으려 함이 아니니 오직 너희로 하여금 이치에 합당하게 하여 흐트러짐이 없이 주를 섬기게 하려 함이라

사도는 여기서 자신의 강론을 다시 전개하면서, 처녀가 어떻게 행해야 하는지에 대해 권면한다.

I. 사도가 그들에게 소개하는 태도. "처녀에 대하여는 내가 주께 받은 계명이 없다(25절). 독신에 대해서는 주님 자신으로부터 주어진 분명한 일반법칙이

없지만, 주의 자비하심을 받아서 충성스러운 자가 된 내가 의견을 말한다(25절).” 즉 사도의 권위로 의견을 말한다는 것이다. 그는 충성스럽게 행동한 사도로서, 그의 지시는 그리스도의 법으로 간주되어야 했다. 왜냐하면 그는 그리스도의 충성스러운 사도였던 사람으로서 판단하고 있기 때문이다. 그리스도께서 이전에 그 문제에 관해 일반법칙을 주신 적이 없지만, 사도는 지금 주의 자비하심을 받아서 충성스러운 자가 된, 영감받은 사도로서 권면하고 있다. 사역의 충성스러움은 그리스도의 은혜와 자비에 기인한다. 이것은 바울이 언제든 시인할 준비가 되어있는 고백이다: 내가 모든 사도보다 더 많이 수고하였으나 내가 한 것이 아니요 오직 나와 함께 하신 하나님의 은혜로라(15:10). 하나님의 말씀을 전하는 사역에 있어서 충성스러움을 보여주는 사람은 일반적으로든 특별하게든 하나님으로부터 큰 은혜를 받은 사람이다.

Ⅱ. 사도가 내리는 결론은 현재의 고난을 감안할 때 독신을 지키는 것이 더 좋다는 것이다. 사람이 그냥 지내는 것이 좋으니라(26절). 내 생각에는 하고 사도는 말하는데, 그 말은 그것은 내 의견이라는 뜻이다. 그것은 겸손하게 말해지고 있지만, 그럼에도 불구하고, 사도의 권위를 가지고 주어지는 말이다. 그것은 단순한 개인의 사적 의견이 아니고, 비록 이런 식으로 말해지지만, 사도 안에서 역사하는 하나님의 영의 참된 결정이다. 아니, 더 큰 무게를 주기 위해 이런 식으로 말해진 것이다. 단순히 사도의 권위만 갖고 주어진 것이라면, 사도에 대해 편견을 가진 자들은 이 권면을 거부했을 것이다. 사역자들은 공손하게 자신을 낮춘다고 해서 그 권위가 훼손당하는 것이 아님을 명심해야 한다. 사역자들은 사람들에게 더 큰 유익을 주기 위해 모든 사람들에게 모든 것이 되어야 한다. 임박한 환난으로 말미암아 사람이 그냥 지내는 것이 좋으니라고 사도는 말한다(26절). 교회를 처음 세상에 세운 초기의 그리스도인들은 가혹한 핍박을 받았다. 그들의 원수는 그들에 대해 극히 신랄했고, 아주 잔인하게 그들을 다루었다. 그들은 박해로 말미암아 계속 전전긍긍할 수밖에 없었다. 이런 상황이었기 때문에 사도는 그리스도인들이 상황을 바꿔 독신에서 벗어나는 것이 추천할 만한 일이라고 생각하지 않았다. 결혼한 상태에서는 더 큰 염려와 그에 수반된 장애가 많고(33,34절), 따라서 더 가혹한 핍박을 일으키기 때문에 그들이 그것을 극복하기가 훨씬 더 어려워질 것이다. 그리스도인들은 행동을 결정할 때 본질상 합당한 일이 무엇이냐 뿐만 아니라 그 일이 과연 실천가능한 일

이냐 하는 것도 고려해야 한다.

Ⅲ. 이러한 결론에도 불구하고 사도는 아주 세심하게도 그들을 만족시키기 위해 일반적으로 결혼을 부정하거나 그것이 불법이라고 선언하지 않는다(27절). 그러므로 그는 "네가 아내에게서 놓였느냐(미혼이나 홀아비거나 또는 처녀거나 과부거나 간에, 독신 상태에 있느냐) 그러면 아내를 구하지 말라. 즉 성급하게 그 상태를 바꾸려고 하지 말라"라고 말한다. 그러나 사도는 이렇게 덧붙인다: "네가 아내에게 매였느냐 놓이기를 구하지 말라. 결혼 관계를 계속 유지하는 것은 네 의무이니, 그 의무를 다하라." 그들이 박해를 받도록 부르심을 받았다면, 그 안에 특별한 어려움이 있음을 각오해야 할 것이다. 그러나 이 어려움을 피하기 위해 이 의무를 팽개치거나 포기해서는 안 된다. 의무는 이행되어야 하고, 하나님은 어떤 경우든 믿어져야 한다. 그러나 의무를 게을리하는 것은 하나님의 보호로부터 벗어나는 길이 될 것이다. 그래서 사도는 장가가도 죄 짓는 것이 아니요 처녀가 시집가도 죄 짓는 것이 아니로되 이런 이들은 육신에 고난이 있으리라(28절)고 말한다. 결혼은 본질상 죄가 아니지만, 그 당시에 결혼하는 것은 그들에게 불편을 일으키고, 시대의 재난을 가중시키는 결과를 가져왔다. 그러므로 사도는 할 수 있는 한 결혼을 삼가는 것이 유용하고 권할 만하다고 생각했다. 하지만 그는 독신을 지나치게 강요해서 그들에게 멍에가 되거나 그들이 올무 속에 들어가지 않도록 나는 너희를 아끼노라는 말을 덧붙인다(28절). 여기서 교황주의자들의 궤변과 사도 바울의 권면이 얼마나 크게 반대되는가! 그들은 많은 사람들에게 결혼을 금지시켰고, 그것이 멍에가 될지 안 될지는 고려하지 않고, 무조건 독신서약으로 그들을 혼란시켰다.

Ⅳ. 사도는 세상과 그 안에서 일어나는 모든 일에 관해 거룩한 무관심을 갖도록 이 일반법칙을 모든 그리스도인에게 적용시킨다.

1. 부부에 관해. 아내 있는 자들은 없는 자 같이 하며(29절). 이 말은 그들이 결혼의 안락함에 지나치게 마음을 써서는 안 된다는 것이다. 아내가 마치 없는 자 같이 해야 한다. 그들은 그 상태가 얼마나 빨리 끝날지 모른다. 이 권면은 다른 모든 관계에도 그대로 적용되어야 한다. 자녀가 있는 자들은 없는 자 같이 해야 한다. 지금 큰 위로가 되는 것들이 가장 무거운 십자가가 될 수도 있다. 모든 위로의 꽃이 금방 떨어질 수도 있다.

2. 고통에 관해. 우는 자들은 울지 않는 자 같이 하며(30절). 즉 우리는 어떤 고

통이 엄습하든 지나치게 낙심하거나 세상의 슬픔에 너무 휩쓸리지 말고, 모든 환난 중에서 주어지는 하나님의 거룩한 기쁨을 유지해야 한다는 것이다. 그리하여 슬픔 속에서도 마음이 즐겁고, 우리의 슬픔의 끝은 기쁨이 되어야 한다. 저녁에는 울음이 깃들일지라도 아침에는 기쁨이 오리로다(시 30:5). 우리가 드디어 천국에 도달한다면, 모든 눈물을 그 눈에서 닦아 주실 것이다(계 21:4). 이 소망으로 말미암아 지금 우리는 우리의 슬픔을 진정시키고, 눈물을 거두어야 한다.

3. 세속적 쾌락에 관해. 기쁜 자들은 기쁘지 않은 자 같이 하며(30절). 즉 그들은 세상의 위로로 너무 만족해서는 안 된다는 것이다. 그들은 그 즐거움을 조절하고, 그 쾌락에 최상의 가치를 두지 않도록 해야 한다. 세상에 그들의 안식이 있는 것도 아니고, 세상의 일들이 그들의 분깃도 아니다. 그러므로 그들의 마음은 그 위에 두어져서는 안 되고, 그 속에 그들의 위로와 만족이 있어서도 안 된다.

4. 세상 매매와 사업에 관해. 매매하는 자들은 없는 자 같이 하며(30절). 사업이 번창하고, 재산이 증가하며, 부를 축적하는 자들은 이 소유가 없는 것처럼 생각하라는 것이다. 그것은 허무한 것에 마음을 두는 것에(잠 23:5) 불과하다. 매매하는 것과 소유하는 것이 우리의 마음을 너무 차지하지 않도록 해야 한다. 그 일들은 많은 사람들의 마음이 더 좋은 일을 생각하지 못하도록 방해한다. 밭을 사고 소를 구입하는 일 때문에 혼인 잔치에 손님으로 참여하지 못하게 된다(눅 14:18,19). 그 일들이 사람들로 하여금 정말 중요한 일을 생각하지 못하도록 철저하게 방해하지는 않을지라도, 그 중요한 일을 철저하게 추구하지 못하도록 가로막을 것이다. 모든 세상 염려와 장애들을 마음으로부터 제거하는 자들이 상급을 받기 위해 열심히 달려가게 되는 법이다.

5. 세상 모든 관심사에 관해. 세상 물건을 쓰는 자들은 다 쓰지 못하는 자 같이 하라(31절). 세상 물건은 사용될 수 있으나 오용되어서는 안 된다. 그것은 하나님을 영화롭게 하고, 사람에게 유익을 주는 목적을 위해 사용되지 아니하면, 곧 오용된다. 그것이 우리의 순종의 바퀴를 돌리기 위한 기름이 아니라 정욕을 불태우기 위한 연료로 사용된다면, 그 때 그것은 우리의 종이 아니라 우리의 주인, 우리의 우상이 되어버리고, 우리의 감정 속에 하나님을 위해 준비된 방을 점령해버린다. 그리고 우리의 마음이 지나치게 그것에 집착하면, 모든 면에

서 그것을 오용하는 큰 위험에 처하게 된다. 그러므로 우리는 우리 마음이 세상 물건에 너무 집착하지 않도록 조심함으로써, 그것이 우리 손에 있을 때 잘못 쓰이지 않도록 해야 한다.

V. 사도는 두 가지 이유로 이 권면을 강조한다.

1. 그 때가 단축하여진 고로(29절). 우리가 이 세상에 머무는 시간은 참으로 잠깐이다. 세상 물건을 소유하고 누리기에는 너무 짧은 시간이다: 그 때가 단축하여진(카이로스 쉬네스탈메노스). 이 말은 좁은 기간으로 단축되고 축소되었다는 뜻이다. 그것은 곧 사라지고 말 것이다. 그것은 곧 영원 속에 둘러싸이고, 영원에 삼켜질 준비를 하고 있다. 그러므로 세상 즐거움에 너희 마음을 두지 말라. 세상 염려와 근심으로 주눅들지 말라. 곧 버려두고 떠나야 할 것에 사로잡힘으로써 그것을 놓고 떠나야 할 때 괴로워하지 않게끔 조심하라. 너희 마음이 왜 곧 사라져야 할 것에 대해 그토록 큰 비중을 두려고 하느냐?

2. 이 세상의 외형은 지나감이니라(31절). 여기서 외형(스케마)은 습관, 모양 또는 모습을 가리키는 말로 세상의 습관은 지나간다는 뜻이다. 그것은 날마다 그 모습이 변한다. 그것은 계속 유동한다. 모든 것이 드러나지만 그 안에 고정적인 것은 아무것도 없다. 그것도 일시적인 그림자에 불과하고, 신속히 사라질 것이다. 앞의 권면을 강조하기 위해서는 이것이 얼마나 적절하고 강력한가! 꿈같은 형상, 그것도 점차 쇠퇴하고 덧없는 형상에 사로잡힌다는 것은 얼마나 불합리할까! 진실로 각 사람은 그림자 같이 다니고(시 39:6). 그것도 희미하고 사라질 사물의 외형 속에서 그렇다. 그런데도 이런 장면에 깊이 영향을 받고, 슬프게도 고통을 받아야 되겠는가?

VI. 사도는 세상 염려에 사로잡혀 있는 고린도 교인들에게 경고함으로써, 그의 일반적 권면을 강조한다. 너희가 염려 없기를 원하노라(32절). 사실은 염려하지 않는 것도 잘못이다. 세상사에 대한 지혜로운 관심은 의무다. 그러나 너무 관심이 많아 염려로 가득 차 있는 것 곧 그것들에 대한 염려로 고민하고 혼란에 빠지는 것은 죄다. 마음을 불안하게 하고, 하나님에 대한 예배를 방해하는 모든 염려는 죄악이다. 왜냐하면 하나님은 흐트러짐이 없이 섬김을 받으실(35절) 분이기 때문이다. 하나님을 예배할 때에는 마음 전체가 사용되어야 한다. 세상의 일들과 관심사로 말미암아 마음이 다른 어떤 일에 집중되거나 이리저리 갈팡질팡하게 되면 그 사역은 멈추게 된다. 하나님을 예배하는 일에 종사하는 사람들은 오직 이 일에만 집중해야 하고, 그것이 전체적으로 이루어지도록 해야 한다. 그러나 마음이 세상 염려에 사로잡혀 있다면 어떻게 이것이 가능하겠는가? 마음을 혼란시키는 염려가 없이 세상사를 잘 조절하고 삶의 조건을 잘 선택함으로써, 여유 있고 한가한 마음으로 하나님을 섬기는 것이야말로 그리스도인의 지혜임을 잊지 말자. 이것이 그리스도인들이 삶 속에 적용하도록 사도가 제시한 일반법칙이다. 그 법칙을 적용할 때 그리스도인은 신중하게 해야 한다. 누구든지 세상 염려와 올무를 최대한 피하고, 영혼을 최대한 위하는 조건이 가장 좋은 삶의 조건이다.

이 법칙에 따라 사도는 고린도 교인들에게 결혼 문제에 대한 해결책을 찾도록 권면한다. 그는 임박한 고난 때문에 그렇게 말하는 것이다. 그 당시는 대체로 그리스도인들이 불신자와 결혼했기 때문에 일단 결혼했다 하면 그렇게 될 가능성이 충분했던 것이다. 이런 환경 속에서는 결혼하지 않는 것이 어떤 염려와 부담으로부터 벗어나는 길이고, 하나님을 섬기는 데 훨씬 여유로운 시간을 갖게 할 것이다. 통상적으로 세상에 대한 염려가 적을수록 우리는 하나님을 섬기기 위한 자유를 더 풍성하게 갖게 될 것이다. 그런데 그 당시는(항상은 아니라고 해도) 결혼하면 그로 인해 세상 염려도 동반되었다. 장가 간 자는 세상 일을 염려하여 어찌하여야 아내를 기쁘게 할까 하여(33절). 시집 간 자는 세상 일을 염려하여 어찌하여야 남편을 기쁘게 할까 하느니라(34절). 그러나 결혼하지 않은 남자와 여자는 주의 일을 염려하여 어찌하여야 주를 기쁘시게 할까 하고 몸과 영을 거룩하게 한다(32,34절). 하지만 결혼한 남자와 여자는 몸과 영을 똑같이 거룩하게 할 수 없다.

독신이 본질상 결혼보다 더 순결하고 거룩한 상태인 것은 아니다. 그러나 결혼하지 않은 사람은 세상 염려로 마음이 심란해지지 않기 때문에 그 위기 상황 속에서 종교에 더 집중할 수 있게 될 것이다. 결혼은 때때로 다른 무엇보다 더 큰 염려를 동반하는 삶의 조건이 되고 만다. 그것은 서로를 기쁘게 하기 위해 그 관계 속에 있는 당사자들에게 지속적인 관심을 요한다. 그러나 이것은 어떤 경우에 또는 어떤 이유로 다른 일들보다 그렇게 하기가 훨씬 더 어렵다. 그러므로 사도는 그 당시 홀로 살던 사람들에게 특별한 이유가 없다면 결혼을 삼가라고 권면하는 것이다. 다른 시대일지라도 동일한 이유가 분명히 존재하는 곳에서는 이 법칙이 적용되는 것이 옳다. 그리고 그 동일한 법칙은 동일한 이유가 존재하는 곳에서는 결혼 문제를 결정하는 데에도 적용되어야 한다. 즉 결혼하지 않은 사람들이 결혼한 사람들보다 하나님을 섬기는데 더 문제가 없을 때에는 그 법칙이 적용되어야 하는데, 이런 경우는 여러 가지 면에서 충분히 예상할 수 있다. 이것은 일반법칙으로서, 누구나 신중하게 자신의 특수한 경우들에 적용시켜야 한다. 그 법칙에 따라 결혼을 해야 할지 말아야 할지를 결정하도록 해야 한다. 그리스도인이 선택해야 할 삶의 조건은 그것이 하나님을 섬기고 자신의 구원을 이루는데 최고의 도움과 최소의 방해를 주는지에 따라 선택되는 것이 가장 좋다.

[36]그러므로 만일 누가 자기의 약혼녀에 대한 행동이 합당하지 못한 줄로 생각할 때에 그 약혼녀의 혼기도 지나고 그같이 할 필요가 있거든 원하는 대로 하라 그것은 죄 짓는 것이 아니니 그들로 결혼하게 하라 [37]그러나 그가 마음을 정하고 또 부득이한 일도 없고 자기 뜻대로 할 권리가 있어서 그 약혼녀를 그대로 두기로 하여도 잘하는 것이니라 [38]그러므로 결혼하는 자도 잘하거니와 결혼하지 아니하는 자는 더 잘하는 것이니라

이 부분에서 사도는 앞에서 제시한 결정의 원리에 입각하여 자녀의 결혼 문제를 어떻게 결정해야 할지에 대해 권면한다. 이 견해에 따르면 일반적 의미가 명백하다. 그것은 그 당시 세상에 속한 사람들, 특히 유대인들은 여자가 혼기가 지나도록 결혼하지 못한 상태에 있으면 불명예로 생각했다. 그것은 그 여자가 그만큼 명망이 없는 것으로 보았기 때문이다. 사도는 이렇게 말한다: "그러므로 만일 누가 자신의 딸(약혼녀)에 대해 행동이 합당치 않다고 생각하고, 그녀의 혼기가 지났을 때 결혼하지 않고 지내는 것이 안심이 되지 않는다면, 그래서 이 원리에 따라 그녀를 결혼시키는 것이 필요하다면, 원하는 대로 할 수 있다. 그녀에게 적당한 배필을 찾아주는 것은 결코 죄가 아니다. 그러나 누가 자기 딸을 계속 처녀로 두기로 결심하고, 이 결심이 견고하다면, 그리고 그녀를 결혼시켜야 할 필요성도 없다면, 그 뜻에 대한 그녀의 동의를 얻어 처녀로 살게 하는 것도 잘하는 것이다. 요약하면, 처녀인 딸을 결혼시키는 자도 잘하는 일이지만, 만약 독신으로 사는 것이 더 쉽고 순결할 수 있다면, 결혼하지 않고 홀로 살게 하는 것은 더 잘하는 일이다. 즉 항상은 아니지만, 현재

상황에서 그녀에게 더 수월한 쪽을 선택하는 것이 좋다."

여기서 다음 사실을 주목해야 한다: 1. 자녀는 결혼 문제를 스스로 선택하지 말고 부모의 처분에 따라야 한다. 2. 그러나 부모는 일반적으로 결혼 여부와 특히 배우자 선택에 있어서 자녀의 성향을 고려해야 하고, 감당할 수 없는 힘으로 복종을 강요하고, 부모의 뜻에 따르라고 일방적으로 지시해서는 안 된다. 3. 먼저 무엇이 적법한 것인지 감안해야 하지만, 아울러 행하기 전에, 적어도 여러 가지 면에서 그렇게 하는 것이 과연 유효한지 생각해 보는 것은 우리의 의무다.

그러나 나는 사도가 여기서 앞에서 했던 강론을 계속하고 있다고 생각한다. 즉 결혼하지 않은 상태에 있는 사람들이 그들 스스로 어떻게 해야 하는지에 대해 권면하고 있다고 본다. 여기서 '자기의 약혼녀(처녀)'는 그의 순결성을 의미한다. 말하자면 그 약혼녀를 그대로 두기로 하여도(테레인 텐 헤아우투 팔테논, 37절)란 말은 딸을 처녀로 계속 두도록 한다는 의미보다는 그 자신의 순결성을 보존하도록 한다는 의미가 더 강한 것으로 보인다. 물론 이런 의미로 보면, 그 말이 통상적 의미로 사용된 경우가 아닌 것이 확실하다. 여러 가지 다른 이유들을 로크와 휘트비의 설명으로부터 찾아볼 수 있다. 어떤 사람이 혼기가 지나도록 결혼하지 않고 홀로 있는 것은, 그 이유가 모두 똑같지는 않다 할지라도, 유대인과 문명화된 이방인들 사이에서는 일반적으로 비난받을 만한 일이었다. 사도가 암시하는 일반적 의미도 똑같다. 만일 누가 사람의 비난을 피하기 위해 딸을 결혼시켜야 한다고 생각했다면, 그렇게 하는 것이 죄가 아니다. 그렇다면 불타는 음욕을 피하기 위해 결혼하는 것은 더더욱 죄가 아니다. 그러나 스스로 힘이 있고, 자신의 목적에 대한 확고한 신념이 있으며, 굳이 결혼의 필요성을 느끼지 못하는 사람이 그 당시 그리스도인들이 처한 위험 상황을 고려할 때, 영적 관심에 대한 자신의 편의와 편안과 유익을 위해 결혼하지 않는 것은 최선의 방법을 선택한 것이 될 수 있다. 그리스도인들이 이 권면에 따라 인도를 받는 것은 의무는 아니지만, 크게 편리한 방편이다.

[39]아내는 그 남편이 살아 있는 동안에 매여 있다가 남편이 죽으면 자유로워 자기 뜻대로 시집 갈 것이나 주 안에서만 할 것이니라 [40]그러나 내 뜻에는 그냥 지내는 것이 더욱 복이 있으리로다 나도 또한 하나님의 영을 받은 줄로 생각하노라

사도의 전체 권면은 여기서 과부에 대한 권면으로 끝나고 있다: 아내는 그 남편이 살아 있는 동안에 매여 있다가(39절). 아내는 한 남편에게 매여 있고, 계속 그와 함께 살아야 한다. 결혼 계약은 살아있는 동안 유효하고, 죽을 때만 그 효력이 상실된다는 것을 기억하자. 그러나 남편이 죽으면 자유로워 자기 뜻대로 시집 갈 수 있다(39절). 이런 경우 결혼하는 것은 하나님의 법상으로는 횟수에 아무런 제한이 없다. 이 구절로 보면, 두 번째 결혼이 불법은 아님이 확실하다. 왜냐하면 그 때 과부는 자기가 원하는 사람과 결혼할 자유도 없었고, 재혼할 자유도 없었기 때문이다. 그러나 사도는 남편이 죽으면, 주 안에서만 할 것이라는 제한을 빼고는, 그녀가 결혼할 자유를 갖게 된다고 주장한다. 어떤 관계를 선택해서 상황을 변화시킬 때, 우리는 항상 하나님의 눈을 의식해야 한다. 결혼은 주 안에서 이루어질 때, 곧 배우자를 바꾸고 선택할 때 오직 하나님에 대한 두려움과 그분의 법에 의해 인도를 받고, 하나님의 섭리에 의거하여 행동할 때에만 그분의 축복을 받을 수 있게 된다. 즉 하나님을 우러러 보고 겸손하고 진실하게 그분의 명령을 구하며, 자기들의 행위에 대해 공손히 하나님의 복을 구할 때에만 복을 받을 수 있다.

그러나 내 뜻에는 그냥 지내는 것이 더욱 복이 있으리로다 나도 또한 하나님의 영을 받은 줄로 생각하노라(40절)라고 사도는 말한다. 여기서 그냥 지내는 것은 과부로 계속 사는 것을 의미한다. 이 위기의 시대에는, 일반적으로는 아니지만, 최소한, 결혼하지 않고 그냥 지내는 것이 평안과 안정을 위해 훨씬 더 낫고, 하나님을 섬기는 일에 있어서 훨씬 덜 방해를 받게 될 것이다. 그리고 마지막으로 이 말은 성령의 감동으로 말미암아 주어졌다고 사도는 말한다. "거짓 사도들이 나에 관해 무슨 말을 할지라도, 나는 내가 하나님의 영을 받았다고 생각하고 있고, 또 그것을 알 만한 이유를 갖고 있다." 결혼의 배우자를 바꾸는 것은 너무나 중요한 문제이기 때문에 그것은 적절한 고려와 상황에 대한 세밀한 판단, 그리고 확실한 근거들에 따라, 적어도, 우리의 영적 사역에 그만한 유익이 있도록 신중하게 이루어지지 않으면 안 된다.

제
— 8 —
장

개요

사도는 이 장에서 일부 고린도 교인들이 그에게 질문한 또 다른 사례인 우상 제물을 먹는 문제에 관해 답변하고 있다. I. 그들의 교만한 지식에 대해 경고하고 권면한다(1-3절). II. 우상의 허무함, 신성의 단일성, 그리고 하나님과 사람 사이의 그리스도의 유일한 중보에 관해 설명한다(4-6절). III. 본질상 우상 제물을 먹는 것은 합법적이라는 전제를 언급하지만, 연약한 그리스도인 형제들을 존중하고, 그들 앞에서 걸림돌이 되어 그들로 하여금 죄를 범하고 멸망하는 빌미를 제공하지 않도록 주의해야 한다고 가르친다(7-13절).

¹우상의 제물에 대하여는 우리가 다 지식이 있는 줄을 아나 지식은 교만하게 하며 사랑은 덕을 세우나니 ²만일 누구든지 무엇을 아는 줄로 생각하면 아직도 마땅히 알 것을 알지 못하는 것이요 ³또 누구든지 하나님을 사랑하면 그 사람은 하나님도 알아주시느니라

사도는 여기서 우상에게 바쳐진 제물에 관한 사건을 다룬다. 이것은 고린도 교인들 일부가 만족스런 대답을 달라고 요구했던 문제였다. 그것은 그리스도의 교회가 이방인 세계에 세워지고, 하나님의 백성인 이스라엘이 가나안 족속들 사이에서 살아야 했던 당시에는 기독교 안에서 자주 일어났던 사건이었다. 그 문제를 더 잘 이해하기 위해서는 희생제물을 가지고 잔치를 벌여 그것을 먹었을 뿐만 아니라 친구들까지 초청해서 동참하도록 했던 풍습이 당시 이방인들 사이에 유행했음을 기억할 필요가 있다. 그 잔치는 주로 희생제물이 바쳐졌던 장소인 신전(우상의 집)에서 벌어졌다(10절). 잔치가 끝났을 때 남겨진 제물이 있으면, 보통은 그의 친구들이 가져갔고, 그래도 남은 것이 있으면 제사장들의 소유가 되었는데, 그들은 가끔 그것을 시장에 내다 팔았다. 10:25을 보라. 아니, 아테나이우스가 알려주는 바에 따르면, 이방인들 사이에

서는 잔치 자체가 성스러운 종교 행사로 간주되었기 때문에 잔치를 치르기 전에는 항상 제물을 바쳐야 했다. 이때 먼저 제물로 바치지 않고 개인 식탁에서 고기를 먹으면 엄청난 신성모독으로 생각했다. 이런 상황 속에서 우상 숭배자들과 함께 살아야 했던 그리스도인은 주변에 그와 같이 행하는 친척과 친구들을 많이 두고 있었다. 그들과 친교하며 좋은 이웃 관계를 유지해야 했기 때문에 때때로 그들과 함께 식사를 해야 할 때가 있었다. 그러면 그 때 자기 식탁 위에 제물로 바쳐졌던 고기가 올라왔을 때 어떻게 해야 할까? 아니, 그들의 신전에서 벌어진 잔치에 참여하도록 초청을 받았다면 어떻게 해야 할까? 어떤 고린도 교인들은 그렇게 하는 것이 얼마든지 가능하다는 의견을 갖고 있는 것처럼 행동했다. 왜냐하면 그들은 우상은 세상에 아무것도 아니라는 것을 알고 있었기 때문이다(4절).

사도는 이 사건에 대해 좀 더 직접적으로 대답하는 것처럼 생각된다(10장). 그리고 여기서는 이런 생각이 옳다는 전제 하에서 그들의 자유가 남용되어 다른 사람들에게 피해를 주어서는 안 된다는 논리를 펴고 있다. 그러나 그는 10장에서 이 자유를 분명히 정죄한다. 사도는 스스로 지식이 있음을 교만하게 자랑하는 태도를 취하는 사람들의 지식을 책망하는 것으로 이 강론을 시작한다. 우리가 다 지식이 있는 줄을 아나(1절)라고 사도는 말한다. 이것은 마치 이렇게 말하는 것처럼 보인다: "그 자유를 갖고 있는 너희가 유일하게 알고 있는 사람들은 아니다. 우상 제물 먹기를 조심하는 우리도 우상의 허무함에 대해 곧 그것이 아무것도 아니라는 것을 너희가 아는 것만큼 알고 있다. 그러나 우리는 너희가 갖고 있는 자유에 크게 문제가 있다는 것과 아무리 합법적인 자유라도 사랑으로 행사되어야지 연약한 형제들의 입장을 침해하도록 행사되면 안 된다는 것도 알고 있다."

지식은 교만하게 하며 사랑은 덕을 세우나니(1절). 여기서 우리는 다음과 같은 사실을 주목해야 한다: 1. 교만한 지식보다 사랑이 낫다. 그것은 가장 큰 선을 행하는 것이 가장 적합한 일이기 때문이다. 교만한 지식은 최소한 마음을 바람으로 가득 채워 크게 높아지게 하여, 지식을 자랑하도록 만들기 쉽다. 이것은 우리 자신에게 아무 도움이 되지 않고, 많은 경우에 다른 사람들에게 큰 해를 끼치기 십상이다. 그러나 우리 형제들에 대한 참 사랑과 따스한 관심은 우리로 하여금 그들의 유익을 먼저 배려하도록 이끌고, 그들에게 덕을 행하도록 인도

한다. 2. 지식의 교만함처럼 무지를 입증하는 증거는 없다: 만일 누구든지 무엇을 아는 줄로 생각하면 아직도 마땅히 알 것을 알지 못하는 것이요(2절). 가장 잘 알고 있는 자는 자신의 무지와 인간 지식의 불완전함에 대해 가장 잘 아는 자이다. 자신이 무엇을 아는 줄로 생각하고, 이 생각에 따라 뽐내고 교만해진 사람은 마땅히 알 것을 알지 못하는 것으로, 제대로 알고 있는지 의심할 이유가 있는 사람이다. 단순히 진실을 아는 것과 마땅히 알 것을 아는 것은 다르다는 것을 유념하자. 많은 지식이 있으나 어떤 선한 목적을 위해 알 것이 없는 지식이 있을 수 있다. 그 지식이 아무리 많아져도 우리 자신이나 다른 사람들에게 아무 도움이 되지 않는 지식이 있다는 말이다. 자기가 무엇을 알고 있다고 생각하는 사람들은 헛된 지식을 쌓아온 것으로서, 그 지식을 선용하지 못하는 사람들이다. 그들은 그들 스스로나 다른 사람들에게 그 지식을 통해 아무 유익을 끼치지 못할 것이다.

그러나 사도는 누구든지 하나님을 사랑하면 그 사람은 하나님도 알아주시느니라고 덧붙인다(3절). 만일 누가 하나님을 사랑한다면, 그것에 의해 그의 이웃을 사랑하도록 영향을 받을 것이고, 그것을 하나님도 알아주실 것이다. 즉 어떤 이들이 그렇게 이해하는 것처럼, 그는 하나님으로 말미암아 알고, 하나님이 가르치시는 자인 것이다. 하나님을 사랑하는 자들은 당연히 하나님으로부터 배운 자들로서, 그분으로 말미암아 자기가 어떻게 해야 할지를 배운 자들이다. 어떤 이들은 그것을 다음과 같이 이해하기도 한다: 그는 하나님의 인정을 받을 것이다. 하나님은 그를 인정하고, 그를 기뻐할 것이다. 사랑이 넘치는 사람은 틀림없이 하나님의 호의를 소유하고 있을 것이다. 하나님을 사랑하는 자들 곧 그분을 위해 그 형제들을 사랑하고 그들의 행복을 구하는 자들은 반드시 하나님의 사랑을 받는 자들이다. 그러므로 스스로 자신을 허탄하게 높이는 것보다는 하나님의 인정을 받는 것이 얼마나 더 바람직할까!

[4]그러므로 우상의 제물을 먹는 일에 대하여는 우리가 우상은 세상에 아무것도 아니며 또한 하나님은 한 분밖에 없는 줄 아노라 [5]비록 하늘에나 땅에나 신이라 불리는 자가 있어 많은 신과 많은 주가 있으나 [6]그러나 우리에게는 한 하나님 곧 아버지가 계시니 만물이 그에게서 났고 우리도 그를 위하여 있고 또한 한 주 예수 그리스도께서 계시니 만물이 그로 말미암고 우리도 그로 말미암아 있느니라

이 단락에서 사도는 우상의 허무함을 보여준다: 우상의 제물을 먹는 일에 대하여는 우리가 우상은 세상에 아무것도 아니며(4절). 여기서 우상은 세상에 아무것도 아니라는 말은 세상에 우상은 존재하지 않는다거나 우상은 세상에 대해 아무것도 할 수 없다는 뜻이다. 왜냐하면 원어의 표현은 우회적 표현법이기 때문이다. 일반적 의미로는 이방신들은 그 안에 신성을 갖고 있지 않다는 뜻이다. 그러므로 구약성경에서 그것들은 흔히 거짓(렘 51:17) 또는 헛된 것들(왕상 16:13,26) 또는 허탄한 거짓(시 31:6) 등으로 불린다. 그것들은 단순히 상상이 빚어낸 신들로, 그것들 대다수는 상상적 존재들에 불과하다. 그것들은 하나님의 피조물을 더럽힐 능력이 없고, 따라서 하나님의 자녀나 종이 그 바쳐진 제물을 먹는다고 해서 문제될 것이 없다. 하나님께서 지으신 모든 것이 선하매 감사함으로 받으면 버릴 것이 없나니(딤전 4:4). 피조물의 본질을 바꿀 만한 능력이 허탄한 이방신들에게는 없다.

또한 하나님은 한 분밖에 없는 줄 아노라(4절). 이방인의 우상은 신이 아니며, 신으로 대접받거나 존경받을 수 없다. 하나님은 한 분밖에 없기 때문이다. 신성의 단일성이 기독교와 모든 참 종교의 근본원리임을 명심하자. 이방인의 신들은 세상에 아무것도 아니고, 그 안에 신성도 없으며, 그 속에는 참된 신성이 전혀 포함되어 있지 않다. 하나님은 한 분밖에 없기 때문이다. 신으로 불릴 수 있는 다른 자들이 있다: 비록 하늘에나 땅에나 신이라 불리는 자가 있어 많은 신과 많은 주가 있으나(5절). 그러나 그것들은 잘못 불린 것이다. 이방인들은 이러한 신을 많이 갖고 있다. 어떤 것은 하늘에 있고, 또 어떤 것은 땅 위에 있다. 하늘에 있는 신들은 가장 높은 자리에 앉아 그들의 신봉을 받고 있고, 땅의 신들은 사람이 신이 된 자들로, 신과 사람 사이를 중보하며, 신을 대신하여 땅의 일을 다스리는 역할을 맡고 있었다. 이런 존재들은 성경에서 보통 바알로 불린다. 그것들은 높고 낮은 계급을 이룬 신들로 구성되어있다. 아니, 각 신마다 등급의 차이가 존재한다: 많은 신과 많은 주가 있으나(5절). 그러나 모두 이름뿐인 신들이요 중재자들이다. 그렇게 불리지만, 그 안에 진실은 없다. 그 모든 신성과 중재는 허구다. 그 이유는 다음과 같다.

1. 그러나 우리에게는 한 하나님 곧 아버지가 계시니 만물이 그에게서 났고 우리도 그를 위하여 있고(6절). 우리 그리스도인들은 더 많이 알고 있다. 우리는 존재의 근원이자 만물의 창조자이신 분 곧 온 세계의 조물주, 보존자 및 지배자이

시며, 만물이 그분에게서 나고 그분을 위하는, 한 하나님이 계신다는 사실을 잘 알고 있다. 한 하나님은 인류의 한 부분, 한 족속, 한 계급만 다스리시는 것이 아니라 모든 인류를 망라하여 다스리신다. 한 하나님은 모든 것을 만드셨고, 그러므로 모든 것을 지배할 권세를 갖고 계신다. 만물은 그분에게서 났고, 우리를 포함한 다른 모든 것들은 그분을 위해 존재한다. 여기서 아버지라고 불리는 것은 성 삼위일체의 다른 인격들과 구별시키거나 신성으로부터 그 인격들을 배제시키는 것이 아니라 하나님에 의해 지음받은 모든 피조물과 구별시키는 의미이다. 성경의 다른 부분들을 보면 만물의 창조는 이 삼위 모두에게 귀속되고 있지, 오직 성부 하나님에게만 귀속되고 있지 않다. 신성의 제일인격이자 삼위일체의 근원 또는 원천(Fons et fundamentum Trinitatis)이신 성부 하나님은 다른 두 인격의 기원으로서, 여기서는 신성 전체를 대표하는 개념이다. 즉 이 명칭은 세 인격 모두를 포괄하고, 따라서 성경 어떤 곳에서는 탁월성으로 말미암아(카트 엑조켄) 하나님이라는 이름을 아버지라는 말로 대신한다. 아버지는 다른 두 신성의 근원 또는 원천(fons et principium Deitatis, 칼빈이 말하는 것처럼)이시기 때문에, 그분들은 아버지로부터 그것을 전달받아 소유하게 되었다. 따라서 한 하나님 곧 아버지가 계신다. 그러나 아들 역시 하나님으로서, 아버지와 다른 하나님이 아니시다. 아버지는 아들 및 성령과 함께 한 하나님이 되시고, 그분들 없이는 한 하나님이 아니며, 그분들 모두 신성으로부터 제외되지 않는다.

2. 또한 한 주 예수 그리스도께서 계시니 만물이 그로 말미암고 우리도 그로 말미암아 있느니라(6절). 우리에게는 한 주가 계신다. 하나님과 사람 사이의 유일하신 중보자가 계시니 곧 예수 그리스도다. 이방인들이 상상하는 것처럼 많은 중보자들이 있는 것이 아니라 오직 한 중보자가 계신데, 만물이 그분으로 말미암아 지음받았고 그분에게 속해 있으며, 우리의 모든 소망과 행복이 또한 그분에게 달려있다. 그분은 바로 사람이신 그리스도 예수다. 그러나 그분은 신적 말씀과 인격적으로 연합되어 있는 성자 하나님이시다. 이 참 사람을 하나님이 주와 그리스도가 되게 하셨다(행 2:36). 예수 그리스도는 그 인성과 중보 직분 속에 대표적 권세를 갖고 있고, 그분의 이름에 모든 무릎을 꿇도록 그리고 모든 입으로 그분을 주라 시인하도록 모든 이름 위에 뛰어난 이름을 받으셨다(빌 2:9-11). 따라서 그분은 한 주요 유일하신 중보자이므로, 모든 그리스도인

들은 하나님과 죄인들 사이에 오시고, 하나님 아래 세상사를 통치하시며, 하나님과 함께 하는 사람들을 중재하시는 유일하신 사람으로 인정해야 한다. 이방인들 사이에서 이런 식의 중보를 하는 신들은 단순히 상상적 존재들이다. 그러므로 그리스도인으로서 우리의 커다란 특권은 우리가 하나님과 사람 사이의 참 하나님과 참 중보자를 알고 있다는 것이다: 유일하신 참 하나님과 그가 보내신 자 예수 그리스도(요 17:3).

[7]그러나 이 지식은 모든 사람에게 있는 것은 아니므로 어떤 이들은 지금까지 우상에 대한 습관이 있어 우상의 제물로 알고 먹는 고로 그들의 양심이 약하여지고 더러워지느니라 [8]음식은 우리를 하나님 앞에 내세우지 못하나니 우리가 먹지 않는다고 해서 더 못사는 것도 아니고 먹는다고 해서 더 잘사는 것도 아니니라 [9]그런즉 너희의 자유가 믿음이 약한 자들에게 걸려 넘어지게 하는 것이 되지 않도록 조심하라 [10]지식 있는 네가 우상의 집에 앉아 먹는 것을 누구든지 보면 그 믿음이 약한 자들의 양심이 담력을 얻어 우상의 제물을 먹게 되지 않겠느냐 [11]그러면 네 지식으로 그 믿음이 약한 자가 멸망하나니 그는 그리스도께서 위하여 죽으신 형제라 [12]이같이 너희가 형제에게 죄를 지어 그 약한 양심을 상하게 하는 것이 곧 그리스도에게 죄를 짓는 것이니라 [13]그러므로 만일 음식이 내 형제를 실족하게 한다면 나는 영원히 고기를 먹지 아니하여 내 형제를 실족하지 않게 하리라

사도는 우상은 아무것도 아니라는 일부 고린도 교인들의 의견을 인정하고, 일단 수용한 다음에 이 전제로부터 그들이 취하는 추론 곧 그로 말미암아 그들이 신전에 들어가 우상 제물을 먹고 이방인 이웃들과 함께 잔치에 참여하는 것이 옳지 않다고 주장하는 데로 나아간다. 그는 여기서 우상 제물을 먹는 것 자체가 불법이라고 주장하는 것이 아니고, 이 자유가 그들과 똑같은 수준의 지식을 갖고 있지 못한 연약한 그리스도인들에게 미치는 불행한 결과에 대해 말하는 것이다. 여기서 우리는 다음과 같은 사실을 주목할 수 있다.

I. 사도는 그 당시 모든 그리스도인이 우상은 아무것도 아니라는 사실에 대해 충분한 확신과 지식을 갖고 있었던 것이 아님을 그들에게 주지시킨다. 그러나 이 지식은 모든 사람에게 있는 것은 아니므로 어떤 이들은 지금까지 우상에 대한 습관이 있어 우상의 제물로 알고 먹는 고로(7절). 여기서 우상에 대한 습관이란

곧 어떤 이들은 우상 숭배에 혼란된 태도를 갖고 있었다는 것이다. 그들은 기독교로 개종하고, 신앙을 고백한 참 신자들이었지만, 묵은 누룩을 완전히 제거하지 못하고 이전에 섬겼던 우상들을 까닭 없이 숭배하곤 했다. 연약한 그리스도인들은 아주 중요하고 명백한 진리에 관해 무지하거나 그 지식에 혼동이 있을 수 있음을 잊지 말자. 이런 지식 가운데 하나가 한 하나님과 한 중보자에 관한 지식이다. 그러나 이교도에서 기독교로 개종한 고린도 교인들 가운데 어떤 이들은 그 위대한 원리에 완전히 조화를 이루지 못하고, 우상 숭배에 대한 습관을 여전히 갖고 있었던 것으로 보인다. 그들은 우상 제물을 먹을 기회가 있었을 때, 우상 숭배에 대한 자신들의 혐오감을 입증하기 위해, 절제하거나, 자기들이 우상은 아무것도 아니라는 생각을 갖고 있음을 선언함으로써 우상을 공개적으로 경멸하는 태도를 취하지 못하고, 우상을 숭배하는 습관에 따라 그것을 먹었던 것이다. 따라서 그 일로 그들은 양심이 약하여지고 더러워졌다(7절). 즉 그들은 죄에 빠졌다. 그들은 우상 속에 신적인 어떤 성격이 있다고 상상하고, 그것을 숭배하는 마음에서 먹음으로써 결국 우상 숭배의 죄를 범했다. 하지만 복음의 목적은 사람들을 우상으로부터 살아계신 하나님께 돌이키는데 있었다. 그들은 지식이 부족했고, 그래서 우상의 허무함에 대해 온전히 깨닫지 못했다. 우상을 숭배하는 마음으로 그 제물을 먹었다면, 우상 숭배의 죄에 빠진 것이고, 그래서 스스로 더러워진 것이다. 이것이 그 부분의 의미로 보인다. 그러므로 우리는 연약한 그리스도인들이 자신의 양심을 더럽힐 빌미를 주는 일은 절대로 하지 않도록 조심해야 할 것이다.

Ⅱ. 사도는 단순히 먹고 마시는 것 자체가 그들을 의인이나 죄인으로 만들거나, 더 좋게 하거나 더 나쁘게 만들거나, 또는 하나님을 더 기쁘게 하거나 불쾌하게 하거나 하는 것이 아님을 언급한다. 음식은 우리를 하나님 앞에 내세우지 못하나니 우리가 먹지 않는다고 해서 더 못사는 것도 아니고 먹는다고 해서 더 잘사는 것도 아니니라(8절). 일부 고린도 교인들은 우상의 집에 앉아(10절) 우상 제물을 먹은 것을 하나님 앞에 공로로 내세웠던 것으로 보인다. 왜냐하면 그것은 그들이 우상은 아무것도 아니라는 생각을 갖고 있었음을 분명히 보여주었기 때문이다. 그러나 먹고 마시는 것 자체는 행위와 무관하다. 우리가 먹는 음식 자체는 아무 문제가 아니다. 이런 종류의 것이 사람 속에 들어가는 것이 정결하게 하거나 불결하게 하는 것은 아니다. 우상 제물은 본질상 다른 것들과 마

찬가지로 음식으로 충분히 먹을 수 있다. 단순히 먹거나 먹지 않는 것 속에 어떤 미덕이 있는 것이 아니다. 음식이 사람들에 대한 하나님의 판단에 어떤 구별이 있도록 만든다고 생각하는 것은 엄청난 착각이다. 이 음식을 먹거나 저 음식을 금하는 것은 사람을 하나님께 추천할 만한 사유가 못된다.

III. 사도는 그들의 자유 곧 우상 제물 문제에 대해 자기들이 갖고 있다고 생각하는 자유를 남용하지 말라고 경고한다. 왜냐하면 그들은 이 문제를 잘못 생각했고, 우상의 집에 앉아 고기를 먹는 것이 허용되지 않았다는 것이 10:20 이하로 보아 분명하기 때문이다. 그러나 사도는 여기서 아무리 그들이 이 능력을 갖고 있다고 할지라도 그것을 어떻게 사용할지 조심하지 않으면 안 된다고 주장한다. 그것은 약한 자들에게 걸려 넘어지게 하는 것(9절)이 될 수 있다. 그것은 그들로 하여금 우상 숭배 행위에 떨어지도록 빌미를 줄 수 있다. 어쩌면 기독교를 떠나 다시 이방종교로 돌아가게 할 수도 있다.

"만일 어떤 사람이 지식을 갖고 있는 너(그보다 더 깊은 지식을 갖고 있고, 그래서 네가 말하는 것처럼 우상은 아무것도 아니기 때문에 우상의 집에 앉아 고기를 먹거나 잔치에 참여할 자유가 있다고 자랑하는)를 바라보고, 이 문제에 있어서 더 깊은 지식을 갖지 못해 우상은 어떤 신성을 갖고 있고, 그래서 우상 제물을 먹는 것은 보통 음식으로 먹는 것이 아니고 제물로 먹는 것이라고 생각한다면, 우상 숭배의 죄를 범하도록 만드는 것이 아닌가?" 그러므로 아무리 자유나 능력을 갖고 있다고 할지라도, 연약한 형제들 앞에서는 그들이 타락할 기회를 주지 않도록 조심해야 한다. 사도는 이 경고를 두 가지 면에서 상기시킨다.

1. 연약한 형제들에게 수반될 수 있는 위험. 그리스도께서는 그들을 위해서도 죽으셨다. 아무리 그 일이 합당한 일이라 해도 그들을 걸려 넘어지게 하고 그들의 영혼이 멸망할 기회를 제공한다면 차라리 우리 자신을 부인하는 것이 낫다(11절): 그러면 네 지식으로 그 믿음이 약한 자가 멸망하나니 그는 그리스도께서 위하여 죽으신 형제라. 그리스도께서 자신의 보혈로 대속하신 사람들은 우리에게도 보배롭고 소중한 존재가 되어야 한다. 만일 그분이 그들이 멸망하지 않도록 그들을 위해 죽으실 만큼 그들에게 동정을 갖고 계셨다면, 우리도 그들에게 동정심을 갖고 각각의 경우마다 우리 자신을 부인하고, 우리의 자유를 사용하지 않음으로써, 그들에게 상처를 주거나 그들이 걸려 넘어지거나 그들이 멸

망하지 않도록 해야 할 것이다. 어쨌든 자신의 자유를 제한하지 않음으로써 형제를 멸망에 이르게 한 자는 구속주의 영을 전혀 갖고 있지 않은 사람이다. 자신 속에 그리스도의 영을 갖고 있는 사람은 그리스도께서 그들을 위해 죽으실 정도로 사랑하신 자들을 당연히 사랑할 것이다. 그리고 그들의 영적 및 영원한 행복을 촉진시키고, 불필요하게 그들을 슬프게 하는 모든 일들을 피할 것이다. 하물며 그들을 걸려 넘어지게 하고 죄에 빠지게 하는 빌미를 주는 모든 일들은 말할 것도 없다.

2. 그들에게 준 상처는 그리스도께서 자신이 받은 것으로 취하신다: 이같이 너희가 형제에게 죄를 지어 그 약한 양심을 상하게 하는 것이 곧 그리스도에게 죄를 짓는 것이니라(12절). 우리가 다른 그리스도인들에게 준 상처는 그리스도에게 주는 상처가 되고, 특히 연약한 그리스도인들에게 주는 상처는 그리스도 품에 있는 아기에게 주는 상처가 된다. 그리고 무엇보다 이 상처는 그들을 죄의 길로 이끈다. 그들의 양심에 상처를 주는 것은 그분께 상처를 입히는 것이다. 그분은 양 떼들에게 특별한 관심을 갖고 계신다: 어린 양을 그 팔로 모아 품에 안으시며(사 40:11). 강건한 그리스도인은 연약한 그리스도인들에게 해를 끼치거나 그 길에서 걸려 넘어지게 하는 일을 피하도록 아주 조심해야 한다. 그런데도 우리가 그리스도께서 그토록 크신 동정을 베푸신 자들에게 동정을 베풀지 않겠는가? 우리가 우리를 위해 고난당하신 그리스도께 죄를 범하겠는가? 우리가 그분의 은혜의 목적을 좌절시키고, 그분이 구원하기 위해 죽으신 자들을 파멸시키는데 앞장서야 하겠는가?

IV. 사도는 자신의 본보기를 강력하게 제시한다. 그러므로 만일 음식이 내 형제를 실족하게 한다면 나는 영원히 고기를 먹지 아니하여 내 형제를 실족하지 않게 하리라(13절). 그는 어떤 경우든 절대로 먹지 않겠다고 말하는 것이 아니다. 형제의 죄와 타락을 방조하는 것은 자신을 파멸시키는 것만큼 끔찍한 죄악이다. 이런 죄악은 아무리 커다란 이득이 주어진다고 할지라도 행해져서는 안 된다. 그러나 먹는 것은 필수적이지만 고기를 먹는 것은 필수적인 일이 아니다. 그러므로 그는 형제에게 죄를 범할 빌미를 주는 것보다는 차라리 한평생 고기를 먹지 않겠다는 것이다. 그는 형제의 영혼이 더 소중하기 때문에 자신의 자유를 기꺼이 희생시키겠다는 것이다. 얼마든지 그 자신은 합법적으로 먹을 수 있고, 또 먹고 싶어하는 어떤 특별한 음식을 먹지 않는 것이 연약한 형제에게 죄를 범할 빌미를 제공해서 그가 걸려 넘어지도록 하는 것보다 낫기 때문에 사도는 그것이 아무리 합법적인 일이라고 하더라도 조금도 망설이지 말고 자신의 본보기를 따르라고 권면하는 것이다. 우리는 어떤 일을 행할 때 비록 그 일이 죄가 아닐지라도 다른 사람들이 걸려 넘어지지 않도록 조심해야 한다. 자유는 가치가 있는 것이지만 형제의 약함을 배려해야 하고, 때때로 그것을 포기할 줄도 알아야 한다. 우리는 형제의 영혼을 훼손시키고 파멸시키면서 우리의 자유를 사용할 수 있다고 완강하게 주장해서는 안 된다. 그것은 그를 위해 죽으신 우리 구속주에게 상처를 주기 때문이다. 내가 참아도 되는 일을 함으로써 동료 그리스도인으로 하여금 참아야 할 일을 하도록 만들어버리는 결과가 확실히 예견될 때, 나는 그를 실족시키거나 걸려 넘어지게 하는 자가 되고, 그것이 아무리 그 자체로 적법하다고 해도 죄를 범하는 것이다. 그리고 우리가 다른 사람들의 죄에 대해 빌미를 주지 않도록 이토록 조심해야 한다면, 우리 자신이 죄를 범하지 않기 위해서는 얼마나 더 조심해야 하겠는가! 만일 우리가 다른 사람들의 영혼을 위험하게 해서는 안 된다면, 우리 자신을 파멸시키지 않도록 하기 위해서는 얼마나 더 많은 관심을 기울여야 할까!

제
— 9 —
장

개요

이 장에서 사도는 자신에 관한 트집들에 대해 답변하고 있다. I. 사도는 자신의 사도로서의 사명과 권위를 천명하고, 그들 사이에서 자신이 이룬 사역의 성공을 그 증거로 내세운다(1-2절). II. 사도는 자신의 사역에 내포되어 있는 권리를 주장하고, 자연적 이성과 모세 율법으로부터 나오는 다양한 논증을 통해 그것을 변호한다(3-14절). III. 사도는 고린도 교인들의 유익을 위해 자신이 이 권리와 능력을 기꺼이 포기했음을 보여준다(15-18절). IV. 사도는 다른 사람들의 영적 유익과 구원을 위하여 자신을 희생시킨 몇 가지 사례를 제시한다(19-23절). V. 사도는 이 과정에서 자신에게 힘을 준 것이 무엇인지 보여줌으로써 곧 썩지 아니할 면류관을 바라본 것을 보여주는 것으로 자신의 주장을 끝마친다(24-27절).

[1]내가 자유인이 아니냐 사도가 아니냐 예수 우리 주를 보지 못하였느냐 주 안에서 행한 나의 일이 너희가 아니냐 [2]다른 사람들에게는 내가 사도가 아닐지라도 너희에게는 사도이니 나의 사도 됨을 주 안에서 인친 것이 너희라

신령한 사도였으나 사역을 행하는 과정 속에서 바울은 교회 밖 사람들로부터 극렬한 반대에 직면했을 뿐만 아니라 교회 안 사람들로부터도 훼방을 받았다. 그는 항상 비난 속에 있었나. 거짓 형제들은 그의 사도지에 대해 의문을 제기했고, 그의 인격을 헐뜯고 그의 명성을 깎아내리는데 아주 열심이었다. 특히 그가 많은 선을 행함으로써 도움을 주었기에 다른 곳에서보다 더 좋은 대접을 받아야 했던 이 곳 고린도 교회 안에는 지도자들 가운데 그를 크게 불편하게 만든 사람들이 있었다. 어떤 사역자가 부지런히 그리고 성실하게 섬김의 사역을 감당했음에도 불구하고 그들에게 그 선행과는 반대로 오히려 부당한 대접을 받는 경우는 이상한 일도, 새로운 일도 아니다. 고린도 교인들 가운데 어떤 이들은 바울의 사도직을 부정하지는 않았지만 의심했다. 바울은 여

기서 그들의 트집에 대해 답변하고 있다. 그는 다른 사람들의 유익을 위해 자기를 부인한 특별한 실례를 본보기로 제시하는데, 그것은 그가 앞 장에서 실천하도록 추천했던 것이었다.

1. 사도는 자신의 사도로서의 사명과 자격을 주장한다: 내가 자유인이 아니냐 사도가 아니냐 예수 우리 주를 보지 못하였느냐(1절). 주님의 부활의 목격자가 되는 것이 사도직의 중요한 자격요건 가운데 하나였다. 바울은 "내가 비록 부활한 즉시 주님을 본 것은 아니지만, 승천하신 이후에 그분을 본 것이 아니냐?"라고 말하는 것이다. 4:8을 보라. "내가 자유인이 아니냐? 내가 다른 사도들과 동일한 사명과 자격과 능력을 갖고 있지 않느냐? 다른 사도들이 받는 존경이나 영예나 부양을 나라고 받을 자유가 없었겠는가?" 그가 자기 손으로 생계를 유지한 것은 복음의 삶에 대해 어떤 권리가 없어서가 아니라 다른 이유 때문이었다.

2. 사도는 자신의 사도직에 대한 증거로서 그들 가운데서 행한 자신의 성공적인 사역과 그들에게 베푼 선행을 든다: 주 안에서 행한 나의 일이 너희가 아니냐(1절). "내 수고로써 그리스도의 복을 통해 너희들 가운데 교회가 세워진 것이 아니냐? 나의 사도 됨을 주 안에서 인친 것이 너희라(2절). 내 수고를 통해 너희가 회심한 것이야말로 사도로서의 나의 사명에 대한 하나님의 확증이다." 그리스도의 사역자들이 그 능력을 경험적으로 맛보고, 그것과 함께 하나님의 임재를 체험한 사람들을 자신의 사역의 증거로 내세우는 것은 이상한 일이 아님을 기억하자.

3. 사도는 고린도 교인들이 자신에게 보이는 무례에 대해 신랄하게 비판한다: "다른 사람들에게는 내가 사도가 아닐지라도 너희에게는 사도니라(2절). 내가 오랫동안 너희 가운데서 성공적으로 수고했으니, 너희는 다른 누구보다 나의 자격을 인정하고 존중할 것이지 그것을 의심해서는 안 될 것이다." 신실한 사역자들이 최고의 대접을 받아야 할 곳에서 최악의 대접을 받는 것은 조금도 생소한 일이 아니다. 이 고린도 교회는 바울의 사도로서의 사명을 다른 어떤 교회보다 믿어야 할 이유는 많았고, 의심해야 할 이유는 적었다. 아마 그들은 그 어떤 교회의 사람들보다 바울을 존경해야 할 이유를 더 충분히 갖고 있었을 것이다. 그는 그리스도를 아는 지식과 믿는 믿음을 그들에게 전해주는 도구로 쓰임받았다. 그는 거의 2년 동안 그들을 위해 수고했다. 그는 선한 목적을 위해

수고했고, 그 결과 하나님께서 그 성중에 백성을 많이 있게 하셨다. 행 18:10,11을 보라. 그러므로 이 사람들이 그의 사도직을 의심하는 것은 배은망덕도 유분수였다.

³나를 비판하는 자들에게 변명할 것이 이것이니 ⁴우리가 먹고 마실 권리가 없겠느냐 ⁵우리가 다른 사도들과 주의 형제들과 게바와 같이 믿음의 자매 된 아내를 데리고 다닐 권리가 없겠느냐 ⁶어찌 나와 바나바만 일하지 아니할 권리가 없겠느냐 ⁷누가 자기 비용으로 군 복무를 하겠느냐 누가 포도를 심고 그 열매를 먹지 않겠느냐 누가 양 떼를 기르고 그 양 떼의 젖을 먹지 않겠느냐 ⁸내가 사람의 예대로 이것을 말하느냐 율법도 이것을 말하지 아니하느냐 ⁹모세의 율법에 곡식을 밟아 떠는 소에게 망을 씌우지 말라 기록하였으니 하나님께서 어찌 소들을 위하여 염려하심이냐 ¹⁰오로지 우리를 위하여 말씀하심이 아니냐 과연 우리를 위하여 기록된 것이니 밭 가는 자는 소망을 가지고 갈며 곡식 떠는 자는 함께 얻을 소망을 가지고 떠는 것이라 ¹¹우리가 너희에게 신령한 것을 뿌렸은즉 너희의 육적인 것을 거두기로 과하다 하겠느냐 ¹²다른 이들도 너희에게 이런 권리를 가졌거든 하물며 우리일까 보냐 그러나 우리가 이 권리를 쓰지 아니하고 범사에 참는 것은 그리스도의 복음에 아무 장애가 없게 하려 함이로다 ¹³성전의 일을 하는 이들은 성전에서 나는 것을 먹으며 제단에서 섬기는 이들은 제단과 함께 나누는 것을 너희가 알지 못하느냐 ¹⁴이와 같이 주께서도 복음 전하는 자들이 복음으로 말미암아 살리라 명하셨느니라

사도로서의 자신의 권위를 천명한 다음 사도는 그 직분에 수반된 권리들, 특히 그로 말미암아 부양받을 권리를 주장하는 데까지 나아간다.

I. 사도는 이 권리들을 3-6절에서 진술한다. "나를 비판하는(즉 내가 사도라면, 나의 권위나 나의 행위의 이유들을 의심하는) 자들에게 변명할 것이 이것이다(3절): 우리가 먹고 마실 권리가 없겠느냐(4절) 즉 생계에 대한 권리가 없겠느냐? 우리가 다른 사도들과 주의 형제들과 게바와 같이 믿음의 자매 된 아내를 데리고 다닐 권리가 없겠느냐(5절) 즉 우리 자신이 부양받을 뿐만 아니라 또한 그들까지 부양받을 권리가 없겠느냐? 바울은 당시 미혼이었지만, 원할 때 아내를 취할 권리를 갖고 있었고, 아내를 데리고 다닐 권리도 있었고, 자신과 마찬가지로 아내에 대한 부양도 교회로부터 받을 권리가 있었다. 아마 다른 사도들처

럼 바나바에게도 아내가 있었고, 그 역시 가족들을 데리고 다녔던 것으로 보인다. 왜냐하면 여기서 자매 된 여자(아델펜 귀나이카)가 아내를 가리킨다고 해석되는 것은 사도들이 아내가 아닌 여자들을 데리고 다녔다는 것은 극히 불합리하기 때문이다. 그 단어는 사도들이 데리고 다닌 여자들에 대해 지배권을 갖고 있고, 함께 다닐 것을 요구할 수 있는 권리가 있음을 암시한다. 그 지배권은 아내나 종이 아니면 가질 수 없는 것이다. 그런데 가족들의 부양을 위해 일했던 사도들은 종을 사서 가족들을 부양하도록 할 능력이 없었던 것으로 보인다. 따라서 그들이 하녀까지도 데리고 다닌 것으로 보이지 않는데, 하물며 결혼하지 아니한 다른 여성들을 데리고 다녔다고 보는 것은 더욱 의심의 여지가 많을 것이다. 왜냐하면 사도들은 그럴 만한 기회를 가진 적이 거의 없었기 때문이다. 그러므로 사도는 다른 사도들처럼 자신도 결혼할 권리가 있음을 주장하고, 따라서 자신이 만약 결혼했다면, 아내 아니, 자녀들에 대해서까지, 스스로 일하지 않고 부양에 대한 책임을 교회에 요구할 권리가 있음을 천명한다. 어찌 나와 바나바만 일하지 아니할 권리가 없겠느냐(6절). 요약하면 사도는 여기서 자신과 자신의 가족들에 대한 교회의 부양책임을 주장하는 것이다. 이것은 그 권리들로 볼 때 합당하고, 그가 당연히 주장할 수 있는 것이었다.

Ⅱ. 사도는 다양한 논증을 통해 자신의 주장을 증명한다.

1. 인간의 통례와 기대로부터의 논증. 세상에서 어떤 일에 종사하거나 몰두하는 사람들은 그 일로 먹고 살기를 기대한다. 군사들은 군 복무에 대한 대가를 기대한다. 농부와 목자들은 그들의 수고를 통해 생계를 유지하기를 바란다. 만일 농부들이 포도를 심고 가꾸고 재배한다면, 당연히 거기서 열매를 기대할 것이다. 또 목자들이 양 떼를 기른다면, 거기서 젖과 털을 얻어 먹고 살 것을 기대할 것이다. 누가 자기 비용으로 군 복무를 하겠느냐 누가 포도를 심고 그 열매를 먹지 않겠느냐 누가 양 떼를 기르고 그 양 떼의 젖을 먹지 않겠느냐(7절). 사역자들이 자기들의 수고로 말미암아 먹고 살 것을 기대하는 것은 극히 당연하고, 극히 합리적이다.

2. 유대 율법으로부터의 논증. 내가 사람의 예대로 이것을 말하느냐 율법도 이것을 말하지 아니하느냐(8절). 이것이 단순히 상식적 이성의 지시이고, 통례에 따른 것일 뿐이냐? 아니다. 그것은 또한 구약 율법과도 일치하는 것이다. 하나님은 율법에 곡식을 밟아 떠는 소에게 망을 씌우지 말라고 명하셨다. 이것은

소가 곡식을 밟아 떠는 동안 사람의 음식을 위해 곡식을 준비하는 것이므로 소가 먹는 것을 방해하지 말라는 뜻이다. 그러나 이 율법은 하나님의 관심이 소에게 있고, 그분이 소들을 염려해서 주신 말씀이 아니다. 그 권면은 오직 우리에게 쓰임받고 있는 사람들 또는 우리의 선을 위해 수고하는 사람들에게 주어진 것으로 소가 아니라 사람을 가르치는 교훈이다. 즉 수고하는 자들은 그들의 수고의 열매를 맛볼 자격이 있다는 것을 가르치는 율법이다. 밭 가는 자는 소망을 가지고 갈며 곡식 떠는 자는 함께 얻을 소망을 가지고 떠는 것이라(10절). 율법은 이것이 소가 아니라 우리를 위해 주어진 것으로 말한다. 우리 영혼의 선을 위해 자신을 바치는 사람들은 그들의 입에 망이 씌워져서는 안 되고, 먹을 것이 예비되어 있어야 한다.

3. 형평법으로부터의 논증. 우리가 너희에게 신령한 것을 뿌렸은즉 너희의 육적인 것을 거두기로 과하다 하겠느냐(11절). 사역자들이 뿌린 것은 그들이 기대했던 수확보다 훨씬 더 나은 것이었다. 그들은 영생의 길을 가르쳤고, 교인들로 하여금 그것을 소유하도록 하려고 충심으로 수고했다. 그들이 이 일에 전념하는 한, 그들이 현세에서의 삶에 있어서 도움을 기대하는 것은 확실히 큰 문제가 아니었다. 그들은 신령한 복을 교인들에게 나누어주는 도구였다. 그렇다면 그들이 먹고 사는데 필수적인 육신의 양식을 보장해 달라고 요구하는 것이 당연하지 않은가? 말씀 사역자를 통해 영적 유익을 누리게 된 사람들은 이 일에 종사하는 사역자들을 부양하는데 인색해서는 안 된다는 것을 잊지 말자. 만일 그들이 참된 유익을 얻었다면, 사역자들에게 주기를 아까워해서는 안 된다. 그들을 통해 그토록 큰 유익을 얻었으면서, 그토록 작은 일을 하는데 어떻게 아까워해야 할까! 이것이 감사하는 것이고, 형평에 맞는 일인가?

4. 그들이 다른 사람들에게 펼친 부양으로부터의 논증. "다른 이들도 너희에게 이런 권리를 가졌거든 하물며 우리일까보냐(12절). 너희가 다른 사람들에게 이런 부양을 하고 있고, 그들의 권리가 옳다고 생각한다. 그렇다면 누가 나만큼 고린도 교회에 이런 주장을 할 권리를 갖고 있느냐? 사도로서의 사명에 대해 나보다 더 큰 증거를 보여준 자가 누구냐? 누가 나만큼 너희들의 유익을 위해 수고하고 또는 너희들에게 유사한 섬김을 실천한 자가 있느냐?" 사역자들은 그들의 가치에 따라 평가되고, 또 대접을 받아야 한다. 사도는 이렇게 말한다: "그러나 우리가 이 권리를 쓰지 아니하고 범사에 참는 것은 그리스도의 복음에 아무

장애가 없게 하려 함이로다(12절). 우리는 우리의 권리를 주장하지 아니하고 복음의 유익을 구하며, 영혼의 구원을 촉진시키기 위해 궁핍을 견뎠다." 사도는 자신의 권리를 고집함으로써 사역의 성공을 방해받기보다는 차라리 그것을 포기했다. 그는 상대방을 자극시키지 않을까 하는 두려움 때문에 자기를 부인했다. 그러나 자신의 자기부인이 사역에 대한 편견을 일으키지 않도록 하기 위해 자신의 권리를 역설했다. 바울은 여기서 자신의 권리를 무시당하면서도 너그러운 모습을 보여주는 다른 사역자들의 권리를 가장 효과적으로 변호하는 것처럼 보인다. 이 경우 그는 자기사랑의 원리가 아니라 공의의 원리를 역설하고 있음이 분명하다.

5. 옛 유대 제도로부터의 논증. "성전의 일을 하는 이들은 성전에서 나는 것을 먹으며 제단에서 섬기는 이들은 제단과 함께 나누는 것을 너희가 알지 못하느냐(13절). 구약의 제사장들이 성전에 바쳐진 제물을 먹고 생계를 유지한다면, 그리스도의 사역자들 역시 그들의 사역으로 먹고 살아야 하지 않겠느냐? 우리가 그들처럼 먹고 살지 못할 이유가 어디 있느냐?" 사도는 그것을 그리스도께서 정하신 제도로 주장한다: "이와 같이 주께서도 복음 전하는 자들이 복음으로 말미암아 살리라 명하셨느니라(14절)는 말씀은 그것을 당연히 요구하고 주장할 정도는 아니지만. 부양에 대한 권리를 갖고 있다는 것이다." 교인들은 그리스도의 명령에 의거해서 그들의 사역자를 부양할 의무가 있다. 물론 그렇다고 해서 모든 사역자가 당연히 요구하거나 인정해 달라고 주장할 수 있는 강제적인 의무는 아니다. 그는 죄가 되지 않는 한 바울이 그런 것처럼 그 권리를 포기할 수 있다. 그러나 그것을 부정하거나 거부하는 것은 그리스도의 명령을 어기는 것이다. 복음을 전하는 사람들은 그것으로 말미암아 먹고 살 권리가 있다. 그들의 사역의 도움을 받고서도 그들의 부양에 대한 생각이 없는 사람들은 그리스도에 대한 자신의 의무와 그들에게 돌려야 할 존경을 실천하지 못하는 것이다.

[15]그러나 내가 이것을 하나도 쓰지 아니하였고 또 이 말을 쓰는 것은 내게 이같이 하여 달라는 것이 아니라 내가 차라리 죽을지언정 누구든지 내 자랑하는 것을 헛된 데로 돌리지 못하게 하리라 [16]내가 복음을 전할지라도 자랑할 것이 없음은 내가 부득불 할 일이라 만일 복음을 전하지 아니하면 내게 화가 있을 것이로다 [17]내가 내 자의로 이것을 행하면 상을 얻으려니와 내가 자의로 아니한다 할지라도 나는 사명

을 받았노라 [18]그런즉 내 상이 무엇이냐 내가 복음을 전할 때에 값없이 전하고 복음으로 말미암아 내게 있는 권리를 다 쓰지 아니하는 이것이로다

여기서 사도는 그럼에도 불구하고 자신이 그 권리를 포기한 것에 대해 말하고, 그렇게 한 이유에 대해서도 묘사한다.

I. 사도는 지금까지 그 권리를 사용하지 않았음을 밝힌다. 내가 이것을 하나도 쓰지 아니하였고(15절). 그는 그들의 비용으로 먹거나 마신 적이 없었고, 또 그들이 부양해야 할 아내를 데리고 다닌 적도 없었으며, 스스로 먹고 살기 위해 일하는 것을 멈춘 적도 없었다. 어떤 특별한 이유로 다른 사람들에게는 도움을 받은 적이 있지만, 고린도 교인들로부터는 그런 적이 없었다. 그는 지금 자신의 권리를 세우기 위해 이것을 쓴 것이 아니다. 비록 여기서 자신의 권리를 천명하기는 해도, 그 권리를 실천하라고 주장하지 않고, 오히려 그들과 복음을 위해 자기를 부인하고 있다.

II. 사도가 이 자기부인을 실천하는 데에는 그만한 이유가 있다. 그는 자기의 자랑을 헛된 것으로 만들고 싶지 않았기 때문이다: 내가 차라리 죽을지언정 누구든지 내 자랑하는 것을 헛된 데로 돌리지 못하게 하리라(15절). 이 자랑은 그 안에 과시나 자만 또는 자화자찬 같은 요소는 조금도 포함되어 있지 않고, 오직 고결한 만족과 안위가 내포되어 있다. 조금도 부담 없이 복음을 전하는 것이 그에게 유일한 기쁨이었다. 그는 그들이 복음이 주는 이 만족을 절대로 잃지 않도록 하겠다고 결심했다. 복음 전파에서 오는 유익들이 그의 자랑이었고, 그것들을 자신의 권리나 생명 자체보다 더 귀하게 여겼다: 내가 차라리 죽을지언정 누구든지 내 자랑하는 것을 헛된 데로 돌리지 못하게 하리라. 그는 받는 삶보다 하는 일을 더 소중히 여겼다고 보는 것이 올바른 말이다. 아니, 그는 복음을 위해 기꺼이 자기를 부인했다. 자신의 사역의 성공을 얻는 이익보다 더 좋아하고, 그리스도를 섬기고 영혼을 구원하기 위해 자기를 부인하는 것이 사역자의 자랑임을 잊지 말자. 그렇게 할 때 사도는 해야 할 의무 이상으로 나아가지 않는다. 그는 여전히 사랑의 법의 범주 안에서 행하고 있다. 그러나 그는 참으로 고결한 원리에 따라 행동하고, 또 그렇게 함으로써 하나님께 더 큰 영광을 돌리고 있다. 하나님은 자신을 영화롭게 하는 자들을 영화롭게 하실 것이다. 하나님 앞에서 그것을 공로로 내세울 수는 없지만, 거기서 스스로의 가치를 찾고

위로를 취할 수 있는 것은 하나님께서 인정하고 칭찬하시는 것이다.

Ⅲ. 사도는 이 자기부인은 그 자체로 아주 영예롭고, 어떤 만족과 위로를 얻기 위해서 자신이 복음을 전파한 것이 아님을 보여준다. "내가 복음을 전할지라도 자랑할 것이 없음은 내가 부득불 할 일이라 만일 복음을 전하지 아니하면 내게 화가 있을 것이로다(16절). 그것은 나의 책임이요 임무다. 그것이 내가 사도가 된 이유다(1:17). 이것은 특별히 나에게 부과된 의무다. 그것에 대해 나는 어쨌든 자유가 없다. 내가 부득불 할 일이다. 내가 명백하고 분명한 명령을 어긴다면, 나는 내 믿음에 대해 거짓되고 불충성한 자가 되고, 만일 복음을 전하지 아니하면 내게 화가 있을 것이다." 그 사역을 위해 따로 부르심을 받은 자들은 복음을 전할 책임을 갖고 있다. 만일 그들이 그 책임을 이행하지 않는다면 화가 있을 것이다. 이것으로부터 예외인 자는 아무도 없다. 그러나 무료로 그 사역을 행하는 것 곧 복음을 전하고 거기서 아무 대가를 찾지 아니하는 것은 모두에게 또는 아무 복음 사역자에게나 주어지는 것이 아니다. "스스로 생계를 유지하면서 복음을 전하지 않으면 그에게 화가 있을 것이다"라고 말해지지 않는다. 특정한 어떤 시기나 특별한 상황 속에서 아무 대가 없이 복음을 전하는 것이 그의 의무일 경우가 있다. 그러나 일반적으로 사역자는 그것에 대한 권리가 있고, 자기가 위해서 수고하는 사람들에게 그것을 기대할 수 있다. 그는 복음과 사람들의 영혼을 위해 이 권리를 포기할 때에는 형편이 허락하는 한도 안에서 자기를 부인하고, 그의 권리를 포기할 것이다. 일반적으로 자신의 의무와 책임 이상으로 일하고 항상 자신에게 의무를 지울 것이다. 복음을 전하지 아니하면 그에게 화가 있을 것이다. 그러나 때로는 그렇게 하기 위해 생계를 보장해달라고 주장하는 것이 그의 의무가 될 수 있다. 또 때로는 하나님과 사람들을 사랑해야 할 일반적 의무로 말미암아 그렇게 할 필요가 있는 경우에는 그 권리에 대한 행사를 포기하는 것도 가능하다. 다른 사람들의 유익을 위해 우리 자신의 권리를 포기하는 것이야말로 수준 높은 신앙의 행위임을 잊지 말자. 이것은 하나님으로부터 특별한 상을 받게 할 것이다. 그 이유는 다음과 같다.

Ⅳ. 여기서 사도는 즐거운 마음으로 의무를 이행할 때 하나님으로부터 은혜의 보상을 받게 된다는 사실을 알려 준다. 내가 내 자의로 이것을 행하면 즉 복음을 전하되, 부양을 원하지 않고 행한다면, 상을 얻으려니와(17절). 진실로 하나님으로부터 상을 받을 수 있는 것만으로도 즐거운 섬김이 될 것이다. 그것은

단순히 어떤 의무감에서 하는 것이 아니라 하나님이 약속하신 상을 바라보고 충심으로(즉 기꺼이 그리고 즐겁게) 행하는 것이다. 그 의무로부터 마음이 떠나 있다면, 하나님은 그것을 싫어하실 것이다. 그것은 단지 믿음의 생명과 영이 없는 시체에 불과하다. 이 의무를 수행하는데 있어서 하나님께 인정을 받으려면 자의로 전하는 자가 되어야 한다. 그들은 그 사역을 즐거움으로 삼아야지, 고역으로 여겨서는 안 된다. 하나님의 영광이나 영혼들의 유익에 대한 관심 때문에 생계에 대한 요구를 포기하는 사람들일지라도 그 사역이 하나님의 인정을 받고 또 그분의 상이 주어지도록 하려면, 자의로 행해야 한다. 그러나 그 직분에 대한 의무를 자의로 행하든 아니면 억지로 행하든, 그리고 그 일에 마음이 들어가 있든 아니면 그 반대든 간에, 모든 직분은 그들이 반드시 책임을 져야 하는 하나님으로부터 온 기대와 임무가 있다. 사역자들은 그들에게 위탁된 복음에 대한 책임 곧 청지기 직무(오이코노미아, 눅 16:2)를 갖고 있다. 자원하여 수고하는 그리스도의 종들은 반드시 그 신실성과 열심과 부지런함에 따라 상을 받을 것이다. 게으르고 억지로 일하는 종들은 모두 회계하도록 부르심을 받게 될 것이다. 그분의 이름으로, 그분의 일을 한다고 고백한 사람들은 그분의 법정에서 계산을 해야 할 것이다. 게으른 종들에게 주어질 회계는 얼마나 슬플까!

Ⅴ. 사도는 자신의 특별한 자기부인의 삶으로 말미암아 주어질 커다란 상에 대한 소망을 그들 앞에 제시하는 것으로 지금까지의 논증을 끝맺는다. 그런즉 내 상이 무엇이냐(18절). 내가 하나님으로부터 기대하는 상이 과연 무엇인가? 내가 복음을 전할 때에 값없이 전하고 복음으로 말미암아 내게 있는 권리를 다 쓰지 아니하는 이것이로다(18절). 이 말씀은 이렇게 해석될 수도 있다: "내 직분의 위대한 뜻과 목적에 해가 되는 한 그 권리를 절대로 사용하지 않고, 오히려 그 것들을 위해 그 권리를 포기할 것이다." 권리가 주어지게 된 진정한 목적에 반하여 권리를 사용하는 것은 권리의 남용이다. 사도는 그 목적을 좌절시키는 용도로는 그 권리를 결코 사용한 적이 없었다. 그는 오직 그리스도의 영예와 영혼들의 유익을 위해서 기꺼이 그리고 즐겁게 자기를 부인했다. 그의 본보기를 따르는 사역자는 자신에게 주어질 충분한 상을 즐겁게 기대할 수 있을 것이다.

[19]내가 모든 사람에게서 자유로우나 스스로 모든 사람에게 종이 된 것은 더 많은 사

람을 얻고자 함이라 [20]유대인들에게 내가 유대인과 같이 된 것은 유대인들을 얻고자 함이요 율법 아래에 있는 자들에게는 내가 율법 아래에 있지 아니하나 율법 아래에 있는 자 같이 된 것은 율법 아래에 있는 자들을 얻고자 함이요 [21]율법 없는 자에게는 내가 하나님께는 율법 없는 자가 아니요 도리어 그리스도의 율법 아래에 있는 자나 율법 없는 자와 같이 된 것은 율법 없는 자들을 얻고자 함이라 [22]약한 자들에게 내가 약한 자와 같이 된 것은 약한 자들을 얻고자 함이요 내가 여러 사람에게 여러 모습이 된 것은 아무쪼록 몇 사람이라도 구원하고자 함이니 [23]내가 복음을 위하여 모든 것을 행함은 복음에 참여하고자 함이라

사도는 남의 유익을 위해 자기를 부인하고, 자신의 자유를 포기한 또 다른 사례들을 언급하기 위해 앞에서 다루었던 내용으로부터 설명을 시작한다.

Ⅰ. 사도는 자신의 자유를 천명한다(19절). 내가 모든 사람에게서 자유로우나. 그는 자유인으로 태어났고, 로마시민이었다. 그는 누구에게도 예속되지 않았고 자신의 삶을 누구에게도 의존하지 않았다. 스스로 모든 사람에게 종이 된 것은 더 많은 사람을 얻고자 함이라(19절). 그럼에도 불구하고 그는 종처럼 행동했다. 그들의 유익을 위해 종처럼 수고했다. 종으로서 주인을 기쁘게 하려고 애를 썼다. 그는 여러 가지 면에서 마치 아무 특권이 없는 것처럼 행동했다. 이것은 더 많은 사람을 얻고자 함이었다. 곧 더 많은 사람을 기독교로 개종시키기 위함이었다. 그는 그들이 자유를 얻을 수 있도록 스스로 종이 되었다.

Ⅱ. 사도는 자신이 모든 사람에게 종이 된 구체적 사례들을 제시한다. 그는 온갖 부류의 사람들에게 자신을 적응시켰다.

1. 유대인들에게 내가 유대인과 같이 된 것은 … 율법 아래에 있는 자들에게는 … 율법 아래에 있는 자 같이 된 것은(20절). 그가 율법 아래 있는 자 같이 된 것은 그들을 얻기 위해서였다. 그는 의식법이 이미 그리스도에 의해 벗겨진 멍에로 간주했지만, 유대인들이 그들의 편견을 제거하고 복음을 들으며 그리스도를 받아들이도록 하기 위해서 여러 가지 면에서 그 법에 자신을 복종시켜 유대인들처럼 행동했다.

2. 율법 없는 자에게는 … 율법 없는 자와 같이 된 것은(21절). 즉 기독교 신앙을 갖고 있든 갖고 있지 않든, 이방인에게는 이방인과 같이 되었다. 죄가 아닌

일들에 있어서 그는 그들의 풍습을 따르거나 그들의 유익을 위해 보조를 맞추었다. 그는 철학자들과는 그들의 방식으로 토론을 했다. 유대인을 대할 때에는 율법 없는 자처럼 행동하지 않았던 그가 회심한 이방인을 대할 때에는 유대 율법의 속박 아래 있는 것처럼 행동하지 않고 그리스도의 법에 의해 속박받은 자로서 처신했다. 사도는 사람을 즐겁게 하거나 사람의 기분을 맞춰주기 위해서 그리스도의 법을 어기지는 않았다. 그러나 그는 몇 사람이라도 구원하기 위해 합법적으로 할 수 있는 한도 안에서 모든 사람에게 자신을 적응시켰다. 바울은 이방인의 사도였다. 그래서 굳이 유대인과 같이 될 필요는 없다고 생각할 수도 있었다. 그러나 그들의 유익을 위해, 그들을 그리스도께 인도하기 위해 죄가 아닌 일들에 있어서 그는 그들의 풍습과 법에 반대로 행해도 될 권리를 포기하고 그것들을 따랐다. 또 사도의 자격으로 말미암아 그는 이방인들의 권위에 도전할 수도 있었으나 그들의 편견과 사고방식에 그렇게 해도 전혀 무방한 것처럼 자신을 적응시켰다. 선을 행하는 것이 그의 생활의 목적이자 업무였다. 이 목적을 이루기 위해 그는 특권과 형식을 내세우지 않았다.

3. 약한 자들에게 내가 약한 자와 같이 된 것은(22절). 사도는 그들에 대해 최대한 기꺼이 참았다. 그는 그들을 무시하거나 판단하지 않고, 그들 가운데 한 사람이 되어 그들을 위해 자신의 자유를 사용하지 않았으며, 그들이 걸려 넘어지지 않도록 조심했다. 누구든 그 이성의 연약함과 편견 때문에 죄에 떨어지거나 복음에서 떠나 이방인의 우상 숭배에 빠지기 쉬운 곳에서 그는 자신의 자유를 사용하지 않고 자신을 제한시켰다. 그는 그들을 위해 자기를 부인함으로써, 그들에 대한 사랑을 보여주고 그들의 영혼을 얻고자 했다. 요약하면, 그가 여러 사람에게 여러 모습이 된 것은 아무쪼록(모든 합법적 수단을 동원하여) 몇 사람이라도 구원하고자 함이었다(22절). 사도는 그의 이웃의 영혼을 구원하기 위해 하나님을 대적하는 죄를 범하지 않으면서, 아주 즐겁게 그리고 기꺼이 자기를 부인했다. 그는 다른 사람들의 유익을 위해 하나님의 권리를 포기하지 않고, 자신의 권리를 포기할 수 있었다.

Ⅲ. 사도는 자신이 이런 방식으로 행동하게 된 이유를 제시한다(23절).   내가 복음을 위하여 모든 것을 행함은 복음에 참여하고자 함이라. 즉 복음의 주인이신 그리스도의 영예를 위하여 그리고 복음이 주어진 목적인 영혼들의 구원을 위하여, 그는 그들과 복음의 특권 속에서 교제하거나 또는 그들에게 함께 참여하

고자 했다. 이 목적을 위해 그는 자신의 자유에 대해 이같이 낮아져서 자기를 부인하고, 합법적으로 할 수 있는 한, 구원하고자 하는 사람들의 능력과 풍습에 자신을 적용시킨다. 하나님을 위해 따스하고 열렬한 마음을 가진 자는 이 목적에 방해가 된다면 자신의 권리와 특권을 옹호하거나 주장하지 않을 것이다. 그 자유를 덕이 아니라 파괴를 위해 사용하는 사람들은 분명히 복음의 능력을 남용하는 자들로서, 복음의 정신에 따라 사는 사람이 결코 아니다.

[24]운동장에서 달음질하는 자들이 다 달릴지라도 오직 상을 받는 사람은 한 사람인 줄을 너희가 알지 못하느냐 너희도 상을 받도록 이와 같이 달음질하라 [25]이기기를 다투는 자마다 모든 일에 절제하나니 그들은 썩을 승리자의 관을 얻고자 하되 우리는 썩지 아니할 것을 얻고자 하노라 [26]그러므로 나는 달음질하기를 향방 없는 것 같이 아니하고 싸우기를 허공을 치는 것 같이 아니하며 [27]내가 내 몸을 쳐 복종하게 함은 내가 남에게 전파한 후에 자신이 도리어 버림을 당할까 두려워함이로다

이 부분에서 사도는 자신에게 이런 방식으로 행동하도록 자극을 준 동기에 대해 암시한다. 그는 영광스러운 상, 곧 썩지 아니할 면류관을 바라보고 있었다. 이 주제에 관해 그는 자신을 당시 고린도인들 사이에 유행했던 경주의 경주자 및 투사로 비유한다. 이 비유는 당시 고린도 교인들에게 잘 알려져 있었다. 왜냐하면 승리한 자들은 그들의 이웃에게 축하를 받았기 때문이다: "운동장에서 달음질하는 자들이 다 달릴지라도 오직 상을 받는 사람은 한 사람인 줄을 너희가 알지 못하느냐(24절). 너희가 모두 경주에 참가하지만, 그 경주에서 승리하여 면류관을 얻는 사람은 단 한 사람이다." 여기서 우리는 다음과 같은 사실을 확인한다.

I. 사도는 그들이 지켜야 할 의무를 환기시킨다. "너희도 상을 받도록 이와 같이 달음질하라(24절). 기독교의 경주도 너희의 경주와 크게 다르지 않다. 그 경주들에서 오직 한 사람만이 상을 받는다. 너희는 그것을 얻기 위해 모두 달려갈 것이다. 그러므로 너희는 크게 용기를 내어 지속적으로, 부지런히 그리고 힘차게 너희 길을 달려가도록 하라. 누구나 상을 받을 가능성이 있다. 너희는 너희가 열심히 달려간다면 결코 실패하지 않을 것이다. 그러나 선의의 경쟁이 있어야 한다. 서로 앞서기 위해 힘써야 한다. 천국에 먼저 도착하거나 그 복된

세계에서 최고상을 받는 자는 영광의 경주자다. 나는 최선을 다해 달릴 것이다. 너희 앞에서 달려가고 있는 나를 보고, 너희도 이같이 하라.” 영원한 영광에 도달할 기회에 사역자들을 밀접히 따라가는 것은 그리스도인의 의무이고, 그 길에서 그들을 이끄는 것은 사역자들의 영예이자 의무다.

Ⅱ. 사도는 자신의 본보기를 보다 충분히 본받도록 계속 비유를 더 자세히 전개함으로써, 그들에게 그 길을 달려가도록 지시한다.

1. 그 경주에 참가한 사람들은 엄격한 절제 규정을 지켜야 했다: “이기기를 다투는 자마다 모든 일에 절제한다(25절). 너희의 운동에서 투사와 선수는 엄격한 음식 조절과 훈련 규정을 지켜야 한다. 아니, 그들은 스스로 그렇게 한다. 그들은 마음껏 먹지 않고 먹는 음식을 스스로 조절하고, 또한 다른 기회에 사용할 자유를 제한한다. 그렇다면 그리스도인들은 경주에서 승리해 자기들 앞에 놓일 상을 얻으려는 그토록 영광스러운 목적을 위해 자기들의 자유를 얼마나 더 제한해야 하겠는가? 그들은 자기들의 경주와 싸움을 대비하기 위해 아주 절제된 음식과 조식을 하며 욕망을 크게 억제했다. 나 역시 그렇다. 내 본을 따라 너희도 그렇게 해야 할 것이다. 이교의 희생제사를 근절할 수 없다면, 너희가 천국 면류관을 얻기는 어렵다.”

2. 그들은 절제했을 뿐만 아니라 고초를 당했다. 이 싸움을 연습할 때 서로 맞서 싸웠던 자들은 사도가 그렇게 말하는 것처럼, 허공을 치거나 팔을 휘두름으로써 대비를 하고, 그 때 그들은 실전처럼 주먹을 휘두르고 과장된 몸짓으로 상대방을 가격함으로써 미리 상처를 받아본다. 그러나 그리스도인의 전투에는 이런 연습을 위한 여지가 전혀 없다. 그리스도인들은 항상 실전 상태 속에 있다. 그들의 원수는 맹렬하고 왕성하게 공격해오고, 언제나 가까이 있다. 이런 이유로 그들은 긴장하고 있어야 하고, 결코 싸움을 쉬거나 또는 싸울 때 힘이 빠지거나 기가 죽어서는 안 된다. 그들은 허공을 치는 자들처럼 싸우지 않고 온 힘을 다해 원수들과 맞서야 한다. 사도는 여기서 그 한 원수를 언급하는데, 그것은 바로 몸이다. 이것은 투사가 권투경기에서 그렇게 하는 것처럼 혹독하게 두들겨 패 넘어뜨리고, 그리하여 항복을 받아내야 한다. 여기서 몸은 육체의 소욕과 정욕으로 이해되어야 한다. 사도는 이것을 억제하고 제압하려고 했다. 이 점에 있어서 고린도 교인들은 그를 본받아야 했다. 영혼의 유익을 올바르게 추구하는 사람들은 그들의 몸을 쳐 복종시켜야 한다. 그들은 육체의 소욕

을 굴복시킬 때까지 강하게 맞서 싸워야 한다. 절대로 방탕한 정욕에 집착해서는 안 된다. 형제들의 영혼을 위험에 빠뜨리면서 자신의 육체를 만족시키기 위해 우상 제물을 탐하거나 먹어서는 안 된다. 몸은 마음을 섬기도록 지음받았기 때문에 절대로 그것을 지배하는 주인이 되어서는 안 된다.

Ⅲ. 사도는 똑같은 경주자 비유로부터 이끌어낸 적절한 논증을 통해 고린도 교인들에게 이 권면을 강조한다.

1. 그들은 썩을 승리자의 관을 얻고자 하여 힘든 고통을 참고 모든 어려움을 견뎌내지만, 우리는 썩지 아니할 것을 얻고자 하노라(25절). 이 경주에서 승리한 사람들은 단지 감람나무나 월계수와 같은 시들어지는 나뭇잎이나 나뭇가지로 만든 관을 얻었다. 그러나 그리스도인들은 썩지 아니할 관을 바라보고 있다. 결코 사라지지 않은 영광의 면류관, 곧 썩지 아니할 기업이 천국에서 그들을 기다리고 있다. 그렇다면 이들 경주자나 투사들보다 훨씬 더 힘든 어려움을 감수해야 하지 않겠는가? 들뜬 대중들의 하찮은 환호성이나 나뭇잎 관 말고는 더 바랄 것이 없는 사람들도 경주를 위해 음식을 절제하고, 고된 훈련을 하면서 몸으로 하여금 그토록 힘든 과정을 거치도록 하지 않는가? 그렇다면 천국 경주에서 승리하여 주권적 심판자의 인정과 그분의 손으로부터 받을 영광의 면류관에 대한 소망을 가진 그리스도인들은 철저하게 육체의 소욕과 죄의 성채를 쳐부수어야 하지 않겠는가?

2. 이 경주의 경주자들은 불확실한 경주를 하고 있다. 모두가 달리지만 상을 얻는 자는 오직 하나다(24절). 그러므로 모든 경주자가 과연 승리자가 될 것인지 불확실하다. 그러나 그리스도인 경주자는 그런 불확실성이 전혀 없다. 누구나 여기서 그것을 얻기 위해 달려갈 수 있다. 그러나 그 때 그는 규칙대로 경주해야 하고, 규정된 의무의 길을 달려가야 한다. 그래서 어떤 이들은 그것이 26절의 달음질하기를 향방 없는 것 같이 아니한다는 말씀의 의미로 생각한다. 규칙을 지키며 경주하는 자는 비록 다른 사람들이 자기보다 앞서 달렸다 하더라도 절대로 면류관을 놓치지 않을 것이다. 당시 헬라의 경주자들은 오직 한 사람만이 승리자가 되기 때문에 모든 경주자가 누가 승리할지 불확실한 상태 속에 있었음에도 불구하고, 규칙을 잘 지키며 끝까지 달리지 않았는가? 그렇다면 그리스도인들은 그 경주의 결승점에 도착했을 때 누구나 면류관을 얻을 것이 확실하기 때문에 더 열심히 그리고 더 힘차게 달려가야 하지 않을까?

3. 사도는 도리어 육체의 소욕에 굴복하고 몸과 그 정욕과 탐욕을 자랑할 위험성을 자신과 그들 앞에 상기시킨다: 내가 내 몸을 쳐 복종하게 함은 내가 남에게 전파한 후에 자신이 도리어 버림을 당할까 두려워함이로다(27절). 여기서 버림을 당할까(아도키모스)라는 말은 거부당하다, 인정받지 못하다는 뜻으로, 그 경주의 재판장 즉 심판자(브라뷔테스)이신 분에게 면류관을 받는 판결을 받지 못하리라는 것이다. 경주에 대한 비유적 암시가 문단 전체를 관통하고 있다. 그러나 구원을 설교하는 자가 그것을 놓칠 수도 있음을 명심하자. 그는 다른 사람들에게는 천국의 길을 보여주면서, 정작 자신은 그 곳에 이르지 못할 수 있다. 이것을 염두에 두고 사도는 남에게 전파한 후에 자신이 도리어 주권적 재판장에게 부인당하고 거부당해 그 관을 놓치지 않을까 두려워서 육체의 소욕을 복종시키고 항복시키는 일에 최대한 힘썼다. 자신에 대한 거룩한 두려움이야말로 사도의 신실함을 보존시키는 필수적인 요소였던 것이다. 그렇다면 우리가 그렇게 되기 위해서는 얼마나 그것이 더 필수적이겠는가? 우리 자신에 대한 거룩한 두려움은 갖고, 교만한 확신은 갖지 않는 것이 하나님에 대한 배반과 그분으로부터의 최후의 거절을 막을 수 있는 최상의 안전책이다.

제
— 10 —
장

개요

이 장에서 사도는 앞 부분에서 해왔던 논증을 계속 전개한다. I. 유대인들의 실례를 들어 고린도 교인들의 방심을 경고한다. 유대인들은 그 특별한 위치와 특권에도 불구하고 무수한 죄로 말미암아 하나님으로부터 끔찍한 형벌을 받았는데, 이러한 그들의 역사는 그리스도인에 대한 경고의 기록으로 남겨진 것이다(1-14절). II. 우상 제물을 먹는 문제에 관해 앞에서 언급했던 논증(8장)을 재진술한다. 여기서 사도는 우상 제물을 먹는 것은 명백히 우상 숭배이기 때문에 그것은 철저히 참 기독교와 모순된다고 주장한다. 그것은 귀신과 교제하는 것으로, 하나님과 귀신을 동시에 섬길 수는 없기 때문이다(15-22절). III. 우상 제물 자체를 먹어서는 안 되지만, 우상을 숭배하는 마음이 없이 시장에서 파는 그런 고기를 사거나 이방인과 식탁을 함께 할 때에는 아무 의심 없이 그것을 먹어도 괜찮다는 것을 알려준다. 왜냐하면 이방인의 잘못된 음식법이 하나님의 피조물을 그의 종들이 먹기에 부적합하게 만들 수 없기 때문이다. 그러나 이런 종류의 자유는 연약한 양심을 적절히 배려하는 자세로 행사되어야 하고, 유대인에게나 이방인에게나 또는 하나님의 교회에나 그것 때문에 손해가 가지 않아야 할 것이다(23-33절).

[1]형제들아 나는 너희가 알지 못하기를 원하지 아니하노니 우리 조상들이 다 구름 아래에 있고 바다 가운데로 지나며 [2]모세에게 속하여 다 구름과 바다에서 세례를 받고 [3]모두가 같은 신령한 음식을 먹으며 [4]모두가 같은 신령한 음료를 뒤따르는 신령한 반석으로부터 마셨으니 그 반석은 곧 그리스도시라 [5]그러나 그들의 다수를 하나님이 기뻐하지 아니하셨으므로 그들이 광야에서 멸망을 받았느니라

고린도 교인들이 우상 숭배자들과 교제하지 않도록 하기 위해 그리고 방심으로 인해 죄악의 길에 빠지지 않도록 하기 위해 사도는 그들 앞에 구약 시대의 교회였던 유대인의 실례를 제시한다. 유대인은 큰 특권을 갖고 있었으나 극악한 죄를 저질러 지극히 비참한 형벌 아래 떨어졌다. 이 구절들 속에서

사도는 그들의 특권들을 열거하는데, 그것들은 오늘날 우리가 갖고 있는 것과 동일하다.

I. 사도는 주의를 환기시키는 것으로 이 강론을 시작한다. "형제들아 나는 너희가 알지 못하기를 원하지 아니한다(1절). 나는 너희가 이 문제에 관해 무지하기를 바라지 않는다. 그것은 충분히 너희의 지식과 관심을 끌 만한 가치가 있는 일이다. 그것은 교훈적이고, 교육적이다." 유대교는 수건으로 가려져 있는 기독교요, 모형과 희미한 상징으로 둘러싸여 있다. 복음은 율법의 의식들과 희생제사 제도를 통해 그들에게 선포되었다. 그들을 향하신 하나님의 섭리와 이러한 특권들에도 불구하고 그들에게 일어난 일은 우리에게 경고가 될 수 있고, 또 마땅히 경고가 되어야 한다.

II. 사도는 유대인이 갖고 있는 몇 가지 특권을 열거한다. 그는 다음과 같은 것들을 제시한다: 1. 애굽으로부터의 구원. "우리 조상들이 곧 우리 유대인의 선조들이 다 구름 아래에 있고 바다 가운데로 지났다(1절). 그들은 모두 하나님의 보호와 행위 아래 있었다." 구름은 두 가지 목적을 위해 사용되었다. 첫째, 그것은 때때로 구름기둥이 되어 한편으로는 그들의 갈 길을 밝혀주는 빛이 되었고, 다른 한편으로는 그들을 쫓는 원수들로부터 그들을 숨겨주는 어둠이 되었다. 둘째, 그것은 때때로 강력한 덮개가 되어 사막의 작열하는 태양빛을 가려주었다(시 105:39). 그들은 홍해를 기적을 통해 건넜고, 그들을 쫓아오던 애굽인들은 수장되었다. 홍해는 그들에게는 길이었으나 애굽인들에게는 무덤이었다. 이것은 자신과 우리의 원수들을 정복하고 파멸시키심으로써 우리를 구원하시는 그리스도의 구원 사역에 대한 적절한 모형이다. 그들은 하나님께서 이런 이적을 통해 그들을 구원하고, 극히 직접적으로 자신의 인도와 보호 아래 그들을 두실 때 그분의 사랑과 호의를 크게 받았다.

2. 그들은 우리와 똑같은 성례를 갖고 있었다. (1) 모세에게 속하여 다 구름과 바다에서 세례를 받고(2절). 여기서 모세에게 속하여란 말은 모세에게 들어가란 뜻이다. 이 말은 곧 오늘날 우리가 그리스도의 법과 언약 아래 세례를 받는 것처럼, 모세 율법과 언약의 책임 아래 세례를 받았다는 것이다. 그것이 그들에게는 세례의 모형이었다. (2) 모두가 같은 신령한 음식을 먹으며 모두가 같은 신령한 음료를 뒤따르는 신령한 반석으로부터 마셨으니(3,4절). 우리도 그렇게 한다. 그들이 먹었던 만나는 십자가에 달리신 그리스도의 모형으로, 그분은 하늘에

서 내려온 떡으로 그것을 먹는 자는 영원히 살도록 되어 있다. 그들의 음료는 광야 여정 중에 그들이 찾았던 반석으로부터 가져온 물이었다. 이 반석은 모형과 비유로 볼 때 그리스도를 가리켰다. 그분은 기독교 교회가 위에 세워질 반석이시다. 모든 신자들은 그분으로부터 나오는 생수를 마시고 새롭게 된다. 유대인도 이 음식을 먹었다. 그리고 이 반석으로부터 마셨는데, 여기서 그것은 신령한 반석으로 불린다. 그 이유는 그것이 신령한 일들의 모형이기 때문이다. 이것들은 큰 특권이었다. 어떤 이는 이것이 그들을 구원했다고 생각할 것이다. 그 신령한 음식을 먹고, 그 신령한 음료를 마신 자들은 누구나 거룩하게 되고, 하나님의 인정을 받게 될 것이다. 그러나 그것은 다른 것을 의미했다: 그러나 그들의 다수를 하나님이 기뻐하지 아니하셨으므로 그들이 광야에서 멸망을 받았느니라(5절). 이 세상에서 많고 큰 영적 특권을 가졌지만 영생을 얻지 못한 자들이 있을 수 있다는 것이다. 모세에게 속하여 다 구름과 바다에서 세례를 받은 곧 이 이적들을 통해 확증된 신적 사명을 믿었던 자들 대부분이 광야에서 멸망당하고 약속의 땅을 보지도 못했다. 우리 안에 구원의 뿌리가 심겨져 있지 않다면, 이것들로는 천국의 행복을 보장할 수도 없고 이 땅에서의 심판도 막을 수 없다.

[6]이러한 일은 우리의 본보기가 되어 우리로 하여금 그들이 악을 즐겨 한 것 같이 즐겨 하는 자가 되지 않게 하려 함이니 [7]그들 가운데 어떤 사람들과 같이 너희는 우상 숭배하는 자가 되지 말라 기록된 바 백성이 앉아서 먹고 마시며 일어나서 뛰논다 함과 같으니라 [8]그들 중의 어떤 사람들이 음행하다가 하루에 이만 삼천 명이 죽었나니 우리는 그들과 같이 음행하지 말자 [9]그들 가운데 어떤 사람들이 주를 시험하다가 뱀에게 멸망하였나니 우리는 그들과 같이 시험하지 말자 [10]그들 가운데 어떤 사람들이 원망하다가 멸망시키는 자에게 멸망하였나니 너희는 그들과 같이 원망하지 말라 [11]그들에게 일어난 이런 일은 본보기가 되고 또한 말세를 만난 우리를 깨우치기 위하여 기록되었느니라 [12]그런즉 선 줄로 생각하는 자는 넘어질까 조심하라 [13]사람이 감당할 시험 밖에는 너희가 당한 것이 없나니 오직 하나님은 미쁘사 너희가 감당하지 못할 시험 당함을 허락하지 아니하시고 시험 당할 즈음에 또한 피할 길을 내사 너희로 능히 감당하게 하시느니라 [14]그런즉 내 사랑하는 자들아 우상 숭배하는 일을 피하라

사도는 유대인의 특권을 열거한 다음, 여기서는 그들의 잘못과 형벌, 그들의 죄와 저주에 관한 설명으로 나아간다. 이것들은 우리의 본보기를 위해 기록된 것이다. 즉 우리도 그들과 똑같은 형벌을 받지 않으려면, 똑같은 죄를 범하지 말라는 경고로 기록되었다는 것이다. 우리는 그들이 당했던 고난을 겪지 않기 위해 그들이 했던 것처럼 해서는 안 된다.

I. 그들의 다양한 죄가 우리에 대한 경고로서 제시된다. 1. 우리는 육욕적 대상들에 대한 부적절한 욕심을 피해야 한다: 그들이 악을 즐겨 한 것 같이 즐겨 하는 자가 되지 않게 하려 함이니(6절). 하나님은 그들을 만나로 먹이셨으나 그들은 고기를 먹어야 했다(민 11:4). 그들은 양식을 충분히 공급받았으나 그것으로 만족하지 않았다. 그들은 욕심을 크게 내어 고기를 요구했다(시 106:14). 육체의 욕심은 탐닉할수록 머리를 쳐든다. 그러므로 그것이 처음 머리를 쳐들었을 때 발견되어 저지되어야 한다. 일단 그것이 득세하여 우리 안에서 주도권을 갖는다면, 우리를 어디로 데리고 갈지 모른다. 이 경고가 먼저 언급되고 있는데, 그 이유는 머리를 쳐든 육체의 소욕이야말로 무수한 죄의 뿌리이자 원천이기 때문이다. 2. 사도는 우상 숭배에 대해 경고한다(7절): 그들 가운데 어떤 사람들과 같이 너희는 우상 숭배하는 자가 되지 말라 기록된 바 백성이 앉아서 먹고 마시며 일어나서 뛰논다 함과 같으니라. 금송아지 사건의 죄가 언급되고 있다(출 32:6). 그들은 먼저 그 우상 앞에 희생제물을 바쳤고, 이어서 그 제물로 잔치를 벌였으며, 그 다음에는 그 앞에서 춤을 추었다. 여기서는 단순히 먹고 마시는 것만 언급되어 있으나 희생제사가 전제되어 있다. 여기서 사도는 비록 그들이 스스로 제물을 바친 것으로 보이지는 않지만, 고린도 교인들이 이방인의 희생제사 곧 우상 제물을 먹고 노는 잔치의 유혹에 넘어간 경우를 말하는 것이다. 심지어는 우상 앞에서 제물을 먹고 마시는 것은 바쳐진 제물과 같이 우상 숭배였다. 이것은 이스라엘 백성들의 경우처럼 그들도 피하도록 경고받을 일이었다. 3. 사도는 간음에 대해 경고한다. 이 죄는 고린도 시민들이 특별히 빠져 있었던 죄였다. 그들은 비너스(즉 정욕의 여신)를 숭배하기 위한 신전을 갖고 있었다. 그 곳에 상주하던 여사제들만 해도 천 명이 넘었고, 그녀들은 모두 창녀였다. 그토록 크게 부패한 도시에 살던, 특히 그들이 우상 숭배의 유혹 아래 있었을 때 이처럼 방탕한 삶의 방식에 빠져 있던 사람들에게 간음에 대한 경고는 얼마나 절실하게 필요했을까! 그리고 영적 간음은 대부분의 경우 육체적 간음

을 낳는다. 이방인이 섬겼던 대부분의 신들은 음란의 표본으로 간주되었다. 그 많은 신들에 대한 숭배에서 온갖 음란죄가 저질러졌다. 많은 유대인 학자들과 그들 이후의 많은 그리스도인 학자들은 이 숭배가 바알브올에게 드려진 것으로 생각한다. 그리고 그 우상을 숭배하는 중에 모압의 딸들과 간음을 저질렀다. 그들은 이 여인들에게 미혹되어 영적 및 육적 매춘에 빠졌다. 먼저 그들은 비록 불경한 행동은 하지 않았더라도 우상을 숭배할 때 우상 제물을 먹는 잔치에 참여했고, 그 다음에는 수치스럽게 육체를 더럽혔다(민 25장). 그것은 재앙을 불러와 공의의 손에 의해 멸망을 당한 자들 말고도 하루에 2만 3천명이 죽임을 당했다. 그들이 하나님과 어떤 외적 관계를 맺고 있을지라도, 또 그분이 그들에게 어떤 외적 특권을 주셨을지라도, 음행자와 간음자들을 하나님은 심판하실 것이다. 만일 우리가 그 재앙을 피하고자 한다면, 이스라엘의 죄를 두려워해야 할 것이다. 4. 사도는 그리스도를 시험하는 것에 대해 경고한다. 그들 가운데 어떤 사람들이 주를 시험하다가 뱀에게 멸망하였나니(9절). 또는 우리가 주를 노여워하시게 하겠느냐(22절). 그분은 광야 교회와 함께 하셨다. 그분은 언약의 사자로서, 그들 앞에 오셨다. 그러나 그분은 그들에게 여러 가지 면에서 크게 실망하고 분노를 자극받으셨다: 백성이 하나님과 모세를 향하여 원망하되 어찌하여 우리를 애굽에서 인도해 내어 이 광야에서 죽게 하는가? 이 이유로 하나님은 그들에게 불뱀을 보내 물게 하심으로써 그들 가운데 많은 이들이 죽음에 이르렀다(민 21:5,6). 오늘날에도 그리스도를 시험하는 자들은 그분에 의해 옛뱀의 권세 아래 던져지게 될 것을 당연히 두려워해야 할 것이다. 5. 사도는 원망에 대해 경고한다: 그들 가운데 어떤 사람들이 원망하다가 멸망시키는 자에게 멸망하였나니(10절). 즉 그들은 하나님의 복수의 집행자인 파괴의 천사에 의해 멸망을 당했다. 그들은 어려움에 봉착했을 때 하나님과 다투었고, 그분의 사자인 모세에 대해 원망했다. 그들은 가나안으로 가는 길에서 낙심할 일들을 만나자 지도자들 앞에 쪼르르 달려가 자기들을 잘못 인도한 것을 따지면서 자기들이 선택한 다른 지도자들의 인도 아래 애굽으로 돌아가게 해달라고 요구했다. 고린도 교인들의 경우도 어느 정도 이와 비슷한 것으로 보인다. 그들도 바울에 대해 원망했고, 그 안에 있는 그리스도와 다투면서, 자기들의 육체의 소욕을, 특히 우상 숭배의 반역을 완화시켜주고 허용해주는 다른 교사들을 세우고 싶어했다. 그들은 이방인 이웃들의 비난을 받거나 그들의 적대감을 일으키지 않으려고 우상 제물 잔치에 참여했다. 이런 행위는 하나님을 크게 노엽게 하는 것으로서, 이스라엘 백성들이 그랬던 것처럼(민 14:37), 급격한 파멸을 불러오기 쉬운 일이었다. 하나님의 처분과 명령에 대해 원망하는 것은, 특히 그것이 하나님과 그분의 선한 태도에 반역과 반란을 일으키는 요인이 될 때에는, 그분을 크게 성나게 하는 죄가 된다.

Ⅱ. 사도는 이 특별한 경고에 좀 더 일반적인 경고를 첨가한다(11절). 그들에게 일어난 이런 일은 본보기가 되고 또한 말세를 만난 우리를 깨우치기 위하여 기록되었느니라. 유대인의 율법과 규례뿐만 아니라 그들에 대한 하나님의 섭리 또한 모형이었다. 하나님에 대한 그들의 죄와 배교도 복음 아래 있는 많은 사람들의 불신앙에 대한 모형이었다. 그들에 관한 하나님의 심판도 현재의 영적 심판에 대한 모형이었다. 많은 유대인들이 가나안 땅으로부터 배제된 것도 복음 아래 있는 많은 사람들이 불신앙으로 말미암아 천국 가나안으로부터 배제되는 것의 모형이었다. 그들의 역사는 마지막 가장 완전한 시대에 이를 때까지, 교회에 대한 변함없는 경고를 위해 기록되었다: 말세를 만난 우리를 깨우치기 위하여. 여기서 말세는 인간들에 대한 하나님의 은혜의 통치의 마지막 시기를 가리킨다. 성경에 헛되이 기록된 것은 하나도 없음을 주목하자. 하나님은 기록된 유대 역사 속에 우리를 향하신 지혜롭고 은혜로운 목적을 담아놓으셨다. 그러므로 거기서 교훈을 받는 것이 우리의 지혜요 의무다. 사도는 이것을 암시하는 경고를 언급한다(12절): 그런즉 선 줄로 생각하는 자는 넘어질까 조심하라. 다른 사람들이 당한 불행이 우리에게 경고가 되어야 한다는 점을 유의하자. 자신이 서 있다고 생각하는 사람은 그분의 보호 외에는 확실하거나 안전하다고 생각해서는 안 된다. 다른 사람이 넘어졌다면, 우리 역시 그렇게 될 수 있다. 그 때 우리가 자신의 힘을 믿고, 그 결과 안심하고 방심할 때, 넘어지기는 참으로 쉽다. 자신을 믿지 말고, 즉시 방심에서 벗어나 하나님을 의존하는 것이야말로 모든 죄를 물리칠 수 있는 그리스도인의 최고의 안전책이다. 자신이 서 있다고 생각하는 사람은 넘어지는 것을 두려워하지 않거나 그것에 아무런 대책이 없으면, 선 상태를 계속 유지하기가 쉽지 않음을 잊지 말라. 하나님은 우리가 자신을 살피지 않는 데도 우리를 넘어짐으로부터 지켜주시겠다는 약속을 하지 않으셨다. 그분의 보호는 우리 자신의 조심과 경계를 전제로 한다.

Ⅲ. 그러나 사도는 이 경고의 말에 위로의 말을 덧붙인다(13절). 우리가

교만한 것은 하나님을 불쾌하게 하지만, 우리가 절망하는 것은 그분을 기쁘시게 하지 못한다. 만일 전자가 큰 죄라면, 후자도 결코 죄가 없는 것이 아니라는 의미다. 우리는 넘어지지 않도록 두려워하고 조심해야 하지만, 그렇다고 해서 공포에 질리거나 질겁해서는 안 된다. 왜냐하면 우리에게 엄습하는 시험은 우리의 힘에 비례해서 찾아오든지 아니면 힘이 우리의 시험에 비례해서 공급될 것이기 때문이다. 우리는 진실로 온갖 덫이 우리를 둘러싸고 있는 시험하는 세상 속에 살고 있다. 모든 장소, 모든 상태, 모든 관계, 모든 사업, 모든 오락 등이 그 덫들로 충만하다. 그러나 이 말씀으로부터 얼마나 큰 위로를 얻을까! 그 이유는 다음과 같다: 1. 사도는 이렇게 말한다: "사람이 감당할 시험 밖에는 너희가 당한 것이 없다(13절). 여기서 시험은 인간적인 시험이다. 즉 이방인들도 겪는 것으로 일반적 삶의 원리와 힘을 가지고 사는 사람들에게 기대할 수 있는 시험이다. 또는 현재 인간들이 흔히 겪는 시험이다. 또는 사람의 정신과 결심으로 능히 통과할 수 있는 그런 시험이다." 그리스도인들에게 공통적인 시험은 사람이 보통 겪는 시험임을 잊지 말라. 다른 사람들도 동일한 짐과 동일한 시험을 갖고 있다. 그들이 견디고 통과했다면, 우리도 얼마든지 그럴 수 있다. 2. 오직 하나님은 미쁘사(13절). 사탄은 속이는 자이지만, 하나님은 참되시다. 사람들은 거짓되고 세상도 거짓될 수 있으나 하나님은 미쁘시다. 따라서 우리의 힘과 안전은 그분 안에 있다. 그분은 자신의 약속을 지키시고, 그의 자녀들의 애절한 소망과 신뢰를 결코 실망시키지 아니하신다. 3. 하나님은 미쁘실 뿐만 아니라 지혜로우시고, 따라서 우리의 능력에 맞게 우리에게 짐을 지우신다. 너희가 감당하지 못할 시험 당함을 허락하지 아니하시고(13절). 그분은 우리가 무엇을 감당할 수 있는지, 그리고 무엇을 감당할 수 없는지 다 아신다. 그분은 자신의 지혜로운 섭리 속에서 우리의 시험과 우리의 힘이 균형을 이루도록 조정하셔서 우리로 하여금 그것을 능히 감당할 수 있도록 하신다. 그분은 우리가 자신을 의지하고, 자신의 신실함을 믿기로 결심한다면, 패배하지 않도록 우리를 돌보실 것이다. 하나님께서 우리가 시험을 감당할 수 있도록 돌보신다면, 우리는 어떤 어려움을 만나더라도 당황할 필요가 없을 것이다. 4. 특히 하나님은 우리를 좋은 길로 인도하실 것이다. 시험 당할 즈음에 또한 피할 길을 내사(13절). 시험 자체 또는 최소한 그 악한 결과로부터 말이다. 그분이 그 곳을 통과할 길을 찾게 하신다면 너무 어두워 가지 못할 골짜기는 없다. 그분이 그것을 막아주시거나 제거하시거나 그것을 이겨낼 수 있도록 하신다면, 그리고 그것이 결국에는 우리의 유익이 되도록 역사하신다면, 너무 힘들어 견딜 수 없는 고통이란 없다.

IV. 이 논증과 관련하여 사도는 우상 숭배에 대해 또다시 경고한다. 그런즉 내 사랑하는 자들아 우상 숭배하는 일을 피하라(14절). 그것을 주목해 보자: 1. 사도가 그들에게 말하는 태도: 내 사랑하는 자들아. 그가 그들에게 하는 이 경고는 그들에 대한 애틋한 사랑으로부터 나온 것이다. 2. 경고의 내용: "우상 숭배하는 일을 피하라. 그것을 멀리 하라. 절대로 그것에 가까이 다가가지 말라." 우상 숭배는 참되신 하나님에 대한 가장 악한 죄악이자 모독이다. 그것은 그분께 돌려야 할 경배와 영광을 다른 신에게 돌리는 것이다. 3. 이 경고의 근거: "너희는 하나님을 의지하고 신뢰하도록 이같이 격려를 받았으니, 사람들에게 자신을 확증하도록 하고, 이방인 원수들이 너희 앞에 어떤 훼방을 가하더라도 결코 흔들리지 말라. 하나님은 너희가 시험당할 때 너희를 돕고 보조하고 구원하실 것이다. 시험으로부터 너희를 도우실 것이다. 그러므로 절대로 우상 숭배의 죄를 범하지 말라." 우리는 세상에서 죄를 피하고 하나님께 신실하다는 것을 증언하기에 충분한 격려를 갖고 있음을 잊지 말자. 우리가 그분을 견고하게 붙들고 있다면, 시험은 결코 우리를 넘어지게 할 수 없다.

[15]나는 지혜 있는 자들에게 말함과 같이 하노니 너희는 내가 이르는 말을 스스로 판단하라 [16]우리가 축복하는 바 축복의 잔은 그리스도의 피에 참여함이 아니며 우리가 떼는 떡은 그리스도의 몸에 참여함이 아니냐 [17]떡이 하나요 많은 우리가 한 몸이니 이는 우리가 다 한 떡에 참여함이라 [18]육신을 따라 난 이스라엘을 보라 제물을 먹는 자들이 제단에 참여하는 자들이 아니냐 [19]그런즉 내가 무엇을 말하느냐 우상의 제물은 무엇이며 우상은 무엇이냐 [20]무릇 이방인이 제사하는 것은 귀신에게 하는 것이요 하나님께 제사하는 것이 아니니 나는 너희가 귀신과 교제하는 자가 되기를 원하지 아니하노라 [21]너희가 주의 잔과 귀신의 잔을 겸하여 마시지 못하고 주의 식탁과 귀신의 식탁에 겸하여 참여하지 못하리라 [22]그러면 우리가 주를 노여워하시게 하겠느냐 우리가 주보다 강한 자냐

이 부분에서 사도는 이방인의 우상 제물을 먹고, 그들이 제물을 바친

대상인 우상에게 종교적 숭배를 보여준 특수한 경우를 통해 우상 숭배에 대한 일반적 경고를 제시한다.

I. 사도는 그들의 이성과 판단력에 호소하는 것으로 자신의 논증을 시작한다. "나는 지혜 있는 자들에게 말함과 같이 하노니 너희는 내가 이르는 말을 스스로 판단하라(15절). 너희는 자칭 지혜자로서, 날카로운 추론과 논리를 자랑한다. 나는 내가 올바르게 논증하고 있는지를 너희 자신의 이성과 양심에 맡길 것이다." 청중의 이성과 양심에 그 진리성을 의존하는 것은 영감받은 선생인 사도에게 불명예도 아니고, 그의 논증에 불리하게 작용하는 것도 아니다. 이런 신념에 따라 그렇게 할 때 오히려 그들에게 더 큰 효력을 발휘하게 된다. 영감받은 사도로서 바울은 어떤 경우에 자신의 가르침이 그들 자신의 판단과 의식에 일치하지 않는지 판단하도록 그것을 고린도 교인들에게 맡긴다.

II. 사도는 주의 만찬으로부터 자신의 논증을 이끌어낸다. 우리가 축복하는 바 축복의 잔은 그리스도의 피에 참여함이 아니며 우리가 떼는 떡은 그리스도의 몸에 참여함이 아니냐(16절). 이 거룩한 예식은 하나님과의 교통의 도구가 아니냐? 거기서 우리가 그분과 친구관계 속에 있고, 그분과 교제하고 있음을 고백하는 것이 아니냐? 그것은 우리의 죄 사함과 하나님의 은혜를 위해 자신의 몸을 찢고 피를 흘리신 그리스도와의 친교를 고백하는 표지가 아니냐? 그렇다면 우리가 그분께 헌신하지 않고 그리스도와 연합하거나 하나님과 교통할 수 있겠느냐? 요약하면, 주의 만찬은 우리 주님의 성별된 몸과 피를 먹는 잔치(epulum ex oblatis)라는 것이다. 그러므로 성찬에서 먹는 것은 희생제물에 참여하는 것으로서, 제물로 드려진 그분의 손님이 되는 것이고, 따라서 이것은 그분과 친교를 갖는다는 표지다. 이처럼 주의 식탁에 참여하는 것은 우리 자신을 그분의 손님과 언약 백성으로 고백하는 것이다. 이것이 이 상징적인 먹고 마시는 행위의 참된 목적이자 의도이다. 그것은 하나님과 교제하는 것으로서, 그리스도의 죽으심과 희생제물로부터 나오는 특권들에 참여하는 것이며, 우리 자신이 그 의무 아래 있음을 자백하는 것이다. 그리고 이것은 모든 참 그리스도인들을 이 규정에 따라 우리와 친교하시는 분에게 연합시킨다. 떡이 하나요 많은 우리가 한 몸이니 이는 우리가 다 한 떡에 참여함이라(17절). 나는 이 구절이 이렇게 설명되는 것이 좋다고 생각한다: "하늘에서 내려온 유일한 참 떡이신, 우리 구주의 찢겨진 살을 상징하는 떼어낸 떡 한 덩어리에 참여함으로써, 우리는 그분과 한 몸으로 연합되어 그분과 서로에게 속하는 지체가 된다." 이에 믿음으로 참되게 참여하는 자들은 그리스도와 서로 간에 이 친교를 갖게 되는 것이다. 그리고 그 외적 요소를 먹는 사람들은 이 친교를 갖고, 하나님께 속해 있고, 또 그의 백성 및 예배자들과 복된 형제관계를 이루고 있음을 고백하는 것이다. 이것이 이 거룩한 예식의 참된 의미다.

III. 사도는 유대교 예배와 관습으로부터 이것을 확증한다. 육신을 따라 난 이스라엘을 보라 제물을 먹는 자들이 제단에 참여하는 자들이 아니냐(18절). 여기서 제물은 제단에 바쳐진 희생제물을 말한다. 제물을 먹도록 허락된 사람들은 희생제사 자체에 참여하는 것으로 간주되고, 나아가 그것이 그들을 위해 마련되고, 그로 말미암아 그들이 성별된 것으로 간주된다. 그러므로 그것은 확실하게 하나님을 예배하는 것으로, 또 제물이 드려진 대상인 이스라엘의 하나님이신 그분과 연합과 언약 관계 속에 들어간 것으로 간주된다. 이것은 그분과 친교 속에 있음을 보여주는 상징이자 표지다.

IV. 사도는 이것을 우상 숭배자들이 제물을 먹는 잔치를 반대하고, 그것에 참여하는 자들은 우상 숭배자들이라는 것을 증명하는 논증에 적용시킨다. 그는 이것을 이런 식으로 주장한다.

1. 사도는 그들이 주장하는 원리 곧 우상은 아무것도 아니라는 것이 합법적이라는 사실을 인정한다. 대부분의 우상은 아무것도 아니며, 그것들은 전부 그 안에 아무런 신성을 갖고 있지 않다. 따라서 우상에게 바쳐진 제물도 아무것도 아니었다. 그런다고 이전과 달라질 것이 아무것도 없고, 그 자체로 음식으로 사용하는데 아무런 하자가 없다. 그들은 우상은 아무것도 아니기 때문에 바쳐진 제물도 제물이 아니라 얼마든지 가책을 느끼지 않고 먹을 수 있는 통상적이고 일반적인 음식에 불과하다고 주장한 것으로 보인다. 따라서 사도는 음식이 우상에게 바쳐진 것인 줄 모르는 사람 앞에 놓인 것이라면, 그 본질에 있어서 아무런 변화가 없다는 것과, 따라서 일반 음식처럼 먹는데 아무런 문제가 없다는 사실을 인정한다.

2. 그러나 사도는 이방인 희생제사의 한 부분으로 알고 그것을 먹는 것에 대해서는 다음과 같이 증명한다: (1) 그것은 그들의 우상 숭배에 그들과 함께 참여하는 것이다. 그것은 귀신과 교제하는 것이다. 왜냐하면 이방인이 제사하는 것은 귀신에게 하는 것이기 때문이다(20절). 그리고 그들과 함께 제물을 먹는

잔치에 참여하는 것은 그 제사에 참여하는 것으로, 그것이 바쳐진 신을 숭배하고, 그 신과의 교제나 친교 관계 속에 들어가는 것이다. 이것은 주의 만찬을 먹는 자가 그리스도의 희생제사에 참여하는 것으로 전제되는 것과 똑같다. 또는 유대교에서 제물을 먹는 자들이 그 제단에 참여하는 것과 똑같다. 그러나 이방인은 귀신에게 제사한 것이다: "그러므로 그들의 제물을 먹는 잔치에 참여하지 말라. 그렇게 하는 것은 너희가 제물이 바쳐진 대상인 귀신과 교제한다는 증거다. 나는 너희가 귀신과 교제하는 자가 되기를 바라지 않는다." (2) 그것은 실질적으로 기독교를 포기하는 것이다: 너희가 주의 잔과 귀신의 잔을 겸하여 마시지 못하고 주의 식탁과 귀신의 식탁에 겸하여 참여하지 못하리라(21절). 주의 식탁에 참여하는 것은 그리스도와 교제하는 것이다. 이방인 우상을 숭배하는 식탁에 참여하고, 그것에 바쳐진 제물을 먹는 것은 귀신과 교제하는 것이다. 따라서 이것은 서로 모순되는 일로, 절대로 일치되지 않았다. 그리스도와의 교제와 귀신과의 교제는 절대로 동시에 이루어질 수 없었다. 하나가 견지되면, 다른 하나는 포기되어야 한다. 그리스도와 교제하는 사람은 귀신과의 교제는 포기해야 한다. 귀신과 교제하는 사람은 그 행실로 말미암아 그리스도와의 교제를 포기해야 한다. 주의 식탁에 참여하면서 귀신의 식탁에 참여하는 인간의 행위는 얼마나 자기모순을 분명히 보여주는 것일까! 하나님과 재물(맘몬)은 함께 섬겨질 수 없고, 그리스도와 사탄도 동시에 교제할 수 없다. 귀신과 교제하는 자들은 사실상 그리스도와의 교제를 포기해야 한다. 이것은 폭식이나 술 취함에 빠져있거나 그렇게 함으로써 그들 자신의 식탁을 귀신의 식탁으로 만드는 사람들 또는 고의적으로 죄를 범함으로써 사탄과 교제하는 사람들은 주의 잔과 식탁에 참으로 참여할 수 없다는 것을 암시한다. 결론적으로 사람은 그리스도 및 그의 교회와 교제하면서 동시에 사탄과의 교제를 가질 수는 없다. 그렇다면 우리가 주의 식탁에서 먹고 마실 때 모든 죄와 우상을 포기해야 한다는 것은 얼마나 당연한 일로 생각되어야 할까!

V. 사도는 하나님은 질투하시는 하나님이심을 그들에게 알려줌으로써 전체적으로 이런 우상 숭배에 대해 경고한다(22절). 그러면 우리가 주를 노여워하시게 하겠느냐 우리가 주보다 강한 자냐. 고린도 교인들 가운데 많은 자들이 이방인의 식탁에 앉는 것을 가볍게 여기고, 그렇게 하는데 아무런 문제가 없다고 생각한 것으로 보인다. 그러나 사도는 그들에게 조심하라고 명령한다. 여기서

십계명의 제2계명이 강조되는 이유는 나는 질투하는 하나님이라는 데 있다. 하나님은 숭배 문제에 있어서는 절대로 경쟁자를 용납하실 수 없다. 자신의 영광을 다른 신에게 빼앗기거나 그렇게 되는 것을 참으실 수 없다. 다른 신과 교제하는 사람들은 그분의 진노를 격발시킨다(신 32:16). 그리고 이렇게 하기 전 사람들은 자기들이 하나님보다 더 강한지 생각해 보아야 한다. 만일 우리가 하나님의 권능을 견딜 수 없다면, 그분의 진노를 격발시키는 것은 위험한 일이다. 그러나 누가 능히 그의 분노 앞에 서며 누가 능히 그의 진노를 감당하랴(나 1:6). 이것은 그리스도와의 교제를 갖고 있다고 고백하면서 죄를 계속 사랑하고 즐기고, 또 죄와 제휴하며 살고 있는 모든 사람들이 명심해야 할 것이다. 이것은 하나님의 질투와 진노를 격발시키는 길이 아닌가? 우리는 하나님의 크신 권능을 유념하고 그분의 질투를 일으키거나 그분을 불쾌하게 만드는 일을 절대로 삼가야 할 것이다. 우리가 전능자의 진노를 격발시키겠는가? 그렇다면 그 진노를 어떻게 감당할 수 있겠는가? 우리가 하나님과 다투겠는가? 우리가 그분의 권능에 저항하거나 그것을 조종할 수 있겠는가? 그런데도 그분의 진노를 자극해서 그것이 우리를 대적하도록 하겠는가? 절대로 아니다. 우리는 그분의 권능을 두려워하고, 모든 진노로부터 피하도록 조심해야 하리라.

[23]모든 것이 가하나 모든 것이 유익한 것은 아니요 모든 것이 가하나 모든 것이 덕을 세우는 것은 아니니 [24]누구든지 자기의 유익을 구하지 말고 남의 유익을 구하라 [25]무릇 시장에서 파는 것은 양심을 위하여 묻지 말고 먹으라 [26]이는 땅과 거기 충만한 것이 주의 것임이라 [27]불신자 중 누가 너희를 청할 때에 너희가 가고자 하거든 너희 앞에 차려 놓은 것은 무엇이든지 양심을 위하여 묻지 말고 먹으라 [28]누가 너희에게 이것이 제물이라 말하거든 알게 한 자와 그 양심을 위하여 먹지 말라 [29]내가 말한 양심은 너희의 것이 아니요 남의 것이니 어찌하여 내 자유가 남의 양심으로 말미암아 판단을 받으리요 [30]만일 내가 감사함으로 참여하면 어찌하여 내가 감사하는 것에 대하여 비방을 받으리요 [31]그런즉 너희가 먹든지 마시든지 무엇을 하든지 다 하나님의 영광을 위하여 하라 [32]유대인에게나 헬라인에게나 하나님의 교회에나 거치는 자가 되지 말고 [33]나와 같이 모든 일에 모든 사람을 기쁘게 하여 자신의 유익을 구하지 아니하고 많은 사람의 유익을 구하여 그들로 구원을 받게 하라

이 단락에서 사도는 그럼에도 불구하고, 어떤 경우에 그리스도인들이 우상에게 바쳐진 제물을 합법적으로 먹을 수 있는지를 보여준다. 그들은 종교적으로 우상을 숭배하는 마음을 갖고 그것을 먹거나 그의 신전에 들어가거나 해서는 안 된다. 또 우상 제물인 줄 알고 그 식탁에 참여해서는 안 되고, 그 잔치가 희생제물을 먹는 잔치인 줄 알았다면 신전을 나와야 한다. 그러나 그들이 우상 제물을 죄 없이 먹을 수 있는 경우들이 있었다. 사도는 여기서 그런 경우들을 열거한다.

I. 사도는 가한 일일지라도 우리의 자유를 남용하는 것에 대해 경고한다. 가하지만 유익하지 않은 일이 있을 수 있다. 그것은 덕을 세우지 못하는 일이다. 그리스도인은 가한 일이 무엇인지 고려해야 할 뿐만 아니라 유익한 일과 덕을 세우는 일이 무엇인지도 고려해야 한다. 그리스도인 각자는 자신의 개인 행실에서도 그렇게 해야 한다. 누구든지 자기의 유익을 구하지 말고 남의 유익을 구하라(24절). 그는 이웃에 손해를 끼치지 않도록 조심해야 한다. 아니, 오히려 그의 행복을 촉진시키도록 힘써야 한다. 또 남을 돕기 위해서 어떻게 해야 할지 생각하고, 그들의 거룩함, 안위 또는 구원을 가로막지 않도록 유의해야 한다. 모든 일 속에서 본질상 죄가 아니라는 것을 익히 알고 있는 사람들이 종종 우연히 자기도 모르게 악을 저지르고, 남에게 크게 피해를 끼치는 경우가 있다. 그러므로 본질상 행해도 무방한 합법적인 일이 합법적인 결과를 낳지 못할 때가 있다. 본질적으로는 죄가 아닌 것이 상황에 따라 죄가 될 수 있다. 이런 일들은 행동했을 때 유익이 되는지 고려해 보아야 하고, 또 행동하기 전에 덕을 세우는 일인지 살펴보아야 한다. 비록 우리가 행동하는데 문제가 없다고 할지라도, 우리 자신의 편의 못지않게 남의 유익도 그 행동들 속에서 고려되어야 한다는 것을 잊지 말자.

II. 사도는 시장에서 파는 것은 양심을 위하여 묻지 말고 먹으라고 말한다(25절). 이방인 제사장들은 종종 신전에 바쳐진 이후에 자기들에게 할당된 제물을 팔기 위해 시장에 내놓았다. 그래서 사도는 고린도 교인들에게 시장에서 그 고기를 살 때 그것이 우상 제물인지의 여부를 양심을 위해 주인에게 물어볼 필요가 없다고 말한다. 그것이 그 곳에서 팔릴 때는 일반 음식물로 팔리므로, 그 자체로 사서 먹을 수 있다. 이는 땅과 거기 충만한 것이 주의 것이기 때문이다(26절). 땅의 열매와 소산은 대소유자인 주님에 의해 인간, 특히 그의 자녀와 종들의 유익과 생존을 위해 마련된 것이다. 하나님께서 지으신 모든 것이 선하매 감사함으로 받으면 버릴 것이 없나니 하나님의 말씀과 기도로 거룩하여짐이라(딤전 4:4,5). 깨끗한 자들에게는 모든 것이 깨끗하나(딛 1:15). 어떤 음식이 우상 숭배를 위해 사용되는 것은 죄악이지만, 그렇게 사용된 후 그 보통의 용도에 따라 그것을 거룩하게 사용한다면 그것은 죄가 아니다.

Ⅲ. 사도는 친분이 있는 불신자 중 어떤 사람이 그들을 청할 때, 너희가 가고자 하거든 너희 앞에 차려 놓은 것은 무엇이든지 양심을 위하여 묻지 말고 먹으라고 덧붙인다(27절). 시장에 팔린 것과 마찬가지로 그들의 식탁에 차려져 있는 음식이 우상 제물이라는 것을 알고 있다 할지라도 괜찮다는 것이다. 사도는 불신자들이 청하는 잔치에 응하는 것을 금하지 않는다. 불신자와 이방인에게도 갖추어야 할 예의가 있다. 아무리 우리와 다른 종교적 정서나 관습을 갖고 있다고 할지라도, 기독교는 우리가 인간의 일반적 제도로부터 등을 돌리거나 그들에 대해 무례한 행동을 하거나 하는 것을 절대로 허용하지 않는다. 그리스도인들은 불신자들의 잔치에 초대받았을 때 자기 앞에 놓인 음식을 묻지 말고, 또 양심의 가책 없이 먹어야 한다. 불필요한 질문은 그들의 마음과 양심을 오히려 혼란에 빠뜨릴 수 있기 때문에 피하는 것이 좋다. 일반 잔치에서 그들 앞에 놓인 음식은 어떤 음식이든 먹도록 주어졌기 때문에 먹는 것이 가하다. 그렇다면 왜 자기 앞에 놓인 음식이 우상 제물인지 꼼꼼히 물어야 하겠는가? 그것은 종교적 행사가 아니라 시민적 행사로 이해되어야 한다. 이방인들 사이에서 벌어진 종교적 행사는 신에게 바쳐진 제물을 먹는 잔치로서, 사도는 그것은 앞에서 그들의 우상 숭배에 참여하는 것으로 보고 정죄했다. 일반 잔치에서 그들은 일반 음식을 기대할 것이고, 자기 앞에 놓인 음식이 어떤 음식인지 막론하고 마음이 흔들릴 필요가 없다. 그리스도인들은 자기의 의무를 알고 이해하는데 매우 유의해야 하지만, 불필요한 질문을 함으로써 스스로 혼란에 빠질 필요는 없는 것이다.

Ⅳ. 그러나 사도는 그런 잔치에서도 만일 누가 그것이 우상 제물이라고 말한다면 그것을 먹는 것을 삼가야 한다고 덧붙인다. 누가 너희에게 이것이 제물이라 말하거든 알게 한 자와 그 양심을 위하여 먹지 말라(28절). 그 말을 한 사람이 주인이든 손님 가운데 하나든, 공공연하게 한 말이든 귀에 대고 속삭이는 말이든 막론하고, 그들은 그가 신자든 불신자든 상관없이, 그들에게 이 말을 한 사

람을 위해 그리고 양심을 위해 먹어서는 안 된다. 그는 그 이유로서 앞에서 언급했던 것과 똑같은 것을 든다: 이는 땅과 거기 충만한 것이 주의 것임이라(28절, 한글성경에는 이 말이 빠져 있다). 우리 공통의 주님에 의해 주어진 음식이 충분히 있고, 우리는 그것을 가책 없이 먹을 수 있다. 똑같은 교리가 여기서처럼 다양하게 펼쳐질 수 있다: "땅은 주님의 것이다. 그러므로 너희는 너희 앞에 일반 음식으로 놓여있는 것을 가책 없이 먹을 수 있다. 그러나 땅은 주의 것이기 때문에 다른 사람들에게 상처를 주거나 걸림돌이 되고 어떤 이들에게 우상숭배를 자극하게 되거나 또는 다른 이들이 그것이 가하다는 것을 잘 모르고 있는데 먹도록 유혹함으로써 그들의 양심에 죄를 범하도록 하고 상처를 줄 경우에는 절대로 먹지 말라." 그리스도인들은 이처럼 다른 사람들의 양심에 피해를 주고, 그들이 반드시 지켜야 할 것들의 권위를 약화시킬 수 있는 일을 행하는데 무척 조심해야 한다는 것을 잊지 말자.

V. 사도는 비록 그것이 우상 제물이었다고 할지라도 자기들 앞에 놓인 것을 일반 음식으로 먹는 것이 가하다고 허용하지만, 남을 걸려 넘어지게 하는 경우에는 삼가라고 권면한다.   "다른 사람의 양심이 우리 행위의 척도는 아니다. 그가 가하지 않다고 생각하는 것이 나에게는 가한 것이 될 수 있고, 자유의 문제일 수 있다. 내가 하나님을 나의 음식의 제공자로 의지하고 그 점에 대해 그분께 감사하는 한, 음식을 먹는 문제로 비난받는다는 것은 정말 부당하다." 이것은 앞에서 언급된 상황 속에서 먹음으로써 야기된 비방으로 이해될 수 있다. 어떤 이들은 그것을 이렇게 이해하기도 한다: "내가 갖고 있는 자유를 사용함으로써, 왜 내가 사람들에게 나를 비방할 기회를 주겠는가?" 그 점에 관한 사도의 권면은 너희의 선한 것이 비방을 받지 않게 하라(롬 14:16)는 것이다. 그리스도인들은 자신의 자유를 사용하여 남에게 손해를 끼치지 않도록 할 뿐만 아니라 스스로도 비방을 받지 않도록 조심해야 한다는 것은 명심하자.

VI. 사도는 이 강론으로부터 그리스도인의 행위의 일반법칙을 이끌어내고, 그것을 이 특수한 경우에 적용시킨다(31,32절).   즉 먹든지 마시든지 무엇을 하든지, 우리는 하나님의 영광을 목표로 곧 하나님을 기쁘시게 하고 그분을 영화롭게 해야 한다는 것이다. 이것이 경건을 실천하는 근본원리다. 이 모든 실천적 신앙의 중심목적은 구체적이고 명확한 규칙이 결여되어 있는 곳에서 철칙으로 적용되어야 한다. 하나님의 영광과 그것과 연루되어 있는 이웃의 유익에 반하는 일은 절대로 행해서는 안 된다. 아니, 공통선에 대한 우리의 행위의 경향과 우리의 거룩한 신앙생활에 대한 신뢰는 그 목적에 따라 좌우되어야 한다. 그러므로 유대인에게나 헬라인에게나 하나님의 교회에나(32절) 우리가 거치는 자가 되어야 할 것은 아무것도 없다. 그토록 우상을 혐오하고, 우상에게 바쳐진 제물도 그로 말미암아 불결하다고 간주하며, 그것을 먹는 모든 사람들을 죄를 범하는 것으로 취급하는 유대인들을 불필요하게 근심케 하거나 편견에 사로잡히게 해서는 안 된다. 또 이방인들에 대해서도 우리의 어떤 행위가 자기들의 우상에 대해 숭배나 존경의 태도를 취하는 것으로 보고 그들의 우상 숭배를 지지하는 것으로 오해하지 않게끔 조심해야 한다. 그리고 연약한 이방인 개종자들이 끊었던 이방신들에 대한 숭배를 다시 시작하게끔 빌미를 주지 않도록 행동을 조심해야 할 것이다. 아울러 교회의 다른 지체들에 대해서도 우리는 그들의 신앙고백이나 실천에 악영향을 미치는 일을 절대로 행해서는 안 될 것이다. 우리 자신의 기질이나 기호가 아니라 하나님의 영광과 교회의 유익과 덕이 우리의 행동을 결정하는 척도가 되어야 한다. 우리는 사람들 사이에서 우리 자신의 즐거움이나 이익이 아니라 하나님 나라의 확장을 더 크게 고려해야 한다. 그리스도인은 하나님께 헌신된 사람이 되어야 하고, 공익 정신을 가져야 한다.

VII. 사도는 자신을 본받으라고 말함으로써 지금까지 그들에게 한 주장을 강조한다. 나와 같이 모든 일에 모든 사람을 기쁘게 하여 자신의 유익을 구하지 아니하고 많은 사람의 유익을 구하여 그들로 구원을 받게 하라(33절). 설교자는 자신의 본보기를 가지고 말씀을 선포할 수 있을 때, 그의 설교를 훨씬 더 담대하고 강력하게 전할 수 있다. 그는 자신 속에서 공동체 정신의 증거를 이끌어낼 수 있을 때 다른 사람들 속에 그것을 아주 쉽게 심을 수 있다. 그리고 회중들의 구원을 위해 자신의 이익을 포기할 줄 아는 사역자는 크게 칭찬받을 만하다. 이것은 그가 자신의 사명에 합당한 정신을 갖고 있음을 보여준다. 그것이 공동체의 이익을 위한 자격이고, 좁은 마음과 이기적 원리를 갖고 있는 사람으로서는 그것을 충실히 이행할 수 없다.

제
— 11 —
장

개요

이 장에서 사도는 고린도 교회에서 일어난 일부 심각한 불법과 명백한 무질서에 대해 책망하고 시정을 촉구한다. I. 당시 남편에 대한 복종의 표시로서 머리에 수건을 썼던 교회 안의 여자들(신령한 은사를 받은 것으로 보이는)이 공적 모임에서 수건을 벗어버렸다. 사도는 이 행위를 책망하고, 계속 수건을 쓰도록 지시하며, 남편의 우월성을 강조한다. 그러나 남편에게 부부간의 상호도움과 상호위로를 상기시킨다(1-16절). II. 주의 만찬에서 그들 간의 불화와 소란 그리고 가난한 자들에 대한 무시와 경멸을 책망한다(17-22절). III. 그들의 잘못된 태도를 바로잡기 위해 그들 앞에 이 거룩한 예식의 본질과 목적을 제시하고, 그들이 그것을 어떻게 거행해야 하는지 그 방법을 가르쳐 주며, 합당치 못한 자세를 가지고 참여하는 자들의 행위의 위험성을 경고한다(23-34절).

[1]내가 그리스도를 본받는 자가 된 것 같이 너희는 나를 본받는 자가 되라 [2]너희가 모든 일에 나를 기억하고 또 내가 너희에게 전하여 준 대로 그 전통을 너희가 지키므로 너희를 칭찬하노라 [3]그러나 나는 너희가 알기를 원하노니 각 남자의 머리는 그리스도요 여자의 머리는 남자요 그리스도의 머리는 하나님이시라 [4]무릇 남자로서 머리에 무엇을 쓰고 기도나 예언을 하는 자는 그 머리를 욕되게 하는 것이요 [5]무릇 여자로서 머리에 쓴 것을 벗고 기도나 예언을 하는 자는 그 머리를 욕되게 하는 것이니 이는 머리를 민 것과 다름이 없음이라 [6]만일 여자가 머리를 가리지 않거든 깎을 것이요 만일 깎거나 미는 것이 여자에게 부끄러움이 되거든 가릴지니라 [7]남자는 하나님의 형상과 영광이니 그 머리를 마땅히 가리지 않거니와 여자는 남자의 영광이니라 [8]남자가 여자에게서 난 것이 아니요 여자가 남자에게서 났으며 [9]또 남자가 여자를 위하여 지음을 받지 아니하고 여자가 남자를 위하여 지음을 받은 것이니 [10]그러므로 여자는 천사들로 말미암아 권세 아래에 있는 표를 그 머리 위에 둘지니라 [11]그러나 주 안에는 남자 없이 여자만 있지 않고 여자 없이 남자만 있지 아니하니라 [12]이는 여자가 남자에게서 난 것 같이 남자도 여자로 말미암아 났음이라

그리고 모든 것은 하나님에게서 났느니라 [13]너희는 스스로 판단하라 여자가 머리를 가리지 않고 하나님께 기도하는 것이 마땅하냐 [14]만일 남자에게 긴 머리가 있으면 자기에게 부끄러움이 되는 것을 본성이 너희에게 가르치지 아니하느냐 [15]만일 여자가 긴 머리가 있으면 자기에게 영광이 되나니 긴 머리는 가리는 것을 대신하여 주셨기 때문이니라 [16]논쟁하려는 생각을 가진 자가 있을지라도 우리에게나 하나님의 모든 교회에는 이런 관례가 없느니라

자신에게 주어진 질문에 대해 대답을 마친 바울은 이 장에서 불평에 따른 폐단을 시정한다. 이 장의 첫 번째 구절은 서신을 장별로 구별하는 사람들에 의해 서신 나머지 부분의 서언으로 간주된다. 그러나 앞 장의 결론으로 보는 것이 더 적절한 것 같다. 왜냐하면 사도는 자신을 본받으라고 말함으로써 자유를 남용하지 말라고 그들에게 준 경고를 더 효력 있게 하고 있기 때문이다: 내가 그리스도를 본받는 자가 된 것 같이 너희는 나를 본받는 자가 되라(1절). 이것은 앞 장에서의 그의 주장을 더 적절하게 끝내는 말씀이다. 그리고 그 다음 절에서 말하는 방식은 완전히 다른 방식으로 보인다. 그러나 그 말씀이 이 장에 속하는 것이 더 적절하든 앞 장에 속하는 것이 더 적절하든 간에, 바울은 그들이 믿어야 할 교리에 관해 설교했을 뿐만 아니라 그들이 본받아야 할 삶에 대해서도 가르치고 있음이 그것으로 보아 분명하다. "너희는 나를 본받는 자가 되라." 즉 "나를 모방하라. 너희가 내가 사는 것을 본 대로 살라." 사역자들은 교인들에게 자신의 본보기를 따르라고 말할 수 있을 때 가장 효력 있는 설교를 하게 될 것이다. 그러나 바울은 맹목적으로 따라오라고 말하지 않았다. 그는 맹목적 믿음이나 순종을 자극하지 않았다. 그는 자신이 그리스도를 따르는 것 이상으로 자신을 따르라고 강요하지 않았다. 그리스도의 본보기가 흠이 없는 본보기다. 인간의 경우에는 그런 본보기가 없다. 그러므로 우리는 지도자가 그리스도를 따르는 것 이상으로 그를 따라가서는 안 된다. 사도들도 주님의 본보기와 다르다면 우리가 떠날 수밖에 없다. 사도는 이어서 고린도 교인들 가운데 특별히 여자들이 저지른 불법을 책망하고 개선을 촉구한다. 그것을 확인해 보자.

I. 사도가 서두를 시작하는 방법. 사도는 그들 가운데 칭찬할 만한 일이 있었던 것에 대해 칭찬하는 것으로 시작한다(2절): 너희가 모든 일에 나를 기억하고 또

내가 너희에게 전하여 준 대로 그 전통을 너희가 지키므로 너희를 칭찬하노라. 아마 그들 가운데 많은 이들이 엄밀한 의미에서 그 표현대로 했을 것이다. 그래서 그는 교회 전체에 대해 이 좋은 칭찬을 전달하는 것이다. 어떤 일들에 있어서는 탈선하고 타락한 모습이 있었으나, 교회 전체가 대체로 그리스도의 규례와 제도를 변함없이 준수했다. 우리가 어떤 사람들의 잘못을 책망할 때에는 먼저 그들의 좋은 점을 칭찬하는 것이 아주 사려 깊고 적절하다. 그것은 책망이 악의와 잘못을 비난하고 지적하려는 저의에서 나온 것이 아님을 입증할 것이다. 그러므로 그것은 그 책망에 대해 더 깊은 관심을 갖도록 유도할 것이다.

Ⅱ. 여자에 대한 남자의 우월권을 주장함으로써 사도가 자신의 책망의 기초를 세우는 법. 그러나 나는 너희가 알기를 원하노니 각 남자의 머리는 그리스도요 여자의 머리는 남자요 그리스도의 머리는 하나님이시라(3절). 그리스도는 그 중보자적 인격과 영화된 인성에 있어서 인류의 머리가 되신다. 그분은 모든 족속의 우두머리일 뿐만 아니라 주님이요 주권자이시다. 그분은 모든 이름 위에 뛰어난 이름을 갖고 계신다. 그러나 이 뛰어난 직분과 권위에 있어서 그분은 더 뛰어나신 분을 갖고 계시는데, 하나님이 그분의 머리가 되신다. 하나님께서 그리스도의 머리가 되시고, 그리스도께서는 인류 전체의 머리가 되시는 것처럼, 남자는 두 성(性)의 머리가 된다. 비록 그리스도께서 인류에 대해, 또는 하나님께서 사람이신 예수 그리스도에 대해 갖고 있는 정도의 지배권은 아니지만, 남자는 여자에 대해 우월권과 주재권을 갖고 있고, 따라서 여자는 남자에게 복종해야지, 남자의 자리를 사칭하거나 찬탈해서는 안 된다. 이것이 하나님이 정하신 여자의 위치다. 그러므로 여자는 자신의 위치에 맞는 생각을 해야지, 그 위치를 변화시키는 것처럼 보이는 일은 절대로 해서는 안 된다. 그런데 이 같은 추궁을 받아야 할 일이 고린도 교회의 여자들에게서 일어난 것으로 보인다. 공식 모임에서 성령의 감동을 받아 기도나 예언을 하는 여자들이 그 당사자들이었다(5절). 여자는 교회에서 잠잠하라(14:34; 딤전 2:12)는 것이 사도시대 교회의 참된 법도였다. 어떤 이들은 이 법도는 예외가 없어 성령의 감동을 받은 여자들도 잠잠해야 한다고 생각한다. 이 견해는 사도의 강론(14장)과 연계시킬 때 조화를 잘 이루는 것처럼 보인다. 그러나 다른 이들은 예외를 둔다. 여자는 교회에서 가르치는 위치를 차지하거나 어떤 질문이나 논쟁에 참여할 수는 없지만, 성령의 감동 아래 있을 때에는 예외적으로 말할 자유를 갖는다는 것이

다. 또는 여자는 성령의 감동을 받아도 설교할 수는 없지만(가르치는 것은 머리가 할 임무이기 때문에), 공적 모임에서는 기도하거나 찬송을 부를 수는 있다고 생각했다. 그러나 여자는 공중예배에서 기도나 찬송을 하는 것으로는 남자를 지배하는 우월권을 행사하는 모습을 보여주지 않았다. 따라서 사도는 여기서 그런 행동 자체를 금하는 것이 아니라 그런 행동을 하는 태도를 책망하고 있는 것이 분명하다. 그러나 그는 서신 다른 부분에서는 여자에 관해 그런 행동을 하지 못하도록 금지시켰고, 철저한 제약을 둔다. 그의 이런 태도는 모순이 아니다. 그의 현재 목적은 교회에서 여자들이 기도하고 예언할 때 보여주는 태도를 나무라는 것이다. 즉 그는 여기서 여자들이 기도나 예언을 잘했는지의 여부를 결정하려는 것이 아니다. 어떤 행동을 하는 태도는 그 도덕성과 관련되어 있음을 명심하자. 우리는 선을 행하는 것에도 관심을 두어야 하지만 어떻게 그 선을 제대로 행해야 하는지에 대해서도 신경을 써야 한다.

III. 사도가 책망하는 것. 그것은 여자가 머리에 아무것도 쓰지 않고 기도하거나 예언하는 것 또는 남자가 머리에 무엇을 쓰고 기도하거나 예언하는 것에 대해서다(4,5절). 이것을 이해하기 위해서는 당시 동방 국가들에 있어서는 오늘날 서양의 풍습과는 다르게 사람들이 무엇으로 가리거나 덮는 것은 수치나 복종의 표시였다는 것을 알아야 한다. 우리 시대에는 머리에서 벗겨내면 복종의 표시요, 덮으면 우월성과 지배권을 표시한다. 이것은 우리가 그 문제를 이해하는데 크게 도움을 줄 것이다.

IV. 사도가 책망하는 이유.

1. 무릇 남자로서 머리에 무엇을 쓰고 기도나 예언을 하는 자는 그 머리를 욕되게 하는 것이요(4절). 이것은 각 남자의 머리이신(3절) 그리스도에 대해 하나님께서 그분에게 두신 위치에 적합하지 않는 태도를 보여주는 것이다. 우리는 의복이나 습관에 있어서도 그리스도를 욕되게 할 수 있는 일은 무엇이든 피해야 한다는 것을 잊지 말자. 반면에 여자로서 머리에 쓴 것을 벗고 기도나 예언을 하는 자는 그 머리를 욕되게 하는 것이다(5절). 여기서 그 머리는 남자를 말한다(3절). 그렇게 되면 여자는 자신의 우월성의 옷을 입고 나타나는 것으로, 자신의 복종의 표시를 내던져버리는 것이 된다. 여자는 동일한 취지로 당시 남자에게나 가능했던 풍습인 머리를 짧게 자르거나 삭발하는 행동을 취할 수 있다. 이것은 여자가 성을 바꾸고 싶은 의도를 보여주는 것으로서, 그렇게 함으로써 하나님께

서 다른 성에게 부여하신 우월성을 노골적으로 차지하겠다는 의도를 선언하는 태도인 것이다. 바로 이것이 고린도 교회의 여선지자들의 잘못이었던 것으로 보인다. 그것은 그 당시 세상에서는 우월권을 표시하는 행동이었고, 따라서 오직 다른 성 곧 남자에게만 속해 있던 것을 은밀히 자취하는 것이다. 남녀의 성은 변경시킬 수 있는 것이 아니다. 하나님의 지혜가 사람들과 사물들 속에 두신 질서가 가장 적합한 질서다. 그러므로 그것을 수정하려고 노력하는 것은 모든 질서를 파괴하는 것이요, 혼란을 자초하는 것이다. 여자는 하나님께서 그녀에게 두신 자리를 지켜야지, 그 머리를 욕되게 해서는 안 된다. 왜냐하면 그 결과로서 이것이 하나님을 욕되게 하는 것이기 때문이다. 여자가 남자로부터, 남자를 위해 지음받았다면, 곧 남자의 영광을 위해 지음받은 것이라면, 특별히 공개석상에서 여자가 이 질서를 무너뜨리는 욕망처럼 보이는 일을 해서는 안 될 것이다.

2. 이 행동에 대한 또 하나의 책망 이유는 남자는 하나님의 형상과 영광이기(7절) 때문이다. 곧 남자는 하나님께서 세상 위에 두신 영광의 지배권과 주재권의 대표이기 때문이다. 하늘 아래 있는 모든 피조물의 머리로서 세움받은 자는 남자이다. 따라서 이 점에서 남자는 하나님의 형상을 갖고 있다. 반면에 여자는 남자의 영광이다(7절). 여자는 남자의 대표이다. 여자는 인간 본성의 참여자로서, 다른 저급한 피조물을 지배하는 지배권을 갖고 있고, 동시에 하나님의 대표이기도 하지만, 그 대표권은 이차적이다. 여자는 남자의 형상이라는 점에서 하나님의 형상이다: 남자가 여자에게서 난 것이 아니요 여자가 남자에게서 났으며(8절). 남자가 먼저 지음받았고, 하늘 아래 있는 피조물의 머리가 되었다. 그 점에서 남자는 하나님의 지배권의 형상이다. 반면에 여자는 남자로부터 지음받았고, 남자의 영광의 광채를 비추는 존재로서, 하늘 아래 있는 다른 피조물보다는 우월하지만, 남자인 남편에게 복종하고, 자기가 나온 존재인 그 남자의 영광을 드러내야 한다.

3. 여자가 남자에게서 났으며(8절). 여자는 남자의 돕는 배필로서, 남자가 여자를 위하여 지음받은 것이 아니다(9절). 그러므로 여자는 남자를 위하여, 즉 남자를 유익하게 하고 돕고 위로하도록 지음받았기 때문에 당연히 그에게 복종해야 한다. 그리고 항상 남자에게 복종하도록 의도된 여자는 기독교 공동체 안에서 남자와 동등한 입장이 되려고 시도하는 것처럼 보이는 일은 절대로 해서는

안 된다.

4. 여자는 천사들로 말미암아 권세 아래에 있는 표를 그 머리 위에 둘지니라(10절). 즉 여자가 권세나 우월성을 갖고 있다는 표로서가 아니라 남자인 남편의 권세 아래 있다는 표, 곧 그에게 복종하고, 남자보다 낮은 자리에 있다는 표로서 너울(베일)을 쓰라는 얘기다. 리브가는 이삭을 만나 자신을 그의 소유로 바쳤을 때, 복종의 표시로서 너울로 얼굴을 가렸다(창 24:65). 따라서 사도도 기독교 공동체 안에서 비록 천사들로 말미암아 성령의 감동을 받았을지라도 그렇게 하기를 원했다. 그래서 어떤 이들은 여기서 말하는 천사들이 악한 천사들이라고 생각한다. 여자가 (먼저 마귀에게) 속아 죄에 빠졌음이라(딤전 2:14). 그리하여 여자는 그 결과로서 남자에게 복종해야 하는 항목이 늘었다(창 3:16). 따라서 악한 천사들이 항상 기독교 공동체 속에서 혼동하도록 역사하기 때문에 여자들은 그 수치와 복종의 표를 머리에 두어야 한다는 것이다. 그 당시에는 그 도구가 너울이었다. 다른 사람들은 그 천사들이 선한 천사들이라고 말한다. 유대인과 그리스도인들은 이 섬기는 영들이 그 공동체 안에 무수히 활동하고 있다는 의견을 갖고 있었다. 그들의 존재는 그리스도인들이 하나님을 경배하는데 무례를 행하지 않도록 하는데 있다. 우리는 하나님을 경배하는 모든 공적 모임에서 하나님에 대한 경외를 표현하는데 요구되는 모든 것을 다 배우고, 그분이 우리에게 두신 그 위치에서 만족하고 즐거워하는 행동을 해야 한다.

V. 사도는 그 추론이 본질에서 너무 멀리 벗어나지 않도록 경계하는 것이 자신의 논증에 적합하다고 생각한다(11,12절).   그러나 주 안에는 남자 없이 여자만 있지 않고 여자 없이 남자만 있지 아니하니라(11절). 남녀는 서로를 위하도록 지음받았다. 사람이 혼자 사는 것이 좋지 아니하니(창 2:18). 그러므로 여자가 지음받은 것은 남자를 위해서였다. 남자는 비록 여자를 위해 직접적으로 또는 일차적으로 지음받은 존재가 아니었다고 해도, 남자는 여자에게 위로와 도움과 보호가 되도록 되어있었다. 그들은 상대방에게 노예나 폭군이 아니라 상호간 위로와 행복을 위해 지음받았다. 둘이 한 몸을 이룰지로다(창 2:24). 이것은 인류의 종족 번식을 위한 것이다. 그들은 서로에게 생산을 위한 상호 도구들이다. 여자가 먼저 남자에게서 난 것처럼 남자도 여자로 말미암아 났다(12절). 그리고 그들은 모두 제일원인이신 하나님의 지혜와 권능이 그렇게 정하셨기 때문에 난 것이다. 그 권위와 복종은 두 사람 상호간의 긴밀한 관계와 밀접한

연합에 있어서 두 사람에게 적합한 것보다 더 크지 않아야 한다. 여자가 자기 자리를 지키는 것이 하나님의 뜻인 것처럼, 남자가 자신의 권세를 남용하지 않는 것 역시 그분의 뜻임을 잊지 말아야 한다.

VI. 사도는 본성적으로 여자에게 머리를 가리도록 한 사실로부터 자신의 논증을 강조한다(13-15절). "너희는 스스로 판단하라(13절). 즉 너희 자신의 이성을 참고하고, 본성이 요구하는 것에 귀를 기울이라. 여자가 머리를 가리지 않고 하나님께 기도하는 것이 마땅하냐(13절). 자연이 그렇게 하기 때문에 머리카락이 자라는데 있어서 남녀 사이에 차이가 나타나지 않느냐? 모든 문명화된 나라들을 보아도 자연은 나라들 사이에 차이가 나타나도록 하지 않느냐? 여자의 머리카락은 자연적으로 머리를 덮는다. 그것이 길게 자라는 것이 그녀에게 영광이다. 그러나 남자에게 긴 머리가 있거나 긴 머리를 소중히 여긴다면, 그것은 유약함과 연약함의 표시가 아니겠느냐?" 특히 기독교 공동체 안에서 자연적 예의 법칙을 깨뜨리지 않는 것이 우리의 관심사가 되어야 한다.

VII. 사도는 교회의 관습에 대하여 논쟁하려는 사람들을 언급하는 것으로 자신의 모든 결론을 요약한다(16절). 관습은 예절의 핵심적 척도다. 교회의 통상적 관례는 남자가 여자를 다스리도록 되어 있다는 것이다. 사도는 단순히 권위만 갖고 그 논쟁을 잠재우려고 하지 않는다. 그는 고린도 교인들이 당시 모든 교회가 받아들이지 않은 생소한 관습들에 대해서는 찬성하고, 그들 모두가 인정하고 예의 법칙의 근거로 삼았던 관습에 대해서는 반대하여 다투고 있음을 지적함으로써, 그들이 그들의 자연스러운 성향과는 완전히 다른 존재들로 세상에 드러났음을 알려주려고 한다. 여자들이 너울을 쓰고 공적 모임에 나타나고 공중 예배에 참석하는 것은 당시 교회들의 관습이었다. 그러므로 그녀들이 그렇게 하는 것은 당연한 예의였다. 참으로 이에 대해 다투거나 그렇게 하기를 피하는 사람들은 다투기를 좋아하는 사람들이 틀림없다.

[17]내가 명하는 이 일에 너희를 칭찬하지 아니하나니 이는 너희의 모임이 유익이 못되고 도리어 해로움이라 [18]먼저 너희가 교회에 모일 때에 너희 중에 분쟁이 있다 함을 듣고 어느 정도 믿거니와 [19]너희 중에 파당이 있어야 너희 중에 옳다 인정함을 받은 자들이 나타나게 되리라 [20]그런즉 너희가 함께 모여서 주의 만찬을 먹을 수 없으니 [21]이는 먹을 때에 각각 자기의 만찬을 먼저 갖다 먹으므로 어떤 사람은 시장하

고 어떤 사람은 취함이라 [22]너희가 먹고 마실 집이 없느냐 너희가 하나님의 교회를 업신여기고 빈궁한 자들을 부끄럽게 하느냐 내가 너희에게 무슨 말을 하랴 너희를 칭찬하랴 이것으로 칭찬하지 않노라

이 단락에서 사도는 주의 만찬에 참여하는 일에 있어서 그들이 저지른 무질서를 앞에서 책망한 사건보다 훨씬 더 신랄하게 책망한다. 고대 학자들이 우리에게 알려주는 것처럼 주의 만찬은 당시에는 흔히 거행되었던 예식으로, 애찬식을 겸했다. 그런데 이 예식을 거행할 때 추악한 무질서가 일어났고, 사도는 여기서 그것을 책망한다. 우리는 여기서 다음과 같은 사실을 확인할 수 있다.

Ⅰ. **사도가 책망하는 태도.** "내가 명하는 이 일에 너희를 칭찬하지 아니하나니 (17절). 나는 너희를 칭찬할 수 없고 오히려 비난하고 책망하겠다. 이 말은 사도가 할 수 있는 한 기꺼이 그리고 기쁘게 그들을 칭찬하면서 시작하고 있는 이 장의 첫 부분으로 볼 때 그 의도가 분명하다. 그러나 그토록 성스러운 예식에서 저지르는 이런 추악한 무질서는 커다란 죄가 되기 때문에 그들은 신랄한 책망을 받지 않을 수 없었다. 그들은 그 예식을 크게 변질시켰다. 그것은 그들을 더 좋게 하기 위해 곧 그들의 영적 유익을 높여주기 위해 주어진 제도였다. 그러나 실제로는 그 반대가 되어버렸다. 이는 너희의 모임이 유익이 못되고 도리어 해로움이라(17절). 그리스도의 규례들은 만약 그것들이 우리를 더 낫게 하지 못한다면 우리를 더 나쁘게 만들 것이다. 그것들이 우리의 영혼을 더 좋게 하지 못한다면, 그것들은 우리에게 해롭게 할 것이다. 또 우리를 녹여 부드럽게 하지 못한다면, 우리를 더 강퍅하게 만들 것이다. 만일 적절한 수단이 그 효력을 발휘하지 못한다면, 그것은 우리 안에서 타락을 일으킬 것이다.

Ⅱ. **사도는 하나 이상의 구체적 사례를 들면서 그들을 책망하기 시작한다.**

1. 그는 그들이 함께 모일 때 분쟁(스키스마타) 곧 분열에 빠졌음을 지적한다. 그들은 한 마음으로 규례를 지키지 못하고 서로 다투었다. 친교를 위해 함께 모이는 자리에서도 분열이 있을 수 있음을 명심하자. 사람들은 동일한 교회에서 함께 모이고, 동일한 주의 식탁에 함께 앉을 수 있으나 분열할 수 있다. 특히 불화와 반목과 다툼이 자라 분열을 일으킬 때 사랑이 식고 마음에서 멀어지는 일이 벌어진다. 그리스도인들은 서로 친교하면서 의견이 갈라질 수 있고,

그로 인해 서로에 대해 무정한 사람이 될 수 있다. 그들은 동일한 만찬에 참여하면서 서로 사랑하지 않을 수 있다. 사도는 고린도 교인들의 분열에 관한 소문을 듣고 그들에게 그럴 만한 이유가 충분히 있었음을 언급한다. 왜냐하면 그는 그들 사이에 파당이 들어와 있었다고 덧붙이기 때문이다. 다툼이 있었을 뿐만 아니라 파당이 들어와 있었다. 아마 기독교의 근본과 건전한 신앙을 뒤흔드는 잘못된 의견들도 다 파당 때문이었을 것이다. 교회 안에 믿음과 선한 양심을 파선케 하는 파당들이 일어날 때 그리스도인의 사랑을 파괴하는 분열이 일어나는 것은 이상한 일이 아니다. 그리고 이런 일들은 반드시 일어나기 마련이다. 그들의 죄악을 억지로 제압할 수는 없다. 그런 사건은 확실하고, 하나님은 그런 자들을 허용하시기 때문에, 하나님의 인정을 받는 사람들(시험을 감당할 만큼 신실한 마음을 가진)은 이같이 속이는 자들의 유혹에도 불구하고, 하나님의 진리와 길을 변함없이 지키는 모습을 보여줌으로써, 참된 믿음을 보여주는데 쓰임받게 될 것이다. 하나님의 지혜는 다른 사람들의 사악함과 오류를 성도들의 경건함과 신실함을 돋보이게 하는 장식으로 만들 수 있음을 잊지 말자.

2. 사도는 그들의 불화와 분쟁을 책망할 뿐만 아니라 수치스런 무질서에 대해서도 함께 책망한다: 이는 먹을 때에 각각 자기의 만찬을 먼저 갖다 먹으므로 어떤 사람은 시장하고 어떤 사람은 취함이라(21절). 이방인들은 제사 후 제물을 먹는 잔치에서 흥청망청 마시는 관습이 있었다. 부유한 고린도 교인들 가운데 많은 이들이 주의 만찬에서 또는 적어도 성찬식을 겸한 애찬식(아가파이)에서, 똑같이 방종한 태도를 취했다. 그들은 서로를 위해 자제하지 않았다. 부자는 가난한 자들을 멸시했고, 자기들이 가져온 떡과 포도주는 가난한 자들이 참여하기 전에 다 먹고 마셔버렸다. 그리하여 다른 이들은 배부르게 먹는 동안 그들은 먹을 것이 떨어지고 없었다. 이것은 거룩한 예식을 모독하고, 신적 규례를 극도로 부패시키는 것이었다. 영혼을 양육하기 위해 정해진 것이 그들의 정욕과 욕심을 채우는데 사용되었다. 상호간 친교와 사랑의 유대가 되어야 했던 것이 불화와 분쟁의 도구가 되어버렸다. 가난한 자들은 자기 몫의 양식을 빼앗겼고, 부자는 사랑의 잔치를 난장판으로 만들었다. 이것은 수치스런 불법이었다.

Ⅲ. 사도는 이 행위에 대해 신랄하게 그들을 비난한다.

1. 그들의 행위가 완전히 이 예식의 목적과 용도를 파괴시켰다고 말함으로써, 그들을 비난한다: 그런즉 너희가 함께 모여서 주의 만찬을 먹을 수 없으니(20

절). 그들은 주의 만찬에 참여했으나 사실은 참여한 것이 아니었다. 그들은 차라리 참여하지 않았더라면 더 좋았다. 이런 식으로 외적 성물(떡과 포도주)을 먹는 것은 그리스도의 몸을 먹는 것이 아니다. 주의 만찬에서 부주의하게 그리고 부정하게 먹는 것은 전혀 먹는 것이 아님을 잊지 말자. 그것은 아무 가치가 없고, 오히려 죄책을 가중시킬 뿐이다. 고린도 교인들은 이런 식으로 먹었다. 그들의 행태는 이 거룩한 예식의 목적에 정반대되는 것이었다.

2. 사도는 그들의 행위가 하나님의 집 곧 교회를 업신여긴 것이라고 말함으로써 그들을 비난한다(22절). 만일 그들이 성찬에 참여할 마음이 있었다면, 그들 자신의 집에서 편안하게 할 수도 있었다. 그러나 주의 만찬에 나아와 분쟁하고 다투며, 부자들의 것과 똑같이 주어진 가난한 자들의 먹을 것을 빼앗고, 규례를 악용함으로써, 특히 교회의 가난한 지체들을 무시하는 것은 크게 비난받아 마땅한 일이었다. 이런 행위는 부자들의 영혼과 똑같이 그리스도의 사랑을 받고 있는 가난한 자들의 영혼을 크게 욕되게 하고 낙담하게 만드는 것이다. 일반 음식은 통상적 방법에 따라 먹으면 되지만, 성찬 음식은 신앙적으로 다루어져야 한다는 것을 명심하자. 또한 그리스도인들이 특히 주의 만찬 자리에서 동료 그리스도인들을 업신여기고 모욕하는 것은 사악한 죄악으로 엄격히 비판받아야 한다는 것도 잊어서는 안 될 것이다. 이것은 신령한 규례를 멸시하는 행동이다. 따라서 우리는 주의 만찬에서 우리의 행동이 그토록 거룩한 예식을 업신여기는 것이 되지 않도록 지극히 조심해야 할 것이다.

[23]내가 너희에게 전한 것은 주께 받은 것이니 곧 주 예수께서 잡히시던 밤에 떡을 가지사 [24]축사하시고 떼어 이르시되 이것은 너희를 위하는 내 몸이니 이것을 행하여 나를 기념하라 하시고 [25]식후에 또한 그와 같이 잔을 가지시고 이르시되 이 잔은 내 피로 세운 새 언약이니 이것을 행하여 마실 때마다 나를 기념하라 하셨으니 [26]너희가 이 떡을 먹으며 이 잔을 마실 때마다 주의 죽으심을 그가 오실 때까지 전하는 것이니라 [27]그러므로 누구든지 주의 떡이나 잔을 합당하지 않게 먹고 마시는 자는 주의 몸과 피에 대하여 죄를 짓는 것이니라 [28]사람이 자기를 살피고 그 후에야 이 떡을 먹고 이 잔을 마실지니 [29]주의 몸을 분별하지 못하고 먹고 마시는 자는 자기의 죄를 먹고 마시는 것이니라 [30]그러므로 너희 중에 약한 자와 병든 자가 많고 잠자는 자도 적지 아니하니 [31]우리가 우리를 살폈으면 판단을 받지 아니하려니와 [32]우리가

판단을 받는 것은 주께 징계를 받는 것이니 이는 우리로 세상과 함께 정죄함을 받지 않게 하려 하심이라 [33]그런즉 내 형제들아 먹으러 모일 때에 서로 기다리라 [34]만일 누구든지 시장하거든 집에서 먹을지니 이는 너희의 모임이 판단 받는 모임이 되지 않게 하려 함이라 그 밖의 일들은 내가 언제든지 갈 때에 바로잡으리라

이 엄청난 타락과 불법을 교정시키기 위해 사도는 이 거룩한 예식을 여기서 상세히 개관한다. 이것은 다른 모든 악용을 교정하는 하나의 기준이 될 것이다.

I. 사도는 자신이 그것에 관한 지식을 어떻게 갖게 되었는지에 대해 말한다. 그는 첫 예식 때 사도들과 함께 있지 못했다. 그러나 그는 내가 너희에게 전한 것은 주께 받은 것이라(23절)고 말한다. 그는 그리스도로부터 받은 계시로 말미암아 이 문제에 관한 지식을 갖게 되었다. 그는 받은 것을 한 치도 변경시키지 않고, 곧 가감하지 않고 그대로 전했다.

II. 사도는 우리가 그 제도에 관해 다른 곳에서 접하는 것보다 더 상세한 설명을 제공한다.

1. 창시자: 우리 주 예수 그리스도. 교회의 왕만이 성찬을 제정할 권세를 갖고 계신다.

2. 제정 시기: 곧 주 예수께서 잡히시던 밤에(23절). 그것을 통해 기념해야 할 것은 그분이 고난에 들어가시게 된 것이다.

3. 그 제도의 내용: 우리 구주께서 떡을 떼어 감사 곧 축사하신(마 26:26에 기록되어 있는 것처럼) 것이다. 축사하시고 떼어 이르시되 이것은 너희를 위하는 내 몸이니 이것을 행하여 나를 기념하라 하시고 식후에 또한 그와 같이 잔을 가지시고 이르시되 이 잔은 내 피로 세운 새 언약이니 이것을 행하여 마실 때마다 나를 기념하라 하셨으니(24,25절). 여기서 구체적으로 그 내용을 확인해 보자.

(1) 성찬의 재료는 두 가지다. [1] 가시적인 외적 표지: 이것들은 떡과 잔으로서, 전자는 이 단락에서 여러 번에 걸쳐 떡으로 불린다. 교황주의자들은 이것을 성체라고 부르기도 한다. 먹는 대상이 떡으로 불리지만, 그것은 동시에 주의 몸으로 불린다. 사도는 교황주의자들이 주장하는 기괴하고도 불합리한 화체설에 대해서는 전혀 모르고 있음을 분명히 증명한다. 후자(곧 잔)도 말은 그렇게 불리지만 분명히 성찬의 한 부분이다. 사도 마태는 주님이 그것을 다 마시도록

했다고 우리에게 알려준다(마 26:27). 이 표현에 따르면, 그것은 마치 그가 평신도에게서 잔을 빼앗아버린 교황주의자들에게 경고를 발하는 것처럼 보인다. 떡과 잔은 그것이 거룩한 잔치가 되려면 둘 다 사용되어야 한다. 여기서든 어느 곳에서든 잔 속에 어떤 특별한 액을 넣는 것이 필수적인 것은 아니다. 유대 관습에 따라 아마 그것에 물을 타 혼합시켰겠지만, 복음서 한 기사로 볼 때, 우리 구주께서 사용하신 액은 포도주였음이 분명하다. 라이트푸트의 마태복음 26장 주석을 참조하라. 그러나 이것은 사람들이 포도주가 없는 곳에서 성찬을 거행하는 것이 불가하다는 것을 의미하지는 않는다. 성찬에 관해 설명하는 성경의 모든 부분에서 그것은 항상 비유로 표현되고 있다. 성찬에 관한 말씀들 속에서 잔은 그 안의 액이 무엇인지는 거론하지 않고 다만 그 안에 들어있는 것을 가리킨다. [2] 이 외적 표지가 상징하는 내용: 떡과 잔은 그리스도의 살과 피다. 즉 그분의 죽으심과 희생으로부터 흘러나온 모든 유익들이 담겨 있는 그분의 찢겨진 살과 그분의 흘린 피를 상징한다. 이 잔은 내 피로 세운 새 언약이니(25절). 그분의 피는 새 언약의 모든 특권들의 보증이자 확증이다. 이 거룩한 예식에서 그것을 액면 그대로 받는 자들에게 효력이 있다. 그들은 새 언약을 소유하고 있고, 그분의 피로 말미암아 그들에게 보증된, 새 언약의 모든 복에 대해 자격을 갖게 된다.

(2) 우리는 여기서 성찬시의 행동 곧 성찬 재료들을 어떻게 사용해야 하는지 그 방법을 확인한다. [1] 우리 구주의 행동. 그분은 떡과 잔을 취하여 축사하시고 떡을 떼어 서로에게 나누어주셨다. [2] 수찬자의 행동. 그들은 떡을 떼어 먹고, 잔을 받아 마시며, 이 두 행동을 통해 그리스도를 기념해야 했다. 그러나 외적 행동은 이 거룩한 예식에서 행해져야 할 행동의 전부 또는 주요 부분이 아니다. 그 각각의 행동들이 의미가 있다. 하나님께 자신을 희생 제물로 바쳐 자신의 죽음으로 말미암아 죄 사함을 이루고, 참 신자들에게 복음의 모든 유익들을 제공하기로 결심하신 우리 구주께서는, 이 예식에서, 자신의 죽음으로 말미암아 얻게 된 모든 유익들을 간직한 살과 피를 제자들에게 제공하셨고, 또 계속해서 참 신자들에게 이 예식을 행하도록 하심으로써 대대로 그 유익이 그들에게도 돌아가도록 하셨다. 이것이 여기서 영혼의 양식으로 명시 또는 선언되고 있다. 아무리 건강에 좋고 넉넉한 음식이라도 먹지 않으면 양분이 되지 못하는 것처럼, 여기서 수찬자도 떼어 먹어야 한다. 그렇게 그리스도를 받고

그분 곧 그분의 은혜와 축복을 먹고 자라야 되며, 믿음으로 그것들을 영혼의 양분으로 바꿀 수 있어야 되는 것이다. 그들은 그분을 자기들의 주님이자 생명으로 취하고, 그분께 집중하며, 그분을 먹고 살아야 한다. 우리 생명이신 그리스도(골 3:4).

(3) 우리는 여기서 성찬의 목적에 관한 설명을 듣는다. [1] 그것은 그리스도를 기념하도록 정해진 것이었다. 즉 우리 마음속에 그분의 최초의 은혜 곧 그분이 우리를 위해 죽으신 것을 생생하게 상기하고, 아울러 그 죽으심으로 말미암아 지금 하나님 보좌 우편에서 친구가 되어 우리를 위해 중보하고 계시는 그리스도를 기억하도록 하기 위해서였다. 최고의 친구, 최고의 사랑의 행위가 여기서 기억되어야 한다. 이 예식의 목적과 그 참된 의미는 이것을 행하여 나를 기념하라(24,25절)는 것이다. [2] 그것은 그리스도의 죽으심을 전하도록 정해진 것이었다. 즉 그것을 선언하고 공개하도록 정해진 것이라는 것이다. 이 예식이 제정된 것은 그분을 기념하는 것 곧 그분이 이루시고, 고난당하신 것을 기억하도록 하는 것이 그 목적의 전부는 아니다. 수찬자들로 하여금 대속에 나타나 있는 그분의 영광스러운 낮아지심과 은혜를 축하하도록 하려는 목적도 있었다. 우리는 그분의 죽으심이 우리의 생명이자 우리의 모든 위로와 소망의 원천이라고 선언한다. 이 선언 속에 우리의 영광이 있다. 우리는 그분의 죽으심을 전하고, 그것을 하나님 앞으로 가져가 우리의 공인된 희생제물과 속량물로 삼는다. 우리는 믿음의 눈으로 그것을 우리의 위로와 생기로 바라본다. 우리는 이 참된 예식을 통해 세상 앞에 우리가 그리스도의 제자들로서, 구원과 하나님의 인정을 위해 오직 그분만 신뢰한다는 것을 선포한다.

(4) 이 예식에 대해 여기서 암시하고 있는 추가적인 내용이 있다. [1] 성찬은 자주 거행되어야 한다: 너희가 이 떡을 먹으며 이 잔을 마실 때마다(26절). 우리는 육신의 양식을 자주 먹는다. 그렇게 하지 않으면 생명과 건강을 유지할 수 없다. 마찬가지로 이 영적 식사도 자주 행해지는 것이 마땅하다. 초대 교회는 매일은 아니었지만 주의 날에는 매번 이 예식을 거행했다. [2] 그것은 계속해서 행해져야 한다. 그것은 그가 오실 때까지(26절) 거행하도록 되어 있다. 즉 믿는 사람들의 구원과 세상을 심판하기 위해 그분이 죄 없이 재림하실 때까지 행해져야 한다. 이것은 우리가 이 예식을 거행해야 하는 보증이다. 주님이 영광 중에 오셔서 현세를 종말로 이끌고, 최후의 심판을 통해 자신의 중보 사역을 다

마치실 때까지 그분의 죽으심과 고난의 기억들을 이같이 기념하는 것이 그분의 뜻이다. 주의 만찬은 일시적인 것이 아니라 상설 제도로서, 지속적으로 거행되어야 할 예식임을 잊지 말자.

Ⅲ. 사도는 고린도 교인들 앞에 주님이 정하신 대로 이 제도를 거행하지 못하고 무가치하게 받을 때 오는 위험에 대해 경고한다. 즉 그 제도의 취지에 반하는 의도를 가지고 단지 잔치와 파당을 위한 목적으로만 참여하거나 마음이 그것에 전혀 합당치 못한 상태 속에 있거나 또는 입술로는 하나님과의 언약 안에서 새롭게 되고 그 안에 포함되어 있다고 고백하지만 그 언약을 죄와 사망 속에 가두어 놓는 것에 대해 경고한다.

1. 이런 상태에 빠지는 것은 큰 죄다. 그들은 주의 몸과 피에 대하여 죄를 짓는 것이다(27절). 그것은 이 거룩한 예식을 위반하는 것으로, 그분의 몸과 피를 업신여기는 것이다. 그들은 마치 자기를 거룩하게 한 언약의 피를 부정한 것처럼 여기고 행동한다(히 10:29). 그들은 그 제도를 모독하고, 구주를 십자가에 다시 못 박는 일을 저지른다. 그분의 피로 깨끗해지는 것이 아니라 그분의 피에 대해 죄를 범한다.

2. 그렇게 하는 것은 아주 위험한 일이다: 자기의 죄를 먹고 마시는 것이니라(29절). 그들은 하나님을 노엽게 하고 형벌을 자초한다. 의심할 것 없이 그들은 큰 죄를 저지르는 것이고, 따라서 스스로 정죄에 빠져 영적 심판과 영원한 불행을 자초한다. 모든 죄는 그 본질 속에 정죄를 포함하고 있다. 그러므로 이 거룩한 예식을 크게 더럽히는 죄는 참으로 치명적이다. 그리고 고린도 교인들이 그런 것처럼 이런 불경과 무례로 말미암아 지은 죄야말로 가장 큰 신성모독이다. 그러나 하나님을 두려워하는 신자라면, 아무 준비 없이 성찬에 참여했기 때문에 당연히 정죄를 받아야 한다고 하는 소리를 듣는다고 할지라도, 결코 낙심할 필요는 없다. 이 죄 역시 다른 죄들처럼 회개하면 용서받을 여지가 충분하기 때문이다. 마귀는 이 성경의 기록을 악용하여 진실한 그리스도인들로 하여금 이 예식에 참여할 기회를 스스로 차단하도록 역사함으로써 그들로부터 최대의 위로를 박탈하고자 하나, 성령께서는 진실한 그리스도인들이 성찬식에 참여하지 못하도록 이 구절들을 기록하신 것이 아니다. 고린도 교인들은 주의 몸을 분별하지 못하고, 마치 일반 잔치에 참여하는 것처럼 생각하고 주의 만찬 자리에 나아왔다. 즉 그들은 성찬 음식과 일반 음식을 구별하거나 구분하지 못

하고 둘을 동일한 차원에 두었다. 아니, 그들은 보통 식사 자리에서 행했던 것보다 이 성찬 자리에서 훨씬 더 무례하게 굴었다. 이것은 그들에게 큰 죄악이었고, 하나님을 크게 불쾌하게 하였으며, 스스로 그분의 심판을 자초하는 일이었다: 그러므로 너희 중에 약한 자와 병든 자가 많고 잠자는 자도 적지 아니하니(30절). 어떤 이는 병에 걸리는 형벌을 받았고, 또 어떤 이는 죽음의 형벌을 받았다. 주의 만찬을 부주의하고 무례하게 받는 것은 당장에 형벌을 가져올 수 있다는 것을 명심하자. 그러나 그 맥락은 이처럼 형벌을 받은 사람들, 최소한 그들 가운데 많은 이들이 하나님의 은혜의 상태 속에 있다는 것을 함축하는 것으로 보인다: 우리가 판단을 받는 것은 주께 징계를 받는 것이니 이는 우리로 세상과 함께 정죄함을 받지 않게 하려 하심이라(32절). 곧 하나님의 징계는 그분의 사랑의 표시다: 주께서 그 사랑하시는 자를 징계하시고(히 12:6). 이것은 특별히 최후의 심판에서 정죄를 받지 않게 하려는 하나님의 크신 자비의 목적에 따른 것이다. 심판의 자리에서도 하나님은 자비를 기억하신다. 그분은 자주 자신이 지극히 사랑하는 자들을 처벌하신다. 자녀의 파멸을 막기 위해 채찍을 드는 것은 사랑의 표현이다. 그분은 이러한 죄악에 대해 채찍을 갖고 찾아가시지만, 그 채찍은 그분의 사랑의 증거다. 이 경우처럼 하나님의 은혜 아래 있는 사람들이라고 해도 그분께 크게 범죄한 사람들은 형벌을 자초하게 될 것이다. 적어도 고린도 교인들 가운데 많은 이들이 그랬다. 왜냐하면 그들은 아버지의 사랑에 따라 하나님으로부터 형벌을 받았는데, 그것은 영원히 멸망당하지 않도록 하기 위해서 미리 형벌을 받게 하신 것이기 때문이다. 영원히 비참에 떨어지는 것보다는 이 세상에서 잠시 고통을 당하는 것이 낫다. 하나님은 자기 백성들이 영원한 재앙을 받지 않도록 하기 위해서 현재 그들을 처벌하신다.

IV. 사도는 주의 만찬에 참여하는 자들이 지켜야 할 의무를 제시한다.

1. 일반적 의무: 사람이 자기를 살피고(28절). 이 말은 자기를 시험하고 확인하라는 뜻이다. 이 거룩한 예식의 성결한 목적, 그 본질, 그리고 그 용도를 고려하고, 그것에 참여하는 자신의 입장과 그것에 대한 자신의 마음의 성향을 헤아려 보라는 것이다. 그리고 하나님 보시기에 자신의 양심이 인정받을 만할 때, 그것에 참여하라는 것이다. 이런 자기검토야말로 이 거룩한 예식에 참여하는 자가 가져야 할 필수적인 자세다. 이성의 연약함 때문에 스스로를 살필 수 없는 사람들은 이 떡을 먹고, 이 잔을 마시는 것이 절대로 부적당하다. 또 자기

를 살핀 결과 완고함과 불신앙과 하나님을 멀리한 삶 등이 나타날 경우에는 참여할 합당한 자격이 없다. 이 혼인잔치에 환영받는 사람이 되려면 혼인예복을 입어야 할 것이다. 곧 마음과 행실 속에 은혜가 있어야 한다는 말이다.

2. 이 예식을 더럽혔으나 아직 형벌을 받지 아니한 사람들의 의무: 우리가 우리를 살폈으면 판단을 받지 아니하려니와(31절). 만일 우리가 철저하게 자신을 살피며 확인하고, 그리하여 발견되는 잘못을 회개하고 교정한다면, 하나님의 판단을 받지 않게 될 것이다. 우리 자신과 우리 자신의 행위를 엄밀하고 단호하게 살펴보는 것은 천국 아버지의 엄정하신 판단 아래 떨어지지 않는 가장 합당한 길이다. 우리가 판단을 받지 않으려면 남을 판단해서는 안 된다(마 7:1). 그러나 우리가 하나님의 판단과 정죄를 받지 않으려면 우리 자신을 판단해야 한다. 우리는 우리 자신을 판단하는데 있어서는 아주 엄격하고, 다른 사람들을 판단하는데 있어서는 아주 너그러워야 한다.

V. 사도는 그들에게 죄를 야기시킨 불법에 대해 경고하는 것으로 이 장을 마친다(33,34절). 그는 주의 만찬에 참여할 때 절대로 무례를 범하지 말라고 강조한다. 그들은 배고픔을 해결하기 위해서나 먹는 즐거움을 위해서는 가정에서 식사를 해야 했고, 성찬을 일반 잔치로 변질시켜서는 안 되었다. 그들이 함께 정죄에 이르지 않으려면 다른 사람들이 먹을 것이 없을 정도로 먼저 다 먹어버려서는 더더욱 안 되었다. 우리는 거룩한 의무도 남용하게 되면 정죄의 대상이 될 수 있음을 명심해야 한다. 그리스도인들은 주일을 지켜야 하고, 설교를 들으며, 성례에 참여할 수 있다. 그런데 그 일들이 오히려 죄책을 가중시키고, 비참한 운명을 더 가혹하게 할 수 있다. 슬프지만 심각한 진리로다! 오! 하나님을 예배하는 자리에 나아와 그분을 노엽게 하고 정죄를 자초하는 자가 되지 않도록 철저히 조심해야 하리라! 거룩한 일은 거룩한 방법에 따라 시행되어야 한다. 그렇지 않으면 그것이 오히려 하나님을 모독하게 된다. 이 문제에 대한 그들의 다른 잘못에 대해 사도는 그들을 직접 방문했을 때 바로잡도록 하겠다고 말한다.

제 12 장

개요

이 장에서 사도는 다음과 같은 내용을 다룬다. I. 고린도 교회에 충만하게 주어진 영적 은사의 사례들을 다룬다. 그는 그것들이 하나님으로부터 온 것이라고 그 출처를 밝힌다. 그리고 그 다양성과 용도 그리고 그것들이 주어진 유일한 목적은 기독교의 확장과 교회의 덕을 세우는 데 있음을 언급한다(1-11절). II. 이것을 각 지체가 상호 관계와 상호 도움 속에 있고, 각자 그 적절한 위치와 기능을 갖고 있는 인간의 몸에 대한 비유로 예증한다(12-26절). III 교회는 그리스도의 몸이고, 그 지체들은 몸 전체와 각 개별적 지체의 유익을 위해 다양한 은사를 받는다고 말한다(27-30절). IV. 이 은사들보다 더 유익한 어떤 은사를 구하라는 권면으로 끝맺는다(31절).

¹형제들아 신령한 것에 대하여 나는 너희가 알지 못하기를 원하지 아니하노니 ²너희도 알거니와 너희가 이방인으로 있을 때에 말 못하는 우상에게로 끄는 그대로 끌려갔느니라 ³그러므로 내가 너희에게 알리노니 하나님의 영으로 말하는 자는 누구든지 예수를 저주할 자라 하지 아니하고 또 성령으로 아니하고는 누구든지 예수를 주시라 할 수 없느니라 ⁴은사는 여러 가지나 성령은 같고 ⁵직분은 여러 가지나 주는 같으며 ⁶또 사역은 여러 가지나 모든 것을 모든 사람 가운데서 이루시는 하나님은 같으니 ⁷각 사람에게 성령을 나타내심은 유익하게 하려 하심이라 ⁸어떤 사람에게는 성령으로 말미암아 지혜의 말씀을, 어떤 사람에게는 같은 성령을 따라 지식의 말씀을, ⁹다른 사람에게는 같은 성령으로 믿음을, 어떤 사람에게는 한 성령으로 병 고치는 은사를, ¹⁰어떤 사람에게는 능력 행함을, 어떤 사람에게는 예언함을, 어떤 사람에게는 영들 분별함을, 다른 사람에게는 각종 방언 말함을, 어떤 사람에게는 방언들 통역함을 주시나니 ¹¹이 모든 일은 같은 한 성령이 행하사 그의 뜻대로 각 사람에게 나누어 주시는 것이니라

사도는 여기서부터 고린도 교회에 충만했으나 크게 악용되었던 영적

은사들에 대해 다루기 시작한다. 이 은사들이 무엇을 의미하는지에 대해서는 이 장의 주제로 상세하게 말해진다. 즉 그것은 제1세기에 불신자들의 회심과 복음 전파를 위해 사역자들과 평신도 그리스도인들에게 부여된 특별한 직분과 능력을 말한다. 은사(카리스마타)와 은혜(카리스)는 크게 다르다. 둘 다 하나님으로부터 값없이 주어진 것이라는 점에서는 실제로 동일하다. 그러나 은혜가 주어지는 곳에서는 그것을 소유하고 있는 사람들에게 구원의 역사가 일어난다. 반면에 은사는 다른 사람들의 유익과 구원을 위해 주어진 것이다. 은혜가 전혀 없는 곳에서도 큰 은사가 있을 수 있다. 그러나 그 경우 은사를 소유한 사람들은 하나님의 은혜로부터 철저히 벗어나 있다. 그들은 사람들에게 하나님의 자비로움을 보여주는 유력한 본보기이지만, 그 자체로 자기들이 하나님을 만족시키는 대상들임을 보여주는 증거는 못된다. 고린도 교회는 은사로 충만했으나 그 안에 혼란에서 오는 수치스러운 일들이 많이 있었다. 그런데 이 영적 은사 곧 그들의 특별한 능력들은 성령으로부터 받은 것이었다.

I. 사도는 그들이 은사의 원천이나 용도에 대해 무지하지 않기를 바란다고 말한다. 그것들은 하나님으로부터 왔고, 그분을 위해 사용되도록 주어진 것이다. 만일 그들이 은사에 관해 그 원천과 용도에 대해 무지하다면 크게 실족하게 될 것이다. 올바른 지식이 참된 믿음의 실천에 크게 유용함을 잊어서는 안 된다. 은사를 받은 사람들이 그 본질과 그 적절한 용도에 대해 모르거나 유의하지 않는다면 그들의 사역은 비참한 일이 되고 말 것이다.

II. 사도는 그들이 구원받기 전 처해 있었던 비참한 상태를 상기시킨다. 너희도 알거니와 너희가 이방인으로 있을 때에 말 못하는 우상에게로 끄는 그대로 끌려갔느니라(2절). 이방인이었을 때 그들은 영적 존재나 영적 은사에 대해 자랑할 수 없었다. 그들이 이방종교의 영의 인도 아래 있었을 때에는 그리스도의 영의 인도를 받을 수 없었다. 만일 그들이 자기들의 과거 상태를 잘 알고 있다면, 모든 참된 영적 은사는 하나님으로부터 온 것임을 모를 리가 없을 것이다. 이것을 확인해 보자

1. 그들의 이전 상태: 그들은 이방인이었다. 하나님의 특별한 백성이 아니라 그분이 포기한 족속의 백성이었다. 그들에게 참 하나님에 관한 지식과 경배는 제한되어 있었다. 나머지 세상은 약속의 언약에 대해 외인으로서, 이스라엘 나라 밖의 사람들로 소외되어 있었고, 하나님도 없는 자들이었다(엡 2:12). 기독

교로 개종하기 전, 대부분의 고린도 교인들이 바로 이 이방인이었다. 여기에 얼마나 놀라운 변화가 있었을까! 그리스도인이 된 고린도 교인들도 한때는 이방인이었다. 자신이 과거에 어떤 존재였는지를 생각하는 것은 그리스도인에게는 아주 유익하고, 자신의 의무와 감사를 자극하는데 적절한 조치가 된다는 것을 명심하자: 너희가 이방인으로 있을 때에(2절).

2. 그들이 그 아래서 했던 행위: 말 못하는 우상에게로 끄는 그대로 끌려갔느니라(2절). 그들은 그들의 무지를 악용하는 그 제사장들의 헛된 상상력과 속임수를 통해 허탄한 우상 숭배에 떨어져 심지어는 나무나 돌들을 예배하기도 했다. 그 철학자들의 사상이 어떠하든, 이것이 그들의 행동이었다. 대다수 백성들은 귀가 있어도 듣지 못하고 입이 있어도 말하지 못하는(시 115:5,6) 벙어리 우상에게 숭배와 경배를 드렸다. 얼마나 비참한 심령의 상태인가! 그리고 이러한 대중들의 어리석은 관념을 멸시했던 사람들도 행동으로는 그들과 보조를 맞추었다. 얼마나 비참한 이방종교의 상태인가! 과연 하나님의 영이 이런 어리석은 우상 숭배자들 속에 거하거나 또는 그들이 성령의 감동을 받을 수 있었겠는가? 이 세상의 임금이 얼마나 인간을 맹목적으로 만들고 말았는가! 그가 그들의 마음 위에 쳐놓은 안개는 얼마나 짙을까!

Ⅲ. 사도는 하나님의 영으로부터 온 은사 곧 참된 영적 은사들을 그들이 어떻게 분별해낼 수 있는지에 대해 설명한다. 하나님의 영으로 말하는 자는 누구든지 예수를 저주할 자라 하지 아니하고(3절). 유대인과 이방인 모두 그렇게 했다. 그들은 그분을 사기꾼으로 욕하고, 그분의 이름을 저주하며, 그것을 가증스런 이름으로 치부했다. 그러나 주술사와 마술사로 활동하던 많은 유대인들이 하나님의 영을 힘입어 이적을 행하는 것처럼 자랑했다(이 부분에 대한 라이트푸트의 주석을 참조하라). 또 이방인들 중에서도 많은 사람이 영감을 받았다고 자랑했다. 따라서 사도는 그리스도를 부인하고 욕하는 사람들 가운데 하나님의 영의 감동이나 능력으로 말미암아 행동했던 사람은 하나도 없었다고 말한다. 왜냐하면 하나님의 영은 예언, 이적, 죽은 자로부터의 그분의 부활, 사람들에게 성공적으로 전한 그분의 설교, 그리고 사람들에게 미친 그 효과 등을 통해 그리스도를 무조건 증언하기 때문이다. 그러므로 그분을 저주받을 자로 선언하는 것은 성령의 역사와는 크게 모순될 수밖에 없다. 또 한편으로 성령으로 아니하고는 누구든지 예수를 주시라 할 수 없다(3절). 즉 성령의 역사가 없이는

이 믿음에 따라 살고, 그것을 증명하는 이적을 행하지 못한다는 것이다. 사람들 앞에 이 진리를 시인하고, 죽을 때까지 그것을 지키며, 그 영향 아래 사는 것은 성령의 역사가 없이는 불가능하다. 그 믿음이 성령으로 말미암아 일어난 것이 아니면, 어느 누구도 그리스도께 믿음으로 복종하고 그분을 의지하면서, 그분을 주로 부를 수 없다. 어느 누구도 성령께서 그를 각성시키고 자극하지 않으면 환난의 시대에 이 진리를 고백할 수 없다. 우리가 하나님과의 화해와 용납을 위해 그리스도의 중보를 의지하는 것처럼, 성화와 성도의 견인을 위해서는 성령의 역사와 감동에 필수적으로 의존해야 함을 잊어서는 안 된다. 성령으로 말미암지 않고는 누구도 이 진리를 이적을 통해 확증할 수 없다. 아무리 능력이 있다 할지라도, 마귀의 나라에 그토록 치명적인 교훈과 종교를 전파하기 위해 악한 영이 그를 도와 그렇게 할리는 만무하다. 사도가 주장하고 역설하는 것의 본질은 아무리 기독교를 대적하는 사람들이 성령의 영감이나 이적을 빙자한다고 할지라도, 그것들은 하나님의 영으로부터 온 것일 수가 없다는 것이다. 그들 가운데 어떤 사람도 성령으로 말미암지 않고는 예수가 그리스도라는 사실을 진심으로 믿을 수 없고 또는 그것을 이적으로 증명해 보일 수도 없다는 것이다. 따라서 그들 가운데 나타나는 특별한 역사와 능력들은 모두 하나님으로부터 나온 것이다. 사도는 다음과 같이 덧붙인다.

Ⅳ. 이 영적 은사들은 한 성령으로부터 나오지만 다양하다. 그것들은 여러 가지 종류가 있으나 그 저자와 원천은 동일하다. 자유로운 원인이 다양한 결과를 낳을 수 있다. 한 수여자가 다양한 은사를 주실 수 있다(4절). 은사는 여러 가지나 성령은 같고. 이런 은사들로 계시, 방언, 예언, 방언 통역 등이 있다. 또 각각 사역 또는 다른 직분들과 그것들을 수행하는 사역자 및 규례와 제도 간에는 차이가 있다(28-30절을 보라). 그러나 그것들 모두 정하신 이는 동일한 주님이시다(6절). 또 사역은 여러 가지나(6절). 여기서 사역은 이적적인 능력으로, 능력 행함으로 불린다(10절). 그러나 모든 것을 모든 사람 가운데서 이루시는 하나님은 같다. 은사와 사역과 역사는 다양하지만, 그것들은 모두 한 하나님, 한 주님, 한 성령으로부터 온다. 즉 모든 영적 복과 기업의 원천 및 창시자이신 성부, 성자, 성령 하나님으로부터 나온다. 모든 것이 한 저자를 갖고 있다. 아무리 그것들이 그 자체로는 차이가 있다 할지라도 이 점에 있어서는 일치한다. 모두 하나님으로부터 온다. 그리고 여기서 그 다양한 종류들이 열거되고 있다

(8-10절). 다양한 사람들이 다양하게 은사를 받았다. 어떤 이는 이런 은사를, 또 어떤 이는 저런 은사를 받았다. 그러나 모두 같은 성령으로부터 받았다. 어떤 사람에게는 지혜의 말씀이 주어졌다. 어떤 이는 이것이 복음의 비밀에 관한 지식과 그것을 설명하는 능력이라고 말한다. 즉 기독교의 목적과 본질과 교훈에 관한 정확한 이해를 말한다는 것이다. 다른 이는 솔로몬의 잠언과 같이 사려 깊은 문장을 말하는 능력이라고 말한다. 또 어떤 이는 이것을 사도들에게 또는 사도들로 말미암은 계시에 대한 지혜의 말로 한정시킨다. -어떤 사람에게는 같은 성령을 따라 지식의 말씀을. 어떤 이는 이것이 구약성경의 예언과 모형과 역사들로 둘러싸여 있는, 비밀에 관한 지식(2:13)을 가리킨다고 말한다. 또 어떤 이는 조언과 권면을 통해 복잡하게 얽힌 문제를 쉽게 풀어주는 능력이라고 말한다. -다른 사람에게는 같은 성령으로 믿음을. 이것은 이적들을 믿는 믿음이나 신적 권능과 약속을 믿는 믿음을 가리키는 것으로, 이것으로 그들은 이적을 일으킬 수 있었다. 또는 위로부터 오는 특별한 충동으로, 이것으로 그들은 위급한 상황에서도 하나님을 신뢰할 수 있고, 그들의 의무를 적극적으로 수행하며, 어떤 어려움이나 위험이 있더라도 그리스도에 관한 진리를 시인하고 고백할 수 있었다. -어떤 사람에게는 한 성령으로 병 고치는 은사를. 이것은 손으로 안수하거나 기름을 붓거나 오직 말씀으로 병자를 치유하는 것을 말한다. -어떤 사람에게는 능력(이적) 행함을. 능력 행함(에넬게마타 뒤나메온)은 죽은 자를 살리는 것, 눈먼 자의 눈을 뜨게 하는 것, 벙어리가 말을 하게 하는 것, 귀머거리의 귀가 들리게 하는 것, 불구자가 수족을 사용하게 하는 것 등을 말한다. -어떤 사람에게는 예언함을. 이것은 예언의 통상적 의미인 미래 사건에 대해 미리 말하거나 성령의 특별한 은사를 통해 성경을 설명하거나 하는 능력을 말한다. 14:24을 보라. -어떤 사람에게는 영들 분별함을. 이것은 성령으로 말미암아 참 선지자와 거짓 선지자를 구별하거나 어떤 사람의 실제적 및 내적 능력이 어떤 직분에 적합한지를 가려내거나 베드로가 아나니아 부부에게 한 것처럼(행 5:3), 내면적 마음의 상태를 알아내는 능력을 말한다. -다른 사람에게는 각종 방언 말함을. 이것은 성령의 감동을 통해 언어를 말하는 능력이다. -어떤 사람에게는 방언들 통역함을 주시나니. 이것은 외국어를 모국어로 쉽게 그리고 적절하게 통역하는 능력을 말한다. 초대 교회와 그 사역자들이 이런 다양한 영적 은사들을 갖게 된 것은 축복이었다.

V. 이 은사들이 주어진 목적. 각 사람에게 성령을 나타내심은 유익하게 하려 하심이라(7절). 성령은 이 은사들이 행사될 때 명백히 드러나신다. 그분의 영향과 관심이 그것들 속에 나타났다. 그러나 그것들은 그것들을 갖고 있는 사람의 영예와 이익을 위해 주어진 것이 아니라 교회의 유익을 위해 곧 교회에 덕을 세우고 복음을 전파하기 위해 주어진 것이었다. 하나님이 어떤 사람에게 주시는 은사가 무엇이든 간에, 그분은 그들에게 일상적 유익이든 영적인 유익이든 선을 행하도록 그것들을 주신다는 것을 잊지 말자. 하나님이 은혜로 주시는 외적 은사들은 그분의 영광을 위해 행사되어야 하고, 다른 사람들에게 선을 행하는데 사용되어야 한다. 어느 누구도 단지 자신을 위해 그것들을 소유해서는 안 된다. 그것들은 남의 이익을 위해 그의 손에 맡겨진 위탁물이다. 그가 그것들을 가지고 남의 유익을 구하면 구할수록 그것들은 결국 그의 유익을 더 풍성하게 할 것이다(빌 4:17). 영적 은사들이 주어지는 것은 그것들을 가지고 교회에 유익을 주고 기독교를 부흥시키도록 하기 위함이다. 그것들은 과시가 아니라 섬김을 위해, 자랑과 허세를 위해서가 아니라 덕을 세우도록 주어지는 것이다. 그것들을 갖고 있는 사람들을 높여주기 위해서가 아니라 다른 사람들을 세워주기 위해서다.

VI. 은사가 주어지는 기준과 규모. 이 모든 일은 같은 한 성령이 행하사 그의 뜻대로 각 사람에게 나누어 주시는 것이니라(11절). 그것은 시혜자의 주권적 기쁨에 따라서이다. 은사보다 더 값없이 주어지는 것이 무엇일까? 그리고 하나님의 영이 자신의 뜻대로 무엇을 못하시겠는가? 그분이 자신이 원하는 사람들에게 그리고 자신이 원하는 분량대로 무엇을 주시지 못하겠는가? 그분이 어떤 이에게는 어떤 은사를, 다른 이에게는 다른 은사를, 또 어떤 이에게는 더 많이, 다른 이에게는 더 적게 자신이 적당하다고 생각되는 대로 주시지 못할 이유가 무엇인가? 그분이 자신의 목적이 어떻게 수행되고, 자신의 선물이 어떻게 주어져야 하는지 가장 잘 판단하시지 않겠는가? 그것은 절대로 사람들의 뜻대로도 아니요, 그들이 적당하다고 생각하는 대로도 아니라 성령의 기쁘신 뜻대로다. 성령은 신적 인격이시다. 그분은 자신의 권능으로 말미암아 자신의 기쁘신 뜻을 따라 어떤 의존이나 통제가 없이 원하는 대로 신적 효력을 일으키고, 신적 은사를 나누어주신다. 그러나 그분은 이 은사들을 값없이 그리고 조건 없이 나누어주시지만, 그것들은 그분의 뜻에 따라, 받은 사람 개인의 영예와 유익이 아니라 공적 유익을 위해, 교회 전체의 덕을 세우기 위해 사용되어야 한다.

[12]몸은 하나인데 많은 지체가 있고 몸의 지체가 많으나 한 몸임과 같이 그리스도도 그러하니라 [13]우리가 유대인이나 헬라인이나 종이나 자유인이나 다 한 성령으로 세례를 받아 한 몸이 되었고 또 다 한 성령을 마시게 하셨느니라 [14]몸은 한 지체뿐만 아니요 여럿이니 [15]만일 발이 이르되 나는 손이 아니니 몸에 붙지 아니하였다 할지라도 이로써 몸에 붙지 아니한 것이 아니요 [16]또 귀가 이르되 나는 눈이 아니니 몸에 붙지 아니하였다 할지라도 이로써 몸에 붙지 아니한 것이 아니니 [17]만일 온 몸이 눈이면 듣는 곳은 어디며 온 몸이 듣는 곳이면 냄새 맡는 곳은 어디냐 [18]그러나 이제 하나님이 그 원하시는 대로 지체를 각각 몸에 두셨으니 [19]만일 다 한 지체뿐이면 몸은 어디냐 [20]이제 지체는 많으나 몸은 하나라 [21]눈이 손더러 내가 너를 쓸 데가 없다 하거나 또한 머리가 발더러 내가 너를 쓸 데가 없다 하지 못하리라 [22]그뿐 아니라 더 약하게 보이는 몸의 지체가 도리어 요긴하고 [23]우리가 몸의 덜 귀히 여기는 그것들을 더욱 귀한 것들로 입혀 주며 우리의 아름답지 못한 지체는 더욱 아름다운 것을 얻느니라 그런즉 [24]우리의 아름다운 지체는 그럴 필요가 없느니라 오직 하나님이 몸을 고르게 하여 부족한 지체에게 귀중함을 더하사 [25]몸 가운데서 분쟁이 없고 오직 여러 지체가 서로 같이 돌보게 하셨느니라 [26]만일 한 지체가 고통을 받으면 모든 지체가 함께 고통을 받고 한 지체가 영광을 얻으면 모든 지체가 함께 즐거워하느니라

사도는 여기서 앞에서 주장했던 것이 진리임을 이해시키고, 고린도 교인들 중 은사를 받은 사람들에게 그리스도의 교회를 인간의 몸에 비유함으로써, 그들의 의무가 무엇인지를 상기시킨다.

I. 한 몸이 많은 지체를 갖고 있고, 몸의 많은 지체가 한 몸이라고 말한다(12절). 몸은 하나인데 많은 지체가 있고 몸의 지체가 많으나 한 몸임과 같이 그리스도도 그러하니라. 신학자들이 흔히 말하는 것처럼, 그리스도는 신비적이다. 그리스도와 그의 교회는 머리와 지체의 관계로서 한 몸을 이루는데, 이 몸이 많은 부분 또는 지체들로 이루어져 있으나 하나의 몸이다. 왜냐하면 모든 지체는 다 한 성령으로 세례를 받아 한 몸이 되었기 때문이다(13절). 유대인과 이방인이나, 종이나 자유인이나 다 이 점에서는 동등한 위치에 있다. 모두 세례를 받아

한 몸이 되고, 한 성령에 참여한다. 그리스도인들은 세례를 통해 이 몸의 지체들이 된다. 그들은 세례를 받아 한 몸이 된다. 이 외적 의식(곧 세례)은 하나님이 세우신 제도로 거듭남을 상징하고, 따라서 중생의 씻음(딛 3:5)으로 불린다. 그러나 우리가 그리스도의 몸의 지체가 되는 것은 성령 곧 성령의 거듭나게 하심으로 말미암는다. 그것은 성령의 역사로서, 외적 의식을 통해 우리가 지체가 됨을 상징한다. 그리고 성례의 또 하나의 의식인 성찬을 통해 우리는 자라간다. 그러나 그 때 단순히 포도주를 마시는 것이 아니라 한 성령을 마시는 것으로 그렇게 되는 것이다. 외적 제도는 하나님께서 이 놀라운 유익에 우리를 참여시키기 위해 정하신 은혜의 수단이다. 그러나 그것은 성령에 의한 세례로서, 내적 갱신이고, 한 성령을 마시는 것으로서, 수시로 그분의 성화시키는 능력에 참여하는 것이다. 그렇게 하여 그것은 우리를 그리스도의 몸의 참 지체가 되게 하고, 그분과의 연합을 지속하도록 한다. 한 성령으로 힘을 얻어 그리스도인들은 한 몸이 된다. 그리스도의 영을 소유하고 있는 사람들은 차별 없이 유대인이든 이방인이든, 종이든 자유인이든 막론하고 그리스도의 지체들이다. 절대로 그것 외에 다른 존재가 아니다. 그들은 같은 삶의 원리를 갖고 있기 때문에 한 몸이다. 그들은 모두 한 성령으로 말미암아 살아나고, 또 살아가는 존재들이다.

II. 각 지체는 그 고유의 형태, 위치, 기능을 갖고 있다.

1. 발과 귀는 손과 눈보다 덜 유용할지 모른다. 그러나 발은 손이 아니고, 귀는 눈이 아니라고 해서 그것들이 몸에 속하지 아니했다고 말하겠는가?(15,16절) 마찬가지로 신비적인 몸의 모든 지체도 같은 위치와 직책을 가질 수 없다. 그러면 어떻게 되는가? 그것 때문에 그것이 몸과 아무 관계가 없다고 하겠는가? 그것이 같은 위치에 고정되어 있지 못하거나 다른 지체들과 같은 은사를 갖고 있지 않다는 이유로 "나는 그리스도께 속하지 않았다"고 말하겠는가? 아니다. 그분의 몸의 지체라면 아무리 비천하다고 해도, 가장 소중한 지체와 똑같은 지체이고, 그분에 의해 참으로 그렇게 인정받는다. 그분의 지체들은 그분에게 똑같이 소중하다.

2. 몸의 지체들 간에는 차이가 있어야 한다. 만일 온 몸이 눈이면 듣는 곳은 어디며 온 몸이 듣는 곳이면 냄새 맡는 곳은 어디냐(17절). 만일 다 한 지체뿐이면 몸은 어디냐(19절). 이제 지체는 많으나 몸은 하나라(20절). 지체는 많기 때문에 그

들 간에 차이가 있어야 하는 것이 당연하다. 몸의 한 지체가 몸의 전부가 아니다. 몸은 많은 지체로 이루어져 있다. 이 많은 지체들 사이에는 차이가 있어야 하는데, 그것은 상황, 형태 또는 기능 등의 차이이다. 그리스도의 몸도 이와 똑같다. 그 지체들은 각기 다른 기능을 갖고 있고, 따라서 다른 능력을 갖고 있다. 또 각각 다른 위치에 속해 어떤 지체는 이런 은사를 갖고 있고, 다른 지체는 저런 은사를 갖고 있다. 몸의 지체들의 다양성은 몸의 아름다움에 각각 기여한다. 만약 몸이 전부 귀나 눈이라면 또는 팔이라면 얼마나 끔찍한 괴물이 될까! 따라서 교회 안에 다양한 은사와 직분이 있어야 하는 것은 교회의 아름다움과 선한 모습을 위해서다.

3. 인간의 몸의 지체들의 배열과 그 상황은 하나님의 기쁘신 뜻에 따른 것이다: 그러나 이제 하나님이 그 원하시는 대로 지체를 각각 몸에 두셨으니(18절). 지체들의 배치를 볼 때 우리는 하나님의 지혜를 분명히 느낄 수 있다. 그러나 그것은 그분이 원하시는 뜻에 따라 이루어졌다. 그분은 자신이 원하시는 대로 그것들을 구별하고 배치하셨다. 그리스도의 몸의 지체들도 이와 마찬가지다. 그것들은 하나님이 원하시는 대로 이런 지위를 갖도록 선택받고, 이런 은사를 부여받았다. 만군의 주 하나님이신 그분이 자신의 뜻대로 은혜와 은사를 베푸신다. 그럴진대 누가 그분의 기쁘신 뜻을 반대하겠는가? 어떤 근거로 여기서 우리가 자신에 대해 불평하고 다른 사람들에 대해 시기하겠는가? 우리는 우리 자신의 위치에 합당한 의무를 이행해야 하지, 우리 자신에게 불평하거나 우리가 다른 사람들의 자리에 있지 않다고 해서 그들과 다투어서는 안 된다.

4. 몸의 모든 지체는 어떤 면에서 서로에게 유용하고 필요하다: 눈이 손더러 내가 너를 쓸 데가 없다 하거나 또한 머리가 발더러 내가 너를 쓸 데가 없다 하지 못하리라 그뿐 아니라 더 약하게 보이는 몸의 지체(창자 등)가 도리어 요긴하고(21,22절). 하나님은 각 지체들이 연결되고 결합되어 모든 지체가 서로 간에 그리고 몸 전체에 대해 필요하도록 하셨다. 남아돌거나 불필요한 부분은 하나도 없다. 모든 지체가 이런저런 선한 목적을 위해 사용된다. 그것은 다른 지체들에게 유용하고, 몸 전체의 건강을 위해 필요하다. 그리스도의 몸에는 다른 지체들에게 도움을 줄 수 있고, 또 주어야 하고, 필요한 시간이나 상황에 따라 그것들을 돕는 것들 말고 다른 지체는 없다. 하나님께서 자신의 기쁘신 뜻대로 그들을 구별하여 그것들 모두가 어떤 면으로든 서로 의존하도록 만들고, 또 서로 간의

유익 때문에 서로의 가치를 인정하고, 서로에게 관심을 갖도록 하셨기 때문에 각 지체는 다른 지체를 멸시하거나 질투해서는 안 된다. 어떤 은사에 있어서 탁월한 지체들은 그 은사에 있어서 부족한 지체들이 필요 없다고 말해서는 안 된다. 어쩌면 그들은 다른 은사에 있어서는 그들을 능가할지도 모르기 때문이다. 아니, 아무리 비천한 지체라도 각기 쓸모가 있고, 아무리 탁월한 지체라도 그 지체가 없으면 제대로 활동할 수 없다. 눈은 손을 필요로 하고, 머리는 발을 필요로 한다.

5. 사람이 그의 몸 전체에 대해 관심을 갖는 이유는 몸의 덜 귀히 여기는 그것들을 더욱 귀한 것들로 입혀 주며 아름답지 못한 지체는 더욱 아름다운 것을 얻도록 하기 위해서다(23절). 여분의 것처럼 연약해 보이고, 또 내놓기에 볼품없거나 부끄러운 부분의 지체들에 대해 우리는 조심스럽게 옷을 입혀주고 덮어 주어야 한다. 반면에 아름다운 지체는 그럴 필요가 없다. 섭리자의 지혜는 너무나 정교하고 적절해서 가장 필요한 지체에 가장 큰 관심과 영예가 주어지도록 배려하였다(24절). 마찬가지로 그리스도의 몸의 지체들도 다른 지체들에 대해 이같이 행동해야 한다. 그들을 멸시하거나 비판하는 대신, 그들의 부족함을 덮어주고 감추어주며, 할 수 있는 한 그들에 대해 태연한 모습을 보여주도록 힘써야 한다.

6. 하나님의 지혜는 이와 같이 몸의 지체들이 서로 갈라져 각자의 이익을 위해 활동함으로써 분열되지 않고, 슬픈 감정은 서로 나누고 기쁨과 즐거움은 서로 교류함으로써, 서로에게 좋은 영향을 미치고, 부드럽게 서로 감싸주도록 고안되고 배치되었다(25,26절). 하나님은 앞에 언급된 방법으로 인간의 몸의 지체들을 돌보심으로써, 몸 가운데서 분쟁이 없게 하셨다(25절). 즉 지체들 사이에 불화나 분리가 없도록 또는 최소한 서로 간에 무시가 일어나지 않도록 하셨다. 이것은 그리스도의 영적 몸에 있어서도 피해야 할 일이다. 이 몸에 절대로 분쟁이 있어서는 안 된다. 그 지체들은 가장 강한 사랑의 줄로 꽁꽁 묶여 있어야 한다. 이런 사랑의 결핍이야말로 분쟁의 씨앗이다. 그리스도인들이 서로에 대해 냉담해지면, 서로 간에 부주의하고 무관심하게 된다. 이 상호 무관심이 분쟁의 시초다. 인간의 몸의 지체들은 몸의 분쟁을 막기 위해 서로를 향해 주의와 관심을 가져야 한다. 이것은 그리스도의 몸에 있어서도 마찬가지다. 그 지체들은 서로 간에 같은 마음을 품어야 한다. 인간의 몸에서 한 부분의 고통이

몸 전체를 고통스럽게 하고, 한 부분의 평안과 즐거움이 몸 전체에 미치는 것처럼, 그리스도인들도 다른 동료 그리스도인들의 영예를 자신의 영예로 알고 존중해야 하고, 그들의 고통을 자신의 고통으로 느껴야 한다. 그리스도인의 동정이 기독교의 가장 큰 의무 가운데 하나임을 잊지 말자. 우리는 형제들의 고통을 가볍게 여기지 말고 그들과 함께 고통을 받고, 그들의 영광을 절대로 시기하지 말고 그들과 함께 즐거워함으로써 그들의 영예를 우리의 것으로 간주해야 한다.

[27]너희는 그리스도의 몸이요 지체의 각 부분이라 [28]하나님이 교회 중에 몇을 세우셨으니 첫째는 사도요 둘째는 선지자요 셋째는 교사요 그 다음은 능력을 행하는 자요 그 다음은 병 고치는 은사와 서로 돕는 것과 다스리는 것과 각종 방언을 말하는 것이라 [29]다 사도이겠느냐 다 선지자이겠느냐 다 교사이겠느냐 다 능력을 행하는 자이겠느냐 [30]다 병 고치는 은사를 가진 자이겠느냐 다 방언을 말하는 자이겠느냐 다 통역하는 자이겠느냐 [31]너희는 더욱 큰 은사를 사모하라 내가 또한 가장 좋은 길을 너희에게 보이리라

I. 여기서 사도는 지금까지의 강론을 정리하면서, 이 비유를 그리스도의 교회에 적용시킨다.   이에 관해 다음과 같은 사실을 확인할 수 있다.

1. 그리스도인들이 그리스도 및 서로에 대해 갖고 있는 관계. 교회 곧 모든 시대에 걸쳐 그리스도인들의 전체 집단은 그분의 몸이다. 모든 그리스도인은 그분의 몸의 지체이고, 다른 모든 그리스도인은 같은 지체로서 그분과 관계 속에 있다(27절): 너희는 그리스도의 몸이요 지체의 각 부분(개개의 지체들)이라. 각 지체는 몸 전체가 아니라 몸의 한 지체다. 각 지체는 몸의 한 부분으로서 몸과 관계 속에 있다. 모든 지체는 서로 의존하는 일반 관계 속에 있으므로 서로 간에 관심과 돌봄이 있어야 한다. 이것은 인간의 몸의 지체들이나 신비적 몸의 지체들이나 똑같다. 상호 무관심도 그러한데, 하물며 상호 경멸과 미움과 시기와 다툼은 그리스도인들에게는 정말 부자연스러운 일이다. 그것은 한 몸의 지체들이 서로에 대한 관심이 전혀 결여되어 있거나 서로 다투고 있는 것과 같다. 이것이 이 논증에서 보여주고자 하는 사도의 목적이다. 그는 영적 은사로 말미암아 고린도 교인들 사이에 득세했던 교만하고 뽐내고 다투기 좋아하는

정신을 억누르려고 애를 썼다.

2. 그리스도에 의해 세워진 다양한 직분과 그분에 의해 부여된 은사들(28절): 하나님이 교회 중에 몇을 세우셨으니. 첫째는 사도요. 사도는 교회를 세우고, 하나님의 뜻을 온전히 계시하는데 필수적인 모든 능력을 부여받은 자들이었다. 둘째는 선지자요. 선지자는 영감을 통해 예언을 하고, 성경을 해석하거나 복음서 기자들이 그랬던 것처럼 성경을 기록하는 능력을 부여받은 자들이었다. 셋째는 교사요. 교사는 목회자든 평신도든 말씀과 교리를 위해 수고하는 자들을 말한다. 그 다음은 능력을 행하는 것이요. 여기서 능력을 행하는 것은 이적 또는 이적을 행하는 자들을 말한다. 그 다음은 병 고치는 은사와. 이들은 질병을 고치는 능력을 소유한 자들이다. 서로 돕는 것과. 이것은 병자와 약자에게 연민을 갖고 돌봐주는 것을 말한다. 다스리는 것과. 이것은 교회에 들어온 사랑의 헌금을 처리하고, 그것을 가난한 자들에게 나누어주는 일을 말한다. 각종 방언을 말하는 것이라. 이것은 다양한 다른 나라의 언어로 말을 할 수 있는 능력을 말한다. 이 모든 것들에 관해 다음과 같은 사실을 확인할 수 있다.

(1) 이 은사와 직분의 풍부한 다양성. 얼마나 종류가 다양한가! 선하신 하나님께서는 초대 교회와 한량없는 교통을 나누셨다. 그분은 베풂과 호의에 조금도 인색하시지 않았다. 아니, 풍부하게 공급해 주셨다. 그것들은 조금도 부족하지 않았고, 오히려 남았다 — 필요한 것 이상으로 부어주셨다. 사용하기에 충분했다.

(2) 이 직분과 은사의 순서. 그것들은 여기서 그 적절한 순서에 따라 배열되고 있다. 가장 가치 있는 것이 먼저 나와 있다. 사도, 선지자 그리고 교사는 백성들을 세우고, 그들에게 하나님에 관한 일을 알려주며, 그들의 영적 수준을 촉진시키는 순서를 의도하도록 되어있다. 그러므로 그들이 없으면 복음에 관한 지식이나 거룩함은 증진될 수 없었을 것이다. 그러나 뒤에 나오는 은사들이 아무리 기독교의 위대한 목적을 이루는데 적합하다고 해도, 전자가 없으면 엄밀히 말해 소위 참된 종교와는 직접적으로 아무 상관이 없는 것들이 되고 말 것이다. 그러므로 하나님이 정하신 그 참된 가치에 따라서 우리도 그 가치를 판단하도록 해야 한다. 그리고 그 일의 용도야말로 그 가치를 정하는 최상의 기준이다. 최상의 목적을 가장 잘 성취하는 것이 가장 가치 있는 것이다. 단지 신유와 능력을 행하는 은사만 가진 자들의 것과 비교해 볼 때, 사도들의 능력

에 속하는 것들이 바로 그와 같은 것이었다. 이 순서들 가운데 가장 낮은 자리에 속한 은사가 여러 가지 방언이다. 그것은 그 자체만으로는 이 모든 은사들에 비해 가장 무익하고 무의미한 은사다. 질병을 고치고, 가난한 자를 돕고, 병자를 돌보는 것은 그 자체로 쓸모가 있다. 그러나 방언을 말하는 것은 만일 어떤 사람이 그것을 즐기고 자신을 과시하는데 단지 사용한다면, 얼마나 헛된 일이 되고 말까! 이것은 참으로 듣는 자들의 부러움은 받기 쉬우나 그들을 위해 덕을 세울 수 없고, 아무런 유익을 줄 수도 없다. 그러나 고린도 교인들이 이 은사에 대해 과대평가를 하고 있었음이 14장으로 볼 때 분명하다. 사람들로 하여금 그들이 자랑하는 것의 참된 가치를 알려줌으로써 그 교만을 꺾는 것은 얼마나 적절한 방법일까! 사람들이 가장 가치가 없는 것을 가장 가치 있게 여기는 것은 참으로 흔한 일이다. 그러므로 그들이 얼마나 크게 잘못 알고 있는지를 알려줌으로써 제정신이 들도록 이끄는 것은 정말 유용하다.

(3) 이 은사들은 다양하게 베풀어졌으나 한 사람에게 모든 은사가 주어지거나 또는 한 은사가 모든 사람에게 주어지거나 하지 않았다. 모든 지체와 직분자는 교회에서 동일한 등급에 속하거나 동일한 은사를 소유하거나 하지 않았다(29,30절): 다 사도이겠느냐 다 선지자이겠느냐. 이렇게 되면 교회는 괴물이 되고 말 것이다. 마치 몸 전체가 눈이거나 아니면 귀이거나 한 것과 똑같다. 어떤 지체는 하나의 직분과 용도에 적합하고, 또 어떤 지체는 다른 직분과 용도에 적합하다. 그리고 성령은 자신이 원하는 대로 모든 자에게 그것들을 분배하신다. 우리는 비록 우리가 가진 것들이 다른 사람들의 것보다 더 낮거나 저급한 등급에 속한 것이라고 할지라도, 우리 자신의 등급과 몫으로 만족해야 한다. 또 우리는 우리가 가진 직분이나 은사가 다른 사람들보다 더 높거나 탁월한 것이라고 할지라도 스스로 교만해져서 그들을 멸시해서는 안 된다. 몸의 모든 지체는 그 고유의 위치와 직분을 고수해야 한다. 그리고 각자 서로를 위해 섬기고, 어느 한 지체를 시기하거나 업신여기거나 소홀히 하거나 악용하지 말고, 몸 전체의 유익을 위해 힘써야 한다. 모든 지체가 자기의 의무를 제대로 수행하는 교회는 얼마나 아름다울까!

Ⅱ. 사도는 권면과 조언으로 이 장을 끝맺는다.

1. 가장 좋은 은사를 사모하라는 권면. 더욱 큰 은사(카리스마타 타 메이조나, 31절)는 그 자체로 가장 가치 있는 은사 또는 남을 가장 잘 섬기는 은사를 말

한다. 사람들은 자기들에게 가장 큰 명성과 평판을 가져오는 은사를 높이 평가하는 경향이 있지만, 이 은사야말로 진실로 가장 가치 있는 은사다. 이것은 하나님께서 가장 크게 영광을 받으시고 교회의 덕을 가장 높이 세우는 것이라는 점에서 진실로 최고의 은사다. 이런 은사는 가장 열렬하게 사모해야 한다. 우리는 최고의 그리고 최상의 가치가 있는 것을 최대한 사모해야 한다. 그러므로 은혜를 은사보다 더 사모해야 하고, 은사 중에서도 최대한 유용한 은사를 더 선호해야 한다. 그러나 어떤 이는 이 구절을 권면이 아니라 강권으로 이해한다: 서로의 은사를 너희는 **사모하라**(젤루테). 이 말은 질투하라는 뜻이다. 13:4에 같은 단어가 이같이 번역되어 있다: **시기하지 아니하며**(우 젤로이). 너희는 그것들을 대해 다투고 경쟁하라. 이 점에서 볼 때 그들은 확실히 그렇게 했다. 그리고 이런 소행을 사도는 여기서 책망하고 고치도록 강권한다. 교만에서는 **다툼만 일어날 뿐이라**(잠 13:10). 고린도 교회에서의 이런 다툼은 바로 이 교만이라는 원천으로부터 일어났다. 그것은 우월권에 대한 다툼이었다(그들이 어떤 문제를 가지고 다투든, 그리스도인들 사이의 대부분의 다툼은 여기서 비롯된다). 그리고 우월권에 대한 다툼에 사랑이 소멸되는 것은 이상한 일이 아니다. 모두가 첫 번째 자리를 차지하려고 할 때, 그 형제들을 떠밀거나 짓밟거나 뒤로 제치는 것은 이상하지 않다. 은사는 그들의 유익을 위해 가치가 있는 것이지만, 교만과 경쟁의 연료가 되면 유해하다. 그러므로 사도는 이것을 방지하기 위해 애를 쓴다.

2. 더욱 좋은 은사인 사랑을 사모하라는 조언. 사랑의 은사는 그들을 평온케 하고, 하나로 결집시키며, 그들의 은사를 교회의 유익과 덕을 세우는데 사용하도록 이끄는 유일하게 옳은 길이었다. 이것이야말로 그들이 서로 사랑하고, 서로에 대해 관심을 가지도록 만드는 것으로, 그들의 영을 평온케 하고 그들의 불화와 다툼, 그리고 우월권에 대한 그들 사이의 분쟁을 종식시키는 비결이었다. 사도에 따르면, 기독교적 참 사랑을 가장 크게 소유한 사람이 가장 높은 자리를 차지할 자로 나타난다. 참 사랑이야말로 가장 영예로운 은사로 특별히 사모되어야 한다는 것을 잊지 말자. 서로 사랑으로 빛나는 마음을 갖는 것이 크게 뽐낼 만한 직위나 직분이나 능력으로 반짝거리는 것보다 백번 낫다.

제
― 13 ―
장

개요

이 장에서 사도는 방금 앞에서 말한 가장 탁월한 은사에 대해 좀 더 구체적으로 언급한다. 그는 그것을 다음과 같이 예찬한다. I. 그것의 필요성과 중요성을 보여준다(1-3절). II. 그 속성과 열매에 대해 묘사한다(4-7절). III. 다른 은사나 은혜는 더 이상 존재하지 않고 또 아무 소용이 없을 때에도 그것(사랑)은 계속 존재하고 또 계속 유용함을 말함으로써, 그것이 얼마나 탁월한 은사인지를 보여준다(8-13절).

[1]내가 사람의 방언과 천사의 말을 할지라도 사랑이 없으면 소리 나는 구리와 울리는 꽹과리가 되고 [2]내가 예언하는 능력이 있어 모든 비밀과 모든 지식을 알고 또 산을 옮길 만한 모든 믿음이 있을지라도 사랑이 없으면 내가 아무것도 아니요 [3]내가 내게 있는 모든 것으로 구제하고 또 내 몸을 불사르게 내어 줄지라도 사랑이 없으면 내게 아무 유익이 없느니라

여기서 사도는 앞 장 마지막 부분에서 자신이 의도했던 또는 보여주었던 가장 좋은 길인 자비 또는 다른 곳에서 흔히 그 뜻으로 사용되고 있는 말인 사랑(아가페)에 대해 설명한다. 여기서 자비는 대부분의 사람들이 이해하는 자선이라는 통상적인 의미가 아니라 가장 충분하고 가장 광범위한 의미의 사랑 곧 하나님에 대한 진실하고 열렬한 헌신으로부터 나온 동료 그리스도인들에 대한 너그러운 마음의 기질로서, 이웃과 하나님에 대한 참사랑을 의미한다. 모든 의무와 순종에 대한 이 살아있는 원리가 사도가 말하는 가장 좋은 길로서, 모든 은사 가운데 최고의 은사다. 아니, 이것 없이는 아무리 좋은 은사라도 아무것도 아니고, 우리에게 아무 소용이 없으며, 하나님의 눈에도 가치가 없다. 사도는 다음과 같이 열거한다

1. 방언의 은사: 내가 사람의 방언과 천사의 말을 할지라도 사랑이 없으면 소리 나는 구리와 울리는 꽹과리가 되고(1절). 사람이 땅에서 쓰이는 모든 언어를 가

장 훌륭하고, 우아하고, 유창하게 구사할 수 있다고 해도, 또 천사와 같이 말할 수 있다손 치더라도, 사랑이 없다면 공허한 잡음에 불과하고, 단순히 무의미하고 무익한 소리로서, 아무 유익이나 즐거움을 줄 수 없을 것이다. 만일 우리가 거룩한 사랑을 갖고 있지 않다면, 우리 자신을 구원하거나 남을 돕거나 하는 것을 하나님의 일에 속한다고 당연히 또는 아름답게 또는 이치적으로 말할 수 없다. 하나님이 인정하시는 것은 사랑이 있는 마음이지 유창한 혀가 아니다. 사도는 고린도 교인들이 자기 자신에 대해서는 과대평가하고, 형제들에 대해서는 업신여겼기 때문에 이 은사를 먼저 다룬다.

2. 예언의 은사. 이 은사는 모든 비밀과 모든 지식을 아는 능력을 포함한다. 그러나 이것도 사랑이 없으면 아무것도 아니다(2절). 어떤 사람이 구약시대의 예언과 모형에 대해 크게 정통하고, 기독교의 교리에 관해 참으로 정확한 지식을 갖고 있다고 할지라도, 아니, 그것도 영감을 받아 하나님의 영의 무오한 지시와 조명에 의해 그렇게 되었다고 할지라도, 사랑이 없으면 아무것도 아니다. 이 모든 것은 그에게 아무 유익이 되지 못한다. 너그럽고 자비로운 마음이 없다면, 냉철하고 심오한 지식은 아무 가치가 없다는 것을 유념하자. 하나님께서 진정 가치 있게 여기는 것은 큰 지식이 아니라 참되고 정성어린 헌신과 사랑이다.

3. 이적을 일으키는 믿음. 사람들은 이 믿음으로 이적을 일으키는 능력을 가질 수 있었다: 산을 옮길 만한(산더러 "바다에 던지우라" 하면 그 말대로 되는 능력이 있는, 막 11:23) 모든 믿음(이 종류의 믿음 중 최고 수준의 것)이 있을지라도 사랑이 없으면 내가 아무것도 아니요(2절). 불가능한 것이 아무것도 없을 정도로 엄청난 이적을 일으키는 믿음이라도, 사랑이 없으면 참으로 아무것도 아니다. 산을 옮기는 것은 사람들 입장에서 보면 엄청난 이적이다. 그러나 하나님의 입장에서는 세상에서 가장 큰 모든 믿음보다 한 조각의 사랑이 훨씬 더 큰 가치가 있다. 그리스도의 이름으로 무수한 권능을 행한 사람들에 대해 주님은 그들을 불법을 행한 자들로 규정하고 자기를 떠나라고 말씀하실 수 있다(마 7:22,23). 구원하는 믿음은 항상 사랑과 결합되어 있으나 이적을 일으키는 믿음은 사랑 없이도 가능하다.

4. 외적 자선 행위: 내가 내게 있는 모든 것으로 구제하고(3절). 모든 사람이 이런 식으로 다 내어줄지라도 사랑이 없다면, 그에게 아무런 유익이 되지 못할

것이다. 너그럽고 자비로운 마음 없이도 베푸는 손은 크고 넉넉할 수 있다. 자선을 베푸는 외적 행위는 극히 악한 원리에 따라 이루어질 수 있다. 헛된 영광을 구하는 허영심이나 업적을 자랑하는 교만한 마음이 하나님이나 사람들에 대한 참 사랑이 없음에도 불구하고 사람으로 하여금 이처럼 커다란 비용을 감수하도록 할 수 있다. 다른 사람들에게 선행을 베푸는 우리의 행동은 헌신과 사랑의 원리 곧 하나님에 대한 사랑과 사람들에 대한 선의의 원리로부터 나오는 것이 아니라면 우리에게 아무 유익이 없을 것이다. 만일 우리가 믿음과 사랑을 구별시킨다면, 아무리 값비싼 희생을 치른다고 할지라도 아무 소용이 없을 것이다. 우리가 갖고 있는 모든 것을 다 내어준다고 할지라도, 하나님으로부터 우리 마음이 떠나있다면, 그것은 아무 유익이 없을 것이다.

5. 고행. 아무리 힘들어도 사랑이 없으면 이것 역시 아무것도 아니다: 또 내 몸을 불사르게 내어 줄지라도 사랑이 없으면 내게 아무 유익이 없느니라(3절). 우리가 복음의 신앙을 위해 삶을 희생하고, 그 진리를 사수하기 위해 목숨을 죽음에 내어준다고 할지라도, 사랑이 없으면, 곧 하나님에 대한 참된 헌신과 그의 교회와 백성들에 대한 진실한 사랑과 인간에 대한 선한 의지의 원리에 따라 이 희생이 힘을 얻지 못한다면, 우리에게 아무 유익이 없을 것이다. 외적 행위는 그럴듯하지만 보이지 않는 내적 원리는 크게 잘못될 수 있다. 어떤 사람들은 사람들 사이에서 이름과 명성을 얻기 위해 불 속에 자신을 던진다. 이와 똑같은 원리가 영적인 일에도 적용될 수 있다. 진심으로 믿지 않고 믿음을 온전히 받아들이지 않은 사람이 믿음을 위해 죽겠다는 결심을 충분히 할 수 있다. 그러나 우리의 종교를 확증하기 위해 목숨을 바친다고 해도 그 능력을 느끼지 못한다면 아무 유익이 없을 것이다. 참 사랑이야말로 종교의 진정한 본령이자 정신이다. 만일 우리가 우리 마음속에서 그 거룩한 본령에 대해 아무것도 느끼지 못한다면, 우리가 진리를 위해 불에 타 재가 된다고 할지라도 아무 유익이 없을 것이다. 아무리 쓰라린 고통 또는 혹독한 희생일지라도, 우리가 형제들을 사랑하지 않으면, 하나님께 우리를 천거하지 못할 것이다. 남을 불태우고, 다른 동료 그리스도인들을 죽이거나 학살하고 또는 남에게 상처를 주는 방법으로 그것들을 사용하면서 자신을 하나님께 천거하는 것은 얼마나 기괴한 일일까! 내 영혼아, 그런 괴이한 일에는 절대로 **빠지지 말라**. 만일 내가 내 몸을 사랑이 없으면서도 불사르게 내어줌으로써 하나님께 자신을 천거하는 것을 바랄 수

없다면, 사랑을 철저히 무시하고, 남을 불사르거나 상하게 함으로써 그렇게 하기를 결단코 바라서는 안 되리라.

⁴사랑은 오래 참고 사랑은 온유하며 시기하지 아니하며 사랑은 자랑하지 아니하며 교만하지 아니하며 ⁵무례히 행하지 아니하며 자기의 유익을 구하지 아니하며 성내지 아니하며 악한 것을 생각하지 아니하며 ⁶불의를 기뻐하지 아니하며 진리와 함께 기뻐하고 ⁷모든 것을 참으며 모든 것을 믿으며 모든 것을 바라며 모든 것을 견디느니라

이 부분에서 사도는 우리에게 사랑의 여러 가지 속성과 결과들에 대해 묘사함과 동시에 권면함으로써, 우리가 이 은혜를 소유하고 있는지의 여부를 알게 하고, 만일 그것을 갖고 있지 않으면, 가질 때까지 그 특별한 은혜를 간절히 사모하고, 그것을 얻을 때까지 절대로 멈추지 않도록 도전을 준다. 그것은 놀라운 은혜로서, 여러 가지 유익한 속성들이 그것에 포함되어 있다.

I. 사랑은 오래 참는다(4절).   오래 참고(마카로뒤메이). 사랑은 악과 모욕과 도발을 분개와 분노 또는 복수심이 없이 견딜 수 있다. 그것은 마음을 강하게 해서, 그것에 성난 감정을 억누르는 힘을 주고, 인내하는 참을성을 제공하고, 그리하여 악을 행한 형제의 행위에 악감정을 가지고 날뛰기보다 그가 변화되기를 바라는 마음을 갖고 오히려 기다린다. 그것은 사랑하는 사람으로부터 오는 무수한 모욕과 멸시를 참으며, 이 참음의 긍정적 결과를 그가 볼 때까지 지긋이 기다린다.

II. 사랑은 온유하다(4절).   온유하며(크레스튜에타이). 사랑은 온화하고 관대하다. 그것은 정중하고 자상하다. 그의 혀로 인애의 법을 말하며(잠 31:10). 사랑의 마음은 크고, 그 손은 벌려져 있다. 그것은 항상 호의를 보여주고 선을 행할 준비가 되어 있다. 그것은 도움이 되기를 갈망한다. 선을 행할 기회를 놓치지 않을 뿐만 아니라 그 기회를 찾아다닌다. 이것이 사랑하는 마음의 일반적 특징이다. 그것은 상처는 참고, 힘을 다해 선을 행하는 직분을 감당하고자 한다. 이 두 일반적 특징 아래 다른 구체적인 다양한 특징들이 파생될 수 있다.

III. 사랑은 시기를 억제시킨다(4절).   시기하지 아니하며. 사랑은 다른 사람들의 유익을 슬퍼하지 않는다. 그들의 은사나 그들의 장점, 그들의 영예나 소

유 등을 시기하지 않는다. 만일 우리가 이웃을 사랑한다면, 그의 행복을 시기하거나 그것을 불쾌하게 여기거나 하지 않고, 오히려 그것을 함께 나누고 즐거워할 것이다. 우리는 이웃의 축복과 성결을 훼손시키거나 헐뜯기보다는 그것이 우리에게 덧붙여지도록 해야 할 것이다. 이것은 온유와 자비의 당연한 결과다. 반면에 시기는 악의(惡意)의 결과다. 우리가 잘 되기를 바라는 사람들의 번영은 결코 우리를 슬프게 할 수 없다. 누구에게나 선을 행하는 마음을 가진 심령은 절대로 누구에게나 악을 행하기를 원하지 않는다.

Ⅳ. 사랑은 자랑과 교만을 정복한다(4절). 사랑은 자랑하지 아니하며 교만하지 아니하며. 즉 자만심으로 우쭐하지 아니하며, 그 이득에 부풀지 아니하며, 또는 그 영예나 능력이나 존경에 사로잡히지 않는다. 그것들은 사랑에 속하는 것이 아니다. 사랑은 무례하지 않고, 쉽게 남을 무시하거나 짓밟거나 그들을 경멸과 조롱을 갖고 대하지 않는다. 참된 형제 사랑의 원리에 따라 활동하는 사람들은 서로 존경하기를 먼저 할 것이다(롬 12:10). 그들은 아무 일에든지 다툼이나 허영으로 하지 않고 오직 겸손한 마음으로 각각 자기보다 남을 낮게 여길 것이다(빌 2:3). 참 사랑은 우리로 하여금 형제들을 존중하고, 그들을 소중히 여기도록 이끌 것이다. 그리고 이것은 우리 자신을 존중하는 데는 인색하도록 만들고 자만과 오만의 악습은 자제하도록 이끌 것이다. 이 악한 속성들은 형제를 사랑하는 감정이나 너그러운 자비로부터는 나올 수 없다. 자랑하지로 번역된 이 말은 내가 확인해볼 때 그 적절한 의미가 고정되어 있지 않다. 그러나 어떤 의미에서 보든 참 사랑은 그 의미와 대립적인 관계에 있다. 수리아 역본은 자랑하지 아니하고를 혼란 곧 소동을 일으키지 않고라고 번역한다. 사랑은 분노의 감정을 일으키지 않고 그것을 가라앉힌다. 다른 역본은 그 말을 사랑은 누구에게나 교활하게 행동하지 아니하고라고 번역한다. 즉 사람들을 함정에 빠뜨리거나 불필요하게 끈질긴 재촉이나 조름으로 괴롭히지 아니한다는 뜻이다. 그것은 완고하거나 완강하거나 거칠거나 또는 사사건건 가로막거나 반대하거나 하지 않는다. 어떤 이들은 자랑한다는 말을 상냥한 얼굴로 위장하거나 진실이나 선한 의도가 전혀 없이 그럴듯한 말로 본심을 숨기거나 아첨하는 것으로 이해한다. 사랑은 이런 거짓과 아첨을 싫어한다. 참 사랑과 선의의 목적에 쉽게 거역하는 것만큼 정말 치명적인 것은 없다.

Ⅴ. 사랑은 예의의 범주를 넘어서지 않는다. 무례히 행치 아니하며(우크 아스

케모네이). 사랑은 버릇없는 것이 아니다. 사람들을 보통 대할 때 천하고 비열한 것이 없다. 그것은 장소와 때에 어긋나는 행동을 하지 않고, 연장자에게는 공경과 존경으로, 연소자에게는 친절과 겸손으로, 그리고 모든 사람들에 대해서는 공손과 선의를 가지고 대함으로써, 그들 및 우리의 위치에 어울리는 행동을 한다. 그것은 질서를 깨뜨리지 않고, 지위를 혼동하지 않고, 누구나 평등하게 대한다. 하나님이 사람들 사이에 세우신 차이를 지키고, 그 본연의 자리에서 합당하게 처신하며, 다른 사람들의 행위를 바꾸거나 비난하거나 업신여기지 않고 자기 자리를 지키는데 신경을 쓴다. 사랑은 그것에 어울리지 않는 일은 조금도 하지 않을 것이다.

VI. 사랑은 이기심과는 철저하게 원수지간이다. 자기의 유익을 구하지 아니하며. 사랑은 부당하게 자기 칭찬이나 영예나 이득이나 쾌락을 원하거나 구하지 않는다. 사실 자기 사랑은 어떤 의미에서 누구에게나 자연스런 것으로 체질화되어 있다. 그러므로 건전한 자기사랑은 이웃 사랑에 대한 척도가 된다. 우리 구주는 여기서 묘사되고 있는 사랑을 네 이웃을 네 몸과 같이 사랑하라고 표현하셨다. 사도는 사랑은 자기를 무시하는 것이라고 말하지 않는다. 그는 사랑이 많은 사람은 자기의 것을 포기하고, 자신과 자신의 이익은 철저하게 무시해야 한다고 주장하지 않는다. 사랑은 우리 본성 속에서 나오는 원리를 거부하지 않는다. 그러나 사랑은 남을 해치면서 또는 남을 무시하면서 자신의 유익을 구하지 않는다. 그것은 자주 남의 유익을 위해 자신의 것을 무시해야 한다. 그들의 행복과 만족과 이득을 자기 것보다 더 원한다. 또 그것은 국가든 교회든 공동체의 복리를 자신의 사적 이익보다 항상 더 우선한다. 그것은 전체를 희생시키거나 손해 보게 하면서 자신을 앞장세우거나 확대시키거나 부요하게 하거나 만족시키거나 하지 않는다.

VII. 사랑은 감정을 절제하고 억제시킨다. 성내지 아니하며(우 파록쉬네타이). 사랑은 모난 기질을 바꾸고, 마음을 부드럽고 온화하게 하고, 따라서 격렬한 감정을 갑자기 품게 하거나 그것이 오래 지속되거나 하지 않도록 한다. 사랑의 불이 타오르고 있는 곳에서는 분노의 화염도 쉽게 점화되거나 오래 타지 않는다. 사랑은 까닭 없이 성을 내거나 감정을 적절하게 조절함으로써, 그것이 정도에 있어서나 시간에 있어서나 적당한 수준을 벗어나지 않도록 한다. 사랑이 지배하는 곳에서는 성냄이 가슴속에 남아있을 수 없다. 사랑이 있으면, 우리가 사랑하는 사람들에게 성내기는 어렵고, 분노를 멈추고 화해하는 것은 무척 수월하다.

VIII. 사랑은 악한 것을 생각하지 아니한다. 사랑은 원한을 품거나 복수를 하지 아니한다. 어떤 이들은 그것을 그렇게 이해한다. 그것은 화를 곧 멈추고 오래 지속시키지 않는다. 그것은 해를 끼치거나 원수를 갚는 마음을 품지 않는다. 그것은 다른 사람들을 악하게 보지 않는다. 악한 것을 생각하지 아니하며(우로기제타이 토 카콘). 이 말은 그럴만한 근거가 없을 때 추측과 빈정거림을 통해 사람들에게 죄를 범하지 않는 것을 말한다. 참 사랑은 쉽게 질투하거나 의심하지 않는다. 그것은 감추어져 있거나 숨겨져 있는 것을 들춰내 밝히는 것이 아니라 드러난 허물을 감싸주고 덮어주는 것이다. 그것은 증거 없이는 절대로 의심하지 않고, 오히려 그에게 불리한 증거를 백안시하고 불신하는 경향이 있다. 그것은 남에 대해 악한 의견을 거의 갖지 않고, 증거를 거부할 수 없을 때에는 슬퍼하고, 또 마지못해 그렇게 말할 것이다. 따라서 그것은 절대로 악의적으로 의심하는데 앞장서지 않고, 단순히 겉만 보고 나쁜 의견을 생각하지 않으며, 어떤 증거가 없이는 절대로 의심하지 않는다. 그것은 외관상 좋지 않은 상황에 대해 최악의 경우를 상상하지 않고, 도리어 최선의 경우를 상정한다.

IX. 사랑의 기쁨과 즐거움의 문제가 여기서 제시되고 있다.

1. 부정적인 관점: 불의를 기뻐하지 아니하며. 사랑은 남을 해하거나 괴롭히는 일로 기뻐하지 않는다. 그것은 극히 명백한 증거가 없는 한 누구에 대해서도 악하다고 생각하지 않는다. 그것은 아무에게도 악한 일이 일어나기를 바라지 않는다. 하물며 남을 해하거나 잘못되게 하는 것은 더욱 바라지 않는다. 아니 남에게 손해를 끼치거나 잘못을 저지르는 것을 즐거워함으로써, 그것을 절대로 기쁨의 대상으로 삼지 않는다. 그것은 교만이나 악의로부터 자신의 우월함을 내세우거나 복수심을 만족시키기 위해 다른 사람들의 잘못과 실수를 즐거워하지 않고, 그들에 대해 의기양양한 태도를 취하지 않는다. 다른 사람들의 죄는 사랑이 있는 심령에게는 위안이나 즐거움의 대상이 아니라 슬픔의 대상이다. 그들은 그것을 절실하게 느끼고, 연민의 감정을 자극받기 때문에 절대로 즐거워할 수 없다. 동료 그리스도인의 불행을 기뻐하는 것은 가장 악질적인 죄악이다. 죄에 빠지는 것만큼 사람에게 일어날 수 있는 최악의 재난이 있겠는가? 그러므로 이런 재난을 기뻐하는 것은 기독교적 사랑과 얼마나 모순될까!

2. 긍정적인 관점 : 진리와 함께 기뻐하고. 복음의 성공을 기뻐하고. 여기서 진리는 통상적으로 새 언약의 복음을 강조하기 위해 지칭하는 말이다. 곧 복음으로 말미암아 사람들이 그에 합당한 성품으로 변화되어 선을 행하는 것을 볼 때 즐거워한다는 뜻이다. 사랑은 사람들의 죄를 보고 기뻐하지 않고 그들이 정직과 성실을 인정받고 선을 행하는 것을 보고 크게 즐거워한다. 사랑은 사람들 사이에서 진실과 공의가 승리하고 죄가 제거되고 상호 믿음과 신뢰가 확립되는 것을 볼 때, 그리고 경건과 참된 종교가 번창하는 것을 볼 때, 크게 만족하는 마음을 갖게 한다.

X. 사랑은 모든 것을 참고 견디는 것이다. 모든 것을 참으며(판타 스테게이), 모든 것을 견디느니라(판타 휘포메네이). 어떤 이들은 모든 것을 참으며를 모든 것을 덮으며로 이해한다. 원문도 그런 의미다. 사랑은 허다한 죄를 덮느니라(벧전 4:8). 사랑은 그것이 의무와 일치되는 한, 그 죄들을 덮어줄 것이다. 사랑은 의무가 그것을 분명히 요구할 때까지, 형제의 잘못을 폭로하거나 공개하지 않는다. 사랑하는 마음에는 형제의 잘못을 드러내는 것이 당연한 일일 수 없다. 이런 사람은 형제에게 그의 잘못을 개인적으로 말해줄 수 있는 자유가 있지만, 공개적으로 드러내놓고 말하는 것은 피해야 한다. 우리가 우리 자신의 잘못에 대해 그렇게 하는 것처럼, 사랑은 남의 잘못에 대해서도 그렇게 하도록 우리를 가르친다. 사랑은 그들의 수치와 잘못을 드러내지 않고, 할 수 있는 한 그것을 덮어줌으로써 하나님과 다른 사람들 앞에 신실한 자가 되도록 한다. 또 사랑은 모든 것을 견딘다. 즉 화를 내거나 앙갚음을 좋아하지 않고, 손해를 간과하고 참는다. 또 도발에 대해 인내하되, 오래 인내한다. 모든 것을 견디느니라(판타 휘포메네이). 그것이 아무리 충격을 주는 일이라고 해도, 견고하게 서서 굳건함을 유지한다는 것이다. 사랑은 모든 손해와 악한 대우를 감수하고, 저주, 항거, 중상, 투옥, 추방, 속박, 고통 그리고 죽음 자체 등을 그 당사자들과 다른 사람들을 위해 참되, 굳건하게 견딘다. 열렬한 사랑이 마음에 주는 힘은 얼마나 견고하고 강력할까! 사랑하는 자는 얼마나 무수한 모욕과 상처를 견뎌낼까! 그는 얼마나 많은 위험을 무릅쓰고, 얼마나 많은 어려움에 직면할까!

XI. 사랑은 다른 사람들의 유익을 믿고, 바라는 것이다. 모든 것을 믿으며, 모든 것을 바라며(7절). 참으로 사랑은 절대로 슬기로움을 파괴하지 않으며, 아주 단순하게 그리고 어리석게 모든 말을 다 믿지는 않는다(잠 14:15). 지혜는 사랑과 함께 거하고, 사랑은 사려가 깊다. 그러나 사랑은 그 반대되는 증거가 나타나지 않을 때 그것들에 관해 좋은 견해를 취하기 위해 모든 것을 잘 믿는 경향이 있다. 아니, 만일 나쁜 증거가 분명하지 않다면, 부정적인 상황에 대해서도 좋은 쪽으로 믿는다. 모든 사랑은 정직으로 가득 차 있고, 모든 것에 대해 최대한 좋게 생각하며, 그것에 가장 좋은 옷과 모습을 입힌다. 사랑은 그에 대한 어떤 이유가 있을 때까지 최대한 좋은 쪽으로 판단하고 좋게 믿는다. 그리고 좋은 의견을 유지하기 위해 그 믿음을 외모를 초월하여 적용시킨다. 그러나 사랑은 악한 일에 대해 그것이 최대한 정직과 공정에 반하지 않도록 조심하면서 다가갈 것이다. 그리고 힘을 다했음에도 불구하고 남을 잘 믿을 수 없을 때, 사랑은 그만한 근거가 있는 한, 잘 되기를 바라되, 계속 바란다. 그것은 지금 사태가 절망적이라고 결론짓지 않고, 아무리 악한 사람이라도 변화되기를 바라며, 최대한 희망이 있는 쪽으로 바란다. 기독교적 사랑은 얼마나 좋은 성품을 갖게 하고, 온화한 마음을 일으킬까! 이런 너그러움을 온전히 구비하고 그것을 골고루 드러내는 마음은 얼마나 멋진가! 그의 마음속에 이 천국 불꽃을 간직하고, 그것을 입으로 발산하며, 그와 관련된 모든 사람들을 따스하게 만드는 사람은 얼마나 복될까! 만일 기독교를 신봉하는 사람들이 이 신적 원리에 입각해서 움직이고 활동하고, 그 복되신 주님이 크게 강조하신 명령을 적절하게 지킨다면, 세상에 나타나는 기독교는 얼마나 아름다울까! 새 계명을 너희에게 주노니 서로 사랑하라 내가 너희를 사랑한 것 같이 너희도 서로 사랑하라 너희가 서로 사랑하면 이로써 모든 사람이 너희가 내 제자인 줄 알리라(요 13:34,35). 거룩하신 예수님! 당신을 주로 고백하는 제자들 가운데 이 특징에 따라 확실히 구별되고 두드러지는 제자들이 왜 별로 없을까요!

⁸사랑은 언제까지나 떨어지지 아니하되 예언도 폐하고 방언도 그치고 지식도 폐하리라 ⁹우리는 부분적으로 알고 부분적으로 예언하니 ¹⁰온전한 것이 올 때에는 부분적으로 하던 것이 폐하리라 ¹¹내가 어렸을 때에는 말하는 것이 어린 아이와 같고 깨닫는 것이 어린 아이와 같고 생각하는 것이 어린 아이와 같다가 장성한 사람이 되어서는 어린 아이의 일을 버렸노라 ¹²우리가 지금은 거울로 보는 것 같이 희미하나 그 때에는 얼굴과 얼굴을 대하여 볼 것이요 지금은 내가 부분적으로 아나 그 때에는 주께서 나를 아신 것 같이 내가 온전히 알리라 ¹³그런즉 믿음, 소망, 사랑, 이 세

가지는 항상 있을 것인데 그 중의 제일은 사랑이라

여기서 사도는 사랑에 대해 계속 권면하면서, 고린도 교인들이 그토록 무시하고 거의 사장시켰던 사랑이 그들이 그토록 자랑했던 은사보다 얼마나 더 좋은 것인지를 밝힌다.

I. 사도는 사랑이 더 오래 지속되고 존속되는 것이라고 주장한다. 사랑은 언제까지나 떨어지지 아니하되(8절). 사랑은 영원하고 영속적인 은혜로서, 영원토록 지속된다. 반면에 고린도 교인들이 높이 평가했던 특별한 은사들은 다만 한시적으로 존재하는 것이다. 그것들은 단지 이 땅에서 교회에 덕을 세우도록 잠깐 동안 존재하는 것이지, 이 세상 전체 시간에 걸쳐 계속되는 것은 아니었다. 그리고 천국에서는 완전히 폐지될 것이었다. 그러나 천국에는 사랑의 자리와 요소가 계속 존재한다. 예언도 폐하고(8절). 성령의 직접적 감동으로 말미암아 앞으로 일어날 일들을 예언하는 예언(이것이 이 말의 가장 통상적인 의미다)이든 성경을 해석하는 예언이든 다 폐해질 것이다. 방언도 그치고(8절). 배우지 않았는데도 언어를 말하는 이적적 능력도 그쳐질 것이다. 천국에는 오직 하나의 언어만 존재할 것이다. 완전한 평화가 존재하는 곳에는 언어의 혼란이 없다. 지식도 폐하리라(8절). 천국의 완전한 상태에서는 거룩하고 행복한 영혼이 무식과 무지 속에 있는 경우란 없다. 완전한 무지가 함께하는 행복은 극히 빈약한 행복이다. 사도는 이적을 일으키는 은사들에 관해 분명히 말하고 있고, 그러므로 여기서 말하는 지식은 통상적 방법으로 얻는 지식이 아닌, 초자연적으로 전달된 비밀에 관한 지식을 말한다(14:6을 보라). 이런 지식은 폐해질 것이다. 어떤 이들은 그것을 가르침을 통해 얻게 된 통상적 지식으로 이해한다. 지식 자체는 한 번 얻으면 사라지는 것이 아니지만, 이 앎의 방법도 폐해질 것이다. 그러나 사도는 여기서 초자연적 은사와 대립시켜 사랑의 은혜에 관해 말하고 있음이 분명하다. 그리고 사랑은 더 오래 존속한다는 점에서 그것들보다 더 가치가 있다. 그것들은 다 폐해질지라도 그것은 계속될 것이다. 그것은 천국에 들어가겠지만, 그것들은 아무 소용이 없기 때문에 천국에 그 자리가 없을 것이다. 어떤 면에서 우리가 갖고 있는 일반 지식도 천국에서는 폐해진다고 말해질 수 있다. 왜냐하면 그 곳에서는 그보다 훨씬 더 나은 지식을 갖게 될 것이기 때문이다. 촛불의 빛은 태양이 비추는 빛 앞에서는 그 힘을 완전히 잃어버리는

법이다.

Ⅱ. 사도는 이 은사들은 단지 불완전한 상태에서 유효한 것임을 암시한다. 우리는 부분적으로 알고 부분적으로 예언하니(9절). 우리의 지식이 아무리 크고 우리의 능력이 아무리 탁월하더라도, 현재의 우리 상태처럼 불완전하고 일시적이다. 아무리 영감을 통해 얻은 지식이라도 단지 부분적이다. 아무리 사도들과 영감을 받은 사람들에 의해 들려진 것이라고 해도, 하나님과 보이지 않는 세계에 대한 지식은 얼마나 적을까! 그러나 이 은사들은 현재 불완전한 상태 속에 있는 교회에 적합하도록 되어 있고, 거기에서나 비로소 가치가 있으며, 그것들은 불완전한 교회와 함께 폐해질 것이기 때문에 사랑과 감히 비교할 것이 못된다. 그러나 사랑은 영원히 계속될 것이다.

Ⅲ. 사도는 여기서 존재하는 교회보다 이후에 천상에서 존재하는 교회가 얼마나 더 좋은지에 대해 언급한다. 온전한 상태가 가시화될 것이다(10절): 온전한 것이 올 때에는 부분적으로 하던 것이 폐하리라. 목적이 일단 달성되면, 그 수단들은 당연히 폐지될 것이다. 다가올 세상에서는 지식이나 거룩함에 있어서 교회가 온전한 상태 속에 들어가기 때문에 방언과 예언과 영감받은 지식은 필요가 없게 될 것이다. 그 때에는 하나님이 명확하게 열려지되, 직관적으로 그리고 영화된 마음의 능력이 온전한 것만큼 온전한 앎이 허용될 것이다. 이것은 여기서처럼 희미한 감지나 부분적인 시야에 의해서 아는 것이 아니다. 이 두 상태 사이의 차이는 여기서 구체적으로 두 가지로 제시되고 있다.

1. 현재 상태는 어린 아이 상태고, 장래 상태는 어른의 상태다: 내가 어렸을 때에는 말하는 것이 어린 아이와 같고(어떤 이들은 이 말을 방언으로 말한다는 뜻으로 이해한다) 깨닫는 것이 어린 아이와 같고(즉 특별한 방법으로 내가 예언을 하고, 내가 천국의 비밀을 배웠으나 어린 아이 때만큼이나 분명하지 못했다는 뜻이다) 생각하는 것(엘로기조멘 곧 사고하는 것)이 어린 아이와 같다가 장성한 사람이 되어서는 어린 아이의 일을 버렸노라(11절). 이것은 하늘과 땅의 차이다. 어른과 비교해 볼 때 어린 아이는 얼마나 시야가 좁고, 사물에 대해 얼마나 불명확하고, 애매한 관념을 갖고 있을까! 또 이성이 원숙해지고 성숙해지면, 사람들은 얼마나 자연스럽게 어린 시절의 생각들을 경시하고 포기하며, 그것들을 아무것도 아닌 것으로 평가하고 버리거나 거부하게 될까! 우리는 천국에 갈 때 이 세상에서 우리가 가장 높게 평가했던 은사와 소유들에 대해 이렇게

판단하지 않겠는가? 우리는 그리스도 안에서 장성한 사람이 되었을 때, 이런 일들에 대해 자랑하던 태도를 버리고 유치한 어리석음이었다고 멸시할 것이다.

2. 다가올 세상에서의 것과 비교해 보면, 지금 이 세상의 것들은 모두 희미하고 혼탁한 상태 속에 있다: 우리가 지금은 거울로 보는 것 같이 희미하나(엔 아이니그마티, 수수께끼를 분명치 않게 말한다는 뜻이다) 그 때에는 얼굴과 얼굴을 대하여 볼 것이요 지금은 내가 부분적으로 아나 그 때에는 주께서 나를 아신 것 같이 내가 온전히 알리라(12절). 이 세상에서 우리는 아주 먼 거리에서 마치 망원경을 보는 것처럼 구름과 어둠으로 둘러싸인 사물들을 식별할 수 있을 뿐이다. 그러나 그 때에는 알아야 할 것들이 가깝고 분명하게 되어 우리 눈으로 보게 될 것이다. 그리고 우리의 지식은 모든 애매함과 오류로부터 벗어나게 될 것이다. 하나님은 얼굴과 얼굴을 대하여 볼 것이다. 그리고 우리는 주께서 나를 아신 것 같이 내가 온전히 알게 될 것이다. 꼭 완전히는 아니지만, 어떤 면에서는 그 정도로 알게 될 것이다. 우리는 단순히 바라보는 것만으로 그분에게 알려진다. 그분은 자신의 눈을 우리에게 돌리시고, 우리를 철저히 바라보고 살피신다. 그 때 우리도 우리의 눈을 그분께 고정시키고, 그의 참 모습 그대로 볼 것이다(요일 3:2). 우리는 하나님의 사랑과 은혜의 비밀들이 어떻게 우리에게 알려지고, 또 어떻게 우리가 그 속에 들어갈 수 있는지를 알게 될 것이다. 얼마나 영광스러운 변화인가! 우리 구주의 얼굴이 어둠에서 빛으로, 구름에서 밝은 햇빛으로 변하고, 주의 빛 안에서 우리가 빛을 보리로다!(시 36:9). 하나님의 얼굴로부터 모든 구름과 흑암을 제거하는 것은 오직 천국의 빛뿐이다. 우리가 이 세상에 사는 동안 그 삶은 기껏해야 황혼의 삶이고, 훗날 완전하고 영원한 날이 임할 것이다.

IV. 사랑의 탁월성을 종합하면서 사도는 은사들, 그리고 믿음, 소망과 같은 다른 은혜들보다 사랑이 더 낫다고 강조한다(13절). 그런즉 믿음, 소망, 사랑, 이 세 가지는 항상 있을 것인데 그 중의 제일은 사랑이라. 참된 은혜는 어떤 영적 은사들보다 우월하다. 그리고 믿음, 소망, 사랑, 이 세 가지 핵심 은혜는 항상 존재하지만, 그 중에서도 사랑이 최고다. 다른 두 가지 은혜가 수단이라면, 사랑은 그 목적이다. 사랑은 신적 본질로서, 영혼의 행복이요 하나님 안에서 누리는 만족스러운 안식이며, 모든 성도들 가운데 있는 거룩한 즐거움이다. 그리고 믿음과 소망은 사라지는데, 사랑은 결코 사라지지 않는 영원한 능력이다. 믿음은 신적 계시에 눈을 고정시키고, 그것에 동의하는 것이다. 소망은 미래의 행복을 바라고, 그것을 기다리는 것이다. 천국에서 믿음은 봄으로(in vision) 사라지고, 소망은 성취로(in fruition) 사라질 것이다. 우리가 보고 누리기 때문에 믿고 소망할 여지가 없게 되는 것이다. 그러나 사랑은 신적 완전성 자체를 주목하고, 피조물에게 이루어진 하나님의 형상을 주목하며, 우리의 하나님 및 다른 피조물과의 상호관계를 주목한다. 이것들은 모두 내세에서 가장 영광스러운 광채로 빛나게 될 것이다. 또 사랑은 가장 완전하게 될 것이다. 거기서 우리는 하나님께서 영원토록 자비로우신 분으로 나타나기 때문에 그분을 온전히 사랑하게 될 것이고, 우리 마음은 뜨겁게 불타오르고, 영원한 헌신으로 빛날 것이다. 그리고 우리는 모든 성도들이 그 곳에서 만날 때, 오직 성도들만 그 곳에 있고, 또 그들이 온전하게 될 때, 서로 간에 완전하게 사랑할 것이다.

오, 얼마나 복된 상태일까! 이 아래에서의 최고의 상태를 얼마나 크게 능가할까! 오 얼마나 너그럽고 탁월한 사랑의 은혜인가! 사랑이 모든 은혜를 무색하게 만들고, 영원히 은혜의 최종 완성이 될 때 그것은 가장 가치 있는 은사를 얼마나 크게 능가할까! 믿음과 소망이 끝날 때 참 사랑은 영원토록 가장 밝은 불꽃으로 활활 타오를 것이다. 이 신적 원리로 가득 차 가장 열렬한 사랑으로 불타고 있는 사람의 마음이야말로 가장 높은 천국 상태와 완전성 속에 있다. 그것은 하나님의 가장 확실한 소산이고, 그의 마음에 가장 강한 감동을 제공한다. 하나님은 사랑이시기 때문이다(요일 4:8, 16). 그리고 하나님이 있는 그대로 보이는 곳에서는 사랑도 가장 높은 위치에 있게 될 것이다. 거기서만, 오직 거기서만, 사랑은 완전하게 될 것이다.

제
— 14 —
장

개요

이 장에서 사도는 고린도 교인들에게 영적 은사의 사용법에 대해 지시하는데, 최대의 선을 행하는데 가장 유익하고 가장 합당한 은사를 사모하라고 말한다. I. 사도는 어떤 영적 은사들보다 예언을 사모하라고 권면하고, 이것이 방언보다 훨씬 더 낫다는 것을 보여준다(1-5). II. 사도는 방언을 말하는 것은 교회에 덕을 세우지 아니하면 아무 유익이 없다고 말한다. 교회의 유익을 위해 사용되지 않는다면, 그것은 한 소리만 내는 피리 소리와 같이, 어떤 확실한 소리가 없는 거문고 소리와 같이, 횡설수설하는 것과 같다(6-14절). III. 사도는 예배는 가장 무식한 사람도 이해될 수 있도록 거행되어야 하고, 자기를 본보기로 삼아 기도와 찬양에 참여하도록 권면한다(15-20절). IV. 사도는 방언은 믿는 자들이 아니라 믿지 아니하는 자들을 위한 표적임을 알려주고, 그것이 믿는 자들보다 믿지 아니하는 자들의 마음에 주는 영향력 때문에 방언보다는 예언이 유익이 더 크다고 주장한다(21-25절). V. 사도는 고린도 교인들이 은사들에 대한 허영과 허세로 말미암아 교회에서 일으킨 무질서와 혼란에 대해 책망한다. 그리고 방언과 예언의 은사를 사용하는 방법에 대해 지시한다(26-33절). VI. 사도는 여자들이 교회에서 말하는 것을 금한다. 그리고 공중예배는 모든 것을 질서와 규례에 맞추어 거행하도록 요구하는 것으로 이 장을 끝맺는다(34-40절).

[1]사랑을 추구하며 신령한 것들을 사모하되 특별히 예언을 하려고 하라 [2]방언을 말하는 자는 사람에게 하지 아니하고 하나님께 하나니 이는 알아듣는 자가 없고 영으로 비밀을 말함이라 [3]그러나 예언하는 자는 사람에게 말하여 덕을 세우며 권면하며 위로하는 것이요 [4]방언을 말하는 자는 자기의 덕을 세우고 예언하는 자는 교회의 덕을 세우나니 [5]나는 너희가 다 방언 말하기를 원하나 특별히 예언하기를 원하노라 만일 방언을 말하는 자가 통역하여 교회의 덕을 세우지 아니하면 예언하는 자만 못하니라

사도는 앞 장에서 모든 영적 은사들 가운데 사랑이 최고임을 선언하고, 고린도 교인들에게 그것을 사모하라고 권면했다. 여기서 사도는 영적 은사들 가운데 그들이 사모해야 할 것들에 대해 가르치고, 어떤 규칙에 따라 그것들을 비교할 수 있는지를 설명한다.

I. 사도는 사랑을 구하라고 권면한다(1절). 사랑을 추구하며, 사랑을 따르라는 뜻이다. 원어인 디오케테(추구하라)는 어떤 대상에 관해 말할 때, 그것을 얻기 위해 각별한 관심을 갖는 것을 의미한다. 그리고 그 말은 통상 긍정적인 의미로 사용된다. 그것은 사랑을 얻도록 곧 어떤 고통이나 기도의 희생이 필요하더라도, 이 탁월한 마음의 성향을 취하라는 권면이다. 그는 마치 이렇게 말하는 것처럼 보인다: "어떤 실패가 있더라도, 절대로 이것만은 놓치지 않도록 주의하라. 모든 은혜의 최고봉은 어떤 희생을 치르더라도 취할 가치가 있다."

II. 사도는 사랑의 원리로부터 사모해야 할 영적 은사가 무엇인지를 제시한다. "신령한 것들을 사모하되 특별히 예언을 하려고 하라(1절). 즉 주로 예언을 하는 자가 되도록 하라." 그들이 사랑을 간절히 추구한다면, 이 기독교적 성향이 그들의 주된 성향이 된다면, 영적 은사를 사모하되, 어떤 면에서는 그것들을 열망하게 될 것인데, 그 중에서도 특히 예언 곧 성경 해석에 관한 은사를 사모하게 될 것이다. 이 사모는 그들이 기독교적 사랑에 적절한 가치를 두고, 그것을 목적으로 삼을 때 가장 분명하게 드러날 것이다. 우리의 욕구와 추구의 순서에서 은사는 은혜와 사랑 다음에 두어져야 한다. 가장 가치 있는 것이 먼저 그리고 가장 큰 열심을 갖고 추구되어야 한다.

III. 사도는 이 사모의 이유들을 제시한다. 그가 여기서 예언과 방언을 비교하고 있는 것이 주목할 만하다. 방언은 고린도 교인들이 주로 가치를 두었던 은사로 보인다. 그것은 성경 해석보다 더 과시할 만하고 자랑할 만했으나 기독교적 사랑이라는 목적을 추구하는 데는 덜 적합했다. 그것은 사람의 영혼에 덕을 세우거나 선을 행하는 데는 부적당했다. 그 이유는 다음과 같다

1. 방언을 말하는 사람은 완전히 하나님과 자신 간에 말하는 것이다. 아무리 비밀들이 그의 언어로 전달된다고 할지라도, 그 자신의 나라 사람들 외에는 아무도 그것을 이해할 수 없을 것이다. 왜냐하면 그들 외에는 아무도 그 말을 알아들을 수 없기 때문이다(2절). 이해될 수 없는 말로는 아무런 덕을 세울 수가 없다. 아무리 탁월한 강론이라고 해도 청중들이 말하거나 이해할 수 없는 난해

한 언어로 전한다면, 거기서 얻을 수 있는 유익은 아무것도 없다. 그러나 예언을 말하는 사람은 그의 청중들의 유익을 위해 말하는 것이다. 그들은 그의 은사를 통해 유익을 얻는다. 성경 해석은 그들이 덕을 세우는데 도움을 줄 것이다. 그들은 그것을 통해 권면을 받거나 위로를 얻을 수 있다(3절). 그리고 참으로 이 두 가지는 함께 가야 한다. 권면은 위로에 적절한 방법이다. 위로받고자 하는 사람들은 권면을 받아야 한다.

2. 방언을 말하는 사람들은 자기에게 덕을 세울 수 있다(4절). 그는 자신이 말하는 것을 이해하고, 또 그것에 의해 영향을 받을 수도 있다. 모든 사역자가 그래야 한다. 자신에게 덕을 세우는 자는 자신이 말하는 것으로 다른 사람들에게 유익을 끼칠 만한 인격과 건전성을 구비해야 한다. 그러나 방언이나 알아듣지 못하는 말을 하는 사람은 단지 자기에게만 덕을 세울 수 있다. 다른 사람들은 그의 말로 유익을 얻을 수 없다. 교회에서 말하는 것은 교회에 덕을 세우는 것으로, 영감이나 다른 수단들을 통해 예언하거나 성경을 해석하는 것은 즉시 효력이 있다. 사랑의 목적에 가장 잘 부합하고, 가장 크게 선을 행하는 것이 최고의 그리고 가장 바람직한 은사이다. 그리고 그것이야말로 우리 자신만이 아니라 교회에도 덕을 세우는 것이다. 그것이 바로 예언하는 것 곧 설교하고 성경을 해석하는 것으로 알아듣지 못하는 말을 하는 방언과 비교된다.

3. 참으로 어떤 은사도 멸시되어서는 안 되지만, 가장 좋은 은사를 사모해야 한다. 사도는 나는 너희가 다 방언 말하기를 원하나 특별히 예언하기를 원하노라(5절)고 말한다. 모든 은사는 하나님으로부터 나온 선물이므로, 그분의 영광을 위해 사용되어야 한다. 모든 은사는 그 자체로 가치가 있고, 감사함으로 받아야 하지만, 그분의 영광을 위해 사용할 때 가장 가치가 있고 가장 유용한 것이 된다. 만일 방언을 말하는 자가 통역하여 교회의 덕을 세우지 아니하면 예언하는 자만 못하니라(5절). 사랑은 사람을 참으로 위대하게 만든다. 주는 것이 받는 것보다 복이 있다(행 20:35). 다른 사람들의 칭찬이나 평판을 얻는 것보다 그들의 유익을 고려하고 추구하는 것이 참된 아량이다. 이런 사람은 큰 영혼을 가진 자로서, 그의 박애에 따라 마음을 쓰고, 공동체 이익을 위해 마음을 집중시킨다. 자기에게 덕을 세우기 위해 방언을 말하는 것보다 교회의 덕을 세우기 위해 성경을 해석하는 자가 더 큰 자다. 방언을 말하는 자는 자기가 말하는 말을 해석하지 못한다면, 다른 목적을 갖고 말하기가 쉽지 않다. 사역자를 가장 영

예롭게 하는 것은 교회의 덕을 가장 높이 세울 때지 자신의 은사가 얼마나 큰 지를 보여줄 때가 아니다. 자신의 유익을 목표로 삼는 사람은 좁은 마음에 따라 행동하게 된다. 그러나 그의 영과 인격은 남에게 유익을 주는데 비례하여 증가하므로, 그의 목표와 노력은 남의 유익을 도모하는데 있어야 한다고 나는 생각한다.

[6]그런즉 형제들아 내가 너희에게 나아가서 방언으로 말하고 계시나 지식이나 예언이나 가르치는 것으로 말하지 아니하면 너희에게 무엇이 유익하리요 [7]혹 피리나 거문고와 같이 생명 없는 것이 소리를 낼 때에 그 음의 분별을 나타내지 아니하면 피리 부는 것인지 거문고 타는 것인지 어찌 알게 되리요 [8]만일 나팔이 분명하지 못한 소리를 내면 누가 전투를 준비하리요 [9]이와 같이 너희도 혀로써 알아듣기 쉬운 말을 하지 아니하면 그 말하는 것을 어찌 알리요 이는 허공에다 말하는 것이라 [10]이같이 세상에 소리의 종류가 많으나 뜻 없는 소리는 없나니 [11]그러므로 내가 그 소리의 뜻을 알지 못하면 내가 말하는 자에게 외국인이 되고 말하는 자도 내게 외국인이 되리니 [12]그러므로 너희도 영적인 것을 사모하는 자인즉 교회의 덕을 세우기 위하여 그것이 풍성하기를 구하라 [13]그러므로 방언을 말하는 자는 통역하기를 기도할지니 [14]내가 만일 방언으로 기도하면 나의 영이 기도하거니와 나의 마음은 열매를 맺지 못하리라

이 단락에서 사도는 알아들 수 없고 해석하기 어려운 언어로 말하는 것을 자랑하는 것이 얼마나 헛된 일인지를 계속 보여준다. 그것은 정말 아무런 덕을 세우지 못하고, 무익하기까지 하다(6절): 그런즉 형제들아 내가 너희에게 나아가서 방언으로 말하고 계시나 지식이나 예언이나 가르치는 것으로 말하지 아니하면 너희에게 무엇이 유익하리요. 그것은 방언처럼 알아들을 수 없는 말로 말하는 것은 무조건 소용없다는 것을 의미하지 않는다. 아무리 사도가 전하는 내용이 알차더라도 듣는 사람들이 그 말을 알아들 수 없다면 아무런 덕을 세울 수가 없었을 것이다. 아무리 새로운 계시라도, 아무리 옛 계시에 대해 극히 명료한 설명을 하더라도, 아무리 탁월한 교훈이 담긴 강론일지라도, 이해하지 못할 언어로 말해진다면 아무 유익이 없을 것이다. 아니, 알아듣지 못할 방언으로 이루어진 성경에 관한 해석이 어느 정도 유용하려면 재차 해석되어야 한다.

I. 사도는 다양한 비유로 이것을 예중한다.

1. 항상 한 가지 소리만을 내는 피리와 거문고에 비유한다. 이것이 춤을 추는 사람들에게 무슨 소용이 있겠는가? 만일 소리들 간에 아무 구별이 없다면, 어떻게 그들이 스텝이나 모션을 취할 수 있겠는가? 알아들을 수 없는 말은 음의 분별이 없는 피리나 거문고와 같다. 그것은 단지 하나의 구멍밖에 없는 피리나 하나의 현밖에 없는 거문고가 댄서에게 스텝을 어떻게 밟아야 할지에 대해 아무런 도움을 줄 수 없는 것만큼이나 사람에게 그의 말을 어떻게 정리해야 할지에 대해 아무런 도움을 주지 못한다(7절).

2. 분명치 못한 소리를(아델론 프호넨) 내는 나팔에 비유한다. 여기서 분명치 못한 소리는 명확하지 않은 소리로, 목표에 적당한 소리나 다른 모든 소리와 식별하기에 충분히 명확한 소리가 아니라는 뜻이다. 만일 진격이라는 소리 대신에 후퇴라는 소리를 내거나 전혀 무슨 말인지 모를 소리를 낸다면, 누가 전투를 대비하겠는가? 기독교 공동체 안에서 알아들을 수 없는 말로 말하는 것은 전쟁터나 회당에서 확실한 소리를 내지 못하는 나팔 소리처럼 완전히 헛되고, 아무 의미가 없는 것이다. 이런 경우 군대나 청중은 완전히 불안과 궁지 속에 처하게 될 것이다. 듣는 사람들에게 무의미한 말로 말하는 것은 말해지는 내용에 대해 그들을 완전히 무지한 자로 만들어버린다. 그것은 허공에다 말하는 것이다(9절). 의미 없는 말은 마음에 아무런 관념이나 교훈을 줄 수 없다. 이해되지 못할 말은 그것을 이해하지 못하는 사람들에게는 아무 의미가 없다. 이런 언어로 그들에게 말하는 것은 힘만 빼는 일이다.

3. 알아듣지 못할 말을 말하는 것을 외국인의 횡설수설에 비유한다. 사도가 말하는 것처럼(10절), 세상에는 소리의 종류가 무수히 많으나 뜻 없는 소리는 하나도 없다. 이것은 다양한 민족들에 의해 말해지는 다수의 언어에 해당되는 사실이다. 그것들은 모두 그것들 고유의 의미를 갖고 있다. 이것이 없으면 그것들은 소리 없는 소리(프호나이 아포흐노이) 곧 뜻 없는 말이 되고 말 것이다. 그것은 아무 의미가 없는 소리로 언어가 아니고, 그러기에 말하는 목적을 성취할 수 없다. 그러나 어떤 언어의 말들이 본질상 그리고 그것들을 이해하고 듣는 사람들에게는 아주 적절한 의미를 갖고 있다고 할지라도, 다른 언어를 사용하는 사람들이나 그것들을 이해하지 못하는 사람들에게는 완전히 횡설수설이 되고 말 것이다. 이 경우 말하는 자와 듣는 자는 서로에 대해 야만인 곧 외국인

이 되고 말고(11절), 그들은 단지 뜻 없는 소리를 주고받을 뿐이다. 이런 이유로 시인 오비디우스(1세기 로마 시인)는 폰투스로 추방당했을 때 이렇게 말했다: "나는 여기서 야만인인데, 아무도 나를 이해하지 못한다." 교회에서 알아듣지 못하는 방언으로 말하는 것은 횡설수설하는 것이다. 그것은 야만인의 행동이 되고 만다. 그것은 듣는 자들을 가르치기는커녕 오히려 그들에게 혼란을 준다. 따라서 그것은 완전히 헛되고 무익하다.

II. 이같이 자신의 입장을 세운 다음 사도는 이어지는 두 구절에서 그것을 적용시키고 있다.

1. 사도는 교회의 덕을 세우는 은사를 주로 사모하도록 권면한다(12절). "너희는 영적 은사를 사모하는 자들이므로 특별한 열정을 갖고 이와 같이 하라. 곧 교회의 덕을 세우고, 기독교적 지식과 실천을 촉진시키는 일에 열심을 다하되, 사람들의 영혼을 최대한 도울 수 있는 은사를 간절히 사모하라." 이것이 사도가 제시하는 대원칙이다.

2. 사도는 이 원칙을 당면한 문제에 적용시킨다. 만일 그들이 방언을 말하는 자라면, 그것을 통역하는 은사도 하나님께 구해야 한다(13절). 방언의 은사와 그것을 통역하는 은사는 전혀 별개의 은사다. 12:10을 보라. 방언을 말하고 이해할 수 있지만, 그것을 자신의 말로 적절히 통역할 능력이 없는 사람이 있다. 그러나 교회의 덕을 세우기 위해서는 방언을 통역하는 은사가 필수적이다. 왜냐하면 방언이 알아들을 수 있는 말로 통역되지 아니하면, 아무 덕도 세워지지 않기 때문이다. 그러므로 방언을 말하는 자는 그것을 통역하는 은사를 위해 기도해야 한다. 아니면 차라리 통역을 필요로 하는 방언의 은사보다는 그것을 통역하는 은사를 하나님께 더 사모하고 구하라. 그렇게 하는 것이 교회에 더 유익하고, 따라서 은사들 가운데 더 나은 은사다. 12절을 참조하라. 어떤 이는 그것을 이렇게 이해한다: "알아들을 수 없는 말로 기도하는 것을 통역할 수 있게 해달라고 기도하라." 요약하면, 교회 공동체 안에서 이루어지는 모든 신앙적 실천들은 그 안에 모든 사람들이 참여하도록, 또 그들 전체의 유익을 위해 행사되어야 한다는 것이다.

3. 사도는 이 권면에 적절한 이유를 덧붙인다: 내가 만일 방언으로 기도하면 나의 영이 기도하거니와(즉 나 자신의 마음이 열렬하게 참여하거니와) 나의 마음은 열매를 맺지 못하리라(즉 내 말의 의미는 아무 결실이 없을 것이다)(14절). 이

것은 내 말이 이해되지 못하기 때문에 내 말을 듣는 다른 사람들로 하여금 나의 헌신에 참여하도록 아무 영향을 미치지 못할 것이라는 뜻이다. 공중기도를 할 때는 방언이나 청중들이 알아듣지 못하는 생소한 말이 아니라 알아들을 수 있는 말로 해야 한다는 것을 유념하자. 이해하기에 가장 분명하고 쉬운 언어가 공중예배와 다른 종교적 실천들을 위해 가장 적절하다.

[15]그러면 어떻게 할까 내가 영으로 기도하고 또 마음으로 기도하며 내가 영으로 찬송하고 또 마음으로 찬송하리라 [16]그렇지 아니하면 네가 영으로 축복할 때에 알지 못하는 처지에 있는 자가 네가 무슨 말을 하는지 알지 못하고 네 감사에 어찌 아멘 하리요 [17]너는 감사를 잘하였으나 그러나 다른 사람은 덕 세움을 받지 못하리라 [18]내가 너희 모든 사람보다 방언을 더 말하므로 하나님께 감사하노라 [19]그러나 교회에서 네가 남을 가르치기 위하여 깨달은 마음으로 다섯 마디 말을 하는 것이 일만 마디 방언으로 말하는 것보다 나으니라 [20]형제들아 지혜에는 아이가 되지 말고 악에는 어린 아이가 되라 지혜에는 장성한 사람이 되라

여기서 사도는 지금까지의 논증을 종합한다.

I. 사도는 공적 모임에서 그들이 어떻게 찬송하고 기도해야 할지에 대해 지시한다(15절). 그러면 어떻게 할까 내가 영으로 기도하고 또 마음으로 기도하며 내가 영으로 찬송하고 또 마음으로 찬송하리라. 사도는 신적 영감을 받아 즉 그들이 이런 목적으로 영감을 받거나 이런 영적 은사가 그들에게 주어졌을 때, 기도하거나 찬송하는 것을 금하지 않는다. 그러나 그는 그들에게 다른 사람들이 함께 참여할 수 있도록 모두가 이해할 수 있는 행동을 하라고 권면한다. 공중예배는 참여자가 이해할 수 있는 수준에서 진행되어야 한다.

II. 사도는 다양한 이유를 들어 자신의 논증을 강조한다.

1. 그렇지 않으면 알지 못하는 사람들은 그들의 기도나 감사에 대해 아멘으로 화답할 수 없기 때문에 예배에 참여할 수 없을 것이다. 왜냐하면 그들은 그것을 이해하지 못하기 때문이다(16절). 그들은 알지 못하는 상황 속에 있었다. 고대의 학자들이 그렇게 해석하는 것처럼, 당시 기독교 공동체 안의 지체들은 글을 모르는 문맹자가 대부분이었다. 그렇다면 그들이 어떻게 방언으로 하는 기도에 대해 아멘으로 화답할 수가 있겠는가? 그들이 어떻게 자기들의 동조와

찬성을 표현할 수 있겠는가? 아멘이라고 말하는 것은 '과연 그렇다'는 동조의 표시다. 하나님께서 우리가 요청하는 것을 허락하신다. 또는 우리가 죄에 대해 행한 고백과 하나님의 자비와 호의에 대해 이루어진 인정에 참여한다. 이것이 아멘이라는 말의 근본취지다. 누구든 내면의 마음으로 아멘을 말해야 한다. 그러나 아멘을 알아들을 수 있게 외침으로써 공중 기도와 예배에서 내적 동조와 찬성을 표현하는 것은 잘못된 것이 아니다. 초대 교회 그리스도인들은 아멘을 큰 소리로 외쳤다. 순교자 유스티누스의 「변증」을 참조하라. 따라서 사람들이 자신이 이해하지 못하는 것에 대해 어떻게 아멘이라고 말하겠는가? 알아듣지 못하는 기도에 대해서는 어떤 동조도 있을 수 없다. 그러므로 공중 기도가 알아들을 수 없는 방언으로 행해진다면 그 목적은 전혀 달성될 수 없다. 기도를 정말 잘하고 감사를 아무리 잘한다 하더라도, 시간과 장소에 따라서는 다른 사람들이 그의 기도와 감사를 이해하지 못하기 때문에 그들에게 아무런 덕을 세우지 못하거나 또는 세울 수 없다(17절).

2. 사도는 더 큰 자극을 주기 위해 자신을 본보기로 내세운다. 이에 관한 내용은 다음과 같다.

(1) 사도는 이 영적 은사에 있어서 그들 중 누구보다 뒤떨어지지 않았다: "내가 너희 모든 사람보다 방언을 더 말하므로 하나님께 감사하노라(18절). 너희 가운데 누구보다, 아니 너희 모두보다 내가 방언을 더 잘할 것이다." 그들이 그토록 높이 평가하고 크게 자랑하는 은사에 대해 바울이 평가절하하는 것은 그들에 대한 시기심 때문이 아니다. 그는 바로 이 방언의 은사에 있어서 그들 누구보다 탁월했다. 그는 방언을 못하기 때문에 그들을 비방하는 것이 아니었다. 이런 시기심은 세상에서는 참으로 흔히 볼 수 있다. 그러나 사도는 자신이 그들을 시기할 것이 아니라 그들이 오히려 자기를 시기할 만한 근거가 있음을 충분히 알려줌으로써, 그들이 자신의 의도를 오해하지 않도록 무척 조심하고 있다. 우리가 다른 사람들의 스스로에 대한 또는 그들의 소유나 업적에 대한 비합리적 평가를 비난할 때, 가능하다면, 그것이 시기나 질투의 마음에서 나온 것이 아님을 납득시켜 줄 필요가 있다. 만일 그들이 우리의 행위에 대해 이처럼 부당한 오해를 하도록 방관한다면 우리의 목적은 이루어지지 못할 것이다. 바울은 전체 논증을 통해 펼친 이 원리에 대해 조금이라도 비판을 받거나 의심을 받을 여지를 주지 않았다. 그는 그들 누구보다 방언을 더 잘했다.

(2) 그러나 사도는 다른 사람들을 이해시켜 그들을 가르치고 덕을 세우기 위해, 깨달은 마음으로 다섯 마디 말을 하는 것이 일만 마디 방언으로 말하는 것보다 낫다(19절)는 것을 보여주었다. 그는 결코 방언을 말하는 것에 대해 뽐내거나 이 은사를 가졌다고 허세를 부리거나 하지 않고, 오히려 다른 사람들이 깨닫지 못해 아무런 유익을 줄 수 없기 때문에, 그들을 위해 일천, 일만 마디 그럴듯한 말보다 다섯 마디 합당한 말을 하기를 원했다. 참된 기독교 사역자는 자신에게 갈채와 칭찬이 최대한 쏟아지도록 하기보다는 아무리 작을지라도 사람들의 영혼에 영적 선을 행하는 것을 더 높이 평가해야 한다. 이것이 참으로 위대하고 고결한 정신이다. 그것이 그의 인격에 합당한 행동이요, 자신의 교만과 허영의 노예가 아니라 그리스도의 종임을 보여주는 증거다.

3. 사도는 이 은사를 선호하는 것은 그들의 판단이 미성숙함을 보여주는 아주 분명한 암시라고 덧붙인다: 형제들아 지혜에는 아이가 되지 말고 악에는 어린 아이가 되라 지혜에는 장성한 사람이 되라(20절). 어린 아이는 새롭고 희한한 장면에 매료되기 쉽다. 그들은 사물의 참된 본질과 가치를 추구하지 못하고 외적 구경거리에 사로잡힌다. 너희는 그들과 같이 되지 말라. 평판과 외모보다 가치와 본질을 선호하라. 성숙한 판단을 보여주고, 어른답게 행동하라. 단지 순전하고 해를 끼치지 않는 기질에 있어서 어린 아이를 닮도록 하라. 이 구절 속에는 두 가지 책망이 들어있다. 하나는 그들이 자기들의 은사를 과대평가함으로써 갖게 된 교만과 서로에 대해 보여주는 오만과 거만에 대한 책망이고, 다른 하나는 그것들로 말미암아 야기된 분쟁과 다툼에 대한 책망이다. 그리스도인들은 간계와 악의가 전혀 없는 어린 아이처럼, 공박과 손상을 가하지 않는 자들이 되어야 한다. 그리고 장성하고 성숙한 지혜와 지식을 소유해야 한다. 그들은 죄를 범하는 궤계에 있어서 미숙해야지, 의의 말씀에 있어서 미숙한 자가 되어서는 안 된다(히 5:13).

[21]율법에 기록된 바 주께서 이르시되 내가 다른 방언을 말하는 자와 다른 입술로 이 백성에게 말할지라도 그들이 여전히 듣지 아니하리라 하였으니 [22]그러므로 방언은 믿는 자들을 위하지 아니하고 믿지 아니하는 자들을 위하는 표적이나 예언은 믿지 아니하는 자들을 위하지 않고 믿는 자들을 위함이니라 [23]그러므로 온 교회가 함께 모여 다 방언으로 말하면 알지 못하는 자들이나 믿지 아니하는 자들이 들어와서

너희를 미쳤다 하지 아니하겠느냐 [24]그러나 다 예언을 하면 믿지 아니하는 자들이나 알지 못하는 자들이 들어와서 모든 사람에게 책망을 들으며 모든 사람에게 판단을 받고 [25]그 마음의 숨은 일들이 드러나게 되므로 엎드리어 하나님께 경배하며 하나님이 참으로 너희 가운데 계신다 전파하리라

이 단락에서 사도는 다른 주제를 통해 그 논증과 이유들을 계속 추구한다.

I. 고린도 교인들이 그런 것처럼, 방언은 하나님의 백성들에게 주어진 자비의 표시가 아니라 하나님으로부터 온 심판의 표시였다(21절). 율법(즉 구약 성경)에 기록된 바 주께서 이르시되 내가 다른 방언을 말하는 자와 다른 입술로 이 백성에게 말할지라도 그들이 여전히 듣지 아니하리라 하였으니(사 28:11을 보라). 신 28:46,49과 비교해 보라. 사도는 여기서 이 두 구절을 가리키는 것으로 보인다. 두 구절 다 경고의 목적으로 주어진다. 하나가 다른 하나를 해석하도록 되어있다. 이 입장의 의미는 하나님께서 그의 백성들에게 이런 종류의 가르침을 주실 때 곧 다른 언어로 말하는 사람들의 징계를 그들에게 행하실 때에는 그분이 그들을 포기하셨음을 보여주는 증거라는 것이다. 따라서 확실히 사도는 여기서 다음과 같은 사실을 암시한다: "너희는 하나님이 싫어하시는 표적을 좋아해서는 안 된다. 하나님은 이런 종류의 가르침에 단순히 집착하고, 이해할 수 없는 언어로 가르치는 사람들에 대해서는 베푸실 은혜가 없다. 그들은 결코 이러한 가르침을 통해서는 유익을 얻을 수 없다. 그리고 그들이 그것에 집착할 때 하나님은 그들을 치유할 수 없는 자들로 포기하셨음을 나타내는 슬픈 표징이다." 그렇다면 그리스도인들이 이런 상태에 집착하거나 교회를 그 속에 집어넣어야 하겠는가? 그러나 항상 알아들을 수 없는 방언으로 자기들의 영감을 전달하고자 했던 고린도 교회 설교자들은 결국 이런 상태에 빠지고 말았다.

II. 방언은 믿는 자보다 믿지 아니하는 자에게 주는 표적이다(22절). 방언은 불신자들이 교회 안에 들어오도록 그들의 회심과 개종을 위해 주어진 영적 은사였다. 그러나 개종자들은 자기들의 언어로 유익한 가르침을 받음으로써 기독교 안에서 세움받도록 되어 있었다. 방언의 은사는 기독교를 전파하고 교회를 세우는데 필수적이었다. 그것은 그리스도인들이 이미 지니고 있던 교리를 믿지 아니하는 자들에게 믿도록 확신시키는데 적절한 은사였다. 그러나 예

언과 자기들의 언어로 성경을 해석해주는 것은 이미 믿음을 갖고 있는 자들에게 덕을 세우기에 아주 적절한 은사였다. 따라서 기독교 공동체에 안에서 방언으로 말하는 것은 시간과 장소를 가려서 해야 할 일이었다. 시간이나 장소가 맞지 않으면 방언은 적절한 것이 되지 못했다. 은사가 적절히 사용되기 위해서는 그것이 주어진 목적을 바로 아는 것이 중요하다. 사도가 말한 것처럼, 믿지 아니하는 자들의 회심을 위해서는 방언의 은사가 없으면 별로 효과가 없을 것이다. 그러나 이미 기독교 신앙으로 회심한 사람들이 모인 기독교 공동체 안에서 이 은사를 사용하고 내세우는 것은 온당치 않은 일이다. 왜냐하면 그 때 그것은 공동체에 아무 유익을 주지 못하기 때문이다. 그들은 이미 진리에 대한 확신을 갖고 있기 때문에 그런 목적으로 방언은 합당치 않다. 또 그들은 그것을 알아듣지 못하고, 또 들은 것에 대해 이해하지 못하면 아무 유익이 없기 때문에 그들의 덕을 세우기 위한 목적으로도 부적당하다.

Ⅲ. 기독교 공동체가 불신자들 사이에서 신뢰와 명성을 얻기 위해서는 방언을 말하는 것보다는 예언을 말하는 것이 더 크게 요구된다. 그 이유는 다음과 같다

1. 불신자들이 기독교 예배에 참석했는데, 그 사역자들이나 공중예배를 주관하는 모든 자들이 알아듣지 못하는 말로 말한다면, 그들은 모두 미쳤다고 결론짓고 기독교를 야만적인 광신자 집단으로 매도할 것이다. 올바른 지각을 가진 사람이라면 누가 이런 식의 예배를 드리려고 하겠는가? 또는 지각과 이성을 무시하는 종교가 어디 종교라고 하겠는가? 이방인이 자기가 이해하지 못하는 언어로 기도하거나 설교하거나 또는 다른 어떤 종교 행사를 거행하는 기독교 사역자의 말을 듣는다면, 그것은 얼마나 기독교를 조롱거리로 만들겠는가? 기독교는 본질상 건전하고 합리적인 종교로서, 그 사역자들은 야만적이거나 몰지각하게 보이는 일을 해서는 안 된다. 이런 모습을 보여주는 자들은 그들의 종교를 욕되게 하고, 그들 자신의 인격을 실추시키게 된다.

2. 그러나 다른 한편으로 방언을 말하는 대신에, 사역자들이 교회 안에 들어온 이방인이나 알지 못하는 자들에게 성경을 분명하게 해석해 주거나 알아들을 수 있는 적절한 말로 복음의 위대한 진리와 법도를 설교함으로써 그들을 회심시켜 기독교로 개종시킨다면, 또 그의 양심이 찔리고 그의 마음의 비밀이 드러나게 된다면, 그는 자기가 들은 진리로 말미암아 판단을 받아 자신의 죄책을

자백하고, 하나님을 경배하며 그분이 참으로 교회 가운데 계신다는 것을 인정하게 될 것이다(24,25절). 분명하게 그리고 적절하게 가르쳐진 성경의 진리는 양심을 일깨우고, 마음을 찔리게 하는데 놀라운 능력을 발휘한다. 그렇다면 불신자들이 사역자들을 미치광이 집단으로 단정하고, 그들의 종교 행사를 광신으로 규정하는 것보다는 이것이 훨씬 더 기독교의 영예를 높이지 않겠는가? 방언은 그들과 그들의 종교에 대해 즉각 멸시를 초래할 것이다. 그것은 그들을 칭송하게 만드는 것이 아니라 조롱하게 만들고, 그들의 고백도 똑같은 비난에 처하도록 한다. 반면에 예언은 확실히 교회에 덕을 세우고, 그들의 신뢰를 크게 높이며, 때로는 그것을 듣는 믿지 아니하는 자들을 각성시키고 회심시키기도 한다. 기독교 공동체 안에서 이루어지는 종교 행사는 신자에게는 덕을 세우고, 불신자에게는 각성과 감동과 회심을 일으키기에 적합한 것이 되어야 함을 잊지 말자. 목회는 은사와 재능을 자랑하기 위해서가 아니라 영혼을 구원하기 위해 존재하는 것이다.

[26]그런즉 형제들아 어찌할까 너희가 모일 때에 각각 찬송시도 있으며 가르치는 말씀도 있으며 계시도 있으며 방언도 있으며 통역함도 있나니 모든 것을 덕을 세우기 위하여 하라 [27]만일 누가 방언으로 말하거든 두 사람이나 많아야 세 사람이 차례를 따라 하고 한 사람이 통역할 것이요 [28]만일 통역하는 자가 없으면 교회에서는 잠잠하고 자기와 하나님께 말할 것이요 [29]예언하는 자는 둘이나 셋이나 말하고 다른 이들은 분별할 것이요 [30]만일 곁에 앉아 있는 다른 이에게 계시가 있으면 먼저 하던 자는 잠잠할지니라 [31]너희는 다 모든 사람으로 배우게 하고 모든 사람으로 권면을 받게 하기 위하여 하나씩 하나씩 예언할 수 있느니라 [32]예언하는 자들의 영은 예언하는 자들에게 제재를 받나니 [33]하나님은 무질서의 하나님이 아니시요 오직 화평의 하나님이시니라 모든 성도가 교회에서 함과 같이

이 단락에서 사도는 고린도 교인들의 무질서에 대해 책망하고, 미래를 위해 그 행위를 고치고 정리하도록 촉구한다.

I. 사도는 그들이 은사를 자랑함으로써 교회 안에 일으킨 혼란에 대해 책망한다(26절).　　너희가 모일 때에 각각 찬송시도 있으며 가르치는 말씀도 있으며 계시도 있으며 방언도 있으며 통역함도 있나니. 이 말은 곧 이런 뜻이다: "너희는 예

배의 다양한 요소들을 혼동하는 경향이 있다. 한 사람이 영감을 받아 찬송시를 갖고 있다면, 다른 사람은 말씀이나 계시를 갖고 있다." 또는 이런 뜻도 있다: "너희는 예배의 동일한 부분에서 혼동을 일으키는 경향이 있다. 너희 가운데 많은 이들이 찬송시나 말씀에 있어서 서로 간에 제자리를 지키지 않고 동시에 나서고 있다. 이것은 완전히 혼동이 아닌가? 이것이 덕을 세울 수 있겠는가? 그러나 교회 공동체 안의 모든 종교적 행사는 모든 것을 덕을 세우기 위하여 하라는 입장에 따라 이루어져야 한다."

Ⅱ. 사도는 그들의 잘못을 수정하고, 그들의 장래 행위를 위해 몇 가지 규칙을 제시한다.

1. 알아듣지 못할 방언을 말하는 것에 관해, 사도는 한 모임에서 두세 명 이상은 그것을 말하지 말도록 명령하고, 그것도 함께 할 것이 아니라 차례를 따라 하도록 당부한다. 또 그마저도 통역하는 사람 곧 방언을 하는 당사자 말고 다른 통역자가 없으면 할 수 없었다(27,28절). 왜냐하면 알아듣지 못하는 방언을 말하는 사람 자신이 이후에 통역까지 하게 되면, 그것이 자랑이 될 가능성이 있기 때문이다. 그러나 통역할 수 있는 다른 사람이 있게 되면, 두 이적적인 은사는 즉시 효력을 발휘할 수 있게 되고, 교회에 덕을 세우며, 동시에 듣는 자들의 믿음도 강화되게 된다. 반면에 만일 통역하는 자가 없으면 교회에서는 잠잠하고, 자기와 하나님 사이에만 이 은사를 사용해야 한다(28절). 즉 (내 생각으로는) 은밀하게, 집에서 해야 할 것이다. 그 이유는 공중예배에 참석한 모든 사람들은 그것에 참여해야 하고, 또 공적 모임이 그들의 개인적 경건의 자리가 되어서는 안 되기 때문이다. 교회가 연합 예배를 위해 모였을 때 개인적 경건은 시간과 장소를 가려서 해야 된다.

2. 예언에 관해 사도는 다음과 같이 명령한다.

(1) 예언은 한 모임에서 두세 사람만 말해야 한다(29절). 그것도 모두 동시에 해서는 안 되고 순서대로 해야 한다. 그리고 다른 사람은 그가 예언하는 것을 검토하고 판단해야 한다. 즉 그것이 신적 영감을 받은 것인지 분별하고 결정해야 한다. 거짓 예언과 짐짓 신적 영감을 가장하는 단순한 외식이 있을 수 있기 때문이다. 참 예언자는 이들을 판단하도록 되어 있고, 누가 신적으로 영감받은 자인지 그리고 이 영감을 통해 성경을 해석하고 교회를 가르치는지 아니면 다른 것으로 가르치는 자인지를 분별하고 찾아내도록 되어 있었다. 이것

이 이 규칙의 의미로 생각된다. 하지만 예언자를 예언자로 알려주고, 신적 영감 아래 있도록 한 원천에 대해서는 판단할 수 없었다. 왜냐하면 이렇게 되면 심지어 성령도 사람들의 판단에 맡겨지기 때문이었다. 참으로 영감을 받고, 그래서 그렇게 알려진 자는 인간의 모든 판단을 초월했다.

(2) 만일 곁에 앉아있는 예언자가 계시를 소유하고 있다면, 다른 예언자는 그가 받은 계시를 말할 수 있도록 침묵을 지키고 잠잠해야 한다(30절)고 사도는 말한다. 이 말은 먼저 예언하던 자는 그가 말하도록 즉시 침묵을 지켜야 한다는 뜻으로 주로 이해되고 있다. 그러나 이것은 부자연스런 해석이고, 문맥과도 잘 조화되지 않는다. 영감을 받아 말하는 사람이 다른 사람이 영감받았다고 해서 즉시 잠잠해야 하고, 동일한 성령께서 그에게 주신 것을 억눌러야 할 이유가 어디 있는가? 참으로 새로운 계시를 받은 사람은 자기 차례가 되면 그 증거에 대해 예언할 자유를 주장할 수 있다. 그렇다면 먼저 예언하고 있던 사람도 동일한 성령의 지시를 전달받아 똑같은 증거를 말할 자격이 있는데 왜 그로부터 예언할 자유를 빼앗고, 입을 닫도록 해야 하겠는가? 하나님의 영이 어떤 이에게는 예언하도록 감동을 주면서, 먼저 예언하도록 계시를 전달한 자에게는 예언하지 못하도록 중단시키고 잠잠하라고 한단 말인가? 이것은 내게 부적절한 생각으로 보인다. 그것은 문맥과도 부합하지 않고, 이어지는 내용과도 일치하지 않는다(31절): 하나씩 하나씩 예언할 수 있느니라. 즉 순서대로 예언할 수 있다는 뜻이다. 이것은 먼저 예언을 시작한 자는 다른 사람이 예언을 하도록 중단하고 잠잠해야 한다는 것이 아니다. 오히려 먼저 예언한 자가 말해야 할 것을 다 마칠 때까지 나중에 영감받아 새로운 계시를 전달해야 할 사람은 참고 있어야 한다고 보는 것이 더 합당한 해석이다. 그리고 이 의미를 확증하기 위해 사도는 곧바로 예언하는 자들의 영은 예언하는 자들에게 제재를 받는다(32절)는 말을 덧붙인다. 즉 그들에게 맡겨진 영적 은사는 계속 그들의 이성의 지배를 받고, 그것을 행사하는데 있어서 그들 자신의 판단력을 사용할 수 있다는 것이다. 신적 영감은 이교 제사장들이 사로잡히는 악마적 능력처럼 난폭하고 무절제하지도 않고, 또 마치 미친 것처럼 행동하도록 그들을 충동시키는 것도 아니다. 그것은 건전하고 조용하며, 질서 있는 행동을 할 수 있게 한다. 하나님의 영으로 감동을 받은 사람은 여전히 사람처럼 행동하고, 자신의 계시를 전달하는데 있어서 자연 질서의 법칙과 예의범절을 준수한다. 그의 영적 은사

는 그의 처분에 더 크게 종속되어 있고, 그의 판단에 크게 좌우된다.

Ⅲ. 사도는 이 규칙들에 대한 이유를 제시한다.

1. 그것들은 교회의 유익 곧 그들의 가르침과 권면을 위해 주어졌다는 것이다. 그것은 모든 사람으로 배우게 하고 모든 사람으로 권면을 받게 하기 위하여(31절) 주어졌다. 곧 예언자들은 질서 있는 방법으로 예언해야 한다고 사도는 권면한다. 교회의 가르침, 덕을 세우는 것, 그리고 위로야말로 하나님께서 목회를 허락하신 목적임을 잊지 말자. 확실히 사역자들은 가능한 한, 그들의 사역이 이 목적에 부합하도록 힘써야 할 것이다.

2. 사도는 그들에게 하나님은 무질서의 하나님이 아니시요 오직 화평의 하나님이시니라(33절)고 말한다. 그러므로 신적 영감은 절대로 기독교 공동체를 혼란 속에 빠뜨리거나 통상적인 질서의 법칙들을 깨뜨려서는 안 된다. 그러나 만일 다수의 영감받은 자들이 하나님으로 말미암아 자기들에게 주어진 계시를 동시에 말하고 자기 차례를 기다리지 아니한다면, 이런 혼란은 피할 수 없게 될 것이다. 하나님의 영예는 기독교 공동체 안에서 자연적 질서 법칙을 깨뜨리지 않도록 사건들이 진행되어야 가능하다는 것을 유의하자. 만일 그것들이 소란스럽고 혼란스럽게 진행된다면, 이로 말미암아 사려 깊은 관찰자들은 경배받으실 하나님에 관해 어떤 관념을 갖게 되겠는가? 그것이 그분을 화평과 질서의 하나님처럼 보이게 만들겠는가, 아니면 혼란의 원수처럼 보이게 만들겠는가? 그러므로 하나님을 예배하는데 있어서 관찰자들의 마음속에 하나님에 대한 불쾌하고 불명예스런 관념이 형성되지 않도록 사건들을 잘 처리해야 할 것이다.

3. 사도는 다른 모든 교회에서도 이처럼 사건들이 질서 있게 진행되었다는 사실을 덧붙인다: 모든 성도가 교회에서 함과 같이(33절). 그들은 영적 은사를 사용하는데 있어서 이 규칙들을 잘 지켰다. 그것은 고린도 교회도 똑같은 규칙을 따라야 한다는데 대한 분명한 증거가 되었다. 영적 은사에 있어서 다른 교회보다 훨씬 더 탁월했던 그들이 그것을 사용하는데 있어서 다른 교회들보다 더 무질서하다는 것은 그들에게는 말할 수 없는 치욕이었다. 비록 다른 교회들이 우리의 기준이 되지 않는다고 해도, 자연적 예의와 질서의 법칙을 존중한다면, 우리는 이 규칙들을 깨뜨리지 않도록 조심해야 한다. 본보기로 내세울 수 있는 것들을 따르지 않는다면, 그것은 곧 수치가 될 것이다.

³⁴여자는 교회에서 잠잠하라 그들에게는 말하는 것을 허락함이 없나니 율법에 이른 것 같이 오직 복종할 것이요 ³⁵만일 무엇을 배우려거든 집에서 자기 남편에게 물을 지니 여자가 교회에서 말하는 것은 부끄러운 것이라

여기서 사도는 다음과 같은 내용을 제시한다.

1. 공적 모임에서 여자는 잠잠하고, 교회 안에서 무엇을 알기 위해 질문하는 일도 삼가고 집에서 남편에게 묻도록 하라. 여자는 교회에서 잠잠하라 … 오직 복종할 것이요(34절). 또 사도는 여자가 가르치는 것을 허락하지 아니 하노니(딤전 2:12)라고 말한다. 사실은 여자도 때때로 교회 안에서 기도하고 예언하는 것이 괜찮다는 것을 암시하는 말씀이 있다. 그 구절에서 사도는 그 자체를 정죄하지는 않고, 그 행하는 방법 즉 머리에 아무것도 쓰지 않고 기도하거나 예언하는 것을 정죄한다. 그 당시, 그 지역에서 그렇게 하는 것은 성(性)의 구별을 무시하고, 여자가 남자와 동등한 위치에 서는 것으로 간주되었다. 그러나 여기서 사도는 여자들의 모든 공적 행위를 금하는 것처럼 보인다. 여자는 교회에서 말하는 것이 허용되지 않았고(34절), 따라서 기도하거나 예언하는 것도 마찬가지다. 그러나 문맥은 여기서 후자(예언하는 것) 곧 영감을 받아 말씀을 선포하거나 성경을 해석하는 것을 가리키는 것으로 보인다. 그리고 참으로 여자가 이런 의미에서 예언한다는 것은 가르치기 위한 것인데, 그것은 여자가 지켜야 할 복종이라는 입장에 전혀 어울리지 않는 일이다. 다른 사람들을 가르치는 자는 그 점에 있어서는 그들에 대한 우월권을 갖고 있는 것이기 때문에 여자가 가르치는 것은 그녀가 남자 위에 서는 것으로, 여자는 모임에서 가르치는 것이 허락되지 않는다: 여자가 가르치는 것을 허락하지 아니하노니(딤전 2:12). 그러나 영감을 받아 기도하고 찬송하는 것은 가르치는 것이 아니었다. 그리고 그 당시 교회에는 여자들 가운데에도 이런 종류의 영적 은사를 받은 자들이 있었던 것으로 보이고(행 22:9을 보라), 만일 공적 모임에서 이에 대한 충동을 느끼게 되었을 때 그것을 무조건 억눌러야 했을까? 공적으로 사용할 수 없다면 왜 이런 은사가 주어졌을까? 이런 이유로 어떤 이들은 이 일반적 금지조항은 통상적인 경우에만 적용되고, 여자들이 이 신적 영감을 받게 된 특별한 경우에는 말할 자유가 있는 것으로 생각한다. 여자들은 일반적으로는 가르치는 것을 금지당하고, 교회에서 논쟁하거나 질문하는 것도 해서는 안 되고, 조용히 배우도록 되어 있

었다. 그리고 만일 어떤 문제가 생기면, 집에서 자기 남편에게 묻도록 되어 있었다. 복종하면서 배우는 것이 여자의 의무인 것처럼, 여자를 잘 가르침으로써 자신의 우월권을 잘 지키는 것이 남자의 의무임을 잊지 말자. 아내가 집에서 남편에게 묻는 것이 의무라면, 최소한 그 질문에 대답해줄 수 있는 능력을 갖추는 것은 남편의 책임이자 의무다. 만일 여자가 교회에서 말하는 것이 수치라면, 그녀가 집에서 물을 때 대답해줄 수 없는 것 역시 남자의 수치다.

2. 우리는 여기서 이 금지명령의 이유를 발견하게 된다: 여자가 복종해야 하는 것은 하나님의 법이자 계명이기 때문이다(34절). 그들은 남자에게 복종하는 위치에 있고, 따라서 그 위치를 바꾸는 태도를 취하는 것은 어떤 행위든 수치가 되었다. 그 당시에는 적어도 여자가 사람들이 모인 공개석상에서 말하는 것이 이런 태도로 취급되었는데, 하물며 공개적으로 가르치는 것은 말할 것도 없었다. 그래서 사도는 여자가 교회나 공식 모임에서 말하는 것이 수치라고 결론지은 것이다. 수치는 예의 없는 일을 행했을 때 갖게 되는 불편한 마음의 감정이다. 여자가 자신의 위치를 저버리고, 자신의 성(性)에 합당한 복종을 포기하는 것만큼 무례한 일이 있을까? 우리의 정신과 행위는 우리의 위치에 합당해야 한다. 하나님이 정하신 자연적 구별을 우리는 준수해야 한다. 그분이 다른 자들에게 복종하도록 정하신 것을 동등한 수준으로 높이거나 우월권을 행사하거나 가장해서는 안 된다. 여자는 남자에게 복종하도록 지음받았다. 여자는 그 지위를 지켜야 하고, 그것으로 만족해야 한다. 이런 이유로 여자들은 교회에서 잠잠해야 하고, 절대로 가르치는 자로 세워져서는 안 된다. 그렇게 되면 그것은 남자를 지배하는 우월권을 세우는 일이 되기 때문이다.

[36]하나님의 말씀이 너희로부터 난 것이냐 또는 너희에게만 임한 것이냐 [37]만일 누구든지 자기를 선지자나 혹은 신령한 자로 생각하거든 내가 너희에게 편지하는 이 글이 주의 명령인 줄 알라 [38]만일 누구든지 알지 못하면 그는 알지 못한 자니라 [39]그런즉 내 형제들아 예언하기를 사모하며 방언 말하기를 금하지 말라 [40]모든 것을 품위 있게 하고 질서 있게 하라

이 부분에서 사도는 지금까지의 자신의 논증을 끝맺는다.

1. 그는 고린도 교인들의 허탄한 교만과 자만에 대해 정당한 질책을 가한다.

다른 교회가 한 것처럼 그들은 자기들의 은사를 선용하지 못했다. 그들은 자기 맘대로 행동했고, 통제나 질서를 쉽게 따르지 않았다. 따라서 사도는 이 오만한 태도를 일축하기 위해 이렇게 말한다: "하나님의 말씀이 너희로부터 난 것이냐 또는 너희에게만 임한 것이냐(36절). 기독교가 고린도 교회로부터 온 것이냐? 그 기원이 너희에게 있느냐? 아니면 기독교가 오직 너희에게만 한정되고 적용되느냐? 너희가 다른 모든 교회의 정당한 관례를 무시하고, 너희의 영적 은사를 뽐내며, 기독교 공동체 안에 혼란을 일으켜도 될 정도로 오직 너희만 신적 계시의 은혜를 받은 교회냐? 이 무례한 태도는 얼마나 참을 수 없는 것인가! 너희 자신을 돌아보고 기도하라." 필요할 때 또는 아주 적절할 때 사도는 최대한의 권위를 갖고 그들을 책망하였다. 확실히 그의 책망은, 항상 그렇지만, 여기서도 유효적절했다. 영적 교만과 자만으로 말미암아 교회와 공동체를 혼란 속에 빠뜨리는 자들은 비록 그들이 사도의 책망을 거의 감내할 수 없다고 할지라도, 책망받아 겸비해지는 것이 마땅하다.

2. 사도는 자신이 그들에게 말한 것이 하나님의 명령임을 알려준다. 참 선지자라면 또는 진실로 영감받은 신령한 자라면, 그것을 거부할 수 없다(37절): "만일 누구든지 자기를 선지자나 혹은 신령한 자로 생각하거든 내가 너희에게 편지하는 이 글이 주의 명령인 줄 알라. 아니, 누구든 이 진실한 법칙에 따라 시험해 보라. 만일 그가 내가 이 주제에 대해 전한 것이 그리스도의 뜻임을 인정하지 않는다면, 그는 결코 그리스도의 영을 소유하고 있지 못한 자이다. 그리스도의 영은 자가당착에 빠질 수 없다. 만일 그 영이 나와 그들 안에서 말씀하신다면, 양쪽 모두에 대해 똑같은 말씀을 하실 것이다. 만일 그들이 받은 계시가 내 것과 모순된다면, 그것은 동일한 영으로부터 온 것이 아니다. 나나 그들 가운데 어느 하나는 거짓 선지자임에 틀림없다. 이러므로 그들의 열매로 그들을 알리라(마 7:20). 만일 그들이 이 문제에 있어서 내 지시가 하나님의 명령이 아니라고 말한다면, 너희는 그것으로 그들이 신적으로 영감받은 자들이 아님을 알 수 있을 것이다. 그러나 만일 편견이나 아집 때문에 누구든 나와 그들 가운데 과연 누가 하나님의 영으로 말미암아 말하고 있는지에 대해 계속 불확실하거나 무지하게 된다면, 그들은 이 무지의 권세 아래 있음에 틀림없다. 만일 그들의 영감에 대한 자랑이 내가 갖고 있는 사도로서의 자격과 권능에 맞서는 입장에 계속 서 있다면, 나는 그들에 대해 모든 권위와 능력을 상실할 것이다. 이같이

나와 맞서는 자들에 대해 나는 확신시킬 범주 밖에 있고, 따라서 그들 자신에게 맡겨놓을 수밖에 없다." 하나님은 고의로 빛에 대해 눈을 감은 사람들을 그 마음의 맹목적 상태에 그냥 놔두신다는 것을 잊지 말자. 이토록 명백한 사안에 대해 무지한 사람들은 그들의 오류 속에 갇혀 있는 것이 당연하다.

3. 사도는 두 가지 일반법칙으로 모든 결론을 종합한다.

(1) 방언의 은사를 멸시하거나 언급된 규칙에서 벗어나 사용하는 것은 안 되지만, 예언하기를 더 사모하라. 이것이 참으로 그가 전하고자 하는 논증의 취지다. 전자보다는 후자가 더 유익한 은사이기 때문이다.

(2) 모든 것을 품위 있고 질서 있게 하라(40절). 즉 분명히 무례를 범하거나 무질서를 초래하는 모든 일은 피해야 한다는 것이다. 허탄한 사람이 괜찮다고 생각하는 어떤 것을 기독교 교회나 예배에 끌어들이지 않도록 또는 그것을 피하도록 돕는 기회를 물리치지 말라는 것이다. 바울이 언급한 것과 같은 무례함과 무질서는 특별히 피해야 한다. 어린 아이의 일은 해서는 안 된다(20절). 미쳤다는 말을 들을 빌미를 주어서도 안 된다(23절). 또 혼란을 자초하는 일을 해서도 안 된다(33절). 이것은 완전히 품위 없는 행위다. 그것은 기독교 공동체를 소동과 폭도 집단으로 만드는 것이다. 그 대신 그들은 무슨 일이든 질서 있게 해야 한다. 차례대로 말해야지 한꺼번에 나서면 안 된다. 자기 순서를 지키고 서로 방해하지 말아야 한다. 그렇게 행하지 않으면 기독교 사역과 모든 기독교 예배 공동체의 목적이 파괴되고 말 것이다. 무례와 무질서가 기독교 교회와 신적 예배의 모든 부분에 분명히 드러나지 않도록 조심하자. 그 일들을 할 때 유치하고 부조리하고 어리석고 난폭하고 소란스럽게 해서는 안 될 것이다. 그 대신 모든 신적 예배의 부분들은 성숙하고 진지하고 합리적이고 침착하고 질서 있게 수행되어야 한다. 그것을 수행하고 실천할 때 우리의 무례하고 무질서한 행동으로 말미암아 하나님의 이름을 더럽히거나 그분의 예배가 실추되지 않도록 조심해야 할 것이다.

제 — 15 — 장

개요

이 장에서 사도는 기독교의 핵심 진리인 죽은 자의 부활에 대해 다룬다. I. 우리 구주의 부활의 확실성을 역설한다(1-11절). II. 이 진리로부터 죽은 자의 부활이 없다고 주장하는 사람들을 정면으로 논박한다(12-19절). III. 우리 구주의 부활로부터 죽은 자의 부활을 이끌어내고, 다른 이유들을 통해 고린도 교인들로 하여금 그것을 믿도록 확증한다(20-34절). IV. 이 진리에 대한 반론에 답변하고, 거기서 부활할 때 성도들의 몸에 일어날 놀라운 변화에 대해 설명한다(35-50절). V. 마지막 나팔 소리를 듣고 살아날 사람들에게 일어날 변화와 의인이 사망과 무덤을 이기고 얻게 될 승리에 대해 알려준다(51-57). VI. 주님에 의해 주어질 영광스러운 상급이 있음을 알고 주의 일에 더욱 힘쓰는 자들이 되라고 그리스도인들에게 가장 중요한 권면을 하는 것으로 논증을 정리한다(58절).

[1]형제들아 내가 너희에게 전한 복음을 너희에게 알게 하노니 이는 너희가 받은 것이요 또 그 가운데 선 것이라 [2]너희가 만일 내가 전한 그 말을 굳게 지키고 헛되이 믿지 아니하였으면 그로 말미암아 구원을 받으리라 [3]내가 받은 것을 먼저 너희에게 전하였노니 이는 성경대로 그리스도께서 우리 죄를 위하여 죽으시고 [4]장사 지낸 바 되셨다가 성경대로 사흘 만에 다시 살아나사 [5]게바에게 보이시고 후에 열두 제자에게와 [6]그 후에 오백여 형제에게 일시에 보이셨나니 그 중에 지금까지 대다수는 살아 있고 어떤 사람은 잠들었으며 [7]그 후에 야고보에게 보이셨으며 그 후에 모든 사도에게와 [8]맨 나중에 만삭되지 못하여 난 자 같은 내게도 보이셨느니라 [9]나는 사도 중에 가장 작은 자라 나는 하나님의 교회를 박해하였으므로 사도라 칭함 받기를 감당하지 못할 자니라 [10]그러나 내가 나 된 것은 하나님의 은혜로 된 것이니 내게 주신 그의 은혜가 헛되지 아니하여 내가 모든 사도보다 더 많이 수고하였으나 내가 한 것이 아니요 오직 나와 함께 하신 하나님의 은혜로라 [11]그러므로 나나 그들이나 이같이 전파하매 너희도 이같이 믿었느니라

바울은 이 장에서 일부 고린도 교인들이 뻔뻔하게 부인해온(12절) 죽은 자의 부활에 관한 교리를 천명하고 확립하는 것을 자신의 임무로 삼고 있다. 그들은 이 교리를 비유로 간주했다. 그들 가운데에는 부활이 이미 지나갔다고 말한 후메내오와 빌레도 같은 사람들(딤후 2:17,18), 부활은 단순히 삶의 변화를 가리키는 것에 불과하다고 말한 다수의 고대 이교도들이 있었다. 또는 부활이 이성과 과학의 원리에 맞지 않는다고 거부한 사람들도 있었다. 그들은 나름대로 합당한 의미에 따라 부활을 부인한 것처럼 보인다. 그리고 그들은 죽은 자의 부활을 부인함으로써, 장래에 주어질 보상을 무시했다. 이방인과 불신자들이 이 진리를 부정하는 것은 그리 이상한 일이 아니다. 그러나 계시를 통해 믿음을 갖게 된 그리스도인들이 그토록 명백하게 드러난 진리를 부정하는 것은, 특별히 그 진리의 중요성을 감안할 때 참으로 놀라운 일이 아닐 수 없다. 이 진리에 대한 그들의 믿음이 흔들리는 것은 그들의 종교인 기독교가 흔들리는 원인이 되기 때문에 지금이야말로 사도가 그 진리를 그들에게 확증해 줄 시점이었다. 그 때 그들은 그들의 믿음이 크게 흔들릴 위험 속에 놓여 있었다. 사도는 복음의 요체로서 그가 그들에게 전한 것 곧 그리스도의 죽음과 부활에 대한 말씀으로 시작한다. 이 기반 위에 죽은 자의 부활에 관한 교리가 세워진다. 신적 진리들은 그 상호 관련성에 입각하여 고찰될 때 최고의 증거를 가지고 나타난다는 사실을 잊지 말자. 기초가 튼튼하면 그 위에 세워지는 건물도 안전하다. 이제 복음에 관해 살펴보자.

I. 바울은 복음을 강조한다(1,2절). 형제들아 내가 너희에게 전한 복음을 너희에게 알게 하노니.

1. 복음은 그가 지속적으로 설교해온 것이었다. 그의 말은 오락가락하지 아니했다. 그는 항상 동일한 복음을 선포하고, 동일한 진리를 가르쳤다. 그는 듣는 자들에게 그렇게 호소할 수 있었다. 진리는 그 본질상 변하지 않는 것이다. 신적 진리를 오류 없이 가르치는 자들은 그들 자신이나 그들 서로 간에 불일치될 수 없었다. 바울은 지금까지 가르친 교리를 계속 가르쳤다.

2. 복음은 그들이 이미 받은 것이었다. 그들은 믿음으로 확신하고 그것을 그들의 마음속에 받아들였으며, 최소한 입술로 그렇다고 고백했다. 그것은 전혀 생소한 교리가 아니었다. 그것은 그들이 지금까지 그 안에 또는 그것으로 말미암아 서 있었고, 또 계속 서 있어야 할 참된 복음이었다. 만일 그들이 이 진리

를 포기하면 그들이 서 있어야 할 기반이 사라지거나 기독교의 토대가 무너지는 것이었다. 그리스도의 죽음과 부활에 관한 교리는 기독교의 기초임을 명심하자. 이 기초를 제거해 보라. 그러면 전체 건물은 무너지고, 영원에 대한 우리의 모든 소망도 즉각 사라진다. 그리스도인들이 이 진리를 견고하게 붙들고 있을 때 환난 날에 굳게 서 있고, 하나님에 대한 믿음을 지킬 수 있게 된다.

3. 복음은 그들이 구원을 얻을 수 있는 유일한 길이었다(2절). 왜냐하면 다른 이로써는 구원을 받을 수 없나니 천하 사람 중에 구원을 받을 만한 다른 이름을 우리에게 주신 일이 없음이라(행 4:12)고 말씀하고 있기 때문이다. 그리고 그분의 죽음과 부활을 전제하지 않고는 그분의 이름 속에 구원은 없다. 이것들이 우리의 거룩한 종교의 구원진리에 해당되는 것들이다. 우리 대속주의 십자가 죽으심과 그분의 죽음을 이기신 승리가 우리의 영적 생명과 소망의 진정한 원천이다. 이제 이 구원 진리에 관해 살펴보자. (1) 그것들은 마음속에 간직되고, 굳게 지켜져야 한다(히 10:23에 번역된 말처럼 해야 한다): 우리가 믿는 도리의 소망을 움직이지 말며 굳게 잡고. 복음의 구원 진리는 만일 우리가 구원을 얻고자 한다면, 우리 마음속에 고정되고, 우리의 생각을 크게 지배하며, 끝까지 유지되고 굳게 지켜져야 한다. 만일 우리가 그것들을 주의하지 않고 그 능력에 복종하지 않고 또 끝까지 그렇게 하지 아니하면, 그것들은 우리를 구원하지 못할 것이다. 끝까지 견디는 자는 구원을 얻으리라(마 10:22). (2) 만일 우리가 복음에 대한 믿음을 계속 유지하지 않으면 헛되이 믿는 것이다. 우리는 일시적인 믿음으로 얻을 것이 아무것도 없을 것이다. 아니, 오히려 다시 불신앙에 빠져 죄책을 가중시키게 될 것이다. 만일 우리가 우리의 부활을 부정한다면 기독교 또는 그리스도를 믿는 우리의 믿음을 고백하는 것은 헛된 일이다. 왜냐하면 이것은, 그분의 부활을 부인하는 것을 함축하고 포함하기 때문이다. 이것을 포기한다면, 기독교는 아무 소용이 없고, 믿음이나 소망도 허무한 것이 되고 말 것이다.

Ⅱ. 사도가 강조하는 이 복음의 내용이 무엇인지 주목해 보라. 그 교리는 그가 받은 것으로서, 그들에게 먼저(엔 프로토이스, 첫째로) 전달되었다. 그리스도께서 우리 죄를 위해 죽으시고 장사되고 다시 사셨다는 것은 첫 번째 자리를 차지하는 교리로서, 가장 필수적인 진리였다. 또는 다르게 말하면, 예수는 우리가 범죄한 것 때문에 내줌이 되고 또한 우리를 의롭다 하시기 위하여 살아나셨다(롬 4:25). 그분은 우리 죄를 위해 희생제물이 되어 죽으셨고, 그 죄의 용서가

이루어졌음을 보여주고, 이 제사가 하나님께 받아들여졌음을 입증하기 위해 부활하셨다. 그리스도의 죽음과 부활이 복음 진리의 정수이자 본질이다. 여기서 우리는 현재 영적 생명을 얻고, 여기서 우리는 내세의 영원한 생명에 대한 소망을 발견하게 된다.

Ⅲ. 이 진리가 어떻게 확증되고 있는지를 주목해보라.

1. 구약성경의 예언을 통해. 그분은 성경대로 우리 죄를 위해 죽으셨다. 그분은 성경대로, 곧 성경의 예언과 성경의 예표에 따라 장사되고, 죽은 자로부터 부활하셨다. 이 예언들은 시 16:10; 사 53:4-6; 단 9:26,27; 호 6:2 등이다. 이런 성경의 예표들로는 요나(마 12:4)와 이삭인데, 여기서 후자에 대해서는 사도가 비유컨대 그를 죽은 자 가운데서 도로 받은 것이니라(히 11:19)는 말씀으로 생생히 표현하고 있다. 복음이 구약의 예표 및 예언들과 어떻게 대응되어 있는지를 확인하는 것은 복음에 대한 우리의 믿음을 확증하는 좋은 기회가 될 것이다.

2. 많은 증인들의 증거를 통해. 주님이 죽은 자로부터 부활하신 이후에 그분을 본 사람들이 많았다. 사도는 자기가 본 경우를 제외하고 다섯 번에 걸쳐 출현하신 사례를 제시한다. 주님은 게바에게 보이시고, 후에 열두 제자에게 보이셨다. 하지만 후자의 경우 그들 가운데 유다는 없었는데, 그렇게 불리는 것은 이것이 그 제자들을 가리키는 통상적 숫자이기 때문이다. 그 후에 그분은 오백여 형제에게 일시에 보이셨다. 그들 가운데 일부는 이미 죽었으나 대다수는 사도가 이 서신을 쓸 당시 생존해 있었다. 이 일은 갈릴리에서 일어났다(마 28:10). 그 후에 그분은 야고보가 홀로 있을 때 보이셨고, 그분이 승천하실 때에는 모든 사도들이 지켜보았다. 이 일은 감람산에서 있었다(눅 24:50). 행 1:2,5-7과 비교해 보라. 그토록 많은 눈이 서로 다른 시간에 직접 그리스도를 보았을 때, 그분의 죽은 자로부터의 부활이 얼마나 확고한 증거가 될까! 또 한 제자의 연약함을 감안하여 그로 하여금 자신을 만져보도록 하신 것은 그분의 부활에 대한 얼마나 확실한 입증일까! 이 진리를 확증하고 전파하기 때문에 이 세상에서 자기들에게 소중한 모든 것을 위험에 처하게 하면서도, 그토록 강하게 그것을 주장하는 사람들을 믿기 위해 우리는 어떤 이유를 구해야 하겠는가! 바울 자신도 마지막으로 부활하신 그리스도를 눈으로 보는 은혜를 받았다. 우리 구주의 부활을 증언하는 것은 사도의 특별한 직무 가운데 하나였다(눅 24:48).

바울은 사도로 부르심을 받았을 때 이에 대한 증거를 갖게 되었다. 주 예수께서 다메섹 도상에서 그에게 나타나셨다(행 9:17). 이 은혜를 언급할 때 바울은 자신을 극히 낮추는 태도를 취한다. 그는 하나님께 큰 은혜를 받았으나 항상 자신에 대해 비천한 입장을 취하고, 또 그렇게 표현하려고 애썼다. 그것은 여기서도 마찬가지다. 그것을 확인해보자. (1) 그는 자신이 맨 나중에 만삭되지 못하여 난 자였다(8절)고 말한다. 만삭되지 못하여 난 자(엑트로마티)는 죽어서 태어나거나 시간을 다 채우지 못하고 태어난 자를 가리킨다. 바울은 주님과 직접 함께 생활했던 다른 사도들과는 달리, 사도의 직분에 대해 성숙한 자가 되지 못한다는 점에서, 자신의 갑작스러운 새 탄생이 바로 이런 출생을 닮았다고 본 것이다. 그는 이런 생활을 해보는 시간을 갖지 못한 상태에서 사도로 부르심을 받았다. 이 고귀하고 영예로운 직분을 위해 다른 사도들처럼, 그는 주님을 직접 알지도 못했고 따라다니지도 못했으며, 그분의 가족의 한 사람이 된 것도 아니었다. 이것이 바울로 하여금 자신에 관해 극히 겸손하게 만드는 상황이 되었다. (2) 그는 자신이 다른 사도들보다 우월하지 못하다고 말한다: 사도라 칭함 받기를 감당하지 못할 자니라(9절). 그들 가운데 맨 마지막으로 부르심 받은 자이기 때문에 가장 작은 자였다. 맨 나중에 부르심을 받아 사도로 불릴 자격이 없었다. 하나님의 교회를 박해하였으므로(9절), 그 직분이나 그런 호칭을 받을 자격이 없었던 것이다. 그런데 그는 다른 곳에서는 자신이 지극히 크다는 사도들보다 조금도 부족한 것이 없다(고후 11:5)고 말한다. 은사, 은혜, 섬김, 그리고 고난 등에 있어서 그들보다 전혀 못하지 않다는 것이다. 그러나 그의 경우에 있어서 어떤 상황에서는 다른 사도들보다 자신이 더 못하다는 생각을 할 수밖에 없었다. 어떤 사람이 높은 업적에도 불구하고 낮은 마음을 가질 때 그것이 그에게 얼마나 큰 훈장이 되는지를 명심하자. 그것은 그의 장점이 그에게 더욱 큰 유익이 되도록 이끈다. 바울이 특별히 겸손했던 것은 그리스도와 그의 성도들을 열렬히 핍박하고 학대했던 자신의 과거 악행을 기억했기 때문이었다. 하나님께서 얼마나 쉽게 최대의 악으로부터 선을 이끌어내실 수 있는지를 보라! 죄인들이 신적 은혜로 말미암아 성도로 변화될 때, 하나님은 그들의 죄를 기억하도록 하셔서 그것을 아주 유익하게 사용하고, 그 결과 그들은 겸손하고 부지런하고 신실한 종이 된다. (3) 그는 자기 안에 있는 가치 있는 모든 것을 하나님의 은혜에 귀속시킨다: 그러나 내가 나 된 것은(I am what I am) 하나님의 은혜로 된 것이니(10절). 내가 나 된 것은(I am that I am: 나는 스스로 있는 자니라)이라고 말할 수 있는 것은 하나님의 특권이다. "하나님의 은혜로 내가 나 된 것은"이라고 말할 수 있는 것은 우리의 특권이다. 우리는 하나님께서 우리를 만드시지 아니하면 아무것도 아니다. 우리는 신앙적으로 그분이 은혜로 우리를 만드신 이상의 존재가 아니다. 우리 안에 있는 모든 선한 것은 이 샘으로부터 흘러나온 물줄기다. 바울은 이것을 익히 의식하고 있었고, 이 확신에 따라 겸손과 감사를 잃지 않았다. 우리도 그렇게 해야 한다. 아니, 그는 자신의 부지런함과 열심과 섬김을 잘 알고 있었으나 자신에 관해 내게 주신 그의 은혜가 헛되지 아니하여 내가 모든 사도보다 더 많이 수고하였으나 내가 한 것이 아니요 오직 나와 함께 하신 하나님의 은혜로라(10절)고 말할 수 있었다. 그는 스스로 하나님의 은혜에 크게 빚진 자로 생각했다. 내가 한 것이 아니요 오직 나와 함께 하신 하나님의 은혜로라. 하나님의 은혜를 힘입은 사람들은 그것이 헛되지 않도록 유의해야 한다. 그들은 이 천국 원리를 소중히 여기고 실천하고 드러내야 한다. 바울도 그렇게 했다. 그러므로 그렇게 하기를 마음을 다해 그리고 성공적으로 힘써야 한다. 그러나 그렇게 노력할수록 또 좋은 결과가 나타날수록, 자신에 관해서는 더욱 낮은 자세를 취하고, 하나님과 그분의 값없이 주시는 무한한 은혜에 대해서는 더 크게 자랑하고 부각시키는 자세를 취해야 할 것이다. 겸손한 심령은 하나님의 은혜에 대해 감사하고 자랑하기 마련이다. 겸손한 심령은 일반적으로 은혜로 충만한 심령이다. 교만이 정복된 곳에는 은혜가 지배한다고 믿는 것이 합리적이다.

이 결론을 제시한 후 사도는 다시 자신의 논증으로 돌아가 그들에게 자신은 항상 동일한 복음을 전했을 뿐만 아니라 모든 사도들도 마찬가지로 동일한 복음을 전했다고 말한다: 그러므로 나나 그들이나 이같이 전파하매 너희도 이같이 믿었느니라(11절). 베드로나 바울이나 또는 어떤 사도가 그들을 기독교로 개종시켰든 간에, 사도들은 모두 동일한 진리를 선포했고, 동일한 이야기를 했으며, 동일한 교리를 가르쳤고, 또 동일한 증거를 통해 그것을 확증했다. 그들은 모두 예수 그리스도 그분은 십자가에 달려 죽으시고 죽은 자로부터 부활하셨다는 것이 기독교의 정수이자 본질이라는 점에 있어서 일치했다. 모든 그리스도인들 역시 이것을 믿는다. 모든 그리스도인들은 그것을 믿는다는 점에서 일치한다. 그들은 이 믿음으로 말미암아 살고, 이 믿음 안에서 죽는다.

¹²그리스도께서 죽은 자 가운데서 다시 살아나셨다 전파되었거늘 너희 중에서 어떤 사람들은 어찌하여 죽은 자 가운데서 부활이 없다 하느냐 ¹³만일 죽은 자의 부활이 없으면 그리스도도 다시 살아나지 못하셨으리라 ¹⁴그리스도께서 만일 다시 살아나지 못하셨으면 우리가 전파하는 것도 헛것이요 또 너희 믿음도 헛것이며 ¹⁵또 우리가 하나님의 거짓 증인으로 발견되리니 우리가 하나님이 그리스도를 다시 살리셨다고 증언하였음이라 만일 죽은 자가 다시 살아나는 일이 없으면 하나님이 그리스도를 다시 살리지 아니하셨으리라 ¹⁶만일 죽은 자가 다시 살아나는 일이 없으면 그리스도도 다시 살아나신 일이 없었을 터이요 ¹⁷그리스도께서 다시 살아나신 일이 없으면 너희의 믿음도 헛되고 너희가 여전히 죄 가운데 있을 것이요 ¹⁸또한 그리스도 안에서 잠자는 자도 망하였으리니 ¹⁹만일 그리스도 안에서 우리가 바라는 것이 다만 이 세상의 삶뿐이면 모든 사람 가운데 우리가 더욱 불쌍한 자이리라

우리 구주의 부활에 관한 진리를 확증한 다음, 사도는 계속해서 고린도 교인들 사이에 부활이 없다고 말하는 사람들을 논박한다: 그리스도께서 죽은 자 가운데서 다시 살아나셨다 전파되었거늘 너희 중에서 어떤 사람들은 어찌하여 죽은 자 가운데서 부활이 없다 하느냐(12절). 고린도 교인들 가운데 부활은 불가능하다고 생각한 사람들이 일부 있었다는 것이 이 구절로 보아 그리고 논증의 전개로 보아 분명하다. 이것이 이방인들에게는 통념이었다. 그러나 사도는 이에 반대하여, 말하자면 그리스도의 부활을 확고부동한 사실로 제시한다. 그는 계속해서 그들의 주장으로부터 파생되어 나오는 불합리성을 들어 그들에게 반론을 펼친다.

I. **만일 죽은 자의 부활이 없으면 그리스도도 다시 살아나지 못하셨으리라** (13절). 다시 이렇게 말한다: "만일 죽은 자가 다시 살아나는 일이 없으면 그리스도도 다시 살아나신 일이 없었을 터이요(16절). 그러나 그분이 살아나실 것에 대해서는 구약에 이미 예언되었고, 또 그분이 살아나신 것은 다수의 목격자들에 의해 증명되었다. 그런데 너희가, 아니 너희 중에 어떤 이들이, 하나님께서 오래 전에 말씀하시고, 지금은 의심할 수 없는 사실이 되어있는 것을 사실이 아니라고, 사실일 수가 없다고 감히 말하겠는가?"

II. **부활이 없다면 복음전파와 믿음은 헛것이 될 것이다.** 그리스도께서 만일 다시 살아나지 못하셨으면 우리가 전파하는 것도 헛것이요 또 너희 믿음도 헛것이며

(14절). 이 가정이 허용된다면, 기독교의 주요 증거는 파괴되고 말 것이다. 따라서 다음과 같은 결과가 초래될 것이다.

1. 복음전파가 헛것이 된다. "우리 사도들은 하나님의 거짓 증인으로 발견될 것이다(15절). 우리는 이 진리에 대해 하나님의 증인을 자처하고, 그것을 확증하기 위해 그분의 능력으로 이적을 행하지만, 만일 그분의 이름으로 그리고 그분으로부터 받은 능력으로 우리가 실제로는 거짓인 일을 그리고 사실이 되기에는 불가능한 일을 앞장서 전파하고 주장한다면, 그것은 우리가 속이는 자가 되어 하나님을 거짓말쟁이로 만드는 것이다. 그렇다면 이것이야말로 우리를 세상에서 가장 허탄한 사람들로 만들고, 우리의 직분과 사명은 세상에서 가장 헛되고 가장 무익한 것이 되고 말지 않겠는가? 만일 우리가 적절한 기초 위에 서 있지 않다고 알고 있다면, 아니 그 반대에 대해 더 큰 확신이 없다면, 어떤 목적으로 우리가 이 힘들고 위험한 사역에 자신을 맡길 수가 있겠는가? 우리가 어떻게 전파하겠는가? 우리의 수고가 완전히 헛것이 되지 않겠는가? 그렇게 되면 우리는 현세에서 어떤 바람직한 기대도 가질 수 없고, 내세에 대한 소망도 전혀 가질 수 없게 된다. 만일 그리스도께서 다시 살지 못하셨다면, 복음은 조롱거리에 불과하다. 그것은 폐물이요 공허 자체일 뿐이다."

2. 이 가정은 그리스도인들의 믿음과 사역자들의 수고를 헛것으로 만들 것이다: 그리스도께서 다시 살아나신 일이 없으면 너희의 믿음도 헛되고 너희가 여전히 죄 가운데 있을 것이요(17절). 여기서 죄 가운데 있을 것이라는 말은 죄책과 정죄 아래 있게 될 것이라는 뜻이다. 그 이유는 죄 사함은 오직 그분의 죽으심과 죄에 대한 희생을 통해서만 이루어지기 때문이다. 우리는 그리스도 안에서 그의 피로 말미암아 속량 곧 죄 사함을 받았느니라(엡 1:7). 죄 사함은 그분의 피 흘림이 없이는 이루어질 수 없다. 그리고 그분의 살아나심이 없이 그분이 피를 흘리고 그 목숨을 내놓으셨다면, 그분으로 말미암아 우리가 의인이 되고 영생을 얻었다는 데 대해 어떤 증거를 가질 수 있겠는가? 그분이 여전히 사망의 권세 아래 있다면, 그 권세로부터 우리를 어떻게 구원하실 수 있겠는가? 그리고 이 가정에 따른다면, 그분을 믿는 믿음이 얼마나 헛된 일이 되고 말까! 그분은 우리를 우리 죄로부터 구원받은 의인이 되게 하기 위해서는 반드시 살아나셔야 한다. 그렇지 아니하면 우리가 그분으로 말미암아 주어지는 어떤 유익을 기대하는 것은 정말 헛된 일이다. 만일 그리스도께서 다시 살지 못하셨다면, 칭의

나 구원은 무용지물이 되고 말 것이다. 만일 그분이 여전히 죽은 자 가운데 계신다면, 그리스도를 믿는 믿음도 헛되고, 아무 가치가 없게 되지 않겠는가?

Ⅲ. 부활이 없다는 가정으로부터 파생되어 나오는 또 하나의 불합리한 결론은 그리스도 안에서 잠자는 자도 망하게 되었다(18절)는 것이다.　만일 부활이 없다면, 그들은 다시 살 수 없고, 따라서 믿음 안에서 그리고 믿음을 위해 죽은 자들도 망하게 될 것이다. 고린도 교인들 가운데 부활을 부인한 사람들은 그것으로 보아 육체의 부활뿐만 아니라 미래의 심판도 믿지 않았음이 분명하다. 그들은 죽음이 단순히 육체의 생명의 멸망이 아니라 인간의 파멸과 소멸을 의미하는 것으로 보았다. 왜냐하면 그렇지 않다면 사도가 그들이 더 이상 부활은 없다거나 그리스도 안에서는 내세에 대한 소망을 가질 수 없다고 주장하는 가정으로부터 예수 안에서 잠자는 자들의 완전한 멸망을 끌어내지는 않았을 것이기 때문이다. 또 만일 육체가 살아난다면 그들의 영혼에 대해서도 행복을 기대할 수 있을 것이고, 이것은 그들이 그리스도 안에서 갖는 소망을 오직 현세만으로 한정시키지는 못하게 되기 때문이다. "너희 생각대로 부활이 없다는 가정에 따르면, 사후세계와 사후생명도 없게 되고, 따라서 죽은 그리스도인들도 완전히 망하게 될 것이다. 이 가정에 따른다면 우리의 믿음과 종교는 얼마나 헛된 것이 되고 말까!"

Ⅳ. 그리스도의 사역자와 종들은 그리스도 안에서 바라는 것이 다만 이 세상의 삶뿐이면 모든 사람 가운데 더욱 불쌍한 자(19절)라는 추론이 성립된다. 이것은 부활이 없다고 주장하는 가정으로부터 나오는 또 하나의 불합리한 결론이다. 그리스도 안에서 소망을 둔 사람들의 상태는 그렇지 못한 다른 사람들의 상태보다 더 악화될 것이다. 그리스도 안에서 우리가 바라는 것. 그리스도를 믿는 모든 사람들은 그분 안에서 소망을 가진 사람들이다. 그분을 구속주로 믿는 사람들은 모두 그분으로 말미암은 구속과 구원을 바란다. 그러나 만일 부활이 없거나 미래의 상급이 없다면(이것은 고린도 교회에서 부활을 부인한 사람들에 의해 추론된 결론이다), 그분 안에서 그들이 갖는 소망은 이 세상의 삶으로 한정될 것이다. 만일 그리스도 안에서의 그들의 모든 소망이 이 세상으로 한정된다면, 그들은 다른 인간들보다 훨씬 더 나쁜 상태 속에 있게 되는데, 특히 사도가 이 편지를 쓰던 당시의 상황에서는 더욱 그렇다. 왜냐하면 그 때는 세상 통치자들로부터 후원이나 보호는 고사하고 오히려 모든 사람들로부터 혹

독한 박해를 받았기 때문이다. 그러므로 복음 전도자들과 은둔한 그리스도인들은 그리스도 안에서의 소망이 오직 이 세상에서의 삶으로 한정된다면, 참으로 가혹한 운명이 될 것이다. 이 점에서 보면 그 어떤 일도 그리스도인의 일보다는 훨씬 더 낫다. 왜냐하면 이 세상에서 그들은 미움을 받고 추적을 받고 학대를 받으며, 모든 세속적 위로는 박탈당하고, 온갖 고난에 대해 노출되어 있기 때문이다. 그들은 이 세상에서는 다른 누구보다 힘들지만, 더 높고 나은 소망은 가질 수 없다. 그리스도를 믿는 자가 이토록 불합리한 추론을 담고 있는 원리를 인정하는 것은 불합리하지 않은가? 목회자든 평신도든 자신의 신실한 종들을 그리스도께서 그의 원수들보다 더 악한 상태 속에 내버려 두신다면, 누가 그분을 믿는 믿음을 갖고 그분에 관해 믿을 수 있겠는가? 그러므로 부활이나 미래상태 곧 내세가 없다는 가정을 받아들이는 것은 그리스도인에게는 참으로 불합리한 모순임을 기억하자. 그것은 이 세상 너머에 대한 소망을 포기하게 하고, 자주 그의 상태를 세상에서 가장 악한 상태가 되도록 만든다. 참으로 그리스도인은 믿음으로 말미암아 이 세상에 대해 죽고, 다른 세상을 소망하며 살도록 가르침을 받았다. 육신의 쾌락은 그에게 별로 흥미가 없다. 영적 및 천국의 즐거움이 그가 추구하고 열망하는 것이다. 세상 쾌락에 대해서도 죽고, 다가올 내세에 대한 소망도 갖지 못한다면, 그것은 정말 얼마나 슬픈 일일까!

[20]그러나 이제 그리스도께서 죽은 자 가운데서 다시 살아나사 잠자는 자들의 첫 열매가 되셨도다 [21]사망이 한 사람으로 말미암았으니 죽은 자의 부활도 한 사람으로 말미암는도다 [22]아담 안에서 모든 사람이 죽은 것 같이 그리스도 안에서 모든 사람이 삶을 얻으리라 [23]그러나 각각 자기 차례대로 되리니 먼저는 첫 열매인 그리스도요 다음에는 그가 강림하실 때에 그리스도에게 속한 자요 [24]그 후에는 마지막이니 그가 모든 통치와 모든 권세와 능력을 멸하시고 나라를 아버지 하나님께 바칠 때라 [25]그가 모든 원수를 그 발 아래에 둘 때까지 반드시 왕 노릇 하시리니 [26]맨 나중에 멸망 받을 원수는 사망이니라 [27]만물을 그의 발 아래에 두셨다 하셨으니 만물을 아래에 둔다 말씀하실 때에 만물을 그의 아래에 두신 이가 그 중에 들지 아니한 것이 분명하도다 [28]만물을 그에게 복종하게 하실 때에는 아들 자신도 그 때에 만물을 자기에게 복종하게 하신 이에게 복종하게 되리니 이는 하나님이 만유의 주로서 만유 안에 계시려 하심이라 [29]만일 죽은 자들이 도무지 다시 살아나지 못하면 죽은 자

들을 위하여 세례를 받는 자들이 무엇을 하겠느냐 어찌하여 그들을 위하여 세례를 받느냐 [30]또 어찌하여 우리가 언제나 위험을 무릅쓰리요 [31]형제들아 내가 그리스도 예수 우리 주 안에서 가진 바 너희에 대한 나의 자랑을 두고 단언하노니 나는 날마다 죽노라 [32]내가 사람의 방법으로 에베소에서 맹수와 더불어 싸웠다면 내게 무슨 유익이 있으리요 죽은 자가 다시 살아나지 못한다면 내일 죽을 터이니 먹고 마시자 하리라 [33]속지 말라 악한 동무들은 선한 행실을 더럽히나니 [34]깨어 의를 행하고 죄를 짓지 말라 하나님을 알지 못하는 자가 있기로 내가 너희를 부끄럽게 하기 위하여 말하노라

이 부분에서 사도는 죽은 자 곧 거룩한 죽은 자, 다시 말해 그리스도 안에서 죽은 자의 부활에 관한 진리를 확립한다.

I. 그리스도의 부활에 관한 진리.

1. 그분은 진실로 잠자는 자들의 첫 열매가 되시기 때문이다(20절). 그분은 참으로 다시 살아나셨다. 그 참된 지위와 자격을 가지고 자기 안에서 잠자는 자들의 첫 열매로서, 살아나셨다. 그분은 확실히 살아나신 것처럼 자신의 부활을 통해 유대인이 추수 때 그 첫 열매를 바침으로써 그 안에 용납과 축복에 대한 보증이 들어있었던 것처럼, 그분의 부활 속에도 그분 안에서 죽은 자들의 다시 살아날 것에 대한 충분한 보증이 내포되어 있었다. 제사하는 처음 익은 곡식 가루가 거룩한 탓에 전체 떡덩이도 거룩하게 되었다(롬 11:16). 마찬가지로 그분의 전체 몸 곧 믿음으로 그리스도와 연합한 자들은 누구나 그분의 부활로 말미암아 부활을 그들 자신의 것으로 보증 받았다. 그분이 부활하신 것처럼 그들도 부활할 것이다. 첫 열매가 거룩하기 때문에 떡덩이 전체가 거룩한 것과 같다. 그분은 단순히 자신만을 위해서가 아니라 몸된 교회의 머리로서도 다시 사신 것이다. 예수 안에서 자는 자들도 하나님이 그와 함께 데리고 오시리라(살전 4:14). 만일 우리가 그분을 믿는 참 신자들이라면, 그리스도의 부활은 우리의 부활의 담보이자 보증이다. 그분이 다시 사셨기 때문에 우리는 다시 살도록 되어 있다. 우리는 거룩하게 된 떡덩이의 한 부분으로, 첫 열매에게 주어진 용납과 은총 속에 참여하게 될 것이다. 이것이 부활 진리에 대한 사도의 첫 번째 논증이다.

2. 첫째 아담과 둘째 아담 사이의 유사점을 통해 예증한다. 왜냐하면 사람으

로 말미암아 사망이 왔으므로, 그로부터의 구원 또는 부활 역시 사람으로 말미암아 오는 것이 적절하기 때문이다(21절). 아담 안에서 모든 사람이 죽은 것 같이 그리스도 안에서 모든 사람이 삶을 얻으리라(22절). 첫 사람 아담의 죄로 말미암아 누구나 동일한 죄성(罪性)을 전달받아 죽음에 이르게 된 것처럼, 그리스도의 공로와 부활로 말미암아 누구나 그분의 영에 참여하게 되어 영성을 회복하고 죽음에 이르지 않게 된다. 죽은 자는 누구나 아담의 죄로 말미암아 죽게 된다. 마찬가지로 사도가 주장하는 의미에서 다시 사는 사람들은 모두 그리스도의 공로와 능력으로 말미암아 그렇게 된다. 그러나 그 의미는 아담 안에서 모든 사람이 죽은 것처럼 모든 사람이 예외 없이 그리스도 안에서 살게 된다는 뜻이 아니다. 왜냐하면 사도의 논증의 취지는 일반적 의미를 제한하고 있기 때문이다. 그리스도는 첫 열매로 부활하셨다. 그러므로 그리스도에게 속한 자(23절)도 똑같이 부활할 것이다. 따라서 모든 사람이 예외 없이 부활하는 것이 아님이 당연하다. 이같이 부활하는 자는 그리스도의 부활의 힘으로 부활하고, 그리하여 그들의 부활은, 첫 사람으로 말미암아 그들이 죽음에 이른 것처럼, 사람이신 그리스도 예수로 말미암는 것이다. 사람으로 말미암아 죽음이 온 것처럼, 사람으로 말미암아 구원도 왔다. 첫째 아담이 죄로 말미암아 그의 후손을 파멸에 떨어뜨린 것처럼, 둘째 아담은 그의 후손을 영광스러운 부활로 이끄는 것이 신적 지혜에 부합한다.

3. 사도는 논증을 마치기 전 그들의 부활에 일정한 순서가 있음을 진술한다. 그것이 정확하게 어떻게 될 것인지에 대해서는 말하지 않으나 일반적으로 여기서 그는 순서가 있을 것임을 암시하고 있다. 아마 그리스도를 위해 가장 높은 지위에 있고, 극히 훌륭한 섬김을 실천하거나 혹독한 악을 견디거나 잔인한 죽음을 기꺼이 맞이한 사람들이 먼저 부활할 것이다. 여기서는 다만 첫 열매들이 먼저 일어나고, 그 후에는 그리스도께서 강림하실 때 그분께 속한 자들이 일어날 것임을 말하고 있다. 그것은 그리스도의 부활이 실제로 그 누구의 부활보다 먼저 일어나야 한다는 것을 말하는 것이 아니라 그들의 부활의 기초로서 놓여야 한다는 것이다. 예루살렘에서 떨어져 산 사람들은 거룩한 떡덩이가 되기 위해 서둘러 그 곳으로 가 첫 열매를 바칠 필요는 없다. 그들은 그것을 바칠 절기인 오순절이 될 때까지 바칠 목적을 위해 따로 보관하고 있으면 되었다. 패트릭 주교의 민수기 26:2 주석을 보라. 첫 열매를 바쳐야 떡덩이가 거룩하게

되었다. 떡덩이는 비록 추수 때 모아 바쳐지기 전이라 해도, 이 첫 열매의 봉헌으로 거룩하게 되었다. 그것은 봉헌을 위해 따로 구별되었다 후에 적당한 시기가 되면 바쳐졌다. 마찬가지로 비록 그의 성도들이 시간적으로 그리스도보다 먼저 부활한다고 하더라도, 그분의 부활이 자연의 질서에 따라 성도들의 부활보다 앞선다. 그것은 그분이 그들을 부활시키기 위해 부활하셨기 때문이다. 그리스도께 속한 사람들은 그분과의 관계 때문에 부활하게 된다는 것을 잊지 말자.

II. 사도는 그리스도의 모든 원수들 곧 그 마지막 원수인 사망이 멸망할 때까지 그분이 중보자이신 나라가 지속될 것이라는 데서 논증을 이끌어낸다(24-26절).　그리스도는 부활하셨고, 부활하실 때 주권적 나라를 물려받았다. 그 때 그분은 하늘과 땅의 모든 권세를 받으셨고(마 28:18) 하나님께서는 모든 이름 위에 뛰어난 이름을 주사 모든 무릎을 예수의 이름에 꿇게 하시고 모든 입으로 예수 그리스도를 주라 시인하도록 하셨다(빌 2:9-11). 이 나라의 다스림은 그분을 대적하는 모든 통치와 권세와 능력을 멸하실 때까지(24절), 모든 원수를 그 발 아래 둘 때까지(25절), 그리고 사망이 맨 나중에 멸망 받을 때까지(26절), 그분의 손에 의해 지속될 것이다.

1. 이 논증은 그 안에 다음과 같은 특별한 주장들을 담고 있다: (1) 우리 구주는 모든 권세를 자기 손에 쥐고 죽은 자로부터 살아나, 중보자로서 나라를 다스리실 것이다. 이를 위하여 그리스도께서 죽었다가 다시 살아나셨으니 곧 죽은 자와 산 자의 주가 되려 하심이라(롬 14:9). (2) 그분이 중보하시는 이 나라는 끝이 있는데, 최소한 그의 백성들이 안전하게 영광 속에 들어가고 그분과 그들의 모든 원수들을 정복할 때까지는 존속될 것이다. 그 후에는 마지막이니(24절). (3) 그 나라는 대적하는 모든 원수들이 멸망당하고, 그분의 발 아래 두실 때까지 끝이 오지 않는다(24,25절). (4) 다른 원수들 가운데 사망이 멸망 받거나(26절) 소멸될 것이다. 그 수하 원수들을 지배하는 사망의 권세들은 파기될 것이다. 사도는 여기까지 분명히 밝힌다. 그러나 그는 성도들이 부활하지 않으면 사망과 무덤이 그들을 지배할 권세를 갖게 되거나 우리 구주의 왕의 권세가 자기 백성들의 마지막 원수들을 제압하거나 그 권세를 폐지시키지 못한다는 것을 추론할 여지를 우리에게 제공한다. 성도들이 다시 살아나 다시는 죽지 않을 때, 바로 그 때 사망은 소멸되고, 그 일은 때가 차서 우리 구주께서 중보하시는

나라를 다시 돌려줄 때까지 일어날 것이다. 그러므로 성도들은 다시 살아나 절대로 죽지 않을 것이다. 이것이 사도의 논증의 취지다.

2. 그러나 사도는 부활 과정에 있어서 그것이 암시하는 몇 가지 결론을 제시한다. (1) 사람이자 하나님과 사람 사이의 중보자이신 우리 구주는 위임된 왕국 곧 주어진 나라를 갖고 계신다: 만물을 그의 아래에 두신 이가 그 중에 들지 아니한 것이 분명하도다(27절). 사람으로서 그분의 모든 권위는 위임받은 것이다. 비록 그분의 중보가 신적 본성을 전제로 행해지는 일이라고 해도, 중보자로서 그분은 하나님의 속성을 전면에 드러내시지 않는다. 그분은 하나님과 사람 사이에서, 두 당사자를 화해시키기 위해, 신성과 인성이 두루 참여하는 중재적 존재로서 이 직분을 행할 때 성부 하나님으로부터 위임과 권위를 받으신다. 이 전체 사역에 있어서, 성부는 하나님의 엄위와 권위를 가지고 나타나신다. 사람이 되신 성자는 성부와 동등하신 하나님이지만, 성부의 사자로 나타나신다. 이 구절은 그분이 하나님으로서 자기에게 속한 만물을 지배할 권세를 영원히 갖고 있다는 뜻이 아니라 그분이 승리하여 아버지와 함께 보좌 위에 앉아 계실 때인 부활 이후에 중보자 또는 신인(神人)으로서 자기에게 위임된 나라에 대한 지배권을 영원히 갖고 있다는 뜻으로 이해되어야 한다(계 3:21). 그것을 확증해주는 예언도 있다: 내가 나의 왕을 내 거룩한 산 시온에 세웠다 하시리로다(시 2:6). 이것은 그분이 보좌 위에 앉아 계신다는 것을 암시한다. 신약성경에 여러 번에 걸쳐 나타나는 하나님 우편에 앉아 계신다는 표현이 바로 이것을 의미하였다(막 16:19; 롬 8:34; 골 3:1 등). 권능자의 우편에 앉아 있다(막 14:62; 눅 22:69), 높은 곳에 계신 지극히 크신 이의 우편에 앉으셨다(히 1:3), 하나님 보좌 우편에 앉으셨다(히 12:2), 하늘에서 지극히 크신 이의 보좌 우편에 앉으셨다(히 8:1) 등도 마찬가지다. 이 자리에 앉으심은 그분으로 하여금 중보자로서의 권세와 왕권을 행사하도록 취해진 것으로, 그분이 승천하실 때 이루어졌다(막 16:19). 이것은 성경에서 그분이 사람이 되시고, 십자가의 저주받은 죽음으로 사람을 위해 죽으심으로써, 가장 깊은 겸손과 자기비하를 이루신 것에 대한 보상으로 기록되어 있다(빌 2:6-12). 승천하실 때 그분은 교회의 머리가 되어 교회를 다스릴 뿐만 아니라 그 원수로부터 교회를 보호할 권세를 갖게 되었고, 결국에는 모든 원수를 진멸하고 자기를 믿는 모든 자들의 구원을 완성하실 것이다. 이것은 신성 자체에 속하는 권세가 아니다. 그것은 근원적 또는 무제한적 권능이

아니라 주어진 것으로 특별한 목적을 위해 제한된 권능이다. 그리고 그것을 갖고 계신 그분은 하나님이시지만, 이 사역 전체에 걸쳐서는 하나님이 아닌 다른 존재로서 계시기 때문에, 하나님이 아닌 중보자 곧 형벌을 가하시는 엄위하신 전능자가 아닌 범죄한 피조물 편의 중재자로서 활동하신다. 따라서 그분은 그 자격에 따라 항상 허락되고 위임된 명령에 따라 행동하고 나타나신다. 그분은 하나님으로서 무한한 권능을 갖고 다스리실 수 있으나 중보자로서는 위임된 권세를 갖고 이 특별한 목적을 위해 제한적으로 활동하신다. (2) 이 위임된 권세는 결국 그것을 처음에 주셨던 분인 아버지 하나님께 바쳐지도록 되어 있다 (24절). 왜냐하면 그것은 특수한 목표와 목적 곧 성도들이 함께 모이고, 그 원수들이 영원토록 무릎을 꿇고 파멸될 때까지(25, 26절), 교회를 다스리고 보호하기 위해 받은 권세이기 때문이다. 이 목적이 이루어질 때 그 권세와 권위는 더 이상 계속될 필요가 없게 된다. 구속자는 그 원수들이 멸망하고, 그의 교회와 성도들의 구원이 완성될 때까지 다스리실 것이다. 이 목적이 이루어질 때 그분은 오직 이 목적을 위해 받으신 권세를 되돌려줄 것이다. 물론 그 때에도 그분은 천국에서 영화된 교회와 몸을 계속 다스리실 것이다. 이런 의미에서 그분은 그럼에도 불구하고 세세토록 왕 노릇 하시며(계 11:15), 따라서 영원히 야곱의 집을 왕으로 다스리실 것이며 그 나라가 무궁할 것이며(눅 1:33), 그의 권세는 소멸되지 아니하는 영원한 권세요 그의 나라는 멸망하지 아니할 것이다(단 7:14). 또한 미 4:7을 보라. (3) 구속자는 그의 백성들의 마지막 원수가 멸망당하고, 사망이 완전히 파멸될 때까지 그리고 그의 성도들이 완전한 생명을 회복하고 다시는 죽음의 공포와 위험 속에 들어가지 않게 될 때까지, 확실히 다스리실 것이다. 그분 ― 우리를 사랑하사 우리를 위하여 자기 몸을 버리시고, 자신의 피로 우리의 죄를 깨끗하게 하신 분 ― 은 우리와 가장 가깝고, 우리에게 지극한 관심을 갖고 계시므로 그 때까지 하늘과 땅의 모든 권세를 갖고 계실 것이다. 환난과 시험을 당할 때마다 이것이 그의 성도들에게는 얼마나 큰 힘이 될까! 그분은 죽은 자 가운데서 살아나 세세토록 살아계시며, 그의 백성들의 구원을 완수하고, 그의 원수들의 완전한 멸망이 이루어질 때까지 통치하고, 또 계속 통치하실 것이다. (4) 만물을 그에게 복종하게 하실 때에는 아들 자신도 그 때에 만물을 자기에게 복종하게 하신 이에게 복종하게 되리니 이는 하나님이 만유의 주로서 만유 안에 계시려 하심이라(28절). 이 구절의 의미는 자신의 나라를 온전히 다스리기 위해 그토록 크신 위엄을 갖고 나타나신, 사람이신 예수 그리스도께서 아버지 앞에 그 것을 내놓고 복종하실 때가 올 것이라는 것이다. 성경은 여러 번에 걸쳐 그런 일들이 드러나고, 또 나타나도록 되어 있음을 지적하고 있다. 이렇게 그 나라를 바치는 것이야말로 다스리는 동안 주권적 왕의 위엄을 갖고 나타나신 그분께 서 하나님께 복종하신다는 것을 분명히 보여주는 증표다. 우리 주 예수 그리스 도의 영화된 인성은 그 위에 주어진 모든 위엄 및 권능과 함께 영화된 피조물 이상의 것이 아니었다. 이것은 나라가 바쳐질 때 나타날 것이다. 그리고 하나 님께서 만유의 주가 되도록, 우리 구원의 완성이 완전한 신적 특징을 드러내도 록 그리고 오직 하나님만이 그 영광을 차지하도록 하기 위해 그것은 신적 영광 가운데 나타날 것이다. 인성이 우리의 구속 사역에 사용된 것이 틀림없지만 하 나님이 만유의 주로서 만유 안에 계셨다는 사실을 잊지 말자. 이는 여호와께서 행하신 것이요 우리 눈에 기이한 바로다(시 118:23).

Ⅲ. 사도는 죽은 자들을 위하여 세례를 받는 경우를 통해, 부활을 논증한다
(29절).   만일 죽은 자들이 도무지 다시 살아나지 못하면 죽은 자들을 위하여 세례 를 받는 자들이 무엇을 하겠느냐 어찌하여 그들을 위하여 세례를 받느냐. 만일 죽은 자들이 살아나지 못하면 그들이 무엇을 하겠는가? 그들이 한 것이 무엇인가? 그들이 세례를 받은 것은 얼마나 헛된 일인가! 그들은 그것 때문에 서겠는가, 아니면 넘어지겠는가? 만일 죽은 자가 다시 살지 않는다면, 그들이 왜 죽은 자 들을 위하여(휘페르 톤 네크론) 세례를 받겠는가? 여기서 죽은 자들을 위한 세 례는 무엇일까? 사도의 논증이 이해될 수 있는 성질의 것인지가 당연히 밝혀져 야 한다. 그것은 단지 감정에 호소한 논증(argumentum ad hominem)인가, 아 니면 이성적인(ad rem) 논증인가? 즉 보편적으로 다룰 문제로 결론지을 수 있 는가, 아니면 죽은 자들을 위하여 세례를 받은 특수한 사람들에 대해서만 적용 시킬 수 있는가? 그러나 단지 세 마디에 불과한 말(휘페르 톤 네크론)로 이루어 졌지만 해석자들에게 세 마디의 세 곱보다 더 많은 의미를 갖고 있는 이 모호 한 구절을 누가 제대로 해석하겠는가? 세례의 뜻이 무엇인지 혹은 그것이 본래 적 의미로 쓰였는지 아니면 비유적 의미로 쓰였는지, 또 본래적 의미라면, 우 리가 당연히 말하는 그리스도인의 세례로 이해되어야 하는지 아니면 다른 어 떤 세정식과 같은 것을 의미하는지 의견이 일치하지 않는다. 그리고 죽은 자가 누군지 또는 휘페르(위하여)라는 전치사가 어떤 의미로 취해져야 하는지에 대

해서도 거의 견해가 일치하지 않는다. 어떤 이들은 죽은 자를 우리 구주 자신으로 이해한다. 앞에서 인용했던 휘트비의 주석을 참조하라. 그러면 만일 죽은 자들이 살아나지 않는다면, 왜 사람들이 여전히 죽은 자들 가운데 계실 구주, 곧 그분의 이름으로 세례를 받는가? 그러나 내가 생각하기로는 그렇게 되면 호이 네크로이(죽은 자들)를 완전히 한 사람의 죽은 자를 가리키는 단수형을 사용한 실례로 만들고 만다. 그 말이 그렇게 사용된 예는 어디에도 없다. 그리고 호이 네크로이(죽은 자들)를 우리 구주로 이해한다면, 호이 밥티조메노이(세례 받은 자들)는 분명히 그리스도인 전체가 아니라 특별한 어떤 사람들을 가리키는 의미로 생각되어야 한다. 어떤 이들은 그 말을 순교자들을 가리키는 것으로 생각한다. 왜 그들이 그들의 신앙을 위해 순교를 감수하는가? 이것은 때때로 고대 학자들에 의해 피의 세례로 불리고, 우리 구주 자신에게는 단순히 세례로 불린다(마 20:22; 눅 12:50). 그러나 어떤 의미에서 자신의 신앙을 위해 순교한 자들이 죽은 자들을 위해 세례를 받은 것으로 말해질 수 있을까? 또 어떤 이들은 그것이 고대 일부 학자들이 우리에게 말해주는 것처럼, 제1세기 초대 교회 당시 그리스도인을 자처하는 사람들 가운데 세례를 받지 못하고 죽은 입문자들의 이름으로 또는 그들을 대신하여 세례를 받는 관습이 있었는데, 그것을 준수한 것을 가리킨다고 말한다. 그러나 만일 이런 관습이 당시에 유행했더라면 이처럼 미신적인 요소가 다분한 관습을 사도가 멀리하도록 언급하지 않았을 리가 없다. 다른 이들은 그것을 죽은 자들에 대한 세례라고 주장한다. 이것은 일찍부터 유행했던 당시의 풍습으로서, 부활에 대한 그들의 소망을 증거해 준다. 이 의미는 사도의 논증에 부합하지만 이런 풍습이 사도 시대에 얼마나 유행되었는지는 나타나 있지 않다. 또 다른 이들은 그것을 순교자들 곧 자신의 신앙을 위해 과감하게 목숨을 내던진 사람들을 위해 세례를 받는 사람들의 경우로 이해한다. 확실히 어떤 이들은 이것을 준수함으로써 기독교인이 되었다. 그리고 만일 신앙을 위해 목숨을 내놓음으로써 순교자들이 완전히 소멸되고 더 이상 살지 못하게 되었다면, 사람들이 이런 동기로 그리스도인이 되는 것은 헛된 일이 되고 말 것이다. 그러나 고린도 교회는 아마 이 당시 크게 박해를 받지 않았던 것 같고, 따라서 그들 가운데 순교자가 많이 나오지 않았으며, 순교자들이 보여준 불굴성과 굳건함을 보고 개종자들이 많이 생기지 않은 것으로 보인다. 호이 네크로이는 지극히 일반적인 표현으로서 단순히 순교자들만을 가리키는 것으로 보이지 않는다. 그 구절은 다른 곳에서 내가 설명했던 것과 같은 의미로 쉽게 설명되고, 그러므로 그 말을 하나님의 손에 의해 옮겨진 고린도 교인들 가운데 어떤 자들을 가리킨다고 전제하는 것이 논증에 가장 잘 부합하는 것으로 생각된다. 우리는 주의 식탁에서 무질서하게 행동하는 것 때문에 너희 중에 약한 자와 병든 자가 많고 잠자는 자도 적지 아니하니(11:30)라는 말씀을 읽는다. 이런 일들은 어떤 사람들에게는 위협이 되어 그들을 기독교로 개종하게 만들었다. 두려운 지진이 간수를 개종시킨 것과 같다(행 16:29,30). 이런 경우에 세례를 받은 사람들은 그들 입장에서 볼 때, 죽은 자를 위하여 세례를 받았다고 말해지는 것이 적절할 것이다. 그래야 호이 밥티조메노이와 호이 네크로이가 상응하는 말이 된다. 이런 가정에 따라야 고린도 교인들은 사도가 주장하는 의미를 놓치지 않을 수 있었다. 사도는 "따라서 만일 죽은 자들이 다시 살지 못하면, 어떻게 되고, 또 왜 그들이 세례를 받았겠는가? 너희는 일반적으로 이 사람들이 이런 경우 당연히 할 일을 함으로써 올바르게 행하고 지혜롭게 처신했다고 생각한다. 그러나 만일 그렇게 살다 죽은 자들이 다시 살지 못한다면, 질투하시는 하나님을 노엽게 하여 자기들의 죽음을 앞당기고 저편에서 아무 소망을 갖지 못한 자들과 무슨 차이가 있겠는가?" 그러나 이것이 그 의미이든 다른 의미든 간에, 사도의 논증은 확실히 고린도 교인들에게 유익하고 이치에 합당했다. 그리고 그의 다음 논증은 우리에게 그 의미가 명확하게 전달된다.

Ⅳ. 사도는 이 가정에 따라 자신의 행위와 다른 그리스도인들의 행위의 부조리로부터 논증을 이끌어낸다.

1. 그리스도인들이 그토록 무수한 위험을 무릅쓰는 것은 어리석은 일이 될 것이다(30절): "어찌하여 우리가 언제나 위험을 무릅쓰리요? 왜 우리― 우리 그리스도인들, 특히 우리 사도들 ― 가 지속적 위험 속에 우리 자신을 내놓겠는가?" 그 당시에 그리스도인이 되는 것이 얼마나 위험한 일인지 누구나 알고 있다. 하물며 복음 전도자와 사도가 되는 것은 말할 것도 없다. 사도는 이렇게 말한다: "따라서 만일 우리가 죽음 저편에 대한 어떤 소망이 없다면, 우리가 죽을 때 완전히 소멸되고 절대로 다시 살지 못한다면, 우리가 이런 위험을 무릅쓰는 것은 얼마나 바보인가!" 만일 기독교가 내세에 대한 소망을 주지 못한다면, 최소한 기독교를 최초로 자신의 신앙으로 고백하는 것이 이처럼 위험을

초래하는 시대에는, 정말 어리석은 것이 되고 말 것이다. 그렇게 되면 기독교는 사람들에게 장래에 대해서는 어떤 보장도 없이 현세의 모든 복과 안위를 무릅쓰고, 현재의 모든 악에 맞서고 견디도록 요청하는 것이 되고 만다. 그리스도인으로서 참고 사는 것이 기독교 신앙에 적합한 성격인가? 그리고 만일 미래에 대한 소망을 포기하고, 죽은 자의 부활을 부인한다면, 그가 이 성격을 고수하는 것이 옳겠는가? 사도는 이 논증을 자신에게 적용시킨다: "너희에 대한 나의 자랑을 두고 곧 기독교의 모든 위로와 우리의 거룩한 믿음의 도움과 보조를 두고, 단언하노니 나는 날마다 죽노라"(31절). 그는 계속적으로 죽음의 위험 속에 놓여 있었고, 우리가 말하는 것처럼, 자신의 손에 자기 목숨을 들고 다녔다. 그런데 만일 내세에 대한 소망이 없었다면, 그가 왜 이처럼 자신의 목숨을 내놓고 다녔겠는가? 날마다 죽음을 내다보고 기대하며 살면서 그 너머에 대한 어떤 전망이 없는 것은 얼마나 무모하고 불안한 삶이 되었겠으며, 이럴 경우 그의 인생은 참으로 암울한 인생일 수밖에 없다. 그는 죽은 자의 부활에 대해 지극히 큰 확신을 갖고 있었다. 그렇지 않았다면 이 세상에서 그에게 소중한 모든 것을 위험에 맡기고, 목숨을 덤처럼 생각할 때, 그는 참으로 불쌍한 자가 되고 말았을 것이다. 그는 엄청난 어려움과 극악한 원수들을 만났다. 그는 에베소에서 맹수와 더불어 싸웠고(32절), 데메드리오와 다른 직공들에 의해 선동을 받은 성난 무리들에 의해 찢김을 당할 위험 속에 있었다(행 19:24 이하). 그러나 어떤 이들은 이것을 문자 그대로 바울이 로마의 원형경기장 안에서 짐승들과 싸우는 상황 속에 노출된 것으로 이해한다. 니케포루스는 이런 취지에 따라 그럴듯한 이야기를 구성해서 설명하는데, 사자들이 그에게 접근했을 때 기적적으로 유순하게 되었다고 말한다. 그러나 그토록 특별했던 그의 시련과 환경에 대해 누가는 전혀 빠뜨리지 않았고, 바울 자신은 자신의 고난에 대해 더욱 상세하고 특별하게 설명하고 있다(고후 11:24에서 끝 절까지). 사도가 자신이 유대인에게 매를 다섯 번 맞았으며 세 번이나 태장으로 맞고 한 번 돌로 맞고 세 번 파선했다고 언급했을 때, 짐승과 싸웠다고 말하지 않은 것은 이상한 일이다. 그러므로 나는 이 짐승과의 싸움이 비유적 표현이라고 생각한다. 여기서 짐승은 포악하고 잔인한 기질을 가진 사람들을 가리킬 것이다. 그리고 이것은 앞에서 인용한 구절을 가리킨다. 사도는 이렇게 말한다: "따라서 죽은 자들이 다시 살지 않으면 이런 싸움에서 내가 얻는 유익이 무엇이겠는가? 만일 죽은 자들이 살아나지 않는다면, 내가 왜 날마다 죽고, 광포한 손들에 의한 죽음의 위험 속에 나 자신을 내놓아야 하겠는가? 그리고 만일 내가 죽음으로 끝나고 만다면, 그 이후에 대해서 아무런 기대가 없다면, 이보다 더 불쌍한 일이 어디 있겠는가?" 바울이 그렇게 어리석은 사람이었는가? 그가 고린도 교인들에게 자신에 관해 이런 생각을 전하고 있다면 거기엔 그만한 이유가 있지 않겠는가? 만일 그가 죽는 것이 유익임을 확실히 증명하지 못했더라면, 참으로 어리석게도 자신의 생명을 내던져버린 것이 아니겠는가? 죽음 이후의 더 나은 삶에 대해 확실한 소망이 없다면 그분 안에서의 삶에 대한 사랑은 여기서 끝날 수밖에 없지 않겠는가? "죽은 자가 다시 살아나지 못한다면 내게 무슨 유익이 있으리요? 내가 무엇을 바랄 수 있겠는가?" 그리스도인이 하나님을 믿음으로써 그 유익을 바라보는 것이 합당하고 적절하다는 것을 잊지 말자. 바울도 그랬다. 우리의 영광스러운 주님도 그랬다(히 12:2). 우리도 그분의 모범을 따라 살도록 명령받는다. 따라서 우리는 우리의 목적이 영생이 되도록 거룩함의 열매를 맺어야 한다. 이것이 우리 믿음의 결국 곧 우리 영혼의 구원으로서(벧전 1:9), 우리가 그 안에 서야 할 것일 뿐만 아니라 우리의 목적으로 삼아야 할 것이다.

2. 이생의 안락을 도모하는 것이 훨씬 더 지혜로운 일이 될 것이다: 내일 죽을 터이니 먹고 마시자(32절). 우리가 쾌락주의자가 되자. 이 구절은 예언의 인용이다(사 22:13). 짐승들처럼 죽고자 한다면 그것들처럼 살라. 만일 부활이나 내세가 없다면 삶의 모든 쾌락을 포기하고, 삶의 모든 비참에 우리 자신을 내맡기며, 사나운 폭력과 잔인성에 의해 계속 파멸의 위험을 맞으며 사는 것보다는 이것이 훨씬 더 지혜로운 삶이 될 것이다. 이 구절은 또, 우리가 앞에서 암시한 것처럼, 고린도 교인들 가운데 부활을 부인한 자들은 대부분 사두개인들이었다는 점을 분명히 함축하고 있다. 그들은 이 서신이 우리에게 제시하고 있는 원리를 부정하고, 부활도 없고 천사도 없고 영도 없다(행 23:8)고 말한다. 즉 "사람은 육체가 전부다. 사람 안에는 육체를 존재하게 하는 것 외에 아무것도 없다. 사람은 일단 죽으면 절대로 다시 살아나지 못한다." 이런 사두개인들이 사도의 주장에 반대한 사람들이었다. 따라서 그의 논증은 그들에게는 아무런 힘이 없었다. 육체는 다시 살지 못한다고 해도 영혼이 육체와 함께 존속하는 한, 사람은 그리스도를 위하여 온갖 위험을 무릅쓰는 것으로부터 큰 유익을 얻을 것이다. 아니, 영혼이야말로 천국 영광과 행복의 중심지이자 주체임이 확실

하다. 그러나 만일 죽음 이후에 대한 소망이 전혀 없다면, 지혜로운 사람이라면 사도가 살았던 그런 비참한 삶보다 더 편한 삶을 선택하게 될 것이다. 아니다. 그는 인생이 너무 짧기 때문에 가능한 한 삶의 안락을 취하는데 모든 노력을 다할 것이다. 오직 내세에서의 더 나은 일에 대한 소망만이 이생에서의 모든 안락과 즐거움을 물리치고, 가난과 경멸과 비참과 죽음을 무릅쓰도록 이끌 것이다. 사도들과 초대 교회 성도들은 그렇게 했다. 그러나 그들이 스스로 속아 헛되고 거짓된 소망을 품고 세상을 산 자들이라면, 그들의 삶은 얼마나 불쌍하고, 그들의 행위는 얼마나 어리석을까!

V. 사도는 경고와 권면 그리고 책망으로 자신의 논증을 끝맺는다.

1. 악인들 곧 방탕한 생활과 원리를 취하는 사람들의 위험스러운 삶에 대한 경고: 속지 말라 악한 동무들은 선한 행실을 더럽히나니(33절). 아마 죽은 자들의 부활이 없다고 주장한 사람들 중에는 문란한 삶을 살고, 타락의 원리에 따라 악을 자행하는 사람들이 많았을 것이다. 종종 그들의 입술에서 나온 말은 내일 죽을 터이니 먹고 마시자(32절)였다. 따라서 사도는 만일 내세가 없다면 그들의 말이 옳다는 점을 인정한다. 그러나 그들의 원리를 논박한 다음, 이제 고린도 교인들에게 이런 사람들의 삶이 얼마나 위험한지를 입증함으로써 경고한다. 그는 고린도 교인들에게 이런 사람들로 말미암아 타락하고, 그들의 악한 원리를 취한다면 그들의 삶과 똑같이 될 것임을 말해준다. 악한 동무와 악한 교제는 악인을 만드는 지름길이다. 자신의 순전함을 지키고자 하는 사람들은 선한 동무를 사귀어야 한다. 오류와 악덕은 전염성이 강하다. 만일 우리가 감염을 피하고자 한다면, 그것을 보유하고 있는 사람들을 멀리 해야 한다. 지혜로운 자와 동행하면 지혜를 얻고 미련한 자와 사귀면 해를 받느니라(잠 13:20).

2. 그들의 죄와 결별하고, 깨어서 더욱 거룩하고 의로운 삶을 살라는 권면(34절): 깨어 의를 행하고(에크넵사테 디카이오스, 의롭게 깨어있고) 죄를 짓지 말라. "깨어라, 회개하고 너희 죄에서 떠나라. 모든 악한 길을 물리치고 포기하라. 잘못된 것은 무엇이든 교정하라. 그리고 게으름과 어리석음으로 말미암아 너희의 기독교적 소망을 약화시키고 너희의 행실을 타락시키는 생활과 원리 속에 빠지지 않도록 하라." 내세에 대한 불신은 모든 덕과 경건을 파괴시킨다. 그러나 진리에 이르는 최고의 비결은 죄로부터 떠나고, 신앙의 임무에 충실하며, 선한 일에 열심을 내는 것이다. 만일 부활과 내세가 있다면, 우리는 그것을

믿는 사람들처럼 살고 행동해야 하지, 우리의 도덕을 문란하게 하고 우리의 삶을 방탕하고 육욕적으로 만드는 무분별하고 파괴적인 관념들을 취해서는 안 된다.

3. 최소한 고린도 교인들 가운데 일부 사람들에게 주는 신랄한 책망: 하나님을 알지 못하는 자가 있기로 내가 너희를 부끄럽게 하기 위하여 말하노라(34절). 하나님을 알지 못하는 것은 그리스도인의 수치다. 기독교는 하나님과 그분의 본질과 은혜와 통치에 관해 최대한 가능한 모든 지식을 제공한다. 이 기독교를 자신의 종교로 고백하는 자들이 하나님을 아는 지식이 없는 것은 자신을 책망해야 하는 사유다. 왜냐하면 그것은 그들 자신의 게으름과 하나님에 대한 경시에서 비롯되기 때문이다. 그리스도인이 하나님을 가볍게 여기고, 그분께 그토록 친밀하고 고결하게 관심을 갖도록 알려주는 문제들에 대해 그토록 철저하게 무지하다는 것은 참으로 두려운 수치가 아닌가? 또 사람들을 부활과 내세에 대해 불신하도록 이끄는 것 역시 하나님에 관한 무지임을 잊지 말자. 하나님을 아는 자들은 그분이 그의 신실한 종들을 절대로 포기하지 않고, 아무런 보상이나 상급이 없이 그들을 그토록 혹독한 고난과 고통 속에 두시지 않으리라는 것을 알고 있다. 그들은 하나님께서 자기들의 수고와 인내, 충성스러운 섬김과 기꺼이 받는 고난을 잊어먹을 정도로 또는 그들의 수고가 헛되도록 그냥 놔두실 정도로 불성실하거나 무정하신 분이 아님을 알고 있다. 그러나 나는 그 표현이 얼마나 강력한 의미를 담고 있는지 잘 안다. 그들 가운데 무신론적인 사람들이 있었다. 그들은 거의 하나님을 의존하지 않았고, 그 대신 세상사에 대한 관심이나 지식을 갖고 있었다. 이들은 참으로 기독교의 수치이자 불명예였다. 진정한 무신론은 내세에 대한 인간들의 불신에서 나온다. 하나님과 섭리를 의존하고, 현재의 삶의 분배가 얼마나 불공평한지, 그리고 가장 고결한 사람들도 얼마나 자주 최악의 상황 속에 떨어지는지 주목하고 있는 사람들은 만사가 온전하게 될 내세에 대해 절대로 의심할 수가 없다.

[35]누가 묻기를 죽은 자들이 어떻게 다시 살아나며 어떠한 몸으로 오느냐 하리니 [36]어리석은 자여 네가 뿌리는 씨가 죽지 않으면 살아나지 못하겠고 [37]또 네가 뿌리는 것은 장래의 형체를 뿌리는 것이 아니요 다만 밀이나 다른 것의 알맹이 뿐이로되 [38]하나님이 그 뜻대로 그에게 형체를 주시되 각 종자에게 그 형체를 주시느니라 [39]육

체는 다 같은 육체가 아니니 하나는 사람의 육체요 하나는 짐승의 육체요 하나는 새의 육체요 하나는 물고기의 육체라 [40]하늘에 속한 형체도 있고 땅에 속한 형체도 있으나 하늘에 속한 것의 영광이 따로 있고 땅에 속한 것의 영광이 따로 있으니 [41]해의 영광이 다르고 달의 영광이 다르며 별의 영광도 다른데 별과 별의 영광이 다르도다 [42]죽은 자의 부활도 그와 같으니 썩을 것으로 심고 썩지 아니할 것으로 다시 살아나며 [43]욕된 것으로 심고 영광스러운 것으로 다시 살아나며 약한 것으로 심고 강한 것으로 다시 살아나며 [44]육의 몸으로 심고 신령한 몸으로 다시 살아나나니 육의 몸이 있은즉 또 영의 몸도 있느니라 [45]기록된 바 첫 사람 아담은 생령이 되었다 함과 같이 마지막 아담은 살려 주는 영이 되었나니 [46]그러나 먼저는 신령한 사람이 아니요 육의 사람이요 그 다음에 신령한 사람이니라 [47]첫 사람은 땅에서 났으니 흙에 속한 자이거니와 둘째 사람은 하늘에서 나셨느니라 [48]무릇 흙에 속한 자들은 저 흙에 속한 자와 같고 무릇 하늘에 속한 자들은 저 하늘에 속한 이와 같으니 [49]우리가 흙에 속한 자의 형상을 입은 것 같이 또한 하늘에 속한 이의 형상을 입으리라 [50]형제들아 내가 이것을 말하노니 혈과 육은 하나님 나라를 이어 받을 수 없고 또한 썩는 것은 썩지 아니하는 것을 유업으로 받지 못하느니라

사도는 이제 죽은 자의 부활에 대해 그럴싸하고 노골적으로 반대하는 핵심 반론에 대답하기 시작한다. 고린도 교인들 가운데 그런 반론을 제기하는 자들이 있었다: 누가 묻기를 죽은 자들이 어떻게 다시 살아나며 어떠한 몸으로 오느냐 하리니(35절). 그 반론은 주로 두 가지다: 하나는 죽은 자들이 어떻게 다시 살아나느냐?는 것이다. 즉 "어떤 방법으로? 그들이 어떻게 살아날 수 있느냐? 어떤 능력으로 이 결과를 일으킬 수 있는가?" 그것은 당시 이방인들 사이에 크게 팽배했던 견해였다. 사두개인들도 동일한 입장을 견지하면서, 죽을 인간을 불사적 존재로 만들거나 죽은 자를 다시 일으키거나 되살리는 것은 신적 능력의 범주에 속하는 것이 아니라고 생각했다. 죽은 자의 부활을 부인한 고린도 교인들 가운데에도 이 부류에 속한 사람들이 있었던 것으로 보인다. 여기서 그들은 "그들이 어떻게 다시 살아나는가? 그들이 어떻게 부활하게 되는가? 그것은 전혀 불가능한 일이 아니냐?"고 반론을 제기한다. 그 반론의 또 다른 입장은 부활할 사람들의 몸의 형태에 관한 것이었다: "어떠한 몸으로 오느냐? 세상에서의 몸과 동일한 몸 곧 같은 모양, 같은 신장, 같은 지체, 같은 특징이냐 아니면 다른 몸이

냐?" 전자의 반론은 그 교리를 반대한 사람들의 입장이고, 후자의 반론은 호기심에 의심하기 좋아하는 사람들의 입장이다.

I. 전자에 대해 사도는 이것이 신적 능력에 의해 일어나는 일로서, 해마다 밀이 죽고 사는 일에서 그와 유사한 일을 보지 않느냐고 그들에게 말해준다. 그러므로 죽은 자의 부활이 그와 같은 능력으로 일어난 것이 아니라고 의심하는 것은 정말 빈약하고 어리석은 주장이라는 것이다: 어리석은 자여 네가 뿌리는 씨가 죽지 않으면 살아나지 못하겠고(36절). 뿌리는 씨는 살아나 열매를 맺기 위해서 먼저 죽어야 한다. 그것은 죽은 후에야 싹이 트게 되는 법이고, 살아나기 위해서는 먼저 죽어야 한다. 그러면 해마다 죽은 씨를 살아나게 하는 것과 동일한 능력으로 말미암아 한 번 죽은 사람이 다시 살아날 수 없다고 상상하는 사람이 왜 어리석지 않겠는가? 이것은 첫 번째 반론에 대한 사도의 대답의 핵심이다. 우리가 매년 죽은 씨가 살아나 열매를 맺는 현상을 보면서 죽은 자를 다시 살리는 신적 능력을 의심하는 것은 어리석은 일이다.

II. 그러나 사도는 두 번째 반론에 대해 더 길게 답변한다.

1. 그는 뿌려진 씨 안에서 일어난 변화를 주목하는 것으로 시작한다. 뿌리는 것은 장래의 형체를 뿌리는 것이 아니고, 다만 밀 또는 다른 것의 알맹이일 뿐이다. 그러나 하나님께서 자신의 뜻대로 형체를 부여하고, 자신이 원하는 방법으로 서로 간에 그 종류대로 구별하신다. 뿌려진 모든 씨는 그 형체를 갖게 되는데, 그 고유의 질료로 이루어지며, 그 종류에 합당하게 형성된다. 비록 우리가 죽은 자가 어떻게 다시 살아나는지에 대해 모르는 것만큼 그것이 어떻게 그렇게 되는지를 모르지만, 이것이 신적 능력으로 이루어진다는 것은 분명하다. 씨가 엄청난 변화를 거치는 것처럼 죽은 자도 죽고 난 후 다시 살아날 때 그들의 몸에 그와 똑같은 변화가 일어난다는 것을 이 구절은 암시하고 있다.

2. 사도는 이제 식물들처럼 육체에도 다양한 종류가 있다는 사실을 주목하는 데까지 나아간다. (1) 육체의 종류에 대해: 육체는 다 같은 육체가 아니니(39절). 사람들의 육체는 한 종류가 아니다. 짐승의 육체는 또 다른 종류다. 새의 육체도 다르고, 물고기의 육체도 다르다(39절). 종류마다 다양한 육체가 있다. 종자마다 다른 종자와 구별되는 그들 고유의 특징을 갖고 있다. (2) 하늘에 속한 형체와 땅에 속한 형체 사이에도 차이가 있다. 하늘에 속한 것의 영광과 땅에 속한 것의 영광이 다르다. 왜냐하면 모든 존재의 참된 영광은 그 지위와 상

태에 적합할 때 주어지기 때문이다. 땅에 속한 형체는 하늘의 영역에서는 적합하지 않고, 하늘에 속한 형체는 땅의 존재의 조건에서는 적합하지 않다. (3) 하늘에 속한 형체들 사이에도 다양한 영광이 있다: 해의 영광이 다르고 달의 영광이 다르며 별의 영광도 다른데 별과 별의 영광이 다르도다(41절). 이 모든 사실은 다음과 같은 사실을 우리에게 암시한다: 우리에게 죽은 자의 육체는 부활할 때 하늘의 영역에 적합하도록 크게 변화를 일으키게 될 것이라는 것과 죽은 자의 육체들이 부활할 때 그것들 사이에는 해와 달과 별들 사이의 영광이 다른 것처럼 다양한 영광이 존재하게 될 것이다. 이 모든 것은 또한 같은 질료로부터 다양한 종류의 육체와 식물, 그리고 우리가 아는 한 하늘과 땅에 속한 형체들까지도 형성되는 것처럼, 죽은 자를 살아나게 하고, 그 형체를 회복시키는 것이 신적 능력에게는 참으로 쉬운 일이라는 것을 암시한다. 우리가 잘은 모르지만, 해와 별은 우리가 밟고 다니는 땅과 동일한 질료로 되어있으나 하나님의 기술과 능력으로 그토록 세련되고 변형된 기구로 만들어진 것이다. 그렇다면 동일한 질료로부터 그토록 다양한 존재들을 만드신 하나님께서 죽은 자를 살리실 수 없겠는가? 이같이 그 길을 준비한 다음, 사도는 다음과 같이 나아간다.

3. 문제의 핵심으로 바로 들어가 말한다: 그는 죽은 자의 부활도 그와 같다(41절)고 말한다. 이것은 썩어질 씨로부터 식물이 자라는 것과 같다. 따라서 그것은 더 이상 땅에 속한 육체가 아니라 하늘에 속한 육체로서 한 별의 영광이 다른 별의 영광과 다른 것처럼, 부활한 죽은 자들 역시 다른 자들과 그 영광이 다르다. 그러나 사도는 그것을 몇 가지로 나누어 제시한다. (1) 썩을 것으로 심고 썩지 아니할 것으로 다시 살아나며(42절). 심고. 죽은 자를 무덤에 묻는 것은 그것을 심는 것과 같다. 그것은 다시 싹이 나도록 씨를 땅에 뿌리는 것과 같다. 심겨진 우리의 육체는 썩어 부패하고 망가져서 흙으로 변하기 마련이다. 그러나 우리가 살아날 때 그것은 무덤의 권세로부터 벗어나 더 이상 썩지 아니할 것이 된다. (2) 욕된 것으로 심고 영광스러운 것으로 다시 살아나며(43절). 우리의 육체는 현재 비천한 육체다(빌 3:21). 시체만큼 혐오스런 것은 없다. 그것은 멸시받고 깨진 그릇처럼 무덤 속에 던져지는데, 그 안에는 아무 낙이 없다. 그러나 부활할 때 그 위에는 영광이 두어질 것이다. 그것은 우리 구주의 영광스러운 몸처럼 될 것이다. 땅의 모든 찌끼들을 벗어버리고 하늘의 실체로 정결하게 되어 주님의 몸과 같이 광채로 빛나게 될 것이다. (3) 약한 것으로 심고 강한

것으로 다시 살아나며(43절). 그것은 의지할 데 없는 가련한 물건으로 땅 속에 두어져 완전히 사망의 권세 아래 들어가고, 모든 활력과 능력, 생명과 힘을 박탈당한다. 그것은 완전히 움직이거나 활동할 수 없다. 그러나 부활할 때 우리의 육체는 하늘의 생명과 활력이 그 안에 주입될 것이다. 그것은 어떤 연약함이나 결함이나 부패에 전혀 예속되지 않고, 강건하고 견고하고 튼튼하고 활력적인 몸이 될 것이다. (4) 육의 몸으로 심고 신령한 몸으로 다시 살아나나니(44절). 육의 몸(소마 프쉬키콘)은 자연적 또는 동물의 몸을 가리키는 것으로 이생의 비천한 상태와 감각적인 쾌락에 적합한 몸이라는 뜻이다. 이것은 천국의 상태 및 기쁨과 비교하면 엄청난 차이가 있다. 그러나 우리가 부활할 때 그것은 확실하게 달라질 것이다. 우리의 몸은 신령한 몸으로 다시 살아날 것이다. 육체가 영으로 변하는 것이 아니다. 이것은 우리의 상식적 개념과 모순된다. 그것은 육체가 비육체로 바뀌고, 물질이 비물질로 바뀐다고 말하는 것과 같다. 그 표현은 비유적으로 이해되어야 한다. 부활할 때 우리의 육체는 최고로 정화되고 최고로 순화된 육체가 되고, 지극히 가볍고 민활한 상태가 된다는 뜻이다. 비록 그것이 영으로 변하는 것은 아니지만, 영원토록 영과 교제하기에 합당한 상태로 완전케 된다. 그렇다면 먼저 무로부터 질료를 창조하시고, 동일한 질료 덩어리로부터 하늘과 땅의 다양한 종류의 존재들을 만들어내는 하나님의 능력이 천하고 썩고 생명이 없는 육의 몸의 파멸로부터 썩지 않고 영광스럽고 생명이 있고 신령한 몸을 왜 일으키지 못하겠는가? 하나님으로서는 다 하실 수 있느니라(막 10:27). 그러므로 이것이 불가능할 이유가 없다.

4. 사도는 첫째 아담과 둘째 아담을 비교함으로써 이것을 예증한다: 육의 몸이 있은즉 또 영의 몸도 있느니라(44절). 여기서 사도는 몇 가지 실례를 비교한다. (1) 우리가 첫 사람 아담으로 말미암아 이 세상에서 육의 몸 곧 동물의 몸을 갖고 있는 것처럼, 둘째 사람으로 말미암아 영의 몸을 기대한다. 이것이 전체 비교 속에 함축되어 있다. (2) 이것은 이 두 사람이 갖고 있는 상이한 속성에 일치한다: 첫 사람 아담은 생령이 되었다 함과 같이(45절). 즉 아담은 우리들과 같은 존재로서, 자신과 같은 존재들을 번식시킬 능력을 가지고, 다른 것도 아니고 또는 더 나은 것도 아닌 본성과 육의 몸을 그들에게 전달해 주었다. 마지막 아담은 살려 주는 영이 되었나니(45절). 그분은 부활이요 생명이다(요 11:25). 그분은 자신 속에 생명을 갖고 계시고, 자신이 원하는 사람에게 생명

을 주실 수 있다(요 5:20,21). 첫 사람은 땅에서 났으니(47절). 땅으로부터 만들어졌고, 땅에 알맞다는 뜻이다. 그의 몸은 그의 거처인 땅의 영역에 적합하도록 되어 있었다. 그러나 둘째 사람은 하늘에서 나셨느니라(47절). 그분은 하늘에서 오신 분으로서 세상에 생명을 주시는 분이다(요 6:33). 그분은 하늘에서 내려오신 분이지만 동시에 하늘에도 계시는 분이다(요 3:13). 그분은 하늘과 땅의 주가 되신다. 만일 첫째 아담이 우리에게 육의 몸 곧 동물의 몸을 전해주었다면, 둘째 아담은 우리의 몸을 영의 몸으로 만드실 수 없겠는가? 만일 이 낮은 피조물의 대표자가 전자의 일을 행했다면, 하늘에서 내려오시고 하늘과 땅의 주가 되시는 분께서 후자의 일을 행하실 수 없겠는가? (3) 우리가 둘째 아담으로부터 영의 형상을 입기 위해서는 먼저 첫째 아담으로부터 육의 형상을 입어야 한다(49절): 우리가 흙에 속한 자의 형상을 입은 것 같이 또한 하늘에 속한 이의 형상을 입으리라. 이것은 이미 정해져 있는 섭리의 순서다. 우리는 둘째 아담의 살려주는 능력으로 말미암아 활력 있고 신령하고 불사적인 육체를 갖기 위해서는 먼저 첫째 아담으로부터 전달받은 연약하고 부서지고 죽을 육체를 가져야 한다. 우리는 더 이상 죽지 않는 존재로 살기 위해서는 먼저 죽지 않으면 안 된다. (4) 그러나 만일 우리가 그리스도의 것으로, 그분을 믿는 참 신자라면(이 전체 강론은 성도들의 부활과 관련되어 있으므로), 우리가 현재 육의 몸 곧 동물의 몸을 갖고 있는 것만큼 영의 몸을 갖게 되리라는 것도 확실하다. 전자로 볼 때 우리는 첫째 아담처럼 땅에 속한 자로서 그의 형상을 갖고 있고, 후자로 볼 때 우리는 둘째 아담처럼 그분을 닮아 하늘에 속한 자로서 그분의 형상을 갖고 있다. 확실히 우리는 첫째 아담을 닮도록 되어 있는 것처럼 동시에 둘째 아담을 닮도록 되어 있다. 그러므로 우리는 육의 몸을 갖고 있는 것이 확실한 것만큼 영의 몸도 확실하게 갖게 될 것이다. 그리스도 안에서 죽은 자들은 살아날 뿐만 아니라 이처럼 영광스러운 모습으로 살아날 것이다.

5. 사도는 이 변화의 이유를 강조하는 것으로 이 논증을 종합한다(50절): 내가 이것을 말하노니 혈과 육은 하나님 나라를 이어 받을 수 없고 또한 썩는 것은 썩지 아니하는 것을 유업으로 받지 못하느니라. 육의 몸은 혈과 육으로, 뼈, 근육, 신경, 정맥, 동맥 그리고 여러 가지 수액으로 이루어져 있다. 따라서 그것은 그 자체로 썩을 구조와 형태를 갖고 있고 부서지기 쉽고 부패하고 변질되기 쉽다. 그러나 이런 것이 하늘의 것을 유업으로 받을 수 없다. 왜냐하면 썩을 것이 썩지

않을 것을 받는 것은 그 자체로 모순이기 때문이다. 하늘의 유업은 절대로 썩지 않고 결코 쇠하지 않는다(벧전 1:4). 이것을 어떻게 썩고 쇠하게 되는 혈과 육이 차지할 수 있겠는가? 그것은 하늘의 유업을 차지할 수 있기 전에 결코 쇠하지 아니하는 실체로 변화되어야 한다. 성도들의 몸은 다시 살아날 때 현재 상태와 비교해 볼 때 크게, 아니 훨씬 더 좋은 상태로 변할 것이라는 것이 요점이다. 그것은 지금 썩는 혈과 육이다. 그러나 그 때 그것은 썩지 않고 영광스럽고 신령한 몸으로 바뀜으로써, 하늘의 세계와 상태에 적합하게 될 것이다. 거기서 그것은 항상 거하며 그 영원한 기업을 누리게 될 것이다.

[51]보라 내가 너희에게 비밀을 말하노니 우리가 다 잠 잘 것이 아니요 마지막 나팔에 순식간에 홀연히 다 변화되리니 [52]나팔 소리가 나매 죽은 자들이 썩지 아니할 것으로 다시 살아나고 우리도 변화되리라 [53]이 썩을 것이 반드시 썩지 아니할 것을 입겠고 이 죽을 것이 죽지 아니함을 입으리로다 [54]이 썩을 것이 썩지 아니함을 입고 이 죽을 것이 죽지 아니함을 입을 때에는 사망을 삼키고 이기리라고 기록된 말씀이 이루어지리라 [55]사망아 너의 승리가 어디 있느냐 사망아 네가 쏘는 것이 어디 있느냐 [56]사망이 쏘는 것은 죄요 죄의 권능은 율법이라 [57]우리 주 예수 그리스도로 말미암아 우리에게 승리를 주시는 하나님께 감사하노니

사도는 지금까지 자신이 이 변화에 관해 말한 것을 확증하기 위해 다음과 같이 말한다.

I. 사도는 여기서 고린도 교인들에게 그 때까지 그들로부터 감추어져 있던 것 또는 그들에게 알려지지 않은 것에 대해 말한다. 그것은 모든 성도들은 결코 죽지 않고 모두 변화될 것이라는 것이다. 우리 주님이 재림하실 때 살아 있는 자들은 죽지 않고 구름 속으로 끌어올려지게 될 것이다(살전 4:17). 그러나 이 구절로 볼 때 썩을 것으로부터 썩지 않을 것으로 변화되지 않고는 그 일이 일어나지 않을 것이 분명하다. 그들의 살아있는 몸의 구조는 죽은 자들의 것과 똑같이 변화될 것이다. 그것도 순식간에 홀연히 다 변화될 것이다(51절). 전능자의 권능이 무슨 일인들 못하겠는가? 죽은 자들을 생명으로 부르는 능력은 확실히 이처럼 순식간에 그리고 홀연히 산 자들을 변화시킬 것이다. 혈과 육은 하나님의 나라를 유업으로 받을 수 없기 때문에 죽은 자들과 똑같이 그들

도 변화되어야 한다. 이것이 사도가 고린도 교인들에게 보여주는 비밀이다: 보라 내가 너희에게 비밀을 말하노니(51절). 즉 전에는 알기 어렵고 또는 알려지지 않은 진리를 밝히 드러낸다는 것이다. 복음 속에는 우리에게 이미 드러난 비밀이 많다는 것을 명심하자. 전에는 완전히 알려지지 않은 많은 진리들이 지금은 알려져 있다. 또 과거에는 단지 희미하거나 모호한 상태로 있던 많은 진리들이 오늘날에는 밝히 드러나 분명히 계시되어 있다. 그리고 많은 진리들이 부분적으로 계시된 탓으로 충분히 알려지지 않거나 어쩌면 분명히 이해되지 못할 것이다. 여기서 사도는 이전에 알려지지 않은 진리를 알려주고 있는데, 그것은 우리 주님이 재림하실 때 살아있던 성도들이 죽지 않고 변화될 것이라는 것과 이 변화는 순식간에, 홀연히 그리고 마지막 나팔에 일어날 것이라는 것이다. 다른 곳에서 그가 우리에게 말하는 것처럼, 주께서 호령과 천사장의 소리와 하나님의 나팔 소리로 친히 하늘로부터 강림하시는데(살전 4:16), 이 땅에서도 나팔 소리가 날 것이다. 그것은 큰 소리로 산 자와 죽은 자 모두 그리스도의 심판대 앞으로 나오라고 부르는 소리다. 이 부르심이 있을 때 무덤은 열리고, 죽은 성도들은 썩지 아니할 것으로 다시 살아나며, 살아있는 성도들도 똑같이 썩지 아니할 상태로 변화될 것이다(52절).

II. 사도는 이 변화의 이유를 제시한다. 이 썩을 것이 반드시 썩지 아니할 것을 입겠고 이 죽을 것이 죽지 아니함을 입으리로다(53절). 어떻게 다른 방법으로 인간이 썩지 아니하는 영역의 합당한 거주자가 되거나 영원한 기업을 소유하기에 적합한 자가 될 수 있겠는가? 어떻게 썩는 것과 죽을 수밖에 없는 것이 썩지 아니하고 영원하고 죽지 아니할 것을 향유할 수 있겠는가? 이 썩을 몸은 썩지 아니할 것이 되고, 이 죽을 수밖에 없는 몸은 죽지 아니할 것으로 변화되어야 사람은 자기를 위해 마련된 행복을 누릴 수 있게 될 것이다. 이 썩을 것이 썩지 아니함을 입어야 한다는 것을 잊지 말자. 이 무너질 구조는 다시 조립되어야 한다. 뿌려진 것은 살아나야 한다. 성도들은 다른 형체가 아니라 그 자신의 형체로 나아올 것이다(38절).

III. 사도는 그리스도 안에서 산 자와 죽은 자가 이 변화를 일으킬 때 어떤 일이 일어날지에 대해 알려준다. 사망을 삼키고 이기리라고 기록된 말씀이 이루어지리라(54절). 사망을 영원히 멸하실 것이라(사 25:8). 죽을 것이 생명에 삼킨 바 되게 하려 함이라(고후 5:4). 사망은 완전히 정복되고 극복되었으며, 성도들은 영원히 그 권세로부터 구원받았다. 이 정복은 죽음을 이김으로써, 우리 주님이 부활한 성도들에게 허락하시는 이 영역들 속에서 영원히 사라지게 될 것이다. 그러므로 성도들은 이곳에서 승전가(에피니키온)를 불러도 될 것이다. 그 때 곧 이 죽을 것이 죽지 아니함을 입을 때, 사망을 삼키고 영원히 이길(에이스 니코스) 것이다. 그리스도는 성도들이 죽을 때 사망이 그들을 삼키지 못하도록 방해하신다. 그러나 그들이 다시 살 때에는, 그들에 관한 한, 사망이 영원히 삼킨 바 될 것이다. 그리고 이 사망의 파멸에 관해 그들은 승전가를 부르게 될 것이다.

1. 성도들은 정복된 원수가 된 사망에 관해 개가를 부르고, 이 크고 두려운 파괴자를 모욕하게 될 것이다: "사망아 네가 쏘는 것이 어디 있느냐? 지금 네가 쏘는 것, 상하게 하는 너의 권세가 어디 있느냐? 네가 우리에게 행한 해악이 무엇이냐? 우리는 죽었으나 보라, 다시 살았고, 이제 절대로 죽지 아니하리라. 너는 정복당하고 무장해제됐으며, 우리는 너의 치명적인 창으로부터 벗어나 있다. 지금 너의 결정적 대포가 어디 있느냐? 너의 사망의 무기들이 어디 있느냐? 우리는 더 이상 너의 행악을 두려워하지 않는다. 너의 무기도 무섭지 않다. 그 대신 너의 권세를 무시하고 너의 진노를 멸시할 것이다. 그리고 사망아 너의 승리가 어디 있느냐? 지금 너의 승리가 있기는 하느냐? 그것이 과연 어떻게 되었느냐? 그 전리품과 트로피가 있느냐? 전에는 우리가 너의 포로였으나 이제 옥문은 활짝 열렸다. 그 자물쇠와 빗장은 제거되었고, 우리의 쇠사슬은 끊어졌다. 우리는 영원히 해방되었다. 속박이 포로가 되었다. 가상의 승리자는 정복되고 그의 정복은 폐기되었으며 그의 포로들은 석방되었다. 너의 승리, 너의 무덤은 끝장이 났다. 사망의 속박은 풀어지고, 우리는 해방되었다. 이제 더 이상 사망으로 말미암아 상하고 무덤 속에 다시 갇히는 일은 없을 것이다." 순식간에 사망의 권세와 무덤의 정복 및 전리품은 사라진다. 그리고 성도들에 관한 한, 사망의 참된 자취들은 다시는 나타나지 못할 것이다. 그들이 어디 있는가? 성도들은 구주의 영광과 하나님의 은혜를 찬양하기 위해 죽지 아니할 것을 입을 때 다시 살아날 것이다. 그들은 패배한 사망에 대해 하나님을 송축할 것이다.

2. 이 승리의 기초가 여기서 암시되고 있다: (1) 사망의 상하게 하는 권세가 어디서 나오는지 설명함으로써: 사망이 쏘는 것은 죄요(56절). 죄가 그의 창에 독을 묻혀 놓는다. 이것만이 사망의 권세에 해를 끼치고 죽이는 힘을 준다. 용서받지 못한 죄 외에 그 어떤 것도 사망의 권세에 힘을 주지 못한다. 죄의 권능은

율법이라(56절). 죄에 권능을 주는 것은 율법을 어긴 자들에 대한 하나님의 위협으로, 거기서 그 저주는 실효된다. 죄는 사망의 아버지로서, 그 상하게 하는 모든 권능을 그것에 제공한다. 한 사람으로 말미암아 죄가 세상에 들어오고 죄로 말미암아 사망이 들어왔나니(롬 5:12). 사망은 죄의 저주받은 아들이요 후손이다. (2) 성도들이 예수 그리스도로 말미암아, 사망을 이기고 얻은 승리를 설명함으로써: 사망이 쏘는 것은 죄요(56절). 그러나 그리스도께서 죽으심으로써 이 쏘는 것을 제거하셨다. 그분은 죄에 대한 속죄를 이루셨다. 죄에 대한 사면을 얻으셨다. 그러므로 그것은 쉿 소리를 내지만 결코 우리를 해할 수 없다. 죄의 권능은 율법이라(56절). 그러나 율법의 저주는 대속주께서 우리를 위해 저주가 되심으로써 제거된다. 따라서 죄는 그리스도로 말미암아, 즉 그분의 성육신과 고난과 죽으심으로 말미암아 그 힘과 독침이 제거된다. 사망은 신자를 사로잡을 수 있으나 그를 쏠 수 없고 그 권능으로 그를 제압할 수 없다. 앞으로 무덤이 열리고, 사망의 속박이 제거되며, 죽은 성도들이 다시 살아나는 날이 올 것이다. 그 때 그들에게 썩지 아니할 것과 죽지 아니할 것이 입혀지고, 사망의 지배로부터 영원히 벗어나게 된다. 따라서 그 때가 되면 성도들에 관한 한, 사망은 그 힘과 독침을 상실할 것이 분명하다. 그것은 그리스도의 중보로 말미암아, 즉 그분이 그들의 방에서 죽으심으로 말미암아 일어난다. 죽으심으로써 그분은 사망을 정복하고 무덤을 파괴했다. 그분을 믿는 믿음으로 말미암아 신자들은 그분의 승리를 공유하게 된다. 그들은 자주 이 승리를 바라보면서 미리 즐거워하고, 무덤에서 영광스럽게 부활할 때 그들은 사망을 이긴 승리를 담대하게 노래하게 될 것이다. 죄를 용서받고, 사망이 무장해제되는 것은 전적으로 그리스도 안에서 하나님이 베푸신 은혜에 기인한 것임을 잊지 말자. 율법은 사망의 손에 죄인들을 파멸시킬 무기를 들려주었으나 죄 사함은 율법으로부터 이 권능을 제거하고, 사망으로부터 그 힘과 독침을 박탈한다. 그리스도 예수 안에 있는 속량으로 말미암아 하나님의 은혜로 값 없이 의롭다 하심을 얻은 자 되었느니라(롬 3:24). (3) 그러므로 사망을 이긴 이 승리가 성도들에게 하나님에 대한 감사를 일으킨다고 해서 전혀 이상한 일이 아니다: 우리 주 예수 그리스도로 말미암아 우리에게 승리를 주시는 하나님께 감사하노니(57절). 우리의 모든 기쁨을 성별시키는 길은 그것을 하나님에 대한 찬양으로 연결시키는 것이다. 따라서 하나님께서 거기서 영광을 받으시고 우리가 자유롭게 그것을 그분께 바칠 때에만, 우리는 거룩한 삶 속에서 우리의 복과 영예를 누리게 될 것이다. 그리고 이것은 실제로 우리의 만족을 높이고 증가시킨다. 우리는 의무를 다할 때 즐거움을 누리게 된다는 것을 즉시 깨달아야 한다. 그렇다면 성도들이 다시 살아날 때 사망을 이긴 승리에 대해 느끼는 기쁨보다 더 큰 기쁨이 어디에 있겠는가? 그리고 그 때 그들은 주님을 즐거워하며, 그들의 구원에 대해 하나님께 감사하지 않겠는가? 주께서 죽은 자에게 기이한 일을 보이시겠나이까 유령들이 일어나 주를 찬송하리이까(시 88:10). 사망의 권세 아래 있는 사람들은 찬양할 마음을 가질 수 없다. 그러나 이 정복과 승리는 확실히 성도들의 입술로 하여금 감사와 찬양 ― 그 승리에 대한 찬양(그것은 그 자체로 참으로 크고 영광스러운 일이다)과 그 승리를 가져온 수단들에 대한 찬양(그것은 그리스도 예수로 말미암아 하나님께 주어진다) ― 을 노래하도록 할 것이다. 그것은 우리의 힘이 아니라 하나님의 능력으로 말미암아 얻은 승리이기에, 또 우리가 그만한 자격이 있어서 우리에게 주어진 것이 아니라 그리스도께서 우리를 위해 죽으심으로써 이 승리를 얻으신 결과로 주어진 것이기에 감사와 찬양을 돌리는 것이다. 이 상황이 우리에게 그 승리를 소중히 여기도록 만들고, 우리의 찬양을 하나님께 높이 돌리도록 하지 않는가? 우리 구주의 죽음과 부활, 고난과 승리로 말미암아 성도들에게는 기쁨이, 하나님께는 감사가 얼마나 다양한 길로 열려 있을까! 하늘들의 하늘이 영원토록 그분에 대한 찬양을 얼마나 크게 울리고 있는가! 하나님께 감사하노니, 이 말은 그들의 노래의 후렴구가 될 것이다. 그리고 천사들은 합창단을 구성해서 큰 소리로 아멘과 할렐루야로 화답할 것이다.

[58]그러므로 내 사랑하는 형제들아 견실하며 흔들리지 말고 항상 주의 일에 더욱 힘쓰는 자들이 되라 이는 너희 수고가 주 안에서 헛되지 않은 줄 앎이라

이 구절에서 우리는 그 승리로부터 나오는 동기로 말미암아 강조되는 권면을 접하게 되는데, 이것이야말로 사도의 전체 논증의 결론이다.

I. 권면은 세 가지다.

1. 견실하라(헤드라이오오이)고 권면한다. 이 말은 그가 전하고 그들이 받아들인 복음 곧 성경대로 그리스도께서 우리 죄를 위하여 죽으시고 장사 지낸 바 되셨다가 성경대로 사흘 만에 다시 살아나셨다는 것(3,4절)에 대한 믿음에 견고하라, 또는

고정시키라는 것, 그리고 그가 앞에 설명한 것처럼, 전자와 밀접하고 필수적인 연관을 이루고 있는 죽은 자의 영광스러운 부활에 대한 믿음에 고정시키라는 뜻이다. "이 진리들에 대한 너희 믿음이 결코 흔들리거나 비틀거리거나 하지 않도록 하라. 그것들은 지극히 확실하고, 가장 중요한 진리이다." 그리스도인들은 죽은 자의 부활이라는 이 위대한 진리에 대해 견실한 신자들이 되어야 한다. 그것은 분명히 그리스도의 죽음 위에 기초를 두고 있다. 내가 살아 있고 너희도 살아 있겠음이라(요 14:19). 따라서 그것은 결정적으로 중요한 진리다. 내세의 삶에 대한 불신은 온갖 방탕의 길로 나아가는 문을 열어놓고, 사람들의 도덕을 극도로 타락시킨다. 여기서 우리는 짐승처럼 살며, 내일이면 죽을 터이니 먹고 마시는 삶을 살게 되리라는 것을 쉽게, 또 자연스럽게 추론하게 된다.

2. 사도는 성도들에게 흔들리지 말라고 권면한다. 즉 썩지 아니할 것과 죽지 아니할 것으로 다시 살아날 것을 바라보는 일에 있어서 흔들리지 말라는 것이다. 그리스도인들은 이 복음의 소망(골 1:23), 곧 이 영광스럽고 복된 소망에서 흔들려서는 안 된다. 그들은 그들에게 위로를 주는 기대를 단념하거나 포기해서는 안 된다. 그것은 결코 헛되지 않고 확실한 기초 곧 부활하신 구주의 희생과 권능 그리고 그것을 절대로 거짓말을 하실 수 없는 하나님의 약속 위에 서 있는 견고한 소망이다. 이 소망은 생명의 모든 위협 아래에서 가장 강력한 그들의 지주이며, 죽음의 공포를 이기게 하는 가장 유효한 해독제이며, 그리스도인의 의무를 부지런히 그리고 인내하며 감당하게 만드는 가장 활력적인 동기가 된다. 그런데도 그들이 이 소망을 버려야 하겠는가? 흔들려서야 되겠는가? 그리스도인들은 영광스러운 부활에 대해 극히 견고한 기대를 갖고 살아야 함을 잊지 말자. 이 소망은 튼튼하고 견고하여 그들의 영혼의 닻이 되어야 한다(히 6:19).

3. 사도는 성도들에게 주의 일, 곧 주님을 섬기고 주님의 명령에 순종하는 데에 항상 더욱 힘쓰는 자들이 되라고 권면한다. 그들은 이 일을 하는데 부지런하고 인내하면서 완전을 향해 달려가야 한다. 그들은 지속적으로 참된 경건을 견지하고, 모든 선행에 힘써야 한다. 이 영광스러운 소망을 가진 자들은 최대한 즐겁게 의무를 감당하고, 부지런하며 일관되게 인내하는 모습이 어울린다. 우리 역시 내세에서 이런 충분한 보상을 받게 된다면 참으로 열심히, 부지런히 일할 수 있지 않을까? 그 소망은 우리에게 얼마나 큰 활력과 결단력, 끈기와 인

내를 불러일으킬까! 그리스도인들은 자신의 거룩함을 증진시키는 데 인색하지 않고, 항상 건강한 믿음을 견지하면서 주의 일을 하는데 부요해야 한다.

Ⅱ. 전술한 강론으로부터 나오는 동기는 그들의 수고가 주 안에서 헛되지 않으리라는 것이다. 아니, 그들은 그것이 결코 헛되지 않으리라는 것을 알고 있다. 그들은 세상에서 가장 든든한 기초를 갖고 있다. 그들은 합리적으로 당연히 기대될 수 있는 모든 확신을 갖고 있다. 그리스도께서 부활하신 것이 확실한 것처럼, 그들도 확실하게 부활할 것이다. 성경이 하나님의 말씀으로서 참된 것만큼 그리스도께서도 확실하게 부활하셨다. 사도들은 그분이 죽으신 이후에 그분을 만나보았다. 그들은 무수히 죽음과 위험을 무릅쓰고 이 진리를 세상에 증언했고, 그분으로부터 받은 이적적인 능력으로 그것을 확증했다. 그토록 확연하게 입증된 사실을 조금이라도 의심할 여지가 있는가? 참 그리스도인들은 그들의 수고가 주 안에서 헛되지 않을 줄을 확신할 만한 분명한 증거를 갖고 있음을 명심하자. 그들의 부지런한 섬김과 힘든 고난 등도 헛되지 않을 것이다. 그것들은 결코 헛되지 않을 것이다. 절대로 무용지물이 되지 않을 것이다. 그리스도인들의 수고는 결코 잃어버리지 않음을 명심하자. 그들은 하나님을 위해 잃어버릴 수 있으나 그분으로 말미암아 잃어버리는 것은 아무것도 없을 것이다. 아니, 이 구절에는 표현된 것 이상의 의미가 함축되어 있다. 그것은 그들은 충분히 보상받게 되리라는 것을 의미한다. 하나님은 불의하지 아니하사 너희 행위와 그의 이름을 위하여 나타낸 사랑으로 이미 성도를 섬긴 것과 이제도 섬기고 있는 것을 잊어버리지 아니하시느니라(히 6:10). 아니, 그분은 그들이 지금 구하거나 상상할 수 있는 것보다 훨씬 더 충분하게 보상하실 것이다. 그들이 현재 여기서 그분을 위해 행한 봉사나 그분 때문에 겪게 된 고난은 장차 그들에게 나타날 기쁨과 비교할 만한 가치가 없다(롬 8:18). 하나님을 섬기는 자들은 넉넉한 대가를 받게 된다는 점을 유념하자. 그토록 선하신 주님을 위해서라면 아무리 큰 고난을 받는다고 해도 결코 지나칠 수 없다. 만일 그들이 지금 그분을 섬긴다면, 장차 그들은 그분을 뵙게 될 것이다. 만일 그들이 땅에서 그분을 위해 고난을 받는다면, 천국에서 그분과 함께 다스리게 될 것이다. 만일 그들이 그분을 위해 죽는다면, 죽은 자로부터 다시 살아나 영광과 영예와 죽지 아니할 것으로 면류관을 쓰고, 영생을 유업으로 받게 될 것이다.

제
— 16 —
장

개요

이 장에서 사도는 다음과 같은 내용을 전개한다. I. 유대 지역의 고통받고 궁핍한 교회들을 돕기 위해 고린도 교회에서 펼칠 연보에 대해 지시한다(1-4절). II. 그들을 방문할 것에 관해 말한다(5-9절). III. 그들에게 디모데를 추천하고, 아볼로가 그들에게 나아갈 의도가 있음을 언급한다(10-12절). IV. 그들에게 자신과 자신의 동역자들을 도운 모든 사람들에 대해 주의와 사랑과 성실과 적절한 관심을 보이도록 권면한다(13-19절). V. 다른 사람들과 자신의 문안을 표현한 후, 그들에게 엄숙한 권면과 축원을 하는 것으로 서신을 끝낸다(20-24절).

[1]성도를 위하는 연보에 관하여는 내가 갈라디아 교회들에게 명한 것 같이 너희도 그렇게 하라 [2]매주 첫날에 너희 각 사람이 수입에 따라 모아 두어서 내가 갈 때에 연보를 하지 않게 하라 [3]내가 이를 때에 너희가 인정한 사람에게 편지를 주어 너희의 은혜를 예루살렘으로 가지고 가게 하리니 [4]만일 나도 가는 것이 합당하면 그들이 나와 함께 가리라

이 장에서 바울은 비교적 덜 중요한 몇 가지 문제들을 다루는 것으로 이 긴 서신을 끝맺는다. 그러나 모든 내용이 신적 영감을 받아 기록되었기 때문에 그것 역시 우리를 교훈하기에 무척 유익하다. 사도는 특수한 경우에 해야 할 연보에 관해 그들에게 지시한다. 그 경우는 유대 지역의 그리스도인들의 불행과 가난인데, 이때는 특별히 상황이 더 심각했다. 당시 그들은 부분적으로는 국가적 재난으로 말미암아, 또 부분적으로는 혹독한 박해로 말미암아 곤경에 처해 있었다. 이제 이와 관련된 내용을 살펴보자.

I. 사도가 자신의 지시를 소개하는 방법. 그가 그들에게 요청한 것은 특별한 섬김은 아니었다. 그는 갈라디아 교회들에게 명한 것과 유사했다(1절). 그는 비슷한 상황에서 다른 교회들에게 명한 것과 동일한 법칙을 적용하려고 노력

했다. 이는 다른 사람들은 평안하게 하고 너희는 곤고하게 하려는 것이 아니요 균등하게 하려 함이니(고후 8:13). 그는 또한 갈라디아 교회들에게 자신이 했던 명령을 신중하게 언급함으로써, 그들의 형편과 처지에 따라 경쟁심을 유발시키고, 아량을 베풀도록 자극하려고 했다. 영적 은사들에 있어서, 그리고 개연적이지만 세속적 부(富)에 있어서 대부분의 교회를 크게 능가했던 교인들이 불행 속에 있는 형제들에게 자선을 베푸는 일에 있어서 결코 뒤처져서는 안 되었기 때문이다. 다른 그리스도인과 교회들의 좋은 사례는 우리 안에 선의의 경쟁을 일으킬 것이다. 덕스럽고 칭찬받을 만한 어떤 일에 있어서 동료 그리스도인들보다 앞서기 위해 그들을 시기하지 않고 스스로 분발하는 것이 그리스도인다운 모습이다. 우리가 다른 사람들을 능가하는 유익을 얻으려면 그들을 능가하기 위한 노력도 그만큼 더 많이 해야 할 것이다. 고린도 교회는 이 사랑의 섬김에 있어서 갈라디아 교회를 능가해야 한다. 왜냐하면 그렇게 하지 않으면 그들이 갖고 있는 영적 은사나 외적 능력에 부합할 만한 모습으로 나타나는 것이 아니기 때문이다.

Ⅱ. 그 지시의 내용.

1. 연보의 방법: 너희 각 사람이 수입에 따라 모아 두어서(2절). 이 목적을 위해 자신과 함께 자금 또는 기금을 만들자는 것이다. 그 의미는 수시로 저축하는 것처럼 돈을 비축하되, 이같이 사랑의 목적을 위해 모아 두자는 것이다. 선한 목적을 위해 돈을 저축하는 것은 정말 좋은 일임을 잊지 말자. 이 세상에서 부한 사람들은 선한 사업에도 부해야 한다(딤전 6:17,18). 그렇게 하는 최고의 방법은 자신의 수입 중 일부를 따로 떼어 이 목적을 위한 기금을 만드는 것이다. 곧 자기들 스스로와 가난한 자들을 위해 저축하는 것이다. 이 수단을 통해 그들은 기회가 있을 때마다 선한 일을 할 준비를 갖추게 될 것이다. 자기 손으로 생계를 위해 수고하는 사람들은 가난한 자에게 구제할 수 있도록 수고해야 한다(엡 4:28). 참으로 선한 사업을 위한 그들의 연보는 큰 액수가 될 수는 없으나 (상황에 따라 크게 다르기는 하지만) 그들이 이 목적을 위해 기금을 마련하는 세상에서 가장 좋은 방법은 수시로 형편이 허락되는 대로 돈을 모으는 것이다. 어떤 헬라 교부들은 이 권면이 그들 중에 존재하는 가난한 자를 위해서 주어진 것으로 바로 이해한다. 그들은 매주 헌금을 하도록 되어 있었고, 이런 방법을 통해 그 기금을 자신들을 위해 사용하기 위한 통상적 기금으로 만들지 않고 가

난한 형제들을 구제하는데 사용하기 위해 모아두었다. "티끌모아 태산"이라는 속담이 있다. 참으로 우리의 모든 자선과 구제는 값없이, 기꺼이 이루어져야 하고, 그런 이유로 그것은 우리 자신에게 하는 것처럼 쉽게 이루어져야 한다. 우리에게 이처럼 저축하는 방법 말고 이 문제를 쉽게 해결할 수 있는 더 좋은 방법이 무엇일까? 우리는 우리가 저축하는 목적을 알고 있을 때 기쁘게 줄 수 있다.

2. 연보의 양: 수입에 따라(티 안 유오도타이, As God hath prospered them, 2절). 즉 각자 하나님의 섭리에 따라 받은 대로. 하나님께서 기쁘게 그의 수고와 사업에 대해 복을 베풀고, 번성케 하신 대로. 여기서 우리는 우리의 모든 사업과 수고는 하나님께서 기쁘게 우리에게 베푸시는 복임을 기억해야 한다. 하나님이 베푸시는 복이 없이, 부지런한 손만으로 부요하게 되는 것은 절대로 아니다 (잠 10:4,22). 우리의 번영과 성공은 우리 자신이 아니라 하나님으로부터 오는 것이다. 그분은 모든 것 속에서 인정을 받고, 모든 것으로부터 영광을 받아야 한다. 우리가 소유하고 있는 모든 것이 그분의 은혜와 복임을 인정해야 한다. 따라서 우리가 소유하고 있는 것이 무엇이든 그분을 위해 사용되고, 선용되어야 한다. 우리 자신과 우리가 소유한 모든 것에 대한 그분의 권리는 인정되어야 하고, 그분에게 순종하도록 하는데 사용될 수 있다. 우리가 소유하고 있는 모든 것이 하나님이 우리에게 주신 선물이라는 논리만큼 다른 사람들에게 자선을 행할 의무가 우리에게 있음을 자극하는 적절한 논리가 어디 있겠는가? 하나님께서 우리에게 복을 베풀고 번성하게 하실 때, 우리는 그분의 곤궁한 종들을 구제하고 위로할 준비가 되어 있어야 한다. 그분의 복이 우리에게 흘러들어왔을 때, 우리는 그것을 우리 자신에게 머물러 있도록 제한하지 말고, 다른 사람들에게 흘려 보내야 한다. 우리가 하나님으로부터 받은 선은 다른 사람들에게 선을 행하도록 우리를 자극시켜 베푸는 삶에 있어서 우리가 그분을 닮도록 해야 한다. 그러므로 우리가 하나님으로부터 받은 은혜가 클수록 다른 사람들에게 나누어주는 은혜도 그만큼 커야 한다. 그것은 하나님께서 우리에게 베푸신 것에 비례하여 행해져야 한다. 하나님의 복으로 말미암아 그 사업이나 수고를 통해 얻은 것이 많을수록 베푸는 것 역시 그만큼 더 많아져야 한다. 하나님은 우리가 남에게 베푸는 자선이 그분이 우리에게 베푸신 복에 비례하여 행해지기를 기대하신다. 우리가 소유하고 있는 모든 것은 하나님으로부터 온 것이

다. 따라서 그분이 주시는 것이 많을수록 그만큼 더 많이 줄 수 있는 능력을 갖고 있는 것이므로, 그만큼 덜 받은 사람들보다 더 많이 줄 수 있어야 한다. 반면에 하나님은 적게 주는 자에 대해서는 그만큼 적게 주기를 바랄 것이다. 그분은 짚 없이 벽돌을 만들라고 강요하거나, 자신이 능력을 주시는 것 이상으로 선을 행하도록 사람들을 괴롭히는 폭군이나 잔인한 감독관이 아니시다. 할 마음만 있으면 있는 대로 받으실 터이요 없는 것은 받지 아니하시리라(고후 8:12). 그러나 그분이 우리를 번성케 하고 복을 베푸신다면, 그래서 그만한 능력을 우리에게 주신다면, 그에 합당한 선을 우리에게 기대하실 것이다. 그분이 주시는 능력이 클수록 우리의 마음도 그만큼 더 넓어지고, 우리의 손도 그만큼 더 열어야 한다. 그러나 그 능력이 줄어들 때 아무리 마음이 원하거나 아무리 넓다고 해도 손을 열 수 없을 것이다. 하나님도 그것을 기대하시지 않는다.

3. 연보가 행해져야 할 시기: 매주 첫날에(2절, 눅 24:1 참조). 이 날은 주일, 곧 공적 모임이 이루어지고, 공적 예배가 행해지며, 기독교적 제도와 비밀들(초대 교회 성도들은 그렇게 불렀다)이 실천되던 그리스도인의 공휴일을 가리킨다. 그러므로 그 날에는 그리스도인이라면 누구나 연보에 참여해야 한다. 그 날은 거룩한 안식의 날이다. 안식이 클수록 마음도 그만큼 세상 염려와 수고로부터 벗어나 자비를 보여줄 마음의 상태가 되기 마련이다. 그 날의 다른 의무들은 우리로 하여금 연보를 실천하도록 더 자극할 것이다. 연보 행위는 언제나 경건의 행위와 함께 간다. 하나님에 대한 참된 경건은 사람들에 대한 자비롭고 친절한 감정을 일으킨다. 우리가 이 계명을 주께 받았나니 하나님을 사랑하는 자는 또한 그 형제를 사랑할지니라(요일 4:21). 자선 행위는 하나님에 대한 참 사랑의 열매로서, 그분의 날에 행하는 섬김으로서 아주 적절하다. 하나님의 날은 수입에 따라 곧 그분이 우리에게 베푸신 복에 따라 자선을 행하거나 연보를 하는데 아주 적절한 날이다. 그것은 지난 한 주간에 받은 복에 대한 감사의 헌물이고, 이어지는 한 주간 동안 우리의 손의 수고에 그분의 축복을 예비하는 합당한 길이다.

4. 연보금의 처리. 사도는 자신이 갈 때 모든 것이 준비되어 있기를 원했고, 따라서 미리 지시를 했던 것이다: 내가 갈 때에 연보를 하지 않게 하라(2절). 그러나 그가 갔을 때, 그 처리에 관해서는 그들 스스로에게 맡겼다. 돕는 일은 그들의 몫이고, 그들 스스로 그것을 처리하는 것이 마땅한 일이었다. 그래야 그 목

적에 부합하고, 올바른 용도에 사용될 수 있었다. 바울은 그들의 믿음뿐만 아니라 그들의 재정에 대해서도 주인 노릇을 할 마음이 추호도 없었다. 그는 그들의 동의가 없는 한 그들의 연보에 대해 간섭할 마음이 조금도 없었다.

(1) 사도는 연보금을 보낼 때 그들이 인정한 사람들을 신용할 만한 편지와 함께 보내도록 권한다(3절). 그 때 그들을 방문하는 사람들은 고난당한 형제들에 대한 그들의 관심과 형제사랑이 어떠한지를 직접 보여주는 증거가 될 것이다. 즉 그 사람들은 고난당한 형제들에 대해 그들이 얼마나 믿을 만하고 부드러운 마음을 갖고 있는지를 보여주고, 그 연보가 그들을 속이는 일이 아니라 그리스도인으로서 진정한 관심에서 나온 것임을 입증할 것이다. 즉 연보금을 전달하기 위해 그토록 먼 거리를 위험을 무릅쓰고 직접 방문한 사람들을 보고, 도움 받는 형제들은 이 연보에 참여한 자들이 얼마나 진실한 마음을 갖고 있는지를 알게 될 것이다. 우리는 가난한 동료 그리스도인들을 자비롭게 구제해야 할 뿐만 아니라 그들에 대한 우리의 관심과 사랑을 최대한 입증할 수 있는 방법으로 그렇게 해야 한다.

(2) 사도는 그들이 괜찮다고 생각한다면, 자신도 그 파견된 사람들과 함께 갈 것을 제안한다(4절). 사도로서 그의 임무는 구제하는 일이 아니라 말씀과 기도에 전념하는 일이었다. 그러나 그는 기회가 있을 때에는 자선 행위를 하는데 조금도 지체하지 않고 앞장서 행동했다. 그는 고린도 교인들이 고난당한 형제들을 위해 거둔 연보금을 전달하기 위해 예루살렘에 기꺼이 가고자 했다. 그것은 그렇게 함으로써 고린도 교인들의 자선이 더 큰 효과가 있도록 하기 위해서였다. 이같이 부드럽고 친절한 마음의 성품을 보여주는 것은 그의 복음전도 사역에 방해가 되는 것이 아니라 오히려 성공에 크게 기여했다. 사역자들은 자선 행위를 병행하거나 도울 때 그 사역이 더 적절하게 될 것이다. 바울은 고린도 교인들이 유대 지역의 교회들을 구제하기 위한 모금을 하도록 자극하고, 자신은 모금한 것을 전달할 때 그들의 사자들과 함께 갈 준비가 되어 있다. 그렇게 함으로써 그는 계속 자신의 의무를 수행하고, 자신의 임무를 감당한다.

⁵내가 마게도냐를 지날 터이니 마게도냐를 지난 후에 너희에게 가서 ⁶혹 너희와 함께 머물며 겨울을 지낼 듯도 하니 이는 너희가 나를 내가 갈 곳으로 보내어 주게 하려 함이라 ⁷이제는 지나는 길에 너희 보기를 원하지 아니하노니 이는 만일 주께

서 허락하시면 얼마 동안 **너희**와 함께 머물기를 바람이라 [8]내가 오순절까지 에베소에 머물려 함은 [9]내게 광대하고 유효한 문이 열렸으나 대적하는 자가 많음이라

이 단락에서 사도는 그들을 방문할 자신의 계획에 대해 알리고 설명한다. 이에 관해서는 다음과 같은 사실을 확인할 수 있다.

1. 그의 목적: 사도는 당시 머무르고 있던 아시아로부터 나와(8,9절을 참조하라) 마게도냐를 거쳐 고린도가 있는 아가야로 가 그들과 얼마 동안 함께 머물 의도가 있었는데, 아마 그 때가 겨울이었던 것 같다(5,6절). 그는 이 교회에서 오랫동안 사역했고, 그들에게 많은 선한 일을 행했으며, 그의 마음은 더 많은 선을 행하기를 원했다(하나님이 허락하신다면). 그러므로 그는 그들을 만나 함께 머물기를 간절히 원하는 마음을 갖고 있었다. 참 사역자는 자신이 오랫동안 수고하며 지극히 성공적으로 사역한 교인들을 위해 각별한 마음을 갖기 마련이다. 바울이 자신의 다른 직분의 의무들이 허락하는 한, 고린도 교인들을 만나 그들과 함께 머물기를 원한 것은 이상한 일이 아니다. 그들 가운데에는 그를 멸시하고 반대하는 당파에 속한 사람들도 있었지만, 많은 사람들이 그를 진심으로 사랑했고, 사도이자 영적 아버지로서 그에게 합당한 모든 존경을 보여주었다. 그런데도 그가 그들을 방문해 함께 머물기를 원한 것이 이상한 일인가? 그는 자신을 크게 무시하고 반감을 드러내는 나머지 사람들이 선한 마음을 갖도록 변화시켜 교회의 질서를 바로잡기 위해 얼마 동안 그들과 함께 머물기를 원했다. 그가 그들과 함께 머물기를 원한다고 말하고 있는 것을 보면, 머무는 동안 어떤 좋은 결과가 있으리라고 기대한 것이 분명하다.

이는 너희가 나를 내가 갈 곳으로 보내어 주게 하려 함이라(6절). 이것은 그가 여행할 때 그들과 동행하기를 원한다는 뜻이 아니라 그가 여행하는데 지장이 없도록 돕고 보조하기를 바란다는 뜻이다. 즉 그는 그들이 자신의 여행을 격려하고 준비해주기를 원했다. 그는 하나님께 합당한 모습으로(요삼 1:6에 표현되어 있는 것처럼) 전도 여행에 나서기를 바란다. 따라서 딛 3:13에서 그가 직접 표현한 것처럼, 그들이 자기에게 부족함이 없게 하고자 했다. 그들과 함께 머물 때 그는 그들의 당파심을 고치고, 그들이 자신과 화목하고, 그들의 의무를 바로 수행하도록 돕기를 원했다. 사도가 선한 결과를 가져올 수 있는 곳에 머물고자 하는 것은 그 체류의 사유로 충분한 것이었다.

2. 당장 그들 보기를 원하지 않는 것에 대한 사도의 변명. 그것은 그가 그 곳을 지나는 길에 있었기 때문이다(7절). 지나는 길에(엔 파로도, in transitu, en passant). 이 말은 그것이 단순히 거쳐 가는 방문이라는 것을 뜻한다. 사도는 그들과 함께 머물 수 없었기 때문에 그들을 보기를 원하지 않았다. 이런 방문은 그에게나 그들에게나 어떤 만족이나 유익을 주지 못했다. 그것은 만남을 충족시키기보다는 오히려 그 욕구를 가중시킬 뿐이었다. 그들을 만족시키기보다는 함께 있었으면 좋겠다는 절실한 마음을 더 부추길 뿐이었다. 그는 그들을 크게 사랑했기 때문에 기회가 오면, 얼마 동안 그들 사이에 거처를 정하고 그들과 함께 생활하기를 원했다. 이것은 그가 여행 중에 서둘러 잠시 방문하는 것보다 그에게 더 큰 기쁨을 주고, 그들에게는 더 유익했다. 그러므로 그는 지금은 그들을 보기를 원하지 않고, 오래 머물 수 있는 다른 시기를 기다렸다.

3. 이 계획의 한계: 만일 주께서 허락하시면 얼마 동안 너희와 함께 머물기를 바람이라(7절). 사도들은 영감을 받아 성경을 기록했으나 그것을 통해 하나님께서 자기들을 어떻게 다루시는지에 대해서는 알지 못했다. 바울은 고린도를 방문하여 그 곳에 머물 계획을 갖고 있었고, 그로 말미암아 좋은 일이 있기를 원했다. 이것은 하나님의 영의 어떤 특별한 역사나 충동으로부터 나온 계획이 아니었다. 그것은 영감의 결과가 아니었다. 만약 그것이 그 결과였더라면 그가 이런 식으로 말하지 아니했을 것이다. 이처럼 그의 마음속에 수립된 계획이 하나님의 계획으로, 그분의 영으로 말미암아 그에게 표명된 계획이었다면, 그가 만일 주께서 허락하시면 하는 식으로 말할 수 있었겠는가? 즉 자신에 관한 하나님의 계획을 굳이 하나님의 허락을 받아 해야 한다고 말하겠는가? 따라서 그것은 자신의 마음에 따라 형성된 평범한 계획으로 이해되어야 한다. 우리의 모든 계획에 관해서도 우리는 "만일 주께서 허락하시면 그렇게 하겠다"고 말하는 것이 옳다. 우리의 모든 계획은 신적 섭리에 복종하도록 세워져야 한다. 우리는 주의 뜻이면 우리가 살기도 하고 이것이나 저것을 하리라고 말해야 한다(약 4:15). 하나님의 허락이 없으면, 우리 자신의 계획에 대한 결과는 우리의 몫이 아니다. 그것은 하나님의 능력과 허락으로 말미암고, 그분의 지시에 따라 우리는 모든 것을 할 수 있다. 이방인들도 모든 활동과 세상사에 있어서 이러한 섭리(운명)의 작용을 공히 인정한다. 그렇다면 우리는 더 확실하게 그것을 의존하고, 자주 그리고 진지하게 그것을 유의해야 할 것이다.

4. 당분간 에베소에 머물려는 사도의 계획. 그는 오순절까지 그 곳에 머물 계획이라고 말한다(8절). 이 구절로 보아, 이 편지를 쓸 당시 그가 에베소에 있었던 것으로 짐작된다. 아시아의 교회들이 너희에게 문안하고 라고 말하는 19절과 비교해 보면, 더욱 분명해진다. 이 인사는 그가 에베소에서 보낸 것이라면 적당하지만, 빌립보에 있었더라면 아주 부적당하다. 왜냐하면 우리가 갖고 있는 사본들 속에 이 서신의 인사말이 나오기 때문이다. 만일 다른 곳이 아니라 빌립보에서 보낸 것이라면, 편지의 마지막 부분에 "마게도냐의 교회들이 너희에게 문안하고"라는 어구가 삽입되어 있는 것이 훨씬 더 적절할 것이다.

5. 그러나 당분간 에베소에 머물려는 계획의 이유: 내게 광대하고 유효한 문이 열렸으나 대적하는 자가 많음이라(9절). 광대하고 유효한 문이 그에게 활짝 열려 있었다. 에베소의 많은 사람들이 복음을 받아들일 준비가 되어 있었다. 하나님께서 그들 가운데 큰 성공을 이루도록 그에게 역사하셨다. 사도는 많은 사람들을 그리스도께 이끌었고, 또 더 많은 사람들을 이끌 큰 소망에 불타고 있었다. 이 이유 때문에 사도는 당분간 에베소에 머물기로 결심한 것이다. 복음 전도에 대한 성공과 더 큰 전망 때문에 사도가 특수한 지역에 머무르며 수고하기로 결심한 것은 아주 정당하다. 그리고 광대하고 유효한 문이 열려져 있는 만큼 대적들도 그만큼 많았다. 복음 사역의 대성공은 일반적으로 많은 원수들을 함께 만든다. 마귀는 자신의 나라를 파괴하기 위해 충성스럽게 그리고 성공적으로 수고하는 자들을 극히 악랄하게 공격하고, 그들이 혹독한 환난에 처하도록 역사한다. 에베소에 많은 대적들이 있었고, 그래서 사도는 그 곳에 머물기로 작정했다. 어떤 이들은 사도가 이 구절 속에서 로마의 원형극장에서 벌어진 관습을 암시하고 있다고 주장한다. 한 문에서는 전사들이 입장하고, 반대편 문에서는 그들과 싸우는 적수들이 입장한다. 참된 용기는 반대로 말미암아 더 충천해지는 법이다. 사도의 신앙적 용기가 그의 원수들의 열심으로 말미암아 크게 자극받은 것은 이상한 일이 아니다. 에베소에서 원수들은 그를 파멸시키려고 획책했고, 그의 사역의 효과를 가로막았다. 이런 시점에 사도가 자신의 위치를 버리고 자신의 인격과 가르침을 욕되게 하겠는가? 아니다. 원수들의 반대는 다만 그의 열심을 자극할 뿐이었다. 그는 대적들의 기세에 조금도 굴하지 않았다. 오히려 그들이 더 크게 분노하고 반대할수록 그는 사역에 더욱 충실했다. 이런 사람이 도망치겠는가? 원수들과 반대는 신실하고 성공적인 사역자들의 정신을

결코 깨뜨리지 못할 뿐만 아니라 그들의 열심을 더욱 부채질하고, 새로운 용기를 갖도록 자극한다. 참으로 헛된 수고가 열심을 죽이고 용기를 빼앗아가는 법이다. 이것은 정신을 약화시키고, 마음을 상하게 한다. 그러나 아무리 원수들이 날뛰고 욕하고 핍박하더라도, 성공은 사역자에게 생명과 활력을 준다. 신실한 사역자를 의기소침케 하고 그의 마음을 상하게 하는 것은 원수들의 반대가 아니라 그의 회중들의 강퍅함 및 완고함과 신앙고백자들의 배교와 반역이다.

[10]디모데가 이르거든 너희는 조심하여 그로 두려움이 없이 너희 가운데 있게 하라 이는 그도 나와 같이 주의 일을 힘쓰는 자임이라 [11]그러므로 누구든지 그를 멸시하지 말고 평안히 보내어 내게로 오게 하라 나는 그가 형제들과 함께 오기를 기다리노라 [12]형제 아볼로에 대하여는 그에게 형제들과 함께 너희에게 가라고 내가 많이 권하였으되 지금은 갈 뜻이 전혀 없으나 기회가 있으면 가리라

I. 사도는 여러 가지 일로 그들에게 디모데를 추천한다.

1. 사도는 디모데가 두려움 없이 그들 가운데 있게 하라고 그들에게 명령한다(10절). 그는 그들 사이에 은밀하게 들어온 악습을 고치도록 디모데를 파견했다. 그는 그들에게 지시할 뿐만 아니라 과실이 있는 자들을 비판하고 감시하고 책망하도록 보내졌다. 그들은 모두 당을 짓고 있었고, 따라서 말할 것도 없이 서로 다투고 미워하는 마음이 충만했다. 그들 가운데 어떤 이들은 매우 부자로 추정되는데, 그 중에는 외적 부와 영적 은사로 말미암아 크게 교만한 자들이 많았다. 교만한 정신은 책망을 쉽게 받아들이지 않는다. 그러므로 연소한 디모데가 그들에게 거친 대접을 받을 가능성이 농후했다. 그래서 사도는 그들에게 그를 악하게 대하지 말라고 경고하는 것이다. 디모데는 천대받기 위해 가는 자가 아니었다. 그가 아무리 견고하고 신중하더라도 그를 선대하는 태도를 취하고, 그가 주의 일을 하는데 낙심시키거나 실망시키지 않는 것이 그들의 의무였다. 그들은 그의 책망에 반감을 품고 도망쳐서는 안 되었다. 그리스도인들은 사역자들의 진실한 책망을 감수하고, 그들의 의무를 다함으로써 사역자들을 놀라게 하거나 낙담시켜서는 안 된다는 것을 잊지 말자.

2. 사도는 디모데를 멸시하지 말라고 그들에게 경고한다(11절). 디모데는 에큐메니우스(Ecumenius)가 지적하는 것처럼, 젊은 사람으로 혼자 몸이었다. 그

는 의지할 자가 아무도 없었고, 젊어 보이는 얼굴과 나이 때문에 큰 존경을 받지 못했다. 그러므로 그들 사이에서 지혜 있는 척하는 자들이 그에 관해 멸시하는 생각을 갖기 쉬웠다. 그래서 사도는 "그렇게 하지 않도록 조심하라"고 말한다. 그것은 그가 디모데를 불신하기 때문이 아니다. 그는 디모데가 그 인격에 멸시를 일으킬 만한 행동을 한 적이 없기 때문에 그의 연소함이 결코 멸시받을 이유가 되지 못함을 잘 알고 있었다. 그러나 교만이 고린도 교인들 사이의 지배적인 죄였기 때문에 이런 경고는 반드시 필요했다. 그리스도인들은 누구든, 그 중에서도 특별히 그들의 사역자들 곧 그리스도의 신실한 사역자들을 멸시하지 않도록 조심해야 한다. 이들은 나이가 적든 많든, 그 사역 때문에 높은 존경을 받아야 한다.

3. 사도는 디모데가 그들과 함께 있는 동안 그에게 적절한 용기를 주고, 잘 대접하도록 그들에게 권면한다. 이에 대한 증거로서, 그들은 그를 평안히 보내고, 바울에게 다시 돌아가는 그의 여정을 잘 준비해 주어야 했다. 앞에서 확인한 것처럼, 이것이 그를 평안히 보내라는 말의 의미다(11절). 신실한 사역자들은 그들과 함께 하는 동안 교인들에게 대접을 잘 받아야 할 뿐만 아니라 보냄을 받을 때에도 합당한 존경을 받아야 한다.

II. 사도는 그들이 디모데에게 왜 이같이 해야 하는지 그 이유를 설명한다.

1. 디모데는 바울과 동일한 사역에 종사하고, 동일한 권위를 갖고 그 일을 행하는 자이기 때문이다(10절). 디모데는 바울의 심부름이나 자신의 일을 하기 위해서가 아니라 주님의 일을 하기 위해 그들에게 간 것이다. 그는 비록 사도는 아니었지만 사도를 돕는 자였고, 하나님으로부터 사명을 받고 이 일을 하도록 보냄을 받은 자였다. 그러므로 그의 정신을 심란하게 하는 것은 성령을 근심케 하는 일이 되고 만다. 그를 멸시하는 것은 그를 보내신 분을 멸시하는 것이었다. 곧 바울이 아니라 바울과 그들의 주님을 멸시하는 것이었다. 주의 일을 힘쓰는 자들은 두렵게 되거나 멸시를 받아서는 안 되고, 온갖 사랑과 존경으로 대접받아야 한다. 이들은 비록 모두가 동등한 위치와 지위에 있는 것은 아니지만, 말씀의 신실한 사역자들이다. 사도 및 복음 전도자뿐만 아니라 목사와 교사들도 자기의 의무를 수행하는 동안 영예와 존경으로 대접받아야 한다.

2. 또 다른 이유는 다음과 같다: 그들이 그의 일에 대해 디모데를 존경할 때, 그것은 그를 고린도에 보낸 바울을 존경하는 것이 되기 때문이다. 디모데는 진

실로 자신의 일을 위해 간 것이 아니라 주의 일을 하기 위해서 갔다: 그러므로 누구든지 그를 멸시하지 말고 평안히 보내어 내게로 오게 하라 나는 그가 형제들과 함께 오기를 기다리노라(11절). 혹은 나는 형제들과 함께 그를 기다리노라. "나는 그가 돌아와 너희에 관한 소식을 들려주기를 기다리고 있다. 그런데 나는 너희의 나에 대한 존경과 존중을 그에 대한 너희의 행동으로 판단할 것이다. 그가 나쁜 소식을 갖고 돌아오지 않도록 조심하라." 바울은 이 일로 자기가 보낸 사자가 고린도 교인들에게 존경을 받고, 좋은 대접을 받기를 기대했다. 그들 사이에서의 그의 섬김과 성공, 그들에 대한 사도로서의 그의 권위가 그들에게 이것을 요청했다. 그들은 감히 사도를 근심시키거나 화나게 하는 소식을 가지고 디모데가 돌아가도록 해서는 안 되었다. "나와 형제들은 그가 돌아오기를 기다리고, 그가 들려줄 소식을 기대하고 있다. 그러므로 그를 나쁘게 대접하지 말고 그를 존경하고 그의 교훈을 존중하며 그가 평안히 돌아오게 하라."

Ⅲ. 사도는 그들에게 아볼로가 그들을 만나야 할 목적에 관해 알려준다.

1. 그 자신은 아볼로가 그들에게 가기를 간절히 원했다(12절). 그들 중 한 당파가 바울을 반대하고 아볼로를 지지했지만(그 구절을 문자 그대로 이해한다면, 4:6을 참조하라), 바울은 자신이 없는 사이에 아볼로가 고린도에 가는 것을 가로막지 않았다. 아니, 오히려 그에게 가도록 권했다. 아볼로가 자신의 이득을 위해 그들 사이에서 이룩한 바울의 업적과 존경을 깎아내기를 바라는 것처럼, 그는 아볼로에 대해 추호도 의심이 없었다. 신실한 사역자들은 상대방에 대해 질시하거나 이기적인 마음으로 의심해서는 안 된다. 참된 사랑과 형제 사랑은 악을 생각하지 않는 법이다. 만일 그리스도의 사역자들의 가슴속에 그런 마음이 없다면, 어디에 그것이 있겠는가?

2. 아볼로는 당장은 갈 마음이 없고, 더 적당한 시기에 가고자 했다. 아마 그들의 다툼과 파벌 때문에 당장 가는 것이 적절하지 못했을 것이다. 아볼로는 지금 그들에게 가 한 당파의 우두머리가 되고, 분열과 다툼으로 충만한 사람들에게 영합하고 싶지 않았을 것이다. 바울의 편지와 디모데의 활동을 통해 이것이 진정되었을 때, 그는 적절한 방문 시기를 잡을 수 있을 것이다. 사도들은 서로 경쟁하지 않았고, 상대방의 위로와 유익을 위해 합력했다. 바울은 비록 고린도 교인들이 그를 악평할 때에도, 아볼로를 그들에게 보내려고 할 정도로 고린도 교회에 대해 큰 관심을 갖고 있었다. 그리고 아볼로는 고린도 교인들이 더

나은 상태가 될 때까지 방문을 유보함으로써 바울을 존경하고, 그의 인격과 권위를 존중해 주었다. 복음 사역자들이 상대방의 명예와 유익을 존중하고, 그 마음을 표현하는 것은 그들에게 정말 어울리는 모습이다.

[13]깨어 믿음에 굳게 서서 남자답게 강건하라 [14]너희 모든 일을 사랑으로 행하라 [15]형제들아 스데바나의 집은 곧 아가야의 첫 열매요 또 성도 섬기기로 작정한 줄을 너희가 아는지라 내가 너희를 권하노니 [16]이같은 사람들과 또 함께 일하며 수고하는 모든 사람에게 순종하라 [17]내가 스데바나와 브드나도와 아가이고가 온 것을 기뻐하노니 그들이 너희의 부족한 것을 채웠음이라 [18]그들이 나와 너희 마음을 시원하게 하였으니 그러므로 너희는 이런 사람들을 알아 주라

이 부분에서 사도는 다음과 같은 사실을 언급한다.

I. 몇 가지 일반적 충고.

1. 깨어 있으라(13절). 즉 깨어 자신을 지켜라. 그리스도인은 항상 위험 속에 있고, 그러기에 언제나 깨어 있어야 한다. 하지만 그 위험은 어떤 순간과 어떤 상황에서는 특별히 더 크다. 고린도 교인들은 여러 가지 이유로 명백한 위험에 처해 있었다. 그들의 불화는 심각했고, 그들 사이의 무질서는 너무 커서 그들 가운데에는 아주 중요한 신앙의 진리들을 파괴시키고, 미덕과 경건의 실천들을 존속시킬 수 없도록 획책하는 사기꾼들이 있었다. 확실히 이런 위험한 환경 속에서는 깨어 있는 것이 그들의 관건이었다. 그리스도인이 안전하려면 깨어 있어야 한다. 위험이 클수록 그의 안전에 대한 경계의 필요도 그만큼 커지는 법이다.

2. 믿음에 굳게 서라(13절). 자신을 지키고 하나님의 계시를 고수하고 세상 지혜로 그것을 대체하지 않고, 그것 때문에 하나님의 계시가 멸시받지 않도록 하기 위해서는 복음을 믿는 믿음에 굳게 서서 죽을 때까지 그것을 지켜야 한다. 복음에 대한 고백을 견지하고, 그 영향을 느끼고, 그것에 복종할 정도로 믿음 안에 굳게 서야 한다. 그리스도인은 복음을 믿는 믿음 안에 굳게 뿌리를 박고, 절대로 그것을 포기하거나 거절해서는 안 된다. 시험의 때에 넘어지지 않도록 그를 지켜줄 수 있는 것은 오직 믿음으로 말미암는다. 우리는 믿음으로 선다(고후 1:24). 세상이 달콤하게 유혹하거나 험악한 모습으로 다가올 때, 우리가

그것을 이기는 것도 이 믿음으로 말미암는다(요일 5:4). 그러므로 우리는 할 수 있는 한 성실을 다하여 복음을 믿는 믿음 안에 굳게 서야 한다.

3. 남자답게 강건하라(13절): "남자답게, 굳세게, 결단력 있게 행동하라. 너희를 분열시키고 타락시키는 사람들, 곧 너희를 파당 속으로 이끌거나 신앙으로부터 멀어지도록 유혹하는 나쁜 사람들과 반대로, 강건하게 처신하라. 그들에게 겁먹지 말고 속임을 당하지 말라. 그 대신 그리스도 안에서 너희의 굳건함을 통해, 건전한 판단과 견고한 결단을 통해, 남자다운 모습을 보이라." 그리스도인들은 모든 대적들과 맞서는데 있어서, 그들의 신앙을 변호하고 그들의 성실함을 지키는데 있어서, 남자답게 그리고 굳건하게 서야 한다. 그들은 특별히 고린도 교인들 사이에서 논란이 된 것과 같은 신앙적 진리들에 있어서, 건전하고 실천적인 신앙의 기초 위에 굳게 서야 한다. 이러한 진리들은 견고한 판단과 강한 결단력을 가지고 지켜져야 한다.

4. 모든 일을 사랑으로 행하라(14절). 우리의 열심과 굳건함은 사랑으로 행해져야 한다. 사도가 우리에게 믿음에 굳게 서서 남자답게 강건하도록 권면할 때, 그 권면은 마귀가 하는 것처럼 하지 말라고 하는 경고 속에 두어져 있다. 우리는 우리의 믿음을 변론해야 하지만, 동시에 그것을 순전한 마음으로 할 수 있어야 한다. 그렇지 않으면 오히려 진리를 잡아먹고 파멸시킬 것이다. 사람의 분노가 하나님의 의를 일으킬 것이라고 스스로 생각해서는 안 된다(약 1:24). 그리스도인들은 사랑이 마음뿐만 아니라 생활도 지배하도록 해야 한다. 아니, 복음을 믿는 신앙을 남자답게 지키는데 있어서도 사랑으로 해야 한다. 굳건함과 잔인함 사이에는 곧 기독교적 강건함과 불 같은 분노나 격정 사이에는 큰 차이가 있다. 그리스도인들의 사랑이 가장 크게 드러날 때만큼 기독교의 장점이 크게 나타날 때는 없다. 곧 그들이 잘못을 범한 형제들을 용납하거나 그들의 거룩한 믿음을 노골적으로 반대하는 원수들을 사랑으로 대할 때, 그들이 모든 일을 사랑으로 행할 때, 서로에 대해 그리고 모든 사람들에 대해 온유의 정신과 선한 의지를 갖고 처신할 때 그 유익이 가장 크다.

II. 그들 가운데 그리스도를 위해 특별히 수고한 자들을 어떻게 대해야 하는지에 대한 몇 가지 지시사항.

1. 사도는 그들의 특징을 우리에게 제시한다. (1) 스데바나의 집이 언급되는데, 그 특징은 그 가족들이 아가야의 첫 열매 곧 고린도가 위치한 그리스 지역

에서 기독교로 개종한 최초의 회심자들이었다는 것이다. 누구든 최초로 그리스도인이 되었다는 것은 영예로운 일이다. 그러나 그들은 그것만이 아니었다. 그들은 성도를 섬기는데 특별히 헌신했다. 그들은 성도 섬기기로 곧 성도를 위해 봉사하기로 작정한(에탁산 헤아투스) 사람들이었다. 그것은 말씀 전파 사역을 의미하는 것이 아니라 다른 사람들을 존중하여, 그들의 현세적 및 영적 관심사에 따라 여러 가지 모양으로 그들의 필요를 채워주고, 그들을 보조하고 돕는 사역을 의미한다. 스데바나의 집은 당시 그 지역에서 명망이 높은 유지(有志)였던 것으로 보인다. 그러나 그들은 기꺼이 이 섬김의 사역을 감당했다. 고위 계층에 속한 사람이 성도를 섬기는 일에 종사하는 것은 무척 명예로운 일이다. 나는 이것이 계층을 바꿔 저급한 사람들의 종이 되는 것이 좋다는 의미로 말하는 것이 아니라 자유롭게 그리고 자발적으로 그들을 돕고, 다양하게 그들에게 선을 행할 기회를 갖는 것이 좋다는 의미에서 말하는 것이다.

(2) 사도는 고린도 교회에서 자기를 찾아온 사람들로서 스데바나와 브드나도와 아가이고를 언급한다. 그가 그들에 대해 붙이는 설명은 그들이 자신에 대한 교회의 부족한 것을 채움으로써, 자신과 교회의 마음을 시원하게 했다는 것이다(17,18절). 그들은 고린도 교인들이 쓴 편지에서 얻을 수 있는 것보다 직접 입술의 말을 통해 사도에게 좀 더 상세하게 교회 상황을 설명해 주었다. 이것은 사도의 마음을 크게 시원케 했음을 의미하고, 또 그들이 사도로부터 소식을 얻어 교회로 돌아가면 고린도 교인들의 마음을 똑같이 시원케 할 것이었다. 그들에 관한 소문은 사실보다 훨씬 더 악화되어 있었고, 그들의 편지는 그 소문에 대해 사도가 만족할 정도로 충분한 설명이 되어 있지 않았다. 그러나 그는 그들과 대화를 통해 상황을 보다 쉽게 파악할 수 있었다. 참된 사실을 말해줌으로써, 그들이 감당한 역할은 참으로 유익한 역할이었다. 그로써 바울은 잘못된 소문을 물리치고 올바른 소식을 듣게 되었다. 그들은 그리스도인으로서 참된 의도를 갖고 사도에게 왔고, 평화주의자처럼, 할 수 있는 한 교회에 대해 우호적인 감정을 갖고, 사도에게 온전한 소식을 전해 주었던 것이다. 크게 지혜롭고 선한 지체들을 통해 좋은 소식을 들음으로써, 그동안 교인들에 관해 잘못 알고 있었던 소문을 일소하는 것만큼 신실한 사역자의 마음을 시원케 하는 것은 없다. 사랑하는 교인들에 관해 악한 소문을 듣는 것은 사역자에게 큰 슬픔이다. 그런데 그것이 거짓이었다는 소식을 듣는 것은 그의 마음을 얼마나 기쁘

게 하겠는가? 그가 자신에게 소식을 알려준 사람들을 높이 평가할수록, 그가 그들의 진실성을 믿는 강도도 그만큼 더 크고, 그가 얻는 기쁨도 그만큼 더 커질 것이다.

2. 사도는 고린도 교인들이 이 사람들을 어떻게 대해야 하는지에 관해 지시한다.

(1) 이들을 알아주라(11절). 즉 인정하고 존중해 주라. 그들은 그 선한 직분 때문에 그런 대접을 받을 자격이 있다. 성도를 섬기는 자들, 교회에 대한 악평을 제거하고 악한 소문을 일소하는데 관심을 두면서 교회의 명예와 좋은 평판을 위해 힘쓰는 자들은 소중히 여김을 받고, 존경을 받으며, 사랑을 받아야 한다. 이토록 선한 마음을 가진 자들은 아무리 높이 평가해도 부족하다.

(2) 사도는 이같은 사람들과 또 함께 일하며 수고하는 모든 사람에게 순종하라고 권면한다(16절). 이것은 우월한 자들에게 무조건 복종하라는 뜻이 아니라 자발적으로 그들의 가치를 인정해주라는 뜻이다. 그들은 특별한 존중과 존경을 받을 자격이 있는 사람들이었다. 성도를 섬기고 복음의 성공을 위해 열심히 수고하며, 그리스도의 충성된 사역자들을 후원하고 도우며 그들의 유익을 도모하는 자들은 존경할 만한 사람들이다. 이런 자들은 당연히 영예로운 대접을 받아야 한다.

¹⁹아시아의 교회들이 너희에게 문안하고 아굴라와 브리스가와 그 집에 있는 교회가 주 안에서 너희에게 간절히 문안하고 ²⁰모든 형제도 너희에게 문안하니 너희는 거룩하게 입맞춤으로 서로 문안하라 ²¹나 바울은 친필로 너희에게 문안하노니 ²²만일 누구든지 주를 사랑하지 아니하면 저주를 받을지어다 우리 주여 오시옵소서 ²³주 예수 그리스도의 은혜가 너희와 함께 하고 ²⁴나의 사랑이 그리스도 예수 안에서 너희 무리와 함께 할지어다

이제 사도는 이 서신을 다음과 같이 끝맺는다.

I. 고린도 교회에 대한 문안. 먼저 아시아의 교회들로부터의 문안을 전하고, 이어서 아굴라와 브리스가(이들은 당시 에베소에 살고 있었던 것으로 보인다. 행 18:26을 참조하라)의 문안을 그 집에 있는 교회(19절)의 문안과 함께 전하고, 에베소에 있는 모든 형제들(20절)의 문안도 언급한다. 당시 바울은 에베소에 있

었을 가능성이 아주 크다. 이 모든 사람들이 바울을 통해 고린도 교회에 문안 인사를 했다. 기독교는 절대로 예의범절을 무시하지 않는다는 점을 유의하자. 바울은 아주 중요한 문제들을 다루는 편지임에도 불구하고, 친구들의 안부를 전하는 여유를 보여주고 있다. 참된 신앙은 모든 사람들을 향해 공손하고 정중한 마음을 갖도록 한다. 그것을 곡해하고 비난하는 자들은 그것을 좋게 보지 않고 귀찮게 여기거나 불쾌하게 생각할 것이다. 그들 가운데 어떤 이들은 주 안에서 문안했다. 그리스도인의 문안은 공치사가 아니다. 그것은 그들의 선의에 대한 참된 표현으로, 하나님의 은혜와 축복을 충심으로 기원한다. 주 안에서 문안하는 자들은 주님으로부터 오는 모든 은총이 형제들에게 임하기를 바라고, 간절한 기도로 그것이 이루어지기를 소망한다. 우리는 여기서 또한 개인 가정 안에 있는 교회가 문안하는 것을 본다(19절). 가정 자체가 그 집에 있는 교회로 불린다. 모든 기독교 가정은 어떤 면에서 그 자체로 교회라고 할 수 있다. 특별한 경우(예컨대, 외지에 멀리 나가 있어 그 곳에 다른 성도들이 없는 경우) 그들은 그들 스스로 교회가 되어 모든 규례를 따라 예배를 드려야 한다. 그러나 보통의 경우 그들은 기독교의 규칙에 따라 삶을 살고, 매일 예배를 드려야 한다. 두세 사람이 함께 모인 곳은 어디든 그리스도께서 그들 가운데 계시고, 그 때 그들은 교회가 된다. 사도는 이 문안 인사들에 다음과 같은 내용을 첨가시킨다.

1. 거룩하게 입맞춤으로 서로 문안하라는 권면(20절). 이것은 진실한 선의를 가지고 문안하라는 것으로, 그들의 불화와 파벌에 대한 무언의 견책이다. 아시아의 교회들과 멀리 떨어져 있는 형제들이 충심으로 주 안에서 그들을 문안했고, 그들을 형제로서 인정하고 사랑했으며, 그들에게 자기들의 선의를 충분히 표현했을 때, 그들이 형제로서 서로 인정하고 사랑하지 못한 것은 부끄러운 일이었다. 형제들의 사랑이야말로 상호 사랑을 이끄는 강력한 유인임을 명심하자. 그리스도의 다른 교회들이 우리 모두를 사랑할 때, 우리가 서로 사랑하지 못한다면, 그것은 참으로 비난받아 마땅하다.

2. 사도는 자신의 문안인사를 덧붙인다: 나 바울은 친필로 너희에게 문안하노니(21절). 그의 서신 대부분은 그가 구술한 것을 그의 대필자가 받아 적었으나 끝에는 그가 손수 서명하여 그것이 진짜임을 알게 하려고 했다고 생각하는 것이 합리적이다. 그러므로 편지마다 (그 참됨의) 표시로서(살후 3:17) 친필 서명이 덧

붙여진다. 그는 갈라디아 교인들에게 쓴 편지처럼(갈 6:11), 친필로 모든 내용을 다 쓰지 아니한 편지들 속에서 그렇게 했다. 사도의 편지를 받은 교회들은 그것을 통해 그의 편지의 진정성과 신적 효력을 자연스럽게 인정했다. 바울은 고린도 교인들에 대한 관심을 보이는데 있어서 다른 형제들보다 뒤지고 싶지 않았다. 그래서 그는 자신의 문안을 덧붙였던 것이다.

Ⅱ. 그들에 대한 준엄한 경고. 만일 누구든지 주를 사랑하지 아니하면 저주를 받을지어다 우리 주여 오시옵소서(22절). 우리는 때때로 두려워 떨 정도의 경고의 말씀을 필요로 한다. 지혜자는 항상 경외하는 자가 복이 있다고 말한다(시 128:4). 거룩한 두려움은 거룩한 믿음 및 거룩한 삶의 가장 가까운 친구다. 모든 그리스도인은 이런 저주 아래 떨어질 것에 대한 두려움을 가질 이유가 얼마나 클까! 만일 누구든지 주를 사랑하지 아니하면 저주를 받을지어다 우리 주여 오시옵소서. 여기서 우리는 다음과 같은 사실을 확인할 수 있다

1. 이 저주에 처해질 자로 묘사된 사람: 만일 누구든지 주를 사랑하지 아니하면. 어떤 이들은 메이오시스 곧 그리스도를 모독하는 자는 그분의 교훈을 부인하고, 그분의 제도를 무시하고 정죄하는 사람 또는 교만한 인간의 지식과 학문을 가지고 그분의 계시를 멸시하는 사람을 가리킨다고 생각한다. 여기서 그것은 고린도 교인들에 대한 경고로서, 그들의 악행에 대한 비난으로 주어진다. 그것은 세상지혜로 과학 운운하며 신앙을 어리석은 것으로 치부하고 그 가장 중요한 교훈들을 부조리하고 불합리한 것으로 조롱함으로써, 복음의 순전함 곧 순결한 삶의 가장 큰 동기인 복음의 원리들로부터 떠나지 말도록 경고하는 것이다. 이러한 사람들은 그리스도께 악의적이었다. 만일 고린도 교인들이 그들의 속이는 말을 들었다면, 배교할 위험에 처하게 되는 것이다. 그래서 사도는 이에 대해 준엄하게 경고하는 것이다. "너희가 그 끔찍한 저주를 피하려면, 절대로 그런 행위를 하지 마라." 신앙을 고백한 그리스도인들은 그리스도를 경멸하고 그분을 반역할 때 가장 두려운 파멸을 자초하게 될 것이다. 어떤 이들은 그 분명하고 명백한 의미에서, 그들이 거짓말한 것으로 이해한다. 왜냐하면 그들은 주 예수 그리스도에 대한 거룩하고 진실한 사랑이 없는 자들이기 때문이다. 입술로 크게 그리스도의 이름을 부르지만 마음으로는 그분을 전혀 사랑하지 않는 사람들은 결단코 그분의 지배 아래 있지 못할 것이다(눅 19:27). 아니, 그들은 절대로 그분을 통한 구원을 바랄 수 없을 것이다. 그분의 법을 사랑하지 않

고, 그분의 명령을 지키지 않는 사람들은 진실로 그분을 사랑하지 않는 자들이다. 주 예수 그리스도를 진심으로 사랑하지 않으면서 무늬만 그리스도인인 자들이 많이 있다. 그러나 이보다 죄가 크고, 그분을 화나게 하는 일이 있을 수 있을까? 세상에서 가장 영광스러운 사랑의 대상을 사랑하지 않다니! 우리를 사랑하사 우리를 위해 자신을 내주시고, 우리를 위해 피 흘려주심으로써 우리를 향하신 자신의 사랑을 확증하신 그분을 그토록 악랄하게 거부하고 거역하다니! 만일 우리가 이 같은 사랑에 감동받지 못하고 이런 구주를 사랑하지 않는다면, 도대체 우리에게 무슨 사랑의 힘이 있겠는가?

2. 묘사된 사람에 대한 저주: "우리 주여 오시옵소서. 그분이 오시면 가장 무섭고 두려운 저주가 있으리라. 그분이 하나님의 백성들로부터, 하나님의 은혜로부터 분리되고, 그분의 마지막 결정적이고 치명적인 심판에 처해지리라." 마라나타는 아람어로서, 주께서 오시리라는 뜻이다. 그들이 사랑하지 아니한, 곧 겉으로만 그런다고 고백하고 내적으로 그리고 실제로는 전혀 사랑하지 못한 바로 그 주님께서 심판하시기 위해 오실 것이다. 그분의 진노에 노출되는 것, 그분의 왼편으로 분류되는 것, 그분에게 정죄를 받는 것은 얼마나 두려운 일일까! 그분이 파멸시키신다면, 누가 구원할 수 있겠는가? 그분의 저주의 심판 아래 떨어진 자들은 멸망하되, 영원토록 멸망할 것이다. 주 예수 그리스도를 사랑하지 않는 자들은 가차없이 멸망할 것이다. 아들을 순종하지 아니하는 자는 하나님의 진노가 그 위에 머물러 있느니라(요 3:36). 그리스도를 믿는 참된 믿음은 그분에 대한 진실한 사랑을 변함없이 보여줄 것이다. 그분을 사랑하지 않는 자들은 그분을 믿는 자들일 수가 없다.

Ⅲ. 그들에 대한 사도의 선한 소망과 선한 뜻에 대한 표현.

1. 그들에 대한 선한 소망: 주 예수 그리스도의 은혜가 너희와 함께 하고(23절). 그는 마치 이렇게 말하는 것처럼 보인다: "나는 너희가 그분의 진노 아래 떨어지지 않도록 경고하지만, 충심으로 그분의 가장 큰 사랑과 영원한 은혜가 너희에게 임하기를 소원한다." 우리 주 예수 그리스도의 은혜는 오래도록, 아니 영원토록 모든 좋은 것을 다 포괄하고 있다. 우리 친구들이 이 은혜를 얻기를 바라는 것은 그들에게 가장 좋은 일을 원하는 것이다. 우리는 그리스도 안에 있는 우리 모든 친구들과 형제들에게 이 일이 일어나기를 원해야 한다. 우리는 그들을 위해 더 이상 좋은 것을 바랄 수 없고, 오직 그것을 원해야 한다. 우리는

충심으로 그들이 그들의 주님이자 심판자이신 분의 은혜와 선하신 뜻을 사모하고 추구하고 얻고 향유하기를 기도해야 한다. 가장 준엄한 경고는 가장 부드러운 애정과 가장 큰 선의의 결과임을 잊지 말자. 우리는 우리 형제들과 친구들에게 아주 단호하고 간절하게, 만일 그들이 주 예수 그리스도를 사랑하지 않는다면, 우리가 아무리 그리스도의 은혜가 그들에게 임하도록 간절히 바란다고 할지라도, 결국 망하고 말 것이라고 말해주어야 한다. 나아가 우리는 그들이 이 은혜를 반드시 차지하고 붙들도록 경고해 주어야 한다. 참된 기독교는 우리의 마음을 얼마나 넓게 할까? 그것은 우리로 하여금 우리가 사랑하는 자들이 현세와 내세의 모든 복들을 받을 수 있도록 기도하게 만든다. 왜냐하면 기독교는 그리스도의 은혜가 그들에게도 임하기를 바라기 때문이다. 그러므로 사도가 다음과 같은 말로 서신을 끝내는 것이 결코 이상한 일이 아니다.

2. 사도가 그리스도 예수 안에서 그들에 대한 자신의 사랑을 선포함: 나의 사랑이 그리스도 예수 안에서 너희 무리와 함께 할지어다 (아멘) (24절). 그는 이 서신에서 매우 솔직하게 그들을 다루었다. 그는 그들의 잘못을 아주 준엄하게 꾸짖었다. 그러나 그는 감정을 가지고 꾸짖은 것이 아님을 보여주기 위해 사랑으로 작별을 고하고, 그들, 아니 그리스도 예수 안에 있는 모든 자들에 대한 자신의 사랑을 엄숙하게 고백하는 것으로 편지를 끝마친다. 사도는 자신이 진심으로 그들을 사랑했음을 그들에게 전한다. 하지만 이것이 아첨이나 환심을 사기 위한 말이 되지 않도록 하기 위해 그는 마지막으로 자신의 사랑이 믿음의 결과로서, 그 법에 따라 나온 것임을 덧붙인다. 그의 마음은 그들과 함께 했고, 그는 그들의 마음이 그리스도와 함께 하고, 그들이 그분의 진리와 유익에 참된 관심을 갖고 있는 한, 그들을 극진히 사랑했다. 우리는 그리스도 안에 있고, 진심으로 그분을 사랑하는 자들은 누구든 충심으로 사랑해야 한다. 우리는 모든 사람들을 사랑해야 할 뿐만 아니라 그들이 잘 되기를 바라고, 우리 힘이 미치는 한 그들에게 선을 행해야 한다. 그러나 그리스도를 지극히 사랑하고 그분의 사랑을 받는 자들에 대해서는 더 극진히 사랑해야 할 것이다. 우리의 사랑이 그리스도 예수 안에 있는 모든 자들과 함께 하기를! 아멘.

고린도후서

서론

고린도전서에서 바울은 마게도냐를 지날 때 고린도를 방문할 의향을 비쳤었다(16:5). 그러나 얼마 동안 하나님의 섭리로 말미암아 그 길이 막혔기 때문에 그는 고린도전서를 쓴지 약 1년 만에 그들에게 이 두 번째 서신을 쓴다. 이 서신에는 두 개의 긴박한 사건들이 포함되어 있는 것처럼 보인다: 1. 근친상간을 저질러 징계 속에 있었던 사람의 사건인데, 사도는 속히 그를 용서하고 다시 성찬에 참여할 수 있도록 용납하라고 요청했다. 그러므로 사도는 이에 관해 지시를 내리고(2장), 그 후에(7장) 그 문제에 대해 그들이 자신의 뜻을 받아들여 일을 잘 처리한 것에 대해 기쁘다고 선언한다. 2. 예루살렘 교회의 가난한 성도들을 돕기 위해 연보한 사건인데, 그는 그 일에 대해 고린도 교인들에게 동참하도록 권면한다(8, 9장).

이 서신에는 크게 주목할 만한 다양한 사실들이 포함되어 있다. 예를 들어보자. Ⅰ. 사도가 여러 곳에서 복음을 전파할 때 펼친 자신의 수고와 성공에 대한 기사(2장). Ⅱ. 구약시대와 신약시대 사이의 비교(3장). Ⅲ. 사도와 그의 동역자들이 겪었던 무수한 고난과 그들의 부지런함 및 인내에 대한 동기 및 자극(4, 5장). Ⅳ. 불신자들과 교제하지 말도록 고린도 교인들에게 주는 경고(6장). Ⅴ. 사도가 고린도에서의 그의 명예를 실추시키기 위해 애쓴 거짓 교사들의 모욕적인 빈정거림과 비판으로부터 자신과 자신의 사도직을 옹호하는 방법과 태도(10-12장, 서신서 전체에 걸쳐).

제
— 1 —
장

개요

인사말 후에(1,2절) 사도는 하나님께 감사하기 위해 자신이 아시아에서 만난 환난과 하나님의 위로에 대해 서술하고(3-6절), 고린도 교인들을 훈계하는 것으로(7-11절) 이 장을 시작한다. 이어서 그는 자신과 자신의 동역자들의 성실함을 증거한다(12-14절). 그리고 그 후에는 경솔하다는 비난에 대해 자신을 변호한다(16-24절).

[1]하나님의 뜻으로 말미암아 그리스도 예수의 사도 된 바울과 형제 디모데는 고린도에 있는 하나님의 교회와 또 온 아가야에 있는 모든 성도에게 [2]하나님 우리 아버지와 주 예수 그리스도로로부터 은혜와 평강이 있기를 원하노라

이 부분은 이 서신의 서론이다. 여기서 우리는 다음과 같은 내용을 확인한다.

I. 헌사(獻詞).

1. 편지를 보낸 사람은 곧 바울이다. 그는 자신을 하나님의 뜻으로 말미암아 그리스도 예수의 사도 된 바울이라고 부른다(1절). 사도직은 하나님의 뜻에 따라, 예수 그리스도로 말미암아 정해진 것이다. 그는 이 서신의 발신자로 자신과 함께 디모데를 포함시킨다. 그것은 그가 디모데의 도움이 필요해서가 아니라 전하는 말을 두 증인의 입술로 보증할 수 있기 때문이다. 그가 디모데를 형제(일반적 신앙에 있어서나 사역자로서의 사역에 있어서나)라는 호칭으로 높이는 것은 이 위대한 사도의 겸손을 보여주고, 또 고린도 교인들에게 디모데를 존중하도록(비록 당시 그는 젊었지만), 그리고 교회에서 그의 명예를 인정하도록 추천하려는 그의 의도를 보여준다.

2. 이 서신을 받은 수신자는 고린도에 있는 하나님의 교회였다(1절). 즉 고린도 교회뿐만 아니라 온 아가야에 있는 모든 성도 곧 그 근방에 살고 있던 모든 그리스도인들에게 보내진 것이었다. 그리스도 예수 안에서는 도시와 나라의 거민

들 사이에 차별이 없다. 온 아가야가 그분 앞에서 동일한 입장에 서 있다.

Ⅱ. 인사 또는 사도의 축도. 이것은 고린도전서에서와 똑같다. 거기서 사도는 고린도 교인들을 위해 은혜와 평강이라는 두 가지 크고 포괄적인 복을 기원한다. 이 두 가지 복은 당연히 공존해야 한다. 왜냐하면 참된 은혜 없이는 온전하고 영원한 평강도 있을 수 없기 때문이다. 이 두 가지는 하나님 우리 아버지와 주 예수 그리스도로부터 온다(2절). 주 예수 그리스도는 타락한 인간에게 그 복을 전달하고 나누어주시는 분으로서, 하나님께 간구하시는 분이다.

³찬송하리로다 그는 우리 주 예수 그리스도의 하나님이시요 자비의 아버지시요 모든 위로의 하나님이시며 ⁴우리의 모든 환난 중에서 우리를 위로하사 우리로 하여금 하나님께 받는 위로로써 모든 환난 중에 있는 자들을 능히 위로하게 하시는 이시로다 ⁵그리스도의 고난이 우리에게 넘친 것 같이 우리가 받는 위로도 그리스도로 말미암아 넘치는도다 ⁶우리가 환난 당하는 것도 너희가 위로와 구원을 받게 하려는 것이요 우리가 위로를 받는 것도 너희가 위로를 받게 하려는 것이니 이 위로가 너희 속에 역사하여 우리가 받는 것 같은 고난을 너희도 견디게 하느니라

서언을 먼저 기록한 다음 사도는 무수한 환난 가운데서 자신과 자신의 동역자들에게 베푸신 하나님의 위로에 대해 서술하는 것으로 나아간다. 그는 이것으로 말미암아 하나님께 감사하고, 또 하나님께 영광을 돌리기 위해 그분을 찬송한다(3-6절). 무엇보다 앞서 그리고 첫 번째로 하나님은 영광을 받기에 합당하신 분이다.

I. 사도가 감사하는 대상. 사도가 감사와 찬양을 드리는 분은 영광스러운 하나님으로, 오직 그분만이 찬양받으실 분이다. 그는 여러 가지 영광스럽고 호의적인 호칭으로 그분을 묘사한다

1. 우리 주 예수 그리스도의 하나님이시요 아버지. 하나님은 영원한 출생으로 말미암아 그리스도의 신성의 아버지시요, 동정녀의 모태에서의 이적적인 잉태로 말미암아 그분의 인성의 아버지시며, 언약관계로 말미암아 신인(神人)이자 우리의 구속자이고, 중보자로서 그 안에서, 그를 통하여 우리의 하나님이시며 우리의 아버지이시다(요 20:17). 구약성경에서 우리는 아브라함 및 그의 후손과의 언약관계를 지시하는 의미로 아브라함의 하나님, 이삭의 하나님, 야곱의 하나

님이라는 호칭이 사용되는 것을 자주 발견한다. 그리고 신약성경에서는 중보자와 그분의 영적 후손의 언약관계를 지시하는 의미로 하나님이 우리 주 예수 그리스도의 하나님이시요 아버지라는 호칭으로 사용된다(갈 3:16).

2. 자비의 아버지. 하나님 안에는 본래 무수한 자비가 포함되어있고, 모든 자비는 원래 하나님으로부터 나온다. 자비는 그분의 참 후손이요 기쁨이다. 주께서는 인애를 기뻐하시므로(미 7:18).

3. 모든 위로의 하나님. 그분으로부터 보혜사가 나오신다(요 15:26). 그분은 우리 마음속에 성령을 주신다(22절). 우리의 모든 위로는 하나님으로부터 오고, 우리의 가장 큰 위로는 그분 안에 있다.

II. 사도가 감사하는 이유.

1. 그 자신과 그의 동료들이 하나님으로부터 받은 유익 때문이다. 우리의 모든 환난 중에서 우리를 위로하사(4절). 세상 속에서 그들은 환난을 당했으나 그리스도 안에서 평강을 얻었다. 사도들은 무수한 환난을 당했지만 그 때마다 위로를 얻었다. 그들은 고난(그것은 그리스도께서 그의 지체들이 자신을 위해 고난받을 때 같은 감정을 느끼시기 때문에 그리스도의 고난으로 불린다, 5절)이 넘치지만 그리스도로 말미암아 주어지는 위로도 똑같이 넘친다. (1) 그렇다면 우리는 하나님의 자비로 말미암아 그분께 영광을 돌릴 때 그 위로를 받을 자격이 있다. (2) 그렇다면 우리는 우리 자신의 경험으로부터 말할 때 하나님과 그분의 선하심에 대해 가장 잘 말하는 것이 되고, 또 다른 사람들에게 말할 때, 하나님께서 우리 영혼을 위해 행하신 일을 하나님께 말하는 것이 된다.

2. 다른 사람들이 받는 유익 때문이다. 하나님은 모든 환난 중에 있는 자들을 능히 위로하게 하시는 이시로다(4절). 하나님의 선하심과 자비에 대한 자신의 경험을 말해주면 그들에게 유익이 된다. 선한 사람들의 고난은 믿음과 인내를 낳기 때문에 그들에게 위로와 구원이라는 선한 결과를 일으킨다(6절). (1) 하나님께서 우리에게 베푸는 호의는 우리 자신뿐만 아니라 다른 사람들에게도 힘이 되도록 마련된 것이다. (2) 만일 우리가 선한 사람들이 고난 속에서 믿음과 인내를 배운다면, 여기서 그들이 받는 위로와 장차 그들이 받을 구원을 우리도 함께 받으리라고 기대할 수 있다.

⁷너희를 위한 우리의 소망이 견고함은 너희가 고난에 참여하는 자가 된 것 같이 위

로에도 그러할 줄을 앎이라 ⁸형제들아 우리가 아시아에서 당한 환난을 너희가 모르기를 원하지 아니하노니 힘에 겹도록 심한 고난을 당하여 살 소망까지 끊어지고 ⁹우리는 우리 자신이 사형 선고를 받은 줄 알았으니 이는 우리로 자기를 의지하지 말고 오직 죽은 자를 다시 살리시는 하나님만 의지하게 하심이라 ¹⁰그가 이같이 큰 사망에서 우리를 건지셨고 또 건지실 것이며 이후에도 건지시기를 그에게 바라노라 ¹¹너희도 우리를 위하여 간구함으로 도우라 이는 우리가 많은 사람의 기도로 얻은 은사로 말미암아 많은 사람이 우리를 위하여 감사하게 하려 함이라

이 부분에서 사도는 고린도 교인들의 격려와 교화를 위해 말한다. 그는 그들에게 자신과 자신의 동료들이 복음전파를 위해 수고하다 또는 전도여행을 하다 만난 고난으로 말미암아 그들이 유익을 얻도록, 즉 그들의 믿음은 약화되지 않고 그들의 위로는 커지도록 설득하거나 강권하는 말을 하고 있다(7절). 이것을 위해 그는 그들에게 다음과 같이 말한다

1. 그들에게 임한 고난(8절): 우리가 아시아에서 당한 환난을 너희가 모르기를 원하지 아니하노니. 교인들이 그들의 사역자들의 고난이 어떠했는가를 아는 것은 유익하다. 아시아에서 그들이 구체적으로 어떤 고난을 당했는지에 대해서는 언급되어 있지 않다. 사도행전 19장에 언급되어있는 에베소에서 데메드리오가 일으킨 소동을 말하는지, 고린도전서 15장에 언급되어있는 에베소에서의 짐승과의 싸움을 말하는지 아니면 어떤 다른 환난을 말하는지 알 수 없다. 왜냐하면 사도는 자주 죽음에 직면했었기 때문이다. 그러나 그들이 큰 환난을 당했다는 것은 분명하다. 그들은 힘에 겹도록, 즉 그들이 감당하기에는 아주 특별한 규모로, 또는 사람이나 일반적인 그리스도인의 힘을 넘어설 정도로 심했기 때문에 살 소망까지 끊어졌다(8절). 그들은 죽임을 당하거나 실신하여 사장될 것이라고 생각했다.

2. 그들이 고난 속에서 행한 것: 하나님만 의지하게 하심이라(9절). 그들은 이 궁지에서 자기를 의지하지 않고 오직 죽은 자를 다시 살리시는 하나님만 의지했다(9절). 하나님은 자주 그의 백성들을 커다란 곤경으로 이끌어 그들이 스스로 연약함을 느끼고 스스로를 의지하지 않고, 그 신뢰와 소망을 그분의 전능하심에 맡기도록 유도하신다는 점을 명심하자. 우리의 궁지는 하나님의 기회다. 산에서 주께서 보이시리라. 우리는 죽은 자를 다시 살리시는 하나님을 안심하고 믿어야

한다(9절). 하나님께서 죽은 자를 다시 살리시는 것은 그분의 전능성에 대한 한 증거다. 이것을 하실 수 있는 분이라면 어떤 일, 아니 모든 일을 하실 수 있음을 항상 믿을 수 있을 것이다. 아브라함의 믿음은 이 신적 능력에 대한 실례에 의존했다: 그가 믿은 바 하나님은 죽은 자를 살리시며(롬 4:17). 비록 우리가 삶을 포기할 만한 절망 속에 있다고 하더라도 하나님을 신뢰할 수 있다. 그분은 사망의 입구, 아니 그 아가리로부터 우리를 다시 끌어당기실 수 있기 때문이다.

3. 그들이 얻은 구원의 특징. 이것은 적절하고 지속적이었다. 그들의 소망과 신뢰는 헛되지 않고, 그분을 신뢰하는 자는 결코 수치를 당치 않을 것이다. 하나님은 그들을 구원했고, 또 계속 구원하실 것이다(10절). 하나님의 도우심을 받아 내가 오늘까지 서서(행 26:22).

4. 그들이 이 구원을 사용한 방법: 그가 우리를 이후에도 건지시기를 그에게 바라노라(10절). 즉 그들은 하나님이 끝까지 구원하시고 천국에 이를 때까지 보존하실 것을 믿었다. 과거의 경험은 믿음과 소망에 큰 용기를 주고, 때를 따라 하나님을 신뢰하도록 힘을 준다. 만일 우리가 장래에 궁지에서, 과거 곤란할 때 우리를 구원하셨던 하나님을 불신한다면, 그것은 우리의 경험을 욕되게 하는 것이다. 다윗은 경험이 그리 많지 않았던 젊었을 때에도, 여기서 사도가 취한 방법을 따라 처신했다(삼상 17:37).

5. 이 기사를 통해 고린도 교인들에게 기대하는 것: 너희도 우리를 위하여 간구함으로 도우라(11절). 그들을 위해 함께 모여 일심으로 합심하여 기도해 달라는 것이다. 우리가 하나님을 신뢰하는 것은 어떤 적절하고 정해진 수단을 사용하는 것을 무시하지 않는다. 기도는 그런 방법 가운데 하나다. 우리는 우리 자신만이 아니라 다른 사람들을 위해서도 기도해야 한다. 사도는 은혜의 보좌 앞에서 큰 권세를 가진 자였으나 다른 사람들의 기도의 도움을 요청했다. 우리가 이같이 기도로 서로 돕는다면, 기도 응답으로 말미암아 많은 사람이 감사할 기회를 가질 수 있다. 그러므로 기도로 서로 돕는 것과 찬양과 감사로 받은 은혜에 합당한 보답을 하는 것은 우리의 의무다.

¹²우리가 세상에서 특별히 **너희**에 대하여 하나님의 거룩함과 진실함으로 행하되 육체의 **지혜**로 하지 아니하고 하나님의 은혜로 행함은 우리 양심이 증언하는 바니 이것이 우리의 자랑이라 ¹³오직 **너희**가 읽고 아는 것 외에 우리가 다른 것을 쓰지

아니하노니 너희가 완전히 알기를 내가 바라는 것은 [14]너희가 우리를 부분적으로 알았으나 우리 주 예수의 날에는 너희가 우리의 자랑이 되고 우리가 너희의 자랑이 되는 그것이라

이 단락에서 사도는 그들의 생활의 진실함을 들어 그들의 신실함을 증명한다. 그는 이것을 자랑이나 허영의 수단으로 삼지 않고, 기도의 도움과 더불어 하나님에 대한 신뢰를 더 심화시키고, 또 고린도 교회의 일부 교인들이 자신의 인격을 헐뜯고 자신의 사도직을 의심하는 비방으로부터 자신을 정당하게 변호하려는 선한 의도로 사용한다(히 13:18).

I. 사도는 즐겁게 양심의 증언에 호소한다(12절). 여기서 다음과 같은 사실을 확인할 수 있다.

1. 그 증언은 수많은 증인 대신 양심에 의존했다. 양심은 영혼 속에서 하나님의 대리인으로, 양심의 소리는 하나님의 소리이다. 그들은 원수들에게 비방을 받고 공격을 받을 때 양심의 증언을 자랑했다. 만일 양심이 올바르고 선한 근거 위에 서 있다면, 우리에게도 그 증언은 항상, 어떤 상황에서든 자랑할 만하다는 점을 잊지 말자.

2. 양심이 제공한 증언 (1) 그들의 생활 곧 그들의 일관된 삶의 과정과 방향에 관해 증언했다. 양심으로 우리는 이런저런 하나의 행동이 아니라 우리 자신 전체를 판단할 수 있다. (2) 그들의 생활의 본질 또는 태도에 관해 증언했다. 곧 그들의 삶이 순전하고 경건한 신실함을 갖고 있음을 증언했다. 이 영광스러운 사도는 참 이스라엘 사람으로, 순전한 마음의 소유자였다. 그가 어떤 사람인지 너희가 알 것이다. 그는 이랬다저랬다 하는 변덕쟁이가 아니라 신실한 사람이었다. (3) 그들이 행동할 때마다 취한 원리에 관해 증언했다. 양심은 그들이 세상 속에서나 고린도 교인들을 향해서나 그들이 세상 지혜나 육신의 계책 또는 세속적 안목이 아니라 하나님의 은혜에 따라 살았음을 증언했다. 그들이 취한 원리는 그들의 마음속에서 살아 움직였는데, 그것은 하나님으로부터 오고, 하나님을 위한 것이었다. 우리도 충심으로 이 은혜의 원리의 영향과 명령에 따라 살고 행동할 때, 우리의 생활이 제대로 진행될 것이다.

II. 사도는 소망과 확신을 갖고 고린도 교인들의 지식에 호소한다(13,14절). 사도들의 생활은 고린도 교인들 보기에 거의 결함이 없었다. 그들은 사도들이

얼마나 거룩하고, 얼마나 진실하고, 얼마나 흠 없이 행동했는지 알고 있었다. 그들은 사도들 속에서 정직한 사람에게 어울리지 않는 모습은 전혀 발견하지 못했다. 그들은 이것을 이미 부분적으로는 알고 있었다. 그래서 사도는 그들이 끝까지 이렇게 하지 않으리라고 조금도 의심하지 않았다. 즉 그들이 자신에 관해 자기는 정직한 사람이라는 것 외에 다른 생각이나 다른 말을 할 이유가 있다고 보지 않았다. 우리 주 예수의 날에는 너희가 우리의 자랑이 되고 우리가 너희의 자랑이 되는 그것이라(14절). 이 땅에서 사역자들과 교인들이 서로에 대해 자랑하는 것은 행복한 일이다. 이 자랑은 양들의 위대한 목자이신 분이 다시 오실 그날이 되면 완전케 될 것이다.

[15]내가 이 확신을 가지고 너희로 두 번 은혜를 얻게 하기 위하여 먼저 너희에게 이르렀다가 [16]너희를 지나 마게도냐로 갔다가 다시 마게도냐에서 너희에게 가서 너희의 도움으로 유대로 가기를 계획하였으니 [17]이렇게 계획할 때에 어찌 경솔히 하였으리요 혹 계획하기를 육체를 따라 계획하여 예 예 하면서 아니라 아니라 하는 일이 내게 있겠느냐 [18]하나님은 미쁘시니라 우리가 너희에게 한 말은 예 하고 아니라 함이 없노라 [19]우리 곧 나와 실루아노와 디모데로 말미암아 너희 가운데 전파된 하나님의 아들 예수 그리스도는 예 하고 아니라 함이 되지 아니하셨으니 그에게는 예만 되었느니라 [20]하나님의 약속은 얼마든지 그리스도 안에서 예가 되니 그런즉 그로 말미암아 우리가 아멘 하여 하나님께 영광을 돌리게 되느니라 [21]우리를 너희와 함께 그리스도 안에서 굳건하게 하시고 우리에게 기름을 부으신 이는 하나님이시니 [22]그가 또한 우리에게 인치시고 보증으로 우리 마음에 성령을 주셨느니라 [23]내가 내 목숨을 걸고 하나님을 불러 증언하시게 하노니 내가 다시 고린도에 가지 아니한 것은 너희를 아끼려 함이라 [24]우리가 너희 믿음을 주관하려는 것이 아니요 오직 너희 기쁨을 돕는 자가 되려 함이니 이는 너희가 믿음에 섰음이라

여기서 사도는 자신이 고린도에 오겠다는 약속을 이행하지 않았다는 이유로 그들로부터 경솔하고 변덕스럽다는 비방을 받는 것에 대해 자신을 변호한다. 그의 대적들은 기회가 있을 때마다 그의 인격을 헐뜯고 그의 행위를 비난하는데 열심이었다. 그들은 이 기회가 그의 인격을 헐뜯고 그의 사역을 불신하는데 절호의 기회였다고 생각한 것처럼 보였다. 이제 그의 변호를 살펴보

자.

Ⅰ. 사도는 자신의 의도가 순수했음을 단언하고, 그래서 그들이 자신에 대해 좋은 감정을 갖고 신뢰하리라는 확신을 갖고 그렇게 한다(15-17절).   이 확신을 가졌기에 그는 자신이 그들에게서 무엇을 받기 위해서가 아니라 오히려 그들이 자신으로 말미암아 두 번 은혜를 얻도록 하기 위해서, 즉 자신의 사역을 통해 그들이 또 한 번 유익을 취하도록 하기 위해서 진실로 그들에게 가고자 하는 마음을 가지고 있었다고 말한다. 그러기에 그는 그들에게 결코 경솔히 하지 않았다고 말한다(17절). 그는 자신이 어떤 세속적 이익을 얻고자 함이 아니었기 때문에(그의 목적은 육체를 따라 즉 육신적 관점과 목표를 따른 것이 아니었기 때문이다) 그가 그렇게 하겠다고 한 것은 무분별하거나 사려가 부족한 결심이 아니었다. 왜냐하면 그는 그들을 지나 마게도냐로 갔다가 다시 마게도냐에서 그들에게 가서 그들의 도움으로 유대로 가기를 계획했었기 때문이다(16절). 그러므로 그들은 사도가 자신의 계획을 변경시킨 것에 그럴 만한 충분한 이유가 있었음을 알아주어야 했다. 그런데 그들은 그에 대해 예 예 가 아니라 아니라 했다(17절). 사도는 경솔하고 변덕스럽다고 비난받거나 말과 행동 사이에 모순이 있다고 비판받을 이유가 없었다. 선한 사람들은 신실성과 일관성에 대해 비판받지 않도록 유의해야 한다는 점을 잊지 말자. 그들은 충분히 생각한 후에 결정해야 하고, 또 결정했다면 그만한 이유가 없이는 그 결정을 번복해서는 안 된다.

Ⅱ. 사도는 고린도 교인들이 자신의 복음이 거짓이거나 불확실하다고 또는 진리에 부합하지 않고 본질상 모순된다고 생각하지 않도록 주의를 주었다 (18,19절).   왜냐하면 만일 그것이 그렇다면, 그는 자신의 계획에 대해 변덕을 부리거나 심지어는 그가 그들을 방문하겠다고 했던 약속이 거짓으로 판명되기 때문이다. 이 점에 대해 그는 비판받을 이유가 정말 없었다. 그래서 어떤 이들은 우리가 너희에게 한 말은 예 하고 아니라 함이 없노라(18절)는 말씀을 그 점에 대한 표현으로 이해한다. 그러나 그것 때문에 사도 및 그와 충분히 일치하는 다른 사람들에 의해서 전파된 복음이 거짓이거나 의심스럽다는 결론을 끌어내서는 안 될 것이다. 왜냐하면 하나님은 미쁘시고, 하나님의 아들 예수 그리스도도 미쁘시기 때문이다(18절). 하나님은 진실하신 하나님이요, 영생은 참된 영생이다. 사도가 전파한 예수 그리스도는 예 하고 아니라 함이 아니고, 그분 안에서는 오직 무오한 진리로서, 예만 되었다(19절). 하나님의 약속은 그리스도 안에서

예와 아니라가 아니고, 예와 아멘이다(20절). 그리스도의 복음의 모든 부분들은 깨뜨릴 수 없는 일관성과 의심할 수 없는 진실성과 확실성을 갖고 있다. 만일 복음 사역자들이 평범한 사람들처럼 하나님의 약속들에 대해 때때로 벗어나는 행동을 한다고 할지라도, 그들이 전파하는 복음 언약의 약속들은 확고하게 서 있고, 결코 거역할 수 없다. 악인들은 거짓되고, 선인들은 변하기 쉽다. 그러나 하나님은 미쁘시고, 결코 거짓되거나 변덕스럽지 않다. 하나님의 약속의 견고함에 대해 언급한 사도는 이 위대하고 달콤한 진리를 예증하는 쪽으로 나아가 하나님의 모든 약속은 예와 아멘이 된다고 주장한다. 그 이유는 다음과 같다

1. 그것들은 진리의 하나님의 약속이기 때문이다(20절). 그분은 거짓말 하실 수 없는 분으로, 그분의 자비와 마찬가지로 그분의 진리는 영원토록 변함이 없다.

2. 그것들은 그리스도 예수 안에서, 참되고 신실한 증언인, 아멘이 되기 때문이다(20절). 그분은 약속의 언약을 취득해서 비준하셨고, 그리하여 언약의 보증이 되신다(히 7:22).

3. 그것들은 성령으로 말미암아 확증되었기 때문이다. 성령은 그리스도인들을 복음의 믿음 안에 서도록 세우신다. 그분은 성경에서 자주 기름으로 비유되는 성결한 은혜를 그들에게 부으신다. 그분은 그들의 보장과 확증을 위해 그들을 인치신다. 그리고 그분은 보증으로 그들의 마음에 주어진다(21, 22절). 보증은 약속을 보장하고, 그 성취의 한 부분이다. 성령의 조명은 영원한 빛에 대한 보증이다. 그리고 성령의 위로는 영원한 기쁨에 대한 보증이다. 하나님의 진실성, 그리스도의 중보, 그리고 성령의 역사는 합력하여 그 약속들을 모든 후손에게 확실하게 하고, 그 성취가 하나님의 영광이 되도록(20절), 곧 그분의 풍요롭고 주권적인 은혜의 영광과 결코 오류가 없는 진리와 신실함이 되도록 역사하신다.

Ⅲ. 사도는 왜 자기가 예정대로 고린도에 들르지 못했는지 합당한 이유를 제시한다(23절).   그것은 그가 그들을 아꼈기 때문이다. 그러므로 그들은 그의 사랑과 친절을 인정해야 한다. 그는 그들 사이에 불미스러운 일이 있다는 것을 알고 있었다. 그 일은 비난받아 마땅한 일이었다. 그러나 그는 친절을 보여주기를 원했다. 그는 그것이 참된 이유임을 지극히 엄숙한 태도로 그들에게 강조한다: 내가 내 목숨을 걸고 하나님을 불러 증언하시게 하노니. 이렇게 말하는 태도는

사사로운 문제를 지적하는 의미로서는 전혀 어울리지 않았다. 그러나 사도에게는 극히 정당했는데, 그 이유는 그가 자신의 반대자들에게 공격받은 자신의 입장을 옹호하고, 자신의 사역의 신뢰성과 중요성을 강조해야 하는 상황이었기 때문이다. 그는 이어서 그들의 믿음을 주관하려는 실수를 저지르지 않으려고 가지 않았다고 덧붙인다(24절). 오직 그리스도만이 우리 믿음의 주이시다. 그분이 우리 믿음의 주요 또 온전케 하시는 이이시다(히 12:2). 그분이 우리에게 우리가 무엇을 믿어야 할지를 계시하신다. 바울과 아볼로, 그리고 나머지 사도들은 단지 그들이 믿는 분의 사역자들일 뿐이다(고전 3:5). 즉 그들은 기쁨으로, 곧 믿음의 기쁨으로 돕는 자들이다. 왜냐하면 믿음으로 우리는 견고하게 서고, 또 안전하고 편안하게 살기 때문이다. 우리의 힘과 능력은 믿음으로 말미암고, 우리의 위로와 기쁨은 믿음으로부터 흘러나온다.

제 2 장

개요

이 장에서 사도는 고린도에 들리지 못했던 이유들을 계속 설명한다(1-4절). 이어서 그는 징계 가운데 있는 근친상간을 범한 사람에 관해 쓰고, 그의 회복에 대해 지시하면서 그 이유들을 함께 제시한다(5-11절). 그리고 이후에는 여러 곳에서 자신이 복음전파를 위해 수고한 것과 성공한 일에 대해서 그들에게 알려준다(12-17절).

¹내가 다시는 너희에게 근심 중에 나아가지 아니하기로 스스로 결심하였노니 ²내가 너희를 근심하게 한다면 내가 근심하게 한 자밖에 나를 기쁘게 할 자가 누구냐 ³내가 이같이 쓴 것은 내가 갈 때에 마땅히 나를 기쁘게 할 자로부터 도리어 근심을 얻을까 염려함이요 또 너희 모두에 대한 나의 기쁨이 너희 모두의 기쁨인 줄 확신함이로라 ⁴내가 마음에 큰 눌림과 걱정이 있어 많은 눈물로 너희에게 썼노니 이는 너희로 근심하게 하려 한 것이 아니요 오직 내가 너희를 향하여 넘치는 사랑이 있음을 너희로 알게 하려 함이라

이 부분에서 사도는 다음 두 가지 사실을 언급한다.

1. 예정대로 고린도에 들르지 못한 이유에 대해 계속 설명한다. 즉 그것은 그가 그들을 근심하게 하지 않기를 또는 그들 때문에 근심하지 않기를 원했기 때문이다. 내가 다시는 너희에게 근심 중에 나아가지 아니하기로 스스로 결심하였노니 (1절). 만일 그가 나아가 그들을 만났더라면 그들 사이에 일어난 추문으로 말미암아 그들을 비난하게 되었을 것이다. 그런데 이것은 그에게나 그들에게나 근심의 원인이 되었을 것이다. 왜냐하면 만났을 때 그들의 슬픔이나 기쁨이 서로 교차할 것이기 때문이다. 만일 그가 그들에게 슬픔을 일으키는 원인이 된다면 그것은 그 자신에게도 슬픈 일이 되었을 것이다. 그렇게 되면 그 곳에 그를 기쁘게 하는 자가 아무도 없게 되기 때문이다. 그러나 그의 소원은 그들과 기쁨 속에서 만나는 것이지 서로 맞지 않는 불행한 일로 기분 나쁘게 되는 것이 아

니었다.

2. 사도는 여기서 고린도전서를 썼을 때 가졌던 것과 똑같은 의도를 그들에게 표현한다(3,4절). (1) 내가 갈 때에 마땅히 나를 기쁘게 할 자로부터 도리어 근심을 얻을까 염려함이요(3절). 사도는 필요한 일을 그들이 실천하리라고 신뢰하고 그들의 유익과 위로를 위해 편지를 썼다. 이어지는 구절들에서 나타나는 것처럼, 언급된 특별한 일은 고린도전서 5장에 기록된 근친상간의 죄를 범한 사람의 사건이었다. 사도는 자신의 기대에 배반당하지 않았다. (2) 사도는 그들을 근심시키기 위한 것이 아니라 그들에 대한 자신의 사랑을 보여주는 것이 자신의 뜻이라고 주장한다. 즉 그는 마음속에 큰 눌림과 걱정이 있어 그리고 그들에 대한 넘치는 사랑이 있어 그들에게 편지를 쓴 것이다. 그는 오직 그들을 향하여 넘치는 사랑이 있음을 알게 하려고 많은 눈물로 편지를 썼다(4절). [1] 책망과 훈계와 징계를 할 때에도 신실한 사역자들은 자기들의 사랑을 보여준다. [2] 범죄자들에게 징계와 처벌을 시행하는 일은 부드러운 마음을 가진 사역자들에게 근심이 되고, 애통하는 마음을 갖게 한다.

[5] 근심하게 한 자가 있었을지라도 나를 근심하게 한 것이 아니요 어느 정도 너희 모두를 근심하게 한 것이니 어느 정도라 함은 내가 너무 지나치게 말하지 아니하려 함이라 [6] 이러한 사람은 많은 사람에게서 벌 받는 것이 마땅하도다 [7] 그런즉 너희는 차라리 그를 용서하고 위로할 것이니 그가 너무 많은 근심에 잠길까 두려워하노라 [8] 그러므로 너희를 권하노니 사랑을 그들에게 나타내라 [9] 너희가 범사에 순종하는지 그 증거를 알고자 하여 내가 이것을 너희에게 썼노라 [10] 너희가 무슨 일에든지 누구를 용서하면 나도 그리하고 내가 만일 용서한 일이 있으면 용서한 그것은 너희를 위하여 그리스도 앞에서 한 것이니 [11] 이는 우리로 사탄에게 속지 않게 하려 함이라 우리는 그 계책을 알지 못하는 바가 아니로라

이 구절들에서 사도는 이 서신을 보내게 된 주요 이유 가운데 하나인, 간음죄를 범해 출교당한 사람에 관해 다룬다. 우리는 여기서 다음과 같은 사실을 확인할 수 있다

1. 사도는 그 사람의 죄로 말미암아 자신이 어느 정도 근심하게 되었다고 말한다(5절). 그런데 그것은 또한 그들 가운데 일부에게서만 어느 정도 근심거리

가 되었다고 말한다. 당시 이 추문이 그들 사이에 알려졌음에도 불구하고 오히려 그들은 교만해져서 통한히 여기지 아니했다(고전 5:2). 그러나 그는 특히 그들이 그가 이전에 그들에게 주었던 지시에 따라 그 문제를 잘 처리한 것을 알고 전체 교회에 너무 가혹하게 말하지 않으려고 했다.

2. 사도는 그 범죄자에게 가한 처벌이 마땅하다고 그들에게 말한다(6절). 소기의 효과가 달성되었다. 왜냐하면 그 사람이 겸손해졌고, 그들은 사도의 지시에 순종하는 모습을 보여주었기 때문이다.

3. 그러므로 사도는 그들에게 아주 속히 출교당한 그 사람을 회복시켜 공동체의 일원으로 다시 받아들이도록 지시한다(7,8절). 이것은 여러 가지 방법으로 표현되고 있다. 사도는 그들에게 그를 용서하도록, 즉 교회의 징계로부터 그를 풀어주도록 간청한다. 왜냐하면 그들이 하나님에 대한 죄책이나 범죄를 처단할 수는 없기 때문이다. 또 그는 그를 위로하도록 권면하는데, 그것은 여러 가지 면에서 회개하는 자를 위로하는 것이 그들의 하나님과의 화해와 그 일로 상처받은 사람들과의 화해를 좌우하기 때문이다. 그들은 또한 그에 대한 사랑을 보여줄 의무가 있다. 즉 그들은 자기들의 징계와 견책이 죄에 대한 미움만이 아니라 그에 대한 사랑에서도 나온 것임을 보여주고, 그리하여 그들의 의도가 그를 파멸시키기 위한 데 있는 것이 아니라 개선시키는데 있음을 증명해야 한다. 그의 범죄로 말미암아 그들이 그를 예전처럼 사랑할 수 없게 되었지만, 이제는 회개를 통해 그가 회복되었으므로 그에 대한 사랑을 새롭게 하고 확증할 필요가 있다.

4. 사도는 이같이 행하도록 그들을 설복시키기 위해 다양하게 중요한 논증을 사용한다. (1) 회개한 당사자를 위해 그의 복권을 요청했다. 그가 너무 많은 근심에 잠길 위험성이 있었기 때문이다(7절). 그는 자신의 잘못에 대해 극히 민감했을 것이고, 그래서 자신에게 주어진 처벌 때문에 큰 고통을 겪게 되었을 것이다. 따라서 그는 크게 절망할 우려가 있었다. 슬픔이 지나치면 그 상처도 깊은 법이다. 죄로 인한 슬픔일지라도 너무 지나치면 다른 의무를 수행하지 못하게 되고, 사람이 절망하게 된다. (2) 그들은 그 범죄자에 대한 징계를 이행하라는 사도의 지시에 순종했음을 보여주었고, 그래서 이제 사도는 그들이 그를 복권시켜 주자는 자신의 뜻에 따르기를 원했다(9절). (3) 사도는 자신이 이 회개자를 용서할 준비가 되어 있음을 언급하고, 이 문제에 있어서 그들의 동참을 요

구한다. "너희가 무슨 일에든지 누구를 용서하면 나도 그리하고(10절). 나는 그를 용서하는데 있어서 너희와 의견을 함께 할 용의가 충분히 있다." 그가 이것을 제안하는 것은 그들을 위해서다. 즉 그들에 대한 사랑과 그들의 유익을 위해서다. 또 그것은 그리스도를 위해서다. 왜냐하면 그분의 사도로서, 그는 그분의 이름으로 그리고 진실로 회개하는 모든 자들에게 자비와 부드러운 사랑으로 충만한 그분의 교훈과 본보기를 따르기 때문이다. (4) 사도는 또 다른 중요한 이유를 제시한다(11절): 이는 우리로 사탄에게 속지 않게 하려 함이라. 사탄이 회개하는 그를 절망으로 이끌어 그가 유익을 얻지 못하도록 할 위험이 있을 뿐만 아니라 교회에 대해서도 불리하게 할 위험이 있다. 왜냐하면 사도들이나 그리스도의 사역자들을 지나치게 가혹하고 엄격한 사람들로 보이게 함으로써 사람들이 그들에게 나아오는 것을 가로막을 수 있기 때문이다. 다른 일들과 마찬가지로, 이 일에 있어서도 지혜는 가르치기에 유익하고(전 10:10), 따라서 사역자는 한편으로는 죄에 대해 지나치게 관대하고, 다른 한편으로는 죄인들에 대해 지나치게 엄격함으로써, 사역이 비난의 대상이 되지 않도록 사건을 잘 처리해야 한다. 사탄은 교활한 원수로서, 우리를 속이기 위해 온갖 전략을 동원한다. 따라서 우리는 그의 궤계에 대해 무지해서는 안 된다. 그는 또한 우리에게 불리한 온갖 기회를 이용하기 위해 절대로 방심하지 않는 대적이다. 따라서 우리는 그에게 그런 기회를 조금이라도 주지 않도록 극히 조심해야 할 것이다.

[12]내가 그리스도의 복음을 위하여 드로아에 이르매 주 안에서 문이 내게 열렸으되 [13]내가 내 형제 디도를 만나지 못하므로 내 심령이 편하지 못하여 그들을 작별하고 마게도냐로 갔노라 [14]항상 우리를 그리스도 안에서 이기게 하시고 우리로 말미암아 각처에서 그리스도를 아는 냄새를 나타내시는 하나님께 감사하노라 [15]우리는 구원 받는 자들에게나 망하는 자들에게나 하나님 앞에서 그리스도의 향기니 [16]이 사람에게는 사망으로부터 사망에 이르는 냄새요 저 사람에게는 생명으로부터 생명에 이르는 냄새라 누가 이 일을 감당하리요 [17]우리는 수많은 사람들처럼 하나님의 말씀을 혼잡하게 하지 아니하고 곧 순전함으로 하나님께 받은 것 같이 하나님 앞에서와 그리스도 안에서 말하노라

출교당한 사람에 대한 지시를 한 다음에 사도는 방향을 크게 바꾸어

고린도 교인들에게 복음 전파를 위해 그동안 자신이 펼쳤던 전도여행과 수고에 관해 설명한다. 거기서 그는 자신이 어떻게 성공했는지 그리고 동시에 그 일들을 하면서도 그들에 대해 얼마나 큰 관심을 두고 있었는지 그리고 드로아에서 디도를 만나지 못했을 때 얼마나 그가 심령이 편하지 못했는지(13절) 언급한다. 그는 디도를 만나 고린도 교인들이 어떻게 지내는지 형편을 훨씬 더 완전하게 알 수 있으리라고 기대했기 때문이었다. 우리는 후에 사도가 마게도냐로 갔을 때, 그 곳에 디도가 와 위로를 받고, 그들에 대한 소식을 전해 받았다는 기사를 보게 된다(7:5-7). 따라서 우리는 2:12에서 7:5까지를 일종의 삽입구로 생각하고 읽어야 한다. 여기서 그 점을 살펴보자.

I. 사역에 대한 바울의 지칠 줄 모르는 수고와 근면(12,13절). 그는 복음을 전하기 위해 도처를 돌아다녔다. 그는 바다로 빌립보에서 드로아로 갔다(행 20:6). 거기서 그는 마게도냐로 갔기 때문에 가보고 싶어했던 고린도를 방문하지 못했다(1:16). 그러나 그는 사역할 장소에 관해서는 그 계획에 방해를 받았지만, 사역 자체에 대해서는 결코 좌절을 몰랐다.

II. 사도의 사역의 성공. 주 안에서 문이 내게 열렸으되(12절). 그는 어디를 가든 할 일이 많았고, 그의 사역은 큰 성공을 거두었다. 왜냐하면 하나님께서 그가 가는 곳마다 그에게 그리스도를 아는 냄새를 나타내도록 하셨기 때문이다(14절). 그는 자유롭게 자신의 입술의 문을 열 기회를 가졌고, 하나님은 루디아의 마음처럼(행 16:14), 그의 청자들의 마음을 열어주셨다. 그래서 사도는 이것이 하나님께는 감사요, 자신의 영혼에게는 기쁨의 조건이라고 말한다: 항상 우리를 그리스도 안에서 이기게 하시고 우리로 말미암아 각처에서 그리스도를 아는 냄새를 나타내시는 하나님께 감사하노라(14절). 여기서 다음과 같은 사실을 주목하자.

1. 신자의 승리는 모두 그리스도 안에서 주어진다. 우리는 연약하고, 본질상 기쁨이나 승리를 얻을 능력을 갖고 있지 못하다. 그러나 그리스도 안에서 우리는 즐거워하고 승리할 수 있다.

2. 참 신자들은 그리스도 안에서 계속 승리할 근거를 갖고 있다. 왜냐하면 그들은 그들을 사랑하시는 이로 말미암아 넉넉히 이기기 때문이다(롬 8:37).

3. 하나님께서 그리스도 안에서 그들이 승리하도록 이끄신다. 우리에게 승리할 일과 승리하는 마음을 주시는 분은 하나님이시다. 그러므로 그분께 모든 찬양과 영광을 돌려야 한다.

4. 복음의 대성공은 그리스도인에게 가장 큰 기쁨과 즐거움의 원인이다.

III. 복음을 들은 영혼이 구원을 얻지 못했을 때에도 그 수고로 말미암아 사도와 그의 동료가 받은 위로(15-17절). 여기서 다음과 같은 사실을 확인할 수 있다.

1. 복음을 들은 다양한 부류의 사람들에게 나타난 복음의 다양한 성공과 그 다양한 결과. 복음의 성공은 다양하다. 어떤 이는 그것으로 말미암아 구원을 받으나 어떤 이는 그 아래에서 멸망을 받는다. 복음이 갖고 있는 다양한 결과들은 결코 놀랄 일이 아니다. 그 이유는 다음과 같다: (1) 어떤 이에게 복음은 사망으로부터 사망에 이르는 냄새다(16절). 고의로 무지에 빠지고, 자의적으로 완고한 사람들은 마치 사람들이 나쁜 냄새를 싫어하는 것처럼 복음을 싫어한다. 그러므로 그들은 복음으로 말미암아 눈멀고 강퍅해진다. 그것은 그들의 부패를 자극하고, 그들의 영을 악하게 한다. 그들은 자기들의 파멸, 아니 심지어는 영적 및 영원한 죽음을 위해 복음을 거부한다. (2) 다른 이에게 복음은 생명으로부터 생명에 이르는 냄새다(16절). 겸손하고 은혜로운 영혼에게 말씀을 전하는 것은 가장 즐겁고 유익한 일이다. 그것은 그 맛에 있어서 꿀보다 더 단 것처럼, 그 냄새에 있어서는 가장 감미로운 냄새보다 더 상쾌하다. 그리고 그러기에 그만큼 더 유익하다. 그것은 처음에 죄와 허물로 죽은 자들을 살렸을 때처럼 그들을 더 잘 살게 하며, 결국에는 영생으로 이끌 것이다.

2. 이 문제로 사도의 마음속에 생긴 장엄한 감정. 이 감정은 우리 마음속에도 똑같이 생겨야 한다: 누가 이 일을 감당하리요(16절). 누가 감당하리요(티스 히카노스), 이 말은 너무 중요하기 때문에, 누가 이토록 중대한 일, 이렇게 엄청난 중요성을 가진 일에 쓰임받을 자격이 있느냐는 것이다. 누가 그토록 엄청난 능력과 근면성을 필요로 하는 이같이 어려운 일을 수행할 수 있는가? 그 일은 중대하고, 우리의 힘은 보잘것없다. 아니, 당연히 우리는 전혀 능력이 없다. 우리의 모든 충족은 하나님으로부터 온다. 만일 사람들이 복음 전파에 얼마나 큰 일이 달려 있고, 또 그 사역이 얼마나 어려운지 진지하게 생각한다면, 그들은 그 일을 어떻게 시작할지 정말 조심하고, 그 일을 잘 수행하기 위해서 지극히 유의할 것이다.

3. 사도가 이 어려운 일 속에서 받았던 위로. (1) 신실한 사역자들은 그 성공 여부와 상관없이 하나님의 인정을 받게 될 것이기 때문이다: 우리는 구원 받는

자들에게나 망하는 자들에게나 하나님 앞에서 그리스도의 향기니(15절). 많은 경우 성공하지 못해도, 하나님은 진실한 마음과 정직한 수고를 받아주실 것이다. 사역자들은 그들의 성공에 의해서가 아니라 그들의 신실성에 따라서 인정받고 칭찬받게 될 것이다. 이스라엘이 그에게로 모이는도다 그러므로 내가 여호와 보시기에 영화롭게 되었으며(사 49:5). (2) 그의 양심이 그의 신실함을 증언하기 때문이다(17절). 수많은 사람들이 하나님의 말씀을 혼잡케 했지만, 사도의 양심은 그의 신실함을 증언했다. 그는 자신의 관념을 그리스도의 교훈 및 (그리스도의) 법과 혼합시키지 않았다. 그는 하나님의 말씀을 조금도 가감하지 아니했다. 그는 복음을 주님으로부터 받은 그대로 전하는데 충실했다. 세속적 관심은 전혀 없었다. 그의 목적은 하나님께 인정받는 것이었기 때문에, 그분의 눈이 항상 자신 위에 있음을 유념했다. 그러므로 그는 언제나 하나님 보시기에 합당하게, 따라서 진실하게 말하고 행동했다. 하나님 보시기에 진실하게 한 일이 아니라면, 믿음 안에서 우리가 하는 일이라고 무조건 하나님께 속하거나 하나님으로부터 오거나 하나님께 도달하는 것이 아님을 기억하자.

제
— 3 —
장

개요

사도는 외관상 자천을 위한 변론을 펼치되, 자신을 높이지 않도록 조심하면서 모든 찬양을 하나님께 돌린다(1-5절). 이어서 그는 구약과 신약 성경을 비교하고, 신약이 구약보다 우월함을 증명한다(6-11절). 여기서 그는 복음 사역자들의 의무가 무엇인지 끌어내고, 율법 하에서 살았던 자들을 능가하는 복음 아래 사는 자들의 유익에 대해 설명한다(12-18절).

[1]우리가 다시 자천하기를 시작하겠느냐 우리가 어찌 어떤 사람처럼 추천서를 너희에게 부치거나 혹은 너희에게 받거나 할 필요가 있느냐 [2]너희는 우리의 편지라 우리 마음에 썼고 뭇 사람이 알고 읽는 바라 [3]너희는 우리로 말미암아 나타난 그리스도의 편지니 이는 먹으로 쓴 것이 아니요 오직 살아 계신 하나님의 영으로 쓴 것이며 또 돌판에 쓴 것이 아니요 오직 육의 마음판에 쓴 것이라 [4]우리가 그리스도로 말미암아 하나님을 향하여 이같은 확신이 있으니 [5]우리가 무슨 일이든지 우리에게서 난 것 같이 스스로 만족할 것이 아니니 우리의 만족은 오직 하나님으로부터 나느니라

이 부분에서 사도는 다음과 같은 사실을 설명한다.

I. 사도는 외관상 자천하는 것에 대해 변호한다. 고린도 교회에는 그의 명성을 파괴하려고 획책하는 사람들이 있었기 때문에 그는 그들에게 자신의 신실함을 항변하는 것이 필요하다고 생각했다. 그러나 그는 헛된 영광을 구하지는 않았다. 그리고 그는 그들에게 이렇게 말한다

1. 자기는 그들에게, 일부 거짓 사도들이나 교사들이 한 것처럼, 말로 추천을 요청하거나 또는 그들로부터 추천서를 받거나 하지 않았다(1절). 실제로 그의 인격이 정말 보잘것없고 또는 어떤 이들이 그를 크게 경멸한다고 할지라도, 그들에게 행한 그의 사역은 반론의 여지 없이 참으로 크고 성공적이었다.

2. 고린도 교인들 자신이 바로 그의 참된 추천서로서, 하나님께서 그에게 진리를 허락하고 그를 보내신 분이라는 것을 보여주는 직접적 증거였다: 너희는 우리의 편지라(2절). 이것이야말로 그가 가장 기뻐하는 추천서로서, 그에게 가장 소중한 것이었다. 그는 그들을 자신의 마음에 썼다. 그리고 그것은 뭇 사람이 알고 읽는 바였기 때문에 또는 그렇게 알고 있을 수 있었기 때문에, 기회가 있을 때마다 그는 이것을 의존하였다. 신실한 사역자들에게는 그들의 사역의 성공 이상으로 즐거운 추천서가 없다는 것을 기억하자. 그것은 그들이 위해 수고하는 사람들의 마음과 삶 속에 그대로 간직되어 있다.

Ⅱ. 사도는 스스로 높아지지 않도록 크게 조심하면서 모든 찬양을 하나님께 돌린다. 따라서 다음과 같은 사실이 언급된다

1. 그는 그들이 그리스도의 편지라고 말한다(3절). 사도와 다른 사역자들은 단지 도구일 뿐이고, 그리스도께서 그들 속에 있는 모든 선의 저자이셨다. 그리스도의 법이 그들의 마음속에 새겨졌고, 그리스도의 사랑이 그들의 마음속에 흘러넘쳤다. 이 편지는 먹으로 쓴 것이 아니요, 오직 살아계신 하나님의 영으로 쓴 것이다(3절). 또 모세에게 주어진 하나님의 율법처럼, 돌판에 쓴 것이 아니요, 오직 육의 마음판에 쓴 것이다(3절). 즉 돌같이 굳은 마음이 아니라 육의 마음(여기서 육은 정욕을 가리키는 것이 아니다) 곧 부드러운 마음, 너희 육신에서 굳은 마음을 제거하고 부드러운 마음을 주겠다(겔 36:26)는 약속에 따라, 하나님의 은혜로 말미암아 부드러워지고 새롭게 된 마음 위에 쓴 것이다. 고린도 교인들의 마음은, 살아 계신 하나님의 영으로 말미암아, 손으로 쓴 율법의 돌판을 간직하고 있던 언약궤처럼 복음을 간직하고 있던 그들이야말로 사도의 간절한 소망이었다(4절).

2. 사도는 어떤 찬양이든 그것을 자기에게 돌리는 것을 거부하고 오직 하나님께 모든 영광을 돌린다: "우리가 무슨 일이든지 우리에게서 난 것같이 스스로 만족할 것이 아니니(5절). 우리는 너희 마음속이나 우리 자신의 마음속에 이런 선한 인상을 만들 수 없었다. 그러기에는 우리는 너무 연약하고 무력하기 때문에 우리 자신에 대해 선한 생각을 가질 수 없다. 하물며 다른 사람들 속에 어떤 선한 생각이나 감정을 일으킨다는 것은 상상할 수조차 없다. 우리의 만족은 오직 하나님으로부터 나느니라(5절). 그러므로 그분께 이루어진 모든 선에 대해 철저히 찬양과 영광을 돌려야 하고, 그분으로부터 우리는 그 일을 행할 수 있는 은

혜와 능력을 받아야 한다." 이것이 사역자와 모든 그리스도인들의 참된 관심사다. 하나님의 은혜가 그들을 만드는 것 이상으로 좋은 것은 없다. 우리의 손은 우리를 만족시키지 못한다. 그러나 우리의 만족은 하나님으로부터 나온다. 그분의 은혜가 모든 선한 말과 행위를 하도록 주어질 때 우리는 만족하게 된다.

[6]그가 또한 우리를 새 언약의 일꾼 되기에 만족하게 하셨으니 율법 조문으로 하지 아니하고 오직 영으로 함이니 율법 조문은 죽이는 것이요 영은 살리는 것이니라 [7]돌에 써서 새긴 죽게 하는 율법 조문의 직분도 영광이 있어 이스라엘 자손들은 모세의 얼굴의 없어질 영광 때문에도 그 얼굴을 주목하지 못하였거든 [8]하물며 영의 직분은 더욱 영광이 있지 아니하겠느냐 [9]정죄의 직분도 영광이 있은즉 의의 직분은 영광이 더욱 넘치리라 [10]영광되었던 것이 더 큰 영광으로 말미암아 이에 영광될 것이 없으나 [11]없어질 것도 영광으로 말미암았은즉 길이 있을 것은 더욱 영광 가운데 있느니라

여기서 사도는 옛 언약과 새 언약, 모세 율법과 예수 그리스도의 복음 사이를 비교하고, 이것을 통해 자신과 자신의 동역자들이 새 언약의 일꾼 되기에 만족하게 되었다고 평가하며, 그들을 그렇게 만든 것은 하나님이시라고 말한다 (6절). 그는 이것을 모세 율법을 지나치게 과장하는 거짓 교사들의 비방에 대한 답변 형식으로 설명한다.

I. 사도는 율법 조문과 새 언약의 영 사이를 구별한다(6절). 새 언약의 충성스러운 사역자들로서 그들은 기록된 말씀을 읽거나 복음의 진리를 전파하는 조문의 직분자들이었을 뿐만 아니라 동시에 영의 직분자들이었다. 율법은 죽인다(6절). 율법 조문이 그렇게 한다. 왜냐하면 그것은 죽게 하는 직분이기 때문이다. 만일 우리가 복음의 조문에만 집착한다면, 그렇게 하는 것이 아무 유익이 없을 것이다. 왜냐하면 그것 역시 사망으로부터 사망에 이르는 냄새이기 때문이다. 그러나 복음 사역에 동반하는 복음의 영은 영적 생명과 영원한 생명을 제공한다.

II. 사도는 옛 언약과 새 언약의 차이점을 보여주고, 율법보다 복음이 우월하다고 주장한다. 그 이유는 다음과 같다.

1. 옛 언약의 직분은 죽게 하는 직분(7절)이지만, 새 언약의 직분은 살리는 직

분이기 때문이다. 율법은 우리에게 우리 너머에 계시는 하나님과 우리를 반대하시는 하나님을 보여주었다. 그러나 복음은 은혜와 임마누엘 곧 우리와 함께하시는 하나님을 발견하게 한다. 이 설명에 따르면 복음은 율법보다 훨씬 더 영광스럽다. 그러나 율법도 그 안에 영광을 갖고 있었다. 모세가 시내산에서 손에 두 돌판을 들고 내려올 때 그의 얼굴의 빛이 그것을 증거했다. 그 때 그의 얼굴은 광채로 충만했다.

2. 율법은 정죄의 직분이었다(9절). 왜냐하면 그 안에 기록되어 있는 것을 그대로 이행하지 않는 사람은 누구나 정죄와 저주를 받기 때문이다. 그러나 복음은 의의 직분이다(9절). 그 안에는 믿음으로 말미암아 하나님의 의가 나타나 있다. 이것은 우리에게 의인은 그의 믿음으로 말미암아 살게 된다는 진리를 보여준다. 이것은 예수 그리스도로 말미암아 하나님의 은혜와 자비를 계시한다. 그 결과 죄 사함과 영생을 얻기 때문이다. 그러므로 복음은 영광에 있어서 율법을 크게 능가하기 때문에 율법의 영광을 무색하게 한다(10절). 태양이 떠올라 그 빛을 역력히 드러내면 등불의 빛은 사라지거나 아니면 무시되는 법이다. 마찬가지로 새 언약의 영광과 비교할 때 옛 언약의 영광은 사라지고 없어진다.

3. 율법은 없어지나 복음은 계속 있을 것이다(11절). 모세의 얼굴의 영광도 없어진 것처럼 모세 율법의 영광도 똑같이 사라진다. 그렇다. 모세 율법 자체가 지금은 폐기되었다. 그 직분은 잠시 계속되고, 때가 되면 사라지도록 되어 있었다. 반면에 복음은 세상 끝까지 계속 있을 것이고, 항상 새롭고 번창하며 영광스럽게 유지될 것이다.

[12]우리가 이같은 소망이 있으므로 담대히 말하노니 [13]우리는 모세가 이스라엘 자손들에게 장차 없어질 것의 결국을 주목하지 못하게 하려고 수건을 그 얼굴에 쓴 것 같이 아니하노라 [14]그러나 그들의 마음이 완고하여 오늘까지도 구약을 읽을 때에 그 수건이 벗겨지지 아니하고 있으니 그 수건은 그리스도 안에서 없어질 것이라 [15]오늘까지 모세의 글을 읽을 때에 수건이 그 마음을 덮었도다 [16]그러나 언제든지 주께로 돌아가면 그 수건이 벗겨지리라 [17]주는 영이시니 주의 영이 계신 곳에는 자유가 있느니라 [18]우리가 다 수건을 벗은 얼굴로 거울을 보는 것 같이 주의 영광을 보매 그와 같은 형상으로 변화하여 영광에서 영광에 이르니 곧 주의 영으로 말미암음이니라

이 부분에서 사도는 새 언약과 옛 언약에 관해 자신이 말했던 내용으로부터 두 가지 결론을 이끌어낸다.

I. 복음 사역자들은 아주 분명하거나 명쾌한 말을 사용하는 것이 의무다. 그들은 모세처럼 그들의 얼굴에 수건을 써서는 안 된다. 즉 분명하게 전해야 할 것들을 애매하고 모호하게 만들어서는 안 된다. 복음은 율법보다 더 분명한 직분이다. 하나님의 일들이 새 언약에서는 모형이나 그림자로 나타나지 않는다. 사역자들은 가능한 한 가장 밝은 빛으로 영적 사실들 곧 복음 진리와 은혜를 드러내지 아니하면 크게 비난받게 될 것이다. 이스라엘 백성들은 장차 없어질 것의 결국을 주목하지 못하였으나 우리는 볼 수 있다(13절). 우리는 그 성취를 통해 그것들의 모형과 그림자의 의미를 볼 수 있다. 즉 수건을 벗기시고, 믿는 모든 자들에게 의를 위해 율법의 마침이 되시며, 모세와 모든 선지자들이 암시하고 기록했던 그리스도와 그분이 오시는 것을 본다.

II. 율법 아래 산 사람들보다 복음을 누리며 사는 자들의 특권과 유익이 월등하다. 그 이유는 다음과 같다

1. 율법의 직분 아래 산 사람들은 마음이 눈먼 상태 속에 있고(14절), 수건이 그 마음을 덮었다(15절). 구약시대의 사람들, 특히 메시야가 오고 복음이 선포된 후에도 여전히 유대교에 머물러 있는 사람들이 바로 이런 사람들이다. 그럼에도 불구하고 사도는 우리에게 말하기를 그러나 언제든지 (그들의 몸이) 주께로 돌아가면 그 수건이 벗겨지리라(16절)고 한다. 또는 어떤 특별한 사람이 하나님께 돌아오면, 무지의 수건이 벗겨지고, 마음의 맹목성과 완고함은 고침받게 될 것이다.

2. 복음을 누리고 믿는 사람들의 상태는 참으로 행복하다. 그 이유는 다음과 같다. (1) 그들은 자유를 갖고 있기 때문이다: 주의 영이 계신 곳에는 즉 복음 시대에 그분이 역사하시는 곳에는, 자유가 있느니라(17절). 여기서 자유는 의식적 율법, 타락의 종으로부터의 해방, 그리고 하나님께 가까이 나아갈 자유, 기도의 자유 등을 의미한다. 마음이 해방을 받아 크게 넓어져서 기꺼이 하나님의 계명의 길을 따라가게 된다. (2) 그들은 빛을 갖고 있기 때문이다: 우리가 다 수건을 벗은 얼굴로 거울을 보는 것 같이 주의 영광을 보매(18절). 이스라엘 백성들은 어둡고 무서운 구름 속에서 하나님의 영광을 보았다. 그러나 그리스도인들은 거울을 보는 것같이 더 분명하고 편안하게 주의 영광을 본다. 모세가 친구를 대하

는 것처럼 하나님과 대면하여 대화를 나눈 것은 특별한 권한이었다. 그러나 지금 모든 참 그리스도인들은 그분을 벗은 얼굴로 더 분명하게 본다. 그분은 그들에게 그의 영광을 보여주신다. (3) 이 빛과 자유는 변화하는 것이기 때문이다. 우리는 그분과 같은 형상으로 변화하여 영광에서 영광에 이를 것이다(18절). 곧 어떤 영광의 단계에서 다른 영광의 단계에 이르되, 그 변화는 여기서 받은 은혜가 영광 중에 완성될 때까지 계속될 것이다. 그러므로 그리스도인들에게 이 특권은 얼마나 소중하고 좋은 것인가! 우리는 성령의 역사로 말미암아 복음의 변화시키는 능력을 경험적으로 맛보고, 우리의 기질과 성향이 우리 구주이자 주님이신 예수 그리스도의 영광스러운 복음에 복종할 때까지 절대로 만족해서는 안 된다.

제
— 4 —
장

개요

이 장에서 사도는 다음과 같은 내용을 설명한다. I. 자신과 자신의 동역자들의 사역의 불굴의 지조. 그들의 일관성에 대한 선언(1절), 그들의 진실성에 대한 천거(2절), 반대에 대한 제거(3,4절), 그리고 그들의 충성심에 대한 증명(5-7절). II. 고난 속에서 보여준 그들의 용기와 인내. 그들이 받은 고난의 종류와 받은 위안의 내용(8-12절). 넘어지고 기진하지 않도록 그들을 지켜준 것(13-18절).

¹그러므로 우리가 이 직분을 받아 긍휼하심을 입은 대로 낙심하지 아니하고 ²이에 숨은 부끄러움의 일을 버리고 속임으로 행하지 아니하며 하나님의 말씀을 혼잡하게 하지 아니하고 오직 진리를 나타냄으로 하나님 앞에서 각 사람의 양심에 대하여 스스로 추천하노라 ³만일 우리의 복음이 가리었으면 망하는 자들에게 가리어진 것이라 ⁴그 중에 이 세상의 신이 믿지 아니하는 자들의 마음을 혼미하게 하여 그리스도의 영광의 복음의 광채가 비치지 못하게 함이니 그리스도는 하나님의 형상이니라 ⁵우리는 우리를 전파하는 것이 아니라 오직 그리스도 예수의 주 되신 것과 또 예수를 위하여 우리가 너희의 종 된 것을 전파함이라 ⁶어두운 데에 빛이 비치라 말씀하셨던 그 하나님께서 예수 그리스도의 얼굴에 있는 하나님의 영광을 아는 빛을 우리 마음에 비추셨느니라 ⁷우리가 이 보배를 질그릇에 가졌으니 이는 심히 큰 능력은 하나님께 있고 우리에게 있지 아니함을 알게 하려 함이라

앞 장에서 사도는 자신이 직분을 맡아 감당했던 복음의 우월성 또는 영광에 대해 다루면서, 자신의 직분을 자랑했다. 이제 이 장에서 그의 목표는 거짓 교사들의 비방에 대해 자기의 사역을 옹호하는 것이다. 거짓 교사들은 복음 전도자들을 속이는 자들로 몰아붙이거나 그들이 받은 고난에 대해 사람들의 마음속에 왜곡된 생각을 심어주려고 애썼다. 그러므로 그는 그들에게 자기가 어떻게 믿었는지 그리고 복음 전도자로서 그 직분을 얼마나 잘 감당했는지

를 말해준다. 복음 전도자들은 교만에 차 으스대지 않고, 박차를 가해 부지런히 일했다: "우리가 이 직분을 받아 그토록 특별하고, 고귀한 존재가 되었기 때문에 거드름피우거나 게으르지 않고 우리의 의무를 더 잘 이행하기 위해 분발했다."

I. 일반적으로 두 가지 사실을 설명한다.　사역하고 수고할 때 그들이 보여준 지조와 진실함이 그것이다. 이 점에 관해서는 다음과 같은 내용을 확인할 수 있다

1. 사역에 대한 그들의 지조와 인내가 선언된다: "수고할 때 어려움이 많았으나 우리가 낙심하지 아니한다(1절). 또는 절대로 사역에 영향을 받지 않는다." 그들의 이같은 견인성은 하나님의 긍휼하심을 입은데 기인했다. 그들이 사도의 직분을 받은 것도 똑같은 은혜와 긍휼에 의해서였다(롬 1:5). 그들은 그 직분을 수행하는데 필요한 인내의 힘을 공급받았다. 성도로 부르심을 받는 것, 특히 충성되이 여겨 직분을 맡기시는 것(딤전 1:12)이 큰 긍휼과 은혜인 것처럼, 우리가 맡겨준 사역을 충성스럽게 그리고 인내하며 잘 감당한다면, 그것 역시 하나님의 긍휼과 은혜에 힘입은 것이다. 세상에서 아무리 똑똑한 사람이라도 하나님으로부터 긍휼을 얻지 못한다면 자기 일을 하는데 있어서 결국은 부담 때문에 낙심하게 될 것이다. 이 위대한 사도는 고린도전서에서 내가 나 된 것은 하나님의 은혜로 된 것이니라고 말했다(고전 15:10). 그 은혜가 지금까지 우리를 안팎에서 도왔다. 따라서 우리는 하나님께서 끝까지 우리를 도와주리라고 확신할 수 있다.

2. 그들의 사역의 신실함이 다양한 표현을 통해 제시된다(2절): 이에 숨은 부끄러움의 일을 버리고(2절). 부끄러움의 일은 숨은 일로서, 빛을 감당할 수 없다. 그런 일을 저지르는 사람들은 특히 그 일이 드러났을 때 부끄러움을 당하거나 당하게 될 것이다. 사도는 이런 일을 허용하지 않고, 단호하게 거절하거나 피하였다: 속임으로 행하지 아니하며(2절). 곧 술책과 계교를 가지고 행함으로써 위장하지 않고, 순진무구하고 솔직한 마음으로 행한다는 뜻이다. 그들은 외부에서 그럴듯하고 허울 좋은 선으로 덮여진 천하고 사악한 숨은 음모를 갖고 있지 않았다. 그들은 복음을 전할 때 하나님의 말씀을 혼잡하게 하지 아니하였다(2절). 그러나 사도가 앞에서 말한 것처럼, 그들은 담대히 말하였다(고후 3:12). 곧 분명한 말을 사용했다. 그들의 사역은 사악한 음모에 도움을 주거나 좌우되지 않았다. 그들은 진리가 아닌 허위로 사람들을 속이지 아니했다. 어떤 이들은 여기서 사

도가 위험한 도박사가 사용하는 속임수나 시장의 장사꾼이 질이 낮은 상품을 좋은 것으로 속여서 파는 술수를 암시하는 것으로 생각한다. 사도들은 이런 사람들처럼 행동하지 않았다. 그들은 오직 진리를 나타냄으로 각 사람의 양심에 대하여 스스로 추천했다(2절). 즉 그들은 자신의 양심에 따라 참되다고 믿는 것과 그들에게 말씀을 듣고 스스로 판단하고 스스로 설명해야 했던 사람들의 양심이 확신하는데 도움을 주는 것 외에는 선언하지 않았다. 그리고 이 모든 것을 그들은 하나님 앞에서 행하였다. 즉 그들은 거짓 없는 진실함을 통해 그들 스스로 하나님과 사람들의 양심에 추천하려는 마음이 간절했다. 복음의 진리를 견고하게 고수하는 것은 그 자체로 사역자들과 사람들에게 스스로를 추천하는 것이다. 그리고 진실함 또는 솔직함이야말로 사람의 명예와 지혜롭고 선한 사람들의 그에 관한 좋은 평판을 보장받는 비결이다.

Ⅱ. 반대에 대한 답변이 주어진다.　그 반대는 다음과 같이 주어질 수 있다: "만약 그것이 그렇다면, 복음을 듣는 어떤 사람들에게는 그것이 가리어지고, 효과가 없는 것은 어떻게 된 일인가?" 이에 대한 사도의 대답은 이것이 복음의 하자도 아니고 사역자 자신의 흠결도 아니라는 것을 보여주는 것으로 진행된다. 그러나 이에 대한 참된 이유는 다음과 같다.

1. 복음이 가리어지거나 효력이 없는 대상은 망하는 자들이다(3절). 그리스도는 잃어버린 자를 구원하기 위해 오셨다(마 18:13). 그리스도의 복음은 이런 자들을 구원하도록 보내졌다. 만일 이것이 그들을 찾아 구원하지 못한다면, 그들은 영원히 망하게 될 것이다. 그들은 자기들을 구원할 어떤 다른 일을 기대해서는 안 된다. 다른 구원의 방법이나 수단은 없기 때문이다. 그러므로 복음이 영혼으로부터 가리어지는 것은 그들의 멸망에 대한 증거이자 원인이다.

2. 그 중에 이 세상의 신이 믿지 아니하는 자들의 마음을 혼미하게 하여(4절). 그들은 이 세상의 신 또는 다른 곳에서 이 세상의 임금으로 불리는 마귀의 지배와 권세 아래 있다. 그렇게 불리는 이유는 그가 이 세상에서 큰 지배력을 갖고 있고, 이 세상의 무수한 무리들이 그에게 충성을 바치고 있기 때문이다. 하나님의 허용으로 말미암아 그는 이 세상과 그의 신하 또는 종들의 마음속에서 막강한 지배력을 행사하고 있다. 그리고 그는 흑암의 왕으로, 이 세상의 어둠의 지배자이기 때문에 사람들의 이성을 어둡게 하고, 그들의 편견을 촉진시키며, 그들을 어둠 속에 가두어놓고 온갖 이득을 챙긴다. 다시 말해 그는 사람들의 마음을 무

지와 오류와 편견으로 눈멀게 함으로써 그들이 하나님의 형상인 그리스도의 영광의 복음의 광채가 비치지 못하게 한다(4절). 여기서 우리는 다음과 같은 사실을 확인하게 된다. (1) 복음을 통한 그리스도의 목적은 사람들의 마음속에 하나님을 영광스럽게 알려주는 것이다. 따라서 하나님의 형상으로서 그분은 하나님의 능력과 지혜를 예증하며, 그들의 구원을 위해 하나님의 은혜와 긍휼을 입증한다. (2) 그러나 마귀의 목적은 사람들을 무지 속에 가두어놓는 것이다. 그리고 세상으로부터 복음의 광채를 차단할 수 없을 때, 그는 사람들의 마음으로부터 그것을 차단하는 것을 자신의 최대 업무로 삼는다.

Ⅲ. 복음 전도자들의 진실함의 증거가 제시된다(5절).　그들은 자기들이 아니라 그리스도를 전파하는 것을 업무로 삼았다: 우리는 우리를 전파하는 것이 아니라. 자기(自己)는 사도들의 전파의 대상 또는 목표가 아니었다. 그들은 자기들 자신의 관념과 개인적 견해, 자기들의 열정과 편견이 아니라 오직 하나님의 말씀과 뜻을 전했다. 또 그들은 자기들 자신의 세속적 이익이나 영광을 촉진시키기 위해 이기적으로 행동하지 않았다. 그 대신 그들은 오직 그리스도 예수의 주 되신 것을 전파했다. 이것이야말로 그리스도의 종으로서 그들에게 어울리고, 그들이 마땅히 해야 할 일이었다. 그들의 임무는 그들의 주인을 세상에 메시야로 곧 하나님의 그리스도로 그리고 사람들의 유일한 구주이신 예수로, 의로우신 주님으로 알림으로써 그분의 영예와 영광을 높이는 것이었다. 기독교의 모든 교리는 그리스도께 집중되어 있음을 주목하자. 그러므로 그리스도를 전파하면 우리가 전파해야 할 모든 것을 전파하는 것이다. 이에 대해 사도는 우리는 우리를 전파하는 것이 아니라 예수를 위하여 우리가 너희의 종 된 것을 전파함이라(5절)고 말한다. 이것은 아첨이 아니라 영혼들의 선을 위해 곧 그들의 영적 및 영원한 유익을 촉진시키기 위해 그리고 예수님을 위해 만반의 준비가 되어있다는데 대한 참된 고백이다. 그들은 그들 자신을 위해서나 그들 자신의 유익을 위해서가 아니라 그리스도를 위해 그분의 위대한 본보기를 따르고, 그분의 영광을 높인다. 사역자들은 사람들의 영혼의 종들이므로, 교만한 정신을 갖고 하나님의 기업인 그들 위에 군림하려고 해서는 안 된다. 그러나 동시에 그들은 사람들의 기분이나 정욕의 종이 되어 천박한 정신을 가진 존재가 되어서도 안 된다. 만일 그들이 이같이 사람들의 기쁨을 구하였다면, 그리스도의 종이 아니다(갈 1:10). 그리고 여기에는 그만한 이유가 있었다.

1. 그들이 그리스도를 전파해야 하는 이유. 복음의 광채로 말미암아 우리가 예수 그리스도의 얼굴에 있는 하나님의 영광을 아는 빛을 갖게 되기 때문이다(6절). 그리고 이 의의 태양의 빛은 하나님께서 어두운 데에 빛이 비치라고 말씀하신 그 빛보다 더 영광스럽다. 창공에서 태양이 비치는 것을 보는 것은 기분 좋은 일이다. 그러나 복음이 마음속에서 비치는 것은 훨씬 더 즐겁고 복된 일이다. 빛이 태초의 창조 때 가장 먼저 창조된 것처럼, 그것은 새 창조 때에도 마찬가지다: 성령의 조명은 영혼에 대해 행해지는 첫 번째 사역이다. 하나님의 은혜가 영혼 속에 이 빛을 창조하였기 때문에 전에는 어둠이었던 자들이 이제는 주 안에서 빛이 된다(엡 5:8).

2. 그들이 그들 자신을 전파해서는 안 되는 이유. 그것은 그들이 땅에 속한 그릇 즉 거의 또는 아무 가치나 자격이 없는 존재들이기 때문이다. 여기에는 기드온의 병사들이 땅의 항아리 속에 담아간 횃불(삿 7:16)에 대한 암시가 들어있다. 복음의 광채와 은혜의 보물이 땅의 그릇 속에 들어있다. 복음 사역자들은 연약하고 깨지기 쉬운 피조물이다. 다른 사람들과 같은 성정과 약점을 가진 사람들이다(약 5:17). 그들은 죽음에 예속되어 있고, 곧 먼지로 돌아갈 것이다. 하나님께서 그릇이 약할수록 그분의 능력이 더 강하게 나타나도록 하셨기 때문에 그릇보다는 보물 자체가 더 큰 가치를 갖는 것이다. 그리스도의 복음 속에는 놀라운 능력이 들어있다는 점을 잊지 말자. 그것은 지성을 계몽하고, 양심을 각성시키고, 영혼을 회심시키며, 심령을 즐겁게 한다. 그러나 이 모든 능력은 조물주이신 하나님으로부터 오는 것이지 사람으로부터 오는 것이 아니다. 사람은 단지 도구에 불과하고, 따라서 모든 일들 속에서 하나님이 영광을 받으셔야 한다.

[8]우리가 사방으로 우겨쌈을 당하여도 싸이지 아니하며 답답한 일을 당하여도 낙심하지 아니하며 [9]박해를 받아도 버린 바 되지 아니하며 거꾸러뜨림을 당하여도 망하지 아니하고 [10]우리가 항상 예수의 죽음을 몸에 짊어짐은 예수의 생명이 또한 우리 몸에 나타나게 하려 함이라 [11]우리 살아 있는 자가 항상 예수를 위하여 죽음에 넘겨짐은 예수의 생명이 또한 우리 죽을 육체에 나타나게 하려 함이라 [12]그런즉 사망은 우리 안에서 역사하고 생명은 너희 안에서 역사하느니라 [13]기록된 바 내가 믿었으므로 말하였다 한 것 같이 우리가 같은 믿음의 마음을 가졌으니 우리도 믿었으므

로 또한 말하노라 ¹⁴주 예수를 다시 살리신 이가 예수와 함께 우리도 다시 살리사 너희와 함께 그 앞에 서게 하실 줄을 아노라 ¹⁵이는 모든 것이 너희를 위함이니 많은 사람의 감사로 말미암아 은혜가 더하여 넘쳐서 하나님께 영광을 돌리게 하려 함이라 ¹⁶그러므로 우리가 낙심하지 아니하노니 우리의 겉사람은 낡아지나 우리의 속사람은 날로 새로워지도다 ¹⁷우리가 잠시 받는 환난의 경한 것이 지극히 크고 영원한 영광의 중한 것을 우리에게 이루게 함이니 ¹⁸우리가 주목하는 것은 보이는 것이 아니요 보이지 않는 것이니 보이는 것은 잠깐이요 보이지 않는 것은 영원함이라

이 부분에서 사도는 온갖 고난 속에서 보여준 복음 전도자들의 용기와 인내에 관해 설명한다. 여기서 우리는 다음과 같은 사실을 확인할 수 있다.

I. 그들의 고난이 어떠했고, 그 고난 아래에서 그들이 어떻게 인내했는지 서술되고 있다(8-12절). 사도들은 엄청난 고난을 받았다. 그 때 그들은 그들의 주님을 따라갔다: 그리스도께서는 그들에게 세상에서는 너희가 환난을 당할 것이라(요 16:33)고 말씀하셨고, 그렇게 그들은 환난을 당했다. 그러나 그들은 놀라운 도움, 커다란 구원을 받았고, 그들의 슬픔에 무수한 위안을 얻었다. 사도는 이렇게 말한다: "우리가 사방으로 우겨쌈을 당하여도 싸이지 아니하리라(8절). 곧 우리는 수많은 길에서 고통을 겪고, 거의 온갖 환난을 만날 것이다. 우리는 하나님 안에서 그리고 하나님으로부터 도움을 얻을 수 있고, 그분께 언제든 나아갈 자유가 있기 때문에 절대로 저지를 당하거나 갇히거나 하지 않을 것이다." 또 "우리는 답답한 일을 당하여도 곧 종종 우리에게 일어날 일에 대해 확신이 없고 의심이 되며, 이런 상황에서 마음속에 걱정이 반드시 없지는 않지만, 낙심하지 아니한다(8절). 심지어는 아무리 답답한 일이 벌어져도, 우리는 하나님께서 우리를 도우시고 구원하시리라는 것을 알고 있기에 항상 그분 안에 신뢰와 소망을 두고 있다." 다시 말해 "우리는 도처에서 미움과 폭력을 행사하는, 살 가치가 없는 사람들로 말미암아 박해를 받아도, 하나님으로부터 버린 바 되지 아니한다(9절)." 선인들은 때때로 원수들에게는 박해를 받으면서 동시에 친구들에게는 버림을 받을 수 있다. 그러나 하나님은 결코 그들을 떠나거나 버리지 아니하실 것이다. 다시 말해 "우리는 수시로 거꾸러뜨림을 당한다. 원수는 크게 으르렁거리고, 우리는 의기소침하기 시작한다. 내면에는 두려움이, 외부에는 싸

움이 있을 수 있다. 그러나 우리는 망하지 않는다(9절)." 그러나 그들은 보존되고, 그들의 머리는 항상 물 위에 나와 있었다. 하나님의 자녀들은 이 세상에서 어떤 상태에 처하여도, 스스로 위로 받을 '대책'을 갖고 있음을 기억하자. 그들의 상황은 때로 나쁘고, 아주 나쁠 때도 있다. 그러나 아무리 나빠도 그렇게 나쁜 것이 아니다. 사도는 자기들이 당한 고난은 지속적인 것으로 그리스도의 고난의 흔적이라고 말한다(10절). 그리스도의 고난은 어느 정도 그리스도인들의 고난으로 다시 나타난 것이었다. 이렇게 하여 그들은 자기 몸에 예수의 죽음을 짊어졌다. 이것은 세상 앞에 그리스도의 고난의 위대한 실례를 드러내는 것으로서, 비록 항상 죽음에 넘겨지고(11절), 그들 안에서 사망이 역사하지만(12절), 예수의 생명이 또한 나타나도록, 즉 사람들이 그리스도의 부활의 권세를 분명히 볼 수 있도록, 그리고 살아계신 예수 안에 있는 또 그분으로부터 나오는 은혜의 효력이 아직 살아 있는 사람들 안에서 그리고 그들을 향해 나타나도록 기꺼이 죽음에 노출되고, 계속적으로 사망에 의해 삼킴을 받을 준비가 되어 있다. 그 당시 사도들이 당한 고난은 너무 커서 다른 그리스도인들과 비교해 볼 때, 다른 그리스도인들의 고난은 아무것도 아니었다: 사망은 우리 안에서 역사하고 생명은 너희 안에서 역사하느니라(12절).

II. 그러한 고난 아래에서도 그들이 쓰러지거나 낙심하지 않은 이유가 무엇인지 언급되고 있다(13-18절). 그들이 짊어지는 짐과 환난이 무엇이든 그리스도인들은 낙심하지 않을 충분한 이유를 갖고 있다.

1. 믿음이 낙심으로부터 그들을 지켜주었기 때문이다: 우리가 같은 믿음의 마음을 가졌으니(13절). 그 믿음은 성령의 역사를 받는다. 옛날 성도들도 똑같은 믿음을 갖고 이 큰 고난을 견디었다. 믿음의 은혜는 환난의 때에 실신 상태로부터 일어서게 하는 주권적 강심제요, 유효한 해독제이다. 믿음의 마음은 허약할 때 사람의 마음을 크게 지탱시켜 줄 것이다. 사도는 "내가 크게 고통을 당하였다고 말할 때에도 나는 믿었도다"(시 116:10)라고 말한 다윗의 실례를 본받은 것처럼, 우리에게 자신의 실례를 본받도록 말한다: 우리도 믿었으므로 또한 말하노라(13절). 우리가 다른 사람들의 선한 말과 본보기로부터 도움과 용기를 얻는 것처럼, 다른 사람들에게 선한 본보기를 보여줄 수 있도록 유의해야 한다.

2. 부활에 대한 소망이 쓰러짐으로부터 그들을 지켜주었다(14절). 그들은 그리스도의 부활과 그분의 부활이 자기들의 부활의 보증이요 확증임을 알고 있

었다. 사도는 이것을 고린도전서에서 상세히 다루었다(15장). 그러므로 그들의 소망은 머리이신 그리스도를 살리신 분이 그의 모든 지체들도 살리실 것이라는 사실에 견고하게 고정되어 있었다. 부활의 소망이 고난당할 때 우리에게 큰 용기를 주고, 죽음에 대한 두려움을 이기도록 작용한다는 점을 잊지 말자. 무슨 이유로 즐거운 부활에 대한 소망을 품고 죽는 참 그리스도인이 죽음을 두려워하겠는가?

3. 그들의 고난이 하나님의 영광과 교회의 유익을 가져온다는 생각이 낙심으로부터 그들을 지켜주었다(15절). 그들의 고난은 교회의 유익을 위해 주어졌고(1:6), 그리하여 하나님의 영광으로 다시 나타났다. 왜냐하면 교회가 덕을 세우면 하나님이 영광을 받으시기 때문이다. 우리는 다른 사람들이 우리의 고난으로 말미암아 덕을 볼 때, 즉 그들이 교훈을 받거나 교화된다면, 또 그들이 힘을 얻거나 위로를 받는다면, 인내하며 그리고 즐겁게 고난을 능히 감당할 수 있을 것이다. 그리스도의 사역자들의 고난은 그들의 설교 및 행실과 마찬가지로 교회의 선과 하나님의 영광을 위해 주어진 것임을 잊지 말자.

4. 그들의 몸의 고난으로 말미암아 영혼이 유익을 얻는다는 생각이 낙심으로부터 그들을 지켜주었다: 우리가 낙심하지 아니하노니 우리의 겉사람은 낡아지나 우리의 속사람은 날로 새로워지도다(16절). 여기서 다음과 같은 내용이 주목된다.

(1) 우리 각자는 겉사람과 속사람 곧 육체와 영혼을 갖고 있다.

(2) 겉사람은 낡아진다고 해도 치료제는 없고, 그것은 그렇게 되어야 하고, 또 그렇게 될 것이며, 그렇게 되도록 정해져 있었다.

(3) 겉사람의 낡아짐이 속사람의 새로움에 기여한다면, 몸이 병들고 약해지고 낡아졌을 때 영혼이 활력을 얻고 번창한다면, 그것은 우리의 행복이다. 아무리 훌륭한 사람이라도 날마다 속사람이 더 새로워질 필요가 있다. 선행이 시작되는 곳에서, 그 일이 계속 진행되려면 할 일이 그만큼 더 많아지는 법이다. 악인들 속에서는 날마다 악한 것이 더 자라가는 것처럼, 경건한 사람들 속에서는 날마다 선한 것이 더욱 자라간다.

5. 영생과 행복에 대한 기대가 그들을 낙심으로부터 지켜주고, 강력한 도움과 위로가 되었다. 이것을 확인해 보자.

(1) 사도와 그의 동역자들은 고통이 그들을 천국으로 더 가까이 인도하는 것을 알았다. 그리고 그것들은 마침내 그 고통이 끝나고(17절), 그리하여 성소의

저울로 그것들을 바르게 달아보는 날이 있음을 알았다. 그들은 한 저울에는 하늘의 영광을 올려놓고, 다른 저울에는 그들의 땅에서의 고난을 올려놓고 그것을 달아보는 것처럼 해보았다. 깊이 헤아려보고 그들은 고통이 훨씬 가볍고, 천국의 영광이 지극히 크고 중하다는 것을 깨달았다. 감각이 무겁고 길다, 또 힘들고 지루하다고 선언하는 것을 믿음은 가볍고 짧다, 아니 한순간이라고 인식했다. 한편 영광의 면류관의 가치와 무게는 실제로도 참으로 크지만, 믿는 영혼에게는 그의 모든 표현과 상상을 훨씬 뛰어넘는 가치와 무게로 평가될 것이다. 그러므로 우리가 장래의 영광을 누리도록 그 길이 예정되어 있음을 염두에 둔다면 고난당할 때 우리에게 특별한 도움이 될 것이다.

(2) 그들의 믿음이 올바른 판단을 할 수 있도록 그들을 이끌었다: 우리가 주목하는 것은 보이는 것이 아니요 보이지 않는 것이니 보이는 것은 잠깐이요 보이지 않는 것은 영원함이라(18절). 우리는 믿음으로 보이지 아니하는 하나님을 보고(히 11:27), 믿음으로 보이지 않는 천국과 지옥을 주목한다. 믿음은 보이지 않는 것들의 증거다(히 11:1). 여기서 다음 몇 가지 사실을 유의하자. [1] 보이는 것들도 있지만 보이지 않는 것들도 있다. [2] 그 둘 사이에는 엄청난 차이가 있다. 보이지 않는 것들은 영원하지만, 보이는 것들은 일시적이고, 단지 잠깐 있을 뿐이다. [3] 믿음으로 우리는 이 일들과 이 둘 사이의 커다란 차이를 분별할 뿐만 아니라 또한 믿음으로 보이지 않는 것들에 우리의 목적을 두고, 그것들을 더 소중히 여기며, 일시적이고 임시적인 것에 불과한 현재의 악을 피하고 현재의 유익을 얻는 것에 우리의 목표와 기대를 두지 않고, 보이지 않지만 진실하고 확실하고 영원한 장래의 악을 피하고 장래의 선한 일들을 취하는 것에 둔다. 믿음은 바라는 것들의 실상이요 보이지 않는 것들의 증거다(히 11:1).

제
— 5 —
장

개요

　　사도는 고난당할 때 복음 전도자들이 어떻게 낙심하지 않았는지 그 이유를 계속 보여준다. 그는 먼저 죽음 이후의 행복에 대한 그들의 기대와 소망과 확신을 소개한다(1-5절). 그리고 거기서 신자들이 현재 상태에서 받게 될 위로를 이끌어낸다(6-8절). 또 거기서 그들의 의무를 촉진시키는 또 다른 이유를 이끌어낸다(9-11절). 이어서 그는 외관상 자천하는 것에 대해 변명하고, 자신의 열심과 부지런함에 대한 이유를 충분히 제시한다(12-15절). 그리고 마지막으로 그리스도를 위한 우리의 삶에 필수적인 두 가지 진리 곧 거듭남과 화목에 대해 언급한다(16-21절).

[1]만일 땅에 있는 우리의 장막 집이 무너지면 하나님께서 지으신 집 곧 손으로 지은 것이 아니요 하늘에 있는 영원한 집이 우리에게 있는 줄 아느니라 [2]참으로 우리가 여기 있어 탄식하며 하늘로부터 오는 우리 처소로 덧입기를 간절히 사모하노라 [3]이렇게 입음은 우리가 벗은 자들로 발견되지 않으려 함이라 [4]참으로 이 장막에 있는 우리가 짐진 것 같이 탄식하는 것은 벗고자 함이 아니요 오히려 덧입고자 함이니 죽을 것이 생명에 삼킨 바 되게 하려 함이라 [5]곧 이것을 우리에게 이루게 하시고 보증으로 성령을 우리에게 주신 이는 하나님이시니라 [6]그러므로 우리가 항상 담대하여 몸으로 있을 때에는 주와 따로 있는 줄을 아노니 [7]이는 우리가 믿음으로 행하고 보는 것으로 행하지 아니함이로라 [8]우리가 담대하여 원하는 바는 차라리 몸을 떠나 주와 함께 있는 그것이라 [9]그런즉 우리는 몸으로 있든지 떠나든지 주를 기쁘시게 하는 자가 되기를 힘쓰노라 [10]이는 우리가 다 반드시 그리스도의 심판대 앞에 나타나게 되어 각각 선악 간에 그 몸으로 행한 것을 따라 받으려 함이라 [11]우리는 주의 두려우심을 알므로 사람들을 권면하거니와 우리가 하나님 앞에 알리어졌으니 또 너희의 양심에도 알리어지기를 바라노라

　　이 단락에서 사도는 앞 장에서 다루었던 복음 전도자들이 고난 속에

서도 잃지 않았던 용기와 인내의 이유들에 관한 논증을 계속 전개한다.

I. 사도는 죽음 이후의 행복에 대한 그들의 기대와 소망과 확신을 언급한다
(1-5절) 이것을 구체적으로 살펴보자.

1. 죽음 후의 영원한 행복에 대한 신자의 기대(1절). 신자는 믿음으로 현세의 삶이 끝나면 또 다른 차원의 행복한 삶이 존재한다는 사실의 진리성과 실재성을 알고 있거나 크게 확신하고 있을 뿐만 아니라 은혜로 말미암아 보이지 않는 세계의 그 영원한 복에 자신의 몫이 있을 것이라는 참된 소망을 갖고 있다. "우리는 하나님께서 지으신 집을 갖고 있다. 우리는 장래의 지복에 대한 견고하고 확고한 기대를 갖고 있다." 그러므로 우리는 여기서 다음과 같은 사실을 유의해야 한다. (1) 신자의 눈과 소망 속에서 본 천국. 신자는 천국을 하나의 집 또는 처소, 거처, 안식처, 피난처 곧 우리 아버지의 집으로 바라본다. 그 곳에는 거할 처소가 많고, 우리의 영원한 가정이 될 것이다. 그것은 하늘에 있는 집으로, 하늘이 땅보다 높은 것처럼, 이 땅의 모든 처소들을 크게 능가하는 높고 거룩한 곳에 있다. 그것은 하나님의 집으로서, 그 건축자와 조물주는 하나님이시고, 따라서 그분은 그 창조자로서 손색이 없다. 장래 천국의 행복은 하나님께서 자기를 사랑하는 자들을 위해 예비해 놓으신 것이다. 그것은 땅에 있는 장막 집 곧 지금 우리의 영혼이 거하는 집으로 그 기초가 흙으로 된, 그래서 붕괴되고 무너지고 말 흙집과는 완전히 다른 하늘에 있는 영원한 집이요, 영원한 처소다. (2) 이 행복을 누릴 것으로 기대되는 시기. 죽는 즉시 누리게 된다. 곧 땅에 있는 우리의 장막 집이 무너지는 순간부터다(1절). 우리는 여기서 두 가지를 주목해야 한다. [1] 이 땅에 있는 집 곧 몸은 단지 장막 집일 뿐이다. 그것은 곧 무너지도록 되어 있다. 못이나 빗장이 빠지고 줄이 풀어지면, 몸은 원래 있었던 흙으로 돌아갈 것이다. [2] 이 일이 일어나면, 사람의 손으로 만들지 않은 집이 온다. 영은 그것을 주신 하나님께 돌아가고, 여기서 하나님과 동행했던 사람들은 영원히 그분과 함께 살 것이다.

2. 이 장래의 행복에 대한 신자의 간절한 소원이 우리가 탄식하며(스테나조멘)라는 단어로 표현되고 있는데, 이 말은 다음 두 가지 뜻을 담고 있다. (1) 무거운 짐 아래 슬퍼하며 신음한다. 신자들은 인생의 짐 아래 신음하고 있다: 참으로 우리가 여기 있어 탄식하며(2절). 참으로 이 장막에 있는 우리가 짐진 것 같이 탄식하는 것은(4절). 육의 몸은 무거운 짐이고, 인생의 재앙들도 무거운 짐이다. 그러

나 신자들은 죄의 몸과 그 안에 여전히 남아 준동하는 무수한 부패들을 짊어지고 있기 때문에 신음하고 있다. 이것 때문에 그들은 오호라 나는 곤고한 사람이로다(롬 7:24)라고 탄식하게 된다. (2) 다른 삶의 행복을 갈망하는 신음이 있다. 따라서 그들은 다음과 같이 신음한다: 죽을 것이 생명에 삼킨 바 되게 하려고(4절), 또 우리가 벗은 자들로 발견되지 않으려고(3절) 하늘로부터 오는 우리 처소로 덧입기를 간절히 사모하노라(2절). 만일 그것이 하나님의 뜻이라면, 우리는 잠자지 않고 다 변화될 것이다. 왜냐하면 벗고자 하는 것은 본질상 원하는 바가 아니기 때문이다. 단순히 영혼과 육체가 분리되는 사망은 원하는 바가 아니라 오히려 두려워하는 일이다. 그러나 신자는 죽음이 영광의 관문이기에 사는 것보다 죽는 것 곧 차라리 몸을 떠나 주와 함께 있는(8절) 것을 더 원한다. 그것은 영혼이 이 육체를 떠나 그리스도께 가는 것이요, 영광의 옷을 덧입기 위하여 이 세상의 짐을 벗어버리는 것이다. 여기서 다음 두 가지를 유의하자. [1] 죽음은 우리에게서 육신의 옷을 벗겨버리고, 이 아래 세상에서의 우리의 모든 고통과 함께 삶의 모든 안락까지도 종식시킨다. 우리가 이 세상에 벌거벗고 왔으니 벌거벗고 떠나게 될 것이다. [2] 그러나 은혜를 입은 영혼들은 다른 세상에서 벗은 자들로 발견되지 않을 것이다. 절대로 아니다. 그들은 찬양의 옷, 의와 영광의 옷을 덧입게 된다. 그들은 모든 환난으로부터 벗어나 어린 양의 피에 그 옷을 씻어 희게 될 것이다(계 7:14).

3. 이 장래의 행복이 자신의 것이 될 것이라고 믿는 신자의 확신이 두 가지로부터 설명된다: (1) 하나님의 은혜에 대한 경험으로부터 확신을 갖게 된다. 신자는 하나님의 은혜에 대한 경험을 통해 그분이 이 복을 예비하고, 이루실 것을 확신한다. 이것을 우리에게 이루게 하시고 보증으로 성령을 우리에게 주신 이는 하나님이시니라(5절). 장차 천국에 가도록 되어있는 모든 사람들은 여기 이 세상에서 천국에 대한 것이 이루어지고 준비된다. 위에 있는 그 영적 집과 성전의 돌들은 여기 아래에서 다듬어지고 만들어진다. 이것을 우리에게 이루시는 분은 하나님이다. 하나님의 능력 외에 다른 어떤 능력도 영혼이 신적 본성에 참여하도록 만들 수 없기 때문이다. 하나님의 손 외에 어떤 손도 이 일을 우리에게 이루실 수 없기 때문이다. 우리 영혼이 천국에 알맞도록 준비되기 위해서는 참으로 많은 일이 이루어져야 하기 때문에 그 준비는 오직 하나님으로부터 온다. (2) 보증으로 성령을 주신 것이 이 확신을 갖게 만든다(5절). 왜냐하면 보증

은 지불의 한 부분이고, 충분한 지불을 보장하기 때문이다. 성령의 현재 은혜와 위로는 영원한 은혜와 위로의 보증이다.

Ⅱ. 사도는 이 세상에서의 현재 상태 및 조건으로부터 신자들의 위로를 이끌어낸다(6-8절). 여기서 다음 두 가지 사실이 주목된다

1. 그들의 현재 상태 또는 조건: 그들은 주와 따로 있다(6절). 그들은 이 세상에서 순례자요 나그네다. 그들은 여기 이 지상의 집 또는 이 장막에서 잠시 머문다. 여기서도 하나님은 성령과 그분의 계명을 통해 우리와 함께 하시지만, 우리가 바라는 것만큼 그분과 함께 하지는 못한다. 우리는 이 세상에 사는 동안 그분의 얼굴을 뵐 수 없다: 우리가 믿음으로 행하고 보는 것으로 행하지 아니함이로다(7절). 우리는 지금 하나님에 대한 환상과 성취를 우리에게 나타나는 그대로 보지 못하고 있다. 따라서 우리는 장차 보이는 대로 보게 될 때를 바라보면서 살고 있다. 믿음은 이 세상에서 필요하고, 보는 것은 저 세상을 위해 예비된 것임을 잊지 말자. 그러므로 보는 것으로 행할 그 때가 오기까지 우리는 믿음으로 행하는 것이 우리의 의무이고, 또 우리의 관심사가 되어야 할 것이다.

2. 삶의 환난과 죽음의 순간에 우리가 받아야 할 위로와 용기: 그러므로 우리가 항상 담대하여(6절). 우리가 담대하여 원하는 바는 차라리 몸을 떠나 주와 함께 있는 그것이라(8절). 만일 그리스도인들이 믿음으로 다른 세계에 대해 그리고 죽음 이후의 축복을 바라보는 것이 충분한 이유가 있음을 온전히 기억한다면, 현재의 삶의 고난 속에서 큰 위로를 얻고, 또 죽음의 순간에도 큰 도움을 받게 될 것이다. 그들은 마지막 원수와 맞닥뜨렸을 때 담대할 이유가 있고, 이 장막을 벗어버리는 것이 하나님의 뜻일 때, 사는 것보다 죽는 것이 훨씬 더 낫다. 위로부터 난 사람이 위를 사모하는 것처럼, 우리도 몸을 떠나 주와 함께 있기를 바란다. 즉 죽어서 그리스도와 함께 있기를 원한다. 그 때 우리는 우리 눈으로 이 세상의 모든 것 보기를 접어두고, 영광의 세계를 보는 눈이 열릴 것이다. 그 때 믿음은 보는 것으로 바뀌게 된다.

Ⅲ. 사도는 자신과 다른 사람들에게 의무를 자극하고 촉구하기 위해 추론을 계속한다(9-11절). 그는 천국에 대한 간절한 소망이 게으름과 죄악된 안일함을 일으키지 않고, 오히려 반대로 신앙생활에 더 유의하고 부지런할 수 있는 힘이 되도록 우리를 격려한다: 그런즉 곧 우리가 주님과 함께 할 소망을 갖고 있기 때문에, 우리가 힘쓰노라 즉 수고하노라(9절). 우리가 힘쓰노라(필로티무메

타). 이 말은 우리가 야망을 갖고 있다는 것으로, 야망을 품은 자들이 자기들이 목표하는 것을 이루기 위해 최대한 부지런히 노력한다는 뜻이다. 여기서 우리는 다음 두 가지 사실을 확인하게 된다

1. 사도가 이처럼 야망을 갖고 이루기를 바라는 것: 주를 기쁘시게 하는 것. 우리는 살든지 죽든지 즉 몸으로 있든지 몸을 떠나든지 주를 기쁘시게 하는 자가 되기를 힘쓰고(9절), 그리하여 위대하신 주님께서 우리에게 잘하였도다라고 말씀하실 만큼 우리를 택하신 분을 기쁘게 해드려야 한다. 그들은 이것을 최대의 은총이요, 최고의 영예로 생각하고 사모했다. 그것이 그들의 야망의 절정이었다.

2. 다가올 심판에 대한 고찰을 통해 그들이 더 부지런하도록 이끄는 추가적 동기들을 제시함(10,11절). 아무리 훌륭한 사람들이라도 이 문제와 관련하여 최대한 신앙생활을 조심하고 부지런하도록 이끄는 여러 가지 요소들이 있다. 예를 들어보자. 이 심판의 확실성. 우리는 반드시 서도록 되어 있다. 이 심판의 보편성. 우리 모두가 그 앞에 서야 한다. 위대하신 심판자 곧 주 예수 그리스도께서 앉아 계신 보좌 앞에 우리가 나타나야 한다. 그 때 그분은 불타는 불꽃 가운데 임하실 것이다. 그 때 우리는 각각 그 몸으로 행한 것을 따라 보응을 받게 될 것이다. 그 보응은 각각 행한 대로 선악 간에 극히 개별적이고(모든 사람에게), 극히 공정할 것이다. 사도는 이 두려운 심판을 주의 두려우심으로 부른다(11절). 이것을 유념함으로써, 사람들이 회개하고 거룩한 삶을 살도록 자극을 받는다면, 그리스도께서 두려운 모습으로 나타나실 때, 그들은 그분 앞에 결코 두렵지 않은 편안한 모습으로 나타나게 될 것이다. 자신의 충성 및 근면에 관해, 사도는 기꺼이 하나님과 편지의 수신자들의 양심에 호소한다: 우리가 하나님 앞에 알리어졌으니 또 너희의 양심에도 알리어지기를 바라노라(11절).

[12]우리가 다시 너희에게 자천하는 것이 아니요 오직 우리로 말미암아 자랑할 기회를 너희에게 주어 마음으로 하지 않고 외모로 자랑하는 자들에게 대답하게 하려 하는 것이라 [13]우리가 만일 미쳤어도 하나님을 위한 것이요 정신이 온전하여도 너희를 위한 것이니 [14]그리스도의 사랑이 우리를 강권하시는도다 우리가 생각하건대 한 사람이 모든 사람을 대신하여 죽었은즉 모든 사람이 죽은 것이라 [15]그가 모든 사람을 대신하여 죽으심은 살아 있는 자들로 하여금 다시는 그들 자신을 위하여 살지 않고 오직 그들을 대신하여 죽었다가 다시 살아나신 이를 위하여 살게 하려 함

이라

여기서 우리는 다음과 같은 사실을 확인할 수 있다.

Ⅰ. 사도는 자신과 자신의 동역자들을 자천하는 것에 대해 변명한다(13절). 그는 그들에게 이렇게 말한다

1. 사도가 앞 부분에서 자기들의 충성과 근면에 관해 자랑하듯 말한 것은 자기들을 추천하거나 그들을 위한 것이 아니었다. 또 그가 자신에 관한 그들의 좋은 평판을 의심해서도 아니었다.

2. 그 참된 이유는 마음으로 자랑하지 않고 헛되이 외모로 자랑하는 그의 비판자들에게 대답할 말을 제공하고자 하는데 있었다. 그는 고린도 교인들에게 오직 자기들로 말미암아 자랑할 기회를 주고자 했다(12절). 즉 복음 사역자들을 비난하는 대적들로부터 그들을 옹호하기 위해서였다. 그리고 만일 사람들이 말씀이 그들의 양심에 알리어져서 그들의 회심과 교화에 힘이 되었다고 말할 수 있다면, 이것이야말로 그들이 비방과 비난을 받을 때 말씀 전파 사역에 대한 최고의 변론이 될 것이다.

Ⅱ. 사도는 자기의 열심과 근면에 대한 이유들을 충분히 제시한다. 바울의 대적들 가운데 어떤 이들은 그의 열심과 열정에 대해 그가 미친 사람이라서 그렇다고 비난한 것으로 보인다. 오늘날 우리 시대의 말로 표현하면, 광신자였다는 것이다. 그들은 로마제국의 관원인 베스도가 네 많은 학문이 너를 미치게 한다(행 26:24)고 말한 것처럼 그를 열광주의자로 몰아붙였다. 그러나 사도는 그들에게 다음과 같은 사실을 말한다

1. 자신이 이처럼 열심을 내고 부지런했던 것은 하나님의 영광과 교회의 유익을 위해서였다: "우리가 만일 미쳤어도 하나님을 위한 것이요 정신이 온전하여도 너희를 위한 것이다(13절). 너희와 다른 사람들이 이렇게 생각하든 또는 저렇게 생각하든 막론하고, 그것은 하나님을 위한 것이요 그분의 영광을 위한 일이었다. 그리고 그것은 너희를 위한 것 즉 너희의 유익을 촉진시키기 위한 일이었다." 만일 그들이 어느 때에는 지극히 큰 열성과 열심을 보이고, 또 어느 때에는 강력한 변론을 위해 최대한 조용한 말로 말한다면, 그것은 그렇게 할 만한 충분한 이유가 그들에게 있었기 때문이다.

2. 그리스도의 사랑이 우리를 강권하시는도다(14절). 사도들은 자기들이 행한

일에 대해 그렇게 하도록 아주 달콤하고 강력한 사랑의 권유를 받았다. 사역자와 일반 그리스도인들이 각자의 의무를 수행하는데 있어서 가장 강력한 동인은 사랑이다. 그리스도에 대한 우리의 사랑은 이같이 강권하는 효력을 갖고 있고, 우리를 위해 대신 죽으신 그 위대한 십자가 속에 나타난 그리스도의 우리를 향한 사랑은, 그것이 적절히 고려되고 올바르게 판단된다면, 우리에게 이러한 효과를 가져올 것이다. 사랑의 강권하는 능력이 얼마나 합당한 것인지에 대해 사도가 변론하는 내용을 확인해 보라. 그는 이렇게 선언하고 있다. (1) 우리가 이전에 어떤 존재였는가, 그리고 그리스도께서 우리를 위해 죽지 아니하셨다면 계속 어떤 존재였을까? 우리는 죽었었다(14절). 한 사람이 모든 사람을 대신하여 죽었은즉 모든 사람이 죽은 것이라. 율법 안에서, 사망의 정죄 아래 죽었다. 죄와 허물로 죽었다. 영적으로 죽었다. 이것이 그리스도께서 위해 죽으신 모든 사람들의 비참한 상태였음을 잊지 말자. 그들은 상실되고 파멸된 존재였다. 만일 그리스도께서 위해 죽지 아니하셨더라면 그들은 영원히 이처럼 비참한 상태에 남아있게 되었을 것이다. (2) 그리스도께서 위하여 죽으신 자들은 무엇을 해야 할까? 그들은 그분을 위해 살아야 할 것이다. 이것이 그리스도께서 의도하신 목적이다. 그가 모든 사람을 대신하여 죽으심은 살아 있는 자들로 하여금 다시는 그들 자신을 위하여 살지 않고 오직 그들을 대신하여 죽었다가 다시 살아나신 이를 위하여 살게 하려 함이라(15절). 즉 살아 있는 자들 곧 그분의 죽음으로 말미암아 하나님을 위해 살도록 구원받은 자들은 그들 자신을 위해서 살지 않고 그리스도를 위해 살아야 한다. 우리의 삶과 행동의 목적이 우리 자신이 아니라 오직 그리스도를 위한 것이 되어야 한다는 것을 유념하자. 우리에게서 자기사랑을 제거하고, 그리스도의 사랑의 계명에 따라 항상 행동하도록 자극하는 것이 그분의 죽음의 유일한 목적이다. 그리스도인의 삶은 그리스도께 바쳐져야 한다. 우리가 우리를 위해 죽으신 그리스도를 위해 살 때 비로소 우리는 마땅히 살아야 할 삶을 사는 것이다.

[16]그러므로 우리가 이제부터는 어떤 사람도 육신을 따라 알지 아니하노라 비록 우리가 그리스도도 육신을 따라 알았으나 이제부터는 그같이 알지 아니하노라 [17]그런즉 누구든지 그리스도 안에 있으면 새로운 피조물이라 이전 것은 지나갔으니 보라 새 것이 되었도다 [18]모든 것이 하나님께로서 났으며 그가 그리스도로 말미암아 우

리를 자기와 화목하게 하시고 또 우리에게 화목하게 하는 직분을 주셨으니 [19]곧 하나님께서 그리스도 안에 계시사 세상을 자기와 화목하게 하시며 그들의 죄를 그들에게 돌리지 아니하시고 화목하게 하는 말씀을 우리에게 부탁하셨느니라 [20]그러므로 우리가 그리스도를 대신하여 사신이 되어 하나님이 우리를 통하여 너희를 권면하시는 것 같이 그리스도를 대신하여 간청하노니 너희는 하나님과 화목하라 [21]하나님이 죄를 알지도 못하신 이를 우리를 대신하여 죄로 삼으신 것은 우리로 하여금 그 안에서 하나님의 의가 되게 하려 하심이라

이 부분에서 사도는 우리가 그리스도를 위해 살기 위해 필요한 필수적인 두 가지 사실을 언급한다. 그 두 가지는 그리스도께서 우리를 위해 죽으신 결과로서, 거듭남과 화목을 가리킨다.

I. 거듭남. 이것은 두 가지 요소로 구성된다.

1. 세상으로부터의 분리: "그러므로 우리가 이제부터는 어떤 사람도 육신을 따라 알지 아니하노라(16절). 우리는 이 세상에서 육신의 목적과 외적 이득을 취하는 사람이나 일을 의지하거나 인정하지 않는다. 우리는 하나님의 은혜로 말미암아 이 세상이나 이 세상 일들에 대해 신경을 쓰거나 관심을 가져서는 안 되고, 그것을 초월하고 살 수 있어야 한다. 우리 마음속에는 그리스도의 사랑을 두고, 세상은 발 밑에 두어야 한다." 참 그리스도인은 이 세상의 위로를 누리고, 이 세상과 관계를 가질 때 거룩한 무관심을 갖고 행동해야 한다. 사도는 말하기를 비록 우리가 그리스도도 육신을 따라 알았으나 이제부터는 그같이 알지 아니하노라(16절)고 한다. 바울이 육체를 입은 그리스도를 보았는지는 의문으로 여겨진다. 그러나 다른 사도들은 그분을 직접 보았고, 이 편지를 받는 고린도 교인들 중에도 그분을 본 사람들이 있었을 것이다. 하지만 그는 그것 때문에 그들을 더 높이 평가하지는 않았다. 왜냐하면 그분의 제자들도 육체를 입은 그리스도를 보기를 원하거나 맹목적으로 추구하지는 않았기 때문이다. 우리는 그분의 영적 임재에 맞추어 살고, 거기서 위로를 받아야 한다. 그리스도의 형상을 만들어 그것을 예배에 사용하는 사람들은 하나님께서 그들의 믿음을 강화시키고, 그들의 열정을 소생시키기 위해 정해 놓으신 방법은 아니다. 왜냐하면 우리가 육신을 따라 그리스도를 알지 않도록 하는 것이 하나님의 뜻이기 때문이다.

2. 마음의 철저한 변화: 그런즉 누구든지 그리스도 안에 있으면(17절), 즉 만일

어떤 사람이 진실로 그리스도인이 되고, 스스로도 그것을 인정한다면, 그는 새로운 피조물이고, 또 그렇게 되어야 한다(17절). 어떤 이들은 그것을 새로운 피조물이 되라는 뜻으로 이해한다. 자신이 새로운 피조물이라는 것은 기독교 신앙을 고백하는 모든 사람들의 관심사가 되어야 한다. 그들은 새 이름을 갖게 되고, 새 옷을 입을 뿐만 아니라 새 마음과 새 본성을 갖게 된다. 하나님의 은혜가 영혼 속에서 일으키는 변화가 너무 크기 때문에 이전 것 ― 옛 생각, 옛 원리, 옛 습관 등 ― 은 지나갔으니 보라 새것이 되었도다(17절)는 말이 이어진다. 거듭나게 하는 은혜는 영혼 속에 새로운 세계를 창조한다. 모든 것이 새롭다. 거듭난 사람은 새 원리에 따라, 새 법에 따라, 새 목적에 따라, 그리고 새 관계에 따라 활동한다.

II. 화목. 이것은 여기서 이중적 관념에 따라 말해진다.

1. 화목은 여기서 의심할 여지 없이 특권으로서(18,19절) 말해진다. 화목은 다툼이나 친교가 파괴된 것을 전제로 한다. 죄는 분리를 일으키고, 하나님과 사람 사이의 교제를 파괴하였다. 죄인의 마음은 하나님에 대한 적의로 가득 차 있고, 하나님은 죄인에 대해 당연히 불쾌한 마음을 갖고 계신다. 그러나 보라, 화목이 여기 있으니, 배반당하신 하늘의 지존께서 기꺼이 화목의 길을 여신다. 여기서 다음과 같은 사실이 주목된다

(1) 그분은 화목의 중보자를 세우셨다. 그분은 예수 그리스도로 말미암아 우리와 화목하셨다(18절). 하나님은 처음부터 끝까지 중보자의 사역과 사업에 의존하신다. 예수 그리스도로 말미암아 이루어진 우리의 화목에 관한 모든 일들은 하나님의 일들이다. 그분은 예수 그리스도의 중보를 통해 세상을 자신과 화목시키고, 자신의 공의나 거룩함을 조금도 왜곡시키거나 손상시키지 않고 배반자들과 실제로 화목하는 능력 속에 들어가신다. 그분은 첫 언약을 어긴 사람들에게 그 죄를 돌리지 않고, 그 언약의 엄격함으로부터 벗어나게 하신다. 나아가 그분은 그 언약을 파괴한 것에 대해 우리에게 당연히 물을 수 있는 책임을 묻지 않고, 기꺼이 새로운 계약 곧 은혜 언약 속에 들어가시며, 그 언약의 취지에 따라 값없이 우리의 모든 죄를 사하시고, 믿는 모든 자들을 자신의 은혜로 말미암아 값없이 의롭다 함을 주신다.

(2) 그분은 화목하게 하는 직분을 주셨다(18절). 하나님의 영감으로 성경이 기록되었다. 그런데 그것은 그 안에 화목의 말씀을 포함하고 있고, 우리에게 십자

가의 보혈로 말미암아 화목이 이루어졌음을 보여주며, 그 점에 대해 우리가 어떻게 관심을 기울여야 할지 가르쳐준다. 그리고 그분은 화목하게 하는 직분으로서 목회의 직분을 정하셨다. 따라서 목회자들은 자비와 화목의 말씀을 죄인들에게 열어놓고 선포해야 하며, 그들이 그것을 받아들이도록 설복시켜야 한다.

2. 화목은 여기서 우리의 필수적인 의무로서 말해진다(20절). 하나님께서 기꺼이 우리와 화목하시는 것처럼, 우리도 하나님과 기꺼이 화목해야 한다. 하나님에 대한 적대감을 버리도록 죄인을 설복시키는 것이 복음 곧 화목의 말씀의 위대한 목적이자 계획이다. 신실한 사역자들은 죄인과 더불어 평화와 화해의 조약을 맺도록 파견된 그리스도의 대사들이다. 그들은 하나님의 요구사항을 가지고 그분의 이름으로 와서 그리스도 대신 활동하는데, 그분이 이 땅에서 행하셨던 바로 그 일을 행하고, 지금은 그분이 천국에 계시기 때문에 그분이 행하기를 원하시는 그 일을 행한다. 얼마나 놀라운 겸손인가! 사실 하나님은 다툰다고 해서 잃으실 것도 없고 화목한다고 해서 얻을 것도 없으시지만, 그의 사역자들을 통해 그분은 죄인들이 그들의 적의를 버리고 그분이 제공하는 조건을 수락하고 그들이 자신과 화목함으로써 자신의 모든 속성들과 자신의 모든 법 그리고 자신의 모든 섭리를 따르고, 중보자를 믿고 속죄를 받아들이며, 그 모든 부분들과 그 전체 목적에 있어서 그의 복음과 일치하기를 원하신다. 그리고 사도는 우리를 격려하기 위해 잘 알아서 적절히 그것을 고려하도록 중요한 말씀을 첨가시킨다(21절). 그 내용은 다음과 같다. (1) 중보자의 순결성: 죄를 알지도 못하신 이. (2) 그분이 제공한 희생제물: 죄로 삼으신 것은. 죄인이 아니라 죄로 삼으셨다. 즉 속죄제물 곧 죄를 위한 희생제물이셨다. (3) 이 모든 것의 목적과 의도: 우리로 하여금 그 안에서 하나님의 의가 되게 하려 하심이라. 곧 우리가 그리스도 예수 안에 있는 구속을 통해 하나님의 은혜로 말미암아 값없이 의롭게 되도록 하기 위해서. 여기서 다음 사실을 주목하자. [1] 자기 자신의 죄를 전혀 갖지 않으신 그리스도께서 우리를 대신하여 죄가 되신 것처럼, 우리 자신의 의를 전혀 갖고 있지 못한 우리가 그분 안에서 하나님의 의가 된다. [2] 우리와 하나님의 화목은 오직 예수 그리스도로 말미암고, 그분의 공로 때문이다. 그러므로 우리는 그분을 신뢰하고 그분의 의만 이야기해야 한다.

제
— 6 —
장

개요

이 장에서 먼저 사도는 자신이 적용한 다양한 논증 및 방법들과 함께, 일반적으로 자신이 복음을 전한 모든 사람들에 대한 자신의 사명을 설명한다(1-10절). 이어서 그는 구체적으로 고린도 교인들에게 말하는데, 그들에게 강한 애착과 강렬한 어조로 유용한 경고를 제시한다(11-18절).

[1]우리가 하나님과 함께 일하는 자로서 너희를 권하노니 하나님의 은혜를 헛되이 받지 말라 [2]이르시되 내가 은혜 베풀 때에 너에게 듣고 구원의 날에 너를 도왔다 하셨으니 보라 지금은 은혜 받을 만한 때요 보라 지금은 구원의 날이로다 [3]우리가 이 직분이 비방을 받지 않게 하려고 무엇에든지 아무에게도 거리끼지 않게 하고 [4]오직 모든 일에 하나님의 일꾼으로 자천하여 많이 견디는 것과 환난과 궁핍과 고난과 [5]매 맞음과 갇힘과 난동과 수고로움과 자지 못함과 먹지 못함 가운데서도 [6]깨끗함과 지식과 오래 참음과 자비함과 성령의 감화와 거짓이 없는 사랑과 [7]진리의 말씀과 하나님의 능력으로 의의 무기를 좌우에 가지고 [8]영광과 욕됨으로 그러했으며 악한 이름과 아름다운 이름으로 그러했느니라 우리는 속이는 자 같으나 참되고 [9]무명한 자 같으나 유명한 자요 죽은 자 같으나 보라 우리가 살아 있고 징계를 받는 자 같으나 죽임을 당하지 아니하고 [10]근심하는 자 같으나 항상 기뻐하고 가난한 자 같으나 많은 사람을 부요하게 하고 아무것도 없는 자 같으나 모든 것을 가진 자로다

이 부분에서 사도는 자신이 방문했던 모든 곳에서 복음을 전한 모든 사람들에 대한 자신의 일반적 사명과 권면을 자신이 적용한 다양한 논증 및 방법들과 함께 설명한다.

Ⅰ. 사명 또는 권면 자체. 그것은 복음을 화목의 직분과 일치시키는 것이다. 즉 복음에 호의적인 사람들이 이 하나님의 은혜를 헛되이 받지 않도록 하는 것이다(1절). 복음은 우리의 귀에 울리는 은혜의 말씀이다. 그러나 그것은 우리가

믿지 아니하고, 그 목적과 의도에 일치되지 않는다면, 듣는 것이 아무 소용이 없을 것이다. 그리고 듣는 자들에게 그들에게 전달되는 은혜와 자비를 받아들이도록 권면하고 설복하는 것이 복음 전도자들의 의무인 것처럼, 그들은 또한 하나님의 동역자라는 이 고귀한 호칭에 합당하게 되는 것도 그들의 의무다. 여기서 다음 두 가지 사실을 주목하자

1. 그들은 일하되, 하나님과 그분의 영광, 그리고 영혼들과 그들의 유익을 위해 일해야 한다. 그들은 하나님과 함께 일하는 자들이지만, 그분 아래 그분의 도구로서만 일한다. 그러나 만일 그들이 충성스럽다면, 자기들과 함께 일하시는 하나님을 발견하게 되고, 그 때 비로소 그들의 수고가 효력이 있게 될 것이다.

2. 복음을 전하는 정신에 합당한 말과 태도를 주목해 보자. 죄인들이 하나님과 화목하고 영원히 행복해지도록 그들을 설복하고, 그들의 본능적 거부감을 극복하기 위해서 간청과 탄원, 권면과 변론을 사용할 때 복음 전도자의 말과 태도는 거칠거나 엄격하지 않고, 온유와 겸손으로 충만해야 한다.

Ⅱ. 사도가 적용한 논증과 방법. 여기서 사도는 그들에게 다음과 같이 말한다.

1. 지금이 주어지는 은혜를 받고, 또 받은 은혜를 높일 가장 적당한 시기이다: 보라 지금은 은혜 받을 만한 때요 보라 지금은 구원의 날이로다(2절). 복음의 날은 구원의 날이요, 은혜의 수단은 구원의 수단이고, 복음의 제공은 구원의 제공이며, 지금이야말로 이 제공된 것들을 받아들일 유일하게 적당한 기회이다: 오늘은 오늘이라고 불리는 동안만 오늘이다. 내일은 우리의 시간이 아니다. 우리는 내일 무슨 일이 일어날지, 또 어디에 있을지 전혀 모른다. 지금 이 순간의 은혜는 짧고 불확실하며, 과거가 되면 다시 불러올 수 없다는 것을 기억해야 한다. 그러므로 우리가 그 은혜를 갖고 있을 때 그것을 더 높이는 것이 우리의 의무요 유익이다. 우리의 구원은 우리가 그렇게 하느냐 못하느냐에 전적으로 달려 있다.

2. 자기의 전파의 성공을 방해하는 거리낌을 주지 않기 위해 사도는 어떤 경계를 기울였는가? 무엇에든지 아무에게도 거리끼지 않게 하고(3절). 사도는 유대인과 이방인을 향해 조심성 있고, 해가 되지 않도록 행동하는데 무척 어려움을 겪었다. 왜냐하면 두 족속들 가운데 많은 이들이 눈에 불을 키고 그의 실수를 찾았고, 그와 그의 사역 또는 그의 생활을 비방했기 때문이었다. 그러므로 그는

거리낌을 일으키기 쉬운 사람들에게 거리낌을 주지 않기 위해 극히 조심했다. 그는 유대인에게 거리낌을 주지 않기 위해 불필요한 열심을 갖고 율법을 반대하지 않았다. 또 이방인에게 거리낌을 주지 않기 위해 율법에 대한 맹목적 열심 같은 태도를 자제했다. 그는 거리낌을 주지 않도록 또는 죄책이나 슬픔의 기회를 제공하지 않도록, 자신의 모든 말과 행동을 조심했다. 다른 사람들이 너무 쉽게 거리낌을 주는 이 시대에 우리는 거리낌을 주지 않도록 특별히 조심해야 한다. 특히 사역자들은 비방을 일으키거나 그들의 사역을 실패로 이끌 수 있는 일은 절대로 하지 않도록 조심해야 할 것이다.

3. 그들은 하나님의 일꾼으로 자천하기 위한 모든 일들 속에서 일관된 목표와 수고를 보여주었다(4절). 사도는 기회가 있을 때마다 우리가 하나님의 일을 하는 것에 대해 충성을 강조한다. 그 이유는 우리의 성공이 그것에 크게 좌우되기 때문이다. 그의 모든 사역에 있어서 그의 눈은 단순하고, 그의 마음은 솔직했다. 그의 위대한 욕구는 하나님의 종이 되고, 그렇게 자천하는 것이었다. 복음 사역자들은 하나님 종 또는 일꾼으로 자신을 생각하고, 무슨 일을 하든 그 자격에 합당하게 행동해야 함을 잊어서는 안 된다. 사도는 당연히 그렇게 했다.

(1) 고난 속에서 크게 견딤으로써. 그는 엄청난 고난을 받았고, 무수한 고통을 겪었다. 자주 궁핍에 떨어졌고, 항상은 아니더라도 생활필수품이 떨어져 막심한 고생을 하기도 했다. 또 사방으로 둘러싸인 환난 속에서 어떻게 해야 할지 거의 모를 때도 있었다. 매질을 당한 적도 많았다(11:24). 투옥되고 유대인과 이방인이 그를 반대하여 일으킨 난동을 겪고, 복음을 전하거나 그 목적을 위해 여기저기 여행하거나 할 때 그는 일을 해야 했고, 자신의 손으로 호구지책을 마련해야 했다. 종교적인 이유에서 자발적으로든 신앙을 위해서 비자발적으로든 자지 못하고 밤샘을 하거나 먹지 못하고 금식하거나 해야 할 때에도 그는 모든 것을 크게 참고 견뎠다(4,5절). 여기서 다음과 같은 사실을 주목해 보자. [1] 자주 큰 난관에 봉착하고 크게 인내해야 할 곤경에 처하는 것이 충성스러운 사역자들의 운명이다. [2] 하나님께 자천하는 자들은 평강 속에서나 환난 속에서나, 부지런히 하나님의 일을 감당할 때나, 인내하며 하나님의 뜻을 감수할 때나, 똑같이 자신이 신실한 자임을 입증해야 한다.

(2) 선한 원리에 따라 행함으로써. 사도는 자기가 하는 모든 일 속에서 선한

원리에 따라 행하고, 그들에게 자신의 원리가 무엇인지를 말한다(6,7절). 즉 깨끗함의 원리가 있다. 순결함이 없이는 경건도 없다. 우리가 하나님의 인정을 받기 위해서는 우리 자신이 세상에 오염되지 않도록 지키기 위해 조심하는 것이 필수적이다. 지식도 하나의 원리다. 지식 없는 열정은 광신에 불과하다. 그는 또한 오래 참음과 자비함의 원리에 따라 행동했다. 그는 쉽게 성내지 않고 사람들의 강퍅한 마음과 그들로부터 받는 악한 대접을 묵묵히 견딤으로써 그들에게 선을 보여주려고 힘썼다. 그는 성령의 감화를 따라 행동하고, 거짓이 없는 사랑이라는 고상한 원리에 따라 행동했다. 또 진리의 말씀의 법과 하나님의 능력의 도움과 지원에 따라 의(보편적 의와 거룩함에 대한 의식)의 무기를 가지고 행동했는데, 그것이야말로 오른편의 순경과 왼편의 역경의 시험들을 막아주는 최고의 방패였다.

(3) 이 세상의 다양한 조건들에 맞추어 적절히 대처하는 태도와 행동으로써(8-10절). 우리는 이 세상에서 변화무쌍한 환경과 조건들을 만날 것을 예상해야 한다. 그리고 그 모든 상황들 속에서 우리가 올바른 마음의 태도를 준비하고 적절히 행동한다면, 우리의 신실함을 보여줄 수 있는 큰 증거의 기회가 될 것이다. 사도들은 영예와 치욕, 좋은 평판과 나쁜 평판을 두루 접했다. 이 세상에서 그리스도인들은 수시로 자신의 영예 및 평판과 균형을 이루기 위해서는 치욕과 비방을 만나게 될 것을 예상해야 한다. 그리고 우리는 한편으로는 좋은 평판을 교만하지 않고 감당하도록 영예에 대한 유혹을 방어하기 위해, 다른 한편으로는 성냄이나 반발이 없이 비방을 감수하도록 치욕에 대한 유혹을 방어하기 위해, 하나님의 은혜가 곤궁한 처지에 서기도 한다. 사도들에 대한 사람들의 평판은 무척 다양하게 표현된 것으로 보인다. 어떤 이들은 그들을 최고라고 추켜세웠다. 또 다른 이들은 사람들 가운데 가장 나쁘다고 혹평했다. 어떤 이들에게 그들은 속이는 자로 취급받았고, 또 어떤 이들에게는 진리의 복음을 전파하는 자들로서 의지할 만한 신뢰가 있는 진실한 사람들로 평가받았다. 그들은 무명한 자들 곧 사람들의 주목을 받지 않는 유명하지 않은 사람들로서 무시를 당했다. 그러나 그리스도의 모든 교회 안에서 그들은 너무나 유명했고, 높이 평가를 받았다. 그들은 죽은 자 같이 하루 종일 죽음을 당하고, 그들의 힘은 죽은 힘처럼 생각되었다. 사도는 "그러나 보라 우리가 살되, 안전하게 살고, 그 모든 곤경 속에서도 기꺼이 견디며, 승리하고 또 승리를 위해 전진하고 있다"고 말

한다. 그들은 징계를 받아 자주 법의 채찍 아래 쓰러졌으나 죽임을 당하지 아니했다. 그들은 근심하는 자로서, 항상 한숨을 쉬거나 신음 소리를 내는 의기소침하고 우울한 사람들로 생각되었으나 항상 하나님 안에서 기뻐하고, 또 그렇게 기뻐할 만한 최고의 이유를 갖고 있었다. 그들은 이 세상에서 곤궁하게 살았기 때문에 가난한 자로 멸시를 받았다. 그러나 그들은 그리스도의 측량할 수 없는 부요함을 선포함으로써, 많은 사람을 부요하게 하였다. 그들은 아무것도 가진 것이 없는 자로 생각되었다. 그들이 가진 것은 은과 금이 아니었다. 집과 땅도 소유하지 못했다. 그러나 그들은 모든 것을 가진 자들이었다. 그들은 이 세상에서는 가진 것이 아무것도 없었으나 하늘에 보화를 두고 있었다. 그들의 재산은 다른 나라, 다른 세계에 있다. 그들은 그들 안에 아무것도 갖고 있지 못했으나 그리스도 안에서 모든 것을 갖고 있었다. 이런 역설이 그리스도인의 삶이다. 우리는 이처럼 다양한 조건과 평판을 거쳐 천국에 이르고, 따라서 모든 일들 속에서 하나님께 우리 자신을 천거하는 자들이 되도록 조심해야 할 것이다.

11고린도인들이여 너희를 향하여 우리의 입이 열리고 우리의 마음이 넓어졌으니 12너희가 우리 안에서 좁아진 것이 아니라 오직 너희 심정에서 좁아진 것이니라 13내가 자녀에게 말하듯 하노니 보답하는 것으로 너희도 마음을 넓히라 14너희는 믿지 않는 자와 멍에를 함께 메지 말라 의와 불법이 어찌 함께 하며 빛과 어둠이 어찌 사귀며 15그리스도와 벨리알이 어찌 조화되며 믿는 자와 믿지 않는 자가 어찌 상관하며 16하나님의 성전과 우상이 어찌 일치가 되리요 우리는 살아 계신 하나님의 성전이라 이와 같이 하나님께서 이르시되 내가 그들 가운데 거하며 두루 행하여 나는 그들의 하나님이 되고 그들은 나의 백성이 되리라 17그러므로 너희는 그들 중에서 나와서 따로 있고 부정한 것을 만지지 말라 내가 너희를 영접하여 18너희에게 아버지가 되고 너희는 내게 자녀가 되리라 전능하신 주의 말씀이니라 하셨느니라

이제 사도는 구체적으로 고린도 교인들에게 주는 권면과 경고로 계속 나아간다. 그는 그들에게 불신자들과 함께 하지 말라고 경고한다.

I. 아버지가 자녀에게 말하듯 극히 다정한 태도와 그들에 대한 아주 애절한 사랑이 담긴 고백과 함께 주어지고 있는 사도의 경고의 태도(11-13절). 사도

는 유창한 표현으로 설명한 것에 대해서도 만족했지만, 이 고린도 교인들에게 갖고 있던 따스한 감정을 표현하는 말이 특별히 필요하다고 여겼던 것으로 보인다. 그는 마치 다음과 같이 말한 것처럼 보였다: "오 내가 지금 쓰고 있는 편지를 받을 너희 고린도 교인들이여, 나는 내가 너희를 얼마나 사랑하는지 알려주고 싶다. 우리는 우리가 전파하는 모든 사람들의 영적 및 영원한 행복이 넘치기를 바란다. 특별히 너희를 향해서 우리의 입이 열리고 우리의 마음이 넓어졌다(11절)." 이처럼 그의 마음이 그들에 대한 사랑으로 넓어졌기 때문에 그는 아무 대가 없이 입을 열어 그들에게 친절한 권면과 충고를 하게 된 것이다.

사도는 이렇게 말한다: "너희가 우리 안에서 좁아진 것이 아니다(12절). 우리가 너희를 최대한 섬기고, 너희에게 위로를 주는 모든 것에 대해 그리고 너희의 믿음과 기쁨을 돕는 자가 된 것에 대해 감사할 따름이다. 만일 그렇지 못했다면 그 잘못은 너희 책임이다. 그것은 너희가 너희 심정에서 좁아진 것 때문이므로 우리에 대해 어떤 오해가 있다면, 우리에 대한 마땅한 보답이 아니다. 오직 보답으로서 우리가 바라는 것은 너희가 자녀가 아버지를 사랑하듯 우리에게 합당한 애정을 가지는 것이다." 사역자들과 그 교인들은 서로 간에 좋은 감정을 갖는 것이 바람직하다. 이것은 그들 서로 간에 크게 위로와 힘이 될 것이다.

Ⅱ. 불신자들과 함께 하지 말라 곧 그들과 멍에를 함께 메지 말라는 경고 또는 권면(14절).

1. 인간관계에 있어서. 믿는 사람들이 악하고 불경건한 사람들과 친한 관계를 갖는 것은 좋지 않다. 불경건한 자들은 그들을 다른 길로 이끌고, 그들에게 그것은 괴롭고 슬픈 일이 될 것이다. 우리가 선택해야 할 관계는 하나님의 법에 따라 이루어져야 한다. 하나님의 자녀는 하나님의 자녀들과 교제하는 것이 바람직하다. 왜냐하면 선인이 악인에게 유익을 끼치는 것보다는 악인이 선인에게 손해를 끼칠 위험이 훨씬 더 크기 때문이다.

2. 일상생활에 있어서. 우리는 악인 및 불신자들과 친교와 교제를 갖는데 있어서 그들과 멍에를 함께 메서는 안 된다. 우리는 이런 사람들을 보고 듣고 만나는 것을 전적으로 피할 수는 없지만, 그들을 친한 친구로 택해서는 안 된다.

3. 신앙적 관계에 있어서. 하물며 우리는 그들과 신앙적으로 교통하는 자가 되어서는 더욱 안 된다. 우리는 그들의 우상 숭배에 동참해서도 안 되고, 그들

의 헛된 경배나 어떤 가증스러운 일들에 함께 해서도 안 된다. 우리는 주의 식탁과 마귀의 식탁, 하나님의 집과 림몬의 집을 혼동해서도 안 된다. 사도는 이 타락한 혼합에 관해 다양하게 충분한 이유를 제시한다.

(1) 그것은 크게 부조리한 일이다(14,15절). 조화되지 않는 일에 멍에를 함께 메는 것은 합당치 않다. 이것은 유대인들에게 소와 나귀가 함께 멍에를 메고 땅을 갈거나, 여러 종류의 낟알을 함께 섞어서 씨를 뿌리거나 하는 것이 나쁜 것과 같다. 의와 불법이 함께 하고, 빛과 어둠, 불과 물이 함께 섞인다고 생각하는 것은 얼마나 불합리한가! 신자들은 의롭고 또 의로워야 하고, 불신자들은 의롭지 않다. 신자들은 주 안에서 빛이지만, 불신자들은 어둠 속에 있다. 그런데 어떻게 그들이 함께 교제하는 것이 안전할 수 있겠는가? 그리스도와 벨리알은 서로 반대된다. 그들은 정반대의 관심사와 목적을 갖고 있고, 따라서 그들 사이에 조화나 일치가 이루어지는 것은 불가능하다. 그러므로 양자가 협력할 수 있다고 생각하는 것은 불합리하다. 만일 신자가 불신자와 함께 멍에를 멘다면, 그는 자기 안에 그리스도와 벨리알이 공존하게 하는 것이다.

(2) 그것은 그리스도인의 신분에 대해 치욕이다(16절). 왜냐하면 그리스도인은 신분상 살아계신 하나님의 성전이고, 실제로 그렇게 되어야 하기 때문이다. 즉 그리스도인은 그들 가운데 거하기로 약속된 하나님을 섬기는데 바쳐지고 사용되는 자들이기 때문이다. 하나님은 그들 가운데 거하며 두루 행하여 그들과 특별한 관계 속에 들어가고 그들을 특별히 보살피심으로써, 그분은 그들의 하나님이 되고 그들은 그의 백성들이 될 것이다. 그런데 하나님의 성전과 우상 사이에 어찌 일치가 있을 수 있겠는가? 우상은 그 영예를 각축하는데 있어서 하나님의 원수이고, 하나님은 질투하시는 분으로서 자신의 영광을 다른 신에게 절대로 빼앗기는 분이 아니다.

(3) 신자가 불신자 및 우상 숭배자들과 교제하게 되면, 불결하게 되고 거부당한 자가 될 위험성이 참으로 크다. 그러므로 권면은 그들 중에서 나와서 즉 그들과 적당한 거리를 두고 따로 있고, 감염에 대한 두려움 때문에 나병환자나 역병환자와의 접촉을 피하는 것처럼, 오염되지 않도록 하기 위해서 부정한 것을 만지지 말라는 것이다(17절). 누가 숯을 만지고 손이 더럽혀지지 않을 수 있겠는가? 우리는 죄로 오염된 사람들과 교제함으로써 더럽혀지지 않도록 조심해야 한다. 우리는 그분에게 받아들여지고 거절당하지 않기를 바라기 때문에 그렇

게 하는 것은 하나님의 뜻이다.

(4) 그것은 하나님께서 신자들에게 베풀고 약속하신 모든 호의에 대한 배은망덕이다(18절). 하나님은 그들에게 아버지가 되고, 그들은 그분의 아들과 딸이 될 것이라고 약속하셨다. 이것만큼 더 큰 영예나 행복이 어디 있겠는가? 그렇다면 이 영예와 행복을 소유하고 있는 사람들이 불신자들과 함께 함으로써 자신을 격하시키고 비천하게 한다면, 그것은 얼마나 배은망덕한 일이 되겠는가! 어리석고 지혜 없는 백성아 여호와께 이같이 보답하느냐(신 32:6).

제
— 7 —
장

개요

이 장은 점진적인 성화와 복음 사역자들에 대한 적절한 관심을 격려하는 권면으로 시작한다(1-4절). 이어서 사도는 예전에 다루었던 내용으로 다시 돌아와 간음죄를 범한 사람의 문제를 추가적으로 언급하고, 디도를 만나 그 문제로 인한 고민으로부터 위로받게 된 사실을 고린도 교인들에게 털어놓는다(5-7절). 그리고 그 증거로서 그들이 회개에 이른 것을 즐거워한다(8-11절). 마지막으로, 자신의 권면이 선한 결과를 일으킨 고린도 교인들을 위로하면서 이 장을 끝맺는다(12-16절).

[1]그런즉 사랑하는 자들아 이 약속을 가진 우리는 하나님을 두려워하는 가운데서 거룩함을 온전히 이루어 육과 영의 온갖 더러운 것에서 자신을 깨끗하게 하자 [2]마음으로 우리를 영접하라 우리는 아무에게도 불의를 행하지 않고 아무에게도 해롭게 하지 않고 아무에게서도 속여 빼앗은 일이 없노라 [3]내가 이 말을 하는 것은 너희를 정죄하려고 하는 것이 아니라 내가 이전에 말하였거니와 너희가 우리 마음에 있어 함께 죽고 함께 살게 하고자 함이라 [4]나는 너희를 향하여 담대한 것도 많고 너희를 위하여 자랑하는 것도 많으니 내가 우리의 모든 환난 가운데서도 위로가 가득하고 기쁨이 넘치는도다

이 단락 속에는 두 가지 권면이 들어 있다.

I. 거룩함에 있어서 자라가라.　하나님을 두려워하는 가운데서 거룩함을 온전히 이루어(1절). 이 권면은 진실로 사랑하는 사람들에게 가장 부드러운 감정을 갖고 주어진다. 그리고 앞 장에서 언급된 약속들 곧 고린도 교인들이 관련되어 있고, 또 자격을 갖고 있는 그 크고 보배로운 약속들을 염두에 두면서까지, 강력한 어조로 실천을 촉구한다. 하나님의 약속들은 성화에 대한 강력한 유인이 된다. 거기서 파생되어 나오는 유인은 두 가지다

1. 죄에 대해 죽거나 우리의 정욕과 타락을 극복할 것: 우리는 육과 영의 온갖

더러운 것에서 자신을 깨끗하게 해야 한다(1절). 죄는 더러운 것이다. 육과 영을 다 더럽게 한다. 몸으로 저지르는 육의 죄가 있고, 영적 죄악에 속하는 영의 죄가 있다. 우리는 이 둘 모두의 더러운 것에서 자신을 깨끗하게 해야 한다. 왜냐하면 하나님은 육과 영 모두를 통해 영광을 받으셔야 하기 때문이다.

2. 의와 거룩함에 대해 살 것. 만일 우리가 하나님이 우리의 아버지이기를 바란다면, 그분이 거룩하신 것처럼 거룩하고, 하늘에 계신 우리 아버지께서 온전하신 것같이 온전하게 되기 위해, 우리도 그분의 거룩함에 참여하기를 힘써야 한다. 우리는 계속 거룩함을 온전히 이루어야 하고, 이 세상에 살고 있는 한 항상 부족한 상태 속에 있겠지만, 현재의 신실함(우리가 가진 복음의 완전성을 의미하는)으로 만족하지 말고 무죄한 완전성을 목표로 삼고 달려가야 한다. 그리고 우리는 이것을 하나님을 두려워하는 가운데서 이루어가야 할 것이다. 하나님을 두려워하는 것이 모든 신앙의 뿌리이자 원리이다. 그것 없이는 거룩함도 없다. 하나님의 약속에 대한 믿음과 소망이 결코 하나님을 두려워하는 것을 파괴해서는 안 된다. 하나님은 그를 경외하는 자 곧 그의 인자하심을 바라는 자를 살피신다(시 33:18).

II. 복음 사역자들에게 합당한 관심을 보여주라. 우리를 영접하라(2절). 말씀과 교훈을 위해 수고하는 자들은 그 사역으로 말미암아 명예를 얻고 존경을 받아야 한다. 이것은 거룩함을 자라게 하는데 도움을 줄 것이다. 만일 복음 사역자들이 그 직분으로 말미암아 멸시를 받게 된다면, 복음 자체도 똑같이 멸시를 받을 위험이 많다. 사도는 고린도 교인들에게 환대를 요구하는 것이 염치없는 일이라고 생각하지 않았다. 우리는 누구에게든 아첨을 떨어서는 안 되고, 항상 신사적이어야 한다. 사도는 그들을 다음과 같이 대했다

1. 그는 그들의 존경과 선의를 잃어버릴 만한 일은 추호도 하지 않았고, 그들의 악의를 초래할 만한 일은 하지 않으려고 무척 조심했다(2절): "우리는 아무에게도 불의를 행하지 않았다. 우리는 아무도 해롭게 하지 않았다. 항상 너희의 유익을 위한 마음뿐이었다." 그는 에베소 교회 장로들에게 아무의 은이나 금이나 의복이나 탐하지 아니하였다고 말했다(행 20:33). "우리는 거짓 교훈이나 아첨하는 말로써 아무에게도 해롭게 하지 않았다. 우리는 아무에게서도 속여 빼앗은 일이 없었다. 우리는 교활하고 탐욕스러운 마음으로 우리 자신의 세속적 이득을 취하거나 어떤 사람들에게 손해를 끼치는 일을 시도한 적이 없었다." 이것은 사

무엘이 한 호소와 같다(삼상 12장). 따라서 사역자들은 교인들에게 스스로 냉대나 불쾌를 자초하는 죄를 범한 적이 없다고 안전하게 호소할 수 있을 때, 그들로부터 좀 더 확실하게 존경과 호의를 기대할 수 있을 것이다.

2. 사도는 자신에 대한 사랑이 없다고 그들을 정죄하지 않았다(3,4절). 사도는 자신을 비방할 기회를 찾고 자신에 대한 편견을 다른 사람들의 마음속에 심기를 좋아하는 사람들이 포함되어 있는 고린도 교인들을 아주 부드럽고 조심스럽게 다루었다. 마치 그가 그들에게 어떤 잘못을 저지르려고 하거나 또는 그들이 잘못되었음을 부당하게 고소하려는 어떤 의도를 갖고 있는 것처럼, 자신이 전한 것으로 말미암아 자기를 극렬히 반대하는 비방을 방지하기 위해 그들에 대해 각별한 애정을 갖고 있음을 거듭 천명한다. 그는 만일 다른 교회에 대한 자신의 임무와 사도로서의 자신의 사역이 그렇게 하도록 허용된다면(그것은 그의 사역이 한 지역으로 한정되어 있지 않았기 때문이다), 마지막 숨을 거둘 때까지 고린도에서 그들과 함께 죽고 함께 살겠다고 말했다. 그리고 자신이 모든 곳에서 그리고 모든 순간마다 모든 환난 가운데서도 위로가 가득하고 기쁨이 넘쳐서 그들을 향하여 담대한 것도 많고 또는 그들을 위하여 자랑하는 것도 많은 것은 그들에 대한 특별한 사랑 때문이라고 덧붙인다(4절).

[5]우리가 마게도냐에 이르렀을 때에도 우리 육체가 편하지 못하였고 사방으로 환난을 당하여 밖으로는 다툼이요 안으로는 두려움이었노라 [6]그러나 낙심한 자들을 위로하시는 하나님이 디도가 옴으로 우리를 위로하셨으니 [7]그가 온 것뿐 아니요 오직 그가 너희에게서 받은 그 위로로 위로하고 너희의 사모함과 애통함과 나를 위하여 열심 있는 것을 우리에게 보고함으로 나를 더욱 기쁘게 하였느니라 [8]그러므로 내가 편지로 너희를 근심하게 한 것을 후회하였으나 지금은 후회하지 아니함은 그 편지가 너희로 잠시만 근심하게 한 줄을 앎이라 [9]내가 지금 기뻐함은 너희로 근심하게 한 까닭이 아니요 도리어 너희가 근심함으로 회개함에 이른 까닭이라 너희가 하나님의 뜻대로 근심하게 된 것은 우리에게서 아무 해도 받지 않게 하려 함이라 [10]하나님의 뜻대로 하는 근심은 후회할 것이 없는 구원에 이르게 하는 회개를 이루는 것이요 세상 근심은 사망을 이루는 것이니라 [11]보라 하나님의 뜻대로 하게 된 이 근심이 너희로 얼마나 간절하게 하며 얼마나 변증하게 하며 얼마나 분하게 하며 얼마나 두렵게 하며 얼마나 사모하게 하며 얼마나 열심 있게 하며 얼마나 벌하게 하였

는가 너희가 그 일에 대하여 일체 너희 자신의 깨끗함을 나타내었느니라

2장 13절(사도가 드로아에서 디도를 만나지 못해 심령이 편하지 못하다고 말했던 구절)과 이 장의 5절 사이에는 어떤 연관성이 있는 것으로 보인다. 그는 고린도 교인들에 대한 각별한 사랑과 간음한 사람과 관련된 그들의 행동에 대한 염려 때문에, 계속 여행을 하는 도중에도 그들로부터 소식을 듣기 전까지는 마음이 편치 않았다. 그래서 그는 그들에게 다음과 같은 사실을 언급한다.

Ⅰ. 그가 얼마나 괴로워했는지에 대해(5절).   사도는 드로아에서 디도를 만나지 못하자 마음이 편치 못했다. 그리고 그 후 얼마 동안 마게도냐에 갔을 때에도 그를 만나지 못했다. 이로 말미암아 고린도에서 디도가 어떤 영접을 받았는지 또는 그들의 일이 어떻게 진행되었는지 소식을 들을 수 없었기 때문에 그는 근심을 하게 되었다. 이것 외에도 그들은 계속되는 박해의 폭풍과 함께 사방으로부터 또 다른 환난을 만났다. 밖으로는 다툼이 있었다. 즉 유대인과 이방인으로부터 다툼과 반대가 계속되었다. 또 안으로는 두려움이 있었다. 곧 기독교 신앙을 고백하는 사람들이 타락하거나 미혹을 받지 않기를, 또는 다른 사람들에게 비방거리가 되거나 모욕을 당하지 않기를 바라는 그들에 대한 커다란 염려가 그에게 있었다는 것이다.

Ⅱ. 그가 얼마나 위로받았는지에 대해(6,7절).   여기서 다음 세 가지 사실이 확인된다

1. 디도의 방문이 그에게 얼마간 위로가 되었다. 그토록 만나보기를 원하고 기대했던 사람을 만난 것은 참으로 기쁜 일이었다. 디도 곧 같은 믿음을 따라 나의 참 아들이라고 부르며(딛 1:4) 사랑했던 동지의 방문은 여행과 고난에 지친 사도에게 큰 위안이 되었다.

2. 그러나 디도가 고린도 교인들에 관해 가져온 기쁜 소식은 그에게 훨씬 더 큰 위로가 되었다. 그는 디도가 그들 가운데서 위로 받았음을 발견했다. 특히 그들이 자신이 편지로 쓴 문제점에 대해 그 해결을 위해 진지하게 노력하고 있다는 소식과 그들 사이에 불미스러운 사건이 벌어지고, 또 그로 인해 다른 사람들에게 큰 슬픔을 준 것에 대해 그들이 크게 슬퍼하고 있다는 소식, 그리고 잘못을 책망할 때 진실한 자세로 그들을 대했던 사도에 대해 그들이 열렬한 애

정과 특별한 감정을 갖고 있다는 소식을 전해 들었을 때, 그의 마음은 위로로 가득 찼다. 사람을 경책하는 자는 혀로 아첨하는 자보다 나중에 더욱 사랑을 받느니라(잠 28:23)는 솔로몬의 관찰은 참으로 진리이다.

3. 사도는 자신의 모든 위로의 원천을 하나님께 돌린다. 디도의 방문을 통해 그를 위로하신 분은 바로 하나님이었다. 그분은 모든 위로의 하나님이시다: 낙심한 자들을 위로하시는 하나님이(6절). 우리는 모든 수단과 도구들 너머에 계시는 하나님을 우리가 누리는 모든 위로와 좋은 일의 원천으로서 바라보아야 함을 절대로 잊어서는 안 된다.

Ⅲ. 그들의 회개와 그 열매를 그가 얼마나 기뻐했는지에 대해. 사도는 자신이 그들을 근심하게 한 것 곧 그들 가운데 일부 경건한 교인들이 그가 고린도전서에서 언급한 내용 때문에 크게 염려하는 마음을 갖게 된 것에 대해 후회했다. 그것은 그가 감사하게 만든 사람들을 오히려 근심하게 만들었기 때문이다(8절). 그러나 지금 그는 그들이 근심함으로 회개함에 이른 것을 알고 기뻐했다(9절). 그들의 근심 자체는 그의 기쁨의 원천은 아니었으나 그 본질 및 그 결과(구원에 이르게 하는 회개, 10절)가 그에게 기쁨을 주었다. 결국 그는 그들이 자신 때문에 아무런 손해를 보지 않았음을 보았기 때문이다. 그들의 근심은 잠시 뿐이었다. 그것은 곧 기쁨으로 바뀌었고, 그 기쁨은 오래 지속되었다. 여기서 다음과 같은 내용이 확인된다.

1. 참된 회개의 선행조건은 경건한 근심 곧 하나님의 뜻대로 하는 근심이다. 이것이 회개를 일으킨다. 그것은 회개 자체가 아니고, 회개의 준비단계이며, 어떤 의미에서는 회개를 일으키는 원인이다. 범법한 사람이 지나치게 슬퍼하면, 너무 많은 근심에 잠길 위험성이 있었다(고후 2:7). 이전에 자랑거리였던 교제가 큰 근심거리가 되었다. 그들의 이 근심은 경건한 길을 따라 또는 하나님에 따라(이것이 원어가 주는 의미다) 즉 하나님의 뜻대로 하는 근심으로, 하나님께 영광이 되고, 하나님의 영으로 말미암아 일어났다. 그것은 죄(하나님께 대적한 죄, 배은망덕의 죄 등)와 하나님의 은혜의 상실에 대한 근심이기 때문에 경건한 근심이었다. 이 경건한 근심과 세상 근심은 차이가 크다. 경건한 근심은 회개와 개혁을 낳고, 구원에 이르게 할 것이다. 그러나 세상 근심은 사망을 낳는다. 세상사에 대한 세상 사람들의 근심은 더 빨리 무덤에 가도록 검은 머리를 백발로 만들 것이다. 비록 죄에 대한 근심일지라도 이런 근심은 유다의 경우처

럼 치명적인 결과를 가져오고, 사망을 일으킬 것이다. 여기서 다음 세 가지가 주목된다. (1) 회개는 구원을 동반할 것이다. (2) 그러므로 참된 회개자는 회개한 것에 대해 또는 그 일에 도움을 주는 어떤 일에 대해 절대로 후회하지 않을 것이다. (3) 겸손과 경건한 근심은 회개를 위한 필수 예비단계로서, 둘 다 모든 은혜의 수여자이신 하나님으로부터 오는 것이다.

  2. 참된 회개의 복된 열매와 결과가 언급된다(11절). 회개에 합당한 열매(마 3:8)가 그것의 최상의 증거다. 마음이 변화될 때 삶과 행동도 변화될 것이다. 고린도 교인들은 그들의 근심이 경건한 근심임을 입증했다. 그것은 그들로 하여금 영혼에 대한 깊은 관심을 기울이도록 이끌었기 때문에 회개를 낳았고, 그리하여 죄는 피하고 하나님은 기쁘시게 했다. 그것은 또한 그들을 깨끗하게 했는데, 특히 그들이 죄의 끈을 놓지 않으면서 하나님 앞에서 자신의 칭의를 주장함으로써가 아니라 정죄받을 일은 피하고, 이미 저지른 악은 솔직히 인정하는 태도를 취하여 정당한 책망을 기꺼이 감수함으로써 자신을 입증했다. 또 그것은 죄와 자아와 시험하는 자와 그의 도구들에 대한 분노를 일으켰다. 나아가 그것은 두려움을 일으켰다. 이 두려움으로는 하나님에 대한 존경에서 나오는 두려움, 하나님에 대한 불신이 아닌 자신에 대한 불신에서 나오는 두려움, 하나님을 경외하는데서 나오는 두려움, 죄에 대한 경고에서 비롯된 두려움, 그리고 자신에 관한 질투의 두려움 등이 있다. 그것은 그들 속에 잘못한 것에 대한 철저한 개혁과 거역했던 하나님과의 화목을 간절히 사모하는 마음을 일으켰다. 그것은 또 열심을 일으켰는데, 사랑과 분노의 적절한 조화에 대한 열심, 의무에 대한 열심, 죄를 반대하는 열심 등이 이에 속한다. 그리고 결국 그것은 형벌 곧 자신들의 죄와 허물로 말미암아 주어질 해악을 미연에 방지하려고 노력함으로써, 그것들을 억제시켰다. 그렇게 함으로써 그들은 그 일에 대하여 일체 자신의 깨끗함을 나타내었다(11절). 그들은 무죄한 자가 아니라 회개하는 자들이었다. 그리하여 그들을 용서하고 벌하시지 않는 하나님 앞에서 그들의 죄책이 깨끗해졌다. 그들은 진실로 회개했기 때문에 더 이상 정죄를 받지 아니했다. 하물며 그들이 사람들에게 정죄받는 일은 더더욱 없었다.

¹²그런즉 내가 너희에게 쓴 것은 그 불의를 행한 자를 위한 것도 아니요 그 불의를 당한 자를 위한 것도 아니요 오직 우리를 위한 너희의 간절함이 하나님 앞에서 너

희에게 나타나게 하려 함이로라 ¹³이로 말미암아 우리가 위로를 받았고 우리가 받은 위로 위에 디도의 기쁨으로 우리가 더욱 많이 기뻐함은 그의 마음이 너희 무리로 말미암아 안심함을 얻었음이라 ¹⁴내가 그에게 너희를 위하여 자랑한 것이 있더라도 부끄럽지 아니하니 우리가 너희에게 이른 말이 다 참된 것 같이 디도 앞에서 우리가 자랑한 것도 참되게 되었도다 ¹⁵그가 너희 모든 사람들이 두려움과 떪으로 자기를 영접하여 순종한 것을 생각하고 너희를 향하여 그의 심정이 더욱 깊었으니 ¹⁶내가 범사에 너희를 신뢰하게 된 것을 기뻐하노라

이 부분에서 사도는 자신의 권면에 대해 선한 열매를 맺은 고린도 교인들을 위로하는데 힘쓴다. 그 내용은 다음과 같다

1. 사도는 가혹하다고 생각될 수도 있었지만, 고린도전서에서 이미 밝혔던 선한 목적을 그들에게 말한다(12절). 그것은 그 불의를 행한 자를 위한 것이 아니었다. 단순히 그를 처벌하기 위함은 더더욱 아니었다. 또 그 불의를 당한 자를 위한 것도 아니었다. 즉 상처를 받은 아버지가 어떤 만족을 느끼도록 하기 위함도 아니었다. 그것은 그들에 대한 염려 곧 전체 교회에 대한 사도의 지극히 크고 진실한 관심의 표현으로서, 이런 범죄를 방치하고, 그로 인한 추문에 대해 어떤 적절한 지적이나 분노가 없기 때문에 일어날 고통을 겪지 않도록 하기 위해서였다.

2. 사도는 그들의 회개와 선행 때문에 자신과 디도의 기쁨을 그들에게 알려준다. 디도는 그들의 위로와 함께 기쁨을 얻었고 영이 새롭게 되었다. 이 위로와 기쁨은 사도에게도 마찬가지였다(13절). 그들과 함께 하는 동안 디도가 그들로부터 위로를 얻은 것처럼, 사도도 자기에게 순종하는 그들의 마음을 기억하고 똑같이 위로를 받았다. 그들은 준엄하게 책망하는 사도에게 두려움을 갖고 그의 지시에 순종하는 모습을 보여주었는데, 그들의 이런 모습을 생각하고 사도는 그들에 대한 사랑이 불타오르고 더 크게 증가했던 것이다(15절). 큰 위로와 기쁨은 경건한 근심의 산물임을 잊지 말자. 죄는 일반적으로 근심을 일으키지만, 회개와 개혁은 일반적으로 기쁨을 일으킨다. 바울은 기뻤고, 디도 또한 기뻤다. 그리고 고린도 교인들은 위로를 받았고, 회개한 당사자는 위로를 받았음이 분명하다. 회개하는 한 명의 죄인으로 말미암아 하늘에 기쁨이 있을 때, 이 기쁨은 땅에서도 당연히 있어야 한다.

3. 사도는 그들에게 전폭적인 신뢰를 갖고 있음을 표현하면서 이 전체 주제를 마무리한다. 그는 디도 앞에서 그들에 대해 자랑한 것을 부끄러워하지 않았다(14절). 왜냐하면 그는 그들에 대한 자신의 기대를 결코 배반당하지 않았기 때문이다. 그는 그것을 디도에게 표현했고, 지금도 큰 기쁨을 가지고 모든 일들에 있어서 그들의 행동을 신뢰하고, 앞으로도 그들이 선한 행동을 보여줄 것을 추호도 의심하지 않는다는 것을 분명히 선언할 수 있었다. 충성스러운 사역자는 신뢰할 수 있는 교인들이 옆에 있는 것이 큰 위로요 기쁨이다. 왜냐하면 그들은 하나님의 영광, 복음의 영예, 그리고 그 유익을 위해 수고하도록 그가 요청하는 모든 제안에 기꺼이 복종할 마음을 갖고 있는 사람들이기 때문이다.

제
— 8 —
장

개요

이 장과 다음 장에서 바울은 고린도 교인들에게 특별한 사랑의 봉사 곧 마게도냐의 교회들의 본을 따라(롬 15:26) 예루살렘과 유대의 가난한 성도들의 필요를 채워주도록 권면하고 지시한다. 예루살렘의 그리스도인들은 전쟁과 기근과 박해로 말미암아 궁핍해졌고, 그들 가운데 많은 이들이 타락하게 되었다. 아마 그들 대부분은 처음 기독교로 개종했을 때부터 가난했을 것이다. 왜냐하면 그리스도께서 "가난한 자에게 복음이 전파된다"고 말씀하셨기 때문이다. 따라서 바울은 이방인의 사도였지만, 기독교 신앙으로 개종하게 된 유대인들에 대해 각별한 관심과 다정한 호감을 갖고 있었다. 개종한 유대인들 가운데 많은 이들이 이방인들에 대해 좋은 감정을 갖고 있지 않았으나 사도는 이방인들 개종자들에게 유대인을 사랑하라고 가르치고, 그들의 구제를 위해 아낌없이 연보를 하도록 격려했다. 이 주제에 관해 그는 상세히 그리고 각별한 애정을 갖고 쓰고 있다. 이 8장에서 사도는 고린도 교인들에게 사랑을 실천한 마게도냐 교인들의 본보기를 알리고 칭찬한다. 그리고 그들의 연보를 담당하도록 디도를 파견한다(1-6절). 이어서 그는 여러 가지 적절한 변론을 가지고 이 의무를 계속 권고한다(7-15절). 그리고 이 사랑의 행위에 참여한 사람들을 칭찬한다(16-24절).

[1]형제들아 하나님께서 마게도냐 교회들에게 주신 은혜를 우리가 너희에게 알리노니 [2]환난의 많은 시련 가운데서 그들의 넘치는 기쁨과 극심한 가난이 그들의 풍성한 연보를 넘치도록 하게 하였느니라 [3]내가 증언하노니 그들이 힘대로 할 뿐 아니라 힘에 지나도록 자원하여 [4]이 은혜와 성도 섬기는 일에 참여함에 대하여 우리에게 간절히 구하니 [5]우리가 바라던 것뿐 아니라 그들이 먼저 자신을 주께 드리고 또 하나님의 뜻을 따라 우리에게 주었도다 [6]그러므로 우리가 디도를 권하여 그가 이미 너희 가운데서 시작하였은즉 이 은혜를 그대로 성취하게 하라 하였노라

여기서 다음과 같은 내용을 확인할 수 있다.

I. 사도는 마게도냐 곧 빌립보, 데살로니가, 베뢰아 그리고 마게도냐 다른 지역의 교회들의 선한 본보기를 들어 고린도 교인들과 아가야의 그리스도인들에게 사랑의 봉사를 하도록 권면한다.

1. 사도는 그들에게 마게도냐 교인들의 풍성한 연보에 관해 알려준다. 그는 그것을 하나님께서 마게도냐 교회들에게 주신 은혜라고 부른다(1절). 어떤 이들은 그 말씀이 하나님께서 교회들 속에 또는 교회들로 말미암아 주신 은사로 이해되어야 한다고 생각한다. 사도는 확실히 이들 교회들의 사랑의 선물을 지적하고 있고, 그것은 하나님의 은혜 또는 은사로 불린다. 그 이유는 그 사랑이 너무 컸기 때문이다. 아니 오히려 그보다는 가난한 성도들에 대한 그들의 사랑은 그 저자이신 하나님으로부터 나온 것으로 그들의 하나님에 대한 참 사랑을 잘 보여주었기 때문이다. 언제든 우리 안에서 또는 우리를 통해 행해지는 모든 선의 뿌리와 원천은 하나님의 은혜로 귀착되어야 한다. 만일 우리가 다른 사람들에게 유익한 일이나 어떤 선한 일을 행한다면, 그것은 하나님의 크신 은혜가 우리에게 주어진 결과다.

2. 사도는 마게도냐 교인들의 자선을 칭찬하고, 그것을 본받도록 권면한다. 그는 고린도 교인들에게 다음과 같이 말한다.

(1) 그들은 궁핍한 상태와 시련 속에 있었으나 다른 사람들을 돕는데 헌신했다. 환난의 많은 시련 가운데서 그들의 넘치는 기쁨과 극심한 가난이 그들의 풍성한 연보를 넘치도록 하게 하셨느니라(2절). 행 18:17의 내용으로 보아 짐작할 수 있는 것처럼, 그들에게는 큰 환난이 있었다. 이 지역의 그리스도인들은 박해를 받았고, 그로 인해 그들은 혹독한 가난에 떨어져 있었다. 그러나 그들의 베풂은 넉넉했다. 하나님께서 모든 것을 채워주실 것을 믿고 가난한 가운데서도 넘치는 연보를 했다.

(2) 그들은 풍성한 연보를 넘치도록 했다(2절). 즉 그들은 마치 자기들이 부자인 것처럼 후하게 연보를 했다는 것이다. 그것은 모든 것을 다 내놓은 것과 같은 넘치는 연보였다. 그것은 그들이 힘대로 할 뿐만 아니라 힘에 지나도록 자원하여(3절) 한 연보로서, 더 이상 하는 것을 기대할 수 없을 정도로 충분히 한 것이었다. 사람들은 주제를 모른다고 탓할지 모르지만, 하나님은 자신의 힘에 지나도록 경건과 자선의 참된 행위를 행하는 사람들의 경건한 열심을 받아주실 것이다.

(3) 그들은 적극적으로 이 선행을 할 마음의 준비가 되어 있었다. 자원하여(3절). 그들은 이 은혜와 성도 섬기는 일에 참여함에 대하여 바울에게 간절히 구하였기 때문에(4절) 그는 많은 말로 그들을 강요하거나 설득할 필요가 없었다. 바울은 이 일을 추진하는데 있어서 오히려 뒤로 물러서 있었던 것으로 보인다. 왜냐하면 그는 그 때 말씀과 기도에 전념하고 있었기 때문이다. 또는 기회가 있을 때마다 그의 원수들이 자기를 비방하거나 헐뜯는데 얼마나 철저하게 준비되어 있는지를 알고 있었기 때문에 자신이 많은 돈을 보관하고 있을 때 조금이라도 공정하지 못하다면, 무분별하다거나 공평하게 분배하지 못했다고 의심을 받거나 비판을 받을 것을 염려했던 것으로 보인다. 특히 돈 문제에 있어서 사역자들은 악의적으로 비방할 기회를 찾고 있는 사람들에게 빌미를 주지 않도록, 얼마나 조심해야 할까!

(4) 그들의 자선은 참된 경건으로 나타났고, 이것이야말로 그가 그들을 본보기로 크게 추천하는 요점이었다. 그들은 이 선행을 올바른 방법으로 실천했다: 그들이 먼저 자신을 주께 드리고 또 하나님의 뜻을 따라 우리에게 주었도다(5절). 즉 그들은 그것이 하나님의 뜻이었기 때문에 그렇게 했다는 것이다. 다시 말해 그들은 하나님의 뜻이 하는 대로 그리고 하나님의 영광을 위해 일처리를 했다는 말이다. 이것은 사도의 기대를 넘어서는 것이었다. 이 마게도냐 교인들 사이에서 빛나는 따스하고 경건한 사랑을 보는 것은 그가 바라는 것 이상이었다. 이 선행은 참으로 큰 헌신과 진지함 속에서 이루어진 일이었다. 그들은 진지하게, 연합하여 그리고 일심으로 주 예수 그리스도께 자신을 복종시키고, 자신의 모든 소유를 그분께 바쳤다. 그들은 과거에도 이 일을 행했었고, 지금 그럴 기회가 다시 오자 또 그렇게 했다. 그들은 먼저 자신을 주께 드림으로써, 하나님의 영예를 위해 그 연보를 성별시켰다. 여기서 우리는 다음 몇 가지 사실을 유의해야 한다. [1] 우리는 우리 자신을 하나님께 드려야 한다. 이보다 더 좋은 연보는 없다. [2] 우리 자신을 주님께 드릴 때, 그분의 뜻에 따라 처분되도록 우리가 가진 모든 것을 드려야 한다. [3] 우리가 하나님을 위해 사용하거나 내놓는 것은 무엇이든, 오직 그분의 것이기에 그분께 드리는 것이다. [4] 우리가 자선을 위해 내놓거나 드리는 것은 먼저 우리 자신을 하나님께 드리지 아니하면, 하나님의 인정을 받지도 못하고 우리에게 아무 유익도 되지 못할 것이다.

Ⅱ. 사도는 디도가 가서 그들 가운데서 연보를 시작하기를 원한다고 말한다(6

절).   그는 디도가 그들에게 인정받고 있다고 생각했기 때문이다. 디도는 이전에 그들에게 환대를 받은 적이 있었다. 그들은 디도에게 좋은 감정을 갖고 있었고, 디도는 그들에게 큰 사랑을 베풀었다. 아니 디도는 이미 그들 사이에서이 일을 시작했고, 그래서 사도는 그 일을 완수하기를 바랐다. 그 모든 면에서이 일을 이루기에 적절한 인물이었고, 이미 선한 일을 시작했기 때문에 그 일을 계속 진행시키지 못하거나 마치지 못한다면 정말 애석한 일이 될 것이다. 우리가 잘되기를 바라는 일을 하는데 있어서 적절한 도구를 사용하는 것은 지혜의 한 방법임을 잊지 말자. 자선 행위는 가장 적절한 인물이 연보를 요청하고 그 일을 처리할 때 가장 잘 이루어진다.

[7]오직 너희는 믿음과 말과 지식과 모든 간절함과 우리를 사랑하는 이 모든 일에 풍성한 것 같이 이 은혜에도 풍성하게 할지니라 [8]내가 명령으로 하는 말이 아니요 오직 다른 이들의 간절함을 가지고 너희의 사랑의 진실함을 증명하고자 함이로라 [9]우리 주 예수 그리스도의 은혜를 너희가 알거니와 부요하신 이로서 너희를 위하여 가난하게 되심은 그의 가난함으로 말미암아 너희를 부요하게 하려 하심이라 [10]이 일에 관하여 나의 뜻을 알리노니 이 일은 너희에게 유익함이라 너희가 일 년 전에 행하기를 먼저 시작할 뿐 아니라 원하기도 하였은즉 [11]이제는 하던 일을 성취할지니 마음에 원하던 것과 같이 완성하되 있는 대로 하라 [12]할 마음만 있으면 있는 대로 받으실 터이요 없는 것은 받지 아니하시리라 [13]이는 다른 사람들은 평안하게 하고 너희는 곤고하게 하려는 것이 아니요 균등하게 하려 함이니 [14]이제 너희의 넉넉한 것으로 그들의 부족한 것을 보충함은 후에 그들의 넉넉한 것으로 너희의 부족한 것을 보충하여 균등하게 하려 함이라 [15]기록된 것 같이 많이 거둔 자도 남지 아니하였고 적게 거둔 자도 모자라지 아니하였느니라

이 부분에서 사도는 고린도 교인들로 하여금 이 자선 행위에 참여하도록 자극하기 위해 몇 가지 설득력 있는 변론을 사용한다.

I. 사도는 고린도 교인들이 다른 은사와 은혜에 있어서 탁월하기 때문에 이 자선 행위에 있어서도 탁월하기를 바란다(7절).   사도는 여기서도 완벽한 설득법과 신령한 기교를 사용한다. 이 선한 일을 하도록 고린도 교인들을 설득할 때 그는 그들 속에서 발견되는 다른 은사들에 대해 칭찬한다. 대부분의 사람들

은 특히 우리가 그들에게 우리 자신이나 다른 사람들을 위해 선물을 구할 때 칭찬받기를 좋아한다. 우리가 하나님의 은혜를 빛내는 사람들에게 적절한 칭찬을 해주는 것은 당연한 일이다. 여기서 그들이 그토록 풍성했던 것이 무엇인지 주목해 보자. 먼저 믿음이 언급된다. 왜냐하면 그것이 뿌리이기 때문이다. 믿음이 없이는 하나님을 기쁘시게 하지 못하나니(히 11:6). 따라서 믿음이 풍성한 사람들은 다른 은혜와 선행에 있어서도 풍성해야 할 것이다. 그리고 이것은 사랑으로 말미암아 행해지고 이루어져야 할 것이다. 그들의 믿음에 말(구변)이 더해졌는데, 이것은 탁월한 은사로서, 거기서 하나님의 영광과 교회의 유익이 크게 파생된다. 많은 사람들이 말이 결여된 믿음을 갖고 있다. 그러나 고린도 교인들은 영적 은사에 있어서 다른 교회들을 크게 능가했고, 특별히 말에 있어서는 더 그랬다. 그러나 그러면서도 대다수 사람들이 그런 것처럼 그들에게서는 무지의 결과와 증거가 보이지 않았다. 왜냐하면 그들에게 있어서는 말에 지식이, 그것도 풍성한 지식이 함께 나타났기 때문이다. 그들은 옛 일과 새 일에 대한 보화를 갖고 있었고, 그들의 말 속에는 이 보화가 담겨 있었다. 그들은 또한 아주 근면했다. 많은 지식과 유창한 말을 갖고 있는 사람들이라고 해서 반드시 부지런한 그리스도인이 되는 것은 아니다. 말을 잘하는 사람이 반드시 최고의 실천가인 것은 아니다. 그러나 그들은 지식과 말뿐만 아니라 행동에 있어서도 부지런했다.

나아가 그들은 그들의 사역자들에 대해 넉넉한 사랑을 갖고 있었다. 그들은 대부분의 사람들처럼, 자기들이 은사가 있다고 해서 그들의 사역자를 경시하고 무시하는 습성을 갖고 있지 않았다. 사도는 그들이 이 좋은 은사들 위에 이 은혜 곧 가난한 자들을 돕는 넉넉한 사랑을 덧붙이기를 원했다. 아무리 선이 충만한 곳이라도, 그 이상의 선이 발견되어야 할 곳은 어디서나 있기 마련이다. 사도는 다른 변론으로 나아가기 전에, 그들이 그들에 대한 자신의 의도가 왜곡되고, 자신의 권위로 말미암아 그들에게 무거운 짐이 지워지지 않도록 조심한다. 그래서 그는 자신이 그들에게 하는 말이 명령으로 또는 권위로 하는 말이 아님을 분명히 한다(8절). 그는 나의 뜻을 알리는 것이라고 말한다(10절). 그는 다른 사람들의 선례로부터 그들이 어떻게 해야 할지 그 방법을 제안했고, 거기서 그들의 사랑의 진실성과 그 참된 결과 및 증거가 입증되기를 바랐다. 분명하고 명백한 의무와 현재 선을 행하거나 얻을 기회를 높이는 일 사이에는 큰 차이가 있어야 한다. 우리가 실천하면 선이 되는 일들이 많지만, 그렇다고 해서 그 일들은 무조건 시급하고도 필수적인 명령으로서, 이런저런 정해진 시간 안에 실천해야 할 우리의 의무라고 강요될 수는 없다.

Ⅱ. 우리 주 예수 그리스도의 은혜의 교리로부터 또 다른 변론이 제시되고 있다. 그리스도인의 의무에 대한 최고의 변론은 우리를 강권하는 그리스도의 사랑으로부터 나온다. 마게도냐 교회들의 본보기는 고린도 교인들이 본받아야 할 것이었다. 그러나 우리 주 예수 그리스도의 본보기가 훨씬 더 큰 영향력을 갖고 있다. 사도는 우리 주 예수 그리스도의 은혜를 너희가 알거니와 부요하신 이로서 너희를 위하여 가난하게 되심은 그의 가난함으로 말미암아 너희를 부요하게 하려 하심이라(9절)라고 말한다. 여기서 부요하신 이의 의미는 그분이 권능과 영광에 있어서 아버지와 동등하신 분이기에 위의 세계의 모든 영광과 복에 있어서 부요하신 하나님이 되신다는 것이고, 가난하게 되심의 의미는 우리를 위해 사람이 되셨을 뿐만 아니라 가난하게 되셨다는 것이다. 그분은 가난한 환경 속에서 태어나셨고, 가난한 생활을 하셨으며, 가난한 상태에서 죽으셨다. 이것은 우리를 위해서였다. 즉 그것을 통해 우리가 부요하도록 곧 하나님의 사랑과 은혜에 있어서 부요하도록, 새 언약의 축복과 약속에 있어서 부요하도록, 그리고 천국의 상속자로서 영생의 소망에 있어서 부요하도록 하기 위해서였다. 이것은 우리가 우리의 소유로 가난한 자를 도와주어야 하는 충분한 이유가 된다. 왜냐하면 우리 자신도 주 예수 그리스도의 자비에 따라 살아야 하기 때문이다.

Ⅲ. 또 하나의 변론이 이 선행에 대한 그들의 선한 목적과 이미 이 일을 시작한 그 자체로부터 취해진다. 이에 관해 그는 다음과 같이 말한다.

1. 목표한 것을 수행하고 이미 시작한 일을 마치는 것은 그들에게 유익했다(10,11절). 그 외에 어떤 것이 그들의 선한 목적과 선한 시작을 의미 있게 하겠는가? 참으로 선한 목적이야말로 좋은 것이다. 그것은 보기에도 좋고, 유익한 열매를 맺을 희망을 주는 꽃봉오리와 같다. 그러나 그것은 실천이 없으면 사라지고 무의미하게 된다. 마찬가지로 선한 시작도 좋은 것이다. 그러나 우리는 끝까지 인내하면서 완성이라는 열매를 맺지 않으면 아무것도 얻지 못할 것이다. 그러므로 사도는 고린도 교인들에게 그들이 잘할 준비가 되었음을 보여준 만큼, 그들의 능력에 따라 실천하는데 유의하라고 말하는 것이다.

2. 이것은 하나님이 받으실 만했다. 진실한 노력이 수반되면, 있는 대로 받으실

터이요(12절). 사람들이 선한 것을 목적으로 행하고, 자신의 능력껏 실천을 위해 수고한다면, 하나님은 있는 그대로 받으시고, 갖고 있지 않다거나 그들의 능력으로 하지 못한다고 해서 거부하지 않는다. 이것은 자선 행위 말고 다른 일들에 대해서도 마찬가지다. 그러나 우리는 여기서 이 성경이 선한 의미나 선한 목적을 마음속에 생각하는 것으로 또는 하겠다는 마음의 고백만으로 충분하다는 것을 절대로 정당화하지 않음을 지적해야 한다. 참으로 다윗이 성전을 건축할 때 그런 것처럼(삼하 7장), 다만 섭리가 그 실천을 막을 때를 제외하고는 할 수 있는 한 최대로 실천이 있을 때 받아들임도 있는 법이다.

Ⅳ. 하나님의 섭리가 이 세상의 구분된 일들 속에서 일어나는 차별성과 인간사의 가변성으로부터 또 다른 변론을 이끌어낸다(13-15절). 그 변론의 힘은 다음과 같이 나타난다: 하나님의 섭리는 이 세상의 선한 일들을 어떤 사람에게는 더 많이, 또 어떤 사람에게는 더 적게 베푸신다. 이 섭리의 계획에 따라 넉넉한 사람들은 그들의 넉넉한 것으로 다른 사람들의 부족함을 보충해줄 수 있다. 즉 자선의 기회를 가질 수 있다. 나아가 인간사의 가변성 곧 얼마나 순식간에 변화가 일어날 수 있는지를 생각해 보자. 지금 넉넉한 상태에 있는 사람들이 언제 부족함 속에 떨어져 도움을 받아야 될지 알 수 없다. 이것이 할 수 있는 한 넉넉할 때 자선을 베풀어야 하는 이유다. 우리가 서로 도움으로써 **균등하게** 하려 함이 하나님의 뜻이다. 물론 이것은 절대적 균등이 아니고, 또는 재산을 다 내놓고 공동소유를 해야 한다는 것도 아니다. 왜냐하면 이런 경우가 되면 더 이상 자선을 행할 수 없기 때문이다. 그러나 자선 행위를 할 때에는 그 짐이 어떤 사람에게는 완전히 가벼운데 반해 어떤 사람에게는 너무 무거워서는 안 되도록 균등한 비례가 이루어져야 하는 것처럼, 누구나 부족한 사람들의 부족한 것을 보충하는데 관련되어 있음을 생각해야 한다.

이것은 광야에서 만나를 모으고 배분하는 실례를 통해 예증되고 있다. 당시 그것은 모든 가족의 의무였다(출 16장에서 보는 것처럼). 가족 하나하나 자기 몫을 모아야 했고, 그것이 다 모아지면 각 가족에게 똑같이 분배되었다. 그 때마다 가장이 각 가족에게 배분을 담당했는데, 어떤 가족에게는 나이와 건강 상태를 감안하여 그의 능력 이상으로 더 많이 배당했고, 또 어떤 가족에게는 그 이상 필요로 하지 않기 때문에 그가 모은 것보다 적게 배당했다. 그리하여 많이 거둔 자도 남지 아니하였고 적게 거둔 자도 모자라지 아니하였다(15절). 우리가 서로 의지하고 서로 도우며 살아야 하는 것은 이 세상의 사람들이 이런 상태에 있기 때문이다. 이 세상에서 너무 많이 소유하고 있는 사람들은 음식과 옷이 더 이상은 필요 없다. 반면에 이 세상에서 거의 소유하고 있지 못한 사람들은 이것들을 필요로 한다. 따라서 참으로 넉넉한 상태 속에 있는 사람들은 다른 사람들의 부족함을 보충해주고, 항상 그럴 준비를 하고 있어야 한다.

[16]너희를 위하여 같은 간절함을 디도의 마음에도 주시는 하나님께 감사하노니 [17]그가 권함을 받고 더욱 간절함으로 자원하여 너희에게 나아갔고 [18]또 그와 함께 그 형제를 보내었으니 이 사람은 복음으로써 모든 교회에서 칭찬을 받는 자요 [19]이뿐 아니라 그는 동일한 주의 영광과 우리의 원을 나타내기 위하여 여러 교회의 택함을 받아 우리가 맡은 은혜의 일로 우리와 동행하는 자라 [20]이것을 조심함은 우리가 맡은 이 거액의 연보에 대하여 아무도 우리를 비방하지 못하게 하려 함이니 [21]이는 우리가 주 앞에서 뿐 아니라 사람 앞에서도 선한 일에 조심하려 함이라 [22]또 그들과 함께 우리의 한 형제를 보내었노니 우리는 그가 여러 가지 일에 간절한 것을 여러 번 확인하였거니와 이제 그가 너희를 크게 믿으므로 더욱 간절하니라 [23]디도로 말하면 나의 동료요 너희를 위한 나의 동역자요 우리 형제들로 말하면 여러 교회의 사자들이요 그리스도의 영광이니라 [24]그러므로 너희는 여러 교회 앞에서 너희의 사랑과 너희에 대한 우리 자랑의 증거를 그들에게 보이라

이 구절들에서 사도는 연보를 감당하도록 그들에게 보낸 형제를 추천한다. 말하자면 그들에 대한 신임장으로 편지를 보내는 것이다. 우리 형제들로 말하면(23절), 즉 어떤 이들이 그들에 관해 궁금해하거나 의심스러워한다면, 그들이 어떤 사람인지 그리고 얼마나 안심하고 믿을 수 있는 사람인지 알려줄 수 있다.

I. 사도는 디도를 추천한다.

1. 그에게는 그들에 대한 그의 순수한 배려와 각별한 마음의 관심, 그리고 모든 일들 속에서 그들의 유익을 위한 간절한 마음이 있었기 때문이다. 이것은 하나님에 대한 감사와 함께 언급된다(16절). 만일 하나님께서 우리나 다른 사람들의 어떤 유익을 위해 행하려는 마음을 우리에게 심어주신다면, 그것은 감사의 조건이다.

2. 현재 시행 중에 있는 섬김의 사역에 준비가 잘 되어 있었기 때문이다. 그는 그 직분을 받아들였고, 이 선한 사역에 적극적으로 반응했다(17절). 다른 사람들의 구제를 위해 자선을 요청하는 일은 많은 사람에게 감사할 직분으로 간주되지 않는다. 그러나 그것은 선한 직분으로, 그 일로 부르심을 받았을 때 절대로 부끄러워해서는 안 된다.

II. 사도는 디도와 함께 보낸 또 다른 형제를 추천한다. 일반적으로 이 인물은 누가일 것으로 추측된다. 그가 추천받은 이유는 다음과 같다.

1. 복음으로써 모든 교회에서 칭찬을 받는 자였기 때문이다(18절). 그가 다양한 섬김의 사역에 봉사한 것은 잘 알려져 있었고, 그는 행한 일로 말미암아 칭찬을 받을 만했다.

2. 여러 교회의 택함을 받은 자로서(19절), 사도와 함께 사역을 감당한 자였기 때문이다. 이것은 아마 바울 자신의 요청과 부탁으로 이루어진 일이었을 것이다. 왜냐하면 거기에는 우리가 맡은 이 거액의 연보에 대하여 아무도 우리를 비방하지 못하게 하려는(20절) 목적이 있었기 때문이다. 이처럼 사도는 악한 마음을 가진 사람들이 자신을 비방하게 될 빌미를 조금이라도 주지 않기 위해 무척 조심했다. 그는 이 연보에 있어서 부당하거나 편파적이라는 비판을 받을 일은 조금도 하지 않으려고 했다. 우리가 주 앞에서 뿐 아니라 사람 앞에서도 선한 일에 조심하려 함이라(21절). 이것은 모든 그리스도인의 의무로서, 사도는 이것을 자신의 의무로 생각했다. 즉 우리는 할 수 있는 한, 우리와 관련하여 부당한 모든 의심과 추악한 비방을 방지하기 위해 신중하게 처신해야 한다. 우리는 트집잡는 세상 속에 살고 있고, 그러기에 악의적으로 말할 기회를 찾는 사람들에게 그럴 기회를 주지 않도록 조심해야 함을 잊어서는 안 된다. 만일 그들이 이유 없이 우리를 비방하거나 헐뜯는다면, 그것은 그들의 죄악이다. 그러나 그들이 그렇게 할 만한 합당한 이유가 없는데, 그들에게 그렇게 하도록 어떤 빌미를 제공한다면, 그것은 최소한 우리의 책임이다.

III. 사도는 이 일에 있어서 앞의 두 사람과 함께 사역했던 또 한 명의 형제를 추천한다. 이 형제는 아볼로로 생각된다. 그가 누구든, 그는 여러 가지 일에 간절한 것을 보여준 사람이었다(22절). 그러므로 그는 이 일에 종사하기에 적합했다. 더욱이 그는 이 일에 간절한 마음을 갖고 있었는데, 그 이유는 그가 고린도 교인들에 관해 신뢰 또는 긍정적인 태도를 갖고 있었기 때문이다(22절). 이전에 자신의 부지런함을 입증한 사람이 선한 일에 종사하는 것을 보는 것은 큰 힘이 된다.

IV. 사도는 이들 모두에 대한 공통된 칭찬으로 이 주제를 끝맺는다(23절). 너희를 위한 나의 동역자요. 여러 교회의 사자들이요 그리스도의 영광이니라. 즉 그들은 그리스도의 도구로서, 그분의 이름과 찬양을 위하며 그분께 영광을 돌리는 자들이고, 그리스도를 섬기는 일에 있어서 신실한 자로 세움받고 쓰임받기 위해 그리스도로부터 영예를 받은 사람들이다. 그러므로 전체적으로 사도는 당시 그들에 대해 다른 사람들이 갖고 있는 기대를 충족시켜 줄 수 있도록 그들의 넉넉한 사랑을 보여 달라고 권면한다. 다시 말해 이 교회의 사자들과 교회들 앞에서 하나님과 고통 속에 있는 형제들에 대한 그들의 사랑의 증거를 보여주고, 또 그것이 사도의 그들에 대한 자랑의 충분한 증거가 되게 해달라고 권면한다(24절). 다른 사람들이 우리에 대해 내리는 좋은 평판이 우리가 잘하고 있음을 입증하는 증거가 되어야 할 것이다.

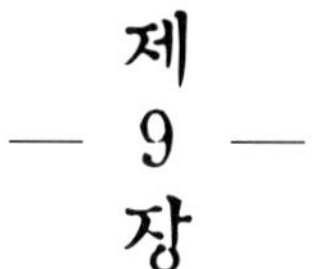

제 9 장

개요

이 장에서 사도는 고린도 교인들에게 자선의 의무를 강조하는데 있어서 자신의 간절함을 하소연하고(1-5절), 그 일을 수행하는데 합당한 방법과 태도 곧 복으로 알고, 자의로 그리고 즐겁게 하도록 지시하고, 그렇게 하는데 적절한 격려의 말을 해준다(6-15절).

[1]성도를 섬기는 일에 대하여는 내가 너희에게 쓸 필요가 없나니 [2]이는 내가 너희의 원함을 앎이라 내가 너희를 위하여 마게도냐인들에게 아가야에서는 일 년 전부터 준비하였다는 것을 자랑하였는데 과연 너희의 열심이 퍽 많은 사람들을 분발하게 하였느니라 [3]그런데 이 형제들을 보낸 것은 이 일에 너희를 위한 우리의 자랑이 헛되지 않고 내가 말한 것 같이 준비하게 하려 함이라 [4]혹 마게도냐인들이 나와 함께 가서 너희가 준비하지 아니한 것을 보면 너희는 고사하고 우리가 이 믿던 것에 부끄러움을 당할까 두려워하노라 [5]그러므로 내가 이 형제들로 먼저 너희에게 가서 너희가 전에 약속한 연보를 미리 준비하게 하도록 권면하는 것이 필요한 줄 생각하였노니 이렇게 준비하여야 참 연보답고 억지가 아니니라

이 단락에서 사도는 고린도 교인들에게 지극히 겸손한 태도로 그리고 능숙한 말솜씨로 자신의 뜻을 전달한다. 그는 그들에게 자선을 촉구하는 것을 아주 열심히 변명하는 태도를 취하는 것처럼 보이지만, 그의 마음이 이 문제에 대해 얼마나 간절한지를 보여준다.

I. 사도는 좋은 인상을 갖고 있는 그들을 이미 충분히 설득했다고 만족하기 때문에, 그들에게 더 이상 가난한 형제들을 구제하도록 변론할 필요가 없다고 말한다(1절).

1. 사도는 모든 선한 일에 대한 그들의 원함을 알고 있었다. 또 그들이 일 년 전에 이미 그 일을 시작한 것도 알고 있었다.

2. 사도는 마게도냐 교인들에게 그들의 열심을 자랑한 적이 있었는데, 이것

은 많은 사람들을 분발하게 만드는 자극제가 되었다. 그러므로 그는 그들이 이미 잘 시작한 일을 계속 잘하도록 권면하고, 이어서 잘 마칠 때까지 인내할 것을 그들의 의무로 제시한다.

Ⅱ. 사도는 디도와 다른 형제들을 그들에게 보내는 일에 대해 변명하는 것처럼 보인다. 그는 마치 자신이 그들에 대한 열심이 너무 커서 그들에게 지나치게 무거운 부담을 주는 것처럼 생각하고, 그들이 이 일로 자신을 비판하지 않게 하려고 무척 조심한다. 그는 디도 일행을 그들에게 보낸 참된 이유를 다음과 같이 설명한다.

1. 시의적절한 통보를 통해 그들로 하여금 충분히 준비할 수 있도록(3절) 그리고 그가 그들을 방문했을 때 조급한 요청으로 그들이 놀라지 않도록 하기 위해서였다. 우리는 다른 사람들에게 선한 일을 하도록 요청할 때, 그들에 대해 신중하고 부드럽게 행동해야 하고, 그들에게 시간적 여유를 주어야 한다.

2. 만일 그들이 준비가 되어있지 않으면 그들에 대한 자랑이 헛되게 될까 염려했기 때문이었다(3, 4절). 그는 마게도냐 교인들이 자기와 함께 갈 것을 암시한다. 만일 그 때 연보가 제대로 이루어지지 않았다면 이것은 사도가 그들에 대해 자랑한 것을 부끄럽게 만들 것이다. 그래서 사도는 그들과 자기 자신의 명예가 지켜지도록 유의하는 것이다. 그리스도인들은 그들의 고백의 명예를 염두에 두고, 범사에 우리 구주 하나님의 교훈을 빛나게 하기를(딛 2:10) 힘써야 할 것이다.

⁶이것이 곧 적게 심는 자는 적게 거두고 많이 심는 자는 많이 거둔다 하는 말이로다 ⁷각각 그 마음에 정한 대로 할 것이요 인색함으로나 억지로 하지 말지니 하나님은 즐겨 내는 자를 사랑하시느니라 ⁸하나님이 능히 모든 은혜를 너희에게 넘치게 하시나니 이는 너희로 모든 일에 항상 모든 것이 넉넉하여 모든 착한 일을 넘치게 하게 하려 하심이라 ⁹기록된 바 그가 흩어 가난한 자들에게 주었으니 그의 의가 영원토록 있느니라 함과 같으니라 ¹⁰심는 자에게 씨와 먹을 양식을 주시는 이가 너희 심을 것을 주사 풍성하게 하시고 너희 의의 열매를 더하게 하시리니 ¹¹너희가 모든 일에 넉넉하여 너그럽게 연보를 함은 그들이 우리로 말미암아 하나님께 감사하게 하는 것이라 ¹²이 봉사의 직무가 성도들의 부족한 것을 보충할 뿐 아니라 사람들이 하나님께 드리는 많은 감사로 말미암아 넘쳤느니라 ¹³이 직무로 증거를 삼아 너희가 그

리스도의 복음을 진실히 믿고 복종하는 것과 그들과 모든 사람을 섬기는 너희의 후한 연보로 말미암아 하나님께 영광을 돌리고 ¹⁴또 그들이 너희를 위하여 간구하며 하나님이 너희에게 주신 지극한 은혜로 말미암아 너희를 사모하느니라 ¹⁵말할 수 없는 그의 은사로 말미암아 하나님께 감사하노라

여기서 우리는 다음과 같은 사실을 발견한다.

I. 연보에 대한 올바르고 합당한 태도로서 지켜야 할 적절한 지침. 우리는 요구되는 것을 행해야 할 뿐만 아니라 명령되는 그대로 행하는 것이 참으로 중요하다. 여기서 사도가 고린도 교인들에게 명하는 태도는 다음과 같다.

1. 그것은 복으로 알고 해야 한다. 이것이 억지가 아니라 복으로 알고 후하게 베푸는 것이 되어야 함이 이미 암시되었다(5절). 풍성한 추수를 기대하는 사람들은 씨를 뿌릴 때 결코 인색해서는 안 된다는 사실을 제시한다(6절). 왜냐하면 그 수확은 일반적으로 그들이 얼마나 뿌리느냐에 비례하기 때문이다.

2. 그것은 자의로 해야 한다. 각각 그 마음에 정한 대로 할 것이요(7절). 다른 선행과 마찬가지로 자선행위도 아무 생각과 의도가 없이 행해져서는 안 된다. 하지만 어떤 이들은 우연히 선을 행하기도 한다. 그들은 어떤 선한 의도가 없이 다른 사람들의 눈치 때문에 성급하게 승낙하고, 자기들이 생각한 것보다 더 많이 내고서는 나중에 후회한다. 그들이 적절하게 모든 일을 행했더라면, 아마 더 많이 낼 것이다. 우리 자신과 우리가 구제해야 할 사람들의 상황에 대해 적절한 고려는 자선을 행할 때 우리가 어느 정도 너그러워야 하는지 결정하는데 큰 도움을 줄 것이다.

3. 그것은 얼마를 내든, 그 다소를 불문하고 즐거이 해야 한다. 인색함으로나 억지로 하지 말고, 즐겨 내라(7절). 사람들은 때때로 자선을 요청하는 사람들의 마음을 만족시키기 위해 돈을 낸다. 그 때 그들이 내는 것은 억지로 짜내거나 강요된 결과이고, 이렇게 억지로 내는 것은 아무리 많이 내더라도 그들의 업적을 손상시킨다. 우리는 도움을 필요로 하는 궁핍한 사람들의 기분이 상하지 않도록 즐거이 내야 한다. 우리는 주린 자에게 물질뿐만 아니라 마음도 주어야 한다(사 58:10). 우리는 넉넉히 손을 펴고, 즐겁게 활짝 웃는 얼굴로 자선을 행할 수 있는 능력과 기회를 갖게 된 것을 감사하면서 내야 한다.

II. 이 자선 행위를 지시된 방법으로 수행하도록 독려하는 유익한 격려. 여

기서 사도는 고린도 교인들에게 다음과 같이 말한다.

1. 그들은 연보 때문에 손해 보는 일은 없을 것이다. 이것은 이 선행을 반대하는 많은 사람들의 마음속에서 바치는 것만큼 손해를 보게 되는 것이라는 생각이 일어나지 않도록 도움을 줄 것이다. 그러나 올바른 방법에 따라 가난한 자에게 주어지는 것은 결코 잃어버리는 것이 아님을 고려해야 한다. 땅 속에 뿌려진 보배로운 씨는 잠시 묻혀 있으나 결코 사라지는 것이 아니다. 왜냐하면 곧 싹이 나서 자라 열매를 맺기 때문이다. 많이 심는 자는 많이 거두게 될 것이다(6절). 이런 충분한 보상은 인색하지 않게 그리고 억지로 내지 않는 사람들에게 기대할 수 있는 것이다. 그 이유는 다음과 같다.

(1) 하나님은 즐겨 내는 자를 사랑하시기 때문이다(7절). 하나님의 사랑을 받는 사람이 무엇을 받기를 바랄 수 없겠는가? 사람이 하나님이 기뻐하시는 일을 행하고 상실하는 것이 있을 수 있을까? 이런 사람이 이런저런 유익을 얻게 될 것이 더 확실하지 않을까? 아니, 하나님의 사랑과 호의가 다른 모든 것보다 더 낫지 않은가? 아니 목숨보다도 더 낫지 않은가?

(2) 하나님은 우리의 자선이 우리의 유익이 되도록 능히 하실 수 있기 때문이다(8절). 우리는 하나님의 선하심을 불신할 이유가 없다. 또 확실히 우리는 그분의 권능을 의심할 이유도 없다. 그분은 우리에게 능히 모든 은혜를 넘치게 하실 수 있다. 우리 안에 영적 및 현세적 복들이 크게 넘치도록 하실 수 있다. 그분은 우리로 모든 일에 항상 모든 것이 넉넉하게 하실 수 있다. 즉 우리가 갖고 있는 것을 만족시키고, 우리가 주는 것을 보상하시되, 더 넉넉하게 하실 수 있다. 자선을 행하는 사람들에 관해 기록된 것처럼(시 112:9), 그가 흩어 가난한 자들에게 주었으니 그의 의(즉 그의 자선)가 영원토록 있을 것이다. 그 영예는 영속적이고, 그 보상은 영원할 것이다. 그러므로 그는 계속 기꺼이 남을 도우면서 안전하게 살 수 있다.

(3) 사도는 연보하는 자들이 손해 보는 자들이 아니라 이익을 얻는 자들이 되도록 그들 편에서 하나님께 기도한다(10,11절). 여기서 다음과 같은 사실이 관찰된다. [1] 기도의 대상― 하나님. 그분은 심는 자에게 씨를 주시고(10절), 그의 섭리를 따라 우리가 해마다 먹을 양식을 충분히 얻을 뿐만 아니라 장래의 양식을 위한 씨를 다시 충분히 제공하는 땅의 열매들을 풍성하게 하시는 분이다. 아니 하나님께서 우리에게 우리 자신의 생계를 위한 능력을 주실 뿐만 아니라 그 능

력으로 다른 사람들의 부족함을 채울 수 있도록 하시는데, 이것은 마치 심겨진 씨가 열매를 맺는 것과 같다. [2] 기도의 내용. 사도는 그들에게 일어나기를 바라는 몇 가지 소원이 있다. 즉 그들이 항상 스스로 생계를 유지하도록 먹을 양식이 주어질 것, 그들이 계속 선을 행하는 삶을 살 수 있도록 하나님께서 그들이 심은 것을 풍성하게 하실 것, 그들이 풍성한 열매를 맺도록 의의 열매를 더하도록 하실 것 등이다. 그는 이같이 그들의 자선에 최고, 최상의 넉넉한 보상을 받아 그들이 모든 일에 넉넉하여 너그럽게 연보를 할 수 있기를(11절) 원했다. 결론적으로 그는 그들이 결코 연보로 말미암아 잃어버리는 자들이 아니라 크게 얻는 자들임을 깨닫기를 바랐다. 자선 행위는 결코 우리를 가난하게 만드는 것이 아니라 오히려 진실로 우리를 넉넉하게 또는 부요하게 만드는 적절한 수단이다.

2. 그들은 손해를 보지 않는 반면에 가난하여 고통받는 성도들은 얻는 자가 될 것이다. 왜냐하면 이 봉사의 직무는 그들의 부족한 것을 보충하기 때문이다 (12절). 만일 우리가 그들을 성도로 생각하고, 믿음의 가족으로 믿고 있는 자들의 부족함이 크다면, 그들을 돕기 위해 얼마나 준비를 많이 해야 하겠는가! 우리의 선함이 하나님에게까지 확대될 수는 없으나 땅의 이 형제들에게는 기꺼이 확대되어야 하고, 그들로 우리가 즐거워하는 모습을 보여주어야 한다.

3. 이것은 하나님께 영광과 찬송을 돌리게 될 것이다. 사도와 이 봉사의 직무에 참여하는 사람들은 이 일로 말미암아 하나님께 크게 감사를 돌리고 있다(11절). 이들은 이처럼 선한 일에 자기들을 그 행복한 도구로 삼으시고, 그 일을 성공적으로 감당하게 하신 하나님을 송축한다. 이들 외에 다른 사람들도 감사했다. 자기들의 부족함을 보충받은 가난한 자들도 하나님께 크게 감사를 돌리고, 그분을 송축했다. 복음을 진실히 믿은 모든 사람들도 이 후한 연보로 말미암아 하나님께 영광을 돌렸다(13절). 그것은 모든 사람들에게 그들이 그리스도의 복음을 믿고 복종하는 증거가 되었고, 참 사랑의 표시가 되었다. 여기서 다음 세 가지 사실을 주목하자. (1) 참 기독교는 복음에 대한 복종이다. 즉 우리 자신을 쳐서 복음의 진리와 법의 명령하는 힘에 굴복시키는 것이다. (2) 우리는 자선 행위를 통해 우리가 복음에 진실로 복종하는 자임을 보여주어야 한다. (3) 이것은 우리의 신앙고백과 하나님께 돌리는 영광과 찬송에 대한 신뢰성을 입증하는 신임장이 될 것이다.

4. 그 부족함을 보충받은 사람들은 자기를 도운 자들을 위해 하나님께 간구

하는 것으로, 자기들이 받은 은혜에 최고의 보답을 하게 될 것이다(14절). 우리는 다른 방법으로 받은 은혜에 보답할 힘이 없을 때 이같이 기도로써 보답해야 할 것이다. 이것은 가난한 자에게는 은혜를 갚을 수 있는 유일한 방법이요, 부요한 자에게 유익을 주는 특별한 방법이다.

마지막으로, 사도는 말할 수 없는 그의 은사로 말미암아 하나님께 감사하노라는 송영으로 이 전체 문제를 끝마친다(15절). 어떤 이들은 사도는, 이 말할 수 없는 은사가 성도들의 필요를 채워줄 수 있고, 또 채워줄 마음을 갖도록 교회들에게 주어진 은혜의 선물을 가리키고, 주는 자와 받는 자 모두에게 말할 수 없는 유익을 가져다준다고 생각한다. 하지만 사도는 이것이 예수 그리스도 자신을 가리키고 있다고 보는 것이 더 낫다. 그분이야말로 진실로 이 세상을 위한 하나님의 말할 수 없는 은사로서, 우리가 특별히 감사해야 할 모든 이유를 갖고 있는 선물이기 때문이다.

제
— 10 —
장

개요

　　바울은 고린도에서만큼 거짓 사도로부터 심하게 공격을 받은 곳이 없었다. 그 곳에는 그의 원수들이 많았다. 그리스도의 사역자들은 원수들과 거짓 형제들로부터 위험을 만난다고 해도 절대로 이상하게 생각해서는 안 된다. 신령한 바울 역시 그러했기 때문이다. 그의 모든 몸가짐은 누구에게나 극히 겸손하고 훌륭하여 조금도 흠이 없고 남을 해치지 않았으나 그럼에도 불구하고 그에게 악의를 품고, 시기한 사람들이 있었다. 그들은 어떻게든 그를 헐뜯고 그의 유익과 명예를 떨어뜨리려고 획책했다. 그러므로 그는 그들의 비방으로부터 자신을 옹호하고, 고린도 교인들로 하여금 그들의 궤계에 대해 대비하도록 편지를 쓴다. 이 장에서, 사도는 먼저 부드러우면서도 겸손한 자세로 자신의 복음전도의 능력을 천명하고, 복종치 않은 자들의 처벌에 대해 말한다(1-6절). 이어서 그는 자신과 그리스도의 관계를 천명하고, 그리스도의 사도로서의 자신의 권위를 역설함으로써 그들에게 상황을 납득시킨다(7-11절). 그리고 거짓 교사들이 취하는 규칙에 따라 자신을 정당화하거나 행동하기를 거부하고, 더 나은 법칙에 따라 자신의 태도를 분명히 한다(12-18절).

¹너희를 대면하면 유순하고 떠나 있으면 너희에 대하여 담대한 나 바울은 이제 그리스도의 온유와 관용으로 친히 너희를 권하고 ²또한 우리를 육신에 따라 행하는 자로 여기는 자들에 대하여 내가 담대히 대하는 것 같이 너희와 함께 있을 때에 나로 하여금 이 담대한 태도로 대하지 않게 하기를 구하노라 ³우리가 육신으로 행하나 육신에 따라 싸우지 아니하노니 ⁴우리의 싸우는 무기는 육신에 속한 것이 아니요 오직 어떤 견고한 진도 무너뜨리는 하나님의 능력이라 모든 이론을 무너뜨리며 ⁵하나님 아는 것을 대적하여 높아진 것을 다 무너뜨리고 모든 생각을 사로잡아 그리스도에게 복종하게 하니 ⁶너희의 복종이 온전하게 될 때에 모든 복종하지 않는 것을 벌하려고 준비하는 중에 있노라

　　여기서 우리는 다음과 같은 내용을 확인할 수 있다.

I. 신령한 사도가 고린도 교인들에게 보여주는 부드럽고 겸손한 자세와 그들을 대할 때 자신이 담대한 태도를 취하지 않기를 바라는 간절한 소원.

1. 사도는 그들에게 아주 부드럽고 겸손한 태도로 말한다: 나 바울은 이제 그리스도의 온유와 관용으로 친히 너희를 권하고(1절). 이 서신 서두에서 우리는 그가 디모데와 함께 말하는 것을 보았다. 그러나 이제 그는 특별히 거짓 사도들이 자신을 겨냥하여 퍼붓는 비방에 대항하여 홀로 말한다. 하지만 극도로 분노할 상황에서 그는 그리스도의 온유와 관용을 생각하고, 겸손함과 부드러움을 보여준다. 그리고 이 위대한 본보기를 고린도 교인들도 똑같이 본받기를 바란다. 우리는 어떤 사람에 대해 거칠고 엄격한 태도를 취하도록 유혹을 받거나 이끌릴 때마다 그리스도의 온유와 관용을 기억해야 한다. 육신을 입고 계실 때, 불쌍한 영혼들을 향하신 그분의 모든 계획과 모든 은혜의 행위 속에서 보여주신 모습을 보라! 또 이 위대한 사도가 자신에 관해 얼마나 겸손하게 말하는지 보라! 너희를 대면하면 유순하고(1절). 따라서 그의 원수들이 그에 관해 모욕적으로 말할 때에도 그는 그것을 인정하는 것처럼 보인다. 다른 사람들은 그에 관해 경멸적으로 생각하고, 조롱하듯이 말했으나 그는 스스로를 낮은 존재로 생각하고 자신에 관해 겸손하게 말했다. 우리도 우리 자신의 결점을 직시하고, 사람들이 혹 그것 때문에 우리를 비난할지라도 스스로 겸손하게 생각해야 한다.

2. 사도는 자신이 그들에 대해 엄격한 태도를 취하지 않게 되기를 바란다(2절). 그는 자신을 부당하게 육신을 따라 행하는 자 곧 자신의 복음전도 활동에 있어서까지, 자신의 행동을 육신의 법칙이나 세속적 관점에 맞추어 규율하는 자로 여기고 비판하는 자들을 대하는 것처럼, 그들을 담대한 태도로 대하거나 그런 태도로 자신의 권위를 행사하거나 하지 않기를 그들에게 구한다. 이런 태도는 사도가 포기한 것으로, 복음의 정신 및 목적과는 반대된다 따라서 사도의 목표 및 목적과도 거리가 멀었다.

II. 사도는 자신의 복음 선포의 능력과 그 선포에 저항하는 자들을 처벌할 자신의 능력에 대해 역설한다.

1. 그의 복음 선포의 능력이 선언된다(3,5절). 여기서 다음과 같은 내용이 나타난다. (1) 그 직무의 사역은 곧 싸움인데, 그것은 육신에 따라 싸우는 것이 아니다. 왜냐하면 그것은 영적 싸움 곧 영적 원수들에 대항하고, 영적 목적을 위한 싸움이기 때문이다. 사역자들도 육신으로 행하거나 또는 일상사 속에서 다

른 사람들과 똑같이 행동하지만, 그들의 사역을 감당하고 싸움을 할 때에는 육신의 규준에 따라 행하거나 육신을 즐겁게 하는 목적으로 행해서는 안 된다. 육신은 그 소욕과 정욕과 함께 십자가에 못 박혀야 한다. 그것은 억제되고 제압되어야 한다. (2) 복음의 교훈과 교회의 권징이 이 싸움의 무기들이다. 이것들은 육신에 속한 것이 아니다. 그러므로 외적 힘으로 하는 싸움은 복음의 방법이 아니다. 진리의 힘과 지혜의 온유함으로 말미암은 강력한 설복이 복음의 방법이다. 양심으로 박해에 대항하는 것이야말로 참된 변증이다. 양심은 오직 하나님께 호소력을 갖고 있다. 사람들을 하나님과 그들의 의무로 이끄는 것은 무력이 아니다. 따라서 우리의 싸움의 무기는 강하고, 아주 힘이 있다. 진리의 증거는 확신을 주고, 설득력을 갖고 있다. 이것은 참으로 하나님으로 말미암는다. 곧 그분에게 달려 있다. 왜냐하면 그것들은 그분의 도구요, 그분의 승리하는 복음 앞에서 모든 대적을 쓰러뜨리는 능력으로, 그분의 복에 수반된 것이기 때문이다. 여기서 우리는 다음과 같은 사실을 확인할 수 있다. [1] 사람들의 마음속에는 죄와 사탄의 권세로 말미암아 복음을 반대하는 요소들이 있다. 어떤 사람들의 영혼 속에서는 무지, 편견, 정욕 등이 사탄의 요새가 된다. 또 어떤 사람들의 영혼 속에서는 망상, 육신적 사고, 그리고 교만한 생각이나 관념 등이 하나님을 아는 것을 대적하여 높아진다. 즉 이것들을 통해 마귀는 사람들이 믿음과 복음에 대한 순종으로부터 멀어지도록 방해하고, 사람들의 마음을 점령하여 자신의 집 또는 소유로 만든다. [2] 그러나 하나님의 말씀이 주는 승리가 있다. 이 요새들은 하나님의 은혜와 능력으로 말미암은 수단들이 그 유효한 결과를 일으킬 때 무너져 내린다. 영혼의 회심은 그 영혼 속에서 사탄이 정복된 결과임을 잊지 말자.

  2. 복음에 복종하지 않은 자들을 처벌할 사도의 능력이 선언된다(6절). 사도는 그리스도의 나라의 수석사역자요, 그분의 군대의 대장으로서, 모든 복종하지 않는 것을 벌하려고 준비하는 중에 있었다(즉 그는 아주 특별한 방법으로 그들을 처벌하기 위해 권능과 권위를 가까이 두고 있었다). 그는 여기서 개인적인 복수를 말하는 것이 아니고, 복음에 대한 불순종과 교회 안에서 벌어진 무질서를 교회의 징계를 통해 처벌하는 것을 말하는 것이다. 사도는 온유와 관용을 보여주었지만, 자신의 권위를 버린 것은 아니었다. 그러므로 그는 그 순종이 온전히 성취되고 나타나는 사람들은 칭찬하지만, 그렇지 못한 다른 사람들은 엄격한

징계 아래 떨어질 것임을 암시한다.

7너희는 외모만 보는도다 만일 사람이 자기가 그리스도에게 속한 줄을 믿을진대 자기가 그리스도에게 속한 것 같이 우리도 그러한 줄을 자기 속으로 다시 생각할 것이라 8주께서 주신 권세는 너희를 무너뜨리려고 하신 것이 아니요 세우려고 하신 것이니 내가 이에 대하여 지나치게 자랑하여도 부끄럽지 아니하리라 9이는 내가 편지들로 너희를 놀라게 하려는 것 같이 생각하지 않게 함이라 10그들의 말이 그의 편지들은 무게가 있고 힘이 있으나 그가 몸으로 대할 때는 약하고 그 말도 시원하지 않다 하니 11이런 사람은 우리가 떠나 있을 때에 편지들로 말하는 것과 함께 있을 때에 행하는 일이 같은 것임을 알지라

이 부분에서 사도는 자신을 업신여기고 자신을 판단하고 자신에 관해 악한 말을 하는 고린도 교인들에 대해 항변한다. 그는 이렇게 말한다: "너희는 외모만 보는도다(7절). 이것이 과연 사물이나 사람을 평가하는 그리고 나와 나의 대적들 사이를 판단하는 올바른 척도 또는 규범이냐?" 외모에 있어서 사도는 어떤 이들 눈에 보잘것없고 업신여김을 받는 모습이었다. 그는 그의 경쟁자들과 비교해 볼 때 풍채가 좋지 못했다. 그러나 이것은 판단의 기준으로는 잘못된 것이었다. 아마 어떤 이들이 자신의 힘과 외모를 자랑한 것으로 보인다. 그러나 종종 헛된 외모가 있다. 어떤 사람이 그리스도를 배우지 못했으면서 배운 것처럼 행세할 수 있다. 그의 마음속에 은혜의 원리가 없음에도 불구하고 있는 것처럼 위장할 수도 있다. 그러나 사도는 자신에 관해 두 가지 사실을 천명한다.

I. 그리스도와의 관계. 만일 사람이 자기가 그리스도에게 속한 줄을 믿을진대 자기가 그리스도에게 속한 것 같이 우리도 그러한 줄을 자기 속으로 다시 생각할 것이라(7절). 이것으로 볼 때 바울의 대적들은 그리스도와의 관계에 있어서 자기들이 그분의 사역자와 종이라고 자랑했던 것으로 생각된다. 그래서 사도는 고린도 교인들에게 다음과 같이 설명한다: "그들의 말을 사실로 허용한다면(정당한 논리에 따르면, 우리는 합리적으로 허용될 수 있는 것은 모두 허용해야지, 그들이 우리와 크게 다르다고 해서 우리와 함께 그리스도께 속하는 것이 불가능하다고 생각해서는 안 된다), 또 그들이 자랑하는 것도 사실로 받아들인다면, 그들 역시 우

리도 그러한 줄을 곧 그리스도에게 속한 것을 인정해야 할 것이다." 여기서 다음 사실을 주목하자

1. 우리가 우리와 크게 다른 사람들을 아무리 너그럽게 봐준다고 해도, 그것 때문에 우리가 그리스도를 잘라버리거나 그분과의 관계를 부인해서는 안 된다.

2. 그리스도 안에는 많은 사람들이 들어올 공간이 있다. 서로 차이가 있는 사람들이 그분 안에서 하나가 될 수 있다. 우리가 아무리 그리스도에게 속해 있음을 크게 확신할지라도, 동시에 우리와 크게 다른 사람들도 그리스도에게 속할 수 있음을 인정하고, 그래서 우리와 똑같이 대접받아야 한다는 사실을 명심한다면, 우리들 간에 나타나는 차이를 극복하는데 큰 도움이 될 것이다. 우리는 우리 자신만이 그리스도에게 속한 사람들이라고 생각해서는 안 된다. 우리는 우리를 판단하고 우리를 무시하는 사람들에게 우리 자신을 변론하는데 이 논리를 사용할 수 있다. 즉 우리가 아무리 약할지라도 그들이 그리스도에게 속한다면, 우리도 그러하다는 것이다. 우리는 동일한 믿음을 고백한다. 우리는 동일한 법에 따라 행하고, 동일한 기초 위에 서 있다. 그리고 동일한 기업을 바라본다.

Ⅱ. 그리스도로부터 받은 그의 사도로서의 권위. 그는 이것을 앞에서 이미 언급했었다(6절). 그런데 지금 그는 그들에게 그것을 재차 언급하는데, 약간 자랑스럽게 여기면서 그것이 주께서 주신 것임을 강조한다(8절). 그것은 그의 대적들이 정당하게 자랑하는 것을 훨씬 능가하는 권세였다. 그것은 확실히 그가 부끄러워하지 않을 만했다(8절). 이에 관해 다음과 같은 점을 주목하자

1. 그의 권위의 본질: 그것은 무너뜨리려고 하신 것이 아니라 세우려고 하신 것이었다(8절). 이것이야말로 시민적 권위든 교회적 권위든 모든 권위의 목적이고, 사도가 갖고 있는 특별한 권위와 교회의 모든 권징이 갖고 있는 목적이었다.

2. 사도가 자신의 권위에 관해 말하는 주의. 그의 목적은 큰 소리나 분노하는 글로 그들을 놀라게 하려는 것이 아니었다(9절). 그 대신 그는 자기를 악평하는 사람들의 반박을 물리치려고 한 것으로 보인다(10절). 그러나 사도는 복종하는 사람들을 위협할 의도는 추호도 없음을 선언한다. 또 그는 복종하지 않는 사람들에게는 자신이 행위로는 선하게 보일 수 없었음을 자신의 서신들 속에 쓰려

고 한 것도 아니었다. 그는 자신에게 주어진 사도의 권위를 행사함으로써, 그 참된 효력을 나타내 보였기에, 그의 대적들이 이것을 알기를 원했다(11절).

[12]우리는 자기를 칭찬하는 어떤 자와 더불어 감히 짝하며 비교할 수 없노라 그러나 그들이 자기로써 자기를 헤아리고 자기로써 자기를 비교하니 지혜가 없도다 [13]그러나 우리는 분수 이상의 자랑을 하지 않고 오직 하나님이 우리에게 나누어 주신 그 범위의 한계를 따라 하노니 곧 너희에게까지 이른 것이라 [14]우리가 너희에게 미치지 못할 자로서 스스로 지나쳐 나아간 것이 아니요 그리스도의 복음으로 너희에게까지 이른 것이라 [15]우리는 남의 수고를 가지고 분수 이상의 자랑을 하는 것이 아니라 오직 너희 믿음이 자랄수록 우리의 규범을 따라 너희 가운데서 더욱 풍성하여지기를 바라노라 [16]이는 남의 규범으로 이루어 놓은 것으로 자랑하지 아니하고 너희 지역을 넘어 복음을 전하려 함이라 [17]자랑하는 자는 주 안에서 자랑할지니라 [18]옳다 인정함을 받는 자는 자기를 칭찬하는 자가 아니요 오직 주께서 칭찬하시는 자니라

이 단락에서 다음과 같은 사실이 확인된다.

I. 사도는 거짓 사도들이 그런 것처럼 자신을 합리화하거나 스스로 정한 규범에 따라 행동하기를 거절했다(12절). 그는 여기서 그들이 자화자찬하는 잘못된 방법을 취했음을 분명히 암시한다. 그들은 자기로써 자기를 헤아리고 자기로써 자기를 비교했는데, 그것은 지혜가 없는 처신이었다. 그들은 그들 자신의 업적에 대해 만족하고 자랑하면서, 은사와 은혜, 능력과 권위에 있어서 자기들보다 훨씬 뛰어난 사람들을 인정하지 않았다. 이로 인해 그들은 크게 오만하고 무례했다. 만일 우리 자신을 우리를 능가하는 다른 사람들과 비교한다면, 이것은 우리를 겸손하게 만드는 좋은 방법이 될 것이다. 우리는 우리가 은사와 은혜를 갖고 있음을 기뻐하고 감사해야 한다. 하지만 그렇다고 해서 우리와 비교할 만한 사람이 전혀 없거나 우리를 능가하는 사람이 아무도 없는 것처럼 교만해져서는 안 된다. 사도는 이런 허탄한 사람들의 무리에 속하기를 원하지 않았다. 우리도 그런 사람들처럼 되지 않도록 결심을 단단히 해야 할 것이다.

II. 사도는 자신의 더 나은 행동 규범을 강조한다. 즉 그는 자신의 분수 이상의 자랑을 하지 않았는데, 그것은 그에게 하나님이 나누어 주신 한계였다(13절). 여

기서 그가 말하는 의미는 하나님께서 실제로 그에게 주신 것 이상으로 은사나 은혜, 능력이나 권위를 자랑하지 않았다는 뜻이기도 하지만, 오히려 사람이나 사건들에 있어서 자신에게 위임된 것 이상으로는 행동하지 않았거나 하나님이 그에게 정하신 선 이상으로는 나아가지 아니했다는 것이다. 그런데 거짓 사도들은 그렇게 했다는 것이다. 그들은 남의 수고를 가지고 자랑했다(15절). 사도의 결심은 자신의 분수를 지키는 것이었고, 하나님이 그에게 나누어 주신 범위의 한계를 따라 행하는 것이었다. 사도로서의 그의 직무는 도처에서, 특히 이방인들 사이에서 복음을 전하는 것이었다. 그래서 어느 한 곳으로 그 영역을 한정시키지 아니했다. 그러나 그는 하나님의 섭리와 성령이 지시하는 대로 그리로 가라 하면 가고, 머무르라 하면 머무름으로써 그 한계를 지켰다.

III. 사도는 이 규범에 따라 행동했다.   우리가 스스로 지나쳐 나아간 것이 아니요(14절). 그는 고린도에서 복음을 전하고, 거기서 사도의 권위를 행사할 때 특히 이 규칙에 따라 행동했다. 왜냐하면 그는 하나님의 지시로 말미암아 그 곳에 왔고, 거기서 수많은 사람들이 기독교로 개종하는 역사가 일어났기 때문이다. 그러므로 그들에게 자신의 직무에 관해 자랑할 때, 그는 자신이 지켜온 규범을 벗어나지 않았고, 결코 남의 수고를 가지고 자랑한 적이 없었다(15절).

IV. 사도는 자신이 이 규범을 지키는데 성공했다고 선언한다.   그의 소망은 그들의 믿음이 자라는 것과 그들 너머의 사람들 곧 아가야 지역 외곽에 있는 사람들에게까지 복음이 전파되는 것이었다. 이 소망을 이루는데 있어서 그는 추호도 자신의 직무를 넘어서지 않고, 다른 사람의 선을 따라 행한 적이 결코 없었다.

V. 사도는 마치 자신이 지나치게 자기 자랑을 한 것처럼, 이 문제에 있어서 자신을 억제한다.   그의 대적들의 부당한 비난과 경멸 때문에 그는 자신을 정당화할 필요성을 느꼈다. 그리고 그들이 잘못된 규범을 취했기 때문에 그는 자신이 지켜온 더 나은 규범을 언급할 기회를 갖게 된 것이다. 그러나 그는 그것이 자랑이나 자화자찬이 될까봐 염려하고, 그리하여 반드시 염두에 두어야 할 두 가지 사실을 언급한다

1. 자랑하는 자는 주 안에서 자랑할지니라(17절). 만일 우리가 바람직한 행동규범을 유념하거나 그것에 따라 행동하거나 또는 그렇게 행동함으로써 어떤 선한 결과를 일으킬 수 있다면, 그 모든 찬양과 영광은 하나님께 돌려져야 한다.

특히 사역자들은 자신의 업적에 대해 스스로 영광을 취해서는 안 되고, 그 사역과 그 성공의 영광을 오직 하나님이 받으시도록 조심해야 한다.

2. 옳다 인정함을 받는 자는 자기를 칭찬하는 자가 아니요 오직 주께서 칭찬하시는 자니라(18절). 온갖 아첨 중에서 자기아첨이 가장 나쁘다. 자기예찬도 자기아첨과 자기기만보다 더 나을 것이 없다. 아무리 잘 봐 주어도 자화자찬은 절대로 찬양이 아니다. 그것은 자주 교만처럼 어리석고 헛되다. 그러므로 우리 자신을 찬양하고 칭찬하는 것보다 우리는 하나님의 인정을 받도록 노력하고, 그분의 인정을 우리의 최고의 칭찬으로 삼아야 할 것이다.

제
— 11 —
장

개요

이 장에서 사도는 계속해서 거짓 사도들을 반박한다. 그들은 고린도 교인들 사이에서 그의 업적과 명성을 무너뜨리고자 심혈을 기울였는데, 그들의 비방으로 말미암아 고린도 교회는 크게 동요했다. I. 사도는 자기를 칭찬하는 일에 대해 변론하고, 그 이유를 제시한다(1-4절). II. 사도는 자신을 부득불 자랑할 때에 자신이 다른 사도들과 동등함을 언급하고, 거짓 사도들과 경쟁하면서 고린도 사람들에게 복음을 전할 때 아무 보수 없이 자기 비용으로 수고했음을 강조한다(5-15절). III. 사도는 자신의 또 다른 자랑에 대한 언급을 시작한다(16-21절). IV. 사도는 거짓 사도들을 훨씬 능가하는 자신의 자격과 수고와 고난에 대해 광범하게 진술한다(22-33절).

[1]원하건대 너희는 나의 좀 어리석은 것을 용납하라 청하건대 나를 용납하라 [2]내가 하나님의 열심으로 너희를 위하여 열심을 내노니 내가 너희를 정결한 처녀로 한 남편인 그리스도께 드리려고 중매함이로다 그러나 나는 [3]뱀이 그 간계로 하와를 미혹한 것 같이 너희 마음이 그리스도를 향하는 진실함과 깨끗함에서 떠나 부패할까 두려워하노라 [4]만일 누가 가서 우리가 전파하지 아니한 다른 예수를 전파하거나 혹은 너희가 받지 아니한 다른 영을 받게 하거나 혹은 너희가 받지 아니한 다른 복음을 받게 할 때에는 너희가 잘 용납하는구나

여기서 우리는 다음과 같은 사실을 확인할 수 있다

1. 사도는 자신을 계속 칭찬하는 것에 대해 변론한다. 그는 자기칭찬이라는 주제에 들어가는 것을 별로 좋아하지 않는다: 원하건대 너희는 나의 좀 어리석은 것을 용납하라(1절). 그는 이것을 어리석은 것이라고 부른다. 왜냐하면 너무 자주 그러는 것이 별로 좋지 않기 때문이다. 그의 경우 그것은 필요한 일이었다. 그러나 다른 사람들이 그의 그런 모습을 어리석다고 느낄 수 있었기 때문에 그는 그들에게 그것을 용납하라고 요청하는 것이다. 교만한 사람이 자신의 결점

을 인정하는 것이 성미에 맞지 않는 것처럼 겸손한 사람이 자화자찬하는 것도 결코 성미에 맞는 일이 아니다. 선한 사람이 자신을 좋게 말하는 것은 즐거운 일이 아니지만, 어떤 면에서 그것은 정당하다. 예컨대 그것이 다른 사람들에게 유익이 될 때, 또는 우리 자신의 정당한 변론을 위할 때 등인데, 지금 사도의 경우가 바로 그렇다.

2. 사도가 그렇게 행한 것은 충분한 이유가 있다.

(1) 고린도 교인들을 거짓 사도들의 미혹에 따른 타락으로부터 보존하기 위해서였다(2, 3절). 그는 그들에게 내가 하나님의 열심으로 너희를 위하여 열심을 내노니(2절)라고 말한다. 그는 고린도 교인들이 거짓 사도들이 기독교 신앙에 일으켜온 미혹에 넘어가 자신의 사역을 경시하는 마음을 갖게 됨으로써 그들의 믿음이 약화될 것을 염려했다. 그는 그들을 한 남편에게 중매했다(2절). 즉 그들을 기독교로 개종시켰다(한 영혼의 회심은 그것이 주 예수와 결혼한 것과 같다). 그는 그들을 정결한 처녀로 ― 즉 뱀이 그 간계로 하와를 미혹한 것 같이, 거짓 교사들의 거짓 교훈에 그들의 마음이 부패하지 않고, 순전하고, 흠 없고, 신실한 처녀로 ― 그리스도께 드리기를 원했다. 사도 속에 있는 이 경건한 열심은 사랑과 두려움이 결합된 결과였다. 신실한 사역자들은 특히 속이는 자들이 그의 교인들 사이에 광범하게 활동하거나 몰래 스며들 때, 그들이 이미 받은 것을 상실하지 않도록 그리고 이미 바라보고 있는 것으로부터 돌아서지 않도록 특별히 유의하고 신경을 써야 한다.

(2) 다른 예수, 다른 성령, 또는 다른 복음을 진짜인 것처럼 속이는 거짓 사도들에 대항하여 자신을 정당화하기 위해서였다(4절). 만일 이것이 사실이라면, 그들은 거짓 사도들을 용납하고 그들의 말을 들을 만한 우려가 충분히 있었다. 그러나 한 예수, 한 성령, 한 복음 외에 고린도 교인들에게 전파되어 받아들여진 다른 것은 없으므로, 거짓 사도들의 궤계로 말미암아 그들을 처음 믿음의 길로 이끈 사도에 대해 어떻게 편견을 가질 수 있겠는가? 이런 사람들이 다른 예수, 다른 성령, 다른 복음을 전파하는 것 때문에 바울이 열심을 내는 것을 당연했다.

[5]나는 지극히 크다는 사도들보다 부족한 것이 조금도 없는 줄로 생각하노라 [6]내가 비록 말에는 부족하나 지식에는 그렇지 아니하니 이것을 우리가 모든 사람 가운데

서 모든 일로 너희에게 나타내었노라 [7]내가 너희를 높이려고 나를 낮추어 하나님의 복음을 값없이 너희에게 전함으로 죄를 지었느냐 [8]내가 너희를 섬기기 위하여 다른 여러 교회에서 비용을 받은 것은 탈취한 것이라 [9]또 내가 너희와 함께 있을 때 비용이 부족하였으되 아무에게도 누를 끼치지 아니하였음은 마게도냐에서 온 형제들이 나의 부족한 것을 보충하였음이라 내가 모든 일에 너희에게 폐를 끼치지 않기 위하여 스스로 조심하였고 또 조심하리라 [10]그리스도의 진리가 내 속에 있으니 아가야 지방에서 나의 이 자랑이 막히지 아니하리라 [11]어떠한 까닭이냐 내가 너희를 사랑하지 아니함이냐 하나님이 아시느니라 [12]나는 내가 해 온 그대로 앞으로도 하리니 기회를 찾는 자들이 그 자랑하는 일로 우리와 같이 인정 받으려는 그 기회를 끊으려 함이라 [13]그런 사람들은 거짓 사도요 속이는 일꾼이니 자기를 그리스도의 사도로 가장하는 자들이니라 [14]이것은 이상한 일이 아니니라 사탄도 자기를 광명의 천사로 가장하나니 [15]그러므로 사탄의 일꾼들도 자기를 의의 일꾼으로 가장하는 것이 또한 대단한 일이 아니니라 그들의 마지막은 그 행위대로 되리라

　　　　앞 부분 서론에 이어 사도는 이 부분에서 다음과 같은 내용을 언급한다.

I. 그의 다른 사도들과의 동등성.　나는 지극히 크다는 사도들보다 부족한 것이 조금도 없는 줄로 생각하노라(5절). 그는 이것을 아주 공손하게 표현한다: 나는… 생각하노라. 그는 더 적극적으로 말할 수도 있었다. 직분으로서 사도직은 모든 사도들에게 동등했다. 그러나 사도들은 일반 그리스도인들이 그런 것처럼 서로 간에 차이가 있었다. 이 별들의 영광은 서로 달랐다. 바울은 진실로 일등성이었다. 그러나 그는 극히 공손하게 말하고, 겸손히 자신의 결점을 고백하였다. 그는 내가 비록 말에는 부족하나(6절)라고 말함으로써, 자신이 다른 사도들처럼 명쾌한 언변을 갖고 있지 못함을 인정하였다. 어떤 이들은 그는 키가 아주 왜소했고, 목소리도 덩치만큼이나 작았다고 생각한다. 또 다른 이들은 그가 약간 말을 더듬었는데, 어쩌면 언어장애가 있었던 사람이었을 것으로 생각한다. 그러나 그는 지식에는 부족함이 없었다. 그는 웅변술이나 설득법을 모르는 바가 아니었고, 천국의 비밀에 대해서는 더더욱 모르는 바가 없어, 모든 일로 그들에게 나타내었다(6절).

**II. 이 특별한 일 — 복음전파 — 을 그들에게 보수 없이 자기 비용으로 실천

하는데 있어서 거짓 사도들과의 동등성. 사도는 이것을 강력하게 주장하고, 고린도 교인들이 자기를 그리스도의 사역자로 간주할 뿐만 아니라 친한 친구로 인정해야 하는 이유를 제시한다

1. 그는 그들에게 값없이 복음을 전했기 때문이다(7-10절). 그는 고린도전서에서 사역자들이 교회로부터 생활비를 받아도 될 합법성과 그렇게 해야 할 성도들의 의무에 대해 상세히 거론했다. 그리고 여기서 그는 그들에게 비용을 요청하고 받을 권리가 있기 때문에 그 자신이 다른 여러 교회에서 비용을 받은 것(8절)에 대해 말한다. 그러나 그는 그들이 복음을 받아들이도록 그들을 높이려고 또는 격려하려고, 그 권리를 포기하고 오히려 자신을 낮추면서, 손수 천막을 만드는 일로 생계를 유지하면서 대가 없이 복음을 전했다. 그는 그들이 부담을 주지 않고 마게도냐 교인들로부터 부족한 비용을 받았다.

2. 사도는 그들 가운데서 자신이 그렇게 행동한 이유를 말해준다. 그것은 그가 그들을 사랑하지 아니한 때문이 아니었다(11절). 즉 그들의 사랑의 표현을 받아주지 못한 것이 이유가 아니었다(사랑과 우정은 서로 주고받는 행위 속에서 표현되므로). 그것은 기회를 찾는 자들이 그 자랑하는 일로 인정받으려는 그 기회를 끊으려는 것 때문이었다(12절). 그는 세속적 목적으로 복음을 전한다고, 즉 복음을 팔아 일신의 사욕을 추구하려고 한다고 자신을 비난하게 할 빌미를 추호도 주고 싶지 않았다. 그는 고린도 교인들 중 그를 반대하는 사람들이 자신을 비난하는데 조금도 유리하도록 만들고 싶지 않았다. 그는 이 일에 있어서 그가 해온 그대로 함으로써, 그 일로 자랑하는 자들에게 기회를 주지 않으려고 했다(12절). 아마 고린도의 주요 거짓 사도들 또는 그들 중 일부는 부자로서, 교인들을 대가 없이 가르쳤던(또는 속였던) 것으로 보인다. 그러면서 그들은 보수나 대가를 받은 사도와 그의 동역자들에 대해 돈을 좋아하는 삯군이라고 비난했을 것이다. 그러므로 사도는 고린도 교인들에게 어떤 부담을 지우고 싶지 않다는 자신의 결심을 언급하고 있는 것이다.

Ⅲ. 거짓 사도들은 속이는 일꾼 곧 자기를 그리스도의 사도로 가장하는 자들로서 정죄된다(13절). 그들은 사탄의 일꾼이지만, 의의 일꾼으로 가장한다(15절). 그들은 사도들이 진리를 선포할 때처럼 거짓을 전파하는데 정말 부지런하고 열렬했다. 그들은 사도들이 그리스도의 나라를 세우기 위해 했던 것처럼, 그 나라를 무너뜨리기 위해 심혈을 기울였다. 구약시대에는 여호와의 선지자의

옷을 입고 그 말을 흉내내는 거짓 선지자들이 있었다. 마찬가지로 신약시대에도 여러 가지 면에서 그리스도의 참된 사도들인 것처럼 가장하는 거짓 사도들이 있었다. 이것은 전혀 이상한 일이 아니라고 사도는 말한다. 위선은 이 세상에서 별로 이상한 일이 아니다. 특히 불순종의 아들들 가운데 역사하는 사탄이 무수한 사람들의 마음속에 커다란 영향력을 행사하고 있는 우리 시대에는 더욱 그렇다. 사탄은 모양을 바꾸되, 거의 모든 모양을 취할 수 있고, 따라서 때때로 그의 흑암의 나라를 확장시키기 위해 광명의 천사로 가장함으로써, 자신의 일꾼과 도구들이 자기와 똑같이 하도록 가르친다. 그러나 그들의 마지막은 그 행위대로 될 것이다(15절). 마지막 때 그들은 속이는 일꾼으로 드러나고, 그들의 행위는 파멸과 파괴로 끝날 것이다.

¹⁶내가 다시 말하노니 누구든지 나를 어리석은 자로 여기지 말라 만일 그러하더라도 내가 조금 자랑할 수 있도록 어리석은 자로 받으라 ¹⁷내가 말하는 것은 주를 따라 하는 말이 아니요 오직 어리석은 자와 같이 기탄없이 자랑하노라 ¹⁸여러 사람이 육신을 따라 자랑하니 나도 자랑하겠노라 ¹⁹너희는 지혜로운 자로서 어리석은 자들을 기쁘게 용납하는구나 ²⁰누가 너희를 종으로 삼거나 잡아먹거나 빼앗거나 스스로 높이거나 뺨을 칠지라도 너희가 용납하는도다 ²¹나는 우리가 약한 것 같이 욕되게 말하노라 그러나 누가 무슨 일에 담대하면 어리석은 말이나마 나도 담대하리라

여기서도 우리는 사도가 자기 정당화를 위해 하는 변론을 계속 듣게 된다

1. 사도는 자신이 정당하다고 말할 때, 그들이 자기를 어리석은 자로 생각하지 않기를 원했다: 누구든지 나를 어리석은 자로 여기지 말라(16절). 일반적으로 그리고 진실로 자기자랑을 자주 하는 것은 지혜로운 사람에게는 어울리지 않는다. 자기자랑은 보통 교만한 마음의 표시일 뿐만 아니라 어리석음의 소치이기도 하다. 그러나 사도는 그러하더라도 자기를 어리석은 자로 받으라고 말한다. 즉 비록 너희가 내가 조금 자랑하는 것을 어리석은 일로 간주한다고 하더라도 내가 말하는 것이 정당하다.

2. 사도는 자신의 할 말에 대해 오해하지 말라고 주의를 준다. 그는 자신이 말하는 것이 주를 따라 하는 말이 아니라고 말한다(17절). 그는 자기자랑 또는 자

신의 소유를 과시하는 것이 일반적으로 그리스도에 의해 명해진 것이고, 또 우리 자신을 정당화하는 것은 항상 필수적인 일이라고 그들이 생각하지 않기를 바란다. 그것은 주님에 대해 반대하는 것은 아니기 때문에 합법적으로 사용될 수 있지만, 엄밀히 말해 그것은 주님을 따라 하는 것은 아니다. 주님의 명령과 본보기에 순응해서 자신을 겸손하게 낮추는 것이 그리스도인의 의무요 관행이다. 그러나 우리가 아무리 합법적으로 행할 수 있는 것을 당연히 행한다고 할지라도 어떤 상황에서는 하나님이 우리를 위해, 우리 안에서, 그리고 우리를 통해 행하신 역사에 관해 말하는 것마저도 신중히 따라야 한다.

3. 사도는 자신이 조금 자랑하는 것을 용납해야 할 이유를 충분히 제시한다. 그것은 곧 그들이 그렇게 할 만한 이유가 별로 없는 다른 사람들의 자랑을 용납했기 때문이다. 여러 사람이 육신을 따라(육신적 특권 또는 외적 이권과 업적에 관해) 자랑하니 나도 자랑하겠노라(18절). 그러나 그는 다른 사람들보다 그렇게 할 만한 훨씬 더 충분한 이유를 갖고 있었음에도 불구하고, 그런 일들을 자랑하지 아니했다. 하지만 그는 이후에 그들에게 말하는 것처럼, 자신의 약함을 자랑했다. 고린도 교인들은 스스로 지혜롭다고 생각했고, 다른 사람들의 약함을 용납하는 것을 지혜의 한 실례로 생각하였다. 그러기에 그들은 다른 사람들이 어리석게 보이는 일을 행하는 것을 용납했다. 따라서 사도는 그들에게 자기도 용납하라고 말하는 것이다.

또는 너희는 지혜로운 자로서 어리석은 자들을 기쁘게 용납하는구나(19절)라고 말하는데, 이 말은 비꼬는 말로서, 그 의미는 다음과 같다: "너희는 참으로 지혜로운 자들임에도 불구하고, 기꺼이 유대교의 멍에 아래 종노릇하고, 다른 사람들이 너희를 압제해도 참는구나. 아니, 너희를 잡아먹고 즉 너희를 희생시키고, 자기들의 이익을 위해 너희 것을 빼앗고, 너희 위에서 스스로 높이며 너희 주인 행세를 하는구나. 아니, 너희 뺨을 치기까지 하는구나. 즉 너희 얼굴 앞에서 너희를 가지고 노는구나(20절). 그들이 나를 욕하는 것은 너희를 욕하는 것이다. 그것은 마치 너희가 나를 존중하는 마음이 아주 희미하다는 것을 보여주는 것이다(21절)." 고린도 교인들 곧 그들 가운데 일부 교인들이 거짓 사도들에 대해 이 모든 것을 쉽게 용납해버리는 상황이었기 때문에 사도가 그들에게 뻔뻔스럽게 보이는 자신의 자랑을 용납하기를 바라고, 또 그렇게 하는 것은 부당한 일이 아니었다. 그런 상황에서 볼 때, 그는 무슨 일에 담대하면 나도 담대하리라

(21절)고 말할 만했다.

²²그들이 히브리인이냐 나도 그러하며 그들이 이스라엘인이냐 나도 그러하며 그들이 아브라함의 후손이냐 나도 그러하며 ²³그들이 그리스도의 일꾼이냐 정신없는 말을 하거니와 나는 더욱 그러하도다 내가 수고를 넘치도록 하고 옥에 갇히기도 더 많이 하고 매도 수없이 맞고 여러 번 죽을 뻔하였으니 ²⁴유대인들에게 사십에서 하나 감한 매를 다섯 번 맞았으며 ²⁵세 번 태장으로 맞고 한 번 돌로 맞고 세 번 파선하고 일 주야를 깊은 바다에서 지냈으며 ²⁶여러 번 여행하면서 강의 위험과 강도의 위험과 동족의 위험과 이방인의 위험과 시내의 위험과 광야의 위험과 바다의 위험과 거짓 형제 중의 위험을 당하고 ²⁷또 수고하며 애쓰고 여러 번 자지 못하고 주리며 목마르고 여러 번 굶고 춥고 헐벗었노라 ²⁸이 외의 일은 고사하고 아직도 날마다 내 속에 눌리는 일이 있으니 곧 모든 교회를 위하여 염려하는 것이라 ²⁹누가 약하면 내가 약하지 아니하며 누가 실족하게 되면 내가 애타지 아니하더냐 ³⁰내가 부득불 자랑할진대 내가 약한 것을 자랑하리라 ³¹주 예수의 아버지 영원히 찬송할 하나님이 내가 거짓말 아니하는 것을 아시느니라 ³²다메섹에서 아레다 왕의 고관이 나를 잡으려고 다메섹 성을 지켰으나 ³³나는 광주리를 타고 들창문으로 성벽을 내려가 그 손에서 벗어났노라

　　　　여기서 사도는 자신의 자격, 수고, 그리고 고난에 대해 포괄적으로 설명한다(그것은 교만이나 허영이 아니라 자신에게 능력을 주신 하나님의 영예를 위해서였고, 그리스도의 목적을 위해 기꺼이 감수한 일이었다). 이 점에서 그는 고린도 교인들 사이에서 그의 인격과 역할을 헐뜯던 거짓 사도들을 크게 능가했다.

　I. 사도는 그의 출생의 특권을 언급한다(22절).　그것은 그들이 자랑했던 어떤 것보다 못하지 않았다. 그는 히브리인 중의 히브리인이었다. 그의 가문은 이방인이 조금도 섞이지 않은 순수 유대인 혈통이었다. 그는 또한 이스라엘인이었다. 야곱 계통의 자손임을 자랑할 수 있었다. 아브라함의 후손으로 개종자가 아니었다. 이 사실로부터 이방인 개종자들 사이에 분란을 일으킨 거짓 사도들이 유대인이었음을 짐작할 수 있다.

　II. 사도는 자신의 사도직을 언급하며, 자신이 평범한 그리스도의 일꾼 이상

의 존재였음을 언급한다(23절). 하나님은 그를 충성된 종으로 여겨 직분을 맡기셨다. 그는 그들에게 그리스도의 유용한 사역자였다. 그들은 그의 사도된 증거들을 충분히 발견했다: 그들이 그리스도의 일꾼이냐 … 나는 더욱 그러하도다(23절).

Ⅲ. 사도는 자신이 그리스도를 위해 특별히 고난받았음을 강력하게 주장한다. 이것은 그가 자랑할 만한 것이었다. 그러나 오히려 그는 그로 하여금 수고를 넘치도록 하고, 옥에 갇히기도 더 많이 하고, 매도 수없이 맞고 여러 번 죽을 뻔한 위험 속에서 힘을 주신 하나님의 은혜를 자랑했다(23절). 사도는 스스로 특별한 사역자를 자처할 때, 자신이 특별히 고난받은 자였음을 증언한다. 바울은 이방인의 사도였고, 그것 때문에 유대인들의 미움을 받았다. 그들은 온갖 힘을 다해 그를 반대했다. 이방인들에게도 그는 가혹한 대접을 받았다. 속박과 투옥에 그는 무척 익숙했다. 아무리 악독한 행악자라도 바울이 의를 위해 재판관의 손에 붙잡힌 것만큼 자주 붙잡히지는 아니했다. 감옥과 태형 틀, 그리고 악랄한 사람들의 온갖 행악 등이 그에게는 너무 친숙했다.

유대인들로 말하면, 그들은 그를 붙잡을 때마다 인정사정 봐주지 않았다. 사십에서 하나 감한 매를 다섯 번 맞았다(24절). 사십까지 때리는 매가 법적으로 허용된 최대의 매질이었다(신 25:3). 하지만 그 숫자에서 하나를 감한 매질을 하는 것이 당시의 관습이었다. 한 대를 덜 맞은 것이 바울이 그들에게 받은 유일한 호의였다.

이방인들도 그 점에서는 절제를 지키지 않았다. 그들에게 그는 세 번 태장으로 맞았다(25절). 우리는 빌립보에서 그가 이런 식으로 매를 맞은 경우를 본다(행 16:22). 또 그는 폭도들에게 한 번 돌로 맞았는데(25절), 그 때 죽은 자로 여겨졌다(행 14:19). 그는 또 세 번 파선했다고 말한다(25절). 성경은 이와 관련된 사실을 단지 한 번만 기록하고 있으나 우리는 그의 말을 믿을 수 있다. 그는 일주야를 깊은 바다에서(in the deep) 지낸 적도 있었다(25절). 여기서 깊은 바다(the deep)는 어떤 깊은 토굴 아니면 감옥과 같은 완전히 차단된 어떤 공간이었을 것이다. 이같이 사도는 한평생 변함없는 믿음의 용사였다. 아마 회심 후 그의 생애 중에서 일 년 동안이라도 믿음 때문에 고난을 겪지 않고 그가 보낸 세월은 거의 없었을 것이다.

그러나 이것이 전부가 아니었다. 왜냐하면 그는 가는 곳마다 위험을 만났기 때문이다. 그는 온갖 종류의 위험에 직면했다. 육지로 여행을 하거나 바다로 항해를 하거나 강도나 어떤 원수들의 위험을 만났다. 동족인 유대인들은 그를 죽이거나 해치려고 획책했다. 그가 전도하도록 보냄을 받은 대상인 이방인들은 그를 조금도 환영하지 않았다. 그들 속에서도 그는 위험에 처했다. 도시에 있든 광야에 있든 거기서도 위험을 만났다. 그는 공인된 원수들 사이에서 뿐만 아니라 형제를 자처하는 사람들 곧 거짓 형제들 사이에서도 위험을 당했다(26절).

이 모든 것 외에도, 그는 사역을 감당할 때에 크게 피곤하고, 힘이 빠진 적이 많았다. 이것들은 간단히 언급되어 있으나 사람들은 그들 사역자들의 모든 염려와 수고를 절대로 잊어서는 안 될 것이다. 바울은 부와 풍요, 권력과 쾌락, 승진과 안락 등과는 거리가 멀었다. 그는 수고하며 애쓰고 여러 번 자지 못하고 주리며 목마르고 여러 번 굶고 춥고 헐벗었다(27절). 이처럼 그는 당대의 가장 큰 복을 받은 자가 땅의 짐과 그 세대의 재앙을 짊어지고 있는 것처럼 살았다.

그러나 이것이 전부가 아니다. 왜냐하면 사도로서 그에게는 모든 교회를 위하여 염려하는 것이 있었기 때문이다(28절). 그는 이것을, 마치 그를 짓누르는 가장 큰 짐인 것처럼, 마지막으로 언급한다. 즉 그는 자신이 책임을 다하지 못해 교회에서 불상사가 일어난 것을 바라보는 것이 원수들의 온갖 핍박을 견뎌내는 것보다 더 힘들다고 말하는 것처럼 보인다. 누가 약하면 내가 약하지 아니하며 누가 실족하게 되면 내가 애타지 아니하더냐(29절). 그가 같은 마음을 품고 대하지 않은 연약한 그리스도인은 없었다. 또 실족한 그리스도인에 대해서도 그와 함께 애타는 마음을 가져보지 않은 적이 없었다. 지금까지 역사상 가장 훌륭한 사람 가운데 하나인 이 복된 사도가 예수 그리스도를 제외하고, 그토록 무수하게 가혹한 고난을 겪었다면, 우리가 이 세상의 화려함과 부요함을 사랑해서는 안 되는 이유는 얼마나 더 크겠는가? 사도는 이 모든 것을 부끄러워하지 않았다. 아니 오히려 자신의 영예로 생각했다. 그러므로 자랑은 그의 성미에 조금도 맞는 일이 아니었다. 그러나 그는 내가 부득불 자랑할진대(곧 내 대적들이 나로 하여금 나를 정당화하도록 강요할진대) 내가 약한 것을 자랑하리라고 말한다(30절). 의를 위한 고난이야말로 그 어떤 일보다 우리의 영예를 드높이는 일이 될 것이다.

마지막 두 구절에서 사도는 마치 그것을 잊고 있었던 것이 생각난 것처럼, 그 곳에서 당한 특별한 고난 한 가지를 언급한다. 또는 그 때 하나님이 그에게 베푸신 구원이 가장 주목할 만한 사건이기에 그것을 언급하는 것일 것이다. 그 것은 그가 회심 직후 다메섹에서 당한 위험이었다. 그 때 그는 아직 기독교, 아니 적어도 복음전도 사역과 사도직에 대해 완전한 자리를 잡지 못했었다. 이 일은 행 9:24,25에 기록되어 있다. 이것은 그가 그리스도인으로서 당한 첫 번째 큰 위험이자 어려움으로, 그 후 그의 인생의 고난들은 이 사건의 조각에 불과했다. 지금까지 그가 말한 것이 오직 진실임을 인식시키기 위해 사도는 이 기사를 엄숙한 맹세로 확증하고, 하나님의 전능성에 호소하는데, 이것은 참으로 주목할 만하다(31절). 주 예수의 아버지 영원히 찬송할 하나님이 그가 말하는 것의 진실함을 알고 계시고, 그가 그분을 위해 행하는 모든 일과 당하는 모든 고난을 알고 계시는 전능하신 분이라는 것은 성도에게는 참으로 큰 위로가 된다.

제 12 장

개요

이 장에서 사도는 자신의 사도직의 영예를 계속 주장한다. 그는 자신의 사도직이 무시를 당할 때 자신의 직분을 크게 자랑했다. 그가 자신을 자랑하는 말을 하는 것은 단지 자신의 정당성과 자신의 사역의 영예를 옹호하고, 그 성공에 필수적인 수단의 보존을 위해 당연한 조치였다. 먼저 그는 하나님께서 자기에게 보여주신 호의, 자기에게 주신 영예, 하나님께서 자기를 겸손하게 만들기 위해 취하신 방법 그리고 그가 이 섭리를 위해 사용한 능력 등을 언급한다(1-10절). 이어서 그는 고린도 교인들 사이에 저질러진 잘못에 대해 그들을 책망하고, 그들을 향한 자신의 행위와 선한 의도를 포괄적으로 설명한다(11-21절).

[1]무익하나마 내가 부득불 자랑하노니 주의 환상과 계시를 말하리라 [2]내가 그리스도 안에 있는 한 사람을 아노니 그는 십사 년 전에 셋째 하늘에 이끌려 간 자라 (그가 몸 안에 있었는지 몸 밖에 있었는지 나는 모르거니와 하나님은 아시느니라) [3]내가 이런 사람을 아노니 (그가 몸 안에 있었는지 몸 밖에 있었는지 나는 모르거니와 하나님은 아시느니라) [4]그가 낙원으로 이끌려 가서 말로 표현할 수 없는 말을 들었으니 사람이 가히 이르지 못할 말이로다 [5]내가 이런 사람을 위하여 자랑하겠으나 나를 위하여는 약한 것들 외에 자랑하지 아니하리라 [6]내가 만일 자랑하고자 하여도 어리석은 자가 되지 아니할 것은 내가 참말을 함이라 그러나 누가 나를 보는 바와 내게 듣는 바에 지나치게 생각할까 두려워하여 그만두노라 [7]여러 계시를 받은 것이 지극히 크므로 너무 자만하지 않게 하시려고 내 육체에 가시 곧 사탄의 사자를 주셨으니 이는 나를 쳐서 너무 자만하지 않게 하려 하심이라 [8]이것이 내게서 떠나가게 하기 위하여 내가 세 번 주께 간구하였더니 [9]나에게 이르시기를 내 은혜가 네게 족하도다 이는 내 능력이 약한 데서 온전하여짐이라 하신지라 그러므로 도리어 크게 기뻐함으로 나의 여러 약한 것들에 대하여 자랑하리니 이는 그리스도의 능력이 내게 머물게 하려 함이라 [10]그러므로 내가 그리스도를 위하여 약한 것들과 능욕과

궁핍과 박해와 곤고를 기뻐하노니 이는 내가 약한 그 때에 강함이라

여기서 우리는 다음과 같은 사실을 확인할 수 있다.

I. 사도는 하나님께서 자신에게 보여주신 호의와 자신에게 베푸신 영예에 대해 기술한다. 왜냐하면 의심할 여지 없이 그 자신은 그가 선포하는 분인 그리스도 안에 있는 사람이었기 때문이다. 이에 관해 우리는 다음과 같은 내용을 주목할 수 있다.

1. 사도에게 주어진 영예: 그는 십사 년 전에 셋째 하늘에 이끌려 간 자라(2절). 우리는 이 일이 그가 회심할 당시 시력을 잃고 누워있었던 3일 동안에 일어났는지 아니면 그 이후 다른 어떤 시간에 일어났는지 말할 수 없다. 하물며 그 일이 어떻게 일어난 일인지, 곧 그의 영혼이 육체와 분리된 상태에서 일어났는지 아니면 깊은 묵상에 들어갔을 때 특수하게 도취된 상태에서 하늘로 이끌려 올라간 것인지 말할 수는 더더욱 없다. 사도 자신이 그가 몸 안에 있었는지 몸 밖에 있었는지 나는 모르거니와(2,3절)라고 말하는 것을 보면, 이 문제에 대해 질문하는 것은 몰라도 단정적으로 결론을 내리는 것은 주제넘는 일이다. 그것은 확실히 그에게 특별한 영예를 가져다 준 사건이었다. 어떤 의미에서 그는 셋째 하늘에 이끌려 들어갔다. 여기서 셋째 하늘은 새들이 날고 별들이 반짝이며 그 영광스러운 보주(寶珠)로 장식된 하늘 저편에 있는 복된 천국을 말한다. 하나님의 영광이 가장 찬란하게 드러나 있는 곳이 바로 셋째 하늘(삼층천)이다. 우리는 그 영광스러운 처소와 상태에 대해 상세히 알 수 있는 능력도 없고, 또 많이 알아야 할 필요도 없다. 그 곳에 갈 것을 확신하고 부지런히 힘쓰는 것이 우리의 의무요 관심사다. 만일 그것이 우리에게 분명히 드러난다면, 그 때 우리는 이곳을 떠나 거기서 영원히 거하게 되기를 더욱 간절히 사모해야 할 것이다. 이 셋째 하늘은 낙원으로 불린다(4절). 그렇게 불리는 이유는 아담이 범죄로 말미암아 추방된 지상의 낙원을 비유하기 위해서다. 그것은 또 하나님의 낙원으로 불린다(계 2:7). 이 말은 우리가 죄로 말미암아 상실한 모든 기쁨과 영예를 그리스도로 말미암아 회복된, 아니 그 이상으로 회복된 상태를 우리에게 암시하는 말이다. 사도는 자신이 셋째 하늘 곧 낙원에서 무엇을 보았는지에 대해서는 아무 언급을 하지 않는다. 그러나 말로 표현할 수 없는 말을 들었다고 우리에게 말한다(4절). 이 말의 뜻은 사람의 말로 표현하는 것이 불가능하다는 뜻이

다. 곧 그 뜻이 너무 장엄하고, 또 천계의 언어로 이루어져 전혀 알아들을 수 없다는 것이다. 이 말들을 이해하려고 하는 것은 합법적이지 않다. 왜냐하면 우리는 여기 이 세상에 있는 동안, 이런 환상과 계시를 넘어서는 확실한 예언을 갖고 있기 때문이다(벧후 1:19). 우리는 사람들과 천사들의 말을 이해하고, 바울은 지상의 그 어떤 사람들보다 그것을 더 잘 알았던 사람이었다. 그러나 사랑 곧 하나님과 이웃에 대한 진실한 사랑을 더 구했다. 사도가 자신의 환상에 관해 하는 이 설명을 통해 우리는 금지된 지식을 알고 싶어하는 호기심을 억제해야 하고, 하나님의 말씀 안에서 우리에게 주신 그분의 계시에 집중하도록 교훈을 받아야 한다. 셋째 하늘에 가보았던 바울 자신은 그가 거기서 들었던 것을 세상에 전혀 알려주지 않고, 그리스도의 교훈을 가르치는데 집중했다. 이 기초 위에 교회가 서 있고, 이 위에 우리는 우리의 믿음과 소망을 세워야 한다.

2. 사도가 이 문제를 언급할 때 보여주는 공손하고 겸손한 태도가 주목할 만하다. 이런 환상과 계시를 갖고 있던 사람이 그것들에 관해 크게 자랑하는 것이 당연하다고 생각할 사람도 있을 것이다. 그러나 그는 무익하나마 내가 부득불 자랑하노니(1절)라고 말한다. 그러므로 그는 이것을 즉시 언급하지 않고, 14년이 지난 후에야 말했다(2절). 그 때 사도는 사안의 당위성 때문에 어쩔 수 없이 그러는 것처럼, 어느 정도 마지못한 태도를 취하고 있다. 또 그는 자신을 제3인칭으로 지칭하고, 내가 그 누구보다 영예를 받은 사람이라는 식으로 말하지 않는다. 다시 말해 그는 겸손한 탓으로 스스로 억제하는 태도를 취하고 있다(6절). 그것은 분명히 이 주제를 언급하는 것을 그가 즐거워하지 않았음을 보여준다. 명성에 있어서 사도들의 우두머리 못지않은 그는 참으로 놀라운 겸손의 사람이었다. 탁월한 업적을 갖고 있는 사람이 겸손한 정신을 갖고 있다는 것은 참으로 훌륭한 인격이다. 자기를 낮추는 자는 높아질 것이다.

II. 사도는 하나님께서 자신을 겸손하게 만들고, 너무 자만하지 않게 하려고(7절) 취하신 방법을 설명한다. 그는 이것을 과거에 자신이 가졌던 환상과 계시에 관한 기사와 대조하면서 설명한다. 하나님의 백성들은 그들의 체험을 남에게 전달할 때, 하나님이 그들에게 은혜를 베풀어 훌륭한 일을 하도록 역사하신 것에 대해서만 말하지 말고, 그들을 겸손하게 만들기 위해 행하신 일에 대해서도 말해주는 것을 유념해야 한다. 여기서 다음과 같은 내용을 확인할 수 있다.

1. 사도는 육체의 가시로 고통을 받고, 사탄의 사자에게 타격을 받았다(7절).

우리는 이것이 무엇인지, 또 얼마나 큰 고통이고 큰 시험이었는지 우리는 잘 모른다. 어떤 이들은 그것은 극심한 육체의 고통 또는 질병이었다고 생각한다. 또 어떤 이들은 그것이 거짓 사도들에 의해 그에게 주어진 모욕, 그리고 특별히 그의 어눌한 말에 대해 그들로부터 가해진 반대를 의미한다고 생각한다. 이것이 무엇이든, 하나님은 자주 악으로부터 선을 낳으시고, 원수들의 비난을 우리의 교만을 감추는 도구로 사용하신다. 사도가 육체의 가시라고 부르는 것이 한동안 그를 크게 괴롭혔던 것은 확실하다. 그러나 그리스도께서 우리를 위해 그 머리에 쓰신 가시 면류관이 어느 때든 우리를 괴롭게 할 수 있는 육체의 모든 가시를 성별시키고, 쉽게 한다. 왜냐하면 그가 시험을 받아 고난을 당하셨은즉 시험 받는 자들을 능히 도우실 수 있기 때문이다(히 2:18). 죄에 대한 시험은 가장 괴로운 가시다. 그것은 우리를 치려는 사탄의 사자다. 참으로 선한 사람이 죄에 대해 시험받는 것만큼 큰 근심거리는 없다.

2. 이것의 목적은 사도를 겸손하게 만들기 위한 데 있었다: 너무 자만하지 않게 하시려고(7절). 바울 자신은 이미 얻었다 함도 아니요 온전히 이루었다 함도 아님을 알고 있었다. 그러나 그는 교만으로 높아질 위험성 속에 있었다. 하나님께서 우리를 사랑하신다면, 그분은 우리에게서 교만을 감추시고, 우리가 너무 자만하지 않도록 역사하실 것이다. 영적 고통은 영적 교만을 치유하도록 주어진다. 이 육체의 가시는 사탄의 사자로 말해진다. 사탄은 이것을 선한 목적이 아니라 오히려 사도(하나님의 호의를 크게 입은)를 낙심시키고, 그의 사역을 훼방하려는 악한 의도를 가지고 보낸 것이다. 그러나 하나님은 이것을 선으로 바꾸시고, 선을 위해 그것을 무력화시키셨다. 그리하여 이 사탄의 사자가 오히려 사도를 전혀 훼방하지 못하고 돕는 역할을 하도록 바꾸셨다.

3. 사도는 이 쓰라린 고통을 제거해 달라고 간절히 기도했다. 기도는 모든 고통의 고약이요, 모든 질병의 치료제이다. 우리는 육체의 가시로 고통을 당할 때 기도에 전념해야 한다. 그러므로 우리는 때때로 기도를 배우도록 시험을 당한다. 사도는 이것이 떠나가게 하기 위하여 세 번 주께 간구하였다(8절). 비록 고통이 우리의 영적 유익을 위해 보내진 것이라고 해도 우리는 그 제거를 위해 하나님께 기도할 수 있다. 우리는 또한 진실로 그것이 주어진 목적을 이루기 위해 간구해야 한다. 사도는 간절히 기도하되, 반복해서 기도했다. 그는 주님께 세 번 간구했다. 즉 자주 기도했다는 뜻이다. 따라서 첫 번째 또는 두 번째 기도했을

때 응답이 주어지지 않았다면, 응답받을 때까지 계속 기도하고, 또 기도해야 한다. 그리스도 자신도 아버지께 세 번 기도하셨다. 환난이 기도를 가르치기 위해 우리에게 임하는 것처럼, 그것은 또한 우리가 계속 기도하기를 배울 때까지 계속될 것이다.

4. 사도의 기도의 응답에 대한 설명이 주어진다. 비록 고통은 제거되지 않았지만, 그에 상응하는 은혜가 주어졌다: 내 은혜가 네게 족하도다(9절). 여기서 다음과 같은 사실을 주목해야 한다.

(1) 하나님은 믿음의 기도를 받으시지만, 그것이 반드시 우리가 기도하는 대로의 응답은 아니다. 그분은 때때로 진노 속에서 허락하시는 것처럼, 때때로 사랑 속에서 거절하신다.

(2) 하나님이 우리의 고통과 시험을 제거하지 않으실 때, 만일 그분이 우리에게 족한 은혜를 주신다면, 우리로서는 불평할 이유도 없고, 그분이 우리를 악하게 다루신다고 말할 명분도 없다. 육체의 가시가 무엇이든 간에, 그 고통으로 말미암아 하나님의 은혜가 우리에게 족하게 된다는 것이야말로 우리에게 큰 위로가 된다. 여기서 그 은혜는 두 가지다: [1] 우리를 향하신 하나님의 선하신 뜻. 이것은 모든 환난과 시련 속에서 충분히 우리를 계몽하고 활력을 주며, 충분히 우리를 강하게 하고 위로를 주며, 충분히 우리 영혼을 보존시키고 우리의 정신을 격려한다. [2] 우리 안에서 행하시는 하나님의 선하신 일. 곧 우리의 머리이신 그리스도 안에서 우리가 충만하게 받는 은혜. 우리는 그분의 지체로서 그분으로부터 적절하고 합당한 은혜를 전달받게 될 것이다. 그리스도 예수는 우리의 사정을 이해하고, 우리의 필요를 아시며, 우리의 질병에 맞는 치료제를 주실 것이다. 그리하여 우리를 강하게 하실 뿐만 아니라 자신을 영화롭게 하실 것이다. 내 능력이 약한 데서 온전하여짐이라(9절). 여기서 그분의 은혜가 드러나고 확대된다. 그분은 어린아이의 입술로부터 자신을 찬양하도록 명하신다.

Ⅲ. 사도가 이 은혜를 어떻게 사용하는지 그 용도가 여기에 나온다. 나의 여러 약한 것들에 대하여 자랑하리니(9절). 그는 약한 것들을 기뻐하였다(10절). 그는 지금 죄로 인한 자신의 약함을 말하는 것이 아니고(이 경우 우리는 부끄러워하고 슬퍼해야 할 것이다), 그리스도를 위해 받는 자신의 능욕, 비방, 궁핍, 박해 그리고 곤고 등을 말하는 것이다(10절). 이런 일들로 말미암은 그의 자랑과 기쁨은 다음과 같은 이유 때문이다: 그것들은 그리스도께서 사도에게 베푸신

그분의 은혜의 권능과 충만함을 드러내는 좋은 기회가 되기 때문이다. 그는 내가 약한 그 때에 강함이라(10절)고 말할 정도로 하나님의 은혜의 능력을 크게 체험했다. 이것은 그리스도인에게 역설이다. 우리는 우리 자신 안에서 약할 때 우리 주 예수 그리스도의 은혜 안에서 강하다. 우리가 우리 자신 안에서 스스로의 약함을 볼 때, 그리스도께 나아가 그분으로부터 힘을 받고, 신적 능력과 은혜의 결과들을 맛본다.

11내가 어리석은 자가 되었으나 너희가 억지로 시킨 것이니 나는 너희에게 칭찬을 받아야 마땅하도다 내가 아무것도 아니나 지극히 크다는 사도들보다 조금도 부족하지 아니하니라 12사도의 표가 된 것은 내가 너희 가운데서 모든 참음과 표적과 기사와 능력을 행한 것이라 13내 자신이 너희에게 폐를 끼치지 아니한 일밖에 다른 교회보다 부족하게 한 것이 무엇이 있느냐 너희는 나의 이 공평하지 못한 것을 용서하라 14보라 내가 이제 세 번째 너희에게 가기를 준비하였으나 너희에게 폐를 끼치지 아니하리라 내가 구하는 것은 너희의 재물이 아니요 오직 너희니라 어린 아이가 부모를 위하여 재물을 저축하는 것이 아니요 부모가 어린 아이를 위하여 하느니라 15내가 너희 영혼을 위하여 크게 기뻐하므로 재물을 사용하고 또 내 자신까지도 내어 주리니 너희를 더욱 사랑할수록 나는 사랑을 덜 받겠느냐 16하여간 어떤 이의 말이 내가 너희에게 짐을 지우지는 아니하였을지라도 교활한 자가 되어 너희를 속임수로 취하였다 하니 17내가 너희에게 보낸 자 중에 누구로 너희의 이득을 취하더냐 18내가 디도를 권하고 함께 한 형제를 보내었으니 디도가 너희의 이득을 취하더냐 우리가 동일한 성령으로 행하지 아니하더냐 동일한 보조로 하지 아니하더냐 19너희는 이 때까지 우리가 자기 변명을 하는 줄로 생각하는구나 우리는 그리스도 안에서 하나님 앞에 말하노라 사랑하는 자들아 이 모든 것은 너희의 덕을 세우기 위함이니라 20내가 갈 때에 너희를 내가 원하는 것과 같이 보지 못하고 또 내가 너희에게 너희가 원하지 않는 것과 같이 보일까 두려워하며 또 다툼과 시기와 분냄과 당 짓는 것과 비방과 수군거림과 거만함과 혼란이 있을까 두려워하고 21또 내가 다시 갈 때에 내 하나님이 나를 너희 앞에서 낮추실까 두려워하고 또 내가 전에 죄를 지은 여러 사람의 그 행한 바 더러움과 음란함과 호색함을 회개하지 아니함 때문에 슬퍼할까 두려워하노라

이 부분에서 사도는 고린도 교인들에게 두 가지 면에서 말을 한다.

I. 사도는 그들 사이에서 벌어진 잘못된 점에 대해 책망한다. 즉 그들은 당연히 했어야 할 바울에 대한 변호를 하지 못했고, 그래서 그가 스스로 자신을 변론하는 말을 하지 않을 수 없도록 만들었다는 것이다. 그들은 그가 억지로 자신을 칭찬하도록 만들었다. 나는 너희에게 칭찬을 받아야 마땅하도다(11절). 그들이, 아니 그들 가운데 어떤 이들이 그 점에 있어서 실수하지 않았더라면, 그가 자신을 자랑하는 말을 할 필요가 없었을 것이다. 그는 그들이 자신에 관해 지극히 크다는 사도들보다 조금도 부족하지 아니하다(11절)고 특별히 자랑할 이유가 있음을 강조하여 말한다. 왜냐하면 그는 그들에게 자신의 사도직에 대한 증거와 증표를 충분히 보여주었기 때문이다. 사도의 표가 된 것은 내가 너희 가운데서 모든 참음과 표적과 기사와 능력을 행한 것이라(12절). 여기서 다음의 사실을 주목하자

1. 훌륭한 사람들의 명예를 존중해주는 것은 그들의 은혜에 대한 우리의 도리다. 우리는 우리를 위해 쓰임받는 하나님의 손의 도구들로서, 특별히 우리에게 영적 유익을 끼친 사람들에게 감사할 의무가 있다. 그들이 다른 사람들에게 비방을 당할 때에는 그들을 옹호해 주어야 한다.

2. 우리가 다른 사람들에게 아무리 존경을 받고, 또는 존경을 받을 자격이 있다고 하더라도, 우리는 항상 자신에 관해 겸손하게 생각해야 한다. 이 위대한 사도가 보여주는 본보기를 보라. 그는 사실상 지극히 크다는 사도들보다 조금도 부족하지 아니했으나 자신이 아무것도 아니라고 생각했다. 그는 자신의 명예를 변호하는 것이 그들의 의무라고 말하지만, 그 때까지 그는 사람들로부터 칭찬받기를 구하지 않았다. 그는 자기방어를 필수적인 것으로 강력히 주장하지만, 그 때까지 자신을 칭찬한 적이 결코 없었다.

II. 사도는 그들에 대한 자신의 행동과 선한 의도를 포괄적으로 설명한다. 여기서 우리는 충성스러운 복음 사역자의 인격에 대해 살펴볼 수 있다

1. 사도는 그들에게 폐를 끼치지 않기를 원했고, 또 그들 외에 그들의 소유를 구한 적도 없었다. 그는 과거에 그들에게 폐를 끼친 적이 없음을 말한다(13절). 또 언젠가 그들에게 나아갈 때에도 그들에게 폐를 끼치지 아니할 것이라고 말한다(14절). 그는 그들의 지갑을 아끼고, 그들의 돈을 탐하지 아니했다: 내가 구하는 것은 너희의 재물이 아니요 오직 너희니라(14절). 그는 재물을 모으는 것이

아니라 그들의 영혼을 구원하기를 구했다. 그는 그들의 재산을 자기 것으로 만들려는 것이 아니라 그리스도를 위해 그들을 얻는 것이 목적이었다. 그는 그분의 종이었기 때문이다. 양의 털로 옷 입기를 바라고, 양을 돌보지 않는 사람들은 삯군 목자지, 선한 목자가 아니다.

2. 사도는 그들을 위해 기꺼이 재물을 사용하고, 또 자신까지 사용하기를 원했다(15절). 즉 그는 그들의 유익을 위해 기꺼이 수고하고, 손실을 감수했다. 그는 자신의 시간, 재능, 힘, 권리, 나아가 자신의 모든 것을 그들을 섬기는데 사용했다. 아니, 그는 남에게 빛을 주기 위해 자신을 불태우는 촛불처럼 자신을 소비시켰다.

3. 사도는 자신에 대한 그들의 몰인정과 배은망덕에도 불구하고, 그들에 대한 사랑을 조금도 줄이지 아니했다. 그러므로 그는 그들을 더욱 사랑할수록 사랑을 덜 받았음에도 불구하고(15절), 그들을 위해 수고하는 것을 만족해하고 기뻐했다. 이것은 다른 관계들에도 적용될 수 있다. 따라서 다른 사람들이 우리에 대해 자신의 의무를 제대로 이행하지 못한다면, 우리도 그들에 대한 의무를 이행하지 않아도 된다는 결론이 당연한 것은 아니다.

4. 사도는 자신 및 자신과 함께 한 사람들 가운데 아무도 그들에게 짐을 지우지 않도록 주의했다. 이것이 우리가 16-18절에서 보는 내용의 의미로 생각된다. 그는 그들에게 짐을 지우지 아니했지만, 어떤 이는 그가 교활한 자가 되어 그들을 속임수로 취하였다(15절)고, 즉 그가 그들을 착취하는 사람들을 그들에게 보내, 후에 그들이 취한 이득을 나눠 가졌다고 비방을 했다. 이에 대해 사도는 이렇게 말한다: "그것은 그렇지 않다. 나 자신 너희에게서 이득을 취한 적이 없고, 또 내가 보낸 자 중 누구도 너희의 이득을 취한 적이 없다. 디도도 그렇고 다른 사역자도 그렇다. 우리는 동일한 성령으로 행하고, 동일한 보조를 맞추었다." 그들은 모두 고린도 교인들에게 폐를 끼치지 않고, 최선을 다해 복음을 전하고, 가능한 한 그것을 쉽게 받아들이도록 그들을 위해 수고하는데 하나가 되었을 뿐이다. 그렇지 아니하면 이것은 그 자신과 다른 사역자들이 마음속에 그들에 대한 어떤 속임수를 철저히 숨기고 있었던 것이 아니냐 하는 의심과 함께 읽혀질 수 있다.

5. 사도는 모든 것을 그들의 덕을 세우기 위해 행한 사람이었다(19절). 선을 행하고 기초를 잘 세우며, 그리하여 조심스럽게 그리고 부지런히 그 건물을 세

우는 것, 이것이 그의 핵심 목적이자 계획이었다.

6. 사도는 그들이 원하는 사람이 되려고 무척 조심했지만, 그들을 실망시키지 않을까 하는 두려움 때문에 자신의 의무를 포기하지는 않았다. 그러므로 그는 그들에게 원하지 않는 것과 같이 보였지만, 죄를 책망하는데 있어서는 단호한 자세를 취하였다(20절). 여기서 사도는 신앙을 고백하는 사람들 사이에서 지극히 흔하게 발견되는 다양한 죄의 항목들을 언급하고, 크게 책망한다: 다툼과 시기와 분냄과 당 짓는 것과 비방과 수군거림과 거만함과 혼란이 있을까 두려워하고(20절). 이러한 죄를 범하는 자들이 그 책망을 제대로 수용하지 않는다고 할지라도, 신실한 사역자들은 공적 및 사적으로, 그것이 필요할 때마다 날카로운 책망을 통해 그러한 죄를 지적하는 것을 두려워해서는 안 된다.

7. 사도는 그들이 저지른 추악한 죄악들을 적절히 회개하지 않은 모습을 보는 것을 두려워했다. 그는 이것이 커다란 수치와 슬픔의 원인이라고 말한다. 그 내용을 구체적으로 살펴보자. (1) 신앙고백자들의 타락과 비행은 선한 사역자에게 겸손한 생각을 갖게 할 수밖에 없다. 하나님은 때때로 시험에 따라 높아질 가능성이 있는 사람들을 겸손하게 하기 위해 이 방법을 취하신다: 내 하나님이 나를 너희 앞에서 낮추실까 두려워하고(21절). (2) 우리는 죄를 저지르고 회개하지 않는 사람들에 대해 슬퍼할 이유가 있다. 전에 죄를 지은 여러 사람의 그 행한 바 … 회개하지 아니함 때문에 슬퍼할까 두려워하노라(21절). 만일 이들이 아직도 그들의 잘못을 슬퍼하고 통탄하는 은혜를 받지 못했다면, 그것은 더욱 슬픈 일이다. 하나님을 사랑하면서 죄를 사랑하는 자들은 그 죄에 대해 슬퍼해야 할 것이다.

제
─ 13 ─
장

개요

이 장에서 사도는 완고한 죄인들을 준엄하게 꾸짖고, 그 이유를 제시한다(1-6절). 그리고 그는 고린도 교인들을 위해 하나님께 적절하게 기도하고, 자기가 그렇게 하는 이유를 제시한다(7-10절). 그리고 그는 고별사와 축도로 이 편지를 끝맺는다(11-14절).

[1]내가 이제 세 번째 너희에게 가리니 두세 증인의 입으로 말마다 확정하리라 [2]내가 이미 말하였거니와 지금 떠나 있으나 두 번째 대면하였을 때와 같이 전에 죄 지은 자들과 그 남은 모든 사람에게 미리 말하노니 내가 다시 가면 용서하지 아니하리라 [3]이는 그리스도께서 내 안에서 말씀하시는 증거를 너희가 구함이니 그는 너희에게 대하여 약하지 않고 도리어 너희 안에서 강하시니라 [4]그리스도께서 약하심으로 십자가에 못 박히셨으나 하나님의 능력으로 살아 계시니 우리도 그 안에서 약하나 너희에게 대하여 하나님의 능력으로 그와 함께 살리라 [5]너희는 믿음 안에 있는가 너희 자신을 시험하고 너희 자신을 확증하라 예수 그리스도께서 너희 안에 계신 줄을 너희가 스스로 알지 못하느냐 그렇지 않으면 너희는 버림 받은 자니라 [6]우리가 버림 받은 자 되지 아니한 것을 너희가 알기를 내가 바라고

이 부분에서 우리는 다음과 같은 내용을 확인한다.

I. 고린도 교인들의 잘못을 교정시키기 위해 적절한 권면과 권고를 담은 편지를 두 번에 걸쳐 보낸 사도는 이번에 고린도에 가게 될 때, 완고한 죄인들을 준엄하게 다스릴 것에 대해 경고한다. 이와 관련하여 우리는 다음과 같은 사실을 주목하게 된다.

1. 사도의 책망 속에 나타나 있는 경고: 그는 성급하게 가혹한 처벌을 실시하지 않고, 두 번에 걸쳐 주의를 주었다. 따라서 어떤 이들은 이제 세 번째 너희에게 가리니(1절)라는 말을 그의 첫 번째 서신(고린도전서)과 두 번째 서신(고린도후서)을 가리키는 것으로 이해한다. 그는 이 두 서신에서 실제로는 떠나 있

는 상태인데도 마치 그들과 대면하고 있는 것처럼, 그들에게 권면했었다(2절). 이 해석에 따르면, 이 두 서신은 그가 1절에서 언급하고 있는 증인을 가리킨다. 나아가 이것은 그리스도인들이 범죄사건을 심판하기 위해 모세 율법이라는 최후 수단에 호소하기 전에(신 17:6; 19:15) 범법자들을 어떻게 다루어야 하는지 그 방법과 관련하여, 우리 구주께서 말씀하신 지시를 가리킨다(마 18:16). 우리는 형제의 잘못을 말해주기 위해 한 번, 두 번, 그에게 가거나 다른 사람을 보내야 한다. 따라서 사도는 이전에 첫 번째 편지를 통하여 그들에게 말했고, 지금은 두 번째 편지를 통하여 그들에게 말하고 있는 것이다. 즉 전에 죄 지은 자들과 그 남은 모든 사람에게 미리 말하는 것이다(즉 쓰는 것이다). 말하자면 세 번째 직접 만나 말하기 전에 모두에게 경고를 하고 있는 것이다. 그 때에는 추악한 죄인들에 대해 가차 없이 처벌을 내릴 것이다. 다른 이들은 사도가 이미 두 번에 걸쳐 고린도를 여행하기로 계획하고 준비했었으나 하나님의 섭리의 방해를 받은 탓에 지금 그들에게 세 번째 나아갈 의도에 대해 알려주고 있는 것으로 생각한다. 이것이 어떠하든, 우리는 사도가 고린도 교인들의 유익을 위해 그들과 함께 하기를 얼마나 자주 노력하고, 얼마나 수고를 아끼지 않았는지 충분히 확인할 수 있다. 우리는 천국에서 확실히 판단받게 될 것이고, 우리가 우리 영혼을 위해 받은 도움들과 그것들을 어떻게 증진시켜왔는지에 대해서는 다른 날에 판단받게 될 것이다.

2. 경고 자체: 내가 다시 가면 용서하지 아니하리라(2절). 친히 방문했을 때 그들의 추악한 범죄에 대해 완고한 죄인들 곧 회개하지 아니하는 자들을 용서하지 않겠다는 것이다. 그는 이미 앞에서 전에 죄를 지은 여러 사람이 회개하지 아니한 것을 알기 때문에, 하나님께서 자기를 그들 앞에서 낮추실까 두려워한다고 말했었다(12:21). 그런데 지금 그는 그들을 용서하지 않겠다고 말하고, 그들에게 교회의 징계를 가하겠다는 것이다. 초대 교회 당시에는 이 징계가 하나님의 진노에 대한 가시적·특수적 징표로서 행해진 것으로 생각된다. 죄인들에 대해 오래 참으시는 것이 은혜로우신 하나님의 방법이지만, 항상 참으시는 것은 아님을 잊지 말자. 그들을 개심시키고 개선시키기 위해 온갖 수단을 다 동원함에도 불구하고, 결국 그는 그들을 방문하여 완고하고 회개하지 아니하는 자들을 용서치 않을 것이다.

Ⅱ. 사도는 이처럼 그들에 대해 가혹한 이유가 무엇인지를 제시한다. 그것

은 그리스도께서 그(바울) 안에서 말씀하시는 증거를 그들이 구하기 때문이었다(3절). 그의 사도직의 증명은 그가 전하는 복음의 신용과 확증과 성공을 위해 필수적이었다. 그러므로 이것을 부정하는 자들은 당연히 그리고 엄격히 징계를 받아야 했다. 고린도 교인들로 하여금 이 문제를 의심하도록 만드는 것이 거짓 사도들의 목적이었다. 그러나 그는 비록 세상에서는 아름답지 못해 어떤 이들에게 경멸을 당하기도 했으나, 그럼에도 불구하고 그들 속에서는 약하지 않고 도리어 강하고 특별한 증거를 갖고 있었다(3절). 심지어는 그리스도 자신도 약하심으로 십자가에 못 박히셨으나 즉 십자가에서 약하고 경멸당하는 자로 나타나셨으나 하나님의 능력으로 살아계시는 즉 그 부활과 생명 속에 하나님의 은혜의 능력이 나타나시는 것처럼, 사도들 역시 아무리 비천하고 경멸당하는 자들이라고 할지라도, 세상을 기독교로 변화시키는 일에 있어서, 세상에 하나님의 능력, 특히 그분의 은혜의 능력을 나타내었다. 그러므로 사도 안에서 그리스도께서 말씀하시는 증거를 구하는 고린도 교인들 중의 어떤 사람들에게, 그는 그리스도인임을 증명해 보라고 요구한다(5절): 너희 자신을 시험하고 너희 자신을 확증하라. 여기서 그는 그들이 만일 스스로 그리스도인임을 입증할 수 있으면 이것이 자신의 사도직에 대한 증거가 될 것이라는 점을 암시하고 있다. 왜냐하면 만일 그들이 믿음 안에 있다면, 곧 예수 그리스도께서 그들 속에 계신다면, 그들이 믿게 된 것이 자신의 사역으로 말미암아 이루어진 것으로서, 이것이야말로 그리스도께서 사도를 통해 말씀하신 증거가 되기 때문이다. 그는 그들에게 선생일 뿐만 아니라 아버지이기도 했다. 그리스도의 복음으로 그들을 다시 낳았다. 따라서 그가 위로부터 사명을 받은 것이 아니라면, 그의 사역에 하나님의 능력이 나타나는 것은 상상할 수 없는 일이었다. 그러므로 사도는 그들이 버림 받은 자 되지 아니한 것 즉 그리스도께 거부당하지 아니한 것을 입증할 수 있다면, 그가 버림 받은 자 되지 아니한 것 곧 사도가 그리스도에 의해 거부당하지 아니한 것을 그들이 알아줄 것이라고 기대한다(6절).

여기서 사도가 이미 언급된 특수한 관점에 따라, 자기 자신을 시험하라고 고린도 교인들의 의무에 관해 말하는 것은 그리스도인을 자처하는 모든 사람들이 자신의 영적 상태를 진단하기 위해 당연히 해야 할 핵심 의무로 적용시킬 수 있다. 믿음의 문제는 쉽게 속을 수도 있고, 또 그 속임은 지극히 위험한 문제이기 때문에, 우리는 우리 자신이 믿음 안에 있는지 시험해 보아야 한다. 따라서 우리는 그리스도께서 우리 안에 계신지 아니면 밖에 계신지 우리 영혼에게 물어봄으로써, 우리 자신을 확증하는데 관심을 두어야 한다. 그리스도께서 우리 안에 계시지 않으면 우리는 버림 받은 자일 뿐이다. 따라서 우리는 참 그리스도인 아니면 크게 속이는 자 둘 중 어느 하나에 속한다. 그렇다면 사람이 자신을 모르거나 자신의 마음을 스스로 알지 못한다면 얼마나 책망 받을 일일까!

⁷우리가 하나님께서 너희로 악을 조금도 행하지 않게 하시기를 구하노니 이는 우리가 옳은 자임을 나타내고자 함이 아니라 오직 우리는 버림 받은 자 같을지라도 너희는 선을 행하게 하고자 함이라 ⁸우리는 진리를 거슬러 아무것도 할 수 없고 오직 진리를 위할 뿐이니 ⁹우리가 약할 때에 너희가 강한 것을 기뻐하고 또 이것을 위하여 구하니 곧 너희가 온전하게 되는 것이라 ¹⁰그러므로 내가 떠나 있을 때에 이렇게 쓰는 것은 대면할 때에 주께서 너희를 넘어뜨리려 하지 않고 세우려 하여 내게 주신 그 권한을 따라 엄하지 않게 하려 함이라

여기서 우리는 다음과 같은 사실을 확인할 수 있다.

I. 고린도 교인들을 위해 사도가 하나님께 드리는 기도. 사도는 그들이 악을 조금도 행하지 않게 하시기를 위해 기도했다(7절). 죄로부터 벗어나 악을 저지르지 않는 것, 이것은 우리 자신이나 우리 친구들을 위해서, 우리가 가장 이루기를 원하는 기도 제목이다. 우리가 하나님께서 은혜로 우리를 지켜주시기를 위해서 기도하는 것은 참으로 필수적인 일이다. 왜냐하면 이 기도가 없이는 절대로 우리 자신을 지킬 수 없기 때문이다. 우리는 악에게 고통을 겪지 않도록 기도하는 것보다 악을 저지르지 않도록 기도하는데 더 관심을 기울여야 한다.

II. 사도가 고린도 교인들을 위해 이 기도를 하나님께 드리는 이유. 그 이유는 그가 그들에게 편지로 쓴 그들의 상황 및 핵심문제와 특별히 연관되어 있다. 그는 그들에게 다음과 같이 말한다.

1. 그것은 그 자신의 개인적인 명예가 아니라 믿음의 명예를 높이기 위해서였다: "이는 우리가 옳은 자임을 나타내고자 함이 아니라 오직 우리는 버림 받은 자 같을지라도 너희는 선을 행하게 하고자 함이라(7절). 즉 우리는 버림 받고, 또 버림 받은 자로 욕먹고 취급당할지언정, 너희는 믿음의 명예를 위해 훌륭한 자가 되어야 한다." 여기서 다음 두 가지를 주목하자: (1) 신실한 복음 전도자들의 가장

큰 소망은, 비록 자기들은 욕을 먹을지라도, 그들이 전파한 복음이 영예롭게 되는 것이다. (2) 우리의 거룩한 종교를 높이는 최고의 길은 선을 행하는 것 곧 그리스도의 복음에 어울리는 삶을 영위함으로써 좋은 평판을 얻는 것이다.

2. 또 다른 이유는 바로 사도가 그들에게 나아갈 때, 그들이 모든 책망과 비난으로부터 벗어난 상태에 있도록 하기 위해서였다. 이것은 8절에 암시되어 있다: 우리는 진리를 거슬러 아무것도 할 수 없고 오직 진리를 위할 뿐이니. 그러므로 만일 그들이 악을 행하지 않거나 복음에 대한 그들의 신앙고백에 반하여 행동하지 않았다면, 사도는 그들을 처벌할 아무런 권한이나 권위가 없었을 것이다. 그는 주께서 자신에게 준 능력은 넘어뜨리기 위한 것이 아니라 세우려고 하신 것임을 앞에서도 말했고(10:8), 또 여기서도 말한다(10절). 따라서 사도는 복음의 명예와 전파를 위해 큰 권한을 갖고 있었지만, 진리를 헐뜯거나 진리에 순종하는 사람들을 훼방하는 일은 전혀 할 수 없었다. 그는 진리를 거역하여 행하는 임무는 조금도 할 수 없었다. 곧 그렇게 하기를 원하지도 않았고, 또 감히 그렇게 하지도 않았으며, 그럴 임무도 전혀 없었다. 사도가 이 복된 무능함을 얼마나 즐거워하는지 주목할 만하다. 그는 이렇게 말한다: "우리는 우리가 약할 때에 너희가 강한 것을 기뻐한다(9절). 즉 우리는 믿음 안에서 강하고, 선을 행하는데 부요한 사람들을 비난할 권리가 없다." 어떤 이들은 이 구절을 이렇게 이해한다: "우리는 박해와 경멸로 말미암아 약하지만, 너희가 그토록 강하고, 거룩 안에서 자라가며, 선을 행하는데 인내하는 모습을 보니, 우리도 견디는 힘을 얻고, 또한 기쁘다."

3. 사도는 그들의 온전함을 위해 기도했다(9절). 즉 그는 그들이 신실하고, 완전을 목표로 하기를 원했다(여기서 신실함은 복음의 완전함을 의미한다). 만약 그렇지 못하다면 그들의 철저한 개혁을 구했을 것이다. 그는 그들이 죄로부터 벗어나길 바랐을 뿐만 아니라 은혜 안에서 자라고, 거룩함 속에서 성숙해지기를 구했다. 그들 사이에서 잘못된 것은 모조리 교정되고 개선되기를 위해 기도했다. 이것이 이 서신을 쓰게 된 최대의 목적이었다. 즉 그가 그들을 떠나 있을 때 이렇게 쓰는 것은(곧 이처럼 사랑으로 권면하고 경고하는 것은) 엄하지 않게 함으로써(10절) 자유로운 마음으로 그들을 대면하기 위해서였다. 다시 말해 주께서 사도인 그에게 주신 능력을 모든 복종하지 않는 것을 벌하는데(10:6) 극단적으로 사용하지 않도록 하기 위해서였다.

11마지막으로 말하노니 형제들아 기뻐하라 온전하게 되며 위로를 받으며 마음을 같이하며 평안할지어다 또 사랑과 평강의 하나님이 너희와 함께 계시리라 거룩하게 입맞춤으로 서로 문안하라 12모든 성도가 너희에게 문안하느니라 13주 예수 그리스도의 은혜와 하나님의 사랑과 성령의 교통하심이 너희 무리와 함께 있을지어다

이제 사도는 다음과 같은 내용으로 이 서신을 끝맺는다.

I. 고별사. 사도는 그들의 영적 행복을 충심으로 바라면서 작별인사를 하고, 문안을 전한다.

1. 사도는 마지막으로 그들에게 여러 가지 유익한 권면을 한다.

(1) 온전하게 되라. 곧 사랑으로 함께 묶이라. 이것은 교회 곧 기독교 공동체로서 그들의 유익을 크게 높일 것이다.

(2) 위로를 받으라. 곧 그리스도로 말미암아 받을 수 있는 모든 고난과 박해 아래에서 또는 세상에서 만날 수 있는 어떤 재앙과 실망 속에서 위로를 받으라는 것이다.

(3) 마음을 같이 하라. 이것은 그들에게 큰 위로가 될 것이다. 왜냐하면 우리가 형제들과 화목하면 할수록 영혼 역시 그만큼 평안해질 것이기 때문이다. 사도는 가능한 한, 그들에게 같은 의견과 같은 판단을 갖도록 권면한다. 그러나 이것이 이루어지지 않으면 다음과 같이 할 것을 권고한다.

(4) 평안하라. 즉 의견의 차이가 그들 사이에 감정의 소외를 일으키지 않도록 평화를 유지하라는 것이다. 그는 그들 간의 모든 불화가 치유되어 그들 사이에 더 이상 다툼과 분노가 일어나지 않고, 그리하여 평화를 해치는 다툼과 시기와 비방과 수군거림 등과 같은 일들이 벌어지지 않기를 바라는 것이다.

2. 사도는 하나님의 임재에 관한 약속을 가지고 그들을 격려한다: 사랑과 평강의 하나님이 너희와 함께 계시리라(11절). 여기서 다음과 같은 사실을 주목해야 한다.

(1) 하나님은 사랑과 평강의 하나님이시다. 그분은 평강의 창조자요, 일치를 사랑하시는 분이다. 그분은 우리를 사랑하고, 기꺼이 우리와 화평을 이루신다. 그분은 우리에게 자신을 사랑하고 자신과 화목하도록 명하고, 나아가 우리가 서로 사랑하고, 서로 간에 평화하라고 말씀하신다.

(2) 하나님은 사랑과 평강 속에서 사는 사람들과 함께 계실 것이다. 그분은

평화를 사랑하는 자들을 사랑하신다. 그분은 여기서 그들과 함께 계시고, 그들은 영원토록 그분과 함께 거할 것이다. 그들은 여기서 하나님의 은혜로우신 임재를 맛보고, 이후에 그분의 영광스러운 임재에 들어가도록 허락받을 것이다.

3. 사도는 그들에게 서로 문안하도록 지시하고, 자기와 함께 있는 자들의 문안인사를 그들에게 전한다(11,12절). 그는 그들이 거룩하게 입맞춤으로 서로 문안함으로써 그들 간의 사랑을 입증하기를 원했다. 이 입맞춤은 그 당시에는 크게 유행했으나 그 후 교회가 쇠락하고 타락하면서 방탕과 불순한 동기로 왜곡되어 금지되고 말았다.

II. 사도의 축도(13절). 주 예수 그리스도의 은혜와 하나님의 사랑과 성령의 교통하심이 너희 무리와 함께 있을지어다. 이렇게 사도는 이 서신을 끝내는데, 이것은 예배하는 백성들과 헤어질 때 하는 인사로 통상적이고 적당하다. 이것은 분명히 복음의 교훈을 증명하는 것으로 성부, 성자, 성령께서 한 하나님이시지만, 세 구별된 인격이심을 인정하는 것이다. 이 세 분은 사람들에게 복의 근원이시라는 점에서는 동등하다. 그것은 또한 우리가 믿음으로 성부, 성자, 그리고 성령 하나님을 동등하게 바라보는 것 즉 삼위일체 하나님을 지속적으로 공경하며 사는 것이 우리의 의무라는 사실을 함축하고 있다. 즉 우리는 그 세 분의 이름으로 세례를 받았고, 그 세 분의 이름으로 복을 받는다. 이것은 아주 장엄한 축도로서, 우리는 이 복을 상속받기 위해 심혈을 기울여야 한다. 그리스도의 은혜, 하나님의 사랑, 그리고 성령의 교통하심은 곧 이것을 말한다: 구속주로서의 그리스도의 은혜, 구속주를 보내신 성부의 사랑, 성령으로 말미암아 우리에게 오는 이 은혜와 사랑의 모든 전달. 우리로 하여금 그리스도의 은혜와 하나님의 사랑에 관심을 갖게 하는 것이 성령의 교통하심이다. 우리는 행복해지기 위해 그리스도의 은혜와 하나님의 사랑, 그리고 성령의 교통하심 외에 다른 것을 구할 수 없다. 아멘.

갈라디아서

서론

이 서신은 바울의 다른 서신들처럼 한 도시가 아니라 한 지역 또는 지방에 있는 교회나 교회들에게 주어진 것이다. 갈라디아는 바로 한 지역을 가리키는 명칭이었다. 갈라디아 교인들은 먼저 바울의 전도를 통해 기독교 신앙으로 개종했다고 보는 것이 가장 맞는 말일 것이다. 아니면 그가 최초로 그 교회를 심은 도구는 아니라고 해도, 최소한 물을 주는데 수고했다고 보아야 할 것이다. 이것은 이 서신 자체와 행 18:23의 증거로 보아 분명하다. 후자의 본문에서 우리는 그가 갈라디아와 브루기아 땅을 차례로 다니며 모든 제자를 굳건하게 했다는 기사를 보기 때문이다. 바울과 함께 있는 동안, 그들은 그의 인격과 사역에 대해 최대한의 존경과 애정을 보여주었다.

그러나 그가 그들을 떠난지 얼마 지나지 않아 유대화주의자 교사들이 그들 사이에 들어왔다. 그들의 궤계와 술수로 말미암아 갈라디아 교인들은 곧 바울의 인격과 사역 모두에 대해 무시하는 태도를 취하게 되었다. 이 거짓 교사들이 주로 목표로 삼은 것은 예수 안에 있는 온전한 진리로부터 그들을 끌어내리는 것이었다. 특히 그들은 의롭게 되기 위해서는 그리스도를 믿는 믿음에 모세 율법의 준수가 필수적으로 수반되어야 한다고 주장함으로써, 칭의에 관한 교리를 크게 왜곡시켰다. 이러한 자기들의 목적을 더 잘 성취시키기 위해 그들은 할 수 있는 한 사도의 인격과 명예를 실추시켰고, 그의 파멸 위에 자기들의 업적을 쌓아올렸다.

그들이 비록 그를 사도로 인정한다손 치더라도, 다른 사도들보다 크게 수준이 낮은 사도로 깎아내렸고, 특히 그들이 그 추종자임을 자처하는 베드로, 야고보 그리고 요한 등의 사도들만큼 존중할 만한 사도로 보지 않았다. 바울의 인격과 사역을 무너뜨리는데 있어서 그들은 크게 성공했다. 바로 이것이 사도가 이 서신을 쓰게 된 동기였다. 여기서 그는 갈라디아 교인들이 복음을 믿는 신앙으로부터 너무 쉽게 떠나버린 것에 대해 심각한 유감을 표명한다. 그리고 자신의 사명과 교훈이 하늘로부터 온 것이라는 것과 어떤 면에서도 자신이 지극히 크다는 사도들보다 조금도 부족하지 않다는 것(고후 11:5)을 보여줌으로써,

그의 대적들의 비방에 대항하여 사도로서의 자신의 인격과 권위를 변론한다.

이어서 그는 율법의 행위가 없이 믿음으로 말미암아 의롭게 되는 복음의 위대한 교리를 천명하고 주장한다. 그리고 그것과 관련하여 그들의 마음속에서 일어나기 쉬운 여러 가지 난점들을 미연에 방지한다. 이 중요한 교리를 세운 후에 그는 그들에게 그리스도께서 그들을 해방시켜 준 자유 안에 견고하게 서도록 권하면서, 이 자유를 남용하지 않도록 경고한다. 그리고 그들에게 유효적절한 여러 가지 조언과 지시들을 제시하고, 그들을 미혹시켜온 거짓 교사들과 그들과 대조를 이루는 자신의 성품과 행동을 세밀하게 묘사하는 것으로 이 서신을 끝맺는다. 이 서신 전체에 걸쳐 나타나 있는 그의 핵심적 의도와 목적은 잘못된 길로 나아간 자들을 다시 돌아오게 하고, 흔들리며 요동하는 자들을 진정시키며, 그들 중 순전한 믿음을 간직한 자들에게 확신을 주는 것이었다.

제 1 장

개요

이 장에서 사도는 서언 곧 인사말을 한 다음(1-5절), 그들의 믿음의 결함에 대해 준엄하게 꾸짖는다(6-9절). 그리고 이어서 그의 대적들이 문제로 제기한 자신의 사도직에 대해 증명하는데, 그것을 두 부분으로 나누어 행한다. I. 복음을 전하는 자신의 목적과 계획으로부터(10절). II. 직접적 계시를 통해 그것을 받은 사실로부터(11, 12절). 이어서 그는 자신을 그들에게 알리는 증언에 관해 말한다: 1. 회심하기 이전의 자신의 상태(13,14절). 2. 자신이 회심하게 된 과정과 사도로 부르심을 받은 과정(15,16절). 3. 이후의 자신의 생활(16-24절).

[1]사람들에게서 난 것도 아니요 사람으로 말미암은 것도 아니요 오직 예수 그리스도와 그를 죽은 자 가운데서 살리신 하나님 아버지로 말미암아 사도 된 바울은 [2]함께 있는 모든 형제와 더불어 갈라디아 여러 교회들에게 [3]우리 하나님 아버지와 주 예수 그리스도로로부터 은혜와 평강이 있기를 원하노라 [4]그리스도께서 하나님 곧 우리 아버지의 뜻을 따라 이 악한 세대에서 우리를 건지시려고 우리 죄를 대속하기 위하여 자기 몸을 주셨으니 [5]영광이 그에게 세세토록 있을지어다 아멘

이 부분에서 우리는 서언 곧 편지의 인사말을 보게 된다. 여기서 다음과 같은 내용을 확인할 수 있다.

I. 이 서신의 발신자. 사도된 바울, 또는 그와 함께 있는 모든 형제(1절). 이 편지는 바울로부터 온 것이다. 오직 그가 이 편지의 필자다. 갈라디아 교인들 가운데 그의 인격과 권위를 깎아내리려고 애쓰는 자들이 있었기 때문에 그 앞에서 그는 자신의 직분과 그 직분으로 부르심을 받은 자신의 입장에 대해 일반적인 해명을 하고 있다. 그리고 이 장과 다음 장에서 그는 이것을 더 상세히 설명한다. 그의 직분은 사도였다. 그의 대적들은 이 칭호를 그에게 거의 붙여주지 않았지만, 그는 자신을 그렇게 부르기를 주저하지 않았다. 그는 자신이 정당한 근

거 없이 이 칭호를 사칭하는 것이 아님을 보여주기 위해 자신이 이 고귀한 직분으로 어떻게 부르심을 받게 되었는지를 그들에게 알려주고, 그것에 대한 자신의 사명이 전적으로 하늘로부터 온 것임을 그들에게 입증시킨다. 왜냐하면 그의 사도 됨은 사람에게서 난 것도 아니요 사람으로 말미암은 것도 아니기 때문이다(1절). 그는 평범한 사역자들이 받는 통상적 소명을 받은 자가 아니었다. 그는 이 직분을 위해 위에서 오는 특별한 소명을 받았다. 그는 사람들의 중보에 의해 사도의 자격을 얻은 것도 아니요, 사도로 지명을 받은 것도 아니었다. 그 자격과 지명을 모두 위로부터 직접 받았다. 왜냐하면 그는 예수 그리스도로 말미암아 사도 된 자였기 때문이다. 바울은 그리스도로부터 직접 그의 교훈과 사명을 받았고, 그러기에 그는 결국 하나님 아버지로 말미암아 사도가 된 것이었다. 하나님은 신적 본질에 있어서 예수 그리스도와 동등하고, 그분을 중보자로 지명하셔서 우리의 신앙고백의 대상이신 사도와 대제사장으로 삼으시고, 그분에게 다른 사람들을 사도로 지명할 권한을 주셨다. 사도는 이 하나님 아버지 앞에 그를 죽은 자 가운데서 살리신 이라는 말을 덧붙이는 것으로, 하나님 아버지께서 그리스도를 자신의 아들과 약속된 메시야로 공적으로 증언하고 계심을 우리에게 알려준다. 또한 그는 자신의 사도직의 소명은 그리스도로부터 직접 받은 것으로, 그리스도께서 부활하신 후 그의 영광된 자리에 계실 때 주어졌음을 우리에게 알려준다. 따라서 그는 자신이 다른 사도들과 동등한 반열에 서 있을 뿐만 아니라 어떤 면에서는 그들보다 더 우위에 있다고 간주할 만한 충분한 이유가 있었다. 왜냐하면 다른 사도들은 그리스도께서 지상에 계실 때 부르심을 받았으나 그는 그분이 하늘에 계실 때 부르심을 받았기 때문이다. 이같이 사도는 자신의 사도직이 그의 대적들에 의해 압력을 받게 되자 그 정당성을 강조한다. 이것은 사람들이 자기가 어떤 권위를 갖고 있다고 해서 무조건 자랑해서는 안 되지만, 어떤 순간이나 어떤 경우에는 그것을 자랑하는 것이 필요하다는 것을 보여준다.

2. 그러나 사도는 편지의 발신자 속에 자기와 함께 있는 모든 형제를 포함시키고, 자신과 함께 그들의 이름으로 편지를 쓴다. 여기서 함께 있는 모든 형제는 그가 지금 머물고 있는 지역의 모든 그리스도인들이나 그 곳에서 복음 전도자로 수고하고 있는 사역자들 중 어느 한 쪽을 가리키는 것으로 이해될 수 있다. 그 자신의 우월한 자격과 업적에도 불구하고, 사도는 기꺼이 이들을 자신의 형

제로 부른다. 그는 혼자서 편지를 쓰고 있음에도 불구하고 그 서명에 자신과 함께 그들을 포함시킨다. 이것을 통해 그는 자신의 위대한 겸손과 겸양의 미덕을 보여주고, 자신이 교만한 사람과 얼마나 거리가 먼 사람인지를 입증하고 있다. 뿐만 아니라 그는 자신이 전파한 교훈에 있어서 그들이 자신과 일치된 견해를 갖고 있고, 지금 그것을 확신하고 있으며, 또 그 교훈이 바로 자신과 그들에 의해 함께 선포되고 동시에 고백된 것임을 보여줌으로써, 이 편지를 받는 교회들이 그 내용에 대해 더 큰 주의를 집중하도록 이끌고 있다.

Ⅱ. 이 편지의 수신자. 갈라디아 여러 교회들에게(2절). 당시 이 지역에는 여러 교회들이 있었는데, 교회들마다 그들 속에 숨어들어온 속이는 자들의 궤계로 말미암아 다소간에 타락한 상태에 있었던 것으로 보인다. 그러므로 그들의 상태에 대해 깊은 애정을 갖고, 믿음의 회복과 믿음 안에서의 생활을 기원하면서, 날마다 모든 교회를 위하여 염려하는(고후 11:28) 자들에게 바울은 이 편지를 쓰고 있다. 그는 크든 작든 그 문제에 연루되어 있는 그들 전체에게 이 편지를 보낸다. 사실 타락한 교회는 더 이상 교회로 인정받을 수 없기 때문에 그들이 교회로서의 권리를 상실할 만한 큰 죄를 저질렀음에도 불구하고, 그는 그들을 교회의 이름으로 부른다. 왜냐하면 의심할 여지 없이 그들 중에는 아직 믿음을 유지하고 있는 자들이 있었고, 또 다른 사람들도 믿음을 회복하기를 바라는 절실한 심정이 그에게 있었기 때문이다.

Ⅲ. 사도의 축도(3절). 여기서 사도 및 그와 함께 있는 형제들은 이 교회들에게 하나님 아버지와 주 예수 그리스도로부터 은혜와 평강이 있기를 기원한다. 은혜와 평강, 이 말은 사도가 주님의 이름으로 교회를 축복하는 통상적 용법이다. 은혜는 우리를 향하신 하나님의 선하신 뜻과 우리에게 행하신 그분의 선한 행위를 포함한다. 평강은 그 안에 우리가 실제로 필요로 하는 모든 내적 위로나 외적 번영을 포함한다. 그리고 그것들은 그 전달통로이신 주 예수 그리스도를 통해 그 원천이신 하나님 아버지로부터 온다. 사도는 이 두 가지 모두가 이 지역의 그리스도인들에게 있기를 기원한다. 그러나 우리는 먼저 은혜가 오고, 그 다음에 평강이 오는 것을 확인할 수 있다. 왜냐하면 은혜 없이는 참된 평강이 있을 수 없기 때문이다. 주 예수 그리스도를 언급한 사도는 그분의 사랑에 관해 말하지 않고는 그냥 넘어갈 수 없다. 그래서 그는 그리스도께서 … 우리를 건지시려고 우리 죄를 대속하기 위하여 자기 몸을 주셨다(4절)고 덧붙인다. 예수 그

리스도는 우리를 위해 대신 죽으신 화목제물로서, 우리 죄를 대속하기 위하여 자기 몸을 주셨다. 이것은 하나님의 공의의 요청으로서, 그분은 값없이 우리를 위해 이 요청에 자신을 복종시켰다. 이것의 한 가지 위대한 목적은 이 악한 세대에서 우리를 건지시는 것이었다(4절). 즉 그분은 하나님의 진노와 율법의 저주로부터 우리를 구원할 뿐만 아니라 정욕으로 말미암아 더러워진 세상의 부패로부터 우리를 회복시키고, 우리가 본성적으로 종노릇하는 세상의 악한 행실과 습관으로부터 우리를 구하셨다. 그뿐 아니라 그분은 모세의 율법으로부터도 우리를 자유케 하셨는데, 그런 뜻에서 고전 2:6,8에서 사용되고 있는 이 세대(아이온 후토스, 아이온은 '영원,' '시대' 또는 '세상'을 의미함)란 말이 여기서도 사용되고 있다. 이 사실로부터 우리는 다음과 같은 사실을 주목할 수 있다

1. 이 세대는 악한 세대이다. 그것은 인간의 죄로 말미암아 그렇게 되었다. 세상은 죄와 슬픔으로 충만하고, 그 곳에서 사는 동안 우리는 무수한 덫과 유혹에 직면하게 된다.

2. 그러나 예수 그리스도께서 이 악한 세대로부터 우리를 건지시려고 죽으셨다. 이 말은 당장 그 곳으로부터 그의 백성들을 데려가신다는 것이 아니라 그 권세로부터 그들을 구하고, 그 악으로부터 그들을 보호하며, 적절한 때가 되면 더 나은 다른 세상을 소유하도록 하신다는 것이다. 사도는 이것을 그분이 하나님 곧 우리 아버지의 뜻을 따라(3절) 행하셨음을 우리에게 알려준다. 이 목적과 계획을 위한 화목제물로서 자기 몸을 내놓는데 있어서, 그분은 자신의 자유로운 의사로 승낙하셨을 뿐만 아니라 아버지의 지시에 따라 행동하셨다. 그러므로 우리는 그분이 우리를 위해 행하고 이루신 일의 유효성과 합법성을 의지할 만한 최고의 이유를 충분히 갖고 있다. 그뿐 아니라 여기서 우리는 하나님을 우리 아버지로 바라보는데 큰 용기를 얻는다. 왜냐하면 여기서 사도가 그분을 그렇게 표현하고 있기 때문이다. 그분은 우리 주 예수의 아버지이시기 때문에, 예수 안에서 그리고 예수로 말미암아 참된 모든 신자들의 아버지가 되신다. 우리의 영광스러운 구주 자신이 내가 내 아버지 곧 너희 아버지께 올라간다고 그의 제자들에게 말씀하셨을 때, 우리에게도 알려주셨다(요 20:17).

그리스도께서 우리를 사랑하신 그 크신 사랑에 대해 이같이 설명한 사도는 이 인사말을 그분께 찬양과 영광을 돌리는 장엄한 송영으로 끝맺는다(5절): 영광이 그에게 세세토록 있을지어다 아멘. 이 기사가 암시하는 것처럼, 그분은 우리

의 최고의 존경과 존중을 받을 자격이 충분하다. 또는 이 송영은 사도가 바로 앞에서 은혜와 평강이 있기를 바란, 하나님 아버지와 우리 주 예수 그리스도 모두에게 돌리는 것으로 간주될 수 있다. 그분들은 우리의 경배와 찬양의 합당한 대상으로, 모든 영예와 영광을 영원토록 받으시기에 합당한 분들이다. 그것은 그분들의 무한한 탁월성과 우리가 그분들로부터 받는 복으로 볼 때 당연하다.

⁶그리스도의 은혜로 너희를 부르신 이를 이같이 속히 떠나 다른 복음을 따르는 것을 내가 이상하게 여기노라 ⁷다른 복음은 없나니 다만 어떤 사람들이 너희를 교란하여 그리스도의 복음을 변하게 하려 함이라 ⁸그러나 우리나 혹은 하늘로부터 온 천사라도 우리가 너희에게 전한 복음 외에 다른 복음을 전하면 저주를 받을지어다 ⁹우리가 전에 말하였거니와 내가 지금 다시 말하노니 만일 누구든지 너희가 받은 것 외에 다른 복음을 전하면 저주를 받을지어다

여기서 사도는 편지의 본론으로 들어간다. 그는 이들 교회의 흔들리는 믿음에 대해 포괄적으로 책망하는 것으로부터 시작한다. 그리고 이 책망은 이어지는 부분에서 좀 더 상세하게 언급된다. 여기서 우리는 다음과 같은 사실을 확인할 수 있다.

I. 사도가 그들의 잘못에 대해 얼마나 큰 관심을 갖고 있었는가. 내가 이상하게 여기노라(6절). 그는 그것 때문에 즉시 참으로 큰 놀람과 근심에 사로잡혔다. 그들의 죄와 어리석음은 그들이 그들에게 전해진 대로 기독교의 진리를 견고하게 붙들지 못하고 그 순결함과 순전함으로부터 떠나버린 데 있었다. 그들의 잘못이 크게 악화되고만 배경에는 여러 가지 일들이 있었다

1. 그들은 그들을 부르신 이를 속히 떠나버렸다. 그들은 복음의 교제 속으로 그들을 불러들인 도구 역할을 했던 사도로부터 떠났을 뿐만 아니라 그 명령과 지시에 따라 복음을 그들에게 전파하고, 그 특권에 참여하도록 그들을 초청하신 하나님 자신으로부터도 떠나버렸다. 따라서 이로 말미암아 그들은 그들을 향하신 하나님의 인자와 자비를 크게 악용하는 죄를 저질렀다.

2. 그들은 그리스도의 은혜로 부르심 받았다. 그들에게 전파된 복음은 그리스도 예수 안에서 발견할 수 있는 가장 영광스러운 신적 은혜요 자비였다. 따라서

그것에 의하여 그들은 칭의, 현세에서의 하나님과의 화목, 그리고 내세에서의 영생 및 영복과 같은 최고의 복과 유익에 참여하도록 부르심을 받았다. 우리 주 예수는 자신의 보혈을 값으로 지불하고 우리를 위해 이것들을 사셨다. 그리고 자신을 진심으로 받아들이는 모든 사람들에게 값없이 그것들을 주신다. 그러므로 그들이 누렸던 특권의 크기에 비례하여 그것을 저버리고, 이 복들을 획득할 수 있는 확정된 길에서 스스로 떠나버린 그들의 죄와 어리석음도 똑같이 커졌다.

3. 그들은 속히 떠났다. 극히 짧은 시간에 그들은 그들이 누리고 있던 이 그리스도의 은혜의 맛과 가치를 잃어버리고, 바리새인들의 견해와 관념에 영향을 받은 많은 사람들이 그랬던 것처럼, 율법의 행위로 말미암은 칭의를 가르치는 사람들에게 쉽게 넘어가 버렸다. 그들은 그리스도에 관한 교훈을 혼동하고 크게 왜곡시켰다. 이것은 그들의 연약함의 실례로서, 그들의 죄책을 더 크게 확대시켰다.

4. 그들은 다른 복음은 없는데(7절), 다른 복음을 따랐다(6절). 따라서 사도는 이 유대화주의자 교사들의 교훈을 언급한다. 그는 그것을 다른 복음으로 부른다. 그 이유는 그것은 복음 속에 계시된 것과는 다른 칭의와 구원의 길 곧 그리스도를 믿는 믿음이 아니라 행위로 말미암은 길을 열어놓기 때문이다. 그러나 사도는 이렇게 덧붙인다: "다른 복음은 없다(7절). 너희는 그것이 전혀 복음이 아닌 것을 알게 될 것이다. 아니 그것은 사실상 다른 복음도 아니라 그리스도의 복음을 왜곡하고, 그 기초를 전복시키는 것이다." 여기서 그는 그리스도의 복음이 아닌 다른 것으로 천국 가는 길을 세우려고 획책하는 사람들은 그것을 크게 왜곡하는 죄책을 짊어지고, 그 문제에 있어서 참으로 감당할 수 없는 죄악을 저지른 자로 나타나게 될 것임을 암시한다. 따라서 사도는 갈라디아 교인들에게 복음을 통한 칭의의 길을 포기하는 대가로 그들에게 주어질 죄책을 제대로 인식하도록 심혈을 기울여 강조한다. 그러나 동시에 그는 최대한 부드럽고 온유한 자세로 그들을 책망한다. 그리고 그들이 자진하여 그 속에 들어간 것이 아니라 그들을 혼란시킨 사람들의 궤계와 공작으로 말미암아 그렇게 된 것으로 표현하는데, 그것은 그들을 용서하는 요인은 못되지만, 그들의 잘못에 대해 어느 정도 정상참작의 이유는 되는 것이었다. 그리고 이것을 통해 사도는 우리가 신실하다면, 다른 사람들을 책망하는데 있어서 그만큼 온순해야 하고, 또 온

유한 심령으로 그러한 자를 바로잡아 주기 위해(6:1) 힘써야 한다는 것을 가르친
다.

**Ⅱ. 사도는 자신이 그들에게 전파한 복음이 유일하게 참된 복음이라는 것을
얼마나 크게 확신하고 있었는가.**   그는 이것을 충분히 확신하기 때문에 어떤
다른 복음을 전파하는 자들에 대해 저주를 선포하고(8절), 이것이 자신의 성격
의 난폭함이나 과도한 열심에서 나온 것이 아님을 그들에게 보여준다. 그는 그
사실을 거듭 천명했다(9절). 그러나 이것이 우리와 사소한 일에서 차이를 보이
는 사람들에게 저주를 퍼붓는 것을 정당화하는 것은 아니다. 이것은 오직 그리
스도의 의의 자리에 율법의 행위를 두고, 기독교를 유대교로 오염시킴으로써,
사이비 복음을 만들어내고, 은혜의 언약을 전복시키는 사람들에게만 해당된다.
바울은 그것을 정죄하는 것이다. 그는 이렇게 가정한다: "만약 우리가 어떤 다
른 복음을 전한다면, 아니, 하늘에서 온 천사들이 그렇게 한다면." 이 말은 하늘
에서 온 천사가 거짓의 사자가 될 수도 있다는 가정이 아니라 자신이 말하고자
하는 바를 강조하기 위해 그렇게 표현하는 것이다. "만일 너희가 어떤 다른 사
람이 우리의 이름을 빙자하여, 또는 그것이 천사의 말인 것처럼 포장하여 전하
는 어떤 다른 복음을 갖고 있다면, 너희는 속임수에 빠진 것이다. 따라서 다른
복음을 전하는 자는 누구든 자신을 저주 아래 두는 것이고, 너희 역시 그 저주
아래 두어지는 위험에 처하게 될 것이다."

¹⁰이제 내가 사람들에게 좋게 하랴 하나님께 좋게 하랴 사람들에게 기쁨을 구하랴
내가 지금까지 사람들의 기쁨을 구하였다면 그리스도의 종이 아니니라 ¹¹형제들아
내가 너희에게 알게 하노니 내가 전한 복음은 사람의 뜻을 따라 된 것이 아니니라
¹²이는 내가 사람에게서 받은 것도 아니요 배운 것도 아니요 오직 예수 그리스도의
계시로 말미암은 것이라 ¹³내가 이전에 유대교에 있을 때에 행한 일을 너희가 들었
거니와 하나님의 교회를 심히 박해하여 멸하고 ¹⁴내가 내 동족 중 여러 연갑자보다
유대교를 지나치게 믿어 내 조상의 전통에 대하여 더욱 열심이 있었으나 ¹⁵그러나
내 어머니의 태로부터 나를 택정하시고 그의 은혜로 나를 부르신 이가 ¹⁶그의 아들
을 이방에 전하기 위하여 그를 내 속에 나타내시기를 기뻐하셨을 때에 내가 곧 혈
육과 의논하지 아니하고 ¹⁷또 나보다 먼저 사도 된 자들을 만나려고 예루살렘으로
가지 아니하고 아라비아로 갔다가 다시 다메섹으로 돌아갔노라 ¹⁸그 후 삼 년 만에

내가 게바를 방문하려고 예루살렘에 올라가서 그와 함께 십오 일을 머무는 동안 [19] 주의 형제 야고보 외에 다른 사도들을 보지 못하였노라 [20] 보라 내가 너희에게 쓰는 것은 하나님 앞에서 거짓말이 아니로다 [21] 그 후에 내가 수리아와 길리기아 지방에 이르렀으나 [22] 그리스도 안에 있는 유대의 교회들이 나를 얼굴로는 알지 못하고 [23] 다만 우리를 박해하던 자가 전에 멸하려던 그 믿음을 지금 전한다 함을 듣고 [24] 나로 말미암아 하나님께 영광을 돌리니라

바울은 이 서신의 서언 부분에서 일반적으로 언급했던 것을 이제 한 층 구체적으로 상세하게 전개하기 시작한다. 앞에서 그는 자신을 그리스도의 사도로 선언했고, 여기서는 좀 더 직접적으로 그 자격과 직무에 대한 자신의 권리를 주장한다. 갈라디아 교회들 안에는 이 점에 대해 강하게 의심을 품은 사람들이 있었다. 의식법을 지켜야 한다고 설교한 사람들은 어떻게 해서든 이 방인에게 그리스도의 순수한 복음을 전파한 바울의 명성을 떨어뜨리려고 획책했다. 그러므로 여기서 그는 자신의 사명과 교훈이 모두 신적 기원을 갖고 있음을 천명하고, 그럼으로써 그의 대적들이 자기를 향해 쏘아대는 비방의 화살을 일소하고, 갈라디아 교인들이 자신이 전한 복음에 대해 더 나은 견해를 취하도록 돕고자 했다. 이에 대해 그는 다음과 같이 충분한 증거를 제시한다.

I. 그의 사역의 목적과 계획으로부터. 그것은 사람들에게 좋게 하기 위해서가 아니라 하나님께 좋게 하기 위해서였다(10절). 이것은 그가 복음을 전파할 때 사람들에게 복종하지 않고 이 사역과 직분을 위해 자기를 부르신 하나님께 순종했음을 의미하거나 복음 전파에 대한 그의 목적이 사람이 아니라 하나님께 순종하도록 사람들을 이끄는 것이었음을 의미한다. 사도는 하나님으로부터 사명을 받아 활동한다고 고백했기 때문에, 그가 주로 목표한 것은 죄인들을 그분께 복종하는 상태로 인도함으로써 그분의 영광을 높이는 것이었다. 이것이 그가 추구한 최고의 목적이었기 때문에, 그는 지금까지 추호도 사람들의 기쁨을 구하지 아니했다(10절). 그는 복음을 전할 때 사람들의 비위를 맞추거나 그들의 호의를 얻거나 그들의 반감을 피하거나 하려고 하지 않았다. 그의 주관심사는 하나님의 인정을 받는 것이었다. 갈라디아 교회를 혼란에 빠뜨린 유대화주의자 교사들은 아주 다른 모습을 보여주었다. 그들은 오직 유대인들의 환심을 사고, 친분을 유지해 그들의 박해를 모면하고자 행위와 믿음, 율법과 복음을 혼합

시켰다. 그러나 바울은 다른 정신을 소유한 사람이었다. 그는 그들을 기쁘게 하기를 바라거나 그들의 분노를 누그러뜨리기 위해 행동하지 않았다. 그는 그리스도의 교훈을 변경시켜 그들의 호감을 얻거나 그들의 격노를 피하려고 하지 않았다. 그는 여기서 그에 대한 합당한 이유를 제시한다: 내가 지금까지 사람들의 기쁨을 구하였다면 그리스도의 종이 아니니라(10절). 사도는 사람들과 하나님을 동시에 기쁘게 하는 것이 절대로 공존할 수 없음을 알았다. 사람이 두 주인을 섬기는 것은 불가능한 일이었다. 그러므로 그는 누구든 필요 없이 불쾌하게 할 생각이 없었지만, 그렇다고 사람들을 기쁘게 하기 위해 그리스도에 대한 충성을 희생시킬 마음은 조금도 없었다. 이같이 그는 사도의 직분을 수행하는데 있어서 자신이 목적과 계획에 신실하게 행동한 점을 들어 자신이 그리스도의 참된 사도임을 증명한다. 우리는 그의 이러한 성격과 행동으로부터 다음과 같은 사실을 깨달을 수 있다

1. 복음 사역자들이 이루어야 할 최고의 목적은 사람들을 하나님께 이끄는 것이다.

2. 신실한 사역자들은 사람을 기쁘게 하는 자가 아니라 하나님을 기쁘시게 하는 자이다.

3. 그들은 그리스도의 충성스러운 종으로 인정받으려면, 사람들을 기쁘게 하려고 열심을 내서는 안 된다. 그러나 사도는 이 변론으로 충분하지 않다고 생각해서 자신의 사도직에 대한 증명을 계속한다.

Ⅱ. 그가 그들에게 전한 복음을 사도는 어떻게 받았는지 그 방법으로부터. 사도는 그것에 관해 그들에게 다음과 같이 확신시킨다(11,12절). 그는 그것이 다른 사람들이 가르쳐준 지식에 의해서가 아니라 하늘로부터 받은 계시로 말미암아 갖게 된 것이라고 말한다. 사도의 자격의 한 가지 특징은 그리스도 자신으로 말미암아 직접 이 직분으로 부르심을 받고, 교훈을 받았다는 점이다. 이 점에 있어서 그는 여기서 그의 대적들이 아무리 반론을 제기한다고 할지라도, 자기는 전혀 결함이 없다는 것을 보여준다. 일반 사역자들은 다른 사람들의 중재를 통해 복음을 전하도록 소명을 받기 때문에 다른 사람들의 가르침과 도움을 통해 복음에 대한 지식을 갖게 된다. 그러나 바울은 자신이 갖고 있는 복음에 관한 지식이 그것을 전할 권위와 마찬가지로, 주 예수로부터 직접 받은 것임을 그들에게 알려준다. 그가 전한 복음은 사람의 뜻을 따라 된 것이 아니었다.

이는 내가 사람에게서 받은 것도 아니요 배운 것도 아니요 오직 예수 그리스도의 계시(즉 직접적 영감)로 말미암은 것이라(12절). 그는 자신의 사도 됨을 입증하기 위해 이렇게 말하는 것이다. 이 목적을 위해 계속해서 그는 다음과 같이 말한다.

1. 사도는 자신의 교육이 어떠했는지, 그리고 그 결과 과거에 자신의 생활이 어떠했는지에 대해 말한다(13,14절). 특별히 그는 자신이 유대교 출신임을 언급하고, 내가 내 동족 중 여러 연갑자보다 유대교를 지나치게 믿어 내 조상의 전통(곧 유대인 조상들에 의해 형성되어 대대로 전달되어온 교훈과 관습들)에 대하여 더욱 열심이 있었다고 밝힌다(14절). 정말이지 이런 정도였기에, 그는 그것들에 대해 지나친 열심을 갖고 하나님의 교회를 심히 박해하여 멸하였던 것이다(13절). 그는 기독교의 신적 기원에 대한 증거가 무수히 있었음에도 불구하고, 그것을 거부했을 뿐만 아니라 박해하기까지 했다. 그는 기독교 신앙을 고백하는 사람들을 박멸하기 위해 악랄한 폭력과 격노를 표출시켰다. 바울이 이 사실을 자주 언급하는 것은 그런 자신을 이토록 놀랍게 변화시킨 하나님의 값없고 풍성한 은혜를 찬미하기 위해서였다. 그는 이 은혜로 말미암아 그토록 완악한 죄인에서 진실한 회개자로, 박해자에서 사도로 바뀌었다. 사도가 여기서 그것을 언급하는 것은 참으로 적절했다. 왜냐하면 다른 많은 사람들이 그런 것처럼, 그는 기독교에 대해 적대하고 반대하도록 양육을 받았기 때문에 순전히 교육을 통해서는 기독교로 개종할 수 없었음이 이로써 입증되기 때문이다. 그들은 그 안에 그토록 엄청난 변화를 일으키고, 그가 세뇌되도록 받았던 교육으로 말미암은 편견을 극복하며, 또 과거에 그토록 격렬하게 반대했던 교훈을 고백할 뿐만 아니라 전파하도록 인도한 것이 아주 특별한 어떤 역사에 의거한 것이었음을 합리적으로 상정할 수 있었던 것이다.

2. 얼마나 놀라운 방법으로 사도는 자신이 잘못된 길에서 벗어나 그리스도를 아는 지식과 믿는 믿음을 갖게 되고, 사도의 직분을 받게 되었는지를 그들에게 말한다(15,16절). 이것은 통상적 방법이 아니라 아주 특별한 방법으로 진행되었다. 그 내용은 다음과 같다.

(1) 하나님은 그의 어머니의 태로부터 그를 택정하셨다(15절). 그에게 일어난 변화는 그에 대한 하나님의 목적을 이루려는데 있었다. 그로 말미암아 그는 세상에 태어나기 전 또는 선이나 악을 행하기 전 그리스도인과 사도로 정해졌다.

(2) 그는 그의 은혜로 부르심을 받았다(15절). 회심하고 구원받은 사람들은 모두 하나님의 은혜로 부르심을 받는다. 그들의 회심은 그들을 향하신 그분의 기쁘신 뜻의 결과로서, 그분의 능력과 은혜로 말미암아 그들에게 일어나게 된 것이다. 그러나 바울의 경우에는 그에게 일어난 변화가 참으로 갑작스럽고 엄청나게 컸다는 점에서 특별한 측면이 있었다. 또한 그 변화가 일어난 방법에 있어서도 특별했는데, 그것은 그 도구인 다른 사람들의 중재가 아니라 그리스도께서 직접 나타나 역사하신 결과로 일어났기 때문이다. 그에게 일어난 변화는 하나님의 능력과 호의가 아주 특수하고 특별하게 나타난 경우였다.

(3) 그는 자기 속에 나타나신 그리스도를 소유했다(16절). 그리스도는 그에게 나타나셨을 뿐만 아니라 그 속에 나타나셨다. 만일 그리스도께서 우리 속에 나타나시지 아니했다면, 그분이 우리에게 나타나시는 것은 아무 소용이 없을 것이다. 그러나 바울의 경우는 그렇지 아니했다. 특별하고 직접적인 계시를 통해 그를 그리스도와 그분의 복음에 관한 지식으로 이끌기 위해 하나님께서는 그 속에 그의 아들을 나타내시기를 기뻐하셨다.

(4) 그가 이방인에게 그분을 전파하게 된 것은 바로 이 목적에 의해서였다. 즉 그는 이 목적 때문에 그분을 자신 속에 두고 있을 뿐만 아니라 다른 사람들에게 그분을 전파해야 했던 것이다. 따라서 그는 계시로 말미암아 그리스도인과 사도가 된 사람이었다.

3. 사도는 여기서부터 곧 16절에서 마지막 절에 이르기까지 자신이 어떻게 행동했는지에 대해 그들에게 알려준다. 이와 같이 사도의 사역과 직분으로 부르심을 받은 그는 혈육과 의논하지 아니했다(16절). 이것은 좀 더 보편적으로 적용될 수 있고, 따라서 우리도 그것을 통해 하나님께서 은혜로 우리를 부르실 때 혈육과 의논해서는 안 된다는 사실을 배울 수 있다. 그러나 여기서 그 의미는 그가 사람들과 의논하지 않았다는 것이다. 그는 어떤 다른 사람들의 충고나 지시를 자신에게 적용시키지 않았다는 뜻이다. 나보다 먼저 사도 된 자들을 만나려고 예루살렘으로 가지 아니하고(17절). 그는 마치 그들에게 인정받을 필요가 없는 것처럼 또는 그들로부터 어떤 가르침이나 권위를 받을 이유가 없는 것처럼 행동했다. 그러나 그 대신 그는 다른 곳으로 방향을 돌려 아라비아로 갔다. 그 곳이 하나님의 계시를 추가로 받기에 적당한 은둔의 장소였거나 아니면 이방인의 사도로 지명을 받았으므로 그들에게 복음을 전하기 위해 좋은 장소였

기 때문이었을 것이다. 그 다음에 그는 다시 다메섹으로 돌아갔다(17절). 그 곳은 그가 사역을 처음으로 시작한 곳이었다. 그 때 그는 그의 원수들의 격노를 간신히 모면한 적이 있었다(행 9장). 그 후 삼년 만에 그는 게바를 방문하려고 예루살렘으로 올라갔다(18절). 거기서 게바를 잠시 만나보았는데, 머문 기간은 십오 일에 불과했다. 그 뿐만 아니라 그 곳에 머무는 동안 사람들을 많이 만나보지 못했다. 주의 형제 야고보 외에 다른 사도들을 보지 못했다(19절). 따라서 복음에 관한 그의 지식이나 그것을 전하는 그의 권위에 있어서나 그는 다른 사도들에게 힘입은 것처럼 처신할 이유가 없었다. 그리고 그것은 사도직에 대한 그의 자격과 소명이 공히 특별하고 신적인 것임을 보여주었다. 사도직에 대한 자신의 권위를 확립하고, 그의 대적들의 부당한 비방을 제거하며, 자신에 대해 편견을 갖고 있는 갈라디아 교인들의 잘못된 인상을 바로잡는데, 이 설명이 아주 중요했기 때문에 사도는 엄숙한 맹세로 그것을 보증한다(20절). 즉 그는 하나님 앞에서처럼, 자신이 한 말이 엄밀히 진실이고, 조금도 거짓말이 아님을 선언한다. 하나님께 엄숙히 호소한다고 해서 모든 경우가 다 정당화되는 것은 아니지만, 문제의 비중과 무게에 따라 이러한 맹세는 종종 합당할 뿐만 아니라 의무이기도 하다. 이후에 그는 자신이 수리아와 길리기아 지방에 이르렀다고 그들에게 말한다(21절). 베드로를 잠시 방문하고 다시 자신의 사역의 자리로 돌아간 것이다. 그 시점에 그는 그리스도 안에 있는 유대의 교회들과 교류가 없었다(22절). 그들은 그를 얼굴로는 알지 못했다. 그들은 다만 그들을 박해하던 자가 전에 멸하려던 그 믿음을 지금 전한다 함을 듣고 그로 말미암아 하나님께 영광을 돌렸다(23-24절). 그로 말미암아 무수한 사람들이 하나님께 감사를 돌렸을 것이다. 그에게 나타난 이 놀라운 변화에 대한 보고를 듣고 그들은 기쁨으로 충만했고, 따라서 그들은 흥분해서 그 일로 말미암아 하나님께 영광을 돌렸던 것이다.

제
— 2 —
장

개요

이 장에서 사도는 앞에서 다루기 시작한 자신의 과거의 삶과 행위의 관계를 계속 언급한다. 자신과 다른 사도들 사이에 있었던 몇 가지 다른 사건들을 들어 복음에 관한 자신의 지식과 사도로서의 자신의 권위가 그의 대적들이 비방하는 것처럼, 다른 사도들에게 전달받은 것이 아님을 분명히 보여준다. 아니 오히려 그는 자신의 사도직이 그들과 동등한 자격으로 위임을 받았기 때문에 그들에게도 이미 인정받고 있음을 분명히 한다. I. 사도는 첫 번째로 방문한지 몇 년 후 예루살렘을 방문한 두 번째 여행에 대해 특별히 언급하고, 그 때 자신이 어떻게 행동했는지를 그들에게 말해준다(1-10절). II. 사도는 자신이 안디옥에서 베드로와 두 번째로 만난 사실을 언급하고, 거기서 자신이 그에게 어떻게 행동했는지를 설명한다. 베드로와 나눈 대화의 주제로부터 그는 율법의 행위가 아니라 그리스도를 믿는 믿음으로 말미암는 칭의 교리에 관해 강론한다. 이 교리를 확립하는 것이야말로 이 서신의 핵심 목적이고, 따라서 그는 이어지는 두 장에서 이 교리를 보다 상세하게 다룬다.

[1]십사 년 후에 내가 바나바와 함께 디도를 데리고 다시 예루살렘에 올라갔나니 [2]계시를 따라 올라가 내가 이방 가운데서 전파하는 복음을 그들에게 제시하되 유력한 자들에게 사사로이 한 것은 내가 달음질하는 것이나 달음질한 것이 헛되지 않게 하려 함이라 [3]그러나 나와 함께 있는 헬라인 디도까지도 억지로 할례를 받게 하지 아니하였으니 [4]이는 가만히 들어온 거짓 형제들 때문이라 그들이 가만히 들어온 것은 그리스도 예수 안에서 우리가 가진 자유를 엿보고 우리를 종으로 삼고자 함이로되 [5]그들에게 우리가 한시도 복종하지 아니하였으니 이는 복음의 진리가 항상 너희 가운데 있게 하려 함이라 [6]유력하다는 이들 중에 (본래 어떤 이들이든지 내게 상관이 없으며 하나님은 사람을 외모로 취하지 아니하시나니) 저 유력한 이들은 내게 의무를 더하여 준 것이 없고 [7]도리어 그들은 내가 무할례자에게 복음 전함을 맡은 것이 베드로가 할례자에게 맡음과 같은 것을 보았고 [8]베드로에게 역사하사 그를

할례자의 사도로 삼으신 이가 또한 내게 역사하사 나를 이방인의 사도로 삼으셨느니라 9또 기둥 같이 여기는 야고보와 게바와 요한도 내게 주신 은혜를 알므로 나와 바나바에게 친교의 악수를 하였으니 우리는 이방인에게로, 그들은 할례자에게로 가게 하려 함이라 10다만 우리에게 가난한 자들을 기억하도록 부탁하였으니 이것은 나도 본래부터 힘써 행하여 왔노라

바울이 이 장에서 자신에 관해 말하는 설명에 따르면, 초창기 기독교가 전파되고 설립될 때, 최초의 유대인 그리스도인과 이방인 그리스도인들 사이에는 견해 차이가 있었던 것으로 짐작된다. 최초의 유대인 그리스도인들 가운데 많은 이들이 의식법을 존중하고, 그 명예를 유지하는데 심혈을 기울였다. 그러나 최초의 이방인 그리스도인들은 모세 율법을 중시하지 않았고, 기독교 자체만으로 완전한 종교가 되는 것으로 보고, 그 주장을 굽히지 않았다. 베드로는 할례자의 사도로서, 유대인들에게 복음을 전했다. 의식법은 그리스도와 함께 장사되었으나 그는 그것이 아직 장사된 것으로 보지 않고, 그것을 존중하는 것을 묵인했다. 그러나 바울은 이방인의 사도였다. 그는 히브리인 중의 히브리인이었으나 기독교 자체만을 고수했다. 따라서 이 장에서 그는 자기와 다른 사도들 사이에 일어난 일, 특히 자신과 베드로 사이에 벌어진 일을 우리에게 말해준다.

이 구절들에서 사도는 자신이 예루살렘을 방문했던 다른 여행에 관해 말하면서, 거기서 그와 다른 사도들 사이에 벌어졌던 일을 언급한다(1-10절). 여기서 그는 다음과 같은 사실을 우리에게 전한다.

I. 사도가 예루살렘으로 여행할 당시의 몇 가지 정황

1. 방문 시기: 첫 번째 방문(1:18에 언급된)이 있던 해로부터 십사 년이 지난 후였다. 아니면 다른 이들이 그렇게 이해하는 것처럼, 그가 회심한지 또는 그리스도가 죽은 때로부터 십사 년이 지난 후였다. 그토록 유능한 인물이 그토록 오랜 세월 동안 그의 사역에 종사하도록 보존하신 것은 하나님의 위대하신 선하심의 한 실례였다. 그리고 그가 그토록 오랫동안 다른 사도들과 떨어져서, 그들에게 아무런 항의도 받지 않고, 순전한 기독교를 전파하고 선전하는데 시종일관 종사했다는 것은 그가 그들에게 종속되지 않고 그들과 동등한 권위를 갖고 있었음을 어느 정도 보여주는 증거라 할 만했다. 만일 그들이 그에게 의심

할 만한 사유가 있다고 생각되었다면, 그리고 그가 그들보다 낮은 직급에 속하는 사도였다면, 그의 교훈은 그들에게 거부되었을 것이다.

2. 그 여행에 동행한 동료들: 내가 바나바와 함께 디도를 데리고 다시 예루살렘에 올라갔나니(1절). 여기서 말하는 여행이 사도행전 15장에 기록된 여행을 가리킨다면(많은 이들이 그렇게 생각한다), 우리는 바나바가 왜 그와 함께 갔는지 그 이유를 분명히 파악하게 된다. 그 이유는 바나바는 안디옥 교회의 성도들에 의해 바울의 동역자로 선택을 받아 그가 하는 일에 협조하도록 되어 있었기 때문이다. 그러나 디도는 바나바와 같은 사명을 갖고 바울과 동행한 것처럼 보이지 않는다. 따라서 사도가 디도를 함께 데리고 온 중심 이유는 디도를 통해 예루살렘에 있는 그리스도인들에게 복음의 교훈을 전하는데 결코 수치나 두려움이 없었음을 보여주려고 한데 있었던 것으로 생각된다. 왜냐하면 디도는 본래 이방인으로 무할례자였지만, 기독교로 개종했을 뿐만 아니라 나아가 그것을 전하기도 한 자였기 때문이다. 말하자면 사도는 그를 동행시킴으로써 그들의 교훈과 관습이 무익하다는 것과 할례와 모세 율법을 준수하는 것이 필수적이 아니라고 자신이 주장해온 것을 입증하고, 또 자신은 언제든지 할례받지 아니한 자들을 인정하고, 그들과 함께 할 준비가 되어 있음을 보여주려고 했던 것이다.

3. 방문 이유. 그것은 방문하라는 하나님의 계시가 있었기 때문이다: 계시를 따라 올라가(2절). 그가 예루살렘에 올라간 것은 자신의 생각이 아니었다. 그렇다고 그 곳으로 출두하라는 소환에 의한 것도 더더욱 아니었다. 그것은 하늘로부터 온 특별한 지시와 명령에 의해서였다. 사도가 자신의 행동을 결정하고 행하는데 있어서 자주 특별한 신적 지시를 받는 은혜를 누린 것은 그의 특권이었다. 그러나 이것이 우리도 매사에 그런 지시를 갖기를 기대하는 이유가 되는 것은 아니다. 하지만 본문은 할 수 있는 한 우리가 우리의 길을 더 분명하게 볼 수 있도록 그리고 하나님의 섭리의 인도에 순응하도록 힘써야 한다는 사실을 가르쳐 준다.

II. 사도는 자신이 예루살렘에 머문 동안 보여준 행동을 우리에게 설명한다. 그것은 최소한 그가 다른 사도들보다 조금도 못하지 않고, 그 권위와 자격은 그들과 모든 면에서 동등했다는 점을 보여주려는 의도였다. 그는 특히 다음과 같은 사실을 우리에게 제시한다.

1. 내가 이방 가운데서 전파하는 복음을 그들에게 제시하되 유력한 자들에게 사사로이 한 것은(2절). 여기서 우리는 이 위대한 사도의 신실함과 신중함을 확인할 수 있다.

(1) 그는 자신이 이방인들 사이에서 항상 전해왔고, 또 계속해서 전하기로 결심한 유대교와의 혼합적 요소가 전혀 없는 순전한 기독교의 교훈을 그들에게 아주 너그럽고 명쾌하게 설명할 때 자신의 신실함을 보여준다. 그는 이것이 그 곳의 많은 사람들에게 달갑지 않은 교훈임을 알고 있었다. 그러나 그것을 설명하는데 두려움이 없었고, 너그럽고 친절하게 그들 앞에 그 견해를 밝히고, 그것이 그리스도의 참된 복음에 부합하는지의 여부를 판단하도록 했다.

(2) 하지만 사도는 그들의 심기를 자극하지 않을까 염려해서 아주 신중하고 조심스럽게 말한다. 그는 공개적인 방법보다는 은밀하게 개인적으로 말하는 방법을 선택한다. 그가 예루살렘에 왔을 때, 그들 중에 믿는 자 수만 명이 있으니 다 율법에 열성을 가진 자들이었다(행 21:20). 그리하여 그는 유력한 자들에게 곧 다른 사도들과 유대인 그리스도인들 가운데 지도자들에게 공개적으로 그리고 나오는 대로 말하지 아니했던 것이다. 그가 이렇게 조심한 이유는 그가 달음질하는 것이나 달음질한 것이 헛되지 않게 하려고(3절), 즉 자신에 대한 반대를 자극하지 않고, 그럼으로써 자신의 과거의 수고의 결과가 결코 헛되지 않도록 또는 자신의 미래의 사역이 방해받지 않도록 하기 위해서였다. 그것은 복음의 교훈에 관한 견해 차이만큼, 으레 그래온 것처럼, 특히 복음을 고백하는 자들 간에 다툼과 분쟁이 일어날 때만큼, 복음 전파에 방해가 되는 것은 없기 때문이다. 여기서 사도의 목적은 자신의 교훈이 가장 큰 권위를 갖고 있는 자들에 의해 그것이 충분히 인정받을 수 있는지를 보고자 하는데 있었다. 그러므로 그는 그들을 자극하지 않기 위해, 공개적이 아니라 사사로이 그것을 전하는 것이 더 안전하다고 생각한 것이다. 사도의 이런 행위는 모든 이들에게, 특히 사역자들에게 신중하게 처신하는 것이 얼마나 필요한지 그리고 할 수 있는 한 모든 일들 속에서 신실함에 걸맞는 조심성이 얼마나 요구되는지를 가르쳐 준다.

2. 그는 자신이 전파한 교훈을 굳게 붙들고 실천했다. 바울은 결단력 있는 사람으로 자신의 원칙을 고수했다. 그러므로 그는 헬라인인 디도와 함께 했으나 할례를 받도록 그에게 강요하지 않았다. 그것은 그가 이방인에게 그리스도의 교훈을 전할 때 그것으로부터 벗어나려고 하지 않았기 때문이다. 다른 사도들

도 할례를 강조한 것으로 성경에는 나타나지 않는다. 그들은 유대인 개종자들 가운데에서는 할례의 필요성을 묵인했으나 이방인들에게는 그것을 강요하지 않았다. 그러나 그렇게 주장한 다른 사람들이 있었는데, 여기서 사도는 그들을 거짓 형제들이라고 부른다. 그는 그들에 관해 말하기를, 그들은 교회 또는 그들의 공동체 속에 가만히 들어온 자들로서, 그리스도 예수 안에서 우리가 가진 자유를 엿보고자 들어온 자들이었다고 한다. 즉 그들은 바울이 복음의 교훈으로 가르치고, 기독교 신앙을 받아들인 사람들의 특권으로 제시한 의식법으로부터의 자유를 어떻게 변증하는지 알아보고자 하였다. 여기서 그들의 저의는 예루살렘 교회 성도들을 종으로 삼고자 하는데 있었다(4절). 그들은 어떻게든 자기들의 목표를 관철시키는데 혈안이 되어 있었다. 그들은 어떻게든 바울과 다른 사도들로 하여금 디도에게 할례를 행하도록 만들 수만 있다면, 다른 이방인들에게 할례를 받도록 쉽게 강요할 수 있고, 따라서 모세 율법의 속박 아래 그들을 잡아두게 될 것으로 생각했다. 그러나 바울은 그들의 저의를 알아차리고 절대로 영합하지 않았다. 그는 그들에게 한시도(곧 단 한순간도) 복종하지 아니하였다(5절). 그 이유는 복음의 진리가 항상 그들 가운데 있게 하려 함이었기 때문이다(5절). 이 문제에 있어서 그들에게 복종한다면, 이방인 그리스도인, 특히 갈라디아 교인들이 순전하고 온전한 복음을 견지하지 못하고, 유대교와 혼합된 사상으로 실족할 수 있었기 때문에 그렇게 했던 것이다. 그 당시 할례는 기독교 안에서는 사소한 일이었고, 어떤 면에서는 죄와 상관없이 행해질 수 있는 일이었다. 따라서 바울 자신도 때로는 마지못해 그것을 행하기도 했음을 우리는 알고 있다. 디모데의 경우가 바로 그렇다(행 16:3). 그러나 할례가 필수적인 것으로 강조되고, 그것에 동조하는 것은 단지 한 번일지라도, 이같이 잘못된 입장을 찬성하는 것으로 나아갈 수도 있기 때문에 그는 복음의 순전함과 자유를 굳건하게 지키기 위해 그것에 복종하는 문제를 사소하게 생각하지 않는 것이다. 그는 모세의 의식과 규례들을 중시하는 사람들에게 복종하지 않고, 그리스도께서 우리를 해방시키기 위해 주시는 자유를 굳게 지켰다. 모세 율법에 복종하는 행위도 어떤 경우에는 적법한 것으로 받아들여질 수 있다. 그러나 복음의 진리를 거스르지 않거나 그 자유를 훼손하지 않고는 시행될 수 없는 경우에는 마땅히 거부되어야 한다.

3. 사도는 다른 사도들과 교제를 나누었으나 그들로부터 어떤 지식이나 권위

를 추가로 받지는 아니하였다(6절). 여기서 유력하다는 이들은 다른 사도들, 특히 그 중에서도 야고보와 베드로와 요한을 가리킨다. 이후에 그는 그들의 이름을 구체적으로 언급한다(9절). 그는 그들이 모든 사람들에게 존경을 받을 만하고, 교회의 기둥으로서(당연히 그렇다), 교회의 광채이자 지주로 세움받은 자들이었음을 인정한다. 그들은 육신을 입은 그리스도를 목격한 자들로서, 어떤 면에서는 그분에 대해 유리한 점이 있을 수 있었다. 또 자신은 박해자로 활동할 때에도 그들은 자신보다 먼저 사도가 된 사람들이었다. 그러나 그들이 본래 어떤 이들이든지 그에게 상관이 없었다(6절). 이것이 그가 그들과 동등한 사도가 될 수 없다는 생각을 갖게 하지 못했다. 왜냐하면 하나님은 사람을 외모로 취하시는 분이 아니기 때문이다. 하나님은 그들을 이 직분으로 부르신 것처럼, 다른 사람들도 그렇게 부르셔서 그들을 사용하실 자유를 갖고 계신다. 사도가 부르심 받은 것도 바로 이런 경우임이 분명했다. 왜냐하면 그들은 그에게 의무를 더하여 준 것이 없었기 때문이다(6절). 그들은 그가 계시를 통해 이미 알고 있는 것 외에 다른 것을 말해 주지 못했다. 또 그가 그들에게 제시한 교훈에 대해 전혀 다른 말을 하지 못했다. 따라서 그것은 그가 그들보다 조금도 못한 사도가 아니고, 그들과 같이 사도로 부르심을 받고, 자격을 갖기에 충분하다는 것을 보여 주었다.

4. 이 대화의 결과는 그의 신적 사명과 권위를 충분히 납득시키고, 따라서 그를 다른 사도들과 동등한 사도로 인정하도록 만들었다는 것이다(7-10절). 그들은 그의 교훈에 만족했을 뿐만 아니라 그것을 전하는 설교와 그것을 확증하는 이적을 일으키는데 있어서 그를 둘러싸고 있는 신적 능력을 보았다: 베드로에게 역사하사 그를 할례자의 사도로 삼으신 이가 또한 내게 역사하사 나를 이방인의 사도로 삼으셨느니라(8절). 그리하여 그들은 그가 무할례자에게 복음 전함을 맡은 것이 베드로가 할례자에게 맡음과 같은 것을 보았다(7절). 그러므로 그들은 그에게 주신 은혜(그가 그들 자신과 똑같은 사도의 영예와 직분을 가진 자로 임명받았다는 것)를 알므로 그와 바나바에게 친교의 악수를 청하였다(9절). 여기서 악수는 그들이 바울과 바나바를 자기들과 동등한 자로 인정하고, 그들은 이방인에게로, 자기들은 할례자에게로 가는 것을 인정했음을 보여주는 상징적 행위였다. 그들은 그들의 사역을 분담하는 것이 그리스도의 마음에 가장 합당하고, 기독교의 유익에 가장 도움이 된다고 판단했다. 따라서 이 만남은 완전한 화합과 일치로

끝났다. 그들은 바울의 교훈과 행위를 인정했다. 그에게 충분히 만족하고, 그를 진심으로 그리스도의 사도로 받아들였다. 그리고 그들은 가난한 자들을 기억하도록 부탁하는 것 외에는 그에게 아무것도 더하지 않았다(10절). 하지만 그것은 그도 본래부터 힘써 행해왔던 일이었다(10절). 유대 지역의 그리스도인들은 그 당시 큰 궁핍과 어려움 아래 신음하고 있었다. 사도들은 그들에 대한 사랑과 관심 때문에 바울에게 그들을 돕도록 부탁함으로써, 그가 이방인 교회들과의 친분을 활용하여 그들을 돕도록 했던 것이다. 이것은 적절한 요청이었다. 왜냐하면 만일 이방인들이 그들의 영적인 것을 나눠 가졌으면 육적인 것으로 그들을 섬기는 것이 마땅하기 때문이었다(롬 15:27). 그래서 그는 흔쾌히 그 요구를 수락한다. 거기서 그는 비록 많은 유대인 개종자들이 회심한 이방인 개종자들에게 거의 호감을 보여주지 않음에도 불구하고, 그들을 형제로 인정하는데 자신이 얼마나 준비가 잘 되어 있는지, 또 단순한 견해 차이는 자신이 그들을 돕고 구제하는데 힘쓰지 못하도록 할 만한 이유가 전혀 아님을 보여줌으로써, 자신의 자비롭고 너그러운 성품을 입증했다. 여기서 사도는 기독교적 사랑의 탁월한 한 실례를 우리에게 제시하고, 우리가 우리와 똑같은 입장을 취하는 사람들에게만 그것을 한정시켜서는 안 되고, 그리스도의 제자로서 대접받을 이유가 있는 모든 사람들에게 기꺼이 확장해야 함을 가르쳐 주었다.

[11]게바가 안디옥에 이르렀을 때에 책망 받을 일이 있기로 내가 그를 대면하여 책망하였노라 [12]야고보에게서 온 어떤 이들이 이르기 전에 게바가 이방인과 함께 먹다가 그들이 오매 그가 할례자들을 두려워하여 떠나 물러가매 [13]남은 유대인들도 그와 같이 외식하므로 바나바도 그들의 외식에 유혹되었느니라 [14]그러므로 나는 그들이 복음의 진리를 따라 바르게 행하지 아니함을 보고 모든 자 앞에서 게바에게 이르되 네가 유대인으로서 이방인을 따르고 유대인답게 살지 아니하면서 어찌하여 억지로 이방인을 유대인답게 살게 하려느냐 하였노라 [15]우리는 본래 유대인이요 이방 죄인이 아니로되 [16]사람이 의롭게 되는 것은 율법의 행위로 말미암음이 아니요 오직 예수 그리스도를 믿음으로 말미암는 줄 알므로 우리도 그리스도 예수를 믿나니 이는 우리가 율법의 행위로써가 아니고 그리스도를 믿음으로써 의롭다 함을 얻으려 함이라 율법의 행위로써는 의롭다 함을 얻을 육체가 없느니라 [17]만일 우리가 그리스도 안에서 의롭게 되려 하다가 죄인으로 드러나면 그리스도께서 죄를 짓게

하는 자냐 결코 그럴 수 없느니라 [18]만일 내가 헐었던 것을 다시 세우면 내가 나를 범법한 자로 만드는 것이라 [19]내가 율법으로 말미암아 율법에 대하여 죽었나니 이는 하나님에 대하여 살려 함이라 [20]내가 그리스도와 함께 십자가에 못 박혔나니 그런즉 이제는 내가 사는 것이 아니요 오직 내 안에 그리스도께서 사시는 것이라 이제 내가 육체 가운데 사는 것은 나를 사랑하사 나를 위하여 자기 자신을 버리신 하나님의 아들을 믿는 믿음 안에서 사는 것이라 [21]내가 하나님의 은혜를 폐하지 아니하노니 만일 의롭게 되는 것이 율법으로 말미암으면 그리스도께서 헛되이 죽으셨느니라

I. 바울은 자신과 예루살렘의 다른 사도들 사이에 일어난 일에 관한 설명으로부터, 갈라디아 교인들이 그의 대적들이 그를 비방하여 말하는 것의 허위성과 그가 그들에게 전한 복음으로부터 떠나는 것이 얼마나 어리석고 연약한 모습인지를 쉽게 깨닫게 할 수 있었다.   그러나 사도는 자신이 이미 말한 것을 더 크게 강조하고, 유대화주의자 교사들의 속임수로부터 그들을 최대한 보호하기 위해 자신이 안디옥에서 베드로와 나누었던 또 다른 대화와 거기서 둘 사이에 벌어졌던 일을 그들에게 알려준다(11-14절). 예루살렘 교회가 유대교로부터 기독교로 개종한 사람들의 교회라면, 안디옥 교회는 이방인으로서 기독교로 개종한 사람들이 중심을 이룬 교회 가운데 하나였다. 베드로가 안디옥 교회의 감독이었다는 가정에 대해서는 그만한 증거가 조금도 없다. 만일 그가 그곳의 감독이었다면, 바울이 베드로가 다스리는 교회에서, 여기서 한 것처럼, 그에게 저항한 것이 되고 만다. 그러나 오히려 반대로 베드로가 그 곳을 잠시 방문한 것으로 여기서 말해진다. 다른 곳에서 만났을 때 그들 사이에는 아름다운 화합과 일치가 있었다. 베드로와 다른 사도들은 바울의 사명과 그의 가르침을 공히 인정하고, 그와 좋은 친구로서 헤어졌었다. 그러나 여기서 바울은 베드로를 반대하는 입장을 취할 수밖에 없었다. 왜냐하면 그에게 책망 받을 일이 있었기 때문이다. 그가 베드로를 책망했다는 것은 그가 베드로보다 결코 열등하지 않다는 것을 보여주는 명백한 증거로서, 로마 교황을 베드로의 후계자로 보고, 그 우월성과 무오성을 주장하는 것은 그 근거가 박약하다. 여기서 우리는 다음과 같은 사실을 확인할 수 있다.

1. 베드로의 잘못. 베드로는 이방인 교회를 방문했을 때, 그들을 인정하고 그

들과 함께 식사를 했다. 그들은 할례를 받지 않았지만, 그가 아무도 속되다 하거나 깨끗하지 않다 하지 말라고 하늘로부터 온 환상으로 경고를 받았을 때(행 10장), 그에게 특별히 주어진 교훈에 동조했다. 그러나 예루살렘으로부터 유대교에서 개종한 그리스도인들이 왔을 때, 그는 할례자들의 기분을 맞추고, 또 그들의 비위를 상하게 할까 두려워 이방인들을 기피하였다. 의심할 여지 없이 그것은 이방인 교회들을 크게 슬프게 하고 실망시켰다. 그가 할례자들을 두려워하여 떠나 물러가매(12절). 여기서 그의 잘못은 다른 사람들에게 악영향을 미쳤다. 왜냐하면 남은 유대인들도 그와 같이 외식했기 때문이다(13절). 이전에 그들은 이방인들과 기꺼이 어울렸지만, 이제는 베드로의 본을 보고 이방인들과 함께 식사하는 것을 기피하고, 그들이 할례를 받지 않았다는 이유로 양심상 그렇게 할 수 밖에 없었다고 핑계를 댔다. 이방인의 사도 가운데 하나로서, 이방인 교회들을 심고, 또 물주는 도구였던 바나바까지도 그들의 외식에 유혹되었다(13절). 그런데 이것이 상상할 수 있는 일인가? 여기서 다음 두 가지 요점을 주목하자. (1) 아무리 훌륭한 사람이라도 연약함과 불완전함이 있는 존재임을 기억하자. 그들도 어려움에 처하면 하나님에 대한 의무를 이행하는데 크게 잘못하고, 사람들을 기쁘게 하는데 과도한 관심을 갖기 쉽다. (2) 특히 지혜와 영예로 명성을 얻고 있는 위대한 사람들과 선한 사람들이 저지른 악한 실례는 그 파급력이 엄청나다는 점을 기억하자.

2. 바울이 베드로의 잘못에 대해 행한 책망. 베드로의 위치에도 불구하고, 그가 복음의 진리와 교회의 평화에 대해 엄청난 편견을 가지고 처신하는 모습을 본 사도는 그를 책망하는데 결코 두려워하지 않는다. 바울은 다른 사람들이 걸려 넘어질 때, 자신의 원리를 단호하게 고수했다. 그는 그들 가운데 어느 누구보다 가문이 좋은 유대인이었다(그는 히브리인 중의 히브리인이었기 때문이다). 그러나 그는 이방인의 사도로서의 자신의 직분을 더 고귀하게 여겼고, 따라서 그들이 실망하거나 무시당하는 것을 좌시할 수 없었다. 그들이 복음의 진리를 따라 바르게 행하지 아니함을 보고(14절), 즉 그들이 복음이 가르치는 그리고 그들이 인정하고 수용한다고 고백한 원리 곧 그리스도의 죽음으로 말미암아 유대인과 이방인 사이의 칸막이벽이 무너지고, 모세 율법을 준수하는 것은 더 이상 효력이 없어졌다는 진리를 알면서도 이 원리에 따라 살지 아니하는 것을 보고, 그리고 이것이 베드로의 잘못이 낳은 결과임을 알았을 때, 그는 그를

공개적으로 책망한 것이다: 모든 자 앞에서 게바에게 이르되 네가 유대인으로서 이 방인을 따르고 유대인답게 살지 아니하면서 어찌하여 억지로 이방인을 유대인답게 살게 하려느냐 하였노라(14절). 여기서 베드로의 행위는 그 한 행동이 다른 행동과 상충되었다. 왜냐하면 유대인인 그가 때때로 의식법을 지키지 않고, 이방인의 방식에 따라 생활한다면, 이것은 그가 심지어는 유대인에게조차 그것을 준수하는 것이 필수적인 일이 아니라는 것을 보여주는 것이기 때문이다. 그러므로 그는 스스로 자신의 습관에 일치된 모습을 보여줄 수 없었기 때문에 이방인 그리스도인들을 강요할 수 없었다. 바울은 바로 이 점 때문에 그를 책망한다. 사도는 비록 베드로가 공개적으로 권력이나 폭력으로 압력을 넣은 것은 아니지만, 자신이 행한 대로 하라는 의도를 갖고 이방인들에게 유대인들처럼 살라고 강요한 것으로 그를 이해한다. 왜냐하면 그것은 결과적으로 이방인들은 유대인을 따라야지, 그렇지 아니하면 기독교 공동체의 일원으로 인정할 수 없다는 것을 의미하기 때문이다.

Ⅱ. 이처럼 자신의 지위와 직분을 세우고, 베드로를 책망한 사실을 설명함으로써, 자신이 다른 어떤 사도들보다 열등하지 않다는 것을 충분히 보여준 바울은 가장 근본적인 복음의 교훈에 관해 말하기 시작한다.   그 교훈이란 바로 의롭게 되는 것은 율법의 행위가 아니라 오직 그리스도를 믿는 믿음으로 말미암는다는 것이다(그러나 어떤 이들은 이 장의 마지막 구절까지 그가 하는 말은 전부 안디옥에서 베드로에게 한 말이라고 생각한다). 그런데 이 복음의 교훈은 베드로가 자신을 유대인과 동일시했던 것을 정죄한다. 왜냐하면 만일 율법이 아니라 복음이 우리의 칭의의 도구라는 것이 그의 믿음의 원리였다면, 그는 결국 율법을 중시하고, 칭의의 근거로서 믿음에 율법을 집어넣는 사람들을 묵인함으로써, 아주 악한 일을 범하고 만 것이기 때문이다. 이것은 바울이 갈라디아 교인들에게 전하고 또 지금도 계속 고수하고 있고 이 서신의 핵심 목적으로 언급하고 확증하는 교훈이었다. 따라서 이에 관해 바울은 다음과 같은 사실을 우리에게 알려준다.

1. 유대인 그리스도인들의 실천과 관련하여: 그는 이렇게 말한다: "우리는 본래 유대인이요 이방 죄인이 아니로되(이 말은 우리는 유대교인으로 태어나 자란 자로서, 불결한 이방인에게 속하지 않았다는 뜻이다) 사람이 의롭게 되는 것은 율법의 행위로 말미암음이 아니요 오직 예수 그리스도를 믿음으로 말미암는 줄 알므로

우리도 그리스도 예수를 믿나니 이는 우리가 율법의 행위로써가 아니고 그리스도를 믿음으로써 의롭다 함을 얻으려 함이라 율법의 행위로써는 의롭다 함을 얻을 육체가 없느니라(15-16절). 그리고 만일 우리가 그리스도를 믿음으로써 의롭다 함을 얻는 것이 필수적이라고 생각한다면, 왜 우리가 율법으로 혼란을 자초하겠는가? 그리고 만일 그렇다면, 율법으로 되돌아가 도덕적 행위의 공로로 또는 어떤 의식적 희생제사나 정결예식의 영향으로 의롭게 되기를 기대하는 것은 참으로 어리석은 일이 아닌가? 또 본래 유대인인 우리가 율법으로 되돌아가 그것으로 말미암아 의롭게 되기를 바라는 것이 잘못이라면, 율법의 행위로써는 의롭다 함을 얻을 육체가 없기 때문에, 그것에 복종해본 적이 없는 이방인들에게 그렇게 하도록 요구하는 것은 얼마나 더 잘못된 일이겠는가?" 이것을 더 크게 강조하기 위해 사도는 이렇게 덧붙인다(17절): "만일 우리가 그리스도 안에서 의롭게 되려 하다가 죄인으로 드러나면 그리스도께서 죄를 짓게 하는 자냐? 비록 우리가 오직 그리스도로 말미암아 의롭게 되기를 바라고, 다른 사람들도 그렇게 되기를 가르친다고 할지라도, 모세 율법을 지키지 아니하면 우리 자신 또한 죄를 조장하거나 죄에 탐닉하는 자로 발견되거나 아니면 이방인을 죄인으로 만드는 당사자가 되고 마는데, 그러면 그것이 합당하고, 그리스도께서 죄를 짓게 하는 자냐? 만일 그분이 죄에 대해 사면을 베푸는 교훈을 받도록 하시겠다고 약속하신다면, 그 교훈에 의해 우리가 의롭게 되기는커녕 오히려 불결한 죄인으로 계속 남아있고, 하나님과 사귐을 갖기에 부적절한 존재가 되어버리는데, 그러면 그분이 죄를 짓는 자라는 결론이 따라 나오는 것이 아니냐?" 사도는 이것이 그런 결과를 일으킬 수 있음을 암시하면서, 실제로는 단호하게 그것을 배격한다: "결코 그럴 수 없느니라. 우리가 그리스도에 관해 또는 그분의 교훈에 관해 이런 생각을 하는 것은 그분이 우리에게 불완전하고, 아무 효력이 없는 칭의의 길을 명하셨고, 그것을 수용하는 사람들은 여전히 의롭지 못한 상태 속에 남겨두거나 죄와 죄인들에게 아무런 힘을 주지 못한다는 결론에 이르게 될 것이다." 이것은 그리스도께 치욕적인 불명예요, 또한 그분을 믿는 자들에게도 치명적인 손해를 끼치게 될 것이다. 사도는 이렇게 말한다(18절): "만일 내가 헐었던 것을 다시 세우면 즉 모세 율법을 준수하는 것이 칭의에 필수적인 조건이 아니라는 것을 가르친 내가(또는 어느 누구가) 지금 말이나 행동을 통해, 그것이 필수적이라고 가르치거나 암시한다면, 내가 나를 범법한 자로 만드는 것이다. 즉 그것은 내 자신이 여전히 불결한 죄인임을 자인하는 것이요, 그리스도를 믿는 믿음에도 불구하고 죄책 아래 남아있게 만드는 것이다. 또 나는 남을 기만하고 속이는 자가 되고, 나 자신에 모순되게 행동하는 것이다." 이와 같이 사도는 율법의 행위 없이 믿음으로 말미암는 칭의에 관한 중요한 교훈을 유대인 그리스도인들의 원리와 실천으로부터 그리고 베드로와 다른 유대인들이 참으로 헛되게도 이방인 그리스도인들과의 교제를 거절하고, 그들을 율법의 멍에 아래 두려고 애썼던 모습에서 드러난 것처럼, 그들이 보여준 잘못된 결과들로부터 논증해낸다.

2. 사도는 자신의 판단과 실천이 어떠했는지를 우리에게 알려준다.

(1) 그는 율법에 대해 죽었다. 다른 사람들이 어떻게 평가하든, 그 자신은 그것에 대하여 죽었다. 그는 도덕률이 그것들을 행하도록 하기 위해 그 안에 기록되어 있는 모든 것들을 그대로 지키지 아니하는 모든 사람들에게 저주를 선포한다는 것을 알고 있었다. 그러므로 그는 그 길을 따라 칭의와 구원을 얻으리라는 모든 소망을 포기하고, 그것에 대해 죽었다. 그리고 의식법에 관해서도 그는 그것이 지금은 그리스도께서 오심으로 말미암아 폐기되고 무용화되었다는 알았다. 그러므로 그는 실체가 오셨기 때문에 더 이상 그림자에 대해서는 관심을 두지 아니했다. 그렇게 그는 율법으로 말미암아 율법에 대하여 죽었다 (19절). 율법은 이미 그 수명을 다한 것으로 판명되었다. 율법 자체를 성찰할 때마다 그는 율법의 행위로는 의롭게 될 가망성이 전혀 없음을 보았다(아무도 그것에 온전히 복종할 수는 없었기 때문이다). 그리고 그는 이제는 율법의 희생제사와 정결예식이 필요하지 않음도 깨달았다. 왜냐하면 그것들은 그리스도 안에서 이미 폐지되었고, 그분이 우리를 위해 자신을 희생제물로 바치심으로써 그 종지부가 찍혔기 때문이다. 그러므로 그는 그것을 깊이 성찰하면 할수록, 유대인들이 옹호하는 율법을 지켜야 할 하등의 이유가 없음을 더 깊이 깨닫게 되었다. 그러나 그는 이처럼 율법에 대하여 죽은 자였으나 자신을 율법 없는 자로 생각하지는 않았다. 그는 율법의 행위로 말미암아 의롭게 되리라는 소망은 완전히 포기하고, 그 속박 아래 계속 거하는 것도 더 이상 원하지 않았다. 그러나 그렇다고 해서 자신이 하나님에 대한 의무로부터 해방되었다고 생각하지 않았다. 오히려 그는 하나님에 대하여 살려고 율법에 대하여 죽은 것이다(19절). 그가 받아들인 복음의 교훈은 그분에 대한 의무를 약화시키는 것이 아니라 더

강화시키고, 더 확고하게 했다. 그러므로 그는 비록 율법에 대하여 죽었으나 그것은 오로지 하나님을 위하여 새롭고 더 나은 삶을 살기 위해서였다(롬 7:4,6). 이러한 삶은 모세 율법을 준수하는 삶보다 훨씬 더 나은 삶으로, 하나님께 더 합당하고 더 인정받는 삶이 될 것이다. 곧 이러한 삶이야말로 그리스도를 믿는 믿음의 삶으로서, 그렇게 살면 하나님을 향해 거룩함과 의를 이루는 삶이 될 것이다. 이어서 사도는 흔쾌히 우리에게 다음 두 번째 사실을 알려 준다.

(2) 그가 율법에 대하여 죽은 것은 예수 그리스도로 말미암아 하나님에 대하여 살기 위해서였다(20절): 내가 그리스도와 함께 십자가에 못 박혔나니. 여기서 사도는 일인칭으로 신자의 신비로운 삶에 관해 탁월하게 설명한다.

[1] 나는 십자가에 못 박혀 죽었으나 살았다. 옛 사람이 십자가에 못 박히고(롬 6:6), 새 사람이 살고 있다. 그는 세상과 율법에 대하여 죽었다. 그러나 하나님과 그리스도에 대하여는 살았다. 죄는 죽고 은혜는 살았다.

[2] 내가 사는 것은 내가 사는 것이 아니다. 이것은 신비다: 이제는 내가 사는 것이 아니요. 그는 은혜의 역사 안에서 살았다. 그는 은혜의 위로와 승리를 누린다. 그러나 그 은혜는 자신이 아니라 다른 데서 온 것이다. 신자들은 자신을 의존 관계 속에서 사는 자로 느낀다.

[3] 나는 그리스도와 함께 십자가에 못 박혔으나, 내 안에 그리스도께서 사신다. 이 결과는 그리스도와의 신비적 연합으로부터 나오는 것으로, 이 연합으로 말미암아 그는 그리스도의 죽음에 참여하고, 그로써 죄에 대하여 죽게 된다. 그러나 그로 말미암아 그는 그리스도의 생명에 참여하고, 그로써 하나님께 대하여 살게 된다.

[4] 나는 육체 가운데 살지만, 믿음 안에서 산다. 그가 사는 외적 모습은 다른 사람들과 똑같다. 그의 자연적 삶은 다른 사람들처럼 똑같이 유지된다. 그러나 그는 자신을 유지시키고, 움직이게 하는 고상하고 고귀한 원리를 갖고 있다. 그것은 그리스도를 믿는 믿음의 원리로서, 이 원리를 통해 그는 특히 자기를 위해 자신을 내주신 그리스도의 사랑의 이적을 보았다. 그러기에 그는 비록 육체 가운데 살지만, 결코 육체를 따라 살지 않는다는 것이다. 참된 믿음을 소유한 사람들은 그 믿음으로 말미암아 산다. 믿음이 우리의 눈을 고정시키는 위대한 일은 그리스도께서 우리를 사랑하사 자신을 내어주신 사역이다. 그리스도께서 우리를 사랑하신다는 위대한 증거는 그분이 우리를 위해 자신을 죽음에 내어

주신 것이다. 그리고 이것이야말로 우리가 그분에 대하여 살기 위해 믿음으로 바라보아야 할 지점이다.

　마지막으로 사도는 율법의 행위가 아니라 그리스도를 믿는 믿음으로 말미암아 의롭게 되는 교리에 대해 반대 의견이 집중되었던 두 가지 난점에 대한 해답을 우리에게 제시하고 이 강론을 끝맺는다. 1. 그는 하나님의 은혜를 폐하지 아니했다. 하나님의 은혜를 폐하는 것은 율법의 행위로 말미암아 의롭게 된다는 교리가 저지른 결과다. 왜냐하면 그것은 그가 말하는 것처럼(롬 11:6) 만일 은혜로 된 것이면 행위로 말미암지 않은 것이기 때문이다. 2. 그는 그리스도의 죽음을 헛되이 하지 않았다. 오히려 의롭게 되는 것이 율법으로 말미암으면 그리스도께서 헛되이 죽으셨다는 결론이 나온다. 왜냐하면 우리가 모세 율법으로 구원받기를 기대한다면, 우리는 그리스도의 죽음을 헛되이 만드는 것이기 때문이다. 우리가 그분의 죽음 없이 구원받을 수 있다면, 어떤 의미에서 그분이 죽기로 되어 있었단 말인가?

제
— 3 —
장

개요

이 장에서 사도는 다음과 같은 내용을 전개한다. I. 복음 신앙을 떠난 갈라디아 교인들의 어리석음을 책망하고, 다양한 논증을 통해 그들에게 그 책망의 의미를 강조한다. II. 그들이 떠남으로써 책망을 받게 된 교리 곧 율법의 행위 없이 믿음으로 의롭게 되는 교리를 몇 가지 증거를 들어 증명한다. 1. 아브라함이 의롭게 된 실례로부터, 2. 율법의 본질과 목적으로부터, 3. 구약성경의 명백한 증언으로부터, 그리고 4. 하나님이 아브라함과 맺으신 언약의 불변성으로부터. 그리하여 그는 누구도 "그러면 율법이 우리에게 무슨 의미가 있느냐?"고 말하지 않도록, 세 가지 답변을 준비한다. (1) 그것은 범법함으로 더하여진 것이다. (2) 그것은 세상으로 하여금 구주의 필요성을 깨닫도록 하기 위한 것이다. (3) 그것은 우리를 그리스도께 이끄는 초등교사로 주어진 것이다. 그리고 마지막으로, 사도는 복음 아래 있는 그리스도인들의 특권을 우리에게 알려주는 것으로 이 장을 마친다.

¹어리석도다 갈라디아 사람들아 예수 그리스도께서 십자가에 못 박히신 것이 너희 눈 앞에 밝히 보이거늘 누가 너희를 꾀더냐 ²내가 너희에게서 다만 이것을 알려 하노니 너희가 성령을 받은 것이 율법의 행위로냐 혹은 듣고 믿음으로냐 ³너희가 이같이 어리석으냐 성령으로 시작하였다가 이제는 육체로 마치겠느냐 ⁴너희가 이같이 많은 괴로움을 헛되이 받았느냐 과연 헛되냐 ⁵너희에게 성령을 주시고 너희 가운데서 능력을 행하시는 이의 일이 율법의 행위에서냐 혹은 듣고 믿음에서냐

사도는 여기서 그리스도를 믿는 믿음을 받아들였으면서도 여전히 율법의 행위로 말미암아 의롭게 되기를 구하는 사람들을 다루고 있다. 그들은 도덕률에 복종하는 것으로서 하나님 앞에서 그들의 의를 세우려고 했다. 그러나 그것을 세우기 위해 율법의 희생제사와 정결예식에 의존하는 것은 결함이 있었다. 그래서 사도는 그들을 먼저 신랄하게 책망하고, 이어서 진리를 증명함으로써 그들을 확신시키는데 심혈을 기울인다. 우리가 어떤 사람의 잘못이나 오

류를 책망할 때, 그것이 잘못이거나 오류라는 것을 확신시키기 위해서는 이것이 올바른 방법이다.

사도는 그들을 책망하는데, 그 책망은 극히 친밀하고 온화하다: 어리석도다 갈라디아 사람들아(1절). 그리스도인으로서 그들은 지혜의 자녀였으나, 타락한 그리스도인이라는 점에서 그들은 어리석은 자녀였다. 그래서 그는 누가 너희를 꾀더냐 하고 묻는다. 이 질문에서 그는 그들을 거짓 교사들의 술수와 궤계에 미혹되어 전혀 그들답지 않은 행동으로 탈선한 자들로 표현한다. 그들의 어리석음과 미혹이 보여준 것은 그들이 진리를 밝히 보지 못했다는 것이다. 즉 그들은 의롭게 되는 길 곧 가르침을 받아 믿는다고 고백했던 복음을 고수하지 못했다. 진리는 아는 것, 곧 그것을 믿는다고 말하는 것으로는 충분하지 않다는 것을 잊지 말자. 우리는 그것에 순종해야 한다. 다시 말해 충심으로 그것에 복종하고, 그것을 견고하게 지켜야 한다. 또한 예수 안에 있는 그대로 진리가 그들 앞에 분명히 드러났을 때, 그것에 순종하지 못하는 사람들은 영적으로 미혹된 사람들이다. 이들 그리스도인들의 어리석음을 입증하고, 가중시키는 몇 가지 증거가 있다.

1. 예수 그리스도께서 십자가에 못 박히신 것이 너희 눈앞에 밝히 보이거늘(1절). 그들은 그들에게 전파된 십자가 교리를 갖고 있었고, 주의 만찬 예식을 거행함으로써, 십자가에 못 박히신 그리스도를 자기들 앞에 두고 있었다. 그런데 이같이 거룩한 신비를 알고 그 엄숙한 의식들을 인정한 자들이 이처럼 그들에게 밝히 드러나고, 그 규례 속에 표시되고 보증된 진리에 순종하지 못했다는 것은 참으로 어리석은 짓이었다. 우리가 그리스도인으로서 갖고 있다고 자부하는 영예와 특권들의 가치로 볼 때, 배교와 변절의 어리석은 행위는 우리에게 커다란 수치가 된다는 점을 명심하자.

2. 사도는 그들이 그들의 영혼 속에 일어난 성령의 역사와 관련된 경험에 호소한다(2절). 그는 그들이 그리스도인이 될 때 성령을 받은 것을 상기시킨다. 그들은 대부분 최소한 성령의 거룩하게 하는 능력과 이적적인 은사를 함께 받았고, 그것은 기독교와 그 다양한 교훈의 진리성을 입증하는 결정적 증거들로서, 특히 그 중에서도 율법의 행위가 아니라 오직 그리스도로 말미암아 의롭게 된다는 칭의의 교리는 그 근본 원리들 가운데 하나였다. 그들이 이 교리를 떠난 어리석음을 확신시키기 위해, 사도는 그들에게 이 은사와 은혜들이 어떻게 임

했는지 알기를 원한다: 너희가 성령을 받은 것이 율법의 행위로냐(2절). 즉 그는 의롭게 되기 위해 이 행위가 필수적이라고 가르침을 받았느냐고 묻는 것이다. 그들은 그렇다고 말할 수 없었다. 왜냐하면 이방인으로서 그들은 그 방식으로 의롭게 된다는 어떤 주장도 들은 적이 없었기 때문이다. 혹은 듣고 믿음으로냐? 즉 그는 의롭게 되는 유일한 길로서 그리스도를 믿는 믿음의 교훈을 전해들은 적이 있느냐고 묻는 것이다. 만일 그것이 사실이라고 답할 수 있다면, 그들은 그것을 인정하지 않으면 안 되었다. 그러므로 그들이 체험으로 맛본 그 선한 결과들에 관한 교훈을 거부한다면, 그것은 참으로 불합리한 일이 되고 말 것이다. 여기서 우리는 다음 두 가지 사실을 유의해야 한다. (1) 성령이 사람들에게 임하는 것은 일반적으로 복음의 사역에 따른 것이다. (2) 영적 복을 가져오는 사역 및 그 교훈으로부터 돌아서는 사람들은 참으로 지혜롭지 못한 사람들이다.

3. 사도는 그들에게 그들의 과거 및 현재의 행위를 헤아려보고, 거기서 그들이 지극히 연약하고 불합리하게 행동하지는 않았는지 판단해 보라고 촉구한다(3,4절). 그는 그들에게 성령으로 시작했다가 이제는 육체로 마치겠느냐고 말한다. 그들은 그 안에 의롭게 되는 참되고 유일한 길이 계시되어 있는 복음의 교훈을 받아들였고, 그로 말미암아 성령을 받았다. 따라서 그들은 시작을 잘 한 것이다. 그러나 지금 그들은 율법으로 돌아섰고, 그리스도를 믿는 믿음에 율법의 행위를 첨가함으로써, 의롭게 되기 위한 더 높은 수준의 완전을 달성하리라고 기대했다. 그런데 그것은 그들에게 수치와 좌절을 안겨주는 것 외에는 아무 유익이 없는 것으로 끝났다. 왜냐하면 이것은 복음을 더 높은 수준으로 끌어올린 것이 아니라 실제로는 그것을 왜곡시켰기 때문이다. 그들은 이 방식으로 의롭게 되기를 추구했지만, 온전한 그리스도인이 되기는커녕 오히려 그리스도인이 되는 데 더 위험한 길로 나아가고 말았다. 이 결과 그들은 한 손으로는 자기들이 세운 것을 붙잡고 있으면서, 다른 손으로는 지금까지 기독교 안에서 자기들이 세워놓은 것을 허물고 있었다. 그래서 사도는 더 나아가 그들이 복음의 교훈을 받아들였을 뿐만 아니라 그것 때문에 고난도 받았음을 그들에게 상기시킨다. 따라서 지금 그것을 떠난다면, 그들의 어리석음은 더욱 악화될 것이 틀림없었다. 이 경우 그들이 받은 것은 모두 헛된 것으로 끝나고 말 것이다. 그들은 지금 버린 것 때문에 고난을 받은 것이 다 어리석은 것이 되고 말 것이다. 그들의 고난은 완전히 헛된 것이 되고, 그들에게 아무런 유익을 주지 못할 것이다. 여기

서 다음 두 가지 사실을 주목해야 한다.

(1) 그들이 기독교 안에서 이루어놓거나 또는 복음 때문에 고난을 받음으로써 얻게 된 모든 유익을 상실하는 것은 어디까지나 배교자들의 어리석음이라는 것이다.

(2) 누구든 섬김과 고난, 그리고 주일과 설교와 성례에 대해 헛되이 반응하는 것은 참으로 슬픈 일이라는 것이다. 이럴 경우 과거에 가졌던 의는 아무 소용이 없을 것이다.

4. 사도는 그들 가운데 하나님의 보증과 사명을 갖고 온 사역자들(특히 사도 자신)이 있음을 그들에게 상기시킨다. 왜냐하면 그 사역자들은 그들에게 성령을 주고 그들 가운데서 능력을 행하였기 때문이다(5절). 사도는 그들이 행한 일이 율법의 행위에서인지 아니면 듣고 믿음에서인지 판단해 보라고 호소한다. 즉 그는 그 사역자들에 의해 전해지고, 성령의 이적적인 은사와 역사로 말미암아 확증된 교훈이 율법의 행위로 말미암아 의롭게 된다는 교훈인지 아니면 그리스도를 믿는 믿음으로 말미암아 의롭게 된다는 교훈인지 생각해 보라고 촉구하는 것이다. 그들은 그것이 전자가 아니라 후자라는 것을 잘 알고 있었다. 그러므로 그들이 그토록 두드러지게 입증되고 확증된 교훈을 포기하고, 그것을 아무런 확증을 받지 못한 교훈으로 대체시켜버린 것은 도저히 묵과할 수 없는 잘못이었다.

[6]아브라함이 하나님을 믿으매 그것을 그에게 의로 정하셨다 함과 같으니라 [7]그런즉 믿음으로 말미암은 자들은 아브라함의 자손인 줄 알지어다 [8]또 하나님이 이방을 믿음으로 말미암아 의로 정하실 것을 성경이 미리 알고 먼저 아브라함에게 복음을 전하되 모든 이방인이 너로 말미암아 복을 받으리라 하였느니라 [9]그러므로 믿음으로 말미암은 자는 믿음이 있는 아브라함과 함께 복을 받느니라 [10]무릇 율법 행위에 속한 자들은 저주 아래에 있나니 기록된 바 누구든지 율법 책에 기록된 대로 모든 일을 항상 행하지 아니하는 자는 저주 아래에 있는 자라 하였음이라 [11]또 하나님 앞에서 아무도 율법으로 말미암아 의롭게 되지 못할 것이 분명하니 이는 의인은 믿음으로 살리라 하였음이라 [12]율법은 믿음에서 난 것이 아니니 율법을 행하는 자는 그 가운데서 살리라 하였느니라 [13]그리스도께서 우리를 위하여 저주를 받은 바 되사 율법의 저주에서 우리를 속량하셨으니 기록된 바 나무에 달린 자마다 저주 아

래에 있는 자라 하였음이라 [14]이는 그리스도 예수 안에서 아브라함의 복이 이방인에게 미치게 하고 또 우리로 하여금 믿음으로 말미암아 성령의 약속을 받게 하려 함이라 [15]형제들아 내가 사람의 예대로 말하노니 사람의 언약이라도 정한 후에는 아무도 폐하거나 더하거나 하지 못하느니라 [16]이 약속들은 아브라함과 그 자손에게 말씀하신 것인데 여럿을 가리켜 그 자손들이라 하지 아니하시고 오직 한 사람을 가리켜 네 자손이라 하셨으니 곧 그리스도라 [17]내가 이것을 말하노니 하나님께서 미리 정하신 언약을 사백삼십 년 후에 생긴 율법이 폐기하지 못하고 그 약속을 헛되게 하지 못하리라 [18]만일 그 유업이 율법에서 난 것이면 약속에서 난 것이 아니리라 그러나 하나님이 약속으로 말미암아 아브라함에게 주신 것이라

진리에 복종하지 않은 갈라디아 교인들을 책망한 사도는 이제 그들에게 이로 말미암은 그들의 어리석음이 어떤 의미를 갖고 있는지 알려주려고 노력한다. 이 부분에서 그는 그들이 거부한 교훈, 즉 율법의 행위가 없이 믿음으로 말미암아 의롭게 되는 진리를 상세하게 증명한다. 그는 여러 가지 방법으로 이것을 증명한다.

I. 아브라함이 의롭게 된 본보기를 통한 증명. 사도는 로마서 4장에서 행한 증명을 그대로 사용한다. 아브라함이 하나님을 믿으매 그것을 그에게 의로 정하셨다 함과 같으니라(6절). 즉 아브라함의 믿음은 하나님의 약속과 말씀에 고정되었고, 믿음으로 그는 하나님으로부터 의인으로 인정을 받고 허락을 받았다. 이런 이유로 그가 믿는 자들의 조상으로 표상되기 때문에, 사도는 우리에게 육체를 따라서가 아니라 약속을 따라서, 믿음으로 말미암은 자들은 아브라함의 자손인 줄 알지어다(7절)라고 말하는 것이다. 따라서 그들은 아브라함이 얻은 것과 똑같은 방법으로 의롭게 되는 것이다. 아브라함은 믿음으로 의롭다 함을 얻었고, 그들 역시 마찬가지다. 이것을 확증하기 위해 사도는 아브라함에게 주어진 땅의 모든 족속이 너로 말미암아 복을 얻을 것이라(창 12:3)는 약속을 인용한다(8절). 성경을 기록한 자가 미리 알았기 때문에, 성경은 하나님께서 믿음의 방법으로 모든 이방인을 의롭게 하실 것을 미리 알고 있다고 말해진다. 그러므로 아브라함 안에서 다시 말해 아브라함의 자손인 그리스도 안에서 유대인만이 아니라 이방인까지도 복을 받게 될 것이다. 아브라함의 자손으로서 복을 받을 뿐만 아니라 아브라함이 그랬던 것처럼 복을 받아 그가 의롭게 된 것처럼 의롭게 될

것이다. 사도는 이것을 아브라함에게 복음을 전했다는 말로 함축한다(8절). 그리고 거기서 어느 족속에게 속하든 막론하고, 믿음으로 말미암은 자 곧 참된 신자들은 믿음이 있는 아브라함과 함께 복을 받는다고 추론한다(9절). 그들은 믿는 자들의 조상인 아브라함에게 주어진 약속으로 말미암아, 따라서 그와 같이 믿음으로 말미암아, 그와 함께 복을 받는다. 아브라함이 복을 받은 것은 하나님의 약속을 믿는 믿음으로 말미암아서였다. 그리고 다른 사람들이 이 특권을 얻게 되는 것도 오직 그와 똑같은 방법을 통해서다.

Ⅱ. 사도는, 율법은 우리를 정죄하기 때문에 복음에 고정된 믿음으로 말미암지 않고는 우리가 의롭게 될 수 없다는 것을 증명한다. 만일 우리가 율법의 법정에 서서 재판을 받아 그 선고를 받게 된다면, 확실히 패소하고 상실되고 파멸을 당할 것이다. 무릇 율법 행위에 속한 자들은 저주 아래에 있게 되기 때문이다. 즉 의롭게 되고 정죄를 받지 않는 근거를 자기들의 행위의 공로에 두고, 스스로의 의를 주장하는 자들은 그 주장이 오히려 그들에게 불리하게 작용할 것이다. 왜냐하면 기록된 바 누구든지 율법 책에 기록된 대로 모든 일을 항상 행하지 아니하는 자는 저주 아래에 있는 자라 하였기 때문이다(10절; 신 27:26). 율법에 따르면, 생명의 조건은 완전하고 인격적이고 영속적인 순종이다. 율법의 말은 이를 행하라 그러면 살리라(눅 10:28)이다. 또는 12절에서처럼, 율법을 행하는 자는 그 가운데서 살리라는 것이다. 그러나 누구나 여기서 실패하기 때문에 율법은 저주를 선언한다. 우리의 순종이 보편적으로 이루어지지 않는 한, 곧 율법 책에 기록된 대로 모든 일을 행하지 않는 한, 그리고 그것이 영속적으로 이루어지지 않는 한, 곧 만약 어떤 순간이나 어떤 경우에 우리가 실패하거나 부족하면, 우리는 율법의 저주 아래 있게 될 것이다. 저주는 계시된 진노요, 임박한 파멸이다. 저주는 온갖 악에 대해 각각 따로 적용되고, 모든 죄인들에 대해 강력한 힘과 권세와 효력을 갖고 있다. 그러므로 그것은 모든 인간들에게 미친다. 모든 사람이 다 죄를 범했고, 하나님 앞에서 죄책을 갖고 있기 때문이다. 만일 율법을 범한 자로서, 우리가 그 저주 아래 있다면, 그것으로 말미암아 의롭게 되기를 바라는 것은 헛된 일이다. 그러나 이것을 율법으로부터는 기대할 수 없지만, 우리가 이 저주를 피하고, 하나님의 호의를 다시 얻는 길이 열려 있는데, 그 길은 율법의 저주에서 우리를 속량하신(13절에서 말하는 것처럼) 그리스도를 믿는 믿음으로 말미암는 길임을 사도는 곧바로 알려준다. 그리스도께서 율법의 저

주로부터 우리를 구원하기 위해서 취하신 것은 참으로 희한한 방법이었다. 그것은 우리를 위하여 저주를 받은 바 되신 것이었다(13절). 우리를 위하여 죄가 되심으로써, 그분은 우리를 위하여 저주를 받으셨다. 그렇게 되심으로써 그분은 하나님으로부터 분리되신 것이 아니라 모세 율법이 특별히 야기한 하나님의 불쾌하심의 수치스러운 저주 아래 잠시 두어진 것이었다(신 21:23). 이것의 목적은 그리스도 예수 안에서 아브라함의 복이 이방인에게 미치게 하는 것이었다(14절). 다시 말해 유대인이든 이방인이든, 그리스도를 믿는 모든 사람들에게 아브라함의 복, 특히 복음의 때를 위해 특별히 예비된, 성령에 대한 위대한 약속의 상속자들이 될 수 있도록 하는 것이었다. 따라서 그들이 하나님의 백성이 되고, 약속의 상속자가 된 것은 자기들을 율법 아래 두는 것으로서가 아니라 그리스도를 믿는 믿음으로 된 것임이 분명했다.

　여기서 우리는 다음 네 가지 사실을 유의해야 한다. 1. 죄인으로서 우리가 처하게 된 비참한 상태 – 우리는 율법의 저주와 정죄 아래 있다. 2. 우리를 향하신 우리 주 예수 그리스도의 사랑과 은혜 – 그분은 우리를 위하여 기꺼이 저주를 받으심으로써, 율법의 저주로부터 우리를 속량하셨다. 3. 현재 우리가 그분으로 말미암아 갖고 있는 행복한 기대 – 그것은 저주를 피하게 될 뿐만 아니라 복을 상속받게 된다는 것이다. 4. 이 유익을 얻기 위한 우리의 소망 – 그것은 오직 그리스도를 믿는 믿음으로 말미암는다.

Ⅲ. 의롭게 되는 것이 율법의 행위가 아니라 믿음으로 말미암는다는 것을 증명하기 위해 사도는 구약성경의 명백한 증언을 내세운다(11절).　그 증언이 나와 있는 성경본문은 합 2:4이다. 그 곳에는 의인은 그의 믿음으로 말미암아 살리라는 말씀이 기록되어 있다. 그것은 롬 1:17과 히 10:38에서 다시 인용되고 있다. 그 구절의 의도는 사망과 진노로부터 해방되고, 하나님의 은혜 안에서 생명의 상태로 회복받는 자는 오직 참된 삶을 사는 의인밖에 없다는 것, 그리고 사람들은 오직 믿음으로만 의롭게 되고, 그런 사람들만이 이 생명과 행복을 얻게 된다는 것을 보여주는데 있다. 그들은 하나님의 인정을 받고, 지금 그분을 위해 살 수 있으며, 이후에 그분과 함께 영생을 누릴 자격을 얻게 될 것이다. 그래서 사도는 하나님 앞에서 아무도 율법으로 말미암아 의롭게 되지 못할 것이 분명하다고 말한다(11절). 아무리 그가 다른 사람들에게 좋은 평판을 얻는다고 할지라도, 하나님 앞에서는 그렇지 못하다. 왜냐하면 율법은 믿음에서 난 것이 아니기

때문이다(12절). 율법은 의롭게 되는 일에 있어서, 믿음에 관해 아무런 말을 해주지 못하고, 또 믿는 자들에게 생명을 주지 못한다. 그 대신 율법은 레 18:5에서처럼, 사람이 이를 행하면 그로 말미암아 살리라고 말할 뿐이다. 그것은 생명의 조건으로서 완전한 복종을 요구하고, 따라서 지금 그것은 절대로 우리를 의롭게 하는 법이 될 수 없다. 사도는 이 논증에서 믿음으로 말미암아 의롭게 되는 것은 전혀 새롭게 등장한 교리가 아니고, 복음 시대가 오기 오래 전부터 하나님의 교회에서 이미 확립되고 가르쳐졌던 것임을 우리에게 언급하는 것이다. 그렇다. 어떤 죄인도 의롭게 되거나 의롭게 될 수 있는 길은 이 외에는 없다.

Ⅳ. 이 목적을 위해 사도는 하나님이 아브라함과 맺으신 언약의 불변성을 강조한다.　그 언약은 모세에게 율법이 주어진 것으로 말미암아 취소되거나 소멸되지 아니했다(15절 이하). 아브라함이 믿음으로 의롭게 된 것으로 볼 때, 믿음이 율법보다 앞섰다. 아브라함을 믿음 위에 세운 것은 약속이었고, 약속들이야말로 믿음의 적절한 대상이다. 하나님은 아브라함과 언약을 맺으셨고(8절), 이 언약은 확고하고 불변했다. 심지어는 사람들의 약속도 그러한데, 하나님의 약속은 참으로 더 그렇다. 어떤 권리가 이행되거나 어떤 계약조항이 비준되면, 양 당사자는 제약을 받고, 다른 방법으로는 문제를 해결할 수 없게 된다. 그러므로 후속적 법으로 말미암아 하나님의 언약이 무효화된다는 가정은 있을 수 없다. 언약에 해당되는 디아데케라는 헬라어 단어는 '계약'과 '유언'이라는 두 가지 뜻을 다 갖고 있다. 따라서 아브라함에게 하신 약속은 계약이라기보다는 오히려 유언이었다. 유언은 유언자가 죽어야 효력을 발휘하는데, 그 때 그 내용은 절대로 변경될 수 없다. 그러므로 아브라함에게 주신 약속은 유언의 성격을 갖고 있기 때문에 확고하고 변경이 불가능하다. 그러나 혹시 양도나 유언이 그 수혜자가 될 사람이 없기 때문에 폐기되어야 한다고 말해지는 경우에도, 사도는 그럴 위험이 전혀 없다고 역설한다. 아브라함도 죽었고, 선지자들도 죽었다. 그러나 언약은 아브라함과 그의 자손에게 주어진 것이다. 사도는 이에 관해 참으로 놀라운 해석을 우리에게 제시한다. 우리는 그것이 단지 유대인들에게만 의미가 있다고 생각해왔다. 그러나 그는 아니라고 말한다: "여기서 자손은 단수형으로 한 사람을 가리킨다. 오직 한 사람을 가리켜 네 자손이라 하셨으니 곧 그리스도라(16절)." 따라서 언약은 지금도 유효하다. 그 이유는 그리스도께서 영원토록 그 인격으로 그리고 믿음으로 그의 것이 된, 그의 영적 후손 속에 거하시

기 때문이다. 그리고 사도는 모세로 말미암아 주어진 율법이 행위를 크게 강조하기 때문에 이 언약을 무효화해버렸다는 것과 율법 안에는 믿음과 약속된 메시야에 관한 내용이 거의 포함되어 있지 않았다는 반론을 상정하고, 그에 대해 이후의 율법이 이전의 언약이나 약속을 폐할 수 없다고 대답한다(18절): 만일 그 유업이 율법에서 난 것이면 약속에서 난 것이 아니리라 그러나 하나님이 약속으로 말미암아 아브라함에게 주신 것이라. 그러므로 후에 행해진 어떤 행위로 말미암아 약속이 파기되고, 나아가 그분이 이미 세워놓으신 칭의의 길이 변경된다면, 그것은 그분의 거룩함, 지혜, 그리고 신실하심과 모순될 것이다. 만일 그 유업이 약속으로 말미암아 아브라함에게 주어진 것이라면, 그리고 그로 말미암아 그의 영적 자손에게도 상속되는 것이라면, 우리는 하나님께서 그 약속을 취소하지 않았다고 확신할 수 있을 것이다. 왜냐하면 그분은 사람처럼 후회하실 일을 행하시는 분이 아니기 때문이다.

[19]그런즉 율법은 무엇이냐 법법하므로 더하여진 것이라 천사들을 통하여 한 중보자의 손으로 베푸신 것인데 약속하신 자손이 오시기까지 있을 것이라 [20]그 중보자는 한 편만 위한 자가 아니나 하나님은 한 분이시니라 [21]그러면 율법이 하나님의 약속들과 반대되는 것이냐 결코 그럴 수 없느니라 만일 능히 살게 하는 율법을 주셨더라면 의가 반드시 율법으로 말미암았으리라 [22]그러나 성경이 모든 것을 죄 아래에 가두었으니 이는 예수 그리스도를 믿음으로 말미암는 약속을 믿는 자들에게 주려 함이라 [23]믿음이 오기 전에 우리는 율법 아래에 매인 바 되고 계시될 믿음의 때까지 갇혔느니라 [24]이같이 율법이 우리를 그리스도께로 인도하는 초등교사가 되어 우리로 하여금 믿음으로 말미암아 의롭다 함을 얻게 하려 함이라 [25]믿음이 온 후로는 우리가 초등교사 아래에 있지 아니하도다 [26]너희가 다 믿음으로 말미암아 그리스도 예수 안에서 하나님의 아들이 되었으니 [27]누구든지 그리스도와 합하기 위하여 세례를 받은 자는 그리스도로 옷 입었느니라 [28]너희는 유대인이나 헬라인이나 종이나 자유인이나 남자나 여자나 다 그리스도 예수 안에서 하나이니라 [29]너희가 그리스도의 것이면 곧 아브라함의 자손이요 약속대로 유업을 이을 자니라

바로 앞에서 아브라함과 맺으신 약속에 관해 말하고, 율법 대신 그것을 우리가 의롭게 되는 방법으로 설명한 사도는 갈라디아 교인들이 율법을 지

나치게 경시하고, 그것을 전혀 무익한 것으로 생각할까봐 여기서 율법의 목적과 취지를 설명하고, 그것이 주어진 목적이 무엇인가를 알려준다. 그것은 이렇게 질문될 수 있었다: "만일 그 약속으로 구원이 충분하다면, 율법은 무슨 소용이 있느냐?" 이에 대해 사도는 다음과 같이 답변한다.

I. 율법은 범법하므로 더하여진 것이다(19절). 율법은 약속을 폐하고, 약속으로 말미암아 확립된 길과 또 다른 칭의의 길을 세우기 위해 주어진 것이 아니었다. 율법은 약속에 더하여진 것으로, 약속을 돕도록 추가로 주어진 것이었다. 그것은 범법함으로 더하여졌다. 이스라엘 백성들은 하나님의 특별한 백성으로 택함받았으나 다른 사람들과 똑같이 죄인들이었고, 그리하여 율법이 그들에게 주어진 것은 그들로 하여금 그들의 죄와 그 죄에 대해 하나님께서 그들을 불쾌하게 여기신다는 사실을 깨닫도록 하기 위해서였다. 율법으로는 죄를 깨달음이니라(롬 3:20). 율법이 들어온 것은 범죄를 더하게 하려 함이라(롬 5:20). 율법은 또한 그들의 마음속에 두려움을 주고, 그들의 정욕에 재갈을 물려 죄를 범하지 않도록 그들을 억제시킴으로써, 그들이 본성적으로 방탕의 나락으로 떨어지지 않게 하려는 의도가 있었다. 그러나 동시에 그것은 죄를 소멸시키고, 그들이 죄 사함을 받을 수 있는 참되고 유일한 길을 지시하기 위한 의도가 있었다. 그것은 곧 그리스도의 죽음과 희생으로 말미암은 길로서, 희생제사와 정결 예식의 율법이 주어진 특별한 목적은 바로 여기에 있었다.

사도는 율법은 약속하신 자손이 오시기까지(19절), 이 목적을 위해 주어진 것이라고 덧붙인다. 즉 그것은 유대인과 이방인이 차별 없이 믿음으로 아브라함의 자손이 되는 때인, 그리스도(그가 앞에서 증명한 것처럼, 그 약속에서 언급된 자손은 바로 그분을 가리킨다)께서 오시거나 복음의 은혜가 발효될 때까지 있을 것이다. 율법은 이 충만한 때 곧 이 완전한 은혜가 임할 때까지, 범법함으로 더하여진 것이었다. 그러나 그 자손이 오셨고, 그 약속에 따라 하나님의 은혜가 충만히 드러났기 때문에 모세로 말미암아 주어진 율법은 폐해졌다. 흠이 있던 그 언약은 더 나은 다른 언약으로 대체되어야 했다(히 8:7,8). 그러나 본성의 법을 고려할 때, 율법은 항상 효력이 있고, 앞으로도 계속 사람들로 하여금 죄를 자각하게 하고, 죄를 범하지 않도록 억제시키는 용도로는 유효할 것이다. 하지만 우리는 이제 더 이상 그 율법의 언약의 속박과 두려움 아래 있지 않다. 따라서 율법은 약속으로 말미암아 계시된 것과는 다른 칭의의 길을 제시하기 위해 주어진 것이 아니라 사람들에게 죄의 죄 됨을 보여주고, 그들이 죄 사함 받고 의롭게 될 수 있는 유일한 통로인 그리스도를 가르쳐 주는 역할을 한다.

율법이 약속을 무효화하는 의도로 주어진 것이 아님을 입증하는 또 다른 증거로서, 사도는 그것이 천사들을 통하여 한 중보자의 손으로 베푸신 것이라고 덧붙인다(19절). 율법은 다른 사람들에게 그리고 약속과는 다른 방법으로 주어졌고, 따라서 약속과는 다른 목적을 위해 주어진 것이었다. 약속은 아브라함과 유대인과 이방인을 망라한 모든 족속들의 신자들을 포괄하는 그의 영적 자손에게 주어진 것이었다. 그러나 율법은 특정한 민족인 이스라엘에게 주어진 것으로 나머지 세상 사람들과는 무관한 것이었다. 그리고 약속은 하나님 자신에 의해 직접 주어진 것이지만, 율법은 천사들을 통하여 한 중보자의 손으로 주어졌다(19절). 따라서 율법은 약속을 폐지시키는 것이 목적이 될 수 없음이 분명해졌다. 왜냐하면 중보자는 한 편만(곧 한 당사자만) 위한 자가 아니기 때문이다(20절).하나님은 한 분으로, 아브라함과 맺으신 약속 또는 언약의 한 당사자가 되신다. 그러므로 그분과 유대 민족 사이에 체결된 계약으로, 그분이 오래 전에 아브라함과 그리고 유대인과 이방인을 망라한 그의 영적 자손과 맺으신 약속을 무효화한다는 것은 상상할 수 없는 일이다. 이것은 그분의 지혜와도 불일치하고, 그분의 진실하심 및 신실하심과도 모순된다. 모세는 하나님과 이스라엘 백성 사이의 중보자였지, 하나님과 아브라함의 영적 자손 사이의 중보자는 아니었다. 그러므로 그를 통해 주어진 약속은 그들에게 주어진 약속에 아무 영향을 미칠 수 없었다. 하물며 그것을 파괴할 수는 더더욱 없다.

Ⅱ. 율법은 구주의 필요성을 사람들에게 확신시켜 주었다. 사도는 다음과 같은 질문을 누군가 할 수 있음을 언급한다: "그러면 율법이 하나님의 약속들과 반대되는 것이냐(21절) 그것들은 실제로 서로 상충되고 서로 방해하는가? 또는 너희는 아브라함과 맺은 언약과 모세 율법을 서로 불일치하도록 세워놓고 있지 않은가?" 이에 대해 사도는 결코 그럴 수 없느니라고 대답한다(21절). 그는 이런 생각을 상상할 수 없었고, 그것을 자신이 말한 것으로부터 추론해낼 수도 없었다. 율법은 절대로 약속과 모순되지 않고, 그것에 도움을 준다. 율법은 그 목적이 사람들의 범법함을 드러내고, 그들이 율법의 의보다 더 나은 다른 의를 소유할 필요가 있다는 것을 보여주는데 있기 때문이다. 그 결과는 사도의 교훈보다는 오히려 거짓 교사들의 교훈으로부터 파생한 것이다. 왜냐하면 만일 능

히 살게 하는 율법을 주셨더라면 의가 반드시 율법으로 말미암았을 것이기(21절) 때문이다. 그 경우 약속은 폐해지고, 무용지물이 되고 말 것이다. 그러나 우리의 현재 상태는 그럴 수 없다. 왜냐하면 성경이 모든 것을 죄 아래에 가두었기(22절) 때문이다. 즉 유대인과 이방인 모두 죄책 아래 놓여있고, 그리하여 율법의 행위로는 공의와 칭의에 도달할 수 없다. 율법은 그 상처를 찾아내나 그 치유책은 제공할 수 없었다. 그것은 그들이 죄책 아래 있다는 사실을 보여주었다. 율법은 희생제사와 정결예식을 정하였으나 죄를 제거하는 데는 전혀 충분하지 못했다. 그러므로 율법의 중심 목적은 예수 그리스도를 믿음으로 말미암는 약속을 믿는 자들에게 주려 하는데(22절) 있었다. 즉 그들의 죄책과 그들을 위해 의를 일으키는데 있어서 율법의 불충분성을 확신시킴으로써 그들이 그리스도를 믿을 필요성을 느끼고, 그리하여 약속의 유익을 얻도록 하는데 있었다.

Ⅲ. 율법은 우리를 그리스도께로 인도하는 초등교사로 주어졌다(24절). 바로 앞 구절에서 사도는 믿음이 오기 전 곧 그리스도께서 오시기 전 그리고 믿음으로 말미암아 의롭게 되는 교리가 충분히 계시되기 전, 모세 율법의 경륜 아래 있었던 유대인의 상태에 대해 우리에게 알려준다. 그 때 그들은 율법 아래에 매인 바 되었다. 즉 그들은 율법의 다양한 규정들을 엄격히 지키지 않으면 준엄한 형벌을 받도록 되어 있었다. 그 당시 그들은 감금되어 있는 죄수들처럼 그 두려움과 처벌 아래 갇혀 있었다. 율법의 목적은 그것을 통해 그들이 계시될 믿음을 쉽게 받아들이도록 하기 위해서였다. 즉 그리스도께서 세상에 오실 때 그분을 영접하고, 그분이 소개한 더 나은 은혜를 받아들임으로써, 속박과 예속으로부터 해방되어 더 큰 빛과 자유의 상태 속에 들어가도록 하기 위해서였다. 따라서 그 상태 속에서 사도는 그들에게 율법이 우리를 그리스도께로 인도하는 초등교사가 되어 우리로 하여금 믿음으로 말미암아 의롭다 함을 얻게 하려 함이라(24절)고 말한다. 율법은 그들에 관한 하나님의 마음과 뜻을 선언함과 동시에 그들이 의무를 온전히 지키지 못한 것에 대해 저주를 선포했기 때문에, 그들로 하여금 자신들의 상실되고 파멸된 상태를 이해시키고, 자신들의 의로는 하나님께 나아가기에 턱없이 약하고 부족하다는 사실을 깨닫도록 했다. 따라서 율법은 각종 희생제사를 그들에게 부과했으나, 그것들은 결코 죄를 완전히 제거할 수 없었고, 다만 그리스도의 모형 곧 그분이 죄를 제거하기 위해 희생제물로 드려진 더 큰 제사의 모형이었다. 따라서 율법은 그들에게 그리스도를 그들

의 유일한 구원이자 피난처로서 지시해 주었다(비록 희미하고 애매한 방법이기는 했지만). 그런 의미에서 율법은 그들에게 그들의 미흡한 상태를 교훈하고 가르치기 위한 초등교사였다. 즉 초등교사(파이다고고스)란 말이 가장 보편적으로 의미하는 것처럼, 그들의 종이 되어 그들을 그리스도께로 이끌고 안내하기 위한 것이었다. 이것은 마치 어린아이들이 그들을 보살피는 종에 의해 학교로 인도를 받아 학교선생이신 그분으로부터, 그분을 믿는 믿음으로 말미암는 칭의와 구원의 참된 길에 대해 좀 더 충분히 교육을 받게 하는 것과 같다. 그분은 그들에게 가장 충만하고, 가장 충분한 진리를 전해주도록 지명을 받으신 분이기 때문이다. 그러나 만일 율법이 유대교 하에서 이런 용도와 유용성을 갖고 있다면, 왜 기독교 하에서도 그것이 계속 그런 역할을 수행하지 못하겠느냐는 반론이 제기되지 않도록 하기 위해서, 사도는 믿음이 온 후로는 곧 복음 시대가 이르러 그리스도 하에서 그분을 믿는 믿음으로 말미암는 죄 사함과 영생이 가장 분명한 빛을 드러낸 후로는, 우리가 초등교사 아래에 있지 아니하다고 덧붙인다(25절). 즉 우리는 과거처럼, 우리를 그리스도께 인도하는 율법을 더 이상 필요로 하지 않는다. 따라서 사도는 우리에게 율법이 어떤 용도와 목적을 갖고 있는지를 알려준다. 이 문제에 관해 그가 말하는 것을 종합하면 우리는 다음과 같은 사실을 확인할 수 있다.

1. 율법을 주셨다는 점에서, 그의 옛 백성에게 베푸신 하나님의 선하심. 복음 시대와 비교해 볼 때, 그것은 어둠과 두려움의 시대였지만, 율법은 그들로 하여금 하나님에 대한 의무를 수행하고, 그분께 소망을 두도록 지시하는데 충분한 수단과 도움을 제공했기 때문이다.

2. 율법의 목적을 혼동하고, 그것을 하나님이 주신 의도와는 아주 다른 용도로 잘못 사용한 점에 있어서, 유대인이 범한 대실수와 어리석음. 그것은 그들이 율법의 행위로 의롭게 되기를 기대했기 때문이다. 하지만 그것은 그들을 의롭게 하는 법으로 주어진 것이 아니라 단지 그들로 하여금 그들의 죄책과 구주의 필요성을 깨닫게 하고, 이 특권을 얻는 유일한 방법으로서 그리스도와 그분을 믿는 믿음을 지시하는 수단으로서 주어진 것이었다. 롬 9:31,32; 10:3,4을 보라.

3. 율법을 훨씬 능가하는 복음의 유익. 복음 하에서 우리는 옛날 유대인에게 주어진 것보다 하나님의 은혜와 자비에 관한 진리를 더 충분히 발견할 뿐만 아니라 그들이 매여있던 속박과 두려움의 상태로부터 해방된다. 우리는 이제 미

숙한 상태의 어린아이로 취급받지 않고, 그들이 가졌던 것보다 더 큰 자유를 허용받고, 더 큰 특권을 누리는 장성한 어른으로 대우받는다. 사도는 이것을 이 어지는 구절에서 계속 설명한다. 율법이 어떤 목적에서 주어졌는지를 보여준다음, 그는 이 장의 마지막 부분에서 그리스도로 말미암아 얻게 되는 특권을 특별히 우리에게 선포한다.

(1) 우리가 다 믿음으로 말미암아 그리스도 예수 안에서 하나님의 아들이 되었다 (26절). 여기서 우리는 다음 두 가지 사실을 확인한다. [1] 참 그리스도인들이 복음 아래 누리는 크고 탁월한 특권: 하나님의 아들이 되었으니. 그들은 이제 종이 아니라 아들로 간주된다. 그들은 유대인처럼 어떤 속박 아래 하나님과 거리를 둔 상태가 아니라 그들보다 더 가깝고, 더 자유롭게 하나님께 나아갈 자유를 허락받았다. 그렇다. 그들은 그분의 자녀의 숫자에 포함되고, 그 모든 특권을 향유할 권리를 갖는다. [2] 그들이 이 특권을 얻게 된 방법: 믿음으로 말미암아 그리스도 예수 안에서. 그분을 자신의 주님과 구주로 받아들이고, 칭의와 구원을 위해 오직 그분만을 의지하는 그들은 이로 말미암아 하나님과의 이 행복한 관계 속에 들어가도록 허용받고, 그 특권들을 누릴 자격을 갖게 된다. 영접하는 자 곧 그 이름을 믿는 자들에게는 하나님의 자녀가 되는 권세를 주셨기(요 1:12) 때문이다. 그리고 이 그리스도를 믿는 믿음으로 말미암아 그들이 하나님의 자녀가 된 것에 대해 사도는 그들이 세례받을 때 고백한 것을 상기시킨다. 그는 누구든지 그리스도와 합하기 위하여 세례를 받은 자는 그리스도로 옷 입었느니라(27절)고 말한다. 세례받을 때 그분을 믿는 믿음을 고백한 그들은 그로 말미암아 그분께 바쳐졌고, 말하자면 그분으로 옷 입고 그들 스스로 그분의 종과 제자가 되었다. 그리고 그렇게 그리스도의 지체가 된 그들은 그분으로 말미암아 하나님의 아들로 인정되고 간주되었다 여기서 우리는 다음 두 가지 사실을 유의해야 한다. 첫째, 세례는 과거 할례가 유대인들에게 그랬던 것처럼, 지금 우리가 그리스도의 교회에 입교하는 엄숙한 의식이다. 우리 주 예수는 사도들에게 그 직분을 위임하셨고(마 28:19), 따라서 기독교 신앙을 받아들인 자들이 세례를 받는 것은 당연한 관례였다. 아마 사도는 여기서 그들의 세례를 지적하고, 거기서 그들이 그리스도를 믿는 믿음으로 말미암아 하나님의 아들이 된 것을 고백했음을 암시함으로써, 더 이상의 반론을 잠재우고자 했던 것으로 보인다. 말하자면 그는 여기서 거짓 교사들이 할례의 유익을 강조할 가능성을 불식시키고자 했다

는 것이다. 그들은 다음과 말할 가능성이 있었다: "시내 산에서 주어진 율법이 약속된 후손인 그리스도의 오심으로 말미암아 폐해졌다는 사실을 받아들인다고 해도, 할례는 모세 율법이 주어지기 오래 전 약속과 함께 아브라함에게 주어진 것인데, 왜 그것이 똑같이 폐해져야 하는가?" 그러나 이 난점은 사도가 누구든지 그리스도와 합하기 위하여 세례를 받은 자는 그리스도로 옷 입었느니라고 말하는 것으로 깨끗이 해결된다. 왜냐하면 거기서 복음 하에서 세례는 할례를 대신하고, 세례를 통해 그리스도께 바쳐져 그분을 진지하게 믿는 자들은 유대인들이 할례를 통해 율법이 주는 특권 속에 들어간 것처럼, 그 모든 목적과 계획에 따라 기독교의 특권 속에 충분히 들어가도록 인정받기 때문이다(갈 3:3). 그러므로 할례의 유익이 계속 유지되어야 할 이유가 전혀 없는 것이다. 둘째, 세례받을 때 우리는 그리스도로 옷 입는다. 그 때 우리는 그분께 그분의 제자 됨을 고백하고, 그분의 신실한 종이 될 의무를 짊어지게 된다. 그리스도와 합하기 위해 세례를 받은 우리는 그분의 죽으심과 합하여 세례를 받았기 때문에 그분이 죽으신 것처럼 우리도 죽었고, 그분이 다시 사셨던 것처럼 다시 살아났다. 따라서 우리는 죄에 대하여 죽고, 생명 가운데서 행해야 한다(롬 6:3,4). 우리는 이것을 자주 기억할수록 그만큼 더 큰 유익을 얻게 될 것이다.

(2) 하나님의 아들이 되고, 세례를 통해 그리스도께 바쳐지는 데서 오는 이 특권은 지금 참된 모든 그리스도인들이 공통으로 향유하고 있다. 율법은 사실상 유대인과 이방인을 차별하고, 여러 가지 면에서 유대인에게 훨씬 더 큰 특혜가 주어졌다. 또한 종이나 자유인, 남자나 여자 사이에 차별이 있었다. 할례는 남자만 받았다. 그러나 지금은 그렇지 않다. 그들은 누구나 동등한 위치에 서 있고, 그리스도 예수 안에서 하나다. 율법 아래 있는 자는 민족이나 개인적 자격에 의거해서 받아들여지지 않기 때문에, 다른 자보다 우월한 지위를 누릴 수 있으나 복음 아래 있는 자들은 그들의 결함 때문에 거부당하는 일이 전혀 없다. 그러나 진실하게 그리스도를 믿는 모든 자들은 그들이 어느 민족이냐 성이냐 조건이냐를 막론하고, 그리스도를 믿는 믿음으로 말미암아 하나님께 받아들여지고, 그분의 자녀가 된다.

(3) 우리가 그리스도의 것이면 곧 아브라함의 자손이요 약속대로 유업을 이을 자이다(29절). 유대화주의자 교사들은 그들이 할례를 받고 모세 율법을 지키지 않으면 구원받을 수 없다는 사실을 믿도록 강요하였다. 그러나 사도는 이렇게 말

한다: "아니다. 그럴 필요가 전혀 없다. 왜냐하면 너희가 그리스도의 것이면, 곧 너희가 진실로 약속의 자손이요 그 안에서 땅의 모든 족속이 복을 받을 그분을 믿는다면, 너희는 믿는 자들의 조상인 아브라함의 참된 자손이요 약속대로 유업을 이을 자들이다. 즉 그 위대한 복과 특권을 누릴 자격이 있는 자들이다." 그러므로 결론적으로 의롭게 되는 것은 율법의 행위가 아니라 그리스도를 믿는 믿음으로 말미암아 얻도록 되어 있고, 모세 율법은 한시적 제도에 불과하고 약속을 돕기 위한 것이지 그것을 대신하려는 목적으로 주어진 것이 아니며, 지금 복음 하에서 그리스도인은 율법 하의 유대인보다 훨씬 더 크고 나은 특권을 누리고 있는 것이 분명하기 때문에, 그들이 그들로부터 어떻게든 복음의 진리와 자유를 빼앗으려고 획책하는 사람들의 말을 들었다는 것은 참으로 불합리하고 어리석었다는 결론이 당연히 따라나온다.

제
— 4 —
장

개요

이 장에서 사도는 앞 장에서와 같이 동일한 목적— 갈라디아 교인들이 유대화주의자 교사들로부터 잘못 받은 오류로부터 회복시키고, 복음으로 말미암아 의롭게 되는 교리로부터 등을 돌리고 모세 율법의 속박으로부터 해방된 자유를 박탈당한 그들의 연약함과 어리석음을 책망하는 것 — 을 계속해서 다루고 있다. 이 목적을 위해 그는 다양한 사항을 고려한다. I. 율법을 크게 능가하는 복음의 탁월성(1-7절). II. 그들의 회심으로 그들 속에 일어난 행복한 변화(8-11절). III. 그들이 사도와 그의 사역에 대해 보여주었던 사랑(12-16절). IV. 그들을 실족시킨 거짓 교사들의 특징(17,18절). V. 사도가 그들에 대해 품고 있는 극진한 애정(19,20절). VI. 이삭과 이스마엘의 역사. 이 둘을 비교함으로써, 그는 그리스도 안에서 안식하는 것과 율법을 신뢰하는 것 사이의 차이를 예증한다. 그리고 이 장 모든 구절들 속에서 사도는 그들에게 항상 분명하고 신실한 태도를 유지하고, 그럼으로써 그들에 대한 각별한 관심을 표현하고 있다.

[1]내가 또 말하노니 유업을 이을 자가 모든 것의 주인이나 어렸을 동안에는 종과 다름이 없어서 [2]그 아버지가 정한 때까지 후견인과 청지기 아래에 있나니 [3]이와 같이 우리도 어렸을 때에 이 세상의 초등학문 아래에 있어서 종 노릇 하였더니 [4]때가 차매 하나님이 그 아들을 보내사 여자에게서 나게 하시고 율법 아래에 나게 하신 것은 [5]율법 아래에 있는 자들을 속량하시고 우리로 아들의 명분을 얻게 하려 하심이라 [6]너희가 아들이므로 하나님이 그 아들의 영을 우리 마음 가운데 보내사 아빠 아버지라 부르게 하셨느니라 [7]그러므로 네가 이후로는 종이 아니요 아들이니 아들이면 하나님으로 말미암아 유업을 받을 자니라

이 장에서 사도는, 그리스도의 복음과 견주어 모세 율법의 우위를 주장하고 율법의 속박 아래 그들을 끌어들이려고 애쓰는 유대화주의자 교사들의 말을 들은 갈라디아 교인들을 분명히 각성시킨다. 그들의 어리석음을 확신시

키고 그들의 잘못을 교정시키기 위해, 이 부분에서 사도는 앞 장에서 언급했던 어린아이 시절 비유를 들어 질책한다. 거기서 그는 우리가 현재 복음 하에서 갖고 있는 혜택이 율법 하에 있는 자들보다 얼마나 더 큰지를 보여준다. 여기서 우리는 다음과 같은 사실을 발견한다.

I. 사도는 구약 교회의 상태에 대해 알려준다. 그것은 어린아이 시절과 같았다. 따라서 그것은 우리가 복음 하에서 누리고 있는 더 큰 빛 및 자유와 비교해 볼 때, 어둠과 속박의 상태 속에 있는 것과 같았다. 그것도 사실은 은혜의 지배 아래 있었으나 복음 시대의 교회와 비교해 볼 때 상대적으로 어둠의 지배 아래 있는 것이었다. 왜냐하면 유업을 이을 자가 그만한 능력이 없기 때문에 그 아버지가 정한 때까지 후견인과 청지기 아래 있기 때문이다(2절). 그는 그들 곧 후견인과 청지기를 통해 훗날 그에게 크게 유익하지만, 지금은 그 의미를 거의 알지 못하고 있는 일들에 대해 교육을 받고 가르침을 받는다. 구약 교회가 바로 그랬다. 당시 그들을 지배했던 모세의 경륜의 의미를 그들은 충분히 이해할 수 없었다. 왜냐하면 사도가 말하는 것처럼, 장차 없어질 것의 결국을 주목하지 못했기 때문이다(고후 3:13). 그러나 성숙한 상태로 자라 복음 시대의 교회가 될 때까지, 그것은 크게 유익하다. 그리고 그것은 어둠의 지배 아래 있는 만큼 동시에 속박 아래 있다. 왜냐하면 이 세상의 초등학문 아래 있기 때문이다(3절). 즉 그들은 무거운 짐이 되는 무수한 의식과 규례들에 매여 있었다. 그로 인해 그들은 일종의 초등교사들을 통해 가르침과 교훈을 받았고, 그리하여 그들은 어린아이가 후견인과 청지기 아래 있듯이 종의 상태에 있었다. 그 때 교회는 종의 직분 아래 있어서, 그 이유가 무엇인지 충분히 모르고 하나님의 명령에 따라 모든 일을 해야 했다. 그러나 복음 하에서 그 섬김은 그 때보다 훨씬 더 합리적인 모습으로 나타났다. 교회가 성숙한 나이에 도달하자 곧 아버지가 정한 때가 이르자 이전에 율법 하에 있던 어둠과 속박은 제거되고, 우리는 더 큰 빛과 자유의 지배 아래 있게 되었다.

II. 사도는 복음의 지배 아래에 있는 그리스도인들이 훨씬 더 큰 행복한 상태 속에 있음을 알려준다(4-7절). 때가 차매, 곧 아버지가 정한 때가 이르러 율법의 지배가 끝나고 그것을 대신하여 다른 그리고 더 나은 시대를 위해 하나님이 그 아들을 보내셨다(4절). 이 새 시대를 도래시키기 위해 쓰임받은 사람은 하나님의 아들 곧 아버지의 독생자 외에 다른 사람이 아니었다. 그분은 태초부터 예언되고 약속되신 분으로 때가 되자 이 목적을 위해 나타나셨다. 그분은 자신에게 맡겨진 위대한 목적을 위해 여자에게서 나시는 일에 복종하셨다 — 여기에 그분의 성육신이 있다. 또 그분은 율법 아래에 나시는 일에 복종하셨다 — 여기에 그분의 복종이 있다. 참 하나님이신 분이 우리를 위해 사람이 되셨다. 만유의 주이신 분이 복종의 상태로 오셔서 종의 모양을 취하셨다. 이 모든 것의 유일한 목적은 율법 아래에 있는 자들을 속량하시기 위해서였다(5절). 즉 견딜 수 없는 멍에로부터 우리를 구하고, 보다 합리적이고 용이한 복음의 규례를 정하기 위해서였다. 그분은 세상에 오실 때 진실로 보이는 것보다 더 크고 위대한 면을 갖고 계셨다. 곧 그분은 단순히 우리를 의식법의 속박으로부터 구원하시는 정도가 아니었다. 왜냐하면 그분은 우리의 본성을 취하고 우리를 위해 고난을 당하고 죽으심으로써, 우리 모두가 죄인으로서 그 아래 놓여 있는 하나님의 진노와 도덕법의 저주로부터 우리를 해방시키셨기 때문이다. 그러나 그것은 그 목적 가운데 하나였을 따름이고, 또한 자비가 그분이 나타나실 때 주어지기 위해 예비되어 있었다. 종의 상태에 있던 구약 교회가 종말을 고할 때, 그것을 대신하는 교회는 그만큼 더 행복한 상태에 들어갔다. 왜냐하면 우리를 대속하도록 보내심을 받은 그분은 우리로 아들의 명분을 얻게 하셨기 때문이다(5절). 즉 우리는 더 이상 종이 아니라 성숙하게 다 자란 아들로서, 후견인과 청지기 아래 있던 자들보다 더 큰 자유를 허용받았고, 더 큰 특권을 부여받았다. 사도의 논증은 우리에게 오직 이 양자 됨의 특권을 알려주기 위해 전개되고 있다. 의심할 여지 없이 복음이 그토록 자주 그리스도를 믿는 사람들의 특권으로 말하고 있는 것 역시 이 은혜로운 양자 됨을 가리키는 것으로 이해될 수 있다. 이스라엘은 하나님의 아들로서, 그분의 첫아들이었다(롬 9:4). 그러나 지금 복음 하에서 믿는 자는 각기 개인적으로 양자의 자격을 얻는다. 그에 대한 보증과 증거로서, 그들은 양자의 영을 함께 받았고, 그 영은 그들에게 기도의 의무를 부여하고, 기도할 때 하나님을 아버지로 바라볼 수 있게 하신다(6절): 너희가 아들이므로 하나님이 그 아들의 영을 우리 마음 가운데 보내사 아빠 아버지라 부르게 하셨느니라. 여기서 사도는 이 논증의 결론으로 그러므로 네가 이후로는 종이 아니요 아들이니 아들이면 하나님으로 말미암아 유업을 받을 자니라(7절)는 말을 덧붙인다. 즉 복음 하에서 우리는 더 이상 율법의 예속 하에 있지 않고, 그리스도를 믿는 믿음으로 말미암아 하나님의 아들이 된다. 이로 말미암아 우리는 그분께 받아들여지고, 그분에게 양자로 택함받는다. 아들로서 우리는 또한 하나님의 상속자들로서, 천국의 기업을 받을 자격을 갖는다. 사도는 롬 8:17에서도 동일한 사실을 말하고 있다. 그러므로 율법으로 다시 돌아가 그 행위로써 의롭게 되기를 구하는 것은 당연히 가장 큰 연약함이요 어리석음이다. 이 부분에서 사도가 말하는 것으로부터 우리는 다음과 같은 사실을 확인할 수 있다.

1. 우리를 향하신 하나님의 사랑과 자비의 이적들. 구체적으로 말하면, 성부 하나님은 우리를 속량하고 구원하기 위해 세상에 자신의 아들을 보내셨다는 점에서, 성자 하나님은 그 계획에 따라 우리 대신 그토록 낮아지기까지 복종하고 그토록 혹독한 고난을 당하셨다는 점에서, 그리고 성령 하나님은 이 은혜의 목적을 위해 신자들의 마음속에 거하시기까지 낮아지셨다는 점에서 그것을 보여주셨다.

2. 그리스도인들이 복음 하에서 누리는 크고 무한한 유익들. 그것들은 다음과 같다. (1) 우리가 아들의 명분을 얻었다(5절). 신자들이 그리스도로 말미암아 하늘에 계신 하나님의 양자가 된다는 것은 엄청난 특권이다. 본질상 진노와 불순종의 자녀인 우리가 은혜로 말미암아 사랑의 아들이 되었다. (2) 우리가 그 아들의 영을 받았다(6절). [1] 아들의 특권을 소유하고 있는 자는 모두 그 아들의 영을 소유하고 있다. 그들은 누구나 하나님의 아들의 성품에 참여하는 자들로 받아들여진다. 왜냐하면 그분은 그의 모든 자녀들이 자신을 닮도록 하시기 때문이다. [2] 그 아들의 영은 항상 기도의 영이시다. 기도할 때 우리가 하나님을 아버지로 바라보는 것은 의무다. 그리스도는 기도할 때 아버지를 하늘에 계신 우리 아버지로 부르도록 가르치셨다. [3] 만일 우리가 그분의 아들이라면, 우리는 그분의 상속자다. 세상에서는 장자가 상속자가 되지만, 하나님의 자녀들은 누구나 상속자가 된다. 아들의 성품을 갖고 있는 사람들은 아들의 유업을 받게 될 것이다.

⁸그러나 너희가 그 때에는 하나님을 알지 못하여 본질상 하나님이 아닌 자들에게 종 노릇 하였더니 ⁹이제는 너희가 하나님을 알 뿐 아니라 더욱이 하나님이 아신 바 되었거늘 어찌하여 다시 약하고 천박한 초등학문으로 돌아가서 다시 그들에게 종 노릇 하려 하느냐 ¹⁰너희가 날과 달과 절기와 해를 삼가 지키니 ¹¹내가 너희를 위하여 수고한 것이 헛될까 두려워하노라

이 단락에서 사도는 갈라디아 교인들에게 기독교 신앙으로 회심하기 전 그들의 상태를 상기시키고, 그들의 회심이 얼마나 복된 변화인가를 언급한다. 그리고 그들이 모세 율법의 속박 아래로 끌고 가는 사람들의 말에 귀를 기울이는 것이 얼마나 큰 어리석음인가를 확신시키는데 심혈을 기울인다.

I. 사도는 그들의 과거 상태와 행동 곧 복음이 전파되기 전 그들이 어떠했는지를 상기시킨다. 그 때 그들은 하나님을 알지 못했다(8절). 그들은 참 하나님과 그분을 경배하는 것에 관해 크게 무지했다. 그 때 그들은 최악의 상태에서 종노릇을 하고 있었다. 왜냐하면 그들은 본질상 하나님이 아닌 자들에게 종노릇하고 있었기 때문이다(8절). 그들은 대부분 신으로 대우받고 있었으나 실제로는 신이 아니라 단순한 피조물에 지나지 않는 자들을 미신적으로 그리고 우상 숭배적으로 섬기는 일에 종사했다. 그 신들은 그들이 조작해낸 것들이고, 그러므로 그들의 간구나 요청을 전혀 듣거나 도와줄 수 없었다. 여기서 우리는 다음을 주목해야 한다

1. 참 하나님에 관해 무지한 사람들은 거짓 신들을 섬기는 경향에 빠질 수밖에 없다. 세상을 창조하신 하나님을 포기한 사람들은 무신론자로 신 없이 사는 것이 아니라 그들 스스로 신들을 만들어내서 그것들을 숭배했다.

2. 참된 예배는 본질상 하나님 외에 다른 존재에게 드려지는 것이 아니다. 왜냐하면 사도는 본질상 신이 아닌 신들을 섬기는 것에 대해 책망할 때, 본질상 하나님이신 그분만이 적절한 경배의 대상임을 분명히 밝히고 있기 때문이다.

II. 사도는 복음이 전파됨으로써 그들 속에 일어난 행복한 변화를 주목하도록 그들에게 촉구한다. 이제 그들은 하나님을 알 뿐만 아니라 즉 과거 그들을 묶어두었던 무지와 속박으로부터 벗어나 참 하나님과 그 아들 예수 그리스도에 관한 지식을 갖게 되었고, 더욱이 하나님이 아신 바 되었다(9절). 그들이 우상을 버리고 살아계신 하나님께 돌아오고, 그리스도로 말미암아 아들의 명분을 얻게 한 그들의 이 행복한 변화는 그들 자신의 힘이 아니라 그분의 은혜로 말미암은 것이었다. 그것은 그들에 대한 그분의 너그럽고 풍성한 은혜의 결과이므로 그들은 그것을 액면 그대로 평가해야 한다. 그러므로 이로 말미암아 그들은 그들을 해방시킨 자유를 지켜내는 더 큰 의무를 감당해야 할 것이다. 하나님에 관한 우리의 모든 지식은 그분과 함께 시작된다는 것을 유념하자. 우리는 우리가 그분께 알려졌기 때문에 그분을 알게 된 것이다.

Ⅲ. 따라서 사도는 그들이 스스로 속박의 상태에 다시 떨어지게 된 것의 불합리성과 어리석음을 추론한다. 그는 그들이 그런 상태에 빠지는 것에 대해 놀라움과 깊은 우려를 표명한다. 그는 어찌하여 다시 돌아가려 하느냐고 반문한다(9절). "복음의 방식을 따라 하나님을 섬기도록 가르침을 받은 너희가 어찌하여 지금 율법의 예배방식을 따르라는데 설득을 당했느냐? 복음의 통치에 따라 빛과 자유와 사랑의 지배에 익숙한 너희가 어찌하여 지금 율법의 통치로 말미암는 어둠과 속박과 두려움의 지배에 복종하려고 하느냐?" 그들은 유대인처럼 모세 율법의 지배하에 있어본 적이 없기 때문에 그렇게 해야 할 하등의 이유가 없었다. 그러므로 이 점에 있어서 그들은 유대인보다 더 변명할 여지가 없었다. 유대인들은 오랫동안 율법을 관습적으로 지켜왔기 때문에 그것을 선호할 여지가 어느 정도 있음을 인정할 수 있기 때문이다. 더욱이 그들이 스스로 속박 속에 들어가고자 하는 것은 약하고 천박한 초등학문에 불과한 것으로(9절), 그 속에 영혼을 깨끗케 하는 능력도 없고, 마음에 확실한 만족을 주지도 못하는 것이다. 또 그것은 단지 어린아이 상태에 있는 교회를 위해 주어진 것으로 지금은 그 사명이 끝났다. 그러므로 여기서 날과 달과 절기와 해로 표현되고 있는(10절), 다양한 절기들을 지키는데 있어서 유대인과 똑같이 했다는 점에서, 그들의 연약함과 어리석음은 유대인들보다 훨씬 더 컸던 것이다. 여기서 우리는 다음과 같은 사실을 유의해야 한다

1. 위대한 신앙고백을 한 사람들이 나중에 그 순결함과 온전함을 버리고 크게 타락하는 일이 가능하다. 왜냐하면 바로 갈라디아 교인들의 경우가 그랬기 때문이다.

2. 하나님께서 어떤 사람들에게 자비를 크게 베풀어 그들을 복음에 정통하도록 이끌고, 그 자유와 특권을 크게 누리게 인도할수록, 그 복을 스스로 발로 차 버리는 그들의 죄와 어리석음은 그만큼 더 커진다. 사도는 이 사실을 특별히 강조하고 있다. 즉 그는 갈라디아 교인들에게 이제는 너희가 하나님을 알 뿐 아니라 더욱이 하나님이 아신 바 되었거늘 어찌하여 다시 약하고 천박한 초등학문으로 돌아가서 다시 그들에게 종 노릇 하려 하느냐고 말한다(9절).

Ⅳ. 이어서 사도는 자신이 그들을 위하여 수고한 것이 헛될까 두려워하는 마음을 그들에게 표현한다(11절). 그는 그들에게 복음을 전하고, 그것에 대한 믿음과 그 자유를 그들에게 확신시키기 위해 크게 수고했다. 그러나 지금 그들

은 이것들을 포기하고 있었고, 그리하여 그가 그들을 위해 한 수고를 무익하고 헛된 것으로 만들려고 했다. 사도는 이것을 생각할 때 깊은 우려를 표명하지 않을 수 없었다. 여기서 다음 사실을 유의하자

1. 신실한 사역자들의 말할 수 없는 수고가 헛되고 마는 경우가 있다. 그렇게 될 때 영혼 구원을 바라는 사람들에게 큰 슬픔이 될 수밖에 없다.

2. 사역자들의 수고는 성령으로 시작했다가 육체로 마치는 사람들에게는 아무 소용이 없다. 그들은 처음에는 잘하는 것처럼 보이지만, 후에는 복음의 길에서 벗어난다.

3. 예수 그리스도의 신실한 사역자들로 하여금 헛되이 수고하게 만드는 자들에게는 그에 대한 응분의 대가가 기다리고 있다.

[12]형제들아 내가 너희와 같이 되었은즉 너희도 나와 같이 되기를 구하노라 너희가 내게 해롭게 하지 아니하였느니라 [13]내가 처음에 육체의 약함으로 말미암아 너희에게 복음을 전한 것을 너희가 아는 바라 [14]너희를 시험하는 것이 내 육체에 있으되 이것을 너희가 업신여기지도 아니하며 버리지도 아니하고 오직 나를 하나님의 천사와 같이 또는 그리스도 예수와 같이 영접하였도다 [15]너희의 복이 지금 어디 있느냐 내가 너희에게 증언하노니 너희가 할 수만 있었더라면 너희의 눈이라도 빼어 나에게 주었으리라 [16]그런즉 내가 너희에게 참된 말을 하므로 원수가 되었느냐

갈라디아 교인들에게 자기가 전해준 복음의 진리를 저버린 죄악을 크게 부끄럽게 여기도록 촉구한 바울은 여기서 그들이 과거에 자신과 자신의 사역에 대해 보여주었던 극진한 사랑을 상기시키고, 그들이 이전에 고백했던 것과 비교해 볼 때 현재 행동이 얼마나 부당한 것인지를 살펴보라고 촉구한다. 여기서 다음과 같은 사실을 확인할 수 있다.

I. 사도가 그들에게 보여주는 열렬한 사랑. 그는 그들의 마음이 자신에게서 크게 멀어진 것을 알고 있었지만 그들을 형제라고 부른다. 그는 모든 원한은 버리고, 그들이 자신이 그들에게 가졌던 것과 똑같은 마음을 품게 되기를 바란다. 그는 그들에게 자신이 그들과 같이 되었은즉 그들도 자기와 같이 되기를 구했다(12절). 나아가 그는 그들이 자기에게 해롭게 하지 아니하였다고 말한다(12절). 그는 자신이 이득을 위해 그들과 다툰 적이 없었다. 그들의 행위를 책망할 경

우에도, 그는 그들에게 어떤 개인적인 상처나 모독이 가해지지 않도록, 최대한 그들을 안심시키는 따스함과 배려하는 마음을 갖고 말을 했다(그들이 생각할 여유를 갖도록 하기 위하여). 그리고 그것은 오로지 복음의 진리와 순결, 그들의 유익과 행복을 위한 열심으로부터 나온 것이었다. 따라서 그는 자신에 대한 그들의 심기를 진정시킴으로써, 그들이 자신이 주는 권면을 좋은 마음으로 받아들이도록 하기 위해 노력한다. 이것을 통해 그는 우리가 다른 사람들을 책망할 때, 그것이 우리의 개인적인 감정이나 원한으로부터 나온 것이 아니라 하나님과 신앙의 영예와 그들의 참된 유익을 위한 진실한 마음으로부터 나온 것임을 그들이 납득하도록 유의해야 한다는 사실을 우리에게 가르친다. 왜냐하면 책망은 공평성을 보여줄 때 가장 성공적이기 때문이다.

Ⅱ. 그들이 과거 자신에게 보여준 사랑에 대한 사도의 후한 평가. 그것 때문에 그들은 사도에 대한 현재 자기들의 잘못된 행동을 더 크게 부끄러워해야 했다. 이 목적을 위해 그는 그들에게 다음과 같은 사실을 상기시킨다

1. 사도는 자기가 그들을 처음 방문해서 수고할 때 겪었던 어려움을 그들에게 상기시킨다: 내가 처음에 육체의 약함으로 말미암아 너희에게 복음을 전한 것을 너희가 아는 바라(13절). 이 육체의 약함에 대해서는 이어지는 구절에서 너희를 시험하는 것이 내 육체에 있으되(14절)라는 말로 표현하고 있으나 그것이 구체적으로 무엇을 말하는지 현재로서는 확실히 알 수 없다(물론 그의 편지를 받은 그리스도인들은 잘 알고 있었을 것이다). 어떤 이들은 그것이 그가 복음을 위해 받은 박해를 가리킨다고 보았다. 또 어떤 이들은 고후 10:10과 12:7-10의 내용을 들어 그의 사역에 감사를 품지 못하게 하고 인정하지 못하도록 만드는 어떤 요인 곧 그의 육체적 결함이나 어눌한 언어 구사력을 가리킨다고 보았다. 그러나 그것이 무엇이든 간에, 그것이 그들에게 그의 약점이라는 인상을 준 것으로 보이지는 않는다.

2. 사도는 이러한 그의 약점에도 불구하고(다른 사람들은 아마 이것이 그에 대한 평가를 불리하게 만들었을 것이다), 그들이 그것 때문에 자신을 거부하거나 업신여기지 않고, 오히려 그 반대로 자기를 하나님의 천사와 같이 또는 그리스도 예수와 같이 영접하였음을 주지시킨다(14절). 그들은 그를 크게 존경했고, 그는 그들에게 심지어 하나님의 천사나 예수 그리스도 자신이 그들에게 전하는 것처럼, 하나님의 사자로 환영을 받았다. 그에 대한 그들의 평가가 이 정도로

컸기 때문에, 만일 그에게 도움이 된다면, 그들은 자기 눈이라도 빼어 그에게 주었을 것이다(15절). 그러니 사람들의 존경이라는 것이 얼마나 불확실한가! 그들의 마음은 얼마나 쉽게 변할까! 그리고 그들이 이전에 그토록 큰 존경과 사랑을 가졌던 자를 어쩌면 이토록 쉽게 경멸의 대상으로 삼을 수 있을까! 한때는 자기들의 눈을 빼어 그에게 주려고 했었던 사람들이 이제는 그의 눈을 빼낼 준비를 하고 있다. 그러므로 우리는 하나님의 인정을 받기 위해 힘써야 한다. 왜냐하면 다른 사람에게 판단 받는 것은 매우 작은 일이기 때문이다(고전 4:3).

Ⅲ. 이로 말미암아 사도가 그들에게 주는 간절한 충고. 너희의 복이 지금 어디 있느냐(15절). 이것은 다음과 같이 말하는 것과 같았다: "너희가 복음의 기쁜 소식을 듣고 그토록 큰 기쁨과 만족을 표현하고, 내가 그 장본인인 것처럼 생각하고 내게 감사를 쏟아 붓던 때가 있었다. 그런데 지금은 너희가 어찌하여 그토록 크게 변해서 복음에 대한 관심은 쇠퇴하고 나에 대한 존경은 거의 없느냐? 이전에 너희는 복음을 받은 것에 대해 행복하다고 생각했다. 그러나 지금은 그렇게 생각하지 못할 다른 이유가 있느냐?" 처음 사랑을 버린 사람들은 다음 사실을 유념할 필요가 있다: 그들의 복이 지금 어디 있는가? 그들이 하나님과 교제할 때 그리고 그분의 종들을 따를 때 누렸던 그 기쁨이 지금은 어떻게 되었는가? 사도는 그들의 현재 행위에 대한 부끄러움을 좀 더 확실하게 느끼도록 하기 위해 거듭 반문한다(16절): "그런즉 내가 너희에게 참된 말을 하므로 원수가 되었느냐? 지금까지 너희의 총애를 받았던 내가 지금은 너희의 원수로 여김을 받는 것이 어찌된 일이냐? 내가 너희에게 진리를 말하고, 너희에게 복음의 진리를 알려주고 확신시키기 위해 노력한 것 외에 너희가 내게 그렇게 해야 할 다른 이유가 있다는 말이냐? 만일 그런 이유가 없다면, 너희의 비호감은 참으로 불합리하구나!" 여기서 우리는 다음 사실을 주의해야 한다

1. 사람들이 실제로 자신의 가장 가까운 친구를 원수로 간주하는 경우는 흔히 벌어지는 일이다. 사도가 지금 갈라디아 교인들에게 그런 것처럼, 그들은 그 대상이 사역자들이든 다른 사람들이든 막론하고, 자기들에게 진리를 말하고, 값없이 그리고 신실하게 영원한 구원과 관련된 문제들을 전해준 사람들을 그렇게 여긴다. 2. 사역자들은 때때로 자신의 의무를 성실하게 수행하려는 것 때문에 원수를 만들 수 있다. 바울의 경우가 바로 그렇다. 그는 그들에게 진리를 말한 것 때문에 그들의 원수로 취급을 받았다. 3. 그렇다고 해도 사역자들은 다

른 사람들의 감정을 상하게 하거나 그들의 불쾌를 일으키지 않을까 하는 두려움 때문에 진리를 전하는 사역을 포기해서는 안 된다. 4. 사역자들은 다른 사람들에게 오직 진리를 말했기 때문에 자신이 그들의 원수가 되었다고 느껴질 때에도, 편안한 마음을 가질 수 있어야 한다.

[17]그들이 너희에게 대하여 열심 내는 것은 좋은 뜻이 아니요 오직 너희를 이간시켜 너희로 그들에게 대하여 열심을 내게 하려 함이라 [18]좋은 일에 대하여 열심으로 사모함을 받음은 내가 너희를 대하였을 때뿐 아니라 언제든지 좋으니라

사도는 계속해서 앞 구절에서 언급했던 것과 똑같은 내용 곧 갈라디아 교인들로 하여금 복음의 진리로부터 등을 돌린 자신들의 죄와 어리석음을 깨닫도록 하려는 목적을 다룬다. 바로 앞부분에서 그들이 복음 안에 서도록 수고한 자신에 대해 그들의 행동이 크게 변한 것 때문에 그들을 질책한 사도는 여기서 그들을 복음으로부터 떼놓으려고 획책하는 거짓 교사들의 특징에 대해 제시한다. 만일 거짓 교사들에 대해 조금만 주의했다면, 그들에게 귀를 기울일 만한 이유가 거의 없다는 것을 알았을 것이다. 그들이 거짓 교사들에 대해 어떤 의견을 갖고 있든 간에, 사도는 거짓 교사들이 음흉한 속셈이 있는 자들임을 알려준다. 거짓 교사들은 자신을 내세우고, 그 특별한 위장 아래, 성도들보다 자신들의 이익을 더 고려하는 자들이었다. 사도는 이렇게 말한다: "그들이 너희에게 대하여 열심을 내는 것은 즉 그들이 너희를 크게 존중하고, 짐짓 너희에게 큰 애정이 있는 것처럼 행세하는 것은 좋은 뜻이 아니다(17절). 그들은 선한 의도로 그렇게 하는 것이 아니다. 그들은 진실하거나 솔직하지 않다. 왜냐하면 오직 너희를 이간시켜 너희로 그들에게 대하여 열심을 내게 하려 함이기 때문이다(17절). 그들이 주로 목표로 하는 것은 너희의 열심을 자기들을 위해 사용하도록 하는데 있다. 이것을 위해 그들은 나와 진리로부터 너희가 열심을 내지 못하도록 훼방하는데 수단과 방법을 가리지 않는다." 그는 이것이 거짓 교사들의 목적이라고 확실히 말하고, 따라서 그들이 거짓 교사들에게 귀를 기울이는 것은 당연히 지혜롭지 못한 처신이었다. 여기서 다음 세 가지 사실을 주목해야 한다 1. 진리와 진실이 거의 없는 곳에도 특별한 열심이 나타날 수 있다. 2. 사람들의 열심을 은근히 부추겨서 그들을 자신의 견해 속으로 끌어들이는 것이 속이

는 자들이 흔히 쓰는 통상적 수법이다. 3. 그들은 어떻게 위장하든 간에, 보통 다른 사람들보다 자기들 자신의 이득에 더 집착하고, 그 수단들을 통해 자기들을 높이는 일이라면, 다른 사람들의 명예를 손상시키는 것도 서슴지 않는다.

이 경우에 대해 사도는 우리가 갖고 있는 한 가지 탁월한 법칙을 제시한다 (18절): 좋은 일에 대하여 열심으로 사모함을 받음은 언제든지 좋으니라. 흠정역성경(한글성경도 마찬가지다)은 좋은 일에(in a good thing)로 번역하고 있는데, 어떤 이들은 그 말을 좋은 사람이(a good man)라고 번역하는 것이 더 낫다고 생각한다. 따라서 이 말은 사도가 자신을 가리켜 한 말이라고 본다. 그들은 이전 문맥과 또 직후에 나오는 내가 너희를 대하였을 때뿐 아니라는 말로 보아 이 의미가 합당하다는 것이다. 그렇게 보면, 사도가 다음과 같이 말한 것으로 보이게 된다: "너희가 나를 열심히 사모하던 때가 있었다. 그 때 너희는 나를 좋은 사람으로 보았다. 그리고 지금도 나를 그렇게 생각하지 않을 이유가 전혀 없다. 그렇다면 확실히 그 때 내가 너희와 함께 있었을 때 나에게 보여주었던 것과 똑같은 존경을 내가 없는 지금도 보여주는 것이 너희에게 어울린다."

그러나 우리가 흠정역성경의 번역을 고수한다면, 사도는 여기서 우리가 열심을 내는데 있어서 지켜야 할 아주 훌륭한 법칙을 제공하고 있는 것이다. 이 목적을 위해 그가 우리에게 특별히 추천하는 두 가지 법칙이 있다. (1) 열심은 오직 좋은 일에 대해서만 행사되어야 한다. 왜냐하면 그것은 좋은 일에 대해 펼쳐질 때에만 좋은 것이 되기 때문이다. 악한 일에 대해 열심을 내는 자들은 오히려 그것으로 말미암아 더 큰 해악을 끼치게 될 것이다. (2) 좋은 일에 대한 열심은 지속적이고 꾸준해야 한다. 항상 좋은 일에 열심을 낼 때 그것은 좋게 된다. 학질에 걸렸을 때 일어나는 열처럼 단지 잠시 또는 가끔이 아니라 체온처럼 항상 변함없이 지속되어야 한다. 만일 이 법칙이 그리스도인들 사이에 폭넓게 지켜진다면, 그리스도의 교회는 얼마나 행복할까!

¹⁹나의 자녀들아 너희 속에 그리스도의 형상을 이루기까지 다시 너희를 위하여 해산하는 수고를 하노니 ²⁰내가 이제라도 너희와 함께 있어 내 언성을 높이려 함은 너희에 대하여 의혹이 있음이라

사도는 갈라디아 교인들을 책망할 때 그들이 자신에 대해 더 잘 참을

수 있도록 말한 다음, 여기서는 그들에 대한 자신의 각별한 애정과 그들의 유익을 위해 자신이 갖고 있는 지극히 부드러운 관심을 표현한다. 그는 그들과 같지 않았다. 함께 있을 때나 떨어져 있을 때나 한결같았다. 그들이 자기를 싫어한다고 해서 그들에 대한 사랑이 식은 것도 아니었다. 그는 그들에 대해 이전에 가졌던 것과 똑같은 존경을 그들에게 지금도 계속 갖고 있었다. 동시에 그는 거짓 교사들이 단지 자기들 자신의 이득을 구할 때, 갈라디아 교인들에 대해 짐짓 지극한 열심을 품고 있는 척하지도 않았다. 오로지 그들의 참된 유익을 위해 진지한 관심을 갖고 있었다. 그는 그들의 것을 원한 것이 아니라 그들을 원했다. 그들은 그를 원수로 대할 준비가 너무 잘 되어 있었으나 그는 자신이 그들의 친구임을 확신했다. 아니 그 정도가 아니라 그들에 대해 부모의 심정을 갖고 있었다. 그는 그들을 나의 자녀들(my children)이라고 부른다. 그것은 그가 그들을 기독교 신앙으로 회심하게 한 도구 역할을 했기 때문이다. 아니 그는 그들을 나의 (어린) 자녀들(my little children)이라고 부르는데, 그 말은 그들에 대한 그의 애정과 관심이 얼마나 지대한지를 암시해준다. 또한 그것은 그들의 현재 행동에 대한 풍자라고도 볼 수 있는데, 그것은 다른 사람들의 술수와 속임수에 쉽게 넘어가버리는 어린아이들과 너무나 같은 모습을 보여주었다는 점에서 그렇다. 그는 해산하는 여인의 고통을 들어 그들에 대한 자신의 관심을 표현하고, 그들의 유익과 영혼의 행복을 간절히 바란다: 내가 너희를 위하여 해산하는 수고를 하노니(19절). 그가 그토록 큰 수고를 하고, 그토록 간절히 바라는 그 큰 일이란 바로 그들이 그에게 감화를 받아 그들 속에 그리스도의 형상을 이루는 것이었다(19절). 즉 그들이 진실로 그리스도인이 되고, 그들 속에 복음에 대한 믿음을 확증하고 굳게 세우는 것이었다. 이것으로부터 우리는 다음과 같은 내용을 확인할 수 있다

1. 신실한 사역자들은 수고의 대상들에 대해 극히 너그러운 애정을 품어야 한다. 그것은 마치 어린 자녀들에 대해 가장 애틋한 사랑을 품고 있는 부모와 같다.

2. 사역자들이 간절히 바라고, 필요하면 해산의 수고까지 감수해야 하는 중요한 일은 그들 속에 그리스도의 형상을 이루도록 하는 것이다. 사역자들은 그들의 사랑을 받으려고 지나치게 애쓰지 말아야 하고, 또 그들을 자신의 희생양으로 삼아서는 더더욱 안 된다. 오히려 그들의 마음속에서 영이 새롭게 되고,

그리스도의 형상이 이루어지며, 그리스도인으로서의 신앙과 삶이 좀 더 온전해지고 확고해지도록 힘써야 한다. 스스로 높아져서 이러한 사역자들을 저버리거나 싫어하는 사람들은 얼마나 불합리하게 행동하는 것일까!

3. 사람들이 자신의 의를 의지하는데서 벗어나 오직 그리스도와 그분의 의만을 의지할 때까지 그들 속에서 그분의 형상은 충분히 이루어지지 않는다.

사도는 자신이 갈라디아 교인들에 대해 갖고 있는 열심과 관심의 또 다른 증거로서, 내가 이제라도 너희와 함께 있기를 바란다고 덧붙인다(20절). 즉 그는 그들과 함께 대화할 기회를 갖고, 그리하여 그들에 대해 언성을 높일 기회를 얻기를 원했다. 지금 그는 그들에 대하여 의혹이 있기 때문이다(20절). 그는 그들을 어떻게 생각해야 할지 잘 알지 못했다. 그는 그들을 어떻게 대해야 할지 알 정도로 그들의 상태에 대해 충분히 알고 있지 못했다. 그는 그들에 대한 두려움과 경계심이 가득했다. 그것이 그들에게 이와 같은 편지를 쓰게 된 이유였다. 그러나 그는 두려워했던 것보다 그들의 상태가 괜찮다는 것을 알고 기뻤다. 그래서 그들을 책망하고 비난하기보다는 칭찬할 기회를 갖고자 했던 것이다. 사역자들은 그들이 다루는 사람들을 책망해야 할 필요성을 자주 발견하지만, 그런다고 항상 그들이 그것을 감사하게 여기는 것은 아니다. 오히려 그렇게 하지 않는 것이 더 나을 수도 있다. 하지만 그들로 하여금 그들에 대해 언성을 높일 이유를 깨닫도록 할 때에는 항상 유익하다.

[21]내게 말하라 율법 아래에 있고자 하는 자들아 율법을 듣지 못하였느냐 [22]기록된 바 아브라함에게 두 아들이 있으니 하나는 여종에게서, 하나는 자유 있는 여자에게서 났다 하였으며 [23]여종에게서는 육체를 따라 났고 자유 있는 여자에게서는 약속으로 말미암았느니라 [24]이것은 비유니 이 여자들은 두 언약이라 하나는 시내 산으로부터 종을 낳은 자니 곧 하갈이라 [25]이 하갈은 아라비아에 있는 시내 산으로서 지금 있는 예루살렘과 같은 곳이니 그가 그 자녀들과 더불어 종 노릇 하고 [26]오직 위에 있는 예루살렘은 자유자니 곧 우리 어머니라 [27]기록된 바 잉태하지 못한 자여 즐거워하라 산고를 모르는 자여 소리 질러 외치라 이는 홀로 사는 자의 자녀가 남편 있는 자의 자녀보다 많음이라 하였으니 [28]형제들아 너희는 이삭과 같이 약속의 자녀라 [29]그러나 그 때에 육체를 따라 난 자가 성령을 따라 난 자를 박해한 것 같이 이제도 그러하도다 [30]그러나 성경이 무엇을 말하느냐 여종과 그 아들을 내쫓으라

여종의 아들이 자유 있는 여자의 아들과 더불어 유업을 얻지 못하리라 하였느니라 [31]그런즉 형제들아 우리는 여종의 자녀가 아니요 자유 있는 여자의 자녀니라

이 단락에서 사도는 이삭과 이스마엘 이야기로부터 취한 비유를 통해 오직 그리스도만 의지해온 신자들과 율법을 신뢰해온 유대화주의자들 사이의 차이를 예증한다. 그는 이것을 그들의 마음속에 적절한 충격과 감동을 주는 방법으로 소개한다. 또 이것을 통해 그들이 진리로부터 등을 돌리고 복음의 자유를 스스로 박탈해버린 그들의 엄청난 우매함에 대해 깨닫도록 한다: 내게 말하라 율법 아래에 있고자 하는 자들아 율법을 듣지 못하였느냐(21절). 그는 그들이 율법을 들은 것을 당연하게 여긴다. 왜냐하면 유대인들에게는 안식일마다 공적 집회에서 율법을 읽는 것이 관례화되어 있기 때문이다. 그리고 그들은 율법 아래 있는 것을 무척 좋아했기 때문에, 그들이 당연히 그 안에(창 16장과 21장에 기록되어 있는 것을 언급하고 있는) 무엇이 기록되어 있는지 살펴보았을 것으로 간주했다. 왜냐하면 만일 그들이 그렇게 해보면, 그것을 의지해야 할 이유가 거의 없다는 것을 곧 깨달을 것이기 때문이다. 우리는 여기서 다음 사실들을 주목해야 한다

1. 사도는 그들 앞에 그 역사 자체를 제시한다(22,23절): 기록된 바 아브라함에게 두 아들이 있으니. 여기서 그는 아브라함의 두 아들의 다른 지위와 상태를 표현한다. 즉 한 아들 이스마엘은 여종에게서 났고, 다른 아들 이삭은 자유 있는 여자에게서 났다. 전자는 육체를 따라 즉 일반적인 자연법칙에 따라 났고, 후자는 자연법칙에 따라서는 사라가 아들을 갖는 것을 전혀 기대할 수 없을 때, 약속으로 말미암아 났다.

2. 사도는 이 역사의 의미와 목적 또는 그가 그것을 이용하여 무엇을 말하려는지 그 용도를 그들에게 알려준다(24-27절): 이것은 비유니. 따라서 그는 그 말의 문자적 및 역사적 의미 외에, 하나님의 영이 알려주려는 또 다른 의미를 우리에게 제시하고자 한다. 하갈과 사라, 두 여자는 두 언약으로, 그 두 언약의 두 가지 서로 다른 지배를 상징하고 예시한다. 전자, 곧 하갈은 종을 낳은 자로 시내 산에서 주어진 율법을 표상했다. 물론 그것 역시 은혜의 지배 아래 있었으나 복음의 지위와 비교해 보면, 종의 신분이었다. 유대인들은 그 목적을 잘못 알고, 그 행위로 의롭게 되기를 기대했기 때문에 더욱 그러했다. 이 하갈은 아라

비아에 있는 시내 산으로서(당시 시내 산은 아라비아인들에 의해 하갈 산으로 불렸다) 지금 있는 예루살렘과 같은 곳이니 그가 그 자녀들과 더불어 종 노릇 하고(25절). 즉 그것은 당연히 지금도 복음을 불신하고, 그 언약에 집착하면서, 여전히 자기 후손들과 함께 종 노릇 하고 있는 현재 유대인의 상태를 표상한다. 그러나 후자, 곧 사라는 위에 있는 예루살렘 또는 더 나은 새 언약의 지배 아래 있는 그리스도인들의 지위를 상징하도록 되어 있었다. 그는 도덕법의 저주와 의식법의 속박으로부터 자유로운 자로, 곧 우리 어머니다. 이것은 유대인과 이방인을 막론하고, 누구나 그리스도를 믿는 믿음으로 말미암아 허락되는 지위다. 복음의 지배 아래 교회가 이처럼 큰 자유와 확장에 이르는 것이 약속된 자손의 어머니인 사라에 의해 예표된다는 사실을 지적하기 위해 사도는 이사야 선지자의 예언을 언급한다(사 54:1). 이곳에는 잉태하지 못하며 출산하지 못한 너는 노래할지어다 산고를 겪지 못한 너는 외쳐 노래할지어다 이는 홀로 된 여인의 자식이 남편 있는 자의 자식보다 많음이라고 기록되어 있다.

3. 사도는 그 역사를 이처럼 현재의 상태를 설명하는데 적용시킨다(28절): 형제들아 너희는 이삭과 같이 약속의 자녀라. 그리스도께 받아들여지고, 그분을 의지하며, 오직 그분을 통해서만 칭의와 구원을 바라는 우리 그리스도인은 비록 혈통적으로는 아니지만, 영적으로 아브라함의 자손이 되기 때문에, 약속된 유업을 받고 그 축복에 참여할 자격을 갖는다. 그러나 갈라디아 교인들이 완고하게 율법을 고수하며 율법에 복종하지 않는 자들을 언제든 핍박할 준비가 되어 있는 유대인들의 반대에 걸려 넘어지지 않도록, 사도는 이것이 예표 속에서 지시된 것 외에 다른 의미가 없음을 강조한다. 왜냐하면 그 때에 육체를 따라 난 자가 성령을 따라 난 자를 박해한 것 같이 이제도 그러하다고 기대할 수 있기 때문이다(29절). 그러나 이런 경우에 처해 있는 갈라디아 교인들을 위로하기 위해, 그는 그들이 여종과 그 아들을 내쫓으라 여종의 아들이 자유 있는 여자의 아들과 더불어 유업을 얻지 못하리라(창 21:10)고 성경이 말하는 것을 살펴보기를 바란다. 비록 유대화주의자들이 그들을 핍박하고 미워한다고 할지라도, 결과는 유대교는 결국 침몰하고 시들고 망할 것이지만, 참 기독교는 번성하고 영원히 지속될 것이라는 것이다. 따라서 사도는 자신이 말한 내용 전체의 일반적 결론으로서, 그런즉 형제들아 우리는 여종의 자녀가 아니요 자유 있는 여자의 자녀니라(31절)고 말하면서 이 장을 끝맺는다.

제
— 5 —
장

개요

이 장에서 사도는 앞 장에서 강론했던 내용의 적용을 다룬다. 그는 먼저 일반적 경고 또는 권면으로 시작하고(1절), 이어서 다양한 논증을 통해 그것을 역설한다(2-12절). 그 다음 그는 중요한 실천적 경건을 강조하는데, 그것은 거짓 교사들에 대한 최고의 방어수단이었다. 특별히 강조하는 것은 다음과 같다. I. 서로 다투지 말 것(13-15절). II. 죄에 대항하여 싸울 것. 이에 대해 그는 여기서 다음 내용을 보여준다. 1. 모든 사람 속에서 육체와 영 사이에 싸움이 있다는 것(17절). 2. 이 싸움에서 더 나은 편에 서는 것이 우리의 의무요 유익이라는 것(16,18절). 3. 육체의 일과 성령의 열매를 분류함(19-24절). 여기서 전자 곧 육체의 일은 경계하고 억제되어야 하며, 후자 곧 성령의 열매는 맺어져야 하고 소중히 여겨야 한다. 그리고 그는 그들이 그렇게 하는 것이 얼마나 중요한지를 보여준다. 이어서 그는 교만과 시기에 대한 경고를 말하는 것으로 이 장을 끝맺는다.

[1]그리스도께서 우리를 자유롭게 하려고 자유를 주셨으니 그러므로 굳건하게 서서 다시는 종의 멍에를 메지 말라 [2]보라 나 바울은 너희에게 말하노니 너희가 만일 할례를 받으면 그리스도께서 너희에게 아무 유익이 없으리라 [3]내가 할례를 받는 각 사람에게 다시 증언하노니 그는 율법 전체를 행할 의무를 가진 자라 [4]율법 안에서 의롭다 함을 얻으려 하는 너희는 그리스도에게서 끊어지고 은혜에서 떨어진 자로나 [5]우리가 성령으로 믿음을 따라 의의 소망을 기다리노니 [6]그리스도 예수 안에서는 할례나 무할례나 효력이 없으되 사랑으로써 역사하는 믿음뿐이니라 [7]너희가 달음질을 잘 하더니 누가 너희를 막아 진리를 순종하지 못하게 하더냐 [8]그 권면은 너희를 부르신 이에게서 난 것이 아니니라 [9]적은 누룩이 온 덩이에 퍼지느니라 [10]나는 너희가 아무 다른 마음을 품지 아니할 줄을 주 안에서 확신하노라 그러나 너희를 요동하게 하는 자는 누구든지 심판을 받으리라 [11]형제들아 내가 지금까지 할례를 전한다면 어찌하여 지금까지 박해를 받으리요 그리하였으면 십자가의 걸림돌이 제거되었으리니 [12]너희를 어지럽게 하는 자들은 스스로 베어 버리기를 원하노라

이 장의 전반부에서 사도는 갈라디아 교인들에게 유대화주의자 교사들을 주의하라고 경고한다. 그 교사들은 율법의 속박 아래로 그들을 이끌기 위해 애를 썼다. 그는 전에 이들을 반박하는 논증을 펼쳤고, 그들의 원리와 정신이 복음과 얼마나 크게 모순되는지를 잘 보여주었다. 그리고 지금 본문은 그에 관한 모든 강론의 일반적 결론 또는 적용으로 주어지고 있다. 우리는 오직 예수 그리스도를 믿는 믿음으로만 의롭게 될 수 있고, 모세 율법은 더 이상 효력이 없으며, 그리스도인들은 그것에 복종할 아무런 의무가 없다는 것을 지금까지의 말을 통해 밝혔기 때문에, 이제 사도는 그들에게 그리스도께서 우리를 자유롭게 하려고 자유를 주셨으니 그러므로 굳건하게 서서 다시는 종의 멍에를 메지 말라(1절)고 권면하고 있다. 여기서 우리는 다음과 같은 사실을 확인할 수 있다

1. 복음 하에서 우리는 해방되어 자유자의 신분을 갖게 되었다. 그 안에서 우리는 의식법의 멍에와 도덕법의 저주로부터 자유롭게 되었다. 우리는 더 이상 의식법을 준수할 의무에 매여 있지 아니할 뿐만 아니라 그렇게 하라고 그 안에 기록되어있는 대로 행하지 않는 자는 누구나 저주하는(3:10) 도덕법의 엄정함에도 묶여 있지 않다.

2. 우리는 예수 그리스도로 말미암아 이 자유를 얻었다. 우리를 자유롭게 하려고 자유를 주신 분은 그분이다. 자신의 공로를 통해 그분은 깨어진 율법의 요구를 만족시켰고, 왕으로서의 자신의 권위를 통해 유대인들에게 강요된 육신적 계율을 준수할 의무로부터 우리를 면제시키셨다.

3. 그러므로 (이 자유 안에) 굳건하게 서서 곧 복음과 그것이 제공하는 자유를 변함없이 그리고 신실하게 지키고, 다시는 종의 멍에를 메지 않도록 곧 모세 율법으로 돌아가지 않도록 조심하는 것은 우리의 의무다. 이것은 일반적 경고 또는 권면으로서, 이어지는 구절들에서 사도는 다양한 이유와 논증을 들어 그것을 다음과 같이 강조한다.

I. 그들이 의를 얻기 위해 할례를 받고 율법의 행위에 의존하는 것은 그리스도인으로서의 그들의 신앙에 무조건 상충되고, 예수 그리스도로 말미암아 그들이 얻은 모든 유익을 상실하게 한다(2-4절).   여기서 우리는 다음 사실을 확인할 수 있다

1. 사도는 아주 엄숙하게 이렇게 천명하고 선언한다: 보라 나 바울은 너희에게 말하노니(2절). 그는 이 말을 내가 다시 증언하노니(3절)라는 말로 반복한다. 이 말

은 바로 이런 뜻이다: "그리스도의 사도 됨을 증명하고, 그분으로부터 권위와 가르침을 받은 내가 선언하노니, 너희가 만일 할례를 받으면 그리스도께서 너희에게 아무 유익이 없으리라(2절)는 것을 내 신용과 명예를 걸고 단언한다." 여기서 사도는 자신이 지금 말한 것은 참으로 중요한 사실이라는 것과 또 지극히 확고하게 의지해야 할 것이라는 점을 보여준다. 그는 평소 할례의 전파자가 아니었고(어떤 이들이 그렇게 생각하는 것처럼), 따라서 그들이 그것에 복종하지 않은 것이 그리 큰 문제가 아니라고 생각했다.

2. 사도가 그토록 엄숙하게, 그리고 큰 확신을 갖고 선포하는 것은 너희가 만일 할례를 받으면 그리스도께서 너희에게 아무 유익이 없으리라는 것이다(2절). 우리는 사도가 여기서 말하는 것이 단순히 할례에 대한 것이라거나 할례를 받은 사람은 그리스도로 말미암아 아무 유익을 얻지 못할 것이라는 것이 그의 의도라고 생각해서는 안 된다. 왜냐하면 구약 시대의 모든 성도들은 할례를 받았고, 사도 자신도 디모데가 할례받는 것을 허락했기 때문이다. 그러나 그가 여기서 말하는 할례는 유대화주의자 교사들이 받도록 강요했던 바로 그 할례였다. 그들은 그것에 대해 너희가 모세의 법대로 할례를 받지 아니하면 능히 구원을 받지 못하리라고 가르쳤다(행 15:1). 그의 의도가 무엇인지는 4절에 분명히 나타나 있다. 거기서 그는 율법으로 말미암아 의롭게 되려고 하거나 그 행위로 의롭게 되기를 바라는 자들에게 한 표현과 똑같은 표현을 하고 있다. 따라서 이 경우, 만일 그들이 이런 의미로 할례를 받는다면, 그리스도께서 그들에게 아무 유익이 없고(2절), 율법 전체를 행할 의무를 가진 자이며(3절), 그리스도에게서 끊어지고 은혜에서 떨어진 자(4절)라고 선언한다. 이 모든 표현들로부터, 그들은 할례를 받음으로써 하나님이 세우신 칭의의 길을 거부하게 된다는 것이 드러난다. 아니 그들은 하나님이 도저히 의롭다고 보실 수 없는 자리에 스스로 들어갔다. 왜냐하면 그로 말미암아 율법 전체를 행할 의무 속에 들어간 것이기 때문이다. 그들은 요구된 순종을 행할 능력이 전혀 없었고, 그것을 행하지 못한 사람들에게는 저주가 선포되고, 정죄를 받도록 되어 있었기 때문에 그것은 그들을 결코 의롭게 할 수 없었다. 이같이 그들이 그리스도로부터 떠나 그들의 소망을 율법 위에 둔다면, 그리스도는 그들에게 아무 유익이 되지 못하고 어떤 도움도 주지 못하게 될 것이다. 따라서 할례를 받음으로써 그들은 기독교를 거부하게 되기 때문에 그리스도로 말미암아 주어지는 모든 유익을 스스로 차단해버리는 것이다.

그러므로 그들이 이미 받아들인 복음의 교훈을 견고하게 붙들고, 이 속박의 멍에 아래 이끌리지 않을 이유는 충분했다. 여기서 다음과 같은 내용을 주목해야 한다.

(1) 예수 그리스도는 아무리 악한 죄인이라도 구원하실 수 있지만, 그분이 아무 유익이 되지 못할 사람들도 있다.

(2) 율법으로 말미암아 의롭다 함을 구하는 자들은 누구나 그것으로 인해 그리스도께서 그들에게 아무 도움이 되지 못하도록 만든다. 율법의 행위에 그들의 소망을 둠으로써, 그들은 그분으로부터는 자기들의 모든 소망을 거두게 된다. 왜냐하면 그분은 자신을 그들의 유일한 구원자로 인정하고 의지하지 않는 사람들에게는 구원자가 아니시기 때문이다.

Ⅱ. 갈라디아 교인들이 복음의 교훈과 자유 속에 견고하게 서도록 하기 위해, 사도는 그들 앞에 자신과 기독교 신앙을 받아들인 다른 유대인들을 본보기로 내세우고, 자신과 그들이 어디에 소망을 두었는지를 그들에게 알려준다. 즉 그들은 성령으로 믿음을 따라 의의 소망을 기다렸다(5절). 그들은 본래 유대인이고, 율법 아래 자랐으나 성령으로 그리스도를 아는 지식을 얻게 되었고, 율법의 행위에 대한 의존을 완전히 포기하고 오직 그리스도를 믿음으로 말미암는 칭의와 구원을 바라보았다. 그러므로 율법 아래 한 번도 들어가 본 적이 없는 사람들이 그것에 복종하고, 그 행위에 그들의 소망을 두는 것은 당연히 참으로 어리석은 일이 아닐 수 없었던 것이다. 여기서 우리는 다음과 같은 사실을 관찰할 수 있다

1. 그리스도인들이 기다리는 것: 의의 소망. 이것을 통해 우리는 다가올 세계의 행복을 충분히 이해하게 된다. 이것은 그리스도인의 소망으로 불리는데, 그것이야말로 그들의 최대의 소망이기 때문이다. 그것은 그들이 바라고 소원하는 다른 모든 것들을 능가한다. 의의 소망은 그들의 소망이 의에 기초되어 있기 때문에 그들 자신의 것이 아니라 우리 주 예수의 것이다. 왜냐하면 이 행복으로 이끄는 길은 의의 생명이지만, 우리로 하여금 그것을 얻게 하는 것은 오직 그리스도의 의요, 그 기초 위에서만 우리는 그것을 소유하는 것을 기대할 수 있기 때문이다.

2. 그들이 이 행복을 얻기를 바랄 수 있는 방법: 믿음을 따라. 즉 우리는 율법의 행위나 그것을 얻기 위해 우리가 할 수 있는 어떤 업적이 아니라 오직 우리

주 예수 그리스도를 믿는 믿음으로 그 행복을 얻기를 기대할 수 있다. 다시 말해 그분을 우리의 의이신 주님으로 받아들이고 의지함으로써, 이 행복을 기대할 수 있다는 것이다. 그들이 여기서 그 자격을 얻고, 또 이후에 그것을 소유하게 되기를 바라는 것은 오직 이 방법뿐이다.

　3. 그들이 이처럼 의의 소망을 기다리게 되는 근원: 성령으로. 오직 성령 안에 있을 때, 그들은 그분의 지시와 감동 아래 행동하게 된다. 그들이 그리스도를 믿도록 이끌리고, 또 믿을 수 있을 뿐만 아니라 그분으로 말미암은 의의 소망을 기다리게 되는 것은 성령의 활동과 그분의 도우심으로 말미암아서다. 이처럼 사도가 그리스도인들의 경우를 표현할 때, 그 표현 속에는 만일 그들이 어떤 다른 방식으로 의롭게 되거나 구원받게 되기를 바란다면 결국 실망하게 되리라는 것과 그러므로 이미 받아들인 복음의 교훈을 더욱 굳게 붙드는데 심혈을 기울여야 한다는 것을 함축하고 있다.

Ⅲ. 사도는 유대인과 이방인 사이의 차별을 철폐하고, 그리스도를 믿는 믿음을 우리가 하나님께 인정받는 길로 세워놓은 기독교 제도의 본질과 목적으로부터 논증을 이끌어낸다.　그는 그들에게 그리스도 예수 안에서는 곧 복음의 지배 하에서는 할례나 무할례나 효력이 없으되 사랑으로써 역사하는 믿음뿐이니라(6절)고 말한다. 그러나 율법의 지위가 유지되는 동안, 유대인과 이방인, 곧 할례받은 사람들과 할례받지 아니한 사람들 사이에는 차별이 있었다. 전자는 후자에 속한 사람들은 제외된 하나님의 교회의 특권을 가진 자들로 인정받았으나 복음이 지배하는 상태에서는 사정이 달라졌다. 율법의 마침이신 그리스도께서 오신 지금은 할례자나 무할례자나 아무 차별이 없다. 그분은 사람들을 하나님께 천거하는데 있어서 한편보다 다른 한편을 더 잘해주시거나 또는 더 못해주시거나 하시지 않는다. 그러므로 유대화주의자 교사들이 아주 불합리하게 그들에게 할례를 받고 모세 율법을 지키도록 강요했을 때, 그들이 그 강요에 복종하는 것은 아주 지혜롭지 못한 처신이 될 수밖에 없었다. 그러나 할례나 무할례나 그들이 하나님께 받아들여지도록 하는데 아무 효력이 없다고 주장하면서, 또한 그들에게 효력이 있는 방법을 알려준다. 그것은 바로 **사랑으로써 역사하는 믿음**이었다(6절). 그리스도를 믿는 이 믿음은 하나님과 이웃에 대한 순수한 사랑으로 말미암아 그 참됨과 진실성이 밝혀진다. 만일 그들이 이런 믿음을 갖고 있다면, 할례를 받았거나 받지 않았거나 하는 것은 아무 상관이 없고, 그

들을 굳게 세우는 것은 그것 외에 다른 것은 없다. 여기서 다음 두 가지 사실을 주목해야 한다

1. 우리 주 예수를 믿는 진실한 믿음이 없다면, 외적 특권이나 고백은 우리로 하여금 하나님의 인정을 받도록 하는데 아무 효력이 없다.

2. 믿음은, 그것이 참되다면, 은혜를 일으키는 능력이다. 믿음은 사랑 곧 하나님에 대한 사랑과 우리 이웃에 대한 사랑으로써 역사하는 것이다. 이처럼 사랑으로써 역사하는 믿음이야말로 기독교의 전부다.

IV. 그들이 잘못을 돌이키고 미래를 위해 좀 더 견고한 자리에 서도록 하기 위해, 사도는 그들이 처음에 얼마나 좋게 시작했는지를 상기시키고, 그들이 원래 있었던 상태로부터 얼마나 크게 벗어나있는지를 살펴보도록 촉구한다(7절).

1. 사도는 그들이 달음질을 잘 했다고 말한다. 처음 기독교 안에 들어섰을 때 그들은 참으로 모범적으로 행동했다. 그들은 기독교를 쉽게 받아들였고, 그 길과 사역에 어울리는 열심을 보여주었다. 세례받을 때 그들은 하나님께 헌신했고, 그리스도의 제자를 자처했다. 따라서 그들의 행동은 그들의 인격과 고백에 일치되었다. 여기서 다음 두 가지 사실이 주목된다.

(1) 그리스도인의 삶은 경주다. 만일 상을 얻기를 바란다면 달리되, 끝까지 달려야 한다.

(2) 이 경주에서 달리는 것으로는, 즉 기독교인임을 고백하는 것으로는 충분하지 않고, 잘 달려야 한다. 곧 그 고백에 합당한 삶을 살아가야 한다. 갈라디아 교인들도 한동안은 잘 달렸다. 그러나 도중에 장애물을 만나 그 길에서 벗어났다. 아니 최소한 중간에 그 경주에서 시들해지고 비틀거렸다.

2. 그러므로 사도는 그들에게 누가 너희를 막았느냐고 질문하고, 그들 스스로 자문해보도록 촉구한다. 어찌하여 잘 달리던 길에서 잘 달리지 못하게 되었는가? 그는 그 방해자들이 누군지 그리고 그들을 방해한 것이 무엇인지 잘 알고 있었다. 그러나 그는 그들 스스로 질문해보기를 바라고, 진지하게 그들에게 이 방해를 일으킨 자들의 말을 들을 만한 충분한 이유가 있는지, 그리고 그 방해자들이 말한 것이 그들의 현재 행동을 충분히 정당화시킬 만한 것인지 헤아려보라고 촉구한다. 여기서 다음 사실을 유의해야 한다.

(1) 신앙생활을 바람직하게 시작하고, 한동안 잘 달리던 사람들이 즉 경주에서 정해진 경계 안에서 달리고, 열심히 그리고 기민하게 달리던 많은 사람들이,

어떤 수단이나 다른 방해물 때문에 계속 달리지 못하거나 그 코스에서 벗어나곤 한다.

(2) 잘 달리다 지금 그 길에서 벗어나 있거나 지친 상태에 있는 사람들은 자기들을 방해하는 것이 무엇인지 유의해야 한다. 새로운 신자들은 사탄이 그들의 길에 걸림돌을 놓으리라는 것과 그들을 그 코스로부터 벗어나게 하기 위해 온갖 역사를 행하리라는 것을 예상해야 한다. 그러나 그들은 그 길에서 벗어날 위험성을 발견할 때마다 누가 그 길을 방해하는지를 잘 살펴보아야 할 것이다. 사도는 갈라디아 교인들을 가로막는 방해자가 누구든 간에, 그 말에 귀를 기울이는 것은 그들로 하여금 진리를 순종하지 못하도록 방해하고, 믿음 안에서 살 때 주어지는 유익을 잃게 만드는 위험에 빠지게 한다고 말한다. 사도는 그가 그들에게 전하고, 그리하여 그들이 받아들이고 믿는다고 고백했던 복음이 진리임을 확증한다. 오직 그 안에서만 칭의와 구원의 참된 길이 충분히 발견되고, 따라서 그 유익을 향유하기 위해서는 그것에 순종하고, 그것을 굳게 지키며, 그 지시에 따라 삶과 소망을 계속 조절해가는 것이 필수적이다. 그러므로 그들이 복음으로부터 돌아선다면, 가장 우매하고 어리석다는 비난을 면키 어렵다. 여기서 다음 세 가지를 유의하자. [1] 진리는 믿어야 할 뿐만 아니라 순종해야 하고, 그 빛뿐만 아니라 그 사랑과 능력도 받아들여야 한다. [2] 복음을 굳게 지키지 않는 사람들은 진리에 올바르게 순종하는 것이 아니다. [3] 우리가 진리를 받아들이는 이유와 그것에 순종할 이유는 똑같다. 그러므로 그리스도인이 경주할 때 잘 달리기 시작했는데, 그 상태를 계속 유지하지 못하는 자들은 참으로 어리석게 행하는 자들이다.

V. 사도는 갈라디아 교인들로 하여금 복음으로부터 등을 돌리게 하려는 악한 권면으로부터 벗어나 복음의 믿음과 자유를 굳게 붙들도록 변론한다. 그 권면은 너희를 부르신 이에게서 난 것이 아니니라(8절). 여기서 사도가 말하는 권면은 말할 것도 없이 할례를 받고 모세 율법을 지키는 것은 필수적이고, 의롭게 되기 위해서는 그리스도를 믿는 믿음에 율법의 행위를 추가해야 한다고 말하는 자들의 주장을 가리킨다. 이것이 유대화주의자 교사들이 갈라디아 교인들에게 강요했던 것으로, 그들은 이 권면에 너무 쉽게 속아 넘어갔던 것이다. 여기서 그들의 어리석음을 납득시키기 위해 사도는 이 권면이 그들을 부르신 이 곧 하나님으로부터 온 것이 아니라고 말한다. 복음은 그분의 권위로 말미암

아 그들에게 전해졌고, 그들은 그 교제 속으로 부르심을 받았다. 그리고 사도 자신은 복음으로 그들을 부르시는 도구로서 쓰임받은 자였다. 그 권면은 하나님으로부터 온 것일 수가 없었다. 왜냐하면 그것은 사도가 전한 칭의 및 구원의 방법과는 정반대되었기 때문이다. 또는 그들은 바울 자신으로부터 그것을 받은 것도 아니었다. 왜냐하면 바울은 누가 뭐라고 해도 계속 그들을 반대했고, 할례의 전파자가 아니었기 때문이다. 비록 필요한 경우에 평화를 위해 할례를 용납한 적이 있기는 하지만, 그리스도인들에게 그것을 강요한 적은 결코 없었다. 하물며 그가 그것을 구원에 필수적인 요소로 강조했을 리는 만무했다. 어쨌든 이 권면은 그들을 부르신 이로부터 나온 것이 아니기 때문에, 사도는 그것이 어디서 나온 것인지를 판단해 보도록 권하고, 그것이 사탄과 그의 도구들에게서 기인된 것임을 충분히 암시한다. 사탄은 이 도구들을 통해 그들의 믿음을 전복시키고, 복음 전파를 훼방하려고 획책했던 것이다. 그러므로 갈라디아 교인들은 그것을 거부하고, 이전에 받아들였던 진리 안에 계속 굳게 서 있어야 할 충분한 이유를 갖고 있었다. 여기서 우리는 다음 두 가지 요점을 유의해야 한다

1. 그리스도인 사이에서 일어나는 두 가지 상이한 권면을 올바로 판단하기 위해, 우리는 그것들이 우리를 부르신 이로부터 온 것인지, 또는 그것들이 그리스도와 그의 사도들의 권위 위에 서 있는 것인지의 여부를 확인할 것이 요구된다.

2. 만약 조사한 결과 그것들이 이런 기초를 갖고 있지 못하다면, 다른 사람들이 그것들을 받아들이라고 아무리 강하게 요구한다고 할지라도, 우리는 절대로 수용하지 말고 거부해야 한다.

Ⅵ. 이 권면의 파급으로 야기된 위험성과 그것이 다른 사람들에게 미치는 악영향에 대해 사도는 논증을 계속한다. 그는 거짓 교사들이 그들에게 강요하는 것을 절대로 용납하지 말라고 단호하게 주장한다. 어쩌면 그들의 잘못은 그리 심각한 것이 아닐 수도 있었다. 갈라디아 교인들은 자기들을 이 권면과 실천으로 끌고 가려는 거짓 교사들이 그들 가운데 극히 일부일 뿐이라거나 자기들이 그들에게 동조하는 것은 아주 사소한 문제들에 불과할 따름이라고 말할 수도 있었다. 즉 그들이 할례받는 것과 몇 가지 유대교 율법을 준수하는 것에 대해 복종하기는 해도, 자기들이 기독교를 버리고 유대교로 넘어간 것은 아니

라고 변명할 수도 있었다. 또는 그가 이 서신에서 표현하고 있는 것처럼, 이에 대한 그들의 잘못이 참으로 크다고 할지라도 그들 가운데 그렇게 하는 사람들은 그리 많지 않기 때문에 그것에 관해 크게 염려할 필요는 없다고 항변할 수도 있었다. 따라서 사도는 이런 변명의 여지를 없애고, 그들이 생각하는 것 이상으로 그 안에 엄청난 위험이 도사리고 있다는 것을 확신시키기 위해, 적은 누룩이 온 덩이에 퍼지느니라(9절)고 말한다. 기독교의 온 덩이는 이처럼 아주 작은 하나의 잘못된 원리에 의해 오염되거나 부패하게 될 수 있고, 또는 기독교 공동체의 온 덩이는 이같이 잘못된 원리를 가진 한 명의 지체로 말미암아 오염될 수 있기 때문에, 단 한 가지 경우라도 용납하지 않도록 크게 조심해야 한다. 또는 만일 어떤 사람이 거기에 넘어간다면, 그들 사이에 그것이 퍼지지 않도록 온갖 적절한 수단을 통해 제거하도록 노력해야 한다. 기독교 교회가 특히 파괴적인 오류를 퍼뜨리는 사람들을 그들 사이에 용납하는 것은 참으로 위험천만한 일이다. 갈라디아 교회가 바로 그런 경우였다. 거짓 교사들이 애써 파급시키고, 이곳의 교회들이 현혹당한 교훈은 사도가 앞에서 보여준 것처럼 기독교 자체를 파괴시키는 위험한 것이었다. 그러므로 이런 자들의 수효는 비록 소수일지라도, 그 치명적 성향과 인간 본성의 부패성 그리고 그로 말미암아 다른 사람들에게 미칠 오염을 생각하고 사도는 그 문제에 대해 그들이 쉽게 생각하거나 무관심하지 않고, 적은 누룩이 온 덩이에 퍼진다는 진리를 유념하기를 바란다. 만일 이것들을 방치하면, 그 감염이 순식간에 온 덩이에 더 넓고 더 깊게 퍼지게 될 것이다. 만약 그들이 거짓 교사들의 강요를 용납한다면, 그것은 곧 복음의 진리와 자유를 철저히 파괴시키고 말 것이다.

VII. 자신이 말한 것에 대해 더 큰 관심을 갖도록 하기 위해 사도는 자신이 그들에 관해 갖고 있던 소망을 피력한다(10절).   나는 너희가 아무 다른 마음을 품지 아니할 줄을 주 안에서 확신하노라. 그는 그들에 관해 많은 두려움과 의혹이 있었지만(이것이 그가 그들에게 분명하고 자유롭게 자신의 입장을 밝힌 이유였다), 하나님의 역사로 말미암아 그들이 자기와 똑같은 생각을 품고, 자신이 그들에게 전하고 그래서 지금 그들이 수용하기 위해 힘쓰고 있는 복음의 진리와 자유를 인정하고, 그 안에 거하기를 원했다. 여기서 그는 아무리 큰 두려움을 일으키는 사람들이라도 그들에 관해 최선의 소망을 가져야 한다는 사실을 우리에게 가르친다. 믿음 안에 견고하게 서지 못한 것에 대해 그들을 책망할 때, 그들의 감정이 덜 상하도록 사도는 그들 자신보다 다른 사람들 곧 거짓 교사들에게 더 큰 비난의 화살을 돌렸다. 그는 그러나 너희를 요동하게 하는 자는 누구든지 심판을 받으리라(10절)고 덧붙이고 있기 때문이다. 그는 어떤 사람들이 그들을 교란하여 그리스도의 복음을 변하게 하려 한다는 것을 인식하고 있었다(1:7에서처럼). 아마 그는 다른 사람들보다 더 부지런히 앞장서서 그들을 혼란시키는 주동자 역할을 한 특별한 개인을 가리키는 것으로 보인다. 그리고 그는 여기서 어떤 잘못보다 그들의 변절을 지적한다. 이것은 우리가 죄와 오류를 책망할 때, 지도자와 피지도자 즉 다른 사람들을 죄와 오류로 이끄는 사람과 그들에게 이끌림을 받는 사람 사이를 반드시 구별해야 함을 주지시킨다. 따라서 사도는 갈라디아 교인들의 잘못을 책망할 때, 그들이 그리스도께서 그들을 자유롭게 한 자유 속으로 되돌아와 그 안에 견고히 서도록 효과적으로 설득하기 위해 그 잘못을 부드럽게 그리고 완화시켜 지적한다. 그러나 그들을 어지럽게 하는 당사자나 당사자들에 대해서는, 그 또는 그들이 누구든 간에, 심판을 받으리라고 선언한다. 그는 하나님께서 그 행위를 따라 그들을 다루실 것을 추호도 의심하지 않았다. 그는 그리스도와 그분의 교회의 원수인 그들을 향해 응당한 분노를 드러내며 그들을 베어 버리라고까지 말한다(12절). 이 말은 자신의 힘으로 그들을 그리스도와 구원에 대한 모든 소망으로부터 차단시키겠다는 뜻이 아니라 교회의 징계를 통해 그들을 교회로부터 출교시키라는 뜻이다. 이것은 복음의 순결을 부패시킨 거짓 교사들에게 본때를 보여야 한다는 뜻이다. 사역자들이든 다른 자들이든 복음에 대한 믿음을 무너뜨리고, 그리스도인의 평화를 깨뜨리는 자들은 그로 말미암아 기독교 공동체의 특권을 상실하고, 지체로부터 제외되는 처벌을 받는 것이 당연하다.

Ⅷ. 갈라디아 교인들이 유대화주의자 교사들의 말을 듣지 않도록, 또 그 교사들이 미친 악영향으로부터 벗어나도록 설득하기 위해, 사도는 이 교사들을 자기들의 목적을 위해 아주 비열하고 불순한 방법을 사용한 사람들로 표현한다. 왜냐하면 그들은 갈라디아 교인들에 대한 자기들의 목적을 보다 쉽게 이루기 위해 바울을 악평했기 때문이다. 그들이 이루기 위해 힘썼던 것은 갈라디아 교인들로 하여금 할례를 받도록 하고, 그들의 기독교에 유대교를 혼합시키는데 있었다. 이 목적을 좀 더 수월하게 달성하기 위해 그들은 바울 자신이 할례의 전파자였다고 선전했다. 사도가 형제들아 내가 지금까지 할례를 전한다면 어

찌하여 지금까지 박해를 받으리요(11절)라고 말하는 것으로 보아 그들이 그에 대해 그런 말을 한 것이 분명히 드러나고, 그들은 이것을 갈라디아 교인들로 하여금 할례를 받도록 설복시키는 변론으로 사용했던 것이다. 그들은 아마 바울이 디모데에게 할례를 받도록 한 것을(행 16:3) 이 선전의 근거로 삼았을 것이다. 그 때 그가 할례를 용납한 것은 그만한 이유가 있었으나 그가 할례의 전파자였다는 것과 특히 그들이 그것을 근거로 할례를 강요하는 것에 대해서는 전면으로 부정한다. 자신에게 그 책임을 돌리는 것이 부당함을 입증하기 위해, 사도는 만일 갈라디아 교인들이 자신에 대해 잘 살펴본다면, 그 문제에 대해 절대로 착오가 없을 것이라고 주장한다

1. 만일 그가 할례를 전했다면, 그는 박해를 피할 수 있었을 것이다. 그는 말하기를 내가 지금까지 할례를 전한다면 어찌하여 지금까지 박해를 받으리요(11절)라고 한다. 그가 유대인에게 미움을 받고 핍박을 받은 것은 분명하고, 그들도 그것을 잘 알고 있었다. 그러나 만일 그가 자신을 할례를 전하는 자들과 동일시하고, 모세 율법을 지키는 것을 구원의 필수 조건으로 주장했다면, 그들이 그를 핍박할 하등의 이유가 있었겠는가? 이것이 그들에게는 큰 논란거리였다. 만일 그가 그들과 보조를 맞추었다면, 그들의 분노를 사기는커녕 오히려 그들의 환대를 받았을 것이다. 그러므로 그가 그들로부터 박해를 받았다는 것은 그가 그들에게 동조하지 않았다는 것을 보여주는 분명한 증거였다. 그렇다. 사도는 자신이 비난하는 교훈을 조금도 전파한 적이 없었다. 그렇게 하기보다는 가장 험난한 위험을 기꺼이 선택했다.

2. 만일 사도가 유대인들의 주장에 복종했다면, 십자가의 걸림돌이 제거되었을 것이다(11절). 그가 그리하였으면 그들은 그토록 신랄하게 기독교의 교훈에 대해 공격을 취하지 아니했을 것이고, 사도와 다른 사역자들도 그것 때문에 그토록 혹독한 고난을 받지 않았을 것이다. 그는 우리에게 그리스도의 십자가(또는 십자가에 못 박히신 그리스도를 믿는 믿음으로 말미암아 오직 의롭게 되고 구원을 얻는다는 교리)를 전하는 것이 유대인에게는 거리끼는 것이었다고 말한다(고전 1:23). 그들이 기독교 안에서 그토록 악랄하게 공격을 받은 것은 그로 말미암아 할례와 율법의 전체구조를 더 이상 효력이 없는 것으로 폐해버렸기 때문이다. 이 때문에 유대인들은 십자가의 도에 대해 극도의 분노를 터뜨렸고, 그것을 고백하는 자들을 반대하고 핍박했던 것이다. 따라서 만일 바울과 다른 사

역자들이 할례가 여전히 유효하고, 그리스도를 믿는 믿음과 함께 모세 율법을 준수하는 것이 구원에 필수적이라는 견해를 받아들였다면, 그것에 대한 그들의 공격은 당장에 사라지고, 사도와 다른 사역자들은 그로 인한 고난을 피하게 되었을 것이다. 그러나 다른 사람들, 특히 그를 이 교훈의 전파자로 헐뜯는데 앞장섰던 사람들은 쉽게 그것을 받아들였겠지만, 그는 결코 그럴 수가 없었다. 오히려 그는 그렇게 함으로써 진리를 부패하게 하고, 복음의 자유를 포기하기보다는 자신의 안일과 신용, 아니 더 나아가서는 자신의 목숨까지도 포기하는 선택을 했다. 그것 때문에 유대인들은 기독교에 대해 그토록 강렬한 공격을 가했고, 그 전파자로서 그를 핍박했던 것이다. 따라서 사도는 대적들이 자신에게 뒤집어씌운 부당한 비난을 일소하고, 동시에 이토록 가혹한 방법으로 자기를 대하는 사람들을 얼마나 경멸하는지, 그리고 그들이 베어버림을 당하기를 바라는 이유가 얼마나 많은지를 보여준다.

¹³형제들아 너희가 자유를 위하여 부르심을 입었으나 그러나 그 자유로 육체의 기회를 삼지 말고 오직 사랑으로 서로 종 노릇 하라 ¹⁴온 율법은 네 이웃 사랑하기를 네 자신 같이 하라 하신 한 말씀에서 이루어졌나니 ¹⁵만일 서로 물고 먹으면 피차 멸망할까 조심하라 ¹⁶내가 이르노니 너희는 성령을 따라 행하라 그리하면 육체의 욕심을 이루지 아니하리라 ¹⁷육체의 소욕은 성령을 거스르고 성령은 육체를 거스르나니 이 둘이 서로 대적함으로 너희가 원하는 것을 하지 못하게 하려 함이니라 ¹⁸너희가 만일 성령의 인도하시는 바가 되면 율법 아래에 있지 아니하리라 ¹⁹육체의 일은 분명하니 곧 음행과 더러운 것과 호색과 ²⁰우상 숭배와 주술과 원수 맺는 것과 분쟁과 시기와 분냄과 당 짓는 것과 분열함과 이단과 ²¹투기와 술 취함과 방탕함과 또 그와 같은 것들이라 전에 너희에게 경계한 것 같이 경계하노니 이런 일을 하는 자들은 하나님의 나라를 유업으로 받지 못할 것이요 ²²오직 성령의 열매는 사랑과 희락과 화평과 오래 참음과 자비와 양선과 충성과 ²³온유와 절제니 이같은 것을 금지할 법이 없느니라 ²⁴그리스도 예수의 사람들은 육체와 함께 그 정욕과 탐심을 십자가에 못 박았느니라 ²⁵만일 우리가 성령으로 살면 또한 성령으로 행할지니 ²⁶헛된 영광을 구하여 서로 노엽게 하거나 서로 투기하지 말지니라

이 장의 후반부에서 사도는 갈라디아 교인들에게 거짓 교사들의 궤계

를 물리치는 최고의 방어책으로서 진실한 경건생활을 실천하도록 권면한다. 그가 여기서 강조하는 것은 특별히 두 가지다.

I. 다투지 말고 서로 사랑하라. 사도는 그들이 자유를 위하여 부르심을 입었다고 말한다(13절). 그리고 그는 그들이 그리스도께서 그들을 자유롭게 하신 자유 안에 굳게 서기를 바란다. 그러나 그는 그 자유로 육체의 기회를 삼지 말라고 아주 조심스럽게 당부한다. 즉 그는 그들이 그것으로 어떤 부패한 집착과 실천에 빠지지 않기를, 특히 그것으로 냉담과 불평을 일으켜 그들 사이에 다툼과 분란의 근거가 되지 않기를 원했다. 그 대신 오직 사랑으로 서로 종 노릇 하기를 원했다. 다시 말해 어떤 사소한 차이가 있더라도 그들 서로 간에 사랑과 우정을 간직하고, 교회가 그들에게 마땅히 요구하는 서로에 대한 존경과 친절의 직분을 잘 감당하라는 것이다. 여기서 우리는 다음과 같은 사실을 주목해야 한다

1. 우리가 그리스도인으로서 향유하는 자유는 방종을 위한 자유가 아니다. 그리스도께서 우리를 율법의 저주로부터 구원하셨지만, 그것을 지킬 의무로부터 해방시키신 것은 아니다. 복음은 경건에 관한 교훈으로(딤전 6:3), 죄를 절대로 묵인하지 않고 오히려 그것을 피하고 정복하도록 가장 강력한 의무 아래 우리를 둔다.

2. 우리는 그리스도인의 자유 안에 굳게 서야 하지만, 그것을 이유로 그리스도인의 사랑을 태만히 해서는 안 된다. 우리는 그것을 우리와 다른 생각을 가진 동료 그리스도인들과 다투고 분쟁하는 기회로 삼아서는 안 되고, 서로를 향해 항상 온유한 마음을 가짐으로써, 사랑으로 서로 섬기는 자들이 되어야 한다. 이것 때문에 사도는 갈라디아 교인들을 설득하려고 애쓰고, 이 목적을 위해 그들 앞에 두 가지 실천사항을 제시한다.

(1) 온 율법은 네 이웃 사랑하기를 네 자신 같이 하라 하신 한 말씀에서 이루어졌나니(14절). 사랑은 온 율법의 종합이다. 하나님에 대한 사랑이 첫 번째 돌판의 의무를 집약하고 있다면, 이웃에 대한 사랑은 두 번째 돌판의 의무의 집약이다. 사도는 여기서 후자를 주목하고 있다. 왜냐하면 그는 그들 상호 간의 행동에 대해 말하고 있기 때문이다. 이것을 서로에 대한 사랑을 그들에게 납득시키기 위한 논증으로 사용할 때, 사도는 이것이 그들의 믿음의 진실성을 보여주는 충분한 증거가 된다는 것과 그들 사이에 있던 불화와 분열을 뿌리뽑는 가장 유효한 수단이라는 것을 암시한다. 우리는 서로 사랑할 때, 그리스도의 참된 제자임

을 보여주게 될 것이다(요 13:35). 이 정신이 유지되는 곳에서는, 비록 그리스도 인들 사이의 불행한 불일치를 완전히 제거하지는 못해도, 최소한 그 치명적 결과를 초래하지 않도록 그것을 억제시켜줄 것이다.

(2) 그와 반대되는 행동의 슬프고도 위험스러운 결과(15절): 사도는 서로 사랑하며 하나님의 법을 성취하지 않고, 만일 서로 물고 먹으면 피차 멸망할까 조심하라고 말한다. 만일 사람답게 그리고 그리스도인답게 행동하지 않고, 서로 찢고 헐뜯으며 사나운 짐승들처럼 악하게 행동한다면, 그 결과는 아무것도 기대할 것이 없을 것이고, 피차 멸망하게 될 것이다. 그러므로 이런 다툼과 적의에 빠져서는 안 될 절대적인 이유가 여기 있었다. 형제들 간에 서로 다투는 것은, 만일 그것이 계속된다면, 함께 망하는 것으로 곧 판명될 것이다. 서로 물고 먹는 사람들은 서로 멸망하는 통로 속에 있는 것이다. 결국 기독교 교회는 그들 스스로의 손에 의해 파멸할 수밖에 없다. 따라서 서로 돕고 서로 기쁨을 나누어야 할 그리스도인들이 사나운 짐승처럼 서로 물고 먹는다면, 사랑의 하나님께서 그들에게 베푸실 은혜를 보류하고 사랑의 성령께서 그들을 떠나고, 그 대신 그들의 파멸을 획책하는 악령이 득세하리라는 것을 예상할 수 있지 않은가?

Ⅱ. 죄에 대해 철저히 대항하라. 만일 그리스도인들이 그들 사이의 모든 다툼을 멈추고, 죄와 싸우는데 전념한다면, 교회는 참으로 행복하게 될 것이다. 나와 의견이 다르다는 이유로 서로 물고 먹는 대신에 그들이 자신들 마음속에서 그리고 그들의 삶의 현장 속에서 죄를 대적한다면 과연 그렇게 될 것이다. 이것이 우리가 다투지 않는데 심혈을 기울여야 할 중심 이유이고, 따라서 다른 무엇보다 죄를 반대하고 억누르는 것이 우리의 급선무가 되어야 한다. 그리스도인들로 하여금 이 일을 자극하고, 그렇게 하도록 돕기 위해 사도는 다음과 같은 사실을 주장한다.

1. 모든 사람 속에는 육과 영 사이에 싸움이 존재한다(17절): 육체(우리의 부패하고 육적인 부분)의 소욕은 성령을 거스르고(힘과 활력을 갖고 투쟁과 다툼을 일으킨다). 육체는 성령의 모든 움직임을 반대하며 영적인 모든 것에 대해 저항한다. 반면에 성령(우리의 새롭게 된 부분)은 육체를 거스르고 싸운다. 즉 육체의 의지와 욕망을 반대한다. 따라서 이처럼 둘이 서로 대적하기 때문에 우리가 원하는 것을 하지 못하게 된다(17절). 우리 안에 있는 은혜의 원리가 타락한 본성이 제공하는 온갖 악을 행하지 못하도록 저지하는 것처럼, 또한 우리는 타락하

고 부패한 원리가 일으키는 반대로 말미암아 우리가 원하는 온갖 선을 행할 수 없게 된다. 심지어는 거듭나지 아니한 자연인 속에서도 이 싸움이 어느 정도 존재한다. 그의 양심의 가책과 부패한 마음이 서로 갈등을 일으킨다. 그의 가책은 그의 타락을 억제시키고, 그의 타락은 그의 가책을 잠잠케 한다. 마찬가지로 거듭난 사람 속에도 어느 정도 선의 원리가 존재하고, 옛 본성과 새 본성 곧 죄의 잔재와 생성된 은혜 사이에 싸움이 일어난다. 그리스도인들은 이 세상에 사는 한, 이 둘 사이의 싸움이 항상 있을 것임을 예상해야 한다.

  2. 이 싸움에서 우리가 더 나은 편에 속하는 것 곧 우리의 타락을 반대하고 우리의 정욕을 거스르는 은혜에 속하는 것이 우리의 의무이자 관심사이다. 사도는 이것을 우리의 의무로 제시하고, 이 싸움에서 승리할 수 있는 가장 유효한 수단들을 알려준다. 만일 우리가 이 나은 길을 좀 더 효율적으로 취하려면 어떤 과정을 거쳐야 하는지 질문받는다면, 거기에는 한 가지 일반법칙이 있다고 그는 대답한다. 그것은 적절하게 준수된다면, 타락의 기세를 꺾을 수 있는 가장 유력한 대책이 될 것이다. 그것은 바로 성령을 따라 행하는 것이다(16절): 내가 이르노니 너희는 성령을 따라 행하라 그리하면 육체의 욕심을 이루지 아니하리라. 여기서 성령은 거듭나 의롭게 된 사람들의 마음속에 들어와 거하시면서, 그들을 인도하고 그들이 마땅히 행해야 할 의무를 행하도록 도우신다. 즉 그분은 자신이 그의 백성들의 영혼 속에 심어놓으신 은혜의 원리가 육체의 소욕을 거스르게 하고, 그들 속에서 여전히 활동하고 있는 부패의 원리가 그것을 반대하지 못하도록 역사하신다. 따라서 여기서 우리에게 강조되는 의무는 우리가 은혜의 성령의 인도와 감동 아래 행하고, 우리 안에 있는 새 본성의 움직임과 성향에 순응해야 한다는 것이다. 만일 우리의 삶의 일반적 과정 및 방향 속에서 이것을 유의한다면, 우리는 타락한 본성의 선동과 방해로부터 완전히 자유로울 수는 없겠지만, 육체의 욕심을 이루지는 아니할 것이다. 따라서 육체의 소욕은 우리 안에 남아있다고 해도, 우리를 지배하는 세력이 되지는 못할 것이다. 죄의 폐해에 대한 최고의 해독제는 성령을 따라 행하는 것이다. 즉 항상 영적인 일에 맞추어 생활하고, 타락한 육체의 부분에 해당되는 육체의 일들보다는 영적인 부분에 해당되는 영혼의 일을 염두에 두고 사는 것, 말씀의 인도에 우리 자신을 맡기는 것 등이 우리를 향하신 하나님의 뜻임을, 그리고 그분의 도우심과 역사에 따라 행동하는 것이 우리의 의무임을 성령께서 알려주시는 것

이다. 이것은 육체의 욕심을 이루지 못하도록 우리를 보호해주는 최고의 수단인 만큼, 우리가 참된 그리스도인임을 증명하는 최고의 증거가 될 것이다. 왜냐하면 사도가 말하는 것처럼, 너희가 만일 성령의 인도하시는 바가 되면 율법 아래에 있지 아니하기 때문이다(18절). 이것은 마치 이렇게 말하는 것과 같다: "너희는 이 세상에 사는 동안은 육과 영 사이의 싸움을 각오해야 한다. 육체는 영을 거스르고 영은 육체를 거스른다. 그러나 만일 너희의 삶의 지배적 성향과 방향이 성령의 인도하시는 바가 되면, 즉 성령 곧 그분이 너희 안에 심으신 영적 본성과 성향의 인도와 지배 아래 행한다면, 비록 너희가 계속 그 명령과 그 세력 아래 있더라도, 너희는 율법 아래, 또 정죄 아래 있지 아니할 것이다. 왜냐하면 이제 그리스도 예수 안에 있는 자에게는 결코 정죄함이 없나니(롬 8:1), 육신을 따르지 않고 그 영을 따라 행하기 때문이요(롬 8:4), 무릇 하나님의 영으로 인도함을 받는 사람은 곧 하나님의 아들이기 때문이다(롬 8:14).

3. 사도는 육체의 일을 열거한다. 육체의 일은 경계되고 극복되어야 하지만, 성령의 열매는 소중히 여기고 맺어져야 한다(19절 이하). 그 항목들을 구체적으로 제시함으로써 사도는 자신이 여기서 무엇을 말하고 있는지를 증명한다.

(1) 그는 먼저 육체의 일로부터 시작한다. 그것들은 그 수가 많은 만큼 다양하다. 그가 여기서 말하는 일들은 육체의 일로서, 그것들이 부패하고 타락한 본성의 산물이라는 것은 반론의 여지가 없다. 그것들 대다수는 본성 자체의 빛에 따라 죄로 규정되고, 또 그것들은 모두 성경의 빛에 따라 죄로 규정된다. 그가 열거하는 항목들은 그 종류가 아주 다양하다. 어떤 것들은 십계명의 제7계명에 걸리는 죄들인데, 간음(한글성경에는 생략되어있다), 음행, 더러운 것, 호색 등이 여기에 속한다. 이 죄들은 이 죄에 해당하는 추악한 행동 전체를 가리킬 뿐만 아니라 이 죄악의 성향을 담고 있는 생각, 말 그리고 행동까지 망라한다. 또 어떤 것들은 제1계명과 제2계명을 어기는 죄들이다. 우상 숭배, 주술 등이 그것이다. 다른 것들은 이웃과 형제사랑이라는 황금률에 걸리는 죄들이다. 이 속에는 원수 맺는 것, 분쟁, 시기, 분냄, 당 짓는 것 등이 포함된다. 이 죄들은 너무나 자주 분열, 이단, 투기 등을 야기하고, 때로는 살인(한글성경에는 생략되어 있다)과 같은 일을 일으키기도 한다. 여기서 살인은 같은 피조물인 다른 사람들의 생명 자체를 해치는 것만이 아니라 그들의 이름이나 명예를 해치는 것도 포함한다. 또 다른 것들은 자기 자신에 대해 저지르는 죄들이다. 이런 것들로는 술 취함과

방탕함이 있다. 사도는 또 그와 같은 것들이라고 말함으로써, 누구나 그것들에 대해 철저히 조심하도록 경고를 주고, 그렇게 함으로써 그들이 위로하시는 하나님의 얼굴을 바라보기를 바란다. 그는 이렇게 말한다: 또 그와 같은 것들이라 전에 너희에게 경계한 것 같이 경계하노니 이런 일을 하는 자들은 하나님의 나라를 유업으로 받지 못할 것이요(21절). 이것들은 의심할 것도 없이 사람들을 천국으로부터 쫓겨나게 하는 죄들이다. 영들의 세계는 육체의 더러움 속에 빠져 있던 사람들에게는 아무 위로가 될 수 없다. 또 의롭고 거룩하신 하나님은 그들이 무엇보다 먼저 주 예수 그리스도의 이름과 우리 하나님의 성령 안에서 씻음과 거룩함과 의롭다 하심을 받지 않으면(고전 6:11) 자신의 은총과 얼굴 앞에 그들이 나오는 것을 허락하지 아니하실 것이다.

(2) 사도는 성령 또는 거듭난 본성의 열매들을 열거한다. 그것들은 그리스도인으로서 우리가 당연히 맺어야 할 것들이다(22,23절). 여기서 우리는 육체 또는 타락한 본성이 사람들을 죄로 이끌고 자극하는 원리이기 때문에 죄가 육체의 일이라고 불리는 것처럼, 은혜도 전적으로 성령으로부터 나오기 때문에 성령의 열매로 불린다. 이것은 마치 열매가 그 뿌리로부터 나오는 것과 같다. 사도는 앞에서 육체의 일에 관해 상세히 열거하고, 그 일들이 사람들 자신만이 아니라 다른 사람들에 대해서까지도 해를 끼치는 경향이 있다는 것을 설명했었다. 이제 여기서 그는 성령의 열매들을 열거하고, 그것들이 그리스도인들 자신만이 아니라 그들 상호 간에 대해서도 큰 유익을 제공하는 경향이 있음을 제시한다. 이것은 그가 앞에서 말한 그 자유로 육체의 기회를 삼지 말고 오직 사랑으로 서로 종 노릇 하라(13절)는 경고 또는 권면과 적절하게 조화되었다. -사랑. 그는 먼저 우리에게 하나님을 사랑하라고 권한다. -희락. 이것은 그분을 위해 서로 기뻐하는 것이다. 여기서 희락은 다른 친구들과 즐겁게 생활하는 것, 아니 오히려 하나님 안에서 계속 즐거워하는 것을 의미한다. -화평. 이것은 하나님 및 양심과 평화 속에 있는 것 또는 다른 사람들을 향한 마음과 행실이 평화 상태 속에 있는 것을 말한다. -오래 참음. 이것은 분노를 보류하고 참는 것 또는 너그럽게 손해를 감수하는 것을 말한다. -자비. 이것은 부드러운 성품, 특히 우리보다 못한 사람들에 대해 부드러운 마음을 품는 것을 말한다. 이것은 만약 어떤 사람이 우리에게 잘못을 범했다면, 그를 상냥하고 정중하고 너그럽게 대한다는 뜻이다. -양선. 이것은 친절, 덕행을 의미하는데, 우리는 기회가 있는 대로 모든

사람에게 선을 행할 준비가 되어 있다는 뜻이다. -충성. 이것은 신뢰, 충실, 정의와 정직을 가리키는데, 예컨대 다른 사람들과 약속하거나 고백할 때 그렇게 한다는 뜻이다. -온유. 이것은 우리의 감정과 악의를 잘 조절하여 쉽게 성을 내지 않는 것을 말한다. 설사 성을 냈다 하더라도, 곧 그것을 진정시켜야 한다. -절제. 이것은 먹고 마실 때 또는 어떤 오락을 즐길 때, 그 정도가 지나치거나 부적절하지 않도록 조절하는 것을 말한다. 이 성령의 열매들 또는 이 열매들이 발견되는 사람들에 관해 사도는 이같은 것을 금지할 법이 없느니라(23절) 말한다. 즉 그것들이나 그들을 정죄하거나 처벌할 법은 없다는 것이다. 바로 그렇기 때문에 그들은 율법이 아니라 은혜 아래 있다. 그들이 누구든 간에 이 성령의 열매들이 발견되는 사람들은 성령의 인도하시는 바가 되고, 그 결과 율법 아래에 있지 아니함을 분명히 증명하는 것이다(18절). 육체의 일과 성령의 열매를 열거함으로써, 사도는 우리에게 우리가 피하고 반대해야 할 것과 소중히 여기고 계발해야 할 것이 각각 무엇인지 지시하면서, 또한 이것이 참된 모든 그리스도인의 진지한 관심과 노력을 수반하는 일임을 가르쳐 준다(24절): 그리스도 예수의 사람들은 육체와 함께 그 정욕과 탐심을 십자가에 못 박았느니라. 여기서 그리스도 예수의 사람들은 그 모습과 고백에서 뿐만 아니라 신실함과 진실함에 있어서 참된 그리스도인을 말한다. 세례받을 때 그들은 이에 대한 의무를 받게 되었다. 왜냐하면 그리스도와 합하여 세례를 받은 것은 그의 죽으심과 합하여 세례를 받은 것이기 때문이다(롬 6:3). 따라서 지금 이 의무를 충실하게 이행하고 그들의 주님이자 머리이신 분과 일치되기 위해, 그들은 주님이 죄를 위해 죽으신 것처럼 죄에 대하여 죽기 위해 힘써야 한다. 그들은 아직 죄에 대한 완전한 승리를 쟁취하지 못했다. 그들은 여전히 그들 속에 성령과 함께 육체를 갖고 있다. 따라서 그 욕심과 소욕이 그들을 계속 크게 괴롭히고 있다. 하지만 죄가 죽을 몸을 지배하지 못하게 하여 몸의 사욕에 순종하지 말아야 하는(롬 6:12) 것처럼, 그들은 죄의 철저한 파멸과 멸망을 구하고, 그것을 수치스럽고 치욕적인 것으로 여겨야 한다. 우리 주 예수께서도 우리를 위해 이 모든 일을 감당하셨다. 우리가 우리 자신을 그리스도의 것으로 인정한다면, 곧 그분에게 연합되어 있고 그분과 관련되어 있다면, 우리는 육체와 함께 그 타락한 정욕과 탐심을 십자가에 못 박는 것은 우리의 지속적인 관심사와 의무가 되어야 한다. 그리스도는 스스로 죄의 종 노릇 하는 자들을 자신의 것으로 인정하지 않으실 것이다. 그러나 사도는 여기서 육체와 함께 그 정욕과 탐심을 십자가에 못 박는 것이 참 된 그리스도인의 관심사이자 의무라고 언급하지만, 그것은 동시에 의심할 것 없이 한편으로 우리는 그가 방금 열거한 성령의 열매들을 맺어야 한다는 사실 을 함축하고 있다. 이것은 그 어떤 것보다 우리가 더 잘 감당해야 할 의무로서, 우리의 믿음의 진실성을 증명하기 위해서는 필수적이다. 우리는 악을 행하는 것을 멈추는 것으로는 충분치 않다. 선을 적극적으로 행하는 법을 배워야 한다. 기독교는 우리에게 죄에 대하여 죽을 의무를 부과할 뿐만 아니라 의에 대하여 살 의무도 부과한다. 육체의 일을 금해야 할 뿐만 아니라 동시에 성령의 열매 도 맺어야 한다. 그러므로 만일 우리가 참으로 그리스도께 속한 자임을 보여주 려면, 전자와 후자 둘 다 우리의 지대한 관심사와 수고의 대상이 되어야 한다. 여기서 사도의 목적은 이 양자를 실천하는 것은 우리의 의무이면서 동시에 우 리가 그리스도인으로서의 자격을 유지하는데 필수조건이라는 것을 제시하는 데 있었다. 이것은 이어지는 말씀으로 요약될 수 있다(25절): 만일 우리가 성령으 로 살면 또한 성령으로 행할지니. 이 말씀은 이런 뜻이다: "만일 우리가 그리스도 의 영을 받았다고 또는 우리 마음이 영으로 새롭게 되고 영적 생명의 원리를 부여받았다고 고백한다면, 삶 속에서 적절한 성령의 열매를 맺음으로써 그것 을 증명해야 한다." 그는 앞에서 우리에게 그리스도의 영은 하나님의 모든 아 들에게 주어진 권세라고 말했다(4:6). 이제 그는 이렇게 말한다: "우리가 만일 이 아들들의 수에 포함되어 있고, 그래서 이 권세를 갖고 있다고 고백한다면, 이 권세에 일치하는 성품과 행실을 통해 그것을 입증해야 한다. 우리는 선한 행실을 통해 우리의 선한 원리를 증명해야 한다." 우리의 생활은 항상 성령의 인도와 지배 아래 살아야 하는 원리에 부합해야 한다: 육신을 따르는 자는 육신 의 일을, 영을 따르는 자는 영의 일을 생각하나니(롬 8:5). 그러므로 만약 우리가 그 리스도의 것이고, 그분의 영에 참여하는 자들임을 증명하려면, 육신을 따르지 말 고 영을 따라 살아야 할 것이다. 우리는 몸의 행실을 죽이고, 새 생명을 따라 살 기를 진지하게 추구해야 한다.

4. 사도는 교만과 투기에 대한 경고로 이 장을 끝맺는다(26절). 그는 앞에서 갈라디아 교인들에게 오직 사랑으로 서로 종 노릇 하라(13절)고 권면했었다. 그리 고 그렇게 하지 않고 서로 물고 먹으면(15절), 그 결과가 어떻게 될 것인지 유념 하라고 경고했었다. 이제 사도는 성령의 열매는 맺고, 육체의 일은 금하도록 하

기 위한 수단으로서, 그들에게 헛된 영광을 구하지 않도록 곧 사람들의 칭찬이나 박수갈채를 지나치게 사모하지 않도록 경고한다. 만일 그 일에 지나치게 몰입하게 되면, 이로 말미암아 결국에는 서로 노엽게 하거나 서로 투기하는 일이 벌어지기 때문이다. 이런 기질이 그리스도인들 사이에 득세하는 한, 그들은 자기보다 못하다고 생각되는 사람들을 무시하거나 멸시하기 마련이고, 또 자기가 당연히 존경을 받아야 한다고 생각하는데 다른 사람들로부터 그런 대접을 받지 못했을 때에는 기분이 상하고, 어떤 사람들 때문에 자신의 명예가 손상될 경우에는 그들을 투기하게 될 것이다. 이처럼 헛된 영광을 구하는 것은 이런 다툼과 분란의 기초가 된다. 그리스도인들이 서로에 대해 당연히 가져야 하는 사랑에 불일치하게 되면, 그들은 기독교 자체의 영예와 유익을 크게 떨어뜨리게 될 것이다. 그러므로 사도는 이것을 온갖 수단을 동원해서 우리에게 강조하는 것이다.

우리는 여기서 다음 두 가지를 유념해야 한다. (1) 사람들로부터 오는 영광은 헛된 영광이다. 그것은 우리가 바랄 것이 아니라 우리를 죽게 만드는 것이다. (2) 사람들의 칭찬과 박수갈채를 지나치게 추구하는 것은 그리스도인들 가운데 존재하는 불행한 다툼과 분쟁의 가장 큰 원인 가운데 하나이다.

제
— 6 —
장

개요

이 장은 크게 두 부분으로 구성된다. 전반부에서 사도는 우리에게 몇 가지 명백하고 실제적인 지침을 제시한다. 그것은 좀 더 구체적으로 그리스도인들에게 서로에 대한 의무를 가르치고, 성도들의 사랑의 교제를 촉진시키려는 의도를 담고 있다(1-10절). 후반부에서 사도는 이 서신의 핵심 목적으로 다시 돌아간다. 그것은 유대화주의자 교사들의 궤계를 물리치도록 갈라디아 교인들을 강화시키고, 그들이 복음의 진리와 자유 안에 굳게 서도록 하려는 것이었다. 이 목적을 위해 그는 다음과 같이 내용을 전개한다. I. 그들에게 거짓 교사들의 참된 특징을 제시하고, 그들이 어떤 동기와 어떤 목적으로 그렇게 행하는 지를 보여준다(11-14절). II. 한편으로 그들에게 자신의 성품과 행실에 관해 알려준다. 이 두 가지 사실로부터 그들은 자기들이 얼마나 빈약한 이유로 사도를 무시하고, 거짓 교사들에게 현혹되었는지를 쉽게 깨달을 수 있었다. 이어서 사도는 장엄한 축도로 이 편지를 끝맺는다(15-18절).

[1]형제들아 사람이 만일 무슨 범죄한 일이 드러나거든 신령한 너희는 온유한 심령으로 그러한 자를 바로잡고 너 자신을 살펴보아 너도 시험을 받을까 두려워하라 [2]너희가 짐을 서로 지라 그리하여 그리스도의 법을 성취하라 [3]만일 누가 아무것도 되지 못하고 된 줄로 생각하면 스스로 속임이라 [4]각각 자기의 일을 살피라 그리하면 자랑할 것이 자기에게는 있어도 남에게는 있지 아니하리니 [5]각각 자기의 짐을 질 것이라 [6]가르침을 받는 자는 말씀을 가르치는 자와 모든 좋은 것을 함께 하라 [7]스스로 속이지 말라 하나님은 업신여김을 받지 아니하시나니 사람이 무엇으로 심든지 그대로 거두리라 [8]자기의 육체를 위하여 심는 자는 육체로부터 썩어질 것을 거두고 성령을 위하여 심는 자는 성령으로부터 영생을 거두리라 [9]우리가 선을 행하되 낙심하지 말지니 포기하지 아니하면 때가 이르매 거두리라 [10]그러므로 우리는 기회 있는 대로 모든 이에게 착한 일을 하되 더욱 믿음의 가정들에게 할지니라

앞 장에서 사도는 그리스도인들에게 사랑으로 서로 종 노릇 하라고 권면하고(13절), 또 그가 권고했던 상호 사랑과 섬김을 방해하는 잘못된 성품에 대해 경고했었다(26절). 이제 이 장을 시작하면서 그는 좀 더 구체적인 몇 가지 지침을 제시하는데, 그것들은 적절히 지켜지면, 성령의 열매는 증가되고 육체의 일은 억제될 것이다. 그리고 우리의 행실은 그만큼 더 우리의 신앙고백에 잘 일치되고, 서로 간에 훨씬 더 유익하고 편안한 관계가 이루어질 것이다. 이것을 구체적으로 살펴보자.

I. 여기서 우리는 범죄로 실족한 사람들을 지극히 온유하게 대해야 한다는 사실을 배운다(1절). 사도는 여기서 가정법을 쓴다: 사람이 만일 무슨 범죄한 일이 드러나거든. 즉 불의의 유혹으로 말미암아 죄를 범하거든. 음모와 범의를 품고 즉 죄에 대해 충분한 결심을 하고 죄를 범하는 것과 우연히 잘못을 범하는 것 사이에는 차이가 있다. 여기서 언급되는 것은 후자의 죄다. 이 경우에 사도는 각별히 온유한 마음이 적용되어야 함을 보여준다. 신령한 너희는. 이 말의 의미 속에는 사역자들만이 아니라(오직 그들만이 신령한 사람들로 불리어지는 것은 아니다) 다른 그리스도인들도 포함되는데, 특히 믿음의 수준이 높은 사람들을 가리킨다. 이들은 온유한 심령으로 그러한 자를 바로잡아 주어야 한다. 우리는 여기서 다음과 같은 사항을 유의해야 한다

1. 우리에게 부과된 의무: 범죄한 자를 바로잡아 주라. 우리는 진실한 책망과 적절하고 합당한 상담을 통해 그들이 회개에 이르도록 힘써야 한다. 여기서 바로잡다(카타르티제테)는 말은 탈구된 뼈를 바로잡는 것처럼 제자리에 맞추다는 뜻이다. 따라서 우리는 그들의 죄와 오류를 깨닫게 하고, 그들의 본연의 의무를 자각시키며, 하나님의 용서하시는 자비를 느끼게 하여 그들이 위로받도록 함으로써, 제자리에 돌아오도록 즉 그들이 제정신을 차리도록 노력해야 한다. 그렇게 그들을 바로잡아 줄 때 우리는 그들에 대한 사랑을 확증하게 될 것이다.

2. 이것을 수행하는 태도: 온유한 심령으로. 형제의 실패를 득의양양해 하는 자처럼 분노와 감정을 갖고 하지 말고, 그들을 위하여 애통하는 자로서 온유한 마음을 갖고 해야 한다. 필요한 많은 책망들이 분노와 함께 주어지기 때문에 그 효력을 상실하게 된다. 그러나 조용하고 부드러운 마음으로 대하고, 책망을 받는 사람들의 행복에 대한 진실한 관심과 애정을 갖고 책망한다면, 그들은 분명히 감동을 받게 될 것이다.

3. 이것이 온유한 마음으로 수행되어야 하는 합당한 이유: 너 자신을 살펴보아 너도 시험을 받을까 두려워하라. 우리는 죄를 범한 사람들을 관대하게 다루어야 한다. 그 이유는 우리도 언제 그렇게 될지 알 수 없고, 그들의 입장이 곧 우리의 입장이 될 수도 있기 때문이다. 우리 역시 시험받을 수 있다. 아니 시험에 넘어가 범죄할 수도 있다. 그러므로 우리가 우리 자신을 적절히 살펴본다면, 우리가 그렇게 범죄할 가능성을 갖고 있는 만큼, 그런 일로 다른 사람들에게 책망 받을 수 있음도 알게 될 것이다.

Ⅱ. 우리는 여기서 짐을 서로 지라고 지시받는다(2절).　　이것은 앞에서 언급한 내용과 관련된 것으로, 우리에게 범죄한 자들의 연약함과 어리석음과 부족함에 대해 서로 간에 관용과 포용을 실천하라는 교훈으로 받아들일 수 있다. 왜냐하면 우리도 자주 그런 상태에 빠질 수 있기 때문이다. 이것은 우리로 하여금 그들의 잘못을 무조건 눈감아주라는 뜻이 아니라 그 죄에 대해 서로 가혹한 태도를 취하지 말라는 것이다. 또는 이것은 좀 더 일반적 교훈을 담고 있는 것으로 이해될 수도 있다. 말하자면 그것은 우리가 직면하는 다양한 시련과 환난에 대해 서로 감싸주고, 서로 위로하고 격려하며, 서로 도와주고 붙들어주라는 것이다. 이것을 더욱 유의하도록 사도는 그것을 동기로 해서 그리스도의 법을 성취하라고 덧붙인다(2절). 이것은 그분의 교훈의 법에 맞게 행하라는 것이다. 그분의 법은 곧 사랑의 법으로, 우리에게 서로 같은 마음과 감정을 품고 서로 관용과 용납의 의무를 실천하라는 것이었다. 그것은 또한 그분의 본보기와 실례에 합당하게 행하라는 것이다. 그분의 삶은 우리에게 법적인 효력을 갖고 있기 때문이다. 그분은 우리와 같이 되셔서 우리의 연약함과 어리석음을 친히 담당하신 분이다. 그분은 우리의 연약함을 동정하지 못하실 이가 아니다(히 4:15). 그러므로 우리는 서로 같은 마음을 품어야 할 충분한 이유를 갖고 있다. 그리스도인들은 모세 율법으로부터 해방되었으나 동시에 그리스도의 법 아래 있음을 기억해야 한다. 그러므로 (모세 율법의 준수를 주장하는 사람들이 그랬던 것처럼) 다른 사람들에게 불필요한 짐을 지우지 않고 서로 짐을 짐으로써 그리스도의 법을 성취하는 것이 우리에게 더욱 어울리는 일이다. 사도는 자신이 추천했던 상호 겸손과 동정을 교만이 얼마나 크게 방해하는지 그리고 우리 자신의 오만함으로 말미암아 잘못을 저지른 형제들의 연약함을 감당하지 못하고, 그들을 바로잡기 위해 노력하지 않고 오히려 그들을 정죄하고 비난한다는 것

을 익히 알고 있었기 때문에 다음과 같이 우리에게 경고한다(3절): 만일 누가 아무것도 되지 못하고 된 줄로 생각하면 스스로 속임이라. 여기서 그는 사람이 자신을 뭔가 된 줄로 아는 것 즉 자신은 다른 사람들보다 더 지혜롭고 훌륭하기 때문에 그들에게 지시하고 명령하는 것이 합당하다고 생각할 정도로 자신을 과대평가하는 것이 가능하다고 보고(그것이 너무 자주 일어나지 않는다면 무척 다행한 일일 것이다) 말한다. 사실 사람은 진실 면에서 아무것도 아니고, 그 안에 실체나 견고함이 없으며, 또는 자신에게 있다고 생각하고 있는 신뢰나 탁월성의 근거를 전혀 갖고 있지 못하다. 우리로 하여금 이런 교만한 기질을 갖지 않도록 하기 위해 사도는 이런 사람은 자신을 속이는 것이라고 말한다. 그는 자신이 갖고 있지 못한 것을 가진 척 짐짓 다른 사람들에게 과시하지만, 그것은 자신을 가장 크게 기만하는 일이고, 조만간 그 쓴 맛을 보게 될 것이다. 이것은 하나님이나 선한 사람들에게 그의 기대와는 달리 아무런 평판을 얻지 못하게 할 것이다. 그는 이전보다 범죄로부터 더 자유롭지 못하고, 또 자신을 과대평가하는 유혹에 대해서도 더 안전하지 못할 것이다. 오히려 그는 그 유혹에 더 깊이 빠지고, 그것에 의해 정복을 당할 것이다. 왜냐하면 선 줄로 생각하는 자는 넘어질까 조심해야 하기 때문이다(고전 10:12). 그러므로 우리 동료 그리스도인들에게 빚지고 있는 사랑과 동정을 파괴할 뿐만 아니라 우리 자신에게도 해가 되는 이런 허영심에 빠지기보다는 사도의 권면(빌 2:3)을 받아들이는 것이 훨씬 좋을 것이다: 아무 일에든지 다툼이나 허영으로 하지 말고 오직 겸손한 마음으로 각각 자기보다 남을 낫게 여기라. 자만심은 단지 자기를 속이는 것에 불과할 뿐이다. 그것은 우리가 다른 사람들에게 빚지고 있는 사랑(왜냐하면 **사랑은 자랑하지 아니하며 교만하지 아니하기** 때문에, 고전 13:4)에 부합하지 않은 만큼, 우리 자신을 속이는 것이다. 세상에서 자기 속임보다 더 위험한 속임은 없다. 이 악을 예방하기 위한 대책으로 사도는 우리에게 다음과 같이 권면한다.

Ⅲ. 우리는 각각 자기의 일을 살피도록 권면을 받는다(4절).   여기서 자기의 일은 주로 우리 자신의 행동이나 행위를 말한다. 사도는 이것을 살피라고 지시한다. 즉 진지하게 그리고 공정하게 하나님의 말씀의 법에 따라 그것들을 검토하고 그것들이 그 법에 일치하는지 여부를 판단함으로써, 하나님과 양심의 인정을 받도록 하라는 것이다. 그는 이것을 모든 사람의 의무로 강조한다. 다른 사람들을 판단하고 비난하기 전에 우리 자신의 삶을 돌아보고 시험해보는 것

이 옳다는 것이다. 우리의 할 일은 밖이 아니라 안에 있고, 다른 사람들이 아니라 바로 우리 자신에게 있다. 자랑할 것이 자기에게는 있어도 남에게는 있지 아니하기 때문이다(4절). 이 권면을 앞의 내용과 관련시켜 살펴볼 때, 만일 그리스도인들이 자기의 일을 적절하게 살핀다면, 자기 속에 있는 결함과 부족함을 좀 더 쉽게 발견해냄으로써, 스스로 자만하거나 다른 사람들을 신랄하게 비판하는 것이 얼마나 그 근거가 빈약한지를 자각하게 될 것임을 보여준다. 또한 그것은 우리가 교만하지 않게 되는 최고의 비결은 우리 자신을 살피는 것임을 우리에게 알려준다. 우리 자신의 마음과 삶을 더 잘 알수록 우리는 다른 사람들의 연약함과 고통에 대해 멸시는 덜하고, 동정과 도움은 더 크게 할 것이다. 우리 자신의 일을 살피는 이 필수적이고 유익한 의무를 잘 받아들이도록 사도는 두 가지 극히 적절한 사항을 제시한다.

1. 이것은 자랑할 것이 자기에게 있게 하는 방법이다(4절). 만일 우리가 참으로 진지하게 자기의 일을 살피고, 시련당할 때 하나님에 대한 우리의 진실함과 신실함을 입증함으로써 그분의 인정을 받는다면, 영혼의 위로와 평안을 기대할 수 있고, 우리 양심이 우리를 위해 증언해줄 것이다(고후 1:12). 그리고 사도는 여기서 남에게 자랑함으로써 곧 거짓 교사들이 그렇게 한 것처럼(13절에서 보는 것처럼) 우리가 다른 사람들에게 좋은 평판을 얻고, 그들에게 우리의 견해를 인정받음으로써, 또는 어떤 사람들이 자기들이 남보다 더 낫다고 생각해서 자신을 과대평가한 것처럼, 우리 자신을 남과 비교함으로써 얻는 기쁨보다 훨씬 더 큰 기쁨과 만족을 주는 근거가 있다는 것을 암시한다. 너무 많은 사람들이 스스로 이런 평가를 쉽게 내린다. 그러나 그 결과가 주는 즐거움은 우리 자신을 하나님의 말씀의 법에 공정하게 비추어보는 것과 또는 그렇게 함으로써 우리 자신이 하나님께 인정을 받는데서 오는 즐거움과 비교하면 아무것도 아니다. 여기서 다음 세 가지 사실을 유념해야 한다. (1) 우리 안에는 자랑할 아무것도 없으나 자신 안에서 기뻐할 이유를 충분히 갖고 있다. 우리의 행위는 하나님 앞에서 아무 가치가 없다. 그러나 만일 우리의 양심이 우리가 그리스도를 위해 산 자들로 그분이 인정하고 허락하는 자들이라고 증언한다면, 그 안에서 즐거워할 충분한 근거를 갖고 있는 것이다. (2) 자랑할 것이 자기에게 있는 것 곧 자기 안에서 즐거워하는 참된 방법은 다른 사람들이 어떠한지 또는 그들이 우리를 어떻게 생각하는지를 보는 헛된 척도가 아니라 자기의 일을 살피는 것 곧

하나님의 말씀의 법에 따라 자신을 검토하는 척도에 따르는 것이다. (3) 남이 아니라 자기에게 자랑할 것이 있게 하는 것이 훨씬 바람직하다. 만일 우리가 하나님께 인정받았음을 우리의 양심이 증언한다면, 우리는 남이 우리에 관해 어떻게 생각하는지 또는 어떻게 말하는지 별로 관심을 둘 필요가 없다. 이것이 없다면 아무리 다른 사람들의 평판이 좋더라도 별로 소용이 없을 것이다.

2. 자기 일을 살피라는 이 의무를 우리에게 강조하기 위해 사도가 사용하는 또 다른 논증은 각각 자기의 짐을 지라는 것이다(5절). 이 말씀의 의미는 마지막 심판 날에 누구나 이 세상에서 행한 자신의 행위대로 판단을 받게 되리라는 것이다. 그는 우리 모두가 하나님께 우리 자신에 관해 해명을 해야 할 날이 올 것임을 전제한다. 또 그 때 심판과 선고는 세상 사람들의 평판에 따르거나 우리 스스로가 우리 자신에 관해 부여하는 근거 없는 판단에 따라서가 아니라 하나님의 눈에 실제로 나타나는 우리의 상태와 행위에 따라 진행된다는 것을 선언한다. 그리고 만일 하나님께서 각 사람을 자기의 행위대로 심판하실(계 20:13) 그 두려운 시간을 우리가 각오해야 한다면, 그것으로 확실히 지금 우리 자신의 일을 살펴볼 이유는 충분하다. 우리가 장차 하나님 앞에서 회계할 것이 확실하다면, 여기서 자주 우리 자신을 회계해보는 것이 마땅하다. 그 때 우리가 하나님의 인정을 받고 받아들여질 수 있는지 살펴보아야 할 것이다. 이것이 우리의 의무인 만큼, 이것을 잘 실천한다면, 이로 말미암아 우리는 우리 자신과 동료 그리스도인들에 관해 좀 더 합당한 생각을 갖게 될 것이다. 따라서 우리는 우리가 죄책을 짊어져야 하는 어떤 잘못이나 실수로 말미암아 서로에게 무거운 짐을 지우지 않도록 조심하고, 서로 짐을 지고 있는지를 판단받는 기준인 그리스도의 법을 성취하는데 더 힘써야 할 것이다.

IV. 그리스도인들은 여기서 사역자들을 대접하는데 있어서 너그럽고 관대하도록 권면을 받는다(6절). 가르침을 받는 자는 말씀을 가르치는 자와 모든 좋은 것을 함께 하라. 여기서 우리는 다음과 같은 내용을 확인할 수 있다

1. 사도는 가르침을 받는 사람들이 있듯이 가르치도록 지정된 사람들이 있다는 것을 기정사실로서 말한다. 사역의 직분은 하나님이 정하신 제도로서, 누구에게나 공통적으로 열려 있는 것이 아니고, 하나님께서 그 일을 위해 자격을 주시고, 그 일로 부르신 사람들에게만 국한되어 있다. 심지어는 이성 자체도 가르치는 자와 가르침을 받는 자를 구별하도록 지시한다(왜냐하면 만일 누구나

다 가르치는 자들이 된다면, 가르침을 받는 자들은 아무도 없게 되기 때문이다). 그리고 성경은 그것이 하나님의 뜻임을 분명히 선언한다.

2. 사역자들이 다른 사람들을 가르치고 교훈해야 하는 것은 곧 하나님의 말씀이다. 즉 그들이 전파해야 하는 것은 말씀이다(딤후 4:2). 그들이 선포해야 하는 것은 하나님의 뜻이다(행 20:27). 그들은 우리 믿음을 주관하려는 것이 아니요 오직 우리 기쁨을 돕는 자다(고후 1:24). 신앙과 삶의 유일한 규준은 하나님의 말씀이다. 그들은 다른 사람들의 덕을 세우기 위해 이것을 연구하고 공개하고 향상시키는데 심혈을 기울이지만, 이 규준에 따라 말하는 것 이상으로 나아가서는 안 된다.

3. 말씀을 가르치도록 지정된 사람들을 부양하는 것은 가르침을 받는 자들의 의무다. 왜냐하면 그들은 가르치는 자와 모든 좋은 것을 함께 해야 하기 때문이다(6절). 즉 그들은 하나님께서 그들에게 복으로 주신 모든 좋은 것 곧 가르치는 자들이 평안한 삶을 유지하는데 필요한 것을 값없이 그리고 기꺼이 함께 나누어야 한다. 사역자들은 읽는 것과 권하는 것과 가르치는 것에 전념해야 하는 자들이다(딤전 4:13). 그들은 자기 생활에 얽매여서는 안 된다(딤후 2:4). 그러므로 그들은 다른 사람들에게 신령한 것을 뿌렸은즉 그들의 육적인 것을 거두는 것이 적합하고 정당하다(고전 9:11). 그리고 이것은 하나님 자신이 정하신 것이다. 왜냐하면 율법 하에서 성전의 일을 하는 이들은 성전에서 나는 것을 먹으며 제단에서 섬기는 이들은 제단과 함께 나누는 것처럼, 주께서도 복음 전하는 자들이 복음으로 말미암아 살리라고 명하셨기 때문이다(고전 9:13, 14).

V. 여기서 단순한 가식이나 고백으로 인해 하나님이 속으실 것이라고 상상함으로써, 그분을 업신여기거나 스스로 속이는 것에 대해 경고가 주어진다(7절). 스스로 속이지 말라 하나님은 업신여김을 받지 아니하시나니. 이것은 앞의 권면과 관련된 것으로 볼 수 있고, 따라서 그 의도는 그럴듯한 핑계를 대고 그들의 사역자들을 부양할 의무로부터 벗어나려고 획책하는 자들의 죄와 어리석음을 그들로 하여금 깨닫게 하려는데 있다. 또는 그것은 좀 더 일반적 관점에 따라 신앙 전반에 걸친 직무를 가리키는 것으로 취해질 수도 있는데, 그렇게 본다면, 그 의도는 사람들에게 자신의 직분을 게을리하고 살면서 그 보상을 바라는 헛된 소망을 갖지 못하게 하는데 있다. 사도는 여기서 많은 사람들이 신앙의 임무를 태만히 하는 경향이 있음을 암시한다. 특히 남보다 자기를 더 잘

부인하고 신앙의 의무를 더 잘 감당하고 있는 것처럼 보이지만, 그들은 그것을 겉으로만 보여주고, 실천 없는 고백으로 끝낸다. 그러나 그는 그들에게 이것이 바로 어리석은 자들의 길임을(시 49:13) 분명히 한다. 왜냐하면 이로 인해 그들은 다른 사람을 속일 수 있을지는 모르지만, 그들의 행동뿐만 아니라 마음까지 철저히 감찰하시는 하나님까지 속인다고 생각한다면, 스스로 속이는 것이기 때문이다. 그분은 속임을 받으실 수 없는 만큼, 업신여김도 받지 아니하신다. 그러므로 이것을 방지하기 위해 사도는 우리에게 우리 스스로 지킬 규칙으로서, 사람이 무엇으로 심든지 그대로 거두리라는 말을 내세운다(7절). 또는 이 말은 우리가 지금 행하는 것에 따라 심판 날에 판단을 받게 되리라는 것이다. 우리의 현재 시간은 씨를 뿌리는 시간이다. 내세에서 큰 수확이 있을 것이다. 농부가 추수 때 씨를 심은 것에 따라 거두는 것처럼, 우리도 지금 심은 것에 따라 거두게 될 것이다. 그리고 사도는 더 나아가 육체를 위하여 심는 것과 성령을 위하여 심는 것, 두 종류의 심음이 있는 만큼, 장차 그 심음에 따라 거두게 될 것을 우리에게 말한다(8절): 자기의 육체를 위하여 심는 자는 육체로부터 썩어질 것을 거두고. 만일 우리가 바람을 심는다면, 회오리바람을 거두게 될 것이다. 육체의 소욕에 따라 삶을 사는 자 곧 하나님의 영광과 다른 사람들의 유익을 위해 쓰임 받지 못하고, 모든 생각과 관심과 시간을 육체를 위해 허비하는 자는 썩어질 것 ― 현재의 천박하고 찰나적인 만족과 그 마지막 순간의 파멸과 비참 ― 을 거두는 것 외에 다른 열매를 기대하지 못할 것이다. 반면에 성령을 위하여 심는 자 곧 성령의 인도와 감화 아래 거룩하고 영적인 삶, 하나님께 헌신하고 다른 사람들의 유익과 봉사를 위해 삶을 사는 자는 성령으로부터 영생을 거둘 것이다. 그들은 현세에서 최상의 위로를 받고, 그 마지막 순간에는 영생과 영복을 얻게 될 것이다. 하나님을 업신여기는 자들은 단지 자신을 속이는 자들이다. 신앙의 위선은 가장 어리석을 뿐만 아니라 악하기까지 하다. 그 이유는 우리가 앞에 서야 할 하나님께서 우리의 모든 위장을 쉽게 꿰뚫어보시고, 장차 우리의 고백이 아니라 행위에 따라 우리를 다루실 것이기 때문이다.

VI. 여기서 선을 행하되 낙심하지 말라는 또 다른 권면이 우리에게 주어진다 (9절).   우리는 우리 의무의 어떤 부분이라도 피할 명분이 없기 때문에 그것을 이행하면서 절대로 낙심해서는 안 된다. 우리 모두 속에는 낙심하는 경향이 깊이 뿌리박혀 있다. 우리는 쉽게 의무를 지겨워하고 싫어한다. 아니 의무로부터 적극 벗어나려고 한다. 특히 사도가 여기서 각별히 주목하는, 남에게 선을 행하는 일을 행하는데 있어서는 더욱 그렇다. 그러므로 그는 이것을 유의하고 경계하라고 특별히 주의를 주는 것이다. 그는 그 이유를 충분히 제시하는데, 그 이유는 포기하지 아니하면 때가 이르매 거둘 것이기 때문이다(9절). 여기서 사도는 선을 행하는 일에 있어서 진실하게 행하는 모든 사람들에게 합당한 보상이 기다리고 있다는 점을 우리에게 암시한다. 이 보상은 때가 이르면 우리에게 확실히 주어질 것이다. 만일 이 세상에서 받지 못한다면, 의심할 여지 없이 내세에서 받게 될 것이다. 그러나 그것은 우리가 우리의 의무를 포기하지 않는 것을 전제로 한다. 만일 우리가 그것에 대해 낙심하고 포기한다면, 이 상급을 놓칠 뿐만 아니라 이미 받은 위로와 유익도 상실하게 될 것이다. 그러나 우리가 선을 행하기를 굳게 고수한다면 비록 외적 보상은 지체될 수 있으나 그것은 확실히 주어지고, 그것도 우리의 모든 수고와 지조를 충분히 상쇄시키고 남을 정도로 넉넉하게 주어질 것이다. 인내하며 꿋꿋이 선을 행하는 것은 우리의 의무일 뿐만 아니라 우리의 지혜이자 유익이다. 오직 이 경우에만 보상이 약속되어 있기 때문이다.

VII. 여기서 모든 그리스도인들은 자기 자리에서 선을 행하라는 권면이 주어진다(10절).   그러므로 우리는 기회 있는 대로. 우리 자신이 진실로 그리스도인임을 입증하려면, 우리는 스스로 선하게 사는 것으로 충분하지 않고, 남에게 선을 행하는 자가 되어야 한다. 여기서 우리에게 주어지는 권면은 앞 구절에서 말해진 것과 동일하다. 거기서 사도는 선을 행할 때 진실하고 꾸준히 하라고 권고했는데, 여기서도 그것을 행할 대상과 그 규칙에 대해 언급한다.

1. 이 의무의 대상은 좀 더 일반적으로 모든 사람들이다. 우리는 유대인과 유대화주의자 그리스도인들이 그렇게 한 것처럼 우리의 사랑과 자선을 너무 좁은 경계 안으로 한정시키지 말고, 우리가 그만한 능력이 있고 또 그들이 우리의 도움을 필요로 하는 한, 우리와 같은 성정을 가진 모든 사람들로 확대시킬 수 있어야 한다. 그러나 그것을 행하는데 있어서 우리는 믿음의 가정들 또는 우리와 함께 동일한 믿음을 고백하고, 동일한 그리스도의 몸의 지체가 되는 사람들에게 특별히 더 관심을 가져야 한다. 다른 사람들도 제외되어서는 안 되지만, 이들은 더욱 배려되어야 한다. 그리스도인의 사랑은 폭넓은 사랑이 되어야 한다. 그러나 거기서도 선인들에 대한 관심은 더 각별해야 한다. 하나님은 모든

사람들에게 선을 행하시나 자신의 종들은 특별한 방법으로 선대하신다. 따라서 우리는 선을 행하는데 있어서 사랑을 받은 자녀 같이 하나님을 본받는 자가 되어야 한다(엡 5:1).

2. 남에게 선을 행하는데 있어서 우리가 지켜야 할 규칙은 기회 있는 대로 하라는 것이다. 이 말은 다음과 같은 사실을 함축하고 있다. (1) 우리가 기회를 갖고 있는 동안 또는 우리의 생명이 계속되는 한, 확실히 그 일을 해야 한다. 우리의 생명이 계속되는 이 기간은 우리가 다른 사람들에게 선을 행할 수 있는 유일한 기간이다. 그러므로 우리가 이 문제에 있어서 올바르게 처신하고자 한다면, 대다수 사람들이 그러는 것처럼, 사는 동안 그것을 게을리하지 말고, 이런 종류의 일은 다음에 하자고 핑계하고 죽을 때까지 미루어서는 안 된다. 왜냐하면 그 때가 되면 우리는 그럴 기회가 있다고 보장할 수 없기 때문에, 비록 그 때 선을 행한다고 해도, 하나님께서 그 일을 받아주시리라고 확신할 근거가 없기 때문이다. 더욱이 남을 위해 선을 행하는 것을 더 이상 피할 수 없을 때 그 일들을 하지 않고 남겨놓은 상태에서는 그 선행으로 과거의 게으름을 상쇄시킬 수는 없기 때문이다. 그러므로 우리는 평생에 걸쳐 착한 일을 해야 한다. 아니 이것을 우리의 평생의 임무로 삼아야 한다. (2) 우리는 기회가 있을 때마다 선을 행해야 한다. 우리는 이전에 선을 행한 것으로 만족해서는 안 된다. 선을 행할 새로운 기회가 주어질 때마다 우리의 능력이 미치는 한, 최대한 그렇게 하도록 힘써야 한다. 왜냐하면 우리는 일곱에게나 여덟에게 나눠 줄지어다라고 명령받기 때문이다(전 11:2). 여기서 다음 세 가지를 유의해야 한다. [1] 하나님은 남에게 선을 행하는 것을 우리의 의무로 주신 것만큼, 그분은 자신의 섭리를 통해 우리에게 그렇게 할 기회를 제공하신다. 가난한 자들은 항상 너희와 함께 있거니와(마 26:11). [2] 하나님은 우리에게 남에게 선을 행할 기회를 주실 때마다 우리의 능력과 형편에 따라 선을 행하기를 바라신다. [3] 우리는 사랑이나 자선을 베푸는데 있어서, 특히 그 적절한 대상을 선택하는데 있어서 우리를 이끌어줄 경건한 지혜와 분별력을 필요로 한다. 왜냐하면 우리의 도움을 필요로 하는 사람들은 누구든 간과해서는 안 되지만, 그 대상에 따라 차이가 있어야 하기 때문이다.

¹¹내 손으로 너희에게 이렇게 큰 글자로 쓴 것을 보라 ¹²무릇 육체의 모양을 내려 하

는 자들이 억지로 너희에게 할례를 받게 함은 그들이 그리스도의 십자가로 말미암아 박해를 면하려 함뿐이라 [13]할례를 받은 그들이라도 스스로 율법은 지키지 아니하고 너희에게 할례를 받게 하려 하는 것은 그들이 너희의 육체로 자랑하려 함이라 [14]그러나 내게는 우리 주 예수 그리스도의 십자가 외에 결코 자랑할 것이 없으니 그리스도로 말미암아 세상이 나를 대하여 십자가에 못 박히고 내가 또한 세상을 대하여 그러하니라 [15]할례나 무할례가 아무것도 아니로되 오직 새로 지으심을 받는 것만이 중요하니라 [16]무릇 이 규례를 행하는 자에게와 하나님의 이스라엘에게 평강과 긍휼이 있을지어다 [17]이후로는 누구든지 나를 괴롭게 하지 말라 내가 내 몸에 예수의 흔적을 지니고 있노라 [18]형제들아 우리 주 예수 그리스도의 은혜가 너희 심령에 있을지어다 아멘

복음의 교리를 충분히 정립하고, 갈라디아 교인들에게 그것에 일치된 행동을 하도록 심혈을 기울여 설득한 사도는 이제 이 서신을 끝마치려는 의도를 보여준다. 특히 그는 그들에 대한 각별한 존경의 표시로서, 대필자를 시켜 편지를 쓰게 하고 자신은 다만 밑에 서명만 한 다른 서신들처럼 하지 않고, 친필로, 그것도 큰 글자로 편지를 썼음을 그들에게 강조한다. 그러나 그들에 대한 그의 사랑과 거짓 교사들이 그들에게 심어준 악영향으로부터 그들을 회복시키려는 그의 관심이 참으로 지극했기 때문에, 그는 다시 한 번 그 교사들의 참된 특징을 다루고, 그들과 대조적인 자신의 성품과 행위를 비교시키지 않을 수 없었다. 즉 그는 자신을 그들과 비교함으로써 그들이 자신이 그들에게 가르친 교훈을 버리고 그 교사들에게 동조하는 것이 얼마나 명분이 없는 일인지를 그들이 좀 더 쉽게 깨달을 수 있기를 원한다.

I. 사도는 갈라디아 교인들을 미혹하는데 열심이었던 거짓 교사들의 참된 특징을 몇 가지에 걸쳐 제시한다.

1. 그 교사들은 육체의 모양을 내려 하는 자들이었다(12절). 그들은 종교의 외모에 지극히 열심이었다. 의식법의 규례들을 준수하고, 다른 사람들에게 그것들을 지키도록 강요하는데 누구보다 앞장섰다. 그러나 동시에 그들은 참된 경건에 대해서는 별로 아니 전혀 관심이 없었다. 왜냐하면 사도가 그 다음 구절에서 말하는 것처럼, 그들은 스스로 율법은 지키지 아니했기 때문이다(13절). 교만, 허영 그리고 육체의 정욕은 육체의 모양을 내는 것 외에는 바라는 것이 없

다. 또 그들은 자기들의 허영을 충족시키는데 도움이 되는 종교로 쉽게 만족할 수 있다. 그러나 종교의 본질을 거의 갖추지 못한 사람들은 자주 그 외양을 보여주는데 열심이다.

2. 그들은 고난을 두려워하는 사람들이었다. 그들이 이방인 그리스도인들에게 할례를 강요한 것은 그리스도의 십자가로 말미암아 박해를 면하려는 데 그 이유가 있었기 때문이다(12절). 그것은 율법에 대한 존중에서 나온 행동이 전혀 아니었다. 그들은 안전한 곳에서 편히 잠자기를 즐기고 세상의 짐은 짊어지려고 하지 않았으며, 믿음과 선한 양심이 파멸되는 일에 대해서는 아무 관심이 없었다. 그들이 주로 목표로 삼은 것은 유대인들을 기쁘게 하고, 그들 가운데서 자기들의 명성을 지키는데 있었다. 그래서 그들은 바울과 그리스도에 관한 교훈을 신실하게 믿는 고백자들이 받았던 고난을 회피하려고 했던 것이다.

3. 그들의 또 다른 특징은 그들은 편파적 정신을 소유한 자들로서, 자기들의 육체적인 이기적 의도를 충족시키는 경우 외에는 율법에 대해 열심을 내지 않았다는 것이다. 왜냐하면 그들이 갈라디아 교인들이 할례받기를 원한 이유는 그들의 육체로 자랑하려 하는데 있었기 때문이다(13절). 즉 자기들이 그들을 자기편으로 이끌고 개종자를 만들어 육체에 그 흔적을 갖게 했다고 자랑하고 싶었던 것이다. 그들은 짐짓 믿음의 수준을 높인 것처럼 가장했지만, 사실은 믿음의 가장 악한 원수들이었다. 왜냐하면 하나님이 아닌 사람 편을 드는 것과 편을 가르는 것만큼 믿음의 유익에 해를 끼치는 것은 없기 때문이다.

II. 또 한편으로 사도는 자신의 성품과 행위에 관해 설명한다. 곧 자신의 믿음과 소망과 기쁨에 대해 고백한다.

1. 사도의 최고의 자랑은 그리스도의 십자가에 있었다(14절): 그러나 내게는 우리 주 예수 그리스도의 십자가 외에 결코 자랑할 것이 없으니 (절대로 없느니라, 이 말은 한글 성경에는 나오지 않는다). 여기서 그리스도의 십자가는 그분이 십자가에서 당하신 고난과 죽으심을 뜻한다. 곧 십자가에 달리신 대속주로 말미암은 구원의 교리를 말한다. 이것은 유대인에게는 거리끼는 것이요 이방인에게는 미련한 것으로 간주되었다. 유대화주의자 교사들 자신은 기독교를 수용하기는 했으나 유대인에게 동조하여 그것을 부끄럽게 여기고, 그들의 박해를 면하기 위해 그리스도를 믿는 신앙에 모세 율법의 준수를 첨가시키는 것을 구원의 필수조건으로 삼았다. 그러나 바울은 십자가에 관한 견해가 그들과 크게 달

랐다. 그는 그리스도의 십자가를 조금도 불쾌하게 여기거나 부끄러워하거나 하지 않았다. 또 그것을 인정하기를 결코 두려워하지 않고 오히려 그것을 자랑했다. 아니, 그는 그것 외에는 자랑할 것이 아무것도 없기를 원했다. 그는 자신의 가치판단의 대상으로서 그것과 나란히 어떤 다른 것을 놓기를 생각조차 하지 않았고, 그것을 가장 싫어했다: 그러나 내게는 우리 주 예수 그리스도의 십자가 외에 결코 자랑할 것이 없으니 절대로 없느니라. 이것은 그리스도인으로서 그의 모든 소망의 근거였다. 이것이 사도로서 그가 전하기로 굳게 결심한 핵심 교훈이었다. 십자가를 굳게 붙들고 있는 결과로서 어떤 시련이 닥친다고 할지라도, 그는 언제든 그것에 기꺼이 복종하고, 그 안에서 즐거워할 준비가 되어 있었다. 그리스도의 십자가는 참 그리스도인의 최고의 자랑으로, 우리는 그것을 자랑할 충분한 이유를 갖고 있다. 그것에 우리의 모든 기쁨과 소망이 달려있기 때문이다.

2. 사도는 세상에 대하여 죽은 자였다. 그리스도로 말미암아, 곧 그리스도의 십자가로 말미암아 세상이 그에 대하여 십자가에 못 박히고 그가 또한 세상을 대하여 그러했다(14절). 그는 세상을 단념함으로써 십자가의 권능과 효력을 경험했다. 이것이 그가 그것을 자랑하는 한 가지 중요한 이유였다. 거짓 교사들은 세속적 성향을 가진 사람들로서, 그들의 주관심사는 세상일에 있었고, 그리하여 그들은 거기에 그들의 믿음을 맞추었다. 그러나 바울은 그들과 전혀 다른 정신을 소유한 사람이었다. 세상은 그에 대하여 호의적이지 않았고, 그 역시 세상에 대하여 큰 관심을 두지 않았다. 그는 세상의 추파와 노여움에 아랑곳하지 않았다. 마치 세상에 대해 죽은 자처럼 무관심으로 일관했다. 이것은 모든 그리스도인이 갖기 위해 노력해야 할 마음의 자세다. 이런 자세를 얻는 최고의 방법은 그리스도의 십자가를 날마다 가까이 하는 것이다. 우리가 그리스도를 높이 평가할수록 세상에 대해서는 더 낮은 평가를 하게 되고, 우리의 사랑하는 구속주가 세상에서 당한 고난을 깊이 생각할수록 우리의 세상에 대한 사랑은 그만큼 사라질 것이다.

3. 사도는 자신의 믿음을 상반된 양편 중 어느 한편에 두지 않고 건전한 기독교 위에 두고 있었다(15절). 유감스럽게도 당시 그리스도인들 사이에 분열이 있었다. 할례와 무할례가 그들이 서로 갈라진 것을 지칭하는 이름이 되었다. 왜냐하면 유대인 그리스도인들은 할례 또는 할례자로 불리어지기 때문이다

(2:9,11). 거짓 교사들은 할례에 대하여 아주 열심이었다. 아니, 그것을 구원의 필수조건으로 표현할 정도였다. 그러므로 그들은 이방인 그리스도인들에게 온갖 수단과 방법을 동원하여 할례를 받도록 강요했다. 이 점에 있어서 그들은 다른 사람들보다 특히 열심이었다. 왜냐하면 사도들은 유대인 개종자들 사이에서는 그것을 묵인했지만, 이방인들에게는 절대로 그것을 강요하지 않았기 때문이다. 그러나 그들이 그토록 강조한 것을 바울은 거의 무시해버렸다. 할례가 이방인 개종자들에게 강요되어서는 안 되는 것은 기독교의 유익을 위해 참으로 중요했다. 그러므로 사도는 그들을 반대하는데 온 힘을 다했다. 그러나 단순히 할례냐 무할례냐의 문제 곧 기독교를 받아들인 사람들이 유대인이든 이방인이든, 그들이 할례의 효력을 지지하느냐 반대하느냐의 여부는 신앙의 핵심적 위치를 차지하는 문제가 아니었기 때문에, 사도에게는 이것이 아주 사소한 문제에 지나지 않았다. 왜냐하면 그는 예수 그리스도 안에서는(이 말이 한글 성경에는 생략되어 있다) 즉 기독교 시대에는 사람이 하나님께 받아들여지는데 있어서 할례나 무할례가 아무것도 아니로되 오직 새로 지으심을 받는 것만이 중요하다는 것을 너무 잘 알고 있었기 때문이다(15절). 여기서 그는 참된 믿음 안에는 무엇이 포함되어 있는지를 우리에게 가르친다. 그것은 우리가 어느 기독교 교파에 속하든, 할례나 무할례와는 아무 상관이 없다. 그것은 우리가 새로운 피조물이 되는 것 속에 있다. 새로운 이름을 갖거나 새로운 얼굴로 단장했느냐에 있지 않고, 우리 마음의 영이 새로워졌느냐 또는 우리 안에 그리스도의 형상이 이루어졌느냐에 있다. 이것이야말로 하나님께서 가장 높이 평가하는 것이었고, 사도에게도 마찬가지였다. 만일 우리가 이 본문을 다른 본문들과 비교해 본다면, 우리가 하나님께 받아들여지도록 이끄는 최고의 길이 무엇인지, 그래서 우리가 가장 큰 관심을 둘 것이 무엇인지 좀 더 충분히 확인할 수 있다. 여기서 우리는 그것이 새로 지으심을 받는 것, 곧 5:6에 따르면, 사랑으로써 역사하는 믿음, 고전 7:19에 따르면, 하나님의 계명을 지키는 것임을 깨닫게 된다. 이것들은 모두 그것이 마음 또는 심령의 변화라는 것을 보여준다. 이 변화를 통해 우리는 주 예수를 믿는 것으로 그리고 하나님에 대한 헌신의 삶을 사는 것으로 인정받고, 또 인정받을 수 있다. 이 내적·활력적·실천적 믿음이 없다면, 어떤 외적 고백이나 특별한 이름도 우리에게 도움이 되지 않고, 또 하나님께 천거하는데 전혀 충분하지 못할 것이다. 그리스도인들이 자신들에 대해서는

이것을 경험하는 일에, 남에 대해서는 그것을 촉진시키도록 돕는데 적절히 관심을 갖는다면, 그 특별한 자격(할례)을 버릴 것까지는 없다 하더라도, 그것을 지나치게 자주 내세우고 강조하는 일은 최소한 없어야 할 것이다. 그리스도인들은 하나님이 정하신 믿음의 중점 곧 그분이 우리를 받아주시는데 유효한 것들을 견지하는데 유의해야 할 것이다. 우리는 사도가 행한 일을 볼 때, 그의 본을 따르는 것이 우리의 지혜요 유익이다. 16절에서 사도는 믿음의 중점이 무엇인지 보여주고, 공허한 이름이나 고백이 아니라 참된 구원의 변화를 자신의 강조점으로 제시하면서, 이 규례에 따라 행하는 모든 사람들에게 축복을 선포한다: 무릇 이 규례를 행하는 자에게와 하나님의 이스라엘에게 평강과 긍휼이 있을지어다. 그가 여기서 말하는 규례는 좀 더 일반적으로는 신앙과 삶의 온전하고도 완전한 규칙인 하나님의 말씀 전체를 가리킨다. 또는 복음의 교리 곧 그가 이 서신에서 개관한 율법의 행위가 아닌 그리스도를 믿는 믿음이라는 복음의 교리를 가리킨다. 또는 좀 더 구체적으로는 그가 방금 언급한 새로 지으심을 받는 것을 가리키는 것으로 볼 수도 있다. 사도가 이 규례를 행하는 자들이 받기를 바라거나 그들에게 소망과 전망(이 두 단어는 기도와 약속이라는 말로 이해될 수 있다)을 주기를 원하는 복은 평강과 긍휼이다. 여기서 평강은 하나님 및 양심과의 평화를 말하고, 또 그들이 필요로 하는 이 세상의 모든 위로를 말한다. 그리고 긍휼은 그리스도 안에서 하나님의 값없는 사랑과 호의로부터 나오는 유익을 말한다. 이 두 가지는 다른 모든 복들의 근원이자 원천이다. 이 두 가지 복은 은혜의 변화를 일으킨 심령 속에 그 기초를 두고 있고, 그들이 새로운 피조물로서 행하고, 복음의 규례에 의해 삶과 소망이 지배를 받는 한, 그들은 그 기초 위에 가장 확실하게 서는 자가 될 것이다. 사도는 이 복들이 하나님의 이스라엘에게 주어질 몫으로 선언하는데, 여기서 하나님의 이스라엘은 유대인이나 이방인을 막론하고, 참된 모든 그리스도인을 가리킨다. 그들은 모두 참 이스라엘 족속으로서, 비록 혈통적으로는 아닐지라도, 영적으로는 아브라함의 영적 후손이다. 이들은 아브라함의 믿음의 상속자들로서, 또한 그와 동일한 약속을 가진 상속자이고, 그 결과 여기서 말한 평강과 긍휼을 얻을 자격을 갖고 있다. 유대인들과 유대화주의자 교사들은 이 복의 대상을 할례를 받고 모세 율법을 지킨 자들로 한정시켰다. 그러나 반대로 사도는 그것들이 복음의 규례를 행하는 모든 자들 곧 새로 지으심을 받은 자들에게 속해 있는 복이라고 선언한다.

또한 하나님의 이스라엘은 그들이 그토록 강하게 주장하는 할례가 아니라 이 규례를 행하는 자들만이 참된 하나님의 이스라엘이라는 점을 암시한다. 그러므로 이것이야말로 평강과 긍휼을 얻는 참된 길이었다.

여기서 다음 세 가지 사실을 유의해야 한다. (1) 진정한 그리스도인은 규례에 따라 사는 사람들이다. 그러나 그 규례는 그들이 고안해낸 것이 아니라 하나님이 친히 정해주신 것이다. (2) 이 규례를 행하는 자들도 여전히 하나님의 긍휼을 필요로 하는 상태에 있다. (3) 그러나 이 규례를 진지하게 행하려고 힘쓰는 자들은 누구나 평강과 긍휼이 보장된다는 것을 확신해도 된다. 이것이 하나님, 우리 자신, 그리고 다른 사람들과 평화를 누리는 최고의 길이다. 그리고 이로 말미암아 우리는 지금 하나님의 호의를 확신할 수 있는 만큼, 장차 내세에서 그분의 긍휼을 얻게 되리라는 것도 확신할 수 있다.

4. 사도는 그리스도와 기독교를 위해 받는 박해를 기꺼이 감수했다(17절). 그리스도의 십자가 또는 십자가에 달리신 구속주로 말미암은 구원에 관한 교리야말로 그가 가장 자랑하는 것이었기 때문에 사도는 이 진리를 배반하기보다는 또는 그것이 훼손되는 것을 참기보다는 온갖 위험을 기꺼이 무릅썼다. 거짓 교사들은 박해를 두려워했고, 12절에서 보는 것처럼, 이것이 그들이 할례에 그토록 열심을 내는 가장 큰 이유였다. 그러나 이것에 대해 바울은 추호의 관심도 없었다. 그는 어떤 고난을 당할지라도 전혀 요동하지 않고, 달려갈 길과 주 예수께 받은 사명 곧 하나님의 은혜의 복음을 증언하는 일을 마치려 함에는 나의 생명조차 조금도 귀한 것으로 여기지 아니했다(행 20:24). 그는 이미 그리스도로 말미암아 무수한 고난을 받았다. 그것은 그의 몸에 예수의 흔적을 지니게 할 정도였다(16절). 그 상처의 흔적들은 그가 예수와 그분으로부터 받은 복음의 교훈을 끝까지 굳게 붙들고 있었던 탓에 대적들의 박해를 받아 얻은 것이었다. 이것으로부터 우리는 그가 복음의 진리와 중요성을 크게 확신하고 있었고, 거짓 교사들이 그에 대해 잘못 선전한 것과는 달리 절대로 할례 옹호자가 아니었음을 깨닫게 된다. 따라서 사도로서의 자신의 권위에 어울리고, 그의 마음속 깊은 관심사에 맞는 적절한 온정과 열정을 갖고, 그는 말하자면 자신의 교훈이나 권위에 반대하는 것으로 또는 자기에게 주어진 비방이나 비난과 같은 것으로, 이후로는 자기를 괴롭게 하지 말라고 역설한다. 왜냐하면 그가 말한 것과 그가 고난을 당한 것, 양자로부터 그들이 참으로 불의하고 유해한 자들임이 드러난 것처

럼, 그들을 지지하거나 용납하는 사람들도 똑같이 아주 부당한 사람들이기 때문이다. 여기서 우리는 다음 두 가지 요점을 유의해야 한다. (1) 사람들이 기꺼이 고난을 감수하면서 진리를 수호하는 자가 되려면, 그것을 충분히 확신하지 않으면 안 된다. (2) 자기들의 고백에 모순되고, 고난받기를 싫어하면서 다른 사람들에게 자기들처럼 하라고 강요하는 것은 극히 부당하다.

III. 갈라디아 지역 교회들의 참회와 회복을 위해 기록하고자 했던 내용을 다 적은 그는 이제 사도로서 축도를 하는 것으로 이 편지를 끝맺는다(18절). 그는 그들을 형제로 부른다. 여기서 그는 자신은 비록 그들로부터 악한 대접을 받았음에도 불구하고, 자신의 위대한 겸손과 그들에 대해 갖고 있는 애틋한 연민을 보여준다. 그리고 우리 주 예수 그리스도의 은혜가 너희 심령에 있을지어다라는 이 지극히 진지하고 애정어린 기도와 함께 그들에게 작별을 고한다. 이것은 롬 16:20,24과 고전 16:23에서 보는 것처럼, 사도의 통상적 인사법이다. 여기서 그는 그들이 그리스도의 은혜를 특별한 능력으로 그리고 감지할 수 있는 증거들 속에서 누리기를 기도하고, 그럼으로써 그들이 길을 인도받는데 필요한 모든 은혜를 그분으로부터 받아 사명을 감당하는데 강건하고, 그리스도인으로서의 삶을 온전케 하며, 인생의 모든 시련과 죽음 앞에서도 용기와 위안을 얻기를 바란다. 이것은 적절히 우리 주 예수 그리스도의 은혜로 불린다. 왜냐하면 그분이 그것을 유일하게 취득하신 분이요, 그것을 나누어주는 정해진 분배자이기 때문이다. 갈라디아 교회들은 그리스도의 영예를 크게 실추시킬 뿐만 아니라 그들 자신에게 극히 위험스러웠던 사상과 실천에 끌려들어감으로써 그 은혜를 상실할 위기 속에 있었지만, 사도는 그들에 대한 지극한 관심 때문에 그리고 그것이 그들에게 얼마나 중요한지 알고 있었기 때문에, 그들에게 그것이 주어지기를 진심으로 바란다. 아니 그것이 그들의 심령에 있기를, 곧 그들의 영혼 속에 그 경험과 감동이 계속되어 진실하고 온전한 믿음으로 그들이 행하고 또 행할 수 있기를 원했다. 우리는 우리 주 예수 그리스도의 은혜로 말미암아 얻게 되는 행복 이상의 것을 바랄 필요가 없다. 사도는 갈라디아 교인들을 위해 이것을 구하고, 우리도 그것을 얻기 위해 관심을 어디에 두어야 하는지를 보여준다. 그들과 우리들의 그 은혜에 대한 소망을 자극하기 위해 그는 아멘으로 끝맺는다.

에베소서

서론

어떤 이들은 이 편지가 여러 교회에 보내진 회람용 서신들 가운데 하나였는데, 에베소 교회에 보내진 이 편지가 정경으로 채택되었기 때문에 에베소인들에게 보내는 편지란 특별한 제명이 붙게 된 것이라고 생각한다. 그들이 이런 생각을 더욱 하게 된 것은 편지를 받은 교회의 구체적 사정이나 상황이 전혀 언급되지 않은 서신으로서는, 이 서신이 그의 서신들 가운데 유일하기 때문이었다. 이 서신은 주로 모든 그리스도인, 특히 과거에 이방인이었다가 기독교로 개종한 모든 사람들이 가져야 할 공통적인 관심사를 담고 있다. 그러나 다른 한편으로 보면, 이 서신은 그 수신자를 에베소에 있는 성도들이라고 구체적으로 밝히고 있음을 주목해야 한다(1절). 또 서신 마지막 부분에서도 사도는 두기고를 그들에게 보냈다고 언급하는데, 딤후 4:12에서, 그 곳이 에베소였음을 밝히고 있다. 이 서신은 옥중서신이다. 어떤 이들은 이 서신이 사도가 옥에 갇혀 있을 때 썼기 때문에 그 안에 하나님의 일의 가장 감미로운 향취와 맛이 담겨 있다고 생각했다. 그의 환난이 충만할수록 그의 위로와 경험도 그만큼 풍성했기 때문이다. 여기서 우리는 하나님의 백성, 특히 그분의 사역자들이 겪는 고통이 자주 그들 자신과 다른 사람들에게 오히려 유익을 주는 경우를 확인할 수 있다. 사도가 이 서신을 쓴 목적은 에베소 교인들을 진리 안에 굳게 세우고, 나아가 그렇게 하기 위해 복음의 비밀을 그들에게 알려주는데 있었다. 서신 앞 부분에서 사도는 에베소 교인들의 놀라운 특권에 대해 묘사한다. 여기서 그는 과거에는 우상 숭배하는 이방인이었으나 지금은 기독교로 개종해서 하나님의 언약을 받아들인 그들이 회심하기 전에 얼마나 절망적인 상태 속에 있었는지를 보여준다(1-3장). 뒷 부분(4-6장)에서는 개인적 및 관계적 입장에서 지켜야 할 신앙의 핵심 의무들을 제시하고, 그것들을 충실하게 감당하도록 권면하고 격려한다. 지롤라모 잔키(Zanchy)는 이 서신에는 기독교 전체 교리 및 신학의 전체 중심 주제들의 개요가 잘 나타나 있다고 주장한다.

제 1 장

개요

이 장에서 우리는 다음과 같은 내용을 확인할 수 있다. I. 서신 전체에 대한 서론. 이 것은 다른 서신들의 내용과 흡사하다(1,2절). II. 에베소 교인들에게 베푸신 하나님의 측량할 수 없는 축복에 대한 사도의 감사와 찬양(3-14절). III. 에베소 교인들을 위하여 하나님께 드리는 사도의 간절한 기도(15-23절). 이 대사도는 전능하신 하나님께 기도하고 감사하는데 결코 인색하지 않았다. 이 기도는 일반적으로 잘 배열되어 질서가 정연하고, 동시에 기독교 신앙의 위대하고 중요한 교리들을 제시하고 있으며, 진지하게 그것들을 추구하는 모든 사람들을 능히 설득할 수 있는 교훈들을 담고 있다.

[1]하나님의 뜻으로 말미암아 그리스도 예수의 사도 된 바울은 에베소에 있는 성도들과 그리스도 예수 안에 있는 신실한 자들에게 편지하노니 [2]하나님 우리 아버지와 주 예수 그리스도로로부터 은혜와 평강이 너희에게 있을지어다

1. **사도 바울이 자신에게 붙인 호칭: 그리스도 예수의 사도 된 바울은(1절).** 그는 그리스도로 말미암아 사람들에 대한 그분의 사자 가운데 하나로 쓰임받게 된 것을 가장 큰 영예로 간주했다. 사도들은 기독교 교회의 최고 직분자로서, 한시적으로 초대 교회 당시에만 존재했던 특수 사역자들이었다. 그들은 그들의 위대한 주님으로부터 복음을 널리 전하고 선포하는데, 또 아직 유년기 상태 속에 있었던 교회를 다스리는데 적합한 탁월한 은사와 성령의 직접적 도우심을 받았다. 바울도 그런 사도들 가운데 하나였고, 그에게 그 직분이 주어진 것은 사람의 뜻으로 말미암거나 그의 주제넘은 자청으로 말미암은 것이 아니라 그에게 특별하고 명백하게 전달된 하나님의 뜻으로 말미암아 된 것이었다. 그는 그리스도 자신으로부터 직접 그 사역으로 부르심을 받았다(다른 사도들처럼). 그리스도의 모든 신실한 사역자(그 부르심과 직분이 아주 특별한 성격을 갖고 있지 않더라도)는 바울 사도와 같이 하나님의 뜻으로 말미암아 그렇게 된 것이므로

그것을 스스로에 대한 영예와 위안으로 삼을 수 있다.

2. 이 편지의 수신자: 에베소에 있는 성도들에게(1절). 즉 아시아의 대도시인 에베소 지역에 있는 교회의 지체를 이루는 그리스도인들에게 썼다. 그는 그들을 성도라고 부른다. 왜냐하면 그들은 신앙고백을 했고, 진리와 실천에 합당하게 살려고 힘쓰고 있었으며, 그들 대다수가 그러했기 때문이다. 모든 그리스도인들은 성도가 되어야 한다. 만일 그들이 이 땅에서 그 성격에 부합한 삶을 살지 못한다면, 결코 영광 속에 들어가는 성도가 되지 못할 것이다. 또 그는 그들을 그리스도 예수 안에 있는 신실한 자들이라고 부른다(1절). 이들은 곧 그리스도를 믿되, 그분과 그분의 진리와 길을 굳게 그리고 항상 변함없이 붙들고 있는 자들이다. 그리스도를 믿는데 신실하지 못하고, 그분을 굳게 붙들지 않으며, 주님과의 관계를 성립시키는 신앙고백에 일치된 삶을 살지 못하는 자들은 성도가 아니다. 주님의 자비를 얻어 신실한 자가 되는 것은 사역자만이 아니라 모든 평신도들에게도 영예가 된다. 그리스도 예수 안에 있는(2절). 오직 그분으로부터 그들의 모든 은혜와 영적 힘은 나오고, 그분 안에서 그들의 인격과 그들이 행하는 모든 일들이 인정받게 된다.

3. 사도의 축도: 은혜와 평강이 너희에게 있을지어다(2절). 이것은 그의 모든 서신에 나타나는 공통적 특징이다. 그것은 그의 친구들에 대한 사도의 선의(善意)와 그들의 행복을 염원하는 그의 간절한 소망을 표현한다. 여기서 은혜는 하나님의 무제약적이고 무조건적인 사랑과 호의, 그리고 거기서 유래하는 성령의 모든 은총들을 가리키는 것으로 이해되어야 한다. 평강은 은혜의 열매이자 결실로서, 영적 및 현세적 모든 다른 복들을 가리킨다. 그러므로 은혜 없이는 평강도 없다. 하나님 우리 아버지와 주 예수 그리스도로부터가 아니면 은혜도 없고, 평강도 없다. 이 특별한 복은 일반관계인 창조주로서의 하나님이 아니라 특별관계인 아버지로서의 하나님이 주시는 것이다. 또 그것은 우리 주 예수 그리스도로부터 온다. 그분은 그의 백성들을 위해 그것을 값 주고 사셨고, 그들에게 그것을 주실 권리를 갖고 계신다. 사실 성도들과 그리스도 예수 안에 있는 신실한 자들은 이미 은혜와 평강을 받았다. 그러나 더 큰 은혜와 평강을 얻는 것이 크게 바람직하고, 최고의 성도들일수록 성령의 은혜를 새롭게 공급받을 필요가 있기 때문에 우리는 그것을 더욱 증진시키고 성장시키기를 바랄 수밖에 없다. 그러므로 그들은 자신을 위해 서로, 그리고 서로를 위해 모두 기도함으로

써, 그 축복이 계속 그들에게 넘치도록 해야 한다.

이 짧은 인사말 후에 사도는 편지의 본론으로 들어간다. 비록 편지에서는 그것이 약간 특이하게 보일 수 있으나 하나님의 영은 이 장에서 신적 사실에 관해 설명하는 강론을 그가 기도와 찬양으로 시작하는 것을 합당하게 보셨다. 그것이 하나님에 대해서는 엄숙한 고백인 만큼, 다른 사람들에 대해서는 중요한 교훈을 전달한다. 기도는 설교가 될 수 있고, 찬송 역시 그러하다.

³찬송하리로다 하나님 곧 우리 주 예수 그리스도의 아버지께서 그리스도 안에서 하늘에 속한 모든 신령한 복을 우리에게 주시되 ⁴곧 창세 전에 그리스도 안에서 우리를 택하사 우리로 사랑 안에서 그 앞에 거룩하고 흠이 없게 하시려고 ⁵그 기쁘신 뜻대로 우리를 예정하사 예수 그리스도로 말미암아 자기의 아들들이 되게 하셨으니 ⁶이는 그가 사랑하시는 자 안에서 우리에게 거저 주시는 바 그의 은혜의 영광을 찬송하게 하려는 것이라 ⁷우리는 그리스도 안에서 그의 은혜의 풍성함을 따라 그의 피로 말미암아 속량 곧 죄 사함을 받았느니라 ⁸이는 그가 모든 지혜와 총명을 우리에게 넘치게 하사 ⁹그 뜻의 비밀을 우리에게 알리신 것이요 그의 기뻐하심을 따라 그리스도 안에서 때가 찬 경륜을 위하여 예정하신 것이니 ¹⁰하늘에 있는 것이나 땅에 있는 것이 다 그리스도 안에서 통일되게 하려 하심이라 ¹¹모든 일을 그의 뜻의 결정대로 일하시는 이의 계획을 따라 우리가 예정을 입어 그 안에서 기업이 되었으니 ¹²이는 우리가 그리스도 안에서 전부터 바라던 그의 영광의 찬송이 되게 하려 하심이라 ¹³그 안에서 너희도 진리의 말씀 곧 너희의 구원의 복음을 듣고 그 안에서 또한 믿어 약속의 성령으로 인치심을 받았으니 ¹⁴이는 우리 기업의 보증이 되사 그 얻으신 것을 속량하시고 그의 영광을 찬송하게 하려 하심이라

사도는 감사와 찬송으로 시작하여 예수 그리스도로 말미암아 우리가 누리는 참으로 크고 보배로운 유익들에 대해 유창하게 그리고 풍부한 감정으로 상술한다. 왜냐하면 우리가 믿음으로 말미암아 얻게 되는 엄청난 특권들을 하나님을 찬양하지 않고 열거하거나 설명하는 것이 적절하지 않기 때문이다.

I. 일반적인 관점에서 사도는 신령한 복을 주시는 하나님을 찬송한다(3절). 여기서 그는 그분을 우리 주 예수 그리스도의 아버지로 부른다. 그 이유는 예수가 중보자라면, 아버지는 그분의 하나님이 되시기 때문이다. 또 그분이 하나님 곧

삼위일체 하나님 가운데 제2 위격이라면, 하나님은 그분의 아버지가 되시기 때문이다. 하나님 곧 우리 주 예수 그리스도의 아버지가 그리스도 안에서 그리고 그리스도로 말미암아 신자들의 하나님 곧 아버지가 되신다는 것은 그리스도와 신자들 사이의 신비적 연합을 암시한다. 모든 복은 우리 주 예수 그리스도의 아버지이신 하나님으로부터 온다. 그리스도의 중보가 없다면, 죄인인 피조물이 의롭고 거룩하신 하나님으로부터 절대로 복을 기대할 수 없다. 그분이 하늘에 속한 모든 신령한 복을 우리에게 주신다. 신령한 복은 하나님이 우리에게 베푸시는 복 가운데 최고의 복으로서, 우리가 그분께 간절히 구해야 하는 복이다. 그분은 우리는 진실로 복된 자라고 말해도 될 만큼 이 복을 주심으로써 우리를 복되게 하신다. 우리는 하나님께 이 복을 다시 구할 필요가 없다. 다만 이미 받은 그것으로 그분을 찬송하고 높이고 자랑하면 된다. 조금이라도 자신의 복을 베푸신 자들에게 하나님은 신령한 모든 복으로 축복하신다. 자신이 그리스도를 주신 자들에게 하나님은 이 모든 것들을 값없이 주신다. 그것은 현세의 복과 같지 않다. 현세에서 어떤 이들은 건강의 복은 받으나 재물의 복은 받지 못한다. 또 어떤 이들은 재물의 복은 받으나 건강의 복은 받지 못한다. 그러나 하나님이 신령한 복으로 축복하시는 자들에게는 모든 것을 아낌없이 주신다. 그 속에는 하늘에 속한 모든 신령한 복이 다 들어있다(3절). 어떤 이들은 신령한 복이 세상으로부터 분리시키고 그 곳으로부터 불러냄으로써, 교회에 들어가게 하신 복이라고 말한다. 또는 하늘에 속한 일을 하늘로부터 온 일로 이해할 수 있기 때문에, 하늘 곧 천국에 들어갈 사람으로 예비되어 있고, 그 속으로 받아들이는 것이 확고하게 정해져 있는 복으로 해석할 수도 있다. 우리는 여기서 신령하고 하늘에 속한 일을 가장 중요한 일로, 신령하고 하늘에 속한 복을 가장 소중한 복으로 알아야 할 것이다. 말하자면, 그것이 있으면 절대로 불행에 빠질 수 없고, 그것이 없으면 절대로 행복해질 수 없는 그런 복으로 알아야 한다는 말이다. 위의 것을 생각하고 땅의 것을 생각하지 말라(골 3:2). 우리는 이것을 그리스도 안에서 누리게 된다. 왜냐하면 우리가 하나님께 드리는 모든 헌신이 그리스도를 통하여 드려지는 것처럼, 그분으로부터 우리에게 주어지는 모든 복도 똑같이 그리스도께서 하나님과 우리 사이의 중보자가 되실 때 전달되기 때문이다.

Ⅱ. 우리가 그리스도 안에서 복을 받고, 또 우리가 하나님을 찬송해야 하는 이

유가 되는 신령한 복들이 여기에 구체적으로 열거되어 있다.

1. 선택과 예정. 이 복은 다른 모든 복들이 흘러나오는 은밀한 원천이다 (4,5,11절). 선택은 인류 전체 또는 집단으로부터 일부 사람들이 택하심 받아 거기서 분리되고 구별되는 것이다. 예정은 그들에게 계획되어 있는 복과 관련되어 있다. 특히 아들들이 되는 것(5절)과 관련이 깊은데, 때가 되면 우리가 하나님의 아들로 채택되어 아들로서의 모든 권세와 유업을 차지할 권리를 갖게 하는 것이 그분의 목적이다. 여기서 우리는 이 사랑의 행위가 시작된 시기에 관해 알게 된다: 곧 창세 전에(4절). 즉 그 시기는 하나님의 백성들이 존재로 지음받기 이전이었을 뿐만 아니라 세상이 창조되기 이전이었다. 왜냐하면 그들은 영원 전 삼위일체 하나님의 경륜에 의해 택하심 받았기 때문이다. 그들이 영원한 경륜의 산물이 된 것은 최고의 복으로 자랑할 만하다. 우리가 문 앞에 서 있는 거지에게 자선을 베푸는 것은 갑작스러운 결심으로 이루어진다. 그러나 부모가 그 자녀들을 위해 준비하는 기업은 깊은 생각에서 나온 결과이고, 그의 마지막 뜻과 유언은 참으로 엄숙한 가운데 이루어진다. 그리고 이것이 하나님의 사랑을 확증하는 만큼, 그분의 택하심 받은 자에 대한 복을 안전하게 한다. 왜냐하면 그것은 택하심을 따라 되는 하나님의 뜻이기 때문이다(롬 9:11). 그분은 그의 백성들에게 신령한 복을 주실 때, 자신의 영원한 목적에 따라 주신다. 하나님께서 그리스도 안에서 우리를 택하사 (신령한) 복을 우리에게 주셨다. 즉 하나님의 택하신 자로 강조되어 불리는 택하심의 위대한 머리이신 그리스도 안에서 그리고 은총의 눈으로 그 택하신 자들을 바라보는 택하심 받은 구속주 안에서 우리를 택하신 택하심에 따라 그 복이 주어진 것이다. 여기에 이 택하심의 한 가지 핵심적인 목적 또는 의도가 나타나 있다: 택하사 — 거룩하게 하시려고(4절). 즉 하나님께서 그들이 거룩한 상태를 미리 보셨기 때문이 아니라 거룩하게 하시기로 결심하셨기 때문이다. 그 목적인 행복으로 택하심 받은 사람들은 누구나 그 수단인 거룩함을 위해 택하심 받는다. 그들의 구원과 마찬가지로 그들의 성화도 하나님의 사랑의 경륜의 결과다. 택하사 — 그 앞에 흠이 없게 하시려고(4절). 즉 그들의 거룩함이 단순히 외적이고, 외양으로 그치지 않고 내적이고, 참된 것이 되도록 그들의 흠을 제거해 주신다는 것이다. 중심을 보시는 하나님께서는 이 거룩함이 하나님에 대한 사랑과 다른 동료 피조물에 대한 사랑으로부터 나올 때, 그것을 인정하신다. 그러므로 이 사랑이야말로 모든 참된 거룩

함의 원리가 된다. 여기서 흠이 없다는 말의 원의(原意)는 사람이 흠잡을 수 없을 만큼 순전하다는 뜻이다. 그러므로 어떤 이들은 그 말을 성도들이 다가올 세상에서나 도달할 수 있는 완전한 거룩함으로 이해한다. 그 때 그것은 하나님 앞에서 더 현저하게 드러나고, 그들은 영원토록 그분 바로 앞에 서게 될 것이다. 여기엔 또한 하나님의 택하심의 법칙과 그 근원적 원인이 담겨 있다: 그것은 그 기쁘신 뜻대로이다(5절). 그들 속에서 어떤 가능성을 미리 보아서가 아니라 그것이 그분의 주권이요, 그분에게 크게 기쁨이 되는 일이기 때문이다. 그것은 모든 일을 그의 뜻의 결정대로 일하시는 이의 계획을 따라 곧 확고하고 변경할 수 없는 그분의 뜻에 따라 이루어진 일이다(11절). 하나님은 그의 택하심 받은 자와 관련된 것은 무엇이든, 지혜롭게 그리고 자유롭게 자신이 미리 정하고 규정하신 대로, 모든 것의 최후의 그리고 최대의 목적이자 목표인 자신의 영광을 위해 주권적으로 행하신다: 그의 은혜의 영광을 찬송하게 하려는 것이라(6절). 그의 영광의 찬송이 되게 하려 하심이라(12절). 즉 우리가 그분의 부요하신 은혜를 자랑하고, 그것을 자랑스럽게 나타내며, 또 그것을 최고로 찬미하며 살도록 하기 위해서라는 것이다. 만물이 주에게서 나오고 주로 말미암아 주에게로 돌아감이라(롬 11:36). 그러므로 만물은 그분께 돌려져야 하고, 그분을 찬양하는데 목적을 두어야 한다. 하나님의 영광은 그분 자신의 목적이고, 또 우리가 무슨 일을 하든지 간에, 우리의 목적이 되어야 한다. 어떤 이들은 이 구절을 아주 다르게 이해하기도 한다. 그들은 이 구절(6,12절)이 기독교로 개종한 에베소 교인들의 회심과 특별히 관련된 것으로 본다. 2. 사도가 주목하는 그 다음 신령한 복은 예수 그리스도로 말미암은 하나님의 용납하심이다: 그가 사랑하시는 자 안에서 우리에게 거저 주시는 바(he hath made us accepted in the loved). 예수 그리스도는 천사들 및 성도들과 마찬가지로 그의 아버지의 사랑하시는 아들이다(마 3:17). 하나님께 받아들여졌다는 것은 우리의 최고의 특권이다. 그것은 우리를 향하신 그분의 사랑을 암시하고, 우리를 그분의 보호와 가족 속에 두신다는 것을 의미한다. 우리는 이처럼 예수 그리스도 안에서, 예수 그리스도로 말미암아서만 하나님께 받아들여질 수 있다. 하나님은 자신의 사랑하시는 아들로 말미암아 그의 백성들을 사랑하신다. 3. 예수의 피로 말미암은 죄 사함과 구속(7절). 속량 없이는 죄 사함도 없다. 우리가 속박을 받게 된 것은 죄 때문으로, 죄 사함을 받지 않고는 절대로 속박으로부터 해방될 수 없다. 우리는 그리스도 안에서 이 속량을 소유하고, 죄 사함은 그분의 피로 말미암아 주어진다. 죄의 죄책과 오염은 예수의 피로 말미암지 않고는 절대로 제거될 수 없다. 우리의 모든 신령한 복은 그분의 혈관으로부터 우리에게 흘러나온다. 이 엄청난 복은 우리에게 값없이 주어지는데, 우리의 영광스러운 주님이 값비싼 대가를 치르고 사신 것이다. 그러나 그것은 그의 은혜의 풍성함을 따라 주어진다. 그리스도의 속량과 하나님의 부요하신 은혜가 인간의 대속이라는 위대한 역사를 위해 하나로 융합되었다. 하나님은 우리의 대속물과 보증이신 그리스도로 말미암아 만족하셨다. 그러나 엄격한 율법을 범죄자들에게 적용시켜야 했을 때, 그분이 그 보증을 받아들이신 것은 형언할 수 없는 은혜였다. 또 죄의 본성 외에는 우리의 생각 속에 들어와 있는 것이 없고, 또는 우리에게서 그것 외에는 다른 것을 전혀 발견하지 못할 때, 자신의 아들을 그 보증으로 값없이 내어주신 것은 넘치는 은혜가 아닐 수 없었다. 여기서 그분은 은혜의 풍성함을 보여주셨을 뿐만 아니라 모든 지혜와 총명을 우리에게 넘치게 하셨다(8절). 즉 풍성한 은혜를 계획하는 데 있어서 지혜롭고, 그분의 뜻의 경륜을 실천하는데 있어서 총명하셨다는 것이다. 이 웅대한 사건 속에서 공의와 사랑을 참으로 복되게 조화시키고, 또 죄인들의 회복과 그들의 구원을 확실하게 하면서 동시에 하나님과 그분의 율법의 영예를 보장하는 신적 지혜와 총명은 얼마나 탁월할까! 4. 사도가 여기서 하나님이 주시는 복으로 언급하는 또 다른 복은 신적 계시다. 즉 하나님께서 그 뜻의 비밀을 우리에게 알리신 것이다(9절). 하나님은 오랫동안 감추어져 있었고, 지금도 대다수 세상 사람들에게는 숨겨져 있는 자신의 선하신 뜻을 우리들에게 대부분 알려주셨다. 우리는 이것을 영원부터 아버지 품속에 계셨던 그리스도로 말미암아 알게 되었다. 그분은 아버지의 뜻을 사람들에게 선언하기 위해 오셨다. 즉 그의 기뻐하심을 따라 사람의 구원에 관한 그분의 은밀한 경륜을 알리기 위해 오셨다. 그 경륜은 그분이 예정하신 것 곧 결심하신 것으로, 사람들 속에 있는 어떤 것 때문이 아니라 그분 자신 안에서 그리고 그분 자신으로 말미암는 것이었다. 이 계시 곧 그 뜻의 비밀을 우리에게 알리시는데 있어서, 하나님의 지혜와 총명이 충분히 발휘되었다. 그것은 진리의 말씀 곧 너희의 구원의 복음(13절)으로 묘사되고 있다. 그것에 관한 모든 말씀은 진리다. 그것은 가장 중요하고 핵심적인 진리를 담아서 우리에게 가르쳐준다. 그것은 하나님의 직접적 약속에 의해 확증되고 보증된다. 따라서 우리는 우리의 모든 탐구가 신적 진리를 따라 이루어지도록 전력을 다하는 법을 배워야 한다. 그것은 우리의 구원을 위한 복음이다. 그것은 구원에 관한 복된 소식을 알려주고, 그 출처를 담고 있다. 그것은 그 곳으로 가는 길을 지시하고, 은혜의 성령께서 그 읽는 것과 그 사역에 역사하셔서 영혼들이 구원을 얻도록 이끄신다. 오, 이 은혜의 복음을 우리가 얼마나 소중히 여겨야 하고, 또 그로 말미암아 하나님께 얼마나 감사해야 할까! 이것은 어두운 곳을 밝히는 빛이다. 바로 이 점 때문에 우리는 감사하고 주목할 이유가 있다. 5. 그리스도 안에서의 통일 또는 그분과의 통일은 신령한 복으로서, 많은 다른 복들의 원천이 되는 엄청난 복이다. 하늘에 있는 것이나 땅에 있는 것이 다 그리스도 안에서 통일되게 하려 하심이라(10절). 모든 신적 계시의 줄기들은 그리스도 안에서 하나가 된다. 모든 종교는 그분을 중심으로 통일된다. 유대인과 이방인은 함께 그리스도께 연합됨으로써 서로 통일되었다. 하늘에 있는 것이나 땅에 있는 것이 다 그분 안에서 통일된다. 그분으로 말미암아 하늘과 땅 사이에 평화가 오고, 일치가 이루어진다. 무수한 천사들의 군대도 그리스도로 말미암아 교회와 하나가 된다. 하나님은 이것을 스스로 결정하셨다. 그 때 곧 하나님께서 계획하고 정하신 바로 그 순간에 그리스도께서 오심으로써 성취된 것은 하나님께서 그 경륜에 따라 이루어지도록 계획하신 것이었다. 6. 영원한 기업 또한 우리가 그리스도 안에서 누리도록 되어있는 신령한 복이다: 우리가 그 안에서 기업이 되었으니(11절). 천국이 그 기업이고, 그 행복이 영혼의 몫으로 충분히 예비되어 있다. 그것은 그의 자녀들에게 주시는 아버지의 선물로서, 상속의 방법으로 전달된다. 자녀이면 또한 상속자요(롬 8:17). 우리가 현재 누리고 있는 모든 복은 상속될 몫과 비교하면 극히 작은 것에 불과하다. 어렸을 때 상속자에게 주어지는 권한은 어른이 되었을 때 주어질 권한과 비교하면 아무것도 아니다. 그리스도인들은 이 기업을 이미 받은 자들로 말해지고 있다. 이것은 그들이 그들의 머리이자 대표자이신 그리스도 안에서 그 권리를 갖고 있는 것으로, 아니 사실은 실제로 소유하고 있는 것으로 되어 있기 때문이다. 7. 성령의 인침과 보증이 이 신령한 복들 속에 포함되어 있다. 우리는 약속의 성령으로 인치심을 받았다는 말씀을 듣는다(13절). 복되신 성령은 그 자신이 거룩하실 뿐만 아니라 우리를 거룩하게 하시는 분이다. 그분은 약속의 성령으로 불리는데, 그것은 그분이 약속된 영이셨기 때문이다. 성령으로 말미암아 신자들은 인치심을 받는다. 즉 하나님을 위해 분리되어 따로 세우심을 받고, 그분에게 속한 자로 구별되고 표시된다. 성령은 또 우리 기업의 보증이 되신다(14절). 보증은 지불금의 한 부분으로, 완전한 지불을 보장한다. 성령의 선물이 바로 이것이다. 거룩하게 하시는 자 및 위로자로서의 그분의 모든 감화와 역사는 천국이 시작되었음과 영광이 씨와 눈 속에 있음을 보여주는 징조다. 성령의 조명은 영원한 빛에 대한 보증이다. 성화는 완전한 거룩함에 대한 보증이다. 또 그분의 위로는 영원한 기쁨에 대한 보증이다. 그분은 그 얻으신 것을 속량하실 때까지 보증이 되신다고 말해진다(14절). 그것은 여기서 소유로 불릴 수 있는데, 그 이유는 이 보증이 마치 상속자들이 이미 그 기업을 소유하고 있는 것처럼, 그들에게 그것을 확실히 보장하고 있기 때문이다. 그것은 그들을 위해 그리스도의 피로 값 주고 사신 것이다. 그것을 속량하신다고 말해지는 것은 그것이 죄로 말미암아 저당 잡히고 몰수되었었기 때문이다. 그런데 그리스도께서 우리를 위해 그것을 원상회복시켜 주셨기 때문에 속량의 법에 비추어 그렇게 말하는 것이다. 이 모든 사실로부터 성령을 구하는 자들에게 그 선물을 취득하도록 하신 것은 참으로 은혜로운 약속임을 명심해야 한다.

사도는 여기서 하나님께서 이 신령한 복들을 베푸시는 가장 중요한 목적과 의도를 언급한다. 그것은 우리가 그리스도 안에서 전부터 바라던 그의 영광의 찬송이 되게 하려 하심이다(12절). 우리에게 복음이 먼저 전해지고, 또 우리가 그리스도를 믿는 믿음으로 먼저 회심하고, 또 우리가 우리의 소망과 신뢰의 자리를 그분 안에 두도록 인도를 받았기 때문에 그렇게 해야 한다. 은혜를 먼저 받은 것은 그만큼 사랑을 더 받은 것이다. 사도는 나보다 먼저 그리스도 안에 있는 자에 관해 말한다(롬 16:7). 그리스도의 은혜를 남보다 더 오래 전에 체험한 자들은 그만큼 더 하나님을 영화롭게 할 특별한 의무를 갖고 있다. 그들은 믿음이 더 좋아야 하고, 더 크게 하나님께 영광을 돌려야 한다. 그러나 이것은 누구에게나 공통적인 목표다. 이것을 위해 우리는 지음받았고, 이것을 위해 우리는 구속을 받았다. 이것이 기독교의 최고 목적이다. 하나님께서 우리를 위해 행하신 모든 것은 그의 영광을 찬송하게 하려는데 그 목적이 있다(14절). 그분은 자신의 은혜와 권능과 다른 완전함이 이 방법을 통해 더 뚜렷해지고 더 밝게 빛나며, 또 사람들이 그분을 찬미하기를 바라신다.

[15]이로 말미암아 주 예수 안에서 **너희 믿음**과 모든 성도를 향한 사랑을 나도 듣고 [16]

내가 기도할 때에 기억하며 너희로 말미암아 감사하기를 그치지 아니하고 [17]우리 주 예수 그리스도의 하나님, 영광의 아버지께서 지혜와 계시의 영을 너희에게 주사 하나님을 알게 하시고 [18]너희 마음의 눈을 밝히사 그의 부르심의 소망이 무엇이며 성도 안에서 그 기업의 영광의 풍성함이 무엇이며 [19]그의 힘의 위력으로 역사하심을 따라 믿는 우리에게 베푸신 능력의 지극히 크심이 어떠한 것을 너희로 알게 하시기를 [20]그의 능력이 그리스도 안에서 역사하사 죽은 자들 가운데서 다시 살리시고 하늘에서 자기의 오른편에 앉히사 [21]모든 통치와 권세와 능력과 주권과 이 세상뿐 아니라 오는 세상에 일컫는 모든 이름 위에 뛰어나게 하시고 [22]또 만물을 그의 발 아래에 복종하게 하시고 그를 만물 위에 교회의 머리로 삼으셨느니라 [23]교회는 그의 몸이니 만물 안에서 만물을 충만하게 하시는 이의 충만함이니라

이제 우리는 이 장의 마지막 부분에 이르게 되었다. 이 부분은 에베소 교인들을 위해 하나님께 간구하는 바울의 간절한 기도로 이루어져 있다. 우리는 감사하는 자들을 위해 기도할 의무가 있다. 사도는 자신이 에베소 교인들을 위해 행한 일로 하나님께 감사하면서 아울러 그분이 그들을 더 선대해주시기를 위해 기도한다. 그는 신령한 복에 대해 감사하고, 그것을 더 충분히 공급해주시기를 위해 기도한다. 하나님은 그들을 위해 그것을 행하도록 이스라엘 집으로부터 요청을 받으셔야 그렇게 하실 것이기 때문이다. 하나님은 우리를 위해 그의 아들인 주 예수의 손에 이 신령한 복들을 맡기셨다. 그러나 그 때 그분은 기도를 통하여 우리가 그것들을 뽑고, 그 속에 들어가도록 정하셨다. 우리는 그 문제에 있어서 믿음과 기도를 통해 주장하는 것 이상으로는 가질 몫이 없다. 사도가 그들을 위해 기도하게 된 한 가지 동기는 그들에 관한 좋은 소식 곧 주 예수 안에서 그들의 믿음과 모든 성도를 향한 사랑에 대해 들었기 때문이다(15절). 그리스도를 믿는 믿음과 성도를 향한 사랑은 다른 모든 은혜에 수반되어야 하는 것이다. 성도를 향한 사랑은 그 자체 속에 하나님에 대한 사랑을 담고 있어야 한다. 성도를 사랑하는 자들은 아무리 그들이 은혜에 있어서 약할지라도, 아무리 세상에서 비천한 존재일지라도, 아무리 그들이 불평하고 안달하는 자들일지라도, 차별 없이 사랑해야 한다. 사도가 그들을 위해 기도하게 된 또 다른 동기는 그들이 기업(상속)의 보증을 이미 받았기 때문이다. 우리는 이것을 이로 말미암아(wherefore)라는 전치사 앞에 나오는 말과 관련된 말씀으로부터 확

인할 수 있다. "너희는 보증을 받았기 때문에 기업이 주어질 것을 당연하게 생각할 것이다. 그러므로 너희는 참으로 행복하고, 더 이상 염려할 것이 없다. 너희는 스스로 기도할 필요도 없다. 나 역시 너희를 위해 기도할 이유가 없다. 정말 그런가? 아니다. 그 반대다. 오히려 이로 말미암아 … 내가 기도할 때에 기억하며 너희로 말미암아 감사하기를 그치지 아니할 것이다(16절). 사도는 하나님께서 그들에게 성령을 주신 것에 대해 감사하면서도, 그들에게 성령을 주시기를 위해 기도하기를 그치지 아니했다(17절). 즉 그는 성령이 더 크게 주어지기를 기도했던 것이다. 아무리 훌륭한 그리스도인이라도 기도해주는 것이 필요하다. 우리는 동료 그리스도인들에 관해 좋은 말을 들을 때, 그들을 위해 하나님께 중보의 기도를 드릴 의무가 있음을 기억해야 한다. 그래서 그들이 은혜 안에서 더욱 충만하고 풍성하도록 해야 한다. 그러면 바울이 에베소 교인들을 위해 기도하는 것은 무엇일까? 그것은 그들이 박해를 받지 않도록 해 달라는 것이 아니었다. 세상에서 부와 명예와 즐거움을 얻게 해 달라는 것도 아니었다. 그가 그들을 위해 기도한 가장 큰 제목은 그들의 지성을 밝혀 달라는 것이었다. 하나님을 아는 그들의 지식이 더 증가하고 풍성하게 해 달라는 것이었다. 여기서 그가 말하는 앎 곧 지식은 실천적이고 경험적인 지식을 의미했다. 성령의 은혜와 위로는 지성의 조명을 통해 영혼에게 전달된다. 이 방법으로 성령은 영혼을 얻고 차지한다. 사탄은 그 반대의 방법을 취한다. 사탄은 감정과 정열을 통해 영혼을 사로잡는다. 그러나 그리스도는 지성을 통해서 하신다.

I. 이 지식은 우리 주 예수 그리스도의 하나님으로부터 와야 한다(17절). 주님은 지식의 하나님이시며, 그분으로부터 오는 것이 아니면 구원을 가져오는 온전한 지식은 없다. 그러므로 그것을 위해 우리는 우리 주 예수 그리스도의 하나님이자(3절을 보라) 영광의 아버지이신 그분을 바라보아야 한다. 이것이 히브리 정신이다. 하나님은 본질상 무한히 영화로우시고, 오직 그분께만 그의 피조물로부터 모든 영광이 돌려져야 한다. 그분은 그의 성도들이 소유하고 있는 또는 누리고 있는 모든 영광의 창조자이시다. 그런데 그분은 지식의 영을 허락하심으로써 지식을 주신다. 왜냐하면 하나님의 영은 성도들의 교사로서, 지혜와 계시의 영이기 때문이다. 우리는 말씀 안에서 성령의 계시를 받는다. 그러나 우리 마음속에 성령의 지혜가 없다면, 그것이 무슨 소용이 있겠는가? 만일 성경을 기록하신 분과 동일한 성령께서 우리 마음으로부터 휘장을 걷고 그것들을 이해

하고 깨닫도록 역사하시지 않는다면, 우리는 결코 더 나아지지 못할 것이다. 하나님을 알게 하시고. 즉 하나님을 인정하게 하신다는 뜻이다. 그리스도 및 그분과 관련된 것에 관해 이론적으로 알게 할 뿐만 아니라 그분께 순종함으로써 그분의 권위를 인정하게 하신다는 것으로, 그것은 지혜와 계시의 영의 도움을 받아 이루어지는 일이다. 이 앎 곧 지식은 먼저 지성 속에 있는 것이다. 그래서 사도는 너희 마음(지성)의 눈을 밝히사라고 기도한다(18절). 그 눈이 열려 하나님의 일에 대해 어느 정도 이해하고 있는 사람들은 그것을 더 깊이 깨닫고, 그 지식을 더 분명하고 확실하게 그리고 경험적으로 가져야 할 필요가 있다. 그리스도인들은 따스한 가슴을 갖는 것으로 충분하다고 생각해서는 안 되고, 냉철한 이성도 함께 갖도록 노력해야 한다. 그들은 지식 있고 분별력 있는 그리스도인이 되는데 욕심이 있어야 한다.

II. 그들이 지식 안에서 자라기를 좀 더 구체적으로 사도가 바라는 것은 다음과 같다.

1. 그의 부르심의 소망(18절). 기독교는 우리의 소명이다. 하나님은 우리를 기독교로 부르셨고, 그것 때문에 기독교는 그분의 부르심의 종교로 불린다. 이 부르심에는 소망이 들어있다. 왜냐하면 하나님과 관계를 맺고 있는 사람들은 소망으로 그 관계를 맺고 있기 때문이다. 우리의 부르심의 소망이 무엇인지 아는 것, 하나님의 막강한 특권들과 그들이 하나님으로부터 기대하는 것들, 그리고 천국과 관련된 것들을 아는 것은 바람직한 일이다. 그 이유는 그 앎이 그리스도인의 길을 더 부지런히 그리고 더 인내하며 가도록 각성시키기 때문이다. 우리는 그리스도인의 소망의 위대한 대상들에 대해 더 분명한 통찰력과 더 충분한 지식을 갖기 위해 노력하고, 또 열심히 기도해야 한다.

2. 성도 안에서 그 기업의 영광의 풍성함(18절). 성도들을 위해 예비된 천국의 기업 외에도, 그들에게는 현재 누리고 있는 기업이 존재한다. 은혜는 영광의 시작이고, 거룩함은 봉오리 속에 들어있는 행복이기 때문이다. 이 기업 곧 영광의 풍성함 속에는 영광이 들어있어서 그리스도인은 자기 주변의 누구보다 좀 더 우월하고, 좀 더 참된 영광을 누리게 된다. 그러므로 우리는 이것을 경험적으로 알기를 사모해야 한다. 곧 신령하고 경건한 삶의 원리, 그 즐거움, 그 능력에 따라 살아보기를 바라야 한다는 말이다. 그것은 천국에 있는 성도들이 누리고 있는 영광스러운 기업으로 이해될 수 있는데, 그 곳은 말하자면 그들을 행복하고

영광스럽게 하기 위한 하나님의 온갖 풍성함으로 채워져 있다. 그리고 그 곳에서 모든 성도들이 소유하고 있는 것은 형언할 수 없는 영광으로서, 이 땅에서 우리가 이에 관해 지식을 가질 수 있다면, 그것은 정말 바람직하고, 생각만 해도 엄청나게 즐겁고 기쁜 일이 될 것이다. 따라서 우리는 성경 읽기, 묵상, 기도를 통해, 천국에서 그렇게 되기를 바라고 염원할 만큼 천국의 풍성함에 관해 충분한 지식을 갖도록 힘써야 한다.

3. 그의 힘의 위력으로 역사하심을 따라 믿는 우리에게 베푸신 능력의 지극히 크심 (19절). 하나님의 전충족성과 그분의 은혜의 전능성을 믿는 실제적 믿음은 그분과의 친밀하고 굳건한 동행을 위해서 절대적으로 필요하다. 그 은혜의 막강한 능력이 우리 영혼 속에서 믿음의 역사를 어떻게 시작하고, 어떻게 수행하는지를 경험적으로 아는 것이 바람직하다. 한 영혼을 그리스도께 이끌고, 그 모든 것을 그분의 의와 영생의 소망에 내맡기는 것은 쉬운 일이 아니다. 우리 안에 이 역사를 일으키는 것은 오직 전능하신 하나님의 능력 외에는 없다. 사도는 여기서 유창한 논리와 풍부한 표현력을 가지고 말하지만, 동시에 마치 자신이 하나님의 능력의 지극히 크심 곧 하나님께서 그의 백성들을 향해 역사하시고, 죽은 자들 가운데서 그리스도를 다시 살리신(20절) 그 능력을 표현하는데 말이 부족한 것처럼 말한다. 참으로 그것이야말로 복음 진리를 세상에 입증하는데 가장 큰 증거였다. 그러나 그것이 우리 안에서 일으킨 것(우리의 의롭게 됨, 그리스도의 부활에 따른 우리의 죄의 사망으로부터의 부활)은 우리에게 놀라운 증거가 된다. 이것이 그 문제(그리스도의 부활이 그 증거라는 것)를 전혀 모르는 다른 사람들에게 복음의 진리를 입증할 수 있는 증거는 못되지만, 우리가 경험한 것을 그들에게 말해줄 수는 있다. 사마리아인들이 "우리가 친히 듣고(요 4:42), 우리가 우리 마음속에서 강력한 변화를 느꼈다"고 말한 것처럼, 우리도 충만한 확신을 가지고 지금 우리는 이분이 하나님의 아들 그리스도이심을 믿고 확신한다고 말해줄 수 있다. 많은 사람들이 사도가 여기서 능력의 지극히 크심(19절)이라고 말하는 것을 하나님께서 신자들의 몸을 영생으로 이끌기 위해 행하신 능력으로서, 그리스도 안에서 역사하사 죽은 자들 가운데서 다시 살리신(20절) 능력과 동일한 능력을 가리키는 것으로 이해한다. 영생으로 인도받기 위해 무덤으로부터 일으킴을 받음으로써, 그 능력을 자세히 알게 된다면, 얼마나 좋을까!

그리스도와 그분의 부활에 관해 언급한 사도는 주제로부터 약간 이탈하여

주 예수와 그분의 높아지심에 관한 사실을 좀 더 품위 있는 자세로 언급한다. 그분은 하늘에서 아버지 오른편에 앉아 계신다(20,21절). 예수 그리스도는 만물보다 위에 계시고, 만물을 지배하는 권세를 갖고 만물이 자기에게 복종하게 하신다. 위의 세계의 모든 영광과 하늘과 땅 양 세계의 모든 권세가 전적으로 그분께 바쳐진다. 아버지께서는 약속에 따라(시 110:1), 만물을 그의 발 아래에 두셨다(22절). 모든 피조물은 그것이 무엇이든 그분께 예속되어 있다. 그들은 그분께 신실하게 복종하든지 아니면 그분의 홀의 심판 아래 떨어지든지 하기 때문에 그들의 운명이 그분에 의해 좌우된다. 하나님은 그분을 만물 위에 교회의 머리로 삼으셨다(22절). 이 지배권과 주재권이 주어지고, 이 신비적인 몸(교회)이 예비된 것은 중보자이신 그리스도께 주어진 선물이었다. 그리고 그토록 막강한 권세와 권위가 부여된 머리를 제공받은 것은 교회에 주어진 선물이었다. 하나님께서는 그분을 만물 위에 교회의 머리로 삼으셨다. 하나님은 그분께 하늘과 땅의 모든 권세를 주셨다. 아버지께서 아들을 사랑하사 만물을 다 그의 손에 주셨다(요 3:35). 그러나 이 위로를 완전케 하는 것은 그분이 만물을 다스리는 권세를 교회에 맡기셨다는 것이다. 그분은 모든 권세를 갖고 있다. 곧 그분은 교회에 관한 자신의 은혜의 계획에 따라 다스리는 나라의 모든 일들을 처리하실 수 있다. 그러므로 이 사실로 말미암아 우리는 열방의 사자들에게 여호와께서 시온을 세우셨다고 대답해줄 수 있다. 세계를 다스리는 동일한 능력이 교회를 다스린다. 그리고 우리는 그분이 교회를 참으로 사랑하신다는 것을 확신한다. 왜냐하면 교회는 그의 몸(23절), 곧 그의 신비적 몸으로 그분이 그것을 돌보실 것이기 때문이다. 교회는 만물 안에서 만물을 충만하게 하시는 이의 충만함이다(23절). 예수 그리스도는 만물 안에서 만물을 충만케 하시는 이시다. 그분은 그의 몸의 모든 지체들의 온갖 부족함을 채우시고, 그의 영으로 충만케 하신다. 아니 하나님의 모든 충만하신 것으로 충만케 하신다(3:19). 그럼에도 교회는 그리스도의 충만함으로 말해지는데, 그것은 그리스도께서 중보자로서 교회를 소유하고 있지 않으면 완결되지 못하기 때문이다. 그분이 나라를 소유하고 있지 않다면, 어떻게 왕이 될 수 있었겠는가? 그러므로 이것이 중보자로서의 그리스도께 영예가 되려면 교회가 그리스도의 충만함이 되어야 한다.

제
— 2 —
장

개요

이 장은 다음과 같은 내용을 담고 있다. I. 에베소 교인들이 본래 처해 있었던 비참한 상태(1-3절, 11-12절). II. 회개케 하는 은혜로 말미암아 그들 속에 일어난 영광스러운 변화(4-10절, 13절). III. 회개한 유대인과 이방인이 그리스도로부터 받은 크고 막강한 특권(14-22절). 사도는 하나님의 은혜가 에베소 교인들 속에 일으킨 놀라운 변화를 그들에게 각성시키기 위해 노력한다. 이것은 동일한 은혜가 은혜의 상태 속에 들어가 있는 모든 사람들 속에서 일으키는 엄청난 변화에 대해서도 그대로 적용된다. 따라서 우리는 여기서 거듭나지 못한 사람들의 비참한 상태와 회심한 영혼들의 행복한 상태에 관한 생생한 묘사를 접하게 된다. 즉 아직 죄 가운데 있는 사람들에 대해서는 그 상태로부터 신속히 벗어나도록 충분히 일깨우고 경고하며, 하나님이 소생시킨 사람들에 대해서는 그들에게 부여된 강력한 특권을 생각함으로써, 위로를 받고 즐거워하도록 이끈다.

¹그는 허물과 죄로 죽었던 너희를 살리셨도다 ²그 때에 너희는 그 가운데서 행하여 이 세상 풍조를 따르고 공중의 권세 잡은 자를 따랐으니 곧 지금 불순종의 아들들 가운데서 역사하는 영이라 ³전에는 우리도 다 그 가운데서 우리 육체의 욕심을 따라 지내며 육체와 마음의 원하는 것을 하여 다른 이들과 같이 본질상 진노의 자녀이었더니

여기서 에베소 교인들이 이전에 처해 있었던 비참한 상태가 일부 묘사되고 있다

1. 거듭나지 못한 영혼들은 허물과 죄로 죽은 자들이다. 죄 가운데 있는 자들은 모두 죄 가운데 죽은 것이다. 아니 허물과 죄 안에서 죽어있다. 여기서 말하는 허물과 죄는 온갖 종류의 죄를 의미하는 것으로, 마음과 삶의 습관적·실제적인 죄들을 망라한다. 죄는 영혼의 죽음이다. 죄가 있는 곳은 어디든 모든 영적 생명도 죽어 있다. 죄인들은 상태상(in state) 죽어 있기 때문에 영적 생명의

원리와 능력을 결여하고 있고, 생명의 근원이신 하나님으로부터 단절되어 있다. 또 그들은 사형선고를 받은 행악자가 죽은 자로 말해지는 것처럼, 법률상(in law) 죽어있다.

2. 죄의 상태는 이 세상 풍조를 따르는 상태다(2절). 사도는 1절에서는 그들의 내적 상태에 관해 설명하고, 2절에서는 그들의 외적 생활에 대해 설명한다: 그 때에 너희는 그 가운데서 즉 허물과 죄 가운데서, 세상 사람들이 으레 행하는 방식을 따라 살고 행동했다.

3. 우리는 본질상 죄와 사탄에게 종 노릇 하고 있었다. 허물과 죄 안에서 행하고, 이 세상의 풍조를 따르고 공중의 권세 잡은 자를 따랐다. 마귀 곧 귀신의 왕이 이렇게 묘사되고 있다. 마 12:24,26을 보라. 반역한 천사들의 군대는 한 우두머리 아래 연합된 하나의 권세다. 그러므로 다른 곳에서 흑암의 권세들(powers of darkness)로 불리는 것이 여기서는 단수형으로 말해진다. 공중은 그의 나라가 자리잡고 있는 곳을 가리키는 말이다. 공중은 영들로 가득 차 있고, 거기서 그들이 힘을 발휘한다는 것이 유대인과 이교도들의 공통된 견해였다. 마귀는 공중의 하층부에서 어느 정도 권세를 갖고 있었던 것으로(하나님의 허용에 의해) 보인다. 거기서 그는 사람들을 쉽게 유혹하고, 할 수 있는 능력을 다해 세상에 악행을 저지르려고 획책한다. 그러나 하나님의 백성들에게 위로와 기쁨이 되는 일은 만물 위에 교회의 머리가 되시는(엡 1:22) 분이 마귀를 이기고, 그를 결박하셨다는 것이다. 그러나 악인들은 사탄에게 예속되어 있다. 왜냐하면 그들은 그를 따라 행하기 때문이다. 그들은 자신들의 삶과 행동을 이 대찬탈자의 뜻과 즐거움에 일치시킨다. 그들의 삶의 방향과 경향은 그의 제안에 따라 진행되고, 그의 유혹에 순응한다. 그들은 그에게 복종하고, 그의 뜻에 따라 그에게 포로처럼 인도를 받는다. 그래서 그는 이 세상의 신으로 불리고, 또 불순종의 아들들 가운데서 역사하는 영(2절)으로 불린다. 불순종의 아들들은 하나님에 대해 불순종하고, 마귀를 섬기도록 택함받은 자들이다. 이들 속에서 마귀는 아주 강하고, 또 효과적으로 역사한다. 선한 영이신 성령이 순종하는 영혼들 속에서 선한 일을 행하는 것처럼, 이 악한 영도 악인들 속에서 악한 일을 행한다. 그는 지금도 역사하고 있고, 지금까지도 역사했으며, 아니 사실은 세상이 영광스러운 복음의 빛으로 복을 누리게 된 이후에도 역사해왔다. 사도는 전에는 우리도 다 그 가운데서 우리 육체의 욕심을 따라 지냈다(3절)고 덧붙인다. 이 말은 유대인에

게 해당되는 말로서, 사도는 여기서 그들이 본질상 아주 슬프고 비참한 상태 속에 있었고, 거듭나지 아니한 이방인들과 똑같이 비천하고 사악한 상태 속에 있었음을 암시한다. 사도는 그들의 자연적 상태를 그 다음 말씀을 통해 좀 더 상세히 묘사한다.

4. 우리도 본질상 육체와 육체의 부패한 욕심을 따라 지냈다(3절). 육체와 마음의 원하는 것을 하여란 말은 사람들의 육체와 영혼이 더러움에 빠져 있었음을 의미한다. 사도는 그리스도인들에게 이 상태로부터 벗어나도록 자신을 깨끗하게 하라고 권면한다(고후 7:1). 육체와 마음의 원하는 것을 행하는 것 속에는 영혼의 높고 낮은 모든 능력 안에서 또는 그 능력으로 말미암아 저지르는 모든 죄와 악덕이 포함된다. 우리는 타락한 본성이 이끄는 대로 온갖 죄들을 실제로 저지르며 살았다. 육체의 마음은 인간을 악한 정욕의 완전한 노예가 되게 한다. 육체의 원하는 것을 하여. 이 말은 이 정욕들의 효력을 가리키는 말로 이해될 수 있다. 즉 정욕들에게 스스로 굴복하는 사람들을 그것들이 지배하는 힘을 말한다.

5. 우리는 다른 이들과 같이 본질상 진노의 자녀였다(3절). 이방인과 똑같이 유대인 역시 그랬다. 습관과 모방에 의해서 뿐만 아니라 존재를 시작했을 때부터 그 자연적 성향과 본성에 의해서 어느 누구든 인간은 본질상 똑같다. 모든 인간들은 자연적으로 불순종의 아들들이 되기 때문에 본질상 진노의 자녀들이다. 하나님은 날마다 악인들에 대해 진노하신다. 우리의 상태와 과정은 진노에 합당한 상태요 과정이다. 만일 하나님의 은혜가 개입되지 않았다면, 영원한 진노 속에서 끝장이 났을 것이다. 그렇다면 죄인들이 자기들을 진노의 자녀에서 하나님의 자녀와 영광의 상속자로 만드는 은혜를 기대할 만한 이유가 어디에 있단 말인가! 여기까지 이 구절들을 통해 사도는 자연 상태 속에 있는 인간의 비참성을 묘사했다. 그런데 이후에도 몇 구절에서 그가 이것을 다시 언급하는 것을 보게 된다.

[4]긍휼이 풍성하신 하나님이 우리를 사랑하신 그 큰 사랑을 인하여 [5]허물로 죽은 우리를 그리스도와 함께 살리셨고 (너희는 은혜로 구원을 받은 것이라) [6]또 함께 일으키사 그리스도 예수 안에서 함께 하늘에 앉히시니 [7]이는 그리스도 예수 안에서 우리에게 자비하심으로써 그 은혜의 지극히 풍성함을 오는 여러 세대에 나타내려 하

심이라 [8]너희는 그 은혜에 의하여 믿음으로 말미암아 구원을 받았으니 이것은 너희에게서 난 것이 아니요 하나님의 선물이라 [9]행위에서 난 것이 아니니 이는 누구든지 자랑하지 못하게 함이라 [10]우리는 그가 만드신 바라 그리스도 예수 안에서 선한 일을 위하여 지으심을 받은 자니 이 일은 하나님이 전에 예비하사 우리로 그 가운데서 행하게 하려 하심이니라

여기서 사도는 회심케 하는 은혜로 말미암아 그들 속에 일어난 영광스러운 변화에 관해 설명하기 시작한다.

I. 그 변화가 누구에 의해, 어떤 방식으로 일어났고, 효력 있게 되었는가.

1. 소극적 관점: 너희에게서 난 것이 아니요(8절). 우리의 믿음, 우리의 회심, 그리고 우리의 영원한 구원은 단순히 우리의 자연적 능력의 결과도 아니요, 우리 자신의 어떤 공로의 결과도 아니다: 행위에서 난 것이 아니니 이는 누구든지 자랑하지 못하게 함이라(9절). 이 일들은 우리가 행한 어떤 일로 말미암아 일어나는 것이 아니다. 그러므로 자랑은 완전히 배제된다. 영광 속에 있는 자는 자신이 아니라 주 안에서 자랑해야 한다. 누가 됐든 자신의 능력이나 힘을 자랑할 여지는 전혀 없다. 또는 마치 자기가 하나님으로부터 이 무한한 은총을 받을 만한 어떤 일을 행한 것처럼 생각해서도 안 된다.

2. 적극적 관점: 긍휼이 풍성하신 하나님이(4절). 하나님 자신이 이 위대하고 복된 변화의 창조자이시다. 그분의 크신 사랑이 그 원천이자 근간이다. 그래서 그분은 긍휼을 베풀기로 결심하셨다. 사랑은 하나님께서 단순히 피조물인 우리에게 선을 행하시는 그분의 성향이다. 긍휼은 반역하고 비참에 떨어진 피조물인 우리와 관련되어 있다. 그의 피조물을 향하신 하나님의 영원한 사랑 또는 선의가 그분이 베푸시는 모든 긍휼의 원천이다. 그분의 긍휼은 풍성한 긍휼로서, 표현할 수 없을 만큼 크고, 헤아릴 수 없을 만큼 풍부하다. 너희는 은혜로 구원을 받은 것이라(5절). 너희는 그 은혜에 의하여 믿음으로 말미암아 구원을 받았으니 이것은 하나님의 선물이라(8절). 회심한 모든 죄인은 구원받은 죄인이다. 그들은 죄와 진노로부터 구원받았다. 그들은 구원의 상태 속에 들어갔고, 은혜로 말미암아 영원한 행복 속에 들어갈 권리를 갖게 되었다. 그들을 구원하는 은혜는 하나님이 값없이 주시는 무조건적 선하심과 호의다. 하나님은 그들을 율법의 행위로서가 아니라 그리스도 예수를 믿는 믿음으로 말미암아 구원하신다. 이

믿음으로 말미암아 그들은 복음의 놀라운 축복의 참여자가 된다. 그 믿음과 그것이 이토록 큰 영향력을 미치는 구원은 모두 하나님의 선물이다. 믿음의 핵심적 목적들은 하나님의 계시로 말미암아 알려지고, 하나님이 우리에게 주신 증언과 증거를 통해 확실하게 된다. 우리가 구원을 믿고, 믿음으로 말미암아 구원을 얻는 것은 전적으로 하나님의 도우심과 은혜로 말미암는다. 하나님은 모든 사람에게 은혜에 관한 진리가 드러나도록 모든 것을 정하셨다.

II. 이 변화는 다양한 항목들로 구성되는데, 이것들은 모두 우리의 자연적 상태의 비참함을 해소시키는 내용들이다. 이것들 가운데 일부는 여기서 열거되고 있고, 나머지는 이후 부분에서 언급되고 있다

1. 죽은 우리가 살아난다(5절). 우리는 죄의 사망으로부터 구원받고, 우리 안에 영적 생명의 원리가 심겨진다. 영혼 속에 있는 은혜는 영혼 속에 있는 새 생명이다. 죽음이 감각을 무력화시키고 모든 힘과 기능들을 폐쇄시키는 것처럼, 죄의 상태도 선한 것들에 대해 똑같이 행한다. 반면에 은혜는 모든 것을 풀어놓고 열어놓으며, 영혼의 지평을 확대시킨다. 거듭난 죄인은 산 영이 된다는 것을 명심하자. 그는 하나님의 자녀가 되어 성결한 삶을 산다. 또 그는 사죄와 칭의의 은혜로 말미암아 죄책으로부터 벗어나 율법의 본래적 의미를 지키며 산다. 우리를 그리스도와 함께 살리셨고(5절). 우리의 영적 생명은 그리스도와의 연합의 결과다. 우리가 사는 것은 그분 안에서이다: 내가 살아 있고 너희도 살아 있겠음이라(요 14:19).

2. 장사되었던 우리가 일어난다(6절). 아직 일어나지 않은 일이 여기서는 이미 일어난 일인 것처럼 말해진다. 즉 하나님께서 죽은 자로부터 일으키신 그리스도와의 연합을 통해 진실로 우리도 함께 일으킴을 받는다. 하나님은 죽은 자로부터 그리스도를 일으키셨을 때, 사실상 그분과 함께 모든 신자들도 함께 일으키셨다. 그 때 그리스도는 그들의 공통의 머리가 되신다. 또 하나님은 그리스도를 하늘에서 자기 오른편에 두셨을 때, 그분 안에서 그리고 그분과 함께 신자들도 높이고 영화롭게 하셨다. 그 때 그리스도는 일으키심을 받고, 높아지신 그들의 머리이자 선구자이다. 그리스도 예수 안에서 함께 하늘에 앉히시니(6절). 이것은 또 다른 의미로 이해될 수도 있다. 죄인들은 먼지 속에서 뒹굴고 있고, 의롭게 된 영혼들은 세상 위로 일으킴을 받아 하늘에 앉아 있다. 그들이 갖고 있었던 것 및 다가올 세상에서 갖게 될 것과 비교해 볼 때, 세상은 그들에게 아

무엇도 아니다. 성도들은 그리스도의 자유인일 뿐만 아니라 그분과 함께 하는 심판자이다. 그분의 은혜의 도움으로 그들은 그분과 함께 이 세상 위로 올라가 다른 사람들과 함께 생활하게 될 것인데, 현재 이 기대를 갖고 그들은 꿋꿋하게 살고 있다. 그들은 최고의 주인을 위해 최고의 일을 하는 종들일 뿐만 아니라 높임을 받아 그분과 함께 다스리는 자들이 될 것이다. 그들은 그리스도께서 그의 아버지의 보좌에 그분과 함께 앉아계신 것처럼, 그분과 함께 보좌에 앉는다.

Ⅲ. 이 변화를 일으키고, 효력 있게 하신 하나님의 크신 계획과 목적이 무엇인지 살펴보자.

1. 다른 사람들과 관련하여: 오는 여러 세대에 나타내려 하심이라(7절). 즉 하나님은 자신의 선하심과 긍휼에 대한 실례와 증거를 보여주심으로써 후대의 죄인들이 용기를 가질 수 있도록 하신다. 지금까지 죄인들을 회심시키고 구원하는데 있어서 보여주신 하나님의 선하심은 후대의 다른 사람들이 그분의 은혜와 긍휼에 대한 소망을 갖고, 그것들을 자기들에게 적용시키는데 적절한 자극이 된다. 하나님께서 자신의 계획에 따라 이 일을 행하신 것을 보고 불쌍한 죄인들은 큰 용기를 얻게 될 것이다. 이 은혜와 자비로부터, 그 풍성한 은혜로부터, 아니 그 은혜의 지극히 풍성함으로부터 어떻게 이 변화가 있으리라는 소망을 품지 않을 수 있겠는가? 그리스도 예수 안에서 하나님은 우리에게 자신의 온갖 은총과 축복을 전달하신다.

2. 거듭난 죄인들 자신과 관련하여: 우리는 그가 만드신 바라 그리스도 예수 안에서 선한 일을 위하여 지으심을 받은 자니(10절). 그것은 모든 것이 은혜에 속한 것임을 보여준다. 왜냐하면 우리의 모든 영적 특권들은 하나님으로부터 오기 때문이다. 우리는 그가 만드신 바라. 사도는 이 말을 새로운 피조물과 관련된 뜻으로 이해한다. 사람으로서만이 아니라 성도로서도 새롭게 되었다는 말이다. 새 사람은 새로운 피조물이고, 하나님은 그 창조자이시다. 그것은 새로운 출생이고, 우리는 하나님의 뜻을 따라 태어났다. 그리스도 예수 안에서. 이 말은 '그리스도께서 행하고 고난받으신 것으로 말미암아' 그리고 '그분의 영광스러운 영의 감화와 역사로 말미암아' 라는 뜻이다. 선한 일을 위하여. 앞에서 이 변화를 하나님의 은혜의 역사로 돌리고, 행위를 배제시켰던 사도는 그 결과 자신이 선한 일을 무시하는 것처럼 보이지 않도록, 여기서 그 변화를 귀속시킬 것이 자연인 속에는 아무것도 없지만(왜냐하면 우리는 하나님이 만드신 바이기 때문에)

새로운 피조물 안에서는 하나님께서 선한 일을 하도록 우리를 계획하고 준비시키셨다. 선한 일을 위하여 지으심을 받은 자니. 이 말은 선한 일에 있어서 열매를 많이 맺도록 하려는 계획에 따라 우리를 지으셨다는 것이다. 자신의 은혜로 말미암아 하나님께서 선한 원리를 심으신 것은 그들이 선한 일을 하게 하려는 의도에서였다. 하나님이 전에 예비하사. 즉 미리 규정하고 정해 놓으셨다는 것이다. 또는 그 말은 하나님이 전에 예비하셨다는 의미로 이해될 수도 있다. 즉 하나님께서 우리에게 자신의 뜻에 대한 지식으로 그리고 그의 성령의 도움으로, 우리를 축복하고 우리 안에 이 변화가 일어나도록 미리 준비하셨다는 것이다. 우리로 그 가운데서 행하게 하려 하심이니라. 즉 이것은 모범적인 생활을 통해 그리고 끝까지 거룩함을 지킴으로써, 우리가 하나님을 영화롭게 해야 한다는 것이다.

[11]그러므로 생각하라 너희는 그 때에 육체로는 이방인이요 손으로 육체에 행한 할례를 받은 무리라 칭하는 자들로부터 할례를 받지 않은 무리라 칭함을 받는 자들이라 [12]그 때에 너희는 그리스도 밖에 있었고 이스라엘 나라 밖의 사람이라 약속의 언약들에 대하여는 외인이요 세상에서 소망이 없고 하나님도 없는 자이더니 [13]이제는 전에 멀리 있던 너희가 그리스도 예수 안에서 그리스도의 피로 가까워졌느니라

이 부분에서도 사도는 에베소 교인들이 본래 처해 있었던 비참한 상태에 관해 설명을 계속한다(11절). 그러므로 생각하라. 이것은 마치 다음과 같이 말하는 것과 같다: "너희가 전에 어떠했는지 기억하고 지금의 상태와 비교해 보면, 스스로 겸손하게 되고 하나님에 대한 사랑과 감사를 자극받게 될 것이다." 회심한 죄인들은 자주 자신이 본래 처해 있었던 죄와 비참의 상태를 반성해 보아야 한다. 육체로는 이방인이요. 이것은 그들이 부패한 육체의 본성에 따라 살고, 은혜 언약에 참여하는 외적 표지인 할례를 받지 못한 상태에 있었다는 뜻이다. 할례를 받지 않은 무리라 칭함을 받는 자들이라. 이 말은 곧 이런 뜻이다: "너희는 외적 고백만 갖고 있고, 그래서 외적 의식 외에는 더 이상 바라는 것이 없었던 외식하는 유대인에게 그것 때문에 비난과 비판을 받았다." 위선적 신앙고백자들은 외적 특권에 따라 스스로를 평가하기 좋아하고, 그 특권을 결여하고 있는 다른 사람들을 비난하고 멸시하는 경향이 있다. 사도는 여러 가지

이유를 들어 그들의 비참한 상태를 묘사한다(12절). "그 때에 곧 너희가 이방인으로서, 회심하지 못한 상태 속에 있었을 때에, 다음과 같았다."

1. 그리스도 밖에 있었고. 곧 "너희는 그리스도가 없는 상태 속에 있어서, 메시야에 관한 지식도 없었고, 그분 안에서 주어지는 또는 그분과 관련되어 있는 구원의 유익을 갖지 못했었다." 그리스도 안에서 주어지는 구원의 유익을 갖지 못하는 것은 회심하지 못한 모든 죄인들, 곧 믿음을 갖지 못한 모든 사람들에게 해당된다. 한 영혼이 그리스도가 없는 상태 속에 있는 것은 참으로 슬프고 통탄할 일이다. 그들이 바로 그리스도가 없는 상태에 있었다.

2. 이스라엘 나라 밖의 사람이라. 그들은 그리스도의 교회에 속해 있지 않았고, 그 교제 속에 들어가지도 못했다. 교회는 이스라엘 족속으로 한정되어 있기 때문이다. 그리스도의 교회에 속해 있고, 그 지체들과 더불어 그 고유의 유익을 나누는 것은 결코 사소한 특권이 아니다.

3. 약속의 언약들에 대하여는 외인이요. 은혜 언약은 비록 오랜 세월이 흐르면서 다양한 첨가와 개선이 있었으나 그 본질은 여전히 변함없었다. 그것은 다양한 약속들로 구성되어 있었기 때문에 언약들 곧 약속의 언약들로 불리는데, 특별히 메시아와 그분으로 말미암는 영생에 관한 위대한 약속을 포함하고 있다. 따라서 이방인인 에베소 교인들은 이 언약에 대해서는 외인으로서, 그것에 관한 어떤 지식이나 제안을 갖고 있지 못했다. 거듭나지 못한 모든 죄인들은 약속에 대해 외인으로서, 그것과 아무 관계가 없다. 그리스도가 없는 사람들, 그래서 언약의 중보자와 아무 상관이 없는 사람들은 언약의 약속들에 대해 아무런 권리가 없다.

4. 세상에서 소망이 없고 하나님도 없는 자이더니. 그들은 말하자면 이생 외에는 아무 소망이 없었다. 또 하나님 안에서 갖는 소망 곧 영적 및 영원한 소망이 전혀 없었다. 그리스도 밖에 있는 사람들 곧 언약에 대하여 외인인 사람들은 선한 소망을 가질 수가 없다. 왜냐하면 언약과 그리스도는 모든 그리스도인의 소망의 근거이자 기초이기 때문이다. 그들은 하나님으로부터 멀리 떨어져 있고 소외된 상태 속에 있었다: 세상에서 하나님도 없는 자이더니. 그들이 우상을 숭배한 것을 보면, 그들에게 신지식이 전혀 없었던 것은 아니다. 그러나 하나님에 대한 경외나 그분을 의지하는 지식, 그리고 그분이 주시는 특별한 유익 등은 알지 못했다. 이 말은 그들이 세상에서 무신론자들이었다는 뜻이다. 왜냐하면 그

들은 많은 신들을 숭배했지만, 참 하나님은 없는 상태에 있었기 때문이다.

사도는 나아가 그들이 처한 상태에서 일어난 복된 변화를 자세히 언급한다 (13절): 이제는 전에 멀리 있던 너희가 그리스도 예수 안에서 그리스도의 피로 가까워졌느니라. 그들은 그리스도로부터, 그의 교회로부터, 약속들로부터, 기독교적 소망으로부터, 그리고 하나님 자신으로부터 멀리 떨어져 있었다. 그러므로 그들은 마치 탕자가 먼 타국에 있었던 것처럼, 모든 선한 것으로부터 멀어져 있었다. 이것은 앞 부분에서 표현된 것이다. 회심하지 못한 죄인들은 하나님으로부터 먼 거리로 떨어져 나가고, 하나님 역시 그들을 먼 거리에 두신다: 여호와께서는 멀리서도 교만한 자를 아심이니이다(시 138:6). "(그러나) 이제는 너희가 그리스도 예수 안에서, 즉 너희의 회심으로, 그리스도와 연합함으로 말미암아 그리고 믿음으로 그분과 관계됨으로써, 가까워졌느니라." 그들은 하나님 품으로 돌아왔고, 교회 안으로 받아들여지고, 언약에 참여하고, 그 결과로 주어지는 모든 다른 특권들을 소유하게 되었다. 성도는 하나님을 가까이 하는 백성이다. 구원은 악인들로부터 멀어지는 것이다. 그러나 하나님은 그의 백성들을 가까이서 도우신다. 그리고 이것은 그리스도의 피로, 즉 그분의 고난과 죽으심의 공로로 말미암는다. 믿음을 가진 모든 죄인은 그리스도의 죽으심과 희생에 의하여 하나님께 가까이 나아가고, 그분의 은혜 속에 들어간다.

[14]그는 우리의 화평이신지라 둘로 하나를 만드사 원수 된 것 곧 중간에 막힌 담을 자기 육체로 허시고 [15]법조문으로 된 계명의 율법을 폐하셨으니 이는 이 둘로 자기 안에서 한 새 사람을 지어 화평하게 하시고 [16]또 십자가로 이 둘을 한 몸으로 하나님과 화목하게 하려 하심이라 원수 된 것을 십자가로 소멸하시고 [17]또 오셔서 먼 데 있는 너희에게 평안을 전하시고 가까운 데 있는 자들에게 평안을 전하셨으니 [18]이는 그로 말미암아 우리 둘이 한 성령 안에서 아버지께 나아감을 얻게 하려 하심이라 [19]그러므로 이제부터 너희는 외인도 아니요 나그네도 아니요 오직 성도들과 동일한 시민이요 하나님의 권속이라 [20]너희는 사도들과 선지자들의 터 위에 세우심을 입은 자라 그리스도 예수께서 친히 모퉁잇돌이 되셨느니라 [21]그의 안에서 건물마다 서로 연결하여 주 안에서 성전이 되어 가고 [22]너희도 성령 안에서 하나님이 거하실 처소가 되기 위하여 그리스도 예수 안에서 함께 지어져 가느니라

우리는 이제 이 장의 마지막 부분에 이르게 되었다. 이 부분은 회심한 유대인과 이방인들이 그리스도로부터 받는 크고 강력한 특권들에 대한 설명을 담고 있다. 사도는 여기서 원수 관계에 있던 자들에게 화목의 역사가 일어났음을 보여준다. 유대인과 이방인 사이에는 큰 불화가 있었다. 마찬가지로 하나님과 거듭나지 아니한 모든 사람 사이에도 불화가 있다. 그런데 예수 그리스도께서 우리의 화평이시다(14절). 그분이 자신을 희생시키심으로써 화평하게 하셨다. 그분은 다음과 같은 화목을 이루시기 위해 오셨다.

1. 유대인과 이방인 사이의 불화. 그분은 이 두 인간들 사이의 분리를 화해시킴으로써 둘로 하나를 만드셨다. 이들은 이전에 서로 헐뜯고 미워하고 비방하던 사이였다. 그분은 중간에 막힌 담을 자기 육체로 허셨다. 즉 그분은 그 둘 간의 커다란 반목의 요인으로서 유대인의 특권의식의 상징이었던 의식법을 헐어버리셨다. 여기서 막힌 담은 유대인은 자유롭게 들어갈 수 있으나 이방인은 들어갈 수 없도록 분리시킨 성전의 담을 암시하는 뜻으로 쓰인 말이다. 또 그분은 법조문으로 된 계명의 율법을 폐하셨다(15절). 육체의 고난을 통해 그분은 율법의 구속력을 제거하셨다(따라서 그 둘 간의 원수관계와 간격의 원인이 제거된 것이다). 여기서 율법은 법조문으로 된 계명의 율법으로 불린다. 그 이유는 그것이 대부분 외적 의식과 형식에만 참여하도록 되어 있고, 주로 하나님을 외적으로 예배하는 규정과 제도들로 이루어져 있었기 때문이다. 계명의 의식들은 그리스도로 말미암아 폐해졌고, 그렇게 그분 안에서 완성되었다. 이것들을 폐하심으로써 그분은 이방인이든 유대인이든 신자들이면 누구나 참여할 수 있는 하나의 교회를 만드셨다. 이와 같이 그분은 이 둘로 자기 안에서 한 새 사람을 지으셨다(15절). 그분은 이 두 무리들을 하나의 새로운 사회 곧 하나님의 백성의 몸으로 통합하셨다. 즉 그분은 이전에 엄청난 간격이 있었던 그들을 공통된 머리인 자신에게 연합시키고, 성령으로 말미암아 새롭게 하며, 이제는 복음의 새로운 예배방식으로 서로 일치시킴으로써, 화평하게 하셨다(15절).

2. 하나님과 죄인들 사이의 불화. 그리스도는 유대인이든 이방인이든, 죄인들과 하나님 사이의 원수관계를 근절시키고, 그들을 하나님과 화목하게 하려고 오셨다(16절). 죄는 하나님과 사람들 사이에 다툼을 일으킨다. 그리스도는 지금은 하나의 몸으로 결합되고 연결된 유대인과 이방인을 화와 분노로 충천한 하나님과 화해시킴으로써, 둘 사이의 다툼을 제거하고, 그것을 끝장내기 위해 오

셨다. 그리고 이 일은 십자가로 이루어졌다. 즉 친히 희생제물이 되어 십자가에 달려 죽으심으로써, 원수된 것을 소멸하셨다. 죽임을 당한 또는 희생제물이 되신 그분은 하나님과 불쌍한 죄인들 사이에 있었던 적대감을 제거시켜 버렸다. 사도는 계속해서 우리 주 예수 그리스도의 중보로 말미암아 이 두 무리들이 얻는 소중한 유익들을 제시한다(17절). 십자가상에서 화평을 이루신 그리스도는 여기서 부분적으로 가까운데 있는 자들로 불리는 유대인들에게는 친히 나타나시는 것으로, 또 부분적으로 먼 데 있는 자들로 불리는 이방인들에게는 자신이 복음을 전하도록 사명을 맡긴 사도들을 통해 자신을 나타내셨다. 그리고 그들에게 평안을 전하셨다. 즉 하나님과의 화목과 영생에 관한 말씀을 선포하셨다. 여기서 주목할 것은 그리스도의 사자들이 그분의 진리를 전할 때, 결과적으로는 그분 자신이 직접 전하신 것과 똑같다는 것이다. 그래서 그들(그분의 명령에 따라 행동하고, 그분의 메시지를 전달하는)을 받아들이는 자는 그분을 받아들이는 것이고 그들을 거절하는 자는 그분을 거절하는 것과 같다는 점에서, 그분은 그들을 통해 전파되는 것으로 말해진다. 따라서 이 평안의 결과로 유대인과 이방인 모두 하나님께 자유롭게 나아갈 수 있게 되었다(18절): 그로 말미암아 곧 '그분의 이름으로' 그리고 '그분의 중보로 말미암아', 우리 둘이 아버지께 나아감을 얻게 하려 하심이다. 즉 이 둘의 공통된 화목의 아버지가 되신 하나님 앞에 나아가는 길이 허락되었다. 우리가 나아가도록 은혜의 보좌가 세워지고, 그 보좌에 나아갈 자유가 우리에게 허락된다. 우리의 나아감은 성령으로 말미암는다. 우리를 위해 속량하신 그리스도는 하나님께 나아갈 길을 열어놓으셨고, 성령은 우리에게 그 길로 나아가려는 마음과 담력을 주시고, 심지어는 기준에 맞게 하나님을 섬길 수 있는 은혜로 이끌기도 하신다. 우리는 예수 그리스도로 말미암아 그리고 성령의 도우심을 받아 하나님께 가까이 나아간다는 것을 유의하라. 에베소 교인들은 회심을 통해 유대인과 똑같이 동일한 성령 안에서 하나님께 나아갈 은혜를 받았기 때문에, 사도는 그들에게 그러므로 이제부터 너희는 외인도 아니요 나그네도 아니라고 말한다(19절). 그가 이렇게 말하는 것은 이방인이었던 때의 그들의 상태와 대조시키기 위한 데 있었다. 그들은 지금은 더 이상 이스라엘 나라 밖에 속한 사람도 아니고(12절), 더 이상 유대인들이 자기들 외의 다른 모든 족속들에 대해 취하는 대접을 받지 않고(즉 하나님에 대하여 외인), 오직 성도들과 동일한 시민이요 하나님의 권속이었다. 즉 그들은 그리스도의 교회의 지체들로서, 그 모든 특권을 향유할 권리를 갖고 있었다. 여기서 주목할 것은 교회가 하나의 도시로 비유되고, 회심한 모든 죄인은 그 도시의 자유민으로 설명되고 있다는 것이다. 또한 교회는 하나의 집으로 비유되고, 회심한 모든 죄인은 그 가족의 일원, 즉 하나님의 집의 종과 자녀로 설명되고 있다. 20절에서는 교회가 하나의 건물로 비유되고 있다. 사도와 선지자들은 그 건물의 터가 된다. 그리스도 자신이 일차적인 터가 되신다면, 그들은 이차적인 의미에서 그렇게 불릴 수 있다. 그러나 우리는 오히려 구약의 선지자들과 신약의 사도들에 의해 전해진 교훈으로 그것을 이해하는 것이 좋다. 그것은 예수 그리스도께서 친히 모퉁잇돌이 되신다는 것이다(엡 2:20). 그분 안에서 유대인과 이방인이 함께 만나고, 한 교회를 이룬다. 그리스도는 자신의 힘으로 그 건물을 지탱하신다: 그의 안에서 건물마다 서로 연결하여(21절). 그 건물을 이루는 모든 신자들은 믿음으로 그리스도께 연결되고, 그들 간에는 그리스도의 사랑으로 성전이 되어간다. 즉 거룩한 공동체가 되고, 그 안에는 하나님과 그의 백성 간의 풍성한 교제가 있다. 이것은 마치 성전에서 백성들은 하나님을 예배하고 섬기는 반면에 하나님은 백성들에게 자신을 나타내시는 것처럼, 그들은 하나님께 영적 제사를 드리고 그분은 그들에게 그의 복과 은총을 베푸신다. 이처럼 건물은 그 성격상 성전이 된다. 교회는 하나님께서 자신의 이름을 두시기 위해 선택한 처소로서, 주 안에서 곧 그분으로부터 오는 은혜와 능력으로 말미암아 이러한 성전이 되어가기 때문이다. 터 곧 주춧돌이 되신 그리스도 위에 세워지고, 모퉁잇돌 되신 그리스도 안에서 연결된 보편 교회는 결국 머릿돌이 되시는 그분 안에서 영화롭게 될 것이다: 그리스도 예수 안에서 함께 지어져 가느니라(22절). 보편 교회만 하나님의 전으로 불리는 것이 아니라 개별 교회도 그렇게 불린다. 심지어는 참된 신자는 누구나 살아있는 성전으로서, 성령 안에서 하나님의 거하실 처소가 된다. 하나님은 지금 모든 신자들의 마음속에 거하고, 그들은 은혜의 성령의 역사를 통해 하나님의 전이 되어간다. 지금 성령께서 그들과 함께 거하는 것은 영원한 천국에서 그분이 그들과 함께 거하실 것에 대한 보증이다.

제
— 3 —
장

개요

이 장은 두 부분으로 구성되어 있다. I. 이방인의 사도로서 하나님으로부터 보내심을 받은 사실을 바울이 에베소 교인들에게 설명하는 내용(1-13절). II. 에베소 교인들을 위해 바울이 하나님께 헌신적이고 간절하게 드리는 기도에 관한 내용(14-21절). 우리는 여기서 자신의 가르침과 권면을 이 편지를 받는 사람들을 위해 하나님께 드리는 중보 및 기도와 융합시켜 놓는 것이 사도의 습관임을 확인할 수 있다. 그것은 하나님께서 역사하시지 않는다면, 자신의 모든 가르침과 권면이 아무 소용이 없고 무익하게 되리라는 것을 그가 잘 알고 있었기 때문이다. 이것은 그리스도의 사역자들은 누구나 따라야 할 본보기다. 그들은 성령의 효과적인 역사가 수반되어 그들의 사역이 성공으로 매듭지어지도록 열심히 기도해야 한다.

[1]이러므로 그리스도 예수의 일로 너희 이방인을 위하여 갇힌 자 된 나 바울이 말하거니와 [2]너희를 위하여 내게 주신 하나님의 그 은혜의 경륜을 너희가 들었을 터이라 [3]곧 계시로 내게 비밀을 알게 하신 것은 내가 먼저 간단히 기록함과 같으니 [4]그것을 읽으면 내가 그리스도의 비밀을 깨달은 것을 너희가 알 수 있으리라 [5]이제 그의 거룩한 사도들과 선지자들에게 성령으로 나타내신 것 같이 다른 세대에서는 사람의 아들들에게 알리지 아니하셨으니 [6]이는 이방인들이 복음으로 말미암아 그리스도 예수 안에서 함께 상속자가 되고 함께 지체가 되고 함께 약속에 참여하는 자가 됨이라 [7]이 복음을 위하여 그의 능력이 역사하시는 대로 내게 주신 하나님의 은혜의 선물을 따라 내가 일꾼이 되었노라 [8]모든 성도 중에 지극히 작은 자보다 더 작은 나에게 이 은혜를 주신 것은 측량할 수 없는 그리스도의 풍성함을 이방인에게 전하게 하시고 [9]영원부터 만물을 창조하신 하나님 속에 감추어졌던 비밀의 경륜이 어떠한 것을 드러내게 하려 하심이라 [10]이는 이제 교회로 말미암아 하늘에 있는 통치자들과 권세들에게 하나님의 각종 지혜를 알게 하려 하심이니 [11]곧 영원부터 우리 주 그리스도 예수 안에서 예정하신 뜻대로 하신 것이라 [12]우리가 그 안에서 그를

믿음으로 말미암아 담대함과 확신을 가지고 하나님께 나아감을 얻느니라 [13]그러므로 너희에게 구하노니 너희를 위한 나의 여러 환난에 대하여 낙심하지 말라 이는 너희의 영광이니라

여기서 우리는 바울이 이방인의 사도로서 하나님에 의해 지명을 받았기 때문에 에베소 교인들에게 자신에 관해 설명하는 기사를 본다.

I. 우리는 여기서 바울이 사도의 직분을 감당하면서 당한 환난과 고난을 그들에게 알려주는 것을 확인할 수 있다(1절).   1절은 앞장과 연결되어 있고, 그 의미는 다음 두 가지 가운데 하나로 이해될 수 있다

1. "이러므로— 앞 장에서 언급했던 교훈을 전했으므로, 또 유대인뿐만 아니라 비록 할례를 받지 못했으나 믿는 이방인에게도 속해 있는 복음의 커다란 특권들을 천명했으므로— 지금 나는 죄수 곧 예수 그리스도의 일로 갇힌 자가 되었다. 나는 그분 때문에 그리고 그분을 위해 고난을 받고, 그렇게 고난을 받는 동안 그분의 신실한 종이 되기를 그치지 않았고, 그분의 특별한 보호와 보살핌을 받았다." 만일 그리스도의 종들이 갇힌 자가 된다면, 그들은 그분의(그분을 위한) 죄수가 되고, 그분은 그 죄수들을 멸시하지 않으실 것이다. 그분은 세상이 그들을 악평한다고 해서 또는 그들이 세상에서 홀대받는다고 해서 그들을 나쁘게 생각하시지 않는다. 바울은 옥에 갇혔을 때에도 그리스도를 지지했고, 그리스도는 그를 인정하셨다. 너희 이방인을 위하여. 유대인들은 그가 이방인의 사도로서, 그들에게 복음을 전했다는 이유로 그를 박해하고 옥에 가두었다. 여기서 우리는 그리스도의 신실한 사역자들은 그분의 거룩한 진리가 아무리 어떤 사람들에게 배척을 받는다고 할지라도, 또 그들 자신이 어떤 고난을 겪는다고 할지라도, 그것들을 사람들에게 전파해야 한다는 사실을 배운다.

2. 또는 이 말은 다음과 같이 이해될 수도 있다: "이러므로 — 이제부터 너희는 외인도 아니요 나그네도 아니고(2:19처럼), 그리스도와 연합되고 그의 교회와 친교하도록 허락된 자들이므로 — 예수 그리스도의 일로 갇힌 자가 된 나 바울은 너희가 이같이 하나님께 은총을 받고, 이 특권들에 참여하는 자들이 된 만큼, 그 위치에 걸맞게 행할 수 있도록 기도한다." 이러한 그의 취지를 그가 14절에서 표현하고 있음을 우리는 발견할 수 있다. 그는 이 구절 앞 여러 구절에서 주제에서 약간 벗어나 다른 내용들을 잠시 다룬 다음에 이 구절에서 1절

에서 시작한 내용을 다시 언급한다. 하나님으로부터 은혜와 각별한 호의를 받은 자들도 그들의 신앙의 발전과 진보를 위해서 그리고 그것들에 걸맞는 자로서 행하기 위해서 기도가 필요한 입장에 있음을 유념하자. 그리고 바울이 옥에 갇혀 있는 동안에도 에베소 교인들을 위해 하나님께 이같이 기도한 것을 볼 때, 우리는 우리 자신의 특별한 고난을 우리가 다른 사람들을 위해 하나님께 간구하는 것을 게을리해도 될 핑계로 삼을 수 없음을 알아야 한다. 그는 자신의 고난에 대해 거듭 말한다: 그러므로 너희에게 구하노니 너희를 위한 나의 여러 환난에 대하여 낙심하지 말라 이는 너희의 영광이니라(13절). 그는 옥에 갇혀 있는 동안 특히 더 큰 고통을 당했다. 그는 자신이 고난당한 것이 그들 때문이었음에도 불구하고, 하나님께서 자신의 사역을 통해 그들에게 행하신 일을 보고 그들이 낙심하거나 실망하지 않기를 원했다. 여기에 에베소 교인들에 대한 사도의 애틋한 관심이 얼마나 각별하게 나타나 있을까! 사도는 자신이 겪을 고초보다 자신의 환난으로 그들이 낙심하거나 위축되지 않기를 바라는 마음이 더 절실했던 것으로 보인다. 그리고 이것을 방지하기 위해 그는 그들에게 자신의 환난은 그들의 영광이라고 말한다. 만일 그들이 그 문제를 적절히 헤아린다면, 결코 낙심하지 아니하고 오히려 그들에게 영광과 즐거움의 원인이 될 것이다. 왜냐하면 이것은 그들로 하여금 하나님께서 그들에게 얼마나 큰 배려와 관심을 갖고 계시는지를 깨닫게 하기 때문이다. 즉 하나님은 그들에게 복음을 전하도록 사도들을 보내셨을 뿐만 아니라 심지어는 그들을 위해 고난을 받도록 하셨고, 사도들이 당한 고난을 통해 그들이 전한 진리를 확증하셨다. 그리스도의 신실한 사역자들은 말할 것도 없고 교인들도 복음을 전파하다 고난을 당할 때 특별히 즐거워하고 영광스럽게 생각할 이유가 충분히 있다.

II. 바울은 그들에게 하나님께서 자신을 사도로 임명하신 것을 알려주고, 그분이 자신에게 특별한 계시를 보여주심으로써, 자신이 그 일에 적절하고 합당한 자격을 갖고 있음을 언급한다.

1. 하나님께서 그 직분을 그에게 정하셨다: 너희를 위하여 내게 주신 하나님의 그 은혜의 경륜을 너희가 들었을 터이라(2절). 그들은 전에 이에 관한 소식을 들었다. 그래서 그는 이 문제에 관해 의심하는 마음으로 말할 의도가 없다. 여기서 에이 게(너희가 (참으로) … 터이라)는 긍정 불변사로서, 우리는 그 부분을 너희가 들었으므로라는 뜻으로 이해할 수 있다. 그는 여기서(다른 곳에서처럼) 복음

을 하나님의 은혜로 지칭하는데, 그 이유는 그것이 죄인들에게 주어진 하나님의 은혜의 선물이기 때문이다. 그것은 모든 은혜로운 제안들로 이루어져 있고, 그 안에는 하나님의 풍성하신 은혜로부터 나오는, 기쁜 소식들이 담겨 있다. 그것은 또 성령의 손을 통해 하나님께서 사람들의 영혼 속에 은혜를 일으키시는 위대한 도구이기도 하다. 사도는 이러한 은혜의 경륜이 자기에게 주어졌음을 말한다. 그는 여기서 하나님으로부터 복음의 교훈을 전하도록 그 권위를 부여받고 사명을 받았음을 가리키는 것이다. 이때 그 사명과 권위는 주로 이방인을 섬기는데 사용하도록 주어졌다: 너희를 위하여. 그는 다시 복음에 관해 내가 일꾼이 되었노라라고 말한다(7절). 여기서 그는 다시 한 번 자신의 권위를 천명한다. 그는 일꾼이 되었다(was made a minister). 즉 그는 스스로 그 영예를 취한 것이 아니라 그에게 주어진 하나님의 은혜의 선물에 따라 그렇게 되었다. 하나님께서 그에게 그 사역을 맡기고 제공하셨다. 그리고 그 일을 수행하는데 있어서, 필요한 모든 일반적 및 특수적 은사와 은혜를 가지고 그를 적절하게 도우셨고, 그리하여 좀 더 특수적으로는 사도 안에서, 좀 더 일반적으로는 그의 전도를 받은 무수한 사람들 속에서 그의 능력이 역사하시는 대로(7절), 그의 수고가 그들 속에서 성공을 거두게 되었다. 하나님은 사람들을 부르실 때 그 일에 적합한 사람들을 부르시고, 또 전능하신 능력으로 그 일을 행하도록 역사하신다. 하나님의 능력이 역사하시는 사역은 하나님의 은혜의 은사들을 동반한다.

2. 하나님께서 바울을 사도로 임명하신 만큼, 그는 그분이 주신 특별한 계시로 말미암아 그 일에 지극히 합당한 자격을 갖게 되었다. 여기서 사도는 그 때 계시된 비밀과 그 비밀에 관한 계시를 함께 언급한다.

(1) 계시된 비밀은 이방인들이 복음으로 말미암아 그리스도 예수 안에서 함께 상속자가 되고 함께 지체가 되고 함께 약속에 참여하는 자가 되었다는 것이다(6절). 즉 이방인들이 믿는 유대인들과 천국의 기업을 물려받는 공동상속자가 되었다는 것이다. 또 그들은 그리스도의 교회로 받아들여지고, 유대인과 마찬가지로 복음의 약속들, 특히 성령의 크신 약속에 참여한 자가 됨으로써, 하나로 연결된 신비적인 몸의 지체들이 되었다는 것이다. 그리고 이 일은 그리스도 안에서 곧 모든 약속들이 예와 아멘이 되는 그리스도께 연합됨으로써 그리고 복음으로 말미암아 즉 어떤 이들이 그렇게 이해하는 것처럼, 복음의 때가 이르면, 또는 다른 이들이 그렇게 이해하는 것처럼, 하나님께서 그리스도를 믿는 믿음을 일으키

는 가장 큰 도구이자 수단으로 그들에게 전파된 복음으로 말미암아 이루어진다. 이것이 사도들에게 계시된 위대한 진리였다. 즉 하나님은 율법의 행위가 아니라 그리스도를 믿는 믿음으로 말미암아 이방인들을 구원으로 부르셨다는 것이다.

(2) 사도는 이 비밀에 관한 계시를 3-5절에서 언급하고 있다. 여기서 우리는 유대인과 이방인이 복음으로 말미암아 교회 안에서 하나로 연합되는 것이 커다란 신비임을 확인할 수 있다. 그것은 창세 전에 하나님의 경륜 속에 예정되었던 것으로, 그 예언들이 성취될 때까지 오랜 세월 동안 제대로 이해될 수 없었던 것이었다. 그 다양한 항목과 특성들(그것이 효력을 발휘하게 되는 시기와 방법과 수단 등)은 하나님께서 그의 종들에게 직접 계시로 그 비밀을 알게 하실 때까지(3절) 그분의 품속에 감추어져 있었고 비밀로 지켜졌기 때문에 그것은 신비로 불려진다. 행 26:16-18을 보라. 또 그것은 그리스도로 말미암아 계시되고, 그분과 아주 밀접하게 관련되어 있기 때문에 그리스도의 계시로 불린다(갈 1:12). 이에 관해 사도는 먼저 곧 직전에, 다시 말해 이전 장들에서 얼마간 암시를 주었다. 너희가 그것을 읽으면, 곧 그 말씀들을 주의 깊게 읽어보면(우리는 단순히 성경을 읽는 것만으로는 충분치 않다. 읽는 것을 진지하게 숙고하고 마음에 새겨야 한다), 내가 그리스도의 비밀을 깨달은 것을 너희가 알 수 있을 것이다(4절). 따라서 그들은 어떻게 하나님께서 그를 이방인의 사도로서 합당하고 자격 있게 하셨는지 알 수 있었고, 그것은 그들에게 그의 신적 권위에 대한 명백한 징표가 되었던 것이다. 그는 이제 그의 거룩한 사도들과 선지자들에게 성령으로 나타내신 것 같이 다른 세대에서는 사람의 아들들에게 알리지 아니하셨으니라고 말한다(5절). 이 말은 이런 뜻이다: "그리스도 이전 시대에는 그것이 이 시대의 선지자들 곧 성령으로 말미암아 직접 영감받고 가르침 받은 신약 시대의 선지자들에게 지금 알려져 있는 것처럼 충분히 그리고 분명히 드러나지 않았다." 여기서 우리가 주목해야 할 것은 이방세계가 그리스도를 믿는 믿음으로 회심한 것은 경이로운 신비로서, 그것에 대해 우리는 하나님께 크게 감사해야 한다는 것이다. 그토록 오랫동안 흑암 속에 있고, 그토록 먼 거리에 놓여 있던 사람들에게 놀라운 빛이 비춰지고, 그들이 하나님께 가까이 나아올 수 있게 되리라고 누가 감히 상상할 수 있었겠는가? 따라서 우리는 최악의 사람들, 최악의 족속들에 대해서도 절대 절망할 이유가 없다는 것을 배워야 한다. 하나님의 은혜

가 행하기에 너무 어려운 일이란 절대로 없다. 아무리 무가치한 자들이라도 하나님은 은혜 베풀기를 기뻐하신다. 우리 자신이 이 은혜의 진정한 수혜자가 아닌가! 지금 그 비밀이 계시된 시대에 살고 있을 뿐만 아니라 특별히 이전에 외인이자 손이었던 족속의 하나로서 끔찍한 우상 숭배자로 살았던 우리가 지금은 영원한 복음의 빛을 받고, 그 약속의 참여자가 되었도다!

Ⅲ. 바울은 그들에게 자신이 어떻게 이방인과 모든 사람들을 위해 사도로서 쓰임받았는지 알려준다.

1. 이방인과 관련하여. 사도는 이방인에게 측량할 수 없는 그리스도의 풍성함을 전하였다(8절). 이 구절에서 그가 자신에 관해서는 얼마나 겸손하게, 그리스도에 관해서는 얼마나 고귀하게 표현하는지 확인해 보라.

(1) 자신에 관한 표현: 모든 성도 중에 지극히 작은 자보다 더 작은 나에게. 바울은 사도 중의 사도였다. 그런데 자신을 모든 성도 중에 지극히 작은 자보다 더 작은 자라고 말한다. 여기서 그는 과거에 자신이 그리스도를 따르는 자들을 핍박했었던 사실을 암시한다. 그는 자신을 누구보다도 가장 작은 자로 평가했다. 어떻게 가장 작은 자보다 더 작을 수 있겠는가? 그는 더 이상 낮출 수 없을 정도로 최대한 자신을 낮추어서 말한다. 하나님께서 누구보다 영광스럽게 사용하시는 자들은 그분이 겸손하게 하시고, 또 그들 자신의 눈에 낮게 만드신다는 것을 명심하라. 하나님께서 겸손하도록 은혜를 주신 자에게 그분은 다른 모든 은혜도 함께 주신다. 우리는 또 사도가 자신과 자신의 직분에 관해 얼마나 다른 방식으로 말하는지 알 수 있다. 그는 자신의 직분은 높이지만, 자기는 낮춘다. 신실한 그리스도의 사역자는 자신의 거룩한 직분에 대해서는 무척 소중하고 영예롭게 생각하고 말해야 하지만, 자신에 대해서는 무척 겸손하고 스스로 미천하다고 생각해야 한다.

(2) 예수 그리스도에 관한 표현: 측량할 수 없는 그리스도의 풍성함. 그리스도 예수 안에는 유대인과 이방인 모두를 위한 긍휼, 은혜 그리고 사랑의 엄청난 보화가 충만하게 들어있다. 복음의 풍성함이 여기서는 그리스도의 풍성함으로 말해진다. 모든 신자들을 위해 그리스도께서 값 주고 사셔서 베푸시는 풍성함이다. 그리고 그것은 측량할 수 없는 풍성함으로, 우리는 그 밑바닥을 찾을 수 없고, 인간의 지식으로는 전혀 헤아릴 수 없으며, 계시가 아니면 누구도 그 지식에 도달할 수 없다. 따라서 측량할 수 없는 그리스도의 풍성함을 이방인에게 전

하는 것이 사도의 임무이자 직책이었다. 그것은 그가 그토록 높이 평가한 은총으로서, 그에게는 형언할 수 없는 영예였다: "나에게 이 은혜를 주셨다. 즉 하나님께서 나처럼 무가치한 피조물에게 이 특별한 은혜를 허락하셨다." 측량할 수 없는 그리스도의 풍성함이 이방인에게 전해지게 된 것은 이방세계에 대한 말할 수 없는 축복이다. 많은 사람들이 이 풍성함으로 부요하게 되지 못하고 가난한 상태 속에 있지만, 우리에게 그것이 전해지고, 그 제공자가 우리 가운데 있다는 것은 축복이다. 그런데도 우리가 그것으로 부요함을 누리지 못한다면, 그것은 우리의 잘못이다.

2. 모든 사람들과 관련하여(9절). 사도의 임무와 직분은 (모든 사람에게) 영원부터 만물을 창조하신 하나님 속에 감추어졌던(곧 그분의 목적 안에 숨겨져 있던) 비밀의 경륜(곧 지금까지 교회의 외인이었던 이방인이 교회와의 친교 속으로 들어오도록 허용되리라는 것)이 어떠한 것을 드러내게 하는 것(곧 온 세계에 선포하고 알려주는 것)이었다. 만물이 그로 말미암아 지은 바 되었으니 지은 것이 하나도 그가 없이는 된 것이 없느니라(요 1:3). 그러므로 하나님께서 유대인과 이방인을 함께 구원하신 것은 결코 이상한 일이 아니다. 왜냐하면 그분은 양자 모두의 창조주이시기 때문이다. 우리는 그분이 창조의 위대한 역사를 이루신 것을 보고, 그들의 구속 사역도 이루실 수 있다고 결론지을 수 있다. 하나님께서 만물을 무로부터 창조하신 첫 창조와 회심시키는 은혜를 통해 죄인들을 새로운 피조물로 만드는 새 창조는 똑같이 예수 그리스도로 말미암아 하나님이 행하시는 일이다. 사도는 이렇게 덧붙인다: 이제 교회로 말미암아 하늘에 있는 통치자들과 권세들에게 하나님의 각종 지혜를 알게 하려 하심이니(10절). 하나님께서 감추어져 있었던 이 비밀을 계시하신 목적 가운데 하나는 세상 통치자와 권력자들을 지배하는데 특출한 힘을 갖고 있고 이 땅 위에서 하나님의 뜻을 실천하도록 큰 능력을 부여받은 선한 천사들(그들의 통상적 거처는 하늘에 있지만)로 하여금, 교회 안에서 그리고 교회로 말미암아 일어난 일을 통해 하나님의 각종 지혜를 알게 하려는데 있었다. 즉 하나님은 자신이 지혜롭게 처리하신 다양한 일들과 여러 세대에 걸쳐 그의 교회를 다스리는 가운데, 특히 이방인을 교회로 이끌면서 취하신 다양한 수단과 방법들 속에 드러나 있는 자신의 지혜를 천사들에게 알려주려고 하셨다는 것이다. 그리스도로 말미암은 우리의 구속의 신비를 알고 있던 거룩한 천사들도 이방인들에게 측량할 수 없는 그리스도의 풍

성함이 전해진다는 이 신비에 관해서는 거의 지각할 수 없었기 때문이다. 이것은 영원부터 우리 주 그리스도 예수 안에서 예정하신 뜻대로 하신 것이다(11절). 어떤 이들은 영원부터 예정하신 뜻대로(카타 프로데신 톤 아이오논)라는 말을 미리 정하신 때에 따라로 번역한다. 휘트비 박사 등도 그렇게 이해한다. 그는 다음과 같이 설명한다: "하나님의 지혜는 그 첫 번째 시기에는 구주에 대한 약속을 타락한 아담에게 주는 것이 적합하다고 보았고, 그 두 번째 시기에는 거룩한 인물들, 의식들 그리고 희생제사들 속에서 유대인들에게 그리스도를 예표하고 표상하는 것이 적합하다고 보았으며, 마지막 메시야 시대에는 유대인들에게는 그분을 직접 나타내 보이시고, 이방인들에게는 그분을 전파하도록 하는 것이 적합하다고 보았다." 다른 사람들은 우리가 번역한 대로 그것을 하나님이 예수 그리스도 안에서, 그리고 그분으로 말미암아 행하기로 계획하신 영원한 목적에 관한 것으로 이해한다. 즉 하나님은 그 목적에 관한 자신의 영원한 작정을 추구할 때, 인간의 대속이라는 막중한 사역을 위해 그리스도께서 행하신 일 전체를 알려주시고자 하셨다는 것이다. 우리 주 예수 그리스도를 언급한 후 사도는 그분에 관해 우리가 그 안에서 그를 믿음으로 말미암아 담대함과 확신을 가지고 하나님께 나아감을 얻느니라(12절)고 덧붙인다. 이 말은 다음과 같은 뜻이다: "그분으로 말미암아(또는 그분을 통하여) 우리는 아버지이신 하나님께 값없이 우리의 마음을 열 자유를 얻었고, 그분과 함께 하나님께 나아가 듣고, 인정을 받을 수 있는 확실한 근거를 갖게 되었다. 그리고 우리는 이것을 믿음이라는 수단을 통해 우리의 크신 중보자이자 옹호자이신 그분 안에서 얻게 되었다." 우리는 저주의 두려움이 제거되었음을 알고, 겸손하고 담대한 마음을 갖고 하나님으로부터 듣기 위해 나아갈 수 있다. 또 우리는 하나님으로부터 좋은 말씀과 위로를 듣게 될 것을 기대할 수 있다. 우리는 하나님과 우리 사이에 이러한 중보자를 갖고 있고, 아버지 앞에서 이런 옹호자가 있다는 것을 알기에 하나님께 말하기 위해 확신을 갖고 나아갈 수 있다.

[14]이러므로 내가 하늘과 땅에 있는 각 족속에게 [15]이름을 주신 아버지 앞에 무릎을 꿇고 비노니 [16]그의 영광의 풍성함을 따라 그의 성령으로 말미암아 너희 속사람을 능력으로 강건하게 하시오며 [17]믿음으로 말미암아 그리스도께서 너희 마음에 계시게 하시옵고 너희가 사랑 가운데서 뿌리가 박히고 터가 굳어져서 [18]능히 모든 성도

와 함께 지식에 넘치는 그리스도의 사랑을 알고 [19]그 너비와 길이와 높이와 깊이가 어떠함을 깨달아 하나님의 모든 충만하신 것으로 너희에게 충만하게 하시기를 구하노라 [20]우리 가운데서 역사하시는 능력대로 우리가 구하거나 생각하는 모든 것에 더 넘치도록 능히 하실 이에게 [21]교회 안에서와 그리스도 예수 안에서 영광이 대대로 영원무궁하기를 원하노라 아멘

우리는 이제 이 장의 후반부에 이르렀다. 이 부분은 사랑하는 에베소 교인들을 위해 바울이 헌신적이고 애정어린 마음으로 하나님께 드리는 기도를 담고 있다. 이러므로. 이 말은 바로 앞 구절(13절)에서 낙심하지 말라고 당부한 말을 가리키는 것으로 볼 수도 있다. 그러나 오히려 그보다는 사도가 여기서 이 장의 1절에서 한 말을 반복하는 것으로 보는 것이 더 낫다. 말하자면 그가 잠시 주제에서 벗어나 삽입했던 내용을 마무리하고 이제 다시 본 주제로 돌아온 것으로 볼 수 있다는 것이다.

I. 사도가 기도하는 대상 — 하나님. 곧 1:3에서 보는 것처럼, 우리 주 예수 그리스도의 아버지이신 하나님이다.

II. 사도의 기도하는 외적 태도 — 그것은 겸손하고 공손한 자세였다. 내가 무릎을 꿇고 비노니(15절). 우리는 하나님께 가까이 나아갈 때, 그분을 공경하는 마음을 갖고 나아가 가장 적절하고 어울리는 행위와 태도로 우리의 공경을 표현해야 한다. 지금까지 그리스도를 언급한 사도는 그분을 허락하신 하나님의 사랑에 대해 영광스러운 찬미를 드리지 않고는 넘어갈 수 없다(15절). 보편 교회는 주 예수 그리스도를 의지한다: 하늘과 땅에 있는 각 족속에게 이름을 주신(14-15절). 유대인은 자기들에게 이름을 준 그들의 조상 아브라함을 자랑했다. 그러나 지금은 유대인이나 이방인 모두 그 이름을 그리스도로부터 받는다. 어떤 이들은 그것을 영광 속에 들어간 하늘에 있는 성도들과 지금 은혜의 역사를 맛보며 살고 있는 땅 위의 성도들을 가리키는 것으로 이해한다. 전자와 후자는 모두 한 가족을 이루고 있다. 그분으로부터 그들은 그리스도인이라는 이름을 갖게 된다. 그것은 실제로 그들이 그리스도께 의존하고 있고, 그분과 관계를 맺고 있기 때문이다.

III. 사도가 에베소 교인들을 위해 하나님께 기도한 내용 — 신령한 복. 이것은 복 중의 복으로, 우리 각자 역시 우리 자신과 우리의 동료들을 위해서 가

장 절실하게 간구하고 기도해야 할 제목이다.

1. 그들이 그들의 부르심에 합당한 사역과 의무를 감당하도록 영적 능력을 구했다: 그의 영광의 풍성함을 따라 그의 성령으로 말미암아 너희 속사람을 능력으로 강건하게 하시오며(16절). 여기서 속사람은 마음 또는 영혼을 말한다. 능력으로 강건하게 한다는 말은 그들이 현재보다 더 강한 능력을 갖게 되는 것을 말한다. 의무를 이행하고, 유혹에 저항하며, 박해를 견디는데 필요한 더 높은 수준의 은혜와 영적 능력을 부여받는다는 뜻이다. 사도는 이것이 그의 영광의 풍성함을 따라 곧 그리스도의 영광스러운 풍성함을 따라 이루어지기를 위해 기도한다. 즉 하나님과 그분의 영광 속에 담겨 있는 은혜, 자비 그리고 권능이 충만하게 주어지기를 위해 기도한다. 이것은 은혜의 직접적 역사자인 성령으로 말미암아 그의 백성들의 영혼 속에 주어진다. 이 사실로부터 하나님의 영이 속사람 속에 주시는 능력은 가장 수준 높고, 가장 바람직한 영혼의 능력이자 믿음과 다른 은혜들의 능력으로서, 그리스도인의 삶 속에서 하나님을 섬기고 우리의 의무를 힘 있게 그리고 즐겁게 감당하도록 이끄는 능력이다. 따라서 우리는 여기서 은혜의 역사의 시작이 영광스러운 하나님의 영으로 말미암은 것처럼, 그 지탱과 지속적 역사도 그분으로 말미암는다는 것을 주목해야 한다.

2. 그리스도께서 그들의 마음에 내주하도록 기도했다(17절). 그리스도는 그의 백성들 안에 거하는 것으로 말해지는데, 그 이유는 그분은 항상 그의 은혜로운 감화와 역사를 통해 그들과 함께 하시기 때문이다. 그리스도께서 우리 마음속에 거하는 것이야말로 가장 바라는 일이다. 만일 그리스도의 법이 거기에 기록되어 있고, 그리스도의 사랑이 거기에 흘러넘친다면, 그리스도가 거기에 계시는 것이다. 그리스도는 참된 모든 그리스도인의 마음속에 거하신다. 그의 영이 계시는 곳에 그분도 계신다. 그분은 믿음으로, 곧 믿음이 그분을 향해 계속 행사되는 것을 통해 마음속에 거하신다. 믿음은 영혼의 문을 열어 그리스도를 받아들이게 한다. 믿음은 그리스도를 인정하고 그분께 순종하게 한다. 우리는 믿음으로 그리스도께 연합되고, 그리스도와 관계를 맺는다.

3. 그들의 영혼 속에 경건하고 헌신적인 사랑이 심겨지도록 기도했다: 너희가 사랑 가운데서 뿌리가 박히고 터가 굳어져서(17절). 이 말은 우리 주 예수 그리스도의 아버지이신 하나님과 우리 주 예수 그리스도의 사랑받는 자들인 모든 성도들에 대한 사랑이 견고하게 세워져야 한다는 뜻이다. 많은 사람들이 하나님

과 그의 종들을 어느 정도는 사랑한다. 그러나 그것은 아궁이 속에 던져진 가시덤불 같아서 소리만 요란할 뿐, 곧 사그라져버리는 불꽃과 같다. 우리는 우리 안에 선한 사랑이 고정될 수 있도록 즉 사랑 가운데서 뿌리가 박히고 터가 굳어지기를 간절히 소원해야 한다. 어떤 이들은 그것을 자기들에 대한 하나님의 사랑을 확고하게 의식하고 있다는 뜻으로 이해한다. 그래서 그것이 그들로 하여금 그분에 대해 그리고 그들 서로에 대해 거룩한 사랑을 더 열렬하게 갖도록 자극한다는 것이다. 우리가 항상 사도처럼 그가 나를 사랑하셨다고 고백할 수 있을 만큼 하나님과 그리스도의 우리 영혼에 대한 사랑을 확고하게 의식하고 있다는 것은 얼마나 바람직한 일일까! 그런데 이것을 성취하는 최선의 길은 우리 영혼 속에 하나님에 대한 사랑을 지속적으로 유지하는 것임을 유의해야 한다. 이것이야말로 우리를 향하신 하나님의 사랑의 증거가 될 것이다. 우리가 사랑함은 그가 먼저 우리를 사랑하셨음이라(요일 4:19).

4. 이 사랑을 위해 사도는 그들이 예수 그리스도의 사랑을 경험적으로 알도록 기도한다. 우리가 우리를 향하신 그리스도의 사랑을 더욱 친밀하게 알면 알수록 그분에 대한 우리의 사랑과 그분에게 속한 사람들에 대한 사랑도 그만큼 더 깊이 우러날 것이다: 능히 모든 성도와 함께 지식에 넘치는 그리스도의 사랑을 알고(18,19절). 즉 그분에게 속한 사람들을 향하신 그리스도의 놀라운 사랑을 더 분명하게 이해하고, 더 견고하게 믿기를 바란다는 것이다. 물론 성도들은 지금 그 사랑을 어느 정도 알고 믿지만, 이후에는 더 잘 알게 될 것이다. 그리스도인들은 다른 성도들을 훨씬 능가하는데 목표를 두어서는 안 된다. 다만 하나님께서 자신의 이름을 사랑하고 경외하는 자들과 공유하도록 주시는 지식으로 만족해야 한다. 우리는 모든 성도와 함께 아는 것 곧 이 세상에 있는 성도들에게 허락되는 정도의 지식을 갖기를 바라야 한다. 우리는 첫째 세 사람(대상 11:25)에게 속해야겠다는 욕심은 가져도 되지만, 다른 성도들이 도달한 이상을 넘어서려고 해서는 안 된다. 사도가 그리스도의 사랑에 관해 얼마나 당당하게 표현하고 있는지 주목할 만하다. 구원하는 사랑의 영역들이 참으로 감탄할 만하다: 그 너비와 길이와 높이와 깊이가(19절). 이 영역들을 열거함으로써 사도는 그리스도의 사랑의 엄청난 크기 곧 그 사랑의 측량할 수 없는 풍성함을 표현하려고 한다. 그 사랑은 하늘보다 높고, 스올보다 깊고, 땅보다 길며, 바다보다 넓다(욥 11:8, 9). 어떤 이들은 그 구체적 내용을 다음과 같이 설명한다: 그 너비라는 말

에서 우리는 그것이 모든 시대, 모든 족속, 모든 계층의 사람들에게 미친다는 사실을 깨닫는다. 그 길이라는 말에서는 그것이 영원부터 영원까지 계속된다는 사실을 발견한다. 그 깊이라는 말에서는 그것이 죄와 비참의 심연 속에 빠져있는 사람들을 구원하기 위해 가장 낮은 자리에까지 그 자세를 낮추었다는 것을 깨닫는다. 그리고 그 높이라는 말에서 우리는 그것이 천상의 행복과 영광을 얻을 자격을 주고, 그 곳으로 우리를 끌어올린다는 것을 발견한다. 우리는 이 사랑을 깨닫기를 원해야 한다. 그렇게 하는 것이 모든 성도들의 특징이다. 왜냐하면 그들은 모두 그리스도의 사랑에 대한 만족과 확신을 갖고 있기 때문이다. 지식에 넘치는 그리스도의 사랑을 알고(18절). 만일 그것이 지식을 능가하는 것이라면, 우리가 그것을 어떻게 알 수 있을까? 우리는 어떤 것이든 알기 위해 기도하고 노력해야 하고, 또 계속해서 그것에 관해 더 깊이 알기 위해 힘쓰고 분투해야 한다. 하지만 아무리 노력한다고 해도 그것을 충분히 파악할 사람은 아무도 없다. 그 충분한 범주로 볼 때, 그것은 지식을 능가한다. 그러나 그리스도의 사랑은 그리스도인들에게는 일반적인 지식 이상으로 인식되고 알려질 수 있다. 그렇다고 해도 이생에서는 충분히 파악될 수 없다.

5. 그들이 하나님의 모든 충만하신 것으로 충만하게 되기를 기도한다(18절). 그것은 극단적 표현이다. 우리는 이런 표현을 성경에서 발견하지 못한다면, 감히 사용하고자 해서는 안 된다. 그것은 다른 표현을 쓴다면, 신적 본성의 참여자가 되는 것이며, 하늘에 계신 우리 아버지가 온전하신 것같이 온전하게 되는 것이다. 우리는 그것을 본질상 하나님의 충만하심으로 이해해서는 안 되고, 우리와 언약 속에 있고 그의 백성들과 관계 속에 있는 하나님의 충만하심으로 이해해야 한다. 하나님은 최대한 그들의 능력이 채워질 때까지 이 충만하심을 기꺼이 베푸실 준비를 하고 계시면서, 자신이 보시기에 필요하다고 생각되는 사람들에게 모든 은사와 은혜들로 충만하게 하신다. 그리스도의 충만하심으로부터 은혜 위에 은혜를 받는 사람들은 그들의 능력에 따라 하나님의 모든 충만하신 것으로 충만케 된 사람들이라고 말해질 수 있다. 이것은 그들로 하여금 하나님에 관한 최고 수준의 지식과 즐거움을 얻게 하고, 그분께 온전히 복종하게 한다.

사도는 송영(頌榮)으로 이 장을 끝맺는다(20,21절). 우리는 기도를 찬양으로 끝내는 것이 좋다. 우리의 영광스러운 구주께서 그렇게 하도록 가르쳐 주셨다. 사도가 하나님을 어떻게 묘사하는지 그리고 그분께 어떻게 영광을 돌리는지 살펴보라. 그는 그분을 우리 가운데서 역사하시는 능력대로 우리가 구하거나 생각하는 모든 것에 더 넘치도록 능히 하실 하나님으로서 묘사한다(20절). 하나님 안에는 헤아릴 수 없는 은혜와 자비의 충만하심이 들어있다. 그것은 모든 성도들이 아무리 기도하더라도 마르지 아니할 것이다. 우리가 무엇을 구하거나 구하기로 생각하거나 간에 하나님은 계속해서 더 넘치도록, 더 충분히 넘치도록, 아니 훨씬 더 충분히 넘치도록 주실 수 있다. 그대의 입을 최대한 크게 벌려보라. 하나님은 벌리는 대로 충분히 채우실 것이다. 하나님께 간구할 때, 우리는 그분의 전충족성과 전능성을 감안하면 믿음의 용기를 얻게 될 것이다.

우리 가운데서 역사하시는 능력대로. 그분의 은혜로 말미암아 우리가 소생하고, 우리를 자신께 나아오도록 변화시켰기 때문에 사도는 마치 그분이 우리 안에서 그리고 우리를 위해 행하신 일에 있어서 이미 하나님의 능력에 대한 증거를 갖고 있다고 말하는 것처럼 보인다. 계속 성도들을 위해 역사하는 능력은 그들 안에서 역사하는 능력에 따라 좌우된다. 하나님께서 자신의 충만하심을 주시는 곳에서는 그분의 능력을 경험할 수 있다. 이처럼 하나님을 묘사한 사도는 그분께 영광을 돌린다. 우리는 하나님께 은혜를 구할 때 그분께 영광을 함께 돌려야 한다. 그리스도 예수로 말미암아 교회는 그분께 영광을 돌려야 한다. 하나님께 영광을 돌리는데 있어서 우리는 그분의 모든 탁월함과 완전함을 고백하고, 그것들의 모든 광휘와 결과를 찬송해야 한다. 하나님을 찬양하는 자리가 교회임을 잊지 말자. 하나님께서 이 세상으로부터 받는 찬양은 하나님의 영광을 위해 세워진 거룩한 집단인 교회로부터 받는 것과 비교하면 작은 틈에 불과하다. 유대인이나 이방인을 막론하고 교회의 모든 지체들은 하나님을 찬양하는 이 일에 있어서 하나로 일치한다. 이 찬양의 중보자는 예수 그리스도다. 하나님의 모든 은사는 그분으로부터 그리스도의 손을 통하여 우리에게 주어진다. 그리고 우리의 모든 찬양은 우리로부터 그리스도의 똑같은 손을 통하여 하나님께 드려진다. 하나님은 대대로 영원무궁히 찬양받으시고 또 받으셔야 할 분이다. 왜냐하면 그분은 자신을 찬양할 교회를 항상 소유하고 계시고, 그의 교회로부터 오는 찬양의 선물을 항상 갖고 계시기 때문이다. 아멘. 그렇게 되리라. 확실히 그렇게 되리라.

제
4
장

개요

　　우리는 지금까지 세 장에 걸쳐 중요한 교리적 진리들을 담고 있는 이 서신의 앞 부분을 살펴보았다. 이제 그 후반부를 시작하는데, 여기서 우리는 주어질 수 있는 권면 가운데 가장 중요한 권면을 접하게 된다. 우리는 바울의 다른 대부분의 서신들과 마찬가지로 이 서신에서도 전반부에서는 교리를 다루면서, 사람들의 마음속에 복음의 위대한 진리와 교훈들을 알려주고, 후반부에서는 실천을 다루면서, 성도들의 생활과 습관에 관한 지침을 제공하여 모든 그리스도인들로 하여금 건전한 믿음과 규모 있는 생활과 실천을 추구하도록 도전을 주고 있음을 확인할 수 있다. 이미 앞 부분에서 우리는 우리의 위로의 근간이 되는 그리스도인의 특권들에 관해 들었다. 이제 이어지는 부분에서 우리는 그리스도인의 의무에 관해 듣게 되는데, 여기서 우리는 이 특권들과 관련하여 주 우리 하나님께서 우리에게 요구하시는 것이 무엇인지 보게 된다. 우리가 앞에서 깨달은 특권의 비밀들을 이해하고, 참여하는 최선의 길은 이어지는 부분에서 우리에게 제시되는 의무들을 성실하게 실천하는 것이다. 한편으로 앞 부분에서 우리가 가르침을 받은 교리들을 진지하게 고려하고, 믿는 것이 이제 우리가 살펴볼 부분에서 제시되는 의무들을 실천하는데 좋은 기반이 될 것이다. 기독교적 믿음과 기독교적 실천은 상호보완적이다. 이 장에서 우리는 중요한 의무들에 대한 다양한 권면을 만나게 된다. I. 일반적 권면(1절). II. 상호 사랑과 연합에 대한 권면, 그리고 이것들을 촉진시키기 위한 적절한 수단과 동기들(2-16절). III. 그리스도인의 생활의 순결과 거룩함에 대한 권면. 이것은 두 부분으로 구별된다: 이에 대한 일반적 권면(17-24절)과 다양한 구체적 사례들(25-32절).

¹그러므로 주 안에서 갇힌 내가 너희를 권하노니 너희가 부르심을 받은 일에 합당하게 행하여

　　이것은 우리의 신앙고백에 합당하게 살라는 일반적 권면이다. 바울은 지금 로마 감옥에 갇혀 있다. 그리고 그는 주 안에서 갇힌 자였는데, 이것은 그

가 주를 위해 그렇게 되었다는 것을 의미한다. 이에 관해서는 3:1을 보라. 그는 자신이 행악자로서 고난을 당하는 것이 아님을 잘 알고 있었기에 자신의 갇힘이 결코 부끄러운 일이 아님을 보여주려고, 이것을 다시 한 번 언급한다. 그가 그렇게 하는 또 다른 이유는 그가 아주 부드럽게, 좀 더 특별한 유익을 주려는 의도에서 그들에게 편지를 썼다는 것을 알려주려는데 있었다. 그것은 그가 충분히 고난받을 가치가 있다고 생각한 교훈이었다. 그러므로 확실히 그들은 그것을 가치 있게 여겨 진지한 관심을 보이고, 충실하게 준수할 것으로 생각해야 했다. 우리는 여기서 한 연약한 죄인 곧 그리스도를 위해 갇힌 자가 된 죄인의 간청을 접한다: 그러므로 주 안에서 갇힌 내가 너희를 권하노니. 앞에서 거론한 것처럼, 하나님께서 너희를 위해 무엇을 행하시고, 너희를 어떤 지위와 상태로 부르셨는지 생각해 보고, 나는 지금 너희에게 충심으로 간청하는데(불쌍한 죄수들을 돕기 위해 그의 친구들이 첫 번째로 하는 일인 구출이나 석방을 위해 힘쓰지 말고) 너희는 스스로 좋은 그리스도인임을 증명하고, 너희의 고백과 소명에 합당하게 생활해야 할 것이다: 너희가 부르심을 받은 일에 합당하게 행하여. 즉 너희를 이교로부터 기독교로 개종시킨 하나님의 은혜가 너희 속에 일으킨 그 행복한 상황들에 일치하게, 알맞게 그리고 어울리게 행하라는 것이다. 그리스도인들은 부르심을 받은 복음과 부르심을 받은 영광에 자신을 일치시켜야 한다. 복음과 영광, 이 두 가지가 그들의 소명이다. 우리는 그리스도인으로 부르심을 받았다. 우리는 그 이름에 맞게 반응하고, 그리스도인답게 살아야 한다. 그러므로 우리는 그 나라와 영광을 염두에 두고 그 상속자들답게 행해야 한다.

[2]모든 겸손과 온유로 하고 오래 참음으로 사랑 가운데서 서로 용납하고 [3]평안의 매는 줄로 성령이 하나 되게 하신 것을 힘써 지키라 [4]몸이 하나요 성령도 한 분이시니 이와 같이 너희가 부르심의 한 소망 안에서 부르심을 받았느니라 [5]주도 한 분이시요 믿음도 하나요 세례도 하나요 [6]하나님도 한 분이시니 곧 만유의 아버지시라 만유 위에 계시고 만유를 통일하시고 만유 가운데 계시도다 [7]우리 각 사람에게 그리스도의 선물의 분량대로 은혜를 주셨나니 [8]그러므로 이르기를 그가 위로 올라가실 때에 사로잡혔던 자들을 사로잡으시고 그 사람들에게 선물을 주셨다 하였도다 [9]올라가셨다 하였은즉 땅 아래 낮은 곳으로 내리셨던 것이 아니면 무엇이냐 [10]

버리셨던 그가 곧 모든 하늘 위에 오르신 자니 이는 만물을 충만하게 하려 하심이라 [11] 그가 어떤 사람은 사도로, 어떤 사람은 선지자로, 어떤 사람은 복음 전하는 자로, 어떤 사람은 목사와 교사로 삼으셨으니 [12] 이는 성도를 온전하게 하며 봉사의 일을 하게 하며 그리스도의 몸을 세우려 하심이라 [13] 우리가 다 하나님의 아들을 믿는 것과 아는 일에 하나가 되어 온전한 사람을 이루어 그리스도의 장성한 분량이 충만한 데까지 이르리니 [14] 이는 우리가 이제부터 어린 아이가 되지 아니하여 사람의 속임수와 간사한 유혹에 빠져 온갖 교훈의 풍조에 밀려 요동하지 않게 하려 함이라 [15] 오직 사랑 안에서 참된 것을 하여 범사에 그에게까지 자랄지라 그는 머리니 곧 그리스도라 [16] 그에게서 온 몸이 각 마디를 통하여 도움을 받음으로 연결되고 결합되어 각 지체의 분량대로 역사하여 그 몸을 자라게 하며 사랑 안에서 스스로 세우느니라

여기서 사도는 좀 더 구체적인 권면으로 나아간다. 그는 이 장에서 크게 두 가지 권면을 제시한다. 하나는 연합과 사랑, 다른 하나는 순결과 거룩함인데, 이것들은 그리스도인들이 깊이 유의해야 할 실천항목이다. 우리가 모든 그리스도인에 대해서는 신실한 동료, 모든 죄에 대해서는 철천지원수가 되지 못한다면, 부르심을 받은 일에 합당하게 행하는 것이 아니다.

이 부분은 상호 사랑과 연합 그리고 일치에 대한 권면과 함께 그것들을 촉진시키는 적절한 수단과 동기들이 언급되어 있다. 성경에서 이것 이상으로 우리에게 비중 있게 강조하고 있는 것은 없을 것이다. 사랑은 그리스도의 나라의 법이요, 그의 학교의 과목이며, 그의 가족의 제복이다.

I. 연합의 수단. 모든 겸손과 온유로 하고 오래 참음으로 사랑 가운데서 서로 용납하고(3절). 겸손은 낮아짐을 의미하고, 우리 자신에 관해 낮은 평가를 하는 것으로 교만의 반대다. 온유는 남을 성나게 하지 않고, 남의 결점을 쉽게 자극하거나 공격하지 않는 영혼의 탁월한 기질을 말한다. 이것은 성난 분노 및 역정과 반대된다. 오래 참음은 해(害) 받은 것에 대해 복수를 구하지 않고 견디는 태도를 말한다. 사랑 가운데서 서로 용납하는 것은 사랑의 원리에 입각하여 남의 약점을 용납하고, 그것 때문에 그들을 사랑하기를 멈추지 않는 태도를 말한다. 가장 훌륭한 그리스도인이란 서로 용납하고, 서로 높여주며, 피차 은혜는 격려하고 격정(정욕)은 자극하지 않는 사람들이다. 우리는 자신 속에서 우리 자신을

용서하는 일이 무척 어렵다는 것을 자주 발견한다. 그러므로 다른 사람들 속에서 우리가 용서하기 어려운 것을 발견하더라도, 그것을 크게 생각하지 말고, 우리가 자신을 용서하는 것만큼 그들도 용서해주어야 한다. 따라서 이런 일들이 없이는 연합도 이루어질 수 없다. 연합을 위한 첫 단계는 겸손이다. 이것이 없으면 온유도, 오래 참음도, 또 용납도 없다. 그리고 이것들이 없으면 연합도 없다. 교만과 격정은 평화를 깨뜨리고, 모든 것을 해악으로 만든다. 겸손과 온유는 평화를 회복시키고, 그것을 유지시킨다. 교만에서는 다툼만 일어날 뿐이라(잠 13:10). 반면에 겸손에서는 사랑만 일어난다. 낮추는 마음이 클수록 사랑하는 마음도 커진다. 우리는 마음이 온유하고 겸손하지 않으면, 부르심을 받은 소명에 합당한 삶을 살지 못한다. 왜냐하면 우리를 부르신 분이 그 누구보다 마음이 온유하고 겸손한 분이셨고, 우리에게 자기를 배우도록 명하셨기 때문이다.

II. 사도가 제시하는 연합의 본질. 그것은 성령의 하나 되게 하신 것이다(3절). 그리스도인의 연합의 자리는 마음 또는 영이다. 그것은 생각의 하나됨 속에 있는 것도 아니고, 예배의 한 형식 또는 모양 속에 있는 것도 아니라 한마음 또는 한 심령 속에 있다. 이 마음 또는 심령의 연합이 하나님의 영의 하나됨으로 말해질 수 있다. 그것은 그분으로 말미암아 이루어지고, 성령의 열매 가운데 하나다. 우리는 이것을 지키기 위해 힘써야 한다. 힘쓰는 것, 이 말은 복음의 말이다. 우리는 최선을 다해야 한다. 만일 다른 사람들이 우리와 다투려고 한다면, 가능한 모든 수단을 통해 그들과 다투지 않도록 힘써야 한다. 또 다른 사람들이 우리를 멸시하고 미워한다고 해도, 우리는 그들을 멸시하고 미워해서는 안 된다. 평안의 매는 줄로(3절). 평안은 일종의 줄이다. 그것은 사람들을 하나로 묶고, 서로 친교를 맺고 살도록 만들기 때문이다. 평안한 기질과 행위가 그리스도인들을 하나로 묶는다. 반면에 불일치와 다툼은 그들의 마음과 심령을 분열시키고 갈라놓는다. 가는 줄들이 많이 모이면, 강한 줄이 된다. 평안의 줄은 공동체의 힘이다. 선한 모든 사람들 그리고 공동체의 모든 지체들은 매사에 똑같은 길이(키), 똑같은 감정, 똑같은 판단으로 하나가 되는 것은 상상도 할 수 없는 일이다. 그러나 이 모든 차이에도 불구하고, 평안의 줄이 그들을 모두 하나로 묶고 연합시키는 것은 충분히 가능하다. 한 다발의 막대기처럼, 그것들이 각자 다른 길이, 다른 힘을 가질 수 있으나 하나의 줄로 묶이게 되면 그 무엇보다 강하고, 심지어는 그 자체로 가장 굵고 강한 것보다 더 강하다.

Ⅲ. 이 그리스도인의 연합과 일치를 촉진시키는 적절한 동기. 사도는 여기서 우리를 설복시키기 위해 다양한 동기들을 주장한다.

1. 우리의 기독교 신앙에 기쁨과 영광이 되는 연합들이 얼마나 많은지 살펴보라. 거기에는 반드시 한마음이 있어야 한다. 몸이 하나요 성령도 한 분이시기 때문이다(4절). 한 몸 속에 두 마음이 있는 것은 기괴한 일이다. 만일 한 몸이 있다면, 그 몸에 속한 모든 것은 한마음을 가져야 한다. 보편 교회는 그리스도의 신비한 한 몸으로서, 참된 모든 그리스도인은 오직 한 몸을 이루어 복음이라는 한 강령으로 연합되고, 한 영으로 말미암아 곧 자신의 은사와 은혜로 그 몸을 소생시키고 생기를 주고 지배하는 동일한 성령으로 말미암아 활동한다. 만일 우리가 그리스도께 속해 있다면, 하나의 동일한 영에 따라 활동하고, 따라서 하나가 되어야 할 것이다. 이와 같이 너희가 부르심의 한 소망 안에서 부르심을 받았느니라(4절). 여기서 소망은 우리가 부르심받은 소망으로 그 대상, 바라보는 것, 곧 천국의 기업에 두어진다. 모든 그리스도인은 영생이라는 동일한 소망을 갖도록 부르심을 받았다. 그들은 모두 한 그리스도 안에서 소망을 갖고 있고, 한 천국을 바라는 소망을 갖고 있다. 그러므로 그들은 한마음이어야 한다. 주도 한 분이시요(5절). 즉 주는 그리스도를 말하는 것으로, 그분은 교회의 머리로서, 하나님의 정하심에 따라, 모든 그리스도인들이 직접 복종해야 할 분이다. 믿음도 하나요. 이것은 기독교 신앙의 교훈을 담고 있는 복음을 말한다. 또는 그것은 모든 그리스도인들을 구원받게 하는 동일한 믿음(그리스도를 믿는 믿음)의 은혜를 말한다. 세례도 하나요. 우리는 이것을 통해 우리의 믿음을 고백하고, 성부, 성자, 성령의 이름으로 세례를 받는다. 따라서 이것은 우리가 주 그리스도께 참여하는 성스런 언약이다. 하나님도 한 분이시니 곧 만유의 아버지시라(6절). 하나님은 교회의 모든 참된 지체들을 자신의 자녀로 인정하시는 한 하나님이다. 왜냐하면 그분은 창조로 말미암아 모든 사람들의 아버지가 되신 것처럼, 특별한 계시로 말미암아 모든 사람들의 아버지가 되시기 때문이다. 그분은 본질상 그리고 그 속성의 완전성으로 말미암아, 또 만물에 대한, 특히 그의 교회에 대한 지배권을 갖고 계시기 때문에 만유 위에 계신다. 만유를 통일하시고. 즉 그분은 자신의 섭리를 통하여 만물을 유지하고 다스리신다. 만유 가운데 계시도다. 즉 그분은 자신의 성전으로 삼은 모든 신자들 가운데 그의 영과 특별 은혜를 통해 거하신다. 이같이 많은 하나됨이 있는데, 한 가지 곧 한마음 또는 한 영혼이 없

다면, 참으로 애석한 일이 아닐 수 없다.

2. 그리스도께서 그리스도인들에게 주신 다양한 선물들을 헤아려 보라: 우리 각 사람에게 그리스도의 선물의 분량대로 은혜를 주셨나니(7절). 그리스도의 교회의 지체들은 참으로 많은 점들에 있어서 일치하지만, 어떤 점들에 있어서는 서로 간에 차이가 있다. 그러나 이것은 그들 사이에 마음의 차이를 일으키지 않는다. 왜냐하면 그것들은 모두 동일한 은혜의 창조자로부터 나오고, 동일한 목적을 위해 주어진 것이기 때문이다. 우리 모든 그리스도인에게 각각 은혜가 주어진다. 서로 간에 돕도록 어떤 이에게는 어떤 종류나 다른 수준의 은혜가 주어지고, 다른 이에게는 다른 종류나 다른 수준의 은혜가 주어진다. 우리 모든 사역자들에게도 각각 은혜가 주어진다. 어떤 이에게는 더 큰 은사가, 다른 이에게는 좀 더 작은 은사가 주어진다. 그리스도의 사역자들의 다양한 은사는 초대 그리스도인들 사이에서 큰 논쟁거리가 되었다. 어떤 이는 바울 편이 되었고, 또 어떤 이는 아볼로 편이 되었다. 사도는 그들이 공통의 덕을 세우려고 그것들을 공동으로 사용하는데 있어서 합력하기 위한 이유 외에 그것들 때문에 다툴 이유가 전혀 없음을 보여준다. 왜냐하면 그것들은 모두 그리스도의 선물의 분량대로 즉 그리스도께서 가장 좋은 것으로 각자에게 주신 것이기 때문이다. 그리스도의 모든 사역자들과 모든 지체들은 소유하고 있는 모든 은사와 은혜들을 그분으로부터 받는다는 점을 유의하자. 이것은 우리가 서로 사랑해야 할 충분한 이유가 된다. 왜냐하면 그리스도께서 우리 각 사람에게 은혜를 주시기 때문이다. 그분이 그의 선물(비록 그것들이 각기 다른 규모, 다른 이름, 다른 느낌들을 갖고 있다고 해도)을 주신 자들은 서로 사랑해야 한다.

사도는 여기서 그리스도께서 주신 선물들 몇 가지를 구체적으로 제시한다. 그것들이 그리스도로 말미암아 주어졌음을 사도는 다윗의 말을 인용하여 분명히 드러낸다. 다윗은 그분에 관해 이것을 예언했다(시 68:18). 그는 이렇게 인용한다: 그러므로 이르기를, 즉 다윗이 말하기를, 그가 위로 올라가실 때에 사로잡혔던 자들을 사로잡으시고 그 사람들에게 선물을 주셨다(8절). 다윗은 그리스도의 승천에 관해 예언했는데, 사도는 그 점을 이 구절과 이어지는 세 구절에서 자세히 설명한다. 그가 위로 올라가실 때에. 우리는 사도가 여기서 그리스도께서 인간의 몸을 입고 승천하신 곳 곧 가장 높은 하늘과 특히 그분이 들어가신 상태 곧 아버지로 말미암아 지극히 높아지고, 현저하게 영화롭게 되신 상태에 관해 말하는 것으로 이해할 수 있다. 우리가 예수 그리스도의 승천에 관해 깊이 생각해 보자: 죽은 자로부터 살아나신 우리의 영광스러운 구속주가 하늘로 올라가셔서 지존자의 오른편에 앉아 계신다. 이것은 그분이 하나님의 아들이심을 입증하는 완전한 증거다. 위대한 정복자들이 개선행진을 할 때 포로들 가운데 특별히 귀족들을 골라 사슬에 매달고, 군사들과 그 승리를 축하하는 군중들에게 전리품과 하사품을 뿌려주었던 것처럼, 그리스도께서도 승천하실 때 승리하신 정복자로서 사로잡혔던 자들을 사로잡으셨다. 구약성경에서 이 어구가 사용될 때에는 원수들에 대한 승리, 특히 이전에 다른 사람들을 포로로 사로잡은 승리를 의미하였다. 삿 5:12을 보라. 여기서 사로잡음은 사로잡혔던 자들에 대해 쓰이고, 이전에 우리를 사로잡았던 우리의 모든 영적 원수들을 상징한다. 그분은 우리를 정복한 자들을 정복하셨다. 죄, 마귀, 그리고 사망과 같은 것을 정복하셨다. 참으로 그분은 십자가 위에서 이 모든 것들에 대해 승리하셨다. 그러나 그 승리는 그분이 승천하실 때 즉 그분이 만유의 주가 되시고, 사망과 음부의 열쇠를 그 손에 쥐셨을 때, 완결되었다. 그 사람들에게 선물을 주셨다. 시편에는 그것이 사람들을 위해 선물을 받으셨다(한글성경에는 '선물들을 사람들에게서 받으셨다'고 번역되어 있다)로 되어있다. 그분은 그들을 위해 받으셨다. 즉 그들에게 그것들을 큰 은사와 은혜로 주시기 위해 받으셨다. 특히 그분은 성령의 은사로 그의 제자들을 풍성하게 하셨다.

이와 같이 그리스도의 승천에 관해 말하면서, 사도는 그분이 (먼저) 내리셨던 사실을 지적한다(9절). 그것은 마치 다음과 말한 것과 같다: "다윗은 그리스도의 승천에 관해 말할 때, 그분이 땅 아래로 낮은 곳으로 내리셨던 것에 대한 지식을 이미 갖고 있었다. 왜냐하면 그분이 올라가셨다고 말할 때, 이것은 그분이 먼저 내리셨다는 것을 전제하기 때문이다." 따라서 승천은 그분이 그렇게 낮아지셨음에 대한 증거 또는 예증이 아니고 무엇이겠는가? 땅 아래 낮은 곳으로. 이것은 다윗의 표현에 비추어 볼 때, 그분의 성육신을 언급하는 것으로 볼 수 있다: 내가 은밀한 데서 지음을 받고 땅의 깊은 곳에서 기이하게 지음을 받은 때에 나의 형체가 주의 앞에 숨겨지지 못하였나이다(시 139:15). 또는 시 63:9의 표현에 따르면, 그분의 장사지냄을 의미할 수도 있다: 나의 영혼을 찾아 멸하려 하는 그들은 땅 깊은 곳에 들어가며(시 63:9). 사도는 그분의 죽음을 땅 아래 낮은 곳으로 내리심으로 표현한다. 그분은 성육신할 때 땅으로 내리셨다. 그분은 장사지낼 때 땅 아래로 내리셨다. 요나가 밤낮 사흘 동안 큰 물고기 뱃속에 있었던 것 같이 인자도 밤낮 사흘 동안 땅 속에 있으리라(마 12:40). 이어서 사도는 내리셨던 그가 곧 모든 하늘 위에 오르신 자니라고 말한다(10절). 여기서 하늘은 별이 반짝거리는 공중의 하늘(눈에 보이는)보다 훨씬 더 높은 곳으로, 하늘의 하늘을 가리킨다. 이는 만물을 충만하게 하려 하심이라. 이것은 그의 교회의 모든 지체들을 그들의 다양한 조건과 상태에 맞추어 은사와 은혜로 채워주신다는 뜻이다. 우리 주님은 먼저 스스로 낮아지셨고, 그 다음에 하늘로 올라가셨다.

사도는 이어서 승천하실 때 주신 그리스도의 선물이 무엇이었는지에 대해 말한다: 그가 어떤 사람은 사도로, 어떤 사람은 선지자로, 어떤 사람은 복음 전하는 자로, 어떤 사람은 목사와 교사로 삼으셨으니(11절). 사실 그분은 승천하시기 전 이들 가운데 얼마를 사도로 파송하셨다(마 10:1-5). 그러나 한 사람이 그 후에 추가되었다(행 1:26). 그들 모두에게 주님은 특별한 방법과 규모의 성령을 눈에 보이도록 부어주셨고, 그리하여 그들은 그 직분을 좀 더 엄숙하게 시작하고, 공개적으로 확증하게 되었다. 그리스도께서 승천하실 때 교회에 주신 놀라운 선물은 평안과 화목의 사역에 관한 은사였다. 사역의 은사는 그리스도의 승천의 열매다. 사역자들은 각자 다양한 은사를 갖고 있고, 그것들은 모두 주 예수에 의해 그들에게 주어졌다. 그리스도께서 그의 교회에 주신 직분에는 두 종류가 있다. 특수 직분. 이것은 교회 안에서 고위직에 속한다. 이러한 직분으로는 사도, 선지자 그리고 복음 전하는 자가 있다. 그 중 사도가 대표였다. 이들은 그리스도께서 직접 부르셔서 특별한 은사와 이적을 일으키는 권능을 주셨고, 자신의 진리를 오류 없이 전하는 능력을 주셨다. 그분의 이적과 교훈을 직접 목격한 자들인 그들을 그분은 복음을 전하고, 교회를 세우고 다스리도록 파송하셨다. 선지자는 구약성경을 강론하고, 일어날 일들을 예언했던 자들로 생각된다. 복음을 전하는 자는 안수를 받고(딤후 1:6), 사도들의 전도여행에 동행했던(갈 2:1) 자들로, 사도들이 세운 교회를 안정시키고 견고케 하는 역할을 담당했다(행 19:22). 하지만 그들은 한 군데에 정착하여 오래 머물지 않고, 부르심을 받으면 다른 곳으로 옮겨갔다(딤후 4:9). 일반 직분. 이것들은 하위직에 속하고, 전문 영역에서 일했다. 목사와 교사가 이 직분에 속한다. 어떤 이들은 이 두 명칭이 하나의 직분을 가리킨다고 보고, 다스리는 직무와 가르치는 직무의 겸직을 의미하는 것으로 본다. 다른 이들은 그것들이 교회에서 일반적이고 상설된 직분으로서, 두 개의 구별된 직분을 가리킨다고 생각한다. 따라서 목사는 지교회의 머리로 정해져 있는 직분으로, 그리스도께서 정하신 방법에 따라 교회를 이끌고 가르치고 양육할 책임을 진다. 그들은 주로 감독과 장로로 불린다. 교사들은 그 사역이 주로 복음을 전하고, 권도(勸導)를 통해 사람들을 가르치는데 있었다. 여기서 우리는 직분자를 세우고, 직분을 자신의 기쁘신 뜻대로 그의 교회 안에 정하는 것은 그리스도의 특권임을 깨닫는다. 처음부터 이 다양한 직분들이 있었고, 또 계속해서 이처럼 다양한 은사들이 있는 교회는 얼마나 풍성한가! 그리스도께서 그의 교회에 대해 얼마나 관대하신가! 교회와 교회의 덕을 세우는데 얼마나 세심하신가! 그분은 승천하실 때 성령의 선물을 부어주셨다. 성령의 선물은 다양하다. 어떤 것은 더 크고, 다른 것은 더 작다. 그러나 그것들은 모두 몸된 교회의 유익을 위해 주어졌다. 이제 세 번째 논증을 살펴보자.

3. 사람들에게 선물을 주시는 그리스도의 핵심 목적과 의도가 무엇인지 확인해 보라. 그리스도의 선물은 그의 교회의 유익을 위해 그리고 사람들에게 그의 나라와 의를 전개하도록 주어졌다. 한 가지 공통된 목적을 위해 주어진 이 모든 직분들은 모든 그리스도인이 왜 서로의 선물들을 시기하지 않고, 형제 사랑으로 하나가 되어야 하는지 그 이유를 충분히 보여준다. 이는 성도를 온전케 하며(12절). 즉 원어의 의미를 따르면, 먼저 죄로 말미암아 분리되고 떨어져 있던 사람들을 질서 있게 영적 지위와 구조 속으로 이끌고, 그 다음에는 그 안에서 그들을 강하게 하고 굳게 하고 진보시킴으로써, 각자 그들의 적절한 자리와 기능을 전체의 유익에 공헌하도록 만든다는 뜻이다. 봉사의 일을 하게 하며. 즉 그들이 복음의 교훈을 나누어주며, 그들의 다양한 사역의 기능들을 성공적으로 감당하도록 한다는 뜻이다. 그리스도의 몸을 세우려 하심이라. 즉 그들의 은혜를 증가시키고, 새로운 지체들을 더하게 함으로써, 그리스도의 신비한 몸인 교회를 굳게 세우기 위해서라는 것이다. 이 모든 것은 우리에게 천국을 예비하기 위해서 계획된 것이다: 우리가 다 이르리니(13절). 여기서 언급된 은사와 직분들(그것들 가운데 일부)은 성도들이 온전한 사람을 이룰 때까지 계속 교회 안에 주어질 것이다. 그것들은 그들이 다 하나님의 아들을 믿는 것과 아는 일에 하나가 될 때까지, 즉 모든 참 신자들이 보배로운 동일한 믿음으로 함께 만날 때까지 계속될 것이다. 여기서 하나님의 아들을 아는 일은 우리가 단순히 사변적 지식으로 그리스도를 하나님의 아들이나 크신 중보자로 인정한다는 뜻이 아니라 감

정과 애정이 수반되고, 적절한 모든 존경과 신뢰와 순종이 동반된 지식으로 그분을 이해한다는 뜻이다. 온전한 사람을 이루어. 즉 우리가 현재 세상 속에서 가질 수밖에 없는 어린아이 같은 결함들을 벗어버리고, 은사와 은혜로 충분히 성장한 상태를 말한다. 그리스도의 장성한 분량이 충만한 데까지. 그리스도인들이 그리스도의 충만함으로부터 나오는 모든 은혜에 있어서 충분히 성숙하고 원숙한 상태 속에 들어간다는 뜻이다. 또는 그리스도의 충만함을 구성하는 그 능력의 분량에 따라 그의 신비한 몸인 교회를 온전케 한다는 뜻이다. 따라서 우리는 완전한 세계에 이르기 전에는 결코 온전한 사람이 될 수 없다. 그리스도 안에 충만함이 있고, 충만함은 그분으로부터 나온다. 그 충만함의 장성과 그 장성한 분량은 하나님의 경륜에 따라 모든 신자에게 정해져 있고, 우리는 천국에 이를 때까지는 절대로 그 장성한 분량에 이르지 못한다. 하나님의 자녀들은 이 세상에 사는 동안 점차 장성해간다. 라이트푸트 박사는 사도는 여기서 유대인과 이방인이 하나님의 아들을 믿는 믿음과 지식에서 서로 일치가 되고, 그럼으로써 온전한 사람을 이루고, 그리스도의 장성한 분량이 충만한 데까지 이른다는 점을 말하고 있다고 이해한다. 사도는 더 나아가 그 다음 구절들에서 그 거룩한 직분들에 대한 하나님의 목적이 무엇인지 그리고 그것들이 우리에게 어떤 결과를 일으켜야 하는지를 설명한다.

(1) 이는 우리가 이제부터 어린 아이가 되지 아니하여(14절). 즉 우리가 더 이상 지식에 있어서 어린 아이 같고, 믿음 안에서 약하고, 판단에 있어서 변덕스럽고, 모든 유혹에 쉽게 굴복하고, 사람의 비위를 맞추는데 급급하며, 줏대 없이 행동하는 사람이 되지 않도록 하기 위해서라는 말이다. 어린 아이들은 쉽게 흔들린다. 우리는 이것을 조심해야 하는데, 곧 그 안에 진실도, 견고함도 없는 교훈들과 함께 바닥짐(밸러스트)이 없는 배처럼 이리저리 밀려다니고, 또는 공중의 구름처럼 요동하지 말아야 한다. 그런 교훈들은 그럼에도 불구하고 넓고 멀리 전파되기 때문에 풍조 곧 바람으로 비유된다. 사람의 속임수와(14절). 이것은 도박꾼으로부터 취해진 비유이며, 속이는 자들의 간교한 술수를 의미한다. 간사한 유혹에 빠져(14절). 여기서 간사한 유혹은 속이고 미혹시키는 길을 찾는데 있어서 그들이 아주 능수능란함을 의미한다. 왜냐하면 이어서 약한 자들을 진리로부터 끌어내 함정에 빠뜨리기 위해 복병처럼, 그들이 속이기 위해 기다리고 있다(한글성경에는 이 말이 나오지 않는다)는 말이 나오기 때문이다. 다른 사람

들을 거짓 교훈과 오류 속에 빠지도록 미혹하고 속이는 자들은 참으로 악하고 불경건한 사람들이 틀림없다. 사도는 여기서 그들이 그렇게 하기 위해 주로 속임수와 간사함을 사용하기 때문에 비열한 사람들로 그들을 묘사한다. 우리가 이런 자들로부터 우리 자신을 보호하기 위한 최선의 방법은 거룩한 진리를 배우고, 진리를 예수 안에 있는 그대로 알고, 그 안에 굳게 설 수 있도록 해달라고 그리스도의 영의 조명과 은총을 구하는 것이다.

(2) 오직 사랑 안에서 참된 것을 하여(15절). 즉 사랑 안에서 진리를 따르라 또는 우리 동료 그리스도인들을 사랑하는데 신실하라는 뜻이다. 우리가 진리인 그리스도의 교훈을 고수한다면, 서로 사랑하며 살아야 한다. 사랑은 훌륭한 일이다. 그러나 우리는 사랑과 함께 진리를 지키도록 유의해야 한다. 진리는 훌륭한 일이다. 그러나 우리는 사랑 안에서 그것을 행하는 것이 요구된다. 절대로 다툼 속에서 하면 안 된다. 진리와 화평, 이 두 가지는 함께 가야 한다.

(3) 범사에 그에게까지 자랄지라(15절). 그리스도 속으로 곧 그분 안에 더 깊이 뿌리가 박히도록 하라는 말이다. 범사에. 즉 지식, 사랑, 믿음 그리고 새 사람의 모든 부분에 있어서. 우리는 어린 아이와는 반대로 장성한 사람으로 자라가야 한다. 성장하는 그리스도인은 그리스도에게까지 자라는 사람이다. 우리가 그리스도를 아는 지식에 있어서, 그분을 믿는 믿음에 있어서, 그분을 향한 사랑에 있어서, 그분을 의지하는데 있어서 자라갈수록, 모든 은혜도 그만큼 더 풍성하게 될 것이다. 그분은 머리시다. 그러므로 우리는 그 머리를 영광스럽게 하기 위해 자라가야 한다. 그리스도인의 성장은 곧 그리스도의 영광이 된다.

(4) 우리는 한 몸의 지체들로서, 서로 돕고 의지해야 한다(16절). 여기서 사도는 자연적 몸과 그리스도의 신비한 몸을 비교한다. 이 신비한 몸의 머리는 그리스도다. 사도는 우리 몸의 각 지체들이 자라고 성장하기 위하여 서로 연결되고 결합되어야 하듯이 그리스도인들 간에서도 그들의 영적 성숙과 은혜의 성장이 일어나도록 그 적절한 열매들과 함께 서로 사랑하고 연합되어야 한다고 역설한다. 그는 그에게서(즉 각 지체에게 영향력과 자양분을 배분하는 그들의 머리인 그리스도로부터), 온 몸이 각 마디를 통하여 도움을 받음으로 연결되고 결합되어(이같이 지체의 각 부분이 연합되어 몸 전체를 도움으로써 즉 몸의 정맥 및 동맥과 같은 성령, 믿음, 사랑, 성례 등을 통해 그리스도인들이 그들의 머리인 그리스도께 연합하고, 동료 지체들과 서로 연합됨으로써) 각 지체의 분량대로

역사하여(즉 어떤 이들이 말하는 것처럼, 이 큰 목적을 위해 하나님께서 정하신 수단들을 효력 있도록 역사하시는 성령의 능력을 따라, 그리스도께서 각 지체에 대해 충분하고 적절하다고 판단하시는 분량에 따라, 몸 안에서 지체로서의 각자 자기 자리와 직분에 따라, 또는 다른 사람들이 말하는 것처럼, 머리로서 각 지체에게 영향력을 행사하고 활력을 주시는 그리스도의 능력에 따라, 또는 각 지체가 자기가 받은 것을 다른 지체들에게 전달하고, 그 적절한 배분에 따라, 그리고 모든 지체의 형편과 요구에 따라 다른 지체에게 자양분을 전달하는 데 있어서 각 지체가 효과적으로 활동하는 역사에 따라서) 그 몸을 자라게 하는 데, 이런 자람이 몸에 필수적이다. 개개의 그리스도인들은 그리스도로부터 온 몸의 유익을 위해 각기 은사와 은혜들을 받는다. 사랑 안에서 스스로 세우느니라. 우리는 이 말을 다음 두 가지 가운데 하나로 이해할 수 있다: 교회의 모든 지체들은 그리스도와 지체 상호 간에 대한 더 큰 사랑을 이룰 수 있게 된다는 뜻이거나 그들은 그리스도와 다른 지체들을 사랑하라는 명령을 행위로 실천하게 된다는 뜻이다. 그리스도인들 상호 간의 사랑은 영적 성장의 최대의 친구임을 잊지 말자. 몸이 스스로 덕을 세우는 것은 사랑할 때이다. 그렇지 아니하면 스스로 분쟁하는 나라마다 황폐하여질 것이다(마 12:25).

[17]그러므로 내가 이것을 말하며 주 안에서 증언하노니 이제부터 너희는 이방인이 그 마음의 허망한 것으로 행함 같이 행하지 말라 [18]그들의 총명이 어두워지고 그들 가운데 있는 무지함과 그들의 마음이 굳어짐으로 말미암아 하나님의 생명에서 떠나 있도다 [19]그들이 감각 없는 자가 되어 자신을 방탕에 방임하여 모든 더러운 것을 욕심으로 행하되 [20]오직 너희는 그리스도를 그같이 배우지 아니하였느니라 [21]진리가 예수 안에 있는 것 같이 너희가 참으로 그에게서 듣고 또한 그 안에서 가르침을 받았을진대 [22]너희는 유혹의 욕심을 따라 썩어져 가는 구습을 따르는 옛 사람을 벗어 버리고 [23]오직 너희의 심령이 새롭게 되어 [24]하나님을 따라 의와 진리의 거룩함으로 지으심을 받은 새 사람을 입으라 [25]그런즉 거짓을 버리고 각각 그 이웃과 더불어 참된 것을 말하라 이는 우리가 서로 지체가 됨이라 [26]분을 내어도 죄를 짓지 말며 해가 지도록 분을 품지 말고 [27]마귀에게 틈을 주지 말라 [28]도둑질하는 자는 다시 도둑질하지 말고 돌이켜 가난한 자에게 구제할 수 있도록 자기 손으로 수고하여 선한 일을 하라 [29]무릇 더러운 말은 너희 입 밖에도 내지 말고 오직 덕을 세우는 데

소용되는 대로 선한 말을 하여 듣는 자들에게 은혜를 끼치게 하라 [30]하나님의 성령을 근심하게 하지 말라 그 안에서 너희가 구원의 날까지 인치심을 받았느니라 [31]너희는 모든 악독과 노함과 분냄과 떠드는 것과 비방하는 것을 모든 악의와 함께 버리고 [32]서로 친절하게 하며 불쌍히 여기며 서로 용서하기를 하나님이 그리스도 안에서 너희를 용서하심과 같이 하라

앞 부분에서 상호 사랑, 연합과 일치에 대한 권면을 피력한 사도는 이 부분에서 그리스도인의 마음과 삶의 순결과 거룩함에 대한 권면을 시작한다. 이 부분은 앞 부분(17-24절)에서는 일반적 권면, 뒷 부분(25-32절)에서는 몇 가지 구체적 권면의 실례를 제시하는 것으로 되어 있다. 이 권면은 장엄하게 다음과 같이 시작된다: "그러므로 내가 이것을 말하며 주 안에서 증언하노니(17절). 즉 그 문제에 관해 앞에 묘사된 대로 너희가 그리스도의 몸의 지체가 되고, 이 선물들에 참여한 자가 된 줄 알았을 터인즉, 내가 이것을 너희 양심에 대고 주장하고, 주의 이름으로 그리고 그분으로부터 받은 권위에 따라 너희 의무에 대해 증언하겠다."

I. 마음과 삶의 순결과 거룩함에 대한 일반적 권면.

1. 그 권면은 이렇게 시작된다: "이제부터 너희는 이방인이 그 마음의 허망한 것으로 행함 같이 행하지 말라(17절). 이제부터 너희는 무지하고 거듭나지 못한 이방인들처럼 생활하거나 행동하지 말라. 그들은 전적으로 그들의 영혼에 아무 유익을 주지 못하고, 그들의 기대를 속이는 헛된 일, 우상 그리고 세속적 소유 등에 미혹되어 있는 본성의 인도를 받는 사람들이다." 회심한 이방인들은 회심하지 못한 이방인들처럼 살아서는 안 된다. 비록 그들 가운데 살아도 회심한 자들은 그들처럼 살아서는 안 된다.

(1) 사도는 이방세계의 악함에 대해 묘사하고, 거듭난 그리스도인들은 그 불길 속에서 끄집어낸 나무와 같은 존재임을 보여준다. [1] 그들의 총명이 어두워졌다(18절). 그들은 구원에 관한 지식은 전혀 갖고 있지 못했다. 아니, 본성의 빛이 그들에게 가르쳐줄 수 있었던 신지식에 대해서도 크게 무지했다. 그들은 흑암 속에 앉아 있었고, 빛보다 어둠을 더 사랑했다. 그 무지로 말미암아 그들은 하나님의 생명에서 떠나 있었다(18절). 그들은 거룩한 삶으로부터 벗어나 있었고, 그것을 싫어하고 거역했다. 거룩한 삶은 하나님이 요구하고 인정하시는 생명

의 삶으로서, 우리는 하나님을 위해 당연히 그 삶을 따라 살아야 했다. 뿐만 아니라 그 삶은 그분의 순결과 의와 진리와 선하심에 있어서 그분을 닮는 것을 의미하기도 했다. 그들의 자의적 무지는 이 하나님의 생명으로부터 그들을 소외시키는 원인이 되었다. 하나님의 생명은 빛과 지식 안에서 시작되기 때문이다. 총체적·불구적 무지는 신앙과 경건을 파괴한다. 그들이 이처럼 무지하게 된 원인은 무엇인가? 그것은 그들의 마음이 굳어졌기, 곧 맹목적이 되었기 때문이었다(18절). 그것은 하나님께서 그 활동을 통해 그들이 알지 못하도록 하셨기 때문이 아니라. 그들이 신적 빛의 인도를 받지 않았기 때문이다. 그들은 그렇게 되어 무지하게 되었다. 그들의 무지는 그들의 마음의 완고함과 강퍅함으로부터 나왔다. 곧 그들은 빛을 거부하고 조명과 지식의 모든 수단들을 거절했기 때문에 무지하게 된 것이다. [2] 그들의 양심이 방탕하고 마비되었다(19절): 그들이 감각 없는 자가 되어. 그들은 자기들의 죄와 그 죄로 말미암은 비참과 위험성에 대해 아무 감각이 없었다. 그들은 자신을 방탕에 방임하였다. 그들은 더러운 정욕에 자신을 맡겼다. 이 더러운 것들에 자신을 맡김으로써 그들은 죄와 마귀의 종과 하수인이 되어 모든 더러운 것을 욕심으로 행했다. 그들은 온갖 더러운 짓을 저지르는 습관을 공통적으로 갖고 있었다. 심지어는 지극히 불의하고 끔찍한 죄를, 그것도 탐욕스러운 욕심을 품고 저질렀다. 사람들의 양심이 일단 마비되면, 그들이 저지르는 죄는 한계가 없다는 사실을 기억해야 한다. 그들은 그들의 마음을 정욕으로 채울 때, 거기서 가증스러운 육욕과 음욕 외에 무엇을 기대할 수 있겠는가? 두려운 죄악으로 가득 채워지지 않겠는가? 이것이 이방인의 특징이었다.

(2) 그리스도인들은 이런 이방인들과 구별되어야 한다: 오직 너희는 그리스도를 그같이 배우지 아니하였느니라(20절). 이 구절은 이렇게 해석될 수도 있다: 너희는 그들과 같지 아니하니, 너희는 그리스도를 배웠기 때문이다. 그리스도를 배운 자들은 다른 사람들이 그 아래 있는 어둠과 오염으로부터 벗어나 있다. 그들은 더 많은 것을 알게 되었으므로 다른 사람들보다 더 나은 방법으로 살 의무가 있다. 우리가 그리스도를 그같이 배우지 아니했다는 것은 죄를 거부해야 할 충분한 이유가 된다. 그리스도를 배워라! 그리스도가 책이요, 교훈이요, 길이요, 사업인가? 그 의미는 "너희는 기독교 ─ 그리스도에 관한 교훈과 그분으로 말미암아 규정된 삶의 규칙들 ─ 를 그같이 배우지 아니했다. 따라서 다른 사람들

이 하는 것처럼 절대로 하지 말라. 너희는 참으로 그에게서 듣고 곧 우리가 전한 그분에 관한 교훈을 듣고, 그 안에서 가르침을 받았을진대 곧 그분의 영으로 말미암아 내적으로 그리고 효과적으로 배웠기 때문이다(21절)." 그리스도는 교훈이다. 따라서 우리는 그리스도를 배워야 한다. 또 그리스도는 교사다. 따라서 우리는 그분에게서 배워야 한다. 진리가 예수 안에 있는 것같이(21절). 이 말은 두 가지 면에서 이해될 수 있다: 하나는 "너희가 그리스도 자신에 의해 선포된 그대로, 그분의 교훈과 생애에 대한 참된 진리를 배웠다." 다른 하나는 "진리가 그리스도의 마음속에 각인되어 있는 그대로, 너희 분량에 따라 너희 마음속에 각인되어 있다." 그리스도의 진리는 그것이 예수 안에 있는 것같이 나타날 때 그 아름다움과 능력이 나타난다.

2. 이어지는 말씀 속에 나타나 있는 또 다른 일반적 권면. 너희는 유혹의 욕심을 따라 썩어져 가는 구습을 따르는 옛 사람을 벗어 버리고 오직 너희의 심령이 새롭게 되어 하나님을 따라 의와 진리의 거룩함으로 지으심을 받은 새 사람을 입으라(22-24절). "이것이 너희에게 가르친 그리고 너희가 배운 교훈의 핵심적 부분이다." 여기서 사도는 옷의 비유를 사용하여 표현한다. 구원받은 자의 삶이 변화를 일으키려면 먼저 영혼의 원리, 습관 그리고 기질이 변화되어야 한다. 즉 성화가 있어야 하는데, 이것은 다음 두 가지 요소로 구성된다.

(1) 옛 사람을 벗어버려야 한다. 타락한 본성이 여기서 사람으로 불린다. 그것은 인간의 몸처럼 서로 연결되고, 서로 의존하는 다양한 부분들로 이루어져 있기 때문이다. 우리는 그것을 옛 사람 곧 옛 아담으로부터 물려받았다. 그것은 뼈 속에 심겨져 있고, 우리는 그것과 함께 세상에 왔다. 그것은 옛 아담만큼 간교하다. 그러나 옛 아담이 그랬던 것처럼 하나님의 모든 성도들 속에서 그것은 사라지고 소멸된다. 그것은 썩어져가는 것으로 말해진다. 왜냐하면 영혼 속에서 죄는 그 기능을 썩게 만들기 때문이다. 그것은 억제되지 않으면 날마다 더 악화되고, 그래서 결국에는 파멸에 이른다. 유혹의 욕심을 따라. 죄의 성향과 욕망은 유혹하는 욕심이다. 그것들은 사람들에게 행복을 약속하지만, 더 불행하게 만들 뿐이다. 만일 그것이 정복되거나 억제되지 않는다면, 파멸을 일으키고 말 것이다. 그러므로 이것들은 입으면 부끄럽게 여길 수밖에 없는 헌 옷처럼 벗어버려야 한다. 그것들은 정복되고 억제되어야 한다. 이러한 욕심들은 구습을 따르는 사람들을 꼼짝 못하게 한다. 즉 이것들은 그들이 거듭나지 못하고

이교사상에 빠져 있을 때 기승을 부린다.

(2) 새 사람을 입어야 한다. 우리는 타락의 원리를 벗어버리는 것으로는 충분하지 않고, 은혜의 원리에 따라 활동하지 않으면 안 된다. 우리는 우리 마음속에 은혜의 원리를 품고, 지지하고, 새겨 넣어야 한다. 악을 행하는 것을 멈추는 것으로는 충분치 않다. 우리는 선을 행하는 법을 배워야 한다. "오직 너희의 심령이 새롭게 되어(23절). 즉 더욱 새롭게 된 마음 곧 영을 갖도록 적절하고 규정된 수단들을 사용하라." 그리하여 새 사람을 입으라(24절). 여기서 새 사람이란 새 원리 곧 사람으로 하여금 새로운 삶 곧 기독교가 요청하는 의와 거룩함의 삶을 이끌어내는 거듭나게 하는 은혜에 따라 활동하는 새 본성 또는 새 피조물을 의미한다. 이 새 사람은 그 능력이 참으로 탁월하고 아름다운 하나님의 전능하신 권능으로 말미암아 혼돈과 공허로부터 지으심을 받는다. 곧 창출된다. 하나님을 따라. 그분을 본받아 곧 그 위대한 표본과 본보기를 따라. 영혼이 하나님의 형상을 잃어버린 것은 인간의 타락 상태의 죄악이자 불행이었다. 영혼이 하나님의 형상을 갖고 있는 것은 새 피조물의 미덕이요 영광이요 행복이다. 의로 지으심을 받았다는 것은 사람들에 대한 것으로서, 십계명의 두 번째 돌판에 새겨진 계명들에 대한 참된 수용을 가리키고, 진리의 거룩함으로 지으심을 받았다는 것은 하나님에 대한 것으로서, 첫 번째 돌판의 계명들에 대한 진실한 순종을 의미한다. 진리의 거룩함이란 유대인들의 외적·의례적 거룩함과 반대되는 것이다. 우리는 하나님이 정하신 모든 수단들을 활용하여 이 신적 속성에 따르도록, 곧 새로운 피조물이 되도록 힘쓸 때, 새 사람을 입는다고 말해진다. 이것이 마음과 삶의 순결과 거룩함에 대한 일반적 권면이다.

II. 사도는 여기서 몇 가지 좀 더 특수적 사실로 나아간다. 일반화시켜 말하면 영향을 미치기가 어렵기 때문에 그는 억제되어야 할 옛 사람의 세부적 요소들이 무엇인지 우리에게 언급하고, 옛 사람의 더러운 누더기들을 벗어버리도록 촉구한다. 그리고 그리스도인의 삶을 아름답게 장식해줄 새 사람의 특별한 장식들이 무엇인지에 대해서도 언급한다

1. 거짓을 버리고 참된 것을 말하도록 유의하라(25절): "그런즉 곧 너희가 이미 너희 의무에 관해 가르침을 잘 받고, 그것을 감당해야 할 의무 아래 있으므로, 너희 장래 행동과 행위에 있어서, 특히 거짓을 버림으로써, 크고 진실한 변화가 너희에게 있었음을 보여주도록 하라." 이 죄에 대한 이방인들의 죄책은 심

히 컸다. 그들은 이득을 주는 거짓말이 해를 끼치는 참말보다 낫다고 생각했기 때문이다. 그러므로 사도는 그들에게 거짓 곧 진실과 반대되는 것은 모두 버리라고 권면한다. 이것은 벗어버려야 할 옛 사람의 한 부분이다. 그 대신 입어야 할 새 사람의 한 부분은 남과 대화할 때 철저하게 참된 것을 말하는 것이다. 하나님의 백성들의 특징은 거짓말하지 않는 자녀, 절대로 거짓말을 말하지 않는, 아니 거짓말을 싫어하고 혐오하는 자녀라는 점에 있다. 은혜를 소유하고 있는 자는 누구나 진실을 말하는 양심의 소유자가 되고, 아무리 자신에게 유익이 크고 도움이 된다고 할지라도 고의로 거짓을 말하지 않을 것이다. 여기서 참말을 해야 하는 이유는 우리가 서로 지체가 되기 때문이다. 진실은 우리가 서로 간에 지고 있는 빚이다. 만일 우리가 서로 사랑한다면, 서로에 대해 속이거나 거짓을 말해서는 안 된다. 우리는 한 공동체 곧 한 몸에 속해 있고, 따라서 허위나 거짓은 분열의 원인이 된다. 그러므로 우리는 거짓을 피하고 진실을 말해야 한다. 우리는 거짓말이 얼마나 큰 죄인지 유념해야 한다. 그것은 그리스도인들이 감당해야 할 의무를 특별히 어기는 것으로서, 기독교 공동체에 큰 해악과 상처를 입히는 원인이다.

2. "분노와 무분별한 격정을 조심하라. 분을 내어도 죄를 짓지 말라(26절)." 이것은 70인역의 시 4:4의 번역으로부터 빌려온 말이다. 그 곳에는 **떨며 범죄하지 말지어다**라고 되어 있다. 여기에는 그렇게 하라는 명령의 의미보다 그럴 수밖에 없다는 용인의 의미가 더 강하게 들어있다. 분을 내어도. 이것은 하나님께서 우리가 충분히 그럴 수밖에 없는 존재라는 것을 알고 계신다는 뜻이다. 그러나 우리가 그 한계를 지키기가 무척 어렵더라도, 죄를 짓지는 말라는 것이다. "만일 너희가 언제든 분을 내야 할 입장이 된다면, 그것이 죄가 되지 않도록 주의하라. 즉 너희 분노가 도를 넘지 않도록 유의하라." 만일 우리가 분을 내고 죄를 범하지 않으려면, 죄에 대해서만 분을 내어야 한다. 우리는 우리 자신의 어떤 이익이나 명성을 위하기보다는 하나님의 영광을 위하여 더 열심을 내야 한다. 분을 낼 때 범하는 한 가지 크고 공통적인 죄는 그것이 활활 타올라 소멸될 때까지 방치하는 것이다. 그러므로 우리는 여기서 그것에 대해 경고를 받는 것이다. "만일 너희가 성이 나거나 너희 마음이 크게 냉정을 잃게 되었다면, 또는 너희가 어떤 모욕을 당해 크게 분개하게 되었다면, 저녁이 되기 전에 마음을 가라앉히고 진정시켜 그 당사자와 화해하고, 모든 일이 다시 잘 되도록 하라.

해가 지도록 분을 품지 말라. 만일 분노가 불타올라 영을 괴롭게 하면, 오, 그것을 속히 가라앉히도록 하라." 분노 자체는 죄가 아니지만, 그것을 조심하지 아니하고 속히 억제하지 않는다면, 죄를 지을 위험성이 아주 크다. 그러므로 분노는 지혜로운 사람의 가슴속에 들어갈 수는 있으나 곧 사라지고, 우매한 자들의 품에서는 머물러 있다(전 7:9). 마귀에게 틈을 주지 말라(27절). 죄에 이르는 분노와 진노를 품고 있는 자들은 마귀가 그들의 마음속에 들어와 그 안에서 악의, 사악한 음모 등을 일으키도록 틈을 주고 만다. "중상자 또는 거짓 고소자(어떤 이들은 마귀를 그렇게 읽는다)에게 틈을 주지 말라." 즉 "험담하는 자, 고자질쟁이, 비방자들에게 너희 귀를 닫으라."

3. 우리는 여기서 십계명의 제8계명의 위반인 도둑질의 죄에 대해 경고를 받고, 대신 정직한 근면과 박애를 권유 받는다: 도둑질하는 자는 다시 도둑질하지 말고 돌이켜 가난한 자에게 구제할 수 있도록 자기 손으로 수고하여 선한 일을 하라(28절). 도적질하는 자는 다시 도적질 하지 말고. 이것은 폭력이나 부정한 수단을 통해 저지르는 온갖 악행에 대해 경고하는 것이다. "너희가 이방인으로 있을 때에 이런 흉악한 죄악을 저질렀으나 이제는 더 이상 그 죄에 빠지지 말라." 그러나 우리는 그 죄를 조심해야 할 뿐만 아니라 양심적으로 그것과 반대되는 의무를 충분히 실천해야 할 것이다. 도둑질을 해서는 안 될 뿐만 아니라 돌이켜 가난한 자에게 구제할 수 있도록 자기 손으로 수고하여 선한 일을 해야 한다. 게으름이 도둑을 만든다. 크리소스토무스는 도둑질은 게으름의 결과라고 말했다. 일하지 않고 구걸하기를 부끄러워하지 않는 사람들은 도둑질의 유혹에 자신을 맡기는 것이다. 그러므로 사람들은 불의한 길이 아니라 정직한 부르심 안에서 부지런하고 근면해야 한다: 선한 일을 하라. 정직한 길에서 부지런한 사람은 악행의 유혹으로부터 벗어나 있게 될 것이다. 그러나 사람들이 부지런해야 할 또 다른 이유가 있다. 그것은 그들이 유혹으로부터 자신을 보호하게 할 뿐만 아니라 적극적으로 선을 행할 수 있는 기회를 주기 때문이다: 가난한 자에게 구제할 수 있도록. 그들은 스스로의 삶을 정직하게 살기 위해 노력해야 할 뿐만 아니라 다른 사람들의 부족을 채워주는 삶을 살기 위해서도 노력해야 한다. 심지어는 노동을 통해 겨우 삶을 지탱하는 사람들도 노동할 수 없는 사람들을 위해 자기들의 적은 수입으로부터 얼마를 떼어 자선을 베풀어야 한다. 노동자나 종 그리고 아주 적은 소유를 갖고 있는 사람들도 가난한 자들의 주머니에 푼돈이라도 채

워주는 것은 필수적이고 당연한 의무다. 하나님은 자신의 몫을 받으셔야 하고, 가난한 자들이 그분의 받으실 자들이다. 나아가 하나님이 받으실 만한 구제금은 불의와 도둑질을 통해서 얻은 소산이 아니라 정직과 근면의 산물이 되어야 한다. 무릇 나 여호와는 불의의 강탈을 미워하여(사 61:8).

4. 우리는 여기서 타락한 대화에 관해 경고를 받고, 대신 선하고 덕을 세우는 말을 하도록 권유받는다(29절). 무릇 더러운 말은 너희 입 밖에도 내지 말고 오직 덕을 세우는 데 소용되는 대로 선한 말을 하여 듣는 자들에게 은혜를 끼치게 하라. 더럽고 불결한 말과 대화는 악취나는 썩은 고기처럼 독이 있고 다른 사람들을 오염시킨다. 그것은 말하는 자의 부패한 마음으로부터 나오고, 그 마음이 크게 부패했음을 입증한다. 또 그것은 듣는 사람들의 정신과 태도를 부패하게 만드는 경향이 있다. 그러므로 그리스도인들은 말하는데 있어서 철저히 조심하지 않으면 안 된다. 그것은 일반적으로 다른 사람들의 정욕과 격정을 자극하는 원인이 될 수도 있다. 우리는 더러운 말은 입 밖에 내지도 말고, 오직 덕을 세우는데 소용되는 대로 선한 말을 해야 한다. 말의 가장 유용한 점은 우리가 말을 나누는 사람들에게 덕을 세울 수 있다는 것이다. 그리스도인들은 선한 말을 하는데 힘써야 한다: 듣는 자들에게 은혜를 끼치게 하라. 그것은 정보제공, 조언, 그리고 적절한 책망 등의 방법으로 듣는 자들에게 도움을 주거나 은혜를 끼칠 수 있다. 그리스도인들이 입술로 해를 끼치지 않고, 할 수 있는 한 다른 사람들의 유익을 위해 말과 대화를 선용하는 것은 큰 의무다.

5. 여기서 노함과 분냄에 대한 또 다른 경고가 주어지고, 대신 상호 사랑과 친절한 태도에 대한 권면이 강조된다(31,32절). 악독, 노함 그리고 분냄은 다른 사람들에 대한 폭력적인 내적 반감과 불쾌감을 의미한다. 떠드는 것은 말이 많음, 큰 소리로 위협하는 것, 그리고 다른 부적절한 말들을 가리키는 것으로, 악독과 노함과 분냄이 폭발한 상태를 의미한다. 그리스도인들은 마음속에 이같이 악한 감정들을 품거나 혀로 떠들거나 해서는 안 된다. 비방하는 것은 우리가 분노하는 대상들에 대해 온갖 욕설, 험담, 비난하는 말을 하는 것을 의미한다. 그리고 악의란 사람들로 하여금 다른 사람들에 대해 악한 음모를 꾸미거나 악을 행하도록 이끄는 뿌리 깊은 분노로 이해된다. 이 모든 것들의 반대는 다음과 같이 행하는 것이다: 서로 친절하게 하며. 이것은 마음속에서는 사랑의 원리가 되고, 친절하고 겸손하고 공손한 행동 속에서는 그 원리의 외적 표현이 된

다. 서로 친절하게 대하는 것은 친절의 법칙을 배우고 가르치는 사람들로서 예수의 제자들에게는 당연한 일이다. 불쌍히 여기며. 이 말은 다른 사람들의 고난과 고통에 대해 신속히 동정과 연민을 가질 정도로 자비롭고 부드러운 마음을 갖는 것을 말한다. 서로 용서하기를. 때때로 그리스도인들 사이에는 의견 차이가 일어나기 때문에, 그들은 관대하고 용서해 줄 마음을 가져야 한다. 이것은 그리스도 안에서 그들을 용서하신 하나님 자신을 닮는 것으로, 그들은 서로 용서하기를 그 누구보다 잘 해야 한다. 하나님이 함께 하시는 곳에는 항상 용서가 함께 있음을 기억하자. 그분은 예수 그리스도로 말미암아 죄를 용서하신다. 그리스도는 속죄를 통해 하나님의 공의를 만족시키셨다. 또 하나님의 용서를 받은 사람들은 용서의 영을 소유하고, 하나님이 진지하고 진실하게, 기꺼이 그리고 즐겁게, 보편적으로 그리고 영원토록 진심으로 회개하는 죄인을 용서하시는 것처럼, 용서할 것이다. 그분이 이처럼 용서하시는 것은 그들이 우리가 우리에게 죄 지은 자를 사하여 준 것 같이 우리 죄를 사하여 주시옵고(마 6:12)라고 기도하는 것을 기억하시기 때문이다. 따라서 우리는 사도가 여기서 거론하는 것들은 십계명의 둘째 돌판에 속하는 계명들과 관련되어 있음을 확인할 수 있다. 여기서 그리스도인들은 둘째 돌판의 의무들을 엄격히 준수할 의무가 있음과 양심적으로 그것들을 실천하지 못하는 사람은 아무리 위장한다고 할지라도, 진실하고 참되게 하나님을 경외하거나 사랑하는 것이 아님을 알아야 한다.

이 경고 권면의 중간에 사도는 일반 원리인 하나님의 성령을 근심하게 하지 말라(30절)는 말씀을 끼워 넣고 있다. 전후문맥을 살펴보면, 우리는 하나님의 성령을 근심하게 하는 것이 무엇을 말하는지 알 수 있다. 30절 앞 부분에서는 더러운 욕심과 정욕을 자극하는 모든 음란과 더러움, 거짓말, 그리고 부패한 말이 성령을 근심하게 하는 것임을 암시하고, 그 뒷 부분에서는 모든 악독과 노함과 분냄과 떠드는 것과 비방하는 것 그리고 악의와 같은 부패한 감정들이 성령을 근심하게 하는 것들로 제시된다. 이것을 통해 우리는 은혜의 성령도 우리처럼 근심하거나 고통을 겪으신다는 것을 알 수 있다. 그러나 그 권면의 의도는 우리가 다른 동료 피조물들을 근심하게 하고 낙심하게 만들지 않음으로써 그분에 대해 그렇게 하지 않도록 행동하라는 것이다. 우리는 그분의 거룩한 속성과 그분의 뜻에 반대되는 일을 해서는 안 된다. 그분의 조언에 귀를 막거나 그분의 다스림에 반역해서도 안 된다. 이러한 일들은 그분을 성나게 하는 일로, 사람들이 자기를 불쾌하게 하고, 근심하게 하는 자들에게서 떠나고, 그들에 대한 친절을 거두며, 그들의 대적들에게 그들을 맡겨버리는 태도를 취하는 것처럼, 그분도 우리에 대해 그렇게 행하신다. 오, 은혜로우신 하나님의 성령을 화나게 하여 그분의 임재와 그분의 은혜로우신 감화로부터 버림받는 자들이 되지 않기를! 그 안에서 우리가 구원의 날까지 인치심을 받았다는 것은 그분을 근심시켜서는 안 되는 충분한 이유가 된다. 구원의 날이 올 것이다. 부활의 날에 몸은 무덤의 권세로부터 구속받고, 하나님의 백성들은 모든 죄와 비참으로부터 그리고 죄의 모든 세력들로부터 완전히 벗어나게 될 것이다. 구원의 날이 이르러야 그들은 무덤으로부터 벗어나게 될 것이다. 그 때가 되어야 그들의 완전하고도 완성된 행복이 시작될 것이다. 모든 참 신자들은 그 날까지 인치심을 받았다. 하나님은 그들을 다른 사람들과 구별하고, 그들에게 그 도장을 찍어 놓으셨다. 그분은 그들에게 즐겁고 영광스러운 부활의 보증을 제공하시는데, 성령께서 그 보증이시다. 은혜로우신 성령은 거룩하게 하시는 분으로서, 가시는 곳마다 구속의 모든 즐거움과 영광들에 대한 보증이 되신다. 그러므로 하나님께서 우리로부터 성령을 거두어 가신다면, 우리는 파멸하고 말 것이다.

제
— 5 —
장

개요

앞 장 마지막 부분에서 우리는 몇 가지 중요한 권면을 살펴보았다. 그것들은 이 장에서도 계속된다. I. 상호 사랑과 자비에 대한 권면을 다룬다(1,2절). II. 온갖 더러움을 피하라는 권면과 이 죄들에 대한 적절한 논증과 치유책을 제시하고, 몇 가지 추가적 권면이 주어지며, 아울러 다른 의무들도 제시되고 있다(3-20절). III. 관계를 위해 양심껏 지켜야 할 의무들을 제시한다(21-33절, 이 내용은 다음 장 첫 부분에서도 계속된다).

¹그러므로 사랑을 받는 자녀 같이 너희는 하나님을 본받는 자가 되고 ²그리스도께서 너희를 사랑하신 것 같이 너희도 사랑 가운데서 행하라 그는 우리를 위하여 자신을 버리사 향기로운 제물과 희생제물로 하나님께 드리셨느니라

여기서 우리는 상호 사랑 또는 기독교적 자비에 대한 권면을 접하게 된다. 사도는 앞 장에서, 특히 그 마지막 부분들에서 이것을 주장했다. 그러므로라는 접속사는 그 부분을 가리키는 말로 그가 거기서 말한 내용과 여기서 말하는 내용을 연결시켜 준다. 따라서 정리하면 이렇다: "하나님께서 그리스도로 말미암아 너희를 용서하셨다. 그러므로 너희도 하나님을 따르는 자 곧 본받는 자가 되라." 경건한 사람들은, 그들이 경배하는 하나님께서 자신을 본받게 하기 위해 그들에게 자신을 계시하신 대로, 모방해야 한다. 그들은 그분의 본보기를 수용하고, 그분의 형상으로 자신을 새롭게 해야 한다. 이렇게 하나님을 본받는 것은 참된 믿음에 큰 영예가 된다. 우리는 하나님이 거룩하신 것처럼 거룩하고, 그분이 자비로우신 것처럼 자비롭고, 그분이 온전하신 것처럼 온전해야 한다. 그러나 하나님의 속성들 가운데 그분의 사랑만큼 우리가 본받도록 추천되는 속성은 없다. 모든 은혜에 있어서, 특히 그분의 사랑에 있어서, 그 중에서도 그분의 용서하시는 사랑에 있어서, 하나님을 본받는 자 곧 그분을 닮은 자가 되라. 하나님은 사랑이시라 사랑 안에 거하는 자는 하나님 안에 거하고 하나님도 그의

안에 거하시느니라(요일 4:16). 그래서 그분은 자신의 이름을 말할 때 자비롭고 은혜롭고 인자가 많은 하나님이라고 표현하신다(출 34:16).

사랑을 받는 자녀 같이(1절). 여기서 자녀는 부모의 사랑을 크게 받는 아이들을 가리키는 말로, 그들은 보통 얼굴의 생김새나 모습에 있어서, 또는 마음의 기질과 성격에 있어서, 보통 부모와 닮기 마련이다. 마찬가지로 하나님의 자녀는 그들의 하늘 아버지의 사랑을 크게 받는 자들로서, 그 아버지와 닮아야 한다는 것이다. 자녀는 특히 부모에게 사랑받을 때, 그 사랑의 모습에서 부모를 본받는 것이 당연하다. 우리가 하나님의 자녀로서 가져야 할 특징은 특별히 그분의 사랑과 인자, 그분의 자비와 용서와 같은 속성에 있어서 그분을 닮는 것이다. 이 속성들에 있어서 하나님을 본받는 자들만이 그분의 사랑받는 자녀들이다. 그것은 사랑 가운데서 행하라는 권면으로 이어진다(2절). 하나님을 닮는 이 은혜는 우리의 생활 전체에 걸쳐 나타나고, 영향을 미쳐야 한다. 이것이 사랑 가운데서 행하라는 말의 의미다. 그것은 우리가 행해야 할 삶의 원리이다. 그것은 우리가 지향하고 나아갈 목적이 되어야 한다. 우리는 진실하게 서로 사랑하는 증거를 보여줄 수 있도록 유의해야 한다.

그리스도께서 너희를 사랑하신 것같이(2절). 여기서 사도는 우리에게 그리스도의 본보기를 제시함으로써, 우리가 그분을 본받을 의무가 있고, 그분 안에서 가장 자유롭고 너그러운 사랑의 실례를 갖게 되며, 그분이 얼마나 큰 사랑으로 우리를 사랑하셨는지를 보여준다. 우리는 모두 그 사랑에 공동으로 참여하는 자들이 되었고, 그 위로에도 동참한 자들이다. 그러므로 그리스도께서 우리 모두를 사랑하고 그 사랑의 증거를 우리에게 주셨기 때문에 우리는 서로 사랑해야 한다. 그는 우리를 위하여 자신을 버리사(2절). 사도는 의도적으로 그 주제를 확대시킨다. 이것 이상으로 우리가 즐겁게 성찰할 주제가 있을 수 있겠는가? 그리스도께서 우리를 위해 자신을 죽음에 내놓으셨다. 그리스도의 죽음은 위대한 속죄의 제사였다. 향기로운 제물과 희생제물로 하나님께 드리셨느니라(2절). 제물 또는 희생제물 — 이것은 율법의 봉헌의식과 희생제사에 예표되었던 것으로, 우리의 죄를 대속하기 위한 속죄의 희생제물이었다. 그리고 이것은 향기로운 제물이었다. 어떤 이들은 속죄제사는 향기로운 제물로 말해진 적이 없다고 주장한다. 그러나 이것은 세상 죄를 지고 가는 하나님의 어린 양(요 1:29)으로 말해진다. 그분은 자신을 하나님이 인정하는 방법으로 드리셨기 때문에, 하나님께서는 그 희생제물을 받으셨고 기뻐하셨고 그 효력을 인정하셨다. 그리스도의 희생제물이 하나님께 효력이 미쳤던 것처럼, 그분의 본보기는 우리에게도 그 효력이 미치고, 따라서 우리는 그것을 조심스럽게 모방해야 한다.

[3]음행과 온갖 더러운 것과 탐욕은 너희 중에서 그 이름조차도 부르지 말라 이는 성도에게 마땅한 바니라 [4]누추함과 어리석은 말이나 희롱의 말이 마땅치 아니하니 오히려 감사하는 말을 하라 [5]너희도 정녕 이것을 알거니와 음행하는 자나 더러운 자나 탐하는 자 곧 우상 숭배자는 다 그리스도와 하나님의 나라에서 기업을 얻지 못하리니 [6]누구든지 헛된 말로 너희를 속이지 못하게 하라 이로 말미암아 하나님의 진노가 불순종의 아들들에게 임하나니 [7]그러므로 그들과 함께 하는 자가 되지 말라 [8]너희가 전에는 어둠이더니 이제는 주 안에서 빛이라 빛의 자녀들처럼 행하라 [9]빛의 열매는 모든 착함과 의로움과 진실함에 있느니라 [10]주를 기쁘시게 할 것이 무엇인가 시험하여 보라 [11]너희는 열매 없는 어둠의 일에 참여하지 말고 도리어 책망하라 [12]그들이 은밀히 행하는 것들은 말하기도 부끄러운 것들이라 [13]그러나 책망을 받는 모든 것은 빛으로 말미암아 드러나나니 드러나는 것마다 빛이니라 [14]그러므로 이르시기를 잠자는 자여 깨어서 죽은 자들 가운데서 일어나라 그리스도께서 너에게 비추이시리라 하셨느니라 [15]그런즉 너희가 어떻게 행할지를 자세히 주의하여 지혜 없는 자 같이 하지 말고 오직 지혜 있는 자 같이 하여 [16]세월을 아끼라 때가 악하니라 [17]그러므로 어리석은 자가 되지 말고 오직 주의 뜻이 무엇인가 이해하라 [18]술 취하지 말라 이는 방탕한 것이니 오직 성령으로 충만함을 받으라 [19]시와 찬송과 신령한 노래들로 서로 화답하며 너희의 마음으로 주께 노래하며 찬송하며 [20]범사에 우리 주 예수 그리스도의 이름으로 항상 아버지 하나님께 감사하며

이 단락은 온갖 더러운 것을 피하라는 권면과 이 죄들에 대한 적절한 논증과 치유책을 제시하고, 몇 가지 경고를 덧붙이며, 다른 의무들을 담고 있다. 음행과 온갖 더러운 것과 탐욕은 너희 중에서 그 이름조차도 부르지 말라 이는 성도에게 마땅한 바니라(3절). 거룩한 사랑을 계속 유지하기 위해서는 더러운 욕심들이 억제되지 않으면 안 된다. 사랑 가운데서 행하고, 음행과 온갖 더러운 것을 피하라. 음행은 결혼하지 않은 사람들 간에 벌어지는 추악한 일이다. 온갖 더러운 것은 더러운 욕심으로부터 나오는 모든 종류의 죄악들을 망라한다. 이 죄는 이

방인들 사이에서 너무 자주 저질러졌다. 탐욕은 그 이름조차도 불러서는 안 되는 것으로 언급되는데, 어떤 이들은 그것을 성경의 순결한 문체상으로 볼 때, 부정한 욕망 자체를 가리키는 의미로 이해한다. 하지만 다른 사람들은 좀 더 일반적 의미에서 이득에 대한 과도한 욕심 또는 만족을 모르는 부에 대한 집착을 가리킨다고 본다. 이것은 곧 영적 간음이다. 왜냐하면 이것으로 인해 하나님의 신부인 영혼이 그분을 떠나 타락하여 다른 남자의 품에 안기기 때문이다. 그러므로 세상을 사랑하는 사람들은 간음하는 자들로 불린다: 간음하는 여자들이여 세상에 벗된 것이 하나님의 원수임을 알지 못하느뇨(약 4:4). 따라서 이 죄는 가장 끔찍하고 가장 기피해야 할 죄다: 너희 중에서 그 이름조차도 부르지 말라. 즉 절대로 용납하지 말고, 철저히 근절하라는 뜻이다. 이는 성도에게 마땅한 바니라. 여기서 성도는 세상으로부터 분리되어, 하나님께 바쳐진 거룩한 사람들을 가리킨다. 사도는 죄의 행위 자체에 대해 경고할 뿐만 아니라 사람들이 그 죄들에 대해 가볍게 여기거나 변명할 가능성에 대해서도 경고한다. 누추함은 방탕하고 부적절한 태도와 행동들 전체로 이해될 수 있다. 어리석은 말은 추잡하고 음탕한 대화, 또는 좀 더 통상적으로는, 어리석음과 무분별을 크게 드러내는 허탄한 말로서, 듣는 자들의 덕을 세워주는 것과는 거리가 멀다. 희롱의 말은 헬라어로 유트라펠리아인데, 이 말은 아리스토텔레스가 자신의 저서「윤리학」에서 좋은 의미로 대화의 유희라는 뜻으로 쓴 말과 같은 말이다. 따라서 순수하고 악의 없는 농담이 당연히 있기 마련인데, 사도가 여기서 그것을 금하는 것이라고 우리는 가정할 수 없다. 어떤 이들은 여기서 희롱의 말을 하는 사람은 다른 사람들을 웃음거리나 조롱거리로 만들 정도로 무례하고 상스러운 생각을 가진 사람이라고 이해한다. 이것은 참으로 나쁘다. 그러나 문맥은 비록 즐거운 대화라고 할지라도, 그 속에 추잡하고 외설스러운 말이 담겨 있다면, 금해야 한다는 뜻이 내포되어 있다고 생각된다. 4:29에서 그가 금하고 있는 더러운 말 곧 기분 나쁘고 불쾌한 말도 같은 의미를 담고 있다고 볼 수 있다. 이것들에 관해 그는 마땅치 아니하니라고 말한다(4절). 참으로 이런 말들은 마땅치 아니할 뿐만 아니라 엄청난 해를 끼치기도 한다. 그것들은 듣는 자들을 유익하게 하기는 커녕 오히려 크게 오염시키고 악화시킨다. 그러나 그 의미는 그것들이 그리스도인들에게는 마땅치 않으며, 그들의 신앙고백과 인격에 전혀 어울리지 않는다는 것이다. 그리스도인들은 즐겁고 유쾌한 삶을 살도록 허용된다. 하지만 즐겁되, 지혜로워야 한다. 사도는 오히려 감사하는 말을 하라고 덧붙인다(4절). 그리스도인의 길은 크게 즐거운 길이지만, 추잡하고 불경스런 농담은 삼가야 하며, 그의 마음이 즐겁고 유쾌한 이유는 하나님의 사랑과 자비를 감사하며 상기하고, 또 그로 말미암아 그분을 송축하고 찬양하기 때문이어야 한다. 여기서 다음 두 가지 사실을 유념해야 한다.

1. 우리는 하나님께서 우리에게 베푸신 인자와 호의에 대해 기회가 있을 때마다 감사하고 찬양해야 한다.

2. 하나님에 대한 감사를 자극하기 위한 목적에 따라 우리에게 베푸신 그분의 은혜와 사랑을 생각하는 묵상은 그리스도인의 마음을 항상 새롭고 유쾌한 상태로 만들고, 그가 인생을 즐겁게 살도록 하는 유인이 된다. 하몬드 박사는 유카리스티아(감사하는 말을 하라)라는 단어는 일반적으로 은혜롭고 경건하고 신앙적인 말을 가리키는 것으로 보고, 사도가 여기서 금하고 있는 말과 정반대되는 개념으로 생각한다. 우리의 즐거움은 헛되고 죄악된 것 또는 하나님의 이름을 욕되게 하는 것으로부터 나오는 것이 아니라 그리스도인으로서 어울리고 하나님의 영광을 드러내기에 합당한 표현들로부터 나온다. 만일 사람들이 좀 더 선하고 경건한 표현들을 풍부하게 사용한다면, 악하고 마땅치 않은 말들은 그만큼 덜 말하게 될 것이다. 어떻게 찬송과 저주, 음란과 감사가 한 입으로부터 나올 수 있겠는가?

I. 더러움의 죄 등으로부터 우리를 보호하기 위해 사도는 몇 가지 증명을 사용하고, 다음과 같이 몇 가지 치유책을 제시한다.

1. 사도는 몇 가지 증명을 제시한다.

(1) 이것들은 사람들을 천국으로부터 차단시키는 죄임을 명심하라: 너희도 정녕 이것을 알거니와 음행하는 자나 더러운 자나 탐하는 자 곧 우상 숭배자는 다 그리스도와 하나님의 나라에서 기업을 얻지 못하리니(5절). 그것은 기독교를 통해 알려졌기 때문에 그들은 이미 그것을 알고 있었다. 여기서 탐하는 자를 어떤 이들은 이방인과 우상 숭배자의 표시로 간주되어온 비열한 욕심 속에 빠져버린 음탕한 난봉꾼으로 이해한다. 다른 사람들은 그 말을 좀 더 통상적인 의미로 이해한다. 이 경우 이런 사람은 이 세상을 사랑하는 자로서 영적 우상 숭배 속에 있기 때문에 우상 숭배자가 된다. 탐식자가 자신의 배를 신으로 섬기듯이, 탐하는 자는 돈을 신으로 섬기고 돈을 사랑하며 하나님 대신 세상 것에 소망과 신뢰와

즐거움을 둔다. 그는 하나님 대신 맘몬을 섬긴다. 이런 사람들은 그리스도와 하나님의 나라에서 기업을 얻지 못한다고 말해진다(5절). 여기서 그리스도의 나라는 그분이 하나님이시기 때문에 본질상 하나님의 나라로 불리고, 중보자로서 그분이 값 주고 사신 나라요 하나님이 그분께 주시는 나라라는 점에서 그리스도의 나라이다. 천국은 여기서 나라로 묘사되는데(다른 곳에서도 자주 그렇게 묘사되고 있다), 그것은 그 탁월함과 영광, 그 충만함과 충분성 때문이다. 이 나라에서 성도와 하나님의 종들은 기업을 얻는다. 왜냐하면 그것은 빛 가운데서 성도의 기업이기 때문이다(골 1:12). 그러나 회개하지 않고 육체의 정욕에 빠지거나 세상을 사랑하는 자들은 참된 그리스도인이 아니고, 따라서 은혜의 나라에 속하거나 영광의 나라에 영원히 들어갈 수 없다. 따라서 우리는 우리를 천국으로부터 제외시키고 차단시키는 죄들을 경계하는데 깨어 있어야 한다.

　(2) 이 죄들을 저지른 사람들에게는 하나님의 진노가 임한다: "누구든지 헛된 말로 너희를 속이지 못하게 하라 이로 말미암아 하나님의 진노가 불순종의 아들들에게 임하나니(6절). 아무도 이 죄들이 그리스도인들에게 용납되고 허용된 것처럼, 그것들이 하나님의 크신 분노와 진노를 일으키지 않는 것처럼 또는 너희가 그 죄들에 빠졌을 때 처벌받지 않고 빠져나올 수 있는 것처럼, 너희를 속이지 않도록 조심하라. 그 말들은 헛된 말이다." 자신과 다른 사람들에게 죄를 범해도 무사할 수 있다는 희망을 갖도록 말하는 자들은 다만 자신과 다른 사람들을 속일 뿐이다. 이렇게 사탄도 첫 조상들을 헛된 말로 속였다. 그는 그들에게 너희가 결코 죽지 아니하리라(창 3:4)고 말했다. 그런 말들은 참으로 헛된 말이다. 왜냐하면 그 말을 믿는 사람들은 참으로 비참한 처지에 빠지게 될 자신을 발견할 것이기 때문이다. 이로 말미암아 하나님의 진노가 불순종의 아들들에게 임하나니(6절). 여기서 불순종의 아들들은 불순종하여 복음을 받아들이기를 거부하고, 그것에 복종하지 않은 이방인들을 의미할 것이다. 또는 좀 더 일반적으로 말하면, 회심하지 않고 불순종에 떨어진 모든 완악한 신자들을 의미할 것이다. 불순종은 참으로 악랄한 죄다. 히브리인의 관습에 따르면, 이런 죄인들은 불순종의 아들들로 불린다. 이런 죄는 참으로 어렸을 때부터 저질러지고, 태어나자마자 잘못된 길로 나아간다. 이로 말미암아 그들에게는 하나님의 진노가 임한다. 그 진노는 때로 이 세상에서, 좀 더 특별하게는 다음 세상에서 임한다. 그런데 우리가 어떻게 감히 우리를 하나님의 진노 아래 두는 죄를 가볍게 여길 수 있겠

는가? 오, 절대로 그럴 수 없다. 그러므로 그들과 함께 하는 자가 되지 말라(7절). "그 죄를 범하는데 있어서 절대로 그들에게 가담하지 말라. 그래야 너희가 그들이 받는 처벌을 받지 않게 될 것이다." 우리는 다른 사람들이 행하는 것처럼 살고, 죄에 대한 그들의 유혹과 유도에 동조하고 동의하면서 살 때 그리고 우리가 그들이 죄를 범하도록 자극하고 부추기며 우리의 힘이 닿는 한 그들이 그렇게 하지 못하도록 막거나 방해하지 않을 때, 우리는 그들의 죄에 동참하는 자들이 되고 만다.

(3) 그리스도인들은 어떤 이유로 이런 죄인들이 사는 것과는 다른 차원의 삶을 살아야 하는지 생각해 보라: 너희가 전에는 어둠이더니 이제는 주 안에서 빛이라 빛의 자녀들처럼 행하라(8절). 이 구절의 의미는 "이런 과정들은 너희의 현재 상태와 전혀 어울리지 않는다. 왜냐하면 너희가 이방인으로 거듭나지 아니했을 때에는 어둠이었다. 그러나 이제 너희는 큰 변화를 일으켰다." 사도는 그들의 이전 상태를 추상적으로 어둠이라고 부름으로써, 그들이 처해 있었던 큰 어둠의 상태를 표현한다. 그들은 악하고 불경한 삶을 살았고, 은혜로우신 성령의 외적 가르침과 내적 조명 및 은혜의 빛을 결여하고 있었다. 죄의 상태는 어둠의 상태임을 기억하자. 죄인들은 어둠 속에 있는 사람들처럼 어디로 가고 있는지, 그리고 무엇을 하고 있는지 모르고 있다. 그러나 하나님의 은혜가 그들의 영혼 속에 강력한 변화를 일으켰다: 이제는 주 안에서 빛이라. 즉 하나님의 말씀과 성령으로 말미암아 구원의 빛이 비춰게 되었다. 여기서 이제는. 곧 너희가 그리스도를 믿고 있고, 복음을 받아들인 지금은. 빛의 자녀들처럼 행하라. 히브리인의 언어 관습에 따르면, 빛의 자녀들이란 지식과 거룩함으로 덧입혀, 빛이 비취는 상태 속에 있는 사람들을 말한다. "이제는 이러한 자들이 되었으니, 너희 생활이 너희의 상태와 권리에 알맞게 되고, 따라서 그 지식과 너희가 누리는 이 특권들로 말미암아 주어진 의무에 합당하게 살라." 주를 기쁘시게 할 것이 무엇인가 시험하여 보라(10절). 즉 하나님께서 그분의 뜻으로 계시하신 것을 부지런히 검토하고 살피며, 너희 자신을 그것에 일치시킴으로써 그것을 증명하도록 하라는 뜻이다. 우리는 하나님을 불쾌하게 하는 것은 두려워하고 피함과 동시에 그분을 기쁘시게 하는 것은 적극 추구하고 존중해야 한다. 그리고 이러한 목적으로 성경을 살피고, 그럼으로써 이 죄들로부터 최대한 멀리 벗어나도록 해야 한다.

2. 사도는 그 죄들에 대한 몇 가지 치유책을 제시한다.

(1) 만일 우리가 육체의 정욕에 사로잡히지 않으려면 성령 곧 빛의 열매를 맺어야 한다(9절). 이것이 빛의 자녀들로부터 기대되는 것이고, 그들은 성령의 조명을 받아 성결케 되고, 그리하여 그분의 열매를 맺게 된다. 그 열매는 모든 착함과 의로움과 진실함에 있다. 여기서 착함은 선을 행하고 자비를 보여주려는 성향을 말한다. 의로움은 우리의 삶의 태도의 정의로움을 의미한다. 따라서 그들은 좀 더 엄격하게 그리고 좀 더 폭넓게 모든 신앙 속에서 착함과 의로움을 보여주어야 한다. 그리고 이 두 가지 속에는 그리고 이 두 가지와 함께, 진실함이 있어야 한다. 이것은 마음의 성실함과 정직함을 의미한다.

(2) 우리는 죄 또는 죄인들과 교제를 가져서는 안 된다(11절). 죄된 행위들은 어둠의 일에 속한다. 그것들은 무지의 어둠으로부터 오고, 은폐의 어둠을 추구하며, 지옥의 어둠으로 나아간다. 이 어둠의 일들은 열매 없는 일이다. 결국 그것들로는 아무것도 얻을 것이 없다. 죄로 말미암아 얻는 것처럼 보이는 것은 그로 말미암아 잃는 것과 비교하면 참으로 아무것도 아니다. 왜냐하면 그것은 회개하지 않는 죄인의 철저한 파멸과 멸망을 초래하기 때문이다. 그러므로 우리는 이 열매 없는 일과 교제를 가져서는 안 된다. 우리는 그 일들을 행해서는 안 되는 만큼 다른 사람들이 그렇게 하는 것을 묵인해서도 안 된다. 우리가 다른 사람들의 죄의 공범자가 되는 방법은 다양하다. 그런 방법으로는 추천, 조언, 동조, 또는 은닉 등이 있다. 만일 우리가 다른 사람들의 죄에 동참한다면, 그들의 형벌에도 동참자가 될 것은 예상해야 한다. 아니, 우리가 그들과 교제한다면, 우리는 오래지 않아 그들이 행하는 대로 행할 극도의 위험 속에 빠질 것이다. 그러나 그들과 교제하는 대신 오히려 그들을 꾸짖어야 한다. 만일 우리가 다른 사람들의 죄를 꾸짖지 아니한다면, 그들과 교제하는 자라는 것을 의미하기 때문이다. 우리는 신중하게 우리의 위치에서 다른 사람들의 죄를 증거하고, 그들이 자신의 죄를 회오하도록 노력해야 한다. 그 때 우리는 시의적절하게 우리의 말로 그렇게 해야 한다. 그러나 다른 무엇보다 우리의 거룩한 삶과 경건한 실천을 통해 그렇게 하는 것이 가장 효과적이다. 죄와 반대되는 일들을 충분히 행함으로써 그들의 죄를 책망하라. 여기서 그 한 가지 이유가 주어지는데, 그들이 은밀히 행하는 것들은 말하기도 부끄러운 것들이기 때문이다(12절). 그 행위들은 너무 추하고 혐오스럽기 때문에 책망하기 위한 경우가 아니라면 언급

하기조차 부끄러운 일인데, 하물며 그것들을 은밀히 행한다는 것은 참으로 역겨운 수치가 아닐 수 없다. 그들이 은밀히 행하는 것들은. 사도는 여기서 이방인 우상 숭배자들의 가증한 신비술을 가리키는 것으로 보인다. 그들의 이런 행위는 혐오스런 죄악으로 가득 차 있고, 죽음의 고통을 각오하지 않고는 감히 저지를 수 없는 것이었다. 경건한 사람은 다수의 악인들이 전혀 부끄러움 없이 행하는 행동들을 입에 담는 것조차 부끄러워한다. 그러나 그들의 죄악이 드러날 때마다 경건한 사람들은 그것을 책망해야 한다. 여기서 이런 책망의 또 다른 이유가 이어진다: 그러나 책망을 받는 모든 것은 빛으로 말미암아 드러나나니(13절). 이 구절의 의미는 다음과 같다: "너희가 책망하도록 요구받는 이 열매 없는 어둠의 일들은 모두 드러나게 되는데, 신실한 책망자인 너희의 입술을 통해 나오는 하나님의 교훈과 말씀의 빛으로 말미암아, 또는 너희의 거룩한 삶과 모범된 행위를 통해 발산된 가르침의 빛으로 말미암아 죄인들 자신의 그 실상이 완전히 드러나게 될 것이다." 하나님의 말씀의 빛과 그리스도인의 생활을 통해 나타난 본보기의 빛은 죄인들에게 그들의 죄와 사악함을 확신케 하는 적절한 수단들이다. 그래서 드러나는 것마다 빛이니라는 말이 이어서 나온다. 즉 이전에 어둠 속에 감추어져 있었던 것을 드러내는 것은 빛이라는 뜻이다. 따라서 빛의 자녀 곧 주 안에서 빛인 자들은 다른 사람들이 자기들의 죄를 발견하고, 그 악과 위험으로부터 벗어나도록 노력을 함으로써, 세상을 빛으로 비추는 자들이 되어야 한다. 또한 사도는 이 의무를 하나님 곧 그리스도를 실례로 들어 강조한다: 그러므로 이르시기를 잠자는 자여 깨어서 죽은 자들 가운데서 일어나라 그리스도께서 너에게 비추이시리라 하셨느니라(14절). 그는 마치 이렇게 말하는 것처럼 보인다: "이것을 행하는데 있어서 너희는 크신 하나님을 본받아야 할 것이다. 그분은 친히 죄인들을 그들의 잠으로부터 깨우고, 또 죄의 사망으로부터 일으키심으로써 그들이 그리스도의 빛을 받도록 하셨다." (주가) 이르시기를. 주님은 사 60:1에 좀 더 구체적으로 표현되어 있는 것을 자신의 말씀으로 끊임없이 언급하시는 것이다. 즉 그리스도는 영원한 복음을 전파하는 자신의 사역자들을 통해 끊임없이 이 빛으로 죄인들을 부르고 계시는 것이다: 잠자는 자여 깨어서 죽은 자들 가운데서 일어나라. 동일한 주제가 각기 다른 표현을 통해 제시되고 있다. 그것들은 우리로 하여금 죄인들이 얼마나 큰 어리석음 속에 있고, 비참한 상태 속에 있는지 곧 그들이 얼마나 자기들의 위험을 의식하지 못하고 있는지,

또 그 결과 그들이 영적 활동과 감각과 행위에 대해 얼마나 우둔한지를 상기시켜 준다. 하나님께서 그들을 깨우고, 일으키기 위해 부르실 때, 그 말씀의 뜻은 그들이 회개를 통해 그들의 죄를 벗어버리고, 거룩한 순종의 길로 들어서라는 것이며, 그분은 그리스도께서 너에게 비추이시리라는 은혜의 약속으로 말미암아 그들이 그 길을 가장 쉽고, 또 가장 훌륭하게 가도록 격려하시는 것이다. "그분은 자신의 은혜로 너희를 돕고, 이 땅에서는 너희 마음을 기쁨과 평안으로 새롭게 하고, 결국에는 영원한 영광으로 상을 베푸심으로써, 너희를 지식, 거룩함 그리고 위로의 상태 속에 들어오게 하실 것이다." 우리가 죄인들을 깨닫게 하고, 그들의 죄로부터 돌이키도록 하기 위해 노력할 때, 복음 전체의 위대한 목적인 하나님과 그리스도를 본받아야 한다. 어떤 이들은 사실상 이것을 죄인들과 성도들의 부르심에 대한 말씀으로 이해한다. 즉 죄인들에게는 회개하고 돌이키도록, 성도들에게는 자기의 의무를 자각하도록 격려하는 말씀이라는 것이다. 전자는 그들의 영적 죽음으로부터 일어나야 하고, 후자는 영적 무감각으로부터 깨어나야 한다.

(3) 죄에 대한 또 다른 치유책은 주의, 조심 또는 경계하는 것이다(15절): 그런즉 너희가 어떻게 행할지를 자세히 주의하여 지혜 없는 자 같이 하지 말고 오직 지혜 있는 자 같이 하여. 이 말은 앞에 나오는 내용과 관련시켜 이해할 수 있다: "만일 너희가 그들의 죄에 대해 다른 사람들을 책망하고, 또 이 특별한 의무를 신실하게 감당하려면, 너희 자신을 자세히 살피고, 너희 자신의 행위와 행동을 조심해야 한다." 진실로 다른 사람을 책망하기에 합당한 사람이란 다만 스스로 적절한 주의와 조심성을 갖고 행하는 사람이다. 또는 우리는 여기서 앞에서 언급된 죄들에 대한 다른 치유책 아니면 더 나은 보장책을 갖고 있다. 나는 이것이 사도의 말의 의도라고 생각한다. 즉 큰 주의와 경계가 없이 마음과 생활의 순결과 거룩함을 유지하기란 불가능하다는 것이다. 자세히 주의하여 (행하라). 여기서 자세히 주의하여란 말은 정확하게, 엄밀하게, 올바른 방법으로란 뜻으로, 우리가 거룩한 길을 가기 위해 지켜할 법과 지시를 자주 살펴야 한다는 것이다. 지혜 없는 자 같이 하지 말고. 이 말은 자신의 의무가 무엇인지, 자신의 영혼에 가치 있는 것이 무엇인지 알지 못하고 무모하게 행동할 뿐만 아니라 태만하고 무기력하고 조심성 없이 죄에 빠져 스스로 파멸에 이르는 자 같이 하지 말라는 뜻이다. 오직 지혜 있는 자 같이 하여. 이 말은 하나님으로부터 배우고, 위로

부터 온 지혜를 전달받은 자답게 하라는 뜻이다. 주의하여 행하는 것은 참된 지혜의 결과지만, 그 반대는 어리석음의 결과다. 이어서 세월을 아끼라는 말씀이 나오는데(16절), 이 말의 문자적 의미는 기회를 사라는 것이다. 그것은 사업과 상거래의 때를 위해 부지런히 주의하고 힘쓰는 상인들로부터 취해진 비유다. 세월을 아끼는 것은 그리스도인의 큰 지혜 가운데 한 부분이다. 선한 그리스도인은 세월을 아끼는 선한 절약가가 되어야 한다. 그는 유혹을 조심하고, 힘이 있는 동안 선을 행하며, 적절한 용도 곧 죄로부터 세상을 보호하는 특별한 사명에 시간을 잘 사용함으로써, 세월이 최선의 목적에 부합하도록 주의해야 한다. 그들은 현재의 은혜의 때를 가장 잘 활용할 수 있어야 한다. 우리의 시간은 하나님께서 선한 목적을 위해 사용하도록 주신 달란트다. 따라서 그것이 그분의 목적에 따라 사용되지 않으면, 그것은 낭비되고, 허비되고 말 것이다. 만일 우리가 지금까지 주어진 시간을 허비해버렸다면, 앞으로 우리의 의무를 감당하는데 있어서는 두 배로 부지런함으로써 그것을 상쇄하도록 해야 할 것이다. 시간이 우리에게 주어진 이유는 때가 악하기 때문이다(16절). 이 말은 그 때에 살고 있는 사람들이 악하다는 뜻 아니면 오히려 "그들과 함께 살고 있는 너희에게 때가 고통스럽고 위험스럽다"는 뜻이다. 사도가 이 편지를 쓰던 당시는 박해의 때였다. 그리스도인들은 매 순간 위험에 처했다. 때가 악할 때 우리가 세월을 아껴야 할 특별한 이유가 하나 더 있는데, 그것은 때가 얼마나 빠르게 악해질지 우리가 알지 못하기 때문이다. 사람들은 악한 때에 대해 쉽게 불평한다. 만일 그것이 그들로 하여금 세월을 아끼도록 자극한다면 정말 좋을 것이다. 사도는 이렇게 말한다: "그러므로 즉 때가 악하므로 어리석은 자가 되지 말고 곧 너희의 의무를 망각하지 말고, 너희 영혼에 부주의하지 말며, 오직 주의 뜻이 무엇인가 이해하라(17절). 즉 너희의 의무를 결정할 때 하나님의 뜻을 연구하고 고려하고 더 깊이 알라." 우리의 의무에 무지하고, 우리의 영혼에 부주의하는 것은 가장 큰 어리석음의 증거다. 하나님의 뜻을 잘 알고, 그것을 따르기 위해 주의하는 것이야말로 가장 훌륭하고, 가장 참된 지혜의 증거다.

II. 이어지는 세 구절(18-20절)에서 사도는 몇 가지 다른 특수한 죄들에 대해 경고하고, 몇 가지 다른 의무들을 강조한다.

1. 그는 술 취함의 죄에 대해 경고한다: 술 취하지 말라(18절). 이것은 이방인들이 아주 빈번하게 범하는 죄였다. 특히 그들의 신을 숭배하는 축제에서 그렇

게 했는데, 주신제(酒神祭)에서는 한술 더 떴다. 그 때 그들은 술에 취해 이성을 잃고 온갖 종류의 부적절한 정욕을 발산하였다. 그러므로 사도는 이는 곧 술 취하는 것은 방탕한 것이니라고 덧붙인다(18절). 방탕(아소티아)은 사치 또는 방종을 의미한다. 술 취함이 삶의 정숙과 순결의 친구가 아니라는 것은 분명하다. 대신 그것은 온갖 종류의 방탕을 일으키고, 사람들에게 추잡한 육욕과 끔찍한 죄악을 전염시킨다. 술 취함은 그 죄만으로 끝나는 경우가 거의 없고, 사람들이 다른 죄를 저지르도록 만드는 죄이다. 그것은 하나님을 크게 진노하게 할 뿐만 아니라 사람들의 영적 생활에도 엄청난 해악을 끼치는 죄다. 사도는 이런 모든 무절제와 무질서가 그가 세월을 아끼라는 자신의 권면에서 의도하고 있는 건전하고 신중한 태도의 반대라는 것을 암시한다.

2. 그는 술 취함 대신 오직 성령으로 충만함을 받으라고 그들에게 권면한다(18절). 술로 충만한 사람들은 당연히 성령으로 충만하지 않게 된다. 그러므로 이 의무는 전자의 죄와 상반된다. 그 권면의 의미는 사람들이 성령의 은혜들로 충만케 되기 위해 힘쓰라는 것이다. 즉 육욕적인 사람들이 술에서 얻기를 바라는 큰 기쁨과 능력과 용기 등을 성령으로 그들의 영혼에 가득 채우도록 하라는 것이다. 우리가 성령의 충만을 아무리 크게 사모한다고 할지라도 그것이 결코 죄가 될 수는 없다. 아니, 우리는 성령을 조금 채우는 것으로 만족해서는 안 되고, 최대한 성령으로 채우기를 사모해야 한다. 따라서 이 수단을 통해서만 우리는 주의 뜻이 무엇인가 이해하게 될 것이다. 왜냐하면 하나님의 영은 지혜와 이해의 영으로 우리에게 주어지기 때문이다. 그리고 성령으로 충만한 사람들은 경건의 행위를 실천하고, 그에 합당한 표현들을 하기 마련이다.

3. 따라서 사도는 주께 노래하라고 권면한다(19절): 시와 찬송과 신령한 노래들로 서로 화답하며 너희의 마음으로 주께 노래하며 찬송하며. 술 취한 자들은 추잡하고 저속한 노래를 부르게 되어 있다. 주신제에서 이방인들은 술의 신으로 부르는 바카스(디오니소스)에게 바치는 노래를 부르곤 했다. 그런 식으로 그들은 그들의 즐거움을 표현했다. 그러나 그리스도인들의 즐거움은 그들의 하나님을 찬양하는 노래에서 표현되어야 한다. 이 노래들을 통해 그들은 그들의 모임과 만남 속에서 서로 덕을 세우기 위해, 서로 화답해야 한다. 여기서 시는 다윗의 시편을 의미할 수도 있고, 또는 악기들을 가지고 연주하기에 적절한 시편을 의미할 수도 있다. 찬송이란 사가랴, 시므온의 찬송시처럼, 찬양의 범주에 들어갈

수 있는 다른 시편들을 의미할 것이다. 신령한 노래들은 광범하게 교훈적·예언적·역사적인 노래들을 망라하는 개념으로 볼 수 있다. 여기서 우리는 다음과 같은 사실을 확인할 수 있다. (1) 시와 찬송을 노래하는 것은 복음 원리 속에 들어있는 항목이다. 그것은 하나님의 규정으로, 그분의 영광을 위해 정해진 것이다. (2) 기독교는 저속한 환락을 반대하지만 그 신앙고백자들이 기쁨과 즐거움을 누리고, 그것들에 대해 적절한 표현을 하는 것을 장려한다. 하나님의 백성들은 즐거워하고, 기쁨으로 노래할 이유가 있다. 그들은 마음으로 노래하고, 곡조를 만들어 노래 불러야 한다. 목소리뿐만 아니라 내면의 감정으로도 노래해야 한다. 이렇게 할 때 그들은 음악이 우리에게 그러하듯 하나님께도 즐겁고 기뻐하실 만한 것이 되어야 한다. 그분을 기쁘시게 하고, 그분의 영광을 높이는 것, 이것이 우리가 노래 부르는 목적이 되어야 한다. 그래야 그것은 주님을 기쁘시게 할 것이다.

4. 사도가 권면하는 또 하나의 의무는 감사이다(20절). 우리는 시와 찬송과 신령한 노래들을 노래하도록 정해졌다. 왜냐하면 그것들은 하나님에 대한 우리의 감사의 표현이기 때문이다. 그러나 항상 노래는 부르지 못할지라도, 항상 감사하며 살아야 한다. 즉 우리는 이 의무를 원하지 않아 감당할 마음이 절대로 사라지도록 해서는 안 된다. 우리는 인생의 전 과정 속에서 계속 그것을 실천해야 한다. 우리는 범사에 감사해야 한다. 영적 축복을 누릴 때만이 아니라 영원한 축복을 바라볼 때에도 감사해야 하고(전자는 우리 손으로 그것을 소유하고 있기 때문이고, 후자는 우리가 소망으로 그것을 소유하고 있기 때문이다), 현세적 복에 대해서도 감사해야 한다. 우리의 위로에 대해서만이 아니라 성별된 고난에 대해서도, 우리의 직접적 관심사에 대해서만이 아니라 다른 사람들에 대한 하나님의 자비와 호의에 대해서도 감사해야 한다. 범사에 아버지 하나님께 곧 우리 주 예수 그리스도의 아버지시며 그분 안에서 우리 아버지이신 하나님께 감사하는 것은 우리의 의무다. 우리는 그리스도의 이름으로 우리의 모든 기도와 찬양과 신령한 예배를 하나님께 올려드리고, 그렇게 할 때 그것들은 하나님께 기뻐하실 만한 것이 된다.

²¹그리스도를 경외함으로 피차 복종하라 ²²아내들이여 자기 남편에게 복종하기를 주께 하듯 하라 ²³이는 남편이 아내의 머리 됨이 그리스도께서 교회의 머리 됨과 같

음이니 그가 바로 몸의 구주시니라 [24]그러므로 교회가 그리스도에게 하듯 아내들도 범사에 자기 남편에게 복종할지니라 [25]남편들아 아내 사랑하기를 그리스도께서 교회를 사랑하시고 그 교회를 위하여 자신을 주심 같이 하라 [26]이는 곧 물로 씻어 말씀으로 깨끗하게 하사 거룩하게 하시고 [27]자기 앞에 영광스러운 교회로 세우사 티나 주름 잡힌 것이나 이런 것들이 없이 거룩하고 흠이 없게 하려 하심이라 [28]이와 같이 남편들도 자기 아내 사랑하기를 자기 자신과 같이 할지니 자기 아내를 사랑하는 자는 자기를 사랑하는 것이라 [29]누구든지 언제나 자기 육체를 미워하지 않고 오직 양육하여 보호하기를 그리스도께서 교회에게 함과 같이 하나니 [30]우리는 그 몸의 지체임이라 [31]그러므로 사람이 부모를 떠나 그의 아내와 합하여 그 둘이 한 육체가 될지니 [32]이 비밀이 크도다 나는 그리스도와 교회에 대하여 말하노라 [33]그러나 너희도 각각 자기의 아내 사랑하기를 자신 같이 하고 아내도 자기 남편을 존경하라

여기서 사도는 관계상 의무들을 이행할 것에 대해 권면을 시작한다. 이 의무들의 일반적 기초로서 그가 제시하는 규칙이 있다(21절). 그리스도인들은 서로 간에 복종하고 낮아져서 서로의 짐을 짊어질 의무가 있다. 스스로를 다른 사람들보다 위에 두지 아니하고, 상대방을 지배하고 법을 세우려고 해서는 안 된다. 바울은 이 참된 기질을 소유한 사람의 한 본보기였다. 왜냐하면 그는 여러 사람에게 여러 모습이 되었기 때문이다(고전 9:22). 우리는 복종하고 순복하는 심령을 갖고, 하나님께서 세상에서 우리에게 정해주신 각각의 자리와 위치에 합당한 모든 의무를 감당할 준비가 되어 있어야 한다. 그리스도를 경외함으로. 즉 그분을 경외하는데 모순이 없는 한, 그분을 위해 그리고 그분을 향해 양심적으로. 우리는 이렇게 할 때 우리가 진실로 그분을 경외한다는 증거를 보여줄 수 있다. 이 서로 낮아지고, 서로 복종하는 모습이 있는 곳에서 모든 관계상의 의무들은 훌륭하게 수행될 것이다. 22절에서 33절까지 그는 남편과 아내가 지켜야 할 의무에 관해 말하는데, 이것을 기독교적 삶의 방식에 따라 설명한다. 즉 그는 교회를 아내의 복종의 본보기로, 그리스도를 남편의 사랑의 본보기로 설정한다.

I. 아내에게 주어진 의무는 주 안에서 남편에게 복종하라는 것이다(22절). 그 복종은 남편에 대한 존중과 순종을 포함하고, 남편에 대한 사랑으로부터 나

온다. 아내는 주께 하듯 그렇게 하라고 명하신 하나님의 권위에 순응하여 이 의무를 실천해야 한다는 뜻이다. 또는 그 비유와 비교의 용법으로 보아, "하나님께 바쳐진 존재이니만큼 너희는 남편에게 복종하라"는 뜻으로 이해될 수도 있다. 전자의 의미로부터 우리는 동료 피조물에 대한 의무를 양심적으로 이행함으로써 하나님 자신께 순종하고 그분을 기쁘시게 함을 배울 수 있다. 그리고 후자의 의미로부터 우리는 하나님께서는 자신을 직접 존중하는 의무들뿐만 아니라 우리 이웃을 존중하는 의무들도 함께 요구하신다는 것을 배운다. 사도는 아내가 복종해야 할 이유를 이렇게 제시한다: 남편이 아내의 머리 됨이 그리스도께서 교회의 머리 됨과 같음이니(23절). 그 비유는 사람의 몸의 머리로부터 취해진다. 몸에서 머리는 이성과 지혜와 지식의 자리요, 감각과 운동의 원천으로서, 나머지 몸의 기관들보다 훨씬 우수하다. 하나님은 창조하실 때 남자에게 명령하고 다스릴 탁월성과 권리를 주셨다. 이 관계에 대한 최초의 법은 너는 남편을 사모하고 남편은 너를 다스릴 것이니라는 것이다(창 3:16). 그런데 이에 대해 거북한 마음이 있는 것은 세상 속에 들어온 죄 때문이다. 일반적으로 남자는 여자에 대해 지혜와 지식에 있어서 우월권을 갖고 있다(그것은 당연한 권리다). 그러므로 남편은 그리스도께서 교회의 머리 됨과 같이 아내의 머리가 된다. 하나님께서 남편에게 정하신 지배권과 머리 됨은 그리스도께서 교회에 대해 갖고 있는 권위와 유사하다. 사도는 그가 바로 몸의 구주시니라고 덧붙인다(23절). 그리스도의 권위는 악으로부터 교회를 구원하고, 교회에 모든 좋은 것을 공급하기 위해 행사된다. 마찬가지로 남편도 그의 아내의 보호와 위로를 위해 수고해야 하고, 아내는 아주 즐겁게 남편에게 복종해야 한다. 따라서 다음과 같은 말이 이어진다: 그러므로 교회가 그리스도에게 하듯, 곧 즐겁게, 신실하게, 겸손하게, 아내들도 범사에 곧 남편의 권위가 정당하게 미치는 모든 일에 있어서, 하나님에 대한 의무와 부합하고 일치하는 모든 일에 있어서, 자기 남편에게 복종할지니라(24절).

Ⅱ. 반면에 남편의 의무는 아내를 사랑하는 것이다(25절).   왜냐하면 사랑이 없으면 남편은 자신의 지배권과 머리 됨을 남용하게 되기 때문이다. 이것이 당연한 권리가 되려면, 남편은 다른 관계의 의무를 잘 감당해야 하고, 그 의무는 아내를 위해 요구되는 특별하고 특수한 사랑이다. 교회에 대한 그리스도의 사랑은 이에 대한 본보기로서 제시되는데, 비록 교회가 책임져야 할 불완전과 부

족함이 있을지라도, 그분의 사랑은 진실하고 순수하고 열렬하고 지속적인 감정이다. 교회에 대한 그분의 크신 사랑은 교회를 위해 그분이 자신을 죽음에 내놓으신 데서 나타났다. 그리스도에 대한 교회의 복종이 남편에 대한 아내의 복종의 본보기가 되는 것처럼, 그의 교회에 대한 그리스도의 사랑은 아내에 대한 남편의 사랑의 본보기로 제시된다. 이 본보기들이 남편과 아내 모두에게 제시되고, 각자 그것을 크게 중시하도록 요구되는 것은 하나님의 명령에 대해 불평할 명분이 없게 만들어줄 것이다. 하나님께서 아내를 위해 남편에게 요구하시는 사랑은 그분이 남편을 위해 아내에게 요구하시는 복종을 바르게 할 것이다. 아내에게 주어진 복종은 하나님께서 그녀의 권리로 허락하신 남편의 사랑을 충분히 보상받게 할 것이다.

교회에 대한 그리스도의 사랑을 언급한 사도는 그것에 덧붙여 그분이 교회를 위해 자신을 주신 이유를 제시한다. 즉 그분은 이 세상에서는 교회를 성결케 하고, 다음 세상에서는 교회를 영광스럽게 하기 위해 그렇게 하셨다: 이는 곧 물로 씻어 말씀으로 깨끗하게 하사 거룩하게 하시고(26절). 즉 그분은 교회의 모든 지체들을 거룩함의 원리로 덧입히심으로써, 그들을 죄책, 오염, 그리고 죄의 지배로부터 벗어나게 하셨다. 이것을 가져오는 유효한 수단으로는 성례, 특히 세례의 씻음과 복음 선포 및 그 수납이 있다. 자기 앞에 영광스러운 교회로 세우사 티나 주름 잡힌 것이나 이런 것들이 없이 거룩하고 흠이 없게 하려 하심이라(27절). 라이트푸트 박사는 사도가 여기서 유대인의 정결예식을 특별히 유의하고 있음을 암시한다고 생각한다. 그들은 몸의 주름살이 물에 잠기지 않을까 세심하게 주의했고, 몸에서 씻어지지 않는 티나 더러움이 조금이라도 있을까봐 신경을 썼다. 다른 이들은 사도가 티가 지워지고, 주름이 쫙 펴진 상태로 세탁업자의 손에서 방금 나온 옷을 암시하고 있다고 이해한다.

자기 앞에 영광스러운 교회로 세우사. 그분은 심판 날에 교회를 완전히 자기와 연합시켜서 영광스러운 교회로 세우사 곧 지식과 거룩함에 있어서 완전하게 하사, 티나 주름 잡힌 것이나 이런 것들이 없이 곧 흉함이나 더러움이 조금도 남아 있지 않고, 거룩하고 흠이 없게 하려 하심이라 곧 죄의 흔적조차 남아있지 않게 하실 것이다(27절). 교회 전체와 신자 개개인은 영광 속에 들어갈 때까지 티나 주름이 없게 될 것이다. 이 구절과 앞 구절로부터 우리는 교회를 영광스럽게 하는 것은 그것을 거룩하게 하려는데 그 의도가 있음을 깨닫게 된다. 지금 거룩하게 된 자들, 오직 그들만이 이후에 영광스럽게 될 것이다.

이와 같이 남편들도 자기 아내 사랑하기를 자기 자신과 같이 할지니 자기 아내를 사랑하는 자는 자기를 사랑하는 것이라(28절). 아내가 남편과 한 몸을 이루었다는 것(자연적 의미에서가 아니라 사회적 및 관계적 의미에서), 이것은 왜 남편이 자기가 자신을 사랑하는 것처럼 아내를 애절하고 간절한 감정으로 사랑해야 하는지 그 이유를 증명한다. 누구든지 언제나 자기 육체를 미워하지 않고(29절). 자신이 아무리 불구이고, 아무리 불완전하더라도, 제정신을 가진 사람이라면 절대로 자신을 미워하지 않을 것이다. 아니 그러기는커녕 오히려 그는 자기 육체를 오직 양육하고 보호할 것이다. 그는 큰 관심과 애정을 갖고 자신의 육체를 다루며, 음식과 의복 등 자신에게 편리하거나 유익이 되는 것은 무엇이든 공급하려고 힘을 쓸 것이다. 그리스도께서 교회에서 함과 같이 하나니(29절). 즉 주께서 교회를 위해 필요하거나 유익한 것은 무엇이든 공급하시고, 교회의 영원한 행복과 안녕을 위해서라면 무슨 일이든 하시면서, 교회를 양육하고 보호하는 것처럼 한다는 것이다. 이어서 사도는 우리는 그 몸의(그 살의 그리고 그 뼈의) 지체임이라(30절)고 덧붙인다. 그는 이것을 그리스도께서 그의 교회를 양육하고 보호하는 이유로서 제시한다. 교회에 속한 자들은 누구나 그 몸의 곧 그의 신비로운 몸의 지체이기 때문이다. 또는 우리는 그 몸으로부터 나온 지체들이다. 교회가 갖고 있는 모든 은혜와 영광은, 하와가 아담으로부터 취해진 것처럼, 그리스도로부터 온 것이다. 그러나 누군가 확인한 것처럼, 세상을 하늘과 땅으로, 하루를 아침과 저녁으로 표현하는 것처럼, 복합체인 육체를 몸, 살 그리고 뼈와 같은 그 지체들을 열거법으로 표현하는 것이 성경의 방식이다(한글성경에는 살과 뼈는 빠져 있고, 몸으로만 표현되어 있다). 따라서 우리는 그 구절의 의미를 통해 우리가 그리스도의 지체임을 깨닫게 된다.

그러므로(그리스도와 그의 교회가 하나인 것처럼, 남편과 아내도 하나이므로) 사람(남편)이 부모를 떠나(31절). 사도는 여기서 하와가 돕는 배필로 아담에게 주어졌을 때, 그가 했던 말(창 2:24)을 가리키는 것이다. 우리는 이 말을 한 남자가 결혼하면 다른 관계에 대한 의무가 모두 취소된다는 뜻으로 이해하면 안 되고, 다만 이 관계가 다른 모든 관계보다 우선한다는 것으로 이해해야 한다. 부부 사이의 연합은 다른 어떤 사람들과의 연합보다 더 긴밀하기 때문에 남편은 아내보다 다른 사람들과의 관계를 끊어야 한다는 것이다. 그 둘이 한 육체가 될지니(31절). 즉 결혼의 끈으로 한 몸이 된다는 것이다. 이 비밀이 크도다 (32절). 사도에 의해 방금 언급된 아담의 말은 문자 그대로 결혼을 말한다. 그러나 거기에는 또한 신비로운 의미가 감추어져 있는데, 그것은 그리스도와 그의 교회 사이의 연합과 관련이 있다. 아담과 인류의 어머니 하와의 부부로서의 연합은 하나의 모형이었다. 비록 하나님께서 그 의미를 정하거나 약속하신 것은 아니지만, 그것은 일종의 자연적 모형으로서, 그리스도와 교회의 연합과 유사성을 갖고 있다: 나는 그리스도와 교회에 대하여 말하노라(32절).

이것을 말한 후 사도는 남편과 아내의 의무를 간단히 요약하는 것으로 이 부분을 결론짓는다(33절). "그러나(여기에는 이같이 은밀하고 신비로운 의미가 있지만, 너희에 관해서는 문자적인 의미 그대로) 너희도 각각 자기의 아내 사랑하기를 자신 같이 하고 즉 자기가 자신에 대해 갖고 있는 감정처럼, 진실하고 특별하고 유일하고 그리고 효력 있는 감정을 갖고 아내를 사랑하고, 아내도 자기 남편을 존경하라." 존경은 남편을 기쁘게 해주려는 마음을 일으키는 사랑과 존중, 그리고 상대방을 불쾌하게 하지 않으려고 조심하는 태도를 일으키는 두려움으로 구성된다. 이같이 아내가 남편을 존경하는 것은 하나님의 뜻이요, 관계의 법칙이다.

제
— 6 —
장

개요

이 장에서 사도는 다음과 같은 내용을 전개한다. I. 앞 장에서 시작한 관계상의 의무에 대한 권면을 계속한다. 특별히 자녀와 부모, 종과 상전 사이의 의무에 대해 설명한다(1-9절). II. 그리스도인들이 그들 영혼의 원수들과의 영적 싸움을 어떻게 치러야 하는지에 대해 권면하고 지시한다. 그리고 다양한 기독교적 은혜들의 행사에 관해 설명하는데, 거기서 그 싸움에서 자신을 보호하고 방어하기 위해 필요한 다양한 영적 무장들을 제안한다(10-18절). III. 서신의 결론을 다룬다. 사도는 여기서 에베소 교인들에게 작별을 고하고, 그들에게 기도를 부탁함과 동시에 그들을 위해 기도한다(19-24절).

[1]자녀들아 주 안에서 너희 부모에게 순종하라 이것이 옳으니라 [2]네 아버지와 어머니를 공경하라 이것은 약속이 있는 첫 계명이니 [3]이로써 네가 잘되고 땅에서 장수하리라 [4]또 아비들아 너희 자녀를 노엽게 하지 말고 오직 주의 교훈과 훈계로 양육하라 [5]종들아 두려워하고 떨며 성실한 마음으로 육체의 상전에게 순종하기를 그리스도께 하듯 하라 [6]눈가림만 하여 사람을 기쁘게 하는 자처럼 하지 말고 그리스도의 종들처럼 마음으로 하나님의 뜻을 행하고 [7]기쁜 마음으로 섬기기를 주께 하듯 하고 사람들에게 하듯 하지 말라 [8]이는 각 사람이 무슨 선을 행하든지 종이나 자유인이나 주께로부터 그대로 받을 줄을 앎이라 [9]상전들아 너희도 그들에게 이와 같이 하고 위협을 그치라 이는 그들과 너희의 상전이 하늘에 계시고 그에게는 사람을 외모로 취하는 일이 없는 줄 너희가 앎이라

여기서 우리는 관계상의 의무에 관한 좀 더 상세한 지시를 접하게 된다. 사도는 그것을 아주 구체적으로 제시한다.

I. 부모에 대한 자녀의 의무.　너희 자녀들아 와서 내 말을 들으라 내가 여호와를 경외하는 법을 너희에게 가르치리로다(시 34:11). 자녀의 가장 큰 의무는 부모에게 순종하는 것이다(1절). 부모는 자녀의 존재의 매개자로서, 하나님과 자연

은 하나님께 순종하는 범주 안에서 부모에게 명령할 권위를 부여했다. 만일 자녀들이 그들의 경건한 부모에게 순종한다면, 부모와 같이 경건하게 의로운 길을 가게 될 것이다. 하나님께서 자녀들에게 요구하는 순종은 그들을 위한 것으로 외적 표현 및 행위뿐만 아니라 내면적 존경심을 포함한다. 주 안에서 순종하라. 어떤 이들은 이 말을 제한조건으로 간주하고, 다음과 같이 이해한다: "하나님에 대한 의무에 일치하는 한도 안에서, 순종하라." 우리는 육신의 부모에게 순종할 때 그것이 하늘 아버지에 대해 불순종하는 것이 되어서는 안 된다. 왜냐하면 하나님에 대한 우리의 의무가 다른 모든 의무들을 능가하고 우선하기 때문이다. 나는 오히려 그 말을 하나의 이유로 간주한다: "자녀들아, 너희 부모에게 순종하라. 왜냐하면 주께서 그것을 명하셨기 때문이다. 그러므로 주를 위하여 그리고 주를 염두에 두고 부모에게 순종하라." 또는 그것은 일반적 의무의 세부 조항으로 볼 수도 있다: "특히 주와 관련된 일들에 있어서, 너희 부모에게 순종하라. 너희 부모는 너희에게 유익한 것들을 가르치고, 그래서 너희는 그들에게 순종해야 한다. 그들은 너희에게 건강에 좋은 것을 가르치고, 그 안에서 너희는 그들에게 순종해야 한다. 그러나 너희가 순종해야 할 중요한 이유는 그것들이 하나님께 합당한 일들이기 때문이다."

믿음이 있는 부모는 자녀로 하여금 하나님의 법을 지키도록 가르칠 책임이 있다(창 18:19). 그들은 자녀에게 하나님에 대한 의무를 지키도록 명령하고, 젊은 시절에 저지르기 쉬운 죄를 조심하도록 경고한다. 특별히 이런 일들에 있어서 자녀는 자기들이 순종해야 할 것이 무엇인지 알아야 한다. 여기서 일반적인 이유가 주어진다: 이것이 옳으니라(1절). 그것은 자연적으로 정당하다. 하나님께서 그것을 명하셨고, 그래서 그것은 그리스도인들에게 크게 합당한 일이다. 부모는 명령하고, 자녀는 순종하는 것이 자연의 질서다. 그것은 무정한 말로 들릴 수 있으나 당연한 의무요, 하나님을 기쁘시게 하고 그분에게 인정받는 일로 생각하고 실천해야 한다. 이에 대한 증거로서, 사도는 십계명의 제5계명을 인용한다. 그리스도께서는 율법을 폐지하거나 취소하러 오신 것이 아니고 오히려 마 15:4 등의 주장에 나타나 있는 것처럼, 그것을 완전케 하기 위해 오셨다.

네 아버지와 어머니를 공경하라(2절). 여기서 공경이라는 말 속에는, 필요에 따라, 존경, 순종, 보호와 부양 등의 뜻이 내포되어 있다. 사도는 이것은 약속이 있는 첫 계명이니(2절)라는 말을 덧붙인다. 여기서 우리가 간과해서는 안 되는 약간 어려운 문제가 제기된다. 왜냐하면 성상(聖像)의 합법성을 주장하는 사람들 (로마 가톨릭교도들) 가운데 일부는 이것이 십계명의 제2계명에도 적용된다는 증거로 채택하기 때문이다. 그러나 그 주장은 아무 효력이 없다. 그 계명은 특별한 약속을 갖고 있지 못하고, 단지 일반적 선언 또는 천명으로 그치기 때문이다. 그것은 하나님께서 만인에게 은혜를 베푸신다는 일반법과 관련되어 있다. 따라서 제2계명은 그렇게 생각할 만한 이유가 전혀 없기 때문에 약속이 있는 첫 계명으로 볼 수 없다. 그러므로 그것이 첫 계명을 가리킨다고 말하는 것은 부적당하다. 그것은 다음과 같은 사실을 의미한다: "이것은 하나의 약속 또는 중요한 계명으로, 그래서 약속을 갖고 있는데, 둘째 돌판 부분의 첫 번째 계명이 바로 그렇다. 그런 의미에서 그 계명은 약속을 갖고 있다. 그 약속은 이로써 네가 잘되고 땅에서 장수하리라(3절)는 것이다." 십계명 속에서 약속은 가나안 땅의 축복을 가리키는 것이지만, 사도는 우리가 구약성경을 통해 가나안 땅에 대해 갖고 있는 이런저런 약속들을 좀 더 일반화시켜 이해하고 있음을 보여준다. 하나님께서 가나안 땅을 주신 족속인 유대인들만을 제5계명의 수혜자들로 생각하지 않도록, 그는 여기서 이로써 네가 잘되고 땅에서 장수하리라는 말을 더 폭넓은 의미로 제시하고 있는 것이다. 외적 번영과 장수는 이 계명을 지키는 사람들에게 약속된 복이다. 이것은 우리가 잘 되는 길로서, 순종하는 자녀는 종종 외적 번영으로 보상을 받는다. 그러나 항상 그런 것은 아니다. 순종하는 자녀들이 이 세상에서 혹독한 고난에 봉착하는 경우도 있다. 그러나 통상적으로 순종은 이같이 보상을 받고, 그것이 없을 때에는 더 나은 것으로 보상받게 될 것이다. 여기서 다음 세 가지 사실을 유의해야 한다.

1. 복음은 영적 약속들뿐만 아니라 현세적 약속들도 제공한다. 2. 우리가 우리의 의무를 감당하는데, 하나님의 권위만으로도 충분히 감당할 만하지만, 그것을 위해 상급도 약속되어 있다. 3. 그것은 약간의 현세적 축복을 포함하는 정도지만, 우리는 이것조차도 순종에 대한 동기와 자극으로 삼을 수 있다.

II. 부모의 의무.　　또 아비들아 너희 자녀를 노엽게 하지 말고 오직 주의 교훈과 훈계로 양육하라(4절). 여기서 아비들은 부모들을 가리킨다

1. "너희 자녀를 노엽게 하지 말라. 하나님께서 너희에게 힘을 주셨으나 너희는 그 힘을 남용해서는 안 된다. 너희 자녀는 특별히 너희의 한 부분임을 명심하고, 그들을 큰 보살핌과 사랑으로 다루도록 하라. 그들을 성급하게 대하지 말

라. 비이성적으로 엄격하지 말고, 완고한 명령으로 강요하지 말라. 그들에게 경고할 때, 그들에게 충고할 때, 그들을 책망할 때, 그들을 노엽게 하지 않는 방법으로 하라. 이 모든 경우에 있어서 신중하고 지혜롭게 그들을 대하고, 그들의 판단을 존중하며, 그들의 이성에 맞추어 행동하도록 힘써야 할 것이다."

2. "오직 주의 교훈과 훈계로 양육하라. 도가 넘지 않은 훈계와 사랑이 담긴 징계로써 그리고 하나님께서 그들에게 요구하시는 의무에 대한 지식과 그분을 더 잘 알기 위해 요구되는 지식으로 양육하라. 그들에게 훌륭한 교육을 실시하라." 자녀들을 교육하는데 심혈을 기울이는 것은 부모의 중요한 의무다: "짐승이 하는 것처럼, 그들에게 먹을 것이나 주어 기르면 된다고 생각해서는 안 되고, 그들의 이성적인 특성에 어울리는 교훈과 훈계로 양육해야 한다. 또는 단순히 사람으로서의 교훈과 훈계로 그들을 기를 것이 아니라 그리스도인으로서의 주의 교훈과 훈계로 그들을 길러야 한다. 그들에게 신앙 교육을 시켜라. 죄를 두려워하도록 그들을 가르쳐라. 하나님에 대한 그들의 전체 의무를 알려주고, 그것에 따라 살도록 격려하라."

Ⅲ. 종의 의무. 이것 역시 순종이라는 한 마디 말로 요약되고 있다. 종들아 두려워하고 떨며 성실한 마음으로 육체의 상전에게 순종하기를 그리스도께 하듯 하라(5절). 사도는 그것이 가장 필요하다고 알고 있는 것처럼, 그 말을 최대한 강조한다. 여기서 종들은 일반적으로 노예들을 가리킨다. 시민으로서의 노예상태는 그리스도인으로서의 자유와 모순되지 않는다. 사람들에게 종 노릇 하는 자들이 주 안에서는 자유인일 수 있다. "육체의 상전, 그들은 너희 몸에 대해서는 명령을 내릴 수 있으나 너희 영혼과 양심에 대해서는 그럴 수 없다. 오직 하나님만이 그것들에 대한 지배권을 갖고 계신다." 따라서 종들과 관련하여 사도는 다음과 같이 권면한다

1. 종들은 두려워하고 떨며 순종해야 한다. 그들은 자기들 위에 있는 사람들에 대해, 그들을 불쾌하게 하지 않도록 두려워하고, 그들의 화와 분노를 괜히 자극하지 않도록 떨며, 존중해야 한다.

2. 종들은 성실하게 순종해야 한다: 성실한 마음으로. 마음으로는 불순종하면서 겉으로는 순종하는 척하지 말고, 충성스럽게 그들을 섬겨야 한다.

3. 종들은 그들의 상전을 섬길 때 예수 그리스도를 바라보아야 한다(5-7절). 육체의 상전에게 순종하기를 그리스도께 하듯 하라. 즉 오직 또는 주로 사람에게

하듯 하지 말라는 것이다. 종들은 자기 위치에서 의무를 수행할 때에 그리스도를 바라보아야 한다. 그렇게 하면 그들의 순종에는 영예가 주어지고, 또 인정받게 될 것이다. 섬김은 그들의 육체의 상전에 대해 주어지지만, 그분을 바라보면 그분에게도 인정받는 섬김이 된다. 그리스도를 바라본다는 것은 그분이 그들을 바라보고, 항상 그들과 함께 하고 있다는 것과 그분의 권위가 그들로 하여금 그들의 위치에서 의무를 충실하게 그리고 양심적으로 이행하도록 요청하고 있음을 기억한다는 것이다.

4. 종들은 상전을 눈가림만 하여 섬겨서는 안 된다(6절). 즉 그들의 상전의 눈이 그들을 보고 있을 때만 섬겨서는 안 되고, 그 의무를 수행하는데 있어서 비록 상전이 없거나 그 눈이 미치지 못하는 곳에 있더라도 양심적으로 섬겨야 한다. 왜냐하면 하늘에 계신 상전이 그들을 지켜보고 계시기 때문이다. 그러므로 그들은 상전에게만 잘 보일 수 있다면, 하나님을 기쁘시게 하거나 그분의 인정을 받는 것은 안중에도 없는 것처럼, 사람을 기쁘게 하는 자가 되어서는 안 된다. 주 예수 그리스도에 대해 한결같은 주의를 기울일 때 삶의 모든 영역에서 충실하고 신실한 사람들이 될 것이다.

5. 종들은 일할 때 기쁘게 해야 한다: 마음으로 하나님의 뜻을 행하고. 억지로 하거나 불평하지 않고, 상전들에 대한 사랑과 관심의 원리에 따라, 하나님께서 그들에게 원하시는 대로 상전들을 섬기고. 이것은 기쁜 마음으로 섬기는 것이다 (7절). 이렇게 하면 그들의 섬김은 더 쉬워지고, 상전들은 더 기뻐하고, 주 그리스도께는 인정받게 될 것이다. 상전에 대해 그리고 그 가족들에 대해 기쁜 마음을 품어야 한다. 특히 하나님에 대한 의무를 이행할 때는 더욱 기쁜 마음을 가져야 한다. 양심에 따라 그리고 하나님을 경외하는 마음에 따라 수행된 섬김은 그것이 비록 불의한 상전에게 한 것일지라도, 그리스도께서 자신에게 한 섬김으로 간주하실 것이다.

6. 신실한 종들은 하나님을 두려워하는 마음으로 자신의 의무를 행할 때 하나님께서 보상해주실 것을 믿어야 한다(8절): 각 사람이 무슨 선을 행하든지 즉 그 선 자체로는 아무리 빈약하거나 보잘것없다고 간주될지라도, 주께로부터 그대로 받을 줄을 앎이라 즉 배로 갚으시는 보상법에 따라 합당한 보상을 받게 될 것이라는 것이다. 세상의 상전은 그에게 보상하기는커녕 오히려 무시하거나 학대한다고 해도, 종이나 자유인이나 즉 불쌍한 종이거나 자유민이거나 상전이

거나 막론하고, 주 그리스도께로부터 확실히 보상을 받게 될 것이다. 그리스도는 현재 사람들의 이 같은 신분의 차이를 중시하지 않는다. 그것은 마지막 심판 날에도 마찬가지일 것이다. 그대는 '여기서 자신의 의무를 감당하고 있는 왕이나 장관 또는 대신 등은 하늘에서도 그 보상을 받게 될 것이다. 그러나 나 같이 미천한 종은 하나님의 호의를 받을 만한 어떤 자격이 있을까'라고 생각할지 모른다. 그러나 하나님은 그대가 아무리 비천한 일을 하는 자라 할지라도, 하나님을 바라보고, 사명감을 갖고 그 일을 감당했다면 확실히 보상하실 것이다. 종들이 자신의 의무에 대해 용기를 얻거나 격려를 받는데 이보다 더 적절한 말이 어디 있겠는가?

IV. 상전의 의무. "상전들아 너희도 그들에게 이와 같이 하라(9절). 즉 종들과 똑같은 자세로 행하라는 것이다. 너희가 종들에게 기대하는 것같이 너희도 그들에게 똑같이 행하라. 그들에 대해 똑같이 기쁜 마음과 관심을 보여주라. 이 일로 하나님께서 너희를 인정하시도록 주의하라." 종이 상전에 대해 순종하고 성실해야 하는 것처럼, 상전도 종에 대해 그 의무를 다할 엄격한 책임을 갖고 있다. "위협을 그치라. 그치라(아니엔테스)는 삼가라는 뜻이다. 위협을 삼가고 그들에게 범하는 악을 완화시키라. 너희 종들도 너희와 똑같은 형상으로 지음받은 존재임을 명심하라. 그러므로 그들에게 압제를 가하거나 횡포를 부리지 말라. 너희의 상전이 하늘에 계시는 줄 너희가 앎이라(9절)." 어떤 사본에는 너희의 상전이가 그들과 너희의 상전으로 되어 있다(한글성경이 이렇게 번역하고 있다). 이 번역에 따르면, 이 부분은 다음과 같이 해석될 수도 있다: "너희는 이 의무를 너희에게 주신 상전을 모시고 있다. 너희와 그들은 그리스도께 대해서는 동일한 종이다. 비참한 상태 속에 있는 다른 세상 사람들처럼, 너희도 너희 의무를 게을리하거나 그것에 반하여 행동하거나 할 때 그분에게 처벌을 받을 것이다. 그러므로 너희가 그리스도로부터 은혜를 기대하는 것만큼, 다른 사람들에게 은혜를 베풀어야 한다. 너희가 너희 종들에 대해 그토록 가혹하다면, 그분과도 결코 어울릴 수 없을 것이다."

그에게는 사람을 외모로 취하는 일이 없는 줄 너희가 앎이라(9절). 넉넉하고 부유하고 고귀한 상전이 만약 불의하고 부패하고 압제적이라면, 그의 부와 재산과 영예는 결단코 하나님이 기뻐하시는 것이 될 수 없을 것이다. 그분은 상전이나 종이나 서로 행한 행위대로 공평하게 회계하도록 부르실 것이다. 그분은 상전이 세상에서 종보다 더 나은 위치에 있었다고 해서 용서하거나, 또 종이 상전보다 더 낮고 못한 지위에 있었다고 해서 엄격하게 다루거나 하시지 않을 것이다. 만일 상전과 종이 하나님에 대한 그들의 관계와 의무, 그리고 조만간에 그분께 제출해야 할 판단자료를 중시한다면, 서로에 대한 각자의 의무를 더 조심스럽게 감당해야 할 것이다. 이와 같이 사도는 관계상의 의무에 대한 권면을 끝맺고 있다.

[10]끝으로 너희가 주 안에서와 그 힘의 능력으로 강건하여지고 [11]마귀의 간계를 능히 대적하기 위하여 하나님의 전신 갑주를 입으라 [12]우리의 씨름은 혈과 육을 상대하는 것이 아니요 통치자들과 권세들과 이 어둠의 세상 주관자들과 하늘에 있는 악의 영들을 상대함이라 [13]그러므로 하나님의 전신 갑주를 취하라 이는 악한 날에 너희가 능히 대적하고 모든 일을 행한 후에 서기 위함이라 [14]그런즉 서서 진리로 너희 허리띠를 띠고 의의 호심경을 붙이고 [15]평안의 복음이 준비한 것으로 신을 신고 [16]모든 것 위에 믿음의 방패를 가지고 이로써 능히 악한 자의 모든 불화살을 소멸하고 [17]구원의 투구와 성령의 검 곧 하나님의 말씀을 가지라 [18]모든 기도와 간구를 하되 항상 성령 안에서 기도하고 이를 위하여 깨어 구하기를 항상 힘쓰며 여러 성도를 위하여 구하라

이 단락에는 그리스도인으로서 견고한 마음을 지니고 살 것과 영적 싸움에 대한 일반적 권면이 포함되어 있다. 우리의 삶은 그 자체로 영적 전쟁이 아닌가? 과연 그렇다. 왜냐하면 우리는 인간 생활의 통상적 재난과 맞서 싸우고 있기 때문이다. 그렇다면 우리의 믿음은 그 무엇보다 전쟁이 아닌가? 정말 그렇다. 왜냐하면 우리는 흑암의 세력들에, 우리를 하나님과 천국으로부터 갈라 놓으려는 무수한 원수들에 대항하여 싸우고 있기 때문이다. 우리에게는 맞서 싸워야 할 원수, 위해서 싸워야 할 대장, 그 아래 싸워야 할 깃발, 그리고 우리가 지배를 받아야 할 확실한 싸움의 법칙이 있다. "끝으로 (형제들아)(10절, 한글성경에는 이 말이 빠져 있다) 그리스도인 군사로서 너희 사역과 의무에 적용시켜야 할 것이 아직 남아 있다." 군사는 강건한 마음을 갖고 철저한 무장을 하는 것이 필수적이다. 그리스도인은 예수 그리스도의 군사가 되려면 다음과 같이 해야 한다.

I. 그리스도인들은 자기들이 강건한 마음을 갖고 있는지 알아야 한다. 이것은 여기서 주 안에서 강건하여지라는 말씀 속에 표현되어 있다(10절). 싸워야 할 전투가 수없이 많고, 천국의 길에서 모든 관문을 칼의 힘으로 해결해야 하는 자들은 담대한 용기를 필요로 한다. 그런즉 너희는 강하게 하라(대하 15:7). 섬김에 있어서 강하게 하고, 고난에 대해 강하게 하며, 싸움에 대해 강하게 하라. 군사는 또 외적으로 무장을 잘해야 한다. 하지만 아무리 무장을 잘하더라도 내적으로 강한 마음을 갖고 있지 못하다면, 그의 무장은 거의 소용이 없을 것이다. 그러므로 영적 능력과 용기가 우리의 영적 싸움에 극히 필수적이라는 것을 잊지 말자. 주 안에서 강건하여지라는 것은 주의 권세 안에서, 주를 위하여, 또는 주의 힘으로 강건해지라는 뜻이다. 우리 자신의 힘만으로는 충분치 못하다. 우리의 육체의 용기는 완전한 겁쟁이이고, 우리의 육체의 힘은 참으로 연약하다. 그러나 우리의 모든 충분함은 하나님께 있다. 그분의 힘으로 우리는 전진 또 전진해야 한다. 믿음의 행위를 통해 우리는 은혜를 취하고, 그리스도인으로서 활동과 싸움을 하는데 있어서 우리 스스로의 힘으로는 할 수 없는 일을 할 수 있도록 하늘로부터 도움을 받아야 한다. 우리는 하나님의 전충분성과 전능성을 신뢰할 때 유혹에 저항할 힘을 얻게 될 것이다.

II. 그리스도인들은 무장을 잘해야 한다. "하나님의 전신 갑주를 입으라(11절). 그리하여 사탄의 유혹과 궤계를 물리치는데 모든 적절한 방패들과 무기들을 활용하라. 원수에게 노출되거나 보이는 부분이 조금도 없도록 그리스도인에게 주어지는 모든 은혜, 곧 전신 갑주를 구해 입도록 하라." 참된 은혜를 소유하고 있음을 입증하려면, 모든 은혜 곧 전신 갑주를 목표로 삼아야 한다. 여기서 은혜는 하나님의 갑주로 불린다. 왜냐하면 그분이 그것을 준비하고 제공하시기 때문이다. 우리는 시험당할 때 그것을 견뎌낼 갑옷을 갖고 있지 못하다. 하나님의 갑주 외에는 우리에게 도움이 될 것이 아무것도 없다. 이 갑주는 우리를 위해 예비된 것이지만, 우리는 그것을 입어야 한다. 즉 은혜를 위해 기도해야 하고, 우리에게 주어진 은혜를 사용해야 하며, 때를 따라 그것을 행동과 실천으로 이끌어내야 한다. 그리스도인이 철저히 무장되어야 하는 이유는 마귀의 궤계를 능히 대적하기 위함이다(11절). 곧 힘과 사기(詐欺)를 통한 마귀의 온갖 공격, 그가 우리에게 펼치는 온갖 속임수, 그가 우리에게 설치해 놓은 온갖 덫, 그리고 우리를 쓰러뜨리기 위해 세워 놓은 모든 궤계 등에도 불구하고, 그것을 쳐부수고 물리치기 위해서다. 사도는 여기서 이것을 다음과 같이 상세히 설명한다.

1. 우리의 위험은 무엇이고, 우리가 이 전신 갑주를 입기 위해 필요한 것은 무엇인가? 이것을 알기 위해 우리는 맞서 싸워야 할 원수들 ― 마귀와 모든 흑암의 세력들 ― 이 어떤 존재인지 알아야 한다: 우리의 씨름은 혈과 육을 상대하는 것이 아니요 통치자들과 권세들과 이 어둠의 세상 주관자들과 하늘에 있는 악의 영들을 상대함이라(12절). 우리가 대비해야 할 싸움은 평범한 사람 원수들에 대한 것이 아니다. 그 싸움은 단순히 혈과 육으로 구성된 사람들을 상대로 하는 것도 아니고, 우리 자신의 타락한 본성에 대한 것도 아니라 이 세상에 대한 지배권을 갖고 있는 다양한 마귀의 부류들에 대한 것이다.

(1) 우리는 11절에서 나오는 것처럼 간계와 궤계를 사용하는 교활한 원수와 직면해 있다. 그는 불안한 영혼들을 속이기 위한 온갖 방법을 갖추고 있다. 따라서 그는 그 간교함 때문에 뱀으로 불리고, 유혹하는 기술과 방법이 능하기 때문에 옛 뱀으로 불리기도 한다.

(2) 그는 강력한 원수다: 통치자들과 권세들과 이 어둠의 세상 주관자들과. 그들은 수가 많고, 강하고, 여전히 흑암 속에 있는 이방 족속들을 지배하고 있다. 세상의 어두운 부분들은 사탄의 나라의 보좌다. 아니, 그들은 지금 죄와 무지 상태 속에 있는 모든 사람들 위에 군림하고 있는 찬탈 군주들이다. 사탄의 나라는 흑암의 왕국이다. 반면에 그리스도의 나라는 빛의 왕국이다.

(3) 그들은 영적 원수들이다: 하늘에 있는 악의 영들. 어떤 이들은 그들을 악한 영들로 번역한다. 마귀는 영, 곧 악한 영이다. 그리고 우리의 위험은 그들이 보이지 않고, 또 우리가 미처 알아채지 못하는 사이에 공격을 받기 때문에, 생각한 것보다 훨씬 더 크다. 마귀들은 악한 영들로, 주로 성도들을 괴롭히고, 영적 악함, 교만, 시기, 악의 등을 통해 그들에게 역사한다. 이 원수들은 높은 곳 곧 하늘에 있는 것으로 말해진다. 이 말은 어떤 이들이 그렇게 말하는 것처럼, 하늘을 전체 활동무대로 삼고 있다는 뜻이다. 즉 그들은 땅과 별들 사이의 공중에 자리잡고 퍼져 있다. 그러므로 공중이 마귀들이 우리를 공격하는 장소가 된다. 또는 그 의미를 "우리의 씨름은 하늘의 장소나 하늘의 일들에 관한 것이라"고 볼 수도 있다. 고대의 일부 학자들이 그렇게 해석한다. 우리의 원수들은 우리가 천국에 올라가지 못하도록 가로막고, 천국의 축복을 받지 못하도록 획책하며,

천국과 교통하지 못하도록 훼방한다. 그들은 우리 영혼에 속한 것들에 대해 우리를 공격하고, 우리 마음속에서 하늘의 형상을 지우기 위해 갖은 수고를 다한다. 그러므로 우리는 그들에 대해 대책을 세울 필요가 있다. 우리는 그리스도인으로서 사역을 감당하는데 있어서 영적 힘을 얻기 위해 믿음을 필요로 할 뿐만 아니라 영적 전쟁에서도 맞서 싸워야 할 영적 원수들이 있기 때문에 믿음을 필요로 한다. 이같이 우리는 우리의 위험을 볼 수 있어야 한다.

2. 우리의 의무는 무엇인가? 그것은 하나님의 전신 갑주를 취해서 입고, 견고하게 서기 위해 원수들을 대적하는 것이다.

(1) 우리는 대적해야 한다(13절). 우리는 마귀의 유혹과 공격에 굴복해서는 안 되고, 저항해야 한다. 사탄은 일어나 우리를 대적하는 존재로 말해진다(대상 21:1). 만일 그가 일어나 우리를 대적한다면, 우리도 그를 대적해야 한다. 마귀를 대적하는데 총력을 집중하고, 또 경주하자. 사탄은 악한 자로서, 그의 나라는 죄의 나라다. 사탄을 대적하는 것은 죄에 대해 싸우는 것이다. 이는 악한 날에 곧 시험의 때에 또는 어떤 혹독한 고통의 날에 너희가 능히 대적하기 위함이라(13절).

(2) 우리는 굳게 서야 한다: 모든 일을 행한 후에 서기 위함이라(13절). 우리는 하나님의 은혜를 힘입어 사탄에게 굴복하지 않기로 결심해야 한다. 마귀를 대적하라. 그러면 도망칠 것이다. 만일 우리가 굴복한다면, 그가 굳게 설 것이다. 우리가 우리의 권리나 지도자나 갑주를 신뢰하지 못한다면, 사탄을 유리하게 만들 것이다. 우리의 현재 임무는 마귀의 공격에 대적하고, 그것을 물리치는 것이다. 그래서 예수 그리스도의 좋은 군사로서 의무를 다한다면, 우리의 싸움은 종결되고, 결국 승리는 우리의 것이 될 것이다.

(3) 우리는 무장해야 한다. 이것은 여기서 자세히 소개되고 있다. 여기에 완전한 갑주를 입은 그리스도인이 있다. 그 갑주는 하나님이 주신 것이다: 하나님의 갑주, 빛의 갑옷(롬 13:12), 의의 무기(고후 6:7). 사도는 이 갑주에 관해 공격용 무기와 방어용 무기로 나누어 상세히 다룬다. 그것들은 전투용 허리띠, 호심경(흉배), 신(군화), 방패, 투구, 그리고 검이다. 이것들 가운데 등을 보호하는 것은 하나도 없음을 확인할 수 있다. 만일 우리가 원수로부터 등을 돌린다면, 그에게 곧장 노출되고 말 것이다

[1] 진리 또는 진실성이 우리의 허리띠다(14절). 그리스도에 관한 구약의 예언

을 보면, 공의로 그 허리띠를 삼으며 성실로 그의 몸의 띠를 삼으리라는 말씀이 있다(사 11:5). 그리스도께서 매신 허리띠를 모든 그리스도인들도 매어야 한다. 하나님은 내면의 진리 곧 진실성을 원하신다. 이것이 우리의 허리의 힘이다. 허리띠는 다른 모든 갑주들 위에 매어야 하기 때문에 가장 먼저 언급된다. 나는 진실성 없는 종교를 알지 못한다. 어떤 이들은 그것을 복음의 진리들에 관한 교훈으로 이해한다. 그것들은 띠가 사람의 허리에 속함 같이 우리에게 부착되어야 한다(렘 13:11). 이것은 허리띠가 몸을 제한하고 묶어두는 것처럼, 무절제와 방종으로부터 우리를 제한할 것이다. 이것이 그리스도인 군사의 띠이다. 이것을 매지 않는 한 그는 은혜를 받지 못할 것이다.

[2] 의가 우리의 호심경이 되어야 한다. 호심경(가슴막이)은 생명을 안전하게 하고, 심장을 보호한다. 우리에게 전가된 그리스도의 의는 하나님의 진노의 화살을 차단시키는 호심경이다. 우리 안에 심겨진 그리스도의 의는 사탄이 우리에게 가하는 공격을 차단시켜 심장을 보호하는 우리의 호심경이다. 사도는 이것을 살전 5:8에서 믿음과 사랑의 호심경을 붙이고라고 설명한다. 믿음과 사랑 속에는 그리스도인이 받는 모든 은혜가 망라되어 있다. 왜냐하면 우리는 믿음으로 그리스도께 연합되고, 사랑으로 우리 형제들에게 연합되기 때문이다. 이 두 가지는 우리로 하여금 의와 진리와 사랑에 관련된 모든 직분에 있어서, 하나님에 대한 의무와 사람들에 대한 의로운 행동을 부지런히 실천하도록 자극할 것이다.

[3] 결단은 우리의 발의 신이 되어야 한다: 평안의 복음이 준비한 것으로 신을 신고(15절). 신발 곧 놋 각반은 과거에 갑주의 한 부분에 속했다(삼상 17:6). 그 용도는 적이 진군을 저지하기 위해 길에 몰래 설치해 놓은 덫이나 뿌려놓은 날카로운 송곳으로부터 발을 보호하는데 있었다. 평안의 복음이 준비한 것은 복음을 붙들고, 복음을 따르기로 준비하고 굳게 결심한 마음의 자세를 말한다. 복음을 통해 우리는 믿음의 길에서 만나는 온갖 어려움과 위험들에도 불구하고, 굳건하게 그 길을 걸어갈 수 있게 된다. 여기서 그것이 평안의 복음으로 불리는 이유는 그것이 온갖 종류의 평안 곧 하나님, 우리 자신, 그리고 형제들 서로 간의 평안을 가져오기 때문이다. 그것은 또한 복음의 초대 곧 회개를 준비하는 것을 의미할 수도 있다. 우리의 발은 이 신을 신어야 한다. 왜냐하면 회개의 삶을 살 때 우리는 죄의 유혹과 우리의 큰 원수의 간계에 대해 무장하기 때문이

다. 휘트비 박사는 이 말씀의 의미를 다음과 같이 생각한다: "너희가 싸움을 제대로 대비하려면 평안의 복음으로 신을 신고, 그 복음이 요구하는 평화롭고 고요한 마음을 갖도록 힘쓰라. 쉽게 성내지 말고 쉽게 다투지 말라. 그러나 모든 사람들에게 온전한 온유함과 오래 참음을 보여주라. 그러면 이것은 확실히 놋 각반을 신은 군사가 덫으로부터 안전한 것처럼, 너희를 허다한 유혹과 박해로부터 보호해줄 것이다."

[4] 믿음은 우리의 방패가 되어야 한다: 모든 것 위에 믿음의 방패를 가지고(16절). 이것은 그 어떤 것보다 필수적인 장비다. 믿음은 유혹의 때에 우리에게 모든 것이다. 호심경은 가슴을 보호하지만, 방패는 사방을 방어할 수 있다. 세상을 이기는 승리는 이것이니 우리의 믿음이니라(요일 5:4). 우리는 시험을 이기는데 큰 역할을 하는 이 믿음으로, 하나님의 모든 약속과 경고에 관한 진리를 충분히 확신해야 한다. 믿음은 바라는 것들의 실상이요 보지 못하는 것들의 증거(히 11:1)임을 유념하자. 이 목적을 위해 그것은 엄청난 효력을 보여줄 것이다. 믿음으로 그리스도와 구속의 유익들을 받아들이는 것처럼 그분으로부터 나오는 은혜도 받기 때문에 그것은 무엇이든 방어할 수 있는 방패와 같다. 우리의 원수인 마귀는 여기서 악한 자로 불린다. 그는 자신이 악할 뿐만 아니라 우리를 악한 자로 만들기 위해 애를 쓴다. 그의 유혹은 화살로 불리는데, 그것은 그것이 분간할 수 없을 정도로 아주 빠르게 날아가 영혼에 치명적인 상처를 안겨주기 때문이다. 불화살은 그것에 의해 상처를 입은 부분에 불을 붙여놓은 것처럼 화끈거리게 만드는 유독한 화살을 암시한다. 이것은 치명적인 독을 가진 뱀을 불뱀이라고 부르는 것과 같다. 영혼이 지옥 불에 놓여진 것처럼 만드는 격렬한 유혹은 사탄이 우리에게 쏘는 불화살이다. 믿음은 우리로 하여금 이 불화살을 소멸시키게 하는 방패다. 우리가 그 방패로 그것들을 받아내면, 무력화되어 절대로 우리를 쏠 수 없고, 아니 최소한 우리는 그것들로 말미암아 상처를 입지 않게 될 것이다. 하나님의 말씀에 따라 적용되고, 그리스도의 은혜에 따라 펼쳐진 믿음은 유혹의 화살들을 소멸시켜버릴 것이다.

[5] 구원은 우리의 투구가 되어야 한다(17절). 이것은 살전 5:8에서 말하는 것처럼, 소망의 목적이 구원이 되어야 한다는 뜻이다. 투구는 머리를 보호한다. 기초가 잘 닦여지고 잘 세워진 선한 구원의 소망은 우리의 영혼을 성결케 하고, 영혼이 사탄에 의해 더럽혀지지 않도록 그리고 사탄에 의해 괴로움과 시련을

겪지 않도록 보호해줄 것이다. 그는 우리를 절망으로 이끌기 위해 유혹할 것이다. 그러나 선한 소망은 우리로 하여금 하나님을 신뢰하고, 그분 안에서 즐거워하도록 이끌 것이다.

[6] 하나님의 말씀은 성령의 검이다. 검은 군사의 장비로서 지극히 필요하고 유용하다. 하나님의 말씀은 그리스도인이 영적 싸움을 감당하고, 또 승리하기 위해서 극히 필수적이고, 참으로 유용하다. 그것은 성령의 검으로 불리는데, 그 이유는 그것은 성령이 지으신 것으로, 그분이 그것을 효력 있고 힘 있게 하며, 좌우에 날선 어떤 검보다도 예리하게(히 4:12) 하시기 때문이다. 골리앗의 검처럼, 그것과 비교할 만한 검은 없다. 이것을 가지고 우리는 대적들을 공격한다. 성경의 변론들이야말로 유혹을 퇴치하는 가장 강력한 논증이다. 그리스도 자신도 사탄의 유혹에 대해 기록되었으되라는 말씀으로 대응하셨다(마 4:4,6,7,10). 이 것이 마음속에 숨겨져 있으면 죄로부터 보호하고(시 119:11), 그 속에 잠재되어 있는 정욕과 더러움을 정화시키고 소멸시킨다.

[7] 기도는 그리스도인의 갑주의 다른 모든 부분들을 단단히 죄는 혁대와 같은 역할을 해야 한다(18절). 우리는 이 모든 은혜들을 기도를 통해 하나로 묶어야 한다. 왜냐하면 우리는 필요할 때마다 하나님의 도우심과 원조를 구해야만, 이 영적 원수들의 공격을 효과적으로 방어할 수 있기 때문이다. 따라서 우리는 항상 기도해야 한다. 그렇다고 기도 외에는 다른 할 일은 전혀 없다는 뜻은 아니다. 왜냐하면 세상에서 우리는 때와 장소에 따라 제각기 실천해야 하는 다른 신앙의 의무들이 있기 때문이다. 그러나 우리는 쉬지 말고 기도하고, 또 계속 기도해야 한다. 우리는 항상 기도하되, 우리 자신과 다른 사람들의 필요가 우리에게 기도를 요청할 때마다 기도해야 한다. 우리는 항상 기도할 마음의 자세를 유지하고, 다른 의무들 및 통상적 임무들을 수행하는 것에 기도의 자세가 내포되어 있어야 한다. 비록 시간을 정해놓고 엄격하게 기도하는 것이 때때로 적당치 못할 때가 있지만(다른 의무를 실천해야 할 시간이기 때문에), 경건한 간구의 자세는 적당치 못할 때가 결코 있을 수 없다. 우리는 모든 기도와 간구를 하되 항상 기도해야 한다(18절). 즉 공중기도, 은밀한 개인기도, 합심기도, 단독기도, 정시기도, 돌발기도, 참회기도, 탄원기도, 감사기도 등 온갖 기도의 종류를 사용해 기도해야 한다. 우리는 기도하되, 성령 안에서 기도해야 한다. 우리의 영은 기도의 의무에 충실해야 하며, 이 의무는 하나님의 선하신 영의 은혜로 말미암

아 수행되어야 한다. 우리는 이를 위하여 깨어 구하되, 우리의 마음이 항상 기도의 자세를 유지하고, 기회가 있을 때마다 그 의무를 감당하도록 힘써야 한다. 우리는 그 의무에 대한 마음의 모든 동기들을 자세히 살펴야 한다. 하나님께서 내 얼굴을 찾으라고 말씀하실 때, 우리의 마음은 그 말씀에 일치해야 한다(시 27:8). 우리는 이것을 모든 인내를 가지고 감당해야 한다. 우리는 외적 환경이 어떻게 변하든지 간에, 기도의 의무를 지켜야 한다. 또 세상에 사는 한 그것을 계속 지켜야 한다. 우리 마음이 그렇게 하기를 원할 때에는 중간에 멈추지 말고 끝까지 특별히 기도해야 한다. 또 기도할 시간이 있고, 기도가 필요할 때마다 그렇게 해야 한다. 또 현재는 거절당한다고 할지라도, 끝까지 참을성 있게 특별히 간구해야 한다. 그리고 우리는 구하기를 항상 힘쓰되, 우리 자신만이 아니라 여러(모든) 성도를 위하여 구해야 한다. 왜냐하면 우리는 서로 지체가 되기 때문이다. 이 세상에서 항상 좋은 상태 속에 있는 성도는 아무도 없다. 그들은 우리의 기도를 필요로 하고, 마땅히 그 기도를 받을 자격이 있다. 사도는 여기서 이 서신의 마지막 결론을 제시한다.

[19]또 나를 위하여 구할 것은 내게 말씀을 주사 나로 입을 열어 복음의 비밀을 담대히 알리게 하옵소서 할 것이니 [20]이 일을 위하여 내가 쇠사슬에 매인 사신이 된 것은 나로 이 일에 당연히 할 말을 담대히 하게 하려 하심이라 [21]나의 사정 곧 내가 무엇을 하는지 너희에게도 알리려 하노니 사랑을 받은 형제요 주 안에서 진실한 일꾼인 두기고가 모든 일을 너희에게 알리리라 [22]우리 사정을 알리고 또 너희 마음을 위로하기 위하여 내가 특별히 그를 너희에게 보내었노라 [23]아버지 하나님과 주 예수 그리스도께로부터 평안과 믿음을 겸한 사랑이 형제들에게 있을지어다 [24]우리 주 예수 그리스도를 변함없이 사랑하는 모든 자에게 은혜가 있을지어다 (아멘)

Ⅰ. 사도는 에베소 교인들에게 자기를 위한 기도를 부탁한다(19절). 여러 성도를 위하여 구하라고 언급한 사도는 자신을 그 성도 속에 포함시킨다. 우리는 모든 성도를 위해 기도하되, 특별히 하나님의 신실한 사역자들을 위해 기도해야 한다. 형제들아 너희는 우리를 위하여 기도하기를 주의 말씀이 너희 가운데서와 같이 퍼져 나가 영광스럽게 되고(살후 3:1). 사도가 자기를 위해 그들에게 어떤 기도를 부탁하고 있는지 주목해 보라: "내게 말씀을 주사(19절). 즉 내가 현재의 속박

에서 벗어나 그리스도에 관한 믿음을 전파할 자유를 가질 수 있도록, 적절하고 알맞은 방법으로 표현할 능력을 가질 수 있도록, 그리고 나로 입을 열어 담대히 알리게, 즉 한 치의 두려움이나 수치나 편견이 없이 하나님의 온전한 경륜을 전달할 수 있게 기도해 달라." 복음의 비밀을 알리게 하옵소서. 어떤 이들은 복음의 비밀을 지금까지 비밀로서 감추어져 있었던 이방인의 부르심에 관련된 복음의 부분으로 이해한다. 그러나 신적 계시에 의해 알려지기까지는 복음 전체가 비밀이었다. 그리고 그것을 선포하는 것은 그리스도의 사역자들의 사역이다. 바울은 말하는 자로서 큰 사명을 갖고 있었다. 그들은 그가 주로 말하는 자였기 때문에 그를 헤르메스로 불렀다(행 14:12). 그러나 그는 그의 친구들에게 하나님께서 자신에게 말하는 은사를 주시도록 기도해 달라고 부탁했다. 그는 담력이 큰 사람이었고, 자주 자신을 그런 사람으로 묘사했다. 하지만 그는 하나님께서 자신에게 용기를 주시도록 기도를 부탁했다. 그는 사람에 따라 무슨 말을 해야 하는지 알고 있었다. 그러나 그는 그들에게 당연히 할 말을 말할 수 있도록 기도해주기를 바란다. 그가 자신의 간청을 요구하는 근거는 그가 복음을 위해 쇠사슬에 매인 사신이라는데 있었다(20절). 그는 복음을 전한다는 이유로 박해를 받고 옥에 갇혔다. 그러나 그럼에도 불구하고, 그는 여전히 그리스도에 의해 사명을 받은 사신이었고, 그 직무를 끝까지 고수했다. 여기서 우리는 다음 세 가지 사실을 유의해야 한다.

1. 그리스도의 사역자들이 쇠사슬에 매이는 것은 전혀 새로운 일이 아니다.

2. 그들이 그런 상황에서 담대히 말하는 것은 참 힘든 일이다.

3. 아무리 훌륭하고 저명한 사역자들이라도 선한 그리스도인들의 기도를 필요로 하고, 또 그 기도를 통해 큰 힘을 얻을 수 있다. 그러므로 그들은 다른 성도들의 기도를 간절히 바란다.

Ⅱ. 이같이 기도를 간절히 요청한 사도는 그들에게 두기고를 추천한다(21,22절). 그는 그들에게 이 서신과 함께 두기고를 보내 그가 다른 교회들에게도 알렸던 것, 즉 자신이 어떻게 그리고 무엇을 했는지에 대해 알릴 수 있도록 조치를 취한다. 다시 말해 그는 두기고를 통해, 옥에 갇혀 로마인들에게 어떤 대접을 받고 있는지, 그리고 현재 그런 상황 속에서 자신이 어떻게 활동하고 있는지를 그들에게 알려 주고자 한 것이다. 선한 사역자들은 그의 그리스도인 친구들에게 자신의 형편을 알리고, 또 그들은 그 친구들의 사정에 대해 알게 되

는 것은 바람직한 일이다. 왜냐하면 그렇게 함으로써 서로 기도로써 도울 수 있기 때문이다. 또 너희 마음을 위로하기 위하여(22절). 이것은 자신의 고난에 관한 설명을 해줌으로써, 곧 그 이유, 그의 마음의 상태, 그 아래에서의 그의 행위 등에 대해 알려 줌으로써, 그의 환난에 대해 마음이 약해지지 않고, 오히려 그것에 대해 기쁨과 감사를 가질 수 있도록 하기 위해서였다는 뜻이다. 그는 그들에게 두기고를 사랑을 받은 형제요 주 안에서 진실한 일꾼이라고 소개한다(22절). 두기고는 신실한 그리스도인이었고, 그래서 그리스도 안에서 한 형제였다. 그는 그리스도의 일의 신실한 사역자로서, 바울에게 무척 소중한 사람이었다. 그런데 바울이 자기와 함께 있으면 동료가 되어주고, 대화를 나누면서 특별한 기쁨을 주고 도움을 줄 수 있는 그토록 유익하고 사랑스런 친구와 작별을 고하고, 에베소 교인들을 위해 보낸다는 것을 보면 그가 그들을 얼마나 사랑하고 있는지를 확실히 관찰할 수 있다. 그러나 예수 그리스도의 신실한 종들은 자신의 개인적 또는 사적 이익보다는 공적 유익을 더 우선시하기 마련이다.

Ⅲ. 사도는 그들을 위한 간절한 소원과 기도로 이 서신을 끝맺는데, 단지 그들만이 아니라 모든 형제들을 위해 기도한다(23,24절). 그의 통상적 축도의 형식은 은혜와 평강이 있을지어다였다. 그런데 여기서는 평안과 믿음을 겸한 사랑이 형제들에게 있을지어다로 되어 있다. 평안이란 모든 종류의 평안 — 하나님과의 평안, 양심과의 평안, 그들 서로 간의 평안 등 — 을 망라하는 개념으로 이해되어야 하고, 또 이 말 속에는, 그가 마치 "나는 모든 행복이 너희에게 계속되고, 증가하기를 바란다"고 말한 것처럼, 외적 번영도 포함되어 있다. 믿음을 겸한 사랑. 이 말은 부분적으로는 이어지는 구절에서 언급하고 있는 은혜라는 말이 무엇을 의미하는지를 보면 설명이 된다. 여기서 은혜는 샘의 은혜 곧 하나님의 사랑 또는 호의와 줄기의 은혜 곧 신적 원리에 따라 흘러나오는 성령의 은혜, 다시 말해 나머지 모든 은혜가 포함된 믿음과 사랑을 의미한다. 그가 그들을 위해 바라는 것은 그들에게 이미 시작된 그 은혜가 계속 유지되고 증가되는 것이다.

이어서 아버지 하나님과 주 예수 그리스도께로부터라는 말이 나온다. 모든 은혜와 축복은 하나님으로부터 우리 주 예수 그리스도의 공로와 중보를 통해 성도들에게 주어진다. 마지막 축도는 앞의 축도보다 훨씬 더 포괄적이다. 왜냐하면 여기서는 에베소와 다른 모든 지역의 참된 모든 신자들을 위해 기도하기 때문이다. 성도들이라면 누구나 주 예수 그리스도를 사랑한다는 것은 의심할 바 없는 그들의 특징이다. 그리스도에 대한 우리의 사랑은 진실하지 않으면 받아들여질 수 없다. 참으로 진실함이 결여되어 있으면, 그것을 아무리 가장한다고 할지라도, 그리스도에 대한 사랑은 없는 것이다. 우리 주 예수 그리스도를 변함없이 사랑하는 모든 자에게 은혜가 있을지어다. 여기서 변함없이(in sincerity)는 부패함이 없이(in incorruption)로 이해될 수 있다. 그러므로 이 말은 그분을 변함없이 사랑하는 자들은 어떤 유혹이나 시험에 빠져 그 사랑을 부패시키거나 어떤 반항적인 정욕에 떨어지거나 그분을 불쾌하게 하는 어떤 다른 것을 사랑함으로써 그분에 대한 사랑을 오염시키거나 하는 일이 없게 되기를 바란다는 뜻이다. 은혜는 곧 하나님의 호의이고, 모든 좋은 것(영적인 것이든 현세적인 것이든)은 곧 그 은혜의 결과로서, 우리 주 예수 그리스도를 이같이 사랑하는 모든 자들에게 주어지고 있고, 또 주어질 것이다. 그리고 모든 동료 그리스도인들이 이같이 은혜를 받도록 바라는 것은 그리스도를 사랑하는 자라면 누구나 가져야 할 소원이요 당연한 기도제목이다. 아멘. 그대로 이루어지이다 .

빌립보서

서론

빌립보는 마게도냐 서부지역의 중심도시였다. 행 16:12에는 마게도냐 지방의 첫 성이요라고 나온다. 그 곳의 지명은 마케도니아(그리스)의 유명한 왕이었던 빌립(필립)의 이름을 딴 것으로, 그는 그 곳을 개조하여 아름답게 만든 왕이었다. 그 곳은 훗날 로마의 식민지가 되었다. 이 도시 인근에는 율리우스 카이사르와 폼페이우스, 그리고 아우구스투스와 안토니우스가 한편이 되고 카시우스와 브루투스가 다른 한편이 되어 싸운 유명한 전투지 캄피 빌립보가 있었다. 그러나 빌립보는 그리스도인들 사이에서는 이 서신으로 말미암아 가장 유명한 곳이 되었다. 이 서신은 바울이 주후 62년에 로마 감옥에 있을 때 쓴 옥중서신 가운데 하나였다. 바울은 빌립보 교회에 대해 아주 특별한 애정을 품고 있었던 것으로 보인다. 이 교회는 그가 친히 세운 교회였다. 그는 모든 교회를 사랑했지만, 자신이 친히 세운 교회였기에 이 교회를 아버지와 같은 심정으로 각별히 보살폈다. 하나님께서 어떤 자들에게 선을 행하도록 우리를 보내셨다면, 우리는 그들에게 더 큰 선을 행하도록 항상 힘쓰고 주의를 기울여야 할 것이다. 사도는 그들을 자기 자녀로 생각했는데, 자신이 복음으로써 그들을 낳은 것으로 간주했다. 나아가 그는 동일한 복음으로 그들을 양육하고 돌보기를 원했다.

I. 사도는 빌립보에 복음을 전하도록 특별한 방법으로 부르심을 받았다(행 16:9). 밤에 환상이 바울에게 보였다: 마게도냐 사람 하나가 서서 그에게 청하여 이르되 마게도냐로 건너 와서 우리를 도우라 하거늘. 그는 하나님께서 자기보다 앞서 가심을 보았다. 그리고 그 환상은 그들 가운데 시작된 선한 일을 계속 수행하고, 세워진 기초 위에 건물을 세우는데 모든 수단을 사용하도록 그에게 용기를 주었다.

II. 빌립보에서 그는 혹독한 고난을 받았다. 그는 매질을 당하고, 차꼬에 채워졌다(행 16:24). 그러나 그는 그 곳에서 당한 고난 때문에 그 곳에 대한 사랑이 식지 아니했다. 우리는 원수들이 아무리 학대한다고 할지라도 우리 친구들에 대한 사랑을 멈추어서는 안 된다.

III. 빌립보 교회의 시작은 아주 미약했다. 루디아와 간수 그리고 그 외 몇 사람이 거기서 개종했을 뿐이다. 그러나 그것 때문에 사도는 실망하지 않았다. 비록 처음에는 좋지 못하더라도, 나중에는 좋아질 수 있고, 마지막은 크게 번창할 수도 있다. 우리는 미약한 시작으로 절대 실망해서는 안 된다.

Ⅳ. 이 서신의 많은 구절들을 보면, 빌립보 교회는 점차 부흥하는 상태 속에 있었고, 특별히 형제들이 바울에게 각별한 사랑을 갖고 있었던 것으로 보인다. 그는 그들의 현재의 일들에 관해 열매를 거두었고, 영적인 것으로 보답을 받았다. 그는 그들이 자기에게 준 선물을 받았음을 인정했다(4:18). 이렇게 그와 주고받은 것은 이 교회 외에 다른 교회에서는 없었던 일이었다(15절). 그는 이 서신에서 그들에게 선지자의 상급 곧 사도의 상급을 제시하고, 그것이 세상의 금은보다 더 가치가 있다고 말한다.

제
— 1 —
장

개요

사도는 헌사와 축도로 이 편지를 시작한다(1,2절). 그는 빌립보 교인들에게 감사한다(3-6절). 그리고 그들의 영적 행복에 대한 자신의 관심과 애정을 표현하고(9-11절), 자신의 고난에 대한 그들의 비난을 방지하려는 조심성을 보여주고(12-20절), 죽으나 사나 그리스도를 영화롭게 하려는 자신의 각오에 대해 밝힌다(21-26절). 그리고 마지막으로 엄격함과 견고함을 요청하는 두 가지 권면으로 이 장을 끝맺는다(27-30절).

[1]그리스도 예수의 종 바울과 디모데는 그리스도 예수 안에서 빌립보에 사는 모든 성도와 또한 감독들과 집사들에게 편지하노니 [2]하나님 우리 아버지와 주 예수 그리스도로부터 은혜와 평강이 너희에게 있을지어다

여기서 우리는 헌사와 축도를 접하게 된다. 그것을 확인해 보자.

I. 이 서신의 발신자 — 바울과 디모데(1절).　바울만이 하나님으로부터 영감을 받았지만, 그는 자신의 겸손을 표현하고, 디모데의 영예를 높여주기 위해 그를 자신과 같은 위치에 포함시킨다. 나이가 많고 강하고 저명한 사람들은 연소하고 약하고 별로 유명하지 않은 사람들과 그 명예를 존중하고 보호해야 한다. 그리스도 예수의 종(1절). 이것은 그분의 제자라는 공통관계에서 뿐만 아니라 그 사역 곧 사도와 복음 전도자라는 고위직분에 입각한 특수한 임무에 관해서 그렇다는 뜻이다. 가장 위대한 사도 그리고 가장 저명한 사역자들의 최고의 영예는 바로 예수 그리스도의 종이 되는데 있음을 유념하자. 그들은 교회의 주인이 아니라 그리스도의 종이다.

II. 이 서신의 수신자

1. 그리스도 예수 안에서 빌립보에 사는 모든 성도(1절). 그는 사역자들보다 교회를 먼저 언급하고 있다. 왜냐하면 사역자들은 교회를 위한 사람들에 불과하기 때문이다. 즉 교회가 그들을 위해 곧 그들의 위엄과 지배와 부를 위해 존재하

는 것이 아니라 그들이 교회를 위해 곧 교회의 덕과 유익을 위해 존재하기 때문이다. 우리가 너희 믿음을 주관하려는 것이 아니요 오직 너희 기쁨을 돕는 자가 되려 함이니(고후 1:24). 그들은 그리스도의 종일 뿐만 아니라 그분을 위해 교회의 종이 된 사람들이다. 또 예수를 위하여 우리가 너희의 종 된 것을 전파함이라(고후 4:5). 여기서 그리스도인들이 성도로 불리고 있음을 주의하자. 성도란 하나님을 위해 따로 세움 받거나 그의 성령으로 말미암아 가시적 신앙고백이나 실제적 거룩함을 통해 성별된 자들이다. 그리고 땅에서 실제로 성도가 아닌 사람들은 결코 천국에서도 성도가 아니게 될 것이다. 여기서 모든 성도 속에는 가장 비천한 자들, 가장 가난한 자들, 받은 은사가 거의 없는 사람들까지도 포함된다. 그리스도는 차별하시지 않는다. 부자와 가난한 자가 그분 안에서 함께 만난다. 마찬가지로 사역자들도 이 말씀에 근거하여 그들의 관심과 사랑에 차별이 있어서는 안 된다. 우리는 우리 주 예수 그리스도에 대한 믿음을 가졌으니 사람을 차별하여 대해서는 안 된다(약 2:1). 그리스도 예수 안에서 성도(1절)는 그들이 그리스도 예수 안에 있기 때문에 성도로 인정받는 자들이고, 그들이 곧 그리스도인들이다. 그리스도 밖에 있다면 아무리 훌륭한 성도들일지라도 죄인으로 나타나고, 하나님 앞에 설 수 없을 것이다.

2. 사역자들 곧 교회 직분자들 ─ 감독들과 집사들(1절). 첫째로 감독은 장로를 말하는 것으로, 가르치고 다스리는 것이 그 직무다. 그 다음, 집사는 가난한 자들의 관리자로서, 하나님의 집의 외적 업무들을 처리했다. 곧 교회 건물의 장소와 시설의 관리, 사역자들의 부양, 그리고 가난한 자들을 보살피는 것을 임무로 했다. 이 직분들은 당시 교회에서는 누구나 잘 알고 있었고, 하나님의 임명에 속하는 일이었다. 기독교 교회에 편지를 보낼 때 사도는 단지 자신이 감독과 집사로 부르는 두 직분만을 인정했다. 신약성경 전체에 걸쳐 감독과 장로라고 불린 자들이 나오는 구절들을 보면, 두 직분은 서로 다른 구별된 직분과 사역의 질서를 말하는 것이 아니라 동일한 성격과 호칭, 동일한 자격, 동일한 직무, 동일한 영예와 존경 등을 함축하고 있다(하몬드 박사와 다른 학자들도 그렇게 인정한다).

III. 이어서 사도의 축도가 나온다. 하나님 우리 아버지와 주 예수 그리스도로부터 은혜와 평강이 너희에게 있을지어다(2절). 이것은 그의 모든 서신에 공통적인, 아니 거의 단어까지 일치하는 축도로서, 우리는 여기서, 비록 형식에 얽매일 필요는 없다 하더라도, 형식을 무시해서는 안 된다는 사실을 배운다. 특별히 이같이 성경적인 형식은 더욱 그러하다. 구약의 유일한 형식 기도는 제사장의 축도다(민 6:23-26): 너희는 이스라엘 자손을 위하여 이렇게 축복하여 이르되 여호와는 네게 복을 주시고 너를 지키시기를 원하며 여호와는 그의 얼굴을 네게 비추사 은혜 베푸시기를 원하며 여호와는 그 얼굴을 네게로 향하여 드사 평강 주시기를 원하노라 할지니라 하라. 신약도 마찬가지다. 거기서도 변함없는 축도의 한 형식이 있는데, 간구되는 선은 영적 선 곧 은혜와 평강이다. 은혜는 하나님께서 값없이 주시는 호의와 선하신 뜻을 말하고, 평강은 그 은혜의 모든 복된 열매와 결과를 의미한다. 이것들은 각각 그 방식은 달라도, 하나님 우리 아버지와 주 예수 그리스도로부터 온다. 여기서 다음 몇 가지 사실을 기억하자.

1. 은혜 없이는 평강도 없다. 내적 평강은 하나님의 은혜를 의식할 때 온다.

2. 은혜와 평강은 오직 모든 축복의 원천이자 근원이신 아버지 하나님으로부터 온다. 온갖 좋은 은사와 온전한 선물이 다 위로부터 빛들의 아버지께로부터 내려오나니(약 1:17).

3. 하나님 우리 아버지로부터 오는 은혜와 평강은 무조건 우리 주 예수 그리스도 안에서 그리고 그분을 통해서 온다. 중보자로서 그리스도는 모든 영적 복들을 교회에 전달하는 통로가 되고, 그 모든 지체들에게 그것들을 적절하게 나누어주시는 분이다.

³내가 너희를 생각할 때마다 나의 하나님께 감사하며 ⁴간구할 때마다 너희 무리를 위하여 기쁨으로 항상 간구함은 ⁵너희가 첫날부터 이제까지 복음을 위한 일에 참여하고 있기 때문이라 ⁶너희 안에서 착한 일을 시작하신 이가 그리스도 예수의 날까지 이루실 줄을 우리는 확신하노라

사도는 헌사와 축도를 마친 다음 빌립보 교인들에게 감사를 표시한다. 그는 그들에게 그들의 무엇에 대해 하나님께 감사하는지 그 내용을 밝힌다.

I. 바울은 그들을 기억했다. 그들은 그의 생각 속에 깊이 자리잡고 있었다. 그들은 비록 멀리 떨어져 있어 눈으로는 볼 수 없었지만, 그의 마음에서는 결코 멀리 떨어져 있지 않았다. 내가 너희를 생각할 때마다(에피 파세 테 므네이아 휘몬, 3절). 그는 그들을 자주 생각한 것만큼 자주 그들에 관해 말했고, 들려오는

그들에 관한 소식을 즐겁게 들었다. 그들에 관해 말하는 것이 그에게는 감사의 조건이었다. 멀리 있는 친구의 행복에 관한 소식을 듣는 것은 커다란 즐거움이다.

II. 사도는 기쁨으로 그들을 기억했다. 빌립보에서 그는 박해를 받았다. 거기서 그는 채찍에 맞고 차꼬에 채였다. 당시 그는 자신의 수고의 열매를 거의 보지 못했다. 그럼에도 빌립보를 기쁨으로 기억한다. 그는 그리스도를 위해 받는 고난을 자신의 영예, 자신의 위로, 자신의 영광으로 간주했다. 자신이 고난당한 그 곳을 언급할 때마다 즐거워했다. 그는 그들을 조금이라도 부끄럽게 여기거나 자신에게 고난을 준 현장에 관해 듣는 것을 절대로 싫어하거나 하지 않고, 오히려 기쁨으로 그것을 기억했다.

III. 사도는 기도할 때 그들을 기억했다. 간구할 때마다 너희 무리를 위하여 기쁨으로 항상 간구함은(4절). 친구들을 가장 좋게 기억하는 것은 은혜의 보좌에서 그들을 기억하는 것이다. 바울은 자기 친구들을 위해, 자신의 모든 친구들을 위해 특별히 기도했다. 이 표현법에 따르면, 그는 은혜의 보좌에서 자신과 관련이 있고 관심을 두고 있던 다수의 교회들을 구체적으로 이름을 부르며 기도했다. 그는 빌립보 교회를 위해 수시로 간구했다. 하나님은 우리가 위로해 달라고 기도할 때 그들의 이름을 부르지 않아도 그가 누구인지 알고 계시지만, 우리가 그들의 이름을 일일이 부르며 자유롭게 기도하기를 원하신다.

IV. 사도는 그들과의 모든 아름다운 기억들에 대해 하나님께 감사했다. 감사는 모든 기도에 있어서 한 부분을 차지해야 한다. 우리는 즐거워하는 일이 있을 때마다 감사해야 한다. 우리가 위로받는 일에 대해 하나님은 영광을 받으셔야 한다. 사도는 하나님께 즐거운 마음으로 간구했을 뿐만 아니라 또한 감사했다. 거룩한 즐거움이 감사하는 찬양의 심장이자 영혼이라면, 감사하는 찬양은 거룩한 즐거움의 입술이자 언어다.

V. 기도할 때처럼 감사할 때에도 우리는 하나님을 나의 하나님으로 바라보아야 한다. 나의 하나님께 감사하며(3절). 우리가 모든 은혜를 나의 하나님이신 하나님의 손으로부터 오는 것으로 바라보는 것은 기도하도록 우리를 자극하고, 찬양하도록 우리 마음을 움직인다. 내가 너희를 생각할 때마다 나의 하나님께 감사하며(3절). 우리는 우리 하나님께 다른 사람들이 받은 은혜와 위로, 은사와 유익에 대해, 우리가 그것들을 받은 것처럼 감사해야 하고, 그것들로 말미암아

하나님은 영광을 받으신다. 그러나 사도가 여기서 감사하는 이유는 무엇일까?

1. 그는 자신이 그들에게서 받은 위로에 대해 하나님께 감사한다. 너희가 첫날부터 이제까지 복음을 위한 일에 참여하고 있기 때문이라(5절). 복음에의 참여는 유익한 참여다. 아무리 미천한 그리스도인이라도 가장 위대한 사도들과 똑같이 복음에 참여한다. 왜냐하면 복음의 구원은 일반으로 받은 구원이기 때문이다(유 1:3). 또 그들은 동일하게 보배로운 믿음을 우리와 함께 받은 자들이기 때문이다(벧후 1:1). 진심으로 복음을 받고, 수용하는 사람들은 첫날부터 그것에 참여하게 된다. 이제 갓 거듭난 자라고 하더라도, 그가 진실로 거듭난 것이라면, 그렇게 된 첫날부터 복음의 모든 약속과 특권들에 참여하게 된다. 이제까지. 시작을 잘한 사람들이 계속 잘하고, 변함없이 그것을 유지할 때 사역자들은 크게 위로를 얻는다. 어떤 이들은 복음을 위한 일에 참여한다는 말을 복음을 전파하는 일에 너그럽다는 뜻으로 이해하고, 코이노니아를 친교가 아니라 전달로 이해한다. 그러나 그것을 바울이 다른 교회들에 관해 감사하는 것과 비교해 볼 때, 믿음과 소망과 거룩한 사랑 안에서 그들이 선한 모든 그리스도인들과 함께 가졌던 친교 곧 복음의 약속과 규례와 특권과 소망 안에서 가졌던 교제로 이해하는 것이 좀 더 일반적인 해석으로 생각된다. 그리고 이것은 첫날부터 이제까지 계속되어 온 것이었다.

2. 그는 그들에 대해 가졌던 확신 때문에 감사한다(6절): 너희 안에서 착한 일을 시작하신 이가 그리스도 예수의 날까지 이루실 줄을 우리는 확신하노라. 그리스도인들의 확신은 그들 자신에게 큰 위로가 된다. 우리는 우리의 기쁨뿐만 아니라 우리의 소망으로 말미암아서도 찬양할 수 있어야 한다. 우리는 우리가 현재 갖고 있는 소유와 증거에 대해서 뿐만 아니라 장래 바라보는 것에 대해서도 감사해야 한다. 바울은 다른 사람들이 소유하고 있는 선한 기업에 관해서도 큰 확신을 가지고 말하고, 그들이 신실하기만 하다면 행복하게 되리라는 것을 사랑의 판단으로 간절히 바라고, 믿음의 판단으로 크게 확신한다: 너희 안에서 착한 일을 시작하신 이가 그리스도 예수의 날까지 이루실 줄을 우리는 확신하노라. 여기서 너희 안에서(엔 휘민) 착한 일이란 일반적으로 그들 가운데 교회가 세워지는 것을 말한다. 세상 속에 기독교를 심으신 분이 세상 끝날까지 그것을 보존하실 것이다. 그리스도는 하나님의 비밀이 성취되고, 신비의 몸이 완성될 때까지 교회를 소유하실 것이다. 교회는 반석 위에 세워지고, 음부의 권세가 그것을

이기지 못할 것이다(마 16:18). 그러나 교회는 특수한 사람들에게 적용되고, 따라서 어디에 세워지든 간에, 그것은 은혜의 사역에 의해 이루어진다고 말한다. 우리는 여기서 다음과 같은 사실을 확인할 수 있다.

(1) 은혜의 활동은 착한 일 곧 복된 일이다. 왜냐하면 그것은 우리를 착하게 만들고, 우리에게 착한 일을 보장하기 때문이다. 그것은 우리를 하나님처럼 만들고, 우리를 하나님의 즐거움에 합당한 존재로 만든다. 그것은 우리에게 최고의 선을 가져오기 때문에 당연히 착한 일이라고 불릴 수 있다.

(2) 이 착한 일은 어디서 시작되든 간에, 하나님이 시작하신 것이다: 너희 안에서 착한 일을 시작하신 이가. 우리 자신이 그것을 시작한 것이 아니다. 우리는 본질상 허물과 죄로 죽은 자들이기 때문이다. 어떻게 죽은 자가 스스로 살아날 수 있겠는가? 또는 그들이 죽었다고 말해지는 상태에서 살아나기 위해 어떻게 행동을 시작할 수 있겠는가? 그러므로 이처럼 죽은 자들을 살리시는 이는 하나님이시다(엡 2:1; 골 2:13).

(3) 은혜의 활동은 현세에서는 시작만 있다. 그것은 여기서는 끝나지 않는다. 우리가 이 불완전한 상태 속에 있는 한, 앞으로 이루어져야 할 것들이 훨씬 더 많다.

(4) 만일 착한 일을 시작하신 동일한 하나님이 그것을 완수하고 끝내는 일을 맡지 아니하신다면, 그것은 영원히 미완성으로 남아있게 될 것이다. 그것을 시작하신 이가 그것을 완수해야 한다.

(5) 우리는 하나님께서 절대로 포기하지 아니하실 뿐만 아니라 자신의 손의 일을 종결하고 완성하실 것임을 확신하거나 굳게 믿어야 한다. 하나님의 일은 완전하기 때문이다.

(6) 은혜의 활동은 그리스도 예수의 날까지 곧 그분이 다시 나타나는 날까지 이루어질 것이다. 그분이 세상을 심판하기 위해 오시고 그의 중보를 마칠 때, 이 활동은 완료되고 머릿돌 되신 주님이 큰 소리와 함께 등장하실 것이다. 우리는 10절에서 동일한 표현을 발견한다: 너희로 지극히 선한 것을 분별하며 또 진실하여 허물없이 그리스도의 날까지 이르고.

⁷내가 너희 무리를 위하여 이와 같이 생각하는 것이 마땅하니 이는 너희가 내 마음에 있음이며 나의 매임과 복음을 변명함과 확정함에 너희가 다 나와 함께 은혜에

참여한 자가 됨이라 ⁸내가 예수 그리스도의 심장으로 **너희** 무리를 얼마나 사모하는 지 하나님이 내 증인이시니라

사도는 여기서 자신이 그들에 대해 가졌던 열렬한 사랑과 그들의 영적 행복을 바라는 간절한 마음을 표현한다: 이는 너희가 내 마음에 있음이며(7절). 그는 자신의 영혼처럼 그들을 사랑하고, 그들은 그의 마음 가까이에 있었다. 그는 그들을 소중하게 생각했고, 그들에 대해 염려했다. 여기서 다음 사실을 확인해 보자.

1. 그는 왜 그들을 마음속에 두었는가: 이는 너희가 내 마음에 있음이며 나의 매임과 복음을 변명함과 확정함에 너희가 다 나와 함께 은혜에 참여한 자가 됨이라(7절). 즉 그들은 사도로 말미암아, 또 그의 사역으로 말미암아 유익을 얻었기 때문이다. 그들은 그로 말미암아 그리고 그의 손을 통해 자기들에게 전해진 하나님의 은혜에 참여한 자가 되었다. 사역자들의 사역으로 유익을 받은 것은 사람들로 하여금 그 사역자들을 소중하게 여기도록 만든다. 또는 이런 이유일 수도 있다: "너희가 다 나와 함께 은혜에 참여한 자가 됨이라. 너희는 수고와 고난에 있어서 나와 함께 한 자들이다." 그들은 사도에 대한 연민과 염려와 그를 도울 마음을 가짐으로써 그의 고통에 참여한 자들이 되었다. 그는 이것을 가리켜 그들에게 나와 함께 은혜에 참여한 자가 됨이라고 말한다. 왜냐하면 성도들과 함께 고난을 받는 자들은 그들과 함께 위로를 받게 될 것이기 때문이다. 그 짐을 함께 감당하는 자들은 그 상급도 함께 차지하게 될 것이다. 사도는 그들이 그의 매임과 복음을 변명함과 확정함에 있어서 자기를 지지했기 때문에 그들을 사랑했다. 그들은 그들의 위치에서 그리고 그들의 능력에 따라 복음을 변증하기 위해 사도가 한 것처럼 할 준비가 되어 있었다. 그래서 그는 그들을 마음속에 두었던 것이다. 함께 고난받는 자들은 서로 소중히 여겨야 한다. 하나님과 믿음에 관한 동일한 선한 이유로 박해를 받고, 고난을 당하는 사람들은 그 이유로 말미암아 서로 절실하게 사랑해야 한다. 또는 너희가 내 마음에 있기(디아 토 에케인 메 엔 테 칼디아 휘마스) 때문이다. 그들은 그가 전한 교훈을 굳게 고수함으로써 그에 대한 존경을 표현했고, 기꺼이 그와 함께 그것을 위해 고난을 받았다. 사역자들에 대한 가장 진실한 존경의 표시는 그들이 전하는 교훈을 받아들이고 그것을 굳게 지키는 것이다.

2. 그것에 대한 증거: 내가 너희 무리를 위하여 이와 같이 생각하는 것이 마땅하니 이는 너희가 내 마음에 있음이며(7절). 사도가 그들을 마음에 둔 이유는 그들에 관해 좋은 평가와 좋은 소망을 갖고 있었기 때문이다. 우리는 다른 사람들에 관해, 할 수 있는 한 곧 모든 상황 속에서 그들에 관해 가장 좋게 생각하는 것이 허락되는 한, 그들을 최대한 좋게 생각하는 것이 아주 바람직하다.

3. 그 진실성을 하나님께 의지함(8절): 내가 예수 그리스도의 심장으로 너희 무리를 얼마나 사모하는지 하나님이 내 증인이시니라. 마음속에 그들을 품었기 때문에 사도는 그들을 사모했다. 그는 그들을 보기를 사모했고, 그들로부터 소식을 듣기를 사모했고, 또는 그들의 영적 행복과 그들의 지식과 은혜가 성장하고 자라기를 간절히 사모했다. 그는 그들 가운데서 착한 일을 보고 들었기 때문에 그들을 위하여 기쁨으로 간구했다(4절). 그럼에도 불구하고 그는 그들로부터 착한 일에 대한 소식을 더 듣기를 사모했다. 그는 그들 무리 곧 그들 모두(you all)를 사모했다. 즉 그들 가운데 지식 있고 부유한 사람들뿐만 아니라 아주 비천하고 가난한 사람들까지 차별 없이 사모했다. 그리고 그는 그들을 얼마나 곧 크게 사모했다. 즉 강한 애착과 특별한 선의를 가지고 사모했다. 결국 그는 예수 그리스도의 심장으로 그들을 사모했다. 즉 그리스도 자신이 보배로운 영혼들에 대해 갖고 있었고, 또 보여주었던 애절한 관심으로 그들을 사모했다. 바울은 이 점에서도 그리스도를 따랐고, 선한 사역자들이라면 누구나 그렇게 되기를 목표해야 할 것이다. 오, 불쌍한 영혼들을 향한 예수 그리스도의 연민의 심정은 어떠했을까! 그들의 구원을 담당하고, 그것을 이루시기 위해 그토록 큰 희생을 기꺼이 치르신 것은 그들에 대한 이 연민 때문이었다. 따라서 그리스도의 본보기에 일치시켜 바울은 예수 그리스도의 심장으로 그들에 대한 연민을 가졌고, 그들 모두를 사모했다. 그렇다면 우리도 그리스도께서 이런 사랑과 연민을 베푸신 영혼들을 불쌍히 여기고 사랑해야 하지 않겠는가? 이에 대한 증명을 사도는 하나님께 호소한다: 하나님이 내 증인이시니라. 그가 그들에게 표현한 것은 오직 마음의 내적 상태에 관한 것으로, 그 진실성은 오직 하나님만이 증인이 되시고, 그래서 그는 하나님께 호소하는 것이다. "너희가 그것을 알든 모르든, 또는 그것을 느끼든 못 느끼든 간에, 마음을 감찰하시는 하나님은 그것을 아실 것이다."

⁹내가 기도하노라 너희 사랑을 지식과 모든 총명으로 점점 더 풍성하게 하사 ¹⁰너희로 지극히 선한 것을 분별하며 또 진실하여 허물 없이 그리스도의 날까지 이르고 ¹¹예수 그리스도로 말미암아 의의 열매가 가득하여 하나님의 영광과 찬송이 되기를 원하노라

이 단락은 사도가 빌립보 교인들을 위해 드리는 기도를 담고 있다. 바울은 종종 친구들에게 자신이 그들을 위해 무엇을 기도하는지 알려주었다. 그렇게 함으로써 그는 그들이 스스로를 위해 무엇을 구해야 할지 알 수 있도록 그리고 그들이 기도할 때 무엇을 구해야 하는지 방향을 제시받도록 했다. 또 바울과 같은 힘 있는 중보자가 그들을 위해 하나님께 소생시키고 강건하게 하고 영원하고 위로케 하는 은혜를 구했음을 보여줌으로써, 그들이 하나님으로부터 틀림없이 그 은혜를 받으리라는 소망을 갖도록 하기 위해서였다. 은혜의 보좌에서 특별한 힘을 갖고 있다고 생각하는 힘 있는 친구들이 우리를 위해 기도하고 있다는 것을 알 때, 큰 힘이 된다. 또한 그것은 그들이 살아갈 방향을 위해, 곧 그들이 그의 기도에 합당한 삶을 살도록 하려는데 목적이 있었다. 왜냐하면 이것으로 말미암아 하나님께서 그 기도에 응답하셨음을 보여주는 증거가 되기 때문이다. 이처럼 그들을 위해 기도할 때 바울은 그들에게 좋은 일이 일어날 것을 기대했다. 따라서 우리가 우리를 위해 기도하는 친구들과 사역자들의 기대를 실망시킬 수 없다는 마음을 가질 때, 그것은 우리의 의무를 다하도록 이끄는 유인이 된다. 여기서 사도는 다음과 같은 내용을 간구했다.

1. 그들이 사랑하는 백성들이 되고, 그들 가운데 선한 마음이 충만하도록: 너희 사랑을 점점 더 풍성하게 하사(9절). 그가 여기서 말하는 사랑은 하나님, 그들 서로 간 그리고 모든 인간들에 대한 사랑을 망라한다. 사랑은 율법의 완성이자 복음의 완성이다. 어떤 은혜로 충만한 사람들은 그 은혜가 점점 더 풍성해져야 한다. 왜냐하면 그 안에는 부족한 면이 여전히 남아 있고, 아무리 최고 수준이 이르더라도 우리는 불완전하기 때문이다.

2. 그들이 지식과 총명이 있는 사람들이 되도록. 즉 그는 그들의 사랑이 지식과 모든 총명으로 채워지도록 기도했다. 하나님께서 칭찬하시는 사랑은 맹목적인 사랑이 아니라 지식과 총명에 기초된 사랑이다. 우리는 그분의 무한하신 능력과 사랑으로 말미암아 하나님을 사랑해야 한다. 또 우리가 하나님의 형상을

그들에게서 보기 때문에 우리 형제들을 사랑해야 한다. 지식과 정확한 판단력이 없는 강렬한 열정은 하나님의 뜻을 이루지 못하고, 때때로 유익보다는 해가 더 크다. 유대인은 하나님께 열심이 있었으나 지식에 따르지 아니함으로 폭력과 광분으로 변질되고 말았다(롬 10:2; 요 16:2).

3. 그들이 분별력 있는 사람들이 되도록. 이것은 그들의 지식과 총명의 결과였다: 너희로 지극히 선한 것을 분별하며(10절). 또는 난외주에 언급되어 있는 것처럼, 같지 아니한 것을 시험하며. 너희로 지극히 선한 것을 분별하며(에이스 토 도키마제인 휘마스 타 디아페론타). 이 말은 지극히 선한 것을 시험에 부쳐 다른 것들과 그 차이를 분별할 수 있어야 한다는 뜻이다. 그리스도의 진리와 법은 지극히 선한 것이다. 그러므로 우리 각자가 그것들을 분별해내고, 그것들을 그 자체로 판단하는 것이 필요하다. 우리는 그것들을 시험해보고 분별해야 한다. 자세히 살피며, 분별력이 있는 사람에게 그것들은 쉽게 분별될 것이다.

4. 그들이 정직하고 솔직한 마음을 가진 사람들이 되도록: 또 진실하여(10절). 진실함은 우리가 세상에서 살아갈 때 가져야 할 복음의 완성으로서, 우리의 모든 은혜의 영광이다. 눈이 순수할 때, 우리가 행하는 일에 있어서 하나님과 친밀할 때, 우리가 마땅히 나타나야 할 모습을 실제로 보여줄 때 그리고 정직할 때, 우리는 진실하다.

5. 그들이 허물없는 사람들이 되도록. 즉 그는 그들이 허물 없이 그리스도의 날까지 이르도록 기도했다. 죄를 범하지 않도록 곧 하나님이나 형제들에게 해를 끼치지 않도록 조심하되, 범사에 양심을 따라 하나님을 섬기며(행 23:1), 하나님과 사람에 대하여 항상 양심에 거리낌이 없기를 힘쓰는 자들이 되도록(행 24:16) 간구했다는 것이다. 따라서 우리는 끝까지 허물 없는 삶을 계속 추구함으로써, 그리스도의 날에 그렇게 인정받을 수 있도록 해야 한다. 그분은 교회를 티나 주름 잡힌 것이 없이(엡 5:27) 나타나게 하시고, 신자들을 그 영광 앞에 흠이 없이 기쁨으로 서게 하실 것이다(유 1:24).

6. 그들이 열매 맺는 유용한 사람들이 되도록(11절): 의의 열매가 가득하여 하나님의 영광과 찬송이 되기를 원하노라. 우리의 열매는 하나님으로부터 온다. 그러므로 우리는 그것을 그분께 구해야 한다. 의의 열매는 우리의 거룩함의 증거이자 결과다. 거룩함에 대한 의무는 거듭난 심령으로부터 나오는 것으로, 우리 안에서 일의 뿌리가 된다(욥 19:28). 열매들로 가득하게 하라. 아무리 많은 선을

행한다고 할지라도, 더 많이 행하기를 힘써야 한다. 하나님의 영광과 교회의 덕을 세우기 위해 맺어지는 의의 열매가 실제로 우리에게 가득하게 하고, 온전히 우리를 차지해야 한다. 의의 열매들을 맺음으로 자신이 무익하게 되지 않을까 염려하지 말라. 왜냐하면 우리는 그것들로 채워질 것이기 때문이다. 이 열매들은 예수 그리스도로 말미암아 곧 그분의 능력과 은혜로 맺어진다. 그분 없이는 우리는 아무것도 할 수 없다. 그분은 참 감람나무의 뿌리가 되시고, 나무는 그 뿌리로부터 풍성한 양식을 얻는다. 우리는 그리스도 예수 안에 있는 은혜 안에서 강하고(딤후 2:1), 그의 성령으로 말미암아 능력으로 강건하게 되고(엡 3:16), 그 열매들은 하나님의 영광과 찬송이 된다. 우리는 우리의 열매로 우리 자신의 영광을 구해서는 안 되고, 하나님의 영광과 찬송이 되도록 해야 한다. 그렇게 하나님은 범사에 영광을 받으시고(벧전 4:11), 우리가 무엇을 하든지 다 하나님의 영광을 위하여 해야 한다(고전 10:31). 그리스도인들이 선에 선을 더하여 착한 일로 가득하게 한다면 하나님의 영예는 그만큼 높아질 것이다.

[12]형제들아 내가 당한 일이 도리어 복음 전파에 진전이 된 줄을 너희가 알기를 원하노라 [13]이러므로 나의 매임이 그리스도 안에서 모든 시위대 안과 그 밖의 모든 사람에게 나타났으니 [14]형제 중 다수가 나의 매임으로 말미암아 주 안에서 신뢰함으로 겁 없이 하나님의 말씀을 더욱 담대히 전하게 되었느니라 [15]어떤 이들은 투기와 분쟁으로, 어떤 이들은 착한 뜻으로 그리스도를 전파하나니 [16]이들은 내가 복음을 변증하기 위하여 세우심을 받은 줄 알고 사랑으로 하나 [17]그들은 나의 매임에 괴로움을 더하게 할 줄로 생각하여 순수하지 못하게 다툼으로 그리스도를 전파하느니라 [18]그러면 무엇이냐 겉치레로 하나 참으로 하나 무슨 방도로 하든지 전파되는 것은 그리스도니 이로써 나는 기뻐하고 또한 기뻐하리라 [19]이것이 너희의 간구와 예수 그리스도의 성령의 도우심으로 나를 구원에 이르게 할 줄 아는 고로 [20]나의 간절한 기대와 소망을 따라 아무 일에든지 부끄러워하지 아니하고 지금도 전과 같이 온전히 담대하여 살든지 죽든지 내 몸에서 그리스도가 존귀하게 되게 하려 하나니

우리는 여기서 자신이 당한 고난으로 말미암아 그들이 상처를 입지 않도록 조심하는 사도의 태도를 접한다. 그는 지금 로마 감옥에 갇혀 있는 상태였다. 이것은 그의 사역을 통해 복음을 받아들인 사람들에게는 걸림돌이었

다. 그들은 이런 유혹을 받을 수도 있었다: 만일 이 교훈이 참으로 하나님으로부터 온 것이라면, 하나님께서 어떻게 그것을 전파하고 선전하는데 그토록 활력적이고 유용한 도구였던 사람을 멸시받는 깨진 그릇처럼 내던져지도록 하실 수 있단 말인가? 그들은 자기들도 그와 똑같은 곤란에 처하지 않기 위해 이 교훈을 받아들인 것을 후회할 수도 있었다. 따라서 그 십자가의 걸림돌을 제거하기 위해 사도는 자신의 고난에 관한 이 난해하고 난감한 내용들을 자세히 거론하고, 그것이 자신을 사용하신 하나님의 지혜와 인자하심에 얼마나 쉽고, 명료하고, 조화 있게 적용되는지 밝히고 있다.

I. 사도는 자신을 옥에 가두고, 자신의 목숨을 빼앗으려고 획책한 복음의 철천지원수들에게 고난을 받았다. 그러나 그들은 이것을 방해할 수 없었다. 왜냐하면 그것이 오히려 유익하게 되었고, 복음 전파에 도움을 주었기 때문이다 (12절): 내가 당한 일이 도리어 복음 전파에 진전이 된 줄을 너희가 알기를 원하노라. 사도의 감금과 같은 참으로 악한 일이 도리어 복음 전파에 큰 도움을 주게 된 것은 희한한 섭리의 작용이 아닐 수 없다. "복음으로 말미암아 내가 죄인과 같이 매이는 데까지 고난을 받았으나 하나님의 말씀은 매이지 아니하니라(딤후 2:9). 그들은 하나님의 말씀을 가둘 수 없다. 비록 나는 감금당할지라도, 그것은 자유롭게 자기 길을 간다." 그러나 이것이 어떻게 그렇게 되었는가?

1. 그것은 복음 밖에 있는 사람들에게 경고가 되었다(13절): "나의 매임이 그리스도 안에서(또는 그리스도를 위하여), 모든 시위대 안과 그 밖의 모든 사람에게 나타났다. 황제, 대신들, 집정관들이 내가 악을 행해서가 아니라 선한 양심에 따라 정직한 사람으로서 고난을 받았다는 것을 알고 있다. 그들은 내가 어떤 죄악 때문이 아니라 그리스도로 말미암아 고난을 받은 것을 안다." 여기서 우리는 다음 두 가지 사실을 유의해야 한다. (1) 바울의 고난은 그를 궁정에까지 알려지게 했다. 아마 다른 방법으로는 그렇게 알려질 수 없었을 것이다. 그리고 이로 말미암아 그들 가운데 몇 사람이 복음에 관해 궁금증을 갖게 되었다. 만약 다른 방법이었다면 그들은 결코 복음에 관해 듣지 못했을 것이다. (2) 그의 매임이 궁정에 알려졌을 때, 그것은 다른 모든 곳에도 알려지게 되었다. 궁정의 의견은 모든 국민들의 의견에 큰 영향력을 갖는다(Regis ad exemplum totus componitur orbis).

2. 그것은 복음 안에 있는 사람들에게 용기를 주었다. 그의 원수들이 그의 고

난에 대해 크게 놀란 것만큼, 그의 친구들은 그것으로 말미암아 크게 힘을 얻었다. 정직한 자는 이로 말미암아 놀라고 죄 없는 자는 경건하지 못한 자 때문에 분을 내나니 그러므로 의인은 그 길을 꾸준히 가고 손이 깨끗한 자는 점점 힘을 얻느니라(욥 17:8-9). 여기서도 같은 말씀이 주어졌다: 형제 중 다수가 나의 매임으로 말미암아 주 안에서 신뢰함으로 겁 없이 하나님의 말씀을 더욱 담대히 전하게 되었느니라(14절). 일반적으로 믿음 때문에 고난이 예상된다면, 대부분 낙심하거나 실망하게 될 것이다. 그러나 바울이 그리스도로 말미암아 옥에 갇힌 것을 보았을 때, 그들은 그리스도를 전파하고 그분의 이름을 찬양하는 것을 결코 단념하지 않고 도리어 더 담대해졌다. 그들은 바울의 동반자로서 기꺼이 고난을 감수할 수 있었기 때문이다. 비록 그들이 강단에서 감옥으로 쫓겨난다고 해도, 그것으로 만족할 것이다. 왜냐하면 거기서 그들은 좋은 동반자를 만날 수 있었기 때문이다. 나아가 바울이 고난받는 중에 받았던 위로 곧 그가 고난받으신 그리스도로 말미암아 받게 된 특별한 위안은 그들에게 큰 힘이 되었다. 그들은 그리스도를 섬기는 자들은 고난받을 때 위로 올려주시고 밖으로 꺼내주시는 선한 주인을 섬긴다는 것을 깨닫고 있었다. 나의 매임으로 말미암아 신뢰함으로(페포이도타스). 그들은 그들이 본 것으로 충분히 만족하고 확신했다. 그러므로 하나님의 은혜의 능력을 잊지 말자. 복음 전도자들을 좌절시키기 위한 원수들의 의도가 오히려 그들의 용기를 부추기는 결과를 가져왔다. 겁 없이 하나님의 말씀을 더욱 담대히 전하게 되었느니라. 그들은 최악의 경우를 보았다. 그러기에 담대히 복음을 전하는데 하등의 두려움이 없었다. 그들의 신뢰는 그들에게 용기를 가져다주었고, 그들의 용기는 두려움의 대상을 극복하게 하였다.

Ⅱ. 사도는 원수들만이 아니라 거짓 친구들로부터도 고난을 받았다. 어떤 이들은 투기와 분쟁으로 그리스도를 전파하나니(15,16절). 이들은 진실함이 아니라 다툼으로 그리스도를 전파하는 사람들이었다. 따라서 교회 안에서 바울의 명예와 그가 그리스도인들 사이에서 이룬 업적을 시기하며, 그를 밀어내고 해치려고 획책한 사람들이 있었다는 것은 어떤 이들에게 커다란 걸림돌과 실망거리가 되었다. 그들은 그가 감옥에 갇히게 되자 은밀하게 좋아했고, 어떻게든 그 때를 바울에 대한 사람들의 사랑을 제거할 절호의 기회로 이용하려고 했다. 그들은 그들의 시기의 원인이었던 바울의 명예를 자기들이 취하기 위해 복음을 전하는데 더욱 열심을 내었다: 그들은 나의 매임에 괴로움을 더하게 할 줄로 생각하여

(17절). 그것을 통해 그들은 사도의 마음을 근심시키고, 그에게 위치 상실에 대한 염려를 심어줌으로써, 자신이 옥에 갇혀 있음을 불안하게 여기고, 석방을 초조하게 기다리게 될 것으로 생각했다. 복음을 고백하는 사람들, 특히 그것을 전파하고 그 원리에 의해 다스림을 받고 있는 사람들 가운데 바울을 무시하고, 그의 매임에 괴로움을 더하게 하기 위해 그리스도를 전하는 사람들이 있다는 것은 슬픈 일이다. 따라서 우리는 그 때와 비교해 교회가 훨씬 더 심하게 타락한 이 시대에 이러한 일이 벌어진다고 해서 이상하게 생각해서는 안 된다. 그러나 바울의 고난으로 말미암아 그리스도를 전파하는데 좀 더 적극적으로 활동하도록 자극을 받은 사람들도 있었다: 어떤 이들은 착한 뜻으로 그리스도를 전파하나니(15절), 이들은 사랑으로 하나(16절). 즉 그들은 복음에 대한 진실한 사랑으로 그리스도를 전파했다. 내가 복음을 변증하기 위하여 세우심을 받은 줄 알고(16절). 그들은 그가 그 원수들의 온갖 폭력과 반대에도 불구하고 세상에 복음을 지원하고 전파하도록 지명받은 것을 알고 있었고, 그래서 복음이 그의 매임으로 말미암아 제한받게 될 것을 염려했다. 이로 말미암아 그들은 더욱 담대하게 말씀을 전하고, 교회에 대한 그의 섬김의 부족분을 대신 채웠다.

Ⅲ. 온갖 어려움 속에서도 사도가 얼마나 편안한 마음을 갖고 있었는지를 보는 것은 매우 감동적이다. 그러면 무엇이나 겉치레로 하나 참으로 하나 무슨 방도로 하든지 전파되는 것은 그리스도니 이로써 나는 기뻐하고 또한 기뻐하리라(18절). 사람들 가운데 그리스도의 나라가 세워지기를 바라는 모든 사람들에게는 그리스도가 전파되는 것이 최고의 기쁨이다. 그것은 많은 사람들에게 말할 수 없는 유익을 주기 때문에, 겉치레로 하나 참으로 하나, 우리는 그것을 기뻐해야 한다. 그 원리에 사람들이 어떻게 반응하는지 그 판단은 하나님의 소관이다. 이것은 우리 영역이 아니다. 바울은 감금되어 있는 동안에도 자유롭게 복음을 전하는 사람들을 전혀 시기하지 않고, 오히려 겉치레로 하나 참으로 하나 그렇게 하는 사람들로 말미암아 복음이 전파되는 것을 기뻐했다. 그렇다면 비록 크게 허점이 있고, 약간의 실수가 있더라도, 진심으로 복음을 전하는 자들에 의해 그것이 전파되는 것을 우리는 얼마나 더 크게 기뻐해야 할까! 복음이 전파되는 것에 대해 사도는 두 가지 면에서 기뻐했다.

1. 그것이 사람들의 영혼의 구원을 가져오기 때문이었다: 이것이 나를 구원에 이르게 할 줄 아는 고로(19절). 하나님은 악에서 선을 끌어내실 수 있다. 사역자

들의 전파 자체로는 구원에 이르게 할 힘이 없을지 모르지만, 하나님의 은혜로 말미암아, 사람들은 구원에 이르게 된다. 투기와 분쟁 그리고 다툼으로 그리스도를 전파하고, 신실한 사역자의 매임에 괴로움을 더하게 하는 사람들에게 어떤 상급을 기대할 수 있겠는가? 그들은 참이 아니라 겉치레로 전파하는 자들이 아닌가? 그러나 심지어 이런 경우에도 다른 사람들의 구원을 일으킬 수 있다. 그것에 대한 바울의 기쁨은 그의 구원 역시 그렇게 일어났기 때문이었다. 비록 그리스도를 전파하는 것이 우리에게 손해를 끼치고, 우리의 명예를 떨어뜨린다고 할지라도, 그것을 기뻐할 수 있는 이유 가운데 하나는 그로 말미암아 구원을 수반하는 일이 일어나기 때문이다. 이 고귀한 정신은 최초의 그리스도 공식 전파자인 세례 요한에게서 나타났다: "나는 이러한 기쁨으로 충만하였노라 그는 흥하여야 하겠고 나는 쇠하여야 하리라(요 3:29-30). 나는 희미하게 될지라도 그분을 빛나게 하자. 나는 망할지라도 그분의 영광을 높여 드리자." 다른 사람들은 이것이 나를 구원에 이르게 할 줄 아는 고로라는 표현을 그의 원수들의 악의를 좌절시키고, 그의 석방에 도움이 된 사실을 가리키는 것으로 이해하기도 한다. 너희의 간구와 예수 그리스도의 성령의 도우심으로(19절). 우리가 구원에 이르게 되는 것은 무엇이든 모두 그리스도의 영의 지원과 도움으로 말미암는다. 그리고 기도는 성령의 공급을 일으키는 지정된 수단이다. 성도들의 기도는 그 사역자들이 복음을 전할 때뿐만 아니라 고난 속에 있을 때에도 그들을 돕도록 성령의 공급을 이끌어낸다.

2. 그것이 그리스도의 영광을 가져오기 때문이었다(20절). 여기서 사도는 자신이 그리스도의 존귀와 영광을 위해 전적으로 헌신하는 자임을 천명한다: 나의 간절한 기대와 소망을 따라 아무 일에든지 부끄러워하지 아니하고 지금도 전과 같이 온전히 담대하여 살든지 죽든지 내 몸에서 그리스도가 존귀하게 되게 하려 하나니. 여기서 다음 몇 가지 내용을 확인할 수 있다.

(1) 참된 모든 그리스도인의 최대의 소원은 그리스도께서 영광스럽고 존귀하게 되고, 그 이름이 위대하게 되고, 그의 나라가 임하는 것이다.

(2) 그리스도께서 존귀하게 되기를 진실로 바라는 자들은 그분이 자기들의 몸에서 존귀하게 되기를 간절히 바란다. 그들은 자기 몸을 하나님이 기뻐하시는 거룩한 산 제물로 드리고(롬 12:1), 자기 지체를 의의 무기로 하나님께 드린다(롬 6:13). 그들은 자신의 영혼의 능력과 함께 자기 몸의 모든 지체를 가지고, 기꺼이 그

분의 뜻을 받들고, 그분의 영광의 도구가 된다.

(3) 우리가 그리스도를 담대히, 부끄러워하지 않고, 마음껏 그리고 낙심하지 않고 섬긴다면, 그분께 큰 영광이 될 것이다: 아무 일에든지 부끄러워하지 아니하고 온전히 담대하여 내 몸에서 그리스도가 존귀하게 되게 하려 하나니. 그리스도인들의 담대함은 그리스도의 영광이다.

(4) 그리스도의 영광을 자신의 욕망과 목표로 삼는 사람들은 그것을 그들의 장래의 기대와 소망으로 삼는다. 만일 그것을 진실로 바란다면, 반드시 이루어질 것이다. 우리가 진실로 아버지여, 아버지의 이름을 영광스럽게 하옵소서 하고 기도한다면, 그리스도께서 받으신 것과 같은 응답 곧 내가 이미 영광스럽게 하였고 또 다시 영광스럽게 하리라는 말씀을 듣게 될 것이다(요 12:28).

(5) 그리스도가 자기 몸에서 존귀하게 되기를 바라는 사람들은 살든지 죽든지 곧 세상에서 사느냐 죽느냐 하는 문제에 대해서는 무관심하게 될 것이다. 그들은 수고하거나 고난을 당하거나, 부지런하거나 인내하거나, 그분을 위해 일함으로써 그분의 영예를 위해 살거나 그분을 위해 고난을 받음으로써 그분의 영예를 위해 죽거나 간에, 오직 그분의 영광을 위해 봉사할 수 있는 자가 되기를 바란다.

[21]이는 내게 사는 것이 그리스도니 죽는 것도 유익함이라 [22]그러나 만일 육신으로 사는 이것이 내 일의 열매일진대 무엇을 택해야 할는지 나는 알지 못하노라 [23]내가 그 둘 사이에 끼었으니 차라리 세상을 떠나서 그리스도와 함께 있는 것이 훨씬 더 좋은 일이라 그렇게 하고 싶으나 [24]내가 육신으로 있는 것이 너희를 위하여 더 유익하리라 [25]내가 살 것과 너희 믿음의 진보와 기쁨을 위하여 너희 무리와 함께 거할 이것을 확실히 아노니 [26]내가 다시 너희와 같이 있음으로 그리스도 예수 안에서 너희 자랑이 나로 말미암아 풍성하게 하려 함이라

우리는 여기서 행복한 바울의 생사관(生死觀)에 대한 설명을 보게 된다. 그에게 사는 것은 그리스도였고, 그래서 죽는 것도 유익했다. 여기서 다음 사실을 주목해야 한다

1. 모든 참된 그리스도인의 의심할 수 없는 특징 가운데 하나는 그에게 사는 것은 그리스도라는 것이다. 그리스도의 영광은 우리 인생의 목적이 되어야 하

고, 그리스도의 은혜는 우리 인생의 원리가 되어야 하며, 그리스도의 말씀은 우리 인생의 법이 되어야 한다. 그리스도인의 삶은 그리스도로부터 나오고, 그리스도께 향해야 한다. 그분이 그 원리요 법이요 목적이다.

2. 사는 것이 그리스도인 모든 사람들은 죽는 것도 유익할 것이다. 그것은 엄청난 유익이요 현재의 유익이요 영원한 유익이다. 죽음은 세상에 속한 사람에게는 엄청난 손실이다. 왜냐하면 죽으면 모든 위로와 모든 소망을 잃어버리기 때문이다. 그러나 참 그리스도인에게 죽음은 유익이다. 왜냐하면 죽음은 그의 모든 약함과 비참을 종결시키고, 그의 위로의 완성과 소망의 성취를 가져오기 때문이다. 그것은 인생의 온갖 악을 그에게서 제거하고, 그가 최고의 선을 소유하도록 이끈다. 죽는 것도 유익함이라(21절). 이 말은 또 다음과 같은 뜻을 가질 수 있다: "이전에 한평생 수고를 통해 나 자신 및 복음에 대해 확증을 받은 것처럼, 내 피의 보증을 통해서도 즉 죽음을 통해서도 얼마든지 그러한 확증을 받을 것이다." 그렇게 함으로써 그리스도께서 존귀하게 될 것이다(20절). 어떤 이들은 그 전체 표현을 이렇게 이해한다: 살든지 죽든지 내게는 그리스도가 유익이다. 즉 "나는 살아있는 동안이나 죽을 때나 그리스도를 얻고, 그분 안에서 발견되는 것 외에 다른 소원이 없다." 만일 죽는 것이 그에게 유익이라면, 그는 삶을 피하고, 죽음을 간절히 바라게 될 것이라고 생각될 수 있다. 그러나 그는 아니라고 말하면서 다음과 같은 내용을 언급한다.

I. 만일 육신으로 사는 이것이 내 일의 열매일진대(22절). 사도는 세상에서 그리스도의 나라의 영예와 유익을 높이는데 도구가 될 수 있다면, 그 일이 자신에게 참 잘 주어졌다고 생각했다. 그것은 내 일의 열매(칼포스 엘구)다. 참 그리스도인이나 참 사역자가 하나님을 영화롭게 하고 교회를 위해 선을 행한다면, 세상에서 사는 것은 무척 가치가 있다. 그러나 무엇을 택해야 할는지 나는 알지 못하노라(22절). 바울이 두 악한 일 사이가 아니라 두 선한 일 사이에 끼여 있었던 것은 행복한 고민이었다. 다윗은 세 가지 판단 — 칼, 기근 그리고 질병 — 사이에서 고민해야 했다. 바울은 두 축복 — 그리스도를 위해 사느냐, 죽어서 그분과 함께 있느냐 — 사이에 끼여 있었다. 여기서 우리는 그 문제에 대한 사도 자신의 결론을 보게 된다.

1. 그는 죽기를 원했다. 믿음과 하나님의 은혜의 능력을 보라. 그것은 죽음을 친근한 것으로 만들고, 비록 그것이 우리의 현존을 파괴하고 가장 큰 자연적

악에 속하는 것일지라도, 우리로 하여금 기꺼이 죽도록 이끈다. 우리는 본능적으로 죽음을 싫어하지만, 사도는 그것을 원하는 마음을 갖고 있었다(23절). 차라리 세상을 떠나서 그리스도와 함께 있는 것이 훨씬 더 좋은 일이라. 여기서 다음 두 가지 사실을 주목해야 한다.

(1) 성도가 세상을 떠나기를 바라는 이유는 그리스도와 함께 있을 수 있기 때문이다. 그것은 단순히 죽거나 육신을 벗어나는 것이 아니다. 죽음 자체나 죽음을 위한 죽음은 결코 바람직한 일이 아니다. 그러나 죽음이 가치가 있으려면 그렇게 만드는 다른 어떤 요소가 필수적으로 연루되어 있어야 한다. 만일 내가 세상을 떠나지 않고는 그리스도와 함께 할 수 없다면, 그것 때문에 떠나는 것이 바람직하다고 생각할 수 있다.

(2) 성도의 영혼은 육체를 떠나는 순간 즉시 그리스도와 함께 있게 될 것이다. 오늘 네가 나와 함께 낙원에 있으리라(눅 23:43). 차라리 몸을 떠나 주와 함께 있는 그것이라(고후 5:8). 그 사이에는 한 치의 시차가 없다. 훨씬 더 좋은 일이라(폴로 가르 말론 크레이손, 23절). '너무너무 좋다,' 또는 '엄청나게 낫다' 는 뜻이다. 그리스도와 천국의 가치를 알고 있는 사람들은 이 세상에서 사는 것보다 천국에 있는 것이, 다른 피조물과 함께 있는 것보다 그리스도와 함께 있는 것이 훨씬 더 좋다는 것을 쉽게 인정할 것이다. 왜냐하면 이 세상에서 우리는 죄에 둘러싸여 있고, 고통 속에서 태어나며, 여전히 고통 속에서 살기 때문이다. 그러나 만일 우리가 그리스도와 함께 있게 된다면, 영원히 죄와 유혹과 결별하고, 슬픔 및 죽음과도 작별할 것이다.

2. 사도의 결론은 교회를 섬기기 위해 이 세상에서 조금이라도 더 오래 사는 것이었다(24절): 내가 육신으로 있는 것이 너희를 위하여 더 유익하리라. 교회는 사역자들을 필요로 한다. 추수할 것은 많되 일꾼이 적은(마 9:37) 때, 신실한 사역자들이 드문 것은 불행한 일이다. 아무리 세상을 떠나기를 바랄 충분한 이유를 갖고 있는 사람들이라고 하더라도, 하나님께서 감당하도록 주신 일이 있는 한, 세상에 계속 살겠다는 마음을 가져야 한다. 바울의 고민은 이 세상에서 사는 것과 천국에서 사는 것 사이에 있지 않았다. 그에게 이 두 가지는 전혀 차이가 없다. 그의 고민은 이 세상에서 그리스도를 섬기는 것과 저 세상에서 그분과 함께 있는 것 사이에 있었다. 그러나 그의 마음은 오직 그리스도에게 있었다. 그는 오히려 그리스도와 그의 교회의 유익을 위해, 박해와 난관으로 가득 찬

이 세상에 머무는 쪽을 선택했다.

Ⅱ. 내가 살 것과 너희 믿음의 진보와 기쁨을 위하여 너희 무리와 함께 거할 이것을 확실히 아노니(25절).   여기서 다음 몇 가지 사실을 확인할 수 있다

1. 바울은 신적 섭리 안에서 모든 것이 자기에게 가장 좋은 쪽으로 진행되리라고 크게 확신했다. "내가 육체로 거하는 것이 너희에게 필요하다는 이 확신이 내게 있으므로, 나는 내가 살아야 할 것을 확실히 안다."

2. 교회에 가장 좋은 것이 무엇이든, 우리는 하나님이 그렇게 하시리라는 것을 확신해야 한다. 만일 우리가 그리스도의 몸을 세우는데 무엇이 필요한지 알고 있다면, 반드시 그렇게 되리라는 것도 확실히 알고 있어야 한다. 왜냐하면 그분은 교회의 유익을 도모하고, 무슨 일이든 교회의 모든 상황에 맞추어 최선의 일을 행하시는 분이기 때문이다.

3. 사역자들은 무엇 때문에 계속 세상에 있어야 하는지 확인해 보라: 너희 믿음의 진보와 기쁨을 위하여(25절). 즉 그들은 우리의 거룩함과 위로를 더 증진시키기 위하여 세상에 있어야 한다.

4. 우리의 믿음과 믿음의 기쁨을 증진시키는 것이야말로 우리를 천국의 길에서 더 높이 나아가게 만든다. 믿음이 클수록 기쁨도 크다. 믿음과 기쁨이 클수록 그리스도인의 삶의 과정도 그만큼 더 진보한다.

5. 죄인들의 개종과 회심을 위해서 뿐만 아니라 성도들의 덕을 세우고 그들의 영적 수준을 높이기 위해서도 변함 없는 사역을 필요로 한다.

Ⅲ. 내가 다시 너희와 같이 있음으로 그리스도 예수 안에서 너희 자랑이 나로 말미암아 풍성하게 하려 함이라(26절).   그들은 사도를 다시 만날 것과 그가 그들을 위해 수고해줄 것을 기대하고 자랑했다. 여기서 다음 두 가지를 유의해야 한다

1. 사역자들이 교회와 계속 함께 하는 것은 교회와 그 유익에 도움이 되기를 바라는 모든 사람들의 자랑이 되어야 한다.

2. 우리의 모든 자랑은 그리스도 안에서 끝나야 한다. 신실한 사역자들에 대한 우리의 자랑은 그들을 위하시는 그리스도 예수에 대한 자랑이 되어야 한다. 왜냐하면 그들은 신랑 친구들로서, 그분의 이름으로 그리고 그분을 위해 인정받는 자들이기 때문이다.

[27]오직 너희는 그리스도의 복음에 합당하게 생활하라 이는 내가 너희에게 가 보나 떠나 있으나 너희가 한마음으로 서서 한 뜻으로 복음의 신앙을 위하여 협력하는 것과 [28]무슨 일에든지 대적하는 자들 때문에 두려워하지 아니하는 이 일을 듣고자 함이라 이것이 그들에게는 멸망의 증거요 너희에게는 구원의 증거니 이는 하나님께로부터 난 것이라 [29]그리스도를 위하여 너희에게 은혜를 주신 것은 다만 그를 믿을 뿐 아니라 또한 그를 위하여 고난도 받게 하려 하심이라 [30]너희에게도 그와 같은 싸움이 있으니 너희가 내 안에서 본 바요 이제도 내 안에서 듣는 바니라

사도는 두 가지 권면을 하는 것으로 이 장을 끝맺는다.

I. 사도는 그들에게 엄격한 생활을 강조한다. 오직 너희는 그리스도의 복음에 합당하게 생활하라(27절). 그리스도의 복음을 믿는다고 고백하는 사람들은 그들의 생활이 복음에 합당하거나 그것에 어울리고 일치하거나 해야 한다. 복음 진리를 믿고, 복음의 법에 복종하고, 복음의 약속들에 의지하는 사람들은 그것에 부합하는 믿음, 거룩함, 위로를 가지고 살아야 한다. 세상 속에서 하나님 나라에 속해 있는 사람들은 모든 면에서 그 나라의 신민이자 신하들처럼 살아야 한다. 우리의 생활이 그것에 일치할 때, 우리의 고백은 더 돋보일 것이다. 이는 내가 너희에게 가 보나 떠나 있으나 … 이 일을 듣고자 함이라(27-28절). 사도는, 26절에서, 비록 죄수지만 어느 정도 확신을 갖고, 그들을 다시 방문할 것에 대해 말했으나 여기서는 그들이 그것에 좌우되지 않기를 바란다. 우리의 믿음은 사역자들의 손에 좌우되어서는 안 된다: "내가 가든지 안 가든지 그것은 문제가 아니다. 다만 내가 너희에 관해 좋은 소식을 듣게 하고, 너희는 한마음으로 굳게 서라." 사역자들이 오든 안 오든, 그리스도는 항상 옆에 계신다. 그분은 우리 가까이 계시고, 결코 우리에게서 멀리 떠나지 아니하신다. 그리고 다시 오기 위해 서두르고 계신다. 주의 강림이 가까우니라(약 5:8). 너희가 한마음으로 서서 한 뜻으로 복음의 신앙을 위하여 협력하는 것(27절)을 나로 듣게 하라. 그는 그들에 관해 세 가지 일을 듣기 원했는데, 이것들은 모두 복음에 합당한 생활과 관련된 것들이다.

1. 복음을 고백하는 사람들이 복음을 위해 싸우고, 천국을 차지하기 위해 거룩한 싸움을 하는 것은 합당한 일이다. 복음의 신앙이란 신앙의 교훈 또는 복음의 종교를 말한다. 복음의 신앙 속에는 차지하기 위해 싸울 만한 가치가 있는

것이 들어있다. 큰 반대가 있더라도, 그것을 얻기 위해 싸울 필요는 충분하다. 어떤 사람이 잠자다 지옥에 갈 수도 있다. 그러나 천국에 갈 사람은 주변을 살피고, 부지런하지 않으면 안 된다.

2. 그리스도인들의 연합과 일치는 복음에 합당한 것이다: 함께 **싸우라** 곧 협력하라. 서로 싸우라는 것이 아니다. 너희 모두는 공통의 대적에 대항하여 협력해 싸우라는 것이다. 왜냐하면 주도 한 분이시요 믿음도 하나이요 세례도 하나이기 때문이다(엡 4:5). 한마음과 한 뜻은 복음에 합당한 것이다. 그리스도인들 사이에는 비록 여러 가지 일들에 관해 서로 다른 판단과 이해가 있을 수 있으나 한마음과 한 뜻이 있어야 한다.

3. 굳게 서는 것은 복음에 합당하다: 한마음으로 (굳게) 서서 한 뜻으로. 어떤 반대에 부딪히더라도 굳게 서서 요동하지 말라. 복음의 고백자들이 수시로 마음이 요동하고, 물처럼 불안정하다면, 그것은 믿음의 수치다. 그것은 훌륭한 모습이 아니기 때문이다. 복음의 신앙을 위해 싸우는 사람들은 그것에 대해 굳게 서 있어야 한다.

Ⅱ. 사도는 그들에게 고난 속에서 용기와 지조를 갖도록 권면한다. 무슨 일에든지 대적하는 자들 때문에 두려워하지 아니하는(28절). 복음의 고백자들은, 특히 최초로 기독교를 전파하던 당시에는, 항상 대적하는 자들을 만나지 않으면 안 되었다. 우리의 가장 큰 염려는 우리의 고백을 어떻게 철저히 지키고, 그것을 계속 유지하느냐 하는 것이다. 우리는 어떤 반대에 직면하든, 그것을 두려워해서는 안 되고, 박해받는 상태가 박해하는 상태보다 훨씬 더 낫고, 바람직한 상태라는 것을 염두에 두어야 한다. 왜냐하면 박해하는 것은 **멸망의 분명한 징조**이기 때문이다. 그리스도의 복음을 반대하고, 그 고백자를 괴롭히는 자들에게는 파멸이 예정되어 있다. 그러나 박해받는 것은 구원의 징조다. 그렇다고 그것이 모두 그런 것은 아니다. 허다한 위선자들이 그들의 믿음 때문에 고초를 겪었다. 그러나 우리가 그리스도를 위해 올바르게 고난을 받을 때 그것은 우리가 참된 믿음 속에 있고, 구원의 계획 속에 포함되어 있음을 보여주는 좋은 표지다. 그리스도를 위하여 너희에게 은혜를 주신 것은 다만 그를 믿을 뿐 아니라 또한 그를 위하여 고난도 받게 하려 하심이라(29절). 여기에는 두 가지 보배로운 선물이 주어져 있는데, 둘 다 그리스도를 위해 주어졌다.

1. 그리스도를 믿는 것. 믿음은 그리스도로 말미암아 주어지는 하나님의 선

물이다. 그리스도는 우리를 위해 믿음의 목적인 구원과 믿음 자체의 은혜를 값 주고 사셨다. 믿음의 능력 또는 축복은 하나님으로부터 온다.

2. 그리스도를 위해 고난받는 것. 이것 역시 무척 가치 있는 선물이다. 그것은 큰 영예와 큰 유익이 있다. 왜냐하면 그것을 통해 우리는 창조의 목적인 하나님의 영광을 위해 크게 봉사할 수 있고, 다른 사람들의 믿음을 격려하고 강화시켜줄 수 있기 때문이다. 또한 그것에는 특별한 보상이 따른다: 나로 말미암아 너희를 욕하고 박해할 때에는 너희에게 복이 있나니, 하늘에서 너희의 상이 큼이라 (마 5:11,12). 참으면 또한 함께 왕 노릇 할 것이요 (딤후 2:12). 만일 그리스도를 위해 욕을 먹고 손해를 본다면, 우리는 그것을 큰 선물로 간주해야 한다. 우리가 항상 순교자 및 고백자들과 똑같은 진실한 믿음으로 고난을 감수한다면, 그것은 결국 상급으로 돌아올 것이다(30절): "너희에게도 그와 같은 싸움이 있으니 너희가 내 안에서 본 바요 이제도 내 안에서 듣는 바니라. 즉 너희가 고난받고 있는 나를 보았고, 또 지금 나에 관해 듣고 있는 것과 같은 고난이 너희에게도 있다." 고난은 단순한 고난이 아니라 거기에는 명분이 있고, 또 그 명분도 단순한 명분이 아니라 정신이 깃들어 있다. 그리고 그 정신이 순교자를 만든다. 사람은 악한 명분으로 고난을 받을 수 있고, 따라서 그 고난은 받아도 싸다. 또는 선한 명분이지만, 나쁜 정신을 가지고 고난을 받을 수 있는데, 그 고난은 가치가 없다.

제 2 장

개요

이 장에서 사도는 몇 가지 의무들에 관한 권면을 계속한다. 그는 그리스도의 본보기로부터 같은 마음과 낮은 마음을 가질 것을 강조한다(1-11절). 이어서 그리스도인으로서 삶을 부지런하고 진지하게 살 것을 권면하고(12-13절), 몇 가지 적절한 은혜를 통해 그리스도인으로서의 고백을 더 빛나게 하도록 권면한다(14-18절). 그리고 그는 두 명의 신실한 사역자인 디모데와 에바브로디도에 관한 특별한 소개와 천거를 그들에게 제시하고, 이 장을 마친다(19-30절).

¹그러므로 그리스도 안에 무슨 권면이나 사랑의 무슨 위로나 성령의 무슨 교제나 긍휼이나 자비가 있거든 ²마음을 같이하여 같은 사랑을 가지고 뜻을 합하며 한마음을 품어 ³아무 일에든지 다툼이나 허영으로 하지 말고 오직 겸손한 마음으로 각각 자기보다 남을 낫게 여기고 ⁴각각 자기 일을 돌볼뿐더러 또한 각각 다른 사람들의 일을 돌보아 나의 기쁨을 충만하게 하라 ⁵너희 안에 이 마음을 품으라 곧 그리스도 예수의 마음이니 ⁶그는 근본 하나님의 본체시나 하나님과 동등됨을 취할 것으로 여기지 아니하시고 ⁷오히려 자기를 비워 종의 형체를 가지사 사람들과 같이 되셨고 ⁸사람의 모양으로 나타나사 자기를 낮추시고 죽기까지 복종하셨으니 곧 십자가에 죽으심이라 ⁹이러므로 하나님이 그를 지극히 높여 모든 이름 위에 뛰어난 이름을 주사 ¹⁰하늘에 있는 자들과 땅에 있는 자들과 땅 아래에 있는 자들로 모든 무릎을 예수의 이름에 꿇게 하시고 ¹¹모든 입으로 예수 그리스도를 주라 시인하여 하나님 아버지께 영광을 돌리게 하셨느니라

사도는 앞 장에서 다 다루지 못한 그리스도인의 의무에 관한 권면을 추가적으로 이 장에서 다루고 있다. 그는 그들에게 겸손과 사랑의 최고의 본보기인 주 예수의 실례를 본받아 같은 마음과 낮은 마음을 품도록 강조한다.

I. 가장 위대한 복음의 교훈 곧 서로 사랑하라는 권면을 강조한다. 이것은 그리스도의 나라의 법이요, 그의 학교의 교훈이며, 그의 가족의 제복이다. 사도는 이것을 마음을 같이하여 같은 사랑을 가지고 뜻을 합하며 한마음을 품으라(2절)는 말로 표현한다. 우리는 같은 사랑을 가질 때, 같은 마음을 품게 된다. 그리스도인들은 견해에 있어서 하나이든 아니든, 마음에 있어서는 하나가 되어야 한다. 이것은 항상 그들의 능력에 속하고, 항상 그들의 의무 안에 있으며, 가장 근접한 판단을 하도록 이끄는 가장 좋은 길이다. 같은 사랑을 가지고. 우리가 다른 사람들에게 구사하도록 요구받는 같은 사랑을 다른 사람들 역시 똑같이 우리에게 표현해야 한다는 것을 주목하자. 그리스도인의 사랑은 상호사랑이 되어야 한다. 사랑하라, 그러면 너희가 사랑받을 것이다. 뜻을 합하며 한마음을 품어. 하나님의 크신 일들에 대해 훼방하고 반대하거나 또는 서로 다른 이익을 추구하거나 하지 말고, 그 일들에 이의 없이 일치되고, 다른 차이들 속에서도 성령의 하나 되게 하심을 유지하라는 뜻이다. 여기서 다음 두 가지 사실을 확인할 수 있다.

1. 그 의무에 대한 사도의 애절한 강조. 그는 아주 절실하게 우리의 신실함에 대한 증거가 무엇인지 그리고 그리스도의 몸을 보존하고 세우는 수단들이 무엇인지 알도록 강조한다. 형제사랑에 대한 유인들로는 다음과 같은 것들이 있다.

(1) "만일 그리스도 안에 무슨 권면 곧 안위가 있다면, 즉 너희가 그리스도 안에서 안위를 경험한 적이 있다면, 서로 사랑하는 것으로 그 경험을 증명하라." 우리가 그리스도의 교훈 안에서 맛본 달콤함은 우리 영혼을 달콤하게 할 것이다. 우리가 그리스도 안에서 안위를 기대하고 있는가? 우리가 낙심하지 않으려면 서로 사랑해야 한다. 만일 우리가 그리스도 안에서 안위가 없다면, 그것을 어디서 기대할 수 있겠는가? 그리스도 안에서 유익을 얻는 사람들은 그분 안에서 안위를 얻되, 강하고 영원한 안위를 얻을 것이다(히 6:18; 살후 2:16). 그러므로 우리는 서로 사랑해야 한다.

(2) "사랑으로 위로하라. 만일 그리스도인의 사랑 안에서, 곧 너희에 대한 하나님의 사랑과 우리에 대한 너희 형제들의 사랑 안에서, 어떤 위로를 맛보았다면, 그에 대한 보답으로서, 같은 마음을 품으라. 만일 너희가 지금까지 그런 위로를 맛보았다면, 너희가 그것을 얻고자 한다면, 또 너희가 참으로 사랑의 은혜가 위

로의 은혜가 됨을 믿는다면, 같은 마음을 충만케 하라."

(3) "성령으로 교제하라. 만일 성령으로 말미암아 하나님 및 그리스도와 교제하는 일이 있다면, 또 한 성령으로 말미암아 힘을 얻고, 활력을 얻음으로써 성도들과 교제하는 일이 있다면, 너희는 같은 마음을 품으라. 왜냐하면 그리스도인의 사랑과 같은 마음은 우리로 하여금 하나님과의 및 서로 간의 교제를 보장해 주기 때문이다."

(4) "하나님과 그리스도 안에서 너희에게 무슨 긍휼이나 자비가 있다면, 즉 너희가 너희 스스로에 대해 하나님의 연민의 유익을 기대한다면, 서로 같은 사랑을 가지라. 만일 그리스도를 따르는 자들 사이에서 자비와 같은 일을 발견한다면, 또 성별된 모든 사람들이 거룩한 동정을 닮은 기질을 갖고 있다면, 그것을 더 충만케 하라." 이 논증들은 얼마나 설득력이 있는가! 어떤 이들은 그것이 아무리 난폭한 사람이라도 유순하게 만들고, 아무리 강퍅한 사람이라도 완화시키기에 충분하다고 생각할 것이다.

(5) 사도가 강조하고 있는 또 하나의 논증은 그것이 자기에게 위로가 되도록 하라는 것이다: 나의 기쁨을 충만하게 하라(4절). 성도들이 같은 마음을 품고, 사랑 안에서 사는 것은 사역자들의 기쁨이다. 사도는 그리스도의 은혜와 하나님의 사랑으로 그들을 이끌기 위해 쓰임받은 도구였다. 그는 이렇게 말한다: "따라서 너희가 그리스도의 복음에 참여함으로써 어떤 유익을 얻었다면, 즉 그 안에서 어떤 위로를 받거나 그것으로 말미암아 어떤 유익이 있었다면, 너희에게 복음을 전파한 가련한 사역자의 기쁨을 충만하게 하라."

2. 사도는 그것을 촉진시키는 수단들을 몇 가지 제시한다.

(1) 아무 일에든지 다툼이나 허영으로 하지 말고(3절). 교만과 격노만큼 그리스도인의 사랑에 더 큰 원수는 없다. 만일 우리가 형제들과 모순되는 어떤 일을 행한다면, 이것은 다툼으로 하는 것과 같다. 또 우리 자신을 과시하는 태도로 그들을 대한다면, 이것은 허영으로 하는 것과 같다. 다툼과 허영은 그리스도인의 사랑을 파괴하고, 비기독교적인 불꽃을 피운다. 그리스도는 모든 악의를 죽이기 위해 오셨다. 그러므로 그리스도인들 사이에는 대립의 영이 존재해서는 안 된다.

(2) 우리는 오직 겸손한 마음으로 각각 자기보다 남을 낮게 여겨야 한다(3절). 우리는 우리 자신의 잘못에 대해서는 엄격하고, 남을 판단하는데 있어서는 부드

러워야 한다. 또 우리 자신의 결함과 부족함은 예민하게 살피고, 남의 흠은 간과하고 관대해야 한다. 우리는 우리 자신 속에 있는 것보다 다른 사람들 속에 있는 장점을 더 높이 평가해야 한다. 왜냐하면 우리는 자신의 무가치함과 불완전함을 가장 잘 알고 있기 때문이다.

(3) 우리는 다른 사람들의 일에 관심을 가져야 한다. 하지만 그것은 호기심과 검열 때문이 아니라 또는 그들의 일에 참견하기 좋아하는 사람으로서가 아니라 그리스도인의 사랑과 연민 때문이어야 한다: 각각 자기 일을 돌볼 뿐더러 또한 각각 다른 사람들의 일을 돌보라(4절). 이기적인 정신은 그리스도인의 사랑을 파괴한다. 우리는 우리 자신의 영예에도 신경을 써야 할 뿐만 아니라 다른 사람들의 평안과 안전에 대해서도 관심을 기울여야 한다. 또 다른 사람들의 번영을 우리 자신의 일처럼 즐거워해야 한다. 우리는 우리 이웃을 내 몸처럼 사랑하고, 그의 일을 우리 자신의 일처럼 여겨야 한다.

Ⅱ. 복음의 본보기를 본받도록 우리에게 강조한다. 그 본보기는 우리 주 예수 그리스도의 본보기다: 너희 안에 이 마음을 품으라 곧 그리스도 예수의 마음이니(5절). 그리스도인들은 그리스도의 마음을 품어야 한다는 점을 유념하자. 우리가 그분의 죽으심의 유익을 얻었다면, 또한 그분의 삶을 본받아 닮아가야 한다. 누구든지 그리스도의 영이 없으면 그리스도의 사람이 아니라(롬 8:9). 그러면 그리스도의 마음이란 무엇인가? 그분은 지극히 겸손하셨는데, 이것이야말로 우리가 그분으로부터 특별히 배워야 할 점이다. 나는 마음이 온유하고 겸손하니 나의 멍에를 메고 내게 배우라(마 11:29). 만일 우리가 낮은 마음을 품는다면, 같은 마음을 갖게 될 것이다. 만일 우리가 그리스도를 닮았다면, 낮은 마음을 품게 될 것이다. 우리는 한마음을 품고 걸어가고, 같은 발걸음으로 우리를 위해 고난받고 죽기까지 자신을 낮추신 그리스도와 함께 가야 한다. 그분은 하나님의 공의를 만족시키고, 우리의 구속의 값을 지불하셨을 뿐만 아니라 자신의 발자취를 따르도록 우리에게 모범이 되셨다. 따라서 여기서 우리는 주 예수의 두 본성과 두 상태에 대해 깨닫게 된다. 주 예수와 그분의 마음에 관해 언급한 사도는 그 취지를 그분의 인격으로 확대시키고, 특별히 그것에 대해 묘사하는 내용이 주목할 만하다. 그것은 참으로 즐거운 주제이다. 따라서 복음 전도자가 다른 말을 하다 그것을 언급한다고 해서 주제에서 벗어났다고 생각할 필요는 없다. 그것은 기회가 있을 때마다 쉽게 언급될 수 있는 주제이기 때문이다.

1. 여기서 그리스도의 두 본성 곧 그분의 신성과 인성이 언급되고 있다.

(1) 그분의 신성: 그는 근본 하나님의 본체시나(6절). 그분은 신성의 소유자로, 하나님의 영원하고 유일하신 아들이시다. 이것은 태초에 말씀이 계시니라 이 말씀이 하나님과 함께 계셨으니 이 말씀은 곧 하나님이시니라는 요 1:1의 기록과 일치한다. 그 말은 보이지 아니하는 하나님의 형상이시라는 것(골 1:15)과 하나님의 영광의 광채시요 그 본체의 형상이시라는 것(히 1:3)과 같은 취지다. 하나님과 동등됨을 취할 것으로 여기지 아니하시고(6절). 그분은 자신에게 속하지 아니한 것을 침범하거나 다른 자의 권리를 취하거나 하는 죄를 범하려고 생각하지 아니하셨다는 것이다. 그분은 나와 아버지는 하나라고 말씀하셨다(요 10:30). 단순한 사람이나 단순한 피조물이 하나님과 동등된 것으로 여기거나 스스로 아버지와 하나라고 고백하는 것은 가장 끔찍한 찬탈이다. 이것은 십일조와 헌물을 훔치는 정도가 아니라 그분의 신성의 권리를 사람이 하나님으로부터 도둑질하는 것이다(말 3:8). 어떤 이들은 근본 하나님의 본체가 되신다(엔 몰프헤 데우 휘팔콘)는 말을 구약 시대에 족장들과 유대인들에게 신적 위엄의 영광 속에서 나타나신 그분의 모습을 의미하는 것으로 이해한다. 그 때 그것은 자주 영광과 쉐키나로 표현되었다. 본체라는 단어는 70인경과 신약성경에서 이런 의미로 사용되었다. 예수께서 다른 모양으로(엔 헤테라 몰프헤) 그들에게 나타나시니(막 16:12). 그들 앞에서 변형되사(메테몰프호테)(마 17:2). 하나님과 동등됨을 취할 것으로 여기지 아니하시고. 즉 그분은 욕심부려 그 영광을 붙잡으려고 하지 않았다. 또는 영광 속에 나타나는 것을 탐욕스럽게 갈망하거나 취하지 않았다. 그분은 땅 위에 계시는 동안 과거의 엄위하신 모습을 피하셨다. 그것이 취할 것으로 여기지 아니하고(욱스 할파그몬 헤게사토)라는 표현의 의미로 생각된다.

(2) 그분의 인성: 그분은 사람들과 같이 되셨고, 사람의 모양으로 나타나셨다(7,8절). 그분은 우리의 혈과 육을 취하신, 참되고 실제적인 사람으로서, 사람의 본성과 습관을 갖고 나타나셨다. 그것도 그분은 자발적으로 인간의 본성을 취하셨다. 그것은 그분 스스로의 행위였고, 스스로의 동조에 의한 것이었다. 우리는 우리가 그분과 같이 해서 인간 본성을 갖게 되었다고 말할 수 없다. 이를 위해 그분은 자기를 비우셨다. 즉 자기에게서 천상의 영예와 영광을 내려놓으셨고, 자신의 과거 모습을 버리고 인간 본성의 누더기를 걸치셨다. 그분은 범사에 우리들과 같이 되셨다(히 2:17).

2. 여기서 그분의 두 상태 곧 낮아지심과 높아지심이 언급되고 있다.

(1) 그분의 낮아지심의 상태. 그분은 사람의 모양과 형체를 취하셨을 뿐만 아니라 인간의 가장 비천한 상태인 종의 형체를 취하셨다(7절). 그분은 하나님이 택하신 종일 뿐만 아니라 사람들을 수종들기 위해 오셨다. 사람들 사이에서 그분은 비천하고 노예와 같은 상태에서 섬기는 자로 계셨다. 어떤 사람은 주 예수께서 인간이시라도, 왕으로 그리고 영광 속에서 나타나시는 모습을 상상할 것이다. 그러나 사실은 정반대다: 오히려 자기를 비워 종의 형체를 가지셨다. 그분은 비천하게 자라셨고, 아마 그의 육신의 아버지와 함께 일하면서 살았을 것이다. 그분의 한평생은 겸비와 비천과 가난과 불명예의 삶이었다. 그분은 어디서도 머리 둘 곳이 없었고, 남의 도움을 받고 살았으며, 슬픔의 사람으로서 고난에 익숙하셨다. 또 외적 화려함이나 다른 사람들과 구별될 만한 어떤 특징을 갖고 나타나시지 아니했다. 이것이 낮아지신 그분의 생애였다. 그러나 그분의 낮아지심의 최하급 단계는 십자가에 달려죽은 그분의 죽으심이었다. 죽기까지 복종하셨으니 곧 십자가에 죽으심이라(8절). 그분은 고난을 받으셨을 뿐만 아니라 실제로 그리고 자의로 복종하셨다. 그분은 중보자로서 그 아래 들어가 죽어야 했던 율법에 복종하셨다. 나는 버릴 권세도 있고 다시 얻을 권세도 있으니 이 계명은 내 아버지에게서 받았노라(요 10:18). 그리고 그분은 율법 아래 나셨다(갈 4:4). 그분의 죽으신 방법이 특별히 강조되고 있다. 그 안에는 낮아짐에 대해 상상할 수 있는 모든 상황들이 다 들어 있었다: 죽기까지 복종하셨으니 곧 십자가에 죽으심이라. 이 죽음은 저주받고 고통스럽고 수치스러운 죽음이었다. 곧 율법의 저주를 받은 죽음(나무에 달린 자마다 저주 아래 있는자라)으로, 몸에서 가장 신경이 예민한 부분에 못이 박히고, 십자가에 그 전 체중을 실려져 고통으로 가득 찬 죽음이었다. 또 자유인이 아니라 행악자와 노예의 죽음으로서, 공개적으로 구경거리가 되었다. 이것은 영광스러운 예수님의 낮아지심이었다.

(2) 그분의 높아지심: 이러므로 하나님이 그를 지극히 높여(9절). 그분의 높아지심은 그분의 낮아지심에 대한 보상이었다. 그분이 자신을 낮추셨기 때문에 하나님께서는 그분을 높이셨다. 그것도 지극히 높이셨다(휘페뤼프소오센). 최고로 높이셨다는 뜻이다. 하나님은 그분의 전인격 곧 신성과 인성 모두를 높이셨다. 왜냐하면 그분은 하나님의 본체이자 사람의 모양으로 말해지기 때문이다. 그분의 신성에 관해 말한다면, 그것은 어떤 새로운 영광의 획득이 아니라 그분의

권리의 회복 또는 창세전에 아버지와 함께 가졌던 영화(요 17:5)의 현시와 드러냄으로 볼 수 있었다. 따라서 아버지 자신이 높아지신 것으로 말해진다. 그러나 비록 그것이 그분의 신성과 관련해서 말해지기는 해도, 참으로 높아지신 것은 그분의 인성으로서, 오직 그것만이 높아지실 수 있었던 것으로 보인다. 그분의 높아지심은 여기서 영예와 권능 속에 있는 것으로 말해진다. 먼저 그것은 영예 속에 있다. 모든 이름 위에 뛰어난 이름을 주사(9절). 이 이름은 모든 피조물 곧 사람과 천사들을 능가하는 위엄성에 대한 이름이다. 또 그것은 권능 속에 있다: 모든 무릎을 예수의 이름에 꿇게 하시고(10절). 전체 피조물은 그분께 복종해야 한다: 하늘에 있는 자들과 땅에 있는 자들과 땅 아래에 있는 자들(10절). 곧 땅과 하늘의 모든 존재들, 산자와 죽은 자 모두를 가리킨다. 예수의 이름에(10절). 그 말의 소리가 아니라 예수의 권위에. 모든 것이 엄숙한 경의를 표해야 한다. 모든 입으로 예수 그리스도를 주라 시인하여(11절). 모든 민족과 언어가 높아지신 구속주의 우주적 왕국을 공개적으로 시인하고, 하늘과 땅의 모든 권세가 그분께 주어진다(마 28:18). 그리스도의 나라의 방대한 통치 영역을 주목해 보자. 그것은 하늘과 땅 모두에 미치고, 사람들과 천사들을 비롯한 각각의 모든 피조물들에게 미치며, 산 자와 죽은 자 모두에게 미친다. 하나님 아버지께 영광을 돌리게 하셨느니라(11절). 예수 그리스도가 주님이라고 고백하는 것이야말로 아버지 하나님께 영광을 돌리는 것이다. 왜냐하면 모든 사람으로 아버지를 공경하는 것 같이 아들을 공경하게 하려 하시는 것이 아버지의 뜻이기 때문이다(요 5:23). 그리스도께 주어지는 존경은 그것이 무엇이든 간에 아버지의 영예로 되돌려진다. 나를 영접하는 자는 나 보내신 이를 영접하는 것이니라(마 10:40).

¹²그러므로 나의 사랑하는 자들아 너희가 나 있을 때뿐 아니라 더욱 지금 나 없을 때에도 항상 복종하여 두렵고 떨림으로 너희 구원을 이루라 ¹³너희 안에서 행하시는 이는 하나님이시니 자기의 기쁘신 뜻을 위하여 너희에게 소원을 두고 행하게 하시나니

I. 사도는 그리스도인으로서 삶을 살 때 부지런하고 진지하게 살도록 권면한다. 너희 구원을 이루라(12절). 그것은 우리 영혼의 구원(벧전 1:9), 우리의 영원한 구원(히 5:9)을 이루라는 말이다. 그리고 이 속에는 죄가 우리에게 가져오고,

우리를 그 속에 들어가게 한 모든 악으로부터의 구원과 모든 선 및 우리의 완전하고도 최종적인 행복에 필수적인 모든 것이 다 포함되어 있다. 그것은 우리 영혼의 행복을 보장하기 위해 그 어떤 것보다 우리가 관심을 두어야 할 것이다. 다른 것들이 어떻게 되든 간에, 우리는 우리의 최고의 유익에 주목을 해야 한다. 그것은 우리 자신의 구원, 우리 자신의 영혼의 구원이다. 우리의 최고 관심사는 다른 사람들을 판단하는 것이 아니다. 우리 자신을 충분히 살펴야 한다. 우리는 할 수 있는 한 최선을 다해 일반으로 얻은 구원(유 1:3)을 촉진시켜야 하지만, 우리 자신의 구원을 소홀히 할 이유가 없다. 우리는 너희 구원을 이루라고 요청받는다. 여기서 이루라(카텔가제스테)는 말은 어떤 일에 대해 철저히 행하라 또는 참된 수고를 하라는 의미다. 우리는 우리의 구원에 도움이 되는 모든 수단들을 사용하는데 부지런해야 한다. 수시로 구원에 관련된 일들을 행함으로써, 우리의 구원을 이루어야 할 뿐만 아니라 행해야 할 모든 일들을 멈추지 말고 끝까지 행함으로써, 우리의 구원을 이루어야 한다. 구원은 우리가 가슴에 품고 마음속에 새겨야 할 가장 큰 일로서, 우리는 지극한 관심과 근면함이 없이는 구원에 이를 수 없다. 사도는 여기에 두렵고 떨림으로란 말을 덧붙인다(12절). 이 말은 '각별하게 조심하고 신중하게' 란 뜻이다: "너희는 구원에 대해 흠이 있고 부족하지 않도록 떨며 두려워하라. 최선을 다해 믿음으로 모든 일을 하도록 유의하고, 너희의 모든 유익에 이르지 못하는 일이 없도록 조심하라(히 4:1)." 두려움이야말로 악에 대한 최고의 방책이자 보호책이다.

Ⅱ. 사도는 항상 복음에 순종할 준비를 함으로써 구원을 이루라고 권면한다. "너희가 나 있을 때뿐 아니라 더욱 지금 나 없을 때에도 항상 복종하여 두렵고 떨림으로 너희 구원을 이루라(12절). 너희는 내가 있을 때나 없을 때나 하나님의 뜻을 발견할 때마다 기꺼이 그 뜻에 순응해왔다. 너희는 그 어떤 것에 대해서보다 그리스도에 대한 존경과 너희 영혼에 대한 관심에 따라 움직이고 있음을 보여주어야 한다." 그들은 사도가 있을 때뿐 아니라 더욱 그가 없을 때에도 그에 대한 두려움을 갖고 있었다. "너희가 너희 구원을 이루는 것은 너희 안에서 행하시는 이가 하나님이시기 때문이다(13절). 그분이 이루실 것이니, 이루라." 우리의 수고는 결코 헛되지 않을 것이니(고전 15:58) 최선을 다하도록 유의해야 한다. 하나님은 은혜를 베푸시고, 우리의 신실한 수고를 도우실 준비가 되어 있다. 우리는 우리의 구원을 이루기 위해 최선의 노력을 다해야 하지만, 그와 함께 하나

님의 은혜를 계속 의지하고 의존해야 한다. 그분의 은혜는 우리 본성에 부합하고, 우리의 수고를 돕는 방식으로 우리 안에서 역사한다. 우리 안에서 일어나는 하나님의 은혜의 작용은 우리의 책임을 결코 면제시키지 않고, 우리의 수고를 제고시키고 자극하도록 되어 있다. "두렵고 떨림으로 너희 구원을 이루라. 왜냐하면 그가 너희 안에서 행하시기 때문이다." 우리의 모든 행함은 그분이 우리 안에서 행하는 것에 달려 있다. "태만과 지체로 하나님을 자극하여 그분의 도우심이 사라지고, 너희의 모든 수고가 헛되게 되지 않도록 그분을 만홀히 여기지 말라. 두려움으로 이루라. 왜냐하면 그분께서 자기의 기쁘신 뜻을 위하여 이루시기 때문이다(13절)." 소원을 두고 행하게 하시나니(13절). 그분이 모든 능력을 주신다. 선한 일을 하도록 마음을 기울어지게 하는 것은 하나님의 은혜다. 그 때 우리는 그것을 행할 수 있고, 우리의 원리에 따라 행하게 된다. 주께서 우리 모든 일도 우리를 위하여 이루심이니이다(사 26:12). 자기의 기쁘신 뜻을 위하여(13절). 우리 안에는 능력이 없는 만큼 공로도 없다. 우리가 하나님의 은혜 없이는 행동할 수 없는 것처럼, 그 권리를 주장할 수도 없고 그 자격을 가장할 수도 없다. 우리를 향하신 하나님의 선하신 뜻은 우리 안에서 행하시는 그분의 선하신 일의 원인이다. 그분은 피조물 가운데 그의 은혜로우신 약속을 받은 자들에게만 그렇게 하실 의무를 갖고 있다.

[14]모든 일을 원망과 시비가 없이 하라 [15]이는 너희가 흠이 없고 순전하여 어그러지고 거스르는 세대 가운데서 하나님의 흠 없는 자녀로 세상에서 그들 가운데 빛들로 나타내며 [16]생명의 말씀을 밝혀 나의 달음질이 헛되지 아니하고 수고도 헛되지 아니함으로 그리스도의 날에 내가 자랑할 것이 있게 하려 함이라 [17]만일 너희 믿음의 제물과 섬김 위에 내가 나를 전제로 드릴지라도 나는 기뻐하고 너희 무리와 함께 기뻐하리니 [18]이와 같이 너희도 기뻐하고 나와 함께 기뻐하라

이 단락에서 사도는 다양한 실례를 통해 그리스도인으로서의 고백에 적절한 성품과 행위를 구비하도록 그들에게 권면한다.

1. 하나님의 명령에 즐겁게 복종하라(14절): "모든 일을 곧 그 모든 부분에 이르기까지 너희의 의무를, 원망 없이 하라. 즉 그것을 행하되, 흠을 잡지 말고 하라. 각자의 일에 전념하고 서로 다투지 마라." 하나님의 명령은 싸우라고 주어

진 것이 아니라 순종하라고 주어진 것이다. 이것은 우리의 고백을 크게 돋보이게 하고, 우리가 선한 주인을 섬기고 있음을 증명한다. 그 섬김은 자유요 그 일은 그 자체가 보상이다.

2. 서로 평화하고 사랑하라(14절): "모든 일을 시비가 없이 하라. 서로 다투고 논쟁하지 말라. 왜냐하면 진리의 빛과 믿음의 생명은 종종 다툼의 열기 또는 그 와중에서 상실되기 때문이다."

3. 모든 사람들에 대해 흠 없는 생활을 하라(15절): "너희가 흠이 없고 순전하여(해가 없고), 하나님의 흠 없는 자녀로 나타나라. 즉 너희는 말이나 행동으로 누구에게든 해를 끼치지 말고, 조금이라도 불쾌하게 할 빌미를 주지 말라." 우리는 해가 없는 사람이 될 뿐만 아니라 흠이 없는 사람이 되도록 노력해야 한다. 상처를 주지 않는 사람이 되어야 할 뿐만 아니라 추호도 그런 의심조차 받지 않는 사람이 되어야 한다. 흠이 없고 순전하여. 사람들 앞에서 흠이 없도록 하라. 하나님의 말씀에 대해 순전하라. 하나님의 자녀. 이 관계 속에 굳게 서 있고 이 특권에 맞추어 살아야, 흠이 없고 순전한 사람들로서 어울린다. 하나님의 자녀는 사람의 아들들과 달라야 한다. 흠 없는(아모메타). 헤시오도스와 루키아노스의 작품에 따르면, 그리스 신화에서 모무스는 비난의 신이다. 그 신은 자신은 아무것도 하지 않으면서 만인과 만사에 대해 흠을 잡아냈다. 그 신으로부터 다른 사람들의 흠을 잡고 그들의 행위에 대해 엄격한 트집을 잡는 사람들을 가리키는 모미라는 말이 나왔다. 그 표현의 의미는 다음과 같다: "모무스가 너희에 대해 트집을 잡을 기회를 주지 않도록, 그리하여 아무리 가혹한 흠을 찾더라도 너희에게서는 흠을 찾을 수 없도록, 조심스럽게 행동하라." 우리는 천국에 이르기를 목표로 삼고 노력하되, 흠 없이 이르도록 힘써야 한다. 데메드리오처럼, 뭇 사람에게도, 진리에서도 증거를 받아야 한다(요삼 1:12). 어그러지고 거스르는 세대 가운데서. 즉 이 말은 '이방인들과 복음 밖에 있는 사람들 가운데서'라는 뜻이다. 참된 신앙이 없는 곳에서는 어그러지고 거스르는 것 외에 기대될 것이 거의 없다는 점을 유의하자. 우리와 함께 사는 다른 사람들이 어그러지고 거스를수록 흠을 잡는 일도 그만큼 더 심화된다. 따라서 우리는 그럴수록 흠이 없고 순전하게 우리 자신을 지킬 수 있도록 더 힘써야 한다. 아브람의 가축의 목자와 롯의 가축의 목자가 서로 다투고 또 가나안 사람과 브리스 사람도 그 땅에 거주하였는지라(창 13:7).

세상에서 그들 가운데 빛들로 나타내며. 그리스도는 세상의 빛이고, 참 그리스도인들은 세상의 빛들이다. 하나님은 어느 곳에 참 그리스도인을 세우실 때, 그곳의 빛으로 그들을 세우신다. 또는 이 말은 명령법으로 읽혀질 수 있다: 그들 가운데 빛들로 나타나라. 마 5:16의 너희 빛이 사람 앞에 비치게 하라는 말과 비교해 보라. 그리스도인들은 하나님께 인정받도록 힘써야 할 뿐만 아니라 다른 사람들도 하나님께 영광을 돌리도록 하기 위해 그들에게도 칭찬 듣는 사람이 되도록 힘써야 한다. 그들은 순전해야 할 뿐만 아니라 빛을 비추는 자들이 되어야 한다. 생명의 말씀을 밝혀(또는 붙들고)(16절). 복음은 예수 그리스도로 말미암아 우리에게 영생을 나타내고, 제공하기 때문에 생명의 말씀으로 불린다. 복음으로써 생명과 썩지 아니할 것을 드러내신지라(딤후 1:10). 생명의 말씀을 굳게 붙들 뿐만 아니라 그것을 밝히는 것이 우리의 의무다. 우리 자신의 유익을 위해서 그것을 굳게 붙들어야 함과 동시에 다른 사람들의 유익을 위해서 그것을 밝혀야 한다. 마치 촛대가 촛불을 굳게 붙들고 있으면서 주위를 밝게 비추도록 하는 것과 같이, 우리도 천국의 빛들로서 그 빛을 세상에 널리 그리고 멀리 비추어야 한다.

바울은 그들에게 이것이 자신의 자랑거리가 되어야 한다고 말한다: "그리스도의 날에 내가 자랑할 것이 있게 하려 함이라. 너희의 견고함만이 아니라 너희의 유용함에 대해서도 자랑할 것이 있어야 한다." 그는 그들에게 자신의 수고가 크게 유용했음을 곧 그의 달음질이 헛되지 아니하고 수고도 헛되지 아니했음을 알려주려고 했다. 여기서 우리는 다음과 같은 사실을 확인할 수 있다. (1) 복음전도의 사역은 전인격의 헌신을 요구한다. 우리 안에 있는 모든 것을 그것을 위해 곧 달음질하고 수고하는데 사용한다고 해도 충분치 못하다. 달음질은 열정과 힘 그리고 계속 전진하는 것을 암시한다. 수고는 견인성과 철저한 실천을 의미한다. (2) 사역자들은 달음질이 헛되지 아니하고, 수고도 헛되지 아니했음을 느낄 때 큰 기쁨을 얻는다. 그들의 수고로 회심한 자들이 면류관을 받을 그리스도의 날에, 그들은 그 기쁨을 누리게 될 것이다. 우리의 소망이나 기쁨이나 자랑의 면류관이 무엇이냐 그가 강림하실 때 우리 주 예수 앞에 너희가 아니냐 너희는 우리의 영광이요 기쁨이라(살전 2:19-20).

사도는 그들을 위해 즐겁게 달려가고 수고했을 뿐만 아니라 그들의 유익을 위해 고난받을 준비도 되어 있음을 보여준다(17절): 만일 너희 믿음의 제물과 섬김 위에 내가 나를 전제로 드릴지라도 나는 기뻐하고 너희 무리와 함께 기뻐하리니. 그는 자신이 그리스도의 영예를 높이고 교회의 덕을 세우며 사람들의 영혼의 행복을 위할 수만 있다면, 비록 위험을 당하고 자신의 목숨을 내놓는다 할지라도, 참으로 기쁠 것이라고 생각했다. 그는 하나님의 택하신 자들의 믿음을 위해서라면 그들의 제단에 자신을 제물로 바칠 용의가 있었다. 바울이 교회를 섬기기 위해 피를 흘리는 것이 충분한 가치가 있다고 생각했다면, 우리가 약간의 수고를 하는 것에 대해서 과연 크다고 생각할 수 있겠는가? 그가 그 일에 대해 목숨을 바칠 가치가 있다고 생각했다면, 우리의 수고도 그만한 가치가 있지 않겠는가? 내가 나를 전제로 드릴지라도(스펜도마이), 곧 전제의 포도주와 같이 내가 부어지질지라도, 그럴 준비가 되어 있다(딤후 4:6). 그는 그의 피로 그의 교훈을 인치는 것을 기뻐할 수 있었다(18절): 이와 같이 너희도 기뻐하고 나와 함께 기뻐하라. 참 그리스도인들이 크게 기뻐하는 것은 하나님의 뜻이다. 그리고 신실한 사역자들을 행복하게 하는 사람들은 그 사역자들과 함께 기뻐하고 기뻐할 충분한 이유가 있다. 만일 사역자가 성도들을 사랑한다면 그리고 그들의 행복을 위해 기꺼이 수고하고 또 수고했다면, 그들은 그 사역자를 사랑하고 그와 함께 기뻐하고 기뻐할 이유가 충분히 있다.

¹⁹내가 디모데를 속히 너희에게 보내기를 주 안에서 바람은 너희의 사정을 앎으로 안위를 받으려 함이니 ²⁰이는 뜻을 같이하여 너희 사정을 진실히 생각할 자가 이밖에 내게 없음이라 ²¹그들이 다 자기 일을 구하고 그리스도 예수의 일을 구하지 아니하되 ²²디모데의 연단을 너희가 아나니 자식이 아버지에게 함같이 나와 함께 복음을 위하여 수고하였느니라 ²³그러므로 내가 내 일이 어떻게 될지를 보아서 곧 이 사람을 보내기를 바라고 ²⁴나도 속히 가게 될 것을 주 안에서 확신하노라 ²⁵그러나 에바브로디도를 너희에게 보내는 것이 필요한 줄로 생각하노니 그는 나의 형제요 함께 수고하고 함께 군사 된 자요 너희 사자로 내가 쓸 것을 돕는 자라 ²⁶그가 너희 무리를 간절히 사모하고 자기가 병든 것을 너희가 들은 줄을 알고 심히 근심한지라 ²⁷그가 병들어 죽게 되었으나 하나님이 그를 긍휼히 여기셨고 그뿐 아니라 또 나를 긍휼히 여기사 내 근심 위에 근심을 면하게 하셨느니라 ²⁸그러므로 내가 더욱 급히 그를 보낸 것은 너희로 그를 다시 보고 기뻐하게 하며 내 근심도 덜려 함이니라 ²⁹이러므로 너희가 주 안에서 모든 기쁨으로 그를 영접하고 또 이와 같은 자들을 존

귀히 여기라 [30]그가 그리스도의 일을 위하여 죽기에 이르러도 자기 목숨을 돌보지 아니한 것은 나를 섬기는 너희의 일에 부족함을 채우려 함이니라

바울은 여기서 두 명의 참 사역자에 관해 특별히 언급한다. 그는 자신이 위대한 사도였고, 모든 사도보다 더 많이 수고하였으나(고전 15:10) 자기보다 훨씬 못한 그들을 존대하며 온갖 찬사를 아끼지 않는다.

I. 사도는 디모데에 관해 말한다. 그는 디모데를 빌립보 교인들에게 보내 그들의 사정을 알게 되기를 원했다. 바울의 교회에 대한 관심과 그들의 행복으로 말미암아 받은 안위를 보라. 그는 오랫동안 그들에 관해 소식을 듣지 못하자 괴로웠고, 그리하여 디모데를 보내 그 사정을 알아보고 그에게 소식을 가져오도록 했다: 이는 뜻을 같이하여 너희 사정을 진실히 생각할 자가 이밖에 내게 없음이라(20절). 디모데는 둘도 없는 사람이었다. 확실히 자신이 복음을 전한 사람들의 영혼을 잘 보살핀 훌륭한 사역자들은 많이 있었다. 그러나 디모데에게는 비교할 바가 못 되었다. 그는 그 누구보다 탁월한 영성과 부드러운 마음을 가진 사역자였다. 너희 사정을 진실히(naturally) 생각할 자가 이밖에 내게 없음이라. 우리의 의무는 우리에게 자연스러운 곧 진실한 방법으로 감당할 때 가장 좋다. 디모데는 은혜로운 바울의 진정한 아들로서, 그와 똑같은 정신과 똑같은 발걸음으로 걸어갔다. 진실히. 이 말은 '조금도 위장하지 않고 자연스럽게'란 뜻이다. 즐거운 마음과 진솔한 태도를 갖고 그의 마음의 생각에 일치되었다는 뜻이다. 여기서 다음 사실들을 유의해야 한다.

1. 그 성도들의 사정에 관심을 두고 그들의 행복을 염려하는 것은 사역자들의 의무다: 내가 구하는 것은 너희 재물이 아니요 오직 너희니라(고후 12:14).

2. 그것을 진실히 행하는 사역자들을 발견하기란 쉬운 일이 아니다. 이런 자는 그의 형제들 가운데 남다르고 특별하다. 그들이 다 자기 일을 구하고 그리스도 예수의 일을 구하지 아니하되(21절). 다윗이 모든 사람이 거짓말쟁이라고 말했던 것처럼(시 116:11), 바울도 놀라서 이 말을 했을까? 과연 초대 교회 당시에도 사역자들 가운데 자기 회중들의 사정을 보살피는 사역자들을 찾아보기가 어려울 정도로 타락이 만연되어 있었을까? 우리는 그렇다고 이해해서는 안 된다. 사도는 일반적으로 곧 대다수 또는 모든 사역자들보다 디모데가 더 낫다는 뜻으로 다(all)라는 말을 쓴 것이다. 예수 그리스도를 소홀히 하고 우리 자신의 이익을

구하는 것은 아주 큰 죄로서, 그리스도인과 사역자들 사이에서 흔히 나타난다. 많은 이들이 진리, 거룩함 그리고 신앙의 의무보다 그들 자신의 영예, 안일 그리고 안전을 더 추구한다. 또 세상 속에서 그리스도의 나라의 일과 그분의 영예 및 유익보다 그들 자신의 즐거움과 명성에 관한 일에 더 집착한다. 그러나 디모데는 전혀 그들과 같지 않았다. 디모데의 연단을 너희가 아나니(22절). 디모데는 시련을 많이 겪었던 사람으로서, 그의 직무를 다했다(딤후 4:5). 그리고 자기에게 주어진 모든 일에 충실했다. 그를 알고 있던 모든 교회들은 그의 연단을 알고 있었다. 그는 명실상부한 사람이었다. 그는 그리스도를 섬기는 자로서, 하나님을 기쁘시게 하며 사람에게도 칭찬을 받았다(롬 14:18). "너희는 그의 이름과 얼굴을 알고 있을 뿐만 아니라 그의 연단도 알고 있고, 너희를 섬기는 일에 있어서 그의 사랑과 진실도 알고 있다. 그는 자식이 아버지에게 함같이 나와 함께 복음을 위하여 수고하였다(22절)." 그는 바울이 복음을 전하던 많은 곳에서 그를 도왔고, 자녀가 아버지께 돌리는 공손한 마음을 가지고, 자녀가 아버지를 봉양하기 위해 가지는 사랑과 기쁨을 가지고, 바울과 함께 복음을 섬겼다. 그들의 동역은 한편은 지극한 존경심을 갖고, 다른 한편은 지극한 자상함과 자비를 갖고 서로를 대하는 가운데 이루어졌다. 이것은 연장자와 연소자가 동일한 사역에 종사하면서 연합의 본보기를 보여주는 아름다운 실례가 아닐 수 없었다. 바울은 속히 그를 보내기를 원했다: 그러므로 내가 내 일이 어떻게 될지를 보아서 곧 이 사람을 보내기를 바라고(23절). 그는 현재 죄수였고, 상황이 어떻게 될지 알지 못했다. 그러나 사태의 추이를 보고 디모데를 보내려고 했던 것이다. 아니, 그는 자신도 그들에게 가기를 원했다(24절): 나도 속히 가게 될 것을 주 안에서 확신하노라. 그는 곧 자유의 몸이 되어 그들을 방문할 수 있기를 원했다. 바울은 안락을 누리기 위해서가 아니라 선을 행하기 위해서 자유를 얻고 싶었다. 주 안에서 확신하노라. 그는 하나님의 뜻에 겸손하게 의존하고 복종하면서, 그들을 만나려는 자신의 소망과 신념을 표현한다. 행 18:21, 고전 4:19, 약 4:15, 히 6:3을 보라.

II. 사도는 에바브로디도에 관해 말한다. 그는 에바브로디도를 나의 형제요 함께 수고하고 함께 군사 된 자로 부른다(25절). 즉 사도의 그리스도인 형제로서, 사도가 각별한 애정을 갖고 있었던 에바브로디도는 복음의 수고와 고난을 감당하는데 있어서 그의 동료로서, 그와 동일한 수고와 고난을 겪었다. 또 에바브로디도는 빌립보 교인들에 의해 사도에게 가도록 보냄을 받은 그들의 사자로 서, 아마 그는 그들의 교회와 관련된 몇 가지 문제들에 관해 사도에게 조언을 받거나 사도가 그를 가리켜 내가 쓸 것을 돕는 자라고 덧붙인 것으로 보아 그들 로부터 사도를 돕기 위한 필요한 물건을 가지고 간 것으로 보인다. 그는 골 4:12에 나오는 에바브라와 동일인물로 추정된다. 그는 그들에게 나아갈 간절한 소원을 품고 있었고, 바울도 진심으로 그가 그렇게 되기를 바랐다. 그 이유는 다음과 같다.

1. 에바브로디도가 병에 걸렸기 때문이다: 자기가 병든 것을 너희가 들은 줄을 알고(26절). 그가 병들어 죽게 되었으나(27절). 질병은 선한 그리스도인이든 선한 사역자든 누구를 막론하고 사람들에게는 보통 재앙이다. 그런데 죽은 자를 일 으켰을 뿐만 아니라 병을 고칠 능력을 갖고 있던 사도는 왜 그를 치료해주지 않았을까? 행 20:10을 보라. 그것은 치유의 능력이 다른 사람들에게 복음의 진 리성을 확증하는 표적으로 주어졌기 때문이고, 따라서 성도들 상호 간에는 굳 이 그것을 보여줄 필요가 없었던 것이 이유일 것이다. 믿는 자들에게는 이런 표 적이 따르리니 곧 그들이 … 병든 사람에게 손을 얹은즉 나으리라(막 16:17,18). 그 리고 아마 그들은 그 능력을 항상 그리고 임의로 행하지는 못하고, 오직 그것 을 통해 어떤 특별한 목적을 이루어야 할 때, 그리고 하나님이 보시기에 적절 할 때 행했을 것이다. 그것은 한량없이 성령을 소유하신 그리스도에게도 해당되 었다.

2. 빌립보 교인들은 그의 병환 소식에 크게 근심했다. 그들은 그 소식을 듣고 그가 아픈 만큼 아파했다. 왜냐하면 그는 그들에게 특별한 존경과 사랑을 받은 자였고, 선택해서 사도에게 보내기에 충분한 인물이었기 때문이다.

3. 하나님은 기꺼이 그를 회복시키고 살리셨다: 하나님이 그를 긍휼히 여기셨고 (27절). 사도는 자신과 함께 에바브로디도 및 다른 사람들에게 큰 긍휼이 있었 음을 감사한다. 당시 빌립보 교회는 특별한 은사로 복을 받았으나 질병 때문에 그들은 선한 사역자를 쉬도록 할 수밖에 없었다. 사도는 에바브로디도로 말미 암아 입을 큰 손실을 생각하고 큰 근심에 빠졌다: 내 근심 위에 근심을 면하게 하 셨느니라(27절). 즉 "나의 투옥으로 인한 근심에, 그의 죽음으로 인한 근심을 더 하지 않도록 하셨다." 혹은 사도가 크게 사랑했던 어떤 다른 선한 사역자가 근 래에 죽었을지도 모른다. 만일 그가 지금 죽은 것이라면, 그에게는 새로운 근심

이 생긴 것이고, 그것은 근심 위에 근심을 더한 것이다.

4. 에바브로디도는 기꺼이 빌립보를 방문했다. 그는 병들었을 때 자기를 위해 근심했던 사람들과 함께 위로를 나누기를 원했다: "너희로 그를 다시 보고 기뻐하게 하며(28절). 즉 너희로 하여금 그가 얼마나 회복되었는지 볼 수 있도록 그리고 그로 말미암아 너희에게 감사와 기쁨이 넘칠 수 있도록 그를 급히 보냈다." 사도는 사랑하는 친구를 만나보게 함으로써 그들을 위로하는 즐거움을 맛보았다.

5. 바울은 그들에게 그를 존경하고 사랑하라고 권면한다: "이러므로 너희가 주 안에서 모든 기쁨으로 그를 영접하고 또 이와 같은 자들을 존귀히 여기라(29절). 이와 같이 열심이 있고 신실한 사람들을 소중하게 여기고, 그들을 크게 사랑하고 존경하라. 진실한 사랑과 좋은 말로 너희의 기쁨과 존경을 보여주라." 에바브로디도가 병에 걸린 것은 하나님의 일 때문이었을 것이다: 그가 그리스도의 일을 위하여 죽기에 이르러도 자기 목숨을 돌보지 아니한 것은 나를 섬기는 너희의 일에 부족함을 채우려 함이니라(30절). 사도는 자기 목숨을 위태롭게 한 그의 부주의를 책망하는 것이 아니라 그것 때문에 그들이 그를 더 사랑해야 한다고 말하는 것이다. 여기서 다음 두 가지를 유의해야 한다: (1) 참으로 그리스도를 사랑하고 진심으로 그의 나라의 유익을 바라는 자들은 그분을 섬기고 그의 교회의 덕을 세우는 것을 자신의 건강과 목숨을 돌아보는 것보다 더 중히 여길 것이다. (2) 그들은 질병에서 거의 회복된 그를 기쁨으로 맞이해야 했다. 자비로 말미암아 죽음의 위기를 넘어선 후에는 그 자비를 더욱 소중한 것으로 기억하고, 그것을 더욱 가치 있게 하고, 더욱 증진시키기 위해 힘써야 할 것이다. 기도 응답으로 우리에게 주어지는 것에 대해 우리는 큰 감사와 기쁨으로 반응해야 한다.

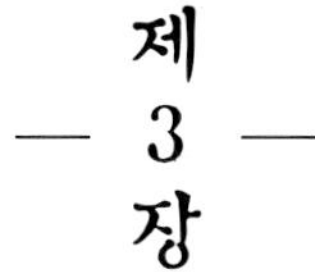

제
— 3 —
장

개요

사도는 그들에게 유대화주의로 미혹하는 자들을 조심하라고 경고하고(1-3절), 자신의 본보기를 제시한다. 여기서 그는 이미 포기한 유대인으로서의 자신의 특권을 열거하고(4-8절), 이어서 자신이 선택한 내용들을 묘사한다(9-16절). 그리고 마지막으로 악인들을 조심하고, 자신의 본보기를 따르라고 권면한다(17-21절).

¹끝으로 나의 형제들아 주 안에서 기뻐하라 너희에게 같은 말을 쓰는 것이 내게는 수고로움이 없고 너희에게는 안전하니라 ²개들을 삼가고 행악하는 자들을 삼가고 몸을 상해하는 일을 삼가라 ³하나님의 성령으로 봉사하며 그리스도 예수로 자랑하고 육체를 신뢰하지 아니하는 우리가 곧 할례파라

빌립보 교회는 신실하고 부흥하는 교회였지만 유대화주의자 교사들로 말미암아 혼란한 상태에 있었던 것으로 보인다. 그들은 모세 율법을 보존하고, 그 규정들을 그리스도의 교훈 및 그 제도들과 혼합시켰다. 사도는 이 속이는 자에 대한 경고로 이 장을 시작한다.

Ⅰ. 사도는 주 안에서 기뻐하라고 그들에게 권면한다(1절).　즉 그들이 그분 안에서 갖고 있는 특권과 그분으로 말미암아 바라보게 된 유익에 대해 만족하라는 것이다. 그리스도 예수 안에서 기뻐하는 것은 신실한 그리스도인의 특징이자 성격이다. 우리가 믿음의 위로를 더 크게 가지려면, 그것을 더 절실하게 붙들어야 할 것이다. 우리가 그리스도 안에서 즐거워할수록 그분으로 말미암아 수고하거나 고난받는 것을 그만큼 더 기쁘게 감수하고, 그분으로부터 멀어지는 위험은 그만큼 줄어들게 될 것이다. 여호와로 인하여 기뻐하는 것이 너희의 힘이니라(느 8:10).

Ⅱ. 사도는 그들에게 거짓 교사들을 조심하라고 경고한다.　너희에게 같은 말을 쓰는 것이 내게는 수고로움이 없고 너희에게는 안전하니라(1절). 여기서 같은 말

은 그가 이미 그들에게 전했던 것을 말한다. 그것은 마치 다음과 같이 말하는 것과 같았다: "너희 귀에 들려졌던 것이 너희 귀에 다시 들려지게 될 것이다. 내가 과거 너희에게 전했던 것을 지금 다시 쓸 것이다. 이것은 여전히 내가 같은 마음을 품고 있음을 보여줄 것이다." 내게는 수고로움이 없고. 여기서 우리는 다음 두 가지 사실을 유의해야 한다.

1. 사역자들은 어떤 것이 성도들에게 안전하고 유익하다고 생각될 때, 그것을 그들이 믿도록 하는 것을 수고롭다고 생각해서는 안 된다.

2. 우리는 기억을 새롭게 하고, 중요한 것들에 대한 인상을 강화시키기 위해 같은 진리를 자주 듣는 것이 좋다. 항상 어떤 새로운 사실만 듣기를 원하는 것은 오만한 호기심에 불과하다. 사도가 여기서 주는 당연한 경고는 개들을 삼가라는 것이다(2절). 이사야 선지자는 거짓 선지자들을 벙어리 개들이라고 부르는데(사 56:10), 사도는 여기서 그것을 언급하는 것으로 보인다. 개들은 그리스도의 복음을 신실하게 고백하는 자들에게 해를 끼치기 위해 개처럼 그들을 향해 짖어대고 물어뜯는다. 그들은 그리스도를 믿는 믿음과 반대되는 선행을 부르짖는다. 그러나 바울은 그들을 행악하는 자들로 부른다. 그들은 자기들이 할례를 받은 것을 자랑하지만, 사도는 그들을 몸을 상해하는 자들로 부른다. 그들은 그리스도의 교회를 갈라놓고 분열시켜 산산조각을 낸다. 즉 그들은 폐지된 의식 곧 아주 무의미하게 육체를 잘라내는 일을 위해 다투었다.

Ⅲ. 사도는 참 그리스도인 곧 참된 할례파가 누구인지 묘사한다. 그들은 구약의 이스라엘 백성들이 그랬던 것처럼 영적 할례를 받고 하나님의 특별한 백성들이 된 자들로서, 그분과 언약 속에 들어간 자들이다: 하나님의 성령으로 봉사하며 그리스도 예수로 자랑하고 육체를 신뢰하지 아니하는 우리가 곧 할례파라(3절). 여기에 참 그리스도인의 세 가지 특징이 있다.

1. 그들은 고기와 음료, 그리고 여러 가지 정결예식 등으로 구성된 구약의 육체적 의식과는 반대로 영으로 예배한다. 기독교는 우리가 이런 것들로부터 벗어나게 하고, 믿음에서 나오는 의무를 지킴으로써 하나님과의 내적 관계를 갖도록 가르친다. 우리는 영으로 하나님을 예배해야 한다(요 4:24). 믿음의 역사는 마음으로 하는 것 외에 다른 것을 전혀 요하지 않는다. 무슨 일을 하든지 마음을 다하여 주께 하듯 하라(골 3:23). 우리는 신령한 영 곧 성령의 능력과 은혜로 하나님을 예배해야 한다. 그것이야말로 유일한 복음의 상태로서, 영의 직분이다

(고후 3:8).

2. 그들은 유대교의 특별한 권리로서가 아니라 그리스도 예수로(안에서) 자랑한다 곧 기뻐한다(3절). 이것은 기독교 교회 안에서 그들에게 주어지는 것 곧 단순한 외적 특권이나 실천들로 자랑했다는 것이 아니다. 그들은 그리스도와의 관계와 그분 안에서 누리는 유익을 자랑한다. 하나님은 이스라엘 백성들이 그의 집의 뜰에서 즐거워하는 것을 그들의 의무로 삼으셨다. 그러나 지금 실체가 오자 그림자는 사라졌고, 우리는 오직 그리스도 예수 안에서만 즐거워해야 한다.

3. 그들은 육체를 신뢰하지 아니한다(3절). 즉 그들은 육체의 규례들과 외적 실천들을 신뢰하지 아니한다. 우리는 우리 자신의 토대를 허물고, 오직 영원한 반석이신 예수 그리스도 위에 서야 한다. 우리의 자랑과 마찬가지로 우리의 신뢰 역시 그분에게 근거되어야 한다.

⁴그러나 나도 육체를 신뢰할 만하며 만일 누구든지 다른 이가 육체를 신뢰할 것이 있는 줄로 생각하면 나는 더욱 그러하리니 ⁵나는 팔일 만에 할례를 받고 이스라엘 족속이요 베냐민 지파요 히브리인 중의 히브리인이요 율법으로는 바리새인이요 ⁶ 열심으로는 교회를 박해하고 율법의 의로는 흠이 없는 자라 ⁷그러나 무엇이든지 내게 유익하던 것을 내가 그리스도를 위하여 다 해로 여길 뿐더러 ⁸또한 모든 것을 해로 여김은 내 주 그리스도 예수를 아는 지식이 가장 고상하기 때문이라 내가 그를 위하여 모든 것을 잃어버리고 배설물로 여김은 그리스도를 얻고

사도는 여기서 이스라엘인으로서의 특권을 신뢰하지 않고 그리스도만을 신뢰한 본보기로서 자신을 제시한다.

I. 사도는 유대인과 바리새인으로서 자신의 자랑이 무엇인지 보여준다. 누구도 사도가 이런 일들로 멸시를 받은 것(보통 사람들이 그러하듯이)은 그가 그만한 자랑거리가 없었기 때문이라고 생각하지 못할 것이다. 아니, 만일 육체를 자랑하고 신뢰하기로 한다면, 그는 누구보다 더욱 그렇게 할 자격을 갖고 있었던 사람이었다: 만일 누구든지 다른 이가 육체를 신뢰할 것이 있는 줄로 생각하면 나는 더욱 그러하리니(4절). 그는 그 어떤 유대인보다 더 많은 자랑거리를 갖고 있었다.

1. 사도의 혈통적 특권. 그는 이방인 개종자가 아니라 토착 이스라엘인이었다: 이스라엘 족속이요(5절). 또 그는 베냐민 지파였다(5절). 이 지파는 성전을 세운 지파로서, 다른 지파들이 반란에 가담했을 때에도 유다 지파를 지지했다. 베냐민은 아버지의 사랑을 받은 아들이었고, 그의 지파는 총애를 받은 지파였다. 히브리인 중의 히브리인이요(5절). 부계나 모계 양편 모두 대대로 이스라엘인이었다는 뜻이다. 그의 조상들 가운데 이방인과 결혼한 자는 하나도 없었다.

2. 그는 자신의 교회 및 언약과의 관계를 자랑할 만했다. 왜냐하면 그는 팔일 만에 할례를 받았기 때문이다(5절). 그는 그의 육체에 하나님과의 언약의 표시를 갖고 있었고, 하나님이 명하신 바로 그 날에 할례를 받았다.

3. 학문에 있어서 그는 당대에 저명한 율법학사였던 가말리엘 문하에서 수학한 바리새인이었다. 사도는 그의 조상들의 율법의 엄한 교훈을 받아 유대교의 모든 학문을 통달한 학자였다(행 22:3). 그는 바리새인이요 또 바리새인의 아들이었고(행 23:6), 그의 종교의 가장 엄한 파를 따라 바리새인의 생활을 하였다(행 26:5).

4. 그는 흠 없는 생활을 했다: 율법의 의로는 흠이 없는 자라(6절). 바리새인의 율법 해석에 관한 한, 율법의 단순한 문자와 외적 준수에 관한 한, 그는 그것을 어긴 적이 없었고, 누구에게도 비난받을 만한 일이 없었다.

5. 그는 자신의 종교를 위해 무척 적극적인 사람이었다. 그는 바리새인의 이름과 자격에 따라 지극히 엄격한 삶을 살았기 때문에 그 원수로 간주되는 사람들을 핍박했다. 열심으로는 교회를 박해하고(6절).

6. 그는 자신의 일에 열심이 있었음을 보여주었다. 물론 그것이 지식 없이 지시하고 명령하는 열심이기는 했다: 오늘 너희 모든 사람처럼 하나님께 대하여 열심이 있는 자라 내가 이 도를 박해하여 사람을 죽이기까지 하고 남녀를 결박하여 옥에 넘겼노니(행 22:3,4). 이 모든 것은 그가 교만한 유대인으로 자랑하기에 충분하고, 자신의 의를 내세우기에 충분한 특권이었다.

Ⅱ. 그러나 사도는 우리에게 그리스도 안에서 얻은 유익과 그분으로부터 갖는 기대에 비하면, 자신은 이것들을 전혀 가치 있게 여기지 않는다고 말한다. 그러나 무엇이든지 내게 유익하던 것을 내가 그리스도를 위하여 다 해로 여길 뿐더러(7절). 즉 자신이 바리새인이었던 당시 유익하다고 여겼던 것들과 이전에 중요한 것으로 생각했던 것들을 그는 그리스도를 위하여 다 해로 여겼다. "만일 내가

그것들을 지키기 위해 예수 그리스도 안에서 얻는 유익을 잃어버린다면, 자신을 말할 수 없는 손실자로 여기게 될 것이다." 그는 그것들을 해로 여겼다. 그것들은 그를 부요하게 만드는데 충분하지 않을 뿐만 아니라 그리스도에 반대하여 그것들을 신뢰했다면, 그로 말미암아 가난하게 되고 망하게 되었을 것으로 생각했다. 사도는 자신이 행한 것 이상의 일을 하라거나 자신이 하지 않은 일 이상의 일을 하지 않도록 그들을 설득하려고 하지 않았다. 그는 자신의 불멸의 영혼이 두어진 기초 외에 다른 어떤 기초도 제공하려고 하지 않았다. 또한 모든 것을 해로 여김은 내 주 그리스도 예수를 아는 지식이 가장 고상하기 때문이라(8절). 여기서 사도는 다음과 같이 자신을 설명한다.

1. 그는 자신이 그토록 열망하고 얻기 위해 애썼던 것이 무엇인지 우리에게 말한다: 그것은 내 주 그리스도 예수를 아는 지식이었다. 즉 그리스도를 주님으로 믿고 경험하는 지식이었다. 그것은 그분에 관한 단순히 관념적 및 사변적 지식이 아니라 실천적 및 유효적 지식이었다. 그래서 지식은 때때로 믿음 대신 사용된다: 나의 의로운 종이 자기 지식으로 많은 사람을 의롭게 하며 또 그들의 죄악을 친히 담당하리로다(사 53:11). 그리고 그것은 가장 고상한 지식이다. 그리스도의 교훈 또는 기독교 신앙 안에는 자연에 관한 모든 지식과 인간의 모든 지혜의 축적을 능가하는 풍성하고 초월적인 탁월함이 들어있다. 왜냐하면 그것은 타락한 죄인들의 상황에 맞추어져 있고, 구원하는 모든 지혜 및 은혜와 함께 그들이 필요로 하는 모든 것과 그들이 바라고 소망하는 모든 것을 제공해주기 때문이다.

2. 그는 유대인과 바리새인으로서의 특권을 어떻게 포기했는지를 보여준다: 또한 모든 것을 해로 여김은. 그의 이 표현에는 거룩한 승리와 승진에 대한 마음이 내포되어 있다. 원어는 알라 멘 운 게 카이라는 5개의 단어들로 이루어져 있다: 그러나 참으로 모든 것을 해로 여길 뿐이다. 그가 앞에서 내게 유익하던 것이라고 말했던 것 곧 그의 유대인으로서의 특권들을 여기서는 모든 것이라고 말하는데, 그것은 그것이 무엇이든 모든 세속적인 특권과 단순한 외적 권리들 곧 그리스도 대신에 그의 마음의 보좌를 차지하기 위해 그리스도와 경쟁관계에 있는, 또는 그리스도만큼 소중하고 가치 있는 것처럼 보이는 다른 모든 것들을 말한다. 거기서 그는 그것들을 오직 해로 여겼다고 말한다. 그러나 여기서 이런 질문이 제기될 수 있다: "그가 변함없이 같은 마음을 품고 있었는가? 또는 그것

들을 포기하고 후회하지는 않았는가?" 아니다. 지금 그는 현재 시제로 말하고 있다: 또한 모든 것을 해로 여김은. 그러나 다음과 같이 말해질 수도 있다: "그렇게 말하기는 쉽다. 하지만 시험이 닥쳤을 때에는 과연 어떻게 했을까?" 그러나 그는 자신이 그러한 어려움 속에서도 그렇게 실천했음을 우리에게 말한다: 내가 그를 위하여 모든 것을 잃어버리고(8절). 그는 유대인과 바리새인으로서 자신이 갖고 있던 모든 영예와 이득들을 포기하고, 복음을 고백하고 전파하는데서 오는 모든 불명예와 고난을 감수했다. 그는 기독교 신앙의 토대 위에 서게 되자 그것에 모든 것을 내걸고, 그리스도인의 특권을 위해 모든 것을 해로 여겼다. 아니, 그는 그것들을 해로 여겼을 뿐만 아니라 배설물(스퀴발라) 곧 개들에게 던지는 오물로 간주했다. 그들은 그리스도와 비교하면 아무 가치가 없을 뿐만 아니라 지극히 경멸할 수밖에 없는 것들이었다. 신약성경은 구원의 은혜를 조금이라도 손해 보는 것으로 표현하지 않고, 오히려 반대로 그것을 성령의 열매 또는 사람의 영혼 속에 이루어진 하나님의 형상으로 표현한다. 그것은 신적 본질에 속하는 것으로 하나님이 주시는 것이다. 그래서 믿음은 보배로운 믿음으로 불리고, 온유함은 하나님 앞에서 값진 것으로 간주된다(벧전 3:4; 벧후 1:1).

⁹그 안에서 발견되려 함이니 내가 가진 의는 율법에서 난 것이 아니요 오직 그리스도를 믿음으로 말미암은 것이니 곧 믿음으로 하나님께로부터 난 의라 ¹⁰내가 그리스도와 그 부활의 권능과 그 고난에 참여함을 알고자 하여 그의 죽으심을 본받아 ¹¹어떻게 해서든지 죽은 자 가운데서 부활에 이르려 하노니 ¹²내가 이미 얻었다 함도 아니요 온전히 이루었다 함도 아니라 오직 내가 그리스도 예수께 잡힌 바 된 그것을 잡으려고 달려가노라 ¹³형제들아 나는 아직 내가 잡은 줄로 여기지 아니하고 오직 한 일 즉 뒤에 있는 것은 잊어버리고 앞에 있는 것을 잡으려고 ¹⁴푯대를 향하여 그리스도 예수 안에서 하나님이 위에서 부르신 부름의 상을 위하여 달려가노라

우리는 사도가 무엇을 포기했는지 보았다. 이제 우리는 그가 무엇을 붙들고 고수하기로 결심했는지 살펴보아야 한다. 즉 그는 그리스도와 천국을 붙들었다. 그는 이 두 가지를 기독교의 가장 중요한 특징으로 생각했다.

I. 사도는 그리스도를 자신의 의(義)로 여기고 마음속에 두었다. 이것은 다양한 실례로 예증된다.

1. 그는 그리스도를 얻기를 원했다. 그는 그리스도와 그의 의(義) 안에 있는 유익을 얻기만 한다면, 그리스도께서 그의 주님과 구주가 되신다면, 자신을 말로 다할 수 없는 복을 받은 자로 여겼다: 그리스도를 얻고(8절). 경주자가 상을 받는 것처럼, 선원이 원하는 항구에 정착하는 것처럼, 그는 그분을 얻고자 했다. 그 표현은 우리가 그분을 위해 그리고 그분을 따라가기 위해 분투해야 하고, 그분을 얻는 것에 비하면 모든 것이 아무것도 아니라는 것을 암시한다.

2. 그는 그리스도 안에서 발견되려 했다(10절). 그는 살인자가 피를 보복하는 자의 손에서 안전하게 되는 도피성 안에서 발견되는 것처럼(민 35:25), 그분 안에서 발견되고자 했다. 또는 그것은 법정에 선 모습을 암시한다. 따라서 우리는 우리의 재판관이신 분 앞에 평강 가운데서 나타나게 될 것이다(벧후 3:14). 우리는 죄인이기 때문에 하나님 앞에 나타날 때 의가 없으면 멸망한다. 예수 그리스도 안에 우리를 위한 의가 준비되어 있다. 그것은 완전하고 온전한 의다. 자신에 대한 신뢰를 포기하고 충심으로 그리스도를 믿도록 인도를 받은 사람들만이 그로 말미암아 유익이나 이득을 얻을 수 있다. "내가 가진 의는 율법에서 난 것이 아니요(9절). 즉 그것은 표면적인 율법준수와 선행이 나의 악한 것들을 대속할 수 있다거나 전자로 후자를 누름으로써 내가 하나님과 균등한 회계를 할 수 있다고 생각하지 못한다. 아니다. 내가 의존하는 의는 율법의 의가 아니라 복음의 의로, 오직 그리스도를 믿음으로 난 것이다. 그것은 곧 믿음으로 하나님께로부터 난 의로, 하나님이 정하고 명하신 것이다." 주 예수 그리스도는 우리의 의가 되시는 하나님이다(사 45:24; 렘 23:6). 그분이 만약 하나님이 아니었다면, 우리의 의가 되실 수 없었을 것이다. 신적 본성의 초월적 탁월함이 그분의 고난에 이런 가치와 공로를 부여하여 그것들이 세상의 죄를 충분히 만족시키고, 모든 믿는 자에게 유효한 의를 일으킨다. 믿음은 그분의 피로 값 주고 산 모든 것 속에서 실제적 이득과 구원의 유익을 일으키기 위한 정해진 수단이다. 그것은 그의 피로써 믿음으로 말미암는다(롬 3:25).

3. 그는 그리스도를 알기 원했다(10절): 내가 그리스도와 그 부활의 권능과 그 고난에 참여함을 알고자 하여. 그래서 믿음은 지식으로 불리기도 한다(사 53:11). 여기서 그리스도를 아는 것은 그분을 믿는 것이다. 그것은 그 부활의 권능과 그 고난에 참여하는 경험적 지식이다. 즉 그것들의 변화시키는 효력과 공로를 느낌으로써 갖게 되는 지식이다. 사도는 자신이 의롭게 된 것만큼 거룩하게 되리라

는 소망을 품었다. 그는 그리스도의 죽음과 부활의 유익을 통해 의롭다 함을 받게 된 것처럼, 그분의 죽음과 부활의 권능으로 자기 안의 죄를 죽이고, 새 생명으로 일으킴을 받게 된 것을 알기 원했다. 따라서 우리가 그리스도와 함께 십자가에 못 박혔을 때, 육신과 육신에 대한 사랑이 극복되고, 그리스도로 말미암아 세상이 나를 대하여 십자가에 못 박히고 내가 또한 세상을 대하여 그렇게 될 때(갈 6:14), 그리스도께서 죄를 위해 죽으신 것처럼 우리가 죄에 대해 죽었을 때, 그분의 죽음에 합당한 자가 된다.

Ⅱ. 사도는 천국에 관해 듣는 것을 자신의 행복으로 여겼다. 어떻게 해서든지 죽은 자 가운데서 부활에 이르려 하노니(11절).

1. 천국의 행복이 여기서 죽은 자 가운데서 부활이라고 불린다. 왜냐하면 신실한 자들의 영혼은 세상을 떠날 때 즉시 그리스도와 함께 하지만, 그들의 행복은 마지막 날 죽은 자들 가운데서 부활할 때까지 즉 영혼과 육체가 함께 영광을 받게 될 때까지 완성되지 않기 때문이다. 부활(아나스타시스)은 때때로 미래 상태를 의미하는 말로 쓰이기도 한다. 사도는 이것을 목표로 삼았다. 그는 이것에 도달하고자 했다. 그 때는 불의한 자들의 부활도 있을 것이다. 그러나 그들은 수치와 영원한 부끄러움을 당할 것이다. 그러므로 우리의 관심은 그것을 피하는 것이 되어야 한다. 그러나 성도들의 즐겁고 영광스러운 부활은 더 좋은 부활로 불릴 것이다. 왜냐하면 그것은 그 머리이자 첫 열매이신 그리스도의 부활의 능력에 의한 것이기 때문이다. 반면에 악인들은 그들의 심판자이신 그리스도의 권능으로 부활하게 될 것이다. 성도들에게 그것은 참으로 지복, 생명, 그리고 영광의 회복으로서의 부활이 될 것이다. 하지만 악인들의 부활은 무덤으로부터 일어나는 것으로 두 번째 사망을 위한 회복일 뿐이다. 성도들의 부활은 의인의 부활 및 생명의 부활로 불린다(요 5:29). 그들은 저 세상과 및 죽은 자 가운데서 부활함을 얻기에 합당히 여김을 입은 자들이다(눅 20:35).

2. 사도는 이 즐거운 부활을 향해 달려갔다. 그는 그 부활에 이르기 위해 무엇이든 행하고 또는 어떤 고난이라도 감수할 각오가 되어 있었다. 그 소망과 전망 때문에 그는 자신의 사역 속에서 직면하는 온갖 난관에도 불구하고 용기와 지조를 가지고 나아갔다. 그는 마치 그들이 그것을 놓치거나 그것에 미치지 못하는 위험 속에 있는 것처럼 말한다. 부활에 이르지 못할지도 모른다는 거룩한 두려움은 인내를 위한 최고의 수단이 된다. 그리스도 안에서 발견되기를 바

라는 그의 염려는 죽은 자 가운데서 부활에 이르기 위한 마음에서 나온 것이었다. 바울 자신은 자신의 공로와 의를 통해서가 아니라 예수 그리스도의 공로와 의로 말미암아 그것에 이르려는 소망으로 절실했다. "나는 그리스도 안에서 발견되어 죽은 자 가운데서 부활에 이르려고 한다. 즉 그분 안에서 믿는 자로 발견되어 믿음으로 그분 안에 있는 유익을 얻으려 한다." 여기서 다음과 같은 사실을 확인할 수 있다.

(1) 사도는 자신이 불완전함과 시험의 상태 속에 있는 것으로 간주한다: 내가 이미 얻었다 함도 아니요 온전히 이루었다 함도 아니라(12절). 세상에서 아무리 훌륭한 사람이라도 현재 자신의 상태가 불완전하다는 것을 쉽게 인정할 것이다. 우리는 아직 얻지 못했고, 아직 완전하지 못하다. 우리의 모든 의무, 은혜, 위로 등은 너무 부족하다. 만일 바울(거룩함의 수준에서 최고에 도달한)이 완전에 이르지 못했다면, 우리는 더더욱 그럴 것이다. 그는 거듭, 형제들아 나는 아직 내가 잡은 줄로 여기지 아니하고(우 로기조마이)(13절)라고 말한다. "현재 상황을 판단해 볼 때, 나는 나 자신을 그렇게 이해한다." 자기들이 은혜를 충분히 소유하고 있다고 생각하는 자들은 은혜가 그만큼 없거나 전혀 소유하고 있지 않다는 것을 증명하는 것이다. 왜냐하면 참된 은혜가 있는 곳에는 더 큰 은혜에 대한 사모함 곧 완전한 은혜에 대한 절실함이 있기 때문이다.

(2) 이 확신 아래 사도가 취한 행동. 그는 이미 얻은 것도 아니고 온전히 이룬 것도 아니기 때문에 앞을 향해 달려갔다: "그것을 잡으려고 달려가노라(디오코)(12절). 즉 경주하는 자처럼 힘차게 달린다. 더 큰 은혜를 얻고 더 큰 선을 행하기 위해 힘쓰고, 충분히 도달했다고 결코 생각하지 않는다: 오직 내가 그리스도 예수께 잡힌 바 된 그것을 잡으려고 달려가노라(12절)." 여기서 다음 두 가지 사실을 주목하자. [1] 우리의 은혜는 어디서 오는가: 우리가 그리스도 예수께 잡힌 바 된 그것으로부터 온다. 우리가 먼저 그리스도를 붙잡는 것이 아니라 그분이 우리를 먼저 붙잡으신다. 그것이 우리의 행복이자 구원이다. 우리가 사랑함은 그가 먼저 우리를 사랑하셨음이라(요일 4:19). 우리가 그분을 붙드는 것이 아니라 그분이 우리를 붙드는 것이 우리의 안전이다. 우리는 구원을 얻기 위하여 믿음으로 말미암아 하나님의 능력으로 보호하심을 받는다(벧전 1:5). [2] 천국의 행복은 무엇인가: 그것은 우리가 그리스도 예수께 잡힌 바 된 그것을 잡는 것이다(12절). 그리스도께서 우리를 붙드실 때, 우리는 천국으로 인도를 받게 되었고, 그분이 우

리를 붙드신 그것을 우리가 붙들 때, 우리의 완전한 행복에 이르게 된다. 그래서 사도는 이렇게 덧붙인다: 오직 한 일 즉 뒤에 있는 것은 잊어버리고 앞에 있는 것을 잡으려고(13절). 여기서 오직 한 일은 그의 가장 큰 관심대상이다. 과거의 죄와 은혜를 잊어버리는 것은 죄를 범하는 일이다. 그것들은 지속적인 회개와 하나님에 대한 감사를 위해 기억되어야 한다. 그러나 바울은 현재의 은혜의 분량만으로는 만족하지 못하기 때문에 뒤에 있는 것은 잊어버렸다. 그는 계속 더 많이 갖기를 원했다. 그래서 그는 푯대를 향하여 달려간다(에페크테이노메노스), 즉 앞으로 팔을 뻗는다. 그것은 열렬한 관심에 대한 표현이다.

(3) 사도가 이런 행동을 하는 목표: 푯대를 향하여 그리스도 예수 안에서 하나님이 위에서 부르신 부름의 상을 위하여 달려가노라(14절). 그는 푯대를 향하여 달려갔다. 경주하는 자가 결승점을 결코 잊지 않고 최대한 빠르게 앞으로 달려가는 것처럼, 그 시선을 천국에 고정시킨 자들도 거룩한 욕망과 소망을 갖고 그리고 철저한 노력과 준비를 갖추고 그것을 향해 앞으로 계속 달려가야 한다. 우리는 천국을 향해 더 적합한 자가 될수록 그 곳을 향해 더 빠르게 달려가야 한다. 천국은 여기서 푯대로 불린다. 그 이유는 그것이 모든 참된 그리스도인이 시선을 고정시켜야 하는 목표이기 때문이다. 이것은 사수가 그의 눈을 맞추고자 하는 표적에 고정시키는 것과 같다. 위에서 부르신 부름의 상을 위하여. 그리스도인의 부름은 위에서 부르신 부름(또는 고상한 부름: high calling)임을 잊지 말자. 그것은 그 원천을 천국에 두고 있고, 그 경향도 천국 지향적이다. 천국은 위에서 부르신 부름의 상이다. 여기서 상(토 브라베이온)은 우리가 얻기 위해 싸우고 달려가고 씨름해야 하는 것으로, 할 수 있는 모든 힘을 다하여 목표로 삼는 것이고, 우리의 모든 수고의 보상으로 얻는 것이다. 우리의 눈을 천국에 고정시키는 것은 그리스도인의 삶의 과정에 크게 유익하다. 이것은 모든 섬김을 잘 감당하도록 우리에게 힘을 주고, 걸어가는 모든 발걸음을 빠르게 한다. 그것은 우리에게 그것을 기대하시는 하나님께 속해 있다. 영생은 하나님의 은사이지만, 그것은 그리스도 예수 안에 있다(롬 6:23). 그분으로 말미암아 우리가 그것을 얻은 것처럼, 그분의 손을 통해 그것은 우리에게 와야 한다. 우리의 본향으로서 천국에 이르는 것은 우리의 길이신 그리스도로 말미암은 길 외에는 없다.

¹⁵그러므로 누구든지 우리 온전히 이룬 자들은 이렇게 생각할지니 만일 어떤 일에

너희가 달리 생각하면 하나님이 이것도 너희에게 나타내시리라 16오직 우리가 어디까지 이르렀든지 그대로 행할 것이라

자신을 본보기로 제시한 사도는 이제 빌립보 교인들에게 그 본보기를 따르라고 권면한다. 은혜로운 바울 안에 있는 마음이 똑같이 우리 안에도 있어야 하리라. 우리는 여기서 그가 어떻게 마음을 쓰는지를 보았다. 우리도 그와 같은 마음이 되어 그리스도와 천국에 우리 마음을 두자.

1. 그리스도를 가장 소중한 분으로 삼고, 그들의 마음을 다른 세계 곧 천국에 두는 것이야말로 모든 참 그리스도인들의 일치된 목표임을 사도는 우리에게 보여준다. 이것은 우리 모두가 도달해야 할 목표다. 아무리 참 그리스도인들 사이에 다른 일들에 있어서는 그 견해가 다를 수 있을지라도, 그리스도께서 그리스도인의 전부가 되고, 그리스도를 얻고 그 안에서 발견되는 것은 금세와 내세에 있어서 우리의 행복이라는 것은 그들 모두가 일치하는 사실이다. 그러므로 우리는 동일한 법에 따라 걷고, 동일한 일을 생각해야 한다. 그리스도를 우리의 전부로 삼았다면, 우리에게 사는 것은 그리스도여야 한다. 우리는 푯대를 향하여 달려가고, 천국을 우리의 목표로 삼는데 일치되어야 한다.

2. 사도는 그리스도인들이 중요한 문제에 있어서 일치되고 있기 때문에 좀 더 사소한 문제들에 있어서는 서로 간에 차이가 있을 수 있음을 보여준다: "만일 어떤 일에 너희가 달리 생각하면(15절), 즉 너희가 제물이나 절기에 대해 그리고 유대 율법의 다른 문제들에 대해 서로 차이가 있고, 같은 판단을 하지 않는다면 그것 때문에 서로 판단해서는 안 된다. 지금 너희는 모두 너희의 중심이신 그리스도 안에서 만나고 있고, 너희의 본향인 천국에서 속히 만나기를 바라는 자들이기 때문이다. 다른 문제들의 사소한 차이에 대해서는 크게 신경쓰지 마라. 하나님이 이것도 너희에게 나타내실 것이다(15절). 너희에게 차이가 있는 것이 무엇이든, 하나님이 너희에게 더 나은 깨달음을 주실 때까지 기다리라. 때가 되면 하나님께서는 그렇게 하실 것이다. 그동안 어디까지 이르렀든지 너희는 하나님의 법을 따라 함께 가야 한다. 너희가 일치하는 그 큰 일들에 대해서는 하나가 되고, 차이가 나는 사소한 일들에 대해서는 더 큰 빛이 주어질 때까지 기다리라."

[17]형제들아 너희는 함께 나를 본받으라 그리고 너희가 우리를 본받은 것처럼 그와 같이 행하는 자들을 눈여겨보라 [18]내가 여러 번 너희에게 말하였거니와 이제도 눈물을 흘리며 말하노니 여러 사람들이 그리스도의 십자가의 원수로 행하느니라 [19]그들의 마침은 멸망이요 그들의 신은 배요 그 영광은 그들의 부끄러움에 있고 땅의 일을 생각하는 자라 [20]그러나 우리의 시민권은 하늘에 있는지라 거기로부터 구원하는 자 곧 주 예수 그리스도를 기다리노니 [21]그는 만물을 자기에게 복종하게 하실 수 있는 자의 역사로 우리의 낮은 몸을 자기 영광의 몸의 형체와 같이 변하게 하시리라

사도는 경고와 권면으로 이 장을 끝맺는다.

I. 사도는 속이는 자들과 악한 교사들의 실례를 따르지 않도록 경고한다
(18,19절). 내가 여러 번 너희에게 말하였거니와 이제도 눈물을 흘리며 말하노니 여러 사람들이 그리스도의 십자가의 원수로 행하느니라(18절). 그것을 구체적으로 확인해 보자.

1. 그리스도의 이름으로 불리나 실제로는 그리스도의 십자가 및 그 목적과 계획에 대해 원수들인 사람들이 많이 있다. 그들의 고백보다 그들의 행위가 그것을 좀 더 확실하게 증명한다. 그들의 열매로 그들을 알리라(마 7:20). 사도는 다음과 같이 사람들에게 경고한다. (1) 매우 자주: 내가 여러 번 너희에게 말하였거니와. 우리는 우리에게 주어진 경고들에 대해 너무 부주의하기 때문에 그것들을 반복적으로 들을 필요가 있다. 너희에게 같은 말을 쓰는 것이 안전하니라(1절). (2) 감정을 담아 그리고 애틋하게: 이제도 눈물을 흘리며 말하노니. 예레미야 선지자가 눈물의 선지자였던 것처럼, 바울도 적당한 기회마다 눈물로 호소하는 설교자였다. 오래 전에 했던 설교를 새로운 감정으로 설교할 수 있다. 우리가 말하는 것은, 만일 감정을 담아 말한다면, 반복해서 말해도 괜찮다. 그 때 우리는 그 능력을 느끼게 될 것이다.

2. 사도는 십자가의 원수로 행하는 자들의 특징에 대해 알려준다. (1) 그들에게는 하나님이 배(belly)다. 그들은 자기들의 육신적 욕망 외에는 아무것도 생각하지 않았다. 그것은 가증한 우상으로, 누구에게든 추한 불명예지만, 특히 그리스도인에게는 더욱 그렇다. 그리스도인에게 그것은 하나님의 은혜와 양심의 평강 그리고 그들의 영원한 행복을 잡아먹는다. 폭식가와 술 취한 자는 그들의

배를 신으로 삼는다. 그들의 모든 관심은 배를 만족시키고, 그 양식을 준비하는 것이다. 선한 사람들이 하나님께 드리는 것을 쾌락주의자들은 그들의 욕망을 만족시키는데 바친다. 이에 관해 사도는 이 같은 자들은 우리 주 그리스도를 섬기지 아니하고 다만 자기들의 배만 섬긴다(롬 16:18)고 말한다. (2) 그들은 자기들의 부끄러움을 영광으로 여긴다. 그들은 죄를 범할 뿐만 아니라 그것을 자랑하고, 부끄럽게 여겨야 할 것을 영광으로 생각한다. 죄는 죄인의 수치로서, 그것을 자랑스럽게 여길 때는 특히 더 그렇다. "그들은 자기들에게 흠이 되고 비난거리가 되는 것을 높이 평가한다." (3) 그들은 땅의 일을 생각한다. 그리스도는 그의 십자가로 말미암아 우리에 대하여는 세상을 못 박고, 세상에 대하여는 우리를 못 박기 위해 오셨다. 땅의 일을 생각하는 자들은 그리스도의 십자가와 그것의 위대한 목적에 대해 직접 원수로 행하는 것이다. 그들은 땅의 일을 즐기고, 영적 및 하늘의 일에 대해서는 흥미가 없다. 그들은 그들의 마음과 관심을 땅의 일에 두고 있다. 그들은 그것을 사랑하고, 심지어는 그것에 홀딱 빠져 오직 그것만 바라보고 만족한다. 사도는 이 특징을 그들에게 제시함으로써, 그리스도인들이 이런 사람들의 본을 따르거나 그들에게 이끌리는 것이 얼마나 불합리한 것인지 보여준다. 그리고 그렇게 하지 못하도록 경고하기 위해 그들의 파멸의 운명을 우리에게 보여준다. (4) 그들의 마침은 멸망이다. 그들의 길은 즐거운 것처럼 보이지만, 사망과 지옥이 그 마지막에 기다리고 있다. 너희가 그 때에 무슨 열매를 얻었느냐 이제는 너희가 그 일을 부끄러워하나니 이는 그 마지막이 사망임이라(롬 6:21). 그것이 이 시대의 흐름이기는 하지만, 그들을 따라 사는 것은 위험하다. 왜냐하면 만일 우리가 그들의 길을 따라 산다면, 우리도 그들의 마침에 대해 두려워할 이유가 있기 때문이다. 사도는 여기서 유대 민족의 완전한 멸망을 암시하는 것처럼 보인다.

Ⅱ. 사도는 이러한 부정적 본보기 대신 긍정적 본보기로서 자신과 그의 형제들을 제시한다. 형제들아 너희는 함께 나를 본받으라 그리고 너희가 우리를 본받은 것처럼 그와 같이 행하는 자들을 눈여겨보라(17절). 그들을 너희의 본으로 삼으라. 그는 그들이 그리스도와 천국에 관심을 갖도록 하기 위해 자신을 예로 든다(20절): 우리의 시민권은 하늘에 있는지라. 참 그리스도인들은 여기 이 땅에 있을 때에도 그들의 생활을 하늘에 두고 있다. 그들의 시민권(폴리튜마)은 그 곳에 있다. 이것은 마치 그가 다음과 같이 말한 것과 같다: "우리는 그 세계와 연관되

어 있고, 새 예루살렘의 시민이다." 이 세상은 우리의 본향이 아니라 그 곳이 우리의 본향이다. 우리의 최대의 특권과 유익은 그 곳에 있다. 그리고 우리의 시민권은 그 곳에 있기 때문에 우리의 생활도 그 곳에 준한다. 그 세계와 연관되어 있기 때문에, 우리는 그 곳과 계속 교통해야 한다. 그리스도인의 생명은 천국에 있다. 그의 머리, 그의 집도 그 곳에 있다. 그는 속히 그 곳에 가기를 바란다. 그는 위의 것을 생각한다(골 3:2). 그리고 그의 마음이 있는 그 곳에 그의 생활도 함께 있다. 사도는 그들에게 자신과 그리스도의 다른 사역자들을 따르도록 권면했다. 그들은 이렇게 말할 수 있었다: "왜 당신은 세상에서 아무 힘도 없고 특권도 없는, 가난하고 멸시받고 박해받는 사람들의 친구가 되는가? 그래 가지고 누가 당신을 따르겠는가?" 이에 대해 그는 이렇게 답변한다: "그러나 우리의 시민권은 하늘에 있다. 우리는 저 세계에 대해 가까운 관계 속에 있고, 큰 권리를 갖고 있다. 그러므로 보이는 것처럼 우리는 미천하지도 않고 멸시받는 것도 아니다." 그리스도와 교제하는 자들과 교제하고, 그 시민권을 하늘에 두고 있는 자들과 생활하는 것은 좋은 일이다. 그 이유는 다음과 같다.

1. 우리는 하늘로부터 구주를 기다리고 있기 때문이다(20절): 거기로부터 구원하는 자 곧 주 예수 그리스도를 기다리노니. 그분은 지금 여기 계시지 않고, 승천하셔서 우리를 위해 휘장 안으로 들어가셨다. 그리고 우리는 그분이 거기로부터 다시 오셔서 새 예루살렘의 모든 시민들을 자기에게 모으실 때를 기다리고 있다.

2. 그리스도가 재림하실 때 우리는 거기서 행복하고 영화롭게 되리라고 기대하기 때문이다. 그리스도께서 지금 거기 계실 뿐만 아니라 속히 그 곳에 가기를 바라고 있기 때문에 우리는 천국에 시민권을 둘 충분한 이유가 있다: 우리의 낮은 몸을 자기 영광의 몸의 형체와 같이 변하게 하시리라(21절). 그 곳에는 성도들의 몸을 위해 준비된 영광이 있다. 그것은 부활할 때 얻게 될 것이다. 몸은 지금 가장 낮은 몸의 상태에 있다. 우리의 낮은 몸(토 소마 테스 타페이노세오스 헤몬)은 곧 낮아진 몸이다. 그것은 땅에 그 발생과 기원을 두고 있다. 그것은 땅으로부터 지원을 받고, 결국에는 무수한 질병과 사망에 종속된다. 게다가 그것은 종종 허다하게 죄의 기회와 도구가 된다. 그래서 그것은 이 사망의 몸으로 불린다(롬 7:24). 또는 그 낮음을 무덤 속에 누워 있는 상태를 묘사한 것으로 이해할 수 있다. 부활할 때 그것은 낮은 몸으로 발견되고, 썩어 흙으로 해체될 것이다. 흙은

여전히 땅으로 돌아가고(전 12:7). 그러나 그것은 영광스러운 몸으로 변화될 것이다. 생명으로 다시 살게 될 뿐만 아니라 엄청난 특권을 가진 존재로 부활할 것이다. 여기서 다음 두 가지 사실을 유의해야 한다.

(1) 이 변화의 표본: 그것은 그리스도의 영광스러운 몸이다. 그분은 산에서 변형되셨을 때, 그 얼굴이 해 같이 빛나며 옷이 빛과 같이 희어지셨다(마 17:2). 그분은 육체를 입고 천국에 가서서 우리가 천국의 기업을 소유할 수 있도록 하셨다. 이것은 죽은 자들로부터 처음 난 자가 되기 위해서 일 뿐만 아니라 부활의 자녀들의 처음 난 자가 되기 위해서였다. 우리는 그 아들의 형상을 본받게 될 것인데, 이는 그로 많은 형제 중에서 맏아들이 되게 하려 하심이다(롬 8:29).

(2) 이 변화를 일으키는 능력: 그는 만물을 자기에게 복종하게 하실 수 있는 자의 역사로(21절). 그분에게는 힘의 효력 곧 능력의 지극히 크심, 힘의 위력으로 역사하심이 있다(엡 1:19). 그분이 만물을 자기에게 복종하게 하실 수 있고, 조만간에 만물을 자신의 권능 아래 두신다는 것은 우리에게 큰 위로가 된다. 그리고 부활도 이 힘에 의해 일어날 것이다. 내가 마지막 날에 다시 살리리라(요 6:44). 이것으로 부활에 대한 우리의 믿음을 더욱 든든히 해야 하는데, 그 이유는 우리에게 그것을 보증하고 있는 성경을 우리가 소유하고 있을 뿐만 아니라 그것을 일으킬 수 있는 하나님의 능력을 우리가 알고 있기 때문이다(마 22:29). 그리스도의 부활이 신적 능력의 영광스러운 실례이고, 그러므로 그분은 성결의 영으로는 죽은 자들 가운데서 부활하사 능력으로 하나님의 아들로 선포되신(롬 1:4) 것처럼, 우리의 부활도 그렇게 될 것이다. 그리고 그분의 부활은 우리의 원형일 뿐만 아니라 확립된 증거이다. 따라서 구속주의 나라의 모든 원수들은 완전히 정복될 것이다. 그분은 죽음의 세력을 잡은 자 곧 마귀를 멸하시는(히 2:14) 분일 뿐만 아니라 맨 나중에 멸망 받을 원수인 사망까지(고전 15:26) 삼키고 이기실 것이다(고전 15:54).

제
— 4 —
장

개요

그리스도인으로서 감당해야 할 다양한 의무 곧 견고함, 합력, 기쁨 등과 같은 의무들을 권면한다(1-9절). 그리고 빌립보 교인들이 자기에게 보여주는 사랑에 대한 사도의 감사의 인사가 그의 자족하는 마음과 그들의 선에 대한 소망과 함께 표현된다(10-19절). 사도는 이 서신을 찬양, 인사말 그리고 축도와 함께 끝맺는다(20-23절).

[1]그러므로 나의 사랑하고 사모하는 형제들, 나의 기쁨이요 면류관인 사랑하는 자들아 이와 같이 주 안에 서라 [2]내가 유오디아를 권하고 순두게를 권하노니 주 안에서 같은 마음을 품으라 [3]또 참으로 나와 멍에를 같이한 네게 구하노니 복음에 나와 함께 힘쓰던 저 여인들을 돕고 또한 글레멘드와 그 외에 나의 동역자들을 도우라 그 이름들이 생명책에 있느니라 [4]주 안에서 항상 기뻐하라 내가 다시 말하노니 기뻐하라 [5]너희 관용을 모든 사람에게 알게 하라 주께서 가까우시니라 [6]아무것도 염려하지 말고 다만 모든 일에 기도와 간구로, 너희 구할 것을 감사함으로 하나님께 아뢰라 [7]그리하면 모든 지각에 뛰어난 하나님의 평강이 그리스도 예수 안에서 너희 마음과 생각을 지키시리라 [8]끝으로 형제들아 무엇에든지 참되며 무엇에든지 경건하며 무엇에든지 옳으며 무엇에든지 정결하며 무엇에든지 사랑 받을 만하며 무엇에든지 칭찬 받을 만하며 무슨 덕이 있든지 무슨 기림이 있든지 이것들을 생각하라 [9]너희는 내게 배우고 받고 듣고 본 바를 행하라 그리하면 평강의 하나님이 너희와 함께 계시리라

사도는 그리스도인이 감당할 다양한 의무들에 관한 권면으로 이 장을 시작한다.

Ⅰ. 그리스도인으로서의 신앙고백에 견고하게 서라(1절). 그것은 앞 장 마지막 부분으로부터 계속된다: 그러므로 사랑하는 자들아, 이와 같이 주 안에 서라. 우리의 시민권이 하늘에 있고, 우리는 거기서 와서 거기로 우리를 데려가실 구주

를 기다리고 있다. 그러므로 주 안에 서자. 믿음으로 말미암은 영생에 대한 소망과 전망은 우리의 삶의 과정 속에서 굳게, 변함 없이, 그리고 지속적으로 나타나야 한다. 여기서 다음 사실을 확인해 볼 수 있다.

1. 호칭들이 지극히 사랑에 넘쳐 있다: 나의 사랑하고 사모하는 형제들, 나의 기쁨이요 면류관인 사랑하는 자들아(1절). 여기서 사도는 그들에 대해 갖고 있는 기쁨, 그들을 위해 갖고 있는 애정을 표현함으로써, 그들에 대한 자신의 권면이 큰 힘을 발휘하도록 하고 있다. 그는 자신이 위대한 사도임에도 불구하고, 그들을 자신의 형제로 간주했다. 우리는 모두 형제다. 은사와 은혜와 업적에 있어서는 각기 차이가 있으나 한 성령으로 새롭게 되고, 같은 형상을 갖게 된 우리는 형제들이다. 비록 나이, 신장, 얼굴은 다르지만 한 아버지의 자녀들이다. 형제들이기 때문에 사도는 그들을 다음과 같이 대했다. (1) 그는 그들을 사랑하되, 지극히 사랑했다: 나의 사랑하고 사모하는 형제들, 나의 사랑하는 자들아. 사역자와 그리스도인들은 서로에 대해 따스한 애정을 품어야 한다. 형제사랑은 항상 형제관계를 따라 진행되어야 한다. (2) 그는 그들을 사랑하고 그들을 사모했다. 그들을 보고 싶어 하고, 그들로부터 소식을 듣기 원했다. 그리고 그들의 행복을 바라되, 간절히 염원했다. 내가 예수 그리스도의 심장으로 너희 무리를 얼마나 사모하는지 하나님이 내 증인이시니라(1:8). (3) 그는 그들을 사랑하고, 그들을 기뻐했다. 그들은 그의 기쁨이었다. 그에게는 그들의 영적 건강과 부흥에 대해 듣는 것보다 더 큰 즐거움이 없었다. 너의 자녀들 중에 우리가 아버지께 받은 계명대로 진리를 행하는 자를 내가 보니 심히 기쁘도다(요이 1:4; 요삼 1:4). (4) 그는 그들을 사랑하고 그들을 영광으로 여겼다. 그들은 그의 기쁨이자 그의 면류관이었다. 아무리 욕심 많은 야심가라도 바울이 그들의 믿음과 순종의 신실함에 대한 증거들을 영광의 표지로 알고 기뻐했던 것보다 더 크게 기뻐하지는 못했을 것이다. 이 모든 것은 그의 권면에 더 큰 관심을 불러일으키는 역할을 하게 된다.

2. 권면의 내용: 이와 같이 주 안에 서라. 그리스도 안에 있는 자들은 그 안에 굳게 서야 한다. 그분과 동행하는데 꾸준하고 요동이 없고, 끝까지 밀접하고 변함 없어야 한다. 또는 주 안에 서라는 말은 그분의 능력 안에서, 그리고 그분의 은혜로 말미암아 굳게 서라는 뜻이다. 우리 자신을 신뢰하지 말고, 우리 자신의 충분성을 믿지 말라는 것이다. 우리는 주 안에서와 그 힘의 능력으로 강건해야 한다(엡 6:10). "굳게 서되, 너희가 지금까지 한 것처럼 끝까지 굳게 서라. 내 사랑

하는 형제요, 나의 기쁨과 면류관으로서, 내가 너희의 행복과 성도의 견인에 대해 깊은 관심과 염려를 하고 있는 것만큼 굳게 서라."

Ⅱ. 사도는 그들에게 일치와 합력을 권면한다(2,3절). 내가 유오디아를 권하고 순두게를 권하노니 주 안에서 같은 마음을 품으라(2절). 이것은 특정한 인물들에게 주어진다. 때로는 복음의 일반적 교훈을 특수한 사람이나 사건들에 적용할 필요가 있다. 유오디아와 순두게는 서로 의견이 대립되었던지 아니면 교회에 대한 입장이 서로 달랐던 것으로 보인다. 그것은 사회적인 문제(이 경우라면 그들은 송사에 서로 연루되어 있었을 것이다) 아니면 종교적인 문제였을 것이다(이 경우라면 그들은 각기 다른 견해와 태도를 취했을 것이다). 그래서 사도는 이렇게 말한다: "주 안에서 같은 마음을 품고, 평화를 지키고 사랑하며 살며, 서로 반목하거나 반대하지 않고 한마음을 가지며, 교회의 다른 지체들과 반대로 행동하지 않고 그들과도 같은 마음을 갖기를 바라고, 그들이 그렇게 되기를 기도한다." 이어서 사도는 서로 합력할 것을 권한다(3절). 그는 이 권면을 특수한 사람들에게 주고 있다: 또 참으로 나와 멍에를 같이한 네게 구하노니. 그가 나와 멍에를 같이한 자라고 부르는 이 사람이 누구인지는 분명치 않다. 어떤 이들은 빌립보 교회의 목자들 가운데 하나로 추측되는 에바브로디도를 가리킨다고 생각한다. 다른 사람들은 어떤 훌륭한 여자 성도를 가리킨다고 보는데, 바울의 아내로 추정한다. 왜냐하면 그 멍에를 같이 한 자에게 자기와 함께 힘쓰던 저 여인들을 도우라고 권면하기 때문이다. 사도와 멍에를 같이한 자가 누구든 간에 그는 사도의 친구들과 멍에를 같이한 자가 틀림없다. 공적 사역자로서는 아니지만(왜냐하면 사도는 분명히 그것을 금지시켰기 때문이다. 여자가 가르치는 것을 허락하지 아니하노니 – 딤전 2:12), 복음 안에서 바울과 함께 수고한 여성들이 있었던 것으로 보인다. 그녀들은 사역자들을 접대하고, 병자들을 심방하고, 무지한 자들을 교훈하며, 오류에 빠진 자들을 교정시키는 역할을 했을 것이다. 이같이 여성들은 복음 사역에 있어서 사역자들을 돕는 역할을 수행할 수 있었다. 그래서 사도는 그들을 도우라고 말한다. 남을 돕는 자들은 기회가 있을 때 자신이 도움을 받게 된다. "그들을 도우라. 즉 그들과 합력하라. 그들의 손을 붙잡아 주고, 어려움에 빠졌을 때 그들에게 힘이 되라." 또한 글레멘드와 그 외에 나의 동역자들. 바울은 자신의 모든 동역자들을 사랑했다. 그는 그들의 도움이 크게 힘이 되는 것을 알았기 때문에 그들에게 다른 사람들의 도움이 참으로 큰 위로가

되었음을 언급했다. 그는 자신의 동역자들에 관해 그 이름들이 생명책에 있는 자들이라고 말한다. 이것은 그들이 영원토록 하나님께 택함받은 자들 아니면 영생의 특권을 소유하고 있는 연합체와 공동체에 가입되고 등록되어 있는 사람들이라는 뜻이다. 이것은 유대인과 이방인들이 그 도시의 거주민이나 자유민들의 명부를 작성하는 관습에 비유한 것이다. 따라서 우리는 그들을 그들의 이름이 하늘에 기록된 것으로(눅 10:20), 그 이름을 생명책에서 결코 지우지 아니하고(계 3:5), 오직 어린 양의 생명책에 기록된 자들(계 21:27)로 이해할 수 있다. 생명책이 있음을 잊지 말자. 그 책 안에는 특징이나 상태들이 아니라 이름들이 기록되어 있다. 우리는 그 책을 들여다 볼 수 없다. 거기에 기록된 이름들이 누구인지 알 수도 없다. 오직 우리는 복음 안에서 수고하는 사람들, 그리고 그리스도와 영혼들의 유익을 위해 신실한 자들의 이름이 생명책에 기록되어 있을 것이라고 자비의 판단에 따라 결론지을 수 있을 것이다.

Ⅲ. 사도는 하나님 안에서 거룩한 기쁨과 즐거움을 누릴 것을 권면한다. 주 안에서 항상 기뻐하라 내가 다시 말하노니 기뻐하라(4절). 우리의 모든 기쁨은 하나님 안에서 끝나야 한다. 하나님에 관한 우리의 생각은 즐거워야 한다. 여호와를 기뻐하라(시 37:4). 내 속에 근심(슬프고 고통스러운 생각)이 많을 때에 주의 위안이 내 영혼을 즐겁게 하시나이다(시 94:19). 나의 기도를 기쁘게 여기시기를 바라나니 나는 여호와로 말미암아 즐거워하리로다(시 104:34). 항상 곧 언제나, 어떤 상황 속에 있든, 심지어는 하나님을 위해 고난을 받거나 그분으로 말미암아 괴로움을 당할 때에도, 그분 안에서 즐거워하는 것이 우리의 의무요 특권이다. 우리는 하나님을 섬길 때 고난에 봉착한다고 해서 그분이나 그분의 법에 대해 나쁘게 생각해서는 안 된다. 땅에서 아무리 악한 상황에 직면하더라도, 우리는 하나님 안에서 충분히 기쁨의 요소를 발견할 수 있다. 사도는 앞에서 그것을 말했었다(3:1): 끝으로 나의 형제들아 주 안에서 기뻐하라. 여기서 그것을 다시 말한다: 주 안에서 항상 기뻐하라 내가 다시 말하노니 기뻐하라. 하나님 안에서의 기쁨은 그리스도인의 삶에서 가장 중요한 의무다. 그리스도인들은 거듭 이 의무를 상기할 필요가 있다. 만일 신실한 사람들이 이 기쁨의 축제를 계속 유지하지 못한다면, 그것은 그들의 잘못이다.

Ⅳ. 우리는 여기서 우리 형제들에 대해 솔직함과 온유함 그리고 선한 마음을 가질 것을 권고받는다. "너희 관용을 모든 사람에게 알게 하라(5절). 사소한 문

제들에 있어서 극단으로 달려가지 말라. 옹고집과 악의를 피하라. 서로에 대해 자애롭게 판단하라." 관용(토 에피에이케스)은 타인들에 대한 선한 태도를 의미한다. 이 관용은 로마서 14장에 설명되어 있다. 어떤 이들은 그것을 고통을 참는 태도, 또는 세상 즐거움을 건전하게 누리는 것으로 이해한다. 이렇게 볼 때 이 말은 이어지는 내용과 잘 조화된다. 주께서 가까우시니라는 말씀이 이어지기 때문이다. 우리 주님의 다가오심과 우리의 최종적 심판을 염두에 둘 때, 우리는 동료 그리스도인들을 해치지 않게 되고, 당면한 고난을 견디며, 외형적 이득을 향한 감정을 절제하게 될 것이다. "그분은 너희 원수들에 대해서는 복수하시고, 너희 인내에 대해서는 상을 주실 것이다."

V. 여기서는 불안하고 혼란스러운 염려에 대한 경고가 주어진다(6절). 아무 것도 염려하지 말고(메덴 메림나테). 이와 동일한 표현이 마 6:25에도 나온다: 목숨을 위하여 염려하지 말라. 즉 걱정스런 염려를 피하고, 인생의 곤궁과 난관이 있을 때 걱정스런 근심과 어지러운 생각을 피하라. 염려 없이 사는 것은 그리스도인들의 의무이자 특권이다. 부지런함에 대한 염려는 우리의 의무다. 그것은 지혜로운 계획이요, 적절한 근심이다. 그러나 망설임과 불신에 대한 염려는 죄요 어리석음이다. 이것은 단지 마음을 어지럽히고 혼란시킬 뿐이다. "너희 염려로 말미암아 하나님을 불신하고, 그분을 섬기는데 합당치 못한 일이 벌어지지 않도록, 아무것도 염려하지 말라."

VI. 혼란스러운 염려에 대한 절대적 해독제로서 사도는 끊임없는 기도를 추천한다. 다만 모든 일에 기도와 간구로, 너희 구할 것을 감사함으로 하나님께 아뢰라(6절). 여기서 다음과 같은 사실을 확인할 수 있다.

1. 우리는 정해진 기도 시간을 지켜야 할 뿐만 아니라 특별히 긴급한 일을 만날 때마다 기도해야 한다: 모든 일에 기도와. 어떤 일이 우리의 마음을 무겁게 할 때, 우리는 기도로 마음을 진정시켜야 한다. 사건들이 우리의 영혼을 어지럽히고 혼란시킬 때, 우리는 하나님의 인도와 도움을 구해야 한다.

2. 우리는 기도와 간구로 아뢸 때 감사함으로 해야 한다. 우리는 필요한 것을 공급해 주시도록 구해야 할 뿐만 아니라 자비로 공급해주신 것에 대해 감사해야 한다. 우리가 소유하고 있는 것에 대해 감사로 고백하는 것은 당연한 마음의 태도로서, 복을 추가로 받는 유력한 유인이 된다.

3. 기도는 하나님께 우리의 소원을 아뢰는 것 또는 그것을 그분께 알리는 것

이다: 너희 구할 것을 하나님께 아뢰라. 하나님은 우리의 필요나 소원에 대해 들으실 필요가 있지는 않다. 왜냐하면 그분은 우리가 말하기 전에 이미 다 알고 계시기 때문이다. 그러나 그분은 우리로부터 그것들을 알기 원하고, 우리가 그분의 자비에 대한 가치와 그분에 대한 우리의 의존을 표현함으로써 우리의 존중과 관심을 보여주기를 바라신다.

4. 이 기도의 결과는 하나님의 평강이 우리 마음과 생각을 지키시는 것이다(7절). 모든 지각에 뛰어난 하나님의 평강은 하나님과 우리의 화해, 그분의 호의에 대한 참여, 그리고 천국의 복에 대한 소망과 내세에서의 하나님의 은혜 등에 대한 아늑한 느낌으로, 아무리 충분히 평가되고, 아무리 적절히 표현되더라도 그보다 더 좋은 것이다. 그것은 사람의 마음으로 생각하지도 못하는 것이다(고전 2:9). 이 평강은 그리스도 예수 안에서 우리 마음과 생각을 지킬 것이다. 그것은 환난 가운데 죄를 범하거나 그 아래 침몰하지 못하도록 우리를 지켜줄 것이다. 또 우리로 하여금 감정의 불안 없이 내적 만족을 누리며 아늑함과 고요함을 유지하게 할 것이다. 주께서 심지가 견고한 자를 평강하고 평강하도록 지키시리니(사 26:3).

VII. 우리는 훌륭한 이름 곧 하나님과 선인들에게 좋은 일을 할 때 주어지는 이름을 얻고, 유지하도록 권면받는다. 무엇에든지 참되며 무엇에든지 경건하며 (8절). 이 말은 삶의 상황과 조건에 알맞게, 말과 약속에 있어서 진실하고, 행동에 있어서 품위와 예절을 지키라는 뜻이다. 무엇에든지 옳으며, 정결하며. 즉 사람들을 대하는 모든 태도에 있어서, 죄의 불순함이나 불결함이 없이 정의와 정직의 원칙에 일치하도록 하라는 것이다. 무엇에든지 사랑 받을 만하며, 칭찬 받을 만하며. 즉 다른 사람들이 우리를 사랑하도록, 좋은 생각은 물론이고 좋은 말을 하도록 상냥한 태도를 취하라는 뜻이다. 무슨 덕이 있든지, 무슨 기림이 있든지. 실제로 어떤 덕스런 일이나 칭송할 만한 어떤 일이 있거든. 여기서 다음 두 가지 점을 유의해야 한다.

1. 사도는 그리스도인들이 이방인 이웃들의 선한 모습을 본받기를 원했다: "무슨 덕이 있든지, 무슨 기림이 있든지. 즉 그들 가운데 참으로 아름다운 어떤 점이 있다면 그들을 본받고, 선한 일에 있어서 그들에게 뒤져서는 안 된다." 우리는 악인들 또는 우리가 가진 장점을 갖지 못한 사람들에게 어떤 좋은 점이 있다면, 그것을 배우기를 부끄럽게 여겨서는 안 된다.

2. 덕은 그 자체로 칭송을 받고, 또 받아야 한다. 우리는 덕의 길을 따라 살고, 그 안에 거해야 한다. 그렇게 하면 사람들에게 칭찬이 있든 없든 막론하고, 그것은 하나님께 칭찬을 받을 것이다(롬 2:29).

이런 일들에 있어서 사도는 자신을 본보기로 제시한다(9절): 너희는 내게 배우고 받고 듣고 본 바를 행하라. 바울의 교훈과 삶은 모순이 없었다. 그들이 바울에게서 본 것은 그에게서 들은 것과 매한가지였다. 그는 자신의 교훈과 함께 자신의 삶도 그들의 본보기로 제시할 수 있었다. 우리가 다른 사람들에게 말하는 것을 그들이 우리의 행실에서 볼 때 그 말은 큰 힘을 갖는다. 그리고 이것이 평강의 하나님이 우리와 함께 계시는 비결이다(9절). 즉 그분에 대한 우리의 의무를 잘 지키는 비결이다. 우리가 주님과 함께 하는 동안 그분도 우리와 함께 하신다.

[10]내가 주 안에서 크게 기뻐함은 너희가 나를 생각하던 것이 이제 다시 싹이 남이니 너희가 또한 이를 위하여 생각은 하였으나 기회가 없었느니라 [11]내가 궁핍하므로 말하는 것이 아니니라 어떠한 형편에든지 나는 자족하기를 배웠노니 [12]나는 비천에 처할 줄도 알고 풍부에 처할 줄도 알아 모든 일 곧 배부름과 배고픔과 풍부와 궁핍에도 처할 줄 아는 일체의 비결을 배웠노라 [13]내게 능력 주시는 자 안에서 내가 모든 것을 할 수 있느니라 [14]그러나 너희가 내 괴로움에 함께 참여하였으니 잘하였도다 [15]빌립보 사람들아 너희도 알거니와 복음의 시초에 내가 마게도냐를 떠날 때에 주고 받는 내 일에 참여한 교회가 너희 외에 아무도 없었느니라 [16]데살로니가에 있을 때에도 너희가 한 번뿐 아니라 두 번이나 나의 쓸 것을 보내었도다 [17]내가 선물을 구함이 아니요 오직 너희에게 유익하도록 풍성한 열매를 구함이라 [18]내게는 모든 것이 있고 또 풍부한지라 에바브로디도 편에 너희가 준 것을 받으므로 내가 풍족하니 이는 받으실 만한 향기로운 제물이요 하나님을 기쁘시게 한 것이라 [19]나의 하나님이 그리스도 예수 안에서 영광 가운데 그 풍성한 대로 너희 모든 쓸 것을 채우시리라

이 단락에서 우리는 사도가 빌립보 교인들이 자신을 돕기 위해 선물을 보낸 것에 대해 크게 감사하는 내용을 담고 있다. 당시 그는 로마 감옥에 갇혀 있는 신세였기 때문이다.

I. 사도는 그들이 이전에 자기에게 베풀어준 친절에 대해 감사하며, 그것을

특별히 언급한다(15,16절).   바울은 감사를 아는 사람이었다. 왜냐하면 그의 친구들이 그를 위해 한 것이 그가 그들로부터 받을 자격, 그리고 그가 그들에게 끼친 은혜와 비교하면 아무것도 아니었지만, 그래서 그것을 받아도 당연히 받아야 할 것에 훨씬 미치지 못하는 것이었음에도 불구하고, 그는 그들의 친절이 마치 엄청난 자선인 것처럼 말하기 때문이다. 비록 그들이 그들 각자의 재산의 절반을 그에게 보냈다 해도, 결코 너무 많이 보낸 것이 아니었다. 왜냐하면 그들은 그들 자신의 영혼까지 그에게 은혜를 입었기 때문이다. 그러나 그들이 그에게 작은 선물을 보냈을 때, 그가 얼마나 고맙게 그것을 받고, 얼마나 감사하는 마음으로 그것을 언급하고 있는지를 보라. 심지어는 이 서신을 통해 기록으로 남겨놓아 온 세대의 교회들이 읽을 수 있도록 했다. 다시 말해 이 서신이 읽혀지는 곳 어디서나 그들이 바울에게 한 이 일이 기념비적인 일로 전해지게 된 것이다. 확실히 그 선물에 대한 이보다 더 큰 보상은 없었다. 그는 그들에게 복음의 시초에 내가 마게도냐를 떠날 때에 주고 받는 내 일에 참여한 교회가 너희 외에 아무도 없었느니라(15절)고 상기시킨다. 그들은 사도와 함께 있었을 때, 그가 편안하게 지내도록 했을 뿐만 아니라 그가 마게도냐를 떠났을 때에는 자기들의 사랑을 담은 선물을 보냈던 것이다. 그런데 이 일은 다른 교회는 전혀 하지 못했던 일이었다. 그들 외에 어느 누구도 사도를 통해 영적 열매를 거둔 것을 기억하고, 자기들의 소유 일부를 떼어 그에게 보낸 적이 없었다. 자선 행위를 할 때 우리는 다른 사람들이 어떻게 하는지 알아보고 하는 경향이 있다. 그러나 빌립보 교회는 그렇게 하지 않았다. 그들이 이처럼 의롭고 관대하게 자선을 베푼 유일한 교회였다는 것은 그들의 영예를 더욱 크게 높여주는 역할을 했다. 데살로니가에 있을 때에도(곧 그가 마게도냐를 떠난 이후에도) 너희가 한 번뿐 아니라 두 번이나 나의 쓸 것을 보내었도다(16절). 여기서 다음 두 가지 사실을 확인할 수 있다.

1. 그들이 보낸 것은 아주 작은 것이었다. 그들은 단지 그에게 생활필수품을 보냈을 뿐이다. 아마 그들은 자신들의 능력에 따라 했을 것이고, 사도 역시 더 많은 것과 더 좋은 것을 바라지 않았다.

2. 하나님으로부터 그의 은혜의 선물을 충만하게 받은 사람들이 하나님의 사람들과 사역자들에게, 그들 자신의 능력과 도움을 받는 자들의 필요에 따라, 감사의 보답을 하는 것은 참으로 아름다운 일이다: 너희가 한 번뿐 아니라 두 번이

나 나의 쓸 것을 보내었도다. 많은 사람들이 한 번 자선을 베푼 것으로 할 일을 다 했다고 생각한다. 그들이 왜 다시 자선을 하면 안 되는가? 그러나 빌립보 교인들은 두 번씩 그에게 선물을 보냈다. 그들은 필요할 때마다 그를 돕고, 쓸 것을 공급했다. 그는 감사하는 차원에서 뿐만 아니라 그들을 격려하기 위한 차원에서 그들의 과거의 자선을 이같이 언급한다.

II. 사도는 최근 그들의 무성의를 변명해준다. 한동안 그들은 그의 안부를 묻거나 선물을 보낸 적이 없었던 것으로 보인다. 그러나 그들이 그를 생각하던 것이 이제 다시 싹이 났다(10절). 그것은 한겨울 동안 아주 죽은 것처럼 보였던 나무가 봄에 싹이 돋는 것과 같았다. 그래서 사도는 위대한 주님의 실례를 본받아, 그들의 무성의를 책망하는 대신 그들을 변명해준다: 너희가 또한 이를 위하여 생각은 하였으나 기회가 없었느니라(10절). 만일 그들이 그럴 결심을 하고 있었다면, 기회가 없어서 그렇게 할 수 없었을까? 그들은 얼마든지 사자를 보냈을 수도 있었다. 그러나 사도는 그들을 두둔하면서 그럴 기회가 있었다면 당연히 그렇게 했을 것이라고 생각한다. 이것은 많은 사람들이 자기 친구들에 대해 하는 생각과 얼마나 다른가? 그들은 그럴만한 이유가 있어서 친구가 부주의했다고 하여도, 그것을 이해하기보다는 오히려 악의로 해석한다. 하지만 바울은 악의로 해석할 충분한 이유가 있었음에도 불구하고, 그들을 옹호해 주었다.

III. 사도는 그들이 보낸 현재의 선물을 칭찬한다. 그러나 너희가 내 괴로움에 함께 참여하였으니 잘하였도다(14절). 곤경 속에 있는 참 사역자를 구제하고 돕는 것은 아름다운 일이다. 여기서 참 그리스도인의 사랑의 본질이 무엇인지를 보라. 그것은 곤경 속에 있는 친구에게 관심을 가질 뿐만 아니라 그를 돕는 일을 하는 것이다. 그들은 괴로움 속에 있는 사도를 돕기 위해 그의 괴로움에 참여하였다. 야고보는, 너희 중에 누구든지 그에게 이르되 평안히 가라, 덥게 하라, 배부르게 하라 하며 그 몸에 쓸 것을 주지 아니하면 무슨 유익이 있으리요(약 2:16)라고 말한다. 사도는 그 안에서 크게 기뻐했다(10절). 그것은 그들이 그를 사랑한다는 것과 그들 가운데서 그가 사역에 성공했음을 보여주는 증거였기 때문이다. 사도에 대한 그들의 사랑의 열매가 풍성했을 때, 그것은 그의 사역의 열매가 그들 가운데 풍성했음을 보여주는 증거였던 것이다.

IV. 사도는 어떤 이들이 자신이 그들이 선물을 보낸 사실을 자주 언급하는 것에 대해 악담하지 않도록 신경을 쓴다. 그것은 불만족이나 불신에서(11절)

또는 세상에 대한 탐욕과 사랑에서(12절) 나온 것이 아니었다

　1. 그것은 하나님의 섭리에 대한 불만족이나 불신에서 나온 말이 아니었다: 내가 궁핍하므로 말하는 것이 아니니라(11절). 즉 그가 궁핍함을 겪었기 때문도 아니고 그것을 두려워해서도 아니라는 것이다. 전자와 관련하여 그는 적은 소유로 만족했고, 그것은 그를 충족시켰다. 또 후자와 관련하여 그는 날마다 필요한 것을 공급해 주시는 하나님의 섭리를 의지했고, 그것도 그를 만족시켰다. 따라서 어쨌든 그는 궁핍하다고 말하지 않았다. 어떠한 형편에든지 나는 자족하기를 배웠노니(11절). 여기서 우리는 바울이 배운 것이 무엇인지에 대한 설명을 본다. 그것은 그가 가말리엘 문하에서 배운 것이 아니라 그리스도의 발 밑에서 배운 것이었다. 그는 자족하는 법을 배웠다. 그리고 그것은 대부분의 사람들이 그런 것처럼 친히 겪었던 곤경과 고난을 통해 배운 교훈이었다. 그는 자주 매임과 갇힘과 곤경 속에 있었다. 그러나 그 모든 것을 통해 그는 자족하기를 배웠다. 즉 자신의 마음을 자신이 처한 상황에 맞추고, 그것을 최대한 감수하는 법을 배웠다. 나는 비천에 처할 줄도 알고 풍부에 처할 줄도 알아(12절). 우리 자신을 삶의 모든 정황에 적응시키고, 인생의 모든 다양함 속에서 한결같은 마음을 유지하는 것은 특별한 은혜의 행위이다.

　(1) 고통스런 상황 속에 우리 자신을 적응시키는 법 — 비천에 처하는 법, 배고픔에 처하는 법, 궁핍을 견디는 법을 알아 그 유혹에 넘어가지 않고, 하나님 안에서 얻는 위로를 빼앗기지 않고, 그분의 섭리를 불신하지 않고 또는 우리의 필요를 채우기 위해 편법을 쓰지 않아야 한다.

　(2) 번영하는 상태 속에 우리 자신을 적응시키는 법 — 배부름에 처하는 법, 풍부에 처하는 법을 알아 교만하거나 안일하거나 사치하지 않도록 해야 한다. 이것은 앞의 교훈만큼이나 실천하기 힘든 교훈이다. 왜냐하면 풍부와 번영에 대한 유혹은 고통과 궁핍에 대한 유혹 못지않기 때문이다. 그러나 우리는 그것을 어떻게 배워야 할까? 내게 능력 주시는 자 안에서 내가 모든 것을 할 수 있느니라(13절). 우리는 그리스도로부터 오는 힘을 필요로 한다. 오직 이 힘만이 우리로 하여금 순전한 그리스도인의 의무를 수행하게 할 뿐만 아니라 도덕적 열매까지 맺도록 한다. 우리가 모든 상황 속에서 자족하는 법을 배우기 위해서는 그분의 힘을 필요로 한다. 사도는 여기서 자신과 자신의 능력에 대해 자랑하는 것처럼 보인다: 나는 비천에 처할 줄도 알고(12절). 그러나 그는 그리스도께 모든

찬양을 돌린다. "내가 어떻게 비천에 처할 줄도 알고 풍부에 처할 줄도 안다고 말하는가? 그것은 오직 내 자신의 힘이 아니라 그것을 할 수 있도록 내게 능력 주시는 자이신 그리스도로 말미암은 것이다." 마찬가지로 우리도 주 안에서와 그 힘의 능력으로 강건하고(엡 6:10), 그리스도 예수 안에 있는 은혜 가운데서 강할(딤후 2:1) 필요가 있다. 우리는 그의 성령으로 말미암아 우리 속사람을 능력으로 강건하게 해야 한다(엡 3:16). 내게 능력 주시는 자 곧 그리스도 안에서(엔 토 엔뒤나문티 메 크리스토)는 현재 시제로서, 현재 계속되고 있는 행위를 의미한다. 그것은 마치 그가 이렇게 말하는 것과 같다: "그것은 나를 강하게 하고, 또 계속 강하게 하는 그리스도로 말미암은 것이다, 그분의 지속적이고 새롭게 하시는 능력으로 말미암아 나는 모든 것을 할 수 있다. 나의 모든 영적 힘은 전적으로 그분에게 달려 있다."

2. 그것은 세속적 부(富)에 대한 탐욕이나 갈망으로부터 온 것이 아니었다: "내가 선물을 구함이 아니요(17절). 즉 내가 너희의 사랑을 기쁨으로 받는 것은 그것이 나의 만족을 더하기 때문이 아니라 너희의 유익을 더하기 때문이다." 그는 자신을 위해서가 아니라 그들을 위해 그것을 원했던 것이다: "오직 너희에게 유익하도록 풍성한 열매를 구함이라(17절). 즉 너희가 세상 재물을 선용할 수 있도록 함으로써 너희가 기쁘게 유익을 얻기를 바라서이다. 그것은 너희에게서 더 많이 받고자 하는 어떤 의도가 있어서가 아니라 이런 선행을 실천함으로써 너희가 장차 영광스러운 상급을 받도록 격려하기 위해서다." 사도는 계속해서 이렇게 말한다: "내게는 모든 것이 있고 또 풍부한지라(18절). 사람이 풍족한 것 외에 무엇을 바랄 수 있겠는가? 하지만 나는 선물을 위해 선물을 바라지 않는다. 왜냐하면 내게는 모든 것이 있고, 풍족하기 때문이다. 그들은 그에게 작은 선물을 보냈고, 그는 그 이상 바라지 않았다. 그는 현재 여유 있는 삶을 갈망하지 않았고, 또 미래를 위해 쓸 것을 준비하기를 바라지 않았다: 에바브로디도 편에 너희가 준 것을 받으므로 내가 풍족하니(18절). 선한 자는 이 세상에서도 곧 풍족하게 받게 될 것이다. 풍족하게 살 뿐만 아니라 풍족하게 받기도 할 것이다. 탐욕적인 세속인은 지극히 많이 소유하고 있음에도 불구하고, 계속 더 많은 것을 소유하기를 바랄 것이다. 그러나 하늘에 속한 그리스도인은 비록 적은 것을 소유하고 있지만, 풍족하게 소유하고 있는 것이다.

V. 사도는 하나님께서 그들이 그에게 베푼 사랑을 받으시고 보답하신다는

것을 보증한다.

1. 하나님은 그것을 받으셨다: 이는 받으실 만한 향기로운 제물이요 하나님을 기쁘시게 한 것이라(18절). 이것은 속죄의 제물이 아니다. 누구도 그리스도 외에는 속죄를 이루지 못하기 때문이다. 그러나 그것은 감사의 예물로서, 하나님을 기쁘시게 한 것이었다. 그것은 바울에게 그의 필요를 채우는 것으로 받아들여진 것 이상으로 그들의 은혜의 열매로서 하나님께 받아들여졌다. 하나님은 이같은 제사를 기뻐하시느니라(히 13:16).

2. 하나님은 그것을 보상하실 것이다: 나의 하나님이 그리스도 예수 안에서 영광 가운데 그 풍성한 대로 너희 모든 쓸 것을 채우시리라(19절). 사도는 하나님께서 천국의 국고에서 돈을 지출하여 그들이 자신에게 보여준 호의에 대한 보상으로 그들에게 주실 것처럼 말한다. "너희의 하나님이자 나의 하나님으로서 그분은 너희가 나에게 한 일을 마치 자신에게 한 것처럼 생각하고 그렇게 하실 것이다. 너희는 그 가난한 대로 나의 필요를 채웠고, 그분은 그 풍성한 대로 너희의 필요를 채우실 것이다." 그러나 그것은 오로지 그리스도 예수로 말미암는다. 그분을 통해 우리는 선한 일을 할 은혜를 받고, 그분을 통해 우리는 그 보상을 기대할 자격을 갖는다. 그것은 빚이 아니라 은혜에 속한 것이다. 왜냐하면 우리가 하나님을 위해 더 많은 일을 할수록 그분께 은혜를 더 받아야 하므로 그만큼 그분께 은혜를 힘입는 것이 되기 때문이다.

[20]하나님 곧 우리 아버지께 세세 무궁하도록 영광을 돌릴지어다 아멘 [21]그리스도 예수 안에 있는 성도에게 각각 문안하라 나와 함께 있는 형제들이 너희에게 문안하고 [22]모든 성도들이 너희에게 문안하되 특히 가이사의 집 사람들 중 몇이니라 [23]주 예수 그리스도의 은혜가 너희 심령에 있을지어다

사도는 이 부분에서 다음과 같이 이 서신을 끝맺는다.

1. 하나님을 찬양하는 것으로 끝맺는다: 하나님 곧 우리 아버지께 세세 무궁하도록 영광을 돌릴지어다 아멘 (20절). 여기서 다음 두 가지 사실을 확인할 수 있다. (1) 우리는 하나님을 우리 아버지로 간주해야 한다: 하나님 곧 우리 아버지께. 하나님께서 죄인들에게 부자관계를 허락하시고, 자신을 우리 아버지라고 부르게 하신 것은 그분의 엄청난 겸손이요 놀라우신 은혜다. 그리고 그것은 오직 복음

시대의 사람들에게만 허락된 특별한 호칭이다. 또한 우리가 그분을 우리에게 그토록 가깝고, 우리에게 그토록 자비로운 사랑을 가지신 우리 아버지로 부르게 된 것은 커다란 특권이자 격려다. 우리는 온갖 연약함과 두려움 속에 있을 때 그분을 폭군이나 원수가 아니라 우리에게 연민을 베푸시고 도움을 주실 아버지로 바라보아야 한다. (2) 우리는 아버지이신 하나님께, 곧 그분의 탁월하심과 우리를 향하신 그분의 모든 자비에 대해 영광을 돌려야 한다. 우리는 그분에게서 받은 모든 것으로 말미암아 그분께 감사하고, 그분께 모든 찬양을 돌려야 한다. 우리의 찬양은 지속적이고 끊임이 없어야 한다. 세세 무궁하도록 영광을 돌려야 한다.

2. 빌립보에 있는 그의 친구들에게 문안하는 것으로 끝맺는다: "그리스도 예수 안에 있는 성도에게 각각 문안하라(21절). 나의 진심어린 사랑을 너희와 함께 있는 모든 그리스도인에게 전하라." 그는 그 교회의 감독과 집사들뿐만 아니라 교회 전체와 일반 성도들 모두에게 문안한다. 바울은 모든 참 그리스도인들에게 친절한 감정을 갖고 있었다.

3. 사도는 로마에 있는 자들의 문안도 그들에게 전한다: "나와 함께 있는 형제들이 너희에게 문안하고(21절). 여기 나와 함께 있는 사역자들과 모든 성도들이 갖고 있는 다정한 안부를 너희에게 전한다. 특히 가이사의 집 사람들 중 몇이니라(22절). 즉 황제의 궁정에서 사는 사람들 가운데 기독교로 개종한 자들이 너희에게 안부를 전한다." 여기서 다음 두 가지를 유의해야 한다. (1) 가이사의 집 안에도 성도들이 있었다. 바울은 비록 복음을 전한다는 이유로 황제의 명에 의해 로마 감옥에 갇혀 있었으나 황제 자신의 가족 가운데 그리스도인들이 있었다. 복음은 일찍부터 부자와 고관과 같은 사람들 속에도 전파되었다. 아마 사도는 궁정에 있는 친구들을 통해 하층 융숭한 대접과 호의를 받았을 것이다. (2) 특히 가이사의 집 사람들 중 몇이니라. 궁정에서 자란 그들은 다른 사람들보다 더 공손했을 것이다. 성별된 예절은 신앙을 얼마나 빛나게 할까!

4. 통상적인 사도의 축도: "주 예수 그리스도의 은혜가 너희 심령에 있을지어다(아멘)(23절). 그리스도의 값없는 은혜와 선의가 너희의 몫이 되고, 너희의 행복이 되기를 바라노라."

골로새서

서론

골로새는 브루기아의 중심 도시로서, 라오디게아와 히에라볼리로부터 그리 멀리 떨어지지 않은 곳에 위치한 것으로 보인다. 우리는 이에 대한 언급을 4:13에서 발견한다. 지금 그 곳은 몰락해서 역사 속에서 사라졌고, 다만 이 서신에 그 잔재만 남아 있을 뿐이다. 이 서신의 목적은 의식법 준수의 필요성을 강하게 주장했던 유대인 열심당원들의 위험을 골로새 교인들에게 경고하기 위한 데에 있었다. 또 이방 철학을 기독교 원리에 혼합시키지 않도록 강조하려는 의도도 있었다. 사도는 그들의 견고함과 지조에 대해 큰 만족을 표시하고, 그들에게 계속적인 견인을 권면한다. 이 서신은 에베소서 및 빌립보서와 함께, 같은 시기인 주후 62년경, 같은 장소인 로마 감옥에서 씌어졌다. 그는 갇혀 있었으면서도 게으르지 않았고, 하나님의 말씀은 제한을 받지 않았다.

이 서신은 로마서와 마찬가지로, 그가 전혀 만나보지 못했고, 인간적 친분관계가 전혀 없던 사람들에게 씌어졌다. 골로새 교회는 바울의 사역이 아니라 바울에 의해 복음 전도자로서 이방인에게 복음을 전하도록 파송 받은 에바브라 곧 에바브로디도의 사역에 의해 세워진 교회였다. 그럼에도 불구하고 그 교회는 다음과 같은 특징이 있었다.

I. 당시 골로새 교회는 부흥하는 교회로서 아주 유명했다. 어떤 이들은 바울 자신이 세운 교회 외에는 부흥하는 교회가 없을 것이라고 생각하는 경향이 있었다. 그러나 에바브라에 의해 세워진 교회는 크게 부흥하고 있었다. 하나님은 때때로 덜 유명하고, 비교적 능력이 부족한 사람들을 그의 교회에 큰 유익이 되도록 기꺼이 사용하신다. 하나님은 심히 큰 능력이 하나님께 있고 우리에게 있지 아니함을 알게 하려고(고후 4:7), 자신이 기뻐하시는 대로 누구든 사용하시고, 반드시 유능한 사람들에게만 사역을 맡기시는 것이 아니다.

II. 비록 바울은 이 교회의 설립자는 아니었지만, 그렇다고 해서 그 교회를 무시하지 않았다. 편지를 쓸 때 그는 그 교회와 다른 교회들 간에 어떤 차별도 두지 않았다. 에바브라의 사역을 통해 회심한 골로새 교인들은 바울을 크게 존중했고, 그 역시 그들의 행복에 큰 관심을 기울였다. 그것은 그가 친히 세운 빌립보 교회 및 다른 교회들과 마찬가지였다. 이처럼 사도는 덜 유명한 사역자의 영예도 존중할 줄 알았다. 그것은 우리에게 이기적이 되지 않도록 그리고 우리 자신이 아닌 다른 사람들의 영예를 무시하지 말도록 가르친다. 우리는 또 그의 본보기를 통해 다른 사람이 심은 것에 대해 물 주는 것과 다른 사람이 세운 터 위에 건물을 세우는 것을 깔보지 않도록 교훈을 받는다. 사도는 자신을 지혜로운 건축자와 같이 터를 닦아 두매 다른 이가 그 위에 세우는(고전 3:10) 자로서 생각했다.

제
— 1 —
장

개요

우리는 여기서 다음과 같은 내용을 발견한다. I. 통상적인 인사말(1-2절). II. 골로새 교인들에 관하여 들은 것 곧 그들의 믿음과 사랑과 소망에 대해 하나님께 감사함(3-8절). III. 그들의 지식과 열매 맺음과 강건함을 위한 기도(9-11절). IV. 성령의 역사, 구속자의 인격, 대속의 사역, 그리고 복음 전파에 관한 기독교의 가르침을 훌륭하게 요약함(12-29절).

[1]하나님의 뜻으로 말미암아 그리스도 예수의 사도 된 바울과 형제 디모데는 [2]골로새에 있는 성도들 곧 그리스도 안에서 신실한 형제들에게 편지하노니 우리 아버지 하나님으로부터 은혜와 평강이 너희에게 있을지어다

I. 이 서신의 인사말은 다른 서신들과 거의 동일하다. 그것은 다음과 같이 확인할 수 있다.

1. 사도는 자신을 하나님의 뜻으로 말미암아 그리스도 예수의 사도 된 바울이라고 부른다(1절). 사도는 그리스도의 나라의 수석 사역자로서, 그리스도께 직접 부르심을 받고, 특별한 자격을 부여받은 자이다. 그의 사역은 특별히 기독교 교회를 세우고, 기독교 교리를 확증하는데 있었다. 그는 이것을 자신의 공로, 힘 또는 재능이 아니라 하나님의 값없이 주시는 은혜와 선하신 뜻으로 돌렸다. 그는 하나님의 뜻으로 말미암아 사도가 되었기 때문에 최선을 다하여 쓰임받으려고 생각했다.

2. 사도는 자신이 위임받은 일에 디모데를 포함시킨다. 이것은 그의 겸손의 또 다른 실례다. 그는 다른 곳에서 디모데를 형제로 부르는데, 그것은 나이가 더 많고, 더 탁월한 사역자들이 자기들보다 젊고 덜 알려진 사역자들을 형제로 간주하고, 따라서 그들을 사랑과 존경의 대상으로 대하는 본보기로 제시된다.

3. 사도는 골로새에 있는 그리스도인들을 성도들 곧 그리스도 안에서 신실한 형제들로 부른다(2절). 참된 모든 사역자들과 마찬가지로 참된 모든 그리스도

인들 역시 서로에 대해 형제로서, 아주 가까운 관계를 이루고 서로 사랑을 빚지고 있다. 그들은 하나님에 대해, 그분의 영예를 높이고, 그분의 은혜로 말미암아 성결케 되며, 그분의 형상을 닮고, 그분의 영광을 목표로 삼는 성도들이 되어야 한다. 이 두 관계에 있어서 즉 하나님에 대해서는 성도들이요 서로에 대해서는 형제들인 점에서, 그들은 신실해야 한다. 신실함은 그리스도인들의 삶의 모든 특징과 관계에 두루 나타나는 것으로, 그들 모두의 면류관이자 영광이다.

II. 사도의 축도는 다른 서신들의 그것과 통상적으로 동일하다. 우리 아버지 하나님(과 주 예수 그리스도)으로부터 은혜와 평강이 너희에게 있을지어다(2절). 그는 그들에게 은혜와 평강 곧 하나님의 값없는 호의와 그 영광스러운 모든 열매들이 주어지기를 바란다. 모든 종류의 영적 복은 우리 아버지 하나님과 주 예수 그리스도로부터 온다. 이 두 가지 복은 빌립보서에서와 마찬가지로 함께 오기도 하고, 각기 떨어져 오기도 한다.

³우리가 **너희**를 위하여 기도할 때마다 하나님 곧 우리 주 예수 그리스도의 아버지께 감사하노라 ⁴이는 그리스도 예수 안에 **너희**의 믿음과 모든 성도에 대한 사랑을 들었음이요 ⁵**너희**를 위하여 하늘에 쌓아 둔 소망으로 말미암음이니 곧 **너희**가 전에 복음 진리의 말씀을 들은 것이라 ⁶이 복음이 이미 **너희**에게 이르매 **너희**가 듣고 참으로 하나님의 은혜를 깨달은 날부터 **너희** 중에서와 같이 또한 온 천하에서도 열매를 맺어 자라는도다 ⁷이와 같이 우리와 함께 종 된 사랑하는 에바브라에게 **너희**가 배웠나니 그는 **너희**를 위한 그리스도의 신실한 일꾼이요 ⁸성령 안에서 **너희** 사랑을 우리에게 알린 자니라

여기서 사도는 편지의 본론으로 들어가는데, 그들에 관하여 들은 것에 대한 감사를 하나님께 드리는 것으로부터 시작한다. 하지만 그는 그들과 직접적 친분은 없고 다른 사람들의 소식을 통해서 그들의 상태와 형편을 알게 되었다.

I. 사도는 그들에 대해 하나님께 감사했다. 그들은 그리스도의 복음을 받아들임으로써 사도에 대한 그들의 신뢰를 입증했다. 그들을 위하여 기도할 때 사도가 감사했음을 기억하자. 감사는 모든 기도의 필수항목이 되어야 한다. 우리

는 즐거워할 일이 무엇이든 간에 그것은 감사의 제목이 되어야 한다. 여기서 다음과 같은 사실을 확인할 수 있다.

1. 사도가 감사를 드린 대상: 하나님 곧 우리 주 예수 그리스도의 아버지께 감사하노라(3절). 감사할 때 우리는 하나님 곧 우리 주 예수 그리스도의 아버지이신 하나님(그분은 기도의 대상이면서 감사의 대상이다)께 시선을 고정시켜야 한다. 모든 선한 것은 그분 안에서 그리고 그분으로 말미암아 우리에게 온다. 그분은 우리의 아버지이실 뿐만 아니라 우리 주 예수 그리스도의 아버지이시다. 우리가 그분을 우리 아버지와 그리스도의 아버지, 우리 하나님과 그분의 하나님으로서 바라볼 수 있다는 것은 우리가 하나님께 기도할 때마다 큰 힘이 된다(요 20:17).

2. 사도가 하나님께 감사하는 내용. 그것은 하나님께서 그들 안에 두신 은혜 곧 그들에 대한 하나님의 은혜의 증거들이다: 이는 그리스도 예수 안에 너희의 믿음과 모든 성도에 대한 사랑을 들었음이요 너희를 위하여 하늘에 쌓아 둔 소망으로 말미암음이니(4,5절). 믿음, 소망 그리고 사랑은 그리스도인의 삶에 있어서 가장 핵심적인 세 가지 은혜로서, 우리의 기도와 감사의 중심항목이다. (1) 사도는 그리스도 예수 안에 있는 그들의 믿음에 대해 감사한다. 즉 그들이 그분을 믿도록 인도를 받고, 그것을 고백하며, 자기들의 영혼을 그 역사에 맡긴 것에 대해 감사했다. (2) 그들의 사랑에 대해 감사한다. 모든 사람들이 당연히 베푸는 사랑 외에 성도들 혹은 그리스도인으로서 형제 관계에 있는 사람들이 보여주어야 하는 특별한 사랑이 있다(벧전 2:17). 우리는 사소한 차이점들과 실제적인 다양한 약점들에도 불구하고, 모든 성도들을 사랑하고, 선한 사람들에게 폭넓은 친절과 선의를 베풀어야 한다. 어떤 이들은 그것을 그들이 궁핍 속에 있는 성도들에게 베푼 선행으로 이해한다. 그것은 그리스도인의 사랑의 한 표지요 증거였다. (3) 그들의 소망에 대해 감사한다: 너희를 위하여 하늘에 쌓아 둔 소망으로 말미암음이니(5절). 여기서 천국의 행복이 그들의 소망으로 불린다. 왜냐하면 그것은 바라는 일로서, 복스러운 소망으로 기다리고 있는 것이기 때문이다(딛 2:13). 이 세상에서 신자들에게 주어지는 것은 많다. 그러나 천국에서 그들에게 주어지는 것은 그보다 훨씬 더 많다. 그리고 우리가 참된 그리스도인이라면 누구나 갖고 있는 천국의 소망에 대하여, 또는 장래의 영광에 대한 그들의 합당한 기대에 대하여 하나님께 감사하는 것은 충분한 이유가 있다. 그리스도 안에

서 그들의 믿음과 성도들에 대한 그들의 사랑은 그들을 위하여 하늘에 쌓아둔 소망에 시선을 고정시켰다. 우리가 우리의 소망을 저 세상에서 주어질 상급에 고정시킬수록 선을 행할 때마다 주어지는 이 땅의 보화에 대해서는 그만큼 더 자유롭고 구애받지 아니할 것이다.

Ⅱ. 이 은혜들에 대해 하나님께 감사한 사도는 그들에게 주어진 은혜의 수단들로 말미암아 하나님을 찬송한다. 곧 너희가 전에 복음 진리의 말씀을 들은 것이라(5절). 그들은 그들을 위하여 하늘에 쌓아둔 이 소망과 관련된 복음 진리의 말씀을 들었다. 여기서 다음 사실을 주의해야 한다.

1. 복음은 진리의 말씀으로, 우리가 안심하고 우리 불멸의 영혼을 맡길 수 있는 것이다. 그것은 진리의 하나님과 진리의 성령으로부터 나오는 것으로 믿을 만한 말씀이다. 사도는 그것을 하나님의 은혜라고 부른다(6절).

2. 이 진리의 말씀을 듣는 것은 커다란 은총이다. 왜냐하면 우리가 그것으로부터 배우는 위대한 사실은 천국의 행복이기 때문이다. 영생은 복음에 의하여 밝게 드러난 것이다(딤후 1:10). "이 복음이 이미 너희에게 이르매 너희가 듣고 참으로 하나님의 은혜를 깨달은 날부터 너희 중에서와 같이 또한 온 천하에서도 열매를 맺어 자라는도다(6절). 이 복음은 다른 족속들에게 전파되어 열매를 맺는다. 그것은 너희는 온 천하에 다니며 만민에게 복음을 전파하라(막 16:15)는 명령에 따라, 온 천하에서 열매를 맺은 것처럼, 너희에게도 이르렀다. 여기서 다음 두 가지 사실을 확인할 수 있다. (1) 복음의 말씀을 들은 자는 누구나 복음의 열매를 맺어야 한다. 즉 복음에 순종하고, 그것에 맞추어 형성된 원리와 삶을 따라 살아야 한다. 그러므로 회개에 합당한 열매를 맺으라(마 3:8)는 것이 처음에 전파된 교훈이었다. 그리고 우리 주님은 너희가 이것을 알고 행하면 복이 있으리라(요 13:17)고 말씀하신다. (2) 복음은 들어가는 곳 어디서나 하나님의 영예와 영광에 이르는 열매를 맺을 것이다: 너희 중에서와 같이 또한 온 천하에서도 열매를 맺어 자라는도다. 만일 우리가 복음의 위로와 유익을 남에게 전하지 못하고 독점한다면, 그것은 잘못하는 것이다. 복음이 우리 안에서 열매를 맺고 있는가? 다른 사람들 속에서도 그렇게 되도록 하자.

Ⅲ. 사도는 그들을 믿음으로 이끈 당사자인 사역자에 관해 언급한다(7,8절). 이와 같이 우리와 함께 종 된 사랑하는 에바브라에게 너희가 배웠나니 그는 너희를 위한 그리스도의 신실한 일꾼이요 성령 안에서 너희 사랑을 우리에게 알린 자니라.

사도는 에바브라를 언급할 때, 그들로 하여금 그를 사랑하게 하려고, 큰 존경심을 갖고 말한다

1. 사도는 에바브라를 함께 종 된 자로 부른다. 이것은 그들이 동일한 주인을 섬기고 있을 뿐만 아니라 동일한 사역에 종사하고 있음을 암시하기 위한 취지이다. 그들은 비록 하나는 사도요 다른 하나는 일반 사역자였으나, 주님을 섬기는데 있어서 함께 수고하는 자들이었다.

2. 사도는 에바브라를 함께 종 된 사랑하는 자로 부른다. 그리스도의 모든 종들은 서로 사랑해야 하고, 그들이 동일한 섬김에 종사하고 있다는 것을 소중히 여겨야 한다.

3. 사도는 에바브라를 그들을 위한 그리스도의 신실한 일꾼으로 표현한다. 그는 그들 가운데서 바울의 신뢰를 수행하고, 그의 사역을 감당했다. 그리스도는 우리의 참된 주님이고, 우리는 그의 일꾼들이다. 사도는 에바브라를 그들의 일꾼으로 부르지 않고, 너희를 위한 그리스도의 일꾼으로 부른다. 비록 사람들을 섬기기 위한 사역이지만, 그것이 그분의 권위와 임명에 의한 것이기 때문이다.

4. 사도는 에바브라를 그들에게 선한 말씀을 전한 자로 소개한다: 성령 안에서 너희 사랑을 우리에게 알린 자니라(8절). 그는 그들이 그리스도와 그분의 모든 지체들을 진실하게 사랑한다는 좋은 소식을 듣고, 그들에게 에바브라를 사랑하도록 권면한다. 그들 속에 사랑을 일으키신 분은 성령으로, 그것은 복음의 정신에 부합되는 것이다. 신실한 사역자들은 그들 교인들에게 기꺼이 좋은 말을 할 수 있어야 한다.

⁹이로써 우리도 듣던 날부터 너희를 위하여 기도하기를 그치지 아니하고 구하노니 너희로 하여금 모든 신령한 지혜와 총명에 하나님의 뜻을 아는 것으로 채우게 하시고 ¹⁰주께 합당하게 행하여 범사에 기쁘시게 하고 모든 선한 일에 열매를 맺게 하시며 하나님을 아는 것에 자라게 하시고 ¹¹그의 영광의 힘을 따라 모든 능력으로 능하게 하시며 기쁨으로 모든 견딤과 오래 참음에 이르게 하시고

사도는 이 부분에서 그들을 위해 기도한다. 그는 그들이 잘하고 있다는 소식을 들었고, 그래서 그들이 더 잘할 수 있도록 기도했다. 그는 이 기도를 쉬지 않고 했다: 너희를 위하여 기도하기를 그치지 아니하고 구하노니(9절). 그는

그들에 관해 소식을 자주 들을 수는 없었으나 그들을 위해 지속적으로 기도했다. 너희로 하여금 모든 신령한 지혜와 총명에 하나님의 뜻을 아는 것으로 채우게 하시고 주께 합당하게 행하여 … (9절 이하). 그가 그들을 위해 하나님께 구하는 내용이 무엇인지 살펴보자.

I. 사도는 그들이 지식 있고 총명한 그리스도인이 되도록 기도했다. 너희로 하여금 모든 신령한 지혜와 총명에 하나님의 뜻을 아는 것으로 채우게 하시고(9절).

1. 우리의 의무에 관한 지식이야말로 최상의 지식이다. 아무리 위대한 진리라도 단순히 공허한 관념에 불과한 진리는 무의미하다. 하나님의 뜻에 관한 우리의 지식은 항상 실천적이어야 한다. 우리가 그것을 알아야 하는 것은 실천하기 위해서이다.

2. 우리의 지식은 그것이 지혜가 될 때, 곧 우리의 일반적 지식을 구체적인 상황 속에 적용하고, 특히 그것을 위급한 경우에 알맞게 써먹는 법을 알고 있을 때, 참으로 복이 된다.

3. 그리스도인들은 지식으로 채우기 위해 노력해야 한다. 하나님의 뜻을 알되, 더 깊이 알고, 하나님을 아는 것에 자라 가야 하며(10절에서 말하는 것처럼), 오직 우리 주 곧 구주 예수 그리스도의 은혜와 그를 아는 지식에서 자라 가야 한다(벧후 3:18).

II. 사도는 그들의 생활이 선하게 되도록 기도했다. 선한 삶이 없는 선한 지식은 무익하다. 우리의 지식은 우리의 삶의 방식에 써먹을 때 비로소 신령한 지식이 된다: 주께 합당하게 행하여 범사에 기쁘시게 하고(10절). 즉 우리가 그분과 맺은 관계와 우리가 그분에 관해 하는 고백에 합당하도록 하라는 말이다. 우리가 생활과 신앙을 일치시킬 때 선한 사람들과 하나님을 기쁘게 한다. 우리가 범사에 하나님의 뜻을 따라 행할 때 그분을 충분히 기쁘시게 할 것이다. 모든 선한 일에 열매를 맺게 하시며(10절). 이것은 우리가 목표로 삼아야 할 것이다. 선한 일이 없이는 선한 말도 없는 법이다. 우리는 선한 일로 충만해야 한다. 날마다 선한 일을 해야 한다. 쉽고 적당하고 안전한 경우에만 할 것이 아니라 모든 일, 모든 경우에 그렇게 해야 한다. 하나님의 모든 뜻을 행하는 데에는 규칙적인 일관성이 있어야 한다. 우리가 선한 일에 더 많은 열매를 맺을수록 하나님을 아는 것에도 자라 가게 될 것이다(10절). 사람이 하나님의 뜻을 행하려 하면 이 교훈이 하나님께로부터 왔는지 알리라(요 7:17).

Ⅲ. 사도는 그들이 능하게 되기를 기도했다. 그의 영광의 힘을 따라 모든 능력으로 능하게 하시며(11절). 사탄의 유혹에 대해서는 대적할 수 있도록, 그들의 의무에 대해서는 더 잘 감당하도록 기도했다. 그의 백성들에게 힘을 주시는 이가 권능의 하나님 곧 영광스러운 권능의 하나님이라는 사실은 우리에게 큰 위로가 된다. 영적 생명이 있는 곳에는 지속적으로 영적 능력 곧 영적 생명의 모든 활동을 위한 힘이 필요하다. 능하게 한다는 것은 하나님의 은혜가 모든 선한 일에 대해서는 하도록 공급되고, 모든 악한 일에 대해서는 하지 못하도록 공급된다는 뜻이다. 그것이 우리로 하여금 의무를 행할 수 있게 하고, 성실함을 굳게 지킬 수 있도록 한다. 영광스러운 성령이 이 힘의 원천이시다. 왜냐하면 우리는 그의 성령으로 말미암아 속사람을 능력으로 강건하게 하기 때문이다(엡 3:16). 하나님의 말씀은 그 수단으로, 성령은 그것을 통하여 우리에게 전달하신다. 그리고 그것은 기도로 말미암아 우리에게 붙잡힌다. 사도가 충분한 은혜를 얻게 된 것은 간절한 기도가 응답받았기 때문이다. 영적 능력을 위해 기도한다고 해서 약속들이 제한되는 것은 아니며, 따라서 우리의 소망과 소원들도 제한되지 않는다. 여기서 우리는 다음과 같은 사실들을 확인할 수 있다.

1. 사도는 그들이 능력으로 능하게 되도록 기도했다. 이것은 동어반복으로 보인다. 그러나 이것은 그들이 강한 능력을 갖거나 다른 데서 온 능력으로 능하게 되는 것을 의미한다.

2. 그는 모든 능력으로 그렇게 되기를 기도했다. 피조물이 모든 능력으로 능하게 되는 것은 불합리한 일로 생각된다. 왜냐하면 그것은 그를 전능자로 만들기 때문이다. 그러나 여기서 그는 그 말을 그런 뜻이 아니라 우리가 의무를 수행하거나 순결함을 유지할 수 있기 위해 가질 만한 모든 능력 곧 삶의 모든 시험들 속에서 우리를 충분하게 하고, 곤경에 처했을 때 우리를 도울 수 있는 은혜를 의미하는 말로 사용한다.

3. 그는 그것이 그의 영광의 힘을 따라 주어지도록 기도했다(11절). 여기서 그의 영광의 힘을 따라란 '하나님의 은혜를 따라'의 뜻이다. 신자들의 마음속에서 하나님의 은혜는 하나님의 힘이 된다. 이 힘 속에 영광이 들어있다. 그것은 탁월하고 충분한 능력이다. 그리고 힘의 전달은 그 힘을 전달받는 우리의 약함에 따라서가 아니라 그것을 주시는 그분의 힘에 따라서 일어난다. 하나님은 주실 때 자신처럼 주시고, 능하게 하실 때 자신처럼 능하게 하신다.

4. 이 힘은 특별히 고난받는 일을 할 때 유용하다: 기쁨으로 모든 견딤과 오래 참음에 이르게 하시고(11절). 사도는 그들이 환난을 견딜 수 있을 뿐만 아니라 그것에 능하게 해달라고 기도했다. 그 이유는 우리가 고난 속에 있을 때에도 할 일이 있기 때문이다. 그의 영광의 힘을 따라 능하게 된 사람들은 이렇게 능하게 될 것이다. (1) 모든 견딤. 견딤을 온전히 이룰 때(약 1:4), 우리는 모든 견딤으로 능하게 될 것이다. 즉 우리가 우리의 환난을 인내하며 잘 견딜 뿐만 아니라 그것을 하나님의 선물로 받아들이며 감사하게 될 것이다. 너희에게 은혜를 주신 것은 다만 그를 믿을 뿐 아니라 또한 그를 위하여 고난도 받게 하려 하심이라(빌 1:29). 우리가 아무리 환난을 자주 겪을지라도, 그 고통스런 상황이 아무리 악화될지라도 그것을 잘 견딜 때, 우리는 모든 견딤으로 그것을 감수하게 될 것이다. 하나의 환난을 견디게 한 바로 그 이유는, 그것이 참된 이유인 한, 다른 환난을 견디게 하는 이유가 될 것이다. 모든 견딤은 온갖 종류의 인내를 포함한다. 견딤으로 감수하는 것뿐만 아니라 견딤으로 기다리는 것도 포함되어 있다. (2) 오래 참음. 여기서 오래 참음은 그 긴 기간에 특징이 있다. 그것은 한동안의 환난을 견디게 할 뿐만 아니라 하나님께서 기쁘게 그것을 오래 지속시키는 동안까지 그것을 견디게 한다. (3) 기쁨. 그것은 기쁨으로 환난을 견디게 한다. 즉 환난 중에도 즐거워하고, 손해를 볼 때에도 즐거워하고, 주님의 이름을 위해 고난받을 자로 합당하게 간주되는 것으로 기뻐하고, 인생의 시련 속에서도 견딤과 함께 기쁨을 누린다. 우리는 이것을 우리 자신의 힘으로 행할 수 있는 것이 아니라 하나님의 은혜로 말미암아 능하게 되기 때문에 할 수 있게 되는 것이다.

[12]우리로 하여금 빛 가운데서 성도의 기업의 부분을 얻기에 합당하게 하신 아버지께 감사하게 하시기를 원하노라 [13]그가 우리를 흑암의 권세에서 건져내사 그의 사랑의 아들의 나라로 옮기셨으니 [14]그 아들 안에서 우리가 속량 곧 죄 사함을 얻었도다 [15]그는 보이지 아니하는 하나님의 형상이시요 모든 피조물보다 먼저 나신 이시니 [16]만물이 그에게서 창조되되 하늘과 땅에서 보이는 것들과 보이지 않는 것들과 혹은 왕권들이나 주권들이나 통치자들이나 권세들이나 만물이 다 그로 말미암고 그를 위하여 창조되었고 [17]또한 그가 만물보다 먼저 계시고 만물이 그 안에 함께 섰느니라 [18]그는 몸인 교회의 머리시라 그가 근본이시요 죽은 자들 가운데서 먼저 나신 이시니 이는 친히 만물의 으뜸이 되려 하심이요 [19]아버지께서는 모든 충만으로

예수 안에 거하게 하시고 [20]그의 십자가의 피로 화평을 이루사 만물 곧 땅에 있는 것들이나 하늘에 있는 것들이 그로 말미암아 자기와 화목하게 되기를 기뻐하심이라 [21]전에 악한 행실로 멀리 떠나 마음으로 원수가 되었던 너희를 [22]이제는 그의 육체의 죽음으로 말미암아 화목하게 하사 너희를 거룩하고 흠 없고 책망할 것이 없는 자로 그 앞에 세우고자 하셨으니 [23]만일 너희가 믿음에 거하고 터 위에 굳게 서서 너희 들은 바 복음의 소망에서 흔들리지 아니하면 그리하리라 이 복음은 천하 만민에게 전파된 바요 나 바울은 이 복음의 일꾼이 되었노라 [24]나는 이제 너희를 위하여 받는 괴로움을 기뻐하고 그리스도의 남은 고난을 그의 몸된 교회를 위하여 내 육체에 채우노라 [25]내가 교회의 일꾼 된 것은 하나님이 너희를 위하여 내게 주신 직분을 따라 하나님의 말씀을 이루려 함이니라 [26]이 비밀은 만세와 만대로부터 감추어졌던 것인데 이제는 그의 성도들에게 나타났고 [27]하나님이 그들로 하여금 이 비밀의 영광이 이방인 가운데 얼마나 풍성한지를 알게 하려 하심이라 이 비밀은 너희 안에 계신 그리스도시니 곧 영광의 소망이니라 [28]우리가 그를 전파하여 각 사람을 권하고 모든 지혜로 각 사람을 가르침은 각 사람을 그리스도 안에서 완전한 자로 세우려 함이니 [29]이를 위하여 나도 내 속에서 능력으로 역사하시는 이의 역사를 따라 힘을 다하여 수고하노라

여기에는 그리스도로 말미암은 우리의 위대한 구속 사역에 관한 복음의 교훈이 요약되어 있다. 여기서 그것은 설교의 문제가 아니라 감사의 문제로 주어진다. 왜냐하면 그리스도로 말미암은 우리의 구원은 그것을 바라볼 때마다 우리 마음속에 감사의 감정을 충만하게 제공하기 때문이다: 아버지께 감사하게 하시기를 원하노라(12절). 여기서 사도는 구원의 역사를 자연적 순서에 따라 강론하고 있지 않다. 그렇게 되면 그는 먼저 구원을 얻는 법에 대해 말하고, 이어서 그 적용에 대해 말해야 하기 때문이다. 그 대신 그는 그 순서를 반대로 하고 있다. 왜냐하면 그것에 관한 우리의 감정과 느낌에 있어서는 그 얻음보다 적용이 앞서기 때문이다. 우리는 먼저 우리 마음속에서 구속의 유익을 발견하고, 그 다음에 그 원천과 출처로 연결되어 있는 것들을 생각하게 된다. 사도의 강론의 순서와 관계는 다음과 같이 고찰될 수 있다.

I. 사도는 우리를 향하신 은혜의 성령의 역사에 관해 말한다. 우리는 그 역사에 대해 감사해야 한다. 왜냐하면 우리가 그것을 통해 아들의 중보 사역이

주는 유익에 참여할 자격을 얻게 되기 때문이다: 우리로 하여금 빛 가운데서 성도의 기업의 부분을 얻기에 합당하게 하신 아버지께 감사하게 하시기를 원하노라 … (12,13절). 여기서 그것은 아버지의 사역으로 말해진다. 그 이유는 은혜의 성령은 아버지의 영이요, 아버지께서 그의 영을 통하여 우리 안에 역사하시기 때문이다. 그 안에 은혜의 사역이 일어난 사람들은 아버지께 감사해야 한다. 만일 우리가 그 위로를 소유하고 있다면, 그로 말미암아 그분은 영광을 받으셔야 한다. 그러면 구속을 적용시킬 때 우리에게 일어나는 일은 무엇인가?

1. "하나님은 우리를 흑암의 권세에서 건져내셨다(13절)." 그분은 우리를 이방인의 어둠과 죄악으로부터 구원하셨다. 그분은 어둠 자체인 죄의 지배로부터(요일 1:6), 어둠의 왕인 사탄의 권세로부터(엡 6:12), 그리고 완전한 어둠인 지옥의 영역으로부터(마 25:30) 우리를 구원하셨다. 그들은 어두운 데서 불러냄을 받는다(벧전 2:9).

2. "하나님은 우리를 그의 사랑의 아들의 나라로 옮기셨다(13절). 즉 복음의 특권 속으로 우리를 옮기셔서 빛과 순결이 그 특징인 그리스도의 교회의 지체가 되게 하셨다." 너희가 전에는 어둠이더니 이제는 주 안에서 빛이라(엡 5:8). 이는 너희를 어두운 데서 불러내어 그의 기이한 빛에 들어가게 하신 이의 아름다운 덕을 선포하게 하려 하심이라(벧전 2:9). 사탄의 종이었던 사람들이 그리스도의 신복으로 바뀌었다. 죄인이 회심할 때 그의 영혼은 마귀의 나라에서 그리스도의 나라로 옮겨진다. 죄의 권세는 제거되고, 그리스도의 능력이 지배한다. 그리스도 예수 안에서 생명의 성령의 법이 그들을 죄와 사망의 법으로부터 해방시킨다. 그것이 그의 소중한 아들 또는 그의 특별한 사랑을 받는 아들 곧 그의 사랑하는 아들(마 3:17) 또는 그의 사랑하시는 자(엡 1:6)의 나라이다.

3. "하나님은 또한 우리로 하여금 빛 가운데서 성도의 기업의 부분을 얻기에 합당하게 하셨다(12절). 그분은 이스라엘 백성들에게 제비뽑기를 통해 약속의 땅을 분배하신 것처럼, 우리에게도 천국의 영원한 행복을 예비해 놓고, 그 보증과 저당물을 우리에게 주셨다." 사도가 이것을 먼저 언급하는 것은 그것이 장래의 지복에 대한 첫 번째 표지로서, 하나님의 은혜로 말미암아 우리가 어느 정도 그것을 받을 준비가 되어있음을 알려주기 때문이다. 하나님은 은혜와 영광을 주시는데, 우리는 여기서 그것들이 무엇인지 깨닫게 된다. (1) 그 영광의 내용. 그것은 빛 가운데서 성도의 기업이다. 그것은 기업으로서, 자녀들에게 속해 있다.

그것은 최고의 보증이요, 가장 복된 재산이다: 자녀이면 또한 상속자 곧 하나님의 상속자요 그리스도와 함께 한 상속자니(롬 8:17). 그리고 그것은 성도의 기업 곧 거룩한 영혼들이 받기에 적절한 것이다. 땅 위에서 성도가 아닌 사람들은 천국에서 결코 성도일 수 없다. 또한 그것은 빛 가운데서 기업이다. 완전한 지식, 거룩 그리고 기쁨은 빛이시며, 빛들의 아버지이신 하나님과의 교제를 통해 얻게 된다(약 1:17; 요일 1:5). (2) 이 은혜의 내용. 그것은 그 기업을 얻기에 합당함이다: "하나님은 성도의 기업의 부분을 얻기에 합당하게 하셨다(12절). 즉 그분은 우리가 적절한 성품과 영혼의 습관을 갖도록 함으로써 천국의 상태에 알맞고 적당하게 하셨다. 그리고 그의 영의 강력한 역사를 통해 우리가 합당한 자가 되게 하신다." 마음을 변화시켜 천국에 합당한 상태로 만드는 것은 하나님의 권능의 결과다. 장차 천국에 합당한 자가 되도록 되어 있는 사람들은 지금 이 땅에서 천국을 위한 준비를 해야 함을 잊지 말자. 거듭나지 못한 채 살고 죽는 사람들이 세상을 떠날 때 지옥으로 가게 되듯이, 거듭나 성별된 사람들은 세상을 떠날 때 천국으로 가게 된다. 아들의 기업을 소유한 자들은 아들의 덕성과 아들의 성품을 갖고 있다: 너희는 양자의 영을 받았으므로 우리가 아빠 아버지라고 부르짖느니라(롬 8:15). 너희가 아들이므로 하나님이 그 아들의 영을 우리 마음 가운데 보내사 아빠 아버지라 부르게 하셨느니라(갈 4:6). 우리가 이 천국에 합당한 자격을 갖고 있는 것은 우리 마음속에 성령의 보증을 갖고 있기 때문이다. 그것은 지불의 한 부분으로서, 완전한 지불을 보장한다. 의롭다 함을 받은 자들은 영화롭게 되고(롬 8:30), 영원토록 그들을 의롭게 하신 하나님의 은혜를 힘입고 살게 될 것이다.

II. 사도는 구속주의 인격에 관해 말한다.   여기서 그분에 관해 영광스러운 사실들이 말해진다. 은혜가 넘친 바울은 그리스도로 충만했고, 기회가 있을 때마다 그분을 영예롭게 말했다. 그는 그분을 분명히 하나님이자 중보자로 말한다.

1. 그는 그분을 하나님으로 말한다(15-17절). (1) 그분은 보이지 아니하는 하나님의 형상이시다(15절). 그 자연적 능력과 피조물에 대한 지배권에서 볼 때, 그분은 사람이 하나님의 형상으로 지음받은 것(창 1:27)과는 다르다. 절대로 다르다. 그분은 하나님의 본체의 형상이시다(히 1:3). 그분은 아들이 그의 아버지를 자연적으로 닮아 그의 형상인 것처럼, 그렇게 하나님의 형상이시다. 따라서 그분을 본 자는 아버지를 본 것이고, 그분의 영광은 아버지의 독생자의 영광이었다

(요 1:14; 14:9). (2) 그분은 모든 피조물보다 먼저 나신 이시다(15절). 그분은 피조물이 아니시다. 왜냐하면 모든 피조물보다 먼저 나신 이(프로토코스 파세스 크티세오스)라는 말은 어떤 피조물이 지음받기 전이라는 뜻으로 성경의 용법상 이 말은 영원을 표현하는 말이기 때문이다. 즉 이 말은 하나님의 영원성을 우리에게 표현할 때 쓰는 말이다: 만세 전부터, 태초부터, 땅이 생기기 전부터 내가 세움을 받았나니 아직 바다가 생기지 아니하였고 큰 샘들이 있기 전에 내가 이미 났으며 산이 세워지기 전에, 언덕이 생기기 전에 내가 이미 났으니 하나님이 아직 땅도, 들도, 세상 진토의 근원도 짓지 아니하셨을 때에라(잠 8:23-26). 가족 가운데 장자가 모든 것의 머리이자 주인이 되는 것처럼, 그분도 만유의 상속자이시기(히 1:2) 때문에, 그것은 만물에 대한 그분의 지배권을 암시한다. 프로토코스(먼저 나신 이)라는 말에서 앞 부분(프로토)에 붙어있는 강세를 뒷 부분(토코스 부분)에 두면, 만물을 처음 낳으신 자 또는 산출자라는 적극적 의미를 함축한다. 그렇게 할 때 이어지는 구절과 더 잘 조화된다. (3) 그분은 스스로 피조물이 되신 것과는 아무 상관 없이 창조주이시다: 만물이 그에게서 창조되되 하늘과 땅에서 보이는 것들과 보이지 않는 것들과(16절). 그분은 무(無)로부터 만물을 창조하시되, 땅 위의 사람들뿐만 아니라 하늘의 최고 천사들도 창조하셨다. 그분은 위와 아래의 모든 세계만이 아니라 그 안에 거하는 모든 존재들까지 지으셨다. 만물이 그로 말미암아 지은 바 되었으니 지은 것이 하나도 그가 없이는 된 것이 없느니라(요 1:3). 사도는 여기서 마치 천사들에게 다양한 계급이 있는 것처럼 말한다: 왕권들이나 주권들이나 통치자들이나 권세들이나(16절). 이 명칭들은 천사들 간에 능력의 차별이 다양하거나 직무 및 사명에 각기 차이가 있음을 암시한다. 천사들과 권세들과 능력들이 그에게 복종하느니라(벧전 3:22). 그리스도는 아버지의 영원한 지혜이고, 세상은 지혜로 지음받았다. 그분은 영원한 말씀이고, 세상은 하나님의 말씀으로 지음받았다. 그분은 여호와의 팔이고, 세상은 그 팔로 말미암아 지음받았다. 만물이 다 그로 말미암고 그를 위하여(디 아우투 카이 에이스 아우톤) 창조되었고(16절). 그분으로 말미암아 지음받은 것들은 그분을 위하여 지음받았다. 그분의 능력으로 지음받은 것들은 그분의 기쁨에 따라 그리고 그분의 영광을 위해 지음받았다. 그분은 만물의 원인일 뿐만 아니라 그 목적이시다. 만물이 주에게로 돌아감이라(에이스 아우톤 타 판타)(롬 11:36). (4) 그분은 만물보다 먼저 계셨다(17절). 그분은 세상이 지음받기 전, 시간이 시작되기 전 곧 영원 전부

터 계셨다. 지혜는 아버지와 함께 계셨고, 여호와께서 그 조화의 시작 곧 태초에 일하시기 전에 그분을 가지셨다(잠 8:22). 태초에 말씀이 계셨는데, 이 말씀이 하나님과 함께 계셨으니, 이 말씀은 곧 하나님이셨다(요 1:1). 그분은 동정녀에게서 태어나기 전에 존재하고 계셨을 뿐만 아니라 모든 시간 이전에 이미 계셨다. (5) 그분으로 말미암아 만물이 함께 섰다(17절). 만물은 그분으로 말미암아 그 존재를 유지할 뿐만 아니라 그 질서와 의존관계를 유지한다. 그분은 태초에 만물을 창조하셨을 뿐만 아니라 그의 능력의 말씀으로 만물을 붙들고 계신다(히 1:3). 모든 피조물은 하나님의 아들의 능력으로 함께 보존되고, 그 적절한 체제를 유지하도록 되어 있다. 그로 말미암아 그것은 해체와 혼란에 빠지는 위험을 피하게 된다.

　2. 사도는 이어서 그분이 중보자임을 보여준다(18,19절). (1) 그분은 몸인 교회의 머리시다(18절). 왕이 국가의 머리로서 법을 제정할 권리를 갖고 있는 것처럼, 통치와 지배의 머리일 뿐만 아니라 사람의 몸에서 머리가 갖고 있는 역할처럼, 생명활동의 머리가 되신다. 이것은 교회의 모든 은혜와 능력이 그분으로부터 나오기 때문이다. 그리고 교회는 그분의 몸 곧 만물 안에서 만물을 충만케 하시는 이의 충만함이다(엡 1:22-23). (2) 그분은 근본(아르케)이시요 죽은 자들 가운데서 먼저 나신 이(프로토토코스)시다(18절). 즉 그분은 친히 먼저 나셨을 뿐만 아니라 우리의 부활의 원리이시다. 우리의 모든 소망과 기쁨은 우리 구원의 원천이신 그분으로부터 나온다. 이것은 단순히 그분이 죽은 자로부터 부활한 최초의 인물이라는 뜻이 아니라 자신의 능력으로 부활하셔서 하나님의 아들로 그리고 만유의 주로 선포되신 최초이자 유일한 인물이라는 뜻이다. 그리고 그분은 부활의 머리가 되셔서 우리가 죽은 자로부터 부활할 것에 대한 본보기와 증거를 보여주셨다. 그분은 첫 열매로 부활하셨다(고전 15:20). (3) 그분은 만물의 으뜸이 되신다(18절). 그분이 하늘과 땅의 모든 권세를 갖고 계시고(마 28:18), 또 그분이 천사보다 훨씬 뛰어나고(그분은 천사들보다 더욱 아름다운 이름을 기업으로 얻으셨다 ― 히 1:4) 하늘의 모든 권세보다 탁월하게 하시는 것, 그리고 그분이 하나님 나라의 모든 일에 있어서 사람들 가운데 으뜸이 되게 하시는 것은 아버지의 뜻이었다. 그분은 그의 백성들의 마음속에서 세상과 육체를 능가하는 으뜸이 되신다. 그분을 으뜸으로 삼음으로써 우리는 아버지의 뜻에 순응하게 된다: 모든 사람으로 아버지를 공경하는 것 같이 아들을 공경하게 하려 하심이라

(요 5:23). (4) 모든 충만이 그분 안에 있다. 그렇게 되는 것이 아버지의 기쁘신 뜻이다(19절). 그분은 자신을 위해서도 충만으로 거하지만, 우리를 위해서도 충만으로 거하신다. 그것은 공로와 의, 능력과 은혜의 충만이다. 머리가 동물의 혼의 자리이자 원천인 것처럼, 그리스도께서는 그의 백성들에 대해 모든 은혜의 머리가 되신다. 모든 충만이 그분 안에 거하는 것을 아버지께서는 기뻐하신다. 그리고 우리는 기회가 있을 때마다 모든 은혜를 위해 자유롭게 그분을 의지할 수 있다. 그분은 그 은혜의 중재인이자 우리에게 나눠주시기 위해 자신의 손에 그것을 보관하고 계신 보관인이시다: 우리가 다 그의 충만한 데서 받으니 은혜 위에 은혜러라(요 1:16). 즉 우리 안에 있는 은혜는 그분 안에 있는 은혜에 대한 반응이다. 만물을 충만케 하시는 이의 충만함이니라(엡 1:23).

Ⅲ. 사도는 구속 사역에 관해 다룬다. 그는 구속의 본질 곧 그것이 담고 있는 내용과 그 수단 곧 그것을 얻게 한 방법에 관해 말한다.

1. 구속의 본질. 구속은 두 가지 면에서 이루어진다. (1) 죄 사함: 그 아들 안에서 우리가 속량 곧 죄 사함을 얻었도다(14절). 우리를 팔아먹고, 우리를 포로로 만든 것은 죄다. 만일 우리가 속량된다면, 그것은 죄로부터의 속량이 되어야 한다. 이것은 용서 곧 처벌의 의무를 면제받는 것이다. 따라서 우리는 그리스도 안에서 그의 은혜의 풍성함을 따라 그의 피로 말미암아 속량 곧 죄 사함을 받았다(엡 1:7). (2) 하나님과의 화목: 하나님은 그리스도로 말미암아 만물과 화평을 이루셨다(20절). 그리스도는 화목의 중보자로서, 죄인들이 용서와 평강을 얻게 하신다. 그분은 지금은 그들을 우정과 호의의 관계 속으로 이끌고, 마지막에는 천사와 사람들을 비롯한 모든 거룩한 피조물들을 영광스럽고 은혜로운 교제 속으로 인도하실 것이다: 땅에 있는 것들이나 하늘에 있는 것들이(20절). 따라서 하늘에 있는 것이나 땅에 있는 것이 다 그리스도 안에서 통일되게 하실 것이다(엡 1:10). 여기서 통일되게 하려 하심이라는 말은 그분이 그것들을 모두 하나의 머리 아래 두실 것이라는 뜻이다. 전에 악한 행실로 멀리 떠나 마음으로 원수가 되었던 이방인들을 이제는 화목하게 하셨다(21절). 여기서 본질상 그들의 상태가 어떠했는지 보라. 그들은 이방인이었을 때, 하나님을 멀리 떠났고, 하나님과 원수 관계 속에 있었다. 그러나 이 원수된 것은 소멸되었다. 이 먼 거리에도 불구하고, 우리는 이제 화목하게 되었다. 그리스도께서 우리의 화목의 기초를 놓으셨다. 그분이 그 값을 지불하셨기 때문이다. 그분은 화목에 대한 제공물과 약속을 얻어내셨

고, 선지자로서 화목을 선포하고, 왕으로서 화목을 적용하셨다. 하나님과 가장 멀리 떨어져 있고 가장 악랄하게 반항하는 최대의 원수라고 해도, 그것이 그들 자신의 잘못이 아니라면, 화목하게 될 수 있다.

2. 구속의 방법: 그 아들 안에서 (그의 피로 말미암아)(한글성경에는 이 말이 생략되어 있다)(14절). 그의 십자가의 피로 화평을 이루사(20절). 그의 육체의 죽음으로 말미암아 화목하게 하사(22절). 피는 곧 생명이기 때문에 속죄를 이룬 것은 피다. 피 흘림이 없은즉 사함이 없느니라(히 9:22). 그리스도의 피에는 이런 효력이 있으므로 그리스도가 피 흘리신 대가로 하나님께서는 기꺼이 사람들이 은혜 언약 속에 들어오도록 새로운 계약을 체결하셨고, 그로 말미암아 곧 그분의 십자가에서 죽으심으로 말미암아, 그것을 받아들이는 모든 사람들에게 용서를 베풀고, 은혜를 제공하셨다.

IV. 이 구속의 전파에 관해 여기서 다음과 같은 사실을 확인할 수 있다.

1. 복음 전파의 대상: 이 복음은 천하 만민에게 전파된 바요(23절). 즉 그것은 모든 피조물에게 전파하도록 명령되었다(막 16:15). 복음이 모든 피조물에게 전파되어야 했던 이유는 그것이 그들 스스로 거부하지 않는 한 누구도 제외시키지 않기 때문이다. 어쨌든 많은 자들이 복음의 빛을 떠나 죄를 범하고, 그 중의 얼마는 그것을 절대로 받아들이지 않겠지만, 그것은 모든 민족에게 전파되고, 또 전파될 것이다.

2. 복음을 전파한 사역자: 나 바울은 이 복음의 일꾼이 되었노라(23절). 바울은 위대한 사도였다. 그러나 그는 예수 그리스도의 복음의 일꾼이 되는 것을 자신의 지위와 영예에 대한 최고의 복으로 생각한다. 바울은 기회가 있을 때마다 지신의 직분에 관해 언급한다. 그는 자신의 직분을 영광스럽게 여겼기 때문이다(롬 11:13). 25절에서도 내가 교회의 일꾼 된 것은 하고 다시 말한다. 여기서 다음 몇 가지 사실을 확인할 수 있다.

(1) 바울의 사역의 이유: 하나님이 너희를 위하여 내게 주신 직분을 따라 하나님의 말씀을 이루려 함이니라(25절). 즉 그가 복음의 일꾼이 된 것은 하나님의 집의 일들에 대한 경륜 또는 지혜의 섭리에 따라 된 것이었다. 그는 하나님의 집의 청지기요 주 건축자였는데, 이것은 그에게 주어진 것이었다. 그는 그것을 찬탈한 것도 아니고, 스스로 차지한 것도 아니었다. 따라서 그는 그것을 삯으로 내세울 수 없었다. 그는 그것을 하나님으로부터 선물로 받았고, 은혜로 얻은 것이

다.

(2) 바울의 사역의 수혜자: "예수를 위하여 우리가 너희의 종 된 것을 전파함이라 (고후 4:5). 우리는 그의 백성들의 유익을 위해 하나님의 말씀을 이루려는(즉 그 것을 충분히 전파하려는) 그리스도의 사역자로서, 너희에게 큰 유익이 될 것이 다. 우리가 사역을 잘 감당할수록, 즉 그 사역의 부분들을 철저히 이룰수록, 그 백성들의 유익도 그만큼 커질 것이다. 그들은 더 많은 지식으로 채워지고, 더 나은 섬김을 제공받게 될 것이다."

(3) 바울의 전도자로서의 특징. 이것은 구체적으로 이렇게 표현되고 있다.

[1] 사도는 고난받는 전도자였다: 나는 이제 너희를 위하여 받는 괴로움을 기뻐하고(24절). 그는 그리스도로 말미암아 그리고 교회의 유익을 위하여 고난을 받았다. 그는 그들에게 복음을 전파하기 위하여 고난을 받았다. 그토록 선한 이유로 고난을 받을 때, 그는 능욕 받는 일에 합당한 자로 여기심을 기뻐하면서(행 5:41) 그리고 그것이 그분의 영예가 될 것을 생각하고서, 자신의 괴로움을 기뻐했다. 그리스도의 남은 고난을 그의 몸 된 교회를 위하여 내 육체에 채우노라(24절). 바울이나 다른 사도들의 고난은 그리스도의 고난과 같은 속죄를 위한 고난은 아니었다. 그러나 그들은 자신들 속에 부족함이 없을 정도로 고난을 채워 넣었고, 그로 인해 더 이상 채워야 할 것이 없었다. 그들은 그 목적 곧 하나님의 백성들의 구원을 위하여 그분의 공의를 만족시키는데 참여한 것으로 충분히 만족했다. 그러나 바울과 다른 참 사역자들의 고난은 그들을 그리스도에 합당한 자들로 변화시켰다. 그들은 고난당하신 그리스도의 뒤를 따랐다. 그래서 그들은 인장을 찍을 때 밀랍이 인장의 빈 공간을 채우는 것처럼, 그리스도의 남은 고난을 채운다고 말했다. 또는 그것은 그리스도의 고난이 아니라 그리스도를 위한 고난으로 이해될 수도 있다. 사도는 남은 고난을 채웠다. 그는 그리스도께서 자기에게 정해주신 고난의 높이와 수준을 갖고 있었다. 그의 고난이 일정한 분량에 이르러야 했기 때문에 사도는 그 남겨진 부분 곧 자신의 몫으로 정해진 고난을 계속 채웠다.

[2] 사도는 친근한 전도자였다: 그는 대중 앞에서 복음을 전했을 뿐만 아니라 집집마다, 사람마다 복음을 전했다. 우리가 그를 전파하여 각 사람을 권하고 모든 지혜로 각 사람을 가르침은 각 사람을 그리스도 안에서 완전한 자로 세우려 함이니 (28절). 각 사람은 권면과 가르침을 받을 필요가 있고, 따라서 각자 자신의 몫이

있다. 여기서 두 가지를 유의해야 한다. 첫째, 우리가 사람들에게 그들이 길을 잃고 있음을 권면할 때, 그들이 더 나은 길을 가도록 또한 가르쳐야 한다: 권면과 가르침은 함께 간다. 둘째, 사람들은 모든 지혜로 권면받고 가르침받아야 한다. 우리는 가장 적당한 때와 가장 적절한 수단을 선택하고, 우리가 관계를 갖는 사람들의 다양한 상황과 능력들을 감안하여 최대한 그들이 그 가르침을 잘 받아들이도록 해야 한다. 사도가 목표로 한 것은 예수 그리스도 안에서 각 사람을 완전한 자로 세우는 것이었다. 여기서 완전한 자(텔레이오스)는 기독교 교훈에 관한 지식에 있어서 완전한 자를 말한다(그러므로 누구든지 우리 온전히 이룬 자들은 이렇게 생각할지니, 빌 3:15; 딤후 3:17). 또는 장차 곧 그분이 자기 앞에 영광스러운 교회로 세우실 때(엡 5:27) 그리고 그들을 온전하게 된 의인의 영들(히 12:23)로 삼으실 때, 영광의 면류관을 받게 될 자를 말한다. 사역자들은 자기에게 말씀을 듣는 모든 사람들의 유익과 구원을 목표로 삼아야 한다. 셋째, 사도는 부지런한 전도자로서, 크게 수고했다. 그는 빈둥거리며 일하지 않고 힘을 다하여 수고했다(29절): 이를 위하여 나도 내 속에서 능력으로 역사하시는 이의 역사를 따라 힘을 다하여 수고하노라. 그는 자기에게 주어진 풍성한 은혜와 그와 함께 하신 그리스도의 특별한 임재에 따라, 부지런히 수고하고 노력했으며, 무수한 어려움에도 불구하고 분투했다. 바울은 자신을 바쳐 많은 선을 행한 것만큼 하나님의 능력이 그 안에서 아주 효과적으로 활동하게 하는 은혜를 갖고 있었다. 우리가 주님의 일을 위해 수고할수록 우리가 그 일을 하는데 그분으로부터 기대할 수 있는 도움 역시 그만큼 더 커진다(엡 3:7): 이 복음을 위하여 그의 능력이 역사하시는 대로 내게 주신 하나님의 은혜의 선물을 따라 내가 일꾼이 되었노라.

3. 전파된 복음. 이에 관해 다음과 같은 설명을 본다: 이 비밀은 만세와 만대로부터 감추어졌던 것인데 이제는 그의 성도들에게 나타났고(26,27절). 여기서 다음 사실을 확인할 수 있다.

(1) 복음의 비밀은 오랫동안 감추어져 있었다. 그것은 구약의 경륜 하에서 대대로 교회의 여러 세대 동안 감추어져 있었다. 그것은 미성년 상태에 있었고, 좀 더 완전한 상태를 위해 훈련 중이었으며, 정해져 있던 일들의 결국을 주목할 수 없었다(고후 3:13).

(2) 때가 찬 지금 이 비밀은 성도들에게 분명히 드러났다. 즉 분명히 계시되고, 명백하게 드러났다. 모세의 얼굴을 덮었던 수건이 그리스도 안에서 벗겨졌

다(고후 3:14). 복음 하에서는 아무리 비천한 성도라도 율법 하에 있던 가장 위대한 선지자들보다 더 잘 알고 있다. 천국에서는 가장 작은 자라도 그들보다 훨씬 더 크다. 그것을 읽으면 내가 그리스도의 비밀을 깨달은 것을 너희가 알 수 있으리라 이제 그의 거룩한 사도들과 선지자들에게 성령으로 나타내신 것같이 다른 세대에서는 사람의 아들들에게 알리지 아니하셨으니(엡 3:4-5). 그러면 이 비밀은 무엇일까? 그것은 이방인 가운데 나타난 하나님의 영광의 풍성함이다. 복음의 독특한 교훈은 전에는 감추어져 있었던 비밀이었는데, 이제는 분명하게 되고 알려지게 되었다. 그러나 여기서 언급되고 있는 위대한 비밀은 유대인과 이방인 사이의 칸막이 담이 무너지고, 이방 세계에 복음이 전파됨으로써, 이전에 무지와 우상 숭배에 빠져 있던 사람들이 복음의 특권에 참여하는 자들이 되었다는 것이다: 이는 이방인들이 복음으로 말미암아 그리스도 예수 안에서 함께 상속자가 되고 함께 지체가 되고 함께 약속에 참여하는 자가 됨이라(엡 3;6). 이처럼 알려지게 된 이 비밀은 너희 안에(또는 너희 가운데) 계신 그리스도시니 곧 영광의 소망이다. 그리스도께서 영광의 소망이라는 것을 유념하자. 우리 소망의 근거는 말씀 안에 계신 그리스도다. 곧 그 본질과 그것을 얻는 방법을 선언하고 있는 복음 계시이다. 우리 소망의 증거는 마음속에 계신 그리스도, 또는 영혼의 성화와 천국의 영광을 위한 마음의 준비 등에 있다.

4. 이 구속에 참여하는 사람들의 의무: 만일 너희가 믿음에 거하고 터 위에 굳게 서서 너희 들은 바 복음의 소망에서 흔들리지 아니하면 그리하리라(23절). 우리는 믿음에 거하고 터 위에 굳게 서서 복음의 소망에서 흔들리지 않아야 한다. 즉 우리는 어떤 유혹에도 그것이 흔들리지 않도록 마음을 굳게 먹어야 한다. 우리는 견실하여 흔들리지 말며(고전 15:58), 우리가 믿는 도리의 소망을 움직이지 말며 굳게 잡아야 한다(히 10:23). 우리는 믿음에 거하고 터 위에 굳게 서서 흔들리지 아니할 때에만 오직 우리 믿음의 행복한 결국을 기대할 수 있음을 잊지 말자. 우리는 뒤로 물러가 멸망하지 말고 오직 영혼을 구원함에 이르는 믿음을 가져야 한다(히 10:39). 우리는 생명의 면류관을 받고, 믿음의 결국 곧 영혼의 구원을 받을 수 있도록(벧전 1:9), 온갖 시험을 무릅쓰고 죽을 때까지 믿음을 지켜야 할 것이다.

제 2 장

개요

사도는 이 장에서 다음과 같은 내용을 전개한다. I. 그는 골로새 교인들에 대한 관심을 표현한다(1-3절). II. 그것을 재차 언급한다(5절). III. 그리고 유대인들 가운데 거짓 교사들에 대하여(4,6,7절), 이방 철학에 대하여(8-12절) 경고한다. IV. 이어서 그리스도인들의 특권을 제시한다(13-15절). V. 유대화주의자 교사들과 천사 숭배를 끌어들인 사람들에 대한 경고를 마지막으로 이 장을 끝맺는다(16-23절).

¹내가 **너희와 라오디게아에 있는 자들과** 무릇 내 육신의 얼굴을 보지 못한 자들을 위하여 얼마나 힘쓰는지를 너희가 알기를 원하노니 ²이는 그들로 마음에 위안을 받고 사랑 안에서 연합하여 확실한 이해의 모든 풍성함과 하나님의 비밀인 그리스도를 깨닫게 하려 함이니 ³그 안에는 지혜와 지식의 모든 보화가 감추어져 있느니라

우리는 여기서 바울이 개인적으로 전혀 모르는 골로새 교인들과 다른 교회들에 대해 갖고 있는 진지한 관심을 확인할 수 있다. 사도는 골로새에 가본 적이 없었고, 그 곳에 세워진 교회는 그가 세운 교회가 아니었다. 그러나 그는 마치 그 교회가 자신이 책임질 유일한 교회인 것처럼, 그 교회에 대한 각별한 관심을 표현하였다(1절): 내가 너희와 라오디게아에 있는 자들과 무릇 내 육신의 얼굴을 보지 못한 자들을 위하여 얼마나 힘쓰는지를 너희가 알기를 원하노니. 여기서 우리는 다음과 같은 내용을 살펴볼 수 있다

1. 골로새 교회에 대한 바울의 관심은 노심초사할 정도로 컸다. 그는 일종의 고뇌 속에 빠져있었고, 그들이 잘못되지 않을까 하는 염려 때문에 계속 두려워했다. 이 점에서 그는 우리를 염려하여 자신이 염려하는 소식을 듣지나 않을까 고뇌에 빠지셨던 주님을 닮았다.

2. 우리는 우리가 개인적으로 알지 못하고, 교제가 없는 교회 및 성도들과도 믿음, 소망, 그리고 거룩한 사랑으로 친교를 나눌 수 있어야 한다. 우리는 아무

리 멀리 떨어져 있어도 서로 생각하고 기도하고 염려할 수 있다. 우리는 육신의 얼굴을 보지 못한 자들을 장차 천국에서 만날 것을 소망할 수 있다. 그러나 다음과 같은 사실을 유의해야 한다.

I. 사도가 그들을 위해 바랐던 것은 무엇인가. 이는 그들로 마음에 위안을 받고 사랑 안에서 연합하여(2절). 그것은 그들의 영적 행복이었다. 그는 그들이 건강하고, 즐기고, 부유하고, 위대하고, 번성하게 될 것을 말하지 않는다. 그들이 마음에 위안을 받게 될 것에 대해 말한다. 영혼의 잘됨이 최고의 잘됨이다. 그것이야말로 우리가 우리 자신과 다른 사람들에 관해 가장 원해야 하는 것이다. 여기서 우리는 언제 영혼이 잘되는지에 관한 묘사를 본다.

1. 우리의 지식이 하나님 아버지와 그리스도에 관한 비밀을 깨닫는데 있어서 자라갈 때. 우리는 진리에 관해, 그것이 예수 안에 있는 것처럼, 분명하고 명확하고 체계적인 지식을 갖게 될 때 영혼이 잘 된다. 여기서 비밀을 깨닫는다는 것은 이전에는 감추어졌으나 이제는 알려지게 된 아버지와 그리스도에 관한 일 곧 이방인을 교회 안으로 부르신 일과 같이 이전에는 비밀로 언급되었으나 지금은 아버지와 그리스도께서 복음 안에서 계시하신 일을 알게 된다는 것이다. 그것은 기계적으로 암기해서 그것에 관해 말하는 것이 아니라 또는 요리문답을 통해 가르침받는 것처럼 그것을 아는 것이 아니라 그 속으로 인도를 받고, 그 의미와 목적 속에 들어간다는 뜻이다. 이것은 우리가 힘써 추구해야 할 일로, 그 때 비로소 우리 영혼이 잘 되게 된다.

2. 우리의 믿음이 이 비밀을 충분히 확신하고, 완전히 인정하는 데 있어서 자라갈 때. (1) 복음의 위대한 진리에 관한 그 적절한 증거를 충분히 확신할 때 또는 그것이 확고하다는 판단을 할 때. 이것은 그것을 의심하거나 의혹에 부치지 않고, 진실한 말씀과 최고의 승인가치를 지닌 것으로 받아들이는 것이다. (2) 그것을 자유롭게 인정할 때. 우리는 그것을 마음으로 믿을 뿐만 아니라 그렇게 하도록 요청받을 때, 입술로 고백할 준비가 되어 있고 원수들의 핍박과 폭력 하에서도 주님과 우리의 거룩한 신앙을 부끄러워하지 않아야 한다. 여기서 이것은 확실한 이해의 모든 풍성함으로 불린다(2절). 확실한 지식과 강한 믿음이 영혼을 풍성하게 한다. 이것은 하나님을 향해 풍성하게 되고, 믿음 안에서 풍성하게 되는 것이며, 참된 재물을 쌓는 것이다(눅 12:21; 16:11; 약 2:5).

3. 우리 영혼이 위로로 충만할 때. 그들로 마음에 위안을 받고(2절). 영혼은 기

쁨과 평강으로 충만하게 될 때 잘된다(롬 15:13). 그 때 영혼은 외부의 어떤 환난에도 흔들릴 수 없는 내면의 만족을 갖게 되고, 다른 위로들이 없을 때에도 주 안에서 즐거워할 수 있게 된다(합 3:17,18).

4. 우리가 동료 그리스도인들과 좀 더 친밀하게 교제할 때. 사랑 안에서 연합하여(2절). 거룩한 사랑은 그리스도인들의 마음을 하나로 묶어놓는다. 믿음과 사랑은 둘 다 우리의 위로의 원천이다. 우리의 믿음이 강할수록 우리의 사랑도 그만큼 더 따스해지고, 우리의 위로도 더 커진다. 그리스도를 언급한 사도는 자신의 통상적 표현법에 따라 이 언급을 그분께 영광을 돌리는 기회로 삼는다(3절): 그 안에는 지혜와 지식의 모든 보화가 감추어져 있느니라. 사도는 아버지께서는 모든 충만으로 예수 안에 거하게 하셨다고 말했다(1:19). 여기서 그는 지혜와 지식의 모든 보화라고 특별히 언급한다. 그분 안에는 지혜가 충만하고, 따라서 그분은 하나님의 뜻을 인류에게 완전히 계시하셨다. 지혜의 보화는 우리로부터 감추어져 있는 것이 아니라 우리를 위해 그리스도 안에 감추어져 있다. 지혜와 지식을 원하는 자들은 그리스도께 요청해야 한다. 우리는 그분 안에 우리를 위해 쌓여 있는 보물을 사용하고, 그분 안에 감추어져 있는 보화를 끌어내야 한다. 그분은 하나님의 지혜요, 하나님으로부터 나와서 우리에게 지혜가 되셨다(고전 1:24,30).

Ⅱ. 사도는 그들에 대한 관심을 재차 언급한다(5절). 이는 내가 육신으로는 떠나 있으나 심령으로는 너희와 함께 있어 너희가 질서 있게 행함과 그리스도를 믿는 너희 믿음이 굳건한 것을 기쁘게 봄이라. 여기서 다음과 같은 사실을 확인할 수 있다.

1. 우리는 육신으로 떨어져 있는 교회 및 그리스도인들과 심령으로 함께 있을 수 있다. 왜냐하면 성도들의 친교는 신령한 일이기 때문이다. 바울은 골로새 교인들이 질서 있고 굳건하다는 소식을 들었다. 그는 그들을 직접 보지 못하고 그들과 함께 있지 않았지만, 자신이 그들 가운데 있는 것처럼 그들의 선행을 기쁘게 바라보고 있다고 말한다.

2. 그리스도인들의 질서와 굳건함은 사역자들에게 기쁨의 대상이다. 사역자들은 교인들이 질서를 지키고, 예의바르게 행동하며 기독교 교훈을 굳게 준수하는 모습을 볼 때 즐겁다.

3. 그리스도를 믿는 우리의 믿음이 굳건할수록 우리의 전체 생활은 그만큼

더 규모 있게 될 것이다. 왜냐하면 우리는 믿음으로 말미암아 살고 행하기 때문이다(고후 5:7; 히 10:38).

⁴내가 이것을 말함은 아무도 교묘한 말로 **너희**를 속이지 못하게 하려 함이니 ⁵이는 내가 육신으로는 떠나 있으나 심령으로는 **너희**와 함께 있어 **너희**가 질서 있게 행함과 그리스도를 믿는 **너희** 믿음이 굳건한 것을 기쁘게 봄이라 ⁶그러므로 **너희**가 그리스도 예수를 주로 받았으니 그 안에서 행하되 ⁷그 안에 뿌리를 박으며 세움을 받아 교훈을 받은 대로 믿음에 굳게 서서 감사함을 넘치게 하라 ⁸누가 철학과 헛된 속임수로 **너희**를 사로잡을까 주의하라 이것은 사람의 전통과 세상의 초등학문을 따름이요 그리스도를 따름이 아니니라 ⁹그 안에는 신성의 모든 충만이 육체로 거하시고 ¹⁰**너희**도 그 안에서 충만하여졌으니 그는 모든 통치자와 권세의 머리시라 ¹¹또 그 안에서 **너희**가 손으로 하지 아니한 할례를 받았으니 곧 육의 몸을 벗는 것이요 그리스도의 할례니라 ¹²**너희**가 세례로 그리스도와 함께 장사되고 또 죽은 자들 가운데서 그를 일으키신 하나님의 역사를 믿음으로 말미암아 그 안에서 함께 일으키심을 받았느니라

이 부분에서 사도는 골로새 교인들에게 속이는 자들을 조심하라고 경고한다: 내가 이것을 말함은 아무도 교묘한 말로 너희를 속이지 못하게 하려 함이니(4절). 누가 철학과 헛된 속임수로 너희를 사로잡을까 주의하라(8절). 그는 그리스도와 복음 계시의 완전성을 크게 강조함으로써, 그들을 그 원리로부터 떠나게 하려는 자들의 교묘한 속임수로부터 보호하고자 한다. 여기서 다음 두 가지를 유의해야 한다.

1. 사탄이 영혼을 망하게 하는 방법은 그들을 속이는 것이다. 사탄은 그들을 속이고, 이 속임수를 통해 영혼을 죽인다. 사탄은 그 간계로 하와를 미혹한 옛 뱀이다(고후 11:3). 그는 우리를 속이지 못한다면, 절대로 우리를 망하게 할 수 없을 것이다. 그리고 우리가 실수하고 어리석을 때에만 우리를 속일 수 있다.

2. 영혼을 망하게 할 목표를 갖고 있는 사탄의 대리자들은 교묘한 말로 그들을 속인다. 얼마나 많은 사람들이 속이기 위해 숨어서 기다리고 있는 자들의 아첨에 의해, 그리고 악한 원리와 그릇된 실천의 거짓된 위장과 그럴듯한 외관에 미혹되어 파멸에 이르고 말았던가! 교활한 말과 아첨하는 말로 순진한 자들의

마음을 미혹하느니라(롬 16:18). "너희는 굳게 서서 교묘한 말을 경계하고, 너희를 악의 길로 이끄는 사람들을 조심하고 두려워해야 한다. 왜냐하면 그들이 목표로 하는 것은 너희를 망하게 하는 것이기 때문이다." 악한 자가 너를 꾈지라도 따르지 말라(잠 1:10).

I. 속이는 자들을 물리치는 절대적 수단(6,7절).   그러므로 너희가 그리스도 예수를 주로 받았으니 그 안에서 행하되 그 안에 뿌리를 박으며 세움을 받아 교훈을 받은 대로 믿음에 굳게 서서 감사함을 넘치게 하라. 여기서 다음 사실을 유의해야 한다.

1. 모든 그리스도인은 최소한 고백에 있어서, 그리스도 예수를 주로 받았다. 즉 그분을 교회의 위대한 선지자인 그리스도, 다시 말해 하나님께 그의 뜻을 계시하기 위해 기름 부어 세우신 자로 받아들였다. 또 대제사장이신 예수로, 그리고 자신을 속죄 제물로 드림으로써 죄와 진노로부터 구원하시는 구주로 받아들였다. 또 우리가 순종하고 복종해야 할 주님 곧 주권적 왕으로 받아들였다. 주로 받았으니. 이 말은 그분께 동조했다는 뜻으로, 모든 관계, 모든 입장에 있어서 그분을 우리의 것으로 삼고, 그 모든 목적과 효력을 받아들였다는 뜻이다.

2. 그리스도를 받은 사람들의 최고 관심사는 그 안에서 행하는 것이다. 따라서 그들은 그들의 행동을 그들의 원리에 일치시키고, 그들의 생활을 그들의 의무에 일치시켜야 한다. 우리는 그리스도를 받았기 때문에, 즉 그분의 뜻에 동조했기 때문에, 날마다 그분과 함께 걷고 그분과의 교제를 유지해야 한다.

3. 그리스도와 함께 사는 삶이 더 깊어질수록 그만큼 우리는 그 안에 뿌리를 박으며 세움을 받게 된다. 선한 생활이야말로 선한 믿음에 굳게 서는 최고의 모습이다. 만일 우리가 그분 안에서 행한다면, 그분 안에 뿌리를 박게 될 것이다. 우리가 그분 안에 뿌리를 굳게 박을수록 그만큼 더 친밀하게 그분 안에서 행하게 될 것이다: 뿌리를 박으며 세움을 입어. 우리가 먼저 그리스도 안에 뿌리를 박지 않으면 그분 안에 세움을 받을 수 없다는 것을 잊지 말자. 우리는 살아있는 믿음으로 그분과 연합하고, 진심으로 그분과의 언약에 동조해야 한다. 그러면 우리는 범사에 그에게까지 자랄 것이다. 교훈을 받은 대로. 즉 "너희가 배워온 기독교 교리의 규칙에 따라서." 여기서 훌륭한 교육은 우리가 서는데 좋은 영향을 미친다는 것을 잊지 말자. 우리는 교훈을 받은 대로 믿음에 굳게 서서 감사함을 넘치게 해야 한다. 믿음에 굳게 설 때 우리는 그것을 더 넘치게 하고, 그 안에서

더욱 자라 가야 하고, 여기에 감사를 동반해야 한다. 하나님의 은혜의 유익과 위로를 얻는 길은 그것에 대해 감사를 더욱 크게 하는 것이다. 우리는 우리의 모든 성장에 대해 하나님께 감사하고, 우리의 모든 특권과 성취에 대해 하나님의 은혜를 의식해야 한다.

II. **우리를 위험으로부터 보호하기 위한 최선의 충고.** 누가 철학과 헛된 속임수로 너희를 사로잡을까 주의하라 이것은 사람의 전통과 세상의 초등학문을 따름이요 그리스도를 따름이 아니니라(8절). 우리의 이성적 기능을 고귀하게 행사하게 하고, 우리의 믿음에 크게 도움을 주는 철학이 있다. 이러한 철학의 하나님에 관한 연구는 그분을 아는 지식으로 우리를 이끌고, 그분을 믿는 우리의 믿음을 강화시킨다. 그러나 믿음에 편견을 조장하고, 인간의 지혜를 하나님의 지혜와 경쟁시키는 허탄하고 기만적인 철학도 있다. 그것은 사람들의 환상을 만족시켜주지만 신앙을 파괴한다. 우리에게 무익하고 무용한 우리 주변의 사물들에 관한 그럴듯하고 호기심을 충족시키는 사변들이나 말장난과 말의 유희 등은 단지 공허하고, 자주 속이는 지식의 모양을 취하고 있을 뿐이다. 사람의 전통과 세상의 초등학문을 따름이요. 이것은 분명히 이방인의 학문과 함께 유대교의 교육과 가르침을 의미한다. 유대인들은 그들 장로들의 전통과 세상의 초등학문 곧 단지 복음 단계를 예비하고 소개하는 데 그치는 의식과 규례들의 지배를 받았다. 이방인들은 그들의 철학의 규준들을 기독교 원리에 혼합시켰다. 그러나 양자 모두 그리스도를 따르는 것과는 거리가 멀었다. 자신의 믿음을 다른 사람들의 소매로 장식하고, 세상의 길을 따라 사는 자들은 그리스도를 따르는 길에서 돌아선 것이다. 그 속이는 자들의 한 부류가 특히 유대화주의자 교사들이었는데, 그들은 모세 율법을 그리스도의 복음과 결합시키려고 노력했다. 그러나 실제로 그것은 복음과 경쟁하고, 복음과 모순되는 결과에 이르렀다. 여기서 사도는 그것을 다음과 같이 증명한다.

1. 우리는 그리스도 안에서 그림자인 모든 의식법의 실체를 갖게 되었다. 예를 들어보자.

(1) 그 때 유대인들이 쉐키나 즉 하나님의 특별 현현을 그 가시적 증거로부터 '영광' 으로 불렀는가? 마찬가지로 지금 우리도 예수 그리스도 안에서 그것을 갖고 있다(9절): 그 안에는 신성의 모든 충만이 육체로 거하시고. 율법 하에서 현현하신 하나님은 구름으로 덮여있는 속죄소 그룹 사이에 거하셨다. 그러나 지금

그 현현은 우리와 같은 본성을 갖고 있고, 우리의 뼈 중의 뼈요 살 중의 살이며, 우리에게 아버지를 더 분명하게 선포하신 우리 구속주의 인격 속에 거한다. 그것은 그분 안에 육체로 거한다. 이것은 영에 반대되는 육체의 의미가 아니라 그림자와 반대되는 육체의 의미로서 이해된다. 신성의 충만은 비유가 아니라 실제로 그리스도 안에 거한다. 왜냐하면 그분은 하나님이자 동시에 사람이기 때문이다.

(2) 유대인들이 언약의 보증으로서 할례를 갖고 있었는가? 그리스도 안에서 우리는 손으로 하지 아니한 할례를 받았다(11절). 즉 이 할례는 영적 또는 기독교적 할례로서, 거듭남의 역사를 통해 우리 안에서 이루어진다. 오직 이면적 유대인이 유대인이며 할례는 마음에 할지니(롬 2:29). 이것은 그리스도로 말미암아 주어진 것으로, 기독교 세대가 받는 할례다. 너희가 손으로 하지 아니한 할례를 받았으니. 즉 어떤 피조물의 능력으로가 아니라 은혜로우신 하나님의 영의 권능으로 한 것이다. 우리는 성령으로 난 자들이다(요 3:5). 중생의 씻음과 성령의 새롭게 하심으로 하셨나니(딛 3:5). 그것은 육의(곧 육체의 죄의) 몸을 벗는 것, 곧 단순한 외적 행위를 바꾸는 것이 아니라 죄를 포기하고 삶을 개혁시키는 것이다. 그것은 육체의 더러운 것을 제하여 버림이 아니요 하나님을 향한 선한 양심의 간구다(벧전 3:21). 그리고 그것은 어떤 한 가지 특별한 죄를 포기하는 것으로는 충분치 않고, 전체 죄를 철저히 포기해야 한다. 옛 사람이 예수와 함께 십자가에 못 박힌 것은 죄의 몸이 죽어 다시는 우리가 죄에게 종 노릇 하지 아니하려 함이니(롬 6:6). 그리스도께서 할례를 받으셨고, 그분과 연합함으로써, 우리도 육의 몸을 벗는 그 유효한 은혜에 참여하게 된다. 또 유대인들은 의식법에 있어서 스스로 충만하다고 생각했다. 그러나 우리는 그리스도 안에서 충만하다(10절). 의식법은 불완전하고 흠이 있었다. 저 첫 언약이 무흠하였더라면 둘째 것을 요구할 일이 없었으려니와(히 8:7). 율법은 장차 올 좋은 일의 그림자일 뿐이요 참 형상이 아니므로 해마다 늘 드리는 같은 제사로는 나아오는 자들을 언제나 온전하게 할 수 없느니라(히 10:1). 그러나 그 모든 결함은 그리스도의 복음 안에서, 완전한 속죄제사와 하나님의 뜻의 계시로 말미암아 보완된다. 그는 모든 통치자와 권세의 머리시라(10절). 구약의 제사장 제도가 그리스도 안에서 완전하게 된 것처럼, 구약 시대에 탁월한 통치자와 권세였고, 유대인들이 그토록 자랑스러워했던 다윗의 나라도 마찬가지다. 그분은 하늘과 땅의 모든 권세, 천사와 사람들의 주님이자 머리이

시다. 천사들과 권세들과 능력들이 그에게 복종하느니라(벤전 3:22).

2. 우리는 그리스도의 모든 활동과 관련하여 그분께 연합된다(12절): 너희가 세례로 그리스도와 함께 장사되고 또 그 안에서 함께 일으키심을 받았느니라. 우리는 그분과 함께 장사되고 일으키심을 받았다. 이 장사지냄과 일으키심을 표상하는 세례의 표지 또는 의식 속에 어떤 능력이 들어있는 것은 아니다. 그것은 그리스도의 십자가 죽으심이 주의 만찬에서 가시적 상징물로 표상되는 것과 같은 의미를 갖고 있다. 그래서 사도는 손으로 하지 아니한 할례에 관해 말하고, 세례 역시 하나님의 역사를 믿음으로 말미암는다고 말한다(12절). 그러나 우리의 세례가 의미하는 것은 우리가 그리스도와 함께 장사되었다는 것이다. 왜냐하면 세례는 언약의 보증으로서, 우리가 죄에 대해 죽었다는 계약이기 때문이다. 또 그것은 우리가 그리스도와 함께 일으키심을 받았다는 것이다. 왜냐하면 그것은 우리가 의와 새 생명에 대해 살았음을 입증하는 보증이자 계약이기 때문이다. 세례받을 때 하나님은 우리에게 하나님이 되시고, 우리는 그분의 백성으로 보장을 받는다. 또 그분의 은혜로 말미암아 죄에 대하여 죽고, 의에 대하여 살며, 또는 옛 사람을 벗고 새 사람을 입는다.

¹³또 범죄와 육체의 무할례로 죽었던 너희를 하나님이 그와 함께 살리시고 우리의 모든 죄를 사하시고 ¹⁴우리를 거스르고 불리하게 하는 법조문으로 쓴 증서를 지우시고 제하여 버리사 십자가에 못 박으시고 ¹⁵통치자들과 권세들을 무력화하여 드러내어 구경거리로 삼으시고 십자가로 그들을 이기셨느니라

사도는 여기서 우리 그리스도인들이 갖고 있는 특권에 대해 묘사한다. 이 특권들은 유대인의 것을 크게 능가하는 것으로, 다음과 같다.

I. 그리스도의 죽음은 곧 우리의 생명이다. 또 범죄와 육체의 무할례로 죽었던 너희를 하나님이 그와 함께 살리시고(13절). 죄의 상태는 영적 사망의 상태다. 죄 가운데 있는 사람들은 죄 안에서 죽은 자들이다. 육체의 죽음이 그것의 영혼과의 분리에 있는 것처럼, 영혼의 죽음은 그것의 하나님 및 그분의 은혜로부터의 분리에 있다. 육체의 죽음이 그것의 타락 또는 부패인 것처럼, 죄는 영혼의 타락 또는 부패를 가리킨다. 죽은 사람이 스스로의 어떤 힘으로 자신을 도울 수 없는 것처럼, 타고난 죄인 역시 도덕적으로 완전 무능하다. 죄인은 자연적 힘

또는 이성적 피조물의 능력은 갖고 있으나 신적 생명 또는 거듭난 본성을 갖기 전에는 영적 능력은 없다. 죄 속에 있는 자들은 주로 이방인들로 이해된다. 그들은 육체에 할례를 받지 않은 무리요, 약속의 언약들에 대하여는 외인이요, 세상에서 소망이 없고 하나님도 없는 자들로서 죽은 자들이었다(엡 2:11,12). 무할례로 말미암아 그들은 죄 가운데 죽은 자들이었다. 여기서 무할례는 영적 무할례 곧 본성의 타락으로 이해될 수 있다. 따라서 그것은 우리가 법률상(in law) 죽은 자요, 상태상(in state) 죽은 자임을 보여준다. 법률상 죽은 자라는 것은 사형선고를 받은 행악자가 죽음의 선고를 받았기 때문에 죽은 자로 불리는 것과 같다. 죄인들은 죄책으로 말미암아 율법의 선고 아래 있으므로 벌써 심판을 받은 것이다(요 3:18). 그리고 상태상 죽은 자라는 것은 육체의 무할례로 말미암는다. 거듭나지 아니한 심령은 할례받지 아니한 심령으로 불린다. 이것이 우리의 상태다. 그런데 그리스도로 말미암아, 죄 가운데 죽었던 우리는 살게 된다. 즉 죄책을 제거해버리고, 그 권세와 지배력을 깨뜨려버리는 유효한 양식이 제공된다. 그와 함께 살리시고(13절). 이것은 우리가 그리스도와 연합하고, 그분에게 일치됨으로써 가능하다. 그리스도의 죽으심은 우리의 죄에 대한 죽으심이었다. 그리스도의 부활은 우리의 영혼에 대한 살아나심이다.

II. 그리스도로 말미암아 우리는 죄 사함을 얻는다. 우리의 모든 죄를 사하시고(13절). 이것이 우리를 소생시킨다. 죄의 용서는 곧 죄인의 생명이다. 이것은 그리스도의 죽음 및 부활에 기인한다. 왜냐하면 그분은 우리의 죄를 위하여 죽으신 것처럼, 우리를 의롭다 하시기 위하여 살아나셨기 때문이다(롬 4:25).

III. 우리를 훼방하던 모든 세력들이 완전히 제거된다. 그리스도는 우리를 거스르고 불리하게 하는 법조문으로 쓴 증서를 지우시고 제하여 버리셨다(14절). 이것은 다음과 같은 사실을 의미한다.

1. 죄책에 담겨 있는 형벌에 대한 의무를 제거하셨다. 율법의 저주는 벨사살 왕의 벽에 손으로 쓰인 글씨처럼, 우리를 거스르고 불리하게 하는 법조문으로 쓴 증서다. 그 모든 것을 계속 지키지 않는 자는 누구나 저주를 받으리라. 이것은 우리를 거스르고 불리하게 하는, 손으로 쓴 증서였다. 왜냐하면 그것은 우리의 영원한 파멸을 경고하기 때문이다. 이것은 그리스도께서 우리를 위하여 저주를 받은 바 되사 율법의 저주에서 우리를 속량하셨을 때 제거되었다(갈 3:13). 그분은 회개하고 믿는 모든 사람들을 위해 그 의무를 해소하셨다. "아버지여, 저주를 내게

돌리소서." 그분은 우리에게 불리한 심판을 취소시키고, 무력화시켰다. 그분이 십자가에 달려 못 박히셨을 때, 저주 역시 십자가에 못 박혔다. 그리고 우리 안에 내재하는 타락한 본성도 그리스도와 함께 십자가에 못 박혔고, 그분의 십자가로 말미암아 제거되었다. 우리는 주 예수님의 죽으심을 기억하고, 그분이 십자가에 못 박히신 것을 볼 때, 우리를 불리하게 하는 법조문으로 쓴 증서를 제하셨음을 보아야 한다.

2. 아니 오히려 그것은 의식법, 법조문으로 쓴 증서, 의례적 제도 또는 법조문으로 된 계명의 율법(엡 2:15)으로 이해될 수 있다. 그것은 유대인에게는 멍에요, 이방인에게는 칸막이 담이었다. 주 예수께서 그것을 제하여 버리사 십자가에 못 박으셨다(14절). 즉 그 의무를 말소시키심으로써 누구든 그것이 더 이상 자기들을 속박하지 못함을 보고, 만족할 수 있도록 하셨다. 실체가 오자 그림자는 사라졌다. 그것은 파기되고(고후 3:13), 낡아지고 쇠하는 것은 없어져 가는 것이다(히 8:13). 그 표현은 문서에 십자가를 긋든가 그것에 못으로 구멍을 뚫든가 함으로써 계약을 파기하는 고대의 관습을 염두에 두고 이해되어야 한다.

IV. 그리스도는 우리를 위해 어둠의 권세를 이기고 영광스러운 승리를 취하셨다. 통치자들과 권세들을 무력화하여 드러내어 구경거리로 삼으시고 십자가로 그들을 이기셨느니라(15절). 율법의 저주가 우리를 거스르는 것처럼, 사탄의 권세도 우리를 불리하게 한다. 그리스도는 심판자이신 하나님과 언약을 맺고, 우리를 위해 값을 치르심으로써 하나님의 공의의 손으로부터 우리를 구원하셨다. 그러나 죽음의 집행자인 사탄의 손으로부터 그분은 크신 능력과 권세로 우리를 구원하셨다. 그가 사로잡힌 자를 사로잡고(엡 4:8). 마귀와 지옥의 모든 세력들은 죽으신 대속주에 의해 패배당하고 정복되었다. 첫 약속에서 이것이 암시되었다. 고난을 통해 발꿈치에 입은 그리스도의 상처가 뱀의 머리를 상하게 했다(창 3:15). 그 표현은 고상하고 장엄하다. 우리는 고개를 돌려 이 장면을 바라보아야 한다. 구속주는 죽음으로써 승리하셨다. 그분의 가시면류관은 승리의 면류관으로 바뀌었다. 그분은 그들을 박살냈다. 즉 마귀의 권세를 깨뜨리고, 그를 정복하고 무력화시켰으며, 그것을 드러내어 구경거리로 삼으셨다. 다시 말해 그들을 공개적 수치의 대상으로 삼고, 천사들과 사람들의 구경거리로 삼으셨다. 마귀의 나라가 받은 공격 가운데 주 예수에게서 받은 공격만큼 치명타는 없었다. 그분은 그들을 그의 병거 바퀴에 꽁꽁 묶고 개선 행진을 하셨다. 적을 병거 바퀴에 묶고 행진하는 것은 승리의 개선을 표시하는 고대의 일반적 관습이었다. 십자가로 그들을 이기셨느니라. 즉 그의 십자가와 죽으심으로 말미암아, 또는 어떤 이들이 그렇게 이해하는 것처럼, 혼자서, 자기 자신의 능력으로 이기셨다는 것이다. 왜냐하면 그분은 만민 가운데 그와 함께 한 자가 없이 홀로 포도즙 틀을 밟으셨기 때문이다(사 63:3).

[16]그러므로 먹고 마시는 것과 절기나 초하루나 안식일을 이유로 누구든지 너희를 비판하지 못하게 하라 [17]이것들은 장래 일의 그림자이나 몸은 그리스도의 것이니라 [18]아무도 꾸며낸 겸손과 천사 숭배를 이유로 너희를 정죄하지 못하게 하라 그가 그 본 것에 의지하여 그 육신의 생각을 따라 헛되이 과장하고 [19]머리를 붙들지 아니하는지라 온 몸이 머리로 말미암아 마디와 힘줄로 공급함을 받고 연합하여 하나님이 자라게 하시므로 자라느니라 [20]너희가 세상의 초등학문에서 그리스도와 함께 죽었거든 어찌하여 세상에 사는 것과 같이 규례에 순종하느냐 [21](곧 붙잡지도 말고 맛보지도 말고 만지지도 말라 하는 것이니 [22]이 모든 것은 한때 쓰이고는 없어지리라) 사람의 명령과 가르침을 따르느냐 [23]이런 것들은 자의적 숭배와 겸손과 몸을 괴롭게 하는 데는 지혜 있는 모양이나 오직 육체 따르는 것을 금하는 데는 조금도 유익이 없느니라

사도는 앞의 강론으로부터 추론해낸, 적절한 권면으로 이 장을 끝맺는다.

I. 여기서 유대화주의자 교사들 즉 그리스도인들에게 의식법의 멍에를 지우려고 획책하는 사람들을 조심하라는 경고가 주어진다. 그러므로 먹고 마시는 것과 절기나 초하루나 안식일을 이유로 누구든지 너희를 비판하지 못하게 하라(16절). 모세 율법의 대부분의 의식들은 음식과 날에 관한 규정으로 이루어져 있다. 로마서 14장에 따르면, 그 규정들을 지키려고 했던 자들이 있었음을 보여준다. 그러나 여기서 사도는 그리스도가 오셔서 의식법을 폐하셨기 때문에 우리가 그것을 지킬 필요가 없음을 보여준다. "아무도 너희에게 그것들을 강요하지 않게 하라. 왜냐하면 하나님께서 그것들을 명하시지 않기 때문이다. 만일 하나님이 너희를 자유하게 하셨다면, 다시는 종의 멍에를 메지 말라(갈 5:1)." 그리고 오히려 이것은 이것들이 장래 일의 그림자(17절)로서, 그것들 속에 내재하는 가

치란 없고, 지금은 폐지된 것임을 암시하기 때문이다. (그러나) 몸은 그리스도의 것이니라(17절). 그것들이 그림자를 이루는 실체인 몸이 이제 왔다. 그리스도와 복음의 모형이자 그림자인 의식법을 계속 지키는 것은 그리스도께서 아직 오시지 않았고, 복음 시대가 아직 시작되지 않았음을 주장하는 것이 된다. 우리가 복음 하에서 갖게 되는 유익을 고찰해 보라. 그것은 율법 하에서 갖는 유익을 훨씬 능가한다. 그들은 그림자를 소유했으나 우리는 실체를 갖고 있다.

Ⅱ. 사도는 이방인 철학자들이 그랬던 것처럼, 하나님과 사람 사이의 중보자로서 천사들을 숭배하도록 가르치는 사람들을 조심하라고 경고한다. 아무도 꾸며낸 겸손과 천사 숭배를 이유로 너희를 정죄하지 못하게 하라(18절). 천사들의 중보를 이용하는 것은 우리가 하나님께 직접 말하기에는 무가치한 존재임을 스스로 인식하고 있음을 보여주는, 일종의 겸손으로 간주되었다. 그러나 그것이 비록 겸손의 한 태도라고 할지라도, 하나님의 명령에 입각한 겸손이 아니라 사람이 날조해낸 겸손에 불과하다. 그러므로 그것은 받아들여질 수 없다. 아니, 결코 정당한 것이 아니다. 그것은 오직 그리스도께 돌아가야 할 영예를 취해서 피조물에게 돌리는 것이다. 게다가 이 관습의 기초가 되는 관념은 단순히 인간의 발상에 불과한 것으로, 하나님의 계시에 의한 것이 아니다. 그것은 인간 이성의 교만한 공상으로, 사람이 주제넘게 사건들 속에 뛰어들어 충분한 지식과 정당성 없이 그것들을 결정하는 것이다: 그가 그 본 것에 의지하여 그 육신의 생각을 따라 헛되이 과장하고(18절). 이것은 하나님께서 우리에게는 감추어두신 천사들의 계급과 그들 고유의 임무를 그들이 부당하게 날조했음을 묘사하는 표현이다. 그러므로 천사 숭배의 관습 속에 아무리 겸손의 모양이 있다고 할지라도, 본질상으로는 교만이 들어있는 것이다. 그들은 그들 자신의 육신의 생각을 따라 그러한 관념을 크게 과장하고, 다른 사람들보다 자기들이 더 지혜롭다고 생각하기를 좋아했다. 대부분의 오류와 타락한 현상들 근저에는 교만이 자리잡고 있다. 심지어는 외관상 겸손의 모양과 태도를 보여주는 많은 악한 관습들 근저에도 교만이 자리잡고 있다. 그렇게 하는 자들은 머리를 붙들지 아니하는 자들이다(19절). 그들은 결과적으로 하나님과 사람 사이의 유일한 중보자이신, 그리스도의 권리를 박탈하는 것이다. 그것은 교회의 머리이신 그리스도께 가장 큰 불명예인데, 그 이유는 그 머리에 붙어있는 지체가 그분이 아닌 다른 존재를 하나님과의 중보자로 세우기 때문이다. 사람들은 그리스도를 붙들고 있는

손을 놓아버릴 때, 그들 곁에 있는 것을 붙들기 마련이고, 그것들은 그들이 서는데 아무런 도움이 되지 못한다.

온 몸이 머리로 말미암아 마디와 힘줄로 공급함을 받고 연합하여 하나님이 자라게 하시므로 자라느니라(19절). 여기서 다음 두 가지 사실을 확인해야 한다.

1. 예수 그리스도는 교회를 다스리는 머리일 뿐만 아니라 교회에 결정적 능력을 제공하는 머리이시다. 몸의 다양한 지체들이 머리에 연합되어 있는 것처럼, 그들도 그분에게 마디와 힘줄로 연결되어 그분으로부터 생명과 양식을 공급받는다.

2. 그리스도의 몸은 점차 자라는 몸이다: 하나님이 자라게 하시므로 자라느니라. 새 사람은 자라 가고 은혜의 본질은 자라는 것으로, 그 곳에 우발적인 방해는 없다. 하나님이 자라게 하시므로. 그 원천인 하나님으로부터 오는 은혜가 증가하므로. 또는 통상적인 히브리어 용법상, 크고 충만하게 증가하므로. 하나님의 모든 충만하신 것으로 너희에게 충만하게 하시기를(엡 3:19). 이와 평행을 이루는 구절을 보라: 그에게서 온 몸이 각 마디를 통하여 도움을 받음으로 연결되고 결합되어 각 지체의 분량대로 역사하여 그 몸을 자라게 하며(엡 4:15,16).

Ⅲ. 사도는 여기서 그들에게 다시 한 번 경고한다. "너희가 세상의 초등학문에서 그리스도와 함께 죽었거든 어찌하여 세상에 사는 것과 같이 규례에 순종하느냐(20절). 너희가 그리스도인으로서 의식법의 규례들에 대해 죽은 자들이라면, 왜 그것들에게 복종하느냐? 붙잡지도 말고 맛보지도 말고 만지지도 말라(21절)와 같은 규례들은 없어질 것이다. 율법 하에서는 시체나 우상에게 바쳐졌던 어떤 물건을 만졌을 때 또는 금지된 음식을 맛보거나 하면, 부정한 것으로 간주되었다. 이 모든 것은 한때 쓰이고는 없어지는 것들로서, 그것들 속에는 그것들을 지켜야 할 만한 가치가 담겨 있지 않고, 그것들을 지킨 자들도 그것들이 소멸되고 없어지는 것을 보았다. 또 그것들은 그리스도인의 신앙을 타락시키는 것으로서, 사람의 명령과 가르침 외에 다른 권위는 전혀 없다.

이런 것들은 자의적 숭배와 겸손과 몸을 괴롭게 하는 데는 지혜 있는 모양이나(23절). 그들은 그리스도의 복음과 함께 모세의 율법을 준수함으로써, 다른 이웃들보다 자신들이 더 지혜롭다고 생각했다. 그들은 그 점에 있어서 최소한 자기들이 옳다고 확신했다. 그러나 슬프도다! 그것은 단지 지혜의 모양에 불과하고 단순한 날조와 외식에 지나지 않았다. 따라서 그들은 이런저런 음식을 금하고 육신의 즐거움과 욕망을 억제함으로써, 육체를 무시하는 것처럼 보인다. 그러나 이런 일들 속에는 참된 헌신이 전혀 담겨 있지 않다. 왜냐하면 복음은 모세 율법의 의식적 규례를 준수함으로써가 아니라 영과 진리로, 어떤 천사들의 중보가 아니라 오직 그리스도의 중보를 통해서만 하나님을 예배하라고 우리를 가르치기 때문이다. 여기서 다음 세 가지 사실을 확인할 수 있다.

1. 그리스도인들은 그리스도로 말미암아 모세 율법의 의식적 규례들을 준수하는 것으로부터 자유하게 되고, 하나님이 그들에게 지워 놓은 종의 멍에를 벗어버렸다.

2. 하나님을 예배하는데 있어서 율법 규례들을 준수하는 것이나 인간이 스스로 정한 것들은 크게 비난받을 만한 일로서, 복음의 자유와 해방에 모순된다. 사도는 그리스도인들에게 그리스도께서 우리를 자유롭게 하려고 자유를 주셨으니 그러므로 굳건하게 서서 다시는 종의 멍에를 메지 말라(갈 5:1)고 요청한다. 따라서 그들의 일탈은 교회의 머리이신 그리스도의 권위를 침범하고, 그리스도께서 법조문으로 된 계명의 율법을 폐하셨는데, 그것들이 포함된 다른 율법을 도입하는 것이다(엡 2:15).

3. 이런 것들은 지혜의 모양을 취하고 있으나 실제로는 어리석은 것이다. 참된 지혜는 복음의 약속들을 굳게 지키고, 교회의 유일한 머리이신 그리스도께 철저히 복종하는데 있다.

제
— 3 —
장

개요

I. 사도는 우리에게 마음을 하늘에 두고 이 세상에 두지 말라고 권면한다(1-4절). II. 다양한 실례를 들어 죄를 억제하라고 권면한다(5-11절). III. 서로 사랑하고 동정하라고 진지하게 강조한다(12-17절). IV. 아내와 남편, 부모와 자녀, 상전과 종 사이의 관계상의 의무를 권면하는 것으로 이 장을 끝맺는다(18-25절).

[1]그러므로 너희가 그리스도와 함께 다시 살리심을 받았으면 위의 것을 찾으라 거기는 그리스도께서 하나님 우편에 앉아 계시느니라 [2]위의 것을 생각하고 땅의 것을 생각하지 말라 [3]이는 너희가 죽었고 너희 생명이 그리스도와 함께 하나님 안에 감추어졌음이라 [4]우리 생명이신 그리스도께서 나타나실 그 때에 너희도 그와 함께 영광 중에 나타나리라

이 서신서 앞 부분에서 그리스도로 말미암은 특권과 의식법의 멍에를 벗어버린 해방에 관해 묘사한 사도는 여기서 거기서 추론되는 우리의 의무에 관해 강조한다. 우리가 비록 의식법의 의무로부터 자유하게 되었다고 할지라도, 우리가 원하는 대로 살 수 있다는 결론이 자동으로 나오는 것은 아니다. 우리는 복음적인 순종의 모든 경우들에 따라 하나님과 더 밀접하게 동행해야 한다. 사도는 그들에게 마음을 하늘에 두고, 이 세상에 두지 말라는 권면과 함께 시작한다: 그러므로 너희가 그리스도와 함께 다시 살리심을 받았으면(1절). 우리가 그리스도와 함께 다시 살리심을 받은 것은 특권이다. 즉 그리스도의 부활로 말미암은 유익이 있고, 그분과의 연합 및 친교를 통해 의롭게 되고, 성결케 되며, 또 영화롭게 될 것이다. 따라서 사도는 우리가 위의 것을 찾아야 한다고 추론한다. 우리는 이 세상보다 저 세상에 관심을 더 크게 두어야 한다. 우리는 우리의 시야와 목표를 천국에 두고, 위에 계신 하나님의 은혜를 구하고, 믿음, 소망 그리고 거룩한 사랑으로 위의 세계와의 교제를 유지하며, 천국의 축복에 합당한

권리와 자격을 얻는데 지속적인 관심사와 업무로 삼아야 한다. 그리고 그 이유는 거기는 그리스도께서 하나님 우편에 앉아 계시기 때문이다(1절). 우리의 최고의 친구이며, 우리의 머리이신 그분은 천국에서 최고의 존귀와 영예를 얻으셨고, 우리에게 천국의 행복을 얻게 하시려고 먼저 가셨다. 그러므로 우리는 그분이 그토록 막대한 대가를 치르고 획득한 것을 구하고 취득하는데 특별한 관심을 기울여야 한다. 우리는 능력껏 그리스도께서 여기 이 땅에 계실 때 살았던 삶과 지금 하늘에서 살고 계시는 삶을 살아야 한다.

I. 사도는 이 의무가 무엇인지 설명한다. 위의 것을 생각하고 땅의 것을 생각하지 말라(2절). 하늘의 것을 찾는다는 것은 그것들을 생각하고, 그것들을 사랑하고, 우리의 욕망이 그것들을 향하게 한다는 것이다. 사랑의 날개를 단 마음은 위로 날아오르고, 영적 및 신적 대상들을 향하여 나아간다. 우리는 그것들과 친숙하고, 다른 모든 것보다 그것들을 더 소중히 여기며, 그것들을 향유하기 위한 준비를 해야 한다. 다윗은 자신의 소원이 여호와의 집에 살면서 여호와의 아름다움을 바라보며 그의 성전에서 사모하는 것이라고 말하는 것으로 이것을 증명했다(시 27:4). 이것은 영의 생각이며(롬 8:6), 더 나은 본향 곧 하늘에 있는 것을 사모하는 것이다(히 11:14,16). 여기서 땅의 것은 위의 것과 반대되는 개념이다. 우리는 땅의 것에 집착하거나 지나치게 기대하거나 하지 않고 하늘에 우리의 소망을 두어야 한다. 왜냐하면 하늘과 땅은 서로 반대되는 개념으로서, 이 둘을 함께 소중히 여기는 것은 모순이기 때문이다. 우리가 그 중 어느 하나를 독점적으로 사랑하게 되면, 다른 하나에 대한 사랑은 그에 비례하여 약화되거나 감소할 것이다.

II. 사도는 이 의무에 대한 이유로 세 가지를 제시한다(3,4절).

1. 우리가 죽었기 때문이다. 즉 현재의 것에 대하여 그리고 세상에서의 우리의 분깃에 대하여 우리가 죽었다는 뜻이다. 우리는 그렇게 고백하고 실천해야 한다. 왜냐하면 우리는 그리스도와 함께 장사되고, 그의 죽으심과 같은 모양으로 연합한 자가 되었기 때문이다. 모든 그리스도인은 세상에 대하여 십자가에 못 박혔고, 세상은 그에 대하여 못 박혔다(갈 6:14). 만일 우리가 땅에 대하여 죽고, 그것을 우리의 행복으로 삼기를 거부했다면, 그것을 생각하고 그것을 찾는 것은 불합리한 것이다. 우리는 그것에 대해 죽은 자처럼 해야 하고, 그것을 향해 움직이거나 생각해서는 안 된다.

2. 우리의 참된 생명은 다른 세상에 있기 때문이다: 너희 생명이 그리스도와 함께 하나님 안에 감추어졌음이라(3절). 새 사람은 그 곳에 그 생명을 두고 있다. 그것은 위로부터 나서 자란다. 그 생명의 완전함은 그 지위에 합당하도록 보존된다. 그것은 그리스도와 함께 감추어졌다. 여기서 감추어졌다는 것은 단순히 우리 자신으로부터 비밀로 감추어졌다는 것이 아니라 우리의 안전을 보장하기 위해 감추어졌다는 뜻이다. 그리스도인의 생명은 그리스도와 함께 감추어졌다. 내가 살아 있고 너희도 살아 있겠음이라(요 14:19). 그리스도는 현재 감추어진 그리스도 즉 우리가 보지 못하는 분이시다. 그러나 우리의 생명이 그리스도와 함께 감추어져 그분과 함께 안전하게 보관되어 있다는 것은 우리에게 위로가 된다. 우리가 그분을 보지 못하였으나 사랑할 이유가 있는 것처럼(벧전 1:8) 볼 수 없으나 우리를 위하여 하늘에 예비되어 있는 행복을 위로로 삼을 수 있다.

3. 우리의 완전한 행복에 대한 기대가 그리스도께서 재림하실 때 이루어지기 때문이다. 만일 우리가 지금 그리스도인으로서 합당한 순결과 헌신의 삶을 산다면, 우리 생명이신 그리스도께서 나타나실 그 때에 그와 함께 영광 중에 나타날 것이다(4절). 여기서 다음 세 가지 사실을 기억해야 한다.

(1) 그리스도는 신자의 생명이시다. 이제는 내가 사는 것이 아니요 오직 내 안에 그리스도께서 사시는 것이라(갈 2:20). 그분은 그리스도인의 삶의 원리이자 목적이다. 그분은 그의 영을 통해 우리 안에 살고, 우리는 모든 일 속에서 그분을 위해 산다. 이는 내게 사는 것이 그리스도니(빌 1:21).

(2) 그리스도는 다시 나타나실 것이다. 그분은 지금 감추어져 있고, 그분을 하늘이 품고 있다. 그러나 그분은 위의 세계의 모든 영광을 동반하고 나타나실 것이다. 자기와 아버지의 영광으로 거룩한 천사들과 함께 오실 것이다(막 8:38; 눅 9:26).

(3) 그 때 우리는 그분과 함께 영광 중에 나타날 것이다. 그분이 구속하신 자들이 그분과 함께 할 때, 그것은 그분의 영광이 될 것이다. 그분은 그의 성도들에게서 영광을 받기 위해 오실 것이다(살후 1:10). 그리고 그분과 함께 오는 것은 성도들에게 영광이 되고, 그들은 영원히 그분과 함께 할 것이다. 그리스도가 재림하실 때에는 모든 성도들이 함께 만나게 될 것이다. 그 생명이 지금 그리스도와 함께 감추어져 있는 자들은 그 때 그분께 속해 있는 영광 속에서 그분과 함께 나타날 것이다(요 17:24). 그런데도 우리가 이런 행복을 바라고, 그 세계를

생각하며, 이 세상을 초월하여 살지 않겠는가? 여기에 우리가 사랑할 것이 과연 무엇이 있는가? 거기에 우리 마음을 이끄는 것이 과연 없는가? 우리의 머리가 거기 있고, 우리의 본향이 거기 있고, 우리의 보화가 거기 있으니, 우리가 거기서 영원히 살기를 바라노라.

5그러므로 땅에 있는 지체를 죽이라 곧 음란과 부정과 사욕과 악한 정욕과 탐심이니 탐심은 우상 숭배니라 6이것들로 말미암아 하나님의 진노가 임하느니라 7너희도 전에 그 가운데 살 때에는 그 가운데서 행하였으나

사도는 골로새 교인들에게 위의 것을 찾는데 큰 방해가 되는 죄를 극복하라고 권면한다. 하늘의 것에 마음을 두는 것이 우리의 의무이기 때문에, 세상의 것을 찾도록 자연스럽게 우리를 이끄는 땅에 있는 지체를 죽이는 것이 의무가 된다(5절): "그것들을 극복하라. 즉 너희가 이방인이었을 때 지배했던 마음의 악한 습관들을 억제하라. 그것들을 죽이라. 곧 너희가 자라는 잡초나 퍼지는 해충들을 제거하는 것처럼, 너희를 대적해 싸우고 너희를 상하게 하는 원수들을 잡아 죽이는 것처럼, 그것들을 제압하라." 땅에 있는 지체. 이것은 우리 가운데 흙으로 이루어진 부분으로 땅의 깊은 곳에서 기이하게 지음을 받은(시 139:15), 곧 육신의 지체를 가리키거나 혹은 우리를 땅의 것으로 이끄는 사망의 몸(롬 7:24)인 마음의 부패한 생각을 가리킨다. 사도는 이것을 다음과 같이 세부적으로 언급한다.

I. **육체의 정욕들.** 그들은 과거에 이것들에 아주 현저하게 사로잡혀 있었다: 음란과 부정과 사욕과 악한 정욕과(5절). 이것들은 육욕과 육체의 더러움의 다양한 작용들로서, 그들이 과거 거듭나기 전 탐닉했었고, 그리스도인의 지위와 하늘의 소망에 크게 반하는 것들이다.

II. **세상에 대한 사랑.** 탐심이니 탐심은 곧 우상 숭배니라(5절). 이것은 현세적 이득과 외적 쾌락에 대한 지나친 집착을 말한다. 이것은 마음이 그것들을 지나치게 높이 평가하고 과도하게 추구하는 것으로서, 그 적절한 사용과 향유를 방해하고, 그것들을 잃어버릴 것에 대한 두려운 마음과 부적절한 슬픔을 일으킨다. 탐심은 영적 우상 숭배임을 잊지 말자. 그것은 오직 하나님께만 돌려져야 할 사랑과 관심을 세속적 부요에 두는 것으로, 통상적인 생각보다 그 안에는

훨씬 더 강한 악이 작용하고, 하나님의 진노를 더 크게 자극한다. 성경에 기록된 선한 사람들이 범한 죄의 실례들을 보면(그들은 생애 동안 최소한 한두 번씩은 이런저런 죄를 범하지 않은 사람은 없다), 그 중에 탐심의 죄를 범한 실례는 없다는 것은 주목할 만하다. 사도는 죄를 죽이는 것이 얼마나 필수적인 일인지를 계속 보여준다(6,7절). 그 이유는 다음과 같다.

1. 만일 우리가 그것들을 죽이지 아니하면, 그것들이 우리를 죽이기 때문이다: 이것들로 말미암아 하나님의 진노가 (순종하지 아니하는 자식들에게: 한글성경에는 이 말이 나오지 않는다) 임하느니라(6절). 우리가 본질상 어떤 존재였는지를 살펴보라: 우리는 순종하지 아니하는 자식들이다. 순종하지 아니하는 자식들일 뿐만 아니라 죄의 권세 아래 있으면서 자연적으로 불순종하는 경향을 지니고 있는 자식들이다. 악인은 모태에서부터 멀어졌음이여 나면서부터 곁길로 나아가 거짓을 말하는도다(시 58:3). 그리고 불순종의 자식이므로 우리는 본질상 진노의 자녀들이다(엡 2:3). 하나님의 진노는 순종하지 아니하는 모든 자식들에게 임한다. 율법의 교훈에 순종하지 아니하는 자들은 그 형벌을 초래한다. 사도가 여기서 언급하는 죄들은 그들이 이방인으로서 우상 숭배하는 상태 속에 있었을 때 범한 죄들이었다. 그 때 그들은 특별히 하나님의 진노의 자식들이었다. 그러나 이 죄들은 그들에게 심판을 가져왔고, 그들을 하나님의 진노 앞에 노출시켰다.

2. 이 죄들이 우리 안에 살았던 적이 있었기 때문이다: 너희도 전에 그 가운데 살 때에는 그 가운데서 행하였으나(7절). 우리가 전에 죄 가운데 살았다는 것은 지금은 우리가 그것을 포기하고 살아야 한다는데 대한 충분한 이유가 된다. 그러나 우리는 곁길로 나아갔고, 그러므로 더 이상 그 길을 따라 살아서는 안 된다. 내가 악을 행하였으나 다시는 아니하겠나이다(욥 34:32). 우리가 이방인의 뜻을 따라 죄악 속에서 산 것은 지나간 때로 족하다(벧전 4:3). 너희도 전에 그 가운데 살 때에는, 곧 그런 일을 행하는 사람들 가운데 살 때에는(어떤 이들은 이렇게 이해한다) 그런 악을 저지르며 산 것이다. 어둠의 행위를 행하는 사람들 가운데 살면서 그들과 교제하지 않고 살기란 어려운 일이다. 그것은 마치 진창 속을 걸으면서 흙을 묻히지 않는 것과 같다. 따라서 우리는 행악자들을 피하지 않으면 안 된다.

[8]이제는 너희가 이 모든 것을 벗어 버리라 곧 분함과 노여움과 악의와 비방과 너희 입의 부끄러운 말이라 [9]너희가 서로 거짓말을 하지 말라 옛 사람과 그 행위를 벗어 버리고 [10]새 사람을 입었으니 이는 자기를 창조하신 이의 형상을 따라 지식에까지 새롭게 하심을 입은 자니라 [11]거기에는 헬라인이나 유대인이나 할례파나 무할례파나 야만인이나 스구디아인이나 종이나 자유인이 차별이 있을 수 없나니 오직 그리스도는 만유시요 만유 안에 계시니라

과도한 정욕을 억제해야 하는 것처럼, 우리는 과도한 감정도 억제해야 한다(8절): 이제는 너희가 이 모든 것을 벗어 버리라 곧 분함과 노여움과 악의와. 왜냐하면 이것들은 끔찍하게 더러운 일일 뿐만 아니라 복음의 목적에도 반대되기 때문이다. 그러나 그것들은 아주 큰 영적 죄악으로서, 그것들 속에는 악의가 가득 들어있다. 복음 신앙은 낮은 수준의 능력을 가진 영혼으로부터 높은 수준의 능력을 가진 영혼에 이르기까지 가리지 않고 변화시키고, 정욕과 감정을 올바른 이성과 양심이 지배하도록 돕는다. 분함과 노여움도 나쁘지만, 악의는 더 나쁘다. 왜냐하면 그것은 더 뿌리가 깊고, 훨씬 더 의도적이기 때문이다. 그것은 분노를 확대시키고 고질화시킨다. 마음속에서 타락한 원리가 제거되어야 하듯이 그 열매들도 혀로부터 제거되지 않으면 안 된다.

비방은 하나님이 아니라 사람들에 대해 악한 말을 하는 것을 의미하는 말로서, 사람들에게 부정적인 말을 하고, 악한 소문을 퍼뜨리며, 또 어떤 악한 술수를 통해 그들의 선한 이름에 먹칠을 하는 것을 말한다. 입의 부끄러운 말은 추잡하고 방탕한 모든 대화를 가리키는 것으로, 말하는 자의 더럽혀진 마음으로부터 나오고, 듣는 자들에게 똑같은 더러움을 감염시킨다.

그리고 거짓말이 있다: 너희가 서로 거짓말을 하지 말라(9절). 그 이유는 거짓말은 진리의 법과 사랑의 법 모두에 대해 반하는 것이기 때문이다. 그것은 불의하고 무정한 것으로, 사람들 사이의 모든 믿음과 우정을 자연스럽게 파괴하는 경향이 있다. 거짓말은 우리를 마귀(거짓의 아비인)와 같은 존재로 만들고, 우리 영혼에 심겨진 마귀의 형상의 첫 번째 요소다. 그러므로 우리는 다음과 같은 일반적 이유로 말미암아 이 죄를 범하지 않도록 주의를 받는다: 새 사람을 입었으니 이는 자기를 창조하신 이의 형상을 따라 지식에까지 새롭게 하심을 입은 자니라(10절). 우리는 신앙고백을 통해 죄를 버리고 그리스도의 대의와 유익을 옹호

하기로 다짐했다면, 실제로 모든 죄를 거부하고 그리스도 편에 굳게 섬으로써, 이 거짓말의 죄를 범하지 않도록 해야 할 것이다. 옛 사람을 벗어버린 사람들은 그 행위도 벗어버려야 한다. 새 사람을 입은 자들은 그 모든 행위도 함께 입어야 한다. 선한 원리를 견지할 뿐만 아니라 선한 삶을 살아야 한다.

새 사람은 지식에까지 새롭게 하심을 입은 자로 말해진다. 왜냐하면 무지한 영혼은 선한 영혼이 될 수 없기 때문이다. 지식이 없이는 마음은 선할 수 없다(잠 19:2). 하나님의 은혜는 지성을 새롭게 함으로써 의지와 감정에 영향을 미친다. 태초에 첫 피조물에게 빛이 처음으로 주어진 것처럼, 그것은 새로운 피조물에게도 첫 번째로 주어졌다: 자기를 창조하신 이의 형상을 따라. 태초에 인간이 하나님의 형상을 따라 지으심을 받은 것은 그의 영예였다. 그러나 그 형상은 죄로 말미암아 파괴되고 상실되었다. 그런데 성결케 하는 은혜로 말미암아 그것이 새롭게 된다. 따라서 새롭게 된 영혼은 아담이 태초에 갖고 있던 모습과 같게 되는 것이다. 성화의 특권과 의무에는 헬라인이나 유대인이나 할례파나 무할례파나 야만인이나 스구디아인이나 종이나 자유인이 차별이 있을 수 없다(11절). 지금은 다른 나라나 다른 생활 조건과 환경으로부터 일어나는 차별은 없다. 거룩하게 되는 것은 이 사람에게나 저 사람에게나 똑같은 의무다. 하나님으로부터 그렇게 되는 은혜를 받는 것은 이 사람에게나 저 사람에게나 똑같은 특권이다. 그리스도께서 오셔서 모든 장벽을 헐어버리셨기 때문에 누구나 의무와 권리에 있어서 하나님 앞에서 동일한 입장에 서게 하셨다. 이런 이유로 그리스도께서 만유시요 만유 안에 계시는 것이다(11절). 그리스도는 그리스도인의 유일한 주님이자 구주로서, 그의 전부가 되시고, 그의 모든 소망과 행복이 되신다. 의롭게 된 모든 사람들은 누구에게나, 그들이 어떤 차이가 있더라도, 그분은 만유시요 알파와 오메가요 처음이자 나중이시다. 그분은 그들에게 모든 것이 되신다.

¹²그러므로 너희는 하나님이 택하사 거룩하고 사랑 받는 자처럼 긍휼과 자비와 겸손과 온유와 오래 참음을 옷 입고 ¹³누가 누구에게 불만이 있거든 서로 용납하여 피차 용서하되 주께서 너희를 용서하신 것 같이 너희도 그리하고 ¹⁴이 모든 것 위에 사랑을 더하라 이는 온전하게 매는 띠니라 ¹⁵그리스도의 평강이 너희 마음을 주장하게 하라 너희는 평강을 위하여 한 몸으로 부르심을 받았나니 너희는 또한 감사하는 자가 되라 ¹⁶그리스도의 말씀이 너희 속에 풍성히 거하여 모든 지혜로 피차 가

르치며 권면하고 시와 찬송과 신령한 노래를 부르며 감사하는 마음으로 하나님을 찬양하고 [17]또 무엇을 하든지 말에나 일에나 다 주 예수의 이름으로 하고 그를 힘입어 하나님 아버지께 감사하라

사도는 여기서 상호 사랑과 동정을 권면한다: 그러므로 너희는 하나님이 택하사 거룩하고 사랑 받는 자처럼 긍휼과 자비와 겸손과 온유와 오래 참음을 옷 입고(12절). 우리는 분함과 노여움을 벗어버림과 동시에(8절에서처럼) 동정과 사랑을 입어야 한다. 악은 행하기를 멈추고, 동시에 선을 행하기를 배워야 한다. 누구에게든 해를 끼치지 않을 뿐만 아니라 모든 사람에게 할 수 있는 한 선을 행해야 한다.

I. 여기서 권면을 강조하기 위해 사도가 사용한 논증은 아주 감동적이다. 그러므로 너희는 하나님이 택하사 거룩하고 사랑 받는 자처럼 긍휼과 자비와 겸손과 온유와 오래 참음을 옷 입고(12절). 여기서 다음과 같은 사실을 확인할 수 있다.

1. 거룩한 자로 하나님의 택하심을 받은 자들 곧 하나님의 택하심 받은 자로서 거룩하고 사랑 받는 자들 ― 하나님의 사랑을 받는 ― 은 모든 사람들에게 사랑을 받는 자들이어야 한다.

2. 하나님의 택하심 받고 거룩하고 사랑 받는 자들은 모든 일에 있어서 그들에게 어울리는 행위를 해야 하고, 그렇게 함으로써 그들의 거룩함에 대한 신뢰와 택하심 받고 사랑 받는 데서 오는 그들의 위로를 잃지 않도록 해야 한다. 모든 사람들에 대해 겸손하고 자비로운 것이 하나님을 향해 거룩한 사람들에게 걸맞는 모습이다. 우리가 구체적으로 어떤 옷을 입어야 하는지 살펴보자.

(1) 불쌍한 자들에 대한 연민: 긍휼(bowels of mercy). 곧 가장 후한 인정. 인정을 크게 힘입은 사람들은 인정을 받아야 할 적절한 모든 대상들에게 자비로워야 한다. 너희 아버지의 자비로우심 같이 너희도 자비로운 자가 되라(눅 6:36).

(2) 우리 친구들과 우리를 사랑하는 자들에 대한 자비(kindness). 공손한 성품은 하나님의 택함받은 자에게 어울린다. 왜냐하면 복음의 목적은 사람들의 마음을 부드럽게 할 뿐만 아니라 그것을 온순하게 하고, 하나님과의 화목 및 사람들 사이의 친목을 촉진시키는데 있기 때문이다.

(3) 우리 위에 있는 사람들에게 복종하는데 있어서, 겸손(humbleness of mind) 하고, 우리 아래에 있는 사람들에게 온화함. 겸손한 태도와 겸손한 마음을 겸비

해야 한다. 나는 마음이 온유하고 겸손하니 나의 멍에를 메고 내게 배우라(마 11:29).

(4) 우리를 화나게 하거나 어떤 식으로든 우리에게 상처를 준 사람들에 대한 온유. 우리는 모욕과 멸시에 대한 악감정을 어떤 불손한 행위로 표현해서는 안 된다. 그 대신 우리 자신의 분노는 신중히 제어하고, 다른 사람들의 분노에 대해서는 인내로 반응해야 한다.

(5) 우리를 계속해서 화나게 하는 사람들에 대한 오래 참음. 사랑은 오래 참고 사랑은 온유하며(고전 13:4). 많은 사람들이 짧은 도발은 참아내면서도 그것이 계속되면 잘 참지 못한다. 그러나 우리는 사람들의 가해와 하나님의 섭리에 대한 힐난을 오래 참아낼 수 있어야 한다. 만일 하나님께서 자신에 대한 우리의 온갖 도전에 대해 오래 참으신다면, 우리도 똑같이 다른 사람들에 대해 오래 참아야 한다.

(6) 우리 모두가 지니고 있는 연약함과 결함 등을 고려한 상호 용납: 서로 용납하여(13절). 우리는 누구나 남의 용납을 필요로 하는 결점을 갖고 있으며, 이것은 우리에게 반대 입장을 취하는 다른 사람들을 우리가 용납해야 하는 이유가 된다. 다른 사람들에게 바라는 것만큼 우리도 그들에게 똑같이 선한 태도를 보여주어야 한다.

(7) 상처를 준 자들을 기꺼이 용서함: 누가 누구에게 불만이 있거든 피차 용서하되(13절). 우리가 이 세상에 사는 한, 우리 마음속에는 허다한 부패함이 있고, 따라서 그만큼 차별과 경쟁의 기회도 많다. 심히 다투어 피차 갈라섰던 바울과 바나바처럼(행 15:39), 그리고 바울과 베드로처럼(갈 2:14), 때로는 하나님의 택한 자들 사이에 다툼이 일어나기도 한다. 그러나 그런 경우 서로 용서하는 것이 우리의 의무다. 어떤 원한도 품지 않고, 어떤 모욕이라도 견디며 그것을 간과해야 한다. 그래야 하는 이유는 다음과 같다: 주께서 너희를 용서하신 것 같이 너희도 그리하고(13절). 그토록 많은 허물에도 불구하고 그리스도께서 우리를 용서하신 것을 생각하면, 우리가 다른 사람들을 왜 용서해야 하는지 그 이유는 분명하다. 그리스도께서 땅에서 죄를 사하는 권세를 갖고 계시는 것은 그분의 신성에 대한 증거다. 그리고 우리가 용서받고자 하려면 그분의 본을 따라야 하는 것이 우리의 의무다. 우리가 우리에게 죄 지은 자를 사하여 준 것 같이 우리 죄를 사하여 주시옵고(마 6:12).

Ⅱ. 이 모든 것 위에, 우리는 다양한 사항들을 추가로 권면받는다,

1. 사랑으로 옷 입을 것(14절): 이 모든 것 위에(에피 파신 데 투토이스) 사랑을 더하라. 사랑을 상의, 겉옷, 제복 곧 우리의 품위와 특징의 표시로 삼으라는 것이다. 또는 둘째 돌판의 축소판으로서, 사랑을 제일차적 중심 계명으로 삼으라는 말이다. 너희 믿음에 덕을, 덕에 지식을, 지식에 절제를, 절제에 인내를, 인내에 경건을, 경건에 형제 우애를, 형제 우애에 사랑을 더하라(벧후 1:5-7). 사도는 믿음을 그 주춧돌의 자리에 두고 사랑을 머릿돌의 자리에 두는데, 그것은 사랑이야말로 온전하게 매는 띠이기 때문이다. 곧 사랑은 모든 행복한 교제의 접착제요 구심점이다. 그리스도인의 연합은 의견일치와 상호사랑으로 이루어진다.

2. 하나님의 평강이 지배하도록 우리를 굴복시킬 것(15절): 그리스도(또는 하나님)의 평강이 너희 마음을 주장하게 하라. 즉 하나님이 너희와 평화를 유지하고, 그분의 용납하심과 호의에 대한 위로의 의식을 가지라는 것이다. 또는 너희들 가운데 평화로운 모습, 곧 평강을 유지하고, 평강을 만드는 평화의 정신이 있게 하라는 것이다. 이것은 하나님의 평강으로 불린다. 그 이유는 하나님께서 자신의 소유에 속하는 모든 사람들 속에 그것을 일으키시기 때문이다. 하나님의 나라는 의와 평강과 희락이라(롬 14:17). "이 평강이 너희 마음을 주장하게 하라. 즉 그 곳을 지배하고 다스리게 하라. 또는 너희들 가운데 일어나는 모든 차별들을 결정하는 심판자가 되게 하라." 너희는 평강을 위하여 한 몸으로 부르심을 받았나니(15절). 우리는 이 평강으로 부르심을 받았고, 따라서 하나님과 평화를 이루는 것은 우리의 특권이고, 다른 형제들과 평화를 이루는 것은 우리의 의무다. 한 몸으로 연합된 우리는 사람의 몸의 지체들처럼, 서로 화평하도록 부르심 받았다. 너희는 그리스도의 몸이요 지체의 각 부분이라(고전 12:27). 우리 안에 이 평강의 성품을 보존하기 위해서 우리는 감사하는 마음을 가져야 한다. 하나님께 감사하는 일은 너무 유쾌하고 즐거운 일이기 때문에 그것은 우리로 하여금 모든 사람들을 대할 때에도 즐겁고 유쾌하게 할 것이다. "상대방의 어떤 특별한 은혜나 탁월함에 대해 질투하기보다는 너희 모든 이에게 공통적인 그분의 자비에 대해 감사하라."

3. 그리스도의 말씀이 우리 속에 풍성히 거하게 할 것(16절). 복음은 그리스도의 말씀으로 우리에게 주어졌다. 그러나 그것만으로는 충분치 않다. 그것은 우리 속에 거해야 한다. 즉 살아야(에노이케이토) 한다. 이것은 그 구성원들의 지배 아

래 놓여 있는 종으로서가 아니라 그의 지붕 아래 있는 모든 사람들을 지배하고 지시하는 권리를 가진 주인으로서 살게 한다는 뜻이다. 우리는 그리스도의 말씀으로부터 가르침을 받고 지시를 받아야 한다. 때를 따라 그 가정의 주인으로부터, 우리 몫의 양식과 힘, 은혜와 위로를 공급받아야 한다. 그렇게 그것은 우리 속에 거해야 한다. 즉 그것은 항상 준비되고, 모든 일 속에서 우리 가까이 있어 그 적절한 능력과 유익을 발휘하도록 해야 한다. 우리는 그것과 가족처럼 친밀해야 하고, 우리의 유익을 위해 그것을 연구해야 한다(욥 5:27). 그것은 우리 속에 풍성히 거해야 한다. 단순히 우리 마음속에 사는 정도가 아니라 잘 살도록 해야 한다. 많은 사람들이 그들 속에 그리스도의 말씀을 갖고 있지만, 그것은 거기서 빈약하게 살고 있을 뿐이다. 그것은 그들에 대한 강력한 힘과 영향력을 갖고 있지 못하다. 하나님의 말씀이 우리 속에 풍성히 거할 때 곧 그것이 우리 속에 풍성하여 성경과 그리스도의 은혜로 충만할 때, 영혼은 자라는 법이다. 이것이야말로 최고의 지혜다. 지혜의 적절한 임무는 우리가 아는 것을 우리 자신의 길을 위해 써먹도록 하는 것이다. 그리스도의 말씀은 우리를 단순히 박사로 만드는 관념이나 사변으로서가 아니라 우리를 참된 그리스도인으로 만들고, 모든 일 속에서 지혜(Wisdom)의 아들들로서 어울리는 행동을 하도록 최고의 지혜로서, 우리 안에 거해야 한다.

4. 서로 가르치며 권면할 것(16절). 이것은 우리가 모든 은혜 속에서 자라가는 데 아주 큰 도움을 줄 것이다. 왜냐하면 우리는 다른 사람들을 일깨움으로써 우리 자신이 깨닫게 되고, 그들의 유익을 위해 그들에게 그것을 전달함으로써, 우리의 지식을 증진시키는 기회를 갖게 되기 때문이다. 우리는 시와 찬송으로 피차 권면해야 한다. 시편을 찬송하는 것은 복음의 규칙이다. 시와 찬송과 신령한 노래. 즉 다윗의 시편과 신령한 찬송과 일반적 송시(頌詩)를 가리킨다. 이것들은 성경으로부터 특별한 경우에 맞추어 수집된 것으로, 우상 숭배를 위해 수집된 음란하고 비속한 노래들과는 다르다. 그러나 우리가 시편을 노래할 때는 마음속에 있는 은혜를 가지고 노래하지 않으면, 또 참된 헌신과 이해를 우리가 부르는 노래에 알맞게 가미시키고 수반시키지 않는다면, 곡조 없는 노래가 되어버릴 것이다. 시편을 노래하는 것은 찬송의 규칙일 뿐만 아니라 가르침의 규칙이기도 하다. 우리는 이것을 통해 우리 자신을 일깨우고 자극시킬 뿐만 아니라 피차 가르치며 권면해야 한다. 즉 상호 간에 우리의 사랑을 독려하고, 교

훈을 교환해야 한다.

5. 모든 것을 그리스도의 이름으로 할 것(17절): 또 무엇을 하든지 말에나 일에나 다 주 예수의 이름으로 하고. 즉 그분으로부터 나온 힘으로, 그분의 영광을 위해, 그분의 명령에 따라 그리고 그분의 권위에 복종하고, 또 선한 것은 용납하고 잘못하는 것은 용서하시는 그분의 공로를 의지하며, 그리고 그를 힘입어 하나님 아버지께 감사하라(17절). 여기서 우리는 다음 두 가지를 확인할 수 있다. (1) 우리는 모든 일 속에서 감사해야 한다. 무엇을 하든지 항상 감사해야 한다. 범사에 항상 아버지 하나님께 감사하며(엡 5:20). (2) 주 예수는 우리 기도의 중보자일 뿐만 아니라 우리 찬양의 중보자이기도 하다. 범사에 우리 주 예수 그리스도의 이름으로 항상 아버지 하나님께 감사하며(엡 5:20). 무엇을 하든지 그리스도의 이름으로 하는 자들은 하나님, 아니 아버지께 감사하는 일을 결코 소홀히 해서는 안 될 것이다.

18아내들아 남편에게 복종하라 이는 주 안에서 마땅하니라 19남편들아 아내를 사랑하며 괴롭게 하지 말라 20자녀들아 모든 일에 부모에게 순종하라 이는 주 안에서 기쁘게 하는 것이니라 21아비들아 너희 자녀를 노엽게 하지 말지니 낙심할까 함이라 22종들아 모든 일에 육신의 상전들에게 순종하되 사람을 기쁘게 하는 자와 같이 눈가림만 하지 말고 오직 주를 두려워하여 성실한 마음으로 하라 23무슨 일을 하든지 마음을 다하여 주께 하듯 하고 사람에게 하듯 하지 말라 24이는 기업의 상을 주께 받을 줄 아나니 너희는 주 그리스도를 섬기느니라 25불의를 행하는 자는 불의의 보응을 받으리니 주는 사람을 외모로 취하심이 없느니라

사도는 앞서 에베소서에서 그랬던 것처럼, 관계상의 의무들에 관한 권면으로 이 장을 끝맺는다. 하나님의 은혜의 영광을 드러내고, 주 예수를 높이기 위해 쓰인 서신들은 특별히 그리고 구체적으로 다양한 관계상의 의무들을 강조하고 있다. 우리는 복음 신앙의 특권과 의무들을 결코 분리시켜서는 안 된다.

I. 사도는 아내와 남편에 대한 의무로부터 시작한다. 아내들아 남편에게 복종하라 이는 주 안에서 마땅하니라(18절). 복종은 아내의 의무다. 복종하라(휘포탓세스테). 똑같은 단어가 권세자들에 대한 우리의 의무를 표현하는데 사용되고 있

다(롬 13:1): 각 사람은 위에 있는 권세들에게 복종하라. 또 엡 5:24,33에서도 복종과 존경의 뜻으로 표현되고 있다. 그 이유는 아담이 먼저 지음을 받고 하와가 그 후며 아담이 속은 것이 아니고 여자가 속아 죄에 빠졌기 때문이다(딤전 2:13,14). 남자는 먼저 지음받았고, 죄는 나중에 범했다. 여자의 머리는 남자요(고전 11:3), 남자가 여자에게서 난 것이 아니요 여자가 남자에게서 났으며 또 남자가 여자를 위하여 지음을 받지 아니하고 여자가 남자를 위하여 지음을 받은 것이니(고전 11:8,9). 그것은 하나님의 작정과 뜻에 부합할 뿐만 아니라 자연 질서와 사물의 이치에도 일치한다. 그러나 그것은 제약 없이 무조건 자기 맘대로 하는 가차 없는 주인이나 절대적 폭군에 대한 복종이 아니라 가장 친밀한 관계 속에 있고 피차 적절한 의무에 대해 엄격한 약속을 갖고 있는 남편, 그것도 자신의 남편에 대한 복종이다. 이는 주 안에서 마땅하니라. 그것이 관계에 어울리는 것으로, 그렇게 의무를 감당할 때에는 그리스도의 권위와 법에 순종하듯이 해야 한다. 반면에 남편의 의무는 다음과 같다: 남편들아 아내를 사랑하며 괴롭게 하지 말라(19절). 남편은 그리스도께서 교회를 사랑하신 것처럼, 자기 자신의 몸처럼, 아니 자신과 같이(엡 5:25,28,33) 부드럽고 신실한 애정을 갖고 아내를 사랑해야 한다. 즉 가장 가까운 관계에 대한 특별한 사랑을 가지고, 가장 큰 삶의 위로와 축복을 가지고 사랑해야 한다. 그리고 남편은 거친 말이나 가혹한 학대를 통해 아내를 괴롭히거나 무정하게 대해서는 안 된다. 항상 모든 일에 있어서 아내에게 친절하고 은혜로 보살펴야 한다. 왜냐하면 여자가 남자를 위하여 지음을 받았고(고전 11:9), 여자 없이 남자만 있지 아니하고(고전 11:11), 남자도 여자로 말미암아 났기(고전 11:12) 때문이다.

Ⅱ. 사도는 자녀와 부모의 의무에 대해 말한다. 자녀들아 모든 일에 부모에게 순종하라 이는 주 안에서 기쁘게 하는 것이니라(20절). 자녀는 기꺼이 부모의 모든 합당한 명령을 지키고, 그 지시와 처분을 달게 받아야 한다. 부모만큼 자녀에 대해 당연한 권리를 갖고 있고, 적절하게 그들을 지시할 수 있는 자는 없다. 사도는 자녀에게 부모에게 순종할 뿐만 아니라 공경하라고 요청한다(엡 6:2). 자녀는 부모를 존경하고, 영예롭게 생각해야 한다. 왜냐하면 부모에 대한 그들의 삶의 순종은 그들의 마음의 존경과 소신으로부터 나와야 하기 때문이다. 이것은 주 안에서 기쁘게 하는 것이다. 곧 그분께 인정받을 만한 것이다. 그것은 네가 잘되고 땅에서 장수하리라는 분명한 약속이 동반된, 약속이 있는 첫 계명이기 때

문이다(엡 6:2,3). 순종하는 자녀는 세상에서 가장 잘되고 장수를 누릴 것이다. 그리고 자녀가 순종해야 하는 것처럼, 부모는 자녀에 대해 온화해야 한다(21절): "아비들아 너희 자녀를 노엽게 하지 말지니 낙심할까 함이라. 자녀들에 대한 너희 권위를 가혹하고 가차 없이 행사하지 말고, 그들이 의무를 실천할 때 너희가 그들을 노엽게 하거나 낙심시키지 않도록 친절과 온유로 행사하라. 고삐를 너무 단단히 쥠으로써 그들이 견디지 못하고 달아나지 않도록 조심하라." 신중하지 못한 부모의 악한 기질과 나쁜 본보기는 자주 자녀들에게 크게 해롭고, 그들의 인생에 걸림돌이 된다. 엡 6:4을 보라. 하나님께서 일반적으로 그의 교회에 그분을 섬기는 자손을 주시고, 대대로 믿음이 전해지도록 하시는 것은 온화한 부모와 순종하는 자녀를 통해서이다.

III. 사도는 종과 상전의 의무에 관해 말한다. 종들아 모든 일에 육신의 상전들에게 순종하되 사람을 기쁘게 하는 자와 같이 눈가림만 하지 말고(22절). 종은 그들이 서 있는 위치에서 관계의 의무를 다하고, 하늘에 계신 상전이신 하나님에 대한 그들의 의무와 일치되는 모든 일에 있어서 그들 상전의 명령에 순종해야 한다. 사람을 기쁘게 하는 자와 같이 눈가림만 하지 말고, 즉 그들 상전의 눈이 그들 위에 있을 때만 아니라 없을 때에도 순종해야 한다. 종은 성실하고 부지런해야 한다. 오직 주를 두려워하여 성실한 마음으로 하라(22절). 이기적인 욕심 없이 또는 위선이나 가식 없이 하나님을 두려워하고 그분을 경외하는 자세를 가진 사람들처럼 하라. 하나님을 두려워하는 마음을 가지면 모든 관계에서 선을 행하는 사람들이 될 것이다. 하나님을 두려워하는 종은 그들 상전의 눈이 없을 때에도 성실하고 신실할 것이다. 그들은 자기들이 하나님의 눈 아래 있음을 알고 있기 때문이다. 다음 구절들을 보라: 이곳에서는 하나님을 두려워함이 없으니(창 20:11). 나는 하나님을 경외하므로 이같이 행하지 아니하고(느 5:15). "무슨 일을 하든지 마음을 다하라(23절). 곧 게으르거나 나태하지 말고 부지런히 하라." 또는 "그 관계 속에서 너희에게 주어진 하나님의 섭리를 거역하지 말고, 기꺼이 하라."

주께 하듯 하고 사람에게 하듯 하지 말라(23절). 종이 단순히 사람에게 하듯 또는 사람에게만 신경을 써서 하지 않고, 하나님께 하듯 곧 그분의 영광을 위하여 그리고 그분의 명령에 순종하는 마음으로, 그 일을 한다면 그것은 거룩하게 된다. 우리는 사람들에 대한 의무를 충실히 이행할 때, 실제로는 하나님에 대한 의무를 이행하는 것이다. 종에게 용기를 주려면, 착하고 충성된 종은 천국에서는 더 이상 종 노릇 하지 않게 된다는 것을 알려주라: "기업의 상을 주께 받을 줄 아나니 너희는 주 그리스도를 섬기느니라(24절). 그리스도의 명령에 따라 상전을 섬기는 너희는 그리스도를 섬기는 것이고, 그분은 너희에게 보답하는 상전이 되실 것이다. 너희는 마지막 날 영광스러운 상을 받을 것이다. 너희가 지금은 비록 종이지만, 그 때에는 아들의 기업을 받게 될 것이다. 그러나 반대로, 불의를 행하는 자는 불의의 보응을 받을 것이다(25절)." 의로우신 하나님은 만일 종이 상전에게 잘못한다면, 비록 그가 상전의 눈을 속이는데 성공했다고 할지라도, 그것에 따라 그들을 다루실 것이다. 그리고 그분은 신실한 종에게 상주시는 것처럼, 불의한 종에게는 벌을 내리실 것이다. 이것은 상전이 그들의 종에게 잘못할 때도 마찬가지다. 주는 사람을 외모로 취하심이 없느니라(25절). 땅의 의로우신 심판자는 공명정대하고, 따라서 상전과 종을 공평한 손으로 판단하실 것이다. 사람들의 외적 상황과 삶의 조건에 좌우되지 않고 판단하실 것이다. 종이든 상전이든 그분의 법정에서는 동일한 입장에 서게 될 것이다.

사도는 고린도전서 7장에 언급되어 있는 경우들처럼 이런 종류의 실례들에 대해 특별한 관심을 갖고 있었던 것으로 보인다. 고린도전서 7장에는 서로 다른 신앙을 가진 사람들의 관계상의 의무에 대해 언급하고 있다. 거기서 그는 그리스도인과 이방인, 유대인 회심자와 무할례자인 이방인 등 신앙을 달리하는 사람들에게 어떻게 그들 간에 주어진 그 다양한 관계상의 의무들을 적절하게 수행해야 하는지를 다루었다. 만일 그것이 여기서 다룬 관계들 속에 적용된다면, 동일한 믿음을 가진 그리스도인들 상호 간에는 더 강하게 적용되어야 할 것이다. 만일 어디서든 복음 신앙이 지배적이 된다면, 그것은 세상을 얼마나 행복하게 만들고, 모든 사물의 상태와 삶의 모든 관계 속에 얼마나 큰 영향을 미치겠는가!

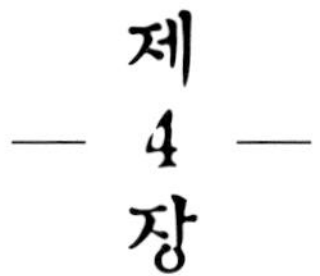

제 ─ 4 ─ 장

개요

사도는 이 마지막 장에서 다음과 같은 내용을 다룬다. I. 앞 장의 마지막 부분에 이어서 상전의 의무에 관한 설명을 계속한다(1절). II. 기도의 의무를 다하라고 권하고(2-4절), 우리가 대하는 사람들에게 공손하고 예의바른 태도를 취할 것을 권면한다(5,6절). III. 자신의 몇몇 친구들을 언급하면서 이 편지를 끝맺는다. 사도는 그들이 모두 훌륭한 친구들이라고 증언한다(7-18절).

¹상전들아 의와 공평을 종들에게 베풀지니 너희에게도 하늘에 상전이 계심을 알지어다

사도는 종에 대한 상전의 의무를 계속 언급한다. 이것은 앞 장과 연결된 것으로 그 강론의 한 부분이다. 우리는 여기서 다음과 같은 사실을 확인할 수 있다.

1. 그들에게 의가 요구된다: 상전들아 의와 공평을 종들에게 베풀지니(1절). 엄격히 의롭기만 할 것이 아니라 공평과 친절도 함께 베풀어야 한다. 그들에 대한 약속을 성실히 지키고, 너희의 계약을 준행하라. 그들의 분깃을 착취하지 말고, 품꾼에게 주지 아니한 삯이 소리 지르지 않도록 하라(약 5:4). 종들이 수행할 수 있는 것 이상의 것을 요구하지 말고, 그들에게 불합리하고 그들의 힘에 넘치는 짐을 지우지 말라. 그들에게 합당한 것을 제공하고, 적당한 음식과 몸에 쓸 약을 공급하라. 그리고 그들이 즐겁게 봉사할 수 있도록, 그들이 가벼운 마음으로 일할 수 있도록 그들에게 적절한 자유를 허용하라. 비록 그들이 가장 비천하고, 보잘 것없는 일에 종사하는 자들일지라도, 또 그들이 너희와 다른 외국인이고, 다른 믿음을 가진 사람이라고 할지라도, 그렇게 하라.

2. 이런 배려를 해야 할 합당한 이유는 바로 이것이다: "너희에게도 하늘에 상전이 계심을 알지어다(1절). 다른 사람들에게 상전인 너희에게도 상전이 있고,

따라서 너희도 역시 다른 상전을 섬기고 있는 종이다. 하나님께서 너희를 대하시기를 기대하는 것만큼 너희도 종들을 그렇게 대하고, 믿는 자들로서 그들을 선대해야 한다. 너희는 너희 종들과는 다른 입장에 있으나 그렇다고 해도 주님에 대해서는 너희나 그들이나 동일하게 종이고, 마지막 날 그분께 똑같이 취급을 받게 될 것이다. 이는 그들과 너희의 상전이 하늘에 계시고 그에게는 사람을 외모로 취하는 일이 없는 줄 너희가 앎이라(엡 6:9)."

²기도를 계속하고 기도에 감사함으로 깨어 있으라 ³또한 우리를 위하여 기도하되 하나님이 전도할 문을 우리에게 열어 주사 그리스도의 비밀을 말하게 하시기를 구하라 내가 이 일 때문에 매임을 당하였노라 ⁴그리하면 내가 마땅히 할 말로써 이 비밀을 나타내리라

만일 이 부분이 앞 구절과 연관된 것으로 간주된다면, 우리는 상전이 종들과 함께 기도하되, 매일 기도하는 것 즉 기도를 계속하는 것은 의무의 한 부분이라고 생각할 수 있다. 상전은 종들을 의롭고 친절하게 대해야 할 뿐만 아니라 그리스도인으로서 신앙적 의무를 다하고, 종의 육체와 더불어 영혼에 대해서도 관심을 가져야 한다: "너희의 책임의 한 부분으로서, 너희의 영향력 아래, 종들의 손을 통해 너희가 번성하는 일 못지않게 그들에 대한 하나님의 축복에 대해서도 관심을 갖도록 하라." 사실 기도를 계속하는 것은 모든 사람의 의무다. "다른 일로 기도를 중단하는 일이 없이, 쉬지 말고 기도하라. 방황하거나 무감각해지지 말고, 너희 마음이 그 의무를 항상 가까이 하도록 하라. 그것을 끝까지 유지하라: 기도에 깨어있으라(2절)." 그리스도인들은 기회가 있을 때마다 기도하되, 다른 일로부터 가장 방해를 덜 받고, 가장 알맞은 환경 속에서, 마음을 다해 기도할 수 있는 가장 적당한 때를 선택해서 기도해야 한다. 감사함으로(2절). 즉 받은 은혜를 솔직히 인정함으로. 감사는 모든 기도에 공통 요소가 되어야 한다.

또한 우리를 위하여 기도하되(3절). 성도들은 그들의 사역자들을 위해 특별히 기도하고, 은혜의 보좌에 나아갈 때마다 항상 그들을 기억해야 한다. 사도는 마치 다음과 같이 말하는 것처럼 부탁한다: "너희는 기도할 때마다 절대로 우리를 잊지 말라(엡 6:19; 살전 5:25; 히 13:18)." 하나님이 전도할 문을 우리에게 열어

주사(3절). 이 말은 '복음을 전파할 기회를 허락하사' 라는 뜻이다. 그래서 그는 내게 광대하고 유효한 문이 열렸다고 말한다(고전 16:9). 또는 이런 뜻으로 해석할 수도 있다: 내게 힘과 용기를 주고 자유롭고 신실하게 활동할 수 있게 하사. 그래서 그는 나를 위하여 구할 것은 내게 말씀을 주사 나로 입을 열어 복음의 비밀을 담대히 알리게 하옵소서 이 일을 위하여 내가 쇠사슬에 매인 사신이 된 것은 나로 이 일에 당연히 할 말을 담대히 하게 하려 하심이라고 말한다(엡 6:19,20). 즉 가장 깊은 복음의 교훈 곧 그 핵심주제인 그리스도(사도는 그것을 복음의 비밀이라고 부른다, 엡 6:19)를 분명하게 전하게 하려 하심이라고 말한다. 혹은 이방세계에 복음을 전하는 것을 의미하는데, 그는 그것을 만세와 만대로부터 감추어졌던 비밀(1:26), 또는 그리스도의 비밀(엡 3:4)이라고 부른다. 이것 때문에 그는 당시 매임을 당했다. 그는 악랄한 유대인들의 극렬한 반대로 말미암아 로마 감옥에 갇힌 죄수였다. 그래서 그는 자신의 사역에 대해 용기를 잃지 않도록 그리고 고난 때문에 그 일을 포기하지 않도록 자기를 위해 기도해 달라고 그들에게 부탁하는 것이다.

"그리하면 내가 마땅히 할 말로써 이 비밀을 나타내리라(4절). 즉 내가 마땅히 해야 할 방식으로, 이 비밀을 그것을 전혀 듣지 못한 사람들에게 알려주고, 그들에게 그것을 분명히 이해시킬 수 있도록 할 것이다." 그는 1장에서 자신이 그들을 위해 기도한 것에 대해 특별히 말했었다. 여기서 그는 자기를 위해 기도해 달라고 그들에게 특별히 말한다. 바울은 다른 누구 못지않게 말하는 법을 알고 있었다. 그러나 그는 자신이 마땅히 할 말을 배울 수 있도록 기도해 달라고 부탁했다. 아무리 훌륭하고 유능한 그리스도인이라도 다른 그리스도인들과 똑같이 기도를 필요로 하고, 기도를 청하지 않아도 될 자는 아무도 없다. 좋은 설교자일수록 하나님께서 그들에게 전도할 문을 열어주고, 마땅히 할 말을 말할 수 있게 해 달라고 기도할 필요가 있는 법이다.

[5]외인에게 대해서는 지혜로 행하여 세월을 아끼라 [6]너희 말을 항상 은혜 가운데서 소금으로 맛을 냄과 같이 하라 그리하면 각 사람에게 마땅히 대답할 것을 알리라

이어서 사도는 그들에게 그들이 대하는 모든 사람들, 특히 이방 세계의 사람들 또는 그들이 살고 있는 지역의 사람들 가운데 교회 밖에 있는 사람

들에 대해 공손하고 예의바른 태도를 취할 것을 권면한다(5절): 외인에게 대해서는 지혜로 행하여. 그들과 함께 하는 모든 생활 속에서 그들로 말미암아 상처를 입지 않도록, 또는 그들의 관습에 물들지 않도록 조심하라. 왜냐하면 악한 교제는 선한 행실을 부패시키기 때문이다. 그리고 그들에게 상처를 주거나 신앙에 대한 그들의 편견을 확대시키고 불신을 일으킬 기회를 주지 않도록 조심하라. 그렇다. 할 수 있는 한 너희는 그들에게 모든 선을 행하고, 가장 적절한 수단과 가장 적당한 시기를 택하여 그들에게 믿음을 소개하라. 세월을 아끼라(5절). 즉 "그들에게 선을 행할 수 있는 기회를 최대한 선용하고, 적절한 의무를 이행하는데 최대한 시간을 활용하라"는 뜻이다(부지런하여 세월을 아끼는 것은 다른 사람들에게 신앙에 대한 인식을 좋게 하는데 아주 효과적이다). 또는 "그들에게 너희를 대적할 기회를 주지 말고, 그들의 악덕과 악의에 노출되지 않도록 조심하고 신중하게 처신하라." 자세히 주의하여 세월을 아끼라 때가 악하니라(엡 5:15,16). 때가 악하다는 것은 위험하다는 뜻 곧 환난과 고난의 때라는 뜻이다.

다른 사람들 곧 교회 안에 있는 사람들이나 교회 밖에 있는 사람들에게 "너희 말을 항상 은혜 가운데서 소금으로 맛을 냄과 같이 하라(6절). 너희 모든 말이 그리스도인에 어울리도록, 너희 신앙고백에 일치하도록, 향기롭고 신중하고 이치에 맞게 하라." 비록 우리의 말이 항상 은혜로부터 나오는 것은 아닐지라도, 항상 은혜 가운데 이루어져야 한다. 비록 우리 대화의 주제가 평범한 것이라고 해도, 그것은 항상 경건의 분위기가 내포되어 있고, 그리스도인다운 태도에 따라 이루어져야 한다.

소금으로 맛을 냄과 같이 하라. 은혜는 우리의 대화를 맛있게 하고, 향기를 풍기게 하며, 부패를 방지시키는 소금이다. 그리하면 각 사람에게 마땅히 대답할 것을 알리라(6절). 한 대답은 한 사람에게 적합하고, 다른 사람에게는 다른 대답이 적합하다(잠 26:4,5). 우리는 모든 사람에게 적합한 대답을 주기 위해 큰 지혜와 은혜를 필요로 한다. 특히 우리의 믿음을 반대하는 대적들의 질문과 반박에 대해 대답할 때는 더욱 그렇다. 또 그들에게 우리의 믿음의 이유를 설명하고, 그들의 기대와 트집이 얼마나 불합리한지를 보여줌으로써, 우리의 주장을 최대화하고 그들의 편견을 최소화하고자 할 때에도 그것을 필요로 한다. 너희 속에 있는 소망에 관한 이유를 묻는 자에게는 대답할 것을 항상 준비하되 온유와 두려움으로 하라(벧전 3:15).

[7]두기고가 내 사정을 다 너희에게 알려 주리니 그는 사랑 받는 형제요 신실한 일꾼이요 주 안에서 함께 종이 된 자니라 [8]내가 그를 특별히 너희에게 보내는 것은 너희로 우리 사정을 알게 하고 너희 마음을 위로하게 하려 함이라 [9]신실하고 사랑을 받는 형제 오네시모를 함께 보내노니 그는 너희에게서 온 사람이라 그들이 여기 일을 다 너희에게 알려 주리라 [10]나와 함께 갇힌 아리스다고와 바나바의 생질 마가와 (이 마가에 대하여 너희가 명을 받았으매 그가 이르거든 영접하라) [11]유스도라 하는 예수도 너희에게 문안하느니라 그들은 할례파이나 이들만은 하나님의 나라를 위하여 함께 역사하는 자들이니 이런 사람들이 나의 위로가 되었느니라 [12]그리스도 예수의 종인 너희에게서 온 에바브라가 너희에게 문안하느니라 그가 항상 너희를 위하여 애써 기도하여 너희로 하나님의 모든 뜻 가운데서 완전하고 확신 있게 서기를 구하나니 [13]그가 너희와 라오디게아에 있는 자들과 히에라볼리에 있는 자들을 위하여 많이 수고하는 것을 내가 증언하노라 [14]사랑을 받는 의사 누가와 또 데마가 너희에게 문안하느니라 [15]라오디게아에 있는 형제들과 눔바와 그 여자의 집에 있는 교회에 문안하고 [16]이 편지를 너희에게서 읽은 후에 라오디게아인의 교회에서도 읽게 하고 또 라오디게아로부터 오는 편지를 너희도 읽으라 [17]아킵보에게 이르기를 주 안에서 받은 직분을 삼가 이루라고 하라 [18]나 바울은 친필로 문안하노니 내가 매인 것을 생각하라 은혜가 너희에게 있을지어다 (아멘)

이 서신의 마지막 부분에서 사도는 여러 명의 자기 친구들의 이름을 기록하면서 영예를 돌리는데, 그것은 그들에 대한 그의 존경의 마음을 증거하고, 그 증거는 세상 끝 날까지 복음이 전해지는 곳은 어디서나 언급되게 될 것이다.

 Ⅰ. **두기고**(7절).   두기고는 이 서신의 전달자였다. 사도는 골로새 교인들에게 자신의 현재 상태에 대해서는 아무 설명을 하지 않는다. 왜냐하면 두기고가 직접 충분히 그리고 구체적으로 입술의 말로 말해줄 것이기 때문이다. 그는 자신이 잘 지낸다는 소식을 그들이 듣고 기뻐할 것으로 알았다. 교회가 참 사역자들에게 관심을 두고, 그들의 사정을 알기를 바라는 것은 당연하다. 사도는 두기고를 사랑 받는 형제요 신실한 일꾼으로 칭찬한다. 바울은 비록 위대한 사도였으

나 신실한 사역자를 형제 곧 사랑 받는 형제로 여긴다. 누구에게서나 신실함은 참으로 사랑스럽고, 그런 사람에게 우리는 애정과 존경을 표현하기 마련이다. 주 안에서 함께 종이 된 자니라. 사역자들은 그리스도의 종이요, 서로 간에는 동역하는 종이다. 그들은 각자 다른 지위와 다른 능력을 갖고 있을지라도 한 주님을 섬긴다. 사역자들이 이처럼 서로 사랑하고 서로 낮출 때 그리고 온갖 올바른 수단들을 통해 서로의 명예를 존중하고 높여줄 때, 복음 사역의 장점과 능력은 크게 확대될 것이다. 바울이 두기고를 보낸 것은 자신의 사정에 관해 전하도록 하면서 그들에 관한 소식을 자기에게 가져오도록 하기 위해서였다: 내가 그를 특별히 너희에게 보내는 것은 너희로 우리 사정을 알게 하고 너희 마음을 위로하게 하려 함이라(8절). 사도는 그들이 자기로부터 소식 듣기를 바라는 것만큼 그들로부터 소식 듣기를 원했고, 또 그들이 자기에게 관심을 둘 이유가 있다고 생각하는 것만큼 자기도 그들에게 관심을 둘 이유가 있다고 생각했다. 인생의 환난과 고난 속에 있을 때, 동료 그리스도인들이 서로 관심을 갖는 것은 커다란 위로가 된다.

Ⅱ. 오네시모. 신실하고 사랑을 받는 형제 오네시모를 함께 보내노니 그는 너희에게서 온 사람이라(9절). 오네시모는 두기고와 함께 로마로부터 돌아왔다. 그는 바울이 갇힌 중에서 낳은 아들이었다(몬 1:10). 그는 빌레몬의 종이었는데, 사역자가 아니라면, 그 교회의 일원이었을 것이다. 그는 주인을 피해 도망친 장소인 로마에서 회심했다. 그런데 지금 그는 그 가족의 일원으로 다시 받아줄 것을 담고 있는 편지를 들고 빌레몬에게 되돌아가는 것으로 짐작된다. 그는 비록 가난한 종으로 나쁜 사람이었지만, 지금은 회심해서 바울이 신실하고 사랑을 받는 형제라고 부를 정도였다. 삶의 환경이 아무리 비천하고, 과거의 삶이 아무리 악했을지라도, 신실한 그리스도인들 사이에서는 영적 관계에 아무런 차별이 없다. 그들은 동일한 특권에 참여하고, 동일한 존경을 받을 자격을 갖는다. 예수 그리스도를 믿음으로 말미암아 모든 믿는 자에게 미치는 하나님의 의니 차별이 없느니라(롬 3:22). 너희는 유대인이나 헬라인이나 종이나 자유인이나 남자나 여자나 다 그리스도 예수 안에서 하나이니라(갈 3:28). 아마 이때는 그가 회심하고, 빌레몬에게 돌아간 지 어느 정도 시간이 흘렀을 때였을 것이다. 바울이 형제로 부르는 것으로 보아 이때 그는 이미 복음 사역에 참여했던 것으로 보인다.

Ⅲ. 함께 갇힌 아리스다고. 섬김과 고난을 함께 하는 자들은 그로 말미암

아 거룩한 사랑으로 하나가 된다. 바울은 함께 종 된 자들과 함께 갇힌 자들에게 특별한 애정을 갖고 있었다.

Ⅳ. 바나바의 생질 마가. 이 사람은 마가복음을 쓴 인물과 동일인으로 추정된다. 그가 이르거든 영접하라(10절). 바울은 이 마가 때문에 바나바와 다툰 적이 있었다. 마가는 바나바의 조카로, 바울은 밤빌리아에서 자기들을 떠나 함께 일하러 가지 아니한 자를 데리고 가는 것이 옳지 않다고 생각했었다(행 15:38). 사도는 마가가 아니라 실라와 함께 가기를 원했다. 그것은 마가가 그들을 버리고 떠난 적이 있었기 때문이다. 그러나 바울은 그와 화해했을 뿐만 아니라 그를 영접하라고 교회에 추천까지 하고, 그를 참 그리스도인과 용서의 큰 귀감으로 제시한다. 비록 사람들이 잘못에 대한 혐의가 있다고 해도, 항상 그들에 대한 부정적인 기억을 가져서는 안 된다. 우리는 용서해야 할 뿐만 아니라 잊어버리기도 해야 한다. 사람이 만일 무슨 범죄한 일이 드러나거든 신령한 너희는 온유한 심령으로 그러한 자를 바로잡으라(갈 6:1).

Ⅴ. 예수. 여기에는 예수라고 불리는 사람이 나오는데, 이것은 히브리어 여호수아에 해당되는 헬라어 이름이다. 만일 여호수아가 그들에게 안식을 주었더라면 그 후에 다른 날을 말씀하지 아니하셨으리라(히 4:8). 유스도라 하는 예수(11절). 이것은 그가 구속주의 이름을 영예롭게 여겨 유스도라는 이름을 예수로 바꾼 것으로 짐작된다. 아니면 예수는 그의 유대식 이름이었을 것이다. 왜냐하면 그는 할례받은 자였기 때문이다. 그리고 유스도는 로마식 곧 라틴식 이름이었을 것이다. 이들만은 하나님의 나라를 위하여 함께 역사하는 자들이니 이런 사람들이 나의 위로가 되었느니라(11절). 사도가 성도들 및 사역자들과의 친교를 통해 얼마나 큰 위로를 받았을지 생각해 보라. 어떤 이는 그와 함께 종이었고, 또 어떤 이는 그와 함께 갇힌 자였다. 그러나 그들은 모두 그의 동역자로서, 그들 자신의 구원은 물론이고, 다른 사람들의 구원을 위해서도 함께 수고한 자들이었다. 참 사역자들은 하나님 나라를 위해 함께 일꾼 된 자들로 말미암아 큰 위로를 얻는 법이다. 그들의 친교와 동행은 그들의 길에서 겪는 고난과 난관을 이기도록 큰 힘을 준다.

Ⅵ. 에바브라(12절). 이 사람은 에바브로디도와 동일인이다. 그는 너희에게서 온 사람이다. 즉 너희 교회에 속해 있는 사람이다. 그가 너희에게 문안하느니라. 즉 그의 안부를 너희에게 전한다. 각별한 애정과 염원을 너희에게 전한다. 그가

항상 너희를 위하여 애써 기도하여. 에바브라는 바울에게서 친구들을 위해 기도하기를 힘써야 한다는 것을 배웠다. 여기서 다음과 같은 사실을 확인할 수 있다.

1. 에바브라가 그들을 위해 기도한 자세. 그는 기도하되, 애써 기도했다. 또 그들을 위해 항상 힘썼다. 성공적으로 기도하기를 바라는 자들은 애써 기도해야 한다. 또 우리는 우리 자신을 위해서 뿐만 아니라 남을 위해서도 간절히 기도해야 한다. 효과적인 기도 곧 크게 역사하는 기도는 간절한 기도로서(약 5:16), 엘리야는 우리와 성정이 같은 사람이로되 그가 비가 오지 않기를 간절히 기도한즉 땅에 비가 오지 아니했다(약 5:17).

2. 그 기도의 내용: 너희로 하나님의 모든 뜻 가운데서 완전하고 확신 있게 서기를 구하나니. 하나님의 뜻 가운데서 완전하고 확신 있게 서는 것이야말로 우리가 우리 자신을 위해서 기도할 때나 남을 위해 기도할 때나 공통적으로 간구할 제목이다. 우리는 하나님의 모든 뜻 가운데 완전하게 서야 한다. 그분의 교훈의 뜻에 전적으로 순종함으로써 그리고 그분의 섭리의 뜻에 즐겁게 복종함으로써 그렇게 해야 한다. 그리고 우리는 끝날까지 지조 있게 그리고 인내함으로써 완전하고 확신 있게 서야 한다. 사도는 에바브라에 대해 증언하기를 그가 그들을 위해 많은 수고를 했다고 말한다: "내가 증언하노라(13절). 나는 그가 너희에 관해 큰 관심을 갖고 있고, 그가 너희를 위해 수고하는 것은 무엇이든 너희의 유익을 위해 따스한 열정을 품고 했다는 점을 내가 증언할 수 있다." 그의 수고는 그들 모두 곧 라오디게아에 있는 자들과 히에라볼리에 있는 자들에까지 미쳤다(13절). 그는 그들 가운데 있는 그리스도인들은 물론 그 근방에 있던 그리스도인들의 유익을 위하는데 큰 관심을 갖고 있었다.

VII. 누가. 여기서 언급되고 있는 또 하나의 인물은 누가이다. 사도는 그를 사랑을 받는 의사라고 부른다(14절). 누가는 누가복음서와 사도행전의 저자이자 바울의 동료였다. 그는 의사이면서 복음 전도자였다. 그리스도 자신도 가르치기도 하고 치유하기도 하셨다. 그분은 위대한 의사이면서 동시에 교회의 선지자이셨다. 누가는 사랑을 받는 의사였다. 그는 특별히 일반인들보다 그의 친구들에게 사랑을 받았다. 의학기술은 사역자에게 유용한 재능이고, 그리스도인들 사이에서 폭넓게 그리고 아주 가치 있게 사용될 수 있는 것이었다.

VIII. 데마. 이 서신의 기록 시기가 디모데후서보다 이전인지 아니면 이후인지 확실하지 않다. 디모데후서에서 우리는 데마는 이 세상을 사랑하여 나를 버리고 데살로니가로 갔다(딤후 4:10)는 말씀을 읽게 된다. 어떤 이들은 이 서신이 디모데후서보다 나중에 기록된 것으로 생각했다. 그렇게 보면, 데마가 비록 바울은 버렸지만, 그리스도는 버리지 않은 것이 분명하다. 또는 그가 바울을 버린 것은 잠시 동안이고, 곧 제자리로 돌아왔기 때문에 바울은 그를 용서하고 형제로 인정했을 것이다. 그러나 다른 사람들은 이 서신이 디모데후서보다 이전에 기록된 것으로 보는데, 이것이 더 개연성이 있다. 이 서신은 주후 62년에, 디모데후서는 66년에 기록되었고, 따라서 이것은 데마가 상당히 중요한 인물이었는데, 후에 변질되었다는 것을 증명한다. 그리스도인들 가운데는 특별한 신앙고백으로 유명해졌으나 후에는 부끄럽게도 배교자가 된 사람들이 많다. 그들이 우리에게서 나갔으나 우리에게 속하지 아니하였나니(요일 2:19).

IX. 라오디게아에 있는 형제들. 여기서 언급된 이들은 골로새 근방에 살았던 사람들이다. 바울은 그들에게 문안하고, 이 서신이 라오디게아인의 교회에서 읽혀지게 하라고 명령한다(16절). 즉 그 사본을 그 곳에 보내 그 곳의 성도들이 공개적으로 읽을 수 있게 하라는 것이다. 어떤 이들은 바울이 이 시기에 라오디게아에 다른 서신을 보냈고, 그것을 라오디게아로부터 골로새로 보내 그들의 교회에서 읽을 수 있도록 부탁했다고 생각한다: 또 라오디게아로부터 오는 편지를 너희도 읽으라(16절). 만일 그렇다면, 그 서신은 지금 유실되고 없어서 정경 속에 포함되지 못했을 것이다. 왜냐하면 사도들이 쓴 모든 서신들은 우리 주님의 말씀 및 행위들보다 보존이 쉽지 않았기 때문이다. 예수께서 행하신 일이 이외에도 많으니 만일 낱낱이 기록된다면 이 세상이라도 이 기록된 책을 두기에 부족할 줄 아노라(요 21:25). 그러나 어떤 이들은 그것이 에베소에 보낸 서신으로, 현존하고 있는 것으로 생각한다.

X. 눔바. 눔바는 골로새에 살았던 여자로, 자기 집을 교회로 제공했다고 말해진다(15절). 즉 그녀의 집은 다양한 예배를 매일 드린 믿음의 가정이었거나 일부 성도들이 만남을 가졌던 장소였을 것이다. 당시 그들은 허락된 공적 예배 처소가 없었고, 원수들을 두려워하여 부득이 개인 집에서 은밀하게 예배를 드렸다. 제자들이 유대인들을 두려워하여 모인 곳의 문들을 닫았더니(요 20:19). 사도는 자신의 유숙하는 집과 셋집에서 강론했다(행 28:23,30). 전자의 의미로 보면, 눔바가 모범적인 경건을 보여준 것이고, 후자의 의미로 보면, 열심과 공동체 정

신을 보여준 것이다.

XI. 아킵보.　아킵보는 골로새 교회의 사역자들 가운데 하나였다. 사도는 그가 사역자로서 자신의 직분에 대해 유념하도록 말해주라고 그들에게 부탁한다: 주 안에서 받은 직분을 삼가 이루라(17절). 이 말은 그 모든 부분을 부지런히 그리고 주의해서 이루고, 끝까지 그것을 감당하라는 뜻이다. 사역자들은 자신의 직분의 목적을 잠시라도 또는 한순간이라도 망각하지 않음으로써, 자신이나 성도들에게 조금이라도 누를 끼치지 않도록 해야 한다. 여기서 다음 세 가지 요점을 기억해야 한다. (1) 우리가 받은 사명은 큰 영예가 있다. 왜냐하면 그것은 주 안에서 받은 직분이고, 그분의 임명과 명령에 따른 것이기 때문이다. (2) 사명을 받은 자들은 그것을 이루거나 그 의무를 충분히 감당해야 한다. 주의 이 일을 게으르게 행한 자들은 그들의 신뢰를 배반하고, 결국 슬픈 현실에 처하게 될 것이다. (3) 교인들은 그들의 사역자로 하여금 그의 의무를 유의하고 그것을 이행하는데 소홀함이 없도록 자극을 주어야 한다: 아킵보에게 이르기를 주 안에서 받은 직분을 삼가 이루라고 하라. 그러나 이것은 교만과 오만이 아니라 예의와 존경을 갖추고 해야 할 것이다.

XII. 사도 자신.　나 바울은 친필로 문안하노니 내가 매인 것을 생각하라(18절). 그는 이 서신의 대부분의 내용을 대필자를 통해 썼으나 이 문안만큼은 친필로 썼다: 내가 매인 것을 생각하라. 그는 "내가 죄수로 갇혀 있는 것을 생각하고, 내가 쓸 것을 보내 달라"고 말하지 않고, "내가 이방인의 사도로 매인 것을 생각하고, 그리스도의 복음을 믿는 너희의 믿음을 더욱 굳게 하라"고 말한다. 그것은 이 권면의 가치를 배가시킨다: 그러므로 주 안에서 갇힌 내가 너희를 권하노니 너희가 부르심을 받은 일에 합당하게 행하라(엡 4:1). "은혜가 너희에게 있을지어다. 하나님의 호의와 모든 선하심, 그 복된 열매들과 결과가 너희에게 함께 하고, 너희의 몫이 될지어다."

데살로니가전서

서론

데살로니가는 과거에 마게도냐(마케도니아)의 대도시 가운데 하나였다. 그 곳은 지금 살로니키로 불리고, 지중해 지역에서 가장 인구가 많고, 최고의 상업 도시의 하나로 손꼽힌다. 사도 바울은 아시아 지방으로 들어가려는 당초의 계획을 바꿨는데, 그것은 특별한 환상을 통해 마게도냐에 복음을 전하라는 부르심과 지시를 받았기 때문이다(행 16:9,10). 하나님의 부르심에 순종하여 사도는 드로아에서 사모드라게로, 거기서 네아볼리를 거친 다음 빌립보로 갔다. 빌립보에서 그는 사역에 큰 성공을 거두었으나 고초도 크게 겪었고, 여행할 때와 수고할 때 동역자였던 실라와 함께 옥에 갇히는 신세가 되기도 했다. 그러나 놀라운 이적을 통해 구출 받은 그들은 그 곳에 있는 형제들을 위로하고 그 곳을 떠났다. 암비볼리와 아볼로니아를 거쳐 그들은 데살로니가로 갔고, 거기서 사도는 소수의 믿는 유대인과 다수의 개종한 이방인들로 구성된 교회를 세웠다(행 17:1-4). 그러나 그 도시에서 믿지 않는 유대인들과 추잡하고 비천한 그곳 주민들이 결탁하여 폭동을 일으켰는데, 바울과 실라는 안전을 위해 밤에 베뢰아로 보내어졌다. 이후 바울은 실라와 디모데를 뒤에 남겨두고 아덴으로 떠났다. 하지만 최대한 빨리 자기에게 오도록 그들에게 지시를 보냈다. 그들이 왔을 때, 디모데는 데살로니가 사람들의 안부를 묻고, 그들의 믿음을 굳게 세워주도록 그 곳으로 보냄을 받았다(살전 3:2). 디모데는 바울이 아덴에 머물러 있는 동안 그에게 다시 돌아왔으나 실라와 함께 마게도냐 교회를 방문하도록 다시 데살로니가로 보냄을 받았다. 아덴에 홀로 남은 바울은(살전 3:1) 고린도로 떠나 그 곳에서 1년 반 동안 머물렀다. 그리고 그동안 실라와 디모데가 마게도냐로부터 그에게 다시 돌아왔다(행 18:5). 그 때 사도는 이 서신을 데살로니가에 있는 그리스도의 교회에 썼다. 비록 성경의 순서상으로는 사도의 다른 서신들보다 뒤에 위치해 있으나 이 서신은 바울의 서신들 가운데 가장 먼저 쓰인 것으로 추정되는데, 그 시기는 주후 51년경이다. 이 서신의 주요 취지는 데살로니가 사람들 사이에서 그의 복음전파가 크게 성공한 것에 대해 감사를 표현하고, 또 그들을 믿음 안에 굳게 세우고, 거룩한 삶을 살도록 권면하는데 있었다.

제 — 1 — 장

개요

사도는 먼저 인사말로부터 시작한 후(1절), 그들에게 구원을 베푸신 하나님에 대해 감사를 표현한다(2-5절). 그리고 그들 가운데 복음의 역사가 크게 성공한 것을 보여주는 확실한 증거를 언급하는데, 그들의 성공은 이미 다른 여러 지역에 잘 알려져 유명했다(6-10절).

¹바울과 실루아노와 디모데는 하나님 아버지와 주 예수 그리스도 안에 있는 데살로니가인의 교회에 편지하노니 은혜와 평강이 너희에게 있을지어다

이 서언 부분에서 우리는 다음과 같은 내용을 접한다.

I. 헌사. 여기서 다음 두 가지 사실을 알 수 있다.

1. 이 서신의 저자 또는 발신자. 바울은 영감받은 사도로서, 이 서신의 저자였다. 비록 그가 자신의 사도직에 대해 전혀 언급하고 있지는 않으나 데살로니가 교인들에게 그것을 추호도 의심받지 않았고, 그들 중 어떤 거짓 사도에 의해서도 반대를 받지 않았다. 그는 실루아노(또는 실라)와 디모데를 연명으로 참여시켜 인사말을 한다(이 두 사람은 지금 돌아와서 그에게 마게도냐 교회의 부흥에 관해 설명해주었다). 이것은 이 위대한 사도의 겸손을 보여주고, 그가 자신보다 낮은 자리에 있는 그리스도의 사역자들을 얼마나 존중해주기를 바라는지를 알려준다. 이것은 교회에서 다른 사역자들보다 더 나은 능력과 명성을 지닌 사역자들에게 좋은 귀감이 될 것이다.

2. 이 서신의 수신자. 이 서신의 수신자는 데살로니가 교회 곧 데살로니가에서 회심한 유대인들과 이방인들이었다. 이 교회가 하나님 아버지와 주 예수 그리스도 안에 있는 데살로니가인의 교회로 말해지는 것은 주목할 만하다. 그들은 아버지와 그의 아들 예수 그리스도와 더불어 사귐을 가졌다(요일 1:3). 그들은 그리스도의 교회였다. 왜냐하면 그들은 하나님 아버지와 주 예수 그리스도를 믿

었기 때문이다. 그들은 자연 종교 및 계시 종교의 원리들을 믿었다. 그들 가운데 이방인들은 우상으로부터 하나님께 돌아섰고, 유대인들은 예수를 약속된 메시야로 믿었다. 그들은 모두 그들의 최고선 및 최고목적으로서 하나님 아버지께 헌신하고, 그들의 주님이자 하나님과 사람 사이의 중보자로서 예수 그리스도께 전심을 다하였다. 하나님 아버지는 모든 자연 종교의 원천이자 중심이고, 예수 그리스도는 모든 계시 종교의 창시자이자 중심이었다. 너희는 마음에 근심하지 말라 하나님을 믿으니 또 나를 믿으라(요 14:1)고 구주는 말씀하신다.

Ⅱ. **인사말 또는 사도의 축도.**　(우리 하나님 아버지와 주 예수 그리스도로부터) 은혜와 평강이 너희에게 있을지어다. 이것은 그의 다른 서신들에 나오는 것과 본질상 동일하다. 은혜와 평강은 항상 함께 붙어 다닌다. 왜냐하면 하나님의 값없는 은혜 또는 호의는 우리가 누리고 또 누릴 수 있는 모든 평강과 번영의 원천 또는 근원이기 때문이다. 우리 안에 은혜의 흔적이 있다면, 우리 마음속에서 평강의 생각을 기대할 수 있다. 은혜와 평강은 공히 영적인 복으로, 하나님 아버지와 주 예수 그리스도로부터 우리에게 온다. 곧 모든 선의 원천이신 하나님으로부터 그리고 우리를 위해 모든 선을 값 주고 사신 주 예수로부터 온다. 또는 그리스도 안에서 하나님으로부터, 따라서 언약 안에서 하나님으로부터 온다고 할 수 있다. 왜냐하면 그분은 우리 주 예수 그리스도의 하나님이요 아버지이기 때문이다. 모든 좋은 것이 하나님으로부터 오기 때문에, 죄인들은 그리스도 안에서 하나님으로부터 오는 것을 바라지 않는다면, 절대로 좋은 것을 바랄 수 없다. 가장 좋은 것은 그리스도로 말미암아 우리 아버지가 되시는 하나님으로부터만 기대할 수 있다.

²우리가 **너희** 모두로 말미암아 항상 하나님께 감사하며 기도할 때에 **너희**를 기억함은 ³**너희**의 믿음의 역사와 사랑의 수고와 우리 주 예수 그리스도에 대한 소망의 인내를 우리 하나님 아버지 앞에서 끊임없이 기억함이니 ⁴**하나님의 사랑하심을 받은 형제들아 너희**를 택하심을 아노라 ⁵이는 우리 복음이 **너희**에게 말로만 이른 것이 아니라 또한 능력과 성령과 큰 확신으로 된 것임이라 우리가 **너희** 가운데서 **너희**를 위하여 어떤 사람이 된 것은 **너희**가 아는 바와 같으니라

Ⅰ. **사도는 하나님에 대한 감사로 시작한다.**　자신에게 기쁨을 주고, 그들에게

는 크게 자랑할 만하고, 그들의 유익을 위해 무척 좋았던 일들에 관해 언급한 그는 항상 우리에게 오거나 우리로 말미암아 임하는 모든 좋은 것의 창조자이신 하나님께 감사할 조건으로 이것을 선택한다. 하나님은 모든 신앙적 예배와 기도와 찬양의 대상이다. 그리고 하나님께 감사하는 것은 중요한 의무로서, 항상 그리고 변함없이 수행되어야 한다. 심지어는 우리가 우리의 말로는 하나님께 감사하지 못할 때에도, 마음으로는 하나님의 선하심에 대한 감사의 느낌을 가져야 한다. 감사는 날마다 반복되어야 하고, 우리가 하나님으로부터 받은 은혜에 대해서만이 아니라 다른 사람들 곧 동료 피조물이나 동료 그리스도인들에게 주어진 은혜에 대해서도 이루어져야 한다. 사도는 가장 절친한 친구들이나 하나님의 호의를 크게 받은 사람들에 대해서는 물론이고 그들 모두에 대해서도 감사했다.

Ⅱ. 사도는 기도할 때 찬양 또는 감사를 포함시켰다. 우리는 범사에 기도와 간구로 우리의 소원을 하나님께 알릴 때, 감사를 동반해야 한다(빌 4:6). 따라서 우리가 받은 은혜에 대해 감사할 때 우리는 기도와 함께 해야 한다. 우리는 항상 기도하고, 쉬지 말고 기도해야 한다. 또 우리 자신만을 위해서가 아니라 다른 사람들을 위해서도 기도해야 한다. 기도할 때마다 우리는 그들을 언급해야 한다. 우리는 때때로 그들의 이름을 부르고, 그들의 사정과 상태를 언급해야 한다. 적어도 우리는 마음속에 그들의 처지와 형편을 기억하고, 쉬지 말고 기도해야 한다. 우리가 우리 자신과 친구들을 위해 감사해야 할 것이 많이 있듯이, 은혜를 더 크게 베풀어달라고 끊임없이 기도할 기회도 그만큼 더 많이 있음을 유의하자.

Ⅲ. 사도는 하나님께 그토록 감사하게 된 내용을 구체적으로 언급한다.

1. 그들에게 구원의 은혜가 주어진 것. 이것이야말로 그의 감사의 근거이자 동기였다. (1) 그들의 믿음과 믿음의 역사. 사도가 말하는 그들의 믿음(8절)은 아주 유명해서 널리 퍼졌다. 이것은 근본적 은혜다. 그들의 믿음은 역사하는 믿음이었기에 참되고 살아있는 믿음이었다. 참된 믿음이 있는 곳은 어디서나 역사가 있다는 것을 기억하자. 그것은 마음과 생활에 영향을 미칠 것이다. 그것은 우리로 하여금 하나님과 우리 자신의 구원을 위해 행하도록 이끈다. 우리는 믿음의 역사를 느낄 때 우리 자신의 믿음과 다른 사람들의 믿음으로 위로를 얻게 될 것이다. 나는 행함으로 내 믿음을 네게 보이리라(약 2:18). (2) 그들의 사랑과 사

랑의 수고. 사랑은 기본적 은혜 가운데 하나다. 그것은 이 세상에서 우리에게 아주 유용하고, 언제까지나 존재하며, 다가올 세상에서 완전하게 될 것이다. 믿음은 사랑으로써 역사한다(갈 5:6). 그것은 하나님에 대한 사랑과 이웃에 대한 사랑을 실천함으로써 그 진상을 드러낸다. 사랑은 수고를 통해 드러나기 때문에 우리는 믿음 안에서 기꺼이 수고할 줄 알아야 한다. (3) 그들의 소망과 소망의 인내. 이 은혜는 군사의 투구나 선원의 닻으로 비유되는데, 특별히 위험한 상태에 있을 때 크게 유용하다. 영생의 소망을 굳게 갖고 있는 곳에서 그것은 인내의 실천으로 나타날 것이다. 곧 현재의 고난에 대해 인내하는 자세를 취하고, 다가올 영광을 참고 기다릴 때 나타날 것이다. 만일 우리가 보지 못하는 것을 바라면 참음으로 기다릴지니라(롬 8:25).

2. 사도는 이 기본적 은혜들 곧 믿음, 소망, 사랑을 언급하면서 또한 다음과 같은 사실도 함께 제시한다.

(1) 이 은혜들의 대상과 유효한 원인. 즉 그것은 우리 주 예수 그리스도다.

(2) 이 은혜들의 진실성: 우리 하나님 아버지 앞에서(4절). 진실성에 대한 참된 판단은 항상 우리를 지켜보고 계시는 하나님의 눈의 판단에 있다. 우리가 하는 모든 일 속에서 하나님께 인정받기 위해 힘쓸 때, 그것이 진실성의 표시다. 그것은 하나님 보시기에 옳은 것으로서, 믿음의 역사나 사랑의 수고나 소망의 인내가 하나님 눈 앞에서 하는 것처럼 행해질 때 그 진실성이 입증될 것이다.

(3) 이 은혜들이 흘러나오는 원천. 그것은 하나님의 택하심의 사랑이다: 하나님의 사랑하심을 받은 형제들아 너희를 택하심을 아노라(4절). 이처럼 사도는 그 원천까지 거슬러 올라간다. 그 원천은 하나님의 영원한 선택, 바로 그것이었다. 어떤 이들은 그들에 대한 하나님의 택하심을 단지 믿지 않는 유대인과 이방인들이 회심함으로써 데살로니가 사람들과 일시적으로 분리된 것을 의미하는 것으로 이해한다. 그러나 이것은 모든 일을 그의 뜻의 결정대로 일하시는 이의 계획을 따라 이루어진 일이었다(엡 1:11). 그들의 택하심에 관해 말할 때, 사도는 그들을 사랑하심을 받은 형제들이라고 부른다. 왜냐하면 그리스도인들 사이에 존재하는 형제애와 그들이 서로에 대해 갖는 관계의 원천이 택하심이기 때문이다. 우리는 모두 하나님의 사랑받는 자들로서, 우리 안에는 그분의 사랑을 받을 만한 면이 전혀 없음에도 불구하고, 그분의 뜻을 따라 그분의 사랑을 받았기 때문에 우리가 서로 사랑해야 할 충분한 이유가 있다. 이들 데살로니가 교인들

의 택하심은 사도들에게 알려졌고, 그러므로 이것을 그들도 알아야 할 필요가 있었다. 즉 그들의 진실한 믿음과 소망과 사랑은 그 택하심의 열매와 결과로 말미암아 곧 그들에게 성공적으로 복음이 전파된 결과로서 주어졌다는 것이다. 여기서 다음 몇 가지 사실을 확인할 수 있다. [1] 때가 되어 효과적으로 부르심을 받고 의롭게 된 모든 사람들은 영원 전부터 구원받을 자로 택하심받은 자들이다. [2] 하나님의 택하심은 택함받은 사람들의 어떤 공로 때문이 아니라 그분 자신의 기쁘신 뜻에 의한 것이다. [3] 하나님의 택하심은 그 열매로써 알려질 수 있다. [4] 우리는 우리 자신 및 다른 사람들에게 베푸신 하나님의 은혜에 대해 그분께 감사할 때마다 그 원천에까지 올라가 그분의 택하심의 사랑에 대해서도 감사해야 한다.

3. 사도가 감사하는 또 다른 근거 또는 이유는 그의 사역이 그들 가운데서 크게 성공했기 때문이다. 그는 그들만이 아니라 자신 때문에도 감사했는데, 그것은 자신이 결코 헛되이 수고하지 않았기 때문이다. 그는 이것을 통해 자신의 사도직에 대한 보증과 증거를 갖게 되었고, 복음을 위해 수고하고 고난받는 일에 큰 용기를 갖게 되었다. 그가 전한 복음을 데살로니가 교인들이 기꺼이 받아들이고, 그 축복에 참여했다는 것은 그들이 하나님의 택하심과 사랑을 받은 증거였다. 그는 이것을 통해 그들의 택하심을 알게 되었다. 사도가 하늘의 하늘에 갔다 온 것은 사실이지만, 거기서 생명책을 보지 못했고, 그들의 택하심을 발견하지 못했다. 그러나 그들 사이에 복음이 성공적으로 전파된 것을 통해 그는 그것을 발견했다(5절). 그래서 그는 그토록 감사하면서 다음과 같이 지적한다.

(1) 복음이 그들에게 말로만이 아니라 능력으로 이르렀다. 그들은 그 소리를 들은 것에 그치지 않고 그 능력에 복종했다. 그것은 단순히 귀를 즐겁게 하고, 생각을 기쁘게 하거나 그들의 머리를 관념으로 채우고, 잠시 동안 그들의 마음을 흡족하게 한 것이 아니라 그들의 마음을 감동시켰다. 하나님의 능력이 그것을 따라 역사해서 그들의 양심을 회개케 하고, 그들의 삶을 교정시켰다. 만일 우리가 앵무새처럼 기계적으로 하나님의 일에 관해 말하지 않고, 우리 마음속에 그것이 영향을 미쳐서 정욕을 억제하고, 세상을 단념하고 하늘의 것들을 사모하게 된다면, 이것으로 우리의 택하심을 알 수 있게 된다는 점을 명심하자.

(2) 그것은 성령 안에서 즉 성령의 강력한 힘으로 말미암아 일어났다. 복음이

능력으로 임하는 곳에서 그것은 항상 성령의 역사로 말미암은 것이다. 하나님의 말씀에 하나님의 영이 수반되어 그 능력으로 효력을 발휘하도록 하지 않는다면, 그것은 단지 죽은 문자에 지나지 않을 것이다. 문자는 죽이고, 살리는 것은 영이다.

(3) 복음은 큰 확신으로 그들에게 이르렀다. 그들이 그렇게 그것에 참여하게 된 것은 성령의 능력으로 말미암은 것이다. 그들은 그 진리성을 충분히 확신했고, 그리하여 반대와 의심에도 쉽게 마음이 흔들리지 않았다. 그들은 그리스도를 위해 모든 것을 기꺼이 포기하고, 영혼을 걸고 복음 계시의 진리 위에 영원히 투신할 용의가 있었다. 그들에게는 말씀이 의견과 회의적 사변의 문제들로 혼란스러운 철학자들의 말과 같은 것이 아니라 그들의 믿음과 확신의 대상이었다. 그들의 믿음은 보이지 않는 것들의 증거였다. 이로써 데살로니가 교인들은 사도와 그의 동역자들이 자기들 사이에서 어떤 사람들이었는지, 그들이 자기들을 위해 무엇을 했는지 그리고 얼마나 큰 성공을 거두었는지 알았다.

⁶또 너희는 많은 환난 가운데서 성령의 기쁨으로 말씀을 받아 우리와 주를 본받은 자가 되었으니 ⁷그러므로 너희가 마게도냐와 아가야에 있는 모든 믿는 자의 본이 되었느니라 ⁸주의 말씀이 너희에게로부터 마게도냐와 아가야에만 들릴 뿐 아니라 하나님을 향하는 너희 믿음의 소문이 각처에 퍼졌으므로 우리는 아무 말도 할 것이 없노라 ⁹그들이 우리에 대하여 스스로 말하기를 우리가 어떻게 너희 가운데에 들어갔는지와 너희가 어떻게 우상을 버리고 하나님께로 돌아와서 살아 계시고 참되신 하나님을 섬기는지와 ¹⁰또 죽은 자들 가운데서 다시 살리신 그의 아들이 하늘로부터 강림하실 것을 너희가 어떻게 기다리는지를 말하니 이는 장래의 노하심에서 우리를 건지시는 예수시니라

이 말씀 속에서 우리는 데살로니가 교인들 사이에서 사도가 얼마나 성공했는지 그 증거를 보게 된다. 당시 그들은 크게 유명해져 여러 지역에 널리 알려져 있었다.

I. 그들은 그리스도의 사도 및 사역자의 선한 본보기를 본받음으로써 거룩한 삶을 사는데 유의했다(6절). 바울은 단지 자신의 신용을 위해서 뿐만 아니라 다른 사람들의 유익을 위해서 처신을 잘 하려고 무척 조심했다. 그는 한 손으

로는 복음을 세우고, 다른 손으로는 그것을 부수지 않기 위해서 자신의 가르침에 일치하는 삶을 영위했다. 그런 것처럼 데살로니가 교인들도 자기들에게 파송된 사역자들의 모습을 유심히 살펴본 후에 그들의 설교와 삶이 얼마나 뛰어난지 깨닫고는 그들을 따르기 위해 무척 조심하고, 그들의 선한 본보기를 닮고자 힘썼다. 그렇게 함으로써 그들은 동시에 우리가 본받아야 할 완전한 모범이신 주님을 따르는 자들이 되었다. 우리는 남을 본받을 때 그들이 그리스도를 본받는 자들인 경우에 한해서 그리해야 한다(고전 11:1). 데살로니가 교인들은 혹독한 고난을 무릅쓰고 이같이 행동했다. 사도들과 마찬가지로 그들 역시 가혹한 고난에 노출되어 있었다. 그들은 기독교를 고백하고 그것을 받아들일 때 주어지는 고난에 기꺼이 참여하였다. 그들은 복음 전도자들과 그 고백자들에게 수반되는 환난과 박해에도 불구하고, 복음을 받아들였다. 아마 그들은 값비싼 대가를 치렀기 때문에 말씀을 더 소중히 여겼을 것이고, 사도들의 본보기는 그 고난 때문에 더욱 빛났을 것이다. 마찬가지로 데살로니가 교인들도 말씀을 소중히 여겼고, 사도들이 당한 환난의 본보기를 기꺼이 곧 성령의 기쁨으로 따라갔던 것이다. 이같이 견고하고 영적이며 지속적인 기쁨은 성령께서 주시는 것으로, 그분은 우리의 환난이 충만할 때 우리의 위로도 그만큼 충만케 하실 것이다.

Ⅱ. 그들의 열심은 이 정도로 특별한 것이어서 주변 모든 사람들에게 본이 되었다(7,8절).   여기서 다음과 같은 사실을 확인할 수 있다.

1. 그들의 본보기는 많은 사람들에게 좋은 영향을 미치는데 아주 효과적이었다. 그들은 튀포이 곧 자국을 남기는 도구 곧 도장이었다. 그들은 사도들의 설교와 생활로부터 좋은 영향을 받았고, 또 다른 사람들에게는 그들의 생활을 통해 좋은 영향을 미쳤다. 그리스도인들은 그들의 본을 통해 다른 사람들에게 좋은 영향을 미쳐야 한다.

2. 그것은 매우 멀리 퍼져서 데살로니가 지역 너머까지 미쳤다. 마게도냐 전역의 신자들은 물론이고, 아가야 지역에도 미쳤다. 빌립보와 데살로니가 지역보다 먼저 복음을 받아들인 다른 지역들의 신자들도 그들의 본보기로 말미암아 변화를 받았다. 때로는 포도원에 마지막으로 고용된 자가 자기보다 먼저 온 일꾼들을 능가함으로써, 그들에게 본이 되기도 하는 법이다.

3. 그것은 아주 유명했다. 주의 말씀 곧 그것이 데살로니가 교인들에게 준 놀

라운 효력은 도시 전역 아니 각처에 퍼져 유명하게 되었다. 엄밀히 말하면 모든 지역은 아니고, 세상 여기저기, 위와 아래 등지에 전해졌다는 것이다. 따라서 그들 사이에 일어난 복음의 놀라운 성공으로 말미암아 많은 사람들이 그것을 받아들이게 되었고, 그것을 위해 고난도 감수했다는 것이다. 그들의 믿음은 다음과 같이 널리 소문이 퍼졌다.

(1) 그들의 믿음에 대한 준비된 모습이 널리 소문이 났다. 데살로니가 교인들은 복음이 그들에게 전파되는 즉시 그것을 받아들였다. 따라서 누구나 사도들이 그들에게 보여준 태도를 직시하고, 빌립보에서처럼 지체하는 모습을 보여주지 않았다. 빌립보에서는 상당한 성과를 거두기까지는 상당한 시간이 걸려야 했었다.

(2) 그들의 믿음의 효력이 널리 소문이 났다. [1] 그들은 우상 숭배를 근절시켰다. 그들은 우상으로부터 돌아서고 그동안 그들이 배워왔던 거짓 숭배를 철저히 포기했다. [2] 그들은 하나님 곧 살아계신 참 하나님께 자신을 드리고, 그분만 섬기는데 전념했다. [3] 그들은 하나님의 아들이 하늘로부터 강림하실 것을 기다렸다(10절). 그리스도의 재림을 기다리는 것은 우리 기독교의 독특성 가운데 하나다. 그것은 그분이 오시기를 믿는 자들은 그분이 오셔서 우리의 기쁨이 되실 것을 바라고 있기 때문이다. 구약시대 신자들은 메시야의 오심을 기다렸고, 신약시대 신자들은 그분의 재림을 기다린다. 그분은 아직 오시지 않았다. 그리고 하나님께서 그분을 죽음으로부터 일으키신 것이 그분이 다시 오실 것을 믿는 충분한 이유가 된다. 이것은 그분이 심판하시기 위해 오신다는 것을 모든 사람에게 보여주는 충분한 증거가 된다(행 17:31). 그리고 그분은 우리를 다가올 진노로부터 구원하셨기 때문에 그분의 재림을 바라고 기다릴 충분한 이유가 있다 그분은 구원을 획득하기 위해 오셨고, 다시 오실 때에는 그 구원을 완성하실 것이다. 즉 우리를 죄와 죽음과 지옥 그리고 믿지 않는 자들에게 임할 진노로부터 완전히 그리고 궁극적으로 벗어나게 하실 것이다. 여기서 진노는 한 번 임했던 것으로 장차 다시 임할 것인데, 그것은 마귀와 그 사자들을 위하여 예비된 영영한 불이기 때문이다(마 25:41).

제
— 2 —
장

개요

이 장에서 사도는 데살로니가 교인들에게 그가 복음을 전한 자세를 상기시킨다(1-6절). 이어서 그들 사이에서 행한 자신의 생활의 모습을 상기시킨다(7-12절). 그의 사역이 성공한 후에 자신과 그들에게 임한 결과를 언급하고(13-16절). 그들에게 가보지 못한 것에 대해 사과한다(17-20절).

[1]형제들아 우리가 너희 가운데 들어간 것이 헛되지 않은 줄을 너희가 친히 아나니 [2]너희가 아는 바와 같이 우리가 먼저 빌립보에서 고난과 능욕을 당하였으나 우리 하나님을 힘입어 많은 싸움 중에 하나님의 복음을 너희에게 전하였노라 [3]우리의 권면은 간사함이나 부정에서 난 것이 아니요 속임수로 하는 것도 아니라 [4]오직 하나님께 옳게 여기심을 입어 복음을 위탁 받았으니 우리가 이와 같이 말함은 사람을 기쁘게 하려 함이 아니요 오직 우리 마음을 감찰하시는 하나님을 기쁘시게 하려 함이라 [5]너희도 알거니와 우리가 아무 때에도 아첨하는 말이나 탐심의 탈을 쓰지 아니한 것을 하나님이 증언하시느니라 [6]또한 우리는 너희에게서든지 다른 이에게서든지 사람에게서는 영광을 구하지 아니하였노라

여기서 우리는 사도의 복음 전도의 자세에 관한 설명과 그가 데살로니가 교인들 가운데 들어가 행한 사역에 대해 편안히 회고하는 모습을 보게 된다. 그는 자신의 신실함을 자신의 양심의 증거를 들어 증언하는 것처럼, 데살로니가 교인들에게 자신과 자신을 돕는 주의 사역자들인 실라와 디모데가 그 직분을 얼마나 충성스럽게 수행했는지에 대해 호소한다: 형제들아 우리가 너희 가운데 들어간 것이 헛되지 않은 줄을 너희가 친히 아나니(1절). 사역자는 자신의 양심과 다른 사람들의 양심이 자신이 선한 목적과 선한 원리에 따라 잘하고 있고, 그의 들어간 것 곧 그의 전파(어떤 이는 그렇게 해석한다)가 헛되지 않은 줄을 증언할 때, 큰 위로를 받는다. 사도는 여기서 그의 사역의 성공 곧 그 열매가 없

거나 결코 헛되지 않았다고(영어 번역본에 따르면) 또는 다른 사람들이 그렇게 생각하는 것처럼, 자신의 복음 전파의 신실함을 생각할 때, 그것이 결코 헛되고 공허하거나 또는 속이거나 배반하는 것이 아니었다고 스스로 위안한다. 사도의 설교의 주제는 부질없는 미사여구와 어리석은 질문에 치우친 헛되고 무익한 사변이 아니었다. 그것은 건전하고 온전한 진리로서, 그의 청자들에게 가장 유익한 주제였다. 이것은 모든 복음 사역자들이 본받아야 할 훌륭한 본보기이다. 사도의 설교 속에는 헛되거나 속이는 것이 거의 없었다. 그는 데살로니가 교인들에게 고린도 교인들에게 했던 말을 할 수 있었다: 이에 숨은 부끄러움의 일을 버리고 속임으로 행하지 아니하며 하나님의 말씀을 혼잡하게 하지 아니하고(고후 4:2). 그는 복음을 전파할 때 조금도 사악한 또는 세속적인 의도를 드러내지 아니하였다. 그는 다음과 같은 자세로 복음을 전했다.

I. 용기와 담력을 갖고.   우리 하나님을 힘입어(We were bold in our God) 하나님의 복음을 너희에게 전하였노라(2절). 사도는 만나는 환난 또는 자기에 대한 반대에 좌절하지 않고 거룩한 담력을 가졌다. 그는 데살로니가 교인들이 익히 알고 있었던 것처럼, 빌립보에서 혹독한 환난을 만났다. 거기서 사도와 실라는 수치를 당하고 조롱거리가 되었다. 그러나 그들은 자유의 몸이 되자마자 데살로니가로 가 예전과 다름없이 담대하게 복음을 전했다. 선한 이유로 받는 고난은 거룩한 결심의 날을 무디게 하는 것이 아니라 오히려 더 날카롭게 한다는 것을 잊지 말자. 그리스도의 복음은 처음 세상에 전파될 때 강력한 배척에 부닥쳤다. 복음을 전한 사람들은 그것을 싸움 중에, 곧 큰 고투와 함께 전했다. 이것은 사도들이 복음을 전할 때 그들의 투쟁 또는 직면한 배척에 대한 그들의 갈등을 의미했다. 사도는 자신의 사역을 감당하는데 조금도 굴하지 아니하였고, 결코 그 일로부터 물러서지 아니하였다. 이것이 그의 위로가 되었다.

II. 강력한 순결함과 경건한 신실함을 갖고.   우리의 권면은 간사함이나 부정에서 난 것이 아니요 속임수로 하는 것도 아니라(3절). 의심할 여지 없이, 이것이야말로 사도에게 가장 큰 위로의 제목이었다. 자신의 신실함에 대한 의식, 이것이 그의 성공의 한 가지 이유였다. 그가 믿고 순종하도록 그들에게 전파하고 권면한 것은 신실하고 썩지 아니한 복음이었다. 그의 목적은 사람들을 어떤 당으로 이끌어 파당을 만드는 것이 아니라 순전한 믿음을 증진시키고, 하나님 아버지 앞에서 부정하지 않는 것이었다. 그가 전한 복음은 간사한 것이 아니라 참되고 신실한 것이었다. 그것은 허위도 아니고, 교묘하게 꾸며낸 이야기도 아니었다. 그것은 결코 부정한 것이 아니었다. 그의 복음은 순전하고 거룩하여 그 거룩하신 창조주와 비견할 만했고, 불순한 것은 철저히 근절하려는 경향이 있었다. 하나님의 말씀은 순전하다. 거기에는 어떤 불순물도 섞여서는 안 된다. 사도의 권면의 주제가 이처럼 참되고 순전했던 것처럼, 그의 전하는 태도 역시 속임수가 없었다. 그는 겉과 속이 다른 사람이 아니었다. 그는 자기가 믿은 그대로 말했다. 그는 사악하고 세속적인 목적과 안목을 갖고 있지 않고, 자기가 생각하는 그대로 실천했다. 사도는 자신의 신실함을 천명할 뿐만 아니라 그 이유와 증거들도 추가하여 설명한다. 4절에서 그 이유들이 계속되고 있다.

1. 그들은 청지기로서, 복음을 위탁받았다. 청지기에게 요구되는 덕성은 충성이다. 바울이 전한 복음은 그 자신의 것이 아니고, 하나님의 복음이었다. 사역자들은 하나님으로부터 큰 호의를 입고, 큰 영예를 받았으며, 큰 사명을 받았음을 명심하자. 그들은 하나님의 말씀을 감히 변질시켜서는 안 된다. 그들은 청지기로서 더 이상 수고할 수 없을 때 하나님 앞에서 회계해야 할 것을 유념하고, 자기들에게 위탁된 것을 하나님께서 허락하고 명하신 대로, 부지런히 선용해야 한다.

2. 그들의 목적은 사람이 아니라 하나님을 기쁘시게 하는 것이었다. 하나님은 진리의 하나님으로서, 내적으로 진실할 것을 요구하신다. 만일 진실함이 결여되어 있다면, 우리가 하는 모든 것은 하나님을 기쁘시게 할 수 없다. 그리스도의 복음은 사람들의 욕망과 열정을 만족시켜 그들의 헛된 환상과 정욕을 채워주는 것이 아니다. 오히려 그것은 그들의 부패한 본성을 억제시키고, 욕망의 권세로부터 그들을 구원함으로써 그들을 믿음의 능력 아래로 이끌기 위해 주어진 것이다. 내가 지금까지 사람들의 기쁨을 구하였다면 그리스도의 종이 아니니라(갈 1:10).

3. 그들은 그 눈으로 우리 마음을 감찰하시는 하나님의 전지하심을 늘 의식하고 행동했다. 우리가 하는 모든 일을 보실 뿐만 아니라 가장 깊은 우리의 생각을 아시고 마음을 감찰하시는 하나님을 의식하는 것, 이것이야말로 참으로 진실함을 일으키는 최고의 동기다. 하나님은 우리의 행동은 물론이고, 우리의 모든 의도와 계획까지도 다 아신다. 우리의 마음을 감찰하시는 이 하나님으로부터 우리는 보상을 받게 될 것이다. 사도의 진실함에 대한 증거가 이어서 나온

다. 그것들은 다음과 같다. (1) 사도는 아첨을 피하였다: 너희도 알거니와 우리가 아무 때에도 아첨하는 말을 하지 아니한 것을(5절). 사도와 그의 동역자들은 그리스도와 그분이 십자가에 못 박히신 것을 전할 때, 사람들을 빈 말로 칭찬하고 감언이설로 속여서 그들의 환심을 사려는 의도가 추호도 없었다. 아니, 오히려 그것과 정반대였다. 사도는 죄 가운데 있는 사람들을 칭찬하거나 그들이 자기 편이 되기만 하면 원하는 대로 살아도 된다고 말하지 않았다. 그는 그들이 헛된 소망을 갖도록 아첨하는 말을 하지도 않았고, 어떤 악한 일이나 음모에 몰두하는 그들을 방관하면서 영생을 약속함으로써, 그들로 하여금 회칠한 담을 쌓도록 하지도 않았다. (2) 사도는 탐심을 피하였다. 그는 탐심의 탈을 쓰고 사역에 임하지 않았다. 왜냐하면 그것을 하나님이 증언하시기 때문이다. 그의 계획은 복음을 전함으로써 자신을 배부르게 하는 것이 아니었다. 그는 이것 때문에 그들에게 자신을 먹여 살리라고 요구하지 않았다. 그는 탐심으로써 지어낸 말을 가지고 이득을 삼는(벧후 2:3) 거짓 사도들과는 달랐다. (3) 사도는 사욕과 헛된 영광을 포기했다: 또한 우리는 너희에게서든지 다른 이에게서든지 사람에게서는 영광을 구하지 아니하였노라(6절). 그들은 사람들의 지갑이나 그들의 우대를 기대하지 않았고, 또 그들로 말미암아 부자가 되거나 칭찬을 듣거나 존경을 받거나 랍비라 칭함을 받기를 바라지 않았다. 사도는 갈라디아 교인들에게 헛된 영광을 구하지 말라고 권면한다(갈 5:26). 그의 야망은 오직 하나님께로부터 오는 영광(요 5:44)을 구하는 것이었다. 그는 데살로니가 교인들에게 그들이 사도로서 더 큰 권위를 사용하고, 더 큰 존경을 기대하고, 부양을 책임지도록 요구할 수도 있었다고 말한다. 여기서 권위를 주장할 수 있으나(7절, 영어성경에는 이 말이 6절 뒷부분에 나오나 한글성경은 7절 첫 부분에 나온다)라는 말의 뜻은 어떤 사본에는 '폐를 끼칠 수 있으나' 라는 말로 나오는데, 이것은 아마 그들 가운데 사도들을 부양해야 된다는 부담감을 너무 크게 가진 사람들이 있었기 때문에 그럴 것이다.

7우리는 그리스도의 사도로서 마땅히 권위를 주장할 수 있으나 도리어 너희 가운데서 유순한 자가 되어 유모가 자기 자녀를 기름과 같이 하였으니 8우리가 이같이 너희를 사모하여 하나님의 복음뿐 아니라 우리의 목숨까지도 너희에게 주기를 기뻐함은 너희가 우리의 사랑하는 자 됨이라 9형제들아 우리의 수고와 애쓴 것을 너희가 기억하리니 **너희** 아무에게도 폐를 끼치지 아니하려고 밤낮으로 일하면서 **너희**에게 하나님의 복음을 전하였노라 ¹⁰우리가 **너희** 믿는 자들을 향하여 어떻게 거룩하고 옳고 흠 없이 행하였는지에 대하여 **너희**가 증인이요 하나님도 그러하시도다 ¹¹**너희**도 아는 바와 같이 우리가 **너희** 각 사람에게 아버지가 자기 자녀에게 하듯 권면하고 위로하고 경계하노니 ¹²이는 **너희**를 부르사 자기 나라와 영광에 이르게 하시는 하나님께 합당히 행하게 하려 함이라

이 부분에서 사도는 데살로니가 교인들에게 그들 가운데서 행한 자신의 삶의 태도가 어떠했는지를 상기시킨다.

I. 사도는 자기의 행동이 신사적이었음을 언급한다. 너희 가운데서 유순한 자가 되어(7절). 그는 그리스도의 사도로서 권위를 가지고 행동할 수 있었지만, 도리어 큰 온유함과 부드러움을 보여주었다. 이런 행동은 믿음에 크게 유익하고, 하나님이 복음 안에서 그리고 복음으로 말미암아 죄인을 은혜롭게 다루시는 것과 크게 일치하는 태도다. 이 위대한 사도는 아첨하는 말은 싫어하고 포기했으나 모든 사람들에 대해 지극히 겸손했다. 그는 모든 사람들의 태도에 자신을 적응시키고, 여러 사람에게 여러 모습이 되었다(고전 9:22). 그는 유모가 자기 자녀를 기르는 것처럼 그들에 대한 사랑과 관심을 보여주었다. 사람들을 얻는 비결은 준엄하게 다스리는 것보다 이와 같이 부드럽게 행하는 것이다. 하나님의 말씀은 참으로 능력이 있다. 따라서 그것은 자주 사람들의 마음속에 두려운 권위로 임하고, 항상 공정한 심판의 타당성을 확신할 수 있게 한다. 하지만 그것은 복음 사역자들이 사람들의 마음에 들어야 할 때에는 아주 부드러운 힘으로 임한다. 아기를 기르는 어머니가 칭얼거리는 아기를 다룰 때 아기를 위해서라면 어떤 힘든 일이라도 감수하면서 가슴을 풀어헤치고 아기를 가슴에 품는 것처럼, 그리스도의 사역자들도 똑같은 태도로 사람들을 대해야 한다. 주의 종은 마땅히 다투지 아니하고 모든 사람에 대하여 온유하며 가르치기를 잘하며 참으며(딤후 2:24). 이 온유함과 부드러움을 사도는 다음과 같이 다양하게 표현했다.

1. 그들의 행복을 아주 간절하게 바라는 사랑으로: 우리가 이같이 너희를 사모하여(8절). 사도는 그들의 인격을 극진히 사랑했다. 그들의 소유가 아니라 그들 자신을 구했다. 그들에게 덕보거나 그들과 거래하는 자로서가 아니라 그들을 얻기를 원했다. 그가 간절히 사모한 것은 그들의 영적 및 영원한 행복과 구원

이었다.

2. 기꺼이 그들을 도울 준비가 되어있는 것으로: 그는 그들에게 하나님의 복음 뿐 아니라 목숨까지도 기쁘게 줄 마음이 있었다(8절). 여기서 바울의 전파하는 태도를 보라. 그는 그것을 위해서라면 어떤 고통도 마다하지 않았다. 복음을 전하기 위해서라면 기꺼이 위험을 무릅쓰고, 영혼 또는 목숨을 던졌다. 그는 사람들의 영혼을 기쁘게 섬기기를 원했고, 또 그렇게 섬겼다. 사랑의 원리에 따라 주린 자에게 떡을 준 사람들은 그것을 줄 때 자신의 영혼을 나눠준다고 말해지는 것처럼(사 58:10), 사도들도 그런 식으로 생명의 양식을 나눠주었다. 이 데살로니가 교인들도 사도에게 이처럼 각별한 사랑을 받았고, 그는 그들에게 큰 사랑을 베풀었다.

3. 육체의 노동으로 그들의 책임을 대신 감당함으로써. 사도는 자신의 사역 때문에 그들에게 비용을 지불하게 하거나 폐를 끼치지 않으려고 친히 일을 함으로써 생계를 유지했다: 형제들아 우리의 수고와 애쓴 것을 너희가 기억하리니 너희 아무에게도 폐를 끼치지 아니하려고 밤낮으로 일하면서 너희에게 하나님의 복음을 전하였노라(9절). 그는 교회로부터 부양을 받을 자유를 스스로 거부했다. 그는 복음을 전하는 소명 외에 생계를 위한 천막 치는 자의 소명도 함께 감당했다. 우리는 사도가 자신의 몸에 필요한 양식을 공급하기 위해 밤낮 쉬지 않고 육체노동을 했다고 가정해서는 안 된다. 그렇게 되면 복음을 전할 시간을 전혀 가질 수 없기 때문이다. 그는 낮이나 밤에 잠시 동안 이 일을 하고, 나머지 시간을 낮 동안에는 사람들의 영혼을 유익하게 하기 위해 일하는데, 밤 시간에는 휴식을 취하는데 썼을 것이다. 비록 이 실례로부터 복음 사역자들은 항상 자유롭게 복음을 전파할 의무를 지고 있다는 결론이 당연히 나오는 것은 아니지만, 인간의 영혼을 구원하기 위해서는 부지런히 수고해야 함을 보여주는 좋은 실례가 될 것이다. 사역자들이 직접 생계를 위해 일을 해서는 안 된다거나 아니면 항상 해야 한다거나 하는 일반 법칙을 이 실례로부터 끌어낼 수는 없다.

4. 그들의 생활의 거룩함으로써. 이에 관해 사도는 그들에게 뿐만 아니라 하나님께도 호소한다(10절): 너희가 증인이요 하나님도 그러하시도다. 그들은 사람들 앞에서 행하는 사도들의 외형적 삶을 직접 목격했고, 하나님은 그들의 은밀한 행동뿐만 아니라 그들의 행동의 기초가 된 내적 원리에 대해 증인이 되셨다. 그들의 행동은 하나님을 향해서는 거룩했고, 모든 사람들을 향해서는 의로

웠기 때문에 추문이나 공박의 이유를 찾을 수 없을 정도로 결백했다. 그들은 교회 밖에 있는 사람들에게나 믿는 자들에게나 나쁜 본보기를 보여주지 않고 설교와 삶을 일치시킴으로써 비난거리를 제공하지 않으려고 무척 조심했다. 이에 대해 사도는 나도 하나님과 사람에 대하여 항상 양심에 거리낌이 없기를 힘쓰나이다라고 말했다(행 24:16).

II. 사도는 자기들이 복음 전도의 사역과 직무를 신실하게 수행했음을 언급한다(11,12절). 이와 관련해서도 그는 증인으로서 그들에게 호소한다. 바울과 그의 동역자들은 선한 그리스도인이었을 뿐만 아니라 신실한 사역자들이었다. 우리는 그리스도인으로서의 일반적 부르심뿐만 아니라 특수한 부르심, 그리고 그 관계들에 대해서도 신실해야 한다. 바울은 데살로니가 교인들을 권면할 때, 그들의 의무를 알려주는 것으로 한정하지 않고, 적절한 동기부여와 논증을 통해, 그 수행에 대해서도 그들을 자극하고 각성시켰다. 또 그는 그들이 직면하는 어려움과 실망 속에서 그들의 영혼을 독려하고 지원하기 위해 애씀으로써, 그들을 위로했다. 그는 때로는 공적으로 또 때로는 사적으로, 또는 각 집에서(행 20:20), 그리고 개별적으로 그들 각 사람에게 경계했다. 어떤 이들은 이것이 아버지가 자녀를 경계하는 비유를 함축하고 있다고 생각한다. 이 표현은 또한 사도가 보여준 간절하고 자애로운 권면과 위로를 암시한다. 그는 그들의 영적 아버지였다. 그는 그들을 유모처럼 소중히 여긴 것같이, 아버지처럼 그들을 경계했다. 아버지의 권위보다는 아버지의 자비로 그들을 경계했다. 오직 너희를 내 사랑하는 자녀 같이 권하려 하는 것이라(고전 4:14). 사도의 이 권면의 태도는 특별히 사역자들이 본보기로 삼아야 하고, 그 중요성은 그들과 다른 모든 사람들에게 크게 강조되어야 할 것이다. 이는 너희를 부르사 자기 나라와 영광에 이르게 하시는 하나님께 합당히 행하게 하려 함이라(12절). 여기서 다음 두 가지 사실을 유의해야 한다.

1. 우리에게 주어진 복음의 최고 특권은 무엇인가? 그것은 하나님께서 그의 나라와 영광으로 우리를 부르신 것이다. 복음은 우리를 여기 이 세상에서는 은혜의 나라와 그 신분 속에 들어가게 하고, 장차 저 세상에서는 영광의 나라와 그 지위 속에 들어가게 함으로써, 천국과 행복을 우리의 목적으로 삼게 하고, 거룩함을 그 목적에 이르는 길로 삼게 한다.

2. 복음에 대한 우리의 최고 의무는 무엇인가? 그것은 우리가 하나님께 합당

한 자로 살고, 우리의 마음의 방향과 우리의 삶의 목적이 이 부르심에 일치되고 이 특권에 부합되는 것이다. 우리는 우리 자신을 복음의 목적과 계획에 적응시키고, 우리의 고백과 특권, 우리의 소망과 기대에 합당한 삶을 살아야 한다. 그리하여 이 고결하고 거룩한 소명에 어울리는 자들이 되어야 한다.

[13]이러므로 우리가 하나님께 끊임없이 감사함은 너희가 우리에게 들은 바 하나님의 말씀을 받을 때에 사람의 말로 받지 아니하고 하나님의 말씀으로 받음이니 진실로 그러하도다 이 말씀이 또한 너희 믿는 자 가운데에서 역사하느니라 [14]형제들아 너희가 그리스도 예수 안에서 유대에 있는 하나님의 교회들을 본받은 자 되었으니 그들이 유대인들에게 고난을 받음과 같이 너희도 너희 동족에게서 동일한 고난을 받았느니라 [15]유대인은 주 예수와 선지자들을 죽이고 우리를 쫓아내고 하나님을 기쁘시게 하지 아니하고 모든 사람에게 대적이 되어 [16]우리가 이방인에게 말하여 구원받게 함을 그들이 금하여 자기 죄를 항상 채우매 노하심이 끝까지 그들에게 임하였느니라

I. 사도는 데살로니가 교인들 가운데에서의 자신의 사역의 성공에 관해 언급한다(13절).   그것은 다음과 같이 표현되고 있다.

1. 그것은 그들이 하나님의 말씀을 받아들인 태도에 나타나 있다: 이러므로 우리가 하나님께 끊임없이 감사함은 너희가 우리에게 들은 바 하나님의 말씀을 받을 때에 사람의 말로 받지 아니하고 하나님의 말씀으로 받음이니(13절). 여기서 다음 사실들을 확인할 수 있다. (1) 복음의 말씀은 우리 자신과 같은 인간들 곧 우리와 똑같이 감정과 결함을 가진 사람들에 의해 전해진다: 우리가 이 보배를 질그릇에 가졌으니(고후 4:7). 데살로니가 교인들은 하나님의 말씀을 같은 인간인 사도들로부터 들었다. (2) 그러나 그것은 진실로 하나님의 말씀이다. 이것은 사도들이 신적 영감을 받아 전한 말씀으로, 신적 영감으로 말미암아 성경에 기록되어, 기록으로 남겨져 있는 것이다. 또 이것은 오늘날에도 전파되고 있는 말씀으로, 그 거룩한 신탁을 담고 있거나, 그것에 분명히 기초되거나, 또는 거기서 기원된 것이다. (3) 하나님의 말씀에 자신의 환상이나 가르침을 가미하는 자는 크게 비난받아야 한다. 이것은 사람들에게 저지르는 가장 악한 일로서, 그들을 부당하게 대하는 것이다. (4) 말씀을 듣고 그것을 인간의 전도나 인간의 말 이상으로

생각하지 않는 사람들도 비난받아 마땅하다. 그들은 단지 아니 주로 말씀이 선포되는 문체의 우아함이나 미사여구 또는 그 음성이나 모습으로 만족하고, 거기서만 유익을 얻기를 기대한다. (5) 우리는 하나님의 말씀을 하나님의 말씀 그대로 받아야 한다. 거기서 나오는 거룩함, 지혜, 진실, 그리고 선함에 부합하는 감정을 갖고 받아야 한다. 사람들의 말은 그것을 말하는 당사자들만큼이나 빈약하고 덧없으며, 때로는 거짓되고 어리석고 변덕스럽다. 그러나 하나님의 말씀은 거룩하고 지혜롭고 의롭고 진실하다. 그 저자처럼 영원히 존재하고 영원히 존속한다. 따라서 우리는 그것을 그렇게 받고, 또 그렇게 존중해야 한다.

2. 그것은 그들이 받아들인 말씀의 놀라운 역사 속에 나타나 있다: 이 말씀이 또한 너희 믿는 자 가운데에서 역사하느니라(13절). 믿음으로 말씀을 받아들인 자들은 그 유익함을 발견하게 될 것이다. 모든 성경은 바르게 함에 유익하다(딤후 3:16). 그 놀라운 효력으로 말미암아 그것은 하나님의 말씀임을 스스로 증언한다. 이것은 그들의 영혼을 변화시키고, 그들의 지성을 밝게 하며, 그들의 마음을 기쁘게 한다(시 19편). 이처럼 성경 곧 하나님의 말씀의 진리에 대한 내적 증거를 가진 사람들은 그것이 그들의 마음에 일으킨 효과적인 역사로 말미암아 그 신적 기원에 대해 스스로 최고의 증거를 갖게 된다.

II. 사도는 자신의 성공적인 복음 전파가 일으킨 선한 결과들을 언급한다.

1. 사도 자신과 그의 동역자들에게 미친 결과. 그것은 지속적인 감사의 제목이 되었다: 이러므로 우리가 하나님께 끊임없이 감사함은(13절). 그가 그토록 자주 이 일에 대하여 하나님께 감사하는 것은 하나님께서 자기를 신실한 자로 간주하고, 자기에게 사명을 주시며, 자신의 사역을 성공으로 이끌어주신 것을 아무리 감사해도 충분치 않다는 생각이 있었기 때문이다.

2. 데살로니가 교인들에게 미친 결과. 말씀이 그들 속에서 효과적으로 역사하여 믿음과 선행(그가 앞에서 언급한)에 있어서 뿐만 아니라 고난과 시련 속에서도 복음을 위해 지조를 지키고 인내하는 점에 있어서도, 그들은 다른 사람들의 본보기가 되었다: 너희가 그리스도 예수 안에서 유대에 있는 하나님의 교회들을 본받은 자 되었으니 그들이 유대인들에게 고난을 받음과 같이 너희도 너희 동족에게서 동일한 고난을 받았느니라(14절). 그들은 유대에 있는 하나님의 교회들처럼 동일한 용기와 의지를 가지고, 동일한 인내와 소망으로 고난을 받았다. 십자가가 그리스도인의 표지임을 잊지 말자. 만일 우리가 고난으로 부르심을 받았다

면, 그것은 오직 하나님의 교회들을 본받도록 부르심을 받은 것이다. 너희 전에 있던 선지자들도 이같이 박해하였느니라(마 5:12). 우리가 복음을 위해 고난을 감수하는 것은 그 복된 결과 가운데 하나다. 사도는 그리스도 예수 안에서 유대에 있는 하나님의 교회들을 언급한다. 가장 먼저 복음을 들은 유대에 있는 자들은 그것 때문에 가장 먼저 고난을 받은 자들이다. 왜냐하면 유대인들은 기독교를 가장 혹독하게 박해한 원수들로서, 기독교를 받아들인 자기 동족들에 대해 특별히 분노가 컸기 때문이다. 아무리 동족이라도 서로 갈라져 지극한 열심과 포악한 박해가 공존할 수 있고, 신앙의 모든 법칙은 물론이고 민족의 온갖 유대감까지도 파괴될 수 있다. 사도들이 복음을 전한 모든 도시에서 유대인들은 주민들을 선동하여 그들을 반대하도록 했다. 그들은 도처에서 박해의 주모자들이었다. 특히 데살로니가에서는 더욱 그랬다: 유대인들은 시기하여 저자의 어떤 불량한 사람들을 데리고 떼를 지어 성을 소동하게 하였다(행 17:5). 이와 관련하여 사도는 믿지 않는 유대인들의 특징을 제시하고(15절), 그들의 이런 행위는 그들의 최종적 거부와 지금까지 인정되었던 그들의 지위, 교회, 민족의 파멸을 충분히 정당화할 것이라고 선언한다.

(1) 유대인은 주 예수를 죽였다. 그리고 경솔하고 무엄하게도 그분의 피를 자기들과 자기 후손들에게 돌리기를 원했다. (2) 유대인은 자기 선지자들을 죽였다. 그들은 원래부터 그랬다. 그들의 조상도 그렇게 했고, 대대로 핍박하는 자들이었다. (3) 유대인은 사도들을 미워하고, 그들에게 할 수 있는 온갖 악행을 저질렀다. 그들은 사도들을 핍박하고, 그들을 추적하여 여기저기로 몰아냈다. 그들이 주 예수를 죽인 사람들이라면, 그분을 따르는 자들을 핍박하는 것은 전혀 이상한 일이 아니다. (4) 유대인은 하나님을 기쁘시게 하지 않았다. 그들은 신앙에 대한 모든 감각을 크게 상실하고, 하나님에 대한 자기들의 의무를 적절히 수행하지 못했다. 그들이 하나님의 종들을 죽이는 것으로 그분을 섬겼다고 생각하는 것은 가장 치명적인 잘못이다. 살인과 박해는 하나님이 가장 싫어하는 것으로, 어떤 경우라도 정당화될 수 없다. 그들은 그토록 믿음의 본질에 거역하는 일을 행하기 때문에, 설사 참되든지 아니면 거짓되든지 어느 종교에 지극히 열심을 낸다고 할지라도, 결코 핑계할 수 없다. (5) 유대인은 모든 사람에게 대적이 되었다. 그들의 박해 정신은 악한 정신이었다. 그들은 본성의 빛, 인간성, 모든 인간들의 행복, 그리고 편협한 신앙의 세력 아래 있지 않은 모든 사람들의

감정에 반대하여 행동했다. (6) 유대인은 이방인들에게 가차 없는 적의를 갖고, 그들에게 복음을 전파하는 자들을 시기했다: 우리가 이방인에게 말하여 구원받게 함을 그들이 금하여(16절). 구원의 수단은 오랫동안 유대인들로 한정되었다. 우리 주님도 구원이 유대인에게서 나는 것으로 말씀하신다(요 4:22). 그리고 그들은 이방인들을 시기하고, 그들에게 구원의 수단을 공유하도록 허용된 것에 대해 분노했다. 주님께서 이방인의 구원에 관해 말씀하실 때만큼 그들이 성을 낸 적은 없다. 바울이 내가 너를 멀리 이방인에게로 보내리라(행 22:21)는 말을 했을 때, 예루살렘의 유대인들은 크게 분노했다. 그들은 바울이 이 말을 하기 전까지는 그의 말을 어느 정도 참고 들었으나 그 후에는 더 이상 참지 못하고, 이러한 자는 세상에서 없애 버리자 살려 둘 자가 아니라(행 22:22)고 소리쳤다. 이처럼 유대인들은 그들의 죄를 가득 채웠다. 어떤 사람이든 또는 어떤 사람들이든 간에, 복음을 반대하고 그 전파를 방해하며 보배로운 영혼의 구원을 훼방하는 것만큼 자기 죄를 가득 채우는 것은 없다. 이런 일들에 대해서는 노하심이 끝까지 그들에게 임할 것이다(16절). 즉 노하심이 그들에게 정해져 있고, 곧 그들에게 임할 것이다. 예루살렘이 파괴되고, 유대민족이 로마인들에 의해 멸망당한 것은 이 일이 있은 지 얼마 지나지 않아서였다. 어떤 사람의 죄악이 채워지고 끝까지 죄 가운데 있으면, 곧 노하심이 임하고, 그것도 끝까지 임할 것이다.

[17]형제들아 우리가 잠시 너희를 떠난 것은 얼굴이요 마음은 아니니 너희 얼굴 보기를 열정으로 더욱 힘썼노라 [18]그러므로 나 바울은 한번 두번 너희에게 가고자 하였으나 사탄이 우리를 막았도다 [19]우리의 소망이나 기쁨이나 자랑의 면류관이 무엇이냐 그가 강림하실 때 우리 주 예수 앞에 너희가 아니냐 [20]너희는 우리의 영광이요 기쁨이니라

이 부분에서 사도는 자신이 데살로니가 교인들에게 가지 못한 것에 대해 사과한다. 여기서 다음 여러 가지 사실을 확인할 수 있다.

1. 사도는 자신이 그들을 떠난 것은 본의가 아니었다고 말한다: 형제들아 우리가 잠시 너희를 떠난 것은(17절). 이것은 그의 박해자들의 분노 때문이었다. 그는 밤에 베뢰아로 부득불 떠날 수밖에 없었던 것이다(행 17:10).

2. 비록 몸은 떠나 있었지만, 마음은 그들과 함께 있었다. 그는 여전히 그들을

기억했고, 그들에 대해 큰 관심을 갖고 있었다.

3. 그의 몸이 떠나있었던 기간도 잠시였다. 시간은 짧다. 우리가 친구와 함께 있든 떨어져 있든, 땅에서 주어지는 우리의 시간은 짧고 불확실하다. 이 세상은 우리가 항상 또는 오래 함께 머물 장소가 아니다. 거룩한 영혼들이 함께 만나 절대로 헤어지지 않을 곳은 천국이다.

4. 사도는 그들을 다시 보기를 간절히 원하고 노력했다: 너희 얼굴 보기를 열정으로 더욱 힘썼노라(17절). 따라서 적어도 사도는 잠시 동안만 그들과 떨어져 있기를 원했던 것이다. 그의 소원과 노력은 데살로니가로 빠른 시일 안에 다시 돌아오는 것이었다. 그러나 사람은 결코 시간의 주인이 아니다. 바울은 노력했으나 갈 수 없었다(18절).

5. 사도는 그들에게 사탄이 자신의 귀환을 막았다고 말한다(18절). 여기서 사탄은 바울을 반대하도록 선동하는 자로서, 어떤 원수나 원수들 또는 인류의 대원수인 마귀를 말할 것이다. 사탄은 바울이 데살로니가로 돌아가고자 할 때 방해하는 활동을 했거나, 아니면 그가 가는 곳마다 그를 필요로 하기 때문에 이런 방해나 분란을 일으켰을 것이다. 사탄은 끊임없이 하나님의 일을 방해하는 원수로서, 그것을 위해 할 수 있는 모든 일을 자행한다는 점을 잊지 말자.

6. 사도는 비록 자신이 원대로 그 곳에 갈 수는 없지만, 그들에 대한 자신의 사랑과 각별한 존경은 변함이 없다고 그들을 확신시킨다. 그들은 그의 소망, 기쁨, 자랑의 면류관이요, 또 영광과 기쁨이었다(19,20절). 이것들은 크고 각별한 사랑과 각별한 존경의 표현이었다. 사역자와 성도들은 서로 사랑하고 존경할 때 가장 행복하다. 특히 우리 주 예수 그리스도께서 강림하실 때 우리 주 예수 앞에(19절) 그들이 이같이 즐거워한다면, 곧 씨를 뿌리는 자들과 거두는 자들이 함께 즐거워한다면, 참으로 행복할 것이다.

여기서 사도는 데살로니가 교인들에게 아직은 자신이 그들에게 가지 못했지만, 또 결코 갈 수 없게 될지도 모르지만, 우리 주 예수 그리스도께서 강림하실 때에는 이것을 아무것도 방해하지 못할 것이라고 상기시킨다. 그리고 나아가 그분이 강림하시면 모든 것이 그분 앞에 나타나야 한다고 강조한다. 사역자와 성도들 모두 그분 앞에 나타나고, 신실한 성도들은 그 크고 영광스러운 날에 신실한 사역자들의 영광과 기쁨이 될 것이다.

제 3 장

개요

이 장에서 사도는 데살로니가 교인들에 대한 자신의 사랑의 증거를 추가로 제시하는데, 그 증거로서 디모데를 그들에게 보내는 것을 상기시킨다. 그는 디모데를 보내는 의도를 언급하고, 그들이 그의 의도대로 행하도록 권유한다(1-5절). 그는 디모데가 돌아와서 그들에 관해 좋은 소식을 전해준 것이 자기에게 큰 기쁨이 되었음을 그들에게 알려준다(6-10절). 그리고 그들을 위해 간절히 기도하는 것으로 이 장을 마친다(11-13절).

¹이러므로 우리가 참다 못하여 우리만 아덴에 머물기를 좋게 생각하고 ²우리 형제 곧 그리스도의 복음을 전하는 하나님의 일꾼인 디모데를 보내노니 이는 너희를 굳건하게 하고 너희 믿음에 대하여 위로함으로 ³아무도 이 여러 환난 중에 흔들리지 않게 하려 함이라 우리가 이것을 위하여 세움 받은 줄을 너희가 친히 알리라 ⁴우리가 너희와 함께 있을 때에 장차 받을 환난을 너희에게 미리 말하였는데 과연 그렇게 된 것을 너희가 아느니라 ⁵이러므로 나도 참다 못하여 너희 믿음을 알기 위하여 그를 보내었노니 이는 혹 시험하는 자가 너희를 시험하여 우리 수고를 헛되게 할까 함이니

이 부분에서 사도는 그들에게 디모데를 보내는 일에 관하여 설명한다. 비록 자신이 그들에게 가는 것은 방해받았지만, 그는 그들에 대한 그의 사랑이 너무 커서 디모데라도 보내지 않을 수가 없었다. 디모데는 그에게 무척 중요한 사람이라서 그를 보내는 것이 무척 어려운 일이었지만, 바울은 그들의 유익을 위해 아덴에 홀로 머물기를 좋게 생각했다(1절). 성도들의 견고한 믿음과 행복을 위해 자기를 부인하지 못하는 사역자들은 그것들에 대해 적절한 평가를 하지 못하는 자들이다.

I. 사도가 디모데에게 붙이는 호칭. 우리 형제 곧 그리스도의 복음을 전하는 하나님의 일꾼인 디모데.(2절) 다른 곳에서 사도는 그를 자기 아들로 부른다. 여기

서는 형제로 부른다. 디모데는 나이로는 바울보다 연하요, 은사와 은혜로는 그보다 부족했고, 사역의 위치에서도 낮은 자리에 있었다. 바울은 사도였으나 디모데는 단지 복음 전도자였을 뿐이기 때문이다. 그러나 바울은 그를 형제로 부른다. 이것은 사도의 겸손을 보여주는 한 실례로서, 디모데에게 영예를 돌리고, 교회들이 그를 존경하도록 추천하기 원하는 그의 마음을 보여주었다. 사도는 또 그를 하나님의 일꾼으로 부른다. 그리스도의 복음의 일꾼 곧 사역자들은 사람들 사이에 하나님 나라를 확장하도록 세움 받은 하나님의 일꾼이다. 사도는 또한 그를 그리스도의 복음을 전하는 자신의 동역자로 부른다. 복음 사역자들은 주의 포도원에서 일하는 일꾼으로 자신을 간주해야 한다. 그들은 영예로운 직분을 갖고 힘든 일을 하지만, 그 일은 선한 일이다. 미쁘다 이 말이여, 곧 사람이 감독의 직분을 얻으려 함은 선한 일을 사모하는 것이라 함이로다(딤전 3:1). 그리고 사역자들은 서로 다투거나 경쟁하지 말고(그렇게 하면 그들의 사역을 방해받을 뿐이다), 서로 인정해 주고 서로 힘이 되어야 한다. 하지만 그들이 종사해야 할 위대한 일 곧 그리스도의 복음을 전하고 선포하는 일과 사람들을 설복시켜 복음을 받아들이고 그것에 합당한 삶을 살도록 이끄는 일을 수행하는데 있어서는 선의의 경쟁을 해야 한다.

Ⅱ. 사도가 디모데를 보낸 목적과 의도. 이는 너희를 굳건하게 하고 너희 믿음에 대하여 위로함으로(2절). 바울은 그들을 기독교 신앙으로 개종시켰는데, 지금은 그들이 굳건하게 되고 위로받기를 원했다. 즉 그들이 기독교에 대해 행한 선택을 더 굳게 하고, 그 고백과 실천에 있어서는 위로가 있기를 원했다. 우리가 크게 위로받을수록 그만큼 더 굳건하게 된다는 것을 잊지 말자. 왜냐하면 우리는 하나님의 길에서 즐거움을 발견할 때, 그로 인해 멈추지 않고 인내하며 그 길을 더 힘 있게 갈 수 있기 때문이다. 사도의 의도는 그 믿음에 있어서 데살로니가 교인들의 믿음을 더 굳건하게 하고 그들을 위로하는데 있었다. 즉 그는 그들의 믿음의 대상인 복음의 진리들, 그 중에서 특히 예수 그리스도는 세상의 구주로서 충분히 믿어도 될 만큼 참으로 지혜롭고 선하고, 참으로 강하고 신실하시다는 믿음의 진리에 관해, 그리고 그들이 믿음 때문에 받게 된 모든 손실과 그들의 모든 수고에 대해서는 충분한 보상이 있다는 믿음의 상급에 관해 알려주고자 했다.

**Ⅲ. 바울이 디모데를 그들에게 보내는 동기는 그들이 그리스도를 믿는 믿음

으로부터 흔들리지 않도록, 경건한 두려움 또는 질투를 자극하는데 있었다(3절). 그는 어느 누구도, 그들 가운데 한 사람이라도, 마음이 움직이거나 요동하지 않고, 배교에 이르거나 믿음이 흔들리지 않기를 원했다. 그러나 그는 다음과 같은 사실을 익히 알고 있었다.

1. 그는 위험이 있음을 알고 있었고, 그 결과에 대해 염려했다.

(1) 위험이 있었다. [1] 그것은 복음 때문에 겪는 환난과 박해로 야기된 위험이었다(3절). 데살로니가 교인들은 사도들과 복음 전도자들이 겪은 환난이 어떠했는지 잘 알고 있었다. 이것이 그들에게는 걸림돌이 될 수도 있었다. 또한 복음을 고백한 자들은 박해를 받았는데, 의심할 여지 없이 그들도 박해를 받았다. [2] 시험하는 자의 교활함과 악의로 말미암은 위험이 있었다. 사도는 시험하는 자가 온갖 수단을 동원해 그들을 시험할 것을 두려워했다(5절). 마귀는 교활하고 결코 흔들리지 않는 유혹자로서, 우리를 속이고 파괴하며, 순경의 때나 역경의 때나 우리에게서 모든 유익을 박탈할 기회만 찾아다니고 있다. 마귀는 환난 속에 있는 사람들을 공격해서 얼마나 자주 성공하는지 모른다. 마귀는 흔히 믿는 자들이 고난을 이유로 들어 믿음에 대해 부정적인 생각을 갖도록 편견을 심는다. 그러므로 우리는 마귀의 함정에 빠지지 않도록 우리 자신과 다른 사람들에 관해 결코 방심해서는 안 될 이유가 있다.

(2) 사도가 염려한 결과는 자신의 수고가 헛되게 되지 않을까 하는데 있었다. 따라서 만일 시험하는 자가 그들을 시험해서 그들의 믿음이 흔들리도록 역사한다면, 그런 일이 벌어지고 만다. 그렇게 되면 그들은 얻었던 것을 다 잃어버리게 되고, 사도는 수고한 보람을 상실하게 될 것이다. 마귀의 계획은 복음 전도의 선한 열매와 결과를 어떻게든 방해하는 것임을 잊지 말자. 마귀는 말씀과 교훈을 위해 일하지 못하도록 사역자들을 방해할 수 없다면, 할 수 있는 모든 힘을 기울여 그들의 수고의 결과를 무너뜨리려고 시도할 것이다. 그러므로 신실한 사역자들은 자신의 성공한 수고가 헛되지 않도록 크게 유의해야 한다. 어느 누구도 헛되이 수고하기를 바라지 않을 것이다. 그들은 자기의 힘과 수고와 시간을 무익하게 사용하는 것을 싫어하는 법이다.

2. 그 무익한 결과를 가져오는 위험을 막기 위해, 사도는 그들에게 디모데를 보내는 뜻이 무엇인지 유의하라고 말한다.

(1) 장차 받을 환난을 상기시키기 위하여(4절). 사도는 우리가 이것 곧 환난을

위하여 세움 받았다(3절)고 말한다. 우리가 하나님의 나라에 들어가려면 많은 환난을 겪어야 하는 것이 하나님의 뜻이요 목적이다(행 14:22). 그들의 환난과 핍박은 우연히 온 것이 아니라 믿음의 원수들의 분노와 악의로부터 온 것으로, 하나님이 세우신 것이다. 그 일은 오직 하나님이 정하신 뜻에 따라 일어나고, 그들은 사도가 그 일이 일어나기 전 이미 그것에 관해 말했음을 알고 있었다. 따라서 그들은 그것을 이상하게 생각해서는 안 되고, 미리 경고를 받았기 때문에 미리 무장을 해야 한다. 사도들은 믿음으로 말미암아 세상에서 잘될 것이라는 기대를 갖도록 사람들에게 아첨하는 말을 하지 않고, 도리어 육체에 임할 환난을 각오하라고 분명히 말해주었다. 이 점에 있어서 그들은 우리의 믿음의 원천이신 위대하신 주님의 실례를 따랐다. 또한 그들이 당하는 환난이 미리 예언된 대로 임한다는 것을 인식했을 때 그것은 그들의 믿음에 대한 확증으로 나타날 것이다.

(2) 그들의 믿음을 알기 위하여. 디모데는 그들이 온갖 환난 속에서 굳게 서 있는지 곧 믿음이 실패했는지 아니면 성공했는지 사도들에게 알려줄 사명을 띠고 그들에게 간 것이다. 왜냐하면 만일 그들의 믿음이 실패하지 않았다면, 시험하는 자와 그의 모든 시험들의 반대편에 서 있을 것이기 때문이다. 그 때 그들의 믿음은 능히 악한 자의 모든 불화살을 소멸할 방패가 되었을 것이다(엡 6:16).

[6]지금은 디모데가 **너희**에게로부터 와서 **너희** 믿음과 사랑의 기쁜 소식을 우리에게 전하고 또 **너희**가 항상 우리를 잘 생각하여 우리가 **너희**를 간절히 보고자 함과 같이 **너희**도 우리를 간절히 보고자 한다 하니 [7]이러므로 형제들아 우리가 모든 궁핍과 환난 가운데서 **너희** 믿음으로 말미암아 **너희**에게 위로를 받았노라 [8]그러므로 **너희**가 주 안에 굳게 선즉 우리가 이제는 살리라 [9]우리가 우리 하나님 앞에서 **너희**로 말미암아 모든 기쁨으로 기뻐하니 **너희**를 위하여 능히 어떠한 감사로 하나님께 보답할까 [10]주야로 심히 간구함은 **너희** 얼굴을 보고 **너희** 믿음이 부족한 것을 보충하게 하려 함이라

이 부분에서 우리는 데살로니가 교인들에 관한 기쁜 소식을 갖고 디모데가 돌아오자 바울이 크게 만족해하는 모습을 보게 된다. 여기서 다음과 같

은 사실을 확인할 수 있다.

I. 그들에 관해 디모데가 가져온 기쁜 소식(6절).   의심할 것 없이 디모데는 이 기쁜 소식을 즐겁게 전했다. 너희 믿음에 대하여(2절). 즉 그들이 믿음에 굳게 서 있는 것에 대하여 전해 주었다는 것이다. 그들은 복음을 고백하는 자로서 결코 마음이 흔들리거나 도피하거나 하지 않았다. 그들의 사랑 역시 지속되었다. 여기서 사랑은 그들의 복음과 복음 전도자들에 대한 사랑을 말한다. 왜냐하면 그들은 사도들에 관해 선하고 아름다운 기억을 계속, 아니 항상 갖고 있었기 때문이다. 그들은 사도들의 이름을 무척 소중히 여겼고, 사도들에 대한 추억과 그들 자신이 사도들로부터 받은 것에 대해서도 아주 귀하게 여겼다. 그러기에 그들은 사도들을 간절히 보고자 했고, 어떤 신령한 은사를 그들로부터 받기를 원했다. 그 사랑도 전혀 소멸되지 아니했다. 왜냐하면 사도는 그들을 간절히 보고 싶어했기 때문이다. 사역자와 교인이 서로 사랑하는 것은 행복한 일이다. 이것은 믿음을 증진시키고, 복음의 성공을 확대시키는 경향이 있다. 세상은 그들을 미워하고, 그러기에 그들은 서로 사랑해야 한다.

II. 사도가 그들에 관한 기쁜 소식을 듣고 받은 큰 위로와 만족(7,8절).   이러므로 형제들아 우리가 모든 궁핍과 환난 가운데서 너희 믿음으로 말미암아 너희에게 위로를 받았노라(7절). 사도는 그들에 관한 이 기쁜 소식이 자신이 만난 모든 환난을 상쇄하기에 충분하다고 생각했다. 자신의 전도가 크게 열매를 맺고 기독교로 개종한 자들이 굳게 서 있는 모습을 볼 때에, 외부로부터 오는 환난이나 박해 또는 싸움 등을 감당하는 것이 사도에게는 쉬운 일이었다. 자신의 수고가 헛되게 되지 않을까 하는 내면에서 오는 두려움 때문에 갖는 마음의 고뇌도 이제 그들의 믿음과 인내를 알게 되자 완전히 사라졌다. 이로 말미암아 사도는 새로운 활력과 정신을 갖게 되었고, 주의 사역을 더욱 활기차고 적극적으로 감당하게 되었다. 이처럼 사도는 위로받았을 뿐만 아니라 크게 즐거워하게 되었다: 그러므로 너희가 주 안에 굳게 선즉 우리가 이제는 살리라(8절). 만일 신앙을 고백하는 자들이 굳게 서 있지 못하거나 배교자가 된다면, 사도들에게는 끔찍한 일이 되고 말 것이다. 그러므로 그들의 견고함만큼 사도들에게 용기가 되는 일은 없을 것이다.

III. 이 결과로 말미암아 사도는 그들을 위해 하나님께 감사하고 기도했다. 여기서 다음 사실을 기억해야 한다.

1.사도가 어떻게 감사했는가(9절). 그는 기쁨과 찬양 그리고 감사로 충만했다. 우리는 가장 기쁠 때 가장 크게 감사해야 한다. 우리는 기뻐하는 것에 대해 감사해야 한다. 이것은 하나님 앞에서 즐거워하는 것으로, 우리의 즐거움을 신령하게 하는 것이다. 바울은 마치 그들 때문에 자신의 감사와 기쁨과 즐거움을 어떻게 표현할지 모르는 것처럼 하나님께 감사한다. 그러나 그는 그의 친구들의 행복을 보고 자신이 받은 위로 때문에 하나님이 영광을 빼앗기지 않도록 조심했다. 그의 마음은 그들에 대한 사랑과 하나님에 대한 감사로 충만했다. 그는 할 수 있는 한 이 두 가지 마음을 표현하는데 심혈을 기울였다. 현재 이 세상에서는 특히 하나님에 대한 감사가 아주 미흡하다. 그러나 우리가 천국에 가면, 지금 할 수 있는 것보다 훨씬 더 완전하게 감사할 수 있게 될 것이다.

2. 사도는 그들을 위해 주야로 심히 간구했다(10절). 아침이든 저녁이든, 곧 낮에 업무로 바쁠 때나 밤에 잠을 잘 때나 가리지 않고 기도로 자주 자신의 마음을 하나님께 올려 보냈다. 우리도 이처럼 항상 기도해야 한다. 그리고 바울의 기도는 간절한 기도였다. 그는 간절히 기도하고, 간구하는데 열심을 다했다. 가장 감사할 때 항상 기도에 전념해야 함을 잊지 말자. 또 우리의 감사의 원인인 사람들도 기도를 필요로 한다는 것을 잊지 말자. 우리가 가장 기뻐하고 우리에게 가장 큰 위로가 되는 사람들도, 불완전하고 유혹이 많은 이 세상에서 사는 한, 우리의 지속적인 관심을 필요로 한다. 데살로니가 교인들의 믿음 속에는 여전히 부족한 면이 있었다. 바울은 그것이 완전해지기를 원했고, 그것을 위해 그들을 만나보고자 했던 것이다. 여기서 다음 두 가지 사실을 유의해야 한다. (1) 어떤 훌륭한 사람들이라도 그들의 믿음 속에는 부족한 면이 있기 마련이다. 본질적으로 보면, 그들에게 충분히 알려지거나 믿어지지 못할 어떤 비밀이나 교훈은 없다고 하더라도, 그들의 믿음의 명확성과 확실성으로 보면, 그들 속에 어떤 무지와 의심이 남아 있을 수 있고, 또 최소한 그 결과와 적용면에서 보면, 명확성과 완전성을 결코 보여주지는 못하는 법이다. (2) 말씀과 그 교훈들에 관한 사역은 유용하고, 따라서 그 사역은 우리 믿음의 결함을 완전케 하기 위해 요구되고, 적용되어야 한다.

[11]하나님 우리 아버지와 우리 주 예수는 우리 길을 **너희**에게로 갈 수 있게 하시오며 [12]또 주께서 우리가 **너희**를 사랑함과 같이 **너희**도 피차간과 모든 사람에 대한 사랑

이 더욱 많아 **넘치**게 하사 ¹³**너희** 마음을 굳건하게 하시고 우리 주 예수께서 그의 모든 성도와 함께 강림하실 때에 하나님 우리 아버지 앞에서 거룩함에 흠이 없게 하시기를 원하노라

이 말씀 속에서 우리는 사도가 간절하게 기도하는 것을 발견한다. 그는 데살로니가 교인들의 더 좋은 유익을 위한 도구가 되기를 소원했다. 멀리 떨어져 있었기 때문에 그들에게 편지를 써서 보내는 것과 함께, 그들을 위해 기도하는 것이 그렇게 되는 유일한 길이었다. 그는 그들의 믿음이 완전케 되기를 원했지만, 자신이 그 유효한 원천이 되고, 창시자가 될 수는 없었다. 왜냐하면 그는 그들의 믿음의 지배자도 아니요, 그 제공자도 아니었기 때문이다. 그러므로 그는 그들을 위해 기도하는 것으로 끝맺고 있다.

I. 사도가 기도하는 대상. 그분은 곧 하나님과 그리스도다. 기도는 신앙적 경배의 한 부분으로 모든 신앙적 경배는 오직 하나님께만 드려져야 한다. 기도는 여기서 아버지 곧 우리 아버지이신 하나님께 드려지고, 또한 그리스도 곧 우리 주 예수 그리스도께 드려진다. 그러므로 우리 주 예수 그리스도는 하나님이시다. 이것은 하나님 우리 아버지가 하나님이신 것과 같다. 기도는 우리 아버지이신 하나님께 드려지는 것이다. 따라서 그리스도는 제자들에게 기도를 가르쳤고, 아들의 영 역시 아빠, 아버지라고 부르짖도록 그들을 도우신다(갈 4:6). 기도는 그리스도의 이름으로 드려질 뿐만 아니라 우리 주님이자 구주이신 그리스도 자신께 드려지는 것이다.

II. 사도가 기도하는 내용. 그는 자신과 자신의 동역자들 그리고 데살로니가 교인들을 위해 기도했다.

1. 사도는 자신과 자신의 동역자들이 하나님의 뜻으로 말미암아 순조롭게 여행하여 그들에게 나아갈 수 있도록 기도한다(11절). 어떤 이들은 이곳, 저곳으로 여행하는 것은 사람 자신의 뜻에 크게 의존하고 자신의 힘에 크게 좌우되는 일이라고 생각한다. 그래서 그들은 바울이 그것에 관해서는 기도할 필요가 없었다고 본다. 그러나 사도는 우리가 하나님을 힘입어 살며 기동하며 존재한다고 알았고(행 17:28), 그래서 우리가 삶을 유지하고 존재하는 것은 물론이고, 우리의 모든 움직임과 행동까지도 하나님께 의존해야 함을 인정했다. 하나님의 섭리는 우리의 모든 사건을 주관하기 때문에 우리가 그 안에서 잘 지내려면, 그

것을 절대적으로 의지해야 한다. 하나님 우리 아버지는 자기 자녀들이 어디로 가야 할지 그리고 무엇을 해야 할지 지시하고 명령하시며, 우리 주 예수 그리스도는 특별한 방법으로 자신의 오른손에 붙들고 있는 별들 곧 그의 신실한 사역자들의 움직임을 지도하신다. 따라서 우리는 모든 길에서 하나님을 인정하고, 그분이 우리의 길을 지도하도록 해야 할 것이다.

2. 사도는 데살로니가 교인들의 번영을 위해 기도한다. 그는 그들에게 갈 수 있을지 또는 갈 수 없을지 몰랐지만, 그들의 영혼의 번영을 위해 간구했다. 그가 그들을 위해 기도한 내용은 두 가지인데, 우리도 우리 자신과 친구들을 위해 그 두 가지를 기도해야 한다.

(1) 그들이 사랑으로 곧 피차간과 모든 사람에 대한 사랑이 더욱 넘치도록(12절). 서로 사랑하는 것은 모든 그리스도인들의 의무임을 잊지 말자. 그리스도인들은 서로 사랑해야 할 뿐만 아니라 모든 사람들의 행복을 위해 자비로운 마음과 적절한 관심을 가져야 한다. 사랑은 하나님께 속한 것으로, 율법의 완성이자 복음의 완성이다. 디모데는 그들의 믿음에 관해 기쁜 소식을 가져왔지만, 그 속에는 부족한 면이 없지 않았다. 또 그들의 사랑에 관해서도 기쁜 소식을 가져왔지만, 사도는 그것이 더욱 많아 넘치게 되도록 기도한다. 우리는 모든 은혜 속에서 자라기를 원해야 하고, 은혜 속에서 자라가기 위해서는 성령의 능력을 필요로 한다. 이것을 얻는 길은 기도밖에 없다. 우리는 먼저 원하는 것을 손에 넣기 위해서 뿐만 아니라 그것을 더 진보시키기 위해서도 하나님께 의지해야 한다. 우리는 노력 외에 기도를 덧붙여야 한다. 데살로니가 교인들에게 이것을 환기시키기 위해 사도는 그들을 향한 자신의 사랑, 그 넘치는 사랑을 재천명한다. 우리는 받는 사랑이 클수록 감동도 더 풍성해져야 한다.

(2) 거룩함에 흠이 없는 모습으로 그들이 세워지도록(13절). 이 영적 유익은 더욱 많아 넘치는 사랑의 결과로서 언급되고 있다: (사랑이 더욱 많아 넘치게 하사) 너희 마음을 굳건하게 하시고. 우리가 은혜, 특히 사랑의 은혜 안에서 더욱 자라 풍성하게 되면 될수록 그 안에 더욱 굳건하게 서고, 강건해진다는 점을 유의하자. 또 거룩함은 천국에 갈 모든 사람들의 의무로 요청되고, 그 점에 있어서도 우리가 흠이 없어야 한다는 점을 잊지 말자. 즉 우리는 우리가 고백하는 신앙에 조금이라도 모순되지 않도록 모든 면에서 거룩함을 따라 행동해야 한다. 우리의 소원은 하나님 앞에서 그리고 주 예수 그리스도께서 강림하실 때

안전하게 보존받도록 거룩함에 굳게 서는 것이 되어야 한다. 우리는 주 예수께서 그의 모든 성도들과 함께 강림하실 때에 하나님 우리 아버지 앞에서 흠이 없어야 하고, 그분의 영광의 보좌 앞에 흠 없는 자로 나타나도록 거룩함에 굳게 서야 한다. 여기서 다음 세 가지를 주목해야 한다. [1] 주 예수는 반드시 강림하되, 영광 속에서 오실 것이다. [2] 그분이 강림하실 때 그의 성도들은 그분과 함께 올 것이다: 그 때에 너희도 그와 함께 영광 중에 나타나리라(골 3:4). [3] 그 때에 필수적이고 온전한 거룩함이 나타날 것이다. 왜냐하면 이것이 없으면, 어떤 심령도 그 날에 굳건하게 설 수 없고, 어느 누구도 흠이 없는 자로 나타나지 못할 것이며, 또한 영원한 멸망을 피하지 못할 것이기 때문이다.

$$제 4 장$$

개요

이 장에서 사도는 부정(不淨)에 대해 다양한 논리로 경고하면서, 거룩함을 넘치게 하라고 간절히 권면한다(1-8절). 이어서 그는 형제사랑이라는 핵심적 의무를 언급하고, 조용히 일함으로써 자신의 소명에 충실할 것을 강조한다(9-12절). 그리고 주 안에서 죽은 친척과 친구들 때문에 슬퍼하는 사람들을 위로하는 것으로 이 장을 끝맺는다(13-18절).

[1]그러므로 형제들아 우리가 끝으로 주 예수 안에서 너희에게 구하고 권면하노니 너희가 마땅히 어떻게 행하며 하나님을 기쁘시게 할 수 있는지를 우리에게 배웠으니 곧 너희가 행하는 바라 더욱 많이 힘쓰라 [2]우리가 주 예수로 말미암아 너희에게 무슨 명령으로 준 것을 너희가 아느니라 [3]하나님의 뜻은 이것이니 너희의 거룩함이라 곧 음란을 버리고 [4]각각 거룩함과 존귀함으로 자기의 아내 대할 줄을 알고 [5]하나님을 모르는 이방인과 같이 색욕을 따르지 말고 [6]이 일에 분수를 넘어서 형제를 해하지 말라 이는 우리가 너희에게 미리 말하고 증언한 것과 같이 이 모든 일에 주께서 신원하여 주심이라 [7]하나님이 우리를 부르심은 부정하게 하심이 아니요 거룩하게 하심이니 [8]그러므로 저버리는 자는 사람을 저버림이 아니요 너희에게 그의 성령을 주신 하나님을 저버림이니라

I. 거룩함을 넘치게 하라는 권면. 선한 일을 더욱 많이 힘쓰라(1,2절). 우리는 여기서 다음과 같은 사실을 확인할 수 있다.

1. 권면을 하는 태도 — 아주 다정하다. 사도는 그들에게 형제로서 간청한다. 그는 그들을 그렇게 부르고, 그 자격으로 그들을 사랑했다. 그들에 대한 사랑이 너무 컸기 때문에 그들에게 아주 간곡하게 권면한다: 너희에게 구하고 권면하노니(1절). 사도는 한 사람이라도 그것을 부정하지 않기를 바랐기 때문에 반복해서 권면한다.

2. 권면의 내용 — 그들이 거룩한 행실을 더욱 많이 하거나 선한 일을 더욱 넘

치게 하는 것. 그들의 믿음은 널리 소문이 났고, 이미 다른 교회의 모범이 되어 있었다. 그러나 사도는 다른 사람들을 더 능가하고, 거룩함에 있어서 더 진보하기를 원했다. 여기서 두 가지를 유의해야 한다. (1) 다른 사람들보다 훨씬 뛰어난 사람들도 결코 완전하지 않다. 우리 가운데 아무리 훌륭한 사람이라도 뒤에 있는 것은 잊어버리고 앞에 있는 것을 잡으려고 달려가야 한다(빌 3:13). (2) 우리는 복음을 믿는 것으로는 충분하지 않고, 믿음의 행위가 넘쳐야 한다. 우리는 끝까지 견인해야 할 뿐만 아니라 더욱 자라가, 하나님과 변함없이 그리고 친밀하게 교제하며 살아야 한다.

3. 사도가 권면을 강조하기 위해 펼치는 논증. (1) 그들은 자기들의 의무를 이미 알고 있었다. 그들은 주님의 뜻을 알고 있었고, 결코 무지를 핑계로 삼을 수 없었다. 믿음처럼 지식도 실천이 없으면 죽은 것이다. 그들은 자기들을 기독교로 개종시킨 자들 곧 자기들을 가르친 자들로부터 **마땅히 어떻게 행할지에 대해** 배웠다(1절). 복음의 목적은 사람들에게 그들이 무엇을 믿어야 하는지 뿐만 아니라 어떻게 살아야 하는지도 가르치는 것이다. 즉 그것은 사람들의 마음속에 관념들을 채우는 것으로 그치지 않고, 그들의 성품과 행동을 규제하는 것도 목적으로 삼는다. 사도는 그들에게 말하는 법이 아니라 행하는 법을 가르쳤다. 선한 삶이 없이 선한 말을 하는 것은 결코 우리를 천국으로 이끌지 못할 것이다. 그 이유는 그리스도 예수 안에 있는 사람들의 특징은 육신을 따르지 않고 영을 따르는데 있기 때문이다(롬 8:5). (2) 또 하나의 논증은 사도가 주 예수 그리스도의 이름으로 또는 그 권위로써 그들에게 가르치고 권면했다는 것이다. 그는 그리스도의 일꾼이자 대사로서, 그들에게 주 예수의 뜻과 명령을 선포했다. (3) 또 다른 논증은 이것이다. 곧 그렇게 할 때 그들이 하나님을 기쁘시게 할 수 있기 때문이다. 거룩한 행실은 거룩하신 하나님을 가장 크게 기쁘시게 한다. 그분은 거룩함으로 영광스러우신 분이다(출 15:11). 하나님을 기쁘시게 하고, 그분의 인정을 받는 것은 모든 그리스도인의 목표이자 포부가 되어야 한다. 우리는 사람이나 육신을 기쁘게 하는 자가 아니라 하나님을 기쁘시게 하기 위해 행해야 한다. (4) 그들이 행하고 지켜야 할 법은 주 예수로 말미암아 그들에게 무슨 명령으로 준 것이다(2절). 이것은 주 예수 그리스도 자신의 계명이었다. 왜냐하면 그분의 권위로 말미암아 그리고 그분의 지시에 의해 주어진 것으로, 그분의 뜻에 일치되기 때문이다. 주 예수 그리스도의 사도들은 그분이 그들에게 분부한 모든

것을 사람들에게 가르치도록 오직 그분으로부터 명령을 받았다(마 28:20). 비록 그들이 그리스도로부터 큰 권위를 받았다고 해도, 그것은 그리스도께서 명하신 것을 사람들에게 가르치라는 것이지 그들 자신의 명령을 가르치라는 것이 아니었다. 그들은 하나님의 재산에 대해 주인처럼 행동하거나(벧전 5:3), 또는 그 후계자인 것처럼 행해서도 안 되었다. 사도는 자신이 준 명령이 무엇인지 알고 있던 데살로니가 교인들에게 그가 주 예수로부터 받은 것 외에 다른 명령은 없다고 호소할 수 있었다.

II. 부정에 대한 경고. 부정은 거룩함 곧 그가 그들에게 그토록 간절하게 권면했던 거룩한 행실에 직접 반대되는 죄다. 이 경고는 다양한 논증들을 통해 표현되고 강조된다.

1. 그것은 음란을 버리라는 말씀으로 표현되고 있다(3절). 이 말을 우리는 미혼 상태에서든 기혼 상태에서든, 저지를 수 있는 모든 부정을 의미하는 것으로 이해한다. 음란이라는 말로 특별히 표현되었는데, 간음은 당연히 여기 포함된다. 그리고 다른 종류의 부정도 금지되는데, 그것들은 말하기조차 부끄러운 일이지만 너무나 많은 사람들에 의해 은밀하게 저질러지고 있다. 마음과 말 그리고 행동의 순결에 반하는 모든 것은 십계명에서 하나님이 명하신 것과 반대되고, 복음이 요구하는 거룩함과도 반대된다.

2. 이 경고를 강조하기 위해 다양한 논증을 사용한다. (1) 이 거룩함은 특별히 하나님의 뜻이다(3절). 하나님의 뜻은 이것이니 너희의 거룩함이라. 원래 우리가 거룩해야 한다는 것은 일반적인 하나님의 뜻이다. 왜냐하면 우리를 부르신 이는 거룩하고, 우리는 성령이 거룩하게 하심으로 구원을 위해 택하심을 받은 자들이기 때문이다. 하나님은 마음의 거룩함뿐만 아니라 우리 몸의 순결도 요구하신다. 따라서 우리는 육과 영의 온갖 더러운 것에서 자신을 깨끗하게 해야 한다(고후 7:1). 몸이 하나님께 드려지고, 또 그분을 위해 봉헌되고 구별되는 곳에서는 어디서나 그분을 섬기기 위해 합당하도록 깨끗하고 순결하게 지켜져야 한다. 순결은 우리의 거룩함의 한 항목으로서, 하나님이 그의 율법에 명하고 있고, 그분의 은혜가 모든 참 신자들 속에 일으키는 것이다. (2) 거룩함은 우리의 영예를 크게 높여줄 것이다. 이 점이 분명히 암시되어 있다(4절). 그 대신 그 반대는 큰 불명예가 될 것이다. 상함과 능욕을 받고 부끄러움을 씻을 수 없게 되나니(잠 6:33). 여기서 몸은 영혼의 그릇으로 불리는데, 그것은 그 안에 영혼이 거하기 때문이

다(삼상 21:5). 따라서 몸은 정욕으로 더럽혀지지 않고 깨끗해야 한다. 누구든지 영예를 중히 여기고 영예에 손상을 입지 않기 원한다면, 이 점을 유의하여 그의 저급한 욕망과 감정이 그의 이성과 양심을 폭군처럼 압제하지 못하도록 그리고 그의 영혼의 우월한 능력을 지배하지 못하도록 해야 할 것이다. 이성적인 영혼이 육신의 정욕과 야수 같은 욕망에 사로잡히는 것만큼 불명예가 어디 있겠는가? (3) 색욕을 따르는 것은 이방인처럼 살고 행동하는 것이다. 하나님을 모르는 이방인과 같이 색욕을 따르지 말고(5절). 이방인, 특히 헬라인들은 본성의 빛에 의해 분명히 금지되지 않은 더러움의 죄들을 자주 저질렀다. 그러나 그들은 그리스도인들이 알고 있는 것만큼, 즉 그들이 이것이 그분의 뜻이다, 다시 말해 우리의 거룩함은 그분의 뜻의 한 부분이라고 알고 있는 것처럼 하나님을 알지 못했고, 따라서 그분의 마음과 뜻도 깨닫지 못했다. 그러므로 이방인들이 육체의 탐욕과 정욕에 빠지는 것은 조금도 이상한 일이 아니다. 그러나 그리스도인들은 거듭나지 못한 이방인들처럼 음란과 정욕과 술취함과 방탕과 향락 등에 빠져서는 안 된다(벧전 4:3). 그 이유는 그리스도 안에 있는 사람들은 육체와 함께 그 정욕과 탐심을 십자가에 못 박았기 때문이다(갈 5:24). (4) 부정의 죄, 특히 간음죄는 하나님께서 응보로 다스릴 가장 큰 죄목 가운데 하나이다. 따라서 우리는 이 일에 분수를 넘어서 형제를 해하지 말라(6절)는 말씀을 바로 이해할 수 있어야 한다. 이 일에(엔 토 프라그마티)에서, 이(this)는 사도가 바로 앞 구절과 뒷 구절에서 언급하고 있는 죄 즉 부정의 죄를 가리킨다. 어떤 이들은 이 말을 더 폭넓게 불의와 압제, 사람들을 대할 때 저지르는 온갖 사기와 기만과 같은 복음에 반대되면서 확실히 범죄 요소를 갖춘 죄에 대한 경고 및 주의를 의미한다고 생각한다. 그리스도인들은 자기들이 대하는 사람들의 무지와 필요를 기만해서는 안 되고, 따라서 그들을 속이는 애매한 말이나 거짓말과 같은 술수를 부려서는 안 된다. 비록 이것이 미지의 사람들에 의해 저질러지고, 또 오랫동안 밝혀지지 않아 사람들에게는 합당한 처벌을 받지 못하는 경우가 있다손 치더라도, 의로우신 하나님께서는 그 행위대로 갚으실 것이다. 그러나 본문의 의미는 많은 경우에 있어서 부정의 죄로 말미암은 불의와 죄악으로 그치지 않음을 보여준다. 음행을 비롯한 다른 부정의 죄들은 죄를 범하는 자가 자신의 몸에 대해 죄를 범하는 것이다(고전 6:18). 그 죄들은 죄인 자신의 영혼과 육체 모두에 대해 크게 해를 끼칠 뿐만 아니라 남을 속이는 죄 못지않게 다른 사람들에 대해서도 부정의 죄를 범하는 것이며, 특히 결혼 언약 관계에 있는 사람들과 그 자손들에게는 훨씬 더 치명적이다. 그리고 이 죄는 극악한 속성을 갖고 있기 때문에 하나님께서 그 죄를 복수하시는 것은 당연하다. 음행하는 자들과 간음하는 자들을 하나님이 심판하시리라(히 13:4). 사도는 이것을 그의 복음을 통해 이미 경고하고, 증언했다. 복음 속에는 위대하고 보배로운 약속들이 풍성하게 담겨져 있지만, 동시에 하나님의 진노가 불의로 진리를 막는 사람들의 모든 경건하지 않음과 불의에 대하여 하늘로부터 나타난다(롬 1:18)는 내용도 들어있다. (5) 부정의 죄는 우리가 그리스도인으로 부르심 받은 소명의 본질과 목적에 반대된다: 하나님이 우리를 부르심은 부정하게 하심이 아니요 거룩하게 하심이니(7절). 하나님의 법은 온갖 부정을 금하고, 복음은 최고의 순결을 요구한다. 복음은 우리를 부정으로부터 거룩함으로 부른다. (6) 그러므로 하나님의 법과 복음을 멸시하는 것은 하나님 자신을 멸시하는 것이다: 그러므로 저버리는 자는 사람을 저버림이 아니요 너희에게 그의 성령을 주신 하나님을 저버림이니라(8절). 아마 어떤 이들은 그들과 같은 사람들로부터 그것을 들었기 때문에, 순결과 거룩함에 관한 교훈들을 가볍게 여길 것이다. 그러나 사도는 그것들이 사람의 말이 아니고 하나님의 명령임을 그들에게 알려주고, 그것들을 어기는 것은 하나님을 크게 무시하는 것임을 깨닫게 했다. 그는 하나님께서 그리스도인들에게 그의 영을 주셨음을 덧붙이면서, 온갖 종류의 부정의 죄를 범하는 것은 특별히 성령을 근심케 하고, 그분을 격분시켜 그분이 우리를 떠나가게 할 것임을 암시한다. 또한 성령은 이 죄들을 범하지 않도록 우리를 보호하고, 육신의 행위를 죽이도록 우리를 도우심으로써, 우리로 하여금 하나님께 대하여 살도록 주어진 것이다(롬 8:13).

⁹형제 사랑에 관하여는 너희에게 쓸 것이 없음은 너희들 자신이 하나님의 가르치심을 받아 서로 사랑함이라 ¹⁰너희가 온 마게도냐 모든 형제에 대하여 과연 이것을 행하도다 형제들아 권하노니 더욱 그렇게 행하고 ¹¹또 너희에게 명한 것 같이 조용히 자기 일을 하고 너희 손으로 일하기를 힘쓰라 ¹²이는 외인에 대하여 단정히 행하고 또한 아무 궁핍함이 없게 하려 함이라

이 부분에서 사도는 그리스도인의 중요한 의무들에 대해 언급한다.

Ⅰ. **형제사랑.** 사도는 이것을 더욱 크게 확대시키라고 그들에게 권면한다. 그

권면은 단순한 인사가 아니라 칭찬과 함께 주어지고 있다. 왜냐하면 그들이 이미 이에 대한 실천이 각별했기 때문이다. 그것은 그가 그것에 관하여 쓸 필요가 없을 정도였다(9절). 이처럼 그는 그들을 칭찬함으로써, 그들이 자신에 대해 호감을 갖도록 의도하였고, 그리하여 그는 그들에 대한 권면을 좀 더 수월하게 할 수 있었다. 우리도 다른 사람들의 장점을 칭찬해 줄 줄 알아야 한다. 그렇게 함으로써 우리는 그들이 그 장점을 더 풍성하게 드러내도록 만들 수 있을 것이다.

1. 사도가 그들을 칭찬한 것은 무엇인가. 그것은 그들 자신의 미덕이 아니라 하나님의 은혜에 대한 것이었다. 하지만 그는 그들 속에 나타난 하나님의 은혜의 증거들을 지적한다. (1) 그가 특별히 지적한 것은 하나님의 은혜였다. 즉 하나님께서 이 선한 교훈을 그들에게 가르치셨다는 것이다: 너희들 자신이 하나님의 가르치심을 받아 서로 사랑함이라(9절). 선한 일을 행하는 자는 누구나 그것을 하도록 하나님으로부터 가르침을 받은 것이고, 따라서 그 일로 영광을 받으실 분은 하나님이시다. 하나님의 가르치심을 받는 자는 누구나 서로 사랑하라는 이 교훈을 가르침받는다. 이것은 그리스도의 가족의 가훈이다. 또 성령의 가르치심은 사람들의 가르침을 능가한다는 사실을 명심하자. 어느 누구도 하나님이 가르치시는 것과 반대로 가르쳐서는 안 되는 것처럼, 어느 누구도 그분이 가르치시는 것처럼 효력 있게 가르칠 수 없다. 하나님이 가르치지 않으신다면, 사람의 가르침은 헛되고 무익하다. (2) 데살로니가 교인들은 그들의 사랑을 마게도냐 모든 형제에 대하여 행함으로써 하나님으로부터 가르치심을 받은 선한 증거를 보여주었다(10절). 그들은 그들이 속해 있는 도시와 사회의 사람들 곧 그들 자신과 같은 감정을 가진 근처의 사람들을 사랑했을 뿐만 아니라 그 사랑을 다른 곳의 사람들에게까지 확대시켰다. 참 그리스도인의 사랑은 거리의 차이를 불문하고, 또는 어떤 의견이나 관습의 차이를 막론하고, 모든 성도들에게 적용되어야 한다.

2. 그 권면의 내용은 이 위대한 형제사랑의 은혜와 의무를 더욱 증대시키라는 것이었다(10절). 데살로니가 교인들은 어떤 면에서 형제사랑의 권면이 필요 없는 상태에 있었다. 그럼에도 불구하고 그들은 그것을 완전히 결여하고 있는 것처럼, 더욱 기도하고 더욱 수고하도록 권면을 받는다. 이 세상에 사는 한 완전하게 사랑하는 자는 아무도 없다. 이런저런 은혜를 충분히 소유하고 있는 사

람들도 그것을 끝까지 유지할 뿐만 아니라 그것을 계속 증가시킬 필요가 있다.

Ⅱ. 그 부르심 안에서 조용히 일할 것. 여기서 다음과 같은 사실을 확인할 수 있다.

1. 사도는 그들에게 조용히 일할 의무에 대해 권면한다(11절). 조용하고 묵묵한 성품을 갖고, 평화롭고 얌전한 행동을 하는 것은 아주 바람직한 모습이다. 이런 성향은 우리 자신과 다른 사람들의 행복에 크게 도움이 된다. 그리스도인들은 조용하게 사는 법을 배워야 한다. 우리는 마음을 조용하고 고요하게 유지하고, 인내하는 영혼을 견지하며, 다른 사람들에 대해 묵묵한 태도를 취하는 법을 배우는데 열심을 내고 부지런해야 한다. 다시 말해 다툼과 분쟁 또는 분란을 일으키는 성격이 아니라 온유하고 부드럽고 온건하고 평화로운 성품을 갖기 위해 힘써야 한다. 사탄은 우리를 소란케 하는데 아주 열심이다. 우리는 마음속에 우리를 소란케 하는 경향을 갖고 있다. 그러므로 우리는 조용하게 사는 법을 배워야 한다. 그리고 그 다음에 자기 일을 하라는 말씀이 이어진다(11절). 우리가 이것을 지키지 아니하면 큰 불안에 휩싸이게 된다. 남의 일에 간섭하는데 분주한 사람들은 일반적으로 조용한 성품을 갖고 있지 못하고, 이웃들 사이에 큰 분란을 일으킨다. 최소한 그들은 본문에 나오는 또 다른 권면인 너희 손으로 일하기를 힘쓰라(11절)는 것 곧 그들 자신의 소명에 부지런하게 되는 것에 대해서는 거의 신경을 쓸 수 없다. 그러나 이것은 사도가 그들에게 명한 것으로, 오늘날 우리에게도 동시에 요청되는 것이다. 기독교는 우리의 특별한 소명에 관한 일과 의무를 우리에게서 면제시키지 않고, 오히려 그것들에 대해 부지런하라고 가르친다.

2. 그 권면은 두 가지 이유로 강조되고 있다. (1) 그렇게 살면 우리가 신용을 얻을 수 있기 때문이다. 그래야 우리는 외인 곧 불신자들을 향해, 성실하게 곧 정직하고 믿을 수 있게 일하게 될 것이다(12절). 이것이 복음에 어울리는 행함으로서, 외인들 곧 복음의 반대자들에게 좋은 평판을 얻게 될 것이다. 복음의 고백자들이 온유하고 조용한 정신을 갖고, 남의 일에 간섭하지 않고 자신의 일에 부지런히 힘쓴다면, 믿음에 광채를 크게 더해줄 것이다. (2) 그렇게 살면 우리가 아무 궁핍함이 없이 평안하게 살게 되기 때문이다(12절). 사람들은 자주 게으름으로 말미암아 스스로 궁지에 빠지고 궁핍을 자초하며 가난에 떨어진다. 그러나 자기의 일에 부지런한 사람들은 사람이 평안하고, 아무 궁핍함이 없

게 된다. 그들은 친구들에게 아무 짐이 되지 않고, 외인들에게도 걸림돌이 되지 않는다. 그들은 스스로 생계를 유지하고, 그렇게 하는 것을 큰 기쁨으로 여긴다.

[13]형제들아 자는 자들에 관하여는 너희가 알지 못함을 우리가 원하지 아니하노니 이는 소망 없는 다른 이와 같이 슬퍼하지 않게 하려 함이라 [14]우리가 예수께서 죽으셨다가 다시 살아나심을 믿을진대 이와 같이 예수 안에서 자는 자들도 하나님이 그와 함께 데리고 오시리라 [15]우리가 주의 말씀으로 너희에게 이것을 말하노니 주께서 강림하실 때까지 우리 살아남아 있는 자도 자는 자보다 결코 앞서지 못하리라 [16]주께서 호령과 천사장의 소리와 하나님의 나팔 소리로 친히 하늘로부터 강림하시리니 그리스도 안에서 죽은 자들이 먼저 일어나고 [17]그 후에 우리 살아남은 자들도 그들과 함께 구름 속으로 끌어 올려 공중에서 주를 영접하게 하시리니 그리하여 우리가 항상 주와 함께 있으리라 [18]그러므로 이러한 말로 서로 위로하라

이 단락에서 사도는 주 안에서 죽은 친척 및 친구들 때문에 슬퍼하는 데살로니가 교인들을 위로한다. 그의 의도는 그것 때문에 지나치게 근심하거나 과도하게 슬퍼하는 것을 그치게 하는데 있었다. 친구들의 죽음에 대한 모든 슬픔은 결코 불합리한 것이 아니다. 우리가 만약 그들에 대해 슬퍼하지 않는다면, 최소한 우리 자신에 대해 슬퍼할 것이다. 비록 죽는 것이 그들에게는 유익이라 할지라도, 우리에게 주어진 상실감 때문에 우리는 슬퍼하게 될 것이다. 그러나 우리는 다음과 같은 이유로 지나치게 슬퍼해서는 안 된다.

I. 그렇게 하면 우리에게 아무 소망이 없는 것처럼 보이기 때문이다(13절). 그것은 이 세상에서의 삶 말고는 더 나은 삶에 대한 소망이 전혀 없는 이방인들처럼 행동하는 것이다. 하지만 우리 그리스도인들은 이생 이후에 주어질 영생이라는 아주 확실한 소망을 갖고 있다. 이것은 거짓말을 하실 수 없는 하나님께서 우리에게 약속하신 것이다. 이 소망은 세상의 일로 말미암은 우리의 모든 기쁨과 슬픔을 적절하게 유지하도록 만들어줄 것이다. 이것은 현재 짊어지고 있는 십자가로 말미암은 우리의 모든 슬픔을 상쇄하고도 충분히 남을 것이다.

II. 이것은 죽은 자들에 관한 무지의 결과이기 때문이다(13절). 우리가 자는 자들에 관해 무지할 수밖에 없는 이유는 어느 정도 있다. 왜냐하면 그들이 옳

겨진 땅은 우리가 왕래할 수 없어 거의 모르는 어둠의 땅이기 때문이다. 죽은 자들 사이로 가는 것은 우리가 전혀 모르는 자들 곧 어떻게 사는지 전혀 모르는 자들 사이로 가는 것이다. 죽음은 미지의 일로서, 죽은 자들의 상태 또는 죽음 이후의 상태가 우리에게는 어둠 속과 다를 바가 없다. 그러나 특별히 주 안에서 죽은 자들에 관해서 우리는 어느 정도 아는 것이 있다. 우리는 그들에 관해 무지할 이유도 없고 또 무지해서도 안 된다. 만일 이 일들이 실제로 이해되고, 적절하게 고려된다면, 죽은 자들에 관한 우리의 슬픔은 크게 진정될 것이다.

1. 그들은 예수 안에서 자고 있다. 그들은 자는 자들이다(13절). 그들은 그리스도 안에서 잠자는 자들이다(고전 15:18). 죽음은 그들을 멸절시키지 못한다. 그들에게 죽음은 잠에 불과하다. 그것은 그들이 쉬는 것이요, 그것도 아늑한 휴식이다. 그들은 이 혼란한 세상으로부터 벗어나 그들의 수고와 슬픔을 멈추고 쉬고 있다. 그들은 예수 안에서 자고 있다(14절). 그분과 여전히 연합되어 있기 때문에 그들은 그분의 팔에 안겨 잠을 자고 있고, 그분의 특별한 보호와 보살핌을 받고 있다. 그들의 영혼은 그분과 함께 있고, 그들의 육체도 그분의 보호와 능력 아래 있다. 따라서 그들은 상실된 자들이 아니고, 오히려 죽음으로써 크게 얻은 자들이 되었다. 그들은 이 세상을 떠나 더 나은 곳으로 갔다.

2. 그들은 죽은 자들로부터 살아나고, 잠에서 깨어나게 될 것이다. 왜냐하면 하나님이 그와 함께 데리고 오실 것이기 때문이다(14절). 그 때 그들은 하나님과 함께 있고, 여기에 있었을 때보다 훨씬 더 좋은 곳에 있다. 하나님께서 오실 때, 그분은 그들을 자기와 함께 데리고 오실 것이다. 그리스도의 부활과 재림에 관한 교리는 죽음에 대한 두려움과 그리스도인 친구들의 죽음에 대한 과도한 슬픔을 진정시키는 큰 해독제가 될 것이다. 우리는 예수께서 죽으셨다가 다시 살아나심을 믿기 때문에 이 교리에 대해 충분한 확신을 갖고 있다(14절). 그리스도인들이 이것을 알고 믿는 것은 당연하다. 그리스도의 죽으심과 부활은 기독교 신앙의 근본진리이고, 우리로 하여금 즐거운 부활에 대한 소망을 가질 수 있게 만든다. 왜냐하면 그리스도께서 죽은 자 가운데서 다시 살아나사 잠자는 자들의 첫 열매가 되셨고(고전 15:20), 그러므로 그리스도 안에서 잠자는 자는 결코 망하거나 불쌍한 자가 되지 않기 때문이다(고전 15:18,19). 그분의 부활은 복음 안에서 또는 하나님의 말씀으로 말미암아 말해지는 모든 것을 충분히 확증한다. 즉 그것

은 생명과 불멸성을 밝히 드러냈다.

3. 그들의 지위와 상태는 그리스도께서 재림하실 때 영광스럽고 복되게 될 것이다. 사도는 데살로니가 교인들에게 이것을 주의 말씀으로(15절) 곧 주 예수로부터 온 신적 계시로 알려준다. 왜냐하면 죽은 자의 부활과 장래의 복된 상태는 구약 성도들에게는 신조(creed)의 한 부분이었지만, 그들에게는 복음 안에서 그리고 복음으로 말미암아 훨씬 더 분명하게 계시되었기 때문이다. 여기서 주의 말씀을 우리는 다음과 같이 알고 있다.

(1) 주 예수는 친히 하늘로부터 천상의 모든 위엄과 권능을 갖고 강림하실 것이다(16절): 주께서 호령과 천사장의 소리와 하나님의 나팔 소리로 친히 하늘로부터 강림하시리니. 그분은 부활 후 승천하셨는데, 공중을 거쳐 삼층천 곧 하늘의 하늘 속으로 들어가셔서 만물을 회복하실 때까지 그 안에 계실 것이다. 그런 다음 그분은 다시 오시는데, 영광 중에 오실 것이다. 그분은 하늘로부터 우리가 볼 수 있는 공중으로 내려오실 것이다(17절). 그분은 호령과 함께 곧 왕의 호령과 함께 그리고 천사장의 나팔소리와 함께 전능하신 왕과 정복자의 권능과 권위로 오실 것이다. 헤아릴 수 없는 천사들의 군대가 그분을 호위할 것이다. 주의 군대의 대장으로서 그분은 아마 자신의 오심을 선포하실 것이며, 이 위대하신 구속주와 심판자의 영광스러운 출현을 하나님의 나팔소리가 선언하고 안내할 것이다. 나팔소리가 울려 퍼질 때, 땅의 흙 속에서 잠자는 자들이 일어날 것이고, 모든 세상을 불러 모을 것이다.

(2) 죽은 자들이 살아날 것이다: 그리스도 안에서 죽은 자들이 먼저 일어나고(16절), 그리스도가 오실 때까지 살아남은 자들도 변화를 받을 것이다. 따라서 주께서 강림하실 때까지 우리 살아남아 있는 자가 자는 자보다 결코 앞서지 못한다는 것이 분명하다(15절). 그 날 구속주의 첫 번째 관심은 자기 안에서 죽은 성도들에게 있을 것이다. 그분은 살아남은 자들을 변화시키기 전에 죽은 자들을 일으키실 것이다. 따라서 그 날에 죽음 안에서 잠자지 않은 자들이 예수 안에서 잠자는 자들보다 더 큰 특권이나 기쁨을 누리는 것이 아니다.

(3) 살아남은 자들은 변화를 받을 것이다. 살아남은 자들은 그들과 함께 구름 속으로 끌어 올려 공중에서 주를 영접하게 하실 것이다(17절). 구름 속에 끌어올려지는 순간 또는 직전에 살아남은 자들은 엄청난 변화를 겪을 것이다. 그것은 죽는 것과 비견할 만한 것이다. 이 변화는 너무 신비해서 우리는 그것을 이해

할 수 없다. 우리는 거의 아니 전혀 그것을 모른다(고전 15:51). 단지 이 썩을 것이 썩지 아니할 것으로 입고(고전 15:54), 이 몸들은 하나님 나라를 상속받기에 적합한 상태로 바뀐다는 것만 일반적으로 알 뿐이다. 현재 상태의 혈과 육은 그러기에 부적합하기 때문이다. 이 변화는 순식간에 홀연히(고전 15:51), 곧 예수 안에서 잠자는 자들이 일어난 지 얼마 지나지 않아, 아니 바로 그 순간에 일어날 것이다. 일으킴을 받아 변화를 겪은 사람들은 구름 속에서 함께 만나는데, 거기서 그들은 주님과 함께 만날 것이다. 그 때 그들은 오시는 주님을 환영하고, 주님이 씌워 주시는 영광의 면류관을 받으며, 그분의 심판에 동반자가 되어 공중의 권세 잡은 자와 모든 악인들 곧 마귀 및 그의 타락한 천사들과 함께 멸망을 받도록 되어 있는 사람들을 향해 그분이 형을 언도하실 때 그분을 지지하고 찬양할 것이다.

(4) 그 날 성도들에게 영복이 임할 것이다. 그들은 항상 주와 함께 있을 것이다(17절). 모든 성도들이 함께 만나 영원히 함께 산다는 것은 그들의 복의 한 부분이다. 그러나 천국의 가장 큰 행복은 주와 함께 있는 것 곧 영원히 그분을 바라보고, 그분과 함께 살고, 그분을 즐겁게 하는 것이다. 이것은 죽은 친구들에 대해 성도들이 받는 큰 위로다. 죽음은 비록 분리를 낳지만, 그들의 영혼과 육체는 다시 만날 것이고, 우리와 그들은 다시 함께 만날 것이다. 우리와 그들은 모든 성도들과 함께 우리 주님을 만나고, 그분과 영원히 함께 살 것이다. 더 이상 그분과 또 그들 서로 간에 분리되는 일은 절대로 없을 것이다. 그래서 사도는 이러한 말로 서로 위로하라고 우리에게 권하는 것이다(18절). 우리는 슬픔을 당했을 때 서로 영혼을 무감각하게 하거나 서로의 손을 나약하게 하지 말고 서로 돕기 위해 힘써야 한다. 이 위로는, 마지막 날에 있을 죽은 자의 부활과 그리스도의 재림, 그리고 성도의 영광에 관한 교리로부터 배우는 그 좋은 다양한 교훈들을 진지하게 고려하고, 말해줌으로써 이루어질 수 있다.

제
— 5 —
장

개요

　　앞 장의 마지막 부분에서 그리스도의 부활과 재림에 관해 언급한 사도는 그리스도의 재림의 구체적 시기에 대해 알아보려는 것이 무익함을 강조한다. 그것은 악인들에게는 갑작스럽고 두려운 일이 되겠지만, 성도들에게는 위로가 될 것이다(1-5절). 이어서 사도는 그들의 지위에 합당하도록 깨어있음 곧 근신의 의무와 믿음과 소망과 사랑의 실천을 그들에게 권면한다(6-10절). 그리고 그 다음 말씀에서 사도는 그들이 다른 사람들에 대해 또는 서로에 대해 짊어져야 할 다양한 의무들에 관해 권면한다(11-15절). 그러고 나서 이 서신을 끝맺는다(22-28절).

[1]형제들아 때와 시기에 관하여는 너희에게 쓸 것이 없음은 [2]주의 날이 밤에 도둑 같이 이를 줄을 너희 자신이 자세히 알기 때문이라 [3]그들이 평안하다, 안전하다 할 그 때에 임신한 여자에게 해산의 고통이 이름과 같이 멸망이 갑자기 그들에게 이르리니 결코 피하지 못하리라 [4]형제들아 너희는 어둠에 있지 아니하매 그 날이 도둑 같이 너희에게 임하지 못하리니 [5]너희는 다 빛의 아들이요 낮의 아들이라 우리가 밤이나 어둠에 속하지 아니하나니

　　이 부분에서 우리는 다음과 같은 내용을 확인할 수 있다.

　I. 사도는 데살로니가 교인들에게 그리스도의 재림의 구체적 시기에 관해 묻는 것이 불필요하고 무익하다고 말한다.　형제들아 때와 시기에 관하여는 너희에게 쓸 것이 없음은(1절). 그리스도께서 다시 오시는 것은 확실하고, 그분이 언제 오실지 정해진 시기가 있는 것도 확실하다. 그러나 사도는 이 시기에 관해 쓸 필요가 없었다. 그러므로 그는 이에 관해 아무 계시를 받지 않았다. 그들 아니 우리도 이 비밀에 관해 물을 필요가 없다. 그것은 아버지께서 자기의 권한에 두신 것이다(행 1:7). 그 날과 그 때는 아무도 모르나니(막 13:32). 그리스도 자신도 땅에 계시는 동안 이것을 알려주지 아니하셨다. 그것은 교회의 위대한 선지자로서

그분의 사명이 아니었다. 그분은 사도들에게도 그것을 말씀하지 아니하셨다. 그렇게 하실 것이 없었다. 우리는 우리의 일을 해야 할 시간과 시기 속에 있다. 이것을 알고 준수하는 것이 우리의 의무요 관심사다. 그러나 우리는 모르는 시간과 시기에 대해서는 계산을 멈추어야 한다. 굳이 그것을 알 필요가 없다. 우리는 지식으로 알 필요가 없는, 또는 아는 것이 아무 유익이 되지 않는 일에 대해 알고 싶어하는 헛된 호기심이 너무 많다.

Ⅱ. 사도는 그리스도의 재림이 갑자기 임하고, 대다수 사람들에게 큰 충격을 주는 사건이 될 것이라고 말한다. 이것이야말로 그들이 철저히 알아야 할 것 또는 알 수 있는 것이다. 왜냐하면 우리 주님이 친히 그렇게 말씀하셨기 때문이다: 생각하지 않은 때에 인자가 오리라(마 24:44). 그러므로 깨어 있으라 집 주인이 언제 올는지 너희가 알지 못함이라 그가 홀연히 와서 너희의 자는 것을 보지 않도록 하라(막 13:35,36). 말할 것 없이 사도도 그들에게 그리스도의 재림에 관해 갑자기 오신다는 뜻으로 밤에 도둑 같이 이를 것이라고 말한다(2절; 계 16:15). 도둑이 보통 전혀 예상하지 못한 때인 한밤중에 오는 것처럼, 주의 날도 그렇게 불시에 임할 것이다. 그분의 출현은 갑자기 그리고 느닷없이 임할 것이다. 이에 관한 지식이 정확한 시간을 아는 것보다 훨씬 더 유익하다. 그 이유는 이것이 정신을 차리도록 우리를 깨우고, 우리로 하여금 그분이 언제 오시든 상관없도록 준비시킬 기회를 주기 때문이다.

Ⅲ. 사도는 그리스도의 재림이 거듭나지 못한 자들에게 얼마나 두려운 일인지를 말한다(3절). 주의 날에 그들은 멸망을 당할 것이다. 공의의 하나님은 자신과 자기 백성들의 원수들을 파멸시키고, 그들의 파멸은 총체적이고, 최종적인 것이 될 것이다.

1. 그것은 갑자기 닥칠 것이다. 그것은 그들이 육체의 안일과 쾌락에 빠져 있을 때 곧 그들이 평안하다, 안전하다 말할 때, 그들이 행복을 꿈꾸고, 환상과 관능의 헛된 향락에 빠져 흥청거리느라 그것을 전혀 생각하지 못할 때, 느닷없이 엄습할 것이다. 임신한 여자에게 해산의 고통이 이름과 같이(3절). 참으로 정해진 시간에, 그러나 전혀 예상치 못하거나 크게 두려워하지 않은 때에 임한다는 뜻이다.

2. 그것은 피할 수 없는 멸망이 될 것이다: 결코 피하지 못하리라(3절). 그들은 절대로 면할 수 없을 것이다. 그들이 그 날의 공포와 형벌을 피할 수 있는 가능

한 수단은 절대로 없을 것이다. 행악자는 숨을 만한 곳이 없을 것이다(욥 34:22). 즉 악인들을 파멸케 하는 폭풍으로부터 숨을 피난처나 불타는 열로부터 피할 그늘이 없을 것이다.

IV. 사도는 이 날이 의인들에게는 참으로 위로받는 날이 될 것이라고 말한다 (4,5절).   여기서 다음과 같은 사실을 확인할 수 있다.

1. 그들의 특징과 특권. 그들은 어둠에 있지 아니할 것이다. 그들은 빛의 아들이요 낮의 아들이다. 이것은 모든 참 그리스도인들에게 속하는 것이므로 데살로니가 교인들에게도 희소식이었다. 그들은 이방인처럼 죄와 무지 가운데 있지 않았다. 그들은 한때 어둠이었으나 주 안에서 빛이 되었다. 그들은 불가시적이고 영원한 일들, 특히 그리스도의 재림과 그 결과들에 관한 신적 계시의 혜택을 받고 있었다. 그들은 낮의 아들이었다(5절). 왜냐하면 낮의 별이 그들 위에 떠 있었기 때문이다. 아니, 의의 태양이 그들 위에 떠올라 그 날개로 그들을 고치셨기 때문이다. 그들은 더 이상 이방인의 어둠이나 율법의 그림자 속에 있지 않고, 생명과 썩지 아니할 것을 밝히 드러내는 복음 아래 있게 되었다(딤후 1:10).

2. 이 날에 관해 그들이 갖고 있는 유리한 점: 그 날이 도둑 같이 너희에게 임하지 못하리니(4절). 그들은 최소한 그 날에 놀랄 일이 있다면, 자기들의 죄악에 대한 것뿐이었다. 그들은 은혜로 경고를 받았고, 그 날에 대해 대비하도록 충분히 도움을 받았다. 그래서 인자 앞에서 위로와 확신을 갖고 서게 되리라는 소망이 있었다. 그 날이 그들에게는 구원에 이르게 하기 위하여 죄와 상관 없이 자기를 바라는 자들에게 두 번째 나타나시고(히 9:28), 밤의 도둑이 아니라 친구로 오실 주 앞으로부터 새롭게 되는 날이다(행 3:19).

[6]그러므로 우리는 다른 이들과 같이 자지 말고 오직 깨어 정신을 차릴지라 [7]자는 자들은 밤에 자고 취하는 자들은 밤에 취하되 [8]우리는 낮에 속하였으니 정신을 차리고 믿음과 사랑의 호심경을 붙이고 구원의 소망의 투구를 쓰자 [9]하나님이 우리를 세우심은 노하심에 이르게 하심이 아니요 오직 우리 주 예수 그리스도로 말미암아 구원을 받게 하심이라 [10]예수께서 우리를 위하여 죽으사 우리로 하여금 깨어 있든지 자든지 자기와 함께 살게 하려 하셨느니라

여기서 사도는 앞서 말한 것에 근거하여 몇 가지 필요한 의무들을 시의적절하게 권면한다.

I. 깨어 정신을 차리라(6절). 깨어있음과 정신을 차림 곧 절제, 이 두 가지 의무는 별개의 의무지만, 상호 간에 밀접한 관계를 맺고 있다. 왜냐하면 우리는 너무나 많은 유혹에 둘러싸여 무절제하거나 지나치기 십상이라 깨어있지 아니하면 정신을 차릴 수 없고, 또 반대로 정신을 차리고 있지 아니하면 깨어 있을 수 없기 때문이다.

1. 그러므로 우리는 다른 이들과 같이 자지 말고 오직 깨어있자(6절). 우리는 방심하거나 부주의해서는 안 된다. 곧 영적 게으름과 나태에 빠져서는 안 된다. 우리는 죄와 죄에 대한 유혹에 대해 경계를 늦추지 말고 지속적으로 깨어있어야 한다. 대부분의 사람들은 자기 의무에 대해 너무 부주의하고, 영적 원수에 대해 지극히 무관심하다. 그들은 가장 큰 위험 속에 있으면서도 평안하다, 안전하다고 말한다(5:3절). 그리고 허망한 꿈에 빠져서 영원이 달려있는 보배 같은 시간들을 허송해버리고, 잠에 빠져있는 사람들이 그러하듯이 다른 세상에 관해서는 아무 생각도 없고 관심도 없다. 그들은 잠자는 자들이기 때문에 다른 세상의 일에 대해서는 전혀 감각이 없다. 또는 꿈꾸고 있기 때문에 그것들에 대해 현실적인 생각을 하지 못한다. 그러나 우리는 깨어, 깨어있는 사람들처럼 행동하고, 경계를 굳게 해야 한다.

2. 우리는 또한 정신을 차려야 한다. 즉 절제하고 근신해야 한다. 우리는 이 세상의 일들에 관한 우리의 본능적 욕구와 욕망을 적절한 범주 안에서 조절해야 한다. 정신을 차리는 것 곧 절제는 보통 음식이나 술을 지나치게 섭취하는 것에 반대되는 말이다. 여기서는 특별히 술 취함에 반대되는 말로 사용되고 있다. 그러나 이 말은 또한 다른 모든 세상 것들에까지 적용된다. 따라서 우리 구주도 제자들에게 너희는 스스로 조심하라 그렇지 않으면 방탕함과 술 취함과 생활의 염려로 마음이 둔하여지고 뜻밖에 그 날이 덫과 같이 너희에게 임하리라(눅 21:34)고 경고하셨다. 모든 세상 것들에 관해, 우리는 주께서 가까우시므로 우리의 관용(moderation)을 모든 사람에게 알게 해야 한다(빌 4:5). 이 외에도 깨어있음과 정신을 차림은 그리스도인에게는 낮의 아들로서, 그 특징과 특권에 가장 일치되는 미덕이다. 왜냐하면 자는 자들은 밤에 자고 취하는 자들은 밤에 취하기 때문이다(7절). 사람들이 낮에 잠을 자는 것은 아주 몰상식한 일이다. 낮은

잠을 자기 위한 시간이 아니라 일하기 위한 시간이기 때문이다. 따라서 지켜보는 눈들이 많은 낮에 술 취하는 것은 수치를 드러내는 것이다. 만일 신적 계시의 혜택을 누리지 못한 자들이 방심으로 마귀에게 유혹을 받아 잠에 빠진다면, 만일 그들이 욕망의 목에 고삐가 채워지고 온갖 방탕과 무절제에 빠진다면, 그것은 결코 이상한 일이 아니다. 그들은 밤에 속한 자들이기 때문이다. 그들은 자기들의 위험성에 대해 전혀 무감각하고, 그래서 잠에 빠져버렸다. 그들은 자기들의 의무에 대해서도 전혀 무감각했다. 그래서 술에 취했다. 그러나 그리스도인이 그렇게 하면 잘못된 것이다. 그 얼굴에 영광스러운 복음의 빛이 비추어진 그리스도인들이 영혼에 대해 부주의하고, 다른 세상에 대해 아무 생각이 없다면, 어찌될까? 보는 눈을 그토록 많이 갖고 있는 사람들은 특별한 교양을 갖추고 행동해야 하는 법이다.

Ⅱ. 깨어있을 뿐만 아니라 또한 무장하라(8절).   즉 하나님의 전신갑주를 입으라. 이것은 우리에게 어울리는 근신을 위해서도 필수적이고, 주의 날을 대비하기 위해서도 필요하다. 왜냐하면 우리의 영적 원수들은 수가 많고 힘이 강하고 악의로 가득 차 있기 때문이다. 그들은 많은 사람들을 부주의와 방심으로 이끌고, 취하게―교만으로, 정욕으로, 자기오만으로 그리고 관능으로― 만들어 방탕으로 이끈다. 따라서 우리는 이런 시험들에 대해 마음을 지키는 호심경을 붙이고, 머리를 보호하는 영적 투구를 씀으로써, 무장할 필요가 있다. 이 영적 갑주는 믿음, 소망, 사랑이라는 세 가지 특별한 은혜로 구성되어 있다(8절).

1. 우리는 믿음으로 살아야 한다. 믿음은 우리가 깨어 정신을 차리도록 지켜줄 것이다. 만일 우리가 하나님(곧 영이신)의 눈이 항상 우리 위에 있다는 것, 우리에게는 맞서 싸워야 할 영적 원수들이 있다는 것, 그리고 대비해야 할 영들의 세계가 있다는 것을 믿는다면, 깨어 정신을 차려야 할 이유를 깨닫게 될 것이다. 믿음은 우리 원수들의 공격을 물리치는 최고의 방책이 될 것이다.

2. 우리는 사랑으로 불타는 가슴을 가져야 한다. 이것 또한 우리의 방책이 될 것이다. 하나님과 그분의 일들에 대한 참되고 열렬한 사랑은 우리로 하여금 깨어 정신을 차리도록 인도하고, 환난과 시험의 때에 우리가 배교하지 않도록 지켜줄 것이다.

3. 우리는 구원을 우리의 소망으로 삼아야 한다. 이 소망이 우리의 삶의 활력소가 되어야 한다. 영생에 대한 이 선한 소망은, 은혜로 말미암아, 우리의 머리

를 보호해주는 투구가 되고, 죄의 쾌락에 도취된 방탕으로부터 우리를 지켜줄 것이다. 만일 우리가 구원의 소망을 갖고 있다면, 그 소망에서 흔들리게 하거나 우리를 무가치한 일로 이끌거나 우리가 바라는 위대한 구원에 부적절한 일은 절대로 행하지 않도록 조심해야 한다. 구원과 그 소망에 대해 언급한 사도는 그리스도인들이 왜 이 소망을 가져야 하는지 그 근거와 이유에 대해 언급한다. 그 언급을 살펴보면, 그것에 대해 그들이 아무 공로가 없음을 강조한다. 아니, 우리의 공로를 강조하는 교리는 전혀 비성경적이고, 반성경적이다. 그런 교리 속에는 참된 소망에 대한 근거가 전혀 들어있지 않다. 그러나 우리의 소망은 다음과 같은 것에 근거되어 있다.

(1) 하나님의 약속: 하나님이 우리를 세우심은 노하심에 이르게 하심이 아니요 오직 우리 주 예수 그리스도로 말미암아 구원을 받게 하심이라(9절). 만일 우리가 우리 구원의 첫 번째 원인을 추적해본다면, 그것은 곧 하나님의 약속이다. 어둠과 무지 속에서 살고 죽는, 또 밤에 자고 취하는 자들처럼 잠자고 취한 사람들에게는 너무나 분명히 노하심이 약속되어 있고, 낮에 속한 사람들에게는 분명히, 만일 그들이 깨어 정신을 차리고 있다면, 구원을 받는 것이 약속되어 있다(9절). 그리고 그 신적 약속의 확실성과 견고성은 우리로 하여금 소망을 유지하는데 큰 도움과 용기를 준다. 우리가 우리 자신의 공로나 힘으로 구원을 얻었다면, 그에 대한 소망은 거의 아니 전혀 가질 수 없었을 것이다. 그러나 우리가 하나님의 약속으로 말미암아 구원을 얻도록 되어 있음을 안다면, 우리는 흔들리지 않는 소망 위에 서서 결코 흔들릴 수 없음을 확신할 수 있다(그분의 목적은, 택하심에 따라, 굳게 설 것이기 때문이다).

(2) 특히 그리스도의 공로와 은혜. 구원은 우리를 위해 죽으신 우리 주 예수 그리스도로 말미암아 주어진다. 그러므로 우리의 구원은 하나님의 약속과 더불어 그리스도의 속죄에 기인하고, 구원에 대한 우리의 소망도 역시 그 위에 기초되어 있다. 우리가 이 목적에 대해 곧 깨어있든지 자든지(우리가 살든지 죽든지, 왜냐하면 사도가 앞에서 암시한 것처럼, 죽음은 신자들에게는 잠에 불과하기 때문이다), 그리스도와 함께 살게 하려고 즉 영원히 그분과 연합하고, 또 그분과 더불어 영광 속에서 살게 하려는 목적에 대해 생각할 때, 하나님의 은혜로운 계획과 목적에 따라 생각해야 하는 것처럼, 그리스도의 죽음과 고난에 대해서도 똑같이 생각해야 한다(10절). 그리고 구원은 그리스도인들로 하여금

주와 함께 영원히 살 것을 바라도록 하기 때문에, 그들의 소망의 한 가지 기초는 그들이 그분과 연합하는 것이다. 만일 그들이 여기서 그리스도와 연합하여 그분 안에서 살고 그분을 위해 산다면, 죽음의 잠은 영생에 대한 편견을 없애줄 것이고, 나아가 내세에서의 영광의 삶에 대해서는 더 두말할 것도 없이 그렇게 할 것이다. 오히려 그리스도께서 우리를 위해 죽으셨기 때문에 우리는 살든지 죽든지 그분의 것이고, 따라서 여기서 사는 동안 그분을 위해 살고, 또 저기 천국에 가서도 그분과 함께 살게 될 것이다.

11그러므로 피차 권면하고 서로 덕을 세우기를 너희가 하는 것 같이 하라 12형제들아 우리가 너희에게 구하노니 너희 가운데서 수고하고 주 안에서 너희를 다스리며 권하는 자들을 너희가 알고 13그들의 역사로 말미암아 사랑 안에서 가장 귀히 여기며 너희끼리 화목하라 14또 형제들아 너희를 권면하노니 게으른 자들을 권계하며 마음이 약한 자들을 격려하고 힘이 없는 자들을 붙들어 주며 모든 사람에게 오래 참으라 15삼가 누가 누구에게든지 악으로 악을 갚지 말게 하고 서로 대하든지 모든 사람을 대하든지 항상 선을 따르라

이 부분에서 사도는 데살로니가 교인들에게 여러 가지 의무에 대해 권면한다.

I. 서로 긴밀한 관계 속에 있는 사람들에 대한 의무. 이런 사람들은 스스로 위로하거나 피차 권면하며, 서로 덕을 세워야 한다(11절).

1. 그들은 스스로 그리고 서로 간에 위로하거나 권면해야 한다. 왜냐하면 여기서 사용된 원어는 이 두 가지 모두에 대해 적용될 수 있기 때문이다. 우리는 여기서 스스로 위로할 수 있는 사람들은 남도 쉽게 위로할 수 있고, 스스로 위로하거나 남을 위로할 수 있는 길은 말씀의 권면에 순응함으로써 이루어진다는 사실을 확인할 수 있다. 우리는 우리 자신의 위로와 행복뿐만 아니라 다른 사람들의 위로와 행복을 촉진시켜주는 것에 대해서도 유념해야 한다. 가인은 내가 내 아우를 지키는 자니이까라고 말했다(창 4:9). 우리는 짐을 서로 지고, 그리스도의 법을 성취해야 한다(갈 6:2).

2. 그들은 서로 덕을 세우는 일을 힘씀으로써(롬 14:19), 서로 간에 덕을 세워주어야 한다. 그리스도인들은 신령한 집으로 함께 세워져 가는 산 돌이기 때문에,

서로 간에 은혜의 일을 도모함으로써, 교회 전체의 유익을 높이도록 힘써야 한다. 그리고 우리가 함께 생활하는 사람들의 덕을 세우기 위해 모든 사람을 기쁘게 하여 그들의 유익을 구하는 것(고전 10:33)은 우리의 의무다. 우리는 우리의 지식과 경험을 서로 나누어야 한다. 기도하고 찬양하는데 합력해야 한다. 또 서로 간에 좋은 본보기를 보여주어야 한다. 또 이처럼 피차 권면하고, 서로 덕을 세워주는 것은 특별히 이웃이나 가족들에 대한 의무이기도 하다. 이것은 최고의 가족애로서, 교제의 목적을 달성하는데 최상의 수단이다. 가까운 관계 속에 있고 서로에 대해 애정을 갖고 있는 사람들은 서로 사랑할 수 있는 가장 많은 기회를 갖고 있는 것만큼, 동시에 가장 큰 의무를 지고 있기도 하다. 데살로니가 교인들은 이것을 실천했고(너희가 하는 것같이), 그들은 이것을 지속적으로 행하고, 더욱 증가시키도록 권면받았다. 이미 선을 행하는 사람들도 그 선을 계속 실천할 뿐만 아니라 더 잘 실천하도록 권면받을 필요가 있음을 유의하자.

II. **복음사역자들에 대한 의무**(12,13절).   사도 자신은 데살로니가 교인들과 멀리 떨어져 있었으나, 그들 중에는 그들을 위해 수고해온 다른 사역자들이 있었다. 그들은 이 사역자들에 대해 감당해야 할 의무가 있었다. 사도는 그들에게 다음과 같은 의무를 권면한다.

1. 복음 사역자들의 직분이 어떻게 묘사되고 있는지 살펴보자. 그들이 부르심을 받아 존경받고 영예로운 이름을 얻은 것보다 그들이 부르심을 받은 그 사역과 의무를 염두에 두어야 한다. 그들의 사역은 아주 막중하고 크게 영광스럽고 매우 유익한 일이다.

(1) 사역자들은 교인들 사이에서 수고하되, 부지런히 그리고 소진할 때까지(이것이 원래 의미다) 수고해야 한다. 그들은 말씀과 가르침에 수고하는 이들이어야 한다(딤전 5:17). 그들은 일하는 자로 부르심을 받았지, 노는 자로 부르심받지 아니했다. 그들은 교인들을 가르치고, 위로하고, 덕을 세워주기 위해 수고하는 자들이 되어야 한다.

(2) 사역자들은 또한 교인들을 다스려야 한다. 그것은 딤전 5:17에도 나타나 있다. 그들은 다스리되, 엄격함이 아니라 사랑으로 해야 한다. 그들은 세상 군주들이 다스리는 것처럼 군림하는 자가 되어서는 안 된다. 영적 인도자로서 양떼들의 좋은 본보기가 되어 다스려야 한다. 그들은 주 안에서 교인들을 다스린다는 점에서 세상 통치자들과 구별되고, 또 그들은 그리스도에 의해 임명받은,

그분 아래 있는 통치자로서 그들 자신의 법이 아니라 그리스도의 법에 의해 교인들을 다스려야 한다. 이것은 또한 그들의 직분과 모든 수고의 목적을 암시해 준다. 즉 그들은 주님을 섬기고, 그분의 영예를 위해 일하는 자들이라는 것이다.

(3) 그들은 기회가 있을 때마다 교인들을 공적 및 사적으로 권해야 한다. 그들은 교인들이 행실을 잘 하도록 가르치고, 나쁜 행동을 할 때는 책망해야 한다. 좋은 충고나 권면을 통해 양 떼들이 빠지기 쉬운 위험들을 경고해 주고, 과실이나 다른 잘못들에 대해 책망하는 것은 그들의 의무다.

2. 사역자들에 대한 교인들의 의무를 살펴보자. 사역자와 교인들 간에는 서로 지켜야 할 의무가 있다. 만일 사역자들이 교인들 사이에서 수고한다면, 교인들은 다음과 같이 해야 한다: (1) 교인들은 사역자들을 알아야 한다. 목자가 그의 양들을 아는 것처럼, 양도 자신의 목자를 알아야 한다. 그들은 그의 인격을 알고 그의 음성을 듣고 자신의 목자로 그를 인정하며 그의 가르침과 다스림과 권면에 합당한 관심을 가져야 한다. (2) 그들은 사역자들을 사랑 안에서 크게 존경해야 한다. 사역자의 직분을 높이 평가하고 사역자의 인격을 존중하고 온갖 적절한 방법을 통해 자기들의 존경과 사랑을 보여주어야 한다. 이렇게 해야 하는 이유는 사역자들의 직무 때문이다. 그들의 직무는 그리스도의 영광과 사람들의 영혼의 행복을 높이는데 있기 때문이다. 신실한 사역자들은 그들이 감당하고 있는 직분 때문에 높이 평가를 받아야 하기 때문에 결코 경홀히 여김을 받아서는 안 된다.

III. 사도는 그리스도인 상호 간의 의무에 관한 여러 가지 권면을 제시한다.

1. 너희끼리 화목하라(13절). 어떤 이들은 이 권면을 교인들이 그들의 사역자들에 대해 지켜야 할 의무를 가리키는 것으로 이해한다(다른 사본에 나타난 내용에 따라). 즉 사역자들과 화목하게 지내고, 둘 사이에 어떤 경우든 불화를 일으키거나 촉진시켜서는 안 된다는 것이다. 그 둘 사이의 불화는 확실히 사역자가 성공적으로 사역하는 것과 교인들이 덕을 세우는 것을 방해할 것이다. 그러므로 사역자와 교인들은 서로 간의 감정을 갈라놓는 경향이 있는 일들을 피해야 한다. 또 교인들은 그들 사이에서 일어나거나 지속될 수 있는 차별들을 극복하는 일은 무엇이든 행하고, 그들 사이의 평강과 일치를 유지시키는 적절한 수단들은 무조건 강구함으로써, 교인들 간에 화목을 유지해야 한다.

2. 게으른 자들을 권계하라(14절). 어떤 사회든 규모 없이 사는 사람들이 있기 마련이다. 그들은 자신의 지위나 위치에 맞지 않게 행동한다. 그들을 권면하고 계몽하는 것은 사역자들의 의무일 뿐 아니라 그리스도인 각자의 의무이기도 하다. 이들은 그들의 죄에 대해 책망받고, 그들이 처한 위험에 대해 경고받으며, 그들 자신의 영혼에게 가해질 손해와 그들이 남에게 끼치는 해악에 대해 분명히 들어야 할 필요가 있다. 이들은 자기들이 무엇을 해야 하는지 그 의무를 명심해야 하고, 그것을 게을리한 것에 대해서는 비난을 받아야 한다.

3. 마음이 약한 자들을 격려하라(14절). 여기서 말하는 마음이 약한 자들이란 소심하거나 심약한 자들 또는 낙심과 근심 속에 있는 자들을 말한다. 어떤 사람들은 겁이 많고 난관을 두려워한다. 또 위험과 상실과 고통에 대한 생각만 해도 낙심에 빠진다. 이런 사람들은 용기를 북돋아 주어야 한다. 우리는 그들을 멸시해서는 안 되고, 위로해 주어야 한다. 친절하고 위로하는 말 한 마디가 그들에게 얼마나 좋은 역할을 할지 누가 아는가?

4. 힘이 없는 자들을 붙들어 주라(14절). 어떤 사람들은 자신의 일을 잘 수행하지 못하고, 그 부담에 힘들어 한다. 그러므로 우리는 그들을 붙들어주고 그들의 부족함을 도와주며 그 짐을 함께 짊어짐으로써 그것을 덜어주어야 한다. 참으로 연약한 자들을 강건하게 붙들어주는 것은 하나님의 은혜다. 그러나 우리는 그 은혜를 그들에게 말해주고, 그들에게 그 은혜를 베푸는 사자가 되어야 한다.

5. 모든 사람에게 오래 참으라(14절). 우리는 참고 견뎌야 한다. 비록 모욕을 받거나 손해를 볼 염려가 있을지라도, 오래 참고 분노를 억제해야 한다. 적어도 우리는 분노를 조절하는데 실패해서는 안 된다. 이 의무는 선인이든 악인이든, 귀한 자든 천한 자든 가리지 않고, 모든 사람에게 행해져야 한다. 우리는 우리의 기대나 요구를 지나치게 높여서도 안 되고, 원한에 사무쳐서도 안 되며, 자신의 짐에 대해 너무 부담스러워 하지도 말고, 모든 것을 할 수 있는 한 가장 좋게 사용하고, 모든 사람에 대해 할 수 있는 한 최선의 생각을 가질 수 있도록 노력해야 한다.

6. 삼가 누가 누구에게든지 악으로 악을 갚지 말게 하라(15절). 우리는 이것을 명심하고, 극히 조심해야 한다. 우리는 스스로 복수하는 것을 절대로 삼가야 한다. 비록 다른 사람이 우리에게 손해를 끼쳤다고 해도, 그것에 대해 앙갚음을 하는 것 즉 그들에게 동일한 또는 유사한 아니면 어떤 다른 일로 보복을 하는

것은 우리를 정당화시키지 못한다. 우리는 하나님의 용서를 받고, 또 그 용서를 바라는 자로서 용서하는 것이 어울린다.

7. 항상 선을 따르라(15절). 일반적으로 우리는 모든 상황 속에서, 사람들이 우리를 악하게 대하든 선하게 대하든 상관없이, 우리의 의무를 다하고 하나님을 기쁘시게 하는데 힘써야 한다. 사람들이 우리를 어떻게 대하든, 우리는 그들에게 선을 행해야 한다. 우리는 항상 우리들 가운데서(먼저 믿음의 가정들에게 해야 하기 때문에) 그리고 기회 있는 대로 모든 이에게(갈 6:10), 남의 행복을 촉진시키는 도구가 되기를 힘써야 한다.

¹⁶항상 기뻐하라 ¹⁷쉬지 말고 기도하라 ¹⁸범사에 감사하라 이것이 그리스도 예수 안에서 너희를 향하신 하나님의 뜻이니라 ¹⁹성령을 소멸하지 말며 ²⁰예언을 멸시하지 말고 ²¹범사에 헤아려 좋은 것을 취하고 ²²악은 어떤 모양이라도 버리라

여기서 우리는 우리의 기억을 무겁게 하지 않으면서, 우리의 마음과 삶의 지침으로는 크게 유익한 여러 가지 짧은 권면들을 접하게 된다. 그 의무들은 너무 중요하기 때문에 우리는 그것들이 어떻게 서로 연결되어 있고, 상호 의존적인지를 살펴보아야 한다.

1. 항상 기뻐하라(16절). 이것은 영적 기쁨으로 이해되어야 한다. 왜냐하면 우리는 세속적 기쁨에 대해서는 즐겁지 않은 것처럼 즐거워해야 하기 때문이다. 우리는 이 세상에서 오래 살기를 염원하고, 그것이 전부인 것처럼 기뻐해서는 안 된다. 그 대신 하나님 안에서 기뻐하되, 항상 기뻐해야 한다. 그분 안에서 우리의 기쁨은 충만하게 될 것이다. 만일 우리가 지속적인 기쁨의 잔치를 갖지 못한다면, 그것은 우리의 잘못이다. 비록 어떤 세속적인 이유로 근심한다고 해도, 우리는 여전히 항상 기뻐할 수 있다(고후 6:10). 신앙생활은 즐거운 생활이고, 그것도 계속 즐거운 생활이다.

2. 쉬지 말고 기도하라(17절). 항상 기뻐하는 비결은 쉬지 말고 기도하는 것임을 기억하자. 우리는 기도를 더 많이 할수록 그만큼 더 기쁘게 될 것이다. 우리는 시간을 정해놓고 기도해야 할 뿐만 아니라 순간순간 지속적으로 기도해야 한다. 우리는 항상 기도하되, 그 힘이 약해져서는 안 된다. 지치지 말고 기도하라. 기도가 찬양에 삼켜지는 세계가 올 때까지 계속 기도하라. 쉬지 말고 기도

하라는 말의 의미는 기도 외에 다른 일을 하지 말라는 뜻이 아니라 기도하는 순간에 다른 어떤 일로도 그것을 방해받지 않도록 하라는 뜻이다. 기도는 다른 모든 합당한 일과 모든 선한 일을 방해하는 것이 아니라 오히려 그 일들을 촉진시키는데 도움을 준다.

3. 범사에 감사하라(18절). 만일 우리가 쉬지 않고 기도한다면, 범사에 감사할 일들이 결코 부족하지 않게 될 것이다. 우리는 범사에 기도를 통해 우리의 소원을 하나님께 알려 드려야 하는 것처럼, 감사를 생략해서도 안 된다(빌 4:6). 우리는 모든 상황 속에서, 곧 순경과 역경의 때를 막론하고, 감사해야 한다. 아무리 악한 상황이라도 우리가 그렇게 하지 못할 상황은 없다. 만일 우리가 하나님께 불평할 기회가 있을 때마다 우리 자신의 비천함을 돌아본다면, 그분께 불평해야 할 하등의 이유는 없고, 항상 그분께 찬양하고 감사할 충분한 이유만 넘치게 될 것이다. 사도는 우리가 감사하는 것이 그리스도 예수 안에서 우리를 향하신 하나님의 뜻이라고 말한다(18절). 우리는 예수 그리스도 안에서 하나님이 우리와 화목하게 된 사실에 관해 감사해야 한다. 하나님은 그리스도 안에서, 그리스도를 통해 그리고 그리스도로 말미암아 우리가 항상 기뻐하도록 허락하고, 또 범사에 감사하도록 명하신다.

4. 성령을 소멸하지 말라(19절). 그 이유는 우리의 부족함을 채우고, 기도하고 감사할 때 우리를 도우시는 분은 이 은혜와 간구의 영이시기 때문이다. 그리스도인들은 성령과 불로 세례를 받을 것이라고 말해진다(마 3:11; 눅 3:16). 성령은 사람들의 영혼을 일깨우고 활력 있게 하고 순결하게 하실 때, 불처럼 역사하신다. 우리는 이 거룩한 불을 끄지 않도록 조심해야 한다. 불이 연료를 채우지 아니하면 꺼지는 것처럼, 우리가 우리의 영을 분발시키지 않는다면 성령도 소멸된다. 우리 안에 있는 모든 것이 좋으신 성령의 움직임에 순응하지 않는다면, 그분은 소멸되고 말 것이다. 불이 물을 붓거나 또는 그 위에 오물들을 가득 채우면 꺼져버리는 것처럼, 우리는 육신의 정욕과 욕망에 사로잡히거나 단지 땅의 일에만 마음을 씀으로써 성령을 소멸시키지 않도록 유의해야 할 것이다.

5. 예언을 멸시하지 말라(20절). 그 이유는 만일 우리가 은혜의 수단을 멸시한다면, 은혜의 성령을 상실하기 때문이다. 여기서 예언이란 말씀을 전하는 것 곧 성경에 대한 해석과 적용으로 이해되어야 한다. 우리는 이것을 무시해서는 안 되고 높이 평가하고 존중해야 한다. 왜냐하면 그것은 하나님이 정하신 것으로,

우리의 지식과 은혜, 거룩함과 위로를 촉진하고 증가시키기 위해 주신 것이기 때문이다. 우리는 설교가 아무리 평범하고, 사람들의 지혜를 보여주는 매혹적인 말들이 없을지라도, 또 우리가 이미 알고 있는 것 외에 다른 말을 하지 않더라도, 그것을 멸시해서는 안 된다. 우리는 이미 알고 있는 특권과 의무에 관하여, 우리의 마음을 분발시키고, 우리의 감정과 결단을 자극하기 위해서 여러 번에 걸쳐 들을 필요가 있고, 그것은 참으로 유익하다.

6. 범사에 헤아려 좋은 것을 취하라(21절). 범사에 헤아리라는 것은 꼭 필요한 충고다. 왜냐하면 우리는 설교를 헤아려야 하지만, 설교자로부터 그것이 믿을 만한지 헤아려서는 안 되고, 말씀의 법과 증거에 비추어 헤아려야 하기 때문이다. 우리는 성경이 진리를 말하는지 아닌지 그것을 탐구해 보아야 한다. 우리는 모든 영을 다 믿지 말고, 시험해 보아야 한다. 그러나 우리는 항상 시험만 해서는 안 되고, 또 항상 미결정 상태 속에만 있어서도 안 된다. 아니, 결국 우리는 결정해야 하고, 좋은 것을 견고하게 붙잡아야 한다. 어떤 것이 옳고 참되고 또 좋다는 것을 확신할 때, 그것을 굳게 붙잡고, 그것 때문에 어떤 반대가 있더라도 또 어떤 핍박이 엄습하더라도, 절대로 놓아서는 안 된다. 인간의 무오성, 맹신, 그리고 맹목적 복종과 같은 교훈들은 성경의 교훈이 아님을 잊지 말자. 그리스도인은 누구나 신중한 판단력을 갖고, 또 갖고 있어야 한다. 그는 진리와 허위, 선악을 분별하는데 그의 지각을 사용할 줄 알아야 한다(히 5:13,14). 그리고 범사에 헤아리는 것은 좋은 것을 취하기 위해서다. 우리는 늘 찾아다니는 자 또는 온갖 교훈의 풍조에 밀려 요동하는 어린아이처럼(엡 4:14), 마음이 흔들리는 자가 되어서는 안 된다.

7. 악은 어떤 모양이라도 버리라(22절). 이것은 우리가 거짓 교훈이나 신앙을 흔들리게 하는 어떤 것에 속임을 받지 않게 하는 유익한 수단이다. 왜냐하면 우리 구주께서 우리에게 말씀하시기를, 사람이 하나님의 뜻을 행하려 하면 이 교훈이 하나님께로부터 왔는지 내가 스스로 말함인지 알리라(요 7:17)고 하셨기 때문이다. 부패한 열정이 감정을 사로잡고, 악한 습관이 삶 속에 들어오게 되면, 지성도 치명적인 오류에 빠지는 경향이 있다. 반면에 감정이 순수하고 삶이 성실하면, 그것을 사랑하는 가운데 진리를 받아들이는 경향이 있다. 그러므로 우리는 악을 버리되, 악의 어떤 모양이라도 죄 곧 죄처럼 보이는 것, 죄로 이끄는 것, 죄와 가까운 것을 벗어버려야 한다. 죄의 모양을 부끄러워하지 않고, 죄를

범할 기회를 거부하지 않으며, 죄에 대한 유혹과 접근을 피하지 않는 사람은 머지않아 실제로 죄를 범하는 자리에 들어가고 말 것이다.

[23]평강의 하나님이 친히 너희를 온전히 거룩하게 하시고 또 너희의 온 영과 혼과 몸이 우리 주 예수 그리스도께서 강림하실 때에 흠 없게 보전되기를 원하노라 [24]너희를 부르시는 이는 미쁘시니 그가 또한 이루시리라 [25]형제들아 우리를 위하여 기도하라 [26]거룩하게 입맞춤으로 모든 형제에게 문안하라 [27]내가 주를 힘입어 너희를 명하노니 모든 형제에게 이 편지를 읽어 주라 [28]우리 주 예수 그리스도의 은혜가 너희에게 있을지어다 (아멘)

이 부분에서 사도는 이 서신의 결론을 내린다. 그 내용을 확인해 보자.

Ⅰ. 그들을 위한 사도의 기도(23절). 그는 이 서신의 시작 부분에서 자신은 항상 기도할 때마다 그들을 기억한다고 말했었다. 그리고 이 서신을 마치려고 하는 지금도 그는 그들을 위해 기도하는 자신의 간절한 마음을 하나님께 올리고 있다. 여기서 다음 두 가지 사실을 주목해야 한다.

1. 사도가 기도하는 대상. 그 대상은 평강의 하나님이시다. 그분은 은혜의 하나님이요, 평강과 사랑의 하나님이시다. 그분은 평강의 창조자이자 연합을 사랑하시는 분이다. 따라서 그들의 평강과 연합은 그 창조자이신 하나님으로부터 오기 때문에, 그러한 일들은 그가 기도했을 때 가장 잘 이루어졌을 것이다.

2. 그가 데살로니가 교인들을 위해 기도한 내용. 그것은 그들의 성화 곧 하나님이 친히 그들을 거룩하게 하시는 것과 그들의 보존 곧 그들이 흠 없게 보전되는 것이었다. 사도는 그들이 온전히 성화되도록, 곧 전인격이 거룩하게 되도록 기도한다. 그리고 이어서 전인간 곧 영과 혼과 몸이 보전되도록 기도한다. 여기서 그들이 온전히 성화되기를 위해 기도한다는 것은 이 세상에 사는 동안에는 부분적으로만 성화될 수 있기 때문에 좀 더 완전한 상태가 되도록 기도한다는 뜻이다. 이런 의미에서 우리도 온전한 성화를 위해 기도하고, 또 강조해야 한다. 일단 은혜의 선한 사역이 시작되면, 그것은 끝까지 계속될 것이다. 곧 그것은 끝까지 보호되고 보존될 것이다. 그리스도 예수 안에서 거룩하게 된 모든 사람들은 주 예수 그리스도께서 다시 오실 때까지 보전될 것이다. 따라서 만일 하나님이 영혼 속에서 그의 선한 역사를 행하시지 않는다면, 그 보전은 결코 이

루어지지 않기 때문에, 우리는 하나님께 그 일을 완전히 행하시도록, 그리하여 마지막 날 우리를 그 영광 앞에 흠이 없이 기쁨으로 서게 하실 때까지(유 1:24), 죄와 불결로부터 우리가 흠 없게 보전되기를 기도해야 한다.

II. 기도를 들어주시는 하나님에 대한 사도의 편안한 확신. 너희를 부르시는 이는 미쁘시니 그가 또한 이루시리라(24절). 하나님의 자비와 사랑은 그분이 자신의 진리를 인정하도록 그들을 부르실 때 나타났고, 하나님의 미쁘심 곧 신실하심은 그들이 그분이 자기들을 끝까지 보존해주시리라는 확신을 가질 때 나타났다. 그러므로 사도는 하나님은 자신이 원하시는 것을 행하고, 자신이 약속하신 것을 이루며, 그들을 향한 자신의 자비를 참으로 기쁘게 성취하실 것이라고 그들을 확신시킨다. 하나님에 대한 우리의 신뢰는 우리에 대한 그분의 신실하심에 달려 있음을 잊지 말자.

III. 그들의 기도에 대한 사도의 부탁. 형제들아 우리를 위하여 기도하라(25절). 우리는 서로를 위해 기도해야 한다. 형제들은 기도를 통해 형제 사랑을 표현해야 한다. 이 위대한 사도는 데살로니가 교인들을 형제로 부르는 것과 그들에게 기도를 부탁하는 것을 자존심 상하는 일로 생각하지 않았다. 사역자들은 교인들의 기도를 절실하게 필요로 하는 상황 속에 있다. 사역자들을 위한 교인들의 기도가 많을수록 하나님으로부터 오는 선한 사역자들은 그만큼 더 많아지고, 그들의 사역을 통해 얻는 교인들의 유익도 그만큼 더 커질 것이다.

IV. 사도의 문안. 거룩하게 입맞춤으로 모든 형제에게 문안하라(26절). 사도는 자신과 실루아노 그리고 디모데의 이름으로 그들에게 친밀하게 문안한다. 그리고 그들 서로 간에 상대방의 이름을 부르면서 문안하라고 권면한다. 그는 사랑의 입맞춤으로(벧전 5:14) 그들 상호 간의 사랑과 애정을 나타내도록 주장한다. 여기서는 사랑의 입맞춤이 거룩한 입맞춤으로 표현되는데, 당시 일반적으로 유행하던 이 의식을 실천할 때, 얼마나 조심하여 그들이 순결을 유지해야 하는지를 암시하고 있다. 그것은 유다의 배반의 입맞춤과 같은 것이 되어서는 안 된다. 또 창녀의 부끄러움을 모르는 입맞춤과 같은 것이 되어서도 안 된다(잠 7:13).

V. 이 서신을 읽게 하라는 사도의 엄숙한 요청. 내가 주를 힘입어 너희를 명하노니 모든 형제에게 이 편지를 읽어 주라(27절). 이것은 권면이면서 동시에 주의 명령이다. 이 편지는 거룩한 형제들이라면 누구나 읽어야 할 것이다. 성경을 읽

는 것은 모든 사람들에게 허용된 것으로, 읽지 못하도록 금지된 사람은 아무도 없다. 그것은 그들의 필수불가결한 의무로서, 누구나 그것을 읽도록 권면을 받는다. 이것을 위해 이 거룩한 계시들은 알아듣지 못하는 말 속에 숨겨 놓아서는 안 되고, 일반 대중의 언어로 번역하여 성경을 알고자 하는 사람들은 누구나 마음대로 그것을 읽을 수 있고, 그것을 알도록 해야 한다. 회당에서 율법을 공개적으로 낭독하는 것은 유대인들의 안식일 예배 가운데 한 부분이었다. 마찬가지로 성경도 그리스도인 공동체 안에서 공개적으로 읽혀져야 한다.

VI. 관례적인 사도의 축도. 우리 주 예수 그리스도의 은혜가 너희에게 있을지어다 (아멘) (28절). 우리가 주 예수 그리스도께서 보여주신 은혜를 알고, 그분이 대가를 치르신 그 은혜에 관심을 가지며, 그 은혜에 참여하여 교회의 머리이신 그분 안에 거하는 것보다 더 큰 행복이 우리에게는 없다. 그리스도야말로 우리의 모든 부족을 충분히 채울 정도로 항상 흐르고 또 넘치도록 흐르는 은혜의 샘이기 때문이다.

데살로니가후서

서론

이 두 번째 서신은 데살로니가전서가 씌어진 직후에 씌어졌는데, 전서에 언급된 몇몇 구절로 말미암아 야기된 잘못 곧 그리스도의 재림을 임박한 것으로 오해한 잘못을 바로잡기 위해 씌어진 것으로 보인다. 이 서신에서 사도는 데살로니가 교인들 가운데 어떤 이들이 그의 서신의 일부 표현들을 구약성경 선지자들의 예언에 일치시켜 잘못 사용하지 않도록 조심시키고, 그들에게 주의 날이 임하기 전 중간에 성취되어야 할 경륜들이 많이 있음을 알려준다. 다만 그 성취가 너무 확실하기 때문에, 그는 그것이 임박한 것처럼 말했던 것이다. 그리고 이 서신 속에는 고난 중에 있는 그들을 위로하기 위한 다른 사실들과, 그들의 의무와 관련된 권면 및 지시 등도 함께 기록되어 있다.

제
— 1 —
장

개요

서언을 말한 후(1,2절) 사도는 데살로니가 교인들에 대한 자신의 각별한 존경을 언급하는 것으로 이 서신을 시작한다(3,4절). 이어서 그는 환난과 박해 속에 있는 그들을 위로하고(5-10절), 그들을 위해 자신이 기도하는 내용이 무엇인지를 말하고 이 장을 마친다(11,12절).

[1]바울과 실루아노와 디모데는 하나님 우리 아버지와 주 예수 그리스도 안에 있는 데살로니가인의 교회에 편지하노니 [2]하나님 아버지와 주 예수 그리스도로부터 은혜와 평강이 너희에게 있을지어다 [3]형제들아 우리가 너희를 위하여 항상 하나님께 감사할지니 이것이 당연함은 너희의 믿음이 더욱 자라고 너희가 다 각기 서로 사랑함이 풍성함이니 [4]그러므로 너희가 견디고 있는 모든 박해와 환난 중에서 너희 인내와 믿음으로 말미암아 하나님의 여러 교회에서 우리가 친히 자랑하노라

여기서 우리는 다음과 같은 내용을 확인할 수 있다.

I. 서언(1,2절).   이 부분은 데살로니가전서에서와 같은 말로 표현되어 있다. 이것으로부터 우리는 사도가 설교를 통해 전한 내용을 그의 서신들 속에서 같은 말로 쓰는 것이 수고로움이 없다고 말한 것처럼(빌 3:1), 그는 어떤 교회에 쓴 말을 똑같이 또 다른 교회에도 기꺼이 썼다는 것을 알 수 있다. 전서에서처럼 이 서신에서도 같은 말이 나타나는 것이 우리에게 보여주는 것은 사역자들은 그들이 전하는 설교의 표현의 다양성과 문체의 우아함보다 그 진리성과 유용성을 더 중시해야 한다는 것이다. 우리는 새로운 방법과 표현에 대한 허영 때문에, 데살로니가 교회와 함께 참된 모든 교회들의 기초가 되는 자연 종교 및 계시 종교의 원리들, 즉 하나님 아버지와 주 예수 그리스도 안에 있는 원리들에 반하여, 새로운 관념이나 교훈들에 집착하는 것을 크게 조심해야 한다.

Ⅱ. 사도가 그들에게 갖고 있는 각별한 존경에 대한 표현. 그는 그들에게 깊은 애정(그는 전서에서 표현한 것처럼, 지금 여기서도 그들에게 은혜와 평강이 임하기를 절실한 마음으로 고백하고 있다)을 갖고 있었을 뿐만 아니라 그들에게 갖고 있는 아주 각별한 존경을 표현하고 있는데, 이에 관해 우리는 다음과 같은 사실을 확인할 수 있다.

1. 그들에 대한 사도의 존경이 어떻게 표현되고 있는가?

(1) 사도는 그들로 말미암아 하나님께 영광을 돌렸다: 형제들아 우리가 너희를 위하여 항상 하나님께 감사할지니 이것이 당연함은(3절). 그는 그들을 칭찬하기보다 하나님께 감사하는 방식으로 그들 속에 있는 훌륭한 모습을 언급한다. 그는 자신이 언급하는 것을 기뻐할 일로 생각했기 때문에 그것을 또한 감사할 일로 간주했다. 그렇게 하는 것은 당연한 일이었다. 왜냐하면 우리나 다른 사람들 속에서 발견되는 미덕에 대해 하나님께 감사하는 것은 우리의 의무이기 때문이다. 우리 동료 그리스도인들 때문에 하나님께 감사하는 것은 그들에 대한 사랑의 한 방식일 뿐만 아니라 우리의 의무이기도 하다.

(2) 사도는 또한 하나님의 여러 교회에 그들을 자랑한다(4절). 사도는 그의 친구들에게 결코 아첨하지 않고, 그들을 칭찬함으로써 기쁨을 취했으며, 하나님께는 영광을 돌리고 다른 사람들에게는 자극과 격려를 주기 위해 그들에 관해 좋은 말을 한 것이다. 바울은 자신의 은사나 그들 가운데서 행한 자신의 수고에 대해서는 영광을 돌리지 않고, 그들에게 주어진 하나님의 은혜에 영광을 돌렸다. 그가 그렇게 영광을 돌리는 것은 훌륭한 모습이었다. 그가 그들에게 한 모든 칭찬과 자신이 얻은 기쁨은 하나님에 대한 찬양과 영광을 중심으로 나온 것이었기 때문이다.

2. 사도가 그들을 존경하고 하나님께 감사한 이유는 무엇인가? 그것은 그들의 믿음과 사랑과 인내가 증가한데 있었다. 데살로니가전서(1:3)에서, 사도는 그들의 믿음과 사랑과 인내에 대해 감사했다. 이 서신에서 그는 그 모든 은혜들이 증가한 것에 대해 감사한다. 그들은 참 그리스도인이었을 뿐만 아니라 자라가는 그리스도인이었다. 은혜의 진리가 있는 곳에는 그것이 증가하는 일도 함께 있는 법이다. 의인의 길은 돋는 햇살 같아서 크게 빛나 한낮의 광명에 이르거니와(잠 4:18). 그리고 은혜의 증가가 있는 곳에서 하나님은 그것에 대해 모든 영광을 받으셔야 한다. 우리는 은혜의 최초의 역사와 그 시작에 대해 하나님께

은혜를 입고 있듯이, 은혜의 자라남과 그 선한 역사의 증진에 대해서도 그분의 은혜를 힘입고 있다. 우리는 우리가 악할 때 우리 자신을 선하게 만들 수 없지만, 우리가 선할 때는 쉽게 더 선해질 수 있다고 생각하는 유혹에 빠질 수 있다. 그러나 우리가 은혜를 받지 못했을 때 그것을 처음 받으려면 하나님의 은혜에 의존해야 하듯이 우리가 갖고 있는 은혜를 더 증가시키기 위해서도 그분의 은혜에 의존해야 한다. 사도가 데살로니가 교인들을 위해 하나님께 감사하고 영광을 돌리는 이유들은 다음과 같다.

(1) 그들의 믿음이 크게 자랐기 때문이다(3절). 그들은 복음 계시의 진리를 더 잘 받아들였고, 복음의 약속들을 더 깊이 신뢰했으며, 다른 세상에 대한 산 소망을 더 크게 가졌다. 그들의 믿음의 성장은 믿음의 역사로 말미암아 나타났다. 믿음이 자라는 곳에서 그것에 비례하여 다른 모든 은혜도 함께 자란다.

(2) 그들의 사랑이 풍성해졌기 때문이다(3절). 즉 하나님과 사람들에 대한 그들의 사랑이 더 풍성해졌다. 믿음이 자라는 곳에서 사랑도 그만큼 더 풍성해진다는 것을 잊지 말자. 왜냐하면 믿음은 사랑에 의해 역사되기 때문이다. 그들 가운데 몇몇 사람만 사랑이 풍성해진 것이 아니라 그들 모두가 서로에 대해 사랑이 풍성해졌다. 어떤 다른 교회들에서 일어나는 것과 같은 분열이 그들 사이에는 없었다.

(3) 믿음이 증가한 것과 마찬가지로 그들의 인내도 그들의 모든 환난과 박해 속에서도 넘쳤다. 인내는 시련에까지 확대될 때 비로소 그 완전한 역사를 보여 준다. 그들은 재난 많은 이 세상에서 살기 때문에 겪어야 했던 다른 환난들과 함께 의로 말미암아 겪었던 박해들이 무척 많았다. 그러나 이 모든 것들을 보이지 않는 주님을 보고, 천국 상급을 바라는 믿음으로 견뎌냈다. 그들은 고난에 대해 무감각해짐으로써가 아니라 인내로 그것들을 참아냈다. 즉 기독교 원리들로부터 나오는 인내로 말미암아 그들은 모진 고난 속에서도 조용히 참고 견딜 수 있었고, 내적 힘과 용기를 얻을 수 있었다.

⁵이는 하나님의 공의로운 심판의 표요 너희로 하여금 하나님의 나라에 합당한 자로 여김을 받게 하려 함이니 그 나라를 위하여 너희가 또한 고난을 받느니라 ⁶너희로 환난을 받게 하는 자들에게는 환난으로 갚으시고 ⁷환난을 받는 너희에게는 우리와 함께 안식으로 갚으시는 것이 하나님의 공의시니 주 예수께서 자기의 능력의 천사

들과 함께 하늘로부터 불꽃 가운데에 나타나실 때에 [8]하나님을 모르는 자들과 우리 주 예수의 복음에 복종하지 않는 자들에게 형벌을 내리시리니 [9]이런 자들은 주의 얼굴과 그의 힘의 영광을 떠나 영원한 멸망의 형벌을 받으리로다 [10]그 날에 그가 강림하사 그의 성도들에게서 영광을 받으시고 모든 믿는 자들에게서 놀랍게 여김을 얻으시리니 이는 (우리의 증거가 너희에게 믿어졌음이라)

그리스도로 말미암아 주로 겪게 된 그들의 박해와 환난에 대해 언급한 사도는 계속해서 그런 그들을 위로하기 위해 몇 가지 위로의 조건들을 제시한다.

Ⅰ. 사도는 그들의 고난의 현재적 행복과 유익을 언급한다(5절). 그들의 믿음이 이같이 시련을 이기고 인내를 이루었기 때문에, 하나님의 나라에 합당한 자로 여김을 받게 되었다는 점에서, 그 고난은 그들에게 유익이 되었다. 그들의 고난은 그들이 기독교를 위해 기꺼이 고난을 받을 수 있었음을 보여주었다는 점에서, 그들이 참 그리스도인들로 여김을 받기에 합당하거나 또는 충분하다는 것을 분명히 보여주는 징표였다. 진리 또는 신앙은 절대적 가치를 갖고 있다. 전혀 믿음이 없거나 믿음을 가치 없게 만들거나 믿음이 얼마나 가치 있는지 모르는 사람들은 그 마음속에서 그것을 위해 고난을 받을 수 있다는 심정을 찾아볼 수 없다. 반면에 데살로니가 교인들의 고난을 인내하며 감수하는 모습으로부터는, 하나님의 공의의 판단에 따라 그들이 천국의 영광에 합당한 자들로 여겨질 만하다는 것을 보여주었다. 그러나 그것은 보상성(condignity)의 가치에 의한 것이 아니라 적합성(congruity)의 가치에 따른 것이었다. 다시 말해 그들이 천국을 얻을 만한 공로를 세웠다는 뜻이 아니라 천국을 얻기에 충분하다는 뜻이다. 우리가 아무리 혹독한 고난을 견뎠다고 할지라도, 우리의 섬김이 그러한 것처럼, 그것을 삯처럼 천국에 들어갈 공로로 내세울 수는 없다. 그러나 고난을 견딘 인내로 말미암아 우리는 하나님 안에서 고난받는 자들에게 약속되어 있는 기쁨에 적합한 자격을 갖게 된다.

Ⅱ. 사도는 이어서 박해자와 피박해자에게 주어질 장래의 보응에 관해 언급한다.

1. 이 장래의 보응은 다음과 같이 주어질 것이다.

(1) 박해자에게는 형벌이 있을 것이다: 하나님은 환난을 받게 하는 자들에게는

환난으로 갚으실 것이다(6절). 하나님의 이름과 그 백성들을 핍박하고 적의를 드러내는 것만큼 사람에게 영원한 파멸의 표를 확실하게 찍는 것은 없다. 성도들의 믿음, 인내 그리고 지조가 그들에게는 영원한 안식과 기쁨에 대한 보증인 것처럼, 그들을 박해하는 자들의 교만, 악의 그리고 사악함은 그들에게 영원한 파멸에 대한 보증이다. 왜냐하면 모든 사람은 그의 천국 아니면 그의 지옥을 가지고 세상을 살다가 세상을 떠날 때에도 그것을 가지고 가기 때문이다. 하나님은 반드시 보응하시고, 자기 백성을 환난으로 이끈 자들에게 환난으로 갚으실 것이다. 그분은 때때로 이것을 이 세상에 살 때 행하기도 하는데, 무수한 박해자들의 비참한 말로는 이것을 입증한다. 그러나 특별히 그분은 이것을 다른 세상에서 행하실 것이다. 거기서 악인들의 운명은 슬피 울며 이를 가는 처지가 될 것이다.

(2) 박해를 받은 자들에게는 보상이 있을 것이다: 하나님은 그들의 환난을 안식으로 갚으실 것이다(7절). 하나님의 백성들을 위해서는 안식이 준비되어 있는데, 그것은 죄와 슬픔으로부터의 안식이다. 많은 사람들이 현재 의인의 고난을 받고 있지만, 하나님께서는 그들 모두를 그 고난으로부터 구원하실 것이다. 장래의 안식은 그들의 현재의 고난을 충분히 상쇄하고도 남는다. 이 현재의 고난은 장래에 나타날 영광과 족히 비교될 수 없다. 천국에는 이 세상에서 그리스도의 이름으로 말미암아 빼앗기거나 고통받은 것을 상쇄할 만큼 모든 것이 충분하다. 사도는 환난을 받는 너희에게는 우리와 함께 안식으로 갚으신다고 말한다(7절). 여기서 함께 고난을 받고 있는 사역자와 백성들은 천국에 가면 함께 안식을 누리고, 함께 즐거워할 것이다. 가장 비천한 그리스도인도 가장 위대한 사도와 함께 안식을 얻을 것이다. 아니, 그것만이 아니다. 우리가 그리스도를 위해 고난을 받는다면 또한 그분과 함께 왕 노릇 하게 될 것이다(딤후 2:12).

2. 이 장래의 보응에 관해 더 깊이 살펴볼 것들이 있다.

(1) 그 확실성. 그것은 하나님의 의 곧 공의로 말미암아 확실하다: 모든 사람이 자신의 행함에 따라 갚으시는 것은 하나님의 공의다(7절). 이러한 사상은 악인과 박해자들에게는 큰 두려움이 되고, 의인과 박해를 받는 자들에게는 큰 위로가 될 것이다. 왜냐하면 공의의 하나님이 계신다는 것은 공의의 보응이 있음을 말해주기 때문이다. 고난받는 하나님의 백성들은 그 고난으로 말미암아 잃어버리는 것이 아무것도 없고, 그들의 원수는 그들을 핍박하여 얻은 유익으로

말미암아 받을 것이 아무것도 없을 것이다.

(2) 이 공의의 보응이 이루어지는 시기: 주 예수께서 자기의 능력의 천사들과 함께 하늘로부터 불꽃 가운데에 나타나실 때에(7절). 그 날은 하나님의 의로우신 심판이 나타나는 날이 될 것이다(롬 2:5). 그 때 하나님은 자신이 정해놓은 그 사람 곧 의로우신 재판장이신 예수 그리스도를 통해 세상을 공의로 심판하실 것이다. 하나님의 공의는 그동안 섭리의 역사 속에서는 모든 사람들에게 가시적으로 충분히 나타나지 않았으나 그 위대한 심판 날에는 충분히 나타날 것이다. 성경은 다가올 심판에 관해 우리에게 알려주고, 따라서 우리는 여기서 그리스도에 관해 주어진 계시를 다음과 같이 받아들이지 않으면 안 된다.

[1] 주 예수께서 그 날 하늘로부터 나타나실 것이다. 지금 그분은 하늘에 계시고, 하늘은 그분을 숨겨놓고 있다. 그러나 그 때 그분은 나타나시고, 분명히 계시될 것이다. 그분은 우리가 구주를 바라보는 곳 곧 위의 세계의 모든 위엄과 권세를 갖고 나타나실 것이다.

[2] 그분은 능력의 천사들과 함께 나타나실 것이다(7절). 천사들은 그분을 호위하고 등장함으로써, 그 날 그분의 나타나심을 더욱 엄숙하게 만들 것이다. 천사들은 그 날 그분의 공의와 자비의 사자들이 될 것이다. 천사들은 죄인들은 그분의 법정으로 소환하고, 택하심을 받은 자들은 따로 구별시켜 둠으로써, 그분의 심판을 도울 것이다.

[3] 그분은 불꽃 가운데 나타나실 것이다(7절). 불꽃이 그분 앞에서 진행하며 그의 원수들을 불태울 것이다. 땅과 그 안에 있는 모든 것들이 불타고, 그 요소들도 그 뜨거운 열에 녹아내릴 것이다. 이것은 시험하는 불로서, 모든 사람의 행위를 시험할 것이다. 즉 이것은 먼저 단련하는 불로서, 성도들을 단련시켜 순결에 참여시키고 새 하늘과 새 땅의 영복을 차지하게 한다. 또 이것은 소멸하는 불로서, 악인들을 소멸시킨다. 그분의 빛은 그 날에 쭉정이로 발견될 모든 사람들을 관통하고, 그 능력으로 그들을 불태워버릴 것이다.

[4] 이 나타나심의 결과는 어떤 자들에게는 두려운 일이나 다른 자들에게는 즐거운 일이 될 것이다.

첫째, 그것은 어떤 자들에게 두려움이 될 것이다. 왜냐하면 그분은 그 날 악인들에게 복수하실 것이기 때문이다

1. 자연 종교의 원리를 거슬러 죄를 범하고, 본성의 빛에 반하여 행동한 자들

곧 그분에 관한 보이지 않는 사실들이 보이는 것들 속에 분명히 나타났지만, 하나님을 모르는 자들(8절)에게 그 날은 두려운 날이 될 것이다. 2. 계시의 빛을 거역하는 자들 곧 우리 주 예수의 복음에 복종하지 않는 자들(8절)에게 그 날은 두려운 날이 될 것이다. 이것은 저주로서, 빛이 세상에 왔으나 빛보다 어둠을 사랑하는 자들에게 주어지는 것이다. 이것은 대다수 사람들의 죄로서, 복음이 그들에게 계시되었으나 그것을 믿지 아니하거나 그것을 믿은 것처럼 행동했다면, 그것에 순종하지 아니한 것에 대한 대가다. 복음의 진리를 믿는 것은 복음의 교훈에 복종하기 위해서라는 것을 유념하자. 믿음의 순종이 있어야 한다는 뜻이다. 여기서 언급되고 있는 사람들에게는 주 예수 그리스도의 나타나심이 두려운 일이 될 것이다. 9절에 언급되고 있는 형벌이 그들에게 임하기 때문이다. 여기서 다음 몇 가지 사실들을 확인해 보자. (1) 그 날 그들은 형벌을 받을 것이다. 죄인들은 오랫동안 그 집행을 유보받을 수 있지만, 결국에는 처벌받게 될 것이다. 그들의 불행은 그들의 죄악에 대한 적절한 처벌로서, 마땅히 받아야 할 것을 받는 것이다. 그들은 죄의 일을 했고, 따라서 죄의 삯을 받아야 한다. (2) 그들의 형벌은 엄청난 멸망인데, 그것은 그들의 존재의 멸망이 아니라 그들의 안녕의 파멸로서, 그들의 육체만이 아니라 육체와 영혼 모두에게 임한다. (3) 이 멸망은 영원히 지속될 것이다. 그들은 항상 죽어가지만 결코 죽지 못할 것이다. 그들의 불행은 영원한 평행선이 될 것이다. 어둠의 사슬은 영원한 사슬이고 그 불은 영원한 불이다. 그 형벌은 영원하신 하나님에 의해 그분의 자비와 은혜의 영역을 벗어난 불멸의 영혼에 대해 주어지기 때문에 당연히 그렇게 되어야 한다. (4) 이 멸망은 주의 얼굴로부터 즉 하나님 자신으로부터 직접 임할 것이다. 현재 이곳에서 하나님은 피조물 곧 도구들을 통해 죄인들을 처벌하시지만, 그 날에는 직접 자신의 손으로 그 일을 하실 것이다. 그것은 과거에 여호와 앞에서 나와 나답과 아비후를 불태웠던 소멸하는 불보다 훨씬 더 두려운 불로서, 전능자가 직접 행하는 멸망이 될 것이다. (5) 그것은 그의 힘의 영광으로부터 곧 그분의 영광스러운 힘으로부터 임할 것이다. 하나님의 공의뿐만 아니라 그분의 전능하신 힘도 죄인들을 멸망시킴으로써 영광을 받게 될 것이다. 그런데 누가 그 진노의 힘을 알겠는가? 그분은 지옥에 던져 넣을 능력을 갖고 계신다.

둘째, 그것은 다른 자들에게는 기쁨이 될 것이다. 그들은 곧 성도들로서, 복음을 믿고 순종하는 자들이다. 따라서 이 날에 대한 사도의 증거는 확증되고 믿어질 것이다(10절). 그 찬란하고 복된 날 그들에게는 다음과 같은 일이 일어날 것이다

1. 그리스도 예수께서 그의 성도들로 말미암아 영광과 찬송을 받으실 것이다. 그들은 그분의 영광을 보고, 기쁨으로 그것을 찬미할 것이다. 그들은 그분의 은혜를 찬송하고, 자기들에게 펼쳐진 그분의 권능과 자비의 이적들을 찬미하며, 그들의 완전한 승리와 행복으로 말미암아 그 날 그분의 승리를 할렐루야로 노래부를 것이다. 2. 그리스도는 그들 가운데서 영광과 찬송을 받으실 것이다. 그분의 은혜와 권능은, 그분이 자기를 믿는 모든 자들을 위해 값 주고 사고 그들에게 역사하고 그들에게 주신 것이 나타날 때, 찬란하게 드러나고 크게 확대될 것이다. 그분의 진노와 권능이 그의 원수들의 멸망 속에서 분명히 알려진 것처럼, 그분의 은혜와 권능도 그의 성도들의 구원 속에서 분명히 드러날 것이다. 지금 그리스도께서 믿는 자들을 다루시는 것에 대해 세상은 크게 놀라고 있다. 그럴 때 그것은 많은 사람들에게 이적과 같다. 그렇다면 이 위대하고 영광스러운 날에는 그것이 얼마나 더 놀라운 일이 되겠는가! 아니 오히려, 그 이름이 기묘자이신 그리스도께서는 하나님의 비밀이 완전히 성취될 때, 얼마나 찬송받아야 할까! 그리스도는 하늘로부터 이끌고 올 천사들의 영광스러운 찬송 이상으로 그가 영광으로 이끌 많은 성도들 곧 많은 아들들(히 2:10)에게서도 영광과 찬송을 받으실 것이다.

[11]이러므로 우리도 항상 너희를 위하여 기도함은 우리 하나님이 너희를 그 부르심에 합당한 자로 여기시고 모든 선을 기뻐함과 믿음의 역사를 능력으로 이루게 하시고 [12]우리 하나님과 주 예수 그리스도의 은혜대로 우리 주 예수의 이름이 너희 가운데서 영광을 받으시고 너희도 그 안에서 영광을 받게 하려 함이라

이 부분에서 사도는 데살로니가 교인들에게 자신이 계속 그들을 위해 간절히 기도하고 있음을 거듭 언급한다. 그는 그들과 함께 있지 않지만, 그들을 늘 기억하고 있었다. 그들은 그의 생각의 부분을 크게 차지하고 있었다. 그는 그들이 잘되기를 소원했고, 그들을 위해 하나님께 간절히 기도하는 것 외에 다른 방법으로는 그들에 대한 자신의 선한 뜻과 선한 소망을 표현할 수 없었다:

이러므로 우리도 항상 너희를 위하여 기도함은(11절). 그리스도의 재림을 믿는 마음으로 생각하고 기대할 때, 우리는 우리 자신과 다른 사람들을 위해 하나님께 기도하지 않을 수 없다. 우리는 구주께서 제자들에게 이러므로 너희는 장차 올 이 모든 일을 능히 피하고 인자 앞에 서도록 항상 기도하며 깨어 있으라(눅 21:36)고 말씀하신 것처럼, 깨어 기도해야 한다.

I. 사도가 기도한 내용(11절).   무엇을 기도해야 하는지 가르침을 잘 받는 것은 무척 중요하다. 하나님의 가르침이 없이는 우리는 무엇을 기도해야 하는지 알지 못한다. 그것은 하나님의 도우심이 없이는 합당한 방법으로 기도하지 못하는 것과 같다. 우리의 기도는 우리의 기대와 일치되어야 한다. 그래서 사도는 그들을 위해 기도할 때 다음과 같은 내용으로 기도한다.

1. 하나님께서 그들 속에 은혜의 선한 일을 시작하도록. 따라서 우리는 우리 하나님이 너희를 그 부르심에 합당한 자로 여기시고(이 단어는 '만드시고'로 이해될 수도 있다. 11절)라는 말씀을 그런 뜻으로 이해할 수 있다. 우리는 고귀하고 거룩한 소명으로 부르심을 받았다. 우리는 하나님의 나라와 영광을 위해 부르심을 받았다. 성도들의 기업이 우리의 부르심의 소망이듯이, 그리스도 예수께서 하늘로부터 임하실 때 나타날 그 영광과 지복의 향유도 그 못지않은 우리의 부르심의 소망이다. 그런데 만일 이것이 우리의 부르심이라면, 우리의 지대한 관심도 그것에 합당해야 하며, 이 영광을 위해 준비되고 예비되어야 한다. 순전히 하나님의 은혜에 의존하지 않으면 안 될 만큼 우리는 아무 가치를 갖고 있지 못하기 때문에, 우리는 가치 있는 존재가 되어 이 부르심에 합당한 자로 여김을 받게 해달라고 즉 우리로 하여금 빛 가운데서 성도의 기업의 부분을 얻기에 합당하게 해달라고(골 1:12) 기도해야 한다.

2. 하나님께서 시작하신 선한 일을 계속 유지하고, 모든 선을 기뻐함을 이루시도록. 여기서 모든 선을 기뻐함이라는 말은 하나님의 선하심으로부터 나오는 기쁘신 모든 뜻이라는 의미로, 그의 백성들에 대한 은혜로운 계획을 암시하는데, 그 계획은 그분의 선하심으로부터 흘러나오고, 그들에 대한 선하심으로 충만하다. 거기서 모든 선이 우리에게 임한다. 만일 우리 안에 어떤 선이 조금이라도 존재한다면, 그것은 우리를 향하신 하나님의 선하신 뜻의 열매다. 그것은 그분의 기뻐하시는 선하신 뜻에 기인한다. 그러므로 그것은 은혜로 불린다. 따라서 하나님 안에는 그의 백성들에 대한 다채롭고 다양한 은혜와 선의의 계획들이 존

재한다. 그래서 사도는 그것들 모두가 데살로니가 교인들에게 성취되거나 달성되도록 기도한다. 하나님의 백성들 마음속에는 하나님께서 시작하신 선하신 은혜의 사역들이 다양하게 존재한다. 그것들은 이 하나님의 선하심에서 나오는 기쁘신 모든 뜻으로 말미암는다. 우리는 그것들이 성취되고 온전케 되기를 간구해야 한다. 특별히 사도는 하나님께서 그들 속에 믿음의 역사를 능력으로 이루시도록 기도한다. 여기서 다음 두 가지 사실을 유의해야 한다. (1) 믿음의 역사를 이루는 것은 다른 모든 선한 사역을 이루기 위해서이다. (2) 믿음의 역사를 시작하고 지속시키며 완전케 하시는 것은 하나님의 능력이다.

Ⅱ. 사도가 이 일들을 위해 기도한 이유. 우리 주 예수의 이름이 너희 가운데서 영광을 받으시고(12절). 하나님과 그리스도께서 범사에 영광을 받으시는 것, 이것이야말로 우리가 행하고 바라는 모든 일 속에서 목표로 삼아야 할 궁극적 목적이다. 우리 자신의 행복과 타인의 행복은 이 궁극적 목적에 종속되어야 한다. 우리는 우리의 선행이 사람들 앞에서 빛나게 함으로써 그들로 하여금 하나님께 영광을 돌리도록 해야 한다. 우리는 그리스도께서 우리 안에서 그리고 우리로 말미암아 영광을 받으시도록 해야 하고, 그 때 우리는 그분 안에서 그리고 그분과 함께 영광을 누리게 될 것이다. 바로 이것이 우리 하나님과 주 예수 그리스도의 은혜에 대한 가장 중요한 목적이자 계획이다. 그리스도께서 이것을 우리에게 계시하고, 우리 안에 일으키셨다. 또는 이렇게 이해할 수도 있다: 우리가 모든 일을 창조주와 구속주의 영광을 위해 하는 것은 하나님과 그리스도의 은혜에 기인한다. 즉 그것은 하나님과 그리스도로 말미암아 우리에게 계시되고, 우리에게 주어지는 은혜에 따라 일어나는 일이다.

제
— 2 —
장

개요

사도는 일부 데살로니가 교인들이 그리스도의 재림을 금방 임할 사건으로 오해한 잘못이 확대되는 것을 막기 위해 아주 조심스럽게 경고한다(1-3절). 그리고 그는 그리스도의 재림에 앞서 일어나야 할 두 가지 큰 사건 — 광범한 배교와 적그리스도의 출현—을 알려줌으로써, 그들에게 경고한 잘못에 대해 쐐기를 박는다. 그는 적그리스도에 관해, 그의 이름, 특징, 출현, 몰락, 통치 그리고 그의 수하들의 죄와 멸망 등 자세한 사실들을 그들에게 알려준다(4-12절). 이어서 사도는 이 배교를 두려워하는 그들을 위로하고, 굳건하게 서도록 권면한다(13-15절). 그리고 그들을 위해 기도하는 것으로 이 장을 마친다(16-17절).

[1]형제들아 우리가 너희에게 구하는 것은 우리 주 예수 그리스도의 강림하심과 우리가 그 앞에 모임에 관하여 [2]영으로나 또는 말로나 또는 우리에게서 받았다 하는 편지로나 주의 날이 이르렀다고 해서 쉽게 마음이 흔들리거나 두려워하거나 하지 말아야 한다는 것이라 [3]누가 어떻게 하여도 너희가 미혹되지 말라

이 본문에는 데살로니가 교인들 가운데 일부가 사도가 데살로니가전서에서 쓴 그리스도의 재림에 관한 교훈을 오해하여, 그것이 금방 임할 것으로 생각했다는 사실이 나타나 있다. 그들은 그리스도께서 오셔서 심판하실 때가 다 되었다고 생각했다. 그들은 각기 주장하기를, 그것을 그들이 성령으로부터 특별계시를 받아 알게 되었다거나 사도가 그들과 함께 있을 때 그로부터 직접 그 말을 들었다거나 그가 쓴 편지에서 그런 내용을 보았다거나 또는 사도가 그들이나 어떤 다른 사람에게 그것에 관한 편지를 썼다고 했다. 이런 까닭에 사도는 이 잘못을 교정시키기 위해 주의를 기울이고, 이 오류가 확대되지 않도록 신경을 썼다. 만일 오류와 실수가 그리스도인들 사이에서 일어난다면, 우리는 그것들을 교정하고, 그것들이 파급되지 않도록 방지하는데 첫 번째 관심을 가

져야 한다. 선한 사람들은 자신의 말이나 행동이 극히 순수하고 악의가 없더라도, 그 실수로부터 일어날 수 있는 오류를 최소화하는데 각별히 신경을 써야 할 것이다. 우리는 눈에 불을 켜고 악을 행할 기회를 찾아 돌아다니고, 심지어는 하나님의 말씀에 근거하여 오류를 조작해내는 교활한 원수가 있기 때문이다.

I. 잘못을 방지하기 위해 힘쓰는 사도의 진지하고 열렬한 태도. 형제들아 우리가 너희에게 구하는 것은(1절). 그는 그들을 형제로 부르면서 아버지가 자녀에게 말하는 것처럼 그들에게 간청한다. 그는 각별한 친절과 정중한 모습을 보여주고, 그들의 호감을 얻고자 한다. 곧 정중하고 사랑으로 대하는 것, 이것이야말로 우리가 다른 사람들을 오류로부터 보호하고 돌이키고자 할 때, 그들을 다루는 최고의 방법이다. 거칠고 엄격하게 대하는 것은 그들의 감정을 자극할 뿐이고, 우리가 제시하는 이유들에 대해 오히려 편견을 갖게 할 것이다. 사도는 아주 정중한 태도로 그들에게 간청한다, 아니 애원한다: 우리 주 예수 그리스도의 강림하심과 우리가 그 앞에 모임에 관하여… (1,2절). 여기에 쓰인 그리스도의 강림하심(By the coming of Christ)이라는 말은 맹세의 형식으로 쓴 말이다. 그가 이렇게 쓴 의미는 만일 그들이 그리스도께서 오실 것을 믿는다면 또 그분이 오시기를 바라고, 그분의 재림을 소망 중에 즐거워한다면, 지금 경고를 받고 있는 오류와 그 악한 결과들을 주의해서 피해야 한다는 것이다. 사도에 의해 사용된 이 간청 형식으로부터 우리는 다음과 같은 사실을 확인할 수 있다.

1. 주 예수 그리스도는 세상을 심판하기 위해 오시는데, 만유를 심판하시기 위해 마지막 날 하늘로부터 모든 위엄과 권능 속에서 오실 것이 확실하다. 그분이 재림하는 시기에 대해서는 우리가 불확실한 상태 속에 있거나 잘못된 입장을 가질 수 있으나, 그분의 재림 자체는 확실하다. 이것은 모든 시대 교회의 모든 그리스도인들의 믿음이자 소망이었다. 아니, 그것은 아담의 7대 손 에녹이 보라 주께서 그 수만의 거룩한 자와 함께 임하셨나니(유 1:14)라고 예언한 이후로부터, 구약 성도들의 믿음과 소망이기도 했다.

2. 그리스도가 재림하실 때 모든 성도들은 그분 앞에 함께 모이게 될 것이다. 그리스도께서 재림하실 때 성도들이 그분 앞에 함께 모인다는 언급은 사도가 그분의 재림을 예루살렘을 파괴하기 위해서가 아니라 마지막 날 심판을 행하기 위해서라고 말하고 있음을 보여준다. 그는 그리스도의 재림을 비유적 사건

으로 말하는 것이 아니라 실제적 사건으로 말한다. 그것은 마지막 날 그리스도의 영예의 한 부분으로서, 성도들에게는 행복의 완성을 이루는 날이 될 것이다.

(1) 그들 모두 함께 모이게 될 것이다. 그 때 모든 성도들의 연합 총회가 이루어지는데, 성도 외에는 누구도 참석하지 못할 것이다. 율법의 어두운 그림자를 통해서 그리스도를 알고, 먼 거리에서 이 날을 바라보았던 구약시대 모든 성도들과 복음을 통해 생명과 썩지 아니함으로 인도를 받은 신약시대 모든 성도들이 함께 모일 것이다. 그 때 하늘 사방으로부터 과거, 현재, 미래의 모든 성도들, 곧 태초부터 종말까지 모든 시대의 성도들이 오게 될 것이다.

(2) 그들은 그리스도 앞에 모이게 될 것이다. 그분이 그들의 연합 총회의 한 중심에 계실 것이다. 그들은 그분 앞에 모여 그분의 수행원과 보좌관이 되고, 그분을 통해 아버지께 나아가며, 영원히 그분과 함께 하면서 영복을 누리게 될 것이다.

(3) 그리스도의 재림과 우리의 그분 앞에 모임에 관한 교훈은 그리스도인들에게 참으로 중요하고 중대하다. 그렇지 않다면 그것은 사도에게 그토록 간절한 문제가 되지 못했을 것이다. 그러므로 우리는 이 사실들을 믿을 뿐만 아니라 그것들을 크게 중시하고, 깊은 관심과 절실한 심정을 갖고 바라보아야 할 것이다.

Ⅱ. 사도가 데살로니가 교인들에게 경고하고 있는 사실. 그것은 그들이 그리스도의 재림의 시기에 관해 속임을 당해 마음이 흔들리거나 두려워하거나 해서는 안 된다는 것이다(2절). 잘못된 이해는 우리의 믿음을 크게 약화시키고, 두려움의 원인이 된다. 믿음이 약한 상태 속에 있고 두려운 마음을 가진 자들은 종종 속임을 당하고, 속이는 자들의 먹이가 되기 쉽다.

1. 사도는 그들이 속임을 당하지 않기를 원했다: 누가 어떻게 하여도 너희가 미혹되지 말라(3절). 속이기 위해 숨어서 기다리는 자들이 많이 있다. 그들은 다양한 속임수를 보유하고 있다. 그러므로 우리는 조심하고 경계를 게을리하지 아니할 이유가 있다. 어떤 속이는 자들은 새로운 계시가 있는 것처럼 가장할 것이다. 또 어떤 자들은 성경을 잘못 해석하고, 다른 자들은 거대한 음모를 도모할 것이다. 속이는 자들은 다양한 수단과 궤계들을 사용할 것이다. 그러나 우리는 어떤 사람이 어떤 수단을 통해서 다가오든 절대로 우리를 속이지 못하도록 조심해야 한다. 사도가 그들에게 경고하고 있는 특별한 문제는 그리스도의 재

림이 임박했다는 사상에 관한 것이다. 그들은 그것을 자기들 당대에 일어날 일처럼 생각했다. 이런 오해는 많은 사람들에게 그리 해롭지 않은 것처럼 보일 수 있다. 그러나 그것은 참으로 큰 착각이기 때문에, 많은 사람들에게 아주 심각한 결과를 가져오는 것으로 판명되었다.

2. 그리하여 사도는 그들에게 경고함으로써, 그들이 쉽게 마음이 흔들리거나 두려워하거나 하지 않기를 원했다.

(1) 사도는 그들의 믿음이 약화되지 않기를 바랐다. 우리는 그리스도의 재림을 확고하게 믿고, 이에 관한 믿음을 굳게 세워야 한다. 그러나 데살로니가 교인들은, 만약 그들이 그리스도의 재림을 바로 임박한 것으로 이해하고 있다면, 그들이나 그들이 무척 중요하게 생각하는 다른 사람들이 그 시기에 관해 잘못된 생각을 갖고 있음을 깨닫게 하여 재림 자체의 진리성이나 확실성을 의심하지 않도록 해주어야 할 위험한 상황 속에 있었다. 따라서 그들은 모든 성도들의 믿음이자 소망인 이 위대한 진리로 말미암아 마음이 흔들리는 일이 있어서는 안 되었다. 거짓 교훈들은 물(水)을 이리저리 흔들리게 하는 바람과 같아서, 때때로 사람들의 마음을 동요시켜 물처럼 불안정하게 만드는 경향이 있다.

(2) 그래서 사도는 그들의 위로가 저하되지 않도록 거짓 교훈들로 말미암아 흔들리거나 두려워하지 않기를 원했다. 비록 그리스도의 재림 자체는 신자에게 소망과 기쁨의 원천이 되는 것이지만, 그들 가운데 많은 진지한 그리스도인들의 마음을 놀라게 하여 큰 두려움을 갖게 만드는 사건이 될 수 있다. 또한 많은 사람들이 그 날이 얼마나 놀라운 날이 될 것인지 상상해 보거나 이 날을 맞이할 준비가 되어있지 못한 데서 오는 공포감으로 또는 그리스도의 재림의 시기를 잘못 알고 있는 데서 오는 망상 때문에 두려운 마음이 들 수도 있다. 따라서 우리는 항상 깨어 기도해야 하지만, 그리스도의 재림에 관한 생각 때문에 낙담하거나 불안한 마음을 가져서는 안 된다.

³먼저 배교하는 일이 있고 저 불법의 사람 곧 멸망의 아들이 나타나기 전에는 그 날이 이르지 아니하리니 ⁴그는 대적하는 자라 신이라고 불리는 모든 것과 숭배함을 받는 것에 대항하여 그 위에 자기를 높이고 하나님의 성전에 앉아 자기를 하나님이라고 내세우느니라 ⁵내가 너희와 함께 있을 때에 이 일을 너희에게 말한 것을 기억하지 못하느냐 ⁶너희는 지금 그로 하여금 그의 때에 나타나게 하려 하여 막는 것

이 있는 것을 아나니 ⁷불법의 비밀이 이미 활동하였으나 지금은 그것을 막는 자가 있어 그 중에서 옮겨질 때까지 하리라 ⁸그 때에 불법한 자가 나타나리니 주 예수께서 그 입의 기운으로 그를 죽이시고 강림하여 나타나심으로 폐하시리라 ⁹악한 자의 나타남은 사탄의 활동을 따라 모든 능력과 표적과 거짓 기적과 ¹⁰불의의 모든 속임으로 멸망하는 자들에게 있으리니 이는 그들이 진리의 사랑을 받지 아니하여 구원함을 받지 못함이라 ¹¹이러므로 하나님이 미혹의 역사를 그들에게 보내사 거짓 것을 믿게 하심은 ¹²진리를 믿지 않고 불의를 좋아하는 모든 자들로 하여금 심판을 받게 하려 하심이라

이 부분에서 사도는 그들에게 주의를 준 오류에 대해 논박하고, 그리스도의 재림을 임박한 사건으로 기대해서는 안 되는 이유들을 제시한다. 그리스도의 재림이 있기 전 일어나야 할 몇 가지 사건들이 있었다. 그는 그 사건들을 구체적으로 그들에게 말해준다.

I. 광범한 배교.　먼저 배교하는 일이 있고(3절). 우리는 이 배교를 국가나 시민정부에 대한 변절이 아니라 영적 또는 신앙적 문제에 있어서의 변절 곧 건전한 교리, 공인된 예배와 교회 기구 그리고 거룩한 생활로부터 떠나는 것으로 이해한다. 사도는 아주 대대적인 배교가 있을 것임을 시사한다. 개종한 유대인이나 이방인들의 배교가 있을 것이고, 또 점차적이긴 하지만 아주 광범하게 일어날 것이다. 그리고 불법의 사람인 적그리스도의 나타남 곧 출현이 있을 것이다. 사도는 이것을 그들과 함께 있을 때 이미 말한 적이 있다고 말한다(5절). 의심할 것 없이 그것은 그들이 그것 때문에 잘못되거나 실족해서는 안 되기 때문에 한 말이었다. 기독교는 세상에 심겨져서 뿌리를 내리기 시작하자마자 기독교 교회 안에서 배교가 시작되었다는 것을 우리는 유념해야 한다. 그것은 구약 시대 교회도 마찬가지였다. 믿음에 주목할 만한 진보가 있자 곧 변절이 뒤따랐다. 약속이 주어진 직후부터 거역이 있었다. 예를 들면, 사람들이 여호와의 이름을 부르기 시작하자 곧바로 모든 육체가 타락의 길을 갔다. 노아 언약이 체결된 후 곧바로 바벨탑 건축자들이 하늘에 도전장을 냈다. 아브라함과의 언약이 맺어진 후에 곧바로 그의 후손들은 애굽에서 변질되었다. 그 첫 세대들이 다 죽고, 가나안 땅에 들어갔을 때 이스라엘 백성들은 곧바로 하나님을 포기하고, 바알을 섬겼다. 하나님께서 다윗과 언약을 맺으신 후 곧바로 그의 자손은

반역하고, 다른 신들을 섬겼다. 에스라와 느헤미야의 기록에 나타나 있는 것처럼, 포로로부터 돌아온 후 곧바로 광범하게 경건이 퇴보하기 시작했다. 그러므로 기독교가 심겨진 후에 금방 타락이 초래되는 것은 절대로 이상한 일이 아니다.

Ⅱ. 불법의 사람의 출현(3절).　이처럼 광범한 배교가 진행되는 가운데 적그리스도가 출현할 것이다. 사도는 이후에 불법한 자의 나타남에 관해 말하는데(8절), 그것은 그의 불법이 발견되어 그가 망하게 된다는 것을 암시하기 위해서였다. 여기서는 그의 출현에 관해 말하는데, 그것은 그가 언급했던 광범한 배교가 일어나게 된 원인으로서, 온갖 종류의 거짓 교훈들과 타락들이 그를 중심으로 발생하게 된다는 점을 암시하기 위한 것으로 보인다. 이 불법의 사람 곧 멸망의 아들이 누구인지 또는 무엇인지에 관해서는 논란이 많다. 그것이 로마 가톨릭 교황의 권세와 폭정을 바로 의미하는지는 확실하지 않지만, 어느 정도는 확실하다. 여기서 언급되고 있는 것이 그것과 아주 정확하게 일치하기 때문이다. 그것을 확인해 보자.

1. 불법한 사람의 이름 또는 그 지위와 권세. 그는 불법의 사람으로 불리는데, 그것은 그의 엄청난 불법성을 암시한다. 그는 스스로 불법에 빠져 그것을 자행하고 있을 뿐만 아니라 다른 자들 속에 있는 죄와 불법을 부추기고 자극하고 명령한다. 또 그는 멸망의 아들로 불리는데, 그 이유는 그 자신이 파괴하는 일에 종사하고, 다른 많은 사람들의 영혼과 육체 모두를 파멸시키는 도구가 되기 때문이다. 이런 이유들로 보아 이 이름들을 로마 가톨릭 교황청에 적용시켜도 무방할 것이다.

2. 불법한 사람의 특징(4절). (1) 그는 대적하는 자로, 신이라고 불리는 모든 것과 숭배함을 받는 것에 대항하여 그 위에 자기를 높이는 자이다. 로마 가톨릭의 사제들도 하나님의 권위와 신으로 불리는 세상 통치자들의 권위에 대적할 뿐만 아니라 스스로 하나님과 세상 통치자들보다 더 높아져서 하나님이나 통치자들의 명령보다 자기들의 명령을 더 존중하도록 요구한다. (2) 그는 하나님의 성전에 앉아 자기를 하나님이라고 내세운다. 하나님께서 과거에는 성전에, 지금은 그의 교회 안에 그리고 교회와 함께 계시면서 경배를 받은 것처럼, 여기서 언급되고 있는 적그리스도는 기독교 교회 안에서 하나님의 권위를 찬탈하고, 신적 영예를 주장한다. 이런 인물에 해당되는 자로 로마 가톨릭 교황청의 사제들 말고

누가 더 적당하겠는가? 그들에게는 다음과 같이 아주 신성모독적인 호칭들이 부여되어왔다: 우리 주 하나님이신 교황(Dominus Deus noster papa), 땅에 계시는 또 다른 하나님(Deus alter in terra), 하나님과 교황의 영토가 같을까(Idem est dominium Dei et papa)?

3. 불법한 사람의 출현(6,7절). 이에 관해 우리는 두 가지 사실을 주목해야 한다. (1) 그의 출현이 방해받고 저지되는 이유가 있었다. 지금은 그것을 막는 자가 있어 그 중에서 옮겨질 때까지 하리라(7절). 이것은 로마황제의 권력으로 상정되는데, 사도는 그 시기를 좀 더 분명하게 언급하는 것은 적절치 않다고 생각했다. 이 권력이 지속되는 동안 로마 가톨릭 주교들의 독재권 행사가 저지를 받은 것은 잘 알려져 있다. 그러나 로마제국의 쇠퇴와 함께 그들의 권세가 기승을 부리게 된다. (2) 이 불법의 비밀은 점진적으로 그 최고봉에 이르게 되었다. 따라서 결국 로마 가톨릭 교회의 교리와 예배도 점차 보편적으로 타락하게 되었고, 로마 가톨릭 주교들의 찬탈도 단번이 아니라 점진적으로 이루어졌다. 이처럼 불법의 비밀은 아주 쉽게 활동하고, 거의 불가시적으로 파급되었다. 사도는 올바르게 그것을 불법의 비밀로 부른다(7절). 왜냐하면 그 불법한 계획과 행동이 거짓 가면과 위장 속에 감추어져 있었기 때문이다. 적어도 그것들은 평범한 눈으로 보거나 관찰하면 알 수 없게 숨겨져 있었다. 헌신을 가장하여 미신과 우상 숭배가 만연되었다. 하나님과 그분의 영광에 대한 열심을 가장하여 편협한 신앙과 박해가 가속화되었다. 사도는 불법의 비밀이 그 당시에 시작되었다고 곧 이미 활동하고 있었다고 말한다. 사도들이 아직 살아있을 때 원수가 와서 곡식 가운데 가라지를 덧뿌리고 갔다. 그 때 이미 니골라 당의 행위가 있었다. 이 당은 겉으로는 그리스도를 위해 열심히 일하는 척 했지만 실제로는 그분을 반대하는 자들이었다. 디오드레베와 다른 자들에게서 나타난 것처럼, 교회 목회자와 지도자들의 교만, 야심 그리고 세속적 욕망이 초기 불법의 비밀 속에 이미 작용하고 있었다. 그것은 로마 가톨릭 교회 안에서 점차 거대한 높이로 솟아올라 가시화되었다.

4. 적그리스도의 나라의 몰락 또는 파멸(8절). 이 적그리스도의 나라의 우두머리는 불법한 자로 불린다. 그는 주 예수 그리스도의 신적 통치와 권능에 비기고 대적하면서 인간의 권력을 높이 세우는 무법자이다. 그러나 이같이 자신을 불법의 사람으로 나타낸 것만큼 그의 세상에서의 나타남 또는 출현은 그의 파

멸이 얼마 남지 않았음을 보여주는 확실한 전조이자 그 기회가 될 것이다. 사도는 데살로니가 교인들에게 주님이 그를 결박하고 파멸시킬 것을 확실히 한다. 그의 결박은 그의 최후의 멸망에 앞서 일어나고, 주님께서 그 입의 기운으로 곧 그의 말씀의 명령으로 죽이실 것이다. 하나님의 영이 수반된 하나님의 순전한 말씀이 이 불법의 비밀을 폭로하고, 적그리스도의 권세를 소멸하고 무산시킬 것이다. 때가 되면 그것은 철저히 그리고 최종적으로 파멸되고, 이것은 그리스도의 재림의 광채로 말미암아 이루어질 것이다. 불법한 자를 파멸시키기 위해 그리스도께서 오실 때에는 특별한 영광과 탁월한 광채와 광휘로 빛날 것이다.

5. 불법한 사람의 지배와 통치. 여기서 우리는 다음과 같은 사실을 확인할 수 있다. (1) 그의 나타남 또는 지배와 활동의 방법. 일반적으로 그는 사탄의 활동을 따르는 자로서, 영혼들의 대원수요, 하나님과 인간의 최대의 대적이다. 그는 오류와 거짓의 최고 옹호자요, 진리의 불구대천의 원수다. 왜냐하면 진리는 예수 안에 있고, 예수의 신실한 추종자이기 때문이다. 좀 더 구체적으로 그는 사탄의 권세와 속임수를 가지고 활동한다. 신적 권능이 이 나라의 후원자인 것처럼 가장하지만, 그것은 단지 사탄의 활동을 따라 이루어진다. 그 나라는 표적과 이적, 환상과 기적들로 위장한다. 이것들을 통해 교황의 나라가 먼저 세워졌고, 지금도 존속되고 있지만, 그것들은 허탄한 교훈들을 지원하는 거짓 표적들이다. 그들의 주장은 실제로는 허위사실로서, 사람들을 속이기 위해 날조된 것으로, 그 일을 돕는 것은 거짓 이적 또는 단지 위장된 기적들이다. 적그리스도의 나라를 지원해온 마귀의 속임수는 참으로 악명이 높다. 사도는 그것을 불의의 모든 속임이라고 표현한다(10절). 다른 이들은 그것을 경건한 거짓말로 부를지 모르지만, 사도는 불의하고 불법한 속임으로 부른다. 참으로 모든 속임(진리에 반하는)은 불경건한 거짓말이다. 불법의 사람이 사용해온 교활한 궤계는 다양하고, 부주의하고 불안정한 영혼들을 거짓 교훈으로 포섭하고, 찬탈한 자신의 지배권에 복종시키기 위해 그가 속여 온 위장전술은 무수히 많다. (2) 그의 종이거나 그렇게 되기 무척 쉬운 사람들에 관한 묘사(10절). 그들은 진리의 사랑을 받지 아니하여 구원함을 받지 못하는 사람들이다. 그들은 진리를 들었다(아마 그랬을 것이다). 그러나 그것을 사랑하지는 않았다. 그들은 건전한 교훈을 참을 수 없었고, 그리하여 거짓 교훈들에 쉽게 넘어갔다. 그들은 진리에 관한 관념적

지식을 어느 정도는 갖고 있었지만, 강력한 편견에 사로잡혀 속이는 자들의 먹이가 되어버렸다. 그들이 진리를 사랑했더라면, 그 안에 굳게 서고, 그것으로 말미암아 보존을 받았을 것이다. 그러나 그것을 전혀 사랑하지 않았기 때문에 그들이 쉽게 그것을 저버린 것은 이상한 일이 아니다. 그리고 이런 사람들에 관해서는 멸망하고 구원을 받지 못할 것이라고 말해진다. 그들은 상실된 상태 속에 있고, 영원히 상실된 자가 될 위험 속에 있다.

6. 적그리스도의 나라의 종들의 죄와 멸망에 관한 선언(11,12절). (1) 그들의 죄는 다음과 같다: 그들은 진리를 믿지 않고 불의를 좋아하는 자들이었다(12절). 그들은 진리를 사랑하지 않았고, 그래서 그것을 믿지 않았다. 그들은 진리를 믿지 않았기 때문에 불의 곧 불법한 행동을 좋아하고, 거짓 관념을 선호했다. 잘못된 지식과 타락한 생활은 자주 함께 가고, 서로 돕는다. (2) 그들의 멸망은 이렇게 표현되어 있다: 하나님이 미혹의 역사를 그들에게 보내사 거짓 것을 믿게 하실 것이다(11절). 이같이 하나님은 그들이 진리를 믿지 않고 사랑하지 않으면서 죄와 불법을 사랑하기 때문에 처벌하실 것이다. 하나님은 죄의 창시자가 아니고, 때때로 공의 때문에 여기에 언급되어 있는 부류의 죄인들로부터 자신의 은혜를 거두시는 분이다. 그분은 그들을 사탄에게 넘겨주거나 사탄의 도구들에게 미혹당하도록 내버려 두신다. 그분은 그들을 마음의 정욕대로 살도록 방관하고, 그들을 그들 자신에게 맡겨버린다. 그 결과 그들은 말할 것도 없이 죄에 빠지고, 급기야는 최악의 불법에 떨어져 결국에는 영원한 파멸에 이르고 만다. 복음의 진리를 사랑하지 않고, 그것을 믿지 않으며, 또는 그것에 합당한 삶을 살지 않고, 마음속에 거짓 교훈을 받아들이고, 삶 속에서 불법을 행하는 사람들에게 이 세상에서는 영적 심판을, 저 세상에서는 영원한 형벌을 내리시는 하나님은 의로우시다.

[13]주께서 사랑하시는 형제들아 우리가 항상 너희에 관하여 마땅히 하나님께 감사할 것은 하나님이 처음부터 너희를 택하사 성령의 거룩하게 하심과 진리를 믿음으로 구원을 받게 하심이니 [14]이를 위하여 우리의 복음으로 너희를 부르사 우리 주 예수 그리스도의 영광을 얻게 하려 하심이니라 [15]그러므로 형제들아 굳건하게 서서 말로나 우리의 편지로 가르침을 받은 전통을 지키라

I. 데살로니가 교인들은 이 배교의 두려움에 대하여 위로를 받을 수 있었다 (13,14절). 왜냐하면 그들은 구원받을 자로 택하심받고, 영광을 얻을 자로 부르심 받았기 때문이다. 우리는 많은 사람들의 배교에 관하여 들을 때, 은혜의 선택에 따라 인내하며 끝까지 견딜 남은 자가 있다는 사실로 큰 위로와 기쁨을 삼아야 한다. 우리가 그 남은 자의 수에 포함되리라는 소망을 가질 이유가 있다면, 특별히 더 기뻐해야 한다. 사도는 이 이유 때문에 하나님께 감사할 의무가 있다고 생각했다: 우리가 항상 너희에 관하여 마땅히 하나님께 감사할 것은(13절). 그는 그 이유로 말미암아 자주 감사했고, 지금도 그것 때문에 감사하고 있다. 이 주제 ―그들이 배교로부터 안전하다는 것― 에 나타나 있는 것처럼, 그들은 주님의 사랑받는 자들이었기 때문에 감사할 이유가 충분히 있었다. 이 성도의 견인 사상은 다음과 같은 사실들부터 기인한다.

1. 은혜의 택하심의 안정성(13절). 그러므로 그들이 주님의 사랑을 받은 것은 하나님께서 처음부터 그들을 택하셨기 때문이다. 하나님은 영원한 사랑으로 그들을 사랑하셨다. 이 하나님의 택하심에 관해 우리는 다음 세 가지 사실을 확인할 수 있다. (1) 그 택하심의 영원한 시기―그것은 처음부터 이루어진 일이다. 복음이 시작될 때부터가 아니라 세상이 시작될 때부터 곧 창세 전에(엡 1:4) 이루어졌다. (2) 그들이 택하심받은 목적 ― 구원. 곧 죄와 비참으로부터의 완전하고 영원한 구원 및 모든 선한 것의 충분한 성취. (3) 이 목적을 성취하기 위한 수단 ― 성령의 거룩하게 하심과 진리를 믿음. 그러므로 택하심에 관한 계획은 그 목적과 수단이 연계되어 있고 서로 분리되어 있지 않다. 우리가 하나님의 택하심을 받은 것은 거룩해서가 아니라 거룩해지도록 하기 위해서다. 따라서 하나님의 택하심을 받은 자로서 우리는 우리 마음대로 살아서는 안 된다. 만일 우리가 목적인 구원을 위해 택하심을 받았다면, 그 목적을 이루기 위한 필수 수단인 거룩함 곧 성화를 통해 그것을 예비해야 한다. 그리고 성화는 그 창조자이신 성령의 역사와 우리의 믿음을 통해 이루어진다. 반드시 진리에 대한 믿음이 있어야 한다. 그것이 없다면, 진정한 성화도, 은혜 안에서의 보존도, 그리고 구원을 얻는 일도 있을 수 없다. 믿음과 거룩함은, 거룩함과 행복이 그런 것처럼, 동전의 양면이다. 그러므로 우리 구주는 베드로를 위해 그의 믿음이 떨어지지 않도록 기도하셨고(눅 22:17), 제자들을 위해서도 그들을 진리로 거룩하게 하옵소서 아버지의 말씀은 진리니이다라고 기도하셨다(요 17:17).

2. 복음의 부르심이 갖는 유효성(14절). 그들은 구원을 위해 택하심받았기 때문에 복음으로 부르심을 받았다. 미리 정하신 자들을 또한 부르신다(롬 8:30). 하나님의 외적 소명은 복음에 의해 이루어지고, 이것은 성령의 내적 작용을 통해 유효하게 된다. 복음이 임하는 곳은 어디서나 영광을 얻는 길로 사람들을 부르고 초청하는 일이 벌어진다. 그것은 영예와 행복으로의 부르심, 아니 사실은 우리 주 예수 그리스도의 영광을 얻게 하는 부르심이다. 그분은 그 영광을 자신을 믿고 그의 복음에 순종하는 자들에게 주시려고, 값 주고 사셨고, 지금도 소유하고 계신다. 그들은 그리스도와 함께 그분의 영광을 바라볼 것이다. 그들은 그리스도와 함께 영광을 받으며, 그분의 영광에 참여하게 될 것이다.

II. 굳건함과 견인에 대한 권면. 그러므로 형제들아 굳건하게 서서(15절). 사도가 "너희는 구원으로 택함받았다. 그러므로 안심하고 마음대로 살라"고 말하지 않고, 그러므로 굳건하게 서라고 말하고 있음을 주목하자. 우리를 택하고 부르시는데 있어서 하나님의 은혜는 우리의 각별한 주의와 노력을 폐지시키는 것이 아니라 오히려 깨어 최대한 굳건함과 부지런함을 유지하도록 우리에게 촉구한다. 그래서 사도 요한은 자신의 편지를 받는 사람들에게 그들이 그들 안에 거하는 기름부음을 받은 자들로서, 그리스도 안에 거할 의무가 있다고 말하면서, 이제 그(그리스도)의 안에 거하라는 권면을 추가한다(요일 2:27,28). 데살로니가 교인들도 그들의 신앙고백 안에 굳건하게 서라고 곧 가르침을 받은 전통을 지키도록(15절), 다시 말해, 말로나 편지로 사도가 전한 복음의 교훈 위에 굳게 서도록 권면을 받는다. 당시는 성경의 경전화가 이루어지지 않았기 때문에, 어떤 진리들은 오류가 없으신 성령의 인도를 따라 사도들의 설교를 통해 전해졌다. 따라서 그리스도인들은 그것을 하나님으로부터 온 것으로 알고 준수할 의무가 있었다. 또 어떤 진리들은 이후에, 사도가 이전에 데살로니가 교인들에게 썼던 첫 번째 편지처럼, 사도들의 기록을 통해 전해졌다. 이 서신들 역시 성령의 감동을 받은 저자들을 통해 기록되었다. 그러나 오늘날 우리 시대에는 구전(口傳)에 대해 왈가왈부할 필요가 전혀 없다. 지금은 성경의 경전화가 다 이루어진 상태로서, 그것은 거룩한 책으로서 동등한 권위를 갖고 있다. 영감받은 사도들에게 가르침을 받은 교훈과 의무들은 굳건하게 지켜져야 한다. 그러나 우리는 사도들에 의해 전해진 진리들에 대한 증거로서, 성경에 포함되어 있는 것 이상의 것은 갖고 있지 않다.

[16]우리 주 예수 그리스도와 우리를 사랑하시고 영원한 위로와 좋은 소망을 은혜로 주신 하나님 우리 아버지께서 [17]너희 마음을 위로하시고 모든 선한 일과 말에 굳건하게 하시기를 원하노라

이 부분에서 우리는 사도가 데살로니가 교인들을 위해 간절히 기도하는 것을 본다. 여기서 다음과 같은 내용을 확인할 수 있다.

I. 사도가 기도하는 대상. 우리 주 예수 그리스도와 하나님 우리 아버지(16절). 우리는 우리 주 예수 그리스도의 중보를 통해 하나님 아버지께 기도할 수 있고, 또 기도해야 한다. 그러나 동시에 우리는 우리 주 예수 그리스도 자신께 직접 기도할 수도 있다. 우리는 그리스도 안에서 그리고 그리스도를 통해, 그분의 이름으로 그분의 아버지이시자 우리의 아버지이신 하나님께 기도할 수 있다.

II. 사도가 기도하는데 힘을 얻는 원천. 그는 하나님께서 이미 자신과 그들을 위해 행하신 일을 생각함으로써 기도에 힘을 얻는다: 우리를 사랑하시고 영원한 위로와 좋은 소망을 은혜로 주신 하나님 우리 아버지(16절). 여기서 다음 세 가지 사실을 확인할 수 있다.

1. 하나님의 사랑은 우리가 갖고 있거나 바라는 모든 축복의 샘이자 원천이다. 우리의 택하심, 부르심, 칭의, 그리고 구원은 모두 그리스도 예수 안에서 주어지는 하나님의 사랑에 기인한다.

2. 이 원천으로부터 구체적으로 우리의 모든 위로가 흘러나온다. 성도들의 안위는 영원한 안위다. 성도들의 위로는 죽어가는 위로가 아니다. 그들은 그것과 함께 죽지 않는다. 하나님이 주시는 영적 안위는 아무도 빼앗아갈 수 없다. 하나님은 그것을 절대로 제거하시지 않는다. 왜냐하면 그분은 영원한 사랑으로 그들을 사랑하시기 때문이다. 그러므로 그들은 영원한 안위 속에 들어가게 될 것이다.

3. 그들의 위로는 영생에 대한 소망에 기초되어 있다. 그들은 하나님의 영광을 바라보며 기뻐한다. 그들은 환난 중에도 인내하면서 즐거워한다. 이처럼 강한 위로에 대해서는 합당한 이유가 있는데, 그것은 성도들이 좋은 소망을 갖고 있기 때문이다. 그들의 소망은 하나님의 사랑, 하나님의 약속 그리고 그들이 하나님의 권능과 자비와 신실하심을 맛본 경험에 기초되어 있다. 은혜로 말미암아 그것은 좋은 소망이다. 값없는 하나님의 은혜와 자비는 그들이 바라는 것이

요, 그들의 소망의 근거로서, 그들의 소망은 그들 자신의 어떤 가치나 공로 위에 근거된 것이 아니다.

Ⅲ. 사도가 그들을 위해 하나님께 기도하는 내용. 그것은 그들의 마음을 위로하시고 모든 선한 일과 말에 굳건하게 하시기를 원하는 것이었다(17절). 하나님은 그들에게 위로를 주셨고, 사도는 그들이 더 충만한 위로를 받도록 기도했다. 사도에게는 은혜로 말미암아 그들이 위로받기를 바라는 좋은 소망이 있었고, 또 그들이 굳건하게 서도록 기도했다. 여기서 위로와 굳건함이 어떻게 함께 연결되어있는지를 확인할 수 있다.

1. 위로는 굳건함의 수단이다. 왜냐하면 하나님의 말씀과 사역과 법도 속에서 취하는 기쁨이 클수록 그 안에서 견디기가 훨씬 더 수월하기 때문이다.

2. 하나님의 법도 속에 우리가 굳건하게 서는 것은 위로를 위한 유익한 수단이다. 만일 우리가 믿음에 있어서 흔들리고 의심하는 마음을 갖는다면, 또는 우리가 의무를 게을리하고 지체한다면, 믿음의 즐거움과 기쁨에 생소한 사람이 되는 것은 이상한 일이 아니다. 우리의 모든 불안의 저변에 깔려 있는 것은 우리의 굳건하지 못한 믿음 말고 무엇이겠는가? 우리는 모든 선한 말과 행위에 있어서, 곧 진리의 말씀과 의의 행위에 있어서 굳건하게 서야 한다. 그리스도는 우리의 선한 말과 행실로 말미암아 영광을 받으셔야 한다. 진실한 사람들은 두 가지 모두를 실천하기 위해 노력하고, 그렇게 함으로써 그들은 그들의 거룩함과 행복이 완성되는 마지막 그 순간까지 위로와 굳건함을 바랄 수 있을 것이다.

제
— 3 —
장

개요

앞 장의 마지막 부분에서 사도는 데살로니가 교인들을 위해 간절히 기도했다. 이제 이 장 첫 부분에서 그는 그들에게 하나님을 신뢰하도록 격려하면서, 자신을 위해 기도해 줄 것을 부탁한다(1-5절). 이어서 그는 전해들은 몇 가지 그들 속에 있는 잘못을 시정하도록 명령하고 지시하는 데로 나아간다(6-15절). 그리고 마지막으로 그는 축도와 함께 이 편지를 끝맺는다(16-18절).

[1]끝으로 형제들아 너희는 우리를 위하여 기도하기를 주의 말씀이 너희 가운데서와 같이 퍼져 나가 영광스럽게 되고 [2]또한 우리를 부당하고 악한 사람들에게서 건지시옵소서 하라 믿음은 모든 사람의 것이 아니니라 [3]주는 미쁘사 너희를 굳건하게 하시고 악한 자에게서 지키시리라 [4]너희에 대하여는 우리가 명한 것을 너희가 행하고 또 행할 줄을 우리가 주 안에서 확신하노니 [5]주께서 너희 마음을 인도하여 하나님의 사랑과 그리스도의 인내에 들어가게 하시기를 원하노라

I. 사도는 친구들에게 기도를 요청한다. 끝으로 형제들아 너희는 우리를 위하여 기도하기를(1절). 그는 항상 기도할 때마다 그들을 기억했고, 따라서 그들도 자신과 동료 사역자들을 잊지 않고, 은혜의 보좌 앞에서 마음으로 기억해주기를 원했다. 여기서 다음과 같은 내용을 확인해야 한다.

1. 함께 있을 때 서로 모여 기도하거나 떨어져 있을 때 서로를 위해 기도해주는 것은 성도들 간의 교제를 계속 유지시키는 한 가지 방법이다. 따라서 멀리 떨어져 있는 성도들은 은혜의 보좌에서 서로 만날 수 있다. 다른 방식으로 사랑을 베풀거나 받을 수 없는 사람들도 이 방식으로는 참되고 아주 친밀한 사랑을 주고받을 수 있다.

2. 그들의 사역자를 위해 기도하는 것은 교인들의 의무다. 이 기도에는 자기 교회의 사역자들만이 아니라 선하고 신실한 모든 사역자들을 포함시켜야 한

다.

3. 사역자들은 자기 교인들의 기도를 필요로 하고, 또 기도를 요청할 수 있다. 이 위대한 사도가 스스로 기도할 능력이 그토록 탁월함에도 불구하고 아주 미약한 그리스도인들의 기도를 멸시하지 않고 그들의 기도를 바라는 것은 얼마나 주목할 만한 겸손이고, 본받을 만한 모습일까! 나아가 그들이 기도하도록 요청받고 지시받은 내용이 무엇인지 확인해 보자.

(1) 복음 사역의 성공을 위해 기도하라: 주의 말씀이 너희 가운데서와 같이 퍼져나가 영광스럽게 되고(1절). 이것은 바울이 아주 절실하게 갈망하는 중요한 일이었다. 그는 자신의 일용할 양식을 얻는 것보다 하나님의 이름이 거룩히 여김을 받고, 그의 나라가 임하며, 그 뜻이 이루어지기를 더욱 크게 염원했다. 그는 주의 말씀이 달려가(이것이 원어의 본래 의미다) 세상에 침투하여 믿음의 역사가 퇴보하지 않고 전진하여 널리 퍼지기를 소원했다. 온갖 지옥의 세력들은 다소간에 그 때나 지금이나 변함없이 주의 말씀을 대적하기 위해, 곧 그 전파와 성공을 방해하기 위해 일어나 총력을 기울이고 있다. 그러므로 우리는 그 대적이 제거되어 복음이 사람들의 귀와 마음과 양심에 자유롭게 전달될 수 있도록, 그리하여 죄인들의 회심과 변화, 반대자들에 대한 논박과 성도들의 거룩한 생활 등을 통해 그것이 영광스럽게 될 수 있도록 기도해야 한다. 율법을 완전케 하고 영예롭게 하신 하나님은 복음도 영광스럽게 하고, 영예를 받도록 하심으로써, 자신의 이름이 영광을 받게 하실 것이다. 선한 사역자와 선한 그리스도인들은 그리스도께서 높임을 받고 복음이 영광스럽게 된다면, 보잘것없는 존재나 아무것도 아닌 존재로 취급당해도, 그것을 당연히 여길 수 있어야 한다. 바울은 지금 아덴 또는, 어떤 이들이 생각하는 것처럼, 고린도에 머물러 있었는데, 자신이 데살로니가에 있었을 때 거두었던 놀라운 성공을 그 곳에서도 이룰 수 있도록 데살로니가 교인들이 기도해 주기를 원했다. 만일 어떤 곳에서 크게 성공한 적이 있다면, 사역자들은 복음을 전하기 위해 가는 모든 곳에서 그와 같이 성공하기를 기대해야 함을 잊지 말자.

(2) 복음 사역자들의 안전을 위해 기도하라. 사도는 그들에게 높임을 받도록 위해서가 아니라 안전하게 보존받도록 기도해 달라고 부탁한다: 또한 우리를 부당하고 악한 사람들에게서 건지시옵소서 하라(2절). 복음을 전하는 것에 대해 원수가 되고, 그 신실한 전도자들의 박해자가 되는 사람들은 불의하고 악한 사람

들이다. 그들은 이성과 믿음의 모든 규칙과 법칙에 반대로 행동하고, 가장 어리석고 불경건한 죄악을 범하는 자들이다. 무신론과 불신앙의 원리를 따르고 악덕과 부도덕을 실천하며, 특히 핍박을 자행할 때 그 죄는 불경건의 죄와 함께 세상에서 가장 큰 죄에 속한다. 경건하고 신실한 사역자들은 도움을 받을 필요가 있을 뿐만 아니라 영적으로 보호받을 필요도 존재한다. 왜냐하면 이들은 집중 공격을 받는 선구자들이기 때문이다. 그러므로 세상에서 그리스도의 유익을 간절히 원하는 사람들이라면 누구나 사역자들을 위해 기도해 주어야 한다. 믿음은 모든 사람의 것이 아니니라(2절). 즉 많은 사람들이 복음을 믿지 않는다. 그들은 복음을 받아들이지 않을 것이다. 만일 이런 자들이 끊임없이, 악의적으로 복음을 반대하고, 그 사역을 비방하며, 말씀 사역자들을 욕하는데 심혈을 기울인다고 하더라도, 결코 이상한 일이 아니다. 너무나 많은 사람들이 일반적인 믿음이나 정직함을 갖고 있지 않다. 우리가 그들 속에서 안전하게 활동할 수 있다는 보장이 없다. 따라서 우리는 양심도 없고 지조도 없는 사람들, 자기들이 한 말에 대해 결코 책임을 지지 못하는 사람들로부터 보존받도록 기도해야 한다. 때때로 우리는 공개적으로 원수를 자처하는 사람들보다 거짓으로 친구를 가장하는 사람들로부터 훨씬 더 큰 위험에 빠질 수 있다.

Ⅱ. 사도는 그들에게 하나님을 신뢰하도록 격려한다. 우리는 그분의 은혜를 위해 하나님께 기도해야 할 뿐만 아니라 그분의 은혜를 신뢰하고 확신해야 한다. 그리고 겸손히 우리가 기도하는 것을 기대해야 한다.

1. 우리가 하나님의 은혜로부터 기대할 수 있는 좋은 것 ― 굳게 섬과 악으로부터의 보존. 아무리 훌륭한 그리스도인이라도 이 은혜를 필요로 하는 상태 속에 있다.

(1) 하나님께서 그들을 굳건하게 하실 것이다. 사도는 그들을 위해 앞에서 이것을 기도했었고(2:17), 지금은 이 은혜를 기대하도록 그들을 격려한다. 우리는 하나님께서 우리를 굳건하게 하시지 않는 한 결코 설 수 없다. 그분이 그의 길로 우리를 이끌지 아니하시면 우리의 발은 미끄러지고, 우리는 넘어질 것이다.

(2) 하나님께서 그들을 악으로부터 지켜주실 것이다. 우리는 선한 일을 시작할 때와 마찬가지로 끝까지 우리의 보존을 받는데 있어서도 하나님의 은혜를 절실하게 필요로 한다. 죄의 악이 가장 큰 악이다. 그러나 하나님께서 성도들을 천국에 이를 때까지 보호하시는 다른 악이 존재하는데, 그것은 세상에 있는 악,

아니 모든 악이 될 것이다.

2. 우리가 하나님의 은혜를 의존하도록 힘을 주는 근거: 주는 미쁘사(3절). 그분은 자신의 약속에 신실하신 분으로, 결코 거짓말을 할 수 없고, 그 입술로부터 나온 것을 절대로 변경시키지 않는 주님이시다. 그러므로 일단 약속이 주어지면, 그 이행은 확실하고 명백하다. 그분은 자신과 관계를 맺은 자들에게 신실하시다. 즉 그분은 그들에게 신실한 하나님이요, 신실한 친구다. 우리는 그분이 그의 백성들과 맺고 있는 모든 관계를 소중히 여기신다는 사실을 확신할 수 있다. 따라서 우리는 하나님과의 약속에 대해, 그리고 우리가 이 신실하신 하나님과 맺고 있는 관계에 대해 진실하고 신실하도록 유의해야 한다.

3. 하나님께서 그들을 위해 이것을 행하시리라는 소망에 대한 또 다른 근거. 그들이 명령받은 것을 행하고, 또 행할 줄을 확신하기 때문이다(4절). 사도는 그들에 대해 이 확신을 갖고 있었고, 이것은 하나님에 대한 확신에 기초된 것이었다. 왜냐하면 사람에 대해서는 이것 말고 다른 확신은 없기 때문이다. 그들의 순종은 사도와 그의 동료 사역자들이 그들에게 명한 것을 행하였느냐의 여부에 달려 있었다. 그들의 명령은 주님의 명령 외에 다른 것이 아니었다. 왜냐하면 사도들 자신은 주께서 분부한 모든 것을 지키도록 사람들을 가르치는 것 외에 다른 사명은 갖고 있지 않기 때문이다(마 28:20). 사도가 과거 그들의 순종에 대해 갖고 있던 경험을 그들이 장래 그들에게 명령된 것을 실천하리라는 확신의 근거로 삼은 것처럼, 이것 또한 그 소망에 대한 그의 확신의 근거가 되었다: 무엇이든지 구하는 바를 그에게서 받나니 이는 우리가 그의 계명을 지키고 그 앞에서 기뻐하시는 것을 행함이라(요일 3:22).

III. 사도는 그들을 위해 짧게 기도한다(5절). 그것은 영적 축복을 구하는 기도다. 여기에 사도가 기도하는 가장 중요한 두 가지 항목이 있다:

1. 그들의 마음이 하나님의 사랑으로 인도를 받도록. 그는 그들이 만물의 지존자로서 전능하고 사랑이 많은 분이신 하나님과 사랑하는 사이가 되도록 기도했다. 이것은 우리의 행복을 위해 가장 합리적이고 필수적인 일일 뿐만 아니라 우리의 행복 자체이기도 하다. 그것은 천국의 행복 가운데 가장 큰 부분을 차지하는 것으로, 거기서 이 사랑은 완전한 상태가 될 것이다. 우리는 하나님께서 그의 은혜로 우리의 마음을 온전히 인도하시지 않는다면, 절대로 이 사랑에 도달할 수 없다. 왜냐하면 우리의 사랑은 다른 것들을 좇아감으로써 길을 잃는

경향이 있기 때문이다. 우리의 사랑은 잘못된 길로 나아감으로써 큰 손해를 본다. 우리가 허탄한 대상들을 사랑하는 자리에 두는 것은 우리의 죄요, 우리의 불행이다. 만일 하나님께서 자신을 사랑하도록 우리의 사랑을 인도하신다면, 나머지 모든 사랑도 그로 말미암아 길을 바꿀 것이다.

  2. 그리스도의 인내 곧 그리스도를 위해 참고 견디는 것이 이 하나님의 사랑과 연계되도록. 예수 그리스도를 믿는 믿음 없이는 하나님에 대한 참 사랑도 없다. 우리는 그리스도를 기다려야 하는데, 그것은 그분을 믿는 믿음을 전제로 한다. 즉 우리는 그분이 먼저 육신을 입고 오셨다는 것과 이제는 영광 속에서 다시 오시리라는 것을 믿어야 한다. 그리고 우리는 이 그리스도의 재림을 기다리고, 그것을 조심스럽게 대비해야 한다. 때가 되면 그분을 만날 수 있도록 우리는 용기와 지조를 갖고 인내하면서, 참고 기다려야 한다. 이때 우리는 인내를 필요로 하고, 그 인내는 그리스도의 인내(본문에 나오는 것처럼) 곧 그리스도를 위한 인내 및 그리스도의 본을 따르는 인내로서, 이것에 들어가기 위해서 우리는 하나님의 은혜를 필요로 한다.

[6]형제들아 우리 주 예수 그리스도의 이름으로 너희를 명하노니 게으르게 행하고 우리에게서 받은 전통대로 행하지 아니하는 모든 형제에게서 떠나라 [7]어떻게 우리를 본받아야 할지를 너희가 스스로 아나니 우리가 너희 가운데서 무질서하게 행하지 아니하며 [8]누구에게서든지 음식을 값없이 먹지 않고 오직 수고하고 애써 주야로 일함은 너희 아무에게도 폐를 끼치지 아니하려 함이니 [9]우리에게 권리가 없는 것이 아니요 오직 스스로 너희에게 본을 보여 우리를 본받게 하려 함이니라 [10]우리가 너희와 함께 있을 때에도 너희에게 명하기를 누구든지 일하기 싫어하거든 먹지도 말게 하라 하였더니 [11]우리가 들은즉 너희 가운데 게으르게 행하여 도무지 일하지 아니하고 일을 만들기만 하는 자들이 있다 하니 [12]이런 자들에게 우리가 명하고 주 예수 그리스도 안에서 권하기를 조용히 일하여 자기 양식을 먹으라 하노라 [13]형제들아 너희는 선을 행하다가 낙심하지 말라 [14]누가 이 편지에 한 우리 말을 순종하지 아니하거든 그 사람을 지목하여 사귀지 말고 그로 하여금 부끄럽게 하라 [15]그러나 원수와 같이 생각하지 말고 형제 같이 권면하라

  과거 그들의 순종을 칭찬하고, 장래 그들의 순종을 확신하는 자신의

마음을 언급한 사도는 이어서 그들 가운데 잘못을 저지른 자들에 대한 명령과 지침을 주고, 그들 가운데 잘못된 몇 가지 사실에 대해서는 교정을 명령하고 지시한다. 아무리 수준 높은 기독교 공동체라고 해도, 그 가운데 잘못된 사람들과 고쳐야 될 부분들이 있기 마련이다. 완전함은 현재적 천국에서는 결코 발견될 수 없다. 그러나 나쁜 습관이 좋은 법을 낳는 법이다. 바울이 데살로니가 교인들 사이에 존재하는 것으로 들은 무질서 곧 게으름이 본문에서 보는 것과 같은 좋은 법을 낳았다. 이 법은 오늘날 우리들과 그리고 이와 관련된 모든 사람들에게도 계속 유용하다.

I. 데살로니가 교인들 가운데 나타난 잘못된 점. 그것은 다음과 같이 표현되고 있다.

1. 좀 더 일반적으로 볼 때, 그들 가운데에는 사도로부터 받은 전통대로 행하지 아니하고, 게으르게 행하는 형제들이 있었다(6절). 그 형제들은 게으름의 죄를 범했다. 그들은 규모 있게 생활하지 못했다. 즉 기독교의 원리에 맞추어 자신을 다스리지 못하거나 자기들의 신앙고백에 일치된 삶을 살지 못했다. 그들은 사도들을 통해 받아들인 교훈을 따라 살지 못했다. 복음을 받아들이고 그것에 복종하겠다고 고백하는 사람들은 복음에 따라 사는 것이 요구된다. 만일 그렇게 살지 못한다면, 그들은 게으른 자들로 낙인찍히게 될 것이다.

2. 특별히 그들 중에는 게으르지만 바쁜 몸들이 있었다(11절). 사도는 이에 관한 소식을 확실히 전해 들었기 때문에, 이런 사람들을 처리하는데 있어서 그들이 어떻게 처신하고, 교회는 어떤 태도를 취해야 하는지 지시하고 명령하는데 충분한 이유를 갖고 있었다.

(1) 그들 가운데에는 게으르게 행하여 도무지 일하지 아니하는 자들이 있었다. 그들은 폭식가나 술주정뱅이는 아닌 것으로 보이나 게을렀고, 그리하여 무질서한 사람들이었다. 어떤 사람이 나는 남에게 해를 끼치지 않는다고 말하는 것으로는 충분치 않다. 왜냐하면 하나님의 섭리는 그들이 위치한 자리와 관계 속에서 선을 행하기를 모든 사람들에게 요구하기 때문이다. 이 사람들은 그리스도의 임박한 재림에 관한 관념(전서에 나오는 몇 구절을 잘못 이해함으로써)을 갖고 있었을 가능성이 크다. 이 잘못된 관념은 그들로 하여금 직업을 포기하는 구실로 삼아 게으른 삶을 살도록 이끌었기 때문이다. 주님의 재림을 게으름이나 다른 죄에 대한 가면으로 삼는 것은 심각한 잘못이요 신앙의 오용이다. 만

일 우리가 심판의 날이 가까이 다가왔음을 확신한다면, 그럼에도 불구하고, 그 날의 일은 그 날에 함으로써 주님이 오셨을 때 그렇게 일하고 있는 모습을 보여줄 수 있어야 한다. 주인의 다시 오심을 올바르게 기다리고 있는 종은 주님이 명하신 대로 일하면서 그분이 오실 때를 대비해야 한다. 또는 그것은 이렇게 말할 수도 있다. 이처럼 게으른 사람들은 그리스도께서 그들에게 허락하신 자유가 세상에서의 그들의 특별한 소명과 사명에 대한 책임과 임무로부터 그들을 면제시켜 주었다고 가정했다. 그러나 그들은 부르심을 받은 그 부르심 그대로 지내며, 각각 부르심을 받은 그대로 하나님과 함께 거해야 했다(고전 7:20,24). 인간으로서 우리가 받은 특별한 부르심에 대해 부지런해야 하는 것은 그리스도인으로서 받은 일반적 부르심으로 말미암아 우리에게 요구되는 당연한 의무다. 또는 아마 당시에는 그리스도인들 사이에 흔하게 있었던 가난한 자들을 돕는 구제행위가 그들 가운데 어떤 사람들로 하여금 교회가 으레 도와줄 것으로 알고 게으르게 살아도 되는 것으로 자극을 주었을지도 모른다. 그러나 그 원인이 무엇이든 간에 그들이 그렇게 하는 것은 큰 잘못이었다.

(2) 그들 사이에는 일을 만들기만 하는 자들이 있었다. 문맥으로 보아 게으른 자들과 일을 만들기만 하는 자들이 동일인이었던 것으로 보인다. 얼핏 보면 이것은 모순되는 것처럼 생각된다. 그러나 그렇지 않다. 자신의 일이 없거나 그 일을 게을리하는 사람들이 대개 다른 사람들의 일로 바쁘기 마련이기 때문이다. 만일 우리가 게으르다면, 마귀와 타락한 심령은 곧 우리에게서 뭔가 할 일을 찾아낼 것이다. 사람의 마음은 원래 바쁜 법이다. 만일 그것이 선을 행하는 데 종사하지 않는다면, 곧 악을 행하는데 바쁘게 될 것이다. 일을 만드는 자들은 게으른 일꾼들로, 헛된 호기심으로 가득 차 자기들과 아무 상관이 없는 일에 부당하게 간섭하고, 다른 사람들의 문제로 자기 자신과 다른 사람들을 괴롭게 하는 자들이다. 사도는 디모데에게 이런 자들을 조심하도록 다음과 주의를 준다: 그들은 게으름을 익혀 집집으로 돌아다니고 게으를 뿐 아니라 쓸데없는 말을 하며 일을 만들며 마땅히 아니할 말을 하나니(딤전 5:13).

II. 이 악한 습관들로 말미암아 주어진 좋은 명령. 이에 관해 우리는 다음과 같이 지적할 수 있다.

1. 그 법은 누구의 명령인가? 그것들은 사도들의 명령이지만, 그들과 우리 주님의 이름으로 주어진 것으로 주님 자신의 명령이다. 형제들아 우리 주 예수 그

리스도의 이름으로 너희를 명하노니(6절). 이런 자들에게 우리가 명하고 주 예수 그리스도 안에서 권하기를(12절). 사도는 권위와 간청이 담긴 말을 사용하는데, 무질서가 고쳐지고 방지되어야 할 곳에서 이 두 가지가 모두 필요하다. 그리스도의 권위는 우리 마음속에 순종을 일으키는 권위가 있고, 그분의 은혜와 선하심은 우리의 마음을 끌어들이는 흡인력이 있다.

2. 그 좋은 법과 규칙은 무엇인가? 사도는 그 교회 전체에 지시하고, 그들 가운데 무질서한 자들에게 명령하며, 또 특별히 모범적인 자들에게 권면한다.

(1) 교회 전체에 주는 사도의 명령과 지시. [1] 무질서한 자들에 대하여 그들이 취해야 할 태도는 이렇게 제시되고 있다: 게으르게 행하고 우리에게서 받은 전통대로 행하지 아니하는 모든 형제에게서 떠나라(6절). 그 사람을 지목하여 사귀지 말고 그로 하여금 부끄럽게 하라(14절). 우리도 무질서한 자들을 대할 때 사도의 지시를 지키도록 유념해야 한다. 우리는 교회 권징을 시행할 때 아주 조심스럽게 해야 한다. 첫째, 하나님의 말씀에 대해 의심하거나 도전하거나 순종하지 않는 사람 또는 그 말씀에 반하여 행하는 사람이 있다면, 우리는 그를 곧장 징계하기 전에 그의 잘못에 대한 증거를 충분히 확인해 보아야 한다. 둘째, 그를 친절한 태도로 권고해야 한다. 우리는 그가 자신의 죄와 의무를 각성하도록 해야 하고, 이것은 은밀하게 이루어져야 한다(마 18:15). 셋째, 만약 그가 듣지 않는다면, 그를 공동체로부터 떠나게 하고, 그와 사귀지 말아야 한다. 즉 우리는 그와의 만남과 교제를 피해야 한다. 여기에는 두 가지 이유가 있다. 하나는 우리가 그의 악한 삶을 배울 수 있기 때문이다. 무익하고 게으른 사람들을 따르고 그들과 교제하는 사람은 그들과 똑같이 될 위험 속에 있기 마련이다. 또 하나는 그로 부끄러움을 느끼게 해서 그 삶을 교정하도록 하기 위해서다. 게으르고 무질서한 사람들은 지혜롭고 선한 모든 사람들이 자기들의 방탕한 습관을 얼마나 싫어하는지를 알게 되면, 그것을 부끄럽게 여기고 좀 더 규모 있게 살 수 있을 것이다. 그러므로 우리는 악한 습관을 가진 형제들을 공동체로부터 떠나게 하는 동기인 그들의 죄는 미워할지언정 그들 자신은 사랑해야 한다. 교회의 징계 아래 있는 자들이라고 할지라도 원수와 같이 생각해서는 안 된다(15절). 왜냐하면 만일 그들이 이 징계를 통해 교화되고 개선된다면, 그들의 신용과 위로, 그리고 형제로서 교회에서 갖는 특권들에 대한 권리가 회복되어야 하기 때문이다. [2] 그들의 일반적 행위와 품행은 사도 및 그와 함께 있었던 사람들이 보

여준 선한 본보기를 따라야 한다: 어떻게 우리를 본받아야 할지를 너희가 스스로 아나니(7절). 그들 속에 믿음을 심은 사람들은 그들 앞에 선한 본보기를 세워놓았다. 복음 사역자들은 양 떼들의 본이 되어야 한다. 사도들의 전통과 그들이 설교한 교훈을 따라, 그리고 나아가 그들이 그리스도를 따르는 한 자기들을 따르는 자들이 되도록, 사도들이 그들 앞에 세워놓은 선한 본보기를 따라 사는 것은 그리스도인들의 의무다. 사도가 언급하고 있는 특별히 선한 본보기는 사도들의 부지런함이었다. 그들은 사도가 지적하고 있는 게으른 자들과 정반대였다: "우리는 너희 가운데서 무질서하게 행하지 아니하였다(7절). 우리는 시간을 무익한 방문, 잡담 그리고 헛된 오락 등으로 헛되게 낭비하지 않았다." 그들은 사역을 감당하고, 복음을 전파하며, 스스로 생계를 유지하는 일에 있어서 열심히 수고했다. 누구에게서든지 음식을 값없이 먹지 않고(8절). 복음을 전하는 자는 복음으로 말미암아 생계를 유지하는 것을 당연히 기대할 수 있었기 때문에, 사도는 그들에게 부양을 책임지도록 요구할 수 있었지만, 그렇게 하지 않았다. 이것은 교인들이 사역자들에게 갚아야 할 정당한 빚으로, 사도는 이것을 요구할 권리가 당연히 있었다(9절). 그러나 그는 그들에 대한 애정 때문에 그리고 복음을 위해 그 권리를 유보했고, 그리하여 그들로 하여금 시간 관리를 어떻게 해야 하는지 그리고 항상 선한 일에 종사하도록 하기 위해서 그들이 따라야 할 본을 보여주었다(9절).

(2) 사도는 게으른 삶을 살아온 자들에게 삶을 개선하여 자기의 일에 종사하는 자들이 되도록 명령하고 지시한다. 그는 그들과 함께 있을 때 이런 취지로 명령을 하면서 아울러 이에 대한 선한 본보기도 함께 보여주었다: 우리가 너희와 함께 있을 때에도 너희에게 명하기를 누구든지 일하기 싫어하거든 먹지도 말게 하라 하였더니(10절). 일하기 싫어하거든 먹지도 말라는 말은 유대인들의 속담이었다. 일하는 자는 음식을 먹을 자격이 있다. 그러나 일하지 않고 노는 자는 과연 그럴 가치가 있는가? 모든 사람이 자신의 소명을 갖고 있고, 그 소명을 소중히 여기며, 그 소명에 합당한 일을 하는 것은 하나님의 뜻이다. 어느 누구도 세상에서 무익한 베짱이처럼 살 자격을 가진 자는 없다. 이런 자들은 얼굴에 땀을 흘려야 먹을 것을 먹으리라(창 3:19)는 하나님의 선고에 역행하는 자들이다. 사도 자신은 무척 활동적이고 적극적인 사람이었고, 그러기에 그는 다른 모든 사람도 그렇게 살기를 원했다. 그러나 그것은 사도의 단순한 기분에 좌우된 명령이

아니었다. 그것은 우리 주 예수 그리스도의 명령이었다: 주 예수 그리스도 안에서 권하기를 조용히 일하여 자기 양식을 먹으라 하노라(12절). 사람들은 자신의 생계를 위해서 무슨 일이든 해야 한다. 그렇지 않으면 그들은 자기 양식을 먹을 수 없다. 우리는 게으르지 말고, 열심히 일하거나 수고하는 자가 되어야 한다. 그리고 다른 사람들의 일에 간섭하는 일 만드는 사람이 아니라 조용히 일하는 사람이 되어야 한다. 우리는 조용히 우리 자신의 일을 하는 법을 배워야 한다. 우리가 활동적이면서 조용한 성품을 갖기는 쉽지 않다. 즉 자신의 일을 하는데 있어서는 활동적이고, 다른 사람들의 일에 대해서는 조용한 모습을 보여주는 것, 이것은 아주 탁월하고 고결한 성품이다.

(3) 사도는 선을 행하다가 낙심하지 말라고 권면한다(13절). 그는 마치 다음과 같이 말하는 것처럼 말했다: "계속 선을 행하라. 너희가 주님과 함께 하는 한, 주님도 너희와 함께 하신다. 너희가 하는 일이 선하다면, 그 안에 계속 거하라. 계속 그 길을 고수하되, 끝까지 고수하라. 절대로 흔들리지 말고 절대로 지치지 말라. 너희가 천국에 가면 쉴 시간은 충분하다. 그 곳에는 하나님의 백성들을 위해 영원한 안식이 남아있다."

16평강의 주께서 친히 때마다 일마다 너희에게 평강을 주시고 주께서 너희 모든 사람과 함께 하시기를 원하노라 17나 바울은 친필로 문안하노니 이는 편지마다 표시로서 이렇게 쓰노라 18우리 주 예수 그리스도의 은혜가 너희 무리에게 있을지어다

이 서신의 마지막 결론 부분에서 우리는 사도가 데살로니가 교인들을 위해 하는 축도와 간구를 접한다. 우리도 우리 자신과 우리 친구들을 위해 그렇게 해야 한다. 사도가 그들에게 선포한 또는 그들에게 임하기를 바란 복은 세 가지였다.

I. 하나님께서 그들에게 평강을 주시도록. 여기서 우리는 다음 네 가지를 유의해야 한다.

1. 평강은 축복으로 선포되거나 간구되었다. 우리는 평강이 모든 종류의 번영을 의미하는 것으로 이해할 수 있다. 여기서 그것은 특별히 하나님과의 평화, 그들 자신의 마음 및 양심과의 평화, 그들 서로 간의 평화, 그리고 모든 사람들과의 평화를 의미한다고 볼 수 있다.

2. 이 평강이 항상 그들에게 주어지도록 간구되고 있다. 사도는 그들이 때마다 평강을 얻도록 기도했다.

3. 평강은 모든 일들 속에서 주어진다. 그들은 은혜의 수단들을 갖고 있었기 때문에, 또한 평강의 모든 수단과 방법들을 성공적으로 사용할 수 있었다. 왜냐하면 평강은 항상 바라는 것이기에 종종 얻기가 그만큼 쉽지 않기 때문이다.

4. 그들에게 평강을 주시는 하나님은 평강의 주님이시다. 만일 우리가 원하는 어떤 평강이 있다면, 하나님은 그것을 틀림없이 주실 것이다. 그분은 평강의 창조자요, 조화를 사랑하시는 분이기 때문이다. 평강의 하나님께서 우리와 다른 모든 사람들에게 평강을 주시지 않는다면, 우리 스스로 평안한 마음을 가질 수 없고, 또 다른 사람들 속에서도 우리와 평화를 유지하려는 경향을 발견할 수도 없을 것이다.

Ⅱ. 하나님의 임재가 그들에게 임하도록. 주께서 너희 모든 사람과 함께 하시기를 원하노라(16절). 하나님께서 은혜롭게 우리 및 우리 친구들과 함께 하신다면, 우리는 우리를 안전하고 행복하게 만들 다른 어떤 것도 필요하지 않고, 우리 자신과 우리 친구들을 위해 더 나은 어떤 것을 달라고 구할 필요도 없다. 이것이 우리가 가는 모든 길에서 우리의 인도자와 보호자가 되고, 우리가 처할 수 있는 모든 상황 속에서 우리의 위로가 될 것이다. 천국을 천국답게 만드는 것은 하나님의 임재이고, 이것이 이 땅을 천국처럼 만들어줄 것이다. 하나님이 우리와 함께 하신다면 우리는 어디에 있든 아무 문제가 없고, 하나님이 우리와 함께 하신다면 홀로 있어도 아무 문제가 없을 것이다.

Ⅲ. 우리 주 예수 그리스도의 은혜가 너희 무리에게 있을지어다(18절). 사도는 이와 똑같은 말로 데살로니가전서도 끝맺었었다. 우리가 안심하고 하나님과의 평화를 기대하고, 하나님의 임재를 누릴 수 있는 것은 우리 주 예수 그리스도의 은혜로 말미암아서다. 왜냐하면 그분은 멀리 있는 자들을 가깝게 만드시는 분이기 때문이다. 범사에 우리를 행복하게 만드는 것은 바로 이 은혜다. 이것은 사도가 때마다 찬미하고 자랑했던 것이고, 일마다 즐거워하고 의지했던 것이다. 모든 서신에서 자신이 저자임을 나타내는 표시(나머지 내용을 대필자를 통해 썼을 경우)로서, 친필로 쓴 이 축도를 통해, 사도는 자신이 편지를 쓴 교회들이 가짜 서신들에 의해 농락당하지 않도록 유의했다. 그는 그 위험스러운 결과를 너무 잘 알고 있었기 때문이다.

우리는 완결된 경전을 갖고 있음을 감사해야 한다. 성경은 하나님의 섭리의 놀랍고 특별한 간섭을 통해, 대대로 한 마디라도 더해지거나 덜해지는 일이 없이 그 순전함과 온전함이 고스란히 보존되었다. 우리는 성경의 원저자가 하나님이심을 믿어야 하고, 성경은 능히 우리로 하여금 그리스도 예수 안에 있는 믿음으로 말미암아 구원에 이르는 지혜가 있게 하는 것으로서(딤후 3:15), 우리의 믿음과 실천의 충분하고도 유일한 규칙임을 확신해야 한다. 아멘.

● **독자 여러분들께 알립니다!**

'CH북스'는 기존 **'크리스천다이제스트'**의 영문명 앞 2글자와
도서를 의미하는 **'북스'**를 결합한 출판사의 새로운 이름입니다.

매튜 헨리 주석전집 20

매튜 헨리 주석 로마서~데살로니가후서

1판 1쇄 발행 2007년 6월 20일
1판 중쇄 발행 2021년 5월 17일

발행인 박명곤
사업총괄 박지성
기획편집 채대광, 김준원, 박일귀, 이은빈, 백지선, 김수연
디자인 구경표, 한승주
마케팅 박연주, 유진선, 이호, 김수연
재무 김영은
펴낸곳 CH북스
출판등록 제406-1999-000038호
전화 070-4917-2074 **팩스** 031-944-9820
주소 경기도 파주시 회동길 37-20
홈페이지 www.hdjisung.com **이메일** main@hdjisung.com
제작처 영신사 월드페이퍼

© CH북스 2007